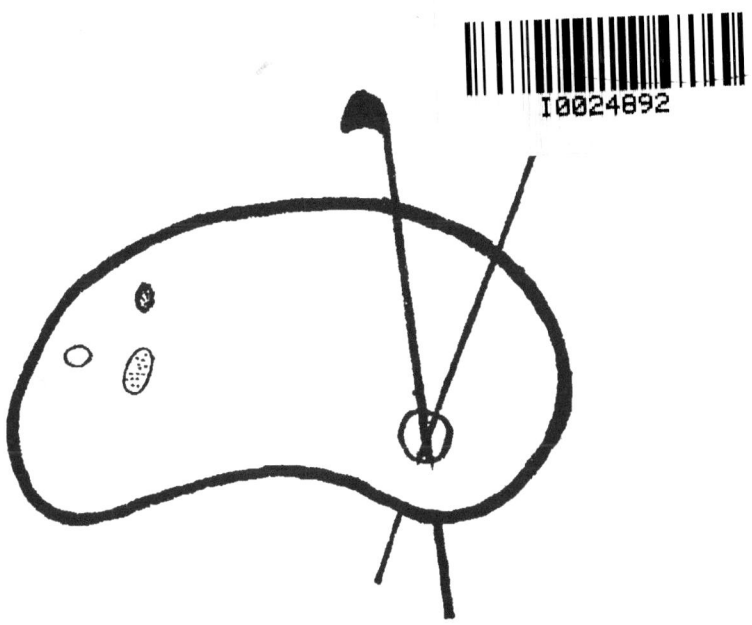

ORIGINAL EN COULEUR
NF Z 43-120-8

RECTO ET VERSO

DICTIONNAIRE
GÉNÉALOGIQUE

DES

FAMILLES CANADIENNES

DEPUIS LA FONDATION DE LA COLONIE
JUSQU'A NOS JOURS

PAR

L'ABBÉ CYPRIEN TANGUAY

Attaché du Bureau des Statistiques du Canada, Docteur ès-Lettres de l'Université Laval,
membre de la Société Royale du Canada, membre des Sociétés historiques
de Montréal et du Missouri.

Monumentum exegi are perennius.
Hor., Liv. III, Odes.

DEUXIÈME VOLUME

MONTRÉAL, (CANADA)
EUSÈBE SENÉCAL & FILS, IMPRIMEURS-ÉDITEURS

MDCCCLXXXVI

DICTIONNAIRE
GÉNÉALOGIQUE

DES

FAMILLES CANADIENNES

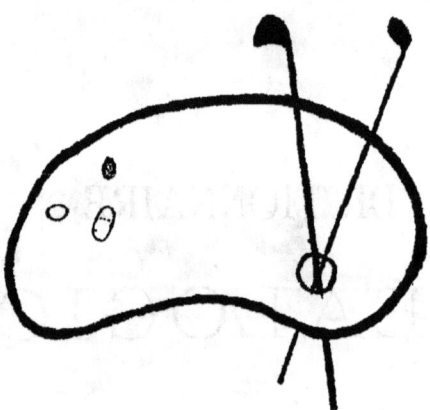

ORIGINAL EN COULEUR
NF Z 43-120-8

DICTIONNAIRE
GÉNÉALOGIQUE

DES

FAMILLES CANADIENNES

DEPUIS LA FONDATION DE LA COLONIE
JUSQU'A NOS JOURS

PAR

L'ABBÉ CYPRIEN TANGUAY

Attaché du Bureau des Statistiques du Canada, Docteur-ès-Lettres de l'Université Laval,
membre de la Société Royale du Canada, membre des Sociétés historiques
de Montréal et du Missouri.

Monumentum exegi œre perennius.
Hor., Liv. III, Odes.

DEUXIÈME VOLUME

MONTRÉAL, (CANADA)
EUSÈBE SENÉCAL & FILS, IMPRIMEURS-ÉDITEURS

M.DCCCLXXXVI

ENREGISTRÉ, conformément à l'Acte du Parlement du Canada, en l'année mil huit cent quatre-vingt-six, par l'Abbé CYPRIEN TANGUAY, au bureau du Ministre de l'Agriculture.

PRÉFACE DES ÉDITEURS.

C'est avec un sentiment de satisfaction bien légitime que nous annonçons au public la continuation du *Dictionnaire généalogique des familles canadiennes*, par M. l'abbé CYPRIEN TANGUAY. Le premier volume de ce grand ouvrage, unique en son genre, a paru en 1871. L'accueil bienveillant qu'il a reçu nous fait espérer que les volumes qui vont suivre obtiendront la même faveur.

S'il s'est écoulé quinze ans depuis la publication du premier volume, il ne faut pas accuser l'auteur de ce retard. Malgré un travail assidu, il n'a pu terminer plus tôt la tâche immense qu'il s'était imposée.

Sans doute, il eut été possible de fournir depuis longtemps la matière d'un second et même d'un troisième volume ; mais pour éviter les redites et rendre les recherches plus faciles, il a paru plus avantageux d'embrasser à la fois une longue période.

Inutile de parler ici des difficultés sans nombre que l'auteur a dû vaincre pour conduire l'ouvrage à bonne fin. Vingt-cinq années ont été employées à examiner les documents originaux au Canada et à l'étranger, à feuilleter patiemment tous les registres des paroisses canadiennes et des greffes de chaque district, à classer ensuite dans un ordre méthodique, toutes les notes précieuses recueillies et à réunir enfin, en un seul corps, les membres épars d'une même famille. Environ 500,000 actes de naissances, de mariages et de sépultures ont été consultés, et tous ces renseignements, puisés à des sources authentiques, se complétant et se vérifiant l'un par l'autre, ont été pesés, discutés à fond, de sorte que rien n'a été épargné pour donner au lecteur un ouvrage de la plus parfaite exactitude. La correction des épreuves est faite avec le plus grand soin.

Le premier volume comprenait les commencements de la Nouvelle-France de 1608 à 1700 ; les matériaux réunis aujourd'hui compléteront l'époque de la domination française. Mais tandis qu'un seul volume a suffi pour l'histoire généalogique de toutes les familles françaises, établies en ce pays avant 1700, trois volumes suffiront à peine pour rendre compte de l'accroissement naturel de ces familles, sans parler des nouvelles recrues faites pendant les soixante dernières années de la période française.

On comprend assez qu'une famille, qui a joué un rôle important dans l'histoire, ait sa généalogie et puisse remonter de génération en génération plusieurs siècles en arrière, pour établir son origine et se greffer à un chef de famille illustre ; mais qu'un peuple de 2,000,000 d'hommes ait sa généalogie complète de deux siècles, que 400,000 familles françaises, habitant aujourd'hui le Canada et les Etats-Unis, puissent remonter jusqu'à l'origine de la Nouvelle-France et retrouver non-seulement le nom du premier colon, qui a fait souche pour chacune d'elle, mais encore la province, le diocèse, la paroisse de France, d'où il tire son origine, cela paraît impossible, incroyable, et cependant cela existe, cela est consigné dans le *Dictionnaire généalogique*.

Aussi lorsque les volumes de la seconde période du *Dictionnaire* auront été mis en circulation, c'est-à-dire dans douze ou quinze mois, le plus humble des 2,000,000 de descendants des premiers colons de la Nouvelle-France aura son histoire généalogique complète. Il aura sous les yeux toute la lignée de ses ancêtres jusqu'au premier, et pourra retrouver tous ses parents en ligne directe ou collatérale, ascendante ou descendante.

N'est-ce pas merveilleux ?

N'est-ce pas aussi très utile ?

En effet le *Dictionnaire généalogique* servira :

1° *A l'histoire :* en lui donnant les moyens de débrouiller une foule de points obscurs surtout sur les origines de la colonie. Le plus ancien document civil, que possèdent nos archives provinciales sur les origines des familles canadiennes, ne remonte qu'à l'année 1666. C'est le premier recensement nominal de la colonie ; et ce document, si intéressant à bien des titres, renferme cependant des erreurs et des lacunes que les registres ecclésiastiques du temps peuvent seuls constater et corriger.

De plus ces registres constatent l'existence des familles quarante-cinq années plus tôt, c'est-à-dire, en 1621, époque de leur ouverture à Québec, et font connaître le pays originaire de chaque colon, sa famille sur l'ancien continent, son nom patronymique, le surnom qu'il adopte dans sa nouvelle patrie, les variations de ses noms, puis retracent les lignées directes et collatérales, avec les dates authentiques des trois points du plus haut intérêt dans la vie de chaque individu : sa naissance, son mariage et sa mort.

2° *A l'Eglise :* en éclaircissant toutes les questions de parenté qui constituent des empêchements de mariage.

3° *A l'Etat :* pour le règlement de certaines successions.

4° *A la magistrature :* car le *Dictionnaire* devra être admis comme preuve juridique et avoir, à leur défaut, la même autorité que les registres et les greffes qu'il coordonne et qu'il complète souvent.

5° *Aux familles :* en mettant sous leurs yeux, dans un tableau clair et précis, les membres divers qui en font partie.

Le *Dictionnaire généalogique* n'est pas, d'ailleurs, une œuvre d'un intérêt purement local.

Au Canada, la province de Québec ne sera pas la seule à profiter de cet ouvrage. Toutes les provinces de la Confédération ont été françaises à l'origine et renferment une partie des descendants des premiers occupants du sol.

Les territoires de l'ouest ont été parcourus en tous sens par des Canadiens-français, pionniers infatigables, qui partout ont laissé des traces de leur passage et souvent des établissements florissants.

La province d'Ontario est dans le même cas et renferme en outre plusieurs noyaux importants de Canadiens-français.

Le Nouveau-Brunswick, la Nouvelle-Ecosse et l'Ile du Prince-Edouard ont été colonisés par cette race énergique et vivace des Acadiens qui a survécu aux secousses les plus terribles que puisse éprouver une nation. L'histoire de ces provinces ne peut être bien comprise sans que l'on donne une part convenable aux premiers habitants du sol.

L'auteur a compulsé tous les registres des anciens missionnaires de ces diverses contrées et inséré dans son ouvrage tous les renseignements qu'ils ont pu lui donner.

Les Etats-Unis eux-mêmes sont grandement intéressés dans cette histoire généalogique des familles canadiennes. Notons d'abord que le pays appelé Nouvelle-France comprenait, outre le Canada actuel, tous les pays qui avoisinent les grands lacs, toutes les vallées arrosées par le Mississipi, le Missouri et leurs affluents, et que la Louisiane était une province toute française. Or, les noms des premiers habitants français de ces vastes territoires se trouvent dans le *Dictionnaire généalogique.* Les documents consultés à ce sujet sont surtout *deux recensements inédits de la Louisiane faits en* 1706 *et* 1724, puis les registres tenus par les anciens missionnaires envoyés par l'évêque de Québec, lesquels remontent jusqu'à 1695.

Les descendants de ces premiers colons aimeront sans doute à connaître leurs ancêtres ; les enfants des Acadiens dispersés aux Etats-Unis et surtout dans la Nouvelle-Angleterre, en 1754, pourront refaire la touchante histoire de leurs ancêtres ; et les Canadiens domiciliés dans la grande République, au nombre de plus de 500,000, n'oublieront pas que dans le *Dictionnaire généalogique,* se trouvent leur origine et le berceau de leur famille, au Canada.

Au point de vue historique, l'ouvrage qui nous occupe aura donc une grande valeur même pour les Etats-Unis. Les deux races, française et anglaise, se sont coudoyées si longtemps sur les champs de bataille et dans le défrichement des terres, qu'elles se sont trouvées mêlées par des alliances et par les accidents de la guerre. Il s'ensuit que des Français ont été faits prisonniers et sont demeurés de l'autre côté des frontières ; d'autres sont allés chez nos voisins de plein gré, et *vice-versâ* ; la population de la Nouvelle-Angleterre s'est trouvée un peu déversée sur la Nouvelle-France. L'histoire de la Nouvelle-Angleterre se trouve ainsi intimement liée à celle des territoires français limitrophes.

En 1690, pendant la guerre entre la Nouvelle-France et la Nouvelle-Angleterre, les Abénakis firent beaucoup de prisonniers, surtout parmi les enfants, qui furent élevés dans la Nouvelle-France : les Gill, les Raisenne, les Dicker ; de même, des Français faits prisonniers par les Anglais furent élevés et restèrent dans la Nouvelle-Angleterre.

On trouvera dans le *Dictionnaire* beaucoup de noms d'origine anglaise ou irlandaise, tels que Willis, *Ouellet* ; Donalson, *d'Alançon* ; Davis, *d'Hévé* ; Sullivan, *Silvain*.

C'est ici le lieu de remarquer que, dès l'origine, l'Espagne, l'Italie et la Grande-Bretagne ont fourni à la Nouvelle-France quelques familles, qui se sont fondues avec les familles françaises.

Aussi, nos intelligents voisins ont fait entrer dans l'histoire documentaire de l'Etat de New-York une quantité très considérable de documents français qui ne déparent pas cette précieuse collection, mais lui donnent une nouvelle valeur.

Le gouvernement des Etats-Unis et ceux des différents Etats de l'Union ne manqueront donc pas d'apprécier à sa juste valeur le *Dictionnaire généalogique* et de s'en procurer des exemplaires.

Les diverses sociétés historiques, fondées dans toutes les parties de l'Union, sont préparées, par leur but et leurs études habituelles, à comprendre la grande portée historique de l'ouvrage et contribueront à le faire connaître.

Le *Dictionnaire généalogique* intéresse la France au plus haut degré. Ces deux millions de Français dispersés dans l'Amérique du Nord, ce sont les descendants de ces hardis pionniers, de ces courageux colons qui, au XVIIe et au XVIIIe siècle, émigrèrent en Amérique, où ils accomplirent des prodiges dignes des plus beaux jours de la France. C'est le résultat du plus bel essai de colonisation que la France ait jamais tenté, résultat si étonnant qu'après un siècle et quart de séparation de la mère-patrie et de domination anglaise, les descendants des anciens colons sont restés opiniâtrement Français par le sang, par le cœur et par la langue. Ils ont conservé les coutumes, les institutions et les lois de la mère-patrie. Tous les

Départements de la France, sans en excepter un seul, ont fourni des colons à la Nouvelle-France, comme on pourra le voir par le *Dictionnaire généalogique*; il est vraisemblable que dans chacun de ces départements une ou plusieurs familles seront intéressées à voir ce que sont devenus les membres dont elles ont été séparées par deux siècles d'aventures et d'épreuves. Le *Dictionnaire généalogique* rétablira les relations de familles si longtemps interrompues.

Le *Dictionnaire généalogique des familles canadiennes* est, de l'aveu de tous ceux qui s'occupent de notre histoire, l'ouvrage le plus considérable et le plus important sur les annales de la nationalité canadienne-française. Il présente de plus des renseignements d'une haute valeur historique, en faisant connaître les transformations curieuses et fréquentes des noms patronymiques, ainsi que les détails qui sont relatifs à l'origine des familles.

NOTES EXPLICATIVES.

Il y a déjà quelques mois que ce dictionnaire a été annoncé, et le public, nous le savons, l'a attendu avec une impatience que justifie la nature de l'ouvrage et les soins que l'auteur y apporte.

Cependant s'il y a eu retard, on n'a pas droit d'être surpris, ni de s'en plaindre.

L'impression de cet ouvrage offre des difficultés d'une nature toute spéciale. Pour les ouvrages de littérature ou d'histoire, le copiste, le typographe, le correcteur d'épreuves sont guidés par le sens des phrases : presque toujours les premiers mots suffisent pour faire connaître les autres ; il n'y a besoin, le plus souvent, que d'un coup d'œil très rapide, et l'orthographe suit des règles invariables. Dans le *Dictionnaire généalogique*, il n'en est pas ainsi. L'ouvrier doit toujours avoir l'œil au manuscrit ; le correcteur ne saurait se fier à sa mémoire. Là, pas de phrases ; des noms, des prénoms, des surnoms qui ne se devinent pas, mais qui peuvent souvent se confondre. Les dates sont nombreuses : date du baptême, date du mariage, date de la sépulture. Quelques-unes, celles du mariage, sont répétées jusqu'à trois fois. Qu'on multiplie toutes ces indications par le nombre de personnes, ou du moins, d'articles qui entrent dans le *Dictionnaire !* Qu'on se rappelle qu'une seule erreur peut dérouter complètement le lecteur, diminuer considérablement le mérite de l'ouvrage, et on comprendra combien l'auteur doit apporter d'attention, de soins, disons-le, tout ce qu'il lui faut de lenteur pour mener à bien une œuvre aussi importante.

Il y a encore des difficultés qui tiennent au système adopté pour éviter la répétition des noms de lieux.

Le lecteur a absolument besoin de connaître l'endroit où s'est fait le baptême, le mariage, la sépulture de chaque personne. Or, s'il arrive dans une famille, plus ou moins nombreuse, que ce lieu soit le même pour les trois actes et pour chaque membre de famille, dans une autre, il arrivera souvent que l'endroit changera pour un ou deux de ces actes par rapport à plusieurs membres de la famille. Ainsi, *Jean* est baptisé à *Québec*, marié à *Montréal*, et enterré au *Détroit*. Plusieurs noms de lieux sont assez longs, comme *Pointe-aux-Trembles de Montréal*. On comprend facilement combien d'espace il aurait fallu consacrer à ces désignations multiples ; le nombre de volumes aurait été doublé, ou triplé. L'auteur a eu recours à un moyen bien simple : une fois qu'un lieu a été mentionné dans un article, il n'est plus écrit au long quand il faut le répéter, mais indiqué par un chiffre, placé comme un exposé algébrique. Ce procédé augmente les chances d'erreur, demande, par conséquent, une attention et une surveillance plus grandes dans les ateliers ; mais par suite, l'espace est économisé, et la dépense du papier et la main-d'œuvre diminuées.

Il y a encore les difficultés techniques de la justification ; mais il n'est pas nécessaire d'insister davantage. Le lecteur bienveillant aimera mieux attendre et savoir qu'il peut se fier complètement au livre lorsqu'il le consultera.

L'ouvrage entrepris par M. l'abbé Tanguay est vraiment colossal et unique en son genre. Il donnera la généalogie de toutes les familles canadiennes, depuis l'établissement de la colonie jusqu'à nos jours : ce sera notre *Livre d'or*, avec cette différence qu'à Vénise, on ne tenait compte que des familles nobles ; mais dans ce *Dictionnaire*, la famille la plus humble figurera comme les plus illustres. Leur commune gloire sera d'être venues sur cette terre lointaine apporter la civilisation et implanter une race vertueuse et énergique.

L'exécution d'un pareil ouvrage offrait sans doute certaines facilités relatives. Nous sommes assez près des origines, puisqu'aucune de nos familles ne remonte au-delà de 1608. Plus tard, nous aurions été dans les conditions des autres peuples où les origines se perdent après quatre-vingts ou cent ans.

Chez les anciens, les Juifs avaient des tablettes généalogiques très exactes. Ils les conservaient avec un soin jaloux. Dans les guerres, les persécutions, la captivité, ils cachaient ces tablettes avec le même empressement qu'ils mettaient à soustraire les vases sacrés à la profanation des payens. Malheureusement elles n'ont pu échapper aux usurpateurs qui avaient intérêt à les détruire. Les Juifs n'ont guère, aujourd'hui, de généalogies certaines, que celles qui se trouvent dans l'Ecriture Sainte.

Dans les temps modernes, l'Islande, cachée dans les brumes du Nord, peut se vanter de posséder seule, croyons-nous, des généalogies de ses principales familles, mais non de toutes. L'origine, sans doute, en remonte assez haut. Il y a un orgueil bien légitime à établir authentiquement sa généalogie à travers dix siècles et plus, comme Torswalden, une des gloires de la statuaire, lequel prétendait descendre des premiers découvreurs de l'Amérique. Mais les Islandais, emprisonnés dans leur île, naissant et mourant dans la même hutte, peuvent assez facilement recueillir les traditions de la famille et conserver les noms de ceux qui l'ont composée.

En Canada, principalement aux origines de la colonie, que de vicissitudes et de migrations dans la vie d'un homme ! Né à l'extrémité orientale du Cap-Breton, il se mariait en passant à Québec, et s'en allait mourir au Détroit ou à la Nouvelle-Orléans. M. Tanguay a voulu suivre, autant que possible, chaque individu à travers ces pérégrinations, et a indiqué le théâtre où s'est accompli chacun des actes solennels qui marquent l'existence de tout homme. Mais cela ne suffit pas.

Une personne peut avoir joué un rôle assez important dans le pays, pendant un séjour de quelques années. Elle ne s'est pas mariée au Canada et n'a pas formé tige parmi nos familles, comme MM. d'Avaugour, de Tracy, etc. ; mais son nom est inséparable de notre histoire : il est d'ailleurs consigné aux registres. M. Tanguay devait nécessairement le faire entrer dans le *Dictionnaire*. Le personnage est obscur ; aucun souvenir brillant ne le tirera de l'oubli ; n'importe. Il a été parrain, témoin à une sépulture. Sa présence sera constatée. Un jour, quelque membre de sa famille, un historien peut-être, sera très heureux de découvrir, sans trop de recherches, des traces de son existence.

Voici un exemple. Nos amis de Québec savent qu'il y a auprès de leur ville un chemin qui a pris le nom du bois voisin, lequel s'est longtemps appelé *Bois de Gamin*, ou mieux *Bois de gamins*. L'appellation semblait assez naturelle, parce que les gamins des alentours y venaient quelquefois faire niche aux passants. Cependant elle n'était pas exacte. On a découvert l'existence d'un M. Gomin, propriétaire autrefois de ce bois. C'est donc de lui que doit venir le susdit nom……

> ………… Ma foi !
> Qu'il vienne de Chaillot, d'Auteuil ou de Pontoise,
> Cela ne me fait rien.

dira quelque lecteur. D'accord, mais remarquez que M. Gomin n'est pas né ici, qu'il ne paraît pas s'être marié du tout. Sous ce prétexte, si l'on n'avait pas cherché à identifier son existence, si son nom était demeuré complètement inconnu, il aurait fallu conserver à une campagne, si belle d'ailleurs, une appellation très injurieuse.

Pour rendre son travail aussi complet que possible, M. Tanguay a étudié d'abord les registres de toutes les paroisses de la province de Québec. Après Québec, il a interrogé le Nouveau-Brunswick, la Nouvelle Ecosse, les îles du golfe, Ontario, le Détroit, et si je ne me trompe, les établissements canadiens échelonnés sur le Mississipi. Il a donc fallu lire et analyser des milliers et des milliers d'actes.

Les divers recensements, souvent très détaillés, faits par ordre du gouvernement français, ont aussi fourni des renseignements précieux. Souvent ils ont fait connaître des personnes qui ne figuraient point ailleurs. D'autres fois, ils ont permis d'identifier des individus qui paraissaient sous un nom nouveau. Les greffes des notaires ont rendu plus d'un service, quand les deux premières sources faisaient défaut. Viennent ensuite les *Archives du dépôt de la Marine*, à Paris, que M. l'abbé Tanguay est allé consulter en 1867 ; les ouvrages sur le Canada, tels que Champlain, édition de Laverdière, Charlevoix, Ferland, Faillon, etc., etc.

On le voit, aucune source n'a été oubliée, et nous avions bien raison de dire plus haut que cet ouvrage est colossal et unique en son genre.

Cependant qu'on ne s'y trompe pas. Ce n'est pas une production littéraire, destinée à charmer l'imagination, tout le monde le comprend. Mais quelques-uns pourraient croire qu'il renfermera des détails biographiques, anecdotiques, etc., qu'ils n'auront qu'à ouvrir le livre, pour y trouver la vie de leurs ancêtres. Ce serait une grande erreur. Le *Dictionnaire* est *généalogique* et non *biographique*. Il donne la lignée de chaque famille ; il renferme, si l'on veut, l'histoire de chaque famille: la date et le lieu du mariage du père et de la mère ; la date et le lieu de la naissance de chaque enfant, leurs noms ; la date et le lieu de leurs mariages ; la date et le lieu de leur sépulture. Voilà les éléments de l'histoire de la famille : il n'y a plus qu'à les compléter par les traditions, ou par des recherches maintenant plus faciles.

Deux citations feront comprendre quel genre d'intérêt offre ce livre. Elles nous permettront d'expliquer le plan adopté par l'auteur :

1621, (26 août) Québec.[1]

I.—COUILLARD, GUILLAUME, b... s[1] 4 mars 1663, dans l'église de l'Hôtel-Dieu

HÉBERT, Guillemette, b 1606; s[1] 20 oct. 1684, dans l'église de l'Hôtel-Dieu. [LOUIS I.

Louise, b[1] 30 janvier 1625; m[1] 3 nov. 1637, à Olivier LETARDIF; s[1] 23 nov. 1641.—*Marguerite*, b[1] 10 août 1626; 1° m[1] 7 oct. 1637, à Jean NICOLET; 2° m[1] 12 nov. 1646, à Nicolas MACARD; s[1] 20 avril 1705.—*Louis*, b[1] 18 mai 1629; m[1] 29 avril 1653, à Geneviève DESPRÉS.—*Elisabeth* (1), b[1] 9 février 1631; m[1] 27 nov. 1645, à Jean GUYON; s 5 avril 1704, au Château-Richer.—*Marie*, b[1] 28 février 1633; 1° m[1] 25 oct. 1648, à François BISSOT; 2° m[1] 7 sept. 1675, à Jacques DE LALANDE. —*Guillaume*, b[1] 16 janvier 1635.—*Madeleine*, b[1] 9 août 1639.—*Nicolas* (2), b[1] 6 avril 1641; s[1] 24 juin 1661.—*Charles* (3), b[1] 10 mai 1647; 1° m[1] 10 janvier 1668, à Marie PASQUIER; 2° m à Louise COUTURE; s 8 mai 1715, à Beaumont.[2]—*Gertrude*, b[2] 21 sept. 1648; m[2] 6 février 1664, à Charles AUBERT; s[2] 18 nov. 1664.

I.—HÉBERT, LOUIS (4), apothicaire, s 25 janvier 1627, à Québec.[3]

ROLLET, Marie (5), s[3] 27 mai 1649.

Guillaume, b... m[3] 1er oct. 1634, à Hélène DESPORTES; s[3] 23 sept. 1639.—*Guillemette*, b 1606; m[3] 26 août 1621, à Guillaume COUILLARD; s[3] 20 oct. 1684, dans l'église de l'Hôtel-Dieu.—*Anne*, b... m au commencement de 1618, à Etienne JONQUEST (6).—Sagard, *Histoire du Canada*, p. 41.

Un coup-d'œil fait comprendre les abréviations b. m. s. : baptême, mariage, sépulture.

Les noms sont par ordre alphabétique et par ordre de date. Le mariage, qui fonde la famille, fixe la date; c'est lui aussi qui détermine l'article consacré à chaque personne. Il y a autant d'articles qu'il y a de mariages. La date et le lieu en tête d'un article sont ceux du mariage. Ainsi Guillaume Couillard épouse, le 26 août, à Québec, Guillemette Hébert.

Quelquefois ces indications manquent, comme à l'article Hébert; il n'a pas été possible de savoir dans quelle ville de France il s'était marié. Pour les mêmes raisons, l'époque et le lieu du baptême sont omis, ce qui est exprimé ainsi: *Guillaume*, b...

---

(1) Elle fut baptisée, non par un prêtre français, mais par un anglais, qui était probablement le ministre; car, pendant que les Kertk demeurèrent les maîtres de Québec, il n'y eut point de prêtre à Québec, et lorsque le P. Lejeune dit la messe, en 1632, dans la maison de Guillaume Couillard, les Français ne l'avaient pas entendue depuis trois ans.—*Relation des Jésuites*, 1632.

(2) Tué à l'île d'Orléans avec M. Jean de Lauzon. Il fut inhumé dans l'église de Québec.

(3) Souche des familles Couillard de Beaumont.

(4) Première famille établie à Québec en 1617.—Hébert reçut, en 1626, la confirmation d'un octroi de terre à lui fait en 1623. Dans sa demande, en 1623, au duc de Ventadour, il dit que pour l'avancement du pays, il avait vendu tous ses biens à Paris, ayant quitté ses parents et amis pour donner le commencement à une colonie et peuplade chrétienne.

La colonie éprouva une perte réelle par la mort de Louis Hébert, qui, après Champlain, avait pris la plus grande part à l'établissement de Québec et à l'avancement de la Nouvelle-France. "Ç'a été, dit Champlain, le premier chef de famille résidant au pays qui vivait de ce qu'il cultivait."—Ferland, p. 220.

On enterra solennellement le corps de Louis Hébert dans le cimetière des récollets, au couvent de Saint-Charles. Plus tard, le terrain ayant été bouleversé, on trouva ses ossements renfermés dans un cercueil de cèdre. Le Père Valentin Le Roux, supérieur des récollets, les fit transporter dans la cave de l'église de ces religieux, à la Haute Ville de Québec.—Leclercq, t. II, p. 128.

Le terrain des récollets de la Haute Ville n'avait été donné que le 28 mai 1681, et la chapelle ne fut bâtie qu'en 1682.

D'après M. Laverdière, la maison d'Hébert était dans le jardin du Séminaire de Québec. On a trouvé, en 1866, le solage de cette maison, près la porte du jardin, dans la grande allée.

La maison d'Hébert fut le premier bâtiment élevé à la Haute Ville. Elle devait être entre la rue Sainte-Famille et la rue Couillard.—Ferland, t. I, p. 190.

Hébert compte, parmi ses nombreux descendants, quelques-unes des plus illustres familles du Canada : Joliet, De Léry, De Ramezay, D'Eschambault, Fournier, Taschereau, Blanchet et Taché.

(5) Elle épouse, le 16 mai 1629, Guillaume Hubou.

(6) Premier mariage fait en Canada.—*Ferland*, t. I, p. 182.

A la suite du mot *Québec*, article de Couillard, on voit un chiffre mis comme un exposant algébrique. C'est le signe abréviatif dont il a été question plus haut, et qui remplace le nom de Québec partout où celui-ci devrait être exprimé, dans le cours du même article. Ainsi $b^1\ m^1$ veulent dire *baptisé* ou *marié* à Québec. Dans le cours d'un article, le même lieu est toujours remplacé par le même chiffre, mais il peut l'être par un chiffre différent d'un autre article. Comparez les deux articles de Couillard et d'Hébert. Les enfants issus du mariage sont indiqués par leurs prénoms, avec la date et le lieu du baptême, du mariage, de la sépulture; le nom de la personne épousée est aussi donné.

Cet ensemble forme un degré généalogique. Les chiffres I ou II, placés avant le prénom, en tête de l'article, indiquent que celui qui forme tige la forme au premier, ou au second degré au Canada; en d'autres termes, qu'il est la souche première ou seconde de la famille.

En étudiant une famille, on a souvent besoin de connaître ceux de qui descendent les chefs de cette famille, pour éviter toute confusion.

En effet, deux familles, étrangères l'une à l'autre, mais du même nom, peuvent se développer parallèlement. Je trouve au second degré *Guillaume Hébert* et *Ignace Hébert;* mais le premier est fils de *Louis I*, et l'autre, d'*Augustin I*. Il y a d'autres moyens de contrôle qui seront indiqués; mais celui-ci est le plus simple et le plus rapide.
                                                                                               H. V.

INTRODUCTION.

Il y a quinze ans que nous avons terminé notre première série du DICTIONNAIRE GÉNÉALOGIQUE. Jetant alors un coup-d'œil en arrière, nous avons pu mesurer le travail que le volume de cette série nous avait demandé.

Il nous avait fallu visiter cinquante paroisses, tenant alors registres; il nous avait fallu lire attentivement plus de cinquante mille actes manuscrits, les étudier et faire la comparaison des modifications fréquentes et parfois étranges que plusieurs noms de familles avaient subies. Mais en même temps, nous goûtions une douce consolation à la pensée que ce Répertoire contenait la base et les premières assises d'un monument national; car de quelle utilité ne devait-il pas être pour l'Eglise, l'Etat et les familles ?

Cette utilité devait croître à mesure que nous nous éloignerions des origines de la colonie française, en Canada.

En ce moment, qu'il nous soit permis de dire que nous avons été effrayé en considérant que les difficultés si grandes, contre lesquelles nous avions eu à lutter, allaient encore incomparablement augmenter lorsqu'il s'agirait de la seconde série, laquelle s'étend de l'année 1700 jusqu'à la fin de la domination française.

Au lieu de cinquante paroisses, il nous fallait d'abord visiter les cent onze paroisses, érigées dans les districts de Québec et de Montréal pendant cette période, et de plus, il y avait à tenir compte de tous les établissements français des provinces maritimes et des rives du Mississipi.

Il nous fallait compulser au-delà de 500,000 actes de baptêmes, mariages et sépultures et rattacher à un petit nombre de souches communes les innombrables rameaux, dispersés dans ces vastes pays.

Telle était la tâche que nous voyions accumulée devant nous.

Heureusement le patriotisme éclairé de notre Gouvernement nous a fourni les moyens de continuer nos recherches et de les pousser jusqu'à l'époque de la conquête. De plus, nous avons été soutenu par la sympathie et les encouragements les plus affectueux que nous ont prodigués des personnages dont l'autorité est souveraine en cette matière.

Nous nous sommes aussitôt remis à l'œuvre avec un nouveau courage, il y a quinze années de cela, et nous avons complété une seconde série, qui comprendra quatre ou cinq volumes, tandis que la première, renfermée en un seul volume, nous avait demandé près de dix ans.

Voilà donc vingt-cinq années d'un travail opiniâtre, et cependant, il faut bien le dire, le DICTIONNAIRE GÉNÉALOGIQUE, pour répondre à l'attente générale, devrait s'étendre jusqu'à la fin du siècle dernier.

Nous croyons pouvoir, sans présomption, prendre l'engagement, s'il plaît à Dieu nous prêter vie et force, de mener à bonne fin cette troisième série.

Nous sommes assuré que nos lecteurs verront, avec intérêt, les lettres qui sont venues soutenir notre courage, pendant ce rude labeur. Nous espérons qu'ils prendront part à la joie que nous en avons ressentie nous-même, et c'est pour cela que nous avons cru pouvoir, sans commettre d'indiscrétion, en offrir quelques extraits à la suite de cette introduction.

LETTRE DE SON EXCELLENCE LE MARQUIS DE LANSDOWNE, GOUVERNEUR-GÉNÉRAL DU CANADA.

"HOTEL DU GOUVERNEMENT, Ottawa, 31 mai 1885.

"Au Révérend abbé TANGUAY, L.D., Ottawa.

"Révérend et cher abbé,

"Votre premier volume m'est arrivé en bon état. Il y a dans ses pages de quoi faire bien des recherches intéressantes sur l'origine des familles canadiennes dont nous retrouvons aujourd'hui les descendants dans la société qui nous entoure.

"Vous avez entrepris là un travail sérieux, dont je reconnais la grande importance au point de vue de l'histoire généalogique du pays. Acceptez mes meilleurs remerciements, non-seulement pour le volume que vous avez bien voulu m'envoyer, mais pour ceux que vous avez l'obligeance de me promettre.

"Agréez, cher monsieur, l'expression de mes sentiments distingués,

"LANSDOWNE."

LETTRES DE MONSEIGNEUR L'ARCHEVÊQUE DE QUÉBEC, DE L'ARCHEVÊQUE DE SAINT-BONIFACE, ET DE MESSEIGNEURS LES ÉVÊQUES DE LA PROVINCE DE QUÉBEC.

"Archevêché de Québec, 15 novembre 1880.

"MONSIEUR,—Vous connaissez déjà le *Dictionnaire généalogique des familles canadiennes*, par M. l'abbé Cyprien Tanguay, dont l'importance est reconnue de tous, non-seulement pour l'histoire du pays et des familles, mais aussi pour les questions de parenté, dans les causes matrimoniales. Jusqu'ici il n'a été possible de publier que le premier volume (de 1608 à 1700). Le second volume, qui comprendra près de quatre-vingts ans, est maintenant prêt pour la publication.

....

"Il serait grandement à désirer que chaque fabrique et même chaque bibliothèque paroissiale possédât un exemplaire de cet ouvrage, auquel on peut avoir besoin de recourir pour retrouver des actes importants dans les questions d'héritages, de généalogies et de mariages. J'exhorte donc tous les curés et missionnaires du diocèse à le faire acheter par les paroisses et par les missions et pour les bibliothèques paroissiales.

"Veuillez agréer, Monsieur, l'assurance de mon sincère attachement.
"† E.-A., ARCHEVÊQUE DE QUÉBEC."

"Je partage l'opinion exprimée dans cette circulaire de Mgr l'Archevêque de Québec. Le *Dictionnaire généalogique*, par M. l'abbé C. Tanguay, est un livre unique en son genre, qui devrait se trouver dans chaque bibliothèque paroissiale et dans les familles qui ont le culte de la famille.
"† ALEX., ARCHEVÊQUE DE SAINT-BONIFACE."

"Je suis d'avis que le *Dictionnaire généalogique* de M. l'abbé C. Tanguay peut rendre de grands services dans les recherches à faire sur la généalogie de nos familles canadiennes, et j'engage toutes les fabriques du diocèse à en avoir un exemplaire dans leurs archives.
"Donné aux Trois-Rivières, ce 12 février 1881.
"† L.-F., ÉVÊQUE DES TROIS-RIVIÈRES."

"Je concours pleinement, pour mon diocèse, dans les vues et les recommandations de Mgr l'Archevêque de Québec au sujet du *Dictionnaire généalogique* de M. l'abbé Cyprien Tanguay.
"Evêché de Saint-Germain de Rimouski, 24 décembre 1880.
"† JEAN, ÉVÊQUE DE SAINT-GERMAIN DE RIMOUSKI."

"A M. l'abbé C. TANGUAY, "MONTRÉAL, 12 Janvier 1881.
"Monsieur l'abbé,
"Je serai très heureux de voir le *Dictionnaire généalogique des familles canadiennes* dans toutes les familles, paroisses et maisons d'éducation, afin que l'on puisse y recourir au besoin.
"Veuillez me croire
"Votre tout dévoué,
"† EDOUARD-CHAS., ÉVÊQUE DE MONTRÉAL."

"SHERBROOKE, 21 Décembre 1880.
"Le *Dictionnaire généalogique des familles canadiennes*, par M. l'abbé C. Tanguay, est un ouvrage très important pour l'histoire du pays et des familles, et très utile pour aider à découvrir les parentés dans les causes matrimoniales. C'est pourquoi j'exhorte MM. les curés à le faire acheter par leurs fabriques et par leurs bibliothèques paroissiales.
"† ANTOINE, ÉVÊQUE DE SHERBROOKE."

"Le *Dictionnaire généalogique des familles canadiennes*, par M. l'abbé C. Tanguay, est un ouvrage dont l'importance et l'utilité ne peuvent faire doute pour personne. Il me semble que chaque famille canadienne devrait en posséder un exemplaire. On devrait le trouver dans toutes les fabriques et les bibliothèques paroissiales.

"Ottawa, 20 décembre 1880.

"† J.-Thomas, Évêque d'Ottawa."

"A M. l'abbé C. Tanguay,   "Saint-Hyacinthe, 21 Décembre 1880.
    "Mon cher Monsieur,
"Reconnaissant la grande utilité de votre *Dictionnaire généalogique des familles canadiennes*, je ne puis que désirer que le clergé de mon diocèse se le procure, et que même chaque curé en dote sa Fabrique d'un exemplaire qui demeurera aux archives avec les registres et autres documents qui intéressent la paroisse.
    "Veuillez me croire, mon cher Monsieur,
        "Votre tout dévoué en N. S.,
            "† L.-Z., Évêque de Saint-Hyacinthe."

"A M. l'abbé C. Tanguay,   "Chicoutimi, 28 Décembre 1880.
    "Monsieur l'abbé,
"Je partage l'opinion de Mgr l'Archevêque de Québec sur l'importance du *Dictionnaire généalogique des familles canadiennes*, et je crois qu'il est à désirer que chaque fabrique et chaque bibliothèque paroissiale en ait un exemplaire à sa disposition.
    "Veuillez me croire, cher Monsieur,
        "Votre tout dévoué,
            "† Dom., Évêque de Chicoutimi."

BÉNÉDICTION APOSTOLIQUE DE SA SAINTETÉ LÉON XIII.

La bénédiction paternelle de Sa Sainteté Léon XIII, transmise de Rome par Monseigneur le Secrétaire de la Propagation de la Foi, a été pour nous une source de consolation, de courage et d'espérance.

En voici le texte latin :

"Sanctissimus Pater Noster in audientiâ habitâ Dominicâ tertiâ post Pascha, opus cui titulus *Dictionnaire généalogique des familles canadiennes* à Rev. Domino Cypriano Tanguay enarratum benignè à me accepit, atque auctori ipsius APOSTOLICAM BENEDICTIONEM peramantèr impertitus est.

"Die 29â Maii 1882.

"† D., Archp. Tyren.,
"Secret. S. C. de Prop. Fide."

(Traduction.)

"Notre Très Saint Père, dans l'audience du troisième dimanche après Pâques, a gracieusement accueilli l'ouvrage qui a pour titre : *Dictionnaire généalogique des familles canadiennes*, compilé par le Révérend M. Cyprien Tanguay, et a accordé, avec toute l'effusion de son cœur, SA BÉNÉDICTION APOSTOLIQUE à l'auteur.

"Rome, 29 Mai 1882.

"† D., Archevêque de Tyr,
Secrétaire de la Cong. de la Prop. de la Foi."

A M. L'ABBÉ C. TANGUAY.

Quand l'Histoire, prenant son austère burin,
Des âges qui s'en vont, sur ses tables d'airain
    Fixe l'empreinte ineffaçable,
Son œil grave et serein n'a pas de trahisons,
Mais, forcé d'embrasser d'immenses horizons,
    Il néglige le grain de sable.

Le pic au front altier lui cache le sillon ;
Elle n'aperçoit point le timide oisillon
    Qui bâtit son nid dans les seigles ;
Son fier regard qui va de sommets en sommets,
Toujours tourné là-haut, ne s'arrête jamais
    Qu'à regarder voler les aigles.

Empereurs, potentats, capitaines fameux,
Chefs d'un jour, surnageant sur les flots écumeux
    Des déchaînements populaires,
Éclatante victoire ou drame ensanglanté,
Grands hommes ou hauts faits ont seuls droit de cité
    Dans ses annales séculaires.

Quand Turenne, frappé d'un boulet de canon,
Rend l'âme au champ d'honneur, elle redit son nom
    Et va s'incliner sur sa tombe :
Elle donne des pleurs au général mourant,
Mais passe sans regrets, d'un pas indifférent,
    Devant l'humble conscrit qui tombe.

Les peuples, sous ses yeux, roulent en tourbillon ;
Et, comme, lorsqu'au loin défile un bataillon,
    Les hauts cimiers seuls sont en vue,
Des héros et des grands elle compte les jours ;
Mais des petits, hélas ! oubliés pour toujours,
    La masse est à peine entrevue.

XXII

Amant passionné des temps qui ne sont plus,
Quand j'évoque, rêveur, des siècles révolus
    L'image au fond de ma mémoire;
Ou quand, ceignant le front de nos nobles aïeux
D'un diadème d'or, Garneau fait, sous mes yeux,
    Surgir tout un passé de gloire;

Alors, dans les reflets d'un songe vaporeux,
Je vois passer au loin les mânes de nos preux,
    En cohorte resplendissante,
Jetant à l'Angleterre un sublime cartel,
Et gravant sur nos bords un poëme immortel,
    De leur épée éblouissante.

Je compte nos grands noms, soldat, prêtre, trappeur,
Pionniers, chevaliers sans reproche et sans peur,
    Tous ceux dont notre orgueil s'honore:
Depuis l'humble martyr qui convertit les cœurs
Jusqu'au vaillant tribun foudroyant nos vainqueurs
    Des éclats de sa voix sonore.

Mais, dans les rangs pressés de ce groupe charmant,
D'un regard anxieux je cherche vainement,
    Quel que soit le livre que j'ouvre,
Tous les héros obscurs qui, pour ce sol naissant,
Versèrent tant de fois leurs sueurs et leur sang,
    Et qu'aujourd'hui l'oubli recouvre.

Ils furent grands pourtant ces paysans hardis
Qui, sur ces bords lointains, défièrent jadis
    L'enfant des bois dans ses repaires,
Et, perçant la forêt, l'arquebuse à la main,
Au progrès à venir ouvrirent le chemin......
    Et ces hommes furent nos pères!

Quand la France peuplait ces rivages nouveaux,
Que d'exploits étonnants, que d'immortels travaux,
    Que de légendes homériques
N'eurent pour tous héros que ces preux inconnus,
Soldats et laboureurs, cœurs de bronze venus
    Du fond des vieilles Armoriques!

Le temps les a plongés dans son gouffre béant......
Mais d'exhumer au moins leurs beaux noms du néant,
    Qui fera l'œuvre expiatoire?.....
C'est vous, savant Abbé! c'est votre livre, ami,
Qui se fait leur vengeur, et répare à demi
    L'ingratitude de l'Histoire!

                      Louis H. Fréchette.

ABRÉVIATIONS.

b	baptême.
m	mariage.
s	sépulture.
St-Laurent, I. O.	St-Laurent, Ile d'Orléans.
St-Jean, I. O.	St-Jean, "
Ste-Famille, I. O.	Ste-Famille, "
St-Pierre, I. O.	St-Pierre, "
St-Frs, I. O.	St-François, "
Pte-aux-Trembles, Q.	Pointe-aux-Trembles de Québec.
Pte-aux-Trembles, M.	Pointe-aux-Trembles de Montréal.
St-Laurent, M.	St-Laurent de Montréal.
Ste-Geneviève, M.	Ste-Geneviève de Montréal
Bout-de-l'Ile, M.	Bout-de-l'Ile de Montréal.
St-Louis, Mo.	St-Louis, Missouri.
St-Charles, Mo.	St-Charles, Missouri.
Florissant, Mo.	Florissant, Missouri.
Sioux-Cité, Mo.	Sioux-Cité, Missouri.

DICTIONNAIRE
GÉNÉALOGIQUE
DES
FAMILLES CANADIENNES

A

| ABE | ABR |

I.—ABEL, Jean.—Voy Capel (1) dit Desjardins.

ABEL.—*Variations et surnoms* : Barbe—Benoit —Bean.

ABEL, Madeleine, épouse d'Antoine Sicard.

ABEL, Corneille.—Voy. Bean.

ABEL, Louis-Joseph, b 1747 ; s 17 sept. 1755, à St-Laurent, I. O.

ABEL, Marie-Barbe, épouse de Louis Lalonde

ABEL, Marie-Joseph, épouse de Pierre Lalonde.

ABEL, Geneviève-Barbe, epouse de Jean-Baptiste Maguet.

ABEL, Marie, épouse de Jean Boisverd.

1690, (30 juillet) Ste-Anne.
I.—ABELIN, Jacques.
Gasnier, Marie.   [Louis II.
Pierre, b... m 1715, à Barbe Baudry.

1715.
II.—ABELIN, Pierre.   [Jacques I.
Baudry, Barbe,   [Toussaint I.
b 1676, veuve de Guillaume Cavelier.
Pierre, b 1716 ; m 24 nov. 1738, à Louise Lefebvre, à Montréal.

1738, (24 nov.) Montréal
III.—ABELIN, Pierre.   [Pierre II.
Lefebvre, Louise.   [Geoffroy II.

(1) Etymologie Caput.—Le nom de Capel est devenu Capet et Abel.

ABÉNAQUISE, Marie-Anne, épouse de Pierre Jacques.

ABÉNAQUISE, Marie-Anne, épouse de Jean-Baptiste Portneuf.

ABÉNAQUISE, Marie-Jeanne, épouse de Joseph-Louis Gill.

1675, Repentigny.
I.—ABIRON (1), Pierre.
Despernay, Marie-Anne (2).
Jean-Baptiste, b 1677, à Boucherville [1] ; s 18 août 1707, à Montréal.—*Angélique,* b [1] 16 avril 1666 ; m 19 juin 1708, à Pierre Dansereau, à Varennes [2] ; s 23 juin 1745, à Verchères.—*Marie-Madeleine,* b [1] 18 janvier 1680 ; m [2] 1er dec. 1703, à René Daudelin ; s avant 1736.

ABRAHAM.—Voy. Desmarest.

1673.
I.—ABRAHAM (3), René,
b 1645.
1º Blondeau, Jeanne,
b 1646 ; s 2 nov. 1680, à Sorel.
Jean-Baptiste, b 1674 ; s 5 janvier 1699, à St-Frs-du-Lac. [3]

1690, (30 nov.) [3]
2º Girard, Marguerite,
veuve de Pierre Forcier.
Pierre, b [5] 21 mai 1691 ; m [3] 28 nov. 1711, à

(1) Dit Larose.
(2) Elle épouse, le 23 août 1688, Denis Charpentier, à Boucherville.
(3) Dit Desmarets.

Marie-Joseph Joyelle. — *Jean-Baptiste*, b... 1° m 1717, à Louise-Catherine Perineau ; 2° m à Marie-Françoise Danis.

1711, (28 nov.) St-Frs-du-Lac. [4]
II.—ABRAHAM (1), Pierre. [René I.
Joyelle, Marie-Joseph. [Jacques I.
Ignace, b [4] 22 avril 1714 ; m [4] 14 avril 1749, à Charlotte Joliet.—*Anonyme*, b [4] et s [4] 22 sept 1712.—*Marie-Louise*, b [4] 29 janvier 1716 ; m [4] 28 avril 1748, à Joseph Forville.—*Joseph*, b [4] 14 nov. 1717 ; 1° m [4] 12 juin 1747, à Geneviève Joliet ; 2° m [4] 6 février 1758, à Louise Courville ; 3° m 1767, à Elizabeth Lhuissier.—*Marie-Agathe*, b [4] 1er mai 1719 ; m [4] 5 août 1748, à Louis Perron.—*Anne-Judith*, b [4] 2 février 1721 ; m [4] 6 février 1747, à Jean-Baptiste Dubord.—*Marguerite*, b [4] 4 février 1723 ; m [4] 25 avril 1744, à Jacques Antaya.—*Pierre*, b [4] 14 oct. 1726 ; s [4] 26 avril 1738.—*Jean-Baptiste*, b [4] 15 nov. 1728 ; m 15 mai 1752, à Marie-Louise Roy, à Lavaltrie.—*Joseph*, b [4] et s [4] 16 oct. 1730.—*Jacques*, b [4] 26 nov. 1731. —*Françoise*, b... m [4] 17 mai 1758, à Jean-Baptiste Letendre.—*Antoine-Joseph*, b [4] 18 déc. 1735 ; s [4] 18 avril 1747.

1717.
II.—ABRAHAM (2), Jean-Bte. [René I.
1° Perineau, Louise-Catherine. [Jacques I.
Ignace, b 30 juin 1718, à St-Frs-du-Lac.—*Pierre*, b 11 nov. 1720, à Montréal.
2° Danis, Marie-Françoise, [Jean II.
s avant 1753.
Jean-Baptiste, b... m 26 janvier 1753, à Marie-Angélique Roy, à Lachine.

1747, (12 juin) St-Frs-du-Lac. [4]
III.—ABRAHAM (3), Joseph. [Pierre II.
1° Joliet (4), Geneviève, [Charles III.
b 1725 ; s 24 mars 1757, à St-Michel d'Yamaska. [5]
Joseph, b [5] 3 avril 1748.—*Louis*, b [5] 29 août 1740.—*Ignace*, b [5] 16 juillet et s [5] 2 nov. 1751. —*Geneviève*, b [5] 8 oct. 1752.—*Geneviève*, b [5] 10 mars 1754.—*Charlotte*, b [5] 27 février et s [5] 9 mars 1757.—*Marie*, b [5] 27 février et s [5] 3 août 1757.
1758, (6 février). [4]
2° Courville, Louise.
Marie-Louise, b [4] 27 déc. 1758.—*Michel*, b [4] 21 mai et s [4] 30 juin 1762.—*Pierre*, b [5] 21 sept. 1760.
1767.
3° Lhuissier, Elisabeth.
Jean-Baptiste, b [5] 20 juin 1768.

1749, (14 avril) St-Frs-du-Lac. [4]
III.—ABRAHAM (5), Ignace. [Pierre II.
Joliet, Charlotte (6), [Charles III.
veuve de Vital Caron.

(1) Dit Desmarets.
(2) Dit Courville.
(3) Dit Desmarets.
(4) Dit d'Anticosti.
(5) Dit Desmarets.
(6) Elle épouse, le 23 août 1751, Louis Cotton, à St-Frs-du-Lac.

Elisabeth, b [4] 12 janvier et s [4] 1er août 1750.

1752, (15 mai) Lavaltrie. [4]
III.—ABRAHAM (1), Jean-Bte. [Pierre II.
Roy (2), Marie-Louise. [Louis III.
Jean-Baptiste, b [4] 26 février 1753.—*Marie-Joseph*, b 15 déc. 1754, à Lanoraie.

1753, (26 janvier) Lachine. [d]
III.—ABRAHAM (3), Jean-Bte. [Jean-Bte II.
Roy, Marie-Angélique. [Louis III.
Marie-Angélique, b... s [3] 3 oct. 1760.

ABRANT.—Voy. Abraham.

I.—ACAIA, Marie-Joseph, épouse de Joseph Marcereau.

1760, (5 oct.) Ste-Anne-de-la-Pérade.
I.—ACHARD, Joseph-André, fils de Guillaume et de Marie-Anne Gaspard, de St-Sulpice, Paris.
Horson, Marie-Anne. [Jean-Bte II.

1667, Trois-Rivières.
I.—ACHIN (4), André,
s avant 1704.
Pieton, Françoise,
b 1651 ; s 19 sept. 1700, à Montréal. [1]
François, b [1] 1er juin 1684 ; m 7 janvier 1704, à Marie Séguin, à Longueuil. [2]—*Etienne*, b 1677 ; m [1] 1er juin 1700, à Marie Marsille ; s [2] 12 oct. 1726.—*Charles*, b... m 1719, à Madeleine Dupont.

1700, (1er juin) Montréal. [2]
II.—ACHIN, Etienne, [André I.
b 1677 ; s 12 oct. 1726, à Longueuil. [1]
Marsille, Marie, [André I.
s [1] 7 juin 1728.
Marie Madeleine, b [1] 23 déc. 1702 ; s [1] 12 avril 1703—*Ursule*, b [2] 22 juin 1701 ; s [1] 18 avril 1703.—*Ursule*, b [1] 12 mars 1704 ; m [1] 16 février 1722, à François Patenote ; s [1] 19 juin 1744.—*Etienne*, b [1] 8 mai 1706 ; m [1] 14 mai 1729, à Thérèse Patenote.—*Marguerite*, b [1] 9 août 1708 ; m [1] 15 nov. 1728, à Joseph Patenote.—*Marie*, b [1] 12 nov. 1711 ; m [1] 30 déc. 1731, à Toussaint Benoit.—*Pierre*, b [1] 6 oct. 1714 ; m [1] 5 février 1742, à Marie-Françoise Marie ; s [1] 18 janvier 1758.—*Jeanne*, b [1] 29 avril 1718 ; m [1] 15 juin 1739, à Joseph-Marie Gervais.—*Jeanne*, b... m [1] 14 sept. 1744, à Etienne Robidoux.—*Angélique*, b [1] 12 mars 1721 ; m [1] 5 février 1742, à François Desève.

1704, (7 janvier) Longueuil. [1]
II.—ACHIN (5), François, [André I.
b 1684.
Séguin, Marie, [François I.
veuve d'Antoine Marie ; b 1676 ; s [1] 26 mai 1753.

(1) Dit Desmarets.
(2) Dit Desjardins.
(3) Dit Courville.
(4) Etymologie Haquin, scandinave.
(5) Dit Catin.

Etienne, b ¹ 9 février 1705 ; s ¹ 12 déc. 1728.—*Antoinette*, b ¹ 21 février 1706 ; m ¹ 9 janvier 1741, à Joseph LONGTIN. — *Marie-Françoise*, b ¹ 22 juillet 1707 ; m ¹ 4 nov. 1726, à Jean-Baptiste BIGUÉ.— *Marie-Marguerite*, b ¹ 14 janvier 1710 ; m ¹ 19 nov. 1731, à François LAMOUREUX. — *François*, b ¹ 3 juin 1712 ; m ¹ 9 février 1739, à Marie-Anne JEANNE.—*Pierre*, b ¹ 10 déc. 1713 ; m 3 février 1739, à Agnès BARETTE, à Laprairie.

1719.

II.—ACHIN, CHARLES. [ANDRÉ I.
DUPONT, Madeleine. [FRANÇOIS II.
Marie-Tècle, b 24 déc. 1720, à Ste-Famille, I.O.

1729, (14 mai) Longueuil. ¹

III.—ACHIN, ETIENNE. [ETIENNE II.
PATENOTE, Thérèse. [CHARLES II.
François, b ¹ 18 mars 1730.—*Marie-Thérèse*, b ¹ 28 février et s ¹ 13 mai 1731.— *Etienne*, b ¹ 25 janvier 1734 ; s ¹ 28 nov. 1737.—*Thérèse-Amable*, b ¹ 13 juillet et s ¹ 6 nov. 1735.— *Marie-Amable*, b ¹ 23 nov. 1739 ; m ¹ 2 février 1761, à Sulpice BOUTEILLER.—*Etienne*, b... m ¹ 5 février 1753, à Marie-Françoise LHUISSIER.

1739, (3 février) Laprairie. ²

III.—ACHIN, PIERRE. [FRANÇOIS II.
BARETTE, Agnès. [GUILLAUME II.
Pierre, b... m ¹ 1763, à Françoise LEFEBVRE.

1739, (9 février) Longueuil. ³

III.—ACHIN (1), FRANÇOIS. [FRANÇOIS II.
JEANNE, Marie-Anne. [JEAN II.
François, b ³ 7 déc. 1739.—*Joseph-Antoine*, b ³ 10 juillet 1743 ; s ³ 15 juin 1750.—*Marie-Anne*, b ³ 8 juillet 1746.—*Pascal-Michel*, b ³ 6 avril 1749.— *Marie-Marguerite*, b ³ 14 mars 1751 ; s ³ 9 juillet 1754.—*Marie-Catherine*, b ³ 26 oct. 1753.

1742, (5 février) Longueuil. ³

III.—ACHIN, PIERRE, [ETIENNE II.
b 1715 ; s ³ 18 janvier 1758.
MARIE, Marie-Françoise, [FRANÇOIS II.
b 1724 ; s ³ 6 sept. 1757.
Marie-Françoise, b ³ 31 oct. 1742.—*François*, b ³ 3 déc. 1744.—*Pierre*, b ³ 6 oct. 1747.—*Etienne*, b ³ 9 juillet 1751.—*Marie-Angélique*, b ³ 23 juin 1753.—*Marie-Amable*, b 1756 ; s ³ 18 mai 1757.

1753, (5 février) Longueuil. ¹

IV.—ACHIN (2), ETIENNE. [ETIENNE III.
LHUISSIER, Marie-Françoise. [NICOLAS III.
Marie-Françoise-Amable, b ¹ 14 et s ¹ 16 nov. 1753.—*Antoine*, b ¹ 11 oct. 1760.

1763.

IV.—ACHIN, PIERRE. [PIERRE III.
LEFEBVRE, Françoise. [JACQUES I.
Marie-Catherine, b 26 juillet 1764, à Saint-Philippe.

ACHIN, MARGUERITE, épouse de Michel CHABOT.

(1) Dit Buron.
(2) Dit Saint-André.

ACHON, PAUL.—Voyez COCHON, 1761.

ACO, MARIE, épouse d'Antoine BAILLARGEON.

1758, (10 janvier) Québec.

I.—ADAL (1), ETIENNE, soldat, fils d'Etienne et de Marie-Louise ……, de Mérac, diocèse d'Auch.
HEURTAUT, Louise-Marguerite. [JEAN I.

ADAM.—Voy. LEDOUX.

I.—ADAM, ANNE, b 1652, fille de Corneille et de Michelle Delacourt, de St-Jacques de Compiègne, diocèse de Soissons ; m 7 nov. 1671, à Jean POLICAIN, à Quebec ; s 18 mai 1709, à Lévis.

I.—ADAM, JEAN, notaire royal ;
b 1636 ; s 3 sept. 1711, à Beaumont.
MEZERAY, Marie. [RENÉ I.
Marie-Anne, b 9 février 1687, à Lévis ; m 23 oct. 1713, à Guillaume COUTURE, à St-Laurent, I. O. ² ; s ² 26 janvier 1760.

1696, (1er mai) Beaumont. ¹

II.—ADAM, RENÉ, [JEAN I.
s ¹ 27 sept. 1717.
MAILLOU, Anne (2), [MICHEL I.
veuve de Nicolas Coulombe.
René, b 1711 ; m ¹ 8 nov. 1734 à Marie MAUPAS, s ¹ 2 avril 1798.

1701, (24 février) Longueuil. ¹

I.—ADAM (3), GUILLAUME,
b 1662 ; s 24 mai 1718, à Montréal.
CHARON, Catherine, [PIERRE I.
b 1679 ; s ¹ 3 juin 1739.
Marguerite-Marie, b ¹ 7 août et s ¹ 28 déc. 1716. —*Marie*, b 1707 ; m ¹ 18 oct. 1728, à Joseph ROUILLER ; s ¹ 30 nov. 1752.—*Catherine-Marie*, b ¹ 28 nov. 1701 ; s ¹ 26 mai 1703.—*Guillaume*, b ¹ 20 avril 1704 ; m ¹ 18 février 1732, à Marguerite BOHEUR.—*François*, b ¹ 1er juin 1706, m ¹ 6 février 1736, à Marie-Louise BRAY — *Marie-Joseph*, b ¹ 23 déc. 1708 ; m à Charles Alexandre ROY ; s 23 août 1753, à Lavaltrie — *Marie-Madeleine*, b ¹ 21 février 1710 ; s ¹ 10 janvier 1734.—*Antoine*, b ¹ 19 juillet 1713 ; m ¹ 6 février 1741, à Marie-Charlotte BOUTEILLER.

1708, (16 avril) Batiscan. ¹

II.—ADAM, JEAN-BAPTISTE, [JEAN I.
s ¹ 8 sept. 1730.
GUILLET, Catherine, [LOUIS I.
s ¹ 20 juin 1752.
Marie-Anne, b ¹ 20 janvier 1709 ; 1° m 16 sept. 1731, à Ignace BARIL, à Ste-Anne-de-la-Perade ; 2° m ¹ 11 février 1737, à Jean BARIBAUT. —*Ignace*, b ¹ 24 nov. 1710 ; 1° m ¹ 13 février 1736, à Françoise BARIBAUT ; 2° m ¹ 14 juin 1751, à

(1) Dit Saint-Amour.
(2) Elle épouse, le 6 mai 1718, Jean-François Lemoyne, à Beaumont.
(3) Dit Laramée, caporal de M. de Longueuil.

Marie-Louise RIVARD; 3° m¹ 17 février 1755, à Marie-Catherine TROTIER ; s¹ 6 août 1792.— *Marie-Joseph*, b¹ 16 oct. 1712 ; 1° m¹ 26 nov. 1731, à Alexis BARIL ; 2° m 2 juin 1747, à Charles ROY, à St-Pierre les Becquets. ²—*Jean-Baptiste*, b¹ 21 juin 1714; m à Marie-René TIFAUT ; s¹ 26 dec. 1784.— *Joachim*, b¹ 27 février 1716.— *Joseph*, b¹ 7 nov. 1717, 1° m² 23 mai 1747, à Marie-Joseph MAILLOT ; 2° m à Marie-Charles TIFAUT.—*Marie-Catherine*, b¹ 8 dec. 1719 ; m¹ 14 avril 1738, à Gervais BARIL.—*Marie-Ursule*, b¹ 9 mai 1724; m¹ 29 sept. 1744, à Joseph LARIOU. —*Marie-Angélique*, b¹ 8 mars 1726 ; s¹ 2 sept. 1737.—*Elizabeth-Amable*, b¹ 9 juillet 1730; s¹ 25 février 1732.—*Antoine*, b... m¹ 7 avril 1755, à Marie-Madeleine YVON.—*Marie-Rose*, b¹ 22 nov. 1721 ; 1° m¹ 10 mai 1739, à Joachim MAILLOT ; 2° m² 19 avril 1751, à Louis AUGÉ.

1720, (19 nov.) Beaumont. ¹

III.—ADAM, IGNACE,   [RENÉ II
s¹ 31 dec. 1759.
1° LACASSE, Suzanne,   [JOSEPH II.
b 1709 ; s¹ 8 dec. 1749.
Jean, b 1727 ; s 1ᵉʳ déc., à St-Thomas.—*Ignace*, b¹ 14 sept. 1721 ; 1° m 7 avril 1750, à Marie-Charles HUOT, à L'Ange-Gardien ; 2° m 22 février 1762, à Marie PAMPALON, à Quebec.—*Jean-Baptiste*, b¹ 31 janvier 1723 ; s¹ 17 sept. 1725. —*Pierre*, b¹ 17 août 1726 ; m 20 nov. 1753, à Angelique BOLDUC, à St-Valier.—*Joseph*, b¹ 25 août 1724 ; m 5 nov. 1753, à Marie-Joseph PLANTE, à St-Michel.²—*Suzanne*, b¹ 21 et s¹ 27 février 1728.—*Marie-Louise*, b¹ 14 avril 1729 ; m¹ 15 nov. 1751, à Jean-Baptiste BISSONNET.—*Elizabeth*, b¹ 5 août 1731 ; s² 14 mai 1759.—*Marie-Marthe*, b¹ 8 avril 1733 ; m¹ 27 janvier 1755, à Joseph-Andre SAMSON.—*Jean-Marie*, b¹ 2 avril 1735.— *Thomas*, b¹ 8 mars 1737.—*Marie-Geneviève*, b¹ 22 mars et s¹ 23 avril 1739.—*Marie-Marguerite*, b¹ 27 août 1740 ; s¹ 27 janvier 1741.—*Marguerite*, b¹ 19 avril et s¹ 9 août 1744.—*Marie-Anne*, b... 1° m à Pierre HIZOIR ; 2° m 19 janvier 1761, à Joseph BISSONNET.

1754, (4 nov) ²
2° LEFEBVRE (1), Ursule,   [CLAUDE II.
veuve d'Antoine Dutille.
Joseph, b¹ 15 août 1755.—*Marie*, b¹ 15 août 1755.

1732, (18 février) Longueuil. ¹
II.—ADAM, GUILLAUME.   [GUILLAUME I
BOHEUR, Marguerite,   [NICOLAS I.
s¹ 22 mars 1757.

1734, (8 novembre) Beaumont.¹
III.—ADAM, RENÉ,   [RENÉ II.
s¹ 2 avril 1798.
MAUPAS (2), Marie-Joseph,   [NICOLAS I.
s¹ 28 mai 1770.
Anonyme, b¹ et s¹ 10 sept. 1735.—*Marie-Joseph*, b¹ 20 avril 1737.—*René*, b¹ 29 mars 1739 ; s¹ 7 mars 1756.—*Françoise*, b¹ 3 nov. 1742, 1° m¹ 14 nov. 1763, à Auguste FRASER ; 2° m¹ 20 février 1781, à Jacques BOSCHÉ ; s¹ 22 mars 1828. — *Marguerite*, b¹ 17 août 1745 ; m¹ 19 nov. 1764, à Antoine DUTIL. — *Joseph-Marie*, b¹ 5 février 1751 ; s 29 déc. 1759, à St-Michel.

1736, (6 février) Longueuil. ³
II.—ADAM, FRANÇOIS.   [GUILLAUME I.
BRAY, Marie-Louise.   [LÉGER II.
François-Amable, b³ 16 avril 1737 ; m³ 7 janvier 1763, à Marie-Geneviève VINCENT.—*Marie-Louise*, b³ 9 avril et s³ 8 août 1738.—*Pierre*, b³ 22 mars 1739.—*Angélique*, b³ 2 avril 1740 ; m³ 2 février 1761, à Vincent BENOIT.—*Joseph*, b³ 22 et s³ 27 oct. 1742.—*Marie-Joseph*, b³ 16 février 1744.—*Joseph*, b³ 3 et s³ 18 sept. 1745. — *Marie-Madeleine*, b³ 1ᵉʳ mars et s³ 17 juillet 1747. — *Toussaint*, b³ 12 et s³ 29 février 1748.—*Antoine*, b³ 9 et s³ 20 mai 1750.—*Louis*, b³ 5 mars et s³ 16 mai 1752.

1736, (13 février) Batiscan. ⁴
III.—ADAM, IGNACE,   [JEAN-BTE II.
s⁴ 6 août 1792.
1° BARIBAUT (1), Françoise,   [PIERRE II.
s⁴ 1ᵉʳ dec. 1749.
Joseph, b⁴ 15 nov. 1739. — *Pierre*, b 1738 ; s⁴ 5 février 1756. — *Marguerite*, b... m⁴ 10 février 1766, à Jean-Baptiste BIRON. — *Marie-Françoise*, b 14 juin 1743, à St-Pierre les Becquets⁵, s⁵ 5 juillet 1746.—*Marguerite*, b⁵ 6 avril 1746.—*Marie-Geneviève*, b⁴ 8 avril 1748 ; s⁴ 17 janvier 1749.—*Marie-Louise*, b⁴ 8 avril 1748 ; s⁴ 21 juin 1749.

1751, (14 juin). ⁴
2° RIVARD, Marie-Louise,   [PIERRE III.
s⁴ 18 août 1753.

1755 (17 février). ⁴
3° TROTIER, Marie-Catherine.   [ANTOINE III.
Ignace, b⁴ 23 nov. 1756 ; s⁴ 22 sept. 1757. — *Pierre*, b⁴ 5 avril et s⁴ 18 nov. 1758.—*François*, b⁴ 5 juillet 1760. — *Antoine*, b⁴ 16 mars 1764. —*Jean-Baptiste*, b... m⁴ 15 février 1790, à Marguerite LEMAY.—*Isaac*, b... m⁴ 10 nov. 1794, à Victoire DEVAU.

1741, (6 février) Longueuil. ¹
II.—ADAM, ANTOINE   [GUILLAUME I.
BOUTEILLER, Marie-Charlotte.   [ANTOINE II.
Marie-Charlotte, b¹ 28 dec. 1741 ; s¹ 2 février 1742. — *Antoine*, b¹ 24 janvier et s¹ 20 juillet 1743.—*Marie-Joseph*, b¹ 11 août 1744. — *Antoine*, b¹ 1ᵉʳ janvier 1746.—*Marguerite*, b¹ 3 mars 1747.—*Joseph*, b¹ 5 et s¹ 21 juillet 1748.— *Pierre*, b¹ 15 juillet 1749; m 2 mars 1772, à Marie BOURGERIS, à Boucherville.—*Michel-Amable*, b¹ 1ᵉʳ janvier 1751.—*Pélagie*, b¹ 12 juillet 1752.—*Marie-Charlotte*, b¹ 25 février 1754.— *Jacob*, b¹ 24 janvier 1762.

1742, (17 août) St-Thomas.
I.—ADAM, PIERRE, fils de Julien et de Françoise Prieux, de Plaidien, diocèse de Dol.
VERIEUL, Marie,   [NICOLAS II.
veuve de Joseph Lamarre

---

(1) Dit Le Boulanger.
(2) Dit Saint-Hilaire.

(1) Dit Beaupré.

1747, (23 mai) St-Pierre les Becquets.
III.—ADAM, JOSEPH.   [JEAN-BTE II.
  1° MAILLOT, Marie-Joseph,   [PIERRE II.
     veuve d'Antoine Auge; s 16 nov. 1767, à Lotbinière. ²
     Joseph, b 17 juillet 1754, à St-Jean-Deschaillons. — *Angélique,* b ² 20 sept. 1750. — *François-Xavier,* b ² 15 février 1756.—*Marguerite,* b ² 29 août 1758.—*Marie-Joseph,* b 2 nov. 1752, à Deschambault.
  2° TIFAUT, Marie-Charlotte.   [DAMIEN II.
     Joseph, b... m 26 janvier 1795, à Françoise BERTRAND, à Batiscan.

1746.
III.—ADAM, JEAN-BTE,   [JEAN-BTE II.
  s 26 déc. 1784, à Batiscan. ³
  TIFAUT, Marie-Renee.   [DAMIEN II.
     Marie-Catherine, b ³ 3 mars 1747; 1° m ³ 22 nov. 1762, à Joseph AYOT; 2° m ³ 26 janvier 1778,à Jean-Baptiste TESSIER; s ³ 26 janvier 1781. —*Anonyme,* b ³ et s ³ 27 dec. 1748.— *Anonyme,* b ³ et s ³ 5 déc. 1750.

1750, (7 avril) l'Ange-Gardien.
IV.—ADAM, IGNACE.   [IGNACE III.
  1° HUOT, Marie-Charlotte,   [NICOLAS II.
     b 1724; s 23 nov. 1759, à St-Michel.
         1762, (22 février) Québec.
  2° PAMPALON, Marie.   [MICHEL II.

1752, (1ᵉʳ mai) Charlesbourg.
I.—ADAM, JACQUES (1), fils de Pierre et de Jeanne Picheau, de Dame-Marie, diocèse de Chartres.
  BARBOT, Marie-Joseph,   [SIMON II.
     veuve de Louis Penin.

1753, (5 nov.) St-Michel. ⁵
IV.—ADAM, JOSEPH.   [IGNACE III.
  PLANTE, Marie-Joseph.   [SIMON III.
     Joseph, b ⁵ 30 juillet 1754.—*Jean-Baptiste,* b ⁵ 4 juillet 1758, au Cap St-Ignace; s ⁵ 24 janvier 1760. — *Basile,* b ⁵ 8 oct. 1756. — *Marie-Joseph,* b 30 juillet 1761, à Québec.

1753, (20 nov.) St-Valier. ⁶
IV.—ADAM, PIERRE.   [IGNACE III.
  BOLDUC, Angelique.   [LOUIS III.
     Marie-Ursule, b ⁶ 21 oct. 1756. — *Pierre,* b ⁶ 3 nov. 1757; s 6 sept. 1758, à St-Michel. ⁵ — *Marie-Joseph,* b ⁵ 21 oct. 1759. — *Marie-Judith,* b ⁵ 23 nov. 1760.—*Françoise,* b ⁵ 12 mars 1763.

1755, (7 avril) Batiscan. ⁷
III.—ADAM, ANTOINE.   [JEAN-BTE II.
  YVON, Marie-Madeleine.   [FLEURY III.
     Eustache, b ⁷ 22 avril 1764.—*Suzanne,* b... m 4 nov. 1788, à Charles BELISLE, à St-Cuthbert.

1756, (4 nov.) Montréal.
I.—ADAM, GUILLAUME, fils de Guillaume et de Marthe Allivers, de Capet, diocèse de Cahors; b 1735.

BIBAU, Marie-Joseph.   [JEAN-BTE II.

1757, (7 février) Charlesbourg.
I.—ADAM, QUENTIN (1), fils de Pierre et de Marie-Geneviève Richer, de St-Laurent, diocèse de Paris.
  PEPIN, Thérèse,   [JEAN II.
     veuve de Jacques Thomas.

1760, (25 sept.) Yamachiche. ⁸
I.—ADAM, JOSEPH, fils de Gregoire et de Jeanne Droit, d'Usui, diocèse de Verdun.
  GUINARD, Marie-Joseph,   [PIERRE I.
     veuve d'Etienne Grenier.
     Joseph, b ⁸ 17 juillet et s ⁸ 3 août 1762.— *Joseph,* b ⁸ 14 février et s ⁸ 6 avril 1765. — *Jean,* b ⁸ 22 et s ⁸ 25 juin 1767.

1763, (7 janvier) Longueuil.
III.—ADAM, FRANÇOIS.   [FRANÇOIS II.
  VINCENT, Marie-Geneviève.   [FRANÇOIS.

1766.
I.—ADAM, CHARLES, (anglais) de Londres.
  LATREMOUILLE, Marie.
     Charles, b 17 janvier 1767, à Lachine.

ADAM, MARTHE, épouse de Joseph SAMSON.

ADAM, JEAN.
  TROTIER, Angélique.
     Anonyme, b et s 25 janvier 1770, à Batiscan.

I.—ADAM, JEAN (2).
  SAINT-LOUIS, Marie-Joseph,
     b 1771; s 21 avril 1797, à Nicolet.

1772, (2 mars) Boucherville.
III.—ADAM, PIERRE.   [ANTOINE II.
  BOURGERIS, Marie.   [JOSEPH IV.

ADAM, FRANÇOIS-XAVIER,
  b 1755; s 22 sept. 1823, à St-Jean-Deschaillons. ¹
  1° TOUSIGNAN, Angélique,
     b 1751; s ¹ 3 oct. 1800
  2° LEMAY, Geneviève.

1790, (15 février) Batiscan.
IV.—ADAM, JEAN-BTE.   [IGNACE III.
  LEMAY, Marguerite.   [SIMON.

1794, (10 nov.) Batiscan. ⁷
IV.—ADAM, ISAAC.   [IGNACE III.
  DEVAU, Victoire.   [MICHEL.
     François-Isaac, b ⁷ 27 sept. 1795.

1795, (26 janvier) Batiscan.
IV.—ADAM, JOSEPH.   [JOSEPH III.
  BERTRAND, Françoise.   [LOUIS.
     Adelaide, b... m 10 février 1823, à Joseph ROIROUX, à St-Jean-Deschaillons.

---
(1) Soldat de la Compagnie de St-Pierre.

(1) Soldat de la Compagnie de Lanaudière.
(2) Médecin allemand.

ADAM, JUDITH, épouse de Michel BOILARD.

ADAM, MARIE, épouse d'Alexandre FRASER.

I.—ADAMS, URSULE (1), épouse de Charles BRISEBOIS.

I —ADAMS, JAMES (2), tisserand.
FORD, Catherine.
Clément (3), b 18 nov. 1705, à Montréal [9]; s [s] 22 février 1706.

I.—ADDE, FRANÇOIS.
ALBERT, Marie-Louise.
François, b... m 24 février 1772, à Marie-Claire CADIEU, à Varennes.

1772, (24 février) Varennes.
II.—ADDE, FRANÇOIS. [FRANÇOIS I.
CADIEU, Marie-Claire. [FRANÇOIS.

1667, Québec.
I.—ADHEMAR, ANTOINE (4),
b 1640 ; s 16 avril 1714, à Montréal. [1]
1º SAGEOT, Geneviève,
b 1650, à Paris, s 30 août 1683, à Champlain.
Jeanne, b 1674 ; m [1] 18 avril 1690, à Joseph DENIAU ; s [1] 23 mai 1743.—Madeleine, m à Antoine BEAUMONT.—Marie, m à BOURGIN ; s [1] 26 mars 1756.
1687, (Cap de la Madeleine).
2º CUSSON, Michel. [JEAN I.
Jean-Baptiste, b [1] 16 mars 1689 ; 1º m [1] 20 mai 1715, à Catherine LEPAILLEUR ; 2º m [1] 7 janvier 1733, à Catherine MOREAU, s [1] 30 déc. 1754.—Elisabeth, 1º m à Jean-Baptiste LERICHE , 2º m à Jean-Baptiste LAPORTE ; s avant 1738.

1715, (20 mai) Montréal. [3]
II —ADHÉMAR, JEAN-BTE, [ANTOINE I.
notaire royal , b 1689 ; s [6] 20 déc. 1754.
1º LEPAILLEUR, Catherine, [MICHEL I
b 1696.
1733, (7 janvier). [3]
2º MOREAU, Catherine. [PIERRE I.
Madeleine-Catherine, b [3] 15 juillet 1734.—Jean-Baptiste-Amable, b [4] 29 janvier 1736 ; m [3] 31 mars 1761, à Marguerite LEMOINE.—Toussaint-Antoine, b [d] 10 sept. 1740 , m à Geneviève BLONDEAU.

1720, (7 mars) Québec. [4]
I.—ADHÉMAR (5), GASPARD, fils d'Antoine (gouverneur de Manton en Provence) et de Jeanne de Truchi ; s 7 nov. 1756, à Montréal.

(1) Née le 13 mars 1674, à Hampshire, fille de Charles Adams et de Rebecca Smith. Elle fut prise en guerre en 1694, reçut le baptême le 6 avril 1697, à Montréal.
(2) Habitant de Wells, Nouvelle-Angleterre, fait prisonnier de guerre, avec sa femme, le 22 août 1703.
(3) Natif de Wells, Nouvelle-Angleterre.
(4) Greffier.
(5) Chevalier, sieur de Lantagnac, lieutenant.

MARTIN-DELINO, Marie-Geneviève. [MATHIEU I.
Catherine-Ignace, b [4] 29 mai 1721.—Marie-Anne, b [4] 14 juin 1722 ; m [4] 28 nov. 1741, à Auguste-Antoine DE LA BARRE.—Pierre-Gaspard, né le 20 mai 1724 ; b [4] 25 oct. 1724. Geneviève-Françoise, b [4] 19 août 1725.—Elisabeth, b [4] 6 déc. 1726. — Marie-Charlotte, b [4] 16 mai 1729. — Jeanne-Charlotte, b [4] 6 oct. 1729. — Angélique, b [4] 30 oct. 1730.—Louis, b [4] 1er janvier 1732.—François, b [4] 16 déc. 1732.

1761, (31 mars) Montréal.
III.—ADHÉMAR, JEAN-BTE. [JEAN-BTE II.
LEMOINE-DESPINS, Marguerite. [RENÉ II.

III.—ADHÉMAR (1), TOUSSAINT-ANTOINE, médecin. [JEAN-BTE II.
BLONDEAU, Geneviève.
Marie-Geneviève,b 28 février 1772,au Détroit. [5]—Charlotte-Catherine, b [5] 14 mars 1773.—Jacques-Antoine, b [5] 2 avril 1774.—Joseph, b [5] 14 avril 1775. — Jean-Baptiste, b [5] 17 oct. 1776 ; s [5] 13 nov. 1777.—Marie-Angélique, b [5] 22 mars 1778. —Marie-Louise, b [5] 19 janvier et s [5] 10 février 1780.

1757, (16 mai) Chambly. [6]
I.—ADNÉ, LOUIS, soldat, fils de Claude et de Françoise Richard, d'Auvergne, en Lorraine.
COULON, Françoise. [FRANÇOIS III.
Joseph, b [6] 23 et s [6] 27 février 1758.—Louis, b [6] 27 janvier 1760.

1724, (2 mai) Québec. [7]
I.—AGATHE (2), LOUIS, archer, b 1696, fils de Louis et de Jeanne Ville-Dieu, de Notre-Dame de La Rochelle ; s [7] 15 février 1756.
1º VERGEAT, Marie-Jeanne, [JEAN I.
s [7] 31 déc. 1746.
Henri-Joseph, b [7] 23 avril et s [7] 24 août 1725.—Louis-Joseph, b 5 et s 22 mars 1728, à Montréal.[8]—Joseph-Marie, b [8] 25 mai et s [8] 6 juin 1729.
1747, (6 sept.) Cap-Santé.
2º MONISSET, Elisabeth, [MATHURIN I.
veuve d'Antoine Puyperoux de la Fosse

1760, (10 nov.) St-Philippe. [1]
I.—AGEMENT, JACQUES, fils de Jean et de Jeanne Provost, de Montgrillard, diocèse de Narbonne, Languedoc.
BADEU, Marie [FRANÇOIS II.
Antoine, b [1] 6 février 1763.

AGENT.—Voy. SAINT-ANDRÉ.

1748.
I.—AGNEL, THOMAS.
CONTANT, Marie. [ETIENNE III.
Paul-Thomas, b 3 nov. 1749, à Montréal.

1758, (7 janvier) Québec. [2]
I.—AGNÈS (3), JOSEPH, sergent, fils de François

(1) Saint-Martin. Il était au poste des Miamis en 1773.
(2) Dit Aucion.
(3) Dit Laguerre.

et de Françoise, Genette, de Chabon, diocèse de. Vienne, Dauphine.
BODIN, Marguerite. [PHILIPPE II.
Joseph-Pierre, b ² 12 déc. 1758.

I.—AGUERRE (1), ADRIEN.
FÉLIX, Marie-Anne.
Marie-Joseph, b et s 13 février 1759, à St-Laurent, M.

1715.

II.—AIDE-CRÉQUY, JEAN, [JEAN I.
s 19 juillet 1765, à Lotbinière.⁶
1º DUBOCQ, Marie, [GUILLAUME I.
s ⁶ 25 juin 1717.
Marie-Jeanne, b ⁶ 22 déc. 1715 ; m ⁶ 26 mai 1732, à Charles VEZINA. — Elisabeth, b... m à François BÉLANGER. — Marie-Louise, b ⁶ 3 et s ⁶ 7 janvier 1720. — Marie-Louise, b 1720 ; m à Pierre MAILLOT ; s 25 janvier 1800, à St-Jean-de-Dieu.
1715, (13 février) Pte-aux-Trembles, Q. ⁷ (2).
2º MEZERET, Marie-Louise, [JEAN II.
s ⁷ 1er février 1766.
Jean-Baptiste, b ⁷ 18 février 1729 ; m à Madeleine GATIGNON ; s 26 sept. 1795, au Détroit. — Marie-Joseph, b ⁷ 30 déc. 1730 ; s ⁷ 4 janvier 1731. — Louis, b ⁷ 27 janvier 1732. — Marie-Thérèse, b ⁷ 4 avril 1734 ; m à Jean-Baptiste LENAY. — Marie-Catherine, b 1737 ; s ⁷ 17 mai 1758.

II.—AIDE-CRÉQUY, PAUL. [JEAN I.
GUILMOT, Marguerite. [OLIVIER I.
Yves, b... m 1er janvier 1744, à Marie-Françoise ENOUILLE, à Québec.—Marguerite, b... m à Michel MARCOT.

II.—AIDE-CRÉQUY, BENOIT, [JEAN I
b 1710 ; s 6 août 1747, à la Pte-aux-Trembles, M.

1724, (17 janvier) Québec.

II.—AIDE-CRÉQUY, IGNACE, [JEAN I.
s 9 juillet 1765, à la Pte-aux-Trembles, Q.
PINEL, Madeleine. [FRANÇOIS III
Marie-Françoise, b ⁶ 25 juillet 1725 ; m ⁶ 26 nov. 1742, à François BÉLAN.—Louise, b ⁶ 28 déc 1726 ; m ⁶ 9 février 1750, à Etienne BORDELEAU.—Marie-Madeleine, b ⁶ 18 oct. 1728 ; m ⁶ 23 nov. 1750, à Pierre CARPENTIER.—Anonyme, b ⁶ et s ⁶ 22 avril 1730.—Brigitte, b ⁶ 10 juin et s ⁶ 14 août 1731.—Marie-Angélique, b ⁶ 10 juin et s ⁶ 3 août 1731.—Marie-Anne, b ⁶ 10 juin 1731 ; m ⁶ 19 janvier 1761, à François LEMONIER. — Ignace, b ⁶ 29 mars 1738 ; m ⁶ 26 janvier 1761, à Geneviève GOULET.—Marie-Clotilde, b ⁶ 13 oct. 1740 ; m ⁶ 11 avril 1763, à Jean-Baptiste DUSSAULT.

1724, (19 nov.) Pte-aux-Trembles, Q. ⁵

II.—AIDE-CRÉQUY, FRANÇOIS. [JEAN I.
COUTANCINEAU, Marie-Catherine. [PIERRE II.

Marie-Françoise, b ⁶ 25 sept. 1725 ; s ⁵ 29 oct. 1741. — François, b ⁸ 15 juin 1727. — Michel, b ⁸ 15 juin 1727 ; m ⁸ 2 février 1750, à Catherine TOUSIGNAN. — Marie-Louise, b ⁸ 12 mars 1729.—Marie-Catherine, b ⁸ 23 juillet 1730 ; m 29 mai 1759, à Pierre DUPRAT, à Québec. ⁷ — Marie-Thérèse, b ⁸ 26 août 1732. — Anonyme, b ⁸ et s ⁸ 10 mai 1734.—Marie-Angélique, b... m ⁷ 30 mai 1763, à Jean-Baptiste DEROME. — Marie-Amable, b 4 et s 8 avril 1741, à Lotbinière.—Marguerite, b... m 30 avril 1764, à Jean-Baptiste BLAIS, aux Trois-Rivières.

1729, (10 sept.) Québec. ⁵

II.—AIDE-CRÉQUY, LOUIS, [JEAN I.
maître maçon ; s ⁵ 28 février 1755.
LEFEBVRE, Marie-Helène. [THOMAS II.
Marie-Louise, b ⁵ 25 juillet 1730 ; m ⁵ 22 février 1757, à Roger LELIÈVRE. — Marie-Anne, b ⁵ 31 août 1733 ; m 9 oct. 1778, à Alexandre LEPAGE, à Terrebonne. ⁴ — Marie-Geneviève, b 3 janvier 1732, à la Pte-aux-Trembles, Q. — Jean-Baptiste, b ⁵ 22 oct. 1734. — Marie-Angélique, b ⁵ 28 oct. 1735 ; m ⁵ 30 avril 1764, à Joseph DORVAL. — Marie-Agathe, b ⁵ 9 février 1737.—Louis - Gratien, b ⁵ 8 oct. 1738 ; s ⁴ 25 nov. 1760. — Marie-Marguerite, b ⁵ 3 mars 1740 ; s ⁵ 9 janvier 1764.—Pierre-Joseph, b ⁵ 23 avril et s ⁵ 3 mai 1741. — Joseph-Antoine, b ⁵ 14 juillet 1742 ; s ⁵ 13 juillet 1744. — Joseph-Bonaventure, b ⁵ 14 et s ⁵ 30 juillet 1742.—Marie-Catherine, b ⁵ 18 mai 1744.—Marie-Joseph, b ⁵ 15 et s ⁵ 19 août 1745.—Marie-Joseph, b ⁵ 28 nov. et s ⁵ 8 déc. 1741.—Jean-Antoine (1), b ⁵ 6 avril 1746 ; ordonné 24 oct. 1773 ; s ⁵ 6 déc. 1780, dans la chapelle Ste-Famille.—Louis, b... m 1763, à Marie MENANÇON.

1744, (1er janvier) Québec. ¹

III.—AIDE-CRÉQUY (2), YVES, [PAUL II.
charpentier.
ENOUILLE, Marie-Françoise. [LOUIS I.
Yves, b ¹ 20 dec. 1744.—Geneviève, b ¹ 15 janvier 1746 ; s ¹ 14 nov. 1748.—Joseph, b ¹ 26 sept. 1747.—Marie-Suzanne, b ¹ 13 mars 1749.—Louis, b ¹ 16 janvier 1751.—Marie-Françoise, b ¹ 5 mars 1753.— Madeleine, b ¹ 10 février 1754.—Edmond, b ¹ 1er oct. 1755 ; s ¹ 3 août 1756.—Marie-Louise, b ¹ 1er oct. 1755 ; s ¹ 1er août 1756.—Théodore, b ¹ 6 oct. 1756.—Louis-Paul, b ¹ 22 oct. 1757.—Marie-Geneviève, b ¹ 12 déc. 1758.

1745, (18 oct.) Québec. ²

II.—AIDE-CRÉQUY, ANTOINE, [JEAN I.
maître-maçon.
CARPENTIER, Catherine. [ANTOINE II.
Marie-Madeleine, b ² 6 et s ² 10 août 1747.—Antoine, b ² 17 et s ² 24 sept. 1748.—Antoine-André, b ² 4 avril 1750 ; s ² 20 février 1752.—Maurice, b ² 7 février 1752. — Catherine, b ² 7 août et s 18 août 1753, à Charlesbourg.—Louis, b ² 28 oct. 1754 ; s ² 17 oct. 1756.—Jean-Thomas,

---

(1) Dit Cadet.
(2) Ce mariage a eu lieu, mais l'acte n'a pas été écrit au registre.

(1) Peintre remarquable : le tableau de la Sainte Famille, à la cathédrale, brûlé en 1867, était son œuvre.
(2) Appelé Chiquet.

b² 31 oct. et s 14 nov. 1755, à Beauport.—*Joseph*, b² 26 juillet et s 23 août 1757, à Lorette.— *François-Elie*, b² 26 juillet 1757.—*Louis-Antoine*, b² 16 sept. et s 2 oct. 1758, à St-Augustin. — *Marie-Louise*, b² 25 août 1762.— *Charles*, b 13 nov. 1759, à la Pte-aux-Trembles,Q. ³— *Marie-Thérèse*, b³ 6 déc. 1760.

1750, (2 fevrier) Lotbinière.³
III.—AIDE-CRÉQUY, MICHEL.   [FRANÇOIS II.
TOUSIGNAN, Catherine,   [MICHEL II.
s³ 22 mars 1751.
Charles, b... s 20 déc. 1759, aux Écureuils.

1761, (26 janvier) Pte-aux-Trembles, Q. ³
III.—AIDE-CRÉQUY, IGNACE.   [IGNACE II.
GOULET, Geneviève.   [JOSEPH III.
Marie-Geneviève, b³ 8 nov. 1761 ; s³ 25 avril 1766.—*Marie*, b³ 27 avril 1763.—*Marie-Louise*, b³ 14 mars 1766.—*Marie-Joseph*, b 25 oct. 1767, aux Écureuils.

1763.
III.—AIDE-CRÉQUY, LOUIS.   [LOUIS II.
MENANÇON, Marie.   [JEAN II.
Jean-Baptiste, b 24 mai 1764, à Lotbinière³ ; s³ 28 mai 1765.—*Marie-Joseph*, b³ 28 sept. 1765. —*Marie-Catherine-Victoire*, b³ 11 déc. 1766. — *Marie-Geneviève*, b 24 fevrier 1768, à Deschambault.

1763.
III.—AIDE-CRÉQUY, JEAN-BTE, [JEAN II.
habitant de la Grosse-Pointe ; b 1779 ; s 26 sept. 1795, au Detroit. ⁸
GATIGNON-DUCHESNE, Marie-Madeleine.
                             [FRANÇOIS.
Marie-Madeleine, b³ 23 août 1764 ; m à Patrick MACKALPEN. — *Cécile*, b³ 13 février 1766 ; m à George COTTERELL.—*Jean-Baptiste*, b³ 18 nov. 1767 ; m⁸ 4 février 1793, à Cecile MESNY.— *Marguerite*, b³ 28 mai 1769 ; m³ 29 janvier 1784, à Jacques CHAUVIN. — *Archange*, b⁰ 29 déc. 1770. — *Thérèse*, b³ 26 juillet 1772. — *Françoise*, b³ 5 juillet 1774 ; m³ 17 février 1794, à François MELOCHE.—*Agnès*, b³ 14 janvier 1777 ; m³ 17 août 1795, à Jean-Baptiste COMPARET.— *Marie-Louise*, b³ 31 oct. 1779.—*Marie-Anne*, b³ 2 juillet 1783.

AIDE-CRÉQUY, AUGUSTIN.
GINGRAS, Angélique.
Catherine, b 4 août 1782, à St-Augustin.

1793, (4 février) Détroit.
IV.—AIDE-CRÉQUY, JEAN-BTE. [JEAN-BTE III.
MESNY, Cécile.   [ANTOINE.

I.—AIDMONT, MICHEL,
s 15 juin 1783, au Détroit.
PÉCODY (1), Charlotte.   [FRS-ANTOINE II.

D'AIGUEBELLE, capitaine, 1757.

---

(1) De Contrecœur.

1663, Québec.
I.—AIGRON (1), PIERRE,
s avant 1709.
DOUCET, Madeleine, fille de Daniel et de Louise Melon, de St-Sauveur de La Rochelle ; s avant 1709.
Marie, b... m 10 nov. 1709, à Pierre ROQUAN-LAVILLE, à Montréal.

AILLY.—Voy. HAY.

1731, (3 oct.) Québec. ¹
I.—AIMÉ, Louis, b 1704, fils de Pierre et de Marie Caillaud, de la Chastre, diocèse de Poitiers.
MORIN (2), Marie Elizabeth.   [MOYSE I.
Victor-Louis, b¹ 8 déc. 1731.—*LouisCharles*, b¹ 28 mars 1733.—*Jules-Henri*, b¹ 29 déc. 1735. —*Marie-Clotilde*, b¹ 5 janvier 1745.

II.—AIMÉ, LOUIS-VICTOR (3),   [LOUIS I.
b 1731.

I.—AINÉ,
s avant 1755.
MICHAU, Marie-Catherine,
s 6 juillet 1755, à Montréal.

AINEAU.—*Variations et surnoms :* HUNAUT—DESCHAMPS.

AINS.—Voy. BERNARD.

1760, (19 février) Pte-aux-Trembles, Q.
I.—AITZMAN, JEAN KESBOTH, caporal (4), fils de Gaspard et de Reine Pouchtrenne, diocèse d'Alkerick, Alsace.
GIRAUD, Jeanne.   [JACQUES I.

I.—ALACHAISE, SYLVINE, épouse d'Antoine CHEROUX.

1706, (19 janvier) Lorette. ³
II.—ALAIN (5), NOEL SIMON,   [SIMON I.
b 1678 ; s³ 28 fevrier 1726.
HAMEL, Marie-Anne,   [JEAN-FRANÇOIS II.
s³ 15 juillet 1744.
Noel, b³ 16 nov. 1706 ; m³ 25 janvier 1740, à Marie-Anne JOLIETTE.—*Marie-Anne*, b³ 20 mars et s³ 11 sept. 1708.—*Marie-Anne*, b³ 19 sept. 1709 ; s³ 17 février 1726. — *Marie-Joseph*, b³ 25 février 1711 ; 1° m 7 janvier 1737, à Thérèse CONSTANTIN, à St-Augustin² ; 2° m 21 février 1746, à Marie-Hélène CLOUTIER, au Château-Richer ; 3° m³ 19 avril 1762, à Louise CHAPEAU.— *Jean*, b³ 27 oct. 1712 ; 1° m² 7 janvier 1737, à Angélique CONSTANTIN ; 2° m² 3 mai 1745, à Jeanne-Françoise PICHET.—*René*, b³ 29 juillet et s³ 10 oct. 1714.—*Charles*, b³ 7 sept. 1715 ; m 1746, à Marie-Joseph GAGNÉ ; s⁸ 23 nov. 1758.

---

(1) Etymologie, diminutif d'*aigre* ou *aigrette* : panache.
(2) Dit Chenevert.
(3) Etait à Saint-Cuthbert le 1er juin 1790.
(4) Compagnie de Mezière.
(5) Etymologie.—Nom d'homme—personnel.—En anglais *Allen*.—*Maufait*.

—*Pierre-Simon*, b ³ 14 avril 1717 ; m ³ 11 janvier 1740, à Geneviève MANSEAU.—*François-Marie*, b ³ 4 mars 1719 ; m ² 27 nov. 1741, à Françoise PETIT-CLERC ; s ³ 7 déc. 1751.—*Marie-Catherine*, b ³ 11 mars 1721 ; m ³ 22 février 1740, à Charles DION.—*Marie-Geneviève*, b ³ 12 août 1722 ; 1° m ³ 9 janvier 1741, à Jacques FLUET ; 2° m ³ 3 janvier 1755, à Ignace DION.—*Marie*, b 22 mars 1724, à Ste-Foye.—*François* b... m à Madeleine Roy. —*Marie-Louise*, b ³ 6 oct. 1725 ; m à André LIÉNARD, 1744 (1).

ALAIN, LOUISE-GABRIELLE, épouse de Régis BONHOMME.

ALAIN, MARIE-JOSEPH, épouse d'Antoine HAMEL.

1713, (22 février) Ste-Anne.
II.—ALAIN, PIERRE,   [SIMON I.
s avant 1750.
RACINE, Anne,   [FRANÇOIS II.
s 25 dec. 1750, à Lorette. ⁵
Pierre-François, b ⁵ 10 dec. 1713 ; s ⁵ 5 janvier 1714.—*Pierre* b... m ⁵ 17 mai 1745, à Marie-Charles DROLET.—*Marie-Anne*, b ⁵ 19 oct. 1714 ; m à Denis MOISAN.—*Mathurin*, b ⁵ 1ᵉʳ janvier 1717.—*Joseph*, b ⁵ 3 nov. 1718 ; m 27 nov. 1741, à Marie-Joseph PETITCLERC, à St-Augustin ; s ⁵ 13 avril 1764.—*Marie-Angélique*, b ⁵ 7 oct. 1720 ; m ⁵ 7 janvier 1744, à Pierre MARANDA.—*Ignace-François*, b ⁵ 3 août 1722 ; m ⁵ 1ᵉʳ fevrier 1751, à Marguerite VOYER. — *François-Noel*, b ⁵ 25 février 1724 ; 1° m ⁵ 21 avril 1749, à Marie-Thérèse GAUVIN ; 2° m 22 nov. 1651, à Marie-Louise MAILLOUX, à Beauport ; 3° m à Marie-Josette DROLET. — *Louise-Agathe*, b ⁵ 24 sept. 1727. — *Marie-Catherine*, b ⁵ 9 juillet 1730 ; s ⁵ 16 avril 1731.—*Marie-Joseph*, b... m ⁵ 10 février 1749, à Jacques GAUVIN.

III.—ALAIN (2), GILLES.   [JEAN-BTE II.
1° AVIES, Marie-Thérèse.
Geneviève, b 1735 ; s 22 mai 1740, à Québec. ⁵—*Thérèse*, b 1736 ; s ⁵ 26 mai 1740.—*Michel* b ⁵ 28 avril 1741.—*Nicolas*, b ⁵ 28 et s ⁵ 31 nov. 1742.

1743.
2° ROUSSEAU, Marie-Agnès (3).   [ANTOINE II.
Louis-Gilles, b ⁵ 3 mars 1744.—*Marie-Marguerite*, b ⁵ 12 sept. 1745 ; s ⁵ 15 nov. 1748.—*François*, b ⁵ 28 mars 1748 ; s ⁵ 14 janvier 1750.—*Joseph*, b ⁵ 21 janvier 1750.

I.—ALAIN, PIERRE,
acadien.
LEBLANC, Marguerite.
Marie-Alain, b 1734 ; m 30 janvier 1757, à Antoine-Gabriel SAMSON, à Ste-Foye ¹ ; s ¹ 1ᵉʳ février 1766.—*Marie-Anne*, b... m ¹ 26 sept. 1763, à Jean-Baptiste BEAUGRAND.

(1) Cet acte est écrit au registre de 1744. (Voir 25 juillet 1744.)
(2) Dit Brière.
(3) Elle épouse, le 18 octobre 1751, François Côté, à St-Laurent, I. O.

I.—ALAIN, PIERRE,
de Louisbourg.
BOURG, Thérèse.
Jeanne, b... m 7 janvier 1765, à Pierre-René PICARD, à Berthier.

1737, (7 janvier) St-Augustin.
I.—ALAIN, CHARLES, fils de Thomas (marchand) et de Françoise Brumière, de St-Jean de Montaigue, diocèse de Luçon, Bas-Poitou.
CAILLET, Louise-Marguerite.   [JEAN I.

1737, (7 janvier) St-Augustin.
III.—ALAIN, JEAN-BTE.   [NOEL II.
1° CONSTANTIN, Angelique,   [PIERRE II.
b 1720 ; s 2 janvier 1744, à Lorette. ¹
Angélique, b ¹ 1ᵉʳ avril 1738 ; m ¹ 14 avril 1755, à Joseph VOYER.—*Marie-Joseph*, b ¹ 5 mai 1740 ; s ¹ 13 mai 1741.—*Marie-Thérèse*, b ¹ 10 juin 1742 ; m ¹ 18 oct. 1762, à Joseph DROLET.—*Jean-Baptiste*, b ¹ 23 déc. 1743.

1745, (3 mai) St-Augustin.
2° PICHET, Jeanne-Françoise,   [JEAN-BTE II.
b 1717 ; s ¹ 29 mai 1762.
Marie-Françoise, b ¹ 16 août 1747.— *Marie-Hélène*, b ¹ 15 déc. 1750.—*Marie-Madeleine*, b ¹ 14 juin et s ¹ 23 août 1753.—*André*, b ¹ 27 nov. 1758 ; s ¹ 13 juillet 1759.

1737, (7 janvier) St-Augustin.
III.—ALAIN, JOSEPH.   [NOEL II.
1° CONSTANTIN, Marie-Therèse,   [PIERRE II.
b 1721 ; s 27 nov. 1743, à Lorette. ¹
Marie, b ¹ 11 fevrier 1738 ; m ¹ 11 janvier 1762, à Louis AUDIVERT.—*Thérèse-Brigitte*, b ¹ 5 février 1740 ; m ¹ 19 avril 1762, à Pierre RODES.—*Anonyme*, b ¹ et s ¹ 24 sept. 1741. — *Anonyme*, b ¹ et s ¹ 16 juin 1742. — *Jacques*, b ¹ 3 et s ¹ 5 juillet 1743.

1746, (21 février) Château-Richer.
2° CLOUTIER, Helène,   [JEAN III.
s ¹ 25 dec. 1759.
Joseph, b ¹ 14 oct. 1749.—*Marie-Hélène-Appoline*, b ¹ 21 août 1755 ; s ¹ 27 août 1756.

1762, (19 avril). ¹
3° CHAPEAU, Louise,   [JEAN I.
veuve de Martin Paquet.

1740, (11 janvier) Lorette. ¹
III.—ALAIN, PIERRE.   [NOEL II.
MANSEAU, Geneviève.   [FRANÇOIS II.
Marie-Geneviève, b ¹ 23 oct. 1740 ; m ¹ 31 janvier 1763, à Pierre LAVIGNON.—*Pierre*, b ¹ 29 mars 1742.—*Marguerite*, b ¹ 11 avril 1744 ; 1° m à Ignace BERTHIAUME ; 2° m 15 nov. 1773, à Jean-Marc BELLEAU, à Ste-Foye.—*Jean-Marie*, b ¹ 25 mars 1748.—*Marie-Louise*, b ¹ 30 mars et s ¹ 7 avril 1750.—*Ignace*, b ¹ 27 oct. 1751.—*François*, b ¹ 2 avril 1754.—*Joseph-Marie*, b ⁵ mars 1757 ; s 10 janvier 1759, à Quebec.—*Joseph*, b ¹ 23 avril 1761.

1740, (25 janvier) Lorette. ¹
III.—ALAIN, NOEL.   [NOEL II.

JOLIETTE (1), Marie-Anne, [JEAN III.
veuve de Louis-Alexandre L'Archevêque.
Marie-Angélique, b ¹ 16 janvier 1741 ; m 17
nov. 1760, à François MORIN.—*Marie-Joseph*, b ¹
7 avril 1742 ; m à Charles MORIN.—*Marie-Charlotte*, b ¹ 30 juillet 1743.—*Jean-Marie*, b ¹ 8 avril
1745.—*Pierre*, b ¹ 21 nov. 1747.

1741, (27 nov.) St-Augustin.
III.—ALAIN, JOSEPH, [PIERRE II.
s 13 avril 1764, à Lorette.⁶
PETITCLERC, Marie-Joseph, [CHARLES II.
Joseph, b ⁶ 29 sept. 1742.—*Marie-Angélique*,
b ⁶ 24 juin 1744 ; m à Jean-Baptiste BUREAU.—
Marie-Joseph, b ⁶ 9 avril 1748.—*Marie-Geneviève*,
b ⁶ 20 août 1750.—*Marie-Joseph*, b ⁶ 11 sept. 1753 ;
s ⁶ 29 août 1754.—*Marie-Rosalie*, b ⁶ 31 août
1755.—*Marie-Jeanne*, b ⁶ 14 et s ⁶ 27 février 1762.

1741, (27 nov.) St-Augustin.
III.—ALAIN, FRANÇOIS, [NOEL II.
s 7 déc. 1751, à Lorette. ²
PETITCLERC, Françoise (2). [CHARLES II.
Marie-Françoise, b ² 17 février 1744.—*Marie-Madeleine*, b ² 23 février 1748.—*Angélique*, b ²
20 sept. 1749.

1745, (17 mai) Lorette.³
III.—ALAIN, PIERRE. [PIERRE II.
DROLET, Marie-Charlotte. [JACQUES III.
Marie-Louise, b ³ 1ᵉʳ juillet 1748.—*Marie-Joseph*,
b ³ 29 déc. 1749.—*Joseph*, b ³ 4 août 1753.—
Marie-Thérèse, b ³ 7 février 1756.—*Marie-Françoise*, b ³ 19 août 1758. — *Marie-Charlotte*, b...
m ³ 12 nov. 1764, à Joseph HAMEL.

1746, Lorette.⁴
III.—ALAIN, CHARLES, [NOEL-SIMON II.
bedeau, b... s ⁴ 23 nov. 1758.
GAGNÉ (3), Marie-Joseph. [DENIS IV.
Charles, b ⁴ 10 avril 1747 ; m 18 juin 1770, à
Marie BEAUCHAMP, à St-Henri de Mascouche.—
Jean Baptiste, b ⁴ 10 juillet 1748.—*Marie-Joseph*,
b ⁴ 16 déc. 1749.—*Etienne*, b ⁴ 4 nov. 1751.—
Joseph, b ⁴ 27 avril 1753 ; s ⁴ 5 nov. 1755.—
Joseph, b ⁴ 18 avril 1754 ; s ⁴ 15 juin 1755.—
Jacques, b ⁴ 30 janvier 1756.—*Michel*, b ⁴ 6 mai
1757.

ALAIN, MARGUERITE, épouse de Joseph TARDIF.

1749, (21 avril) Lorette.⁵
III.—ALAIN, FRANÇOIS-NOEL, [PIERRE II.
b ⁵ 1724.
1° GAUVIN, Marie-Thérèse, [ETIENNE II
b ⁵ 8 mars 1750.
François, b ⁵ 7 février 1750 ; m à Madeleine ROY.
1751, (22 nov.) Beauport.
2° MAILLOU, Marie-Louise, [JEAN III
b 1731 ; s ⁵ 21 déc. 1753.

(1) Mingan.
(2) Elle épouse le 5 février 1759, Philippe Paquet, à Lorette.
(3) Elle épousa le 20 septembre 1762, Michel Duguay, à Lorette.

1755.
3° DROLET, Marie-Joseph. [CHARLES III.
Jean-Baptiste, b ⁵ 17 nov. 1755.—*Marie-Joseph*,
b ⁵ 21 déc. 1756 ; s ⁵ 9 nov. 1757.—*Charles*, b ⁵
10 mai 1758.— *Michel*, b ⁵ 5 sept. 1760.—*Pierre*,
b ⁵ 23 juin 1762.—*Marie-Louise*, b ⁵ 22 février
et s ⁵ 23 août 1764.

ALAIN, MARIE-MADELEINE, épouse de Jacques
JOBIN.

ALAIN, MARGUERITE, épouse de Charles FISET.

1751, (1ᵉʳ février) Lorette.⁶
III.—ALAIN, IGNACE-FRANÇOIS. [PIERRE II.
VOYER, Marguerite. [FRANÇOIS II.
Marie-Ignace, b ⁸ 5 déc. 1751.—*Marie-Marguerite*, b ⁸ 28 août et s ⁸ 1ᵉʳ sept. 1753.—*Marie-Jeanne*, b ⁸ 4 mars 1755.—*Jean-Baptiste*, b ⁸ 22
sept. 1757.—*Marie-Louise*, b ⁸ 3 février 1760.—
Pierre-Melchior, b ⁸ 8 janvier 1762. — *Marie-Charles*, b ⁸ 16 juin 1764.—*Marie-Françoise*, b 13
août 1779, à Ste-Foye.

ALAIN, JEAN.
ROBITAILLE, Marguerite. [JOSEPH III.
Marie-Angélique, b 4 nov. 1768, à Ste-Foye.⁹—
Jean-Baptiste, b ⁹ 8 mars 1780.

ALAIN, MARGUERITE,
1° m à Ignace BERTHIAUME.
2° m 15 nov. 1773, à Jean-Marc BELLEAU, à
Ste-Foye.

IV.—ALAIN, FRANÇOIS. [NOEL III.
ROY, Marie-Madeleine.
Marie-Charlotte, b 4 sept. 1778, à Ste-Foye.

1770, (18 juin) St-Henri de Mascouche.⁸
IV.—ALAIN, CHARLES. [CHARLES III.
BEAUCHAMP, Marie-Louise, [PIERRE III.
veuve de Louis Forget ; s ³ 18 mars 1772.

ALAIN, JOSEPH,
charpentier.
ROBITAILLE, Madeleine.
Marie-Thérèse, b 17 oct. 1779, à Ste-Foye ; m
1804, à Antoine BEDARD, à Lorette.—*Jean*, b...

ALAIN (1), FRANÇOIS.
RIVARD, Marie-Joseph.
Pierre, b... m 11 février 1793, à Félicité
DUBORD, à St-Cuthbert. ³ — *Marie-Joseph*, b...
m ³ 19 février 1787, à Pierre MAUFILS—*François-Marie*, b ³ 10 février 1771 ; s ³ 26 mai 1772. —
François-Xavier-Marie, b ³ 1ᵉʳ déc. 1773.

ALAIN-DULMÈNE (2), JOSEPH.
CHALIFOUR, Marie-Joseph.
Marie-Marguerite, b 18 nov. 1785, à St-Cuthbert.⁸—*Marie-Claire*, b ³ 22 oct 1788.

(1) Dit Dulmène.
(2) Dit Alain.

1793, (11 février) St-Cuthbert. [4]
ALAIN (1), Pierre. [François.
Dubord, Felicité, [Charles.
veuve de Michel Collin ; s [4] 26 mars 1794.
Félicité, b [4] 30 mai 1793.

ALAIRE. — *Variations et surnoms :* Alère — Allaire — Halaire — D'Alère — Dallaire — Laloire.

I.—ALLAIRE-LALOIRE, Elisabeth, épouse de Jean Charbonneau ; b 1658 ; s 30 sept. 1744, à Montréal.

1662, (12 déc.) Québec.
I.—ALAIRE, Jean, b 1634, s 3 avril 1673, à Ste-Famille, I. O.
Terrien, Marguerite-Périnne, b 1643, en France.
Jean, b 26 mai au 1664, Château-Richer ; m 28 avril 1688, à Françoise Simard, à la Baie-St-Paul.

1663, (10 nov.) Québec. [6]
I.—ALAIRE, Charles, b 1635, frère du précédent.
Fièvre, Catherine, b 1646, en France.
Louis, b 8 sept. 1679, à Ste-Famille, I. O. [7] ; 1° m [7] 20 avril 1706, à Anne Asselin ; 2° m [6] 27 juillet 1737, à Marie-Louise Desgagnés ; s 9 juin 1748, à St-François, I. O. [8] — *Etienne,* b... m [8] 24 nov. 1705, à Marie-Anne Bilodeau.

1688, (28 avril) Baie-St-Paul.
II.—ALAIRE, Jean, [Jean I.
s avant 1730.
Simard, Françoise, [Noel I.
s avant 1730.
Louis, b... m 14 nov. 1730, à Geneviève Racine, à St-Joachim. — *Joseph,* b 1695 ; m 22 mai 1719, à Marie-Joseph Descary, à Montréal.

ALLAIRE.
Jean-François, b... m à Madeleine Mignot ; s... — *Marguerite,* b... m à Pierre Vallière. — *Louis,* b...

1691, (19 nov.) St-Jean, I. O. [6]
II.—ALAIRE, Charles, [Charles I.
b 1666 ; s [6] 24 juin 1742.
Bidet, Marie, [Jacques I.
s [6] 10 déc. 1745.
Marie-Anne, b [6] 31 janvier 1694 ; m à Alexis Charlan. — *Marie-Françoise,* b... m à Pierre Boucher ; s 24 février 1767, à St-Joachim. — *Jacques,* b [6] 18 janvier 1700 ; m 29 mai 1724, à Marie-Angélique Cloutier, au Château-Richer [7] ; s [7] 16 juillet 1750. — *Madeleine,* b [6] 17 déc. 1701 ; m [7] 11 février 1730, à Jean Cloutier. — *Joseph,* b [6] 3 sept. 1707 ; m [7] 13 février 1736, à Anne Gagnon. — *Etienne,* b [6] 7 mars 1712 ; m [7] 6 février 1739, à Geneviève Gagnon. — *Dorothée,* b [6] 11 février 1704 ; m 25 février 1724, à Jean Brochu, à Québec. — *Thérèse,* b [6] 22 mai 1713 ; m 27 juillet 1734, à Simon Talbot, à St-Valier.

(1) Dit Dudemaine.

1693, (26 nov.) Québec. [6]
II.—ALAIRE, François, [Jean I.
s [6] 7 janvier 1703.
Carreau, Marguerite-Elisabeth, [François II.
s [6] 24 janvier 1703.
François, b [6] 3 juin 1698 ; m 12 mai 1738, à Marie-Joseph Molleur, à Beaumont [7] ; s [7] 11 déc. 1755.

1694, (3 nov.) St-François, I. O.
II.—ALAIRE, Jean-François, [Charles I.
s 19 juillet 1721, à Beaumont. [6]
Labbé, Anne. [Pierre I.
Joseph, b [6] 28 février 1709 ; m 26 nov. 1731, à Marie-Charlotte Renault, à Charlesbourg. — *Marie-Joseph,* b [6] 6 août 1716 ; m [6] 15 nov. 1734, à Jean-Baptiste Lacasse. — *Françoise-Régis,* b 15 avril 1719, à Québec, m [6] 11 janvier 1740, à Joseph Gautron. — *Angélique,* b 1702 ; m [6] 7 janvier 1723, à Louis Portelance.

ALAIRE, Marguerite, épouse de Pierre Dubreuil.

1705, (24 nov.) St-François, I. O. [1]
III.—ALAIRE, Etienne, [Charles II.
b 1712 ; s avant 1753.
Bilodeau, Marie-Anne, [Jean II.
s 27 janvier 1751, à St-Ours. [6]
Etienne, b [1] 21 nov. 1711 ; s [1] 9 janvier 1706. — *Catherine,* b 16 nov. 1706, à Ste-Famille, I. O. [2] ; m [6] 26 février 1726, à Pierre Ménard. — *Marie,* b [2] 14 sept. 1708. — *Marie-Angélique,* b [2] 16 juin 1710 ; m [6] 18 nov. 1754, à Jean-Baptiste Lamoureux. — *Etienne,* b [2] 21 nov. 1711 ; m [6] 13 août 1753, à Marguerite Fortin. — *Marie-Elisabeth,* b [2] 5 mars et s [2] 9 mai 1714. — *Pierre-François,* b 19 août 1718, au Château-Richer. — *Jean-Baptiste,* b [2] 21 avril 1715 ; s [2] 15 sept. 1716. — *Jacques,* b [2] 17 janvier 1717. — *Jean-Baptiste,* b [2] 7 avril 1720. — *Marie-Louise,* b... m [4] 4 nov. 1760, à Nicolas Tibaut. — *Théophile,* b [2] 31 janvier 1722 ; m 5 mars 1753, à Marie-Amable Ménard, à St-Antoine de Chambly. — *Marie-Anne,* b [2] 16 août 1723. — *Marguerite,* b... m [6] 9 oct. 1752, à Jacques Bourgaux. — *Marie-Joseph,* b [6] 29 oct. 1725.

ALAIRE, Marguerite, épouse de Jean-Baptiste Janot ; b 1705 ; s 12 sept. 1785, à Repentigny.

ALAIRE, Marie, b 1703 ; m 1727, à Jean Gravelle ; s 9 juin 1733, à St-François, I. J.

ALAIRE, Marie-Charlotte, épouse de Jacques Chevigny.

ALAIRE, Marie-Joseph, b 1720 ; m 1er août 1746, à François Remillard, à St-Valier [2] ; s [2] 10 mars 1759.

ALAIRE, Louis.
Marie-Joseph, b... m 4 juillet 1729, à Raphael Gagné, à St-François, I. O. [3] ; s [3] 20 mai 1774.

ALAIRE, Marie, épouse de François Dupré.

ALAIRE, HÉLÈNE, épouse de Pierre CLOUTIER.

ALAIRE, MARIE, épouse de Raphaël DESGAGNÉS.

1706, (10 février) St-Jean, I. O. ³
II.—ALAIRE (1), JOSEPH, [CHARLES I.
BIDET, Madeleine. [JACQUES I.
Joseph, b ³ 17 déc. 1710 ; m 23 mai 1735, à Dorothée HÉLY, à St-Valier. ²—*Marguerite,* b ³ 7 juillet 1712 ; m ² 28 janvier 1732, à Pierre VALLIÈRE.—*Marie-Geneviève*, b ³ 26 mars 1714 ; m ² 11 janvier 1734, à Nicolas CHAMBERLAN.—*Gabriel*, b ³ 30 mars 1722.—*Félicité*, b ³ 13 avril 1724.—*Françoise*, b... m ² 11 nov. 1737, à Pierre ROY ; s ² 20 mars 1750.—*Agathe*, b... m ² 13 avril 1739, à Etienne CARRIER. — *Marie-Joseph*, b... m 10 avril 1741, à Joseph DANIAU, à St-Michel. ⁴ — *Pierre*, b... m ⁴ 18 février 1743, à Marthe TIBAUT.

1706, (20 avril) Ste-Famille, I. O. ¹
II.—ALAIRE (2), LOUIS, [CHARLES I
b 1679 ; s 9 juin 1748, à St-François, I. O. ²
1° ASSELIN, Anne, [PIERRE II.
s avant 1740.
Marie-Madeleine, b ² 29 avril 1731 ; s ² 20 oct. 1749.—*Marie-Geneviève*, b ² 31 mai 1728 ; m ² 17 nov. 1749, à Michel LABBÉ.— *Marthe*, b... m ² 7 nov. 1740, à Joseph LEMELIN. — *Catherine*, b 14 août 1723 , m ³ 3 avril 1742, à Jean-Baptiste GENDROS.—*Joseph*, b ² 22 mars 1721 ; 1° m ² 22 nov. 1745, à Louise LABBE ; 2° m ² 31 juillet 1752, à Angélique LANDRY ; s ² 7 oct. 1773.—*Louis*, b ² 7 oct. 1707 ; m ² 4 juillet 1729, à Marie-Joseph MARCEAU ; s ² 9 déc. 1729 —*Bertrand*, b ² 16 février 1709.—*Marie-Joseph*, b ² 28 juillet 1710 ; m ² 4 juillet 1729, à Raphael GAGNÉ.—*Charles*, b ² 16 sept. et s ² 10 oct. 1712 —*Pierre*, b ² 4 nov. 1718, m ¹ 28 janvier 1744, à Marie NOLIN, à St-Pierre, I. O.—*Charles*, b ² 19 janvier 1726 ; s ² 10 nov. 1747.

1737, (27 juillet) Québec.
2° DESGAGNES, Marie-Louise, [JACQUES I.
veuve d'Eustache Gourdel, s ² 25 janvier 1749.

1708, St-Michel. ¹
II.—ALAIRE, ALEXANDRE, [CHARLES I.
s 28 mai 1758, à St-Valier. ³
BIDET, Catherine, [JACQUES I.
veuve de Louis Terrien, s ³ 9 oct. 1747.
Louise, b ¹ 5 mars 1709 ; s 8 nov. 1727, à Québec.—*Louis*, b ³ 1ᵉʳ mai 1715 ; m ² 23 janvier 1736, à Marie-Joseph TIBAULT. — *Jacques*, b 18 déc. 1712, à Beaumont ; s ³ 20 avril 1715. — *François-de-Sales*, b ³ 9 déc. 1717 ; m ¹ 22 avril 1743, à Madeleine DENIS. — *Jean-Baptiste*, b ³ 7 janvier 1725 ; s ³ 26 août 1747. — *Pierre*, b 1ᵉʳ avril 1711 ; 1° m ³ 5 juillet 1733, à Geneviève CORRIVEAU ; 2° m 7 février 1774, à Marie-Anne BOISSEL, veuve de Jean Durand, à Berthier.

ALAIRE, MARIE-JOSEPH, b... m 3 février 1738, à Prisque LANGLOIS, à St-Jean, I. O.

---

(1) Dit d'Allaire.
(2) Dit d'Allaire.

1719, (22 mai) Montréal. ⁴
III.—ALAIRE, JOSEPH. [JEAN II.
DESCARIS, Marie-Joseph. [MICHEL II.
Joseph, b ⁴ 24 mars 1720.—*François*, b ⁴ 27 déc. 1721 ; m ⁴ 3 juillet 1751, à Marguerite BEAUCHAMP.—*Louis*, b ⁴ 25 mai 1723. — *Marie-Dorothée*, b 1724 ; s 8 sept. 1726, à St-François, I. J. ⁵—*Marie-Joseph*, b ⁵ 7 juillet 1728 ; m ⁶ 1ᵉʳ février 1751, à Paul LABELLE ; s 30 janvier 1754, à Ste-Rose. ⁷—*Catherine*, b... m 17 janvier 1758, à François BARET, à St-Vincent-de-Paul. ⁶—*Etienne et Pierre*, b... s ⁵ 20 juillet 1734.—*Marie-Barbe*, b ⁵ 5 déc. 1737 ; s ⁵ 5 janvier 1738. — *Pierre*, b ⁵ 28 mars 1739, m 22 février 1762, à Thérèse BEAUCHAMP, à Lachenaye.—*Alexis*, b ⁶ 5 et s ⁶ 11 février 1744.—*Marie-Louise*, b... m ⁶ 12 février 1748, à Louis-Gabriel TURCOT.—*Basile*, b... m ⁷ 18 février 1760, à Françoise CHARLES.

ALAIRE, MARIE-JOSEPH, épouse de Joseph DUFAUT.

ALAIRE, LOUIS, b 1695 ; s 17 avril 1763, à St-Joachim.

1722, (16 nov.) St-Frs, I. O. ²
III.—ALAIRE (1), CHARLES. [CHARLES II.
ASSELIN, Marie (2). [THOMAS II.
Charles, b ² et s ² 3 avril 1724.—*Marie-Joseph*, b ² 1ᵉʳ nov. 1723 ; m 19 oct. 1744, à Joseph THIBAUT, à St-Frs-du-Sud.

1723, (2 août) Beaumont. ²
III.—ALAIRE, NICOLAS, [FRANÇOIS II.
b 1700 , s 20 déc. 1743, à Québec.
MOLLEUR, Geneviève (3). [JOACHIM II.
Marie-Joseph, b ² 16 et s ² 31 oct. 1727.

1724, (29 mai) Château-Richer. ³
III.—ALAIRE (4), JACQUES, [CHARLES II.
b 1700 ; s ³ 16 juillet 1750.
CLOUTIER, Marie-Angélique, [CHARLES III.
veuve de Noel Gagnon ; s ³ 16 déc. 1749.
Marie-Angélique, b ³ 16 février 1725 ; m 9 nov. 1750, à Pierre LAISNÉ, à St-Jean, I. O. ⁴—*Marie-Thérèse*, b ³ 8 nov 1726.—*Marie-Madeleine*, b ³ 12 nov. 1728 ; m ⁴ 19 nov. 1753, à Louis DELAGE. —*Judith*, b ³ 5 mai 1730. — *Marie-Cécile*, b ³ 15 août 1731. — *Jacques*, b ³ 17 juin et s ³ 30 août 1733. — *François*, b ³ 19 août 1734 ; m ⁴ 25 nov. 1754, à Marie-Anne DELAGE. — *Marie*, b... m ³ 31 janvier 1747, à François TARAULT.—*Etienne*, b...

I.—ALAIRE, FRANÇOIS,
s 3 février 1731, à St-Joachim. ⁵
POULIN, Marie-Anne, [PIERRE II.
s ⁵ 6 février 1731.
François, b ⁵ 15 nov. 1727 ; m ⁵ 29 janvier 1749, à Marie-Thérèse CHAPOT.—*Françoise*, b ⁵ 29 juin 1730 ; s ⁵ 29 déc. 1741.—*Marie-Anne*, b...

---

(1) Et Dallaire.
(2) Elle épouse, le 29 octobre 1727, Jean BOULÉ, à St-Frs, I. O.
(3) Elle épouse, le 22 avril 1746, Louis Boissy, à Québec.
(4) Dit Dalaire.

s⁶ 20 oct. 1730.—*Françoise*, b 15 janvier 1769, à l'Ile-aux-Coudres.

I.—ALAIRE, FRANÇOIS,
b 1700; s 26 mai 1729, à Verchères. ⁶
MIGNOT, Marie-Madeleine (1). [JEAN I.
Etienne, b 17 janvier 1727, à Beaumont ⁸; s 4 déc. 1729, à Québec. ⁷ — *Marie-Joseph*, b ⁶ 25 janvier 1729.—*Louise*, b ⁸ 1ᵉʳ mars 1725; 1° m ⁷ 17 oct. 1743, à Yves LAPIERRE; 2° m ⁷ 30 oct. 1747, à Martin LANGLOIS; 3° m ⁷ 26 juillet 1751, à François BONERONT.

II.—ALAIRE, JEAN, [JEAN I.
s avant 1745.
MERCIER (2), Marie-Anne. [JACQUES I.
Jacques, b 8 juillet 1729, à St-Joachim ⁴; s ⁴ 10 déc. 1748. — *Marie-Charlotte*, b ⁴ 17 juin 1732; s ⁴ 12 janvier 1734.—*Barbe*, b 1721; s ⁴ 1ᵉʳ mars 1731.—*Catherine*, b... m ⁴ 24 janvier 1741, à Joseph GAGNON.—*Françoise*, b... m ⁴ 26 avril 1745, à Prisque LESSARD.—*François* b... m ⁴ 2 août 1745, à Madeleine COCHON. — *Marie-Anne*, b 12 oct. 1723, à Ste-Anne ¹; m ⁴ 5 février 1749, à Pierre CARON.—*Louis*, b... m ⁴ 26 février 1753, à Françoise LAVOIE.—*Pierre-Marie*, b ⁴ déc. 1734; m ¹ 5 février 1759, à Marie-Joseph LESSARD. — *Joseph*, b... 1° m ¹ 26 août 1744, à Agnès LACROIX; 2° m 18 août 1766, à Agnès DUQUET, à St-Henri de Mascouche.—*Louis*, b... m 14 avril 1749, à Marie BUISSON, au Château-Richer. — *Etienne*, b... m 6 nov. 1747, à Charlotte DE LAVOIE, à la Baie-St-Paul; s 15 déc. 1748.

1729, (4 juillet) St-François, I. O. ⁴
III.—ALAIRE, LOUIS-BASTIEN, [LOUIS II
s ⁴ 9 déc. 1729.
MARCEAU (3), Marie-Joseph. [LOUIS II.
Louis-Sébastien, b ⁴ 14 juin 1730; m ⁴ 25 juin 1753, à Thérèse GRÉGOIRE.

1730, (14 nov.) St-Joachim. ¹
III.—ALAIRE, LOUIS, [JEAN II
s avant 1773.
1° RACING, Geneviève-Marie, [PIERRE II
s ¹ 4 sept. 1731.
Geneviève, b ¹ 3 sept. et s ¹ 30 oct. 1731.
2° ASSELIN, Angélique, [THOMAS II
s ¹ 26 février 1736.
Marie, b... m ¹ 12 février 1753, à Jean BOLDUC, s ¹ 6 mai 1760.—*Anonyme*, b ¹ et s ¹ 30 mars 1733 —*Marie-Angélique*, b ¹ 30 août 1734.—*Marguerite*, b 26 mai 1736, à Ste-Anne. ³—*Louis*, b 1739; s ᵈ 27 août 1759.—*Jean-Baptiste*, b ¹ 10 mars 1741. —*Joseph-René*, b ¹ 30 juillet 1744.—*Marie-Joseph*, b ¹ 13 nov. 1746.—*Etienne*, b 1750; m 4 oct. 1773, à Marie-Anne LÉTOURNEAU, à Repentigny.

---

(1) Elle épouse, le 21 octobre 1731, Joseph Paquet, à Beaumont.

(2) Elle épouse, le 7 février 1747, Joseph Duchesne, à St-Joachim.

(3) Elle épouse, le 17 octobre 1730, Jean-Baptiste Lefebvre, à St-François, I. O.

1731, (26 nov.) Charlesbourg.
III.—ALAIRE, JOSEPH, [FRANÇOIS II.
b 1705; s 8 oct. 1774, à Beaumont. ⁶
RENAULT, Marie-Charlotte, [MICHEL II.
b 1712; s ⁶ 26 nov. 1788.
Joseph, b 30 juillet 1732, à Québec ⁷; m ⁶ 22 oct. 1753, à Marie-Geneviève HEBERT; s ⁶ 8 nov. 1803.—*Antoine*, b ⁷ 16 avril 1734; s ⁷ 7 juin 1735. — *Charlotte*, b ⁷ 24 nov. 1735; m ⁶ 11 février 1760, à Pierre ROY; s ⁶ 17 déc. 1761. — *Louis*, b ⁷ 20 avril et s ⁷ 6 nov. 1737. — *Charles*, b 1754; s ⁷ 30 août 1755.—*Marie-Louise*, b ⁶ 31 août 1738; m ⁷ 12 janvier 1756, à Antoine BROUSSEAU. — *Elisabeth*, b ⁶ 14 oct. 1740; m ⁶ 2 février 1761, à Pierre DION. — *Louis-Marie*, b ⁶ 14 sept. 1742. — *Marie-Anne*, b ⁶ 1ᵉʳ oct. 1744. — *Pierre*, b ⁶ 5 août 1746. — *Marie-Joseph*, b ⁶ 18 juin 1748. — *Anonyme*, b ⁶ et s ⁶ 7 août 1750.—*Marie-Marguerite*, b ⁶ 9 août 1751.—*Charles*, b ⁶ 6 nov. 1754.

ALAIRE, JULIEN, b 1738; s 9 mars 1760, à St-Michel.

ALAIRE, LOUISE, epouse de François DUMAINE.

ALAIRE, CATHERINE, épouse de Jean GENDREAU.

ALAIRE, MARIE-MARTHE, epouse de Joseph LEMELIN.

ALAIRE, THÉRÈSE, épouse de Simon TALBOT.

ALAIRE, MARIE-JOSEPH, epouse de Jean-Baptiste CHARON.

ALAIRE, MARGUERITE, m 24 oct. 1756, à Joseph DESAUTELS, à St-Ours.

ALAIRE, LOUIS.—Voy. POULAIN.

III.—ALAIRE, ETIENNE, [CHARLES II.
b 1712; s 19 janv. 1750, à St-Frs-du-Sud. ⁶
FONTAINE, Marie-Madeleine, [ETIENNE II.
s ⁶ 25 nov. 1749.
Marie-Joseph, b ⁶ 13 août 1739; m 14 février 1757, à Jean-Guillaume PERRON, à St-Joachim. —*Jean-Baptiste*, b ⁶ 20 mars 1741.—*Pierre-François*, b ⁶ 18 janvier 1743, à Berthier. ⁷—*Marie-Madeleine*, b ⁷ 13 janvier 1745; s ⁶ 12 déc. 1747. — *François-Martin*, b ⁷ 12 juillet 1748. — *Louis-Marie*, b ⁶ 8 sept. 1746; m 25 nov. 1765, à Marie-Joseph SIMARD, à Ste-Anne.

1733, (5 juillet) St-Valier. ⁶
III.—ALAIRE, PIERRE. [ALEXANDRE II.
1° CORRIVEAU, Geneviève, [ETIENNE II.
s ⁶ 12 février 1765.
Pierre, b ⁶ 23 mars 1734.—*Joseph*, b 21 mars 1736, à St-Michel; m ⁶ 11 janvier 1757, à Hélène BIDET. — *Ambroise*, b ⁶ 2 août 1738.—*François*, b ⁶ 27 mars 1740. — *Marie-Geneviève*, b ⁶ 13 oct. 1742; m ⁶ 18 nov. 1765, à Athanase FRADET, s ⁶ 20 mai 1767. — *Marie-Françoise*, b ⁶ 15 mai 1746.—*Charles-Robert*, b ⁶ 17 juin 1748.
1774, (7 février) Berthier.
2° BOISSEL, Marie-Anne, [JOSEPH III.
veuve de Jean Durand.

1735, (23 mai) St-Valier.
III.—ALAIRE, Joseph. [Joseph II.
Hely, Dorothée. [Pierre II.

1736, (23 Janvier) St-Valier. ⁵
III.—ALAIRE, Louis. [Alexandre II.
Tibaut, Marie-Joseph. [Pierre II.
Louis-Norbert, b ⁵ 3 juin 1737. — *Louis-Marie,* b 14 sept 1738, à St-Michel ⁷; s ⁷ 1ᵉʳ janvier 1758.—*Marie-Joseph,* b⁷ 31 janvier et s ⁵ 14 mai 1740. — *Marie-Joseph,* b⁷ 27 mars et s⁷ 7 juillet 1741.—*Geneviève,* b⁷ 11 mars 1742.—*Marie-Marguerite,* b⁷ 20 juillet 1744.—*Pascal,* b 2 et s 1ᵉʳ mai 1743, à Beaumont. ⁶ — *Marie,* b... s ⁶ 4 août 1744.— *Marie-Louise,* b ⁶ 10 oct. 1745.— *Joseph,* b ⁶ 2 avril et s⁶ 15 août 1747. — *Jean-Baptiste,* b ⁶ 23 sept. 1748 ; s⁶ 12 oct. 1749.— *Marie-Charlotte,* b ⁶ 3 oct. 1749.—*Thérèse,* b 29 juin et s 5 août 1751, à St-Charles. — *Marie-Marthe,* b 27 et s 30 août 1752, à Levis.⁸—*Joseph-Marie,* b ⁸ 6 mai et s ⁸ 22 sept. 1754.—*Suzanne,* b ⁸ 23 avril et s ⁸ 1ᵉʳ mai 1756.

1736, (13 février) Château-Richer.
III.—ALAIRE, Joseph. [Charles II.
1° Gagnon, Anne [Noel II.
Marie-Joseph, b 7 et s 20 février 1737, à St-Jean, I. O. ⁹ — *Marie-Joseph,* b ⁹ 18 janvier 1738. — *Etienne,* b ⁹ 24 mars 1739 ; m 14 avril 1766, à Marie-Joseph Bonneau, à St-François, I. O. — *Joseph-Marie,* b ⁹ 29 juin et s ⁹ 22 juillet 1741. —*Marie,* b ⁹ 15 mars 1747.—*Marie-Anne,* b... 1° m ⁹ 9 juin 1755, à Louis Gauthon ; 2° m 21 avril 1767, à Etienne Vallée, à St-Michel.— *Marie-Joseph,* b... m ⁹ 18 oct. 1757, à Joseph-Marie Pepin.

1746, (14 février) St-Laurent, I. O.
2° Dufresne, Geneviève. [Pierre II.
Jean-Baptiste-Amand, b 11 nov. 1749, à St-François, I. O.—*Joseph-Marie,* b ⁹ 26 avril et s ⁹ 17 mai 1751.—*Joseph-Marie,* b ⁹ 26 oct. 1753 ; s ⁹ 5 déc. 1754. — *Marie-Angélique,* b ⁹ 31 août 1755.—*Marie-Madeleine,* b ⁹ 23 janvier et s ⁹ 8 février 1758.—*Marie-Marguerite,* b ⁹ 14 oct. 1760.

1738, (12 Janvier) Québec. ⁷
III.—ALAIRE (1), Louis, [François II.
tonnelier.
1° Provost, Marguerite, [Timothée I.
s ⁷ 17 juillet 1743.
Louis, b ⁷ 17 nov. 1738.—*François* b ⁷ 9 et s 21 juillet 1743, à Beaumont.

1745, (25 oct.) ⁷
2° Chamard, Charlotte. [Pierre II.
Marie-Charles, b⁷ 20 avril 1747 ; s ⁷ 26 oct. 1748. — *Marie-Joseph,* b ⁷ et s ⁷ 29 oct. 1748.— *Geneviève,* b ⁷ 10 nov. 1749.—*Louis-Charles,* b ⁷ 25 janvier et s ⁷ 10 avril 1751.—*Charles-Antoine,* b ⁷ et s ⁷ 19 avril 1752.—*Marie-Louise,* b ⁷ 29 mai 1753 ; s ⁷ 12 février 1754.—*Jean-Baptiste-Charles,* b ⁷ 22 janvier 1755 ; s ⁷ 15 mars 1756.—*Marie-Louise,* b ⁷ 23 mai 1757 ; s ⁷ 4 août 1758.

(1) Dit Dallaire 1745.

1738, (12 mai) Beaumont. ⁶
III.—ALAIRE, François, [François II.
journalier ; s ⁶ 11 déc. 1755.
Moleur, Marie-Joseph. [Joachim II.
Marie-Louise, b ⁶ 25 août 1739. — *François,* b 23 mars 1741, à Québec. ⁹—*Joseph,* b ⁹ 29 juillet 1744.—*Charlotte,* b ⁹ 12 sept. 1746 ; s ⁹ 10 février 1748.—*Marie-Louise,* b ⁹ 11 nov. 1749.

III.—ALAIRE, Joseph. [Charles III.
Huard, Marie-Geneviève. [Mathieu II.
Louis-Etienne, b 21 avril 1740, à Québec.

1739, (6 février) Château-Richer.
III.—ALAIRE, Etienne. [Charles II.
Gagnon, Marie-Geneviève. [Noel III.
Etienne, b 11 juillet 1742, à St-Jean, I. O.

ALAIRE, Pierre.
Houde, Marie-Marthe.
Pierre, b 20 avril 1746, à St-Valier.

1743, (22 avril) St-Michel. ¹
III.—ALAIRE, François. [Alexandre II.
Denis, Madeleine (1). [Joseph II.
Marie-Françoise, b 29 juin 1744, à St-Valier ²; m ² 15 février 1762, à Joseph-Charles Gagnon.— *Madeleine,* b ¹ 11 sept. 1745 ; s ¹ 2 avril 1746.

1744, (28 janvier) St-Pierre, I. O.
III.—ALAIRE, Pierre. [Louis II.
Nolin, Marie. [Guillaume II.
Marie-Thérèse, b 7 sept. et s 28 déc. 1744, à St-François, I. O.—*Pierre,* b 1ᵉʳ août 1745, à Berthier. ⁴—*Louis,* b ⁴ 28 janvier 1747.—*Joseph-Marie,* b ⁴ 25 oct. 1748. — *Michel,* b 25 sept. 1750, à St-Frs-du-Sud. ³—*Joseph-Marie,* b ³ 13 août 1752.—*Anonyme,* b ⁸ et s ³ 10 déc. 1755.—*Jean-François,* b ³ 24 déc. 1756.

I.—ALAIRE (2), Elisabeth, épouse de Jean Charbonneau.

ALLAIRE, Pierre.—Voy. Delestre.

1743, (18 février) St-Michel. ⁴
III.—ALAIRE, Pierre. [Joseph II.
Tibaut, Marie-Marthe. [Louis II.
Joseph-Marie, b ⁴ 3 février 1744.—*Marie-Marthe,* b ⁴ 24 février 1748 —*Nicolas,* b ⁴ 21 mars 1750.— *Marie-Angélique,* b ⁴ 23 sept. 1752 ; s ⁴ 23 avril 1760.—*Marie-Ursule,* b ⁴ 26 oct. 1754.—*Jean-Baptiste,* b ⁴ 25 juin 1757.—*Jean-Hilaire,* b ⁴ 23 juillet 1759.

1744, (26 août) Ste-Anne. ⁶
III.—ALAIRE, Joseph. [Jean II.
1° Lacroix, Agnès, [Augustin II.
s ⁶ 14 août 1757.

(1) Elle épouse, le 26 avril 1746, Augustin Remillard, à St-Valier.
(2) Dit Trinque.

Joseph-Amable, b ⁶ 12 août 1757.—Anonyme, b ⁶ et s ⁶ 12 août 1757.—Marie-Joseph, b 7 sept. 1747, à St-Joseph de la Beauce.—Geneviève b... m 25 janvier 1773, à François BEAUCHAMP, à St-Henri de Mascouche. ⁷
    1766, (18 août). ⁷
2° DUQUET, Agnès,   [ANTOINE II.
veuve d'Antoine Forget.

1745, (2 août) St-Joachim.
III—ALAIRE, FRANÇOIS.   [JEAN II
COCHON, Madeleine.   [CHARLES IV.

1744.
ALAIRE, PIERRE.
 EMERY-CODERRE, Louise.   [JEAN III
 Marguerite, b 26 mai et s 23 juillet 1750, à St-Antoine de Chambly. ²—Jacques, b ² 26 mai et s² 3 sept. 1750.—Etienne, b ² 22 oct. 1751.—Marie-Ursule, b ² 26 avril et s ² 13 juillet 1753.—Marie-Ursule, b ² 25 déc. 1758.—Ursule-Marie, b 1745 ; s 26 nov. 1751, à St-Ours.

1745, (22 nov.) St-François, I. O. ⁷
III.—ALAIRE, JOSEPH,   [LOUIS II.
 s ⁷ 7 oct. 1773.
1° LABBÉ, Louise,   [JEAN II.
 s ⁷ 10 juin 1751.
 Marie-Louise, b ⁷ 16 oct. 1746 ; m ⁷ 26 nov. 1770, à Victor MARTINEAU ; s ⁷ 27 oct. 1776.—Joseph, b ⁷ 7 avril 1749 ; m ⁷ 24 janvier 1774, à Marie-Louise MARCEAU.—Marie-Victoire, b ⁷ 24 avril et s ⁷ 31 mai 1751.
    1752, (31 juillet). ⁷
2° LANDRY, Angelique.   [CHARLES III.
 Angélique, b ⁷ 16 mai 1753 ; m ⁷ 26 juin 1775, à Louis NADEAU.—Madeleine, b ⁷ 14 sept. 1754.—Marie-Anne, b ⁷ 13 juin 1756.—Marie-Joseph, b ⁷ 22 oct. 1758.—Louis-Marie, b ⁷ 7 mars 1714.—Marie-Louise, b ⁷ 16 janvier 1766.—Marguerite, b ⁷ 20 janvier 1769.

I.—ALAIRE, ETIENNE.
 s avant 1764.
AMIEL, Marguerite.
 Charles, b... m 19 nov. 1764, à Catherine PAUL-HUS, à Sorel.

1747, (26 juin) St-Vincent-de-Paul.
IV.—ALAIRE, LOUIS.   [JOSEPH III.
LAUZON, Marie-Joseph.   [PIERRE III.
 Louis, b 30 oct. 1755, à St-Henri de Mascouche.⁴—Joseph, b ⁴ 16 oct. 1760.

ALAIRE, GENEVIÈVE, épouse de Joseph NOEL.

1747, (6 nov.) Baie St-Paul.
III.—ALAIRE, ETIENNE.   [JEAN II.
LAVOYE (DE), Charlotte (1). [FRS-XAVIER III.
 Etienne, b 30 sept. 1748, à St-Joachim.

1749, (27 janvier) St-Joachim. ⁹
II.—ALAIRE, FRANÇOIS.   [FRANÇOIS I.
CHABOT, Marie-Therèse.   [PIERRE IV.

(1) Elle épouse, le 9 janvier 1751, Joseph Poulin, à St-Joachim.

Marie-Joseph, b ⁹ 1ᵉʳ nov. 1749. — Renée-Josette, b ⁹ 22 mars 1751.—Marie-Louise, b 30 juillet 1755, au Château-Richer. ⁸— François, b 1756 ; s ⁸ 17 août 1757.— François, b ⁸ 11 sept. 1757.—Elizabeth, b ⁸ 1ᵉʳ juillet 1763. — Marie-Joseph, b ⁸ 18 août 1766.

ALAIRE, THÉOPHILE.
AUDET, Félicité (1).

1749, (14 avril) Château-Richer. ⁸
III.—ALAIRE, LOUIS.   [JEAN II.
BUISSON, Marie.   [PIERRE I.
 Marie, b ⁸ 1ᵉʳ mai 1750.—Louis, b ³ 17 et s ³ 20 février 1752.—Louis, b ³ 18 mars 1760.—Marie-Louise, b 21 nov. 1753, à Québec. ⁴—Louis, b ⁴ 22 juin et s ⁴ 15 juillet 1757.

I.—ALAIRE, FRANÇOIS.—Voy. DELLARD.
TERRIEN, Marie-Therèse.

1751, (3 juillet) St-Vincent-de-Paul. ³
IV.—ALAIRE, FRANÇOIS.   [JOSEPH III.
BEAUCHAMP, Marguerite,   [JACQUES II.
 veuve de Jean Rochon.
 François, b ³ 27 avril et s ³ 27 juin 1752.— Jean-Baptiste, b ³ 14 mars 1754.—Marie-Suzanne, b ³ 5 nov. 1755.

1753, (5 mars) St-Antoine de Chambly.
IV.—ALAIRE, THÉOPHILE.   [ETIENNE III.
MENARD, Marie-Amable,   [JEAN III.
 b 1732 ; s 12 déc. 1760, à St-Ours. ⁴
 Marie-Amable, b ⁴ 29 janvier et s ⁴ 23 juin 1754.—Marie-Angélique, b ⁴ 6 mars 1755.—Marie-Amable, b ⁴ 27 et s ⁴ 16 juillet 1756.—Joseph-Marie, b ⁴ 20 déc. 1757 ; s ⁴ 26 avril 1759.—François, b ⁴ 7 août et s ⁴ 4 nov. 1759.

1753, (13 août) St-Ours. ⁴
IV.—ALAIRE, ETIENNE.   [ETIENNE III.
FORTIN, Marguerite.   [PIERRE I.
 Anonyme, b⁴ et s ⁴ 18 oct. 1754.—Marie-Marguerite, b⁴ 15 oct. 1755.—Marie-Thérèse, b ⁴ 2 août et s ⁴ 24 nov. 1757.—Pierre, b⁴ 15 oct. 1758.

ALAIRE, LOUIS.
DION, Catherine.
 Louis, b 6 oct. 1753, à St-Joachim.

1753, (26 février) St-Joachim. ⁵
III.—ALAIRE, LOUIS.   [JEAN II.
LAVOIE, Françoise.   [JOSEPH II.
 Louis-Marie, b ⁵ 16 juin 1754.

1753, (25 juin) St-Frs, I. O.
IV.—ALAIRE (2), LOUIS-SÉBASTIEN.
      [LOUIS-SÉBASTIEN III.
1° DEBLOIS Marie-Thérèse,   [SIMON III.
 s 3 mars 1759, à St-Michel. ⁵

(1) Elle épouse, le 2 février 1767, Etienne Ledoux, à St-Antoine de Chambly.
(2) Et Allaire.

Louis-Sébastien, b⁵ 8 et s⁶ 20 sept. 1754.—
Marie-Thérèse, b⁵ 13 oct. et s⁵ 15 nov. 1755.—
Louis-Sébastien, b⁵ 1ᵉʳ nov. 1756.—*Marie-Catherine,* b⁵ 28 sept. et s⁵ 7 nov. 1758.
           1760, (23 nov.) ⁵
2° FRADET, Louise.   [AUGUSTIN II.
Jean-François, b⁵ 5 juin 1762.

1753, (22 oct.) Beaumont. ⁵
IV.—ALAIRE (1), JOSEPH,   [JOSEPH III.
   s⁵ 8 nov. 1803.
   COUILLARD-HÉBERT, Geneviève,   [JOSEPH III.
   s⁵ 28 juin 1809.

1754, (25 nov.) St-Jean, I. O.
II.—ALLAIRE, FRANÇOIS.   [JACQUES III.
   DELAGE, Marie-Anne.   [CHARLES III.
   François, b 18 sept. 1755, à l'Ile-aux-Coudres. ⁶
—*Marie-Angélique,* b⁶ 8 mars 1757.—*François,* b⁶ 3 avril 1758.—*Etienne-Gaspard,* b 6 janvier 1760, aux Eboulements.—*Marie-Anne,* b⁶ 17 avril 1762.—*Joseph-Marie,* b⁵ 11 avril 1763.—*Etienne,* b⁶ 24 juin 1764.—*Marie-Charles,* b⁶ 7 juin 1766 ; m ⁶ 7 juillet 1783, à Jean-Marie MALTESTE.—*Geneviève,* b⁶ janvier 1768.—*Marie-Madeleine,* b⁶ 18 août 1769. — *Marie-Joseph,* b... m ⁶ 6 oct. 1782, à François GUAY.

ALAIRE, JEAN-BTE.
   BRASSEAU, Marie-Anne,
     s 9 déc. 1758, à St-Henri de Mascouche. ⁶
Elisabeth, b⁶ 16 et s⁶ 19 janvier 1757.—*Jean-Baptiste,* b⁶ 16 janvier 1757.—*Anonyme,* b⁶ et s⁶ 29 janvier 1758.

1757, (11 janvier) St-Valier. ⁷
IV.—ALAIRE, JOSEPH.   [PIERRE III.
   BIDET, Hélène (2),   [JACQUES III.
     veuve de Pierre Roy.
Marie-Hélène, b⁷ 30 juin 1757.

1766, (14 avril) St-François, I. O. ⁷
IV.—ALAIRE, ETIENNE.   [JOSEPH III.
   BONNEAU, Marie-Joseph.   [JEAN III.
   Marie-Louise, b⁷ 23 août 1767 ; s⁷ 8 mars 1773.
—*Marie-Victoire,* b⁷ 11 février 1771.—*Marie-Angélique,* b... s⁷ 28 nov. 1772.— *Joseph-Marie,* b⁷ 27 février 1775.

1759, (5 février) Ste-Anne.
III.—ALAIRE (3), PIERRE.   [ETIENNE II.
   LESSARD, Marie-Joseph.   [JEAN III.
   Marie-Madeleine, b 17 juillet 1767, à St-Joachim. ⁸—*Marie-Louise,* b⁸ 6 août 1769.—*Pierre,* b⁸ 17 et s⁸ 25 avril 1775.—*Pierre,* b⁸ 14 avril 1776.—*Marie-Angélique,* b⁸ 23 mars et s⁸ 2 août 1778.—*Marie-Joseph,* b⁸ 11 janvier 1760.

---

(1) Dit D'Allaire.
(2) Elle épouse, le 8 avril 1766, Antoine Fortin, à St-Valier.
(3) Dit Corus, 1775.

—*Marie-Dorothée,* b⁸ 31 janvier 1762 ; m à Jacques BOUCHER ; s⁸ 1ᵉʳ mars 1779.—*Marie-Anne,* b⁸ 10 nov. 1763 ; s⁸ 18 juin 1765.—*Marguerite-Elisabeth,* b⁸ 21 juin 1765.

ALAIRE, JEAN-ETIENNE.
  1° BLONDEAU, Marie-Anne.
    1762, (1ᵉʳ février) St-Henri de Mascouche.
  2° BEAUCHAMP, Marie-Angélique.
                        [JEAN-BTE.

ALAIRE, MARIE-JOSEPH, épouse de Jean-Baptiste LEMIEUX.

1760, (18 février) Ste-Rose. ²
IV.—ALAIRE, BASILE.   [JOSEPH III.
   CHARLES, Françoise.   [ANTOINE III.
   Marie-Françoise, b² 29 nov. 1760.

ALAIRE (1), LOUIS,
   b 1742 ; s 15 mars 1806, à Beaumont. ²
   COUILLARD-HÉBERT, Françoise,   [JOSEPH III.
     b 1750 ; s² 28 avril 1834.
Geneviève, b... m ² 14 nov. 1791, à Ignace COTÉ.—*Françoise,* b... m ² 23 nov. 1795, à Jean ROY.—*Hélène,* b... m ² 21 avril 1800, à Augustin VALLIÈRE.—*Cécile,* b... m ² 17 août 1801, à Jean-Baptiste ROY.

ALAIRE, LOUIS.
   CHABOT, Geneviève.   [JEAN III.
   Marie-Louise, b 31 oct. 1760, au Château-Richer.

ALAIRE, JOSEPH.
   TROTIER, Marie-Louise.
   Louise, b 16 juin 1762, à Ste-Anne-de-la-Pérade.

1762, (22 février) Lachenaye.
IV.—ALAIRE, PIERRE.   [JOSEPH III.
   BEAUCHAMP, Marie-Thérèse.   [JOSEPH III.

1764, (19 nov.) Sorel.
II.—ALAIRE, CHARLES.   [ETIENNE I.
   HUS-PAUL, Catherine.   [LOUIS III.

1765, (25 nov.) Ste-Anne. ²
IV.—ALAIRE, LOUIS.   [ETIENNE III.
   SIMARD, Marie-Joseph.   [JEAN IV.
   Marie-Geneviève, b ² 12 avril et s ² 7 sept. 1766.— *Marie-Joseph,* b² 5 avril 1767.— *Marie-Geneviève,* b² 9 et s ² 22 juin 1768.—*Louis-Jean-Baptiste,* b² 30 avril 1769.—*Joseph-Marie,* b² 15 nov. 1770 ; s² 16 sept. 1771. — *Joseph-Marie,* b² 22 mars 1772. — *Elienne,* b ² 18 mai 1773.

ALAIRE (D'), JOSEPH,
   b 1753 ; s 22 sept. 1793, à Beaumont.
   LACASSE, Marie-Joseph.

ALAIRE, MARIE-ANNE, épouse de Bernard BOSCHÉ.

---

(1) Dit Dalaire.

1773, (4 oct.) Repentigny. ⁶
IV.—ALAIRE, ETIENNE. [LOUIS III.
LÉTOURNEAU, Marie-Anne. [JEAN IV.
Marie-Anne, b ⁶ 4 août 1775; s ⁶ 22 oct. 1790.

1774, (24 janvier) St-François, I. O. ⁶
IV.—ALAIRE, JOSEPH. [JOSEPH III.
MARCEAU, Marie-Louise. [ANTOINE III.
Marie-Joseph, b ⁶ 14 janvier 1775.

ALAIRE, LOUIS,
s 28 août 1775, à St-Joachim. ⁶
RACINE (1), Madeleine.
Louis, b 1774; s ⁶ 31 août 1778.

ALAIRE, JOSEPH.
1° MIOT, Marie-Monique.
1781, (30 janvier) St-Augustin. ⁶
2° DORÉ, Marie-Joseph. [ETIENNE IV.
Etienne, b ⁶ 2 déc. 1781; Pierre et Suzanne,
b ⁶ 5 avril 1788.

ALAIRE, JEAN.
DRAPEAU, Marie.
François, b 4 juin 1790, à Lachenaye.

ALARD (2).—Variations et surnoms; ALLARD
—HALARD—LONGPRÉ.

ALARD, JEANNE, epouse de Michel CARON.

ALARD, MARIE-JOSEPH, épouse de Jean-Baptiste
DUFRESNE.

ALARD, FRANÇOIS, b 1731; s 19 oct. 1754, à
Verchères.

ALARD, MARIE-LOUISE, m 1733, à Joseph SIGARD.

ALARD, MARIE-ANGÉLIQUE, épouse de Joseph
PROU.

ALLARD, MARIE-CHARLOTTE, épouse de Jean-
Barthélemy DECASTEL.

ALARD, ELISABETH, épouse de Jean-Baptiste
CHENAIS.

1671, Québec.
I.—ALARD, FRANÇOIS,
b 1637; s 25 oct. 1726, à Charlesbourg. ¹
ANGUILLE, Jeanne, b 1647, à Tours, France;
s ¹ 12 mars 1711.
Anne, b... 1° m ¹ 23 juillet 1714, à Pierre
BOUTILLET; 2° m ¹ 18 nov. 1720, à Jean RE-
GNAULT; s ¹ 2 dec. 1758. — Jeanne, b... m à
Guillaume LONGPRÉ.

———
(1) Elle épouse, le 9 juillet 1776, Pierre Gagné, à St-Joachim.

(2) Etymologie. — Nom d'homme: al-ard qui signifie
très fort.

1683, (22 nov.) Ste-Anne. ³
I.—ALARD, PIERRE,
s ³ 19 sept. 1703.
1° DELAVOYE, Anne, [RENÉ I.
s ³ 3 août 1686.
Pierre, b ³ 20 juillet 1686; m mai 1714, à
Hélène PERRON, à la Baie-St-Paul⁴; s⁴ 17 avril
1715.—Marie, b 31 août 1684, au Château-Ri-
cher⁵; m⁵ 12 janvier 1710, à Joseph BRODIÈRE.
1690, (9 nov.) ³
2° DE LUGRÉ, Marthe. [JACQUES I.
François, b... m 20 oct. 1726, à Marie LORRAIN,
à Kaskakia. — Eustache, b 1700; 1° m 1726, à
Marie-Madeleine FORGET; 2° m 22 juin 1739, à
Marguerite GAUTIER, à Terrebonne; 3° m 17 avril
1741, à Marie LORRAIN, à Lachenaye; s 7 sept.
1774, à St-Henri de Mascouche.
1700. ³
3° PINEL, Madeleine, [GILLES II.
veuve de François Vandaille; s 5 mai 1715,
à la Pte-aux-Trembles, Q.

1695, (22 nov.) Charlesbourg. ⁵
II.—ALARD, ANDRÉ, [FRANÇOIS I.
s ⁵ 6 dec. 1735.
LeMARCHER, Anne, [JEAN I.
s ⁵ 3 février 1735.
Jean-Baptiste, b... 1° m ⁵ 30 sept. 1732, à Marie-
Elisabeth PEPIN; 2° m ⁵ 1er août 1746, à Marie
AUCLAIR; s 28 sept. 1751, à Québec. ¹ — Marie-
Joseph, b... m ⁵ 9 janvier 1736, à François DION; s
29 mai 1760, à la Pte-aux-Trembles, Q.—Pierre,
b... m ¹ 15 nov. 1724, à Madeleine PACQUET. —
Thomas, b ⁵ 20 juillet 1705, m 1731, à Marie-
Agnès BELLEAU; s ¹ 26 juin 1762.

II.—ALARD (1), JEAN-BTE, [JULIEN I.
b 1681; s 22 avril 1740, à St-Frs-du-Lac.
Jean-Baptiste, b... m à Marie-Anne MEUNIER.

1698, Beauport. ¹
II.—ALARD, JEAN-FRANÇOIS. [FRANÇOIS I.
1° TARDIF, Marie-Ursule, [JACQUES I.
s ¹ 23 avril 1711.
Marie-Charlotte-Ursule, b... 1° m ¹ 29 oct.
1727, à Louis LAMOTHE. 2° m ¹ 11 janvier 1745, à
Pierre PROTOT.—Jacques, b 1701, m ¹ 16 avril
1731, à Charlotte GAUDIN, s ¹ 19 avril 1771.—
Jean-Baptiste, b... m 28 février 1729, à Agathe
MEUNIER, à Lorette.
1711, (3 août). ¹
2° DAUPHIN, Geneviève. [RENÉ II.
Marie-Louise, b ¹ 20 fevrier 1720; m 28 août
1741, à Joseph COUTURIER, à St-Frs-du-Lac. ²
—Marie-Catherine, b ¹ 26 mars 1722; m ² 13
janvier 1744, à Gabriel DANY.—Marguerite, b ¹
23 fevrier 1724;—Louis, b ¹ 22 fevrier 1726; s ²
14 nov. 1749.—Marie-Ursule, b ¹ 28 nov. 1727.—
Suzanne, b ² 23 avril 1730; m ² 5 fevrier 1759, à
Joseph GAGNÉ.—Joseph, b ² 11 juin 1732; s ² 13
fevrier 1733.—Geneviève, b... m ² 15 janvier 1732,
à Jean-Baptiste CANTARA.—René, b 1718; s ² 6
février 1736.—Joseph, b ² 19 mai 1734; m 12
oct. 1761, à Madeleine HAREL, à St-Michel d'Yamaska.—Marie, b... m.² 17 février 1749, à Fran-

———
(1) Dit Labarre.

çois Pnou.—*André*, b... m ² 20 oct. 1749, à Jeanne Giguère.

1699, (28 février) St-Nicolas.
I.—ALARD, Bertrand (1).
 Coutard, Marie. [Robert I.
 Marie, b... 1° m à Pierre St-Laurent ; 2° m 17 janvier 1757, à Louis Vautour, à Rimouski.⁵—*Marie-Charlotte*, 1° m à Jacques Landais ; 2° m ⁵ 8 février 1767, à Claude Guillemin.—*Claude*, b 15 janvier 1713, à Quebec.

1705, (12 janvier) Pte-aux-Trembles, M.
I.—ALARD, Simon, fils d'Emery et de Julienne Bayoux, de St-Germain, diocèse de Poitiers ; s avant 1746.
 Lacombe, Catherine. [Jean I.
 Simon, b... m 1740, à Marie-Louise Vandandaique.—*Jean-Baptiste*, b 1722 ; m 7 nov. 1746, à Marie-Joseph Vinet, à la Longue-Pointe.—*Marie*, b... m à Pierre Bricaut.—*Joseph*, b... m 8 janvier 1753, à Jeanne Plouf, à St-Antoine de Chambly.—*Joseph-Emery*, b... m 1733, à Jeanne Guerin.

1705, (23 février) Charlesbourg. ⁹
II.—ALARD, Jean, [François I.
 s ⁹ 23 décembre 1748.
 Pageot, Anne-Elizabeth. [Thomas I.
 François, b ⁹ 11 février 1706 ; s ⁹ 28 août 1728.—*Thomas*, b ⁹ 1ᵉʳ février 1708 ; s ⁹ 22 oct. 1728.—*Jean-Baptiste*, b ⁹ 19 janvier 1710 ; m 22 janvier 1731, à Geneviève DeRainville, à Beauport.—*Marie-Thérèse*, b ⁹ 26 mars 1712 ; m⁹ 4 juin 1731, à François Roi.—*André*, b ⁹ 12 mars 1714 ; s⁹ 12 oct. 1728.—*Pierre*, b ⁹ 1ᵉʳ mai 1716 ; m ⁹ 5 nov. 1743, à Marie-Angélique Bergevin ; s⁹ 27 déc. 1759.—*François*, b ⁹ 4 février 1719 ; m ⁹ 13 nov. 1741, à Barbe Bergevin.—*Jacques*, b ⁹ 18 août 1721 ; m 10 mai 1750, à Ursule-Agnès Denis, à St-Michel.—*Marie-Madeleine*, b ⁹ 27 août 1723 ; m ⁹ 5 nov. 1743, à Germain Bergevin, s ⁹ 7 dec 1759.—*Marie-Charlotte*, b ⁹ 29 mai 1726 ; m ⁹ 28 janvier 1743, à Pierre Bergevin.

II.—ALARD, Pierre, [Pierre I.
 b 1686.
 LeNeveu, Madeleine. [François I.
 Marie-Madeleine, b... m 10 janvier 1726, à Jean-Baptiste Lesage, à L'Assomption.—*Jeanne*, b... m à Jean Lesage.

1710, (7 janvier) Charlesbourg. ³
II.—ALARD, George, [François I.
 s ³ 14 sept. 1755.
 1° Pageot, Marie-Marguerite. [Thomas I.
 Marie-Françoise, b ³ 22 dec. 1710 ; m ³ 26 avril 1728, à Joseph Collet ; s ³ 10 juin 1741.
  1713, (30 janvier).³
 2° Bedard, Catherine, s ⁴ 29 oct. 1749.
 Marie-Charlotte, b ³ 22 février 1719.—*Marie-Madeleine*, b ³ 12 mars 1721.—*Geneviève-Catherine*, b ³ 10 janvier 1723 ; m ³ 11 mai 1750, à Charles Boissel ; s ³ 7 oct. 1760.—*Marie-Joseph*,

b ³ 17 avril 1715 ; m ³ 17 sept. 1742, à Jacques Lucas de Maubuisson.—*Marie-Louise*, b ³ 19 janvier 1717 ; m ³ 28 juillet 1749, à Joseph Pivin ; s ³ 24 janvier 1754.—*Marie-Anne*, b ³ 8 et s ³ 30 mai 1714.

1714, (mai) Baie-St-Paul. ⁴
II.—ALARD, Jacques-Pierre, [Pierre I.
 b 1686 ; s ⁴ 17 avril 1715.
 Perron (1), Hélène, [Antoine II.
 b 1694.
 Pierre-Jacques, b ⁴ 5 avril 1715 ; m 8 janvier 1737, à Marie-Madeleine Bouchard, à la Petite-Rivière ; s ⁴ 4 août 1777.

1714, (11 juin) Charlesbourg. ⁶
II.—ALARD, Thomas, [François I.
 s ⁶ 28 dec. 1742.
 Bedard, Marie-Charlotte, [Etienne III.
 s ⁶ 19 déc. 1753.
 Marguerite-Françoise, b ⁶ 1ᵉʳ février 1716 ; m ⁶ 26 janvier 1760, à Charles-Joseph Pageot.—*Thomas*, b ⁶ 26 mai 1718.—*Charles-Nicolas*, b ⁶ 26 février 1720.—*Jacques*, b ⁶ 26 juillet 1722 ; m ⁶ 19 juillet 1751, à Marie-Madeleine Bergevin.—*Marie-Françoise*, b ⁶ 24 août 1724 ; s ⁶ 30 août 1726.—*Marie-Charlotte*, b ⁶ 11 oct. 1726 ; m ⁶ 27 avril 1750, à Pierre Bergevin.—*Marie-Charlotte*, b ⁶ 19 oct. 1728.—*Geneviève*, b ⁶ 17 février 1731 ; s ⁶ 29 mai 1733.—*Marie-Véronique*, b ⁶ 5 janvier 1734 ; s ⁶ 8 mai 1735.—*Anne-Elisabeth*, b ⁶ 13 juin 1735.—*Pierre*, b ⁶ 10 janvier 1737.—*Suzanne*, b ⁶ 31 mars et s ⁶ 4 avril 1740.

1723, (13 sept.) Charlesbourg. ⁹
III.—ALARD, Jacques. [André II.
 Brousseau, Marguerite. [Joseph II.
 Marie-Marguerite, b ⁹ 15 août 1724 ; s ⁹ 31 déc. 1728.—*Cecille-Catherine*, b ⁹ 5 sept. 1726 ; m ⁹ 21 août 1747, à Joseph Dupéré.—*Jacques*, b ⁹ 26 oct. 1728 ; m 3 août 1750, à Marie-Geneviève Julien, à L'Ange-Gardien.—*Charles*, b ⁹ 10 mai 1730 ; s ⁹ 16 oct. 1738.—*Joseph*, b ⁹ 9 avril 1732 ; s ⁹ 4 juin 1733.—*Pierre*, b ⁹ 24 janvier 1734 ; s ⁹ 16 dec. 1738.—*Joseph*, b ⁹ 13 nov. 1735.—*François*, b ⁹ 18 mai 1737 ; m⁹ 14 février 1763, à Marie Parant.—*Charles-François*, b ⁹ 24 mai 1742.

ALARD, Jacques, b 1724 ; s 7 nov. 1726, à Beauport.

ALARD, Marie-Joseph, b 1727 ; s 22 sept. 1767, à la Baie-du-Febvre.

1724, (15 nov.) Quebec. ⁵
III.—ALARD, Pierre. [André II.
 Paquet, Madeleine. [Philippe II.
 Pierre, b ⁵ 17 août 1725.—*Marie-Madeleine*, b ⁵ 24 nov. 1726 ; m 21 nov. 1746, à Louis Fluet, à Charlesbourg. ⁷—*Marie-Louise*, b ⁵ 12 avril 1728.—*Marie-Josette*, b ⁵ 11 janvier 1730 ; m ⁷ 18 février 1760, à Jean-Baptiste Martel.—*Marie-Agnès*, b... m ⁷ 18 nov. 1748, à Charles Letarte.—*Pierre*, b... m ⁷ 8 sept. 1749, à Marie-Angelique

---

(1) Voy. Lart, vol. I, page 349.

(1) Elle épouse, le 21 février 1716, Jacques Gagné, à la Baie-St-Paul.

HENNE-LEPIRE.—*Marguerite*, b⁷ 12 juillet 1731;
m⁷ 24 mai 1751, à Jacques RÉAUME.—*Marie-
Louise*, b⁷ 18 février 1733.—*Jean-Baptiste*, b⁷ 29
nov. 1734.—*Marie-Elisabeth*, b⁷ 3 juillet 1736;
m⁷ 23 nov. 1761, à Charles DAIGLE.—*Jacques*,
b⁷ 12 nov. 1739.—*Pierre-Prisque*, b⁷ 14 juin
1742; m⁷ 14 février 1763, à Angelique..........—
Marie-Françoise, b⁷ 26 sept. 1744; s⁷ 3 août 1745.

1726, (20 oct.) Kaskakia.

II.—ALARD, FRANÇOIS. [PIERRE I.
LORRAIN, Marie. [JOSEPH III.

1726.

II.—ALARD, JOSEPH. PIERRE I.
 b 1694; s 11 déc. 1767, à St-Henri de Mas-
 couche.³
BERLOIN, Cécile. JEAN I.
 Jean, b... m 1750, à Catherine ETHIER.—
Joseph, b... m² 18 oct. 1745, à Marie CHALIFOUR,
à Lachenaye.⁴—*Charles-Honoré*, b⁴ 25 avril 1728;
s 5 juillet 1747, à Montreal.—*Cécile*, b⁴ 22 août
1734; m à Pierre GARIÉPY.—*Françoise-Josette*,
b⁴ 6 nov. 1737; m³ 8 janvier 1759, à Jean-Baptiste GUIBORD; s³ 10 sept. 1762.—*Louis*, b 17 août
1731, à St-François, I. J.; m⁴ 4 février 1754, à
Marie-Joseph ROCHON.—*Amable*, b⁴ 9 juin et s⁴
20 août 1740.—*Pierre-Marie*, b⁴ 9 juin et s⁴ 23
août 1740.—*Pierre*, b⁴ 10 juin 1743.—*Marie-Geneviève*, b⁴ 14 août 1748.

1726.

II.—ALARD, EUSTACHE, [PIERRE I.
 b 1700; s 7 sept. 1774, à St-Henri de Mascouche.
1° FROGET, Marie-Madeleine, [GUILLAUME II.
 b 1706; s 12 avril 1734, à Lachenaye.⁷
Pierre, b⁷ et s⁷ 2 oct. 1727.—*Jean*, b⁷ 3 avril
1728.—*Marie-Madeleine*, b⁷ 20 février 1730.—
Marie-Charlotte, b 20 février 1732, à Terrebonne⁶;
m⁷ 5 février 1753, à Claude TÉTREAU.—*Eustache*,
b 1727; s⁷ 14 déc. 1745.

1739, (22 juin).⁶
2° GAUTIER, Marie,
 veuve d'Antoine Levreau; b 1710; s⁷ 4
 mai 1740.
Marie-Marguerite, b⁷ 3 avril 1740.

1741, (17 avril).⁷
3° LORIN (1), Marie-Louise. [JOSEPH III.
Joseph-Marie, b⁷ 5 mars 1742.—*Pierre*, b⁷ 10
déc. 1743.—*Joseph*, b 1744; s 25 avril 1757,
à St-Henri de Mascouche.⁵—*Marie*, b 1746; s⁵
2 déc. 1755.—*Jean-Baptiste*, b⁷ 3 mai 1747.—
Marie-Louise, b⁷ 8 mars 1750.—*Louis*, b⁷ 2
mars 1751.—*Joseph*, b⁶ 25 nov. 1755.—*Marie-
Joseph*, b⁶ et s⁶ 3 avril 1758.—*Marie-Joseph*, b⁶
2 nov. 1759.

1729.

II.—ALARD, JEAN, [JULIEN I.
 b 1681; s 21 avril 1772, à St-Henri de Mas-
 couche.⁴
Jean, b 1730; s⁴ 27 nov. 1755.

1729, (28 février) Lorette.

III.—ALARD (1), JEAN-BTE. [JEAN-FRS II.
MEUNIER, Agathe. [MATHURIN II.
Jean-Noel, b 23 oct. 1730, à Québec.⁹—*Joseph*,
b⁹ 12 juillet 1733 (2).—*Louis*, b 23 mai 1734,
à Lotbinière.—*Claire*, b 23 août 1738, à Trois-
Rivières.⁸—*Marie-Marguerite*, b⁸ 20 juillet
1740; m 24 nov. 1760, à Jean-Baptiste DANY,
à St-Michel d'Yamaska.⁵—*François*, b... m⁵
9 juin 1755, à Marguerite COUTURIER dit LABONTÉ.
—*Marie-Claire*, b... m⁵ 10 janvier 1761, à Joseph
GOGUET; s⁵ 5 avril 1766.— *Agathe*, b... m⁵ 18
avril 1763, à Joseph FORCIER.—*Joseph*, b... m⁵
17 janvier 1764, à Marie CARTIER. — *Marie-
Madeleine*, b... m⁵ 16 février 1767, à Augustin
LAMBERT.

1730.

III.—ALARD, JEAN. [JEAN II.
FORGET, Marguerite, [GUILLAUME II.
 b 1704; s 21 mars 1743, à Lachenaye.⁸
Marguerite, b... m⁸ 16 avril 1742, à Jean
TERRIEN.—*Jean*, b... m⁸ 21 février 1746, à Marie
ASSELIN.—*Marie*, b⁸ 10 mai 1733; m 22 février
1751, à François-Hyacinthe TERRIEN, à St-Henri
de Mascouche.⁹—*Joseph*, b⁸ 22 juillet 1737; m⁹
30 janvier 1758, à Marie-Thérèse ASSELIN.

1731, (22 janvier) Beauport.²

III.—ALARD, JEAN. [JEAN II.
1° DERAINVILLE, Marie-Geneviève, [PAUL III.
 s² 27 mars 1743.
Jean, b² 13 avril 1732.—*Marie-Geneviève*, b²
25 sept. 1733; m² 27 août 1753, à Joseph-Antoine
JEKIMBERT.—*Louis*, b² 5 février et s² 20 juillet
1735.—*François*, b² 13 sept. 1736 —*Marie-Charlotte*, b² 14 nov. 1738; s² 12 mai 1744.—*Jean*,
b² 9 juin 1740.—*Paul-Joseph*, b² 3 oct. 1742;
s² 12 août 1743.

1744, (13 avril) Château-Richer.³
2° PLANTE, Marie, [FRANÇOIS II.
 b 1715; s² 28 mars 1756.
François, b² 28 mars 1745; m³ 9 février 1767,
à Marie-Louise BACON.—*Paul*, b² 8 mai 1746;
s² 7 mai 1760.—*Marie-Louise*, b² 31 juillet 1747.
—*Angelique*, b² 4 sept. 1749, m³ 17 oct. 1774,
à Jean MATHIEU.— *Simon*, b² 24 oct. 1750.—
Joseph, b² 6 avril 1752, s² 19 mai 1753.—*Marie-
Madeleine*, b² 25 mai 1753.—*Marie-Joseph*, b² 26
sept. 1754; s² 19 oct. 1756.—*Anonyme*, b² et s²
26 mars 1756.

1731, (16 avril) Beauport.²

III.—ALARD, JACQUES, [JEAN II.
 s² 19 avril 1771.
GAUDIN, Charlotte, [CHARLES I
 veuve de Vincent Guillot.

1731, (12 nov.) Ste-Foye.

III.—ALARD, JEAN-CHARLES. [ANDRÉ II.
DANEST, Madeleine. [CHARLES II.
Marie-Madeleine, b 9 août 1731, à Quebec⁸;
1° m³ 11 janvier 1751, à Louis DION, 2° m³ 24

---

(1) Dit La Terreur.

(1) Dit Halard.
(2) Né le premier décembre 1732.

août 1761, à Jean DELAÏS.—*Charles-Thomas*, b 1732 ; s ⁸ 27 déc. 1753.—*Marc-Antoine*, b ⁴ 14 juin 1751.— *Marie-Louise*, b 27 nov. 1754, à Lorette⁴, s ⁸ 3 avril 1756.—*Charles-Jacques*, b 9 sept. 1733, à Charlesbourg. ⁵—*Jean-Baptiste*, b ⁵ 22 sept. 1734 ; m ⁵ 12 août 1754, à Marie-Louise DELESSARD. — *Pierre-Prisque*, b ⁵ 11 mai 1737. — *François*, b ⁵ 31 déc. 1739 ; m ⁴ 2 mars 1765, à Agathe DION.—*Denis*, b ⁵ 3 mars 1742. — *Marguerite*, b ⁵ 1ᵉʳ déc. 1743 ; m ⁸ 8 février 1763, à François DELESSARD. — *Auguste*, b ⁵ 24 février 1746.—*Louis*, b ⁵ 5 avril 1747 ; m 17 oct. 1791, à Marie-Rose PLANTE, à St-Cuthbert. — *Marie-Charlotte*, b ⁵ 20 avril 1749.

1731.

III.—ALARD, THOMAS, maçon, [ANDRÉ II b 1705 ; s 26 juin 1762, à Québec. ⁷
BELLEAU, Marie-Agnès, [GUILLAUME II b 1708 ; s 12 nov. 1760, à Ste-Foye. ⁶
Thomas, b ⁷ 15 août 1732 ; s ⁷ 26 mai 1733 —*François-Joseph*, b ⁷ 22 mars et s ⁷ 25 juin 1734.—*Marie-Louise*, b ⁷ 12 juillet 1735 ; s ⁷ 13 février 1754.—*Marie-Amable*, b ⁷ 30 mars 1737, s ⁷ 26 oct. 1741.—*Pierre-Thomas*, b ⁷ 7 déc 1738 ; s ⁷ 24 sept. 1739. — *Pierre*, b ⁷ 5 et s ⁷ 9 avril 1740.—*Jean-Marie*, b ⁷ 19 et s ⁷ 24 avril 1742 —*Elisabeth*, b ⁷ 27 août et s ⁷ 26 sept. 1743. — *Marie-Thérèse*, b ⁷ 21 août et s ⁷ 3 sept. 1744. — *Marie-Anne*, b ⁷ 8 et s ⁷ 25 oct. 1745. — *Marie-Joseph*, b ⁷ 24 février 1747 ; m ⁶ 11 février 1771, à Jean-Baptiste POITRAS. — *Thomas*, b ⁷ et s ⁷ 10 avril 1749.— *Thomas*, b ⁷ 23 oct. 1750 ; s ⁷ 8 avril 1751.

1732, (30 sept.) Charlesbourg. ⁸

III —ALARD, JEAN-BTE, [ANDRÉ II. s 28 sept. 1751, à Quebec. ⁷
1° PEPIN, Marie-Elisabeth. [LOUIS II.
Jean-Baptiste-André, b ⁸ 6 août 1733, s ⁸ 14 mars 1755.—*Marie-Elisabeth*, b ⁸ 13 mai 1735, s ⁷ 19 janvier 1745.—*Pierre-Charles*, b ⁸ 13 février 1737 ; s ⁷ 11 janvier 1745.—*Joseph*, b ⁸ 17 mars 1739, m ⁶ 29 août 1763, à Marie-Joseph RENAULT.—*Marie-Joseph*, b ⁸ 15 mars 1741 ; m ⁸ 6 février 1758, à Simon-Joseph LESCOT, s ⁸ 5 août 1760.—*Marie-Geneviève*, b ⁸ 21 août et s ⁸ 4 sept. 1743.

1746, (1ᵉʳ août). ⁸
2° AUCLAIR, Marie-Joseph (1). [FRANÇOIS II.
Marie-Charlotte, b ⁸ 4 nov. 1747 ; s ⁷ 2 août 1751. — *Jacques-Ambroise*, b ⁸ 10 nov. 1748. — *Marie-Geneviève*, b ⁸ 21 mars 1750, s ⁷ 20 août 1751.— *Marie-Agathe* (posthume), b ⁸ 18 février et s ⁸ 25 juillet 1752.

1733.

II.—ALARD, JOSEPH-EMERY. [SIMON I.
GUERTIN, Jeanne. [PAUL II.
Jean-Baptiste, b 3 et s 11 avril 1751, à St-Antoine de Chambly.²—*Louis*, b ² 30 mars 1753, s ² 31 déc. 1754.—*Marie-Louise*, b ² 5 mars 1755.— *Marie-Antoinette*, b ² 15 juin et s ² 8 déc. 1756 —

---

(1) Elle épouse, le 18 septembre 1752, André Roy, à Charlesbourg.

Antoine, b... s ² 21 janvier 1759.—*Marie-Joseph*. b 1740 ; m ² 27 nov. 1758, à Louis COURTEMANCHE.—*Simon*, b...—*Catherine*, b 1734, 1° m ² 7 juin 1763, à André QUAY ; 2° m ² 5 nov. 1764, à Jean-Baptiste VANDANDAIQUE.—*Marie-Joseph*, b 1739 ; 1° m ² 4 février 1759, à Louis ARCHAMBAULT ; 2° m ² 13 juillet 1767, à Pierre BRUNET. —*Joseph*, b ² 14 mai et s ² 3 août 1760.

1736, (30 juillet) Québec. ⁷

III.—ALARD, NOEL, [JEAN-FRANÇOIS II. b 1704 ; s 26 août 1738 (1), à Beauport.
MEUNIER, Catherine, [MATHURIN II. s ⁷ 17 mars 1748.
Mathurin (illégitime), b ⁷ 28 juillet 1736.— *Marie-Joseph-Catherine*, b ⁷ 19 août et s ⁷ 17 sept. 1738.—*Jean-Baptiste*, b 1740, m 20 sept. 1762, à Marie-Catherine PLESSIS.

1737, (8 janvier) Petite-Rivière.

III.—ALARD, PIERRE-JACQUES, [PIERRE II. s 4 août 1777, à la Baie-St-Paul ⁹
BOUCHARD, Marie-Madeleine. [ANTOINE II.
Pierre, b ⁹ 24 et s ⁹ 30 sept. 1737. — *Marie-Madeleine*, b ⁹ 6 août 1738, m ⁹ 2 janvier 1757, à Louis TREMBLAY. — *Hélène*, b ⁹ 3 oct. 1740 ; s⁹ 10 déc. 1748.—*Joseph-François*, b ⁹ 24 oct. 1742, m ⁹ 26 oct. 1772, à Marie-Thérèse GUAY.—*Clotilde-Silvie*, b ⁹ 11 mars et s ⁹ 18 mai 1745.—*Marie-Joseph-Clotilde-Silvie*, b ⁹ 30 mars 1746.—*Marie-Geneviève*, b ⁹ 8 mai 1748, m ⁹ 3 nov. 1773, à Jean-Baptiste BANVILLE.—*Félicité-Rosalie*, b ⁹ 13 juillet 1750, s ⁹ 18 janvier 1760.—*Louis-Abraham*, b ⁹ 15 octobre 1753.—*Louis-Amédée-Basile-Constantin*, b ⁹ 19 mai 1756.

ALLARD, MADELEINE, épouse de Jean-Baptiste FLUET.

1741.

III.—ALARD, JEAN-BAPTISTE. [JEAN-BTE II.
MEUNIER, Marie-Anne. [MATHURIN II.
Pierre-Hermenegilde, b 13 avril 1742, à St-Frs-du-Lac. ⁶—*Marie-Madeleine*, b ⁶ 13 août 1743. —*Gabriel*, b ⁶ 15 mars 1746.—*Jean-Baptiste*, b... m ⁶ 8 janvier 1759, à Madeleine GOGUEZ.

1741, (13 nov.) Charlesbourg. ⁶

III —ALARD, FRANÇOIS. [JEAN II.
BERGEVIN, Barbe-Louise, [IGNACE II. b 1722 ; s 9 janvier 1794, à St-Cuthbert. ⁷
Marie-Angélique, b ⁶ 24 février 1744.—*Pierre-François*, b ⁶ 17 février 1746. — *Thérèse*, b ⁶ 28 mars 1748 ; 1° m à Jean-Baptiste BOUET ; 2° m ⁷ 15 juillet 1782, à Benoni COUTURE.—*Jean*, b ⁶ 20 janvier 1751 ; m ⁷ 7 février 1774, à Angelique JACQUES. — *Louis*, b ⁶ 15 déc. 1752.—*Louis-Charles*, b ⁶ 18 février et s ⁶ 5 oct. 1755 —*Pierre-Charles*, b ⁶ 18 février 1757, m ⁷ 1784, à Marie BOCAGE. — *Marie-Joseph*, b ⁶ 11 août 1759 ; s ⁶ 5 déc. 1760.—*Antoine*, b ⁶ 4 juin 1761, m ⁷ 14 janvier 1788, à Marie-Françoise MORIN.—*Marie-Louise*, b 3 nov. 1742, à Québec ; m ⁶ 13 juillet 1761, à Jean ARIAIL.

---

(1) Noyé en abordant le navire : *La Ville de Québec*.

ALARD (1), Jean,
de Berthier; s 28 juillet 1740, à l'hôpital général, M.

1743, (5 nov.) Charlesbourg. ⁷
III.—ALARD, Pierre, [Jean II.
s ⁷ 27 déc. 1759.
Bergevin (2), Marie-Angélique. [Ignace II.
·Pierre, b ⁷ 23 déc. 1744.—Jacques, b ⁷ 14 oct. 1746; m 7 fevrier 1780, à Madeleine Laforest, au Détroit.—Marie-Angélique, b ⁷ 2 oct. 1749, m 27 oct. 1777, à Antoine Dutaut, à l'Ile-Dupas.⁸—Joseph, b ⁷ 13 avril et s ⁷ 5 mai 1752.—Marie-Anne, b ⁷ 16 sept. 1753; m ⁸ 18 août 1777, à Noël Penisson.—Louis, b ⁷ 16 févrie 1755.—Michel, b ⁷ 20 nov. 1756.—Louis, b ⁷ 12 oct. 1758; s ⁷ 30 août 1759.

1745, (24 mai) Montréal. ⁷
I.—ALARD (3), Jean, b 1705, fils de René et de Marie Normandin, de St-Macaire, diocèse d'Angers.
Payet, Thérèse, [Jean-Bte II.
s ⁷ 6 fevrier 1746.

1745, (18 oct.) Lachenaye. ⁷
III.—ALARD, Joseph. [Joseph II.
Chalifour, Marie-Anne. [Jean II.
Joseph, b ⁷ 5 août 1746.—Jean-Baptiste, b ⁷ 8 nov. 1747; m 1ᵉʳ juin 1772, à Marie-Marguerite Renaud, à St-Henri de Mascouche. ⁸—Marie-Anne, b ⁷ 1ᵉʳ juin et s ⁷ 17 août 1749.—Michel, b ⁸ 29 février 1752.—Pierre, b ⁷ 4 mai 1753; m ⁸ 11 avril 1774, à Marie-Archange Muloin.—Marie-Archange, b ⁸ 5 fevrier 1754; s ⁸ 7 mars 1756.—Joseph-Marie, b ⁸ 5 août 1757.—Michel, b ⁸ 3 mars 1759.—Françoise, b ⁸ 21 mars 1761. —Marie-Elisabeth, b... m ⁸ 5 oct. 1772, à Andre Brousseau.

ALARD, Marie-Catherine, épouse d'André Baudoin.

1745, (25 oct.) Québec. ¹
ALARD (4), Louis.
Chamard, Charlotte. [Pierre III.
Charles-Antoine, b 4 fevrier 1753, à Quebec.

1746, (21 février) Lachenaye. ²
IV.—ALARD, Jean, [Jean III.
b 1721; s 19 juin 1766, à St-Henri de Mascouche. ⁸
Asselin (5), Marthe, [Jean-Bte III.
Marie, b ² 16 janvier 1747.—Marie-Rose, b ² 11 et s ² 21 nov. 1748.—Louise-Amable, b ² 19 déc. 1752.—Marie-Françoise, b ² 7 janvier 1754.—Jean-Baptiste, b ⁸ 30 janvier 1751.—Marie-Françoise, b ⁸ 25 dec. 1755; s ⁸ 5 fevrier 1756.—

(1) Dit Labarre.
(2) Elle épouse, le 7 janvier 1761, Louis Jacques, à Charlesbourg.
(3) Dit Barrière, sergent de la compagnie Desnoyelles.
(4) Marié sous le nom D'Alaire.
(5) Elle épouse, le 19 janvier 1767, Aubin Guimont, à St-Henri de Mascouche.

Marie-Archange, b ⁸ 12 janvier 1757; s ⁸ 19 avril 1770.—Denise, b ⁸ 2 dec. 1758; s ⁸ 2 mai 1770. —Joseph, b ⁸ 12 août 1760 ; s ⁸ 8 mai 1770.

1746, (7 nov.) Longue-Pointe.
II.—ALARD, Jean-Bte, [Simon I.
s avant 1764.
Vinet, Marie-Joseph, [François II.
s avant 1764.
Pierre, b 1753, à St-Antoine de Chambly ¹; s ¹ 27 juin 1764.

1748, (12 février) Baie-du-Febvre.
ALARD, Gabriel.
Prou, Elizabeth, [Claude II.
s 5 août 1773, à Nicolet. ¹
Elisabeth, b 2 février 1749, à St-Frs-du-Lac. ⁴ —Gabriel, b ⁴ 24 sept. s ⁴ 10 oct. 1751.⁴—Marie-Françoise, b ⁴ 24 sept. 1751.—Marie-Marguerite, b ⁴ 10 juin 1753 ; s ¹ 5 août 1773.—Joseph, b ⁴ 28 nov. 1754.—Michel, b ⁴ 20 oct. 1756.— François, b ⁴ 28 juin 1758.—Jean-Baptiste, b ⁴ 21 mai 1761.

1749, (8 sept.) Charlesbourg. ⁸
IV.—ALARD, Pierre. [Pierre III.
Henne-Lepire, Marie-Angélique. [Jacques II.
Jean-Baptiste, b ⁸ 6 oct. 1752.—Marie-Madeleine, b ⁸ 26 sept. 1754.—Pierre, b ⁸ 1ᵉʳ mai 1757.

1749, (20 oct.) St-Frs-du-Lac. ⁵
III.—ALARD, André. [Jean-François II.
Giguère, Jeanne. [Antoine III.
Marie-Jeanne, b ⁵ 5 sept. 1750.—Joseph-Etienne, b ⁵ 18 mars 1752 , s ⁵ 22 oct. 1759. — Marie-Ursule, b ⁵ 14 sept. 1753.—Michel b ⁵ 31 mai 1755.—Marie-Charlotte, b ⁵ 11 janvier 1757.— Suzanne, b ⁵ 29 août 1758.—Marie-Thérèse, b ⁵ 9 août 1760.—Antoinette, b ⁵ 25 avril 1762.—Jean-Baptiste, b 17 fevrier 1764, à St-Michel d'Yamaska.

1740.
II.—ALARD, Simon. [Simon I.
Vandandaique, Marie-Louise, [Claude II.
b 1723; s 18 mai 1762, à St-Antoine-de Chambly. ⁹
André, b ⁹ 10 déc. 1750.—Joseph, b ⁹ 23 juillet et s ⁹ 8 août 1752.—Joseph, b 1745 ; s ⁹ 17 nov. 1751.—Louise-Amable, b ¹ 1744 ; m ⁹ 15 oct. 1764, à René Guertin.—Jean-Baptiste, b 1748 ; m ⁹ 10 oct. 1768, à Angélique Archambault. — Marie-Anne-Amable, b ⁹ 10 juillet 1753.—Antoine, b ⁹ 19 juillet 1755; s ⁹ 18 juin 1762.—Joseph-Marie, b ⁹ 8 janvier 1757, s ⁹ 2 avril 1759.—Joseph, b ⁹ 6 mai 1758.—Marie-Joseph, b ⁹ 10 oct. 1759.— Pierre, b ⁹ 29 mars et s ⁹ 24 juillet 1761.

1750, (10 mai) St-Michel.¹
III.—ALARD, Jacques. [Jean II.
Denis (1), Marie-Ursule-Agnès. [Joseph II
Marie-Agnès, b ¹ 23 mai et s ¹ 5 août 1751.— Marie-Victoire, b ¹ 6 sept. 1754.—Marie-Ursule,

(1) Dit Lapierre.

b¹ 1ᵉʳ mars et s¹ 19 juillet 1756.—*Marie-Clotilde*, b¹ 2 sept. 1752; s¹ 14 avril 1756.—*Jacques*, b¹ 15 nov. 1757; s¹ 9 nov. 1758.—*Jacques*, b¹ 13 nov. 1759; s¹ 11 fevrier 1760

ALLARD, ANTOINE.
JANOT, Catherine (1). [LAURENT.

1750, (3 août) L'Ange-Gardien.
IV.—ALARD, JACQUES. [JACQUES III.
JULIEN, Marie-Geneviève [JEAN III
Marie-Geneviève, b 14 déc. 1751, à Charlesbourg³; s³ 17 janvier 1752.—*Marie*, b³ 28 juin 1753.—*François*, b³ 3 mars 1755; s³ 14 juin 1758.—*Jacques*, b³ 14 juillet 1756.—*Ange*, b³ 8 sept. 1758.—*Joseph*, b³ 6 fevrier 1761.—*Marie-Louise*, b³ 20 oct. 1762.

1750.
III —ALARD, JEAN-BTE. [JOSEPH II.
ETHIER, Catherine. [JOSEPH II
Marie-Cécile, b 27 fevrier 1753, à Lachenaye⁴—*Jean-Baptiste*, b⁴ 19 et s⁴ 21 août 1760 —*Marie-Catherine*, b 22 février 1751, à St-Henri de Mascouche.⁵—*Marie-Archange*, b⁵ 7 sept. 1756 m⁵ 30 juillet 1770, à Henri BAUDOIN.—*Marie-Rose*, b⁵ 21 sept. 1758.—*Jean-Baptiste*, b... m⁴ 18 oct. 1790, à Marie MAROIS.

1751, (19 juillet) Charlesbourg.⁶
III.—ALARD, JACQUES. [THOMAS II
BERGEVIN, Marie-Madeleine. [IGNACE II.
Marie-Thérèse, b⁶ et s⁶ 25 mars 1752.—*Madeleine-Geneviève*, b⁶ 20 février 1753, s⁶ 9 oct. 1754.—*Marie-Agathe*, b⁶ 10 mars 1755.—*Anne-Elisabeth*, b⁶ 22 avril 1757.—*Marie-Charlotte*, b⁶ 30 août 1759.—*Jacques-Laurent*, b⁶ 1ᵉʳ mai 1762, s⁶ 3 juin 1763.

1753, (8 janvier) St-Antoine de Chambly.⁷
II.—ALARD, JOSEPH, [SIMON I
s avril 1746.
PLOUF, Marie-Jeanne, [FRANÇOIS II.
veuve de Philippe Dudevoir.
Simon, b⁷ 17 oct. 1753, à St-Ours. — *Joseph-Pascal*, b⁷ 19 avril 1756 —*Marie-Joseph*, b⁷ 5 juin 1760.—*Jean-Marie*, b⁷ 6 oct. 1761.—*Marie-Rose*, b⁷ 6 oct. 1761.

1754, (4 fevrier) Lachenaye.⁸
III —ALARD, LOUIS. [JOSEPH II
ROCHON (2), Marie-Joseph. [MICHEL III
Michel, b... m⁸ 29 sept 1783, à Marie-Salomée PICARD.—*Joseph*, b... m à Josette MARIE.—*Joseph-Marie*, b 11 mai 1759, à St-Henri de Mascouche.

ALARD, MARIE, épouse de Pierre GIRARD ; s 23 oct. 1794, à Quebec.

(1) Elle épouse, le 7 mai 1764, Jean-Bte Tessier, à la Pointe-aux-Trembles, M.
(2) Elle épouse, le 21 janvier 1765, Joseph Berloin, à St-Henri de Mascouche.

1754, (12 août) Charlesbourg.
IV.—ALARD, JEAN-BTE. [JEAN-CHS. III.
DELESSARD, Marie-Louise. [PRISQUE III.
Jean-Baptiste, b 3 nov. et s 26 déc. 1755, à Quebec⁵;. *Jean*, b⁵ 2 déc. 1757. — *Marguerite*, b⁵ 17 avril 1759.

ALARD, MARIE-LOUISE, épouse de Jean FLANDRE.

1755, (9 juin) St-Michel d'Yamaska.⁷
IV.—ALARD, FRANÇOIS, [JEAN-BTE III.
s avant 1764.
COUTURIER-LABONTÉ, Marguerite, [PIERRE I.
b 1700, veuve de Joseph Vanasse; s⁷ 19 mai 1774.
Jean-Baptiste, b⁷ 18 avril 1756 ; s⁷ 21 juin 1758.— *Marie-Anne*, b⁷ 4 mars et s⁷ 9 juillet 1758. — *Marguerite*, b⁷ 7 oct. 1759. — *Marie-Catherine*, b⁷ 4 avril et s⁷ 14 juillet 1761.—*Joseph-François*, b⁷ et s⁷ 5 août 1762.

1758, (30 janvier) St-Henri de Mascouche.⁸
IV.—ALARD, JOSEPH. [JEAN III.
ASSELIN, Marie-Thérèse. [JEAN-BTE III.
Joseph, b⁶ 25 février 1759.—*Thérèse*, b⁶ 13 sept. 1760.

1759, (8 janvier) St-Frs-du-Lac.
IV.—ALARD, JEAN-BTE. [JEAN-BTE III.
GOGUET, Madeleine. [JEAN-BTE III.
Marie-Madeleine, b 20 sept. et s 18 nov. 1759, à St-Michel d'Yamaska.⁷—*Madeleine*, b... m⁷ 16 janvier 1775, à Louis CARTIER.—*Jean-Baptiste*, b⁷ 11 mars 1761.—*Joseph*, b⁷ 24 et s⁷ 27 sept. 1762. — *Marie-Françoise*, b⁷ 10 déc. 1763 ; s⁷ 9 avril 1764 —*Marie-Louise*, b⁷ 9 juin 1765. — *Marie-Anne*, b 1767 ; s⁷ 28 avril 1768.—*Joseph*, b⁷ 10 août 1768. — *Marie-Françoise*, b⁷ 1ᵉʳ et s⁷ 6 janvier 1770.

ALARD, MARGUERITE, s 16 juillet 1759, à Lorette.

ALARD, THÉRÈSE, épouse de Claude MAINGUY.

ALARD, IGNACE.
LEFEBVRE, URSULE.
Pierre-Ignace, b 27 août 1760, à St-Michel.

1761, (12 oct.) St-Michel d'Yamaska.³
IV—ALARD, JOSEPH. [FRANÇOIS III.
HAREL, Madeleine, [PIERRE III.
s³ 27 mars 1764.
Anonyme, b³ et s³ 12 dec. 1762.

1762, (20 sept.) Montréal.
IV.—ALARD, JEAN-BTE. [NOEL III.
PLESSIS, Marie-Catherine. [CHARLES III.

1763, (14 février) Charlesbourg.¹
IV.—ALARD, FRANÇOIS. [JACQUES III.
PARENT, Marie. [PIERRE-FRANÇOIS III.
Marie-Françoise, b¹ 7 déc. 1763.

1763, (14 février) Charlesbourg.
IV.—ALARD, PRISQUE. [PIERRE III.
...... Angélique.

1763, (29 août) Charlesbourg.
IV.—ALARD, JOSEPH. [JEAN-BTE III.
RENAULT, Marie-Joseph. [CHARLES III.

1764, (17 janvier) St-Michel d'Yamaska. [2]
IV.—ALARD, JOSEPH. [JEAN-BTE III.
CARTIER, Marie. [FRANÇOIS II.
Marie-Agathe, b [2] 3 déc. 1764. — Anonyme, b [2] et s [2] 22 sept. 1766.—Marie-Catherine, b [2] 12 mars 1768.

1765, (2 mars) Lorette. [3]
IV.—ALARD, FRANÇOIS. [JEAN-CHARLES III.
DION, Agathe. [JOSEPH III.
François (1), b [3] 4 juin 1764.

ALARD.
Marie-Thérèse, b... m à François LEROY.—
Jacques, b...

ALARD, JACQUES.
VALLADE, Marie, [JEAN I.

I.—ALARD, JEAN.
GELINEAU, Angélique.
Louis, b... 1° m 14 août 1780, à Marguerite MALBEUF, à St-Cuthbert [4]; 2° m [4] 25 janvier 1790, à Marie-Louise MASSÉ.

ALARD, JOSEPH.
GAGNÉ, Amable.
Marie-Thérèse, b 7 juin 1768, à St-Michel d'Yamaska.

1767, (9 février) Château-Richer.
IV.—ALARD, FRANÇOIS. [JEAN III.
BACON, Marie-Louise. [EUSTACHE IV.

1768, (10 oct.) St-Antoine de Chambly.
III.—ALARD, JEAN-BTE. [SIMON II.
ARCHAMBAULT, Angélique. [FRANÇOIS IV.

1770.
ALARD, JEAN-BTE-SIMON.
MAILLET, Catherine. [GABRIEL III.
Marie-Catherine, b 26 août 1771, à Lachenaye.

1770, (8 janvier) Sorel.
I.—ALARD, PIERRE, fils de Pierre et de Catherine Bruno, de Marenne, diocèse de Xaintes.
COMEAU, Felicite (2). [GUILLAUME I.

1772, (1er juin) St-Henri de Mascouche.
IV.—ALARD, JEAN-BTE. [JOSEPH III.
RENAUD, Marie-Marguerite. [FRANÇOIS III.

1772, (26 oct.) Baie-St-Paul. [6]
IV.—ALARD (1), JOSEPH-FRANÇOIS.
  [PIERRE-JACQUES III.
CASTONGUAY, Marie-Thérèse. [NOEL IV.
Marie-Madeleine, b [6] 8 août 1773; s [6] 28 févri.
1774.—Constance, b [6] 28 avril 1775.—Joseph, b [6] 8 mars 1777.

1774, (7 février) St-Cuthbert. [8]
IV.—ALARD, JEAN-BAPTISTE. [FRANÇOIS III.
JACQUES, Marie-Angélique. [JOSEPH III.
Joseph, b [8] 15 oct. 1776; s [8] 20 avril 1777. —
Jean-Marie, b [8] 12 juin 1778. — Elisabeth, b [8] 26 déc. 1781.—Joseph, b [8] 24 avril 1784. — Marie-Barbe, b [8] 28 nov. 1785.—Marie-Louise, b [8] 22 sept. 1787. — François, b [8] 23 sept. 1789; s [8] 20 juin 1791.—Antoine, b [8] 15 avril 1791; s [8] 10 avril 1793.

1774, (11 avril) St-Henri de Mascouche.
IV.—ALARD, PIERRE. [JOSEPH III.
MULOIN (2), Marie-Archange. [JEAN-BTE III.

ALARD, PIERRE.
CHAPDELAINE, Elisabeth.
François, b 27 juillet 1777, à St-Cuthbert. —
Marie-Ursule, b 10 janvier 1779, à l'Ile-Dupas. [7]
—Marie-Geneviève, b [7] 6 oct. 1780.—Antoine, b [7] 16 février 1782.

ALARD, PIERRE.
LARIVIÈRE, Elisabeth.
Marguerite, b 11 février 1787, à St-Cuthbert. [7]
—Marie-Joseph, b [7] 9 mars 1789.

1780, (7 février) Détroit. [7]
IV.—ALARD (3), JACQUES. [PIERRE III.
LAFOREST, Geneviève-Madeleine.
Georges, b [7] 6 mai 1782.—Suzanne, b [7] 15 sept. 1783.—Marie-Louise, b [7] 20 février 1785.

ALARD, MARIE, épouse de Charles ELOT.

1780, (14 août) St-Cuthbert. [7]
II.—ALARD, LOUIS. [JEAN I.
1° MALBEUF, Marguerite, [JEAN-BTE II.
s [7] 22 juin 1788.
Marie-Marguerite, b [7] 2 avril 1786. — Marie-Joseph, b [7] 21 juin et s [7] 26 juillet 1788.
1790, (25 janvier). [7]
2° MASSÉ, Marie-Louise. [JEAN-BTE II.
Marie-Louise, b [7] 25 août 1790. — Marie-Madeleine, b [7] 19 déc. 1792.—Marie-Angélique, b [7] 9 janvier 1795.

1783, (29 sept.) Lachenaye. [9]
IV.—ALARD, MICHEL. [LOUIS III.
PICARD, Marie-Salomée. [GABRIEL IV.
Marie-Salomée, b [9] 2 mai 1784.—Marie-Angélique, b [9] 30 août et s [9] 25 sept. 1785. — Marie-Louise, b [9] 4 août 1788.

---
(1) Inupti.
(2) De Port Royal, Acadie.

(1) Dit Barille.
(2) Berloin.
(3) De Charlesbourg.

1785.

I.V.—ALARD, Charles. [François III.
Bocage, Marie. [Jean-Bte.
Louise-Marie, b 11 déc. 1785, à St-Cuthbert [8];
s [8] 5 janvier 1786.—*Marie-Felicite*, b [8] 4 février 1795.

1788, (14 janvier) St-Cuthbert. [8]

IV.—ALARD, Antoine. [François III.
Morin, Marie-Françoise. [Louis III.
Jacques b [8] 15 août 1791.—*Jean-Cuthbert*, b [8] 20 mars et s [8] 7 sept. 1793. — *Marie-Françoise*, b [8] 14 fevrier et s [8] 30 juin 1794. — *Marie*, b [8] 13 avril 1795.

1790, (18 oct.) Lachenaye.

IV.—ALARD, Jean-Bte. [Jean-Bte III.
Marois, Marie. [François III.

1791, (17 oct.) St-Cuthbert. [3]

IV.—ALARD, Louis. [Jean-Charles III.
Plante, Marie-Rose, [Joseph III.
veuve de Jean-Marie Michon.
Louis, b [3] 9 juin et s [3] 1er août 1792.—*Marie-Anne* et *Pierre*, b [3] 9 juin 1792.—*Marie-Geneviève*, b [3] 30 sept. 1794 ; s [3] 26 mars 1795.

ALARY (1).

1681, Pte-aux-Trembles, Q. [1]

I.—ALARY (2), René,
b [1] 1648, s [1] 16 déc. 1750.
Tibaut, Louise. [Michel I.
Jean-Baptiste, b 1699 ; m 19 février 1727, à Charlotte Favreau, à Boucherville.—*Pierre* b... m à Thérèse Coutard.

ALARY, Marie-Madeleine, epouse de Pierre Laigu.

ALARY, Marie-Joseph, b 1700 ; s 23 août 1769, à St-Michel d'Yamaska.

ALARY, Catherine, b 1702, s 17 fevrier 1777.

1681, (14 avril) Pte-aux-Trembles, Q. [3]

I.—ALARY, René,
b 1634 ; s 21 août 1709, à Montreal. [4]
Royer Marie (3). [Jean I.
Vincent, b [4] 26 janvier 1689 ; s [4] 9 oct. 1735. —*Claude*, b [4] 17 juin 1706 ; s [4] 24 avril 1707.—*François-Joseph*, b [4] 5 mai 1708.—*Joseph*, b... s [4] 20 août 1708.—*Jeanne*, b 1699, 1o m [4] 1er oct. 1730, à Jacques Gruyau ; 2o m 20 février 1748, à Toussaint Baudry ; s 24 mai 1760, à St-Valier. — *Marie-Françoise*, b [3] 5 déc. 1683, m [4] 8 février 1706, à Claude-Vincent Meunson.—*Marie-Anne*, b [4] 27 juillet 1698 ; m [4] 25 juillet 1718, à Leonard Janot.

(1) Alaric, nom personnel.
(2) Voy. Vol. I, page 4.
(3) Voy. Vol. I, page 4.

II.—ALARY, Pierre, [Rene I.
s avant 1730.
Coutard, Therèse, [Robert I.
s avant 1730.
Marie-Thérèse, b 1707 ; m [4] 20 février 1730, à Nicolas Jolive.—*Marie-Charlotte*, b 1715 ; m 1er mars 1734, à Jacques Rivière, à Montréal. [4]—*Pierre*, b... m à Marguerite Houde.

1712.

II.—ALARY, Pierre, [René I.
s 27 janvier 1742, à Lotbinière. [2]
Lemay, Marie-Joseph. [Charles II.
Marie, b... m 10 avril 1741, à Jean-Baptiste Girard, aux Trois-Rivières.[6]—*Marie-Ursule*, b 24 fevrier 1717, à St-Augustin [8] ; m [5] 10 sept. 1741, à Antoine Dupuis.—*Pierre-René*, b [8] 23 février 1716.—*Louis-Joseph*, b [8] 2 mai 1713 ; s [8] 2 déc. 1721. — *Jean-Baptiste*, b [8] 12 mars 1720 ; s [8] 3 juin 1722.— *Marie-Anne*, b [8] 25 juillet 1721 ; m à Joseph Houde.—*Marie-Joselte*, b [8] 4 mars 1723. —*Marie-Exupère*, b [2] 28 oct. 1727.—*Marie-Louise*, b [2] 11 mars 1729 ; s [2] 25 août 1730.—*Joseph*, b [8] 28 sept. 1730. — *Marie-Angélique*, b [5] 11 mai 1732. —*Charles*, b... m 12 août 1754, à Marie-Joseph Gendron, à Ste-Anne-de-la-Perade. —*François*, b... m [6] 7 janvier 1763, à Marie-Joseph Chaput.—*Joseph*, b 8 sept. 1724, à St-Antoine de Tilly ; s...

1714.

II.—ALARY (1), Jean-Bte. [René I.
Lemay, Louise. [Charles II.
Jean-François, b 1715 ; s 5 nov. 1719, à St-Augustin. [5]—*Antoine*, b [5] 21 fevrier 1720. — *Marie*, b [5] 12 mai 1722 ; m 19 août 1747, à Blay, à la Pte-du-Lac. — *Joseph*, b... m 6 février 1756, à Geneviève Lacombe, à Yamachiche. [6]— *Louise*, b... m [6] 16 nov. 1762, à Jacques Lamy.—*Marie*, b... m [5] 8 oct. 1742, à Antoine Rouleau.—*Marie-Agathe*, b [5] 23 janvier 1724.—*Joseph-Amador*, b [5] 24 mars 1726.—*Jean-Alexandre*, b [5] 26 mars 1728 ; s [6] 11 juillet 1733.—*Marie-Anne*, b [5] 5 mars 1730 ; s 13 mars 1744.— *Marie-Marguerite*, b [5] 12 mars 1732, s [5] 16 juillet 1733. — *Marie-Charlotte*, b [5] 27 déc. 1733 ; m [5] 5 juillet 1762, à Pierre Masson.—*Anonyme*, b [5] et s [5] 12 février 1736.—*Michel*, b [5] 26 sept. 1737 ; m 20 février 1764, à Marie-Joseph Tessier, à la Longue-Pointe.

1719, (17 avril) Charlesbourg. [5]

II.—ALARIE (2), René [René I.
1o Bedard, Marguerite, [Jacques I.
b 1690 ; s 7 janvier 1742, à St-Augustin. [6]
François, b [5] 7 avril 1720.—*Marie-Marguerite*, b [5] 1er juillet 1721 ; 1o m 9 février 1756, à Pierre Louis Pommier, à Quebec [1] ; 2o m [1] 26 oct. 1760, à Jacques Decharney. — *Marie-Françoise*, b [5] 4 janvier 1723. — *Marie-Joseph*, b [5] 3 mai 1724 — *Madeleine*, b [6] 1er nov. 1725 ; m 10 janvier 1757, à François Rastout, à Montréal.—*Marie-Charlotte*, b [6] 1er nov. 1725 ; s [6] 30 mai 1733.—

(1) Dit Le Grand Alary.
(2) Dit Le Grand Alary.

Marie-Anne, b⁶ 30 janvier 1727.—*Marie-Judith*, b⁶ 26 février 1728; m¹ 20 juin 1763, à Pierre Prévost.—*Louis-Joseph*, b⁶ 23 mars 1730; m 22 avril 1748, à Marie-Angélique Letartre, à la Pte-aux-Trembles, Q. ⁷—*Marie*, b... m¹ 31 juillet 1747, à Jean Marin.
          1742, (20 août). ⁷
2° Letartre, Marguerite,   [René III.
  b 1711.
Augustin, b 9 juin 1745.

        1724, (22 oct.) Québec. ⁷
II.—ALARY (1), Joseph,   [René I.
  charpentier.
Desgagnés, Geneviève.   [Jacques I.
Joseph, b ⁷ 15 février 1725; m ⁷ 12 sept. 1746, à Marie-Anne Lange.—*Louise-Geneviève*, b ⁷ 16 avril 1727; m ⁷ 21 août 1747, à Joseph Bertin; s ⁷ 22 déc. 1748. — *Marie-Françoise*, b ⁷ 13 oct. 1728; s ⁷ 11 janvier 1730. — *Anonyme*, b et s 6 mars 1731, au Cap St-Ignace.—*Marie-Jeanne*, b ⁷ 20 déc. 1729, s ⁷ 3 avril 1731.—*Marie-Jeanne*, b ⁷ 27 février 1732; s ⁷ 7 août 1733.—*Charles-Roch*, b ⁷ 17 août 1733; m ⁷ 30 mai 1763, à Jeanne Marchand. — *Marie-Louise*, b ⁷ 11 oct. 1735; s ⁷ 8 mars 1737. — *Louis-François*, b ⁷ 25 oct. et s ⁷ 24 nov. 1737.—*Etienne*, b ⁷ 20 mars 1747; s ⁷ 22 nov. 1748. — *Jean*, b ⁷ 19 déc. 1739. — *François-Didace*, b ⁷ 3 février 1742.—*Marie-Angélique*, b ⁷ 18 février et s ⁷ 31 mars 1743.—*Louise-Angélique*, b ⁷ 21 mai 1745.

      1727, (19 février) Boucherville.
II.—ALARIE, Jean-Bte.   [René I.
Favreau, Charlotte.   [Nicolas II.

          1739.
III.—ALARIE, Pierre,   [Pierre II.
Houde, Marguerite,   [Jean III.
  b 1712; s 9 février 1772, à St-Michel d'Yamaska. ⁸
Marie-Thérèse, b... m ⁸ 20 janvier 1772, à Alexis Cantara.—*Marie-Charlotte*, b 27 février 1750, à Ste-Croix. ² — *Marie-Angélique*, b ² 20 janvier et s ² 1ᵉʳ février 1752.—*Marie-Joseph*, b... s ² 16 avril 1753.—*Marguerite-Noelle*, b 25 déc. 1757, aux Trois-Rivières. ³—*Pierre*, b ⁹ 29 mars et s ³ 2 mai 1740.

ALARY, Marie, épouse de Pierre Foucault.

ALARY, Angélique, épouse de Charles St-Aubin.

      1746, (12 sept.) Québec. ²
III.—ALARY, Joseph   [Joseph II.
Lange, Marie-Anne.   [André I.
Joseph, b ² 12 déc. 1747.—*Marie-Angélique*, b ² 18 sept. et s 9 nov 1749, à Charlesbourg.

    1748, (22 avril) Pte-aux-Trembles, Q. ¹
III.—ALARY (2), Joseph.   [René II.
Letarte, Marie-Angelique,   [René III.
  b 1728.

Joseph, b... m 1764, à Monique Millet.—*Marie-Angélique*, b 5 février 1755, à St-Augustin.—*Charles*, b¹ 29 février 1756. — *Thierry*, b ¹ 6 nov. 1764.

     1754, (12 août) St-Anne-de-la-Pérade.
III.—ALARY, Charles.   [Pierre II.
Gendron, Marie-Joseph.   [René II.

ALARY, Jean.
  Marie, b 1755 ; s 4 mai 1758, à la Pte-aux-Trembles, Q.

III.—ALARY, Antoine.   [Jean-Bte II.
Defoy, Thérèse,   [Charles II.
  b 1732.
Anonyme, b et s 28 mai 1755, à St-Augustin. —*Louis*, b 3 août 1764, à la Pte-aux-Trembles, Q.⁵—*Marie-Anne*, b⁵ 12 mars 1767.—*Augustin*, b... m 11 août 1782, à Thérèse Forget, à Terrebonne.

         1756.
III.—ALARY, Louis.   [René II.
Chalut, Marie-Louise.   [Charles II.
Louis-Joseph, b 17 sept. 1757, aux Trois-Rivières.³—*Hyacinthe*, b³ 19 déc.1758 ; s³ 25 oct. 1760.—*Pierre*, b³ 16 mai 1760. — *Marie-Louise*, b³ 10 nov. et s³ 4 déc. 1761.

     1756, (6 février) Yamachiche. ⁴
III.—ALARY, Joseph (1),   [Jean-Bte II.
  b 1735 ; s 25 avril 1775, à Terrebonne. ⁵
Lacombe (2), Geneviève.
Louis-Joseph, b⁴ 17 octobre 1756.—*Anonyme*, b⁴ et s⁴ 20 janvier 1758.—*Jean-Baptiste*, b⁸ 8 nov. 1760. — *Geneviève*, b⁴ 14 juillet 1762 ; m⁵ 21 janvier 1782, à Pierre Gagnon.—*Antoine*, b⁴ 31 juillet 1765.— *Marie-Joseph* et *Joachim*, b⁴ 23 mars 1767.

      1763, (7 janvier) Trois-Rivières.
III.—ALARY, François.   [Pierre II.
Chaput, Marie-Joseph.   [Maurice I.
Marie-Joseph, b 14 août 1765, à Yamachiche.

      1763, (30 mai) Québec. ⁶
III.—ALARY, Charles,   [Joseph II.
  charpentier.
Marchand, Jeanne.   [Jean-Bte III.
Marie-Jeanne, b⁶ 26 sept. 1763.

     1764, (20 février) Longue-Pointe.
III.—ALARIE, Michel.   [Jean-Bte II.
Tessier, Marie-Josette,   [Paul II.
  veuve de Joseph Gauvreau.

ALARY, Augustin.
Paquin, Françoise.
François, b 2 juillet 1764, à la Pte-aux-Trembles, Q. ⁴—*Angélique*, b 24 mai 1775, aux Ecureuils.—*Marie-Marguerite*, b⁴ 24 février 1778.

---
(1) Dit Le Grand Alary. Maître constructeur de navires.
(2) Dit Halary.

(1) Amador, 1765.
(2) Balan Elle épouse, le 12 avril 1779, Jean-Baptiste Gibaut, à Terrebonne.

1764.

IV.—ALARY, Joseph. [Joseph III.
Millet, Monique. [Jean-Bte.
Jean-François, b 31 juillet 1765, à la Pte-aux-Trembles, Q.[1]—*Augustin*, b [4] 6 et s [4] 18 mars 1767.—*Joseph*, b [4] 6 mars 1767.—*Charles*, b [4] 17 août 1768.

III.—ALARY, Joseph. [Pierre II.
Lemay, Marie-Joseph.
Marie-Joseph, b 19 février 1766, à Deschambault.—*Anonyme*, b et s 29 sept. 1764, à Lotbinière.[2]—*Pierre-Joseph*, b [2] 23 mai 1768.

ALARY, Jean-Bte.
Chartier, Judith.
Louise-Angélique, b 26 février 1776, à Berthier.

1782, (11 août) Terrebonne.

IV.—ALARY, Augustin. [Antoine III.
Forget, Therèse. [Gabriel.
Augustin, b 30 août 1786, à Lachenaye.

IV.—ALARY, Antoine. Antoine III
Duquet, Marie-Angelique.
Antoine, b 20 sept. 1784, à Lachenaye.

IV.—ALARY, Louis. [Antoine III.
Truchon, Marguerite.
Marguerite, b 26 mars 1791, à Lachenaye.

I.—ALAVOINE Charles, (1), marchand ; s 11 mai 1749, à Montreal.[1]
Machard, Marie-Therèse, b 1664 ; s [1] 10 oct 1728.
Françoise, b 1690 ; m [1] 8 avril 1709, à Jean-Baptiste Chevalier ; s[1] 20 mars1756.—*Marguerite-Charlotte*, b... m [1] 18 mars 1721, à Theophile Barthe.—*Charles*, b... m 27 avril 1722, à Marie-Anne Lefebvre, aux Trois-Rivières.

1722, (27 avril) Trois-Rivières.[2]

II.—ALAVOINE (2), Charles, [Charles I.
s [2] 9 juillet 1764.
Lefebvre (3), Marie-Anne, [Michel II.
b 1705.
Charles-Léon, b 24 mai 1723, à Champlain ; s [2] 22 avril 1741.—*François*, b [2] 4 nov. 1725.—*Jacques-Marie*, b 12 oct. 1724, à Montreal.—*Jean-Joseph*, b [2] 7 avril 1727. — *Marie-Anne-Louise*, b [2] 27 mars 1728, m [2] 12 janvier 1750, à François Pothier.—*Louis-Joseph*, b [2] 16 sept. 1729.—*Michel-Joseph*, b [2] 5 mars et s[2] 13 août 1731.—*Paul-Antoine*, b [2] 13 juin 1732.—*Michel*, b [2] 31 janvier et s [2] 13 mars 1734.—*Denis*, b [2] 21 février et s[2] 9 mars 1735.—*Louise*, b [2] 9 juillet 1736.— *Françoise-Charlotte*, b [2] 13 mars 1738 ; m[2] 23 janvier 1758, à Charles Daillebout.—*Marguerite*, b [2] 17 oct. 1739 ; s [2] 30 mars 1740.—*Jean-Baptiste-Noel*, b [2] 25 déc. 1740.—*Michel-Marie*, b [2] 15 mai et s [2] 11 août 1742.—*Charles-*

---

(1) Ancien capitaine.
(2) Et Lavoine, en 1727 ; il signe Alavoine ; chirurgien, major des Trois-Rivières.
(3) Dit Lasisscraye.

François-Xavier, b [2] 18 janvier et s [2] 10 juillet 1744.—*Louis-Marie*, b [2] 7 mars et s [2] 13 août 1745.—*Marie-Anne-Charlotte*, b [2] 6 avril 1747.—*Charles-Marie*, b [2] 30 oct. 1748.

1757, (18 janvier) Québec. [3]

I.—ALBERGATI-VEZZA (D') (1), François-Marie-Lucien, fils de Fabius et d'Ange Rondy, de Notre-Dame del Maratelle, ville de Bologne, Italie.
Aubert, Charlotte. [Ignace III.
Marie-Ange, b [3] 24 février et s [3] 6 sept. 1758.

I.—ALBERT, Pierre,
b 1656 ; s 5 avril 1746, à Kamouraska.

1664, Québec. [8]

II.—ALBERT, Guillaume. [François I.
Halay, Elizabeth. [Jean-Bte I.
Elisabeth, b [8] 11 février 1676 ; m 23 nov. 1694, à Michel Guay, à Lévis [9] ; s [9] 20 février 1736.—*François-Mathieu*, b [9] 14 juillet 1687.

1669, (21 oct.) Québec. [5]

II.—ALBERT, André. [François I.
s [5] 30 sept. 1684.
Goiset, Anne, b 1634.
Marie-Anne, b 1676 ; s 18 mars 1760, à Beauport.

1702, (27 nov.) Rivière-Ouelle. [6]

I.—ALBERT, Pierre, b 1672, fils de René et de Marie Cleranceau, du diocèse de Luçon ; s 14 nov. 1780, à Kamouraska. [4]
Grondin, Louise, [Jean I.
b 1685.
Pierre, b [6] 8 mars 1704 ; m 24 nov. 1727, à Elisabeth Allaire, à Beaumont.—*Geneviève*, b... m [4] 15 nov. 1734, à Louis Michaud.—*Marie-Claire*, b [6] 14 juin 1709 ; m [4] 15 février 1729, à Alexis Nadeau ; s [4] 2 déc. 1774.—*François*, b... m [4] 10 avril 1736, à Marie-Josette Bouchor.—*Alexis*, b [4] 1er février 1729 ; s [4] 26 août 1730.—*Marie-Madeleine*, b... m [4] 15 janvier 1742, à Joseph-Claude Levasseur.—*Marie-Anne*, b [6] 5 février 1706 ; m 27 juillet 1733, à Sebastien Ouellet, à Ste-Anne de la Pocatière.[7]—*Marguerite*, b [6] 4 mars 1708 ; 1° m [7] 21 nov. 1741, à Ignace Martin ; 2° m [7] 28 nov. 1742, à Basile Hudon.—*Marie-Joseph*, b... m [6] 13 avril 1744, à François Hudon.

1708, (20 février) Lévis. [1]

I.—ALBERT (2), René, b 1677, fils de René et de Philippe Voyer, de Beaulieu, diocèse de Luçon ; s [1] 19 mai 1745.
Arnault, Geneviève. [Mathurin I.
b [1] 1687 ; s [1] 9 juillet 1745.
Catherine-Geneviève, b [1] 12 mars 1709 ; 1° m [1] 24 février 1731, à Joseph Branchaux ; 2° m [1] 29 oct. 1732, à Pierre Boulet.—*Marie-Angélique*, b [1] 29 mai 1711, m [1] 15 janvier 1731, à Rene Grondin ; s 2 juin 1772, à St-Joseph, Beauce.—

---

(1) Comte et marquis, officier.
(2) Dit Beauheu, soldat.

Marie-Josette, b 14 mai 1713, à Québec ²; s ² 1ᵉʳ oct. 1714.— *Marie-Louise*, b... m ¹ 15 août 1741, à François HADE.

1715.

III.—ALBERT, FRANÇOIS,   [GUILLAUME II.
  b 1690.
  LeVITRE, Madeleine.   [GUILLAUME II.
  Marie-Françoise, b 29 juillet 1716, à Québec⁶; s⁸ 23 nov. 1720.

1727, (24 nov.) Beaumont. ⁸

II.—ALBERT, PIERRE,   [PIERRE I.
  b 1704.
  ALLAIRE (D'), Elisabeth,   [FRANÇOIS II.
  b 1711.
  Pierre, b ³ 11 et s ³ 31 juillet 1728.—*Marie-Elisabeth*, b ³ 25 juin 1729 ; s ³ 21 mai 1730.— *Marie-Joseph*, b ³ 23 juin et s ³ 28 juillet 1731.— *Jean-Baptiste*, b 25 juillet 1732, à Kamouraska ⁴, m 22 sept. 1755, à Louise DECHAMBRE, à Quebec⁵, s avant 1761.—*Louis-Gonzague*, b ³ 25 août 1734, m 6 août 1760, à Marie-Nicole RACINE, à Beauport.—*Joseph*, b ³ 18 juillet 1736.—*Antoine*, b ³ 23 août 1738.—*Marie-Ursule*, b ⁴ 2 juin 1740, s ⁵ 12 janvier 1742.—*Pierre*, b ⁵ 27 fevrier et s ⁵ 7 avril 1742.—*Marie-Marthe*, b ⁵ 27 nov. 1743 ; s ⁵ 27 janvier 1744 ; *Marie-Charlotte*, b ⁵ 23 oct 1745; m ⁵ 18 juillet 1763, à Jean-Marie LIBERGE.

I.—ALBERT DE SAINT-VINCENT, HENRY.
  Claude-Thomas, b ...

ALBERT, FRANÇOIS.
  GUAY, Marguerite.
  Marie-Anne, b ... m 1ᵉʳ sept. 1744, à Louis CARRIER.

ALBERT, MARGUERITE, epouse de Basile BEAULIEU.

1736, (10 avril) Kamouraska. ⁶

II.—ALBERT, FRANÇOIS.   [PIERRE I
  BOUCHER, Marie-Joseph.   [PIERRE III
  Etienne, b ⁶ 25 janvier 1737; 1° m 15 nov 1773, à Marie-Joseph TAILLON, à la Rivière-Ouelle ⁷; 2° m ⁷ 30 juin 1783, à Marie-Anne GAUVIN.—*Marie-Anne*, b 14 oct. 1742; m ⁶ 25 nov 1765, à Jean-Baptiste BOURGOIN.—*Marie-Joseph*, b ⁶ 12 avril 1738; m ⁶ 3 fevrier 1766, à Pierre CÔTÉ.—*Brigitte*, b⁶ 16 oct. 1746; m ⁶ 19 janvier 1767, à Germain CÔTÉ.—*François*, b ⁶ 27 sept 1744; m ⁶ 22 nov. 1774, à Marie-Anne PARADIS. —*Marie-Geneviève*, b ⁶ 24 avril 1740 ; m ⁶ 27 août 1781, à Joseph TAILLON.— *Louis*, b ⁶ 12 oct. 1754.— *Joseph*, b ⁶ 28 août 1758; m ⁶ à Reine MARQUIS.— *Alexandre*, b ⁶ 27 oct. 1748, m ⁶ 12 oct. 1778, à Marie-Madeleine SIROIS.— *Isabelle*, b ⁶ 7 janvier 1753.

I.—ALBERT (1), TOUSSAINT.
  LECOQ (2), Marguerite.
  Marie-Joseph, b... m 11 février 1771, à Joseph BAUDOIN, à Ste-Anne-de-la-Pérade.—*Thérèse*, b ...

1755, (22 sept.) Québec. ⁸

III.—ALBERT, JEAN-BTE.   [PIERRE II.
  DECHAMBRE (1), Louise.   [FRANÇOIS III.
  Marie-Louise, b ⁸ 23 août 1756 ; s ⁸ 17 nov. 1760.—*Madeleine* (posthume), b ⁸ 4 oct. et s 14 déc. 1759, à St-Michel.

1760, (6 août) Beauport.

III.—ALBERT, LOUIS-GONZAGUE,   [PIERRE II.
  maçon; b 1735; s 7 dec. 1761, à Quebec. ⁸
  RACINE, Marie-Nicole-Madeleine.   [FRANÇOIS.
  Suzanne, b ⁸ 17 juillet 1761.

1773, (15 nov.) Rivière-Ouelle. ⁸

III.—ALBERT, ETIENNE   [FRANÇOIS II.
  1° TAILLON, Marie-Joseph,   [JOSEPH IV.
    b 1751; s 2 mars 1781, à Kamouraska.
    1783, (30 juin). ⁸
  2° GAUVIN, Marie-Anne.   [ETIENNE.

1774, (22 nov.) Kamouraska.

III.—ALBERT, FRANÇOIS.   [FRANÇOIS II.
  PARADIS, Marie-Anne.   [JEAN-BTE IV.

1778, (12 oct.) Kamouraska.

III.—ALBERT, ALEXANDRE.   [FRANÇOIS II.
  SIROIS, Marie-Madeleine.   [MAURICE.

III.—ALBERT, JOSEPH.   [FRANÇOIS II.
  MARQUIS, Reine
  Marie-Véronique, b 3 et s 5 mai 1787, à l'Ile-Verte. ²—*Josué*, b ² 7 avril et s ² 12 déc. 1788.

ALBEUF.—Voy. LEBEUF.

1729, (16 nov.) Charlesbourg, Q.

II.—ALBEUF (2), Pierre,   [PIERRE I.
  b 1698 ; s 7 oct. 1785, à l'Hôpital-General, M.
  HENS, Marie-Françoise,   [HILAIRE I.
  veuve d'Andre Bernier.

III.—ALBEUF, PIERRE.   [PIERRE II.
  PLAMONDON, Marie   [PIERRE II.
  Marie, b 9 mars 1760, à St-Augustin.

III.—ALBEUF, JOSEPH.   [PIERRE II.
  DENIVELEC, Marguerite.
  Philippe-Amable, b 17 mai 1767,à Kamouraska.

ALBEUF, ANGÉLIQUE, epouse de Jean-François GENDREAU.

I.—ALDANRATH, JACQUES (3), de Cologne, Basse Allemagne ; s avant 1798.
  O'FLAHERTY, Catherine-Christine, de Douchterard, comte de Galway, Irlande ; s avant 1798.
  Patrice-Benoit, b 15 mars, 1796, au Detroit ; s 4 mai 1798, à l Hopital-General, M.

---

(1) Elle épouse, le 12 octobre 1761, Alexis Brunet, à Québec.

(2) Dit Lebœuf.

(3) Sergent dans le 24e régiment.

---

(1) Dit St-Aignan.
(2) Dit Greffard.

ALÉ.—Voy. HALLÉ.

1739, (3 février) St-Laurent, I. O.
I.—ALÉAUME, ALEXIS, fils de Simon et d'Anne Linneau de St-Pierre, diocèse d'Angers.
LETOURNEAU, JEANNE (1). [LOUIS III.
Marie-Jeanne, b 13 nov. 1740, à Québec.

ALEXANDRE.—*Variations et surnoms :* BLAU—BELLEAU—RAUX.

I.—ALEXANDRE, GENEVIÈVE, b 1637; m 1660, à Pierre CONILLE.

1712, (15 oct.) Lorette.[1]
I.—ALEXANDRE (2), ALEXIS, b 1675; s 8 mai 1735, à Ste-Foye.[2]
CHARON-LAFERRIÈRE, Marie-Madeleine, veuve de Michel Chabot. [JEAN-BTE I.
Anne-Angélique, b [1] 28 avril 1716.[1]—*Jean-François,* b [1] 31 oct. 1721; m 8 oct 1753, à Benjamin NOLIN, à St-Pierre, I. O.—*Geneviève,* b... m 1er avril 1743, à François BOULET, à Levis.—*Marie-Louise,* b [2] 28 juillet 1725.

I.—ALEXANDRE, ANDRÉ.
MOULIN, Marie-Anne.
Gilles, b 22 mai 1744, à Montréal.

1753, (8 oct.) St-Pierre, I. O.
II.—ALEXANDRE, JEAN-FRANÇOIS. [ALEXIS I.
NOLIN, Marie-Benjamine, [GUILLAUME II.
veuve de Pierre Gosselin.

1755, (26 mai) St-Thomas.[2]
I.—ALEXANDRE, FRANÇOIS, fils de François et de Marie Lépine, de Ronse, diocèse de Coutance.
PROU, Cécile. [THOMAS II.
François, b [2] 1er février et s 23 mars 1756.—*François,* b [2] 29 mai 1757; s 19 juillet 1762. à St-Augustin.—*Jacques,* b 8 et s 23 sept. 1759, à St-Frs-du-Sud.[3]—*Abel,* b [8] 30 oct. 1760.

1756, (12 juillet) St-Thomas.[6]
I.—ALEXANDRE, JACQUES, fils de François et de Marie Lepine, de Ronse, diocèse de Coutance.
CHOUINARD, Louise-Françoise. [EUSTACHE II.
Marie-Louise, b 8 nov. 1756, à St-Frs-du-Sud[7]; s[7] 20 sept. 1758.—*Marie-Thérèse,* b [7] 22 mars et s[6] 20 déc. 1758.—*Marie-Geneviève,* b [7] 7 oct. 1759; s [7] 20 juillet 1760.

1759.
I.—ALEXANDRE (3), PIERRE, fils de Bernard et de Péronne Desfaux, de St-Michel, en Quercy.
1º PIERRE-THOMAS, Marie-Françoise.
Jeanne-Françoise, b 4 oct. 1760, à St-Frs-du-Lac.[6]

---

(1) Elle épouse, le 11 octobre 1746, François Harbour, à Québec.
(2) Marié Blau.
(3) Dit Laliberté.

1762, (14 février).[6]
2º LePRINCE, Marie-Louise. [JEAN-BTE II.
Marie-Louise, b 28 janvier 1766, à St-Michel d'Yamaska.[7]—*Marie-Thérèse,* b [7] 2 avril 1768.—*Marie-Anne,* b [7] 14 mai 1770.—*Jean-Baptiste,* b [7] 4 janvier et s [7] 11 avril 1763.—*Joseph,* b [7] 17 août 1764.

ALGONKINE, MARIE, épouse d'Antoine PELLETIER, 1721.

ALINAUD.—*Variations et surnoms:* ALINOTTE—HALINOT—HALINEAU—SANSCHAGRIN.

1724, (10 février) Grondines.[8]
I.—ALINO, ANTOINE, meunier, fils d'Antoine et de Françoise Meno, de Balsac, Angoumois; s 3 juin 1733, à Terrebonne.[8]
AUBERT-LAGRAVE (1), Marie-Madeleine. [JACQUES II.
Pierre, b [8] 4 mars 1725.—*Marie-Madeleine,* b [8] 30 avril 1726; m 15 avril 1749, à Joseph DAVID, à Ste-Rose. — *Marie-Angélique,* b [8] 25 mai 1728; m à Jacques BESSET.—*Antoine-Albert,* b [8] 24 mars 1731; m à Agathe DUBREUIL; s [8] 24 juin 1766.—*Joseph et Marie,* b [8] 26 et s [8] 27 mai 1733.—*Marguerite,* b 1732; m [8] 14 février 1746, à Jacques BARBE; s [8] 16 mai 1770.

II.—ALINAUD, ANTOINE, [ANTOINE I.
s avant 1782.
DUBREUIL (2), Agathe. [ANDRÉ II.
Marie-Charlotte, b 16 février 1757, à Lachenaye.[9]—*Antoine,* b 4 juin 1754, à Ste-Rose; 1º m [9] 10 juin 1782, à Marie-Charlotte DUPRAS; 2º m [9] 7 février 1785, à Marie-Anne BABIN.—*Marie-Catherine,* b [9] 11 janvier 1768.—*Françoise,* b... m à François HÉBERT-LECOMPTE.—*Marie-Joseph,* b... m à Paul CORBEIL.

1782, (10 juin) Lachenaye.[9]
III.—ALINAUD, ANTOINE. [ANTOINE II.
1º DUPRAS, Marie-Charlotte, [JOSEPH III.
s [9] 14 février 1784.
Marie-Antoinette, b [9] 12 février et s [9] 25 avril 1784.

1785, (7 février).[9]
2º BABIN, Marie-Anne. [JOSEPH IV.
Antoine-Marie, b [9] 8 sept. 1786.—*Joseph,* b... s [9] 18 août 1788. — *Pierre,* b [9] 26 déc. 1791.

ALIX.—Voyez DE LA FEUILLÉE.

I.—ALIX, ANTOINE, b 1631; s 28 avril 1711, à Montreal.

1747, (1er janvier) Québec.[6]
I.—ALIX, PIERRE, matelot, fils de Brice et de Julienne Breton, de Granville, diocèse de Coutance, Normandie.

---

(1) Elle épouse, le 8 novembre 1734, Gilles Baugard, à Terrebonne.
(2) Elle épouse Joseph Beauchamp.

MOLEUR (1), Marie-Joseph, [JACQUES I.
veuve de Joseph Vautour (2).
Jean, b 7 oct. 1753, à Quebec.

1757, (21 fevrier) Chambly. ³
I.—ALIX (3), TOUSSAINT, sergent, fils de Jean-
Nicolas et d'Anne Charrier, ville de Metz.
LARIVIÈRE, Thérèse. [JEAN-BTE II.
Marie-Françoise, b ³ 3 déc. 1757.—*Toussaint*,
b... s ³ 4 sept. 1759.—*Pierre*, b ³ 12 oct. 1760.

I.— ALLEAUME, MARIE-ANNE (4), épouse de
Thomas DUMAS.

I.—ALLEGRAIN, GEORGE (5), b 1673; s 11 mars
1728, à Montréal.

1748, (29 janvier) Trois-Rivières. ⁷
I.—ALLEGRAIN (6), JEAN-LOUIS, fils de Gabriel
et de Madeleine Grandelet, de St-Nicolas-des-
Champs, Paris.
PETIT, Françoise-Angélique. [PIERRE I.
Marie-Joseph-Charlotte, b ⁷ 3 juin 1748; m 3
oct. 1774, à Louis VEZINA, à Quebec.

ALLEMAND, IGNACE.
DESTOURS (7), Marie-Joseph.
Anonyme, b et s 14 dec. 1767, au Bout-de-l'Ile, M.

1733, (14 juin) Quebec. ²
I.—ALLIÉS, ANDRÉ (8), fils d'Esprit et de
Françoise Venelle, de St-Eustache, Paris.
COTÉ, Marie. [JEAN II.
André, b 5 fevrier 1734, à Berthier; s 4 juin
1737, à St-Thomas. ³—*Joseph*, b ² 9 juillet et s ³
24 sept. 1735. — *Marie-Françoise*, b ³ 18 sept.
1737; s ³ 3 sept. 1745.—*Marie-Geneviève*, b ³ 30
avril 1739; m ³ 25 août 1755, à Jean-Baptiste
COUILLARD.—*Claire-Elisabeth*, b ³ 19 nov. 1740.—
Marie-Gabriel, b ³ 20 et s ³ 26 juin 1742.—*Marie-
Anne-Roger*, b ³ 23 juillet 1743; m ³ 30 juin 1767,
à Joseph BERNIER.

1763, (11 avril) Montreal.
I.—ALLOIR, LOUIS, b 1733, fils de Louis et de
Marguerite Gacher, de St-Louis de Grenoble.
AUDON, Thérèse. [BERNARD I.

1750, (16 oct.) Quebec.
I.—ALMAIN (9), PIERRE-VICTOR, fils de Vincent
et de Françoise Lajus, de Rochefort, diocèse
de La Rochelle.
LAJUS, Simone-Elisabeth. [JOURDAIN I.

(1) Dit Vivier.
(2) Elle épouse, le 7 fevrier 1758, Marc Charpentier, à Quebec.
(3) Dit Dumeny.
(4) Sa fille, Victoire se marie en 1794, à Jean Vachon.
(5) Soldat, natif de Normandie.
(6) Dit Bellefleur, soldat.
(7) Dit Dupuis.
(8) Juge civil et criminel, de la Rivière-du-Sud.
(9) Ecrivain de la marine, faisant les fonctions de commissaire en Acadie sous de Vassan.

I.—ALOGNY, JEAN, soldat.
LACOUDRAY (1), Françoise. [JEAN-BTE I.
Jean, b 7 sept. 1760, à Chambly.

ALOIGNON (2).

ALOIGNON.—Voy. POITEVIN.

1652, (8 oct.) Quebec. ⁶
I.—ALOIGNON (3), PIERRE-DENIS.
ROUSSIN, Françoise. [JEAN I.
Sébastienne, b ⁶ 27 août 1653; m ⁶ 24 août
1667, à Louis LEPAGE.

1689, (17 mars) Lachine.
I.—ALONZE (4), AUGUSTIN,
b 1654; s 16 janvier 1709, à Montréal.
RENUSSON, Catherine,
veuve de Vincent Chamaillard, de la Basse-
Normandie.

ALY, de ALIX et ALICE (nom de femme).

ALY, MARIE-GENEVIÈVE, b 1646; s 26 juin 1718,
à Montreal.

1677, (4 oct.) Montréal. ⁶
I.—ALY dit LAROSÉ (5), VINCENT.
PERRIN, Marie, [HENRI I.
s 5 août 1689.
Suzanne, b 1687, m ⁶ 23 nov. 1722, à François
LAJEUNESSE.

ALYSON, epouse de Pierre BLONDEL, 1638.

AMAND (6).

1761, (12 janvier) St-Laurent, M.
I.—AMASSE, PIERRE, fils de Jacques et de Ge-
neviève Millaire, de Sarlouis, diocèse de
Trèves.
LACHAPELLE (7), Madeleine. [JEAN-BTE.

1676.
I.—AMAURY (8), JEAN,
s 19 août 1724, à Ste-Famille, I. O.⁴
VIGNY, Marie,
s ⁴ 25 juin 1742.
Françoise, b 1ᵉʳ juin 1692 à St-Frs, I O.⁵; m⁴ 15
oct. 1725, à Nicolas LEBLOND; s ⁴ 26 fevrier 1753.
— *Marguerite*, b 1691; 1° m à Jean-Baptiste
LEBLOND; 2° m ⁴ 28 août 1719, à François
ASSELIN; s ⁴ 9 janvier 1771.—*Michel*, b ⁵ 23 dec.
1684; m 28 août 1713, à Anne-Cecile GUIMONT,
à Ste-Anne; s ⁵ 14 mai 1715.—*François*, b... m
1717 à Françoise AMARITON, à Quebec.

(1) Dit Tourangeau.
(2) Etymologie à l'ognon.
(3) Voy. Vol. I, p. 5.
(4) Dit L'Espagnol.—Alonzo. Etymologie Alphonse—
Alongs (visigoth).
(5) Voy. Vol. I, p. 5.
(6) Etymologie Amandus.—Nom personnel latin.
(7) Dit Renaud.
(8) Etymologie Amalric—Personnel Saxon.

1713, (28 août) Ste-Anne.
II.—AMAURY, Michel. [Jean I.
s 14 mai 1715, à St-François, I. O. ⁵
Guimont (1), Anne-Cecile. [Joseph II.
Marie, b 1716; m⁵ 9 février 1739, à Dominique Dompierre; s⁵ 10 mars 1742.—*Marie-Joseph,* b 24 sept. 1714, à Ste-Famille, I. O.

1717, Québec.
II.—AMAURY (2), François. [Jean I.
Amariton, Françoise. [François I.
Marie-Catherine, b 12 nov. 1720, à Montréal.

I.—AMBELLTON, Edouard, maître-forgeron (3),
s avant 1773.
Potvin, Marguerite,
s avant 1773.
Pierre, b... m 20 oct. 1773, à Marie-Joseph Petit, au Detroit.

1773, (20 oct.) Detroit.
II.—AMBELLTON, Pierre. [Edouard I.
Petit, Marie-Joseph. [Jean-Bte.

AMBOISE.—Voy. Bergeron d'amboise.

I.—AMEAU (4), Jacques, chirurgien,
s 29 août 1760, à Chambly.

1736, (5 nov.) Quebec. ¹
II.—AMELOT, Jacques, [Jacques I.
tonnelier, s ¹ 29 mai 1750.
Nicolas, Louise-Felicite (5). [Guillaume I.
François-Jacques, b¹ 22 sept. 1737; m 24 nov. 1760, à Marie-Louise Monjon, à Beauport. — *Guillaume,* b¹ 8 sept. 1738. — *Hippolite,* b¹ 21 avril 1740, m 24 juin 1765, à Marie-Gertrude Chevalier, à Sorel.—*Anonyme,* b¹ et s¹ 19 juin 1741. — *Louise-Félicite,* b¹ 28 avril et s¹ 11 mai 1742.—*Pierre-Sébastien,* b¹ 29 juin 1743; m 18 fevrier 1765, à Marie-Amable Gendron, à Châteauguay.—*Marie-Louise,* b¹ 13 novembre 1744; m à Michel Lalime.—*Marie-Françoise,* b¹ 15 juillet 1746; s 19 juillet 1746, à Lévis.—*Anonyme,* b¹ et s¹ 13 mai 1747.—*Jean-Baptiste,* b¹ et s¹ 3 avril 1748.—*Michel-Flavien,* b¹ 9 avril 1749.—*François* (posthume), b¹ 3 sept. et s¹ 30 nov. 1750.

1760, (24 nov.) Beauport. ²
III.—AMELOT, Jacques-François. [Jacques II.
Monjon, Marie-Louise. [Nicolas I.
Marguerite-Louise, b² 8 mars 1762.—*Jacques-Laurent,* b 10 août 1763 à Quebec.

1765, (18 février) Chateauguay.
III.—AMELOT, Pierre. [Jacques II.
Gendron, Marie-Amable. [François III.

1765, (24 juin) Sorel.
III.—AMELOT, Hippolite. [Jacques II.
Chevalier, Marie-Gertrude, [Jean-Bte III.
veuve de Jean-Baptiste Plante.

1757, (14 fevrier) Québec. ³
I.—AMIEN (1), Emery, fils de Jean-Baptiste et de Pauline Fournier, de Ste-Madeleine, Besançon.
Guenet, Marguerite. [Thomas II.
Raymond, b ᵈ 10 et s ⁸ 18 oct. 1757.

I.—AMIOT (2), Jeanne,
b 1640.
1° m 19 sept. 1673, à Nicolas Pion, à Québec.
2° m 12 nov. 1704, à François Chicoine, à Contrecœur ; s 6 fevrier 1745, à Verchères.

1650, Québec. ⁴
II.—AMIOT, Mathieu (3). [Philippe I.
Miville, Marie. [Pierre I.
Daniel-Joseph, s ⁴ 5 oct. 1665; m 2 sept. 1709, à Marie Kape8apnok8e, à Montréal.—*Marguerite,* b ⁴ 24 janvier 1656; m ⁴ 19 juin 1670, à Jean Joly; s ⁴ 26 fevrier 1724.

1673, Ste-Anne.
II.—AMIOT, Jean (4). [Philippe I.
Poulain, Marguerite. [Claude I.
Marguerite, b... Sœur de la Présentation, de la Congrégation Notre-Dame, s 2 août 1747, à Montréal.

1677, (22 nov) Québec. ⁵
III.—AMIOT (5), Charles, [Mathieu II.
s ⁵ 24 oct. 1711.
Duquet, Rosalie, [Denis I.
s ⁵ 10 mai 1715.
Jean-Baptiste, b ⁵ 12 juillet 1694 ; m 29 mars 1717, à Geneviève Guillemot, à Montreal.

1680,
III.—AMIOT (6), Pierre. [Mathieu II.
1° Renaud, Louise-Jeanne, [Claude I.
veuve de Augeard ; b 1664; s 4 juillet 1724, à St-Augustin. ²
Pierre, b ᴶ 27 février 1696 ; m ² 12 fevrier 1714, à Marie-Thérèse Gilbert. — *Joseph,* b... m 13 juillet 1717, à Louise Bouchard, à la Baie-St-Paul ; s...

1686.

2° Dodier, Louise. [Jacques I.

---
(1) Elle épouse, le 25 octobre 1717, Jean Edmond, à St-François, I. O.
(2) Marié sous le nom de Mauri.
(3) Aux Forges St-Maurice.
(4) Du Buisson.—Etymologie.—Diminutif de Ham-Home —le Homey-Hameau, Hamel-lin, Amelot, groupe de maison à la campagne.
(5) Elle epouse, le 2 février 1761, Amable Marcot, à Montréal.

(1) Dit Larose, soldat.
(2) Etymologie.—Diminutif d'ami, petit ami.
(3) Voy. Vol. I, p. 6.
(4) Voy. Vol. I, p. 6.
(5) Dit Villeneuve.—Voyez Vol. I, p. 7.
(6) Dit Villeneuve.

1694, (25 oct.) Pte-aux-Trembles.
III.—AMIOT, PHILIPPE (1), [MATHIEU II.
s 12 mars 1722, à St-Augustin. ²
HARNOIS, Marie, [ISAAC I.
s ² 27 mars 1721.
Mathieu, b ² 20 juin 1700; m ² 22 nov. 1729, à Marie-Madeleine TINON.—*Laurent*, b ² 31 août 1698; 1° m ² 17 nov. 1722, à Marie-Joseph CAILLET; 2° m 26 août 1734, à Angelique HÉLY, à St-Valier; s ² 9 mai 1781.

AMIOT-LINCOURT, ANGÉLIQUE, b 1701; m à Jean PIERRE; s 17 août 1751, à Quebec.

1706, (11 février) Québec. ⁴
IV.—AMIOT (2), ETIENNE. [CHARLES III.
1° DEROME, Jeanne, [DENIS I.
s ⁴ 10 mars 1715.
Angélique-Rosalie, b ⁴ 4 janvier 1707; m ⁴ 26 oct. 1727, à Jean-Marie DASILVA; s ⁴ 22 oct. 1735. —*Ursule*, b ⁴ 16 nov. 1708. — *Marie-Catherine*, b ⁴ 25 juin et s ⁴ 10 juillet 1710. — *Etienne*, b ⁴ 12 juin et s ⁴ 31 oct. 1711. — *Etienne*, b ⁴ 18 sept. 1712.—*Jean*, b ⁴ 22 et s ⁴ 23 janvier 1715. —*Marie-Jeanne*, b ⁴ 22 janvier, et s ⁴ 9 février 1715.
2° HALAY, Marie-Angélique (3). [JEAN-BTE II.
Marie-Joseph, b ⁴ 18 et s ⁴ 30 sept. 1716.— *Jean-Marie*, b 23 juin 1718, à Lévis.—*Geneviève*, b ⁴ 5 mars 1720; s ⁴ 29 avril 1733.—*Alexandre*, b ⁴ 7 sept. 1721.—*Marie-Louise*, b ⁴ 3 mai 1723; 1° m ⁴ 27 juin 1746, à Antoine HOUDE; 2° m 11 juillet 1757, à Jean-Baptiste RENAUD, à Terrebonne.—*Louis-Michel*, b ⁴ 8 avril 1725; s ⁴ 13 mai 1733.—*Jean-Baptiste*, b ⁴ 27 déc. 1726; s ⁴ 26 avril 1727.—*Marie-Catherine*, b ⁴ 27 mars 1729; m ⁴ 15 mai 1752, à Andre CHAROUX. — *Joseph-Marie*, b ⁴ 31 déc. 1731; s ⁴ 27 avril 1733.

1707, (3 février) Quebec. ⁴
III.—AMIOT, JEAN, [GENTIEN II.
serrurier; s ⁴ 22 avril 1727.
1° SOVET, Marthe, [ETIENNE I.
s ⁴ 22 nov. 1718.
Marguerite-Marihe, b ⁴ 1ᵉʳ janvier 1708; s ⁴ 25 nov. 1742.—*Marie-Louise*, b ⁴ 19 déc. 1710; s ⁴ 2 janvier 1711.—*Marie-Catherine*, b ⁴ 19 dec. 1710; s 23 sept. 1714.—*Marie-Louise*, b ⁴ 16 janvier 1713; s ⁴ 23 sept. 1714.—*Jean*, b ⁴ 13 dec. 1714; m ⁴ 15 février 1740, à Angélique FERRÉ.—*Louis-Claude*, b ⁴ 11 février 1717. — *Jacques-François*, b ⁴ 13 et s ⁴ 20 nov. 1718.
(1719, 22 mai) ⁴
2° VESINA, Marie, [FRANÇOIS II.
veuve de Charles Cantin; s ⁴ 16 nov. 1720.
Jean-François, b ⁴ 25 février 1720, m ⁴ 4 février 1743, à Marie-Louise BASTIEN.

1722, (19 janvier) Pte-aux-Trembles, Q.
3° DELISLE, Marie-Catherine (4). [ANTOINE II.
Marie-Catherine, b ⁴ 29 oct. 1722. — *Marguerite-Catherine*, b ⁴ 14 oct. 1724; 1° m ⁴ 17 février

1744, à Marc GUERARD; 2° m ⁴ 19 sept. 1752, à Martin DASSIER.—*Elisabeth*, b ⁴ 15 janvier 1726; m ⁴ 12 juin 1747, à Maurice, SIMONIN.—*Anonyme*, b et s 21 oct. 1738, à Beauport.

1708, (15 oct.) Québec.
III.—AMIOT (1), ETIENNE, [MATHIEU II.
s 18 déc. 1730, à St-Augustin. ⁸
CAMPAGNA, Jeanne, [PIERRE I.
s ³ 27 juin 1739.
Etienne, b ³ 10 juillet 1710; m ³ 13 août 1731, à Marie-Anne POITRAS.—*Marie-Marguerite*, b ³ 5 mars et s ³ 18 avril 1713. — *Jean-Baptiste*, b ³ 26 juillet 1714; m ³ 29 février 1740, à Marie-Louise VALLIÈRE; s ³ 17 juin 1747. — *Mathieu*, b ³ 15 juin 1716; s ³ 9 juillet 1718. — *François* b ³ 27 mars 1718; m 25 janvier 1740, à Catherine JEAN-DENIS, à la Pte-aux-Trembles, Q.—*Laurent*, b ³ 8 nov. 1719; m ³ 9 janvier 1741, à Antoinette JEAN-DENIS.—*Marie-Madeleine*, b ³ 15 nov. 1721; m à François-Xavier RASSET; s ³ 17 avril 1759. —*Auguste*, b ³ 1ᵉʳ mai 1724; s ³ 30 oct. 1727.— *Marie-Thérèse*, b ³ 9 mai 1726 ; s ³ 15 juillet 1728.—*Auguste*, b ³ 7 août 1728; s ³ 14 avril 1729.

1709, (2 sept.) Montréal.
III.—AMIOT-VILLENEUVE, DANIEL-JOSEPH, b 1665. [MATHIEU II.
KAPE8APNOK8E, Marie, Outaouaise.

IV.—AMIOT, FRANÇOIS-CHS. [CHS-JOSEPH III.
b 1699; s 24 mars 1770, à St-Thomas.

AMIOT.
Jean-Baptiste, b 1728; s 17 oct. 1752, à Québec.

1714, (12 février) St-Augustin. ⁹
IV.—AMIOT (2), PIERRE, [PIERRE III.
GILBERT, Marie-Thérèse. [ETIENNE I.
Marie-Thérèse, b ⁹ 8 avril 1715; m à Jean TINON. — *Pierre*, b ⁹ 19 juillet 1716; m 6 nov. 1744, à Felicité VOYER, à Lorette. — *Marie*, b ⁹ 30 sept 1718; m ⁹ 22 février 1745, à Charles-Jacques ROCHERON. — *Geneviève-Agathe*, b ⁹ 16 mai 1720 ; m à Ignace JEAN-DENIS; s avant 1753. —*Joseph*, b ⁹ 18 nov. 1723.—*Augustin*, b ⁹ 24 août 1725; m à Agathe CONSTANTIN; s 29 avril 1772, à Ste-Anne-de-la-Perade. — *Marie-Joseph*, b ⁹ 18 mars 1727; s ⁹ 12 mai 1733. — *Marie-Madeleine*, b ⁹ 22 juillet 1729. — *Marie-Louise*, b ⁹ 15 avril 1731; 1° m à François-Xavier DELISLE; 2° m 22 août 1757, à Romain DUBUC, à la Pte-aux-Trembles, Q.—*Nicolas*, b ⁹ 11 mai 1733.

1714, (28 mai) Québec. ⁹
III.—AMIOT, PIERRE, [GENTIEN II.
serrurier; s ⁹ 4 sept. 1746.
CADDÉ, Marie-Anne, [MICHEL I.
s ⁹ 10 oct. 1756.
Pierre, b ⁹ 14 avril 1715. — *Marie-Anne*, b ⁹ 4 juillet 1716; s ⁹ 10 février 1717.—*Jean*, b ⁹ 26 nov. 1717; 1° m ⁹ 26 nov 1749, à Louise BAZIN ; 2° m ⁹

---

(1) Voyez Vol. I, p. 7.
(2) Dit Villeneuve.
(3) Elle épouse le 14 juin 1745, Jean Girard, à Québec.
(4) Elle épouse Jean Renaud.

(1) Dit Villeneuve.
(2) Dit Villeneuve.

à Catherine Moras ; s⁹ 6 juin 1769.— *Michel*, b⁹ 1ᵉʳ juillet 1719 ; s⁹ 2 déc. 1720.—*Michel*, b⁹ 7 avril et s⁹ 13 août 1721. — *Louis-Joseph*, b⁹ 2 juin et s⁹ 22 oct. 1722. — *Catherine*, b... s⁹ 22 juin 1724. — *François-Joseph*, b⁹ 17 sept. 1725. —*Michel-Joseph*, b⁹ 23 mars et s⁹ 24 juillet 1727. — *Anonyme*, b⁹ et s⁹ 22 janvier 1729. — *Marie-Anne*, b⁹ 3 nov. 1730 ; s⁹ 2 mai 1733. — *Marguerite*, b⁹ 21 août 1732, s 8 juin 1733, Charlesbourg. ⁸— *Louise - Michel*, b⁹ 8 janvier 1737.—*Pierre-François-Xavier*, b⁹ 8 oct. 1738.— *Marie-Angélique*, b⁹ 16 et s⁹ 17 déc. 1743.— *Louise-Marie-Anne*, b⁹ 20 sept. et s⁸ 8 oct. 1734

1717, (13 juillet) Baie-St-Paul. ⁷
IV.—AMIOT-VILLENEUVE, Joseph,
[Pierre III.
s 8 août 1722, à St-Augustin. ⁸
Bouchard (1), Louise.
[François II.
Marie-Julienne, b⁷ 11 sept. 1718 ; m 6 nov. 1749, à Robert Duhaut, à Quebec. —*Joseph*, b⁸ 2 juillet 1722 ; m 7 nov. 1746, à Marie-Anne Gagné, à la Petite-Rivière : s 21 sept. 1755, à l'Ile-aux-Coudres (noye).

1717, (29 mars) Montréal. ²
IV.—AMIOT (2), Jean-Bte, [Charles III.
b 1694.
Guilmot, Geneviève. [François I.
Jean-Baptiste, b² 28 janvier 1718.—*Geneviève*, b² 19 avril 1720.—*Marguerite*, b² 19 juillet 1722 ; m 28 janvier 1749, à Etienne Demers, à Boucherville. — *Joseph*, b² 6 août 1724 ; s² 12 janvier 1734. — *René*, b² 19 oct. 1726 ; s² 7 avril 1727. —*Jacques*, b² 6 et s⁷ 14 mars 1728.—*Louis*, b² 6 mars et s² 20 avril 1728. — *Marie-Louise*, b² 28 sept. 1729 ; 1° m 19 février 1753, à François Quintal, à Verchères ³ ; 2° m ² 2 février 1767, à Augustin Brousseau.— *Jean-Marie*, b 1732 ; s 1ᵉʳ avril 1733, à Longueuil.—*Joseph-Marie*, b² 11 déc. 1735 ; m ³ 12 juillet 1762, à Madeleine Privé. — *Charles*, b² 6 sept. 1737 ; s² 13 mai 1738.—*Louis*, b² 13 et s² 16 mai 1739.

1719, (18 février) Quebec. ¹
IV.—AMIOT (3), Charles, [Charles III.
b 1697.
Métivier, Angélique. [Louis I
Marie-Angélique, b¹ 1ᵉʳ janvier 1720, m¹ 26 juillet 1739, à Pierre Philippon.—*Louis-Charles*, b¹ 11 déc. 1721 : m¹ 4 mai 1744, à Marie-Joseph Cliche. — *Marie-Thérèse*, b¹ 23 mars 1724 ; m¹ 3 oct. 1746, à François Quirouet. — *Michel*, b¹ 8 nov. 1726. — *François*, b¹ 15 nov. 1728 ; m¹ 13 nov. 1752, à Françoise Coutelaux. — *Antoinette-Charlotte*, b¹ 16 et s¹ 31 mars 1731.—*Marie-Joseph*, b¹ 27 juin 1732, m¹ 22 avril 1748, à Jacques-Bonaventure L'Étoile.— *Charlotte*, b¹ 1 juin 1736 ; m¹ 14 juillet 1755, à Jacques Frelat.—*Marie-Louise*, b¹ 7 et s¹ 10 janvier 1740.

1722, (17 nov.) St-Augustin. ⁸
IV.—AMIOT (1), Laurent, [Philippe III.
b 1698 ; s⁸ 9 mai 1781.
1° Caillet, Marie-Joseph, [Jean I.
s⁸ 15 mars 1733.
Marie-Victoire, b⁸ 30 oct. 1723 s⁸ 3 juillet 1724.— *Augustin*, b⁸ 2 avril 1726. — *Pierre-Laurent*, b⁸ 6 juillet 1727.— *Marie-Joseph*, b⁸ 14 mars 1729 ; m⁸ 19 oct. 1761, à Antoine Moisan ; s⁸ 28 janvier 1788. — *Marie-Thérèse*, b⁸ 1ᵉʳ juin 1730, 1° m 10 mai 1756, à William Lemon, à Québec ; 2° m 19 oct. 1761, à Jean-Baptiste Lesiège, à Montréal. ⁷—*Jean-Baptiste*, b⁸ 29 août 1731.

1734, (26 août) St-Valier.
2° Hely, Angélique, [François II.
b 1696 ; s⁸ 10 mai 1743.
Marie-Angélique, b⁸ 2 juin 1735.—*Charles*, b⁸ 20 janvier 1737.—*Françoise*, b⁸ 12 et s⁸ 16 mai 1739.—*Joseph-Marie*, b⁸ 24 juillet 1740.—*Marie-Charlotte*, b... m à Charles Caillet.

1729, (22 nov.) St-Augustin. ⁴
IV.—AMIOT (2), Mathieu, [Philippe III.
b 1700.
Tinon, Marie-Madeleine. [Charles II.
Pierre, b⁴ 8 et s⁴ 18 sept. 1730. — *Joseph*, b⁴ 15 oct. 1731 ; m⁴ 22 février 1762, à Angelique Tessier.—*Augustin*, b⁴ 29 avril 1733. — *Marie-Madeleine*, b⁴ 26 et s⁴ 28 sept. 1734. — *Marie-Charlotte*, b⁴ 5 nov. 1735.—*Jean-Mathieu*, b⁴ 8 déc. 1737.—*Louis-Joseph*, b⁴ 8 mai 1740.—*Pierre*, b⁴ 6 juin 1743, s⁴ 12 juin 1744.

AMIOT, Marie-Joseph, épouse d'Antoine Vautour.

1731, (13 août) St-Augustin. ¹
IV.—AMIOT (3), Etienne. [Etienne III.
Poitras, Marie-Anne. [Jean I.
Marie-Anne, b¹ 9 mai 1732 ; m 6 juin 1752, à Louis Aumasson, à Quebec. ²— *François-Augustin*, b¹ 25 juillet 1734 , m 27 oct. 1760, à Marguerite Brazeau, à Montréal.—*Marie-Anne*, b¹ 26 et s¹ 28 avril 1736. — *Marie-Thérèse*, b¹ 29 avril et s¹ 22 mai 1737. — *Etienne-Jean*, b¹ 13 janvier 1739 ; s¹ 22 mars 1741.—*Antoine*. b¹ 15 mars 1741, m 27 mai 1764, à Marie-Louise Ganiépy, à la Pte-aux-Trembles, M.—*François*, b² 8 avril 1743.—*Marie-Joseph*, b² 3 sept 1745 ; s² 15 nov. 1748.—*Marie-Joseph*, b² 22 février 1747. —*Pierre*, b³ 8 avril et s² 31 août 1749. — *Marie-Geneviève*, b² 16 janvier et s² 15 février 1752.

1738, (26 mars) Islet,
IV.—AMIOT (4), Jean-Bte. [Chs-Joseph III.
Rousseau, Marie-Charlotte. [Martin II.
Jean-Baptiste, b 2 oct. 1738, au Cap St-Ignace. ⁵

---

(1) Elle épouse, le 19 avril 1723, Jacques Bonneau, à la Baie-St-Paul.
(2) Perruquier.
(3) Charpentier de navires.

(1) Dit Lerpinière.
(2) Voyez Vol. I, p. 7.
(3) Dit Villeneuve.
(4) Dit Vincelot

— *Joseph-Lambert*, b⁶ 27 oct. 1740 ; s⁵ 3 déc. 1755.—*Joseph-Marie*, b⁵ 20 juillet 1742 ; s⁶ 23 déc. 1755.—*Marie-Geneviève*, b⁵ 16 mars 1744.

1740, (25 janvier) Pte-aux-Trembles, Q. ²
IV.—AMIOT (1), FRANÇOIS. [ETIENNE III.
JEAN-DENIS, Marie-Catherine. [NICOLAS II.
Marie-Madeleine, b 4 et s 20 déc. 1740, à St-Augustin. ⁶ — *Jacques*, b⁶ 4 juin 1743 ; s⁶ 27 avril 1744. — *Jean-François*, b² 18 oct. 1741 ; s⁶ 14 avril 1744. — *Agathe-Gabrielle*, b⁶ 20 février 1745 —*Marie*, b⁶ 12 février 1748.—*Marie-Jeanne*, b 7 sept. 1732, à Ste-Foye. — *Louise*, b⁶ 10 janvier 1754. — *Thérèse*, b⁶ 2 oct. 1755. — *Rose*, b 1757 ; s⁶ 9 sept. 1758. — *Marie-Anne*, b... m⁶ 24 février 1794, à Charles GINGRAS.

1740, (15 février) Quebec. ¹
IV.—AMIOT, JEAN-BTE. [JEAN III.
FERRÉ, Marie-Angelique. [THOMAS I.
Jean-Baptiste, b¹ 11 mai 1742.

1740, (29 février) St-Augustin. ⁹
IV.—AMIOT (1), JEAN-BTE, [ETIENNE III.
s⁹ 17 juin 1747.
VALLIÈRE, Marie-Louise (2). [PIERRE II.
Marie-Madeleine, b⁹ 20 février 1741 ; m 15 janvier 1759, à Guillaume LAFOND, à Montreal.— *Jean-Baptiste*, b⁹ 5 mai 1742.—*Joseph*, b⁹ 12 juillet 1744.

1715.
IV.—AMIOT, JEAN-BTE-AMBROISE, [CHARLES III.
bourgeois, armurier ; b 1694.
KITOULAGUÉ, Marie-Anne, sauvagesse, s 16 août 1758, à Mackinac. ⁸
Louis, b 3 nov. 1740, à Michillimackinac, s 31 août 1760, au Detroit.⁸—*Agnès-Agathe*, b... m⁶ 11 janvier 1751, à Charles CHARLU.—*Françoise*, b 1720 ; 1°m⁶ 27 avril 1756, à Charles SAUTEUX, 2° m 14 février 1757, à Pierre CARIO, à Quebec⁷ ; s⁷ 8 février 1760. — *Marie-Ursule*, b⁶ 29 oct. 1724 ; s 18 avril 1733, à Laprairie.—*Nicolas*, b⁶ 2 mai 1730 ; m⁶ 18 août 1755, à Suzanne SAUVAGE.—*Marie-Louise*, b⁶ 20 mars 1732 —*Marie-Anne*, b⁶ 5 avril 1734. — *Ursule*, b⁶ 27 déc. 1738. — *Louis*, né⁶ le 3 nov. 1740, b⁶ 2 juin 1741 ; s⁸ 31 août 1760.—*Louis*, né en déc. 1745 ; b⁶ 14 juin 1746 ; s⁶ 28 oct 1757.—*Blaise*, b⁶ 27 janvier 1749 ; s⁶ 1ᵉʳ oct. 1750.

1741, (9 janvier) St-Augustin. ⁹
IV.—AMIOT (3), LAURENT. [ETIENNE III.
JEAN-DENIS, Marie-Antoinette. [NICOLAS II.
Marie-Anne, b⁹ 15 juin 1742 ; m 4 mai 1761, à Joseph LÉONARD, à la Longue-Pointe. —*Jean-Laurent*, b⁹ 6 mars 1744.—*Marie-Louise*, b 1747 ; s⁹ 17 oct. 1758. — *Marie-Joseph*, b... m à Antoine MOISAN ; s avant 1797.

(1) Dit Villeneuve.
(2) Elle épouse, le 4 février 1754, Jean Caille, à St-Augustin.
(3) Dit De Vincelot.

1741, (7 nov.) Québec.
IV.—AMYOT (1), GABRIEL-JEAN. [CHARLES III.
LA COUDRAY, Marie-Anne. [JEAN-BTE I.
Marie-Anne, b 19 sept. 1742, au Cap St-Ignace. ¹—*Marie-Anne-Catherine*, b¹ 3 sept. 1743. —*Marie-Catherine*, b¹ 17 sept. 1745.

1743, (4 février) Québec. ²
IV.—AMIOT, JEAN-FRANÇOIS, [JEAN III.
forgeron.
BASTIEN (2), Marie-Louise. [PIERRE II.
Louise-Madeleine, b² 12 nov. 1743 ; s² 15 mai 1745.—*Jean*, b² 11 oct. et s 6 déc. 1745, à Beauport. — *Anne-Louise*, b² 5 mai 1747. — *Jean-Joseph*, b² 26 janvier 1752.

1744, (4 mai) Québec. ³
V.—AMIOT, CHARLES, [CHARLES IV.
charpentier de navire.
CLICHE, Marie-Joseph. [CLAUDE II.
Anonyme, b³ et s³ 14 oct. 1745.—*Charles*, b³ 1ᵉʳ oct. 1746 ; s³ 19 nov. 1748.—*Marie-Joseph*, b³ 27 avril 1748 ; s³ 11 nov.1749.— *Charles*, b⁴ 28 oct. 1750.— *Marie-Charlotte*, b⁻³ 16 avril 1753. —*André*, b³ 9 nov. 1754. — *Brigitte*, b³ 16 mai 1756—*François*, b³ 8 juin et s³ 15 juillet 1758. —*Marie-Joseph*, b 3 mars 1760, à Levis.—*Didace*, b 26 sept. 1761, à St-Joseph de la Beauce. ⁴— *Athanase*, b... s⁴ 26 juillet 1763.—*Marie*, b⁴ 11 février 1766.

1744, (6 nov.) Lorette. ⁵
V.—AMIOT (3), PIERRE. [PIERRE IV.
1° VOYER, Felicite. [PIERRE II.
Marie-Madeleine, b⁵ 14 août 1749 ; m à Etienne GINGRAS.—*Marie-Félicité*, b 22 février 1748, à Ste-Foye.
2° GAUVIN, Marguerite.
Marie-Madeleine, b 20 août et s 21 sept. 1754, à St-Augustin. ¹— *Charles-Augustin*, b⁵ 21 août, et s¹ 20 sept. 1755.— *Marie-Thérèse*, b 18 août 1756, à la Pte-aux-Trembles, Q.—*Jacques-Augustin*, b¹ 9 mai 1758.

1746, (7 nov.) Petite-Rivière. ⁵
V.—AMIOT-VILLENEUVE, JOSEPH, [JOS. IV.
s 20 sept. 1755, noyé, à l'Ile-aux-Coudres. ⁶
GAGNÉ, Marie-Anne (4). [FRS-XAVIER IV.
Joseph, b⁶ 5 août 1753.—*Joseph-Hyacinthe*, b⁵ 16 août 1747—*Marie-des-Anges*, b⁵ 17 mars et s⁵ 13 août 1749.—*Joseph-Dominique*, b⁵ 11 et s⁵ 28 mai 1750.—*Euphrasie*, b⁵ 11 mai 1750 ; m 22 nov. 1768, à Claude SIMARD, à la Baie-St-Paul.— *Basile*, b⁵ 27 sept. 1755.

1749, (9 sept.) Québec. ⁸
I.—AMIOT, JEAN, fils de François et de Marie Bobière, de St-Pierre, diocèse de Luçon
CHRÉTIEN, Louise. [FRANÇOIS II.

(1) Dit Vincelot-Duhautmeny.
(2) Elle épouse, le 10 janvier 1757, Toussaint Niquet, à St-Frs-du-Lac
(3) Dit Villeneuve.
(4) Elle épouse, le 9 novembre 1756, Augustin de Lavoye, à la Petite-Rivière.

Jean-Nicolas, b ⁸ 27 oct. 1750.—Louis, b ⁸ 28 nov. 1751.—François-Josué, b ⁸ 10 et s 27 mars 1753, à Charlesbourg. ⁹—François-Jean, b ⁸ 2 juin 1754. — Louis-Thomas, b ⁸ 1ᵉʳ oct. 1755; s ⁹ 2 oct. 1756.—Marie-Louise, b ⁸ 29 août 1757; m à François SANSFAÇON.—Denis, b ⁸ 10 oct. et s ⁸ 29 déc. 1758.— Louis-Victor, b ⁸ 5 sept. 1762.

1749, (26 nov.) Québec. ⁸

IV.—AMIOT, JEAN, marchand, [PIERRE III. s ⁸ 6 juin 1769, subite.

1º BAZIN, Louise-Elisabeth, fille de Pierre et d'Elisabeth Philippe, de St-Jean en Grève, Paris.
Marie-Louise, b ⁸ 4 avril 1751 ; s ⁸ 27 août 1755. —Jean-Joseph, b 1752 ; s ⁸ 24 sept. 1755.—Marie, b ⁸ 23 mai 1753.—Marie-Anne, b ⁸ 29 avril 1754. —Marie-Anne, b ⁸ 16 mars 1755 ; m à Jacques-Nicolas PERRAULT, s ⁸ 20 avril 1782.—Jean-Baptiste, b ⁸ 20 avril 1756 ; m à Madeleine PRÉVOST. —Jean-Patrice, b ⁸ 18 mars 1757.—Anonyme, b ⁸ et s ⁸ 5 fevrier 1758.

1763, (19 mars) aux Trois-Rivières.

2º MOUET DE MORAS, Catherine. [MICHEL II.
Catherine, b ⁸ 7 fevrier 1764.

1753.

V.—AMIOT (1), AUGUSTIN, [PIERRE IV. b 1725 ; s 29 avril 1772, à Ste-Anne-de-la-Perade.
CONSTANTIN, Agathe.
Jean-Baptiste, b 17 déc. 1755, à St-Augustin. ³ —Madeleine, b 1759 ; s ³ 19 mai 1762.—Antoine, b 1758 ; s ⁸ 16 mai 1762.—Joseph, b ³ 8 oct. 1761, s ³ 19 mai 1762.

1752, (13 nov.) Quebec. ⁶

V.—AMIOT, FRANÇOIS. [CHARLES IV.
COUTELEAU, Françoise. [MAURICE I.
Françoise, b ⁶ 21 fevrier 1754; m ⁶ 10 juin 1777, à François GAULIN ; s ⁶ 27 février 1790.— François-Simon, b ⁶ 25 fevrier et s ⁶ 12 juin 1756.— Louis-Joseph, b ⁶ 21 juin et s ⁶ 6 juillet 1757.— Marie-Marguerite, b ⁶ 8 avril 1759.—François-Guillaume, b ⁶ 27 janvier et s ⁶ 2 mars 1761.— Marie-Louise, b ⁶ 20 fevrier 1762.—François-Jacques, b ⁶ 1ᵉʳ janvier 1764.

AMIOT, MARIE-ANNE, epouse de Charles RIVERIN ; s avant 1783.

AMIOT, MARIE, épouse de Louis BAUDRY.

AMIOT, ANGÉLIQUE, épouse de Jean-Marie DROLET.

1754.

V.—AMIOT (1), JOSEPH, [PIERRE IV.
s 21 février 1790, à St-Augustin. ⁹
MAROIS, Madeleine, [PRISQUE II.
b 1726, s ⁹ 26 juin 1788.
Marie-Françoise, b ⁹ 30 sept. 1755.— Jean-Baptiste, b ⁹ 21 dec. 1758, 1º m 1784, à Catherine LARUE ; 2º m ⁹ 16 oct. 1786, à Marie-Anne GINGRAS.—Marie-Joseph, b ⁹ et s ⁹ 3 juin 1761.— Marie-Joseph, b... m à Louis GARNEAU.

1755, (18 août) Mackinac. ⁹

V.—AMIOT, NICOLAS, [JEAN-BTE IV.
b 1730.
SAUVAGE (1), Suzanne,
nee 1735 ; b ⁹ 17 août 1755 ; s 1ᵉʳ fevrier 1757, au Sault-au-Récollet.
Ambroise, b 1754.—Joseph, b... s ⁹ 18 juillet 1757.

AMIOT, JEAN.
JACQUELIN, Louise.
Jean, b... s 13 mai 1757, à Ste-Foye.

1760, (27 oct.) Montréal.

V.—AMIOT, AUGUSTIN. [ETIENNE IV.
BRAZEAU, Marguerite. [ETIENNE III.

AMIOT, MARIE, épouse de Jean-Baptiste BLONGUÉ.

1760, (28 déc.) Deschambault.

AMIOT, JEAN, boulanger.
TRUDEL, Marie.
Marie-Joseph, b 6 février 1765, à Lorette. — Jean-Pierre, b 20 mars 1762, à Québec.⁹—Marie-Madeleine, b ⁹ 28 déc. 1763 ; s ⁹ 15 mars 1764.

1762, (22 février) St-Augustin. ⁹

V.—AMIOT (2), JOSEPH. [MATHIEU IV.
TESSIER, Angelique. [PIERRE I.
Angelique, b ⁹ 26 déc. 1762 ; m ⁹ 9 février 1789, à Jean-Baptiste PETITCLERC. — Joseph, b... — Marie, b... m ⁹ 31 janvier 1791, à François VERMET.

1762, (12 juillet) Verchères.

V.—AMIOT, JOSEPH. [JEAN-BTE IV.
PRIVÉ, Madeleine. [MICHEL I.

1764, (21 mai) Pte-aux-Trembles, M.

V.—AMIOT, ANTOINE. [ETIENNE IV.
GARIÉPY, Marie-Louise. [ALEXIS III.

AMIOT, CATHERINE, b 1764 ; s 3 fevrier 1765, à Lorette.

AMIOT, JEAN-MARIE.
LAVIGNE, Louise
François, b 1769 ; s 22 mars 1770, à l'Ile-Dupas.

1784.

VI.—AMIOT-VILLENEUVE, JEAN-BTE.
[JOSEPH V.
1º LARUE, Catherine,
b 1759, s 7 sept. 1785, à St-Augustin. ⁹
Jean-Augustin, b ⁹ 27 août 1785.

1786, (16 octobre). ⁹
2º GINGRAS, Marie-Anne. [JOSEPH.

(1) Dit Villeneuve.

(1) Nouvellement baptisée, 1755.
(2) Dit L'Erpinière.

AMI 35 ANC

Augustin, b ⁹ 22 juin 1788.—*Louis*, b ⁹ 14 oct. 1790.—*Marie-Anne*, b ⁹ 17 nov. 1794.

V.—AMIOT, Jean-Bte.   [Jean-Bte IV.
    Prevost, Madeleine.
    Catherine, b 1792.—*Geneviève*, b 1795.—*Claire*, b 1797.—*Restitute*, b 1801.—*Guillaume*, b 1803 ; m 1829, à Louise Gosselin, à St-Gervais, s 30 sept. 1847 (1) ; s août 1864, à Ste-Anne-de-la-Pocatière.

AMIOT (2), Charles.
    Meunier, Marie-Charlotte.
    Charles, b 26 déc. 1787, à St-Augustin.⁹—*Marie-Thérèse*, b ⁹ 7 mars 1789.—*Marie-Louise*, b ⁹ 11 sept. 1790.—*François-Xavier*, b ⁹ 8 août 1792.—*Olivier*, b ⁹ 11 fevrier 1794.—*Desanges*, b ⁹ 17 sept. 1795.

V.—AMIOT (3), Jean-Bte.   [Laurent IV.
    Meunier, Catherine.   [François IV.
    Jean-Baptiste, b 2 juin 1795, à St-Augustin.

AMIOT, François.
    Drolet, Louise.
    Gertrude, b… m 25 juillet 1808, à François-Xavier Garnault, à St-Augustin.

AMONT (4).—*Variations et surnoms*: Amond—Emond—Haymon—Aymong—Hamon.

1686, (25 fevrier) Trois-Rivières. ¹
I.—AMOND (5), Jean,
    s ¹ 28 déc. 1724.
    1° Gastineau, Marguerite,   [Nicolas I.
    s ¹ 9 mars 1703.
    Marie-Jeanne, b ¹ 5 oct. 1693 ; s ¹ 16 juillet 1763.—*Marguerite*, b ² 22 mai 1692 ; m ¹ à St-Pierre ; s ¹ 2 déc. 1761.—*Louise-Catherine*, b ¹ 8 nov. 1697 ; m ¹ 24 nov. 1738, à Jean Leclerc ; s ¹ 10 juillet 1745. — *Marie-Joseph*, b ¹ 23 nov. 1699.—*Marie-Madeleine*, b ¹ 14 nov. 1701.
    1705, (23 fevrier) Batiscan.
    2° Trotain dite St-Surin, Jeanne,[François I.
    s ¹ 9 déc. 1705.
    Anonyme, b ¹ et s ¹ 7 déc. 1705.
    1708, (23 juillet). ¹
3° Gauthier, Jeanne,
    veuve de Pierre Aubert, de St-Pierre de Bonne, diocèse d'Autun.

II.—AMONT, Jean.   [Jean I.
    b 1695 ; s 1ᵉʳ août 1727, aux Trois-Rivières.

I.—AMOND, François,
    b 1677 ; s 30 mai 1780, à Kamouraska.
    Jean, b… m à Marie Pelletier ; s avant 1776.

(1) Pilote, décédé à Cawy, près Anticosti-Nord. Exhumé et s. à Ste-Anne-de-la-Pocatière en 1864, par son fils Guillaume.
(2) Dit Villeneuve.
(3) Dit L'Arpinière.
(4) Etymologie.—Nom personnel saxon ou scandinave.
(5) Jean *Amont* (1686, Trois-Rivières) (Voy. Vol. I, p. 7) était le fils d'Anne *Seigneuret*, de Livano, ce qui me fait croire qu'il était neveu de Gilles Seignouret.

II.—AMOND, René,   [Jean I.
    b 1688 ; s 14 avril 1715, aux Trois-Rivières.

AMONT.
    Marie-Joseph, b… m 9 nov. 1769, à Augustin DeLavoie-Berthelot, à l'Ile-aux-Coudres.

II.—AMOND, Jean,   [François I.
    s avant 1776.
    Pelletier, Marie,   [Guillaume V.
    s avant 1776.
    Marie-Angélique, b… m 23 sept. 1776, à Maurice Ouellet, à Kamouraska.

1766.
I.—AMRINGER, Guillaume, de Strasbourg.
    Corneau, Marie-Anne.   [Jean-Bte II.
    Marie-Louise, b 17 janvier et s 8 avril 1767, au Lac-des-Deux-Montagnes.³—*André-Hyacinthe*, b ² 7 mai 1768.

I.—AMSTRONG, Guillaume.
    Lecours, Charlotte,
    b 1761 ; s 15 mars 1824, à Beaumont.

AMURY, Guillaume.—*Variation* : Demury.
    Chambran (1), Marguerite.   [Gabriel II.
    Marie, b… m 4 sept. 1751, à Pierre Lachaine, à Lorette.—*Marthe*, b… m 3 août 1763, à Louis Asselin, à Quebec.³—*Marguerite*, b…—*Marie*, b… 1° m à François Anderson ; 2° m ³ à George Jenkins.

ANCE—HANSE.—Voy Bernard.

ANCE, Jean-Baptiste,
    b 1754 ; s 3 mars 1758, à Deschambault.

ANCEAU (2).

ANCELIN.—Voy. Jusselin—Asselin.

I.—ANCELIN, Marie, b 1654 ; épouse, en 1667, Pierre Michaud.

1701, (7 juin) Rivière-Ouelle. ³
II.—ANCELIN (3), Philippe,   [René I.
    b 1676.
    St-Pierre, Madeleine,   [Pierre I.
    b 1681.
    Joseph, b ³ 3 sept. 1702—*Jean-Baptiste*, b ³ 13 juillet 1704. — *Louis*, b 20 février 1709 ; 1° m 1730, à Marie Pouliot ; 2° m 1734, à Marie-Angelique Dubé.—*Marie-Madeleine*, b… m 8 nov. 1747, à Jean-Marie Prinseau, à Kamouraska.—*Augustin*, b ³ 3 avril 1707, 1° m 11 janvier 1737, à Angelique Monet, à St-François, I. J. ¹ ; 2° m ¹ 10 nov. 1738, à Marie-Joseph Migneron.

(1) Chamberlan. Elle epouse, le 19 septembre 1745, François Marchand, au Cap St-Ignace.
(2) Etymologie. — Diminutif. Ans-helm — d'Anselme — Ancel—Ansel.
(3) Pour les descendants il faut chercher Asselin.

1730.
III.—ANCELIN (1), Louis. [Philippe II.
1° Pouliot, Marie. [Charles II.
Marie, b... m 17 avril 1752, à Augustin Gendron, à St-Pierre du Sud.
1734.
2° Dubée, Marie-Angélique.
Marie-Louise, b 13 nov. 1735, à Kamouraska.²
— *Marie-Angélique*, b² 11 nov.1737. — *Marie-Madeleine*, b² 25 oct. 1739.—*Marie-Joseph*, b² 12 août 1742.

1738, (25 nov.) Rivière-Ouelle.¹
I.—ANCTIL (2), Jean, fils de Louis et de Jeanne Fontaine, de Dece, diocèse d'Avranches.
Levêque, Marguerite. [François-Robert II.
Marie-Joseph, b¹ 4 oct 1739.— *Jeanne-Louise*, b 17 oct. 1741, à Ste-Anne-de-la-Pocatière.³—*Anne*, b³ 1ᵉʳ août 1743 — *Jean-Baptiste*, b ⁸ 23 sept. 1745.—*Marguerite*, b³ 8 oct 1747.—*Marie-Joseph*, b... m²28 juillet 1760, à Joseph Dionne. — *Marie-Judith* b...— *Catherine*, b¹ 2 fevrier 1752, m⁸ 15 janvier 1770, à Joseph Duval. — *Anonyme*, b⁵ et s⁵ 2 juin 1755.

ANDAYER.— *Variations et surnoms* : Ondoyer —Laudière.

I.—ANDERSON, Thérèse, épouse de Charles Hamelin.

ANDERSON, Jean,
Deniau, Charlotte.
Joseph, b 8 janvier 1765, à St-Philippe.

1749, (25 août) Charlesbourg. ²
I.—ANDETAILLON, Vincent, fils de Vincent Andetelayon et de Françoise Endacchin, Hurons.
Bergevin, Marguerite. [Jean II.
Judith, b² 12 octobre 1759.

ANDIRAN.—Voy. Landirand.

1713, (1ᵉʳ juillet) Quebec. ¹
I.—ANDIRAN, Pierre,
chirurgien.
Marigny, Catherine (3), [Sébastien I.
b 1694.
Jean, b¹ 2 oct. 1715 —*Pierre*, b 21 juin 1717, à St-Pierre, I. O.

I—ANDIRAN, Antoine.
Verieul, Marie. [Nicolas I.
Louise, b... m 1ᵉʳ fevrier 1734, à Jean Damphous, à Québec.

(1) Et Hancelin.
(2) Dit St-Jean.
(3) Elle épouse, le 15 mai 1728, Jean Lanceleur.

1740.
II.—ANDIRAND (1), Jean, [Pierre I.
b 1715
.... Marie-Catherine,
b 1703 ; s 29 nov. 1768, à St-Michel d'Yamaska.
Jean-Baptiste, b... m 1767, à Véronique Lacroix.

1767.
III.—ANDIRAND (1), Jean-Bte. [Jean II.
Lacroix, Véronique.
Marie-Anne-Véronique, b 26 août 1768, à St-Michel d'Yamaska.

ANDOYER, Martin.—Voy. Ondoyer.

ANDRÉ. — *Variations et surnoms:* Camenos —Lafontaine.

I.—ANDRÉ, Louise, m 1672, à Nicolas le Bossu, dit LePrince.

I.—ANDRÉ (2), Pierre,
b 1663 ; s 7 mars 1748, à Trois-Rivières. ²
Fredin, Claudine.
s 20 juin 1727, à Quebec.
Louise-Catherine, b 1712; m 22 oct. 1741, à René Ovide Hertel ; s² 16 janvier 1766

1713, (26 sept.) Montréal. ⁹
I.—ANDRÉ (3), Antoine, b 1673, fils de François et de Marguerite Coulan, d'Hussé, diocèse de St-Flour, Auvergne.
Guilbert, Elisabeth (4). [Jean I.
Antoine, b⁹ 13 août 1714.—*Marie-Madeleine*, b ⁹ 18 avril 1716 ; m⁹ 30 juin 1733, à Jacques Lizé.—*Simon*, b⁹ et s⁹ 4 mars 1718.—*Pierre*,b⁹ 27 nov. 1719.—*Elisabeth*, b 1724; s⁹ 4 janvier 1725.—*Marie-Joseph*, b 1725; 1° m⁹ 15 janvier 1748, à Jean-François Fourché ; 2° m⁹ 14 avril 1749, à Antoine Lépine.—*Antoine*, b 1734; s⁹ 8 avril 1740.

1729, (27 juillet) Charlesbourg. ⁸
I.—ANDRE dit DUPONT (5), Philippe, fils de Quentin et d'Anne Bertheau, de la Neuville-au-Pont, diocèse de Châlons.
Guerin, Marie-Jeanne (6) [Henry II.
Philippe, b ⁸ 24 mai et s ⁸ 31 juillet 1731.

1730, (20 février) Lachine. ¹
I.—ANDRÉ dit ST-AMAND (7), Louis, b 1695, fils de Jacques et de Jeanne Vinet, de Taillebourg, diocèse de Xaintes.
Samson, Anne, [Pierre II.
b 1705.

(1) Dit L'Andiran.
(2) Sieur de Leigne. Voyez Vol. I, p. 8.
(3) Dit Lafontaine
(4) Elle épouse Jean Lépine.
(5) Soldat de la Compagnie de M. St-Vincent.
(6) Elle épouse, le 2 décembre 1741, Nicolas Chartier-Partenais, à Charlesbourg.
(7) Soldat de la compagnie de Serigny.

Françoise-Amable, b 9 avril 1740, à Montréal[2];
m 13 février 1764, à Jean-Baptiste NORMAND, au
Lac-des-Deux-Montagnes.[3]—*Madeleine*, b... m [3] 16
sept. 1765, à Louis MALLET.—*Ignace*, b... 1° m 11
janvier 1757, à Elisabeth POIRIER, au Bout-de-
l'Ile, M.[4] ; 2° m [3] 7 avril 1761, à Marie-Louise
TOURANGEAU.—*Marie-Joseph*, b [2] 31 déc. 1737 ; m [4]
17 janvier 1757, à Charles SABOURIN. — *Marie-
Catherine*, b... m [4] 3 nov. 1761, à Pierre SÉGUIN.
—*Thomas*, b [1] 16 juin 1731 ; m [4] 11 janvier 1762,
à Françoise LÉGER. — *Joseph*, b... m [4] 9 janvier
1764, à Thérèse DAOUT.—*Louise*, b... m [3] 31 mai
1756, à Joseph COLIN.

1734, (15 nov.) Québec. [1]
I.—ANDRÉ, BALTHAZAR, fils de Jean et de Catherine Desroches, de St-Michel de Gap.
  PALIN, Marie-Charlotte,   [MATHURIN I.
  veuve de Corneille Bean.
Antoine, b [2] et s [1] 25 août 1735.—*Marie-Madeleine*, b [1] 5 juin et s [1] 1er août 1739.

1743, (11 fevrier) Québec. [2]
I.—ANDRÉ, CHARLES, fils de Jean et de Marie
Monro, de St-Severin, diocèse de Xaintes.
  LAMONTAGNE, Marie-Madeleine (1). [JEAN-BTE.
Jean, b [2] 27 nov. et s [2] 5 déc. 1743. — *Etienne*,
b 18 nov. 1745, aux Trois-Rivières.

1757, (11 janvier) Bout-de-l'Ile, M. [4]
II.—ANDRÉ (2), IGNACE.   [LOUIS I.
  1° POIRIER, Elisabeth,   [PIERRE I
     veuve de Pierre Raymond ; b 1714, s [4] 6
     mai 1760.
  1761, (7 avril) Lac-des-Deux-Montagnes. [3]
  2° TOURANGEAU, Marie-Louise,   [JOSEPH.
     veuve de Jean-Baptiste Ranger.
Jean-Louis, b [3] 11 avril 1762. — *Amable*, b [3] 5
mars 1764.—*Marguerite*, b [3] 11 nov. et s [3] 9 déc.
1765.—*Jean-Noel*, b [3] 2 février 1767.

1760, (20 oct.) St-Michel d'Yamaska. [6]
I.—ANDRÉ (3), CHARLES, fils de Charles et de
Jeanne Metivier, de St-Pierre en Gonesse,
diocèse de Paris.
  CANTARA, Elisabeth,   [JOSEPH II.
  b 1730 ; veuve de Louis Boissel.
Marie-Jeanne, b [6] 9 dec. 1759.—*Marie-Agathe*,
b [6] 24 oct. 1761 ; s [6] 7 mars 1770.—*Charles*, b [6]
7 janvier et s [6] 7 juillet 1763. — *Charles-Joseph*,
b [6] 10 janvier 1764.—*Marie-Elisabeth*, b [6] 26 juin
1765.

1762, (11 janvier) Bout-de-l'Ile, M.[7]
II.—ANDRÉ (2), THOMAS.   [LOUIS I.
  LÉGER, Françoise,   [CHARLES II.
  b 1738.
Paul, b [7] 15 nov. 1762.—*Thomas*, b [7] 11 août
1765.—*Philippe*, b [7] 11 janvier et s [7] 28 fevrier
1767.—*Charles*, b [7] 15 mai et s [7] 13 juin 1768.

1764, (9 janvier) Bout-de-l'Ile, M.[7]
II.—ANDRÉ, JOSEPH.   [LOUIS I.
  DAOUST, Therèse,   [CHARLES II.
  b 1741.
Marie-Thérèse, b [7] 27 nov. 1766.

1765, (6 mai) Détroit. [9]
I.—ANDRÉ, JACQUES, fils de Pierre (maître dra-
pier) et de Madeleine Greffen, de St-Nicolas
d'Arsange, diocèse de Trèves, Allemagne.
  GODFROY, Marie-Anne.   [FRANÇOIS I.
Marie-Joseph, b... m [9] 22 juillet 1793, à Antoine HOUDIN.

1774, (30 juin) Détroit. [9]
I.—ANDRÉ (1), JOSEPH, fils de Pierre-Charles et
de Marguerite Guivarelle, de St-Pierre, ville
de Pavie, duché de Milan, Italie.
  DUMAIS, Marie-Joseph.   [JACQUES.
Marie-Louise, b [9] 14 nov. 1775.—*Pierre*, b [9] 19
déc. 1776.—*Agathe*, b [9] 19 mai 1783.

I.—ANDRIET, PIERRE, marchand.
  MORAND (2), Catherine,   [JEAN II.
  b 1720.
Etienne, b 11 mars 1748, à Quebec. [4]—*Marie-
Catherine*, b [4] 7 août 1750.—*Marie-Madeleine*, b [4]
11 juillet 1752.—*Marie-Marguerite*, b [4] 17 avril
et s [4] 22 juin 1755.—*Elisabeth*, b [4] 17 mai 1756.

I.—ANDRIEU, MARGUERITE, epouse le 19 sept.
1673, Pierre AUGRAND dit LAPIERRE.

II.—ANDRIEU (3), ANTOINE.   [ANTOINE I.
Françoise, b... m à François POITEVIN ; s avant
1763.—*Marguerite*, b... m à Laurent ROBIDOU.—
Antoine, b... m à Marie-Angélique GROGER.

III.—ANDRIEUX (3), ANTOINE.   [ANTOINE II.
  GROGER, Marie-Angelique.
Marie-Reine, b 24 avril 1767, à Repentigny [5] ;
s [5] 30 avril 1768.

1726, (24 nov.) Québec. [1]
I.—ANDRILLON, BERTRAND, fils de Pierre et
d'Anne Villeneuve, de Fosse, diocèse de
Cominges, en Gascogne.
  BODIN, Marie-Anne,   [PHILIPPE II.
  b 1708.
André, b [1] 30 août 1727.—*Marie-Anne*, b [1] 1er
mars et s [1] 2 mai 1730.

I.—ANDRIVAY.
Marie-Anne, b 1759 ; s 14 oct. 1763, à l'Ile-
Dupas.

I.—ANDRO (4), ELIE.

---

(1) Dit Durocher. Elle épouse, le 9 juin 1760, Pierre Sigouin, à Montréal.
(2) Dit St-Amant.
(3) Dit Larose, 1764.

(1) Dit l'Italien.
(2) Dit Morin.
(3) Dit Laforge.
(4) Dit Bergeras, soldat de la compagnie de Longueuil.
Etait à Montreal en 1706.

I.—ANDRY, Pierre,
s avant 1740.
Aubois, Marguerite. [Julien I.
Marie-Joseph, b... m 8 nov. 1740, à Gabriel Renaud, à Beauport.

1752, (17 avril) Québec.²
I.—ANDRY, Jean-Pierre, b 1726, fils de Jean et de Jeanne Landan, de Melesan, diocèse de Poitiers; s ² 14 fevrier 1756.
Monmellian (1), Marie-Barbe. [Jean-Bte II. Jean-Baptiste, b ² 12 fevrier 1753. — Joseph-Marie, b ² 14 juin 1754. — Marie-Gilette (posthume), b² 21 fevrier et s 28 avril 1756, à Charlesbourg.

ANET.—Voy. Dupuis, 1765.

1751, (16 juin) Québec.
I.—ANFRIÉ, Pierre, fils de Pierre et de Marie Dumontier, de Chapelle-sur-Dun, diocèse de Rouen.
Bean (2), Anne, [Cornbille I.
veuve de Pierre Dejoie.

ANGARD.—Voy. Hengard.

I.—ANGARÉ.—Voy. Hengard.

I.—ANGELIUM, Renée,
b... m à Augustin Defelteau.

ANGER.—Voy. Sthily—Lefebvre-Angers.

ANGER (3), Simon, curé de Lotbinière, ⁵ b 1700, s ⁵ 9 déc. 1733.

ANGEVIN, Marie-Louise, épouse de Servant.

Anglais. (4)

ARRE (5), Elia, de Boston,
b 1731; s 19 sept. 1756, à l'Hôpital-Général, M. François, b... s 9 avril 1704, à Lorette.

HAVY, François-Jacques, anglais de 20 ans, et captif depuis deux annees, est baptisé à Québec, le 21 juillet 1709.

INLOST, Benjamin,
b 1726 ; s 10 oct. 1756, à l'Hôpital-Général, M.²

LOCLIN, Guillaume,
b 1731; s ² 11 oct. 1756.
Jean-Louis, b 1716 ; s ² 16 oct. 1756.

SMITH, Benjamin,
b 1737, s 27 oct. 1756.

Joseph, b 16 mars 1706, à St-Nicolas, âgé de 8 ans, prisonnier des sauvages.

---

(1) Elle épouse, le 7 février 1759, Jacques Riffo, à Québec.
(2) Dit Onelle.
(3) De la Pointe-aux-Trembles, Q. Exhumé le 28 février 1765, à Lotbinière, pour être inhumé dans la nouvelle église.
(4) Voyez Vol. I, p 8.
(5) Soldat du régiment de Peperel.

Joachim, b 20 oct. 1715, à Québec, âgé de 17 ans, jeune anglais de Boston. Mgr de St-Valier est son parrain.

JOANIS, Catherine,
nee 1714 ; b 15 août, 1754, à Batiscan. Demeurait depuis 1751 chez Jean Adam, filleul de M. DeThiersant, cure.

MASSY, Joseph-Benjamin. Anglais de 19 ans, baptisé le 21 juillet 1709, à Québec.

Louis-Gabriel, b ² 26 déc. 1705, jeune anglais de 16 ans.

RICARD, Jean-François, b ² 11 juin 1707, jeune anglais de 14 ans.

1761.
.... Noel (Anglais).
Guibaut Catherine.
Joseph, b 2 fevrier 1762, à Batiscan.

PRICE, Marguerite, née 1736 ; b 27 janvier 1748, aux Trois-Rivières, filleule de M. Rigaud de Vaudreuil.
René-Joseph, b 1733, s 8 nov. 1747.

ANGLAIS, baptisé 6 nov. 1747, aux Trois-Rivières, filleul de René Ovide Hertel, de Trois-Rivières.

RICHET, Louis, b 1680 ; s 25 mai 1708, à Quebec, (noyé). Ce jeune Anglais, âgé de 28 ans, fervent catholique, avait refusé les offres des anglais, pour demeurer en ce pays et conserver sa religion. Il se noya le 1er mai 1708, en tombant de la barque de Jacques Bernier.

STANMORE, Daniel, b 1716 ; s 1er nov. 1756, à l'Hôpital-Général, M. ²

TATE, Thomas, b 1730, s ² 4 nov. 1756.

NELSON, Jean, fils de John et de Marguerite Wair de Triton, Nouvelle-Angleterre, b 1735 ; s ² 16 nov. 1756.

TACAR, Joachim-Michel, né en 1708 : b 19 mai 1725, à Québec, jeune Anglais de 17 ans, filleul de l'Intendant Bégon.

1730, (2 oct.) Québec.
I.—ANGLAIS, Joseph, navigateur. Racheté des sauvages par Madame Lamontagne.
Coupy, Marie,
veuve d'Antoine-Olivier.

Anglaise.

ANGLAISE, Marie, b... m 1765, à Jean Gladus.

STORY, Jérémie,
Master, Ruth.
Prescille, nee à Boston en 1694; m 26 mai 1711, à Jean-Baptiste Dagueil, à Montreal.

ANGLAISE, *Marie-Catherine*, b 1680 ; m à Joseph MORILLON ; s 8 août 1735, à St-Roch, Q.

MARIE-ELISABETH, b 1704, à Québec, [2] jeune anglaise de 12 ans.

MARIE-ELISABETH, b [2] 31 janvier 1706, jeune anglaise de 16 ans, venue de Salem, près Boston.

RACHEL, b [2] 16 avril 1706 ; m [2] 17 avril 1706, à Jean BERGER ; jeune anglaise de 19 ans.

MARIE-CHARLOTTE, b [2] 8 sept. 1706, jeune anglaise de 14 ans, pensionnaire aux Ursulines.

MARIE-FRANÇOISE, b [2] 7 avril 1708 : s [2] 31 août 1710. Cette jeune fille, du nom de Hélène DARVASS, et native du Village de Jamesker, avait été prise par les sauvages pendant la guerre ; baptisée à l'âge de 17 ans, aux Ursulines de Québec, elle mourut le 30 août 1710.

ANGLAISE, *Marie-Anne*, b... m 31 juillet 1708, à Joseph RIBERVILLE, à Lachine.

NIMBS, GEOFFROI. [JEFFERY.
SMEED, Natael.
Abignel-Marie-Elisabeth, fille de Jeffrey Nimbs et de Natael Smeed, b 15 juin 1704, à Montréal, jeune anglaise née le 11 juin 1700 à Dearfield Nouvelle-Angleterre, prise par les sauvages le 11 mars 1704. Elle demeura dans la cabane d'une sauvagesse de la montagne nommée *Ganastarsie*. Filleule de Dlle Elisabeth Lemoyne de Longueuil

WABERT, Marie, b 17 fevrier 1784, à Québec. Petite anglaise de 12 ans

WARE, (*Whore*), THOMAS.
WOEMAN, Marie-Louise,
b 1657. Anglaise de Blackpoint, elle fut baptisée le 20 mai 1709, à Québec. Elle eut pour parrains M DeLouvigny et madame Jean Dumesnil.

ANGLICHE.—Voy. LALANDE.

1715, (4 août) Trois-Rivières. [5]
II.—ANGO (1), PIERRE. [PIERRE I.
COUTERET, Marie-Madeleine (2). [RENÉ I.
François, b [5] 3 avril 1716.—*Marie-Marguerite*, b [5] 19 sept. 1717 ; m 20 janvier 1732, au Detroit.

I.—ANGORSE, JEANNE, b 1736 ; épouse de Julien LOUERIES.

I.—ANGOVILLE (3).

(1) Dit du Rivage.
(2) Elle épouse, le 29 décembre 1721, Jean-Baptiste Dufournel, au Détroit.
(3) Sergent Major de la garnison du Château St-Louis.

1763, (16 mai) Montréal.
I.—ANGRILLON, JULIEN,
b 1738, fils de Guillaume et de Mathurine Renaud de Mardrignac, diocèse de St-Malo.
DEBIEN, Rosalie. [FRANÇOIS II.

I.—ANGUILLE, JEANNE,
b 1647 ; m 1671, à François ALARD.

ANON, JEANNE, épouse de Pierre LEFEBVRE.

I.—ANOTE, NICOLAS (1).
b 1695, à St-Germain en Laye ; s 13 mars 1760, à la Pte-aux-Trembles, Q.

ANSE (2).

ANTAYA.— Voy. PELLETIER—CHATEAUNEUF.

ANTAYA, MARIE-LOUISE, épouse de François DEMITTE.

ANTAYA, ANGÉLIQUE, épouse de François BADAILLAC.

ANTAYA, MARIE-JOSEPH, épouse de Guillaume CAUCHERY ; s avant 1761.

ANTHIAUME (3).

I.—ANTHIAUME, MARGUERITE,
b 1653.
1° m 1676, à André JARRET ; 2° m 1690, à Pierre FONTAINE.

1663.
I.—ANTHOINE, MARC. — Voy. GOBELIN dit ST-MARS.

I.—ANTHOINE, DENISE,
b 1650 ; m 1670, à Laurent BOUY dit LAVERGNE.

I.—ANTHOINE (4), MARC-ANTOINE, époux de Françoise CHAPELAIN.

1759, (30 avril) Pte-aux-Trembles, M.
I.—ANTHOINE (5), JEAN-PIERRE, b 1732, fils de Pierre et de Catherine Charpentier, de St-Martin, ville de Boulène, diocèse de St-Paul-Trois-Châteaux.
COMPARET, Clemence. [JEAN-FRANÇOIS II.

ANTICOSTI.—Voy. JOLLIET DE MINGAN, 1708.

ANTINAEL, FRANÇOIS.
MARIE, sauvagesse.
François, b 20 sept. 1784, au Détroit.

(1) Caporal de la Compagnie De la Ronde.
(2) Etymologie.—Signification Allemande.
(3) Etymologie *Ant-helm* ; helm changé en Iaume et aume. St-Anselme, Ev. de Belley, Ansel-me—Bert-helm —Will-helm.
(4) Devenu Gobelin dit St-Mars.
(5) Dit Laviolette, tambour-major, au régiment de la Sarre.

1762, (8 août) Montréal.
I.—ANTOINE, JEAN, b 1741, fils de François et de Françoise Catherine, de St-Jean, ville de Turin.
NOLET, Marie-Joseph. [FRANÇOIS II.

1763, (24 janvier) St-Philippe.
I.—ANTOINE, NICOLAS, fils de Gilles et d'Anne Provost, de Ste-Marie-Villoral, diocèse de Metz.
MAGNAN, Marie-Catherine. [PIERRE II.

1797, (20 février) Nicolet.
ANTOINE,
  VILLAT, Françoise. [JEAN-BTE I.

ANTONY, médecin.
  NAVARRE, Marie-Anne, [ROBERT I.
veuve de Jacques Desbuttes ; b 1737 ; s 11 oct. 1773, au Détroit.

I.—AOBNAUX, ALEXIS,
b 1703 ; s 6 sept. 1738, au Détroit.

I.—APART (1), MICHEL, Acadien,
s 20 sept. 1758, à St-Jean, I. O.

1744, (11 août) Detroit.[3]
I.—APERT (2), JACQUES, fils de Jacques.
DAGNEAU, Marie.
Marie-Louise, b [3] 22 mai 1745.—*Marie-Anne,* b [3] 20 juillet 1747.—*Jacques,* b [3] 29 juillet 1749. —*Agathe,* b [3] 10 sept. et s [3] 6 nov. 1752.

1763, (23 nov.) Kamouraska.[9]
I.—APRIL (3), FRANÇOIS, fils de Joseph et de Marie Olivier, de St-Jean, diocèse de Gênes.
HAYOT, Marie-Geneviève. [ZACHARIE IV.
François, b [9] 10 nov. 1765.—*Marie-Catherine,* b [9] 26 juillet 1767.— *Jean-Raphael,* b [9] 8 sept. 1769 ; s [9] 13 mai 1770.— *Joseph-Raphael,* b [9] 9 février 1771.

AQUIEN (4), JACQUES.
  TROTIER, Marie-Amable.
Marie-Marguerite, b 21 sept. 1763, au Lac-des-Deux-Montagnes.[4]—*Hyacinthe,* b [4] 16 mars 1766. —*Marie-Catherine,* b [4] 21 janvier, 1768.

I.—ARBARIS, JOSEPH.
  HARBOUR, Geneviève,
s avant 1764.
Joseph, b 1734 ; m 27 février 1764, à Catherine PENISSON, à St-Antoine de Chambly.

1764, (27 février) St-Antoine de Chambly.
II.—ARBARIS, JOSEPH. [JOSEPH I.
  PENISSON, Catherine, [JEAN I.
b 1728.

---

(1) Décédé à bord du vaisseau " L'Acadien."
(2) Dit Lapine, 1752.
(3) Dit Francisque, 1769.
(4) Et Atien, 1766

ARBOUR.—Voy. HARBOUR.

1687, (10 février) Batiscan.
I.—ARCAN (1), SIMON,
b 1663 ; s 10 dec. 1733, à Deschambault.[1]
  ISNARD, Marie-Anne, [PAUL I.
s [1] 9 janvier 1741.
Jean, b 1692 ; s [1] 10 février 1717. — *Simon* b 25 mars 1699, aux Grondines ; m 3 février 1722, à Marie MARTINEAU, à la Pte-aux-Trembles, Q. ; s [1] 7 dec. 1771. — *Marguerite,* b... m [1] 31 oct. 1723, à Pierre GAUTIER.—*Antoine,* b... 1° m [1] 12 janvier 1724, à Marie-Anne LAGARENNE ; 2° m [1] 30 oct. 1730, à Madeleine GRÉGOIRE.—*Geneviève,* b... 1° m [1] 25 février 1726, à Simon MARTINEAU ; 2° m [1] 30 août 1751, à Jean DENEVERS. —*Marie-Anne,* b 1700 ; m 25 nov. 1724, à Michel VOYER, à Québec [2], s [2] 15 juin 1761.—*Angélique,* b... m à Joseph BELISLE.

1712.
II.—ARCAN, PIERRE, [SIMON I.
b 1689 ; s 13 février 1765, à Deschambault.[2]
1° NAUD, Marguerite, [FRANÇOIS I.
b 1684.
Simon, b 14 février 1713, au Cap Santé [1] ; 1° m 24 nov. 1734, à Marie FISET, à la Pte-aux-Trembles ; 2° m 8 août 1757, à Angélique GAUDIN, aux Ecureuils.—*Marie-Françoise,* b [1] 14 février 1713 ; m [2] 2 mai 1730, à Nicolas PERRON.

1715, (26 février).
2° COCHON, Veronique, [RENÉ I.
b 1682 , s [2] 28 juin 1760.
Marie-Joseph, b [2] 2 mars 1717 ; 1° m [2] 6 mai 1737, à Paul PAQUIN, 2° m [2] 27 février 1764, à Honore SAVOYE ; s [2] 12 nov. 1784. — *Jean,* b [2] 2 février et s [2] 5 mars 1715. — *Joseph,* b [2] 27 sept. 1730 ; s [2] 3 juin 1733.—*Louise,* b [2] 13 mars 1720 ; m [2] 16 juillet 1741, à Mathieu NAUD.—*Marie,* b... m [2] 1er mars 1745, à Jean COURTOIS.—*Angélique,* b... m [2] 18 oct. 1745, à Joseph PERRON ; s [2] 4 avril 1790. — *Pierre,* b [2] 25 août 1721 ; m [2] 24 juin 1748, à Lisette CHAVIGNY. — *Véronique,* b [2] 25 janvier 1726 ; m [2] 6 avril 1750, à Joseph CLOUTIER , s [2] 9 janvier 1773.—*Marie-Madeleine,* b [2] 18 sept. 1717.—*Marie-Madeleine,* b [2] 19 mai 1723.—*Marie-Madeleine,* b [2] 23 oct. 1727.—*Jean-Baptiste,* b [2] 3 et s [2] 13 juillet 1724.—*Marie-Hélène,* b [2] 17 juillet et s [2] 5 nov. 1729.—*Félicité,* b... m à Jean-Baptiste RIPAU.

1718, (3 nov.) Quebec.
II.—ARCAND, JOSEPH (2), [SIMON I.
b 1694 ; s 5 mai 1753, à Deschambault.[3]
  CHARTIER Marie-Renee (3),
b 1703, s [3] 16 déc. 1763.
Pierre, b [3] 8 avril 1736 ; m [3] 10 janvier 1763, à Marguerite MONTAMBAUT. — *Marie-Ursule,* b [3] 26 avril 1739 ; m [3] 12 sept. 1758, à Joseph GAUTIER. —*Marie-Joseph,* b [3] 29 oct. 1719 ; m [3] 1er mars 1745, à Nicolas PAQUIN ; s [3] 1er nov. 1788.—*Jean,* b 1723 ; m [3] 16 août 1751, à Marie-Angélique

---

(1) Bordelais.—Voyez vol. I, p. 11.
(2) Lieutenant des Milices.
(3) De Lotbinière, Fille adoptive du Sieur J. Cugnet.

NAU; s⁵ 4 avril 1787.—*Louis-Joseph*, b³ 11 sept. 1733; s³ 22 dec. 1751.—*Marie-Agathe*, b³ 13 nov. 1725; m³ 7 août, 1752, à Charles BOISVERD; s 16 juin 1789, à St-Cuthbert.—*Joseph*, b³ 25 oct. 1727; m³ 29 août 1763, à Louise NAU.—*Louis-Joseph*, b⁵ 23 mars et s³ 19 juillet 1729.—*François-Marie*, b⁵ 16 août 1721; s⁵ 5 mars 1724.—*Jean-Marie*, b⁵ 17 mars 1724.—*Raphael*, b³ 10 et s³ 30 août 1731.

1722, (3 février) Pte-aux-Trembles, Q.¹
II.—ARCAN, SIMON,   [SIMON I.
b 1699 ; s 7 dec. 1771, à Deschambault.²
MARTINEAU (1), Marie.   [MATHURIN I.
Louise, b¹ 6 juin 1722 ; m² 19 février 1748, à Charles HARNOIS.—*Thérèse*, b² 30 avril 1725 ; m² 1er août 1741, à Joseph BRUNET.—*Marie-Véronique*, b² 11 février 1728 ; m² 19 février 1748, à Joseph HARNOIS.—*Joseph*, b² 1er août 1726 ; m² 19 août 1748, à Marie-Joseph GARIÉPY ; s² 30 mars 1785.— *Simon*, b² 1er nov. 1734 ; m² 5 mars 1753, à Louise NAU.—*Marie-Félicité*, b² 21 mars 1733 ; m² 18 février 1754, à Jean-Baptiste ROLET.—*Marie-Joseph*, b² 15 juillet 1731 ; 1° m² 23 oct. 1757, à Bonaventure SAUVAGEAU ; 2° m 30 juillet 1764, à Pierre MATHIEU, aux Grondines⁴ ; s⁴ 26 janvier 1789.—*Marie-Joseph*, b 1723 ; s² 10 août 1725.— *Joseph*, b² 12 août 1729.—*Marie-Charlotte*, b... 1° m à Jean-Baptiste GODIN ; 2° m 26 avril 1773, à François CARPENTIER, à Sorel.

1724, (12 janvier) Deschambault. ⁴
II.—ARCAN, ANTOINE.   [SIMON I.
1° LAGARENNE, Marie-Anne,   [JACQUES I
s⁴ 27 février 1730.
Jean-Baptiste, b⁴ 11 oct, et s⁴ 18 nov. 1724.—*Antoine*, b 20 mai 1726, à Yamachiche⁵ ; s⁴ 20 août 1730.—*Marie*, b 1729 ; s⁴ 31 mars 1730.
1730, (30 octobre). ⁴
2° GRÉGOIRE, Madeleine.   [JOSEPH II.
Jean-Baptiste, b⁵ 19 août 1731 ; m⁵ 14 février 1752, à Marie-Claire BLAY.—*Antoine*, b⁵ 1er février 1733.—*Marie-Madeleine*, b... s⁵ 21 mars 1734.—*Marguerite*, b... m à René MARCOT.—*Marie-Anne*, b... m à Pierre LAPORTE.

1725, (22 nov.) Québec.
II.—ARCAND, FRANÇOIS,   [SIMON I.
s 12 juillet 1755, à Deschambault.⁶
DUBREUIL, Françoise,   [ETIENNE I.
s⁶ 15 mars 1752.
Marie-Joseph, b⁶ 14 oct. 1726 ; m⁶ 12 janvier 1750, à Charles BELISLE.— *Catherine*, b⁶ 15 juillet 1728 ; m⁶ 26 oct. 1750, à Joseph SAUVAGEAU ; s 29 mars 1756, aux Grondines.⁷—*Louise*, b⁶ 11 janvier 1734 m⁶ 4 nov. 1753, à Alexis GRIGON.—*Louis*, b⁶ 5 mars 1730 ; s⁶ 29 mai 1731.—*Louis-Joseph*, b⁶ 4 janvier 1732.—*François*, b⁶ 28 mars 1736 ; s⁶ 13 février 1759.—*Etienne*, b⁶ 7 février 1738 ; s 7 oct. 1756, à Chambly (2).—*Pierre*, b⁶ 22 nov. 1739.—*Angélique*, b⁶ 15 juillet 1741, m⁶ 26 avril 1762, à

(1) Dit St-Onge.
(2) Revenant de Carillon.

Jean GRIGNON.—*Marie-Anne*, b⁶ 28 mars 1743 ; s⁶ 13 oct. 1748.—*Marie-Agathe*, b⁶ 3 nov. 1745 ; m⁷ 30 juillet 1764, à Louis MERAND.

1734, (24 nov.) Pte-aux-Trembles, Q.¹
III.—ARCAN, SIMON,   [PIERRE II.
b 1713.
1° FISET, Marie,   [FRANÇOIS II.
s 31 janvier 1757, aux Ecureuils. ²
Marie-Charlotte, b 7 nov. 1736, à Deschambault³ ; m² 25 oct. 1762, à Jean-Baptiste GAUDIN. —*Simon*, b³ 11 mars 1738 ; s² 8 déc. 1755.—*François*, b¹ 5 août 1735 ; s 22 dec. 1742, au Cap Santé. ⁴—*Joseph*, b³ 1er mars et s⁴ 20 avril 1740.—*Marie-Joseph*, b⁴ 6 août 1741 ; s⁴ 4 août 1742.—*Pierre*, b⁴ 12 et s⁴ 16 mars 1743.—*Marie-Joseph*, b¹ 23 mars 1744.—*Etienne*, b² 4 février, et s¹ 29 août 1746.—*Joseph*, b² 20 août et s² 3 sept. 1747.—*Louis-Joseph*, b¹ 20 août 1749 ; m 21 avril 1777, à Marguerite CARPENTIER, à St-Cuthbert.—*Marie-Louise*, b¹ 21 sept. et s² 22 nov. 1750.—*Jean-Baptiste*, b² 8 avril 1753 ; s² 24 mai 1754.
1757, (8 août). ²
2° GAUDIN, Angélique.   [ALEXIS II.

1748, (24 juin) Deschambault. ⁸
III.—ARCAN, PIERRE,   [PIERRE II.
b 1721.
CHAVIGNY, Louise.   [FRANÇOIS II.
Pierre, b⁸ 19 mai et s⁸ 8 août 1749.—*François-Ambroise*, b⁸ 16 juillet 1750 ; m à Marie-Joseph CLOUTIER.— *Marie-Louise*, b⁸ 1er oct. 1752 ; 1° m⁸ 21 janvier 1771, à Joseph BELISLE ; 2° m⁸ 30 janvier 1798, à Eustache BELISLE.— *Marie-Marguerite*, b⁸ 21 juillet 1754, s⁸ 26 février 1767.—*Pierre*, b⁸ 29 et s⁸ 30 déc. 1755.—*Joseph-Clément*, b⁸ 4 janvier 1757 ; m à Marguerite LETOURNEAU ; s⁸ 19 dec. 1793.—*Marie-Anne-Amable*, b⁸ 11 mars et s⁶ 27 juillet 1758.—*Marie-Joseph*, b⁸ 21 janvier, et s¹¹ 11 mai 1760.—*Louis*, b⁸ 29 oct. 1761 ; s⁸ 13 mars 1762.—*Marie-Antoinette*, b⁸ 20 juin 1763 ; s⁸ 8 mars 1764.

1748, (19 août) Deschambault. ¹
III.—ARCAN, JOSEPH,   [SIMON II.
b 1726 ; s¹ 30 mars 1785.
GARIEPY, Marie-Joseph.   [LOUIS III.
Joseph, b¹ 29 avril 1749 ; s¹ 19 sept. 1755.—*Marie-Joseph*, b¹ 5 avril 1750 ; m¹ 19 nov. 1770, à Antoine BELISLE.

1751, (16 août) Deschambault. ¹
III.—ARCAN, JEAN,   [JOSEPH II.
b 1723 ; s¹ 4 avril 1787.
NAU, Marie-Angélique.   [JEAN III.
Jean-Marie, b 5 mai 1752, aux Grondines—*Pierre*, b¹ 13 sept. 1753.—*Marie-Angélique*, b¹ 21 août 1755.—*Marie-Joseph*, b¹ 6 avril 1757.

1752, (17 janvier) Cap Santé. ²
III.—ARCAN, JOSEPH-BENJAMIN,   [SIMON II.
b 1729.
MARCOT, Marie-Angélique,   [JACQUES II.
veuve de Charles-François Fiset.

François-Marie, b ² 4 dec. 1753 ; s ² 14 janvier 1754.—*Joseph-Marie*, b 7 oct. 1752, à Deschambault. ³—*Marie-Joseph*, b ³ 6 juillet 1759.—*François*, b ³ 27 juin 1760.

1752, (14 février) Yamachiche. ⁴
III.—ARCAN, JEAN-BTE,   [ANT.-PIERRE II.
  b 1731.
  BLAY, Marie-Claire,   [JACQUES II.
  b 1726.
  Antoine, b ⁴ 19 nov. 1754.—*Françoise*, b ⁴ 29 mars 1756.—*Jean-Baptiste*, b ⁴ 30 nov. 1757 ; s ⁴ 6 mai 1758.—*Jean-Baptiste*, b ⁴ 28 avril 1759.—*Michel*, b... s ⁴ 23 mai 1765.—*Marie-Angélique*, b ⁴ 3 mars 1763 ; s ⁴ 23 mai 1765.—*François*, b ⁴ 26 mars et s ⁴ 6 mai 1765.—*Joseph*, b ⁴ 26 mars 1765.—*Pierre*, b ⁴ 17 mai 1766.

1753, (5 mars) Deschambault. ¹
III.—ARCAN, SIMON.   [SIMON II.
  NAU, Louise   [JEAN III.
  Simon, b ¹ 29 nov. 1754 ; m 17 janvier 1777, à Marguerite HAMELIN, aux Grondines. ²—*Louis*, b ¹ 19 février 1756.—*Marie-Louise*, b ¹ 11 mars 1758 ; m ² 3 juin 1776, à Rene TROTIER.—*Marie-Anne*, b ¹ 27 juillet 1760 ; m ² 15 avril 1782, à Noel GINGRAS.—*François*, b... m ¹ 9 juillet 1788, à Marie-Joseph MERAND.—*Marie-Madeleine*, b ² 6 juillet 1775.—*Jean-Baptiste*, b ² 28 août 1762, 1° m 1780, à Marie-Angelique BELOU ; 2° m 1788, à Marie MARTIN.

1763, (10 janvier) Deschambault. ³
III.—ARCAN, PIERRE-JOSEPH,   [JOSEPH II.
  b 1726.
  MONTAMBAUT, Marguerite,   [FRANÇOIS III.
  b 1744.
  Marie-Marguerite, b ³ 4 avril 1763 ; m ³ 14 janvier 1783, à Joseph SAUVAGEAU.—*Pierre-Joseph*, b ³ 23 février 1765 ; m ³ 20 janvier 1796, à Scholastique CHAVIGNY. — *Marie-Joseph*, b ³ 28 mars 1767 ; m ³ 23 nov. 1789, à Joseph GAUTIER — *Louise*, b... m ³ 21 janvier 1793, à Joseph PAQUIN. — *Angélique*, b... m ³ 30 janvier 1798, à Joseph TOUSSAINT. — *Françoise*, b... m ³ 30 janvier 1798, à Basile BELISLE

1763, (29 août) Deschambault. ³
III.—ARCAN (1), JOSEPH,   [JOSEPH II.
  b 1727.
  NAU, Louise,   [LOUIS II
  b 1739.
  Joseph, b ³ 12 déc. 1763 ; m ³ 1ᵉʳ oct. 1792, à Marie-Louise DELISLE.—*Marie-Louise*, b... m ³ 22 juillet 1783, à Pierre GAUTHIER. — *Marie-Joseph*, b ³ 5 juillet 1766.—*Marthe-Joseph*, b ³ 1ᵉʳ mars 1768.—*Marie-Françoise*, b 1775 ; s ³ 4 mars 1793.—*François*, b 1773 ; s ³ 8 août 1796. — *Pierre*, b... m ³ 4 juillet 1797, à Marguerite DELISLE.

(1) Dit Boullard.

IV.—ARCAN, JOSEPH-CLÉMENT,   [PIERRE III.
  b 1757 ; s 19 dec. 1793, à Deschambault.
  LETOURNEAU (1), Marguerite,   [ALEXIS III.
  b 1760.

IV.—ARCAN, FRANÇOIS,   [PIERRE III.
  b 1750.
  CLOUTIER, Marie-Joseph.   [JOSEPH V.
  Marie-Joseph, b... m 9 février 1795, à Aubert HAMELIN, à Deschambault.

1777, (17 janvier) Grondines.
IV.—ARCAN, SIMON,   [SIMON III.
  b 1754.
  HAMELIN, Madeleine,   [FRANÇOIS II.
  veuve d'Antoine Trotier.

1777, (21 avril) St-Cuthbert.
IV.—ARCAN, LOUIS-JOSEPH,   [SIMON III.
  b 1749.
  CARPENTIER, Marguerite.   [FRANÇOIS III.

1780.
IV.—ARCAN, JEAN-BTE,   [SIMON III.
  b 1762.
  1° BELOU, Marie-Angélique.
  Marie-Angélique, b 13 août 1781, aux Grondines. ¹
              1788.
  2° MARTIN, Marie.
  Marie-Joseph, b ¹ 20 août 1789.

1788, (9 juillet) Deschambault.
IV.—ARCAND, FRANÇOIS.   [SIMON III.
  MERAND, Marie-Joseph,   [LOUIS-MARIE III.
  b 1765.

1792, (1ᵉʳ oct.) Deschambault.
IV.—ARCAN, JOSEPH,   [JOSEPH III.
  b 1763.
  DELISLE, Marie-Louise.   [AUGUSTIN IV.

1796, (20 janvier) Deschambault.
IV.—ARCAN, JOSEPH,   [PIERRE III.
  b 1765.
  CHAVIGNY, Scholastique.   [AUGUSTIN IV.

ARCAN, PIERRE.
  SAVOIE, Helène,
  veuve de David Boudrot.

1797, (4 juillet) Deschambault.
IV.—ARCAN, PIERRE.   [JOSEPH III.
  DELISLE, Marguerite.   [AUGUSTIN IV.

I.—ARCASTE, MARIE-ANNE,
  b... m 15 mai 1752, à Michel CAMPY.

ARCENEAU, Acadien.—*Variations et surnoms :*
  ARSENEAU—ARSENAULT—DURAND—CAYEN.

ARCENEAU, VÉRONIQUE, épouse de Michel FORTIER.

(1) Elle épouse, le 15 novembre 1796, Etienne Couceau, à Deschambault.

ARSENEAU, MADELEINE, épouse de Michel GAUDET.

ARSENEAU, MADELEINE, épouse de Jacques GENEST.

ARSENEAU, MARIE, épouse de Germain GIROUARD, s avant 1764.

ARSENEAU, MARIE-JOSEPH, épouse de Joseph GIROUARD.

ARSENEAU, MARIE, épouse de François HÉBERT.

ARCENEAU, THÉRÈSE, épouse de Jean-Baptiste JAHAN.

I.—ARCENEAU, MICHEL,
s 12 mai 1731, à Becancour. [6]
LEBLANC, Madeleine (1).
Marie-Joseph, b 1691 ; m [6] 7 février 1718, à Jean-Baptiste DESHAIES ; s [6] 27 mars 1744. — *Agathe*, b... m 30 dec. 1725, à Antoine TURCOT, à Champlain.— *Michel*, b 1693 ; m 5 sept 1718, à Madeleine DIONET, à Montréal [7] ; s [7] 16 mai 1729.— *Louis*, b 1697 ; m [7] 21 juillet 1729, à Jeanne LAFONTAINE.—*François*, b... m à Marie DESHAIES.—*Joseph*, b...

1718, (5 sept.) Montréal. [4]
II.—ARSENAUT, MICHEL, ♀ [MICHEL I.
b 1693 ; s [4] 16 mai 1729.
DIONET (2), Madeleine. [JEAN I.
Jean-Baptiste, b [4] 26 mai 1720.—*Joseph*, b 22 mai 1722, à Champlain ; s [4] 31 juillet 1724.— *Joseph*, b [4] 19 sept. 1724 ; s...—*Joseph*, b [4] 5 avril 1727.—*Simon-Joseph*, b [4] 18 juin 1729.

ARSENEAU, MARIE, épouse de François DURET.

II.—ARSENEAU, FRANÇOIS, [MICHEL I
meunier.
DEHAIS (3), Marie. [PIERRE I
Marie-Joseph, b... m 6 juin 1746, à Antoine CREVIER, au Cap de la Madeleine. [3] — *Marie-Jeanne*, b... m [3] 16 nov. 1750, à François LEFEBVRE.—*François-Xavier*, b 20 déc. 1726, à Becancour ; m [3] 16 sept. 1760, à Marguerite FILTEAU. —*Joseph*, b... m [3] 22 nov. 1756, à Marie-Joseph LEFEBVRE ; s [3] 3 déc. 1793. — *Madeleine*, b... m [3] 22 nov. 1756, à Michel LEFEBVRE.

1729, (21 juillet) Montréal.
II—ARSENAULT, Louis. [MICHEL I
LAFONTAINE, Jeanne, [PIERRE-CLAUDE I
b 1707.

I.—ARSENEAU, PAUL, Acadien.
HEBERT, Madeleine, Acadienne.
Marie, b 1730 ; 1º m à François ARSENEAU, 2º m 12 oct. 1761, à Pierre GAILLARD, à Montréal.

(1) Elle épouse Jean DeBidabé.
(2) Dit Lafleur. Elle épouse, le 26 janvier 1732, Jacques Héry, à Montréal.
(3) Dit St-Cyr.

ARSENEAU, PIERRE.
.... JEANNE.
Marie-Elisabeth, b 1759 ; s 17 août 1761, à Batiscan.

ARSENEAU, ABRAHAM, Acadien.
CYR, Angelique (1).

1756, (22 nov.) Cap de la Madeleine. [8]
III.—ARSENEAU, JOSEPH, [FRANÇOIS II.
s [8] 3 dec. 1793.
LEFEBVRE, Marie-Joseph. [JEAN-BTE II.
Joseph, b [8] 28 mars 1758.—*Marie-Joseph*, b [8] 4 dec. 1759 ; s [8] 4 mai 1761.—*Suzanne*, b 1775 ; s [8] 1er mai 1791.—*Marie-Madeleine*, b [8] 10 juillet 1761 ; s [8] 21 janvier 1793. — *Marguerite*, b [8] 5 janvier 1763.—*Joseph*, b [8] 29 août 1764.—*Pierre*, b [8] 16 oct. 1765 ; m [8] 29 sept. 1794, à Marie-Anne BOURASSA. — *Marie-Joseph*, b... m [8] 23 février 1789, à Jean-Baptiste CORBIN. — *Clotilde*, b... m [8] 22 oct. 1793, à Pierre LAMOTHE.

1760, (18 sept.) Cap de la Madeleine. [8]
III.—ARSENEAU, FRANÇOIS, [FRANÇOIS II.
b 1726.
FILTEAU, Marguerite, [PIERRE II.
b 1737 ; veuve de Joseph Brunel.
Marie, b... m [8] 19 sept. 1786, à Louis LANDRY. —*Marguerite*, b [8] 27 juillet 1764 ; m [8] 13 juillet 1790, à Alexis DYSY.

I.—ARSENEAU, JEAN-PIERRE.
LABRIE, Marie-Rose.
Clément, b 5 déc. 1794, à Rimouski. [1]—*Joseph-Michel*, b [1] 14 sept. 1796.—*Jean-Pierre*, b... m [1] 5 juin 1810, à Marguerite COTÉ.—*Théodosie*, b... m [1] 5 juin 1810, à Benoni PINEAU.—*Sophie*, b... m [1] 21 janvier 1811, à Jean LÉTOURNEAU.

ARSENEAU, FRANÇOIS.
ARSENEAU (2), Marie [PAUL I.

1781, (20 nov.) Détroit. [8]
ARSENEAU (3), JEAN-MARIE, marchand.
GUILBAUT, Catherine. [JEAN I.
Abraham, b [8] juillet 1782.— *Marie-Joseph*, b [8] 9 nov. 1783.

1794, (29 sept.) Cap de la Madeleine. [8]
IV.—ARSENEAU, PIERRE. [JOSEPH III.
BOURASSA, Marie-Anne. [JEAN-BTE IV.
Michel, b [8] 30 sept. 1795.

1810, (5 juin) Rimouski.
II.—ARSENEAU, JEAN-PIERRE. [JEAN I.
COTÉ, Marguerite. [BASILE VI

I.—ARCHAMBAULT, ANNE, m 1647, à Michel CHAUVIN.

(1) Elle épouse, le premier septembre 1760, François Baquet, à St-Michel.
(2) Elle épouse, le 12 octobre 1761, Pierre Gaillard, à Montréal.
(3) Dit Durand, 1782.

I.—ARCHAMBAULT, Jacquette, b 1632 ; m 1648, à Paul Chalifour.

1660, (7 janvier) Montréal. ¹
II.—ARCHAMBAULT (1), Laurent, [Jacques I.
b 1604 ; s¹ 15 février 1688.
Marchand, Catherine,
b 1634 ; s 25 février 1713, à la Pte-aux-Trembles, M. ²
Pierre, b² 24 mars 1679 ; m² 21 nov. 1701, à Marie Lacombe.—Jacques, b¹ 27 mars 1671 ; m¹ 15 février 1694, à Françoise Aubuchon ; s 9 oct. 1725, à la Longue-Pointe.—Françoise, b¹ 29 août 1681 ; m¹ 20 nov. 1697, à Toussaint Baudry.— Jean, b² 6 oct. 1683, m¹ 4 juin 1708, à Cécile Lefebvre.—Marie-Madeleine, b² 2 sept. 1685 ; m à Gilles Galipeau.

1686, (21 oct.) Pte-aux-Trembles, M. ⁶
III.—ARCHAMBAULT, Laurent, [Laurent II.
b 1668 ; s⁶ 31 mars 1749.
Courtemanche, Anne, [Antoine I.
s 6 août 1737, à la Longue-Pointe. ⁷
Jean-Baptiste, b⁶ 30 juin 1700 ; m 1725, à Marie-Joseph Millet.—Marie-Anne, b⁶ 9 juin 1703, m à Pierre Gilbert ; s 20 mai 1781, à Repentigny.—Elisabeth, b⁶ 17 oct. 1691, m⁶ 26 oct. 1710, à Joseph Bricaut ; s⁶ 8 juillet 1753.— Jeanne, b⁶ 9 août 1687, 1º m⁶ 25 août 1712, à Henri Belisle, 2º m⁶ 7 janvier 1749, à Maurice Lapron.—Angélique, b... m⁶ 22 janvier 1714, à Jacques Baudry.—Laurent, b⁶ 17 février 1698 ; 1º m⁶ 30 juin 1721, à Marie-Françoise Lorion ; 2º m⁶ 4 nov. 1737, à Angélique Loiseau, à Boucherville —Marie, b 17 août 1689, sœur de l'Enfant-Jésus, Cong. N.-D., à Montréal ⁸ ; s⁸ 10 juillet 1714.—Antoine, b⁶ 10 janvier 1706 ; m⁸ 4 nov. 1738, à Marie-Joseph Ledoux ; s⁷ 8 février 1781.

1694, (15 février) Montréal.
III.—ARCHAMBAULT, Jacques, [Laurent II.
b 1671 ; s 9 oct. 1725, à la Longue-Pointe. ⁷
Auduchon, Françoise, [Jean I.
s⁷ 5 juin 1746.
Jacques, b 28 juillet 1699, à la Pte-aux-Trembles, M. ⁶ ; m 20 mars 1725, à Marguerite Loiseau, à Boucherville ⁸ — Catherine, b⁶ 26 janvier 1701, m⁷ à Jean-Baptiste Dufresne ; s⁷ 30 mai 1778. — Jean-Baptiste, b⁶ 5 nov. 1702 ; m⁷ 18 janvier 1737, à Elisabeth Pepin ; s⁷ 19 oct. 1792. — Joseph, b⁶ 22 oct. 1704 ; s⁷ 9 juin 1730 — Marie-Françoise, b⁶ 15 juin 1706, m⁷ 10 oct. 1724, à Nicolas Gervais.— Elisabeth, b⁶ 27 février 1708, m⁷ 10 février 1744, à Louis Brodeur.—Louis, b 1716, m⁷ 25 janvier 1740, à Thérèse Baudreau ; s 19 mars 1781, à Repentigny.—Marie-Charlotte, b 1710 ; m⁷ 6 nov. 1747, à Jean-Baptiste Truteau ; s⁷ 4 déc. 1761.—Laurent, b... m à Marguerite Brouillet. —Marie-Angélique, b⁶ 16 août 1711, m⁷ 3 février 1733, à Antoine Lacasse ; s⁷ 13 mars 1737. —Marie-Joseph, b⁶ 10 mars 1713 ; m⁷ 25 nov. 1738, à Jacques Foran.—Antoine, b⁶ 22 oct. 1718 ; m⁸ 5 déc. 1740, à Françoise Loiseau.— Pierre, b⁶ 29 mai 1721 , s⁶ 18 oct. 1722.

(1) Voyez Vol I, p 11.

1701, (21 nov.) Pte-aux-Trembles, M. ¹
III.—ARCHAMBAULT, Pierre, [Laurent II.
b 1679 ; s avant 1763.
Lacombe, Marie, [Jean I.
b 1681 ; s 28 juillet 1763, à St-Antoine de Chambly.
Pierre, b¹ 4 nov. 1702 ; m 25 oct. 1733, à Agathe Froget, à Lachenaye. — Joseph, b 31 juillet 1706, à St-François, I. J.² ; m³ 17 nov. 1728, à Marie-Joseph Sicard.—François, b... m² 7 avril 1739, à Françoise Froget.—Jean, m à Marguerite-Angélique Hogue.

1702, (13 nov.) Montréal. ³
III.—ARCHAMBAULT, André, [Laurent II.
b 1676 ; s 20 oct. 1750, à la Pte-aux-Trembles, M. ⁴
Adhémar, Cécile. [Antoine I.
Marie, b⁴ 29 avril 1704 ; m⁴ 16 février 1722, à Jacques Chalifour.—Marie-Joseph, b⁴ 21 déc. 1705 ; s⁴ 4 janvier 1706.— Cécile, b⁴ 29 janvier et s⁴ 1ᵉʳ février 1707. — Pierre, b⁴ 24 août 1708 ; m³ 20 juin 1739, à Marie-Joseph Roy. —Nicolas, b⁴ 21 mai et s⁴ 27 juin 1710 —Marie-Jeanne, b⁴ 25 nov. 1711.—André, b⁴ 1ᵉʳ et s⁴ 5 juillet 1713.—Véronique, b⁴ 25 sept. et s⁴ 13 oct. 1718.—Antoine, b⁴ 12 nov. 1719 ; m à Marie-Joseph Jette, s 26 avril 1751, à St-Antoine de Chambly.—Jean-Eloi, b⁴ 13 et s⁴ 15 mars 1721. —Judith, b⁴ 12 oct. 1722.—Félicité, b 1726 ; m⁴ 8 juillet 1748, à Mathurin Harbour. — Amable-Alexandre, b 24 avril 1730, à la Longue-Pointe. —Cécile, b... 1º m à Jean-Baptiste Lévêque ; 2º m 27 février 1775, à Jean-Baptiste Laporte, à Repentigny.

1708, (4 juin) Montréal.
III.—ARCHAMBAULT, Jean, [Laurent II.
b 1683 ; s avant 1748.
Lefebvre, Cecile, [Jean-Bte I.
b 1688.
Jean-Baptiste, b 31 déc. 1711, à la Pte-aux-Trembles, M. ⁵ ; m 12 janvier 1733, à Denise Labelle, à St-François, I. J.—Louis, b⁵ 20 juin 1714 ; m à Marie-Charlotte Froget ; s 24 nov. 1766, à Repentigny. ⁶.—André-Jacques (1), b⁵ 21 oct. 1714 ; m à Angélique Lorion. — Gervais, b⁵ 8 janvier 1718, m à Marie-Charlotte Touin, s⁶ 9 juillet 1787. — Jean-Baptiste, b⁵ 12 juin 1720.—Marie-Anne, b⁵ 18 avril 1722 ; s⁵ 26 juillet 1724 — Pierre, b⁵ 8 juin 1724, m 7 nov. 1746, à Marie Labelle, à St-Vincent-de-Paul.— Joseph, b 1721 , m⁵ 29 janvier 1748, à Agathe Baudry. — Cécile-Amable, b 1730 , m⁵ 16 oct 1752, à Joseph Galipeau. — Charles, b... m 15 février 1751, à Marie-Charlotte Limoges, à Terrebonne.

1725.
IV.—ARCHAMBAULT, Jean-Bte. [Laurent III.
Millet, Marie-Joseph, [Jacques II.
b 1700 ; s 7 juin 1780, à la Longue-Pointe. ⁸
Joseph, b⁸ 22 sept. 1726 ; s⁸ 12 août 1734.—

(1) C'est un cas de superfétation.

Catherine, b ⁸ 8 mai 1728 ; m ⁸ 22 nov. 1751, à Jean-Baptiste CORBEIL.—*Angélique*, b ⁸ 26 fevrier et s ⁸ 9 mai 1730. — *Marie-Agathe*, b ⁸ 23 juin 1731 ; m ⁸ 12 janvier 1761, à Louis CHARTIER.—*Jean-Gabriel*, b ⁸ 8 juillet 1733.—*Elisabeth*, b ⁸ 10 août 1735, 1° m ⁸ 29 août 1757, à Pierre SENET ; 2° m 9 juillet 1764, à Augustin DESROCHES, à la Pte-aux-Trembles, M. ⁹— *Joseph-Amable*, b ⁸ 22 mais et s ⁸ 27 mai 1737.—*Charles*, b ⁸ 17 avril et s ⁶ 7 mai 1746. — *Marie-Rose*, b ⁸ 23 dec. 1747 ; m ⁸ 9 janvier 1769, à Dominique JANOT.—*Jean-Baptiste*, b 1729 ; 1° m ⁹ 3 août 1761, à Marie-Hélène BAUDRY ; 2° m ⁸ 12 nov. 1770, à Marie-Joseph CHARTIER. — *Marie-Joseph*, b... 1° m ⁸ 7 janvier 1765, à Laurent GALIPEAU, 2° m ⁸ 27 sept. 1773, à Paul SIMON. — *Joseph*, b 1739 ; m ⁹ 13 juillet 1761, à Suzanne BROUILLET.

IV.—ARCHAMBAULT (†), PAUL-EVANGÉLISTE, [JACQUES III.
s 6 août 1782, à la Longue-Pointe.

1729.

IV.—ARCHAMBAULT, JEAN. [PIERRE III
BOGUE, Marguerite-Angelique, [PIERRE I.
b 1705 ; s 9 mai 1755, à St-Antoine de Chambly. ⁸
Marie-Joseph, b 1730 ; m ⁸ 8 nov. 1751, à Florentin VIGEANT. — *Marie-Geneviève*, b 1734 ; m ⁸ 9 janvier 1758, à Joseph BRODEUR.

1721, (30 juin) Pte-aux-Trembles, M. ⁸

IV.—ARCHAMBAULT, LAURENT. [LAURENT III
1° LORION, Marie-Françoise, [JEAN II.
b 1697.
Marie-Anne, b ⁸ 10 avril 1724 — *Laurent*, b 1726 ; s 28 fevrier 1732, à l'Assomption —*Marie-Angélique*, b 21 avril 1729, à Repentigny. —
1737, (4 nov.) Boucherville.
2° LOISEAU, Angelique. [JOACHIM II.

1725, (20 mars) Boucherville. ⁹

IV.—ARCHAMBAULT, JACQUES. [JACQUES III
LOISEAU, Marguerite. [JOACHIM II.
Jacques, b ⁹ 29 dec. 1725.—*Jean-Baptiste*, b 23 nov. 1727, à la Longue-Pointe.—*Laurent*, b 9 fevrier 1730 à L'Assomption.

1728, (17 nov.) St-François, I. J.

IV.—ARCHAMBAULT, JOSEPH. [PIERRE III.
SICARD, Marie-Joseph. [JEAN I.

1733, (12 janvier) St-François, I. J.

IV.—ARCHAMBAULT, JEAN-BTE. [JEAN III.
LABELLE, Denise, [JEAN II.
b 1712.
Marguerite, b 1746 ; m 10 oct. 1774, à Jean-Baptiste ROY, à la Longue-Pointe.

1733, (25 oct.) Lachenaye.

IV.—ARCHAMBAULT, PIERRE. [PIERRE III.
FROGET, Agathe. [LOUIS II.
b 1710.

Marie-Françoise, b 29 juin 1753, à St-Antoine de Chambly.⁷—*Elisabeth*, b 1743 ; m ⁷ 12 janvier 1761, à Pierre BOUSQUET.—*Pierre*, b 1736 ; m ⁷ 1ᵉʳ fevrier 1762, à Isabelle-Suzanne DUMONTET.—*Louis*, b 1741 ; m ⁷ 30 janvier 1764, à Marie-Joseph SICARD.—*Florentin*, b 1744 ; m ⁷ 11 août 1766, à Marie-Joseph BOUSQUET.

1737.

IV.—ARCHAMBAULT, LAURENT. [JOSEPH III.
BROUILLET, Marguerite. [BERNARD II
Laurent, b... m 29 janvier 1753, à Marguerite MULOIN, à Lachenaye—*Louis*, b 1737 ; m 4 fevrier 1759, à Marie-Joseph ALARD, à St-Antoine de Chambly.

1737, (18 janvier) Longue-Pointe. ⁸

IV.—ARCHAMBAULT, JEAN, [JACQUES III.
s ⁸ 19 oct. 1792.
PEPIN, Elisabeth. [JACQUES III.
Jean, b ⁸ 3 et s ⁸ 8 sept. 1738.—*Jean-Baptiste*, b ⁸ 23 juillet 1739 —*Jacques*, b ⁸ 14 et s ⁸ 17 juillet 1740.—*Elisabeth*, b ⁸ 28 août et s ⁸ 10 oct. 1741.—*Jean-Baptiste*, b ⁸ 29 oct. 1742 ; m ⁸ 1ᵉʳ fevrier 1762, à Hélène-Veronique JANOT.—*François*, b ⁸ 22 fevrier 1745.

1738, (4 nov.) Montréal.

IV.—ARCHAMBAULT, ANTOINE, [LAURENT III.
s 8 fevrier 1781, à la Longue-Pointe. ⁶
LEDOUX, Marie-Joseph, [NICOLAS II.
b 1712 : s ⁶ 20 fevrier 1757.
Antoine, b ⁶ 23 août 1739, m 9 juin 1760, à Thérèse LECLERC, à Lachenaye.—*Nicolas*, b ⁶ 9 dec. 1740, m ⁶ 21 janvier 1760, à Marie-Joseph DUFRESNE — *Marie-Joseph*, b ⁶ 20 juillet 1742, s ⁶ 21 avril 1761. — *Henry*, b ⁶ 15 mai 1744 ; m 8 fevrier 1768, à Marie-Joseph, ARCHAMBAULT, à St-Antoine de Chambly.—*Marie-Joseph*, b ⁶ 24 avril 1746. s ⁶ 29 juin 1749. — *Charlotte*, b ⁶ 28 sept. et s ⁶ 5 oct 1748.—*Marie-Joseph*, b ⁶ 30 déc. 1749, s ⁶ 5 janvier 1750. — *Marie-Céleste*, b ⁶ 30 dec. 1749 ; s ⁶ 18 janvier 1750.—*Joseph*, b ⁶ 14 oct. 1751.—*Toussaint*, b ⁶ 14 oct. 1751, s 6 avril 1754.—*Anonyme*, b ⁶ et s ⁶ 17 avril 1753.

1739, (7 avril) St-François, I. J.

IV.—ARCHAMBAULT, FRANÇOIS. [PIERRE III.
FROGET, Françoise. [JACQUES III.
Agélique, b 16 mars 1750, à St-Antoine de Chambly ³, m ³ 10 oct 1768, à Jean-Baptiste ALARD.—*Marie-Anne*, b ³ 8 dec. 1753.—*Marie-Judith*, b ³ 24 août 1755 —*Françoise*, b 1739, m ³ 14 avril 1755, à Pierre-Simon CORBEIL.—*Marie*, b 1742 ; m ³ 22 fevrier 1762, à Jean-Baptiste, CORBEIL. — *Charlotte*, b 1747, m ³ 24 sept.1764, à Louis SASSEVILLE —*François*, b 1742, m ³ 12 janvier 1767, à Marguerite LACOSTE.—*Marie-Joseph*, b 1749. m ³ 8 fevrier 1768, à Henri ARCHAMBAULT. — *Joseph*, b... m 2 octobre 1769, à Charlotte-Thérèse DEROCHER.

1739, (20 juin) Montreal.

IV.—ARCHAMBAULT, PIERRE. [ANDRÉ III.
ROY, Marie-Joseph. [JACQUES II.

---
(1) Capitaine en chef.

Marie-Angélique, b 1748 ; s 22 juillet 1749, à la Pte-aux-Trembles, M. ⁴—*Pierre-Victor*, b ⁴ 23 juillet 1750.—*Marie-Louise*, b ⁴ 10 janvier 1754. —*Marie-Catherine*, b 1742 ; m ⁴ 16 février 1756, à Jean-Baptiste BLIN.

1740, (25 janvier) Longue-Pointe. ⁴
IV.—ARCHAMBAULT, LOUIS,   [JACQUES III.
  s 19 mars 1781, à Repentigny. ⁵
BAUDREAU, Thérèse,   [PAUL II.
  s ⁵ 31 août 1795.
Louis-Xavier, b ⁴ 15 février 1741 ; m 19 oct. 1772, à Marie-Charlotte CONTANT, à Lachenaye. —*Antoine*, b... m ⁵ 5 oct. 1772, à Marie-Joseph ARCHAMBAULT. — *Paul*, b... m à Catherine BAUDOIN.—*Julie*, b...—*Joseph*, b... m à Marie-Louise GUELTE.—*Pierre*, b...

1740, (5 dec.) Boucherville.
IV.—ARCHAMBAULT, ANTOINE.   [JACQUES III.
LOISEAU, Françoise.   [JOACHIM II.

IV.—ARCHAMBAULT, ANTOINE,   [ANDRÉ II.
  b 1719 ; s 16 avril 1751, à St-Antoine de Chambly. ⁵
JETTÉ (1), Marie-Joseph,   [URBAIN II.
  veuve de Luc Dufresne.
Louis-Charles, b 1747, s ⁵ 29 juin 1766 — *Antoine*, b 1743 ; m ⁵ 2 février 1767, à Marie-Anne HÉBERT. — *Marie-Joseph*, b 1740 ; m ⁵ 13 oct. 1760, à Etienne DEGUIRE.

IV.—ARCHAMBAULT, LOUIS,   [JEAN III.
  b 1714 ; s 14 nov. 1766, à Repentigny.
FROGET, Marie-Charlotte.   [JACQUES III.
Marie-Ursule, b 4 juin et s 16 oct. 1750, à St-Antoine de Chambly. ⁵—*Marie-Madeleine*, b ⁵ 12 juillet 1751. — *Louis-Amable*, b ⁵ 20 août et s ⁵ 6 sept. 1752. — *Marie-Charlotte*, b ⁵ et s ⁵ 16 août 1753.—*Jean-Louis*, b ⁵ 21 nov. 1754. — *Marie-Charlotte*, b ⁵ 6 mars 1756 ; s ⁵ 16 janvier 1759.—*Marie-Anne*, b ⁵ 11 mars et s ⁵ 30 août 1757. — *Marie-Francoise*, b ⁵ 8 mai 1758.— *Michel*, b ⁵ 19 et s ⁵ 29 juillet 1759. — *Jean-Baptiste*, b ⁵ 5 et s ⁵ 14 août 1760.—*Marie-Catherine*, b ⁵ 29 janvier et s ⁵ 11 déc. 1762.—*Marie-Louise*, b 1745 ; m ⁵ 7 nov. 1763, à Jean-Baptiste BOUSQUET. —*Marie-Joseph*, b 1749 ; m ⁵ 6 oct 1766, à Julien BOUSQUET.

IV.—ARCHAMBAULT (2), ANTOINE,
  forgeron.
BROUILLET, Marie-Joseph.   [BERNARD II.
Marie-Thérèse, b 1ᵉʳ février et s 2 avril 1749, à la Pte-aux-Trembles, M. ⁶ — *Marie-Anne*, b ⁶ 29 avril 1750 ; s 22 mars 1752, à la Longue-Pointe.—*Marie-Anne*, b ⁶ 18 janvier et s ⁶ 25 juin 1754.—*Marie-Thérèse*, b ⁶ 18 janvier et s ⁶ 27 juin 1754.

(1) Elle épouse, le 26 septembre 1753, Jean-Baptiste Dumoutet, à St-Antoine de Chambly.
(2) Dit Sedilot

1746, (7 nov.) St-Vincent-de-Paul. ²
IV.—ARCHAMBAULT, PIERRE.   [JEAN III.
LABELLE, Marie.   [JACQUES II.
Jean-Jacques, b... s ² 26 oct. 1748.—*Pierre*, b 1750 ; s ² 29 mai 1752. — *Marie-Amable*, b ² 22 mars 1752.—*Cécile*, b ² 13 déc. 1754.—*Marie-Charlotte*, b ² 7 oct. 1756

IV.—ARCHAMBAULT, LAURENT, [LAURENT III.
  b 1698.
COITEUX, Marie-Catherine,   [JEAN II.
  b 1718.
Laurent, b 11 mars 1747, à la Longue-Pointe⁸ ; m ⁸ 19 nov. 1781, à Marie-Reine JANOT. — *Marie-Catherine*, b ⁸ 26 mai 1748 ; m ⁸ 11 février 1765, à Jean-Baptiste BAUDRY. — *Jacques*, b... m ⁸ 8 avril 1782, à Thérèse ARCHAMBAULT.— *Barbe-Judith*, b ⁸ 22 avril 1750, s ⁸ 3 déc. 1763. — *Laurent*, b ⁸ 22 nov. 1751.—*Jean-Baptiste*, b ⁸ 24 juillet et s ⁸ 2 août 1754.—*Jacques-François*, b ⁸ 26 oct. 1755.—*Marie-Joseph*, b ⁸ 11 mars et s ⁸ 13 mai 1757.—*Antoine*, b ⁸ 23 et s ⁸ 28 oct. 1758.

1748, (29 janvier) Pte-aux-Trembles. ¹
IV.—ARCHAMBAULT, JOSEPH.   [JEAN III.
BAUDRY, Agathe.   [TOUSSAINT III.
Toussaint, b ¹ et s ¹ 5 juin 1749.—*Joseph*, b ¹ 28 mars 1750. — *Toussaint*, b ¹ 3 nov. 1751 ; s ¹ 22 mai 1752.—*Marie-Agathe*, b ¹ 21 mai 1753.

1751, (15 février) Terrebonne.
IV.—ARCHAMBAULT, CHARLES.   [JEAN III.
LIMOGES, Marie-Joseph (1),   [PIERRE-JOS. II.
  b 1732.
Pierre, b 19 nov. 1751, à la Pte-aux-Trembles.⁶ —*Marie-Charlotte*, b ⁶ 16 mars 1753 ; s ⁶ 10 avril 1754.

IV.—ARCHAMBAULT, ANDRÉ-JACQUES,
  b 1714.   [JEAN III.
LORION, Angélique.   [JEAN II.
Marie-Cécile, b 25 avril 1753, à la Pte-aux-Trembles, M.

V.—ARCHAMBAULT, LOUIS.
MAILLOUX, Madeleine.   [PIERRE II.
Jean-Baptiste, b 8 avril et s 16 mai 1753, à la Longue-Pointe.

V.—ARCHAMBAULT, JEAN.
BOUSQUET, Marie-Charlotte.   [JEAN-BTE III.
Jean-Baptiste, b 30 sept. 1754, à St-Antoine de Chambly. ⁶ — *Jean*, b ⁶ 30 oct. 1755 ; s ⁶ 23 janvier 1756 —*Marie-Charlotte*, b ⁶ 23 janvier 1758.—*Antoine*, b ⁶ 12 avril 1759.—*Marie-Madeleine*, b 1760, s ⁶ 4 juin 1761.—*Amable-Cécile*, b ⁶ 9 nov. 1761.—*Jean-Baptiste*, b ⁶ 22 février 1762.

1753, (29 janvier) Lachenaye.
V.—ARCHAMBAULT, LAURENT. [LAURENT IV.
MULOIN, Marguerite.   [JACQUES II.

(1) Elle épouse, le 18 juin 1764, Jean Janot, à la Pte-aux-Trembles.

IV.—ARCHAMBAULT, Gervais,   [Jean III.
b 1718 ; s 9 juillet 1787, à Repentigny. ⁴
Touin, Marie-Charlotte,
b 1721 ; s ⁴ 4 juin 1781.
Marie-Thérèse, b... m ⁴ 10 oct. 1768, à Joseph-Gabriel Picard.—*Marie-Charlotte*, b 1745 ; m ⁶ 11 nov. 1771, à Michel Chaput.—*Marie-Joseph*, b... m ⁶ 5 oct. 1772, à Antoine Archambault.—*Gervais*, b... m 22 février 1773, à Judith Desautels, à la Longue-Pointe. ⁶ — *Jean-Baptiste*, b... m 1774, à Angélique Lebeau.—*Louis*, b... m ⁶ 31 janvier 1780, à Agathe Desautels.

1759, (4 fevrier) St-Antoine de Chambly.
V.—ARCHAMBAULT, Louis,   [Laurent IV.
Alard, Marie-Joseph (1).   [Joseph-Emery II.

1760, (21 janvier) Longue-Pointe.
V.—ARCHAMBAULT, Nicolas.   [Antoine IV
Dufrêne, Marie-Joseph,   [Jean-Bte III
s avant 1791.
Nicolas, b... m 30 juin 1788, à Marie-Anne Marion, à Repentigny. ¹ — *Antoine*, b... m ¹ 27 juin 1791, à Agathe Marion.

1760, (9 juin) Lachenaye.
V.—ARCHAMBAULT, Antoine.   [Antoine IV.
Leclerc, Thérèse,   [Pierre-Prisque III
b 1738.
Marie-Thérèse, b 15 déc. 1761, à la Longue-Pointe.⁶—*Antoine*, b ⁶ 24 février 1763. — *Marie-Joseph*, b ⁶ 15 oct. 1764 ; s ⁶ 24 janvier 1770. — *Thérèse*, b... m ⁶ 8 avril 1782, à Jacques Archambault. — *Marie-Joseph*, b... m ⁶ 9 fevrier 1784, à Pierre Bazinet.—*Nicolas*, b ⁶ 5 déc. 1768. —*Marie-Véronique*, b ⁶ 31 mai 1767.

1761, (13 juillet) Pte-aux-Trembles, M.
V.—ARCHAMBAULT, Joseph.   [Jean-Bte IV.
Brouillet, Suzanne.   [Joseph III.
Joseph-Maurice, b 16 nov. 1764, à la Longue-Pointe. ¹— *Marie-Catherine*, b ¹ 7 février 1766 — *Marie-Suzanne*, b ¹ 7 fevrier et s ¹ 20 juillet 1766. —*Marie-Anne*, b 25 juillet et s 4 août 1773, à Repentigny.

1761, (3 août) Pte-aux-Trembles, M.
V.—ARCHAMBAULT, Jean-Bte. [Jean-Bte IV.
1° Baudry, Marie-Hélène,   [Antoine III.
s 4 juin 1769, à la Longue-Pointe. ²
        1770, (12 nov.) ²
2° Chartier, Marie-Joseph.   [Louis III.

1762, (1ᵉʳ fevrier) Longue-Pointe. ³
V —ARCHAMBAULT, Jean.   [Jean IV.
Janot, Helène-Veronique,   [Laurent IV.
b 1737.
Hélène-Véronique, b ³ 16 nov. 1762 ; m ³ 16 oct. 1780, à Joseph Baudreau.—*Marie*, b... m ³ 7 fevrier 1785,à Jean-Baptiste Janot.—*Marie-Anne*, b ³ 5 juin 1766. — *Marie-Catherine*, b ³ 8 janvier 1768.

1762, (1ᵉʳ fevrier) St-Antoine de Chambly.
V.—ARCHAMBAULT, Pierre.   [Pierre IV.
Dumontet, Isabelle-Suzanne.   [Jean-Bte III.

1764, (30 janvier) St-Antoine de Chambly.
V.—ARCHAMBAULT, Louis.   [Pierre IV.
Sicard, Marie-Joseph.   [Joseph II.

1766, (11 août) St-Antoine de Chambly.
V.—ARCHAMBAULT, Florentin.   [Pierre IV.
Bousquet, Marie-Joseph.   [Jean-Bte III.

V.—ARCHAMBAULT, Paul.   [Louis IV.
Baudoin, Catherine   [Joseph IV.
Marie-Thérèse, b 26 juin et s 9 déc. 1767, à Repentigny ⁴—*Marie-Angélique*, b ⁴ 28 août et s ⁴ 3 nov. 1768.—*Paul*, b ⁴ 30 avril et s ⁴ 3 mai 1771.—*Benjamin*, b ⁴ 19 mai 1772.—*Marie-Julie*, b ⁴ 10 juin 1774 , s⁴ 21 février 1775.—*Michel*, b⁴ et s ⁴ 6 sept. 1780.—*Louis*, b ⁴ 22 janvier et s ⁴ 11 fevrier 1786.— *Joseph*, b... m ⁴ 24 fevrier 1794, à Marie-Angélique Janot.

1767, (12 janvier) St-Antoine de Chambly
V.—ARCHAMBAULT, François. [François IV.
Lacoste, Marie-Marguerite.   [Jean-Bte II.

1767, (2 fevrier) St-Antoine de Chambly.
V.—ARCHAMBAULT, Antoine.   [Antoine IV.
Hébert, Marie-Anne, Acadienne.   [Pierre I.

1752.
V.—ARCHAMBAULT, Jean-Bte,   [J.-Bte IV.
b 1732 ; s 10 mai 1786, à Repentigny. ⁵
Martin (1), Marie-Anne.   [Gabriel IV.
Marie-Joseph, b ⁵ 14 juin 1767 ; m ⁵ 3 mai 1790, à Joseph Brousseau.—*Marie-Anne*, b 1752 , m ⁵ 15 juillet 1771, à Joseph Gauthier.—*Antoine*, b... *Angélique*, b... m ⁵ 13 fevrier 1775, à Claude Martineau.—*Nicolas*, b ⁵ 13 janvier 1770 ; m ⁵ 21 janvier 1793, à Archange Gauthier —*Marguerite*, b... m ⁵ 10 nov. 1788, à Joseph Dufour.

V.—ARCHAMBAULT, Louis-Pascal.
Baudreau, Marguerite.   [François III.
Marie-Marguerite, b 5 et s 18 mai 1768, à la Longue-Pointe. ⁵—*Marie-Marguerite*, b ⁵ 30 avril et s ⁵ 27 sept. 1769.

1768, (8 fevrier) St-Antoine de Chambly.
V.—ARCHAMBAULT, Henri.   [Antoine IV
Archambault, Marie-Joseph.   [François IV

V.—ARCHAMBAULT, Pierre-Amable.
Harnois, Marie-Marguerite.   [André III
Pierre-Amable, b... s 14 avril 1767, à Repentigny. ⁵—*Marie-Anne*, b ⁵ 17 nov. 1767.

V.—ARCHAMBAULT, Pierre.
Gautier, Marie-Joseph.   [Antoine III.
Jean-Louis, b... m 26 sept. 1791, à Marie-Louise Chaput, à Repentigny.

---

(1) Elle épouse, le 13 juillet 1767, Pierre Brunet, à St-Antoine de Chambly.

(1) Dit Versailles.

V.—ARCHAMBAULT, Joseph. [Louis IV.
Guelte, Marie-Louise. [Pierre-George I.
Joseph-Louis, b 25 février 1771, à Repentigny. ⁵—*Louis-Marie*, b ⁵ 30 janvier 1773.

1769, (2 oct.) Varennes.
V.—ARCHAMBAULT, Joseph. [François IV.
Durocher, Charlotte-Therèse. [Olivier I.

1771,
V.—ARCHAMBAULT, Janot-Jean-Bte,
s avant 1789.
Vaillant, Marie-Louise, [Pierre-René II.
b 1726 ; s 20 nov. 1789, à Repentigny. ⁵
Louise, b... m ⁵ 3 juillet 1775, à François Lebeau. — *Monique*, b...—*Louis*, b... m ⁵ 9 nov. 1789, à Marie-Amable Chartier.—*Jean-Baptiste*, b ⁵ 5 mai 1772 ; m ⁵ 24 juin 1793, à Marie-Joseph Archambault.

1772, (5 oct.) Repentigny. ⁵
V.—ARCHAMBAULT, Antoine. [Louis IV.
Archambault, Marie-Joseph. [Gervais IV.
Joseph, b ⁵ 16 janvier 1774 —*Marie-Joseph*, b... m ⁵ 24 juin 1793, à Jean-Baptiste Archambault —*Marie-Noel*, b... m ⁵ 21 oct. 1793, à Jean Poitras.—*Toussaint*, b ⁵ 25 dec. 1786.—*Marie-Angélique*, b ⁵ 13 juillet 1788.— *Jean-Baptiste*, b ⁵ 14 oct. 1790. — *Pierre*, b ⁵ 8 oct. 1792 ; s ⁵ 8 mars 1794.—*Victoire*, b ⁵ 21 nov. 1794.

1772, (19 oct.) Lachenaye.
V.—ARCHAMBAULT, Frs-Xavier, [Louis IV.
b 1741.
Contant, Marie-Charlotte. [Joseph III.

1773, (22 février) Longue-Pointe.
V.—ARCHAMBAULT, Gervais. [Gervais IV
Desautels, Judith. [Nicolas III

1774.
V.—ARCHAMBAULT, Jean-Bte. [Gervais IV.
Lebeau, Marie-Angelique.
Jean-Baptiste, b 20 mai 1775, à Repentigny. ⁵—*Antoine*, b ⁵ 11 nov. 1786 ; s ⁵ 17 août 1789.—*Marie-Elisabeth*, b ⁵ 10 oct 1790 ; s ⁵ 8 mai 1791. —*Marie-Charlotte*, b ⁵ 10 oct. 1790 ; s ⁵ 30 mars 1791. — *Marie-Joseph*, b ⁵ 30 janvier 1791.

V.—ARCHAMBAULT, Jean-Bte.
Hachin, Angelique.
Marie-Angélique, b 9 janvier 1783, à Lachenaye.

1780, (31 janvier) Longue-Pointe.
V.—ARCHAMBAULT, Louis. [Gervais IV.
Desautels, Agathe. [Nicolas III.
Marie-Louise, b et s 13 sept. 1781, à Repentigny ⁵—*Marie-Agathe*, b ⁵ 3 janvier 1786.—*Jean-Baptiste*, b ⁵ 7 janvier et s ⁵ 25 juillet 1787.—*Marie-Catherine*, b ⁵ 12 août 1789.—*Jean-Baptiste*, b ⁵ 23 juillet et s ⁵ 19 août 1791 —*Angélique*, b ⁵ 5 oct. 1792.—*Alexis*, b ⁵ 18 juin et s ⁰ 9 août 1794. —*Louis*, b ⁵ 22 oct. 1795.

ARCHAMBAULT, Catherine, épouse de David Sincennes.

1781, (19 nov.) Longue-Pointe.
V.—ARCHAMBAULT, Laurent. [Laurent IV.
Janot, Marie-Reine. [Jacques IV.

1782, (8 avril) Longue-Pointe.
V.—ARCHAMBAULT, Jacques. [Laurent IV.
Archambault, Thérèse. [Antoine V.

ARCHAMBAULT, Vincent.
Alard, Marie-Louise. [Louis III.
Marie-Joseph, b 13 mai 1784, à Lachenaye.

ARCHAMBAULT, Amable.
Mercier, Marguerite.
François, b 21 mars 1786, à Repentigny.

ARCHAMBAULT, Louis.
Goulet, Marie-Charlotte.
Joseph, b 29 juillet 1787, à Repentigny.

ARCHAMBAULT, Louis.
Lebeau, Suzanne. [Joseph III.
Marie-Suzanne, b 17 mars 1788, à Repentigny ⁶; s ⁶ 25 avril 1792.—*Marie-Joseph*, b... s ⁶ 25 mars 1790.

1788, (30 juin) Repentigny. ⁶
VI.—ARCHAMBAULT, Nicolas. [Nicolas V.
Marion, Marie-Anne. [Joseph III.
Marie-Anne, b ⁶ 30 janvier et s ⁶ 3 février 1789.

1789, (9 nov.) Repentigny. ⁶
VI.—ARCHAMBAULT, Louis. [Jean-Bte V.
Chartier, Marie-Amable. [Louis IV.
Anonyme, b ⁶ et s ⁶ 24 janvier 1791. — *Louis*, b ⁶ et s ⁶ 29 juillet 1792. — *Marie-Amable*, b ⁶ 18 juillet 1794.

1791, (27 juin) Repentigny.
VI.—ARCHAMBAULT, Antoine. [Nicolas V.
Marion, Agathe. [Joseph III.

1791, (26 sept.) Repentigny.
VI.—ARCHAMBAULT, Jean-Louis. [Pierre V.
Chaput, Marie-Louise. [Michel II.

1793, (21 janvier) Repentigny. ¹
VI.—ARCHAMBAULT, Nicolas. [Jean-Bte V.
Gautier, Archange. [François.
Jean-Baptiste, b ¹ et s ¹ 12 oct. 1793. — *Archange*, b ¹ 7 février 1795.

1793, (24 juin) Repentigny. ²
VI.—ARCHAMBAULT, Jean-Bte. [Jean-Bte V.
Archambault, Marie-Joseph. [Antoine V.
Marie-Joseph, b ² 9 mai 1794.—*Marie-Thérèse*, b ² 22 nov. 1795.

1794, (24 fevrier) Repentigny. ³
VI.—ARCHAMBAULT, Joseph. [Paul V.
Janot, Marie-Angélique. [Jean-Bte.

ARCHAMBAULT, Marguerite-Catherine, epouse de Joseph Vaudry.

ARCHAMBAULT, Marie-Joseph, épouse de Pierre Cheval.

ARCHAMBAULT, Marguerite, épouse de Jean-Louis Basinet.

ARCHAMBAULT, Elisabeth, épouse de Jean-Baptiste Deziel.

ARCHAMBAULT, Angélique, épouse de Louis Gautier.

ARCHAMBAULT, Marie-Joseph, épouse de Pierre Richaume ; s avant 1768.

ARCHAMBAULT, Monique, b 1756, épouse d'Eustache Sevigny, s 26 nov. 1816, à l'Hôtel-Dieu, M.

ARCHAMBAULT, Marie, épouse de François Letourneau.

ARCHAMBAULT, Thérèse, épouse de François Lacombe.

ARCHAMBAULT, Madeleine, épouse de Pierre Rolland.

ARCHAMBAULT, Louise-Victoire, epouse de Joseph Labrèche.

ARCHAMBAULT, Thérèse, épouse de Pierre Quevillon.

ARCHAMBAULT, Marguerite, épouse de Louis Lefebvre.

ARCHDAREN, Jeanne, b... 1º m à Jacques Kelly ; 2º m à Robert Keatings.

ARCOUET (1).

1671, (16 nov.) Trois-Rivières.
I.—ARCOUET, Jean,
b 1647 ; s 9 août 1727, à Champlain.[1]
1º Pepin, Elisabeth,   [Guillaume I.
s [1] 31 dec. 1697.
Madeleine, b 1676, m [1] 6 janvier 1696, à Antoine-Léonard Gastignon.—*Louise,* b [1] 16 juillet 1682 ; m à Jean Georset.—*Pierre,* b [1] 10 juillet 1692 ; 1º m [1] 18 nov. 1715, à Suzanne Masson ; 2º m 1734, à Angelique Chaillé.
1701, (18 juillet) Batiscan.
2º Pivois, Etiennette.

ARCOUET, Madeleine, épouse d'Antoine Harié.

ARCOUET, Madeleine, epouse d'Antoine Dubuisson.

1715, (18 nov.) Champlain.[1]
II.—ARCOUET (1), Pierre,   [Jean I.
b 1692.
1º Masson, Suzanne,   [Michel II.
s [1] 21 dec. 1733.
Marie-Jeanne, b [1] 9 et s [1] 18 nov. 1716.—*Pierre,* b [1] 1718 ; s [1] 18 juillet 1724 (noye).—*Jean-Baptiste,* b [1] 13 avril 1721 ; s [1] 25 mars 1736.—*François,* b... m 22 avril 1748, à Madeleine Vertefeuille, à Nicolet.—*Joseph,* b [1] 23 sept. 1724 ; m 9 oct. 1747, à Geneviève Duruau, aux Trois-Rivières.—*Marie-Suzanne,* b [1] 21 août 1726 ; m à François Vertefeuille.—*Michel,* b [1] 1er juin 1733.
1734.
2º Chaillé, Angélique,   [Jean II.
b 1707 ; s 23 janvier 1757, à St-Ours.
Jean-Baptiste-Alexis, b [1] 27 avril et s [1] 27 juin 1735.—*Jean-Baptiste,* b [1] 27 nov. 1738.—*Alexis,* b 17 sept. 1736, à Batiscan ; m 12 nov. 1770, à Marguerite Laforest, au Detroit.

II.—ARCOUET, Madeleine, b 1718 ; m à François Grenier ; s 10 juillet 1790, à Nicolet.

1747, (9 oct.) Trois-Rivières. [4]
III.—ARCOUET, Joseph.   [Pierre II.
Duruau (2), Geneviève.   [Pierre I.
Geneviève, b [4] 4 fevrier 1749.—*Joseph,* b [4] 23 juillet 1750.—*Marie-Suzanne,* b 14 et s 26 dec. 1756, à Sorel. [5]—*Charles,* b 1755 ; s [5] 22 mars 1757.—*Pierre,* b [5] 21 mars 1758, m à Therèse Léveillé, s 26 dec. 1777, à St-Cuthbert.—*Marguerite,* b... m 20 juin 1785, à Jean-Christophe Smith, à la Rivière-Ouelle.

1748, (22 avril) Nicolet [4]
III.—ARCOUET, François,   [Pierre II.
Vertefeuille, Madeleine   [François I.
Jean-François, b [4] 25 avril 1749.—*Michel,* b [4] 26 avril 1750.

III.—ARCOUET, Pierre-Augustin. [Pierre II.
Grignon, Marguerite.   [Pierre II.
Marguerite-Joseph, b 1er mars 1763, à Batiscan.

IV—ARCOUET, Pierre,   [Joseph III.
s 26 dec. 1777, mort subite, à St-Cuthbert. [4]
Léveillé, Therèse,
b 1735 ; s [4] 22 juin 1790.

1770, (12 nov.) Détroit. [3]
III.—ARCOUET, Alexis,   [Pierre II.
b 1736.
Laforest, Marguerite,   [Guillaume IV.
b 1753.
Marguerite, b [3] 6 oct. 1771.—*Alexis,* b [3] 26 nov. 1773.—*Jean-Baptiste,* b [3] 11 sept. 1775.

I.—ARCULAR, Marie, b 1651 ; 1º m 1669, à Claude Lefebvre, 2º m 1692, à Pierre Lejamble.

---

(1) Etymologie.—Nom d'homme diminutif, paroisse de St-Hilaire du Harcouet, diocèse d'Avranches.

(1) Dit Lajeunesse.
(2) Dit Leroux.

1747, (12 juin) Montréal. [6]

I.—ARDILOS dit St-Jean, Jean, marchand, b 1717 ; fils de Thomas et de Jeanne Guillot, de Merillac, diocèse de Bordeaux ; s 4 mai 1794, à l'Hôpital-Général, M.
Brau, Marie-Joseph. [Pierre II.
Joseph, b [6] 19 mars 1748.—*Marie-Joseph*, b [6] 28 janvier 1750.

I.—ARDION, Marguerite, b 1643 ; m 1663, à Jean Rabouin.

ARDOIS.—Voy. Hardoy, 1757.

ARDOISE, Catherine, epouse d'Amable Rougier.

ARDOUIN, Madeleine, Illinoise, épouse de Joseph LeSieur.

ARDOUIN, Madeleine, épouse de Simon Potvin.

I.—ARDOUIN, Jean-Bte, b 1730 ; de Cambau Bayonne ; s 27 avril 1806, à l'Hôpital-Général, M.

I.—ARDOUIN, Etienne.
Lapointe, Marie-Joseph.
Etienne, b 6 janvier 1771, au Détroit. [4]—*Joseph*, b [4] 26 fevrier et s [4] 19 mars 1773.—*Agnès*, b [4] 26 février 1773.

1762, (1er février) Longue-Pointe. [4]

I.—ARDOUIN (1), Henri, fils de Pierre et de Jeanne Rigaud, de St-Jean, ville de Nisme, en Languedoc.
Léonard, Marie-Thérèse. [Louis II.
Marie-Angélique, b [4] 2 juin 1762 ; s [4] 8 août 1764. — *Marie-Amable*, b [4] 28 sept. 1763.—*Marie-Joseph*, b [4] 1er mars et s [4] 22 août 1765.—*Marie-Joseph*, b [4] 27 mars 1766. — *Jean-Baptiste*, b [4] 24 mai 1767.

AREL.—Voy. Harel.

ARET.—Voy. Hairet.

1757, (20 nov.) Longueuil. [4]

I.—AREZ, Jean, soldat, fils de Jean et de Gabrielle Rivière, de St-Hilaire, diocèse d'Agen.
Delierre, Charlotte. [Jean-Bte II.
b 1741.
Joseph, b [4] 7 mars et s [4] 12 mai 1761.

ARGENTCOUR. — Voy. Drouillard-Coutance.

ARGENTCOUR, b... s 9 juin 1761, aux Trois-Rivières.

ARGOS (2).—Voy Regault.

(1) Dit Belhumeur.
(2) Etymologie. — Argos, nom d'homme commun avec Rigauld-Rigald.

1720, (17 juillet) Québec. [3]

I.—ARGUIN (1), Yves-François, médecin, b 1690 ; fils de Bernardin et de Jeanne Petro, de Cameret, diocèse des Cornouailles ; s [3] 2 janvier 1745.
1º Coté, Geneviève, [Jean II.
veuve de Louis Boissel ; s [3] 20 mars 1736.
1736, (9 juillet). [3]
2º Damours, Thérèse, [Bernard II.
veuve de Jacques Douaire ; s [3] 4 janvier 1745.

I.—ARGUIN, Françoise-Rose (sœur du précédent), b... m 11 fevrier 1720, à François Chaumereau, à Québec.

1736, (5 nov.) Ste-Foye. [1]

I.—ARGUIN (2), François, fils de François et de Catherine Cognet, de Chère, diocèse de Danjou.
Belleau, Marie-Hélène. [Jean II.
Pierre, b [2] 2 janvier 1737.—*François*, b [1] 24 mars 1741 ; m 10 février 1766, à Thérèse Grandin, à St-Joseph, Beauce.—*Louis*, b 1738 ; s 11 juin 1756, à Lévis. [2]—*Marie-Hélène*, b [2] 21 oct. 1742. —*Marie-Louise*, b [2] 17 mai 1744.—*Jérôme*, b [2] 21 oct. 1751.— *Augustin*, b [2] 20 mars 1753.—*Paul*, b... m 1776, à Madeleine Fontaine.

1766, (10 février) St-Joseph, Beauce. [3]

II.—ARGUIN, François, [François I.
b 1741.
Grondin, Thérèse. [René II.
François, b [3] 4 nov. 1766.—*Thérèse*, b [3] 5 mars 1769. — *Augustin*, b [3] 7 déc. 1770 ; s [3] 25 juin 1773.—*Joseph*, b [3] 16 août 1772 ; s [3] 26 nov. 1775. —*Pélagie*, b [3] 3 sept. 1774.—*Marie-Angélique*, b [3] 18 février 1776 ; s [3] 22 juin 1778. —*Jérôme*, [3] b [3] 7 sept. 1777.—*Marie-Joseph*, b [3] 19 sept. 1779.

1776.

II.—ARGUIN, Paul. [François I.
Fontaine, Marie-Madeleine.
François, b 11 juillet 1777, à St-Joseph, Beauce.

I.—ARGUINEAU, Guillaume.
b 1704, à la Rivière-Ouelle [4] ; s [4] 7 juillet 1749.
Marie-Anne, sauvagesse.
Gabriel, b 1737 ; s [4] 20 déc. 1747.—*Marie-Angélique*, b [4] 17 février 1741 ; s [4] 26 mars 1747.—*Guillaume*, b [4] 24 nov. 1743.

I.—ARGUINEAU, Pierre, micmac.
...... Geneviève.
Marie-Angélique, b 4 mars 1752, à la Rivière-Ouelle.

(1) Etymologie.—Arguin, nom d'homme saxon : arg-win. —Donne la cloche "Geneviève," bénite le 28 août 1734, à St-Thomas.
(2) Et Ardouin, 1742.

1761, (13 juillet) Charlesbourg.
I.—ARIAIL, JEAN, aubergiste, fils de Charles et de Marie Moreau, de Nantes.
   ALARD, Marie-Louise. [FRANÇOIS III.
   Marie-Louise, b 15 déc. 1761, à Québec. 5—*Marie-Anne*, b 5 3 février 1763. — *Jean*, b 5 9 mai 1764.

ARIÉ.—Voy. RADIER-DUBUISSON.

I.—ARINART, ANNE, b... 1° m 1671, à Jean RÉAL ; 2° m 1678, à Antoine LE FORT.

I.—ARISTOILLE (1), BERNARD.

I.—ARIUS (2), GERMAIN-MAGLOIRE, b 4 déc. 1757, au Cap St-Ignace.

I.—ARLEN, ISAAC.
   SABOURIN, Marie-Madeleine, [JEAN I.
   b 1672.
   Pierre, b... m 20 nov. 1711, à Catherine BROSSEAU, à Laprairie.

1711, (20 nov.) Laprairie. 6
II.—ARLEN, PIERRE. [ISAAC I.
   BROSSEAU, Catherine. [DENIS I.
   Catherine, b 6 18 février 1712.

ARMAND (3).—*Variations et surnoms :* LA MAISON DE BOIS—SANSFAÇON—QUEVILLON.

1656.
I.—ARMAND, MARIE, épouse de Guillaume DAVID.

1728, (23 oct.) Québec. 7
I.—ARMAND (4), JACQUES, étamier, fils de Jacques et d'Elisabeth Roblet, de St-Nicolas-du-Chardonet, Paris.
   1° BERNIER, Anne (5), [JEAN II.
   s 7 8 mai 1749.
   Louise-Geneviève, b 7 1er déc. 1729 ; s 7 26 sept. 1731. — *Jean-Baptiste*, b 7 20 avril 1732 ; s 7 8 février 1736. — *Marie-Anne*, b 7 12 janvier et s 7 26 mars 1734. — *Jacques*, b 7 22 déc. 1734 ; s 7 20 mai 1740. — *Joseph*, b 7 18 février 1736. — *Marie-Madeleine*, b 7 19 juillet 1737 ; s 7 16 juillet 1738. — *Louis*, b 7 6 nov. 1738. — *Marie-Anne*, b 7 3 avril 1740. — *Marie-Geneviève*, b 7 4 juin 1742. — *Marie-Joseph*, b 7 14 avril et s 7 6 juillet 1748.
   1758, (6) (24 nov.) Lorette. 8
   2° TRUDEL, Barbe, [LOUIS III.
   veuve de Pierre Malbeuf.
   Jacques, b 8 30 janvier et s 8 16 mars 1760.

(1) Chirurgien du navire "L'Heureuse de Bayonne," qui était dans le port de Québec le 6 septembre 1716.
(2) Anglais.
(3) Etymologie.—Nom d'homme commun avec Her-man, homme de guerre.
(4) Dit La maison de bois.
(5) Anne Caron, 1748.
(6) A son second mariage, il est dit natif de N.-D. de Versailles, paroisse royale.

ARMAND, LOUISE, b 1650 ; épouse d'Alexandre DUSOUCHET.

1759, (15 janvier) St-Pierre-les-Becquets. 1
I.—ARMAND (1), ANTOINE, fils de Jean-Philippe et de Marguerite Sireille, de Mirecour, diocèse de Tours, Lorraine.
   TELLIER, Marie-Joseph. [JEAN-BTE III.
   Marie-Thérèse, b 1 25 janvier 1760.

ARMAND (2), PAUL.
   LAGUERRE, Radegonde.
   Paul, b... m 8 janvier 1791, à Marie-Joseph PARNIER, au Détroit.

ARMAND, PIERRE.
   DUQUAY, Marguerite.
   Charles-Emmanuel, b 13 août 1787, à Lachenaye.

1791, (8 janvier) Détroit.
ARMAND (2), PAUL. [PAUL.
   PARNIER, Marie-Joseph. [JOSEPH.

ARNAUD.—Voy. RENAUD.

1668, (13 février) Québec. 6
I.—ARNAUD, RENÉ.
   VIGNIER, Marie, [SAMUEL I.
   b 1656 : s 24 nov. 1697, à Montréal.
   Marie-Charlotte, b 6 8 oct. 1672 ; m 6 5 avril 1690, à André SPÉNARD. — *Jean-Baptiste-René*, b 6 7 février 1679 ; m 1696, à Marie CHERLOT.

1679, (2 déc.) Québec. 6
I.—ARNAUD, MATHURIN.
   RENAUD, Barbe. [VINCENT I.
   Louis, b 9 et s 16 mars 1686, à Lévis. — *Louis*, b... m 6 3 sept. 1708, à Catherine SAVARY.

1690.
I.—ARNAUD, JEAN, fils de Pierre et de Marie Fulneau, de St-Saturnin, diocèse de Luçon.
   TRUTFAU, Marie, [ETIENNE I.
   b 1672 ; s 3 avril 1744, à Montréal. 3
   Jean, b 3 4 mai 1692 ; m à Marie-Anne PINARD.

1702, (27 oct.) Québec. 3
II.—ARNAULT, CHARLES. [RENAULT I.
   WILLIS, Marie (3), fille d'Etienne et de Louise Pilman.

1705, (26 nov.) Varennes. 9
I.—ARNAULT (4), JEAN-BTE, fils de Jean-Baptiste et de Marie Forget, d'Assillac, diocèse de Limoges.
   PRÉVOST, Marie-Anne. [RENÉ I.

(1) Dit Sansfaçon.
(2) Dit Quevillon.
(3) Anglaise, fille de Willis.—Elle épouse le 31 mai 1704, PIERRE Perrot, à Québec.
(4) Dit Deslauriers.

Louis, b ³ 27 février 1710.—*Pierre*, b ³ 21 avril 1711. — *Marie-Françoise*, b ³ 11 dec. 1712 ; s ⁴ 25 juin 1714. — *Charles*. b... m ³ 10 oct. 1739, à Marie-Joseph MASSON.

1708, (3 sept.) Québec.
II.—ARNAUD, LOUIS.   [MATHIEU I.
 SAVARY Catherine (1).   [FRANÇOIS I.
 Louis, b 24 mai et s 27 août 1709, à Levis. ²— *Augustin*, b ² 30 mai 1710. — *Marie-Joseph*, b ² 20 mars 1712 ; 1° m à François GUILLET, 2° m 11 oct. 1751, à Sebastien MARTINEAU, à Montréal.

ARNAULT, JEAN-BAPTISTE, s 8 février 1741, à la Longue-Pointe ; curé de l'Ile-Dupas.

II.—ARNAULT, JEAN (2),   [JEAN I.
 b 1692.
 PINARD, Marie-Anne.
 Catherine, b... m 3 nov. 1745, à Joseph HÉBERT, à Varennes.

1722, (2 juin) Quebec. ³
I.—ARNAUD, HENRI, medecin, b 1693 ; fils de Jean-Baptiste et d'Anne Bonnet, de St-Laurent, Marseille ; s 2 sept. 1743, à St-Pierre-les-Becquets. ⁴
 1° LARCHEVÊQUE, Marie-Louise-Catherine, s ³ 4 avril 1733.   [JEAN II.
 Pierre, b ³ 16 oct 1724 ; s ³ 16 mars 1728. — *Catherine*, b ³ 29 mars et s ³ 18 avril 1729. — *Marie-Anne*, b... s 22 janvier 1726, à Charlesbourg.—*Henri*, b 1722 ; s ⁴ 10 février 1743.
 1739, (2 février) Deschambault.
 2° CHAVIGNY (3), Marie-Marguerite   [FRS. II.
 Pierre-Euphrosine, b ⁴ 27 février 1742.—*Marie-Joseph*, b ⁴ 5 sept. 1743.

1738, (9 avril) Québec. ³
I.—ARNAUD (4), HENRI, tapissier, b 1716 ; fils de Pierre et de Jeanne Emblar, de St-Etienne, ile de Rhé, diocèse de La Rochelle ; s ³ 26 mars 1760.
 BADEAU, Marie-Anne,   [JEAN III.
 veuve de Michel Dupéré ; s ³ 24 mars 1760.
 Marie-Marthe, b ³ 21 juillet 1738.

1739, (10 oct.) Varennes.
II.—ARNAULT, CHARLES.   [JEAN I.
 MASSON, Marie-Joseph,   [LOUIS II.
 veuve de Jacques Lévêque.

1745, (11 oct.) Laprairie.
I.—ARNAUD, JOSEPH, fils de Nicolas et de Thérèse BISSON, de Ste-Foye, diocèse de St-Pierre-des-Moutiers, Savoie.
 JOLIVET, Marie-Catherine.   [JEAN-BTE.

(1) Elle épouse, le 3 février 1718, Paul Laporte, à Boucherville.
(2) Voy. Vol I, p. 12.
(3) Elle épouse, le 27 octobre 1756, à Lotbinière, ... de Champlain.
(4) Dit Lajoie.

ARNAUD, MARGUERITE, épouse de Laurent BUART ; s 24 nov. 1773, à St-Cuthbert.

ARNEAU, MARIE-CATHERINE, épouse de Charles GIRARDET.

ARNAUD, PIERRE.
 1° DESJARDINS, Marie-Joseph.
  1772, (2 mars) Repentigny.
 2° DESGROSEILLERS, Marie-Louise.   [JEAN-BTE.

1716, (25 avril) Montréal. ⁸
I.—ARNOULD (1), PIERRE, b 1687 ; fils de Pierre et de Marie Lebu, de St-Memin, ville de Metz.
 DAMBOURNAY (2), Marie-Joseph,   [JOSEPH I.
 b 1697.
 Marie-Catherine, b ⁸ 19 janvier 1716 ; m à Alexis BRUNET.—*Pierre-Paul*, b 21 nov. 1721, à Quebec ⁸ ; s ⁸ 15 janvier 1722.—*Marie-Joseph*, b ⁸ 29 mai et s ⁸ 2 juillet 1723.

1722, (16 nov.) Québec.
I.—ARNOULD (3), ANDRÉ, b 1698 ; fils de Pierre et de Marie-Madeleine Golin, de Pregaillac diocèse de Xaintes, s 2 juillet 1774, à Ste-Foye ⁶
 LEMARIÉ, Marie-Madeleine,   [CHARLES II.
 s ⁶ 24 mai 1766.
 André, b ⁶ 23 oct. 1730 ; 1° m ⁶ 8 janvier 1752, à Marie HAMEL ; 2° m ⁶ 24 avril 1780, à Marie POITRAS ; s 10 mai 1795, à Beaumont.—*Madeleine*, b ⁶ 25 juillet 1723 — *Marguerite*, b ⁶ 22 avril 1728 ; m ⁶ 9 nov. 1751, à Michel POITRAS. — *Joseph*, b ⁶ 19 oct. 1733.

1742.
I.—ARNOULD (4), ANDRÉ,
 s avant 1760.
 LEVRET, Elisabeth-Suzanne.
 Madeleine, b 1743 ; m 20 sept. 1760, à Nicolas FAVOLLE, à Montreal.—*Charles-Louis*, b 16 déc 1751, à Quebec. ⁸ — *Charles-Henri*, b ⁸ 13 et s ⁸ 21 nov. 1752. — *Marie-Anne-Victoire*, b ⁸ 20 déc. 1753. — *Pierre*, b ⁸ 29 avril 1755. — *Louis-Joseph* (5), b ⁸ 30 sept. 1757 ; s 30 août 1758, à Charlesbourg. — *Marie-Angélique*, b ⁸ 1ᵉʳ sept. 1758.

1752, (8 janvier) Ste-Foye. ⁴
II.—ARNOUL (3), ANDRÉ,   [ANDRÉ I.
 s 10 mai 1795, à Beaumont.
 1° HAMEL, Marie,   [ANDRÉ II.
 s ⁴ 19 janvier 1780.
 Marie-Félicité, b ⁴ 26 oct. 1752.—*Marie*, b ⁴ 20 février 1755, m ⁴ 13 août 1777, à Louis TRUDEL.—*Marie-Marguerite*, b ⁴ 30 mars 1761.—*André*, b ⁴

(1) Dit Lorrain. Sergent de M. de Villedonné.
(2) Elle épouse, le 29 août 1729, Louis Petit, à Montréal.
(3) Dit Villeneuve.
(4) De St-Louis de Toulon. Chirurgien-major de la marine et des troupes de terre de Québec. (5 décembre 1751, Charlesbourg)
(5) Filleul de Montcalm.

6 oct. 1757.—*Michel*, b⁴ 13 août 1763.—*Pierre*, b⁴ 31 mai 1765.—*Jacques*, b⁴ 20 mai et s⁴ 12 juin 1767.—*Joseph*, b⁴ 17 mai 1768.—*Marie-Joseph*, b⁴ 24 avril 1770; s⁴ 28 avril 1771.— *Marie-Louise*, b⁴ 4 mars 1772; s⁴ 3 mars 1773.

1780, (24 avril).⁴

2º POITRAS (1), Marie. [NOEL IV.
Jean-Baptiste, b⁴ 8 juillet 1786.—*Charles*, b⁴ 14 dec. 1787.

1758, (6 nov.) Montréal.⁵

I.—ARNOULD, NICOLAS, soldat, b 1732; fils de François et de Marie Delacoste, de St-Martin-de-Veson, diocèse de Besançon.
1º VIGNAU, Marie-Louise, [LOUIS-JEAN I.
    1761, (6 avril)..⁵
2º COUSINI, Marie-Louise, [FRANÇOIS I.
    b 1738.

1760.

I.—ARNOUX (2), DOMINIQUE.
NORMAND, Marie-Françoise. [JOSEPH III.
Marguerite, b 7 oct 1761, au Bout-de-l'Ile, M.⁶
—*Marie-Geneviève*, b⁶ 16 sept. 1762; s⁶ 22 sept. 1763.

1761, (31 mars) Nicolet.

I.—ARNOUX, LOUIS, fils de Jean et de Marguerite Legaut, de Piemont, diocèse de Noyon, Picardie.
VERTEFEUILLE, Geneviève, [FRANÇOIS I
    b 1739.

I.—ARNUE, MARTHE, b 1636; m 16 sept. 1658, à Pierre RICHAUME, à Montreal ⁷ ; s ⁷ 26 août 1700.

I.—AROUCHE (3), ANDRÉ.
ACKARTY, Sophie.
Jean-André, b 27 fevrier 1781, à St-Cuthbert.

1764, (5 mars) Yamachiche.⁸

I.—ARPAJOU, JEAN-BTE, fils de Barthélemi et de Jeanne Charet, du diocèse de Carcassonne.
GIRARDEAU, Marie-Joseph, [LAURENT I.
    b 1749.
Etienne, b⁸ 5 sept. 1766.—*Marie-Joseph*, b⁸ 12 mars 1768.

ARPIN.—Voy. HERPIN.

ARPOT-LAVALLÉE, ANNE, b 1671; m à Joseph CHAPELAIN; s 30 janvier 1751, à Deschambault.

---

(1) Appelée Campagna, 1786.
(2) Dit Mondy.
(3) Du régiment de Heucrouque.

1759, (8 janvier) Montreal.

I.—ARRACHAR (1), LOUIS, b 1733 ; fils de Louis et de Jacqueline Bouillard, de Notre-Dame-de-Rozoir, diocèse de Laon.
LAMEDÈQUE, Marie-Anne, [FÉLIX I.
    b 1741.

1762.

I.—ARVEB (2), JEAN.
SYLVESTRE, Marie-Anne, [FRANÇOIS III.
    b 1736.
Marie-Geneviève, b 18 sept.1763, à Charlesbourg.

ARRIVEE.—*Variations et surnoms :* LARRIVÉE —DELISLE.

1654, (26 août) Québec.

I.—ARRIVÉE (3), MAURICE,
    b 1601 ; s 27 août 1687, à St-François, I. O.⁹
1º TOURAUDE, Jacquette,
    b 1611 ; s⁹ 21 avril 1670.
    1670 (2 juin) Ste-Famille, I. O.³
2º PFDENELLE, Françoise,
    b 1647 ; s⁹ 8 juillet 1706.
Marguerite, b ⁴ 4 juin 1677 ; m ⁸ 27 février 1713, à Olivier LEVÈQUE; s ³ 16 juin 1715.

1664.

I.—ARRIVÉE, JACQUES.
DESPORTES, Renee (4),
    b 1642.
Louise, b 2 août 1665, à Québec ; m 23 nov. 1682, à Jacques CARDINAL, à Montreal ³ , s ³ 14 sept. 1744.

1673, (26 mai) Boucherville. ⁶

I.—ARRIVEE, PIERRE (5),
    b 1643, s avant 1721.
BEAUCHAMP, Denise, [JACQUES I.
    b 1661 ; s⁶ 9 sept. 1721.
Pierre, b ⁶ 18 mars 1689 ; m à Marie-Anne PAYET.—*Jacques*, b ⁶ 29 dec 1697, m ⁶ 7 janvier 1723, à Marie-Anne PEPIN.—*Angélique*, b 1701 ; m ⁶ 26 sept. 1723, à Nicolas PAYET.

1696, (31 déc.) Lachine. ⁶

II.—ARRIVÉE (6), JACQUES. [JACQUES I.
1º PERRIN, Barbe, [HENRI I.
    veuve de Rene Huguet (7).
Marie-Joseph, b ⁶ 25 mars 1700 ; s 17 août 1727, à Montreal. — *Louis*, b ⁶ 23 fevrier 1698. —*Philippe*, b ⁶ 6 juin 1702 ; m à Marie-Ignace NORMAND ; s 1ᵉʳ mars 1768, à Soulanges.
    1707.
2º MAURICE, Michelle-Marguerite.
Madeleine, b 1708 ; m 12 août 1732, à Pierre LAFOND, à Quebec³ ; s ³ 14 dec. 1735.

---

(1) Dit Duchateau, soldat.
(2) Officier au 47ème régiment.
(3) Dit Larrivée.
(4) Elle épouse. le 29 janvier 1674, Michel Berthelot, à Québec.
(5) Voy. vol, I, p. 350.
(6) Dit Delisle.
(7) Voy. *A Travers les Registres*, p. 75.

1703, (29 déc.) St-François, I. O.⁶
II.—ARRIVÉ, FRANÇOIS, [MAURICE I.
  b 1674.
  LAISNÉ, Marie-Madeleine, [BERNARD I.
  b 1688.
  Elisabeth, b ⁶ 6 oct. 1704 ; s⁶ 16 janvier 1705.— *Louis-François*, b ⁶ 22 avril 1706.—*Marie-Hélène*, b ⁶ 27 août 1707.—*François*, b ⁶ 13 oct. 1709. — *Joseph*, b ⁶ 15 et ⁶ 18 juin 1711.—*Marie-Madeleine*, b 23 août 1712, à St-Thomas. — *Jean-Baptiste*, b 3 janvier 1717, à St-Valier. ³ — *Marie-Joseph*, b ³ et s ³ 4 mai 1719. — *Marie-Joseph*, b 18 août 1720, à St-Frs-du-Sud.

1709, (29 juillet) St-François, I. O. ⁸
II.—ARRIVÉ, SIMON, [MAURICE I.
  s ³ 20 juin 1715.
  GARANT, Catherine, [PIERRE I.
  veuve de Jean Martin.
  Geneviève, b ³ 25 juin 1710.—*Louis* (posthume), b ³ 18 sept. 1715.

1709.
II.—ARRIVÉE (1), MAURICE, [MAURICE I
  b 1671 ; s 18 déc. 1733, à St-François, I. O.³
  LAISNÉ dit LALIBERTÉ, Anne (2), [BERNARD I.
  b 1694.
  Marie-Thérèse, b ³ 12 nov. 1715 ; m ³ 26 nov 1731, à Isidore LANDRY. — *Joseph*, b ³ et s ³ 17 déc. 1710. — *Bernard*, b ⁸ 14 sept. 1712.— *Elisabeth*, b ³ 2 avril 1718 — *Marie-Anne*, b ⁸ 13 avril 1722. — *Marie-Anne*, b ⁵ 3 janvier 1725.

1720.
II.—ARRIVÉE, PIERRE, [PIERRE I
  b 1689.
  PAYET, Marie-Anne. [PIERRE I.
  Nicolas, b 1ᵉʳ juillet 1721, à Boucherville. ⁷ — *Pierre*, b ⁷ 26 juin 1724 ; s ⁷ 25 janvier 1725. — *François*, b... m ⁷ 17 oct. 1757, à Marie-Joseph DAUNAY.

II.—ARRIVÉ, JEAN (3), [PIERRE I.
  b 1684
  MAILLÉ, Marie. [PIERRE II.
  Jacques, b... m 7 février 1752, à Louise PEPIN, à Boucherville. ⁷ — *François*, b... m ⁷ 26 février 1753, à Louise CHICOT.

I.—ARRIVÉ, MICHEL, b 1704 ; de St-Pierre de Cars ; s 9 nov. 1730, à Batiscan.

1723, (7 janvier) Boucherville. ⁷
II.—ARRIVÉE (4), JACQUES, [PIERRE I.
  b 1697.
  PEPIN, Marie-Anne. [PIERRE II.
  Pierre, b ⁷ 12 janvier 1724 ; m ⁷ 24 oct. 1749, à Madeleine DAUNAY.—*Albert*, b ⁷ 6 nov. 1725 , m ⁷ 11 janvier 1751, à Marie-Joseph DAUNAY.—*Angélique*, b... m ⁷ 28 sept. 1750, à Joseph PETIT. —

---

(1) Dit Delisle.
(2) Elle épouse, le 9 juillet 1734, Barthélemi Roza.
(3) Voy. vol. I, page 530.
(4) Dit Larrivée.

Jacques, b... m ⁷ 7 nov. 1757, à Marie DAUNAY.— *Marie-Joseph*, b... m ⁷ 4 avril 1758, à Charles LUSIGNAN.

III.—ARRIVÉE (1), PHILIPPE, [JACQUES II.
  b 1702 ; s 1ᵉʳ mars 1768, à Soulanges. ²
  NORMAND, Marie-Ignace. [LOUIS II.
  b 1710.
  Madeleine, b... m ² 10 mai 1756, à Jacques CLÉMENT.—*Marie-Anne*, b... m ² 6 février 1758, à Joseph HÉNAUT.—*Jacques*, b... m ² 15 juin 1761, à Suzanne PARANT.—*Joseph*, b... m 1761, à Madeleine DAUT.

ARRIVÉE, AGATHE, épouse de Pierre HUNAUT.

1749, (24 oct.) Boucherville.
III.—ARRIVÉE, PIERRE. [JACQUES II.
  DAUNAY, Madeleine. [JEAN II.

1751, (11 janvier) Boucherville.
III.—ARRIVÉ, ALBERT. [JACQUES II.
  DAUNAY, Marie-Joseph. [JEAN II.

1752, (7 février) Boucherville.
III.—ARRIVÉ, JACQUES. [JEAN II.
  PEPIN, Louise. [JEAN-BTE III.

1753, (26 février) Boucherville.
III.—ARRIVÉ, FRANÇOIS. [JEAN II.
  CHICOT, Louise. [JEAN II.

1754.
ARRIVÉE, JEAN-BTE.
  PROVOST, Geneviève.
  Geneviève, b... s 19 nov. 1755, à St-Laurent, M.

1757, (17 oct.) Boucherville.
III —ARRIVÉE, FRANÇOIS. [PIERRE II.
  DAUNAY, Marie-Joseph. [ANTOINE III.

1757, (7 nov.) Boucherville.
III.—ARRIVÉE, JACQUES. [JACQUES II.
  DAUNAY, Marie. [ANTOINE III.

1761, (15 juin) Soulanges. ⁴
IV.—ARRIVÉE (1), JACQUES. [PHILIPPE III.
  PARANT, Suzanne, [GUILLAUME II.
  b 1725, veuve de Charles Montreuil ; s ⁴ 12 juillet 1767.
  Marie-Amable, b ⁴ 11 déc. 1761.

1761, (7 janvier) Bout-de-l'Ile, M.
IV —ARRIVÉE, JOSEPH. [PHILIPPE III.
  DAOUT, Madeleine, [CHARLES II.
  b 1738.
  Anonyme, b et s 7 mars 1762, à Soulanges.

ARSENEAU.—Voy. ARCENEAU.

I.—ARTEAU, MARIE-ANNE, b 1716 ; m à Noël LARIVIÈRE s 17 janvier 1756, à Chambly.

---

(1) Dit Delisle

ARTIGNY (d').—Voy. VILLERAY.

ARTOIS.—Voy. LHOMME, 1757.

I.—ARTON, MARIE, m 1687, à Michel DESLAURIERS.

I.—ARTUS, MICHELLE, b 1629 ; m 1654, à Jean DISCARIS dit LEHOUX.

1755.

I.—ARVISÉ, JEAN-BTE.
GAUTIER, Geneviève.   [ETIENNE II.
Geneviève, b 7 nov. 1756, à Yamachiche [4] ; s [4] 21 février 1757.—*Jean-Baptiste*, b [4] 29 déc. 1757.— *Joseph*, b [4] 19 janvier 1760.—*Grégoire*, b [4] 13 sept. 1761.—*Antoine*, b [4] 25 juin 1763 ; s [4] 5 août 1764.—*Marie-Angélique*, b [4] 19 mai 1765.—*Geneviève*, b [4] 11 avril 1767.

I.—ASKIN (1), JEAN.
BARTHE, Marie-Archange,   [CHARLES II.
b 1749.
Thérèse, née 10 février 1774, à Michilimakinac [5], b 20 sept. 1774, au Detroit. [6]—*Archange*, b [5] 3 oct. 1775.—*Jean-Charles*, né [5] 1779 ; b [5] 5 sept. 1780. —*Adélaïde*, b [6] 30 mai 1783.

1760, (21 janvier) St-Laurent, M. [6]

I.—ASSAILLÉ (2), PIERRE, fils de Mathurin et de Renée Turquois, de St-Jouan, diocèse de Poitiers.
SORIEUL, Suzanne.   [PIERRE I.
Pierre, b [6] 7 nov. 1760. — *Charlotte*, b... m 1790, à Nicolas GRAW ; s avant 1798.

I.—ASSELIN, MARIE, b 1654 ; de France ; m 1667, à Pierre MICHAUD ; s 18 avril 1729, à Kamouraska.

1658.

I.—ASSELIN, DAVID,
b 1625 ; s 5 déc. 1687, à Ste-Famille, I. O. [7]
HOUDAN dit BAUDARD, Marie-Catherine,
b 1623 ; s [7] 14 nov. 1713.

1662, (29 juillet) Château-Richer. [7]

I.—ASSELIN, JACQUES (3).
b 1629.
ROUSSIN, Louise,   [JEAN I.
b 1640.
Madeleine, b 1673, à Ste-Famille, I. O. [6] ; sœur St-Ignace, de la Cong. N.-D. ; s 9 déc. 1749, à Montréal.—*Michel*, b [6] 29 sept. 1677 ; 1° m [7] 11 nov. 1700, à Anne GAGNON ; 2° m [7] 7 août 1730, à Marthe LEMIEUX ; s [7] 28 mars 1743.

(1) Commissaire du roi au poste de Michilimakinac.
(2) Dit Lajeunesse.
(3) Voy. Vol. I, p. 13.

1679, (20 nov.) Ste-Famille, I. O. [7]

II.—ASSELIN, PIERRE,   [DAVID I.
s [7] 24 mars 1694.
BAUCHÉ, Louise (1),   [GUILLAUME I.
Anne, b 29 oct. 1688 ; m [7] 20 avril 1706, à Louis ALAIRE.—*Louise*, b [7] 24 avril 1690 ; m [7] 13 août 1710, à Nicolas RIOU.—*Marguerite*, b [7] 13 sept. 1692 ; m [7] 13 avril 1711, à Jean LÉTOURNEAU ; s 22 oct. 1714, à St-Thomas. [8]—*Charles-Jacques*, b [7] 15 août 1685 ; m [7] 23 nov. 1711, à Marguerite DROUIN ; s [7] 16 déc. 1714.—*François*, b [7] 12 sept. 1691 ; m [7] 28 août 1719, à Marguerite AMAURY ; s [7] 30 mars 1761.— *Pierre*, b 1705 ; s [8] 9 sept. 1737, mort subite.

1687, (10 nov.) Ste-Famille, I. O.

II.—ASSELIN, JACQUES,   [JACQUES I.
b 1663 ; s 2 janvier 1749, à St-François, I. O. [3]
1° MAURICET, Marie,   [JEAN I.
b 1672 ; s [8] 21 nov. 1709.
Joseph, b [8] 2 mai 1706 ; 1° m 1728, à Marie-Charlotte GERVAIS ; 2° m 27 juillet 1739, à Madeleine MERCIER, à Berthier ; s 6 déc. 1759, aux Ecureuils.

1710, (20 août) L'Ange-Gardien.
2° TRUDEL, Barbe,   [PIERRE II.
s [3] 4 août 1747.

1694, (14 février) St-François, I. O. [6]

II.—ASSELIN, THOMAS,   [JACQUES I.
s [5] 7 février 1718.
LECLERC, Geneviève,   [JEAN I.
s [6] 3 mars 1753.
Marie-Madeleine, b [6] 27 janvier 1704 ; 1° m [6] 16 nov. 1722, à Charles ALAIRE ; 2° m [6] 29 oct. 1727, à Jean BOULÉ ; s 23 février 1748, à St-Frs-du-Sud.— *Angélique*, b [6] 30 mai 1714 ; m [6] 25 juin 1732, à Louis ALAIRE ; s [6] 26 février 1736.— *Michel*, b [6] 29 juin 1711 ; m 26 nov. 1736, à Marie FOURNIER, à St-Thomas. — *Pierre*, b [6] 12 mai 1706 ; s 8 nov. 1797, à l'Hôpital-Général, M.

1694, (16 nov.) Château-Richer.

II.—ASSELIN, NICOLAS,   [JACQUES I.
s 24 août 1748, à Ste-Famille, I. O. [8]
1° GAGNON, Marguerite.   [JEAN II.
Jacques, b [8] 29 sept. 1695 ; m 12 nov. 1725, à Marie-Madeleine AUDET, à St-Jean, I. O. [9]— *Nicolas*, b [8] 8 avril 1701 ; m [9] 25 juin 1732, à Marie LEBLANC ; s [8] 22 juin 1761.—*Jean-Baptiste*, b [8] 2 juin 1697 ; m 27 nov. 1724, à Marthe MARANDA, à St-Pierre, I. O. [7] ; s 11 sept. 1766, à St-Henri de Mascouche.—*Marguerite*, b [8] 14 mai 1699, 1° m [8] 16 juin 1727, à Barthelemi VOYER ; 2° m [8] 28 janvier 1737, à Joseph ISABEL ; s [6] 14 mars 1753.

1703, (27 août). [8]
2° TURCOT, Renée,   [ABEL I.
s [8] 22 nov. 1749.
François, b [8] 18 mai 1704 ; m 1732, à Marie-Joseph LEBLANC.—*Louis*, b [6] 19 février 1706 ; m [7] 22 nov. 1734, à Thérèse RATE. — *Marie*, b [8] 17 août 1707.—*Antoine*, b [8] 5 et s 21 mai 1709.— *Marie-Joseph*, b [8] 28 oct. 1710, m 12 juin 1747, à

(1) Elle épouse, le 27 janvier 1696, Nicolas LeBlond, à Ste-Famille, I. O.

Simon LEUREAU; s ⁸ 10 mai 1748.—*Tècle*, b...
m ⁸ 19 nov. 1753, à François DEBLOIS.—*Joseph*,
b ⁸ 16 avril 1712; 1º m 7 fevrier 1746, à Perpétue AUDET, à St-Laurent, I. O. ; 2º m ⁹ 2 août
1751, à Marie-Madeleine GOBEIL.

1695, (8 février) Ste-Famille, I. O. (1)
II.—ASSELIN, PIERRE,   [JACQUES I.
  s avant 1750.
  JAHAN, Marie-Elisabeth,   [JACQUES I.
    b 1678 ; s 18 oct. 1750, à St-Jean, I. O.
Pierre, b 1705 ; s 9 sept. 1737, à St-Frs, I. O.

ASSELIN, MARIE, b 1700 ; s 3 mars 1763, à
  Berthier.

ASSELIN, MARIE, b 1704, s 23 mai 1762, à Ste-
  Famille, I. O.

1700, (11 nov.) Château-Richer.
II.—ASSELIN, MICHEL,   [JACQUES I.
  b 1677 ; s 28 mars 1743, à Ste-Famille, I. O.⁵
  1º GAGNON, Anne.   [JEAN II.
    1730, (7 août). ⁵
  2º LEMIEUX, Marthe,   [GUILLAUME I.
    veuve de Joseph Bauché ; s ⁵ 28 dec. 1748.

1701, (7 juin) Ste-Famille, I. O.
II.—ASSELIN, PHILIPPE,   [ANDRÉ I.
  b 1683 ; s 14 oct. 1755, à Kamouraska. ⁴
  ST-PIERRE, Madeleine,   [PIERRE I.
    b 1681.
Jean-Baptiste, b... m 30 mai 1728, à Thérèse
BAZIN, à St-Valier.—*Louis*, b... m 10 janvier
1735, à Marie-Angelique DUBÉ, à la Rivière-
Ouelle.—*Philippe*, b... m 14 nov. 1747, à Geneviève TOUSSAINT, à St-Roch —*François*, b... m
à Françoise TOUSSAINT. — *Pierre-Alexandre*, b
1719 ; 1º m 17 avril 1747, à Marie-Anne CONSTANTIN, à St-Vincent-de-Paul ; 2º m ⁸ 8 fevrier
1751, à Marie-Amable MÉNARD: 3º m 8 juillet
1765, à Jeanne CONSIGNY, à Châteauguay.—
Joseph, b 1723 ; m 20 mai 1748, à Marguerite MÉNARD, à Montreal.— *Marie-Madeleine*, b... m ⁴
8 nov. 1747, à Jean-Marie PRUNEAU.—*Gabriel*,
b 1722 ; m ⁴ 10 juillet 1752, à Marie-Anne ROY ;
s 12 août 1772, à Ste-Anne-de-la-Pocatière.—
Charles, b... m ⁴ 14 avril 1755, à Marie-Angélique BÉCHARD.

1711, (23 nov.) Ste-Famille, I. O. ²
III —ASSELIN, CHS-JACQUES,   [PIERRE II.
  s ² 16 dec. 1714.
  DROUIN, Marguerite (2).   [NICOLAS II.
Pierre, b ² 20 fevrier et s ² 11 avril 1713.—
Charles, b ² 13 mai et s ² 4 oct 1714.

1716, (9 nov.) L'Ange-Gardien.
III.—ASSELIN, JACQUES.   [JACQUES II.
  TRUDEL, Anne.   [PIERRE II.
François, b 25 avril 1720, à St-François, I. O.¹,

(1) Voy Vol. I, p. 13.
(2) Elle épouse, le 3 novembre 1715, Gabriel Charlan, à Ste-Famille, I. O.

m 22 nov. 1751, à Marie-Anne GAUTRON, à St-Michel. ²—*Jacques*, b ¹ 25 juillet 1718.—*Anne*,
b 16 et s 20 mars 1722, à St-Valier. ³—*Jean-Baptiste*, b ³ 11 août 1725.—*Thérèse*, b ³ 21 mai
1728.—*Modeleine*, b ³ 17 mai 1730.—*Anne*, b ³ 5
avril 1732; s ³ 5 sept 1733.—*Noel-Marie*, b ³ 3
avril 1734; m² 9 fevrier 1756, à Marie-Angelique
GAUTRON.—*Marie-Zoé*, b ³ 13 février 1736.—*Jean-Baptiste*, b ³ 7 juin 1738; s ³ 7 mai 1744.—*Marie-Euphrosine*, b ³ 28 mai et s ³ 18 juillet 1741.—
Marthe, b... m ³ 30 janvier 1747, à Andre PARÉ.

1719, (28 août) Ste-Famille, I. O.¹
III.—ASSELIN, FRANÇOIS.   [PIERRE II.
  AMAURY, Marguerite,   [JEAN I.
    veuve de Jean-Baptiste Leblond ; s¹ 9 janvier 1771.
Pierre, b ¹ 30 août 1728 ; s ¹ 30 oct. 1750.—
Joseph, b ¹ 18 sept. 1730 ; s 2 février 1735.—*Basile*, b ¹ 4 mai 1733 ; m ¹ 23 février 1756, à Marie-Anne COUTURE.—*Marie-Marthe*, b ¹ 26 mai 1720 ;
1º m ¹ 14 fevrier 1746, à Joseph LEHOUX ; 2º m ¹
13 fevrier 1749, à Charles DEBLOIS; s ¹ 27 oct.
1769.—*Thérèse-Monique*, b ¹ 13 avril 1722 ; s ¹ 20
avril 1748.—*François*, b ¹ 29 mars 1724 ; 1º m ¹
12 fevrier 1748, à Dorothée FOUCHÉ , 2º m 28
juillet 1749, à Marie BILODEAU, à St-François, I. O.²
—*André* (1), b ¹ 30 nov. 1726 ; m ² 19 avril 1751, à
Marie-Louise DROUIN ; s ² 27 juin 1780.

1723, (6 avril) Château-Richer.
III.—ASSELIN, JEAN,   [THOMAS II.
  s 31 mars 1770, à St-François, I. O.²
  TRÉPAGNY, (DE) Cecile,   [FRANÇOIS II.
    b 1701 ; s ² 1ᵉʳ dec. 1759
Louis, b... m 20 juin 1763, à Françoise DION,
aux Trois-Pistoles.—*Marie-Cécile*, b ² 24 mai 1721 ;
m ² oct. 1745, à Jean DION.—*Marie-Madeleine*,
b ² 15 mars et s ² 5 avril 1726.—*Angélique*, b ² 6
juillet 1727, 1º m ² 19 nov. 1753, à Joseph LAISNÉ ,
2º m 2 fevrier 1761, à Jean-Marie EMOND, à St-Jean, I. O ³—*Claire*, b ² 15 mai 1729 ; m ² 8 nov.
1762, à Joseph ROY.—*Jean-Baptiste*, b ² 12 février 1731 ; m ³ 20 nov. 1753, à Geneviève LAISNÉ.
—*Joseph*, b ² 5 nov. 1734 ; m ² 17 nov. 1766, à
Marie-Joseph MARTINEAU.—*Jacques*, b ² 11 mai
1737.—*François*, b ² 28 janvier 1739 ; s ² 17 mars
1741.—*Claude*, b ² 22 mai 1741 ; s ² 27 janvier
1760.—*François*, b ² 24 oct. 1743 ; s ² 3 déc. 1747.
—*Augustin*, b ² 15 juillet 1745 ; s ² 6 mai 1747.

1724, (27 nov.) St-Pierre, I. O.
III.—ASSELIN, JEAN-BTE,   [NICOLAS II.
  b 1697 ; s 11 sept. 1766, à St-Henri-de-Mascouche. ⁵
  MARANDA, Marie-Marthe.   [MICHEL II.
Marie-Marthe, b 20 oct. 1725, à St-Jean, I. O.;
1º m 21 fevrier 1746, à Jean ALARD, à Lachenaye ⁶ ; 2º m ⁵ 19 janvier 1767, à Aubin GUIMONT ; 3º m ⁵ 24 juillet 1769, à François REGISTRE—*Jean-Baptiste*, b ⁷ 24 août 1727, à Ste-Famille, I. O.⁷ ; s 18 sept. 1738, à St-Antoine Tilly ⁸—
François, b ⁷ 4 sept. 1729 ; m ⁶ 14 janvier 1754, à
Madeleine HUDOUT. — *Marie-Catherine*, b ⁷ 27

(1) Tué par la foudre, dans son clos.

avril 1732.—*Joseph*, b ⁷ 30 oct. 1734; m ⁵ 9 janvier 1759, à Madeleine BOURGOIN.—*Marie-Thérèse*, b ⁸ 28 février 1737; m ⁵ 30 janvier 1758, à Joseph ALARD.—*Ursule*, b ⁸ 10 avril 1739; m ⁵ 12 janvier 1761, à Louis-Antoine CODERRE.—*Jacques*, b ⁶ 24 sept. 1744.—*Marie-Marguerite*, b 1ᵉʳ mai 1742, à la Longue-Pointe; m ⁵ 18 avril 1763, à Jean-Baptiste CODERRE.

1725, (12 nov.) St-Jean, I. O.

III.—ASSELIN, JACQUES,   [NICOLAS II.
b 1695; s 7 déc. 1749, à Ste-Famille, I. O.⁹
AUDET, Marie-Madeleine,   [JEAN-BTE II.
s ⁹ 17 mai 1759.
Marie-Louise, b ⁹ 9 sept. 1726; m ⁹ 7 février 1752, à Augustin MARTEL.—*Marie-Charles*, b ⁹ 22 nov. 1728; s ⁹ 10 mars 1729.—*Marie-Tècle*, b ⁹ 19 janvier 1730.—*Thomas-Dyacinthe*, b ⁹ 21 déc. 1731; s ⁹ 14 mars 1732.—*Marie-Louise*, b ⁹ 15 et s⁹ 16 juin 1733.—*Marie-Madeleine*, b ⁹ 15 juin et s ⁹ 5 sept. 1733.—*Marie-Madeleine*, b ⁹ 31 août 1734; m ⁹ 10 nov. 1760, à Jacques AVELINE —*Jacques*, b ⁹ 27 février 1736.—*Marie-Tècle*, b 8 sept. 1737, à St-Pierre, I. O.—*Joseph*, b ⁹ 1ᵉʳ nov. 1739; m 27 février 1764, à Angélique DAVIAU, à Lachenaye. —*Marie-Brigitte*, b ⁹ 14 mars et s ⁹ 15 avril 1741. —*Marie-Angélique*, b ⁹ 29 juillet et s ⁹ 15 sept. 1742.—*Louis*, b ⁹ 16 mars 1744; m ⁹ 17 nov. 1767, à Marie-Perpétue DORVAL.—*Perpétue*, b ⁹ 26 mai 1746; s ⁹ 8 nov. 1759.—*Marie-Angélique*, b ⁹ 30 mars 1748.

1728, (9 février) St-François, I. O. ²

III.—ASSELIN, LOUIS,   [THOMAS II.
b 1708; s 19 janvier 1747, à St-Jean, I. O ³
MARCEAU, Marie-Marthe (1).   [LOUIS II.
Marie-Joseph, b 25 mars 1729, à Berthier ⁴; m ² 4 mai 1751, à Claude BOULANGER.—*Isabelle*, b ⁴ 24 nov. 1730; m ³ 12 février 1748, à Jean-Baptiste BIBEAU; s 3 sept. 1749, à Ste-Famille, I. O ⁵—*Marie-Joseph*, b... m à Joseph-Marie BOISSONNEAU.—*Louis-Thomas*, b ⁴ 27 janvier 1735; m ⁵ 7 janvier 1754, à Marie DEBLOIS.—*Marie-Louise*, b ³ 3 février 1737; s ³ 5 juillet 1754.— *Pierre*, b ³ 13 et s ³ 19 nov. 1739.—*Prisque*, b ³ 20 juin 1738; m 3 août 1763, à Marthe ANURY, à Quebec.—*Cécile*, b ³ 14 mars et s ³ 2 juillet 1741. —*Marie-Marthe*, b ³ 13 mai 1742; m.² 19 février 1759, à Pierre SABATHIER—*Jean-Baptiste*, b ³ 1ᵉʳ mars et s 17 mai 1744.—*Marie-Madeleine*, b ³ 25 sept. 1746; s ³ 8 avril 1747.—*Marie-Geneviève*, b... m à Claude LEFEBVRE, s 21 février 1753, à St-Michel.

1728, (30 mai) St-Valier.

III.—ASSELIN, JEAN-BTE.   [PHILIPPE II.
BAZIN, Marie-Thérèse.   [FRANÇOIS I.
Marie-Thérèse, b... s 20 février 1730, à Montreal. ⁵—*Louis-Pascal*, b⁵ 7 avril 1730; m 24 nov. 1755, à Marie-Amable HALLÉ, au Sault-au-Récollet.—*Thérèse*, b... m 9 janvier 1758, à Jean FARE, à St-Vincent-de-Paul. ⁶—*Marie-Joseph*, b ⁶ 29 sept. 1745, m ⁶ 18 janvier 1762, à Jean BAR-

(1) Elle épouse, en 1750, Simon Deblois.

RETTE.—*Jean-Baptiste*, b ⁶ 30 mai et s ⁶ 24 août 1747.

1728.

III.—ASSELIN, JOSEPH,   [JACQUES II.
b 1706; s 6 déc. 1759, aux Ecureuils.
1° GERVAIS, Marie-Charlotte,   [GERVAIS I.
b 1701; s 1ᵉʳ sept. 1738, à St-François, I. O.¹
Marie-Charlotte, b ¹ 3 avril 1729 et s ¹ 22 juin 1730.

1739, (27 juillet) Berthier.

2° MERCIER (1), Madeleine.   [PIERRE III.
Joseph-Marie, b ² 24 mars et s ¹ 10 avril, 1740. —*Anonyme*, b ¹ et s ¹ 10 oct. 1742.—*Marie-Joseph*, b ¹ 30 avril 1745; m¹ 25 mai 1761, à Jean LABBÉ. —*Madeleine*, b ¹ 11 février 1747; s ¹ 6 janvier 1749.—*Jacques*, b ¹ 1ᵉʳ janvier 1750; s ¹ 3 déc. 1755.

III.—ASSELIN (2), PIERRE,   [THOMAS II.
b 1716; s 8 nov. 1797, à l'Hôpital-General, M.

1732, (25 juin) St-Jean, I. O.

III.—ASSELIN, NICOLAS,   [NICOLAS II.
b 1701, s 22 juin 1761, à Ste-Famille, I. O
LEBLANC, Marie,   [JOSEPH II.
b 1698.

1732.

III.—ASSELIN, FRANÇOIS,   [NICOLAS II.
b 1704.
LEBLANC, Marie-Joseph,   [JOSEPH II.
b 1712, s 30 mars 1768, à Ste-Famille, I. O.²
Marie-Joseph, b ² 4 avril et s ² 2 mai, 1733.— *Jean-François*, b ² 27 juin 1734; m ² 21 nov. 1763, à Rose VAILLANCOUR; s ² 28 déc. 1763.—*Joseph*, b ² 1ᵉʳ juin 1736.—*Marie-Rose*, b ² 14 sept. 1738; m ² 19 février 1770, à Pierre AUDET.—*Jean-Baptiste*, b ² 26 février 1741—*Marguerite*, b ² 14 juin 1743—*Prisque*, b² 27 avril 1746; s² 25 sept. 1747—*Prisque*, b ² 11 août 1748.—*Madeleine*, b 27 oct. 1750, à St-Laurent, I. O.; m ² 19 février 1770, à Pierre DORVAL.—*Marie-Julienne*, b ² 9 juillet 1754.

III.—ASSELIN, PIERRE,   [PIERRE II.
b 1705, à St-François, I, O. ³; s³ 9 sept. 1737, mort subite.

1734, (22 nov.) St-Pierre, I. O. ⁴

III.—ASSELIN, LOUIS,   [NICOLAS II.
b 1710. à Ste-Famille, I. O.⁵, s ⁵ 3 janv. 1750.
RATE, Thérèse (3).   [JEAN-BTE. II.
Marie-Angelique, b ⁴ 22 avril 1738.—*Marie-Reine*, b ⁵ 6 et s ⁵ 7 nov. 1735 —*Marie-Thérèse*, b ⁵ 4 et s ⁵ 31 janvier 1737 —*Marie-Tècle*, b ⁵ 13 juillet et s ⁵ 3 août 1739.—*Geneviève*, b ⁵ 25 déc. 1740 —*Marie-Rosalie*, b ⁵ 8 sept. 1742 —*Marie-Judith*, b ⁵ 8 sept. 1742 —*Marie-Madeleine*, b ⁵ 10 nov. 1744; m ⁵ 29 mai 1767, à Jean GOSSELIN.—

(1). Elle épouse, le 13 février 1764, Edmond Gervais, à St-François, I O.

(2) Dit Leneaud.

(3) Elle épouse, le 10 janvier 1732, Jean Turcot, à Ste-Famille, I. O.

Louis, b ⁵ 14 oct. 1746.—*Marie-Thérèse*, b ⁵ 7 mars 1748 ; 1º m à Charles Bélanger ; 2º m 4 oct. 1773, à René Morin, à St-Thomas. — *Marie-Abondance*, b ⁵ 29 avril et s ⁵ 18 mai 1750.

1735, (10 janvier) Rivière-Ouelle.¹
III.—ASSELIN, Louis. [Philippe II.
Dubé, Marie-Angélique. [Louis II
Jean-François, b ¹ 11 et s ¹ 21 déc. 1746.—*Antoine*, b 28 janvier 1748, à Kamouraska. ³—*Louis*, b ¹ 15 nov. 1744.—*Joseph-Vital*, b ³ 26 avril 1755. — *François-Ignace*, b ¹ 28 avril 1759. — *Marie-Louise*, b... m ³ 1ᵉʳ août 1757, à Jean Chassé.—*Madeleine*, b... m ³ 17 sept. 1764, à Jean Sanssigot.

1736, (26 nov.) St-Thomas.
III.—ASSELIN, Michel, [Thomas II.
b 1711.
Fournier, Marie. [Jean III.
Marie-Geneviève, b... m 19 juillet 1751, à Joseph Mercier, à St-Frs-du-Sud.

1737, (11 janvier) St-François, I. J. ¹
III.—ASSELIN, Augustin. [Philippe II.
1º Monet, Angelique, [Jean-Bte 1.
b 1717 ; s ¹ 15 oct. 1737.
1738, (10 nov.) ¹
2º Migneron, Marie-Joseph. [Jean III.
Marie-Joseph, b... s ¹ 16 dec. 1739.—*Augustin*, b ¹ 11 juillet 1740. — *Jean-Baptiste*, b 21 mars 1747, au Sault-au-Récollet. — *Catherine*, b 13 juillet 1745, à St-Vincent-de-Paul ² ; 1º m à Jean-Baptiste Bourgoin ; 2º m 3 fevrier 1766, à Jean-Baptiste Beauchamp, à St-Henri-de-Mascouche.—*Amable*, b 1747 ; s ² 19 juillet 1752.—*Marie-Marguerite*, b ² 19 juillet 1749.—*Jean-Baptiste*, b ² 9 mai 1753 ; s ² 30 oct. 1754.—*Marie-Catherine*, b² 29 mai et s ² 30 juin 1754.

1746, (7 février) St-Laurent, I. O.
III.—ASSELIN, Joseph. [Nicolas II.
1º Audet, Perpétue, [Jean-Bte II.
s 21 août 1748, à Ste-Famille, I. O. ⁴
1751, (2 août) St-Jean, I. O.
2º Gobeil, Marie-Madeleine. [Barthélemi III.
Marie-Madeleine, b⁴ 2 juillet 1752—*Joseph*, b ⁴ 12 juillet 1756.—*Marie*, b⁴ 12 juin et s ⁴ 28 juillet 1758.—*Jean-Baptiste*, b ⁴ 19 août 1759 —*Marie-Rose*, b ⁴ 27 mars 1762.—*Marie-Joseph*, b ⁴ 22 avril 1764.—*Angélique*, b ⁴ 28 mars 1766.—*Marguerite*, b⁴ 10 oct. 1768.

ASSELIN, Marie-Ursule, épouse de Louis-Antoine Coderre.

1747, (17 avril) St-Vincent-de-Paul.¹
III.—ASSELIN, Pierre-Alexandre. [Philippe II.
1º Constantineau, Marie-Anne, [Julien III.
b 1725 ; s ¹ 11 mai 1749.
1751, (8 février) Montréal.
2º Ménard, Marie-Amable, [Joseph III.
b 1733 ; s ¹ 28 nov. 1760.
Marie-Catherine, b 15 déc. 1752, à Ste-Rose.—*Marie-Marguerite*, b ¹ 12 nov. 1751 ; s ¹ 28 août 1752.—*Marie-Amable*, b ¹ 26 oct. 1754.—*Pierre-Charles*, b ¹ 22 août 1756.
1765, (8 juillet) Châteauguay.
3º Consigny, Jeanne, [François I.
b 1743.

1747, (14 nov.) St-Roch.
III.—ASSELIN, Philippe. [Philippe II.
Toussaint, Geneviève, [Jean I.
b 1728.
Marie-Angélique, b 24 juin 1752, à Kamouraska ² ; m 26 janvier 1779, à Lucien Chouinard, à St-Jean-Port-Joli. — *Madeleine*, b ² 13 juillet 1754.—*Jean-Baptiste*, b ² 21 sept. 1755.—*Charles*, b ² 26 juin 1757.—*Marie-Geneviève*, b ² 16 mars 1763.—*Joseph*, b ² 15 juillet 1765.

III.—ASSELIN, François. [Philippe II.
Toussaint, Françoise (1). [Jean II.
Angélique, b... m 15 oct. 1781, à Julien Chouinard, à l'Islet.

1748, (12 février) Ste-Famille, I. O. ¹
IV.—ASSELIN, François. [François III.
1º Fouché, Marie-Dorothée, [Gervais II.
s ¹ 4 mars 1748.
1749, (28 juillet) St-François, I. O.
2º Bilodeau, Marie, [Jean III.
b 1731.
Charles-François, b ¹ 16 oct. 1750.—*Marie-Geneviève*, b ¹ 24 sept. 1752 ; m ¹ 4 février 1771, à Joseph Létourneau.—*Marie-Tècle*, b ¹ 23 mars 1754.—*Joseph-Basile*, b ¹ 7 février 1756 ; s ¹ 8 mai 1763.—*Gilles*, b ¹ 9 et s ¹ 10 sept. 1757.—*Anonyme*, b ¹ et s ¹ 20 août 1758.—*Jean-Baptiste*, b ¹ 31 oct. 1759.—*Pierre-Chrysologue*, b ¹ 8 février 1763.—*André*, b ¹ 27 oct. 1764.—*Marie-Rose*, b ¹ 3 janvier 1766.

1748, (20 nov.) Montréal. ³
III.—ANSELIN, Joseph. [Philippe II.
Ménard, Marguerite (2). [Joseph III.
Joseph, b 1748 ; s ³ 12 mai 1749.—*Joseph*, b ³ 27 février 1750.

1751, (19 avril) St-François, I. O. ⁴
IV.—ASSELIN, André, [François III.
s ⁴ 27 juin 1780 (tué par la foudre).
Drouin, Marie-Louise, [François III.
b 1731.
Marguerite, b ⁴ 21 juillet 1752 ; m ⁴ 20 février 1775, à Jacques Gagné.—*Marie-Tècle*, b ⁴ 8 dec. 1753 ; m ⁴ 16 juillet 1781, à Joseph Gagné.—*Anonyme*, b ⁴ et s ⁴ 1ᵉʳ avril 1755.—*Jean*, b ⁴ 10 avril et s ⁴ 3 juillet 1756.—*Marie-Louise*, b 6 sept 1757, à St Jean, I. O. ; s ⁴ 3 oct. 1757.—*Marie-Louise*, b ⁴ 23 août 1758, m ⁴ 26 février 1781, à Louis Gagnon.—*Isabelle*, b ⁴ 15 déc 1760, m ⁴ 21 janvier 1783, à Joseph-Marie Gagné.—*Marie-Joseph*, b ⁴ 11 oct. 1762.—*Marie-Charlotte*, b ⁴ 27 mai 1764 ; m ⁴ 16 juillet 1781, à François Guyon.—*Marie-Geneviève*, b ⁴ 22 août

---
(1) Elle épouse, le 8 février 1768, Gabriel Chouinard, à St-Jean, I. O.
(2) Elle épouse, le 7 juin 1762, Etienne Dequin, à Montréal.

ASS 59 ASS

1765; s⁴ 13 avril 1773.—*François-Olivier*, b⁴ 7 juillet 1767.

1751, (22 nov.) St-Michel. ³
IV—ASSELIN, FRANÇOIS. [JACQUES III.
GAUTRON, Marie-Anne, [MICHEL II.
b 1734.
Marie-Françoise, b 2 oct. 1752, à St-Valier ¹ ; s³ 12 oct. 1752.—*Marie-Anne*, b ¹ 7 avril 1754.— *Pierre-François*, b ¹ 24 déc. 1755—*François*, b ¹ 25 août 1757 ; s ¹ 26 sept. 1758. — *Marie-Angélique*, b ¹ 11 juin 1759.—*Jacques*, b ¹ 13 février 1761.

1752, (10 juillet) Kamouraska. ¹
III —ASSELIN, GABRIEL, [PHILIPPE II.
b 1722 ; s 12 août 1772, à Ste-Anne-de-la-Pocatière.
1° ROY, Marie-Anne, [PIERRE III.
b 1718 ; s ¹ 12 février 1756.
Catherine, b ¹ 5 mai 1755 ; m ¹ 19 oct. 1778, à Julien OUELLET.—*Marie-Rosalie*, b 20 mai 1753 , s ¹ 8 août 1757.

1756, (23 août) St-Roch. ³
2° PELLETIER, Marie-Anne (1), [JOSEPH IV.
veuve de Pierre Morneau.
Jean, b ³ 21 février 1759. — *Marie-Euphrasie*, b ³ 16 nov. 1760.—*Marie-Joseph*, b ³ 23 nov. 1762. —*Marie-Charlotte*, b ³ 1er juillet 1764.

1753, (20 nov.) St-Jean, I. O.
IV.—ASSELIN, JEAN. [JEAN III.
LAISNÉ (2), Geneviève. [PIERRE II.
Jean-Baptiste, b 29 sept. et s 26 déc. 1755, à St-François, I. O. ¹—*Geneviève*, b ¹ 2 mai 1757, m ¹ 16 février 1778, à Joseph BAUDOIN.— *Jean*, b ¹ 25 mai 1763 ; s ¹ 19 mars 1773.—*Marie-Angélique*, b ¹ 17 juin 1766 — *Anonyme*, b ¹ et s ¹ 19 sept 1768.—*Anonyme*, b ¹ et s ¹ 29 mars 1770.— *Marie-Marguerite*, b ¹ 30 avril et s ¹ 18 oct. 1771. —*François*, b ¹ 5 et s ¹ 6 sept. 1773.

1754, (7 janvier) Ste-Famille, I. O.
IV.—ASSELIN, LOUIS. [LOUIS III.
DEBLOIS (3), Marie. [FRANÇOIS III.
Louis, b 2 oct. 1756, à St-Antoine Tilly. ³— *Jean-Baptiste*, b ³ 6 janvier 1758. — *Louis*, b 2 janvier et s 30 juin 1761, à Bécancourt.

1754, (14 janvier) Lachenaye. ⁴
IV.—ASSELIN, FRANÇOIS, [JEAN III
b 1730 ; s 7 déc. 1766, à St-Henri-de-Mascouche. ³
1° HUBOU-DESLONGCHAMPS,Madeleine, [JOSEPH II.
s ³ 27 nov. 1755.

1757, (10 janvier). ³
2° BEAUCHAMP, Marie-Joseph (4), [JOSEPH IV
b 1738.

(1) Elle épouse, le 11 février 1765, Jean Bérubé, à St-Roch.
(2) Dit Laliberté.
(3) Dit Grégoire.
(4) Elle épouse, le 11 janvier 1768, Joseph Coderre, à St-Henri-de-Mascouche.

François, b ³ 4 février 1758.—*Marie-Charlotte*, b ³ 26 juin 1761.—*Joseph-Marie*, b ³ 8 janvier et s ³ 9 juillet 1760. — *Pierre*, b ⁴ 10 février 1763 ; m ⁴ 20 juin 1785, à Marie-Archange TROY.

1755, (14 avril) Kamouraska. ¹
III.—ASSELIN, CHARLES. [PHILIPPE II.
BÉCHARD, Marie-Angélique, [LOUIS II.
b 1733.
Jean, b ¹ 18 mars 1756.—*Marie-Geneviève*, b ¹ 3 avril 1758.—*Marguerite*, b ¹ 28 mai 1761.— *Marie-Catherine*, b ¹ 12 juin 1754.—*Michel*, b ¹ 31 janvier 1769.—*Marie-Joseph*, b ¹ 10 mars 1772.

1755, (24 nov.) Sault-au-Récollet.
IV.—ASSELIN, LOUIS-PASCAL. [JEAN-BTE III.
HALLE, Marie-Amable. [PIERRE III.
Jean-Louis, b 15 août et s 27 nov. 1756, à St-Vincent-de-Paul.

1756, (9 février) St-Michel. ²
IV.—ASSELIN, NOEL. [JACQUES III.
GAUTRON, Marie-Angelique, [MICHEL III.
b 1741.
Marie-Angélique, b ² 13 déc. 1756 ; s ² 1er mai 1761.—*Marie-Joseph*, b ² 28 oct. 1759.— *Noel-Michel*, b ² 19 sept. 1761.

1756, (23 février) Ste-Famille, I. O. ³
IV.—ASSELIN, BASILE. [FRANÇOIS III.
COUTURE, Marie-Anne, [JEAN-BTE III.
b 1737.
Marie-Anne, b ³ 1er déc. 1756.—*Basile*, b ³ 18 janvier 1759.—*Amant*, b ³ 25 mars 1761.—*Pierre*, b ³ 26 déc. 1763.—*Jean-Baptiste*, b ³ 26 mai 1766.

1759, (9 janvier) St-Henri-de-Mascouche.
IV.—ASSELIN, JOSEPH. [JEAN-BTE. III.
BOURGOIN, Marie-Madeleine, [JEAN-BTE III.
b 1738.

1763, (3 août) Québec.
IV.—ASSELIN, PRISQUE. [LOUIS III.
AMURY, Marthe. [GUILLAUME I.
Marie-Angélique, b 23 juin 1764, au Cap St-Ignace.

1763, (20 juin) Trois-Pistoles. ⁴
IV.—ASSELIN, LOUIS. [JEAN-BTE III.
DION, Françoise, [ANGE IV.
b 1737.
Félicité, b... m ⁴ 3 août 1795, à Benjamin COTÉ.

1763, (21 nov.) Ste-Famille, I. O. ⁵
IV.—ASSELIN, FRANÇOIS, [FRANÇOIS III.
s ⁵ 28 déc. 1763.
VAILLANCOUR, Rose (1). [PAUL III.

1764, (27 février) Lachenaye. ⁵
IV.—ASSELIN, JOSEPH. [JACQUES III.
DAVIAU, Marie-Angelique, [PIERRE I.
b 1740.

(1) Elle épouse, le 3 février 1766, Jean Pichet, à Ste-Famille, I. O.

Joseph-Marie, b ⁵ 18 février 1765.—*Angélique*, b 1767, m à René Destroismaisons; s 19 avril 1784, à St-François, I. O.

1766, (17 nov.) St-François, I. O. ⁶
IV.—ASSELIN, Joseph. [Jean III.
Martineau, Marie-Joseph, [Jean-Bte III.
b 1739; s ⁶ 22 avril 1780.
Marie-Joseph, b ⁶ 28 sept. 1767; s ⁶ 17 juin 1770.— *Marie-Geneviève*, b ⁶ 28 mars 1769.— *Marie-Louise*, b ⁶ 18 nov. 1770; s ⁶ 6 avril 1773.— *Charlotte*, b ⁶ 17 mars 1772; s ⁶ 25 fevrier 1773. —*Joseph-Marie*, b ⁶ 18 nov. 1774.

1767, (17 nov.) Ste-Famille, I. O. ⁷
IV.—ASSELIN, Louis. [Jacques III.
Dorval, Marie-Perpetue, [Pierre IV.
b 1742.
Louise, b ⁷ 8 sept. 1768.—*Catherine*, b... m à Jean Tessier.

ASSELIN, Louis.
Dion, Marie-Judith.
Thérèse, nee 22 avril et b 9 juillet 1774, à l'Ile-Verte. ⁸—*Lambert*, b ³ 10 juillet 1783.

ASSELIN, Pélagie, épouse de Joseph Rioux.

ASSELIN, Jacques.
Landry, Anastasie.
Jean-Baptiste, b... s 26 août 1774, à Repentigny.

1785, (20 juin) Lachenaye. ³
V.—ASSELIN, Pierre. [François IV.
Troy (1), Marie-Archange. [Claude II
Marie-Rose-Archange, b ᵈ 1ᵉʳ juin 1786.—*François*, b 30 août 1789, à Repentigny.

ASSIGNY (D').—Voy. D'Assigny-Lemoine.

ASSINÉ, Jean-Baptiste.
Larche, Françoise.
Jean-Baptiste, b 4 mars 1760, à Chambly.

1749, (10 février) Charlesbourg.
I.—ASTELME, William (2), fils d'Ambroise et de Marie Gamle, de Grebodeum, village de Londres.
Renault, Marie-Anne, [Michel II.
veuve de Paul Lauze.

1756, (23 fevrier) Montréal.
I.—ASTIER, Jean-Pierre, soldat, b 1731; fils de Joseph et de Marie-Anne Lesbreux, de St-Sauveur, diocèse d'Aix.
Palin, Geneviève, [Louis II.
b 1734; veuve de Pierre Lamarche.

(1) Dit Lafantaisie.
(2) Anglais.

1759, (19 février) Verchères. ³
I.—ASTRUD (1), Alexis, fils de Denis et de Marguerite Leblanc, de Ste-Catherine-de-Gairanne, diocèse de Beziers, Languedoc
Cognard, Charlotte. [Charles II.
Alexis, b... s ³ 25 août 1759.

ATCHERS ....
Oppen, Mary (2).
Marie-Madeleine, b 28 oct. 1705, à Soulanges.

1748, (8 janvier) Québec. ³
I.—ATINA, Gabriel, soldat, fils de François et de Marguerite Lorieux, de Courville, diocèse de Coutance.
Beaufort (3), Geneviève. [Jacques I.
Nicolas-Gabriel, b ³ 18 déc. 1748. — *Henri-Pierre*, b ³ 30 juin 1750.—*Marie-Geneviève*, b ᵈ 6 fevrier et s ³ 4 sept. 1752. — *Angèle*, b ³ 9 sept. 1753; s ³ 22 avril 1756. — *Nicolas*, b ³ 9 mars 1755; s ³ 20 avril 1758 —*Marie-Marguerite*, b 18 nov. 1759, à Charlesbourg.—*Geneviève-Hypolite*, b 11 juillet 1757.

I—.ATTENVILLE, Marie, b 1651, à Paris; 1º m 15 oct. 1669, à Robert Sénat, à Quebec⁴, 2º m ⁴ 20 janvier 1671, à Jean Fauconnet; 3º m 6 oct. 1683, à Charles Martin, à Boucherville ⁵; 4º m ⁵ 28 fevrier 1686, à François César; s ⁵ 28 avril 1723.

ATTINA (4), Gabriel.
Sauvagesse.
Gabriel, né 17 février 1783; b 22 juillet 1786, à Mackinac.

1725, (30 juillet) Montréal. ¹
I.—AUBAN (5), François-Honoré, b 1602; fils de François et de Claire Davio, de St-Jean, Toulon.
Martin (6), Marie-Therèse, [Pierre I.
b 1700 ; s 20 mars 1741, à Ste-Geneviève, M. ²
Marie-Françoise, b ¹ 22 juillet 1726, m ² 13 fevrier 1747, à Jean-Baptiste Laniel.—*Marie-Thérèse*, b... m ² 5 juin 1752, à Vincent Chomeraux.—*François*, b ¹ 11 mars 1728; 1º m ² 1ᵉʳ fevrier 1751, à Marie-Françoise Laniel; 2º m ¹ 8 février 1762, à Françoise Robeau.—*Joseph*, b ¹ 17 mai 1729; m ¹ 13 sept. 1751, à Marie-Louise Aubin—*Pierre*, b ¹ 11 nov. 1730.—*Marie-Louise*, b 1737; 1º m 19 fevrier 1759, à Pierre-Noel Legaut, à St-Laurent, M.; 2º m 11 mai 1767, à Charles St-Denis, à Lachine.—*Jean-Baptiste*, b ¹ 20 mars et s ² 30 août 1741.

(1) Dit Sansquartier ; soldat du Royal-Roussillon.
(2) Prisonnière de guerre et actuellement chez Mlle Sorel
(3) Joneau dit Beaufort.
(4) Laviolette.
(5) Dit Lagarde.
(6) Dit Ladouceur.

1751, (1ᵉʳ février) Ste-Geneviève, M. ³
II.—AUBAN (1), Frs-Honoré. [François I.
1° Laniel, Marie-Françoise, [Antoine II.
b 1729.
Philippe, b ³ 2 et s ³ 29 mai 1751.—*Jacques,* b ³ 2 et s ³ 15 mai 1751.—*Louis-Antoine,* b ³ 11 juillet 1752.— *Marie-Joseph,* b ³ 6 oct. 1753.— *Marie-Suzanne,* b ³ 22 avril et s ⁵ 15 juin 1755.— *Michel,* b ³ 10 mars et s ³ 11 juillet 1757.—*Jean,* b ³ 16 oct. 1758 ; s ³ 19 mars 1759. — *Marie-Louise,* b ⁵ 16 oct. 1758 ; s ³ 17 juillet 1759.— *Jean-Baptiste,* b ³ 16 dec. 1759.
1762, (8 février) Montréal.
2° Robrau (2), Françoise, [Pierre I.
veuve de Pierre Haï.

1751, (13 sept.) Montréal.
II.—AUBAN (1), Joseph. [François I
Aubin, Marie-Louise. [René II.
Paul, b 18 juin 1752, à Ste-Geneviève, M. — *Joseph,* b 7 nov. 1736, à St-Laurent, M. ⁴—*Marie-Joseph,* b ⁴ 26 juin 1759.—*Jean,* b ⁴ 14 juin 1761.

I.—AUBÉ (3), Louis,
b 1666 ; s 5 août 1716, à Montréal.
Bouy, Madeleine, [Laurent I.
b 1674.
Pierre, b 1708 ; m 13 février 1747, à Marie-Anne Truchon, à Lachenaye ; s 10 juin 1782, à l'Hôpital-Général, M. — *Marie-Joseph,* b 1715, s 23 avril 1754, à St-Vincent-de-Paul.—*Angélique,* b..., m à Joseph Richard.

1715, (7 janvier) St-Valier. ⁴
I.—AUBÉ (4), André,
b 1683 ; s ⁴ 30 janvier 1753.
Fradet, Geneviève, [Jean I.
s ⁴ 10 juillet 1768.
Marie-Geneviève, b ⁴ 3 mars 1717 ; m 25 oct. 1735, à Joseph Bauché.—*Marie-Agathe,* b ⁴ 18 sept 1718, m ⁴ 15 février 1740, à Augustin Roy ; s ⁴ 26 dec. 1749.—*André,* b ⁴ 14 mai 1721 ; m ⁴ 5 février 1748, à Marie-Anne Remillard.—*Ignace,* b ⁴ 29 mars 1723.—*Augustin,* b ⁴ 27 avril 1725 ; m 22 nov. 1751, à Marie-Anne Lemieux, à Berthier. ⁵—*Marie-Louise,* b ⁴ 20 mai 1727 ; 1° m ⁴ 12 janvier 1747, à Louis Langlois ; 2° m ⁴ 22 nov. 1758, à Joseph-Marie Rouleau.—*Pierre-Jérôme,* b ⁴ 1ᵉʳ février 1729.—*Marie-Anne,* b ⁴ 22 avril 1731.—*Marie-Joseph,* b ⁴ 7 nov. 1733 ; m ⁴ 25 nov. 1754, à Joseph Lemieux.—*Boniface,* b ⁴ 23 avril 1736 ; m ⁵ 15 nov. 1762, à Marie-Madeleine Blais. — *Jean-François,* b ⁵ 11 août 1739, m ⁴ 1ᵉʳ février 1762, à Marie Tanguay.— *Pierre,* b..., m ⁵ 20 nov. 1758, à Marie-Joseph-Madeleine Blais.—*Marie-Anne,* b... 1° m à Michel Lemieux ; 2° m ⁵ 8 janvier 1759 à Michel Balan-Lacombe.

---

(1) Dit Lagarde
(2) Dit Duplessis.
(3) Dit St-Onge. Du port de Mata, Saintonges.
(4) Dit Langlois.

AUBÉ, Marie-Joseph-Geneviève, épouse de Pierre Dumont ; s 18 oct. 1760, à Kamouraska.

1738, (14 juillet) St-François, I. J. ¹
IV.—AUBÉ, Jean-Charles. [Charles III.
D'Azé, Marie-Geneviève. [Paul II.
Marie-Charlotte, b ¹ 12 juin 1739 ; m à Michel Beauchamp.—*Geneviève,* b ¹ 10 oct. 1740.—*Ignace-Charles,* b 5 février 1749, à Lachenaye.

1747, (13 février) Lachenaye. ²
II.—AUBÉ (L), Pierre, [Louis I.
s 10 juin 1782, à l'Hôpital-Général, M.
Truchon, Marie-Anne. [Pierre II.
Marie-Anne, b ² 13 juillet 1748 ; s ² 17 juin 1749. — *Pierre,* b 7 sept. 1751, à St-Henri-de-Mascouche ; m 1780, à Marie-Charlotte Gibaut — *Marie-Charlotte,* b... s ² 7 juin 1753. — *Henri,* b ² 20 juillet 1754, *Toussaint,* b ² 29 oct. 1755,— *Charles,* b ² 19 février 1760.—*Marie-Marguerite,* b ² 30 avril 1764.—*Marie-Anne,* b ² 23 mai et s ² 18 août 1765.

1748, (5 février) St-Valier. ³
II.—AUBÉ, André. [André I.
Remillard, Marie-Anne. [Etienne II.
Marie-Anne, b ³ 18 février 1749.

1751, (22 nov.) Berthier.
II.—AUBÉ, Augustin. [André I.
Lemieux, Marie-Anne, [Guillaume II.
b 1731.
Augustin, b 26 août 1752, à St-Valier. ⁴—*Jérôme,* b ⁴ 15 mars 1759.

1758, (20 nov.) Berthier.
II.—AUBÉ, Pierre. [François-André I.
Blais, Marie-Joseph, [Augustin III.
b 1735.
Marie-Joseph, b 21 sept. 1759, à St-Frs-du-Sud.

1759, (29 janvier) St-Vincent-de-Paul.
V.—AUBÉ, François-Xavier. [François IV.
Renaud (2), Marie-Angelique. [Jacques II.

1761, (2 février) St-Vincent-de-Paul.
V.—ANDRÉ, Joseph. [François IV.
Paquet, Angélique. [Pierre IV.

1762, (15 nov.) Berthier.
II.—AUBÉ, Boniface. [André I.
Blais, Marie-Madeleine. [Jean-Bte III.

1762, (1ᵉʳ février) St-Valier.
II.—AUBÉ, François. [André I.
Tanguay, Marie-Judith, [Jean II.
b 1746.
Marie-Judith, b 30 sept 1765, à Berthier.

---

(1) Dit St-Onge.
(2) Dit Desmoulins.

1780.

III.—AUBÉ (1), Pierre. [Pierre II.
Gibaut, Marie-Charlotte. [Jean-Bte IV.
Joseph, b 1783 ; s 12 février 1786, à Lachenaye.⁵
—*Marie-Marguerite*, b ⁵ 20 août 1786.

I.—AUBERNON, Antoine.
Pelloquin-Félix, Françoise. [François I.
Gabriel, b... m 21 février 1757, à Marie-Joseph Trotier, à Batiscan.

1757, (21 février) Batiscan.

II.—AUBERNON (2), Gabriel. [Antoine I.
Trotier, Marie-Joseph (3), [Antoine III.
b 1718 ; veuve de Louis Blondeau.

AUBERT—*Variations et surnoms :* De la Chenaye—De Gaspé— De Beaucourt—De Forillon—Latouche.

I.—AUBERT, Jacques (4), seigneur,
s 19 juillet 1710, aux Grondines. ¹
Meunier, Antoinette,
b 1636, en France.
Madeleine, b 1667 ; m à François Hamelin ; s¹ 3 juin 1742.—*Antoinette*, b... m 1679, à Louis Hamelin ; s¹ 8 dec. 1720.—*Marie*, b... m 1689, à Roch Rigaud, au Cap Santé.

1664, (6 février) Québec. ²

I.—AUBERT (5), Charles,
s ² 20 sept. 1702.
1º Couillard, Catherine-Gertrude, [Guillaume I.
s 18 nov. 1664.
Charles, b ² 17 nov. 1664.
  1668, (10 janvier). ²
2º Juchereau, Marie-Louise. [Jean I.
  1680, (11 août). ²
3º Denys, Angélique, [Pierre II.
s ² 9 nov. 1713.
Angélique, b ² 12 août 1699 ; m à François Desgoutins, s avant 1740.—*Françoise-Charlotte*, b ² 17 août 1697 ; m à François Eury.

AUBERT, Jeanne, m 1669, à Jean Buisson.

AUBERT, Elisabeth, m 1670, à Lambert Aubin.

II.—AUBERT, Jacques, seigneur.
Locat, Marguerite.
Madeleine, b... m 10 février 1724, à Antoine Alino, aux Grondines.

---

(1) Dit St-Onge.
(2) Dit Marquis.
(3) Elle épouse, le 31 janvier 1763, Joseph Carpentier, à Batiscan.
(4) Le 3 novembre 1717, les corps de Jacques Aubert et de son épouse sont transférés dans l'église neuve, aux Grondines.
(5) Sieur de La Chenaye —Voy. vol. I, p. 14.—De Beaucourt, gouverneur de Montréal.

1695, (12 avril) Quebec. ⁶

II.—AUBERT, François. [Charles I.
1º Denys, Anne-Ursule, [Pierre II.
s ⁶ 30 janvier 1709.
Ursule, b ⁶ 1ᵉʳ sept. 1700 ; 1º m 18 mai 1732, à Charles LeMarchand, aux Trois-Rivières ; 2º m⁶ 4 nov. 1741, à Charles-Joseph DeFeltz ; s 3 oct. 1756, à Montréal.

1699, (27 août) Château-Richer.

III —AUBERT, François. [Félix II.
Têtu, Angélique, [Pierre I.
veuve de Pierre Guyon (1).
Jean-François, b 1ᵉʳ mai 1703, à la Rivière-Ouelle ; m 27 oct. 1727, à Françoise Carrier, à Levis.

1699, (14 janvier) Montréal. ⁹

I.—AUBERT (2), Julien,
b 1669.
Millot, Jeanne (3). [Jacques I.
Marie-Charlotte, b... m 1721, à Pierre Dugas-Labrèche, s 11 mai 1750, à St-Laurent, M.—*Marguerite*, b⁹ et s⁹ 14 janvier 1700.—*Geneviève*, b ⁹ 10 mars 1701.—*Jeanne*, b⁹ 15 et s⁹ 26 avril 1703.—*Louise-Catherine*, b⁹ 12 juillet 1706 ; m ⁹ à Jean-Baptiste Petit ; s⁹ 16 mars 1740.—*Marie*, b⁹ 3 août 1710 ; m à Barthelemi Lemay-Léonard —*François*, b⁹ 7 et s⁹ 16 mars 1712.—*Catherine*, b⁹ 7 mai 1713 ; s⁹ 5 nov. 1714.—*Marie-Louise*, b⁹ 30 juillet et s⁹ 10 août 1715.—*Marie-Charlotte*, b⁹ 15 dec. 1716. — *Jean-Baptiste-Laurent*, b⁹ 24 juin 1719 ; m⁹ 9 janvier 1743, à Charlotte Cabassier.—*Catherine*, b ⁹ 7 août 1722.—*Anonyme*, b⁹ et s⁹ 7 août 1722.

AUBERT, Marie, épouse de Jean-Baptiste Rancour.

1702, (8 nov.) Québec. ⁶

II.—AUBERT (4), Louis, [Charles I.
s⁸ 21 oct. 1745
LeNeuf de la Vallière, Barbe, [Michel II.
s 14 février 1733, à Montreal.

I.—AUBERT, Nicolas, b 1708 ; de Chartres ; s 8 oct. 1815, à l'Hôtel-Dieu, M.

1709, (25 nov.) Rivière-Ouelle. ¹

III —AUBER, Félix. [Félix II.
Mignier, Marie-Madeleine, [André I.
b 1679 ; veuve de Nicolas Lisot.
Jean-Bernard, b ¹ 16 nov. 1710 ; s ¹ 1ᵉʳ février 1711.—*Marie-Madeleine*, b ¹ 10 janvier 1712 ; m 12 janvier 1728, à Charles Migneau, à Ste-Anne-de-la-Pocatière. ²—*Françoise*, b ¹ 27 août 1713.—*Angélique*, b ² 1ᵉʳ et s ² 10 oct. 1715.—*François*, b ² 5 janvier 1719 ; m ¹ 17 nov. 1745, à Marie-

---

(1) Elle épouse, le 10 octobre 1708, Gabriel Charland, à Ste-Famille, I O.
(2) Dit Latouche.
(3) Elle épouse, le 28 mai 1728, Jacques Boyer, à Montréal.
(4) De La Chenaye de Forillon, lieutenant réformé et capitaine des Gardes, 1745.

Françoise Bérubé.—*Marie-Joseph*, b ² 1ᵉʳ nov. 1720; m ¹ 25 nov. 1738, à Pierre Guéré.

1710, (4 février) Château-Richer. ³
III.—AUBER, Charles. [Félix II.
1º Gariépy, Marie-Anne. [Charles II.
Jean-Baptiste, b ³ nov. 1710.—*Marie-Anne*, b ³ 2 nov. 1711.—*Marie-Joseph*, b 13 juin 1713, à St-François, I. J. ⁴; 1º m ⁴ 16 nov. 1733, à Paul Guindon; 2º m 17 août 1750, à Joseph Perrin, à St-Vincent-de-Paul.—*Pierre*, b ⁴ 24 août et s ⁴ 15 oct. 1714.—*Jean-Charles*, b ⁴ 7 mars 1716; m ⁴ 14 juillet 1738, à Marre-Geneviève Dazé.—*Marie-Anne*,b... m ⁴ 11 juillet 1729, à Pierre Fillatro.—*Marie-Angélique*, b... m⁴ 4 nov. 1738, à Joseph Tallard.

1721, (22 février) Ste-Famille, I. O.
2º Cornelier (1), Cecile, [Pierre I.
b 1688.

1711, (11 oct.) Beauport.
II.—AUBERT (2), Pierre, [Charles I.
s 22 mars 1731, à St-Antoine Tilly. ⁵
Le Gardeur, Angelique. [Pierre-Noel III.
Angélique, b⁵ 11 février 1713.—*Ignace-Philippe*, b ⁵ 5 avril 1714; m 30 juin 1745, à Marie-Anne Coulon; s 28 janvier 1787, à St-Jean-Port-Joli.—*Marie-Charlotte*, b 1715, s ⁵ 9 juin 1716.—*Pierre-Joseph*, b ⁵ 5 février et s ⁵ 16 nov. 1717.—*Madeleine-Barbe*, b ⁵ 31 mai 1720.—*Charlotte-Joseph*, b ⁵ 31 juillet 1721.—*Anonyme*, b ⁵ et s ⁵ 10 mai 1723.—*Jean-Baptiste*, b ⁵ 7 mai et s ⁵ 29 juin 1726.

1721, (24 nov.) Montréal. ⁷
III.—AUBERT (3), Philippe. [François II.
Tessier, Marguerite. [Jean II.
Marguerite, b ⁷ 18 février et s ⁷ 26 mai 1723.—*Marie-Marguerite*, b ⁷ 27 mai et s ⁷ 7 juin 1729.—*Joseph*, b ⁷ 4 et s ⁷ 26 oct. 1730.

1727, (27 oct.) Lévis. ⁸
IV.—AUBERT, François. [François III.
Carrier, Françoise. [Ignace II.
Jean-François, b ⁸ 31 déc. 1728 et s ⁸ 19 janvier 1729.—*François*, b ⁸ 9 février 1730; m 5 juillet 1751, à Marguerite Garant, à Beaumont; s ⁸ 20 juin 1753 —*Charles*, b ⁸ 23 janvier 1732; m ⁸ 15 février 1751, à Angelique Garant. — *Marie-Françoise*, b ⁸ 25 janvier 1734.—*Marie-Louise*, b ⁸ 4 sept. 1735; m ⁸ 25 août 1760, à Adrien Couet.—*Marie-Suzanne*, b... m ⁸ 15 nov. 1762, à Charles Girard.—*Joseph*, b ⁸ 8 février 1742; m ⁸ 27 février 1764, à Françoise Pichet.—*Catherine-Rosalie*, b ⁸ 5 mars 1738.—*Marie-Anne*, b ⁸ 31 oct. 1739; m ⁸ 18 juin 1759, à Joseph Buisson.—*Thérèse*, b ⁸ 30 mars 1744.

(1) Dit Grandchamp.
(2) Dit De Gaspé, seigneur de St-Jean-Port-Joli.
(3) Dit Lachenaye.

1730, (27 nov.) Québec. ³
III.—AUBERT (1),Ignace-Frs-Gabriel. [Frs II.
De l'Estringant, Marie-Anne, [Joseph I.
veuve de Louis DeMontéléon.
Charlotte-Marie-Anne-Joseph (2), b ³ 20 janvier 1737; m ³ 18 janvier 1757, à François Albergati Vezza. — *Gilles-Ignace-Joseph*, b ³ 16 janvier 1738.—*Ursule-Madeleine-Joseph*, b³ 4 et s³ 12 mai 1741.

1732, (11 février) St-François, I. J.
IV.—AUBER, François. [François III.
Delguel-Labrèche, Marie-Joseph, [Jean-Bte II.
b 1706.
François-Xavier, b 12 oct. 1732, à Terrebonne; ¹ m 29 janvier 1759, à Marie-Angélique Renaud, à St-Vincent-de-Paul. ² —*Pierre*, b ¹ 1ᵉʳ février 1735; s ² 10 mars 1754.— *Marie-Joseph*, b ¹ 21 janvier 1737.—*Joseph*, b ¹ 13 janvier 1739; m ² 2 février 1761, à Angelique Paquet. — *Jean-Baptiste*, b ¹ 1ᵉʳ nov. 1740, s ² 6 août 1748.—*Charles*, b ¹ 31 mars et s ¹ 21 avril 1743.—*Anonyme*, b ¹ et s ¹ 15 sept. 1744.

1738, (14 juillet) St-François, I. J.
IV.—AUBER, Jean-Charles. [Charles III.
Dazé, Marie-Geneviève. [Paul II.

1743, (9 janvier) Montréal. ⁶
II.—AUBERT (3), Jean. [Julien I.
Cabassier, Charlotte (4). [Charles II.
Laurent, b ⁶ 16 nov. 1743.

1745, (30 juin) Québec. ⁷
III.—AUBERT (5), Ignace, [Pierre II.
chevalier,
s 28 janvier 1787, à St-Jean-Port-Joli. ⁸
Coulon de Villier, Marie-Anne, [Nicolas I.
s ⁸ 18 mars 1789.
Marie-Anne-Angélique, b ⁷ 15 avril et s ⁷ 29 nov. 1746. — *Pierre-Ignace*, b ⁷ 25 mars 1748.—*Geneviève*, b ⁷ 22 mai 1749; m ⁸ 28 janvier 1772, à Michel Bailly.—*Ignace*, b ⁷ 9 janvier et s ⁷ 5 avril 1752.—*Marie-Anne-Joseph*, b ⁷ 4 sept. 1754.—*Pierre-Ignace*, b ⁷ 14 août 1758; m ⁷ 28 janvier 1786, à Catherine Tarieu; s ⁸ 13 février 1823.—*Louis-Ignace*, b 30 août 1762, à l'Islet ⁹; s ⁹ 23 avril 1763.—*Marie-Catherine*, b ⁹ 20 janvier 1764.

1745, (17 nov.) Rivière-Ouelle.
IV.—AUBERT, François, [Félix III.
b 1725; s 22 nov. 1759, à St-Anne-de-la-Pocatière. ⁴
Bérubé, Marie-Françoise, [Pierre II.
s avant 1771.
Marie-Françoise, b ⁴ 17 août 1746, s ⁴ 5 mars

(1) Dit de Lachenaye.
(2) Filleule de Beauharnais.
(3) Dit Latouche, voyageur.
(4) Elle épouse, le 9 février 1750, Jean-Baptiste Tessier, à Montreal.
(5) Dit De Gaspé, enseigne en pied, capitaine des Grenadiers, en 1762, à l'Islet.

1760.—*Marie-Madeleine*, b ⁴ 7 août 1747; m ⁴ 14 oct. 1771, à Charles Mignier.—*Pierre-François*, b ⁴ 28 août 1748, s ⁴ 24 mars 1760 —*Marie-Anne*, b ⁴ 13 juin 1750, m ⁴ 25 janvier 1768, à Marie-Joseph Mignier. — *Nicolas-Félix*, b ⁴ 31 dec. 1751.—*Marie-Marthe*, b ⁴ 19 juillet 1753.—*Jean-Marie*, b ⁴ 24 dec. 1754; m 10 fevrier 1777, à Marie-Louise Chouinard, à St-Jean-Port-Joli.—*Louis*, b ⁴ 27 nov. 1759.—*Louise*, b 1748; s ⁴ 8 déc. 1759.

1747, (13 nov.) Québec. ⁵
I.—AUBERT, Marcellin, caporal des canoniers, fils de Jean et de Marguerite Calamar, de Nisier, diocèse de Lyon.
Metot, Marie-Thérèse,   [Abraham II.
  s ⁵ 21 sept. 1757.
Marie-Thérèse, b ⁵ 1ᵉʳ oct. 1748 ; s ⁵ 24 juin 1750.—*Marie-Françoise*, b ⁵ 6 juin 1750.—*Jacques*, b ⁵ 15 et s ⁵ 20 juin 1752.—*Joseph*, b ⁵ 4 dec. 1753 ; s ⁵ 10 juillet 1754.

1751, (15 fevrier) Lévis. ¹
V.—AUBERT, Charles.   [François IV.
  Garand, Marie-Angelique,   [Pierre II.
  b 1730.
Marie-Françoise, b ¹ 26 mars et s ¹ 11 avril 1752.—*Marie*, b ¹ 21 avril 1753. — *Charles*, b ¹ 6 mars 1757 ; s ¹ 13 juin 1770. — *François*, b ¹ 10 nov. 1758.—*Geneviève*, b ¹ 26 dec. 1766.—*Marie-Louise*, b 20 août 1760, à St-Michel. — *Marie*, b 1762 ; s ¹ 7 août 1769.—*Charles*, b ¹ 4 mars 1769.

1751, (5 juillet) Beaumont. ¹
V.—AUBERT, François,   [François IV.
  s 20 juin 1753, à Levis. ²
  Garand, Marguerite (1).   [Pierre II.
François, b ² 26 oct. 1751 ; s ² 30 août 1752. — *Marie-Marguerite*, b ¹ 1ᵉʳ août 1753.

1759, (29 janvier) St-Vincent-de-Paul.
V.—AUBERT, François-Xavier, [François IV.
  b 1732.
  Delguel, Marie-Joseph.   [Jean-Bte II.

AUBERT, François.
  Dupuis, Elisabeth.   [Jérome I.
Marie-Marthe, b 2 nov. 1761, à l'Islet.

1761, (2 fevrier) St-Vincent-de-Paul.
V.—AUBERT, Joseph,   [François IV.
  b 1739.
  Paquet, Angélique.   [Pierre IV.

1764, (27 fevrier) Levis. ¹
V.—AUBERT, Joseph.   [François IV.
  Pichet, Françoise.   [Louis III.
Marie-Françoise, b ¹ 4 mars 1766 —*Joseph*, b ¹

(1) Elle épouse, le 19 octobre 1756, Joseph Lanoue, à Levis.

10 août 1767 ; s ¹ 1ᵉʳ fevrier 1768.—*Joseph*, b ¹ 6 nov. 1768.—*Ignace*, b ¹ 20 dec. 1770.

1777, (10 fevrier) St-Jean-Port-Joli.
V.—AUBERT, Jean.   [François IV.
  Chouinard, Marie-Louise.   [Pierre II.

AUBERTIN.—Voy. Hobertin.

AUBERTIN, François.
  Payment, Marguerite,
    b 1732 ; s 1ᵉʳ juin 1764, à Terrebonne.

AUBERY, Jaqueline, 1° m 1670, à Antoine Legros dit Laviolette ; 2° m 1689, à Guillaume DeNoyon.

AUBIN (1). — *Variations et surnoms :* Lambert —Lecamus—Mignau—Paradis.

1670, (11 juin) Ste-Famille, I. O. ¹
I.—AUBIN, Michel,
  b 1638, s 19 avril 1688, à St-Pierre, I. O. ²
  Provost, Marie,   [Martin I.
    s ² 6 dec. 1700.
Pierre, b ¹ 20 nov 1670 ; m ² 17 nov. 1693, à Marie Paradis, s ² 4 juillet 1742.—*Joseph*, b... m 1720, à Marie-Anne Michaud.

1680.
I.—AUBIN, René (2),
  b 1657 ; s 23 août 1700, à Montréal.
René, b... m 1716, à Françoise Bigras.

1693, (17 nov.) St-Pierre, I. O. ⁶
II.—AUBIN, Pierre,   [Michel I.
  s ⁶ 4 juillet 1742.
  Paradis, Marie,   [Jacques II.
    s ⁶ 12 mai 1755.
Pierre, b ⁶ 14 janvier 1695 ; 1° m ⁶ 12 nov. 1730, à Marguerite Marcou ; 2° m ⁶ 14 fevrier 1752, à Geneviève Couture.—*Guillaume*, b ⁶ 12 nov. 1696 ; s ⁶ 14 dec. 1714.—*Jean*, b ⁶ 10 janvier 1699, m ⁶ 13 nov. 1724, à Elisabeth Chesnay. — *Geneviève*, b ⁶ 2 août 1701. — *Claire*, b ⁶ 24 août 1703 —*Paul*, b ⁶ 10 mars 1706 ; s ⁶ 30 nov. 1743. —*Gabriel*, b ⁶ 13 oct 1708 ; m ⁶ 10 avril 1741, à Marie-Joseph Leclerc, s ⁶ 11 déc. 1742.—*Charles*, b ⁶ 18 avril 1711 —*Jean-Baptiste*, b ⁶ 27 et s ⁶ 28 mai 1714 —*Joseph*, b ⁶ 30 juillet 1715 ; m 13 nov 1740, à Marie-Charlotte Fréchet, à St-Nicolas. —*Ignace*, b ⁶ 15 fevrier 1721 ; s ⁶ 25 dec. 1724.— *Jean-Baptiste*, b... m 1739, à Thérèse Boucher.

1716.
I.—AUBIN, Jean.
  Parenteau, Marie-Françoise,   [Pierre I.
    b 1674.
Marie-Renée, b 12 oct. 1717, à Montréal¹, m ¹ à François Brasier.

(1) Etymologie latine — *Albinus* ; St-Aubin, évêque d'Angers.
(2) Soldat de la compagnie de M. Duplessis.

1719, (17 sept.) Québec.²

I.—AUBIN (1), NICOLAS-GABRIEL, b 1698; fils de Jean et de Marie Lefaucheur, de St-Sulpice, Paris; s² 8 février 1747.
 1° MARCHAND, Elisabeth, [CHARLES I.
 veuve de Jean DuPrat; s² 7 mars 1726.
 Marie-Louise, b² 31 juillet 1720; m² 17 août 1739, à Pierre CHABOSSEAU.—*Marie-Anne*, b² et s² 10 avril 1722.—*Eustache*, b² 6 avril 1723.—*Marie-Gabrielle*, b² 14 mai 1724; 1° m² 23 sept. 1749, à Etienne TINON; 2° m² 17 mai 1756, à Augustin CADDÉ.—*Nicolas-Gabriel*, b² 1er juin 1725; s² 25 nov. 1726.

1727, (18 nov.)²

2° JÉRÉMIE, Marie-Françoise, [FRANÇOIS II.
 s² 7 mars 1742.
 Nicolas-Noel, b² 25 déc. 1728; s² 22 mai 1729 —*Pierre-Nicolas*, b² 22 juillet 1730; s² 7 janvier 1731.—*Marie-Françoise*, b² 20 juin 1731; m² 28 mai 1759, à Pierre BOISSON.—*Marie-Françoise-Ignace*, b² 15 mai 1732—*Marie-Anne*, b² 16 juillet 1733; m² 12 février 1753, à Edme-Guillaume LEROY. — *Marie-Françoise*, b² 20 juin 1734.—*Charles-Ignace*, b² 6 janvier 1736.—*François-Gabriel*, b² 3 oct. 1737.—*Joseph-Noel*, b² 25 et s² 29 déc. 1739.—*Marie-Louise*, b² 6 mars 1742.

1743, (27 dec.)²

3° LEMAITRE, Marguerite, [FRANÇOIS II.

1716.

II.—AUBIN (2), RENÉ. [RENÉ I.
 BIGRAS, Françoise, [FRANÇOIS I
 b 1698.
 Marie-Louise, b... m 13 sept. 1751, à Joseph AUBAN, à Montréal.¹—*Marie*, b 1718; m¹ 6 février 1758, à Pierre DUPONT.—*Marie*, b... m à François HERVÉ.—*René-Marie*, b¹ 18 sept. 1721.—*Marguerite*, b... m 25 oct. 1756, à Michel RAYMOND (3), au Détroit.—*Renée-Madeleine*, b 12 août 1741, à Ste-Geneviève, M.³—*Marie-Julienne*, b... m³ 31 mai 1745, à Jean-Baptiste JEAN dit VINCENT—*Marie-Françoise*, b... m³ 4 juillet 1746, à François PLOUF.—*Jean-Marie*, b... m 8 mai 1759, à Marguerite MADOUE, à St-Frs-du-Lac.—*Louis-Amable*, b... m 8 juin 1761, à Marie-Angelique VARIN, à Longueuil.

1720.

II.—AUBIN-MIGNAU (4), JOSEPH. [MICHEL I.
 MICHAUD, Marie-Anne. [PIERRE II.
 Marie-Joseph, b 17 avril 1723, à St-Thomas⁴. m à Jean MAROL.—*Marie-Madeleine*, b⁴ 1er avril 1725, m 1er sept. 1749, à François BAGANARD, à Quebec.—*Geneviève*, b... 1° m à Auguste TALBOT, 2° m⁴ 13 juillet 1750, à Charles MAROT.—*Claire*, b⁴ 14 oct 1732.—*Jean-François*, b⁴ 14 oct. 1732; m ⁴ 28 février 1765, à Marie-Marthe GAGNE — *Louis-Joseph*, b ⁴ 19 juillet 1735.—*Pierre*, b... m à Catherine OUELLET.

---
(1) Dit Delisle, greffier de la Maréchaussée.
(2) Dit St-Aubin.
(3) L'acte de ce mariage est aussi enregistré à Ste-Geneviève de Montréal, le 11 février 1759.
(4) Dit Aubin.

AUBIN, MARIE, epouse de Jean-Baptiste VINCENT.

1724, (13 nov.) St-Pierre, I. O. ¹

III.—AUBIN, JEAN. [PIERRE II.
 CHESNAY, Elisabeth. [JEAN-BTE II.
 Marie-Elisabeth, b 17 sept. 1725, à Quebec. ²—*Jean-Charles*.—b ³ 4 nov. 1726; s² 18 mars 1727. —*Jean-Baptiste*, b ³ 3 mars 1728, m à Marie-Anne BÉLANGER.—*Joseph*, b 20 février et s 26 juillet 1730, à St-Antoine Tilly. ³ — *Joseph-Marie*, b ³ 26 avril 1731; s ¹ 15 avril 1741.—*Ignace*, b ³ 26 avril 1732.—*Pierre*, b ³ 25 mars 1734; m 13 juillet 1761, à Charlotte DEMERS, à Lanoraie.—*Marie-Therèse*, b ³ 24 février et s ³ 22 mai 1735.—*Marie-Louise*, b ³ 15 juillet 1736.—*Antoine-Marie*, b ³ 6 juillet 1737.—*Etienne*, b ³ 7 juillet 1740.—*Marie-Charlotte*, b ³ 7 juillet 1740; s ³ 18 mai 1741.

1724, (27 nov.) Montréal. ⁴

I.—AUBIN (1), ANTOINE, b 1702; fils d'Antoine et d'Anne Bonneville, de Bouré-Lefranc, diocèse de Langres; s ⁴ 24 août 1748.
 AUGÉ, Marie-Madeleine (2). [JEAN I.
 Catherine, b ⁴ 27 sept. 1725; 1° m ⁴ 26 nov. 1742, à Claude BOUILLET; 2° m ⁴ 20 oct. 1755, à Jacques CLAUSERET.—*Marie-Geneviève*, b ⁴ 23 et s ⁴ 24 mai 1728.—*Michel*, b ⁴ 29 sept. et s ⁴ 1er oct. 1729.—*Marie-Joseph*, b ⁴ 1730; s ⁴ 9 mai 1745.—*Catherine*, b ⁴ 22 et s ⁴ 24 juin 1734.—*Madeleine-Geneviève*, b ⁴ 4 sept. 1735, m ⁴ 12 juin 1758, à Joseph BOUET.—*Marie-Anne*, b ⁴ 1er et s ⁴ 18 mars 1737.—*Marie-Françoise*, b ⁴ 14 avril et s ⁴ 6 mai 1738.—*Madeleine*, b ⁴ 3 et s ⁴ 7 juillet 1739.—*Jean-Baptiste*, b ⁴ 21 et s ⁴ 30 août 1740.—*Antoine*, b ⁴ 4 et s ⁴ 17 sept. 1741.—*Etienne*, b ⁴ 22 sept. et s ⁴ 11 oct. 1742.—*Antoine*, b ⁴ 5 et s ⁴ 24 janvier 1744.—*Joseph*, b ⁴ 7 et s ⁴ 14 sept. 1745—*Marie-Joseph-Charlotte*, b ⁴ 8 et s ⁴ 10 sept, 1746.

1730, (12 nov.) St-Pierre, I. O. ⁵

III.—AUBIN, PIERRE, [PIERRE II.
 b 1695.
 1° MARCOU, Marguerite, [NOEL II.
 veuve de Pierre Leclerc; s ⁵ 22 déc. 1743
 Pierre-François, b ⁵ 11 et s ⁵ 24 oct 1731.—*Joseph-Marie*, b ⁵ 23 avril et s ⁵ 6 mai 1733.—*Paul-François*, b⁵ 10 janvier 1735.—*Jean-Baptiste*, b ⁵ 2 août 1736; s ⁵ 28 janvier 1745.—*Agathe*, b ⁵ 10 avril 1738; m ⁵ 10 février 1755, à Philippe NOEL.—*Louis-Gabriel*, b⁵ 16 déc. 1739.—*Marie-Thérèse*, b ⁵ 31 mai 1741.—*Marie-Marguerite*, b ⁵ 13 dec. 1743.

1752, (14 février). ⁵

2° COUTURE, Geneviève, [GUILLAUME II.
 b 1707.

III.—AUBIN, PIERRE. [JOSEPH II.
 OUELLET, Catherine, [JOSEPH III.
 s avant 1765.
 Michel, b... m 25 nov. 1765, à Marie-Joseph DENEAU, à St-Thomas

---
(1) Dit Champagne.
(2) Elle épouse, le 21 avril 1749, Pierre-Luc Bernard, à Montréal.

1739.

III.—AUBIN (1), JEAN-BTE. [PIERRE II.
BOUCHER, Thérèse. [JEAN-BTE III.
Marie-Thérèse, b 3 oct. 1740, à St-Antoine Tilly.—*Marguerite*, b 1742 ; m 27 oct. 1760, à Charles PROUX, au Sault-au-Recollet.

1740, (13 nov.) St-Nicolas.[1]

III.—AUBIN, JOSEPH. [PIERRE II.
FRÉCHET, Marie-Charlotte. [JEAN-BTE II.
Marie-Charlotte, b[1] 4 sept 1741, m 30 juin 1766, à Michel DEMERS, à St-Antoine Tilly.[2]—*Joseph-François*, b[2] 9 sept. 1742.—*Marie-Joseph*, b[2] 20 août et s[2] 17 oct. 1744. — *Michel*, b[2] 26 sept et s[2] 15 nov. 1745. — *Jean-Baptiste*, b[3] 8 dec. 1746. — *Marie-Marguerite*, b[2] 22 sept. et s[2] 19 nov. 1748. — *Marie-Marguerite*, b[3] 14 déc. 1749. — *Charles-Augustin*, b[2] 6 fevrier et s[2] 29 juillet 1752. — *Philippe*, b[2] 15 juillet 1753. — *Etienne*, b[2] 27 avril et s[2] 21 mai 1755. — *Denis*, b[3] 25 mai 1756 —*Pierre*, b[2] 2 nov. 1760.

1741, (10 avril) St-Pierre, I. O.[3]

III.—AUBIN, GABRIEL, [PIERRE II.
s[3] 11 dec. 1742.
LECLERC, Marie-Joseph. [JEAN III
Marie-Thérèse, b[3] 27 janvier 1742 — *Gabriel-Marie*, b[3] 25 fevrier 1743.

1733, (16 fevrier) Montreal.

III.—AUBIN (2), DENIS. [RENÉ II.
TESSEREAU, Catherine, [ANTOINE I.
b 1713.
Marie-Amable, b 29 mars 1750, St-Laurent. M.[3]—*Michel*, b[3] 6 sept. 1753. — *Madeleine*, b[4] 19 mars 1756.—*Toussaint*, b[3] 25 août 1758.

III.—AUBIN (3), JACQUES. [RENÉ II.
VIAU, Catherine. [JEAN I.
Jean, b 19 déc. 1750, à St-Laurent, M.[4]—*Marie-Anne*, b[4] 3 mars 1752 —*Marie-Joseph*, b[4] 4 mars 1754.—*Jacques*, b[4] 19 dec. 1755 — *Louis-François*, b[4] 30 mars 1757.—*Joseph*, b[4] 10 nov. 1759.

1743.

I.—AUBIN (4), DENIS.
BUTEAU, Marie-Louise.
Nicolas, b 3 dec. 1751, à Montréal.

AUBIN, JEAN.
CLOUTIER, Marie-Anne.
Jean-Baptiste, b... m 15 juillet 1776, à Marie DOUCET, à St-Cuthbert.[1]—*Joseph*, b... — *Pierre*, b.. —*Marguerite*, b... m[1] 11 janvier 1779, à Michel DOUCET. — *Marie-Angélique*, b... m à Noël BEAUGRAND.

1758.

IV —AUBIN, JEAN. [JEAN III
BELANGER, Marie-Anne. [FRANÇOIS IV.
Marie-Angélique, b 27 oct 1759, à Lanoraie

(1) Lambert dit Champagne.
(2) Et St-Aubin.
(3) Et St-Aubin, 1755.
(4) Voy. Lecamus.

1759, (8 mai) St-Frs-du-Lac.

III.—AUBIN, JEAN-MARIE. [RENÉ II.
MADOUE, Marguerite. [FRANÇOIS II.

AUBIN, FRANÇOIS.
MADOUE, Marie. [FRANÇOIS II.
François, b 8 août 1761, à St-Laurent, M.

1761, (8 juin) Longueuil.

III.—AUBIN, LOUIS-AMABLE. [RENÉ II.
VARIN, Marie-Angelique, [NICOLAS II.
b 1744.

1761, (13 juillet) Lanoraie.

IV.—AUBIN, PIERRE, [JEAN III.
b 1734.
DEMERS, Charlotte, fille de Charles et de Charlotte Durand.

1765, (28 février) St-Thomas.

III.—AUBIN (1), JEAN-FRANÇOIS. [JOSEPH II,
GAGNÉ, Marie-Marthe. [LOUIS V.

1765, (25 nov.) St-Thomas.

IV.—AUBIN, MICHEL. [PIERRE III.
DENEAU, Marie-Joseph, [JOSEPH II.
b 1734.

1776, (15 juillet) St-Cuthbert.[1]

AUBIN, JEAN-BTE. [JEAN
DOUCET, Marie-Elisabeth, [MICHEL I,
Acadienne.
Jean-Baptiste-Michel, b[1] 28 mars et s[1] 16 avril 1777. — *Jean-Baptiste*, b[1] 19 fevrier 1778. — *Amable-Ambroise*, b[1] 21 fevrier 1784, s[1] 19 mars 1786.—*Thérèse*, b 1786 ; s[1] 3 juillet 1795.— *Laurent-Modeste*, b[1] 27 août 1788.—*Alexis*, b[1] 13 mars 1791 — *Marie-Angélique*, b[1] 2 avril 1793 ; s[1] 26 avril 1794.—*Jean-Edouard*, b[1] 25 mars 1795.

AUBIN, FRANÇOIS.
MARSAND, Marie-Joseph.
Marie-Joseph, b 5 dec. 1787, à St-Cuthbert.[2]—*François*, b[2] 24 juillet et s[2] 12 août 1789.—*Marguerite*, b[2] 26 oct. 1790 ; s[2] 27 nov. 1793.— *Joseph*, b[2] 5 dec. 1792 ; s[2] 17 mars 1794.—*Marie-Anne*, b[2] 2 mars 1795.

AUBIN (2), JEAN-BTE.
RIVAL, Victoire.
Geneviève, b 22 janvier 1793, à St-Cuthbert.

AUBIN, JOSEPH.
LAPORTE, Angelique.
Geneviève, b 28 dec. 1794, à St-Cuthbert.

AUBIN, MADELEINE, m 1698, à François ST-MICHEL.

AUBINOT, SUZANNE, m 1667, à Mathias CAMPAGNA.

(1) Dit Mignau.
(2) Dit Lambert.

AUBOIS (1).—Voy. HAUTBOIS, vol. I.

I.—AUBONNE, MARIE-JOSEPH, épouse de Joseph GARCEAU.

1670, (10 sept.) Québec.
I.—AUBRENAN, TEC (2),
b 1632 ; s 24 nov. 1687, à la Pointe-aux-Trembles, M.
CHARTIER, Jeanne,
b en France ; s 30 oct. 1695, à Montreal. [7]
Madeleine-Thérèse, b 1671 ; 1° m 14 nov. 1696, à Jean CAPET, à Varennes. 2° m [7] 24 nov. 1700, à Olivier LAISNÉ ; s [7] 20 juillet 1748.

AUBRY (3).—*Origine :* AUBRENAN.—*Variations et surnoms :* OBRY — TÈCLE — LA FLÈCHE — LARAMEE.

AUBRY, FRANÇOISE, m 1673, à Antoine MERCIER.

AUBRY, ANNE, m 1674, à Antoine GAILLÉ.

AUBRY, MARIE-ANNE, m 1692, à Vincent LÉPINE.

1694, (16 sept) Laprairie. [8]
I.—AUBRI (4), LOUIS-BERTRAND,
de Bordeaux.
DUMAS, Anne (5). [RENÉ I.
Marie-Anne, b [8] 15 nov. 1699 ; m [8] 28 nov. 1718, à Pierre BAUDIN.—*Marie-Françoise,* b... 1° m [8] 15 avril 1720, à André FOUCREAU ; 2° m [8] 16 nov. 1722, à Julien PIÉDALU.

I.—AUBRY (6), GERMAIN,
b 1663 ; s 11 juillet 1723, à Montréal.

1708, (23 sept.) Montreal. [1]
II.—AUBRY, FRANÇOIS, [TEC I.
capitaine, b 1677 ; s 20 janvier 1752, à St-Laurent, M. [2]
BOUTEILLER-TÊTU, Marie-Jeanne. [JEAN I.
Cécile, b [1] 6 sept. 1709 ; m à Fleurant BOUCHER.—*Marie-Catherine,* b [1] 3 avril 1711 1° m à Jean-Baptiste LAVOIX ; 2° m à Jean-Baptiste LACROIX ; s[2] 15 oct. 1756.—*Marie-Thérèse,* b [1] 30 nov. 1712 ; m à Louis LEMAY. — *Marie,* b [1] 10 et s [1] 12 juin 1714.—*Charles-François,* b [1] 21 juillet 1715 ; s [1] 21 juin 1716 —*Marie-Jeanne,* b [1] 10 février 1717 ; s [1] 12 oct. 1718.—*Jean-Baptiste,* b [1] 20 sept. 1720 ; m [2] 15 février 1761, à Pelagie COUSINEAU —*François,* b 1723 ; m [2] 13 oct. 1749, à Cecile GROU ; s avant 1811, à Contrecœur.— *Charles,* b [1] 14 juillet 1729. — *Marie-Anne,* b... m à Joachim BERTELET — *Angélique,* b... m à Andre GROU.—*Marie-Jeanne,* b .. 1° m à Charles

JÉROME ; 2° m [2] 23 février 1756, à Jean-Baptiste ST-ROMAIN.

I.—AUBRY, NICOLAS-FRANÇOIS, b 1693 ; de Dinan, Bretagne ; s 25 janvier 1763, à Montreal. [3]
HARBOUR, Madeleine, [AUGUSTIN II.
b 1718.
Marie-Charlotte, b 1740 ; m [3] 15 janvier 1759, à Jean-Louis ST-LOUIS.—*Françoise,* b 1738 ; m [3] 7 janvier 1760, à Pierre ROBINEAU.

I —AUBRY (1), GUILLAUME, b 1696, de St-Etienne, diocèse d'Angers ; s 21 avril 1771, à l'Hôpital-Géneral, M.
OLIVIER, Martine.
Guillaume, b... m 21 février 1746, à Catherine GOBEIL, à St-Joseph, Beauce.

I.—AUBRY, SÉBASTIEN (2), fils de Pierre et d'Elisabeth Anthoine, de Sire, diocèse de Tours, en Lorraine.

I.—AUBRY, JEAN (3), de Châlons, diocèse de Langres, Bourgogne.
GUENY (4), Antoinette, fille de Nicolas et de Jeanne Pilois, de Châlons, diocèse de Langres.
Angélique, b 7 dec. 1739, aux Trois-Rivières [6] ; m [6] 1er juin 1757, à François GRENIER.—*Marguerite,* b... 1° m à Pierre PINAU ; 2° m 6 janvier 1761, à Jacques BOISCLERC à la Pte-du-Lac —*Simon,* b... m [6] 22 avril 1748, à Marie BAUDET.—*Jacques,* b... m [6] 14 avril 1749, à Antoinette BAUDET.

1742, (3 avril) Quebec. [4]
I —AUBRY, LOUIS, sellier, fils d'Antoine et de Louise Barbarin, de St-Jean-en-Grève, Paris.
HUBERT (5), Elisabeth. [ANTOINE II.
Marie-Barbe, b [4] 21 mai 1743, m à Joseph VIAU, s avant 1770. — *Françoise,* b [4] 23 janvier 1745.—*Louis,* b [4] 15 août 1746 — *Charles,* b [4] 7 et s [4] 25 août 1748. — *Rene,* b [4] 17 oct. 1749. — *Jacques,* b [4] 9 et s [4] 12 sept 1750 —*Marie-Anne,* b [4] 6 et s [4] 8 sept. 1751. — *Anonyme,* b [4] et s [4] 7 sept. 1751. — *François,* b [4] 24 sept. 1753 ; s [4] 8 nov 1754.—*Marie-Rose,* b [4] 27 oct 1754 —*Marie-Angèle,* b [4] 19 août et s 5 oct. 1757, à Ste-Foye —*Françoise-Victoire,* b [4] 3 avril et s [4] 2 août 1762.

1742, (17 juin) Trois-Rivières. [5]
I.—AUBRY, JOSEPH, fils d'Etienne et de Jeanne Fleuret, de St-Brouin-les-Moines, diocèse de Dijon, Bourgogne
CHEVREFILS, Marie-Joseph (6), [LOUIS II.
b 1719

---

(1) Etymologie.—HAUTBOIS—bois où les arbres sont hauts.
(2) Voy. vol. I, p 15.
(3) Etymologie.—AUBRY, saxon—ALBERIC.
(4) Dit Laramée.
(5) Elle épouse, le 28 juin 1699, François Dumont, à Montreal.
(6) Dit Larose, soldat de la compagnie de Repentigny.

(1) Dit LaFlèche.
(2) Etait le 25 nov. 1736, à Ste-Anne-de-la-Pocatière.
(3) Maitre charbonnier.
(4) Appelée Quercy au mariage de sa fille Angélique.— Elle épouse, le 10 août 1745, Julien Duval, aux Trois-Rivières.
(5) Dit Raymond
(6) Elle épouse, le 21 septembre 1750, Antoine Lafond, à la Baie-du-Febvre.

Joseph, b ^{5} 11 mai 1743; s ^{5} 5 juin 1744. — *Louis-Joseph*, b ^{5} 30 juillet 1744; s ^{5} 7 mai 1745. —*Marie-Marguerite*, b ^{5} 17 avril 1746; m 10 oct. 1763, à Gabriel Précour, à la Baie-du-Febvre ^{6}; s ^{6} 4 fevrier 1773 —*Catherine*, b ^{5} 3 oct. 1747; s^6 22 déc. 1749 —*Joseph*, b ^{6} 1er nov. 1749.—*Marie-Joseph*, b... m ^{6} 2 mars 1767, à Joseph Hamel.

1746, (21 février) St-Joseph, Beauce. ^{5}
II.—AUBRY, Guillaume. [Guillaume I.
Gobeil, Catherine, [Barthelemi II.
veuve de Jean Goyer.
Marie-Louise, b ^{5} 11 et s ^{5} 27 oct. 1747. — *Marie-Louise*, b ^{5} 7 déc. 1754.

1748, (22 avril) Trois-Rivières. ^{5}
II.—AUBRY, Simon. [Jean I
Baudet, Marie. [Michel II.
Marie-Anne, b ^{5} 16 février 1749 —*Marie-Anne*, b 29 mai 1750, à la Pte-du-Lac, m ^{5} 24 oct 1763, à François Baudoin, s 26 oct. 1784, à Nicolet.

1749, (14 avril) Trois-Rivières. ^{5}
II.—AUBRY, Jacques. [Jean I.
Baudet, Marie-Antoinette. [Michel II.
Pierre, b ^{5} 2 nov. 1757. — *Thibeau*, b ^{5} 4 août 1759.—*Etienne*, b ^{5} 6 janvier 1761.

1749, (13 oct) St-Laurent, M. ^{5}
III.—AUBRY, François. [François II
Grou, Cecile. [Jean II
François, b ^{5} et s ^{5} 4 nov 1750.—*François*, b ^{5} 2 janvier 1752. — *André*, b ^{5} 9 janvier 1751, m à Emerance Desmoulins. — *Marie-Cécile*, b ^{5} 12 avril 1753.—*Joseph*, b ^{5} 22 nov. 1754 ; s ^{5} 22 juin 1755. — *Laurent*, b ^{5} 17 juillet 1756, ord. 15 oct. 1784; s ^{5} 2 août 1839.—*Clément*, b ^{5} 23 nov 1757, m ^{5} 12 oct. 1789, à Marie-Joseph Cousineau. — *Joseph*, b ^{5} 24 août 1759, s ^{5} 23 avril 1760. — *Angélique*, b ^{5} 18 mars 1761. — *Pierre*, b... m à Marguerite Lavoie. — *Ambroise*, b... —*Marie-Louise*, b... m ^{5} 23 oct. 1780, à Hyacinthe Viau.—*Blanche*, b... m à Fleury de la Gorgendière.—*Thérèse*, b... m ^{5} 4 juin 1797, à Etienne Martin.

1751, (15 fevrier) St-Laurent, M ^{7}
III.—AUBRY, Jean-Bte. [François II.
Cousineau, Pelagie, [Jean-Noel II.
Pélagie, b ^{7} 31 dec. 1751.—*Jean-Baptiste*, b ^{7} 30 avril 1753.—*Louis*, b ^{7} 27 mars 1755 —*Ambroise*, b ^{7} 2 oct. 1756 —*Pierre*, b ^{7} 18 juin 1758 — *Toussaint*, b ^{7} 1er nov. 1760 —*Louis*, b ^{7} 17 janvier 1762.

1759, (8 janvier) St-Augustin. ^{8}
I.—AUBRY, Nicolas (1), fils de Pierre et d'Elisabeth Anthoine, de Siré, diocèse de Tours, Lorraine.
Juneau, Marie-Anne. [Jean III.
Marie-Anne, b ^{8} 23 sept. 1760.

(1) Grenadier du régiment du Languedoc, capitaine de la Louisiane, brave et accrédité ; fut fait prisonnier par les Anglais qui, avertis de l'arrivée des secours attendus (ils arrivèrent le 24 juillet 1759), avant que M. de Lignerie eut fait avertir de Pouchot, les attaquèrent chaleureusement. On dut se battre de part et d'autre (1759).

I.—AUBRY (1), Joseph-Antoine, avocat.

1789, (12 oct.) St-Laurent, M. ^{5}
IV.—AUBRY (2), Clément. [François III.
Cousineau, Josette, [Eustache III.
b 1761.
Anonyme, b ^{5} et s ^{5} 19 nov. 1790.—*Joseph*, b ^{5} 25 déc. 1791 ; s ^{5} 15 janvier 1792.—*Clément* (3), b ^{5} 11 oct. 1793 ; ord. 5 dec. 1819.—*Joseph-Fortunat*, b ^{5} 28 mai 1796; ord. 13 février 1820.—*Marie-Joseph*, b... m à Louis Tassé.—*Luc*, b ^{5} 19 nov. 1805 ; ord. 28 mars 1830.

IV.—AUBRY, André. [François III.
Desmoulins, Emerance.
Hyacinthe, b 12 mai 1790, à St-Laurent, M. ^{5}—*Emerance*, b ^{5} 28 juin et s ^{5} 15 juillet 1792.—*Marie-Amable*, b ^{5} 12 août 1784.

IV.—AUBRY (4), Pierre. [François III.
Lavoie, Marguerite
Olivier, b 2 juin 1792, à St-Laurent, M.

AUBRY, Anne, épouse de Jean-François Lefebvre.

AUBRON, Marie, épouse de Mathurin Bautineau.

AUBUCHON (5).

1655, Montréal. ^{3}
I.—AUBUCHON (6), Jean, de Dieppe; s ^{3} 3 déc. 1685.
Sidilot, Marguerite (7). [Louis I.
Gabriel, b ^{3} 25 dec. 1679 ; s 14 juillet 1703, à la Pte-aux-Trembles, M. ^{4} — *Madeleine*, b ^{3} 13 fevrier 1684, m ^{4} 10 nov. 1710, à Pierre Janot. *Marie*, b... 1° m ^{4} 1698, à Rene Philippe ; 2° m ^{4} 13 avril 1711, à Maurice Laspron.—*Marguerite*, b ^{3} 25 mars 1673, 1° m ^{3} 22 sept. 1689, à Jean Cusson ; 2° m ^{3} 27 mai 1720, à Pierre Voisin, s ^{3} 2 juin 1741 —*Madeleine*, b ^{3} 5 mars 1675.—*Françoise*, b ^{3} 24 mars 1677 ; m ^{3} 15 février 1694, à Jacques Archambaut.

1687, (Trois-Rivières).
II.—AUBUCHON (8), Jacques, [Jean I.
b 1660 ; s 3 janvier 1757, à la Longue-Pointe. ^{6}
Philippe-Etienne, Marie-Ursule, [Philippe I.
b 1666, s ^{6} 19 nov. 1728
Marie-Marguerite, b 28 mai 1702, à la Pte-

(1) Il signe Obry. Etait à Batiscan en 1772.
(2) Dit Tècle.
(3) MM. les abbés Clément et Joseph-Fortunat Aubry ont célébré leur jubilé sacerdotal, en 1870 ; et leur frère, M. l'abbé Luc Aubry, en 1880. Voy. vol. I, p. 15.
(4) Dit Tec.
(5) Etymologie.—Diminutif de *Gros*.
(6) Dit L'Espérance.
(7) Elle épouse, le 10 février 1687, Pierre Lusseau, à Montréal.
(8) Dit L'Espérance, donne le terrain où est bâtie l'église de la Longue-Pointe.

aux-Trembles, M.⁷, m⁷ 20 mars 1722, à Pierre Gourault.—*Marie-Catherine*, b⁷ 29 août 1703.—*Marie-Joseph*, b⁷ 14 juin 1705; m⁶ 5 nov. 1731, à Charles Jourdain.—*Marie*, b... m⁷ 27 juillet 1706, à Jacques Brisset.—*Angelique*, b⁷ 20 avril 1690; m⁷ 17 mai 1712, à Pierre Crépeau. —*Marie-Madeleine*, b⁷ 12 janvier 1697; m⁷ 24 juillet 1718, à Joseph Seré, s 10 sept. 1729, à Montreal. ⁸—*Louis*, b⁷ 2 mai et s⁷ 15 déc. 1711. —*Marie-Charlotte*, b⁸ 13 oct. 1692; m à Louis Truteau; s⁸ 11 février 1718. — *Pierre*, b⁸ 3 juillet 1700; s⁷ 24 avril 1713.—*Jacques*, b⁷ 2 août 1698; m⁸ 2 oct. 1730, à Marie-Joseph Guichard.

1688, (20 mars) Montréal. ⁵

II.—AUBUCHON, Joseph,   [Jean I.
  s 18 janvier 1749, à la Longue-Pointe. ⁶
  Cusson, Elisabeth,   [Jean I.
  s⁵ 28 mai 1711.
Joseph, b⁰ 24 dec. 1688, m 19 mars 1729, à Marie Pani8ensa, à Kaskakia; s 1772 —*Marie-Anne*, b⁵ 14 oct. 1692; m⁰ 7 fevrier 1712, à Jean-Baptiste Tessier —*Jeanne*, b⁵ 29 juin 1690; m⁵ 18 août 1715, à Jean Quesnel,—*Elisabeth*, b⁵ 23 dec. 1701, m⁵ 18 nov. 1721, à Jacques Deneau.—*Antoine*, b⁵ 13 nov. 1705.—*Angélique*, b⁵ 13 mars 1707, m⁶ 17 juillet 1730, s⁰ 4 juillet 1767.—*Jacques*, b⁵ 10 mai 1711.

1688, (26 avril) Champlain. ⁷

II.—AUBUCHON (1), Joseph,   [Jacques I.
  b 1664, s 18 janvier 1749, à la Longue-Pointe. ⁸
  Dandonneau, Louise.   [Pierre I.
Mathurine, b² 11 fevrier 1690; m 23 fevrier 1711, à Pierre Delbec-Joly, à Sorel ⁹—*Michel*, b⁹ 23 nov. 1699.—*Jean-Baptiste*, b⁷ 6 sept 1697. m⁹ 6 mars 1728, à Marie Hus.—*Geneviève*, b 29 dec. 1705, à l'Ile-Dupas⁶; 1⁰ m⁶ 8 nov. 1729 à Louis Le Valois, 2⁰ m⁶ 8 janvier 1739, à Charles Deroche.—*Louis*, b⁶ 14 sept et s⁶ 24 dec 1710 — *Michel*, b... m⁶ 7 janvier 1728, à Marie-Catherine Dutaut—*Joseph*, b... m⁶ 28 août 1730, à Marie-Catherine Rivard. — *François*, b 1691, m 1726, à Agathe Gervais.

AUBUCHON, Marie, m 1698, à René Etienne

1724, (3 juillet) Sorel. ²

III.—AUBUCHON, François,   [Joseph II
  b 1691.
  Hus, Catherine.   [Marc-Antoine II
Anonyme, b² et s² 25 avril 1725—*François*, b² 28 juillet 1726; m à Catherine Millet.

1726.

III —AUBUCHON, François,   [Joseph II.
  b 1691.
  Gervais, Agathe,   [Nicolas II
  b 1707.
Joseph, b 30 sept. et s 4 oct. 1727, à la Longue-Pointe.

(1) Dit Desalliers.

1728, (7 janvier) Ile-Dupas. ³

III.—AUBUCHON, Michel.   [Joseph II.
  Dutaut, Marie-Catherine,   [Jacques II.
  b 1707.
Louise, b... m³ 8 janvier 1759, à Michel Bigot.

1728, (6 mars) Sorel. ⁴

III.—AUBUCHON (1), Jean-Bte,   [Joseph II.
  s⁴ 2 mai 1732.
  Hus. Marie (2).   [Pierre II.
Jean-Baptiste, b⁴ 6 janvier 1729, s⁴ 11 oct. 1738.—*Joseph*, b⁴ 5 août 1730.

1729, (19 mars) Kaskakia. ¹

III.—AUBUCHON, Joseph,   [Joseph II.
  b 1688, s¹ 1772.
  Pani8ensa (3), Marie.

AUBUCHON, Pierre, epoux de Marie-Charlotte Lalande

AUBUCHON (4), Gabriel,
  b 1735; s 20 sept 1785, à Kaskakia. ⁵
  Pilet-Lasonde, Angelique,
  s⁰ 1ᵉʳ août 1776.
Charles, b⁵ 1ᵉʳ août et s⁵ 22 sept 1776.—*Joseph*, b... m 3 mars 1794, à Marie Tiercereau, à St-Laurent, M

AUBUCHON, Louise, b 1755; m à Joseph Lasablonnière, s 29 oct. 1795, à Kaskakia.

AUBUCHON, Pierre.
  Lalande, Marie-Charles,   [Jacques
  s 8 fevrier 1765, à Kaskakia.

1730, (28 août) Ile-Dupas ¹

III —AUBUCHON, Joseph   [Joseph II.
  Rivard, Marie-Catherine.   [Jean II.
Jean-Baptiste, b¹ 19 oct. 1738.

AUBUCHON, Jacques.
  Regnier, Marie (5).   [Jean I.
Marie-Clémence, b 10 avril et s 11 sept. 1739, à la Longue-Pointe.

1730, (2 oct.) Montréal

III —AUBUCHON (6), Jacques.   [Jacques II.
  Guichard, Marie-Joseph   [Jean I.
Marguerite, b... m 1756, à Prudent-Ignace Vinet — *Jacques*, b 10 nov, 1731, à la Longue-Pointe², m² 2 fevrier 1756, à Barbe-Judith Vinet; s² 22 avril 1759 —*Marie-Joseph*, b² 28 juin 1733; m² 4 avril 1758, à Ignace Chenier —*Marguerite-Constance*, b² 5 dec 1734, m² 2 fevrier 1756, à Ignace Vinet.—*Marie-Angelique-Gabrielle*, b² 14 nov et s² 12 dec. 1736 —*François-Philippe*,

(1) Dit Desalliers et dit D'Argis.
(2) Elle epouse, le 10 mai 1734, Paul Plante, à Sorel.
(3) Ou Mean.
(4) Dit Lasonde.
(5) Elle epouse, le 30 avril 1759, Nicolas Brouillet, à Montréal.
(6) Dit Lespérance.

b² 4 déc. 1739; s² 11 oct. 1750.—*Marie-Françoise,* b² 15 avril et s² 13 juillet 1741.—*Marie-Catherine,* b² 8 nov. 1743; m² 14 janvier 1760, à Henri-Pascal FABRE.—*Anonyme,* b² et s² 11 août 1745.—*Marie-Charlotte,* b² 26 février, 1747; m² 30 avril 1770, à François GAUDRY.

IV.—AUBUCHON, FRANÇOIS,   [FRANÇOIS III. b 1726.
  MILLET, Catherine.
  Geneviève, b... m 11 février 1760, à François PARANT, à Chambly.

1756, (2 février) Longue-Pointe. ³
IV.—AUBUCHON (1), JACQUES,   [JACQUES III. s³ 22 avril 1759.
  VINET, Barbe-Judith.   [FRANÇOIS II.
  Jacques-Philippe, b³ 22 déc. 1756; s³ 5 janvier 1760.—*François-Ignace,* b³ 4 août 1758; s³ 23 juillet 1759.

AUBUCHON, JOSEPH.
  LANEUVILLE, Marie.
  Louis, b... m 11 juin 1804, à Marguerite TIERSEREAU, à Florissant, Mo.—*Joseph,* b... m 1ᵉʳ juillet 1800, à Marie BERTHELOT, à St-Charles, Mo.

AUBUCHON, ALEXIS.
  MOREAU, Geneviève.
  Louis, b 23 février 1766, à l'Ile-Dupas.

AUBUCHON, JEAN-BTE.
  COUTU, Marie-Louise.
  Marie-Marguerite, b 17 février 1778, à St-Cuthbert.

I.—AUBUT (2), FRANÇOIS, de Notre-Dame de Léon, Granville, diocèse de Coutance, Basse-Normandie.

1757, (18 juillet) Québec.
I.—AUBUT, FRANÇOIS, fils de Michel et de Françoise Auvray, de Biard, diocèse d'Avranches.
  DUPUIS, Louise.   [JÉRÔME I.
  Marie-Françoise, b 21 avril 1758, au Cap-St-Ignace. ³—*François,* b³ 14 déc. 1759.—*Michel* et *Jérôme,* b 13 nov. 1769, à St-Jean-Port-Joli.

1751, (11 oct.) Québec.
I.—AUCHER, ANTOINE, fils de Louis et d'Honorine Morisseau, de Vigeant, diocèse de Poitiers.
  DUMONT, Angèle,   [JULIEN II. veuve de Jean-Baptiste DeBlois.

I.—AUCHEU (3), PHILIPPE, fils de Michel et de Françoise St-Martin, de Notre-Dame de Bayonne.
  1° MOLIÈRE, Catherine,
  s à Bayonne.

(1) Dit Lespérance.
(2) Était à St-Augustin, le 30 nov. 1744.
(3) Voy. Auchu.

Pierre, b... m 11 janvier 1762, à Marie-Louise BOUDEAU, à Québec. ⁵—*Barthélemi,* b...
1753, (16 août). ⁵
2° BOILARD, Marie-Geneviève,   [JEAN-BTE II. b 1722.
Michel, b⁵ 5 juin 1754; s⁵ 22 août 1755.—*Paul,* b⁵ 18 février 1757; s⁵ 4 avril 1760.

1762, (11 janvier) Québec. ⁵
II.—AUCHEU, PIERRE, fils de Philippe et de Catherine Molière, de Bayonne.
  BOUDEAU, Marie-Louise,   [JACQUES I. veuve de Guillaume Saderlan.
Marguerite, b⁵ 14 mai et s⁵ 23 août 1762.—*Louis,* b⁵ 22 nov. 1763.

II.—AUCHEU, PASCHAL.   [PHILIPPE I.

1679.
I.—AUCLAIR, PIERRE (1), b 1654; fils de Pierre et de Suzanne Aubineau, de St-Vien, diocèse de LaRochelle; s 22 nov. 1741, à Charlesbourg. ⁴
  SÉDILOT, Marie-Marguerite,   [ETIENNE II. b 1665, s⁴ 19 avril 1745.
Jean-Baptiste, b 10 déc. 1707, à Québec; m⁴ 10 février 1733, à Marie-Charlotte ROY-AUDY.—*Suzanne,* b⁴ 21 février 1711; m⁴ 31 mai 1729, à Pierre PAQUET; s⁴ 11 déc. 1733.

1681, (17 février) Québec.
I.—AUCLAIR, ANDRÉ, b 1663; fils de Pierre et de Suzanne Aubineau, de St-Vien, diocèse de LaRochelle; s 14 mai 1699, à Charlesbourg. ⁴
  BEDARD, Marie   [ISAAC I.
Catherine, b⁴ 6 avril 1698; m⁴ 1719, à Gabriel BOUTIN; s 28 février 1724, à Lorette.

1712, (4 juillet) Charlesbourg. ⁵
II.—AUCLAIR, CHARLES,   [PIERRE I. b 1690; s⁵ 25 juin 1756.
  DESRY, Madeleine,   [MAURICE I. s⁵ 27 oct. 1754.
Pierre-Bernard, b⁵ 5 nov. 1719; m⁵ 7 nov. 1740, à Hélène CHALIFOUR.—*Anonyme,* b⁵ et s⁵ 24 janvier 1722.—*Jean-Baptiste,* b⁵ 18 oct. 1723; m⁵ 7 février 1747, à Marie-Charlotte LECLERC.—*Etienne,* b⁵ 17 juillet 1725; 1° m 1748, à Marguerite MAROIS; 2° m⁵ 1759, à Angélique GARNEAU.—*Jean-François,* b⁵ 27 mai 1727; s⁵ 28 août 1728.—*Marie-Françoise,* b⁵ 15 juin 1729; s⁵ 23 août 1730.—*Joseph-Charles,* b⁵ 26 mars 1731; s⁵ 24 juin 1746.—*Marie-Madeleine,* b⁵ 27 mai 1713, 1° m⁵ 15 nov. 1734, à Louis-Vincent CLICHE; 2° m⁵ 29 août 1740, à François ESTIAMBRE; 3° m⁵ 1764, à Joseph FRÉDÉRIC.—*Charles,* b⁵ 20 sept. 1717; m⁵ 7 oct. 1743, à Marie-Thérèse JOBIN —*Germain,* b... 1° m 11 janvier 1745, à Angélique MAROIS, à l'Ange-Gardien; 2° m 1768, à Jeanne GARNAULT. — *Jean-Baptiste,* b... m⁵ 1747, à Charlotte LECLERC.

(1) Voy. vol I, p. 17.

1716, (10 février) Charlesbourg. ⁵

II.—AUCLAIR, François,   [ANDRÉ I.
s ⁵ 25 mai 1744.
  MARTIN, Marie-Charlotte,   [ANTOINE II.
s ⁵ 14 avril 1760.
Joseph-François, b ⁵ 12 février 1717; m ⁵ 14 nov. 1740, à Marie-Louise RENAULT. — *Marie-Charlotte*, b ⁵ 12 sept. 1718, s ⁵ 27 février 1744. —*Marie-Joseph*, b ⁵ 26 oct. 1720; 1° m ⁵ 1ᵉʳ août 1746, à Jean-Baptiste ALARD; 2° m ⁵ 18 sept. 1752, à André Roy. — *André*, b ⁵ 30 nov. 1722; m ⁵ 22 août 1746, à Geneviève LEFEBVRE.—*Pierre-François*, b ⁵ 30 déc. 1724; s 20 juillet 1746, à Québec (noyé). — *Jean-Baptiste*, b ⁵ 18 déc. 1726; m 19 janvier 1761, à Françoise GRENON, à St-Vincent-de-Paul. — *Marie-Simone*, b ⁵ 24 février 1730; s ⁵ 17 nov. 1743. — *Marie-Françoise*, b ⁵ 14 mars 1733; m ⁵ 10 février 1755, à Nicolas VALIN. — *Marie-Marguerite*, b ⁵ 31 mars 1735.

1716, (9 nov.) Charlesbourg.¹

II.—AUCLAIR, PIERRE,   [ANDRÉ I.
s ¹ 6 mars 1728,
  FAFARD, Marie-Joseph (1).   [FRANÇOIS II.

1723, (15 nov.) Charlesbourg.¹

II.—AUCLAIR, LOUIS.   [ANDRÉ I.
  ROY-AUDY, Marie-Thérèse,   [JEAN II.
s ¹ 21 avril 1744.
Jean-Baptiste, b ¹ 12 et s ¹ 20 février 1726 — *Louis*, b ¹ 14 avril 1727; m à Marie-Geneviève GARIÉPY.—*Marie-Joseph*, b ¹ 19 mars 1730; m ¹ 3 février 1749, à Louis LEREAU.—*Marie-Charlotte*, b ¹ 14 janvier 1732; s ¹ 4 sept. 1733,—*Marie-Charlotte*, b ¹ 3 sept. et s ¹ 12 oct. 1733.—*Joseph-Charlotte*, b ¹ 4 oct. 1734.—*Anonyme*, b ¹ et s ¹ 6 mai 1736.—*Marie-Marguerite*, b ¹ 3 août 1737.—*Jean-Marie*, b ¹ 21 août 1740.—*François*, b ¹ 5 sept. 1742.—*Louis*, b... m 10 février 1749, à Geneviève MOREL, au Château-Richer.

1733, (10 février) Charlesbourg.⁴

II.—AUCLAIR, JEAN-BTE (2).   [PIERRE I.
  ROY-AUDY, Marie-Charlotte.   [JEAN II.
Marie-Thérèse, b ⁴ 8 juin 1734; s ⁴ 7 oct. 1738. —*Jean-Baptiste*, b ⁴ 18 et s ⁴ 28 avril 1736.—*Marie-Charlotte*, b ⁴ 18 avril 1736, m ⁴ 19 avril 1762, à Joseph PARANT.—*Pierre-André* (3), b ⁴ 14 janvier 1738; s ⁴ 30 nov. 1749.—*Anonyme*, b ⁴ et s ⁴ 17 déc. 1742.—*Marie-Joseph*, b ⁴ 7 août 1744; m ⁴ 13 février 1759, à Pierre LEGARÉ. — *Jean-Baptiste-Laurent*, b ⁴ 1ᵉʳ janvier 1746; m ⁴ 1774, à Louise LEREAU.—*Marie-Thérèse*, b ⁴ 25 avril et s ⁴ 29 sept. 1747. — *Etienne-Marie*, b ⁴ 14 août 1748; m ⁴ 1772, à Geneviève GIRARD.

---

(1) Elle épouse, le 30 octobre 1729, Jacques Colombier, à Charlesbourg.

(2) Marié par Pierre Auclair-Desnoyers, son frère.

(3) Filleul de Pierre Auclair, curé de St-Augustin, et de mère Marie-André de Ste-Hélène, supérieure de l'Hôtel-Dieu de Québec.

1740, (7 nov.) Charlesbourg. ⁴

III.—AUCLAIR, PIERRE-BERNARD. [CHARLES II.
  CHALIFOUR, Hélène (1).   [PIERRE III.
Charles, b ⁴ 1ᵉʳ et s ⁴ 9 janvier 1742.—*Marie-Elisabeth*, b ⁴ 19 mai 1743.

1740, (14 nov.) Charlesbourg. ⁴

III.—AUCLAIR, JOSEPH-FRANÇOIS.[FRANÇOIS II.
  RENAULT, Marie-Louise.   [JEAN-BERNARD II.
Marie-Louise, b ⁴ 29 déc. 1741; m 31 janvier 1763, à Pierre SEMUR, à St-Vincent-de-Paul.⁵—*Joseph-François*, b ⁴ 27 avril 1743 —*Jacques*, b ⁴ 27 nov. 1744.—*Louis*, b ⁵ 15 août 1746 —*Marie-Joseph*, b ⁵ 31 mars et s ⁵ 3 sept. 1748, à Terrebonne.—*Jean-Baptiste*, b ⁵ 24 janvier 1750.— *Geneviève*, b ⁵ 15 juillet 1753.

1743, (7 oct.) Charlesbourg. ⁴

III.—AUCLAIR, CHARLES.   [CHARLES II.
  JOBIN, Marie-Thérèse,   [JEAN II.
b 1724.
Marie-Thérèse, b ⁴ 31 oct. 1744; s ⁴ 3 janvier 1745.—*Jean-Charles*, b ⁴ 29 nov. 1746; m 1771, à Marie Roy.—*Jean-Baptiste*, b ⁴ 15 mai 1750.—*Pierre*, b ⁴ 8 juillet 1752; m ⁴ 1777, à Geneviève PAQUET.—*Marie-Thérèse*, b ⁴ 7 juillet 1755; m ⁴ 1786, à Charles BRUNEAU.—*François*, b ⁴ 21 mai 1757; m 14 juillet 1777, à Marie-Charlotte POULIN, à St-Joseph, Beauce.—*Marie-Catherine*, b ⁴ 29 avril 1759.—*Marie-Louise*, b ⁴ 7 juin 1760.—*Bernard*, b ⁴ 30 nov. 1760.—*Monique*, b... m ⁴ 1796, à Pierre LEFEBVRE.

1745, (11 janvier) L'Ange-Gardien.

III.—AUCLAIR, GERMAIN.   [CHARLES II.
  1° MAROIS, Angélique.   [FRANÇOIS II.
Marie-Angélique, b 3 janvier 1746, à Charlesbourg.⁷—*Marguerite*, b⁷ 8 février 1747; 1° m ⁷ 1767, à François-Regis BÉDARD; 2° m ⁷ 1790, à Joseph LHEREAU.—*Germain-François*, b ⁷ 18 nov. 1748; m 19 juin 1779, à Marie-Louise GRÉGOIRE, à Ste-Foye.—*Catherine*, b... 1° m ⁷ 1769, à Jean-Baptiste GARNEAU; 2° m 1793, à Joseph BEAULIEU.—*Marie-Joseph*, b... m ⁷ 1775, à Jean-François BEDARD.—*Marie-Charles*, b⁷ 10 janvier 1752; m ⁷ 1778, à Louis JOBIN.—*Charles*, b⁷ 11 oct. 1754; 1° m ⁷ 1778, à Angélique MÉNARD; 2° m ⁷ 1795, à Marie DROUIN. — *Pierre-André*, b ⁷ 25 juin 1756; m ⁷ 1779, à Marie MOISAN.—*Marie-Monique*, b ⁷ 13 février 1758; m ⁷ 1775, à Pierre BEDARD.—*Elisabeth*, b ⁷ 6 déc. 1759; m ⁷ 1782, à Jean-Baptiste BEDARD.—*Jean-Baptiste*, b ⁷ 12 mai 1761.

1768.

2° GARNEAU, Jeanne,   [JEAN-BTE II.
b 1740.
Thomas, b... m ⁷ 1794, à Marguerite MARTIN. —*Joseph*, b... m ⁷ 1796, à Madeleine GARNAUT.—*Monique*, b... m ⁷ 1800, à Joseph Roy.

1746, (22 août) Charlesbourg.¹

III.—AUCLAIR, ANDRÉ,   [FRANÇOIS II.
b 1722.
  LEFEBVRE, Geneviève.   [CLAUDE III.

---

(1) Elle épouse, le 29 juillet 1748, Alexis Gamache, à Charlesbourg.

André, b ¹ 13 juin 1747.—*Pierre-François*, b ¹ 9 et s ¹ 12 oct. 1748.—*Jean-Baptiste*, b ¹ 15 oct. 1749.—*Joseph-François*, b ¹ 21 fevrier 1751 ; m 13 dec. 1794, à Geneviève COMPARET, au Détroit.—*Marie-Geneviève*, b ¹ 27 fevrier et s ¹ 23 avril 1752.— *Marie-Joseph*, b ¹ 4 mars 1753.—*Marie-Geneviève*, b ¹ 30 mai et s ¹ 8 août 1754.

1747, (7 fevrier) Charlesbourg. ³
III.—AUCLAIR, JEAN-BTE,   [CHARLES II.
s avant 1751.
LECLERC, Marie-Charlotte (1).   [ADRIEN II.
Agathe, b ³ 28 oct 1749 ; s ³ 26 avril 1751.

1748.
III.—AUCLAIR, ETIENNE.   [CHARLES II.
1º MAROIS, Marguerite,   [FRANÇOIS II.
b 1726.
Anonyme, b et s 19 avril 1749, à Charlesbourg. ⁶—*Charles*, b ⁶ 12 mai 1750.—*Pierre*, b ⁶ 16 sept. 1751.—*Marguerite*, b ⁶ 31 déc. 1752 ; s⁶ 23 avril 1756—*Marie-Louise*, b ⁶ 26 fevrier 1754.—*Joseph*, b ⁶ 15 août 1755 ; m ⁶ 1780, à Marguerite BEDARD.—*Marie-Marguerite*, b ⁶ 17 oct. 1756 , 1º m ⁶ 1782, à Charles PAGEOT, 2º m à Angelique GARNEAU.—*Jean-Etienne*, b ⁶ 4 mai 1758.

1749, (10 fevrier) Château-Richer.
III —AUCLAIR, LOUIS.   [LOUIS II.
MOREL, Geneviève.   [JEAN II.
Marie-Geneviève, b 14 sept. 1751, à Charlesbourg. ⁷—*Charles*, b ⁷ 21 mai 1753.—*André*, b ⁷ 18 sept. 1754,—*Jean-Baptiste*, b ⁷ 16 janvier et s⁷ 1ᵉʳ mai 1756. — *Marie-Marguerite*, b ⁷ 19 sept 1758.—*Rosalie*, b ⁷ 26 sept. 1762.—*Euphrosine*, b... m 9 fevrier 1795, à Jean-Baptiste BARIL, à St-Cuthbert.

III.—AUCLAIR, LOUIS.   [LOUIS II
GARIÉPY, Marie-Geneviève.   [LOUIS II
Louis, b 17 juin 1750, à Charlesbourg.

1756.
III.—AUCLAIR, CHARLES.   [LOUIS II.
LACERTE, Catherine   [CHARLES II.
Marie-Catherine, b 15 août 1757, aux Trois-Rivières⁸ ; s ⁸ 15 sept. 1758—*Charles-Antoine*, b ⁸ 23 août 1759.—*Madeleine-Elisabeth*, b ⁸ 6 nov. 1761.—*Joseph*, b 5 août 1763, à Québec.

1761, (19 janvier) St-Vincent-de-Paul.
III —AUCLAIR, JEAN.   [FRANÇOIS II.
GRENON, Françoise,   [PIERRE III.
b 1739.

1771, Charlesbourg. ²
IV.—AUCLAIR, JEAN-CHARLES.   [CHARLES III.
ROY, Marie.
Thérèse, b... 1º m ² 1801, à Louis PICARD, 2º m ² 1815, à Nicolas GINK.—*Ursule*, b... m ² 1810, à Jacques TOUCHET.—*Jean*, b... m ² 1817, à Marguerite GINK.

1772, Charlesbourg. ³
III.—AUCLAIR, ETIENNE.   [JEAN-BTE II.
GIRARD, Geneviève.   [FRANÇOIS.
Marie-Joseph, b... m ³ 1796, à Joseph BLONDEAU.—*Etienne*, b... m ³ 1797, à Marie BLONDEAU.—*Jean*, b... m ³ 1798, à Madeleine VILLENEUVE.

1777, (14 juillet) St-Joseph, Beauce. ⁴
IV —AUCLAIR, FRANÇOIS.   [CHARLES III.
POULIN, Marie-Charles,   [CLAUDE·IV.
b 1760.
Marie-Charlotte, b ⁴ 13 février 1779.

1779, (19 juin) Ste-Foye.
IV.—AUCLAIR, FRANÇOIS.   [GERMAIN III.
GRÉGOIRE, Marie-Louise.   [CHARLES III.

AUCLAIR, JACQUES.
LABRÈCHE, Marie-Reine.
Marie-Geneviève, b 30 mai 1784, à Lachenaye.

1784, (13 déc.) Détroit.
IV.—AUCLAIR, FRANÇOIS.   [ANDRE III.
COMPARET, Geneviève, fille de François et de Geneviève Tremblay.

AUCLAIR, MARIE-JOSEPH, b... m 1796, à Joseph BLONDEAU.

AUCLAIR, MARIE, épouse de Joseph DUPUIS.

AUCLAIR, MARIE-MADELEINE, b 1707 ; m à Joseph FREDERIC ; s 2 juin 1797, à Quebec

AUCLAIR, CATHERINE, épouse de Jean-Baptiste GALARNEAU.

AUCLAIR, CATHERINE, épouse de Jean GARNEAU.

AUCLAIR, MARIE-JOSEPH, épouse de Louis LEREAU.

AUCLAIR, MARIE-CATHERINE, b... 1º m à Jacques PAQUET ; 2º m 23 juin 1760, à Beauport.

AUCLAIR, MARIE-CHARLES, b 1735 ; m à Joseph PARANT ; s 11 fevrier 1790, à Quebec.

AUCLAIR, MARIE-JOSEPH, épouse d'André ROY.

AUCLAIR, MARIE-JOSEPH, épouse d'André RIVAL.

AUCLAIR, JOSETTE-MARGUERITE, épouse de Joseph ROUTIER.

I.—AUCOIN, JEAN-BTE (1).
SAULNIER, Marie-Anne (2).
Alexis, b...—*Marguerite*, b... m à Timothée THIBODEAU.

---

(1) Acadien.

(1) Elle épouse, le 3 mai 1751, Jean Ouellet, à Charlesbourg

(2) Elle épouse, le 4 oct. 1762, Joseph Gaudreau, à St-Thomas.

II.—AUCOIN, Alexis.   [Jean-Bte I.
  1° Babin, Marie-Joseph,
    b 1733 ; s 8 oct. 1761, à Ste-Famille, I. O.⁵
       1763, (14 février) ⁵
  2° Leureau, Tècle.   [Simon III.
  Alexis, b 23 déc. 1763, à St-Joseph, Beauce.

I.—AUCOIN, Pierre.
  Brault, Elisabeth (1).

I.—AUCOIN, Anne, b 1723 ; m à Pierre Landry,
  s 15 février 1758, à St-Charles.

I.—AUCOIN, Marguerite, épouse d'Alexis Landry.

1736, (30 janvier) Islet. ¹
I.—AUCOUTURIER, Pierre, b 1710 ; fils de
  Georges et d'Antoinette Petit, de Croisel,
  diocèse de Clermont, Auvergne.
  Caron, Angélique (2),   [Joseph III.
    b 1720.
  Marie-Angélique, b ¹ 8 mai 1737 ; m ¹ 6 novembre
  1752, à Marie DeXaintes.—Anonyme, b ¹ et s ¹
  4 février 1739.—Marie-Rose, b ¹ 29 février 1740.
  —Jérôme, b ¹ 10 oct. et s ¹ 2 nov. 1741.—Pierre,
  b ¹ 27 sept. 1742 , m ¹ 25 janvier 1762, à Marie-
  Françoise Durand.—Ignace, b ¹ 29 janvier 1746
  —Marie-Geneviève, b ¹ 23 déc. 1748 ; s ¹ 3 nov.
  1751.—Marguerite, b ¹ 1ᵉʳ nov. 1750.—Marie-
  Geneviève, b ¹ 7 juin 1752, m 20 oct. 1772, à
  François Morin, à Ste-Anne-de-la-Pocatière. ²—
  Joseph, b ¹ 7 mars 1754.—Louis-Marie, b ¹ 5
  avril 1757.—François, b... m ² 1ᵉʳ février 1768, à
  Joseph-Michel Pelletier.

1762, (25 janvier) Islet. ¹
II.—AUCOUTURIER, Pierre.   [Pierre I.
  Durant, Marie-Françoise.   [François III.
  Marie-Desanges, b ¹ 18 oct. 1762, m 18 oct.
  1784, à Laurent Fortin, à St-Jean-Port-Joli. ³—
  Pierre, b ¹ 31 janvier 1764.—Marie-Françoise,
  b... m ³ 17 oct. 1785, à Charles-François Fortin.

I.—AUDEBENS, Jacques, Anglais.
  Brunet, Rosalie.
  Marie-Rose, b 7 mars 1759, à St-Laurent, M.

I.—AUDELIN (3), François-André.
  Toupin, Dorothée.
  Joseph-François, b 27 déc. 1753, à Lévis.

AUDET (4).—Variations et surnoms : Simon—
  Audet—Lapointe.

AUDET, Françoise, b 1704, 1° m à Louis Perrot ;
  2° m 3 mai 1728, à Hilaire Bauché, à
  Ste-Famille, I. O.⁵ ; s ⁵ 3 août 1744.

---
(1) Elle épouse, le 19 nov. 1759, Alexandre Guilbault, à
St-Pierre-les-Becquets.
(2) Elle épouse, le 19 février 1759, Joseph Dubé, à l'Islet.
(3) Dit Odelin.
(4) Etymologie : Diminutif de Eudes. — Latin : Odo—
Odon—Odet—Udo — Hudon— Houdon — Odin—Houdin—
Oudinot.

1670, (15 sept.) Ste-Famille, I O. ³
I.—AUDET (1), Nicolas,
    s 10 déc. 1700, à St-Jean, I. O. ⁵
  Després, Madeleine,
    s ⁵ 19 déc. 1712.
  François, b ⁵ 12 avril 1684 ; m 3 juin 1709, à
  Marguerite Bernard, à St-Laurent, I. O. ⁴—Innocent,
  b ⁵ 16 avril 1689 ; m ⁴ 12 nov. 1710, à Geneviève
  Lemelin.—Joachim, b ³ 27 oct. 1680 ; m ⁴
  23 nov. 1716, à Louise Roberge.—Joseph, b...
  m ⁴ 5 nov. 1703, à Jeanne Pouliot.—Marguerite,
  b ⁵ 11 déc. 1686 ; m 26 août 1722, à Louis Emery,
  à Boucherville.—Nicolas, b ⁴ 21 sept. 1672 ; m à
  Marie-Louise Chabot ; s 24 oct. 1751, à St-Frs-
  du-Sud. — Pierre, b ³ 22 juin 1674 ; m ⁵ 3 février
  1698, à Marie Dumas.—Jean-Baptiste, b ³
  1ᵉʳ déc. 1675 , m ⁴ 16 avril 1708, à Marie-Louise
  Godbout.—Geneviève, b 1694 ; 1° m à Gentien
  Morisset ; 2° m ³ 22 nov. 1729, à Charles Laizeau ;
  s ³ 30 août 1734.

I.—AUDET, Jaquette, 1° m à François Nicolas ;
  2° m 7 nov. 1684, à Jacques Moran, à
  Québec³ ; s ³ 28 juillet 1717.

AUDET, Marie, m 1697, à Charles Alère.

1698, (3 février) St-Jean, I. O. ²
II.—AUDET, Pierre,   [Nicolas I.
  b 1674 ; s avant 1727.
  Dumas, Marie,   [François I.
  b 1680, s 1ᵉʳ avril 1760, à Lorette.
  Marie-Angélique, b 30 sept. 1706, à St-Laurent,
  I. O.³—Pierre, b 1704, m ³ 24 nov. 1727, à Marie
  Labrecque.—Joseph, b... 1° m ² 5 nov. 1725, à
  Marie-Charlotte Jahan ; 2° m ² 22 février 1740, à
  Marie-Anne Terrien ; 3° m ² 17 août 1761, à
  Marie-Joseph Plante.—Guillaume, b... m 6 nov.
  1742, à Marie-Madeleine Turcot, à Ste-Famille,
  I. O.—François, b... m ² 8 février 1745, à Marie
  Rondeau.—Geneviève, b... m ² 4 avril 1758, à
  Pierre Létang.—Marie-Madeleine, b... m à Pierre
  Terrien.

1702, (9 juin) Contrecœur.
I.—AUDET, Sieur de Bayeul.
  1° Chretien, Madeleine.   [Toussaint I
    1712, (14 février) St-François, I. J.
  2° Trotier, Marie-Anne.   [Antoine II
    Louise, b 1728 ; m à Noel Voyer ; s 21 oct
  1776, à Québec.

1703, (5 nov) St-Laurent, I. O.
II.—AUDET, Joseph,   [Nicolas I
    s avant 1733.
  Pouliot, Jeanne,   [Antoine I.
    s 29 janvier 1759, à St-Jean, I. O. ²
  Marie-Joseph, b... 1° m ² 21 avril 1732, à
  Joseph Turcot ; 2° m ² 9 février 1750, à Ignace
  Terrien.— Jean, b... m ² 4 nov. 1743, à Marie-
  Joseph ......—Catherine, b... m ² 7 sept. 1751, à
  Antoine Vigi — Jeanne, b² 29 juin 1706.—Antoine-

---
(1) Dit Lapointe. Voy. Vol. I, p. 17.

Joseph, b² 5 mars 1711; m² 24 nov, 1732, à Marie-Joseph PEPIN.—*Jean-François*, b² 14 février 1714.—*Gabriel*, b... m 8 janvier 1753, à Félicité HAUTBOIS, à St. Michel.

II.—AUDET (1), NICOLAS,   [NICOLAS I.
b 1672; s 24 oct. 1751, à St-Frs-du-Sud.⁶
CHABOT, Marie-Louise,   [MATHIEU I.
b 1681; s⁶ 19 nov. 1756.
Marie, b 8 sept. 1704, à St-Laurent, I. O.⁷; m⁷ 7 nov. 1729, à Mathurin BOILARD.—*Jean-Baptiste*, b⁷ 29 juillet 1707; m⁷ 18 nov. 1726, à Marie-Anne JOANNE.—*Marie-Françoise*, b⁷ 30 déc. 1709. —*Marie-Anne*, b⁷ 30 mars 1712; m⁷ 29 oct. 1730, à Pierre POULIOT; s⁷ 15 nov. 1759.—*Geneviève*, b⁷ 10 avril 1714; 1° m⁷ 16 nov. 1733, à Augustin DUMAS; 2° m⁶ 24 janvier 1757, à Michel BOULÉ.—*Marie-Thérèse*, b⁷ 10 mai 1717; m 10 nov. 1743, à Jacques GENDRON, à Beaumont.⁸—*Louis*, b⁷ 31 mars 1720; m⁸ 18 juin 1741, à Angélique DRAPEAU.—*Madeleine*, b... m⁷ 11 février 1726, à Jacques TURCOT.

1708, (16 avril) St-Laurent, I. O.¹
II.—AUDET (2), JEAN-BTE.   [NICOLAS I.
GODBOUT, Marie-Louise.   [NICOLAS I.
Perpétue, b 5 mai 1723, à St-Jean, I. O.³; m¹ 7 février 1746, à Joseph ASSELIN; s 21 août 1748, à Ste-Famille, I. O.²—*Marie-Angélique*, b... m¹ 24 août 1750, à Simon LHEUREUX.—*Pierre*, b... 1° m² 7 avril 1750, à Angélique CHARLAND; 2° m 2 mai 1752, à Thérèse TIBAUT, à St-Frs-du-Sud.—*Marie-Madeleine*, b... m³ 12 nov. 4725, à Jacques ASSELIN.—*Jean-Baptiste*, b³ 9 sept. 1711; m³ 18 août 1732, à Catherine RONDEAU.—*Gertrude*, b³ 14 et s³ 21 janvier 1725.—*Marie*, b... m³ 22 nov. 1751, à Louis TERRIEN.—*Pierre*, b...—*Joseph*, b³ 29 déc. 1712; s³ 13 déc. 1736. —*Marguerite*, b³ 31 mars 1714; m 25 mai 1741, à Charles MERCIER, à Québec.— *Louis*, b... m 4 août 1743, à Catherine BELLEAU, à Ste-Foye.— *Marie-Joseph*, b 1721; s 8 déc. 1741, à Ste-Anne-de-la-Pocatière.

1709, (3 juin) St-Laurent, I. O.¹
II.—AUDET, FRANÇOIS,   [NICOLAS I.
BERNARD, Marguerite,   [ANDRÉ I.
s¹ 5 déc. 1749.
François, b¹ 23 février 1710, 1° m¹ 19 nov. 1736, à Madeleine BAILLARGEON, 2° m¹ 20 sept. 1762, à Marie-Anne GOSSELIN.—*Jean-François*, b¹ 13 sept. 1713; m¹ 12 nov. 1742, à Geneviève LECLERC.—*Marguerite*, b¹ 7 mars 1715; m¹ 23 nov. 1733, à Jean GAUDIN.—*Madeleine*, b¹ 14 avril 1717; m¹ 24 nov. 1738, à Marc DUFRESNE. —*Antoine*, b¹ 7 déc. 1711.—*Pierre*, b¹ 12 août 1725; m¹ 18 août 1749, à Françoise MAILLY.—*Louis*, b¹ 20 juin 1723, m¹ 7 sept. 1750, à Marguerite DUMAS.—*Catherine*, b¹ 28 mars 1719; s¹ 6 mars 1730.—*Laurent*, b¹ 31 juillet 1720; s¹ 30 nov. 1730.

---

(1) Dit Simon.
(2) Dit Lapointe.

1710, (12 nov.) St-Laurent, I. O.
II.—AUDET (1), INNOCENT.   [NICOLAS I.
LEMELIN, Geneviève.   [LOUIS II.
Louis, b 7 août 1711, à St-Jean, I. O.²—*Gabriel*, b² 31 janvier 1713.—*Jean-François*, b² 19 sept. et s² 27 oct. 1714.—*Jean-François*, b... m 8 oct. 1742, à Marguerite RENAUD, à Terrebonne.³ —*Geneviève*, b 1716, s² 18 fév. 1725.—*Jean-Baptiste*, b... m à Marguerite BENOIT. — *Jeanne*, b² 29 janvier 1733. — .... (2), b ² 3 août 1736, ... et .... b ² 12 déc. 1724.—*Perpétue-Félicité*, b... m 14 mai 1740, à Jean-Baptiste FAVREAU, à Longueuil.— *Jean-François*, b... m² 8 oct. 1742, à Marguerite RENAUD.—*Joseph*, b... m 9 nov. 1744, à Suzanne HERTAUT, à Laprairie.— *Marie*, b... m 16 sept. 1743, à Jacques CHARON, à Boucherville.⁴—*Madeleine*, b... m⁴ 17 février 1749, à Alexandre JUSSEAUME. — *Charlotte*, b... m⁴ 10 février 1755, à François LAROCQUE.

AUDET, FRANÇOISE, b... s 15 mai 1712, à St-Laurent, I. O.

1702, (19 juin) Contrecœur.¹
I.—AUDET DE PIERRE-COT, LOUIS (3).
1° CHRÉTIEN, Madeleine,   [TOUSSAINT I.
s¹ 25 février 1709.
1712, (14 février) St-François, I. J.
2° TROTIER, Marie-Anne,   [ANTOINE II.
veuve de Raymond Martel.
François, b 6 juin 1719, à Montréal.³—*Pierre*, b³ 12 mars 1724; m 17 janvier 1757, à Charlotte DENIS-LARONDE, à Québec. — *Louise*, b 7 sept. 1728, à Verchères⁴; m⁴ 9 nov. 1744, à Marie-Jeanne CHOREL.—*Madeleine*, b... m 1ᵉʳ sept. 1749, à Alexis TROTIER, à Lévis.

1716, (23 nov.) St-Laurent, I. O.
II.—AUDET, JOACHIM,   [NICOLAS I.
s avant 1752.
ROBERGE, Louise.   [PIERRE I.
Marie-Marguerite, b 15 janvier 1721, à Boucherville.³—*Jean-Baptiste*, b³ 24 mars et s³ 27 juillet 1722.—*Marie-Anne*, b³ 24 sept. 1723; m³ 9 avril 1741, à Jean-Baptiste LAPORTE.—*Jean-Baptiste*, b³ 3 janvier 1725; m³ 17 avril 1747, à Marguerite CHARBONNEAU. — *François*, b³ 10 juillet 1726; m³ 28 oct. 1754, à Angélique REGUINDEAU.—*Joseph*, b... 1° m³ 17 avril 1752, à Marie-Anne CHARBONNEAU; 2° m³ 24 janvier 1757, à Angélique CHARLES.—*Marie-Françoise*, b... m³ 9 oct. 1752, à Pierre DARRAGON.

1725, (5 nov.) St-Jean, I. O.⁶
III.—AUDET, JOSEPH,   [PIERRE II.
1° JAHAN, Marie-Charles,   [JACQUES II.
b 1709; s avant 1753.
Joseph, b... m⁶ 16 février 1756, à Marguerite TIBIERGE.—*Anonyme*, b⁶ et s⁶ 8 août 1732.—

---

(1) Dit Lapointe.
(2) Noms effacés au registre.
(3) Sieur de Bailleul. Voy. vol. I, p 17.

Anonyme, b ⁶ et s ⁶ 15 avril 1733.—*Marie-Charles*, b ⁶ 17 juin 1734; m ⁶ 15 janvier 1753, à Antoine FONTAINE.— *Pierre*, b ⁶ 14 mai 1736; m 8 oct. 1764, à Madeleine BOUCHARD, à L'Ile-aux-Coudres.—*Jean-Baptiste*, b ⁶ 31 août 1738.
1740, (22 février).⁶
2º TERRIEN, Marie-Anne. [BARTHÉLEMI II.
Barthélemi, b ⁶ 2 mars 1741.—*Guillaume*, b ⁶ 8 mars 1742; m ⁶ 7 nov. 1763, à Marie-Angélique DELAGE.—*Marie*, b ⁶ 13 août 1743.—*Basilisse*, b ⁶ 28 juin 1745; m ⁶ 4 juin 1764, à Jean-Marie LAISNÉ.—*Louis*, b ⁶ 3 mars 1747; s ⁶ 25 mai 1756. —*Ignace*, b ⁶ 16 février 1750.—*Augustin*, b ⁶ 23 sept. 1751.—*Nicolas*, b ⁶ 5 mars 1753.—*Marie-Louise*, b ⁶ 13 juillet 1754; s ⁶ 24 nov. 1755.— *Marie-Françoise*, b ⁶ 23 mars 1756.—*Jean-Marie*, b ⁶ 6 avril 1758; s ⁶ 9 janvier 1759.
1761, (17 août). ⁶
3º PLANTE, Marie-Joseph, [GEORGE II.
veuve de Jacques Tanguay.

1726, (18 nov.) St-Laurent, I. O. ²
III.—AUDET(1), JEAN. [NICOLAS II.
JOANNE, Marie-Anne. [MARC II.
Marie-Thérèse, b ² 21 mars 1729. — *Marie*, b ² 1er janvier 1733; m ² 10 oct. 1757, à Louis COULOMBE.— *Marie-Geneviève*, b ² 14 août 1734; m ² 21 février 1757, à Charles DIEBS.— *Madeleine*, b ² 12 août 1736; m ² 12 février 1759, à Florent DUBEAU. — *Laurent*, b ² 17 août 1738; m ² 16 oct 1763, à Marguerite COULOMBE.—*Marie-Cécile*, b ² 23 juin 1740; m ² 2 mai 1763, à Henri ROY.— *Judith*, b ² 26 sept. 1742; s ² 7 sept. 1747.—*Louis*, b ² 28 janvier 1745, s ² 4 mai 1748. — *Pierre*, b ² 13 août 1747.—*Marie-Anne*, b ² 23 oct. 1727; m ² 27 oct. 1750, à Alexis PICARD.—*Jean*, b ² 3 février 1731; m ² 5 février 1754, à Geneviève SIVADIER. —*Thérèse*, b... m ² 1er avril 1761, à Jean-Baptiste BRUNET. — *Louise*, b ² 8 avril 1752; m ² 24 oct. 1770, à Laurent LEMELIN.

1727, (24 nov.) St-Laurent, I. O.
III.—AUDET, PIERRE. [PIERRE II.
LABRECQUE, Marie. [PIERRE II.
Louis, b 31 août 1733, à St-Jean, I. O. ²—*François*, b ² 17 février 1736; m ² 27 février 1764, à Marie-Joseph LEBLANC.—*Marie*, b ² 26 août 1738. —*Guillaume*, b ² 25 mai 1741.—*Geneviève*, b ² 7 février 1745.—*Ignace*, b ² 22 mai 1746.

1732, (18 août) St-Jean, I. O. ³
III.—AUDET, JEAN-BTE. [JEAN-BTE II.
RONDEAU, Catherine. [ETIENNE II.
Marie-Louise, b ³ 5 avril et s ³ 10 juin 1733. — *Catherine*, b ³ 8 avril 1734; s ³ 24 mai 1750. — *Jean-Baptiste*, b ³ 6 janvier 1736.

1732, (24 nov.) St-Jean, I. O. ⁵
III.—AUDET, JOSEPH-ANTOINE. [JOSEPH II.
PEPIN, Marie-Joseph, [JOSEPH II.
b 1715.
Marie-Joseph, b... s ⁵ 3 mai 1734. — *Marie-Angélique*, b ⁵ 9 février 1737.—*Antoine*, b ⁵ 13 juillet 1740; s ⁵ 1er oct. 1749 — *Marie-Anne*, b ⁵ 30 janvier 1742. — *Jean-Charles*, b ⁵ 28 avril 1744; s ⁵ 21 nov. 1757. — *Louis*, b ⁵ 7 janvier 1746.— *Barthélemi*, b ⁵ 4 sept. 1747. — *Joseph*, b ⁵ 1734; s ⁵ 30 oct. 1749.—*Marie-Geneviève*, b ⁵ 1er juillet 1754; s ⁵ 27 nov. 1755. — *Antoine*, b ⁵ 19 sept. 1752. — *Louis*, b... m ⁵ 5 nov 1770, à Marie-Hélène LANGLOIS.

1736, (19 nov.) St-Laurent, I. O. ⁶
III.—AUDET, FRANÇOIS. [FRANÇOIS II.
1º BAILLARGEON, Madeleine, [JEAN III.
s ⁶ 3 août 1761.
Jean-François, b ⁶ 23 août 1737; m ⁶ 24 janvier 1763, à Thérèse LÉTOURNEAU —*Marie-Geneviève*, b ⁶ 23 mars 1739. — *Marguerite*, b ⁶ 2 nov. 1740; m ⁶ 24 janvier 1763, à Jacques LÉTOURNEAU — *Marie-Madeleine*, b ⁶ 17 août et s ⁶ 1er sept. 1742. — *Geneviève*, b ⁶ 6 sept. et s ⁶ 11 nov. 1743. — *Marie*, b... m ⁶ 1er août 1763, à Jean LECLERC. — *Geneviève*, b ⁶ 19 août 1746; s ⁶ 14 août 1747. — *Augustin*, b ⁶ 22 mars 1748. — *Jean*, b ⁶ 26 sept. 1749; s ⁶ 12 avril 1750. — *Pierre*, b ⁶ 10 mars 1751.—*Joseph*, b ⁶ 25 janvier 1753. — *Madeleine*, b ⁶ 28 déc. 1754.—*Catherine*, b ⁶ 11 janvier et s ⁶ 11 août 1757.—*Geneviève*, b ⁶ 14 oct. 1758.
1762, (20 sept.) ⁶
2º GOSSELIN, Marie-Anne. [GABRIEL III.

III.—AUDET, JEAN-BTE.
GREFFARD, Agathe. [JACQUES II.
Pierre, b 15 mai 1740, à St-Jean, I. O. ⁸; m 19 février 1770, à Marie-Rose ASSELIN, à Ste-Famille, I. O.—*Agathe*, b ⁸ 28 oct. 1742.—*Marie-Joseph*, b ⁸ 24 février 1746.—*Marie-Anne*, b ⁸ 12 sept. 1750.—*Marie-Marguerite*, b ⁸ 15 juin 1752.— *Joseph*, b ⁸ 16 mars 1754.—*Marguerite*, b ⁸ 8 mai 1756.—*Basile*, b ⁸ 21 déc. 1758.

AUDET, JEAN-BTE
RENAUD, Marie-Louise. [LOUIS II.
Marie, b... m 1er oct. 1764, à Guillaume MORIN, à Terrebonne.

AUDET, CÉCILE, b 1741; 11 février 1766, à Beaumont.

1741, (18 juin) Beaumont.⁶
III.—AUDET, LOUIS. [NICOLAS II.
DRAPEAU, Angélique. [PIERRE II.
Louis, b ⁶ 13 mai 1742.—*Alexandre*, b ⁶ 5 déc. 1743; s ⁶ 12 mars 1745.—*François*, b ⁶ 21 juin 1745, s 27 mars 1751, à St-Charles. '— *Jean-Baptiste*, b ⁶ 12 mai et s ⁶ 2 oct. 1747.—*Charles-Joseph*, b ⁶ 20 août 1748; s ⁷ 18 mars 1751.— *Nicolas*, b ⁷ 17 juin et s ⁷ 12 août 1750.—*Joseph*, b ⁷ 3 et s ⁷ 15 juillet 1751.—*Marie-Angélique*, b ⁷ 23 déc. 1752; s ⁷ 7 nov. 1755.—*Marie-Joseph*, b ⁷ 7 oct. 1755.—*Anonyme*, b⁷ et s ⁷ 28 août 1757. —*Marie-Angélique*, b ⁷ 21 nov. 1759; m ⁷ 28 janvier 1777, à Pierre BOYER.

1742, (8 oct) Terrebonne. ⁶
III.—AUDET (1), JEAN-FRANÇOIS. [INNOCENT II.
RENAUD, Marguerite. [LOUIS II.

---

(1) Dit Lapointe.

Jean-François, b ⁶ 10 juillet 1746 ; m ⁶ 31 juillet 1780, à Catherine LEMAY.—*Innocent,* b... m ⁶ 8 février 1779, à Thérèse LIMOGES. — *Marie-Archange,* b ⁶ 15 février 1760.

1742, (6 nov.) Ste-Famille, I. O. ⁶
III.—AUDET, GUILLAUME.   [PIERRE II.
TURCOT, Marie-Madeleine.   [FRANÇOIS III.
Guillaume, b ⁵ 14 oct. 1743.—*Marie-Madeleine,* b 9 mars 1745, à St-Jean, I. O. ⁷ ; s ⁷ 26 déc 1746. — *Marie-Angélique,* b ⁷ 1ᵉʳ sept. 1746. — *Pierre,* b ⁷ 5 déc. 1749 ; s ⁷ 8 avril 1751. — *Joseph-Marie,* b ⁷ 29 avril 1751 ; s ⁷ 23 mars 1752. — *Marie-Louise,* b ⁷ 26 mars 1753.—*Gabriel,* b ⁷ 15 juillet 1755. — *Joseph,* b ⁷ 26 mai et s ⁷ 14 août 1757.— *Marie-Anne,* b ⁶ 24 sept. 1758. — *Basile,* b ⁷ 30 mai 1761.—*Pierre,* b ⁷ 16 sept. 1763.

1742, (12 nov.) St-Laurent, I. O. ⁶
III.—AUDET, JEAN   [FRANÇOIS II.
LECLERC, Geneviève,   [JEAN III.
b 1724.
Marie-Geneviève, b ⁶ 16 avril 1744.—*Jean-Baptiste,* b ⁶ 29 mars 1746.—*Françoise,* b ⁶ 20 février 1748 ; m ⁶ 27 août 1770, à Alexis DUMAS.—*Marc,* b ⁶ 12 dec. 1749 — *Marie,* b ⁵ 6 avril 1752 ; s ⁶ 6 juillet 1758 —*Marie-Joseph,* b ⁶ 5 février 1754.— *Cécile,* b ⁶ 4 dec. 1755. — *François,* b ⁶ 29 dec 1757. — *Félicité,* b ⁶ 9 avril 1762 ; s 16 mai 1809, à Beaumont.

1743, (4 août) Ste-Foye.¹
III.—AUDET (ODET), LOUIS.   [JEAN-BTE II.
BELLEAU, Catherine,   [JEAN II.
b 1708 ; veuve d'Isidore Benier.
Marie-Louise, b ¹ 26 sept. 1744.—*Marie-Catherine,* b 22 août 1746, à Quebec.²—*Barbe,* b ² 26 mai 1748.—*Louis-Henri,* b ² 3 février 1750 ; s ² 21 février 1752.—*Marie-Thérèse,* b ² 1ᵉʳ mars 1752.—*Marie-Anne,* b ² 20 oct. 1753 ; s ² 19 mars 1756.—*Louis,* b ² 20 mars 1755.—*Marie-Joseph,* b ² 24 mai 1757.—*Marie-Anne,* b ² 20 août 1759.

III.—AUDET, JEAN-BTE.   [INNOCENT II.
BENOIT, Marguerite.
Louis, b... m 25 nov. 1767, à Marie-Joseph PETIT, à Boucherville.

1743, (4 nov.) St-Jean, I. O. ¹
III.—AUDET, JEAN.   [JOSEPH II.
I.—DEFOND, Marie-Joseph.
Jean-François, b ¹ 4 sept. 1745.—*Marie-Joseph,* b ¹ 6 mars et s ¹ 6 sept. 1747.—*Joseph,* b 1748 ; s ¹ 6 déc. 1749.—*Marie-Anne,* b ¹ 15 sept. 1752 — *Marie-Joseph,* b ¹ 10 juillet 1754.

1744, (9 nov.) Verchères.
II.—AUDET DE PIERRE-COT, LOUIS. [LOUIS I.
CHOREL, Marie-Jeanne-Joachim.   [PIERRE.

1744, (9 nov.) Laprairie.
III —AUDET (1), JOSEPH.   [INNOCENT II.
HERTAUT, Suzanne,   [JACQUES I.
b 1725.

(1) Dit Lapointe.

1745, (8 février) St-Jean, I. O. ⁹
III.—AUDET, LOUIS-FRANÇOIS.   [PIERRE II.
RONDEAU, Marie-Geneviève.   [ÉTIENNE II.
Marie-Geneviève, b ⁹ 5 déc. 1745.—*Louise,* b 12 avril 1747.—*Pierre-Noël,* b ⁹ 3 juin 1751 ; s ⁹ 20 février 1753.—*Pierre,* b ⁹ 26 mars et s ⁹ 8 avril 1753.—*Charles,* b ⁹ 26 mars et s ⁹ 29 avril 1753.—*Pierre,* b ⁹ 8 juin 1754.—*Marie-Angélique,* b 20 janvier 1750, à St-Laurent, I. O.

1747, (17 avril) Boucherville. ⁴
III.—AUDET, JEAN-BTE   [JOACHIM II.
CHARBONNEAU, Marguerite,   [JACQUES III.
b 1726.
Marguerite, b... m ⁴ 27 juillet 1767, à François MENARD.—*Marie-Joseph,* b... m ⁴ 18 janvier 1768, à Antoine BREILLY.—*Charlotte,* b... m ⁴ 29 janvier 1770, à Nicolas PATENOTE.

1749, (18 août) St-Laurent, I. O.
III.—AUDET (1), PIERRE.   [FRANÇOIS II.
MAILLY, Françoise   [FRANÇOIS I
Marie-Françoise, b... m 27 nov. 1775, à Martin DINHARGUE, à Berthier. ⁸—*Louis,* b ⁸ 7 avril 1770 —*Marie-Exupère,* b 24 sept. 1760, à St-Valier — *Marie-Geneviève,* b 4 juin 1758, à Québec⁹ ; s ⁹ 12 dec. 1760.—*Joseph,* b ⁹ 9 mai 1764.

1750, (7 avril) Ste-Famille, I. O.
III —AUDET, PIERRE.   [JEAN-BTE II.
1° CHARLAND, Angelique,   [PIERRE III
b 1723 ; s 5 mai 1751, à Québec. ³
Pierre, b ³ 5 mai et s 6 août 1751, à St-Laurent, I. O
1752, (2 mai) St-Frs-du-Sud. ⁴
2° TIBAUT, Marie-Therèse.   [LOUIS III
b 1735.
Pierre, b ⁴ 21 février 1753.—*Marie,* b ⁴ 15 et s⁴ 16 août 1754 —*Marie-Thérèse,* b ⁴ 11 déc. 1756 —*Marie-Françoise,* b ⁴ 13 janvier et s ⁴ 24 août 1759.

1750, (7 sept) St-Laurent, I. O. ⁵
III.—AUDET, LOUIS.   [FRANÇOIS II
DUMAS, Marguerite,   [FRANÇOIS III
b 1726 ; veuve de Laurent Labrecque.
Geneviève, b 18 août 1751, à St-Jean, I. O. ⁶— *Louis,* b ⁶ 25 avril 1753.—*Louise,* b... s ⁵ 30 juillet 1753.—*Louis,* b ⁵ 28 sept 1754.—*François,* b ⁵ 6 mai 1757 ; s ⁵ 7 juillet 1758. — *Marie,* b ⁰ 14 février 1762.

1752, (17 avril) Boucherville. ¹
III.—AUDET, JOSEPH.   [JOACHIM II
1° CHARBONNEAU, Marie-Anne.   [JACQUES III
1757, (24 janvier). ¹
2° CHARLES, Angélique.   [JOSEPH III

1753, (8 janvier) St-Michel
III.—AUDET (1), GABRIEL.   [JOSEPH II
HAUTBOIS (2), Marie-Felicité,   [CHARLES II
b 1732.

(1) Dit Lapointe.
(2) Et Aubois

1754, (5 février) St-Laurent, I. O.
IV.—AUDET, JEAN.   [JEAN III.
  SIVADIER, Geneviève.   [ANTOINE II.
  Geneviève, b 26 oct. 1754, à St-Charles. ⁷—
  Angélique, b ⁷ 5 mars 1756.—*Marie-Joseph*, b ⁷
  16 mars et s ⁷ 29 nov. 1760.

1754, (28 oct.) Boucherville.
III.—AUDET, FRANÇOIS.   [JOACHIM II.
  REGUINDEAU, Angélique.   [JOSEPH III.

AUDET, JOSEPH.
  PETIT dit MILHOMME, Marie-Charlotte, [JEAN III.
  b 1732.
  Charlotte, b 18 janvier 1756, à Québec.

1756, (16 février) St-Jean, I. O. ⁶
IV.—AUDET (1), JOSEPH.   [JOSEPH III.
  TIBIERGE, Marguerite.   [JEAN III.
  Marguerite, b ⁶ 16 oct. 1757; s ⁶ 5 sept. 1758.
  —*Marie-Angélique*, b ⁶ 16 oct. et s ⁶ 16 déc. 1757.
  —*Joseph*, b ⁶ 23 oct. 1761.—*Guillaume*, b ⁶ 27
  juillet 1763.—*Marie-Marguerite*, b 11 juin 1759,
  à Lorette.

1757, (17 janvier) Québec. ¹
II.—AUDET (2), PIERRE,   [LOUIS I
  officier.
  DENIS (3), Charlotte.   [LOUIS III
  Pierre-Antoine, b ¹ 19 oct. 1757; s ¹ 18 déc.
  1758.

1760.
AUDET (1), JEAN-FRANÇOIS.
  DALERET, Marie-Joseph,
  b 1728; s 4 mars 1763, à Québec. ¹
  Louise, b 14 oct. 1750, à St-Laurent, I. O.—
  Pierre-François, b ¹ 20 et s ¹ 21 déc. 1761.

AUDET, FÉLICITÉ, épouse de Jean-Baptiste FAVREAU.

AUDET, JEANNE, épouse d'Ignace MOREAU.

AUDET, ANGÉLIQUE, épouse d'Ignace TERRIEN.

AUDET, GENEVIÈVE, b... 1° m à Augustin ......,
  2° m 24 janvier 1757, à Michel BOULÉ, à St-
  Frs-du-Sud.

AUDET, MARIE, b 1700: 1° m à Mathurin BOILARD; 2° m 8 nov. 1756, à Pierre ROY, à Beaumont⁴; s ⁴ 29 avril 1782.

AUDET-LAPOINTE, MARIE, épouse de Gilles SERINDAC.

AUDET, MARIE, b 1752, m à Antoine TURGEON,
  s 17 août 1838, à Beaumont.

AUDET-LAPOINTE, MADELEINE, épouse de Jean-Baptiste LAPORTE.

---
(1) Dit Lapointe.
(2) Dit de Bailleul.
(3) Dit de la Ronde.

AUDET, GENEVIÈVE, b... m à Nicolas MAHER;
  s 11 mars 1788, à Quebec.

AUDET, MARIE-JOSEPH, epouse de Jean MARIN.

AUDET, CATHERINE, b... 1° m à Germain MINET;
  2° m 26 février 1781, à Antoine CHEVERIE, à
  Quebec.

1763, (24 janvier) St-Laurent, I. O.⁴
IV.—AUDET, FRANÇOIS.   [FRANÇOIS III.
  LETOURNEAU, Thérèse,   [NICOLAS IV.
  b 1737.
  François, b ⁴ 15 nov. 1763.

1763, (10 oct) St-Laurent, I. O.
IV.—AUDET, LAURENT.   [JEAN III.
  COLOMBE, Marguerite,   [LOUIS III.
  b 1740.

1763, (7 nov.) St-Jean, I. O.
IV.—AUDET, GUILLAUME.   [JOSEPH III.
  DELAGE, Marie-Angélique,   [CHARLES III.
  b 1738.
  Guillaume, b 4 oct. 1764, à St-François, I. O.⁷
  —*Marie-Charlotte*, b ⁷ 15 nov. 1774.

I.—AUDET (1), NICOLAS, journalier,
  b 1736, en Picardie; s 29 mars 1764, à Quebec.

1764, (23 février) St-Jean, I. O.
IV.—AUDET, FRANÇOIS.   [PIERRE III.
  LEBLANC, Marie-Joseph.   [JEAN-BTE III.

1764, (8 oct) Ile-aux-Coudres. ⁴
IV.—AUDET (2), PIERRE,   [JOSEPH III.
  b 1736.
  BOUCHARD, Madeleine.   [JACQUES III.
  Joseph-Marie, b ⁴ 10 avril 1767.—*Jean* (3), b ⁴ 24
  juin 1769.—*Marie-Angélique*, b ⁴ 9 sept. 1771.—
  Marie-Joseph, b ⁴ 17 août 1773 — *Jean-Baptiste*,
  b ⁴ 15 nov. 1775.—*Françoise*, b ⁴ 4 juin 1777.—
  Laurent, b ⁴ 5 nov. 1779.—*Alexis*, b ⁴ 27 sept. et
  s ⁴ 10 oct. 1781.—*Dominique*, b ⁴ 22 janvier 1783.

1767, (25 nov.) Boucherville.
IV.—AUDET, LOUIS.   [JEAN-BTE III.
  PETIT, Marie-Joseph.   [FRANÇOIS III.

1770, (19 février) Ste-Famille, I. O
IV.—AUDET, PIERRE.   [JEAN-BTE III.
  ASSELIN, Marie-Rose,   [FRANÇOIS III.
  b 1738.

1770, (5 nov.) St-Laurent, I. O.
IV.—AUDET, LOUIS.   [ANTOINE III.
  LANGLOIS, Marie-Helène.   [JEAN IV.

AUDET, FRANÇOIS.
  PEPIN, Angélique.
  François, b 13 sept. 1774, à St-François, I.O.

---
(1) Dit Bellehumeur.
(2) Lapointe, dans les actes de baptême de ses enfants.
(3) Père du curé, Epip. Lapointe.

1779, (8 février) Terrebonne. ⁸
IV.—AUDET-LAPOINTE, INNOCENT. [JEAN III.
LIMOGES, Thérèse, [JOSEPH II.
veuve de François Dubois; s ⁸ 19 juin 1782.

1780, (31 juillet) Terrebonne.
IV.—AUDET (1), FRANÇOIS. [JEAN III.
LEMAY, Catherine,
veuve de François Lessard.

AUDET (1), IGNACE.
PROTEAU, Madeleine.
Ignace, b 8 août 1781, à St-Augustin. ⁷ — *Charles,* b ⁷ 31 janvier 1788.— *Théotiste,* b ⁷ 20 nov. 1792.

AUDIBERT (2).

1699, (19 août) Ste-Famille, I. O.
I.—AUDIBERT (3), ETIENNE.
ROCHERON, Catherine, [GERVAIS I.
b 1673, s 11 janvier 1750, à St-Jean, I. O ⁸
Joseph, b ⁸ 30 nov. 1719; m ⁸ 23 nov. 1744, à Angélique GRIFFARD. — *Marie-Madeleine,* b ⁸ 5 avril 1712; m ⁸ 10 nov. 1732, à Claude CAMPEAU; s ⁸ 11 juin 1733.— *Etienne,* b ⁸ 15 février 1702; m ⁸ 14 juin 1739, à Madeleine FONTAINE. — *Dorothée,* b ⁸ 16 mai 1704; m ⁸ 29 août 1740, à Charles PLANTE.— *Marie-Joseph,* b ⁸ 25 juillet 1713; m ⁸ 20 août 1742, à Claude LEFEBVRE —*Jean-François,* b... m ⁸ 26 nov. 1742, à Marie-Angélique PLANTE.—*Catherine,* b 10 mars 1707, à St-Laurent, I. O.

1739, (14 juin) St-Jean, I. O. ⁷
II.—AUDIBERT (3), ETIENNE. [ETIENNE I.
FONTAINE, Madeleine. [PIERRE II.
Marie-Madeleine, b ⁷ 19 nov. 1740; m ⁷ 10 nov. 1763, à Joseph VIVIER.— *Etienne,* b ⁷ 13 nov. 1742.— *Guillaume,* b ⁷ 22 août 1744.— *Basile,* b ⁷ 8 juillet 1746, s ⁷ 25 janvier 1750.—*Marie-Charlotte,* b ⁷ 25 mai 1750.— *Jean,* b 1748, s ⁷ 28 mai 1750. — *Antoine,* b ⁷ 1ᵉʳ et s ⁷ 6 juillet 1752. — *Joseph,* b ⁷ 28 nov. 1753; s ⁷ 31 mai 1755.— *Marie-Marguerite,* b ⁷ 31 août 1755.— *Louis,* b 19 sept. 1757, à St-Laurent, I. O. ⁶, s ⁶ 27 juillet 1758.— *Marie-Angélique,* b ⁷ 5 déc. 1759.— *Marie-Joseph,* b ⁷ 5 déc. 1759. — *Marguerite,* b... m 3 juillet 1775, à Louis SIMARD, à la Baie-St-Paul.— *Marie,* b... m 16 juillet 1770, à Jean-Baptiste SAVARD, à l'Ile-aux-Coudres.

1742, (26 nov.) St-Jean, I. O. ⁵
II.—AUDIBERT, JEAN-FRS. [ETIENNE I.
PLANTE, Marie-Angélique. [PIERRE III.
Jean-François, b ⁵ 6 juin 1747; 1° m à Angélique HUNAUT, 2° m 4 août 1792, à Marie-Geneviève MEUNIER, à Repentigny.—*Prisque,* b ⁵ 7 dec. 1749.—*Marie-Charlotte,* b ⁵ 8 déc. 1751.— *Pierre-Noël,* b ⁵ 1ᵉʳ mai 1754.—*Jean-Marie,* b ⁵ 17 mars 1756.—*Marie,* b 7 nov. 1743, à St-Laurent, I. O.

1744, (23 nov.) St-Jean, I. O. ⁴
II.—AUDIBERT, JOSEPH. [ETIENNE I.
GREFFARD, Angélique. [LOUIS II.
Marie-Angélique, b ⁴ 6 nov. 1745.—*Marie,* b ⁴ 16 avril 1747.—*Marguerite,* b ⁴ 22 février 1751. — *Marie-Geneviève,* b ⁴ 1ᵉʳ sept. 1752. — *Jean-François,* b 24 oct. 1754, à St-François, I. O.

III.—AUDIBERT, FRANÇOIS. [JEAN-FRS II.
1° HUNAUT, Angélique.
1792, (4 avril) Repentigny.
2° MEUNIER, Marie-Geneviève. [JOSEPH IV.

1704, (12 mai) Varennes.
I.—AUDIN (1), MAJOLE, fils de Pierre et de Jeanne Borru, de St-Marc, ville de Souvigni, diocèse d'Autun.
BOUSQUET, Marie. [JEAN I.
Toussaint, b... s 6 août 1714. à Montréal. ⁶— *François,* b 1721, s ⁶ 19 mai 1722.

AUDIN, MARIE-FRANÇOISE, épouse de Jacques COTINAULT.

1757, (31 janvier) Québec. ³
I.—AUDIN (2), PIERRE, jardinier, fils d'Antoine et de Marie Lafond, de Langrade, diocèse d'Agen.
LAURIN, Marie-Charlotte. [SIMON I.
Pierre-Paul, b ³ 8 et s ³ 16 oct. 1757.

AUDIN, JOSEPH.
......, Marie-Angélique.
Joseph-Sulpice, b 14 nov. 1779, à St-Cuthbert.

AUDIO.—Voy. HODIAU (3).

AUDIOT, RENÉ.
René, b 1728; s 20 avril 1742, à Montréal.

1757, (7 février) Québec.
I.—AUDIRAC (4), DOMINIQUE, fils de Bernard et de Jeanne Sauvade, de St-Etienne, diocèse d'Aix.
DUMESNIL, Louise-Marguerite, [PIERRE II
b 1721.

I.—AUDIVARIQUE, PIERRE.
1° LOISEL, Marie-Anne.
1778, (19 nov.) Kamouraska.
2° LAPLANTE, Marie-Joseph. [JOSEPH III

1729, (26 nov.) Québec. ⁶
I.—AUDIVERT (5), FRANÇOIS, b 1691; fils de Gabriel et de Marie Vidale, de Civitta-Vecchia, Italie; s 3 nov. 1759, à Charlesbourg.
LEVASSEUR, Marie-Anne
Marie-Anne, b ⁵ 29 déc. 1730; s ⁵ 20 février 1731.—*Marie-Madeleine,* b ⁵ 18 nov. 1731; m ⁵ 27 janvier 1749, à Jean-Baptiste BRASSARD —

---

(1) Dit Lapointe.
(2) Etymologie—AUT...BERT.
(3) Dit Lajeunesse.

(1) Dit St-Amour.
(2) Dit Rouillard, soldat de LeVerrier.
(3) Etymologie, diminutif de ODO—EUDES.
(4) Dit Beausoleil, soldat.
(5 Dit Romain.

François, b⁵ 31 mai 1733 ; s⁵ 7 avril 1734.—*François-Charles*, b⁵ 27 juin 1734 ; s⁵ 7 juin 1735.—*Louis-Stanislas*, b⁵ 24 oct. 1736, m 11 janvier 1762, à Marie-Joseph ALAIN, à Lorette.—*Jacques*, b⁵ 29 mai et s⁵ [ᵉʳ juillet 1737.—*Michel*, b⁵ 29 sept. 1740.—*François*, b⁵ 6 sept. 1741.—*Marguerite*, b⁵ 10 sept. 1742.—*Marie-Anne*, b⁵ 21 oct. et s⁵ 27 déc. 1743.—*François-Marie*, b⁵ 8 déc. 1744.—*Louise-Marie-Denise*, b⁵ 11 et s⁵ 14 mars 1747.

1762, (11 janvier) Lorette. ³

II.—AUDIVERT, LOUIS. [FRS-LOUIS I.
 ALAIN, Marie-Joseph. [JOSEPH III.
 Marie-Louise, b³ 10 nov. 1762.

1726, (7 janvier) Montreal. ⁴

I.—AUDON (1), BERNARD, b 1698, fils de Bernard et de Therèse Fortier, de St-Sauveur de LaRochelle.
 DESFORGES, Marie-Joseph (2). [JEAN I.
 Marie-Amable, b 1732 ; m⁴ 5 mai 1749, à Jean-Pierre PAQUIER.—*Marie-Charlotte*, b 1738 : m⁴ 27 juillet 1761, à Jean-François THOMAS —*Marie-Joseph*, b... s⁴ 17 nov. 1740.—*Michel*, b⁴ 29 sept. 1741 ; s⁴ 12 mars 1743.—*Charles*, b⁴ 24 et s⁴ 29 juillet 1743.—*Bernard*, b⁴ 15 déc. 1744, s⁴ 22 mars 1746.— *Thérèse-Charlotte*, b⁴ 14 oct. 1746 ; m⁴ 11 avril 1763, à Louis ALLOIR —*Marie-Joseph*, b⁴ 29 oct. et s⁴ 2 nov. 1726—*Jacques*, b⁴ 5 nov. 1727.—*Joseph*, b⁴ 15 mars 1730.—*Simon*, b⁴ 4 juillet 1734 —*Marie-Catherine*, b⁴ 8 sept 1736, m 18 mai 1757, à Pierre FOURNIER, à Lachine.—*Marie-Charlotte*, b⁴ 6 sept. 1738.

1750, (4 mai) Québec. ¹

I.—AUDOUIN, FRANÇOIS, charpentier, fils de Jean et de Françoise Robichon, d'Anois, diocèse de Poitiers.
 JALODIN, Jeanne, veuve de Julien Malerne, fille de Louis et de Marie Rouault, de Carantois, diocèse de Vannes.
 Anonyme, b¹ et s¹ 21 août 1750.

AUDRET, ANGÉLIQUE, epouse d'Antoine MIGNERON.

AUFRAY (3), MARIE, epouse de François LENEDIQUE.

I.—AUGÉARD, PIERRE (4).
 RESNARD, LOUISE (5).
 s 4 juillet 1724, à St-Augustin.

1700, (31 mai) Ste-Foye.

I.—AUGÉART (1), POLYCARPE, fils de Pierre et de Louise Resnard, de St-Jean-du-Perrot, ville de LaRochelle.
 LARCHEVÊQUE, Marguerite. [JEAN II.
 Marguerite-Suzanne, b 5 août 1705, à la Pte-aux-Trembles, Q.—*Marie-Joseph*, b... m 1725, à Noel BERTHIAUME. — *Pierre*, b 24 mars et s 20 sept. 1708, à Lorette. ¹ — *Charles*, b¹ 2 fevrier 1710—*Jean*, b¹ 8 mars 1712.

AUGÉ et AUGER (2) —*Variations et surnoms:* LEBON—BARON—LEMAITRE— LAFLEUR— ST-JULIEN—CROTEAU—GRANDCHAMP—VIGNET.

AUGER, ELISABETH, m 1656, à Laurent DENIS.

AUGÉ, ANDRÉE, m 1659, à André MINGON.

AUGÉ, JEANNE, b 1637, à Paris ; m 26 oct. 1671, à Sébastien NOLET, à Québec ; s 18 oct. 1735, à Beaumont.

1685, (30 avril) Pte-aux-Trembles, Q. ¹

I.—AUGER, PIERRE,
 s¹ 9 mars 1736.
 MEUSNIER-LARAMÉE, Périnne, [RENÉ I.
 b 1673 ; s¹ 28 mars 1739.
 René, b 1688 ; m¹ 1ᵉʳ sept. 1710, à Elisabeth COUTANCINEAU ; s¹ 20 février 1758.—*Marguerite*, b¹ 16 fevrier 1691.— *Joseph*, b... m¹ 10 nov. 1716, à Marie-Geneviève GAUDIN. — *Louis*, b... m¹ 25 janvier 1723, à Marie-Anne COUTANCINEAU. —*Marie-Anne*, b 1700 ; m¹ 17 nov. 1721, à Jean-Baptiste LAROCHE ; s 23 déc. 1750, aux Ecureuils ² —*Marie-Charlotte*, b¹ 13 mars 1702, m¹ 20 avril 1722, à Jacques GAUDIN ; s² 22 avril 1772.

II.—AUGER-BARON, JACQUES, [JEAN I.
 s 17 juillet 1753, à Montreal.

1690.

II.—AUGÉ, JEAN, [JEAN I.
 s 25 janvier 1703, à Montréal. ⁴
 GLORY, Marie-Charlotte (3), [LAURENT I.
 b 1665 ; s⁴ 13 janvier 1725.
 Geneviève, b⁴ 1699, m⁴ 27 janvier 1716, à Nicolas TESSIER ; s⁴ 30 oct. 1748.—*Marie-Charlotte*, b⁴ 1697, m⁴ 15 juillet 1720, à Antoine GLORIA —*Marie-Françoise*, b 1695 ; m⁴ 28 avril 1721, à Jean RENAULT. — *Marie*, b 1703, m⁴ 4 mars 1726, à Charles BEAULIEU.

AUGER, ETIENNE (4), voyageur.

AUGER, RENE-BONAVENTURE (5),

AUGER, ELISABETH, epouse d'Etienne BEAUVAIS.

---

(1) Dit Rochefort, capitaine de Blainville.
(2) Elle epouse, le 26 oct 1761, Nicolas Jenot, à Montréal.
(3) Etymologie d'AUFROY. Humfred, en anglais : Humphrey—Onfroy.
(4) Mort à LaRochelle.
(5) Elle epouse, en 1680, Pierre Amiot dit Villeneuve.

(1) Dit Policar, 1712.
(2) Etymologie d'AUGÉ · Ot-ger, Ot-gier, saxon ; Ogier, danois.
(3) Elle epouse, le 5 mars 1704, Jean Prieur, à Montréal.
(4) Il etait, le 7 juillet 1747, a Makinac.
(.) Il etait, le 17 juillet 1755, à Makinac.

AUGER, Charlotte, epouse de Joseph Bellefeuille.

AUGERS, Madeleine, epouse de Nicolas Bellefeuille.

AUGERS, Geneviève, epouse de Jean-Baptiste
  Blondeau.

AUGER, Marie-Charlotte, épouse d'Etienne
  Boheur.

AUGER, Marie-Françoise, b... 1° m 19 avril
  1751, à Jacques Chaperon; 2° m 18 fevrier
  1754, à Joseph Graton, à St-Vincent-de-
  Paul.

AUGER, Mectilde, épouse de Sulpice Chaussé.

AUGÉ, Marie-Marguerite, épouse de Gaspard
  Choret; s 29 mai 1733, à St-Charles.

AUGER, Françoise, epouse de Pierre Defoy.

AUGER, Madeleine, épouse de Pierre Delage.

AUGÉ, Marie, épouse de François Desjordis.

AUGER, Marie-Amable, épouse de Pierre-Laurent Desparois.

AUGERS, Marie-Madeleine, épouse de François
  De Trepagny.

AUGER, Anelle, épouse de Jacques Dupras.

AUGER, Marie-Charlotte, épouse d'Antoine
  Durocher.

AUGER, Marie-Joseph, epouse de Joseph Fafard.

AUGÉ, Marie, épouse de Jean Gareau.

AUGER, Thérèse, b 1710; m à .... Gascon;
  s 24 oct. 1754, à Montreal.

AUGER-VINET, Marie, b 1782; m à Joseph
  Gervais; s 26 mars 1805, à St-Jean-Deschaillons.

AUGER, Marie-Joseph, epouse de Joseph Harbour.

AUGÉ, Françoise, épouse de Toussaint Hunaut.

AUGER, Marie-Anne, b 1704; m 21 nov. 1718,
  à Pierre Joseph, à Quebec ²; s ² 17 mars
  1759.

AUGÉ, Geneviève, épouse de François Labelle.

AUGER, Madeleine, epouse de Pierre Lafleur.

AUGÉ, Geneviève, épouse de Joseph Lapointe;
  s 17 oct. 1766, à Yamachiche.

AUGER, Geneviève, epouse de Joseph-François
  Lemay.

AUGÉ, Judith, épouse de Jean-Baptiste Lemay;
  s avant 1785.

AUGÉ, Charlotte-Françoise, b 1705; m à ......
  Lemire-Marsolet; s 7 mai 1768, à St-Constant.

AUGER, Marie, épouse de Joseph-Pierre Martin (1).

AUGÉ, Louise, épouse de Jacques Ondoyer.

AUGÉ, Marie-Joseph, epouse de Pierre Pende-
  lette.

AUGER, Marie-Elisabeth, épouse de Jacques
  Perras.

AUGÉ, Marie-Joseph, épouse de Jean-Baptiste
  Prou.

AUGÉ, Marie-Françoise, epouse de Jean-Baptiste Roirou; s 7 oct. 1753, à St-Jean-Deschaillons.

AUGÉ, Geneviève, epouse de .... Rondeau.

AUGÉ (2), Charlotte, épouse de Louis Sicard

AUGE, Elisabeth, épouse de François Tousignan, s 8 février 1751, à Lotbinière.

1691, Lotbinière.²
II.—AUGÉ, Louis. [Jean I.
  Barabé, Antoinette. [Nicolas I.
  Jean-Louis, b 1692, au Cap-Santé; 1° m 1ᵉʳ août
  1729, à Marie-Joseph Caron, à Champlain¹,
  2° m ² 26 juillet 1751, à Geneviève Portelance.
  —François, b 1701; m 1726, à Françoise Maillot; s² 2 oct. 1751.—Jean-Baptiste, b... m à Marie-
  Catherine Lemay; s avant 1767.—Pierre, b... m¹
  30 août 1734 à Therèse Rivard.—Louis, b... m
  1726, à Elisabeth Houde.—Marie-Catherine, b .
  m² 18 janvier 1734, à Joseph Leureau, s ² 24 juin
  1751.—Etienne, b... m 13 sept. 1751, à Louise
  Delguel, à Montreal. — Antoine, b 1716; m 20
  sept. 1742, à Marie-Joseph Maillot, à St-Jean-
  Deschaillons³; s ᵈ 15 déc. 1743.

1695, (7 juin) Ste-Famille, I. O.
I.—AUGÉ, Jean (3).
  Gautier, Marie-Anne (4). [Elie I.
  Geneviève, b... m 15 oct. 1724, à Nicolas
  Ledoux, à Varennes. — Marie-Madeleine, b .
  m 27 nov. 1724, à Antoine Aubin, à Montreal.⁴—
  Marie-Louise, b 1ᵉʳ mars 1710, à Quebec, m ⁴
  27 nov. 1724, à Jacques Ondoyer.

(1) Dit Langoumois.
(2) Dit Lemaitre.
(3) Dit St-Julien Voy. vol. I, p. 18.
(4) Elle épouse, le 7 août 1713, Jacques Lesourd, a
Québec.

II.—AUGER-BARON, Philippe,   [Jean I.
b 1662; s 31 oct. 1726, à Montreal.[5]
....., Marguerite,
s [5] 13 mars 1723.

1696, (4 juin) Montréal.[7]
II.—AUGER (1), Jean-Bte.   [Jean I.
Bon, Marie-Françoise (2).   [Pierre I.
Marguerite, b [7] 25 juillet 1698 ; m [7] 4 juin 1716, à Pierre Montan. — *Madeleine*, b [7] 8 février 1702 ; m [7] 7 janvier 1727, à Pierre Delas. — *Marie-Françoise*, b [7] 12 février 1704 ; 1º m [7] 30 sept. 1727, à Toussaint Hunault ; 2º m 19 avril 1751, à Jacques Chaperon, au Sault-au-Recollet.[8] — *Jean-Baptiste*, b [7] 7 juin 1706 ; 1º m [7] 18 sept. 1730, à Marie-Louise Jodoin ; 2º m 9 août 1745, à Madeleine Leclec, à Laprairie ; 3º m [7] 17 avril 1747, à Marie-Catherine Bibaut. —*Antoine*, b [7] 2 février 1709 ; m à Angélique Filion ; s 30 août 1782, à Terrebonne.—*Marie-Louise*, b [7] 25 août 1711 ; m [7] 1er juillet 1748, à Antoine Lefranc.—*Geneviève*, b [7] 25 mai 1714 ; 1º m 8 mai 1739, à François Labelle, à St-François, I. J. ; 2º m [8] 23 sept. 1743, à Jean-François Proux. — *Paul-François*, b [7] 6 sept. 1716 ; m [7] 5 mars 1753, à Scholastique Latouche. —*Marie-Agnès*, b [7] 24 oct. 1718.— *Marie-Charlotte*, b 1719 ; s [7] 9 mars 1726 —*Marie-Elisabeth*, b [7] 3 juillet 1722 ; m [7] 27 sept. 1745, à Etienne Bouvret.

1698, (15 nov.) Repentigny.
I.—AUGER (3), Pierre, fils de Jean et de Marie Giran, de Livourne, diocèse de Bordeaux.
Dagenais, Elisabeth,   [Pierre I.
Marie-Angélique, b 21 février 1707, à Lachine[8]; s 21 avril 1789, à l'Hôpital-Général, M.—*Joseph*, b [9] 20 mars 1701.—*Marie-Joseph*, b [9] 26 août 1704 ; m 17 avril 1723, à Pierre Nolan, à Montreal.[1]—*Marie-Thérèse*, b [1] 16 mars 1709 ; m [1] 29 mai 1731, à Jean Lescase.—*Paul*, b [1] 3 février 1711 ; m [1] 4 nov. 1732, à Angélique Héritier.—*Marie-Madeleine*, b [1] 24 août 1713 ; m [1] 5 mai 1732, à Louis Boyer.—*Pierre*, b [1] 13 janvier et s [1] 24 juin, 1716.—*Marie-Marguerite*, b [1] 2 oct. 1717 ; s [1] 12 mai 1718.

I.—AUGER (4), Pierre, b 1679 ; s 27 mai 1760, à l'Hôpital-Général, M

AUGER, François, b 1709 ; s 29 mai 1754, à Quebec.

1708, (11 janvier) Montréal.[2]
I.—AUGER (5), Julien, b 1666 ; fils de Michel et de Marie Toumazo, de St-Furjan, diocèse de Luçon.
Petit-Boismorel, Louise-Thérèse,   [Jean I.
b 1688.

---

(1) Dit LeBaron.
(2) Elle epouse Nicolas Bourdet.
(3) Dit Lafleur.
(4) Dit Croteau.
(5) Dit Grandchamps, soldat de Desjordis.

Louis-Charles, b [2] 6 janvier 1709.—*Marguerite*, b [2] 26 mai 1710, s [2] 15 mars 1711.—*Marie-Louise*, b... m [3] 14 janvier 1745, à Ignace Robrau.

1710, (1er sept.) Pte-aux-Trembles. [6]
II.—AUGÉ, René,   [Pierre I.
b 1688 ; s [6] 20 février 1758.
Coutancineau, Elisabeth,   [Nicolas II.
s [6] 26 mars 1756.
Marie-Joseph, b [6] 18 février 1713 ; m [6] 16 février 1733, à Joachim Desmoliers. — *Pierre*, b [6] 29 mai 1711 ; s [6] 6 février 1712.—*François*, b [6] 24 mars 1717 ; s [6] 11 mars 1740.—*Louis-Joseph*, b [6] 17 février 1715 ; m [6] 31 oct. 1745, à Marie-Charlotte Grenon.—*Jean-Baptiste*, b [6] 6 juin 1720 ; m [6] 26 mai 1747, à Angelique Perrin.—*Marie-Angélique*, b [6] 19 avril 1722, m [6] 20 oct. 1749, à Toussaint Léonard-Boisjoli.—*Jérôme*, b [6] 29 mai 1726.—*Michel*, b [6] 13 juillet 1729, m [6] 26 juillet 1751, à Therèse Durbois.

AUGÉ, Marie-Anne, b 1713 ; m à Jean Heron ; s 16 nov. 1740, à Yamachiche.

1716, (10 nov.) Pte-aux-Trembles. [6]
II.—AUGER, Joseph,   [Pierre I.
b 1694 ; s [6] 11 avril 1759.
Gaudin, Geneviève,   [Charles II.
b 1695.
Joseph, b... m 21 oct. 1754, à Geneviève-Augustine Mercier, à St-Augustin.—*Pierre*, b [6] 22 août 1717 ; m [6] 23 janvier 1741, à Marie-Charlotte Richard.—*Marie-Angélique*, b [6] 24 janvier 1726 ; m [6] 9 juin 1749, à Jean Vandal.—*Geneviève*, b [6] 17 mars 1720, m 29 avril 1748, à Jean Robert, à Quebec.—*Marie-Louise*, b [6] 15 août 1724.— *Marie-Thérèse*, b [6] 1er dec. 1728. — *Jean-Baptiste*, b... m 31 janvier 1763, à Marie-Geneviève Laroche, à Sorel.

1719, (7 mai) St-Frs-du-Lac.
III.—AUGÉ (1), Charles.   [Charles II.
Giguère, Catherine.   [Martin II.

1723, (25 janvier) Pte-aux-Trembles. [6]
II.—AUGÉ, Louis,   [Pierre I.
s avant 1756.
Coutancineau, Marie-Anne,   [Michel II.
b 1699
Marie-Anne, b [6] 8 dec. 1723 ; s 15 juin 1742, à Quebec —*Louis*, b [6] 20 août 1725 ; m [6] 2 fevrier 1756, à Felicite Roberge.—*Marie-Angélique*, b [6] 5 janvier 1728.—*Marie-Madeleine*, b [6] 7 dec. 1729 — *Marie-Thérèse*, b [6] 12 dec. 1731.— *Marie*, b 1728 ; s [6] 16 août 1733.—*Marie-Madeleine*, b [6] 18 oct. 1733 ; m [6] 21 nov. 1768, à Pierre Pagé.—*Marie-Joseph*, b [6] 4 juillet 1735 —*Jean-Baptiste*, b [6] 10 oct. 1737 ; 1º m [6] 4 oct. 1762, à Marie-Charlotte Faucher; 2º m [6] 16 fevrier 1767, à Marie-Joseph Dubuc. — *Brigitte*, b [6] 1er avril 1740 ; m [5] 2 fevrier 1761, à Pierre Roberge.

---

(1) Lemaitre-Auge, voy. vol I, p. 375.

1725, (27 août) Montréal. ⁵
I.—AUGÉ, François, b 1698 ; fils de Jean et de Claude Malet, d'Egperse, diocèse de Clermont, Auvergne.
LEMYRE, Charlotte. [JEAN II.
Charlotte-Françoise, b ⁵ 1ᵉʳ juin 1726 ; m ⁵ 7 janvier 1744, à Jean-Bte TRUILLIER.—*Elisabeth*, b ⁵ 14 oct. 1740.—*Marie-Joseph*, b ⁵ 9 nov. 1741, s ⁵ 2 avril 1745.—*Pierre-Théodore*, b ⁵ 29 mars 1743.—*François*, b ⁵ 26 mars 1730.—*Charlotte*, b 1731 ; s 14 août 1748, à St-Michel d'Yamaska. —*René-Bonaventure*, b ⁵ 7 juin 1735.—*Marie-Louise*, b ⁵ 28 sept. 1739 ; s ⁵ 21 oct. 1744.

1726, (11 fevrier) Montréal. ⁶
I.—AUGÉ, PIERRE, fils de Jacques et de Jeanne Dion, d'Angers.
FORETIER, Marguerite. [LOUIS I.
Marguerite-Amable, b ⁶ 16 mars et s ⁶ 17 juillet 1742.—*Antoine*, b... m 8 mai 1759, à Marie BERTRAND, à St-Laurent, M.—*Marie-Joseph*, b ⁶ 12 et s ⁶ 14 oct. 1726.—*Marie-Marguerite*, b ⁶ 6 sept. 1727 ; s ⁶ 18 fevrier 1733.—*Pierre*, b ⁶ 23 mars et s ⁶ 26 mai 1729.—*Jacques*, b ⁶ 25 juillet 1730.— *Marie-Marguerite*, b ⁶ 16 mars et s ⁶ 6 avril 1734.— *Pierre*, b ⁶ et s ⁶ 9 fevrier 1735.— *Pierre-Amable*, b ⁶ 4 et s ⁶ 7 mars 1736.—*Joseph-Marie*, b ⁶ 25 et s ⁶ 27 mars 1737.— *Marguerite-Geneviève*, b ⁶ 22 et s ⁶ 23 mai 1739.

1727, (1ᵉʳ oct) Yamachiche.
I —AUGÉ, JEAN-BTE, fils de Charles et de Madeleine Crevier, de St-Antoine, rivière St-Jean.
LESIEUR, Françoise. [JULIEN II.

1726.
III.—AUGER, Louis. [LOUIS II.
HOUDE, Elisabeth. [SIMON II.
Jean-Baptiste, b 6 mai 1728, à Lotbinière ⁸ ; m ⁸ 9 août 1751, à Louise TOUSIGNAN.—*François*, b ⁸ 24 oct. 1729 ; s ⁸ 26 janvier 1730.— *Pierre*, b ⁸ 18 fevrier 1731 ; s ⁸ 13 déc. 1749.— *Etienne*, b... s ⁸ 2 janvier 1734.—*Louise*, b ⁸ 20 mai 1734, m ⁸ 27 oct. 1755, à Louis BAUDET.—*Antoine*, b ⁸ 30 avril 1742 ; s ⁸ 3 sept. 1749.— *Geneviève*, b... m ⁸ 21 juillet 1765, à Joseph TOUSIGNAN.

III.—AUGER, ANTOINE, [JEAN-BTE II.
b 1709 ; s 30 août 1782, à Terrebonne. ⁷
FILION, Angelique, [ANTOINE II.
b 1705 ; s ⁷ 30 déc. 1779.

1726.
III.—AUGÉ, FRANÇOIS, [LOUIS II.
b 1701 ; s 2 oct. 1751, à Lotbinière. ²
MAILLOT, Françoise, [RENÉ II.
s avant 1766.
Joseph, b ² 27 fevrier 1729 ; m 1751, à Marie-Joseph HOUL.—*Marie-Françoise*, b ² 8 avril 1731. — *Marie-Geneviève*, b... m ² 24 juillet 1752, à Joseph LEMAY.—*Antoine*, b 1744 ; m ² 3 février 1766, à Marie-Marguerite BAUDET ; s 25 mai 1817, à St-Jean-Deschaillons. ³—*Marguerite*, b 24 fevrier 1750, aux Grondines. — *Toussaint*, b 8 nov. 1739, à St-Pierre-les-Becquets. ⁴—*Antoine*,

b 1740 ; s ³ 6 juillet 1741.— *Marie-Judith*, b⁴ 9 juillet 1742.—*Timothée*, b ³ 4 avril 1748.—*Louis*, b 1729 ; m ⁴ 19 avril 1751, à Marie-Rose ADAM ; s ³ 22 mars 1780.—*François*, b... m ³ 13 janvier 1755, à Françoise MAILLOT.—*Marie-Amable*, b ³ 22 sept. 1758.

1729, (1ᵉʳ août) Champlain.
III.—AUGÉ, JEAN-LOUIS. [LOUIS II.
1° CARON, Marie-Joseph. [JEAN-BTE I.
Marie-Joseph, b 25 et s 29 avril 1730, à Lotbinière. ⁷ —*Marie-Joseph*, b ⁷ 24 août et s ⁷ 15 sept. 1731.—*Marie-Anne*, b... m ⁷ 24 juillet 1768, à Etienne RAGAUT.—*Jean-Louis*, b 1739 ; s ⁷ 11 février 1741.—*Jean-Louis*, b... s ⁷ 19 oct. 1752, —*Marie-Louise*, b... m ⁷ 12 nov. 1753, à Michel BAUDET.

1751, (26 juillet). ⁷
2° ROY (1), Marie-Geneviève. [JOSEPH II
Marguerite, b ⁷ 18 juin 1752.—*Augustin*, b ⁷ 15 déc. 1756 ; s ⁷ 28 déc. 1757.—*Geneviève*, b 1763 ; s ⁷ 5 février 1767.—*Augustin*, b ⁷ 20 oct. 1765.

1729.
III.—AUGÉ, JEAN-BTE, [LOUIS II.
s avant 1767.
LEMAY, Marie-Catherine, [MICHEL II.
b 1701 ; s 27 oct. 1767, à Lotbinière. ⁷
Marie-Joseph, b ⁷ 24 nov. 1729 ; s ⁷ 30 juillet 1730.—*Jean-Baptiste*, b ⁷ 14 août 1731. — *Catherine*, b... m 3 août 1761, à Gervais BARIL, à St-Pierre-les-Becquets. — *Marie-Louise-Françoise*, b 1732 ; s 16 août 1747, à Montréal. ⁸ *Marie-Louise*, b ⁷ 7 février 1734.—*Simon*, b 1741 ; s ⁸ 5 avril 1748.—*Marie-Françoise*, b ⁸ 8 juin 1747. —*Marie-Joseph*, b ⁸ 5 nov. 1748.—*Marie-Joseph*, b ⁸ 3 nov. et s 1ᵉʳ déc. 1749, à St-Laurent, M.⁹— *Marie*, b ⁸ 3 nov. et s ⁹ 4 dec. 1749.

1730, (18 sept.) Montréal. ⁸
III.—AUGER (2), JEAN-BTE. [JEAN II.
1° JODOIN, Marie-Louise, [ANDRÉ II.
s ⁸ 14 janvier 1745.
Marie-Amable, b ⁸ 5 avril 1734 ; 1° m ⁸ 25 sept. 1752, à Louis-Mathurin PALIN ; 2° m 3 août 1761, à François CATIGNON, à St-Constant. — *Jean-Baptiste*, b ⁸ 20 janvier 1736 ; m ⁸ 7 sept. 1761, à Marguerite ST-AGNE.—*Marie-Joseph*, b ⁸ 3 mars et s ⁸ 4 mai 1737.—*Geneviève*, b ⁸ 17 mars 1738, s ⁸ 4 avril 1743.—*François*, b ⁸ 1ᵉʳ août 1739, s ⁸ 13 janvier 1742.—*Pierre*, b ⁸ 19 mai et s ⁸ 29 juillet 1740.—*Michel*, b ⁸ 29 juillet et s ⁸ 15 sept 1741.—*Elisabeth*, b ⁸ 20 août 1742.—*Toussaint*, b ⁸ 2 nov. 1743, s ⁸ 17 juin 1744.—*Marie-Françoise*, b ⁸ 6 janvier 1745.

1745, (9 août) Laprairie.
2° LECLERC, Geneviève-Madeleine, [LOUIS II.
b 1721 ; s ⁸ 2 déc. 1746.
Marie-Geneviève, b ⁸ 30 nov. 1746 ; s ⁶ 27 juillet 1747.

(1) Dit Portelance.
(2) Dit Baron.

1747, (17 avril). [8]
3e BIBAUT, Marie-Catherine (1), [JEAN-BTE II.
b 1723.
Charles, b [8] 21 janvier 1748.—*Jean-Baptiste*,
b [8] 16 avril 1749; s [8] 11 février 1750.—*Catherine*,
b [8] 28 mars 1750.

1732, (4 nov.) Montréal. [1]
II.—AUGER, PAUL. [JEAN-BTE I.
HÉRITIER, Angélique. [FRANÇOIS I.
Pierre, b [1] 17 oct. 1741.—*Marie-Anne*, b [1] 20
déc. 1742; m [1] 14 février 1763, à Joseph DESÈVE.
—*Marie-Archange*, b [1] 3 août 1744.—*Marthe*, b [1]
7 mai 1746.—*Marie-Françoise*, b [1] 24 déc. 1747.
—*Ambroise*, b [1] 26 février 1750.—*Jacques*, b [1] 27
février 1735; s [1] 8 sept. 1739. — *Antoine*, b [1] 3
mars 1738.—*Louise*, b [1] 14 déc. 1739.

1734, (30 août) Champlain.
III.—AUGE, PIERRE, [LOUIS II.
b 1705; s 11 nov. 1755, à Lotbinière. [2]
RIVARD (2), Thérèse. [FRANÇOIS III.
Marie-Catherine, b [2] 23 avril 1742; m [2] 1er mai
1764, à Pierre HOUDE, s [2] 24 mai 1768.—*Marie-
Joseph*, b 29 oct. 1738, à Deschambault.—*Marie-
Joseph*, b 1739; s [2] 1er mai 1751.—*Marie-Louise*,
b... m [2] 18 février 1765, à Joseph HAMEL —
Pierre, b... m [2] 10 février 1766, à Marie-Anne
MEUNSON. — *Marie-Elisabeth*, b [2] 7 déc. 1749;
m 11 juillet 1774, à Basile CHARLAND, à St-Jean-
Deschaillons [3]; s [3] 20 juillet 1789.—*Louis-Barthe-
lemi*, b [2] 4 oct. 1751; m [2] 24 janvier 1774, à Marie-
Françoise GAURON; s [3] 31 août 1787.—*Marie-
Rosalie*, b [2] 1er avril 1753.

AUGER, IGNACE,
b 1718; s 3 juillet 1756, à la Pte-aux-Trembles, Q.

AUGER (3), JACQUES,
s 24 juin 1744, à St-Pierre, I. O., noye.

AUGER, MARIE,
b 1742; s 20 avril 1764, à Sorel.

AUGÉ, JOSEPH,
MAILLOT, Isabelle. [RENÉ II.
Marie-Charlotte, b 6 oct. 1738, à Deschambault.[5]—*Marie-Isabelle*, b [5] 6 oct. 1738.—*Augustin*,
b 19 juillet 1750, à Lotbinière [6]; s [6] 26 nov. 1753.
—*Henri-Marie*, b [5] 27 juillet 1752.—*Geneviève*, b [6]
5 février 1755.

1741, (23 janvier) Pte-aux-Trembles, Q. [1]
III.—AUGÉ, PIERRE. [JOSEPH II.
RICHARD, Marie-Charlotte, [JACQUES II.
b 1710.
Jean-Baptiste, b 15 mars 1744, aux Ecureuils. [2]
—*Marie-Thérèse*, b [2] 15 janvier 1749.—*Augustin*,
b [1] 23 nov. 1745.— *Marie-Geneviève*, b [2] 9 mars

1747; s [1] 3 mars 1749.—*Louis-Joseph*, b [1] 25 mai
1750.—*Anonyme*, b [1] et s [1] 6 février 1751.—*Geneviève*, b [2] 28 mars 1752; s [1] 8 avril 1752.—*Marie-
Thérèse*, b 1749; s [1] 8 janvier 1769.

1742, (20 sept.) St-Jean-Deschaillons. [3]
III.—AUGÉ, ANTOINE, [LOUIS II.
s [3] 15 déc. 1743.
MAILLOT, Marie-Joseph (1). [PIERRE II.

1745, (31 oct.) Pte-aux-Trembles, Q. [4]
III.—AUGÉ, LOUIS-JOSEPH. [RENÉ II.
GRENON, Marie-Charlotte. [PIERRE II.
Joseph, b [4] 27 juin 1747.—*François*, b [4] 21
mars et s [4] 26 juillet 1749.—*Marie-Angélique*, b [4]
18 sept. 1750.—*Jérôme*, b [4] 14 sept. 1756.—*Marie-
Louise*, b [4] 15 mars 1758.—*Joachim*, b [4] 14 déc.
1759.—*Marie-Charlotte*, b 12 février 1763, aux
Ecureuils.—*Marguerite*, b [4] 17 juillet 1764.

1747, (26 mai) Pte-aux-Trembles, Q. [5]
III.—AUGERS, JEAN-BTE. [RENÉ II.
PERRIN (2), Angelique, [JOSEPH-GILLES I.
b 1727.
Jean-Baptiste, b 18 sept. 1748, aux Ecureuils;
s [5] 21 déc. 1748.—*Marie-Joseph*, b... s [5] 1er janvier
1749.— *Jean-François-Régis*, b [5] 11 oct. 1749.—
Elisabeth, b [5] 1er février 1751.—*Jean-François*,
b [5] 4 nov. 1756.—*Eustache*, b [5] 27 janvier 1759.
—*Augustin*, b [5] 27 janvier 1759; s [5] 30 nov. 1760.
—*Augustin*, b [5] 16 avril 1763 —*Félicité*, et *Marie-
Thérèse*, b [5] 2 sept. 1765.— *Louis*, b [5] 27 jan-
vier 1768.

III.—AUGERS, JEAN-BTE.
DELISLE, Marie-Joseph.
Charles, b 4 nov. 1749, aux Ecureuils.—*Joseph*,
b... m 26 nov. 1770, à Marie-Angélique MESSIER,
à Varennes.

1751, (19 avril) St-Pierre-les-Becquets.
IV.—AUGÉ, LOUIS, [FRANÇOIS III.
s 22 mars 1780, à St-Jean-Deschaillons. [3]
ADAM, Marie-Rose, [JEAN-BTE II.
veuve de Joachim Maillot.
Marie-Théotiste, b 1752; s [3] 4 avril 1753 —
Marie-Pélagie, b [3] 25 nov. 1758; m [3] 5 février
1776, à Jean-Baptiste BAUDET.—*Marie-Théotiste*,
b [3] 4 juillet 1754, s [3] 27 oct. 1757.—*Louis-Michel*,
b [3] 12 oct. 1756; m [3] 12 oct. 1789, à Brigitte
MAILLOT.—*Michel-Patrice*, b [3] 17 mars 1761; s [3]
18 juin 1762.

1751, (26 juillet) Pte-aux-Trembles. [7]
III.—AUGERS. MICHEL, [RENÉ II.
LIENARD-DUBOIS, Thérèse. [IGNACE II.
Thérèse, b 1752, s [7] 19 juin 1763.

1751, (9 août) Lotbinière. [7]
IV.—AUGÉ, JEAN-BTE. [LOUIS III.
TOUSIGNAN, Louise. [NOEL II.

---

(1) Elle épouse, le 30 janvier 1755, François Durocher,
au Lac-des-Deux-Montagnes.
(2) Dit Lavigne.
(3) Pilote du navire *Le Caribou*. Il était frère de François
Auger.

(1) Elle épouse, le 23 mai 1747, Joseph Adam, à St-Pierre-
les-Becquets.
(2) Dit Duplessis.

Anonyme, b ⁷ et s ⁷ 10 juillet 1752.—*Marie-Louise*, b ⁷ 4 août 1753.—*Louis-Gabriel*, b ⁷ 10 juin 1757.—*Jean-Baptiste*, b 21 juin 1755, à Deschambault; s ⁷ 4 sept. 1758.—*Gabriel*, b ⁷ 30 déc. 1764: s ⁷ 22 février 1765 —*Pierre*, b ⁷ 30 déc. 1764.

1751.

IV.—AUGER, JOSEPH. [FRANÇOIS III.
  HOUI, Marie-Joseph. [ROBERT II.
  Marie-Marthe, b 15 nov. 1767, à St-Jean-Deschaillons. ¹—*Marie-Tharsile*, b ¹ 22 juillet 1752.—*Marie-Mélidine*, b ¹ 30 juin 1754. — *Joseph-Tranquilin*, b ¹ 12 juillet 1757. — *Ursule*, b ¹ 11 sept 1759.—*Benjamin*, b ¹ 11 mars 1762.—*Françoise*, b ¹ 27 mai 1763.—*Marguerite*, b ¹ 15 mai 1765.

1751, (13 sept.) Montréal.

III.—AUGER, ETIENNE. [LOUIS II
  DELGUEL, Louise. [JEAN-BTE II.

1753, (5 mars) Montréal. ⁵

III.—AUGER (1), PAUL. [JEAN-BTE II.
  LATOUCHE, Scholastique (2). [JEAN I.

1754, (21 oct.) St-Augustin.

III—AUGER, JOSEPH. [JOSEPH II.
  MERCIER, Geneviève-Augustine, [ANTOINE II. b 1728.
  Marie-Geneviève, b 4 nov. 1759, aux Ecureuils. —*Jean-Baptiste*, b 25 juillet 1757. à la Pte-aux-Trembles ⁶; s ⁶ 17 juin 1758.

1755, (13 janvier) St-Jean-Deschaillons. ⁸

IV.—AUGÉ, FRANÇOIS. [FRANÇOIS III.
  MAILLOT, Françoise. [LOUIS II.
  Luc, b ⁸ 10 février 1756.—*Antoine*, b ᵈ 2 sept 1766.—*François*, b ³ 25 oct. 1760; s ³ 12 août 1762.—*François*, b ³ 29 nov. 1762.—*Marguerite*, b ³ 15 et s ³ 16 février 1765.—*Luce*, b ³ 15 et s ᵈ 20 février 1765.

1756, (2 février) Pte-aux-Trembles, Q. ⁶

III.—AUGÉ, LOUIS, [LOUIS II. b 1725.
  ROBERGE, Felicite, [JEAN II. b 1733.
  Louis, b ⁶ 5 dec. 1757; s ⁶ 12 février 1758.—*Louis-Joseph*, b ⁶ 31 juillet 1761.—*Angélique*, b ⁶ 28 février 1763, s ⁶ 20 juillet 1764;—*Anonyme*, b ⁶ et s ⁶ 19 sept. 1764.—*Anonyme*, b ⁶ s ⁶ 19 sept. 1764.—*François*, b ⁶ 16 dec. 1767.

1759, (8 mai) St-Laurent, M.

II —AUGÉ, ANTOINE. [PIERRE I.
  BERTRAND, Marie. [FRANÇOIS II.

1761, (12 janvier) Montreal.

I.—AUGER, FERDINAND, b 1738 ; fils de Gounet et de Marguerite Croux, diocèse de St-Martin, Allemagne.
  GAREAU, Archange. [JEAN-BTE III

---

(1) Dit Baron.
(2) Dit Soupras. Elle épouse, le 10 nov. 1760, François Roger, à Montreal.

1761, (7 sept.) Montréal.

IV.—AUGER (1), JEAN-BTE. [JEAN-BTE III.
  ST-AGNE (2), Marguerite, [JEAN-BTE III. b 1746.

1762, (4 oct.) Pte-aux-Trembles Q. ⁸

III.—AUGER, JEAN-BTE. [LOUIS II.
  1° FAUCHER, Marie-Catherine, [AUGUSTIN III. b 1745 ; s ⁸ 28 janvier 1766.
  Jean-Baptiste, b ⁵ 9 avril 1764.
    1767, (16 février). ⁸
  2° DUBUC, Marie-Joseph. [MICHEL III.
  Marie-Joseph, b ⁸ 28 dec. 1767.—*Augustin*, b 14 janvier 1769, aux Ecureuils.

1762, (3 nov.) Batiscan. ²

IV.—AUGÉ, PIERRE. [PIERRE III.
  DEGRÉS, Angelique, [RAYMOND I. b 1738.
  Un enfant, b...(3).—*Pierre*, b ² 17 janvier 1764. —*Marie-Reine*, b 7 janvier 1766, à Ste-Anne-de-la-Perade.

1763, (31 janvier) Sorel.

IV.—AUGER, JEAN-BTE. [JOSEPH III.
  LAROCHE-CARRÉ, Marie-Geneviève, [JEAN III. b 1746.

AUGER, LOUIS, marchand (4).

1763.

AUGÉ, JEAN-BTE.
  PERUSSE, Françoise. [LOUIS II.
  Marie-Marguerite, b 29 mai 1764, à Lotbinière ⁷; s ⁷ 10 mars 1765.— *Marie-Thérèse*, b ⁷ 28 sept. 1766.—*Marie-Louise*, b ⁷ 20 nov. 1768.

AUGÉ, JOSEPH.
  LESTAGE, Rosalie.
  Anonyme, b et s 12 février 1766, à Lotbinière

1766, (3 février) Lotbinière. ¹

IV.—AUGER, ANTOINE, [FRANÇOIS III b 1744; s 25 mai 1817, à St-Jean-Deschaillons. ²
  BAUDET, Marie-Marguerite [JEAN-BTE III.
  Marguerite, b ² 8 juin 1767 , s ¹ 29 sept. 1768. —*Marie*, b 1775; s ² 28 dec. 1803.

1766, (10 février) Lotbinière. ¹

IV.—AUGÉ, PIERRE. [PIERRE III.
  MEUNSON (5), Marie-Anne. [JEAN II.
  Pierre, b ¹ 26 janvier 1767.

---

(1) Dit Baron.
(2) Dit St-Yves
(3) Présenté à leur mariage.
(4) Il était le 5 juin 1766 à Lachenaye.
(5) Dit Menançon.

I.—AUGER (1), François.
1° Pin, Marie-Louise, [Louis III.
b 1744; s 14 déc. 1773, à St-Jean-Deschaillons.[1]
François, b 23 sept. 1767, à Lotbinière[2]; s[1] 15 nov. 1775. — *Marie-Louise*, b[2] 11 janvier et s[1] 3 sept. 1769. — *Sévérin*, b[1] 2 juin 1770, m[1] 25 août 1794, à Rosalie Bergeron.—*Marie-Pélagie*, b[1] 11 oct. 1771.—*Marie-Louise*, b[1] 5 juin 1773.
1775, (20 février).[1]
2° Maillot, Geneviève (2). [François III.
François, b[1] 14 déc. 1775.

1770, (26 nov.) Varennes.
IV.—AUGER, Joseph. [Jean-Bte III.
Messier, Marie-Angélique, [Augustin III
veuve de Jacques Girard.

1774, (24 janvier) St-Jean-Deschaillons.[2]
IV.—AUGÉ, Louis-Barthélemi, [Pierre III.
s[2] 31 août 1787.
Gauron, Marie-Françoise (3), [Michel III.
b 1753.
Louis-Barthélemi, b[2] 2 oct. 1774. — *Antoine*, b[2] 9 sept. 1775.—*Françoise*, b[2] 24 août 1777.

1789, (12 oct.) St-Jean-Deschaillons.
V.—AUGER, Louis-Michel. [Louis IV.
Maillot, Brigitte [Nicolas III.

1794, (25 août) St-Jean-Deschaillons.[4]
II.—AUGER, Sévérin. [François I.
Bergeron, Rosalie. [Jean-Marie III.
Sévérin, b... m[4] 25 sept. 1821, à Catherine Maillot.

AUGER, Jean-Bte.
Desjardins, Marguerite.
Joseph, b... m 15 août 1820, à Madeleine Ascon (4), siouse.

1821, (25 sept.) St-Jean-Deschaillons.
III —AUGER, Sévérin. [Sévérin II.
Maillot, Catherine [Michel IV.

AUGER, Louis.
Bernard (5), Pélagie.
b 1779; s 10 oct. 1804, à St-Jean-Deschaillons.

AUGER, Louis.
b 1773; s 20 sept. 1821, à St-Jean-Deschaillons.
Roiroux, Archange.

1733, (7 janvier) Montréal.[2]
I.—AUGIAS (1), Marin, b 1693; fils de François et de Claire Dauville, de N.-D. de la Valette, diocèse de Toul.
LeSieur, Madeleine, [François I.
veuve d'Antoine Rocheleau.
Marie-Anne, b 1734, s[2] 22 août 1735.

AUGUE.—Voy. Hogue.

I.—AULARGE, Pierre, b 1709, de Dublan, Berry, s 7 mars 1790, à l'Hôpital-Général, M.

1752, (6 juin) Québec.[3]
I.—AUMASSON (2), Louis-Léonard, b 1731; fils de Claude et de Judith DeChevreau, de N.-D. de St-Ménore, diocèse de Châlons; s[3] 13 juillet 1753, mort subite.
Amiot, Marie-Anne, [Etienne IV.
b 1732.
Charles-Léonard (posthume), b[3] 28 février 1754.

AUMASSON, Etienne-Frédéric, b 26 août 1756, à Québec.

AUMIER (3).

1680, (19 février) Charlesbourg.[1]
I —AUMIER (4), Jean-Bte,
b 1650.
Guérin, Anne (5). [Clément I.
Michel, b[1] 1701; m 7 janvier 1727, à Marie Ethier, à Montréal.[2]—*Marie*, b 1689; 1° m à Paul Bertand, 2° m[2] 11 juillet 1757, à Jean-Baptiste Prétat.— *Marie-Anne*, b[1] 21 janvier 1683, m[1] 12 janvier 1699, à Philippe Baudin.— *Michel*, b[1] 17 mars 1701; m[2] 7 janvier 1727, à Marie Ethier.

1716, (2 nov.) Québec.[6]
II.—AUMIER, Pierre, [Jean I.
Boucher, Marguerite, [Pierre II.
b 1692.
Pierre et *Marie-Anne*, b[6] 26 sept. 1717.— *Marie-Judes*, b 1734; m 21 sept. 1761, à Guillaume Godmer, à Montréal.[3]— *Marie-Thérèse*, b[3] 8 janvier 1720.—*Marguerite*, b[3] 7 janvier 1722.

1727, (7 janvier) Montréal.[4]
II.—AUMIER, Michel, [Jean-Bte I.
b 1701.
Ethier, Marie, [François II.
b 1709.
Marie-Joseph, b[4] 13 et s[4] 15 août 1728.—*Geneviève*, b[4] 3 sept. 1729, m[4] 27 avril 1751, à Joseph Charlan; s[4] 5 nov. 1755.—*Jean-Baptiste*, b[4] 5 mars 1734. — *Jacques*, b[4] 17 janvier 1736.—*Marie-Joseph*, b[4] 20 mars 1737.—m[4] 23

---

(1) Dit Vignet.
(2) Elle épouse, le 14 sept. 1795, François Couture, à St-Jean-Deschaillons.
(3) Elle épouse, le 1er février 1790, Jean-Germain Bergeron, à St-Jean-Deschaillons.
(4) Fille de Joseph et de Marie *Sauvagesse*.
(5) Dit Jeanbette.

(1) Dit Provençal ou Sansafaçon, soldat.
(2) Dit De Courville.
(3) Etymologie de noms d'hommes—Ot-mar—Ot-mer—St-Omer.
(4) On Homier.
(5) Elle épouse, le 3 février 1716, Antoine Faugère, à Québec.

avril 1759, à François SALOMON.—*Marie-Barbe*, b ⁴ 24 juin 1740 — *Marie-Madeleine* b ⁴ 20 avril 1742.—*Marie-Suzanne*, b ⁴ 23 mai 1744.—*Paul*, b ⁴ 25 janvier et s ⁴ 18 mai 1746 —*Pierre-Amable*, b ⁴ 17 avril 1747. —*Louise*, b ⁴ 24 mars 1749.

1757, (21 nov.) L'Assomption.

I.—AUMONT, FRANÇOIS, fils de Jacques Omont dit Lafontaine et de Marie-Thérèse Renaud, d'Enjeau, diocèse de Bayeux.
MIGNERON, Agathe.   [JOSEPH III.

I.—AUMONT, MICHEL, fils de Gilles et de Jeanne Lemetayer, de Duce, diocèse d'Avranches.
1º SIROIS, Marie-Catherine,   [FRANÇOIS II.
    b 1721.
    1762, (15 fev.) Rivière-Ouelle.
2º MIVILLE, Geneviève,   [JOSEPH IV.
    veuve de Jean Berubé.

I.—AUNIS, FÉLIX.
PROVOST, Geneviève (1).   [JEAN-BTE II.
Anonyme, b et s 20 déc. 1749, à St-Vincent-de-Paul. ⁴—*Anonyme*, b⁴ et s ⁴ 21 mai 1751.—*Félix*, b ⁴ et s ⁴ 12 mars 1752.—*Geneviève*, b ⁴ 26 et s ⁴ 30 dec. 1752.—*Marie-Geneviève*, b… s ⁴ 13 oct. 1753. —*Anonyme*, b ⁴ et s ⁴ 29 mai 1754.—*Anonyme*, b⁴ et s ⁴ 25 juin 1755.—*Anonyme*, b ⁴ et s ⁴ 31 mai 1756.

AUNOIS, JEANNE, m 1744, à Pierre LEFEBVRE.

AUOLLÉE, MARGUERITE, m 1673, à Charles MONMAIGNIER (2).

1694, Laprairie. ⁵

I.—AUPRY-BERTRAND (3), LOUIS,
    b 1674; s ⁵ 29 mars 1736.
DUMAS, Anne.   [RENÉ I.
Françoise, b ⁵ 5 février 1702.—*Anne*, b ⁵ 30 mars 1704.—*Jean*, b⁵ 29 août 1707; s 2 oct. 1727, à Montreal. ⁶—*François*, b⁵ 14 août 1710; 1º m ᵃ 17 nov. 1732, à Marie-Jeanne RIVET ; 2º m ⁵ 10 mai 1745, à Marie-Louise BERNARD ; 3º m ⁶ 14 oct. 1755, à Marie-Françoise L'ESCUYER.—*Joseph*, b ⁵ 21 avril 1716.—*François-Antoine*, b… m ⁵ 7 nov. 1735, à Agnès MESNY.

1732, (17 nov.) Laprairie. ⁵

II.—AUPRY, FRANÇOIS.   [LOUIS I.
1º RIVET, Marie-Jeanne,   [RENÉ III.
    b 1715; s ⁵ 9 juin 1744 (4).
Marie-Joseph, b… m ⁵ 19 février 1753, à Jean-Baptiste MÉNARD.—*François*, b⁵ 10 et s ⁵ 14 janvier 1734.—*Jacques*, b⁵ 21 février 1735 ; s ⁵ 9 juin 1744.—*Marie-Joseph*, b ⁵ 8 avril 1737.— *Jeanne*, b ⁵ 25 oct. 1738.—*Marie-Renée*, b ⁵ 25 déc. 1739.—*Charles*, b ⁵ 16 ct s ⁵ 25 mars 1741. —*Marie-Anne*, b ⁵ 14 juillet et s ⁵ 1ᵉʳ août 1743

---

(1) Elle épouse, le 6 avril 1761, Toussaint Hunaut, à St-Vincent-de-Paul.
(2) Dit Souvent.
(3) Dit Aubry, Laramée.
(4) Tuée avec son fils Jacques, par le tonnerre.

1745, (10 mai). ⁵
2º BERNARD, Marie-Louise.   [NICOLAS II.
    1755, (14 oct.) Montréal.
3º L'ESCUYER, Marie-Françoise,   [PAUL II.
    b 1709; veuve de Philibert Gibaut.

1735, (7 nov.) Laprairie. ⁵

II.—AUPRY, FRANÇOIS-ANTOINE.   [LOUIS I.
MESNY, Agnès.   [CLAUDE I.
Antoine, b ⁵ 19 août et s ⁵ 2 sept. 1736.—*Françoise*, b ⁵ 18 dec. 1737.—*Louis*, b ⁵ 3 avril 1739. —*Denis*, b ⁵ 11 sept. 1740.—*Antoine-André*, b ⁵ 17 mars 1742.

AURÉ.—*Variations et surnoms* : MOURÉ—HORÉ —GRANDMONT—LAFERRIÈRE.

AURÉ (1), JOSEPH-AMBROISE.

1761, (21 sept.) Montréal.

I.—AURILLAC, JEAN, b 1733 ; fils de Jean et de Madeleine Dupuis, de Barbesieux, diocèse de Xaintes
FILIAU, Marie-Amable,   [FRANÇOIS II.
    b 1731.

AUSSAN.—Voy. OSSANT.

1711, (5 fevrier) Québec. ¹

I.—AUSSION, DOMINIQUE, fils de Pierre et d'Antoinette Dancosse, de Baram, diocèse d'Aux, Gascogne.
1º SOULARD, Jeanne-Geneviève,   [JEAN I.
    s ¹ 14 mai 1739.
    1739, (23 nov.) Ste-Foye.
2º PIN, Geneviève.   [JEAN II.

AUSTIN.—Voy. HOSTIN.

I.—AUSTIN, MATHIEU.
LITTLEFIELD, Marie.
Elisabeth, b 1687, à York, Nouvelle-Angleterre ; m 7 janvier 1710, à Etienne GIBAULT, à Montréal ², s ² 4 oct. 1755.

1757, (17 janvier) Chambly.

I.—AUTIER, JEAN, soldat, fils de Joseph et de Marguerite Pigeon, de Perpignan, Roussillon
DUTAUT, Marie-Louise,   [CHARLES II.
    veuve de Joseph Dubreuil.

AUTIN (2).

1688. (21 juin) Rivière-Ouelle. ³

I.—AUTIN (3), FRANÇOIS.
BOUCHER, Marie,   [GALERAN II.
    veuve de Jacques Thiboutot.
Marie-Thérèse, b ³ 8 sept. 1699; 1º m Jean DUMONT ; 2º m 4 nov. 1745, à Jean OUELLET, à Ste-Anne-de-la-Pocatière. ⁴ —*Jean-François*, b ³ 1ᵉʳ déc. 1695 , m 1720, à Claire-Françoise

---

(1) Et Horé—Dit Laferrière.
(2) Etymologie latin—Augustinus—(anglais) Austin.
(3) Ou Hottin.

LEVASSEUR ; s ³ 19 janvier 1760.—*Joseph*, b ³ 7 août 1701 ; m ⁴ 26 juillet 1725, à Felicite MIVILLE ; s ³ 2 sept. 1767.—*Geneviève*, b ³ 28 nov. 1704 ; 1º m à Jean MIVILLE ; 2º m à Jean OUELLET ; s ⁴ 28 dec. 1759.—*Jeanne*, b ³ 18 nov. 1693 ; m à Pierre MIGNOT.

1725, (26 juillet) Ste-Anne-de-la-Pocatière. ⁵
II.—AUTIN, JOSEPH,   [FRANÇOIS I.
  s 2 sept. 1767, à la Rivière-Ouelle. ⁶
  MIVILLE, Félicité.   [CHARLES III.
  Joseph, b 1726, 1º m ⁶ 14 janvier 1754, à Marie-Joseph GAGNON ; 2º m ⁶ 13 mai 1782, à Madeleine LAVALLÉE.— *Geneviève*, b 31 janvier 1729, à Kamouraska ⁷ ; s ⁷ 14 février 1731. — *Marie-Angélique*, b ⁷ 1ᵉʳ janvier et s ⁷ 8 avril 1731.— *Rosalie*, b ⁷ 1ᵉʳ mai 1732 ; m ⁶ 7 janvier 1765, à Gregoire OUELLET.—*Marie-Joseph*, b ⁷ 18 oct. 1734, m ⁶ 15 nov. 1756, à Louis-Charles LÉVÊQUE. —*Charles-Basile*, b ⁵ 29 janvier 1737 ; s ⁵ 8 avril 1740. — *Benjamin*, b ⁵ 15 avril 1741. — *Marie-Geneviève*, b ⁶ 16 février 1739 ; m ⁵ 20 août 1770, à Gabriel BOUCHARD —*Catherine*, b ⁵ et s ⁵ 27 août 1743.—*Marie-Charlotte*, b ⁵ 20 août 1744.—*Marie-Catherine*, b ⁵ 15 mars 1747.—*Marie-Madeleine* b ⁶ 1ᵉʳ mai 1750.

1720.
II.—AUTIN, FRANÇOIS,   [FRANÇOIS I.
  b 1695 ; s 19 janvier 1760, à la Rivière-Ouelle ⁸
  LEVASSEUR, Claire-Françoise,   [LAURENT II.
    veuve de Louis Michau ; b 1691 ; s 20 juin 1777, à Kamouraska. ⁹
  André-Basile, b ⁹ 4 juillet 1728 ; m ⁸ 12 oct. 1750, à Marie-Joseph MIVILLE ; s ⁹ 1ᵉʳ janvier 1756.—*Catherine*, b... m ⁹ 13 nov. 1747, à Louis HUDON.—*Geneviève*, b... m ⁹ 8 janvier 1748, à Antoine LÉVÊQUE.—*Marie-Claire*, b ⁹ 26 février 1730, m à Jacques DELABOURLIÈRE ; s ⁹ 23 janvier 1756.—*Dorothée*, b ⁹ 20 janvier 1752 ; m ⁹ 2 mai 1753, à Jean-Baptiste MICHAU ; s ⁹ 28 janvier 1757.—*Louise*, b ⁹ 13 sept. 1733 ; m à Jean-Baptiste DELABOURLIÈRE ; s ⁹ 14 mars 1761.—*Marie-Madeleine*, b ⁹ 4 mars 1735 ; s ⁹ 24 février 1736.—*Marie-Joseph*, b... m ⁹ 11 nov. 1743, à Joseph HUDON.—*Marie-Regis*, b 1725, m ⁹ 11 nov. 1743, à François CHORET ; s ⁹ 22 février 1770.—*Jean-Baptiste*, b... m ⁹ 7 janvier 1744, à Marie-Judith CHORET.—*Jean-François*, b... 1º m 1744, à Véronique CHORET ; 2º m ⁹ 27 nov. 1758, à Marie-Louise BÉCHARD.

1744.
III.—AUTIN, JEAN-FRANÇOIS.   [FRANÇOIS II.
  1º CHORET, Veronique,   [JEAN-BTE III.
    b 1726 ; s 3 avril 1756, à Kamouraska. ⁶
  Marie-Catherine, b ⁶ 27 janvier 1754 ; m ⁶ 27 nov. 1781, à Joseph PARADIS.—*Geneviève*, b... s ⁶ 12 juin 1745.—*Marie-Joseph*, b ⁶ 22 mars 1746. —*Antoine*, b ⁶ 18 février 1748.—*Jean-Baptiste*, b ⁶ 5 mars 1752 ; m ⁶ 24 avril 1775, à Marie-Agathe DUMONT.
             1758, (27 nov.) ⁵
  2º BÉCHARD, Marie-Louise,   [LOUIS II.
    veuve de Louis Côte.

Marie-Judith, b ⁶ 26 sept. 1760 ; m ⁶ 23 nov.1778, à Germain BÉLANGER.—*Marie*, b ⁶ 26 mai 1765.

1744, (7 janvier) Kamouraska. ⁶
III.—AUTIN, JEAN-BTE.   [FRANÇOIS II.
  CHORET, Marie-Judith.   [JEAN-BTE III.
  Geneviève, b ⁶ 17 janvier 1745.

1750, (12 oct.) Rivière-Ouelle.
III.—AUTIN, ANDRÉ-BASILE,   [FRANÇOIS II.
  b 1721 ; s 1ᵉʳ janvier 1756, à Kamouraska. ⁶
  MIVILLE, Marie-Joseph (1).   [PIERRE-FRS IV.
    Jean, b ⁶ 18 sept. 1753 ; m ⁶ 13 février 1775, à Marie-Jeanne DELABOURLIÈRE.— *Brigitte*, b ⁶ 17 mai 1755 ; m ⁶ 22 oct. 1781, à Antoine DELABOURLIÈRE.

1754, (14 janvier) Rivière-Ouelle.²
III.—AUTIN, JOSEPH.   [JOSEPH II.
  1º GAGNON, Marie-Joseph,   [JEAN III.
    s ² 9 dec. 1781.
  Joseph, b ² 4 avril, 1755.—*Marie-Euphrosine*, b 22 août 1757 ; s 26 nov. 1759, à Ste-Anne-de-la-Pocatière.—*Marie-Joseph*, b ² 22 août 1760. — *Françoise*, b... m ² 15 avril 1782, à Pierre BACHELET. 1782, (13 mai). ²
  2º LAVALLÉE, Madeleine,   [JOSEPH.
    veuve de Louis Hudon.

1775, (13 février) Kamouraska.
IV.—AUTIN, JEAN,   [ANDRÉ-BASILE III.
  b 1753.
  DELABOURLIÈRE (2), Marie-Jeanne. [JACQUES II

1775, (24 avril) Kamouraska.
IV.—AUTIN, JEAN.   [JEAN-FRANÇOIS III.
  GUÉRET (3), Marie-Agathe,   [PIERRE II.
  b 1758.

AUTRAGE.—*Variations et surnoms:* AUTRAS —HAUTRACHE—FLAMAND.

1750, (7 avril) Trois-Rivières.
I.—AUTRAGE, JOSEPH (4), fils de Bastien et de Catherine Serré, diocèse de Cambray.
  MARQUET (5), Marie-Anne.   [FRANÇOIS I.
  Geneviève, b 14 août 1754, à St-François-du-Lac.²—*Michel*, b ² 4 oct. 1756.—*Elisabeth*, b ² 8 juillet et s ² 26 oct. 1758 —*Jean-Baptiste*, b ² 2 sept. 1759.

AUTRAS.—Voy. AUTRAGE.

1702, (12 oct.) L'ange-Gardien.
I.—AUTRAY, JEAN-JACQUES, fils d'Antoine et de Françoise Richard, de Champigny, diocèse de Paris.
  GENDRON, Anne,   [PIERRE I.
  b 1665 ; veuve de Jean Meriq.

---

(1) Elle épouse, le 6 juin 1756, Jacques Laplante, à Kamouraska.
(2) Dit Laplante.
(3) Dit Dumont.
(4) Hautrache dit Flamand, Autrage, 1758.
(5) Dit Périgord.

AUTREUIL, MARTHE, m 1658, à Pierre CHAUVIN.

1680.
I.—AUVRAY, JACQUES (1),
b 1651 ; s 4 juin 1711, à Charlesbourg.[2]
MEZERAY, Marie-Catherine. [RENÉ I.
Catherine, b... m [2] 14 oct. 1715, à Simon BAN-
DEAU.

1735, (11 juillet) Quebec.[1]
II.—AUVRAY, JACQUES. [JACQUES I.
RONDEAU, Marie-Anne, [FRANÇOIS II.
b 1710.
Marie-Catherine, b [1] 30 juin et s [1] 8 juillet 1736.
—*Marie-Angélique*, b [1] 28 mai 1737 ; m [1] 15 mai 1752, à Pierre JACOLLE.—*Anonyme*, b [1] et s [1] 27 avril 1740.—*Jacques*, b [1] 6 mai 1741 ; s [1] 5 avril 1742.—*Anonyme*, b [1] et s [1] 7 oct. 1743 —*Marie-Anne*, b [1] 16 février 1747.—*Jacques-Charles*, b [1] 22 mars et s [1] 1er avril 1750.

AUVRAY, MADELEINE, m 1671, à Nicolas MATTE.

AUVRAY, MARIE, 1° m 1677, à Jean HAMEL ;
2° m 1679, à René PELLETIER.

AUVRAY, FRANÇOISE, m 1694, à Vincent CHA-
TIGNY.

AUXIBI—Voy. PARANT.

I.—AUZÉ, JEAN-BTE, b 1660 ; s 16 janvier 1736, a Montreal.

AUZON (2).

AUZON—Voy. OZANNES—OZOU.

AUZON, MARIE, épouse de Louis MONET.

1759, (26 nov.) Montreal.
I.—AVACHE, NOEL-JOSEPH, b 1721, fils de Noël-Joseph et d'Agnès Jacques, de St-Adrien de Beaumont, diocèse de Cambray.
LEFEBVRE, Geneviève. [JOSEPH I.

AVARE—Voy. HAVARD.

1760, (10 nov.) Ste-Famille, I.O [1]
I.—AVELINE, JACQUES (3), b 1737 ; fils de Jean et de Catherine Guilbaut, de St-Judes, dio-
cèse de Troye, Champagne.
ASSELIN, Marie-Madeleine, [JACQUES III.
b 1734.
Catherine, b [1] 5 sept. 1761.—*Marie-Madeleine*, b [1] 11 mars et s [1] 2 avril 1763.—*Jacques*, b [1] 24 février 1764.—*Laurent*, b [1] 7 oct. 1765.—*Louise*, b 18 juillet 1767.

(1) Voy. vol. I, p. 19
(2) Etymologie : Nom d'homme Osulf—Osouf.
(3) Soldat de Berry, compagnie de Trauront.

1685, (25 avril) Boucherville.[2]
I.—ADVERSY, JEAN-MAURICE,
b 1637.
CHERLOT-DESMOULINS, Marie, [JEAN I.
b 1641 ; s [2] 3 juin 1688
Marie-Anne, b [2] 16 avril 1686 ; m 6 nov. 1702, à Pierre VERDON, à Lachine —*Marie-Renée*, b [2] 11 sept. 1687 : m 16 juin 1709, à Jacques-Hyacin-the BOUCHET, à Montreal.

AVERTY—Voy. ADVERSY—AVERSY.

I.—AVES, CLAUDE, b 1714 ; s 29 déc. 1794, au Cap-de-la-Madeleine.

II.—AVES (1), JEAN-BTE.
BIBEAU, Elisabeth.
Jean-Baptiste, b.,.. m 17 oct. 1791, à Judith BOURASSA, au Cap-de-la-Madeleine.

1791, (17 oct.) Cap-de-la-Madeleine.
III.—AVES (1), JEAN-BTE. [JEAN-BTE II.
BOURASSA, Judith. [JEAN-BTE.

1760, (15 sept.) Montreal.
I.—AVICE (2), MICHEL-MARIE, fils de Charles Amateur, sieur de Mougon (ancien exempt des Gardes du Roy, colonel de cavalerie) et de Blanche Colombe de Rasilly, de Notre-Dame de Niort, diocèse de Poitiers.
PRUDHOMME, Marie-Amable, [LOUIS III.
veuve de Louis Coulon.

I.—AVISSE (3), DENIS.
CREVIER, Jeanne,
b 1639.
Marguerite-Madeleine, b 25 juillet 1669, à Que-
bec ; m 25 février 1686, à Jean CHEVALIER, à Beauport[3] ; s [3] 24 janvier 1739.

AVISSE (4).

1695, (10 janvier) Beauport.[1]
II.—AVISSE, JACQUES (3). [DENIS I.
b 1671 ; s [1] 18 mai 1748.
PARANT, Geneviève, [PIERRE I
b 1670 ; veuve de Noël Langlois ; s [1] 23 août 1720.
Charles, b [1] 29 juin 1698 ; s [1] 5 sept. 1720.—
Marie-Thérèse, b [1] 1701 ; m 1720, à Jean LEBLANC.
—*Elisabeth*, b [1] 27 juin 1710 ; m [1] 21 janvier 1726, à Michel HAMEL.—*Eustache*, b [1] 23 mars 1709 ; 1° m 7 avril 1739, à Reine LANGLOIS, au Château-Richer , 2° m 6 oct. 1749, à Agnès GOULET, à L'Ange-Gardien.—*François*, b... m à Madeleine BISSON.

III.—AVISSE (5), FRANÇOIS. [JACQUES II.
BISSON, Madeleine, [JOSEPH III.
b 1692 ; veuve de Jean Langlois ; s 6 nov. 1775, à Ste-Foye.

(1) Dit Jolibois.
(2) Dit de Surimeau ou Durimeau, seigneur de LaGarde.
(3) Voy. Vol. I, p. 19.
(4) Etymologie : Avice—vraie orthographe.
(5) Dit Traversy.

1739, (7 avril) Château-Richer.
III.—AVISSE, Eustache. [Jacques II.
1° Langlois, Reine, [Clément II.
b 1713; s 29 nov. 1748, à Beauport. ⁷
Denis, b ⁷ 6 nov. 1740; s ⁷ 19 nov. 1758.—
Marie-Geneviève-Reine, b ⁷ 14 nov. et s ⁷ 9 déc.
1742.—*Marie-Geneviève,* b ⁷ 21 nov. 1743.—*Marie-Angélique,* b ⁷ 19 février 1746; m ⁷ 4 février 1765, à Jacques Goulet.—*Nicolas-Marie,* b ⁷ 28 nov. 1748; s ⁷ 23 mars 1749.—*Marie-Reine,* b...
1° m ⁷ 20 juillet 1761, à Jean Parant; 2° m ⁷ 3 sept. 1770, à Pierre Maheu.

1749, (6 oct.) L'Ange-Gardien.
2° Goulet, Agnès. [Joseph II.

1759, (26 février) Bout-de-l'Ile, M. ¹
I.—AVON (1), Jean, fils de Gabriel et de Marie Boure, de Coqueron, diocèse de Viviers.
Larivière, Françoise, [René II.
b 1740; s 24 nov. 1768, à Soulanges.
Jean-Baptiste, b ¹ 9 nov. 1759.—*Etienne,* b ¹ 27 juin 1762.

AVRARD, Catherine, m 1660, à Mathurin Thibodeau.

1757, (10 janvier) Montréal.
I.—AVRARD, Michel-Marie, b 1736; fils de Jean, avocat, et de Marie Rouault, de St-Gerard de la Laigue, diocèse de LaRochelle, s 16 août 1776, au Détroit.
Garrault, Marguerite-Charlotte. [J.-Bte III.
François, b... s 6 juin 1767, à la Longue-Pointe. ²—*Marie-Joseph,* b ² 23 mai 1768.

AYET.—Voy, Hayet (2).

AYET.— *Variations et surnoms :* Ayette— Ayier—Hayer—Haiet—Malo.

AYMARD (3).

AYMARD.—*Variations et Surnoms :* Adheimard —Haymard—Porturin.

AYMARD, Madeleine, m 1640, à Zacharie Cloutier.

AYMARD, Anne, m 1649, à Guillaume Couture.

1702, (6 février) Longueuil. ⁹
I.—AYMARD (4), Pierre, b 1668; fils de Pierre et de Marie Bidant, de St-Pierre de Mele, diocèse de Poitiers; s ⁹ 23 sept. 1732.
Bloys, Jeanne-Marguerite, [Julien I
b 1667; veuve d'Adrien St-Aubin; s ⁹ 13 février 1747.

Marie-Anne, b ⁹ 5 nov. 1702; m ⁹ 22 sept. 1732, à Pierre Betourne.—*Marie-Joseph,* b ⁹ 26 dec. 1706; m ⁹ 23 avril 1730, à Antoine Benoit.—*Joseph,* b ⁹ 20 dec. 1708; m à Marie-Louise Gibant.— *Joseph,* b 1709; s ⁹ 25 février 1721.—*Antoine,* b ⁹ 5 mars 1710; m 29 oct. 1738, à Marie-Joseph Bourgery, à Boucherville.—*François,* b 1713; s 27 nov. 1743, à Montréal.—*Vincent,* b ⁹ 2 août 1714; m ⁹ 26 mai 1740, à Elisabeth Bourdon.—*Pierre,* b... m ⁹ 11 janvier 1745, à Geneviève Deniau.

1706, (12 juin) Lachine. ¹
I.—AYMARD (1), Pierre, fils de François, aubergiste, et de Marguerite......... de Blaye, diocèse de Bordeaux.
Lalande, Marie. [Etienne I.
Marie-Judith, b ¹ 20 sept. 1711.—*Pierre-Cyprien,* b 17 sept. 1719, à Laprairie.—*Jean,* b 1723; s 28 août 1748, à Montréal. ²—*François,* b 1713; m 19 nov. 1736, à Marie-Louise Descens, à Châteauguay; s ² 27 nov. 1743.

AYMARD, Marie-Anne, épouse de Jean-Baptiste Bernard ; s avant 1748.

1736, (19 nov.) Châteauguay. ²
II.—AYMARD, François, [Pierre I.
b 1713; s 27 nov. 1743, à Montréal.
Descens (2), Marie-Louise. [Raphael I.
Louise, b... m ² 20 février 1759, à Paul Primot—*Judith,* b... m ² 29 oct. 1753, à Jean Roux.

II.—AYMARD, Joseph, [Pierre I.
s avant 1750.
Gibant, Marie-Louise.
Joseph, b... m 20 avril 1750, à Marie-Anne Sérat (3), à Longueuil.

1738, (29 oct.) Boucherville.
II.—AYMARD, Antoine. [Pierre I.
Bourgery, Marie-Joseph. [Denis III.
Cécile, b 6 sept 1756, à St-Constant.—*Marie,* b... m 26 février 1759, à François Brosseau, à Laprairie.

1740, (26 mai) Longueuil. ³
II.—AYMART, Vincent. [Pierre I.
Bourdon, Elisabeth, [Pierre II.
b 1721.
Vincent, b 2 et s 6 mars 1741, à Longueuil. ³— *Elisabeth,* b ³ 8 mars 1742; m 1758, à François-Antoine Lamoureux — *Marie-Reine,* b ³ 7 mai 1743. — *Marie-Madeleine,* b ³ 13 et s ³ 21 août 1744. — *Marie-Charlotte,* b ³ 13 et s ³ 14 déc. 1745. — *Vincent,* b ³ 15 et s ³ 23 janvier 1747.— *Vincent,* b ³ 17 déc. 1748, s ³ 26 janvier 1749. — *Aymard,* b ³ 3 et s ³ 11 mars 1750.—*Marc,* b ³ 6 avril 1751.—*Angelique,* b ³ 22 nov. 1752.

---

(1) Dit Blondin, caporal de la compagnie de Lacorne, St-Luc.
(2) Etymologie—même que Ayot.
(3) Etymologie—Em-ard.
(4) Dit Poitevin.

(1) Dit Adhemard et Haymard, soldat de la compagnie de Lorimier.
(2) Dit Sanspitié.
(3) Dit Coquillart.

1745, (11 janvier) Longueuil. ³
II.—AYMART, Pierre. [Pierre I.
Deniau, Geneviève. [Jean-Bte III.
 Marie-Judith, b ³ 23 sept. 1745. — Pierre, b ³ 28 oct. 1746; s ³ 7 janvier 1747. — Marie-Anne, b ³ 26 nov. 1747; s ³ 17 déc. 1753. — Geneviève, b ³ 12 juillet 1749; s ³ 20 oct. 1753.—Marie-Charlotte, b ³ 8 mars 1751.—Pierre, b ³ 7 fevrier 1752. —Antoine, b ³ 11 et s ³ 29 juin 1753. — François, b ³ 3 et s ³ 31 oct. 1754. — Joseph, b ³ 15 mars 1757.—Angélique, b ³ 23 août et s ³ 1ᵉʳ sept. 1761.

1750, (20 avril) Longueuil. ³
III.—AYMARD, Joseph. [Joseph II.
Sérat (1), Marie-Anne, [Pierre II.
 b 1733.
 Marie, b ³ 24 janvier 1751. — Joseph, b 8 juin 1753, au Bout-de-l'Ile, M. ⁴ — Louis, b ⁴ 1ᵉʳ dec. 1758; s ⁴ 17 juin 1759.—François, b ⁴ 2 sept. 1760.

AYMOND.—Voy. Emond.

AYMOND. — Variations et surnoms : Emond — Aymond—Jolibois

I.—AYMOND, Jean-François.
 Joseph, b 1722; s 22 juin 1748, à Québec. ¹— François, b 1727; s ¹ 26 nov. 1728.

1714, (5 février) Rivière-Ouelle.
II.—AYMONT (2), Pierre, [Pierre I.
 b 1694; s 18 nov. 1749, à Quebec. ³
Mignot, Marie-Madeleine, [Jean I.
 b 1690; s ³ 15 nov. 1751.
 Jacques, b ³ et s ³ 7 sept. 1728.—Antoine, b ³ 4 mai 1735.—Marie-Joseph, b... m ³ 19 sept. 1746, à Louis Veine.—Pierre, b... m ³ 30 oct. 1747, à Marie-Louise Lefebvre.—Nicolas, b 1725; s ³ 6 avril 1751.—Michel, b... m ³ 8 nov. 1751, à Marie-Charles........Dorothée, b... m ³ 6 avril 1761, à Antoine Dutour.—Marie-Geneviève, b... —Marie-Catherine, b... —Marie-Angélique, b...

1729, (1ᵉʳ août) Quebec. ³
II.—AYMOND, Jean-Bte. [Pierre I.
Nadeau, Marie-Anne, [Jean-Bte II.
 veuve d'Augustin Guignard.
 Jean-Baptiste, b ³ 31 mars 1733.

I.—AYMOND, Jean-Bte,
 s avant 1751.
Gibaut, Louise-Marguerite, [Jean-Bte II.
 b 1698 ; s 27 mars 1759, au Bout-de-l'Ile, M.⁴
 Louis-Hyacinthe, b 22 juin 1719, à Montréal. ¹
 —Jean-Baptiste, b 1725; m 23 fevrier 1751, à Angélique Moineau, à la Longue-Pointe. —

(1) Dit Coquillart.
(2) Et Emond.

Etienne, b ¹ 11 et s ¹ 24 mars 1728.—Joseph, b ⁴ 30 mai 1735 ; m ⁴ 25 mai 1761, à Therèse Lalonde.—Etienne, b ⁴ 29 dec. 1738.—Marie-Joseph, b ⁴ 24 mars 1741; m ⁴ 11 février 1760, à Jean-Baptiste Crête.—Louise, b... m ⁴ 30 oct. 1741, à Paul Leger.—Marie-Anne, b... m ⁴ 5 mai 1749, à Antoine Larivière.

1741, (14 août) Montréal. ²
I.—AYMOND (1), Jean-Bte, b 1709; fils de Jerôme et d'Antoinette-Gabrielle Ucelle, de St-Salvador, diocèse de Tuder.
Perillard, Marie-Madeleine, [Nicolas I.
 veuve de Jean-Baptiste Benard.
 Pierre, b ² 27 sept. 1742.—François, b ² 27 sept. 1746.

1747, (30 oct.) Quebec.
III.—AYMOND, Pierre, [Pierre II.
Lefebvre, Marie-Louise. [Joseph.

1751, (23 février) Longue-Pointe.
II.—AYMOND, Jean-Bte. [Jean-Bte I.
Moineau, Angelique. [Jacques III.
 Jean-Baptiste-Amable, b 10 août 1753, au Bout-de-l'Ile, M. ⁵—Joseph, b ⁵ 22 oct. 1755.—Joseph, b ⁵ 3 sept. 1758; s ⁵ 6 mars 1760 — Marie-Thérèse, b ⁵ 20 fevrier et s ⁵ 10 mars 1761 —Marie-Angelique, b ⁵ 22 fevrier 1762.—Marie-Françoise, b ⁵ 7 mai 1764; s ⁵ 12 juillet 1765.—Hyacinthe, b ⁵ 24 nov. 1765.—Marie-Marguerite, b ⁵ 12 et s ⁵ 16 sept. 1768.

1751, (8 nov.) Québec. ³
III.—AYMONT, Michel. [Pierre II.
......Marie-Charlotte.
 Marie-Anne, b ³ 7 fevrier 1753.—Geneviève, b ³ 21 mars 1756.—Elisabeth, b ³ 23 sept. 1761.

1761, (25 mai) Bout-de-l'Ile, M. ²
II.—AYMOND, Joseph (2), [Jean-Bte I.
Lalonde, Marie-Therèse, [François III.
 veuve d'Alexandre Boyer.
 Marie-Thérèse, b ² 11 janvier 1762.—Antoine, b ² 25 mars 1764.—Joseph, b ² 17 juin, et s ² 27 août 1766.—Toussaint, b ² 1ᵉʳ nov. 1767,

AYNARD.—Voy. Emard.

AYOT.—Voy. Hayot.

AYOT, Geneviève, m 1674, à Gabriel Bérard.

AZUR.—Voy. Hazur.

(1) Dit Jolibois, soldat.
(2) Rehabilite le 5 juin 1763, avec disp. d'affinité spirituelle.

B

I.—BABÉ, MARIE-CHARLOTTE, b 1687; m à Jean HAYOT; s 5 juin 1711, à Montreal.

1752, (16 janvier) Montréal.
I.—BABEAU (1), JEAN-FRANÇOIS, b 1727; fils de Jean et d'Anne Brette, de St-Denis d'Amboise.
DUBOIS, Marie-Thérèse. [JOSEPH.

1689, (14 nov.) Laprairie. [1]
I.—BABEU, ANDRÉ (2),
s avant 1734.
ROY, Anne, [PIERRE 1.
s [1] 5 juillet 1744.
Joseph, b [1] 6 mars 1707; m [1] 11 janvier 1734, à Marguerite SUPERNANT.—*Marie-Madeleine*, b [1] 13 mars 1712; m [1] 3 fevrier 1739, à Gabriel LEMIEUX—*Marie-Anne*, b [1] 12 oct. 1700; 1° m [1] 18 mai 1724, à François-Michel CIRCE; 2° m [1] 5 juin 1754, à François DENIGER.—*Catherine*, b [1] 23 fevrier 1702; m [1] 23 oct. 1724, à Jean MESNY.—*Jean*, b [1] 14 janvier 1703; m [1] 20 juin 1735, à Catherine TÈTU.—*Marguerite*, b [1] 5 avril 1704.—*Pierre*, b [1] 22 mai 1705; s 9 juin 1727, à Montréal. [4]—*François-Xavier*, b [1] 25 nov. 1710; m [1] 18 avril 1735 à Marie POUPART; s 29 août 1758, à St-Philippe. [2]—*Etienne*, b [1] 9 mai 1716; m [1] 18 fevrier 1743, à Marie BODIN.—*Agnès*, b [1] 31 mai 1718, 1° m [1] 30 sept. 1743, à Louis LECLAIR; 2° m [1] 30 août 1762, à Louis PELLETIER.—*Jacques*, b [4] 27 nov. 1720.—*Jacques*, b [1] 6 sept. 1722.—*Louis*, b... m [1] 22 janvier 1741, à Geneviève DENIGER

1722, (13 juillet) Laprairie. [3]
II.—BABEUF, ANDRÉ, [ANDRÉ I
b 1695.
MESNIL, Madeleine. [CLAUDE I
Marie-Anne, b [3] 26 juillet 1723; m [3] 19 nov 1742, à Jean SUPERNANT.—*Madeleine*, b [3] 22 juin 1726.—*André*, b [3] 28 oct. 1728; m 12 fevrier 1753, à Marie-Amable CHRÉTIEN, à Montréal.—*Marie-Joseph*, b [3] et s [3] 9 oct. 1730.—*Marie-Catherine*, b [3] 23 janvier 1732; m [3] 12 janvier 1756, à Jacques DUBOIS.—*Marie-Amable*, b [3] 9 juin 1734, m [3] 22 avril 1754, à Gabriel GERVAIS.—*Barbe-Amable*, b [3] 14 sept. 1736; m [3] 26 février 1759, à Jacques BODIN.—*Marie-Angélique*, b [3] 29 août 1738; m [3] 22 février 1762, à Jean-Baptiste BODIN—*Marie-Marguerite*, b [3] 19 et s [3] 23 janvier 1742

1734, (11 janvier) Laprairie.
II.—BABEU, JOSEPH. [ANDRÉ I
SUPERNANT, Marguerite. [PIERRE II.

1735, (18 avril) Laprairie. [4]
II.—BABEU, FRANÇOIS, [ANDRÉ I.
s 29 août 1758, à St-Philippe. [5]
POUPART, Marie-Marguerite, [JEAN II.
b 1714.

Marie-Anne, b [4] 10 mai et s [4] 8 oct. 1735.—*François*, b [4] 12 et s [4] 13 mars 1736.—*Louis*, b [4] 11 mars et s [4] 5 juillet 1737.—*Marie*, b [4] 22 juin 1738.—*Marie-Marguerite*, b [4] 10 mai 1740.—*Etienne*, b [4] 1er et s [4] 2 mai 1741.—*Marie-Anne*, b [4] 4 juillet 1742; m [5] 10 nov. 1760, à André JORDAN.—*Marie*, b... m [5] 10 nov. 1760, à Jacques AGEMENT.—*Marguerite*, b... m [5] 27 juin 1763, à Antoine GOGUET.—*Michel*, b 1757; s [5] 2 juillet 1758.

BABEU, FRANÇOIS,
s avant 1764.
PIMPARÉ, Marie (1). [JEAN.

1735, (20 juin) Laprairie.
II.—BABEU, JEAN-BTE. [ANDRÉ I.
TÈTU, Catherine, [JACQUES I.
veuve de Pierre Deniger.

BABEU, JEAN-BTE.
VALOIS, Marie-Joseph.
Marie-Gabrielle, b 6 juin 1752, à Lachine.

1741, (22 janvier) Laprairie. [1]
II.—BABEU, LOUIS, [ANDRÉ I.
DENIGER, Geneviève, [PIERRE II.
s avant 1765.
Louis, b [1] 1er janvier 1742.—*Jean-Baptiste*, b [1] 29 avril 1743.—*Geneviève*, b [1] 20 sept. 1744.—*Marie-Catherine*, b... m 11 fevrier 1765, à Jean-Baptiste SENÉCAL, à St-Philippe.

1743, (18 fevrier) Laprairie.
II.—BABEU, ETIENNE. [ANDRÉ I.
BODIN, Marie-Thérèse, [GUILLAUME II.
b 1725; s 4 mai 1761, à St-Constant.
Louis, b 5 nov. 1758, à St-Philippe. [2]—*Marie-Marguerite*, b [2] 29 sept. 1760; s [2] 30 avril 1762.—*Angélique*, b... m [2] 22 juillet 1765, à Andre DUQUET.

1753, (12 février) Montréal.
III.—BABEU, ANDRÉ. [ANDRÉ II.
CHRÉTIEN, Marie-Amable. [FRANÇOIS II.
b 1732.
Barbe-Amable, b 27 février 1758, à St-Philippe [2]—*André*, b 1759, s [2] 15 mai 1760.—*Jean-Baptiste*, b 1er avril 1761, à St-Constant.—*Marie-Anne-Amable*, b [2] 8 juin 1762.

1691, (21 août) Montréal.
I.—BABIN (2), PIERRE,
s avant 1748.
RICHAUME, Madeleine (3) [PIERRE I.
Marie-Madeleine, b 6 sept. 1696; m 31 mai 1717, à Louis LAMOUREUX, à Boucherville. [2]—

---
(1) Elle épouse, le 19 nov. 1764, Jacques Deneau, à St-Philippe.
(2) Dit Lacroix. Voy. vol. I, p 20.
(3) Elle épouse, le 8 mai 1735, Antoine Daunay, à Boucherville.

---
(1) Dit Belhumeur.
(2) Voy. vol. I, p. 20.

Louis, b ² 25 oct. 1694 ; m ² 6 nov. 1719, à Marie Cicot. — *Marie-Anne*, b ² 28 février 1701 ; m ² 13 février 1720, à Louis Lacoste. — *Geneviève*, b ² 1703 ; m ² 12 oct. 1722, à Michel Charbonneau.— *Pierre*, b... m ² 4 avril 1723, à Madeleine Turpin. —*Charles*, b 1708 ; 1° m ² 8 janvier 1731, à Marie Denoyon ; 2° m 7 oct. 1748, à Marie-Françoise Hertaut, à Laprairie.

1707, (1er dec.) Montréal.
I.—BABIN, Pierre, b 1668 ; fils de Michel et de Michelle Derbre, de Ste-Trinité, ville de Laval, diocèse du Mans.
Jalot (1), Françoise. [Jean I.

1719, (6 nov.) Boucherville. ⁴
II.—BABIN (2), Louis. [Pierre I.
Cicot, Marie. [Jean II.
Marie, b ⁴ 13 déc. 1720 ; m ⁴ 7 nov. 1740, à Charles Daunay.—*Geneviève*, b ⁴ 4 août et s ⁴ 16 sept. 1722. — *Marie-Véronique*, b ⁴ 3 sept. et s ⁴ 22 oct. 1724. — *Marie-Elisabeth*, b ⁴ 3 et s ⁴ 26 août 1726. — *Catherine*, b... m 26 nov. 1748, à Louis-François Gosselin, à Lachenaye.

1723, (4 avril) Boucherville. ²
II.—BABIN (2), Pierre. [Pierre I.
b 1703.
Turpin, Madeleine, [Pierre I.
b 1703.
Marie-Madeleine, b ² 15 janvier 1724 ; m 15 juillet 1748, à Jean-Baptiste Couturier, à Montréal —*Catherine*, b ² 7 dec. 1725 ; m ² 4 mai 1749, à Antoine Gaty.—*Marie-Joseph*, b 25 oct. 1739, à Laprairie ³ ; m ² 24 oct. 1757, à Chrétien Mayer. —*François*, b... m ² 30 janvier 1758, à Angelique Gourval. — *Cécile*, b... m ² 23 avril 1759, à François-Jacob Miller. — *Elisabeth*, b 1738 ; s ⁸ 21 avril 1740.

1731, (8 janvier) Boucherville ⁶
II.—BABIN (2), Charles, [Pierre I.
b 1702.
1° Denoyon, Marie. [Jacques II.
Madeleine, b... m ⁶ 16 février 1758, à Joseph Tessier.—*Joseph*, b... m 12 mai 1755, à Marie-Joseph Perras, à Laprairie.⁷
1748, (7 oct.) ⁷
2° Hertaut (3), Marie-Françoise, [Jacques I.
b 1723.

BABIN, Joseph.
Landry, Angelique.
Charles, b... m 20 nov. 1766, à Marguerite-Rachel Robichau, à Deschambault.

1755, (12 mai) Laprairie.
III.—BABIN (2), Joseph. [Charles II.
Perras (4), Marie-Joseph. [Jean III.

(1) Dit Desgroseillers.
(2) Dit Lacroix.
(3) Dit St-Pierre.
(4) Ou Perros.

Joseph, b 1756 ; s 2 juillet 1778, à Terrebonne. —*Marie-Joseph*, b 7 nov. 1773 à Repentigny ⁸ ; s ⁸ 16 juillet 1774.

I.—BABIN, Claude.
Cormier, Marie, Acadienne.
Ozile, b 1754 ; m 28 nov. 1770, à Louis Dastou, à St-Jean-Port-Joli ⁹ ; s ⁹ 22 mars 1784.—*Claude*, b... m ⁹ 2 sept. 1783, à Perpetue Boucher.— *Charles-André*, b 30 nov. 1760, au Cap St-Ignace. —*Augustin-Amable*, b ⁴ 10 août 1762. —*Marie-Thérèse*, b ⁴ 3 avril 1764 ; m ⁹ 10 nov. 1783, à Jean-Baptiste Caron.—*Amable-Joseph*, b...

1758, (30 janvier) Boucherville.
III.—BABIN, François. [Pierre II
Gourval, Angelique. [Louis IV.

1766, (20 nov.) Deschambault. ⁶
BABIN, Charles (1). [Joseph
Robicheau, Marguerite-Rachel, Acadienne.
Joseph, b ⁶ 7 mars 1768.

BABIN, François.
Lauzon, Marie-Joseph.
Marie-Geneviève, b 19 oct. 1767, à Lachenaye ⁵ —*Jean-Baptiste*, b ⁵ 27 mars 1774.—*Laurent*. b ⁵ 2 dec. 1776.

BABIN (2), Joseph.
Desnaux dit Lafontaine, Marie-Joseph.
Marie-Charlotte, b 9 mai 1775, à Repentigny. —*Pierre*, b... — *Françoise*, b...—*Marie-Joseph*, b...—*Donis*, b...—*Michel*, b...—*Marie*, b... m à Benomi Chaput.—*Marie-Anne*, b... m 7 fevrier 1785, à Antoine Alinaud, à Lachenaye.

BABIN, Madeleine, epouse de Godfroy Benoit.

BABIN, Madeleine, epouse de François Benoit

BABIN, Cécile, épouse de Jean-Baptiste Brossard.

BABIN (2), Marie-Louise, b 1744 ; 1° m à Joseph Goulet ; 2° m 22 fevrier 1773, à Etienne Grenier, à Repentigny.

BABIN, Marie-Joseph, épouse d'Etienne Hébert.

BABIN, Marie-Anne, épouse de Jean Primot.

BABIN, Madeleine, épouse de Joseph Tessier.

BABIN, Marie-Anne-Françoise, épouse de Jean-Baptiste Thibodeau.

BABIN, Madeleine, épouse de Pierre Vincent.

1783, (2 sept.) St-Jean-Port-Joli.
II.—BABIN, Claude-Marie (3). [Claude I.
Boucher, Marie-Perpetue. [Jean

(1) Voy la note de Michel Robichau, (27 oct. 1766).
(2) Dit Lacroix.
(3) Attaque de folie le jour de ses noces.

BABINEAU, MARIE, épouse d'Amand COMEAU.

BABINEAU, MARIE, épouse de Pierre HELY.

BABINEAU, MARIE-JOSEPH, épouse de Joseph-Alexandre McDONELL.

BABINEAU, MARGUERITE, épouse de Claude MELANÇON.

BABINEAU, JEAN.
DAROIS, Marguerite.
Marie-Joseph, b 27 nov. 1760, à St-Frs-du-Sud. —*Marguerite*, b... m 20 mai 1793, à PIERRE LAUR, à Nicolet.

BABINEAU, CHARLES,
s avant 1795.
COMEAU, Cecile.
François, b... m 20 avril 1795, à Cécile RATIER, à Nicolet [3]—*Antoine*, b... m [3] 12 sept. 1796, à Marie-Anne BEAUBIEN.

1795, (20 avril) Nicolet.
BABINEAU, FRANÇOIS.   [CHARLES
RATIER, Cecile.   [ANTOINE III.

1796, (12 sept.) Nicolet.
BABINEAU, ANTOINE.   [CHARLES.
BEAUBIEN, Marie-Anne.   [LOUIS IV.

1758, (6 février) Québec.
I.—BABUTIE, JACQUES-CHRISTOPHE, fils de François (libraire a Paris) et de Marie-Anne Real, de St-Benoit, Paris.
LEBLANC, Ursule.   [RENÉ.

BABY.—*Variations et surnoms* : CHENNEVILLE—DUPERON.

1670.
I.—BABIE, JACQUES (1),
b 1633 ; s 28 juillet 1688, à Champlain.[2]
DANDONNEAU, Jeanne,   [PIERRE I
b 1655.
Pierre, b 1676 ; m 13 février 1708, à Marie-Anne CREVIER, à St-Frs-du-Lac [3], s [2] 8 mai 1748 —*François-Etienne*, b [2] 5 août 1687 ; m [3] 1712, à Marguerite CREVIER.—*Raymond*, b... m 9 juin 1721, à Thérèse LECOMPTE, à Montréal [4], s [4] 14 mars 1737.

BABY, ANNE, épouse de Jean MARTIN.

1708, (13 fevrier) St-Frs-du-Lac.[1]
II.—BABIE (2), PIERRE,   [JACQUES I
s [1] 8 mai 1748.
CREVIER, Marie-Anne,   [JEAN II.
b 1677 ; s [1] 6 avril 1719.
Marie-Anne-Antoinette, b [1] 12 déc. 1708. — *Marie-Geneviève*, b [1] 30 juin et s [1] 14 juillet 1715. —*Anonyme*, b [1] et s [1] 13 juin 1716.—*Catherine—*

Joseph, b [1] 10 mars 1719.—*Jeanne-Elisabeth*, b [1] 30 mars 1711; 1° m [1] 28 oct. 1748, à Louis CARTIER ; 2° m [1] 19 fevrier 1759, à Jean CHEVALIER.—*Joseph*, b [1] 4 déc. 1713.—*Marguerite*, b... 1° m [1] 27 juin 1743, à Jean-Baptiste LABONTÉ ; 2° m [1] 25 février 1754, à Alexis LANGLOIS ; 3° m [1] 16 oct. 1757, à Michel LAFOREST.

1709, (4 février) Trois-Rivières.[2]
II.—BABIE, JACQUES,   [JACQUES I.
b 1673 ; s [2] 10 juin 1724.
VÉRON (1), Madeleine,   [ETIENNE II.
b 1684 ; s [2] 9 dec. 1760.
Joseph, b 18 nov. et s 4 dec. 1709, à Champlain.[3] —*Marie-Anne*, b [3] 2 oct. 1710, m [2] 13 janvier 1733, à Louis LEFEBVRE ; s [2] 22 oct. 1733.— *Jacques-Joseph*, b [2] 13 mai 1713 ; s [2] 24 déc. 1733. —*Véronique*, b [2] 7 sept. 1716 ; m [2] 8 janvier 1748, à Andre CORBIN.—*Marie-Jeanne*, b [2] 18 mai 1719. —*Pierre*, b [2] 2 août 1721 ; m [2] 22 avril 1748, à Thérèse VERON.

1712.
II.—BABY (2), FRANÇOIS-ETIENNE,   [JACQUES I.
b 1687.
CREVIER, Marguerite,   [JEAN II.
b 1683 ; s avant 1742.
Joseph-Augustin, b 13 sept. 1715, à St-Frs-du-Lac [4], m 10 mai 1742, à Angélique ROCBERT, à Montréal.—*François-Xavier*, b [4] 19 nov. 1713 , s [4] 21 juin 1714. — *Jeanne-Marguerite*, b [4] 13 mars 1717.

1721, (9 juin) Montréal.[5]
II.—BABY, RAYMOND,   [JACQUES I.
s [5] 14 mars 1737.
LECOMPTE (3), Thérèse.   [LOUIS I.
Marie-Thérèse, b [5] 18 mars 1722 ; m [5] 15 janvier 1742, à Claude BENOIT.—*Marie-Louise*, b [5] 6 oct 1723.—*Raymond*, b [5] 3 mars 1725.—*Jean-Baptiste*, b [5] 31 août 1726.—*Louis*, b [5] 23 sept. 1727 ; m [5] 24 juillet 1758, à Louise DECOUAGNE.—*Marie-Joseph*, b [5] 23 oct. 1728 ; m [5] 3 août 1750, à Louis PERRAULT. — *Marie-Anne*, b [5] 8 déc. 1729 —*Jacques*, b [5] 4 janvier 1731 ; m 5 février 1750, à Angélique CREVIER, à St-Frs-du-Lac [6] ; s [6] 11 mars 1756 —*Antoine*, b [5] 15 février 1735.

1742, (10 mai) Montréal.[7]
III.—BABY (4), JOSEPH.   [FRANÇOIS II.
ROCBERT (5), Angelique,   [JOSEPH I.
b 1715.
Jean-Marie, b [7] 4 sept 1749.—*Claude-Joseph*, b [7] 18 juillet et s 16 août 1750, à St-Laurent, M. —*Catherine*, b 1747 ; m [7] 14 février 1763, à Christophe SANGUINET.

BABY, JOSEPH.
ADHEMAR, Marguerite-Angelique. [GASPARD I
Marie-Angélique, b 21 sept. 1745, à Montreal.

---

(1) Dit de Grandmenil.
(2) Dit Chenneville.
(3) Dit Dupre.
(4) Dit Chenneville. Garde-magasin au Fort Niagara.
(5) Dit Watson.

---

(1) Voy. Vol. I, p. 20.
(2) Dit Duperon.

BABY-CHENNEVILLE, JOSETTE, épouse de Gordien DAILLEBOUT.

1748, (22 avril) Trois-Rivières. [8]
III.—BABY, PIERRE. [JACQUES II.
VERON DE GRANDMENIL, Thérèse. [ÉTIENNE III.
Jean-Etienne, b [8] 26 sept. 1750.—*Pierre-Ovide*, b [8] 3 avril 1749 ; s 13 oct. 1750, à la Pointe-du-Lac.

1750, (5 février) St-Frs-du-Lac. [9]
III.—BABIE, JACQUES, [RAYMOND II.
s [9] 11 mars 1756.
CREVIER (1), Angélique, [JOSEPH IV.
b 1733.
Jacques, b [9] 23 déc. 1750 ; s [9] 13 mars 1751.—*Joseph-Augustin*, b [9] 2 mars 1752.—*Antoine*, b [9] 3 avril et s [9] 22 juillet 1753.—*Marie-Angélique*, b [9] 25 avril et s [9] 25 juillet 1754.—*Josette-Claire*, b [9] 12 août 1755.—*Charles*, b [9] 17 août et s [9] 6 déc 1756.

1758, (24 juillet) Montreal.
III.—BABY, LOUIS, voyageur. [RAYMOND II.
DECOUAGNE, Louise, [JEAN-BTE II
b 1736 ; s 19 mai 1802, à l'Hôpital-General, M.

III.—BABY, FRANÇOIS (2). [RAYMOND II.
LANAUDIÈRE, Marie.
François-Louis-Charles, b août et s 7 sept.1789, à Ste-Foye.

I.—BACCANALES, PIERRE (3).

1692, Boucherville. [2]
I.—BACHAN (4), NICOLAS,
s avant 1732.
LAMOUREUX, Anne. [LOUIS I.
Joseph, b 1704 ; m 14 juillet 1732, à Louise-Angélique CIRIER, à la Longue-Pointe.—*Nicolas*, b [2] 1694 ; m [2] 1er août 1718, à Catherine LANTIER.—*Madeleine*, b... m [2] 18 nov. 1727, à Paul-Charles CRISTIN.

BACHAND, NICOLAS.
Madeleine, m à Paul CHRÉTIEN (5).

BACHAN (4), MARIE-MADELEINE, épouse d'Ambroise ROCHON.

1718, (1er août) Boucherville. [2]
II.—BACHAN (4), NICOLAS, [NICOLAS I.
s avant 1760.
LANTIER, Catherine, [JACQUES I
b 1695 ; s 3 juin 1760, à St-Vincent-de-Paul
Nicolas, b [2] 23 déc. 1719

BACHAN, THÉRÈSE, épouse de Toussaint PATENOTE.

(1) Dit St-François. Elle épouse, le 16 mai 1758, Joseph Pinard, à St-Frs-du-Lac.
(2) Frère de Louis, le voyageur.
(3) Soldat ; il était le 9 mars 1710, à Montréal.
(4) Dit Vertefeuille.
(5) Pour Cristin.

1732, (14 juillet) Longue-Pointe.
II.—BACHAN (1), JOSEPH, [NICOLAS I.
s avant 1754.
CIRIER, Louise-Angélique. [MARTIN II
Angélique, b... m 7 janvier 1754, à Jean CHOQUET, à Verchères. [2] — *Marie-Anne*, b... m [2] 19 nov. 1759, à Joseph CHARPENTIER.—*Jacques*, b... m [2] 19 janvier 1761, à Marie GIPOULON.

BACHAN (1), JEAN-BTE.
GUERTIN, Suzanne. [LOUIS II.
Constant, b... m 23 janvier 1769, à Marie-Joseph BLIN, à Boucherville. [1] — *Véronique*, b... m [1] 27 fevrier 1764, à Louis HUET.

1761, (19 janvier) Verchères.
III.—BACHANT, JACQUES. [JOSEPH II.
GIPOULON, Marie. [ALEXIS II

1769, (26 janvier) Boucherville.
BACHAN, CONSTANT. [JEAN-BTE.
BLIN, Marie-JOSEPH. [LOUIS II.

BACHELET. — *Variations et surnoms :* BASSELET—BACELET—CASISTA.

1745, (22 février) Ste-Anne-de-la-Pocatière. [3]
I —BACHELET (2), PIERRE, fils de Jean et de Marie-Anne Prèves, de Flamanville, diocèse de Coutance, Normandie.
1° PELLETIER, Geneviève, [JEAN-FRANÇOIS IV
s [3] 24 fevrier 1748.
Marie-Charles, b [3] 20 janvier et s [3] 7 mars 1746.—*Marie-Geneviève*, b [3] 17 fevrier 1748.
1751, (3 mai) Rivière-Ouelle. [4]
2° SOUCY, Marie-Geneviève, [PIERRE III
s [4] 28 avril 1771.
Pierre-Charles, b [4] 19 déc. 1752 ; s [4] 16 janvier 1753. — *Marie-Rosalie*, b [4] 15 janvier 1756.— *Pierre-François*, b [4] 16 nov. 1757 ; m [4] 15 avril 1782, à Françoise AUTIN. — *Marie-Judith*, b [4] 18 nov. 1759.—*Geneviève*, b... m [4] 26 janvier 1778, à Benjamin BOUCHER.

1782, (15 avril) Rivière-Ouelle.
II.—BACHELET, PIERRE. [PIERRE I
AUTIN, Françoise. [JOSEPH III

I —BACHELIER (3), JEAN,
b 1700 ; s 5 avril 1727, à Montréal.

1738, (30 sept.) Québec.[6]
I.—BACHELIER, JEAN-ANTOINE (4). b 1708 ; fils d'Antoine et de Marie-Jeanne Bardelle, de St-Sulpice, Paris ; s [6] 8 nov. 1749.
LAFAYE, Madeleine (5). [ELIE I

(1) Dit Vertefeuille.
(2) Dit Basselet, Bacelet ou Casista.
(3) Soldat, natif du diocèse de Xaintes.
(4) Maître de Billard.
(5) Elle épouse, le 14 avril 1750, Antoine Sabourin, à Québec.

Marie-Madeleine, b ⁶ 10 juillet 1742; m 24 janvier 1763, à Jean-Baptiste GARIÉPY, à St-Anne-de-la-Pérade.⁷—Nicolas, b ⁶ 5 mars 1744, s ⁶ 12 avril 1748.—Henri-Antoine, b ⁶ 21 juillet 1745; s ⁷ 15 mai 1769.—Joachim, b ⁶ 22 sept. 1746.

1755, (15 déc.) Montréal.

I.—BACHOIE (1), JEAN-PIERRE, b 1723; fils d'Antoine, chevalier, et de Marguerite Haine, de Charlemont, diocèse de Namur.
SOUMANDE, Anne-Marguerite, [JEAN III. b 1727; veuve de Joseph Coulon de Villier, sieur de Jumonville.

___

BACON, MARIE-ANNE, épouse de Charles BUSSIÈRE.

___

BACON, MARIE-CHARLOTTE, épouse de Jean ISABEL.

___

BACON, MARIE-DOMINIQUE, épouse de Pierre MICHEL.

___

BACON, DOROTHÉE, épouse de Michel VALLÉE.

1674.

II.—BACON, EUSTACHE, [GILLES I. s avant 1728.
GUIMONT, Louise, [LOUIS I. b 1658; s 28 février 1728, au Château-Richer.

1711, (3 février) au Château-Richer.⁷

III.—BACON, LOUIS, [EUSTACHE II. b 1689, s ¹ 23 mai 1767.
CLOUTIER, Madeleine. [CHARLES III

1716, (3 février) Château-Richer. ⁷

III.—BACON, JOSEPH, [EUSTACHE II. s ⁷ 22 juillet 1758.
CLOUTIER, Dorothée, [CHARLES III. s ⁷ 9 déc. 1749.
Joseph, b ⁷ 7 nov. 1716; m 7 nov. 1740, à Marie-Anne POULIN, à St-Joachim. ⁵—Eustache, b ⁷ 3 mai 1719; m ⁶ 22 avril 1743, à Marguerite RANCOUR.—Marie-Madeleine, b ⁷ 17 mars 1721; m ⁷ 8 juillet 1743, à Louis LANGLOIS.—Gabriel, b ⁷ 18 mars 1723; s ⁷ 29 déc. 1742.—Monique, b ⁷ 15 nov. 1724; m ⁷ 23 nov. 1751 à Pierre MICHEL.—Charles, b ⁷ 12 déc. 1726.—Jean-Baptiste, b ⁷ 28 mars et s ⁷ 5 août 1729—Prisque, b... m ⁷ 25 août 1755, à Therèse TINON.—Dorothée, b ⁷ 19 mars 1735; m ⁷ 25 août 1755, à Jean TALON.—Marguerite, b ⁷ 13 juillet 1737.

III.—BACON, NOEL, [EUSTACHE II. b 1694.
MORIN, Marie-Charlotte. [PIERRE II.
Joseph-Marie, b... m 2 oct. 1752, à Madeleine LAVERGNE, à St-Pierre-du-Sud. ⁹ — Eustache, b 1729; s ⁹ 23 oct. 1752.—Louis, b 17⁰8, s ⁹ 27 sept. 1750.—Philippe, b 1734; s ⁹ 6 déc. 1753 —Marie-Angélique, b... m ⁹ 3 juillet 1758, à Isidore COTÉ.—Marie-Charlotte, b 1727, m à Jean ISABEL;

(1) Sieur de Barrante, Chevalier, Capitaine au régiment de Béarn.

s ⁹ 29 mars 1759.—Eustache, b... m 7 février 1752. à Marie-Françoise PICARD, à St-Frs-du-Sud.

1740, (7 nov.) St-Joachim.

IV.—BACON, JOSEPH, [JOSEPH III. s 27 oct. 1778, au Château-Richer. ⁷
POULIN, Marie-Anne, [GUILLAUME III. b 1724; s ⁷ 19 mai 1774.
Marie-Joseph, b ⁷ 23 août et s ⁷ 8 sept. 1741.—Jean-Marie, b ⁷ 9 nov. 1742; m ⁷ 28 janvier 1765, à Marie-Louise TRUDEL; s ⁷ 3 avril 1776.—Marie-Renée-Dorothée, b ⁷ 30 mai 1744: m ⁷ 4 juillet 1769, à Michel VALLÉE—Marie-Charlotte, b ⁷ 5 et s ⁷ 13 juin 1746.—Marie-Joseph, b ⁷ 5 juin et s ⁷ 30 sept 1746.—Marie-Angélique, b ⁷ 3 oct. et s ⁷ 5 nov. 1748.—Joseph, b ⁷ 19 sept. et s ⁷ 3 oct. 1750.—Catherine-Geneviève, b ⁷ 20 nov. 1751; s ⁷ 4 avril 1776.

1743, (22 avril) St-Joachim.

IV.—BACON, EUSTACHE, [JOSEPH III.
RANCOUR, Marguerite. [FRANÇOIS II.
Marie-Joseph, b 1ᵉʳ mars et s 16 mai 1744, au Château-Richer. ¹—Marie-Louise, b ¹ 3 mars 1745. —Marie-Louise, b ¹ 30 sept. 1746; m ¹ 9 février 1767, à François ALARD. — Marguerite, b ¹ 13 juin 1748, s ¹ 13 février 1749.—Gabriel, b ¹ 22 nov. 1749; m ¹ 15 nov. 1773, à Marie-Françoise GAGNON.— Louis-Denis, b ¹ 29 août 1751, m 5 nov. 1787, à Louise BUSSIÈRE, à St-Augustin.— Eustache, b ¹ 14 juillet 1753. — Marguerite, b ¹ 14 juin 1755; m ¹ 14 sept. 1778, à Augustin GAGNON.—François, b 22 juin 1758, à Ste-Anne.— Joseph-Marie, b ¹ 24 août 1760.— Marie-Anne, b ¹ 24 juillet 1762.

1752, (7 février) St-Frs-du-Sud. ²

IV.—BACON, EUSTACHE. [NOEL III.
DES-TROIS-MAISONS (1), Marie-Frse. [RENÉ III.
Eustache, b ² 22 janvier 1753.

1752, (2 oct.) St-Pierre-du-Sud.

IV.—BACON, JOSEPH-MARIE. [NOEL III.
LAVERGNE, Madeleine. [JOSEPH III.

1755, (25 août) Château-Richer. ³

IV.—BACON, PRISQUE. [JOSEPH III.
TINON, Thérèse. [JEAN-IGNACE II.
Louis, b 1ᵉʳ juin et s 11 août 1758, à Québec. —Prisque, b ³ 24 nov. 1759.—Gilles-Marie, b ³ 2 janvier 1766. — Marie-Dorothée, b ³ 30 juillet 1766.—Noel, b ³ 26 février et s ³ 3 mars 1768.— Pierre, b ³ 3 avril 1769.

1765, (28 janvier) Château-Richer. ⁴

V.—BACON, JEAN-MARIE, [JOSEPH IV. b 1743: s ⁴ 3 avril 1776.
TRUDEL, LOUISE (2). [AMBROISE III
Marie-Louise, b ⁴ 15 nov. 1765 —Marie-Joseph, b 26 février 1767, à Ste-Famille, I. O.—Jean, b ⁴

(1) Dit Picard. Elle épouse, le 11 février 1754, Jean-Baptiste Rousseau, à St-Frs-du-Sud.
(2) Elle épouse, le 6 oct. 1778, Pierre Gagnon, au Château-Richer.

26 mars 1771.— *Louis*, b⁴ 15 janvier 1773.— *Joseph-Marie*, b⁴ et s⁴ 26 mars 1767.

1773, (15 nov.) Château-Richer.³
V.—BACON, GABRIEL. [EUSTACHE IV.
GAGNON, Marie-Françoise. [AUGUSTIN IV
Marie-Marguerite, b 1774; s³ 18 déc. 1774.— *Augustin*, b 1776 — *Marie-Joseph*, b³ 28 mars 1778.—*Félicité*, b³ 5 juin 1779.

V.—BACON, EUSTACHE. [EUSTACHE IV.
MAILLOU, Marie-Ursule.
Marie-Ursule, b 8 déc. 1779, au Château-Richer.

1787, (5 nov.) St-Augustin.
V.—BACON, LOUIS-DENIS. [EUSTACHE IV.
BUSSIÈRE, Louise. [CHARLES III.

1677, Quebec.
I.—BAQUET, FRANÇOIS.
PHILIPPE, Anne (1).
Pierre, b 27 février 1687, à Levis. ²—*Joseph*, b² 13 oct. 1691; s 7 nov. 1736, à St-Michel.

1710, (25 mai) St-Michel.⁸
II.—BACQUET, FRANÇOIS, [FRANÇOIS I.
s⁸ 18 oct. 1744.
GUENET, Elisabeth, [PIERRE II.
b 1692; s 7 mars 1734, à St. Valier.⁹
Marie-Elisabeth, b⁸ 9 mars 1711; m⁸ 12 janvier 1739, à Louis LACROIX; s⁸ 24 nov. 1749.— *Pierre*, b 21 sept. 1712, à Beaumont⁷, m⁸ 10 janvier 1741, à Marguerite MONTMINY.—*Hélène*, b⁹ 5 mai 1718; m⁸ 1ᵉʳ juin 1750, à Charles QUERET. —*François*, b⁸ 28 juin 1716; 1° m à Marie-Joseph PORTELANCE; 2° m⁸ 1ᵉʳ sept. 1770, à Agnès CYR.—*Joseph*, b⁷ 18 mai 1720; m⁸ 17 avril 1747, à Agathe GOUPIL — *Louise*, b⁷ 14 juin 1722; m⁸ 30 janvier 1747, à Thomas PLANTE, s⁸ 9 février 1748.—*Simon*, b⁷ 8 oct. 1726; m⁸ 13 janvier 1750, à Marie-Marcelline GAUTRON.— *Jean-Baptiste*, b⁹ 16 oct. 1728; m⁸ 3 nov. 1750, à Merie QUERET.—*Jacques*, b⁹ 12 nov. 1730, m 31 janvier 1757, à Marie DESROCHERS, à Quebec. —*André*, b⁹ 20 février 1734; m⁸ 4 avril 1758, à Marguerite QUERET.

III.—BACQUET, FRANÇOIS. [FRANÇOIS II.
1° ROY-PORTELANCE, Marie-Joseph, [JOSEPH II.
b 1717; s 11 nov. 1759, à St-Michel.⁸
François-Xavier, b⁸ 7 déc. 1739; s⁸ 8 mars 1740.—*Marie-Joseph*, b⁸ 17 déc. 1739; s⁸ 16 oct. 1742.—*Marie-Elisabeth*, b⁸ 13 avril 1741.—*François*, b⁸ 18 avril 1743; m 14 février 1763, à Angelique CORRIVEAU, à St-Valier.—*Marie-Joseph*, b⁸ 19 oct 1744.— *Marie-Marcelline*, b⁸ 8 février 1746.—*Marie-Louise*, b⁸ 9 sept. 1747.—*Marie-Agathe*, b⁸ 23 mars 1749.— *Michel-Nicolas-François*, b⁸ 8 nov. 1750; s⁸ 11 juin 1751.—*Marie-Angélique*, b⁸ 12 avril 1752; s⁸ 6 déc. 1755.— *Marie-Madeleine*, b⁸ 11 mars 1754.— *André*, b⁸

(1) Voy vol. I, p. 20.

23 nov. et s⁸ 17 déc. 1755.—*Jean-Baptiste*, b⁸ 15 avril 1757.
1760, (1ᵉʳ sept.)⁸
2° CYR, Angélique, Acadienne, veuve d'Abraham Arseneau.
Marguerite, b⁸ 1ᵉʳ et s⁸ 4 avril 1762.—*Pierre*, b⁸ 22 février 1763.

1741, (16 janvier) St-Michel.⁸
III.—BACQUET, PIERRE. [FRANÇOIS II.
MONTMINY (1), Marguerite, [JOSEPH III.
b 1722.
Pierre, b⁸ 3 janvier 1743; m 14 janvier 1766, à Marie-Anne BALAN, à Berthier.—*Joseph*, b⁸ 21 sept. 1744.—*Marguerite*, b⁸ 8 août 1747— *Simon*, b⁸ 12 mars 1749.—*Michel*, b⁸ 22 avril 1751.—*Jacques*, b⁸ 30 avril 1753.—*Louis*, b⁸ 23 février 1755.—*Marie-Joseph*, b⁸ 14 juillet 1757; s⁸ 22 oct. 1758.—*François*, b⁸ 20 février 1761.

1747, (17 avril) St-Michel.⁸
III.—BACQUET, JOSEPH. [FRANÇOIS II.
COUPY (2), Marie-Agathe. [ANTOINE II.
Joseph-Thomas, b⁸ 28 déc. 1748; s⁸ 4 juillet 1749.—*Joseph*, b⁸ 29 mars 1750; s⁸ 6 avril 1754. —*François*, b⁸ 25 et s⁸ 30 mars 1752.—*Pierre*, b⁸ 9 août 1753.—*Joseph-Marie*, b⁸ 20 sept. 1755. —*André*, b⁸ 23 avril 1757.—*Marie-Anne*, b⁸ 9 février 1759.—*Marie-Agathe*, b⁸ 24 déc. 1760.

1750, (13 janvier) St-Michel.¹
III.—BACQUET, SIMON. [FRANÇOIS II.
GAUTRON, Marie-Marcelle. [PIERRE II.
b 1729.
Simon, b¹ 15 nov. 1750.—*Marie-Judes*, b¹ 29 oct. 1752.—*Pierre-Noel*, b¹ 20 juillet 1754.— *Jean-Baptiste*, b¹ 10 déc. 1756.—*Françoise*, b¹ 3 juin et s¹ 13 août 1759.—*Marguerite*, b¹ 14 déc. 1760.

BAQUET, JEAN.
POTVIN, Marie (3)

1750, (3 nov.) St-Michel.²
III.—BACQUET, JEAN-BTE. [FRANÇOIS II,
QUERET, Marie. [JOSEPH II.
Marie-Angélique, b² 11 sept. 1752. — *Jean-Baptiste*, b² 26 février et s² 30 nov. 1755. — *Marguerite*, b² 13 février 1757.

1757, (31 janvier) Quebec.³
III.—BACQUET (4), JACQUES. [FRANÇOIS II
DESROCHERS, Marie, [AUGUSTIN III
veuve de Pierre Pruneau.
Jacques, b³ 17 mars 1759, s 16 avril 1760, à St-Michel.—*Marie-Elisabeth*, b 8 sept. 1761, à St-Valier.

(1) Et Montmesnil.
(2) Goupy et Goupil.
(3) Elle epouse, le 17 février 1757, Louis Roy, à St-Vincent-de-Paul
(4) Dit Lamontagne.

1758, (4 avril) St-Michel.⁵
III.—BAQUET, ANDRÉ.　　　　　[FRANÇOIS II.
QUERET, Marguerite.　　　　　　[JOSEPH II.
André, b⁵ 20 janvier 1759.

1763, (14 février) St-Valier.³
IV.—BAQUET, FRANÇOIS.　　　　[FRANÇOIS III.
CORRIVEAU, Dorothée-Angélique,　　[JEAN II.
b³ 1736.

1766, (14 janvier) Berthier.
IV.—BACQUET (1), PIERRE.　　　[PIERRE III
BALAN, Marie-Anne,　　　　　　[JOSEPH II.
b 1742.

BACQUET, JOSEPH,
b 1757; s 15 mars 1839, à Beaumont.
COLLET, Marie,
s avant 1839.

BACQUET, MARIE-LOUISE,
b 1778; m à Louis VIEN; s 6 août 1804, à Beaumont.

BACQUEVILLE.—Voy. NEVEU.

BADAILLAC, ELISABETH, épouse de Louis MICHEL.

BADAILLAC, SUZANNE, épouse de Pierre LARRIVÉE.

BADAILLAC, MARIE, épouse de Bernard DELORNÉ.

BADAILLAC, THÉRÈSE, épouse de Jacques FORTIER.

I—BADAILLAC (2), LOUIS.
Thérèse, b... m 1712, à Gabriel TROTIER.

1674.
I.—BADAILLAC (3), LOUIS.
DELALORE, Catherine.
Claire, b 1686; m 9 mai 1707, à François LANCTOT, à Montreal.⁷—*Marie-Catherine,* b 22 juin 1673, à Sorel⁸; m⁷ 10 juin 1706, à Bonaventure COMPAIN—*Louis,* b⁸ 4 avril 1680.—*Gilles,* b⁸ 4 mai 1682, 1° m 24 février 1705, à Françoise GIGUÈRE, à St-Frs-du-Lac⁹; 2° m⁹ 23 nov. 1722, à Marguerite MADOUE; 3° m⁹ 22 juillet 1725, à Marie-Claude MIVILLE; s 2 août 1769, à St-Michel-d'Yamaska.

1705, (24 février) St-Frs-du-Lac.⁶
II.—BADAILLAC (4), GILLES,　　　[LOUIS I.
s 2 août 1769, à St-Michel-d'Yamaska.⁷
1° GIGUÈRE Françoise.　　　　　　[MARTIN II.
veuve d'Alexis Niquet; s⁶ 7 février 1722.
Gilles, b⁶ 8 mai 1707; 1° m à Madeleine-Thérèse TESSIER; 2° m 13 février 1747, à Jeanne BENOIT, à la Baie-du-Febvre.—*Louis,* b⁶ 20 mai 1709; m⁶ 17 sept. 1731, à Thérèse COUTURIER.—*François-Joseph,* b⁶ 9 et s⁵ 11 août 1711.—*Pierre-Ignace,* b⁶ 15 déc. 1713; m 1735 à Françoise DEMERS. — *Catherine-Agathe,* b⁶ 24 nov. 1715; m⁷ 18 février 1732, à Pierre HÉBERT; s⁷ 11 sept. 1748.—*Marie-Thérèse,* b⁶ 8 oct. 1716.—*Marie-Louise,* b⁶ et s⁶ 3 avril 1718.—*Louise-Xavière,* b⁶ 16 août 1719; s⁶ 6 juillet 1721.

1722, (23 nov.)⁶
2° MADOUE, Marguerite.　　　　　　[AUDIN I.

1725, (22 juillet),⁶
3° MIVILLE, Marie-Claude,　　　　　[JACQUES II.
veuve de Jean-Baptiste Harel.

III.—BADAILLAC (1), GILLES,　　　[GILLES II.
b 1707.
1° TESSIER, Madeleine-Thérèse.
Marie-Rose, b 17 août 1732, à St-Michel-d'Yamaska⁵; s⁵ 25 oct. 1749.—*Thérèse,* b 1715; m⁵ 11 janvier 1734, à Jacques FORCIER; s⁵ 5 février 1755.—*Marie-Madeleine,* b... m⁵ 2 février 1750, à Mathurin PARENTEAU.—*Marie-Elisabeth,* b⁵ 25 juin 1734.—*Marie-Thérèse,* b⁵ 15 juillet 1735.—*Anonyme,* b⁵ et s⁵ 19 juin 1737.—*Alexis,* b⁵ 28 juillet 1738.—*Joseph,* b⁵ 7 avril et s⁵ 29 juillet 1740.—*Jacques,* b⁵ 9 avril 1742.—*Régis,* b⁵ 16 juin et s⁵ 21 juillet 1744.—*François,* b⁵ 16 juin 1744; m⁵ 17 février 1772, à Elisabeth BREZA.—*Jean-Baptiste,* b⁵ 12 avril et s⁵ 26 juillet 1746.—*Claire,* b⁵ 12 avril et s⁵ 3 mai 1746.—*Esther,* b... m⁵ 18 février 1760, à Pierre COITTY.—*Agathe,* b... m⁵ 16 sept. 1765, à Joseph FOREST.

1747, (13 février) Baie-du-Febvre.
2° LAFOREST (2), Jeanne.　　　　　[PIERRE II.
Jeanne, b 16 mai 1747, à St-Frs-du-Lac.⁶—*Catherine,* b⁶ 15 sept. 1749; s⁶ 25 août 1750.—*Marguerite,* b⁶ 13 sept. et s⁶ 17 oct. 1751.—*Geneviève-Marguerite,* b⁶ 13 sept. 1752.—*Marguerite-Ursule,* b⁶ 1753; s⁵ 24 août 1759.

1680.
I.—BADAILLAC, FRANÇOIS (3).
PELLETIER (4), Marie-Angélique. [FRANÇOIS II.
Marguerite, b... m 21 février 1735, à Jean-Baptiste-Louis BOISSEL, à St-Michel-d'Yamaska.

1731, (17 sept.) St-Frs-du-Lac.¹
III.—BADAILLAC (1), LOUIS.　　　[GILLES II.
COUTURIER-LABONTE, Therese,　　[JEAN-BTE II.
s 20 février 1765, à St-Michel-d'Yamaska.²
Jeanne-Thérèse, b¹ 25 juin 1732.—*Louise,* b 1737, s¹ 6 août 1751.—*Marie-Thérèse,* b² 20 juillet 1733; m² 22 janvier 1753, à Jean-Baptiste BROUILLARD.—*Louis,* b² 23 nov. 1735.—*Marie-Louise,* b² 3 nov. 1737.—*Marie-Anne,* b² 11 janvier 1739.—*Marie-Geneviève,* b² 27 mars 1740, m² 9 janvier 1769, à Pierre HUS.—*Agathe,* b² 1ᵉʳ mai 1743; m² 18 nov. 1771, à Marc-Antoine HUS—*Marie-Françoise,* b² 17 février 1745, m² 19 juin 1763, à Jean-Baptiste HUS.—*Jean-Bap-*

---
(1) Dit Lamontagne.
(2) Appelé Badoiau au mariage de Thérèse.
(3) Dit Laplante. Voy. Vol. I, p. 21.
(4) Dit Laplante.

(1) Dit Laplante.
(2) Dit Benoît.
(3) Voy. vol. I, p 32.
(4) Dit Antaya. Elle épouse, le 25 mai 1709, Antoine De Gerlais, aux Trois-Rivières.

tiste, b ² 24 mars 1747 ; m ² 20 janvier 1772, à Marie LAVALLÉE.—*Marie*, b ² 8 juillet 1749 ; s ² 20 sept. 1759.

1735.
III.—BADAILLAC (1), IGNACE. [GILLES II.
DEMERS, Françoise, [EUSTACHE II.
b 1701.
Elisabeth, b 27 avril 1736, à St-Michel-d'Yamaska ² ; m ² 14 avril 1760, à Michel CONDRAT.—*Jean-Baptiste*, b ² 28 avril 1738 ; m ² 21 janvier 1760, à Marie CANTARA.—*Louis*, b ² 6 avril 1740 , 1° m ² 30 juin 1766, à Marie-Amable DUPUIS ; 2° m ² 28 mai 1773, à Marguerite CARTIER.—*Marguerite*, b ² 19 juin 1746.—*Pierre-Joseph*, b ² 14 mai 1748.—*Jean*, b ² 15 août 1752.—*Luc*, b ² 11 avril 1754 , s ² 4 mai 1756.—*André*, b ² 15 oct. 1756 ; s ² 22 nov. 1757.—*Françoise*, b ² 24 juin 1742 ; m ² 17 février 1772, à Joseph CAYER.—*Michel*, b ² 25 janvier 1744 ; m ² 27 juin 1768, à Marguerite BONENFANT.—*Catherine*, b ² 18 avril 1750 ; m ² 22 juillet 1771, à Pierre LECLERC ; s ² 7 mai 1772.

1760, (21 janvier) St-Michel-d'Yamaska. ³
IV.—BADAILLAC (1), JEAN-BTE. [IGNACE III.
CANTARA, Marie, [JEAN-BTE II.
Jean-Baptiste, b ³ 6 janvier 1761.—*Jean-François*, b ³ 7 août et s ³ 23 sept. 1762.—*Joseph*, b ³ 7 août et s ³ 4 oct. 1762.—*Marie-Louise*, b ³ 22 sept 1763.—*Marie-Anne*, b ³ 2 avril 1766.—*Jean-François-Régis*, b ³ 25 sept. 1768.—*Jacques*, b ³ 13 oct. 1770.

IV.—BADAILLAC, LOUIS. [LOUIS III
CARON, Marie-Claire, [VITAL III.
b 1743.
Marie-Joseph, b 17 mars 1766, à St-Michel-d'Yamaska. ⁶—*Louis-Alexis*, b ³ 1ᵉʳ sept. 1768.—*Marie-Anne*, b ³ 25 juin et s ³ 28 août 1770.

1766, (30 juin) St-Michel-d'Yamaska. ³
IV.—BADAILLAC (1), LOUIS. [IGNACE III
1° DUPUIS, Amable-Felicite. [JEAN-FRANÇOIS II.
b 1747.
1773, (25 mai) ³.
2° CARTIER, Marguerite, [FRANÇOIS II.
b 1737.

1768, (27 juin) St-Michel-d'Yamaska. ⁸
IV.—BADAILLAC (1), MICHEL. [IGNACE III
BONENFANT, Marguerite. [ANDRÉ
Marie-Marguerite, b ³ 14 juillet 1769.—*Louis-Michel*, b ³ 12 oct. 1770.

1772, (20 janvier) St-Michel-d'Yamaska.
IV.—BADAILLAC (1), JEAN-BTE. [LOUIS III
LAVALLÉE, Marie. [JOSEPH.

1772, (17 février) St-Michel-d'Yamaska.
IV.—BADAILLAC, JEAN-FRS-RÉGIS. [GILLES III.
BREZA (2), Elisabeth, [LOUIS II
b 1753.

(1) Dit Laplante.
(2) Dit Lafleur.

BADEAU, ANGÉLIQUE, epouse de Pierre BERNARD.

BADEAU, ANNE, b... m 1696, à Simon BARBOT.

BADEAU, MARIE-ANNE, epouse de François CHEVALIER.

BADEAU, MARIE-FRANÇOISE, epouse de Jean FORGUES.

BADEAU, JEANNE, epouse de Charles MAROIS.

BADEAU, MARIE-CHARLOTTE, epouse de Jean-Baptiste PITALIER.

1665, (28 oct.) Québec.
II.—BADEAU, JEAN (1). [JACQUES I,
CHALIFOUR, Marguerite. [PAUL I.
Joseph, b 25 dec. 1679, à St-Pierre, I. O.

BADEAU, JACQUES.
Marie-Anne, b 1704 ; s 2 avril 1760, à Quebec.

1693, (19 oct.) Charlesbourg. ³
III.—BADEAU, JEAN (1), [JEAN II.
s ³ 16 février 1737.
1° LEROY, Françoise, [OLIVIER I.
s ³ 20 août 1699.
1700, (12 juillet) Quebec.
2° LARCHEVÊQUE, Catherine. [JEAN II.
Joseph, b 1717. m 9 février 1750, à Marie-Anne MADDON, à Montreal.

1725, (1ᵉʳ août) Québec. ⁵
IV.—BADEAU. JEAN-JACQUES. [JEAN III.
CORRIVEAU, Angelique. [JACQUES I
Marie-Anne, b 9 avril 1725, à St-Valier ⁶ ; s ⁵ 28 juillet 1727.—*Marie-Françoise-Bazile*, b ⁵ 1ᵉʳ avril 1728 ; m ⁵ 13 avril 1744, à Jean MOUREJEAU.— *Angélique*, b ⁵ 31 mars et s ⁵ 26 août 1732.—*Jacques-Philippe*, b ⁵ 26 sept. 1734 ; s ⁶ 30 janvier 1738 —*Roger*, b ⁵ 26 sept. 1734.—*Jean-Joseph*, b ⁵ 22 et s ⁵ 30 avril 1739.— *Angélique*, b... s ⁵ 30 juin 1739.

1728, (4 nov.) Québec. ⁷
IV.—BADEAU (2), JACQUES-FABIEN. [FABIEN III
LEMARIÉ, Marie-Therèse, [ANTOINE II.
b 1706.
François, b ⁷ 1ᵉʳ et s ⁷ 15 août 1729.—*Joseph*, b ⁷ 18 août 1730 ; s ⁷ 5 mai 1733.—*Elisabeth-Thérèse*, b ⁷ 26 oct. 1731 ; m ⁷ 24 août 1751, à Bernard DIEZ.—*Marie-Ursule*, b ⁷ 2 juillet 1733 m ⁷ 3 sept. 1753, à François BEAULIEU.—*Bertrand*, b ⁷ 17 oct. 1734.—*Michel*, b ⁷ 31 janvier et s ⁷ 18 sept. 1736.—*Jacques*, b ⁷ 25 février 1737 ; m ⁷ 24 oct. 1763, à Marie-Barbe BEAULIEU.—*Marie-Angélique*, b ⁷ 15 mai 1738.—*Marie-Anne*, b ⁷ 19 nov. 1739.—*Etienne*, b ⁷ 8 mars et s ⁷ 21 oct. 1741.—*Marie-Jeanne*, b ⁷ 20 avril 1742.—*Marie-Angélique*, b ⁷ 10 mai 1744 ; s ⁷ 3 juin 1745.—*Michel*, b ⁷ 28 oct. 1745 ; s ⁷ 7 mai 1746.—*Marguerite*, b ⁷ 24

(1) Voy. Vol I, p. 21
(2) Maître charpentier de navire Etait le 2 juillet 1764, à la Baie St-Paul.

BAD 99 BAI

sept. 1746; s ⁷ 27 déc. 1748.—*Angélique-Geneviève*, b ⁷ 29 mai et s ⁷ 6 oct. 1750.—*Fabien*, b... m 17 juin 1765, à Charlotte Gosselin, au Château-Richer.

1738, (7 janvier) Québec. ⁶
IV.—BADEAU, Charles,   [Jean III.
  tailleur, s ⁶ 26 janvier 1726.
  Loisy (1), Catherine.   [Etienne I.
Pierre, b ⁶ 16 juin 1738.—*Catherine-Geneviève*, b ⁶ 24 août et s ⁶ 8 sept. 1743.—*Henri-Marie*, b ⁶ 11 avril 1745.—*Martial*, b ⁶ 30 mars et s ⁶ 30 juin 1747.—*Marie-Madeleine*, b ⁶ 21 avril et s ⁶ 18 juillet 1748.—*Madeleine*, b ⁶ 9 août 1749; s ⁶ 15 sept. 1750.—*Charles-Antoine*, b ⁶ 20 nov. 1750, s ⁶ 4 mars 1752.—*Louis-Charles*, b ⁶ 31 mars 1740.—*Jean-Baptiste*, b ⁶ 29 avril 1741; m 29 oct. 1764, à Marguerite Bolvin, aux Trois-Rivières. —*Augustine-Elisabeth*, b ⁶ 24 mars et s ⁶ 1ᵉʳ avril 1752.

1749, (1ᵉʳ sept.) Québec.
IV.—BADEAU, Pierre.   [Jean III.
  Lamotte, Angelique.   [Pierre I.

BADEAU, Louis, menuisier, b 1705 ; s 22 sept. 1758, à Quebec.

1750, (9 février) Montreal.
IV.—BADEAU, Joseph.   [Jean III.
  Maddon, Marie-Anne.   [Joseph I.
Catherine, b... s 16 janvier 1757, à St-Laurent, Montreal.

1763, (24 oct.) Québec.
V.—BADEAU, Jacques.   [Jacques IV.
  Beaulieu, Marie-Barbe.   [François II.

1764, (29 oct.) Trois-Rivières.
V.—BADEAU, Jean-Bte.   [Charles IV.
  Bolvin, Marguerite,   [Gilles I.
  b 1738.

1765, (17 juin) Château-Richer.
III.—BADEAU, Fabien.   [Jacques-Fabien IV.
  Gosselin, Charlotte.   [Guillaume IV.

1671, (26 oct.) Quebec.
I.—BADEL (2), André.
  Duchesne, Barbe,
  b 1644, à Genève ; s 1710, à Montreal.

1757, (21 fevrier) à la Pte-aux-Trembles, M.
I.—BADEL, Jean-Antoine (3), fils de Jean-Antoine et de Jeanne Liciniot, de St-Vincent-du-Fort, diocese de Viviers.
  Duclos, Angelique.   [Jean II.

(1) Dit Derocher.
(2) Dit Lamaiche. Voy. Vol. I, p. 21.
(3) Grenadier au regiment de la Sarre.

1758, (23 mai) Lorette. ⁸
I.—BADELARD (1), Philippe-Louis-François, b 1730 ; fils de Philippe (ancien echevin du Lanois, en Picardie) et de Marie Buret; s ⁶ 9 février 1802.
  Guillimin, Marie-Charles,   [Charles I.
  veuve de Joseph Riverin ; s ³ 17 déc. 1795.
Louis-Philippe, b ³ 7 et s ³ 25 sept. 1758.—*Louise-Philippe*, b ³ 11 avril 1761.

BADET, Simon.
  Lienard, Marie.   [Sébastien II.
Marie, b 17 avril 1734, à Ste-Foye.

BADIAU (2), Joachim.

BADIÉ.—Voy. Baille.

I.—BADSON, Jean-Claude.
  Odiorne, Anne.
Jean-Claude (3), b 18 janvier 1705, à Montréal.

1756, (2 février) Quebec. ⁴
I.—BAFRE (4), Pierre, marchand, fils de Barthelemi et de Marie Breton, de St-Saturnin d'Aignan, diocèse d'Auch.
  Couet, Marie-Charlotte,   [Charles I.
  veuve de François Tessier
Marie-Charlotte, b ⁴ 6 sept. 1756.—*Pierre*, b ⁴ 8 oct. 1757.—*Charles*, b ⁴ 5 février 1760 ; s ⁴ 27 nov. 1763.—*Jean-Baptiste*, b ⁴ 12 oct. 1763.

1749, (1ᵉʳ sept.) Québec. ⁵
I.—BAGANARD, François, fils de Thomas et d'Anne Guillau, de St-Remy, Bordeaux.
  Aubin, Marie-Madeleine,   [Joseph II
  b 1725.
Joseph-Olivier, b ⁵ 2 et s ⁵ 7 juin 1750.— *Nicolas-François*, b ⁵ 16 juillet 1751.

I.—BAGIZIL, Jean,
  s avant 1722.
  ...... Catherine.
Jeanne, b... m 22 août 1722, à Michel Demeri, à Longueuil.

I.—BAGNEL, Jean, Anglais.
  McAuley, Rose, Anglaise.
Marie-Joseph, b 1761 ; s 5 mai 1773, à l'Hôpital-General, M. ⁵ — *Marie-Anne*, b 1762 ; s⁵ 6 sept. 1774.

I.—BAIL (5), Jean-Bte.
  Monciau (6), Marguerite.
Geneviève-Marguerite, b 24 mars 1782, à la Rivière-Ouelle.

(1) Chirurgien, aide-major des armees du Roi ; natif de St-Sauveur de Concy, diocese de Laon.
(2) Il était, le 8 janvier 1768, à St-Joseph, Beauce.
(3) Né le 11 mai 1677 à Newcastle, en la Nouvelle-Angleterre, et puis le 22 août 1703. Il eut pour parain M. Claude De Ramezay, Gouverneur de Montréal.
(4) Il signe Beffre.
(5) Soldat de Hesse-Hainaut.
(6) Dit Désormeaux.

BAILLAC, Anne, épouse de Jean Martin.

BAILLARD, François.
Etiennette, b... m 1ᵉʳ déc. 1705, à Pierre Latour, à l'Ile Dupas.

BAILLARD, François, s avant 1762.
Choret, Elisabeth (1), [Pierre III. b 1715.
Marie-Anne, b 1744; s 10 mars 1762, à la Longue-Pointe.

BAILLARGÉ.—Voy. Jean-Baptiste Joliet, 1738.

1750, (1ᵉʳ juin) Québec ²
I.—BAILLARGÉ, Jean; menuisier, b 30 oct, 1726; fils de Jean et de Jeanne Bourdois, de St-Antoine de Villeray, diocèse de Poitiers; s ² 6 sept. 1805.
Parant, Marie-Louise. [Antoine III.
Jean-Joseph, b 12 mars 1751, à Ste-Anne-de-la-Pocatière, s ² 31 janvier 1752.—*Marie-Antoinette*, b ² 14 mai 1752; m ² 10 juillet 1775, à Jean-Pascal Letourneau.—*Marie-Joseph*, b ² 15 oct 1753; s ² 27 juin 1754 — *Louise-Geneviève*, b ² 11 janvier 1755; m à Guillaume Beriau; s ² 17 juillet 1781,—*Jean-Charles*, b ² 10 août 1756, s 23 août 1756, à Beauport.—*Jean-Louis*, b ² 19 nov. 1757; s ² 29 mai 1759.— *François*, b ² 21 janvier 1759, m ² 7 janvier 1787, à Marie-Joseph-Geneviève Boutin.—*Pierre-Florent*, b ² 29 juin 1761; m ² 24 nov. 1789, à Marie-Louise Cureux, s ² 13 dec. 1812—*Catherine*, b ² 13 dec. 1762. s ² 9 sept. 1763. — *Jean-Baptiste*, b ² 7 et s ² 8 avril 1764. — *Marie-Anne*, b... m 5 janvier, à Joseph Girouard.

1787, (9 janvier) Quebec. ¹
II.—BAILLARGÉ, François, [Jean I.
Boutin de Piemont, Josette. [Jean-Bte I.
Thomas, b 1792; s ¹ 11 février 1859.

1789, (24 nov.) Quebec. ⁵
II.—BAILLARGE, Florent, [Jean I. s ⁶ 13 dec. 1812.
Cureux (2), Marie-Louise, [Antoine III. b 1770; s ⁶ 15 juillet 1859
Pierre-Théophile-Ferdinand, b ⁶ 12 mars 1801 m 1823, à Charlotte-Janvière Horsley; s ⁶ 6 nov. 1865.

1823.
III.—BAILLARGÉ, Théophile. [Florent II.
Horsley, Charlotte-Janvière (3) [Richard.
George-Frédéric-Théophile, b 24 oct. 1824; m 22 août 1852, à Charlotte-Rachel Giroux, aux Cèdres.

---
(1) Elle épouse, le 22 avril 1754, Joseph Martineau, au Sault-au-Recollet.
(2) Dit St-Germain.
(3) Née à Shornel, à 7 milles de New-Port, Ile de Wight, Angleterre, en 1804. Richard, son père, né en 1755, sépulture en 1827; lieutenant de marine, blessé sur la frégate Victory à la bataille de Trafalgar, sur laquelle était Nelson.

1852, (22 août) St-Joseph, Soulanges. ⁷
IV.—BAILLARGÉ, Frédéric. [Théophile III.
Giroux, Charlotte-Rachel. [Pierre.
Frédéric-Alexandre-Ferdinand, né 6 et b 15 janvier 1854, à Mathilda⁴; ordonné à Rome.—*Charles-Théophile*, né ⁴ 25 juillet et b ⁴ 10 août 1855; m à Marie-Louise Lemieux.—*Maurice*, b ⁷ 16 nov. 1856.—*Euclide*, b ⁷ 16 nov. 1856; m à Caroline Denis.—*Blanche*, b ⁷ 7 août 1858.—*Fabiola*, b ⁷ 5 sept. 1859, sœur grise à Ottawa—*Callista*, b ⁷ 25 sept. 1860; s ⁷ 1862. — *Marie-Joseph*, b ⁷ 26 oct. 1862. m à Aime Trudel.—*Frédérien*, b ⁷ 11 sept. 1864.—*Pierre-Florent*, b et s 1ᵉʳ oct. 1872, aux Cèdres.

BAILLARGEON, Geneviève, b... 1º m à Joseph Bélanger; 2º m 21 février 1745, à Nicolas Lefrançois, au Château-Richer²; s² 12 mars 1773.

BAILLARGEON, Marie-Anne, épouse de Jean-Baptiste Birand.

BAILLARGEON, Madeleine, épouse de François Lapointe.

BAILLARGEON, Jeanne, m 1664, à Jean Labrecque, au Château-Richer.

BAILLARGEON, Jeanne, épouse de Jean Lavallée.

BAILLARGEON, Monique, b 1771; m à Joseph Richer; s 12 dec. 1811, à St-Jean-Deschaillons.

BAILLARGEON, Marie-Joseph, épouse de Jean Rondeau.

II.—BAILLARGEON, Ignace, [Mathurin I b 1664, s 10 février 1743, à l'Hôpital-General, Q.

II.—BAILLARGEON, Antoine (1), [Mathurin I. b 1658.
1º Aco, Marie.
2º Ch8ping8a, Domitilde.
Pierre, b 17 avril 1701, à Kaskakia.⁸—*Marie*, b ⁸ et s ⁸ 28 sept. 1725.—*Michel*, b 1711; s 3 avril 1720, à Montreal.

1683, St-Laurent, I. O.⁴
II.—BAILLARGEON, Jean. [Jean I.
Godbout, Marie. [Nicolas I.
Nicolas, b... — *Jean*, b... — *Marie*, b ⁴ 28 sept 1688, m 31 janvier 1707, à Pierre Coté, à St-Pierre, I. O⁹, s ⁹ 22 mars 1743. — *Marie-Madeleine*, b... m ⁴ 29 janvier 1720, à Augustin Coté.

---
(1) Dit Durivage; était, le 22 février 1699, à Kaskakia.

BAI 101 BAI

1683, (15 nov.) St-Laurent, I. O.[4]

II.—BAILLARGEON, NICOLAS. [JEAN I.
1° CRÉPEAU, Marie-Anne, [MAURICE I.
s[4] 7 avril 1703.
Nicolas, b 1690; m 12 juin 1730, à Marguerite ROY, à Ste-Anne-de-la-Perade[5]; s[5] 6 juillet 1760.—*Gabriel,* b... m 29 oct. 1738, à Jeanne PÉRILLARD, à Quebec; s 5 janvier 1768, à l'Hôpital-Général, M.—*Marie-Angélique,* b[4] 26 mars 1685; m[4] 21 nov. 1701, à Pierre LANGLOIS.—*Geneviève,* b[4] 19 et s[4] 21 mars 1703.—*Paul,* b... m[4] 21 juin 1723, à Marie-Madeleine ROY.

1707, (8 août).[4]

2° ROULEAU, Jeanne (1). [GABRIEL II.
Louis, b[4] 25 nov. 1709; m[4] 7 avril 1739, à Marie DUMAS.—*François,* b[4] 15 mai 1712; m 28 sept. 1744, à Marie COUTURE, à Lévis.—*Suzanne,* b... m[4] 20 août 1725, à Pierre DUMAS.

1696.

II.—BAILLARGEON (2), NICOLAS, [MATHURIN I.
s 9 juin 1742, à Sorel.[1]
HAREL, Marie-Thérèse, [JEAN I.
b 1673; s[1] 30 nov. 1718.
Nicolas, b... m[1] 26 nov. 1729, à Angélique NIQUET; s[1] 2 avril 1745.—*Antoine,* b... m à Madeleine NIQUET.—*Marie-Elisabeth,* b[1] 10 mars 1709; m 20 avril 1733, à Jacques REGEAS, à Lavaltrie.—*Jean-Baptiste,* b[1] 12 sept. 1711; m[1] 19 nov. 1740, à Marguerite DUBOIS.—*Marie-Thérèse,* b[1] 24 fevrier 1714.—*Charles,* b[1] 27 mai 1715.—*Pierre,* b[1] 16 oct. 1718.—*Marie-Joseph,* b... m 21 juillet 1721, à Jean RONDEAU, à St-Ours.—*Marie-Madeleine,* b... m[1] 8 janvier 1725, à Charles MARETTE.

1711, (16 nov.) St-Laurent, I. O.[3]

III.—BAILLARGEON, NICOLAS, [JEAN II.
b 1684; s[3] 8 dec. 1749.
LECLERC, Marguerite, [CHARLES II.
b 1696; s[3] 26 juillet 1750.
Marguerite-Angélique, b 29 août 1712, à St-Pierre, I. O.[4]; s[3] 1er mars 1713.—*Nicolas,* b[3] 16 sept 1713.—*Jean-Baptiste,* b[3] 18 nov. 1714; m 1er mars 1745, à Jeanne BAREAU, à Laprairie.—*Joseph,* b[3] 8 déc. 1715; m[4] 11 nov. 1754, à Hélène NOEL.—*Madeleine,* b[3] 6 avril 1718; m[3] 16 nov. 1739, à Jacques LETOURNEAU.—*Antoine,* b[3] 28 janvier et s[3] 5 dec. 1717.—*Louis,* b[3] 14 sept. 1720; m[4] 23 fév. 1756, à Thérèse DORVAL, s[3] 26 août 1762.—*Ignace,* b[3] 9 nov. 1721.—*Geneviève,* b[3] 13 janvier et s[3] 8 mars 1724.—*Marie-Anne,* b[3] 20 juillet 1733.—*François,* b[3] 7 fevrier 1728; s[3] 23 juillet 1738.—*Augustin,* b[3] 20 mai 1738.—*Marguerite,* b... m[3] 14 avril 1755, à Theophile GREFFARD.—*Antoine,* b[3] 7 sept. 1725; m[3] 1er fevrier 1763, à Isabelle CHABOT.—*Marie,* b... m[3] 7 fevrier 1763, à Louis CHABOT.—*Pierre,* b[3] 15 nov. 1729, s[3] 7 août 1730.

---

(1) Elle épouse, le 6 avril 1717, François Dumas, à St-Laurent, I. O.
(2) Dit Bocage.

1713, (27 nov.) St-Laurent, I. O.[6]

III.—BAILLARGEON, JEAN, [JEAN II.
b 1686; s[6] 27 fevrier 1762.
1° DENIS, Marie, [PIERRE I.
s[6] 27 mai 1722.
Pierre, b[6] 20 sept. 1714.—*Madeleine,* b[6] 14 juin 1716; m[6] 19 nov. 1736, à François AUDET; s[6] 3 août 1761.—*Jean,* b[6] 9 juillet 1718; s[6] 17 mars 1741.—*Geneviève,* b[6] 15 janvier 1721; 1° m[6] 22 fevrier 1740, à Joseph BÉLANGER ; 2° m 21 fevrier 1745, à Nicolas LEFRANÇOIS, au Château-Richer[7]; s[7] 12 mars 1773.

1725, (29 oct.)[6]

2° ISABEL, Catherine. [MARC II.
Marie-Louise, b[6] 2 janvier 1728.—*Gertrude,* b[6] 16 mai 1729; s[6] 7 oct. 1751.—*Cécile,* b[6] 6 avril 1732; m[6] 17 nov. 1755, à Pierre LABRECQUE.—*Joseph,* b[6] 8 dec. 1733.—*Marie,* b[6] 8 déc. 1733; s[6] 10 août 1735.—*Charles,* b[6] 26 juillet 1735.—*François,* b[6] 14 mai 1738.—*Madeleine,* b[6] 3 dec. 1740; m[6] 20 sept. 1762, à Antoine GOSSELIN.—*Marguerite,* b[6] 23 mai 1742.—*Pierre,* b[6] 28 avril et s[6] 1er août 1744.—*Jeanne,* b[6] 8 janvier 1731; s[6] 12 avril 1747.—*Jean,* b... m[6] 26 oct. 1761, à Gertrude LABRECQUE.

1723, (21 juin) St-Laurent, I. O.[7]

III.—BAILLARGEON, PAUL, [NICOLAS II.
b 1697; s 26 janvier 1750, à Ste-Anne-de-la-Pérade.[8]
ROY, Marie-Madeleine, [JEAN II.
b 1704; s[8] 2 avril 1753.
Paul, b[7] 23 juillet 1724 ; m[8] 17 juin 1754, à Angelique MARCHETEAU.—*Félicité,* b[7] 30 avril 1726; m[8] 15 juin 1750, à François GUIBAUT.—*François,* b[7] 22 fevrier 1732.—*Marie-Madeleine,* b[7] 4 août 1734; s[7] 12 janvier 1735.—*Marie-Louise,* b[7] 7 janvier 1728.—*Louis,* b[7] 5 mars 1730; 1° m[8] 16 août 1757, à Marie-Catherine MASSICOT; 2° m[8] 26 fevrier 1770, à Veronique GENDRON.—*Monique,* b... m 31 mars 1761, à Jean-Baptiste MANSEAU, à la Baie-du-Febvre.[9]—*Marie-Joseph,* b[8] 2 juillet 1742; m[9] 7 nov. 1763, à Jacques LEFEBVRE.

BAILLARGEON, JEAN.
HUS-PAUL, Marie-Charlotte. [LOUIS II.
Joseph, b... m 4 nov. 1748, à Catherine BRISEBOIS, à St-Michel-d'Yamaska.

1729, (26 nov.) Sorel.[3]

III.—BAILLARGEON, NICOLAS, [NICOLAS II.
s[3] 2 avril 1745.
NIQUET, Angelique, [JEAN I.
veuve de Pierre Blet.
Marie-Claire, b[3] 3 août 1732 ; s[3] 2 août 1748.—*Marie-Angélique,* b[3] 23 oct. 1730; m[3] 5 fevrier 1760, à Jean-Baptiste BOUCHER.—*Marie-Joseph,* b[3] 22 mars 1734.—*Antoine,* b[3] 17 mars 1736; 1° m[3] 11 nov. 1760, à Ursule PELLETIER ; 2° m[3] 15 juillet 1766, à Marie PLOUF.—*Louis,* b[3] 8 nov. 1737; s[3] 29 sept. 1767.—*Marguerite,* b[3] 8 mai 1740 ; m[3] 29 août 1763, à Simon SYLVESTRE.—*Marie-Louise,* b[3] 25 août 1742.

1730, (12 juin) St-Anne-de-la-Pérade.⁴
III.—BAILLARGEON, Nicolas,   [Nicolas II.
s ⁴ 6 juillet 1760.
   Roy (1), Marguerite,   [Gaspard I.
   b 1702 ; s ⁴ 24 mai 1739.
Marie-Joseph, b ⁴ 18 sept. 1731 ; s⁴ 20 juillet 1733.
—*Marguerite,* b ⁴ 16 mai 1733 ; m 6 oct. 1761, à Louis Tessier, à St-Jean-Deschaillons.— *Marie-Joseph,* b ⁴ 10 mai et s ⁴ 12 juin 1736. — *Nicolas-Joseph,* b ⁴ 24 mars et s ⁴ 6 avril 1737.—*Marie-Joseph-Monique,* b ⁴ 10 juin 1738.

III.—BAILLARGEON, Antoine.   [Nicolas II
   Niquet, Marie-Madeleine.   [Jean I
Marie-Madeleine, b 4 juin 1733, à Sorel.⁴—*Antoine,* b ⁴ 31 juillet 1735. — *Jean-Baptiste,* b ⁴ 15 mars 1739 ; s ⁴ 5 sept. 1741.

1739, (7 avril) St-Laurent, I. O. ³
III.—BAILLARGEON, Louis.   [Nicolas II
   Dumas, Marie.   [François II.
Anonyme, b ³ et s ³ 15 janvier 1740. — *Marie-Joseph,* b ³ 3 mars 1741.—*Geneviève,* b ³ 28 mars 1743.—*Louis,* b ³ 26 déc. 1744. — *Nicolas,* b 24 janvier 1747, à St-Jean, I. O.⁴ — *Marguerite-Angélique,* b ³ 24 janvier et s ³ 7 juin 1749.—*Joseph,* b ³ 17 mai et s ³ 19 juin 1750. — *Charles,* b ³ 1ᵉʳ sept. 1751.—*Joseph,* b ⁴ 24 oct. 1753.—*François,* b ³ 9 sept. 1756.

BAILLARGEON, Nicolas (2),
   s 30 mai 1740, à St-Thomas. ¹
   Prou, Marie (3),   [Denis II.
   b 1712.
Marie-Madeleine, b ¹ 25 août 1738 ; m ¹ 23 février 1756, à Charles-Alexandre Joncas.

1738, (29 oct.) Québec. ³
III.—BAILLARGEON, Gabriel,   [Nicolas II.
   s 5 janvier 1768, à l'Hôpital-General, M.
   Périllard (4), Jeanne,   [Nicolas I.
   veuve de Pierre Silvain.
Marie-Catherine, b ³ 17 août 1739.

1740, (19 nov.) Sorel.⁴
III.—BAILLARGEON (5), J.-Bte.   [Nicolas II.
   Dubois, Marguerite.   [Pierre II.
Jean-Baptiste, b ⁴ 18 avril et s ⁴ 4 juin 1742.— *Jean-Baptiste,* b ⁴ 3 février 1744 ; 1° m à Angélique Sansfaçon ; 2° m 1ᵉʳ février 1768, à Angélique Bénard, à l'Ile-Dupas.—*Antoine,* b ⁴ 6 déc. 1745.

---

(1) Dit Laliberté.
(2) Il s'est noyé le 10 mai 1740, en traversant seul le soir, la rivière du Sud
(3) Elle épouse, le 23 février 1745, Ignace St-Pierre, à St-Thomas.
(4) Dit Bourguignon.
(5) Dit Bocage.

1744, (28 sept.) Lévis. ⁴
III.—BAILLARGEON, François,   [Nicolas II.
   navigateur.
   Couture, Marie-Joseph (1),   [Jean III.
   b 1728.
François (2), b 13 juin 1746, à Québec⁵ ; s 26 sept. 1758, à St-Laurent, I. O. — *Joseph,* b ⁵ 16 août 1748.—*Marie-Angélique,* b ⁴ 1ᵉʳ juillet 1752. —*Geneviève,* b… s ⁴ 22 février 1756.—*Jean-Baptiste,* b ⁴ 24 oct. 1756.

1745, (1ᵉʳ mars) Laprairie.
IV.—BAILLARGEON, Jean-Bte.   [Nicolas III.
   Barbeau, Marie-Jeanne,   [François II.
   b 1722.
Marie-Joseph, b 18 déc. 1745, à Longueuil. ²— *Angélique,* b ² 6 déc. 1746.—*Joseph-Marie,* b ² 17 mars 1748.

1748, (4 nov.) St-Michel-d'Yamaska. ¹
BAILLARGEON (3), Joseph.   [Jean.
   Brisebois, Catherine.   [Charles II
Joseph, b ¹ 20 déc. 1749, s ¹ 30 mars 1750.— *Catherine* b… s ¹ 2 nov. 1751,—*Marie-Elisabeth,* b ¹ 28 août 1752.—*Dorothée,* b ¹ 21 mars 1754.— *Antoine,* b ¹ 14 janvier 1755.—*Antoinette-Geneviève,* b ¹ 13 janvier 1758.

BAILLARGEON, Jean-Bte.
   Bourdeau, Jeanne.   [Jean I.
Marie-Louise, b 3 sept. 1750, à Longueuil.

1754, (17 juin) Ste-Anne-de-la-Pérade. ³
BAILLARGEON, Paul.   [Paul.
   Marcheteau (4), Angélique,   [Laurent II.
   veuve de Jacques Chimais ; s ³ 18 février 1764.
Marie-Angélique, b ³ 18 mars 1757. — *Jean-Baptiste,* b ³ 11 août 1758.—*Pierre-Paul,* b ³ 24 juillet 1760 ; s ³ 16 mars 1761.—*Pierre,* b ³ 26 mars 1762.

1754, (11 nov.) St-Pierre, I. O.
IV.—BAILLARGEON, Joseph.   [Nicolas III.
   Noel, Hélène.   [Pierre II.

1756, (23 février) St-Pierre, I. O.
IV.—BAILLARGEON, Louis,   [Nicolas III.
   s 26 août 1762, à St-Laurent, I. O. ¹
   Dorval (5), Therese.   [Charles III
Louis, b ¹ 16 février 1757.—*Charles,* b ¹ 2 avril 1759 ; s ¹ 14 juillet 1760.—*Anonyme,* b ¹ et s ¹ 11 janvier 1761.—*Thérèse,* b ¹ 25 février 1762.

---

(1) Elle épouse, le 29 janvier 1761, Jean-Louis Maillet, à Québec.
(2) Il s'est noyé dans le bâtiment de M. Morice, naufragé vis-à-vis la chapelle de la Ste-Vierge.
(3) Dit Lavallée.
(4) Dit Desnoyers, 1760.
(5) Dit Bouchard-Dorval. Elle épouse, le 22 août 1763, Joseph Côte, à St-Laurent, I. O.

1757, (16 août) Ste-Anne-de-la-Pérade.⁴
IV.—BAILLARGEON, LOUIS. [PAUL III.
1º MASSICOT, Marie-Catherine, [ANTOINE II.
b 1739, s ⁴ 10 mai 1767.
Marie-Madeleine, b ⁴ 31 juillet 1758.—*Louis,* b ⁴ 26 nov. 1759 ; s ⁴ 29 janvier 1760.—*Joseph,* b ⁴ 19 avril et s ⁴ 7 juin 1761.—*Marie-Françoise,* b ⁴ 19 avril 1762,—*François,* b ⁴ 22 mars 1766, s ⁴ 19 janvier 1767.

1770, (26 février).⁴
2º GENDRON, Veronique. [MICHEL III.
Monique-Elisabeth, b ⁴ 16 déc. 1771.—*Marie-Anne,* b ⁴ 20 fevrier et s ⁴ 15 avril 1774.

1760, (11 nov.) Sorel.⁶
IV.—BAILLARGEON, ANTOINE. [NICOLAS III.
1º PELLETIER (1), Ursule, [FRANÇOIS IV.
s ⁶ 18 février 1765.
1766, (15 juillet).⁶
2º PLOUF, Marie. [PIERRE.

1761, (26 oct.) St-Laurent, I. O.
IV.—BAILLARGEON, JEAN. [JEAN III.
LABRECQUE, Gertrude, [JOSEPH III.
b 1730.

1763, (1ᵉʳ février) St-Laurent, I. O.¹
IV—BAILLARGEON, ANTOINE. [NICOLAS III.
CHABOT, Isabelle, [JOSEPH III.
b 1738.
Marie-Elisabeth, b ¹ 29 déc. 1763.

IV.—BAILLARGEON (2), J.-BTE. [JEAN-BTE III
1º SANSFAÇON, Angelique.
1768, (1ᵉʳ février) Ile-Dupas.
2º BERARD (3), Angelique. [JEAN-FRANÇOIS II.

BAILLARGEON, FRANÇOIS.
LANGLOIS (4), Marie-Louise.
Charles-François, b... —*Etienne,* b... — *Marie,* b... m 17 février 1835, à Pierre GINGRAS, à Quebec.

1762, (15 février) St-Thomas.⁴
I.—BAILLÉ (5), FRANÇOIS, fils de Jean et de Marie Meurie, de St-Jean-de-Ruel, diocèse d'Avranche.
GAUDREAU, Marie, [JOSEPH III.
s ⁴ 3 mai 1765.

BAILLEUL (6).
Marguerite, b... m à LAJUS.—*Madeleine,* b... m à Alexis DESAULNIERS.

BAILLEUVILLE—Voy. LEBAILLY.

(1) Dit Châteauneuf.
(2) Dit Bocage.
(3) Dit Varennes.
(4) Dit St-Jean.
(5) Marié sous le nom de Badié.
(6) Dit Audet de Pierre-Cot.

1758, (6 février) Varennes.
I.—BAILLON, ANTOINE-FRANÇOIS, fils d'Antoine Michau et de Marguerite Laurence, de St-Nicolas, diocèse d'Arras.
BARABÉ, Marie-Angelique. [JEAN-BTE III.

BAILLY—Voy. CARPENTIER.

BAILLY, GENEVIÈVE-CHARLOTTE, épouse d'Abraham MORENCY.

I.—BAILLY, FRANÇOIS-JEAN.
Marie, b 1661, à Montreal⁴ ; m ⁴ 1678, à Jean PETIT dit BOISMOREL ; s ⁴ 30 juillet 1720.

1706, (8 février) Québec.⁵
I.—BAILLY (1), NICOLAS, enseigne, b 1664 , fils de Michel et d'Anne Marsain, de Montreuil, Lorraine ; s ⁵ 28 sept. 1744.
1º BONHOMME, Anne. [GUILLAUME II.
veuve de Jean Minet ; s ⁵ 3 juin 1714.
Marie-Anne, b ⁵ 19 mai 1707.—*François-Augustin,* b ⁵ 21 août 1709, m 13 janvier 1740, à Marie-Anne DEGOUTINS, à Montreal.— *Louise,* b ⁵ 30 nov. et s ⁵ 29 déc. 1712.—*Joseph,* b ⁵ 4 déc. 1712.—*Pierre-Eustache,* b ⁵ 11 mai 1714 ; s 12 juillet 1714, à Charlesbourg.—*Marie-Joseph,* b... 1º m ⁵ 15 août 1740, à Jean-Baptiste RYVERT ; 2º m ⁵ 9 juillet 1744, à Antoine-Charles TURPIN.
1717, (30 oct.)⁵
2º TREFFLÉ, Catherine, [FRANÇOIS I.
veuve de Leonard Crequel ; s ⁵ 3 mars 1732.

1740, (13 janvier) Montréal.⁴
II.—BAILLY, FRANÇOIS-AUGUSTIN. [NICOLAS I.
DEGOUTINS, Marie-Anne. [FRANÇOIS II.
Charles-François, b ⁴ 4 nov. 1740, ordonné 10 mars 1767, evêque de Capse 26 sept. 1788, s 22 mai 1794, à la Pte-aux-Trembles, Q.—*Honore-Joseph,* b ⁴ 19 mars 1742.—*Michel,* b ⁴ 12 sept. 1747; m 28 janvier 1772, à Geneviève AUBERT, à St-Jean-Port-Joli⁶ ; s ⁶ 26 janvier 1787.—*Marie-Charlotte,* b ⁴ 5 déc. 1748 ; m 25 mai 1766, à Abel-Etienne NOBERT, à Varennes.¹— *Charles,* b ⁴ 21 sept. 1750.—*Marie-Apolline,* b... m ⁷ 7 oct. 1783, à Ignace TROTIER.—*Félicité,* b... m ⁷ 1790, à Jacques LEMOYNE DE MARTIGNY.

1758, (6 février) Pte-aux-Trembles, M.
I.—BAILLY (2), ALEXANDRE, fils de Jean-Baptiste et de Marie Girau, de Pintre, diocèse de Besançon.
PARISEAU, Marie-Antoinette. [FRANÇOIS II.
Marie, b... m 18 oct. 1790, à François MATHIEU, à Lachenaye.

I.—BAILLY (Le) (3), JEAN-BTE.
FABER-DUPLESSIS, Catherine-Jeanne,
b 1725 ; s 13 nov. 1800, à l'Hôpital-Général, M

(1) De Messein.
(2) Grenadier au régiment de Guienne.
(3) De Bailleville, officier de la marine.

BAILLY, Joseph.
  Beaufort, Marie-Joseph.
  Marie-Joseph, b 21 février 1759, à St-Pierre-les-Becquets.

1772, (28 janvier) St-Jean-Port-Joli.⁵
III.—BAILLY, Michel,   [François II.
  s ⁵ 26 janvier 1787.
  Aubert de Gaspé, Geneviève, [Ign.-Philippe IV.
  s 27 dec. 1834, à St-Thomas.

BAIRN, Marie-Anne, epouse de Michel Moisan.

BALAN, Marie-Barbe, epouse de Jacques Clément.

BALAN, Marie-Jeanne, epouse de Jean Coulombe.

1672, (9 juin) Québec.
I.—BALAN, Pierre.
  Birette, Renee (1).
  Henriette, b 4 avril 1677, à St-Michel⁶ ; 1° m ⁶ 16 nov. 1693, à Charles Dussault, 2° m à Ives Béchard ; s 22 juillet 1715, à St-Thomas.

1699, Beaumont. ⁷
II.—BALAN (2), Jean-Bte,
  b 1675 ; s 19 dec. 1758, à St-Michel.⁸
  1° Maillou, Jeanne,   [Michel I.
  s ⁸ 14 juillet 1715.
  Jean-Baptiste, b 1702 ; m 17 oct. 1729, à Marguerite Hély, à St-Valier.⁹ — *Louis-Charles*, b ⁷ 20 oct. 1708 ; s ⁹ 25 fevrier 1732.—*Marie-Jeanne*, b 1712 ; m 5 nov. 1736, à Charles Renault, à Charlesbourg.—*Pierre*, b... m 22 janvier 1753, à Marguerite Chrétien, à Beauport.
  1716, (17 février). ⁸
  2° Vandet, Marie.   [René I
  Gabriel, b ⁹ 15 mai 1728.—*Charles*, b... m 30 oct. 1747, à Elisabeth Chrétien, à St-Thomas.

BALAN-LACOMBE (3), Pierre,
  b 1708 ; s 17 dec. 1725, à Québec.

1708, (9 janvier) St-François, I. O.³
II.—BALAN (2), Pierre,   [Pierre I.
  s 10 janvier 1749, à Québec.⁴
  1° Chartier, Elisabeth,   [Michel II.
  b 1690 ; s ³ 11 oct. 1714.
  Pierre, b ³ 16 oct. 1713 ; 1° m ⁴ 10 oct. 1740, à Marguerite Pelot-Laflèche ; 2° m 13 juillet 1761, à Marie-Jeanne Spenard, à Beauport.—*Jean-Baptiste*, b ³ 24 sept. 1713, s ³ 6 oct. 1714.—*Joseph*, b 16 nov. 1710, à St-Jean, I. O.⁵, 1° m 10 juillet 1736, à Marie-Anne Coulombe, à Berthier⁶, 2° m ⁶ 13 janvier 1756, à Marie-Charlotte Quéret ; s ⁶ 31 mars 1777.
  1715, (4 nov.) ³
  2° Pepin, Elisabeth,   [Ignace II.
  b 1698 ; s ⁶ 5 mars 1761.
  Jean-Gabriel, b ³ 18 sept. 1716 · m 3 fevrier

(1) Elle épouse, en 1692, Jean Brias, à St-Michel.
(2) Dit Lacombe.
(3) Ecolier du séminaire.

1744, à Jeanne Grenier, aux Trois-Rivières.—*Marie-Thècle*, b ³ 29 oct. 1718.—*Marie*, b... m ⁴ 10 mai 1745, à Jacques Lesieur.—*Elisabeth*, b ⁵ 25 mai 1720 ; m⁴ 16 août 1746, à Joseph Grenier.— *Geneviève*, b ⁶ 4 avril 1734, m ⁴ 1ᵉʳ février 1757, à Jean Laserre.—*Marie-Françoise*, b 13 sept. 1722, à Beaumont ; m ⁴ 18 nov. 1743, à Joseph Carié ; s ⁴ 14 oct. 1804. — *Marie-Louise*, b ⁶ 3 sept. 1727.—*Michel*, b ⁶ 3 mars 1730. — *Madeleine*, b 1728 ; s ⁶ 24 fevrier 1737.—*Augustin*, b ⁶ 19 mai 1732 ; m 15 oct. 1759, à Charlotte Caron, à Montréal. ⁷—*François*, b 1727 ; m ⁷ 5 nov. 1759, à Thérèse Brossard.

1710, (7 oct.) Montréal. ¹
II.—BALAN, Etienne,   [Pierre I.
  b 1676 ; s ¹ 25 nov. 1746.
  Brassard, Marie-Madeleine (1).   [Louis II
  Etienne, b ¹ 5 dec. 1712 ; m à Marie-Elisabeth Houée ; s ¹ 19 oct. 1743.—*Louis-François*, b ¹ 19 janvier 1715.—*Marie-Louise*, b 1717 ; s ¹ 16 août 1718.

BALAN (2), Charles, navigateur, b 1716 ; s 10 août 1751, à Québec.

1720, Québec. ²
II.—BALAN (2), Michel,   [Pierre I.
  s ² 25 mars 1736.
  1° Trunel (3), Madeleine.   [François I
  Michel, b ² 17 oct. 1721 ; m 10 juillet 1752, à Madeleine Pepin, à St-François, I. O.
  1726, (30 sept.) Charlesbourg.
  2° Savard, Marie-Charlotte (4).   [Simon II.

1729, (17 oct) St-Valier.
III.—BALAN (2), Jean-Bte,   [Jean-Bte II
  b 1702.
  Hély, Marguerite.   [Pierre II.
  Jean-Baptiste, b et s 13 juin 1731, à Quebec ³ —*Marguerite-Angélique*, b ³ 18 août 1732 ; m 30 mai 1756, à François Colard, à Yamachiche.⁴— *Jean-Baptiste*, b ³ 24 mai 1734 ; m ⁴ 6 février 1758, à Marie Lemay.—*Marie-Joseph*, b... m ⁴ 7 sept. 1761, à Joseph Guilbaut.— *Marie-Anne*, b 1746, s ⁴ 17 juin 1762.

III.—BALAN (2), Etienne,   [Etienne II.
  b 1712, s 19 oct. 1743, à Montreal.⁹
  Houée, Marie-Elisabeth (5).   [Jean-Bte I.
  Angélique, b 1739 ; m ⁹ 26 mai 1757, à Nicolas Liberge. — *Marie-Charlotte*, b ⁹ 7 février 1744 ; m ⁹ 15 sept. 1760, à Charles-Antoine Blay.—*Marie-Isabelle*, b ⁹ 15 sept. 1735 ; m ⁹ 16 fevrier 1757, à Jean Berthome.—*Etienne-Remy*, b ⁹ 30 janvier 1737.—*Marie-Charlotte*, b ⁹ 26 nov. 1738.—*Louis*, b ⁹ 21 mars 1740 ; s ⁹ 16 janvier 1742.—*Jacques*, b ⁹ 10 ct s ⁹ 12 nov. 1741.

(1) Elle épouse, le 15 juin 1748, Pierre Desroches, à Montréal.
(2) Dit Lacombe.
(3) Voy. Francœur.
(4) Elle épouse, le 1er juillet 1741, Louis Bourget, à Québec.
(5) Elle épouse, le 29 mai 1747, Jean-Baptiste Gouriou, à Montréal.

III.—BALAN, JOSEPH.
CHATILLON, Angelique.
Charles, b... m 21 janvier 1765, à Catherine HÉLY, à Berthier.

1736, (10 juillet) Berthier.¹
III.—BALAN, JOSEPH, [PIERRE II.
b 1710; s¹ 31 mars 1777.
1° COULOMBE, Marie-Anne, [JEAN II.
s¹ 23 oct. 1754.
Marie-Joseph, b¹ 24 mars 1737.—*Joseph-Marie*, b¹ 17 mai 1738; m¹ 11 fevrier 1765, à Marie-Joseph CARBONNEAU. — *Marie-Joseph*, b¹ 2 oct 1739; m¹ 26 oct. 1761, à Jean-Baptiste NADEAU.—*Marie-Anne*, b¹ 26 fevrier 1742; m¹ 14 janvier 1766, à Pierre BACQUET.—*Marie-Elisabeth*, b 6 oct. 1744, à St-Thomas.—*Michel*, b¹ 24 sept. 1745; s¹ 1ᵉʳ avril 1750.—*François*, b¹ 1ᵉʳ avril 1748.—*Marie-Marguerite*, b¹ 26 juillet 1750; m¹ 8 janvier 1771, à Nicolas FRADET.—*Pierre*, b... m¹ 5 août 1783, à Marguerite BLAIS.—*Marie-Louise*, b¹ 22 oct. et s¹ 1ᵉʳ dec. 1754.

1756, (13 janvier).¹
2° QUERET, Marie-Charlotte. [MICHEL I
Charles-Marie-Joseph-Thomas, b¹ 12 mai 1757. —*Jean-Baptiste*, b¹ 26 fevrier 1761.—*Charles*, b¹ 3 mars 1763.—*Marie-Charles*, b... m¹ 7 juin 1779, à Michel PATRY.

1740, (10 oct.) Quebec.¹
III.—BALAN (1), PIERRE, [PIERRE II.
charretier, s avant 1795.
1° PELOT-LAFLÈCHE (2), Marguerite, [PIERRE I.
b 1716; s¹ 30 juillet 1755.
Marie-Louise, b¹ 24 août 1741.— *Marie-Anne*, b¹ et s¹ 20 nov. 1750.—*Marie-Charlotte*, b¹ 31 mai 1743; s¹ 18 mai 1748.—*Pierre*, b¹ 1ᵉʳ fevrier 1746.—*Anne-Catherine*, b¹ 29 février et s¹ 24 sept 1748.—*Marie-Anne*, b¹ 16 juin 1748.

1761, (13 juillet) Beauport.²
2° SPENARD, Marie-Jeanne, [JEAN II.
veuve de Thomas Hupe; s¹ 29 janvier 1795.
Louis, b² 13 juillet 1763.

1744, (3 février) Trois-Rivières.¹
III.—BALAN (1), GABRIEL. [PIERRE II.
GARNIER, Marie-Jeanne. [BONAVENTURE III.
Marie-Joseph, b¹ 31 août 1745.— *Pierre*, b¹ 4 mars 1758.—*Jean-Joseph*, b¹ 24 février et s¹ 1ᵉʳ nov. 1748.— *Pierre*, b¹ 24 fevrier et s¹ 18 nov. 1748.— *Marie*, b... m 27 oct. 1760, à Joseph LECLAIR, à Yamachiche. ²—*Marie-Joseph*, b² 18 avril 1764.

1745, (4 mai) Cap-St-Ignace.¹
III.—BALAN, NICOLAS. [PIERRE II.
GAGNÉ (3), Charlotte. [ALEXIS IV.
Charlotte-Angélique, b¹ 9 mars 1748.—*Pierre*, b¹ 27 juillet et s¹ 10 août 1750.—*Pierre*, b¹ 9 fevrier 1755.—*Augustin*, b 12 sept. 1757, à l'Islet.

1747, (30 oct.) St-Thomas.¹
III.—BALAN (1), CHARLES. [JEAN-BTE II.
CHRÉTIEN, Elisabeth. [JEAN II.
Charles, b¹ 25 juillet 1748; m¹ 16 nov. 1772, à Marie-Ursule MÉTIVIER. — *Jean-Baptiste*, b 19 avril 1750, à St-Michel; m 8 nov. 1773, à Euphrosine JONCAS, à l'Islet. — *Joseph*, b¹ 11 juin 1752.—*Pierre*, b¹ 11 février 1754.—*Marie-Elisabeth*, b¹ 7 nov. 1756.—*Jacques*, b¹ 9 juillet 1758.

1748, (21 avril) St-Michel.¹
III.—BALAN (1), JOSEPH, [JEAN-BTE II.
s avant 1773.
CHAMBERLAN, Hélène, [IGNACE III.
b 1728.
Joseph-Ignace, b¹ 12 février 1749. — *Marie-Agathe* b¹ 6 mai 1752.—*Marie-Marthe*, b... m 15 fevrier 1773, à Louis MÉTIVIER.

1752, (10 juillet) St-François, I. O.
III.—BALAN (1), MICHEL. [MICHEL II.
PEPIN, Madeleine. [ANTOINE III.
Marie-Madeleine, b 13 déc. 1753, à Quebec²; s² 14 janvier 1756 —*Joseph*, b² 23 avril et s² 16 sept. 1755 . —*Madeleine*, b² 8 et s² 10 janvier 1758,—*Marie-Thérèse*, b² 30 août 1759; s² 18 mai 1760.

1752, (16 août) St-Michel.³
III.—BALAN (1), GABRIEL. [JEAN-BTE II.
GOUPY, Marie-Françoise, [ANTOINE II.
veuve de Joseph Gautron.
Gabriel, b³ 30 juillet 1753; s³ 27 sept. 1754. —*Françoise*, b³ 2 sept. 1755 —*Marie-Madeleine*, b³ 1ᵉʳ août 1757.—*Marie-Marguerite*, b³ 1ᵉʳ avril 1759.—*Anonyme*, b³ et s³ 30 avril 1760.—*Marie-Marguerite*, b³ 8 avril 1761.—*Jean-François*, b³ 11 déc. 1762.

1753, (22 janvier) Beauport.⁴
III.—BALAN, PIERRE. [JEAN-BTE II.
CHRÉTIEN, Marguerite. [JEAN II.
Marguerite-Françoise, b⁴ 2 dec. 1753.—*Pierre-Charles*, b⁴ 6 mars 1755.—*Marie-Joseph*, b 12 août 1757, à Charlesbourg. ¹—*Jean*, b¹ 19 janvier 1762.

1758, (6 fevrier) Yamachiche.²
IV.—BALAN (1), JEAN-BTE. [JEAN-BTE III.
LEMAY, Marie, [JOSEPH II.
veuve de Joseph Rivard.
François, b² 2 nov. 1758.—*Marie*, b² 30 juillet 1760.—*Augustin*, b² 7 oct. 1763; s² 11 juillet 1764.—*Pierre*, b² 9 sept. 1765.

1759, (8 janvier) Berthier.⁶
BALAN (1), MICHEL. [PIERRE.
AUBÉ, Marie-Anne, [ANDRÉ I.
veuve de Michel Lemieux.
Marie-Charlotte-Elisabeth, b⁶ 28 nov. 1759 — *Michel*, b⁵ 7 mars 1762.—*Charles-Prisque*, b⁶ 23 janvier 1764 —*Marie-Thècle*, b⁶ 3 mai 1767.

---
(1) Dit Lacombe.
(2) Dit Chevalier.
(3) Mariée Bernier.

(1) Dit Lacombe.

1759, (15 oct.) Montréal.
III.—BALAN (1), AUGUSTIN. [PIERRE II.
CARON, Charlotte. [JEAN III.

1759, (5 nov.) Montréal.
III.—BALAN (1), FRANÇOIS. [PIERRE II.
BROSSARD, Thérèse. [JEAN-BTE III.

1765, (11 février) Berthier.[5]
IV.—BALAN, JOSEPH-MARIE. [JOSEPH III.
CARBONNEAU, Marie-Joseph. [JEAN-BTE III.
Joseph-Marie, b [5] 26 janvier 1766.

1765, (21 janvier) Berthier.
IV.—BALAN, CHARLES. [JOSEPH III.
HÉLY, Catherine, [JOSEPH III.
b 1748.

BALAN, MICHEL.
LANGLOIS, Marie-Anne.
Marie-Joseph, b 30 oct. 1768, à Berthier.

BALAN, FRANÇOIS.
SIMARD, Marie-Anne.
Marie-Anne, b 21 dec. 1771, à Berthier.

1773, (8 nov.) Islet.[3]
IV.—BALAN (1), JEAN-BTE. [CHARLES III
JONCAS, Euphrosine, [JACQUES III.
b 1753.
Jacques-Baptiste, b [3] 27 sept. 1774.— *Jean-Baptiste*, b [3] 23 sept. 1775.

BALAN, CHARLES.
FOURNIER, Madeleine.
Charles-Thomas, b 11 août 1779, à Berthier.[4]
—*Elisabeth*, b [4] 2 août 1782.

1783, (5 août) Berthier.
IV.—BALAN, PIERRE. [JOSEPH III.
BLAIS, Marguerite. [JEAN-BTE IV.

BALARD (2), MARIE-SIMONE, épouse de Jean-François METIVIER.

1676, Québec.
I.—BALARD, LOUIS.
s 19 mars 1725, au Cap-St-Ignace.
MIGNERON, Marguerite, [JEAN I.
b 1658 ; veuve de François Musnier, s 17 mai 1735, à St-Thomas.

II.—BALARD (3), AUGUSTIN, [LOUIS I.
s 30 avril 1724.
SYLVESTRE, Marie-Jeanne (4). [NICOLAS I.
Augustin, b... 1° m 17 août 1746, à Victoire TREMBLAY, aux Eboulements ; 2° m 10 sept. 1764, à Marie-Joseph BOLDUC, à St-Valier.—*Louis*, b... m 1er juin 1739, à Marguerite BRULE, à l'Ile-Dupas.

1739, (1er juin) Ile-Dupas.[8]
III.—BALARD, LOUIS. [AUGUSTIN II.
BRULÉ, Marguerite. [ANTOINE I.
Louis-Amable, b [8] 15 mars 1741.—*Antoine*, b [8] 20 avril 1743.

BALLARD.—Voy. BOULARD.

1746, (17 août) Eboulements.[1]
III.—BALARD, AUGUSTIN, [AUGUSTIN II.
armurier.
1° TREMBLAY, Marie-Victoire. [ETIENNE III.
Etienne-Godfroy, b [1] 13 août 1747.—*Louis-Augustin-Rene-Brice-Sauveur*, b [1] 13 nov. 1748 ; s 27 sept. 1750, à Quebec.[2]—*François*, b [2] 15 nov. 1750.—*Marie-Joseph-Victoire*, b 8 déc. 1752, à St-Michel.[3]—*Augustin*, b [3] 16 mars 1754 ; s [3] 18 avril 1757.—*Marie-Elisabeth*, b [1] 17 janvier 1761.—*Michel*, b [3] 8 nov. 1762.—*Marie-Marguerite*, b [3] 4 oct. 1755 ; m [1] 28 oct. 1777, à Jean-Baptiste Tremblay.—*Mathias*, b [3] 20 fevrier 1757.—*Marie-Elisabeth*, b [1] 17 janvier 1761.—*Augustin*, b [3] 8 nov. 1762.

1764, (10 sept.) St-Valier.
2° BOLDUC, Marie-Joseph. [PIERRE.
Ignace, b 26 juillet 1770, à Lévis.

1731, (7 mai) Québec.
I.—BALÉ (1), MICHEL, soldat, fils de Luc et de Guilmette Lemarchand, de St-Meloire-des-Ondes, diocèse de St-Malo.
RENAUT, Madeleine (2), [JEAN III.
b 1691.

BALINGALL, MARY, épouse de John DAVIS.

1738, (13 janvier) Charlesbourg.[8]
I.—BALTE (3), MATHIEU, fils de Pierre et de Jeanne Marcille, de St-Martin-de-Vitray, diocèse de Rennes, Haute-Bretagne.
RENAULT, Marie-Joseph. [LOUIS II.
Marie-Jeanne, b [8] 10 fevrier et s [8] 21 sept. 1740.—*Marie-Marguerite*, b [8] 28 mai 1742.—*Marie-Charlotte*, b [8] 12 juillet 1744 ; m [8] 13 oct. 1762 à Simon QUÉBET.—*Marie-Jeanne*, b [8] 8 juin et s [8] 30 juillet 1747.—*Louis*, b 1746 ; s [3] 2 sept. 1748. —*François*, b [3] 20 mai 1749.

BALTHAZAR.—Voy. ANDRÉ.

BANCHAULT, ETIENNE, marchand (4).

BANCHERON, notaire royal, de 1646 à 1647.

BANDE, THÉRÈSE, epouse de Michel VAILLANCOUR.

I.—BANEL, JOSEPH, b 1734 ; de St-Gervais, ville de Lectoure, en Gasgogne ; s 6 février 1757, à Quebec.

---

(1) Dit Lacombe.
(2) Dit De la Tour.
(3) Dit Latour.
(4) Elle épouse, le 24 février 1727, Nicolas Petit, à la Pte-aux-Trembles, Q.

(1) Dit Lanaux.
(2) Elle épouse, le 27 nov. 1735, Pierre d'Estrème, à Québec.
(3) Dit Lajeunesse. Variation · Mathé.
(4) Voy. Registre du Conseil Souverain, 10 oct. 1663.

1747, (2 oct.) Québec.[7]

I.—BANET, André, fils de Julien et de Jeanne Gomberge, d'Andouille, diocèse de Mans.
RACINE, Marie-Joseph,   [JOSEPH III.
s [7] 12 janvier 1756
Marie-Gabriel, b [7] 25 mars 1749; s [7] 9 février 1751.—*Marie-Joseph*, b [7] 28 juillet et s [7] 7 sept. 1750.—*André*, b [7] 31 janvier 1752.—*Joseph*, b [7] 8 janvier 1753.—*Marie-Joseph*, b [7] 4 janvier et s 21 juin 1754, à Charlesbourg.—*Pierre*, b [7] 15 avril 1755.

BANGAILLE.—Voy. BANHIAC.

BANHIAC, ETIENNETTE, epouse de Pierre LAFORGE.

BANHIAC, MARIE-JEANNE, b 1680, 1° m... 2° m à Louis BOISSEL; s 27 février 1750, à St-Michel-d'Yamaska.

BANJAC, MARGUERITE, epouse de Jacques CHRÉTIEN.

BANLIA, FRANÇOIS.
PELLETIER, Marie.
Etiennette, b 6 oct. 1688, à St-Frs-du-Lac.

BANLIER, MARIE, épouse de Guillaume HÉBERT.

BANLIER, MARIE-ANNE, épouse de Jean ST-MARTIN.

I.—BANLIER, MATHURIN,
s 21 janvier 1720, à Contrecœur.
VERNON, Françoise-Denise-Antoinette,
s 27 mars 1732, à Laprairie.
François, b... m 8 nov. 1731, à Marie-Marguerite LEDOUX, à Varennes.

1710, (17 août) Varennes.[1]

II.—BANLIER (1), JEAN-BTE,   [MATHURIN I.
s avant 1736.
LENEVEU (2), Marie,   [FRANÇOIS I.
s avant 1750.
Jean-Baptiste, b [1] 2 août 1711; m 1749, à Louise MAHEU.—*Marie-Catherine*, b [1] 23 et s [1] 28 février 1713.—*Pierre*, b [1] 13 avril et s [1] 11 juillet 1714.—*François*, b... m 2 oct. 1741, à Madeleine MAREST, à Verchères.[2]—*Marie*, b... m [1] 16 janvier 1736 à Lambert HÉBERT.—*Marie*, b... m [1] 15 sept. 1739, à Michel LANGEVIN.—*Pierre*, b... m [1] 3 avril 1742, à Françoise CHOQUET.—*Marie-Anne*, b... m [1] 19 janvier 1750, à Simon FAVREAU.—*Marguerite*, b... m [1] 8 juin 1750, à Augustin DESMAREST.—*Marie-Joseph*, b... m [1] 8 janvier 1753, à Jean-Baptiste HÉBERT.

1721, (7 janvier) Laprairie.[1]

II.—BANLIER (1), ANDRÉ.   [MATHURIN I.
DENEAU, Marie-Jeanne,   [CHARLES I
b 1693.

André, b [1] 27 août 1726; m [1] 18 février 1754, à Marie-Renée LAFETIÈRE.—*Madeleine*, b [1] 28 sept. 1721.—*René*, b [1] 16 mai 1723.—*Pierre*, b [1] 27 dec. 1724.—*Marie*, b [1] 25 février 1728.—*Marie-Elisabeth*, b [1] 30 sept. 1729; s [1] 9 sept. 1730.—*Michel*, b [1] 30 sept. 1729; s [1] 7 sept. 1730.—*Marie-Charlotte*, b [1] 21 avril et s [1] 3 juin 1731.—*Marie-Renée*, b [1] 21 avril 1731.—*Marie-Renée*, b [1] 3 avril 1733; s 3 mars 1734.—*Agnès*, b [1] 3 avril et s [1] 5 mai 1733.—*Marie-Anne*, b [1] 26 février 1735.—*Nicolas-Bruno*, b [1] 6 oct. 1736; s [1] 13 août 1744.

BANLIER (1), MARIE-LOUISE, épouse de François PATENOTE.

1731, (8 nov.) Varennes.

II.—BANLIER (1), FRANÇOIS.   [MATHURIN I.
LEDOUX, Marie-Marguerite.   [JACQUES II.

1741, (2 oct.) Verchères.

III.—BANLIER (1), FRANÇOIS.   [JEAN-BTE II.
DESMARESTS, Madeleine.   [PAUL III.

1742, (3 avril) Varennes.

III.—BANLIER (1), PIERRE.   [JEAN-BTE II.
CHOQUET, Françoise.   [NICOLAS II.

1749.

III.—BANLIER (1), JEAN-BTE.   [JEAN-BTE II.
MAHEUX, Louise,   [PIERRE III.
b 1716.
Michel, b 29 janvier et s 12 juillet 1750, à St-Antoine-de-Chambly.[2]—*Michel*, b [2] 1er mars 1751.—*Pierre*, b 1743; m [2] 18 janvier 1768, à Victoire GAUDET.

1754, (18 février) Laprairie.

III.—BANLIER, ANDRÉ,   [ANDRÉ II.
LAFETIÈRE, Marie-Renée,   [JEAN-BTE I.
b 1729.

1768, (18 janvier) St-Antoine-de-Chambly.

IV.—BANLIER, PIERRE.   [JEAN-BTE III.
GAUDET, Victoire.   [CLAUDE.

I.—BANNE, NICOLAS.
NADEAU, Marie.
Louis-Joseph, b 25 oct. 1711, à Montréal.

1747, (25 sept.) Baie St-Paul.[1]

I.—BANVILLE, JACQUES (2), fils de Jacques et de Geneviève Faulet, de Nouillers, diocèse de Bayeux.
DUCHESNE, Marie.   [JACQUES III.
Marie-Elisabeth, b [1] 29 juillet 1748; m [1] 4 février 1765, à Joseph-Marie FORTIN.—*Louis-Marie*, b [1] 28 juin et s [1] 1er juillet 1750.—*Jean-Baptiste*, b [1] 13 mars 1753, m [1] 3 nov. 1773, à Geneviève ALARD.—*Abraham-Médéric*, b [1] 29 juillet 1756; s [1] 16 février 1757.

---

(1) Dit Laperle.
(2) Dit Lemont.

(1) Dit Laperle.
(2) Signe le 15 juillet 1745, à la Baie-St-Paul.

I.—BANVILLE, Louis.
 BOUDEAU, Marie-Joseph. [JACQUES I.
Marie-Joseph, b 14 nov. 1757, à Rimouski²;
m ² 21 février 1792, à Charles LABRIE.—*Jacques*,
b ² 15 mars 1762.—*Antoine*, b ² 21 janvier 1767;
m ² 23 août 1796, à Agnès CANUEL.—*Marie-Madeleine*, b ² 30 juin 1774 ; m ² 12 juillet 1793, à
Eustache VALLÉ.—*Jean-Baptiste*, b... m ² 27 mai
1789, à Françoise LANGLOIS.—*Pierre*, b... m ² 11
nov. 1794, à Veronique RUEST.—*Louis*, b... m ²
2 oct. 1804, à Modeste PAQUET.

1773, (3 nov.) Baie-St-Paul. ³
II.—BANVILLE, JEAN-BTE. [JACQUES I.
 ALARD (1), Geneviève. [PIERRE.
Geneviève, b ³ 29 janvier 1775.—*Jean-Baptiste*,
b ³ 2 nov. 1777.

1789, (27 mai) Rimouski. ⁴
II.—BANVILLE, JEAN-BTE, [LOUIS I.
 LANGLOIS, Françoise. [JEAN.
Réule, b ⁴ 28 mars et s ⁴ 2 juin 1791.—*Pierre*,
b... —*Charles*, b ⁴ 14 avril 1793.—*Antoine*, b ⁴ 24
oct. 1795.—*Germain*, b... — *Régule*, b ⁴ 17 août
1799.—*Jérémie*, b... — *Jean-Baptiste*, b... m ⁴ 16
fevrier 1813, à Osithe LAVOIE.—*Pierre*, b... m ⁴
5 janvier 1813, à Agnès LANGIS.

II.—BANVILLE, CHARLES. [LOUIS I.
 LEVESQUE, Françoise.
Jean-Baptiste, b 12 juillet 1795, à Rimouski.

1794, (11 nov.) Rimouski ⁵
II.—BANVILLE, PIERRE. [LOUIS I.
 RUEST, Veronique. [JEAN.
Pierre, b ⁵ 28 juillet 1796.

1796, (23 août) Rimouski.
II.—BANVILLE, ANTOINE, [LOUIS I.
 b 1767.
 CANUEL, Agnès. [LOUIS I.

1804, (2 oct.) Rimouski.
II.—BANVILLE, LOUIS. [LOUIS I.
 PAQUET, Modeste. (2) [CHARLES.

1813, (5 janvier) Rimouski.
III.—BANVILLE, PIERRE. [JEAN-BTE II.
 LANGIS, Agnès. [LOUIS.

1813, (16 février) Rimouski.
III.—BANVILLE, JEAN-BTE. [CHARLES II.
 LAVOIE, Osithe. [LOUIS.

BAPAUME.—Voy. DELENAC, 1749—LEVAL.

1740, (3 oct) Québec. ⁶
I.—BAPT (3), PAUL, journalier, fils de Jean et de
 Raymonde St-Vincent, de St-Pierre, diocèse
 de Cahors.
 GENAPLE, Aime-Louise. [JOSEPH II.

(1) Dit Barillet.
(2) Elle épouse, le 5 juin 1810, Amable St-Laurent, à Rimouski.
(3) Dit Caroy.

Françoise-Louise, b ⁶ 26 nov. 1742 ; s ⁶ 4 mars
1744.—*René-Victor*, b ⁶ 25 oct. 1745.—*Marie-Louise*, b ⁶ 11 oct. 1748.—*Charles*, b ⁶ 27 juillet
1753.—*Marguerite*, b ⁶ 10 et s ⁶ 14 août 1757.

BARABÉ, MARIE-CATHERINE, épouse de Jean-
 Baptiste FRANÇOIS.

BARABÉ, MARIE-LOUISE, épouse de Charles
 GOGUET, s avant 1757.

BARABÉ, MARIE-MARGUERITE, épouse de Valentin GUILLAUME.

BARABÉ, ANGÉLIQUE, épouse de Paul JETTÉ.

BARABÉ. THÉRÈSE, épouse de Pierre LAMBERT.

BARABÉ, MARIE-JEANNE, épouse de Jean PERUSSE.

II.—BARABÉ, CHARLES, [NICOLAS I
 s 11 janvier 1732, à Lotbinière.
 HUBERT, Marie-Françoise (1), [JEAN-BTE II.
 b 1708.

II.—BARABÉ, JEAN, [NICOLAS I.
 b 1671, s 28 dec 1729, à Lotbinière. ⁷
 BOUVIER (2), Jeanne-Therèse, [PIERRE I.
 b 1673, s ⁷ 28 nov. 1729.
Marie-Louise, b 1708 ; s ⁷ 29 oct. 1729.—*Angélique*, b... m 7 mai 1731, à Jacques BRUNEL, à
Varennes.—*Jean-Baptiste*, b... m 26 juillet 1756,
à Marguerite-Therèse LAMY, à Yamachiche.

II —BARABÉ, NOEL. [NICOLAS I.
 TOUSIGNAN, Michelle. [PIERRE I.
Thérèse, b 17 sept. 1717, à Ste-Croix.⁶—*Marguerite*, b... m ⁶ 10 février 1720, à Valentin GUILLAUME.
—*Louis*, b ⁶ 1er avril 1720.—*Michel*, b ⁶ 15 avril
1722 —*François*, b 1724 ; s 10 sept. 1728, à Lotbinière.⁷—*Nicolas*, b... m ⁷ 31 janvier 1729, à Marie-Anne MAILLOT.—*Marie-Louise*, b... m ⁷ 23 juillet
1731, à Charles GOGUET.—*Jean-Baptiste*, b... m
6 avril 1728, à Angélique VIAU, à Varennnes.²—
Angelique, b... m ² 15 juin 1733, à Paul JETTE.

1728, (6 avril) Varennes. ⁶
III.—BARABÉ. JEAN-BTE. [NOEL II.
 VIAU, Angélique, [JACQUES I.
 b 1698.
Marie-Angélique, b... m ⁶ 6 février 1758, à Antoine-François BAILLON.—*Catherine*, b... m ⁶ 12
janvier 1761, à Etienne GORDIEU.—*François*, b ..
m ⁶ 10 février 1766, à Marie-Anne CHARBONNEAU,
s avant 1770.—*Christophe*, b 1731 ; m 23 janvier 1764, à Therèse MONET, à St-Antoine-de-Chambly.—*Louis*, b... m 5 oct. 1761, à Madeleine GAREAU, à Verchères.

(1) Elle épouse, le 21 août 1741, Joseph Portelance, à Batiscan.
(2) Dit Bouaire ou Boherer.

1729, (31 janvier) Lotbinière.[2]

III.—BARABE, NICOLAS, [NOEL II.
b 1703; s 5 juin 1771, à St-Jean-Deschaillons.[1]
MAILLOT, Marie-Anne, [PIERRE II.
b 1707; s[1] 17 juin 1753.
Nicolas, b[2] 26 déc. 1729.—*Marie-Anne*, b[2] 28 déc. 1731.—*Marie-Marguerite*, b 1er mai 1735, à St-Pierre-les-Becquets[4], s[2] 21 janvier 1756.—*Marie-Françoise*, b... m[3] 8 nov. 1756, à Joseph LEBEUF.—*Geneviève*, b[4] 12 février 1747.—*Angelique*, b[4] 25 juillet 1741; m[1] 30 juillet 1764, à Michel ROIROU; s[1] 7 mars 1766.—*Marie*, b[1] 10 mars 1743.—*Michel*, b[1] 22 juin 1745.—*Marie-Elisabeth*, b 1736; m[1] 4 avril 1758, à Joseph ROIROU; s[1] 10 déc. 1766.— *Jean-Baptiste*, b... m[1] 20 août 1770, à Monique CHARLAND. — *Nicolas*, b... m[1] 28 janvier 1754, à Marguerite ROIROU; s[1] 29 août 1768.—*Marie-Joseph*, b... m[1] 8 janvier 1755, à Gervais HOUDE.

III.—BARABÉ, JOSEPH, [NOEL II.
b 1715; s 12 nov. 1755, à St-Jean-Deschaillons.[6]
RICHER, Marie-Louise. [JEAN-BTE II.
Marie-Louise, b[6] 17 avril 1754; s[6] 18 nov. 1755

1754, (28 janvier) St-Jean-Deschaillons.[7]

IV.—BARABÉ, NICOLAS, [NICOLAS III.
b 1735, s[7] 29 août 1768.
ROIROU, Marguerite, [MICHEL I.
b 1725; s[7] 7 oct. 1800.
Jérémie, b[7] 2 mars 1767; m à Marguerite LAFLEUR.—*Marguerite*, b[7] 4 nov. 1754, m[7] 26 oct 1778, à François BERGERON. — *Nicolas*, b[7] 13 août 1757, s[7] 23 nov. 1758.—*Marie-Véronique*, b[7] 15 mars 1759, m[7] 3 nov. 1778, à Michel MARCOT.—*Brigitte*, b[7] 5 déc. 1760; m[7] 19 avril 1784, à François LEBLANC.—*Augustin*, b[7] 17 oct 1762.—*Marie-Catherine*, b[7] 8 sept. 1764; m[7] 9 oct. 1787, à Joseph BAUDET.

1756, (26 juillet) Yamachiche[8]

III.—BARABÉ, JEAN-BTE. [JEAN II.
LAMY, Marguerite-Therèse, [ETIENNE II.
veuve de Jean-Baptiste LESIEUR.
Marie-Charlotte, b[8] 5 mai 1758.

1761, (5 oct.) Verchères.

IV.—BARABÉ, LOUIS. [JEAN-BTE III.
GAREAU, Madeleine. [CHARLES.

1764, (23 janvier) St-Antoine-de-Chambly.

IV.—BARABÉ, CHRISTOPHE. [JEAN-BTE III.
MONET, Thérèse,
veuve de Jean-Baptiste Renaud.

1766, (10 février) Varennes.

IV.—BARABÉ, FRANÇOIS, [JEAN-BTE III.
s avant 1770.
CHARBONNEAU, Marie-Anne (1). [JEAN-BTE IV.

(1) Elle épouse, le 11 juin 1770, Michel Brouillet, à Varennes.

1770, (20 août) St-Jean-Deschaillons.[8]

IV.—BARABÉ, JEAN-BTE. [NICOLAS III.
CHARLAND, Marie-Monique, [JOSEPH III.
b 1743; veuve de Joseph Roirou; s[8] 16 oct. 1811.
Marie-Théotiste, b[8] 27 mai 1771; m[8] 28 oct. 1794, à Antoine MAILLOT; s 23 sept. 1821.—*Marie-Monique*, b[8] 6 mars 1773; s[8] 24 août 1777.—*Marie-Anne*, b[8] 6 août 1774.—*Marie-Véronique*, b[8] 1er août 1776; s[8] 31 août 1777.—*Jean-Baptiste*, b... m[8] 30 sept. 1806, à Marie-Joseph MAILLOT.

V.—BARABÉ, JÉRÉMIE. [NICOLAS IV.
LAFLEUR, Marguerite.
Marie-Anne, b... m 15 février 1825, à Joseph LEBEUF, à St-Jean-Deschaillons.

1806, (30 sept.) St-Jean-Deschaillons.

V.—BARABÉ, JEAN-BTE. [JEAN-BTE IV.
MAILLOT, Marie-Joseph. [GUILLAUME.

1758.

I.—BARACAN (1), PIERRE, b 1737; fils de Gabriel et de Rose Bernard, de Ste-Eugénie, diocèse de Nismes, en Languedoc, s 10 juin 1759, à Charlesbourg, mort par accident.

I.—BARAGUET, PIERRE,
b 1668; s 31 janvier 1738, à Québec.[1]
BOUROT, Marie-Anne,
b 1678; s[1] 31 janvier 1724.

I.—BARAILLON (2), ANTOINE-CLAUDE.

I.—BARAIRE (3), PIERRE,
s avant 1768.
ROY-LAPENSEE, Madeleine.
Judith, b... m 13 juin 1768, à Joseph-Marie RANGER, au Bout-de-l'Ile, M.

I.—BARAS, JEAN (4), s 14 juin 1728, à Québec.

1756, (12 janvier) Montréal.

I.—BARATEAU, JEAN-BTE, caporal, b 1718; fils de Pierre et de Marguerite Fili, de St-Pierre, au château de Pouisac, Limoges.
PINEAU, Marguerite, [MATHURIN II.
b 1730.

I.—BARBARET, JEANNE, b 1638, épouse de Jean LARRIVÉ, s 23 mai 1713, à Ste-Famille, I. O.

I.—BARBAROUX, ..., maître-tailleur.
Charles, b 1754, s 25 février 1758, à Beauport.

BARBARY, FRANÇOISE, b 1650: m 1668, à René DARDENNE; s 17 février 1725, à Montréal.

(1) Dit Languedoc, soldat de la compagnie de la Ferté, régiment de la Sarre.
(2) Dit Raimbaut, contre-maître des Forges, le 4 nov. 1748, aux Trois-Rivières.
(3) Dit Laroche.
(4) Soldat de la compagnie de M. Voyer.

BARBARY, MARIE-FRANÇOISE, epouse de Joseph BRUNET.

1701, (18 oct.) Lachine. [2]
II.—BARBARY (1), PIERRE, [PIERRE I.
s avant 1755.
PARÉ, Françoise, [JEAN I.
b 1682; s avant 1755.
Judith-Claire (2), b 29 juin 1711, à la Pointe-Claire.—*Marie-Françoise*, b [2] 2 août 1702.—*Suzanne*, b [2] 14 janvier 1706. — *Pierre*, b [2] 21 sept. 1707.—*Michel*, b [2] 29 sept. 1709 ; m à Marguerite DE TRÉPAGNY.—*Marie-Joseph*, b 17 mai 1717, au Bout-de-l'Ile, M. ; 1º m 1740, à Joseph BERTHIAUME; 2º m.26 nov. 1759, à François GRAVEL, à St-Vincent-de-Paul. — *Joseph*, b [2] 1725; s 14 mai 1755, à Ste-Geneviève, M.—*Jean*, b... m à Thérèse PARANT.

BARBARY, SUZANNE, épouse de Philippe BRUNET.

BARBARY, MARIE-CHARLOTTE, b 1713 ; m à Jean-Baptiste GAUTIER; s 12 janvier 1745, à Ste-Geneviève, M.

III.—BARBARY (3), MICHEL. [PIERRE II.
DE TRÉPAGNY, Marguerite. [FRANÇOIS II.
Michel, b 1732; s 9 fevrier 1749, à Montréal. —*Joseph*, b 21 et s 22 avril 1741, à Ste-Geneviève, M. [2]—*Marie-Louise*, b [2] 28 janvier 1742.—*Marie-Archange*, b [2] 18 avril 1744; m à Joseph BERTHIAUME. — *Marie-Françoise*, b [2] 15 mars 1746, m à Joseph SAUVÉ.

III.—BARBARY (4), JEAN. [PIERRE II.
PARANT, Thérèse, [PIERRE II.
b 1724; s 8 fevrier 1764, à Ste-Rose.
Joseph-Marie, b 31 juillet 1746, à Ste-Geneviève. M. [1]— *Marie-Thérèse*, b [1] 30 mars 1748.—*Marie-Louise*, b [1] 24 oct. 1749. — *François*, b [1] 6 juin 1751; s [1] 5 juin 1752—*François*, b [1] 4 avril 1753.—*Pierre*, b [1] 21 juillet 1755.—*Suzanne*, b [1] 24 avril 1757.—*Paul-Henri*, b [1] 8 août 1759.

BARBE.—Voy. BEAR.

I.—BARBE (5), LOUIS-JOSEPH.
CHARBONNEAU, Madeleine, [OLIVIER I.
b 1668; s 26 janvier 1728, à la Longue-Pointe. [2]
Marie-Anne, b... 1º m à Paul CHEVAUDIER dit LÉPINE ; 2º m [2] 28 avril 1760, à Joseph SENET.—*Louis-Abel*, b... m à Madeleine POITRAS.—*Marie*, b... m à Jean-Baptiste MAGNET.

II —BARBE (5), LOUIS-JOSEPH. [LOUIS-JOSEPH I.
POITRAS, Madeleine-Josette,
b 1706; s 4 fevrier 1771, à la Longue-Pointe. [3]

(1) Dit Barbarin ou Grandmaison, 1705, à Lachine.
(2) Elle fut baptisée dans le presbytère de la Pointe-Claire (l'église n'étant point encore faite), par Villermola, curé de Lachine. (Voy. registre de la Pointe-Claire, 12 février 1715.)
(3) Dit Barbarin ou Grandmaison.
(4) Grandmaison.
(5) Dit Abel.

Marie-Joseph, b [3] 19 mai 1729—*Joseph*, b [5] 18 août 1731; m 20 oct. 1760, à Marie-Renée ROBIDOU, au Bout-de-l'Ile, M. [4]—*Denis-Amable*, b [3] 30 mars et s [3] 14 juillet 1734.—*Marie-Jeanne*, b [3] 30 mars 1734.—*Antoine*, b [3] 1er avril 1736.—*Marie-Louise*, b [3] 19 juin 1738.—*Marie*, b 1736 ; m [3] 22 janvier 1753, à Jacques ROBIDOU.—*Louis-Michel*, b [3] 9 février 1725.—*Marie-Joseph*, b 1731; m [3] 26 février 1753, à Pierre LATREILLE.—*Madeleine*, b... m [3] 26 avril 1756, à Louis LATREILLE.—*Joseph*, b 1728 ; s [3] 1er mars 1761.—*Marie-Louise*, b... m [3] 7 nov. 1763, à François LASPRON. — *Marie-Monique* (1), b... m [4] 26 janvier 1761, à Paul ROBIDOU.

BARBE, FRANÇOISE, epouse de PRUDHOMME.

1743, (7 janvier) Terrebonne. [5]
I.—BARBE, JACQUES, fils de Jean et de Marie Gosselin, de St-Nicolas, diocèse de Die, Dauphine.
1º COLIN, Marie-Basilisse, [ANDRÉ II.
b 1722, s [5] 16 oct. 1744.
Marie, b [5] 29 sept. 1744.
(1746, (14 février). [5]
2º ALINAUD, Marguerite, [ANTOINE I.
b 1732, s [5] 16 mai 1770.
François, b [5] 23 avril 1747.—*Jacques*, b [5] 23 février et s [5] 4 juin 1749.—*Marie-Joseph*, b [5] 13 et s [5] 25 août 1751.—*Marie-Angélique*, b [5] 13 et s [5] 24 août 1751.—*Marie-Louise*, b [5] 7 et s [5] 17 oct. 1752—*Marie-Angelique*, b [5] 28 dec. 1753; s [5] 5 mai 1754.—*Germain*, b 23 janvier 1755, à Ste-Rose ; s [5] 5 nov. 1755.—*Marie-Angélique*, b [5] 23 et s [5] 28 juin 1757.—*Marie-Madeleine*, b [5] 14 et s [5] 23 août 1758.—*Alexis*, b [5] 12 et s [5] 28 sept. 1759.—*Pierre*, b [5] 30 oct. 1760.

1760, (20 oct.) Bout-de-l'Ile, M.
III.—BARBE (2), JOSEPH. [LOUIS-JOSEPH II.
ROBIDOU, Marie-Renée (3), [FRS-LAURENT IV.
veuve de Nicolas Cremer.

1686.
I.—BARBEAU, JEAN,
Madeleine, b... m à Charles CHARTRAN.

BARBEAU, LOUISE, epouse de Pierre BONNEAU.

BARBEAU, MARIE-ANNE, epouse de Basile DION.

BARBOT, MARIE-FRANÇOISE, epouse de Jacques DUCHESNEAU.

BARBEAU, LOUISE, épouse d'Alexis FLUET.

BARBEAU, CATHERINE, epouse de Charles FORTIN ; s avant 1741.

BARBEAU, MARIE-ANNE, epouse de Louis FOURNEL.

(1) Fille adoptive
(2) Dit Abel.
(3) Elle épouse, le 27 sept. 1762, Joseph Patenôtre, à Longueuil.

BARBEAU, CATHERINE, épouse de Jean LE-
BLANC.

BARBEAU, MARIE, épouse de Jean-Baptiste
LEREAU.

BARBEAU, MARIE-CATHERINE, epouse de Louis
LIONAIS.

BARBEAU, JEANNE, b... 1° m à Thomas MORIN ;
2° m 21 janvier 1760, à Jean BAUGIS, à Beauport.

BARBEAU, THÉRÈSE, epouse de Louis PAQUET.

BARBEAU, MARIE, épouse de Jacques PAQUET.

BARBEAU, MARIE, epouse de Jean-Marie PA-
RANT.

1657.
I.—BARBAULT, JACQUES,
b 1623 ; s 19 nov. 1687, à l'Ange-Gardien.
GARNIER, Jeanne (1),
b 1630 ; s 11 sept. 1665, au Château-Richer
Suzanne, b... s 15 nov. 1657, à Québec.—
René, b 1658.—*Pierre*, b 1659.—*Louis*, b 1661.—
Marie, b 1663.—*Anne*, b 1665.—*Jacques*, b 1667.
—*Pierre*, b 1669—*Catherine*, b 1671.— *Gene-
viève*, b 1673.

1671, (24 août) Quebec.
I.—BARBEAU, FRANÇOIS (2).
b 1650 ; s 16 juin 1711, à Charlesbourg.⁴
BEDOUIN, Marguerite.
Marguerite, b 1674, 1° m à Pierre GENDRON ;
2° m 8 juin 1706, à Michel JUBINVILLE, à Mont-
real.³—*Marie-Catherine*, b 1694, 1° m ³ 24 mai
1716, à Pierre RICHER ; 2° m ³ 22 mai 1719, à
Marie FORTIN ; 3° m 3 nov. 1751, à Louis ROSE,
au Sault-au-Récollet.— *Marie*, b 1699 ; m ³ 21
avril 1721, à Bonaventure LAPLANTE.— *Marie*,
b... 1° m à Jean BERNARD ; 2° m ⁴ 1719, à Jacques
DE LAVOYE ; s 12 déc. 1767, à la Baie-St-Paul.

1686, (18 nov.) Boucherville.⁴
I.—BARBEAU, JEAN (3),
b 1666 ; s 1ᵉʳ avril 1714, à Montréal.³
DENOYON (4), Marie.   [JEAN I.
Geneviève, b ⁴ 21 juillet 1689 ; 1° m ⁴ 7 juin
1710, à Jean-Baptiste SÉGUIN ; 2° m ³ 18 avril
1730, à Philippe-Charles ROLLAND ; 3° m ³ février
1744, à Jean BESNARD.—*Jean*, b ³ 24 juillet 1713.
—*Madeleine*, b ⁴ 23 mai 1697 ; m ³ 18 janvier
1717, à Jacques DANIEL.—*Gabriel*, b ⁴ 10 fevrier
1694 ; m ³ 10 juin 1719, à Madeleine LORY.—
François, b ⁴ 4 nov. 1698 ; 1° m 7 sept. 1728, à
Thérèse RAVION, à Levis ; 2° m 26 août 1738, à
Marie-Joseph CADORET, à Quebec

(1) Voy. vol. I, p. 253.
(2) Voy. vol. I, p. 24.
(3) Voy. vol. I p. 25.
(4) Dit Boisdoré. Elle épouse, le 29 nov. 1717, Daniel
Beauregard, à Montréal.

1690.
I.—BARBEAU (1), JOSEPH.
CHARBONNEAU, Elisabeth.   [OLIVIER I.
Michel, b 1699 ; m 1723, à Suzanne CHARTRAN.

II.—BARBOT, SIMON,   [ANDRÉ I.
s 20 janvier 1703, à Charlesbourg.
BADEAU, Anne (2).   [JEAN II.
Marie-Joseph, b ⁹ 19 août 1703 ; 1° m 1726, à
Paul THOMAS ; 2° m ⁹ 4 juillet 1746, à Louis-René
PENIN ; 3° m ⁹ 1ᵉʳ mai 1752, à Jacques ADAM.—

1702, (27 février) Charlesbourg.⁹
II.—BARBEAU, JACQUES,   [FRANÇOIS I.
b 1675 ; s ⁹ 12 juin 1747.
BISSON, Marie-Anne,   [RENÉ I.
b 1687 ; s ⁹ 22 mai 1747.
Jacques, b ⁹ 18 sept. et s ⁹ 14 oct. 1704.—*Marie-
Catherine*, b ⁹ 4 fevrier 1706 ; m ⁹ 9 nov. 1733, à
Jean TESSIER.—*Jean-Baptiste*, b ⁹ 26 et s ⁹ 29 mai
1708.— *Marie-Marguerite*, b ⁹ 10 sept. 1709 ; m ⁹
16 oct. 1730, à Charles MORAUD.—*Marie-Thérèse*,
b ⁹ 30 juillet 1712 ; m ⁹ 16 nov. 1739, à Pierre
MARTEL.—*Jacques*, b ⁹ 3 janvier 1715 ; m ⁹ 22
fevrier 1740, à Marie-Françoise SAVARD.— *m ⁹ Joseph*,
b ⁹ 10 juillet 1717 ; m ⁹ 7 oct. 1740, à Marie-Joseph
LOISEL.—*Marie-Jeanne*, b ⁹ 28 fevrier 1720 ; m ⁹
10 avril 1742, à Thomas MORIN.—*Marie-Anne*,
b ⁹ 13 oct. 1722 ; s ⁹ 17 avril 1726.—*Marie-Joseph*,
b ⁹ 15 sept. 1725 ; m ⁹ 10 juin 1743, à Jean-Baptiste CHAMBERLAN. — *Marie-Louise*, b ⁹ 11 mai
1729.

1705, (16 nov.) Charlesbourg.⁹
II.—BARBOT, JEAN-FRANÇOIS,   [FRANÇOIS I.
s ⁹ 8 juillet 1711.
VIVIEN, Catherine,   [PIERRE I.
b 1684 ; s ⁹ 7 sept. 1746.
Catherine, b ⁹ 4 oct. 1707 ; m ⁹ 1726, à Pierre
DUCHESNAUX.—*Jean-Baptiste*, b ⁹ 5 et s ⁹ 23 juillet
1706.—*Angélique*, b ⁹ 24 mars 1710 ; m ⁹ 3 mai
1734, à Joseph GUÉRIN.

1710, (10 nov.) Charlesbourg.⁹
II.—BARBOT, FRANÇOIS,   [FRANÇOIS I.
s avant 1749.
1° DUMONT, Louise.   [JEAN I.
Jean-François, b ⁹ 2 oct. 1711 ; s ⁹ 9 janvier
1718.—*Jean-Simon*, b ⁹ 8 mai 1713 ; s ⁹ 8 avril
1715.—*Jacques-Jean*, b ⁹ 22 juin 1715 ; m 1738, à
Louise PAQUETTE.—*Jean*, b ⁹ 28 sept. 1716 ; m
24 juillet 1752, à Madeleine DELAGE, à Quebec.
— *Marie-Joseph*, b ⁹ 30 mai 1718 ; m ⁹ 12 oct.
1739, à Jean MORVENT.

1718, (22 oct.) ⁹
2° VANIER, Madeleine,   [GUILLAUME I.
veuve de Jean-François Martel ; s⁹ 11 nov.
1749.
Pierre, b ⁹ 8 nov. 1721 ; m ⁹ 11 nov. 1748, à
Marie-Madeleine HILERET.

(1) Dit Poitevin
(2) Elle épouse, le 14 avril 1704, Nicolas Thibaut, à
Charlesbourg.

1715, (29 avril) Charlesbourg.²

II.—BARBOT, Pierre, [François I.
s 17 oct. 1743, à Quebec.³
Lauzé, Marie-Anne. [Paul II.
Jacques, b² 4 février 1716 ; m 27 août 1741, à Madeleine Manseau, à Ste-Foye. ⁴—*Marie-Madeleine,* b² 2 sept. 1717. — *Catherine,* b... m⁴ 3 mars 1737, à Pierre Labrèche. — *Pierre,* b... — *Marie-Elisabeth,* b³ 15 nov. 1732 ; m³ 1ᵉʳ février 1749, à Pierre Bezeau. — *Jeanne-Marie,* b 1734 ; s³ 15 dec. 1737.—*Marie-Madeleine,* b... 1° m³ 31 oct. 1746, à Charles Meunier ; 2° m³ 1ᵉʳ mai 1752, à Joseph Vandet ; s³ 20 juin 1753. — *Jeanne,* b 1737, s³ 29 juillet 1755. — *Catherine,* b² 18 dec. 1719. — *Marie-Louise,* b 1717 ; s² 1ᵉʳ juin 1720. — *Pierre,* b² 13 janvier 1722. — *Marie-Madeleine,* b² 11 mars 1724 ; s² 30 sept. 1725.—*Marie,* b² 7 février 1726.—*Marie-Thérèse,* b² 2 mars 1728 ; m³ 28 nov. 1752, à Philippe Janson. — *Joseph,* b² 27 mai 1730 ; m³ 5 nov. 1759, à Marie-Louise Huet.

1715, (14 oct.) Charlesbourg.²

II.—BARBOT, Simon. [François I.
Auvray, Catherine. [Jacques I.
Marie-Catherine, b² 6 juillet 1716 ; m à Charles Buveteau.— *Marie-Madeleine,* b² 14 avril 1718, m² 21 nov. 1740, à Jean-Baptiste Bourbon.—*Simon-Pierre,* b² 31 janvier 1722 ; 1° m 6 mai 1748, à Jeanne Merieu, à Québec³ ; 2° m³ 21 avril 1755, à Geneviève Chamard.—*Thomas,* b² 15 février 1732 ; 1° m³ 22 février 1751, à Marie-Françoise Massé ; 2° m³ 5 oct. 1761, à Reine Crepeau. — *Françoise,* b... 1° m³ 6 mai 1748, à Marie-Louise Massé ; 2° m³ 21 janvier 1760, à Elisabeth Masse. — *Marie-Joseph,* b³ 3 août 1725 ; m³ 7 janvier 1749, à Jean Gain dit Laroche.—*Marie,* b... m³ 30 août 1756, à Jean-Baptiste Lairet.— *Marie-Louise,* b² 15 février 1739, m 19 février 1759, à Jean-François Varino.—*Marie-Marguerite,* b² 11 mars 1720 ; 1° m² 15 février 1740, à François Duchesneau ; 2° m 21 janvier 1760, à Jean-René Thibaut, à Montreal.—*Jean-François,* b² 15 janvier 1724.—*Pierre-François,* b² 12 août 1727, s² 18 dec. 1741.—*Joseph,* b² 1ᵉʳ avril 1729, s² 5 juin 1733. — *Thomas-Joseph,* b² 14 oct. 1730 ; s² 7 dec. 1731. — *Charles,* b² 30 janvier 1734 ; s² 18 janvier 1762.—*Marie,* b² 5 oct. 1735. —*Elisabeth-Suzanne,* b² 12 août et s² 21 oct. 1737.

1717, (10 janvier) St-François, I. J.

II.—BARBEAU (1), Jean, [Joseph I.
b 1693.
Hunaut, Marie. [Toussaint II.
Marie-Joseph, b... m 22 avril 1754, à Joseph Landry. — *Charles-Joseph,* b 21 août 1726, à Montreal³ ; s³ 3 mai 1748. — *Antoine,* b 1728, m³ 17 nov. 1750, à Geneviève Boutin. — *Marie-Anne,* b 1731 ; 1° m³ 10 nov. 1749, à Joseph Monplaisir ; 2° m³ 30 juin 1761, à François Coursel.

(1) Dit Poitevin.

1719, (6 nov.) Charlesbourg.⁴

II.—BARBOT, Jean-Bte, [François I.
s 4 avril 1724, à Quebec.
Bourbon, Marie-Françoise (1), [Jean I.
s avant 1751.
Marie-Thérèse, b⁴ 5 avril 1721—*Catherine,* b⁴ 1ᵉʳ janvier 1723.

BARBEAU, Jacques,
s avant 1751.
Contant, Marie,
s avant 1751.
Marie-Louise, b 1735 ; m 25 janvier 1751, à Pierre Laurent, à Beauport⁵ ; s⁵ 19 nov. 1760.

1719, (10 juin) Montreal.

II.—BARBOT (2), Gabriel, [Jean I.
b 1694.
Lony, Madeleine, [François II.
b 1699.
Suzanne, b 3 déc. 1726, à Varennes ; m 3 février 1749, à Ignace Longtin, à Laprairie.⁵— *Jean-François,* b 11 oct. 1753, à St-Constant.⁴— *Madeleine,* b... m⁴ 24 juin 1754, à Alexis Gibeau —*Gabriel-Joseph,* b⁵ 3 juin 1723.—*Jean-Baptiste,* b⁵ 27 février 1725 ; m 1752, à Marie-Marguerite Gagné.—*Louis,* b 1730 ; s⁵ 29 oct. 1737. — *René,* b⁵ 22 nov. 1732, 1° m 1762, à Marie-Louise DeRainville ; 2° m⁴ 17 février 1772, à Marie Diel.

BARBEAU, Jean.
Marié, Marie.
Marie, b 1722 ; m 22 sept 1739, à Louis Guionnet, à Quebec¹ ; s¹ 29 sept. 1745.

1723, (22 nov.) Québec.²

II.—BARBEAU (3), Pierre, [François-Jean I.
s² 19 mai 1725.
Rivières, Marie-Madeleine (4). [François I.
Marie-Madeleine, b² 23 juin et s² 13 juillet 1724.—*Charles-Pierre,* b² 17 juillet 1725.

BARBEAU (5), Marie, epouse de Jacques Paquet.

BARBEAU (3), Pierre,
s 18 janvier 1739, à Lavaltrie.

BARBEAU, Pierre.
Savard, Marie.
Jacques, b... — *Joseph-Marie,* b 14 nov. 1733, à Ste-Foye.⁴—*Marie-Jeanne,* b⁴ 1ᵉʳ février 1737.

(1) Elle épouse, le 25 février 1727, Jean Massé, à Charlesbourg.
(2) Dit Boisdoré. Il était, le 6 juillet 1717, à Boucherville.
(3) Dit Boisdoré.
(4) Elle épouse, le 28 sept. 1728, Jacques-Antoine Charie, à Québec.
(5) Dit Poitevin.

BAR 113 BAR

1723.

II.—BARBEAU (1), MICHEL, [JOSEPH I.
b 1699; s 4 nov. 1728, à St-François, I. J.⁵
CHARTRAN, Suzanne (2), [THOMAS II.
b 1701; s⁵ 28 mai 1739.
Madeleine, b 1727; m 10 janvier 1757, à Jean-Baptiste LAVEAU, à Montreal.⁶ — *Suzanne*, b 1724; m ⁶ 26 juillet 1745, à Blaise LEPAGE.— *Marie*, b... m 13 janvier 1755, à Joseph PERRIN, à St-Vincent-de-Paul.—*Michel*, b ⁵ 13 janvier et s ⁵ 14 août 1729 (postume).

1728, (7 sept.) Lévis.

II.—BARBEAU (3), FRANÇOIS, [JEAN-BTE I
b 1698.
1° DAVION, Marie-Therèse, [JACQUES-JEAN I.
s 6 mai 1733, à Quebec.⁷
Pierre-François, b ⁷ 17 juin 1730.—*Thérèse*, b ⁷ 3 mai 1733.
1738, (26 août).⁷
2° CADORET, Marie-Joseph, [GEORGE I.
b 1699; veuve de Laurent-Etienne Huot.

1738.

III.—BARBOT, JACQUES, [FRANÇOIS II.
s avant 1763.
PAQUET, Louise, [PHILIPPE II.
b 1699.
Jacques, b 13 et s 15 dec. 1738, à Charlesbourg.⁸ *Joseph*, b ⁶ 6 avril 1740.—*François*, b ⁸ 9 janvier 1742, m 7 fevrier 1774, à Marie-Charlotte BEDARD, à Ste-Foye.—*Jacques*, b ⁸ 10 février 1744.—*Marie-Louise*, b ⁸ 22 mars 1746.—*Louis*, b ⁸ 13 fevrier 1748.—*Marie-Joseph*, b ⁸ 4 août 1750; m ⁸ 5 sept. 1763, à Michel SAVARD.—*Pierre-Joseph*, b ⁸ 10 juillet 1753.—*Charles*, b ⁸ 8 août 1758.

BARBEAU, JEAN-BTE,
b 1717; s 5 sept. 1757, à Québec.⁹
LAVOIE, Marie-Agnès.
Etienne, b... m 4 fevrier 1765, à Françoise GAUTHIER, à la Baie-du-Febvre.—*Joseph*, b 1742, s ⁹ 27 juillet 1743.

BARBEAU, MARIE-FRANÇOISE, b 1744; s 17 sept. 1762, à Ste-Anne-de-la-Pocatière.

1740, (22 fevrier) Charlesbourg.¹

III.—BARBOT, JACQUES, [JACQUES II.
s 10 janvier 1763, à Quebec.
SAVARD, Marie-Françoise. (4) [JACQUES III.
Marie-Joseph, b ¹ 16 août 1741.—*Louis-Jacques*, b ¹ 2 avril 1743.—*Joseph-Marie*, b ¹ 14 avril 1746 —*Etienne*, b ¹ 22 nov 1749 —*Charles*, b ¹ 6 mai 1755.— ...... b 3 mai 1753, à Lorette.

(1) Dit Poitevin.
(2) Elle epouse, le 21 nov. 1729, Joseph Berthiaume, à St-François, I. J.
(3) Dit Boisdoré.
(4) Dite Charlotte, 1735.

8

1740, (7 oct.) Charlesbourg.⁹

III.—BARBOT, JOSEPH. [JACQUES II.
1° LOISEL, Marie-Joseph, [LOUIS I.
s ⁹ 30 oct. 1743.
Joseph, b ⁹ ⁷ 7 oct. 1741; m 21 août 1769, à Marie DUFOUR-LATOUR, à Terrebonne. — *Marie-Anne*, b ⁹ 17 oct. 1743; m 5 fevrier 1765, à Jean-Marie PARANT, à Repentigny.
1748, (18 nov.) Lorette.
2° GIRARD, Marie-Louise. [ETIENNE I.
Joseph, b 1753; s 8 dec. 1758, à Quebec.

1741, (27 août) Ste-Foye.

III.—BARBEAU, JACQUES, [PIERRE II.
charpentier, b 1715; s 17 mai 1763, à Québec.
MANSEAU, Madeleine. [JOSEPH II.

1748, (6 mai) Quebec. ⁶

III.—BARBEAU, SIMON. [SIMON II.
1° MARIEU, Marie-Jeanne, [JEAN I.
b 1712; s ⁶ 7 mars 1754.
Marie-Louise, b ⁶ 30 janvier 1753.
1755, (21 avril). ⁶
2° CHAMARD, Geneviève. [PIERRE II.
Jean-Simon, b ⁶ 18 août et s ⁶ 1ᵉʳ sept. 1756.— *Simon*, b ⁶ 11 nov.1757.—*Jean*, b ⁶ 23 sept. 1759. —*Louis*, b ⁶ 19 et s ⁶ 26 sept. 1761.—*Geneviève*, b ⁶ 30 déc. 1762.

1748, (6 mai) Québec. ⁶

III.—BARBEAU, FRANÇOIS. [SIMON II.
1° MASSE, Marie-Louise, [JEAN I.
b 1728; s ⁶ 27 juillet 1758.
Marie-Louise, b ⁶ 14 nov. 1751.—*Jacques*, b ⁶ 4 avril 1752.—*Louis*, b ⁶ 22 et s ⁶ 27 fevrier 1753. —*Marie-Joseph*, b ⁶ 28 sept. 1754.—*François*, b ⁶ 27 juin 1755.—*Marie-Charlotte*, b ⁶ 4 août et s ⁶ 13 oct. 1756.—*Sebastien*, b ⁶ 20 dec. 1757, s ⁶ 1ᵉʳ août 1758.
2° MASSÉ, Elisabeth.
Charles, b ⁶ 7 mai 1759; s 8 oct. 1760, à St-Joachim. ³—*Marie-Agnès*, b ³ 5 février 1761.— *Jean-Stanislas*, b ⁶ 18 sept. 1762.—*Marguerite*, b ⁶ 17 mars 1764.

1748, (11 nov.) Charlesbourg. ⁹

III.—BARBOT, PIERRE. [FRANÇOIS II.
HILERET, Marie-Madeleine. [AUGUSTIN II.
Marie-Joseph, b ⁹ 25 août et s ⁹ 27 sept. 1749 — *Joseph*, b ⁹ 1ᵉʳ janvier et s ⁹ 1ᵉʳ août 1751.—*François*, b ⁹ 31 juillet et s ⁹ 3 août 1752.—*Jean-Baptiste*, b ⁹ 24 avril et s ⁹ 28 oct. 1754.—*Jean-Marie*, b ⁹ 15 juillet 1755.—*Pierre*, b ⁹ 23 sept et s ⁹ 24 oct. 1758.—*Marie-Joseph*, b ⁹ 1ᵉʳ oct. 1760.

III —BARBEAU (1), JEAN-FRANÇOIS. [SIMON II.
PARANT, Marie-Angelique.
Jean-Baptiste, b 11 et s 16 nov. 1749, à St-Laurent, M.

(1) Dit Potvin.

1750, (17 nov.) Montréal.
III.—BARBEAU (1), ANTOINE. [JEAN II.
  BOUTIN, Geneviève, [JOSEPH-ETIENNE II.
    b 1728.

1751, (22 février) Québec. ⁶
III —BARBEAU, THOMAS. [SIMON II.
  1° MASSÉ, Françoise. [JEAN I.
      1761, (5 oct.) ⁶
  2° CRÉPEAU, Reine, [BASILE III.
    b 1734.
  Thomas, b ⁶ 10 nov. 1762.

BARBOT, JOSEPH.
  GIRARD, Louise,
    s 8 février 1760, à Charlesbourg. ¹
  François, b ¹ 19 mars 1751 —*François*, b ¹ 27 juillet 1752.—*Etienne*, b ¹ 8 février 1754.—*Pierre*, b ¹ 20 sept. 1755.

1751, (22 février) Ste-Anne-de-la-Pocatière. ²
I.—BARBEAU, RENÉ, fils d'André et de Marie Bouchard, de St-Denis-le-Vetu, diocèse de Coutances, Normandie.
  GRONDIN, Françoise, [SÉBASTIEN II.
    veuve d'André Morin.
  René, b ² 16 déc. 1751.—*Catherine*, b ² 15 nov. 1752; s ² 29 janvier 1753.—*Marie-Anne*, b ² 18 janvier 1754; m ² 26 février 1770, à Moïse BEAULIEU.

1752, (24 juillet) Québec.
III.—BARBEAU, JEAN. [FRANÇOIS II.
  DELAGE, Madeleine, [JEAN-FRANÇOIS II.
    veuve de François Dubois.

III.—BARBEAU (2), JEAN-BTE. [GABRIEL II.
  GAGNÉ, Marie-Marguerite, [JOSEPH II.
    b 1737.
  Jean-Baptiste, b 28 mars 1753, à St-Constant. ³
  —*Marie-Anne*, b ³ 29 mai et s ³ 8 août 1754.—
  Joseph, b ³ 13 mars 1757.

BARBOT, JOSEPH.
  HÉLY-BRETON, Marie. [LÉONARD II.
  Michel, b 24 sept. 1758, à Charlesbourg.

1759, (5 nov.) Québec. ⁴
III.—BARBEAU, JOSEPH, [PIERRE II.
  maçon.
  FLUET, Louise. [FRANÇOIS-LOUIS III.
  Joseph-Marie, b ⁴ 28 février 1762 —*Pierre*, b ⁴ 16 nov. 1763.—*Jacques*, b... s 26 déc. 1769, à St-Anne-de-la-Perade.

III.—BARBEAU (2), RENÉ. [GABRIEL II.
  1° DERAINVILLE, Marie-Louise, [PIERRE IV.
    b 1742; s 19 avril 1767, à St-Constant. ⁵

---

(1) Dit Poitevin.
(2) Dit Boisdoré.

René, b 13 janvier 1763, à St-Philippe.—*René*, b... s ⁵ 26 avril 1767.
      1772, (17 février). ⁵
  2° DIEL, Marie. [EUSTACHE.

1765, (4 février) Baie-du-Febvre. ⁶
III.—BARBEAU, ETIENNE. [JEAN-BTE II.
  GAUTHIER, Françoise, [ETIENNE II.
    b 1735.
  Anonyme, b ⁶ et s ⁶ 17 nov. 1765.—*Françoise*, b ⁶ 12 sept 1766.—*Marie-Joseph*, b ⁶ 15 mai et s ⁶ 24 août 1768.—*Monique*, b ⁶ 6 et s ⁶ 11 août 1769.

1769, (21 août) Terrebonne.
IV.—BARBEAU, JOSEPH, [JOSEPH III.
    b 1741.
  DUFOUR (1), Marie-Catherine. [JEAN-LOUIS II.
  Marie-Théotiste, b 5 juin 1773, à Lachenaye. ²
  —*Marie-Marguerite*, b ² 6 déc. 1775.—*Jean*, b 1777; s ² 14 avril 1778.

1774, (7 février) Ste-Foye.
IV.—BARBEAU, FRANÇOIS. [JACQUES III.
  BEDARD, Charlotte. [JACQUES

1703, (26 nov.) Québec. ⁸
I.—BARBEL, JACQUES (2).
  2° LE PICARD, Marie-Anne. [JEAN II
  Louise, b ⁸ 17 avril 1708; s 9 déc. 1709, à St-Nicolas.
      1719, (22 oct.) ⁸
  3° AMIOT, Marie-Madeleine, [JEAN II.
    veuve de Guillaume Masse; s ⁹ 11 oct. 1757.

1735.
II.—BARBEL, JEAN-JOSEPH, [JACQUES I.
  marchand; b 1709.
  Marguerite, b... 1° m à Jacques GOURDEAU, 2° m 16 août 1752, à Pierre COTÉ, à St-Pierre, I. O

1717, (26 déc.) Québec. ⁹
I.—BARBEREAU (3), PIERRE, cordonnier; b 1683; fils de Pierre et de Jeanne Brisset, de l'Ile de Rhé, diocèse de Luçon; s ⁶ 8 janvier 1748.
  MASSARD, Marie-Françoise (4), [NICOLAS I.
    veuve de Pierre Soucy.
  Marie-Jeanne, b ⁶ 24 juin 1720.—*Marie-Michelle*, b ⁶ 16 oct. 1722; s ⁶ 8 mai 1733.—*Marie-Madeleine*, b ⁶ 21 janvier 1725; s ⁶ 27 mars 1733. —*Marie-Jeanne*, b ⁶ 13 oct. 1732.

BARBEROUSSE (5), GEORGE.
  LORD, Claire.
  Joseph-Marie, b 1751; s 3 déc. 1753, à Québec.¹ —*Charles*, b ¹ 12 avril 1754.—*Jean-Baptiste*, b ¹ 7 mars 1756.—*Claire*, b ¹ 28 février 1758.

---

(1) Dit Latour.
(2) Voy. vol. I, p. 24.
(3) Dit Sanssoucy.
(4) Elle épouse, le 2 sept. 1748, François Raymond, à Québec.
(5) Dit Barberean.

1737, (14 janvier) L'Ange-Gardien.

I.—BARBET, FRANÇOIS, fils de François et de Jeanne Sauvage, de Sasay, gouvernement de Laval.
BRISSON, Marie-Joseph.   [CHARLES II.
François-de-Sales, b 28 oct. 1737, à la Pte-aux-Trembles, Q. ²—*Marie,* b ² 8 déc. 1738.—*Marie-Angélique,* b ² 21 mai 1740.—*Paul,* b 16 sept. 1746, à St-Thomas.—*Marie-Thérèse,* b 31 mai 1753, aux Ecureuils.

BARBEZIEUX.—Voy. MARCHAND.

BARBIER, JEANNE, épouse de François HABLIN ; s avant 1713.

BARBIER, MARIE-LOUISE, épouse de Gabriel MANGEAU.

BARBIER, ANNE, épouse d'Edme SALIGOT.

1733, (7 sept) Québec. ³

I.—BARBIER, JACQUES, fils d'Henri et de Marie Gabrielle, de St-Bienheure, diocèse de Blois.
DUBOIS, Marie,   [FRANÇOIS I.
veuve de Simon Bouin.
Marguerite, b ³ 1er mai 1735 ; m ³ 7 avril 1750, à Léonard BROUSSEAU.—*Marie-Joseph,* b ³ 4 janvier 1737.—*Jean-Jacques,* b...

1749, (14 avril) Montréal. ²

I.—BARBIER (1), PIERRE, b 1717 ; fils de Pierre et de Françoise Vetour, de St-Maurice, diocèse de Sens ; s 26 août 1768, à St-Constant.³
PINAUT, Thérèse (2).   [MATHURIN II
Thérèse, b ² et s ² 26 juin 1749. — *Charles-Amable,* b ³ 25 juillet 1755.—*André,* b ³ 3 mai 1757.

II.—BARBIER, J-JACQUES-PHILIPPE. [JACQUES I.
LAMARINE, Thérèse.
Marie-Joseph, b 12 juin 1761, à St-Antoine-de-Chambly.

1761, (15 juin) Beauport.

I.—BARBIER, FRANÇOIS, fils de Claude et de Madeleine Prou, de St-Laurent, Paris.
CRÊTE, Marie-Anne,   [PIERRE III.
b 1741.
Nicolas-François, b 18 mars 1762, à Québec¹ ; s 6 août 1762, à Charlesbourg.—*Marie-Louise,* b¹ 10 février 1763. — *Nicolas,* b¹ 23 et s¹ 24 mars 1764.

1762, (8 février) Laprairie.

I—BARBIER, JOSEPH, fils de Pierre et de Catherine Montreuil, de St-Michel, diocèse d'Amiens, Picardie.
LEMELIN, Thérèse,   [LOUIS II.
veuve de Nicolas Poulelieu.

BARBIER, LOUIS.
PAVET, Agathe.

---

(1) Dit Lafredaine, soldat de la Compagnie Herbin.
(2) Elle épouse, le 14 nov. 1769, Joseph Jasmin, à St-Constant.

Marie-Elisabeth, b 26 déc. 1786, à Repentigny.¹—*Louis,* b ¹ 24 déc. 1787.—*Antoine,* b ¹ 8 mai et s ¹ 19 juillet 1791.—*Michel,* b ¹ et s ¹ 30 août 1794.

BARBIER, JEAN-BTE.
SOUMIS, Geneviève.
Jean-Baptiste, b 29 oct. 1792, à Repentigny.

BARBIER, JACQUES.
DUBOIS, Marie,
veuve de Jean-Baptiste Chagot.

1728, (31 août) St-Pierre, I. O. ³

I.—BARBIN, FRANÇOIS, fils de Donatien et de Jeanne Cornevin, de St-Pair, en Ré, diocèse de Nantes.
CHANTAL, Marie-Claire (1).   [PIERRE I.
Anonyme, b ³ et s ³ 6 août 1729.

BARBOTIN, MATHURIN (2).

I.—BARBUT dit ST-GINIER (3), GUILLAUME, b 1735 ; s 28 avril 1759, à la Pte-aux-Trembles, Q.

BARCY.—Voy. DASTIGNY.

BARDE, THÉRÈSE, épouse de Jean LANGLOIS.

1721, (13 oct.) St-Thomas. ⁴

I.—BARDE, JEAN (4), fils de Guillaume et de Catherine Bichet, de Gardegau, diocèse de Bordeaux.
TALON, Marie-Joseph.   [ETIENNE I.
Marie-Joseph, b 17 déc. 1723, à Beauport, m ⁴ 9 oct. 1741, à Alexandre-Noel HINS.—*Jean-Baptiste,* b 2 janvier 1726, au Cap-St-Ignace⁵ ; m 13 janvier 1750, à Catherine GRAVEL, au Château-Richer.—*Basile,* b ⁵ 2 avril 1728 ; s ⁵ 6 avril 1729.—*Augustin-Thomas,* b ⁴ 22 déc. 1729, s ⁴ 8 sept 1733 —*Joseph,* b 1750 ; m⁵ 18 sept. 1752, à Marie-Judith DUBÉ.—*Louis,* b ⁴ 2 mai 1732 ; m ⁴ 23 nov. 1751, à Marie LAMARRE.— *Marie-Joseph,* b ⁴ 3 juillet 1734.—*Guillaume-Noel,* b ⁴ 15 oct. 1736 ; s ⁴ 28 sept. 1737.—*Guillaume-Augustin,* b ⁴ 7 sept. 1738 ; m ⁴ 9 nov. 1761, à Catherine GUYON.—*François-Arsène,* b ⁴ 29 juin 1741.—*Anonyme,* b ⁴ et s ⁴ 15 janvier 1743.—*Marie-Ursule,* b ⁴ 15 janvier 1743 ; m ⁴ 27 oct. 1766, à Jean-Baptiste DURAND. —*Marie-Geneviève,* b 21 août 1748, à Berthier.

1734.

I.—BARDE (5), ANTOINE.
BERGERON, Louise.
Antoine-Amable, b 1er sept. 1735, à Lanoraie. ⁵ —*Marie-Jeanne,* b ⁵ 13 mai 1738.

---

(1) Elle épouse, le 11 février 1743, Joseph Godbout, à St-Pierre, I. O.
(2) Etait à Lorette où il signe, le 13 février 1738.
(3) Soldat de la compagnie de Montreuil, régiment de la Reine.
(4) Meunier de Vincelot.
(5) Dit Belleville.

1750, (13 janvier) Château-Richer.
II.—BARD, JEAN, [JEAN I.
  b 1726 ; s 23 août 1752, à St-Jean, I. O.⁶
  GRAVEL, Catherine (1). [CHARLES II.
  Catherine, b ⁶ 18 janvier 1751.

1751, (23 nov.) St-Thomas. ⁷
II.—BARDE (2), LOUIS. [JEAN I.
  LAMARRE, Marie. [PIERRE III.
  Louis-Marie, b ⁷ 10 avril 1752.—*Joseph-Jean*, b 30 janvier et s 10 fevrier 1753, à St-Jean, I. O.⁸—*Marie-Anne*, b 21 janvier 1760, à St-François-du-Sud ; m ⁸ 7 nov. 1780, à Joseph ROCHEFORT.

1752, (18 sept.) Cap-St-Ignace.
II.—BARD (2), JOSEPH-MARIE. [JEAN I.
  DUBÉ, Marie-Judith. [JOSEPH II.
  Marie-Judith, b 1ᵉʳ janvier 1760, à St-François-du-Sud. — *Augustin*, b 2 février 1757, à St-Pierre-du-Sud⁴ ; m 10 janvier 1780, à Marie LEVÊQUE, à la Rivière-Ouelle.³—*Marie-Victoire*, b ⁴ 19 fevrier 1758.—*Joseph-Marie*, b... m ³ 9 nov. 1778, à Marie-Joseph LEVÊQUE.— *Tècle*, b...m ³ 9 nov. 1778,- à Joseph LEVÊQUE.—*Marguerite-Geneviève*, b... m ³ 10 janvier 1785, à Pierre MEUNIER.

1761, (9 nov.) St-Thomas.
II.—BARDE (2), GUILLAUME. [JEAN I.
  GUYON, Catherine. [PIERRE IV.
  Marie-Madeleine, b 28 déc. 1762, à l'Islet.

1778, (9 nov.) à la Rivière-Ouelle.
III —BARD (3), JOSEPH-MARIE.[JOSEPH-MARIE II.
  LEVÊQUE, Marie-Joseph, [JOSEPH III.
  veuve de Joseph Boucher.

1780, (10 janvier) Rivière-Ouelle.
III.—BARD (3), AUGUSTIN. [JOSEPH-MARIE II.
  LEVÊQUE, Marie. CHARLES III.

BARDET.—*Variations et Surnoms :* BARDET—BAROLET—BOURDET—LESPINAY (De).

BARDET, MARGUERITE, épouse d'Antoine BREILLY.

BARDET, ANNE, b... m 6 nov. 1719, à Joseph LARCHEVÊQUE, à la Pointe-aux-Trembles, M.

1700, (5 sept.) Montréal.⁷
I.—BARDET (4), PIERRE, b 1669 , fils de Jean et de Marguerite Michelle, diocèse de Perigueux , s ⁷ 9 dec. 1729.
  ACHIN, Françoise, [ANDRÉ I.
  veuve de Pierre Girardeau ; s⁷ 27 mars 1748.
  François-Marie, b ⁷ 19 juin 1701 ; m 13 juillet 1723, à Marie-Rose MÉNARD, à Boucherville.—*Françoise*, b 1702 ; m ⁷ 29 avril 1714, à François SERAT.—*Pierre*, b ⁷ 9 mars 1704 ; 1° m ⁷ 12 mai 1727, à Marie-Louise PERINEAU ; 2° m ⁷ 2 juin 1760, à Marie-Louise ROMAIN.—*Hélène*, b ⁷ 14 avril 1706 ; m ⁷ 2 mai 1726, à Joseph MASSIÉ ; s 13 dec. 1755—*Jeanne*, b ⁷ 7 sept. 1708 ; s ⁷ 12 dec. 1716.—*Marie-Elisabeth*, b ⁷ 13 sept. 1710, s ⁷ 6 juin 1723.—*Madeleine-Charlotte*, b ⁷ 19 nov. 1716 ; s ⁷ 15 sept. 1717.—*Marie-Joseph*, b⁷ 3 sept. 1713 ; m ⁷ 7 nov. 1729, à Joseph MASSY.

1700, (3 nov.) Québec.⁶
I.—BARDET, Louis, fils de Pierre et de Françoise Sabouron, de St-Sévérin, diocèse d'Angoulême.
  1° DE TREPAGNY, Geneviève, [ROMAIN I
  veuve de Guillaume Guillot ; s ⁶ 11 janvier 1711.
  Marie-Catherine, b ⁶ 7 nov. 1701, s ⁶ 15 janvier 1703.— *Marie*, b ⁶ 3 nov. 1703. — *Jean*, b ⁶ 16 nov. 1704.

1711, (27 août). ⁶
  2° MEZERAY, Madeleine, [JEAN II
  b 1672 ; veuve de Jean TOUPIN ; s ⁶ 19 oct 1714.
  Louis, b ⁶ 13 juin 1712 ; m ⁶ 15 sept. 1744, à Madeleine LATOUR.—*Marie-Louise*, b ⁶ 17 février 1714.—*Jacques*, b... m 1750, à Elisabeth BRISSON.

1719.
I.—BARDET (1), NICOLAS, b 1682, à Rouen ; s 30 oct. 1749, au Sault-au-Recollet.
  BEAUJELAIS, Marie.
  Pierre, b 13 nov. 1719, à Montréal.

1722, (13 juillet) Boucherville.
II.—BARDET (2), FRANÇOIS-MARIE, [PIERRE I.
  MÉNARD (3), Rose. [JEAN II.
  François, b 17 nov. 1723 à Montréal. ³—*Joseph*, b ³ 4 juillet 1726, m 27 janvier 1761, à Marie-Thérèse GRENIER, à Beauport.—*Marie-Catherine*, b ³ 23 août 1729 — *Marie-Anne*, b 1732 ; m ³ 14 avril 1760, à Etienne VALLÉE.—*Geneviève*, b 1736, m ³ 8 juin 1761, à Pierre PINAU.

1727, (12 mai) Montréal. ⁷
II.—BARDET (1), PIERRE. [PIERRE I.
  1° PERINEAU, Marie-Louise. [JACQUES I.
  Marie-Louise, b ⁷ 8 mars 1728 —*Angélique*, b⁷ 6 oct. 1729.—*Marie-Anne*, b 1734 ; m ⁷ 10 janvier 1752, à Jacques SAUVAGE. — *Pierre-Joseph*, b ⁷ 19 mars 1735.—*Pierre*, b ⁷ 6 et s ⁷ 8 mars 1737—*Pierre-Théodore*, b ⁷ 25 mars 1738.—*Marie-Joseph*, b ⁷ 12 oct. 1740 ; m ⁷ 30 janvier 1758, à BRANCONIER.—*François-Marie*, b ⁷ 24 sept. 1742.—*Jean-Baptiste-Louis*, b ⁷ 5 sept. 1745.—*Louis-Ignace*, b ⁷ 2 août 1748.—*Pierre*, b ⁷ 14 et s ⁷ 29 août 1750.

1760, (2 juin). ⁷
  2° ROMAIN, Marie-Louise (4). [JEAN-BTE I.

---

(1) Dit Grande. Elle épouse, le **31 mars 1761**, François Le Galais, à Charlesbourg.
(2) Dit Jambard.
(3) Devenu Jambard.
(4) Dit Lapierre et Barolet, soldat de Delagrois.

(1) Et Bourdet
(2) Dit Lapierre.
(3) Dit Bellerose.
(4) Elle épouse, le 27 juillet 1761, Richard Péron, à Montréal.

BAR 117 BAR

1744, (15 sept.) Québec. [6]
II.—BARDET, Louis, navigateur, [Louis I.
b 1716; s 8 mars 1761, à Verchères. [5]
LATOUR, Madeleine. [PIERRE I.
Madeleine-Cécile, b [6] 18 et s [6] 20 juin 1745.—
Marie-Catherine, b [6] 31 janvier 1749. — *Marie-Madeleine*, b [6] 8 juin 1751.—*Angélique*, b [6] 12 oct. 1752. — *Marie-Joseph*, b [6] 9 mai 1754.—*Marie-Marguerite*, b [5] 1er oct. 1760.

1750.
II.—BARDET, JACQUES. [Louis I.
BRISSON, Elisabeth. [RENÉ III.
Joseph, b 25 oct, 1752, à St-Jean-Deschaillons.

1761, (27 janvier) Beauport.
III.—BARDET (1), JOSEPH. [FRANÇOIS II.
GRENIER, Marie-Thérèse, [JOSEPH III.
b 1736.

I.—BARDIN, JACQUES.
Anonyme, b et s 16 oct. 1706, aux Trois-Rivières.

1765, (5 août) Terrebonne.
I.—BARDOL (2), JÉROME, de la Comte de Foy, Languedoc.
TOUIN, Marie-Louise, [ROCH II.
veuve de François Beauchamp.

BAREAU.—Voy. BRÉAU.

BAREAU, ELISABETH, epouse de Jean LEMAIRE.

BARRAULT, MARIE, epouse de Louis LERIGÉ.

BAREAU, ELISABETH, epouse de Jean-Baptiste MARSOLET.

BARREAU, ALEXANDRE (3), b 1710; s 20 oct. 1762, à l'Hôpital-General, M.

1720, (18 mars) Laprairie. [4]
II.—BAREAU (4), FRANÇOIS, [JEAN I.
b 1687.
SENÉCAL, Marguerite. [PIERRE II.
Marie-Louise, b [4] 31 mars 1736; m 5 juillet 1762, Pierre DEVEAU, à Montreal. —*Marie-Jeanne*, b [4] 20 juillet 1722; m [4] 1er mars 1745, à Jean-Baptiste BAILLARGEON.—*Michel*, b [4] 26 sept. 1723. — *Basile*, b [4] 7 juillet 1726; s [4] 26 août 1727.—*François-Marie*, b [4] 25 sept. 1727. — *Jeanne*, b [4] 20 nov. 1728; s [4] 28 février 1729.—*Jean-Baptiste*, b [4] 18 sept. 1729. — *Marie-Catherine*, b [4] 14 dec. 1724.— *Jérémie*, b [4] 14 et s [4] 29 dec. 1730.— *Marie-Thérèse*, b [4] 15 dec. 1731; s [4] 22 mai 1732. — *René-Charles*, b [4] 8 dec. 1732; s [4] 2 mai 1733. — *Pierre-Côme*, b [4] 13 janvier 1734.—*Marguerite*, b [5] 9 mai 1721; s [4] 15 avril 1733.—*Marie-Celeste*, b [4]

(1) Dit Lapierre.
(2) Dit Laderoute.
(3) Engagé du R. P. Maugé, missionnaire à Châteauguay.
(4) Dit Breshau ou Breyau.

7 avril 1735.— *Marie-Catherine*, b [4] 26 mai et s [4] 6 sept. 1737.—*Marie-Joseph*, b [4] 17 fevrier et s [4] 9 août 1739.— *Marie-Marguerite*, b [4] 8 mai 1740.

1756, (25 nov.) Cap-de-la-Madeleine. [4]
I.—BAREAU, PIERRE, fils de Pierre et de Marguerite Marié, de St-Michel, diocèse de Rouen.
BARETTE, Catherine, [ADRIEN II.
veuve de François Rochereau.
Pierre, b [4] 8 fevrier et s [4] 16 avril 1758.—*Jean-Baptiste*, b [4] 21 janvier 1759.

1759, (8 janvier) Boucherville.
I.—BARÈGE (1), JEAN, fils de Vincent et de Claire Dumaine, diocèse de Perpignan.
BERTRAND, Marie-Louise. [GILLES I.

1709, (15 août) Montréal.
I.—BAREIL, PHILIPPE, b 1669; fils de Mathurin et de Marie Dalleye, de Deuil, diocèse de Xaintes.
CROTEAU, Jeanne, [VINCENT I.
veuve d'Antoine Bussière.

I.—BAREILLE, PIERRE.
PETIT (2), Marie-Victoire. [JEAN II
Marie-Victoire, b 19 juillet 1761, à St-Augustin [4]; s [4] 9 juin 1764.

I —BARÊME (3), PIERRE.
ROY, Madeleine.
Pierre-Noel, b 26 dec. 1747, à Montréal. [4]— *Julie*, b [4] 26 dec. 1750.

BARET, MARIE-JOSEPH, epouse d'Alexis BIGOT.

BARETTE, MARIE-CATHERINE, m à Charles DENEAU; s 19 mars 1770, à St-Constant.

BARETTE, GENEVIÈVE, epouse de Pierre DUTAUT.

BARETTE, MARIE-JOSEPH, épouse de Charles GAUDREAU.

BARETTE, MARIE-JOSEPH, épouse de Jean GUILBAUT.

1661, (24 nov.) Château-Richer.
I.—BARET, JEAN.
BITOUZET, Jeanne.
Marie-Madeleine, b 1670; m à Jean-Baptiste GRÉGOIRE; s 28 avril 1738, à St-François, I. O.

BARET, DOROTHÉE, 1° m à Alexis DOUPIERRE; 2° m 27 avril 1772, à François TERRIEN, à Terrebonne.

(1) Dit La Batrie, soldat du Royal-Roussillon.
(2) Dit Milhomme
(3) Dit Laroche ou Barère, 1750.

1661, Château-Richer.[5]
I.—BARET, Jean.
Jeanne, b 1668; 1° m 1688, à Mathieu Poulin, à Ste-Anne[4]; 2° m[4] 1711, à Etienne Drouin; s[5] 16 nov. 1745.

1663, Trois-Rivières.
I.—BARETTE, Guillaume (1).
Charier, Louise.
Laurent, b... m à Madeleine Rochereau; s avant 1735.—*Marie-Anne*, b... m 1699, à François Rochereau.

1689, Château-Richer.
II.—BARETTE, Pierre (1), [Jean I.
b 1660 ; s 2 juillet 1734, à Ste-Anne.[1]
1° Belanger, Madeleine, [Jean-François II.
s avant 1730.
Xainte, b 1703; s[1] 5 sept. 1727.—*Pierre*, b[1] 11 août 1704; s 10 août 1725, à Kaskakia.—*Joseph*, b... m[1] 26 juin 1730, à Marie Lessard.
1706
2° Vandal, Anne-Dorothée, [François I.
s[1] 22 sept. 1728.
Jean, b... m 18 avril 1735, à Marie-Joseph Berthelot, à St-Joachim.— *Dorothée*, b[1] 10 août 1727, m 10 oct. 1746, à Alexis Dompierre, à St-François, I. O.[6]—*Angélique*, b... 1° m 6 oct. 1734, à Ignace Emond, 2° m[6] 19 février 1759; s[6] 27 février 1773.— *Prisque*, b... m 9 février 1750, à Marie-Joseph Senecal, à Varennes.
1729, L'Ange-Gardien.
3° Laisdon, Ursule (2). [Jean I.
Pierre-Ignace, b 4 et s 30 août 1730, à Ste-Anne.[1]—*Marie-Madeleine-Françoise*, b[1] 22 juillet 1732.

1701, (15 nov.) Château-Richer.
II.—BARETTE, François (3), [Jean I.
s 17 avril 1717, à Ste-Anne.[2]
Cloutier, Geneviève (4). [Jean III.
Jeanne, b[1] 6 avril 1703 ; m[2] 25 janvier 1723, à Pierre Lacroix.—*Geneviève*, b[2] 29 mars 1705; m[2] 15 janvier 1725, à Timothée Paré.—*Marie-Joseph*, b[2] 7 mars 1707; m[2] 3 février 1728, à François Caron ; s[2] 4 février 1747.—*Elisabeth*, b[2] 3 juin 1709, s[2] 31 oct. 1714.—*François*, b[2] 18 juin 1711 ; m[2] 26 janvier 1733, à Marguerite Lacroix, s[2] 28 oct. 1771.—*Madeleine*, b[2] 21 mars 1713, m[2] 25 janvier 1740, à Pierre Lessard.—*Joseph*, b[2] 18 juin 1715, m 4 sept. 1741, à Therèse Fortin, à St-Joachim.

1703, (17 avril) Champlain.
II.—BARETTE (5), Adrien, [Guillaume I.
s 20 mai 1726, aux Trois-Rivières.
Bigot, Marguerite. [François II

(1) Voy vol. I, p. 26.
(2) Elle épouse, le 28 août 1736, Charles Gaudin, à L'Ange-Gardien.
(3) Chantre de l'église.
(4) Elle épouse, le 17 février 1720, François Paré, à Ste-Anne.
(5) Sieur Descormiers.

Michel, b 1703 ; m 1748, à Jeanne Lamotte.
—*Madeleine*, b... m 15 mai 1746, à Ignace Bourdon, au Cap-de-la-Madeleine.[3]—*Joseph*, b... m[3] 25 juin 1747, à Marie-Joseph Gautier ; s[3] 11 juin 1754.—*Catherine*, b... 1° m[3] 20 nov. 1752, à François Rochereau; 2° m[3] 25 nov. 1756, à Pierre Babeau.—*Marguerite*, b...

1706, (20 juin) Laprairie.[5]
II.—BARETTE (1), Guillaume. [Guillaume I.
Gagné, Jeanne, [Pierre I.
s avant 1729.
Marie-Catherine, b 1707; m[5] 24 janvier 1729, à Antoine Bourassa; s[5] 6 sept. 1729.—*Pierre*, b... m[5] 4 avril 1731, à Marie Caillé.—*Suzanne-Jeanne*, b[5] 10 oct. 1712; m[5] 28 oct. 1734, à Pierre Bourdeau.—*Agnès*, b[5] 13 juin 1715; m[5] 3 février 1739, à Pierre Achin.—*Agnès-Françoise*, b[5] 12 et s[5] 15 janvier 1710.—*Marie-Anne*, b[5] 5 avril 1711 ; m[5] 6 nov. 1741, à Joseph Rocheleau.—*Louis*, b[5] 24 février 1717, m[5] 27 nov. 1741, à Marie-Joseph Poupart —*Augustin*, b[5] 30 janvier 1719 ; m[5] 22 février 1745, à Marie Caillé.

II.—BARET, Joseph, [Guillaume I.
b 1683 ; s 29 janvier 1755, au Cap-de-la-Madeleine.

II.—BARET, Jean, [Guillaume I.
b 1683 ; s 17 mars 1708, à Québec.

II.—BARET, Laurent, [Guillaume I.
s avant 1735.
Rochereau, Madeleine, [Vivien I.
b 1690 ; s 11 avril 1736, au Cap-de-la-Madeleine.[2]
Marie-Joseph, b... m[2] 23 février 1745, à Etienne St-Louis. — *Joseph*, b... m 11 février 1725, à Madeleine Desrosiers, à Champlain.

I.—BARET, Jérémie (2), b 1699 ; ville de Bourges, Berry, s 2 sept. 1759, à l'Hôpital-Général, M.

BARETTE, André, b 1719, s 17 mars 1733, à Ste-Anne.

1724, (20 juin) Ste-Anne.
III.—BARETTE, François. [Pierre II.
Lessard, Dorothée. [Prisque II.
Jean, b 29 avril 1728, à St-François, I. J.[4], s[3] 12 août 1729. — *Prisque*, b[3] 16 juillet 1730; m 13 oct. 1760, à Barbe Lacasse, à St-Vincent-de-Paul.[4]—*Jean-Amable*, b[3] 16 février 1732; m[4] 18 janvier 1762, à Marie-Joseph Asselin.—*Alexis*, b[3] 16 février 1732.—*Joseph-Marie*, b[3] 26 avril 1733 ; s[4] 26 février 1761.— *Geneviève-Gabrielle*, b[3] 3 juin 1735, m[4] 25 oct. 1751, à Charles Desnoyers.—*Paschal*, b[3] 20 février 1737.—*Marie-Louise*, b[3] 2 mars 1739; m[4] 13 oct. 1760, à Maurice Paquet.—*Pierre*, b... m 7 février 1752, à Marie-Joseph Turcot, au Sault-au-Recollet.—*François*, b... m[4] 17 janvier 1758, à Catherine Alaire.

(1) Dit Courville, 1729.
(2) Soldat de M. de Montigny.

1725, (11 février) Champlain.
III.—BARET, JOSEPH. [LAURENT II.
DESROSIERS, Madeleine. [MICHEL II.

BARET, LOUISE, b 1728 ; s 13 mars 1758, au Cap-de-la-Madeleine.

BARET, PIERRE.
DUFAUT, Marie-Charlotte.
Pierre, b et s 10 août 1732, aux Trois-Rivières.

I.—BARET, LOUIS.
BELLET, Marie-Joseph.
Joseph, b 1726 ; m 24 juillet 1752, à Marie-Joseph LENOIR, à Montréal.

I.—BARET, JEAN-BTE.
PROVENCHER, Angélique (1). [LOUIS II.
Marie-Anne, b... m 14 oct. 1751, à Jean-Baptiste GAZELLAR, à Québec.—Joseph, b 1730 ; s 17 avril 1736, au Cap-de-la-Madeleine.

1730, (26 juin) Ste-Anne.
III.—BARETTE, JOSEPH. [PIERRE II.
LESSARD, Marie. [PRISQUE II.

BARET, MARIE-MADELEINE, b 1732 ; s 15 déc 1737, à la Pte-aux-Trembles, Q.

1731, (4 avril) Laprairie. ²
III.—BARETTE (2), PIERRE, [GUILLAUME II.
b 1708 ; s 15 mai 1755, à St-Constant. ⁷
CAILLÉ, Marie, [PIERRE II.
b 1710.
Véronique, b ² 4 mai 1732 ; m⁷ 14 février 1757, à Pierre SENÉCAL.—Jean-Marie, b ² 13 février 1735 ; s⁷ 23 avril 1753.—Pierre-Amable, b ² 14 sept. 1736.—Louis, b ² 30 avril 1738 ; s⁷ 1ᵉʳ mai 1753.—Marie-Marguerite, b ² 22 juillet 1740—Joseph-Marie, b ² 7 janvier 1744—Agnès, b⁷ 1ᵉʳ juillet 1752 ; m⁷ 23 janvier 1769, à Ignace DUPUIS.—Marie-Judith, b... m⁷ 23 avril 1770, à Joseph PINSONNEAU.

1733, (26 janvier) Ste-Anne. ⁴
III.—BARETTE, FRANÇOIS, [FRANÇOIS II.
s⁴ 28 oct. 1771.
LACROIX, Marguerite, [AUGUSTIN II.
b 1710.
François, b⁴ 6 janvier 1735. — Marie-Joseph, b⁴ 31 mai 1737 ; m⁴ 18 juillet 1763, à Pierre SYLVAIN.— Jean, b⁴ 25 avril et s⁴ 4 mai 1740.—Michel, b⁴ 1ᵉʳ janvier 1742 ; s⁴ 10 nov. 1747. — Joseph, b⁴ 9 juin 1745 ; m⁴ 22 février 1773, à Elisabeth CARON.— Jean-Baptiste, b⁴ 17 juillet 1748.—Angélique, b 15 oct. 1751, à St-Joachim⁵ ; m⁹ nov. 1772, à Jean RACINE.— François, b... m⁵ 14 février 1757, à Agnès POULIN.

(1) Elle épouse, le 29 oct. 1742, Michel Duval-Bigot, au Cap-de-la-Madeleine.
(2) Dit Courville.

1735, (18 avril) St-Joachim.
III.—BARET, JEAN. [PIERRE II.
BERTHELOT, Marie-Joseph, [JOSEPH II.
veuve de Dominique Poulin.
Jean, b 31 mai 1736, à Ste-Anne. ⁴—Marie-Dorothée, b⁴ 15 juin 1738 ; s 5 juin 1739, au Sault-au-Récollet. ⁵—Anonyme, b⁵ et s⁵ 14 mars 1740. — Marie-Dorothée, b⁵ 9 avril 1741. — Germain, b⁵ 14 juin et s⁵ 8 juillet 1743.

BARET, MARIE-JOSEPH, b 1736 ; s 27 mai 1756, au Cap-de-la-Madeleine.

1738, (26 août) Montréal. ⁴
I.—BARETTE (1), PIERRE, b 1700 ; fils de Joseph et de Catherine Girardeau, de St-Pierre, diocèse de Bordeaux.
ROY, Madeleine, [FRANÇOIS II.
veuve de Joseph Martel.
Pierre, b⁴ 4 avril et s⁴ 17 juillet 1742.—Marie-Rosalie, b⁴ 8 juin 1745.

1741, (4 sept.) St-Joachim. ⁴
III.—BARET, JOSEPH. [FRANÇOIS II.
FORTIN, Thérèse, [JULIEN III.
b 1724.
Joseph, b⁴ 10 oct. 1741 ; m 8 nov. 1773, à Rosalie SIMARD, à la Baie-St-Paul. — François, b⁴ 30 oct. 1743 ; m 26 nov. 1781, à Marguerite HUBOUT, à Lachenaye. — René-Marie, b⁴ 13 déc. 1744.—Marie-Joseph, b⁴ 4 janvier 1747.—Antoine, b⁴ 12 nov. 1748.— François, b⁴ 26 nov. 1749.— Joseph, b 3 mai 1752, à Ste-Anne. ⁵—Marie-Marguerite, b 27 sept. 1757, à Quebec.—Pierre, b... m 12 juin 1775, à Marie-Anne CAMPAGNA, à St-François, I. O.—Marie-Louise, b⁵ 9 janvier 1761. —Marie-Marguerite, b⁵ 14 et s⁵ 26 février 1764. —Ambroise-Nicolas, b⁵ 14 février 1764.

1741, (27 nov.) Laprairie. ⁴
III.—BARET, LOUIS, [GUILLAUME II.
b 1717 ; s 30 janvier 1753, à St-Constant.
POUPART, Marie-Joseph (2), [JOSEPH II.
b 1725.
Marie-Joseph, b⁴ 2 sept. et s⁴ 10 oct. 1742. — Louis, b⁴ 3 oct. 1744.

1745, (22 février) Laprairie.
III.—BARETTE, AUGUSTIN. [GUILLAUME II.
CAILLÉ, Marie, [ANTOINE II.
b 1718.

1747, (25 juin) Cap-de-la-Madeleine. ⁴
III.—BARET, JOSEPH, [ADRIEN II.
s⁴ 11 juin 1754.
GAUTIER, Marie-Joseph (3). [JEAN-BTE II.
Joseph, b⁴ 22 sept. 1753 ; s⁴ 31 janvier 1754.

(1) Dit Laroche, sergent.
(2) Elle épouse, le 29 avril 1754, Jacques Delinel, à St-Constant.
(3) Elle épouse, le 21 février 1757, Joseph Rochereau, au Cap-de-la-Madeleine.

1748.
III.—BARET, Michel, [Adrien II.
b 1703 ; s 16 mars 1763, au Cap-de-la-Madeleine. [4]
Lanotte (1), Jeanne.
Michel, b [4] 25 et s [4] 31 août 1749.—*Joseph*, b [4] 16 août 1750.—*Anonyme*, b [4] et s [4] 7 mai 1752.—*Michel*, b [4] 17 déc. 1753.

1750.
BARET, Jean-Bte.
Paquet, Marie-Anne. [Jean-François II.
Jean-Baptiste, b 23 août 1751, à Chambly.

1750, (9 février) Varennes.
III.—BARET, Prisque, [Pierre II.
s avant 1752.
Senécal, Marie-Joseph (2), [Nicolas III.
b 1713.

1752, (24 juillet) Montréal.
II.—BARET, Joseph. [Louis I.
Lenoir, Marie-Joseph. [Gabriel II.

1752, (7 février) Sault-au-Récollet.
IV.—BARET, Pierre, [François III.
b 1720.
Turcot, Marie-Joseph, [Jean II.
veuve de Barthelemi Pigeon.

1757, (14 février) St-Joachim.
IV.—BARET, François. [François III.
Poulin, Agnès, [Ignace III.
b 1735.
Jean-François, b 14 février 1758, à Ste-Anne. [8] —*Jean-Marie*, b [8] 12 oct. 1760.—*Joseph*, b [8] 14 oct. 1762.—*Marie-Joseph*, b [8] 25 février 1764.—*Pierre*, b [8] 6 nov. 1765.—*Marie-Félicité*, b [8] 6 juillet 1767.—*René-Thomas*, b [8] 22 et s [8] 29 déc. 1769.—*Marie-Louise*, b [8] 27 août 1771.—*Augustin*, b [8] 11 juin 1773.

1758, (17 janvier) St-Vincent-de-Paul.
IV.—BARET, François. [François III.
Alaire, Catherine. [Joseph III.

1760, (13 oct.) St-Vincent-de-Paul.
IV.—BARETTE, Prisque. [François III.
Lacasse, Barbe. [Jean-Bte III.

1762, (18 janvier) St-Vincent-de-Paul.
IV.—BARETTE, Jean. [François III.
Asselin, Marie-Joseph, [Jean-Bte III.
b 1745.

BARET, François.
Réaume, Marie.
François, b 10 juin 1763, à St-Philippe.

---
(1) Appelée Lepellé (1750) et Bigot (1753).
(2) Elle épouse, le 14 février 1752, Jean-Baptiste Gauthier, à Varennes.

1773, (22 février) Ste-Anne.
IV.—BARETTE, Joseph. [François III.
Caron, Elisabeth. [Ignace IV.

1773, (8 nov.) Baie-St-Paul.
IV.—BARRET, Joseph. [Joseph III.
Simard, Rosalie, [François III.
b 1754.

1775, (12 juin) St-François I. O.
IV.—BARET, Pierre. [Joseph III.
Campagna, Marie-Anne, [Simon III.
b 1753.

1781, (26 nov.) Lachenaye. [8]
IV.—BARET, François. [Joseph III.
Hubout, Marguerite, [Charles IV.
b 1761.
Louis-Marie-François, b [8] 24 août 1782 ; s [8] 23 juin 1784.—*Louis-Stanislas*, b [8] 11 mai 1786.—*Jean-Charles*, b [8] 13 nov. 1783 ; s [8] 4 août 1785.—*Louis-François*, b [8] 23 février et s [8] 15 août 1785.—*Nicolas*, b [8] 22 juillet 1787.—*Anonyme*, b [8] et s [8] 11 août 1788.—*Marie-Marguerite*, b [8] 5 sept. 1789.

BARET, Joseph.
Normand, Marie-Joseph.
Antoine, b 13 mai 1786, au Cap-de-la-Madeleine. [6]—*François*, b [6] 4 juillet 1790.

BARET, Marguerite, b 1782 ; s 27 avril 1787, au Cap-de-la-Madeleine.

1754, (9 sept.) Montréal.
I.—BARGEAT, Joseph, fils de Joseph et de Marguerite Ebrard-Berry, de St-Pierre du Queray, Limoges.
Barthe, Catherine, [Théophile I.
veuve de Charles Cottin.

1739, (5 oct.) Québec.
I.—BARIAT, Guillaume-Michel, veuf de Catherine Cellieux, de St-Etienne-du-Mont, Paris
Fortier, Anne-Marguerite, [Etienne I
b 1693 ; veuve de Pierre Léger ; s 7 mars 1777, à l'Hôpital-Général, M.

BARIAU, Françoise, Acadienne, b 1728 ; m à Joseph Savary ; s 1er janvier 1758, à St-Charles.

BARIAU, Rose, épouse de Pierre Vincent.

BARIAU, Antoine, b 1708 ; s 22 janvier 1758, à St-Charles.

BARIAU, Euthage, b 1736 ; s 27 juin 1758, à St-Charles.

I.—BARIAU, Nicolas, Acadien, s avant 1760.
Gaudreau, Ursule, Acadienne, s avant 1760.

Olivier, b... m 11 février 1760, à Marie-Reine Boucher, à St-Thomas.—*Joselle*, b... m 22 janvier 1759, à François Trahan, à St-Charles.

BARIAU, Jean-Bte, Acadien.
Doucet, Marguerite, Acadienne,
s avant 1776
Marie, b... m 19 février 1776, à Timothée Paré, à St-Joachim.

BARIAU, Joseph.
Baudry, Marie-Joseph,
s 1755.
Marguerite, b et s 19 nov. 1755, à la Pte-du-Lac.

BARIAU, Antoine, Acadien,
b 1728; s 17 janvier 1758, à St-Charles. [2]
Doucet-Laurent, Blanche, Acadienne.
Thérèse, b [2] 11 juin 1756.

1760, (11 février) St-Thomas. [2]
II.—BARIAU, Olivier. [Nicolas I.
Boucher, Marie-Reine. [Jean IV.
Jacques-Olivier, b [2] 5 nov. 1710.—*Marguerite*, née 28 déc. 1768, et b 16 nov. 1769, à la Baie-St-Paul,

1761.
BARIAU, Pierre.
Lagrave, Marie-Joseph. [Charles III.
Anne-Marie, b 6 sept. 1762, à Québec.

1764, (5 mars) Baie-St-Paul. [7]
I.—BARIAU, Simon, fils d'Antoine et d'Angélique Tibodeau, de Pipiguit, Acadie.
Simard, Rosalie. [Etienne III.
Marie-Rosalie, b [7] 3 et s [7] 4 juin 1767.

BARIAU, Jean.
Landry, Marie-Madeleine, [Joseph III.
Jean-Baptiste, b 19 février 1769, à St-Joachim [8], s [8] 2 avril 1770. — *Marie-Angélique*, b [8] 21 avril 1775.—*Joachim*, b [8] 8 avril 1778.—*Jean-Baptiste*, b [8] 4 juillet 1760; s [8] 20 mars 1761.—*Anonyme*, b [8] et s [8] 31 janvier 1762.—*Joseph-Marie*, b [8] 30 janvier 1763.—*Jean-Baptiste*, b [8] 19 janvier et s [8] 17 février 1765.

1669,
I.—BARIBEAU, François (1),
b 1624; s 22 oct. 1721, à Batiscan. [9]
Moreau, Perinne. [Michel I.
Marie-Gabrielle, b 5 février 1673, à Québec; 1° m [9] 24 déc. 1687, à Guillaume LeBellet; 2° m [9] 3 juin 1697, à Paul Bertrand; s [9] 2 mars 1725,

1687, (10 février) Batiscan. [7]
II.—BARIBAUT, Louis. [François I.
s 11 oct. 1748, à Ste-Anne-de-la-Perade. [8]
1° Feuillon, Madeleine. [Michel I.
Louis, b [8] 26 déc. 1709, s [8] 27 août 1722.—*Marie-Madeleine*, b [8] 13 mars 1705; m [6] 2 mai 1727, à Charles Juneau.— *Michel*, b [8] 25 avril 1695; m [8] 14 février 1730, à Barbe Gariépy.—*François*, b [7] 3 déc. 1689; s [8] 7 juillet 1725.—*Marie-Jeanne*, b [7] 28 sept. 1691; m [8] 13 février 1714, à Jean Dessureaux.—*René*, b [8] 18 janvier 1700; s [8] 2 janvier 1732. —*Pierre*, b [1er] sept. 1702; s [8] 25 nov. 1746.
2° Mainville, Marie-Jeanne, [Jean I.
b 1680; s [8] 8 oct. 1748.

1697, (19 février) Batiscan. [6]
II.—BARIBEAU, Jean, [François I.
s [6] 2 avril 1725.
Cosset, Marie-Marguerite, [Jean I.
s avant 1742.
Véronique, b... m 17 février 1738, à François Hayot, à Ste-Anne-de-la-Perade. [7] — *Marie-Thérèse*, b [6] 13 sept. 1717; m [7] 1er juillet 1741; à Charles Jodouin.—*François-Xavier*, b [5] 2 déc. 1701, m 22 juin 1742, à Marie-Joseph Giguère, à Montréal. — *Marguerite*, b [6] 4 avril 1707; m à Jean-Baptiste Juineau. — *Joseph*, b [6] 18 février 1709, m 1746, à Marguerite Tifaut.

1708, (4 août) Batiscan. [9]
II.—BARIBAUT, Pierre. [François I.
Dessureaux (1), Madeleine, [François I.
s [9] 1er mars 1748.
Marie-Joseph, b [9] 18 juin 1710; m [9] 31 oct. 1734, à Jean Cosset.—*Marie-Thérèse*, b [9] 12 août 1712; s [9] 1er avril 1719.—*Marie-Françoise*, b [9] 25 août 1714; m [9] 13 février 1736, à Ignace Adam; s [9] 1er déc. 1749.—*Marie-Madeleine*, b [9] 24 janvier 1717.—*Pierre*, b [9] 15 janvier 1719.—*Geneviève*, b [9] 17 juin 1720; m [9] 13 février 1736, à Charles Dumont.

1721, (26 février) Ste-Anne-de-la-Perade.
II.—BARIBAUT, François, [François I.
s 13 nov. 1724, à Batiscan. [8]
Bertrand (2), Marie-Joseph. [Mathurin I.
Marie-Joseph, b [8] 23 janvier 1722; m 29 février 1740, à René Marchildon, à Ste-Geneviève.—*Etienne-François*, b [8] 8 oct. 1723.

1730, (14 février) Ste-Anne-de-la-Pérade. [4]
III.—BARIBAULT, Michel, [Louis II.
s [4] 4 nov. 1760.
Gariépy, Barbe, [François II.
b 1698
Michel, b [4] 12 février 1731; m [4] 19 nov. 1753, à Françoise Ricard.—*Barbe*, b [4] 12 nov. 1732.—*Marie*, b... m [4] 30 janvier 1752, à François Baudoin.

1732, (25 février) Sorel.
III.—BARIBAULT, Jean-Bte, [Louis II.
b 1707.
Hus, Marie, [Louis II.
b 1711.
Jean-Baptiste, b 12 janvier 1733, à Ste-Anne-de-la-Perade. [5]—*Pierre*, b [5] 13 mars 1735; m [5] 15

---

(1) Voy. vol. I, p. 26.

(1) Dit Laplante, 1714.
(2) Dit St-Arnaud. Elle épouse Emond Guibaut.

janvier 1759, à Madeleine CHARETS.—*François-d'Assise*, b ⁵ 27 mars 1737; m ⁵ 21 février 1757, à Marie-Joseph CHARETS.—*Marie-Joseph*, b⁵ 5 avril 1739; m ⁵ 7 février 1757, à François DUBORD.—*François-Joseph*, b ⁵ 19 janvier 1742.—*Louis-Joseph*, b ⁵ 8 août 1745; m ⁵ 14 janvier 1765, à Madeleine LEVÈQUE; s ⁵ 2 janvier 1774.—*Jean-Baptiste*, b ⁵ 7 juillet et s ⁵ 11 sept. 1748.—*Jean-Baptiste*, b ⁵ 27 mai et s ⁵ 5 juin 1749.—*Marie-Anne*, b ⁵ 15 oct. et s ⁵ 2 nov. 1750.—*Joseph*, b... m 21 juin 1762, à Madeleine L'ÉCUYER, aux Grondines.

BARIBAUT, MARIE-JOSEPH, épouse de François CLERMONT.

BARIBEAU, MARGUERITE, épouse de Joseph BELLETÊTE.

1737, (11 février) Batiscan. ⁴
III.—BARIBAUT, JEAN.   [JEAN II.
   ADAM, Marie-Anne,   [JEAN-BTE II.
   veuve d'Ignace Baril.
   Marie-Anne, b ⁴ 11 sept. 1737; s ⁵ 16 janvier 1739.—*Marie-Françoise*, b 12 oct. 1738, à Ste-Geneviève. ⁵—*Elisabeth-Amable*, b ⁵ 28 oct. 1739. —*Marie-Anne*, b... 1º m à Alexis HAYOT; 2º m à Alexis TROTIER.

1739, (27 avril) Ste-Geneviève. ⁵
III.—BARIBEAU, FRS-ANTOINE.   [JEAN II.
   TIFAUT, Catherine.   [JACQUES II.
   Antoine, b ⁵ 22 février 1740.—*François*, b... m 10 février 1777, à Marie-Joseph MASSICOT, à Batiscan.—*Jean-Bte*, b... m à Geneviève BARIL.

BARIBEAU, MARIE-JOSEPH, épouse de Louis MASSICOT.

BARIBEAU, MARIE-LOUISE, épouse de Jean-Baptiste LIZÉE.

1742, (22 juin) Montréal. ⁴
III.—BARIBEAU, FRANÇOIS.   [JEAN-BTE II.
   GIGUÈRE, Marie-Joseph.   [JEAN-BTE II
   François, b ⁴ 25 janvier 1743; s 13 février 1743, à Terrebonne.

1746.
III.—BARIBEAU, JOSEPH,   [JEAN II.
   b 1709.
   TIFAUT, Marguerite,   [ANTOINE II.
   b 1722.
   Antoine-Joseph, b 18 mars 1747, à Batiscan⁴; m 1782, à Marie-Joseph BARIL.—*François*, b ⁴ 13 mai et s ⁴ 27 sept. 1749. — *François-Antoine*, b ⁴ 13 août 1750.—*Jean-Baptiste*, b ⁴ 31 août 1754, s ⁴ 17 février 1759.

1753, (19 nov.) Ste-Anne-de-la-Perade. ⁴
IV.—BARIBAUT, MICHEL.   [MICHEL III.
   RICARD, Françoise,   [THOMAS II.
   b 1725.
   Marie-Françoise, b ⁴ et s ⁴ 24 sept. 1754.— *Marie-Françoise*, b ⁴ 25 juillet et s ⁴ 18 sept 1755.

—*Michel*, b ⁴ 16 nov. 1756.—*Alexis*, b ⁴ 22 sept. 1760.—*Marie-Joseph*, b ⁴ 7 juin 1762.—*Jean-Baptiste*, b ⁴ 20 juin 1765; s ⁴ 4 avril 1766.—*Jean-Baptiste*, b ⁴ 28 février 1767.—*Joseph*, b ⁴ 15 oct. 1770.—*Judith*, b 14 nov. 1758, aux Grondines.

1757, (21 février) Ste-Anne-de-la-Pérade. ⁴
IV.—BARIBAUT, FRANÇOIS.   [JEAN-BTE III.
   CHARETS, Marie-Joseph.   [FRANÇOIS III.
   Jean, b ⁴ 30 oct. 1760.—*François*, b ⁴ 3 déc 1762; s ⁴ 1er mai 1763.—*Marie-Joseph*, b ⁴ 4 sept. 1758; s ⁴ 14 déc. 1759.—*Marie-Geneviève*, b ⁴ 9 mars 1769.—*Libère-Valère*, b ⁴ 12 avril et s ⁴ 27 oct. 1771.—*François*, b ⁴ 6 janvier 1774.—*Louis-Joseph*, b ⁴ 29 février 1776.—*Henri-Louis*, b ⁴ 24 oct. 1777.—*Marie-Anne*, b ⁴ 17 mai 1780.—*Augustin*, b... m 1er août 1791, à Angelique NAUD, à Deschambault.

1759, (15 janvier) Ste-Anne-de-la-Pérade. ⁴
IV.—BARIBEAU (1), PIERRE.   [JEAN-BTE III.
   CHARETS, Madeleine,   [FRANÇOIS III.
   Pierre, b ⁴ 8 déc. 1759.—*Marie-Joseph*, b ⁴ 19 février 1761; m ⁴ 25 janvier 1779, à Jean-Baptiste LEVEQUE. — *Marie-Madeleine*, b ⁴ 25 sept. 1762.—*François*, b 11 oct. 1764, à Batiscan.—*Louis*, b ⁴ 27 avril 1766; s ⁴ 6 août 1766, à Deschambault. — *Marie-Thérèse*, b ⁴ 3 juin 1767.—*Michel-Nicolas-Eulalie*, b ⁴ 29 sept. 1769; s ⁴ 21 février 1770.—*Louis*, b ⁴ 30 janvier 1771.—*Geneviève*, b 1773; s⁴ 11 janvier 1776.—*Geneviève*, b ⁴ 17 mars 1778.—*Marie-Marguerite*, b ⁴ 24 mars 1779.—*Marie-Victoire*, b ⁴ 1er avril 1780.

1762, (21 juin) Grondines.
IV.—BARIBEAU, JOSEPH.   [JEAN-BTE III.
   L'ÉCUYER, Madeleine,   [ANTOINE III.
   b 1742; s 6 février 1773, à Ste-Anne-de-la-Perade. ¹
   Marie-Joseph, b ¹ 20 mars 1763.—*Marie-Madeleine*, b ¹ 1er février 1765.—*Marguerite*, b ¹ 9 avril 1767.—*Louis*, b ¹ 5 février 1773.

1765, (14 janvier) Ste-Anne-de-la-Pérade. ²
IV.—BARIBAUT, LOUIS-JOSEPH,   [JEAN III.
   s ² 2 janvier 1774.
   LEVÊQUE, Marie-Madeleine (2). [JOSEPH III.
   Rosalie, b ² 26 déc. 1765.—*Jean-Baptiste*, b ² 28 déc. 1767.—*Louis*, b ² 10 janvier 1772.

1777, (10 février) Batiscan.
IV.—BARIBEAU, FRANÇOIS.   [FRANÇOIS III.
   MASSICOT, Marie-Joseph.   [JEAN III.

IV.—BARIBEAU, JEAN-BTE. [FRS-ANTOINE III.
   BARIL, Geneviève.
   Marie-Geneviève, b 18 sept. 1778, à Ste-Anne-de-la-Perade.

(1) Dit Boisvert, 1779.
(2) Elle épouse, le 11 avril 1774, Pierre Deveau, à Ste-Anne-de-la-Pérade.

1782.

IV.—BARIBEAU, Joseph.   [Joseph III.
Baril, Marie-Joseph.   [Pierre III.
Joseph, b 1782 ; s 26 juin 1784, à Repentigny.

1791, (1er août) Deschambault.

V.—BARIBEAU, Augustin.   [François IV.
Naud, Angélique.   [Jean-François III.

BARICOUR.—Voy. Baril, 1711.

I.—BARIÈRE, René.
Gareau, Françoise,   [Jean II.
s avant 1761, à Chambly. [8]
Marie, b... m [3] 12 janvier 1761, à Nicolas Mathieu.

I.—BARIL, Marie, b... s 20 oct. 1721, au Château-Richer.

1679.

I.—BARIL, Jean (1),
b 1646 ; s 9 février 1724, à Batiscan. [4]
1º Guillet, Marie,   [Pierre I.
s 20 oct. 1681, à Champlain.
1684, (25 mai) Ste-Famille, I. O.
2º Gagnon, Elisabeth,   [Robert I.
b 1660 ; s 1er mars 1703.
Pierre, b... m 10 janvier 1733, à Marie-Catherine Bourbeau, à Becancourt.—*François*, b [4] 13 avril 1690, m [4] 11 février 1716, à Marie-Charlotte Gaillou ; s 16 juin 1759, à l'Hôpital-Général, M. 1704. [4]
3º Dessureaux, Marie-Catherine, [François I.
b 1672 ; s 2 août 1748, à St-Pierre-les-Becquets.

1704, (4 février) Batiscan.

II.—BARIL, Louis,   [Jean I.
1678, s 21 avril 1732, à Ste-Anne-de-la-Perade. [5]
Trotier, Anne-Charlotte,   [Jean I.
b 1688 ; s [5] 29 avril 1753.
Louis, b [5] 28 nov. 1704 ; m 28 août 1730, à Thérèse Tellier, au Cap-Santé.—*Pierre*, b [5] 15 déc. 1710 ; m [5] 18 janvier 1740, à Marie-Louise Gariépy, s [5] 4 oct. 1756.—*Marie-Anne*, b [5] 11 mars 1713 ; 1º m [5] 19 oct. 1733, à Luc Proteau ; 2º m [5] 17 janvier 1735, à Gabriel Tellier.—*Joseph*, b... m [5] 1er juin 1733, à Marie-Joseph Couturier.—*Elisabeth*, b [5] 6 avril 1716 ; s [5] 26 déc. 1733.—*Jean-Baptiste*, b [5] 5 sept. 1718 ; m 3 sept. 1742, à Madeleine L'Ecuyer, aux Grondines.—*Jean-François*, b [5] 25 mai 1721.—*Antoine*, b [5] 4 oct 1724 ; m 8 janvier 1755, à Elisabeth Maillot, à St-Pierre-les-Becquets.—*Gabriel*, b [5] 28 février 1727 ; s [5] 17 déc. 1733.—*Marie-Joseph*, b [5] 20 août 1730 ; m [5] 27 oct. 1749, à Antoine Couturier.

1704, (4 février) Batiscan. [6]

II.—BARIL (1), Jean,   [Jean I.
b 1680 ; s 11 déc. 1729, à Ste-Anne-de-la-Pérade. [7]
Blanchet, Judith,   [René I.
b 1680 ; s 27 mai 1759.
Marie-Jeanne, b [7] 11 et s [7] 12 nov. 1704.—*Marie-Catherine*, b [6] 22 et s [4] 24 oct. 1706.—*Jean-François*, b [6] 15 juillet 1708.—*Geneviève*, b [7] 19 sept. 1710 ; m [7] 6 février 1741, à Joseph Laquerre.—*Marie-Joseph*, b [7] 30 mars 1713 ; m [7] 26 janvier 1739, à Gabriel Courtois ; s [7] 26 janvier 1746.—*Marie-Anne*, b [7] 26 mars 1716 ; m [7] 10 juin 1743, à René Hamelin ; s 24 mars 1789, aux Grondines.—*Joseph*, b [7] 5 nov. 1718 ; s 13 déc. 1732.—*Joseph*, b... m [7] 30 janvier 1746, à Geneviève Courtois.

1711, (14 avril) Batiscan. [8]

II.—BARIL (2), Mathurin.   [Jean I.
Gaillou, Marie-Madeleine,   [Pierre I.
b 1688 ; s 2 février 1761, à St-Anne-de-la-Perade. [9]
François, b [8] 28 février 1713.—*Joseph*, b [9] 20 oct. 1715.—*François*, b [9] 16 avril 1718.—*Antoine*, b [9] 8 et s [9] 15 avril 1721.—*Antoine*, b [9] 14 et s [9] 28 juin 1722.—*Jean-Baptiste*, b [9] 10 août 1723 ; s [9] 17 août 1742.—*Marie-Anne*, b [9] 12 juillet 1725 ; m [9] 24 juillet 1747, à François Demers.—*Pierre*, b [9] 29 oct. 1727 ; m [9] 18 février 1754, à Louise Rivard.

1716, (11 février) Batiscan. [1]

II.—BARIL (3), François,   [Jean I.
b 1690, s 16 juin 1759, à l'Hôpital-Général, M.
Gaillou, Charlotte.   [Pierre I.
Marie-Catherine, b [1] 5 déc. 1716 ; m 18 février 1737, à Joseph Ayot, à Ste-Geneviève.[6]—*François-Marie*, b [1] 3 nov. 1718 ; s [1] 10 janvier 1734.—*Marie*, b [1] 3 déc. 1720.—*Jean-Baptiste*, b [1] 3 mai 1723.—*Anne-Charlotte*, b [1] 3 juillet 1725.—*Louis-Joseph*, b [6] 27 mai 1733.—*Marie-Marguerite*, b [6] 22 oct. 1730 ; s [6] 30 sept. 1738.—*Michel*, b [6] 17 juin 1736.—*Marie-Charles*, b 1726 ; s [6] 24 janvier 1738.—*Marie-Joseph*, b...

BARIL, Marie-Louise, épouse de Jean St-Jean.

1720, (19 août) Batiscan. [1]

II.—BARIL, Jacques,   [Jean I.
Grenet (4), Elisabeth.   [Sébastien I.
Marie-Joseph, b [1] 11 juin 1721.—*Jean-Baptiste*, b [1] 30 oct. et s [1] 7 nov. 1722.—*Marie-Joseph*, b 11 déc. 1723.—*Jacques*, b [1] 2 janvier 1726 : m 28 août 1758, à Jeanne Guildaut, à Yamachiche.—*Geneviève*, b 1er août 1728, à Ste-Geneviève.[6]—*Marguerite*, b [6] 9 août 1733.—*Pierre*, b [6] 15 déc. 1734.—*Marie-Anne*, b [6] 27 juillet 1730.—*Louis-Joseph*, b [6] 24 et s [6] 27 juillet 1732.—*Marie-Françoise*, b [1] 25 août 1737.

---

(1) Dit Ducheny.
(2) Dit Baricour.
(3) Dit St-Onge.
(4) Dit Grenat, 1721.

(1) Vol I, p. 26.

1730, (28 août) Cap-Santé.
III.—BARIL, Louis. [Louis II.
Tellier, Thérèse. [François II.
Louis, b 15 août 1731, à Ste-Anne-de-la-Pérade.[2]— Joseph, b [2] 7 avril 1733 ; m à Madeleine Levêque. — Alexis, b 9 avril 1735, à St-Pierre-les-Becquets[3], m [2] 2 février 1761, à Marie-Joseph Dubuc.—Marie-Anne, b [2] 11 mars 1737; s [3] 15 février 1754.—Jean-Baptiste, b 22 juin 1739, à Batiscan. — Antoine, b [3] 9 avril 1741.—François, b [3] 1er avril 1744.

1731, (16 sept.) Ste-Anne-de-la-Pérade.
II.—BARIL, Ignace, [Jean I.
s 15 sept. 1733, à Batiscan.[1]
Adam, Marie-Anne (1), [Jean-Bte II.
b 1709.
Marie-Elisabeth, b [1] 10 nov. 1731 ; s [1] 15 avril 1732.—Joseph, b [1] 14 déc. 1732 ; s [1] 13 août 1733.

1731, (26 nov.) Batiscan.[1]
II.—BARIL, Alexis, [Jean I.
b 1705; s 16 janvier 1746, à St-Pierre-les-Becquets.[2]
Adam, Marie-Joseph. [Jean-Bte. II.
Marie-Joseph, b [1] 4 nov. 1732 ; s [2] 26 sept. 1733, à Ste-Anne-de-la-Pérade.[6] —Marie-Ursule, b [1] 12 février 1737 ; m 12 oct. 1761, à Jean-Baptiste Houde, à Becancour.—Marie-Angélique, b [1] 1er février 1739, m [2] 3 juillet 1758, à Jean-Baptiste Herbecq —Marie-Joseph, b [2] 16 mars 1741 ; m 16 nov. 1763, à Jean-Baptiste Roiroux, à St-Jean-Deschaillons. — Marie-Anne, b [2] 1er janvier 1743 —Marie-Monique, b [2] 4 mars 1745.—Marie-Elisabeth, b... s 6 février 1751, à Lavaltrie.

BARIL, Marie-Anne, épouse de Pierre Cosset.

1733, (10 janvier) Becancour.[1]
II.—BARY (2), Pierre. [Jean I.
Bourbeau, Marie-Catherine. [Pierre III.
Catherine, b... m [1] 1er juin 1761, à Charles Marié.—Marie-Catherine, b 4 février 1734, à Batiscan.—Pierre, b 4 mars 1736, à Ste-Geneviève [2]; m 14 nov. 1763, à Therèse Charland, à St-Jean-Deschaillons.—Anonyme, b [2] et s [2] 22 oct. 1738. —François-Xavier, b [2] 18 février 1740.

1733, (1er juin) Ste-Anne-de-la-Pérade.[3]
III.—BARIL, Joseph. [Louis II.
Couturier, Marie-Joseph, [Joseph II.
s [3] 15 janvier 1745.
Joseph, b [3] 2 et s [3] 7 mai 1735.—Joseph, b [3] 16 avril 1736 ; s [3] 3 nov. 1755.—Marie-Joseph, b [3] 21 mai 1738.—Jean-Baptiste, b [3] 12 oct. 1740, m [3] 12 janvier 1767, à Marie-Joseph Morand.—Alexis, b [3] 27 oct. 1742 ; s [d] 4 mars 1748.—Charles, b [3] 5 oct. 1744 ; s [3] 31 mai 1746.

(1) Elle épouse, le 11 février 1737, Jean Baribaut, à Batiscan.
(2) Et Baril.

1735, (3 nov.) Batiscan.
II.—BARIL, Joseph. [Jean I.
Baribaut, Marie-Anne (1). [Jean II.
Joseph, b 4 nov. 1736, à Champlain.

1738, (14 avril) Batiscan.[6]
II.—BARY, Gervais. [Jean I.
1o Adam, Catherine, [Jean-Bte II.
b 1719, s 14 sept. 1760, à St-Pierre-les-Becquets.[7]
Pierre, b [7] 17 juin 1740 —Marie-Catherine, b [7] 29 juillet 1742.—Marie-Marguerite, b [7] 20 déc 1744. — Jean-Baptiste, b [6] 27 sept. 1746 ; s [7] 5 août 1748. — Alexis-Amable, b [7] 8 août 1748 — Marie-Euphrosine, b [7] 8 août 1750.—Alexis, b [7] 13 mai 1752.— Marie-Judith, b [7] 15 sept. 1754 — Elisabeth-Amable, b [7] 16 août 1756. — Marie-Joseph, b [7] 1er août 1758. — Marie, b... m 7 oct. 1771, à Joseph Ledoux, veuf de Marie-Joseph Bissonnet, à Varennes.
1761, (3 août).[7]
2o Augé, Catherine. [Jean-Bte III.

BARIL, Marie-Joseph, b 1742 ; s 14 sept. 1754, à Ste-Anne-de-la-Perade.

1740, (18 janvier) Ste-Anne-de-la-Perade.[9]
III.—BARIL, Pierre, [Louis II.
s [9] 4 oct. 1756
Gariépy, Louise, [Charles III.
b 1719, s [9] 9 nov. 1757.
Pierre, b [9] 21 août et s [9] 21 oct., 1742.—Charles, b [9] 21 août et s [9] 28 oct. 1742.—Louise-Céleste, b [9] 23 oct. 1740, m [9] 17 août 1760, à Jacques Sédilot. — Charles, b [9] 1er sept. 1743.—Pierre, b [9] 2 juillet 1744 ; s [9] 23 février 1746.—Basile, b [9] 14 août 1746 ; m [9] 20 juillet 1767, à Thérèse Jobin.—Quéri, b [9] 10 avril 1740 ; s [9] 7 août 1767.—Louis, b [9] 29 déc. 1750.—Marie-Clotilde, b [9] 18 et s [9] 27 août 1752.—Marie-Françoise, b [9] 16 juillet 1753.—Marie-Elisabeth, b [9] 4 et s [9] 18 oct. 1755. — Anonyme, b [9] et o [9] 4 oct. 1756.—Marie-Françoise, b 1753, m 1er février 1775, à Antoine Delisle, aux Ecureuils [2] ; s [2] 15 avril 1776.

1742, (3 sept.) Grondines.
III.—BARIL, Jean-Bte. [Louis II.
b 1719 ; s 20 juin 1754, à Ste-Anne-de-la-Perade.[8]
L'Écuyer, Marie-Madeleine. [Antoine II
Marie-Louise, b [8] 31 juillet 1743 ; m [8] 24 juillet 1758, à René Rivard.—Jean-Baptiste, b [8] 3 mars 1746.

1743, (25 février) Ile-Dupas.[1]
III.—BARIL, François-Joseph. [Antoine II
Cottenoire. Marie-Françoise. [Louis II
François-Etienne, b [1] 19 août 1743.

BARIL, Marie-Joseph, épouse de François Tifaut.

(1) Elle épouse, le 19 mars 1741, Pierre DeChevery, à Lotbinière.

1746, (30 janvier) Ste-Anne-de-la-Pérade.¹
III.—BARIL (1), Joseph.   [Jean II.
  Courtois, Geneviève.   [Gabriel II.
  Marie-Joseph, b ¹ 23 oct. 1746.—*Marie-Elisabeth*, b¹ 2 nov. 1747.—*Marie-Thérèse*, b ¹ 20 avril 1749, m ¹ 20 oct. 1777, à Alexis Ricard.—*Joseph*, b ¹ 8 déc. 1750.—*Pierre-Joseph*, b ¹ 26 mars 1752.—*Françoise*, b ¹ 16 juillet 1753 ; m 15 nov. 1779, à Pierre-Charles Dupuis, à la Rivière-du-Loup, s 30 mars 1844, à Maskinongé.—*Joseph-Joachim*, b ¹ 9 oct. 1755.—*Charles*, b ¹ 30 juin 1757.—*Marie-Louise*, b ¹ 13 janvier 1760.—*Gabriel*, b ¹ 1er janvier 1762.—*Marie-Ursule*, b ¹ 28 oct. 1763.—*François*, b ¹ 16 déc. 1765.

1754, (18 février) Ste-Anne-de-la-Pérade.²
III.—BARIL (2), Pierre.   [Mathieu II.
  Rivard (3), Louise.   [François IV.
  Marie-Marguerite-Clément, b ² 22 nov. et s ² 6 déc. 1754.—*Marguerite-Renée*, b ² 4 mars 1757, m ² 5 février 1777, à Charles Dolbec.—*Marie-Joseph*, b ² 4 mars 1761 ; m à Joseph Baribeau.—*Marie-Anne*, b ² 4 mars 1761.—*Marie-Louise*, b ² 12 déc. 1763 ; s ² 18 mars 1770.—*Marguerite-Rose*, b ² 23 février 1765.

1755, (8 janvier) St-Pierre-les-Becquets. ³
III.—BARIL, Antoine.   [Louis II.
  Maillot, Elisabeth.   [François II.
  Marie-Elisabeth, b 7 nov. 1756, à St-Jean-Deschaillons.—*Antoine-Amable*, b ³ 1er août 1758.

IV.—BARIL, Joseph.   [Louis III
  Levêque, Madeleine.   [Mathurin II.
  Marie-Marguerite, b 27 déc. 1757, à Ste-Anne-de-la-Perade⁴ ; s ⁴ 25 août 1759.—*Alexis*, b... m ⁴ 11 janvier 1773, à Marie-Anne Tidaudeau.—*François*, b ⁴ 28 juillet et s ⁴ 29 août 1747.—*François*, b... m ⁴ 8 janvier 1776, à Marie-Anne Levêque.—*Etienne*, b ⁴ 5 janvier 1751 ; m ⁴ 5 février 1777, à Marie-Anne Declos.— *Marie-Madeleine*, b⁴ 18 et s ⁴ 23 janvier 1750.—*Charles*, b ⁴ 7 mai 1553 —*François*, b ⁴ 7 mars 1755.—*Jean-Baptiste*, b...

1758, (28 août) Yamachiche. ⁵
III.—BARIL, Jacques.   [Jacques II.
  Guilbaut (4), Marie-Jeanne,   [Edmond II.
  b 1734.
  Joseph, b⁵ 11 oct. 1759 ; s 26 déc. 1784, à Lachenaye.—*Jean-Baptiste*, b⁵ 31 mars 1761 ; s⁵ 28 février 1763.—*Marguerite*, b⁵ 13 février 1764 —*Jacques*, b⁵ 17 juin 1765.—*Marie-Jeanne*, b⁵ 3 avril 1767.

BARIL (5), Jean.
  Bourbeau, Marguerite.   [Joseph III.
  Anonyme, b et s 3 mai 1760, à Batiscan.

(1) Dit Ducheny.
(2) Dit Baricour.
(3) Dit Loranger.
(4) Dit Duplassial.
(5) Appelé Pari.

1761, (2 février) St-Pierre-les-Becquets.
IV.—BARIL, Alexis.   [Louis III.
  Dubuc, Marie-Joseph,   [Augustin IV.
  b 1740.

1761, (24 août) Quebec. ⁶
I.—BARY, Joseph, fils d'Alexis et de Marguerite Lafleur, de Notre-Dame de Namur.
  Fonjamy, Thérèse.   [Léonard I.
  Marie-Catherine, b⁶ 4 mai 1762.—*Marie-Joseph*, b⁶ 3 juillet 1763.

1763, (14 nov.) St-Jean-Deschaillons.
III.—BARIL, Pierre.   [Pierre II.
  Charlan, Thérèse.   [Joseph III.

1767, (12 janvier) Ste-Anne-de-la-Pérade. ⁷
IV.—BARIL (1), Jean-Baptiste.   [Joseph III.
  Morand, Marie-Joseph.   [Joseph III.
  Joseph, b ⁷ 15 nov. 1767.—*Pierre*, b⁷ 2 oct. 1771.—*François*, b ⁷ 15 février 1775.—*Marie-Joseph*, b⁷ 6 nov. 1778 ; s ⁷ 21 mars 1780.

1767, (20 juillet) Ste-Anne-de-la-Pérade.⁸
IV.—BARIL, Basile   [Pierre III.
  Boisverd-Jobin, Therèse,   [Alexis III.
  b 1737.
  Joseph, b⁵ 25 avril 1768.—*Pierre*, b ⁶ 12 sept. 1769 —*Augustin*, b ⁶ 12 et s ⁶ 17 oct. 1770.—*Alexis*, b ⁶ 5 déc 1771.

1773, (11 janvier) Ste-Anne-de-la-Perade.⁶
V.—BARIL, Alexis.   [Joseph IV.
  Thibaudeau, Marie-Anne.   [Olivier I.
  Marie-Madeleine-Euphémie, b ⁶ 15 janvier 1775.—*Alexis*, b ⁶ 12 oct. 1778.—*Marie-Hélène*, b 20 mars 1784, à Batiscan.

1776, (8 janvier) Ste-Anne-de-la-Pérade.⁶
V.—BARIL, François.   [Joseph III.
  Levêque, Marie-Anne.   [Joseph III.
  Marie-Anne, b ⁶ 6 oct. 1776.—*François*, b ⁶ 17 mars et s ⁶ 6 avril 1778.—*Basile*, b ⁶ 27 février 1779.

1777, (5 février) Ste-Anne-de-la-Pérade. ⁶
V.—BARIL (2), Etienne.   [Joseph IV.
  Declos (3), Marie-Anne.   [Antoine II.
  Etienne, b ⁶ 19 et s ⁶ 21 oct. 1777.—*Anonyme*, b ⁶ et s ⁶ 5 juin 1778.—*Anonyme*, b⁶ et s ⁶ 14 juin 1779.—*Anonyme*, b⁶ et s ⁶ 17 juin 1780.

BARIL, Charles,
  s avant 1818.
  Brunel, Charlotte.
  Dominique, b... m 16 nov. 1818, à Euphrosine Nolin, à St-Jean-Deschaillons.

BARIL, Louis.
  Baudet, Marie-Louise.
  Geneviève, b.. m 2 août 1825, à Antoine Maillot, à St-Jean-Deschaillons.

(1) Dit Bary.
(2) Dit Ducheny.
(3) Appelée Duclos.

1818, (16 nov.) St-Jean-Deschaillons.
BARIL, Dominique. [Charles.
Nolin, Euphrosine. [François,

BARILLES.—Voy. Alard.

1671.
I.—BARITAULT (1), Louis.
Vara, Marie.
Jean, b 1676.—*Louis*, b 1688, au Château-Richer ; m 21 mai 1714, à Marie-Anne Cabossier, à Montréal.—*Jeanne*, b... m à Ange Cusson.

1699, (13 mai) Laprairie.[1]
II.—BARITEAU (2), Julien, [Louis I.
s[1] 14 juillet 1736.
1° Diel, Marie, [Charles I.
s 26 juillet 1715.
Charles, b[1] 4 mars 1701 ; m 4 février 1743, à Agathe Langlois, à Montréal.[2]—*Pierre*, b[1] 8 sept. 1709 ; m[1] 24 nov. 1738, à Marie-Joseph Perras.—*François*, b[1] 15 juillet 1704.—*Antoine*, b[1] 21 février 1707 ; m 7 janvier 1738, à Marie-Charlotte Malard, à Longueuil. — *Jacques*, b[1] 13 sept. 1712.—*Jean-Baptiste*, b[1] 25 juin et s[2] 5 sept. 1715.

1717, (12 avril).[1]
2° Supernant, Catherine (3), [Jacques I.
veuve de Jean Deniger ; s 28 février 1762, à St-Constant.
Julien, b[1] 26 février 1721 ; s[1] 22 juillet 1731. —*Marie-Catherine*, b[1] 22 mars 1723 ; m[1] 19 février 1748, à Nicolas Varin.—*Marie-Jeanne*, b[1] 24 février 1725.

BARITEAU, Marie-Catherine, épouse de François Delinel.

1714, (21 mai) Montréal[5]
II.—BARITEAU, Louis, [Louis I.
b 1688.
Cabassier, Marie-Anne, [Pierre I.
b 1687 ; s[5] 1er mars 1755.
Marie-Thérèse, b[5] 5 sept. 1715 ; s[5] 10 nov. 1716.—*Louise-Véronique*, b[5] 11 juin 1717.— *Marie-Agathe*, b[5] 22 sept. 1719.—*Marie-Anne*, b[5] 14 sept. 1722 ; m[5] 18 août 1769, à Alexis Dubois.

1720, (30 sept.) Laprairie.[8]
II.—BARITAUT, Etienne. [Louis I.
Lereau, Marguerite, [Pierre I.
b 1695 ; veuve de Pierre Grenard.
Etienne, b[8] 18 février 1723, m[8] 24 avril 1747, à Marie-Hyacinthe Gagné.—*Marguerite*, b... m[8] 17 février 1744, à Jean Girard.—*Marie-Catherine*, b[8] 12 février 1726 ; m[8] 28 avril 1749, à François Glinel.— *René*, b[8] 21 mai 1729.— *Marie-Françoise*, b[8] 10 juillet 1732 ; s[8] (1er avril 1733.—*André*, b[8] 9 janvier 1735.—*Pierre-Amable*, b[8] 17 déc. 1736.

1727, (24 mars) Montréal.[9]
III.—BARITAULT (1), Frs-Julien, [Julien II.
b 1704.
Béquet, Louise. [François II
Louise, b[9] 23 janvier 1728 ; m[9] 1er février 1751, à François Roy. — *Elisabeth*, b[9] 22 déc. 1729. — *Marie-Joseph*, b[9] 8 mai et s[9] 3 sept. 1735.—*Suzanne*, b[9] 8 août 1736.—2 *Anonymes*, b[9] et s[9] 18 juin 1737.—*Jean-Cyprien*, b[9] 25 mars et s[9] 29 mai 1741.—*Cyprien*, b[9] 14 mai et s[9] 9 juillet 1742.—*Cyprien*, b[9] 10 mai et s[9] 19 mai 1743.—*Marie-Catherine*, b[9] 14 et s[9] 23 avril 1744.—*Marie-Joseph*, b[9] 8 juin et s[9] 24 juillet 1748.

1738, (7 janvier) Longueuil.[4]
III.—BARITEAU, Antoine-Julien [Gilles II.
Malard, Marie-Charlotte, [Gervais I.
b 1713.
Antoine, b[4] 2 déc. 1738 —*Antoine*, b[4] 30 mars 1740.—*Anonyme*, b[4] et s[4] 27 oct. 1741.—*Charles*, b[4] 26 mai 1743.—*Joseph*, b[4] 22 nov. 1745.— *Nicolas*, b[4] 1er oct.1748 ; s[4] 29 sept. 1750.—*Marie-Charlotte*, b[4] 2 juillet 1750 ; s[4] 3 août 1754.— *Nicolas*, b[4] 5 avril et s[4] 3 juillet 1753.—*Louis*, b[4] 9 et s[4] 25 août 1754.—*Marie-Charlotte*, b[4] 15 mars 1757.

1738, (24 nov.) Laprairie.[4]
III.—BARITEAU, Pierre. [Julien II
Perras, Marie-Joseph. [Jean II.
Pierre, b[4] 25 oct. ; s[4] 29 nov. 1739.—*Pierre-Amable*, b[4] 5 juillet 1741.

1743, (4 février) Montréal.
III.—BARITEAU (1), Charles. [Julien II.
Langlois, Agathe [Jacques I.
b 1725, s 28 mars 1764, à Soulanges.[9]
Charlotte, b[9] 19 juillet et s[9] 2 août 1757.— *Joseph*, b[9] 30 juillet et s[9] 22 nov. 1758.—*Bonaventure*, b 15 juillet 1749, au Bout-de-l'Ile, M.[5]—*Vincent*, b[5] 24 mai et s[5] 22 juillet 1751.

1747, (24 avril) Laprairie.
III.—BARITEAU, Etienne. [Etienne II
Gagné, Marie-Hyacinthe. [François II
Marie-Suzanne, b 1749 ; m 11 nov. 1765, à François Palin, à St-Philippe[2] ; s[2] 4 mai 1770 —*Hyacinthe*, b... m[2] 3 avril 1769, à Geneviève Maubleau.—*Marie-Louise*, b... m[2] 13 août 1770, à Jean-Baptiste Poissant.

1769, (3 avril) St-Philippe.
IV.—BARITEAU, Hyacinthe. [Etienne III
Maubleau, Geneviève-Pétronille. [Pierre I.

BARLIER, Marie, épouse de Michel Jetté.—

BARNABÉ.—Voy. Martin dit Barnabé.

BARNABÉ, Marie-Ambroise, épouse de Jean-Marie Dasilva.

---
(1) Dit Lamarche. Voy. vol I, p. 27.
(2) Dit Lamarche. Trouvé mort sur le bord de la petite rivière St-Lambert.
(3) Elle épouse, le 9 sept. 1737, Antoine Boyer, à Laprairie.

---
(1) Dit Lamarche.

1739, (16 nov.) St-Thomas. ᵀ

I.—BARNÈCHE, Jean, b 1700; fils de Michel et de Jeanne Daresche, diocèse de St-Martin, Bayonne; s ᵀ 21 août 1765.

Chrétien, Marie. [Jean II.
Jean-Baptiste, b ᵀ 20 août 1740; m ᵀ 18 oct. 1762, à Marie-Madeleine Joncas.—*Pierre-Basile,* b ᵀ 10 nov. 1743; m ᵀ 7 janvier 1765, à Marguerite Métivier.—*Nicolas,* b ᵀ 8 oct. 1745.—*Marie-Ursule,* b ᵀ 24 août 1747; s ᵀ 18 février 1770.—*Guillaume,* b ᵀ 2 oct. 1749.—*Joseph,* b ᵀ 22 nov. 1751.—*Antoine,* b ᵀ 11 sept. 1753.—*Marie-Françoise,* b ᵀ 28 nov. 1756.—*Michel,* b... m 18 nov. 1765, à Angélique Rémillard, à St-Valier.

1762, (18 oct.) St-Thomas.

II.—BARNÈCHE, Jean-Bte. [Jean-Bte I.
Joncas, Marie-Madeleine. [Jacques III.

1765, (7 janvier) St-Thomas.

II.—BARNÈCHE, Pierre-Basile. [Jean-Bte I.
Métivier, Marguerite. [François II.

1765, (18 nov.) St-Valier.

II.—BARNÈCHE, Michel. [Jean-Bte I.
Rémillard, Angélique. [François II.

1714, (8 janvier.) Québec.

I.—BARODY (1), Jean, fils de Barthelemi et de Marie Girard, de St-Marceau, diocèse de Limoges.
Jacoti, Marie-Jeanne. [Jean I.

BAROIS.—Voy. Frechaud, 1748.

BAROLET.—Voy. Bardet.

1716, (3 nov.) Québec. ¹

I.—BAROLET, Claude, marchand, notaire royal, fils de Pierre et de Marie Dautheuil, de St-Jacques de la Boucherie, Paris; s 28 janvier 1761, à Charlesbourg. ²
Dumontier, Françoise, [François I.
b 1698.
François-Robert, b ¹ 5 mai 1718. — *Marie-Louise,* b ¹ 12 février 1720; s ¹ 10 février 1726.—*Marie-Joseph,* b ¹ 19 mars 1721.—*Françoise,* b ¹ 29 août et s ¹ 13 oct. 1722.—*Marie-Françoise,* b ¹ 20 avril 1724; m ¹ 10 février 1744, à Jean-Antoine Bedou. — *Marie-Madeleine,* b ¹ 9 mai 1725; s² 13 mai 1725.—*Jean-Baptiste,* b ¹ 24 sept. 1726.—*Claude-François,* b ¹ 28 janvier et s ¹ 1ᵉʳ mars 1728.—*Marie-Louise,* b ¹ 30 mars 1729; m ¹ 23 oct. 1747, à Jean-Claude Panet.—*Claude,* b ¹ 1ᵉʳ sept. 1730.

BAROLET, Madeleine, b 1754; m à Joseph Maillot, s 4 sept. 1797, à St-Jean-Deschaillons.

I.—BAROLET, Claude (1), Acadien; s avant 1761.
Gormier, Rosalie (2), Acadienne.
Madeleine, b à Beaubassin; m 17 février 1772, à Augustin Trotier, à Batiscan.—*Claude,* b 23 oct. 1756, à Québec; m 13 oct. 1788, à Marguerite Grenier, à la Rivière-du-Loup.

1788, (13 oct.) Rivière-du-Loup.

II.—BAROLET, Claude. [Claude-Vital I.
Grenier, Marguerite. [Pierre.

I.—BAROLON, Marie-Catherine, fille de M. Barolon, officier; s 16 juillet 1758, à la Longue-Pointe.

BARON.—Voy. Hachin.

BARON, Antoine.—Voy. Defoye, 1718.

1676, (16 nov.) Montréal.

I.—BARON, Nicolas (3),
b 1649.
Chauvin, Marie-Martine (4). [Pierre I.

BARON, Marguerite, b... m 2 oct. 1759, à Québec.

BARON, Marie-Louise, epouse de Jean-Baptiste Gingras.

BARON, Madeleine, épouse de Joseph Francœur.

BARON, Marie-Anne, épouse de Jean-Baptiste Lefebvre.

BARON, Suzanne, épouse de Louis Berthelot.

BARON, Marie, épouse de François Chomedey.

BARON, Catherine, epouse de Jean-François Croteau, s 23 nov. 1765, à St-Antoine Tilly.

BARON, Marie-Anne, b 1722; m à Maurice Dery; s 24 mai 1758, à la Pte-du-Lac.

BARON, Jeanne, epouse de Pierre-Carmel Levasseur, s avant 1766.

BARON, Louise, épouse d'André McLeod.

BARON, Marie-Joseph, b 1728, épouse de Pierre Noel; s 5 mars 1748, à St-Antoine Tilly.

BARON (5), Agathe, épouse de Jean-Baptiste Rèche.

BARON, Angélique, épouse de Jean Sicard.

---

(1) Capitaine de navire.
(2) Elle épouse, le 9 nov. 1762, Pierre Rouillard, à Batiscan.
(3) Voy. vol. I, p. 27.
(4) Elle épouse André Frier.
(5) Dit Lupien.

---

(1) Dit Laviolette, soldat de Dumesnil.

1679, (28 nov.) Boucherville. ²

I.—BARON, Leger, [s avant 1711.
    Baudon, Marie-Anne, [Jacques I.
      s ² 4 juillet 1703.
    Jean-Baptiste, b ² 10 février 1691; 1° m 10 sept. 1740, à Marie-Catherine, *Illinoise*, à Kaskakia; 2° m 18 août 1748, à Domitilde Rolet, à Cahokia ³; s ⁸ 15 février 1756.— *Louise*, b ² 2 sept. 1685; m 25 février 1710, à Michel Robineau, à Montréal. ⁴ — *Marie*, b... m ⁴ 23 nov. 1711, à François Chamilliers.— *Denis*, b ² 24 oct. 1682; m ² 29 nov. 1711, à Suzanne Brunel. —*Pierre*, b... m 1700; s ² 13 oct. 1725.

I —BARON, Philippe,
    b 1664; s 20 oct. 1687, à Montréal. ⁹
    ...... Marguerite,
      b 1648; s ⁹ 13 mars 1723,

I.—BARON, Jean-Bte, b 1661; s 31 oct. 1726, à Montréal.

1698, (9 avril) St-François, I. O. ⁶

II.—BARON (Le), Jacques, [Isaac I
    meunier; b 1664; s 18 déc. 1749, à St-Antoine Tilly.⁷
    1° Mesnil, Catherine, [Etienne I.
      b 1677; s ⁷ 26 oct. 1733.
    Jeanne, b 26 août 1699, à Ste-Famille, I. O. ⁸, m 9 nov. 1716, à Pierre-Michel Taillon, à St-Nicolas. ⁹—*Jacques*, b ⁶ 12 février 1702; m ⁷ 17 nov. 1721, à Anne Grenon; s ⁷ 20 dec. 1749.— *Catherine*, b... m ⁹ 4 août 1728, à Louis Croteau. —*Joseph*, b... m ⁹ 9 janvier 1730, à Marie-Anne Lambert; s ⁹ 9 dec. 1742.—*Jean-Baptiste*, b ⁸ 5 sept. 1704; m ⁷ 25 nov. 1727, à Louise Rognon. —*Joseph*, b ⁷ 13 et s ⁷ 16 mai 1708.—*Antoine*, b ⁹ 31 août et s ⁹ 20 sept. 1712.—*Louis-Augustin*, b ⁹ 18 sept. et s ⁹ 17 nov. 1713.—*Marie-Charlotte*, b ⁹ 18 sept. 1713.—*Gabriel* et *Antoine*, b ⁹ 3 oct. et s ⁹ 15 nov. 1714.—*Michel*, b ⁹ 4 et s ⁹ 13 avril 1716.—*Pierre*, b ⁷ 16 mai et s ⁷ 13 juin 1717.— *Marguerite*, b ⁷ 18 et s ⁷ 26 juin 1718.—*Philippe-Ignace*, b ⁷ 15 sept. 1719, m ⁷ 12 août 1743, à Marie-Geneviève Baudon, s ⁷ 10 janvier 1781.— *François*, b ⁷ 16 nov. 1721; s ⁹ 17 janvier 1736.
                      1736.
    2° Boucher, Madeleine, [Pierre III.
      b 1692, veuve de Jacques Dehornay.
    Marie-Angélique, b ⁷ 2 juillet 1737; m 14 février 1757, à Paul Martel, à Ste-Croix.

1705, (18 nov.) Montreal. ¹

II.—BARON (1), Pierre. [Nicolas I.
    Courreau (2), Angelique. [Cybar I.
    Marguerite, née 12 oct. et b 29 dec. 1708, à l'Ile-Dupas.—*Agathe*, b 1725, s ¹ 23 nov. 1727. —*Louis*, b ¹ 16 avril 1729.

1711, (29 nov.) Boucherville. ²

II.—BARON, Denis, [Leger I.
    b 1682.
    Trudel (1), Suzanne, [Jacques I.
      b 1681; s 28 juin 1753, à Lachenaye. ³
    François, b ² 30 sept. 1717; s ² 17 sept 1719. —*François*, b... m ³ 30 juillet 1753, à Françoise Gamache.—*Marie-Joseph*, b ² 9 et s ² 13 mars 1719. —*Joseph*, b... m ³ 19 février 1748, à Jeanne Lepailleur.

I.—BARON (2), Léonard.

BARON, Françoise, b 1726; m à François Diel; s 9 dec. 1762, au Bout-de-l'Ile, M.

II.—BARON, Pierre, [Leger I.
    b 1700, s 13 oct. 1725, à Boucherville.
    Charles, b... m 16 oct. 1752, à Jeanne Deniau, à Chambly.

1721, (17 nov.) St-Antoine Tilly. ⁵

III.—BARON, Jacques, [Jacques II.
    s ⁵ 20 dec. 1749.
    Grenon, Anne, [Pierre I.
      veuve de Louis Rognon; s ⁵ 5 mai 1758.
    Marie-Joseph, b ⁵ 24 août 1722; m ⁵ 5 février 1742, à Pierre-Noel Lambert.—*Jean-Baptiste*, b⁵ 27 mars 1727; m ⁵ 29 juillet 1748, à Marie-Charlotte Houde; s ⁵ 29 mars 1749.—*Pierre*, b ⁵ 29 juillet 1729; m ⁵ 9 juillet 1753, à Marie-Louise Huot.—*Jacques*, b... m 1747, à Françoise Houde.

1727, (25 nov.) St-Antoine Tilly. ⁵

III.—BARON, Jean, [Jacques II.
    b 1704.
    Rognon, Louise [Louis I.
    Marie-Félicité, b ⁵ 18 nov. 1729; m ⁵ 26 février 1748, à Jacques Daigle; s ⁵ 2 mai 1755.—*Jean-Baptiste*, b ⁵ 23 oct. 1731; m 12 août 1754, à Madeleine Dupont, à St-François, I. O.—*Marie-Joseph*, b ⁵ 28 avril 1735; m ⁵ 25 nov. 1752, à Joseph Houde; s ⁵ 25 juin 1758.—*Marie-Françoise*, b ⁵ 15 dec. 1737; s ⁵ 9 avril 1755.—*Marie-Catherine*, b ⁵ 19 mai 1742; m ⁵ 26 février 1759, à Jean-Baptiste Croteau.—*Marie-Françoise*, b⁵ 9 avril 1755.

1730, (9 janvier) St-Nicolas. ³

III.—BARON, Joseph, [Jacques II.
    s ³ 9 déc. 1742.
    Lambert (3), Marie-Anne. [Jean-Aubin II.
    Joseph, b ³ 21 nov. 1730; s ³ 2 mars 1732.— *Jacques*, b ³ 9 mars 1732; m ³ 22 nov. 1762, à Marie-Anne Gingras.—*Simon*, b ³ 1ᵉʳ mars 1734, m 7 février 1757, à Marie-Anne Croteau, à St-Antoine Tilly.—*Antoine*, b ³ 29 mai 1736; m 20 avril 1761, à Marie-Joseph Bechet, à Nicolet.— *Marie-Anne*, b ³ 28 mai 1738; m ³ 2 mai 1763, à Joseph Petitclerc. — *Marguerite*, b ³ 11 juin 1740, s ³ 3 dec. 1741.—*Marie-Thérèse*, b ³ 9 mars 1742.

---

(1) Dit Lupien.
(2) Dit De Lacoste.

(1) L'acte de sépulture et l'acte de mariage, dit Brunel.
(2) Dit St-Cybart. Etait à Lachine le 24 février 1710.
(3) Dite Champagne.

1740, (10 sept.) Cahokia. ²
II.—BARON, JEAN-BTE. [LEGER I.
 b 1691, à Boucherville; s ² 15 février 1756.
 1°......, Marie-Catherine, Illinoise, de Kaskakia.
 b 1703; s ² 12 oct. 1745.
 Joseph (1), b... —*Suzanne* (1), b... 1° m ² 12 oct.
 1747, à Jacques BARROIS (2) ; 2° m ⁷ janvier 1754,
 à Joseph CLERMONT.—*Marguerite* (1), b... m ² 1ᵉʳ
 juillet 1754, à Charles QUESNEL ; s ² juin 1758.—
 Marie-Catherine, b ² 4 et s ² 15 déc. 1742.

1748, (18 août). ²
 2° ROLET, Domitilde, [FRS-XAVIER I.
 s ² 4 mars 1755.
 Joseph-Marie, b ² 8 dec. 1749.—*Jean-Baptiste,*
 b ² 31 janvier 1751.—*Gabriel,* b ² 17 dec. 1752;
 1° m à Marie-Louise BUTEAU; 2° m 15 juin 1789,
 à Marie HERMAND.

1743, (12 août) St-Antoine Tilly. ⁵
III.—BARON, PHILIPPE-IGNACE, [JACQUES II.
 b 1721 ; s ⁵ 10 janvier 1781.
 BAUDON, Marie-Geneviève. [JACQUES III.
 Ignace, b ⁵ 15 juin 1744; m à Marie-Angelique
 GRENIER ; s ⁵ 28 sept. 1781.—*Joseph-Marie,* b ⁵
 24 mars 1746; m à Geneviève HOUDE.—*Marie-Geneviève,* b ⁵ 25 avril 1748.—*Marie-Joseph,* b ⁵
 10 mai 1751 ; m ⁵ 19 août 1771, à Alexis GENEST.
 —*Antoine,* b ⁵ 3 mars 1753; s ⁵ 28 nov. 1755.—
 Marie-Louise, b ⁵ 26 juin 1755; m ⁵ 13 février
 1775, à Jean-Baptiste GINGRAS.— *Antoine,* b...
 m ⁵ 21 janvier 1771, à Geneviève BIBEAU.

1744, (3 fevrier) Montreal. ⁶
I.—BARON, JEAN-CLAUDE (3), b 1720; fils de
 Jean-Baptiste et de Jeanne Bradevillefort,
 de St-Germain l'Auxerois, Paris.
 DUBOIS, Marie-Joseph (4). [JOSEPH I.
 Jean-Charles, b ⁶ 13 nov. 1744.—*Pierre,* b ⁶ 19
 juin 1750.

1747.
IV.—BARON, JACQUES. [JACQUES III.
 HOUDE, Françoise, [JEAN III.
 b 1721 ; s 3 sept. 1790, à Nicolet. ⁷
 Françoise, b 29 mai 1748, à St-Antoine Tilly ⁸;
 m ⁷ 14 fevrier 1774, à Jean-Baptiste DUPUIS.—
 Véronique, b ⁸ 27 dec. 1749; m ⁷ 13 fevrier 1775,
 à Augustin DUPUIS.—*Jacques,* b ⁸ 24 sept. 1751 ;
 1° m à Geneviève LASPRON ; 2° m ⁷ 13 nov. 1786,
 à Felicite RATIER.—*Marie-Louise,* b 12 juin 1753,
 à Ste-Croix ⁹ ; m ⁷ 6 oct. 1788, à Louis DESFOSSÉS.
 —*Marie-Angélique,* b ⁹ 13 dec. 1755 ; m ⁷ 17 fevrier 1777, à Nicolas SALMON.—*Pierre-Marie,* b ⁹
 19 août 1757; s ⁹ 13 août 1758.—*Madeleine,* b...
 m ⁷ 6 nov. 1786, à Charles DESFOSSES.—*Marie-
 Geneviève,* b... m ⁷ 14 fevrier 1791, a Louis
 TOPHINÉ.

1748, (19 février) Lachenaye. ¹
III.—BARON, JOSEPH. [DENIS II.
 LEPAILLEUR, Jeanne, [MICHEL I.
 s ¹ 18 déc. 1776.

1748, (29 juillet) St-Antoine Tilly. ³
IV.—BARON, JEAN-BTE, [JACQUES III.
 s ³ 29 mars 1749.
 HOUDE, Geneviève-Charlotte (1), [JACQUES III.
 b 1729.
 Anonyme, b ³ et s ³ 15 nov. 1749.

1749, (2 nov.) Montréal.
I.—BARON (2), JEAN-PIERRE, b 1721; fils de
 Pierre et de Marie Balu, de Versailles, Paris.
 BRASSARD, Marie-Anne. [PIERRE III.
 Louis, b 2 janvier 1760, à Chambly.

1752, (16 oct.) Chambly. ²
III.—BARON, CHARLES. [PIERRE II.
 DENIAU, Marie-Jeanne, [PIERRE III.
 b 1728.
 Alexis, b ² 20 février 1754.—*Marie-Thérèse,* b ²
 18 août 1755.—*Pierre,* b ² 7 février et s ² 16 avril
 1757.—*Joseph,* b ² 10 sept. 1758.—*Marguerite,* b ²
 22 juin 1760.

1753, (9 juillet) St-Antoine Tilly. ³
IV.—BARON, PIERRE. [JACQUES III.
 HUOT, Marie-Louise (3). [JOSEPH III.
 Marie-Geneviève, b ³ 17 août 1754.—*Pierre,* b ³
 7 juillet 1756.

1753, (30 juillet) Lachenaye. ⁴
III.—BARON, FRANÇOIS. [DENIS II.
 GAMACHE (4), Françoise, [FRANÇOIS III.
 b 1735 ; s ⁴ 23 mai 1770.
 Joseph, b ⁴ 12 sept. 1754.—*Marie-Françoise,* b ⁴
 24 et s ⁴ 29 déc. 1756.—*Jean-Baptiste,* b ⁴ 10
 fevrier 1759.—*Marie-Françoise,* b ⁴ 16 oct. 1761,
 s ⁴ 3 nov. 1765.—*Nicolas,* b ⁴ 10 oct. 1763.—
 Marie-Charlotte, b ⁴ 7 oct. 1764 ; s ⁴ 13 nov. 1765.
 —*Marie-Charlotte,* b ⁴ 5 avril et s ⁴ 18 juin 1767.
 —*Marie-Suzanne,* b ⁴ 2 mai 1768.

1754, (12 août) St-François, I. O.
IV.—BARON, JEAN. [JEAN III.
 DUPONT, Madeleine, [FRANÇOIS III.
 b 1727.
 Jean-Baptiste, b 2 oct. 1755, à St-Antoine Tilly.⁵
 —*Marie-Madeleine,* b ⁵ 11 fevrier 1758.—*Louis-
 Jacques,* b ⁵ 5 janvier 1761—*Marie-Joseph,* b ⁵ 2
 fevrier 1763.

1757, (7 février) St-Antoine Tilly. ⁶
IV.—BARON, SIMON. [JOSEPH III.
 CROTEAU, Marie-Anne, [NICOLAS III.
 b 1738.

---

(1) Né avant la bénédiction de leur mariage.
(2) Etait à Cahokia en 1742
(3) Soldat de la compagnie de Beauharnois.
(4) Elle épouse, le 23 octobre 1769, Joseph-Galèze dit Léveillé, à Varennes.

(1) Elle épouse, le 16 janvier 1758, Joseph Dussault, à
 St-Antoine Tilly.
(2) Dit Sanschagrin, soldat de la compagnie de Lorimier.
(3) Elle épouse, le 26 février 1759, Jean-Bte Dubois, à
 St-Antoine Tilly.
(4) Appelée Gosselin (1754-56).

Simon, b 6 12 nov. 1757; s 6 2 janvier 1760.—
Antoine, b 6 14 avril 1760. — Louis, b 6 4 mai
1762.—Joseph-Simon, b 6 5 février 1764; s 6 9
mai 1765.—Ambroise, b 6 6 mars 1766; s 6 14 août
1768.—Marie-Anne, b 6 14 mars 1768.—Marie-
Victoire, b 6 15 mai 1770.—Augustin, b 6 25 juin
1772.—Marie-Françoise, b 6 19 avril et s 6 25 mai
1774.—Catherine, b 6 3 juin 1775.—François, b 6
10 février 1777.—Marie-Anne, b 6 5 août 1779.

1761, (20 avril) Nicolet.
IV.—BARON, ANTOINE. [JOSEPH III.
BECHET, Marie-Joseph. [JEAN-BTE II.
Marie-Louise, b et s 13 mai 1765, à St-Antoine
Tilly.[7]—Marie-Victoire, b 7 3 nov. 1766.

1762, (22 nov.) St-Nicolas.
IV.—BARON, JACQUES, [JOSEPH III.
GINGRAS, Marie-Anne, [MATHURIN II.
b 1709; veuve de Michel Demers.

BARON, PRISQUE.
TINON-DESROCHES, Marie-Thérèse. [JEAN III.
Marie-Thérèse, b 24 mars 1763, à Lorette

1771, (21 janvier) St-Antoine Tilly.[8]
IV.—BARON, ANTOINE. [IGNACE III.
BIBEAU, Geneviève.
Antoine, b 8 26 février et s 8 12 mars 1786.

1773.
IV.—BARON, JOSEPH, [IGNACE III.
b 1746.
HOUDE, Geneviève.
Ignace, b 18 nov. 1774, à St-Antoine 9—François, b 9 2 mai 1776; s 9 9 février 1777.—Alexis,
b 9 6 oct. 1777.—Marie-Ursule, b 9 14 janvier
1781.—Pierre, b 9 21 avril 1784.

IV.—BARON, IGNACE. [IGNACE III
GRENIER, Marie-Angélique.
Pélagie, b 17 janvier 1776, à St-Antoine.[2]—
Euphrosine, b 2 21 déc. 1777.—Ignace, b 2 21
mars et s 2 11 août 1780.—Marie-Louise, b 2 17
août 1781.—Marie-Angélique, b 2 3 avril 1774.

V.—BARON, JACQUES, [JACQUES IV.
b 1751.
1° LASPNON, Geneviève, [CLAUDE III.
b 1751; s 1er juillet 1786, à Nicolet.[8]
1786, (13 nov.)[6]
2° RATIER, Félicité [DANIEL.

BARON, PIERRE.
………..Marie.
François, b… m 13 janvier 1823, à Angélique
MAILLOT, à St-Jean-Deschaillons.

BARON, FRANÇOIS-XAVIER.
1° …………Françoise.
1821, (9 oct.) St-Jean-Deschaillons.
2° TREMBLAY, Exupère. [AUGUSTIN.

1810, (16 oct.) St-Nicolas.[7]
BARON, PIERRE. [PIERRE.
SIMONEAU, Elisabeth. [PIERRE.

Marcelline, b 7 1er déc. 1811 ; s 7 17 avril 1812.
—Marcelline, b 7 et s 7 17 avril 1813.—Marcelline,
b 7 31 janvier 1814.—Marie-Esther, b 7 12 sept.
1815; s 7 9 déc. 1816.—Adélaïde, b 7 3 oct. 1816.

1823, (13 janvier) St-Jean-Deschaillons.
BARON, FRANÇOIS [PIERRE.
MAILLOT, Angélique. [LOUIS.

BARONET.—Voy. PAPIN.

1760, (2 nov.) Deschambault.
I.—BARONET, PHILIPPE, soldat.
GAUTIER, Marie-Louise. [JACQUES III.

1755, (17 nov.) Québec.
I.—BARRANQUET, JACQUES, fils de Jacques et
d'Anne St-Amand, de Massevabe, diocèse
d'Auche.
VALLIÈRE, Marie-Anne. [LOUIS III.

1688, (25 oct.) Montréal.[7]
I.—BARRÉ, JACQUES,
s avant 1705.
JETTÉ, Elisabeth, [URBAIN I.
veuve de Michel Dumets; s 7 12 nov. 1722
Elisabeth, b 1692, m 7 4 août 1715, à Nicolas
LEDOUX.—Marie-Anne, b 1696 ; m 7 3 février
1723, à Antoine GIROUARD; s 7 1er déc. 1755.—
Michel, b 1703; m 7 12 sept. 1729, à Cunégonde
GOGUET. — Hélène (posthume), b 7 5 avril et s 7 9
mai 1705.

BARRÉ, PHILIPPE.
Nicolas, b 1712; s 28 mai 1715, à Québec.

I —BARRÉ (1), LOUIS,
b 1700 ; s 8 janvier 1760, à Chambly.[4]
BESSET, Madeleine, [JEAN II.
s avant 1753.
Jean, b… m 4 3 février 1749, à Jeanne RENAUD
—Joseph, b…m 24 juillet, à Marie-Joseph LENOIR,
à Montréal.[5]—Jean-Baptiste, b 5 29 sept. 1723,
m 4 29 oct. 1753, à Marie-Agathe LAROC.—Thérèse, b… m 4 10 sept. 1753, à Pierre LEMANCEAU
—Louise, b… m 4 14 janvier 1755, à Jacques
VINCELET.—François, b… m 4 23 août 1756, à
Louise LAROC.—Catherine, b 1736 ; m 4 17 janvier 1757, à Joseph PAQUET ; s 4 11 août 1758.

BARRÉ, LOUISE, épouse de Nicolas BRIASSE.

I.—BARRÉ (2), SIMON, b 1704 ; s 24 mars 1728
à Montréal.

1729, (12 sept.) Montréal.[6]
II.—BARRÉ, MICHEL. [JACQUES I
GOYER (3), Cunégonde, [JACQUES II
s 21 janvier 1763, à l'Hôpital-Général, M.

(1) Jean dit Barré.
(2) Dit Vadeboncœur. Soldat de la Compagnie de Blais-
ville.
(3) Ou Gautier.

Louise, b ⁶ 27 août 1730 ; m ⁶ 6 mai 1748, à Louis BAUDOIN.—*Michel*, b ⁶ 13 juillet et s ⁶ 2 août 1743.—*Rose-Amable*, b ⁶ 8 février 1745.— *Marie-Joseph*, b ⁶ 29 janvier et s ⁶ 1ᵉʳ sept. 1747. —*Michel*, b ⁶ 23 avril 1750.—*Geneviève*, b ⁶ 13 avril et s ⁶ 1ᵉʳ sept. 1734.—*Marie-Amable*, b ⁶ 13 février et s ⁶ 27 nov. 1736.

1735, (10 janvier) St-Frs-du-Lac. ⁷
I.—BARRÉ, JEAN, fils d'Alexandre et de Marguerite Fagé, de Tuphé, du Maine.
CHARON, Marie-Anne,   [FRANÇOIS II.
b 1706.
Marie, b ⁷ 9 nov. 1735.—*Marie-Thérèse-Louise*, b 18 juin 1741, à l'Ile-Dupas.

1749, (3 février) Chambly.
II.—BARRÉ, JEAN.   [LOUIS I.
RENAUD, Jeanne.   [ANDRÉ III.

1752, (24 juillet) Montreal. ²
II.—BARRÉ, JOSEPH.   [LOUIS I.
LENOIR (1), Josette,   [GABRIEL II.
b 1720.
Angélique, b 1759, m ² 12 juin 1775, à Nicolas PRUDHOMME.—*Louis-Gabriel*, b...

1753, (29 oct.) Chambly. ³
II.—BARRÉ (2), JEAN-BTE,   [LOUIS I.
b 1723.
LAROC, Marie-Agathe.   [GUILLAUME I.
Louis, b ³ 11 janvier 1757.—*Véronique*, b ³ 27 et s ³ 31 mars 1760.

1756, (23 août) Chambly.
II.—BARRÉ, FRANÇOIS.   [LOUIS I.
LAROC, Louise.   [GUILLAUME I.

1759, (5 nov.) Laprairie.
I.—BARRÉ (Barry), RICHARD, fils d'Antoine et d'Elisabeth Demony, de Cork, Irlande.
DUMONTET, Charlotte,   [JEAN-BTE II.
b 1725.

BARRET.—Voy. BARET et LAROCHE.

BARREY.—Voy. DASTIGNY.

BARRIÈRE.—Voy. ALARD, 1745.

BARRIÈRE, MARIE, épouse de Jean-Baptiste COITEUX.

I.—BARRIÈRE, JEAN, b 1666 ; s 21 oct. 1750, à l'Hôpital-General, M.

BARRIÈRE, PIERRE.
AUSON, Marie,
b 1685 ; s 21 juin 1756, à Québec.

BARROIS.—Surnom : LOTHMAN.

BARROIS, MADELEINE, m 1727, à Pierre LAFLEUR.

1672, (12 janvier) Montréal.¹
I.—BARROIS, ANTOINE-JEAN-BTE.
LEBER, Anne.   [FRANÇOIS I.
Philippe, b 13 nov. 1672, à Laprairie² ; s 16 février 1722, à Kaskakia.—*Catherine*, b ² 26 mai 1674.—*François*, b... m ¹ 31 mai 1717 à Marie-Anne SAUVAGE. — *Marie-Anne*, b ² 1ᵉʳ janvier 1680 ; m 17 oct. 1697, à François HARDOUIN.

1717, (31 mai) Montréal.
II.—BARROIS (1), FRANÇOIS.   [ANTOINE I.
SAUVAGE, Marie-Anne,   [JACQUES I.
b 1697.
Louise, b 25 juillet 1722, au Détroit³ ; m ³ 2 janvier 1736, à Pierre CHESNE ; s ³ 5 avril 1781. —*Marie-Anne*, b ³ 30 janvier 1726 ; m ³ 26 janvier 1742, à Jean-Baptiste CUILLERIER.—*Catherine*, b ³ 21 nov. 1727 ; m à Pierre COSME.—*Antoine*, b ³ 6 mars 1730 ; s ³ 7 nov. 1731.—*François*, b ³ 4 avril 1733.—*Marie*, b... m ³ 10 fevrier 1734, à Robert NAVARRE.—*Agathe*, b ³ 27 nov. 1735.—*Elisabeth*, b ³ 1ᵉʳ février 1739.

II.—BARROIS, JEAN-BTE,   [ANTOINE I.
Notaire Royal, s 11 janvier 1740, à Cahokia. ³
CARDINAL, Madeleine,   [JACQUES II.
b 1699.
Joseph, b 17 juillet 1722, au Détroit. ⁴—*Bonaventure*, b ⁴ 16 nov. 1724.—*Louis*, b 14 juillet 1732, à Kaskakia.—*Jacques*, b... m ³ 12 oct. 1747, à Suzanne BARON.

1747, (12 oct.) Cahokia. ³
III.—BARROIS, JACQUES.   [JEAN-BTE II.
BARON, Suzanne (2).   [JEAN-BTE.
Marie-Madeleine, b ³ 31 août 1748 ; s ³ 20 avril 1751.—*Victoire*, b 1749 ; s ³ 16 août 1751.— *Jacques*, b ³ 28 août 1751 ; s ³ 17 janvier 1752.— *Jacques*, b ³ 4 oct. 1752, s ³ 7 janvier 1755.

BARROIS, HÉLÈNE, épouse de Prosper THIBODEAU.

BARSA.—Voy. BREZA—BERGERA.

1669, (2 déc.) Montréal. ⁵
I.—BARSA, ANDRÉ (3),
tonnelier, b 1635.
PILOIS, Françoise,
b 1635.
Catherine, b 1679 ; 1° m ⁵ 29 nov. 1698, à Geoffroy VINCELET, 2° m ⁵ 21 nov. 1706, à Pierre GUEDON.—*Ignace*, b 1ᵉʳ mai 1683, à Repentigny ; m 30 mars 1718, à Angélique ST-LAURENT, à St-Frs-du-Lac.

1728, (22 nov.) Montréal.
I.—BARSI, PIERRE (4), b 1700 ; fils de Pierre et de Marguerite Graveline, de St-Germain de Chartres.
JETTÉ, Geneviève.   [PAUL II.

---

(1) Dit Rolland.
(2) Dit Jean.

(1) Dit Lothman, 1735.
(2) Elle épouse, le 7 janvier 1754, Joseph Clermont, à Cahokia.
(3) Vol. I, p. 28.
(4) Ou Darcy. Caporal de Beaujeu.

1700, (6 mai) Montréal. º
I.—BARSOLOU (1), GIRARD, b 1674 ; fils de Jean et d'Hélène Lamarque, de Ste-Foye, ville d'Agen ; s ⁶ 9 août 1721.
LE GRAS, Marie-Catherine (2). [JEAN I.
Jean, b ⁶ 16 août 1701, s ⁶ 7 mai 1703.—*Jean-Joseph,* b ⁶ 3 mars 1703 ; m ⁶ 11 août 1723, à Geneviève JARRY.—*Jean-François,* b ⁶ 13 avril 1704 ; s ⁶ 18 janvier 1705.—*Catherine,* b ⁶ 4 oct. 1705 ; m ⁶ 5 février 1731, à Jean-Baptiste POIRIER. —*Jean-Baptiste,* b ⁶ 10 sept. 1706 ; 1º m ⁶ 10 mai 1733, à Jeanne BECQUET ; 2º m ⁶ 4 mai 1744, à Geneviève BOUCHARD ; 3º m ⁶ 8 janvier 1763, à Elisabeth HEURTEBISE.—*Catherine-Geneviève,* b ⁶ 24 sept. 1708.—*Marie-Charlotte,* b ⁶ 11 oct. 1710, s ⁶ 3 juin 1754.—*Gerard-Maurice,* b ⁶ 16 août 1712 ; m à Geneviève HENRISSON ; s avant 1757. —*Angélique-Catherine,* b ⁶ 4 août et s ⁶ 7 nov. 1713.—*Ignace,* b ⁶ 3 sept. 1714 ; s ⁶ 6 juillet 1715. —*Renée-Marie,* b ⁶ 30 août 1715, s ⁶ 14 mai 1736. —*Marie-Louise,* b ⁶ 27 oct. 1716, m ⁶ 9 février 1739, à Michel LAGU.—*Jean-François,* b ⁶ 26 oct. 1717 ; m ⁶ 4 février 1741, à Marie-Joseph LAMOTHE —*Marie-Joseph,* b ⁶ 10 février 1719 ; s ⁶ 28 avril 1738.—*Jean-Jacques,* b ⁶ 24 juin 1721 ; 1º m ⁶ 31 oct. 1747, à Charlotte DAILLEBOUT ; 2º m ⁶ 13 déc. 1758, à Marguerite DESNOYERS.

II.—BARSOLOU, GIRARD, [GIRARD I.
b 1712, s avant 1757.
HENRISSON, Geneviève
Toussaint, b... m 21 février 1757, à Madeleine POIRIER, à Chambly

1723, (11 août) Montréal. ⁷
II.—BARSOLOU, JEAN-JOSEPH. [GIRARD I
JARRY, Geneviève. [HENRI II
Jean-François, b ⁷ 28 août 1724 ; m ⁷ 13 janvier 1755, à Marguerite MIVILLE.—*Geneviève,* b ⁷ 11 déc. 1725, s ⁷ 31 déc. 1727.—*Joseph,* b ⁷ 29 et s ⁷ 31 juillet 1727.—*Marie-Geneviève,* b ⁷ 15 mai et s ⁷ 4 août 1730.

1733, (10 mai) Montréal. ⁵
II.—BARSOLOU, JEAN-BTE. [GIRARD I.
1º BECQUET, Jeanne, [FRANÇOIS I.
s ⁵ 9 mai 1743.
Jeanne, b 1733, s ⁵ 11 mars 1750.—*Nicolas,* b ⁵ 17 mai 1734 ; m 13 août 1768, à Madeleine LEPAGE, à St-Louis Missouri.—*Marie-Marguerite,* b ⁵ 17 déc. 1735 ; m ⁵ 23 mai 1757, à Zacharie HEURTEBISE.—*Jean-Baptiste,* b ⁵ 28 février 1737, m ⁵ 19 avril 1762, à Marguerite PAPIN.— *Girard,* b ⁵ 24 janvier 1738, m ⁵ 19 juillet 1762, à Catherine MILLET.— *Marie-Françoise,* b ⁵ 7 janvier 1739.—*Louis-Eugène,* b ⁵ 3 mars 1740.— *Marie-Véronique,* b ⁵ 10 déc. 1741.—*Marie-Angélique,* b ⁵ 27 avril 1743.

1744, (4 mai). ⁵
2º BOUCHARD, Geneviève, [JEAN-BTE II.
veuve de Pierre Fortier.

1763, (8 janvier). ⁵
3º HEURTEBISE, Elisabeth, [LOUIS III.
b 1715 ; s 29 août 1796, à l'Hôpital-Général, M.

1741, (4 février) Montréal. ⁴
II.—BARSOLOU, FRANÇOIS. [GIRARD I.
LAMOTTE, Marie-Joseph (1). [PIERRE I.
Pierre, b ⁴ 28 août et s ⁴ 8 sept. 1741.—*Pierre-François,* b ⁴ 10 et s ⁴ 17 mai 1743. — *Marie-Joseph,* b ⁴ 9 mai et s ⁴ 5 juillet 1744. — *Marie-Charlotte,* b ⁴ 4 mai 1745.—*Marie-Joseph,* b ⁴ 8 juin 1747.

1747, (31 oct.) Montréal. ²
II.—BARSALOU, JACQUES (1). [GIRARD I.
1º DAILLEBOUT, Charlotte, [JEAN-BTE III.
s ² 11 déc. 1755.
1758, (13 déc.) ²
2º DESNOYERS, Marguerite. [JEAN-BTE I.
Jacques, b et s 19 mars 1761, à St-Laurent, M.

1755, (13 janvier) Montréal.
III.—BARSOLOU, JEAN-FES. [JEAN-JOSEPH II. b 1724.
MIVILLE, Marguerite, [PIERRE IV. b 1738.
Pierre, b... m 22 nov. 1784, à Marie-Anne GIROUARD, à St-Laurent, M. ¹ —*Marie-Marguerite,* b ¹ 16 août 1760.

1757, (21 février) Chambly. ⁹
III.—BARSOLOU, TOUSSAINT. [GIRARD II.
POIRIER, Marguerite, [FRANÇOIS III.
Marie-Madeleine, b ⁹ 28 avril 1758.

1762, (19 avril) Montréal.
III.—BARSALOU, JEAN-BTE, [JEAN-BTE II. b 1737.
PAPIN, Marguerite. [PIERRE III.

1762, (19 juillet) Montréal.
III.—BARSALOU, GIRARD, [JEAN-BTE II. b 1738.
MILLET, Catherine. [FRANÇOIS III.

1768, (13 août) Cahokia (3).
III.—BARSOLOU, NICOLAS. [JEAN-BTE II.
LEPAGE, Madeleine. [FRANÇOIS II.

1784, (22 nov.) St-Laurent, M.
IV.—BARSOLOU, PIERRE. [JEAN-FRANÇOIS III
GIROUARD, Marie-Anne. [HENRI II
Marguerite, b 1er déc. 1785, à Montréal ¹ ; m ⁷ 18 janvier 1802, à Joseph GAUVIN.

---

(1) Dit Barsoloy.
(2) Elle épouse, le 6 nov. 1721, Nicolas Guillet Chaumont, à Montréal.

(1) Elle épouse, le 15 mai 1752, Pierre Guerineau, à la Pte-aux-Trembles, Q.
(2) Garde magasin du Roy au fort St-Frédéric.
(3) Contrat de Mariage.

BAR 133 BAR

1752, (17 avril) Montréal.
I.—BARTZSCH, Dominique, b 1722; fils de Dominique et de Dorothée Beniel, ville Dantzich, de Ste-Marie.
Filiau, Thérèse. [François II.
Thérèse, b 14 et s 16 mars 1756, à St-Laurent, M.⁵—*Thérèse*, b⁶ et s⁶ 16 mars 1757.—*Marie*, b⁶ 17 nov. 1759.—*Anonyme*, b... s⁶ 27 déc. 1761.

I.—BART, Benjamin (1).
Belvin, Sara.
Christophe, b 25 avril 1704, à Varennes.

I.—BARTERON, François.
Roy, Marie-Louise,
b 1732; s 25 fevrier 1760, à St-Vincent-de-Paul.

1707, (8 juillet) Varennes.¹
I.—BARTE (2), Jean, fils de Guillaume et de Marie Carmel, de St-Martin de Reissac, diocèse d'Albi.
Chaudillon, Charlotte, [Antoine I.
veuve de Joseph Desautels.
René, b¹ 25 juin et s 30 oct. 1707, à la Pte-aux-Trembles, M.—*Marie-Charlotte*, b¹ 7 dec. 1710; m 1738, à Jacques Labonté.—*Marie-Charlotte*, b 27 oct. 1709, au Detroit.—*Antoine-Augustin*, b 28 août 1715.

1721, (18 mars) Montréal.¹
I.—BARTHE (3), Théophile.
Alavoine, Marguerite-Charlotte. [Charles I.
André-Charles, b¹ 22 fevrier 1722.—*François*, b¹ 7 mai 1723; s¹ 26 nov. 1740.—*Jeanne*, b¹ 18 nov. 1724; m¹ 7 janvier 1749, à Nicolas Sauvage.—*Charles-François*, b¹ 2 fevrier 1726.—*Antoine*, b¹ 14 janvier et s¹ 23 déc. 1730.—*Anne-Marguerite*, b¹ 17 juillet 1738.—*Marguerite*, b 1740; m¹ 9 janvier 1758, à Jean Pujol.

BARTHE (4), Louis.
Menard, Madeleine.
Jean-Baptiste, b 1781; s 26 mars 1794, à Berthier.³—*Joseph*, b... m⁸ 18 nov. 1793, à Marguerite Towes.—*Henri*, b...

1793.
BARTHE (4), Antoine.
Crochetière, Marie-Jos. [Etienne-Claude II
Marie-Joseph, b 15 mars 1794, à Berthier.

BARTHÉLEMY.—*Variations et surnoms:* Rosa—St-Antoine—Dauphin.

BARTHÉLEMY (5), Michel,
s 12 avril 1706, à Montréal.

---

(1) Anglais demeurant chez M. De la Jemerais.
(2) Dit Larivière ou Belleville.
(3) Dit Bardet, armurier du Roy.
(4) Dit Belleville.
(5) Prêtre de St-Sulpice.

1690, (10 avril) Québec.⁶
I.—BARTHÉLEMY, Thomas (1),
b 1664; s⁶ 7 sept. 1722.
1° Philippeau, Anne, [Claude I.
s⁶ 3 janvier 1703.
1703 (26 avril).⁶
2° Gariépy, Geneviève, [François I.
veuve de Isaac Hervieux; s 3 juillet 1727.
Marie-Angélique, b⁶ 26 sept. 1706; m 20 avril 1729, à Augustin Simard, au Château-Richer.—*Catherine*, b... m à Louis Maillou.—*Antoine*, b... m 1762, à Hélène Guérard.

BARTHÉLEMI.
Madeleine, Abenaquise.
Marie-Joseph, b... s 29 mars 1743, à St-Antoine Tilly.

1745, (25 janvier) Québec.⁵
I.—BARTHÉLEMI (2), Jean-Antoine, maître tourneur, fils de Jean et de Marie Renard, de St-Maximien, ville de Sens.
Rouillard, Marie-Joseph, [Michel III.
veuve d'Augustin Laisné; s⁵ 18 juillet 1747.
François, b⁵ 5 nov. 1745; s⁵ 4 janvier 1746.—*Julien-Antoine*, b 30 mars et s 20 juillet 1747, à Québec.

1743, (2 sept.)
II.—BARTHÉLEMY (3), Joseph, [Barthélemi I.
b 1693
Rasset, Françoise (4). [Jean II.
Joseph-François, b et s 7 août 1752, à Charlesbourg.¹—*Marie-Louise*, b 1752; s¹ 19 juillet 1760.

1751.
II.—BARTHÉLEMY, François, [Thomas I.
navigateur.
Vincent, Marie.
Marie-Thérèse, b 21 août 1755.

1761, (7 janvier) Montréal.
I.—BARTHÉLEMY (5), Joseph, fils de Jean et de Marguerite Michel, de St-Martin, diocèse de Metz.
Dagenay, Marie-Ursule. [Jean-Bte III.

1756.
II.—BARTHÉLEMY (3), Antoine. [Barthélemi I.
Guérard, Hélène. [Charles III.
François, b 17 avril 1763, à St-Joseph, Beauce.

I—BARTON, Marthe, b 1653; fille de Jacques et de Renee Pitre, de St-Michel, diocèse de Poitiers; m 7 oct. 1670, à Joseph Chevalier, à Montreal¹; s¹ 13 août 1699.

BARY.—Voy. Baril.

---

(1) Voy. vol. I, p. 28.
(2) Dit St-Antoine.
(3) Dit Rosa.
(4) Elle epouse, le 5 nov. 1755, Germain Blondeau, à Québec.
(5) Dit Dauphin.

I.—BASIL (1), Nicolas, b 1685; s 3 déc. 1715, à Montréal.

BASILE, Marie-Claire, b 1756; m à Louis-François Labrie; s 16 janvier 1782, à l'Ilet.

1760, (20 oct.) St-Henri-de-Mascouche. ²
I.—BASILIÈRES, Louis, fils de Jean-Baptiste et d'Antoinette Bradier, de St-Jacques de Berne, en Rouargue.
Beauchamp, Marie-Françoise, [Joseph III. b 1741.
Henri, b ² 13 juillet 1761.

BASINET—.Voy. Bazinet.

BASIRE, Pierre, b 1715, s 26 mai 1795, à Repentigny.

BASQUE.—Voy. Lavalette.

BASQUE, Madeleine, b 1737; m à Charles Daigle; s 12 nov. 1760, à Charlesbourg.

BASQUE, Marie, épouse de Joseph Roy.

1719, (25 sept.) Québec. ⁷
I.—BASQUE, Jean, fils d'André et de Marie Brut, de St-Eloi, Dunkerque.
Prieur, Catherine (2). [Joseph I.
Jean, b ⁷ 27 mai 1720.

BASQUIN.—Voy. Bastien.

I.—BASSERODE (De).—Voy. LeProvost, 1760

I.—BASSERODE (De) (3), Jean-Bte Guillaume,

1659, (24 nov.) Montreal. ³
I.—BASSET, Benigne (4),
  b 1639, s ³ 5 août 1699.
Vauvilliers, Jeanne,
  b 1637; s ² 30 juillet 1699.
Benoit, b ² 21 mars 1662; s ² 11 février 1737.
— *Charles,* b ² 25 sept. 1664; s ² 4 oct. 1723.
—*Jeanne,* b ² 1667; m ² 23 sept. 1728, à Etienne Demiray.

II.—BASSET, Charles, [Benigne I.
b 1664; s 4 oct. 1723, à Montréal.

I.—BASSON, Pierre, b 1660; s 29 juin 1742, à Montréal.

BASTARACHE, Rose, épouse de Charles Goderre.

BASTARACHE, Jean.
Richard, Angélique.

(1) Dit Dubuisson. Soldat de la Compagnie de Chalût.
(2) Elle épouse, le 27 oct. 1726. Jean Doucet, à Québec
(3) LeProvost, écr., Sieur de Basserode—Officier au régiment du Languedoc. Il était, en 1760, à Batiscan.
(4) Voy. vol. I, p. 28.

Marie, b... m 27 fevrier 1764, à Jean-Baptiste Roy, à Yamachiche. ²—*Joseph,* b... s ³ 7 février 1766.—*Marie,* b... m ³ 12 janvier 1768, à Jean-Baptiste Guilmet.

BASTARACHE, Anselme.
Melançon, Marguerite.
Marie-Marguerite, b 30 avril 1762, à Yamachiche⁴; s ⁴ 10 juillet 1763.—*Joseph,* b ⁴ 5 mai 1764.—*Charles,* b ⁴ 10 nov. 1766.

1691, Québec. ²
I.—BASTIEN (1), Philippe,
  s avant 1747.
Joly, Jeanne (2). [Jean I.
Isabelle, b ² 1695; 1° m ² 21 oct. 1715, à Louis Leclerc; 2° m 6 nov. 1747, à Louis Lemay, à Montreal.³—*Marie-Anne,* b ² 1693; 1° m ² 17 février 1710, à Antoine Farly; 2° m ³ 15 sept. 1732, à Jean Favre.—*Jeanne,* b ² 1695; m à Pierre Leclerc; s ² 18 juillet 1735.—*Marie,* b... m à Jean Brouillet.

1710, (17 nov.) Charlesbourg. ¹
II.—BASTIEN, Pierre (3). [Philippe I
Cotton, Jeanne, [Barthélemi I.
  s 8 avril 1715, à Québec. ²
Jean-Charles, b ¹ 14 oct. 1711: s ¹ 26 juillet 1712.— *Marie-Joseph,* b ² 18 mars 1713; s ² 21 avril 1733.—*Marie-Jeanne,* b ² 11 juin 1714.

BASTIEN, Anne, b 1675, épouse de Joseph Benoit; s 15 avril 1749, à Montréal.

1725, (23 oct.) Québec. ¹
II.—BASTIEN, Pierre, [Philippe I.
  ferblantier.
Bridaut, Louise, [Jean I.
veuve de Charles Raymonneau; s ¹ 30 août 1744.
Louise, b ¹ 26 août 1726; 1° m ¹ 4 février 1743, à Jean-François Amiot; 2° m 10 janvier 1757, à Toussaint Niquet, à St-Frs-du-Lac.— *Geneviève-Elisabeth,* b ¹ 25 juin 1728; s ¹ 26 mai 1733.— *Marie,* b ¹ 9 et s ¹ 16 février 1730.—*Marie-Anne,* b ¹ 2 février et s ¹ 15 juin 1731.—*Pierre-Charles,* b ¹ 18 et s ¹ 21 mai 1732.—*Marie-Anne,* b ¹ 14 mars et s ¹ 27 mai 1736.

BASTIEN, Suzanne, épouse d'Antoine Picotin; s 7 avril 1792, à Nicolet.

BASTIEN, Etienne,
  s avant 1779.
Laroche, Madeleine.
Madeleine, b... m 8 février 1779, à Louis Renaud, à Terrebonne.—*Jean-François,* b 24 août 1764, aux Ecureuils.

(1) Et Basquin.
(2) Elle épouse, le 18 août 1710, David Pauperet, à Québec.
(3) Dit Basquin. Maitre chapelier.

I.—BASTILLE, Renée, m 1668, à René Réaume.

I.—BASTON, Jacques,
b 1694; s 20 mai 1742, à Cahokia.
Perthuys, Marguerite, [Nicolas I.
b 1668.

I.—BATINIER (1), Etienne.
Lafortune, Marie.
Jean-Baptiste, b 8 oct. 1724, à Montréal.

BATISY (De).—Voy. Margane.

I.—BATRIO, Pierre,
s avant 1741.
Hely, Marguerite,
s avant 1741.
Pierre, b... m 16 janvier 1741, à Marie-Jeanne Perier, à Laprairie.

1741, (16 janvier) Laprairie. [5]
II.—BATRIO, Pierre. [Pierre I
Perrier, Marie-Jeanne, [Laurent I.
veuve de Jean Bouis-Lavergne.
Pierre-Thomas, b [5] 21 déc. 1741.

1764, (4 juin) Quebec.
I.—BATZ, Pierre, fils de Jean et de Catherine Herigoie, de Tartasse, diocèse de Dax.
Denitre, Angélique, [Jean I.
veuve de Mathieu Chapelet.

1672.
I.—BAU (2), Jean,
b 1654.
Lore, Etiennette,
b 1649.
Louis, b... 1º m 8 février 1705, à Geneviève Brunet, à Montréal [6]; 2º m [6] 14 juin 1707, à Christine Hotesse.—*Jean-Baptiste*, b... 1º m 1er avril 1704, à Marguerite Giguère, à Ste-Anne; 2º m [6] 24 février 1729, à Marguerite Celles-Duclos.—*Marien*, b 1693; m 26 avril 1719, à Suzanne Lory, à Boucherville. [7]—*Etiennette*, b [7] 1677.—*Pierre*, b [7] 1679.—*Françoise*, b 1693; m [8] 3 février 1722, à Jean-Baptiste Menard; s 18 juillet 1759.—*Marie*, b 1686; m [7] 9 nov. 1706, à Simon Seguin.—*Thérèse*, b [7] 2 nov. 1689; m [7] 11 janvier 1712, à Jean Gareau.—*Mathurin*, b 2 juillet 1684, à Contrecœur; 1º m [7] 30 oct. 1708, à Catherine Martinbaut; 2º m [7] 20 février 1713, à Marie Lesueur.

1694, (11 février) Boucherville. [6]
II.—BAU (2), René, [Jean I.
s 18 dec. 1726, à Montréal. [7]
Guertin, Madeleine, [Louis I.
veuve de George Laporte.
Jacques, b 1700; 1º m [7] 28 février 1724, à Anne Demers; 2º m [8] 23 oct. 1752, à Françoise Chicot.—*Marie-Joseph*, b 1696; m [6] 1er mai 1718, à Denis Bourgery.—*Catherine*, b... m [6] 31 mai 1718, à Gabriel Blay.—*Marie-Louise*, b 1702; m [6] 9 avril 1720, à Jean-Baptiste Monet.—*Marie-Françoise*, b... 1º m [6] 21 mars 1726, à Joseph Cornet; 2º m [6] 1er déc. 1730, à Jacques Metay.—*René*, b 1706; m [6] 17 avril 1730, à Barbe Louvois.—*Joseph*, b... m [6] 29 sept. 1740, à Marie-Joseph Deniau.

1704, (1er avril) Ste-Anne.
II.—BAU (1), Jean-Bte, [Jean I.
b 1675.
1º Giguère, Marguerite, [Robert I.
b 1678; s 13 sept. 1723, à Montréal. [8]
Marguerite, b 1707; m [8] 25 nov. 1726, à Charles Renaud; s [8] 11 janvier 1744.
1729, (24 fevrier). [8]
2º Celles (De), Marguerite, [Lambert II.
b 1709.
Marie-Amable, b 1729; m [8] 4 février 1754, à Jacques Dufeste.

1705, (8 février) Montréal. [6]
II.—BAU (1), Louis, [Jean I.
b 1678; s avant 1730.
1º Brunet, Geneviève, [Antoine I.
B 1674; veuve de Louis Tétro.
Agathe, b 1706; m 16 août 1730, à Joseph Laporte, à Boucherville.
1707, (14 juin). [6]
2º Hotesse, Christine, fille de Richard et de Madeleine Lagarenne, de Douvres, Angleterre.
Marie-Anne, b 1710, m [6] 20 février 1726, à Pierre Trefflé.

1708, (30 oct.) Boucherville. [6]
II.—BAU, Mathurin. [Jean I.
1º Martinbaut, Catherine. [Jacques I.
Marie-Joseph, b 1710; m [6] 15 février 1730, à François Chicot.
1713, (20 février) [6]
2º Lesueur, Marie. [Pierre-Charles I.
Catherine, b [6] 31 mars 1718.—*Marie-Véronique*, b [6] 22 déc. 1719.

1719, (20 avril) Boucherville. [6]
II.—BAU (2), Marien, [Jean I.
b 1693.
Lory, Suzanne, [François II.
b 1701.
Joseph, b [6] 21 juin 1720.—*Marien*, b [6] 30 juin 1722.—*Pierre*, b [6] 10 fev. 1724; m 22 avril 1748, à Marie-Louise Foran, à la Longue-Pointe.—*Marie-Anne-Suzanne*, b [6] 16 juillet 1726.

1724, (28 février) Montréal.
III.—BAU (Le), Jacques, [René II.
b 1700.
Demers, Anne. [André II.
Marie, b... m 28 août 1747, à...... Greenill, à Boucherville. [8]—*Marie-Angélique*, b... m [8] 10 février 1755, à Toussaint Truteau.

---
(1) Dit Larose.
(2) Dit Lalouette.

(1) Dit LeBeau.
(2) Dit L'Alouette.

III.—BAU, François. [René II.
1° Demers, Françoise. [André II.
Angélique, b... m 14 oct. 1754, à Flavien Marié, à Boucherville.⁸—*Françoise*, b... m ˢ 8 janvier 1757, à Barthelemi Renaud.—*Elisabeth*, b... m ˢ 7 janvier 1766, à Joseph Robichau.
    1752, (23 oct.) ⁸
2° Chicot, Françoise, [Jean II.
veuve de Jean-Baptiste Pepin.

III.—BAU, Jean-Bte, [René II.
b 1694.
Dudevoir, Catherine, [Claude I.
b 1704.
René, b... m 14 juin 1752, à Marguerite Morel, à Boucherville.

1730, (17 avril) Boucherville.
III.—BAU (Le), René. [René II.
Louvois, Barbe. [Jacques I.

1740, (29 sept.) Boucherville.
III.—BAU (1), Joseph. [René II.
Deneau, Marie-Joseph. [Pierre II

1752, (14 juin) Boucherville.
IV.—BAU (Le), René. [Jean-Bte III.
Morel, Marguerite. [Michel III.

I.—BAUBIN, Hubert.
Roy, Marie-Catherine.
Charles-François, b 6 avril 1742, à Montréal.¹ —*Jacques-Amable*, b ¹ 8 et s ¹ 23 juin 1743.— *Marie-Catherine*, b ¹ et s ¹ 12 nov. 1744.

1656, (16 oct.) Québec.
I.—BAUCHÉ, Guillaume (2),
b 1630 ; s 26 oct. 1687, à Ste-Famille, I. O. ⁶
Paradis, Marie, [Pierre I.
b 1643 ; s ⁶ 15 déc. 1708.

1670.
I.—BAUCHÉ (3), René,
b 1648.
1° Grandjean, Adrienne,
b 1645, en France.
2° Martin, Antoinette-Renée. [Joachim I.
Marie-Madeleine, b 23 sept. 1684, à St-Laurent, I. O.
    1688, (23 février) Ste-Famille, I. O. ³
3° Charlan, Anne. [Claude I.
Reine, b ³ 24 nov. 1689 ; m à Antoine Paris.— *Gabriel*, b ³ 24 nov. 1689.
    1695.
4° Trunet, Marie-Madeleine (4).
Madeleine, b ³ 30 janvier 1696.—*Catherine*, b ⁸ 31 mai 1697.—*Angélique*, b ³ 13 avril 1699.— *Marie-Madeleine*, b 31 oct. 1700, à Charlesbourg.⁴ —*Geneviève*, b ⁴ 17 déc. 1701.

---

(1) Marié Lebeau.
(2) Voy vol. I, p. 29.
(3) Dit Sanssoucy.
(4) Elle épouse, le 18 juin 1703, Nicolas Martin, à St-François, I. O.

1694, (23 nov.) Ste-Famille, I. O. ⁸
II.—BAUCHÉ, Guillaume, [Guillaume I.
b 1666 ; s ⁸ 13 août 1717.
Asselin, Marie. [Jacques I.
Joseph, b ⁸ 19 mai 1715 ; m 26 août 1737, à Geneviève Huot, à L'Ange-Gardien. — *Hilaire*, b ⁸ 15 nov. 1706 ; 1° m ⁸ 3 mai 1728, à Françoise Audet ; 2° m ⁸ 29 sept. 1749, à Marie-Joseph Gagnon. — *Dorothée*, b ⁸ 13 nov. 1708 ; s ⁸ 22 août 1710.—*Dorothée*, b ⁸ 29 mai 1711 ; m ⁸ 3 février 1728, à Jean Trépagny. — *Geneviève*, b ⁸ 9 juin 1713 ; m 10 juin 1732, à Clement Fortier, à St-Jean, I. O.—*Marie*, b 1698 ; m ⁸ 7 avril 1717, à François Bilodeau. — *Guillaume*, b... 1° m ⁸ 5 août 1726, à Elisabeth Gendron ; 2° m ⁸ 2 février 1756, à Geneviève Drouin.

1697, (11 février) L'Ange-Gardien.
I.—BAUCHÉ (l), Nicolas.
1° Quentin, Anne. [Nicolas I
Anne, b 1699, à Québec ; m 14 mai 1721, à Marie-Antoine Goguet, à Montreal. ¹—*Louise*, b 1705 ; m ¹ 27 nov. 1724, à Pierre Goguet.

1698, Cap-St-Ignace.
II.—BAUCHÉ, Joseph, [Guillaume I.
s avant 1735.
Lemieux, Marthe (2). [Guillaume I
Hilaire, b 28 mars et s 14 avril 1706, à Ste-Famille, I. O.¹—*Elisabeth*, b ¹ 28 mars et s ¹ 14 avril 1706.—*Brigitte*, b ¹ 5 oct. 1707 ; m ¹ 18 avril 1730, à Joseph Guyon.—*Marie-Gertrude*, b ¹ 30 juin 1709 ; s ¹ 24 oct. 1714.—*Basile*, b ¹ 18 mai 1711 ; m ¹ 26 janvier 1734, à Marie-Joseph Guyon —*Marie-Tècle*, b ¹ 23 janvier 1717 ; m ¹ 20 janvier 1733, à Jacques Pichet ; s ¹ 10 mars 1749.— *Marie-Joseph*, b ¹ 12 août 1713 ; m ¹ 20 janvier 1733, à Louis Pichet.—*Marie-Madeleine*, b ¹ 21 avril et s ¹ 5 juillet 1715.—*Joseph*, b ¹ 21 avril 1715 ; 1° m 25 oct. 1735, à Marie-Geneviève Aubé, à St-Valier ; 2° m 1752, à Marie-Joseph Langlais.—*Ignace*, b... m à Jeanne Roy ; s avant 1765.—*Marie-Madeleine*, b ¹ 2 et s ¹ 4 mai 1718 —*Anonyme*, b ¹ 2 et s ¹ 4 mai 1718.—*Marthe*, b 1703 ; m ¹ 13 février 1719, à Jean Guyon ; s 1ᵉʳ juin 1748.—*Angélique*, b 1699 ; m ¹ 5 nov 1725, à Joseph Gendron, s ¹ 22 mars 1767.

1726, (5 août) Ste-Famille, I. O. ²
III.—BAUCHÉ, Guillaume. [Guillaume II.
1° Gendron, Elisabeth, [Pierre II.
s ² 24 oct. 1743.
Marie-Elisabeth, b ² 27 avril et s ² 22 mai 1727. —*Dorothée*, b ² 29 avril 1728 ; s ² 10 janvier 1741. —*Marie-Angélique*, b ² 4 sept. 1729 ; m ² 3 février 1756, à Jean-Baptiste Premont.—*Marie-Agathe*, b ² 5 et s ² 19 février 1731.—*Guillaume*, b ² 11 juin 1752 ; s ² 20 oct. 1750.—*Joseph*, b ² 5 sept 1734 ; m ² 4 avril 1758, à Marthe Loignon.— *Marie-Tècle*, b ² 18 sept. 1736.—*Jacques*, b ² 17 nov. 1737.—*Marie-Elisabeth*, b ² 14 mars 1740, s ² 20 janvier 1751.—*Marie*, b ² 7 janvier 1742,

---

(1) Et Bouché. Voy. vol. I, p. 68.
(2) Elle épouse, le 7 août 1730, Michel Asselin, à Ste-Famille, I. O.

m ² 22 nov. 1764, à Jacques DROUIN.—*Jean-Baptiste*, b ² 14 oct. 1743; s ² 3 mai 1744.
1756, (2 février). ²
2ᵉ DROUIN, Geneviève, [NICOLAS, III.
b 1719.
Anonyme, b ² et s ² 23 avril 1757.—*Jean-Baptiste*, b ² 31 oct. et s ² 15 nov. 1758.—*Marie-Geneviève*, b ² 28 août et s ² 14 oct. 1760.

1728, (3 mai) Ste-Famille, I. O. ³
III.—BAUCHÉ, HILAIRE. [GUILLAUME II.
1ᵒ AUDET, Françoise, [NICOLAS II.
b 1709; veuve de Louis Perrot; s ³ 3 août 1744.
Michel-Joseph, b ³ 4 mars 1729; s ³ 3 mai 1756.—*Louise*, b... 1ᵒ m ³ 5 août 1748, à François GAGNON; 2ᵒ m ³ 28 août 1758, à Ignace AVARE.—*Marie-Angélique*, b ³ 18 février 1731. — *Jean-Baptiste*, b ³ 28 février et s ³ 22 sept. 1733.—*François*, b 1735; m 1758, à Marie GUENET.—*Jean-Baptiste*, b ³ 27 mars 1736. — *Marie-Madeleine*, b ³ 13 déc. 1738.—*Jean-Baptiste*, b ³ 20 avril 1740.—*Augustin*, b ³ 12 février 1741; m ³ 8 février 1762, à Catherine CANAC.—*Angélique*, b ³ 2 et s ³ 13 août 1744.

1749, (29 sept.) ³
2ᵉ GAGNON, Marie-Joseph. [JOSEPH II.
Jean-Baptiste, b ³ 16 et s ³ 28 sept. 1750.—*Marie-Joseph*, b ³ 10 oct. 1751.—*François*, b 1753; s ³ 21 oct. 1759.—*Boniface*, b ³ 11 mai et s ³ août 1756.—*Sulpice*, b ³ 11 mai 1756, s ³ 4 oct. 1759.

1734, (26 janvier) Ste-Famille, I. O. ⁴
III.—BAUCHÉ, BASILE. [JOSEPH II.
GUYON, Marie-Joseph. [CLAUDE III.
Joseph-Basile, b ⁴ 5 nov. 1734, m ⁴ 3 oct. 1758, à Marie-Françoise PICARD.—*Marie-Joseph*, b ⁴ 22 nov. 1735.—*Jean-Baptiste*, b ⁴ 5 juillet 1737.—*Charles-Amable*, b ⁴ 12 oct. 1738; m ⁴ 7 février 1757, à Dorothée DROUIN. — *Augustin*, b ⁴ 13 février 1740 ; m 19 janvier 1768, à Marie-Joseph LEBEL, à Kamouraska. — *Marie-Marthe*, b ⁴ 18 mars 1741.—*Thérèse-Gertrude*, b ⁴ 28 sept. 1742; m ⁴ 5 juillet 1762, à Jean-Baptiste CORNELIER.—*Marie-Godelène*, b ⁴ 25 juillet 1744.—*Pierre*, b ⁴ 9 déc. 1745. — *Joseph-Jacques*, b ⁴ 17 et s ⁴ 23 mars 1747. — *Madeleine*, b ⁴ 17 sept. 1748.—*Alexandre*, b ⁴ 4 juin 1750.—*Tècle*, b ⁴ 11 et s ⁴ 19 juillet 1752. — *François*, b ⁴ 25 oct. 1753.—*Marie-Françoise*, b ⁴ 5 janvier 1755, m 16 août 1779, à Louis MÉTEYER, à l'Ile-Verte.—*Joseph*, b ⁴ 2 juin et s ⁴ 25 août 1758.

III.—BAUCHÉ, IGNACE, [JOSEPH II.
s avant 1765.
ROY, Jeanne,
s avant 1765.
Basile, b... m 10 juin 1765, à Marie-Anne BLAIS, à Berthier.

1735, (25 oct.) St-Valier. ¹
III.—BAUCHÉ (1), JOSEPH. [JOSEPH II.
1ᵒ AUBÉ, Marie-Geneviève. [ANDRÉ I.
André, b ¹ 1ᵉʳ mars 1740; m 10 oct. 1763, à Madeleine BOUTIN, à Berthier. ²—*Basile*, b ² 19 janvier 1747 ; m à Marie-Geneviève MORIN.—*Marie-Geneviève*, b... m ² 4 août 1795, à Jean-Baptiste MARCOU.

1752.
2ᵒ LANGLOIS, Marie-Joseph. [FRANÇOIS III.
Charles, b ² 2 sept. 1753.—*Marie-Geneviève*, b ² 10 sept. 1757.

1737, (26 août) L'Ange-Gardien.
III.—BOSCHÉ (1), JOSEPH, [GUILLAUME II.
s 23 avril 1781, à Beaumont. ²
HUOT, Geneviève, [JACQUES III.
b 1714, s ² 9 déc. 1776.
Geneviève, b ² 29 nov. 1738; m ² 23 janvier 1764, à François TURGEON; s ² 13 oct. 1807.—*Angélique*, b ² 11 sept. 1740; m ² 7 sept. 1760, à Joseph-Alexis MIOT-GIRARD ; s ² 25 février 1817.—*Joseph*, b ² 3 février 1742; m ² 20 août 1770, à Marie-Anne TURGEON.—*Marie-Charlotte*, b ² 19 juin 1743.—*Jacques*, b ² 12 janvier 1745; m ² 20 février 1781, à Françoise ADAM ; s ² 17 février 1817.—*Marie-Dorothée*, b ² 12 sept. 1746; m ² 17 janvier 1763, à Antoine TURGEON.—*Guillaume*, b ² 26 déc. 1747.—*Marie-Joseph*, b ² 17 avril 1750.—*Charlotte*, b ² 23 sept. 1752; s ² 19 mars 1756.—*Marguerite*, b ² 6 mars 1758, m ² 10 janvier 1785, à Jean-Baptiste FOURNIER ; s ² 19 mars 1831.—*Michel*, b ² 28 sept. 1755, à St-Michel; m ² 7 janvier 1793, à Marie-Anne TURGEON.

BOSCHÉ, MARIE-JOSEPH, épouse de Jean COUTURE.

BOSCHÉ, MARIE-JOSEPH, b 1757; m à Joseph PATRY ; s 14 juillet 1803, à Beaumont.

BOSCHÉ, RAPHAEL.
DION, Marie-Joseph.
Madeleine, b... m 13 oct. 1777, à François TREMBLAY, à l'Ile-aux-Coudres.

BOSCHÉ, GUILLAUME,
b 1747; s 1ᵉʳ avril 1795, à Beaumont. ³
TURGEON, Angélique.
Angélique, b... m ³ 9 oct. 1797, à Joseph-Abraham LECHASSEUR.—*Marguerite*, b... m ³ 12 février 1805, à Louis PROVOST.—*Rosalie*, b... m ³ 22 nov. 1808, à Charles LABRECQUE.

BOSCHÉ, BERNARD.
ALAIRE, Marie-Anne.
Marie-Anne, b... m ³ 30 janvier 1797, à François BERNARD, à Beaumont.

1770, (20 août) Beaumont.
IV.—BOSCHÉ, JOSEPH, [JOSEPH III.
b 1742.
TURGEON, Marie-Anne. [JOSEPH.

1781, (20 février) Beaumont. ¹
IV.—BOSCHÉ, JACQUES, [JOSEPH III.
b 1745 , s ¹ 17 février 1817.
ADAM, Françoise, [RENÉ III.
veuve d'Augustin Fraser ; s ¹ 22 mars 1828.

---

(1) Dit Morency.

(1) Ou Bauche-Morency.

Marie-Angélique, b... m ¹ 12 janvier 1802, à Michel LETELLIER.

1793, (7 janvier) Beaumont. ²
IV.—BOSCHÉ, MICHEL, [JOSEPH III.
b 1758; s ² 28 oct. 1819.
TURGEON, Marie-Anne,
veuve de Pierre-Girard Larivière, b 1762; s ² 18 sept. 1822.

BOSCHÉ, JOSEPH,
b 1741; s 9 oct. 1808, à Beaumont.
DUVAL, Angelique.

BOSCHÉ, JOSEPH.
1° BEL, Elisabeth.
1799, (8 avril) Beaumont.
2° FRASER, Angelique. [AUGUSTIN.

BOSCHÉ, GUILLAUME.
1° LECHASSEUR, Louise.
1808, (9 février) Beaumont.
2° LABRECQUE, Agathe. [ANTOINE.

1757, (7 février) Ste-Famille I. O.
IV.—BAUCHÉ, CHARLES. [BASILE III.
DROUIN, Dorothée, [PIERRE II.
veuve de Joseph Martineau.

1758, (4 avril) Ste-Famille I. O. ³
IV.—BAUCHER, JOSEPH. [GUILLAUME III.
LOIGNON, Marthe, [CHARLES III.
veuve de Charles Loiseau.
Marie-Anastasie, b ³ 1ᵉʳ février 1759.—*Joseph*, b ³ 26 août 1761.—*Marie-Euphrasie*, b ³ 7 sept. 1764; s ⁴ 16 juillet 1765.—*Pierre Chrysologue*, b ³ 23 avril 1766.—*Jacques*, b ³ 25 juillet et s ³ 10 oct. 1768.

1758, (3 oct.) St-François-du-Sud.
IV —BAUCHÉ (1), BASILE. [BASILE III.
DESTROISMAISONS (2), Marie-Frse. [JACQUES III.
Marie-Françoise, b 30 janvier 1762, à Berthier.¹—*Augustin*, b ¹ 23 janvier et s ¹ 19 février 1761.—*Joseph-Marie*, b ¹ 9 mars 1766.

1758.
IV.—BAUCHÉ, FRANÇOIS, [HILAIRE III.
navigateur.
GUENET, Marie. [THOMAS II.
Françoise, b 27 déc. 1759, à Québec.

1761, (2 février) Trois-Rivières.
I.—BAUCHÉ, JEAN, fils de Guillaume et de Marie Lepinteux, de St-Pierre de Caux.
DASILVA, Marguerite. [PIERRE III

1762, (8 février) Ste-Famille I. O. ³
IV.—BAUCHÉ, AUGUSTIN. [HILAIRE III.
CANAC, Catherine. [MARC-ANTOINE III.
François, b ³ 26 nov. 1762.—*Augustin*, b ³ 14 février 1765.—*Joseph*, b ³ 15 avril 1768.

1763, (10 oct.) Berthier. ¹
IV.—BAUCHÉ (1), ANDRÉ. [JOSEPH III.
BOUTIN, Madeleine, [JEAN-BTE III.
b 1721; veuve de Joseph Bouchard.
Marie-Agathe, b ¹ 10 mars et s ¹ 25 mai 1765.

BAUCHER, JOSEPH.
JODOUIN, Thérèse. [FRANÇOIS III.
Marie-Joseph, b 20 janvier 1764, à Batiscan.

1765, (10 juin) Berthier.
IV.—BAUCHÉ, BASILE, [IGNACE III.
BLAIS, Marie-Anne, [LOUIS III.
b 1738.

IV.—BAUCHER, BASILE. [JOSEPH III.
MORIN, Marie-Geneviève. [PIERRE III.
Anonyme, b et s 9 juin 1765, à Berthier.¹—*Madeleine* et *Marie-Marguerite*, b ¹ 10 mars 1777.—*Basile*, b ¹ 22 avril 1779.—*Pierre*, b ¹ 3 août et s ¹ 11 oct. 1780.

1768, (19 janvier) Kamouraska.
IV.—BOSCHÉ, AUGUSTIN (1). [BASILE III.
LEBEL, Marie-Joseph. [JEAN II.
Basile, b 14 janvier 1772, à l'Ile-Verte.—*François*, b 26 oct. 1785, aux Trois-Pistoles.⁶—*Marie-Tècle*, b 1781, s ⁶ 30 déc. 1792.—*Augustin*, b... m ⁶ 10 oct. 1791, à Veronique ST-LAURENT.

1791, (10 oct.) Trois-Pistoles. ¹
V.—BAUCHÉ (1), AUGUSTIN. [AUGUSTIN IV.
LAURENT (ST.), Veronique, [JOSEPH III.
b 1768; s ¹ 10 avril 1793.
Joseph, b ¹ 23 mars 1793,

V.—BAUCHÉ (1), BASILE. [AUGUSTIN IV.
LIZOTTE, Marie-Charlotte, [CHARLES IV.
b 1752.
Cyriac, b 26 sept. 1797, aux Trois-Pistoles.⁶—*Marie-Judith*, b ⁶ 2 dec. 1798.—*Joseph*, b ⁶ 26 dec. 1799.

BAUCHÉ, MARGUERITE, epouse de Joseph CHARBONNEAU.

1670, (28 sept.) Québec.
I.—BAUDET JEAN (2),
b 1650.
GRANDIN, Marie,
b 1651.
Louise-Françoise, b 1679; m 1699, à Jean BISSON; s 17 janvier 1712, à St-Nicolas.—*Michel*, b 1686; m 16 avril 1719, à Thérèse PERUSSE, s 27 mai 1764, à Lotbinière. ⁸—*Jean-Baptiste*, b 2 sept. 1683, à Levis; m à Françoise CHATEL; s ⁸ 24 nov. 1764.—*Jacques*, b... m 26 nov. 1720, à Marie-Angelique LEMAY, à Ste-Croix, s ⁸ 4 janvier 1750.—*Madeleine*, b... m à Antoine PINARD.

(1) Dit Morency.
(2) Dit Picard.

(1) Dit Morency.
(2) Voy. vol. I, p. 29.

BAU 139 BAU

II.—BAUDET, JEAN-BTE, [JEAN I.
b 1683 ; s 24 nov. 1764, à Lotbinière.⁶
CHATEL, Françoise, [MICHEL I.
s ⁶ 9 déc. 1731.
 Théodore, b ⁶ 29 sept. 1727; m 1750, à Marie-Anne MANDEVILLE.—*Michel*, b ⁶ 1729; s ⁶ 2 mai 1731.—*Marie*, b 8 avril 1718, à Ste-Croix ³ ; s ⁶ 16 avril 1731.—*Marie-Thérèse*, b... 1° m ⁶ 6 oct. 1749, à Antoine FAUCHER ; 2° m ⁶ 8 janvier 1757, à Jacques TOUSIGNAN.—*Louis*, b.. m ⁶ 27 oct. 1755, à Marie-Louise AUGÉ.—*Michel*, b . m 1764 à Catherine LEMAY.—*Jean-Baptiste*, b ³ 13 mars 1720.—*Marie*, b ³ 28 oct. 1722.

I.—BAUDET, JEAN,
s 31 juillet 1769
 Jean-Baptiste, b.. m à Madeleine MARINIER.

II—BAUDET (1), MADELEINE, epouse de Jean-Baptiste LACOSTE.

1719, (16 avril) Ste-Croix. ⁷
II—BAUDET, MICHEL, [JEAN I.
s 27 mai 1764, à Lotbinière.⁶
PERUSSE, Therèse, [JEAN I.
b 1705 ; s ⁶ 2 janvier 1755.
 Marie-Angélique-Joseph, b ⁶ 27 oct. 1727; m ⁶ 9 février 1750, à Joseph LEMAY.—*Michel*, b ⁶ 1ᵉʳ février 1731, m ⁶ 12 nov. 1753, à Marie-Louise, AUGÉ.—*Marie-Louise*, b... m ⁶ 8 février 1751, à Jean LECLERC.—*Jean-Baptiste*, b... m à Marie-Charlotte TOUSIGNAN.—*Marie-Joseph*, b... m ⁶ 24 août 1767, à Louis LEMAY.—*Marie*, b... m 22 avril 1748, à Simon AUBRY, aux Trois-Rivières.—*Thérèse*, b 1718 ; m à Antoine TOUSIGNAN ; s ⁶ 23 oct. 1758.—*Angélique*, b 1719 ; m à Joseph TOUSIGNAN ; s ⁶ 11 oct. 1764—*Jeanne*, b ⁷ 7 juin 1720.—*Joseph*, b ⁷ 26 février 1722.

1720, (20 nov.) Ste-Croix.
II—BAUDET, JACQUES, [JEAN I.
s 4 janvier 1750, à Lotbinière. ⁶
LEMAY, Marie-Angélique, [PIERRE II.
b 1700 ; s ⁶ 13 mars 1742.
 Louis, b... s ⁶ 13 avril 1728.—*Louis*, b ⁶ 18 avril et s ⁶ 2 sept. 1729.—*Marie-Joseph*, b ⁶ 19 déc. 1730; m ⁶ 3 février 1755, à Mathurin TOUSIGNAN.—*Marie*, b 1731 ; s 8 oct. 1750, aux Trois-Rivières. ⁴—*Jacques*, b... m 19 avril 1751, à Marie-Elisabeth BRISSON, à St-Pierre-les-Becquets, s 31 mai 1783, à St-Jean-Deschaillons.—*Françoise*, b... m ⁴ 10 janvier 1763, à François BOISVERD.

II.—BAUDET (2), CHARLES, [LAURENT I.
s avant 1749.
LEMAY, Madeleine, [IGNACE II.
b 1692 ; s 14 mars 1767, à Lotbinière. ⁵
 Joseph, b ⁵ 26 oct. 1727; m ⁵ 15 février 1751, à Marie-Geneviève HUBERT.—*Marie-Angélique*, b ⁵ 23 janvier 1729 ; m ⁵ 16 oct. 1758, à Michel-Hyacinthe MARION.—*Marie-Madeleine*, b ⁵ 3 sept. 1730.

(1) Dit Pineau.
(2) Dit Ducap.

BAUDET, JULIEN.
COUTURE, Geneviève.
 Clément, b... m à …… BOISVERD.

1737.
II.—BAUDET, JEAN-BTE. [JEAN I.
MARINIER, Madeleine (1). [SÉBASTIEN I.
 Isabelle, b 1737 ; m 21 janvier 1754, à Jean MIVILLE, à la Rivière-Ouelle ⁴ ; s ⁴ 25 mars 1777. — *Marie-Madeleine*, b... m ⁴ 10 avril 1758, à Joseph DUBÉ.— *Marie-Rosalie*, b... m ⁴ 15 juin 1761, à Pierre DUBÉ ; s ⁴ 6 juin 1784.

1740.
III.—BAUDET, JEAN-BTE. [MICHEL II.
s avant 1766.
TOUSIGNAN, Marie-Charlotte. [JEAN-BTE II.
 Marie-Louise, b 11 mai 1741, à Lotbinière¹ ; m à Antoine LHÉRAUX.— *Jean-Baptiste*, b... m¹ 7 oct. 1765, à Marie-Catherine HUBERT.—*Jérôme*, b ¹ 30 mars 1750.—*Marie-Charlotte*, b ¹ 28 nov. 1756 ; s ¹ 4 janvier 1757.—*Joseph*, b ¹ 15 mars 1758.—*Marie-Marguerite*, b... m ¹ 3 février 1766, à Antoine AUGÉ.

1748.
III.—BAUDET, JOSEPH. [MICHEL II.
BÉLANGER, Angélique. [NICOLAS III.
 Anonyme, b et s 12 août 1749, à Lotbinière. ²—*Anonyme*, b² et s ² 8 avril 1750.—*Marie-Marguerite*, b ² 3 mai 1751.—*Joseph*, b ² 3 mars 1753.—*Marguerite*, b ² 28 oct. 1755.—*Marie-Geneviève*, b ² 14 août 1757.—……… b ² 1759 ; s ² 20 oct. 1764.—*Joseph*, b ² 9 janvier 1766.—*Louise*, b ² 13 nov. 1767.

1749, (18 août) Lotbinière. ²
III.—BAUDET (2), CHARLES. [CHARLES II.
GRENIER, Marguerite. [JOSEPH II.
 Charles-Joseph, b ² 28 avril 1750 ; s ² 19 mars 1751.—*Jean-Baptiste*, b ² 14 août 1751 ; m 5 février 1776, à Marie-Pélagie AUGER, à St-Jean-Deschaillons. ³—*Pierre*, b... m ³ 5 juillet 1779, à Catherine MAILLOT.—*Joseph*, b... m ³ 9 oct. 1787, à Catherine BARABÉ.—*Charles*, b ² 23 février 1755.—*Marie-Marguerite*, b 16 mars 1757, à Deschambault.—*Marie-Madeleine*, b ² 2 avril 1765.

III.—BAUDET, JOSEPH. [MICHEL II.
HUBERT, Marie-Joseph. [JEAN I.
 Joseph-Marie, b 15 avril 1750, à Lotbinière.⁶—*Marie-Geneviève*, b ⁶ 31 mai 1752.—*Pierre*, b ⁶ 16 sept. 1753.— *Nicolas-Adrien*, b ⁶ 18 juin 1755.—*Marie-Thérèse*, b ⁶ 5 nov. 1756—*Marie-Elisabeth*, b ⁶ 1ᵉʳ déc. 1757.—*Jean-Baptiste*, b ⁶ 15 août 1758.—*Marie-Marguerite*, b ⁶ 15 août 1758.—*Marie-Joseph*, b... m ⁶ 13 janvier 1766, à Louis LEMAY.—*Marie-Françoise*, b... m ⁶ 21 nov. 1768, à Augustin LEMAY.— *François-Xavier*, b ⁶ 20 mai 1765.

(1) Elle épouse, le 7 janvier 1771, Augustin Dionne, à la Rivière-Ouelle.
(2) Dit Ducap.

1751, (15 fevrier) Lotbinière. [1]
III.—BAUDET, Joseph. [Charles II.
Hubert, Marie-Geneviève. [Jean II.
Marie-Elisabeth, b [1] 1er et s [1] 28 oct. 1753.—
Joseph, b [1] 11 mai 1755.—*Marie*, b... s [1] 17 juin 1765.—*Marie-Françoise*, b [1] 15 sept. 1765.—*Louis*, b [1] 7 sept. 1767.

1751, (19 avril) St-Pierre-les-Becquets. [2]
III.—BAUDET, Jacques, [Jacques II.
s 31 mai 1783, à St-Jean-Deschaillons. [3]
Brisson, Marie-Elisabeth, [Pierre III.
b 1727; veuve de Pierre Maillot; s [3] 20 mars 1790.
Marie-Elisabeth, b [2] 27 février 1757.—*Alexis*, b [3] 5 janvier 1755.—*Urbain*, b [3] 11 juin 1759; s [3] 10 février 1760.—*Urbain*, b [3] 13 avril 1761, m à Rosalie Bernard; s [3] 18 avril 1791.—*Michel*, b [3] 6 août 1763.—*Jacques*, b [3] 22 juin 1765.

1753, (12 nov.) Lotbinière. [4]
III.—BAUDET, Michel. [Michel II.
Augé, Marie-Louise. [Jean-Louis III.
Marie-Louise, b [4] 24 nov. 1755.—*Marie-Louise*, b [4] 9 déc 1756.—*Marguerite*, b 2 sept. 1765, à Deschambault; s [4] 4 sept. 1765.—*Marie-Angélique*, b [4] 23 sept. 1766.—*Marguerite*, b [4] 23 sept. 1768.

1755, (27 oct.) Lotbinière. [5]
III.—BAUDET, Louis. [Jean II.
Augé, Marie-Louise. [Louis III.
Marie-Louise, b [5] 29 oct. 1758.—*Marie-Thérèse*, b [5] 17 nov. 1765.

1764.
III.—BAUDET, Michel (1). [Jean-Bte II.
Lemay, Catherine. [Joseph-Louis I.
Jean-Baptiste, b 2 août 1765, à Ste-Croix; s 2 sept. 1765, à Lotbinière. [6]—*Marie-Marguerite*, b [6] 22 nov. 1766.—*Marie-Brigitte*, b [6] 20 août 1768.

1765, (7 oct.) Lotbinière. [7]
IV.—BAUDET, Jean-Bte. [Jean-Bte III.
Hubert, Marie-Catherine. [Etienne III.
Marie-Anne, b [7] 31 déc. 1766.—*Marie-Catherine*, b [7] 27 juin 1768.

1776, (5 février) St-Jean-Deschaillons. [8]
IV.—BAUDET, Jean-Bte. [Charles III.
Auger, Marie-Pelagie, [Louis IV.
b 1758.
Pélagie, b [8] 30 nov. 1776.

1779, (5 juillet) St-Jean-Deschaillons.
IV.—BAUDET, Pierre. [Charles III.
Maillot, Catherine. [Nicolas III.

BAUDET, Catherine, b 1777; m à Joseph Lemay; s 22 juillet 1808, à St-Jean-Deschaillons.

(1) Appelé Jean Jean, 1768.

IV.—BAUDET, Urbain, [Jacques III.
b 1761; s 18 avril 1791, à St-Jean-Deschaillons. [9]
Bernard (1), Rosalie.
Urbain, b... m [9] 20 février 1811, à Judith Maillot.—*Marguerite*, b 1791; m [9] 26 avril 1813, à Joseph Charland; s [9] 16 août 1815.

1787, (9 oct.) St-Jean-Deschaillons.
IV.—BAUDET, Joseph. [Charles III.
Barabe, Catherine, [Nicolas IV.
b 1764.

BAUDET, Jacques.
Trotier, Marie-Anne.
Marie-Tècle, b... m 12 janvier 1813, à Michel Chandonnet, à St-Jean-Deschaillons.

1811, (20 février) St-Jean-Deschaillons.
V.—BAUDET, Urbain. [Urbain IV.
Maillot, Judith. [Antoine

BAUDET, Marie, épouse de Pierre Martin.

BAUDET, Marie, épouse de Nicolas Joly.

II.—BAUDIN, Pierre-Etienne (2), [Pierre I.
b 1691; s 3 avril 1760, à Quebec.

1687, (10 fevrier) Beauport. [7]
I.—BAUDIN (2), René,
b 1660; s 22 janvier 1737, à Laprairie. [2]
Vallée, Suzanne. [Pierre I.
b 1669; s [2] 9 déc. 1729.
René, b 6 juillet 1689, à Québec; m 14 janvier 1720, à Louise Cincé, à St-Ours.—*Michel*, b [2] 21 déc. 1697; m 21 sept. 1725, à Françoise Dupuis, à Longueuil.—*Pierre*, b... m [2] 8 janvier 1731, à Marguerite Poissant.

1699, (12 janvier) Charlesbourg.
II.—BAUDIN, Philippe (2), [François I.
b 1666; s avant 1748.
Aumier, Marie-Anne, [Jean I.
s avant 1748.
Marie-Louise, b 1728; m 22 janvier 1748, à Pierre Thibaut, à Montreal.

1718, (28 nov.) Laprairie. [3]
II.—BAUDIN, Pierre, [René I.
b 1693; s avant 1754.
Aupry, Marie-Anne, [Louis I.
b 1700; s [3] 5 juillet 1730.
Joseph, b... m 14 janvier, 1766, à Louise Triveret, à St-Philippe.—*Charles*, b [3] 14 oct. 1719.—*Jacques*, b [3] 9 janvier 1721.—*Pierre*, b [3] 6 sept. 1722; m 18 oct. 1756, à Angélique Réaume, à St-Constant. [4]—*Bonaventure*, b [3] 4 juillet 1728; m [4] 28 oct. 1754, à Marie-Angélique Longtin—*Marie-Angélique*, b [3] 1er juin et s [3] 25 sept. 1739.—*Jean-Baptiste*, b [3] 10 août 1724.—*Laurent*, b [7] 10 août 1724.—*Anonyme*, b [3] et s [3] 21 mars 1726.—*Marie-Anne*, b [3] 21 mars 1726; m [3] 10 avril 1747, à Louis Pelletier.

(1) Ou Renaud. Elle épouse, le 1er juillet 1793, Pierre Paris, à St-Jean-Deschaillons.
(2) Voy. vol. I, p. 61.

1720, (14 janvier) St-Ours.³
II.—BAUDIN, RENÉ,   [RENÉ I.
  b 1689.
  CIRCÉ, Louise.   [FRANÇOIS I.
  Suzanne, b 11 nov. 1720, à Laprairie.—*Pierre-René,* b ⁸ 12 janvier 1727.

1720, (7 août) Rivière-Ouelle.
II.—BAUDIN, PHILIPPE,   [RENÉ I.
  b 1681 ; s 24 février 1756, à Québec. ¹
  MIGNOT, Marie-Rosalie.   [JEAN I.
  Pierre, b... m 27 juillet 1751, à Louise POLI-QUIN, à St-Michel.—*Louis-Joseph,* b ¹ 17 oct. 1733.—*Joseph,* b... m ¹ 16 nov. 1750, à Félicité MÉTOT.—*Marie-Angélique,* b... m ¹ 31 janvier 1757, à Michel TESSEREAU.—*Marguerite,* b 24 août 1735, à St-Nicolas ² ; m ¹ 7 janvier 1758, à Joseph AGNÈS.—*Marie-Joseph,* b ¹ 6 mars 1737; m ¹ 18 février 1760, à MICHEL LARSONNEUR.—*Philippe,* b ¹ 10 janvier 1739.—*Philibert,* b ¹ 7 avril 1741 ; s ¹ 6 février 1742.

1722, (11 janvier) Laprairie. ⁷
II.—BAUDIN, GUILLAUME,   [RENÉ I.
  b 1691 ; s avant 1759.
  DUPUY, Marie.   [MOISE II.
  Marie-Thérèse, b ⁷ 13 février 1725 ; m ⁷ 18 février 1743, à Étienne BABEU.—*Jean-Baptiste,* b ⁷ 21 juillet 1728.—*Joseph,* b ⁷ 3 août 1730, m à Marie MESNIL ; s 25 avril 1759, à St-Philippe. ⁸—*Guillaume,* b ⁷ 22 mars 1733.—*Marie-Angélique,* b ⁷ 24 juin 1735.—*Marie-Joseph,* b ⁷ 24 avril 1737.—*Jacques,* b ⁷ 22 juillet 1739 ; m ⁷ 26 février 1759, à Barbe BABEU.—*Louis,* b ⁷ 2 juin 1741 ; m ⁸ 19 avril 1762, à Marie-Charlotte MONET.

1725, (21 sept.) Longueuil.
II.—BAUDIN, MICHEL,   [RENÉ I.
  b 1697 ; s 22 dec. 1767, à St-Constant. ²
  DUPUIS, Françoise.   [MOISE II.
  Toussaint, b... m 7 janvier 1760, à Marie-Louise GAGNE, à Laprairie. ³—*Moise,* b ³ 22 avril 1728 ; m ² 24 avril 1752, à Marie-Amable VARIN.—*Toussaint,* b ³ 2 nov. 1729.—*Françoise,* b ³ 4 et s ⁸ 23 juillet 1731.—*Michel,* b ³ 12 juin 1726, m ² 14 février 1757, à Véronique LEMIEUX.—*Jacques et François,* b ³ 7 et s ³ 8 juin 1733.—*Marie-Françoise,* b ³ 14 février 1735 ; m ² 25 nov. 1754, à François LEMIEUX.—*Marie-Joseph,* b ³ 9 mars 1737.—*François,* b ³ 9 nov. 1739 ; s ³ 18 avril 1740.—*Marie-Céleste,* b ³ 30 juin 1741.

BAUDIN, MARIE, b 1645; m à Michel DUBUC, s 24 avril 1716, à Longueuil.

BAUDIN, CATHERINE, b... m 1671, à Pierre COC-QUIN, à Quebec.

BAUDIN, MARIE-ANNE, epouse de François GUÉGUIN.

BAUDIN, MARIE-ANGÉLIQUE, b 1691 m à Jacques PHILIPPE ; s 29 avril 1763, à Charlesbourg.

BAUDIN, MARIE, epouse de Michel TIERCEREAU.

BAUDIN, MARIE-JOS, épouse de Michel SCELEUR.

BAUDIN, ANGÉLIQUE, epouse de René PINSONNEAU.

BAUDIN, MARIE-ANNE, épouse de Charles MINOT.

BAUDIN, MADELEINE, 1º m à Joseph CUSSON ; 2º m 4 mai 1767, à Rémi TREMBLAY, à Repentigny.

BAUDIN, MARIE-JOS, épouse de Pierre DENIAU.

BAUDIN, MARIE-JEANNE, epouse de Michel-Ignace DIZY.

BAUDIN, FRANÇOISE, epouse de Dominique DRAGON.

BAUDIN, LOUIS, b 1733 , s 7 oct. 1751, à St-Ours.

1728, (8 nov.) Québec. ²
II.—BAUDIN, FRANÇOIS.   [PIERRE I.
  AUGER (1), Marie-Angélique.   [JEAN II.
  Pierre, b ² 20 août 1729; m ² 11 oct. 1762, à Charlotte DUPUIS.—*Marie-Angélique,* b ² 28 janvier 1731.—*Thérèse,* b ² 16 mars 1732; s ² 11 janvier 1755.—*François,* b ² 11 oct. 1733.—*Marguerite,* b ² 11 oct. 1735 ; s ² 1ᵉʳ août 1755.—*Marie-Joseph,* b ² 15 août 1737.—*Françoise-Régis,* b ² 1ᵉʳ avril 1739.—*Michel,* b ² 29 nov. 1740.

1730, (28 août) Québec. ²
III.—BAUDIN (2), JEAN-BTE.   [PHILIPPE II.
  CHABOT (3), Marie-Madeleine,   [MICHEL III.
  b 1705, s ² 31 mars 1745.
  Jean-Baptiste, b ² 19 juin 1731 ; s ² 2 avril 1743.—*Joachim,* b ² 22 février 1733; s ² 19 juillet 1759 (4).—*Faustin-François-Marie,* b 14 février 1735, à St-Valier, s ² 29 sept. 1744.—*Louis-Marie,* b 20 mars 1739, à Berthier.—*Joseph-Marie,* b 1741 ; s ² 24 dec. 1742.

1731, (8 janvier) Laprairie. ³·
II.—BAUDIN, PIERRE.   [RENÉ I.
  POISSANT, Marguerite (5).   [JACQUES I.
  Marguerite, b ³ 5 nov. 1731 ; s ³ 9 juillet 1732.

1737, (14 janvier) Montréal. ⁴
I.—BAUDIN (6), ANDRÉ, b 1711 ; fils de Joseph et de Marie-Anne DAUX, de Dandin-sur-foix, diocèse de LaRochelle, Poitou.
  1º BROUILLET, Elisabeth,   [BERNARD II.
  s ⁴ 6 juin 1748.
  Jean-Baptiste-François, b ⁴ 23 juin 1737.—*Thomas-Ignace,* b ⁴ 24 sept. 1739 ; s ⁴ 9 dec. 1741.—*Andre,* b ⁴ 25 oct. 1744.

(1) Dit St-Julien.
(2) Dit Lamarre.
(3) Dit Desjardins.
(4) Tué au siège de Québec.
(5) Elle épouse, le 19 janvier 1756, Louis Glinel, à Laprairie.
(6) Dit Sansrémission, caporal.

1748, (12 août).⁴
2° ROBRAU, Madeleine, [PIERRE I.
s ⁴ 29 sept. 1748.

1749, (7 janvier).⁴
3° RAYNAUD, Marie-Anne. [LOUIS II.
Marie-Anne, b ⁴ 6 et s ⁴ 9 oct. 1749.

1737, (10 nov.) Trois-Rivières. ⁹
I.—BAUDIN, BENOIT, fils de Jean et d'Antoinette Frelin, de St-Jean, diocèse de Die.
GIRARD, Marie. [FRANÇOIS II.
Jean-Baptiste, b ⁹ 1ᵉʳ nov. 1738.—*Joseph*, b ⁹ 29 mai 1740.—*Michel-Joseph-Benoit*, b ⁹ 24 mai 1742.—*Marie-Joseph*, b 16 février 1744, à la Pte-du-Lac⁷; m 23 nov. 1767, à Pierre GIROUX, à Yamachiche.—*Benoit*, b ⁷ 18 avril 1747.

1740, (19 nov.) Québec. ¹
I.—BAUDIN, Louis, marchand, fils de Louis et de Madeleine Babin, de St-Louis, Rochefort.
VALLEE (LA), Marie-Catherine. [PIERRE II.
Louis-Amable, b ¹ 12 oct. 1746.

1744, (13 avril) Québec.
I.—BAUDIN (1), JACQUES, fils de Louis et de Madeleine Babin, de St-Louis de Rochefort, diocèse de LaRochelle ; s avant 1771.
CORBIN, Catherine, [ANDRÉ II.
s¹ 23 juin 1751.
Louis-Jacques, b ¹ 26 août 1745 ; 1° m 28 janvier 1771, à Anne-Celeste DERAINVILLE, à l'Ile-Dupas²; 2° m ² 10 février 1772 à Apolline DESROSIERS.—*Marie-Catherine*, b ¹ 24 août 1746, s ¹ 11 mai 1747.—*Marie-Charlotte*, b ¹ 14 août 1747; s ² 28 août 1748.

1750, (16 nov.) Québec.
III.—BAUDIN, JOSEPH. [PHILIPPE II.
MÉTOT, Felicite-Gabrielle (2). [ABRAHAM II.

1751, (27 juillet) St-Michel.
III.—BAUDIN, PIERRE. [PHILIPPE II.
POLIQUIN, Louise, [JEAN II.
b 1733.
Marie-Madeleine, b 22 mai et s 23 août 1757, à Quebec. ² — *Marie-Louise*, b ² 24 sept. 1761.—*Angélique*, b ² 16 juillet 1763.

1752, (24 avril) St-Constant
III.—BAUDIN, MOISE. [MICHEL II.
VARIN, Marie-Amable. [JEAN II.
Marie-Amable, b ³ 13 février 1757.

1754, (28 oct.) St-Constant.
III.—BAUDIN, BONAVENTURE. [PIERRE II.
LONGTIN, Marie-Angelique. [ANDRÉ II.

1756, (18 oct) St-Constant. ⁷
III.—BAUDIN, PIERRE-CHARLES. [PIERRE II.
RÉAUME, Marie-Angelique. [JOSEPH III.
Charles, b ⁷ 24 mai 1757.

(1) Dit Rochefort.
(2) Elle épouse, le 22 sept. 1760, Antoine Terisse, à Québec.

BAUDIN (1), JOSEPH, b 1734 ; s 11 mai 1779, à l'Ile-Dupas.

III.—BAUDIN, JOSEPH. [GUILLAUME II,
MESNIL, Marie-Catherine, [JEAN-BTE II.
b 1730 ; s 22 dec. 1764, à St-Philippe. ³
Véronique, b ³ 18 et s ³ 19 déc. 1757.—*Jean-Baptiste*, b ³ 26 nov. 1758.—*Marie-Joseph*, b ³ avril 1761, à St-Constant.

1757, (14 février) St-Constant.
III.—BAUDIN, MICHEL. [MICHEL II.
LEMIEUX, Veronique. [JACQUES III.

1759, (26 fevrier) Laprairie.
III.—BAUDIN, JACQUES. [GUILLAUME II.
BABEU, Barbe-Amable, [ANDRÉ II.
b 1736.
Marie-Joseph, b 8 mars 1761, à St-Constant —*Charles*, b 9 fevrier 1763, à St-Philippe.

1760, (7 janvier) Laprairie.
III.—BAUDIN, TOUSSAINT. [MICHEL II.
GAGNÉ, Marie-Louise. [JOSEPH II

1762, (22 février) Laprairie.
BAUDIN, JEAN-BTE.
BABEU, Marie-Angélique, [ANDRÉ II.
b 1738.

1762, (19 avril) St-Philippe. ⁴
III.—BAUDIN, Louis. [GUILLAUME II.
MONET, Marie-Charlotte. [FRANÇOIS II.
b 1738.
Marie-Angélique, b ⁴ 23 janvier et s ⁴ 5 mars 1763.—*Louis*, b ⁴ 4 mars 1764.

1762, (11 oct.) Québec.
III.—BAUDIN, PIERRE. [FRANÇOIS II.
DUPUIS, Charlotte. [JÉROME I.
Pierre, b ¹ 8 sept. 1763.

1766, (14 janvier) St-François.
III.—BAUDIN, JOSEPH. [PIERRE II.
TRIVARET, Louise. [ANDRÉ-VALENTIN I.

1771, (28 janvier) Ile-Dupas.
II.—BAUDIN (1), Louis. [JACQUES I
1° RAINVILLE (DE), Céleste, [RENE II
b 1725 ; veuve de Gabriel Bérard ; s¹ 19 juillet 1771.

1772, (10 février). ¹
2° DESROSIERS, Apolline. [LOUIS III
Marie-Thérèse, b ¹ 31 juillet et s ¹ 11 août 1773

BAUDIN, FRANÇOIS.
ROY, Louise.
Joseph, b 25 mars 1782, à Ste-Foye.

BAUDON.—*Surnom* : LAGRANGE.

(1) Dit Rochefort.

1690, (23 février) Ste-Famille, I. O.²
II.—BAUDON, JACQUES, (1) [JEAN I.
b 1662 ; s 14 oct. 1712, à St-François, I. O.⁸
VERIEUL, Marguerite. (2) [NICOLAS I.
Marguerite, b³ 21 janvier 1703 ; s² 4 nov.
1737.—*Pierre,* b⁸ 25 juillet 1709 ; s² 1ᵉʳ nov.
1714.—*Jean,* b² 20 nov. 1697 ; m 1725, à Angélique DURAND.

1713, (10 juillet) St-François, I. O.⁴
III.—BAUDON, JACQUES, [JACQUES II.
b 1691 ; s⁴ 24 février 1725.
BUTEAU, Marie-Françoise (3). [PIERRE I.
Marie-Elisabeth, b 15 mars 1714, à Ste-Famille, I. O.; m 26 avril 1735, à Joseph CÔTÉ, à St-Pierre, I. O.— *Marie-Madeleine,* b⁴ 3 et s⁴ 9 juin 1716.— *Marie-Geneviève,* b⁴ 20 mai 1717 ; m 12 août 1743, à Ignace BARON, à St-Antoine Tilly.—*François,* b⁴ 14 mai 1719 ; m⁴ 15 fevrier 1745, à Reine CHRÉTIEN. — *Jean-Baptiste,* b⁴ 8 sept. 1721 ; m⁴ 14 mai 1754, à Helène PEPIN.— *Marie-Marguerite,* b⁴ 8 sept. 1721 ; m⁴ 18 janvier 1751, à Jean-Baptiste BIBAUD. — *Agathe,* b⁴ 24 et s⁴ 25 sept. 1723.—*Jacques,* (posthume) b⁴ 13 juillet 1725 ; m⁴ 18 janvier 1751, à Dorothee EDMOND ; s 24 mars 1754.

1725.
III.—BAUDON (4), JEAN, [JACQUES II.
b 1697.
DURAND, Angélique.
Anonyme, b et s 14 juillet 1726, à St-Ours.

1745, (15 février) St-François, I. O.⁶
IV.—BAUDON (4), FRANÇOIS. [JACQUES III.
CHRÉTIEN, Reine. [THOMAS.
Joseph-Marie, b⁶ 11 avril 1746 ; s⁶ 2 sept. 1747.—*Marie-Joseph,* b⁶ 25 mars 1751 ; s⁶ 19 août 1752.—*Marie-Madeleine,* b⁶ 16 et s⁶ 30 août 1753.

1751, (18 janvier) St-François, I. O.⁷
IV.—BAUDON, JACQUES, [JACQUES III.
s⁷ 24 mars 1754.
EDMOND, Dorothée (5), [IGNACE III.
b 1736.
Marie-Dorothée, b⁷ 30 mars et s⁷ 6 avril 1752. —*Marie-Joseph,* b⁷ 25 avril 1753 ; m⁷ 15 février 1773, à Charles DEBLOIS.—*François,* b... s⁷ 4 avril 1754.

1754, (14 mai) St-François, I. O.⁸
IV.—BAUDON (4), JEAN. [JACQUES III.
PEPIN, Helène. [LOUIS III.
Jean-Marie, b⁸ 17 février 1755 ; m 2 juin 1783, à Thérèse GINGRAS, à Deschambault.—*Joseph-*

Marie, b⁸ 4 août 1756.—*Marie-Thérèse,* b⁸ 30 sept. 1757, m⁸ 9 février 1778, à Joseph MARTINEAU.—*Augustin,* b⁸ 27 déc. 1759, s⁸ 21 juin 1770.—*Jacques,* b⁸ 6 nov. 1762.—*François,* b⁸ 6 avril et s⁸ 11 août 1765. — *Louis-Marie,* b⁸ 22 juin et s⁸ 25 août 1766. — *Marie-Hélène,* b⁸ 22 sept. 1767.—*François,* b⁸ 15 déc. 1769 ; s⁸ 3 juin 1770.

BAUDON, MADELEINE, épouse de Jacques CAUCHON.

BAUDON, MARIE-ANNE, épouse de Jean FRANCŒUR.

BAUDON (1), MARGUERITE, épouse de George LAURENT ; s avant 1782.

1783, (2 juin) Deschambault.
V.—BAUDON, JEAN. [JEAN IV.
GINGRAS, Marie-Thérèse, [JOSEPH III.
veuve de Joseph Gautier.

1659, (12 août) Trois-Rivières.⁶
I.—BAUDOIN, JEAN.
LANDEAU (2), Nathalie,
b en France.
Madeleine, b⁶ 22 avril 1662 ; m 1678, à Martin FOISY.—*Louis,* b⁶ 8 avril 1661.

1663, (27 nov.) Montréal.⁸
I.—BAUDOIN, JEAN (3),
b 1639 ; s 25 sept. 1713, à la Pte-aux-Trembles, M.⁶
CHAUVIN, Charlotte (4),
b 1651 ; s⁶ 31 oct. 1718.
Marie-Madeleine, b⁶ 21 sept. 1685 ; m⁶ 26 janvier 1704, à Germain TOIN.—*Charlotte,* b⁶ 9 mai 1688, m⁶ 8 janvier 1714, à Claude BRUN ; s 28 oct. 1714, à Repentigny.— *François,* b⁶ 30 janvier 1678 ; m 12 juin 1702, à Anne GRENET, à St-François, I. J.; s 21 août 1778, à Ste-Anne-de-la-Perade.— *Marie-Anne,* b⁸ 3 juillet 1669 ; m⁶ 22 nov. 1683, à Jean LESCARBOT ; s 27 février 1765, à Berthier.

1697, Champlain.³
I.—BAUDOIN, RENÉ (3),
b 1641 ; s³ 28 mars 1735.
2° REGNIER, Marie-Anne. [MASSÉ I.
Pierre, b⁸ 25 oct. 1701 ; s⁸ 15 janvier 1723.— *Marie-Catherine,* b 1704 ; m³ 19 nov. 1727, à Joseph POISSON. — *Madeleine,* b 1707 ; m³ 19 nov. 1727, à Claude-Charles BAUDRY.—*Michel-Ignace,* b 1691, m à Jeanne POISSON ; s³ 29 sept. 1728.

---

(1) Voy. vol. I, p. 30.
(2) Elle épouse, le 14 juin 1713, Hypolite Lehoux, à Ste-Famille, I. O.
(3) Elle épouse, le 12 février 1726, François Dupont, à St-François, I. O.
(4) Dit Larivière.
(5) Elle épouse, le 2 février 1756, Pierre Gagné, à St-François, I. O.

1) Dit Larivière.
(2) Elle épouse, le 9 juin 1663, Louis Tétreau, aux Trois-Rivières.
(3) Voy. vol. I, p. 30.
(4) Fille adoptive de Jean Gervaise.

1697, (11 nov.) Montréal.
II.—BAUDOIN, GUILLAUME. [JEAN I.
BAUDREAU, Anne. [URBAIN I.
Anne-Marguerite, b 15 janvier 1701, à la Pte-aux-Trembles, M. ²—*Anne-Catherine*, b ² 6 déc. 1702.—*Joseph*, b ² 8 avril 1705.—*Jean-Baptiste*, b ² 9 juin 1711 ; m 27 juillet 1740, à Marie-Thérèse HOMIER, à L'Assomption.—*Louis*, b 20 dec. 1715, à Repentigny ; m 1740, à Suzanne MASTA.

1699, (10 juillet) St-Thomas. ⁷
II.—BAUDOIN, JACQUES, [JACQUES I.
s 9 déc. 1758, à Berthier. ⁸
MORIN, Catherine. [ALPHONSE II.
Jacques, b ⁷ 21 sept. 1705 ; m 11 nov. 1727, à Marguerite MERCIER, à Ste-Anne.—*Joseph*, b... 1° m 23 oct. 1730, à Madeleine LECLERC, à St-Laurent, I. O. ; 2° m 8 juin 1744, à Marguerite GUAY, à Beaumont.—*Marguerite*, b ⁸ 30 déc. 1711 ; m ⁸ 14 février 1730, à Jacques MARCEAU. — *Marie-Françoise* b... m ⁸ 17 nov. 1711, à François MARCEAU.—*Marie-Catherine*, b... s ⁸ 8 avril 1780. —*Pierre*, b... m 1735, à Geneviève TALBOT.

1700, (22 nov) Repentigny. ⁶
II.—BAUDOIN, JACQUES, [JEAN I.
s ⁶ 30 juillet 1718.
RIVIÈRE, Marie-Marguerite. [PIERRE I.
Anonyme, b ⁶ et s ⁶ 6 février 1702.—*Marie-Anne*, b... m 14 août 1730, à Clement DUPONT, à Lachenaye.—*Angélique*, b ⁶ 16 mai 1706 ; m ⁶ 17 oct. 1729, à Charles GADIOU.—*Marie-Marguerite*, b ⁶ 15 oct 1710.—*Jacques*, b ⁶ 11 oct. 1712 ; m 25 février 1737, à Marie-Joseph RAYNAUD, à L'Assomption.— *Catherine*, b... s ⁶ 28 dec. 1715.— *Basile*, b ⁶ 21 avril 1716 ; m 1746, à Agnès MORTON.—*Marie-Joseph*, b ⁶ 14 janvier 1718.

1702, (12 juin) St-François, I. J. ⁷
II.—BAUDOIN, FRANÇOIS, [JEAN I.
b 1678 ; s (1) 21 août 1778, à Ste-Anne-de-la-Perade
GRENET, Anne-Andrée, [FRANÇOIS I.
b 1683.
Jean-Baptiste, b ⁷ 22 février 1707.—*François*, b 1ᵉʳ sept. et s 4 oct. 1713, à Repentigny.²— *Joseph*, b ² 11 février 1715.—*Marie-Joseph*, b ² 4 août 1717.—*François*, b ² 15 août 1720 ; s ² 15 déc. 1729, à Charles GADIOU.—*Nicolas*, b ² 20 mars 1723.—*Pierre*, b ² 23 juillet 1727.—*Marie-Charlotte*, b... m ² 17 avril 1730, à Jean-Baptiste TOIN.—*Marie-Anne*, b 5 juin 1703, à la Pte-aux-Trembles⁷ ; s ⁷ 24 mars 1704.—*Anne-Françoise*, b ⁷ 19 janvier 1705. —*Germain*, b ⁷ 22 juillet 1711 ; s ⁷ 2 oct. 1712. —*Pierre*, b... m 12 février 1748, à Marie-Rosalie DAOUT, au Bout-de-l'Ile, M.

1705, (16 nov.) St-Michel. ⁸
II.—BAUDOIN (2), LOUIS, [JACQUES I.
LEROY, Angelique (3). [NICOLAS II.
Anonyme, b ⁸ et s ⁸ 10 oct. 1706.—*Marie-Geneviève*, b ⁸ 12 mai 1708 ; m 20 juin 1728, à CLAUDE COTÉ, à Québec.—*Louis*, b ⁸ 7 janvier 1710.— *Jean-Baptiste*, b 12 avril 1714, à St-Valier⁷. s 22 février 1736, à Berthier. ⁸—*Jacques*, b ⁷ 27 mai 1717 ; m 23 oct. 1741, à Madeleine PROU, à St-Thomas ⁹ ; s ⁹ 18 mai 1772.—*Geneviève*, b ¹ 29 mai 1719, s ³ 8 sept. 1733.—*Joseph-Marie*, b ⁷ 22 juillet 1724 ; 1° m ³ 3 février 1749, à Marguerite BOUTIN ; 2° m 13 mai 1754, à Angelique GAUDIN, à St-François-du-Sud.—*Angélique*, b ⁸ 16 août 1722 ; m 13 avril 1739, à Gabriel BLOUIN, à St-François I. O.—*Marie-Madeleine*, b ³ 24 nov. 1711, m ⁵ 18 juin 1729, à François DANDURAND.

1710, (28 avril) Champlain.⁸
II.—BEAUDOIN, RENÉ. [RENÉ I.
POISSON, Jacqueline, [FRANÇOIS II
b 1690.
René, b ⁸ et s ⁸ 28 juillet 1711.—*Joseph*, b ⁸ 29 avril 1714 ; m à Marie-Joseph MORINVILLE.

1711. (13 avril) St-François I. O. ³
II.—BEAUDOIN, MARC. [JACQUES I.
LEPAGE, Elisabeth, [LOUIS I.
b 1685 ; s ³ 14 janvier 1773.
Germain, b ³ 29 avril 1712 ; m 31 août 1739, à Louise-Angelique THIBAUT, à St-Thomas ; s 18 février 1779, à Berthier.—*Elisabeth*, b ³ 29 juin 1714, s ³ 14 mars 1717.—*Joseph*, b ³ 3 oct. 1716 m 21 février 1745, à Marie-Madeleine TOUPIN, au Château-Richer ; s à Philadelphie, E.-U.—*Marie-Madeleine-Tècle*, b ³ 18 mai 1719 ; m ³ 5 nov 1736, à Joseph BUTEAU.—*Marc-Gabriel*, b ³ 14 mai 1721.—*Marie-Joseph*, b ⁴ 1ᵉʳ et s ⁴ 4 mai 1723 *Marie-Joseph*, b ³ 13 juillet et s ³ 11 nov. 1724.— *Marie-Catherine*, b ³ 23 août 1725 ; m ⁵ 5 nov. 1742, à François TURCOT.

1713, (9 janvier) Repentigny. ⁴
II.—BAUDOIN, JEAN-BTE, [JEAN I
s ⁴ 1ᵉʳ avril 1771.
GLORIA (1), Marie-Joseph. [ANTOINE I.
Marie-Joseph, b 11 juin 1714, à Varennes, s 24 février 1715, à Montreal.—*Marie-Joseph*, b¹ 18 juin 1719.—*Françoise*, b ⁴ 19 août 1721.— *Marie-Madeleine*, b ⁴ 28 février 1724.—*Marie-Catherine*, b ⁴ 9 février 1726.—*Marie-Thérèse*, b ⁴ 21 avril 1728.—*Pierre*, b ⁴ 18 juin 1730, m 25 oct. 1751, à Marie-Anne CHALU, à Verchères.

1713, (12 avril) Champlain. ¹
II.—BEAUDOIN, MICHEL. [RENÉ I.
POISSON, Jeanne. [FRANÇOIS II
Marie-Joseph, b ¹ 13 août 1714.

1713, (27 nov) Ste-Anne-de-la-Perade. ²
II.—BEAUDOIN, JEAN-FRANÇOIS. [ANTOINE I
RICHARD (2), Marguerite-Joseph, [JEAN I
s ² 11 nov. 1759.
Jean-François, b ² 9 sept. 1714 ; s ² 8 oct. 1716 —*Marie-Charlotte*, b ² 9 sept. 1715 —*Jean-François*, b ² 24 oct. 1717 ; m ² 5 février 1777, à Marie CHAILLÉ.—*Marguerite-Joseph*, b ² 15 avril

---
(1) Il avait 100 ans, 6 mois et 22 jours.
(2) Dit Jacques.
(3) Elle épouse, François-Nicolas Launay-Lacroix.

(1) Dit Desrochers.
(2) Appelée Ricard, 1714.

1721, m ² 31 janvier 1747, à Joseph GUIBAUT.—*François-Joseph*, b ² 20 juillet 1723 ; m ² 30 janvier 1752, à Marie BARIBEAU.—*Marie-Joseph*, b ² 18 janvier 1726 ; m ² 20 oct. 1749, à Jean-Baptiste LEDUC.—*Antoine*, b ² 9 et s ² 10 avril 1728.—*Joseph*, b... m 19 avril 1751, à Josette RENAUD, aux Grondines.

1714, (5 sept.) Québec. ³
II.—BAUDOIN, GERVAIS,   [GERVAIS I.
médecin ; s ³ 2 juillet 1752.
1º GUYON (1), Thérèse,   [JACQUES III.
s ³ 4 janvier 1736.
Anne-Thérèse-Marguerite, b ³ 20 juillet 1716.—*Charles-Louis-Marie*, b ³ 21 nov. 1717 ; ord. ³ 22 sept. 1742, s 4 février 1761, à Montreal. —*Gervais*, b 1715 ; m 1746, à Angelique DUBOIS.—*Jean-François*, b ³ 5 oct. 1719.—*Emmanuel-Louis*, b ³ 18 déc. 1720.—*Marie-Angélique*, b ³ 21 déc. 1721.—*Joseph-Ignace*, D ³ 30 juillet 1724 ; s 23 août 1754, au Cap-Santé.—*Louise-Madeleine*, b ³ 12 juillet 1727.—*Marie-Agathe*, b ³ 16 janvier 1729 ; m à Philippe MARTEL.—*Marguerite-Geneviève*, b ³ 4 juillet et s 5 août 1730, à Levis.—*Françoise-Gertrude*, b ³ 2 mars 1732 ; s 15 avril 1733, à Beauport.

738, (20 nov.) ³
.º MARCOU, Marthe. .   [NOEL II.
Marie-Marthe, b ³ 2 sept, 1740 ; m ³ 16 oct. 1758, à Christophe PELISSIER ; s ³ 2 déc. 1763.

1720, (27 nov.) Ste-Croix. ⁴
I.—BAUDOIN, ALEXIS.
b 1694 ; s 29 mars 1731, à Lotbinière. ⁵
HOUDE, Angélique.   [GERVAIS II.
Gervais, b ⁴ 7 janvier 1721.—*Louis*, b ⁴ 29 mars 1722.—*Joselle-Charlotte*, b ⁴ 14 mars 1726.—*Marie-Angélique*, b ⁴ 20 juillet 1727.—*Louis*, b 1724, m 6 mai 1748, à Louise BARRÉ, à Montreal.—*Jean-François*, b 20 février 1729, à Ste-Croix.—*Marie-Madeleine*, b ⁵ 13 février 1731.

1722, (3 février) Québec. ⁵
II.—BAUDOIN, LOUIS,   [GERVAIS I.
s ⁵ 23 juillet 1740.
ROUSSEL, Marie-Anne (2).   [TIMOTHÉE I.

1724, (21 février) Champlain. ⁶
II.—BAUDOIN, ETIENNE-JOSEPH,   [RENÉ I.
b 1698
1º POISSON, Marguerite,   [FRANÇOIS II.
s ⁶ 7 février 1740.
Marie-Joseph, b ⁶ 24 nov. 1724.—*Joseph*, b ⁶ 21 avril 1726.—*Marguerite*, b ⁶ 20 mai 1727.—*Marie-Anne*, b ⁶ 11 janvier 1729.—*Elisabeth*, b ⁶ 13 oct. 1730.—*François*, b ⁶ 5 et s ⁶ 19 déc. 1732.—*Pierre*, b ⁶ 24 déc. 1733.—*Pierre*, b ⁶ 10 février et s ⁶ 19 mai 1735.—*Pierre-Amable*, b ⁶ 7 janvier 1737.—*Alexis*, b ⁶ 25 sept. 1738.

1740, (5 août). ⁶
2º RAUX, Elisabeth.   [JOSEPH II.
Jean-Baptiste, b ⁶ 13 et s ⁶ 14 mai 1741.

(1) Dit Fresnay.
(2) Elle épouse, le 4 août 1741, Henri Dusautoy, à Québec.

BAUDOIN, CHARLES, b 1727 ; s 12 août 1749, à Lotbinière.

1726, (17 juin) Repentigny. ⁷
III.—BAUDOIN, GUILLAUME.   [GUILLAUME II.
JEANNOT (1), Marie.   [PIERRE I.
Joseph, b ⁷ 29 mars 1727, m à Catherine BRICOT.—*Guillaume*, b 12 déc. 1728, à L'Assomption. ⁸—*Marie-Joseph*, b ⁸ 12 janvier 1730.—*Agathe*, b ⁸ 25 avril 1732.

BAUDOIN, JEAN, b 1703, s 12 janvier 1728 (2), à Ste-Foye.

1727, (11 nov.) Ste-Anne.
III.—BAUDOIN, JACQUES,   [JACQUES II.
b 1705 ; s 22 août 1729, à Berthier. ²
MERCIER, Marguerite (3).   [CHARLES II.
Jacques-Thomas, b ² 7 mars 1729 ; 1º m 10 janvier 1752, à Angelique PICARD, à St-Pierre-du-Sud ; 2º m ² 30 janvier 1759, à Geneviève VERMET.

1730, (16 oct.) St-François, I. J. ⁵
III.—BAUDOIN, JOSEPH.   [GUILLAUME II.
MASTA (4), Angélique,   [TOUSSAINT II.
b 1708.
Joseph, b ⁵ 11 oct. 1734 ; m à Marie MARTIN ; s avant 1767.

1730, (23 oct.) St-Laurent, I. O.
III.—BAUDOIN, JOSEPH.   [JACQUES II.
1º LECLERC, Madeleine,   [PIERRE II.
s 9 nov. 1743, à Berthier. ⁴
Marie-Madeleine, b ⁴ 20 août 1731 ; s ⁴ 2 oct. 1745.—*Joseph-Marie*, b ⁴ 15 oct. 1732 ; m 18 février 1754, à Marie LAURENDEAU, à St-Pierre-du-Sud.—*Marie-Louise*, b ⁴ 23 février 1734 ; m ⁴ 13 nov. 1758, à Pierre GAUDIN.—*Jacques*, b ⁴ 23 et s ⁴ 26 nov. 1735.—*Marie-Isabelle*, b ⁴ 25 janvier 1739.—*François*, b ⁴ 27 août 1741.—*Marie*, b... m ⁴ 22 février 1762, à Charles ROUSSEAU.—*Jacques*, b 3 février 1737, à St-Valier , m 1761, à Marie-Thérèse BOISONNEAU.

1744, (4 juin) Beaumont.
2º GUAY, Marguerite,   [JACQUES II.
b 1715 ; s ⁴ 23 sept. 1760.
Marie-Marthe, b ⁴ 31 mars et s ⁴ 18 avril 1748.—*Marie-Marguerite*, b ⁴ 15 sept. et s ⁴ 10 oct. 1746.—*Guillaume-Etienne*, b ⁴ 6 juillet 1752.—*François*, b ⁴ 16 janvier 1757.—*Marie*, b ⁴ 19 sept. et s ⁴ 13 déc. 1760.

1735.
III.—BAUDOIN, PIERRE.   [JACQUES II.
TALBOT, Geneviève.   [JACQUES I.
Pierre, b 23 oct. 1736, à Berthier. ⁴—*Augustin*, b ⁴ 3 nov. 1748.—*Joseph-Marie*, b 24 août 1741, à St-Frs-du-Sud. ⁵—*Françoise*, b ⁵ 17 avril 1743.

(1) Dit Belhumeur, 1730.
(2) Mort subite, en sortant de la messe.
(3) Elle épouse, le 21 mai 1731, Jean Vermet, à Berthier.
(4) Dit Marsta.

—*Jean-François*, b [5] 20 juillet 1745.—*Jacques-Antoine*, b [5] 28 janvier 1747.—*Marie-Thérèse*, b [5] 11 oct. 1750.—*Marie-Geneviève*, b [5] 30 mars 1753.—*Louise-Marie*, b [5] 2 mars 1755.—*Marie-Germain*, b [5] 17 sept. 1758.

1736, (30 avril) St-François, I. J. [1]
III.—BAUDOIN, CLAUDE. [GUILLAUME II.
MASTA, Françoise, [TOUSSAINT II.
b 1710.
Toussaint, b [1] 20 mars 1737; s 9 août 1737, à Lachenaye. [2]—*Marie-Françoise*, b [2] 8 avril 1738.—*Marie-Joseph*, b [2] 10 fevrier 1740; m 11 février 1760, à Jean-Baptiste VAUDRY, à St-Henri-de-Mascouche. [3]; s [2] 21 juillet 1767.—*Angélique*, b [2] 13 déc. 1742.—*Jean-Baptiste*, b [2] 19 janvier 1749.—*Etienne-Siméon*, b [2] 18 février 1753.—*Judith*, b... m [2] 16 janvier 1764, à Jean-Baptiste GUIBORD.—*Louise*, b 1748; s [2] 16 mai 1767.—*François*, b... 1° m [2] 23 janvier 1769, à Marie-Rosalie ST-LAURENT; 2° m [2] 11 oct. 1773, à Geneviève BELANGER.

1737, (25 fevrier) L'Assomption.
III.—BAUDOIN, JACQUES. [JACQUES II.
RAYNAUD (1), Marie-Joseph. [JACQUES II.

1739, (31 août) St-Thomas.
III.—BAUDOIN, GERMAIN, [MARC II.
b 1712, s 18 fevrier 1779, à Berthier. [5]
TIBAUT, Louise-Angélique, [GUILLAUME III.
b 1721.
Louise, b 14 août 1740, à St-François, I. O.—*Germain*, b [8] 15 août 1742; m [8] 26 nov. 1770, à Marie-Joseph BUTEAU.—*Marie-Joseph*, b [8] 26 avril et s [8] 20 mai 1744.—*Jean-Baptiste*, b [8] 28 juillet 1745; s [8] 18 mai 1756.— *Augustin*, b [8] 18 mai 1747.— *Jean-Marc*, b [8] 22 août et s [8] 26 sept. 1749.— *Marc-Pascal*, b [8] 16 déc. 1750; s [8] 5 nov. 1774, accident. — *Marie-Marguerite*, b [8] 8 août et s [8] 7 déc. 1752.—*François-Joseph*, b [8] 13 oct. 1753; m 24 août 1778, à Marie-Joseph DUTREMBLE, à St-Jean-Port-Joli.—*Joseph-Marie*, b [8] 4 juillet 1755; m à Marguerite DUMAS.—*Charles-François*, b [8] 27 nov. 1757; s [8] 2 sept. 1758.

1740, (27 juillet) L'Assomption.
III.—BAUDOIN, JEAN-BTE, [GUILLAUME II.
s avant 1769.
HOMIER (2), Marie-Thérèse. [PIERRE II.
Laurent, b... m 20 août 1781, à Marie-Joseph GRATON, à Lachenaye.—*Marie-Joseph*, b... m 29 janvier 1769, à Jean-Baptiste LAPIERRE, à Repentigny. [6]—*Joseph*, b 1753 ; m [6] 2 août 1773, à Marie-Françoise RATEL.

IV.—BAUDOIN, JOSEPH. [GUILLAUME III.
BRICOT, Catherine.
Joseph, b... m 9 nov. 1772, à Marie JANOT, à Repentigny. — *Michel*, b... — *François*, b ... — *Marie*, b... m à Jacques DESROSIERS.—*Catherine*, b... m 1766, à Paul ARCHAMBAULT.

(1) Dit Blanchard.
(2) Et Aumier.

1741, (23 Oct.) St-Thomas. [2]
III.—BAUDOIN, JACQUES, [LOUIS II.
s [2] 18 mai 1772.
PROU, Madeleine. [JEAN-BTE II.
Marie-Madeleine, b [2] 8 nov. 1742; s [2] 7 nov. 1756.— *Marie-Louise*, b [2] 15 sept. 1744; m [2] 17 janvier 1764, à Joseph FOURNIER.—*Louis*, b [2] 5 août 1746.—*Marie-Geneviève*, b [2] 18 août 1748; m [2] 15 février 1768, à Joseph LEBLANC.—*Jacques*, b [2] 20 février 1751.—*Marie-Thérèse*, b [2] 26 août 1753.—*Marie-Françoise*, b [2] 31 janvier et s [2] 27 sept. 1758.—*Augustin*, b [2] 5 oct. 1760.

1740.
III.—BAUDOIN, LOUIS, [GUILLAUME II.
b 1715.
MASTA, Suzanne. [TOUSSAINT II
Marie-Reine, b 1742; 1° m 2 oct. 1758, à Toussaint LABELLE à Ste-Rose [1]; 2° m [1] 25 juin 1764, à Jean-Baptiste LABELLE.— *Agathe*, b... m [1] 28 janvier 1760, à François LECOMPTE. — *Marie-Joseph*, b 6 mai et s 3 août 1752, à Terrebonne. [3]— *Marie-Marguerite*, b [3] 31 juillet 1753; s [1] 5 déc. 1754.—*Marie-Marguerite*, b [3] 6 février 1755.—*Marie-Reine*, b [8] 22 mai 1756, s [1] 23 août 1756.—*Marie-Louise*, b [3] 21 sept. 1757.—*Marie-Françoise*, b [3] 21 août 1759.

1745, (21 fevrier) Château-Richer.
III.—BAUDOIN, JOSEPH, [MARC II.
b 1716 ; s à Philadelphie.
TOUPIN, Marie-Madeleine, [ANTOINE III.
b 1720 ; veuve de Louis Guyon.
Marie-Madeleine, b 30 nov. 1745, à St-François, I. O. [3]; m [3] 7 nov. 1763, à Louis GOSSELIN.—*Joseph*, b [3] 11 fevrier 1747; m [3] 16 fevrier 1778, à Geneviève ASSELIN.— *Louis*, b [3] 2 dec 1749.—*Marie-Catherine*, b [3] 25 nov. 1752; m [3] 2 oct. 1775, à Jean-Marie TALON.—*Marie*, b [3] 14 juillet 1754.—*Pierre-Marc*, b [3] 10 avril et s [3] 14 août 1757.—*Marie-Ursule*, b [3] 3 juin 1758, m [3] 12 avril 1779, à Augustin JINCHEREAU.—*Marie-Elisabeth*, b [3] 9 juin 1762.

1746.
III.—BAUDOIN, GERVAIS. [GERVAIS II.
DUBOIS (1), Angelique, [JEAN-BTE II
.... b 1747; s 25 sept. 1749, à Lotbinière.—*Antoine*, b 14 nov. 1749, à Ste-Croix [5], s [5] 1er sept. 1750. — *Charlotte*, b 27 mars 1758, aux Trois-Rivières [6], s [6] 18 juin 1759.—*François*, b... m [6] 24 oct. 1763, à Marie-Anne AUBRY.

1746.
III.—BAUDOIN, BASILE, [JACQUES II
b 1716.
MORTON, Agnès.
Scholastique, b 13 août 1747, à Lachenaye.

(1) Dit Lafrance.

1748, (12 février) Bout-de-l'Ile, M.
III.—BAUDOIN, Pierre.   [François II.
  b 1728 ; s 16 mai 1788, à Repentigny.³
  Daoust, Marie-Rosalie,   [Charles II.
  b 1729.
  Françoise, b... m³ 29 janvier 1770, à Jacques Vaudry.—*Pierre*, b...

1748, (6 mai) Montréal.¹
III.—BAUDOIN, Louis.   [Alexis II.
  Barré, Louise.   [Michel II.
  Louis, b¹ 13 avril et s¹ 9 juillet 1749.—*Louis*, b¹ 17 août 1750 ; m 12 janvier 1789, à Marie Tesson, à St-Louis-Missouri.

1749, (3 février) Berthier.²
III.—BAUDOIN, Joseph.   [Louis II.
  1º Boutin, Marguerite,   [Jean I.
  s² 8 août 1753.
  1754, (13 mai) St-Frs-du-Sud.⁴
  2º Gaudin, Angélique.   [Pierre III.
  Joseph-Marie, b⁴ 3 février 1755.—*Jean-Baptiste*, b⁴ 22 janvier 1757.—*Antoine*, b⁴ 27 oct. 1758.—*Marie-Ozile*, b⁴ 25 juin 1760.

III.—BAUDOIN, Joseph,   [René II.
  b 1714 ; s avant 1771.
  Raux (1), Marie-Joseph.   [Alexis II.
  Joseph, b... m 11 février 1771, à Marie-Joseph Albert, à Ste-Anne-de-la-Pérade.—*Jacques*, b... m 8 février 1779, à Antoinette Rivard, à Batiscan.—*Jean-Baptiste*, b... —*Alexis*, b...

1751, (19 avril) Grondines.⁹
III.—BAUDOIN, Joseph.   [François II.
  Renaud (2), Marie-Joseph.   [Jacques II.
  Alexis, b⁹ 2 août 1762.—*Marie-Joseph*, b 16 mars 1753, à Ste-Anne-de-la-Pérade.⁷—*Marie-Angélique*, b⁷ 15 oct. 1755 ; m⁷ 5 nov. 1776, à Joseph Dolbec.—*Joseph*, b⁷ 25 janvier 1758.—*Augustin*, b⁷ 9 août 1760 ; s⁷ 8 août 1762.—*Jean-Baptiste*, b⁷ 1ᵉʳ juin 1766.—*Marie-Joseph*, b⁷ 19 oct. 1768.

1751, (25 oct.) Verchères.
III.—BAUDOIN, Pierre,   [Jean II.
  s 3 janvier 1782, à Repentigny.²
  Chalut, Marie-Anne (3).   [Jacques II.
  Pierre, b 1753 ; m² 11 nov. 1771, à Marie-Angelique Langlois.

BAUDOIN, Marie, b 1752, s 27 mai 1759, à Ste-Anne-de-la-Perade.

1752, (10 janvier) St-Pierre-du-Sud.
IV.—BAUDOIN, Jacques-Thomas. [Jacques III.
  1º Destroismaisons, Angélique,   [Jacques II.
  b 1724, s 29 nov. 1757, à St-Frs-du-Sud.¹
  Marie-Joseph, b¹ 6 mars 1753. — *Jacques-Philippe*, b¹ 3 mars et s¹ 25 mai 1754.—*Louis-*

Marie, b¹ 28 mars 1755.—*Marie-Angélique*, b¹ 6 déc. 1756.
  1759, (30 janvier) Berthier.²
  2º Vermet, Geneviève,   [Pierre III.
  b 1737.
  Jacques, b¹ 10 février 1760.—*Louis-Joseph*, b² 16 janvier 1770.

1752, (30 janvier) Ste-Anne-de-la-Pérade.
IV.—BAUDOIN, François. [Jean-François II.
  Baribeau, Marie.   [Michel III.
  François, b 4 mai 1759, aux Grondines.

1754, (18 février) St-Pierre-du-Sud.
IV.—BAUDOIN, Joseph.   [Joseph III.
  Laurendeau, Marie-Rose.   [Louis-Joseph I.
  Marie-Marguerite, b 9 mai 1755, à Berthier. —*Joseph-Marie*, b 7 nov. 1756, à St-Frs-du-Sud³ ; s³ 10 janvier 1757.—*Marie-Thérèse*, b³ 17 juillet 1758 ; s³ 29 nov. 1759.—*Marie-Louise*, b³ 13 juin 1760.

BEAUDOIN, François.
  Toupin, Ursule.
  Joseph, b 7 sept. 1757, à Québec⁴ ; s⁴ 12 déc. 1760.

1761.
IV.—BAUDOIN, Jacques.   [Joseph III.
  b 1737.
  Boissonneau (1), Marie-Thérèse.
  Marie-Thérèse, b 15 juin 1762, à Berthier⁶ ; m⁵ 8 oct 1782, à Joseph-Marie Quemleur —*Marie-Madeleine*, b⁵ 10 août 1764.—*Angélique*, b⁵ 10 avril 1768 —*Marie-Catherine*, b⁵ 18 avril 1769.—*Jean-François*, b⁵ 3 déc. 1772.—*Jean-Baptiste*, b⁵ 8 déc. 1774, s⁵ 22 janvier 1775.—*Marie-Joseph*, b⁵ 29 juin 1778.—*Joseph*, b⁵ 10 sept. et s⁵ 18 nov. 1780 —*Geneviève-Euphrasie*, b⁵ 26 nov. 1781.

1763, (24 oct.) Trois-Rivières.
IV.—BAUDOIN, François,   [Gervais III.
  b 1745 ; s 10 janvier 1790, à Nicolet.⁶
  Aubry, Marie-Anne-Françoise,   [Simon II.
  b 1750 ; s⁶ 26 oct. 1784.
  François, b... m⁶ 10 janvier 1791, à Marguerite Descoteaux.—*Joseph*, b... m⁶ 14 janvier 1793, à Françoise Coltret.

IV.—BAUDOIN, Joseph.   [Joseph III.
  Martin (2), Marie.

BEAUDOIN, Joseph.
  Martin, Marguerite.
  Michel, b 15 juin 1789, à Repentigny.

BAUDOIN, Pierre,
  s avant 1783.
  1º Baudry, Marguerite,   [Louis III.
  b 1729 ; s 6 mars 1769, à Repentigny.⁷
  Joseph, b⁷ 3 mars 1767 ; s⁷ 14 sept. 1783.—*Louis*, b⁷ 19 mars 1768.

---

(1) Dit Mornville.
(2) Dit Locat.
(3) Elle épouse, le 11 janvier 1790, Noël Piquet, à Repentigny.

(1) Dit Simoneau, 1764.
(2) Dit Versailles. Elle épouse, le 16 février 1767, Joseph Gautier, à Repentigny.

1769, (13 nov.) Longue-Pointe.
2° BAUDRY, Marie-Charlotte, [JOSEPH III.
b 1742.
Jean, b ᵗ 17 déc. 1770.—*François*, b 26 mars 1772, à Lachenaye; sᵗ 17 juillet 1772.—*François*, bᵗ 23 sept. 1774.

BAUDOIN, LOUIS.
BAUDRY, Thérèse. [LOUIS III.
Antoine, b et s 30 oct. 1766, à Repentigny. ⁹—*Anonyme*, b⁹ et s⁹ 27 juillet 1767.—*Jean-Baptiste*, b⁹ 4 juillet et s⁹ 13 août 1768. — *Marie-Thérèse*, b⁹ 29 août et s⁹ 13 sept. 1770.—*Françoise*, b⁹ et s⁹ 4 août 1784.

BAUDOIN, JOSEPH.
RICHE, Angélique,
b ¹ 1743; s 21 juillet 1768, à Repentigny. ¹
Joseph, b¹ et s¹ 19 nov. 1767.

BAUDOIN, FRANÇOIS.
BAUDRY, Marie-Anne
Joseph, b 21 février et s 1ᵉʳ juin 1768, à Repentigny. ⁶—*Jean-Baptiste*, b⁶ 22 sept. et s⁶ 4 oct. 1770.—*Marguerite*, b⁶ et s⁶ 2 mai 1775.—*Marie-Agathe*, b... m⁶ 22 janvier 1787, à Jean-Baptiste GOUGÉ. — *Marie-Françoise*, b... m⁶ 19 février 1787, à Joseph LÉVEILLÉ. — *Judith*, b... m⁶ 9 juillet 1792, à Pierre PAPILLON.

1769, (23 janvier) Lachenaye. ¹
IV.—BAUDOIN, FRANÇOIS. [CLAUDE III.
1° ST-LAURENT. Rosalie, [LOUIS III.
b 1752; s 2 mai 1772, à St-Henri-de-Mascouche. ²
1773, (11 oct.) ²
2° BÉLANGER, Geneviève. [FRANÇOIS.
Marie-Luce, b¹ 28 février 1777.

1770, (30 juillet) St-Henri-de-Mascouche.
I.—BAUDOIN, HENRI, fils de François et de Françoise Bonhomme, de Selle, diocèse de Poitiers.
ALARD, Marie-Angelique, / [JEAN-BTE III.
b 1756.

1770, (26 nov.) Berthier.
IV.—BAUDOIN, GERMAIN. [GERMAIN III.
BUTEAU, Marie-Joseph, [JOSEPH III.
b 1745.

1771, (11 février) Ste-Anne-de-la-Pérade.
IV.—BAUDOIN, JOSEPH. [JOSEPH III.
ALBERT (1), Marie-Joseph. [TOUSSAINT I.

1771, (11 nov.) Repentigny. ᵗ
IV.—BAUDOIN, PIERRE. [PIERRE III.
LANGLOIS (2), Marie-Angélique. [JOSEPH.
Marie-Angélique, bᵗ 25 août 1772; sᵗ 14 juin 1773.—*Pierre*, b... mᵗ 30 mai 1791, à Marie-Anne HILAIRE.—*Louis*, bᵗ 4 avril 1786.—*André*, bᵗ 9 juillet et sᵗ 1ᵉʳ août 1787.—*Basile*, bᵗ 14

(1) Dit St-Aignant.
(2) Dit Lachapelle.

oct. 1788; sᵗ 3 avril 1789,—*Basile*, bᵗ 28 juin et sᵗ 25 oct. 1790. — *Marie-Marguerite*, bᵗ 20 avril et sᵗ 30 juin 1795.

1772, (9 nov.) Repentigny.
V.—BAUDOIN, JOSEPH. [JOSEPH IV.
JANOT, Marie. [JEAN-BTE.

1773, (2 août) Repentigny. ⁴
IV.—BAUDOIN, JOSEPH. [JEAN-BTE III.
RATEL, Marie-Françoise, [PIERRE III
s⁴ 2 mars 1783,
Joseph, b⁴ et s⁴ 26 mars 1783.

BAUDOIN, ANDRÉ.
ALARD, Marie-Catherine. [JEAN-BTE III.
Marie-Angélique, b 3 février 1777, à Lachenaye.

1777, (5 février) Ste-Anne-de-la-Pérade.
III.—BAUDOIN, FRANÇOIS. [FRANÇOIS II.
CHAILLÉ, Marie. [JEAN III

1778, (16 février) St-François, I. O.
IV.—BAUDOIN, JOSEPH. [JOSEPH III.
ASSELIN, Geneviève. [JEAN IV.

1778, (24 août) St-Jean-Port-Joli.
IV.—BAUDOIN, JOSEPH-FRANÇOIS.[GERMAIN III
DUTREMBLE, Marie-Joseph. [JOSEPH IV

1779, (8 février) Batiscan.
IV.—BAUDOIN, JACQUES. [JOSEPH III
RIVARD, Antoinette. [ANTOINE

BAUDOIN, PIERRE.
BAUDRY, Madeleine.
François, b et s 30 juillet 1780, à Repentigny

BAUDOIN, MADELEINE, epouse de Louis GOSSELIN.

BAUDOIN, ETIENNE.
VILLENEUVE, Marie-Jeanne.
Charles-Denis, b 25 oct. 1780, à Lachenaye

BAUDOIN, LOUIS.
BAUDRY, Catherine.
Pierre, b et s 27 nov. 1780, à Repentigny.

1781, (20 août.) Lachenaye. ²
IV.—BAUDOIN, LAURENT. [JEAN-BTE III
GRATON, Marie-Joseph. [LOUIS IV
Laurent, b² 2 juillet 1782.—*Marie-Joseph*, b 13 février 1787, à Repentigny.¹— *Marie-Charlotte*, b¹ 12 avril 1789, s¹ 28 février 1790.—*Marie-Charlotte*, b¹ 18 et s¹ 26 dec. 1792.—*Laurent*, b¹ 26 mai et s¹ 2 août 1794.—*Marie-Noelle*, b¹ 25 dec. 1795.

IV.—BAUDOIN, JOSEPH-MARIE. [GERMAIN III
DUMAS, Marguerite.
Jean-Baptiste, b 17 août 1789, à Berthier¹ m¹ 30 janvier 1809, à Marie-Anne DION.—*Anonyme*, b¹ et s¹ 28 dec. 1795.

1789, (12 janvier) Cahokia (1).
IV.—BAUDOIN, Louis. [Louis III.
  Tesson, Marie, fille d'Honoré et de Madeleine Peltsoson (Peterson).

1791, (30 mai) Repentigny.³
V.—BAUDOIN, Pierre. [Pierre IV.
  Hilaire (2), Marie-Anne. [Joseph III.
  —*Pierre*, b ⁸ 10 juin et s ⁸ 7 juillet 1791.—*Pierre*, b ³ 6 déc. 1792.—*Marie-Anne*, b ³ 21 août 1795.

V.—BAUDOIN, François. [Pierre IV.
  Villeneuve, Desanges.
  Marie-Desanges, b 12 juin et s 12 sept. 1791, à Repentigny.³ — *Marie-Clémence*, b ³ 4 janvier 1795.

1791, (10 janvier) Nicolet.
V.—BAUDOIN, François. [François IV.
  Descoteaux (3), Marguerite. [Jean-Bte IV

1793, (14 janvier) Nicolet.⁵
V.—BAUDOIN, Joseph. [François IV.
  Coltret (4), Françoise, [Michel IV.
  s ⁵ 22 avril 1794.

1809, (30 janvier) Berthier.⁴
V.—BAUDOIN, Jean-Bte. [Joseph-Marie IV.
  Dion, Marie-Anne.
  Joseph, b ⁴ février 1823.

BAUDOIN, Marie-Charlotte, épouse de Jean-Baptiste Bricaut.

BAUDOIN, Françoise, b... 1° m à Michel Petit; 2° m 26 février 1770, à Louis Brousseau, à Varennes.

BAUDOIN, Marie-Pélagie, épouse de Charles Chalut.

BAUDOIN, Geneviève, épouse de Joseph Chartier.

BAUDOIN, Geneviève, b... 1° m à Claude Coté; 2° m 5 février 1748, à François Rageot, à St-Thomas.

BAUDOIN, Marie-Joseph, épouse de Jacques Coulon.

BAUDOIN, Madeleine, b... 1° m à Joseph Cusson; 2° m 4 mai 1767, à Remi Tremblay, à Repentigny.

BAUDOIN, Marie-Françoise, épouse d'Amable Dubois.

BAUDOIN, Marie, epouse de Joseph Dubreuil.

(1) Date du contrat de mariage.
(2) Dit Beaunoyer, 1795.
(3) Voy. Lefebvre.
(4) Dit René.

BAUDOIN, Marguerite, épouse de François Ethier.

BAUDOIN, Marie, épouse de Paul Fisciau.

BAUDOIN, Madeleine, epouse de Gabriel Gaudreau.

BAUDOIN, Marie-Anne, épouse de Jean-Baptiste Hertel.

BAUDOIN, Marie-Joseph, epouse d'Antoine Hunaut.

BAUDOIN, Marie, épouse de Paul Labelle.

BAUDOIN, Marie, épouse de François Lecompte.

BAUDOIN, Marie-Joseph, épouse d'Antoine-Joseph Lefebvre.

BAUDOIN, Anne, épouse de Jean Lescarbot.

BAUDOIN, Marie-Amable, b... m 22 mars 1774, à Jean Madeleine, à Terrebonne.

BAUDOIN, Marie, épouse de Joseph Martin.

BAUDOIN, Marie-Françoise, b 1726; m à Pierre-Jean Menard; s 29 février 1756, à St-Ours.

BAUDOIN, Marie-Joseph, épouse de Jean-Baptiste Merçan.

BAUDOIN, Marie-Angélique, épouse de Nicolas Meunier.

BAUDOIN, Françoise, b 1700; m à Jacques Millet; s 26 mars 1794, à Repentigny.

BAUDOIN, Thérèse, epouse de François Ouellet.

BAUDOIN, Geneviève, epouse de Pierre Paris.

BAUDOIN, Françoise, épouse de François Payet.

BAUDOIN, Marie-Charlotte, épouse d'Alexis Raux.

BAUDOIN, Louise, épouse de Joseph Rivet.

BAUDOIN, Agathe, epouse de Jean-Baptiste Rogerie.

BAUDOIN, Marie-Louise, épouse de Joseph Sincerny.

BAUDOIN, Madeleine, épouse de Joseph Terault, s 8 déc. 1757, aux Trois-Rivières.

BAUDOIN, Françoise, epouse de Pierre Vaudry.

1664, (20 oct.) Montréal.[1]
I.—BAUDREAU (1), Urbain,
s avant 1723.
  Juillet, Marguerite,   [Blaise I.
    b 1649; s[1] 6 mars 1723.
    Paul, b[1] 19 mai 1682; m[1] 20 février 1708, à Marie Tessier.—*Marie-Ursule*, b[1] 8 dec. 1668; 1° m[1] 22 nov. 1689, à Pierre Ducharme; 2° m[1] 19 janvier 1693, à Jean-Baptiste Gadois.—*Marie-Madeleine*, b[1] 1686; m[1] 21 nov. 1712, à Pierre Gagné.—*Jacques*, b... m 1701, à Marie Baudreau.—*Elisabeth*, b[1] 3 mai 1673; 1° m[1] 3 sept. 1696, à Jacques Richard; 2° m à Toussaint Huneau; s[1] 22 juillet 1727.—*Jean-Baptiste*, b[1] 18 mai 1690, m 1716, à Françoise Bazinet.

1701.
II.—BAUDREAU, Jacques.   [Urbain I.
  Baudreau, Marie.
  Marguerite, b 18 juillet 1702, à Montréal.

1701, (15 août) Montréal.[6]
II.—BAUDREAU (2), Gabriel,   [Urbain I.
  b 1646.
  Fortier, Catherine.   [Etienne I.
  Marie-Catherine, b[6] 3 juin 1702; s[6] 23 mars 1703. — *Marie-Catherine*, b[6] 23 février 1704.—*Gilbert*, b 1706; s[6] 2 janvier 1707.—*Marie-Joseph*, b[6] 8 sept. 1707.—*Marie-Louise*, b 24 nov. 1708, au Detroit.—*Marie-Joseph*, b... m 2 oct. 1724, à Joseph Gagné, à Laprairie.

1708, (20 février) Montréal[1]
II.—BAUDREAU (3), Paul,   [Urbain I.
  b 1682.
  Tessier, Marie,
    b 1686, s 10 janvier 1750, à la Longue-Pointe.[2]
  Marie-Joseph, b[1] 20 oct. 1710; m[2] 6 juin 1735, à Joseph Truteau.—*Hélène*, b[1] 13 et s[1] 15 sept. 1713.—*Paul*, b[1] 29 août et s[1] 3 sept. 1714.—*Agathe*, b[1] 16 oct. 1715; m[2] 15 février 1734, à Louis Désautels; s[2] 25 nov. 1737.—*Urbain*, b[1] 19 août 1718; m[2] 8 février 1751, à Judith Dufresne; s[2] 27 août 1767.—*François-Xavier*, b[1] 3 dec. 1720; m[2] 16 août 1747, à Marguerite Trudel.—*Thérèse*, b[1] 26 juin 1723; m[2] 25 janvier 1740, à Louis Archambaut.—*Marguerite*, b[2] 15 sept. 1725; m[2] 2 mai 1746, à Joseph Botquin. — *Paul*, b[2] 19 et s[2] 22 février 1728.—*Marie-Louise*, b[2] 9 juillet 1729; m[2] 29 oct. 1748, à Charles Pigeon.—*Lucille*, b[2] 15 juillet 1732; m[2] 8 février 1751, à Jean-Baptiste Pepin.

1716.
II.—BAUDREAU (3), Jean-Bte,   [Urbain I.
  b 1690.
  Bazinet, Françoise,   [Antoine I.
    b 1692.
  Catherine, b 3 mars 1718, à la Pte-aux-Trembles, M., m 1742, à Antoine Chapdelaine.—*Suzanne*, b 15 et s 17 sept. 1719, à Montreal.[8]—*Jean-Baptiste*, b[8] 29 avril 1721.—*Marie-Thérèse*, b[8] 16 février 1723.—*Jean-François*, b[8] 22 mai 1725; m 1749, à Marie-Joseph Duval.—*Joseph*, b[8] 27 mars 1729; m 175!, à Marie Pelloquin.—*Marie-Amable*, b 13 et s 16 nov. 1730, à la Longue-Pointe.[9]—*Marie-Joseph-Amable*, b[9] 17 juin 1732; s[9] 1er avril 1733.—*Françoise*, b... m à Louis Gazaille.

1747, (16 août) Longue-Pointe.[1]
III.—BAUDREAU (1); François.   [Paul II.
  Trudel, Marie-Marguerite.   [Antoine III
  Marguerite, b[1] 4 juillet 1748; m à Louis-Pascal Archambault. — *Marie-Joseph*, b[1] 17 janvier et s[1] 1er sept. 1750.—*Madeleine*, b 1752, s[1] 8 juin 1753.

1749.
III.—BAUDREAU (1), Jean-Frs,   [Jean-Bte II
  b 1725.
  Duval, Marie-Joseph,   [Pierre II
    b 1726.
  Pierre, b 20 juillet 1750, à Sorel.—*André*, b 28 mars 1752, à St-Ours.[3] — *Marie-Ours*, b[2] 2 oct 1753.—*Joseph*, b[2] 28 mai 1755; s[2] 14 février 1757.—*Marie-Archange*, b[2] 23 juin 1757.—*Marie-Joseph*, b[2] 25 avril et s[1] 5 sept. 1759.

1751, (25 janvier) Sorel.
III.—BAUDREAU, Joseph.   [Jean-Bte II
  Pelloquin (3), Marie-Joseph,   [Pierre II
    b 1731.
  Joseph, b 16 juillet et s 29 août 1757, à St-Ours[4]—*Marie-Joseph*, b[4] 8 sept. 1758.—*Anonyme*, b[4] et s[4] 16 janvier 1756.—*Joseph*, b... s[4] 8 avril 1759.

1751, (8 février) Longue-Pointe.[3]
III.—BAUDREAU, Urbain,   [Paul II
  s[3] 27 août 1767.
  Dufresne, Marie-Judith (2),   [Jean-Bte III
    b 1731.
  Marie-Judith, b[3] 29 mars et s[3] 1er avril 1752.—*Urbain*, b[3] 6 mars et s[3] 25 juillet 1753.—*Marie-Judith*, b[3] 2 mai 1754; m[3] 27 février 1775, à Joseph Carrier.—*Urbain*, b[3] 9 janvier 1758—*François*, b[3] 7 sept. 1759.—*Jacques*, b[3] 5 sept. 1760.—*Toussaint*, b[3] 29 août 1761.—*Marie-Archange*, b[3] 16 mars 1763.—*Louis*, b[3] 1er et s[1] 7 avril 1767.—*Monique*, b[3] 28 février 1768.

1780, (16 oct.) Longue-Pointe.
IV.—BAUDREAU (1), Joseph.   [François III.
  Archambault, Hélène-Veronique,   [J.-Bte V
    b 1762.

BAUDREAU, Marie-Joseph, épouse de Joseph Ganier

---

(1) Dit Graveline. Voy. vol I, p. 81.
(2) Dit Graveline. Voyageur allant à Mobile, 1708.
(3) Dit Graveline.

(1) Dit Graveline.
(2) Elle épouse, le 19 février 1770, Gervais Cire, à la Longue-Pointe.
(3) Dit Crédit.

BAUDREAU, MADELEINE, épouse de Michel
EMMANUEL.

BAUDRIAS.—Voy. BOURDRIA.

1689, (2 juin) Laprairie.⁵
I.—BAUDRIAS (1), ANTOINE, fils de Léonard et
de Jeanne Aromour.
PLUMEREAU, Jeanne, [JULIEN I.
Marie-Joseph, b 13 juillet 1711, à Lachine.⁶ —
Antoine, b ⁸ 26 mars 1702 ; m à Marie-Anne
BOMBARDIER.

1712, (25 nov.) Pte-aux-Trembles, M.
I.—BAUDRIAS, ANTOINE (2), fils de Jean et de
Françoise Var, diocèse de Limoges.
POUTRÉ (3), Jeanne, [ANDRÉ I.
b 1684.
Etienne, b 25 février 1710, à Montréal.⁷—*Marie-Jeanne,* b ⁷ 27 juin 1715.

II.—BAUDRIAS (4), ANTOINE. [ANTOINE I.
BOMBARDIER, Marie-Anne. [ANDRÉ I.
Marie-Joseph, b... s 24 mai 1749, à la Pte-aux-Trembles, M.⁸—*Joseph,* b ⁶ 6 nov. 1749.

BAUDRY (5)—*Variations et surnoms :* DES-BUTTES—LAMARCHE—L'ÉPINETTE—SOULARD.

1647, (18 nov.)
I.—BAUDRY-LAMARCHE, URBAIN (6),
b 1621 ; s 23 août 1682, aux Trois-Rivières.⁷
BOUCHER, Madeleine, [GASPARD I.
b 1634 ; s ⁷ 4 sept. 1691,
Jeanne, b ⁷ 17 juillet 1659 ; m⁷ 21 nov. 1672, à
Jacques DUGUAY ; s ⁷ 22 nov. 1700.

1665, (24 nov.) Montréal.⁶
I.—BAUDRY, ANTOINE (6).
GUYARD, Catherine,
b 1639.
Jeanne, b ⁶ 8 sept. 1674 ; m ⁶ 23 juillet 1703, à
Léonard LIBERSON ; s 19 mars 1756, à Ste-Geneviève, M.

1670, (24 nov.) Montréal.⁶
I.—BAUDRY, TOUSSAINT (6),
b 1641.
BARBIER, Barbe, [GILBERT I.
b 1654 ; s 24 janvier 1694, à la Pte-aux-Trembles, M.⁸
Barbe, b ⁸ 2 mai 1676, 1° m ⁸ 20 oct. 1692, à
Guillaume CAVELIER ; 2° m ⁶ 22 oct. 1713, à François HABLIN ; s ⁶ 4 août 1744.—*Marguerite,* b ⁸
6 juillet 1691 ; m ⁸ 17 février 1710, à Joseph
LOISEL.—*Jacques,* b... m ⁸ 22 janvier 1714, à
Angélique ARCHAMBAULT.

(1) Ou Bourdria. Voy. vol. I, p. 78.
(2) Dit Labonté.
(3) Dit Poudret.
(4) Ou Bourdrias. Dit Labonté.
(5) Etymologie Bauld-ric—Ric-ard—Gautier—Gottereau —Vaulter—Walter.
(6) Voy. vol. I, p. 31.

1682, (13 juillet) Québec.
II.—BAUDRY (1), GUILLAUME, [URBAIN I.
b 1656 ; s 26 février 1732, aux Trois-Rivières.⁷
SOULARD, Marie-Jeanne, [JEAN I.
b 1666 ; s ⁷ 12 mars 1742.

1697, (20 nov.) Montréal.⁶
II.—BAUDRY, TOUSSAINT, [TOUSSAINT I.
b 1672 ; s ⁶ 12 mai 1744.
ARCHAMBAULT, Françoise. [LAURENT II.
Marie-Anne, b 21 juin 1701, à la Pte-aux-Trembles, M.⁴ ; m ⁶ 23 janvier 1719, à Jean-Baptiste
LOISEL ; s ⁴ 15 avril 1754.—*Marie,* b ⁴ 14 et s ⁴
28 avril 1703.—*Pierre,* b ⁴ 18 août 1704.—*Marie-Joseph,* b ⁴ 19 déc. 1706.—*Toussaint,* b 1699 ;
m ⁴ 25 janvier 1723, à Marie-Anne LORION ; s ⁴
11 oct. 1750.—*Louis,* b ⁴ 14 sept. 1698 ; 1° m ⁶
5 février 1720, à Catherine PICARD ; 2° m à Marguerite LACOMBE ; s 22 mars 1775, à Repentigny.

1700.
I.—BAUDRY, PIERRE, b 1678, de Lhomé, diocèse de Xaintes ; s 19 août 1748, à St-Antoine-Tilly.⁵
1° FAVREAU, Elisabeth, [PIERRE I.
s avant 1732.
Pierre, b 1701 ; m 1734, à Catherine CROTEAU ;
s ⁵ 25 août 1758.—*Jacques,* b... m ⁵ 25 juin 1743,
à Marie-Joseph LAURIN.

1732, (25 février) St-Augustin.
2° RABOUIN, Madeleine, [JEAN I.
veuve de Louis Campagna.

1700, (12 janvier) Varennes.⁷
II.—BAUDRY, LOUIS, [TOUSSAINT I.
b 1674.
LANGLOIS, Françoise, [HONORÉ I.
b 1678 ; s 24 février 1713, à la Pte-aux-Trembles, M.⁸
Marie-Anne, b ⁸ 6 déc. 1700 ; m ⁸ 24 juillet
1719, à Louis BOUGRET.—*Marie-Catherine,* b ⁸ 18
et s ⁸ 21 juillet 1702.—*Louis,* b ⁸ 12 juin 1704 ;
m 29 oct. 1731, à Marie-Charlotte VIGER, à Rouville ; s ⁸ 12 mai 1748.—*André-Joseph,* b ⁸ 25 janvier 1706 ; m 26 nov. 1731, à Catherine DESAUTELS, à Montréal.—*Marie-Thérèse,* b ⁸ 21 juillet
1707.—*Antoine,* b ⁸ 21 nov. 1708 ; m 16 août 1730,
à Hélène PIGEON, à la Longue-Pointe¹ ; s¹ 10
mars 1781. — *Charles,* b et s ⁷ 3 mai 1710. —
Jacques, b... m 15 nov. 1734, à Marie-Charlotte
DUBUC, à Longueuil.

1706, (15 nov.) Trois-Rivières.³
II.—BAUDRY (2), JOSEPH. [URBAIN I.
LECLERC, Françoise, [FLORENT II.
s ³ 2 déc. 1733.
Joseph, b ³ 2 août 1707.—*Marie-Joseph,* b ³ 21
oct. 1708 ; m ⁸ 6 février 1732, à François BIGOT.
—*Anonyme,* b ³ et s ³ 16 février 1710.—*Marguerite,* b ³ 24 août 1711 ; s ³ 19 déc. 1725.—*Joseph,*

(1) Dit DesButtes, armurier du Roy et orfèvre. Voy.
vol. I, p. 31.
(2) Dit Lamarche.

b 1712 ; s ⁸ 19 mars 1734.—*Clémence*, b ³ 5 juin 1713.—*Jean-Baptiste*, b ³ 2 août 1714 ; m à Marie-Joseph LEFEBVRE.—*Madeleine*, b ³ 22 mars 1716 ; s ³ 21 déc. 1733.—*Jacques*, b ³ 10 août 1720 ; s ³ 22 mars 1722. — *Marie-Catherine*, b ³ 26 avril 1722.—*Marie-Charles*, b ⁸ 9 janvier 1724 ; m ³ 11 nov. 1748, à François RIMBAULT. — *Françoise-Ursule*, b ³ 10 mars 1726.—*Louis*, b ³ 26 février 1729 ; s ³ 11 juin 1730.—*Marie-Charles*, b ³ 8 juin 1732.

1714, (22 janvier) Pte-aux-Trembles, M. ⁴

II.—BAUDRY, JACQUES.   [TOUSSAINT I.
ARCHAMBAULT, Angélique.   [LAURENT III.
Marie-Angélique, b ⁴ 20 août et s ⁴ 14 sept. 1718.—*Marie-Angélique*, b ⁴ 3 août 1719.—*Marie-Madeleine*, b ⁴ 22 juin 1721 ; s ⁴ 22 mars 1724.— *Marie-Anne*, b ⁴ 21 avril 1723, m ⁴ 22 février 1751, à Michel LIMOGES.—*François*, b... m 15 nov. 1756, à Marguerite LEBRODEUR, à Varennes.— *Marie-Joseph*, b 1729 ; m 17 février 1749, à Joseph PAPINEAU, à la Longue-Pointe.—*Toussaint*, b... m 17 oct. 1763, à Elisabeth TRUTEAU, à Longueuil.

1714, (13 août) Boucherville

II.—BAUDRY, JEAN-BTE,   [TOUSSAINT I.
b 1686.
BOUGRET, Madeleine.   [PRUDENT I.
Louis, b 25 mars 1719, à la Pte-aux-Trembles, M.⁴ ; s ⁴ 7 mars 1723.—*Marie-Madeleine*, b ⁴ 5 janvier 1721.—*Jean-Louis*, b ⁴ 20 sept. 1722.— *Prudent*, b ⁴ 1ᵉʳ mai 1724.—*Apolline-Louise*, b 1732, m ⁴ 16 août 1751, à Toussaint BAUDRY.

1720, (5 février) Montréal. ¹

III.—BAUDRY, LOUIS,   [TOUSSAINT II.
b 1698 ; s 22 mars 1775, à Repentigny. ²
1º PICARD, Catherine,   [JACQUES II.
s 8 sept. 1727, à L'Assomption. ³
Louis, b 14 et s 31 déc. 1720, à la Pte-aux-Trembles, M.—*Marie-Apolline*, b¹ 10 mars 1722 ; m ² 0 février 1736, à Claude PAYET.— *Marie-Catherine*, b ¹ 24 oct. et s ³ 12 déc. 1724.— *Pierre*, b ³ 6 oct. 1725.
2º LACOMBE, Marguerite.
Marguerite, b ³ 13 janvier 1729 ; m à Pierre BAUDOIN ; s ² 6 mars 1769.—*Marie-Louise*, b ³ 31 mars et s ⁸ 18 juin 1730.—*Louis*, b ³ 24 juillet 1731.

1721, (8 oct.) Québec. ²

III.—BAUDRY (1), JEAN,   [GUILLAME II.
armurier ; b 1684.
DOYON, Louise.   [NICOLAS II.
Guillaume, b ² 31 oct. et s ² 10 nov. 1722.— *Louise-Marguerite-Geneviève*, b ² 31 janvier 1724. —*Joseph-Marie*, b ² 11 sept. 1725 ; m 10 février 1757, à Madeleine PAILLÉ, au Detroit⁸ ; s ³ 12 février 1778. — *Louise-Geneviève*, b ² 25 avril 1727 ; s ² 1ᵉʳ mai 1733.—*Jean-François*, b ² 27 mars 1730.—*Marguerite-Amable*, b ² 7 nov. 1731. —*Jacques*, b ² 23 août 1733.

---

(1) De St-Martin DesButtes, dit Des Guttes, ville des Buttes.

1723, (25 janvier) Pte-aux-Trembles, M. ²

III.—BAUDRY, TOUSSAINT,   [TOUSSAINT II.
s ² 11 oct. 1750.
LORION, Marie-Anne,   [JEAN II.
b 1700.
Marie-Anne, b ² 26 nov. 1724.—*Marie-Catherine*, b 1ᵉʳ juin 1726, à L'Assomption. ³—*Agathe*, b ⁴ 20 juillet 1728 ; m ² 29 janvier 1748, à Joseph ARCHAMBAULT. — *Toussaint*, b 1730 ; 1º m ² 16 août 1751, à Apolline-Louise BAUDRY ; 2º m ² 22 février 1762, à Marie-Anne PARISEAU.—*Marie-Charlotte*, b 1736 ; m ² 11 juin 1752, à Jacques COITEU.—*Jacques*, b 1735 ; m ² 7 janvier 1755, à Marie VOYNE.—*Marie-Françoise*, b... m ² 2 février 1761, à Jean-Baptiste VOYNE.

BAUDRY, ANTOINE, b 1737 ; s 10 déc. 1751, à la Pte-aux-Trembles, M.

BAUDRY, THÉRÈSE, b 1740 ; s 16 nov. 1751, à la Pte-aux-Trembles, M.

BAUDRY, MARIE-ANNE, b 1741 ; s 1ᵉʳ nov. 1751, à la Pte-aux-Trembles, M.

1727, (21 juillet) Repentigny. ¹

III.—BAUDRY, PIERRE.   [TOUSSAINT II.
PAYET, Agathe,   [GUILLAUME II.
b 1710.
Pierre, b 4 nov. 1728, à L'Assomption. ⁸— *Agathe*, b ³ 23 janvier 1730.—*Marie-Madeleine*, b ³ 9 avril 1731.—*Marguerite*, b ³ 14 nov. 1732. —*Pierre*, b... m ² 9 août 1773, à Marie-Madeleine BOUSQUET.—*Jean-Baptiste*, b...

BAUDRY, JACQUES.
BAUDOIN, Marie-Françoise,
s 12 nov. 1772, à la Longue-Pointe.

III.—BAUDRY (1), CHS-CLAUDE,   [GUILLAUME II.
b 1687.
BAUDOIN, Madeleine.   [RENÉ I.
Marie-Joseph, b 25 nov. 1728, aux Trois-Rivières⁵ ; m ⁵ 22 avril 1748, à Joseph BERIAU —*Marguerite-Agathe*, b ⁵ 24 sept. 1730.—*Joseph*, b ⁵ 27 août 1732 ; s ⁵ 21 mai 1733.—*Roch*, b ⁵ 14 avril 1734.—*Joseph-Amable*, b ⁵ 28 oct. 1735.— *Alexis*, b ⁵ 2 oct. 1737.

1730, (9 janvier) Repentigny. ²

III.—BAUDRY, ANTOINE.   [TOUSSAINT II
PAYET, Marie-Madeleine,   [GUILLAUME II.
b 1713 ; s ² 14 nov. 1785.

1730, (16 août) Longue-Pointe. ⁸

III.—BAUDRY, ANTOINE,   [LOUIS II
b 1708 ; s ⁸ 10 mars 1781.
PIGEON, Hélène.   [FRANÇOIS II
Jean-Baptiste, b... m ⁸ 11 février 1765, à Catherine ARCHAMBAUT. — *Marie-Joseph*, b 1737, m 5 février 1759, à Pierre BEAUCHAMP, à la Pte-aux-Trembles, M. ¹.—*Marie-Hélène*, b 1733, m ¹ 3 août 1761, à Jean-Baptiste ARCHAMBAULT

---

(1) Dit DesButtes.

1731, (29 oct.) Boucherville.
III.—BAUDRY, Louis, [LOUIS II.
b 1704; s 12 mai 1748, à la Pte-aux-Trembles, M.[1]
VIGER, Marie-Charlotte. [FRANÇOIS II.
Suzanne, b. 1748; s[1] 18 janvier 1749.—*Marie-Charlotte*, b 1734; m[1] 11 février 1754, à Basile JANOT.—*Louis*, b 1737; m[1] 1er février 1762, à Elisabeth PITALIER.

1731, (26 nov.) Montréal.[2]
III.—BAUDRY, ANDRÉ-JOSEPH, [LOUIS II.
b 1706; s avant 1784.
DESAUTELS, Marie-Catherine, [GILBERT II.
b 1705; s 9 nov. 1784, à la Longue-Pointe.[3]
Marie-Charlotte, b 1733; s[3] 20 nov. 1735.—*Joseph*, b 1736; s[3] 26 août 1748.—*Angélique*, b[3] 14 juin et s[3] 11 juillet 1743.—*Louis*, b[3] 22 oct. et s[3] 2 nov. 1744.—*Etienne*, b[3] 9 février et s[3] 7 mai 1746.—*Louis*, b[3] 24 février 1747.—*Marie-Angélique*, b[3] 17 août 1748.—*Marie-Joseph*, b 1736; m[2] 21 janvier 1760, à François PLESSIS-BELAIR.—*Angélique*, b... s[3] 9 août 1752.—*Marie-Anne*, b... m[3] 22 août 1763, à Raymond VERRA.— *Catherine*, b... m[3] 6 mai 1765, à Joseph-Amable BIRON.—*Marie-Charlotte*, b 1742; m[3] 13 nov. 1769, à Pierre BAUDOIN.

III.—BAUDRY, JEAN-BTE. [JOSEPH II.
LEFEBVRE, Marie-Joseph.
Nicolas, b 1731; m 17 nov. 1760, à Geneviève GIROUARD, à Montréal.

1734, (16 août) Trois-Rivières.[4]
III.—BAUDRY (1), RENÉ, [GUILLAUME II.
armurier du roi; s[4] 20 sept. 1745.
LEPELLÉ (2), Marie-Charlotte, [ANTOINE II.
b 1710.
Marie-Joseph, b[4] 23 et s[4] 28 nov. 1735.—*Marie-Charlotte*, b[4] 24 mars 1737.—*Joseph*, b[4] 19 et s[4] 26 dec. 1738.—*Marie-Joseph*, b[4] 6 déc. 1739.—*Charles-René*, b[4] 21 déc. 1740; s[4] 17 janvier 1741.—*Jean-René*, b[4] 12 sept. 1742; m[4] 10 mars 1763, à Therèse CORBIN.—*Antoine* (posthume), b[4] 6 sept. 1745; s[4] 3 février 1746.

1734.
II.—BAUDRY, PIERRE, [PIERRE I.
b 1701, s 25 août 1758, à St-Antoine-Tilly.[5]
CROTEAU, Catherine (3). [NICOLAS II.
Marie-Catherine, b[5] 22 janvier 1738; m[5] 2 août 1756, à Charles LAMBERT.—*Antoine-Marie*, b[5] 8 février 1741; s[5] 24 nov. 1747.—*François-de-Sales*, b[5] 29 mars et s[5] 9 nov. 1744.—*Jean-Marie*, b[5] 13 avril 1746; s[5] 19 nov. 1747.—*Marie-Louise*, b[5] 11 sept. 1748.—*Jean-Joseph*, b[5] 19 mai 1751.—*Antoine-Charles*, b[5] 18 juillet 1754.—*Pierre*, b 27 mars 1735, à St-Nicolas; m[5] 17 janvier 1757, à Marie-Louise DUSSAULT.

---

(1) Dit des Buttes ou Soulard, 1738.
(2) Dit Desmarest. Elle épouse, le 10 janvier 1757, Antoine JOUBERT, aux Trois-Rivières.
(3) Elle épouse, le 25 janvier 1761, Jean-Baptiste Bergeron, à St-Antoine-Tilly.

1734, (15 nov.) Longueuil.
III.—BAUDRY, JACQUES, [LOUIS II.
s avant 1760.
DUBUC, Marie-Charlotte, [MICHEL II.
b 1713.
Jacques, b 1736; m 18 février 1760, à Marie-Joseph BRICAUT, à la Pte-aux-Trembles, M.

1738, (21 janvier) Québec.[1]
I.—BAUDRY, TOUSSAINT, b 1717; fils de Pierre et de Marguerite Turquois, de St-Etienne, diocèse de Tours.
1° NORMAND, Catherine, [CHARLES III.
b 1719; s 11 juin 1747, à Montréal.[5]
Toussaint, b[1] 11 mars 1739.—*Marie-Catherine*, b[1] 21 février 1740; m[6] 26 sept. 1757, à Adrien ROUSSEL.—*Pierre*, b[1] 30 mai 1741; s[1] 8 juillet 1742.—*Joseph*, b[1] 5 juillet 1742; s[6] 17 janvier 1744.—*Toussaint*, b[6] 4 mars 1744.—*Marie-Françoise*, b[6] 9 déc. 1745; s[6] 16 mars 1747.

1747, (14 août).[6]
2° GERVAISE, Cecile. [CHARLES II.

1743, (25 juin) St-Antoine-Tilly.[9]
II.—BAUDRY, JACQUES. [PIERRE I.
b 1704; s 1er août 1755, à St-Nicolas.[8]
LAURIN, Marie-Joseph, [SIMON I.
b 1721.
Jean-Baptiste, b[9] 30 sept. 1745.—*Pierre*, b[9] 12 oct. 1747.—*Marie-Véronique*, b[9] 18 janvier 1749; s[9] 13 juillet 1752.—*Marie-Joseph*, b[9] 16 oct 1750.—*Marie-Marthe*, b[9] 19 mai 1752.—*Marie-Geneviève*, b[8] 4 février 1754.

BAUDRY, JEAN-ROCH.
PROTEAU, Marie-Joseph. [PIERRE II.
Simon-Fabien, b 16 juin 1746, à Québec.—*Marie-Catherine*, b 8 juillet 1759, aux Trois-Rivières.[1]—*Roch*, b[1] 20 mars et s[1] 13 mai 1758,—*Roch*, b[1] et s[1] 27 août 1761.

1745, (6 sept.) Kamouraska.[8]
I.—BEAUDRY, JACQUES, b 1713; fils de Pierre et de Catherine Aubert, de Dorteville, diocèse de Rouen, s[8] 16 avril 1748.
NORMANDIN, Marie-Joseph, [BARTHÉLEMI I.
s[8] 26 mars 1747.
Jean-Baptiste, b[8] 26 juin 1746.

1748, (20 février) Québec.
I.—BAUDRY, TOUSSAINT-AUGUSTIN, marchand, fils de René et d'Elisabeth Gauthier, de Verrine, diocèse de Poitiers.
ALARY, JEANNE, [RENÉ I.
b 1699; veuve de Jacques Gruyau; s 24 mai 1760, à St-Valier.

BAUDRY, LOUIS.
JANOT, Marie-Charlotte.
Jean-Marie, b 22 février 1749, à la Pointe-aux-Trembles, M.[5]—*Marie-Charlotte*, b[5] 31 janvier et s[5] 12 sept. 1751—*Agathe*, b[5] 16 et s[5] 17 mai 1754.—*Jacques*, b 21 février 1753, à la Longue-Pointe.

BAUDRY, Jacques.
 Chicoine, Marie-Joseph.
 Joseph, b 25 oct. 1751, à St-Antoine-de-Chambly.

BAUDRY, Jacques.
 Beignet, Marie-Joseph.
 Marie-Anne, b 16 août 1757, à St-Antoine-de-Chambly.

1751, (16 août) Pte-aux-Trembles, M. ⁴
IV.—BAUDRY, Toussaint (1). [Toussaint III.
1° Baudry, Apolline-Louise, [Jean-Bte II.
 b 1732.
Toussaint, b ⁴ 4 oct. 1752.
 1762, (22 février). ⁴
2° Pariseau (2), Marie-Anne, [François II.
 b 1731.

1755, (7 janvier) Pte-aux-Trembles, M.
IV.—BAUDRY, Jacques. [Toussaint III.
Venne (3), Marie. [Jean.

1756, (15 nov.) Varennes.
III.—BAUDRY, François. [Jacques II.
Brodeur (Le), Marguerite, [Christophe II.

1757, (17 janvier) St-Antoine-Tilly. ⁶
III.—BAUDRY, Pierre, [Pierre II.
 b 1735.
Dussault, Marie-Louise, [François III.
 b 1740.
Charles, b ⁶ 8 juillet et s ⁶ 13 sept. 1757.—
Jacques, b ⁶ 9 juillet 1758 ; s ⁶ 24 juillet 1759.—
Marie-Louise, b ⁶ 4 sept. 1761 ; s ⁶ 6 avril 1765. —*Marie-Madeleine*, b ⁶ 22 avril 1763. — *Marie-Théotiste*, b ⁶ 5 oct. 1765.—*Marie-Louise*, b ⁶ 15 sept. 1767.

1757, (10 février) Détroit. ²
IV.—BAUDRY (4), Joseph-Marie, [Jean III.
 b 1725 ; s² 12 février 1778.
Paillé, Madeleine, fille de Gabriel et de Madeleine Guillemot, du Detroit.

BAUDRY, François.
 Boissel, Madeleine, [Pierre III.
 b 1721.
Elisabeth, b 12 nov. 1758, à St-Thomas.

BAUDRY, Louis, b 1759 ; s 31 mai 1780.

BAUDRY, Joseph.
 Bougret Angelique. [Jean-Louis II
Marguerite, b 27 février 1759, à St-Antoine-de-Chambly.

BAUDRY, Roch.
 Matte, Marie-Joseph.
Roch, b 27 avril 1761, aux Trois-Rivières.

(1) Dispense de 2 à 3.
(2) Dit Deblé.
(3) Voy. Voyne.
(4) Dit DesButtes.

1760, (18 février) Pte-aux-Trembles, M.
IV.—BAUDRY, Jacques. [Jacques III.
Bricaut, Marie-Joseph. [Pierre II.

1760, (17 nov.) Montréal.
IV.—BAUDRY, Nicolas. [Jean-Bte III.
Girouard, Geneviève. [Antoine I.

1762, (1ᵉʳ février) Pte-aux-Trembles, M.
IV.—BAUDRY, Louis, [Louis III.
 b 1737.
Pitalier, Elisabeth, [Jean-Bte II.
 b 1740.

1763, (17 oct.) Longueuil.
III.—BAUDRY, Toussaint. [Jacques II.
Truteau, Elisabeth, [Toussaint III.
 b 1744.

1763, (10 mars) Trois-Rivières.
IV.—BAUDRY, Jean-René, [René III.
 b 1742
Corbin, Thérèse, [André III.
 b 1739.

BAUDRY, Louis.
 Paré, Marie-Charlotte.
Joseph, b 1765 ; s 5 mars 1767, à Repentigny.¹
François, b ² 17 sept. 1767,—*Jean-Baptiste*, b ² 7 juin et s ² 4 août 1771.—*Joseph*, b ³ 27 mai 1772.

BAUDRY, Louis.
 Gentil (1), Marie-Louise.
Marie-Thérèse, b 19 déc. 1766, à Repentigny⁸ ; s ⁸ 21 mai 1769.—*Marie-Anne*, b ⁸ 16 et s ⁸ 26 janvier 1772.—*Marie-Louise*, b ⁸ et s ⁸ 15 juin 1775. —*Pierre-Louis*, b 21 janvier 1773, à Lachenaye.

1765, (11 février) Longue-Pointe. ⁸
IV.—BAUDRY, Jean-Bte. [Antoine III.
Archambault, Catherine, [Laurent IV.
 b 1748.
Jean-Baptiste, b ⁸ 7 février 1766. — *Antoine-Ambroise*, b ⁸ 7 déc. 1767.— *François-Jacques*, b ⁸ 23 février 1769.

BAUDRY, Antoine.
 Belhumeur (2), Marie-Catherine.
Jean-Baptiste, b 15 juillet 1767, à Repentigny¹ ; s ¹ 7 janvier 1776.—*Marie-Charlotte*, b ¹ 9 oct. et s ¹ 3 nov. 1768. — *Marie-Charlotte*, b ¹ 1ᵉʳ déc. 1769 ; s ¹ 31 mai 1770. — *Anonyme*, b ¹ et s ¹ 9 nov. 1770.—*Toussaint*, b ¹ 1ᵉʳ et s ¹ 6 nov. 1771. —*Jean-Baptiste*, b ¹ et s ¹ 3 juillet 1773.

BAUDRY, Joseph.
 Pigeon, Marie.
Louis, b 11 et s 30 août 1767, à Repentigny.⁴ —*Louis*, b ⁴ 22 nov. 1768.—*Marie-Françoise*, b ⁴ 7 avril et s ⁴ 15 août 1770.—*Louis*, b ⁴ 7 juillet et s ⁴ 3 août 1771. — *Marie-Judith*, b ⁴ et s ⁴ 16 juillet 1774.

(1) Dit Carpenet.
(2) Dit Janot.

BAUDRY, Louis.
  Gervaise, Geneviève.
  Marie-Charlotte, b 30 mai 1771, à Repentigny.

BAUDRY, Pierre,
  s avant 1792.
  Lorion, Marie-Madeleine.
  Alexis, b... m 28 oct. 1793, à Marie Payet, à Repentigny. [5]—*Pierre*, b... m [5] 3 mars 1794, à Thérèse Moreau.

BAUDRY, François.
  Desmarets (1), Thérèse.
  François, b 15 mai 1774, à Repentigny. [5]—*Isidore*, b [5] 15 avril 1795.

1773, (9 août) Repentigny. [5]
IV.—BAUDRY, Pierre-Louis.   [Pierre III.
  Bousquet, Marie-Madeleine.   [Maurice IV.
  Joseph, b [5] 21 juillet 1789.—*Agathe*, b [5] 20 sept. 1790.—*Marie*, b [5] 4 et s [5] 18 mars 1792.—*Un fils*, b [5] et s [5] 17 sept. 1793.—*Joseph*, b [5] 22 sept. et s [5] 8 oct. 1794.

BAUDRY, Antoine.   [Antoine.
  Morin, Marie-Thérèse.
  Marie-Angélique, b 20 mars 1775, à Repentigny. [5]—*Antoine*, b [5] et s [5] 22 sept. 1777.

BAUDRY, Louis,
  s avant 1777,
  Amiot, Marie.
  Marie-Louise, b 1776 ; s 19 mars 1777, à Berthier.

BAUDRY (2), François.
  Boulard (3), Thérèse.
  Louis-Augustin, b 5 et s 16 mai 1786, à Lachenaye. [2]—*Marie-Angélique*, b [2] 13 et s [2] 30 juin 1787.

BAUDRY, Jean-Bte.
  1º Grégoire, Angelique.
      1793, (22 juillet) Repentigny.
  2º Coté, Thérèse, veuve de François Meunier.

1793, (28 oct.) Repentigny.
BAUDRY, Alexis.   [Pierre.
  Payet, Marie.   [Charles.

1794, (3 mars) Repentigny.
BAUDRY, Pierre.   [Pierre.
  Moreau (4), Thérèse.   [Charles.

BAUDRY, Pierre.
  Desjardins, Marie.
  Louis, b 18 oct. 1795, à Repentigny.

BAUDRY, Marie-Anne, épouse de Michel Valentin.

---

(1) Dit Beaulac.
(2) Ou Vaudry, 1787.
(3) Et Beaulac.
(4) Dit Duplessis.

BAUDRY, Marie-Joseph, épouse de Jacques Lecavalier ; s avant 1761.

BAUDRY, Marie, épouse de Nicolas Deguire.

BAUDRY, Marie-Joseph, b 1746 ; m à André Gautier ; s 27 février 1775, à Repentigny.

BAUDRY, Marie-Anne, épouse de François Benoit.

BAUDRY, Marguerite, épouse de Jean Desrochers.

BAUDRY, Madeleine, épouse de Pierre Chicoine.

BAUDRY, Marie-Joseph, épouse de François Nadeau.

BAUDRY, Marie-Joseph, b 1733 ; m à Jean-Baptiste Ratel ; s 26 juin 1768, à Repentigny.

BAUDRY, Marie-Joseph, épouse de Pierre Beauchamp.

BAUDRY, Agathe, épouse de François Payet.

BAUDRY, Marie-Joseph, épouse de François Payet.

BAUDRY, Marie-Joseph, epouse de Thierry Gaudin.

BAUDRY, Marguerite, épouse de Jean Cusson.

BAUDRY, Marguerite, epouse de Louis Gautier.

BAUDRY, Marie, épouse de Jacques Lefebvre.

BAUDRY, Anne, epouse de Jean-François Lefebvre.

1734, (8 nov.) Terrebonne. [2]
I.—BAUGAR, Gilles (1), fils de Simon et de Françoise Daniel.
  Aubert-Lagrave, Madeleine,   [Jacques II.
  veuve d'Antoine Alinot.
  Marie-Anne, b [2] 31 mai 1737.

1661, (19 oct.) Québec. [1]
II.—BAUGIS, Michel, (2)   [François I.
  s 26 nov. 1717, à Beauport. [2]
  Dubois, Madeleine,
      b 1640, s [2] 5 mars 1721.
  Marie-Madeleine, b 1656 ; m [2] 28 nov. 1680, à Jacques Menard ; s [2] 23 mars 1743.—*Marie-Anne*, b [1] 2 février 1669 ; m [2] 21 janvier 1686, à Pierre Choret ; s [2] 24 janvier 1748.—*Angélique* (3), b... —*Jeanne*, b 1675 ; m [2] 17 sept. 1696, à François Langlois.

---

(1) Soldat de la compagnie de Viviers.
(2) Voy. vol. I, p. 32.
(3) Bep. 22 sept. 1721, à Beauport,

BAU 156 BAU

1689, (11 janvier) Beauport.[3]
III.—BAUGIS, Jean, [Michel II.
s avant 1723.
Parant, Thérèse. [Pierre I.
Louis, b [3] 12 janvier 1699; m 20 oct. 1727, à Marie-Anne Metayer, à Québec.[4]—*Toussaint,* b [3] 1er nov. 1697; m 25 fevrier 1726, à Elisabeth Messaguier, à Lachine.—*Paul,* b [3] 10 mai 1709; m 18 nov. 1732, à Charlotte Larchevêque, à Montreal.—*Jean,* b 28 janvier 1696; m [3] 8 nov. 1723, à Marie Drouin.—*Angélique,* b 27 mars 1691; m [3] 13 mai 1724, à Jacques Maranda; s [3] 5 dec. 1765.—*Marie-Madeleine,* b 21 juillet 1711; m [3] 11 juillet 1729, à Jean-Baptiste Lesage.— *Catherine,* b [3] 5 mars 1714; m [3] 29 avril 1738, à François Dupont.—*Charles,* b [3] 22 oct. 1706; m [3] 31 août 1739, à Elisabeth Crête.—*Joseph* (1), b... m à Marie Placy; s dans l'Arkansas.—*Philippe,* b... m à Marguerite Biron.

1699, (9 nov.) Beauport.[5]
III.—BAUGIS, Michel, [Michel II.
b 1677; s 15 mai 1756, à Lachine.[6]
1° Senat, Angélique, [René I.
b 1683.
Marie-Françoise, b [5] 19 août 1700; m [5] 9 nov. 1723, à Pierre Choret; s [5] 5 mai 1751.—*Michel-François,* b [5] 22 dec. 1701.
1704, (2 juin) St-Pierre, I. O.[7]
2° Miville, Marie, [François II.
veuve de Michel Gosselin; s [7] 27 oct. 1726.
—*Joseph,* b [7] 20 août et s [7] 6 sept. 1705.—*Marie-Louise,* b [7] 19 dec. 1706, s [7] 3 janvier 1707.— *Jean-Baptiste,* b 11 juin 1707, à Ste-Famille, I. O. —*Madeleine,* b 1708; m à Jean Delage; s [5] 4 oct. 1729.
1726,[6]
3° Perier, Marguerite, [Jean I.
veuve de Jacques Tomelet; s [6] 20 déc. 1755.

1723, (8 nov.) Beauport.[8]
IV.—BAUGIS, Jean. [Jean III.
Drouin, Marie, [Etienne II.
s [8] 13 déc. 1751.
Jean-Baptiste, b [8] 20 sept. 1724; 1° m [8] 10 oct. 1746, à Marguerite Grenier; 2° m [8] 21 janvier 1760, à Jeanne Barbeau; s [8] 27 sept. 1770.— *Charles-Louis,* b [8] 27 nov. 1726; m 15 janvier 1748, à Marie-Joseph DeRainville, à Québec.— *François-Barthélemi,* b [8] 6 avril 1729.

1727, (20 oct.) Québec.
IV.—BAUGIS, Louis, [Jean III.
b 1699, s 12 avril 1751, à Beauport.[9]
Metayer, Marie-Anne. [Pierre II.
Joseph-Louis, b [9] 18 sept. 1728; m [9] 26 fevrier 1753, à Marie Giroux.—*Marie-Agathe,* b [9] 25 mars 1730.—*Catherine,* b... m [9] 8 nov. 1751, à Louis Maheu.—*Marie-Madeleine,* b [9] 7 janvier 1732; m [9] 19 fevrier 1753, à Joseph Binet.— *Louise-Marie-Anne,* b [9] 12 mai 1734; m [9] 19 fevrier 1753, à Jacques-François Lefebvre.— *Marie-Thérèse,* b [9] 8 janvier 1736; m [9] 11 janvier 1752, à Pierre Laurent.—*Charles,* b [9] 6 nov. et

(1) Grandpère du sénateur Victor Bogy, de Missouri.

s [9] 22 déc. 1737.—*Marie-Joseph,* b [9] 10 nov. 1738; m [9] 27 oct. 1761, à Louis Vallée.—*Marie-Françoise,* b... s [9] 7 août 1745.—*Marie-Françoise,* b 1745; s [9] 21 avril 1746.—*Marie-Françoise,* b [9] 13 déc. 1746; m [9] 31 août 1767, à Jean Drouin.— *Pierre,* b [9] 22 avril 1749.

BAUGIS, Marie-Joseph, b 1749; m à André Leblanc; s 5 mai 1773, à l'Islet.

1726, (25 février) Lachine.
IV.—BAUGIS, Toussaint. [Jean III.
Messaguier, Elisabeth, [Hugues I.
b 1690; veuve de Gabriel Gibaut.

1732, (18 nov.) Montréal.
IV.—BAUGIS, Paul. [Jean III.
Larchevêque, Charlotte. [Mathieu III.
b 1709; s 24 mars 1735, à Montreal.[8]
Paul-François, b [8] 27 nov. 1734; m 1748, à Clémence Chambly.

1739, (31 août) Beauport.[4]
IV.—BAUGIS, Charles. [Jean III
Crête, Elisabeth, [Pierre II
b 1718; s [4] 27 avril 1756.
Marie-Louise, b [4] 26 nov. 1740; s [4] 12 janvier 1741.—*Charles,* b [4] 28 juillet 1742; *Marie-Germaine-Eustache,* b [4] 22 mars 1744. — *Philippe,* b 25 janvier 1746, à Québec —*Marie-Angélique,* b [4] 28 mai, 1748; m [4] 18 janvier 1768, à Pierre Roné Fouré.—*Marie-Louise,* b [4] 17 fevrier 1750, m [4] 1er fevrier 1768, à Nicolas Parant.—*Joseph,* b [4] 13 avril 1752.—*Françoise-Elisabeth,* b [4] 16 fevrier 1754.

BAUGIS, Jean.
Crête, Marie. [Etienne III

1746, (10 oct.) Beauport.[4]
V.—BAUGIS, Jean, [Jean IV
s [4] 27 sept. 1770,
1° Garnier, Marguerite, [Charles III
b 1726.
Marguerite, b [4] 29 juillet 1747; s [4] 29 mars 1759.—*Jean,* b [4] 23 oct. 1748.—*Anonyme,* b [4] et s [4] 19 nov. 1749 —*Marie-Louise,* b [4] 24 janvier 1751.—*Pierre et Jean,* b [4] 2 fevrier 1752.—*Jean-Baptiste,* b [4] 18 oct. et s [4] 21 déc. 1753.—*Jeanne-Françoise,* b [4] 10 mars et s [4] 11 nov. 1755.— *Marie-Louise,* b [4] 23 août 1756; s [4] 22 sept. 1758 —*Marie-Madeleine,* b [4] 9 juillet 1758.
1760, (21 janvier).[4]
2° Barbeau, Jeanne, [Jacques II
b 1720; veuve de Thomas Morin.
Marie-Joseph, b [4] 18 oct. 1760.—*Louis,* b [4] 9 nov. 1762.

1748, (15 janvier) Québec.[3]
V.—BAUGIS, Charles, [Jean IV
forgeron.
DeRainville, Marie-Joseph, [Noel III
b 1718.
Marie-Charlotte, b [3] 2 mars 1748.

1748.

V.—BAUGIS, PAUL. [PAUL IV.
CHAMBLY, Clémence.
Paul, b et s 14 juillet 1749, à Lachine.[8]—*Marie-Marguerite-Elisabeth*, b [8] 7 juillet 1750 ; s [8] 10 mars 1751.—*Marie-Apolline*, b [8] 18 sept. 1751.—*Marguerite-Félicité*, b [8] 16 oct. 1752.—*Amable-Paul*, b [8] 4 avril et s [4] 29 juin 1754.—*Paul*, b [8] 19 août 1755.—*Marguerite*, b [8] 26 juillet 1760.

1753, (26 fevrier) Beauport.[4]

V.—BAUGIS, LOUIS, [LOUIS IV.
b 1728.
GIROUX, Marie-Geneviève, [JOSEPH III.
b 1732.
Marie, b [4] 28 février et s [4] 8 oct. 1755.—*Louis*, b [4] 9 août 1756.—*Germain*, b [4] 17 oct. 1758 ; s [4] 3 janvier 1760.—*Marie-Joseph*, b [4] 12 avril 1761, m à Jean-Baptiste MANSEAU, s 19 avril 1796, à Quebec.—*Marie-Madeleine*, b [4] 11 mars 1763.—*Marie-Louise*, b [4] 14 mars 1765.

BAUGRAND, MARGUERITE, b 1765 ; m à Charles GIROUX ; s 23 avril 1787, à Québec.

BAULIER, MARGUERITE, épouse d'Augustin BERNARETZ.

1768, (11 avril) Berthier.[4]

I.—BAULIÈRE, JEAN, fils de Damory et de Jeanne Borand, de Vignal, diocèse de St-Malo.
DESTROISMAISONS (1), Genev., [AUGUSTIN III.
b 1749.
Marie-Geneviève, b [4] 12 février 1768.

BAULIN (2), MARIE-LOUISE, épouse de François PATENOTE.

BAULNE.—Voy. BEAUNE-LAFRANCHISE, 1667.

BAULON, MARIE-LOUISE, épouse de Joseph GUILLORY.

BAUMELEBLANC.—Voy. JÉRÔME.

BAUMET, GUILLAUME, b 1744 ; s 23 août 1764, aux Trois-Rivières.

BAUMIER.—Voy. BOESMÉ.

BAUQUIN, JOSEPH.
BAUDREAU (3), Marguerite. [PAUL II.
Marguerite, b... m 24 fevrier 1772, à François SENET, à Repentigny.

I.—BAUSAC, MICHEL (4).

---

(1) Dit Picard.
(2) Dit Laperle.
(3) Dit Graveline.
(4) Sieur de Brillemont. Il était, le 28 avril 1728, à Batiscan.

1721, (15 sept.) Québec.[4]

I.—BAUSANG, JACQUES, fils de Pierre et de Marie-Madeleine Caré, de la Madeleine, ville de Besançon.
ALLARD, Geneviève. [PIERRE I.
Geneviève-Jeanne, b [4] 23 oct. 1721 ; m [4] 28 fevrier 1740, à Etienne RANCOUR ; s [4] 12 sept. 1761.—*Marie-Charlotte*, b [4] 25 janvier 1723 ; s [4] 7 juin 1726.—*Marie-Elisabeth*, b [4] 1er août 1724 ; m [4] 26 avril 1745, à Jean-Baptiste CHARLAND.—*Jean-François*, b [4] 10 juin 1726, s [4] 24 juin 1730.—*Jeanne-Catherine*, b [4] 15 sept. 1728 ; s [4] 4 janvier 1730.—*Joseph*, b [4] 21 fevrier 1731 ; s [4] 31 oct. 1732.—*Marie-Françoise*, b [4] 20 janvier 1733 ; m [4] 3 juin 1750, à Joseph BERDIN.—*François*, b [4] 15 mars et s [4] 4 avril 1735.—*Alexandre*, b [4] 9 février 1737 ; m [4] 19 sept 1763, à Josette BELLANT.—*Marie-Anne*, b [4] 28 avril et s [4] 28 mai 1739.—*Jean-Baptiste*, b [4] 20 janvier et s [4] 25 mai 1743.

1763, (19 sept) Québec.

II.—BAUSANG, ALEXANDRE. [JACQUES I.
LAVIOLETTE (1), Josette. [JOSEPH II.

1758, (24 avril) Québec.[6]

I.—BAUSIER (2), JACQUES, soldat, fils de Pierre et de Catherine Laporte, de St-Pierre, diocèse de Poitiers.
TREMBLAY, Marie-Catherine. [ANTOINE III.
Joseph, b [6] 11 sept. 1759.

I.—BAUTINEAU, MATHURIN.
AUBRON, Marie.
Pierre, b... m 7 janvier 1760, à Angelique FOURNAISE, à Lavaltrie.

1760, (7 janvier) Lavaltrie.[9]

II.—BAUTINEAU, PIERRE. [MATHURIN I.
FOURNAISE, Angelique. [FRANÇOIS I.
Pierre, b [9] 2 nov. 1760.

BAUTREAU, MARIE, épouse de Germain CLÉMENT, s avant 1769.

BAUTRON.—Voy. BOUTRON.

BAUVE (3), THÉRÈSE, épouse de Michel VIENNEAU.

1708, (21 oct.) Quebec.[6]

II.—BAUVE, NICOLAS, [PIERRE I.
ecrivain du Roy.
GRENIER (4), Marie-Angélique, [JEAN I.
b 1686 ; s [6] 31 janvier 1764.
Nicolas, b [6] 23 avril 1714 ; s [6] 11 mars 1717.—*Catherine*, b [6] 25 sept. 1715 ; s 29 nov. 1715, à Lorette.[7]—*Marie-Angélique*, b [6] 23 mai 1717.—*Marie-Catherine*, b [6] 5 juin 1718.—*Jean-François*, b [6] 11 juillet 1719 ; s [7] 2 janvier 1720.—*Marie-Jeanne*, b [6] 26 juin 1720.—*Louise-Geneviève*, b 18 nov. 1722.—*Brigitte*, b [6] 6 juillet 1724 ; m [6] 30 sept. 1743, à Etienne DASSIER.—*Françoise*, b [6] 7 dec. 1725.

---

(1) Dit Beland.
(2) Dit Tranchemontagne.
(3) Ou Borde.
(4) Dit Nadeau.

BAUVIER, Marie-Anne, b 1736; s 17 dec. 1749, au Château-Richer.

I.—BAVANT (1), Pierre.
 Descormiers, Catherine.
 François-Xavier, b 5 avril 1760, au Cap-de-la-Madeleine.

1761, (13 avril) Terrebonne.

I.—BAVIÈRE, André, fils de Jacques et de Marguerite Simbrin, diocèse de Perpignan.
 Bordeleau, Marie-Anne,   [Antoine II.
 b 1720; veuve de François Pinel.
 Marie-Suzanne, b 6 déc. 1762, à Québec [1]; s [1] 10 nov. 1763.

BAUVILET, Charles-Antoine.
 Georget, Marie-Françoise.
 Marie-Françoise, b 29 oct. 1742, à Québec.

1760, (13 oct.) Montréal.

I.—BAUZET, Jean, b 1726; fils de Bertrand et de Jeanne Gassialte, de St-Pierre d'Habas, diocèse d'Ax, Gascogne.
 Metra, Marie-Joseph,   [Jean-Bte I.
 b 1739.

BAYARD.—*Variations et surnoms :* Banhiac—Bangaille dit Lamontagne—Banliard.

BAYARD, Marie-Joseph, b 1725; m à Joseph Grou, s 6 février 1754, à St-Laurent, M.

1677.

I.—BAYARD (2), François.
 1° Doyon, Madeleine.   [Jean I.
 François, b... m 1711, à Marie Fayan dit Sansquartier, aux Trois-Rivières.
 1680.
 2° Pelletier, Marie-Angélique (3).   [Frs II.
 Marie-Anne, b... m 13 juin 1717, à Pierre Gerbault, à la Rivière-du-Loup. [2]—*Charles*, b... m à Madeleine Lemaitre-Delongé.—*Agathe*, b 1705; m à Charles Branchau.—*Marie-Angélique*, b 1683; m à Pierre Gignard.—*François*, b... s [2] 16 avril 1717.

1694, Charlesbourg. [3]

II.—BAYARD, Jacques,   [François I.
 s 5 nov. 1744, à Montréal. [4]
 Valade, Marie   [Guillaume I.
 Jean, b [3] 20 mai 1704; s [4] 2 mars 1729.—*Pierre*, b [4] 30 juin 1706; m 1733, à Angelique Penin.—*Joseph*, b [4] 6 mai 1708; m [4] 15 nov. 1728, à Angelique Cabassier.—*Hector*, b [4] 30 sept, 1711.—*Marguerite*, b [4] 30 mars et s [4] 9 avril 1713.—*Marie-Françoise*, b [4] 16 juin et s [4] 13 juillet 1714.—*Marie-Anne*, b [4] 24 juillet 1715; m [4] 4 juin 1732, à François Desève; s [4] 9 mai 1740.—*Charles*, b [4] 13 avril 1717; s [4] 31 oct. 1738.—

Jeanne, b [4] 22 mai et s [4] 8 juin 1719.—*François*, b [4] 27 mars 1710. — *Marie-Françoise*, b [3] 1699; m [4] 27 nov. 1719, à Joachim Jolivet.

BAYAC, Geneviève, épouse de Michel Rabouin.

1711, (12 janvier) Trois-Rivières. [5]

II.—BAYARD (1), François.   [François I,
 Faye (2), Marie,   [Pierre I.
 b 1691.
 Joseph, b [6] 25 sept. 1712; m 21 juillet 1749, à Madeleine Durivaux, à Quebec.—*Geneviève*, b [5] 26 mai 1714—*François*, b 21 juin 1716, à la Rivière-du-Loup; m à Elisabeth Choret; s avant 1758.

1728, (15 nov.) Montréal. [7]

III.—BAILLARD, Joseph.   [Jacques II.
 Cabassier, Angélique.   [Charles II,
 Marie-Joseph, b 1729, m [7] 14 nov. 1757, à Raymond Fabre.

1733.

II.—BANHIAC, Charles.   [François I
 Lemaitre-Delongé, Madeleine,   [Jean II,
 b 1708.
 Antoine, b 8 août 1734, à la Rivière-du-Loup [8] —*Marie-Catherine*, b [8] 3 nov. 1737.

III.—BAYARD (3), François,   [François II.
 b 1716; s avant 1758.
 Choret, Jeanne-Elisabeth (4),   [Pierre III
 b 1714.
 Marie-Charlotte, b... m 10 avril 1758, à François Labelle, à St-Vincent-de-Paul.—*Joseph*, b... 1° m à Thérèse Migneron, 2° m 10 janvier 1780, à Monique Béique, à la Longue-Pointe.—*Jean-Baptiste*, b 28 janvier 1736, au Sault-au-Récollet [5], m [5] 26 nov. 1759, à Céleste Janot.—*Marie-Françoise*, b [5] 18 février 1738; m [5] 17 mai 1756, à André Vaillancour. — *Marie-Charlotte*, b [5] 10 août 1740.—*Marie-Anne*, b [5] 17 dec. 1742—*Joseph-Marie*, b [5] 11 nov. 1744.—*Marie-Joseph*, b [5] 8 dec. 1746.—*Jean-François*, b [5] 22 avril 1749.—*Marie-Elisabeth*, b... m [5] 10 janvier 1752, à Joseph Vanier. — *Marie-Amable*, b 1733; m [5] 8 janvier 1753, à Joseph Janot.

1733.

III.—BAYARD, Pierre.   [Jacques II
 Penin, Angélique,   [Michel I.
 b 1701.
 Marie-Angélique, b 1734; m 16 février 1756, à Gilles Sales, au Sault-au-Récolet. — *Augustin*, b 1749; m 30 mai 1774, à Marie Bluteau, à la Longue-Pointe.

---

(1) DeNoyer dit Tranchemontagne.
(2) Et Banhiac. Voy. vol, I, p 32.
(3) Elle épouse, le 25 mai 1709, Antoine Degerlais, aux Trois-Rivières.

(1) Et Bayac.
(2) Dit Sansquartier.
(3) Et Ballard.
(4) Elle épouse, le 22 avril 1754, Joseph Martineau, au Sault-au-Récollet.

1749, (21 juillet) Québec.[1]

III.—BAYARD (1), JOSEPH. [FRANÇOIS II.
  DURIVAUX, Madeleine. [ETIENNE I.
Louis-Joseph, b [2] 21 juin 1750.—*Joseph*, b [2] 6 mars 1752.

1759, (26 nov.) Sault-au-Récolet.

IV.—BAYARD, JEAN. [FRANÇOIS III.
  JANOT, Marie-Céleste, [NICOLAS III.
  b 1739.

IV.—BAYARD, JOSEPH. [FRANÇOIS III.
  1° MIGNERON, Anne-Thérèse. [JEAN-BTE IV.
  1780, (10 janvier) Longue-Pointe.
  2° BÉIQUE, Monique, [JEAN-BTE II.
  veuve de Laurent Janot.

1774, (30 mai) Longue-Pointe.

IV.—BAYARD, AUGUSTIN. [PIERRE III.
  BLUTEAU, Marie. [JOSEPH III.

1826, (24 avril) St-Jean-Deschaillons.

I.—BAYLY, JOHN (2), b 1799; fils de Jacob et d'Anne Webster.
  MAILLOT, Julie. [GUILLAUME.

BAZAGE (3).

BAZANAIRE.—*Variations et surnoms :* BEZENER —BESNER—BEAUCAIRE—PRÊT-A-BOIRE.

1760, (18 février) Bout-de-l'Ile, M.[3]

I.—BAZANAIRE (4), JEAN, fils de Jean et de Marie-Anne Nogarole, de Riomoux, diocèse de Lombez, Gascogne.
  GRUZELIN, Marie-Anne, [BENOIT I.
  veuve de George Bedel.
Louis, b [5] 5 et s [5] 23 février 1761.—*Jean-Baptiste*, b 9 janvier 1762, à St-Antoine-de-Chambly; s[8] 10 mars 1765.—*Marie-Victoire*, b 22 juin 1763, au Lac-des-Deux-Montagnes.[9]—*Marie-Michelle*, b [3] 4 juin 1766.

1747, (11 avril) Québec.[3]

I.—BAZERT, LOUIS, (chirurgien) fils de Pierre et de Jeanne Larieu, de Plaisance, diocèse de Toulouse.
  LAPORTE, Angelique. [MICHEL I.
Claire, b [3] 6 avril et s 31 juillet 1748, à Beaumont.

BAZIÈRE (5), RENÉ,
  LAPORTE, Agathe.
Marie-Charlotte, b 22 sept. 1747, à Chambly.[2]—*Michel*, b[2] 23 juin 1749.

1721, (13 janvier) Québec.[5]

I.—BAZIL, LOUIS, marchand, b 1695, fils de Louis et de Marie-Madeleine Moreau, de N.-D. de LaRochelle ; s [5] 20 février 1752.
  DUROY, Charlotte, [PIERRE I.
  s [6] 29 sept. 1745.
Marguerite-Charlotte, b [5] 5 oct. 1721; s [5] 20 déc. 1756.—*Louise-Charlotte*, b [5] 22 et s [5] 30 déc. 1722. — *Louis-Michel*, b [5] 29 sept. et s [5] 2 oct. 1723. — *Louise-Joseph*, b [5] 19 mars 1726; m [5] 16 juillet 1748, à Louis-Simon FRÉCHET.—*Marie-Louise*, b [5] 30 mai et s 1er août 1727, à Charlesbourg.[6]—*Louis-Mathieu*, b [5] 17 et [6] 21 août 1728.—*Marie-Thérèse*, b [5] 11 août 1729.—*Anonyme*, b [5] et s [5] 24 avril 1731.—*Anonyme*, b [5] et s [5]11 juin 1733.

BAZIN, MARIE-ELISABETH, b... 1° m à Jean-Baptiste GAMACHE ; 2° m 4 février 1758, à Joseph GAUDREAU, au Cap-St-Ignace.

1670, Québec.

I.—BAZIN, PIERRE (1),
  s 23 sept. 1699, à St-Michel.
  LEBLANC, Marguerite, [LÉONARD I.
  s 13 février 1725, à St-Valier.[1]
François, b... m à Françoise CADRIN ; s [1] 26 mars 1722.

1701, (17 oct.) St-Michel.[6]

II.—BAZIN, FRANÇOIS, [PIERRE I.
  b 1677 ; s 26 mars 1722, à St-Valier.[7]
  CADRIN, Françoise (2), [NICOLAS I.
  b 1680.
Marie-Françoise, b [6] 29 août 1702 ; s [6] 13 février 1703.—*François*, b [6] 25 mars 1704 ; s [7] 18 oct. 1725.—*Marie-Anne*, b [6] 13 mai 1706 ; s [7] 18 oct. 1725.—*Louis*, b [6] 26 mai 1708 ; s [6] 24 mars 1709.—*Elisabeth*, b [6] 19 janvier 1710 ; m 15 nov. 1730, à Jean GAMACHE, au Cap-St-Ignace.—*Thérèse*, b 27 déc. 1711, à Berther ; m [7] 30 mai 1728, à Jean-Baptiste ASSELIN.—*Marguerite*, b [7] 31 mars et s [7] 30 sept. 1714.—*Louis-Joseph*, b [7] 1er nov. 1715 ; m [7] 3 août 1744, à Marie-Charlotte SAMUEL.—*Jean-Baptiste*, b [7] 11 juillet 1718 ; m 30 juin 1744, à Angelique RATE, à St-Pierre, I. O.—*Marie-Joseph*, b [7] 9 nov. 1720 ; m 6 nov. 1736, à Jean-Baptiste RATÉ, à St-Augustin.

II.—BAZIN, JEAN, [PIERRE I.
  CADRIN, Marie-Anne, [NICOLAS I.
  b 1681 ; s 1er mars 1765.

1742, (10 sept.) Québec.[1]

I.—BAZIN, PIERRE-GILLES (3), marchand, fils de Pierre et d'Elisabeth Philippes, de St-Nicolas de Reaulphe-Château, diocèse de Chartres ; s 9 nov. 1759, à la Pte-aux-Trembles, Q[2]
  FORTIER, Thérèse. [MICHEL II.

---

(1) Ou Banhiac—Bangalle dit Lamontagne, 1752
(2) Du Maine, Etats-Unis ; fait abjuration le 2 février 1826, à St-Jean-Deschaillons.
(3) Signe le 10 février 1755 à Lorette.
(4) Dit Prêt-à-boire.
(5) Dit Langevin.

(1) Voy. vol. I, p. 33. Sa femme Leblanc, est dite veuve lorsqu'elle meurt, c'est donc son fils Pierre qui meurt en 1744.
(2) Elle épouse Antoine Lemarié.
(3) Colonel des milices du gouvernement de Québec.

Anonyme, b¹ et s¹ 25 mai 1743.—*Thérèse*, b¹ 20 août 1744.—*Jeanne-Elisabeth*, b¹ 14 juillet 1745.— *Louise-Elisabeth*, b¹ 10 sept. 1746.—*Pierre-Gilles*, b¹ 2 sept. 1747; s 10 nov. 1748, à Ste-Foye.³ — *Joseph*, b¹ 10 déc. 1748.—*Marie-Thérèse*, b¹ 21 janvier et s 26 août 1750, à Charlesbourg. — *Marie-Angélique*, b¹ 24 mai 1751.—*Pierre-Antoine*, b¹ 27 juin et s³ 8 juillet 1752.— *Thérèse-Antoinette*, b¹ 17 juillet 1753.—*Marie-Thérèse*, b¹ 9 sept. 1754.—*Pierre-Joseph-Antoine*, b¹ 21 juin 1758. — *Jacques-Antoine*, b² 26 sept. 1759.

1744, (30 juin) St-Pierre, I. O.
III.—BAZIN, JEAN. [FRANÇOIS II.
RATÉ, Marie-Angelique. [JEAN-BTE II.
Jean-François, b 19 juin 1745, à St-Valier.⁶—*Marie-Angélique*, b⁶ 15 sept. 1746. — *Marie-Claire*, b⁶ 21 sept. 1747, m⁶ 30 janvier 1764, à Robert ROBERCHON. — *Antoine-François*, b⁶ 23 juin 1750.—*Marie-Anne*, b⁶ 25 juillet 1752; s⁶ 22 oct. 1759.—*Joseph-Valier*, b⁶ 23 juin 1754.—*André-Elienne*, b⁶ 2 août 1756; m 17 juin 1783, à Marie-Charlotte BELLEAU, à Quebec.—*Augustin*, b⁶ 9 avril et s⁶ 28 sept. 1758.—*Jacques*, b⁶ 21 oct. 1761.—*Louise*, b⁶ 21 oct. 1761.

1744, (3 août) St-Valier.
III.—BAZIN, LOUIS, [FRANÇOIS II.
RICOSSE, Marie-Charlotte (1), [EMMANUEL I.
veuve de Charles Prévost.
Louis, b 26 juillet 1750, à St-Charles.¹—*Marie-Charlotte*, b¹ 22 janvier 1752.—*Augustin*, b¹ 14 août 1754

1674, (6 août) Montréal. ²
I.—BAZINET, ANTOINE (2),
b 1644.
JANOT, Françoise. [MARIN I.
Pierre, b 28 août 1678, à la Pte-aux-Trembles, M.³; m³ 24 nov. 1698, à Marie ROY; s 2 sept. 1708, aux Trois-Rivières.—*Joseph*, b³ 22 juillet 1680; m³ 28 avril 1710, à Anne SENÉCAL.—*Marie-Catherine*, b³ 6 mai 1684; m³ 4 mars 1701, à Jacques BEAUCHAMP.—*Anne*, b³ 24 juin 1682, m³ 2 mars 1699, à Pierre BEAUCHAMP.—*Marguerite*, b³ 15 mars 1687; m³ 20 avril 1711, à Joseph ROBILLARD.—*Marie-Françoise*, b³ 15 mars 1694, m³ 6 février 1719, à Etienne CONTANT; s 12 mai 1734, à Lachenaye.—*Antoine*, b³ 11 mars 1689; m³ 8 juillet 1720, à Gertrude SENET.

1698, (24 nov.) Pte-aux-Trembles, M.⁴
II.—BAZINET, PIERRE, [ANTOINE I.
s 2 sept. 1708, aux Trois-Rivières.
Roy, Marie, [JEAN II.
s⁴ 6 juillet 1703.
Marie-Madeleine, b⁴ 24 janvier 1700; s⁴ 11 juillet 1703.—*Pierre*, b⁴ 14 oct. 1701; m 27 nov. 1719, à Marguerite BOUGRET, à Longueuil; s 7 sept. 1764, à la Longue-Pointe.—*Marie-Joseph*, b⁴ 23 juin et s⁴ 14 juillet 1703.

---
(1) Elle a été appelée Samuel à son second mariage, Lacasse en 1750 et Fournel en 1754, par corruption des noms de son père Emmanuel et Ricosse.
(2) Voy. vol. I, p. 83.

1710, (28 avril) Montréal.
II.—BAZINET, JOSEPH, [ANTOINE I.
b 1680; s 23 avril 1759, à la Longue-Pointe.
SENÉCAL, Marie-Anne, [JEAN I.
b 1687; s avant 1759.
Joseph, b 24 janvier 1711, à la Pte-aux-Trembles, M.⁵—*Jean-Baptiste*, b⁵ 29 mars 1712, 1º m 1740, à Angelique LOISEL; 2º m 10 fevrier 1749, à Marguerite-Ursule HÉBERT, à Varennes ⁶—*Marie-Joseph*, b⁵ 28 nov. 1713.—*Antoine*, b⁵ 1717; s⁵ 17 déc. 1747.—*Jacques*, b⁵ 13 août et s⁵ 11 sept. 1722.—*Marie-Marguerite*, b⁵ 11 oct. 1723; s⁵ 2 mai 1724.—*Marie*, b 1726; m⁵ 17 août 1750, à Marien LEBEAU.—*Jean-Baptiste*, b 1718; s⁵ 26 nov. 1747.—*Marguerite*, b⁵ 1730, 1º m⁵ 12 février 1753, à Louis CHARLAND; 2º m⁵ 13 janvier 1766, à Jean-Baptiste MORIN.—*Augustin*, b... m⁵ 20 oct. 1749, à Marguerite-Ursule HÉBERT.

1719, (27 nov.) Longueuil.
III.—BAZINET, PIERRE, [PIERRE II.
b 1701; s 7 sept 1764, à la Longue-Pointe¹
BOUGRET, Marie-Marguerite, [PRUDENT I.
b 1700; s¹ 25 mai 1776.
Pierre, b 23 nov. 1720, à la Pte-aux-Trembles, M.⁵; m 13 janvier 1744, à Marie-Anne-Apolline PICARD, à Montreal.⁷ — *Prudent*, b⁵ 10 oct. 1722. — *Jean*, b 1723; s¹ 25 mars 1725.—*Jean-Louis*, b¹ 19 juillet 1724; 1º m à Marguerite ARCHAMBAULT, 2º m à Marie-Catherine MARSIL, 3º m 1768, à Marie-Thérèse JANSON.—*Marie-Anne*, b¹ 27 juillet 1726, m¹ 15 janvier 1748, à François CUSSON.—*Marie-Joseph*, b¹ 3 sept. 1728; m 15 fevrier 1749, à Gabriel FONTAINE, à Varennes.—*Marie-Amable-Cécile*, b¹ 21 août 1730; m¹ 10 fevrier 1755, à Jean-Baptiste LALUE.—*Marie-Françoise*, b¹ 8 mai 1732; m à Joseph PARISEAU; s¹ 22 juillet 1753—*Philippe-Joseph*, b¹ 13 juin 1734; m¹ 7 fevrier 1757, à Catherine TRUDEL.—*Antoine*, b¹ 14 sept 1736; m 21 fevrier 1757, à Scholastique MILLET —*Marie-Charlotte*, b¹ 22 nov. 1738; 1º m¹ 3 fevrier 1755, à Antoine TRUDEL; 2º m¹ 1er fevrier 1779, à Jean-Baptiste PAYET.—*Marie-Thérèse*, b¹ 5 sept. 1741; m¹ 22 fevrier 1762, à Louis-Raphaël LANGLOIS.—*Prudent*, b¹ 27 oct. et s¹³ nov. 1743.

1720, (8 juillet) Pte-aux-Trembles, M.⁴
II.—BAZINET, ANTOINE, [ANTOINE I.
s avant 1761.
SENET, Gertrude. [NICOLAS I.
Marie-Cécile, b⁴ 2 avril 1721; m⁴ 10 fevrier 1755, à Richard DULONG.—*Marie-Françoise*, b⁴ 20 oct. 1722.—*Joseph-François*, b⁴ 6 oct. 1724, 1º m⁴ 14 janvier 1754, à Marguerite LOISEL, 2º m⁴ 9 janvier 1756, à Thérèse BRICAUT.—*Marie-Amable*, b 1734, m⁴ 23 fevrier 1756, à François BRICAUT.—*Maurice*, b 1732; 1º m⁴ 21 fevrier 1757, à Agathe MILLET; 2º m⁴ 19 avril 1762, à Marie-Joseph BRICAUT. — *Dorothée*, b 1738; m⁴ 27 juillet 1761, à Joseph MILLET.—*Antoine*, b... m 11 fevrier 1760, à Marguerite BÉIQUE, à Chambly.

1740.
III.—BAZINET, JEAN-BTE, [JOSEPH II.
b 1712.
1° LOISEL, Angélique. [JOSEPH III.
Angélique, b 1741 ; m 11 janvier 1762, à Archange BRICAUT, à la Pte-aux-Trembles, M.—*Marie-Anne*, b 8 mars 1742, au Sault-au-Récollet.⁷—*Jean-Baptiste*, b⁷ 25 mai et s⁷ 27 juin 1743.—*Marie-Madeleine*, b⁷ 7 janvier et s⁷ 23 mai 1745.

1749, (10 février) Varennes.
2° HÉBERT, Ursule, [JOSEPH III.
veuve de Julien Choquet.
Marie-Marguerite, b 22 mars 1750, à St-Antoine-de-Chambly.³—*Marie-Françoise*, b ³ 16 juillet 1752.—*Pierre*, b ³ 25 sept. 1754.

BAZINET, MARIE, épouse d'Antoine SABATIÉ.

1744, (13 janvier) Montréal.
IV.—BAZINET, PIERRE, [PIERRE III.
b 1721.
PICARD, Marie-Anne-Apolline. [JACQUES II.

1749, (20 oct.) Varennes.
III —BAZINET, AUGUSTIN. [JOSEPH II.
HÉBERT, Marguerite (1). [JOSEPH III
Augustin-Laurent, b 10 et s 27 août 1750, à la Pte-aux-Trembles, M.⁴—*Augustin*, b⁴ 28 mars 1752.—*Antoine*, b⁴ 17 avril et s⁴ 11 juillet 1754.—*Pierre*, b⁴ 17 avril et s⁴ 6 sept. 1754.

BAZINET, FRANÇOIS.
CHARTIER, Elisabeth (2).
Jean-Baptiste, b 15 nov. 1750, à la Pte-aux-Trembles, M.

IV.—BAZINET, JEAN-LOUIS. [PIERRE III.
1° ARCHAMBAULT, Marguerite, [LAURENT IV.
s avant 1767.
Jean-Louis, b 1754 ; m 7 oct. 1771, à Marie-Louise GAUTIER, à Repentigny. ³
2° MARSIL, Marie-Catherine, [ANDRÉ II.
b 1732, s ³ 10 mars 1767.
Marie-Apolline, b ³ 2 et s ³ 9 mars 1767.
1768.
3° JANSON (3), Marie-Thérèse. [PHILIPPE III.
Pierre, b ⁸ 20 sept. 1768.—*Angélique*, b ³ 23 février 1770.

1754, (14 janvier) Pte-aux-Trembles, M.⁴
III —BAZINET, JOSEPH. [ANTOINE II.
1° LOISEL, Marguerite, [JOSEPH III.
s avant 1756.
1756, (9 janvier). ⁴
2° BRICAUT, Thérèse. [JOSEPH II.
Antoine, b 1758 ; s 25 juillet 1759, à Chambly.

1757, (7 février) Longue-Pointe. ⁵
IV.—BAZINET, PHILIPPE, [PIERRE III.
b 1734.
TRUDEL, Catherine. [ANTOINE III.
Philippe, b ⁵ 8 et s ⁵ 27 janvier 1758.—*Catherine*, b ⁸ 7 janvier 1759.—*Marguerite*, b ⁵ 7 février 1760.—*Françoise*, b ⁵ 24 mars 1761 ; s ⁵ 24 déc. 1769.—*François*, b ⁵ 2 sept. 1762 ; s ⁵ 24 déc. 1769. — *Jacques-Philippe*, b ⁵ 6 mai 1764 — *Antoine*, b ⁵ 23 sept. 1765 ; s ⁵ 4 janvier 1770.—*Marie-Antoinette*, b ⁵ 14 avril et s ⁵ 10 sept. 1767.—*Benjamin*, b ⁵ 22 août 1768.

1757, (21 février) Pte-aux-Trembles, M.
IV.—BAZINET, ANTOINE. [PIERRE III.
MILLET, Scholastique. [JEAN III.
Jean-Pascal, b 5 janvier et s 9 février 1758, à la Longue-Pointe. ⁵—*Marie-Françoise*, b ⁵ 25 mars 1759 ; m ⁵ 1er juillet 1782 à Antoine DESAUTELS.—*Pierre*, b ⁵ 7 mai 1761 ; m ⁵ 9 février 1784, à Marie-Jos ARCHAMBAULT. — *Marie-Scholastique*, b ⁵ 11 avril 1766.

1757, (21 février) Pte-aux-Trembles, M. ⁴
III.—BAZINET, MAURICE. [ANTOINE II.
1° MILLET, Agathe. [JEAN III.
1762 (19 avril). ⁴
2° BRICAUT, Marie-Joseph. [JEAN-BTE II.

1760, (11 février) Chambly. ²
III.—BAZINET, ANTOINE. [ANTOINE II.
BÉIQUE, Marguerite. [JOSEPH II.
Marie-Marguerite, b ² 30 nov. 1760.

1771, (7 oct.) Repentigny.
V.—BAZINET, JEAN-LOUIS. [JEAN-LOUIS IV.
GAUTIER (1), Marie-Louise. [FRANÇOIS III.

BAZINET, JOSEPH.
CHARTIER, Marie-Joseph.
Marie-Joseph, b 14 nov. 1742, au Sault-au-Recollet¹ ; m 19 janvier 1761, à Pierre MONDARY, à St-Vincent-de-Paul. ²— *Marie-Théodore*, b ¹ 6 avril 1744.— *Jean-François*, b ¹ 21 juillet 1745. *Joseph*, b ¹ 16 oct. 1748.— *Anonyme*, b ² et s ² 17 oct. 1753.— *Jean-Baptiste*, b ² 7 juin 1755.

BAZINET, MARIE-ANNE, épouse d'Antoine FORTUNAT.

BAZINET, MARIE-THERÈSE, épouse de Joseph PAYET.

1784, (9 février) Longue-Pointe.
V.—BAZINET, PIERRE. [ANTOINE IV.
ARCHAMBAULT, Marie-Joseph. [ANTOINE V.

1713, (12 juillet) Québec. ¹
I.—BEAN (2), CORNEILLE, fils de Corneille et de Marie-Anne Botler, de Lincorn, diocèse de Dublin, Irlande.
PALIN, Charlotte (3). [MATHURIN I.

---

(1) Elle épouse, le 10 avril 1758, Jean-François Cadoret, à la Pte-aux-Trembles.
(2) Elle épouse, le 27 juillet 1772, Antoine Gautier, à Boucherville.
(3) Dit Lapalme.

(1) Dit Landreville.
(2) Appelé Oncle, 1725.
(3) Elle épouse, le 15 nov. 1734, André Balthazar, à Québec.

BEA 162 BEA

Louise, b¹ 26 janvier et s¹ 13 oct. 1714.—
Louise, b¹ 25 août et s¹ 28 oct. 1716.—*Marie-Geneviève,* b 14 février 1715, à St-Valier.—*Joseph,* b¹ 12 avril 1719; s¹ 30 août 1723.—*Anne,* b 26 mai 1720, à Montréal; 1° m¹ 11 sept. 1741, à Pierre DEJOIE; 2° m¹ 16 juin 1751, à Pierre ANFRIÉ.—*Marie-Charlotte,* b¹ 17 juin 1721; s¹ 13 oct. 1723.—*Marie-Louise,* b¹ 6 mai 1723; m¹ 7 janvier 1745, à Thomas BOUTIN.—*Joseph-Marie,* b¹ 12 juillet et s¹ 2 août 1725.—*Charles,* b¹ 20 mai et s¹ 3 oct. 1726.—*Marie-Louise,* b¹ 14 juin et s¹ 16 août 1727.—*François-Marie,* b¹ 1er juin 1728.—*Marie-Louise,* b¹ 15 juillet et s¹ 31 août 1729.—*Marguerite-Joseph,* b¹ 24 janvier 1732; m¹ 31 août 1750, à Louis PARANT.—*Catherine,* b¹ 25 déc. 1732; s¹ 31 mai 1733.—*Marie-Geneviève,* b... m¹ 2 juillet 1736, à Jean MOREAU.

1699, Pte-aux-Trembles, M.²

I.—BEAR (1), JOSEPH, fils de Louis et Louise Murphy, de Londres, Angleterre.
DESJARDINS, Marguerite. [CLAUDE I.
Marie-Marguerite, b² 7 et s² 22 mars 1700.—*Marie-Jeanne,* b² 9 mars 1701.—*Marie-Marguerite,* b² 15 août 1705; s² 10 sept. 1707.—*Marie-Madeleine,* b¹ 2 sept. 1707.—*Marie-Anne,* b² 25 janvier 1710.—*Jacques,* b² 26 mai 1711.—*Pierre,* b 18 mars 1712, à Montréal.

BEARNAIS.—Voy. DUFERDIER.

BEAU.—Voy. LEBEAU—BAU.

BEAU, HÉLÈNE, épouse d'Etienne RANCOUR.

1763, (17 janvier) St-Valier.

I.—BEAU, ETIENNE, fils de Pierre et de Marie Laforge, de Château-L'Evêque.
RÉMILLARD, Marie-Joseph. [FRANÇOIS II.

BEAU, FRANÇOIS.
SANSFAÇON, Elisabeth.
Charles, b 1776; s 2 février 1777, à Repentigny.

BEAUBASSIN.—Voy. HERTEL DE BEAUBASSIN, PIERRE.

BEAUBIEN.—Voy. TROTIER.

BEAUBIEN, MADELEINE, épouse d'Ignace LEFEBVRE.

1742, (26 janvier) Détroit.⁶

III.—BEAUBIEN (2), JEAN-BTE. [JEAN II.
b 1710; s⁶ 31 août 1793.
BARROIS, Marie-Anne, [FRANÇOIS II.
b 1726.
Antoine, b⁶ 12 août et s⁶ 15 oct. 1747.—*Charles-Jean-Baptiste,* b⁶ 8 août 1748; s⁶ 15 sept. 1752.—*Marie-Françoise,* b⁶ 23 sept. 1750; s⁶ 7 mai 1751.—*Jean-Baptiste,* b 1751; s⁶ 3 août

---

(1) Dit Barbe—Abel. Anglais de nation.
(2) Dit Cuillerier. Capitaine de milice.

1792.—*Louis-Antoine,* b⁶ 6 juillet 1754; m⁶ 2 février 1784, à Catherine BARROIS.—*Marie-Françoise,* b⁶ 27 août 1756; s⁶ 1er août 1758.—*Marie-Anne,* b⁸ 12 février 1759.—*Geneviève,* b⁶ 2 mai 1761; m⁶ 28 déc. 1778, à Jean-Baptiste BARTEE.—*Lambert,* b⁶ 8 avril 1767, m à Geneviève CAMPEAU.—*Suzanne,* b⁶ 31 mai 1769.—*Marie-Catherine,* b⁶ 6 août 1743; m 18 nov. 1771, à Jacques PARANT.—*Joseph,* b... m⁶ 10 mars 1777, à Marie-Joseph DOUAIRE.

1752, (13 février) Nicolet.⁵

IV.—BEAUBIEN (1), LOUIS, [LOUIS-MICHEL III.
s⁵ 13 déc. 1796.
MANSEAU (2), Marie-Louise, [LOUIS II.
s⁵ 29 oct. 1792.
Louis, b⁵ 26 et s⁵ 31 janvier 1753.—*Antoine,* b⁵ 30 déc. 1753.—*Louise-Marie-Thérèse,* b⁵ 10 mars 1755; m⁵ 14 février 1774, à Jean-Baptiste NORMAND; s⁵ 7 mars 1785.—*Marie-Joseph,* b⁵ juin 1756; s⁵ 2 février 1757.—*Michel,* b⁵ 28 février et s⁵ 11 juin 1759.—*Jean-Louis,* b... m⁵ 19 avril 1784, à Marie-Jeanne MANSEAU.—*Elisabeth,* b... m⁵ 15 janvier 1787, à François-Regis PERIGORD. — *Madeleine,* b... m⁵ 23 janvier 1792, à Joseph PINARD.—*Alexis,* b... m⁵ 9 nov. 1794, à Marguerite DUROCHER.—*Louis,* b... m⁵ 26 janvier 1795, à Marguerite BONNEVILLE.—*Paul,* b... m⁵ 9 nov. 1795, à Claire-Charlotte DUROCHER.—*Marie-Anne,* b... m⁵ 12 sept. 1796, à Antoine BABINEAU.

1770.

IV.—BEAUBIEN (3), ALEXIS, [ANTOINE III.
b 1738; s 1er nov. 1790, au Détroit.⁷
RÉAUME, Marie-Louise. [PIERRE IV.
Marie-Louise, b⁷ 30 avril 1771.—*Suzanne,* b⁷ 3 août 1773.—*Alexis,* b⁷ 16 avril et s⁷ 22 mai 1775.—*Marie-Anne,* b⁷ 5 juillet 1776.—*Alexis,* b⁷ 3 avril 1779.—*Antoine,* b⁷ 20 déc. 1784.

1777, (10 mars) Détroit.

IV.—BEAUBIEN (4), JOSEPH. [JEAN-BTE III.
DOUAIRE, Marie-Joseph, [JOSEPH IV.
b 1759.

IV.—BEAUBIEN, JEAN-BTE. [JEAN-BTE III
PARANT, Geneviève.
Alexis, b 30 juillet 1781, au Détroit.

1784, (2 février) Détroit.⁹

IV.—BEAUBIEN (5), ANTOINE. [JEAN-BTE III.
BARROIS, Catherine, [FRANÇOIS III
s⁹ 1er juillet 1785.
Antoine, b⁹ 8 mars 1784.—*Suzanne,* b⁹ 28 juin et s⁹ 12 juillet 1785.

BEAUBIEN, PIERRE.
GOUIN, Claire.
Pierre-Claude, b 9 juin 1793, au Détroit.

---

(1) Dit Trotier.
(2) Dit Robidas.
(3) Dit Cuillerier—Mouchet, 1775.
(4) Dit Cuillerier.
(5) Dit Trotier—Cuillerier. Disp. du 1er degré de consanguinité.

BEAUBIEN, Antoine.
Parant, Thérèse.
Marie-Thérèse, b 16 février 1785, à Nicolet.⁶—
Joseph, b ⁶ 13 août 1786.—*Antoine*, b ⁶ 2 janvier 1788.

1794, (9 nov.) Nicolet.
V.—BEAUBIEN (1), Alexis.   [Louis IV.
Durocher, Marguerite.   [Jean-Bte.

1795, (26 janvier) Nicolet.
V.—BEAUBIEN (1), Louis.   [Louis IV.
Bonneville, Marguerite.   [Joseph.

1795, (9 nov.) Nicolet.
V.—BEAUBIEN (1), Paul.   [Louis IV.
Durocher, Claire-Charlotte.   [Jean-Bte.

1739.
I.—BEAUBLIN, Louis.
Jeauneau, Catherine.
Louis-Charles, b 26 janvier et s 17 février 1740, à Québec.

BEAUBRIAND (2), Marie-Joseph, épouse de Joseph Ethier.

BEAUCAIRE.—Voy. Bigonesse, 1762, et Bazanaire.

BEAUCE (3), Jean.
1º Bernier, Marie-Madeleine.
     1740, (13 nov.) Québec.
2º Gastonguay (4), Madeleine.   [Jean II.

BEAUCERON.—Voy. Ridé.

1706, (12 juin) Montréal.
I.—BEAUCERON, François, b 1670 ; fils de Laurent et d'Anne Dumain, de St-Pierre de Castel, diocèse de Bazas.
Lepage, Marie,   [Jacques I.
b 1684.

I.—BEAUSSERON, Pierre.
Lepage, Marguerite.
Pierre, b... 1º m 25 février 1754, à Marie Roy, à St-Vincent-de-Paul ; 2º m 5 nov. 1760, à Thérèse Jolivet, à St-Charles.

BEAUCERON, Geneviève, épouse de Jean-Marie Darest.

1754, (25 février) St-Vincent-de-Paul.³
II.—BEAUSSERON, Pierre.   [Pierre I.
1º Roy, Marie-Louise.   [Louis.
Marie-Charlotte, b ˢ 22 juin 1755.—*Jean-Baptiste*, b ˢ 31 août 1756.
    1760, (5 nov.) St-Charles.
2º Jolivet, Thérèse.   [Joseph.

(1) Dit Trotier.
(2) Dit Nabriant.
(3) Dit Bossé.
(4) Guay.

BEAUCHAMP, Barbe, épouse de Guillaume Forget.

BEAUCHAMP, Marie-Anne, b 1703 ; m à Julien Rocheron ; s 14 juillet 1732, à Terrebonne.

BEAUCHAMP, Catherine, b 1706 ; m à Joseph Brunet ; s 30 sept. 1736, à St-François, I. J.

BEAUCHAMP, Marie-Joseph, épouse d'Alexandre Maguet.

BEAUCHAMP, Marie, épouse de Michel Lajeunesse.

BEAUCHAMP, Marguerite, b 1710 ; m à Jean-Baptiste Couturier ; s 30 mai 1747, à la Pte-aux-Trembles, M.

BEAUCHAMP, Angélique, b 1731 ; m à Jean-Frs Masson ; s 2 nov. 1791, à St-Augustin.

BEAUCHAMP, Marie, b... 1º m à Truchon ; 2º m à Jacques Robin ; s 28 mai 1752, à St-Henri-de-Mascouche.

BEAUCHAMP, Françoise, épouse de François-Hyacinthe Terrien.

BEAUCHAMP, Marguerite, épouse de Joseph Carpentier.

BEAUCHAMP, Marie, épouse de Louis Galarneau.

BEAUCHAMP, Marie-Joseph, épouse de Laurent Blais.

BEAUCHAMP, Angélique, épouse d'Amable Brière.

BEAUCHAMP, Angélique, épouse de Louis Daunay.

BEAUCHAMP, Geneviève, épouse de Claude Ethier.

BEAUCHAMP, Marie-Joseph, épouse de Jean-Baptiste Ethier.

BEAUCHAMP, Marie-Joseph, épouse de Joseph Desnoyers.

BEAUCHAMP, Marie-Joseph, épouse de Charles Pitalier.

BEAUCHAMP, Catherine, épouse de François Paré.

BEAUCHAMP, Marguerite, épouse de Dumaine.

BEAUCHAMP, Marie-Geneviève, épouse de Pierre Dusep.

BEAUCHAMP, Amable, épouse de Joseph Forget.

1660.
I.—BEAUCHAMP, Jacques.
DARDEYNE, Marie. [Pierre I.
Jacques, b 3 mai 1678, à la Pte-aux-Trembles, M.⁵; m ⁵ 4 mars 1701, à Catherine Bazinet.—*Catherine*, b 1666, à Montréal; m⁵ 5 dec. 1686, à Pierre HUNAULT; s⁵ 3 avril 1719.

1666, Montréal.¹
I.—BEAUCHAMP, Jean,
s 4 mai 1700, à la Pte-aux-Trembles, M.⁴
LOISEL, Jeanne, [Louis I.
b 1646; s¹ 4 oct. 1708.
Françoise, b¹ 3 nov. 1672; m⁴ 11 nov. 1688, à Jean CHARBONNEAU; s⁴ 1ᵉʳ mars 1700.

1699, (2 mars) Pte-aux-Trembles, M.⁴
II.—BEAUCHAMP, PIERRE, [JACQUES I.
s 29 août 1722, à Montréal.
BAZINET (1), Anne. [ANTOINE I.
Pierre, b⁴ et s⁴ 22 nov. 1700.—*Pierre*, b⁴ 4 sept. 1701; m 2 fevrier 1728, à Marie CONTANT, à Lachenaye; s⁴ 26 oct. 1751.—*Marguerite*, b⁴ 13 oct. 1703.—*Marie*, b⁴ 5 août 1705.—*Antoine*, b⁴ 4 et s⁴ 18 juin 1707.—*Madeleine*, b⁴ 4 et s⁴ 6 juin 1707.—*Marie-Madeleine*, b⁴ 28 juillet et s⁴ 10 août 1708.—*Jacques*, b⁴ 28 juillet 1708.—*Marie-Madeleine*, b⁴ 27 avril 1711.—*Henri*, b⁴ 19 juin 1712.—*Charlotte*, b⁴ 23 janvier, et s⁴ 11 août 1714.—*Louis*, b⁴ 31 oct. 1718; m 25 février 1743, à Marie-Joseph ROBILLARD, à Lavaltrie.—*Marie-Anne*, b⁴ 23 janvier 1720.—*Elisabeth*, b⁴ 17 février 1721.

1699, (29 juin) Montréal.
II.—BEAUCHAMP, PIERRE, [JEAN I.
charpentier, s 25 mai 1741, à Lachenaye.⁹
LECLERC, Angelique, [GUILLAUME I.
s⁹ 14 août 1747.
Pierre, b 1703; m⁹ 24 oct. 1740, à Veronique SÉGUIN; s⁹ 29 mars 1777.—*Michel*, b...—*Joseph*, b... 1° m⁹ 9 janvier 1730, à Marguerite VAILLANCOUR; 2° m à Marie-Marguerite ROCHON.—*Jean*, b...—*François*, b... 1° m⁹ 9 février 1739, à Marie-Joseph VAILLANCOUR, 2° m 25 nov. 1754, à Marie-Louise THOIN, à Terrebonne.—*Angélique*, b 1724; m⁹ 10 avril 1741, à Jean VAILLANCOUR; s⁹ 13 mars 1746.—*Antoine*, b 1724; s⁹ 25 sept. 1745.—*Agathe*, b... 1° m⁹ 4 sept. 1741, à Athanase HUBOU; 2° m⁹ 7 janvier 1749, à Vincent BOURGOIN; s⁹ 17 janvier 1750.

1701, (4 mars) Pte-aux-Trembles, M.²
II.—BEAUCHAMP, JACQUES, [JACQUES I.
b 1678; s avant 1719.
BAZINET, Catherine. [ANTOINE I.
Jacques, b... m 8 nov. 1734, à Marguerite LABELLE, à St-François, I. J.¹—*Pierre*, b ² 7 janvier 1702.—*Marie-Joseph*, b ² 18 mai 1704.—*Anne-Catherine*, b ² 12 juin 1706 —*François-Marie*, b ² 27 juillet 1710; m 9 janvier 1736, à Marie COTINAUT, à Lachenaye.—*Marie-Anne*, b ² 7 juin 1712.—*Joseph*, b ² 7 oct. 1714; m ¹ 22 oct. 1746, à Louise TALLARD.—*Jean-Baptiste*, b ² 5

sept. 1719; m 29 oct. 1743, à Agathe TAILLON, à Terrebonne.—*Marguerite*, b... 1° m ¹ 16 janvier 1736, à Jean ROCHON; 2° m 3 juillet 1751, à François ALAIRE, à St-Vincent-de-Paul.

1701, (19 avril) Repentigny.
II.—BEAUCHAMP, JEAN, [JEAN I.
b 1675; s 14 janvier 1754, à Lachenaye.²
MULOIN, Jeanne, [JEAN I.
b 1682; s² 17 avril 1756.
Jean, b 5 février 1702, à St-François, I. J.¹; m à Marie-Joseph FILION.—*François*, b¹ 6 mai 1704; m 5 février 1731, à Isabelle DESORCY, à Sorel.—*Barthélemi*, b... m ² 21 juillet 1749, à Catherine HUBOU.—*Pierre*, b 1720; 1° m à Rose HUBOU; 2° m ² 4 juin 1753, à Agnès GRATON, s¹ 16 nov. 1770.—*Marguerite-Jeanne*, b ¹ 25 janvier 1706.—*Jacques*, b ¹ 7 avril 1708; m 1726, à Marie-Anne MAGUET. — *Marie-Madeleine*, b ¹ 18 déc. 1709, m ² 24 mai 1751, à Charles GOULET; s ² 11 dec. 1759. — *Joseph*, b ¹ 24 février 1712; m à Louise MARTEL.—*Catherine*, b ¹ 2 juin 1714; m² 2 avril 1738, à Joseph RENAULT.—*Marie-Anne*, b ¹ 22 juillet 1716; m ² 20 avril 1750, à Antoine VAUDRY.—*Jacques*, b 1720, s 26 oct. 1780, à Terrebonne.

1717, (25 nov.) Québec.¹
I.—BEAUCHAMP (1), FRANÇOIS, fils de François et de Marie Jeannes, de St-André, Angoulême.
ALARIE (2), Marie-Anne. [RENÉ I.
François-Louis, b ¹ 6 nov. 1718; m 1753, à Françoise LABERGE.—*Marie-Anne*, b 24 juin 1721, à St-Augustin², m ² 11 oct. 1745, à Pierre MERCIER.—*François*, b... —*Louis*, b 20 avril 1736, à la Pte-aux-Trembles, Q.⁵—*Charles-François*, b³ 23 janvier 1724; s ² 20 mars 1725. — *Marie-Angélique*, b ² 11 février 1726.—*Marie-Madeleine*, b² 20 mai 1728. — *Joseph-Marie*, b ² 16 avril et s ² 17 août 1731.—*Marguerite*, b ² 21 sept. 1733.

II.—BEAUCHAMP (3), NICOLAS, [NICOLAS I.
b 1693, s 20 juin 1734, à Lachenaye.⁶
LANTIER, Catherine, [JACQUES I.
b 1695, s 3 juin 1760, à St-Vincent-de-Paul.
Marie-Joseph, b... s ⁶ 6 oct. 1727.—*Madeleine*, b... m ⁶ 10 avril 1736, à Ambroise ROCHON.

1726, (29 oct.) Lachenaye.⁷
III.—BEAUCHAMP, PIERRE. [JACQUES II.
ROCHON, Geneviève, [JEAN II.
b 1704; s ⁷ 28 février 1788.
Pierre, b ⁷ 21 nov. 1727; m ⁷ 5 mai 1749, à Brigitte POULIOT.—*Marie-Geneviève*, b 6 juillet 1729, à St-François, I. J.; m ⁷ 15 sept. 1749, à Joseph ETHIER.—*Jacques*, b... 1°. m ⁷ 26 février 1753, à Louise VAUDRY; 2° m ⁷ 26 février 1766, à Marie-Charlotte LECLERC.—*Marie-Reine*, b ⁷ 20 juillet 1735; 1° m ⁷ 25 février 1754, à Louis FORGET; 2° m 18 juin 1770, à Charles ALAIN, à St-Henri-de-Mascouche⁸; s⁸ 18 mars 1772.—

---

(1) Dit Laprairie.
(2) Dit Grand Alary.
(3) Pour Bachand, vol. II, p. 94. Dit Vertefeuille.

---

(1) Dit Tourblanche.

BEA 165 BEA

Agathe, b ⁷ 13 janvier 1738.—*Marie-Joseph*, b ¹ 13 mai 1739 ; m ² 6 nov. 1757, à Jean-Baptiste ETHIER.—*Marguerite*, b 1741 ; s ⁷ 22 mars 1742. —*Marie*, b 1746 ; s ¹ 7 janvier 1747.—*Hyacinthe*, b ⁷ 24 avril 1747.—*Marie-Charlotte*, b ⁷ 15 mai 1743 ; m 5 février 1770, à Jacques VAUDRY, à Repentigny ⁹ ; s ⁹ 4 mars 1781.—*Joseph*, b...

III.—BEAUCHAMP, MICHEL,   [PIERRE II.
   b 1706.
   LADÉROUTE (1), Elisabeth,   [PIERRE II.
   b 1706.

Michel, b 14 juillet 1728, à Lachenaye ¹ ; 1º m ¹ 9 juin 1749, à Thérèse GARIÉPY, 2º m 19 juin 1770, à Angelique TRUCHON, à St-Henri-de-Mascouche. ²—*Joseph-Marie*, b ¹ 23 février 1732 ; m à Marie-Reine BOURGOUIN.—*Marie*, b 1729 ; m ¹ 10 février 1749, à Pierre TRUCHON ; s ¹ 6 avril 1737.—*Marie-Joseph*, b ¹ 18 mars et s ¹ 16 août 1737.—*Pierre*, b 17 février 1735, à St-François, I. J.—*François*, b... 1º m ² 17 nov. 1757, à Marie-Charlotte BOURGOIN ; 2º m ² 20 janvier 1772, à Marguerite TAREAU.—*Pierre*, b... m ² 21 janvier 1759, à Marie-Joseph GARIÉPY.—*Pascal*, b ¹ 9 février 1745 ; 1º m ² 18 février 1765, à Catherine RENAUD ; 2º m ² 7 oct. 1771, à Marie CROTEAU.—*Elisabeth*, b ¹ 24 février 1743 ; m ² 23 nov. 1767, à Charles ROY.—*Amable*, b ¹ 8 oct. 1740 ; s ¹ 30 mars 1750.—*Marie-Joseph*, b ¹ 22 janvier 1747.

III.—BEAUCHAMP, JACQUES,   [JEAN II.
   b 1708.
   MAGUET, Marie-Anne.   [PIERRE I.

Marie-Anne, b 30 sept. 1727, à St-François, I. J.⁸—*Jacques*, b 1728 ; s ³ 19 janvier 1729.—*Claude*, b ³ 26 février 1738.—*Marie-Joseph*, b ³ 20 avril 1739.

1728, (2 février) Lachenaye. ⁴

III.—BEAUCHAMP, PIERRE,   [PIERRE II.
   s 26 oct. 1751, à la Pte-aux-Trembles, M. ⁶
   CONTANT, Marie.   [ETIENNE II.

Marie, b ¹ 26 oct. 1728 ; s 20 janvier 1729, à St-François, I. J.⁵—*Pascal*, b ⁵ 3 février 1730 ; m ⁶ 22 janvier 1759, à Joseph LOISEL.—*Pierre-Amable*, b ⁵ 25 février 1732 ; m ⁶ 5 février 1759, à Marie-Joseph BAUDRY.—*Marie-Agathe*, b ⁵ 13 et s ⁵ 16 février 1734.—*Marie-Anne*. b ⁵ 26 mai 1735.—*Marie-Louise*, b ⁵ 9 mai 1737 ; m ⁶ 15 janvier 1759, à Jean-Baptiste GA.—*Jacques*, b... m 11 février 1765, à Angelique LIMOGES, à Terrebonne.

1728.

III.—BEAUCHAMP, JEAN,   [JEAN II.
   s 7 juillet 1753, à Lachenaye. ³
   FILION, Marie-Joseph,   [ANTOINE II.
   b 1712.

Flavie, b ³ 27 février 1729 ; m ³ 7 février 1752, à Jean-Baptiste VAUDRY, s ⁸ 18 janvier 1753.—*Joseph*, b ⁸ 29 janvier 1731.—*Joseph*, b ¹ 12 avril 1732 ; m à Madeleine ST-JEAN.—*Augustin*, b ³ 15 février 1734.—*Marie-Angélique*, b ³ 16 mars 1737.—*Marie-Françoise*, b ³ 22 février 1739 ; m ³ 6 oct. 1760, à Etienne VARY.—*François*, b... m 1er mars 1756, à Agathe MARIÉ, à Terrebonne.

(1) Dit Séguin.

—*Michel*, b ³ 8 et s ³ 23 janvier 1741.—*Jacques*, b ³ 26 juillet 1742.—*Jean*, b... m ³ 10 nov. 1749, à Marie-Anne DUQUET.—*Marie-Joseph*, b... m ⁸ 25 février 1754, à Augustin ROCHON.—*Pierre*, b 1737 ; s ⁸ 28 avril 1760.

1730, (9 janvier) Lachenaye. ⁵

III.—BEAUCHAMP, JOSEPH.   [PIERRE II.
   1º VAILLANCOUR, Marguerite.   [JOSEPH II.

Marie-Agathe, b ⁵ 19 février 1734 ; m 22 nov. 1751, à Joseph ROCHERON, à St-Henri-de-Mascouche. ⁶—*Marie-Madeleine*, b ⁵ 8 sept. 1735 ; m ⁶ 1er février 1751, à Jacques TERRIEN.—*Joseph*, b 1731 ; m 12 janvier 1756, à Marie-Angélique BOUTIN, à Montréal.—*Marie-Marguerite*, b ⁵ 23 février 1743 ; m ⁶ 13 janvier 1766, à Charles LECLERC.—*Marie-Joseph*, b ⁵ 6 août 1738 ; 1º m ⁶ 10 janvier 1757, à François ASSELIN ; 2º m ⁶ 11 janvier 1768, à Joseph CODERRE.—*Monique*, b... m ⁶ 3 juillet 1758, à Michel CHALIFOUR.—*Marie-Françoise*, b ⁶ 17 mai 1741 ; m ⁶ 20 oct. 1760, à Louis BASILIÈRES.—*Marie-Thérèse*, b... m ⁵ 22 février 1762, à Pierre ALAIRE.—*Michel*, b ⁵ 5 nov. 1746.—*Marie-Madeleine*, b ⁵ 13 mars 1751.—*Jean-Baptiste*, b... 1º m à Marie-Charlotte ROCHON ; 2º m ⁶ 28 janvier 1765, à Agathe RENAUD.

1754.

2º ROCHON, Marie-Marguerite.   [FRANÇOIS II.

Marie-Joseph, b ⁵ 8 avril 1755 ; m ⁵ 6 février 1775, à Louis GRATON.—*Joseph*, b 28 nov. 1756, à Terrebonne.—*Pierre*, b ⁵ 20' sept. 1759 ; m ⁵ 4 avril 1785, à Marie-Julie VAILLANCOUR.

1731, (5 février) Sorel.

III.—BEAUCHAMP, FRANÇOIS,   [JEAN II.
   b 1704 ; s 27 oct. 1756, à l'Ile-Dupas.
   DESORCY, Frse-Isabelle (1),   [MICHEL II.
   b 1705.

1731, (13 août) Lachenaye. ¹

III.—BEAUCHAMP, JEAN,   [PIERRE II.
   b 1712 ; s 19 déc. 1769, à St-Henri-de-Mascouche. ²
   SÉGUIN, Geneviève,   [PIERRE II.
   b 1707 ; s² 17 oct. 1771.

Jean-Marie, b 3 mai 1732, à Terrebonne⁸ ; m ² 27 avril 1756, à Marie-Agathe JANARD.—*François*, b... m ² 24 oct. 1757, à Marie-Joseph COLIN.—*Joseph-Marie*, b ¹ 1er juillet 1733 ; m 1766, à Marie-Charlotte JANOTTE.—*Marie-Françoise*, b ³ 29 sept. 1734.—*François-Marie*, b ³ 14 mars 1736.—*Marie-Geneviève*, b ¹ 11 mai 1738.—*Antoine*, b ¹ 14 oct. 1739.—*Basile*, b ¹ 17 mars 1741, 1º m à Catherine LABRÈCHE ; 2º m...—*Marie-Angélique*, b ¹ 20 juin 1743 ; m ² 1er février 1762, à Jean-Etienne ALAIRE.—*Marie-Rose*, b ¹ 2 août 1745 ; s ¹ 3 août 1749.—*Rose*, b... m ² 7 janvier 1765, à Antoine CUSSON.—*Michel*, b ¹ 6 mars 1747 ; m ² 11 avril 1768, à Geneviève ST-LAURENT.—*Jacques*, b ¹ 28 sept. 1749, 1º m ² 30 janvier 1769, à Marie-Anne BROUSSEAU ; 2º m ² 20 janvier 1772, à Marie-Marguerite TERRIEN.—*Marie-Marguerite*, b ² 8 sept. 1751.

(1) Elle épouse, le 19 février 1759, Jacques Denis, à l'Ile-Dupas.

III.—BEAUCHAMP, Joseph, [Jean II.
b 1711; s 9 janvier 1750, à Lachenaye.⁴
Martel, Catherine-Louise, [Etienne-Jos I.
b 1707.
Marie-Louise, b ⁴ 17 mars et s ⁴ 24 juillet 1736.
—*Marie-Louise*, b ⁴ 4 nov. 1737; s ⁴ 18 août 1746.
—*Joseph*, b ⁴ 21 juin 1739; m 19 oct. 1761, à Marie Girard, à Varennes.—*Marie-Joseph*, b ⁴ 2 juillet 1745.

BEAUCHAMP.
Rigealle (1), Thérèse, [Jean I.
b 1704; s 29 sept. 1784, à Repentigny.

1734, (8 nov.) St-François, I. J. ⁶
III.—BEAUCHAMP, Jacques. [Jacques II
Labelle, Marguerite. [Joseph II.
Jacques, b ⁶ 31 janvier 1736.—*Marie-Marguerite*, b ⁶ 25 nov. 1737.— *Louis*, b ⁶ 22 juin 1739.
—*Jean-Baptiste*, b 23 août 1741, à Terrebonne.⁷
—*Marie-Joseph*, b ⁷ 11 déc. 1743.—*Marie-Charlotte*, b ⁷ 25 avril et s ⁷ 31 août 1745.—*Marie-Anne*, b ⁷ 3 août et s ⁷ 2 sept. 1748.—*Louis*, b 1739, s ⁷ 29 mars 1746.

1736, (9 janvier) Lachenaye.⁸
III.—BEAUCHAMP, François. [Jacques II.
Cotinaut (2), Marie, [Jean II.
b 1710; s ³ 9 nov. 1737.
Jean-Baptiste, b ³ 28 mai et s ³ 23 août 1737.

1736, (22 oct.) St-François, I. J.
III.—BEAUCHAMP, Joseph. [Jacques II.
Tallard, Louise. [Richard I.
Marie-Joseph, b 31 oct. 1737, à Lachenaye.

1739, (9 février) Lachenaye.³
III.—BEAUCHAMP, François, [Pierre II.
b 1714, s 5 mars 1764, à Terrebonne.⁴
1º Vaillancour, Marie-Joseph, [Joseph II.
b 1719; s ³ 14 juin 1753.
Marie-Joseph, b ³ 11 nov. 1739; m ³ 14 oct. 1754, à François Bourgoin.—*Joseph*, b ³ 4 janvier 1741. — *Jean-Marie*, b ³ 4 janvier et s ³ 10 mars 1741.— *Marie-Suzanne*, b ³ 16 déc. 1741.—*Marie-Catherine*, b ³ 13 avril 1745.— *Joseph*, b ³ 8 juillet 1746.—*Anonyme*, b ³ et s ³ 16 nov. 1748.
—*Joseph*, b ³ 9 et s ³ 16 avril 1752.—*Marie-Marguerite*, b ³ 2 et s ³ 3 juin 1753.—*François*, b...
1º m 1ᵉʳ août 1764, à Marie-Françoise Bourgoin, à St-Henri-de-Mascouche⁴; 2º m ⁴ 25 janvier 1773, à Geneviève Alaire.— *Jean-Baptiste*, b ³ 12 janvier 1748; m ⁴ 3 février 1766, à Catherine Asselin.—*Marie-Anne*, b ³ 12 janvier 1748.
1754, (25 nov.) ⁴
2º Touin, Marie-Louise (3), [Roch II.
Marie-Joseph, b ⁴ 15 juin 1755.—*Antoine*, b ⁴ 3 juillet 1756; s ⁴ 7 juin 1757.—*François*, b ⁴ 17 déc. 1757; s ⁴ 23 août 1758.—*Marie-Louise*, b ⁴ 10 février 1759. — *Marie-Agathe*, b ⁴ 4 oct. 1760.
—*Joseph*, b... m ⁴ 8 janvier 1776, à Marie-Anne Maisonneuve.

(1) Et Regas.
(2) Dit Laurier.
(3) Elle épouse, le 5 août 1765, Jérôme Bardol, à Terrebonne.

1740, (24 oct.) Lachenaye.⁶
III.—BEAUCHAMP (1), Pierre, [Pierre II.
s ⁶ 29 mars 1777.
Séguin, Veronique. [Pierre II.
Pierre, b ⁶ 27 sept. 1741; m 17 janvier 1763, à Marie-Catherine Léveillée, à St-Henri-de-Mascouche. ⁷—*Marie-Véronique*, b ⁶ 31 mars 1745; m ⁶ 23 février 1767, à Pierre Bourgoin.—
Marie-Brigitte, b ⁶ 12 mai 1753.—*Françoise*, b ⁷ 30 mai 1751.—*Elisabeth*, b ⁷ 16 août 1758.—*Hélène*, b ⁷ 16 février 1760. — *Marie-Joseph*, b... m ⁷ 8 nov. 1762, à Jean-Baptiste Ethier.

BEAUCHAMP, Marguerite, b... s 21 mai 1756, à Ste-Rose.

III.—BEAUCHAMP, Pierre, [Jean II.
b 1720; s 16 nov. 1770, à Lachenaye. ⁶
1º Hudou, Rose, [Augustin II.
b 1723; s ⁶ 18 sept. 1752.
Pierre, b ⁶ 18 oct. et s ⁶ 1ᵉʳ nov. 1743.—*Pierre*, b ⁶ 19 sept. 1744; s 6 janvier 1782, à Terrebonne.
—*Joseph-Marie*, b ⁶ 28 avril et s ⁶ 13 juin 1749.—
Marie-Rose, b... m ⁶ 14 oct. 1765, à Pierre Maillou.
1753, (4 juin). ⁶
2º Graton, Agnès (2). [Louis III.
Agnès, b ⁶ 29 nov. 1754; m ⁶ 15 février 1773, à Laurent Lessard. — *Jean-Baptiste*, b ⁶ 10 oct. 1756.

1743, (25 février) Lavaltrie.
III.—BEAUCHAMP, Louis, [Pierre II.
b 1718.
Robillard, Marie-Joseph. [Pierre II.

BEAUCHAMP, Jean, b 1746; s 27 juillet 1761, à St-Henri-de-Mascouche.

1743, (29 oct.) Terrebonne.
III.—BEAUCHAMP, Jean-Bte. [Jacques II.
Taillon, Agathe, [Jean III.
b 1728; s avant 1772.
Marie-Louise, b 17 nov. 1747, à Lachenaye⁷; m 20 janvier 1772, à Jean-Baptiste Terrien, à St-Henri-de-Mascouche.—*Charles*, b ⁷ 7 mars 1757.

1749, (5 mai) Lachenaye. ⁸
IV.—BEAUCHAMP, Pierre. [Pierre III.
Pouliot, Brigitte, [André II.
b 1721.
Pascal, b ⁸ 28 mars 1750.—*Brigitte*, b ⁸ 10 déc. 1751.—*Michel*, b ⁸ 20 avril et s ⁸ 4 mai 1753.
—*Pierre*, b 30 avril 1755, à St-Henri-de-Mascouche.⁴— *Pierre*, b ⁴ 25 avril 1756.—*Joseph*, b ⁴ 10 sept. 1758.—*François*, b ⁸ 5 sept. 1760, s ⁴ 12 février 1762.—*Louis*, b ⁸ 5 sept. 1760.

1749, (9 juin) Lachenaye. ⁹
IV.—BEAUCHAMP, Michel. [Michel III.
1º Gariépy, Françoise-Thérèse, [Jean-Bte III.
b 1730; s 25 janvier 1764, à St-Henri-de-Mascouche.¹

(1) Dit Laqualité.
(2) Elle épouse, le 26 sept. 1773, Roch Thouin, à Lachenaye.

BEA 167 BEA

Michel, b ⁹ 6 mars 1753.—Jean-Baptiste, b ¹ 25 août 1751.—Marie-Marguerite, b ¹ 1ᵉʳ avril 1756; s ¹ 27 déc. 1758.—Joseph-Marie, b ¹ 11 oct. 1758. —Marie-Elisabeth, b ² 20 sept. 1760; s ¹ 13 février 1762.—Thérèse, b ⁹ 2 mai 1750; m ¹ 4 nov. 1766, à Hyacinthe DUPRAT.
    1770, (19 juin). ²
2° TRUCHON, Angélique,   [PIERRE II.
 veuve de Claude Cousin.

   1749, (21 juillet) Lachenaye. ²
III.—BEAUCHAMP, BARTHÉLEMI. [JEAN II.
 HUBOU, Catherine.   [ATHANASE III.
Marie-Catherine, b ² 1ᵉʳ juin 1752; m ² 11 oct. 1779, à Pierre LAPRAIRIE.—Barthelemi, b ² 3 déc. 1753.—Pierre, b ² 30 juin 1758.—Marie-Catherine, b ² 21 août 1759.—Jean-Baptiste, b ² 19 juin 1764. —Marie-Judith, b ² 6 déc. 1766.

   1749, (10 nov.) Lachenaye. ³
IV.—BEAUCHAMP, JEAN,   [JEAN III.
 s avant 1776.
 DUQUET, Marie-Anne (1),   [ANTOINE III.
 s avant 1776.
Joseph-Marie, b ³ 19 mai 1752.—Pierre, b ³ et s ³ 2 avril 1753.—Jean-Marie, b 5 oct. 1753, à Ste-Rose ⁴; m 12 août 1776, à Marie VILLENEUVE, à Terrebonne. ⁵— Louis-Joseph, b ⁴ 11 déc. 1754; m 1774, à Marie-Charlotte MAURICEAU.— Marie-Catherine, b ⁴ 6 août 1756.— Thérèse, b ⁴ 11 août 1758.—Nicolas, b ⁴ 17 août 1762.—Jean, b ⁵ 21 nov. 1760.—Thérèse, b... m ⁵ 21 avril 1777, à Antoine DUBOIS.

   1753, (26 février) Lachenaye. ¹
IV.—BEAUCHAMP, JACQUES. [PIERRE III.
1° VAUDRY, Marie-Louise, [JACQUES III.
 b 1736; s 23 février 1762, à St-Henri-de-Mascouche. ³
Marie-Amable, b ² 9 mars et s ² 20 août 1756 —Marie-Archange, b ² 12 août 1757; s ² 28 janvier 1759.—Marie-Louise, b ² 29 janvier et s ² 22 juin 1759.—Marie-Louise, b ² 26 sept. et s ² 29 oct. 1761.—Marie-Louise, b... m ¹ 22 août 1774, à Zacharie TURGEON.
   1766, (8 avril). ¹
2° LECLERC, Marie-Charl. [PRISQUE-PIERRE III.
Jacques, b ¹ 22 juillet 1767.—Marie-Charlotte, b ¹ 16 avril 1770; s ¹ 1ᵉʳ janvier 1772.—Marie-Charlotte, b ¹ 28 juin 1772 —Marie-Archange, b ¹ 2 mai 1774.—Marie-Ursule, b ¹ 2 mai 1774; s ¹ 28 août 1776.—Marie-Anne, b ¹ 10 juillet 1776.— Marie-Louise, b ¹ 21 juin 1780.—Marie-Angélique, b ¹ 26 avril 1783.—Joseph, b ¹ 1779, s ¹ 22 mars 1787 (subite).

IV.—BEAUCHAMP, JOSEPH.   [JEAN III.
 LAPERCHE (2), Madeleine, [PIERRE II.
 b 1730; s 19 avril 1757, à St-Henri-de-Mascouche. ⁵
Marie-Madeleine, b ⁵ 22 avril 1756; m ⁵ 2 mars 1772, à Joseph MARTEAU.—Jean-Marie, b... m ⁵ 7 février 1774, à Marie-Louise SOUCY.—Joseph-Marie, b 28 juillet 1753, à Lachenaye.

(1) Elle épouse, le 26 nov. 1764, Pierre Paquet, à Ste-Rose.
(2) Dit St-Jean.

   1756, (12 janvier) Montréal.
IV.—BEAUCHAMP, JOSEPH.   [JOSEPH III.
 BOUTIN (1), Marie-Angélique, [JOSEPH-ET. II.
 s 31 mai 1769, à St-Henri-de-Mascouche. ⁶
Joseph-Marie, b ⁶ 1ᵉʳ et s ⁶ 5 janvier 1757.— Marie-Angélique, b ⁶ 5 mars 1759.—Henri-Marie, b ⁶ 27 oct. 1760.—Jean-Baptiste, b 26 mai 1769, à Lachenaye.

IV.—BEAUCHAMP, JOSEPH.   [MICHEL III.
 BOURGOIN, Reine.   [JEAN III.
Joseph-Marie, b 6 juin 1757, à St-Henri-de-Mascouche ⁷, s⁷ 23 déc 1758 —Marie-Reine, b ⁷ ⁷ et s ⁷ 12 juillet 1761.—Marie-Charlotte, b 28 oct. 1765, à Lachenaye. ⁸— Jean-Baptiste, b ⁸ 18 février 1769.— Charles, b ⁸ 17 mars 1777.— Marie-Reine, b ⁷ et s ⁷ 27 juin 1771.

   1756, (1ᵉʳ mars) Terrebonne.
IV.—BEAUCHAMP, FRANÇOIS. [JEAN III.
 LEMARIÉ, Agathe,   [PIERRE II.
François, b 22 déc. 1757, à Ste-Rose. ⁹— Agathe, b ⁹ 14 juillet et s ⁹ 10 sept. 1759.—Marie-Agathe, b ⁹ 1ᵉʳ janvier et ⁹ 27 février 1761.— Pierre, b ⁹ 29 mars 1762.

   1756, (27 avril) St-Henri-de-Mascouche. ⁸
IV.—BEAUCHAMP, JEAN-MARIE, [JEAN-BTE III.
 b 1732.
 JANARD, Marie-Agathe,   [JOSEPH I.
 b 1740.
Marie-Marie, b ⁸ 13 et s ⁸ 18 février 1757.— Jean-Marie, b ⁸ 27 mai et s ⁸ 9 août 1760.—Jean-Marie, b ⁸ 10 juin 1761.—Joseph-Marie, b 20 oct. 1766, à Lachenaye. ⁴—Amable, b... m⁴ 13 janvier 1783, à Marie-Charlotte GUILBAUT.

     1756.
IV.—BEAUCHAMP, JEAN-BTE. [JOSEPH III.
1° ROCHON, Marie-Charlotte, [FRANÇOIS II.
 b 1735; s 3 oct. 1764, à St-Henri-de-Mascouche. ⁹
Marie-Charlotte, b ⁹ 2 sept. 1757.—Judith, b ⁹ 13 juillet 1759.—Marie-Charlotte, b ⁹ 19 février 1761.
   1765, (28 janvier). ⁹
2° RENAUD, Agathe,   [MICHEL III.
 b 1732.
Jean-Baptiste, b 30 juin 1769, à Lachenaye.

   1757, (24 oct.) St-Henri-de-Mascouche.
IV.—BEAUCHAMP, FRANÇOIS. [JEAN III.
 COLIN, Marie-Joseph,   [PIERRE III.
 b 1741.
Marie-Geneviève, b 17 juillet 1769, à Lachenaye.

   1757, (17 nov.) St-Henri-de-Mascouche. ⁹
IV.—BEAUCHAMP, FRANÇOIS. [MICHEL III.
1° BOURGOIN, Marie-Charlotte, [JEAN-BTE III.
 s ⁹ 26 juillet 1770.
Marie, b ⁹ 15 août 1758. — François, b ⁹ 12 août 1760.
   1772, (20 janvier). ⁹
2° TAREAU, Marguerite.   [LOUIS.

(1) Dit Dubord.

1759, (21 janvier) St-Henri-de-Mascouche.⁹
IV.—BEAUCHAMP, Pierre. [Michel III.
Gariépy, Marie-Joseph, [Jean-Bte III.
b 1741; s avant 1788.
Marie-Joseph, b⁹ 31 oct. 1759.—*Marie-Elisabeth,* b⁹ 28 oct et s⁹ 24 nov. 1760.—*Marguerite,* b... m 4 oct. 1790, à Jean Gariépy, à Lachenaye.⁶—*Pierre,* b⁶ 22 sept. 1766.—*Judith,* b... m 13 oct. 1788, à Pierre Dufaux, à Repentigny.

1759, (22 janvier) Pte-aux-Trembles, M.
IV.—BEAUCHAMP, Pascal. [Pierre III
Loisel, Marie-Joseph. [Joseph III

1759, (5 février) Pte-aux-Trembles, M.
IV.—BEAUCHAMP, Pierre. [Pierre III
Baudry, Marie-Joseph, [Antoine III
b 1737.
Pierre, b 21 déc. 1768, à la Longue-Pointe.

1761, (19 oct.) Varennes.
IV.—BEAUCHAMP, Joseph, [Joseph III.
Girard, Marie. [Pierre II.

1753.
II.—BEAUCHAMP, Frs-Louis, [François I.
b 1718.
Laberge, Françoise, [Pierre II.
b 1727.
Marie-Charlotte, b 8 nov. 1762, à la Pte-aux-Trembles, Q.¹—*Louis,* b¹ 6 avril 1767.—*Jean,* b 1754; s 22 oct. 1755, à St-Augustin.²—*Angélique,* b 1757; s² 13 mai 1761.—*Augustin,* b² 22 juillet 1758.—*Un fils,* b⁹ et s² 7 juin 1761.

BEAUCHAMP, Michel.
Aubé, Marie-Charlotte, [Jean-Charles IV.
b 1739.
Marie-Anne, b 10 août 1762, à Lachenaye.

1763, (17 janvier) St-Henri-de-Mascouche.
IV.—BEAUCHAMP, Pierre. [Pierre III.
Léveillée, Marie-Catherine. [Pierre III.

1764, (1ᵉʳ août) St-Henri-de-Mascouche.⁶
IV.—BEAUCHAMP, François. [François III.
1° Bourgoin, Marie-Françoise, [Jean-Bte III.
b 1747; s⁶ 27 juillet 1769.
1773, (25 janvier).⁶
2° Alaire, Geneviève. [Joseph III.

BEAUCHAMP, Joseph.
Dubreuil, Agathe, [André II.
b 1734, veuve d'Antoine Alinaud.

1765, (11 février) Terrebonne.
IV.—BEAUCHAMP, Jacques, [Pierre III.
s avant 1794.
Limoges, Angelique, [Pierre II.
b 1744.
Jean-Baptiste, b... m 24 février 1794, à Marie-Amable Bricaut, à Repentigny. — *Marie,* b... m à Jacques Moisan.

1765, (18 février) St-Henri-de-Mascouche.⁷
IV.—BEAUCHAMP, Pascal. [Michel III.
1° Renaud, Catherine, [François III.
b 1734; s⁷ 27 mars 1771.
1771, (7 oct.)⁷
2° Croteau, Marie, [Bernard III.
veuve de Jean-Baptiste Hubout.

IV.—BEAUCHAMP, Basile, [Jean III.
b 1741; s 14 juin 1772, à St-Henri-de-Mascouche.⁶
1° Labrèche, Catherine,
b 1741; s⁶ 24 dec. 1766.
1767, (25 mai).⁶
2° Charpentier, Rose (1). [Gabriel II.

1766, (3 février) St-Henri-de-Mascouche.
IV.—BEAUCHAMP, Jean-Bte. [François III
Asselin, Catherine, [Augustin III.
b 1745; veuve de Jean-Baptiste Bourgoin.
Jean-Marie, b 15 oct. 1766, à Lachenaye.¹—*Marie-Louise,* b¹ 13 juin 1767.

1766.
IV.—BEAUCHAMP, Joseph-Marie, [Jean III.
b 1733; s 5 oct. 1789 (subite), à Repentigny⁷
Janotte (2), Marie-Charlotte. [François III.
Marie-Charlotte, b⁷ 12 juillet 1767.—*Michel,* b⁷ 17 mars 1769; m⁷ 27 oct. 1788, à Madeleine Gagné.—*André,* b⁷ 23 mai et s⁷ 28 nov. 1771.—*Marie-Rose,* b⁷ 11 sept. 1772.—*Marie-Catherine,* b⁷ 20 mai et s⁷ 27 juillet 1774.

1768, (11 avril) St-Henri-de-Mascouche.⁸
IV.—BEAUCHAMP, Michel. [Jean III.
St-Laurent, Geneviève, [Louis III.
s⁸ 12 janvier 1773.
Michel, b 27 mars 1769, à Lachenaye.

1769, (30 janvier) St-Henri-de-Mascouche.⁹
IV.—BEAUCHAMP, Jacques. [Jean III.
1° Brousseau, Marie-Anne, [Joseph III.
s⁹ 31 août 1771.
1772, (20 janvier).⁹
2° Terrien, Marie-Marguerite. [Jean-Bte IV.
Antoine, b 19 février 1777, à Lachenaye.

1774, (7 février) St-Henri-de-Mascouche.
V.—BEAUCHAMP, Jean-Marie. [Joseph IV.
Soucy, Marie-Louise. [Louis IV.

1774.
V.—BEAUCHAMP, Joseph, [Jean IV.
b 1754.
Mauriceau, Marie-Charlotte.
Françoise, b 18 août 1775, à Repentigny.

1776, (8 janvier) Terrebonne.
IV.—BEAUCHAMP, Joseph. [François III.
Maisonneuve, Marie-Anne. [Prisque II.

---
(1) Elle épouse, le 17 janvier 1774, Joseph Desjardins, à St-Henri-de-Mascouche.
(2) Dit Lachapelle.

1776, (12 août) Terrebonne.
V.—BEAUCHAMP, Jean, [Jean IV.
b 1753.
Villeneuve, Marie. [Joseph III.

1783, (13 janvier) Lachenaye.
V.—BEAUCHAMP, Amable. [Jean-Marie IV.
Guilbaut, Marie-Charlotte. [Louis.

1785, (4 avril) Lachenaye.⁵
IV.—BEAUCHAMP, Pierre. [Joseph III.
Vaillancour, Marie-Julie. [François III.
Marie-Joseph, b ⁵ 21 nov. 1786.

BEAUCHAMP, Pierre.
Bourgoin, Marie-Anne.
Marie-Rose, b 20 août 1788, à Lachenaye.

1788, (27 oct.) Repentigny.⁶
V.—BEAUCHAMP, Michel. [Joseph IV.
Gagné, Madeleine. [Pierre
Marie-Rose, b ⁶ 8 février 1793.—*Joseph,* b ⁶ 24 oct. 1794.

BEAUCHAMP, Pascal.
Millasse, Marie.
Charles-Amable, b 12 mars 1789, à Lachenaye.

BEAUCHAMP, Michel.
Biscomte, Marie.
Joseph-Marie, b 12 mai 1790, à Lachenaye.

1794, (24 février) Repentigny.
V.—BEAUCHAMP, Jean-Bte. [Jacques IV.
Bricaut, Marie-Amable, [Pierre III.
b 1769.

BEAUCHANGE.—Voy. Bossange.

BEAUCHEMIN—*Variations et surnoms:* Petit-Hus—Millet—Pinard—Rèche—Fleurant.

BEAUCHEMIN, Marie, épouse de Joseph Léonard.

BEAUCHEMIN, Marie-Joseph, épouse de Joseph Manseau.

BEAUCHEMIN.
Rouzeau, Thérèse,
b 1724; s 19 janvier 1761, à Verchères.

III.—BEAUCHEMIN (1), Antoine. [Nicolas II.
LaVallée, Joseph.
Joseph, b... m 28 juin 1797, à Angélique LaBussière à St-Charles, Mo.

BEAUCHÊNE.—Voy. Bourbeau.

BEAUCHESNE.—Voy. Racine, 1715.

BEAUCHÊNE, Louise, b 1730; m à Jean-Baptiste Grégoire; s 13 mai 1760, à Charlesbourg.

(1) Voy. Petit.

I.—BEAUCIN, Michel, capitaine de milice, b 1728; s 27 janvier 1779, à Lachenaye (subite).

I.—BEAUCLAIR (1).

BEAUCOURT (De).—Voy. Aubert.

BEAUCOUR.—Voy. Mallepart de Grandmaison—Rivard-Laglauderie.

I.—BEAUCOUR, Anne, épouse de Daniel Laforge.

I.—BEAUCOUR, Paul,
peintre, b 1700; s 16 juillet 1756, à Québec.⁴
Grenier, Marguerite (2). [Louis I.
Marie-Charlotte, b ⁴ 11 nov. 1747; s ⁴ 19 mai 1748.—*Joseph,* b ⁴ 5 nov. 1749; s ⁴ 13 janvier 1751.—*Marie-Charles,* b 1748; s ⁴ 19 août 1750.—*Marie-Françoise,* b ⁴ 30 sept. et s ⁴ 15 oct. 1751.—*Marie-Marguerite,* b ⁴ 14 et s ⁴ 16 nov. 1753.—*François,* b 25 février 1740, à Laprairie.

I.—BEAUDEAU, Françoise, b... m avant 1644, en France, à Jacques Philibot.

1729.
I.—BEAUDENESSE (3), Jean.
Hestue, Marie-Rose.
Marie-Joseph, b 10 juin 1730, au Cap-Santé.

BEAUDOIN.—Voy. Baudoin—Bodin.

BEAUFILS.—Voy. Lebeau.

BEAUFLEURY.—Voy. Soulier.

BEAUFORT. — *Variations et surnoms:* Journeau — Joneau—Brunel—Limousin.

BEAUFORT, Marguerite, épouse de Joseph Bigot.

BEAUFORT, Marie-Joseph, épouse de Joseph Carpentier.

BEAUFORT, Marguerite, b... 1º m à Joseph Vien; 2º m à Joseph Courville.

I.—BEAUFORT (4), Jacques.
Duval, Marie-Madeleine,
b 1671; s 24 sept. 1756, à Québec.⁵
Marie-Anne, b... m ⁵ 17 nov. 1724, à Vincent Beauval.—*Catherine-Chrétienne,* b 19 sept. 1716, à la Pte-aux-Trembles, Q.⁶; m ⁵ 4 février 1739, à Charles Venelle, s ⁵ 15 sept. 1743.—*Geneviève,* b ⁵ 17 juin 1718; m ⁵ 8 janvier 1748, à Gabriel Atina. — *Marie-Angélique,* b ⁶ 12 nov. 1714; m ⁵ 9 nov. 1756, à Jean Berger.—*Marie-Madeleine,* b ⁶ 30 mars 1723.—*Marie-Louise,* b ⁵ 3 oct. 1722; s ⁵ 25 mai 1746.

(1) Capitaine du régiment de Lazard, faisant route pour Montréal Il était le 28 juin 1756, à la Pte-aux-Trembles, Q.
(2) Elle épouse, le 7 février 1757, Lacellain Romaín, à Québec.
(3) Dit St-Jean, meunier.
(4) Dit Joneau.

BEAUFORT, Marguerite, b 1730; s 17 mai 1772, à l'Ile-Dupas.

BEAUFORT, Marie-Joseph, épouse de Joseph Hayot.

BEAUFORT, Marie-Charlotte, b 1685; m à Noël Houde; s 8 déc. 1753, à Ste-Croix.

BEAUFORT, Catherine, b... 1° m à Guillaume Langlois ; 2° m à Mathieu Morin.

II.—BEAUFORT, Pierre,
s avant 1760.
Houle, Marie,
s avant 1760.
Joseph, b... m 11 février 1760, à Marie-Joseph Cottenoire, à l'Ile-Dupas.

II.—BEAUFORT, Pierre,
s avant 1764.
Lecuyer, Marie-Joseph.
Françoise, b... m 1er mai 1764, à Valentin Maillot, à St-Jean-Deschaillons.

II.—BEAUFORT (1), Joseph   [Jean I.
Dubois, Marie-Joseph.
Pierre, b... m 19 avril 1762, à Marguerite D'Albert, à Batiscan.

BEAUFORT, Joseph.
DeRainville, Marie-Joseph.
Marie-Joseph, b 24 déc. 1760, à l'Ile-Dupas.

1760, (11 février) Ile-Dupas. [5]
III.—BEAUFORT, Joseph.   [Pierre II.
Cottenoire (2), Marie-Joseph,   [Antoine II.
b 1727.
Marie-Joseph, b [5] 31 oct 1761; s [5] 3 mars 1763. —*Geneviève*, b [5] 3 sept. 1763.—*Marie-Joseph*, b [5] 1er oct. 1764. — *Thérèse*, b [5] 30 mars 1766.—*Françoise*, b [5] 15 oct. 1767.—*Joseph*, b [5] 30 nov. et s [5] 7 déc. 1768.—*Marie-Charlotte*, b [5] 5 mars 1770. — *Alexis*, b [5] 25 janvier 1772. — *Joseph*, b [5] 3 août 1773; s [5] 20 août 1777.—*Marie-Elisabeth*, b [5] 23 juin et s [5] 14 juillet 1775.

1762, (19 avril) Batiscan. [6]
III.—BEAUFORT (1), Pierre.   [Joseph II.
D'Albert (3), Marguerite,   [Toussaint I.
b 1743.
Alexis, b [6] 11 avril 1779.— *Hyacinthe*, b [6] 10 mai 1781. — *Marie-Thérèse*, b [6] 7 nov. 1783. — *Rosalie*, b [6] 21 déc. 1786.—*Joseph*, b [6] 24 janvier 1770.—*Marie-Joseph*, b... m [6] 8 oct. 1792, à David LeBlanc,

BEAUFORT (1), Pierre.
...... Rose
Pierre, b 13 oct. 1791, à Batiscan.

---

(1) Dit Brunel.
(2) Dit Preville.
(3) De St-Agnan.

I.—BEAUFRÈRE, Thérèse, b 1726 (Sœur Grise); s 30 avril 1769, à l'Hôpital-Général, M.

BEAUGI.—Voy. Voisin.

BEAUGRAND.—*Variations et surnoms :* Bouqueran — Bougrand — Champagne et Bouguerats.

BEAUGRAND, Madeleine, épouse de Louis Cottenoire.

BEAUGRAND, Marie-Joseph, épouse de Michel Gélina.

BEAUGRAND, Catherine, épouse de Joseph Marquet-Perigord.

BEAUGRAND, Marie-Anne, épouse de Michel Frapier.

BEAUGRAND (1), Marie-Antoinette, b 1725; m à Jacques Vandal ; s 25 nov. 1755, à Sorel.

1668.
I.—BEAUGRAND (1), Jean,
s 5 déc. 1699, à Sorel.
Samson (2), Marguerite,
b 1649; s 24 juillet 1721, à l'Ile-Dupas.[1]
Jean, b 1672; 1°m 1697, à Françoise Guignard; 2° m [1] 1er février 1717, à Catherine Horé.

1697.
II.—BEAUGRAND (1), Jean,   [Jean I.
b 1672.
1° Guignard, Françoise,   [Pierre I.
s 12 août 1715, à Sorel.[2]
Marie-Anne, b [2] 7 janvier 1698.—*Antoine*, b [1] 6 juin 1700; m à Marie-Joseph Cottu.—*Pierre*, b [1] 7 août 1704, à l'Ile-Dupas [3]; m [3] 5 juin 1732, à Marie-Joseph Dutaut.—*Geneviève*, b [2] 23 août 1711.—*Jean-Louis*, b [2] 3 sept. 1713.
1717, (1er février). [3]
2° Horé (3), Catherine.
Marie-Thérèse, b [2] 6 mai et s [2] 25 juin 1719.

III.—BEAUGRAND (1), Antoine.   [Jean II
Cottu (4), Marie-Joseph,
s avant 1755.
Antoine, b... m 18 oct. 1749, à Geneviève Dubord, à Lavaltrie. [4]—*Marie-Amable*, b [4] 29 avril 1733.— *Marie-Catherine*, b... m 18 août 1755, à Joseph Chevalier, à Lanoraie. [5]— *François*, b... m [5] 31 mars 1761, à Marie Jubinville

1732, (5 juin) Ile-Dupas.
III.—BEAUGRAND, Pierre-Simon,   [Jean II.
b 1704.
Dutaut, Marie-Joseph.   [Louis II.

---

(1) Dit Champagne.
(2) Dit Pénisson.
(3) Et Auré.
(4) Et Coutu.

1761, (31 mars) Lanoraie.
IV.—BEAUGRAND, François.   [Antoine III.
Jubinville, Marie.   [Michel II.

BEAUGRAND, Antoine.
Plouf, Marguerite.
Marie-Madeleine, b 3 sept. 1749, à Lavaltrie.—
Anonyme, b et s 27 juin 1752, à Lanoraie.⁹—
Marie-Joseph, b ⁶ 8 juillet 1753.—*Charles,* b ⁶ 7 mai 1758.

1749, (18 oct) Lavaltrie.
IV.—BEAUGRAND, Antoine.   [Antoine III.
Dubord, Geneviève.   [Abel I.
Geneviève, b et s 17 février 1752, à Lanoraie.
—*Geneviève,* b 21 mars 1753, à l'Ile-Dupas.

IV.—BEAUGRAND, Pierre, b 1727; s 28 sept. 1754, à Sorel.

1758, (2 oct.) Montréal.
I.—BEAUGRAND, Jean-Bte, b 1725; fils de François et de Marie Bareyl, de Notre-Dame du Pont Ste-Marie, diocèse d'Agen, Bordeaux.
1ᵉ Bertrand, Marie-Anne.   [Jacques II.
   1763, (26 sept.) Ste-Foye.
2ᵉ Alain, Marie-Anne.   [Pierre I.

BEAUHARNOIS.—Voy. Dehornais.

BEAUHARNOIS (De) (1), Charles.

1698, (24 nov.) Montréal. ⁷
II.—BEAUJEAN, René (2),   [Elie I.
   b 1672; s ⁷ 11 avril 1742.
Tullier (3), Elisabeth.   [Jacques I.
Jean-Baptiste, b ⁷ 6 et s ⁷ 12 février 1708.
—*Jean-Baptiste,* b ⁷ 3 fevrier 1711; s ⁷ 5 oct. 1730.—*Françoise-Elisabeth,* b ⁷ 2 juillet 1717, m ⁷ 12 nov. 1736, à Joseph Campeau.—*Marie-Catherine,* b ⁷ 14 avril 1722; m 22 avril 1743, à Pierre Béique, à la Longue-Pointe.—*René,* b ⁷ 20 mai 1702; s ⁷ 21 oct. 1724.—*Joseph,* b ⁷ 11 août 1700.

1719, (31 juillet) Repentigny. ⁹
II.—BEAUJEAN, Jacques,   [Joseph-Elie I.
   s 14 août 1732, à l'Hôpital-Géneral, M.
Martin, Marguerite,   [Pierre I.
   veuve de Joseph Roy; s ⁹ 17 mars 1729.

I.—BEAUJELAIS, Marie, b... m 1719, à Nicolas Bardet.

BEAUJEU (4), Louis-Liénard.

BEAUJEU, ...
Joseph, b et s 9 déc. 1748, à Lorette.¹—*Marie-Françoise,* b¹ et s¹ 23 avril 1748.

(1) Marquis, gouverneur. Il était, le 28 août 1727, à Montréal.
(2) Voy. vol. I, p. 34.
(3) Et Caillé.
(4) Sieur de Beaujeu, chevalier de St-Louis, lieutenant du roi de la ville et gouverneur des Trois-Rivières. Il était en 1745 aux Trois-Rivières.

1753, (22 février) Québec.
IV.—BEAUJEU (1), (Sieur de),   [Paul-Jos. III.
   (Chs. Villemonde) chevalier.
Lemoine-Soulange de Longueuil, Marie-Geneviève, b 1735.
Louise (2), b... — *Geneviève-Elisabeth,* b...

BEAUJOUR.—Voy. Delestre.

BEAUJOUR, Marie-Anne, épouse de Michel Maillou.

1746, (5 sept.) Québec. ⁷
I.—BEAUJOUX (3), François, fils de François et de Renée Alard, de Ché, diocèse de LaRochelle.
Raymond, Marie-Anne.   [Pierre.
Jean-François, b ⁷ 4 nov. 1748; s ⁷ 12 janvier 1749.—*Marie-Anne,* b ⁷ 30 janvier 1750.—*Elisabeth,* b ⁷ 19 sept. 1752.—*Thomas,* b ⁷ 12 juillet et s ⁷ 25 sept. 1754.—*Marie-Louise,* b ⁷ 16 sept. 1755.—*Julienne,* b ⁷ 30 mars 1757.— *Charles,* b ⁷ 1ᵉʳ déc. 1759. — *Louis-Michel,* b ⁷ 25 avril 1762.—*Françoise,* b ⁷ 10 mai 1764.

BEAULAC. — *Variations et surnoms :* Desmarais—Lefebvre.—Marest.

BEAULAC, Angélique, épouse d'Antoine Benoit.

BEAULAC, Marie, épouse de Gabriel Robidas.

BEAULAC, Marie-Honoré.
Demiray, Catherine.   [Etienne I.
Michel, b 21 nov. 1730, à Sorel.

BEAULIEU.—*Variations et surnoms :* Diers—Thomas—Hudon—Martin — Palmier—Philippe—Lebel—Montpellier—Dufresne.

BEAULIEU, Théotiste, épouse de Jean-Baptiste Blais.

BEAULIEU, Marie-Madeleine, épouse de Louis Bouvier.

BEAULIEU, Josette, epouse d'André Cliche.

BEAULIEU, Geneviève, b... m 30 juin 1754, à Jean-Baptiste Desmarais, à St-Ours.

BEAULIEU, Marie-Joseph, épouse de Pierre Dubeau.

BEAULIEU, Marie-Charlotte, épouse de Joseph Duprat.

BEAULIEU, Madeleine, épouse de Pierre Helie : s 8 juillet 1707, à Lorette.

BEAULIEU, Marie, epouse de Pierre Herodaut.

(1) Ou Savcuso.
(2) Elle était en 1766 aux Cèdres.
(3) Appelé Bugeault en 1748.

BEAULIEU, Elisabeth, épouse de Joseph Jobin.

BEAULIEU, Thérèse, epouse d'Alexis Lelois.

BEAULIEU, Marie-Anne, b 1707; m à Jean Rabonet; s 11 février 1777, à Berthier.

BEAULIEU, Mathieu, s 21 janvier 1720, à St-Ours.

BEAULIEU, François, b 1678; s 28 nov. 1755, à St-Ours.

1726, (4 mars) Montréal. [8]

I.—BEAULIEU, Charles, b 1702, fils de Michel (avocat) et de Marie-Dupont, de N.-D. de Bayonne.
Augé, Marie, [Jean II.]
b 1703.
Joseph, b 1734; m [8] 8 janvier 1752, à Marie-Anne Baudrias.—*Marie-Thérèse*, b... m [8] 26 février 1748, à Augustin Leguillé.—*Marie-Joseph*, b 1738; s [8] 14 juin 1740. — *Antoine-Charles*, b [8] 16 février 1727; s [8] 8 février 1733. — *Jean-Marie*, b [8] 24 mai et s [8] 23 juillet 1728.—*Marie-Thérèse*, b [8] 19 oct. 1729.—*François-Marie*, b [8] 14 dec. 1730.—*Marie-Joseph*, b [8] 19 nov. 1738.

1736.

BEAULIEU, Jean-Bte.
Turcot, Marie-Anne, [Pierre II.]
b 1718.
Marie-Geneviève, b 26 déc. 1737, au Sault-au-Récollet. [7]—*Rosalie*, b [7] 20 février 1739.—*Marie-Joseph*, b [7] 27 oct. 1740.—*Jean-Baptiste*, b [7] 7 déc 1741.—*Pierre*, b [7] 17 février et s [7] 5 nov. 1743.—*Louis-Gabriel*, b [7] 4 mai 1744.—*Marie-Louise*, b [7] 9 dec. 1745.—*Marie-Anne*, b [7] 1er janvier 1747

BEAULIEU, Guillaume.
Boucher, Marie-Anne.
Charles, b 25 janvier 1749, à St-Vincent-de-Paul.

BEAULIEU, François.
Dansereau, Elisabeth. [Pierre I.]
Marie-Joseph, b 1755; s 6 janvier 1756, à St-Ours.

BEAULIEU, François.
Edmond, Marie-Angelique, [Pierre I.]
b 1702.
François, b... m 20 juillet 1750, à Françoise Fontaine, à Sorel.

III.—BEAULIEU (1), François, [Antoine II.]
b 1709.
Labrecque, Madeleine, [Mathurin II.]
b 1696, s 19 mars 1760, à St-Frs-du-Sud.
François-Thomas, b 23 sept. 1732, à Québec [6], m [3] sept. 1753, à Ursule Badeau.— *Jean-Baptiste*, b [6] 22 mai 1735. — *Jacques*, b [6] 26 sept. 1737. — *Marie-Barbe*, b [6] 16 mars 1741; m [6] 24 oct. 1763, à Jacques Badeau.

(1) Dit Martin.

BEAULIEU, François,
s avant 1767.
Gely, Marie-Anne, [Jean II.]
s avant 1767.
Mathurin, b... m 27 janvier 1767, à Marie-Dumont, à Kamouraska.

BEAULIEU, Louis-Thomas,
charpentier, b 1686; s 18 janvier 1758, à Québec. [2]
Labrecque, Jeanne. [Mathurin II.]
Charles, b [2] 22 avril et s [2] 9 mai 1733.—*Marie-Joseph*, b 1731, s [2] 11 mai 1733.—*Marie-Anne*, b [2] 14 sept. 1734; m [2] 18 avril 1757, à Joseph Dusault. — *Marie-Charlotte*, b [2] 6 avril 1736.—*Françoise*, b [2] 24 août 1739; m 26 janvier 1761, à Jean Marteau, à Montreal. [3]—*Joseph-Marie*, b [2] 16 février 1741.—*Charles-François-Régis*, b [2] 12 janvier 1743, m [3] 7 février 1763, à Marie-Françoise-Barbe Sérat.—*Jean-Baptiste*, b [2] 3 et s [2] 7 sept. 1744. — *Geneviève*, b [2] 29 avril 1746; s [2] 26 juin 1748.—*Marie-Marguerite*, b [2] 9 mai 1748.—*Marie-Madeleine*, b [2] 24 août 1752.

1750, (20 juillet) Sorel.

BEAULIEU, François. [François.]
Fontaine (1), Françoise, [François III]
b 1729.
François, b 30 mai et s 2 juin 1751, à St-Ours. [3]—*Marie-Françoise*, b [3] 7 mai et s [3] 30 oct. 1752.—*Michel*, b [3] 1er oct. 1753.—*Marie-Joseph*, b [3] 11 mars 1755.—*Marie-Marguerite*, b [3] 27 et s [3] 30 janvier 1757.—*François*, b [3] 27 nov. 1757.

BEAULIEU, Alexandre, b 1729; s 30 mars 1754, à St-Ours.

1752, (8 janvier) Montréal.

II.—BEAULIEU, Joseph. [Charles I.]
Baudrias, Marie-Anne. [Antoine II]
Philippe, b... s 10 août 1757, à St-Laurent, M. [6]—*Marie-Louise*, b [6] 2 sept. 1757.—*Jean-Baptiste*, b [6] 14 sept. 1758.—*Catherine*, b [6] 27 sept. 1759—*Marie-Anne*, b [6] 29 sept. 1760.—*Antoine*, b [6] 2 et s [6] 26 sept. 1761.

1753, (3 sept.) Québec. [7]

BEAULIEU, François, [François.]
charpentier.
Badeau, Ursule. [Fabien IV.]
Marie-Ursule, b [7] 23 mai et s [7] 9 août 1754.—*Jeanne*, b [7] 27 mai 1756.—*François-Xavier*, b [5] mars et s [7] 18 août 1758.—*Agnès*, b [6] 6 avril 1759.—*Bernard*, b [7] 22 février et s [7] 20 août 1761.—*Marie-Ursule*, b [7] 4 mai 1762.—*Marie-Jeanne*, b [7] 29 juillet 1763.

1758, (7 février) Baie-St-Paul. [8]

BEAULIEU, Joseph.
Simard, Marie-Angélique. [Etienne III.]
Marie-Madeleine, b [8] 22 juillet 1758.—*Agathe-Véronique*, b [8] 22 juillet et s [8] 10 oct. 1758.—*Marie-Judith*, b [8] 27 nov. 1759; m 22 oct. 1777, à Henri Côté, à Kamouraska. [9] — *Joseph-Marie*, b [8] 13 août 1762.—*Joseph-Marie*, b [9] 20 sept. 1765.

(1) Dit Bienvenu.

BEAULIEU, Basile.
ALBERT, Marguerite.
Joseph, b 9 mai 1761, à Ste-Anne-de-la-Pocatière.[1]—*Rosalie,* b... m [1] 23 février 1767, à Germain PELLETIER.

BEAULIEU, Bernard.
SAUCIER, Madeleine.
Moïse, b... m 26 février 1770, à Marie-Anne BARBEAU, à Ste-Anne-de-la-Pocatière.

BEAULIEU, Jean,
b 1722; s 22 août 1757, à Québec.[2]
VÉSINA, Geneviève.
Anonyme, b [2] et s [2] 8 mars 1754.

BEAULIEU, Joseph.
LANGLOIS, Madeleine,
b... s 27 nov. 1759, à Ste-Anne-de-la-Pocatière.

BEAULIEU, Joseph-Marie.
GALLIEN, Geneviève. [PIERRE III.
Joseph-Marie, b 18 déc. 1759, à St-Ours.—*Michel,* b 27 avril 1763, à l'Ile-Dupas.

1763, (7 février) Montréal.
BEAULIEU, CHARLES. [LOUIS.
SERAT (1), Marie-Frse-Barbe. [JEAN-BTE III.
Marie-Anne, b 18 juillet 1777, à Lachenaye.

BEAULIEU, Jean.
BERNIER, Marie-Geneviève.
Jacques-Bonaventure, b 22 janvier 1764, à l'Islet.

1767, (27 janvier) Kamouraska. [3]
BEAULIEU, MATHURIN. [FRANÇOIS.
GUERET (2), Marie. [SIMON II.
Marie-Madeleine, b [3] 18 nov. 1770.

1770, (8 janvier) Kamouraska. [4]
BEAULIEU, JEAN-BTE, [JACQUES.
maître forgeron.
MOREAU, Marie-Dorothée, [JOSEPH III.
b 1742.
Jean-Baptiste, b [4] 9 oct. 1770.—*François,* b [4] 17 mars 1772.

1770, (26 février) Ste-Anne-de-la-Pocatière.
BEAULIEU, MOÏSE. [BERNARD.
BARBEAU, Marie-Anne, [RENÉ I.
b 1754.

I.—BEAULORIER, ALEXIS,
b 1704; s 18 déc. 1779, à Nicolet. [5]
LEBLANC, Angélique.
Jeanne, b... m [5] 30 juin 1761, à François MANSEAU.—*Angélique,* b... m [5] 27 janvier 1766, à Alexis GONNEVILLE.—*Alexis,* b... m [5] 16 août 1774, à Theotiste BOUDROT.—*Marie-Louise,* b 1753, s [5] 10 mai 1783.

(1) Dit Coquillard; appelée Marie-Anne, 1763.
(2) Dit Dumont.

1774, (16 août) Nicolet.
II.—BEAULORIER, ALEXIS. [ALEXIS I.
BOUDROT, Theotiste. [FRANÇOIS.

1705, (3 nov.) Montréal.
I—BEAUME (1), FRANÇOIS-JÉRÔME, b 1675; fils de Jean-Jérôme et de Jeanne Bougau, de St-Médrias, diocèse de St-Malo.
DARDENNE, Angélique, [RENÉ II.
b 1682.

BEAUMELLE, MARIE-ANNE, b... 1° m à François DORBIN; 2° m à Thomas JABOT.

BEAUMONT.—Voy. COUILLARD (DE).

BEAUMONT, CHARLOTTE-ANTOINETTE, b 1678; m à Nicolas MARCHAND; s 3 février 1743, à Montréal.

BEAUMONT, MARIE-ANNE, épouse de Vincent MORISSEAU; s avant 1713.

BEAUMONT, MARGUERITE, épouse de Charles RACINE.

BEAUMONT, MARIE-JEANNE, épouse de Toussaint RAYMOND.

BEAUMONT, LOUISE, épouse de Louis ROY.

I.—BEAUMONT (2), RENÉ, b 1650; s 16 août 1728, à l'Hôpital-Géneral, M.

BEAUMONT, JEAN-BTE, b 1662; s 7 mars 1712, à Montréal.

1701, (12 janvier) Montréal. [9]
I.—BEAUMONT (3), JEAN-BTE, b 1675; fils d'Etienne (bourgeois) et de Jeanne Petit, de Brive-la-Gaillarde, diocèse d'Auvergne.
DEVANCHY, Elisabeth, [PIERRE I.
s [9] 1er mai 1703.
Marguerite, b [9] 30 mars 1702; m [9] 12 nov. 1725, à Jean-Baptiste NEPVEU.

I.—BEAUMONT (4), ANTOINE, b 1686, fils d'Antoine et de Jeanne Grimal, de Tournemire, diocèse de St-Flour.
1° QUENNEVILLE (5), Madeleine. [ANTOINE I.
Antoine, b 16 sept. 1713, à Montréal [4]; s [4] 9 mai 1714.—*François,* b [4] 10 avril 1715, m à Françoise BOUCHER.—*Antoine,* b [4] 28 janvier 1717; m [4] 27 juillet 1740, à Agnès SUPERNANT.—*Madeleine,* b [4] 7 déc. 1718, s [4] 30 mars 1740.—*Marie-Anne* b [4] 23 février 1720; m [4] 5 février 1742, à Paul LEMAY; s [4] 3 juin 1748.—*Marie-Madeleine,* b [4] 13 février 1722; s [4] 28 sept. 1742.—*Angélique,* b [4] 26 nov. 1723; s [4] 31 mars 1724.—*Marguerite,* b [4] 29 août 1725; 1° m [4] 25

(1) Leblanc dit Latour, sergent de M. Leverrier.
(2) Dit Laviolette.
(3) Dit Sanspitié, soldat de Merville.
(4) Dit Pistolet.
(5) Ce nom s'est écrit Desmares, Demers, Adhemard.

mai 1750, à Jean Rousseau ; 2° m ⁴ 2 oct. 1758, à Jean-Baptiste Lemoine. — *Jacques*, b ⁴ 20 janvier et s ⁴ 27 fevrier 1727.— *Charles*, b ⁴ 19 avril et s ⁴ 14 août 1728.—*Louis*, b ⁴ 25 août et s ⁴ 28 sept. 1729.

1743, (21 janvier). ⁴
2° Normand, Marguerite.   [Pierre I.
Antoine, b ⁴ 20 août 1746.— *Marie-Amable*, b ⁴ 26 janvier 1748.—*Marie-Agathe*, b ⁴ 10 nov. 1749.

1718.
II.—BEAUMONT, Vincent,   [Vincent I.
b 1693 ; s 22 nov. 1741, à Terrebonne. ⁷
Lecompte, Françoise,   [Aimé I.
b 1684 ; s 24 nov. 1760, à Ste-Rose.
Marie-Françoise, b 1719 ; m ⁷ 21 fevrier 1735, à Antoine Charles.—*Vincent*, b 1723 ; s ⁷ 5 juin 1733. — *Louise-Aimée*, b... m ⁷ 17 août 1744, à Michel Labelle. — *Catherine*, b 1724 ; m 13 juillet 1761, à Mathieu Tilier, à Montréal.

1722, (24 nov.) Charlesbourg. ⁸
II.—BEAUMONT, Pierre,   [Vincent I.
s ⁸ 25 mars 1756.
Jean (1), Marie-Anne.   [Pierre II.
Germain, b ⁸ 26 nov. 1723 ; s ⁸ 18 janvier 1724. —*Pierre*, b ⁸ 3 janvier 1725 ; m 27 janvier 1749, à Marie-Angélique Huot, à L'Ange-Gardien ; s 21 oct. 1755, à Lorette.—*Marie-Anne*, b ⁸ 26 fevrier et s ⁸ 25 nov. 1727.— *Jean-Baptiste*, b ⁸ 27 mai 1729 ; s ⁸ 30 oct. 1755. — *Madeleine-Véronique*, b ⁸ 25 mars 1731 ; m ⁸ 17 nov. 1749, à Rene Falardeau.—*Geneviève-Félicité*, b ⁸ 9 mars 1733 ; m ⁸ 25 oct. 1751, à Joseph Penisson.— *Marie-Anne*, b ⁸ 18 fevrier 1735 , m ⁸ 21 janvier 1752, à Jean Trudel ; s ⁸ 13 octobre 1755. — *Charles*, b ⁸ 20 juillet 1737 ; m ⁸ 14 avril 1760, à Agathe Jobin.—*Joseph*, b ⁸ 28 sept. 1739.—*Marie-Charles*, b ⁸ 14 juillet 1741 ; m ⁸ 11 avril 1763, à Charles Jobin.—*Marie-Louise*, b ⁸ 5 sept. 1743 ; s ⁸ 26 avril 1744.—*Jacques*, b ⁸ 3 juin 1745.

1738.
II.—BEAUMONT, François,   [Antoine I.
b 1715.
Boucher, Françoise,   [Jacques-Hyacinthe I.
b 1717.
François, b 26 avril 1739, à Montréal⁶ ; s ⁶ 10 sept. 1749.—*Pierre-Clément*, b ⁶ 29 dec. 1740.— *Marie-Catherine*, b ⁶ et s ⁶ 16 juin 1742.—*Anonyme*, b ⁶ et s ⁶ 11 déc. 1742.—*Charles*, b ⁶ 6 déc. 1744 , s ⁶ 28 avril 1745.— *Louis*, b ⁶ 14 oct 1746. —*Louis-François*, b ⁶ 15 dec. 1749.—*Louis-Marie-Joseph*, b... m à Marie-Rose Gautier.—*Marguerite*, b et s 7 avril 1756, à St-Laurent, M.

1740, (27 juillet) Montréal. ⁵
II.—BEAUMONT, Antoine.   [Antoine I.
Supernant, Agnès.   [Laurent II.
Marie-Madeleine, b ⁵ 5 août et s⁵ 17 sept. 1741. —*Anonyme*, b ⁵ et s ⁵ 7 janvier 1744.—*Marguerite*, b ⁵ 11 janvier 1745.—*Anonyme*, b ⁵ et s ⁵ 22 avril 1747.—*Anonyme*, b ⁵ et s ⁵ 27 fevrier 1748. —*Marie-Angélique*, b ⁵ 9 et s ⁵ 10 dec. 1748.

(1) Dit Godon.

BEAUMONT, Jacques.
Blanchet, Marie-Joseph.
Jacques, b 1747 ; s 12 août 1749, à Lévis.⁴— *Marie-Anne*, b ⁴ 20 mai et s ⁴ 15 août 1749.— *Marie-Joseph*, b ⁴ 21 août 1750.—*Jean-Jacques*, b ⁴ 20 et s ⁴ 23 juillet 1752.—*Jacques*, b ⁴ 3 mars 1764.—*Marie-Geneviève*, b ⁴ 30 juillet 1753.— *Marie-Françoise*, b ⁴ 1ᵉʳ déc. 1755.—*Jacques-François*, b ⁴ 16 mai et s ⁴ 17 juin 1758.—*Marie-Louise*, b ⁴ 12 déc. 1759.

1749, (27 janvier) L'Ange-Gardien.
III.—BEAUMONT, Pierre,   [Pierre II.
b 1725 ; s 21 oct. 1755 (subite), à Lorette.⁵
Huot, Marie-Angélique (1),   [Nicolas II.
Marie-Angélique, b 24 déc. 1750, à Charlesbourg.—*Pierre*, b ⁵ 16 mai 1753.

1756, (28 sept.) Lorette. ⁵
I.—BEAUMONT, Bonaventure.
Voyer, Thérèse.   [Pierre III.
Marie-Anne, b ⁵ 2 oct. 1757. — *Marie-Thérèse*, b ⁵ 8 déc. 1761.—*Bonaventure*, b ⁵ 2 mars et s⁵ 4 sept. 1764.

1760, (14 avril) Charlesbourg.
III.—BEAUMONT, Charles.   [Pierre II.
Jobin, Marie-Agathe.   [Charles III.
Marie-Agathe, b 16 déc. 1761, à Lorette.⁵— *Joseph-Charles*, b ⁵ 2 mai 1764.

III.—BEAUMONT, Louis-Marie-Jos.,   [Frs II.
b 1762.
Gautier, Marie-Rose.   [Joseph-Amable IV.
Marie-Louise-Rose, b 7 avril et s 29 juillet 1781, à Lachenaye. ⁴ — *François-Marie-Joseph*, b ⁴ 4 et s ⁴ 21 avril 1782.—*Marie-Marguerite-Amable*, b ⁴ 24 sept. 1783 ; s ⁴ 17 mai 1784 — *Marie-Marguerite*, b ⁴ 15 et s ⁴ 28 sept. 1784 — *Marie-Françoise*, b ⁴ 29 janvier et s ⁴ 9 mars 1786. — *Reine-Véronique*, b ⁴ 26 janvier 1787 —*Louis-Modesto-Joseph*, b ⁴ 15 et s ⁴ 30 juin 1789

IV.—BEAUMONT, Jos-Charles.   [Charles III.
Rochette, Angélique.
Michel, b 5 mars 1788, à Saint-Augustin.

BEAUNE, Françoise-Amable, épouse d'Antoine Brisebois.

BEAUNE, Marie-Louise, épouse de François Brisebois.

BEAUNE, Marie, épouse de Joseph Desmoulins.

BEAUNE, Marie-Anne, b... m 1698, à François Lory, à Lachine.

BEAUNE, Angélique, epouse de François Miville.

(1) Elle épouse, le 4 avril 1758, Augustin Galarneau, ³ Lorette.

BEA 175 BEA

1667, Québec
I.—BEAUNE (1), JEAN,
b 1633.
BOURGERY, Marie-Madeleine (2). [JEAN-BTE I.
Albert, b 1683; 1° m 24 nov. 1710, à Jeanne BOUSQUET, à Montréal [1]; 2° m [1] 5 oct. 1717, à Marie-Anne FÉRON.—*Marie-Louise*, b... 1° m 15 oct. 1683, à Jean-Pierre MAUPETIT, à Lachine [4]; 2° m [4] 11 juin 1698, à Louis LORY.—*Nicolas*, b... m [4] 1709, à Marie NADEAU.

BEAUNE, MARIE-ANNE, b... m 1710, à Martin CIRIER, au Détroit.

1710.
II.—BAULNE (3), ANTOINE-FRANÇOIS, [JEAN I.
b 1686 ; s 17 sept. 1733, au Bout-de-l'Ile, M.
LALANDE, Marie-Anne, [ÉTIENNE I.
b 1690.
François, b 13 juin 1711, à Lachine; 1° m à Geneviève BRUNET; 2° m 4 mars 1764, à Marie GUERTIN, à Ste-Rose.

1705, (9 février) Lachine. [2]
II.—BEAUNE (3), JEAN. [JEAN I.
MERLOT, Louise-Madeleine, [ANDRÉ I.
b 1686 ; s 10 sept. 1746, à Ste-Geneviève, M.[2]
Jean-Baptiste, b 21 déc. 1705, à Ste-Anne ; m à Louise-Hélène PROU.—*François*, b [1] 14 août 1710.—*Angélique*, b 28 mai 1714, à la Pointe-Claire. [3]—*Jeanne-Elisabeth*, b [3] 14 sept. 1715.—*Madeleine*, b... s [2] 21 février 1743.—*Pierre*, b... s [2] 14 mai 1746.—*André*, b... m [2] 7 nov. 1764, à Marguerite BRUNET.

1709, Montréal. [4]
II.—BEAUNE, NICOLAS. [JEAN I.
NADEAU, Marie,
Nicolas, b [4] 5 juin 1710 ; s [4] 15 avril 1713.

1710, (24 nov.) Montréal. [5]
II.—BEAUNE (4), ALBERT, [JEAN I.
b 1683.
1° BOUSQUET, Jeanne. [JEAN I.
Jean-Baptiste, b 9 et s 18 déc. 1711, à Lachine.—*François-René*, b [5] 3 déc. 1713 ; s [5] 13 février 1714.—*Louise*, b [5] 25 sept. 1715.
1717, (5 oct.) [5]
2° FÉRON, Marie-Anne. [JEAN I.
Jean-Baptiste-Albert, b [5] 8 juillet 1718 ; s [5] 2 juin 1724.

BEAUNE, NICOLAS.
GARNIER, Marguerite.
Marie-Angélique, b et s 16 juin 1717, à Charlesbourg.

---
(1) Dit Lafranchise. Voy. vol. I, p. 34.
(2) Elle épouse, le 2 déc. 1689, Charles Jacques, à Lachine.
(3) Dit Lafranchise.
(4) Dit Lafranchise—Bosna.

BEAUNE, JACQUES.
VILLERET, Madeleine, [ANTOINE I.
s avant 1757.
Ursule, b... m 7 nov. 1757, à Jean-Baptiste DUMAY, à Ste-Geneviève, M.

III.—BEAUNE, FRANÇOIS. [ANTOINE-FRS II.
1° BRUNET, Geneviève.
Marguerite-Françoise, b 19 juin 1742, à Ste-Geneviève, M.[7]—*André-Amable*, b [7] 7 déc. 1744.—*Antoine*, b [7] 19 sept. 1747.—*François-Amable*, b [7] 11 février et s [7] 14 juillet 1750.—*François-Augustin*, b [7] 9 oct. 1752.—*Marie*, b... m [7] 24 avril 1758, à Joseph ROBINEAU.
1764, (4 mars) Ste-Rose.
2° GUERTIN, Marie,
veuve de Jacques Levert.

1746, (7 nov) Ste-Geneviève, M. [8]
III.—BEAUNE, ANDRÉ. [JEAN II.
BRUNET, Marguerite, [JOSEPH III.
b 1725, s [8] 13 sept. 1757.
Marie, b [8] 26 mars et s [8] 18 avril 1750.—*Marie-Marguerite*, b [8] 25 juin 1751.—*Marie-Suzanne*, b [8] 8 déc. 1752.—*Jacques-Amable*, b [8] 6 déc. 1753.—*Joseph-Marie*, b [8] 11 juillet 1755 ; s [8] 19 août 1758.

1746.
III.—BEAUNE, JEAN. [JEAN II.
PROU, Louise-Hélène, [JEAN II.
b 1730.
Thérèse, b 14 juin 1747, à Ste-Geneviève, M.—*Joseph*, b... m 4 juin 1764, à Agathe MADELAINE, au Bout-de-l'Ile, M.

1764, (4 juin) Bout-de-l'Ile, M. [9]
IV.—BEAUNE, JOSEPH. [JEAN-BTE III.
MAGDELAINE (1), Agathe, [JEAN-BTE III.
b 1739.
Geneviève, b [9] 1er mai et s [9] 25 août 1767.—*Marie-Louise*, b [9] 12 juin et s [9] 28 août 1768.

BONE (2), HENRI,
marchand.
DUNIÈRE, Elisabeth, [LOUIS II.
b 1749.
Henri, b 30 sept. 1769, à Ste-Foye [1] ; s [1] 11 août 1770.—*Henri*, b 1774 ; s [1] 8 février 1776.

BEAUNOYER.—Voy. HILAIRE.

BEAUNOYER, MADELEINE, épouse de Charles DEGERLAIS.

1736.
I.—BEAUNOYER, HILAIRE-JOSEPH.
1° LAGRAVE, Marie-Pierre,
s avant 1760.
Jean-Baptiste, b 3 mai 1737, à Lanoraie.[1]—*Marie-Charlotte*, b... m [1] 24 nov. 1760, à Pierre QUENTIN.

---
(1) Dit Vivier-Ladouceur.
(2) Voy. Beaune.

2° GUIGNARD, Marie,
s avant 1760.
Marie-Antoinette, b... m 10 nov. 1760, à Gabriel ETHIER, à Lanoraie.

1734, (7 janvier) Montréal.⁴
I.—BEAUPARLANT, JEAN, soldat et tailleur, b 1711 ; fils de Simon et d'Antoinette Girard, de St-Victor, diocèse de Nevers.
MOREAU, Marie-Joseph, [EDME I.
Françoise-Marie-Anne, b⁴ 14 oct. 1734.—*Jean-Charles*, b⁴ 14 juillet 1738.—*Marie-Geneviève*, b⁴ 8 oct. 1740.—*Jean-Baptiste-Lambert*, b 18 avril 1747, à Lavaltrie.⁵—*Jean-Gabriel*, b⁵ 26 mai 1749 ; 1° m à Marie-Joseph NAU ; 2° m 7 février 1780, à Madeleine BRISSET, à l'Ile-Dupas. —*Joseph-Marie*, b⁶ 28 mai 1751.—*Marguerite*, b⁵ 19 sept. 1753.—*Marie-Joseph*, b... m⁶ 24 janvier 1754, à Etienne ROBERT.

II.—BEAUPARLANT, JEAN-GABRIEL. [JEAN I.
1° NAU, Marie-Joseph, [CLAUDE II.
b 1743.
1780, (7 février) Ile-Dupas.
2° BRISSET (1), Marie-Madeleine. [JOS-CHS IV.

BEAUPIED, MARGUERITE, épouse de Pierre DUCHAUT.

1752, (17 janvier) St-Pierre-du-Sud.⁴
I.—BEAUPIED, JULIEN, fils de Julien et de Jeanne Naud, de St-Jacques, diocèse de Dol.
DESTROISMAISONS (2), Ursule. [FRANÇOIS III.
Marie-Elisabeth-Ursule, b⁴ 2 nov. 1752.—*Julie*, b 10 août 1754, à St-Valier.⁵—*Marie-Catherine*, b⁵ 13 janvier 1759.— *Marie*, b⁵ 12 nov. 1760.

BEAUPIED, GENEVIÈVE, épouse d'Augustin BLAIS.

I.—BEAUPOIL (3), JEAN-BTE, b 1652 ; s 27 juin 1712, à Montréal.

BEAUPRÉ.—Voy. BRISSET.

I.—BEAUPRÉ (4), AUGUSTIN, b 1677, de la ville de Bordeaux ; s 7 sept. 1747, à Montréal.

BEAUPRÉ (5), GENEVIÈVE, b 1718 ; m à Pierre LEBEAU ; s 11 août 1760, à l'Ile-Dupas.

BEAUPRÉ, ANGÉLIQUE, épouse de Pierre TESSIER.

III.—BEAUPRÉ, FRANÇOIS (6), [NICOLAS II.
b 1711 ; s 4 juin 1783, à Repentigny.⁴
DUFAUT, Geneviève, [FRANÇOIS II.
b 1716 ; s⁴ 28 sept. 1781.

Joseph, b... m⁴ 21 nov. 1768, à Thérèse MAURICEAU.—*Jean-Baptiste-Lambert*, b 4 mars 1741, à Lavaltrie.

BEAUPRÉ, LOUISE, b 1726 ; m à Etienne CHARPENET ; s 1er janvier 1774, à Repentigny.

1724, (10 juin) Détroit.⁴
III.—BEAUPRÉ (1), CHS-IGNACE. [IGNACE II.
HAGUENIER, Thérèse, [LOUIS III
s⁴ 19 mai 1737.
Marie-Charlotte, b⁴ 29 juillet 1725 ; m 29 mai 1741, à Gabriel GERVAIS, à Laprairie.—*Marie-Thérèse*, b⁴ 6 et s⁴ 7 oct. 1726.—*Charles*, b⁵ 21 février 1728 ; 1° m 8 janvier 1753, à Marie-Antoinette DUMAY, à St-Constant⁵ ; 2° m⁵ 22 février 1762, à Marie-Catherine CIRCÉ.—*Marie-Catherine*, b⁴ 1er et s⁴ 26 janvier 1730.—*Louis*, b⁴ 11 février et s⁴ 21 avril 1731.—*Joseph*, b⁴ 30 mai 1732.—*Marie-Anne*, b⁴ 14 et s⁴ 15 mars 1734.—*Louis*, b⁴ 10 avril 1735.—*Robert*, b⁴ 18 et s⁴ 20 mai 1737.

1725, (23 oct.) Québec.⁵
I.—BEAUPRÉ, FRANÇOIS-PIERRE (2), fils de Philippe et de Judith Saunier, de Ste-Croix, ville de Metz ; s 20 oct. 1739, (accident) aux Trois-Rivières.⁶
MERCIER, Thérèse (3), [LOUIS II.
b 1710.
Marie-Louise, b⁵ 10 février 1727 ; 1° m⁵ 25 nov. 1744, à Jean CONFOULAN ; 2° m⁵ 22 février 1751, à Pierre MASSON ; 3° m⁵ 26 janvier 1758, à Etienne CARPENET.—*Pierre-Jean*, b⁵ 4 février 1729 ; 1° m⁵ 2 mai 1752, à Madeleine SYLVESTRE, 2° m⁵ 27 sept. 1756, à Louise POULIN.—*Nicolas*, b⁵ 9 février et s⁵ 15 mars 1731.—*Augustin*, b⁵ 25 oct. 1732 ; m 30 oct. 1758, à Madeleine LIMOGES, à Terrebonne.—*Claude*, b⁵ 26 mars 1735.—*Etienne*, b⁵ 21 août 1737 ; m 28 avril 1767, à Françoise DESCOTEAUX, à la Baie-du-Febvre.—*François*, b⁶ 16 oct. 1739.

BEAUPRÉ, LOUISE, épouse de Pierre GENTIL.

BEAUPRÉ, MARIE, b 1753 ; m à Joseph PARÉ ; s 22 juin 1781, à Repentigny.

BEAUPRÉ, MARIE, épouse de Jacques HUNAUT.

BEAUPRÉ (4), CHARLES.
CUSSON (5), Marie-Joseph, [CHARLES II.
b 1711.
Charles, b 5 déc. 1746, à Lavaltrie.⁷—*Joseph-Marie*, b⁷ 25 mars et s⁷ 6 juin 1749.—*Marie-Angélique*, b⁷ 3 oct. 1750.—*Antoine*, b⁷ 28 août 1752.—*Joseph*, b⁷ 25 avril et s⁷ 27 juillet 1754.—*Joseph*, b⁷ 15 juillet et s⁷ 3 déc. 1755.—*Marie-Louise*, b⁷ 15 juillet et s⁷ 19 déc. 1755.

---

(1) Dit Dupas.
(2) Dit Picard.
(3) Dit Pointevin.
(4) Dit Fortin, caporal.
(5) Dit Bonhomme.
(6) Voy. vol. I, p. 66.

(1) Bonhomme dit Beaupré.
(2) Appelé Pierre en 1731 et il signe Pierre. Maître serrurier des Forges de St-Maurice.
(3) Elle épouse, le 23 janvier 1741, Marc Lefèvre, à Québec.
(4) Dit Dezarie, 1749. Dit Bellaire.
(5) Ou Foubert.

BEAUPRÉ, Marie, épouse de Prevost.

BEAUPRÉ, Marie-Anne, épouse de Pierre Sans-Façon.

1749, (25 août) Ste-Anne-de-la-Pocatière. [3]
IV.—BEAUPRÉ (1), Claude. [Noel III.
Martin, Geneviève (2). [Pierre II.
Claude-Joachim, b 15 août 1757, à Québec.[1]—*Pierre*, b [1] 15 août 1757; m à Anne Martin.—*Marie*, née 3 mai 1758, à Terreneuve [2]; b [1] 10 juillet et s [1] 9 oct. 1763. — *Marie-Joseph*, née [2] 26 nov. 1760 ; b [1] 10 juillet 1763.—*Marie-Thérèse*, née [2] 5 juillet 1762; b [1] 10 juillet et s [1] 12 sept. 1763.—*Marie*, b [1] 13 janvier 1764.—*Charles*, b [8] 7 août 1750; m 27 mai 1782, à Thérèse Bérubé, à la Rivière-Ouelle.—*Marie-Anne*, b 14 janvier 1753, à Kamouraska.—*Marie-Geneviève*, b [3] 20 nov. 1751.

1752, (2 mai) Québec. [8]
II.—BEAUPRÉ, Pierre-Jean. [Pierre I.
1º Sylvestre, Madeleine, [François III.
s [8] 27 mars 1753.
Pierre, b [8] 13 mars 1753.
1756, (27 sept.) [8]
2º Poulin, Louise, [Jean IV.
b 1737.
Jean, b [8] 18 sept. 1757; s [8] 27 nov. 1759.—*Marie-Louise-Camille*, b [8] 1er mars et s [8] 29 sept. 1759.—*Marie-Louise*, b 24 août 1760, à Beauport.—*Pierre*, b [8] 8 mai 1762.—*Charles*, b [8] 14 nov. 1763.

1753, (8 janvier) St-Constant. [9]
IV.—BEAUPRÉ (1), Charles. [Jean-Chs III.
1º Dumay, Marie-Antoinette, [Maurice III.
b 1733 ; s [9] 13 mai 1761.
Marie, b [9] et s [9] 17 août 1753.—*Marie-Amable*, b 1757, s 13 mai 1758, à St-Philippe. [1]—*Charles*, b [1] 21 février 1759.—*Pierre*, b [9] 10 mars 1761.
1762, (22 février). [9]
2º Circé, Catherine-Charlotte, [Michel-Frs II.
b 1725 ; s [1] 9 février 1769.
Marie-Catherine, b [1] 22 déc. 1762.—*Jacques*, b [1] 27 mai 1764.

1758, (30 oct.) Terrebonne. [3]
II.—BEAUPRÉ, Augustin. [François-Pierre I.
Limoges, Madeleine, [Michel II.
b 1729.
Marie-Victoire, b 7 février 1760, à Ste-Rose ; m [3] 19 février 1776, à Amable Deschamps.

BEAUPRÉ, Charles.
Grenier, Marie-Charlotte.
Jean-Baptiste, b 22 juillet 1760, à St-Augustin.—*Jacques*, b ... m 11 juillet 1791, à Marie-Joseph Chavigny, à Deschambault.

(1) Dit Bonhomme.
(2) Elle epouse, le 14 oct. 1777, Jean-Baptiste Levêque, à la Rivière-Ouelle.

1767, (28 avril) Baie-du-Febvre. [4]
II.—BEAUPRÉ, Etienne. [François-Jacques I.
Lefebvre (1), Françoise. [Claude III.
Marie, b [4] 15 mars et s [4] 28 juillet 1768.—*Marie-Elisabeth*, b [4] 5 juillet 1769.—*Marie-Françoise*, b [4] 15 sept. 1770.—*Etienne-René*, b [4] 18 déc. 1771.

1768, (21 nov.) Repentigny.
IV.—BEAUPRÉ, Joseph. [François III.
Mauriceau, Thérèse. [Joseph IV.

BEAUPRÉ, Ignace, b 1748; s 15 juin 1778, à Repentigny.

1780.
V.—BEAUPRÉ (2), Noel, [Noel IV.
b 1758.
Poitras, Louise.
Joseph, b 18 juin 1781, à St-Augustin. [5]—*François*, b [5] 20 oct. 1782.—*Augustin*, b [5] 19 février 1784.—*Marie-Charlotte*, b [5] 4 avril 1785.—*Pierre*, b [5] 2 juin 1786.—*Marie-Anne*, b [5] 25 nov. 1787.—*Nicholas*, b [5] 26 avril 1789. — *Prisque*, b [5] 28 sept. 1790.—*Benoit-Noel*, b [5] 12 janvier 1794.—*Marie-Joseph*, b 1792; s [5] 6 janvier 1795.

V.—BEAUPRÉ, Pierre, [Claude IV.
b 1757.
Martin, Anne.
Marie-Angélique, b et s 18 oct. 1783, à St-Augustin.

1782, (27 mai) Rivière-Ouelle.
V.—BEAUPRÉ, Charles, [Claude IV.
b 1750.
Bérubé, Thérèse. [Joseph III.

BEAUPRÉ, Antoine.
Dandurant, Louise.
Antoine, b 12 mai 1787, à Repentigny.

BEAUPRÉ, Louis.
1º Duhamel, Marie-Amable.
André, b 1er sept. 1791, à Repentigny. [6]
1794, (24 nov.) [6]
2º Hunault (3), Madeleine. [Joseph.

BEAUREGARD.—*Variations et surnoms:* Davignon—Dupuis—Testu—Glaumont.

I.—BEAUREGARD, Marie, b 1650; s 24 oct. 1715, à l'Islet.

I.—BEAUREGARD, François (4), b 1659; s 12 janvier 1709, à Montréal.

(1) Dit Descoteaux.
(2) Dit Bonhomme.
(3) Dit Deschamps.
(4) Soldat de la compagnie de Duluth.

1717, (29 nov.) Montréal.
I.—BEAUREGARD (1), Daniel, b 1682 ; fils de Jacques et de Marie Hard, de St-Saturnin, Nantes ; s 12 avril 1741, à l'Hôpital-Général, Q.
Denoyon, Marie, [Jean I. b 1671 ; veuve de Jean Barbot.

BEAURIVAGE.—Voy. Dauville.

BEAUROSIER.—Voy. Lunegant, 1748.

1729, (8 nov.) Montréal.
I.—BEAUSACQUE (2), Michel-Honoré, b 1705 ; fils de Louis (contrôleur et directeur dans l'étendue de la Picardie) et de Geneviève Michel, de St-Firmin, diocèse de Castillon.
De l'Argenterie (3), Catherine, [Etienne I. b 1700.

1739, (26 mai) Quebec.⁵
I.—BEAUSANGE (4), François, fils d'Aimé et d'Anne Graillerat, de St-Farjean, diocèse de Clermont.
1° Dupéré, Marie-Joseph, [Michel I. veuve de Louis Coutanceau ; s ² 6 déc. 1749.
Pierre-François, b ² 19 fevrier 1740 ; s ² 11 août 1744.—*Pierre*, b ² 30 oct. et s ² 27 déc. 1741.
1751, (30 août) St-Thomas. ⁴
2° Boulet, Marie-Madeleine, [Guillaume III. b 1730.
Marie-Elisabeth, b 11 et s 15 mai 1752, à St-Pierre-du-Sud. ³—*François-Xavier*, b ³ 16 et s ³ 28 juillet 1754.—*Marie-Madeleine*, b ³ 14 sept. 1755 ; s ⁴ 10 oct. 1758.—*Joseph-Marie*, b ⁴ 26 juillet 1757.—*Gabriel*, b ³ 1ᵉʳ oct. 1759.

BEAUSÉJOUR.—*Variations et surnoms* : Gervais, 1723 — Palange, 1742 — Delmasse — Romain, 1759 — Valet, 1738 — Donnery, 1761—Tribier, 1743—Viau.

I.—BEAUSÉJOUR, Jean, b 1673, s 3 sept. 1708, à Montreal.

BEAUSÉJOUR, Marie-Anne, épouse de Joseph Dussault ; s avant 1796.

BEAUSÉJOUR, Antoine, s avant 1766.
Labrie, Marie.
Marie-Agnès, b... m 14 janvier 1766, à Louis Chaine, à l'Ile Dupas.

BEAUSOLEIL.—*Variations et surnoms :* Audirac—Lepage—Derumé—Malbeuf—Quatrefage—Villat—Rousseau—Hengard, 1736—Besnard, 1744—Moreau—Angaré—Saunier—Normandin—Maigré.

(1) Dit Testu.
(2) Sieur de Boillamont.
(3) DeMiray.
(4) Et Bossange dit Larcher, marchand.

BEAUSOLEIL.—*Un enfant* (1), b nov. 1702, s 4 fevrier 1703, à la Pointe-aux-Trembles, Q.

BEAUSOLEIL, Marie-Anne, b 1700 ; s 21 nov. 1724, au Château-Richer.

BEAUSOLEIL, Pierre.
Morin, Marie, s avant 1765.
Marthe, b... m 18 février 1765, à Gabriel Lebel, à Ste-Anne-de-la-Pocatière.

BEAUSOLEIL, Pierre.
Trudel, Elisabeth.
Ignace, b 20 août 1756, à Ste-Foye.

BEAUSOLEIL, Charles (2), s 23 mai 1751, à la Pointe-aux-Trembles, M.

BEAUSSERON.—Voy. Beauceron.

BEAUVAIS.—*Variations et surnoms :* Emery-Crenet—Bouvret.

1683, (24 mai) Montreal. ¹
II.—BEAUVAIS, Raphael, [Jacques I. b 1654 ; s ¹ 21 oct. 1734.
Turpin, Elisabeth, [Alexandre I. b 1667 ; s ¹ 3 janvier 1747.
Marie-Anne, b ¹ 2 avril 1684 ; m ¹ 19 mai 1704, à Antoine Tessereau ; s ¹ 22 mai 1755.—*Jeanne*, b ¹ 21 janvier 1691 ; m ¹ 20 mai 1711, à Laurent Supernant.—*Elisabeth*, b ¹ 6 janvier 1693, m ¹ 22 janvier 1714, à Louis Heurtebise.—*Louisa*, b¹ 3 sept. 1695 ; m ¹ 30 août 1723, à Pierre Heurtebise.—*Charles*, b ¹ 21 janvier 1700 ; s ¹ 9 dec 1718.—*Joseph*, b 1703 ; 1° m 1ᵉʳ mai 1729, à Jeanne Dumais, à Laprairie ² ; 2° m ² 11 janvier 1734, à Marguerite Lemieux.—*Raphaël*, b ¹ 20 avril 1705.—*Marie-Catherine*, b ¹ 18 sept. 1707, s ¹ 18 sept. 1708.—*René-Augustin*, b ¹ 28 août 1710.

I.—BEAUVAIS, Antoine, b 1702 s 24 janvier 1742, à l'Hôpital-Général, Q.

1729, (1ᵉʳ mai) Laprairie. ³
III.—BEAUVAIS, Joseph. [Raphael II 1° Dumais, Jeanne, [Joseph II b 1699 ; s ³ 24 mars 1732.
Raphael-Dominique, b ³ 3 mars 1730 ; m ³ 16 fevrier 1756, à Marguerite Lefebvre.—*Joseph* b ³ 24 mars 1732.
1734, (11 janvier). ³
2° Lemieux, Marguerite, [Gabriel II b 1710.
Joseph-Marie, b ³ 2 nov. 1734.—*Pierre-Amable*, b ³ 29 fevrier 1736.—*Charles*, b ³ 30 mai 1738—*Marie-Marguerite*, b ³ 19 déc. 1739. — *Jean-Baptiste*, b ³ 10 nov. 1741.—*Augustin*, b ³ 20 sept. 1743.—*Anonyme*, b ³ et s ³ 18 dec. 1744—*Alexis*, b 16 janvier 1746, à Longueuil.—*Antoine* b... 1° m à Françoise Grille ; 2° m 9 fevrier 1768, à Marie-Anne Viger, à Boucherville.

(1) En nourrice à la Pointe-aux-Trembles, Q.
(2) Noyé en conduisant un bateau de M. Lacorne, chargé de farine, venant de Terrebonne.

BEAUVAIS, Marie-Victoire, épouse de Jean-Baptiste Richer.

I.—BEAUVAIS, Robert.
Roy, Catherine. [Etienne III.
Marie-Catherine, b 29 oct. 1744, à Montréal.

1756, (16 février) Laprairie.
IV.—BEAUVAIS, Raphael. [Joseph III.
Lefebvre, Marguerite, [Pierre III.
b 1734.

1757, (21 février) Chambly.[2]
I.—BEAUVAIS, Joseph-Xavier, soldat, fils de Jacques et de Marie-Anne Arbel, de Champagnole, Franche Comté.
Desnoyers, Marie-Joseph. [Pierre I.
Marie-Françoise, b[1] 30 janvier et s[2] 28 sept. 1758.—*François-Xavier*, b[1] 6 sept. 1759.

IV.—BEAUVAIS, Antoine. [Joseph III.
1º Grille, Françoise.
1768, (9 février) Boucherville.
2º Viger, Marie-Anne. [François III

1724, (17 nov.) Québec.[3]
I.—BEAUVALET, Vincent, fils de Pierre et de Jeanne Cotrel, de St-Pierre, ville de Noyon.
Beaufort (1), Marie-Anne. [Jacques I.
Marie-Thérèse, b[2] 1er dec. 1725; m[2] 27 nov. 1747, à André Dubuisson; s[2] 30 nov. 1755.—*Louise*, b[2] 20 nov. 1727, m[2] 14 février 1763, à Marin DeLorbehais.—*Marie-Anne*, b[2] 6 déc 1729, s[2] 19 janvier 1730.—*Pierre-Vincent*, b[2] 15 et s[2] 23 déc. 1730.—*Françoise*, b[2] 31 déc. 1732, m[2] 23 août 1756, à Louis-Gabriel Gourlet.

I.—BEAUVEAU (2), Jeanne, b... m 1676, à Jean Gazaille.

BEAUVENY (De).—Voy. Verchères.

I.—BEAUVILLAIS, Charles.
Georget, Marie-Françoise, [François I.
s 6 mars 1748, à Québec.[3]
Françoise, b... m[3] 27 sept. 1762, à Thomas Chausse.

I.—BEAUVILLY, Jean-Bte, b 1706 ; s 28 janvier 1751, à l'Ile-Dupas.

1759, (29 nov.) Québec.
I.—BEAUVOISIN, Nicolas, fils de Robert et de Thomasse Simon, de Dertan, diocèse de Coutance.
Dumesnil, Angélique. [Paul II.

BEQUART.—*Variations et surnoms* : Bécart—De Grandville.

(1) Dit Joneau.
(2) Voy. vol. I, p. 261.

1668.
I.—BEQUARD (1), Pierre.
Macard, Anne, [Nicolas I.
s 11 déc. 1731, à Québec.[3]
Marie-Anne, b[3] 15 juillet 1677 ; m[3] 7 nov. 1702, à Pierre-Jacques De Joybert ; s 10 avril 1767, aux Cèdres.

II.—BECARD (2), Louis, [Pierre I.
b 1673 ; s 29 juillet 1718, à Québec.

I.—BECARD, Pierre.
Guespé (3), Elisabeth-Louise.
Françoise, b... m 3 août 1761, à Pierre Lebeau, à l'Ile-Dupas.[4]—*François*, b... m[4] 15 oct. 1764, à Marie-Anne Lanoue.

1764, (15 oct.) Ile-Dupas.
II.—BECARD, François. [Pierre I.
Lanoue, Marie-Anne. [Joseph I.

1691, (13 février) Ste-Famille, I. O.
I.—BÉCHARD, Louis-René (4),
b 1665.
Vaillancour, Marie-Anne, [Robert I.
b 1662 ; s 14 juillet 1742, à St-Michel.
Louis, b 25 nov. 1691, à St-Pierre, I. O. ; m 17 janv. 1718, à Marie-Thérèse Guenet, à Beaumont.

I.—BÉCHARD (5), Yves, fils de Pierre et d'Anne Gallet, des Carmes, diocèse de Limoges.
1º Balan, Henriette, [Pierre I.
veuve de Charles Dussault ; s 22 juillet 1715, à St-Thomas.[4]
Joachim, b 27 février 1697, à Beaumont.—*Gabriel*, b 3 janvier 1698, à St-Michel ; m à Jeanne Chefdevergue.—*Augustin*, b 1700 ; s[4] 22 sept. 1712.—*Geneviève*, b[4] 10 février 1721.—*Jean-Baptiste*, b 1706 ; s[4] 25 juillet 1715.—*Marie*, b[4] 10 août 1709 ; m à Pierre Chefdevergue.—*Marguerite*, b[4] 19 avril et s[4] 2 mai 1711.—*Elisabeth*, b[4] 22 nov. 1712.—*Rosalie*, b[4] 21 juin et s[4] 20 juillet 1715.—*Marthe*, b 1705 ; m 1724, à Adrien Deschamps ; s 16 février 1766, à Nicolet.

1716, (25 juin).[4]
2º Garant, Marie, [Pierre I.
b 1684 ; veuve de Simon Larrivée.
Marie-Félicité, b[4] 12 août 1720.—*Antoine*, b 1719, m 26 janvier 1750, à Marie-Louise Perillard, à Montréal.—*Anonyme*, b 1737 ; s 4 déc. 1740, aux Trois-Rivières.—*Jean-Baptiste*, b... m à Marie-Jeanne Laroche.

1718, (17 janvier) Beaumont.[3]
II.—BÉCHARD, Louis, [René I.
s avant 1760
Guenet, Marie-Françoise (6), [Pierre II.
b 1698 ; s avant 1760.

(1) Voy. vol. I, p. 42
(2) Sieur de Grandville. Capitaine des troupes.
(3) Ou Longuepé.
(4) Voy. vol. I, p. 35.
(5) Et Bechet.
(6) Elle épouse, le 21 août 1775, Guillaume Pelletier, à Kamouraska.

Marie-Joseph, b ³ 14 janvier 1719 ; m ³ 14 oct. 1742, à Jean-Jacques GUAY.—*Marie-Louise*, b ³ 11 mai 1721 ; 1° m ³ 21 août 1741, à Louis COTÉ ; 2° m 27 nov. 1758, à Jean-François AUTIN, à Kamouraska. ⁴—*Marie-Anne*, b ³ 3 oct. 1723 ; m ³ 10 sept. 1742, à Jacques TAILLON.—*Louis*, b ³ 23 sept. 1725 ; m 23 oct. 1747, à Marie-Françoise EMOND, à la Rivière-Ouelle⁵ ; s ⁵ 8 oct. 1756.—*Jean-Baptiste*, b ³ 31 août 1727 ; m à Madeleine TARDIF ; s⁴ 24 nov. 1752.—*Marie-Charlotte*, b ³ 26 mai 1729 ; s ³ 10 août 1730.—*Pierre*, b ³ 10 oct. 1731 ; s ³ 22 juin 1732.—*Angélique*, b ³ 27 mai 1733 ; m ⁴ 14 avril 1755, à Charles ASSELIN.—*Thérèse*, b ³ 20 mars 1735 ; m ⁴ 8 janvier 1753, à Joseph-Marie LAVOIE. —*Marie-Elisabeth*, b ³ 19 oct. 1738 ; m ⁴ 17 janvier 1757, à Basile LAVOIE.—*Marie-Joseph*, b... m 4 nov. 1760, à Etienne PONCET, à Lachine.

II.—BÉCHARD (1), GABRIEL,   [YVES I.
   b 1698 ; s 16 mai 1776, à Nicolet. ¹
CHEFDEVERGUE, Jeanne.   [LOUIS I.
Marie-Madeleine-Françoise, b 18 avril 1721, à Becancour² ; 1° m ² 12 janvier 1739, à Jean MANTENET ; 2° m 1756, à Nicolas LAPEROUSE.— *Gabriel*, b ² 20 mars 1724.—*Antoine*, b ² 20 août 1725 ; s ² 18 mai 1727.—*Marie-Joseph*, b ² 24 mars et s ² 4 avril 1727. — *Marie-Claire*, b ² 28 mars 1728.—*Marie-Françoise*, b ² 31 mars 1730 ; s¹ 5 sept. 1749.—*Jean-Baptiste*, b ² 14 avril et s ² 7 mai 1732.—*Marie-Jeanne*, b ² 26 avril 1733 ; m ¹ 17 février 1756, à Nicolas SALMON.—*Marie-Etienne*, b ² 26 février 1736.—*Jean-Baptiste*, b ² 24 mars 1737 ; m ¹ 10 oct. 1760, à Angelique BOURGOIN.

1743, (25 février) St-Michel. ⁶
II.—BÉCHARD, JACQUES.   [RENÉ I.
LEROUX, Madeleine,   [JEAN III.
   b 1720 ; s 18 mars 1760, à St-Charles.
Jacques, b ⁸ 26 sept. 1744 ; m à Marguerite VIEN.—*Joseph*, b ⁶ 23 sept. 1746.—*Joseph-Marie*, b ⁶ 11 oct. 1748.—*Jean-Baptiste*, b ⁶ 4 juillet 1751. —*Benoit-Marie*, b ⁶ 26 mars 1753.

II.—BÉCHARD (1), JEAN-BTE.   [YVES I.
LAROCHE, Marie-Jeanne.
Alexis, b 2 oct. 1746, à Nicolet¹ ; s¹ 1ᵉʳ déc. 1748.—*Marie-Jeanne*, b ¹ 26 déc. 1748 ; s¹ 13 février 1749.—*Marie-Claire*, b¹ 11 juillet et s¹ 8 sept. 1750.—*Marie-Claire*, b... s¹ 21 août 1751.— *Jean-Baptiste*, b¹ 17 avril 1753 ; s¹ 15 sept. 1763. *Marie-Madeleine*, b¹ 25 mars 1755.— *Marie-Jeanne*, b¹ 20 février 1757.—*Marie-Charlotte*, b... s¹ 1ᵉʳ juin 1758.—*Marie-Joseph*, b... m¹ 20 avril 1761, à Antoine BARON.

1747, (23 oct.) Rivière-Ouelle. ⁷
III.—BÉCHARD, LOUIS,   [LOUIS II.
   s ⁷ 8 oct. 1756.
EMOND, Marie-Frse (2).   [PIERRE-AUGUSTIN II.
Marie-Françoise, b ⁷ 16 janvier 1752 ; s ⁷ 15 janvier 1759.—*Marie-Judith*, b ⁷ 4 février 1756 ; s ⁷ 20 nov. 1758.

(1) Dit Béchet.
(2) Elle épouse, le 11 avril 1758, François Bergeron, à la Rivière-Ouelle.

1750, (26 janvier), Montréal. ⁶
III.—BÉCHARD (1), ANTOINE.   [GABRIEL II.
PERILLARD, Marie-Louise-Nicolas.   [J.-BTE II.
Antoine, b ⁵ 6 janvier 1751.

BÉCHARD, MARIE, epouse de Pierre LAROSE.

1751.
III.—BÉCHARD, JEAN-BTE,   [LOUIS II.
   b 1727 ; s 24 nov. 1752, à Kamouraska. ⁵
TARDIF, Madeleine (2),   [CHARLES III.
   b 1733.
Marie-Madeleine, b ⁸ 20 janvier 1752.—*Jean-Marie*, b ⁸ 21 mars 1753 ; m ⁸ 18 janvier 1779, à Marie-Ursule MARTIN.

1760, (10 oct.) Nicolet.
III.—BÉCHARD (3), JEAN-BTE.   [GABRIEL II,
BOURGOIN, Marie-Angélique,   [JOSEPH III,
   b 1740.

BÉCHARD, GABRIEL, de St-Thomas de Québec.

1779, (18 janvier) Kamouraska.
IV.—BÉCHARD, JEAN,   [JEAN-BTE III,
   b 1753.
MARTIN, Marie-Ursule.   [JEAN I,
   b 1761.

III.—BÉCHARD, JACQUES,   [JACQUES II.
   b 1744.
VIEN, Marguerite.
Jacques, b... m 27 avril 1802, à Victoire BLANCHET, à Beaumont.

1802, (27 avril) Beaumont.
IV.—BÉCHARD, JACQUES.   [JACQUES III.
BLANCHET, Victoire.   [LOUIS.

BECHET.—Voy. BÉCHARD.

BECKER, CHRISTIAN.
BIDEAU, Marie-Catherine.
Catherine, b 16 sept. 1787, à Ste-Foye.¹—*Marie-Sophie*, b ¹ 17 et s ¹ 28 février 1789.

1725, (10 février) Québec. ²
I.—BECQUEMONT, JULIEN, fils de Bernard et de Jeanne Olivier, de St-Martin, ville de Josselin, diocèse de St-Malo ; s 1730.
CHAUVIN, Marie-Louise (4).   [JACQUES I.
Marie-Louise, b ² et s ² 20 juillet 1724.—*Bernard-François*, b ² 4 oct. 1725. — *Marie-Louise*, b ² 6 avril 1727. — *Anonymes*, b ² et s ² 15 août 1729.—*Marie-Louise*, b ² 26 et s ² 28 déc. 1730.

(1) Et Bechet dit Sansoucy.
(2) Elle épouse, le 6 mai 1753, Joseph Ouellet, à Kamouraska.
(3) Dit Béchet.
(4) Elle épouse, le 27 déc. 1736, Nicolas Lauzon, au Détroit.

1700, (23 août) Montréal.[1]

I.—BECQUET (1), François, b 1676; fils de François et de Françoise Bardon, de N.-D. de Rouen; s[1] 30 août 1742.
    DePoitiers (2), Jeanne,   [Jean-Bte I.
    b 1676; s[1] 23 avril 1715.
    Catherine-Angélique, b[1] 1er nov.1701; 1o m 1722, à Jean-Baptiste Dubourg; 2o m 1736, à François-Eliezer Chevalier. — *Marie-Françoise,* b[1] 12 mars 1704; 1o m[1] à Jacques Dubourg; 2o m 17 août 1733, à Ursin Dutalmé. — *Louise,* b[1] 11 juin 1706; m 24 mars 1727, à François-Julien Baritaut — *Jeanne,* b[1] 14 janvier 1709; m[1] 10 mai 1733, à Jean-Baptiste Barsolou; s[1] 9 mai 1743.—*Pierre-Joseph,* b[1] 4 août 1711.—*Nicolas-Joseph,* b[1] 19 février 1714.

BECQUET, Jean-Bte.
    Caignard, Geneviève.
    Marie-Jeanne, b 26 mars 1728, à Québec.[3]—*Marie-Joseph,* b[3] 28 février 1731. — *Marie-Jacquette,* b[3] 7 février 1737; s[3] 1er déc. 1759.

BECQUET, Pierre (3), b 1697; s 28 sept. 1757, à Québec.

BECQUET, Pierre (4).
    Vanier, Marie-Geneviève (5).
    Marie-Anne, b 27 mars 1740, au Sault-au-Récollet.[4]—*Jacques,* b[4] 12 mai 1742.—*Thérèse,* b... m 28 nov. 1758, à Isidore Chesne, au Détroit.—*Jean.Baptiste,* b 13 juin et s 2 juillet 1744, à la Longue-Pointe.—*Pierre-Joseph,* b 4 juillet 1737, à Montreal.

BEQUET, Joseph.
    Houé, Marie-Anne,
    b 1719; s 30 avril 1757, à St-Laurent, M.[1]
    Marie-Anne, b[1] 6 oct 1753.

1752, (10 avril) Québec.[1]

I.—BEQUET, Pierre, fils de Pierre et de Marguerite Maillet, de St-Eustache, Paris.
    Racine (6), Marie-Louise.   [Pierre III.
    Jean-Alexis, b[1] 24 mars 1753.—*Michel-Pierre,* b[1] 22 avril 1755.

BEQUET, Louis.
    St-Martin, Geneviève.
    Rose, b 13 mai 1753, à Sorel.

1712, (3 oct.) Montréal.[6]

I.—BECRAFT, Thomas, fils de Thomas et d'Elisabeth Gay, de Norwick, Angleterre.
    Hust, Elisabeth,   [Thomas I.
    b 1689.
    Guillaume, b[6] 3 juillet 1713.—*Thomas,* b[6] 7 juin 1714.

(1) Dit St-Sauveur, en 1704.
(2) Dit Du Buisson.
(3) Gardien aux Forges du Roy.
(4) Voyage dans l'Ouest en 1742.
(5) Elle épouse Jean Pilet.
(6) Dit Ste-Marie.

1744, (1er sept.) Québec.[5]

I —BEDA (1), Jacques, fils d'Arnoul et de Jeanne Alain, de St-Remi, diocèse de Bordeaux.
    Normand, Angélique (2).   [Louis II.
    Marie-Angélique, b[5] 24 janvier 1746.—*Marie-Louise,* b... m[5] 24 oct. 1763, à Jean Bory.

1678, (déc.) Québec.

II.—BEDARD, Louis,   [Isaac I.
    b 1656, s avant 1719.
    Hupé, Madeleine,   [Michel I.
    b 1665.
    Jacques, b 12 mars 1693, à Charlesbourg[2], m 1er juin 1722, à Marie-Anne Doyon, à Beauport.[5]—*Jeanne,* b[2] 14 août 1701; m[3] 23 février 1729, à Simon Parant.—*Louis,* b 1699; s 27 août 1719, à Montréal (noyé).—*Marie-Suzanne,* b[2] 23 janvier 1691; m[2] 20 janvier 1710, à Michel Proteau.

1666, (4 oct.) Québec.

II.—BEDARD, Jacques (3),   [Isaac I.
    s 11 juillet 1711, à Charlesbourg.[2]
    Doucinet, Isabelle,
    b 1647; s[2] 21 nov. 1710.
    Marie-Madeleine, b 25 février 1677, à Québec[3]; m[2] 27 nov 1694, à Louis Renaud.

1696, (12 nov.) Québec.[2]

III.—BEDARD, François (3),   [Jacques II.
    b 1671, s 4 oct. 1741, à Charlesbourg[3]
    1o Auclair, Madeleine,   [Pierre I.
    s avant 1712.
    Pierre, b[3] 27 sept. 1705; m 7 janvier 1731, à Marguerite Parant, à Beauport.—*Marie-Jeanne-Elisabeth,* b[3] 30 déc. 1701; 1o m[3] 1723, à Jean-Baptiste Chretien; 2o m[2] 14 nov. 1740, à François Chevalier.—*Etienne,* b[3] 11 mars 1704; m[3] 1725, à Madeleine Garneau.—*Marie-Thérèse,* b[3] 12 juin 1707; m[3] 15 nov. 1734, à Rene Sasseville.
                1712.
    2o Cœur, Marguerite,   [Pierre I.
    veuve de Michel Chrétien; s[3] 6 avril 1761.
    François-Michel, b 1714; m[3] 22 nov. 1734, à Marie-Jeanne Savard.

1702, (27 nov.) Québec.[3]

III.—BEDARD, Jacques,   [Jacques II.
    b 1675; s 9 avril 1742, à Charlesbourg.[2]
    Renault, Jeanne-Elisabeth.   [Guillaume I.
    Marie-Thérèse, b[2] 9 mai 1720; m[3] 5 nov. 1753, à François Milliot.—*Jean-Baptiste,* b[2] 23 mai 1723, m[2] 20 nov. 1747, à Thérèse Leroux.—*Pierre,* b[2] 7 déc. 1725; s[2] 4 juin 1727.—*Marguerite,* b 1717, s[2] 10 juin 1733.—*Marie-Charles,* b[2] 9 sept 1704; m[2] 16 sept. 1726, à Joseph Martin.—*Jacques,* b[2] 4 nov. 1705; m[2] 23 juillet 1731, à Marguerite Villeneuve.—*Joseph,* b[2] 28 mai 1716; m[2] 15 février 1740, à Marie-Françoise Thomas. — *Marie-Françoise,* b[2] 21 nov. 1715; m[2] 7 sept. 1744, à Louis Réaume.—*Jeanne-Elisabeth,* b[2] 30 déc. 1708; m[3] 19 juin 1747, à Pierre Robin.

(1) Et Bedet.
(2) Elle épouse, le 12 oct. 1751, Jacques Hermier, à Québec.
(3) Voy. vol I, p 36.

1707, (nov.) Beauport.²
III.—BEDARD, THOMAS-CHARLES, [JACQUES II.
  b 1682 ; s avant 1760.
HUPPÉ, Jeanne-Françoise,   [JACQUES II.
  s 11 sept. 1760, à Charlesbourg.³
Jacques-François, b³ 12 nov. 1708 ; s³ 10 sept. 1711. — *Jacques-Joseph,* b³ 29 janvier 1710 ; m² 19 nov. 1736, à Marie-Louise VACHON. — *Marie-Jeanne,* b³ 24 juin 1711. — *Thomas,* b³ 2 juin 1713 ; m 11 nov. 1743, à Marie-Angélique FISET, à L'Ange-Gardien. — *Augustin,* b³ 10 déc. 1714 ; m 18 février 1754, à Marie-Joseph BOUCHER, à la Rivière-Ouelle.— *Jean-Baptiste,* b³ 21 août 1716 ; m³ 29 oct. 1743, à Marie-Joseph ROY.—*Marie-Joseph,* b³ 1ᵉʳ juin 1718 ; s³ 20 mars 1742.—*Françoise-Cécile,* b³ 27 déc. 1719 ; s³ 28 oct. 1720.—*Rosalie,* b³ 27 février 1721.—*François,* b³ 20 déc. 1722 ; m à Madeleine JOBIN.—*Marie-Anne,* b³ 25 février 1724, s³ 12 juillet 1737.—*Charles,* b³ 20 janvier 1726 ; s³ 1ᵉʳ mars 1736. — *Elisabeth-Jeanne,* b³ 7 mai 1727 ; m³ 31 janvier 1746, à Joseph FISET ; s³ 9 mars 1748. — *Pierre-Laurent,* b³ 6 juillet 1729, ordonné le 26 août 1752(1) ; s 11 mars 1810, à St-Frs-du-Sud. — *Paul,* b³ 4 mars 1731 ; m 13 juin 1757, à Geneviève NIEL, à St-Pierre, I. O., s³ 10 nov. 1758.

1712, (14 nov.) Beauport.
III.—BEDARD, CHARLES.   [JACQUES II.
HUPPÉ, Elisabeth.   [JACQUES II.
Charles-François, b 18 juillet et s³ 6 oct. 1714, à Charlesbourg.³—*Jacques,* b³ 22 août 1715, m 11 nov. 1748, à Anne HARNOIS, à Ste-Foye.—*Marie-Catherine,* b⁴ 12 nov. 1716.—*Marie-Elisabeth,* b³ 31 août 1718, s³ 11 février 1719.— *Charles,* b³ 25 déc. 1719.— *Jean-Baptiste,* b³ 26 avril 1722 ; m³ 18 oct. 1751, à Marie-Madeleine PAQUET.—*Marie-Louise,* b³ 4 juillet 1725, 1º mᵈ 27 nov. 1747, à François VILLENEUVE ; 2º m 5 février 1759, à Prisque CLOUTIER.—*Louis-Marie,* b³ 20 juillet 1727, s³ 1ᵉʳ juillet 1735.—*Charles-Joseph,* b³ 20 juillet 1727 ; m³ 29 janvier 1753, à Elisabeth BERTHIAUME. — *Marie-Therèse,* b³ 20 juillet 1729 ; s³ 28 juillet 1730.—*Marie-Thérèse,* b³ 2 janvier 1731 ; m³ 18 août 1761, à Joseph CLOUTIER.—*Marie-Jeanne,* b³ 2 juillet 1732 ; m³ 24 mai 1751, à Denis VILLENEUVE.— *Pierre-Stanislas,* b³ 1ᵉʳ juillet 1734 ; m³ 26 oct. 1761, à Marie-Louise THIBAULT. — *Simon,* b³ 10 sept. 1737 ; m³ 31 janvier 1763, à Marie-Louise PAQUET.

1712, (14 nov.) Charlesbourg.¹
III.—BEDARD, BERNARD,   [LOUIS II.
  b 1689.
1º ROY-AUDY, Marie-Thérèse.   [JEAN II.
Madeleine, b¹ 14 février 1714 ; m¹ 29 oct. 1738, à Pierre PEPIN.

1719, (19 février) Beauport.²
2º PARANT, Marguerite,   [PIERRE II.
  veuve de Paul Chalifour ; s¹ 26 avril 1751.
Bernard, b¹ 28 et s 31 juillet 1720.—*Marie-Marguerite,* b¹ 13 juillet 1721, m¹ 4 août 1722,

à Pierre-Charles VILLENEUVE.—*Marie-Madeleine,* b¹ 25 déc. 1723, m¹ 23 nov. 1744, à Jean-Pierre VILLENEUVE ; s¹ 13 avril 1762.—*François-Marie,* b¹ 31 déc. 1725 ; m¹ 22 février 1745, à Louise-Geneviève DUPÉRÉ. — *Louis,* b¹ 7 sept. 1727 ; m¹ 21 août 1747, à Marie-Joseph BERTIAUME.— *Thomas,* b¹ 30 déc. 1729 ; m¹ 4 oct. 1751, à Marie-Jeanne BLONDEAU. — *Joseph-Bernard,* b¹ 21 mars 1733 ; m¹ 3 juin 1751, à Marie-Françoise BLONDEAU.—*Charles,* b¹ 8 juillet 1735 ; m¹ 20 août 1753, à Marie-Joseph JOBIN.—*Jean-Marie,* b¹ 20 déc. 1737 ; m² 12 janvier 1756, à Geneviève ISOIR.

1714.
III.—BEDARD, ANTOINE,   [LOUIS II.
  b 1684 ; s 8 février 1735, à Charlesbourg.⁶
GAGNON, Marguerite.   [MATHIEU II.
Marie-Charlotte, b⁶ 2 sept. 1715 ; m⁸ 3 février 1733, à Charles RENAULT.— *Marguerite,* b⁶ 28 mars 1717 ; m⁶ 21 nov. 1735, à Pierre RENAULT. —*Antoine,* b⁶ 23 mars 1719 ; m⁶ 9 nov. 1739, à Marie-Louise RENAULT.—*Louis,* b⁶ 14 mai 1721 ; m⁶ 4 février 1743, à Thérèse FALARDEAU.—*Pierre,* b⁶ 5 sept. 1723.—*Michel,* b⁶ 1ᵉʳ janvier 1726.— *Simon,* b⁶ 22 février 1728 ; s⁶ 3 août 1730.—*Thomas,* b⁶ 12 juin 1730 ; 1º m 13 janvier 1755, à Marie-Charlotte PARANT, à Québec ; 2º m⁶ 4 février 1760, à Marie-Françoise LEREAU ; 3º m⁶ 18 juillet 1763, à Marie-Hélène BEDARD.—*Jacques,* b⁶ 12 août 1732, s⁶ 8 juin 1733.— *Jean-Baptiste,* b... m⁶ 5 février 1759, à Marie MARTEL. — *Marie-Madeleine* (posthume), b⁶ 12 février 1735 ; m⁶ 21 avril 1755 à Joseph MARTEL.

1718, (24 oct.) Charlesbourg.⁶
III.—BEDARD, JEAN-BTE,   [LOUIS II.
  b 1695, s⁶ 21 janvier 1742.
1º PARADIS, Jeanne,   [JEAN II.
  b 1699 ; s⁶ 21 mai 1733.
Jean-Baptiste, b⁶ 10 oct. 1719 ; s⁶ 11 février 1736. — *Marie-Jeanne,* b⁶ 16 juillet 1721.— *Marie-Madeleine,* b⁶ 10 février 1723 ; 1º m⁶ 20 juillet 1744, à Jean-Baptiste-Charles FALARDEAU ; 2º m⁶ 28 nov. 1758, à Jean-Baptiste CONTREMINE. — *Pierre,* b⁶ 29 juillet 1724, m⁶ 9 janvier 1747, à Marguerite SAVARD. — *Marie-Madeleine,* b⁶ 31 juillet 1726.—*Louis,* b⁶ 11 avril 1728 ; s⁶ 25 juin 1753. — *Marie-Louise,* b⁶ 22 février 1730 ; s⁶ 23 juin 1733.—*Marie-Charlotte,* b⁶ 24 juin et s⁶ 3 juillet 1732.—*Anonyme,* b⁶ et s⁶ 15 mai 1733.

1734, (11 janvier).⁶
2º MARTEL, Catherine (1).   [JEAN-FRANÇOIS II.

1722, (1ᵉʳ juin) Beauport.
III.—BEDARD, JACQUES,   [LOUIS II.
  b 1693 ; s 28 avril 1758, à Charlesbourg.⁶
DOYON, Marie-Anne.   [THOMAS II.
Marie-Anne, b⁶ 19 juin 1723 ; m⁶ 15 février 1746, à Louis NORMANDEAU.—*Marie-Madeleine,* b¹ 15 mai 1729 ; m⁶ 10 nov. 1749, à Jean THIBAULT.— *Thomas,* b⁶ 13 oct. 1735 ; m à Angélique GLINEL ; s⁶ 12 sept. 1755.

---

(1) Curé de la paroisse de St-Frs-du-Sud pendant 58 ans.

(1) Elle épouse, le 4 août 1750, Jacques Boiteau, à Charlesbourg.

1722, (7 sept.) Charlesbourg. ⁶
IV.—BEDARD, JACQUES.   [FRANÇOIS III.
  1° GERVAIS, Marie-Therèse.   [JACQUES II.
  b 1702 ; s ⁶ 22 janvier 1730.
  Marie-Madeleine, b ⁶ 24 février 1724 ; m ⁶ 21
juin 1745, à Jean-Baptiste MARTEL ; s ⁶ 2 oct.
1758. — *Marie-Thérèse*, b ⁶ 11 mai 1726 ; m ⁶ 2
mai 1746, à Prisque VERRET.
              1730, (2 oct.) ⁶
  2° BERGEVIN, Marie-Renée.   [JEAN II.
  Jacques, b ⁶ 6 août 1743.

1725, (28 nov.) Charlesbourg. ⁷
IV.—BEDARD, ETIENNE.   [FRANÇOIS III.
  1° GARNEAU, Madeleine,   [JEAN II.
  b 1707 ; s ⁷ 9 sept. 1746.
  François, b ⁷ 1ᵉʳ sept. 1727, s ⁷ 6 mai 1743.—
Jean, b ⁷ 25 avril 1730 ; m ⁷ 14 juin 1751, à Angélique LEREAU. — *Marie-Madeleine*, b ⁷ 26 mai
1732 ; m ⁷ 12 oct. 1750, à Jacques VOYER. —
Etienne, b ⁷ 20 août et s ⁷ 11 sept. 1736.—*Marie-
Joseph*, b ⁷ 22 juillet et s ⁷ 22 août 1740.—*Etienne-
Charles*, b ⁷ 15 juin et s ⁷ 12 juillet 1743.
              1749, (13 janvier). ⁷
  2° FALARDEAU, Marie-Ambroise, [FRANÇOIS III.
  veuve de Jacques Savard.

1731, (7 janvier) Beauport. ⁶
IV.—BEDARD, PIERRE,   [FRANÇOIS III.
  b 1705.
  1° PARANT, Marguerite,   [CHARLES II.
  s ⁸ 21 sept. 1731.
           1732, (22 sept.) Charlesbourg. ²
  2° GARNEAU, Marie-Louise.   [JEAN II.
  François, b ² 25 sept. et s ² 10 oct. 1733.
—*Pierre*, b ⁸ 28 juillet 1735 ; m ² 24 nov. 1760,
à Marie BOURBEAU.—*Jean-François*, b ⁸ 27 mai
et s ⁸ 30 juin 1737.— *Marie-Louise*, b ⁸ 10 juillet
1738 ; m ² 22 février 1762, à Joseph VERRET.
—*Jean-François*, b ² 13 mars 1741.—*Etienne*, b ²
8 avril 1743.—*Marie-Joseph*, b ² 24 avril 1745.—
Marie-Charlotte, b ² 6 sept. 1747.—*Charles*, b ² 22
oct. 1749.—*Marie-Elisabeth*, b ² 22 mars 1752.—
Marie-Madeleine, b ² 2 nov. 1754.—*Marie-Joseph*,
b ² 25 février 1755.

1731, (23 juillet) Charlesbourg ¹
IV.—BEDARD, JACQUES,   [JACQUES III.
  s avant 1763.
    VILLENEUVE, Madeleine.   [CHARLES II.
  Madeleine, b ¹ 6 mai 1732 ; s ¹ 16 mai 1733.—
Jacques-Charles, b ¹ 14 juin 1733.—*Madeleine*, b ¹
9 nov. 1734, 1° m ¹ 16 juin 1760, à Michel
BOUVIER ; 2° m 11 août 1783, à Charles SIMARD,
à Québec. — *Louis-Joseph*, b ¹ 6 juin 1736.—
Marie-Charlotte, b ¹ 25 nov. 1737 —*Marie-Mar-
guerite*, b ¹ 23 février 1740 ; m ¹ 14 sept. 1761, à
Salomon PETIT.—*Marie-Joseph*, b ¹ 10 février
1742.—*Jean-Charles*, b ¹ 19 nov. 1743 ; s ¹ 15
février 1758.—*Marie-Catherine*, b ¹ 15 sept. 1745.
—*Angélique-Louise*, b ¹ 28 juin et s ¹ 29 nov.
1748.—*Marie-Thérèse*, b... m ¹ 17 janvier 1763, à
Louis PAQUET.

1734, (22 nov.) Charlesbourg. ⁴
IV.—BEDARD, FRANÇOIS-MICHEL.   [FRS III.
  SAVARD, Marie-Jeanne.   [FRANÇOIS III.
  François, b ⁴ 12 sept. 1735 ; s ⁴ 16 juillet 1749.
—*Charles*, b ⁴ 16 déc. 1736.— *Marie-Madeleine*,
b ⁴ 21 juillet 1738.—*Marie-Joseph*, b ⁴ 27 avril
1740.—*Louis-Simon*, b ⁴ 28 oct. 1741 ; s ⁴ 9
janvier 1743.—*Etienne*, b ⁴ 11 mars 1743.—*François-Xavier*, b ⁴ 8 déc. 1744.—*Marie-Jeanne*, b ⁴ 8
mai 1746.—*Marie-Marguerite*, b ⁴ 20 février 1748 ;
s ⁴ 15 mai 1749.—*Félicité*, b ⁴ 27 mai 1749.—
Marie-Françoise, b ⁴ et s ⁴ 5 août 1750.—*Marie-
Agathe*, b ⁴ 29 août 1753.—*Marie-Elisabeth*, b ⁴ et
s ⁴ 13 oct. 1755.—*Marie-Angélique*, b ⁴ 18 juillet
1756.

1736, (19 nov.) Beauport
IV.—BEDARD, JACQUES-JOSEPH.   [THOMAS III.
  VACHON, Louise.   [LOUIS III.
  Marie-Louise, b 19 nov. 1737, à Charlesbourg.⁵
—*Jacques-Thomas*, b⁵ 20 nov. 1739, s⁵ 3 janvier
1742.—*Louis-Alexis*, b ⁵ 1ᵉʳ avril 1741.— *Marie-
Angélique*, b ⁵ 19 août 1742 ; s ⁵ 28 juin 1749.—
Marie-Madeleine, b ⁵ 10 mars 1744 ; s ⁵ 2 juillet
1749. — *Thérèse-Judith*, b ⁵ 27 juillet 1745. —
Joseph-Jérôme, b ⁵ 18 mars 1747.—*Marie-Anne*,
b ⁵ 8 juin et s ⁵ 11 juillet 1748.—*Marie-Joseph*, b⁵
8 juin et s ⁵ 2 sept. 1748.—*Marie-Angélique*, b ⁵
16 sept. 1749.—*Marguerite*, b⁵ 10 février 1751.—
François-Bazile, b⁵ 22 sept. 1752.—*Marie-Joseph*,
b ⁵ 4 janvier 1755.—*Marie-Agathe*, b ⁵ 18 mars
1757.—*Elisabeth-Françoise*, b ⁵ 20 nov. 1758 ;
s ⁵ 27 août 1759.—*Thérèse*, b 1760 ; s⁵ 6 déc.
1761.

1739, (9 nov.) Charlesbourg. ⁶
IV.—BEDARD, ANTOINE-PIERRE,   [ANTOINE III.
  b 1719.
  1° RENAULT, Marie-Louise.   [PIERRE II.
  s ⁶ 4 mai 1756.
  Marie-Louise, b ⁶ 4 août 1742 ; s ⁶ 24 janvier
1744.—*Antoine*, b ⁶ 13 mars 1744.—*Pierre*, b ⁶ 9
mars 1746, m 7 janvier 1775, à Marie-Joseph
HAMEL, à Lorette. — *Jean-Baptiste*, b ⁶ 1ᵉʳ février
1748.—*Thomas*, b ⁶ et s ⁶ 1ᵉʳ août 1750.—*Jacques-
François*, b ⁶ 18 oct. 1751 ; s⁶ 28 juin 1760.—
Marie-Louise, b ⁶ 13 juillet 1753 ; s⁶ 19 oct. 1755.
—*Marie-Marguerite*, b ⁶ 25 nov. 1755.
  2° SAVARD, Marie-Joseph.   [PIERRE III.
  Antoine, b 1758 ; s ⁶ 11 mai 1761 —*Marie-
Joseph*, b ⁶ 26 nov. 1758.—*Marguerite*, b ⁶ 6 et s⁶
15 juillet 1760.—*Jean-Baptiste*, b ⁶ 29 nov. 1761.

1740, (15 février) Charlesbourg. ⁷
IV.—BEDARD, JOSEPH.   [JACQUES III.
  1° THOMAS, Marie-Françoise,   [CLAUDE II.
  s avant 1752.
  Marie-Joseph, b ⁷ 6 janvier 1741 ; s ⁷ 19 sept.
1756.—*Joseph*, b ⁷ 23 août 1742 —*Jean-Jacques*,
b ⁷ 27 nov. 1743.—*Joseph*, b ⁷ 5 sept. 1745.—
Thérèse-Jeanne, b ⁷ 1ᵉʳ juin 1747 ; m 9 nov. 1762,
à Jean-Baptiste LAURENT, à Québec ; s ⁷ 2 nov.
1775.—*Joseph-Jacques*, b ⁷ 30 mars 1749 ; s⁷ 24
avril 1751.—*Marie-Jeanne*, b ⁷ 23 avril 1751, s ⁷
8 juillet 1752.

1760, (18 février). [7]
2° LABERGE, Marguerite, [GUILLAUME III.
veuve de François Jobin.
Magloire, b [7] 8 mars et s [7] 21 juillet 1761.—
Joseph (1), b [7] 2 août 1761.—*Jacques*, b [7] 14 août 1762.

1743, (4 fevrier) Charlesbourg. [8]
IV.—BEDARD, LOUIS, [ANTOINE III.
b 1721.
FALARDEAU, Thérèse. [GUILLAUME II.
Louis, b [8] 21 août 1744.—*Charles*, b [8] 16 juin 1746; m à Josette SAVARD.—*Thérèse*, b [8] 18 mai 1748.—*Thomas*, b 1750; s [9] 12 janvier 1752.—
Marie-Jeanne, b [8] 1er août 1752.— *Marie-Madeleine*, b [8] 13 mars 1754.—*Louis-Joseph*, b [8] 28 oct. 1755.—*Alexandre*, b [8] 8 avril et s [8] 16 oct. 1758.—*Marie-Marguerite*, b [8] 29 nov. 1759.

1743, (29 oct.) Charlesbourg. [2]
IV.—BEDARD, JEAN-BTE. [THOMAS III.
ROY, Marie-Joseph. [JEAN-BTE III.
Marie-Charlotte, b [2] 5 nov.1744.—*Jean-Baptiste-Marie*, b [2] 21 août 1754.

1743, (11 nov.) L'Ange-Gardien.
IV.—BEDARD, THOMAS, [THOMAS III.
FISET, Marie-Angelique. [CHARLES II.
Angélique-Françoise, b [2] 1er avril 1745, à Charlesbourg. [2]—*Thomas-Laurent*, b [2] 3 février 1747.—*Charles-Joseph*, b [2] 4 nov. 1748.—*Louis-Marie*, b [2] 26 août 1750.—*Ambroise*, b [2] 10 mars 1754.—
Jean-Baptiste, b [2] 18 mai 1761.— *Jacques-Henri*, b [2] 13 mai 1763.

1745, (22 février) Cherlesbourg. [2]
IV.—BEDARD, FRANÇOIS-MARIE. [BERNARD III.
DUPÉRÉ, Louise-Geneviève. [LOUIS II.
François, b [2] 17 mars 1746.—*Jean-Bernard*, b [2] 25 juillet 1748.—*Thomas*, b [2] 8 août et s [2] 2 sept. 1750.—*Geneviève-Véronique*, b [2] 6 juillet 1752.—
Marie-Marguerite, b [2] 15 mai 1754; s [2] 4 juillet 1755.—*Marie-Anne*, b [2] 12 déc. 1755.

1747, (9 janvier) Charlesbourg. [2]
IV.—BEDARD, PIERRE-FRANÇOIS, [JEAN III.
b 1724.
SAVARD, Marguerite. [JACQUES III.
Marie-Marguerite, b [2] 1er fevrier 1748; m à Andre GENEST.—*Pierre*, b [2] 1er avril 1749; s [2] 18 mai 1750.—*Jean-Baptiste*, b [2] 18 août 1750; s [2] 30 déc. 1761.—*Marie-Véronique*, b [2] 9 juin 1753; s [2] 26 juin 1754.

1747, (21 août) Charlesbourg. [2]
IV.—BEDARD, LOUIS, [BERNARD III.
b 1727.
BERTHIAUME, Marie-Joseph. [JEAN I.
Anonyme, b [2] et s [2] 1er nov. 1748. — *Marie-Joseph*, b [2] 2 avril 1752.—*Jean-Marie*, b [2] 22 janvier 1754; s [2] 2 mai 1755.—*Jean-Baptiste*, b [2] 23 février 1756.—*Pierre-Charles*, b [2] 23 juillet 1757.—*Paul*, b [2] 23 juillet 1759.—*François*, b [2] 2 mai 1761.—*Marie-Félicité*, b [2] 20 avril 1763.

(1) Cas de superfétation.

1747, (20 nov.) Charlesbourg. [2]
IV.—BEDARD, JEAN-BTE, [JACQUES III.
b 1723.
LEROUX, Thérèse. [IGNACE III.
Jean-Baptiste-Ignace, b [2] 15 oct. 1748.—*Jean-François*, b [2] 16 août 1750.—*Marie-Louise*, b [2] 28 avril et s [2] 3 juin 1752.—*Marie-Thérèse*, b [2] 1er mars 1754; s [2] 14 sept. 1755.—*Jean-Baptiste*, b [2] 7 juin 1756.—*Pierre-François*, b [2] 31 mai 1759; s [2] 12 nov. 1760.—*Joseph*, b 1761; s [2] 12 mars 1762.—*Jean-Etienne*, b [2] 25 janvier 1763.

1748, (11 nov.) Ste-Foye. [4]
IV.—BEDARD, JACQUES, [CHARLES III.
b 1715; s avant 1787.
HARNOIS, Marie-Anne, [EUSTACHE II.
s [4] 29 oct. 1787.
Joseph, b [4] 5 sept. 1749.—*Jacques*, b [4] 7 juillet 1751; m [4] 30 janvier 1775, à Marguerite PARADIS.
—*Marie-Thérèse*, b [4] 25 fevrier 1754. — *Marie-Thérèse*, b [4] 17 août 1755; m à Charles DROLET, s [4] 29 avril 1780.—*Anonyme*, b [4] et s [4] 17 juin 1758.—*Marie-Angélique*, b [4] 3 juillet 1762; s [4] 27 fevrier 1779. — *Guillaume*, b [4] 16 mai 1769.—
Pierre, b 1770; s [4] 16 août 1773.—*Charlotte*, b... m [4] 7 fevrier 1774, à François BARBEAU.—*Charles*, b...

1750.
IV.—BEDARD, FRANÇOIS, [THS-CHARLES III.
b 1722.
JOBIN, Marie-Madeleine. [JACQUES III.
François, b 27 oct. 1751, à Charlesbourg.[4]—
Laurent-Augustin, b [4] 23 avril 1753; s [4] 13 mars 1754.—*Ambroise*, b [4] 5 mars 1755.—*Marie-Madeleine*, b [4] 13 août 1756; s [4] 27 août 1758.—*Marie-Madeleine*, b [4] 4 mars 1763.

1751, (3 juin) Charlesbourg. [4]
IV.—BEDARD, JOS.-BERNARD, [BERNARD III.
b 1733.
BLONDEAU, Marie-Françoise. [FRANÇOIS III.
Joseph, b [4] 31 janvier 1752; m à Marguerite CHAILLÉ—*François*, b [4] 13 juin 1753.—*Marie-Françoise*, b [4] 28 février 1755.—*Marie-Louise*, b [4] 27 juin 1757.—*Etienne*, b [4] 9 et s [4] 27 oct. 1759. — *Louis-François*, b [4] 22 août 1761. — *Marie-Angélique*, b [4] 4 déc. 1763.

1751, (14 juin) Charlesbourg. [4]
V.—BEDARD, JEAN. [ETIENNE IV.
LEREAU, Marie-Angélique. [PIERRE III
Marie-Angélique, b [4] 9 oct. 1752. — *Anonyme*, b [4] et s [4] 3 sept. 1753.—*Marie-Marguerite*, b [4] 15 juillet 1754.—*Anonyme*, b [4] et s [4] 12 oct. 1755.—
Marie-Louise, b [4] 22 oct. 1759.

1751, (4 oct.) Charlesbourg. [3]
IV.—BEDARD, THOMAS, [BERNARD III.
b 1729.
BLONDEAU, Marie-Jeanne. [FRANÇOIS III.
Marie-Louise, b 27 nov. 1753, à Lorette. [4]—
Thomas-Pierre, b [4] 1er juillet 1755. — *Marie-Joseph*, b [4] 11 février 1757. — *Gabriel et François*, b [3] 20 dec. 1760. — *Marie-Angélique*, b [4] 25 août 1762.

1751, (18 oct.) Charlesbourg. ²
IV.—BEDARD, JEAN-BTE,   [CHARLES III.
  b 1722.
PAQUET, Marie-Madeleine.   [PIERRE IV.
Marguerite, b ² 4 janvier 1753.—*Jean-Baptiste*,
b ² 26 août 1754.—*Marie-Madeleine*, b ² 18 juillet
1756.—*Charles*, b ² 5 mai 1758—*Marie-Rosalie*,
b ² 16 déc. 1761.—*Pierre*, b ² 28 sept. 1763.

1751.
IV.—BEDARD, THOMAS,   [JACQUES III.
  b 1735 ; s 12 sept. 1755, à Charlesbourg. ²
GLINEL, Angélique,   [JEAN II.
  b 1727.
Pierre-Laurent, b ² 23 mars 1752.

1753, (29 janvier) Charlesbourg. ¹
IV.—BEDARD, CHARLES-JOSEPH,   [CHS III.
  b 1727.
BERTHIAUME, Elisabeth.   [JEAN I.
Marie-Elisabeth, b ¹ 24 nov. 1753. — *Pierre-Joseph*, b ¹ 29 juin 1756.—*Marie-Simone*, b ¹ 17 mars 1758.—*Marie-Elisabeth*, b ¹ 23 août 1760.—*Marie-Louise*, b ¹ 3 juin 1762. — *Charles*, b ¹ 20 dec. 1763.

1753, (20 août) Charlesbourg. ²
IV.—BEDARD, CHARLES,   [BERNARD III.
  b 1735,
JOBIN, Marie-Joseph.   [JACQUES III.
Anonyme, b ² et s ² 5 juillet 1754. — *Marie-Joseph*, b ² 6 juillet 1755.— *Charles*, b ² 10 janvier 1757.— *Pierre*, b ² 16 avril 1759.— *Marie-Françoise*, b ² 24 août 1761.—*Jean-Baptiste*, b ² 26 février 1763.

1754, (18 février) Rivière-Ouelle.
IV.—BEDARD, AUGUSTIN.   [THOMAS III.
BOUCHER, Marie-Joseph.   [PIERRE IV.

1755, (13 janvier) Québec. ¹
IV.—BEDARD, THOMAS,   [ANTOINE III.
  b 1730.
1° PARANT, Marie-Charlotte,   [ETIENNE III.
  b 1730 ; s ¹ 27 août 1758.
Marie-Charlotte, b 13 oct.1755,à Charlesbourg ²; s ² 24 juillet 1758.—*Barbe*, b ² 16 sept. 1756 ; s ² 17 mars 1758.
    1760. (4 février). ²
2° LEREAU, Marie-Françoise,   [PIERRE IV.
  s ² 28 août 1762.
Thomas, b... s ² 18 sept. 1762.
    1763, (18 juillet). ²
3° *Marie-Helène* (1).

1756, (12 janvier) Beauport.
IV.—BEDARD, JEAN-MARIE,   [BERNARD III.
  b 1737.
ISOIR, Marie-Geneviève,   [JEAN II.
  b 1732.
Marie-Angélique, b 18 et s 29 déc. 1756, à Charlesbourg. ⁴—*Jean-Marie*, b ⁴ 13 dec. 1758.—

(1) Adoptée par Jacques Bédard.

Marie-Joseph, b ⁴ 30 mai et s ⁴ 5 juin 1761.— *Marie-Louise*, b ⁴ 12 juin 1762.—*Marie-Anne*, b ⁴ 30 juillet et s ⁴ 22 août 1763.

1757, (13 juin) St-Pierre, I. O.
IV.—BEDARD, PAUL.   [THOMAS III.
NIEL, Geneviève.   [PIERRE III.

1759, (5 février) Charlesbourg. ³
IV.—BEDARD, JEAN-BTE.   [ANTOINE III.
MARTEL, Marie.   [JOSEPH III.
François, b ³ et s ³ 13 août 1761.—*Jacques*, b ³ 6 juillet 1762.

1760, (24 nov.) Charlesbourg. ³
V.—BEDARD, PIERRE.   [PIERRE IV.
BOURBEAU, Marie.   [JACQUES III.
Anonyme, b ³ et s ³ 5 janvier 1761. — *Marie-Louise*, b ³ 3 déc. 1761.

1761, (26 oct.) Charlesbourg. ³
IV.—BEDARD, PIERRE-STANISLAS, [CHARLES III.
  b 1734.
THIBAULT, Marie-Joseph.   [JOSEPH III.
Pierre-Stanislas, b ³ 14 sept. 1762. — *Marie-Joseph*, b ³ 15 oct. 1763.

1763, (31 janvier) Charlesbourg. ³
IV.—BEDARD, SIMON,   [CHARLES III.
  b 1737.
PAQUET, Marie-Louise.   [PIERRE IV.
Simon, b ³ 25 déc. 1763.

V.—BEDARD, JOSEPH,   [JOSEPH-BERNARD IV.
  b 1752.
CHAILLÉ, Marguerite.   [LOUIS III.
Joseph, b... 1° m 29 août 1796, à Marguerite LEMAY, à St-Jean-Deschaillons ² ; 2° m ² 7 oct. 1822, à Catherine HAMEL.

BEDARD, FRANÇOIS, b... s 2 février 1761, à Lorette.

BEDARD, PIERRE,
  s avant 1823.
PARANT, Madeleine,
  s avant 1823.
Madeleine, b... m 30 sept. 1823, à Frederic RICHER, à St-Jean-Deschaillons.

1775, (30 janvier) Ste-Foye. ¹
V.—BEDARD, JACQUES.   [JACQUES IV.
PARADIS, Marguerite,   [PIERRE IV.
  b 1750.
Anonyme, b ¹ et s ¹ 28 mars 1781.—*Joseph*, b ¹ 21 juillet 1786.—*Louis-François*, b ¹ 18 février 1788.

1775, (7 janvier) Lorette. ²
V.—BEDARD, PIERRE.   [ANTOINE-PIERRE IV.
HAMEL, Marie-Joseph.   [JOSEPH IV.
  b 1751.
Antoine, b... m ² 23 janvier 1804, à Thérèse ALAIN.—*Pierre*, b...

1776.
V.—BEDARD, Charles, [Louis IV.
b 1746.
Savard, Josette, [Pierre III.
b 1745.
Jacques, b 1776 ; s 30 août 1779, à Ste-Foye. ² — *Charles*, b ² 17 nov. 1777, s ² 19 déc. 1778.— *Anonyme*, b ² et s ² 26 sept. 1780.—*Josette*, b 1783 ; s ² 5 avril 1786.—*Marie*, b ² 27 janvier 1787.—*Marie-Anne*, b ² 28 août 1788.

1796, (29 août) St-Jean-Deschaillons. ³
VI.—BEDARD, Joseph. [Joseph V.
1° Lemay, Marguerite, [Jean-Baptiste.
b 1769 ; s ³ 9 juin 1821.
1822, (7 oct.) ³
2° Hamel, Catherine. [Antoine.

1804.
VI.—BEDARD, Antoine. [Pierre V.
Alain, Thérèse. [Joseph.
Pierre, b... m 24 nov. 1836, à Marguerite Ouvrard, à Québec.—*Joseph*, b...—*Marie*, b... m à Etienne Girard.

1836, (24 nov.) Québec.
VII.—BEDARD, Pierre. [Antoine VI.
Ouvrard, Marguerite. [Louis.

BEDARD, Marguerite, épouse de Jean Gilbert.

BEDARD, Marie-Madeleine, épouse de François Goulet.

BEDARD, Madeleine, b... 1° m à Jacques Voyer ; 2° m 17 oct. 1757, à Ignace Berthiaume, à Lorette.

BEDARD, Louise, épouse de Jacques Delinel.

BEDARD, Thècle, épouse de Louis Delage.

BEDARD, Marie-Louise, épouse de Pierre Fréchet.

BEDARD, Thérèse, épouse de François Miot.

1759, (5 février) Bout-de-l'Ile, M
I.—BEDEL (1), George, fils de Barthelemy et de Jeanne Harz, de Bazeize, diocèse de Toulouse.
Gruzelin, Marie-Anne (2). [Benoit I.

BEDOIN, Marie, épouse de Charles Hamel.

1753, (16 juillet) Québec ⁴
I.—BEDOIN, François, fils de Pierre et d'Anne Boulet, de Routtion, diocèse d'Avranche.
Toupin, Ursule, [René II.
b 1729.
François, b ⁴ 30 avril 1754.—*Paul*, b ⁴ 22 déc. 1755 ; s ⁴ 29 sept. 1756.—*Marie-Françoise-Ursule*, b ⁴ 17 avril 1762.

1755, (17 nov.) Château-Richer. ⁶
I.—BEDOUIN, Etienne, fils d'Etienne et de Guillimine Crambon, de Bellière, diocèse de Coutance.
Malbeuf, Elisabeth, [Joseph II.
b 1729.
Marie-Joseph, b ⁶ 19 mai 1758.

BEDOQUECHETE, Judith (sauvagesse), épouse de Simon Peupe.

1744, (10 février) Québec. ⁴
I.—BEDOUT, Jean-Antoine, medecin (1), fils de Jean (notaire royal à Bordeaux) et de Marie Begury, de St-Remy.
Barolet, Françoise. [Claude I.
Antoine, b ⁴ 26 janvier 1745.—*Marie-Françoise*, b ⁴ 13 mars 1746.—*Marie-Anne*, b ⁴ 31 oct. 1747. —*Françoise-Joseph*, b ⁴ 5 oct. 1749.—*Jacques*, b ⁴ 14 janvier 1751. — *Michel-Antoine*, b ⁴ 24 sept. 1752.—*Louis-Antoine* et *Marie-Anne*, b ⁴ 25 août 1753. — *Marguerite*, b ⁴ 17 avril 1755. — *Joseph-François*, b 30 juillet et s 10 oct. 1759, à Batiscan.

BEFFRE.—Voy. Bafre.

BEFFRE, Pierre, marchand.
Marie, b 17 sept. 1755, à Ste-Croix.

1701, (21 nov.) Québec. ⁴
I.—BÉGAL, Jacques (2), fils de Jean (Procureur au Parlement de Paris) et de Geneviève Fannon, de St-Gervais, Paris.
Mossion, Flavianne, [Robert I.
s ⁴ 1er février 1752.
Joseph, b ⁴ 16 juillet et s ⁴ 3 oct. 1702.—*Marie-Anne*, b ⁴ 7 janvier 1704 ; s ⁴ 27 janvier 1754.— *Anne-Marguerite*, b ⁴ 11 avril et s ⁴ 4 oct. 1706.— *Marie-Louise*, b ⁴ 23 sept. 1707.

1668, (15 oct.) Québec ⁴
I.—BÉGIN, Louis (3),
b 1636 ; s 26 déc. 1708, à Lévis. ⁵
Durand, Jeanne,
b 1654 ; s ⁵ 28 juillet 1722.
Marie-Anne, b ⁴ 3 août 1669 ; m à Louis Guay, s ⁵ 3 oct. 1687.—*Etienne*, b ⁶ 13 mai 1691 ; m ⁵ 27 mai 1722, à Geneviève Rochon ; s ⁵ 16 déc. 1759.—*Marie-Marguerite*, b ⁴ 23 juin 1672 ; m ⁵ 7 nov. 1695, à Eustache Couture ; s avant 1733

1714, (23 janvier) Lévis. ⁵
II.—BÉGIN, Jean-Bte. [Louis I.
Carrier, Louise, [Ignace II.
b 1695 ; s ⁵ 1er mai 1728.
Jean-Baptiste, b ⁵ 17 déc. 1717 ; 1° m ⁵ 23 nov. 1739, à Louise Bourassa ; 2° m 23 juin 1750, à Gertrude Pouliot, à St-Laurent, I. O. ; 3° m ⁵ 28 février 1764, à Marie-Anne Dussault.—*Marie-Anne*, b ⁵ 23 sept. 1719 ; m ⁵ 11 janvier 1740, à

---

(1) Dit St-Georges, soldat de la Sarre, compagnie du chevalier Donz.
(2) Elle épouse, le 18 février 1760, Jean Bazanaire, au Bout-de-l'Ile, M.

(1) Conseiller du Roy.
(2) Commis au Bureau de contrôle. Appelé "Begard", ⁷ janvier 1704.
(3) Voy. vol. I, p. 37.

Michel LEMIEUX. — *Marie-Louise*, b⁵ 12 avril 1721 ; m⁴ 29 août 1741, à Jean-Baptiste DRAPEAU ; s⁵ 14 février 1771. — *Marie-Thérèse*, b⁵ 7 février 1723 ; m⁵ 1ᵉʳ juin 1744, à Joseph LARRIVÉE. — *Charles-Louis*, b 1720 ; m⁵ 29 oct. 1744, à Suzanne DUQUET, s⁵ 25 nov. 1749. — *Joseph*, b... m⁵ 18 janvier 1751, à Marie-Anne HUOT. — *Louis-Jacques*, b⁵ et s⁵ 15 janvier 1725. — *Marie-Elisabeth*, b⁵ 25 janvier et s⁵ 13 avril 1726. — *Jean-Baptiste*, b⁵ et s⁵ 10 juillet 1730.

1722, (27 mai) Lévis. ⁵
II. — BÉGIN, ETIENNE, [LOUIS I.
   s⁵ 16 déc. 1759.
   ROCHON, Marie-Geneviève, [ETIENNE II.
   b 1701.
Etienne, b⁵ 7 mars 1723, 1º m⁵ 23 nov. 1751, à Geneviève SAMSON ; 2º m⁵ 13 février 1764, à Louise GRENET. — *Charles*, b⁵ 27 oct. 1725 ; m 16 août 1756, à Marthe TURGEON, à Beaumont. ⁶ — *Michel*, b⁵ 14 février 1728 ; 1º m⁵ 19 février 1753, à Marie-Joseph TURGEON ; 2º m⁵ 23 juillet 1770, à Cécile QUENTIN. — *Louis*, b⁵ 8 avril 1730, m⁶ 6 nov. 1753, à Marie-Geneviève LACASSE. — *Marie-Geneviève*, b⁵ 1ᵉʳ février 1732 ; m⁵ 31 juillet 1752, à Michel DUSSAULT. — *Geneviève-Marguerite*, b⁵ 11 janvier 1734 ; m⁵ 23 août 1755, à François GUAY. — *Marie-Anne*, b⁵ 16 juillet 1740 ; m⁵ 25 mai 1763, à Joseph LEMIEUX. — *Barbe*, b⁵ 25 et s⁵ 27 avril 1742. — *Marie-Louise*, b⁵ 3 mai 1744. — *Jean-Baptiste*, b⁵ 20 et s⁵ 28 oct. 1745.

1722, (15 juin) Lévis. ¹
II. — BÉGIN, JACQUES, [LOUIS I.
   b 1696 ; s¹ 20 oct. 1756.
   ROCHON, Geneviève-Charlotte, [ETIENNE II.
   b 1699.
Jacques, b¹ 12 avril 1723 ; 1º m¹ 11 janvier 1751, à Véronique BOURASSA ; 2º m¹ 17 juin 1754, à Charlotte SAMSON. — *Jean-Louis*, b¹ 1ᵉʳ oct. 1725 ; s¹ 31 août 1743. — *Charles-Louis*, b¹ 6 mai 1736 ; m¹ 24 août 1761, à Louise SAMSON. — *Joseph-Marie*, b¹ 31 août 1729 ; s¹ 9 août 1730. — *Joseph-Marie*, b¹ 8 juillet 1731, m¹ 18 avril 1763, à Marie-Joseph GUAY. — *Marie-Joseph*, b¹ 28 février 1728. — *Marie-Véronique*, b¹ 24 nov. 1732 ; m¹ 23 nov. 1751, à Ignace SAMSON. — *André*, b¹ 11 janvier 1734. — *Marguerite*, b¹ 11 janvier 1734 ; m¹ 1ᵉʳ mars 1756, à Etienne SAMSON. — *Marie-Anne*, b¹ 4 oct. 1737, s¹ 22 sept. 1755. — *Marie-Catherine*, b¹ 12 sept. 1740 ; m¹ 10 janvier 1764, à Jean-Baptiste CARRIER. — *Jean-Baptiste*, b¹ 4 août 1742 ; m¹ 8 janvier 1770, à Catherine BOURASSA. — *Marie-Louise*, b¹ 1ᵉʳ mai 1744.

1739, (23 nov.) Lévis. ³
III — BÉGIN, JEAN-BTE. [JEAN-BTE II.
   1º BOURASSA, Marie-Louise, [FRANÇOIS II.
   b 1716 ; s³ 8 août 1748.
Jean-Baptiste, b³ 16 nov. 1740, s³ 15 juillet 1741. — *Joseph*, b³ 1ᵉʳ février 1743 ; m³ 5 nov. 1765, à Marie-Anne LEVASSEUR. — *Marie-Louise*, b³ 11 mars 1744 ; s³ 6 juillet 1751. — *Marguerite*, b³ 14 nov. 1745. — *Jean-Baptiste*, b³ 1ᵉʳ janvier 1742 ; m³ 18 avril 1763, à Rose NOLIN. — *Catherine*, b³ 8 juillet 1748. — *François*, b... m³ 17 février 1770, à Madeleine CARRIER.
   1750, (23 juin) St-Laurent, I. O.
2º POULIOT, Gertrude, [JEAN III.
   b 1728.
Marie-Angélique, b³ 10 avril 1751 ; m³ 8 janvier 1770, à Charles CARRIER. — *Marie-Louise*, b³ 21 mai 1752 ; s³ 26 avril 1756. — *Ambroise*, b³ 30 janvier 1754. — *Louis*, b³ 24 avril 1755. — *Charles*, b³ 12 août 1756 ; s³ 6 mai 1757. — *André*, b³ 27 nov. 1757.
   1764, (28 février). ³
3º DUSSAULT, Marie-Anne. [JEAN III.

1744, (29 oct.) Lévis. ³
III. — BÉGIN, CHARLES, [JEAN-BTE II.
   s³ 25 nov. 1749.
   DUQUET, Suzanne (1). [JEAN III.
Suzanne, b... m³ 10 janvier 1775, à Jacques-Charles CARRIER. — *Charles*, b³ 6 nov. 1749 ; m 3 juillet 1780, à Marie-Joseph LACASSE, à Beaumont.

1751, (11 janvier) Lévis. ⁶
III. — BÉGIN, JACQUES. [JACQUES II.
   1º BOURASSA, Véronique, [FRANÇOIS II.
   s⁶ 12 avril 1751.
   1754, (17 juin). ⁶
2º SAMSON, Charlotte. [AMBROISE III.
Charlotte, b⁶ mars et s⁶ 27 sept. 1755. — *Angélique*, b⁶ 9 sept. 1756. — *Agnès*, b⁶ 8 mars 1758 ; s⁶ 30 nov. 1760. — *Jean-Jacques*, b⁶ 27 oct. 1760. — *François*, b⁶ 28 mars 1763. — *Pierre-Salvador*, b⁶ 30 juin 1764. — *Augustin*, b⁶ 28 août 1766. — *Marie-Anne*, b⁶ 7 août 1768. — *Louis*, b⁶ 20 avril 1770.

BÉGIN, ANGÉLIQUE, épouse d'Ignace HUOT.

1751, (18 janvier) Lévis. ⁶
III. — BÉGIN, JOSEPH. [JEAN-BTE II.
   HUOT (2), Marie-Anne, [LAURENT II.
   b 1731.
Joseph, b⁶ 2 nov. 1751. — *Marie-Anne*, b⁶ 3 mars 1753. — *François-Marie*, b⁶ 10 août 1754, m 22 janvier 1788, à Marie-Charlotte BOILARD, à Beaumont. — *Marie-Geneviève*, b⁶ 1ᵉʳ déc. 1757 ; s⁶ 20 janvier 1758. — *Jean-Baptiste*, b⁶ 23 février 1764. — *Antoine*, b⁶ 9 oct. 1768.

1751, (23 nov.) Lévis. ¹
III. — BÉGIN, ETIENNE. [ETIENNE II.
   1º SAMSON, Geneviève, [JOSEPH II.
   s¹ 9 sept. 1762.
Marie-Geneviève, b¹ 1ᵉʳ juillet 1752. — *Etienne-Marie*, b¹ 1ᵉʳ juillet 1754. — *Marie-Anne*, b¹ 21 juin 1755. — *Charles*, b¹ 26 février 1757. — *Véronique*, b¹ 16 mai 1758. — *Marie-Charlotte*, b¹ 9 sept. 1762.

---

(1) Elle épouse, le 18 janvier 1751, Jean-Baptiste Carié, à Lévis.
(2) Dit St-Laurent.

1764, (13 février). [1]
2º GRENET, Louise (1), [PIERRE III.
b 1739.
Louis, b [1] 16 nov. 1764; s [1] 28 février 1765.—
Joseph-Marie, b [1] 18 mars et s [1] 1ᵉʳ août 1766.—
Jean-Baptiste, b [1] 14 mai 1767.—*Louise*, b [1] 25 mars 1769.—*Marie-Angélique*, b [1] 10 mars 1771.

1753, (19 février) Lévis. [2]
III.—BÉGIN, MICHEL. [ETIENNE II.
1º TURGEON, Marie-Joseph, [JOSEPH III.
b 1725; veuve de Jacques Huard; s [2] 27 avril 1769.
Michel, b [2] 24 février 1754; s [2] 1ᵉʳ janvier 1760.
—*Marie-Charlotte*, b [2] 11 mai 1755. — *Marie-Joseph*, b [2] 1ᵉʳ sept. 1756.—*Michel*, b [2] 23 fevrier 1761; s [2] 7 mars 1765.—*Pierre*, b [2] 20 avril 1763.
—*Geneviève*, b [2] 1ᵉʳ nov. 1764.—*Jean-Baptiste*, b 1766; s [2] 27 avril 1769.—*Louis*, b [2] 21 avril et s [2] 3 août 1769.

1770, (23 juillet). [2]
2º QUENTIN, Cecile. [LOUIS.

1753, (6 nov.) Beaumont.
III.—BÉGIN, LOUIS. [ETIENNE II.
LACASSE, Marie-Geneviève, [CHARLES III.
b 1734.
Louis, b 1754; s 19 nov. 1756, à Lévis. [3]—
Marie-Louise, b [3] 8 et s [3] 26 avril 1756.—*Michel*, b [3] 28 sept. 1758.—*Marie-Louise*, b 10 déc. 1760, à St-Joseph, Beauce.[4]—*Joseph*, b [4] 30 janvier 1762.
—*Marie-Geneviève*, b [3] 15 juillet 1764; s [3] 3 mars 1765.—*Marie-Louise*, b [3] 7 oct. 1765.

1756, (16 août) Beaumont.
III.—BÉGIN, CHARLES-ETIENNE. [ETIENNE II.
TURGEON, Marthe, [JOSEPH III.
b 1737; s 4 août 1766, à Lévis. [5]
Charles, b [5] 27 nov. 1757.—*Etienne*, b [5] 23 février et s [5] 26 déc. 1759.—*François*, b [5] 6 mai 1761. — *Etienne*, b [5] 10 fevrier 1763. — *Jean-Baptiste*, b [5] 6 et s [5] 28 janvier 1765.—*Joseph-Marie*, b [5] 4 août 1766.

1761, (24 août) Lévis. [6]
III.—BÉGIN, CHARLES. [JACQUES II.
SAMSON, Louise, [ETIENNE II.
Louise, b avril 1762; s [6] 7 février 1764.—
Louise, b [6] 16 juin et s [6] 23 sept. 1767.—*Charles-Joseph*, b [6] 23 nov. 1768.

1763, (18 avril) Levis. [7]
III.—BÉGIN, JOSEPH. [JACQUES II.
GUAY, Marie-Joseph, [CHARLES III.
Jean-Baptiste, b [7] 5 mars 1766.—*Prosper*, b [7] 16 sept. 1768.—*Marie-Angélique*, b [7] 1ᵉʳ nov. 1770.

1763, (18 avril) Lévis. [8]
IV.—BÉGIN, JEAN-BTE. [JEAN-BTE III.
NOLIN, Marie-Rose, [PIERRE III.
b 1745.

Jean-Baptiste, b [8] 19 avril 1764; s [8] 22 mai 1765.—*Jean-Baptiste*, b [8] 24 mai 1765.—*Jean-François-Xavier*, b [8] 19 janvier 1767.—*Etienne*, b [8] 6 nov. 1768.—*Marie-Rose*, b [8] 16 déc. 1770.

1765, (5 nov.) Lévis. [4]
IV.—BÉGIN, JOSEPH. [JEAN-BTE III.
LEVASSEUR, Marie-Anne. [LOUIS III.
Marie-Anne, b [4] 27 fevrier et s [4] 10 mai 1767.—
Marie-Anne, b [4] 2 avril 1770. — *Olivier*, b [4] 15 avril 1787; m [4] sept. 1810, à Angelique BOURGET.—*Joseph*, b… — *François*, b…

1770, (8 janvier) Lévis. [4]
III.—BÉGIN, JEAN-BTE. [JACQUES II.
BOURASSA, Catherine. [FRANÇOIS III.
Jean-Baptiste, b [4] 25 oct. 1770.

BÉGIN, LOUISE, épouse d'Abraham LAGUEUX.

1770, (17 février) Levis. [4]
IV.—BÉGIN, FRANÇOIS. [JEAN-BTE III.
CARIÉ, Madeleine. [JOSEPH III.
Marie-Madeleine, b [4] 14 et s [4] 24 déc. 1770.

1780, (3 juillet) Beaumont.
IV.—BÉGIN, CHARLES. [CHARLES III.
LACASSE, Marie-Joseph, [ANTOINE IV.
b 1750.
Marie-Anne, b 1789; s 21 août 1790, à Repentigny.

1788, (22 janvier) Beaumont.
IV.—BÉGIN, FRANÇOIS. [JOSEPH III.
BOILARD, Marie-Charlotte. [CLAUDE II.
V.—BÉGIN, JEAN-BTE, [JEAN-BTE IV.
b 1765, s 1859, à Lévis.
HALLÉ, Catherine, [LOUIS III.
b 1768.
Charles (1), b… m à Luce PARADIS.

1810, (sept.) Lévis.
V.—BÉGIN, OLIVIER. [JOSEPH IV.
BOURGET, Angélique. [PIERRE IV.
Olivier, b 1823; m 1844, à Marie CORNEAU.

I.—BÉGINE (2), JEAN-BTE.
b 1710; s 1ᵉʳ mai 1760.

1718, (19 déc.) Montréal. [4]
I.—BÉGON, CLAUDE-MICHEL (3), chevalier, b 1683, fils de Michel (Intendant de Rochefort), s [4] 1ᵉʳ mai 1748.
ROCBERT, Marie-Elisabeth. [ETIENNE I.
b 1696.
Marie-Catherine-Elisabeth, b [4] 28 oct. 1719, m [4] 17 nov. 1737, à Honoré DEVILLEBOIS; s [4] 21 sept. 1740.—*Marie-Louise-Geneviève*, b [4] 20 janvier 1721; s [4] 3 janvier 1722.—*Claude*, b [4] 6 juin 1724.

---

(1) Les partis à ce mariage avaient obtenu quatre dispenses : une de consanguinité du 3e au 4e degré ; une autre d'affinité double du 3e degré et enfin une d'affinité spirituelle.

(1) Pere de Louis-Nazaire, ordonné à Rome.
(2) Dit Bellefleur, canonier.
(3) Commissaire-ordonnateur du gouvernement des Trois-Rivières.

BÉGON, Catherine, épouse d'Honoré Michel.

BÉGON, Théodore, épouse de Jean-Baptiste Turcot.

1666.

I.—BEGNIER, Massé,
b 1623; s 27 juillet 1683, à Champlain.[2]
Chartier, Michelle (1),
b 1644.
Angélique, b... m [2] 22 oct. 1698, à Thomas Duhamel.

1698, (3 sept.) Champlain.[1]

II.—BEGNIER, Louis,   [Massé I.
s avant 1752.
Charon-Laferrière, Jacqueline,   [Jean I.
veuve d'Antoine Plumeteau; s 27 mars 1712, à Sorel.[2]
Geneviève, b [1] 26 mai 1699; m [2] 5 février 1719, à Mathurin Gazaille-Blet. — *Etienne*, b [2] 22 juillet 1705.—*Louis*, b 1706; 1° m à Marie-Anne Bourgaud; 2° m 14 février 1752, à Angélique Sioneau, à la Pte-aux-Trembles, M. — *Pierre*, b [2] 22 février 1710; m à Marie-Charlotte Jouane. —*Jean-Baptiste*, b [2] 24 et s [2] 27 mars 1712.—*François*, b [1] 19 janvier 1701.

BEIGNET, Joseph, b 1707; s 16 août 1781, à Repentigny.

III.—BEIGNET, Pierre.   [Louis II.
Jouane, Marie-Charlotte,   [Nicolas II.
b 1714; s 19 avril 1780, à Repentigny.

BEIGNIER, Madeleine, épouse de Louis Robillard.

BEIGNIER, Marie-Amable, épouse de Pierre Robillard.

BEIGNET, Madeleine, épouse d'Ignace Pichet.

BEIGNIER, Marie-Agathe, épouse de Joseph Laperche.

III.—BEIGNET, Louis.   [Louis II.
1° Bourgaud, Marie-Anne,   [Gilles I.
Louis, b 1735; m 26 février 1759, à Marie-Angélique Corbeil, à St-Antoine-de-Chambly.
1752, (14 février) Pte-aux-Trembles, M.
2° Sioneau, Angélique,   [Mathurin I.
b 1714.

III.—BEIGNÉ, Etienne,   [Louis II.
b 1705.
Desrosiers (2), Marie-Joseph.   [Jean-Bte III.
Joseph, b 21 avril 1750, à Lavaltrie. [7]—*Marie-Thérèse*, b [7] 25 mars 1752.

BEIGNIER, Charles.
Marie-Joseph, b... s 24 nov. 1752, à Lavaltrie.

(1) Elle épouse, le 23 janvier 1684, Laurent Castel, à Champlain.
(2) Ou Soulange.

1759, (26 février) St-Antoine-de-Chambly.

IV.—BEIGNET, Louis.   [Louis III.
Corbeil, Marie-Angélique,   [Simon II.
b 1737.

IV.—BEIGNET, Pierre.   [Pierre III.
Martin, Jeanne.
Pierre, b... s 15 juillet 1778, à Repentigny.[9]—*Michel*, b... s [9] 8 oct. 1779.

BEHIER, Thérèse-Françoise, b... 1° m à Jean Bourgaud; 2° m 31 avril 1741, à Jean Chretien, à St-Valier.

1702. (30 oct.) Montréal.[7]

I.—BÉIQUE (de) (1), Jacques, b 1673; fils de Charles et de Françoise De Carrière, de St-Martin, diocèse d'Acqs; s 26 sept. 1749, à la Pte-aux-Trembles, M.[9]
Serran (2), Jeanne,   [Joseph I.
b 1686; s 21 mai 1756, à la Longue-Pointe.[8]
Louise, b [7] 26 février et s [7] 5 mars 1704.—*Pierre*, b 1713; m [8] 22 avril 1743, à Marie-Catherine Beaujean.—*Joseph*, b [7] 27 janvier 1705; m à Catherine Masson; s 4 juillet 1748, à Chambly.—*Marie-Joseph*, b [9] 18 mars 1708; s [8] 7 mai 1771.—*Jacques*, b [9] 3 juin 1711; m à Angélique Chartier.—*Antoine*, b [9] 30 janvier et s [9] 5 juin 1714.—*Jean*, b 1705; s [9] 20 sept. 1715.—*Marie-Joseph*, b [9] 10 juillet 1719.—*Hyacinthe*, b [9]... m à Françoise Charpentier.—*Antoine*, b [9] 29 mars et s [9] 3 avril 1724.—*Jeanne*, b 1727; m [9] 19 janvier 1750, à Gabriel Blais. —*Angélique*, b 1709; s [7] 26 mai 1728. — *Jean-Baptiste*, b [7] 22 juin 1706; m à Marguerite Moineau; s [8] 17 oct. 1769.

BÉIQUE, Marie-Charlotte, épouse de Pierre Duclos.

BÉIQUE, Marie. b... m à Louis Simon; s 7 mars 1762, à la Longue-Pointe.

1740.

II.—BÉIQUE (3), Jacques,   [Jacques I.
b 1711.
Chartier, Angélique.   [Robert II.
Michel, b... m 1762, à Marguerite Paré. — *Catherine*, b 28 oct. et s 5 déc. 1741, au Sault-au-Recollet. [7]—*Marie-Joseph*, b [7] 22 nov. 1742; m [7] 20 juillet 1761, à Charles Meilleur.—*Catherine*, b [7] 6 mars 1744. — *Jacques*, b [7] 24 août 1745.—*Victoire-Archange*, b [7] 20 janvier 1747.—*Dominique*, b [7] 17 et s [7] 21 juillet 1748.—*Marie-Joseph*, b [7] 9 sept. 1749.

1743, (22 avril) Longue-Pointe.

II.—BÉIQUE, Pierre.   [Jacques I.
Beaujean, Marie-Catherine,   [René II.
b 1722.
Pierre, b 9 août 1744, à Montréal [2]; m 7 nov. 1768, à Marie Bousquet, à Repentigny.—*Marie-Catherine*, b [2] 27 février 1746.—*Charles*, b [2] 21 juillet 1747.—*Marie-Archange*, b [2] 13 juillet 1749.

(1) Dit Lafleur—et Béhik—Le Bèque, en 1704.
(2) Ou Seran.
(3) Dit Bay et Pays, en 1741.

II.—BÉIQUE, Joseph, [Jacques I.
b 1705; s 4 juillet 1748, à Chambly.³
Masson, Catherine (1).
Marie-Joseph, b ³ 23 août 1748.— Joseph, b...
m ³ 22 nov. 1756, à Marie-Agathe, Martel.⁴
Marie-Charlotte, b... m ³ 17 janvier 1757, à Pierre
Janot. — Marie-Anne, b... m ³ 24 oct. 1757, à
Louis Quenneville. — Marie-Charlotte, b... m ³
15 janvier 1759, à Pierre Duclou.— Marguerite,
b... m ³ 11 février 1760, à Antoine Bazinet.

II.—BÉIQUE (2), Jean-Bte, [Jacques I.
b 1706; s 17 oct. 1769, à la Longue-Pointe.⁴
Moineau (3), Marguerite, [Michel-Jean I.
Jean-Baptiste, b ⁴ 15 et s ⁴ 31 déc. 1743.—
Angélique, b ⁴ 2 et s ⁴ 6 août 1746. — Jean-
Baptiste, b 17 février 1745, à Montréal; s ⁴
28 janvier 1748. — Marie-Françoise, b ⁴ 10 mai
1748; m ⁴ 25 oct. 1773, à Dominique Janot.
—Monique, b ⁴ 15 janvier 1750; 1° m ⁴ 9 janvier
1769, à Laurent Janot ; 2° m ⁴ 10 janvier 1780,
à Joseph Bayard.—Marie-Joseph, b ⁴ 17 juin et
s ⁴ 5 août 1751.—François, b ⁴ 6 août 1752, s ⁴ 5
mars 1753. — Antoine, b 17 janvier 1754, à la
Pte-aux-Trembles, M. ; s ⁴ 31 mai 1754.—Marie-
Charlotte, b ⁴ 17 mai et s ⁴ 31 août 1755. — Jacques-François, b ⁴ 25 oct. 1756 ; m ⁴ 31 janvier
1780, à Marie-Anne Janot.—Marie-Joseph, b ⁴ 18
oct. 1758.—Jean-Baptiste, b ⁴ 20 janvier 1760.—
Thérèse-Amable, b ⁴ 15 mai et s ⁴ 21 sept. 1763.
Marie-Louise, b ⁴ 7 février 1767.—Marie-Joseph,
b ⁴ 30 avril et s ⁴ 16 sept. 1769.

II.—BÉIQUE (2), Hyacinthe. [Jacques I.
Charpentier, Françoise.
Joseph, b 1ᵉʳ février 1752, à la Pte-aux-Trem-
bles, M.⁵—Hyacinthe, b ⁵ 9 déc. 1754.

1756, (22 nov.) Chambly.

III.—BÉIQUE, Joseph. [Joseph II.
Martel, Marie-Agathe. [Claude III.
Joseph, b... 1° m à Marguerite Boullard ; 2°
m 13 février 1786, à Marie-Charlotte Hunault, à
Repentigny.

1762.

III.—BÉIQUE (2), Michel. [Jacques II.
Paré, Marguerite.
Marie-Marguerite, b 18 mars 1763, à Lachenaye. ⁶—Marie-Thérèse, b ⁶ 12 janvier 1768 ; m ⁶
24 janvier 1786, a Michel Bourgoin.

1768, (7 nov.) Repentigny.

III.—BÉIQUE (2), Pierre, [Pierre II.
b 1744.
Bousquet, Marie. [Maurice IV.

1780, (31 janvier) Longue-Pointe.

III.—BÉIQUE, Jacques-Frs. [Jean-Bte II.
Janot, Marie-Anne. [Joseph IV.

---

(1) Elle épouse, le 8 avril 1755, Jacques Tessier, à Chambly.
(2) Dit Lafleur.
(3) Et Moneau.

IV.—BÉIQUE (1), Joseph. [Joseph III.
1° Boullard, Marguerite. [Ant.-Jean-Bte I.
1786, (13 février) Repentigny.
2ᵃ Hunault (2), Marie-Charlotte. [Jean-Bte.

1756, (25 oct.) Montréal.

I.—BEINE, Jérôme, b 1720 ; fils de François et
de Marie de la Conception, de St-Jean, Pam-
pelune.
Sem, Marie-Anne, b 1734 ; fille de Guillaume et
de Marie-Anne Soutre, d'Ermiboragh, Ecosse.

I.—BELAIGLE, François.
Tellier, Marie.
Marie, b 27 juin 1727, à Varennes.

BELAIR.—Variations et surnoms : Hémeric—
Moreau—Vetu, 1724 — Hérault, 1752 —
Plessis—Ragaut—Dusault—Gaudreau.

BELAIR-BEAUPRÉ, Thérèse, b... m 1715, à
Jean Langlois.

BELAIR, Geneviève, b... m 1744, à Pierre Lavallée, s 22 déc. 1748, à Sorel.

BELAIR, Marie-Joseph, épouse de François
Vignau.

BELAIR, François.
Richaune, Marie-Anne. [Jacques II
Marie-Louise, b 15 sept. 1711, à Repentigny.¹
—Etienne, b ¹ 19 février et s ¹ 10 juillet 1714.

BELAIR, Thérèse, épouse de Pierre Harbour.

BELAIR, Pierre-Jacques.
Lavallée, Marie-Anne,
s avant 1757.
Marie-Renée, b... m 23 mai 1757, à Joseph
Chevalier, à Sorel.

BELAIR, Joseph.
Menard, Elisabeth.
Basile, b et s 20 août 1758, à St-Laurent, M.

BELAIR, Joseph-Marie.
Boissel, Catherine.
Michel-Toussaint, b 1ᵉʳ nov. 1759, à Verchères

BELAIR, Pierre.
Menard, Marie-Anne,
b... s 21 juillet 1769, à la Longue-Pointe.

BELAIR (3), Louis.
Pepin, Marie-Louise.
Marie-Joseph, b 26 août 1760, à Verchères.

BELAIR, Jean-Bte.
Chevalier, Marie.
Jean-Baptiste, b 30 nov. 1792, à Repentigny.

---

(1) Dit Lafleur.
(2) Dit Deschamps.
(3) Et Bellaire.

BELAMOUR.—Voy. CHATILLIER, 1759.

BELAND.—Voy. LAVIOLETTE.

BELAND, JEAN, b... s 8 mars 1731, à la Pte-aux-Trembles, Q.

1672, (9 juin) Québec.²
I.—BELAND (1), PIERRE.
BIRETTE, Renée.
  Marguerite, b² 22 février 1678; 1° m² 17 août 1695, à Mathieu GUAY, 2° m² 30 déc. 1722, à René DUCHESNEAU; s² 20 oct. 1758.

BELAND, MARIE-ANGÉLIQUE, épouse de Louis LAVIOLETTE.

1702, (24 juillet) Pte-aux-Trembles, Q.²
II.—BELAND, MATHURIN.   [JEAN I.
1° COUTANCINEAU, Anne,   [JULIEN I.
  veuve de Nicolas Pinel; s² 11 nov. 1713.
  Marie-Anne, b² 27 juin 1705; 1° m 1729, à Joseph CARPENTIER; 2° m 2 mai 1736, à Nicolas JEAN DIT DENIS, à St-Augustin; s 21 juin 1777, à la Longue-Pointe.—*Marie-Françoise*, b² 13 et s² 23 déc. 1707.—*Louis-Joseph*, b² 21 avril 1709; m 18 février 1738, à Marguerite BONEDEAU, à Québec.³—*Jean-Baptiste*, b² 23 juillet 1711, m 13 janvier 1738, à Geneviève PROU, à St-Thomas.—*Anne*, b² 2 et s² 4 nov. 1713.—*Marie-Charlotte*, b² 2 nov. 1713, m² 5 nov. 1739, à François BOURBEAU.
          1716, (13 janvier).²
2° MOREL, Marie-Jeanne,   [PIERRE I.
  b 1691; s² 23 juillet 1744.
  Toussaint, b² 1er nov. 1716.—*Pierre*, b² 19 janvier 1718—*François*, b² 18 mars 1720; m² 26 nov. 1742, à Françoise AIDE-CREQUY.—*Nicolas*, b² 14 février 1722; m 1er février 1757, à Marguerite BOURBEAU, à St-Pierre-les-Becquets.—*Marie-Jeanne*, b² 8 oct. 1723; s² 9 mai 1737.—*Charles*, b² 21 août 1725; s² 30 avril 1737.—*Marie-Angélique*, b² 11 avril 1727; m² 26 oct. 1761, à Gilles BOLVIN, s 30 sept. 1764, aux Trois-Rivières.—*Claire*, b² 28 dec. 1728—*Mathurin*, b... m³ 13 janvier 1749, à Marie LARCHE.—*Eustache*, b² 6 août 1730; s² 29 mai 1733.—*Marie-Thérèse*, b² 29 sept. 1732.

1710, (12 janvier) St-Augustin.⁴
II—BELAND, JEAN.   [JEAN I.
COTIN, Marie.   [TUGAL I.
  Marie-Joseph, b 6 janvier 1711, à la Pte-aux-Trembles, Q.⁵; 1° m⁵ 4 juillet 1730, à Michel PORREAU, 2° m⁴ 10 janvier 1746, à Louis GARNEAU; s avant 1795.—*Marie-Thérèse*, b⁵ 25 février 1713; m⁵ 29 avril 1743, à François LEMONIER; s avant 1768—*Marie-Françoise*, b⁵ 16 janvier 1715, 1° m⁵ 10 janvier 1735, à Antoine SEVIGNY; 2° m⁵ 11 janvier 1759, à Jean BORDELEAU.—*Marie-Angélique*, b⁵ 3 août 1717; m⁵ 26 janvier 1739, à François MASSICOT; s 22 déc. 1749, à Batiscan.—*Geneviève*, b⁵ 14 nov. 1719; m⁵ 17 avril 1747, à Etienne BORDELEAU; s⁵ 5 avril 1748.—*Jean*-

(1) Et Balan. Voy. vol. I, p. 22.

François, b⁵ 7 février 1722; m⁵ 3 oct. 1746, à Marie-Anne GOULET.—*François-Marie*, b⁵ 30 oct. 1724.—*François*, b 1726; s⁵ 23 juin 1738.—*Louis-Joseph*, b⁵ 18 janvier 1728, m 1761, à Marie-Louise PRADET.—*Augustin*, b⁵ 4 juin 1730; 1° m⁵ 13 oct. 1760, à Marie-Louise LAROCHE; 2° m⁵ 30 sept. 1765, à Thérèse LIÉNARD.—*Toussaint*, b⁵ 1er nov. 1732.

II.—BELAND, PIERRE.   [JEAN I
COTIN, Marie.   [TUGAL I
  Louis, b 1728, m 30 avril 1752, à Thérèse COUTANCINEAU, à la Pte-aux-Trembles, Q.²; s² 27 mars 1759.

1738, (13 janvier) St-Thomas.³
III.—BELAND, JEAN-BTE.   [MATHURIN II.
PROU, Geneviève (1).   [JEAN-BTE.
  Marie-Geneviève, b³ 9 déc. 1738; m³ 19 nov. 1764, à Gabriel BILODEAU.—*Nicolas*, b... m³ 16 nov. 1767, à Marie-Louise DAMPHOUS. — *Jean-Baptiste*, b 21 août 1740, à la Pte-aux-Trembles, Q.; m 31 août 1788, à Catherine LALANDE, à St-Louis, Mo.—*Jean-Baptiste*, b 21 mai 1742, à Berthier⁴, s⁴ 1er février 1743. — *Jean-François*, b⁴ 19 janvier 1744.—*Alexis*, b⁴ 20 mars 1745.—*Jean-Isaac*, b⁴ 7 mai 1747.—*Marie-Marguerite*, b⁴ 14 avril et s⁴ 6 août 1749.—*Louis*, b⁴ 10 juillet 1750.—*Michel* (posthume), b 16 oct. 1752, à Lévis.

1738, (18 février) Québec.⁶
III.—BELAND, JOSEPH.   [MATHURIN II.
BONEDEAU (2), Marguerite.   [LOUIS II.
  Marie-Joseph, b⁸ 13 sept. et s⁸ 5 oct. 1740.—*Charles*, b⁸ 10 sept. 1741.—*Suzanne*, b⁸ 31 mai 1745, m 9 août 1762, à Joseph LACHANCE, à Lévis.⁹—*Joseph*, b⁹ 17 oct et s⁹ 1er nov. 1749.—*Marie-Angélique*, b⁹ 7 février 1751.—*Marie-Geneviève*, b⁹ 7 janvier 1754.—*Joseph*, b⁹ 3 février 1755.—*Marie-Françoise*, b⁹ 28 mai 1758.—*Charles* (3), b...

1742, (21 nov.) Pte-aux-Trembles, Q.⁵
III.—BELAND, FRANÇOIS.   [MATHURIN II.
AIDE-CREQUY, Françoise,   [IGNACE II.
  b 1725.
  François-de-Sales, b⁵ 10 oct. 1743 — *Marie-Françoise*, b⁵ 23 sept. 1745.—*Charles-François*, b⁵ 28 janvier 1748.—*Jean-Baptiste*, b⁵ 14 avril 1750.— *Marie*, b 1752, s⁵ 29 août 1756.—*Thérèse-Joseph*, b⁵ 2 mars 1758.—*Marie-Joseph*, b⁵ 15 déc. 1760, s⁵ 14 mai 1766. — *Joseph*, b⁵ 29 juillet 1763.—*Anonyme*, b⁵ et s⁵ 2 février 1767.

1743, (22 avril) Québec.³
I.—BELAND, ROBERT, b 1719; fils de Julien et de Marguerite DENEAU, de Brullon, diocèse du Mans; s³ 14 août 1743.
JÉRÉMIE (4), Madeleine.   [JOSEPH II.

(1) Elle épouse, le 20 nov. 1758, Jean Chretien, à St-Thomas.
(2) Dit Chatellereau.
(3) Parrain de Françoise.
(4) Dit Dauville.

1746, (3 oct.) Pte-aux-Trembles, Q.³
III.—BELAND, JEAN. [JEAN II.
GOULET, Marie-Anne, [JACQUES III.
b 1730.
Madeleine, b ³ 20 juin 1748.—*Geneviève,* b ³ 25 janvier 1750 ; m à Jean-Sylvestre LIÉNARD.—*Jean-Baptiste,* b 3 mars 1752, aux Ecureuils.—*Jean-François,* b ³ 11 nov. 1757.—*Marie-Joseph,* b ³ 5 février 1760.—*Charlotte,* b ³ 9 sept. 1762.—*Angélique,* b ³ 25 oct. 1764. — *Ambroise,* b ³ 8 nov. 1766.—*Augustin,* b ³ 18 mai 1768.

1749, (13 janvier) Québec. ¹
III.—BELAND, MATHURIN. [MATHURIN II.
LARCHE (1), Marie-Jeanne. [JEAN III.
Marie-Elisabeth, b ¹ 12 et s ¹ 26 nov. 1749.—*Marie-Joseph-Ursule,* b ¹ 9 mars 1751. — *Marie-Anne,* b ¹ 17 février 1753.

1753, (30 avril) Pte-aux-Trembles, Q. ¹
III.—BELAND, LOUIS, [PIERRE II.
s ¹ 27 mars 1759.
COUTANCINEAU, Marie-Thérèse (2). [MICHEL III.
Eustache, b ¹ 28 juillet et s ¹ 5 août 1756.—*Joseph,* b ¹ 2 oct. 1757 ; m 12 février 1787, à Madeleine DEFOY, à St-Augustin.—*Anonyme,* b 1759 ; s ¹ 6 janvier 1760.—*Louis,* b...

BELAND.
Antoine, b... s 14 juin 1755, à Lorette.² — *Augustin,* b... s ² 3 sept. 1756.

1757, (1ᵉʳ février) St-Pierre-les-Becquets.
III.—BELAND, NICOLAS. [MATHURIN II.
BOURBEAU (3), Marie-Marguerite. [PIERRE III.

BELAND, PIERRE.
LETARTE, Marie-Geneviève.
Marie-Anne, b 28 mars 1759, à Québec.

1760, (13 oct.) Pte-aux-Trembles, Q. ³
III.—BELAND, AUGUSTIN. [JEAN-BTE II.
1° LAROCHE, Marie-Louise, [NOEL II.
b 1743 ; s ¹ 21 oct. 1762.
Marie-Louise, b ³ 9 juillet 1761.—*Augustin,* b ³ 4 oct. 1762.
1765, (30 sept.) ³
2° LIÉNARD, Marie-Thérèse, [LOUIS-JOSEPH III.
b 1740.
Anonyme, b ³ et s ³ 17 août 1766.—*Marie-Thérèse,* b ³ 11 juillet et s ³ 3 août 1767.—*Jean-Baptiste,* b 3 août 1768, aux Ecureuils⁴ ; s ³ 8 août 1768.—*Jean-Baptiste,* b ⁴ 6 mars 1773.—*Marie-Anne,* b ⁴ 15 mars 1775.

1761.
III.—BELAND, LOUIS-JOSEPH, [JEAN II.
b 1728.
PRADET (4), Marie-Louise, [SIMON I.
b 1738.
Joseph, b 12 mars 1762, à la Baie-St-Paul.

(1) Dit Larchevêque.
(2) Elle épouse, le 23 nov. 1761, André Poulet, à la Pte-aux-Trembles, Q.
(3) Dit Lacourse.
(4) Dit Singelais.

BELAND, CHARLES.
BRETON, Marie.
Louis, b 8 dec. 1765, à Lévis.

1767, (16 nov.) St-Thomas.
IV.—BELAND, NICOLAS. [JEAN-BTE III.
DAMPHOUS, Marie-Louise, [JEAN-ARSÈNE I.
b 1741

1768, (24 oct.) St-Thomas.
IV.—BELAND, ALEXIS. [JEAN-BTE III.
TALBOT, Marie-Elisabeth, [JOSEPH II.
b 1748.

1787, (12 février) St-Augustin. ⁶
IV.—BELAND, JOSEPH. [LOUIS III.
DEFOY, Madeleine. [PIERRE.
Joseph, b ⁵ 1ᵉʳ août 1790.—*Angélique,* b ⁵ 24 sept. 1792.—*François,* b ⁵ 6 avril 1794.

1788, (31 août) St-Louis, Mo.
IV.—BELAND, JEAN-BTE. [JEAN-BTE III.
LALANDE, Catherine, [ETIENNE.
veuve de Pierre Pelletier.
Jean-Baptiste, b... m 21 nov. 1829, à Angelique BASILE, à St-Charles, Mo. ⁶ — *Pélagie,* b... m ⁶ 31 août 1819, à Joseph-Alexandre CHAUVIN.

BELAND, MARIE-ANNE, epouse de Pierre GINGRAS.

BELAND, MARIE, b... 1° m à Jean-Baptiste LE PRINCE ; 2° m à François DESLARD.

BELAND, MARIE-ANNE, épouse de Joseph DUBUC.

BELAND, MARIE-JOSEPH, b... m à Charles PRUDHOMME ; s avant 1770.

BELANGER.—Voy. DELIENNES, 1752.

1660, (11 janvier) Québec. ³
II.—BELANGER, NICOLAS (1). [FRANÇOIS I.
DERAINVILLE, Marie. [PAUL I.
Suzanne, b ⁸ 1ᵉʳ mars 1665 ; m 12 février 1686, à Jean GIROUX, à Beauport⁹ ; s ⁹ 28 fevrier 1707. —*Marie,* b ⁸ 21 oct. 1668 ; 1° m ⁹ 26 nov. 1685, à Ignace CHORET, 2° m ⁹ 9 nov. 1705, à Jacques PARANT ; s ⁹ 7 janvier 1719.

1682, (3 nov.) Château-Richer.
II.—BELANGER, LOUIS (1), [FRANÇOIS I.
b 1655 ; s 1ᵉʳ oct. 1724, à l'Islet. ³
LEFRANÇOIS, Marguerite, [CHARLES I
b 1663 ; s ³ 31 oct. 1735.
Elisabeth, b ³ 21 juin 1692 ; 1° m ³ 18 oct. 1710, à Alexis LEMIEUX ; 2° m 26 mai 1727, à François FOURNIER, à St-Thomas. ⁴— *Marie-Madeleine,* b 10 nov. 1694, au Cap-St-Ignace⁵ ; m ³ 25 oct 1723, à Guillaume LEMIEUX ; s 16 mars 1726, à Berthier.—*Marguerite,* b ⁵ 25 déc. 1696 ; m ³ 7 nov. 1712, à Louis COUILLARD ; s ⁴ 24 avril 1717.

(1) Voy. vol. I, p, 38.

1689, (18 avril) Château-Richer.[1]

III.—BELANGER, François (1), [Charles II. s 23 janvier 1721, à L'Ange-Gardien.[2]
1° Voyer, Catherine. [Pierre I.
Madeleine, b... m 3 février 1723, à Alexandre Trudel, à la Pte-aux-Trembles, Q.—*Françoise*, b[2] 8 janvier 1702; m 1723, à Jean-Baptiste Fortin.—*Basile*, b[2] 16 février 1700; m 16 nov. 1722, à Marie-Joseph Lemay, à Montreal.

1715, (14 nov.) Ste-Anne.

2° Paré, Marguerite (2). [François II.
Jean-François, b[2] 7 oct. 1716; m 9 janvier 1736, à Marie-Louise Caron, au Cap-St-Ignace. —*Marguerite*, b 1721; m[1] 31 juillet 1747, à Prisque Gagnon; s[1] 26 mars 1776.—*Marie-Clotilde*, b... 1° m 30 janvier 1741, à Jean-Baptiste Grenon, à St-Augustin[3]; 2° m[3] 6 février 1747, à Jean-Baptiste Hébert.

1691, (22 nov.) Cap-St-Ignace.[8]

II.—BELANGER, Jacques, [François I.
s 17 août 1699, à l'Islet.
Tibault, Elisabeth (3). [François I.
François, b[3] 17 nov. 1693; m 24 oct. 1716, à Geneviève Doyon, à L'Ange-Gardien; s 27 avril 1733, à St-François, I. J.—*Marie-Anne*,b[3] 12 oct. 1696; m à Pierre Pellerin; s avant 1749.

1692, Ste-Anne.

III.—BELANGER, Charles. [Charles II.
Gagnon, Geneviève, [Pierre II.
s 28 avril 1749, au Château-Richer.[1]
Pierre, b[1] 10 nov.1692; m 9 nov. 1716, à Marthe Couillard, à St-Thomas.[2] — s[2] 5 déc. 1757.— *Charles*, b[1] 23 déc.1698; m[2] 4 oct.1723, à Elisabeth Fournier; s[2] 4 nov. 1761.—*Alexandre*, b 1709; m 3 avril 1731, à Madeleine Braconnier, à St-Laurent, I. O.[7]; s[1] 5 février 1732.— *Joseph*, b[1] 29 déc. 1714; 1° m[1] 22 août 1735, à Catherine Lefrançois; 2° m[7] 22 février 1740, à Geneviève Baillargeon; s[1] 14 février 1744.—*Prisque*, b[1] 12 oct. 1700; m[7] 6 nov. 1724, à Geneviève Gosselin.— *Geneviève*, b[1] 1er janvier 1710; m[1] 20 oct. 1727, à Pierre Gobelin.—*Augustin*, b[1] 21 avril 1706; m[1] 24 nov. 1727, à Marie-Louise Simon.—*Michel*, b[1] 29 sept. 1702; m[1] 11 juillet 1729, à Louise Gravel; s[1] 3 janvier 1771.—*Véronique*, b[1] 30 août 1704; m[1] 5 février 1731, à Jacques Couillard-Després.—*Marie*, b[1] 23 et s[1] 29 août 1717.

1694, Beauport.[9]

III.—BELANGER, Pierre-Bert., [Nicolas II.
s 19 avril 1736, à Québec.[2]
1° Gignard, Marie, [Laurent I.
b 1673; s[2] 12 mars 1703.
Marie-Catherine, b[2] 7 juin 1699; m[2] 17 janvier 1729, à Jean Touchette.—*Joseph-François*, b[2] 20 déc. 1701.

1703, (13 août).[2]

2° Chevaudier, Madeleine, [Jean-Frs I.
s avant 1753.
Simon, b[2] 6 déc. 1719; m 14 mai 1753, à Jeanne Galarneau, à St-Vincent-de-Paul.— *Françoise*, b[2] 17 mai 1722; m[2] 4 nov. 1749, à Jean-Baptiste Paquet; s[2] 6 mars 1790.—*Pierre*, b[2] 29 juin 1712; 1° m[9] 31 juillet 1741, à Marie-Thérèse Rodrigue; 2° m[2] 5 nov. 1742, à Marie Jeanne.— *Françoise*, b[2] 3 février 1718; m[9] 7 janvier 1754, à Marie-Anne Delage.—*Hélène*, b[2] 30 oct. 1707; m[2] 17 janvier 1729, à François-Mathieu Chaillé.

1699, (2 nov.) Charlesbourg.[1]

III.—BELANGER, Nicolas, [Nicolas II.
b 1670; s 12 avril 1742, à Beaufort.[2]
Magnan, Marie, [Jacques I.
s[2] 11 mars 1758.
Nicolas, b 1709; 1° m 12 juin 1734, à Agnès Cartier, à St-Joachim[3]; 2° m[2] 13 sept. 1745, à Marie Parant; s[3] 16 sept. 1769.—*Ignace*, b[1] 9 février 1723; m 14 nov. 1746, à Geneviève Gagné, à St-Valier.—*Hélène*, b... m[2] 29 oct. 1742, à Vincent Girou.— *Pierre*, b[1] 2 juin 1719.— *Jacques*, b[1] 3 août 1721; m[1] 1er sept. 1749, à Marie-Jeanne Proteau. — *Germain*, b... m[1] 9 nov. 1744, à Suzanne Proteau.—*Angelique*, b... m 1748, à Joseph Baudet.—*Marie-Anne*, b... m[2] 15 avril 1733, à Pierre Parant.—*Geneviève*, b... m[2] 5 nov. 1736, à Charles Menard.—*Jean-Marie*, b... 1° m[2] 9 février 1750, à Marie-Geneviève Toupin; 2° m[2] 5 août 1763, à Marie-Louise Truelle.—*Louise*, b... m[2] 8 février 1751, à Florent Paradis.

1699, (16 nov.) Cap-St-Ignace.[1]

III.—BELANGER, Jean-Frs, [Jean-Frs II.
s 16 février 1728, à l'Islet.[2]
1° Thibaut, Geneviève, [François I.
s[2] 14 février 1726.
Joseph, b[2] 6 mai 1712; 1° m à Geneviève Rolandeau; 2° m[2] 18 juin 1737, à Marie Gamache; 3° m 11 juillet 1740, à Marie-Anne Brisson, à St-Roch.— *Jean-François*, b[2] 14 juillet 1706; 1° m 30 sept. 1732, à Marie-Joseph Belleau, à Ste-Foye; 2° m à Françoise-Ursule Fortin.— *Marie*, b... m 14 oct. 1744, à Augustin Desmoliens, à Québec.

1728, (3 février).[2]

2° Guillet, Marie-Madeleine (1), [Mathieu I.

1700, (8 février) Beauport.[6]

III.—BELANGER, Pierre, [Nicolas II.
s[6] 2 mars 1703.
Delaunay, Marguerite, [Henri II.
s[6] 4 mars 1703.
Marie-Madeleine, b[6] 5 et s[6] 22 déc. 1700.— *Marguerite-Madeleine*, b[5] 26 nov. 1701; m[6] 15 avril 1720, à François Marcou.

---

(1) Voy. vol. I, p. 38.
(2) Elle épouse, en 1721, Pierre Laberge, à L'Ange-Gardien.
(3) Elle épouse, le 3 mai 1700, Martin Rousseau, à l'Islet.

(1) Elle épouse, le 9 sept. 1733, Athanase Cloutier, à l'Islet.

I.—BELANGER (1), Pierre.
Grosleau, Marie-Catherine,
s avant 1729.
Joseph, b 1703; m 5 mars 1729, à Angélique Surault, à Montréal.

1704, (7 avril) Beauport.[1]
III.—BELLANGER, Paul, [Nicolas II.
s [1] 1er mai 1717.
Maheu, Jeanne, [Pierre I.
b 1681; veuve de Joseph Garnier; s [1] 12 mars 1754.
Marie-Jeanne, b [1] 8 avril 1705; m [1] 16 janvier 1719, à Noël Vachon.—Paul, b [1] 4 mai 1707; 1° m [1] 15 janvier 1731, à Jeanne-Catherine Tardif; 2° m 24 oct. 1735, à Marie-Angélique Chretien, à Charlesbourg; s [1] 7 mai 1740.—Jean-Baptiste, b [1] 24 juin 1709; m 10 nov. 1732, à Marie Vésinat, à L'Ange-Gardien.—Pierre-Ange, b [1] 26 et s [1] 29 juillet 1711.—Ange, b [1] 26 août 1712; m [1] 15 fevrier 1745, à Marie-Catherine Giroux; s [1] 30 juillet 1754.—Thérèse, b [1] 18 avril 1716; 1° m [1] 24 juillet 1747, à Vincent Dauphin; 2° m [1] 21 nov. 1763, à Pierre Giroux.

1704, (27 nov.) Chateau-Richer.[1]
III.—BELANGER, Alexis, [Charles II.
s [1] 27 déc. 1749.
1° Gagnon, Marie, [Noel II.
s [1] 30 nov. 1709.
Marie, b [1] 1er juin 1706.—Geneviève, b [1] 10 et s [1] 24 juillet 1707.—Angélique, b [1] 20 juillet et s [1] 21 sept. 1708.—Noël, b [1] 4 sept. et s [1] 14 nov. 1709.

1711, (15 février).[1]
2° LeSot, Marie, [Joseph II.
s [1] 5 janvier 1750.
Marie-Madeleine, b [1] 19 janvier et s [1] 3 fevrier 1712.—Marie-Anne, b [1] 26 oct. 1713; m 1740, à Pierre Gingras.—Alexis, b [1] 15 sept. et s [1] 12 oct. 1714.—Prisque, b [1] 15 sept. et s [1] 30 oct. 1714.—François, b [1] 29 janvier 1717; m 9 janvier 1751, à Cécile Poulin, à St-Joachim.—François, b 1717; s [1] 29 avril 1721.—Agnès, b [1] 8 janvier 1719; m [1] 13 nov. 1737, à Zacharie Cloutier; s [1] 16 mars 1774.—Alexis, b [1] 21 sept. et s [1] 19 oct. 1720.—Cécile, b [1] 15 et s [1] 18 déc. 1721.—Charles, b [1] 6 janvier 1723; s [1] 13 sept. 1743.—Cécile, b 1724; s [1] 24 avril 1754.—Roger-Alexis, b [1] 2 janvier 1725; m 1747, à Cécile Lefrançois; s [1] 12 nov. 1748.—Louis, b [1] 20 août 1726.—Barthélemi, b [1] 20 oct. 1727.—François, b [1] 29 juillet 1729; m 1749, à Elisabeth Aide-Crequy.—Pierre, b [1] 4 août et s [1] 3 oct. 1731.—Françoise, b [1] 4 août et s [1] 14 sept. 1731.—Augustin, b [1] 13 avril 1733; s [1] 6 avril 1736.—Charlotte, b... m [1] 7 février 1746, à Charles Lefrançois.

1711, (15 juin) Islet.[2]
III.—BELANGER, Ignace. [Jean-François II.
1° Vaillancour, Angelique, [Robert I.
s [2] 23 juillet 1717.

Ignace, b [2] 23 avril 1712; m [2] 7 nov. 1735, à Marguerite Tibaut.—Joseph, b [2] 14 mars 1715.—Marie-Angélique, b [2] 3 nov. 1716; m [2] 7 juin 1743, à François Fabas.

1717, (3 nov.) [2]
2° Tondreau, Marie-Anne, [Pierre I.
b 1691; s [2] 16 février 1736.
Joachim, b [2] 29 oct. 1718.—Barbe, b [2] 29 avril 1720.—Geneviève-Dorothée, b [2] 26 mai 1722.—Marie-Marthe, b [2] 20 avril 1724; m 24 nov. 1749, à Charles Gauvin, à St-Roch[3]; s [3] 17 juin 1751.—Alexis, b [2] 11 mars 1726; m [2] 19 janvier 1750, à Marie Hervé.—Anonyme, b [2] et s [2] 1er mars 1727.—Jean-François, b [2] 2 mars 1728; m [2] 13 mai 1754, à Marie-Claire Tibaut.—Clément, b [2] 6 janvier 1730.—Elisabeth-Ursule, b [2] 6 fevrier 1736; m [2] 21 avril 1755, à Pierre Prevost.

1711, (16 nov.) Islet.[4]
III.—BELANGER, François, [Louis II.
seigneur; s [4] 13 oct. 1727.
Cloutier, Geneviève, [René III.
s [4] 23 mai 1759.
François, b [4] 24 août 1712.—François, b [4] 19 nov. 1713; s [4] 20 mars 1714.—Jean-Baptiste, b [4] 19 nov. 1713; 1° m 23 oct. 1742, à Brigitte Bluteau, à Ste-Famille, I. O.; 2° m [4] 13 nov. 1753, à Marthe Laviolette.—Ignace, b [4] 14 juin 1714.—Geneviève, b [4] 20 sept. 1715; m [4] 23 nov 1733, à Jean Godreau.—Marie, b [4] 22 dec. 1716, m [4] 21 mars 1735, à Augustin Fournier.—Marie-Françoise, b [4] 18 fevrier 1718; 1° m [4] 2 mars 1734, à Joseph Godreau; 2° m à Olivier Hugues—Pierre-Paul, b [4] 4 mai 1719.—Louis-Michel, b [4] 22 janvier et s [4] 14 mars 1721.—Marguerite-Ursule, b [4] 13 mars 1722.—Nicolas, b [4] 7 nov et s [4] 1er déc. 1723.—Joseph, b [4] 3 février 1725; 1° m à Geneviève Fournier; 2° m [4] 5 juin 1752, à Thècle Lemieux.—Pierre, b [4] 7 fevrier 1727, m [4] 11 mai 1750, à Marie Bernier.

1713, (22 avril) Cap-St-Ignace.[5]
III.—BELANGER, Charles, [François II.
b 1678, s 14 janvier 1750, à l'Islet.[6]
Edmond, Jeanne.
Louis-Joseph, b [5] 26 février 1714; m [5] 21 nov. 1735, à Claire Gravelle.—Jean-Baptiste, b [6] 27 oct. 1715; m [6] 16 avril 1742, à Angelique Saucier.—Marie-Charlotte, b [6] 19 juin 1718; m [6] 31 janvier 1746, à George LeBlanc.—Barthelemi, b [6] 23 nov. 1720; m 27 janvier 1749, à Marie Gauvin, à Ste-Anne-de-la-Pocatière.—Charles, b [5] 7 juillet 1723; 1° m [6] 9 nov. 1750, à Marie-Joseph Morin; 2° m à Marie-Joseph Belanger.—Julien, b [5] 16 avril 1723.—Julien, b [6] 31 mars 1731.

1715, (23 sept.) Château-Richer.[7]
IV.—BELANGER, Charles, [François III.
b 1693; s avant 1728.
Jobidon (1), Marie-Madeleine, [Louis II.
b 1699.
Madeleine, b [7] 20 mars 1717; m 26 sept 1735, à François Tardif, à L'Ange-Gardien.[8]—Marie,

---

(1) Ou Beranger.

(1) Ou Bidon. Elle épouse, le 6 avril 1728, Jean-Baptiste Leclerc, à L'Ange-Gardien.

b ^{8} 13 juin 1718; m ^{8} 7 avril 1739, à Joseph Leclerc.—*Charles*, b ^{8} 11 février 1722.—*François*, b ^{8} 18 nov. 1723.—*Rose*, b ^{8} 27 juillet 1725. —*Angélique*, (posthume) b ^{9} 27 août 1727.

1716, (9 nov.) St-Thomas. ^{6}

IV.—BELANGER, Pierre,   [Charles III.
b 1692; s ^{6} 5 déc. 1757.
Couillard, Marthe,   [Jacques III.
s ^{6} 5 déc. 1757.

Pierre, b ^{6} 16 oct. 1717; m ^{6} 26 oct. 1750, à Elisabeth Deneau. — *Jacques*, b ^{6} 2 mai 1719; m ^{6} 9 fevrier 1750, à Marie Morel. — *Marie-Marthe*, b ^{6} 15 mars 1721; m ^{6} 18 février 1743, à Jean-Baptiste Fournier; s ^{6} 17 avril 1743.—*Marie-Anne*, b 1723; s 14 sept. 1733, à St-Thomas. —*Elisabeth*, b ^{6} 22 déc. 1724; s ^{6} 17 janvier 1728. —*Anonyme*, b ^{6} et s ^{6} 23 dec. 1726.—*Geneviève*, b ^{6} 3 février 1728; m ^{6} 26 oct. 1759, à Louis Tibaut.—*Augustin*, b ^{6} 6 et s ^{6} 19 février 1730.—*Joseph*, b ^{6} 21 janvier 1731.—*Elisabeth*, b ^{6} 17 janvier 1735; m ^{6} 12 nov. 1753, à Rene Deneau.—*Louis*, b... m 8 février 1751, à Marguerite Guyon, au Château-Richer.

1716, (24 oct.) L'Ange-Gardien.

III.—BELANGER, François,   [Jacques II.
b 1693; s 27 avril 1733, à St-François, I. J. ^{7}
Doyon, Geneviève (1),   [Thomas II.
b 1693.

François, b 23 janvier 1719, à l'Islet; 1° m 6 juin 1749, à Marie Charbonneau, à St-Vincent-de-Paul ^{1}; 2° m ^{3} 3 août 1761, à Elisabeth Réaume.—*Louise*, b 4 février 1725, à Quebec ^{2}; s ^{2} 8 janvier 1730.—*Marie-Barbe*, b ^{2} 1er août 1727. —*Joseph-Marie*, b ^{2} 15 août 1729.

1720, (6 février) Ste-Anne.

IV.—BELANGER, Louis,   [François III.
b 1698; s 28 juin 1761, à L'Ange-Gardien. ^{5}
Paré, Anne,   [François II.
b 1696; s 28 août 1766, au Château-Richer.

Marie-Joseph, b ^{5} 20 mars 1721.—*Marie-Anne*, b ^{5} 16 sept. 1722; m ^{5} 30 sept. 1748, à Pierre Riopel; s avant 1756.—*Charles*, b ^{5} 24 février 1725.—*Pierre*, b ^{5} 27 mai 1726.—*Louis*, b ^{5} 8 oct. 1727.—*Jean-François*, b ^{5} 6 février 1730.—*Claude*, b ^{5} 12 sept. 1731; m ^{5} 26 nov. 1753, à Marie Vésina.—*Marie-Geneviève*, b ^{5} 16 avril 1734.—*François*, b ^{5} 16 sept. 1737.—*Marguerite*, b ^{5} 16 sept. 1737.

1722, (16 nov.) Montréal.

IV.—BELANGER, Basile,   [François III.
b 1700.
Lemay, Marie-Joseph.   [Joseph II.

Marie-Joseph, b 1724; m 16 nov. 1744, à Claude Gravelle, à St-Vincent-de-Paul ^{3}; s ^{3} 16 mars 1747.—*Jean*, b... m ^{3} 22 fév. 1751, à Marie Chabot.— *Marie-Madeleine*, b ^{3} 23 avril et s ^{3} 12 juillet 1748 — *Angélique*, b 1741; s ^{3} 4 janvier 1749.—*Amable*, b 1746, s ^{3} 11 avril 1749.—*François*, b 7 oct. 1727, à St-François, I. J. ^{4}—*Basile*,

(1) Elle épouse, le 11 janvier 1734, Jean Gravelle, à St-François, I. J.

---

b ^{4} 26 juin et s ^{4} 22 sept. 1729.—*Joseph-Amable*, b ^{4} 29 sept. 1733; m 1754, à Madeleine Rochon. —*Louis*, b ^{4} 30 mai 1736; m ^{3} 5 février 1759, à Marguerite Labelle.—*Elisabeth*, b ^{4} 9 juillet 1737; m ^{4} 30 juin 1761, à Joseph Boutin. — *Marie-Joseph*, b ^{4} 19 mars 1739; m ^{3} 14 nov. 1757, à Olivier Charbonneau.

1723, (4 oct.) St-Thomas. ^{3}

IV.—BELANGER, Charles,   [Charles III.
b 1698; s ^{3} 4 nov. 1761.
Fournier, Elisabeth,   [Charles II.
b 1700; s ^{3} 14 nov. 1767.

Charles, b ^{3} 9 oct. 1725; m à Thérèse Asselin; s ^{3} 16 août 1772.—*Louis*, b ^{3} 21 nov. 1726, m 17 janvier 1752, à Marie-Madeleine Vallée, à St-Valier; s ^{3} 4 avril 1765.—*Guillaume*, b ^{3} 14 mars et s ^{3} 2 avril 1728.—*Elisabeth*, b ^{3} 11 mars 1729; s ^{3} 12 déc. 1733.—*Joseph*, b ^{3} 1er juin 1730.—*Véronique*, b ^{3} 9 oct. 1731; s ^{3} 2 février 1734.—*Marie-Geneviève*, b ^{3} 24 janvier 1733, m 1751, à Pierre Lacroix. —*Pierre*, b ^{3} 18 juillet et s ^{3} 6 août 1734.—*Marie-Catherine*, b ^{3} 4 déc. 1735; s ^{3} 12 oct. 1755.—*Anonyme*, b ^{3} et s ^{3} 13 août 1737.—*Claire-Elisabeth*, b ^{3} 28 août 1738; m ^{3} 2 février 1761, à Pierre Talbot; s ^{3} 24 oct. 1762. —*Marie-Geneviève*, b ^{3} 26 août 1740.—*André*, b ^{3} 1er dec. 1741; s ^{3} 30 mars 1742.—*Elisabeth*, b ^{3} 3 février 1743; m ^{3} 16 février 1767, à Joseph Coté.

1724, (6 nov.) St-Laurent, I. O. ^{6}

IV.—BELANGER, Prisque,   [Charles III.
b 1700; s 13 déc. 1770, à St-Valier. ^{7}
Gosselin, Geneviève,   [Ignace II.
b 1706.

Geneviève, b 6 et s 29 août 1725, au Château-Richer. — *Marie-Geneviève*, b ^{6} 16 sept. 1728.—*Marie-Madeleine*, b ^{6} 19 nov. 1730.— *Cécile*, b ^{6} 28 mars et s ^{6} 1er avril 1733.—*Ignace*, b ^{6} 7 mai 1734.—*Prisque*, b 20 oct. 1726, à St-Thomas; m 6 oct. 1750, à Marie Couture, à St-Michel.—*Alexandre*, b ^{7} 26 nov. 1736.—*Elisabeth-Brigitte*, b ^{7} 10 avril 1740; m ^{7} 24 nov. 1760, à Pascal Corriveau. — *Marie-Françoise*, b ^{7} 10 février 1742.—*Etienne-Sébastien*, b ^{7} 21 janvier 1745.—*Jacques-Philippe*, b ^{7} 26 mai 1746.—*Marie-Madeleine*, b... m ^{7} 10 nov. 1749, à Pancrace Catellier.—*Jacques*, b... m ^{7} 1er oct. 1764, à Marie-Anne Bolduc.

1724, (12 nov.) Islet. ^{6}

III.—BELANGER, Pierre-Paul (1),   [Louis II.
b 1700, s ^{6} 1er août 1762.
Lessard (de), Geneviève,   [Pierre II.
b 1698; s ^{6} 22 août 1773.

Marie, b... m ^{6} 14 janvier 1754, à Charles Caron. — *Marguerite*, b... m ^{6} 14 janvier 1754, à Joseph Boucher—*Louis*, b ^{6} 24 avril 1729, s ^{6} 11 février 1739.— *Anonyme*, b ^{6} et s ^{6} 25 janvier 1731.—*Marie-Geneviève*, b ^{6} 10 déc. 1725; m ^{6} 2 mai 1740, à Charles Bernier.—*Pierre*, b ^{6} 28 juillet 1727; m 1758, à Marie-Joseph Derainville.— *Etienne*, b ^{6} 30 mai 1732, s ^{6} 25 février 1739.—*Marie-Angélique*, b ^{6} 31 oct. 1734.—

(1) Seigneur.

Jean-Gabriel, b ⁶ 6 mai 1736 ; m 23 oct. 1758, à Marie-Victoire BERNIER, au Cap-St-Ignace.—*Marie-Marguerite,* b ⁶ 5 avril 1738 ; m ⁶ 28 nov. 1760, à Jacques-Ambroise CABLOS ; s ⁶ 22 sept. 1782.

1726, (21 janvier) Islet. ⁶

III.—BELANGER, JACQUES,   [JACQUES II.
b 1699 ; s avant 1756.
   PELLETIER, Marie-Therèse,   [CHARLES III.
b 1706.
   Marie, b... m ⁶ 9 avril 1752, à Jean-Baptiste FOURNIER. — *Simon,* b ⁶ 27 août 1727 ; s 21 nov. 1755, à Quebec.—*Barthélemi,* b ⁶ 29 juillet 1729, s ⁶ 30 juin 1733.—*Louis-Jacques,* b ⁶ 25 oct. 1726.—*Marie,* b ⁶ 16 avril 1731.—*Joseph,* b ⁶ 12 avril 1733 ; m 25 oct. 1756, à Marie-Rosalie RICHARD, au Cap-St-Ignace.— *Claire,* b ⁶ 18 juin 1735.—*Marie-Véronique,* b ⁶ 15 juin 1737 ; s ⁶ 22 nov. 1738.—*Denis,* b ⁶ 3 sept. 1738.—*Marie-Cordile,* b ⁶ 10 fevrier et s ⁶ 17 mars 1740.—*Jean-Marie,* b ⁵ 26 mars 1741 ; m 10 août 1767, à Marie-Geneviève COTÉ, à St-Thomas. — *Marie-Reine,* b ⁶ 28 oct. 1743.—*Jacques,* b ⁶ 29 mars 1746.

1727, (24 nov.) Château-Richer. ¹

IV.—BELANGER, AUGUSTIN,   [CHARLES III.
b 1706.
   SIMON, Marie-Louise.   [GUILLAUME II.
b 1701.
   François, b ¹ 24 sept. 1728 ; m ¹ 19 fevrier 1753, à Marie-Louise CAZEAU.—*Augustin,* b 14 dec. 1729, à St-Thomas. ²—*Marie-Marthe,* b ² 18 avril 1732 ; m ¹ 4 fevrier 1771, à Prisque VÉSINA ; s ¹ 24 oct. 1772.— *Louis,* b ² 16 sept. 1733 ; m ² 22 oct. 1753, à Catherine TIBAUT.—*Marie-Geneviève,* b ² 26 avril 1735 ; s 18 mai 1752, à Quebec.³—*Angélique,* b ² 10 mars 1737 ; m ³ 24 nov. 1761, à Pierre L'ENCLUS.—*Prisque,* b ² 13 avril 1739, m ² 22 février 1773, à Marie-Joseph PICARD.—*Jacques,* b ² 9 avril 1742.

1729, (5 mars) Montréal. ¹

II.—BELANGER, JOSEPH.   [PIERRE I.
   SUREAU (1), Angélique,   [HILAIRE I.
b 1703 ; veuve de Jacques Périneau ; s 28 mars 1773, à Terrebonne. ²
   Pierre-Antoine, b ¹ 23 mai et s ¹ 30 sept. 1734.—*Joseph,* b... m ² 23 février 1767, à Leocadie MARIÉ.—*Marie-Joseph,* b 8 et s 11 mars 1736, à Quebec. ³—*Pierre,* b ³ 27 fevrier 1741.—*Marie-Louise,* b ³ 22 mai 1742.—*François,* b ³ 2 dec. 1744.—*Marie-Louise,* b ³ 6 sept. 1748 ; m ² 14 fevrier 1774, à François CADIEU.

1729, (11 juillet) Château-Richer. ⁴

IV.—BELANGER, MICHEL,   [CHARLES III.
b 1702 ; s ⁴ 3 janvier 1771.
   GRAVELLE, Louise,   [CLAUDE II.
b 1706, s⁴ 7 juin 1777.
   Geneviève, b ⁴ 12 mars et s ⁴ 3 avril 1730.—*Véronique,* b ⁴ 3 et s⁴ 6 fevrier 1731.—*Michel,* b ⁴ 17 fevrier 1732, 1º m ⁴ 25 nov. 1754, à Elisabeth VERREAU ; 2º m à Marie-Louise PARANT , s ⁴ 4 fevrier 1763.—*Charles,* b ⁴ 22 février 1734 ; s⁴ 26 mars 1736.—*Pierre,* b ⁴ 14 déc. 1735.—*Marie-Joseph,* b ⁴ 7 dec. 1737 ; s⁴ 5 juin 1738.—*Charles,* b ⁴ 20 avril 1739 ; m ⁴ 7 fevrier 1771, à Helène VERREAU.—*Alexandre,* b ⁴ 7 avril 1741 ; m ⁴ 24 février 1772, à Geneviève CLOUTIER ; s ⁴ 4 déc. 1773.—*Joseph,* b ⁴ 15 février 1744 ; m ⁴ 30 janvier 1775, à Marie GUYON.—*Pierre,* b ⁴ 3 février 1746.

1730.

IV.—BELANGER, JOSEPH,   [JEAN-FRS III.
b 1712.
   1º ROLANDEAU, Louise-Geneviève,   [JEAN I.
b 1699.
   Jean-Baptiste, b 18 oct. 1731, à St-Thomas.

1737, (18 juin) Islet. ⁶
   2º GAMACHE, Marie,   [NICOLAS II.
b 1712 ; s ⁵ 20 avril 1739.

1740, (11 juillet) St-Roch.
   3º BRISSON, Marie-Anne (1),   [JEAN II.
b 1716.
   Charles, b... m ⁵ 20 février 1775, à Anne CLOUTIER.—*Marie-Anne,* b ⁵ 1ᵉʳ février 1742 ; m ⁵ 31 janvier 1763, à Felix FOURNIER. — *Marie-Modeste,* b ⁵ 2 mai 1743 ; m ⁵ 3 fevrier 1761, à Joseph METHOT. — *Joseph-Marie,* b ⁵ 12 mars 1748.—*Benjamin,* b ⁵ 15 nov. 1750.—*François,* b ⁵ 28 fevrier 1753.—*Jean-Baptiste,* b ⁵ 7 mars 1754.—*Louis-François,* b ⁵ 3 déc. 1755.

1731, (15 janvier) Beauport. ⁶

IV.—BELANGER, PAUL,   [PAUL III.
b 4 mai 1707 ; s ⁶ 7 mai 1740.
   1º TARDIF, Jeanne-Catherine,   [MICHEL II.
b 1712 ; s ⁶ 18 mai 1733.
   Paul-Ange, b ⁶ 27 déc. 1731 ; s ⁶ 24 mai 1733.

1735, (24 oct.) Charlesbourg.
   2º CHRETIEN, Marie-Angél. (2),   [JEAN-CHS II.
b 1709 ; s avant 1755.
   Marie-Angélique, b ⁶ 2 sept. 1736.—*Paul,* b ⁶ 18 avril 1738.—*Marie-Marguerite,* b ⁶ 17 juillet 1740 ; 1º m ⁶ 3 février 1755, à Michel GIROUX ; 2º m ⁶ 22 juin 1761, à Ignace TOUPIN.

1731, (3 avril) St-Laurent, I. O.

IV.—BELANGER, ALEXANDRE,   [CHARLES III.
b 1709, s 5 février 1732, au Château-Richer.⁷
   BRANCONNIER, Madeleine (3),   [JEAN I.
b 1708.
   Marie-Madeleine-Charlotte, b ⁷ 26 mai 1732 ; s ⁶ 3 oct. 1733.

1732, (30 sept.) Ste-Foye.

IV.—BELANGER, JEAN-FRS,   [JEAN III.
s avant 1776.
   BELLEAU (4), Marie-Joseph.   [JEAN-BTE II.
   Alexis-Isidore, b 20 fevrier 1734, à l'Islet³, m ³ 19 janvier 1761, à Marie-Joseph TONDREAU.—

---

(1) Elle épouse, le 4 avril 1758, Bonaventure Langelier, à l'Islet.

(2) Elle épouse, le 7 janvier 1742, Thomas Touchet, au Château-Richer.

(3) Elle épouse, le 25 nov. 1737, Ignace Gravelle, au Château-Richer.

(4) Dit Larose.

(1) Dit Blondin

Marie-Geneviève, b ³ 29 nov. 1735; m ³ 19 nov. 1753, à Louis BERNIER.— *Marie-Elisabeth*, b ³ '23 sept. 1737. — *Basile*, b ³ 25 mars 1739. —*Marie-Joseph*, b ³ 2 août 1740; m ³ 6 avril 1764, à Jean CARON.—*Pascal*, b ³ 24 mars et s ³ 6 avril 1742.—*Marie-Claire*, b ³ 28 mars 1743.— *Louis-François*, b ³ 11 mars 1748; m 24 oct. 1768, à Marie-Joseph CARON, à St-Jean-Port-Joli.— *Michel*, b... m ³ 2 juillet 1776, à Marie-Louise CARON.

1732, (10 nov.) L'Ange-Gardien.
IV.—BELANGER, JEAN-BTE. [PAUL III.
  VÉSINA, Marie-Jeanne, [PIERRE III.
    b 1712.
  Marie-Jeanne, b 9 oct. 1733, à Beauport.⁰— *Jean-Baptiste*, b ⁹ 2 juillet 1735; m 4 juillet 1764, à Marie-Angélique COUTURE, à Québec —*Paul-Pierre*, b ⁹ 11 mars et s ⁹ 23 mai 1737.—*Pierre*, b ⁹ 23 avril et s ⁹ 28 mai 1738.—*François*, b ⁹ 12 août 1739; m 21 nov. 1763, à Marie-Anne DUBÉ, à Charlesbourg. — *Marie-Angélique*, b ⁹ 16 mai 1741.—*Elisabeth*, b ⁹ 29 sept. 1743.—*Marie-Thérèse*, b ⁹ 12 avril 1746; m⁹ 24 nov. 1766, à Louis LEROUX.—*Louis*, b ⁹ 1ᵉʳ mars 1749.—*Marie-Lse*, b ⁹ 21 mai 1752. — *Ignace*, b ⁹ 13 oct. 1754.— *Marie*, b... m ⁹ 27 février 1764, à Joseph TOUPIN.

BELANGER, JEAN, b 1702; s 30 oct. 1757, à Beauport.

1734, (25 février) St-François, I. J.⁴
IV.—BELANGER, FRANÇOIS, [FRANÇOIS III.
  b 1690.
  NADON, Catherine, [PIERRE I.
    b 1712.
  Marie-Françoise, b ⁴ 3 déc. 1734; m 20 janvier 1755, à André GRATON, à St-Vincent-de-Paul.⁵— *Marie-Joseph*, b ⁴ 16 et s ⁴ 28 janvier 1736.— *Marie-Agnès*, b ⁴ 28 mars et s ⁴ 22 déc. 1737.— *Marie-Joseph*, b ⁴ 15 janvier 1740; m ⁵ 8 juin 1761, à Joseph HOGUES.— *Marie-Anne*, b... m 1758, à Jean AUBIN. — *Jean-Marie*, b ⁵ 12 février 1744.— *Marie-Catherine*, b ⁵ 31 août et s ⁵ 30 sept. 1745. *Marie-Anne*, b ⁵ 4 et s ⁵ 15 août 1747.— *Jean-Amable*, b ⁵ 23 juillet et s ⁵ 5 août 1750.—*André*, b ⁵ 23 août 1755.

1734, (3 mai) Islet.³
IV.—BELANGER, LOUIS, [JEAN-FRS. III.
  b 1708; s avant 1756.
  1° VAILLANCOUR, Angélique, [ROBERT I.
    b 1716.
  Marie-Ursule, b ³ 17 janvier 1735; s ³ 21 oct. 1752.—*Louis-Marie*, b ³ 21 mai 1736.—*Benjamin*, b ³ 29 août et s ³ 20 sept. 1738. — *Charles-François*, b ³ 19 août 1739.—*Germain*, b ³ 10 et s ³ 12 janvier 1741.—*Jean-Benjamin*, b ³ 27 janvier et s ³ 3 février 1742.—*Marie-Geneviève*, b ³ 20 janvier 1743; m à Michel FORTIN.— *Antoine*, b ³ 6 sept. 1747.—*Jean-François*, b ³ 24 et s ³ 28 juillet 1750.—*Marie-Angélique*, b ³ 11 déc. 1751.
    1753, (1ᵉʳ oct.) Berthier.
  2° NADEAU, Geneviève (1), [DENIS II.
    veuve de Nicolas Hely.

(1) Elle épouse, le 4 nov. 1756, François JANOT, à l'Islet.

Louis-Joseph, b ³ 26 janvier 1755. — *Joseph-Marie*, (posthume) b ³ 14 janvier 1756.

1734, (12 juin) St-Joachim.⁷
IV.—BELANGER, NICOLAS, [NICOLAS III.
  s ⁷ 16 sept. 1769.
  1° CARTIER, Agnès, [PAUL II.
    s 11 janvier 1743, à Québec.⁸
  Charles, b ⁸ 13 avril et s ⁸ 5 mai 1735.—*René*, b ⁸ 7 nov. 1737; s ⁸ 3 nov. 1738.—*Nicolas*, b ⁸ 30 janvier 1739.—*Pierre*, b ⁸ 27 juin et s ⁸ 19 juillet 1740.—*Joseph-Marie*, b ⁸ 5 avril 1742; s ⁷ 11 juin 1762.
    1745, (13 sept.) Beauport.
  2° PARANT, Marie, [PIERRE III.
  Antoine, b ⁸ 9 juin et s ⁸ 8 juillet 1746.—*Pierre*, b ⁸ 14 août 1747.—*Marie-Angélique*, b ⁸ 14 mai et s ⁸ 9 juin 1752.—*Antoine*, b... m 1773, à Marie-Anne POULIN.—*Marie-Agnès*, b ⁷ 28 oct. 1754.

1735, (22 août) Château-Richer.⁹
IV.—BELANGER, JOSEPH, [CHARLES III.
  s ⁹ 14 février 1744.
  1° LEFRANÇOIS, Catherine. [NICOLAS II.
  Marie, b 1736; s ⁹ 15 juin 1741.—*Charles*, b ⁹ 27 février 1737.
    1740, (22 février) St-Laurent, I. O.
  2° BAILLARGEON, Geneviève (1), [JEAN III.
    b 1721.

BELANGER, GENEVIÈVE, epouse de Louis THIBODEAU.

BELANGER, MARIE-JOSEPH, epouse de Louis-Marie CARON.

BELANGER, AGNÈS, epouse de Jean GIGUÈRE.

BELANGER, FRANÇOISE, epouse d'Augustin MORIN.

BELANGER, CÉCILE, epouse de François MOREAU.

BELANGER, MARIE-MARTHE, epouse d'Honoré DUBOIS.

BELANGER, MARIE-MADELEINE, epouse d'Augustin DUVAL.

1735, (7 nov.) Islet.⁵
IV.—BELANGER, IGNACE [IGNACE III.
  THIBAUT, Marguerite, [JEAN-FRANÇOIS II.
    b 1707.
  Marguerite, b ⁵ 21 oct. 1736; m ⁵ 9 janvier 1757, à Joseph GARDY.— *Marie*, b... m ⁵ 30 mars 1761, à Laurent TONDREAU.— *Anonyme*, b ⁵ et s ⁵ 8 février 1738.—*Marie-Agathe*, b ⁵ 26 déc. 1738. —*Ignace*, b ⁵ 15 février 1740.—*Marie-Claire*, b ⁵ 8 sept. 1742.—*Jean-Abondance*, b ⁵ 1ᵉʳ juillet 1749.

(1) Elle épouse, le 21 février 1745, Nicolas LEFRANÇOIS, à St-Laurent, I. O.

1735, (15 nov.) Québec. [1]
IV.—BELANGER, Louis,   [Pierre III.
 s 6 janvier 1755, à St-Vincent-de-Paul. [4]
 Paquet, Elisabeth.   [Jacques III.
 Louis-François, b [1] 26 août 1736; m [4] 18 février 1760, à Marie-Agnès Pelletier.—*Charles*, b... m [4] 19 janvier 1761, à Marguerite Gravelle.—*Marie*, b... m [4] 15 février 1762, à Noël Lalonge.—*Marie-Amable*, b 12 fevrier 1738, à St-François, I. J. [5]—*Charles-Philippe*, b [5] 21 déc. 1740; m à Marie-Joseph Lauzon.— *Simon* (1), b [4] 27 oct. 1743.—*Isabelle*, b [4] 17 avril 1745.—*Joseph-Louis*, b [4] 1er et s [4] 2 nov. 1746.—*Marie-Joseph*, b [4] 23 juin et s [4] 7 juillet 1748.—*Jacques*, b [4] 3 sept. 1750.—*Joseph*, b [4] 24 juin et s [4] 10 juillet 1753.— *Jacques-Charles*, b 11 juillet 1739, à Lachenaye. [6]—*Louis*, b [6] 21 janvier 1752.

1735, (21 nov.) Cap-St-Ignace. [1]
IV.—BELANGER, Louis-Joseph, [Charles III.
 b 1714
 Gravelle, Claire,   [Augustin III.
 b 1713.
 Monique, b [1] 6 sept 1736.—*Joseph-Marie*, b [1] 5 mars 1738; m 1750, à Charles Belanger, à l'Islet [2]; s [2] 27 mars 1759.— *Marie-Claire*, b [1] 17 janvier 1740.— *Charles-François*, b [1] 15 oct. et s [1] 13 déc. 1741.—*Philippe*, b [1] 11 avril 1743. —*André*, b [1]6 août 1747.—*Anonyme*, b [1] et s [1] 20 oct. 1749.—*Pierre*, b [1] 19 sept. et s [1] 7 oct. 1750.—*Michel*, b [1] 19 et s [1] 21 sept. 1750.—*Clément*, b [1] 14 nov. 1751; s [1] 18 avril 1759. — *Jean-Baptiste*, b [1] 23 déc. 1753.—*Augustin*, b [1] 10 oct. 1756.

1736, (9 janvier) Cap-St-Ignace.
IV.—BELANGER, Jean-Frs,   [François III.
 b 1716.
 Caron, Marie-Louise,   [François III.
 b 1713.
 Jean-François, b 29 oct. 1736, à l'Islet. [2]—*Joseph-Marie*, b [2] 13 mai 1738.— *Marie-Ursule*, b [2] 27 dec.1739.— *Geneviève-Eléonore*, b [2] 2 sept. 1741.—*Marie-Victoire*, b [2] 8 mars 1743.— *Alexis*, b [2] 3 juillet 1751; m 7 février 1774, à Therèse Harnois, à Repentigny.—*Julien-Victor*, b [2] 21 oct. 1752.— *Noel-Bénoni*, b [2] 13 mai 1754.— *Louis-Augustin*, b [2] 22 déc. 1755.— *Marguerite*, b [2] 15 nov. 1757.—*François*, b... m [2] 9 janvier 1758, à Madeleine Cloutier.—*Joseph-Marie*, b... 1o m [2] 27 oct. 1760, à Marie-Geneviève Bernier; 2o m [2] 12 avril 1779, à Marie-Reine Dastou.— *Ursule*, b... m [2] 27 déc., 1761 à Louis Marois.—*Jean*, b... m [2] 2 juin 1764, à Rosalie Bernier.— *Pierre*, b...

1738, (11 mai) Islet. [2]
IV.—BELANGER (2), Ignace,   [Jean-Frs III.
 b 1711; s 19 janvier 1781, à Kamouraska. [3]
 1o Desmouliers, Marie-Anne.   [Jacques I.
 Anonyme, b [2] et s [2] 22 oct. 1739.— *Marie-Marthe*, b [2] 4 mars 1742.—*Marie-Claire*, b [2] 18 juillet 1746.

1749, (23 juin) St-François, I. O.
2o Pepin, Hélène,   [Antoine III.
 b 1721; s [3] 24 janvier 1781.
 Marie-Blanche, b [2] 12 juillet 1750; m [3] 6 février 1775, à Pierre Portier.—*Jean-Baptiste*, b [2] 30 nov. 1751; m [3] 24 nov. 1777, à Geneviève Duvau.—*François*, b [3] 8 dec. 1753.—*Ignace*, b 27 juillet 1755, au Cap-St-Ignace.— *Marie*, b... m [3] 18 juin 1781, à Jean Dumont.—*François*, b... m [2] 26 nov. 1781, à Marie-Marthe Cloutier.—*Marie-Geneviève*, b [2] 21 août 1758.—*Marie-Françoise*, b [2] 12 août 1761.

1739, (28 janvier) Islet. [7]
III.—BELANGER, Chs,   [Pierre-Bertrand II
 b 1714; s 17 mars 1768, à l'Hôpital-General, M.
 Cloutier, Marie-Anne,   [Guillaume IV.
 b 1718; s [7] 17 juin 1775.
 Marie-Victoire, b [7] 10 nov. 1739.—*Charles-François*, b [7] 27 février 1741.—*Marie-Marthe*, b [7] 10 mars 1743; m [7] 2 mai 1764, à Honore Dubois.—*Marie-Félicité-Euphrosine*, b 9 août 1749, au Cap-St-Ignace. [8]—*Jérôme*, b [7] 27 février 1752.—*Louise*, b [8] 11 mai 1753. — *Augustin*, b [7] 22 sept. 1755.—*Marie-Marthe*, b [7] 2 oct. 1757.

1740.
BÉLANGER, Charles.
 Morin, Marie-Joseph.
 Marie-Françoise, b 28 mars 1741, à l'Islet.

1741, (4 oct.) Trois-Rivières.
I.—BELANGER (1), Antoine, fils de Jean-Baptiste et de Josette Le Gardeur, de St-Germain d'Auxerre, Paris.
 Mouette, Marie-Françoise,   [Pierre II.
 veuve de François Sauvage.

1741, (31 juillet) Beauport.
IV.—BELANGER, Pierre,   [Bertrand III.
 b 1712; s 19 mai 1783, à Lachenaye. [2]
 1o Rodrigue, Marie-Therèse,   [Vincent II.
 b 1711; s 8 dec. 1741, à Quebec. [3]
 1742, (5 nov.) [3]
 2o Joanne, Marie,   [Marc II.
 b 1716; s [2] 18 février 1785.
 Pierre, b [3] 29 juillet 1743; s [3] 16 août 1744.—*Pierre*, b [3] 16 nov. 1745; s [2] 18 août 1782.

1742, (22 janvier) Islet. [4]
IV.—BELANGER, Augustin,   [Jean-Frs III.
 s 27 avril 1758, à St-Roch. [5]
 Cloutier, Marie-Rosalie (2),   [Jean IV.
 b 1723.
 Augustin, b 1742; s [5] 8 sept. 1743.—*Marie-Joseph*, b 8 mars 1744, à Ste-Anne-de-la-Pocatière [6], s [5] 3 mai 1744.—*Jean-Baptiste*, b [6] 28 août 1745.—*Augustin*, b [6] 26 février 1749.—*Marie-Joseph*, b [5] 19 mars 1747.—*Jacques*, b [5] 5 mai 1752.—*Jean-Félix*, b [6] 12 mai 1754. — *Marie-Rosalie*, b [5] 31 oct. 1755.—*Joseph-François*, b [6] 14 janvier 1757.

---

(1) Premier acte entré au registre de St-Vincent-de-Paul.
(2) Appele Desmouliers, 1751, du nom de sa femme.

(1) Dit Lavonté, caporal de Mr. Cournoyer.
(2) Elle épouse, le 11 janvier 1762, Jean-Jacques Hughes, à l'Islet.

1742, (16 avril) Islet. [4]
IV.—BELANGER, JEAN, [CHARLES III.
b 1715.
SAUCIER, Marie-Angélique. [CHARLES II.
Marie-Angélique, b [4] 7 août 1743.— m 3 janvier 1778, à Charles CARON, à St-Jean-Port-Joli. [5]—*Marie-Rose,* b [4] 28 août 1747; m [5] 3 février 1772, à Jean-François MORIN; s [5] 9 déc. 1774.—*Marie-Louise,* b [4] 25 mai 1749.—*Marie-Luce,* b [4] 11 avril 1751; s [5] 4 déc. 1774.—*Marie-Louise,* b [4] 23 janvier 1753; m [5] 9 oct. 1780, à Pierre PICARD. —*Bénoni-Charlemagne,* b [4] 16 janvier 1757.— *Marie,* b 1759; s [5] 24 nov. 1774.—*Benjamin,* b [4] 22 janvier 1764.—*Pierre,* b...—*Jean-Baptiste,* b... m [5] 11 oct. 1784, à Geneviève CHOUINARD. — *Julien,* b...

1742, (23 oct.) Ste-Famille, I. O.
IV.—BELANGER, JEAN-BTE. [FRANÇOIS III.
1° BLUTEAU, Brigitte, [ETIENNE II.
b 1726; s 21 août 1753, à l'Islet. [4]
Marie-Elisabeth, b [4] 21 mars 1744.—*Bonaventure,* b [4] 26 janvier 1746; m à Rose THIBAUT.— *Marguerite-Angélique,* b [4] 25 mars 1748.—*Jean-Baptiste,* b [4] 1er mars 1750.—*Marie-Anne,* b [4] 25 juillet 1751.

1753, (13 nov.) [4]
2° LAVIOLETTE, Marie-Marthe.

1742, (28 oct.) Cap-St-Ignace.
III.—BELANGER, PIERRE-PAUL. [FRANÇOIS II.
FOURNIER, Claire, [JEAN-BTE III.
b 1722; s 7 août 1763, à St-Michel-d'Yamaska. [5]
Pierre, b 2 oct. 1743, à l'Islet [5], m [5] 20 février 1764, à Marie-Charlotte HÉBERT.—*Marie-Claire,* b [5] 18 février 1746; m [5] 27 mai 1766, à Antoine COTTENOIRE. — *Marie-Judith,* b [5] 28 nov. 1751. —*Antoine,* b [5] 8 août 1753.—*Henri-Marie,* b [5] 14 sept. 1754.—*Marie,* b [5] 5 oct. 1755.—*Emmanuel,* b [5] 11 mars 1757.—*Michel,* b [5] 7 août 1763.

1742, (18 nov.) Quebec. [8]
I.—BELANGER, PIERRE, maitre-maçon, b 1713; fils de Valentin et de Jeanne Lafitte, de la Pouyade, Ste-Madeleine, diocèse de Bordeaux; s [8] 24 sept. 1753.
SIMON, Ursule. [PIERRE III.
Ursule-Angélique, b [8] 11 juillet 1744.—*Pierre,* b [8] 30 juillet 1745.—*Philippe,* b [8] 13 nov. 1746; m 13 janvier 1771, à Elisabeth VALLÉE, au Detroit.—*Joseph-Marie,* b [8] 15 février et s [8] 30 mars 1748—*Marie-Joseph-Ursule,* b [8] 11 mai 1749.— *Marie-Joseph,* b [8] 15 oct. 1750.—*Gabriel,* b [8] 16 mai et s [8] 3 oct. 1752.—*Joseph* (posthume), b [8] 28 janvier 1754.

BELANGER, PIERRE, b 1718; s 8 janvier 1743, à Montréal.

BELANGER, FRANÇOIS, b 1725; s 22 mai 1755, à l'Islet.

BELANGER, CLÉMENT, b 1725; s 17 mai 1765, à Ste-Anne-de-la-Pocatière.

BELANGER, JEAN-BTE, b 1726; s 2 juillet 1776, à St-Jean-Port-Joli.

1744, (9 nov.) Charlesbourg.
IV.—BELANGER, GERMAIN, [NICOLAS II.
b 1714; s 28 février 1757, à Beauport. [9]
PROTEAU, Suzanne. [MICHEL II.
Germain, b [9] 22 mai et s [9] 9 juin 1748.—*Germain,* b [9] 16 février 1750.—*Jean-Baptiste,* b [9] 27 juillet 1753.

1745, (15 février) Beauport. [7]
IV.—BELANGER, ANGE, [PAUL III.
s [7] 30 juillet 1754.
GIROUX, Marie-Catherine. [JOSEPH-NOEL III.
Marie-Angélique, b [7] 28 avril 1746; m [7] 1er février 1768, à Joseph VALLÉE.— *Marie-Catherine,* b [7] 8 déc. 1748.—*Marie-Louise,* b [7] 31 mars 1751. —*Ange,* b [7] 2 avril et s [7] 24 juillet 1753.—*Ange,* (posthume) b [7] 1er oct. 1754.

1745.
IV.—BELANGER, JOSEPH, [FRANÇOIS III.
b 1725.
1° FOURNIER, Geneviève, [JEAN III.
s avant 1751.
Marguerite, b 19 avril 1746, à l'Islet; m 4 février 1765, à Charles CLOUTIER, au Cap-St-Ignace.
1752, (5 juin) Islet. [4]
2° LEMIEUX (1), Thècle. [PIERRE.
Joseph-Marie, b [4] 22 oct. 1752.—*Augustin,* b [4] 1er août 1754.—*Bonaventure,* b [4] 27 février 1756. —*Marie-Geneviève,* b [4] 20 nov. 1757; m à Jean-Baptiste BOUCHER; s [4] 20 déc. 1773.—*Pierre,* b [4] 3 déc. 1760.—*Marie-Claire,* b [4] 27 oct. 1762.— *Marie-Thècle,* b [4] 6 février 1764.

1746.
BELANGER, CHARLES,
b 1722; s 9 mars 1761, à St-Vincent-de-Paul. [8]
MONARQUE, Angélique,
b 1727; s [8] 9 mars 1761.
Charles, b 1746; s [8] 9 mars 1761.

1746, (31 janvier) Islet. [8]
IV.—BELANGER, JACQUES. [JEAN-FRS III.
1° BLUTEAU, Cécile, [ETIENNE II.
s [8] 22 avril 1755.
Jacques, b [8] 15 sept 1750.— *Germain,* b [8] 25 avril 1752; m 23 nov. 1778, à Marie-Judith AUTIN, à Kamouraska.—*Jean-François-Romain,* b [8] 12 déc. 1753.

1756, (6 sept.) [8]
2° RUELLE, Marie-Louise, [HENRY II.
veuve de Joachim Caron.
Louis-André, b [8] 8 sept. 1757.—*Marie-Joseph,* b [8] 21 mai 1759.—*Michel,* b [8] 22 déc. 1761.— *Marie-Elisabeth,* b 23 janvier 1765, au Cap-St-Ignace.

---

(1) Dite Caron du nom de sa mère.

1746, (14 nov.) St-Valier.
IV.—BELANGER, IGNACE. [NICOLAS III.
GAGNÉ, Geneviève. [PIERRE III.
Ignace, b 27 sept. 1747, à Berthier ; 1° m à Angélique OUELLET ; 2° m 27 oct. 1777, à Catherine SOULARD, à St-Roch.—*Marie-Marguerite,* b 25 nov. 1749, à St-Pierre-du-Sud.⁹—*Marie-Geneviève,* b⁹ 20 oct. 1751; m 1770, à François VAILLANCOUR.—*Marie-Françoise,* b⁹ 29 avril 1753.—*Jean-Baptiste,* b⁹ 25 mars 1755.—*Marie-Anne,* b⁹ 18 mars 1757.—*Pierre,* b⁹ 2 mars 1759.

1747, (23 oct.) Bécancour.
I.—BELANGER, PIERRE, fils de Pierre et de Michelle Ardouin, ville d'Angers, Anjou.
CHENAY, Marguerite. [JEAN-BTE III.
Thérèse, b... m 1767, à Louis CARDINAL.

1747, (23 oct.) Charlesbourg.⁴
IV.—BELANGER, JEAN-FRS-ALEXIS. [FRS III.
1° TESSIER, Geneviève, [PIERRE II.
veuve de Pierre Verret.
Jean-François, b⁴ 11 août 1748 ; s⁴ 19 nov. 1755.—*Marie-Louise,* b⁴ 6 juillet 1750.—*Marie-Marguerite,* b⁴ 9 déc. 1752 ; s 25 oct. 1769, à Lachenaye.—*Louis,* b⁴ 27 août 1755.—*Marie-Joseph,* b⁴ 8 février 1758 ; s⁴ 19 mai 1759.
1764, (5 mars) Terrebonne.
2° CHARLES, Marie-Joseph. [CLÉMENT II.

1747.
IV.—BELANGER, ROGER, [ALEXIS III.
b 1725; s 12 nov. 1748, au Château-Richer.¹
LEFRANÇOIS, Cécile (1), [CHARLES III.
s avant 1764.
Marie, b¹ 4 oct. 1748.—*Cecile,* b... m 5 nov. 1764, à Joseph CAZEAU, à L'Ange-Gardien.

BELANGER, FRANÇOIS.
LETOURNEAU, Catherine.
Amable, b 18 et s 24 juin 1749, à St-Vincent-de-Paul.

1749, (27 janvier) Ste-Anne-de-la-Pocatière.
IV.—BELANGER, BARTHÉLEMI. [CHARLES III.
GAUVIN, Marie. [JACQUES II.
Pierre-Julien, b 7 oct. 1758, à l'Islet⁴ ; s⁴ 27 mars 1759.—*Marie-Louise,* b... m 3 nov. 1772, à Joseph BOUCHER, à la Rivière-Ouelle.⁸—*Barthélemi,* b... m³ 9 nov. 1772, à Geneviève GAGNON.—*Marie-Rose,* b... m³ 20 mai 1776, à Jean MICHAUD.

1749, (6 juin) St-Vincent-de-Paul.⁴
IV.—BELANGER, FRANÇOIS. [FRANÇOIS III.
1° CHARBONNEAU, Marie, [FRANÇOIS III.
s⁴ 3 avril 1760.
François-Marie, b⁴ 31 mars 1750 ; m 1770, à Marie-Barbe RÉAUME.— *Marie-Geneviève,* b⁴ 23 mai 1751 ; s⁴ 20 avril 1756.—*Marie-Françoise,* b⁴ 4 août et s⁴ 22 oct. 1752.—*Marie-Françoise,*

(1) Elle épouse, le 15 février 1751, Prisque Gagnon, au Château-Richer.

b⁴ 1ᵉʳ oct. 1754 ; m 1ᵉʳ février 1773, à Etienne CONTENT, à Lachenaye.— *Joseph,* b⁴ 11 sept. 1756.
1761, (3 août).⁴
2° RÉAUME, Elisabeth. [NICOLAS III.

1749, (1ᵉʳ sept.) Charlesbourg.⁵
IV.—BELANGER, JACQUES, [NICOLAS III.
b 1721.
PROTEAU, Marie-Jeanne, [MICHEL II.
b 1720.
Jacques, b 25 février 1751, à Beauport.⁶—*Marie-Jeanne,* b⁶ 10 juin 1752.—*Nicolas,* b⁶ 13 janvier 1754.—*Charles,* b⁶ 4 nov. 1755.—*Vincent,* b⁶ 6 juillet 1757.—*Marie-Jeanne,* b⁵ 18 juin 1759.—*Marie-Louise,* b⁵ 6 mars 1761.—*Marie-Elisabeth,* b⁶ 15 oct. 1762.—*Jean-Toussaint,* b⁶ 23 juillet 1765.

1749.
IV.—BELANGER, FRANÇOIS, [ALEXIS III.
b 1729.
AIDE-CREQUY, Elisabeth. [JEAN II.
François-Charles, b 13 sept. 1750, à Lotbinière.⁵—*Joseph-Marie,* b⁵ 22 février 1756.—*Jean-Baptiste,* b⁵ 9 déc. 1757.—*Ambroise,* b⁵ 12 oct. 1765.

BELANGER, JEAN-BTE.
Charlotte, b 1750 ; s 9 mars 1761, à St-Vincent-de-Paul.

1750, (12 janvier) Québec.⁴
III.—BELANGER, J.-BTE. [PIERRE-BERTRAND II.
GIROUX, Marie-Louise, [RAPHAEL III.
Anonymes, b⁴ et s⁴ 3 sept. 1750.—*Jean-Baptiste,* b⁴ 7 oct. 1751.— *François-Regis,* b⁴ 30 juillet 1753.—*André,* b⁴ 1ᵉʳ déc. 1754.— *Barthélemi,* b⁴ 17 mai 1756.—*Pierre-Benjamin,* b⁴ 26 janvier et s⁴ 13 mai 1758.—*Jean,* b⁴ 9 juin et s 1ᵉʳ août 1759, à Charlesbourg.— *Marie-Joseph,* b⁴ 9 juin et s⁴ 8 déc. 1761.—*Benjamin-Raphael,* b⁴ 19 février 1763.

1750, (19 janvier) Islet.⁷
IV.—BELANGER, ALEXIS. [IGNACE III.
HERVÉ, Marie, [SEBASTIEN II.
veuve de Joseph Cloutier.
Marie-Ursule, b⁷ 22 nov. 1750.—*Pierre-Alexis,* b⁷ 27 février 1752.— *Marie-Anne,* b⁷ 8 février 1755.

1750, (9 février) Beauport.⁹
IV.—BELANGER, JEAN-MARIE. [NICOLAS III.
1° TOUPIN, Marie-Geneviève, [IGNACE II.
b 1722.
Marie-Geneviève, b⁹ 12 janvier 1751 ; s⁹ 27 juillet 1769.— *Marie-Louise,* b⁹ 13 juin 1753.—*Jean-Marie,* b⁹ 18 avril 1755.— *Pierre-Vincent,* b 26 juin 1759, à Charlesbourg ; s⁹ 8 oct. 1759.
1763, (5 août).⁹
2° TRUELLE, Marie-Louise, [PIERRE I.
b 1732.
Pierre, b⁹ 4 déc. 1765.

1750, (9 février) St-Thomas. [7]
V.—BELANGER, JACQUES. [PIERRE IV.
MOREL (1), Marie-Françoise, [CHARLES III.
b 1726.
Marie-Louise, b [7] 25 nov. et s [7] 2 déc. 1750.—*Marie-Claire*, b [7] 5 nov. 1751.—*Marie-Madeleine*, b [7] 31 mars 1753.—*Jacques-Philippe*, b [7] 13 oct. 1754; s [7] 1er juin 1756.—*François*, b [7] 10 et s [7] 26 juin 1756.—*Louis*, b [7] 7 juin 1757.—*Marie-Geneviève*, b [7] 3 janvier 1759.

1750, (11 mai) Islet. [2]
IV.—BELANGER (2), PIERRE, [FRANÇOIS III.
b 1727.
BERNIER, Marie-Françoise, [LOUIS III.
b 1730.
Pierre, b [2] 26 février 1751.—*Marie-Rose*, b [2] 26 mars 1752.—*Isidore*, b [2] 23 août 1753.—*Marie-Reine*, b [2] 2 sept. 1755; m [2] 23 sept. 1776, à Thomas CARON.—*Bonaventure*, b [2] 13 déc. 1759.—*Louis*, b [2] 12 février 1762.—*Louis-Augustin*, b [2] 9 oct. 1763.—*Joseph*, b [2] 7 avril 1764.

1750, (6 oct.) St-Michel.
V.—BELANGER, PRISQUE. [PRISQUE IV.
COUTURE, Marie (3). [PIERRE III.

1750, (26 oct.) St-Thomas. [3]
V.—BELANGER, PIERRE, [PIERRE IV.
DENEAU, Elisabeth, [RENÉ I.
b 1725.
Pierre, b [3] 23 sept. 1751.—*André*, b [3] 2 avril 1753; s 20 juillet 1759, à St-Pierre-du-Sud. [4]—*Louis*, b [3] 3 février 1755.—*Elisabeth*, b [4] 18 février 1757; s 16 janvier 1775, à l'Islet.—*Anonyme*, b [3] et s [3] 18 mai 1760.—*Marie-Madeleine*, b... s [4] 19 juillet 1759.

1750, (9 nov.) Islet. [5]
IV.—BELANGER, CHARLES [CHARLES III.
1° MORIN, Marie-Joseph. [MICHEL II.
Marie-Joseph, b [5] 12 août 1755.
2° BELANGER, Marie-Joseph, [JOSEPH IV.
b 1738; s [5] 27 mars 1759.

BELANGER, FRANÇOIS,
s 23 mai 1768, à St-Michel d'Yamaska.

1751, (9 janvier) St-Joachim.
IV.—BELANGER, FRANÇOIS, [ALEXIS III.
b 1717.
POULIN, Cécile, [GUILLAUME III.
b 1732.
François, b 29 oct. 1751, au Château-Richer [7]; m 28 janvier 1771, à Judith CUSSON, à St-Henri-de-Mascouche. [8]—*Marie-Cécile*, b [7] 7 juillet 1753; m [8] 28 juillet 1771, à Pierre CUSSON.—*Alexis*, b [7] 12 oct. 1754.—*Marie-Geneviève*, b [7] 3 janvier 1756, m [8] 11 oct. 1773, à François BAUDOIN.—*Charles*, b [7] 8 février 1757.—*Marie*, b 2 août 1760, à L'Ange-Gardien.—*Zacharie*, b [7] 7 sept.

(1) Dite de la Durantaye.
(2) Dit Pierre Marchand, co-seigneur de Bon Secours.
(3) Elle épouse, le 18 nov. 1754, François Fradet, à St-Michel.

1762.—*Marie-Angélique*, b [7] 6 mars 1764.—*Joseph-Marie*, b [7] 8 sept. 1765.—*Apolline*, b [7] 19 sept. 1768

1751, (8 février) Château-Richer. [9]
V.—BELANGER, LOUIS. [PIERRE IV.
GUYON, Marguerite, [FRANÇOIS IV.
b 1724.
Marguerite, b [9] 10 mai 1758; m [9] 6 juillet 1778, à François GRAVELLE.—*Louis*, b [9] 9 sept. 1760.—*François*, b [9] 15 février 1765.

1751, (22 février) St-Vincent-de-Paul. [4]
V.—BELANGER, JEAN. [BASILE IV.
CHABOT, Marie-Madeleine, [MICHEL IV.
b 1728.
Marie-Joseph-Amable, b [4] 28 mars et s [4] 3 mai 1752.—*Marie-Françoise*, b [4] 3 février 1754.—*Jean-Baptiste*, b [4] 7 nov. 1755.—*Marguerite*, b... m 3 mars 1783, à Jean OUIMET, à Ste-Rose.

1752, (17 janvier) St-Valier.
V.—BELANGER, LOUIS, [CHARLES IV.
b 1726; s 4 avril 1765, à St-Thomas. [5]
LA VALLÉE, Marie-Madeleine (1). [ETIENNE III.
Louis-Charles, b 1752; s [5] 8 mars 1756.—*Roger*, b [5] 18 déc. 1753.—*Anonyme*, b [6] et s [5] 24 nov. 1754.—*Charles-François*, b [5] 30 déc. 1755.—*André*, b [5] 7 mai et s [5] 16 oct. 1757.—*Marie-Madeleine*, b [5] 17 sept 1758.—*Elisabeth*, b [5] 15 juillet 1760.

I.—BELANGER, MARC-ALEXANDRE.— Voy. DE-LIENNES, 1752.

1753, (19 février) Château-Richer. [1]
V.—BELANGER, FRANÇOIS, [AUGUSTIN IV.
b 1728.
CASEAU, Marie-Louise. [JEAN I.
François, b 25 sept. 1755, à Québec [2]; s [2] 11 avril 1756.— *François*, b [2] 25 avril 1757; s [2] 4 sept. 1758.— *Louise-Thérèse*, b [2] 7 juin 1758.—*François*, b [1] 17 mai 1760.—*Marie-Madeleine*, b [2] 31 mars 1762.—*Geneviève*, b [2] 1er août 1763.

1753, (14 mai) St-Vincent-de-Paul. [6]
IV.—BELANGER, SIMON, [PIERRE III.
b 1719.
GALARNEAU, Jeanne, [CHARLES III.
b 1728; veuve de Joachim Hogues.
Marie-Amable, b [6] 1er nov. 1754.—*Simon*, b [6] 27 mars 1756.

1753, (22 oct.) St-Thomas. [7]
V.—BELANGER, LOUIS, [AUGUSTIN IV.
b 1733.
THIBAUT, Catherine, [PIERRE III.
b 1727.
Louise, b [7] 29 août et s [7] 23 oct. 1754.—*Louis-Marie*, b 6 juillet 1757, à St-Pierre-du-Sud. [8]—*Catherine*, b [8] et s [8] 18 oct. 1759.—*Jacques*, b [7] 15 nov. 1760.

(1) Elle épouse, le 11 avril 1768, Félix Tétu, à St-Thomas.

1753, (26 nov.) L'Ange-Gardien. [8]
V.—BELANGER, CLAUDE, [LOUIS IV.
b 1731.
   VESINA, Marie, b 1728. [NICOLAS III.
Marie-Joseph, b 5 avril 1756, à Beauport [9]; s [8] 3 nov. 1762.— *Louis-François,* b [8] 13 et s [8] 15 juillet 1758.—*Louis,* b [9] 18 août 1760 ; s [8] 2 janvier 1763.—*Marie-Catherine,* b [8] 6 juillet 1762.— *Marie-Françoise,* b [8] 27 fevrier 1764.—*Claude,* b 13 janvier 1766, au Château-Richer.

1754, (7 janvier) Beauport. [6]
IV.—BELANGER, FRANÇOIS, [PIERRE III.
b 1720 ; s 16 sept. 1781, à Lachenaye. [7]
   DELAGE (1), Marie-Anne, [CLAUDE II.
b 1733 ; s avant 1781.
François, b 14 mars 1755, à Québec. [9]—*Marie-Anne,* b [9] 22 et s [9] 23 août 1756.—*Marie-Louise,* b [6] 3 sept. et s [6] 13 oct. 1759.—*Etienne,* b 20 janvier 1761, à Charlesbourg , m [7] 23 oct. 1786, à Marie-Elisabeth HUBOUT. — *Marie-Françoise,* b [6] 22 déc. 1762.—*Madeleine,* b... m 5 nov. 1781, à Joseph ROTURE, à Terrebonne.

1754.
V.—BELANGER, JOSEPH-AMABLE, [BASILE IV.
b 1733.
   ROCHON, Madeleine, [AMBROISE III.
b 1737.
Jean-Baptiste, b 31 janvier et s 2 fevrier 1755, à St-Vincent-de-Paul. [1]—*Marie-Joseph,* b [1] 4 et s [1] 22 dec. 1756.

1754, (13 mai) Islet. [2]
IV.—BELANGER, JEAN-FRANÇOIS. [IGNACE III.
   THIBAUT, Marie-Claire (2). [FRS-JOSEPH III.
b 1739.
Michel, b... m [2] 2 juillet 1776, à Marie-Louise CARON.

1754, (25 nov.) Château-Richer. [3]
V.—BELANGER, MICHEL. [MICHEL IV.
b 1732 ; s [3] 4 février 1763.
1° VERREAU, Élisabeth, [FRANÇOIS II.
b 1736 ; s [3] 10 oct. 1755.
Anonyme, b [3] et s [3] 15 sept. 1755.
2° PARANT, Marie.
Marie-Louise, b [3] 7 janvier 1763.

1756, (25 oct.) Cap-St-Ignace.
IV.—BELANGER, JOSEPH, [JACQUES III.
b 1733.
   RICHARD, Marie-Rosalie. [FRANÇOIS II.
Joseph-François, b 10 janvier 1757, à l'Islet [7]— *Joachim,* b [7] 29 août 1761.—*Marie-Charlotte,* b [7] 14 mars 1763.

1758, (9 janvier) Islet. [4]
IV.—BELANGER (3), FRANÇOIS. [JEAN-FRS III.
b 1702.
   CLOUTIER, Madeleine. [ATHANASE V.
b 1737.

(1) Dit Lavigneur.
(2) Elle épouse, le 28 février 1757, Jean-Baptiste Leclerc, à l'Islet.
(3) Dit Bonsecours.

Marie-Théotiste, b [4] 17 mars 1758.—*Marie-Monique,* b [4] 18 janvier 1760.—*Marie-Luce,* b [4] 20 dec. 1761.—*Pierre,* b [4] 6 mai 1763.—*François,* b... s [4] 14 avril 1773.—*Félicité,* b [4] 22 oct. 1774.

1758.
IV.—BELANGER, PIERRE, [PIERRE-PAUL III.
b 1727.
   DeRAINVILLE, Marie-Joseph, [NOEL III.
b 1730 ; veuve de Joseph Houle.

1758, (23 oct.) Cap-St-Ignace.
IV.—BELANGER, J.-GABRIEL, [PIERRE-PAUL III
b 1736.
   BERNIER, Marie-Victoire, [AUGUSTIN III
b 1741.
Gabriel, b 6 janvier 1760, à l'Islet. [5] — *Augustin-Amable,* b [5] 22 avril 1761 ; m 16 juillet 1781, à Marie-Elisabeth ST-PIERRE, à St-Jean-Port-Joli. —*Pierre,* b [5] 25 juillet 1762.—*Jérôme,* b [5] 31 août 1763 —*Geneviève,* b [5] 23 avril et s [5] 18 juin 1773.—*Antoine,* b [5] 12 mai 1775.

1759, (5 février) St-Vincent-de-Paul.
V.—BELANGER, LOUIS, [BASILE IV.
b 1736.
   LABELLE, Marguerite, [PIERRE III.
b 1740.

1760, (18 février) St-Vincent-de-Paul.
V.—BELANGER, LOUIS-FRANÇOIS, [LOUIS IV.
b 1736.
   PELLETIER, Marie-Agnès, [LOUIS IV.
b 1742.

BELANGER, ALEXIS,
   s avant 1780.
   FOURNIER, Marie.
Marie-Anne, b... m 7 février 1780, à Hypolite PELLETIER, à la Rivière-Ouelle.

1760, (27 oct.) Islet. [6]
V.—BELANGER, JOSEPH-MARIE. [JEAN-FRS IV.
1° BERNIER, Marie-Geneviève, [LOUIS III.
b 1734.
Joseph-Marie, b [6] 26 mars 1757.—*Marie-Rose,* b [6] 17 oct. 1761.—*Marie-Geneviève,* b [6] 11 nov. 1762.—*André,* b [6] 23 janvier 1774.—*Marie-Louise,* b [6] 25 juin 1775.
          1779, (12 avril). [8]
2° DASTOU, Marie-Reine. [PIERRE I.

1761, (19 janvier) St-Vincent-de-Paul.
V.—BELANGER, CHARLES. [LOUIS IV.
   GRAVELLE, Marguerite, [JEAN IV.
b 1744.
Marguerite, b... m 3 mars 1783, à Jean OUIMET, à Ste-Rose.—*Charles,* b... m 13 février 1787, à Agnès PICHART, à St-Louis, Mo.

1761, (19 janvier) Islet. [7]
V.—BELANGER, ALEXIS-ISIDORE, [JEAN-FRS IV.
b 1734.
   TONDREAU, Marie-Joseph, [JOSEPH II.
b 1736.

Marie-Théotiste, b ⁷ 6 nov. 1761.—*Barnabé*, b ⁷ 25 juillet 1763.—*Marie-Archange*, b ⁷ 30 mai 1775.

1763, (21 nov.) Charlesbourg.
V.—BELANGER, François,   [JEAN-BTE IV.
  b 1739 ; s avant 1788.
Dubé, Marie-Anne,   [AUGUSTIN III.
  s avant 1788.
Marie-Angélique, b… m 31 mars 1788, à Pierre Payet, à Repentigny.

1764, (20 février) St-Michel-d'Yamaska.⁷
IV.—BELANGER, Pierre,   [PIERRE-PAUL III.
  b 1743.
Hébert, Marie-Charlotte.   [LEGER III.
MarieCatherine, b ⁷ 3 dec. 1764. — *Michel*, b ⁷ 6 juin 1766. — *Pierre*, b ⁷ 27 nov. 1768.

1764, (2 juin) Islet.⁹
V.—BELANGER, Jean.   [JEAN-FRS IV.
Bernier, Rosalie,   [LOUIS III.
  b 1750.
Grégoire, b ⁹ 26 juin 1764.—*Marie-Françoise*, b ⁹ 23 mars 1773.—*Marie-Victoire*, b ⁹ 26 déc. 1774.—*Jean-Baptiste*, b ⁹ 11 juin 1776.

1764, (4 juillet) Québec.
V.—BELANGER, Jean-Bte,   [JEAN-BTE IV.
  b 1735.
Couture, Marie-Angélique,   [GUILLAUME II.
  b 1720 ; veuve de Joseph Morillon.
Jean-Baptiste, b… s 20 oct. 1765, à Beauport.

1764, (1ᵉʳ oct.) St-Valier.⁵
V.—BELANGER, Jacques.   [PRISQUE IV.
Bolduc, Marie-Anne,   [JOSEPH III.
  b 1746 ; s ⁵ 18 oct. 1766.

1767, (23 février) Terrebonne.
III.—BELANGER, Joseph.   [JOSEPH II.
LeMarié, Leocadie,   [PIERRE III.
  b 1741.

1767, (10 août) St-Thomas.
IV.—BELANGER, Jean-Marie,   [JACQUES III.
  b 1741.
Coté, Marie-Geneviève,   [JOSEPH IV.
  b 1737.

1768, (24 oct.) St-Jean-Port-Joli.
V.—BELANGER, Louis-Frs,   [JEAN-FRS IV.
  b 1748.
Caron, Marie-Joseph,   [JOSEPH IV.
Marie-Joseph, b 15 janvier 1774, à l'Islet.¹—*Joseph-Frédéric*, b ¹ 22 et s ¹ 25 nov. 1775.

1770.
IV.—BELANGER, Chs-Philippe,   [LOUIS III.
  b 1740.
Lauzon, Marie-Joseph,   [JACQUES III.
Marie-Geneviève, b 21 janvier 1771, à Lachenaye.

1770.
V.—BELANGER, François,   [FRANÇOIS IV.
  b 1750.
Réaume, Marie-Barbe.   [MICHEL IV.
Marie-Marguerite, b 21 janvier 1771, à Lachenaye.

BELANGER, Marchand.
Marie, b 1771 ; s 4 juillet 1773, à l'Islet.

V.—BELANGER, Charles,   [CHARLES IV.
  b 1725 ; s 16 août 1772, à St-Thomas.
Asselin, Thérèse (1),   [LOUIS III.
  b 1748.

1771, (13 janvier) Détroit.⁸
II.—BELANGER, Philippe,   [PIERRE I.
  b 1746.
Vallée, Elisabeth,   [JEAN-BTE I.
  b 1752.
Philippe, b ⁸ 2 août et s ⁸ 1ᵉʳ oct. 1771.—*Elisabeth*, b… m ⁸ 15 juillet 1793, à Augustin Roy ; s ⁸ 27 mai 1795.—*Marie-Catherine*, b ⁸ 27 et s ⁸ 28 juin 1777.—*Jean-Baptiste*, b ⁸ 29 janvier 1784.

1771, (28 janvier) St-Henri-de-Mascouche.
V.—BELANGER, François,   [FRANÇOIS IV.
  b 1751.
Cusson, Judith.   [JOSEPH III.
François, b 2 février 1777, à Lachenaye.

1771, (7 février) Château-Richer.⁷
V.—BELANGER, Charles,   [MICHEL IV.
  b 1739.
Verreau, Hélène,   [FRANÇOIS III.
  b 1741.
Michel, b 1775 ; s ⁷ 20 sept. 1776.

1772.
V.—BELANGER, Bonaventure,   [JEAN-BTE IV.
  b 1746.
Thibaut, Rose.   [PIERRE III.
  b 1753.
Jean-Baptiste, b 17 avril 1773, à l'Islet.⁴—*Anonyme*, b ⁴ et s ⁴ 11 sept. 1774.—*André*, b ⁴ 7 nov. 1775.

V.—BELANGER, Ignace,   [IGNACE IV.
  b 1747.
1° Ouellet, Angelique,   [PIERRE III.
  b 1754.
    1777, (27 oct.) St-Roch.
2° Soulard, Catherine,   [SÉBASTIEN II.
  b 1734 ; veuve de Pierre St-Pierre.

1772, (24 février) Château-Richer.⁶
V.—BELANGER, Alexandre,   [MICHEL IV.
  b 1741 ; s ⁶ 4 déc. 1773.
Cloutier, Geneviève,   [LOUIS IV.
  b 1744.
Marie-Geneviève, b ⁶ 3 juillet 1773.

---

(1) Elle épouse le 4 oct 1773, René Morin, à St-Thomas.

1772, (9 nov.) Rivière-Ouelle.
V.—BELANGER, BARTHÉLEMI. [BARTHÉLEMI IV.
GAGNON, Geneviève. [PIERRE IV.

BELANGER, JOSEPH.
Joseph-Marie, b et s 1er juin 1773, à l'Islet.

BELANGER, JEAN-MARIE.
COTÉ, Geneviève.
Jean-Gabriel, b 26 déc. 1773, à l'Islet. ⁹ —
Marie-Angélique, b ⁹ 9 sept. 1775.

BELANGER, DENIS.
BERNIER, Marie-Reine.
Amable, b 13 janvier 1774, à l'Islet. ⁹—*Jean-Baptiste*, b ⁹ 29 janvier 1776.

1773, (22 février) St-Thomas.
V.—BELANGER, PRISQUE, [AUGUSTIN IV.
b 1739.
PICARD (1), Marie-Joseph, [FRANÇOIS III.
veuve de Jean Michon.

1773.
V.—BELANGER, ANTOINE. [NICOLAS IV.
POULIN, Marie-Anne.
Marie-Angélique, b et s 30 déc. 1774, à St-Joachim. ⁸— *Antoine*, b ⁸ 15 août 1775.—*Jean-Baptiste*, b ⁸ 31 janvier 1777.—*Marie-Agnès*, b ⁸ 13 mars et s ⁸ 4 avril 1778.

1774, (7 février) Repentigny.
IV.—BELANGER, ALEXIS, JEAN-FRS III.
b 1751.
HARNOIS, Marie-Thérèse, [ANDRÉ III.
b 1749.

1775, (30 janvier) Château-Richer. ⁹
V.—BELANGER, JOSEPH, [MICHEL IV
b 1744.
GUYON-DION, Marie-Ursule, [JEAN-BTE V.
b 1751.
Marie, b 1775 ; s ⁹ 27 avril 1779. — *Joseph-André*, b ⁹ 30 nov. 1777 ; s ⁹ 18 juin 1778.—*Pierre-Félix*, b ⁹ 19 nov. 1779.—*Joseph-Marie*, b... m 16 juin 1812, à Restitute COTÉ, à Rimouski.

1775, (20 février) Islet.
V.—BELANGER, CHARLES. [JOSEPH IV.
CLOUTIER, Anne, [CHARLES-FRS V.
b 1756.

BELANGER PIERRE, s 12 juin 1773, à Nicolet, (noyé.)

BELANGER, JOSEPH.
LAPRISE, Françoise.
Abraham, b 5 sept. 1776, à l'Islet.

1776, (2 juillet) Islet.
V.—BELANGER, MICHEL. [JEAN-FRS IV.
CARON, Louise-Geneviève, [JEAN-FRANÇOIS.
b 1760.

(1) Dit Destroismaisons.

1777, (24 nov.) Kamouraska.
V.—BELANGER, JEAN-BTE, [IGNACE IV.
b 1751.
DEVAU, Marie-Geneviève. [JACQUES I.

1778, (23 nov.) Kamouraska.
V.—BELANGER, GERMAIN, [JACQUES IV.
b 1752.
AUTIN, Marie-Judith, [JEAN-FRS III.
b 1760.

1781, (16 juillet) St-Jean-Port-Joli.
V.—BELANGER, AUGUST.-AMABLE, [GABRIEL IV.
b 1761.
ST-PIERRE, Marie-Elisabeth. [ANTOINE III.

1781, (26 nov.) Islet.
V.—BELANGER, FRANÇOIS. [IGNACE IV.
CLOUTIER, Marie-Marthe, [JOSEPH V.
b 1764.

1784, (11 oct.) St-Jean-Port-Joli.
V.—BELANGER, JEAN-BTE. [JEAN IV.
CHOUINARD, Geneviève. [PIERRE II.

1786, (23 oct.) Lachenaye. ⁷
V.—BELANGER, ETIENNE, [FRANÇOIS IV.
b 1761.
HUBOUT, Marie-Elisabeth, [AUGUSTIN IV.
b 1769.
Etienne, b 1er et s 12 août 1787, à Lachenaye ⁶—*Marie-Barbe* b ⁶ 20 oct 1788.

1812, (16 juin) Rimouski.
VI.—BELANGER, JOS.-MARIE. [JOS.-MARIE V.
COTÉ, Restitute, [GABRIEL V.
b 1793.

BELARBRE, MATHURIN.
FRÉROT, Marie-Anne,
s 28 février 1774, à l'Islet.

BELCOUR.—*Variations et surnoms :* TROTIER —DESRUISSEAUX—DE LA FONTAINE DE BELCOURT.

1738, (17 nov.) Trois-Rivières.
IV.—BELCOUR (1), FRANÇOIS, [FRS III
b 1715 ; s 20 janvier 1750, à la Baie-du-Febvre. ²
DESILETS (2), Madeleine, [JEAN-BTE III.
b 1720.
Joseph, b 1744 ; s ² 1er août 1754.—*Antoine*, b... s ² 24 août 1750.—*Madeleine*, b... m ² 15 mai 1759, à Joseph GRANDMONT.—*Joseph*, b... s ² 20 dec. 1761.—*François*, b... m ² 10 avril 1769, à Thérèse MANSEAU.

(1) Trotier dit.
(2) Desrosiers dit. Elle épouse, le 22 février 1751, Joseph Précour, à la Baie-du-Febvre.

1769, (10 avril) Baie-du-Febvre.³
V.—BELCOUR, FRANÇOIS. [FRANÇOIS IV.
MANSEAU, Thérèse, [LOUIS III.
b 1743.
François, b ³ 14 juillet 1771.

BELEC.—Voy. LEBELLEC.

1747, (25 sept.) St-Valier.
I.—BELÉ, FRANÇOIS, fils de Guillaume et de Jeanne Ripenelle, de St-Germain, diocèse de Dol, Bretagne.
DAGNEAU, Geneviève, [GUILLAUME II.
b 1724.

BELELY (1), CLAUDE,
b 1649; s 8 février 1709, à Montréal.

BELET.—Voy. GAZAILLE.

BELETTE, HÉLÈNE, b 1762; m à Charles GUERAULT; s 12 mai 1788, à Québec.

BELFIN.—Voy. CHAROT, 1756.

BELFOND.—Voy. GENAPLE DE BELFOND.

BELHOSTE.—Voy. BELLEAU.

BELHUMEUR.—*Variations et surnoms*: JANOT — BLOZE — BLOSSE — PHILIPPE dit, 1712 — BABEAU, 1752 — DUPONT, 1758 — BLANCHE — NAUDET, 1759—ARDOUIN—MONTAUBAN.

BELHUMEUR, HYPOLITE.
MENARD, Catherine.
Hypolite, b... s 21 juillet 1759, à St-Laurent, M.

1759, (26 février) Ste-Rose.
I.—BELHUMEUR (2), JOSEPH.
LECLAIR, Marie-Rose. [FRANÇOIS III.

BELHUMEUR, CHARLES.
HOULE, Marie.
Paul, b 1770; s 17 janvier 1771, à Repentigny.

BELHUMEUR, JOSEPH.
POULIN, Louise.
Joseph, b 26 juillet 1788, à Repentigny.

BELIN, MARGUERITE, épouse de Martin LUMET.

1799, (janvier) Albany.
I.—BELIN-BELAIR, JEAN-PHILIPPE,
s 5 nov. 1802, à Montréal.⁷
REDFIELD, Elisabeth, [WILLIAM IV.
b 1763; s¹ oct. 1828.
William, né 7 février 1800, à Western N.-Y.; b¹ nov. 1802; m à Marie RAYMOND.—*Elisabeth*, née juin 1801, à Weston; b⁷ nov. 1802; sœur Ursuline, aux Trois-Rivières⁶; s³ 1839.—*Clarisse*, (posthume) b⁷ 1803; s 1816.

(1) Dit Languedoc.
(2) Dit Montauban, soldat de la compagnie Duprac.

BELIQUE, JOSEPH, b 1756; s 22 janvier 1776, à la Longue-Pointe.

BELISLE.—*Variations et surnoms* : CHÈVREFILS —LAMARRE—ROTUREAU—GERMAIN —GOGUET —GOYER.

I.—BELISLE, LOUIS (1),
b 1664; s 23 août 1709, à Montréal.

BELISLE, ANNE-FRANÇOISE, épouse de Pierre ROBICHAUD.

BELISLE, MARIE, épouse de François ROBICHAUD.

BELISLE, ANNE, épouse de Jean RODRIGUE.

BELISLE, MARIE, b 1722; m à Jacques, MIGNERON; s 18 avril 1747, à Terrebonne.

BELISLE, MARGUERITE, épouse de Pierre DESHAYES.

BELISLE, MARIE-ANNE, épouse de Louis POTIER.

BELISLE, MARIE-ANNE, épouse d'Augustin VILLERAY.

BELISLE, LOUISE, b... m à Alexandre LÉVEILLÉ; s 30 janvier 1776, aux Ecureuils.

BELISLE, MARIE-LOUISE, épouse de Frédéric GOUTCHER.

BELISLE, MARIE, b 1683; s 31 janvier 1763, aux Trois-Rivières.

1690, (26 juin) Québec.
I.—BELISLE (2), HENRI, fils d'Antoine (droguiste) et de Marguerite Levasseur, de St-Michel-le-Palus, Angers.
1° MONY (DE), Catherine. [JEAN I.
Jean-Baptiste, b 1698; m à Marie-Anne DUBOIS; s 26 déc. 1750, à la Pte-du-Lac.—*Louis*, b 1701; m à Geneviève PAYETTE; s 8 février 1761, à Lévis.
1705, (26 nov.) Champlain.
2° DANDONNEAU, Françoise-Perime, [PIERRE I.
b 1661; veuve de Jean Desrosiers; s 9 mai 1711, au Détroit.
1712, (25 août) Pte-aux-Trembles, M.²
3° ARCHAMBAULT, Jeanne (3). [LAURENT III.
Henri, b ² 21 juin 1713; s ² 6 avril 1723.— *Marie-Joseph*, b ² 14 déc. 1714; 1° m à Jean-François COMPARET; 2° m ² 18 avril 1757, à Jean LAGORCE.—*Jean-Gabriel*, b² 9 sept. 1719.—*Marie*, b ² 16 juillet 1721.—*Anne-Thérèse*, b ² 18 juin

(1) Sergent de la Compagnie de Manteth.
(2) Dit Lamarre. Voy. vol. I, p. 341.
(3) Elle épouse, le 7 janvier 1749, Maurice Lapron, à la Pte-aux-Trembles, M.

1723; m ² 22 avril 1748, à Joseph QUEVILLON.—
Pierre, b 1ᵉʳ oct 1731.—*Henri*, b... m 12 janvier
1756, à Marguerite BOUGRET, à Longueuil.

1698.

II.—BELISLE, GERMAIN-HENRI, [ROBERT I.
  s 1ᵉʳ janvier 1762, à Deschambault. ⁹
  MARCOT, Geneviève, [JACQUES I.
    b 1678; s ⁹ 20 déc. 1764.
Joseph, b 1709; m ⁹ 12 janvier 1738, à Madeleine CHAPELAIN; s ⁹ 2 avril 1769.—*François*, b ⁹ 1ᵉʳ mai 1712; m ⁹ 27 avril 1738, à Thérèse CHAPELAIN. — *Geneviève*, b 1697; m ⁹ 17 août 1738, à Michel NAUD; s ⁹ 30 août 1787.—*Jean-Baptiste*, b ⁹ 19 février 1719; m ⁹ 28 oct. 1748, à Marie-Anne GROSLEAU.—*Charles*, b ⁹ 3 nov. 1720; m ⁹ 12 janvier 1750, à Marie-Joseph ARCAN.—*Basile*, b ⁹ 28 janvier 1714; s ⁹ 16 mai 1733.—*Eustache*, b ⁹ 4 avril 1717; m 1743, à Marie ROLET; s ⁹ 23 janvier 1794.—*Marguerite*, b... m ⁹ 10 août 1723, à Alexis SAUVAGEAU; s 26 avril 1751.—*Marie-Joseph*, b... m ⁹ 21 février 1735, à Alexis HAMELIN.—*Henri*, b 1698; s ⁹ 20 sept. 1725.—*Antoine*, b 1706; m ⁹ à Marie-Anne GOUIN; s ⁹ 6 avril 1768.

BELISLE, JACQUES.
  GOURAU, Hélène.
François, b 1701; s 14 janvier 1729, à Montréal.

BELISLE, NICOLAS, b 1711; s 16 février 1729, à Montreal.

II.—BELISLE, LOUIS, [HENRI I.
  b 1701; s 8 février 1761, à Lévis.
  PAYETTE, Geneviève,
    s avant 1748.
Simon, b... 1° m 29 janvier 1748, à Madeleine TRULLIER, aux Trois-Rivières ; 2° m 16 fevrier 1756, à Geneviève FRIGON, à Batiscan.—*Louis*...—*Louise*, b... m à Jacques SAMSON.

DELISLE, LOUIS.
  DUCHÊNE, Marie.
Jean, b 5 mai 1749, aux Trois-Rivières.

BELISLE.
  HERTEL (1), Madeleine.

1738, (12 janvier) Deschambault. ⁷

III.—BELISLE, JOSEPH, [HENRI-GERMAIN II.
  b 1709 ; s ⁷ 2 avril 1769.
  CHAPELAIN, Madeleine, [LOUIS III.
    s ⁷ 18 sept. 1754.
Joseph-Marie, b ⁷ 25 oct. 1739; m ⁷ 21 janvier 1771, à Marie-Louise ARCAN; s ⁷ 13 mai 1792.—*Marie-Madeleine*, b ⁷ 1ᵉʳ août 1741; m ⁷ 19 février 1765, à Joseph-René NAU; s ⁷ 7 août 1787.—*Geneviève*, b ⁷ 19 juin 1744.—*Augustin*, b ⁷ 2 juillet 1748.—*Antoine*, b ⁷ 19 nov. 1752; s ⁷ 21 nov. 1759.—*Basile*, b ⁷ 12 août et s ⁷ 10 sept. 1754.

(1) Dit de la Frenière. Elle épouse, le 9 oct. 1747, Joseph Potier, aux Trois-Rivières.

1738, (27 avril) Deschambault. ⁸

III.—BELISLE, FRANÇOIS. [HENRI-GERMAIN II.
  CHAPELAIN, Thérèse, [LOUIS III.
    b 1722.
Basile, b ⁸ 2 nov. 1739.—*François-Marie*, b ⁸ 13 mars et s ⁸ 24 août 1743.—*François-Marie*, b ⁸ 31 mai et s ⁸ 19 août 1746.—*Marie-Madeleine*, b 12 et s 20 déc. 1748, aux Ecureuils.

BELISLE, THÉRÈSE, b... s 1ᵉʳ déc. 1741, à Berthier.

BELISLE, JOSEPH.
  ARCAN, Angelique. [SIMON I.
Augustin, b 13 mars 1740, à Deschambault.

III.—BELISLE, ANTOINE, [HENRI-GERMAIN II.
  b 1706 ; s 6 avril 1768, à Deschambault ⁹
  GOUIN, Marie-Anne, [LOUIS II.
    b 1723 ; s ⁹ 5 janvier 1794.
Marie-Anne, b ⁹ 6 mars 1743; m ⁹ 5 mars 1764, à Alexis GERMAIN.—*Antoine*, b ⁹ 4 avril 1744; m ⁹ 19 nov. 1770, à Marie-Joseph ARCAN.—*Joseph-Marie*, b ⁹ 7 janvier 1748.—*Angélique*, b ⁹ 24 avril et s ⁹ 7 mai 1751.—*Marie-Marguerite*, b ⁹ 7 juillet 1752.

1743.

III.—BELISLE, EUSTACHE, [HENRI-GERMAIN II.
  b 1717; s 23 janvier 1794, à Deschambault.¹
  ROLET, Marie. [JACQUES I.
Marie-Joseph, b ² 15 déc. 1744; m ⁹ 25 janvier 1773, à Isaie BOUDROT.—*Marie-Louise*, b ² 24 février 1746 ; m ² 19 août 1765, à Jean-François NAU.—*Eustache*, b ² 24 mai 1749.

II.—BELISLE, JEAN-BTE, [HENRI I.
  b 1698 ; s 26 déc. 1750, à la Pte-du-Lac.
  DUBOIS, Marie-Anne,
    s avant 1750.

1748, (29 janvier) Trois-Rivières. ⁸

III.—BELISLE, SIMON. [LOUIS II.
  1° TRULLIER, Madeleine, [JEAN I.
    b 1724.
Marie-Anne, b ³ 13 oct. 1748.—*Marie-Madeleine*, b ³ 10 janvier 1750.
    1756, (16 fevrier) Batiscan.
  2° FRIGON, Geneviève, [JEAN-FRS II.
Geneviève, b ³ 17 février 1757.—*Marie-Louise*, b ³ 10 août 1758.—*Françoise-Geneviève*, b ³ 6 mars 1760.

1748, (28 oct.) Deschambault.¹

III.—BELISLE, JEAN-BTE, [HENRI-GERMAIN II.
  b 1719.
  GROSLEAU, Marie-Anne. [JEAN-BTE II.
Marie-Anne, b ¹ 25 sept. 1749.—*Jean-Baptiste*, b ¹ 26 juillet 1751.—*Antoine*, b ¹ 29 oct. 1752.—*Jean-François-de-Sales*, b ¹ 8 juin 1754.—*Joseph*, b ¹ 22 sept. 1766.

II.—BELISLE (1), EMMANUEL.
LeBLANC, Marie,
s avant 1773.
Alexandre, b... m 26 avril 1773, à Geneviève CLOUTIER, à l'Islet.

1750, (12 janvier) Deschambault. [2]
III.—BELISLE, CHARLES,   [HENRI-GERMAIN II.
b 1720.
ARCAN, Marie-Joseph,   [FRANÇOIS II.
b 1726.
Marie-Joseph, b [2] 3 août 1750.—*Marie*, b [2] 15 juin 1752.—*Marie-Angélique*, b [2] 19 juin 1754 ; s [2] 31 janvier 1759.—*Charles*, b [2] 17 mars 1756.—*François*, b [2] 24 déc. 1757 ; s [2] 15 sept. 1758.—*Pierre*, né 10 oct. 1759 ; b [2] 1er février 1761 —*Joseph*, b [2] 9 février 1762.—*Marie-Madeleine*, b [2] 23 juillet 1764.

BELISLE, JOSEPH-MARIE, b... s 3 avril 1753, à la Pte-aux-Trembles, M.

BELISLE, GABRIEL.
GUYON (2), Elisabeth.
Antoine, b 11 juillet 1754, à St-Antoine-de-Chambly.

1756, (12 janvier) Longueuil.
II.—BELISLE, HENRI.   [HENRI I.
BOUGRET (3), Marguerite,   [LOUIS II.
b 1737 ; s 24 oct. 1771, à Repentigny. [4]
Marie-Archange, b [4] 11 déc. 1766 ; s [4] 7 janvier 1767.—*Joseph-Amable*, b [4] 14 mars et s [4] 5 avril 1768.—*Pierre*, b [4] 22 juin 1769.—*Marie-Catherine*, b... m [4] 21 février 1790, à Louis REGNIER.—*François*, b... m [4] 22 sept. 1794, à Marie-Thérèse SOUMIS.—*Henri*, b...

BELISLE, CHARLES.
PRÉCOUR, Marie.
Marie-Elisabeth, b 2 sept. 1767, à Yamachiche.

BELISLE, JEAN-BTE.
...... Catherine,
b 1746 ; s 30 nov. 1781, à Terrebonne.

1770, (19 nov.) Deschambault. [7]
IV.—BELISLE, ANTOINE,   [ANTOINE III.
b 1744.
ARCAN, Marie-Joseph,   [JOSEPH III.
b 1750.
Antoine, b... m [7] 1er août 1797, à Marie-Judith NAU.—*Marie-Joseph*, b... m [7] 19 juin 1798, à Gabriel GAURON.

BELISLE, JOSEPH-GERMAIN.
1° LAFRANCE-CARTIER, Marie-Joseph.
1790, (11 janvier) Nicolet.
2° ROUSSEAU, Marguerite.   [JEAN-BTE III.

(1) Dit Leborgne.
(2) Dit Dutilly.
(3) Dit Dufort.

1771, (21 janvier) Deschambault. [1]
IV.—BELISLE, JOSEPH,   [JOSEPH III.
b 1739 ; s [1] 13 mai 1792.
ARCAN, Marie-Louise (1),   [PIERRE III.
b 1752.
Marie-Louise, b... m [1] 2 février 1795, à Joseph MORIN.—*Basile*, b... m [1] 30 janvier 1798, à Françoise ARCAN.—*Augustin*, b... m [1] 13 février 1798, à Marie-Charlotte McDOUGALL.

1773, (26 avril) Islet. [6]
III.—BELISLE (2), ALEXANDRE.   [EMMANUEL II.
CLOUTIER, Geneviève,   [GUILLAUME V.
b 1754.
Antoine-Alexandre, b [6] 14 juin 1774.—*Anselme*, b [6] 17 août 1776 ; m à Geneviève GAMACHE.

BELISLE, EUSTACHE.
1° RAYMOND, Marie,
b 1757 ; s 20 juin 1790, à Deschambault. [6]
Louise, b... m [6] 16 février 1795, à Joseph PERRON.
1798, 30 janvier). [6]
2° ARCAN, Marie-Louise,   [PIERRE III.
veuve de Joseph Belisle.

1794, (22 sept.) Repentigny.
III.—BELISLE, FRANÇOIS.   [HENRI II.
SOUMIS, Marie-Thérèse.   [PIERRE I.

1797, (1er août) Deschambault.
V.—BELISLE, ANTOINE.   [ANTOINE IV.
NAU, Marie-Judith.   [JEAN-FRANÇOIS III.

1798, (30 janvier) Deschambault.
V.—BELISLE, BASILE.   [JOSEPH IV.
ARCAN, Françoise.   [PIERRE-JOSEPH III.

1798, (13 février) Deschambault.
V.—BELISLE, AUGUSTIN.   [JOSEPH IV.
McDOUGALL, Marie-Charlotte.

I.—BELIVEAU, PAUL, b 1713, célibataire, s 12 juin 1793, à Nicolet.

BELIVEAU, MARIE-ANNE, b 1753 ; m à Thomas GOODCHILD ; s 30 mars 1793, à Quebec.

BELIVEAU, MARIE-JOSEPH, b... m à Pierre PELLERIN ; s 1765.

BELIVEAU, MARGUERITE, épouse de Louis DOUCET.

BELIVEAU, MARIE, epouse de François BOURG.

BELIVEAU, MADELEINE, épouse de Pierre LOISEAU.

I.—BELIVEAU, CHARLES, Acadien.
COUNSOL, Angelique.
Marie-Angélique, b 12 juillet 1751, à Verchères.

(1) Elle épouse, le 30 janvier 1798, Eustache Belisle, à Deschambault.
(2) Dit Leborgne.

I.—BELIVEAU, JEAN,
b 1712; s 6 juillet 1786, à Nicolet.[7]
MELANÇON, Marguerite.
François, b... m[7] 5 fevrier 1787, à Marie-Anne POIRIER. — *Jean*, b... — *David*, b...—*Madeleine*, b... m[7] 29 janvier 1787, à François HELY.

BELIVEAU, JOSEPH, b 1742; s 28 sept. 1795, à Nicolet.

BELIVEAU, JOSEPH,
b 1749; s 23 avril 1789, à Nicolet.[6]
BIBEAU, Marguerite (1).
Madeleine, b... m[6] 6 février 1797, à Charles DUPUIS.

BELIVEAU, PIERRE.
RICHARD, Félicité.
Marie, b... m 25 oct. 1790, à Jean-Baptiste PICHET, à Nicolet.[6]—*Joseph*, b... m[6] 22 nov. 1790, à Rosalie BERGERON.

1787, (5 fevrier) Nicolet.
II.—BELIVEAU, FRANÇOIS. [JEAN I.
POIRIER, Marie-Anne. [JOSEPH.

1790, (22 nov.) Nicolet.
BELIVEAU, JOSEPH. [PIERRE
BERGERON, Rosalie. [FRANÇOIS

BELLAIRE.—Voy. BEAUPRÉ.

BELLAIRE, MARIE-CLÉMENT, b 1619, s 8 fevrier 1756, à Lavaltrie.

BELLAVANCE.—Voy. GAGNÉ.

BELLAY.—Voy. LEBELLAY.

BELLE, MARGUERITE, épouse de François CARPENTIER.

BELLECOUR.—Voy. LEFEBVRE.

BELLECOUR, MADELEINE, épouse de Joseph GRAMMOND.

BELLEAU, MADELEINE, épouse de Charles MARIÉ.

BELLEAU, MARIE, épouse de Pierre MARTIN.

BELLEAU, GENEVIÈVE, b... m à Etienne GALARNEAU; s 7 déc. 1779, à Ste-Foye.

BELLEAU, MARIE, epouse de Joseph BERTHIAUME.

BELLEAU, MARIE, épouse d'Augustin LAISNÉ.

1673, (25 sept.) Québec.[3]
I.—BELLEAU, BLAISE (2).
CAILLY, Hélène,
b 1656.

(1) Elle épouse, le 11 nov. 1793, Joseph Richard, à Nicolet.
(2) Voy. Vol. I, p. 39.

Marie-Madeleine, b[3] 10 janvier 1677; m à Michel MOREAU; s 10 avril 1711, à Ste-Foye.

BELLEAU, HÉLÈNE, épouse de François HARDOUIN.

1702, (23 oct.) Ste-Foye.[7]
II.—BELLEAU (1), JEAN-BTE, [BLAISE I.
s[7] 15 juin 1754.
1° BERTHIAUME, Catherine, [JACQUES I.
s avant 1736.
Antoine, b[7] 22 mars 1703; m à Marie-Jeanne PREVOST.—*Jean-Baptiste*, b[7] 28 août 1704; m 30 juillet 1727, à Félicité BERNIER, au Cap-St-Ignace[8]; s 12 dec. 1759, à Lévis.—*Marie-Madeleine*, b[7] 13 mai 1706; m[8] 27 juin 1726, à Charles MARIÉ.—*Ursule-Catherine*, b[7] 27 janvier 1704; 1° m[8] 5 nov. 1726, à Isidore BERNIER, 2° m[7] 4 août 1743, à Louis AUDET.—*Marie-Joseph*, b[7] 17 nov. 1709; m[7] 30 sept. 1732, à Jean-François BELANGER.—*Marie-Hélène*, b[7] 13 oct. 1711; m[7] 5 nov. 1736, à François ARGUIN.—*Marie*, b[7] 23 nov. 1713; s[7] 22 fevrier 1714.—*Marie-Geneviève*, b[7] 17 sept. 1715; m[7] 4 mars 1737, à Louis PETITCLERC; s[7] 8 nov. 1749.—*Marie-Catherine-Françoise*. b[7] 14 août 1717, m[7] 6 fevrier 1738, à Augustin PETITCLERC.—*Charles-Amador*, b[7] 21 nov. 1719; 1° m[7] 5 juillet 1745, à Cecile GIRARD, 2° m[7] 31 janvier 1763, à Angélique CAMANE; s[7] 21 avril 1787.—*Pierre*, b[7] 5 oct. 1721; s[7] 15 déc. 1731.—*Marie*, b[7] 19 et s[7] 20 juillet 1723.—*Alexis*, b[8] 22 nov. 1725; m 24 sept. 1753, à Marie-Thérèse PHILIPPE, à Charlesbourg.
1736, (24 nov.)[7]
2° FERIÈRE, Madeleine.

1707, (19 nov.) Lorette.[3]
II.—BELLEAU (2), GUILLAUME. [BLAISE I
ROBITAILLE, Marie-Suzanne, [PIERRE I.
b 1680; s 6 nov. 1760, à Ste-Foye.[3]
Marie-Agnès, b[2] 14 fevrier 1708; m 1731, à Thomas ALARD; s[3] 12 nov. 1760.—*Michel*, b[3] 2 mai 1709.—*Jean*, b[2] 3 avril 1711.—*Joseph*, b 1713; m[3] 23 nov. 1739, à Marie-Anne DANEST; s[3] 16 dec. 1768.—*Jean-Marc*, b... 1° m[3] 25 nov. 1744, à Marie-Frse GABOURY; 2° m[3] 15 nov. 1772, à Marguerite ALAIN.—*Marie-Charlotte*, b 4 mars 1713, à Québec.[4]—*Jacques-Hyacinthe*, b[4] 25 juin 1715.—*Jean-Marie*, b[4] 23 déc. 1717.—*Pierre*, b[4] 5 sept. 1722; m 31 janvier 1746, à Geneviève LETARTE, à Lévis.—*Guillaume*, b[3] 20 oct. 1724; m[2] 3 février 1749, à Marie-Louise HAMEL.—*Marie-Charlotte*, b... m[3] 25 avril 1736, à François FAUCHÉ.

BELLEAU.
....
b 1685; s 22 mai 1753, à Ste-Foye.

(1) Dit Larose, capitaine de milice. Fermier des religieuses en 1725, a l'Ile-aux-Oies.
(2) Dit Larose.

1722, (7 janvier) Ste-Foye. [5]
II.—BELLEAU, Pierre,   [Blaise I.
 s [5] 8 avril 1775.
 Bonamie, Marie-Anne,
  b 1697; s [5] 18 février 1755,
 Pierre, b [5] 12 nov. 1722; s [5] 17 juillet 1723.—*Pierre*, b [5] 25 déc. 1723, m [5] 23 février 1752, à Marie-Frse Constantin; s [5] 23 oct. 1788.—*Blaise*, b [5] 26 janvier 1725; 1° m [5] 1er août 1753, à Louise Bonhomme; 2° m 20 oct. 1761, à Madeleine Gaboury, à Levis [6]; s [6] 8 avril 1763.—*Antoine*, b [5] 9 avril 1726.—*Noël*, b [5] 19 janvier 1728; m [5] 18 sept. 1758, à Marie-Felicité Routier.—*Marie-Anne*, b [5] 15 oct. 1730; m [5] 30 sept. 1748, à Michel Hamel.—*Gabriel*, b [5] 1er déc. 1731; m 8 nov. 1762, à Angélique Drolet, à Lorette. [7]—*Jean-Baptiste*, b [5] 17 juillet 1732.—*Charles-Amador*, b [5] 9 février 1733, m [5] 29 janvier 1759, à Geneviève Poitras—*Un enfant*, b 1736; s [6] 10 avril 1738.—*François*, b [5] 21 sept. 1737.— *Claire-Amable*, b [5] 27 juillet 1740; m [7] 6 avril 1761, à Jean Robitaille.—*Marie-Hélène*, b... m avant 1738, à François Hardouin.

1727, (30 juillet) Cap-St-Ignace. [8]
III.—BELLEAU, Jean-Bte,   [Jean-Bte II.
 b 1704; s 12 déc. 1759, à Lévis.
 Bernier, Felicité,   [Charles II.
  b 1701.
 Jean-Baptiste, b [8] 21 juillet 1728; m 11 janvier 1751, à Marie-Joseph Vermet, à Berthier.—*Marie-Rose*, b... m à Joseph Boucher.—*Geneviève-Félicité*, b 17 oct. 1731, à Ste-Foye. [9]—*Joseph-Hyacinthe*, b [9] 21 mai 1732.—*Marie*, b [9] 11 oct. 1733, s [9] 13 janvier 1751.—*Michel*, b [9] 23 juillet 1734.—*Hélène*, b [9] 20 avril 1736.—*Pierre*, b [9] 11 oct. 1737.—*Marie-Catherine*, b [9] 17 mai 1739, m 25 oct. 1757, à François-Joseph Lepage, à Quebec.—*Marie-Charlotte*, b [9] 19 nov. 1740; m [9] 4 avril 1758, à Pierre Legris.—*Charles*, b 30 mai 1742, à Levis.

1739, (23 nov.) Ste-Foye. [5]
III.—BELLEAU, Joseph,   [Guillaume II.
 b 1713, s [5] 16 déc. 1768.
 Danest, Marie-Anne,   [Charles II.
  b 1714.
 Joseph-Hyacinthe, b [5] 15 oct. et s [5] 5 nov. 1742.—*Joseph-Louis-Hyacinthe*, b [5] 26 août et s [5] 1er sept 1744. — *Marie-Anne*, b [5] 1er et s [5] 15 mars 1746.—*Anonyme*, b [5] et s [5] 26 avril 1747.—*Marie-Angélique*, b [5] 23 déc. 1748, m [5] 17 août 1767, à Louis Berthiaume.—*Marie*, b [5] 29 août et s [5] 10 oct. 1751.—*Michel-Hyacinthe*, b [5] 6 nov. 1752.—*Marie-Geneviève*, b [5] 20 mai 1754.

1744, (25 nov.) Ste-Foye. [5]
III.—BELLEAU, Jean-Marc.   [Guillaume II.
 1° Gaboury, Marie-Françoise,   [Antoine II.
  b 1716; s [5] 20 février 1767.
 Marie-Michelle, b [5] 30 sept. et s [5] 19 oct. 1745.—*Marie-Charlotte*, b [5] 28 août et s [5] 24 sept. 1746.—*Marie-Françoise*, b [5] 12 août 1749, à Québec. [6]—*Marie-Louise*, b [6] 23 nov. et s [6] 2 déc. 1748.—*Nicolas-Philippe*, b [6] 16 janvier 1750.— *Marie-Françoise*, b [5] 17 février 1752; m à François La-

chance. —*Jean-Marie*, b [5] 15 oct. 1753.—*Michel*, b [5] 10 mars 1754; s [5] 26 mars 1755.—*Michel*, b [5] 10 mai 1755. — *Marie-Joseph*, b 4 déc. 1756, à Lorette. [7]—*Pierre*, b [7] 26 juin 1761.
 1773, (15 nov.) [6]
 2° Alain, Marguerite,   [Pierre III.
  b 1744; veuve d'Ignace Berthiaume.

1745, (5 juillet) Ste-Foye. [6]
III.—BELLEAU, Chs-Amador,   [Jean-Bte II.
 b 1719; s [6] 21 avril 1787.
 1° Girard, Cécile,
  b 1727; s [6] 13 oct. 1760.
 Marie-Joseph, b [6] 20 avril 1746; m [6] 20 février 1764, à Jean-François Bisson.— *Charles*, b [6] 31 déc. 1747; s [6] 4 janvier 1755.—*Jean*, b [5] 16 février 1750.—*Marie-Cécile*, b [6] 11 nov. 1751; m 1777, à Charles Bisson. — *Joseph*, b [6] 17 mars 1753. — *Pierre-Gabriel*, b [6] 5 février 1755. — *Antoine*, b [6] 25 mars 1756; m [6] 27 février 1786, à Marie-Anne Maufet.— *Marie-Louise*, b [6] 12 août 1757; s [6] 19 oct. 1759.— *Michel*, b [6] 26 déc. 1758.—*Augustin*, b [6] 27 février 1760; s [6] 5 août 1765.
 1763, (31 janvier). [6]
 2° Camane, Angelique,   [Etienne I.
  b 1734.
 Michel, b [6] 9 août 1764; s [6] 11 juin 1765.—*Guillaume*, b [6] 13 février 1766.—*Geneviève-Angélique*, b [6] 19 nov. 1767.— *Antoine*, b [6] 19 sept. 1769.—*François*, b [6] 8 mars 1772.

1746, (31 janvier) Lévis. [7]
III.—BELLEAU (1), Pierre,   [Guillaume II.
 b 1722.
 Letarte, Geneviève,   [Jean-Bte III.
  b 1719.
 Marie-Louise, b [7] 3 janvier 1750. — *Pierre*, b 26 oct. 1746, à Ste-Foye.— *Guillaume*, b [7] 20 juillet 1748; s [7] 4 juillet 1750.—*Joseph*, b [7] 18 janvier 1752, s [7] 8 mars 1753—*Geneviève*, b 24 mai 1756, à Quebec. [8]— *Marie-Charles*, b [8] 5 mars 1763.— *Marie-Catherine*, b 16 août 1760 à Deschambault; s [8] 23 janvier 1764.

I.—BELLEAU, Louis (2).

1749, (3 février) Lorette.
III.—BELLEAU (1), Guillaume,   [Guillaume II.
 b 1724.
 Hamel, Marie-Louise,   [Charles III.
  b 1727.
 Marie-Louise, b 12 nov. 1749, à Ste-Foye [1]; m [1] 16 nov. 1772, à Jean Legris.— *Guillaume-Charles*, b [1] 13 avril 1751; m [1] 19 mars 1773, à Marie-Charlotte Carié. — *Guillaume*, b [1] 5 juin 1752.—*Joseph*, b [1] 27 juin et s [1] 8 oct. 1755.— *Marie-Joseph*, b [1] 8 nov. 1756. — *Antoine*, b [1] 4 juin et s [1] 4 sept. 1758.—*Louis*, b [1] 25 août 1759; s [1] 27 février 1762.—*Marie-Madeleine*, b [1] 22 avril et s [1] 14 mai 1761.—*Jean-Marie*, b [1] 14 déc. 1762;

---
(1) Dit Larose.
(2) Dit Francoeur, caporal de E. de Croisille. Il était, en 1747, aux Trois-Rivières.

m à Angélique ALAIN.—*Marie-Joseph*, b¹ 14 et s¹ 29 février 1764. — *Marie-Françoise*, b¹ 17 mars et s¹ 18 mai 1765.—*Madeleine*, b¹ 3 nov. 1766; s¹ 12 août 1767.—*Marie-Françoise*, b¹ 25 sept. 1768; s¹ 13 juillet 1770.—*Augustin*, b¹ 10 oct. 1773.

1752, (23 février) Ste-Foye. ²
III.—BELLEAU, PIERRE, [PIERRE II. b 1723; s¹ 23 oct. 1788.
CONSTANTIN, Marie-Françoise, [PIERRE III. b 1731.
Marie-Françoise, b² 3 mars 1753; m² 14 oct. 1771, à Antoine ROUTIER.— *Pierre*, b² 19 sept. 1754.—*Marie-Anne*, b² 13 août 1756. — *Marie-Jeanne-Renée*, b² 17 déc. 1758. — *Marie-Angélique*, b² 5 août 1760; m² 28 janvier 1782, à Joseph GUÉRARD.—*Michel*, b² 2 août 1762; s² 1er mars 1770.—*Marie*, b² 28 oct. 1764; m² 15 sept. 1788, à Pierre BOUCHER.—*Louise*, b² 11 mai et s² 21 juin 1767.—*Marie-Louise*, b² 9 mai 1768.—*Antoine*, b² 1er mai 1770.—*Marie-Joseph*, b² 13 février 1772.—*Louise-Angélique*, b² 29 sept. 1774.

1753, (1er août) Ste-Foye. ²
III.—BELLEAU (1), BLAISE, [PIERRE II. b 1725; s 8 avril 1763, à Lévis. ³
1° BONHOMME, Louise, [FRANÇOIS III. b 1731; s³ 19 avril 1761.
Marie-Louise, b² 30 juin 1754.—*Blaise*, b² 7 août 1755.—*Charlotte*, b² 15 nov. et s² 17 déc. 1756.—*François*, b³ 14 et s³ 18 mars 1758.— *Gabriel*, b³ 10 avril 1759.— *Marie-Rosalie*, b³ 28 février 1761.
1761, (20 oct.) ³
2° GABOURY, Madeleine, [JOSEPH II. b 1742.
Blaise, b³ 19 déc. 1762.

1753.
BELLEAU, ANTOINE.—Voy. BILLOT.

1753, (24 sept.) Charlesbourg.
III.—BELLEAU (1), ALEXIS, [JEAN-BTE II. b 1725.
PHILIPPE (2), Marie-Thérèse, [JACQUES III. b 1732.
Charles, b 24 oct. 1755, à Ste-Foye⁴; m à Marguerite LAPOINTE; s⁴ 2 mai 1786.—*Anonyme*, b⁴ et s⁴ 17 février 1757.—*Anonyme*, b⁴ et s⁴ 17 mars 1758.—*Germain*, b 5 juin 1762, à Québec.

1758, (18 sept.) Ste-Foye. ⁵
III.—BELLEAU, NOEL, [PIERRE II. b 1728.
ROUTIER, Marie-Félicité, [ANTOINE III. b 1737.
Noel, b⁵ 15 déc. 1761.—*Marie-Félicité*, b 15 nov. 1763, à Québec.

---

(1) Dit Larose.
(2) Dit Lebel, 1758, et Beaulieu.

1759, (29 janvier) Ste-Foye. ⁶
III.—BELLEAU, CHARLES-AMADOR, [PIERRE II. b 1733.
POITRAS, Marie-Geneviève, [JEAN III. b 1737.
Marie-Geneviève, b⁶ 25 janvier 1760.—*Jean-Baptiste-Martin*, b 11 nov. 1763, à Lorette.⁷— *Michel*, b⁷ 11 avril 1765.—*Charles*, b⁶ 1er mars 1767.—*Elisabeth*, b⁶ 23 et s⁶ 25 nov. 1768.— *Pierre*, b⁶ 6 mars 1771.—*François-Xavier*, b⁶ 29 déc. 1773; s⁶ 16 avril 1674.—*Louise-Marguerite*, b 1779; s⁶ 30 août 1780.

1762, (8 nov.) Lorette. ⁸
III.—BELLEAU, GABRIEL, [PIERRE II. b 1731.
DROLET, Angélique, [JOSEPH III. b 1738.
Marie-Angélique, b⁸ 2 sept. 1763.— *Marie-Anne*, b⁸ 13 nov. 1764.

1773, (19 mars) Ste-Foye. ⁹
IV.—BELLEAU, GUILLAUME-CHS, [GUILLAUME III. b 1751.
CARIÉ, Marie-Charlotte, [JOSEPH III. b 1751.
Joseph, b⁹ 20 mars 1773.—*Charles*, b 1777, s⁹ 18 avril 1778.—*Marie-Joseph*, b⁹ 16 oct. 1786.

IV.—BELLEAU, CHARLES, [ALEXIS III. b 1755; s 17 juin 1788, à Ste-Foye. ²
LAPOINTE, Marguerite, [FRANÇOIS b 1764; s² 2 mai 1786.

1786, (27 février) Ste-Foye. ⁵
IV.—BELLEAU, ANTOINE, [CHARLES III b 1756.
MAUFET, Marie-Anne, [JOSEPH III. *Joseph*, b³ 15 et s³ 20 avril 1787.—*Antoine*, b³ 15 et s³ 29 avril 1787.—*Marie-Marguerite*, b¹ 13 août 1788.—*Antoine*, b³ 10 oct. 1789.

IV.—BELLEAU, JEAN-MARIE, [GUILLAUME III. b 1762.
ALAIN (1), Angélique.
Catherine-Angélique, b 24 nov.1787, à Ste-Foye¹ —*Marie-Madeleine*, b⁴ 28 juillet 1789.

BELLEC.—Voy. LEBELLET.

BELLEFEUILLE. — *Variations et surnoms*: POIRIER—POIRIAU ou POIRIOT, 1714—PELLETIER, 1757—HOUDE—LEFEBVRE DE.

BELLEFEUILLE, PIERRE, b 1709; s 30 oct. 1761, à Trois-Rivières.

BELLEFEUILLE, ALEXANDRE, b 1715; s 12 mars 1795, à l'Hôpital-Général, M.

---

(1) Et Alard.

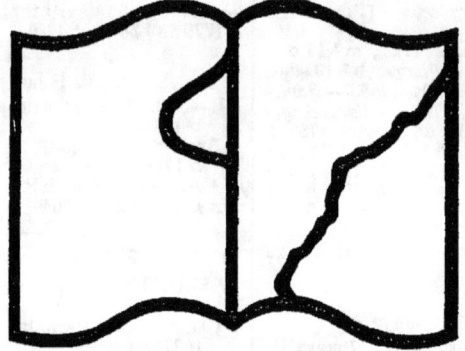

Texte détérioré — reliure défectueuse
NF Z 43-120-11

VALABLE POUR TOUT OU PARTIE DU
DOCUMENT REPRODUIT

1735, (20 mars) Québec.[4]

I.—BELLEFEUILLE, Louis, cabaretier; b 1688, fils de René et de Madeleine Gendre, de Pioncé, diocèse de Poitiers; s [4] 13 mars 1758.
Auvray, Marie-Joseph, [Jacques I.
b 1707; veuve de Joseph Coucy; s [4] 14 mai 1758.
Thomas-Louis, b [4] 8 déc. 1735.—*Marie-Louise*, b [4] 22 avril 1737; 1° m [4] 11 nov. 1754, à François Edine; 2° m [4] 18 nov. 1760, à Joseph Berdin.—*Stanislas*, b [4] 16 oct. 1738; m [4] 7 juillet 1761, à Marguerite Rancour. — *Marie-Madeleine*, b [4] 26 mars 1740.—*Pierre*, b [4] 15 mai 1741.—*Etienne*, b [4] 9 janvier et s [4] 15 février 1745.—*Marie-Anne*, b [4] 17 mars 1746; s [4] 6 mai 1748.—*Marie-Antoinette*, b [4] 23 déc. 1747.

BELLEFEUILLE, Nicolas.
Angers, Madeleine.
Marie-Anne, b... m 19 oct. 1761, à Joseph Desrosiers, à Becancour.

BELLEFEUILLE, Joseph.
Augé, Charlotte.
Jean-Baptiste, b 16 nov. 1755, à Yamachiche.

1761, (7 juillet) Québec.
I.—BELLEFEUILLE, Stanislas. [Louis I.
Rancour, Marguerite, [Claude II.
b 1722.

BELLEFEUILLE, Marie, épouse de François-Joseph Provencher.

BELLEFEUILLE, Louise, épouse de Jacques-François Guigué.

BELLEFEUILLE, Marie-Pélagie, épouse de Jean-Baptiste Ducharme.

BELLEFEUILLE, Charlotte, épouse d'Augustin DePenefière.

BELLEFLEUR.—*Variations et surnoms :* Delprat—Bonneville—Gaté— Lacelain—Tessereau—Billard—Seizeville, 1743—Royal —Liboron, 1759—Goulard, 1759.

BELLEFLEUR, Jean-Louis.
Petit, Louise.
Marie-Louise, b 5 avril 1752, à la Pte-du-Lac.

BELLEFLEUR, Geneviève, b... s 21 juillet 1761, à St-Augustin.

BELLEFOND.—Voy. Jailliard.

BELLEFOND, Marie-Louise, epouse de Paul Carcy.

BELLEFONTAINE, Marie, épouse de Michel Sindon.

BELLEFONTAINE, Charles.
Blançon, Marie.
Anne, b... m 25 août 1765, à Jean-Baptiste Halou, à Beauport.

BELLEGARDE—*Variations et surnoms :* Charpentier, 1730 — Leblond — Carpentier — Gerbaut—Lecompte, 1733.

BELLEGARDE, Madeleine, épouse de Charles Brisset.

BELLEGARDE, Marguerite, épouse de François Duhemme.

BELLEGARDE, Rosalie, b... m 15 février 1768, à Pierre Millet, à St-Michel-d'Yamaska.

BELLEGARDE, Joseph, b... s 15 août 1743, à Charlesbourg.

BELLEHACHE, Marie, b... m 1693, à Gi' Bouré.

BELLEHUMEUR, Agnès, b... m à Pierre B. Loin; s avant 1765.

BELLEHUMEUR, Marie, épouse de Joseph Beloin.

BELLEHUMEUR, Catherine, epouse de Jerôme Tourville.

BELLEHUMEUR, Agathe, épouse de Je Baptiste Cochu.

BELLEHUMEUR, Angélique, épouse de Prisque Fagnan.

BELLEHUMEUR, Geneviève, épouse de Pierre Cochu.

BELLEHUMEUR, Geneviève, épouse de Joseph Gaignard.

BELLEHUMEUR, Madeleine, epouse de Louis Potvin.

BELLEHUMEUR, Marie-Anne, épouse de Jean-Baptiste Labrèche.

BELLEISLE.—Voy. Lefebvre.

BELLEMARE.—Voy. Gelina.

BELLEMÈRE, Marguerite, épouse d'Antoine Pinet.

BELLENOIX.—Voy. Lemaitre.

1682.
I.—BELLEPERCHE, Denis (1).
Guyon, Gertrude. [Jean II.
Elisabeth, b 15 mars 1686, à Lévis; m 25 juillet 1718, à François Petit, à Montreal.

1727, (1er mai) Détroit. [6]
II.—BELLEPERCHE, Pierre, [Denis I.
(maître armurier) b 1699; s [6] 13 janvier 1767.
1° Estève, Angelique, [Pierre I.
b 1712; s 19 janvier 1733.

(1) Voy. Vol. I, p. 40.

Angélique, b ⁶ 9 et s ⁶ 17 fevrier 1728.—*Marie-Anne*, b ⁶ 29 juin 1729; s ⁶ 22 mars 1730.—*François*, b ⁶ 26 nov. 1731; s ⁶ 15 janvier 1733.

1734, (20 mars). ⁵
2° CAMPEAU, Marie-Anne,   [MICHEL II.
b 1712.
Marie-Anne, b 1734; m ⁶ 22 sept. 1751, à Claude MORAN; s ⁶ 30 janvier 1794.—*Pierre*, b ⁶ 14 et s ⁶ 16 mars 1735. — *Marie-Anne*, b ⁶ 1ᵉʳ mars 1736. — *Jeanne*, b ⁶ 10 dec. 1737.—*Pierre*, b ⁶ 21 et s ⁶ 22 sept. 1739.—*Françoise*, b ⁶ 4 dec. 1740. — *Pierre*, b ⁶ 4 et s ⁶ 6 juin 1743.—*François-Robert*, b ⁶ 4 juin 1744.—*Françoise*, b... m ⁶ 22 janvier 1759, à Joseph POUGET.—*Pierre*, b 1745; s ⁶ 2 oct. 1748. — *Pierre*, b ⁶ et s ⁶ 28 mai 1746.—*Marie-Louise*, b ⁶ 25 et 29 fevrier 1748.—*Jacques*, b ⁶ 20 mai 1749, 3 mars 1783, à Cécile LAUZON.— *Marienne*, b... m ⁶ 13 nov. 1752, à Joseph PILET.

.—BELLEPERCHE, JEAN-BTE,   [DENIS I.
b 1683.
CIRIETTE, Marie-Joseph.
Jean-Baptiste, b 29 fevrier 1744, au Détroit.

1783, (3 mars) Detroit.
—BELLEPERCHE, JACQUES.   [PIERRE II
LAUZON, Cecile.   [ANTOINE IV

BELLERIVE.—Voy. COUTURE.

BELLERIVE, MARIE-CHARLOTTE, b... m à Louis CHAMPION ; s 11 mars 1753, au Cap-de-la-Madeleine.

BELLERIVIÈRE, JEANNE, épouse de Pierre GRANET.

BELLEROSE.—*Variations et surnoms:* MENARD —GINIER—DELLECROSSE — LEDUC — TIBAUT, 1749—GIGUÈRE—MEUNIER, 1761 — LEGRAND, 1761—LEFEBVRE, 1743—SEGUIN—LANIEL.

BELLEROSE, MARIE, epouse de Pierre LESPÉRANCE.

BELLEROSE, MARIE-LOUISE, épouse de Jacques PERRAS.

BELLEROSE, MADELEINE, b 1753; s 23 sept. 1759, à Ste-Rose.

BELLEROSE, FRANÇOISE, epouse de Pierre VÉSINA.

BELLEROSE, PIERRE,
s 16 mars 1738, à Québec. ⁴
Louis-François, b ⁴ fevrier 1738.

BELLEROSE, JACQUES-PHILIPPE, b 1758; s 29 août 1759, à Ste-Rose.

BELLEROSE, JEAN-BTE.
BOISSONNEAU, Elisabeth.   [NICOLAS II
Marie-Pelagie, b 23 avril et s 12 juillet 1749, à Ste-Rose.

1761, (31 mars) St-Frs-du-Lac. ³
I.—BELLEROSE, JOSEPH-HYACINTHE, b 1720; fils de Pierre et de Marie BIDOUZET, de St-Dominique, en Bearn ; s 22 déc. 1790, à Nicolet. ⁴
JOYELLE, Madeleine,   [JOSEPH II.
b 1736; s ⁴ 4 nov. 1796.
Michel, b ³ 1ᵉʳ juin 1762; m ⁴ 31 janvier 1785, à Marie LAMBERT.—*Joseph*, b... m ⁴ 12 oct. 1789, à Théotiste ORION.—*Benjamin*, b... m ⁴ 6 oct 1794, à Marguerite VANASSE.—*Cécile*, b... m ⁴ 19 sept. 1796, à Pierre TURIEN.—*Angélique*, b 26 oct. 1771, à la Baie-du-Febvre ⁵; m ⁴ 19 juin 1797, à Louis PROVENCHER.—*Joseph*, b... s ⁵ 18 mars 1765.

1785, (31 janvier) Nicolet.
II.—BELLEROSE, MICHEL,   [JOSEPH-HYAC I.
b 1762.
LAMBERT, Marie.   [MICHEL III.

1789, (12 oct.) Nicolet.
II.—BELLEROSE, JOSEPH.   [JOSEPH-HYAC. I.
ORION, Theotiste.   [JEAN-BTE II.

1794, (6 oct.) Nicolet.
II.—BELLEROSE, BENJAMIN. [JOSEPH-HYAC. I
VANASSE, Marguerite.   [FRANÇOIS

1660, Quebec.
I —BELLET (1), JEAN.
2° BOYER, Marie,
b 1645; s 12 janvier 1665, aux Trois-Rivières
Marie-Françoise, b... s 1ᵉʳ mars 1773, à St-Michel-d'Yamaska.

1748, (6 août) Québec. ⁴
I.—BELLET, FRANÇOIS, b 1730, navigateur; fils de Guillaume et de Marie PETIT, de Charon, diocèse de LaRochelle.
1° RÉAUME, Marie-Anne,   [RENÉ III.
veuve de Jean GADIOU.
Marie-Anne, b... m ⁴ 9 août 1774, à Pierre CHAUVEAU.—*Antoine-François*, b ⁴ 2 nov. 1750 1° m......; 2° m à Marie-Honore FOURNIER ; 3° m 4 mars 1822, à Marie ROBINSON, à l'Hôpital-General, Q. ⁵; s ⁵ 21 fevrier 1827.—*Elisabeth*, b ⁴ 21 dec. 1758.
1759, (15 oct.) Montreal.
2° DUMOUCHEL, Marie-Anne,   [BERNARD II.
veuve de François BERDIN.
Marie-Madeleine, b 23 mars 1762, à Québec. —*Un enfant*, b... s 20 juin 1767, à Ste-Foye.—*Jacques*, b ⁴ 10 juin 1763.

II.—BELLET, ANT.-FRANÇOIS,   [FRANÇOIS I.
b 1750, s 21 fevrier 1827, à l'Hôpital-General, Q. ⁷

1822, (4 mars). ⁷
3° ROBINSON, Marie,
b 1784; veuve du major Hamilton GAVIN medecin à Quebec; s ⁷ 12 dec. 1832.

(1) Dit Lachausse Voy. vol I, p. 40.

BELÉ (1), FRANÇOIS.
 FRÉGEAU, Marie-Felicité (2).
 Marie, b 19 sept. 1751, à St-Valier.¹ — *Françoise*, b¹ 5 oct. 1753. — *Marie-Félicité*, b... m¹ 15 février 1768, à Pierre MONMINY.

1759, (19 février) Québec.²
I. — BELET, PIERRE, fils de François et de Marie Heroux, de Valogne, diocèse de Coutance.
 CHAUVEAU, Marie-Louise. [CHARLES II.
 Pierre-Augustin, b 29 août et s 14 oct. 1759, à Charlesbourg.³ — *Claude*, b² 2 nov. 1760. — *Pierre-Polycarpe*, b³ 26 et s³ 30 janvier 1761. — *Nicolas-Pierre*, b³ 2 avril 1762.

BELLET, JACQUES.
 BEZEAU, Marie-Charles.
 Marie-Charlotte, b 11 sept. 1760, à Charlesbourg. — *François*, b 1763; s 13 janvier 1764, à Lorette.

1761, (3 nov.) St-Nicolas.⁴
I. — BELETTE, PIERRE, fils de François et de Marie-Anne Gagné, de St-Laurent, diocèse de LaRochelle.
 DUPONT, Marie-Anne. [JEAN-FRANÇOIS II.
 Pierre, b⁴ 19 et s⁴ 30 oct. 1762.

I. — BELLETRU, JEAN (3).

I. — BELLETÊTE, JOSEPH,
 capitaine.
 BARIBEAU, Marguerite.
 Brigitte, b 28 avril 1771, à Batiscan.⁸ — *François*, b 15 janvier 1773, à Ste-Anne-de-la-Perade. — *Marie-Anne*, b⁸ 3 avril 1782.

BELLÊTRE, FRANÇOIS (4). — Voy. PICOTÉ DE.

BELLEVAL, enseigne; b... s 5 avril 1752, à St-Ours.

BELLEVILLE. — *Variations et surnoms :* DE-CAROEL — DESJADONS — LEDENT — PROVENCHER MARTEL DE — GAUCHER — BARTHE.

BELLEVILLE, JOSEPH,
 maçon, b 1730, s 31 mars 1762, à Québec.⁹
 LANOIS (5), Geneviève.
 Jean-François, b⁹ 11 juin 1757; s⁹ 21 déc. 1758. — *Marie-Madeleine*, b 31 mars 1761, à Lorette.

1707, (8 juillet) Varennes.
I. — BELLEVILLE, JEAN (6).
 CHAUDILLON, Marie-Charlotte, [ANTOINE I.
 b 1676; veuve de Joseph Desautels; s 27 avril 1760, à Lavaltrie (7).

Jean-Baptiste, b... m à Louise ETHIER ; *Antoine*, b... m à Louise BERGERON.

II. — BELLEVILLE, JEAN-BTE. [JEAN I.
 ETHIER, Louise, [JOSEPH II.
 b 1718.
 Marie-Joseph, b... s 29 déc. 1746, à Lavaltrie.

II. — BELLEVILLE, ANTOINE. [JEAN I.
 BERGERON, Louise.
 Antoine-Amable, b 21 déc. 1743, à Lavaltrie²; s² 1er janvier 1744. — *Joseph*, b² 28 et s² 29 juin 1748. — *Marie-Brigitte*, b² 8 mai et s² 23 juillet 1749. — *Jean-Baptiste*, b² 21 juin 1751. — *Marie-Joseph*, b² 24 nov. et s² 14 déc. 1752. — *Marie-Louise*, b² 5 nov. 1755. — *Marie-Antoinette*, b² 13 sept. 1757; s² 24 nov. 1758 — *Marie*, b... m² 11 août 1760, à Joseph BRASSARD.

I. — BELLIN (1).

1716, (20 avril) Québec.³
I. — BELLORGET, URBAIN, fils de Jean et de Marie Bouvier, de St-Etienne de Dijon, diocèse de Langres.
 SOULANGE, Marie-Madeleine.
 Marie, b⁴ 13 nov. 1716. — *Marie-Charlotte*, b³ 15 oct. 1717. — *Marie-Françoise*, b³ 23 déc. 1718, s³ 24 juin 1721. — *Charles-Urbain*, b³ 27 juin 1720.

1758, (7 mars) Québec.⁴
I. — BELLOT (DE), ANTOINE-JOSEPH, officier (2); fils de François (sergent de Segunzac) et de Marguerite Charpentier, de Barbezieu, diocèse de Xaintes.
 DERAMEZAY, Charles-Marguerite, [JEAN-BTE II.
 b 1729.
 Jean-Baptiste-Joseph, b⁴ 23 mars 1762. — *Roch-François-Antoine*, b⁴ 24 juin 1763.

I. — BELOT, JEAN (3).

BELLOU. — Voy. HAMELIN.

I — BELLOY (4), FRANÇOIS.

BELMONT. — Voy. RICHARD, 1756.

1758.
BELMONT, JOSEPH.
 PETITCLERC, Rose. [JEAN-FRS II.
 Marie-Rose, b 17 déc. 1759, à Ste-Rose.⁸ — *Marguerite*, b⁸ 22 août 1761.

BELOIS. — Voy. DUMAINE.

---

(1) Dit Lafrance.
(2) Elle épouse, le 26 avril 1757, Jean Bissonnet, à St-Valier.
(3) Sergent des Grenadiers de Québec (9 juin 1758, à Charlesbourg).
(4) Enseigne des troupes.
(5) Dit Enouille, 1738.
(6) Voy. Barthe, vol. II, p. 133.
(7) L'acte de sa sépulture la dit âgée de cent ans; elle n'en avait que 84.

(1) Ingénieur du Roy et de la marine. Il a publié en 1745 une carte de la Nouvelle-France (partie orientale). En 1755 il publia cette carte de la partie occidentale : sur cette carte on trouve la rivière Ouabache (Wabash) désignée sous le nom de St-Jérôme. (Ces cartes sont déposées aux archives du Bureau de l'Agriculture, à Ottawa.)
(2) Chevalier de St-Louis.
(3) Sergent au régiment de la Reine (9 janvier 1758, Charlesbourg).
(4) Etait le 11 sept. 1760, à Charlesbourg.

BELOUX, Louis, b 1728; s 19 sept. 1758, à Cahokia.

BELOUF (1), François.
Forget, Marie-Anne,
b 1746; s 15 juin 1774, à Lachenaye.

BELUS, Louis.—Voy. Lebellet.

BELUSIER.—Voy. Gosrard, 1747.

BELZILE.—Voy. Gagnon.

I.—BENAC, George.
Coteux, Anne.
Julien, b... m 8 juin 1733, à Angélique Charlan, à St-Jean, I. O.

1733, (8 juin) St-Jean, I. O. [5]

II.—BENAC, Julien   [George I.
Charland, Angélique,   [Joseph II.
b 1701; s 11 déc. 1759, à Lorette.
Pierre-Noel, b 27 sept. 1734, à St-François, I. O.
—Pierre, b [s] 25 août 1736.

1738, (25 février) Lévis. [s]

I.—BENAC, Pierre,
natif de Bayonne.
Bissot, Marie-Charlotte,   [François II.
b 1724.
Louise, b [s] 6 février et s [s] 6 juillet 1739.

BENALQUE.—Voy. Porlier.

BENARD.—Voy. Besnard.

I.—BENARD, Françoise, b 1637; m 1665, à Guillaume Bouchard, à Montréal [6]; s [6] 6 février 1707.

BENARD, Marie-Angélique, épouse de Pierre Cadet.

BENARD, Elisabeth, épouse de Joseph Gour.

BENARD, Henriette, épouse de François Langlois.

BENARD, Madeleine, épouse de Joseph-Marie Tétreau.

BENARD, Marie-Madeleine, b... 1° m à François Tiriac; 2° m 24 nov. 1777, à Jean-Baptiste Sareau, à la Longue-Pointe.

BENEDEAU.—Voy. Beneteau.

BENENIS (2).
Françoise-Augustine, b 9 février 1704, à Québec.

(1) Voy. Plouf.
(2) Anglais de nation.

1722, (2 nov.) Berthier.

I.—BENETEAU (1), Pierre, fils de François et de Marie Fiolet, de l'Ile de Rhé.
Larivée (2), Marie-Hélène,   [François II.
b 1707; s 17 juin 1756, à Québec.
Pierre-Hyacinthe, b 12 juillet 1731, à St-Valier.

1728, (22 nov.) Montréal. [7]

I.—BENETEAU (3), Jacques, boucher; b 1702, fils de Jacques et de Françoise Chevalier, de Piausse, diocèse de Poitiers.
Deslandes (4), Marie-Anne,   [Jean-Bte I.
b 1707; s [7] 8 sept. 1750.
Jacques, b [7] 3 août 1729; s [7] 31 janvier 1730.
—Marie-Amable, b [7] 22 janvier 1735; m [7] 26 janvier 1756, à Gabriel Brias.—Marie-Catherine, b [7] 31 janvier 1737; m [7] 9 janvier 1759, à Charles Decoste.—Pierre, b [7] 2 juin 1738.—Marie-Charlotte, b [7] 13 mars 1740; s [7] 4 déc. 1745.—Marie-Louise, b [7] 24 août et s [7] 8 sept. 1741.—Jean-Baptiste, b [7] 5 avril et s [7] 29 juin 1743.—Marie-Louise, b [7] 19 juillet et s [7] 21 août 1745.—Pierre, b 1747; s [7] 23 avril 1748.—Pierre, b [7] 8 août et s [7] 2 sept. 1748.

BÉNITE, Pierre, b... s 6 sept. 1755, à Lorette.

I.—BÉNI, Laurent (5),
b 1715; s 9 juin 1741, à la Baie-St-Paul.

1760, (20 oct.) Chambly.

I.—BENIAC (6), François, soldat; fils de Pierre et d'Anne Blouques, du diocèse de Montpellier.
Brouillet, Marie-Louise.   [Michel III.

BENIER, Nicolas.
Gervais, Marie-Catherine.
Nicolas, b 29 mai et s 30 août 1763, à St-Philippe.

BENJAMIN.—Voy. St-Aubin—Hébert.

1711.

I.—BENJAMIN, Jean.
Alard, Jeanne,   [Julien I.
b 1676.

BENNAUD.—Voy. Blo.

I.—BENNET, Joseph.
Dollier, Jeanne,
b 1715; s 30 nov. 1760, à St-Charles.

BENOIT.—Voy. Laguerre—Larchet.

(3) Dit Labaleine.
(2) Et Arrivée.
(3) Dit Sanspeur, soldat de Montigny.
(4) Dit Galarneau.
(5) Décédé sur le vaisseau "Le St-Louis" de la compagnie de Mr. Dugard, de Rouen, en s'en allant en France.
(6) Dit Lafleur.

1658, (16 sept.) Montréal.¹

I.—BENOIT (1), PAUL,
b 1626 ; s 1ᵉʳ janvier 1686, à Boucherville. ²
GOBINET, Elisabeth,
b 1642 ; s 3 avril 1715, à Longueuil. ³
Etienne, b ¹ 25 déc. 1662 ; 1º m ¹ 3 février 1699, à Jeanne CAMPEAU ; 2º m ³ 23 juin 1722, à Helènc CHARLES ; s ᵈ 21 mars 1746.—*Marguerite,* b ¹ 27 déc. 1669 ; m ² 21 janvier 1686, à Jean-Baptiste TOURNOIS ; s ² 30 sept. 1718.

1665.

I.—BENOIT (2), GABRIEL,
b 1636 ; s 27 oct. 1686, aux Trois-Rivières. ¹
GEUDON, Marie-Anne (3),
b 1641.
Gabriel, b 1668 ; m ¹ 23 nov. 1693, à Marie ROUSSEL ; s 28 nov. 1745, à la Baie-du-Febvre. ³ —*Marie-Anne,* b 1669 ; 1º m ¹ 30 juin 1692, à Michel PARANT ; 2º m 28 oct. 1709, à Louis ROGER-VANNIER.—*Pierre,* b 1670 ; m ¹ 20 août 1705 à Jeanne DEGERLAIS ; s ³ 25 avril 1745.

I.—BENOIT, MATHURIN, du diocèse de Blois.
Mathurin (4), b...

1670, (7 oct.) Montréal. ³

I.—BENOIT (5), ETIENNE.
CHANDOISEAU, Nicole,
b 1648.
Marie, b 23 août 1676, à Repentigny ; m ³ 21 nov 1712, à Jean HERVÉ.—*Françoise,* b 3 juillet 1684, à la Pte-aux-Trembles, M. ² ; m ³ 4 janvier 1712, à Michel DESMARAIS. — *Geneviève,* b ² 14 janvier 1682 ; m ⁵ 7 janvier 1712, à François JOURDAIN.—*Nicolas,* b ² 21 juillet 1687 ; m à Catherine LÉVEILLÉ ; s ³ 23 mars 1726.—*François,* b... m 1710, à Angelique CHAGNON.

I.—BENOIT, PIERRE.
LAMONTAGNE Françoise.
Marguerite, b 1679 ; m 1701, à Etienne GELINA ; s 28 janvier 1750, à Yamachiche.—*Pierre,* b... m 1708, à Barbe GAZAILLE.

1691, (12 nov.) Boucherville. ⁴

II.—BENOIT (6), LAURENT, [PAUL 1.
b 1661 ; s 7 déc. 1728, à Longueuil. ⁵
TÉTREAU, Marie-Frse-Marguerite, [LOUIS I.
b 1676 ; s 5 janvier 1748 (7).
Marie-Françoise, b ⁴ 7 avril 1693 ; s ⁵ 13 janvier 1736. — *Marguerite,* b 19 sept 1694 ; 1º m ⁵ 29 mai 1712, à Jean-Baptiste EDELINE ; 2º m 2 août 1717, à Louis GAUTIER, à Verchères. — *Joseph,* b 1700 ; m ⁵ 17 février 1721, à Marie GOUYAU ; s ⁵ 6 février 1746. — *François,* b ⁵ 30 mars 1702.—*Louis,* b ⁵ 6 avril 1704.—*Jean-Baptiste,* b ⁵ 12 nov. 1705. — *Toussaint,* b ⁵ 9 nov.

(1) Dit Livernois. Voy. vol. I, p. 41.
(2) Dit Laforest. Voy. vol. I, p. 41.
(3) Elle épouse Marin Maret dit Labarre.
(4) Il était à Montreal en 1697.
(5) Dit Lajeunesse. Voy. vol. I, p. 41.
(6) Dit Livernois.
(7) On trouve un très bel éloge de ses vertus, à l'acte de sa sépulture.

1706 ; m ⁵ 30 déc. 1731, à Marie ACHIN.—*Madeleine,* b ⁵ 30 juillet 1708 ; m ⁵ 18 janvier 1734, à Joachim PRIMAUX. — *Marie-Thérèse,* b ⁵ 14 février 1710 ; s ⁵ 4 août 1728. — *Marie-Joseph,* b... m ⁶ 18 oct. 1728, à Pierre TERRENOIRE.—*Antoine,* b ⁵ 14 janvier 1713 ; m ⁵ 7 nov. 1740, à Marie-Louise BOUTEILLER. — *Marie-Françoise,* b... m ⁵ 6 juin 1743, à Nicolas JETTÉ.—*Pierre,* b... m ⁵ 9 mai 1746, à Marie-Ursule PATENOTE.

1693, (23 nov.) Trois-Rivières. ⁶

II.—BENOIT, GABRIEL, [GABRIEL I.
b 1668 ; s 28 nov. 1745, à la Baie-du-Febvre. ⁷
ROUSSEL, Marie, [FRANÇOIS I.
b 1676 ; s ⁷ 13 août 1715.
Madeleine, b ⁶ 19 juin 1695 ; m ⁷ 16 sept. 1715, à Gabriel MANSEAU ; s ⁷ 22 mai 1734.—*Jeanne,* b ⁶ 1ᵉʳ juillet 1698 ; m 25 sept. 1723, à Jean-Baptiste TERRIEN à St-François-du-Lac. — *Joseph,* b ⁶ 14 mai 1701 ; m 20 juin 1735, à Madeleine BUREL, à Varennes. ⁸—*Marie-Catherine,* b ⁶ 15 dec. 1704 ; m ⁷ 30 mai 1730, à Joseph LEFEBVRE ; s ⁷ 22 fevrier 1741.—*Françoise,* b ⁶ 2 mai 1706 ; m ⁷ 29 avril 1732, à Joseph TERRIEN.—*Marguerite,* b ⁶ 1ᵉʳ avril 1710 ; m⁷ 19 nov. 1736, à Jean PRÉCOUR ; s ⁷ 9 février 1751. — *Gabriel,* b ⁶ 24 juin 1713 ; 1º m ⁷ 17 sept. 1742, à Marie HOUDE ; 2º m 1753, à Marie-Renée DUREAU-POTVIN.—*Michel,* b ⁷ 24 février 1715 ; m ⁸ 19 nov. 1742, à Catherine BUREL ; s 3 sept. 1759, à Nicolet.

1693.

I.—BENOIT, JOSEPH, chirurgien, b 1672 ; de Fourière, Gatinois, diocèse de Sens ; s 17 nov. 1742, à Montréal. ⁶
BASTIEN (1), Anne,
s ⁶ 15 avril 1749.
Anne, b 1696 ; m ⁶ 4 oct. 1718, à Louis-Jean DELOBINOIS. — *Marie - Anne,* b... m ⁶ 21 juillet 1726 à Jean-Michel DEROY, Sieur de la Barre. —*Claude,* b ⁶ 2 avril 1712 ; m ⁶ 15 janvier 1742, à Thérèse BABY.— *Louise,* b ⁶ 9 janvier 1714 ; m ⁶ 20 avril 1729, à Pierre DESELLE.

1694, (9 nov.) Ste-Famille, I. O. ⁷

II.—BENOIT, PIERRE, [ABEL I.
b 1671 ; s 2 janvier 1735, à Deschambault. ⁸
DIONNE, Marie-Joseph, [ANTOINE I.
b 1672 ; s ⁸ 10 février 1736.
Marie-Anne, b ⁷ 27 juillet 1695 ; m ⁸ 11 nov. 1715, à Jean CHAMPAGNE. — *Marguerite,* b ⁷ 30 juillet 1699 ; m ⁸ 23 sept. 1720, à Louis CHAILLÉ. —*Marie,* b 1700 ; m ⁸ 22 juillet 1725, à Jean DENEVERS ; s ⁸ 23 mars 1730.—*Marie-Angélique,* b ⁷ 8 juin 1704 ; m ⁸ 27 juillet 1723, à Joseph BIRON. — *Geneviève,* b... m ⁸ 30 oct. 1724, à Jean-Baptiste PERRON ; s ⁸ 14 nov. 1770. — *Marie-Joseph,* b 10 avril 1707, au Cap-Santé ⁹ ; m ⁸ 14 nov. 1729, à Jean CHAILLÉ ; s ⁹ 16 avril 1734.—*Elisabeth-Ursule,* b ⁹ 25 janvier 1711 ; m ⁸ 11 juillet 1729, à Claude NAUD ; s ⁷ 7 oct. 1764.—*Catherine,* b ⁸ 9 avril 1713 ; m ⁸ 23 avril 1731, à René NAUD ; s ⁸ 29 mai 1796. — *Jean-François,* b ³ 4 mai 1715 ; m ⁸ 6 nov. 1739, à Marguerite MARCOT ; s ⁸ 16 sept. 1798.

(1) Dit Berthiar, en 1726 et 1729.

1699, (3 février) Montréal.

II.—BENOIT (1), Etienne, [Paul I.
b 1662; s 21 mars 1746, à Longueuil.[4]
1° Campeau, Jeanne, [Etienne I.
b 1680; s[4] 30 juin 1721.
Jean-Baptiste, b 2 mai 1700, à Boucherville, s[4] 1er juin 1721.—Etienne, b[4] 15 février 1702; m à Charlotte Clément; s 8 juillet 1746, à Chambly.—Antoine, b 1704; m[4] 23 avril 1730, à Marie-Joseph Aymart; s[4] 31 janvier 1749.—Marie-Joseph, b[4] 17 déc. 1715; m[4] 6 juin 1730, à Louis Quenneville.—Marie-Anne, b... m[4] 29 avril 1725, à Jean-Baptiste Deniau.—Marie-Reine, b... m[4] 27 mars 1726, à Pierre Robert. 1722, (23 juin).[4]
2° Charles (2), Hélène, [Etienne I.
veuve de Michel Viau; s[4] 23 février 1752.
Etienne, b[4] 24 janvier 1727. — Marie-Joseph, b[4] 23 avril et s[4] 9 juillet 1729.—Véronique, b[4] 6 août 1730.— Charlotte-Amable-Pascale, b[4] 13 avril et s[4] 11 juillet 1732.—Charlotte, b[4] 2 août 1733. — Jacques, b[4] 27 mars 1735.—Pierre, b[4] 10 juin 1736; s[4] 10 nov. 1737.

1705, (20 août) Trois-Rivières.[3]

II.—BENOIT (3), Pierre, [Gabriel I.
b 1670; s 25 avril 1745, à la Baie-du-Febvre.[4]
Degerlais (4), Jeanne, [Jean I.
b 1690; s[4] 25 nov. 1771.
François, b 1705: 1° m 11 sept. 1741, à Madeleine Laspron, à Nicolet; 2° m[3] 3 nov. 1743, à Jeanne Desrosiers, s[4] 7 février 1760. — Françoise, b[3] 24 oct. 1706, m[4] 18 mai 1730, à François Janelle. — Thérèse-Apoline, b 1708; s[3] 8 sept. 1723.— Pierre, b[3] 9 juin 1709; m[4] 2 nov. 1737, à Marie-Joseph Burel; s[4] 7 août 1752.—Marie-Jeanne, b[3] 18 février 1714; m[4] 13 février 1747, à Gilles Badaillac.—Madeleine, b 1717; s[4] 26 sept. 1733.—Joseph, b... m[4] 11 janvier 1741, à Madeleine Prou.— Marie-Jeanne, b 13 juin 1722, à St-Frs-du-Lac[2]; s[2] 7 déc. 1752. — Gabrielle, b 1725; s[4] 22 avril 1743.—Jean-François, b[4] 16 et s[4] 21 nov. 1729.

1708.

II.—BENOIT, Pierre. [Pierre I.
Gazaille, Barbe, [Jean I.
b 1681.
François-Marie, b 11 mars 1709, à Verchères.[1]—Jean-Baptiste, b[1] 14 avril 1714.—Alexis, b[1] 30 juillet 1719.—Pierre-Antoine, b 8 déc. 1725, à St-Ours; s 8 nov. 1750, à Sorel.

1710.

II.—BENOIT (1), François, [Etienne I.
Chagnon, Angélique. [François I.
François-Marie, b[1] 1er déc. 1711, à Verchères.[2]—Marie-Louise, b... — Elisabeth, b 31 juillet 1718, à St-Ours.[3]—Marie-Antoinette, b[3] 25 février 1720.—Marguerite, b[3] 29 mai 1721; m[3] 3 avril

(1) Dit Livernois.
(2) Dit Lajeunesse.
(3) Dit Laforest.
(4) Dit St-Amand

1742, à François Sarazin.—Marc-Antoine, b 1722; m 1749, à Marie-Jeanne Emery.—Marie-Joseph, b... m[2] 21 janvier 1754, à Joseph Charon.—Paul, b[2] 20 mars et s[2] 11 avril 1729.—Benoit, b[2] 5 mars 1729.—Paul, b 1730; m 1750, à Madeleine Jarret.—Pierre-Antoine, b... m 1746, à Marie-Joseph Beaulac.

1713.

II.—BENOIT, Nicolas, [Etienne I.
b 1687; s 23 mars 1726, à Montréal.
Thibaut (1), Catherine, [Pierre I
b 1695.
Marie-Catherine, b 4 oct. 1714, à la Pte-aux-Trembles, M.; m 1740, à Claude-Janvier Pineau—Marie-Jeanne, b... m 24 février 1756, à Jean-Baptiste Gautier, à Ste-Geneviève, M.

1721, (17 février) Longueuil.[4]

III.—BENOIT (2), Joseph, [Laurent II
s[4] 6 février 1746.
Gouyau, Marie-Joseph. [Guillaume I.
Joseph, b[4] 14 avril et s[4] 17 oct. 1722.—Marie-Joseph, b[4] 14 juin 1723; m[4] 20 nov. 1747, à Etienne Patenote.—Jean-Baptiste, b[4] 30 oct. 1724; s[4] 24 déc. 1730.—Toussaint, b[4] 8 juin 1726; m[4] 12 oct. 1750, à Marie-Louise Rouille, s[4] 6 mai 1762.—Joseph, b[4] 6 sept. 1727; m[8] janvier 1748, à Marie-Joseph Demers, à Boucherville.[5]—Michel-François, b[4] 2 nov. 1728; s[4] 1er juillet 1730.—Marie-Madeleine, b[4] 5 et s[4] 10 février 1730.—Marie-Joseph, b[4] 29 avril et s[4] 1er mai 1731.—Louis, b[4] 2 août 1732; m[4] 23 mai 1757, à Françoise Patenote.—Joachim, b[4] 19 avril 1734; m[5] 9 janvier 1758, à Marie-Anne Bourdon.—Louis-Charles, b[4] 4 et s[4] 7 déc. 1735.—Marie-Charlotte, b[4] 22 juillet 1737; 1° m[4] 12 février 1757, à Charles Marsil; 2° m[4] 11 janvier 1762, à Antoine Gelineau.—Charles, b[4] 9 avril et s[4] 26 août 1740.—Laurent, b[4] 3 et s[4] 6 juin 1741.—Laurent, b[4] 31 janvier 1743.

1728, (19 avril) Repentigny.[6]

III.—BENOIT (2), François, [Laurent II.
s 11 mars 1751, à Chambly.[7]
Gaudry, Marie-Anne, [Jacques III
b 1712.
François-Amable, b[6] 16 sept. 1730.—Jacques, b[7] 5 janvier 1747.—Marie-Louise, b[7] 9 août 1749.—Joseph, b[7] 2 mars et s[7] 24 oct. 1751.

1730, (23 avril) Longueuil.[8]

III.—BENOIT (2), Antoine, [Etienne II
b 1704; s[8] 31 janvier 1749.
Aymart, Marie-Joseph, [Pierre I.
b 1706.
Marie-Joseph, b[8] 20 janvier 1731; m 1745, à Jacques Gautier.—Esprit-Antoine, b[8] 1er juin 1732, s[8] 20 mai 1733.—Antoine, b[8] 10 nov. 1733. — Elienne, b[8] 10 sept. 1735. — Vincent, b[8] 4 août 1737; m[8] 2 février 1761, à Angelique Adam.— Pierre, b[8] 14 sept. 1739.—Joseph-Charles, b[8] 13 avril 1741.—Jacques,

(1) Et Leveillé.
(2) Dit Livernois.

b 1741; m 1ᵉʳ février 1762, à Therèse MENARD, à Montréal.—*Cécile*, b ⁸ 15 janvier 1743 ; m ⁵ 26 oct. 1761, à Jean OLIVIER.— *Toussaint*, b ⁸ 24 oct. 1744.—*Marie-Julie*, b ⁸ 8 sept. 1746 ; s ⁵ 23 oct. 1754.—*Michel*, b ⁸ 22 sept. 1748.

1731, (30 déc.) Longueuil.³

III.—BENOIT (1), TOUSSAINT.   [LAURENT II.
ACHIN, Marie,   [ETIENNE II.
b 1711 ; s ⁵ 12 avril 1756.
Charles-Toussaint, b ³ 12 juin 1733 ; m ³ 18 février 1754, à Marie-Reine GERVAIS.—*Pierre*, b ³ 3 janvier 1737 ; m ³ 23 janvier 1758, à Marie-Louise GELINEAU.—*François-Marie*, b ³ 10 nov. 1738.

1732, (25 nov.) St-Laurent, I. O.⁴

I.—BENOIT (2), PHILIPPE, navigateur, b 1706 ; fils de Benjamin et de Marie Labbe, de St-Nicolas-de-la-Tremblade, diocèse de Xaintes.
1° SIVADIER, Marguerite,   [ANTOINE II.
b 1711 ; s 14 janvier 1737, à Québec.⁵
Marguerite, b ⁴ 24 sept. 1733.—*Anonyme*, b ⁵ et s ⁵ 19 janvier 1736.—*Philippe*, b ⁵ et s ⁵ 17 janvier 1737.—*Marguerite*, b... m ⁵ 20 août 1753, à Pierre BELLEAU.

1737, (13 juin).⁵
2° NOLET, Françoise,   [Louis II.
b 1717 ; s 24 janvier 1761, à Lorette.
Marie-Françoise, b ⁵ 3 mars et s ⁵ 3 avril 1738.—*François-Philippe*, b 10 avril 1739, à Charlesbourg ⁶, s ⁶ 25 juillet 1739. — *Marie-Louise*, b ⁶ 15 juillet et s ⁶ 9 août 1740.—*Philippe-Gabriel*, b ⁵ 2 juin et s ⁵ 28 juillet 1748.—*Joseph*, b ⁵ 15 sept. 1750. — *Pierre-Paul*, b ⁵ 10 janvier et s ⁵ 15 août 1755.—*Pierre-Philippe*, b ⁵ 1ᵉʳ sept. 1756, s ⁵ 17 juin 1757.

1735, (20 juin) Varennes.

III.—BENOIT, JOSEPH,   [GABRIEL II.
s avant 1761.
BUREL, Madeleine,   [PIERRE I.
b 1708.
Joseph, b 10 mars 1736, à la Baie-du-Febvre³ ; 1° m 2 février 1761, à Marie-Joseph ROUILLARD, à Nicolet ⁴ ; 2° m ⁴ 29 août 1785, à Marie LABBE, s ⁴ 3 déc. 1790. — *Marie-Gabrielle*, b ³ 1ᵉʳ sept 1737. — *Marie-Madeleine*, b ³ 16 mars et s ³ 15 août 1739.—*Marie-Madeleine*, b ³ 22 mai et s ³ 16 août 1740. — *Marie-Angélique*, b ³ 22 mai 1740, s ³ 19 février 1741.—*Marie-Geneviève*, b ³ 30 sept. 1741 ; m ³ 30 mars 1761, à Antoine LEFEBVRE.—*Jean-Baptiste*, b ³ 13 avril 1743 ; m ³ 7 oct. 1771, à Mario GUAY.— *Antoine*, b ³ 29 nov. 1744 ; m ³ 25 nov. 1771, à Marie-Antoinette LAFOND.—*Angélique*, b ³ 13 et s ³ 26 mars 1747. — *Marie-Joseph*, b ³ 11 avril et s ³ 22 déc. 1749.—*Marie-Anne*, b ³ 26 juillet 1750 ; m ³ 2 mars 1772, à Louis PELLETIER. — *Louis*, b ³ 12 mars et s 1ᵉʳ sept. 1752. — *Joseph*, b ³ 12 juin 1755.—*Marie-Louise*, b... m ³ 26 oct. 1760, à David QUINAN.

---

(1) Dit Livernois.
(2) Avait fait abjuration le 26 mars 1731, à St-Laurent, I. O.

1737, (2 nov.) Baie-du-Febvre.³

III.—BENOIT (1), PIERRE,   [PIERRE II.
s ³ 7 août 1752.
BUREL, Marie-Joseph,   [PIERRE I.
b 1706.
Pierre, b ³ 25 août 1738. — *François*, b ³ 14 mars 1740.—*Joseph*, b ³ 20 mars 1741.—*Gabrielle*, b ³ 15 mai 1743 ; m ³ 21 sept. 1761, à Joseph DUGUAY.—*Michel*, b ³ 4 avril 1748, s 19 mai 1749.

1739, (6 nov.) Deschambault.⁴

III.—BENOIT (2), JEAN-FRS,   [PIERRE-BENOIT II.
s ⁴ 16 sept. 1798.
MARCOT, Marguerite,   [JEAN-BTE II.
b 1724 ; s⁴ 2 nov. 1784.
Marguerite, b ⁴ 13 sept. 1741 ; m⁴ 19 oct. 1760, à Jean-François GIGNAC. — *Jean-François*, b ⁴ 16 sept. et s ⁴ 2 oct. 1742. — *Marie-Joseph*, b ⁴ 4 février 1744 ; 1° m ⁴ 10 nov. 1766, à Antoine PERRON ; 2° m ⁴ 19 nov. 1770, à Antoine MÉRAND.—*Marie-Thérèse*, b ⁴ 21 mars 1746 ; m ⁴ 28 janvier 1771, à Jean PAQUIN ; s ⁴ 5 février 1791.—*Marie-Isabelle*, b ⁴ 19 mai 1748.—*Marie-Marguerite*, b ⁴ 19 juillet 1750.—*Marie-Félicité*, b ⁴ 9 sept. 1752. *Jean-François*, b ⁴ 12 août 1754.—*Jean-Baptiste*, b ⁴ 28 avril 1757 ; 1° m 19 août 1783, à Marguerite REBERDY, aux Grondines ; 2° m ⁴ 19 janvier 1795, à Marie-Joseph MARCOT ; s ⁴ 31 janvier 1799. — *Hyacinthe*, b ⁴ 23 juillet 1759.—*Alexis*, b...—*Marie-Anne*, b... m 24 nov. 1760, à Antoine EMERIAU, à St-Ours.—*Jean*, b ⁴ 9 juillet et s ⁴ 16 août 1761.—*Joseph*, b ⁴ 5 juillet 1763 ; s ⁴ 23 mai 1764.—*Théoliste*, b 1765, m ⁴ 17 janvier 1785, à Pierre-Joseph GROLEAU ; s⁴ 9 avril 1786.

1740, (7 nov.) Longueuil.⁶

III.—BENOIT, ANTOINE,   [LAURENT II.
b 1712.
BOUTEILLER, Marie-Louise,   [ANTOINE II.
b 1718.
Marie-Louise, b ⁶ 16 nov. 1741 ; m ⁶ 14 sept. 1761, à Jacques LEBEAU.—*Antoine-Joseph*, b ⁶ 10 mars 1745 ; s ⁶ 24 janvier 1763.—*Jean-Baptiste*, b ⁶ 27 sept. 1754.

1740.

I.—BENOIT (3), JACQUES-FRANÇOIS,
b 1689, s 21 avril 1749, à Ste-Geneviève, M.⁵
D LAHAYE, Marie-Silvie (4),   [JEAN I.
b 1710.
Marie-Archange, b ⁵ 23 août 1741 ; m 4 nov. 1760, à Jean-Baptiste VILLERAY, à Soulange.⁵—*François-Amable*, b... m ⁶ 12 janvier 1761, à Geneviève LEGROS.—*Marie-Marguerite*, b ⁵ 19 nov. 1745.

1741, (11 janvier) Baie-du-Febvre.¹

III.—BENOIT (1), JOSEPH.   [PIERRE II.
PAOU, Madeleine,   [CLAUDE II.
b 1716.

---

(1) Dit Laforest.
(2) Dit Abel.
(3) Dit Laguerre.
(4) Elle épouse, le 18 août 1749, Jean-Baptiste Charbonneau, à Ste-Geneviève, M.

Louis, b ¹ 23 février 1741 ; m ¹ 10 sept. 1763, à Judith NORMAND ; s ¹ 11 juin 1768.—*Marie-Madeleine,* b ¹ 28 nov. 1742 ; m ¹ 29 août 1763, à Michel PRÉCOUR.—*Marie-Elisabeth,* b¹ 15 nov. 1744 ; s ¹ 7 mars 1750.—*Marguerite,* b¹ 22 déc. 1746.—*Marie-Elisabeth,* b ¹ 30 janvier 1749.— *Marie-Louise,* b ¹ 6 janvier 1751 ; m ¹ 12 août 1771, à Pierre BOULANGER. — *Un garçon,* b¹ 15 août 1753.—*Marie-Geneviève,* b ¹ 18 juillet 1757.

1741, (11 sept.) Nicolet.

III.—BENOIT (1), FRANÇOIS,   [PIERRE II.
b 1705, s 7 février 1760, à la Baie-du-Febvre. ²
1º LASPRON (2), Madeleine,   [JEAN-BTE II.
s ² 27 janvier 1743.

1743 (3 nov.) Trois-Rivières.

2º DESROSIERS, Marie-Jeanne (3).   [PIERRE.
François, b ² 24 janvier 1745 ; s ² 23 déc. 1747. —*Marie-Jeanne,* b ² 24 avril 1746 ; s ² 29 nov. 1747.—*Marie-Elisabeth,* b ² 6 nov. 1747 ; m ² 19 nov. 1766, à Joseph CHEVREFILS.—*Joseph,* b ² 8 mai 1750 ; s ² 18 avril 1751.—*Marie,* b ² 5 mars 1752.—*Marie-Jeanne,* b ² 18 déc. 1753 ; m ² 15 oct. 1770, à François COTÉ.

1742, (15 janvier) Montréal. ³

II.—BENOIT, CLAUDE (4),   [JOSEPH I.
b 1712.
BABY, Thérèse.   [RAYMOND II.
b 1722.
Thérèse, b ³ 24 juillet et s 7 août 1743, au Sault-au-Récolet.—*Marie-Louise,* b ³ 26 juin et s ³ 24 juillet 1744.—*Thérèse,* b ³ 26 juin 1744 ; s ³ 13 janvier 1745.—*Claude,* b³ 12 juin 1745 ; s ³ 15 août 1747.—*Paul-Antoine,* b ³ 5 et s 21 juillet 1746, à St-Vincent-de-Paul.—*Ursule,* b ³ 16 juillet 1747.—*Antoine,* b ³ 19 juillet et s 4 août 1748, à la Longue-Pointe.—*Thérèse-Louise,* b ³ 15 déc. 1749.—*Marie-Anne,* b ³ 16 oct. 1750.—*Louise,* b ³ 16 janvier 1754.

1742, (17 sept.) Baie-du-Febvre. ⁴

III.—BENOIT, GABRIEL,   [GABRIEL II.
b 1713.
1º HOUDE, Marie.   [GABRIEL II.
Gabriel, b ⁴ 1er oct. 1743 ; s ⁴ 7 nov. 1747.— *Marie-Madeleine,* b ⁴ 18 juillet 1745 ; s ⁴ 22 nov. 1747.—*Marie-Joseph,* b ⁴ 6 janvier 1747 ; m ⁴ 26 oct. 1767, à Louis COTÉ.—*Marguerite,* b⁴ 26 oct. 1748, à Nicolet ; s ⁴ 2 oct. 1749.—*Marie,* b ⁴ 12 juillet 1750 ; m ⁴ 2 mars 1772, à Gabriel PROU.— *Gabriel,* b ⁴ 8 février 1752.

1753.

2º POTVIN (5), Marie-Renée.
Antoine, b ⁴ 2 février 1754 ; s ⁴ 23 déc. 1770.—*Alexis* (6), b ⁴ 15 mars 1756.—*Marguerite,* b ⁴ 10 août 1756.—*Antoine,* b ⁴ 5 mai 1757.—*Joseph,* b ⁴ 5 juillet 1758.—*Marguerite,* b ⁴ 10 août 1759. — *François,* b ⁴ 29 mars 1760.—*Michel,* b ⁴ 5 février 1761.—*Michel* (1), b ⁴ 5 et s ⁴ 29 février 1762.—*François,* b ⁴ 19 mars 1762.

1742, (19 nov.) Varennes.

III.—BENOIT, MICHEL,   [GABRIEL II.
b 1715 ; s 3 sept. 1759, à Nicolet.⁷
BUREL, Catherine (2).   [PIERRE I.
Michel, b ⁷ 19 juillet et s ⁷ 28 sept. 1743.— *Marie-Joseph,* b⁷ 25 et s ⁷ 28 avril 1744.—*Marie-Claire,* b ⁷ 27 février 1745 ; m ⁷ 3 nov. 1765, à Jean-Baptiste LACROIX ; s ⁷ 18 mars 1791.— *Michel,* b ⁷ 14 août 1746 ; m ⁷ 8 nov. 1773, à Marie-Joseph COLTRET.—*Marie-Madeleine,* b ⁷ 4 mars 1748 ; m ⁷ 24 avril 1769, à François GUAY —*Marie-Anne,* b⁷ 23 janvier 1750.—*Marie-Joseph,* b ⁷ 26 février 1753 ; m 12 juillet 1784, à André KOCH, à Lachenaye.—*Pierre,* b ⁷ 5 avril 1755.— *Joseph,* b... m ⁷ 6 août 1781, à Françoise PELLETIER.

1743, (11 nov.) Montréal.⁶

I.— BENOIT, ANTOINE-GABRIEL-FRANÇOIS (3), b 6 oct. 1715 ; fils de Gabriel et de Françoise de Trevet, de St-Sulpice, Paris ; s 24 janvier 1776, à Château, de Bourges.
LEBER (4), Marie-Louise.   [JACQUES II
Jacques-Louis, b ⁶ 12 sept. 1744 ; m 9 février 1767, à Marie-Joseph SOUMANDE, à Varennes, s 1768 (5).—*Jeanne-Louise,* b ⁶ 16 oct. 1745 ; s 1769, en Touraine.⁷—*Jeanne-Marguerite,* b ⁶ 17 mai 1747 ; s ⁷ 9 juillet 1769.—*Charles,* b ⁶ 12 mars 1749 (6).—*Catherine,* b ⁶ 9 mars 1750.—*Jean,* b ⁶ 7 déc. 1751 (6).—*Marie-Anne,* b 28 juin 1755, au Lac-des-Deux-Montagnes.—*Marie-Amable,* b et s 8 déc. 1757, à la Longue-Pointe.—*Marie-Louise,* b 13 février 1766, à St-Germain-de-Sully, en Touraine.

1746, (9 mai) Longueuil. ⁸

III.—BENOIT (7), PIERRE,   [LAURENT I.
b 1712 ; s ⁸ 27 mai 1762.
PATENOTE, Marie-Ursule.   [FRANÇOIS III.
Pierre, b ⁸ 22 mars 1747. — *Marie,* b ⁸ 16 oct. et s ⁸ 9 nov. 1748.—*Angélique,* b ⁸ 1759 ; s ⁸ 1er oct. 1760.—*Marie,* b ⁸ 12 et s ⁸ 13 juillet 1761.

III.—BENOIT, ETIENNE,   [ETIENNE II.
b 1702 ; s 3 déc. 1757, à Chambly. ⁸
CLEMENT, Charlotte,   [PIERRE I.
b 1717 ; s ⁸ 8 juillet 1746.
Anonyme, b ⁸ et s ⁸ 29 juin 1746.—*Véronique,* b... m ⁸ 6 nov. 1752, à Antoine GAUTIER.

---

(1) Dit Laforest.
(2) Dit Desfossés.
(3) Elle épouse, le 20 avril 1762, François Lamontagne, à la Baie-du-Febvre.
(4) Médecin.
(5) Dit Durot, et DuReau en 1756.
(6) Cas de superfétation.

(1) Cas de superfétation.
(2) Elle épouse, le 6 mai 1760, Jean-Baptiste Guillot, à Nicolet.
(3) Enseigne de la marine. Chevalier, commandant au Poste des Deux-Montagnes, 1752. Parrain d'Antoine Lemer.
(4) Sieur de Senneville.
(5) Noyé près des Iles de Varennes, après deux ans de mariage.
(6) Va à la Martinique en 1773.
(7) Dit Livernois.

1746.

III.—BENOIT (1), Pierre-Antoine. [Frs II.
BEAULAC (2), Marie-Joseph, [Jean-Bte II.
b 1726.
Marie-Angélique, b 1747; s 30 mai 1751, à Verchères.¹ —Antoine, b¹ 9 mai 1751. — Marie-Amable et Marie-Joseph, b¹ 10 février et s¹ 13 mars 1753. — Marie-Joseph, b¹ 29 mai et s¹ 8 sept. 1754. — Marie-Joseph, b¹ 27 sept. et s¹ 3 oct. 1755.—Marie-Catherine, b¹ 13 mai 1759.

1748, (8 janvier) Boucherville.

IV.—BENOIT, Joseph, [Joseph III.
b 1727.
DEMERS (3), Marie-Joseph. [Etienne III.
Marie-Joseph, b 25 janvier 1749, à Longueuil.⁷ —Marie-Françoise, b⁷ 2 février 1750; s⁷ 28 déc. 1751.—Françoise, b⁷ 13 janvier 1752.—Joseph-Marie, b⁷ 11 juillet 1753.—Etienne, b⁷ 22 oct. 1754.

III.—BENOIT, Marc-Antoine, [François II.
b 1722.
EMERY (4), Marie-Jeanne, [Pierre II.
b 1729; s 11 juin 1756, à St-Ours.⁶
Anonyme, b et s 12 nov. 1749, à Sorel.—Marie-Antoine, b⁶ 24 déc. 1752.—Marie-Barbe, b⁶ 1ᵉʳ mai 1754.—Marie-Françoise, b⁶ 4 avril 1756.

1749, (15 sept.) Québec.⁷

I.—BENOIT, François, navigateur, fils de Paul et de Marthe Vignier, de St-Sébastien, diocèse de Xaintes.
LABORDE, Madeleine, [Pierre II.
s⁷ 14 août 1759.
Pierre-François, b⁷ 10 oct. 1751.—Marie-Madeleine, b⁷ 26 février 1753; s⁷ 25 sept. 1754.—Louise, b⁷ 26 février et s⁷ 17 sept. 1753.—Michel, b⁷ 2 déc. 1754, s⁷ 10 sept. 1755.—Jean, b⁷ 24 sept. 1756.—Charles-Joseph, b⁷ 11 nov. 1758; s 11 juillet 1759, à Lorette.

1750.

III.—BENOIT (1), Paul, [François II.
b 1730.
JARRET, Madeleine (5), [Jean-Bte II.
b 1723.
Marie-Madeleine, b 1ᵉʳ nov. 1751, à Verchères.⁴ —Marie-Angélique, b⁴ 13 nov. 1753.— Marie-Victoire, b⁴ 14 août 1755.— Paul-Ubalde, b⁴ 16 mai 1759.

BENOIT, Michel.
DESCOTEAUX, Catherine.
Marie-Joseph, b 12 mai 1751, à Nicolet.

(1) Dit Livernois.
(2) Desmarots dit Elle épouse, le 19 février 1748, Jean-Baptiste Lefebvre, à Montréal.
(3) Dit Dumets.
(4) Dit Coderre.
(5) Elle épouse, le 10 août 1766, Jean-Baptiste Vivier, à Varennes.

1750, (12 oct.) Longueuil.¹

IV.—BENOIT, Toussaint, [Joseph III.
b¹ 1726; s¹ 6 mai 1762.
ROUILLÉ, Marie-Louise (1). [Joseph.
Toussaint, b¹ 12 nov. 1751; s¹ 26 janvier 1752.—Toussaint, b¹ 6 mai 1753.—Marie-Louise, b¹ 27 août 1754. — Michel, b 1759; s¹ 15 mars 1760.—Marie-Marguerite, b¹ 2 juin 1761.

BENOIT, Susanne-Amable, b 1752; Sœur Grise; s 19 juillet 1780, à l'Hôpital-Général, M.

1751.

BENOIT, François.
CHICOINE, Agathe. [Paul II.
Marie-Antoinette, b 7 nov. 1751, à St-Ours. ³—François, b³ 27 déc. 1752.—Marie-Joseph, b³ 25 mars 1755.

1754.

BENOIT, Pierre.
CHICOINE, Marguerite. [Paul II.
Pierre-Jacques, b 4 et s 25 nov. 1755, à St-Ours.³—Marie-Angélique, b³ 9 août 1759.

1754, (18 février) Longueuil.⁴

IV.—BENOIT, Toussaint. [Toussaint III.
GERVAIS, Marie-Reine, [Jean III.
b 1737.
Marie-Geneviève, b⁴ 25 février 1757.—Marie-Thérèse, b⁴ 1ᵉʳ nov. 1760.

1756.

BENOIT (2), François.
1° JANOT (3), Marie-Anne, [Nicolas III.
b 1733, s 3 mai 1758, à Chambly.⁶
Marie-Anne, b⁶ 28 nov. 1756; s⁶ 14 avril 1757. 1760, (20 oct.) Verchères.
2° GEPOULON, Marie-Angélique. [Alexis.

1757, (23 mai) Longueuil.⁷

IV.—BENOIT, Louis. [Joseph III.
PATENOTE, Françoise, [Nicolas III.
b 1736.
Angélique, b⁷ 25 février 1761.

1758.

BENOIT, Marc.
SAVARIA, Elisabeth. [Joseph II.
Jean-Louis, b 28 déc. 1758, à St-Ours¹; s¹ 21 janvier 1759.

1758, (9 janvier) Boucherville.

IV.—BENOIT, Joachim. [Joseph III.
BOURDON, Marie-Anne. [Joseph II.
Joachim, b 10 oct. et s 18 nov. 1761, à Longueuil.

(1) Elle épouse, le 14 août 1763, François-Séraphin De Lamarre, à Longueuil.
(2) Dit Livernois.
(5) Dit Lachapelle.

1758, (23 janvier) Longueuil.[1]
IV.—BENOIT, PIERRE.   [TOUSSAINT III.
  GELINEAU, Marie-Louise,   [DANIEL II.
  b 1738.
  Pierre, b [1] 9 mars et s [1] 14 juillet 1760.

1761, (12 janvier) Soulanges.[2]
II.—BENOIT (1), FRS-AMABLE.   [JACQUES-FRS I.
  LEGROS, Geneviève.   [JACQUES III.
  François, b [2] 29 nov. 1761.

1761, (26 janvier) Chambly.
I.—BENOIT (2), CLAUDE, fils d'Imbert et d'Antoinette Bigoulet, de Seray, Bourgogne.
  STEBBENS, Suzanne.   [JOSEPH II.

1761, (2 février) Longueuil.[3]
IV.—BENOIT, VINCENT.   [ANTOINE III.
  ADAM, Angelique,   [FRANÇOIS II.
  b 1740.
  Vincent, b [3] 9 janvier 1762.

1761, (2 février) Nicolet.[4]
IV.—BENOIT, JOSEPH,   [JOSEPH III.
  s [4] 3 déc. 1790.
  1º ROUILLARD, Marie-Joseph,   [JOSEPH III.
    b 1741 ; s [4] 4 avril 1785.
  Joseph, b 1764 ; s [4] 4 mai 1787.
                   1785, (29 août).[4]
  2º LABBÉ, Marie,   [NICOLAS.
    b 1764 ; s [4] 10 déc. 1786.

1762, (1er février) Montréal.
IV—BENOIT (3), JACQUES.   [ANTOINE III.
  MÉNARD, Thérèse.   [LOUIS I.

1763, (10 sept.) Baie-du-Febvre.[5]
IV.—BENOIT (4), LOUIS,   [JOSEPH III
  s [5] 11 juin 1768 (noye).
  NORMAND, Judith.   [GUILLAUME III.
  Judith, b [5] 8 janvier 1764.—*Louis*, b [5] 5 mars 1766.—*Marie-Madeleine* (posthume), b [5] 23 juillet 1768.

1765.
BENOIT, JOSEPH.
  PITARD, Marie-Joseph.   [FRANÇOIS I.
  Eustache-Xavier, b 18 mars 1766, à St-Michel d'Yamaska.

II.—BENOIT (5), JEAN,
  lieut.; s 12 juillet 1794, à Ste-Madeleine, Lincoln, comte de Midlesex.

II.—BENOIT (6), CHARLES,   [ANTOINE I.
  sous-lieut.; b 1749.

(1) Dit Laguerre.
(2) Dit Labonté.
(3) Dit Lavernois.
(4) Dit Laforest.
(5) Dit de Courville. En 1784 il était capitaine d'infanterie à la Guadeloupe, et en 1791 chevalier. Il retournait de la Guadeloupe malade du scorbut.
(6) Dit de Joinville, ne s'est pas marié.

BENOIT, FRANÇOIS.
  BABIN, Madeleine.
  Marie-Françoise, b 16 août 1767, à Yamachiche.

BENOIT, GODFROY.
  BABIN, Madeleine.
  Paul, b 23 août 1767, à Yamachiche.

BENOIT, FRANÇOIS.
  DAIGLE, Marguerite.
  Marguerite, b 21 sept. 1767, à Yamachiche.

1767, (9 février) Varennes.[8]
II.—BENOIT, JACQUES-LOUIS (1).   [GABRIEL I
  SOUMANDE, Marie-Joseph (2).   [FRANÇOIS III
  François-Marie, b [8] 2 nov. 1767; m 22 nov 1798, à Marie-Catherine SANGUINET, à St-LOUIS, Mo.

BENOIT, JOSEPH.
  THIBAUDEAU, Anne.
  Anne-Marguerite, b 22 oct. 1768, à Yamachiche.

1771, (7 oct.) Baie-du-Febvre.
IV.—BENOIT, JEAN-BTE.   [JOSEPH III.
  GUAY, Marie.   [JEAN-BTE.

1771, (25 nov.) Baie-du-Febvre.[9]
IV.—BENOIT, ANTOINE.   [JOSEPH III.
  LAFOND, Marie-Antoinette,   [ANTOINE IV.
  b 1751.
  Anonyme, b [9] et s [9] 29 déc. 1771.—*Antoine*, b [9] 4 nov. 1772; m 15 juillet 1793, à Charlotte ROUSSEAU, à Nicolet.

1773, (8 nov.) Nicolet.
BENOIT, MICHEL.   [MICHEL III.
  COLTRET (3), Marie-Joseph,   [JEAN-BTE IV.
  b 1755.

BENOIT, JACQUES.
  TURCOT, Marie.
  Marie-Amable, b 10 août 1780, à l'Ile-Dupas.

1781, (6 août) Nicolet.
IV.—BENOIT, JOSEPH.   [MICHEL III
  PELLETIER-ANTAYA, Françoise,   [HYACINTHE IV.
  b 1757.

1783, (19 août) Grondines.[7]
IV.—BENOIT (4), JEAN-BTE,   [FRANÇOIS III
  s 31 janvier 1799, à Deschambault.[8]
  1º REBERDY, Marguerite,   [PIERRE I
    b 1762.
  Jean-Baptiste, b [7] 28 mai et s [7] 8 juillet 1785
                   1795, (19 janvier).[7]
  2º MARCOT, Marie-Joseph,   [JEAN-FRS III
    b 1757 ; veuve d'Emmanuel Lécuyer.

(1) Noyé près des îles de Varennes, en 1768.
(2) Elle épouse Mathurin Bouvet.
(3) Dit René.
(4) Dit Abel.

BENOIT, Pierre.
 Sauvage (1), Ursule.
 Françoise, b 16 fevrier 1787, à l'Ile-Verte.

BENOIT, Joseph.
 Grandbois, Marie (2).

BENOIT, Gabriel.
 1° Coté, Angelique.
  1793, (12 août) Nicolet.
 2° Poirier, Marie-Angelique. [Pierre I.

  1793, (15 juillet) Nicolet.
V.—BENOIT, Antoine. [Antoine IV.
 Rousseau, Charlotte. [Jean-Bte III.

BENOIT, Joseph.
 Trudeau, Geneviève.
 Marie-Joseph, b 29 août 1794, à Longueuil.

  1798, (25 nov.) St-Louis, Missouri. [9]
III.—BENOIT, Frs-Marie, [Jacques II.
 s [9] 28 oct. 1819.
 Sanguinet, Marie-Anne-Catherine, [Charles
 b [9] 2 fevrier 1781; s [8] 8 dec. 1859.
 Louis-Augustin, b... 1° m à Elisabeth Barton, 2° m à Esther Hackney; 3° m [9] 30 août 1848, à Sara Wilson.—*Joséphine-Adéline*, b... m à James Riley.—*Sophie-Amanda*, b... m à Cyrus Curtis.

BENOIT (3), Marie, b... m 1666, à Pierre Favreau.

BENOIT, Angélique, epouse de Jean-Baptiste Tetreau.

BENOIT, Marie-Joseph, epouse de Pierre Tavernier.

BENOIT, Marie, épouse de Jean-Baptiste Roy

BENOIT, Marie-Louise, epouse de Louis Giard.

BENOIT, Catherine, epouse de Joseph Descoteaux.

BENOIT, Marie-Joseph, épouse de Jean Charbonneau.

BENOIT, Catherine, epouse de Jean Charbonneau.

BENOIT, Geneviève, epouse d'Antoine Descoteaux.

BENOIT, Catherine, epouse de Julien Grignon.

BENOIT, Marie-Anne, epouse de Jean-Baptiste Desmarets.

BENOIT, Marie-Jeanne, epouse de Jean-François Houde.

(1) Dit Amalecite.
(2) Elle epouse, le 23 avril 1792, Antoine Rèche, à Nicolet
(3) Voy. vol. I, p. 220.

BENOIT (1), Marie, épouse d'Alexis Gipoulon.

BENOIT, Marie-Jeanne, épouse de Joseph Vincent.

BENOIT, Marie-Françoise, épouse de Jean-Benoit Melançon.

BENOIT, Anne, épouse de René Landry.

BENOIT, Ursule, épouse de Richard Macarty.

BENUREAU.—Voy. Chevereau.

II.—BEQUART (2), Pierre, [Pierre I.
 b 1683, s 13 janvier 1750, à St-Thomas.

II.—BEQUART (3), Paul, [Pierre I.
 b 1695, s 20 mars 1754, à Québec.

BEQUET.— Voy. Becquet.

  1750, (21 mai) Trois-Rivières.
I.—BERANGER (4), Jean-Bte, fils de Guillaume (Seigneur de Rougemont, chevalier, officier des 100 Suisses) et de Henriette Lebel, N.-D. de Versailles.
 Fafard, Madeleine, [Jean-Bte III.
 b 1733.

BÉRARD, Marie, épouse de Pierre Brousseau.

BÉRARD, Catherine, epouse de Pierre Léveillé.

BÉRARD, Catherine, epouse de Pierre Loyer.

BÉRARD, Marie, b... 1° m à Jean Mignau; 2° m 8 fevrier 1763, à Pierre Bourgeois, à St-Antoine-de-Chambly.

BÉRARD, Monique, épouse de Joseph Tellier.

I.—BÉRARD (5), Gabriel,
 b 1643.
 Hayot, Geneviève (6). [Jean II.
 Marie-Elisabeth, b 26 mai 1679, à Sorel [8]; s [8] 4 fevrier 1680.—*Pierre*, b [8] 3 mai 1693; m [8] 9 janvier 1724, à Catherine Joly.

  1713, (30 janvier) Pte-aux-Trembles, Q. [7]
II.—BERARD (5), Gabriel, [Gabriel I.
 b 1681, s avant 1757.
 1° Desorcy, Marie-Angélique. [Michel II.
 Marie-Gabrielle, b [7] 6 janvier 1714; s 30 juillet 1731, à Sorel. [8]—*Gabriel*, b [7] 22 dec. 1715; m 30 oct. 1752, à Anne-Celeste DeRainville, à l'Ile-Dupas. [9]—*Michel*, b [7] 7 nov. 1717; s [8] 26 juillet 1731.—*Marie-Françoise*, b [8] 24 avril 1719; s [8] 22 juillet 1731.—*Jean-Baptiste*, b [9] 27 mai 1721; s [8]

(1) Dit Livernois.
(2) Sieur de Grandville. Voy. vol. I, p 42.
(3) De Grandville, sieur de Fondville, chevalier.
(4) Enseigne des troupes.
(5) Dit Lupine.
(6) Elle epouse, le 14 dec 1712, Jean Turcot, à la Pte-aux-Trembles, Q. Voy. vol I, p. 42.

1er août 1731.—*Joseph*, b 8 14 août 1724.—*Marie-Charlotte*, b 8 2 mai 1726. — *Pierre*, b 8 5 août 1727 ; 1º m 9 12 février 1753, à Geneviève Sylvestre ; 2º m 1754, à Marie-Françoise Jacques. —*Marie-Angélique*, b... 1º m 9 15 oct. 1743, à à Joseph Colin ; 2º m 1750, à Jacques Valois.

1732, (24 nov.) 8
2º Chevalier, Thérèse,   [Jean-Bte II.
b 1712.
Marie-Thérèse, b 8 8 nov. 1733 ; m 9 8 février 1758, à Jean-Baptiste Lincour. —*Jean-Baptiste*, b 8 2 sept. 1735. — *Marie-Gertrude*, b 8 15 sept. 1737.—*Michel*, b 8 11 janvier 1740.—*Alexis*, b 9 19 nov. 1742.

1722, (11 août) Charlesbourg.
II.—BÉRARD (1), Jean-François,   [Gabriel I.
b 1696 ; s 18 janvier 1772, à l'Ile-Dupas. 3
Renaut, Thérèse,   [Jean II.
b 1705.
Jean-Baptiste, b... m 8 15 oct. 1753, à Elizabeth Chevalier. — *Marie-Thérèse*, b 5 juin 1724, à Sorel. 4 — *Jean-François*, b 4 1er sept. 1725. — *Marie-Françoise*, b 4 13 mai 1727 ; s 4 18 juillet 1731.—*Michel*, b 4 21 janvier 1731 ; m 8 8 janvier 1759, à Marie-Anne DeRainville.—*Marie-Madeleine*, b 4 6 nov. 1733.—*Marie-Ursule*, b 4 21 août 1735 ; m 8 9 nov. 1761, à François Levasseur.—*Marie-Isabelle*, b 4 26 oct. et s 4 22 nov. 1739.—*Angélique*, b 4 7 mai 1741 ; m 3 1er février 1768, à Jean-Baptiste Baillargeon.

1722, (26 oct.) Charlesbourg.
II.—BÉRARD, François.   [Gabriel I.
Renaud, Madeleine,   [Jean II.
b 1704.
Madeleine, b 28 juillet 1723, à Sorel 1 ; m 3 avril 1742, à Nicolas Meunier, à Verchères.—*Michel*, b 1 14 janvier 1725, m 1746, à Françoise Meunier. —*François*, b 1 20 août 1726.—*Joseph*, b 1 10 août 1728.— *Claude*, b 1 22 mars 1732.—*Antoine*, b... m 1 26 janvier 1761, à Agathe Duclos.—*Joseph*, b 1 10 août 1728 ; m 12 janvier 1756, à Marguerite Cardinal, veuve de François Renaud, à Varennes.—*Charles*, b 1745 ; m 15 juillet 1771, à Marie-Joseph Houle, à Repentigny.—*Louis*, b... m à Marie-Geneviève Roy.

1724, (9 janvier) Sorel. 8
II.—BÉRARD (2), Pierre,   [Gabriel I.
b 1693 ; s avant 1767.
Joly (3), Catherine.   [Jean-Julien II.
François, b 8 21 déc. 1724 ; m 15 nov. 1756, à Madeleine Moreau, à l'Ile-Dupas. 4—*Marie-Catherine*, b 8 30 juin 1726. — *Michel*, b 1728 ; s 8 15 avril 1731. — *Marie-Louise*, b 8 26 février 1730 ; m 4 1er mai 1752, à Joseph-Marie Valois. — *Gabriel*, b 8 16 mai 1731. — *Jean-Baptiste*, b 3 9 nov. 1732. — *Joseph-Antoine*, b 3 15 oct. 1734. —*Marie-Charlotte*, b 3 12 février 1736 ; s 4 15 oct. 1754. — *Marie-Françoise*, b 3 27 août 1737 ; m 4 19 oct. 1767, à Claude Hunaut. — *Elisabeth-Cé-*

leste, b... m 4 13 février 1775, à Charles Vesina. —*Geneviève*, b 3 4 mars 1739 ; m 4 13 juin 1763, à Louis Latour.—*Marie-Anne*, b 3 28 juillet 1742.

BÉRARD, Jean.
Marie-Joseph, b 1733 ; s 24 nov. 1749, au Château-Richer.

1746.
III.—BÉRARD (1), Michel,   [François II.
b 1725.
Meunier, Françoise.
Michel, b... m 5 sept. 1768, à Cécile Burel, à Varennes.—*François*, b 18 juillet 1751, à Verchères. 1—*Marie-Françoise*, b 1 21 mai 1753.— *Joseph*, b 1 16 mai 1755.—*Marie-Marguerite*, b 1 15 juillet 1759.

III.—BÉRARD, Louis.   [François II.
Roy, Marie-Geneviève.
Louis, b 16 déc. 1752, à Verchères. 2—*François*, b 2 25 nov. 1755.—*Michel*, b 2 7 mars 1761.— *Charles*, b 27 juin 1770, à Repentigny. 3—*Catherine*, b... m 3 4 février 1788, à Pierre Desnoyers.

BÉRARD, Marie, b 1752 ; s 19 avril 1782, à l'Ile-Dupas.

1752, (30 oct.) Ile-Dupas.
III.—BÉRARD (1), Gabriel,   [Gabriel II.
b 1715.
DeRainville, Anne-Celeste (2).   [Rene III.
b 1725.

1753, (12 février) Ile-Dupas. 4
III.—BÉRARD, Pierre.   [Gabriel II.
b 1727.
1º Sylvestre, Geneviève,   [Nicolas II.
b 1731.
1754.
2º Jacques, Marie-Françoise.
Pierre, b 4 27 juin 1755 ; m 4 20 oct. 1777, à Thérèse Illy. — *Marie-Françoise*, b 4 26 avril 1757. — *Marie-Françoise*, b 4 7 mars 1760 ; m 4 26 février 1781, à Joseph Moreau.

1753, (15 oct.) Ile-Dupas.
III.—BÉRARD (3), Jean-Bte.   [Jean-Frs II
Chevalier, Elisabeth,   [Joseph III
b 1734.

1756, (12 janvier) Varennes.
III.—BÉRARD, Joseph.   [François II
b 1728.
Cardinal, Marguerite,   [Jean IV.
veuve de François Renaud.
Marguerite, b 3 mars 1759, à Verchères.

1756, (15 nov.) Ile-Dupas.
III.—BÉRARD (1), François,   [Pierre II.
b 1724.
Moreau, Marie-Madeleine,   [Antoine II
b 1736.

---

(1) Dit Varennes et Lépine.
(2) Dit Lépine.
(3) Dit Delbec.

(1) Dit Lépine.
(2) Elle épouse, le 28 janvier 1771, Louis Baudin.
(3) Dit Varennes.

1759, (8 janvier) Ile-Dupas.
III.—BÉRARD, MICHEL,   [JEAN-FRANÇOIS II.
  b 1731.
DeRAINVILLE, Marie-Anne,   [CHARLES III.
  b 1741

1761, (26 janvier) Sorel.
III.—BÉRARD (1), ANTOINE.   [FRANÇOIS II.
DUCLOS, Agathe,   [JEAN-BTE II.
  b 1746.

1768, (5 sept.) Varennes.
IV.—BÉRARD, MICHEL.   [MICHEL III.
BUREL, Cécile.   [JOSEPH II.

1771, (15 juillet) Repentigny.[5]
III.—BÉRARD, CHARLES.   [FRANÇOIS II.
HOULE, Marie-Joseph.   [THOMAS.
Charles, b [5] 7 avril 1772.

1777, (20 oct.) Ile-Dupas.[6]
IV.—BÉRARD (1), PIERRE,   [PIERRE III.
  b 1755.
ILLY, Thérèse.
Françoise, b[6] 30 juillet 1778.—*Marie-Charlotte*, b[6] 8 mai 1781.

BÉRARD, JEAN-BTE.
ROY, Angelique.
Marie, b... s[4] février 1782, à Repentigny.

BERCANTE.—Voy. BERGANTE.

BERCANT, LOUISE, épouse de Pierre POTVIN.

BERCAS.—Voy. BOURGEOIS.

BERCHE.—Voy. BARTZSCH.

BERCIER, LOUISE, b 1649; épouse de Michel FILION (2).

II.—BERCIER, JEAN,   [LOUIS I.
  b 1670; s 19 juin 1741, à l'Hôpital-Général, Q.

1708, (2 mai) Ste-Anne-de-la-Perade.
II.—BERCIER, PIERRE,   [LOUIS I.
  b 1679; s 20 mai 1729, à Batiscan.
ROY (3), Marie-Madeleine,   [JEAN I.
  b 1684.

1718, (13 sept.) Ste-Anne-de-la-Pérade.[4]
II.—BERCIER, JACQUES,   [LOUIS I.
  b 1663; s [4] 6 janvier 1738.
LEROUX (4), Marie-Louise,   [GILBERT I.
  b 1694.
Pierre, b 21 sept. 1719, à Batiscan[5]; m[4] 14 janvier 1741, à Marie-Joseph GENDRON.—*Joseph-Marie*, b[5] 13 sept. 1720; s[5] 21 février 1721.—

(1) Dit Lépine.
(2) Et Feuillon.
(3) Dit Lacerène.
(4) Dit L'Enseigne. Elle épouse, le 26 janvier 1739, Antoine Gendra, à Ste-Anne-de-la-Pérade.

Marie-Joseph, b[5] 27 janvier 1722; s[5] 27 mai 1723. — *Marie-Marguerite*, b [5] 12 nov. 1724; m [4] 12 juillet 1745, à François LAGRAVE. — *Marie-Joseph*, b[4] 26 mars 1729; m[4] 8 janvier 1753, à Louis VALLÉE; s[4] 17 juin 1760.—*Jean-Baptiste*, b[4] 2 nov. 1731; m[4] 24 janvier 1757, à Marie-Suzanne GENDRON. — *Joachim*, b[4] 24 juin 1734.—*Joseph*, b... m[4] 7 avril 1761, à Marie-Joseph GERVAIS.

1741, (14 janvier) Ste-Anne-de-la-Pérade.[4]
III.—BERCIER, PIERRE,   [JACQUES II.
  b 1719.
GENDRON, Marie-Joseph,   [ANTOINE II.
  b 1718.
Marie-Joseph, b[4] 7 nov. 1741.—*Marie-Marguerite*, b[4] 28 oct. 1743. — *Marie-Geneviève*, b[4] 17 février 1746; m[4] 6 février 1766, à Joseph LEBEUF.—*Pierre*, b 23 janvier 1747, à St-Jean-Deschaillons. — *Marie-Françoise*, b[4] 18 juillet 1750.—*Marie-Thérèse*, b[4] 18 déc. 1752. — *Elisabeth*, b[4] 16 déc. 1754.—*Marie-Rose*, b[4] 23 oct. 1757.—*Alexis*, b[4] 28 février 1761.—*François*, b[4] 7 février et s[4] 24 juin 1764.

1757, (24 janvier) Ste-Anne-de-la-Pérade.[4]
III.—BERCIER, JEAN-BTE,   [JACQUES II.
  b 1731.
GENDRON, Marie-Suzanne,   [MICHEL III.
  b 1738.
Jean-Baptiste, b[4] 22 oct. 1757.—*François*, b[4] 22 déc. 1759.—*Pierre*, b[4] 28 août 1761; s[4] 12 juillet 1762.—*Anonyme*, b[4] et s[4] 1er août 1763.—*Joseph*, b[4] 17 sept. 1765.—*Antoine*, b[4] 9 déc. 1767. — *Marie-Madeleine*, b[4] 10 juin 1770.—*Alexis*, b[4] 14 nov. 1772.—*Pierre*, b[4] 23 déc. 1780.

1761, (7 avril) Ste-Anne-de-la-Pérade.
III.—BERCIER, JOSEPH.   [JACQUES II.
GERVAIS, Marie-Joseph,   [JEAN-BTE I.
  b 1714; veuve d'Ambroise Brousson.

1713, (12 juin) Québec.[6]
I.—BERDIN (1), DENIS, maître-vitrier,
  b 1691; s[6] 13 mai 1755.
SAVARD, Marie-Anne,
  b 1692; s 12 janvier 1760, à Charlesbourg.
Joseph, b 1721; 1° m[6] 21 août 1747, à Louise-Geneviève ALARY; 2° m[6] 3 juin 1750, à Françoise BAUSANG; 3° m[6] 18 nov. 1760, à Louise BELLEFEUILLE; s[6] 11 juin 1763. — *Louise*, b[6] 11 avril 1725.—*Marie-Anne*, b[6] 15 juillet 1726; m[6] 24 avril 1741, à Jean-Baptiste SENÉCHAL. —*Jean-François*, b 1726; 1° m[6] 6 février 1747, à Marie-Charlotte LEPAGE; 2° m[6] 20 oct. 1749, à Marie-Anne DUMOUCHEL; s[6] 2 nov. 1757. — *Geneviève*, b[6] 24 sept. 1730. — *Alexandre*, b[6] 9 mai 1735; m[6] 10 janvier 1763, à Ursule BISSON. — *Louis-Jacques*, b[6] 12 et s[6] 30 mai 1737.—*Marguerite*, b... m[6] 8 oct. 1748, à Bernard DUMOUCHEL. — *Flavie*, b... m[6] 16 mai 1752, à Pierre BONNELLE.—*Marie-Anne* b... m[6] 16 mai 1752, à Antoine-Denis FAVET.—*Marie-Angélique*, b... m[6] 16 sept. 1755, à Jacques DIVERNY.

(1) Dit Lafontaine.

1747, (6 février) Québec.⁵
II.—BERDIN (1), Jean-Frs,   [Denis I.
  b 1726; s⁵ 2 nov. 1757.
1° Lepage, Marie-Charlotte,   [Jean II.
  b 1724; s⁵ 7 janvier 1748.
  Charlotte, b⁵ 14 déc. 1747; s⁵ 18 janvier 1748.
        1749, (20 oct.)⁵
2° Dumouchel, Marie-Anne (2),   [Bernard II.
  b 1729.
  Marie-Anne, b⁵ et s⁵ 21 sept. 1751.—*Marie-Anne*, b⁵ 16 déc. 1753; s⁵ 14 août 1754.—*Joseph*, b⁵ 21 juin et s⁵ 3 sept. 1755. — *André-François*, b⁵ 5 août 1756; s⁵ 16 mars 1757. — *Charles-François* (posthume), b⁵ 23 mars 1758.

1747, (21 août) Québec.⁴
II.—BERDIN, Joseph,   [Denis I.
  b 1721, s⁴ 11 juin 1763.
1° Alary, Louise-Geneviève,   [Joseph II.
  b 1727; s⁴ 22 déc. 1748.
  Geneviève, b⁴ 4 nov. 1748; s 5 déc. 1748, à Charlesbourg.⁵
        1750, (3 juin).⁴
2° Bausang, Marie-Frse-Catherine,   [Jacques I.
  b 1733, s⁵ 15 juin 1760.
  Marie-Jeanne, b⁴ 9 avril 1751; s⁴ 19 février 1756. — *Marie-Marguerite*, b⁴ 7 août et s⁴ 27 sept. 1754.— *Marie-Anne*, b⁴ 24 juillet 1756.— *Joseph*, b⁴ 25 mai et s⁴ 18 sept. 1758.—*Joseph*, b⁵ 9 juin et s⁵ 21 juillet 1760.
        1760, (18 nov.)⁴
3° Bellefeuille (3), Louise,   [Louis I.
  b 1737; veuve de François Edme (4).

1763, (10 janvier) Québec.¹
II.—BERDIN (1), Alexandre,   [Denis I.
  b 1735.
  Bisson, Ursule,   [Jacques I.
  b 1745.
  Marie-Ursule, b¹ 4 juin 1764; m à Joseph Albrèque; s 22 nov. 1858, à l'Hôpital-Général, Q.

BERFAU, Simon.—Voy. Brault.

I.—BEREY, Thomas,
1° Drouet, Nicole,   [Mathurin I.
  b 1676.
      1703, (26 avril) Québec.
2° Blanchon, Marie-Anne.   [Etienne I.
  François, b 1705; s 31 janvier 1750, à St-Antoine-de-Chambly.

II.—BEREY, François,   [Thomas I.
  b 1705; s 31 janvier 1750, à St-Antoine-de-Chambly.
  Marie, b... m 1759, à Jean-Baptiste Vassan.

BEREY, Marie, épouse de Jean-Baptiste Vassan.

(1) Dit Lafontaine.
(2) Elle épouse, le 15 oct. 1759, François Bellet, à Montréal.
(3) Dit Belfée.
(4) Dit Laviolette et Edme.

1758, (16 janvier), Montréal.
I.—BEREY, Charles, sergent, b 1731; fils de Charles et d'Anne Dauth, de St-Louis, Ile Notre-Dame, Paris.
Poirier, Thérèse,   [Joseph III.
  b 1734.

1763, (30 janvier) Boucherville.
I.—BERG, Jean, fils de Jacques et de Suzanne Barthe, de Curou, diocèse d'Agen, Guienne
Petit, Marguerite.   [Nicolas III.

BERGANTE (1), Dominique.
Poirier, Marie-Joseph.
  Charles, b 17 mars 1761, au Bout-de-l'Ile, M.¹—*Marie-Joseph*, b¹ 20 mars 1763.—*Joseph*, b¹ et s¹ 9 août 1765.—*Dominique*, b¹ 10 sept. 1767.

1733, Hôpital-Général, Q.¹
I.—BERGE, François, fils de Mathurin et de Françoise Servan, de St-Genest, Poitiers: s 16 janvier 1734, à St-Valier.²
Ratier (2), Agnès,   [Pierre I.
  b 1713
  Lin (posthume), b² 6 avril 1734; s¹ 12 août 1738.

BERGER.—Voy. Rougeau—Polet.

1706, (17 avril) Québec.
I.—BERGER, Jean, fils de Jean-Claude et d'Eleonore Montalan, de St-Didier, Lyon.
Rachel (3), Marie-Françoise.
  Marie-Françoise, b 21 nov. 1707, à Montreal², s² 5 février 1709.—*Anonyme*, b² et s² 20 nov. 1708.

I.—BERGER (4), Barnabé, b 1728; de St-Michel, ville de Verdun, diocèse de Toulouse, s 29 nov. 1771, à l'Hôpital-Général, M.

1756, (9 nov.) Québec.¹
I.—BERGER, Jean, fils de Guillaume et d'Anne de Hourqueig, d'Arudy, diocèse d'Oleron.
Beaufort (5), Angelique.   [Jacques I.
  Jean-Louis, b 1758; s⁴ 6 déc. 1759.

BERGER (6), Jean-Bte, b... s 10 août 1788, au Cap-de-la-Madeleine.

BERGERAC.—Voy. Bergeras—Andro, 1706.

BERGERON.—Voy. Jouiel — Joyelle — D'Amboise.

(1) Dit Berçante, en 1763.
(2) Dit Dubuisson, appelée Bisson, en 1738.
(3) Et Storer. Jeune anglaise.
(4) Dit Bernard.
(5) Dit Joneau.
(6) Noyé. Il était au service de Mr. Yves Chiquet.

1667, (3 nov.) Trois-Rivières.[2]
I.—BERGERON (1), FRANÇOIS.
LECLERC, Etiennette.
Marie-Claire, b 14 juin 1686, à Sorel; m [2] 5 nov. 1709, à Jean-Charles VACHER DIT LACERTE. —*Pierre,* b [2] 15 juillet 1691; m 28 avril 1716, à Madeleine GIGUÈRE, à St-François-du-Lac; 2° m 26 janvier 1761, à Jeanne FAUCHER, à Yamachiche. —*Marguerite,* b... m [2] 6 février 1708, à Jean-Baptiste FOUCAULT dit COURCHÈNE; s avant 1734. —*Charlotte,* b [2] 21 sept. 1696, m [2] 11 oct. 1723, à Maurice GÉLINAS.—*Marie-Françoise,* b [2] 17 août 1699.—*Jeanne,* b... m [2] 11 janvier 1701, à Nicolas VANASSE.

1674.
I.—BERGERON, ANDRÉ,
b 1643; s 21 février 1712, à St-Nicolas.[4]
DUMAY, Marguerite.   [JEAN I.
Jacques, b 1681; 1° m 2 avril 1704, à Agnès GRENON, à la Pte-aux-Trembles, Q [5]; 2° m [4] 6 février 1720, à Madeleine DUBOIS.—*Françoise,* b 30 juin 1682, à Québec[6]; m [4] 5 oct. 1700, à Etienne GRENIER, s [5] 30 nov. 1758.—*Marguerite,* b 18 janvier 1687, à Levis; m [4] 16 mai 1707, à François FRÉCHET; s [4] 18 juin 1734.—*Marie-Anne,* b 1691, s [4] 26 mars 1712.—*Eustache,* b [6] 11 mai 1693; s [4] 22 dec. 1708.—*Geneviève,* b [6] 1er juin 1695, m [4] 27 avril 1714, à Bernard VAILLANCOUR. —*Marie-Louise,* b... m [4] 20 nov. 1719, à Jean-François DUPONT.—*Nicolas,* b [4] 15 avril 1697; 1° m [1] 11 juin 1725, à Elisabeth FRÉCHET; 2° m [5] 14 nov. 1734, à Gertrude ROBIN.—*Joseph,* b [4] 28 juin 1699, 1° m 6 sept. 1722, à Marguerite DUSSAULT, à St-Antoine-Tilly; 2° m à Catherine BORDELEAU, s avant 1764.

1698, (14 avril) Pte-aux-Trembles, Q.[7]
II—BERGERON, ANDRÉ,   [ANDRÉ I.
b 1675; s avant 1740.
1° GRENON, Marie,   [PIERRE I.
b 1678; s 25 avril 1712, à St-Antoine-Tilly.[8]
Marie-Françoise, b 24 mars 1699, à St-Nicolas[9] —*André,* b [8] 6 janvier 1702, m [8] 13 janvier 1727, à Marie-Angélique DELINEL; s [8] 7 déc. 1730.— *Jean-Baptiste,* b [8] 28 avril 1704; m [8] 22 nov. 1728, à Angelique CROTEAU.—*Pierre,* b [9] 29 sept. 1706, m 6 nov. 1730, à Marie-Madeleine PAULET, à St-Pierre, I. O. [1]—*Claude-Marie,* b [8] 15 oct. 1708. —*Joseph,* b [8] 24 août 1710; 1° m [8] 27 août 1732, à Marie CROTEAU, 2° m [1] 25 nov. 1749, à Marie-Geneviève BUSSIÈRE.
1713, (10 août).[7]
2° DANOS (2), Marie-Charlotte,
b 1696; s [8] 25 oct. 1717.
Marie-Charlotte, b [8] et s [8] 1er nov. 1714.— *Pierre-Charles,* b [8] 19 janvier 1716; m [8] 6 février 1741, à Marie-Françoise LAMBERT. — *Charlotte-Angélique,* b [8] 19 et s [8] 30 oct. 1717.
1719, (22 août).[8]
3° DUGUAY (3), Geneviève,   [PIERRE II.
b 1697; s [8] 26 avril 1731.
Antoine, b [8] 26 juillet 1720, m [7] 4 nov. 1743, à

(1) Voy. vol. I, p. 43.
(2) Dit Villefagnan.
(3) Dit Lafranchise.

Marie-Joseph HARDY.—*Angélique,* b 1721; m [8] 11 août 1740, à Pierre CROTEAU.—*Thérèse,* b... m [8] 14 juin 1746, à Joseph CROTEAU.—*Marie-Geneviève,* b [8] 18 février 1723.—*Simon,* b [8] 16 nov. 1724; m 27 oct. 1753, à Catherine LEBEAU, au Detroit.—*Pierre-Noël,* b [8] 4 juillet 1726; m 20 février 1754, à Helène GARIÉPY, à Lachenaye.— —*Geneviève-Jeanne,* b [8] 2 avril 1728.—*Marie-Thérèse,* b [8] 2 mai 1730; m [9] 26 janvier 1750, à Nicolas DUBOIS.
1733, (16 février).[8]
4° ROBERGE, Charlotte (1),   [JEAN II.
b 1712.
Marie-Charlotte, b [8] 7 et s [8] 21 février 1734.— *Marguerite,* b [8] 7 et s [8] 24 février 1734.

1698, (19 nov.) Québec.[1]
I.—BERGERON, DOMINIQUE,
b 1666; s [1] 9 mai 1710.
1° MILLOT, Marie-Anne,   [JEAN I.
b 1674; veuve de François Poisset, s [1] 24 déc. 1702.
Anne, b [1] 4 avril 1700; m 22 nov. 1719, à Jean-François LANDRON, à Montreal. — *Joseph-Dominique,* b [1] 29 juillet 1701, s 28 mai 1719, à la Pte-aux-Trembles, M.—*Martin,* b [1] 2 sept. 1702.
1704, (7 janvier).[1]
2° DENIS, Catherine-Louise (2),   [PAUL II.
b 1679.

1699, (9 nov.) Pte-aux-Trembles, Q.[5]
II.—BERGERON, JEAN,   [ANDRÉ I.
b 1676; s 11 janvier 1753, à St-Antoine-Tilly.[4]
1° GRENON, Marguerite,   [PIERRE I.
b 1681; s 2 juin 1709, à St-Nicolas.
Jean, b [5] 7 mai 1702; 1° m [4] 10 janvier 1724, à Marie-Charlotte HOUDE; 2° m 1743, à Anne CHORET, 3° m [4] 25 janvier 1761, à Catherine CROTEAU, 4° m [4] 4 février 1765, à Marguerite HOGUE.—*Louise,* b... 1° m [4] 2 mai 1729, à François DUSSAULT, 2° m [4] 3 février 1743, à Jean-Baptiste COCHON.— *Marie-Angélique,* b [4] 11 nov. 1708; m [4] 15 janvier 1731, à François HOUDE; s [4] 1er nov. 1754.—*François,* b... m [4] 25 janvier 1761, à Catherine CHENAY. — *Charles-François,* b... m 1748, à Marie-Louise HUOT.
1711, (27 juillet) St-Pierre, I. O.
2° FRELAN (3), Marie-Madeleine,   [FRANÇOIS I.
b 1687; veuve de Mathieu Blouard; s [4] 24 sept. 1717.
Jean-Baptiste, b [4] 11 mai 1712; 1° m [4] 30 nov. 1736, à Catherine JÉRÉMIE; 2° m [4] 16 août 1752, à Thérèse GRENIER. — *Jacques,* b [5] 26 juin 1714, m [4] 11 janvier 1740, à Marie-Louise LAMBERT.— *Pierre,* b [4] 1er mars 1716; s [4] 1er mai 1734.— *Charlotte,* b... 1° m [4] 16 août 1735, à Pierre-Charles GINGRAS; 2° m [4] 5 sept. 1763, à Gabriel ROGER.
1719, (18 mai) Lévis.
3° BOURASSA, Madeleine,   [JEAN I.
b 1672, veuve de Dussaut, s [4] 10 mars 1742.

(1) Elle épouse, le 2 nov. 1734, Pierre Magnan, à St-Antoine-Tilly.
(2) Elle épouse, le 1er janvier 1719, Guillaume Gaillard, à Québec.
(3) Et Ferland.

1704, (2 avril) Pte-aux-Trembles, Q. ⁵

II.—BERGERON, JACQUES,   [ANDRÉ I.
b 1681.
1° GRENON (1), Marie-Agnès,   [PIERRE I.
b 1684; s 24 mai 1719, à St-Nicolas. ²
Claude, b... m ⁵ 19 nov. 1736, à Therèse ROIGNON.—*Jacques*, b ¹ 26 avril et s 20 mai 1705, à St-Antoine-Tilly. ²—*Marie-Anne*, b ⁹ 13 mai 1706; m ¹ 2 juillet 1725, à Jean-Baptiste DUMAS; s 28 avril 1773, à Nicolet.— *Louise-Catherine*, b ¹ 1ᵉʳ mars 1708; m 20 août 1726, à Michel DESAUTELS, à Sorel. ³—*Jacques*, b ¹ 11 avril 1710. —*Agnès*, b ² 7 février 1712 ; s ¹ 6 février 1713.— *Marie*, b ¹ 29 mars 1714.—*Pierre*, b ¹ 6 mai 1716 ; m ³ 23 nov. 1744, à Angelique JODOIN. —*Jean-Baptiste*, b ¹ 25 mars 1718.

1720, (6 fevrier). ¹
2° DUBOIS, Madeleine,   [JEAN I.
b 1695; s ³ 6 avril 1756.
Marguerite, b ¹ 9 fevrier 1721 ; m 19 mai 1738, à Claude LAURENCE, à Lavaltrie—*Joseph*, b ¹ 12 sept. 1722.—*Michel*, b ¹ 27 nov. 1724 ; m ⁵ 5 juin 1764, à Marie-Joseph MASSON.—*Marie-Geneviève*, b 29 oct. 1726, à St-Ours.—*Pierre*, b ³ 25 avril 1740 ; m ⁵ 14 nov. 1768, à Marie-Joseph DUTAUT. —*Jean-Baptiste*, b... s ² 7 déc. 1740. — *Amable*, b ⁵ 4 sept. 1741.—*Marie-Joseph*, b... m ³ 4 juillet 1757, à Pierre PELLETIER.

1716, (28 avril) St-François-du-Lac.

II.—BERGERON, PIERRE,   [FRANÇOIS I.
b 1691.
1° GIGUÈRE, Madeleine,   [MARTIN II.
b 1696.
Pierre, b... 1° m à Madeleine PROU, 2° m 24 nov. 1755, à Marie-Geneviève GÉLINAS, à Yamachiche. ¹

1761, (26 janvier) ¹
2° FAUCHER, Jeanne.

1722, (6 sept.) St-Antoine-Tilly. ⁵

II.—BERGERON, JOSEPH,   [ANDRÉ I.
b 1699; s avant 1764.
1° DUSSAULT, Marguerite,   [JEAN II.
b 1699.
Marie-Madeleine, b 8 déc. 1723, à St-Nicolas ⁴, m ⁴ 15 janvier 1742, à François GAGNON.—*Jean-Joseph*, b ⁵ 16 janvier 1726 ; m ⁴ 4 sept. 1752, à Marguerite GAGNON. — *Marie-Angélique*, b ⁴ 3 janvier 1728 ; s ⁴ 2 mai 1744. — *Antoine*, b ⁵ 3 sept. 1729, m 18 juin 1759, à Françoise PRÉVOST, à Québec. ⁸—*Jean-Baptiste*, b ⁴ 4 août 1731 ; m 20 fevrier 1764, à Marie-Louise ROY, à Lachine. —*Laurent*, b ⁴ 18 juin 1733 ; s ³ 9 février 1758.— *Marie-Louise*, b ⁴ 15 janvier 1735 ; m ³ 25 fevrier 1754, à Pierre PRÉVOST, s ³ 12 fevrier 1762.— *Marguerite*, b ¹ 17 juillet 1736 ; m ³ 30 janvier 1764, à Jean-Baptiste ROY.—*Charles-Michel*, b ⁴ 1ᵉʳ nov. 1738; m ⁴ 25 nov. 1760, à Marie DEMERS. —*Jean-Marie*, b ⁴ 9 sept. 1740 ; s ⁴ 29 fevrier 1741.

2° BORDELEAU, Catherine,   [ANTOINE II.
b 1690 ; veuve de Rene Rousseau.

1724, (10 janvier) St-Antoine-Tilly. ¹

III.—BERGERON, JEAN-BTE.   [JEAN II.
1° HOUDE, Marie-Charlotte.   [JACQUES II.
Marie-Charlotte, b ¹ 14 nov. 1724 ; m ¹ 30 janvier 1747, à DEHORNAY.—*Marie-Joseph*, b ¹ 6 oct. 1726 ; m ¹ 1ᵉʳ mars 1756, à Jacques COTÉ.— *Jean-Baptiste*, b ¹ 6 mai 1728 ; m 19 avril 1751, à Angelique GRENIER, à Ste-Croix. ²—*Marie-Françoise*, b ¹ 1ᵉʳ et s ¹ 3 oct. 1730.—*Joseph-Jacques*, b ¹ 8 sept. 1731.—*Marie-Angélique*, b ¹ 3 avril et s ¹ 3 août 1735.—*Charles*, b ¹ 21 février 1737 ; m ¹ 13 nov. 1758, à Marie HOUDE.—*Marie-Louise*, b ¹ 21 janvier 1739; m ¹ 7 janvier 1766, à Jacques HOUDE.—*Louis*, b ¹ 29 et s ¹ 31 janvier 1741.— *Jean-François*, b ¹ 31 janvier et s ¹ 9 février 1742. —*Marie-Angélique*, b... m ¹ 23 juillet 1752, à Alexis HAMEL.

1743.
2° CHORET, Anne,   [PIERRE III
b 1713 ; s ¹ 9 avril 1760.
Jean-François, b ¹ 22 février et s ¹ 13 mai 1744. —*Gaspard*, b ¹ 11 juin et s ³ 30 oct. 1745.—*Jean-François*, b ³ 8 nov. 1746.—*Marie-Françoise*, b ¹ 10 janvier 1748.— *Marie-Anne*, b ¹ 22 mars et s ¹ 15 juin 1749. — *Marie-Angélique*, b ¹ 6 juillet 1750.—*Jean-Joseph*, b ¹ 30 sept. 1751.—*Louis*, b¹ 22 février 1753 ; s ¹ 14 oct. 1755. — *Antoine*, b¹ 23 mars 1754, s ¹ 28 février 1755. — *Marie-Marguerite*, b ¹ 15 nov. 1755 ; m ¹ 12 juin 1775, à François COTÉ.— *Alexis*, b ¹ 8 mai 1757.—*Marie-Louise*, b ¹ 18 oct. 1758 ; s ¹ 19 mai 1759.

1761, (25 janvier). ¹
3° CROTEAU, Catherine,   [NICOLAS II.
veuve de Pierre Baudry.

1765, (4 février). ¹
4° HOGUE, Marguerite,   [JEAN-BTE II.
veuve de Jean Seeve.

1725, (11 juin) St-Nicolas. ⁸

II.—BERGERON, NICOLAS,   [ANDRÉ I.
b 1697.
1° FRÉCHET, Elisabeth,   [FRANÇOIS I.
s ³ 2 mars 1734.
Nicolas, b ³ 20 mars 1726.—*Nicolas*, b ³ 28 mai 1727.—*François*, b 1729 ; m 11 avril 1758, à Marie-Françoise EMOND, à la Rivière-Ouelle¹, s⁴ 24 fevrier 1760.—*Etienne*, b ³ 27 mai 1730 , m 1760, à Angelique HAMEL.—*Simon*, b ³ 4 fevrier 1732; m ³ 7 nov. 1757, à Marie-Angélique BOUCHER ; s ³ 3 nov. 1762.—*Marie-Elisabeth*, b¹ 1ᵉʳ mars 1734, m 25 juillet 1763, à Joseph DUMAS, à Québec. ⁵—*Marie-Charlotte*, b ¹ 1ᵉʳ mars 1734, s ³ 30 avril 1754.

1734, (14 nov.) ⁵
2° ROBIN, Gertrude,   [PIERRE I.
veuve de Pierre Chatel.
Angélique-Gertrude, b 14 mai 1737.

1727, (13 janvier) St-Antoine-Tilly. ⁶

III.—BERGERON, ANDRÉ,   [ANDRÉ II.
b 1702; s ⁶ 7 déc. 1730.
1° DELINEL (1), Marie-Angélique,   [PIERRE II
s ⁶ 19 février 1729.

---

(1) Lt Guenon.

(1) Et Clinel.

André, b ⁶ 28 déc. 1727; m 22 nov. 1753, à Marie-Louise DESGAGNÉ, à l'Ile-aux-Coudres.—*Marie-Angélique*, b ⁶ 8 déc. 1728 ; m 21 août 1752, à Jean FALARDEAU, à Charlesbourg.

1728, (22 nov.) St-Antoine-Tilly. ⁷
III.—BERGERON, JEAN-BTE,   [ANDRÉ II.
  b 1704.
CROTEAU, Angélique,   [LOUIS II.
  s ⁷ 14 janvier 1763.
Marie-Louise, b ⁷ 3 sept. 1729, s ⁷ 26 sept. 1756.—*Jean-Baptiste*, b ⁷ 28 oct. 1730.—*Marie-Angélique*, b ⁷ 10 août 1732 ; s ⁷ 4 sept. 1756.—*Jean-Baptiste*, b ⁷ 5 juillet 1734 ; s ⁷ 8 sept. 1756. —*Marie-Anne*, b ⁷ 1735 ; s ⁷ 14 oct. 1756.—*Louis*, b ⁷ 25 mars 1736.—*François*, b ⁷ 15 avril 1738. —*Joseph-Marie*, b ⁷ 24 mai 1741 ; m ⁷ 3 février 1766, à Marie-Marthe COTÉ.—*Antoine*, b ⁷ 29 déc. 1743 ; s ⁷ 17 juillet 1744.—*Augustin*, b ⁷ 25 juillet 1745 ; s ⁷ 26 nov. 1756.—*Isidore*, b ⁷ 19 février 1749 ; s ⁷ 4 nov. 1752.—*Marie-Joseph*, b ⁷ 10 déc. 1750 ; m ⁷ 27 février 1775, à Joseph HOUDE.

1730, (6 nov.) St-Pierre, I. O.
III.—BERGERON, PIERRE,   [ANDRÉ II
  b 1706.
1° PAULET, Marie-Madeleine,   [ANTOINE II.
  b 1706 ; s 12 déc. 1749, à St-Antoine-Tilly. ⁸
Pierre, b ⁸ 7 et s ⁸ 12 oct 1731.—*Marie-Madeleine*, b ⁸ 4 et s ⁸ 19 mai 1733.—*Pierre*, b ⁸ 5 sept. 1734, 1° m ⁸ 2 oct. 1752, à Marie-Angélique HOUDE ; 2° m 15 oct. 1760, à Thérèse DESFOSSÉS, à la Baie-du-Febvre.—*Marie-Joseph*, b ⁸ 21 déc. 1736, s ⁸ 5 février 1737.—*Etienne-Joseph*, b ⁸ 2 et s ⁸ 14 déc. 1737.—*Marie-Madeleine*, b... m ⁸ 6 juin 1763, à Jean-Baptiste COTÉ.—*Antoine*, b ⁸ 10 juin 1740.—*Marie-Angélique*, b ⁸ 16 janvier 1742.—*Alexis*, b ⁸ 17 juillet 1743.—*Joseph*, b ⁸ 13 juillet et s ⁸ 22 sept. 1746.—*Véronique*, b ⁸ 2 sept. et s ⁸ 29 oct. 1747.—*Charles-François*, b ⁸ 28 juillet 1749 ; m 26 oct. 1778, à Marguerite BARABÉ, à St-Jean-Deschaillons.
         1765, (19 août). ⁸
2° POULIOT, Madeleine,   [ANDRÉ II.
  b 1714.

1732, (27 août) St-Antoine-Tilly. ⁹
III.—BERGERON, JOSEPH,   [ANDRÉ II.
  b 1710.
1° CROTEAU, Marie,   [LOUIS II.
  b 1709 ; s ⁹ 15 mars 1749.
Joseph, b ⁹ 19 juillet 1733 ; m ⁹ 12 février 1759, à Madeleine HOUDE.—*Jean-Baptiste*, b ⁹ 24 et s ⁹ 25 nov. 1734.—*Antoine*, b ⁹ 22 déc. 1735.— *Jacques*, b ⁹ 21 août 1737 ; 1° m 1761, à Marie HOUDE ; 2° m ⁹ 13 février 1764, à Marie-Françoise RONDEAU.—*Marie-Louise*, b ⁹ 19 mai 1739 ; m ⁹ 10 janvier 1763, à François HOUDE.—*Marie-Joseph*, b ⁹ 19 mars 1741 ; m ⁹ 16 août 1767, à Joseph-Marie CHANTAL.—*Jean*, b ⁹ 6 et s ⁹ 7 sept. 1743.—*Jean-Baptiste*, b ⁹ 9 oct. 1744 ; s ⁹ 17 déc. 1749.—*Pierre*, b ⁹ 2 déc. 1746 ; s ⁹ 24 mars 1747. —*Marie-Joseph*, b ⁹ 21 et s ⁹ 22 juin 1748.—*Deux anonymes*, b ⁹ et s ⁹ 2 février 1749.

         1749, (25 nov.) à St-Pierre, I. O.
2° BUSSIÈRE, Geneviève.   [JEAN III.
Marie-Geneviève, b ⁹ 29 oct. 1750.—*Angélique*, b ⁹ 8 juillet 1752 ; s ⁹ 12 juillet 1754.—*Pierre*, b ⁹ 17 avril 1754.—*Marie-Brigitte*, b ⁹ 14 mars 1757.—*Anonyme*, b ⁹ et s ⁹ 6 janvier 1759.—*Marie-Louise*, b ⁹ 18 mars 1762.

1733, (11 août) Lévis.
III.—BERGERON, CHARLES.   [JEAN II.
HUARD, Marie-Louise,   [JEAN II.
  b 1710.
Joseph, b 1743 ; m à Cécile TURGEON ; s 27 janvier 1823, à Beaumont.—*Marie-Joseph*, b... m 22 février 1751, à Jean-Baptiste CHORET, à Ste-Croix. ⁶—*Jean-Charles*, b... m ⁶ 17 janvier 1757, à Marie-Joseph HOUDE.— *François-de-Sales*, b ⁶ 23 mars 1751.—*Pierre-Antoine*, b ⁶ 23 sept 1752. —*Marie-Françoise*, b... m ⁶ 30 janvier 1758, à Charles HOUDE.

1736, (19 nov.) Pte-aux-Trembles, Q.
III.—BERGERON, CLAUDE. [JACQUES-ANDRÉ II.
ROIGNON, Marie-Thérèse,   [DENIS II.
  b 1709.
Marie-Augustin, b 8 sept. 1737, à St-Antoine-Tilly ⁴ ; m ⁴ 6 février 1758, à Antoine BOUCHER.— *Jacques*, b ⁴ 28 mai 1739 ; s ⁴ 25 mars 1749.— *Marie-Thérèse*, b ⁴ 29 mai 1741, m ⁴ 23 février 1767, à Joseph-François CROTEAU. — *Joseph-Claude*, b ⁴ 5 avril 1744, m ⁴ 9 février 1767, à Marie-Charlotte CROTEAU.—*Marie-Angélique*, b ⁴ 19 mai 1746.—*Marie-Anne*, b ⁴ 19 février 1748.— *Marie-Joseph*, b ⁴ 22 mai 1751.

1736, (30 nov.) St-Antoine Tilly. ⁴
III —BERGERON, JEAN-BTE,   [JEAN II.
  b 1712.
1° JÉRÉMIE (1), Catherine,   [JOSEPH II.
  b 1715 ; s ⁴ 25 avril 1749.
Marie-Catherine, b ⁴ 30 sept. 1737 ; m ⁴ 26 février 1759, à François DION.—*Françoise*, b 1738, m 13 février 1761, à Jean-Baptiste RIVARD, à Batiscan ⁵ ; s ⁵ 16 mai 1765.—*Marie-Françoise*, b ⁴ et s ⁴ 7 février 1739 —*Jean-Baptiste*, b ⁴ 24 février 1740.—*Antoine*, b ⁴ 28 oct. et s ⁴ 14 déc. 1741.— *Marie-Charlotte*, b ⁴ 27 août 1742 ; m ⁵ 27 oct.1765,à Joseph RIVARD.— *Thomas*, b ⁴ 28 nov. 1743 —*Jean-Joseph*, b ⁴ 6 mars 1745 ; m ⁵ 9 oct. 1775, à Marguerite RIVARD.—*Charles*, b ⁴ 19 février 1746 — *Etienne*, b ⁴ 12 mars et s ⁴ 14 avril 1747.—*Marie-Geneviève*, b ⁴ 18 avril 1748 ; m ⁴ 1er août 1774, à Remi LAMBERT. — *Jacques*, b ⁴ 11 et s ⁴ 24 avril 1749.

         1752, (16 août). ⁴
2° GRENIER, Thérèse.   [ETIENNE II.
Marie-Angélique, b ⁴ 27 oct. 1752.—*Pierre*, b ⁴ 17 mai 1753. — *Jean-Charles*, b ⁴ 8 mai et s ⁴ 7 août 1754. — *Jacques*, b ⁴ 18 mars et s ⁴ 15 nov. 1755.—*Philippe*, b ⁴ 18 oct. 1756.—*Marie-Geneviève*, b ⁴ 30 mars 1758.—*Marie-Thérèse*, b 1759 ; s ⁴ 11 février 1760.

(1) Dit Douville.

1737, (4 mars) Montréal.[1]
I.—BERGERON, François, caporal, b 1711; fils de Jean et de Catherine Roux, de St-Nicolas de Sivray, diocèse de Poitiers; s [1] 6 nov. 1744.
    Collet, Marie-Joseph,   [Claude I.
    b 1718.
    François, b 1737; s 5 déc. 1754, à l'Ile-Dupas —*Marie-Joseph*, b [1] 3 sept. 1738; m 31 mars 1761, à Louis Ethier, à Sorel.

1740, (11 janvier) St-Antoine-Tilly.[5]
III.—BERGERON, Jacques,   [Jean-Bte II.
    b 1714.
    Lambert, Marie-Louise.   [Pierre II
    b 1715.
    Jacques, b [5] 26 oct. 1740, m [5] 14 oct. 1766, à Marie-Charlotte Houde. — *Jean-Baptiste*, b [5] 17 mars 1743; m [5] 18 février 1765, à Marie-Louise Dubois. — *Marie-Louise*, b [5] 19 juillet et s [5] 26 août 1744. — *Anonyme*, b [5] et s [5] 7 déc. 1745.— *François*, b [5] 18 oct. 1747; s [5] 6 oct. 1748.— *Philippe*, b [5] 26 juin 1753.

1741, (6 février) St-Antoine-Tilly.[5]
III.—BERGERON, Pierre-Chs,   [André II.
    b 1716, s avant 1774
    Lambert, Marie-Françoise,   [Jean-Bte II.
    b 1722
    Pierre-Charles, b [5] 25 février 1742.—*Amable*, b [5] 26 août 1743.—*Marie-Françoise*, b [5] 15 sept 1745.—*François*, b [5] 14 avril 1749; m [5] 16 août 1774, à Geneviève Fortier.— *Joseph*, b [5] 10 oct 1751.—*Marie-Anne*, b [5] 19 juillet 1753 —*François*, b [5] 1er avril 1755.—*Augustin*, b [5] 25 juillet 1757 —*Pierre-Noel*, b [5] 28 février 1760; s [5] 28 juillet 1765.—*Antoine*, b [5] 28 oct. 1763.

1743, (4 nov.) Pte-aux-Trembles, Q.
III.—BERGERON, Antoine,   [André II.
    b 1720.
    Hardy, Marie-Joseph,   [Jean-Bte II
    b 1720.
    Jean-François, b 11 janvier et s 5 février 1745, à St-Antoine-Tilly.[5]—*Antoine*, b [5] 7 février et s [5] 9 juillet 1746.—*Marie-Joseph*, b [5] 25 et s [5] 31 mars 1748.—*Marie-Joseph*, b [5] 23 avril et s [5] 13 mai 1749.—*Marie-Louise*, b [5] 27 sept. et s [5] 15 nov. 1750.

1744, (23 nov.) Sorel.[6]
III.—BERGERON, Pierre,   [Jacques II.
    b 1716.
    Jodoin, Angélique.   [Claude II
    Pierre, b 1747; s [6] 24 juin 1748.—*Marie-Angélique*, b [6] 16 juillet 1749 — *Antoine*, b [6] 30 oct 1752.—*Joseph-Marie*, b [6] 27 août et s [6] 13 sept 1758.

I.—BERGERON, Michel,
    s avant 1768.
    Gautier, Marie-Anne.
    Marie, b... m 11 janvier 1768, à Jeremie Hudon, à la Rivière-Ouelle.

1748.
III.—BERGERON, Charles-Frs.   [Jean II.
    Huot, Marie-Louise.   [Nicolas II.
    Marie-Geneviève, b 3 mai 1749.

1749, (19 mai) Montréal.[3]
I.—BERGERON (1), Jacques, b 1716; fils d'Aaron et de Suzanne Robillard, de St-Sebastien, diocèse de Xaintes.
    Renaud, Marguerite,   [Jean-Bte II
    b 1731.
    Marie-Louise, b [8] 16 mai 1750.

I.—BERGERON, Michel, de Ste-Anne de la Rivière-St-Jean, Acadie.
    Hébert, Marie-Jeanne.
    Madeleine, b... m 14 janvier 1772, à Ambroise Gaudin, à l'Ile-Verte.

I.—BERGERON, Joseph.
    Melançon, Marie-Rose,
    s avant 1771.
    Elisabeth, b 1752; m 2 sept. 1771, à Antoine Boucher, à Kamouraska [6]; s [6] 13 février 1774.

1751, (19 avril) Ste-Croix.
IV.—BERGERON, Jean-Bte,   [Jean-Bte III
    b 1728.
    Grenier (2), Marie-Angelique,   [Joseph III.
    b 1727, s 15 oct. 1767, à St-Antoine-Tilly [8]
    Marie-Joseph, b [8] 25 juin et s [8] 15 août 1755—*Jean-François*, b [8] 28 sept. 1757; s [8] 30 juillet 1758 —*Jean-Baptiste*, b [8] 6 et s [8] 16 avril 1759.— *Marie-Charlotte*, b [8] 16 sept. 1760.— *Joseph*, b [8] 26 août 1762.—*Euphrosine*, b [8] 10 avril et s [8] 12 août 1764.—*Marie-Françoise*, b [8] 11 nov. 1765.

1752, (4 sept.) St-Nicolas.[9]
III.—BERGERON, Joseph,   [Joseph II.
    b 1726.
    Gagnon, Marguerite,   [François III.
    veuve de Michel Demers.

1752, (2 oct.) St-Antoine-Tilly.[1]
IV.—BERGERON, Pierre.   [Pierre III
    b 1734
    1° Houde, Marie-Angélique,   [Jean-Bte III
    b 1735; s [1] 5 avril 1758.
    Pierre, b [1] 25 juillet et s [1] 1er sept. 1753 — *Pierre*, b [1] 26 nov. 1754.— *Marie-Angélique*, b [1] 27 sept. 1757; s [1] 5 avril 1758.
    1760, (15 oct.) Baie-du-Febvre.[2]
    2° Desfossés, (3) Thérèse,   [Claude III
    veuve de Michel Precour.
    Joseph, b [2] 3 juin 1762. — *Joseph*, b [2] 22 mai 1764.—*Thérèse*, b [2] 13 juillet 1766.—*Marie-Françoise*, b [2] 12 avril 1768.—*Marie-Antoinette*, b [2] 6 et s [2] 26 sept. 1769.—*Marie-Anne*, b [2] 18 nov. 1770.—*Gabriel*, b [2] 8 et s [2] 13 déc. 1772.

(1) Dit Larose, soldat de la compagnie Lacorne.
(2) Dit Grenon, en 1762.
(3) Laspron dit.

III.—BERGERON, Pierre, [Pierre II.
s avant 1763.
1° Prou, Madeleine, [Jean-Bte I.
s avant 1755 ; veuve d'Augustin Harbour.
Antoine, b..., m 7 nov. 1763, à Marie-Joseph Précour, à la Baie-du-Febvre.
1755, (24 nov.) Yamachiche.
2° Gélinas, Marie-Geneviève, [Pierre IV.
b 1734.

1753, (22 nov.) Ile-aux-Coudres.³
IV.—BERGERON, André, [André III.
b 1727.
Desgagné, Marie-Louise, [Joseph II.
b 1733.
Joseph-Louis-Marie, b³ 30 nov. 1754.—*André*, b³ 19 nov. 1756.—*Etienne-Isidore*, b³ 4 avril 1759.—*Alexis*, b³ 15 avril 1765.—*André-Nicolas*, b³ 23 mars 1769.—*Marie-Anne*, b³ 20 avril 1771.—*Jean-Baptiste*, b³ 7 mai 1773.—*Marie-Françoise*, b³ 4 août 1776.

1753.
BERGERON, Joseph.
Gazaille, Angélique. [Jean II.
Angélique, b 16 fevrier 1754, à Sorel.⁴—*Joseph*, b⁴ 22 oct. 1755.—*Louis*, b⁴ 31 oct. 1757.

1754, (20 février) Lachenaye.
III—BERGERON, Noel, [André II.
b 1726.
Gariépy, Hélène, [Pierre II.
b 1730.

1757, (17 janvier) Ste-Croix.
IV.—BERGERON, Jean-Charles. [Charles III.
Houde, Marie-Joseph. [Joseph III.

1757, (7 nov.) St-Nicolas.⁵
III.—BERGERON, Simon, [Nicolas II.
b 1732; s⁵ 3 nov. 1762.
Boucher, Marie-Angélique, [Louis-Chs V.
s⁵ 1ᵉʳ sept. 1758.
Marie-Angélique, b⁵ 27 août et s⁵ 13 sept. 1758.

1758, (11 avril) Rivière-Ouelle.⁶
III.—BERGERON, François, [Nicolas II.
b 1729; s⁶ 24 fevrier 1760.
Emond, Marie-Frse (1), [Pierre-Auguste II.
veuve de Louis Béchard.

1758, (13 nov.) Ste-Croix.
IV.—BERGERON, Charles, [Jean-Bte III.
b 1737.
Houde, Marie-Angélique. [Claude III.
Charles, b 16 oct. 1759, à St-Antoine-Tilly⁷; s⁷ 26 juillet 1765.—*Jean-Baptiste*, b⁷ 26 février 1761—*Joseph-Marie*, b⁷ 5 mai 1762; s⁷ 26 juillet 1765.—*Louis-François*, b 1763, s⁷ 8 mars 1764.—*Louis-Alexandre*, b⁷ 11 août 1766, s⁷ 11 janvier 1768.—*Michel*, b⁷ 22 janvier 1768.

⁽¹⁾ Elle épouse, le 8 juin 1711, Joseph Pilote, à la Rivière-Ouelle.

1759, (12 février) St-Antoine-Tilly.⁸
IV.—BERGERON, Joseph (1), [Joseph III.
b 1733.
Houde, Madeleine, [Charles III.
s⁸ sept. 1759.

1759, (18 juin) Québec.⁹
III.—BERGERON, Antoine, [Joseph II.
b 1729.
Prévost, Françoise, [Guillaume III.
b 1737.
Antoine, b⁹ 10 mars 1759.

1760, (25 nov.) St-Nicolas.²
III.—BERGERON, Chs-Michel, [Joseph II.
b 1738.
Demers, Marie. [Michel III.
Marie-Apolline, b² 26 sept. 1761; s² 2 mars 1762.

1760.
III.—BERGERON, Etienne, [Nicolas II.
b 1730.
Hamel, Angélique. [Jean-Bte IV.
Marie-Louise, b 5 et s 23 nov 1764, à St-Antoine-Tilly.¹—*Judith*, b¹ 5 oct. 1765.—*Etienne*, b¹ 26 février 1767.

I.—BERGERON, Pierre, Acadien.
Bourque, Marguerite.
Marie-Judith, b 9 août 1764, à Berthier.⁵—*Marguerite*, b 1760, s⁵ 11 août 1764.

I.—BERGERON, Michel.
Bourc, Madeleine.
Madeleine, b 1745; m 15 janvier 1787, à Jean-Baptiste Poirier, à Nicolet⁷, s⁷ 10 mai 1793.—*Marie-Rose*, nee 11 mars et b 5 août 1764, à Kamouraska⁶; m à Simon Dubé; s 20 janvier 1854, à Rimouski —*Marie-Madeleine*, nee⁶ 12 sept. 1762, b⁶ 26 août 1764.—*Marie-Rose*, b... m⁷ 15 janvier 1787, à Pierre Poirier. — *François*, b... m⁷ 5 oct. 1789, à Marie-Joseph Blanchard. — *Marguerite*, b... m⁷ 6 août 1792, à Joseph Poirier.—*Marie-Louise*, b... m⁷ 10 oct. 1796, à Antoine Désilets.—*Michel*, b... m⁷ 16 janvier 1797, à Marguerite Hébert.—*Théotiste*, b... m⁷ 16 janvier 1797, à Daniel McDonell.

I.—BERGERON, Simon.
Sindon (2), Marie.
André, nee 24 avril 1763 et b 5 août 1764, à Kamouraska.¹—*Simon*, b¹ 13 oct. 1764; m 10 juin 1793, à Marie-Rose Hébert, à Nicolet.

I.—BERGERON (3), Joseph.
1° Sindon, Angélique.
s avant 1770.
Joseph, né 23 août 1762; b 5 août 1764, à Kamouraska⁶; m 27 février 1786, à Marie-Judith

(1) Inhumé par plusieurs habitants, l'ennemi étant encore en cette paroisse.
(2) Et Sydonne.
(3) Dit d'Amboise.

HUDON, à l'Ile-Verte.⁷.—*Joseph*, ne 23 oct. 1763 ;
b ⁶ 8 août 1764.—*Jean-François*, b ⁶ 13 mars 1765.
—*Agathe*, b... m ⁷ 5 janvier 1784, à Joseph HUDON.
    1770, (27 oct.) ⁷
  2° COTÉ, Geneviève.   [JEAN-BTE IV.

1760.
IV.—BERGERON, JOSEPH,   [CHARLES III.
  b 1743 ; s 27 janvier 1823, à Beaumont.³
  TURGEON, Cecile,   [JOSEPH III.
  b 1740 ; s ³ 5 nov. 1825.
Charlotte-Cécile, b... m ³ 8 août 1791, à Alexandre BOILARD.—*Jean-Louis*, b 1768 ; m ³ 6 février 1797, à Marie-Joseph BUSSIÈRE ; s ⁸ 22 juin 1833.

1761, (25 janvier) St-Antoine-Tilly. ³
III —BERGERON, FRANÇOIS.   [JEAN-BTE II.
  CHENAY, Catherine,   [CHARLES III.
  b 1742.
Marie-Catherine, b ³ 6 fevrier 1762.—*François*,
b ³ 20 mai 1765.

1761.
IV.—BERGERON, JACQUES,   [JOSEPH III.
  b 1737.
  1° HOUDE, Marie.   [CHARLES III.
    1764, (13 février) St-Antoine-Tilly. ⁵
  2° RONDEAU, Marie-Françoise,   [FRANÇOIS III.
  b 1738.
Marie-Geneviève, b ⁵ 23 déc. 1764.—*Jacques*,
b ⁵ 8 oct. 1766.

1763, (7 nov.) Baie-du-Febvre.¹
IV.—BERGERON, ANTOINE,   [PIERRE III
  PRÉCOUR, Marie-Joseph.   [JEAN-BTE III
  b 1739.
Marie, b 22 juillet 1764, à l'Ile-aux-Coudres
—*Antoine*, b ¹ 7 sept. 1765.— *Marie-Joseph*, b ¹
22 janvier 1768.

BERGERON, JOSEPH,
  b 1770 ; s 13 août 1840, à Beaumont.
  LÉONARD, Marie.
  s avant 1840.

BERGERON, PIERRE-ANDRÉ.
  1° GARIEPY, Geneviève.
    1765, (6 janvier) Terrebonne.
  2° BELISLE, Marie.   [MICHEL

1764, (20 février) Lachine.⁸
III.—BERGERON, JEAN-BTE.   [JOSEPH II.
  ROY (1), Marie-Louise,   [PIERRE.
  s ⁸ 13 dec. 1764.

1764, (5 juin) Sorel.
III.—BERGERON, MICHEL,   [JACQUES II.
  b 1724.
  MASSON, Marie-Joseph,   [BERNABÉ II.
  b 1737.

(1) Dit Lapensée.

1764, (6 août) Ste-Anne-de-la-Pocatière.
I.—BERGERON, FRANÇOIS, fils de Michel et de
  Marie *Dugas*, de Ste-Anne, Rivière St-Jean,
  Acadie.
  BOURG, Rosalie.   [FRANÇOIS.
  s avant 1790.
Rosalie, b... m 22 nov. 1790, à Joseph BELIVEAU, à Nicolet.⁸ — *François*, b... m ⁶ 9 janvier 1792, à Agathe PELLERIN.

1765, (18 février) St-Antoine-Tilly. ⁶
IV.—BERGERON, JEAN-BTE,   [JACQUES III.
  b 1743.
  DUBOIS, Marie-Louise,   [CHARLES III.
  b 1743.
Marie-Louise, b ⁵ 29 oct. 1765.—*Marie-Amable*,
b ⁶ 23 oct. 1767.

1766, (3 février) St-Antoine-Tilly.
IV.—BERGERON, JOSEPH,   [JEAN-BTE III.
  b 1741.
  COTÉ, Marie-Marthe.   [JEAN-BTE IV.

1766, (14 oct.) St-Antoine-Tilly. ⁶
IV.—BERGERON, JACQUES,   [JACQUES III.
  b 1740
  HOUDE, Marie-Charlotte,   [CLAUDE III.
  b 1733 ; s ⁶ 5 juin 1775.
Jacques, b ⁶ 5 sept. 1767.

1767, (9 février) St-Antoine-Tilly.
IV.—BERGERON, JOSEPH-CLAUDE, [CLAUDE III.
  b 1744.
  CROTEAU, Marie-Charlotte,   [PIERRE III.
  b 1748.

. 1768, (14 nov.) Sorel.
III.—BERGERON, PIERRE,   [JACQUES II.
  b 1740
  DUTAUT, Marie-Joseph,   [PIERRE II.
  b 1732 ; veuve de Jean DeRainville.

1774, (16 août) St-Antoine-Tilly.
IV.—BERGERON, FRS,   [PIERRE-CHARLES III.
  b 1749.
  FORTIER, Geneviève,   [PIERRE-NOEL III
  b 1752.

1775, (9 oct.) Batiscan. ⁸
IV.—BERGERON, JOSEPH,   [JEAN-BTE III
  b 1745.
  RIVARD, Marguerite,   [ANTOINE III
  b 1744.
Joseph, b 26 sept. 1776, à Ste-Anne-de-la-Perade.—*Marguerite*, b ⁸ 12 sept. 1778.—*Marie-Louise*, b ⁸ 24 oct. 1780 —*Marie-Françoise*, b ⁸ 4 mai 1782.—*Marie-Charles*, b ⁸ 30 mars 1784.—*Marie-Judith*, b ⁸ 31 dec. 1785.— *Rosalie*, b ⁸ 8 nov. 1787.

III.—BERGERON, JEAN-MARIE,   [JOSEPH II.
  b 1742 ; s 22 nov. 1802, à St-Jean-Deschaillons. ⁶
  HOULE, Louise.   [FRANÇOIS III

Marie-Amable, b 28 sept. 1766, à St-Antoine-Tilly.—*Jean-Germain*, b... m⁶ 1ᵉʳ fevrier 1790, à Françoise GAURON.—*Rosalie*, b... m⁶ 25 août 1794, à Severin AUGER.—*Jean-Marie*, b... m⁶ 10 août 1795, à Angelique ROIROUX. — *Dorothée*, b... m⁶ 17 fev. 1824, à Jean LACROIX.—*Victoire*, b... m⁶ 13 janvier 1823, à Louis GAGNON.

BERGERON, MARIE, épouse de Joseph BOURG.

BERGERON, PIERRE.
  BOURG, Marguerite.
  Pierre, b... m 17 février 1794, à Charlotte BOURGEOIS, à Nicolet.—*Marguerite*, b 14 février 1761, au Cap-de-la-Madeleine.

1778, (26 oct.) St-Jean-Deschaillons.
IV.—BERGERON, CHS-FRS, (1)   [PIERRE III.
  b 1749.
  BARABÉ, Marguerite,   [NICOLAS IV.
  b 1754.

1786, (27 février) Ile-Verte. ¹
II.—BERGERON (2), JOSEPH.   [JOSEPH I.
  HUDON, Marie-Judith.   [PIERRE III.
  Gabriel, b ¹ 23 mars 1787.

1789, (5 oct.) Nicolet.
II.—BERGERON, FRANÇOIS.   [MICHEL I
  BLANCHARD, Marie-Joseph.   [JEAN I.

1790, (1ᵉʳ février) St-Jean-Deschaillons.
IV.—BERGERON, JEAN-GERMAIN, [J.-MARIE III.
  GAURON, Françoise,   [MICHEL III
  b 1753 ; veuve de Barthelemi Auger.

BERGERON, DAVID.
  1° MORISSET, Angelique.
      1792, (20 février) Nicolet
  2° POIRIER, Marie.   [PIERRE.

1792, (9 janvier) Nicolet
II.—BERGERON, FRANÇOIS.   [FRANÇOIS I.
  PELLERIN, Agathe.   [PIERRE II.

1793, (10 juin) Nicolet.
II.—BERGERON, SIMON,   [SIMON I.
  b 1764.
  HÉBERT, Marie-Rose.   [JEAN-BTE.

1794, (17 février) Nicolet.
BERGERON, PIERRE.   [PIERRE.
  BOURGEOIS, Charlotte.   [CLAUDE.

1795, (10 août) St-Jean-Deschaillons.
IV.—BERGERON, JEAN-MARIE, [JEAN-MARIE III.
  ROIROUX, Angelique.   [MICHEL II.
  b 1771.

1797, (16 janvier) Nicolet.
II.—BERGERON, MICHEL.   [MICHEL I.
  HÉBERT, Marguerite.   [ETIENNE.

1797, (6 février) Beaumont. ²
V.—BERGERON, JEAN,   [JOSEPH IV.
  s ² 22 juin 1833.
  BUSSIÈRE, Marie-Joseph.   [PIERRE.

BERGERON, JEAN.
  CHORET, Marie-Anne.   [GASPARD III.
  Françoise, b... m à Jean-Charles COTÉ.—*Marguerite*, b... m à François COTÉ.—*Alexis*, b... —*Marie-Geneviève*, b..., m à Augustin HOUDE.

BERGERON, ANTOINE.
  1° CHORET, Marie-Charlotte.   [FRANÇOIS IV.
  Louis, b... m 1806, à Geneviève DEHORNÉ, à Ste-Croix.—*François-Xavier*, b... m à DUSSAULT.—*Angélique*, b... m à Jean-Baptiste HUARD.—*Antoine*, b... m... — *Thérèse*, b... m à Louis CROTEAU.
  2° GRENIER, Marie.
  Jean-Baptiste, b... — *Augustin*, b... — *Olivier*, b... — *Joseph*, b... — *Marguerite*, b... m à Henry BOURÉ.

1806,
BERGERON, LOUIS.   [ANTOINE.
  DEHORNÉ (1), Geneviève.   [CHARLES.
  Louis, b 1807, à Ste-Croix.³ ; m 1832, à Clémentine BOUCHER, à St-Pierre-les-Becquets.—*Romuald*, b ³ 1809; m ³ 1845, à Desanges DESROCHERS.—*Jacob*, b ³ 1818; m ³ 1844, à Hormine LAMOTTE.—*Nathalie*, b... m 1835, à Geneviève CROTEAU, à St-Antoine.—*Esther*, b... —*Zoé*, b... Sœur de la Charité, Montréal.—*Angélique*, b... m 1860, à Jean-Baptiste MOFFET, à St-Nicolas.

BERGERON, MARIE, épouse de François COURCHÈNE (2) ; s avant 1755.

BERGERON, MARIE-JOSEPH, épouse de François ROY.

BERGERON, ANGÉLIQUE, épouse de Jean-Baptiste-Simon HOUDE.

BERGERON, MARIE-FRANÇOISE, épouse d'Etienne GRENIER.

BERGERON, MARGUERITE, épouse de Jean-Baptiste ROY.

BERGERON, LOUISE-CATHERINE, épouse de Michel LAPOINTE.

BERGERON, MARIE-JOSEPH, b... 1° m à Pierre CHATEAUNEUF, 2° m 23 janvier 1764, à François SYLVESTRE, à Sorel.

BERGERON, THÉRÈSE, b... m à Jacques CÔTÉ ; s avant 1746.

---

(1) Le père appelé François au mariage, par erreur.
(2) Dit d'Amboise.

(1) Dit Laneuville.
(2) Dit Foucault.

BERGERON, Louise, epouse d'Antoine MIVILLE.

BERGERON, MARIE-LOUISE, épouse de Pierre PREVOST.

BERGERON, MARIE-ANGÉLIQUE, b... 1° m à François LAVIOLETTE ; 2° m 10 août 1767, à Jean-Marie LANDRY.

BERGERON, MARIE, épouse d'Ambroise LEBREUX.

BERGERON, GENEVIÈVE, épouse de Nicolas DUBOIS.

BERGERON, MADELEINE, épouse d'Etienne LAMY.

BERGERON, ANGÉLIQUE, épouse de Michel ROIROU.

BERGERON, ANGÉLIQUE, épouse de Jean-Baptiste GAUDIN.

BERGERON, ANNE, b 1711 ; m à Jacques GAUDIN ; s 2 janvier 1770, à Ste-Famille, I. O.

BERGERON, MARIE-JOSEPH, épouse de Louis BERIAU.

BERGEVIN, FRANÇOISE, épouse d'Etienne LESIÈGE.

BERGEVIN, MARIE-LOUISE, épouse de Charles-François LECHENU.

BERGEVIN, MARIE-FRANÇOISE, épouse de Michel PROTEAU.

1668, Québec.

I.—BERGEVIN (1), JEAN,
s 3 février 1703, à Beauport.[1]
PITON, Marie,
b 1651, s[1] 26 avril 1728.
Marie, b... 1° m[1] 9 juillet 1703, à Simon MORIN ; 2° m[1] 9 janvier 1736, à Charles CRESPON.

1702, (23 février) Beauport.

II.—BERGEVIN (2), JEAN,   [JEAN I.
s 19 janvier 1743, à Charlesbourg.[5]
1° MEUNIER, Marguerite,   [JULIEN I.
b 1681.
          1703, (1er déc.)[6]
2° BEZEAU, Renée,   [PIERRE I.
b 1666 ; veuve de Laurent Deloge.
Marguerite, b... m[6] 20 avril 1722, à Pierre MARTEL.
          1712, (5 avril).[6]
3° FORSAN, Marie-Ursule,   [CLAUDE I.
b 1692 ; s[6] 16 oct. 1762.
Thérèse, b 1715 ; s[6] 29 nov. 1721. — *Marie-Madeleine*, b[6] 16 oct. 1720, m[6] 8 janvier 1742, à Charles RITRENENT. — *Louise-Thérèse*, b[6] 4 mars 1723 ; m[6] 18 nov. 1743, à Charles-François CHENIER ; s[6] 24 mars 1746. — *Marie-Geneviève*, b[6] 21 août 1725 ; m[6] 30 oct. 1747, à Noël-Augustin DAUTOUR. — *Marguerite*, b[6] 25 oct 1749, m à Vincent ANDETAILLON.—*Charles-Michel*, b[6] 2 mai 1730 ; m[6] 11 février 1754, à Marie-Thérèse LENOIR.—*Marie-Elisabeth*, b[6] 11 août et s[6] 17 oct. 1732.—*Marie-Brigitte*, b[6] 15 mai 1734; m[6] 1er juin 1750, à Jean-François GENDREAU. —*Marie-Joseph*, b... m[6] 14 avril 1749, à Jean-Bernard RENAULT.

1705, (13 janvier) Beauport.[1]

II.—BERGEVIN (1), Louis,   [JEAN I
b 1681 ; s[1] 23 août 1743.
TEXIER (2), Marguerite,   [MATHIEU I
b 1689.
Marie, b[1] 19 février 1707 ; m[1] 23 nov. 1727, à François BOURÉ.—*Louis*, b[1] 24 avril 1711, m[1] 23 nov. 1734, à Marie-Joseph PARANT.— *Louise-Marguerite*, b[1] 3 juin 1719 ; m[1] 12 nov 1736, à Louis-Joseph PEPIN.—*Marie-Catherine*, b[1] 5 mars 1727 ; 1° m[1] 13 février 1747, à Pierre PARANT; 2° m 28 sept. 1749, à Ignace LEROUX, à Lorette.

1708, (19 nov.) Beauport.

II.—BERGEVIN (3), IGNACE,   [JEAN I
b 1685.
TEXIER, Geneviève,   [MATHIEU I.
b 1692.
François-Marie, b 4 oct. 1710, à Charlesbourg[2], 1° m[2] 20 oct. 1732, à Marie-Thérèse VILLENEUVE, 2° m 1er sept. 1753, à Marie-Charlotte GABOURY, à Ste-Foye.—*Marie-Geneviève*, b[2] 24 août 1712, s[2] 9 déc. 1713.—*Jean-François*, b[2] 20 mars 1714 —*Jean-Baptiste* (4), b[2] 21 août 1714 ; m[2] 16 mai 1740, à Marie-Joseph TARDIF.—*Pierre*, b[2] 2 nov. 1716 ; m[2] 27 avril 1750, à Marie-Charlotte ALARD.—*Germain*, b[2] 5 janvier 1719 ; 1° m[2] 5 nov. 1743, à Marie-Madeleine ALARD ; 2° m[2] 9 juin 1760, à Marguerite JACQUES.—*Thomas*, b[2] 16 juillet et s[2] 12 août 1721.—*Marie-Angélique*, b[2] 10 oct. 1722, m[2] 5 nov. 1743, à Pierre ALARD —*Barbe*, b[2] 3 nov. 1724 ; m[2] 13 nov. 1741, à François ALARD.—*Pierre*, b[2] 15 avril 1727 ; m[2] 28 janvier 1743, à Marie-Charlotte ALARD —*Marguerite*, b[2] 5 avril et s[2] 16 juin 1729 —*Louis* b[2] 12 mai 1730 ; s[2] 23 juillet 1745.—*Marie-Anne-Geneviève*, b[2] 21 juin 1732 ; m[2] 22 nov. 1751, à Pierre LEROUX.—*Marie-Madeleine*, b[2] 17 oct 1734 ; m[2] 19 juillet 1751, à Jacques ALARD— *Jean-Simon*, b[2] 28 oct. et s[2] 2 déc. 1738.

1713, (13 février) Beauport.

II.—BERGEVIN, JEAN-FRANÇOIS,   [JEAN I
b 1690, s 5 janvier 1758, à Charlesbourg.[3]
TESSIER, Madeleine,   [MATHIEU I
b 1692, s 24 juillet 1758.
Marie-Joseph, b[3] 4 janvier 1716 ; m[3] 16 janvier 1736, à Jacques MEIGNIN. — *Marie-*

---

(1) Voy. vol I, p. 43
(1) Alias Brechevin.

(1) Dit De Brechevin.
(2) Dit Laplante.
(3) Dit Brechevin.
(4) Cas de superfétation.

Jeanne, b ⁸ 31 déc. 1717, m ³ 2 sept. 1737, à Paul CHALIFOUR.—*Germain*, b ³ 15 sept. et s ³ 16 oct. 1719.—*Nicolas*, b ⁸ 24 juillet 1720, 1° m ⁸ 23 oct. 1747, à Marie-Geneviève CHALIFOUR ; 2° m 29 janvier 1759, à Barbe BLONDEAU.—*Germain*, b ⁸ 13 nov. 1722 ; m ⁸ 21 sept. 1750, à Elisabeth NADEAU.—*Louise-Françoise*, b ³ 8 juillet 1725.—*Michel*, b ⁸ 22 avril 1727.—*Marie-Françoise*, b ⁸ 8 juin 1729 ; m ³ 6 février 1758, à François-Denis DELAHAYE.—*René*, b ³ 2 et s ⁸ 29 août 1731.—*Joseph-François*, b ³ 5 juillet 1732.—*Marie-Louise*, b ³ 27 juillet 1734 ; m ³ 7 janvier 1756, à Servant HARET.—*Marie-Angélique*, b… m ³ 16 oct. 1752, à François POITEVIN.

1732, (20 oct.) Charlesbourg.⁵
III.—BERGEVIN, FRS-MARIE, [IGNACE II. b 1710.
1° VILLENEUVE, Marie-Thérèse, [CHARLES II. b 1712 ; s ⁵ 11 juillet 1752.
Charles-François, b ⁵ 14 sept. 1733 ; m 3 juin 1758, à Marie-Catherine DENOYON, à Chambly.⁶—*Marie-Thérèse*, b ⁵ 30 juillet 1735, m 10 février 1755, à François FLUET, à Lorette⁷ ; s ⁷ 6 nov. 1759.—*Charles-Prisque*, b ⁵ 14 février 1737 ; m 17 oct. 1763, à Marie-Louise PITALIER, à Montréal.—*Marie-Louise*, b ⁵ oct. et s ⁵ 1ᵉʳ nov. 1738.—*Angélique*, b ⁵ 20 mai 1740 ; s ⁵ 13 août 1749.—*Marie-Joseph*, b ⁵ 1ᵉʳ mars 1743 ; m ⁵ 21 janvier 1760, à François MONTY.—*Marie-Angélique*, b ⁵ 7 mars 1745.—*Jean*, b ⁵ 7 mars 1747.—*Marie-Angélique*, b ⁵ 29 nov. 1749 ; m 1768, à Joseph MENARD.

1753, (1ᵉʳ sept.) Ste-Foye.
2° GABOURY, Marie-Charlotte, [ANTOINE II. b 1719 ; veuve de Pierre Prevost ; s ⁵ 10 mars 1761.
Marie-Charlotte, b ⁵ 4 juin 1754.—*Marie-Marguerite*, b ⁵ 13 mai 1755.—*Augustin-Louis*, b ⁵ 29 août 1756.—*Godfroid*, b ⁵ 14 février 1758.—*Marie-Joseph*, b ⁶ 17 août 1760.

1734, (23 nov.) Beauport.⁸
III.—BERGEVIN, LOUIS, [LOUIS II. b 1711.
PARANT, Marie-Joseph. [JEAN II.
Louis-Charles, b ⁸ 6 oct. 1736 ; m 11 février 1765, à Marguerite TRUDEL, au Château-Richer.—*Marie*, b… m ⁸ 16 août 1762, à Joseph CLOUET.—*André*, b ⁸ 28 juillet et s ⁸ 13 sept. 1741.—*Adrien*, b ⁸ 22 sept. 1742.—*Jacques*, b ⁸ 8 oct. 1744 ; m ⁸ 20 juillet 1767, à Marie-Joseph PARANT.—*Pierre-Marie*, b ⁸ 10 février 1748 ; s ⁸ 4 mai 1749.—*Marie-Madeleine*, b ⁸ 28 février 1749.—*Joseph*, b ⁸ 1ᵉ juillet 1750.—*Louise*, b ⁸ 29 mai et s ⁸ 23 juillet 1752.—*Pierre-Louis*, b ⁸ 7 juin 1753.—*François*, b… m ⁸ 7 nov. 1763, à Marguerite PARANT.

1740, (16 mai) Charlesbourg.³
III.—BERGEVIN, JEAN-BTE, [IGNACE II. b 1714.
TARDIF, Marie-Joseph, [MICHEL II. b 1720.
Jean-Baptiste, b ³ 25 janvier 1746.—*Prisque*, b ³ 17 nov. 1753 ; s ³ 26 février 1756.

1743, (28 janvier) Charlesbourg.³
III.—BERGEVIN, PIERRE, [IGNACE II. b 1727.
ALARD, Marie-Charlotte, [JEAN II. b 1726.
Marie-Charles, b ³ 3 sept. 1746 ; s ³ 31 août 1747. — *Marie-Geneviève*, b ³ 30 déc. 1748.—*Pierre-Jacques*, b ³ 30 janvier 1751. — *Marie-Charlotte*, b ³ 17 février 1755.—*Marie-Angélique*, b ³ 15 oct. 1761.

1743, (5 nov.) Charlesbourg.³
III.—BERGEVIN (1), GERMAIN, [IGNACE II. b 1719.
1° ALARD, Marie-Madeleine, [JEAN II. b 1723 ; s ³ 7 déc. 1759.
Germain, b ³ 28 juillet 1744, m 10 nov. 1767, à Marie-Joseph CARREAU, à Beauport.—*Louis-Jacques*, b ³ 18 février 1746. — *François*, b ³ 1ᵉʳ avril 1748 ; s ³ 19 janvier 1749. — *Thérèse*, b ⁴ 6 nov. 1751.—*Pierre-François*, b ³ 13 janvier 1754. — *Marie-Madeleine*, b ³ 1ᵉʳ avril 1756. — *Jean-Baptiste*, b ³ 20 juin et s ³ 21 août 1758. — *Jean-Marie*, b ³ 25 oct. 1759 ; s ³ 16 août 1760.

1760, (9 juin).³
2° JACQUES, Marguerite, [LOUIS II. b 1732.
Marguerite, b ³ 10 mars et s ³ 6 juillet 1761.—*Marie-Angélique*, b ³ 2 avril 1762. — *Charles-Antoine*, b ³ 11 juin et s ³ 21 juillet 1763.

1747, (23 oct.) Charlesbourg.
III.—BERGEVIN, NICOLAS, [JEAN-FRS II. journalier, b 1720.
1° CHALIFOUR, Marie-Geneviève, [PIERRE III. b 1724 ; s 25 janvier 1758, à Québec ⁶
Marie-Joseph, b ⁶ 15 et s ⁶ 22 août 1748.—*Jean-François*, b ⁶ 25 juin 1749. — *Pierre*, b ⁶ 20 mars et s ⁶ 10 oct. 1751.—*Marie-Geneviève*, b ⁶ 17 janvier 1753. — *Marie-Louise*, b ⁶ 1ᵉʳ et s ⁶ 6 juillet 1755. — *Nicolas*, b ⁶ 12 et s ⁶ 18 août 1756.—*Joseph*, b ⁶ 5 août 1757 ; s ⁶ 7 août 1758.

1759, (29 janvier).⁶
2° BLONDEAU, Barbe. [GERMAIN III.
Joseph, b ⁶ 9 et s ⁶ 19 février 1760.—*Pierre*, b ⁶ 25 mars 1761.—*François*, b ⁶ 6 déc. 1762.

1750, (27 avril) Charlesbourg.¹
III.—BERGEVIN, PIERRE, [IGNACE II. b 1716.
ALARD, Marie-Charlotte, [THOMAS II. b 1726.
Marguerite-Françoise, b ¹ 20 déc. 1759.—*Jean-Baptiste*, b ¹ 21 nov. 1763.

1750, (21 sept.) Charlesbourg.
III.—BERGEVIN (1), GERMAIN, [JEAN-FRS II. b 1722.
NADEAU, Elisabeth. [DENIS II.
Nicolas-Germain, b 6 sept. 1751, à Québec ¹—*Jacques*, b ¹ 22 sept. 1754.—*Charles*, b ¹ 3 déc. 1756. — *Marie-Anne*, b 1ᵉʳ mai 1759—*Thomas*, b ¹ 17 sept. 1761. — *Jean-Baptiste*, b ¹ 16 mars 1764.

(1) Dit Langevin.

1754, (11 février) Charlesbourg.¹
III.—BERGEVIN, Chs-Michel,   [Jean II.
   b 1730.
   Lenoir, Marie-Therèse.   [Jean I.
   Jean-Michel, b ¹ 3 déc. 1754.

1758, (3 juin) Chambly.²
IV.—BERGEVIN, Charles-Frs,   [François III.
   b 1733.
   Denoyon, Marie-Catherine.   [Jean-Bte III.
   Marie-Catherine, b ² 17 mars 1759.

1763, (17 oct.) Montréal.
IV.—BERGEVIN, Chs-Prisque,   [François III.
   b 1737.
   Pitalier, Marie-Louise,   [Charles I.
   b 1734 ; veuve de François Judicq.

1763, (7 nov.) Beauport.
IV.—BERGEVIN, François.   [Louis III.
   Parant, Marguerite.   [Joseph III.

1765, (11 février) Château-Richer.
IV.—BERGEVIN, Louis-Chs,   [Louis III.
   b 1736.
   Trudel, Marguerite.   [Philippe III.

1767, (20 juillet) Beauport.
IV.—BERGEVIN, Jacques,   [Louis III.
   b 1744.
   Parant, Marie-Joseph, b 1748.   [Pierre IV.

1767, (10 nov.) Beauport.
IV.—BERGEVIN, Germain,   [Germain III.
   b 1744.
   Gabreau, Marie-Joseph, b 1732.   [Joseph IV.

1745.
I.—BERGIN (1), Simon.
   Charbonneau, Agathe.   [Jean II.
   Geneviève, b 15 oct. 1746, au Bout-de-l'Ile, M.⁷
   s⁷ 12 sept. 1748.— *Joseph-Marie*, b⁷ 18 mars
   1748.— *Marie-Joseph*, b⁷ 22 juillet 1749.

1779, (19 fevrier) Rivière-Ouelle.
I.—BERGSPAER (2), Jean-George,
   natif de Hongrie.
   Périllard, Angelique.
   Jean-Frédéric, b... — *Marie-Catherine*, b...

BÉRIAU.— *Variations et surnoms* : LaTreille
Boisclerc—Poitevin.

1681, (23 janvier) Québec.²
I.—BÉRIAU, Vincent (3),
   b 1653 ; s² 24 mars 1715.
   1° Cordeau, Marie,   [Jean I.
   b 1660.
   Madeleine, b² 26 avril 1691 ; m² 13 juin 1712,
   à Jean-Baptiste Chaussé-Lemaine ; s 7 sept. 1758.

1711, (19 août).²
2° Selle, Marie,   [Guillaume I.
   b 1648 ; veuve de Jean Flibot.

1711, (28 avril) Québec.¹
II.—BÉRIAU, Maurice,   [Vincent I.
   b 1689.
   Moinet (1), Catherine,   [Jean I.
   b 1687.
   Jean-Baptiste, b² 8 déc. 1712 ; m 8 février
   1739, à Catherine Picard, aux Trois-Rivières.³
   — *Marie-Joseph*, b² 19 mars 1715 ; s² 27 fevrier
   1718.— *Jean-Maurice*, b² 7 et s² 14 sept. 1717.—
   Marie, b² 8 fevrier et s² 14 avril 1719.— *François-Maurice*, b² 23 déc. 1720 ; m 16 janvier
   1747, à Elisabeth Picard, à Lachenaye.— *Catherine-Louise*, b² 25 août 1722 ; m³ 7 janvier 1741,
   à Pierre Bouvet.— *Joseph-Marie*, b ² 3 juillet
   1724 ; 1° m³ 22 avril 1748, à Marie-Joseph Baudry ; 2° m³ 15 sept. 1760, à Françoise Pouliot
   — *Marie-Elisabeth*, b² 12 avril 1726 ; 1° m³ 18
   sept. 1747, à Nicolas Champagne ; 2° m ² 2 juin
   1753, à Charles Lévêque.— *Louis*, b ² 4 avril
   1729 ; s² 20 juillet 1730.— *Anonyme*, b² et s² 29
   janvier 1731.

1725, (27 mai) Québec.³
II.—BÉRIAU (2), Joseph,   [Vincent I.
   b 1698 ; s 12 mars 1712, aux Ecureuils.¹
   Bernier, Jeanne,   [Jacques I.
   b 1704.
   Joseph, b³ 29 avril et s³ 5 mai 1726.— *Loui-Michel* (3), b³ 29 avril 1728 ; s¹ᵉʳ mars 1801, à
   St-Augustin.⁹— *Madeleine-Jeanne*, b ³ 19 août
   1730 ; s³ 27 avril 1787. — *Marie-Jeanne*, b³ 24
   juin 1732 ; s¹ 28 juin 1761. — *Guillaume*, b³ 17
   juin 1735 ; m à Geneviève Baillargé.— *Thomas*,
   b ³ 23 janvier 1738 ; s³ 18 mars 1740.— *Anne-Elisabeth*, b³ 25 janvier 1740. — *Barbe*, b 1741,
   s³ 25 nov. 1747.— *Marie-Joseph*, b³ 8 juin 1742.
   — *Marie-Françoise*, b ⁴ 20 août 1745.

I.—BÉRIAU (4), Gabriel.
   Bissonnet, Suzanne (5).   [Jacques II.
   Jean-Baptiste, b 21 avril 1728, à Quebec¹,
   m 1758, à Marie Landry. — *Jacques*, b¹ 2 déc
   1730 ; s¹ 4 juin 1733.— *Marie-Joseph*, b¹ 25 déc.
   1732 ; s¹ 8 juin 1733.

1731, (24 juin) Québec.¹
I.—BÉRIAU (6), Jacques, fils de Jean et d'Elisabeth Braut, d'Armercy, diocèse de Chartres,
   s avant 1761.
   Maranda, Marie-Anne,   [Charles II
   b 1705.
   Jacques, b¹ 16 mars 1732 ; m 6 janvier 1761,
   à Marguerite Aubry, à la Pte-du-Lac.⁴— *Marie-Anne*, b¹ 13 avril 1734 ; s¹ 14 nov. 1735.— *Jean-*

---
(1) Et Brigail dit Labonté.
(2) Mariage ratifié, marié depuis longtemps.
(3) Voy. vol. I, p. 42.

(1) Dit Boismenu.
(2) Dit Poitevin.
(3) Ordonné prêtre le 17 nov. 1753.
(4) Et Bériasse dit LaTreille.
(5) Elle épouse, le 14 mai 1736, Claude Lefebvre, à Beaumont.
(6) Dit Boisclerc.

BER 235 BER

Jacques, b ¹ 27 nov. 1735. — *Marie-Geneviève*, b ¹ 28 nov. 1737 ; s ¹ 30 juin 1739. — *Ignace*, b ¹ 31 juillet 1739. — *Jean-Baptiste*, b 9 avril 1742, aux Trois-Rivières ², m à Elisabeth LEFEBVRE —*Pierre*, b ³ 23 et s ³ 28 juin 1745. — *Louis*, b ² 20 juin 1746 ; m 1785, à Marie-Joseph BERGERON —*Pierre*, b ³ 8 nov. et s ³ 1er déc. 1748.—*Joseph*, b 1757 ; s ² 29 avril 1758.

1739, (8 février) Trois-Rivières.
III.—BÉRIAU, JEAN-BTE (1), [MAURICE II.
  b 1712.
PICARD, Catherine, [PIERRE II.
  b 1715.

1747, (16 janvier) Lachenaye. ²
III.—BÉRIAU, FRS-MAURICE, [MAURICE II.
  b 1720.
PICARD, Elisabeth, [PIERRE II.
  b 1726 ; s ² 17 sept. 1750.

1748, (22 avril) Trois-Rivières. ⁵
III.—BÉRIAU, JOSEPH-MARIE, [MAURICE II.
  b 1724.
1° BAUDRY, Marie-Joseph, [CHARLES III.
  b 1728.
Marie-Madeleine, b ⁵ 18 déc. 1748.—*Joseph*, b ⁵ 27 mai et s ⁵ 30 juillet 1750.— *Charlotte*, b 1752 ; s ⁵ 26 avril 1757.
       1760, (15 sept.) ⁵
2° POULIOT, Françoise, [ANDRÉ II.
  b 1728.

I.—BÉRIAU, FRANÇOIS.
LALANDE, Marie-Anne. [LÉONARD I.
Marie-Charlotte, b 23 sept. 1752, à Soulanges ⁶ —*François*, b ⁶ 5 mai 1754.—*Joseph*, b ⁶ 13 oct. 1755.—*Marie-Angélique*, b ⁶ 20 janvier 1757.—*Guillaume*, b ⁶ 6 et s ⁶ 7 avril 1758. — *Marie-Renée*, b ⁶ 16 mars 1759. — *Jean-Baptiste*, b ⁶ 17 oct. 1760.

1761, (6 janvier) Pte-du-Lac. ²
II.—BÉRIAU (2), JACQUES, [JACQUES I.
  b 1732 ; s avant 1788.
AUBRY, Marguerite, [JEAN I.
  veuve de Pierre PINEAU.
Marie-Amable, b ² 2 oct. 1761. — *Louis*, b 11 août 1765, à Yamachiche ; m 16 juin 1788, à Marie-Joseph COLTRET, à Nicolet.

1758.
II.—BÉRIAU, JEAN-BTE, [GABRIEL I.
  b 1728.
LANDRY, Marie.
Jean-Baptiste, b 11 mars 1759, à Québec.

1776.
III.—BÉRIAU, GUILLAUME, (3) [JOSEPH II.
  b 1735.
BAILLARGÉ, Geneviève, [JEAN I.
  s 17 juillet 1781, à Québec.
Ursule, b... s 30 janvier 1781, à St-Augustin.

(1) De Québec.
(2) Dit Boisclerc.
(3) D'après une note de la famille Baillargé.

1785.
II.—BÉRIAU, LOUIS, [JACQUES I.
  b 1746.
BERGERON, Marie-Joseph.
Louis, b 13 oct. 1781, à Lachenaye.

1788, (16 juin) Nicolet.
III.—BÉRIAU, LOUIS, [JACQUES II.
  b 1765.
COLTRET (1), Marie-Joseph. [LOUIS IV.

II.—BÉRIAU (2), JEAN-BTE, [JACQUES I.
  b 1742.
LEFEBVRE (3), Elisabeth.
Jean-Baptiste, b 5 nov. 1792, au Cap-de-la-Madeleine. ¹—*Alexis*, b ¹ 19 avril 1795.

BÉRIAU, OLIVIER.
HUDON, Marguerite.
Nicolas-Clément, b 27 déc. 1794, aux Trois-Pistoles. ² — *Olivier*, b ² 4 oct. 1795.—*Christine*, b ² 18 avril 1797.

BÉRIAU, OLIVIER.
BOUCHER, Reine.
Martin, b... m 23 nov. 1813, à Basilisse CHORET, à Rimouski.

1813, (23 nov.) Rimouski.
BÉRIAU, MARTIN. [OLIVIER.
CHORET, Basilisse. [AUGUSTIN.

I.—BERJEAUX (4).
Port-Royal (Acadie)
GAUTIER, Anne (5).

I.—BERLINGUET (6), URBAIN.
SOULANGE, Madeleine.
Marie-Charlotte, b 4 nov. et s 4 déc. 1717, à Beauport.

1724, (18 sept.) Québec. ³
I.—BERLINGUET, FRANÇOIS, b 1702 ; fils de Guillaume et de Catherine Benoit, de St-Andre-des-Arts, Paris ; s ³ 21 janvier 1764.
1° HEVÉ, Marie-Madeleine, [PIERRE II.
  b 1705 ; s ³ 30 mars 1738.
Jean-Guillaume, b ³ 22 oct. 1725 ; 1° m ³ 14 avril 1749, à Angélique ROZA ; 2° m ³ 4 juillet 1763, à Catherine PARIS.—*Marie-Louise*, b ³ 11 oct. 1728 ; s 3 février 1730, à Lorette.—*Marie-Charlotte*, b ³ 21 avril 1730 ; s ³ 22 mai 1733.—*Louis-Guillaume*, b ³ 7 juin 1731 ; s ³ 3 avril 1733.—*Louise-Claudine*, b ³ 2 mai et s 28 juin 1732, à Charlesbourg. ⁴—*Henri*, b ³ 19 juillet 1733.—*Marie-Louise*, b ³ 17 oct. 1734, s ³ 10 sept. 1738 —*Jean-Baptiste*, b ³ 12 oct. 1737 ; s 6 mai 1738, à Ste-Foye

(1) Dit René.
(2) Dit Boisclerc—Boivert.
(3) Dit Lacroix
(4) Peut-être Bergeron.
(5) Elle épouse, le 6 sept. 1747, Joseph Mercure, au Cap-Santé.
(6) Appelé Berluget, 1717, Beauport.

1738, (9 sept.) ³
2° GAUVREAU, Marguerite, [ETIENNE I.
b 1717; s ⁵ 18 sept. 1747.
Marguerite, b ⁴ 9 et s ⁴ 28 juin 1739.—*Louise*, b ⁵ 26 juin 1740.—*Jacques-François*, b ⁹ 18 nov. 1741.—*Jean*, b ³ 8 et s 11 août 1744, à Levis.—*Louise-Claire*, b ³ 11 sept. 1747; s ⁴ 28 juin 1748.

1749, (2 nov.) Beaumont.
3° GIRARD, Geneviève, [JEAN-BTE II.
b 1728.
Etienne, b ³ 19 sept. 1751; s ³ 15 juin 1756.

1749, (14 avril) Québec. ⁵
II.—BERLINGUET, JEAN-GUILLAUME, [FRS I.
b 1725.
1° ROZA, Angélique, [BARTHÉLEMI I.
b 1725; s ⁵ 3 mars 1763.
Jean-Baptiste, b ⁵ 28 et s ⁵ 29 janvier 1750.—*Angélique*, b ⁵ 6 janvier 1751.—*Catherine*, b⁵ 1ᵉʳ juillet 1752.—*François*, b ⁵ 13 et s ⁵ 14 mars 1753.—*Guillaume*, b ⁵ 18 février 1754; m à Geneviève CHEVALIER.—*François-Xavier*, b ⁵ 31 mars 1756.—*Jean*, b ⁵ 12 février et s 28 juillet 1757, à Lorette.⁶— *Charlotte*, b ⁵ 18 nov. 1758 ; s ⁶ 28 sept 1759.—*Pierre*, b ⁵ 1ᵉʳ janvier 1760.—*François*, b ⁵ 21 nov. 1760; s ⁵ 6 sept. 1763.—*Jacques*, b ⁵ 5 février 1762.—*Marie-Marguerite*, b ⁵ 29 janvier 1763, s ⁶ 4 juin 1765.

1763, (4 juillet).⁵
2° PARIS, Catherine, [FRANÇOIS II.
b 1739; veuve de Louis Godbout.
Joseph, b ⁵ 10 avril 1764.

III.—BERLINGUET, GUILL., [JEAN-GUILL. II.
b 1754.
CHEVALIER, Geneviève (1). [RENÉ I.

1705, (14 sept.) St-François, I. J.¹
I.—BERLOIN (2), JEAN.
2° DELPÊCHE (3), Marguerite, [BERNARD I.
b 1678.
Cécile, b¹ 17 juin 1706.—*Pierre*, b ¹ 31 oct 1708; m ¹ 17 avril 1730, à Agnès BRUNET; s 29 juin 1773, à Terrebonne.²—*Marie*, b 17 et s 23 nov. 1710, à la Pte-aux-Trembles, M.³— *Jean-Baptiste*, b ³ 29 mars 1712; 1° m ¹ 16 nov. 1733, à Françoise LABELLE, 2° m ³ 25 mai 1739, à Françoise RENAUD.—*Joseph*, b ¹ 16 avril 1714.—*Joseph*, b¹ 12 sept. 1715; m 1745, à Marie ETHIER; s 16 août 1760, à St-Henri-de-Mascouche.

II —BERLOIN (4), JEAN-BTE, [JEAN I.
b 1702.
GOULET, Elisabeth, [THOMAS II.
b 1704, s 22 février 1773, à St-Henri-de-Mascouche.²
Jean-Baptiste, b 5 août 1725, à Lachenaye³ ; m ³ 11 janvier 1751, à Marie GRATON.— *Elisabeth*, b 15 sept. et s 18 déc. 1727, à L'Assomption.—*Joseph*, b³ 1ᵉʳ mars 1731 ; s³ 26 mars 1733.

—*Marie-Elisabeth*, b ³ 19 août 1732; s ⁵ 22 sept 1738.— *Louis*, b ³ 30 août et s ³ 8 nov. 1736.—*Marie-Joseph*, b ³ 8 oct. 1737; m ⁴ 4 nov. 1760, à Louis TINUS.—*Thérèse*, b ³ 3 août 1740; m ² 27 janvier 1766, à Pierre GUILBAULT.—*Marie-Jeanne*, b ³ 20 mai et s ³ 7 juin 1742.

1730, (17 avril) St-François, I. J.
II.—BERLOIN, PIERRE, [JEAN I.
b 1708, s 29 juin 1773, à Terrebonne. ⁹
BRUNET (1), Marie-Agnès,
b 1706, s ⁹ 17 avril 1744.
Jean, b ⁹ 17 sept. 1732; 1° m ⁹ 3 mai 1773, à Marie-Reine FOURNEL; 2° m ⁹ 5 février 1781, à Elisabeth MIGNERON.—*François*, b... m ⁹ 14 oct 1754, à Marie-Anne RIQUIER.—*Pierre-Joseph*, b ⁹ 16 juillet 1734 ; m 21 janvier 1765, à Marie-Joseph ROCHON, à St-Henri-de-Mascouche ; s avant 1772.—*Françoise*, b ⁹ 2 février 1736; m ⁹ 12 août 1754, à Jean-Baptiste GIBAUT ; s⁹ 1ᵉʳ mai 1777.—*Marie*, b ⁹ 3 sept. 1738.—*Simon-Marie*, b ⁹ 27 oct. 1740, m ⁹ 2 mars 1767, à Françoise RENAUD-LOCAT.

BERLOIN, JOSEPH.
BELHUMEUR, Marie.
Joseph, b 1733; s 3 mai 1769, à St-Henri-de-Mascouche.

1733, (16 nov.) St-François, I. J.⁶
II.—BERLOIN (2), JEAN, [JEAN I.
b 1712.
1° LABELLE, Françoise, [JOSEPH II
b 1712.
Françoise, b ⁶ 27 sept. 1734.

1739, (25 mai) Terrebonne. ⁷
2° RENAUD, Françoise (3), [LOUIS II
b 1721.
Marie-Angélique, b ⁷ 24 juillet 1741 ; m ⁷ 12 février 1759, à Etienne ROTUREAU. — *François*, b ⁷ 5 août 1750 — *Marie-Françoise*, b ⁷ 18 avril 1752 ; m ⁷ 23 nov. 1767, à Augustin FOURNEL.—*Marie-Elisabeth*, b ⁷ 29 mars 1754.—*Pierre*, b⁷ 30 août et s ⁷ 12 sept. 1756 —*Antoine*, b ⁵ 6 oct 1758. — *Joseph*, b ⁷ 10 avril 1760. — *Jean-Marie*, b... m ⁷ 28 janvier 1765, à Marie-Marguerite TRUCHON.—*Catherine*, b... m ⁷ 22 juillet 1765, à Charles LABELLE.— *Marguerite*, b... m ⁷ 16 juin 1766, à Jean-Baptiste FORGET.— *Marie-Joseph*, b... m 15 juin 1772, à Jacques LABELLE.

1745.
II.—BERLOIN, JOSEPH, [JEAN I
b 1715; s 16 août 1760, à St-Henri-de-Mascouche. ⁵
ETHIER, Marie. [JOSEPH II
Marie-Angélique, b 1745; m ⁵ 26 oct. 1761, à Louis LEGRAND, s ⁵ 7 juillet 1771.—*Joseph*, b 12 déc. 1747, à Lachenaye⁶ ; s⁶ 12 mars 1749.—*François*, b ⁶ 5 février 1750.—*Claude*, b ⁶ 20 déc

---
(1) Elle épouse, le 22 nov 1784, Joseph Chamberland, à la Rivière-Ouelle.
(2) Dit Nantel. Voy. vol I, p 43.
(3) Dit Belair.
(4) Dit Nantel.

(1) Dit Belhumeur.
(2) Dit Nantel.
(3) Elle epouse, le 23 oct. 1769, Charles Belisle, à Terrebonne.

1751.—*Marie-Rose*, b ⁵ 16 avril 1756; m ⁵ 7 nov. 1774, à Joseph Forest.—*Joseph*, b... s ⁵ 20 juillet 1758.

1751, (11 janvier) Lachenaye. ⁶
III.—BERLOIN (1), Jean-Bte,   [Jean-Bte II.
  b 1725.
  Graton, Marie-Catherine.   [Louis III.
  Marie-Euphrosine, b 24 nov. et s 15 déc. 1751, à St-Henri-de-Mascouche ⁷—*Jean-Baptiste*, b ⁶ 25 juin 1753.—*Archange*, b ⁷ 10 sept. 1754; m ⁷ 11 avril 1774, à Pierre Alard.—*Marie-Osithe*, b ⁷ 24 oct. et s ⁷ 30 nov 1755.—*Anonyme*, b ⁷ et s ⁷ 21 juin 1756.—*Joseph-Charles*, b ⁷ 14 mai et s ⁷ 27 juillet 1757.—*Louis*, b ⁶ 3 juillet 1758.—*Joseph*, b ⁶ 6 sept. 1759.—*Louis*, b ⁷ 7 et s ⁷ 29 nov. 1761.

1754, (14 oct.) Terrebonne. ⁷
III.—BERLOIN (1), François,   [Pierre II.
  b 1722; s ⁷ 11 février 1764.
  Riquier (2), Marie-Anne,   [François I.
  b 1720; veuve de Marin Forest; s ⁷ 16 oct. 1778
Anonyme, b ⁷ et s ⁷ 24 juillet 1755.—*Marguerite*, b... s ⁷ 14 sept. 1758.

1765, (21 janvier) St-Henri-de-Mascouche.
III.—BERLOIN, Joseph,   [Pierre II.
  b 1734.
  Rochon, Marie-Joseph (3),   [Michel III.
  b 1732; veuve de Louis Alard.

1765, (28 janvier) Terrebonne. ²
III.—BERLOIN (1), Jean-Marie.   [Jean II.
  Truchon, Marie-Marguerite.   [Jean-Bte II.
Marguerite, b... m ² 11 août 1782, à Etienne Drouin.

1773, (3 mai) Terrebonne. ¹
III.—BERLOIN, Jean,   [Pierre II.
  b 1732.
  1° Fournel, Marie-Reine,   [Pierre III.
  b 1755; s ¹ 30 dec. 1775.
    1781, (5 février). ¹
  2° Migneron, Elisabeth.
Marie-Elisabeth, b 9 janvier 1782.

BERLOIN, Angélique, épouse de Michel Forget.

BERLOIN, Marie-Archange, épouse de Louis Forget.

1664, (7 juillet) Quebec. ¹
I.—BERMAN (de), Claude (4).
  1° Després, Anne,   [Nicolas I.
  veuve de Jean de Lauzon.

(1) Dit Nantel.
(2) Et Riquet.
(3) Elle épouse, le 11 mai 1772, Louis Legrand, à St-Henri-de-Mascouche.
(4) Voy. vol. I, p. 44.

    1697, (9 août). ¹
2° Cailleteau, Marie-Anne,   [Jacques I.
  s ¹ 30 nov. 1708.
    1710, (4 août). ¹
3° Molin, Marie, fille d'Antoine, (banquier de Paris) et de Renée Berson, de St-Mederic de Paris.

1729.
II.—BERMAN (de) (1), Claude-Ant.,   [Claude I.
  b 1700; s 25 déc. 1761, à Québec. ²
  Parsons, Catherine (2).
Marie-Catherine, b 25 janvier 1730, à Montréal.⁷—*Claude-Jacques*, b ⁷ 24 août 1732. — *Marie-Louise*, b ² 18 oct. 1733.—*Gilles-Claude*, b ² 14 sept. 1734 — *Marie-Charlotte*, b ² 31 déc. 1736, m ² 26 juillet 1756, à Antoine Demellis.—*Marie-Anne*, b ² 15 déc. 1737, s ² 17 juin 1743.—*Marie-Angélique*, b ² 15 déc. 1737; s ² 28 juillet 1755.—*Marie-Joseph*, b ² 13 et s ² 30 août 1741.—*Geneviève-Esther*, b ² 3 janvier 1743; s 18 mai 1744, à St-Augustin.—*Marie-Anne*, b ² 6 oct. 1746.

I—BERNAJIOT, Pierre (3).

BERNARD.—*Variations et surnoms* : Trotier —Hains — Hins — Ance — Anse —Ains— Brouillet — Leteillé — Jolicœur —Larivière.

1676, (26 nov.) Quebec.
I.—BERNARD, André (4),
  b 1649; s 24 mai 1724 à St-Laurent, I. O. ¹
  Giton, Marie,
  b 1649; s ¹ 17 janvier 1708.
Marie-Anne, b ¹ 28 sept. 1683; m ¹ 11 juin 1703, à Louis Paquet —*Marguerite*, b 1681; m ¹ 3 juin 1709, à François Audet; s ¹ 5 dec. 1749.—*André*, b ¹ 15 juillet 1680.

1692.
I.—BERNARD (4), Hilaire,
  b 1639; s 1ᵉʳ déc. 1729, à Québec. ³
  1° Gillet, Marguerite
    1694, (3 nov.) ⁸
  2° Voyer, Marie-Madeleine,   [Pierre I.
  s ⁸ 2 oct. 1711.
Marie-Anne, b ⁸ 12 juin 1699; m ⁸ 12 février 1714, à René Leillu; s ⁸ 21 mai 1734. — *Marie-Madeleine*, b ⁸ 26 avril 1703; m ⁸ 24 avril 1730, à François Terrain. — *Jacques*, b ⁸ 30 juillet 1704.—*Marie-Catherine*, b ⁸ 28 déc. 1706; m ⁸ 24 avril 1729, à Jean Roudier. — *Marie-Françoise*, b ⁸ 26 mars 1708; m ⁸ 28 nov. 1724, à André Bernier.
    1712, (22 sept) Beauport.
3° Danneville, Gabrielle,   [Brice I.
  veuve de Mathieu Lagrange; s ⁸ 13 oct. 1728.

(1) Sieur de la Martinière, chevalier, lieutenant des troupes.
(2) Anglaise.
(3) Soldat de la Compagnie de Patri, régiment de Guienne. Il était à Charlesbourg, le 31 janvier 1757.
(4) Voy. vol. I, p. 44.

1697, (10 nov.) St-Augustin.[1]
II.—BERNARD, CHARLES,　　　　　　[JEAN I.
　b 1674 ; s 18 déc. 1711, à Ste-Foye.[2]
　MARTIN, Geneviève,　　　　　　　[PIERRE I.
　　b 1671.
　Marie-Anne, b[2] 15 août 1699 ; m[2] 15 oct. 1726, à Louis GAUTIER.—*Charles*, b... m[2] 3 avril 1736, à Marie-Charlotte CHEVIGNY.—*Marie-Elisabeth*,b[1] 23 mars 1704, m[1] 2 sept. 1737, à Pierre MAGNIEN. —*Joseph*, b... m à Marie PARISEAU.—*Marie*, b[1] 26 déc. 1707.—*Michel*, b 21 sept. 1711, à la Pte-aux-Trembles, Q. — *Pierre*, b... 1° m à Marie-Geneviève GIROUX ; 2° m 12 sept. 1763, à Marie-Charlotte VALIN, à Charlesbourg.

I.—BERNARD, MARIE, b 1702 ; s 3 avril 1780, à l'Ile-Dupas.

1707, (22 nov.) Québec.[3]
II.—BERNARD (1), NICOLAS,　　　　[JEAN I.
　b 1670 ; s 25 fevrier 1735, à Laprairie.[4]
　BRUNEAU, Marie-Therèse,　　　[FRANÇOIS II.
　　b 1671 ; s[4] 4 déc 1740.
　Marie-Charlotte, b 1709 ; s 27 mars 1738, à Ste-Anne-de-la-Perade.—*Marie-Louise*, b[3] 2 déc. 1712 ; m[4] 10 mai 1745, à François AUPRY.

1712, (21 nov.) Charlesbourg.[5]
II.—BERNARD (2), JEAN,　　　　　[JEAN I.
　b 1677 ; s[5] 28 janvier 1715.
　BARBOT, Marie (3).　　　　　　[FRANÇOIS I.
　Marie-Catherine, b[5] 2 et s[5] 19 déc. 1713 — *Jean-Baptiste* (posthume), b[5] 27 mars 1715 ; 1° m 17 nov. 1734, à Marie-Charlotte SIMARD, à la Baie-St-Paul, 2° m 29 nov. 1737, à Agnès LAVOIE, à St-Joachim.

1713, (7 août) Québec.
I.—BERNARD (4), CLAUDE, fils de Jacques et de Louise Rabier, de Montamise, diocèse de Poitiers.
　COULOMBE, Angélique,　　　　　[LOUIS I.
　　b 1673.

1716, (24 mai) Montréal.[6]
I.—BERNARD (5), JEAN-BTE, b 1686 ; fils de Jean et de Marie-Anne Boisson, de St-Eustache, Paris ; s[9] 9 août 1747.
　MOREAU (6), Marie-Anne,　　　　[PIERRE I.
　　b 1698
　Jean-Baptiste-Hypolite, b[6] 27 août 1717 ; m[6] 29 nov. 1747, à Geneviève DUGAST.—*Jean-Joseph*, b[6] 3 janvier 1720.—*Marie-Anne*, b[6] 9 février 1722.—*Catherine*, b[6] 10 sept. 1723, 1° m[6] 29 oct. 1742, à Louis GENETEAU ; 2° m[6] 30 juin 1746, à Joseph ETHIER. — *Marie-Anne*, b[6] 22 avril 1725 ; m[6] 27 mai 1748, à Pierre RAZA.—*Marguerite*, b[6] 5 déc. 1726 ; m[6] 2 février 1761, à Jean-Baptiste TESSIER.

---
(1) Dit Ance.
(2) Dit Hanse.
(3) Elle epouse, en 1719, Jacques Lavoye, à Charlesbourg.
(4) Dit l'Eveillé, soldat de Rouville.
(5) Dit Joliœcœur.
(6) Appelée Demers et Aymard.

BERNARD, MARIE-GERMAINE, b 1720 ; s 8 avril 1760, aux Trois-Rivières.

III.—BERNARD (1), JOSEPH.　　　[CHARLES II.
　PARISEAU, Marie.
　Joseph, b... m 7 janvier 1744, à Geneviève VAILLANCOUR, à l'Islet.

1724, (29 nov.) Québec.[7]
I.—BERNARD, PIERRE-JOSEPH, écrivain du Roy : fils de Joseph et de Marie-Anne Hugot, de St-Eustache, Paris.
　DAVESNE, Marie-Joseph,　　　　[GABRIEL II.
　　b 1699 ; veuve de Joseph CADDÉ.
　Joseph-Thomas, b[7] 19 oct. 1726.—*Louis*, b[7] 22 août 1729 ; s 22 mai 1730, à Lévis.—*Louis*, b[7] 30 août 1731—*Jean-Baptiste-Etienne*, b[7] 7 août 1732 ; s 22 janvier 1733, à Beaumont.

1725, (28 mai) Québec.[8]
II.—BERNARD (2), JACQUES,　　　[HILAIRE I.
　b 1704.
　DURET, Charlotte (3),　　　　　[JACQUES I.
　　b 1704.
　Marie-Charlotte, b[8] 16 avril 1726.—*Marie-Louise*, b[8] 3 juillet 1727. — *Jacques*, b 1733, m 22 avril 1754, à Marie-Joseph OUINET, à Montréal.—*Jean-Charles*, b[8] 4 juillet 1734.

1726, (8 janvier) Montréal.[9]
I.—BERNARD, PIERRE (4), fils de Daniel et de Bertrande Duguay, de St-Vivien, diocèse de Xaintes.
　DURAND, Marguerite,　　　　　[PIERRE II.
　　b 1708.
　Marguerite, b 1726 ; m[9] à Pierre PAYMENT-LA-RIVIÈRE ; s 17 mars 1794, à l'Hôpital-General, M. —*Jean-Baptiste*, b[9] 8 août 1727.—*Geneviève*, b... m 10 mai 1751, à Pierre PARANT, à Boucherville.

1730, (5 fevrier) Beauport.
I.—BERNARD, PIERRE, fils de Mathurin et de Marie Amiot, de St-Etienne-des-bois, diocèse de Luçon, Poitou.
　GIROUX, Geneviève,　　　　　　[RAPHAEL II
　　b 1707.
　Pierre-Antoine, b 3 mars 1731, à Québec [1]—*Jean-Baptiste*, b[1] 27 avril et s[1] 25 juin 1732.—*Jacques*, b[1] 18 février 1733.—*Geneviève-Marguerite*, b 23 avril 1734, à Levis.[2]—*Louis*, b[2] 2 nov. 1737.—*Marie-Anne*, b[2] 7 juin 1739.

BERNARD, MARIE-JOSEPH, m 1750, à Michel BILLY.

BERNARD, JEAN,
　b 1703 ; s 17 février 1778, à Terrebonne.
　MORVÉ, Suzanne,
　　s avant 1778.

---
(1) Dit Ains.
(2) Dit Larivière.
(3) Elle épouse, le 22 juin 1761, Antoine CHEROUX, à Montreal.
(4) Soldat de Bégon.

BERNARD, Angélique, épouse de François Dufour.

BERNARD, Madeleine, épouse de Joseph Dussault.

BERNARD, Marguerite, épouse de Pierre Dufresne.

BERNARD, Marie-Anne, epouse de Maurice Levêque.

BERNARD, Madeleine, épouse de Jean Cormier.

BERNARD, Rosalie, b... 1° m à Urbain Baudet ; 2° m 1er juillet 1793, à Pierre Paris, à St-Jean-Deschaillons.

BERNARD, Jean-Bte.
Livreau, Catherine.
Elisabeth, b 25 mai 1735, à Montréal[2] ; m[2] 10 avril 1758, à Pierre Perrot.—Louise, b 1735 ; m[2] 19 avril 1762, à Pierre Galand.—Jean-Victor, b[2] 19 oct. 1737.—Bernard, b 1738 ; s[2] 18 juillet 1749.

1733, (16 fevrier) Quebec.[4]
I.—BERNARD (1), François, fils de François et de Thérèse Lestevin, de St-Louis, ville de Boeste, Bretagne ; s avant 1760.
1° Berthelot, Marie-Charlotte, [Jacques I.
b 1706 ; s[4] 24 janvier 1748.
François, b 1734 ; 1° m 27 oct. 1760, à Marie-Louise Larchevêque, à Montréal[5] ; 2° m[5] 7 février 1763, à Elisabeth Desrorges. — Pierre-François, b[4] 7 mars 1737.— Jean-François, b 22 et s[2] 26 mai 1739, à la Pte-aux-Trembles, Q.— Thérèse, b 17 mars 1741, au Cap-Sante, m 5 février 1759, à Alexis Sonier, aux Trois-Rivières. —Jean-Baptiste, b 13 juin et s 12 août 1744, à la Rivière-Ouelle.— Etienne, b[4] 12 et s[4] 19 juin 1747.
1751, (1er fevrier) Baie-St-Paul.[7]
2° Simard, Cecile, [Noel III.
b 1724.
Marie Cécile, b[7] 30 nov. 1751.

1733, (4 août) Islet.
I.—BERNARD, Servant, b 1713 ; fils de Pierre et de Marie Leger, de St-Brie, diocèse de St-Malo ; s 31 dec 1758, au Cap-St-Ignace.[3]
1° Boiry, Marie-Françoise, [Jean-Charles I.
b 1700.
1735, (8 nov.) St-Thomas.
2° Fournier, Marie, [Louis II.
b 1718, s[3] 31 dec. 1758.
Joseph-Marie, b[3] 19 mars 1737 ; m 19 janvier 1758, à Cecile Landais, à Rimouski.[4] — Jérôme, b[3] 18 sept. 1739 ; s[3] 10 nov. 1741.—Pierre, b[3] 29 dec. 1741.—Marie-Angélique, b[3] 5 mai 1744. —Marie-Judith, b[3] 20 dec. 1745 , s[3] 5 mars 1749. —Jean-Baptiste, b[3] 20 nov. 1747.— Marguerite, b[3] 4 et s[3] 24 janvier 1750.—Marie, b[3] 4 janvier et s[3] 1er mars 1750. — Marie-Madeleine, b[3] 16 fevrier 1751, — Anonyme, b[3] et s[3] 10 fevrier 1752.—Marie-Joseph, b[4] 2 nov. 1757.

(1) Dit Lafontaine. Maître tailleur d'habits.

1734, (17 nov.) Baie-St-Paul.[4]
III.—BERNARD (1), Jean-Bte, [Jean-Bte II.
b 1715.
1° Simard, Marie-Charlotte, [Noel III.
b 1718.
Anonyme, b[4] et s[4] 26 sept. 1735.
1737, (29 nov) St-Joachim.
2° DeLavoye, Marie-Agnès. [Joseph II.
Marie-Joseph, b[4] 31 août 1738. — Louis, b[4] 31 août et s[4] 22 oct. 1739. — Jean-Baptiste, b[4] 25 août 1740 ; s[4] 18 février 1742.— Joseph, b[4] 19 mars 1742 ; m 14 avril 1766, à Marguerite Deguire, à St-Antoine-de-Chambly. — Etienne, b 15 juin 1745, à Quebec.—Godfroid, b 16 fevrier 1749, à Charlesbourg[6] ; s[6] 22 juin 1754.— Joseph, b 6 juin 1751, à Lorette ; s[6] 13 fevrier 1754.—Jean-Baptiste, b... s[6] 27 mai 1753

1736, (3 avril) Ste-Foye.[5]
III.—BERNARD, Charles. [Charles II.
Chevigny, Marie-Charles. [Charles II.
Charles, b 18 mai 1737, à St-Augustin[6] ; m[6] 12 oct. 1761, à Marie-Joseph Guenet — Marie-Anne, b[6] 16 juin 1739. — Jean-Baptiste, b[6] 31 oct. et s[6] 4 nov. 1741. — Pierre-Ignace, b[6] 15 janvier 1745—Geneviève-Reine, b[6] 2 oct. 1747. —Louis-Joseph, b 1753 , s[6] 13 sept. 1755.—Marie, b... m[6] 13 sept. 1762, à Jean-Baptiste Faucher.

III.—BERNARD, Pierre, [Charles II.
1° Giroux, Marie-Geneviève, [Toussaint II.
b 1710 ; s 27 avril 1763, à Charlesbourg.[4]
Marie-Anne, b 14 avril 1736, à Levis ; 1° m[4] 5 mars 1753, à Charles Falardeau ; 2° m[4] 8 fevrier 1762, à Joseph Brière. — Godfroy, b[4] 12 mars 1741 ; m[4] 23 nov. 1761, à Marguerite Pageot. — Jacques, b... m[4] 29 janvier 1753, à Thérèse Lefebvre ; 2° m 16 nov. 1767, à Marie-Marthe Fradet.—Pierre, b... m 1753, à Marie-Madeleine Pageot — Louis, b... m[4] 8 fevrier 1762, à Marie-Angélique Savard.— Geneviève, b... m[4] 17 janvier 1763, à Gabriel Pageot.
1763, (12 sept.)[4]
2° Valin, Marie-Charlotte, [Charles II.
veuve de François Paquet.

1737, (22 juillet) Montréal.[1]
I.—BERNARD (2), Pierre-Luc, b 1715 ; fils de Luc et de Marie Roy (3), de St-Léger de Cognac, diocèse de Xaintes.
1° Guilbert, Marie-Madeleine. [Jean I.
1749, (21 avril).[1]
2° Auger, Madeleine, [Jean-Bte I.
veuve d'Antoine Aubin.

1739, (12 janvier) Québec.[1]
I.—BERNARD (4), Jean,
de N.-D. de Poitiers.
1° Bibaud, Jeanne,

(1) Dit Anse.
(2) Dit St-Pierre, soldat.
(3) Appelée Allier, 1749.
(4) Dit Lusignan.

2° Choret, Angélique,　　　　　　[Robert II.
　veuve de Pierre Michelon ; s ¹ 28 février
　1742.
　Louis, b¹ 26 février et s¹ 2 sept. 1739.—*Marie-
Angélique*, b¹ 28 août 1740.— *Claude-Joachim*,
b¹ 9 déc. 1741 ; s¹ 7 février 1743.— *Joseph*, b¹
9 déc. 1741 ; s¹ 25 mars 1743.
　　　　　　1742, (30 oct.) ¹
3° Maranda, Geneviève,　　　　　[Charles II.
　b 1708.
　Marguerite-Louise, b¹ 11 nov. 1743.

BERNARD, Michel.
　Blanchard, Madeleine (1).

BERNARD (2), Michel.
　Marie, b... m 7 oct. 1765, à Jean-Baptiste Truchon, à Lachenaye.

I.—BERNARD, Jean-Bte, Acadien,
　s avant 1766.
　Gaudet, Cécile.
　Joseph, b 1744 ; m 14 avril 1766, à Marguerite Deguire, à St-Antoine-de-Chambly. ²—*Rosalie*, b 1744 ; m² 17 oct. 1768, à Joseph Burel.

　　　　1743, (26 nov.) Montréal. ⁵
I.—BERNARD (3), Pierre, b 1711 ; fils de Pierre
　et de Marie-Rose, de Monbrun, diocèse d'Angoulême.
　Cadieu, Marie-Joseph,
　b 1710.
　Marguerite, b⁵ 25 sept. 1744 ; m⁵ 26 janvier
1761, à Jean Forel. — *Marie-Charlotte*, b⁵ 18
mai 1746.—*Antoine*, b⁵ 27 oct. 1747.

　　　1746, (21 février) Ste-Anne-de-la-Pocatière. ³
I.—BERNARD, Gilles, b 1713 ; fils de Gilles et
　de Marie-Renée Cruchon, de St-Pair, diocèse
　de Coutance ; s 19 nov. 1758, au Cap-St-
　Ignace. ⁴
　Pelletier, Marie-Françoise,　　[Jean-Frs IV
　b 1725 ; s⁴ 13 juin 1757.
　Jean-Bernard, b³ 4 juillet 1746.—*André*, b³
8 juillet 1748.—*Marie-Hyacinthe-Euphrosine*, b⁵
1ᵉʳ février 1750.—*François-Marie*, b³ 21 mars
1752.

　　　　　1747, (29 nov.) Montréal. ⁵
II.—BERNARD, Jean-Bte,　　　　[Jean-Bte I.
　b 1717.
　Dugast, Geneviève,　　　　　　[Joseph II.
　b 1724.
　Charlotte-Geneviève, b⁵ 22 sept. et s⁵ 16 oct.
1748.—*René*, b⁵ 2 oct 1749 ; s⁵ 27 mai 1750.—
Geneviève-Joseph, b⁵ 26 oct. 1750. — *Jean-Baptiste*, b et s 4 nov. 1753, à Longueuil. ⁶—*Ursin*,
b⁶ et s⁶ 27 nov. 1754.—*Louis*, b⁶ et s⁶ 27 avril
1760.

(1) Elle épouse, le 30 nov. 1741, Simon Chamberland, à Québec.
(2) Dit Masson.
(3) Dit Lafontaine, soldat de la compagnie Lepervanche.

　　　　　　1752, (7 nov.) Québec. ⁷
I.—BERNARD, Nicolas, fils de Nicolas (écrivain du roy sur les Galères) et de Lucrèce
　Girard, de St-Féreol, Marseilles.
　Levasseur, Madeleine,　　　　　[Noel III.
　s⁷ 8 août 1757.
　Marie-Madeleine, b⁷ 10 août 1753. — *Pierre-
Nicolas*, b⁷ 22 juillet 1755 ; s⁷ 9 nov. 1756.—
Noel, b⁷ 2 août 1756. — *Dauphin-Eutrope*, b⁷ 27
juillet 1757.

　　　　1753, (29 janvier) Charlesbourg. ¹
IV.—BERNARD, Jacques.　　　　　[Pierre III.
1° Lefebvre Thérèse,　　　　　　[Charles II.
　b 1736 , s 18 juin 1766, à St-Valier. ⁸
Jacques-Joseph, b¹ 18 août et s¹ 19 sept. 1754
—*Jacques*, b⁸ 9 nov. 1757, s⁸ 26 janvier 1759
—*Jacques*, b⁸ 23 mars 1759. — *Charles*, b⁸ 9
mai 1760.
　　　　　　1767, (16 nov.) ⁸
2° Fradet, Marie-Marthe.　　　　[Jacques II.

　　　　　　1753.
IV.—BERNARD, Pierre.　　　　　　[Pierre III
　Pageot, Marie-Madeleine,　　　[Joseph II
　b 1718.
　Pierre, b 10 février 1754, à St-Augustin.⁹—
Godfroy, b³ 19 déc. 1755.—*Marie-Joseph*, b³ 30
janvier 1758.—*Marie-Marguerite*, b⁸ 11 février
1760.—*Gabriel-Augustin*, b 22 juillet 1765, à la
Pte-aux-Trembles, Q. — *Louis*, b... s 12 mars
1762, à Charlesbourg.

I.—BERNARD, Jean-Bte (1).
　Genain, Marie-Anne
　Marie-Anne, b 1755 ; s 2 janvier 1756, à Québec.

　　　　　1754, (22 avril) Montreal.
III.—BERNARD (2), Jacques.　　　[Jacques II
　b 1733.
　Ouimet, Marie-Joseph,　　　　　[Pierre II
　b 1734.
　Jacques, b 6 janvier 1757, à St-Vincent-de-Paul.

　　　　　1756, (22 nov.) Québec. ⁵
I.—BERNARD (3), Pierre, fils de Jean et de
　Jeanne Bourguilla, de St-Marc, diocèse
　d'Auxerre.
　Dion, Félicité.　　　　　　　　　[Pierre I
　Pierre, b⁵ 26 oct. 1756 ; s⁵ 7 août 1757—
Pierre, b 28 déc. 1757, à Lorette ⁶ ; s⁶ 21 janvier
1758.—*Louise-Félicité*, b⁶ 6 sept. 1759, m 2
février 1795, à Pierre Naud, à Deschambault.—
Jacques, b⁶ 28 déc. 1760 ; s⁶ 6 janvier 1761.—
Marie, b⁶ 21 et s⁶ 24 mars 1762.—*Marie-Charlotte*, b⁶ 9 juin 1763.

I.—BERNARD, François,
　s avant 1784.
　Pelletier, Marie,
　s avant 1784.
　Alexis, b... m 5 oct. 1784, à Françoise Deroy,
à St-Augustin.

(1) Soldat de Raymond.
(2) Dit Larivière.
(3) Dit St-Pierre.

I.—BERNARD, Nicolas (1), b 1737 ; fils de Pierre et de Marie Chatard, de Lurzi, Nivernois ; s 27 déc. 1757, à Ste-Famille, I. O.

1758, (19 janvier) Rimouski.

II —BERNARD, Joseph-Marie,   [Servant I.
   b 1737.
  Landais, Cécile,   [Jacques I.
   b 1738.

1758.

BERNARD, Michel.
  Brisard, Marie-Louise.   [Jean I.
Michel, b 1759 ; s 26 janvier 1760, à Charlesbourg.

1759, (19 nov.) Québec.

I.—BERNARD, Joseph, fils de Marin et de Catherine Mangot, de Clermont, Auvergne.
  Durbois (2), Marie-Anne.   [François III

1759.

I —BERNARD, George.
  Durbois, Madeleine,   [François III.
   b 1736.
Louis, b 14 mai 1760, à Beauport.

1760, (27 oct.) Montréal.[7]

II.—BERNARD (3), François.   [François I.
   b 1734.
  1° Larchevêque, Marie-Louise. [Alexandre IV.
   1763, (7 février).[7]
  2° Desforges, Elisabeth.   [Paul II

BERNARD, André.
  Guimont, Charlotte.
Marie-Angélique, b 24 et s 25 avril 1762, à Québec.[6]—*Marie-Catherine*, b[6] 17 juillet et s[8] 8 déc. 1763.

1761, (12 oct.) St-Augustin.

IV.—BERNARD, Charles,   [Charles III.
   b 1737.
  Guenet, Marie-Joseph,   [Pierre III.
   b 1746.

1761, (23 nov.) Charlesbourg.

IV.—BERNARD, Godfroy,   [Pierre III.
   meunier, b 1741.
  Pageot, Marguerite,   [Thomas III.
   b 1740.
Marie-Marguerite, b 17 août 1768, au Château-Richer.[5]—*Marie-Louise*, b[5] 25 mars et s[5] 18 juin 1770 —*Marie-Geneviève*, b[5] 25 mars 1770, s[6] 17 mars 1771.—*Marie*, b... s[5] 5 août 1771.—*Anonyme*, b... s[5] 17 août 1771.—*Marie-Joseph*, b[5] 25 déc. 1772. — *François-Etienne*, b[5] 13 et s[5] 20 juin 1778.

(1) Soldat de Berry, compagnie de Traurout.
(2) Dit Lienard.
(3) Dit Lafontaine.

I.—BERNARD, Pierre,
  s avant 1797.
  Cotin, Marie-Charlotte.
François, b... m 30 janvier 1797, à Marie-Anne Bosche, à Beaumont.

1762, (8 février) Charlesbourg.

IV.—BERNARD, Louis.   [Pierre III.
  Savard, Marie-Angélique,   [Pierre IV.
   b 1738.
Louis, b 8 avril et s 3 mai 1763, à la Pte-aux-Trembles, Q.[2]—*Louis*, b[2] 24 février 1765.—*Marie-Angélique*, b[2] 27 mai 1767.—*Marie-Louise*, b[2] 30 juillet 1768.—*Marie-Thérèse*, b 21 juillet 1772, aux Ecureuils.[3]—*Marie-Joseph*, b[3] 10 mai 1775.

BERNARD, Jean.
  Richard, Françoise.
Rosalie, b 25 nov 1764, à Lotbinière.[4]—*Pierre-Firmin*, b[4] 28 mai 1766.—*Marie-Marguerite*, b[4] 3 février 1768.

BERNARD, Pierre.
  Hubert, Marguerite.
Marie-Marguerite, b 11 nov. 1764, à Lotbinière.

BERNARD, Pierre.
  Badeau, Angélique,   [Jacques-Fabien IV.
   b 1738.
Pierre, b 1765 ; s 28 janvier 1766, au Château-Richer.

1765, (21 oct.) Terrebonne.

I.—BERNARD, Joseph, fils de Jean-Louis et de Jeanne Robert, diocèse de Valence, Dauphinée.
  Paris, Françoise (1),   [Ambroise II.
   b 1746.

1766, (14 avril) St-Antoine-de-Chambly.

IV.—BERNARD, Joseph,   [Jean-Bte III.
   b 1742.
  Deguire, Marguerite,   [Louis III.
   b 1747.

BERNARD (2), Joseph.
  Bondy, Marie-Thérèse.
Joseph, b 18 nov. 1782, à Varennes.

BERNARD (3), Barthélemi.
  Beriau, Marie-Joseph,   [Joseph II.
   b 1738, s 3 août 1782.
Louis-Barthélemi, b et s 23 juin 1782, à St-Augustin.[1]—*Marie-Madeleine-Luce*, b... m[1] 4 oct. 1790, à François-Xavier Larue.

1784, (5 oct.) St-Augustin.[1]

II.—BERNARD, Alexis.   [François I.
  Defoy, Françoise.   [Pierre III.
Alexis, b[1] 1er janvier 1786. — *Joseph*, b[1] 22 juillet 1787.

(1) Elle épouse, le 9 août 1773, Pierre Constantin, à Terrebonne.
(2) Dit Amse—Hanse—Hains—Hens—Ance—Anse.
(3) Dit Hens.

1797, (30 janvier) Beaumont.
II.—BERNARD, François,　　　　　[PIERRE I.
　BOSCHÉ, Marie-Anne.　　　　　　[BERNARD.

I.—BERNARDY, ANTOINETTE, épouse de Pierre
　LAVIGNE.

BERNARETZ.—Voy. DESMAREST.

I.—BERNE, ALBERT.
　BOUSQUET, Jeanne,　　　　　　　[JEAN I.
　b 1685 ; s 19 avril 1716, à Montréal.

1769, (17 août) Longue-Pointe.
I.—BERNESSE (1), GUILLAUME, b 1737 ; fils de
　Jean et de Marie-Catherine Bahe, de la ville
　de Letour, diocèse d'Auch.
　GENTIL (2), Marie-Thérèse,　　　[PIERRE I.
　b 1748.

I.—BERNET (3), JEAN,
　b 1690 ; s 23 février 1758, à St-Laurent, M.
　BIGRAS, Geneviève (4),　　　　　[FRANÇOIS I.
　b 1714.

I.—BERNET (5), PIERRE,
　s avant 1760.
　COURSOL, Marie-Joseph.　　　　[JACQUES I.
　Angélique, b... s 10 août 1759, à Verchères.⁷—
　Pierre, b⁷ 13 février 1760.

I.—BERNEZÉ (6), FRANÇOIS, b 1666, ville de
　Bugnet Saumur, diocèse d'Angers, s 22 mai
　1730, à Montréal.

1670, Montréal.⁹
I.—BERNIER, MATHURIN (7),
　b 1645
　VILLAIN, Jeanne,
　b 1655.
　Elisabeth, b⁹ 3 oct. 1671 ; 1° m 24 nov. 1687, à
　Jacques BIÉTRY, à la Rivière-des-Prairies ; 2° m⁹
　25 oct. 1705, à Jean CAMPEAU.

1687.
BERNIER (8), JEAN,
　b 1637
　LEFEBVRE, Marie,
　b 1647.

1689, (21 février) St-Thomas.
II.—BERNIER, PIERRE (8),　　　　[JACQUES I.
　b 1659 ; s 18 sept. 1741, au Cap-St-Ignace.⁴
　BOULE, Françoise,　　　　　　　[ROBERT I.
　b 1674.

(1) Dit Blondin.
(2) Dit Confoulon—Mercier.
(3) Dit Larose.
(4) Elle épouse, le 7 janvier 1761, Jean Spaure, à St-Laurent, M.
(5) Dit Chauvin.
(6) Dit Larivière, sergent de la compagnie de Lambert.
(7) Voy. vol. I, p. 45.
(8) Dit DeParis.

Pierre-Basile, b⁴ 9 février 1705 ; 1° m 29 oct
1727, à Marie-Joseph FORTIN, à l'Islet ; 2° m⁴
28 nov. 1758, à Marguerite CLOUTIER.

1693, (11 août) Charlesbourg.³
I.—BERNIER, ANDRÉ,
　b 1660 ; s³ 29 sept. 1729.
　BOURÉ, Jeanne (1).　　　　　　　[GILLES I
　Charlotte, b³ 3 juillet 1702 ; m³ 1722, à Jean-
　Baptiste BOUTIN-DUBORD.— *Thomas,* b³ 26 jan-
　vier 1720 ; s 24 oct. 1727, à Québec.—*Margue-
　rite,* b³ 7 nov. 1714 ; s³ 1ᵉʳ sept. 1727.—*Marie-
　Jeanne,* b³ 30 mai 1722 ; s³ 27 nov. 1730.—
　Jean-François, b³ 17 février 1717 ; m³ 3 février
　1739, à Marie-Jeanne CHRETIEN.

1694, (25 oct.) Cap-St-Ignace.⁸
II.—BERNIER, CHARLES,　　　　　[JACQUES I
　b 1662 ; s⁸ 28 mars 1731.
　LEMIEUX, Anne,　　　　　　　　[GUILLAUME I
　b 1680.
　Félicité, b⁸ 1ᵉʳ nov. 1701 ; m⁸ 30 juillet 1727,
　à Jean-Baptiste BELLEAU-LAROSE. — *Marthe,* b⁸
　16 avril 1703 ; m⁸ 20 août 1725, à Joseph FOR-
　TIN.—*Joseph,* b⁸ 17 mars 1706 ; m 1730, à Marie-
　Catherine BOUCHARD ; s 26 oct. 1772, à St-Tho-
　mas.—*Augustin,* b⁸ 9 juin 1709 ; m 8 nov. 1734,
　à Angélique BUTEAU, à Berthier.—*Jean-Baptiste,*
　b⁸ 2 février 1711 ; s 17 mars 1731, à Lévis.—
　Pierre, b⁸ 4 oct. 1714 ; 1° m⁸ 17 janvier 1742, à
　Marie-Louise GUIMONT ; 2° m⁸ 7 août 1758, à
　Marie-Madeleine GAMACHE.

1694, (30 oct.) Ste-Anne.
II.—BERNIER, JEAN-BTE (2),　　　[JACQUES I
　b 1666.
　CARON, Geneviève (3),　　　　　[JEAN II
　b 1677.
　Geneviève, b 24 mars 1697, au Cap-St-Ignace¹
　m⁷ 17 juillet 1720, à Jean-Baptiste CÔTÉ.—*Ur-
　sule,* b⁷ 13 mai 1699 ; m⁷ 17 juillet 1720, à
　Prisque CÔTÉ ; s 11 janvier 1770, à l'Ile-Verte.—
　Pierre, b... m 17 nov. 1738, à Gertrude MIGNE-
　RON, à Ste-Foye.—*Elisabeth,* b⁷ 15 janvier 1704
　m 7 oct. 1722, à Gabriel CÔTÉ, à Québec.²—
　Anne, b⁷ 23 mars 1708 ; m² 23 oct. 1728, à
　Jacques ARMAND ; s² 8 mai 1749. — *François-
　Xavier,* b⁷ 3 avril 1710.— *Louise,* b⁷ 3 juillet
　1712, m⁷ 22 oct. 1732, à Maurice-Louis LEBRICE.

1698, (7 janvier) Québec.⁶
I.—BERNIER, JACQUES (4),
　b 1667 ; s⁶ 13 janvier 1718.
　1° DEROME, Elisabeth,　　　　　[DENIS I
　s⁶ 10 déc. 1708.
　Jeanne, b⁶ 12 janvier 1704 ; m⁶ 27 mai 1725
　à Joseph BÉRIAU. — *Angélique,* b⁶ 1ᵉʳ nov. 1705
　1711, (12 oct.)⁶
　2° GRESLON (5), Angélique,　　 [JACQUES]
　veuve d'Antoine Boutin.

(1) Elle épouse, le 5 sept. 1785, Simon L'ANGE, à Québec.
(2) Voy. vol. I, p. 45.
(3) Elle épouse, en 1717, Jacques Rodrigue.
(4) Voy. vol. I, p. 46.
(5) Dit Fontaine. Elle épouse, le 22 avril 1718, Jules Cade, à Québec.

Marie-Catherine-Joseph, b⁶ 6 oct. 1712; m 11 nov. 1731, à Louis Campagna, à St-Augustin.— *Pierre*, b⁶ 1ᵉʳ avril 1715.— *Marie-Madeleine*, b⁶ 7 mars 1716. — *Agnès*, b⁶ 21 mars 1717; m⁶ 21 nov. 1735, à François Delahaye.

I.—BERNIER, Charles.
Faye-Villefayan, Marie,   [Pierre I.
b 1678.

Nicolas, b 2 mai 1701, au Cap-St-Ignace; m 8 mars 1733, à Marguerite Galernault, à Ste-Foye; s 20 dec. 1759 à St-Henri.

1701, (30 oct.) Ste-Anne.

II.—BERNIER, Philippe,   [Jacques I.
b 1673; s 5 janvier 1750, au Cap-St-Ignace.⁵
Caron, Ursule,   [Jean II.
b 1684; s⁵ 27 sept. 1754.

Barthélemi, b⁵ 13 oct. 1703; m 18 oct. 1731, à Marie-Charlotte Petit, à Québec.—*Jean-Baptiste*, b⁵ 22 mars 1705; s⁵ 19 nov. 1729.—*Joseph*, b⁵ 27 mars 1707; m⁵ 21 nov. 1735, à Marie-Claire Fortin. — *Philippe*, b⁶ 29 janvier 1709; s⁶ 4 oct. 1714. — *Ursule*, b⁵ 13 mars 1711; m⁵ 28 juillet 1737, à Louis Guimont.— *Geneviève*, b⁵ 14 février 1713. — *Jerôme*, b⁶ 7 avril 1715. — *Marie-Geneviève*, b⁵ 2 dec. 1718; m⁵ 9 nov. 1739, à Augustin Carrier.— *Philippe-Jérôme*, b⁵ 10 février 1721; m⁵ 19 janvier 1744, à Marie-Marthe Gaudreau; s⁵ 2 avril 1763.—*Elisabeth*, b⁵ 15 mai 1728.

1720.

III.—BERNIER, Jacques,   [Pierre II
b 1697.
Guay, Elisabeth,   [Michel II
b 1697.

Françoise-Elisabeth, b 12 juillet 1721, au Cap-St-Ignace.³; m³ 15 février 1745, à Guillaume Cloutier.— *Jacques*, b 11 janvier 1723, à St-Thomas.⁴—*Elisabeth*, b⁴ 2 janvier 1725; s⁴ 19 juillet 1726.—*Louis*, b⁴ 28 nov. 1726; 1º m 19 janvier 1750, à Geneviève Boivin, à Québec, 2º m³ 30 mars 1761, à Marie-Joseph Girouard.— *Marie-Joseph*, b 30 juillet 1729, à Levis; m³ 1ᵉʳ février 1762, à Julien Langlois.—*Marie-Geneviève*, b³ 1ᵉʳ nov. 1731, s³ 19 avril 1733.— *Marie-Geneviève*, b³ 26 mai 1733; m³ 10 janvier 1752, à Jean-Baptiste Hudon.—*Anonyme*, b³ et s³ 23 mars 1735.—*Charlotte*, b³ 23 et s³ 28 mars 1735.—*Anonyme*, b³ et s³ 28 fevrier 1736.— *Marie-Claire*, b³ 13 fevrier 1738; m³ 11 nov. 1754, à Jean-Baptiste Langelier.

1723, (24 nov.) Cap-St-Ignace.⁴

III.—BERNIER, Alexandre,   [Charles II.
b 1697, s⁴ 9 fevrier 1765.
1º Fortin, Marie-Louise,   [Eustache II.
b 1699, s⁴ 28 fevrier 1749.

Charles-Alexandre, b⁴ 17 août 1724, m 1749, à Geneviève Belanger.—*Marie-Geneviève*, b⁴ 27 mai 1726, s⁴ 11 avril 1728.—*Joseph-Marie*, b⁴ 13 sept. 1728; s⁴ 29 juin 1743.—*Jean-Baptiste*, b⁴ 20 août 1731; m 1752, à Louise Langelier.— *Marie-Claire*, b⁴ 4 mai 1733; 1º m⁴ 11 fevrier 1754, à Nicolas Durand, 2º m⁴ 24 nov. 1756 —

Marie-Reine. b⁴ 8 janvier 1736.—*Jacques*, b⁴ 9 janvier 1739.

1751, (30 août).⁴
2º Boivin, Agnès.   [François II.

BERNIER, Antoine,
s avant 1760.
Constant, Louise,
s avant 1760.

Louise, b... m 29 sept. 1760, à Jean-Baptiste Blouin, aux Trois-Rivières.

BERNIER, Jean, b... m 16 janvier 1764, à Timothée Fortin, au Cap-St-Ignace.

1724, (28 nov.) Québec.

II —BERNIER, André,   [André I.
b 1695, s 20 fevrier 1757, à Charlesbourg.⁵
Bernard (1), Marie-Françoise,   [Hilaire I.
b 1708.

Marie-Marguerite, b⁵ 2 oct. 1726; m⁵ 3 août 1750, à Joseph Duquet.—*André*, b⁵ 20 janvier 1729, m 1761, à Marie-Joseph Bourdeau.— *Joachim*, b⁵ 1ᵉʳ fevrier 1731; m 29 avril 1754, à Françoise Lis, à Beaumont —*Barthélemi*, b⁵ 15 avril 1733; m⁵ 15 janvier 1759, à Marie-Charlotte Thomas.—*Charles*, b⁵ 11 mars 1735 —*Marie-Madeleine*, b⁵ 29 janvier 1737, m⁵ 5 fevrier 1753, à François Parant.—*Paul*, b⁵ 31 janvier 1739. —*Marie-Anne*, b⁵ 21 fevrier 1741; m⁵ 10 oct 1763, à François Roy.—*Marie-Angélique*, b⁵ 25 sept 1743; s 20 janvier 1751, à Levis.—*Jacques-Marie*, b⁵ 22 avril 1746.—*Pierre*, b⁵ 19 juillet 1748; s⁵ 23 sept 1755.—*François*, b⁵ 31 mars 1750; s⁵ 20 nov. 1759.

1726, (5 nov.) Cap-St-Ignace.⁶

III.—BERNIER, Isidore.   [Charles II.
Belleau, Ursule-Catherine,   [Jean-Bte II.
b 1708

Jean-Baptiste, b⁶ 30 juillet 1727; m⁶ 27 nov. 1752, à Marie-Louise Langlois. — *Isidore-Pascal*, b⁶ 15 avril 1730, m 24 avril 1752, à Marguerite Canon, à l'Islet.—*Ursule*, b⁶ 26 août 1733, m⁶ 7 fevrier 1752, à Denis Fortin —*Lambert*, b⁶ 1ᵉʳ oct. 1735. — *Clément*, b⁶ 18 mars 1738; s⁶ 1ᵉʳ nov. 1739.—*Victoire*, b⁶ 2 et s⁶ 29 avril 1741.

1727, (29 oct) Islet.⁷

III.—BERNIER, Pierre-Basile,   [Pierre II
b 1705.
1º Fortin, Marie-Joseph.   [Pierre II.
b 1707, s⁷ 7 janvier 1756, au Cap-St-Ignace.⁸

Pierre, b⁸ 15 juillet 1728: s⁷ 25 sept. 1730 — *Basile*, b⁸ 1ᵉʳ juillet 1730; m 12 avril 1752, à Agnès Dionne, à Ste-Anne-de-la-Pocatière ⁹ — *Joseph-Marie*, b⁸ 27 sept. 1731, m⁸ 21 janvier 1754, à Marie-Thérèse Dionne —*Jean-Baptiste*, b⁸ 3 avril 1733 m⁸ 16 juillet 1753, à Louise Chevalier.— *Marie-Claire*, b⁸ 17 sept. 1734, m⁸ 26 oct. 1750, à Rene Gagné.—*Marie-Dorothée*, b⁸ 25 juin 1736. s³ 22 mars 1738.—*Marie-Louise*, b⁸ 14 avril 1738; m⁸ 16 janvier 1754, à Germain Dionne

---

(1) Dit Larivière.

1758, (28 nov.) [8]
2° CLOUTIER, Marguerite,   [JEAN-BTE III.
   b 1700; veuve de Jean-Baptiste Durand.

1730.

III.—BERNIER, JOSEPH,   [CHARLES II.
   b 1706; s 26 oct. 1772, à St-Thomas. [7]
BOUCHARD, Marie-Catherine,   [PIERRE II.
   b 1712.
Marie-Geneviève, b [7] 23 sept. 1731; m [7] 16 nov. 1750, à Alexis GUYON.—*Joseph*, b 5 juillet 1733, au Cap-St-Ignace; 1° m 29 nov. 1758, à Marie-Anne BLONDEAU, à Berthier; 2° m [7] 30 juin 1767, à Marie-Anne Rogère ALLIÉS.—*Véronique*, b [7] 10 juin 1737; m [7] 27 nov. 1759, à Joseph FOURNIER.—*Pierre*, b [7] 12 août 1739; m [7] 7 juin 1762, à Marguerite MIVILLE.—*Marie-Charlotte*, b [7] 28 mai 1741; m [7] 9 juillet 1761, à Louis MORIN; s [7] 2 avril 1762.—*Elisabeth*, b [7] 16 août 1743; s [7] 9 déc. 1748.—*Jean-Baptiste*, b [7] 3 déc. 1745, s [7] 28 juin 1752.—*Charles*, b [7] 31 mai 1748.—*Marie-Claire*, b [7] 4 avril 1751; m [7] 12 janvier 1767, à Joseph DAMIENS.—*Jean-Baptiste*, b [7] 5 déc. 1753.—*Thérèse*, b [7] 10 août 1756.

1730, (17 avril) Cap-St-Ignace.[1]

III.—BERNIER, LOUIS,   [PIERRE II.
   b 1708.
LEMIEUX, Marguerite-Françoise,   [LOUIS II
   b 1710, s 31 janvier 1782, à l'Islet.[1]
Marie-Françoise, b [1] 17 juillet 1730; m [2] 11 mai 1750, à Pierre BELANGER.—*Louis*, b [1] 3 oct. 1731, m [2] 19 nov. 1753, à Geneviève BELANGER—*Ursule*, b [1] 21 février 1733; m [2] 9 avril 1752, à Jean-Charles PELLETIER.—*Marie-Geneviève*, b [2] 19 sept. 1734, m [2] 27 oct. 1760, à Joseph-Marie BELANGER.—*Pierre-Noel*, b [2] 21 mai 1736; s [2] 7 nov. 1739.—*Jean-François*, b [1] 4 mars 1738—*Elisabeth-Véronique*, b [2] 6 mars 1739.—*Marguerite-Judith*, b [2] 10 février 1741; m [2] 27 oct. 1760, à Jean-Baptiste TONDREAU.—*Marie-Reine*, b [2] 20 sept. 1742.—*Joseph-Marie*, b [2] 30 mars 1744.—*Antoine*, b [2] 21 août 1748.—*Rosalie*, b [2] 26 janvier 1750; m [2] 2 juin 1764, à Jean BELANGER.—*Marie-Marthe*, b [2] 10 mars 1751.

1731, (18 oct.) Quebec.

III.—BERNIER, BARTHÉLEMI,   [PHILIPPE II.
   b 1703.
PETIT, Marie-Charles,   [GASPARD J.
   b 1708.
Charlotte, b 11 août 1732, au Cap-St-Ignace[1]; 1° m [1] 19 nov. 1753, à Claude-Joseph CAHOUET; 2° m [1] 19 janvier 1757, à Antoine GUYON—*Jean-Baptiste*, b [1] 3 mai 1734; m [1] 27 nov. 1758, à Brigitte FORTIN.—*Charles-Marie*, b [1] 3 mars 1736; m 1763, à Marie-Louise LEMIEUX.—*Louis*, b [1] 5 mars 1738.—*Elisabeth-Victoire*, b [1] 10 mars 1740, m [1] 11 janvier 1762, à François PROU.—*Joseph-Marie*, b [1] 28 avril 1748, m 5 août 1763, à Marie-Elisabeth LEMIEUX, à l'Islet.—*Anonyme*, b [1] et s [1] 1er oct. 1749.

1733, (8 mars) Ste-Foye.[4]

II.—BERNIER, NICOLAS,   [CHARLES I
   b 1701; s 20 dec. 1750, à St-Henri.
GALERNAULT, Marguerite (1),   [JACQUES II.
   b 1718; s 22 juin 1759.
Jacques (2), b [4] 3 janvier 1735.—*Jean-Baptiste*, b [4] 20 sept. 1736; m 9 août 1756, à Marguerite CANAC, à Ste-Famille, I. O.[5]—*Joseph-Hyacinthe*, b [4] 8 avril 1738.—*Marie-Thérèse*, b [4] 5 août 1739, m [4] 16 août 1769, à Claude MORAS.—*Marguerite*, b 1741; s [5] 2 juin 1767.—*Etienne*, b 18 avril, et s 21 mai 1742, à Lévis.—*Marie-Louise*, b [6] 17 sept. 1743—*Etienne*, b [6] 3 août 1745; s [6] 3 juillet 1750.—*Marie-Ursule*, b [6] 17 août 1749; s [6] 3 février 1751.—*Marie-Madeleine* (posthume), b [5] 24 juin et s [6] 21 sept. 1751.

1734, (11 janvier) Cap-St-Ignace.[4]

III.—BERNIER, JEAN-BTE (3).   [PIERRE II.
   b 1710.
FORTIN, Claire,   [EUSTACHE II.
   b 1716.
Marie-Claire, b [4] 7 nov. 1734; m 22 avril 1754, à Jean-Baptiste MOREAU, à l'Islet.[5]—*Marie-Joseph*, b [4] 14 oct. 1736; m [5] 10 janvier 1754, à Joseph-Pascal MERCIER.—*Marie-Monique*, b [4] mai 1738; m [5] 19 janvier 1761, à Louis LEMIEUX—*Jean-Luc*, b [5] 16 mai 1740.—*Louise*, b [5] 8 mai 1743.—*Marie-Félicité*, b [4] 8 sept. 1748.—*Marie-Félicité*, b [4] 22 avril 1750—*Pierre-Eustache*, b [4] 15 mai 1753.—*Pierre-Julien*, b [5] 4 mai 1759.

1734, (23 août) Québec.[4]

II.—BERNIER, BARTHÉLEMI,   [ANDRÉ I
   b 1710.
CHAREST, Marie-Jeanne,   [JACQUES I
   b 1703.
Marie-Jeanne, b 30 mai 1735, à Charlesbourg[6], m 24 nov. 1760, à Jean-Baptiste LANGLOIS—*Louise*, b [8] 10 juin 1736; s [8] 8 mars 1737.—*Marie-Madeleine*, b 17 déc. 1737, à Ste-Foye[9], s [9] 30 oct. 1740—*Marie-Catherine*, b [9] 7 avril 1739.—*Marie-Thérèse*, b [9] 22 sept. 1740, s [9] 8 août 1741—*Marie-Angélique*, b [4] 19 janvier 1742, m [4] 9 nov. 1761, à Antoine VIDAL.—*Marie-Madeleine*, b [8] 12 mai 1744, m [8] 19 fevrier 1759, à François HENRY.

1734, (8 nov.) Berthier.

III—BERNIER, AUGUSTIN,   [CHARLES II.
   b 1709.
BUTEAU, Angelique,   [PIERRE II
   b 1718.
Augustin-Amable, b 8 février 1738, au Cap-St-Ignace[4], m [4] 21 janvier 1765, à Françoise RODRICHAU.—*Marie-Victoire*, b [4] 3 sept. 1741; [4] 23 oct. 1758, à Jean-Gabriel BELANGER.—*Marie-Thérèse*, b [4] 26 oct. 1743.—*Jean-Baptiste*, b [4] 2 juin 1745.—*Marie-Angélique*, b [4] 13 mars 1747

(1) Elle épouse, le 17 janvier 1752, François BLEAU, à Lévis

(2) Jacques est parrain de sa sœur Uterine le 12 avril 1753.

(3) Seigneur du fief St-Joseph.

—*Marie-Geneviève,* b⁴ 15 juillet et s⁴ 30 sept. 1748. — *Claire-Euphrosine,* b⁴ 10 mai 1750.— *Jean-Chrysostôme,* b⁴ 6 juin et s⁴ 14 juillet 1751. —*François,* b⁴ 28 oct. 1753.—*Jean-Marie-Soter,* b⁴ 22 et s⁴ 29 avril 1758.—*Joseph-Placide,* b⁴ 7 oct. 1759.

1735, (21 nov.) Cap-St-Ignace. ²
III.—BERNIER, JOSEPH,   [PHILIPPE II.
b 1707.
FORTIN, Marie-Claire (1),   [LOUIS III.
b 1719.
Joseph-Marie, b ² 20 août 1736 ; m 1774, à Geneviève BERNIER.—*Marie-Geneviève,* b ² 16 et s ² 30 dec. 1737.— *Marie-Geneviève,* b ² 29 dec. 1738 ; m ² 29 avril 1760, à Joseph RICHARD—*Antoinette,* b ² 20 fevrier 1741.—*Ursule,* b... m ² 13 fevrier 1764, à Louis VERMET.

1738, (29 oct.) Islet. ³
III.—BERNIER, JOSEPH,   [PIERRE II
b 1703 ; s ³ 28 sept. 1743.³
CARON, Madeleine,   [IGNACE III
b 1720.
Marie-Madeleine, b ³ 9 mars 1740 ; m ¹ 9 janvier 1757, à Pierre CARBONNEAU.—*Joseph-Albert,* b ³ 8 avril 1742.

BERNIER, PIERRE (2),
s 17 juillet 1738, à L'Ange-Gardien.

1738, (17 nov.) Ste-Foye.
III.—BERNIER, PIERRE.   [JEAN II
MIGNERON, Gertrude.   [SÉBASTIEN II

BERNIER, PIERRE.
BOULET, Françoise,
s 23 sept. 1741, à l'Islet.

1739, (3 fevrier) Charlesbourg. ¹
II.—BERNIER, JEAN-FRS,   [ANDRÉ I
b 1717.
CHRETIEN, Marie-Jeanne (3),   [JEAN-BTE II
b 1713.
Jean-Baptiste, b 27 août et s 12 sept. 1740, à Quebec. ²— *Jean-François* b ² 18 avril 1742. — *Marie-Jeanne,* b ² 9 mai 1744.—*Marie-Geneviève,* b ¹ 2 juillet 1746.—*Jean-François,* b ¹ 12 mars et s ¹ 27 avril 1748. — *Jean-François,* b ¹ et s ¹ 3 avril 1750.

BERNIER, CHARLES.
COUTANCINEAU, Marie-Louise (4),   [JEAN-FRS III.
b 1719, s 22 juillet 1765, à la Longue-Pointe
Marie-Louise, b 7 juillet 1738.

---

(1) Elle épouse, le 28 avril 1749, Jean Gautier, au Cap-St-Ignace
(2) Trouvé mort sur le rivage, près du Sault-Montmorency.
(3) Fille épouse, le 1er mai 1752, Nicolas Daunay, à Charlesbourg.
(4) Elle épouse, le 5 sept 1741, Jean-Baptiste Kerdorès, à Montréal.

1740, (2 mai) Islet. ²
III.—BERNIER, CHARLES,   [CHARLES II.
b 1712.
BELANGER, Marie-Geneviève, [PIERRE-PAUL III.
b 1725.
Marie-Geneviève, b ² 5 fevrier 1741 ; m 28 oct. 1761, à Ignace LEMIEUX, au Cap-St-Ignace. ⁴— *Marie-Claire,* b ² 9 avril 1742, m ⁴ 28 oct. 1761, à Louis LEMIEUX.— *Charles,* b ² 31 août 1746.— *Marie-Madeleine,* b ³ 12 mars 1749.

1742, (17 janvier) Cap-St-Ignace. ⁴
III.—BERNIER, PIERRE,   [CHARLES II.
b 1714.
1° GUIMONT, Marie-Louise,   [FRANÇOIS III.
b 1724 ; s ⁴ 8 mars 1757.
Marie-Madeleine, b ⁴ 19 mai 1742, m ⁴ 2 juillet 1764, à Joseph-Marie LAVOIE. — *Pierre,* b ⁴ 8 sept. 1743. — *Jean-Baptiste,* b ⁴ 26 oct. 1744. — *Thérèse,* b ⁴ 1er mai 1746 — *Ursule,* b ⁴ 25 juin 1747. — *Marie-Jeanne,* b ⁴ 11 mars et s ⁴ 1er mai 1749. — *Jeanne,* b ⁴ 15 mars 1750.— *Alexandre,* b ⁴ 29 janvier 1752. — *Marie-Joseph,* b ⁴ 5 janvier et s ⁴ 22 oct 1754. — *Charles,* b ⁴ 6 avril 1755.—*Joseph,* b ⁴ 26 février et s ⁴ 20 mars 1757.

1758, (7 août) ⁴
2° GAMACHE, Marie-Madeleine,   [LOUIS III.
b 1736.
François-Marie, b ⁴ 25 juillet 1759. — *Joseph-Marie,* b ⁴ 18 dec. 1761 —*Marie-Elisabeth,* b ⁴ 19 janvier 1763.— *Jean-Chrysostôme,* b ⁴ 15 janvier 1764 ; s ⁴ 12 mars 1765. — *Prosper,* b ⁴ 28 mars 1765.

1744, (19 janvier) Cap-St-Ignace. ⁵
III.—BERNIER (1), PHIL-JÉRÔME,   [PHILIPPE II.
b 1721 ; s ³ 2 avril 1763.
GAUDREAU, Marie-Marthe.   [JEAN II.
Lambert, b ³ 24 avril 1746.— *Marie-Geneviève,* b ³ 30 avril 1747, s ³ 4 janvier 1760. — *Joseph-Marie,* b ³ 4 sept. 1748. — *Pierre-Basile,* b ³ 24 août 1749.—*Verbois-Ursule,* b ³ 24 nov. 1750, s ³ 25 fevrier 1751.— *Anonyme,* b ³ et s ³ 27 janvier 1752.—*Ursule,* b ³ 20 janvier 1753.—*Jean-Baptiste,* b ³ 21 avril 1754.—*Louis,* b ³ 26 juillet 1755. —*François,* b ³ 7 nov 1756 ; s ³ 25 oct 1760. — *Charles-Gabriel,* b ³ 20 oct. 1758, s ³ 29 mars 1759.

1749.
IV.—BERNIER, CHS-ALEX.,   [ALEXANDRE III.
b 1724.
BELANGER, Marie-Geneviève.
Louis-Michel, b 27 sept. 1750, à l'Islet ⁸ ; m ⁸ 8 fevrier 1773, à Louise BRISSON.—*Marie-Joseph,* b ⁸ 22 oct. 1752. — *Marie-Thérèse,* b ⁸ 26 mars 1755 ; m ⁸ 10 fevrier 1775, à Jean-Baptiste COUILLARD-DUPUY—*Barbe,* b ⁸ 22 avril 1757 ; m ⁸ 30 août 1779, à Louis FOURNIER.—*Marie-Victoire,* b... m ⁸ 20 fevrier 1764, à Louis LETOURNEAU.

---

(1) Dit Verbois.

1750, (19 janvier) Québec.
IV.—BERNIER, Louis-Rigaud, [Jacques III.
b 1726.
1° Boivin, Geneviève, [Jean-François II.
b 1726 ; s 30 août 1759, au Cap-St-Ignace.[1]
Marie-Geneviève-Elisabeth, b [1] 16 mai 1751.—*Louis*, b [1] 2 juillet 1752.—*Louis*, b [1] 3 juin 1755.—*Jacques-Bonaventure*, b [1] 14 juillet 1756 ; m 29 janvier 1782, à Geneviève Durand, à l'Islet. [2]—*Jean-François*, b [1] 26 février 1758 ; m [2] 20 février 1781, à Marie-Claire Bossé.—*Charles-Bernard*, b [1] 20 août et s [1] 21 dec. 1759.
1761, (30 mars).[1]
2° Girouard, Marie-Joseph. [Jacques I.

1752, (12 avril) Ste-Anne-de-la-Pocatière.
IV.—BERNIER, Basile, [Basile III.
b 1730.
Dionne, Marie-Agnès, [Augustin III
b 1733.
Théotiste, b 8 février 1753, au Cap-St-Ignace.[7]—*Basile-Alexis*, b [3] 20 juillet 1754. — *Marie-Pélagie*, b [3] 27 février 1756, s [d] 14 juin 1757.—*Marie-Marthe*, b [3] 18 avril et s [3] 18 mai 1757.—*Marie-Geneviève*, b [3] 24 sept. 1758. — *Marie-Marthe*, b [4] 21 août et s [3] 20 sept. 1760.—*Thérèse*, b [3] 27 oct. 1761.—*Pierre*, b [3] 31 juillet 1763.

1752, (24 avril) Islet.
IV.—BERNIER, Isidore-Pascal, [Isidore III.
b 1730.
Caron, Marguerite. [Louis IV.

1752, (27 nov) Cap-St-Ignace. [5]
IV.—BERNIER, Jean-Bte, [Isidore III.
b 1727.
Langlois, Marie-Louise, [François III.
b 1728.
Marie, b [5] 18 juillet 1755.—*Marie-Thérèse*, b [5] 10 mai 1758 ; s [5] 31 août 1760.—*Marie-Louise*, b [°] 20 nov. 1760.—*Marie-Victoire*, b [°] 4 nov. 1762.

1752.
IV.—BERNIER, Jean-Bte, [Alexandre III.
b 1731.
Langelier, Marie-Louise. [Louis III.
Jean-Baptiste, b 7 oct. 1753, au Cap-St-Ignace.

1753, (16 juillet) Cap-St-Ignace. [6]
IV.—BERNIER, Jean-Bte, [Pierre-Basile III
b 1733.
Chevalier, Marie-Madeleine-Louise, [René III.
b 1731.
Jean-Benoit, b 24 avril 1754, à l'Islet.—*Marie-Louise*, b [6] 19 avril 1755.—*Basile-René*, b [6] 12 mai 1756—*Germain*, b [6] 11 sept. et s [6] 5 déc. 1757. — *Marie-Adélaide*, b [6] 11 sept. et s [6] 12 déc. 1758.—*Louis-Marie*, b [6] 13 et s [6] 28 mars 1761.—*Marie-Modeste*, b [6] 24 mars 1762. — *Jacques-François*, b [6] 27 avril et s [6] 18 mai 1763.—*Louis*, b [6] 11 et s [6] 27 mai 1764.

1753, (19 nov.) Islet. [7]
IV.—BERNIER, Louis, [Louis III.
b 1731.
Belanger, Marie-Geneviève, [Jean-Frs IV.
b 1735.

Louis-Simon, b [7] 28 oct. 1754.—*Marie-Victoire*, b [7] 25 juillet 1757.—*Jean-Marie-François*, b [7] 12 avril 1759.—*Marie-Marguerite*, b [7] 3 sept. 1760.—*Marie-Geneviève*, b [7] 17 avril 1762.—*Louis-Marie*, b [7] 16 février 1773. — *Isidore*, b [7] 22 janvier 1776.

1754, (21 janvier) Ste-Anne-de-la-Pocatière.
IV.—BERNIER, Jos.-Marie, [Pierre-Basile III
b 1731.
Dionne, Marie-Thérèse, [Augustin III
b 1737.
Marie-Claire, b 11 nov. 1754, au Cap-St-Ignace. [9] — *Joseph-Agapit*, b [9] 12 janvier et s [9] février 1757.—*Joseph-Agapit*, b [9] 24 nov. 1759, s [9] 15 août 1760.—*Louis-Marie*, b [9] 7 nov. 1762, s [9] 2 août 1763.

1754, (29 avril) Beaumont.
III.—BERNIER, Joachim, [André II
b 1731.
Lis, Françoise, [Jacques II
b 1719.
Marie-Françoise, b 15 et s 17 avril 1755, à St-Charles.[2]—*Joachim*, b [2] 3 sept. 1756.—*André*, b [2] 10 août 1758.—*Françoise*, b [2] 9 nov. 1760.

1756, (9 août) Ste-Famille, I. O.[3]
III.—BERNIER, Jean-Bte, [Nicolas II
b 1736.
Canac, Marguerite, [Jean II
b 1735.
Jean-Baptiste, b 3 août 1757, à St-François, I O —*Joseph-Marie*, b [3] 5 juin 1759.—*Jacques*, b [3] 8 avril 1761 ; s [3] 27 mars 1767.—*Etienne*, b [3] 23 oct 1763.—*Augustin*, b [3] 12 août 1765 ; s [3] 26 février 1767.—*Marie-Marguerite*, b [3] 11 juillet 1767.

1757.
BERNIER, Jean-Bte.
Naud-Labrie, Geneviève. [Jean II
Jean-Baptiste, b 12 janvier 1758, au Cap-St-Ignace [7] ; s [7] 9 déc. 1761.—*Joseph-Pascal*, b [7] 30 sept. 1759 ; s [7] 9 déc. 1761.—*Marc*, b [7] 12 et s [7] 17 juillet 1761.—*Marie-Geneviève*, b [7] 20 juin 1762.—*François-Germain*, b [7] 21 déc. 1763.

1758, (27 nov.) Cap-St-Ignace. [9]
IV.—BERNIER, Jean-Bte, [Barth. III
b 1734.
Fortin, Brigitte-Ursule, [François III
b 1736.
Jean-Baptiste-Martin, b [9] 11 nov. 1759. —*André*, b [9] 13 déc. 1760. — *Charles-Marie*, b [9] 2 avril et s [9] 2 mai 1762.—*Louis*, b 24 nov. 1764, à l'Islet [7] ; s [9] 6 janvier 1765.—*Ursule-Brigitte*, b [7] 24 juillet 1763.

1758, (29 nov.) Berthier.
IV.—BERNIER, Joseph, [Joseph III.
b 1733
1° Blondeau, Marie-Anne, [Germain III
b 1739, s 7 avril 1762, à St-Thomas.
1767, (30 juin) St-Thomas.
2° Alliés, Marie-Anne-Rogère, [André I
b 1743.

1759, (15 janvier) Charlesbourg.[1]
III.—BERNIER, BARTHÉLEMI, [ANDRÉ II.
  b 1733.
  THOMAS, Marie-Charles, [JACQUES III.
  b 1736.
Canlin, b[1] 8 et s[1] 25 juin 1760.—*Charles-Barthelemi,* b[1] 21 sept. 1761.—*Marie-Charles,* b[1] 10 mars 1763.

1761.
III.—BERNIER, ANDRÉ, [ANDRÉ II.
  b 1729.
  BOURDEAU, Marie-Joseph, [DOMINIQUE II.
  b 1734.
André, b 25 fevrier 1762, à Charlesbourg.

1762, (7 juin) St-Thomas.
IV.—BERNIER, PIERRE, [JOSEPH III.
  b 1739.
  MIVILLE, Marguerite (1), [FRANÇOIS IV.
  b 1739.

1763, (5 août) Islet.
IV.—BERNIER, JOSEPH-MARIE, [BARTHÉL. III.
  b 1748.
  LEMIEUX, Marie-Elisabeth. [AUGUSTIN III.

1763.
IV.—BERNIER, CHS-MARIE, [BARTHÉLEMI III
  b 1736.
  LEMIEUX, Marie-Louise, [LOUIS III.
  b 1740.
François, b 3 dec. 1764, au Cap-St-Ignace.

1765, (21 janvier) Cap-St-Ignace.
IV—BERNIER, AUG.-AMABLE, [AUGUSTIN III.
  b 1738.
  ROBICHAU, Françoise. [PIERRE I.

BERNIER, JEAN-BTE.
  GINOIR, Marie-Louise.
  Isidore, b 8 oct. 1764, à l'Islet.

BERNIER, CHARLES-ISIDORE.
  Charles, b 1772 ; s 25 fevrier 1773, à l'Islet.

BERNIER, LOUIS-MARIE.
  BOUCHER, Marie.
  s 31 oct. 1775, à l'Islet.[1]
  Marie-Françoise, b[1] 21 mars 1773 — *Marie-Claire,* b[1] 8 dec. 1774.—*Anonyme,* b[1] et s[1] 30 oct 1775.

BERNIER, ALBERT.
  CARON, Euphrosine
  Pierre-Amable, b 13 août 1773, à l'Islet.

1773.
BERNIER, CHARLES.
  BOSSE, Geneviève, [IGNACE II.
  b 1740.
  Marie-Victoire, b 3 mars 1774, à l'Islet.

(1) Elle épouse, le 1er juin 1767, Etienne DAMIEN, à St-Thomas.

BERNIER, CHARLES.
  TONDREAU, Marie-Joseph.
  Marie-Geneviève, b 4 avril 1774, à l'Islet.[1] — *Marie-Joseph,* b[1] 25 juin et s[1] 24 août 1775.— *Charles-Bénoni,* b[1] 27 juillet 1776.

1773, (8 fevrier) Islet.[8]
V.—BERNIER, LOUIS-MICHEL, [CHARLES IV.
  b 1750.
  BRISSON, Louise, [PIERRE IV.
  b 1749.
  Marie-Thérèse, b[8] 16 juin 1774.—*Marie-Claire,* b[8] 26 janvier 1776.

BERNIER, LOUIS.
  MORIN, Marie-Charlotte.
  Louis, b 12 sept 1775, à l'Islet.[8]— *Marie-Claire,* b[2] 14 oct. 1776.

1774.
IV.—BERNIER (1), JOSEPH-MARIE, [JOSEPH III.
  b 1736.
  BERNIER, Geneviève.
  Marie-Charlotte, b 21 avril et s 28 oct. 1775, à l'Islet.[1]—*Marie-Thècle,* b[1] 15 sept. 1776.

BERNIER, PIERRE.
  GUIMOND, Salomé.
  Modeste, b 25 mai 1776, à l'Islet.

1781, (20 fevrier) Islet.
V.—BERNIER, JEAN-FRS, [LOUIS-RIGAUD IV.
  b 1758.
  BOSSÉ, Marie-Claire. [PIERRE II.

1782, (29 janvier) Islet
V.—BERNIER, JACQUES-BONAV., [LOUIS-RIG. IV.
  b 1756.
  DURAND, Marie-Geneviève. [PIERRE IV.

BERNIER, JEAN-BTE.
  JARET, Marie-Jeanne,
  b 1700 ; s 21 nov. 1700, à St-Augustin.

BERNIER, MARIE-LOUISE, épouse de Charles GENDRON.

BERNIER, MARIE-MADELEINE, épouse de François HENRI.

BERNIER, URSULE, épouse de Denis FORTIN.

BERNIER, ANGÉLIQUE, épouse de François MOREAU.

BERNIER, MARIE, epouse de Joseph PROU.

BERNIER, CÉCILE, epouse de Pierre CÔTÉ.

BERNIER, FRANÇOISE, epouse de Guillaume CLOUTIER.

BERNIER, MARIE, epouse de François LAHAYE.

(1) Dit Vorbois.

BERNIER, Geneviève, épouse de Jean-Baptiste Hudon.

BERNIER, Marie-Claire, épouse de René Gagné.

BERNIER, Marie-Madeleine, b... 1° m à Joseph Maréchal; 2° m 5 février 1759, à Louis Chretien, à Charlesbourg [2]; s [2] 28 oct. 1759.

BERNIER, Angélique, épouse de Jean-Jacques-Charles St-Felix.

BERNIER, Marie-Joseph, épouse de Joseph-Pascal Mercier.

BERNIER, Marthe, épouse d'Alexandre Couillard.

BERNIER, Félicité, épouse d'Alexis Fournier.

BERNIER, Marie, épouse de François Simon.

BERNIER, Brigitte, épouse de Louis-Gabriel St-Laurent.

BERNIER, Marie-Madeleine, b 1754; m à Jean Doucet; s 7 août 1790, à Québec.

BERNIER, Théotiste, épouse de François Gagné.

I.—BERNIETE, Geneviève, b 1696; s 13 déc. 1758, à Sorel.

BERNONVILLE.—Voy. Beurnonville, 1732.

BEROUAQUES, Marie-Charles, épouse de Jacques Hughes (1).

I.—BERQUIN (2), Simon, s 28 février 1757, à Beauport.

BERRISE, Anne, épouse de Nicolas Chouanard.

BERRY. — *Variations et surnoms:* Anceau — Chamela — Chabenac, 1739 — Guérard — L'Europe.

I.—BERRY, Julien, b 1690, s 30 avril 1763, à St-Thomas.

I.—BERRY.
Bouchet, Madeleine,
b 1683; s 24 mars 1749, à Québec.

I.—BERRY, Claude, b 1694; s 29 juin 1747, à Québec.

I—BERRY (3), Charles-Gilles, navigateur.
Feuilleteau, Marie.
Joseph, b 29 mai 1751, à Québec.

---

(1) Major des troupes de Sa Majesté britannique, à Montréal.
(2) Dit Labonté, bedeau, enterré sous la cloche de l'église.
(3) Dit Thomas Marambouville.

1712, (18 avril) Ste-Foye. [7]
I.—BERTAUD (1), René, fils de Pierre et de Charles Breschon, de St-Maurice, diocèse de Poitiers: s [7] 8 mai 1718.
Berthiaume, Marie-Agnès (2),   [Jacques I.
b 1671.

I.—BERTAUT, Jean.
Jourdain, Marguerite.
Jean, b... 1° m 3 février 1755, à Geneviève Gaudreau, à l'Islet [8]; 2° m [8] 24 janvier 1763, à Angelique Janot.—*Marie,* b... m 1757, à Jean-Baptiste Glamard.

1755, (3 février) Islet. [9]
II.—BERTAUT, Jean.   [Jean I.
1° Gaudreau, Marie-Geneviève, [Jean-Bte III.
b 1734.
Jean-Marie, b [9] 15 déc. 1755.

1763, (24 janvier). [9]
2° Janot, Angélique,   [Etienne I.
b 1735; veuve de Basile Cloutier.
Jean-Baptiste, b [9] 16 mars 1764.

1759, (8 janvier) Montréal.
I.—BERTHE, Antoine, soldat; b 1735; fils de Pierre et de Catherine Despierre, de St-Michel de la Reole, diocèse de Bazas
Decoste, Marie-Anne,   [Jean-Bte I.
veuve de Pierre Sabourin.

1701, (26 août) Montréal. [1]
I.—BERTELET, Antoine, b 1676; fils de François et de Françoise Ravier, d'Eris, diocèse de Genève; s [1] 16 avril 1755.
1° Chartier, Jeanne,   [René I.
b 1676; s [1] 5 février 1730.
François, b [1] 7 février 1703; m 1738, à Jeanne Boullard.—*Jacques,* b [1] 20 mai 1705, 1° m 14 février 1735, à Marie-Anne Senécal, à Varennes; 2° m à Angelique Devoyou; s 12 déc. 1754, à St-Laurent, M.[2]—*Françoise,* b [1] 24 nov. 1707, s [1] 13 déc. 1727.—*Alexis-Antoine,* b [1] 20 avril 1710, 1° m [1] 6 sept. 1745, à Marguerite Godin; 2° m [1] 4 sept. 1752, à Jeanne Riquet.—*Toussaint,* b 1713; m [1] 27 février 1734, à Marie Marcheteau. —*Marie-Joseph,* b [1] 22 juillet et s 16 nov. 1714 —*Joachim,* b [1] 19 août 1716; m à Marie-Anne Aubry.—*François,* b [1] 20 nov. 1718; m [2] 7 juillet 1750, à Marie-Catherine Lanoix.

1732, (30 juin).
2° Daudelin, Marie-Madeleine,   [Nicolas I.
b 1669; veuve de Jean Rougeau.

1734, (27 février) Montreal. [1]
II.—BERTHELET (3), Toussaint,   [Antoine I.
b 1713; s 20 janvier 1779, à Terrebonne.
Marcheteau, Marie,   [Pierre I.
veuve de Yves Penne; s avant 1779.

---

(1) Dit St-Joseph (15 mars 1714, Ste-Foye).
(2) Elle épouse, le 10 oct. 1721, Pierre Menanteau, à Ste-Foye.
(3) Dit Savoyard.

Toussaint, b ¹ 10 et s ¹ 29 sept. 1735.—*Angélique*, b 1738 ; m ¹ 13 oct. 1760, à Joseph DEMERS.
—*Joseph*, b 1739 ; m ¹ 2 février 1761, à Marie-Clémence LEDUC. — *Jacques-Toussaint*, b ¹ 7 juillet 1744.—*Félicité*, b ¹ 19 juin 1747.—*Marie-Charlotte*, b... m ¹ 5 nov. 1764, à Jean-Baptiste PICARD.—*François*, b... — *Joseph*, b...

1735, (14 février) Varennes.
II.—BERTHELET, JACQUES, [ANTOINE I.
 b 1705 ; s 12 déc. 1754, à St-Laurent, M. ²
 1° SENÉCAL, Anne, [NICOLAS II.
  b 1709 ; s 29 mars 1738, à Montréal. ³
 Marie-Joseph, b ³ 9 mars 1736 ; m ² 19 février 1753, à Jean-Baptiste FAUTEUX. — *Joachim*, b ³ 16 février 1738.
 2° DEVOYOU, Angélique. [PIERRE I.
 Joachim, b ² 28 juillet 1750.—*Louis*, b ² 2 et s ² 6 août 1752.—*Michel*, b ² 28 sept. 1753.

1738.
II.—BERTHELET, FRANÇOIS, [ANTOINE I.
 b 1703.
 BOULLARD, Jeanne, [PAUL II.
  b 1705.
 François, b 22 sept. 1739, a Montréal. — *Pierre*, b 16 avril 1746, à St-Laurent, M. ⁶, 1° m 24 juillet 1775, à Françoise MELOCHE, au Detroit ; 2° m 2 février 1779, à Marguerite VIGER.—*Marie-Geneviève*, b ⁶ 30 juin 1749— *Nicolas*, b ⁶ 2 sept. 1751, m ⁶ 24 février 1794, à Catherine VALLÉE.—*Marie-Joseph*, b 27 juin et s 16 juillet 1753, à Lachine. ⁷ — *Thérèse*, b... m ⁷ 18 février 1765, à Jacques LASELLE.

1745, (6 sept.) Montréal. ⁸
II.—BERTHELET (1), ALEXIS-ANT., [ANTOINE I.
 b 1710.
 1° GAUDIN, Marguerite, [LAURENT II.
  b 1709 ; veuve de Charles Rainville ; s 16 janvier 1752, à St-Laurent, M.
  1752, (4 sept.) ⁸
 2° RIQUET, Jeanne, [FRANÇOIS I.
  b 1710.

1748.
II.—BERTHELET, JOACHIM, [ANTOINE I.
 b 1716.
 AUBRY, Marie-Anne. [FRANÇOIS II.
 Marie-Amable, b... s 10 juin 1749, à St-Laurent, M. ⁹—*Louis*, b ⁹ 2 juillet et s ⁹ 14 août 1751.
—*Jean-Baptiste*, b ⁹ 11 déc. 1752 ; s ⁹ 11 avril 1753.—*Amable-Véronique*, b ⁹ 25 janvier 1755 ; s ⁹ 25 février 1761.—*Marie-Angélique*, b ⁹ 17 mai et s ⁹ 3 juin 1756.— *Radegonde*, b ⁹ 13 sept. 1758.

1750, (7 juillet) St-Laurent, M.
II.—BERTHELET, FRANÇOIS, [ANTOINE I.
 b 1718.
 LAVOIX, Marie-Catherine. [JEAN-BTE III.
 Marie-Catherine, b 9 déc. 1750, à Montreal ; m à Charles LEJEUNE ; s 12 août 1796, à l'Hôpital-General, M.

---
(1) Dit Le Savoyard.

1761, (2 février) Montréal.
III.—BERTHELET, JOSEPH, [TOUSSAINT II.
 b 1739.
 LEDUC, Marie-Clémence, [JOSEPH III.
  b 1738.

1775, (24 juillet) Détroit. ²
III.—BERTHELET, PIERRE, [FRANÇOIS II
 medecin, b 1746.
 1° MELOCHE, Françoise, [FRANÇOIS III.
  b ² 1756 ; s ² 4 juillet 1776.
 Henri, b ² 29 avril 1776.
  1779, (2 février).
 2° VIGER, Marguerite. [FRANÇOIS III
 Antoine-Olivier, b 25 mai 1798, à Montréal ¹, m ¹ à Marie-Joseph-Charles GUY ; s ¹ 1872.

1794, (24 février) Montréal.
III.—BERTHELET, NICOLAS, [FRANÇOIS II.
 b 1751.
 VALLÉE, Catherine (1). [PIERRE IV.

IV.—BERTHELET, OLIVIER, [PIERRE III.
 b 1798, s 1872, à Montreal.
 GUY, Marie-Joseph-Charles,
  b 1798, s 26 oct. 1872.

BERTHELOT.—Voy. DUBOIS—BERTHELOT.

1662.
I.—BERTHELOT, ANDRE (2),
 b 1633 ; s 3 nov 1687, à Ste-Anne. ⁴
 GASNIER, Marie (3), [LOUIS II
  b 1644 ; s ⁴ 19 nov. 1717.
 Madeleine, b 1662, 1° m 1677, à Pierre PREVOST, 2° m ⁴ 9 janvier 1685, à Joseph PARE ; 3° m ⁴ 5 nov. 1725, à Noel DELESSARD.

1696, (1ᵉʳ dec.) Quebec. ⁵
I.—BERTHELOT, JACQUES (2),
 b 1666
 PARENTEAU, Marguerite, [PIERRE I.
  b 1675 ; veuve de François EDNÉ ; s ⁵ 25 mars 1732.
 Thérèse-Louise-Catherine, b ⁵ 9 oct. 1708, 1° m ⁵ 15 juillet 1725, à Edmond-Rouelle HERNEL, 2° m ⁵ 14 avril 1760, à Charles LAURENT.

1703, (17 oct) Ste-Anne. ³
II.—BERTHELOT, JOSEPH, [ANDRÉ I.
 b 1676.
 1° GAGNON, Marie, [JEAN II.
  b 1681 ; s ³ 3 oct. 1704.
 Marie-Joseph, b ³ 20 sept. 1704 ; 1° m ³ 29 oct. 1727, à Dominique POULIN ; 2° m 18 avril 1735, à Jean BARET, à St-Joachim.
 2° CLOUTIER, Marie.
 Joseph, b ³ 16 janvier 1707 ; s ³ 4 février 1724.
 —*Jean-Baptiste*, b ³ 20 déc. 1715 ; s ³ 24 mai 1724.

---
(1) Elle épouse, le 16 nov. 1801, Etienne Guy, à Lachine.
(2) Voy vol I, p. 47
(3) Elle épouse, le 30 juillet 1690, Jacques Abelin, à Ste-Anne.

I.—BERTHELOT–Depleneuf (1).   François.

BERTHELOT, Michel-François (2).

1707, (22 nov.) Château-Richer.
II.—BERTHELOT (3), Louis,   [André I.
  b 1681 ; s 15 oct. 1748, à Ste-Anne.⁵
  Cloutier, Elisabeth,
  s⁵ 14 oct. 1748.
Louis, b… m 1736, à Suzanne Baron.—*Joseph*, b⁵ 29 nov. 1718 ; m⁵ 11 février 1744, à Marie-Joseph Veau.

1713, (29 mai) St-Frs-du-Lac. ⁹
I.—BERTHELOT, Mathurin, b 1681 ; fils de Jean et de Jeanne Chobelet, diocèse de Xaintes.
  1° Laurent, Marie-Anne,   [Gilles I.
  b 1693.
Jacques-Joseph, b⁹ 15 avril 1714.
  1716, (26 août). ⁹
  2° Vanasse, Jeanne,   [François I.
  veuve de François Gagné.

I.—BERTHELOT, Joseph,
  b 1677.
  1° Migneron, Marie-Anne,   [Laurent 1.
  b 1674.
  1715, (25 février) Château-Richer.
  2° Toupin, Marie,   [Antoine II.
  b 1687.
François, b 25 mai et s 1ᵉʳ juin 1717, à Ste-Anne.⁶—*Marie-Marthe*, b⁶ 20 avril 1718 ; s⁶ 13 mai 1723. — *François*, b⁶ 4 mars 1720 ; s⁶ 27 mars 1724.—*Françoise*, b⁶ 29 août 1722 ; m 15 avril 1749, à Jean Gagné, à St-Pierre-du-Sud.—*André*, b⁶ 5 et s⁶ 26 janvier 1725.—*Ignace*, b⁶ 9 février 1726 ; m⁶ 17 février 1749, à Marie-Angélique Caron.—*Marie-Angélique*, b⁶ 23 juillet et s⁶ 7 oct. 1728.

1727, (26 sept.) Québec. ⁴
I.—BERTHELOT, Charles, marchand, fils de Denis et de Marguerite de St-Saulieu, de St-Etienne-du-Mont, Paris.
  Roussel, Thérèse,   [Timothé I
  b 1701.
Catherine-Joseph, b⁴ 21 juillet 1729 ; s 21 juillet 1730 à Lorette. ⁵—*Charles-Louis*, b⁴ 29 oct 1730 ; s⁵ 22 janvier 1731.—*Charles*, b⁴ 8 nov 1731 ; m⁴ 18 oct. 1763, à Geneviève Channazors.—*Louis-Stanislas*, b⁴ 25 janvier et s⁴ 8 oct. 1733. — *François-Charles*, b⁴ 1ᵉʳ sept. 1734. —*Marie-Anne*, b⁴ 2 oct. 1735 ; m⁴ 16 janvier 1764, à Guillaume Dubarry. — *Joseph-Ignace*, b⁴ 11 février 1737. — *Michel-Amable*, b⁴ 10 août 1738. —*Marie-Louise*, b⁴ 14 août 1739.—*Adrien-Régis*, b⁴ 16 déc. 1740. — *Louis-Balthazar*, b⁴ 7 oct. 1742.

I.—BERTHELOT (1), Michel, b 1691 ; diocèse de Cognac ; s 13 janvier 1779, à l'Hôpital-Général, M.

1730, (11 sept.) Québec. ³
I.—BERTHELOT, Julien, fils de Julien et de Perine LeRoy, de Pariet, diocèse de Dol, Bretagne.
  Palin, Louise (2),   [Mathurin I
  b 1710.
Louise, b³ 6 nov. 1731. — *Marie*, b³ 1ᵉʳ déc 1732 ; s³ 4 janvier 1733. — *Joseph*, b³ 4 avril 1734.—*Madeleine-Louise*, b³ 27 juin 1735 ; s³ 18 juin 1738.—*Etienne*, b³ 28 janvier 1737, m 1758, à Angélique Vautour.

1736.
III.—BERTHELOT, Louis,   [Louis II.
  s avant 1763.
  Baron, Suzanne,   [Nicolas I.
  b 1698.
Suzanne, b 5 et s 14 janvier 1737, à Lachenaye. ³ — *Louis-Thomas*, b³ 28 déc. 1737, m 18 avril 1763, à Marie Guibord, à St-Henri-de-Mascouche. — *Marie-Angélique*, b³ 15 et s³ 27 juin 1740. — *Marguerite*, b³ 14 et s³ 15 juillet 1741.—*Jacques*, b³ 16 juillet 1742.

1740, (25 janvier) Québec.
I.—BERTHELOT, Michel, jardinier, fils de Louis et de Julie Berthomee, de Tayant, St-Onge.
  Boucher, Marie-Françoise,   [Michel III
  b 1704 ; s 28 mars 1743, à Montreal. ⁶
Marie-Françoise, b⁶ 23 mars et s⁶ 4 juin 1743.

1743, (7 oct.) Québec. ²
II.—BERTHELOT, Louis,   [Jacques I
  tonnelier, b 1700 ; s² 30 mars 1760.
  Montminy, Madeleine,   [Guillaume II.
  b 1704 ; veuve de Jean-Baptiste Cadieu-Courville ; s² 20 février 1760.
Marie-Madeleine, b² 22 juillet 1745.

1744, (11 février) Ste-Anne. ¹
III.—BERTHELOT, Joseph,   [Louis II
  b 1718.
  Veau, Marie-Joseph,   [Pierre III.
  b 1723.
Marie-Joseph, b¹ 12 et s¹ 31 janvier 1745.—*Marie-Geneviève*, b¹ 6 nov. 1745. —*Marie*, b 1747, s¹ 4 juin 1764. — *Joseph-Marie*, b… s¹ 11 août 1748.—*Louis-Henri*, b¹ 13 avril 1751. — *Ignace*, b¹ 29 nov. et s¹ 1ᵉʳ déc. 1755.—*Léon*, b¹ 26 nov. 1756.—*Jean-Marie*, b¹ 1ᵉʳ mars 1760

---

(1) Secrétaire du Roy et des Commandements de Mde. de la Dauphine.—7 déc. 1705, propriétaire de l'Ile d'Orléans. (Ed. II, p. 140.) Comte de Jouy et de l'Ile St-Laurent, commissaire-général d'artillerie en Canada. Donne procuration à Christophe *Martin*, sieur de *Boiscorneau*. (Greffe Duquet, 25 oct. 1676.)

(2) Sieur de Rebrousseau.

(3) Sieur de St-Laurent.

(1) Dit Lespérance, ancien soldat de la colonie.

(2) Elle épouse, le 15 sept. 1738, Jean Laurent, à Québec.

1745, (25 janvier) Québec. ²
I.—BERTHELOT, Pierre, navigateur, b 1714; fils de Guillaume et d'Anne Gandolet, d'Elverd, diocèse de Xaintes; s ² 28 avril 1751.
Gagné, Marie-Joseph (1). [Denis IV.
Marie-Geneviève, b ² 8 oct. 1745; s 8 oct. 1747, à St-François, I. O.—*Pierre,* b ² 25 juillet 1747; s ² 21 juillet 1750.—*Marie-Joseph,* b ² 25 août 1751; s ² 19 sept. 1752.

1749, (17 février) Ste-Anne.
II.—BERTHELOT, Ignace, [Joseph I.
b 1726.
Caron, Marie-Angélique, [Jean III.
b 1730.

1758.
II.—BERTHELOT, Etienne, [Julien I.
b 1737.
Vautour, Angélique, [Joachim II.
b 1725.
Angélique, b 28 nov. 1759, à St-Thomas.

1763, (18 avril) St-Henri-de-Mascouche.
IV.—BERTHELOT, Louis-Ths, [Louis III.
b 1737.
Guibord, Marie, [Joseph III.
b 1744.

1763, (18 oct.) Québec.
II.—BERTHELOT, Charles, [Charles I.
marchand, b 1731.
Channazors, Geneviève, [Pierre I.
b 1740.
Joseph-Amable, b... m 18 juillet 1814, à Marie-Michelle Hervieux, à Repentigny.—*Augustin-Remi,* b 1781; s 13 mars 1784 à St-Augustin.

1814, (18 juillet) Repentigny.
III.—BERTHELOT, Jos.-Amable. [Charles II.
Hervieux, Marie-Michelle, [Paul IV.
b 1783.
Joseph-Amable (2), b 9 mai 1815, à St-Eustache.

BERTHELOT, Madeleine, épouse de Michel-François Cyrs.

BERTHELOT, Marguerite, épouse de Charles-Pierre Duverger.

BERTHELOT, Marie-Françoise, épouse de Jean Larigueur.

BERTHELOT, Marguerite, b 1748; m à Jean-Baptiste Lévêque; s 25 fevrier 1786, à Repentigny.

BERTHELOT, Marie, epouse de Jean Racine.

BERTHELOT, Marie, epouse de Charles Raymonneau.

BERTHELOT, Madeleine, épouse de François Registre.

BERTHELOT, Louise, épouse de Pierre Rouille.

BERTHELOT.
Desroches, Catherine.
Anne-Marguerite, b 3 mars 1750, à Longueuil.

I.—BERTHEMET (1), Pierre.

BERTHIAUME. — *Variations et surnoms :* — Berthéome—Bertaume—Bertheaume.

1667, (5 nov.) Québec. (2)
I.—BERTHIAUME, Jacques, fils de Pierre et de Jacqueline Brion, de Bayeux.
Bonhomme, Catherine, [Nicolas I.
b 1655.

1697.
II.—BERTHIAUME, Pierre, (3), [Jacques I.
b 1673; s 22 fevrier 1715, à Lorette.¹
1º Maugy, Marie.
Jean, b... m 28 mai 1725, à Marie-Charlotte Bastille, à Charlesbourg.
1699, (10 nov) Pte-aux-Trembles, Q.
2º Fauteux, Catherine, [Pierre I.
b 1681.
Pierre, b 9 nov. 1700, à Ste-Foye, m 1725, à Marie-Elisabeth Pepin; s 20 dec. 1751, à St-Vincent-de-Paul.—*Noel,* b ¹ 26 fevrier 1702; m 1725, à Marie-Joseph Augéard.—*André,* b ¹ 17 janvier 1704; m ¹ 29 nov. 1731, à Marie Bouvier.—*Joseph,* b ¹ 3 avril 1705; 1º m 21 nov. 1729, à Suzanne Chartran, à St-François, I. J.; 2º m 1740, à Marie-Joseph Barbary.—*Ignace,* b ¹ 6 juillet 1706; m ¹ 13 nov. 1731, à Felicité Plamondon.—*Catherine,* b 24 oct. 1707, m ¹ 23 sept. 1748, à Guillaume Tanguy.—*Marie-Thérèse,* b ¹ 7 avril 1709, s ¹ 25 oct. 1714.—*Félicité,* b ¹ 5 juin 1712; 1º m 12 nov. 1736, à Jacques Chaillon, à Ste-Anne-de-la-Perade, 2º m 5 mai 1763, à Pierre Cochu, à Yamachiche.—*Jacques,* b ¹ 14 nov. 1714, s ¹ 30 nov 1730.

1704, (15 janvier) St-Augustin.
II.—BERTHIAUME, Noel, [Jacques I.
s 27 janvier 1736, à Ste-Foye.²
Girard, Marie-Françoise, [Pierre I.
b 1683; s avant 1738.
Pierre, b ² 9 fevrier 1705; 1º m ² 26 janvier 1738, à Madeleine Langlois; 2º m 15 fevrier 1751, à Marie-Joseph Prou, à la Pointe-aux-Trembles, Q., s ² 9 dec. 1789.—*Jean-Baptiste,* b ² 12 et s ² 25 juin 1707.—*Noel,* b ² 28 juillet 1708;

(1) Chirurgien-Major, regiment de la Reine. Il était, le 16 février 1756, à la Pte-aux-Trembles, M.
(2) Date du contrat. Greffe de Becquet.
(3) Né à N.-D. de La Rochelle et venu avec son père Jacques. Voy. vol I, p. 47.

---

(1) Elle épouse, le 25 juin 1754, Joseph Canac, à Québec.
(2) Juge actuel, 1865.

1° m ² 31 janvier 1733, à Ursule SAMSON ; 2° m ² 5 juillet 1751, à Marie MAUFET ; s ² 2 janvier 1776.—*Jacques*, b ² 7 dec. 1710 ; m ² 1er février 1734, à Françoise LACASSE. — *Jean-Baptiste*, b 1712 ; 1° m 3 février 1738, à Marie LACASSE, à Montréal³ ; 2° m ³ 18 oct. 1762, à Charlotte MEUNIER.—*Jean-Baptiste*, b ² 27 oct. 1713.—*Michel*, b ² 7 avril 1716 ; m ² 22 oct. 1739, à Marie-Joseph VERRET.—*Charles-Clément*, b ² 17 avril 1719.—*Marie-Anne*, b 1721 ; s 8 déc. 1746.—*Antoine*, b ² 25 janvier 1721. — *Marie-Jeanne*, b ² 5 mai 1725 ; m ² 24 nov. 1760, à Etienne GIRAU.

1725, St-Vincent-de-Paul.¹

III.—BERTHIAUME, PIERRE,   [PIERRE II.
   b 1700 ; s¹ 23 dec. 1751.
  PEPIN, Marie,   [JACQUES II.
   s avant 1762.

Pierre, b 14 oct. 1725, à St-François, I. J.² ; 1° m 27 janvier 1755, à Catherine BRUNET, à Ste-Geneviève, M ; 2° m 15 février 1762, à Marie-Joseph PARÉ, à St-Laurent, M.— *Joseph*, b ² 15 nov.1727, m 30 janvier 1758, à Angélique QUENNEVILLE, au Sault-au-Recollet.³—*Claude*, b ² 21 mai 1729 ; s ¹ 7 mai 1748.—*Marie-Cécile*, b ² 10 juillet 1731 ; m¹ 18 janvier 1751, à Charles PLOUF.—*Françoise*, b ² 26 sept. 1733. — *Marie-Madeleine*, b ² 22 juillet 1735 ; m¹ 21 février 1757, à François GIPOULON.—*Marie-Louise*, b 14 janvier 1736, à Lachenaye ; m³ 18 février 1760, à Laurent PLOUF.—*Marie-Hélène*, b ² 25 mars et s ² 26 juin 1740.—*Marie-Elisabeth*, b ¹ 25 juin 1744 ; m ³ 10 nov. 1760, à Pierre DAGENAIS.

1725, (28 mai) Charlesbourg.⁴

III.—BERTHIAUME (1), JEAN,   [PIERRE II.
  BOUTILLET (2), Marie-Charlotte,   [PIERRE I.
   b 1704.

Marie-Charlotte, b⁴ 3 mars 1726 ; m⁴ 31 juillet 1747, à Joseph JOBIN. — *Marie-Geneviève*, b ⁴ 23 janvier 1728, s⁴ 30 mai 1733.—*Marie-Joseph*, b⁴ 8 janvier 1730 ; m⁴ 21 août 1747, à Louis BEDARD.—*Marie-Elisabeth*, b⁴ 14 avril 1732, m⁴ 29 janvier 1753, à Charles-Joseph BEDARD. — *Marie-Elisabeth*, b⁴ 7 mars et s⁴ 5 juillet 1734.—*Jean-Thomas*, b⁴ 7 août 1736 ; s⁴ 12 février 1737.—*Jean-Baptiste*, b⁴ 1er déc. 1738 ; m⁴ 18 juillet 1763, à Marie-Felicité VILLENEUVE.—*Marie-Veronique*, b⁴ 11 février 1741, s⁴ 20 mai 1744.—*Joseph*, b⁴ 1er déc. 1742.—*Marie-Ursule*, b⁴ 13 juillet 1745 ; m⁴ 14 nov. 1763, à Michel SÉCART.

1725.

III.—BERTHIAUME, NOEL,   [PIERRE II.
   b 1702.
  AUGÉARD (1), Marie-Joseph.   [POLYCARPE I.

Noel-Clément, b 5 sept. 1726, à Ste-Foye.—*Jean-Baptiste*, b 28 déc. 1728, à Lorette⁷ ; s⁷ 8 février 1729. — *Marie-Joseph*, b⁷ 29 oct. 1730 ; m⁷ 10 nov. 1755, à Joseph DION. — *Pierre-Augustin*, b⁷ 22 janvier 1733. — *Marie-Catherine*, b⁷ 19 février et s⁷ 24 mai 1735.—*Marie-Thérèse*,

b⁷ 20 avril 1736 ; m⁷ 30 janvier 1758, à François MAROIS.—*Anonyme*, b⁷ et s⁷ 16 janvier 1738.—*Marie-Jeanne*, b⁷ 5 mars 1739.—*Augustin*, b⁷ 27 août 1741. — *Augustin*, b⁷ 15 février et s⁷ 18 juin 1744.

1729, (21 nov.) St-François, I. J.¹

III.—BERTHIAUME, JOSEPH,   [PIERRE II.
   b 1705.
  1° CHARTRAN, Suzanne,   [THOMAS II.
   b 1701 ; veuve de Michel Barbot ; s¹ 28 mai 1739.

Marie-Joseph, b¹ 22 août 1730 ; s 2 avril 1745, à St-Vincent-de-Paul.² —*Michel*, b¹ 12 juin 1733. —*Joseph*, b¹ 8 août 1735 ; m 1765, à Marie-Archange BARBARY. — *André*, b ¹ 3 mai et s¹ 8 juin 1739.

1740.

  2° BARBARY (2), Marie-Joseph,   [PIERRE II.
   b 1717.

Jean-Marie, b 16 juin 1741, à Ste-Geneviève, M.³—*Pierre-Laurent*, b⁸ 10 août 1742.—*Marie-Catherine*, b ² 7 déc. 1744.—*Alexis*, b ² 5 sept. 1746.—*Marie-Angélique*, b 15 juin 1748, au Sault-au-Recollet —*Marie-Joseph*, b¹ 15 juillet 1753.—*Noel*, b ² 26 déc. 1754.—*Eustache*, b ² 17 sept. 1756.—*Joseph*, b... m 1er juin 1795, à Marguerite BONHOMME, au Detroit.

1731, (13 nov.) Lorette.⁸

III.—BERTHIAUME, IGNACE,   [PIERRE II.
   b 1706.
  PLAMONDON, Felicité,   [PIERRE II.
   b 1710.

Pierre, b⁸ 27 sept 1732 ; s⁸ 8 janvier 1737. *Marie-Félicité*, b⁸ 6 mai 1734 ; m⁸ 21 nov. 1758, à Etienne JOLY.—*Ignace*, b⁸ 9 mars 1736 ; m⁸ 17 oct. 1757, à Madeleine BEDARD.— *Marie-Geneviève*, b⁸ 2 avril 1738. — *Marie-Louise*, b⁸ 11 janvier 1740 ; m⁸ 21 avril 1760, à Barthelemi XIMENÈS.—*Marie-Anne*, b⁸ 22 mars 1743.—*Jacques*, b⁸ 18 et s⁸ 21 février 1745.—*Joseph*, b⁸ 18 et s⁸ 26 février 1745—*Catherine-Ignace*, b⁸ 30 oct. 1746 ; s⁸ 8 nov. 1748.—*Pierre*, b⁸ 9 déc. 1748.—*Jean-Baptiste*, b⁸ 7 février 1751.

1731, (29 nov.) Lorette.¹

III.—BERTHIAUME, ANDRÉ,   [PIERRE II
   b 1704
  BOUVIER, Marie-Anne,   [PIERRE II.
   b 1706.

Pierre, b¹ 31 oct. 1732 ; m 22 sept. 1760, à Louise DUPAUL, à Yamachiche.² — *Marie*, b¹ 14 avril 1734 ; m ² 8 janvier 1753, à Jean-Baptiste LAMY ; s ² 31 mars 1766.—*Marie-Anne*, b¹ 8 juillet 1735 ; m² 21 février 1757, à Pierre HIROU —*Jean-Baptiste*, b 3 mars 1737, St-François, I J³, m² 4 février 1765, à Françoise BELLEMARE—*Marie-Catherine*, b⁸ 6 juin 1740.—*Philippe*, b⁸ 18 février 1744, à Terrebonne.⁴—*Joseph*, b² 22 oct. 1745. — *Marie-Véronique*, b 4 avril 1747, à

---

(1) Et Bertaume.
(2) Pour Bouteiller, Bastille.

(1) Dit Policarpe, 1733.—Policain, 1741.
(2) Et Barbarin dit Grandmaison. Elle épouse, le 26 nov. 1759, François Gravel, à St-Vincent-de-Paul.

Montréal.—*Louis*, b... 1° m ² 30 avril 1764, à Louise LeSieur-Vilard : 2° m à Geneviève Lesage.—*André*, b... m ² 30 sept. 1765, à Louise Bellemare.

1733, (31 janvier) Ste-Foye. ⁴
III.—BERTHIAUME, Noel,   [Noel II.
  b 1708; s ⁴ 2 janvier 1776.
1° Samson, Ursule,   [Antoine II.
  b 1705; s ⁴ 19 mai 1746.
Noel-Joseph, b ⁴ 24 sept. 1733; m 1758, à Angélique Piton; s 8 mars 1790, à St-Augustin.—*François*, b ⁴ 23 mars 1736.—*Marie-Joseph*, b ⁴ 16 nov. 1738, m ⁴ 18 oct. 1761, à Joseph Provost.—*Ursule-Agnès*, b ⁴ 1ᵉʳ nov. 1741; m ⁴ 24 oct. 1763, à Jean-Baptiste Maufet.—*Catherine-Angélique*, b ⁴ 26 nov. et s ⁴ 20 dec. 1743.—*Marie-Louise*, b ⁴ 21 juin et s ⁴ 11 oct. 1745.
  1751, (5 juillet). ⁴
2° Maufet, Marie-Catherine,   [Joseph III
  b 1723; s ⁴ 6 avril 1769.
Joseph, b ⁴ 4 sept. 1752; m ⁴ 30 juin 1772, à Angélique Mauret; s 8 février 1790, à Lachenaye.—*François*, b ⁴ 14 nov. 1759; s ⁴ 27 février 1761.—*François*, b ⁴ 5 juin 1761.

1734, (1ᵉʳ février) Québec. ⁵
III.—BERTHIAUME, Jacques,   [Noel II.
  b 1710; voiturier.
1° Casse (La), Françoise,   [Charles II.
  b 1705; s ⁵ 27 mai 1754.
Pierre, b ⁵ 8 août 1735.—*Jean-Baptiste*, b ⁵ 17 oct. 1738; m 20 oct. 1760, à Marguerite Jean dit Gobon, à Montréal. ⁶—*Jacques-Clement*, b ⁵ 14 août 1740; s ⁵ 6 janvier 1743. — *Charles-Joseph*, b ⁵ 27 juillet 1742.—*Marie-Angélique*, b ⁵ 21 nov. 1744, s ⁵ 31 mai 1748.—*Marie-Daniel*, b ⁶ 1ᵉʳ sept. 1745.—*Joseph*, b ⁵ 5 août 1746.
  1755, (30 juin) Lorette.
2° Estiambe (1), Madeleine,   [Nicolas I.
  b 1721.
Jacques, b ⁵ 27 juin 1757.—*Marie-Madeleine*, b ⁵ 6 dec. 1758; s ⁵ 15 janvier 1759.—*Louise*, b 1761; s 16 février 1767, à Repentigny.

1738, (26 janvier) Ste-Foye. ⁷
III —BERTHIAUME, Pierre,   [Noel II.
  b 1705; s ⁷ 9 dec. 1789.
1° Langlois, Marie-Madeleine,   [Jean III
  b 1716; s ⁷ 21 mai 1740.
Pierre, b ⁷ 2 avril et s ⁷ 3 juin 1739.—*Pierre*, b ⁷ 5 mai 1740.
  1751, (15 février) Pte-aux-Trembles, Q.
2° Pnou, Marie-Joseph,   [François II.
  b 1719.
Marie-Joseph, b ⁷ 7 juin 1753; m ⁷ 30 août 1774, à Etienne Lessard.—*Pierre*, b ⁷ 21 février 1755; s ⁷ 7 janvier 1776.—*Marie-Elisabeth*, b ⁷ 19 janvier 1758, s ⁷ 26 juillet 1759.

1738, (3 février) Montréal. ⁸
III —BERTHIAUME, Jean-Bte,   [Noel II.
  b 1712.
1° Casse (La), Marie-Joseph,   [Charles II.
  b 1712.

(1) Dit Sansfaçon.

Jean-Jacques, b ⁸ 20 sept. 1739. — *Pierre-Philippe*, b ⁸ 15 sept. 1742.
  1762, (18 oct.) ⁸
2° Meunier, Charlotte,   [Gervais I.
  b 1728.
Pierre, b... m 28 janvier 1788, à Marie Lapointe, à Ste-Foye.

1739, (22 oct.) Ste-Foye.
III.—BERTHIAUME, Michel,   [Noel II.
  b 1716, s 7 nov. 1748, à Charlesbourg. ⁹
Verret, Marie-Joseph (1),   [Jean II.
  b 1723.
Michel, b ⁹ 27 oct. 1742; s ⁹ 23 mars 1746.—*Pierre*, b ⁹ 16 juin 1744.—*Marie-Joseph*, b ⁹ 29 avril 1746, m ⁹ 31 janvier 1763, à Michel Masse. —*Jean-Baptiste*, b ⁹ 8 avril 1748.

BERTHIAUME, Jean-Bte, b 1746; s 1ᵉʳ août 1748, à Lorette.

1755, (27 janvier) Ste-Geneviève, M.
IV.—BERTHIAUME, Pierre,   [Pierre III.
  b 1725.
1° Brunet, Catherine,   [Philippe III.
  b 1735; s 28 nov. 1760, à St-Vincent-de-Paul. ¹
Marie-Catherine, b ¹ 26 oct. 1756.
  1762, (15 février) St-Laurent, M.
2° Paré, Marie-Joseph,   [Etienne III.
  b 1738.

1757, (17 oct) Lorette. ⁶
IV.—BERTHIAUME, Ignace,   [Ignace III.
  b 1736
Bedard, Madeleine,   [Etienne IV.
  b 1732; veuve de Jacques Voyer.
Ignace, b ⁶ 5 février et s 22 juillet 1760, à St-Augustin.—*Marie-Madeleine*, b ⁶ 30 mars 1761. —*Ignace*, b ⁶ 17 sept. 1762, m 27 nov. 1786, à Elisabeth Masse, à Ste-Foye.—*Marie-Félicité*, b ⁶ 24 dec. 1763 — *Marie-Elisabeth*, b ⁶ 2 mars et s ⁶ 4 juin 1765.

1758.
IV.—BERTHIAUME, Noel-Jos (2),   [Noel III.
  b 1733; s 8 mars 1790, à St-Augustin.
Piton (3), Marie-Angélique,   [Joseph II.
  b 1726.
Noel-Joseph, b 17 mai 1759, au Lac-des-Deux-Montagnes.—*François*, b 2 mars 1761, au Bout-de-l'Ile, M. ⁶—*Pierre*, b ⁶ 7 mars 1763.—*Marie-Angélique*, b ⁶ 3 sept. 1765.

1758, (30 janvier) Sault-au-Récollet.
IV.—BERTHIAUME, Joseph,   [Pierre III.
  b 1727.
Quenneville, Angélique,   [Jean II.
  b 1706; veuve de Jean-Baptiste Jubinville.

(1) Elle épouse, le 22 sept. 1749, Pierre Pepin, à Charlesbourg.
(2) Fermier des seigneurs.
(3) Dit Toulouse.

1760, (22 sept.) Yamachiche. [7]
IV.—BERTHIAUME, Pierre,   [ANDRÉ III.
  b 1732.
  DUPAUL, Louise,   [AUGUSTIN II.
  b 1736.
    Pierre, b [7] 11 juin 1761 ; s [7] 31 mai 1763.— *François*, b [7] 22 août 1764. — *Augustin*, b [7] 10 juillet 1766.— *Jean-Baptiste*, b [7] 4 mars 1768.

1760, (20 oct.) Montréal.
IV.—BERTHIAUME, JEAN-BTE,   [JACQUES III.
  b 1738.
  JEAN DIT GODON, Marguerite. [PIERRE-CHS III.
    François-Basile, b 13 août 1762, à Charlesbourg.

1763, (18 juillet) Charlesbourg.
IV.—BERTHIAUME, JEAN-BTE,   [JEAN III.
  b 1738.
  VILLENEUVE, Marie-Félicité,   [PIERRE-CHS III.
  b 1745.

1764, (30 avril) Yamachiche. [5]
IV.—BERTHIAUME, Louis,   [ANDRÉ III
  1° LESIEUR (1), Louise,   [AUGUSTIN III
  b 1745 ; s [5] 17 avril 1765.
  Louis, b... s [5] 29 août 1764.
  2° LESAGE, Geneviève.
  Geneviève, b [5] 4 juillet 1767.

1765.
IV.—BERTHIAUME, JOSEPH,   [JOSEPH III
  b 1735.
  BARBARY (2), Marie-Archange,   [MICHEL III.
  b 1744.
    Marie-Archange, b 2 déc. 1765, au Bout-de-l'Ile, M. [8]—*Marguerite-Amable* b [8] 24 oct. 1767, s [8] 30 août 1768.

1765, (4 février) Yamachiche. [9]
IV.—BERTHIAUME, JEAN-BTE,   [ANDRÉ III
  b 1737.
  BELLEMARE (3), Françoise,   [PIERRE IV.
  b 1745.
  Marie-Françoise, b [9] 16 nov. 1765.

1765, (30 sept.) Yamachiche.
IV.—BERTHIAUME, ANDRÉ.   [ANDRÉ III.
  BELLEMARE (3), Louise.   [PIERRE.

BERTHIAUME, PIERRE.
  MAGOT, Agathe.
  Jacques, b 10 déc. 1766, à Repentigny.

BERTHIAUME, JOSEPH.
  CHARTRÉ, Marie.
  Joseph, b... m 6 février 1798, à Françoise BRUNET, à Deschambault.

1767, (17 août) Ste-Foye. [3]
I.—BERTHIAUME, LOUIS.
  BELLEAU, Françoise-Angelique,   [JOSEPH III.
  1748.
  Louis-Hyacinthe, b [3] 12 juillet 1768.— *Louis-Joseph*, b [3] 5 avril 1770.— *Marie-Geneviève*, b [3] 24 nov. 1771. — *Elisabeth*, b [3] 6 juin 1773.— *Charles*, b [3] 17 et s [3] 22 avril 1775.—*Louis*, b [3] et s [3] 29 février 1776.—*Antoine*, b [3] 1779 ; s [3] 31 mars 1782.

BERTHIAUME, IGNACE.
  ALAIN, Marguerite (1).

1772, (30 juin) Ste-Foye. [1]
IV.—BERTHIAUME, JOSEPH,   [NOEL III.
  b 1752, s 8 février 1790, à Lachenaye (2).
  MAUFET, Angelique,   [CHARLES IV.
  b 1747.
  Noel-Joseph, b [1] 12 février 1773.—*Marie-Joseph*, b 1778 ; s [1] 18 juillet 1779.

1786, (27 nov.) Ste-Foye (3).
V.—BERTHIAUME, IGNACE,   [IGNACE IV
  b 1762.
  MASSE, Elisabeth,   [MICHEL IV.
  b 1767.

1788, (28 janvier) Ste-Foye.
IV.—BERTHIAUME, PIERRE,   [JEAN-BTE III
  LAPOINTE, Marie.   [FRANÇOIS.

1795, (1er juin) Détroit.
IV.—BERTHIAUME, JOSEPH,   [JOSEPH III.
  b 1735.
  BONHOMME, Marguerite.   [JEAN-BTE.

1798, (6 février) Deschambault.
BERTHIAUME, JOSEPH.   [JOSEPH
  BRUNET, Françoise,   [PIERRE
  veuve de Pierre Falardeau.

BERTHIAUME, JOSEPH.
  BELLEAU, Marie.
  Charles, b 22 juillet 1787, à Ste-Foye.

BERTHIAUME, MARIE, epouse d'Etienne GÉRAUX.

BERTHIAUME, b 1720 ; s 8 avril 1750, à Chambly.

BERTHIAUME, MADELEINE, b... 1° m à Joseph LAFLEUR ; 2° m 23 nov. 1761, à Joseph CORON, à Ste-Rose.

BERTHIAUME, VÉRONIQUE, épouse de Joseph LAFOSSE.

BERTHIAUME, MADELEINE, épouse de Charles PARADIS.

---

(1) Elle épouse, le 15 nov 1773, Jean-Marc Belleau, à Ste-Foye
(2) Etranger à cette paroisse.
(3) Ce mariage fut déclaré nul à cause de la parenté du 4me au 4me degré.

---

(1) Dit Villard
(2) Dit Grandmaison.
(3) Dit Gelina.

BERTHIAUME, MARGUERITE, épouse de François RIVET.

1702, (4 oct.) Québec.[7]

II.—BERTHIER (1), ALEXANDRE, [ALEXANDRE I.
b 1676; s [7] 11 janvier 1703.
PACHOT, Françoise (2), [FRANÇOIS I.
b 1686.

1724, (17 sept.) Québec.[8]

I.—BERTHIER, MICHEL, chirurgien du Roy, b 1695; fils d'Antoine et d'Antoinette Cochon, de Saumur, diocèse d'Angers; s [8] 5 sept. 1740. (3)
DENIS (4), Marie-Anne, [PAUL II.
b 1698.
Marie-Anne, b [8] 30 sept. et s [8] 19 déc. 1725.—
Michel, b [8] 9 sept. 1726; s [8] 26 janvier 1728.—
Marie-Madeleine, b [8] 13 janvier 1728 ; s [8] 6 mars 1733.—*Michel-Louis*, b [8] 21 et s [8] 31 août 1729.—
Paul-Gaspard, b [8] 16 juillet 1730; s [8] 26 avril 1733.—*Gilles-Antoine*, b [8] 26 déc. 1733.—*Henri-Michel*, b [8] 12 juin et s [8] 9 juillet 1737.

BERTHODY.—Voy. DUCLOS.

1706, (12 avril) Québec.[9]

I.—BERTHODY (5), JEAN, soldat, fils de Jean et de Marguerite Piton, de St-Nicaise, ville de Rouen.
POIRIER, Marie (6), [ETIENNE-MICHEL I.
b 1691 ; s [9] 1er juin 1751.
Charles, b... 1° m [9] 30 sept. 1732, à Marie-Françoise DENNY ; 2° m à Madeleine LAROSE 3° m 7 janvier 1741, à Jeanne CHORET, à Kamouraska.

1732, (30 sept.) Québec.[5]

II.—BERTHODY (7), CHARLES. [JEAN I.
1° DENNY (8), Marie-Françoise, [ALEXANDRE I.
b 1715.
Pierre, b [5] 16 juillet 1733. — *Suzanne*, b [5] 22 avril 1736; 1° m à Joseph AGRÉ ; 2° m 1er juillet 1754, à Charles ONDOYER, à St-Constant.
2° LAROSE, Madeleine.
Marie-Louise, b [5] 14 mars 1739 ; s [5] 15 janvier 1740.

1741, (7 janvier) Kamouraska.[6]
3° CHORET, Jeanne, [JEAN-BTE III.
s [6] 16 oct. 1742.
Geneviève, b [6] 14 oct. 1741.

---

(1) Seigneur de Villemur.
(2) Elle épouse, le 4 avril 1712, Nicolas Desbergères, à Québec.
(3) M. Berthier tomba malade en faisant le service de sa charge dans l'hôpital, soignant un certain nombre de malades sortis du vaisseau " Le Rubis " dans lequel était une maladie contagieuse. Il fut inhumé devant la porte de la chaire, chapelle St-Anne, de N.-D. de Québec.
(4) Dit de St-Simon.
(5) Dit Savoyard.
(6) Elle épouse, le 1er juin 1713, Pierre Dupuis, à Montréal.
(7) Dit St-Michel.
(8) Et Duclos.

1743, (4 février).[6]
4° MOREL (1), Brigitte. [LOUIS-JOSEPH II.
Anonyme, b [5] et s [5] 15 nov. 1743.

1757, (16 février) Montréal.

I.—BERTHOME, JEAN, b 1733 ; fils de Jean et d'Elisabeth Defrausse, de St-Jean-d'Angely, diocèse de Xaintes.
BALAN, Marie-Isabelle, [ETIENNE III.
b 1735.

1755, (29 sept.) Québec.[5]

I.—BERTHON (2), Louis, marchand, fils de Jean-Baptiste et de Marguerite Renard, de Belabre, diocèse de Bourges.
LANGLOIS, Marie-Anne, [PIERRE II.
b 1734.
Jacques-Louis, b [5] 21 nov. 1756.

I.—BERTHOU (3), fils de Jean-Baptiste et d'Anne Maurice, de St-Martin, ville de Morlaix, diocèse de St-Pol-de-Leon, Bretagne, s 22 février 1770, à St-François, I. O.

1757, (7 février) Boucherville.

I.—BERTHOUMIER, FRANÇOIS (4), fils de Jacques et de Marguerite Lacour, de St-Pierre, diocèse de Castres.
REGUINDEAU, Angélique, [JACQUES II.
b 1712 , veuve de Pierre Deniau.

I.—BERTIN, CHRYSTOPHE.
GAUTIER, Françoise. [PIERRE I
Chrysostôme, b 1695 ; s 14 février 1722, à Ste-Anne-de-la-Perade.

1717, (27 sept.) Québec.[5]

I.—BERTIN (5), JACQUES, fils de Jacques et de Jeanne Guedon, de Mortagne, diocèse de Xaintes.
BÉRIAU, Catherine, [VINCENT I.
b 1693.
Marie-Anne, b [5] 23 juin 1718 ; s [5] 9 déc. 1723.
—*Elie*, b [5] 21 avril 1722 ; s [5] 26 mai 1731.—*Jean-Baptiste*, b [5] 3 et s [5] 10 mars 1725. — *Michel*, b [5] 3 et s [5] 7 mars 1725. — *Marie-Catherine*, b [5] 12 août 1727 ; s [5] 1er nov. 1731.—*Catherine*, b 1729.
m [5] 10 août 1750, à Michel VOYER ; s [5] 16 avril 1751.—*Marie-Louise*, b [5] 13 et s [5] 15 sept. 1731.
—*Marie-Françoise*, b [5] 13 et s [5] 18 sept. 1731—
Marie-Anne, b [5] 29 juillet 1733 ; m [5] 26 nov. 1753, à Charles HAMTRENCK.

BERTIN.—Voy. HOBERTIN.

---

(1) Dit De la Durantaye.
(2) Dit De la Morinière du Breuil.
(3) Dit Vadeboncœur — Morlaix, soldat du régiment de Berry, compagnie de Cambray.
(4) Caporal de la compagnie de Marsac, régiment de Béarn.
(5) Dit Laronde.

1754, (25 février) Laprairie.
I.—BERTIN (1), CLAUDE, fils de Dominique et d'Anne Fortier, de Delouze, en Barrois, diocèse de Toul.
CLUSEAU, Marie-Geneviève, [PIERRE II.
b 1732.

1757, (3 nov.) Montréal.
I.—BERTIN, FRANÇOIS, b 1731; fils d'Edmond et d'Elisabeth Suard, de St-Nicolas-des-Champs, Paris.
SARAULT, Marie-Amable, [JEAN-BTE II.
b 1733.

1761, (28 sept.) Sorel.
I.—BERTIN (2), MATHURIN, fils de Mathurin et de Marie-Anne Menard, de St-Jean à Libonne, diocèse de Bordeaux.
DELISLE, Thérèse. [GUILLAUME.

BERTIN, JOSEPH.
LEFEBVRE, Marie-Joseph.
Marie-Angélique, b 17 nov. 1762, à Québec.

1744, (15 juin) Beauport.⁹
I.—BERTON, ANTOINE, fils de Bonet et de Marie-Joseph ...., de Servant, diocèse de Clermont, Auvergne.
LEPINAY, Madeleine, [JEAN II.
b 1720.
Marie-Pélagie, b⁹ 11 et s⁹ 12 avril 1745.—*Antoine,* b⁹ 24 mars et s⁹ 11 juillet 1746.—*Antoine-Boniface,* b⁹ 14 mai 1747.—*François,* b⁹ 4 juillet et s⁹ 17 oct. 1749.—*Madeleine,* b⁹ 17 nov. 1750.—*Louis,* b⁹ 16 janvier 1753.—*Joseph-Marie,* b⁹ 11 janvier 1755; s⁹ 23 février 1759.—*Marie-Angélique,* b⁹ 9 oct. 1756.

1753, (12 février) Pte-aux-Trembles, M.
I.—BERTON, JEAN, b 1718; fils de Jean et de Marie Boyer, de St-Sulpice, diocèse de Xaintes.
MONTABERT, Marie-Thérèse, [ETIENNE I.
b 1732.

I.—BERTONET (3), FRANÇOIS.
RANCOUR (4), Jeanne. [JOSEPH I.
b 1685.
Jean-Baptiste, b 10 nov. 1708, à Québec⁶; s⁶ 6 juillet 1714. — *Marie-Madeleine,* b⁶ 30 sept. 1710.—*Martin,* b⁶ 6 avril 1713; s⁶ 21 juillet 1714. —*Marguerite,* b⁶ 6 avril 1713; s⁶ 13 juillet 1714.

BERTRAND —*Variations et surnoms:* AUFRY, 1694 — RAYMOND, 1699.—ST-ARNAUD—TOULOUSE — LARAMÉE—DESROCHERS — SANSCHAGRIN—DUROY—LAFLEUR.

1685, (10 sept.) Charlesbourg. ⁵
II.—BERTRAND, JEAN, [JEAN I.
b 1658; s 28 oct. 1718, à Montréal.
1° TESSIER, Marguerite. [MARC I.
Jean-Baptiste, b⁵ 13 et s⁵ 17 août 1687. — *François,* b⁶ 16 mars 1689; m 4 oct. 1719, à Madeleine MEUNIER, à Lorette.
1696, (5 juillet). ⁵
2° PAQUET (1), Jeanne. [ISAAC I.

1694, (1ᵉʳ juillet) L'Ange-Gardien. ⁸
I.—BERTRAND (2), RENÉ.
GENDRON (3), Marie, [PIERRE I.
b 1663; veuve d'André Cassan.
René, b³ 28 janvier 1696; m 28 juillet 1716, à Marie LETOURNEAU, à Deschambault.⁴—*Barbe,* b³ 24 juillet 1697; s⁴ 18 juin 1717. — *Marie,* b³ 15 avril 1700, s⁴ 18 juin 1717 —*Claire,* b³ 14 nov. 1701.—*Marie-Madeleine,* b³ 13 août 1703.

1696, (5 mars), Pte-aux-Trembles, Q. ¹
II.—BERTRAND, JEAN-FRS, [GUILLAUME I.
b 1669; s 14 mai 1739, au Cap-Sante. ²
RICHARD, Anne, [PIERRE I.
b 1676; s² 1ᵉʳ avril 1739.
Marie-Anne, b¹ 15 janvier 1697; m¹ 6 février 1720, à Joseph-Louis MOTTARD.—*Jean-François,* b¹ 20 août 1698; m 10 juillet 1747, à Geneviève ROBERGE, à St-Pierre, I O.—*Pierre,* b...—*Charles,* b...—*Angélique,* b¹ 15 août 1702; m à Etienne LANGLOIS, s¹ 11 nov. 1735.—*Joseph,* b¹ 5 février 1704, m² 6 février 1731, à Marie-Joseph L'ÉVEILLÉ.—*Jean-Baptiste,* b¹ 13 mars 1706; m² 21 nov. 1735, à Marie-Joseph LETELIER.— *Thérèse,* b² 11 juillet 1708; m² 18 oct. 1734, à Jean-François LANGLOIS; s² 12 déc. 1753. — *Marie-Joseph,* b² 27 janvier 1710; m² 22 février 1745, à Pierre MATTE.—*Marie-Madeleine,* b² 5 sept. 1712; m² 10 nov. 1736, à Jean-Baptiste HARDY.—*Louis-Joseph,* b 1704; 1° m² 18 août 1738, à Marguerite BROSSEAU, 2° m² 2 février 1750, à Marie-Joseph PAGÉ.

1697, (23 sept.) Montréal. ⁶
I —BERTRAND, JEAN,
b 1667, s avant 1748.
BRARD (4), Marie-Charlotte, [JEAN I.
b 1674.
Jacques, b⁶ 5 sept. 1699; m⁶ 19 sept. 1729, à Louise DUMOUCHEL.—*Catherine,* b⁶ 12 nov. 1701, 1° m⁶ 28 février 1718, à Michel LONGTIN; 2° m⁶ 25 juin 1720, à Charles VALADE.—*Paul,* b⁶ 23 et s⁶ 25 sept. 1705.— *Laurent,* b⁶ 28 juillet, 1707, m⁶ 9 janvier 1748, à Catherine HOTESSE.—*Marie-Charlotte,* b⁶ 30 sept. 1709. — *François,* b⁶ mars 1712; m à Geneviève HENRI.—*Toussaint,* b⁶ 7 mars 1714.—*Jean,* b⁶ 14 mars 1716; s⁶ 10 janvier 1717.

(1) Dit Larivière.
(2) Dit Libonne.
(3) Dit Montargis.
(4) Elle est dite Aymard, en 1713.

(1) Dit Lavallée.
(2) Dit Laflour.
(3) Dit Lafremère.
(4) Et Brac dit Reverdra.

1697, (3 juin) Batiscan.⁹

I.—BERTRAND (1), PAUL,
b 1667; s 27 juillet 1739, à Ste-Geneviève.⁸
BARIBEAU, Gabrielle, [FRANÇOIS I.
b 1673; veuve de Guillaume LeBellet; s⁹ 2 mars 1725.

Elisabeth, b⁹ 15 mars 1698; m⁹ 16 mai 1718, à François DESSUREAUX. — *Marie-Jeanne,* b⁹ 9 avril 1707; m⁸ 6 février 1730, à Prime COSSET. — *Marie-Joseph,* b⁹ 6 oct. 1709; 1° m⁸ 13 janvier 1738, à Etienne LAFOND; 2° m 6 juillet 1750, à René GENDRON, à Ste-Anne-de-la-Pérade. — *Marguerite,* b⁹ 14 février 1712; m 7 février 1735, à Augustin GOULET, à L'Assomption.

1699, (10 février) Laprairie.⁴

I.—BERTRAND (2), JEAN-BTE,
b 1664.
DROUSSON Marie-Louise, [ROBERT I.
b 1683.

Jean-Baptiste, b⁴ 13 nov. 1699. — *Joseph,* b⁴ 31 dec. 1700. — *Marie-Renée,* b 1713, 1° m 29 nov. 1743, à Jean-François CHARPENTIER, à Montreal.² 2° m² 2 juin 1749, à Jean LANNOLIER. — *Pierre,* b... m⁴ 28 sept. 1733, à Geneviève DUCHESNE. — *Louis,* b... m⁴ 7 janvier 1734, à Marie-Madeleine LAROCHE.

BERTRAND (3), PIERRE.

1713, (12 juin) Pte-aux-Trembles, Q.³

II.—BERTRAND, GUILLAUME, [GUILLAUME I.
b 1689; s³ 7 mars 1766.
DUBUCQ, Marie-Angélique, [ROMAIN II.
b 1694.

Marie-Angélique, b³ 8 juillet 1714; m³ 16 oct. 1741, à Joseph MATTE. — *Romain,* b³ 13 avril 1716; s³ 28 janvier 1736. — *François,* b³ 23 mars 1718. — *Guillaume,* b³ 19 mai 1720, m³ 8 juillet 1748, à Madeleine GARNIER. — *Joseph,* b³ 19 mars 1722; m 22 nov. 1756, à Marie-Joseph DUSSAULT, aux Ecureuils.⁴ — *Joseph-Louis,* b³ 20 janvier 1724; 1° m³ 20 janvier 1755, à Marie-Joseph FAUCHER, 2° m³ 25 oct. 1762, à Marie-Thérèse RICHARD. — *Marie-Catherine,* b³ 28 sept 1725; m³ 17 août 1761, à Alexandre VÉSINA. — *Marie-Thérèse,* b³ 5 sept. 1727; m³ 7 sept. 1767, à Louis-Joseph PROU. — *Augustin,* b³ 13 mai 1729. — *Charles,* b³ 22 février 1732; m³ 27 oct. 1760, à Marie-Anne FAUCHER. — *Jean-Baptiste,* b³ 5 et s³ 11 avril 1733. — *Jean-Baptiste,* b³ 2 août 1734, 1° m³ 24 nov. 1766, à Marie-Louise FAUCHER; 2° m³ 3 février 1772, à Félicité TREPAGNY. — *Antoine,* b³ 9 juillet 1736; m³ 30 janvier 1764, à Marie-Louise FAUCHER. — *Marie-Joseph,* b³ 8 mai 1738; m⁴ 25 nov. 1765.

1714, (2 avril) Montreal.¹

I.—BERTRAND (4), PIERRE, meunier, b 1691; fils de Jean et de Marie Magné, de N-D. de LaRochelle.
LEMOYNE, Catherine, b 1692. [NICOLAS II.

---

(1) Dit St-Arnaud. Voy. vol I, p. 48.
(2) Dit Toulouse, soldat de M. de Noyan.
(3) Pour Pierre-Bertrand Lart
(4) Dit Desrochers, soldat de Beaubassin.

Pierre, b¹ 23 mai 1714. — *Catherine,* b 9 février 1716, à St-François, I. J.; m 12 janvier 1739, à Louis HAGUENIER, à Laprairie.² — *Paul,* b² 20 février 1718; m² 18 février 1743, à Marie-Charlotte LONGTIN. — *Marie-Joseph,* b² 5 mars 1720. — *Marguerite,* b² 29 août 1721, m 1ᵉʳ février 1745, à Louis GAGNIER, à Verchères³; s³ 4 juin 1752. — *Louis,* b² 1ᵉʳ juin 1723; m 20 janvier 1749, à Marie OUILEM, à Boucherville. — *Jean-Baptiste,* b² 17 mars 1725; m¹ 1743 à Marie LAUZON. — *Marie-Anne,* b² 16 et s² 21 sept. 1726. — *Marie,* b 1732; s 14 juin 1792, à Nicolet. — *Joseph,* b 10 et s 16 sept. 1735, à St-Frs-du-Lac. — *Marie-Charlotte,* b... m³ 24 janvier 1752, à Louis CASAVAN.

1716, (20 juillet) Québec.

I.—BERTRAND, JEAN-BAPTISTE, fils de Louis et de Charlotte Denis, de St-Maxence, diocèse de Poitiers.
AUMIER, Marie-Anne (1), [JEAN I.
b 1697.

Jean-Baptiste, b 19 oct. 1718, à Montréal.⁹ — *Marie-Anne,* b⁹ 16 juillet 1720; m⁹ 8 février 1740, à René RIVAL. — *Antoine,* b⁹ 17 mai 1722. — *Paul-Joseph,* b⁹ 4 mars 1724; m⁹ 10 fev. 1749, à Marie-Anne LAURENT. — *Jean-Esprit,* b⁹ 2 février 1726; s⁹ 25 mai 1727 — *André-Guillaume,* b⁹ 30 nov. 1727. — *Pierre,* b⁹ 29 juin 1729. — *Louis,* b⁹ 28 août 1734, m 18 avril 1757, à Marie-Anne DEVOYOU, à St-Laurent, M. — *Jacques,* b⁹ 10 sept. 1736; s⁹ 22 janvier 1738. — *Françoise,* b⁹ 4 dec. 1738; m⁹ 10 nov. 1755, à Pierre BREBINEAU.

1716, (28 juillet) Deschambault.⁵

II.—BERTRAND, RENÉ, [RENÉ I.
b 1696.
LETOURNEAU (2), Marie-Marguerite, [JACQUES II.
b 1696.

Joseph-François, b⁵ 25 dec. 1719. — *René,* b 1717; 1° m 10 avril 1741, à Marguerite GLADU, aux Trois-Rivières⁶; 2° m 28 oct. 1765, à Angelique GILBERT, à Yamachiche.⁷ — *Pierre,* b⁶ 3 et s⁶ 5 mars 1722. — *Marie-Madeleine,* b 14 mars 1724, à Ste-Anne-de-la-Perade; m⁶ 26 juin 1740, à Joseph PINEAU. — *Laurent,* b⁶ 26 mars 1727; s⁶ 2 nov. 1729. — *André,* b⁶ 20 juin 1729. — *Marguerite,* b⁶ 1ᵉʳ janvier 1732; s⁶ 8 mai 1739. — *Marie-Joseph,* b⁶ 18 juillet 1734, 1° m⁷ 2 oct. 1749, à Maurice PINOT; 2° m⁷ 8 juillet 1756, à Jean CREPI. — *Jean-Baptiste,* b⁶ 4 juin 1737; m⁷ 30 avril 1759, à Marie RATEL.

1719, (4 oct.) Lorette.³

III.—BERTRAND, FRANÇOIS, [JEAN II.
b 1689.
MEUNIER, Madeleine (3). [MATHURIN II.

Jean-François, b³ 23 sept. 1720; m 23 avril 1748, à Marie-Louise MORIGNIER, à Charlesbourg. — *Marie-Madeleine,* b³ 13 janvier 1722; s³ 22 janvier 1731. — *Ignace,* b³ 29 mai 1724; m 14

---

(1) Elle épouse, le 11 juillet 1757, Jean-Baptiste Pretat, à Montréal.
(2) Et Robert.
(3) Elle épouse, le 14 juin 1745, François Voyer, à Lorette.

août 1752, à Marie-Jeanne LAROCHE, à Québec.⁴ — *Marie-Agathe*, b³ 29 mars 1726; m 1745, à Jean-Baptiste DROLET. — *Joseph-Marie*, b³ 13 mars 1728; 1º m⁴ 17 nov. 1750, à Marie VERRET; 2º m 7 janvier 1768, à Marie-Joseph DEGRAIS, à la Baie-du-Febvre. — *Jean-Baptiste*, b³ 17 juillet 1729; s³ 6 mai 1730. — *Marie-Marguerite*, b³ 11 oct. 1730; s³ 15 juin 1733. — *Jean-Baptiste*, b³ 27 mai 1732; m 16 août 1758, à Madeleine MARTIN, à Soulanges. — *Augustin*, b³ 27 mai et s³ 31 août 1735. — *Marguerite*, b... m 1749, à Paul BRASSARD.

I. — BERTRAND, PIERRE (1),
s 6 mars 1730, à la Baie-St-Paul.

1725, (17 sept.) Batiscan.⁷

II. — BERTRAND (2), PAUL,   [PAUL I.
b 1703.
JUINEAU (3), Marie-Joseph,   [AUGUSTIN II.
s⁷ 4 avril 1764.
Paul, b⁷ 31 mai 1726. — *Joseph*, b 13 mars 1729, à Ste-Geneviève⁸, m 10 février 1749, à Marie-Anne LAURENT, à Montréal. — *Louis*, b⁵ 11 déc. 1730; 1º m 1760, à Marie-Joseph L HEUREUX; 2º m à Madeleine TROTIER. — *Claude*, b⁸ 8 nov. 1734. — *Marie-Françoise*, b⁷ 18 sept. 1736; m 1753, à François DELPÉ. — *Michel*, b⁸ 12 sept. 1738.

1729, (19 sept.) Montréal.⁷

II. — BERTRAND, JACQUES,   [JEAN I.
b 1699.
DUMOUCHEL, Marie-Louise,   [PAUL II.
b 1710.
Jacques, b⁷ 27 juillet 1730; m 11 oct. 1756, à Marie-Joseph ROY, au Lac-des-Deux-Montagnes. — *Hypolite*, b 1732; s⁷ 5 oct. 1738. — *Julie*, b⁷ 28 mai et s⁷ 13 juillet 1734. — *Anne-Judith*, b⁷ 27 juillet 1735; m⁷ 2 oct. 1758, à Jean-Baptiste BEAUGRAND. — *Michel-Louis*, b⁷ 30 sept. 1737. — *Simon*, b⁷ 29 nov. 1739. — *Joseph-Laurent*, b⁷ 8 nov. 1741; m⁷ 31 août 1762, à Marie-Thérèse DULIGNON. — *Paul*, b 14 août 1751, à St-Laurent, M.

II. — BERTRAND, FRANÇOIS,   [JEAN I
b 1712.
HENRI, Geneviève.   [VINCENT I.
Marie, b... m 8 mai 1759, à Antoine AUGÉ, à St-Laurent, M.

1733, (28 sept.) Laprairie.⁶

II. — BERTRAND (4), PIERRE.   [JEAN-BTE I.
DUCHESNE, Geneviève,   [JACQUES II.
b 1713.
Marie, b⁶ 28 nov. 1734. — *Jean-Baptiste*, b⁶ 21 juillet 1736. — *Pierre*, b⁶ 9 avril 1738. — *Marie-Angélique*, b⁶ 17 février 1740.

(1) Engagé de la Malbaye.
(2) Dit St-Arnaud.
(3) Dit Latulippe.
(4) Dit Raymond et Toulouse.

1734, (7 janvier) Laprairie.⁹

II. — BERTRAND (1), LOUIS.   [JEAN-BTE I.
LAROCHE, Marie-Madeleine,   [JEAN I.
b 1704.
Marie-Louise, b⁹ 10 mars 1734. — *Jean-Louis*, b⁹ 25 février 1736. — *Marie-Françoise*, b⁹ 2 oct. 1737. — *Marie-Madeleine*, b⁹ 7 sept. 1741.

1734, (8 nov.) Ste-Geneviève.⁸

II. — BERTRAND (2), JEAN-BTE,   [PAUL I.
b 1705.
DESSUREAUX (3), Marie-Joseph. [FRANÇOIS II
Jean-Baptiste, b⁸ 22 août 1735. — *Marie-Joseph*, b⁸ 3 mars 1737. — *Laurent*, b⁸ 19 sept. 1738. — *Paul*, b... m 22 juin 1795, à Marie-Charlotte NORMANDIN, à Batiscan.

1735, (2 mai) Repentigny.¹

I. — BERTRAND, LOUIS, fils de Robert et de Marie-Anne RUERS, de Sevilly, diocèse de Tours.
VAUTOUR, Marie-Anne,   [JOACHIM II.
b 1718.
Marie-Anne, b 2 sept. 1742, à St-Frs-du-Sud.³ — *Nicolas*, b 22 mars et s 2 août 1744, à Berthier.² — *Joseph*, b³ 26 mai 1745 — *Marie-Louise*, b² 20 août 1746; m à Jean LEPAGE. — *Basile*, b³ 1ᵉʳ mars 1748. — *Pierre*, b² 7 déc. 1749. — *Marie-Reine*, b² 31 mars 1751. — *Marie-Madeleine*, b² 24 nov. et s² 1ᵉʳ déc. 1752. — *Thérèse*, b² 25 déc 1753. — *Joachim*, b¹ 20 juillet 1755. — *Clément*, b¹ 8 juin 1757.

1735, (21 nov.) Cap-Santé.⁴

III. — BERTRAND, JEAN-BTE,   [JEAN-FRS II
b 1706.
LETELLIER, Marie-Joseph,   [FRANÇOIS II
b 1713.
Marie-Joseph, b⁴ 5 août 1737. — *Marie-Angélique*, b⁴ 25 août 1739. — *Jean-François*, b⁴ 4 février 1741. — *Joseph-Marie*, b⁴ 9 mars 1743. — *Augustin*, b⁴ 31 oct. 1744, m 13 février 1775, à Louise PAPILLON, aux Ecureuils. — *Jean-Baptiste*, b⁴ 2 sept. 1746. — *Louis*, b⁴ 22 avril 1749; s⁴ 5 février 1750. — *Marie-Thérèse*, b⁴ 11 mars 1751, m 1769, à Jean L'EVEILLÉ.

1736, (6 février) Cap-Sante.⁵

III. — BERTRAND, JOSEPH,   [JEAN-FRS II.
b 1704.
L'EVEILLÉ, Marie-Joseph,   [JEAN II.
b 1715.
Marie-Joseph, b⁵ 5 déc. 1736 — *Anonyme*, b⁵ et s⁵ 8 mai 1738. — *Marie-Joseph*, b⁵ 7 et s⁵ 8 mai 1739. — *Jean-Baptiste*, b⁵ 7 et s⁵ 8 mai 1739. — *Marie-Thérèse*, b⁵ 13 mars 1740; s⁵ 6 juillet 1752. — *Marie-Angélique*, b⁵ 26 août 1741. — *Joseph*, b⁵ 17 mai et s⁵ 27 juillet 1744. — *Louis-Joseph*, b⁵ 28 avril 1745. — *Augustin*, b⁵ 10 juin 1747. — *Jean-Baptiste*, b⁵ 10 juin et s⁵ 30 déc. 1749. — *Amable*, b⁵ 25 mars 1751. — *Marie-Françoise*, b⁵ 17 oct. 1752. — *Marie-Geneviève*, b⁵ 10 mars 1754.

(1) Dit Raymond et Toulouse.
(2) Dit St-Arnaud.
(3) Dit Brunsard.

1738, (18 août) Cap-Santé.⁶
III.—BERTRAND, LOUIS-JOSEPH, [JEAN-FRS II.
   b 1704.
1° BROSSEAU, Marguerite-Thérèse, [PIERRE II.
   b 1717; s ⁶ 5 déc. 1747.
         1750, (2 février).⁶
2° PAGÉ, Marie-Joseph, [FRANÇOIS IV.
   b 1731.
 Augustin, b ⁶ 31 déc. 1750; s⁶ 29 janvier 1751.
—*Louis-Joseph*, b ⁶ 26 février et s⁶ 19 mars 1752.
—*Jean-Baptiste*, b ⁶ 11 mars 1753.—*Marie-Joseph*,
b ⁶ 2 mai 1754.—*Augustin*, b 27 août 1755, aux
Ecureuils.

1738.
I.—BERTRAND, GILLES.
 TROUILLET, Louise-Thérèse.
 Amable, b 19 avril 1739, à Longueuil.⁷—
Pierre-Louis, b ⁷ 31 août 1740.—*Marie-Louise-
Thérèse*, b 25 juin 1742, à Laprairie; m 8 janvier
1759, à Jean BARÈGE, à Boucherville.

1741, (10 avril) Trois-Rivières.⁸
III.—BERTRAND, RENÉ, [RENÉ II.
   b 1717.
1° GLADU, Marguerite, [PIERRE II.
   b 1723.
 Marie-Renée, b ⁸ 13 juin 1743.—*Louise*, b 13
juillet et s 18 août 1745, à la Pte-du-Lac.⁹—
René-Joseph, b ⁹ 4 sept. 1746.—*Joseph-Charles*,
b ⁹ 17 mars 1749.—*Marie-Anne*, b ⁹ 26 juin et s ⁹
2 juillet 1750—*Pierre*, b ⁹ 27 nov. 1752.—*Guillaume*, b 30 avril 1755, à Yamachiche.²—*Jean-
Baptiste*, b ² 25 nov. 1758.—*Joseph*, b ⁹ 14 sept.
1761.—*Charles-René*, b ² 31 mai 1764.
         1765, (28 oct.)²
2° GILBERT, Angélique, [JOSEPH-CHARLES II.
   b 1746.
 Marguerite, b ² 18 août 1766.—*Angélique*, b ²
15 nov. 1767.

1743, Montréal.³
II.—BERTRAND, JEAN-BTE, [PIERRE I.
   b 1725.
 LAUZON, Marie.
 Marie-Anne, b ³ 24 nov. 1744; m ³ 6 oct. 1760,
à Charles GAGNIER.—*Jean-Baptiste*, b ³ 4 mai
1746.—*Joseph*, b ³ 26 nov. 1747.—*François*, b ³
6 juillet 1749.

1743, (18 février) Laprairie.⁹
II.—BERTRAND, PAUL, [PIERRE I.
   b 1718.
 LONGTIN, Marie-Charlotte. [MICHEL II.
 Marie-Charlotte, b ⁹ 13 déc. 1744.

1747, (10 juillet) St-Pierre, I. O.
III —BERTRAND, FRANÇOIS, [JEAN-FRS II.
   b 1698.
 ROBERGE, Geneviève. [CHARLES II.
 Marie-Geneviève, b 18 avril 1748, au Cap-
Santé.⁹— *François*, b ⁹ 16 mai 1749. — *Marie-
Marguerite*, b ⁹ 18 août 1750. — *Joseph*, b ⁹ 25
février et s ⁹ 2 mai 1752.—*Jean-Baptiste*, b ⁹ 9
avril 1753.

BERTRAND, PIERRE.
 GARIÉPY, Marguerite (1).

1748, (9 janvier) Montréal.⁸
II.—BERTRAND, LAURENT, [JEAN I.
   b 1707.
 HOTESSE, Catherine, [PAUL I.
   b 1717; veuve de Louis Pouget.
 Charlotte-Catherine, b ⁸ 14 déc. 1748; s ⁸ 8 février 1749.—*Marguerite*, b ⁸ 27 janvier 1751.

BERTRAND, JEAN.
 LEGRAIN (2), Elisabeth.
 Marie-Ursule, b 3 juillet 1748, à Chambly.⁹ —
Jean-Marie, b ⁹ 5 juin 1756; s ⁹ 19 juillet 1757.

1748, (23 avril) Charlesbourg.⁷
IV.—BERTRAND, FRANÇOIS, [FRANÇOIS III.
   b 1720.
 MORIGNIÉ (3), Marie-Louise,
   veuve de Jacques Guerin.
 Anonymes, b et s 19 oct. 1748, à Québec.—
Marie-Madeleine, b ⁷ 5 mars 1752.—*Pierre*, b ⁷
7 avril et s ⁷ 21 août 1754.—*Charles-Joseph*, b ⁷ 7
juin 1755; s ⁷ 14 mai 1756.—*Renée-Françoise*, b
8 août 1760, à Lachenaye.

BERTRAND, ANDRÉ, b... s 28 juillet 1753, à Lavaltrie.

BERTRAND, MARIE, épouse de Henri JANVIER.

1748, (8 juillet) Pte aux-Trembles, Q.
III.—BERTRAND, GUILLAUME, [GUILLAUME II
   b 1720.
 GARNIER, Madeleine, [CLAUDE II.
   b 1715.
 Augustin-Guillaume, b 12 et s 14 avril 1750,
à St-Pierre-les-Becquets.

1749, (20 janvier) Boucherville.
II.—BERTRAND, LOUIS, [PIERRE I.
   b 1723.
 OUILEM, Marie. [THOMAS I.
 Anonyme, b et s 5 avril 1753, à Verchères.⁹—
Louis, b ⁹ 5 juin 1754.—*Marie-Joseph*, b ⁹ 8 mars
et s ⁹ 11 juin 1756.

1749, (10 février) Montréal.⁵
III.—BERTRAND, JOSEPH, [PAUL II.
   b 1729.
 LAURENT, Marie-Anne, [JEAN-BTE I.
   b 1727.
 Marie-Anne, b 1748; s 5 avril 1757, à St-Laurent, M ⁶—*Marie-Anne*, b ⁵ 4 nov. 1749.—*Joseph*,
b ⁵ 23 oct. 1750.—*François*, b ⁶ 24 juillet 1756.—
Pierre, b ⁶ 24 juin et s ⁶ 25 août 1758.—*Louis*,
b ⁶ 16 juillet 1759.—*Jean-Baptiste*, b ⁶ 1ᵉʳ février
1761.

---
(1) Elle épouse, le 12 octobre 1750, Joseph Lecompte, à Ste-Rose.
(2) Dit Lavallée.
(3) Pour Mangny.

1749, (29 mai) Québec.⁹
I.—BERTRAND, MATHURIN, b 1697; fils de Louis et de Françoise Bouchereau, de St-Pierre de Molimart, diocèse d'Angers; s⁹ 27 nov. 1757.
CHANTAL, Marie, [PIERRE I.
veuve de François Levitre; s⁹ 11 déc. 1757.

1749, (25 août) Pte-aux-Trembles, M.⁵
I.—BERTRAND (1), LOUIS-FRANÇOIS, b 1719; fils de Louis et de Françoise Dusaut, de St-Eustache, Paris.
CATY, Angélique, [PAUL I.
b 1728.
Marie-Marguerite, b³ 7 oct. 1753. — *Marie-Agathe*, b 14 sept. 1755, à la Longue-Pointe.— *Louis*, b 1er mai 1758, à St-Laurent, M.

I.—BERTRAND, SIMON, b 1734, de Fleury, diocèse de Sens; s 26 avril 1767, à l'Hôpital-General, M.

BERTRAND, JOSEPH,
b 1724; s 6 février 1760, à Charlesbourg.

1750, (17 nov.) Québec.⁴
IV.—BERTRAND, JOSEPH, [FRANÇOIS III.
b 1728.
1° VERRET, Marie, [JEAN-CHARLES III.
b 1729; s 16 juillet 1764, à Ste-Anne-de-la-Perade.⁵
Joseph, b⁴ 11 février 1752.—*Marie-Joseph*, b 7 juillet et s 8 oct. 1755, à St-Nicolas.²—*Michel*, b² 3 oct. 1756; s⁴ 3 juin 1758. — *Louis*, b⁵ 7 juin 1761.—*François*, b⁵ 14 mars 1763.
1768, (7 janvier) Baie-du-Febvre.
2° DEGRAIS, Marie-Joseph, [FRANÇOIS I.
b 1737.

1752, (14 août) Québec.⁴
IV.—BERTRAND, IGNACE, [FRANÇOIS III.
b 1724.
LAROCHE, Marie-Jeanne. [JEAN II
Ignace, b⁴ 28 août et s⁴ 27 oct. 1752.—*Ignace*, b⁴ 17 oct. 1753, s⁴ 6 sept. 1755.

BERTRAND, PIERRE.
ROBERT, Jeanne (2) [JACQUES III.

1755, (20 janvier) Pte-aux-Trembles, Q.²
III.—BERTRAND, JOSEPH-LS, [GUILLAUME II.
b 1724.
1° FAUCHER, Marie-Joseph, [NICOLAS II.
b 1723; s² 18 janvier 1761.
Louis-Joseph, b 1756; s 23 juin 1784, à Beauport, noyé.—*Marie-Joseph*, b² 4 mai 1757; s² 8 janvier 1766. — *Augustin*, b² 3 mars et s² 30 juillet 1760.—*Anonyme*, b² et s² 14 janvier 1761.
1762, (25 oct.)²
2° RICHARD, Marie-Thérèse, [JACQUES II.
b 1734.
Joseph, b² 5 mars 1765; s² 21 avril 1766.— *Marie-Angélique*, b² 4 nov. 1766, s² 13 juillet

1767.—*Augustin*, b² 12 mai et s² 19 nov. 1768 —*Augustin*, b 28 juillet 1763, aux Ecureuils ⁷—*Marie-Thérèse*, b⁷ 28 juillet 1763; s² 9 avril 1765.—*Joseph*, b⁷ 19 oct. 1769.

1756, (11 oct.) Lac-des-Deux-Montagnes.⁹
III.—BERTRAND, JACQUES, [JACQUES II.
b 1730.
ROY, Marie Joseph, [AUGUSTIN III
Marie-Geneviève, b⁹ 13 juillet 1757.—*Jacques-Joseph*, b⁹ 9 août 1758. — *Marie-Angélique*, b⁹ 20 déc. 1750. — *Marie-Anne*, b⁹ 1er et s⁹ 9 mars 1761.—*Marie-Joseph*, b⁹ 14 mai 1762.—*Jacques-Antoine*, b⁹ 20 février 1764.—*Marie-Lucie*, b⁹ 15 mars 1766.—*Jacques-Barthélemi*, b⁹ 5 sept. 1767.

1756, (22 nov.) Ecureuils.⁴
III.—BERTRAND, JOSEPH, [GUILLAUME II.
b 1722.
DUSSAULT, Marie-Joseph. [DENIS II.
Marie-Joseph, b 12 février et s 10 août 1758, à la Pte-aux-Trembles, Q.³—*Marie-Joseph*, b³ 30 mai 1759.—*Marie-Judith*, b³ 9 janvier 1761.— *Joseph*, b³ 16 nov. 1762—*Jean-Baptiste*, b³ 10 déc. 1764; m 3 août 1795, à Marie-Joseph MAROIS, à St-Augustin.—*Scolastique*, b³ 16 mars et s³ 2 sept. 1767.—*Augustin*, b³ 1767.—*Charles*, b⁴ 3 février 1769.—*Marie-Anne*, b⁴ 25 déc. 1772, —*Marie-Geneviève*, b⁴ 24 février 1775.

BERTRAND (1), LOUIS,
BERTRAND, Marie-Charlotte,
s avant 1787.
Marie-Louise, b... m 8 oct. 1787, à Michel PICARD, à Lachenaye.—*Pierre*, b...—*Vital*, b...— *Marie-Charlotte*, b...

1757, (18 avril) St-Laurent, M.²
II.—BERTRAND, LOUIS, [JEAN-BTE I
b 1734.
DEVOYOU, Marie-Anne. [LOUIS II.
Louis, b² 18 oct. 1761.

1757, (21 février) Montréal.
I.—BERTRAND, JACQUES, sergent; b 1727; fils de Jean et de Marguerite Brunet, de St-Pierre, Montpellier.
ROBRAU (2), Geneviève, [PIERRE I.
b 1730.

1758, (16 août) Soulanges.¹
IV.—BERTRAND, JEAN-BTE, [FRANÇOIS III
b 1732.
MARTIN (3), Madeleine. [JEAN-BTE I
Marie-Madeleine, b¹ 31 août 1759.—*Marie-Charlotte*, b¹ 4 nov. 1761.

---

(1) Dit Sanschagrin, soldat de la compagnie Laverandrye.
(2) Elle épouse, le 18 avril 1757, Pierre Lhomme, à Boucherville.
(3) Dit Durocher.
(2) Dit Duplessis.
(3) Dit St-Jean.

1759, (26 fevrier) Charlesbourg. ²
I.—BERTRAND (1), Antoine, fils d'Antoine et de Marie Gauthier, de St-Jean, diocèse de Turenne, Piémont.
Huppé, Marie-Charlotte, [Nicolas IV.
b 1742.
Marie-Charlotte, b ² 28 juin 1762.

1759, (30 avril) Yamachiche. ³
III.—BERTRAND, Jean-Bte, [René II.
b 1737.
Ratel, Marie. [Charles III.
Marie-Amable, b ³ 8 fevrier 1760. — *Marie-Joseph*, b ³ 28 sept. 1761.

BERTRAND, Charles,
s avant 1760.
Valois, Marie (2).
Marie-Madeleine (posthume), b 12 mai 1760, à Charlesbourg.

1760.
III.—BERTRAND (3), Louis, [Paul II
b 1730.
1º L'Heureux, Marie-Joseph, [Joseph III
b 1733, s 4 mai 1776, à Batiscan. ⁵
Louis-Joseph, b ⁵ 31 dec. 1760 ; m ⁵ 9 janvier 1786, à Geneviève Gaudin.—*Joselte*, b ⁵ 6 sept. 1762.—*Marie-Joseph*, b ⁵ 11 mars 1764 ; s ⁵ 6 mai 1781.—*Un fils*, b ⁵ 1767 ; s ⁵ 20 avril 1780.—*Françoise*, b .. m ⁵ 26 janvier 1795, à Joseph Adam.—*Marguerite*, b ⁵ 17 mai 1772.—*Anonyme*, b ⁵ et s ⁵ 6 janvier 1776.
2º Trotier (4), Madeleine.
Marie-Madeleine, b ⁵ 24 déc. 1780. — *Jean-Baptiste*, b ⁵ 1ᵉʳ fevrier 1782.—*Geneviève*, b ⁵ 25 oct et s ⁵ 26 nov. 1783.—*Barbe*, b ⁵ 15 mai 1786. —*François*, b 1779 ; s ⁵ 18 janvier 1794.

1760, (27 oct.) Pte-aux-Trembles, Q.⁶
III —BERTRAND, Charles, [Guillaume II.
b 1732.
Faucher, Marie-Anne, [Nicolas III.
b 1735.
Charles, b ⁶ 23 janvier et s ⁶ 14 fevrier 1762.—*Marie-Joseph*, b ⁶ 22 dec. 1762 —*Charles*, b ⁶ 24 nov. 1764.—*Alexandre*, b 23 nov. 1766, aux Ecureuils.⁷—*François-Xavier*, b ⁷ 15 juillet 1775.

1761, (27 janvier) Montreal.
I.—BERTRAND, François, b 1738 , fils de Joseph et de Claire Monier, de St-Pierre, Lyon.
Bouillet, Marie-Anne, [Claude I.
b 1743.

1762, (31 août) Montréal.
III.—BERTRAND, Jos-Laurent, [Jacques II.
b 1741.
DuLignon, Marie-Thérèse, [Jean III.
b 1738.

---

(1) Dit Duroy.
(2) Elle épouse, le 25 janvier 1762, Pierre Chalifour, à Charlesbourg.
(3) Dit St-Arnaud.
(4) Dit Belcour.

BERTRAND, Louis, b 1740 ; s 8 mars 1767, à Ste-Anne-de-la-Pocatière.

BERTRAND, Pierre.
St-Germain, Marie-Joseph.
Marie-Joseph, b 21 mars et s 22 avril 1763, à St-Philippe.⁸—*Marie-Charlotte*, b ⁸ 2 sept. 1764.

1764, (30 janvier) Pte-aux-Trembles, Q. ⁹
III.—BERTRAND, Antoine, [Guillaume II.
b 1736.
Faucher, Marie-Louise, [Nicolas III.
b 1733.
Marie-Louise, b ⁹ 22 nov 1764.—*Deux anonymes*, b ⁹ et s ⁹ 13 oct 1765.—*Antoine*, b ⁹ 19 et s ⁹ 20 juillet 1766.—*Marie-Anne*, b 9 mai 1771, aux Ecureuils. ⁷ — *Augustin*, b ⁷ 12 sept. 1772.—*François*, b ⁷ 23 oct. 1774.

BERTRAND, Marie, epouse de Jean Lang.

BERTRAND, Marie, epouse de Pierre Lacaille.

BERTRAND, Marie, epouse de Jean Rivesac.

1766, (24 nov.) Pte-aux-Trembles, Q. ²
III.—BERTRAND, Jean-Bte, [Guillaume II.
b 1734
1º Faucher, Marie-Louise, [Augustin III.
b 1746.
Jean-Baptiste, b ² 10 et s ² 22 nov. 1767 — *Jean-Baptiste*, b ² 20 nov. 1768.
1772, (3 fevrier) Ecureuils. ³
2º Trépagny, Felicite, [Jean-Bte IV.
b 1749.
Marie-Félicité, b ³ 19 nov. 1772.—*Augustin*, b ³ 10 janvier 1776

BERTRAND, Jean-Bte.
Martin, Marie-Madeleine.
Marie-Amable, b 20 juin 1770, au Détroit.

BERTRAND, Joseph,
s avant 1794.
François, b... m 16 juin 1794, à Angelique Bernard, au Detroit.

BERTRAND, Joseph.
Germain, Thérèse.
Marie-Joseph, b... m 17 juin 1793, à François Marcot, à Deschambault.

BERTRAND, Nicolas
Pregien, Felicite.
Jean-Michel, b 27 mai 1764 à Québec.

BERTRAND, Pierre.
Lafrance, Geneviève (1).

1772, (7 janvier) Lac-des-Deux-Montagnes.
BERTRAND, Joseph-Vital, (2)
Seguin, Angelique.

---

(1) Elle épouse, le 2 mars 1772, Joseph Huot, à Terrebonne.
(2) Parti de France.

François-Vital, b... 1° m à Marie-Pauline St-Julien ; 2° m à Marguerite Proulx, veuve de Joannet, à St-Eustache ; s 11 juillet 1855, à St-Joseph-du-Lac, M.

BERTRAND, Marie-Elisabeth, épouse de Gabriel Ethier.

BERTRAND, Marguerite, épouse de Charles Lefebvre.

BERTRAND, Laurent-Joseph (1), b... ordonne le 18 août 1776.

1775, (13 février) Ecureuils.
IV.—BERTRAND, Augustin, [Jean III.
 b 1744.
 Papillon, Louise, [Etienne III.
 b 1753.

1786, (9 janvier) Batiscan.[6]
IV.—BERTRAND (2), Louis-Joseph, [Louis III
 b 1760.
 Gaudin, Geneviève. [Félix II.
 Louis, b[6] 11 juillet 1794. — *Marie-Joseph*, b[6] 1788 ; s[6] 29 sept. 1792.

BERTRAND (2), Charles.
 Lefebvre, Marie-Joseph.
 Charles, b 27 sept. 1794, à Batiscan.

1794, (16 juin) Détroit.
BERTRAND, François. [Joseph
 Bernard, Angélique. [Guillaume I.

1795, (22 juin) Batiscan.
III.—BERTRAND (2), Paul. [Jean-Bte II.
 Normandin, Marie-Charlotte. [François.

1795, (3 août) St-Augustin.[7]
IV.—BERTRAND, Jean-Bte, [Joseph III.
 b 1764.
 Marois, Marie-Joseph. [Jean-Frs III.
 Marie-Joseph, b[7] 10 sept. 1795.

BERTRAND, Madeleine, b... 1° m à Michel Roirou ; 2° m 15 janvier 1827, à Marcel Mercier, à St-Jean-Deschaillons.

1758, (7 février) Montréal.
I.—BERTRON, François (3), b 1733 ; fils d'Antoine et de Lucie Pomarde, de St-Mathieu de Perpignan.
 Bourgeat, Marie-Joseph, [Pierre I
 b 1736.

BÉRUBÉ, Marie-Madeleine, b 1707 ; m à Eustache Chouinard ; s 10 mars 1763, à St-Thomas.

BÉRUBÉ, Louise-Angélique, épouse de Jean Dumont.

(1) Il était, le 22 janvier 1776, à St-Joachim.
(2) Dit St-Arnaud.
(3) Sergent du régiment Royal Roussilla.

BÉRUBÉ, Marie-Joseph, épouse de Jean Lavoie.

BÉRUBÉ, Françoise, épouse de Jean Milliard.

I.—BÉRUBÉ, Joseph.
 Soucy, Catherine.
 Joseph, b 1703 ; m 21 avril 1727, à Thérèse Dechambre, à Montréal.

1706, (8 janvier) Rivière-Ouelle.[1]
II.—BÉRUBÉ, Pierre, [Damien I.
 b 1682 ; s[1] 5 oct. 1736.
 Dancosse, Geneviève, [Pierre I.
 b 1687 ; s[1] 6 février 1745.
 François, b[1] 24 mars 1707 ; m[1] 10 nov. 1732, à Marie-Madeleine Levêque.—*Marie-Madeleine*, b[1] 10 sept 1708.—*Pierre*, b[1] 23 juin 1710, m[1] 25 nov. 1733, à Marie-Madeleine Levêque.— *André*, b[1] 11 nov. 1711 ; m 21 janvier 1737, à Marie-Joseph Vésina, à L'Ange-Gardien.— *François*, b... — *Geneviève*, b[1] 2 janvier 1713 ; 1° m[1] 10 nov. 1732, à Pierre Saugier ; 2° m[1] 16 août 1740, à Gregoire Ouellet ; s[1] 3 juin 1751.—*Marie-Angélique*, b[1] 8 août et s[1] 28 sept. 1714.—*Joseph*, b[1] 1er mars 1718 ; s[1] 21 juin 1736.—*Jean*, b 1718 ; m[1] 17 janvier 1746, à Geneviève Miville ; s[1] 18 mars 1760.—*Catherine*, b[1] 14 février 1720.—*Marie-Joseph*, b[1] 22 déc. 1721 ; m[1] 23 nov. 1740, à Louis Martin, s[1] 8 juillet 1785.— *Marie-Dorothée*, b 1728 ; m[1] 19 juillet 1745, à Dominique Levêque ; s[1] 3 février 1755. — *Marie-Françoise*, b... m[1] 17 nov. 1745, à François Aubert. — *Marie-Ursule*, b... m[1] 7 janvier 1749, à Jean-François Miville.

1707, (16 août) Rivière-Ouelle.[1]
II.—BÉRUBÉ, Ignace, [Damien I.
 b 1683 ; s[1] 9 mars 1709.
 Ouellet, Angélique-Marguerite (1), [René I.
 b 1690.

1712, (6 avril) Rivière-Ouelle.[1]
II.—BÉRUBÉ, Mathurin, [Damien I.
 b 1688 ; s[1] 20 nov. 1741.
 Miville, Marie-Angélique, [Jean III.
 b 1695 ; s 20 mars 1769, à Ste-Anne-de-la-Pocatière.[2]
 Marie-Joseph, b[1] 6 nov. 1713 ; m[1] 18 juillet 1736, à Jean-Baptiste Levêque ; s[1] 5 mai 1777.— *Joseph*, b[2] 9 janvier 1717 ; m[1] 24 nov. 1746, à Marie-Angélique Tibaut.—*Jean-Baptiste*, b[2] 30 août 1718.—*Louis*, b[1] 16 juillet 1720 ; m[1] 10 mai 1745, à Marie-Ursule Emond.— *Louis*, b[1] 16 juillet 1721. — *Marie-Geneviève*, b 1730 ; m[1] 12 janvier 1750, à Jacques Roussel ; s[1] 19 avril 1766.—*Marie-Madeleine*, b[1] 21 mars 1733 ; m[1] 20 juillet 1761, à Jean Dupéré. — *Marie-Angélique*, b... m[1] 4 mai 1734, à François Levêque —*Gabriel-Basile*, b[1] 13 nov. 1734.—*Marie-Catherine*, b[1] 23 et s[1] 25 juin 1738.—*Isidore*, b... m[2] 22 nov. 1746, à Madeleine Lisot.—*Pierre*, b... m[1] 11 février 1749, à Marie-Charles Levêque. —*Jean*, b... m[1] 15 sept. 1749, à Marie Choret —

(1) Elle épouse, le 16 avril 1714, Jean-Baptiste Pelletier, à la Rivière-Ouelle.

Marie-Madeleine, b... m ³ 21 août 1752, à Pierre-Bernard Levêque —*Mathurin*, b... m ³ 28 janvier 1755, à Marie-Madeleine Dionne.

BÉRUBÉ, Madeleine, b 1719, s 11 août 1752, à la Rivière-Ouelle.

1727, (21 avril) Montréal.
II.—BÉRUBÉ, Joseph,   [Joseph I.
  b 1703.
Dechambre, Marie-Therèse, b 1704. [Romain II.

1732, (10 nov.) Rivière-Ouelle. ⁹
III.—BÉRUBÉ, François,   [Pierre II.
  b 1707, s ⁹ 17 dec. 1774.
Levêque, Marie-Madeleine (1),   [Joseph II.
  b 1710; s ⁹ 24 janvier 1781.
Joseph-François, b ⁹ 8 août 1733.—*Marie-Angélique*, b ⁹ 19 février et s ⁹ 30 mai 1735. — *Geneviève*, b ⁹ 12 février et s ⁹ 9 mai 1736.—*François*, b ⁹ 16 août 1737.—*Jean-Baptiste*, b ⁹ 2 août 1739, m 11 février 1765, à Marie-Anne Pelletier, à Ste-Anne-de-la-Pocatière.— *Marie-Angélique*, b ⁹ 2 juin 1741; m ⁹ 14 juillet 1766, à Jean-Baptiste Dumont.—*Marie-Catherine*, b ⁹ 21 juillet 1743, m ⁹ 9 janvier 1769, à Joseph Mignier.—*Marie-Françoise*, b ⁹ 3 mars 1745; m ⁹ 14 janvier 1765, à Joseph Moreau. — *Marie-Joseph*, b ⁹ 29 nov. 1746; m ⁹ 9 janvier 1769, à Jean Tériot.— *Pierre*, b ⁹ 3 sept. 1748; m ⁹ 2 mars 1778, à Catherine Levêque. — *Marie-Louise*, b ⁹ 12 août 1750, m ⁹ 11 janvier 1779, à Augustin Pelletier —*Marie-Madeleine*, b ⁹ 17 juillet 1752.—*Marie-Geneviève*, b ⁹ 9 oct. 1753; m ⁹ 15 janvier 1776, à Paul Teriault.— *Louis*, b ⁹ 2 mai 1755; s ⁹ 28 mai 1756.—*Ignace*, b ⁹ 24 janvier 1758.

1733, (25 nov.) Rivière-Ouelle. ⁴
III.—BÉRUBÉ, Pierre,   [Pierre II.
  b 1711; s ⁴ 24 février 1760.
Levêque, Marie-Madeleine.   [Frs-Robert II.
  b 1710; s ⁴ 11 février 1764.
Pierre-François, b ⁴ 18 janvier et s ⁴ 11 avril 1735. — *Marie-Françoise-Judith*, b ⁴ 11 avril 1737; m ⁴ 21 janvier 1754, à Augustin Lavoie.— *Pierre*, b ⁴ 15 juin 1739; s ⁴ 21 mars 1740.— *Pierre*, b 1741; s ⁴ 8 janvier 1750.—*Jean-Marie*, b ⁴ 17 février et s ⁴ 16 oct. 1743.—*Jean-Baptiste*, b ⁴ 6 février 1745; m ⁴ 21 nov. 1768, à Louise Lisot.— *Marie-Madeleine*, b ⁴ 15 oct. 1746; m ⁴ 26 avril 1769, à Augustin Plourde.—*Jean-Félix*, b ⁴ 14 nov. 1748; m ⁴ 11 février 1771, à Marie-Madeleine Ouellet.—*Marie-Anne*, b ⁴ 20 sept. et s ⁴ 6 déc. 1750.— *Marie-Louise*, b ⁴ 14 mai 1753; m ⁴ 7 janvier 1771, à Germain Gagnon.—*Augustin*, b ⁴ 17 mai 1756, m ⁴ 17 janvier 1780, à Marie-Anne Plourde.

1737, (21 janvier) L'Ange-Gardien.
III.—BÉRUBÉ, André,   [Pierre II.
  b 1711.
Vesina, Marie-Joseph,   [Pierre III.
  b 1718.
Pierre, b 3 janvier 1738, à la Rivière-Ouelle ³; m ᵈ 22 nov. 1762, à Marie-Joseph Levêque.—

(1) Angelique, en 1735, etc.

Marie-Joseph, b ⁸ 29 janvier 1739 —*Marie-Angélique*, b ⁴ 29 oct. 1740; m ¹ 11 février 1765, à Augustin Brousseau.— *Marie-Joseph*, b ³ 4 janvier 1742.—*André*, b ⁴ 27 juillet 1743; m 15 juillet 1771, à Euphrosine Michaud, à Kamouraska.— *Jean-Baptiste*, b ³ 21 juin 1745; m ⁸ 11 février 1765, à Marguerite Grondin. — *François*, b ⁸ 25 août 1746; m ³ 23 nov. 1772, à Therèse Hudon.—*Lambert*, b ³ 18 nov. 1747.—*Raphael*, b ³ 16 mars 1749.—*Marie-Louise*, b ⁸ 21 juillet 1750; m ³ 2 août 1768, à Charles Côté.— *Aristobule*, b ³ 11 février 1752. — *Jean*, b ³ 3 juin 1753.— *Marie-Catherine*, b ³ 5 oct. 1754; m 23 nov. 1778, à Nicolas Hudon.— *Marie-Geneviève*, b ³ 4 janvier 1756.—*Henri-Théodore*, b ³ 28 janvier 1758, m ³ 13 janvier 1783, à Charlotte Hudon.—*Benjamin*, b ³ 23 avril 1759.—*Joseph*, b... m ³ 18 nov. 1766, à Angélique Miville.— *Augustin*, b... m ⁸ 19 juillet 1784, à Marie-Perpetue Hudon.—*Jean-Bénoni*, b 1753; m 24 janvier 1785, à Marie-Claire Gagnon, à St-Jean-Port-Joli.

1745, (10 mai) Rivière-Ouelle. ⁷
III.—BÉRUBÉ, Louis,   [Mathurin II.
  b 1720; s avant 1772.
Emond, Marie-Ursule,   [Pierre-Augustin II.
  b 1721.
Louis, b ⁷ 27 janvier 1746.—*André*, b ⁷ 25 nov. 1747, m 23 nov. 1772, à Madeleine Sirois, à Ste-Anne-de-la-Pocatière. — *Marie-Joseph*, b ⁷ 20 août 1749. — *Marie-Joseph*, b ⁷ 22 sept. 1751 — *Jean-Baptiste*, b ⁷ 26 nov. 1753; m ⁷ 19 nov. 1781, à Marie Roussel.

1746, (17 janvier) Rivière-Ouelle. ⁹
III.—BÉRUBÉ, Jean,   [Pierre II.
  b 1718, s ⁹ 18 mars 1760.
Miville, Geneviève (1).   [Joseph IV.
Jean-François, b ⁹ 2 dec. 1746; s ⁹ 23 juillet 1747.— *Geneviève*, b ⁹ 4 dec. 1747; m ⁹ 25 nov. 1771, à Jean-Baptiste Chapais. — *Judith*, b ⁹ 2 juillet 1749; m ⁹ 25 nov. 1771, à Athanase Plourde.— *Marie-Louise*, b ⁹ 23 nov. 1750, m ⁹ 7 nov. 1785, à Basile Lebreux —*Jean-François*, b ⁹ 26 nov. 1752; m ⁹ 20 nov. 1775, à Suzanne Lebreux.— *Joseph*, b ⁹ 13 juillet 1754; m ⁹ 13 janvier 1777, à Rosalie Lebreux.— *Marie-Angélique*, b ⁹ 2 juillet 1756.— *Joseph-Antoine*, b ⁹ 28 déc. 1757.—*Marie-Euphrosine*, b ⁹ 1ᵉʳ mars 1760.

1746, (22 nov.) Ste-Anne-de-la-Pocatière. ¹
III.—BÉRUBÉ, Isidore.   [Mathurin II.
Lisot, Madeleine,   [Noel II.
  b 1709; veuve de Pierre Denis.
Isidore et *Marie-Geneviève*, b ¹ 4 et s ¹ 15 mars 1747.—*Marie-Anne*, b ¹ 21 sept. et s ¹ 3 oct. 1750.

1746, (24 nov.) Rivière-Ouelle. ⁶
III.—BÉRUBÉ, Joseph,   [Mathurin II.
  b 1717.
Tibaut, Marie-Angelique (2),   [Pierre III.
  b 1718.

(1) Madeleine, en 1757. Elle épouse, le 15 février 1762, Michel Aumont, à la Rivière-Ouelle.
(2) Elle épouse, le 24 nov. 1768, Etienne Gauvin, à la Rivière-Ouelle.

Marie-Angélique, b ⁶ 14 janvier 1748 ; m ⁶ 15 février 1779, à Louis HUDON.—*Marie*, b ⁶ 26 avril et s ⁶ 7 mai 1750. — *Jean-Baptiste*, b ⁶ 13 mai 1753.— *Thérèse*, b ⁶ 14 août 1755 ; m ⁶ 27 mai 1782, à Charles BEAUPRÉ. — *Pierre*, b... m ⁶ 2 août 1779, à Catherine HUDON.

1749, (11 février) Rivière-Ouelle. ¹
III.—BÉRUBÉ, PIERRE,   [MATHURIN II.
s ¹ 21 mars 1760.
LEVÊQUE, Marie-Charlotte (1). [FRS-ROBERT II.
Marie-Charlotte, b ¹ 1ᵉʳ déc. 1749 ; m ¹ 23 nov. 1772, à Pierre PLOURDE.—*Pierre*, b ¹ 15 mars 1751 ; m ¹ 8 nov. 1779, à Marie-Anne MIGNIER.— *Marie-Angélique*, b ¹ 5 nov. 1752 ; m ¹ 26 nov. 1770, à Joseph GAGNON.—*Marie-Louise*, b ¹ 16 mars 1754. — *Louis*, b ¹ 6 août 1757 ; m ¹ 17 janvier 1780, à Charlotte GAGNON.—*Marie-Anne*, b ¹ 19 janvier 1759 ; m ¹ 10 janvier 1780, à François MIVILLE.— *Joseph-François* (posthume), b ¹ 29 oct. 1760.

1749, (15 sept.) Rivière-Ouelle. ²
III.—BÉRUBÉ, JEAN,   [MATHURIN II.
s ² 23 avril 1761.
CHORET, Marie (2).   [JEAN-BTE III.
Marie-Joseph, b ² 24 juin 1750.—*Jean-Charles*, b ² 30 déc. 1751.—*Madeleine-Salomée*, b ² 17 janvier 1754.—*Joseph-Marie*, b ² 20 mars 1757 ; s ² 25 oct. 1758.—*Euphrasie*, b ² 11 nov. 1759.

BÉRUBÉ, DAVID.
Lambert, b 1750 ; s (noyé) 26 juin 1770, à la Rivière-Ouelle.

BÉRUBÉ, JOSEPH.
PLOURDE, Marie-Angélique.
Pierre, b 12 mars 1751, à la Rivière-Ouelle.

1755, (28 janvier) St-Anne-de-la-Pocatière.
III.—BÉRUBÉ, MATHURIN.   [MATHURIN II.
DIONNE, Marie-Madeleine,   [JOSEPH III.
b 1730.
Marie-Judith, b 9 juillet 1758, à la Riv.-Ouelle.

BÉRUBÉ, FRANÇOIS.
MOREAU, Marie-Louise.
François, b 28 janvier 1759, à la Rivière-Ouelle. ⁶ — *Joseph*, b ⁶ 11 sept. 1760.—*Marie*, b... m ⁶ 2 déc. 1780, à Jean LEBEL.—*Marie-Anne*, b... m ⁶ 19 juillet 1785, à Clement LEVÊQUE.

BÉRUBÉ, FRANÇOIS.
DUBÉ, Isidore.
Ignace, b 1758 ; s 24 février 1759, à la Rivière-Ouelle.

1762, (22 nov.) Rivière-Ouelle.
IV.—BÉRUBÉ, PIERRE,   [ANDRÉ III.
b 1738.
LEVÊQUE, Marie-Joseph,   [FRANÇOIS III.
b 1738.

Pierre-François, b 5 août 1763, à Kamouraska.⁷ —*Marie-Joseph*, b ⁷ 13 déc. 1764.—*Marie-Marguerite*, b ⁷ 26 mars 1767. — *Marie-Geneviève*, b ⁷ 17 sept. 1768.—*Joseph-Marie*, b ⁷ 1ᵉʳ août 1770.

1765, (11 février) Ste-Anne-de-la-Pocatière.
IV.—BÉRUBÉ, JEAN-BTE,   [FRANÇOIS III.
b 1739.
PELLETIER, Marie-Anne.   [CHARLES.

1765, (11 février) Rivière-Ouelle.
IV.—BÉRUBÉ, JEAN-BTE,   [ANDRÉ III.
b 1745.
GRONDIN, Marguerite,   [JOSEPH III.
b 1747.

1766, (18 nov.) Rivière-Ouelle.
IV.—BÉRUBÉ, JOSEPH.   [ANDRÉ III.
MIVILLE, Angélique,   [JOSEPH IV
b 1736.
Joseph-Marie, b 15 février 1768, à Kamouraska.⁸ — *André*, b ⁸ 13 février 1770.—*Marie-Angélique*, b ⁸ 8 sept. 1771.

1768, (21 nov.) Rivière-Ouelle.
IV.—BÉRUBÉ, JEAN-BTE,   [PIERRE III
b 1745.
LISOT, Louise,   [NICOLAS III.
b 1745.

1771, (11 février) Rivière-Ouelle. ⁹
IV.—BÉRUBÉ, CHS-FÉLIX (1),   [PIERRE III
b 1748.
OUELLET, Marie-Madeleine,   [GRÉGOIRE III
b 1752, s ⁹ 26 oct. 1785.

1771, (15 juillet) Kamouraska.
IV.—BÉRUBÉ, ANDRÉ,   [ANDRÉ III
b 1743.
MICHAUD, Euphrosine.   [ETIENNE III.

1772, (23 nov.) Ste-Anne-de-la-Pocatière.
IV.—BÉRUBÉ, ANDRÉ,   [LOUIS III.
b 1747
SIROIS, Madeleine,   [FRANÇOIS III
b 1751.

1772, (23 nov.) Rivière-Ouelle.
IV.—BÉRUBÉ, FRANÇOIS,   [ANDRÉ III
b 1746.
HUDON, Thérèse,   [NICOLAS III.
b 1751.

1775, (20 nov.) Rivière-Ouelle.
IV.—BÉRUBÉ, JEAN-FRS,   [JEAN III.
b 1752.
LEBREUX (2), Suzanne,   [AMBROISE I.

1777, (13 janvier) Rivière-Ouelle.
IV.—BÉRUBÉ, JOSEPH,   [JEAN III.
b 1754.
LEBREUX (2), Rosalie.   [AMBROISE I.

(1) Elle épouse, le 17 janvier 1763, Pierre SOUCY, à la Rivière-Ouelle.
(2) Elle épouse, le 19 juin 1762, Pierre GAUTIER, à la Rivière-Ouelle.

(1) Baptisé Jean-Félix.
(2) Et Brun, 1775.

1778, (2 mars) Rivière-Ouelle.
IV.—BÉRUBÉ, PIERRE (1), [FRANÇOIS III.
b 1748.
LEVÈQUE, Catherine, [DOMINIQUE III.
b 1751.

1779, (2 août) Rivière-Ouelle.
IV.—BÉRUBÉ, PIERRE. [JOSEPH III.
HUDON, Catherine, [LOUIS III.
b 1754.

1779, (8 nov.) Rivière-Ouelle.
IV.—BÉRUBÉ, PIERRE, [PIERRE III
b 1751.
MIGNIER, Marie-Anne. [MICHEL III.

1780, (17 janvier) Rivière-Ouelle.
IV.—BÉRUBÉ, LOUIS, [PIERRE III
b 1757.
GAGNON, Charlotte, [PIERRE IV.
b 1755.

1780, (17 janvier) Rivière-Ouelle.
IV.—BÉRUBÉ, AUGUSTIN, [PIERRE III.
b 1756.
PLOURDE, Marie-Anne. [PIERRE III

1781, (19 nov.) Rivière-Ouelle.
IV.—BÉRUBÉ, JEAN-BTE, [LOUIS III.
b 1753.
ROUSSEL, Marie-Joseph, [JACQUES I.
b 1752.

1783, (13 janvier) Rivière-Ouelle.
IV.—BÉRUBÉ, HENRI-THEODORE, [ANDRÉ III.
b 1758.
HUDON, Charlotte. [JOSEPH III.

1784, (19 juillet) Rivière-Ouelle.
IV.—BÉRUBÉ, AUGUSTIN. [ANDRÉ III.
HUDON, Marie-Perpetue. [BERNARD III.

1785, (24 janvier) St-Jean-Port-Joli.
IV.—BERUBÉ, JEAN-BÉNONI, [ANDRÉ III.
b 1753.
GAGNON, Marie-Claire. [JOSEPH V.

I.—BERY, PIERRE.
MICHELIN, Madeleine. [FRANÇOIS I
Louis, b... m 17 août 1762, à Marie-Joseph DOYON, au Château-Richer.

1762, (17 août) Château-Richer.
II.—BERY, LOUIS. [PIERRE I.
DOYON, Marie-Joseph, [PRISQUE III.
b 1742.

BERZA.—Voy. BREZA.

(1) Dispenses du 2ème au 2ème degré et du 3ème au 3ème degré de parenté.

I.—BERZA (1), GABRIEL,
b 1736, s 11 janvier 1810, à St-Jean-Deschaillons.[4]
LAGRAVE, Charlotte,
b 1746 ; s[4] 19 juin 1807.
Amable, b... m[4] 2 sept. 1799, à Geneviève TOUSIGNAN.

1799, (2 sept.) St-Jean-Deschaillons.[4]
II.—BERZA (2), AMABLE. [GABRIEL I.
TOUSIGNAN, Geneviève, [LOUIS IV.
b 1775 ; s[4] 24 oct. 1812.
Claire, b... m[4] 10 fevrier 1823, à Hyacinthe PEPIN.

BESANÇON.—Voy. PRÉLAS dit BESANÇON.

1734, (8 fevrier) Quebec.[9]
I.— BESANÇON (3), GUILLAUME-JOSEPH, marchand, b 1696, fils de Pierre et d'Anne Lefebvre, de Bisot, diocèse de Besançon ; s[9] 30 janvier 1756.
DEBLÉ, Françoise-Charlotte, [CHARLES I.
b 1718.
Joseph-Simon, b[9] 28 oct. et s[9] 11 nov. 1735. — *Marie-Catherine*, b[9] 30 nov. 1736 et s[9] 25 mars 1740. — *Geneviève*, b[9] 17 janvier 1739 — *Catherine-Françoise*, b[9] 22 avril 1740. — *Jacques-Ignace*, b[9] 2 fevrier et s[9] 16 mars 1742. — *Joseph-François*, b[9] 3 mai 1743 ; s[9] 13 février 1744. — *Marie-Charlotte*, b[9] 20 janvier 1745 ; s[9] 3 janvier 1748. — *Joseph*, b[9] 5 mars 1747. — *Marie-Anne*, b[9] 26 sept. et s 14 oct. 1749, à Levis. — *Antoine-François*, b[9] 21 mai 1751, m 21 nov. 1781, à Marie-Joseph BLANCHET, à la Rivière-Ouelle. — *Etienne-Benoit*, b[9] 22 mars 1753.— *Marie-Agathe*, b[9] 3 avril 1755.

1781, (21 nov.) Rivière-Ouelle.[4]
II.—BESANÇON, ANT-FRS, [GUILLAUME I.
b 1751.
BLANCHET, Marie-Joseph, [LOUIS III.
b 1743 ; s[4] 5 juillet 1783.

BESCHERFS (4), BERNARD-ALEXANDRE.

1720, (13 février) Quebec[1]
I.—BESLON, JEAN, fils de Pierre et d'Anne Lambretolc, de St-Nicolas, LaRochelle ; s[1] 4 janvier 1727.
CHAILLÉ, Marie-Madeleine (5), [JEAN II
b 1698.

BESNARD.—*Variations et surnoms* : BÉNARD— BÉRARD — CARIGNAN — LAVIGNON — LAJEUNESSE—BOURJOLI—LATERREUR—BONENFANT—BEAUSOLEIL—LATOURMENTE.

(1) Dit Lafleur—Bressard.
(2) Dit Lafleur.
(3) Madame de Besançon fait baptiser son esclave Genevieve, *sauvagesse* de 26 ans, le 18 mai 1760.
(4) Sieur-Ecuier de Rochemond. Il était, le 4 sept. 1701, à St-Laurent, I. O.
(5) Elle épouse, le 18 avril 1730, Jean-Baptiste Maillet, à Quebec

BESNARD, JEANNE, b 1642; s 11 mars 1724, à Montréal.

1689, Laprairie.

II.—BESNARD (1), JOSEPH, [RENÉ I.
  b 1662; s avant 1736.
  LAFAYETTE (2), Marguerite, [MATHIEU I.
  b 1674; s 16 juin 1721, à Boucherville.[4]
  Marie-Joseph, b 1689; m [4] 18 août 1715, à Gilles PAPIN.—*Angélique*, b 1696; m [4] 11 avril 1717, à Joseph-Robert WATSON.—*Joseph*, b 1698; m [4] 27 juillet 1722, à Marie FAVREAU—*Françoise*, b 1702; m [4] 4 août 1726, à Marien HUET.—*Jean-Baptiste*, b [4] 1er mars 1701; m 10 sept. 1736, à Marie-Joseph GERVAISE, à Montréal.—*Marie-Anne*, b 1705; m [4] 24 nov. 1729, à Pierre LEVASSEUR. — *Charlotte*, b... m [4] 8 mai 1735, à Jean-Pierre GAREAU.— *Catherine*, b... m [4] 7 janvier 1736, à Jean SPAGNOLINI. — *Augustin*, b... m [4] 7 février 1757, à Madeleine LACOSTE.

II.—BESNARD, MAURICE, [RENÉ 1
  b 1666.
  NORMANDIN, Françoise, [MATHURIN I.
  b 1688.
  Marie-Angélique, b... m 11 nov. 1720, à Charles FAVREAU, à Boucherville.

II.—BESNARD, JEAN. [MATHURIN I.
  GAILLARD, Françoise.
  Denis, b 1699; m 27 juillet 1728, à Marie CROQUELOIS, à Montréal.

1710. (28 juillet) Montréal.[9]

II.—BESNARD (3), RENÉ, [MATHURIN I.
  b 1682.
  GIBAULT, Anne (4), [JEAN II
  b 1693.
  Marie-Anne, b [9] 7 et s [9] 25 juin 1713. — *François*, b [9] 28 avril 1714. — *Marie-Angélique*, b [9] 1er février 1716; m [9] 13 nov. 1741, à Hugues HUARD.—*Jacques*, b 27 février 1718, à Lachine[6]; m [9] 16 janvier 1747, à Marie-Louise DENIS.—*Vital*, b [8] 20 août 1719; s [9] 24 déc. 1723.—*Marie-Anne*, b [9] 18 et s [9] 21 avril 1721. — *Marie-Anne*, b [9] 8 mai et s [9] 2 juin 1723. — *Marie-Anne*, b [9] 26 avril et s [9] 5 mai 1725.—*Charles-Henri*, b [9] 20 et s [9] 21 mai 1726.—*Louis-Joseph*, b [9] 23 février 1729; s [8] 19 février 1730.—*Jean-Marie*, b [8] 24 février et s [9] 31 juillet 1730.

1711, (8 janvier) Batiscan.

II.—BESNARD (5), RENÉ, [RENÉ I.
  b 1670.
  TROTIER, Geneviève, [PIERRE II.
  b 1689.
  Anonyme, b et s 30 sept. 1717, à Boucherville.[7] —*Antoine-Joseph*, b [7] 6 mai 1719. — *Alexis*, b [7] 7 sept. 1720.—*Françoise*, b [7] 10 janvier 1722.—*Marie-Thérèse*, b [7] 4 et s [7] 24 avril 1723.—*Marie-*

(1) Dit Carignan, sieur de Lavignon.
(2) Et Fail.
(3) Dit Lajeunesse.
(4) Elle épouse, le 16 avril 1742, Pierre Perillard, à Montréal.
(5) Dit Bourjoli et Carignan.

Joseph, b [7] 11 février 1725. — *Marie-Angélique*, b [7] 19 et s [7] 28 juillet 1726.

1717, (27 juillet) Charlesbourg.[1]

II.—BESNARD (1), PIERRE-LOUIS. [GABRIEL I.
  DESRY, Jeanne, [MAURICE I.
  b 1681; veuve de Jean Renaud; s [1] 3 juillet 1723.
  Marie-Angélique, b [1] 6 oct. 1718.—*Pierre*, b [1] 2 sept. 1720.

1722, Charlesbourg.

BESNARD, FRANÇOIS.—Voy. BÉRARD.

1722, (27 juillet) Boucherville.[2]

III.—BESNARD (2), JOSEPH, [JOSEPH II.
  b 1698.
  FAVREAU, Marie, [MATHURIN II.
  b 1701.
  Joseph, b [2] 26 mai 1723.—*Jean-Louis*, b [2] 2 sept. 1724; m [2] 10 février 1749, à Marie-Joseph CHAPERON.—*François*, b [2] 17 mars 1726; m [2] 22 janvier 1753, à Madeleine HUET.—*Marie-Joseph*, b... m [2] 13 février 1747, à Pierre HUET.—*Augustin*, b... m 10 février 1755, à Véronique BISAILLON, à Laprairie.

1723, Charlesbourg.

BESNARD, JEAN-FRANÇOIS.—Voy. BERARD.

1723, (13 sept.) Montreal.[3]

I.—BESNARD (3), DENIS, b 1699; fils de Jean et de Françoise Gaillard, de St-Hilaire, Paris.
  1° DENIAU (4), Catherine, [JOSEPH II.
  b 1700; s [3] 30 janvier 1727.
  Joseph, b [3] 13 sept. 1724; s [3] 7 oct. 1725.—*Andre-Denis*, b [3] 16 janvier 1726; m [3] 25 février 1759, à Marie-Amable Roy.
  1728, (27 juillet).[3]
  2° CROQUELOIS (5), Marie, [JACQUES I.
  b 1712.
  Marie-Catherine, b [3] 2 juin 1729.—*Jacques-Louis*, b [3] 11 janvier 1731.

I.—BESNARD, b 1709; de Tran, diocèse de Rennes, Bretagne; s 5 nov. 1749, à Levis.
  RENAUD, Louise, s avant 1749.

BESNARD, MARIE-JOSEPH, b 1725; Sœur Grise, s 25 janvier 1796, à l'Hôpital-Géneral, M.

1724, (12 juin) Montreal.[6]

I.—BESNARD (6), JEAN, b 1696; fils de Claude et de Marguerite Dionne, de Vésins, diocèse de LaRochelle; s avant 1748.
  PÉRILLARD, Marie-Madeleine (7), [NICOLAS I
  b 1704.

(1) Dit Lespine, et Berard. Voy. vol. I, p. 42.
(2) Dit Carignan.
(3) Dit La Terreur, sergent de Senneville.
(4) Dit Destaillis.
(5) Appelée Lacroix en 1729. Elle épouse, le 4 mars 1737, Charles Guilbeau, à Montreal.
(6) Dit Bonenfant.
(7) Elle épouse, le 14 août 1741, Jean-Baptiste Aymond, à Montréal.

Jean-Baptiste, b ⁶ 1ᵉʳ mai 1725; s ⁶ 5 février 1733.—*Madeleine*, b 1726; m ⁶ 22 janvier 1748, à François Tiriac.—*Antoine*, b 1729; s ⁶ 7 janvier 1730.—*Jean-Baptiste*, b ⁶ 6 janvier 1731, m 24 janvier 1752, à Hélène DeLahaise, à la Longue-Pointe.—*Pierre*, b ⁹ 22 janvier 1733; m 18 février 1754, à Catherine Brouillet, à la Pte-aux-Trembles, M.; excommuniés et mariés le 29 avril 1754.—*Jacques-Emmanuel*, b ⁶ 15 oct. 1737; s ⁶ 17 sept. 1747.

I.—BESNARD, Jean-Bte, b 1691; du diocèse d'Angers; s 20 avril 1739, à Montréal.

I.—BESNARD, René, de Lambert, diocèse d'Angers.
Mahiet, Jeanne.
Marie-Barbe, b en France; 1º m 24 nov. 1755, à Pierre Rihouet, à St-Valier¹; 2º m¹ 24 janvier 1757, à Michel Saulieur.

1736, (10 sept.) Montréal.⁸
III.—BESNARD (1), Jean-Bte, [Joseph II.
b 1701.
Gervaise, Marie-Joseph, [Urbain II.
b 1706.
Jean-Louis, b ⁸ 22 nov. 1737.—*Marie-Joseph*, b ⁸ 31 août et s ⁸ 7 déc. 1747.

1741, (20 nov.) Québec.⁸
I.—BÉNARD, Michel (2), fils de Louis et de Marie Guy, de St-Benoît, Paris.
Lanouillier (De), Gcrm.-Eustache, [Nicolas I
b 1722.
Nicolas-Michel, b ⁸ 16 juin 1742.

1744, (3 février) Montréal.
I.—BESNARD (3), Jean, b 1721; fils de Pierre et de Marie Sablon, de St-Sulpice, Paris.
Barbeau, Geneviève, [Jean-Bte I.
b 1689; veuve de Philippe Rolland.

1747, (16 janvier) Montréal.⁵
III.—BESNARD, Jacques, [René II.
b 1718.
Denis, Marie-Louise, [Jacques II
b 1729.
Marie-Louise, b ² 30 août et s ² 24 sept. 1749.

1749, (10 février) Boucherville.⁶
IV.—BESNARD, Jean-Louis, [Joseph III.
b 1724.
Chaperon (4), Marie-Joseph. [Jean-Bte III
Marie-Joseph, b... m ⁶ 17 avril 1769, à Jacques Croquet.—*Marie-Amable*, b 19 août 1752, à Verchères.²—*Marie-Charlotte*, b ² 1ᵉʳ avril et s ² 30 août 1754.—*Jean-Louis*, b ² 18 août 1755.

(1) Dit Carignan—Lavignon.
(2) Secrétaire de l'Intendant en 1740.
(3) Dit Beausoleil, soldat de la compagnie Beauharnois.
(4) Ou Chagnon en 1754.

1752, (24 janvier) Longue-Pointe.⁶
II.—BESNARD (1), Jean-Bte, [Jean I.
b 1731.
DeLahaise, Hélène, [Pierre II.
b 1735.
Jean-Baptiste, b ⁶ 8 février 1753; m 1786, à Marie-Joseph Desjardins. — *Jacques*, b 22 août 1754, à la Pte-aux-Trembles, M; s ⁵ 31 janvier 1755. — *Marie-Hélène*, b ⁶ 13 oct. 1756.—*Henri*, b ⁶ 22 août 1760.— *Françoise*, b ⁶ 9 mars 1762.—*Jean-Marie*, b ⁶ 29 août 1766.—*François*, b ⁶ 7 mars 1768.

1753, (22 janvier) Boucherville.
IV.—BESNARD, François, [Joseph III.
b 1726.
Huet, Madeleine, [Jacques-Joseph II.
b 1726.

1753, (5 nov.) Montréal.
I.—BESNARD (2), Pierre-François, fils de François et de Françoise Quénée, de St-Germain de Dourdan, diocèse de Chartres.
Deneau (3), Marie-Joseph, [Joachim II.
b 1723.

1754, (18 février) Pte-aux-Trembles, M.
II.—BESNARD (4), Pierre, [Jean-Pierre I.
b 1733.
Brouillet, Catherine, [Pierre II.
b 1722; s 14 janvier 1788, à Repentigny.
Elisabeth, b... m à Joseph Gour.

1755, (10 février) Laprairie.
IV.—BESNARD (5), Augustin. [Joseph III.
Bisaillon, Véronique, [Etienne II.
b 1732.

1757, (7 février) Boucherville.
III.—BESNARD, Augustin. [Joseph II.
Lacoste, Madeleine. [François II.

1759, (25 février) Montréal.
II.—BESNARD, Denis-André, [André I.
b 1726.
Roy, Marie-Amable, [Joseph-Guillaume.
b 1736.

1759, (23 avril) Lachine.⁹
I.—BESNARD, Jacques, fils de Jérôme et d'Anne Louer, de St-Quentin, diocèse d'Orange, Prov. Arles.
Lafleur, Catherine, [Pierre I.
b 1741.
Jacques, b ⁹ 12 nov. 1761.

(1) Dit Bonenfant.
(2) Dit La Tourmente.
(3) Dit Destallis.
(4) Dit Bonenfant. Ce mariage fut déclaré nul et les parties excommuniées, pour s'être mariés à la Gomine.
(5) Dit Carignan.

1786.

III.—BESNARD (1), Jean-Bte, [Jean-Bte II.
  b 1753.
  Desjardins, Marie-Joseph, [Jean.
  b 1761.
  Marie-Joseph, b 3 juin 1787, à Repentigny.² — *Marie-Thérèse*, b ² 9 avril 1789; s ² 1ᵉʳ mars 1790.—*Antoine*, b ² 2 avril 1791. — *Marie-Charlotte*, b ² 19 juin 1794.

BESNER.—Voy. Bernet.

BESNIER, Marie, épouse de Joseph Lorin.

1755, (30 juin) Québec.⁴

I.—BESSE, Pierre, gardien au Palais; fils de Jean et de Jeanne Lacombe, de Delamarque, diocèse de Condon.
  Maranda, Thérèse, [Joseph III.
  b 1737.
  Pierre-Antoine, b ⁴ 10 sept. 1756; s ⁴ 4 sept. 1757.—*Marie-Rose*, b ⁴ 31 juillet 1758; s 8 nov 1759, à St-Pierre-du-Sud.—*Thérèse*, b 1ᵉʳ oct. 1759.

1763, (14 août) Longueuil.

I.—BESSE (2), Jean, fils d'Antoine et de Marie-Anne Hazart, de St-Pardou-de-Roche, diocèse de Limoges.
  Ouimet, Marie-Louise, [Pierre II.
  b 1727; veuve de François Lunegand.

I.—BESSENAIRE (3), Jean,
  Groseline, Marie-Anne.
  Suzanne, b 4 avril 1765, à Soulanges.

BESSET, Marie-Anne, épouse de Louis Grenier.

BESSET, Marie-Joseph, épouse de Louis Jean.

BESSET, Angélique, épouse de Louis Lebeau.

BESSET, Jeanne, épouse de Jean-Baptiste Laporte.

BESSET, Marie, épouse de Jean Olivier.

BESSET, Madeleine, épouse de Laurent Périer.

1667.

I.—BESSET (4), Jean,
  b 1642.
  Seigneur, Anne. [Jean I.
  Marie-Anne, b 1682; m à Louis Haguenier, s 25 août 1741, à Montréal.

1700, (8 sept.) Laprairie.⁴

II.—BESSET, Jean (1), [Jean I.
  b 1673.
  2º Plamondon, Madeleine, [Philippe I.
  b 1682.
  Marie-Catherine, b ⁴ 18 avril 1702. — *Madeleine*, b... m à Louis Barré.—*Marie-Joseph*, b 21 oct. 1705, à Montreal. — *Marie-Anne*, b... m à Louis Grenier.—*Jean-Baptiste*, b... m 27 juillet 1750, à Marie-Anne Paquet, à Chambly.⁵—*Guillaume*, b... m 1746, à Marguerite Paquet.—*Jacques*, b... m 1749, à Angélique Alino — *François*, b 1735, m 1752, à Marie-Joseph Girard, s ⁵ 24 nov. 1760.

II—BESSET, François, [Jean I.
  b 1685.
  Dubois, Claude, [Jean I.
  b 1690; s avant 1753.
  Clément, b... m 18 juin 1753, à Charlotte Lamoureux, à Chambly.³—*François*, b 1725, m ³ 7 janvier 1754, à Geneviève Gaboriau, s ³ 17 janvier 1760.

1746.

III.—BESSET, Guillaume. [Jean II
  Paquet (2), Marguerite, [Noel III
  b 1718.
  Marie-Anne, b 30 juillet 1747, à Chambly.⁷—*Antoine*, b ⁷ 2 août 1749.—*Jean*, b ⁷ 14 nov. 1751 — *Charles*, b ⁷ 20 sept. et s ⁷ 27 oct. 1758.—*Marie-Joseph*, b ⁷ 19 mars 1760.

1747.

BESSET, Jean.
  Diquer, Marie. [Louis I
  Marie-Thérèse, b 19 janvier 1748, à Quebec.² *Marie-Angélique*, b ² 5 sept. 1750; s ² 26 août 1751. — *Marie-Madeleine*, b ² 19 janvier 1752.— *Jean-Charles*, b ² 11 mars 1753.

1749.

III.—BESSET, Jacques. [Jean II.
  Alino (3), Marie-Angélique, [Antoine I
  b 1728.
  Jacques-Philippe, b 3 mars 1750, à Ste-Rose.

1750, (27 juillet) Chambly.⁷

III.—BESSET, Jean-Bte. [Jean II.
  Paquet, Marie-Anne, [Noel III.
  b 1730.
  Jean-Baptiste, b 1751; s ⁷ 21 janvier 1755.— *Marie-Anne*, b ⁷ 3 et s ⁷ 30 juin 1754.—*Angélique*, b... s ⁷ 5 déc. 1760. — *Catherine*, b ⁷ 20 fevrier 1756. — *Marie-Anne*, b ⁷ 5 avril 1757; s ⁷ 27 fevrier 1758. — *Jean-Baptiste-François*, b ⁷ 19 oct. 1758; s ⁷ 2 janvier 1759. — *Marie-Elisabeth*, b ⁷ 13 mars 1759; s ⁷ 2 oct. 1760.

---

(1) Dit Bonenfant.
(2) Dit Francœur.
(3) Dit Pret-à-boire.
(4) Et Bellestre. Voy. vol. I, p. 49.

(1) Voy. vol. I, p 49.
(2) Dit Larivière
(3) Dit Sanschagrin.

1752.

III.—BESSET, François,   [Jean II.
   b 1735; s 24 nov. 1760, à Chambly.³
   Gibard, Marie-Joseph.
    Joseph, b ³ 16 sept. 1753.

1753, (18 juin) Chambly.

III.—BESSET, Clément.   [François II.
   Lamoureux, Charlotte.   [Pierre III.

1754, (7 janvier) Chambly.¹

III.—BESSET, François,   [François II.
   b 1725; s ¹ 17 janvier 1760.
   Gaboriau, Geneviève.   [Jean I.
    François, b ¹ 13 juillet 1755.—*Marie-Marguerite*, b ¹ 1ᵉʳ nov. 1756. — *Antoine*, b ¹ 15 février 1758.

BESSIER, Pierre (1).

BESSIÈRE, Marie-Jeanne, b 1703; 1° m à Daniel Dauphiné ; 2° m 6 juillet 1722, à Jean Martin, à Montréal.

1685, Pte-aux-Trembles, Q.

I.—BESSIÈRE, Antoine (2),
   b 1650; s 21 déc. 1708, à St-Nicolas.
   Croteau, Jeanne,   [Vincent I
    s 9 mai 1719, à Québec. ²
    Jeanne-Ursule, b 25 août 1688, au Cap-Santé ; s ¹ 2 février 1689.—*Louise*, b... m ² 30 déc. 1718, à Simon-François Laurin.

BESSON.—Voy. Brasier.

1741, (29 mai) Québec.⁴

I.—BESSON, Jean, sacristain ; fils de Guillaume et de Catherine Chausel, de Pierrefort, diocèse de St-Flour, Auvergne.
   Lépine (3), Louise-Charlotte,   [Antoine I.
   b 1720, s ⁴ 23 sept. 1753.
    Jean-Marie, b ⁴ 8 mars 1742.— *Michel*, b ⁴ 14 nov. 1743.—*Marie-Charles*, b ⁴ 24 oct. 1745, s ⁴ 13 janvier 1746. — *Marie-Catherine*, b ⁴ 9 déc. 1747.—*Marie-Charles*, b ⁴ 4 juin 1749.—*Marie-Jeanne*, b ⁴ 9 et s ⁴ 11 avril 1751.—*Suzanne*, b ⁴ 4 août et s ⁴ 6 sept. 1752.

BETHUNE.—Voy. Detouche, 1761.

I.—BÉTHUNE (4), s 2 juin 1757, à St-Antoine-de-Chambly, noyé à St-Charles.

1763, (31 janvier) St-Valier.

I.—BÉTILLE, Charles, fils de Michel et de Jeanne Herpin, diocèse de Coutance.
   Greffard, Angélique.   [Joachim III.

BÉTOURNÉ, Angélique, épouse de Pierre-Joseph DeRainville.

---

(1) Voy Tessier, vol. I, 561.
(2) Voy vol I, p. 49.
(3) Dit Lalime.
(4) Soldat du Royal Roussillon, compagnie de Bouret.

1668.

I.—BÉTOURNÉ, Adrien (1),
   b 1643.
   Deshays, Marie,
    b 1655 ; s 18 déc. 1707, à Montréal.

1692, (29 déc.) Montréal.⁴

II.—BÉTOURNÉ, Pierre,   [Adrien I.
   b 1669; s ⁴ 19 oct. 1702.
   Ronseray, Jeanne-Frse (2),   [Jean I.
   b 1674
    Marie-Françoise, b ⁴ 30 mai 1694; m 27 avril 1717, à Antoine Caillé, à Laprairie. ⁵—*Louis*, b ⁴ 6 juin 1696; m ⁵ 23 nov. 1722, à Marguerite Dupuis ; s 19 février 1730 à Longueuil.⁶—*Pierre*, b ⁴ 13 juin 1698, 1° m ⁵ 8 nov. 1723. à Anne Boyer ; 2° m ⁶ 22 sept. 1732, à Marie-Anne Aymard ; s ⁶ 13 avril 1750. — *Toussaint*, b ⁵ 2 mars 1703 ; m ⁵ 15 août 1730, à Marie-Anne Supernant , s ⁶ 23 avril 1731.

1722, (23 nov.) Laprairie ¹

III.—BÉTOURNÉ, Louis,   [Pierre II.
   b 1696, s 19 février 1730, à Longueuil. ²
   Dupuis, Marguerite (3)   [René II.
    Marguerite, b ² 20 sept. 1723 —*Marguerite*, b ² 21 juillet 1726. m 7 janvier 1754, à Jacques Roy, à St-Constant.³— *Louis*, b ² 24 janvier 1728 ; m ³ 28 oct. 1754, à Marie-Joseph Faille.— *Marie-Anne*, b ² 17 nov. 1729.— *Elisabeth*, b... 1° m à Jacques Roy , 2° m ¹ 20 août 1761, à Michel Leclair. — *Marie-Angélique*, b... m ¹ 17 février 1749, à Pierre-Joseph DeRainville.

1723, (8 nov.) Laprairie.⁵

III.—BÉTOURNE, Pierre,   [Pierre II.
   b 1698, s 13 avril 1750, à Longueuil. ⁶
   1° Boyer, Anne-Joseph,   [Antoine II.
   b 1696 ; s ⁶ 10 juin 1731.
    Marie-Joseph, b ⁶ 8 et s ⁶ 20 août 1724 — *Pierre*, b ⁶ 20 janvier 1726 , m ⁶ 22 février 1751, à Marie-Geneviève Lamarre. — *Marie-Joseph*, b ⁶ 11 juin 1729 ; s ⁵ 12 février 1730.—*Marie-Amable*, b ⁶ 21 avril et s ⁶ 27 mai 1731.

1732, (22 sept.) ⁵

   2° Aymard, Marie-Anne,   [Pierre I.
   b 1702.
    Vincent, b ⁶ 29 juillet et s ⁶ 4 sept. 1734.— *Joseph-Pascal*, b ⁶ 3 avril et s ⁶ 5 sept. 1736.— *Antoine*, b ⁶ 1ᵉʳ juin 1737, m ⁶ 15 février 1762, à Charlotte Marsil —*Vincent*, b ⁵ 22 oct. 1738; m ⁶ 19 janvier 1761, à Agnès Marsil.—*Joseph-Marie*, b ⁶ 30 mars et s ⁶ 9 août 1740.— *Pascal-Amable*, b ⁶ 1ᵉʳ avril et s ⁶ 13 juin 1741.— *Louis-François*, b ⁶ 12 août 1742.—*Marie-Anne*, b ⁶ 9 oct. 1743 , s ⁶ 16 mai 1744.—*Joseph-Marie*. b ⁶ 31 mars et s ⁶ 5 juin 1745. — *Toussaint*, b ⁶ 24 juillet et s ⁶ 29 août 1746.

---

(1) Voy. vol I, p 49
(2) Elle épouse, le 11 juin 1708. Jean Gervaise, à Montréal.
(3) Elle épouse, le 16 janvier 1741, Charles Deneau, à Laprairie.

1730, (15 août) Laprairie.⁵
III.—BÉTOURNÉ, TOUSSAINT, [PIERRE II.
   b 1703 ; s 23 avril 1731, à Longueuil.
  SUPERNANT, Marie-Anne (1), [PIERRE II.
   b 1710.
Toussaint, b ⁵ 26 août 1731.

1751, (22 février) Longueuil. ⁶
IV.—BÉTOURNÉ, PIERRE, [PIERRE III.
   b 1726.
  LAMARRE, Marie-Geneviève, [ANDRÉ II.
   b 1732 ; s ⁶ 28 nov. 1760.
Pierre, b ⁶ 7 février 1752. — *Paul,* b ⁶ 29 juin 1753. — *Marie-Reine,* b ⁶ 8 janvier 1757. — *Angélique,* b ⁶ 22 oct. et s ⁶ 8 nov. 1760.

1754, (28 oct.) St-Constant.⁷
IV.—BÉTOURNÉ, LOUIS, [LOUIS III.
   b 1728.
  FAILLE, Marie-Joseph, [JOSEPH II.
   b 1729.
Marie-Joseph, b ⁷ 30 juin 1757.

1761, (19 janvier) Longueuil. ⁶
IV.—BÉTOURNÉ, VINCENT, [PIERRE III.
   b 1738.
  MARSIL, Agnès, [TOUSSAINT III.
   b 1738.
Marie-Agnès, b ⁶ 3 mai 1762.

1762, (15 février) Longueuil.
IV.—BÉTOURNÉ, ANTOINE, [PIERRE III.
   b 1737.
  MARSIL, Charlotte, [PIERRE III.
   b 1739.

1718, (28 déc.) Montréal. ⁷
I.—BETTE (DE) (2), RAOUL-MARIE, fils de Nicolas et de Marguerite Leduc, de Maubeuge, diocèse de Cambray.
  BISSON, Marie-Angélique, [JOSEPH III.
   b 1700.
Raoul-Marie, b ⁷ 20 oct. 1719. — *Françoise-Marie,* b ⁷ 11 déc. 1720 ; s ⁷ 17 oct. 1723. — *Charles,* b ⁷ 14 oct. 1722. — *Louise,* b ⁷ 6 déc. 1723.

1762.
I.—BETTER, JACOB.
1° LAMBERT, Catherine,
   s 4 oct. 1766, à la Baie-St-Paul. ⁸
Jacob-Hugues-Lucias, b ⁸ 7 déc. 1763. — *Georges-Jacob-Louis-Abraham,* b ⁸ 16 mai 1765.
1768.
2° LAPARRE, Geneviève, [ELIE I.
   b 1754.
Marie-Elisabeth, b ⁸ 7 déc. 1768. — *Reine-Geneviève-Rebecca,* b ⁸ 6 janvier 1771. — *Sara,* née 14 déc. 1772 ; b ⁸ 4 mars 1773. — *Louis,* b ⁸ 22 mai 1777.

---

(1) Elle épouse, le 3 février 1733, Jacques Boyer, à Laprairie.
(2) Filidor—Maubeuge.

1681, (19 août) Islet.
I.—BETUREAU, LOUIS,
   b 1651.
  CHASLU, Catherine, [PIERRE I.
   b 1659 ; veuve de Noël Pourveu.
Marguerite-Barth, b 18 juin 1687, à Lévis.

BETUS.—Voy. VETU dit BÉLAIR.

1732, (30 juin) Montréal.⁶
I.—BEURNONVILLE (1), ANTOINE, b 1703 ; fils d'Edme et de Marie Vistar, de St-Pierre, ville d'Auxerre.
  BRAZEAU, Charlotte, [CHARLES II.
   b 1712 ; s ⁶ 18 nov. 1735.
Marie-Louise, b 1733 ; m ⁶ 7 oct. 1754, à Jean-Baptiste CHAMPEAU. — *Catherine,* b ⁶ 19 février 1734 ; m ⁶ 8 janvier 1759, à François MALBEC. — *Françoise-Amable,* b ⁶ 16 janvier 1735 ; m ⁶ 22 avril 1754, à Jean CHOISSER.

1756, (9 février) Montréal. ⁶
I.—BÈZ, FRANÇOIS, soldat, b 1725 ; fils de Barthelemi et de Marie Cicre, de Montricour, diocèse de Cahors.
  ROMAIN, Louise (2), [JEAN I.
   b 1737.

BEZEAU, MARIE-ANNE, epouse de Laurent DELAGE-LARIVIÈRE.

BEZEAU, MARIE, épouse de Pierre DELAGE.

1663.
I.—BEZEAU, PIERRE,
  MILLET, Renée.
Marie-Renée, b 1666 ; 1° m à Jean FISET, 2° m à Laurent DELAGE ; 3° m 1ᵉʳ déc. 1703, à Jean BERGEVIN, à Charlesbourg³ ; s ³ 29 mars 1711. — *Pierre,* b 1670 ; m 1694, à Marie-Charlotte ROUTIER ; s 3 mai 1731, à Lorette.

1694.
II.—BEZEAU, PIERRE, [PIERRE I.
   b 1670, ville d'Angers ; s 3 mai 1731, à Lorette. ⁶
  ROUTIER, Marie-Charlotte, [JEAN I.
   b 1675 ; s ⁶ 20 nov. 1730.
Marie-Joseph, b 2 nov 1714, à Québec⁷ ; 1° m ⁷ 3 juillet 1741, à Jean-Baptiste DUMAREUIL, 2° m ⁷ 1ᵉʳ mars 1745, à Joseph LEBEUF. — *Marie-Françoise,* b ⁶ 18 sept. 1720. — *Marie-Louise,* b... m ⁶ 9 juin 1721, à Pierre MORIN. — *Pierre,* b... 1° m ⁶ 17 août 1726, à Marie-Anne BONHOMME ; 2° m ⁷ 9 nov. 1750, à Thérèse BOUTET. — *Thérèse,* b... m ⁶ 15 janvier 1731, à Pierre-Jean DELAVAU. — *Noel,* b... m ⁷ 1ᵉʳ juillet 1737, à Marguerite HOTTE. — *Marie-Charlotte,* b... m ⁶ 7 sept. 1739, à Pierre HOTTE. — *Marie,* b 1722 ; s ⁷ 21 avril 1733.

---

(1) Dit Bourguignon, sergent.
(2) Elle épouse, le 2 juin 1760, Pierre Bardet, à Montréal.

1726, (17 août) Lorette. [1]
III.—BEZEAU, Pierre, [Pierre II.
  1° Bonhomme, Marie-Anne, [Nicolas II.
    b 1698; veuve de Charles Meunier ; s 29 oct.
    1745, à Québec. [2]
  Jean-Pierre, b [1] 24 juin 1727 ; m [2] 23 oct. 1759,
à Geneviève Poidras.—*Marie-Anne*, b [1] 15 avril
1729 ; m [2] 8 janvier 1759, à Pierre Greffin.—
Marie-Louise, b [1] 26 sept. 1730 ; m [2] 13 janvier
1755, à Pierre Raffoux.—*Michel*, b [1] 4 et s [1]
17 mai 1732.—*Joseph*, b [1] 11 nov. 1734 ; m [2] 2
février 1761, à Marie-Joseph Brugevin.—*Jean*,
b [1] 24 sept. 1736. — *Pierre*, b... m [2] 1er février
1749, à Elisabeth Barbeau.
           1750, (9 nov.) [2]
  2° Boutet (1), Marie-Thérèse, [Pierre II.
    b 1731.
  Michel, b [2] 22 janvier 1752.—*Marie-Anne*, b [2]
26 juillet 1753 ; s [2] 14 janvier 1755.—*Joseph-
Marie*, b [2] 12 mars 1755.—*Marie-Thérèse*, b [2] 29
avril 1757.

1737, (1er juillet) Québec. [3]
III.—BEZEAU, Noel, [Pierre II
  Hotte, Marguerite, [Pierre II
    b 1718.
  Pierre, b 23 mai 1738, à Lorette [4], m 25 mai
1761, à Marie-Louise Guérin, à St-Vincent-de-
Paul. [5]— *Marie-Joseph*, b [4] 18 oct. 1739 ; m [5] 14
avril 1760, à Jean Potvin.—*Joseph-Simon*, b [4]
28 oct. 1741.—*Jean-Marie*, b [3] 2 avril 1744.— *Marie-
Louise*, b [3] 14 avril et s [3] 2 mai 1746.—*Hyacinthe*,
b [4] 7 février 1750.—*Louis*, b [4] 12 déc. 1751.—
Un fils, b [4] 18 nov. 1753. — *Charles*, b [4] 6 nov.
1755 ; m à Marie-Joseph Blondin. — *Prisque*, b
1756 ; s [3] 13 avril 1757.

1749, (1er février) Quebec. [6]
IV.—BEZEAU, Pierre, [Pierre III.
  maçon.
  Barbeau, Marie-Elisabeth, [Pierre II.
    b 1732.
  Pierre-Joseph, b [6] 6 déc. 1749.—*Marie-Elisa-
beth*, b [6] 10 juillet 1751 ; s [6] 12 sept. 1753.—
Marie-Thérèse, b [6] 18 oct. 1752 ; s [6] 27 août 1753
—*Dominique*, b [6] 9 février et s [6] 17 juillet 1754
—*Marie-Elisabeth*, b [6] 6 mai 1755.—*Marie-Anne*,
b [6] 3 août 1756. — *Charles*, b [6] 15 oct. 1757. —
Marie-Louise, b [6] 25 août 1759.—*Jean-Baptiste*,
b [6] 17 mai 1761.—*Jean*, b [6] 30 avril et s [6] 29 mai
1762.—*Jacques*, b [6] 30 avril et s [6] 2 mai 1762.—
Jacques-François, b [6] 12 avril 1763.

BEZEAU, Antoine.—Voy. Billot, 1753.

1759, (23 oct) Québec. [7]
IV.—BEZEAU, Jean-Pierre, [Pierre III.
  b 1727.
  Poidras, Geneviève, [François III.
    b 1739.
  Geneviève, b [7] 5 déc. 1761.—*Jean*, b [7] 13 février
1764.

(1) Dit Leboeuf.

1761, (2 février) Québec. [8]
IV.—BEZEAU, Joseph, [Pierre III.
  b 1734.
  Brugevin, Marie-Joseph, [Pierre I.
    Marie-Joseph, b [8] 9 nov. 1761.—*Marie-Louise*,
b [8] 19 mai 1764.—*Une fille*, b... s 8 déc. 1778, à
Ste-Foye.

1761, (25 mai) St-Vincent-de-Paul.
IV.—BEZEAU, Pierre, [Noel III.
  b 1738
  Guérin, Marie-Louise, [Joseph III.
    b 1745.

IV.—BEZEAU, Charles, [Noel III.
  Blondin, Marie-Joseph.
  François, b... s 5 juillet 1792, à St-Augustin.

BEZENER.—Voy. Bazanaire.

BEZIERS.—*Variations et surnoms* : Destroches
  —Destrosses dit B. — Bezy — St-Jean—
  Berzier.

1723, (1er août) Québec. [8]
I.—BEZIERS (1), Jean, fils de Jean et de Marie
  Grimaud. de Chaluet, Xaintes.
  Pinault, Marie-Dorothée, [Pierre I.
    b 1702.
  Jean-Joseph, b [8] 13 mai 1724 ; s [8] 18 mai 1725.
—*Marie-Louise*, b [8] 27 août 1725 ; s [8] 13 février
1728.—*Marie-Joseph*, b [8] 27 mars 1728 ; s [8] 15
avril 1730.

BEZIER (2), Jean.
  Mercier, Madeleine, [Pierre II.
    b 1718 ; s 15 juillet 1763, à St-Vincent-de-
Paul.

BEZIER (3), Pierre.
  Deneau, Marie-Charlotte,
    s avant 1780.
  Archange, b... m 23 oct. 1780, à Antoine
Trudel, à la Longue-Pointe.

1750, (16 nov.) Québec. [5]
I.—BEZIER, Julien, fils de Jean et de Marie
  David, de St-Martin, diocèse d'Avranches.
  Dion, Marie-Louise (4), [Jacques II.
    b 1722.
  Henri, b [5] 15 juin et s [5] 1er juillet 1752.—*Jean-
Baptiste-Julien*, b [5] 21 juin 1753. — *Antoine*, b [5]
19 juin et s [5] 2 juillet 1755.

BEZON, Jean.—Voy. Jean Beslon.

I—BIARD (5), Guy, b... s 12 janvier 1741, à
  l'Hôpital-General, Q

BIARD, Pierre.—Voy. Biort.

(1) Et Bezy.
(2) Dit St-Jean.
(3) Destrosses dit Berzier.
(4) Elle épouse, le 22 nov. 1756, Léonard Delagarde, à Québec
(5) Dit Billard.

BIBAUT.—*Variations :* BIBEAU—BIBAU.—BIBAUD—BIBEAULT.

BIBAUT, MARGUERITE, b... 1° m à Joseph BÉLVEAU; 2° m 11 nov. 1793, à Joseph RICHARD, à Nicolet.

BIBAUT, ANGÉLIQUE, epouse de Joseph BOIN.

BIBAUT, MARIE-CATHERINE, b... 1° m à AUGER dit BARON, 2° m 30 janvier 1755, à François DUROCHER, au Lac-des-Deux-Montagnes [5] ; s [5] 23 nov. 1760.

BIBAUT, MARIE, épouse de Jean FÉRON.

BIBAUT, MARIE, épouse d'Augustin FORTIER.

BIBAUT, MADELEINE, b 1711 ; m à Michel HAZEUR ; s 30 sept. 1771, à Sorel.

BIBAUT, MARIE-MADELEINE, épouse de Michel HOGUE.

BIBAUT, ..., b... s 24 sept. 1708, à St-Frs-du-Lac.

1671, (17 août) Québec.

I.—BIBAUT, FRANÇOIS (1),
   b 1642.
  1° CHALIFOUR, Jeanne,   [PAUL I.
   b 1654.
    1682, (17 nov.) Trois-Rivières.
  2° ESNARD, Louise,
   b 1667.
Pierre, b 6 oct. 1685, à Sorel ; m 28 nov. 1706, à Madeleine PARENTEAU, à St-Frs-du-Lac [2], s [2] 3 nov. 1744.—*François*, b [2] 7 mars 1689, m 14 août 1719, à Angélique BOURDON, à Boucherville.—*Jean-Baptiste*, b 12 oct. 1693, à Batiscan [4], 1° m 17 juillet 1722, à Catherine PLANTE, à Laprairie, 2° m 7 janvier 1738, à Madeleine DURAND, à Montreal.—*Marie-Anne*, b [4] 24 fevrier 1698 ; m [2] 18 janvier 1716, à Claude PROU ; s [2] 29 mars 1717—*Joseph*, b [2] 15 août 1702 ; m 1730, à Marie-Françoise MINEAU.

1706, (28 nov.) St-Frs.-du-Lac. [7]

II.—BIBAUT, PIERRE (2),   [FRANÇOIS I.
   b 1685, s [7] 3 nov. 1744.
  PARENTEAU, Madeleine,   [PIERRE I
   b 1686.
Marie-Renée-Colette, b [7] 12 juin 1707.—*François-Xavier*, b [7] 19 mars 1709 ; 1° m 15 fevrier 1740, à Angelique CHEVALIER, à Sorel, 2° m [7] 19 mai 1749, à Agathe CHAPDELAINE. — *Marie-Madeleine*, b [7] 26 mai 1711 ; m [7] 30 avril 1731, à Michel............ — *Marie-Françoise*, b [7] 15 mai 1713 ; s [7] 2 sept. 1714 —*Antoine-Joseph*, b [7] 7 mai 1716 ; m 2 juin 1749, à Marguerite RITCHOT, à St-Michel-d'Yamaska.—*Marie-Françoise*, b [7] 29 mars et s [7] 22 avril 1718.—*Françoise-Angélique*, b [7] 2 mai 1720 ; m [7] 10 janvier 1746, à Jacques CHEVALIER.

---
(1) Voy. vol. I, p. 50.
(2) Noyé dans la baie St-François.

1717, (1er février) Ile-Dupas.

II.—BIBAUT, NICOLAS,   [FRANÇOIS I.
   b 1691.
  PELLETIER (1), Marguerite,   [MICHEL III.
   b 1699.
Anonyme, b et s 21 juin 1724, à Sorel. [3]—*Marie-Thérèse*, b [3] 28 juin 1725 ; m [3] 25 avril 1746, à Augustin FORCIER. —*Joseph*, b [3] 26 janvier 1727, m 26 oct. 1749, à Marie-Anne BOISSEL, à St-Frs-du-Lac. — *Marie-Rose*, b [3] 25 juillet 1728 ; s [3] 12 déc. 1731.—*Pierre*, b [3] 8 juin 1730, s [3] 11 avril 1731.— *Jean-Baptiste*, b [3] 29 janvier 1732 ; m [3] 25 fevrier 1759, à Marie-Anne HUS-LATRAVERSE.—*Michel*, b... s [3] 26 déc. 1733.—*Pierre*, b [3] 18 fevrier 1734 ; m [3] 6 oct. 1760, à Geneviève FORCIER. — *Charles-Joachim*, b [3] 22 avril 1736, m [3] 18 fevrier 1765, à Catherine HUS-COURNOYER —*Agathe*, b [3] 11 avril 1738 ; m [3] 31 mars 1761, à Joseph PICHÉ-DUPRÉ.

1719, (14 août) Boucherville [1]

II.—BIBAUT, FRANÇOIS,   [FRANÇOIS I.
   b 1689.
  BOURDON, Angelique,   [JACQUES I.
   b 1693.
Antoine, b [1] 5 sept. 1722 ; m 1754, à Marie COLTRET.—*Marie-Angélique*, b [1] 13 janvier 1724 —*Marie-Joseph*, b [1] 19 mars 1726 ; m 31 août 1750, à Pierre DUGAS, à St-Laurent, M. [2] ; s [2] 18 dec. 1761.—*Jean-Baptiste*, b 1729, s 8 avril 1730, à Montreal. [3] — *Marie-Louise*, b [3] 6 mai 1734, m [2] 21 janvier 1760, à Pierre LEMAY. — *Andre*, b [2] 4 février 1737.

1722, (17 juillet) Laprairie. [6]

II.—BIBAUT, JEAN-BTE,   [FRANÇOIS I.
   b 1693.
  1° PLANTE, Catherine,   [CLAUDE II.
   b 1691 ; veuve de Pierre Gervais ; s avant 1738.
Marie-Catherine, b [6] 24 mars 1723, 1° m 17 avril 1747, à Jean-Baptiste AUGER, à Montreal [7], 2° m 30 janvier 1755, à François DUROCHER, au Lac-des-Deux-Montagnes.—*Marie-Joseph*, b 1726, m [7] 4 nov. 1756, à Guillaume ADAM.—*Jean-Baptiste*, b et s 8 mai 1724, à Longueuil. [8] —*Jean-Baptiste*, b [8] 28 avril 1726 ; 1° m 12 fevrier 1748, à Isabelle ASSELIN, à St-Jean, I. O. ; 2° m 18 janvier 1751, à Marguerite BAUDON, à St-Frs, I O —*Marie-Marguerite*, b [8] 10 avril 1728. — *Toussaint*, b [8] 8 avril et s [8] 14 juin 1730. — *Marie-Suzanne*, b [8] 17 dec. 1732 ; s [8] 11 avril 1733.

    1738, (7 janvier). [7]
  2° DURAND, Madeleine,   [LOUIS II
   b 1715 ; s [7] 11 oct, 1749.
Marie-Catherine, b [7] 7 juillet 1741.—*Louis*, b [7] 22 juillet 1743 ; s [7] 31 dec. 1747.—*Augustin*, b [7] 27 août et s [7] 9 nov. 1749.

1730.

II.—BIBAUT, JOSEPH,   [FRANÇOIS I.
   b 1702.
  MINEAU, Marie-Frse,   [RENÉ III.
   b 1709.

---
(1) Dit Antaya.

Marie-Jeanne, b 7 février 1731, à St-Michel-d'Yamaska. [6]— *Marie-Catherine*, b 18 sept. 1732, à Sorel —*Isabelle*, b [5] 7 février 1735. — *Marie-Joachim*, b [8] 15 sept. 1737.—*Marie-Françoise*, b [8] 11 mars 1740.—*Marie-Louise*, b [8] 28 janvier 1742.

1740, (15 février) Sorel.

III.—BIBAUT, Frs-Xavier,   [Pierre II.
  b 1709.

1° Chevalier, Angélique,   [Jean-Bte II
  b 1718 ; s 8 juin 1748, à St-Frs-du-Lac.[1]
Marie-Angélique, b [1] 30 nov. 1742 ; m 15 nov. 1761, à Jean-Baptiste Boissel, aux Trois-Rivières —*Marie-Françoise*, b [1] 30 nov. 1742 ; s [1] 13 février 1743.—*Jacques*, b [1] 18 et s [1] 20 oct. 1744.— *Claude*, b [1] 28 avril 1746.—*Geneviève-Marguerite*, b [1] 9 mai 1748.

1749, (19 mai).[1]

2° Chapdelaine, Agathe,   [Pierre II.
  b 1725.
Jean-Baptiste, b [1] 12 mars 1750.—*Antoine*, b [1] 17 juin 1751.—*Jacques*, b [1] 28 déc. 1752 —*Joseph*, b [1] 29 juin 1754. — *Marie-Agathe*, b [1] 20 août 1756.—*Charles*, b [1] 13 février 1759. — *Pierre-Joseph*, b [1] 14 juin 1760. — *Marie-Geneviève*, b [1] 11 janvier 1762.

1748, (12 février) St-Jean, I. O.

III —BIBAUT, Jean-Bte,   [Jean-Bte II.
  b 1726.

1° Asselin, Isabelle,   [Louis III.
  b 1730 ; s 3 sept. 1749, à Ste-Famille, I. O.
Jean-Baptiste, b... s 7 avril 1749, à St-François, I. O.[2]

1751, (18 janvier).[2]

2° Baudon (1), Marguerite,   [Jacques III.
  b 1721.
Marie-Louise, b 14 août 1752, à St-Antoine-Tilly[6], s [6] 6 février 1754. — *Jean-Baptiste*, b [6] 18 janvier 1755.—*Marie-Louise*, b [6] 22 juillet 1757. —*Marie-Geneviève*, b [6] 3 avril 1761.

1749, (2 juin) St-Michel-d'Yamaska.

III.—BIBAUT, Antoine,   [Pierre II.
  b 1716.

Ritchot, Marguerite,   [Jacques II.
  b 1723.
François-Xavier, b 4 mai et s 18 juillet 1750, à St-Frs-du-Lac.[4] — *Antoine*, b [3] 13 et s [3] 30 juin 1751 —*Marie-Marguerite*, b [3] 6 oct. 1752.—*Marguerite*, b [3] 1er oct. 1753. — *Marie-Joseph*, b [3] 25 oct. et s [3] 10 déc. 1754.—*Madeleine*, b [3] 14 avril 1756 —*Exupère*, b [3] 2 mai et s [3] 28 nov. 1758.— *Elisabeth*, b [3] 25 juillet 1759 — *Madeleine*, b [3] 15 et s [3] 23 nov. 1760.—*Catherine-Antoinette*, b [3] 26 oct. et s [3] 12 nov. 1762.

1749, (26 oct.) St-Frs-du-Lac.[4]

III.—BIBAUT, Joseph,   [Nicolas II.
  b 1727.

Boissel, Marie-Anne,   [Jean-Bte III.
  b 1727.

(1) Dit Larivière

Charles, b [4] 23 avril 1750.—*Joseph*, b 15 janvier et s 21 juillet 1752, à Sorel. [5]— *Nicolas*, b [5] 14 mai 1753. — *Joseph*, b [5] 16 juin 1755. — *Marie-Anne*, b [5] 19 et s [5] 27 juillet 1757.—*Alexis*, b [5] 20 août 1758.

1754.

III.—BIBAUT, Antoine,   [François II.
  b 1722.

Coltret, Marie,   [Jean-René III.
  b 1725.
Antoine, b 26 août 1755, à Sorel.

BIBAUT, Jacques.
  Gendron, Marie.
Marie, b 11 déc. 1756, à Lavaltrie[7]; s [7] 9 avril 1759.—*Marie-Joseph*, b [7] 16 sept. et s [7] 4 nov. 1758.

BIBAUT, Antoine.
  Sorieul (1), Madeleine.
Louis, b 9 avril 1749, au Sault-au-Récolet. — *Euphrasie*, b 15 février 1756, à St-Laurent, M.[8], s [8] 7 sept. 1758.—*Marie-Marguerite*, b [8] 6 nov. 1757 ; s [8] 14 août 1758.

BIBAUT, Antoine.
  Sevestre, Celeste.
Antoine, b 4 sept. 1757, à St-Ours.

1759, (25 février) Sorel.

III.—BIBAUT, Jean-Bte,   [Nicolas II.
  b 1732.

Hus (2), Marie-Anne,   [Jean II.
  b 1731.

1760, (6 oct.) Sorel.

III.—BIBAUT, Pierre,   [Nicolas II.
  b 1734.

Forcier, Geneviève,   [Jean-Bte III.
  b 1744.

1765, (18 février) Sorel.

III.— BIBAUT, Charles,   [Nicolas II.
  b 1736.

Hus (3), Catherine,   [Paul III.
  b 1745.

1758, (7 août) Trois-Rivières.[6]

I.—BIBERON, Antoine, fils d'Antoine et de Thérèse Lafortune, de Thavin, diocèse de Bordeaux.

Vacher (4), Claire,   [Guillaume II.
  b 1739.
Marie-Claire, b [6] 12 juillet 1759.—*Marie-Louise*, b [6] 3 mars 1761.—*Marie-Catherine*, b 3 mai et s 11 sept. 1762, à Québec

I.—BIBET, Louis (5),
  b 1631 ; s 9 février 1709, à Ste-Famille, I. O.

(1) Dit Sanssoucy.
(2) Dit Latraverse.
(3) Dit Cournoyer.
(4) Et Lacerte.
(5) Charpentier sur l'Ile Orléans en 1681.

1760, (19 oct.) Deschambault.⁷
I.—BICAY, GEORGE (1), fils de George et d'Anne Joseph......
 HUET, Marie-Angélique, [JULIEN I.
  b 1738.
 George, b⁷ 5 sept. 1761.—*Marie-Angélique,* b⁷ 2 nov. 1763.

BICHET, ANDRÉ.—Voy. MICHEL.

BIDAULT.—*Variations et surnoms :* BIDEAU—LAVIGNE—PORTUGAL—LAGIROFLÉE.

1722, (14 sept.) Montréal.⁴
I.—BIDAULT (2), Philippe, b 1657; fils de Jérôme et de Geneviève Ramillorme, ville d'Augerville, diocèse de Chartres, Beauce, s⁴ 31 mars 1727.
 PERRIN, Marie-Joseph, [RENÉ II.
  b 1701.
 Marie-Joseph, b 1723 ; m⁴ 9 janvier 1743, à Jean-Baptiste BOYER.—*Marie-Louise,* b⁴ 15 avril 1725.

I.—BIDAULT (3),
 b 1683 ; s 14 juillet 1753, à Montréal.

1757, (31 janvier) Québec.¹
I.—BIDEAU (4), MATHURIN, b 1718 ; fils de Thual et de Marie Montreal, de Louanec, diocèse de Treguier ; s 18 nov. 1793, à St-Augustin.²
 DRAPEAU, Marie-Anne. [PIERRE II.
 Marie-Anne, b¹ 13 nov. 1757 ; s¹ 10 juin 1759.—*Marie-Madeleine,* b¹ 4 mai 1759.—*Théotiste,* b... m² 11 fevrier 1793, à Charles ROBITAILLE.

1757, (14 nov.) Québec.⁹
I.—BIDEGARÉ, PIERRE, tanneur, fils de Martin et de Marie Yoretche, de Daspard, diocèse de Bayonne.
 FLUET, Ursule-Charlotte, [LOUIS III.
  b 1743.
 Martin, b⁹ 24 février et s⁹ 5 sept. 1759.—*François,* b⁹ 10 nov. 1762.—*Martin,* b⁹ 15 oct. 1763.

1669, Ste-Famille, I. O.⁷
I.—BIDET (5), JACQUES,
 b 1646.
 DESFOSSÉS, Françoise,
  b 1649 ; s 19 nov. 1711, à St-Jean, I. O.¹
 Marie-Madeleine, b¹ 23 mai 1683 ; m¹ 10 fevrier 1706, à Joseph DALÈRE.—*Marie,* b⁷ 25 mai 1673 ; m¹ 19 nov. 1691, à Charles DALÈRE.—*Catherine,* b⁷ 17 juillet 1678 ; 1° m¹ 20 avril 1700, à Louis Terrien, 2° m 11 juin 1758, à Alexandre DALÈRE, à St-Michel.

1701, (13 juin) St-François, I. O.⁶
II.—BIDET (1), JACQUES, [JACQUES I.
  b 1681 ; s 23 juin 1739, St-Jean, I. O.⁷
 ALLAIRE (2), Françoise, [CHARLES I.
 Jacques, b 15 juin et s 13 juillet 1702, à St-Michel.⁸—*Jacques,* b 1703 ; m 22 nov: 1728, à Hélène GUYON, à St-Valier.⁹—*Marie-Françoise,* b⁸ 14 sept. 1704 ; m⁹ 22 août 1729, à Joseph GUYON ; s⁸ 19 nov. 1777.—*François,* b⁸ 9 oct. 1707.—*Marie-Joseph,* b⁸ 6 janvier 1710 ; m 1er sept. 1737, à Guillaume GOSSELIN, à Ste-Famille, I. O. ; s 24 déc. 1741, au Château-Richer.—*Louis,* b 14 fevrier 1712, à Beaumont ; m⁶ 22 janvier 1742, à Marie-Joseph DROUIN.—*Jean-Baptiste,* b⁹ 6 juin 1714 ; m 5 août 1743, à Marie-Joseph VALADE, à Montreal.—*Marie-Elisabeth,* b⁹ 12 sept. 1716, m⁷ 15 avril 1739, à Antoine PEPIN ; s⁸ 18 dec. 1762.—*Claude,* b⁹ 27 mars 1719.—*Jacques,* b⁸ 31 oct. 1720.—*Guillaume,* b⁹ 17 fevrier 1725.

I.—BIDET (3), NICOLAS.
 BARBE, Catherine.
 Catherine, b... 1° m à Jean-Baptiste LANGOUMOIS ; 2° m 31 janvier 1776, à François DUNEGAND, à St-Louis, Mo.

1728, (22 nov.) St-Valier.⁴
III.—BIDET (1), JACQUES, [JACQUES II.
  b 1703.
 GUYON (4), Hélène, [JEAN III.
  b 1702.
 Jacques, b⁴ 7 déc. 1729.—*Marie-Hélène,* b⁴ 28 avril 1732 ; 1° m⁴ 22 juillet 1755, à Pierre ROY, 2° m⁴ 11 janvier 1757, à Joseph ALAIRE ; 3° m⁴ 8 avril 1766 à Antoine FORTIN.—*Marie-Madeleine,* b⁴ 20 juin 1734.—*Alexandre-Benoit,* b⁴ 24 mars 1736.—*Marie-Charles,* b⁴ 4 juillet 1737.—*Marie-Joseph,* b⁴ 19 février 1739 ; m⁴ 24 oct. 1757, à Pierre-Alexis ROY.

1734, (25 janvier) Montréal.
I.—BIDET, JEAN, b 1708 ; fils de François et de Jeanne Lehout, de St-Laurent, diocèse d'Angouleme.
 L'ARCHEVÊQUE, Thérèse, [PHILIPPE III
  b 1715.

1742, (22 janvier) St-François, I. O.⁶
III.—BIDET (1), LOUIS, [JACQUES II
  b 1712.
 DROUIN, Marie-Joseph, [FRANÇOIS III
  b 1722.
 Louis, b 23 janvier et s 16 mars 1743, à St-Jean, I. O.⁵—*Louis,* b⁵ 11 juillet et s⁵ 8 sept 1744.—*Marthe-Joseph,* b⁵ 6 oct. 1745.—*Louis-Marie,* b⁵ 10 fevrier et s⁵ 6 mars 1747—*Joseph-Marie,* b⁵ 15 août et s⁵ 8 oct. 1750.—*Marie-Louise,* b⁵ 15 sept. et s⁵ 19 oct. 1751.—*Jacques,* b⁵ 29 mars 1753, m à Marie-Joseph BLOUIN.—*François,* b⁵ 29 mars 1755.—*Angélique,* b⁵ 23 nov. 1756.—*Marie-Madeleine,* b⁶ 12 juin 1758.—*Marie-Marguerite,* b⁵ 3 février et s⁵ 10 juillet 1762

---

(1) Soldat au régiment de Guienne, de la compagnie de Manneville.
(2) Dit Lavigne, caporal de Lignery.
(3) Dit LaGiroflée.
(4) Dit Portugal.
(5) Dit DesRousselets. Voy. vol. I, p. 50.

(1) Dit Desroussels.
(2) Et Dalère.
(3) Dit Labbé.
(4) Et Dion.

1743, (5 août) Montreal.⁷
III.—BIDET (1), Jean-Bte,   [Jacques II.
  voyageur; b 1714.
  Valade, Marie-Joseph,   [Guillaume II.
  b 1717.
  Marie-Joseph, b⁷ 8 déc. 1745, s⁷ 30 mai 1746.
  —*Marie-Joseph*, b⁷ 16 juin et s⁷ 18 août 1747.—
  Marie-Joseph, b⁷ 3 sept. 1748.—*Jean-Baptiste*,
  b⁷ 3 mars 1750; s 23 juin 1750, à St-Vincent-de-
  Paul. — *Marguerite*, b... s 2 fevrier 1757, à St-
  Laurent, M.

IV.—BIDET (1), Jacques,   [Louis III.
  b 1753.
  Blouin, Marie-Joseph.
  Alexis, b... m 21 juin 1808, à Marguerite Mathurin.

1808, (21 juin) Quebec.
V.—BIDET (1), Alexis.   [Jacques IV.
  Mathurin, Marguerite.   [Jean-Bte.

BIDET, Marguerite, epouse d'Alexandre Cloutier.

1655, (3 nov.) Québec.
I.—BIDON, Louis (2),
  b 1625.
  Deligny, Marie,
  b 1640.
  Marguerite, b 1661, au Château-Richer; m 20
  juillet 1676, à François Naud, à L'Ange-Gardien;
  s 27 nov. 1687, à la Pte-aux-Trembles, Q

BIDON, Marie, epouse de Joseph Lemay.

BIDON, Marie-Louise, epouse de Jean-Baptiste
  Gagnon.

BIDON, Elisabeth, b 1720; m à Charles Taillon, s 18 nov. 1796, à Quebec

BIDON, Catherine, b... 1° m à Joseph Vésina;
  2° m à Paul Rasset.

BIDON, Louis.—Voy. Jobidon.

BIDSON, Mathurin.
  Drapeau, Marie-Anne.
  Marie-Ursule, b 26 sept. 1760, à St-Valier.

BEUFAIT.—Voy Bufet.

BIENVENU.—Voy. Delisle—Fontaine.

1701.
I.—BIENVENU (3), François, fils de Michel et
  d'Helène Guyart, de St-Pierre de LaRochelle,
  s 29 sept 1751.
  1° Laferrière (4), Geneviève,   [Jean I
  b 1679; s avant 1708.

Marie-Anne, b... 1ᵉ m à Jean-Baptiste Mallet;
2° m 14 juin 1754, à Charles Lamarre, au Détroit.¹
—*Alexis*, b¹ 1701; m¹ 17 janvier 1740, à Elisabeth Bouron; s¹ 13 oct. 1763 —*Antoine*, b... m
3 juin 1726, à Françoise Rabut, à Kaskakia.
  1708, (20 août) Montréal.²
2° Lemoyne, Marie-Anne,   [Nicolas II.
  s¹ 6 sept. 1754.
  Marie-Françoise, b 1709; m² 8 janvier 1731, à
Etienne Gibaut —*Marie-Louise*, b 1716; s² 16
dec. 1729.—*Angélique*, b 1721, 1° m¹ 15 août
1742, à Claude Esprit, 2° m¹ 10 janvier 1752, à
Joseph Cabassier; s¹ 14 déc. 1773.—*Suzanne*,
b 1722; m¹ 7 janvier 1748, à Simon Gendron;
s¹ 25 août 1764.—*Marie-Joseph*, b² 16 sept.
1726; s² 15 mars 1728 —*René*, b² 1ᵉʳ juillet 1729.

BIENVENU, Marie-Therese, b... m 25 mars
  1719, à Rene Monteil, à Verchères.

BIENVENU, Agathe, épouse de François
  Duquet; s avant 1788.

BIENVENU, Marie, epouse de Gabriel Charpentier.

BIENVENU, Angélique, épouse de Champagne.

1726, (3 juin) Kaskakia.⁵
II.—BIENVENU, Antoine.   [François I.
  Rabut, Françoise,
  veuve de Pierre Melet.
  Antoine, b 1731, 2° m à Louise Dany, s⁵ 11
mai 1805.

1740, (17 janvier) Détroit.³
II.—BIENVENU (1), Alexis,   [François I.
  b 1701; s³ 13 oct. 1763.
  Bouron, Elisabeth,   [Joseph II.
  s³ 30 mai 1758.
  Alexis, b... m³ 26 mai 1763, à Marie-Anne
Campeau.—*Joseph*, b³ 7 et s³ 10 avril 1742.—
Jean-Baptiste, b³ 13 et s³ 17 avril 1743.—*Marc*,
b³ 30 mars 1744. — *Charles*, b³ 14 sept. 1745;
m³ 12 sept. 1774, à Therèse Campeau.—*Joseph-
Marie*, b³ 1ᵉʳ janvier 1747.

III.—BIENVENU, Antoine,   [Antoine II.
  b 1731; s 11 mai 1805, à Kaskakia.³
  2° Dany, Louise,
  b 1753, s³ 21 février 1788.

BIENVENU (2), Joseph.
  Marie-Joseph, b 9 mai 1751, à Verchères.

1763. (26 mai) Detroit.⁴
III.—BIENVENU, Alexis (3).   [Alexis II.
  Campeau, Marie-Anne,   [Nicolas III.
  b 1745.
  Alexis, b⁴ 14 fevrier et s⁴ 3 oct. 1764.—*Jean-
Baptiste*, b⁴ 2 oct 1765. — *Alexis*, b⁴ 30 janvier

---
(1) Dit Desroussels.
(2) Voy. Vol. I, p. 50.
(3) Dit Delisle.
(4) Dit Charon.

(1) Dit Delisle, habitant de la côte des Poutouatamis.
(2) Dit Lafontaine.
(3) Ce mariage fut célébré à la mission des Hurons, par le P. Potier, S. J., et enregistré au Detroit le 28 déc. 1763.

1767.—*Joseph*, b ᵃ 3 janvier 1769.—*Isidore*, b ᵃ 3 juin 1771.—*Henri*, b ᵃ 6 juillet 1773 ; s ᵃ 26 mai 1784.—*Louis*, b ᵃ 7 oct. et s ᵃ 29 nov. 1775.—*Un garçon*(1), b ᵃ 6 déc. 1776.—*Marie-Louise*, b ᵃ 12 oct. 1779.—*Monique*, b ᵃ 5 avril 1781.—*Basile*, b ᵃ 13 et s ᵃ 29 oct. 1783.

1774, (12 sept.) Détroit.
III.—BIENVENU (2), Charles,　　　[Alexis II.
　b 1745.
　Campeau, Thérèse.　　　　　　　[Charles III.

BIENVENU (2), Jean-Noel.
　Maillot (3), Angélique.
　Jean-Baptiste, b 6 mai et s 8 juin 1783, au Détroit.⁵ — *Jérôme*, b ⁵ 16 juillet 1784.—*François-Xavier*, b ⁵ 5 juillet 1785.

1687, (24 nov.) Rivière-des-Prairies.
I.—BIÉTRY, Jacques,
　b 1657
　Bernier, Elisabeth (4),　　　　[Mathurin I
　b 1671.
　Jacques, b 9 juillet 1698, à Montréal⁶ ; s ⁶ 8 février 1724.—*Marie-Elisabeth*, b ⁶ 20 janvier 1701 ; m ⁶ 25 janvier 1718, à Jean-Baptiste Valade.—*Elisabeth*, b 1702 ; m ⁶ 30 juin 1728, à François Brault.

BIGAOUETTE—Voy Thomas.

BIGEOT—*Variations et surnoms* : Bigeau—Bijeau—Buot—Lagiroflée—Lajeunesse.

I.—BIGEAU (5), Jacques.
　Dupont, Marie-Madeleine,
　b 1657 ; s 14 déc. 1727, à Montréal.

1732, (9 juin) Montréal. ⁶
I.—BIGEOT (6), Pierre, b 1703 ; fils de Pierre et de Marie Proquain, de St-Nicolas, diocèse de Larochelle, s ⁶ 1ᵉʳ juin 1756.
　1° Martin, Marie,　　　　　　[Pierre I.
　　b 1710, s ⁶ 23 juillet 1738.
　Anonyme, b ⁶ et s ⁶ 27 janvier 1734. — *Pierre-François*, b ⁶ 25 janvier 1735 ; m ⁶ 20 avril 1761, à Geneviève-Catherine Loiseau. — *Anonyme*, b ⁶ et s ⁶ 30 avril 1736 —*Jacques*, b ⁶ 28 février 1737 —*Anonyme*, b ⁶ et s ⁶ 20 février 1738.
　　　　　　1738, (24 nov.) ⁶
　2° Dumouchel, Marie-Joseph (7),　[Bernard II.
　　b 1718.
　Marguerite, b ⁶ 31 août 1739 ; m ⁶ 24 avril 1758, à Jean-Baptiste Prudhomme.—*Jean-Baptiste*, b ⁶ 27 juillet et s ⁶ 18 nov. 1741.—*Michel*, b ⁶ 7 janvier 1743

---
(1) Le nom de l'enfant manque au Registre.
(2) Dit Delisle.
(3) Dit Boisclerc, 1784.
(4) Elle épouse, le 25 oct. 1705, Jean Campeau, à Montréal.
(5) Dit Lagiroflée, sergent.
(6) Dit Buot
(7) Elle épouse, le 21 nov. 1737, Christophe DeCosta, à Montréal.

1736, (29 oct.) Montréal. ⁷
I.—BIGEOT (1), René, b 1703 ; fils de Louis et de Marie Bichon, de Faubourg des Dames, diocèse de Xaintes, s 1751.
　Rouleau, Marie-Anne (2),　　　　[Louis I.
　　b 1710.
　Marie-Anne, b ⁷ 24 avril 1737 ; m ⁷ 20 nov. 1758, à Jacques Loupe.—*Jean-René*, b ⁷ 13 février et s ⁷ 11 août 1739. — *Marie-Madeleine*, b ⁷ 1ᵉʳ mars 1740 ; s ⁷ 16 février 1744.— *Geneviève*, b ⁷ 25 mai 1741 ; s ⁷ 8 août 1742.—*Marie-Joseph*, b ⁷ 15 janvier 1743. — *Michel*, b ⁷ 15 février 1744 — *Françoise-Elisabeth*, b ⁷ 15 oct. 1745 —*Charles*, b ⁷ 15 sept. 1747.— *Jean-Baptiste-Régis*, b ⁷ 1ᵉʳ nov. 1750.

1761, (20 avril) Montréal.
II—BIGEOT, Pierre,　　　　　　[Pierre I.
　b 1735.
　Loiseau, Catherine-Geneviève,　[Jean-Bte I.
　　b 1733.

I.—BIGNON, Nicolas.
　Catherine-Claude, b 1718 ; 1° m 1740, à Claude Paquet, 2° m 1743, à Pierre-Louis Leroux, s 11 oct. 1748, à Quebec.

I.—BIGNON, Pierre.
　Lebeuf, Marie-Joseph.
　Louis, b 5 août 1740, à Montréal.

1749, (10 nov.) St-Joachim.
I.—BIGON, François, fils de René et de Jeanne Caron, de St-Fidèle, diocèse de Dol.
　Laforest, Marie-Catherine,　　　[Jean III.
　veuve de Jacques Bonneau.

1762, (17 mai) St-Philippe.
I.—BIGONESSE (3), Jean, fils d'Antoine et de Marie Monsonniere, de Ste-Anne, diocèse de Nisme, Languedoc.
　Raymond, Marie.　　　　　　　[Jean-Louis II.

BIGOT—*Variations et surnoms* : Chenneville—Lamotte—Dorval—Duval—Lalande.

II.—BIGOT (4), François.　　　　[François I
　1° Casiaujen, Catherine.
　　1672, (24 oct) Château-Richer.
　2° Bouchard, Marie,　　　　　　[Claude I.
　　b 1654 ; s 19 juin 1717, à Champlain. ⁸
　Michel, b… m ⁸ 22 nov. 1717, à Marie-Anne Toutan.

1703, (16 avril) Champlain. ¹
III.—BIGOT (4), François,　　　[François II
　b 1675.
　1° Beaudoin, Renée,　　　　　　[René I
　　b 1678.
　François, b ¹ 5 avril 1704, m 6 février 1732, à Marie-Joseph Baudry, aux Trois-Rivières.

---
(1) Dit Lajeunesse Soldat, serrurier.
(2) Elle épouse, le 28 août 1752, Louis Corbière, à Montréal
(3) Dit Beaucaire
(4) Voy. vol. I, p. 51.

2° PERROT, Marie-Anne, [NICOLAS I.
b 1681; s 17 nov. 1745, à Bécancour.³
Marie-Charlotte, b³ 8 nov. 1716; m³ 18 janvier 1740, à Bonaventure DUREAU. —*Marie-Marguerite-Agathe*, b³ 4 dec. 1717; m³ 4 nov. 1732, à Joseph BOURDEAU.—*Anonyme*, b³ et s³ 22 janvier 1719.—*Marie-Joseph*, b³ 10 mars 1720; m³ 18 janvier 1740, à Joseph FILTEAU.

1703, (25 sept.) Québec.
I.—BIGOT, JACQUES, fils de François et de Marie Perot, de Belleuf, diocèse de Poitiers.
DUPONT Madeleine, [JACQUES I.
b 1657; veuve de François Guilmot; s 14 dec. 1727, à Montreal.

III.—BIGOT (1), JOSEPH, [FRANÇOIS II.
b 1686, s 27 mai 1734, aux Trois-Rivières,
LEFEBVRE, Marie-Joseph (2).

1712, (24 nov.) Champlain.¹
III.—BIGOT, JEAN-BTE, [FRANÇOIS II.
b 1682.
TURCOT, Céleste, [JACQUES II.
b 1690.
Marie-Thérèse, b¹ 27 oct. 1713.—*Jean-Baptiste*, b¹ 14 dec. 1715.—*Geneviève*, b¹ 28 fevrier 1718. —*Joseph-Marie*, b¹ 26 mars 1720, m 22 janvier 1753, à Marguerite GOUIN, à Bativean—*Alexis*, b¹ 3 mai 1722. — *François*, b¹ 4 avril 1724.— *Marie-Joseph*, b¹ 9 juin 1726—*Anonymes*, b¹ et s¹ 8 mai 1728.—*Marguerite-Céleste*, b¹ 13 sept. 1729; s¹ 31 juillet 1730.

1717, (22 nov.) Champlain.⁵
III.—BIGOT (3), MICHEL. [FRANÇOIS II.
1° TOUTAN (4), Marie-Anne, [NICOLAS I.
b 1696; s avant 1742.
Michel, b⁵ 31 mai 1721.—*Marie-Anne*, b⁵ 11 sept. 1722.—*Marie-Geneviève-Agathe*, b⁵ 5 avril 1724. — *Marie-Joseph*, b⁵ 9 avril et s⁵ 5 sept. 1725 —*Joseph*, b⁵ 13 mai 1726. — *Alexis-Joseph*, b⁵ 8 avril 1727; m 1750, à Marie-Joseph BARET; 2° m 12 oct. 1761, à Geneviève BAUMIER, au Cap-de-la-Madeleine⁸, s⁶ 4 juillet 1787. —*Marie-Joseph*, b⁵ 22 mai et s⁵ 16 juin 1728.— *Michel*, b⁵ 7 juin 1729; m 8 janvier 1759, à Louise AUBUCHON, à l'Ile-Dupas.— *Pierre*, b⁵ 9 juillet et s⁵ 4 août 1730.—*Jean-Baptiste*, b⁵ 24 oct. 1731, m⁸ 3 mai 1756, à Marie-Joseph MASSÉ. —*Pierre*, b⁵ 30 juin et s⁵ 29 juillet 1733.— *Marie-Joseph*, b⁵ 15 juillet 1734.—*Joseph*, b⁵ 13 et s⁵ 28 août 1735 —*Jean-Pierre*, b⁵ 17 mai 1738.

1742, (29 oct)⁸
2° PROVENCHER, Angélique, [LOUIS II.
veuve de Jean-Baptiste Baret.

1732, (6 fevrier) Trois-Rivières.
IV.—BIGOT, FRANÇOIS, [FRANÇOIS III.
b 1704.
BAUDRY (l), Marie-Joseph, [JOSEPH II.
b 1708.

I.—BIGOT, FRANÇOIS (2).

1750.
IV.—BIGOT, ALEXIS, [MICHEL III.
b 1727; s 4 juillet 1787, au Cap-de-la-Madeleine.⁹
1° BARET, Marie-Joseph. [ADRIEN II.
Michel-François, b⁹ 7 juin 1751. —*Alexis-Joseph*, b⁹ 29 oct. 1752. —*Jean-Baptiste*, b⁹ 25 mai 1754; s⁹ 14 mars 1759.

1761, (12 oct.)⁹
2° BAUMIER, Geneviève. [JEAN-BTE.

1753, (22 janvier) Batiscan.⁵
IV.—BIGOT (3), JOSEPH-MARIE, [JEAN-BTE III
b 1720.
GOUIN, Marguerite, [JOSEPH II.
b 1721; veuve d'Alexis Trotier.
Joseph, b⁵ 5 sept. 1753. — *Marguerite*, b...— *Marie-Thérèse*, b⁵ 20 mai 1755 — *Geneviève*, b⁵ 3 nov. 1763, m⁹ 22 avril 1776, à Ignace MANCHAND. — *Marie*, b... s⁵ 4 juin 1772. —*Alexis*, b...

1756, (3 mai) Cap-de-la-Madeleine.
IV.—BIGOT, JEAN-BTE, [MICHEL III.
b 1731.
MASSÉ, Marie-Joseph. [JEAN-BTE II.

BIGOT, MARIE-JOSEPH, epouse de FEUILLETEAU.

BIGOT.
CHAMPOUX, Marie-Anne (4). [JEAN II.

1759, (8 janvier) Ile-Dupas.
IV.—BIGOT, MICHEL, [MICHEL III.
b 1729.
AUBUCHON, Louise. [MICHEL III.

BIGOT (5), FRANÇOIS.
DOUCET, Marguerite.
Alexis, b 19 oct. 1778, à Batiscan.

BIGOT (5), JOSEPH.
BEAUFORT (6), Marguerite.
Pierre, b 20 sept. 1781, à Batiscan.⁹ —*Antoine*, b⁹ 19 juin 1795.

BIGRAS—Voy. FAUVEL.

---

(1) Dit Lamarche.
(2) Intendant, 18 déc. 1748.
(3) Dit Dorval.
(4) Elle epouse, le 8 janvier 1759, Antoine Sevigny, à Bécancour.
(5) Dit Duval.
(6) Dit Bunel.

---

(1) Dit Chenneville.
(2) Elle epouse, le 6 février 1736, Romain Dubuc, à Champlain.
(3) Dit Dorval
(4) Et Contant.

1693, (31 août) Montreal.[1]

I.—BIGRAS, François,
b 1663, s avant 1751.
  BRUNET, Marie, [MATHIEU I
  b 1677, s 12 janvier 1756, à Ste-Geneviève,
  M.[2]
Marie-Louise, b 29 oct. 1694, à Lachine[3]; m 16 oct. 1713, à André FRANCHE (1), à la Pte-Claire.[4] — *Françoise,* b[4] 4 mai 1698; m 1716, à René AUBIN —*Angélique,* b[3] 20 août 1703; m à François CALVÉ.—*Marguerite,* b[3] 26 nov. 1701; m à René VENET. — *Joseph,* b[3] 28 mars 1707, m[2] 10 janvier 1729, à Marie-Charles GOUJON.— *Judith,* b[3] 26 février 1709; 1° m à Michel DES-MOULINS; 2° m[2] 3 nov. 1751, à Jean-Baptiste GAUTIER; s[2] 15 juillet 1755.—*Marie-Anne,* b[3] 13 juillet 1711; m à Nicolas BRIQUET.— *Geneviève,* b[4] 1er mai 1714, 1° m à Jean-Baptiste BERNET, 2° m 7 janvier 1761, à Jean SPAURE, à St-Laurent, M.—*Antoine* b... m 4 oct. 1734, à Jeanne CANTUREAU, à Québec.

1729, (10 janvier) Montréal.

II.—BIGRAS, JOSEPH, [FRANÇOIS I.
  b 1707.
  GOUJON, Marie-Charlotte, [PIERRE I
  b 1694.

1734, (4 oct.) Québec.

II.—BIGRAS, ANTOINE. [FRANÇOIS 1.
  CANTUREAU, Jeanne, fille de Pierre et de Catherine Bureau, de St-Pierre de Nîmes, diocèse de Luçon

II.—BIGRAS, FRANÇOIS, [FRANÇOIS I.
  b 1700.
  BAUTRON (2), Marguerite, [ETIENNE I.
  b 1709.
Monique-Amable, b 1740, s 27 mai 1744, à Ste-Geneviève, M.[7]— *Geneviève-Amable,* b[7] 24 janvier 1741.—*Joseph-Amable,* b[7] 22 août et s[7] 17 oct. 1742.—*Marie-Joseph-Amable,* b[7] 14 sept 1743.—*François-Régis,* b[7] 28 janvier 1745; s[7] 25 juin 1747—*Joseph,* b[7] 31 juillet 1746.—*Marie-Félicité,* b[7] 28 août et s[7] 14 sept. 1748.—*Marie-Amable,* b[7] 15 janvier 1749.—*Geneviève,* b[7] 3 janvier et s[7] 1er mars 1752.

1691, (29 oct.) Champlain.[3]

I.—BIGUET (3), ETIENNE,
  b 1660; s 27 février 1715.
  DUBOIS, Dorothée, [RENÉ I.
  b 1666; s avant 1726.
Etienne, b[3] 29 sept. 1694; m 16 avril 1719, à Marie-Angélique GUILLET, à Batiscan; s 6 août 1756, à Ste-Anne-de-la-Perade.[2] —*Jean-Baptiste,* b[2] 28 janvier 1702; m 4 nov. 1726, à Françoise HACHIN, à Longueuil.— *Thérèse-Françoise,* b... 1° m à Jean BOURGAUD; 2° m 31 avril 1741, à Jean CHRETIEN, à St-Valier.

---

(1) Von Laframboise.
(2) Dit Major.
(3) Dit Nobert. Voy. vol. I, p 52

1719, (16 avril) Batiscan.[8]

II.—BIGUET (1), ETIENNE, [ETIENNE I.
  b 1694; s 6 août 1756, à Ste-Anne-de-la-Perade.[9]
  GUILLET, Marie-Angélique, [LOUIS II.
  b 1702; s[9] 9 janvier 1752.
Angélique, b[8] 20 janvier 1720; 1° m[9] 28 sept 1739, à Joseph GERMAIN, 2° m 4 nov. 1754, à Pierre LEPARCQ, au Cap-Sante.—*Elisabeth,* b[8] 6 avril 1722, m[9] 29 oct. 1738, à Alexis GERMAIN.— *Louis-Alexis,* b[9] 23 février 1724, s[9] 18 nov. 1751.—*Marie-Anne,* b[9] 8 juin 1726.—*Joseph,* b[9] 13 février 1728; s 21 oct. 1748, à Montreal.— *François-Joachim,* b[9] 4 dec. 1729; s[9] 27 sept 1732.—*Jean-Baptiste,* b[9] 14 nov. 1731; m[9] 3 février 1755, à Thérèse RIVARD.—*Marie-Madeleine,* b[9] 20 dec. 1733; m[9] 25 oct. 1751, à François GERMAIN.—*Marguerite-Dorothée,* b[9] 2 sept 1735; s[9] 6 janvier 1752.—*Marie-Louise-Renée,* b[9] 25 avril 1738, m[9] 24 janvier 1757, à Charles RIVARD.—*Anonyme,* b[9] et s[9] 10 juin 1740.— *Thérèse-Etiennette,* b[9] 14 nov. 1741.—*Etienne-Amable,* b[9] 6 dec. 1743; m[6] 13 août 1764, à Louise DESRANLOT.

1722, (7 janvier) Ste-Anne-de-la-Pérade.[6]

II.—BIGUET, CLAUDE, [ETIENNE I.
  b 1695, s[6] 24 nov. 1749.
  VAILLANT, Marie, [PIERRE I
  b 1694, s[6] 27 oct. 1769.
Pierre-Joseph, b[6] 5 juin 1723, m 11 janvier 1751, à Elisabeth GUILLET, à Batiscan.—*Louis-Charles,* b[6] 8 sept. 1724.— *Marie-Joseph,* b[6] 14 mai 1726; s[6] 10 janvier 1734 —*Claude-Julien,* b[6] 8 avril 1728.—*Marie-Anne,* b[6] 22 août 1730, s[6] 2 juin 1744.—*Marie-Anne,* b 1731, m[6] 5 sept. 1751, à Antoine DUBORD, s[6] 16 janvier 1758.

1726, (4 nov.) Longueuil.[7]

II.—BIGUET (2), JEAN-BTE, [ETIENNE I
  b 1702.
  HACHIN, Françoise, [FRANÇOIS II
  b 1707.
François, b 8 oct 1727, à Montreal[8], m[8] 23 nov. 1750, à Marguerite PREVOST; s 20 juillet 1792, à l'Hôpital-General, M.— *Marie-Françoise,* b[7] 19 dec. 1728, 1° m[7] 8 janvier 1753, à Pierre CHARON, 2° m[7] 25 janvier 1761, à Jean-Baptiste HUGRON.—*Charlotte,* b[7] 1er août 1730 —*Jean-Baptiste,* b[7] 1er oct. 1731; m[6] 8 janvier 1759, à Marie-Anne LAFOND.—*Charles,* b[7] 22 mars 1733. —*Etienne-Amable,* b[7] 16 avril 1734; m 26 février 1759, à Victoire RÉAUME, à St-Vincent-de-Paul.— *Angélique,* b[7] 7 février 1736; m[7] 28 janvier 1760, à François BOTEILLER. — *Marie-Joseph,* b[7] 2 juin 1737, m[7] 8 nov. 1756, à Jean RAIMBAUT —*Marguerite-Amable,* b[7] 20 nov. 1738; m[7] 21 janvier 1760, à Antoine CHARON.—*Marie-Thérèse,* b[7] 11 juillet 1740.—*Michel,* b[7] 4 février 1742, m 14 août 1769, à Céleste LEGAUT, à Lachine.— *Joseph,* b[7] 18 nov. 1743.—*Antoine-Louis,* b[7] 29 août 1745.—*Pierre,* b[7] 11 nov. et s[7] 4 déc 1746

---

(1) Dit Nobert.
(2) Et Billet

—*Dorothée,* b ⁷ 11 nov. 1746 ; s ⁷ 14 mai 1747. — *Albert,* b ⁷ 27 avril et s ⁷ 29 mai 1748. — *Marie-Louise,* b ⁷ 4 fevrier 1750.

1750, (23 nov.) Montréal.
III.—BIGUET, François,   [Jean-Bte II.
  b 1727 ; s 20 juillet 1792, à l'Hôpital-Géneral, M.
Prevost, Marguerite,   [Eustache II.
  b 1731.
François, b 14 oct. 1751, à Longueuil ; m 28 sept. 1778, à Marie-Thérèse Robidou, au Détroit.

1751, (11 janvier) Batiscan.
III—BIGUET, Pierre,   [Claude II.
  b 1723.
Guillet, Marie-Elisabeth,   [Jean-Bte III.
  b 1731.
Elisabeth, b 19 nov. 1752, à Ste-Anne-de-la-Pérade⁴ ; s ⁴ 29 janvier 1770.—*Marie-Marguerite,* b⁴ 8 sept. 1754 ; m 1775 à Alexis Rochereau. —*Pierre,* b ⁴ 23 oct. 1756.— *Marie-Joseph,* b⁴ 12 août 1759 ; m ⁴ 26 janvier 1778, à Pierre Leduc. — *Louis-Joseph,* b ⁴ 22 fevrier 1761. — *Louis-Joseph,* b ⁴ 12 sept. 1762.—*Marie-Thérèse,* b⁴ 15 oct. 1764. — *Marie-Anne,* b ⁴ et s ⁴ 11 oct. 1766. — *Marie-Anne,* b ⁴ 11 nov. 1768. — *Claude,* b⁴ 24 et s ⁴ 29 juillet 1771.—*Claude,* b ⁴ 16 nov. 1774.

1755, (3 fevrier) Ste-Anne-de-la-Perade.⁴
III.—BIGUET (1), Jean-Bte,   [Etienne II.
  b 1731.
Rivard (2), Thérèse,   [Ignace III.
  b 1735.
Marie-Rosalie, b ⁴ 10 mars 1756 ; s ⁴ 8 juillet 1760 — *Jean-Baptiste,* b ⁴ 2 mai et s ⁴ 16 août 1757.—*Antoine-Hyacinthe,* b ⁴ 12 juin 1758 ; m ⁴ 4 août 1779, à Marguerite Paplau. — *Marie-Thérèse,* b ⁴ 17 sept. 1759 ; s ⁴ 9 janvier 1760.— *Judith-Marguerite,* b ⁴ 5 mai et s ⁴ 7 août 1761.— *Agnès,* b ⁴ 2 oct. 1764 ; s ⁴ 4 janvier 1777.—*Marguerite,* b ⁴ 4 mai 1766.—*Marie-Thérèse,* b ⁴ 18 août 1767 ; s ⁴ 3 fevrier 1770.—*Jean-Baptiste,* b ⁴ 14 fevrier 1769 ; s ⁴ 4 fevrier 1770. — *Jean-Baptiste,* b ⁴ 3 juin 1770.—*Abraham,* b ⁴ 18 juillet et s ⁴ 2 août 1771.—*Marie-Geneviève-Louise,* b ⁴ 12 oct 1772. — *Pélagie,* b ⁴ 1774 ; s ⁴ 15 nov. 1775.—*Thérèse-Antoinette,* b ⁴ 10 mai et s ⁴ 4 sept. 1775.—*Thérèse-Pélagie,* b ⁴ 23 juillet 1776.

1759, (8 janvier) Montreal.
III.—BIGUET, Jean-Bte,   [Jean-Bte II.
  b 1731.
Lafond, Marie-Anne,
  b 1739
Jean-Baptiste, b 2 oct. 1760, à Longueuil.

1759, (26 fevrier) St-Vincent-de-Paul.
III —BIGUET, Etienne,   [Jean-Bte II.
  b 1734.
Reaume, Victoire.   [Nicolas III.
François, b 28 oct. 1761, à Longueuil.

(1) Dit Nobert.
(2) Dit Lanouette.

1764, (13 août) Batiscan.
III.—BIGUET (1), Et-Amable,   [Etienne II.
  b 1743.
Desranlot (2), Marie-Louise,   [Jean-Bte II.
  b 1745.
Amable, b 30 dec. 1765, à Ste-Anne-de-la-Perade ⁷ ; s ⁷ 15 oct. 1766.—*Marie-Louise,* b ⁷ 14 mars 1767.—*Louis,* b ⁷ 18 mars 1768.— *Bénoni,* b ⁷ 28 oct. 1769.—*Monique,* b ⁷ 31 mars 1771.—*Marguerite,* b ⁷ 14 sept. 1774.—*Amable-Thomas,* b ⁷ 21 déc. 1778.—*François-Marie,* b ⁷ 22 mars 1780.

1769, (14 août) Lachine.
III.—BIGUET (3), Michel,   [Jean-Bte II
  b 1742.
Legaut (4), Celeste,   [Jean II.
  b 1734 ; veuve de Pierre Roy.

1778, (28 sept.) Détroit.⁶
IV.—BIGUET, François,   [François III.
  maître-maçon ; b 1751.
Robidou, Marie-Therèse,   [Joseph III.
  b 1738.
François, b ⁵ 19 août 1779. — *Amable,* b ⁵ 10 février 1781 ; s ⁵ 14 août 1783.—*Alexis,* b ⁵ 1782

1779, (4 août) Ste-Anne-de-la-Pérade. ⁷
IV.—BIGUET (1), Ant-Hyac.   [Jean-Bte III.
  b 1758
Paplau, Marguerite.   [François II.
Anonyme, b ⁷ et s ⁷ 22 avril 1780.

BIJEAU.—Voy. Bigeot, 1732.

BILDÉ (5).—Voy. Villeday.

I.—BILLARD, Pétronille, b 1635, en France ; m 1662, à Nicolas Brazeau, s 20 août 1705 (6), à Montreal.

I.—BILLARD (7), François.
Desmoulins, Marie-Anne (8).   [Joseph III (9).

1757, (21 fevrier) Québec.
I.—BILLAUT, Edmond (10), fils de Jean et d'Anne Remy, de Ste-Madeleine, diocèse de Sens.
Lambert, Elisabeth,   [Louis-René III.
  b 1729.
Elisabeth, b... s 4 août 1758, à St-Laurent, M. —*Charles,* b 11 fevrier et s 7 avril 1760, au Detroit.

(1) Dit Nobert.
(2) Dit Châteauneuf.
(3) Dit Billet.
(4) Dit Deslauriers.
(5) Dit L'Espagnol.
(6) A l'Hôtel-Dieu.
(7) Dit Bellefleur.
(8) Elle épouse, le 27 nov. 1758, Louis Desclairs, à Montréal.
(9) Voy. Maillou, vol. I, p. 405
(10) Ecrivain, garde-magasin du roi.

BIL 280 BIL

1758, (10 avril) Québec. [1]
I.—BILLEMER (1), François, fils de François et de Catherine Auguy, de St-Pierre-le-jeune, diocèse de Strasbourg.
Leroux, Marie-Madeleine, [François III.
b 1741.
Marie-Amable, b[1] 24 déc. 1758.—*Marie-Madeleine,* b 21 mars et s 4 oct. 1760, à St-Michel.[2]—*Marie-Joseph,* b[2] 21 mars 1760.—*Catherine,* b[1] 10 février 1762.

1691, (8 oct.) St-Frs-du-Lac.[3]
I.—BILLERON (2), Pierre, b 1663 ; fils de Nicolas et de Françoise Huon, de St-Sabin, diocèse de Nantes.
1° Forcier, Marie-Marthe, [Pierre I.
b 1675 ; s oct. 1702, à Montréal.[4]
Marie-Anne, b[4] 27 juillet 1697; m[4] 25 sept. 1719, à Laurent Trutaut.—*Etienne-Joseph,* b[4] 3 avril 1699 ; s[4] 1er août 1709.—*Ignace,* b[4] 19 déc. 1700; s[3] 29 nov. 1702.—*Marie-Louise,* b[4] 11 oct. 1702 ; s[4] 17 juillet 1708.
1703, (21 mai).[4]
2° Delgeul, Jeanne, [Jean I.
b 1683.

II.—BILLERON(3),Jacques-Léonard.[Pierre I.
Vasseur, Marguerite.

BILLET.—Voy. Judicq—Bigué—Biguet.

1758, (8 mai) Detroit.[5]
I.—BILLIAU (4), Jean-Bte, fils de Jean-Baptiste (maître tisserand) et de Claudine Heroux, de St-Joseph, ville de Grenoble, Dauphiné.
Mesnil, Marie-Françoise (5). [Antoine II.
Jean-Baptiste, b[6] 3 déc. 1760.—*Marie-Jeanne,* b[6] 18 nov. 1762 ; m[6] 8 juillet 1776, à Claude-Thomas Gatignon ; s[6] 3 oct. 1791.— *Thérèse,* b... m[6] 20 janvier 1783, à Julien Ferton.—*Monique,* b[6] 8 juillet et s[6] 10 sept. 1784.—*Louis,* b... m[6] 9 mai 1791, à Thérèse Chauvin.

1791, (9 mai) Détroit.
II.—BILLIAU (6), Louis. [Jean-Bte I.
Chauvin, Thérèse, [Jean-Bte III.
b 1771.

1756, (9 février) Montréal.
I.—BILLION (7), Joseph, b 1716 ; fils de Jean et de Claudine Frasson, de St-Leger, diocèse de Grenoble.
Paysan, Marie-Joseph, [Antoine I.
b 1721.

(1) Dit Blondin, 1722.
(2) Dit Lafatigue ; tailleur.
(3) Il était à Kaskakia en 1759.
(4) Patoka dit L'Espérance ; soldat de Beaujeu, habitant de la côte sud.
(5) Pep. 21 janvier 1773 au Détroit, de Charles Moran. Excommuniée le 23 janvier 1774—absoute le 29 mai 1774.
(6) Dit L'Espérance.
(7) Dit Chambery, soldat.

1740, (21 juillet) Montréal.
I.—BILLON, Jean, b 1713 ; fils de Rene et de Marie Coure, de St-Mesnin, ville d'Orleans.
Lahaise, Marie-Anne, [Jean-Bte II.
b 1718.

BILLOT.—Voy. Billaut.

1724, (27 janvier) Ste-Foye.[1]
I.—BILLOT, Antoine (1), b 1692 ; fils de Pierre et de Madeleine Pitaud, de LaRochelle ; s 19 dec. 1730, à St-Augustin.[2]
Prevost, Jeanne (2), [Jean-Bte II.
b 1703.
Antoine, b[8] 26 nov. et s[8] 10 déc. 1724.—*Antoine,* b[8] 11 dec. 1725; m 22 janvier 1753, à Marie-Anne Crépeau, à St-Laurent, I. O.—*Etienne,* b[8] 12 avril 1727 ; m[7] 11 nov. 1749, à Angelique Migneron ; s[8] 8 février 1756.—*Marie-Jeanne,* b[8] 13 nov. 1728 ; m[7] 7 janvier 1761, à Jean Guillemé.—*Augustin,* b[8] 8 sept. 1730, m[7] 2 juin 1757, à Geneviève Lagneau ; s[7] 16 mai 1760.

1749, (11 nov.) Ste-Foye.[4]
II.—BILLOT, Etienne, [Antoine I.
b 1727 ; s[4] 8 février 1756.
Migneron, Angelique, [Augustin III.
b 1731 ; s[4] 12 sept. 1755.
Marie-Angélique, b[4] 18 déc. 1750 ; m 22 février 1773, à Gervais Houde, à St-Joseph-de-la-Beauce.— *Etienne,* b[4] 3 et s[4] 27 août 1753.—*Etienne,* b[4] 1er et s[4] 2 sept. 1755.

1753, (22 janvier) St-Laurent, I. O.
II.—BILLOT (3), Antoine, [Antoine I.
b 1725.
Crépeau, Marie-Anne, [Robert II.
b 1728.
Marie-Joseph, b 15 sept. 1755, à Quebec.—*Marie-Madeleine,* b... s[1] 5 déc. 1753.

1757, (2 juin) Ste-Foye.[7]
II.—BILLOT, Augustin, [Antoine I.
b 1730 ; s[7] 16 mai 1760.
Lagneau (4), Marie-Geneviève, [Etienne I.
b 1734.
Marie-Louise, b[7] 1er mars et s[7] 4 sept. 1758.—*Pierre,* b[7] 19 et s[7] 20 juillet 1759.—*Augustin,* b[7] 25 août 1760 ; s[7] 20 fevrier 1762.

I.—BILLOT (5), François, b 1726 ; fils de François et de Marguerite Poignant, diocèse de Dijon , s 11 février 1761, à Terrebonne.

BILLY—*Variations et surnoms :* Courville—St-Louis.

(1) Fermier du domaine de Maure et meunier.
(2) Elle épouse Claude Croizetière.
(3) Dit Belleau à son mariage.
(4) Appelée Cheneau en 1759. Elle épouse, le 30 août 1762, Michel Moisan, à Ste-Foye.
(5) Dit Sanscartier, soldat de la Sarre.

1672.

I.—BILLY, Jean-François,
b 1649 ; s 1er février 1716, à Champlain.²
Delamare, Catherine,
b 1651 ; s ² 11 avril 1731.
Michel, b 1672; 1° m ² 27 avril 1705, à Anne-Céleste Disy ; 2° m 14 juillet 1719, à Marguerite-Renée Breillac, à Ste-Anne-de-la-Perade ; 3° m ² 1er mars 1729, à Marie-Jeanne Rouillard. —*Guillaume*, b ² 24 mars 1687, m ² 9 avril 1717, à Madeleine Normandin.

1705, (27 avril) Champlain. ³

II.—BILLY (De) (1), Michel,   [Jean-Frs I.
b 1672.
1° Disy, Anne-Celeste,   [Pierre I.
b 1669 ; veuve de François Aubuchon ; s ³ 17 mai 1718.
1719, (14 juillet) Ste-Anne-de-la-Pérade.
2° Breillac (2), Marguerite-Renée, [Amable I.
b 1698 ; s ³ 25 sept. 1728.
Marie-Marguerite, b ³ 1er et s ³ 26 oct. 1720.—
Marie-Marguerite, b ³ 28 janvier 1722 ; m ³ 3 août 1739, à François Carpentier.—*Madeleine*, b ³ 21 avril 1724 ; 1° m à Pierre Lescuyer ; 2° m 17 août 1761, à Pierre Petit, à St-Pierre-les-Becquets.—*Michel*, b ³ 25 sept. 1726.
1729, (1er mars). ³
3° Rouillard, Marie-Jeanne.   [Mathieu I.

1712, (7 juin) Champlain. ¹

II—BILLY (3), Jean.   [Jean-François I.
Vien, Marguerite,   [Jean I.
b 1688 ; s avant 1753.
Antoine, b ¹ 24 janvier 1713.—*François*, b ¹ 16 sept. 1714 ; m 14 nov. 1740, à Madeleine Turbal-Perrot, à Becancour. ²—*Joseph*, b ¹ 20 février 1716 ; m ² 23 nov. 1739, à Marie-Elisabeth Perrot. — *Jean-Baptiste*, b ¹ 18 sept. 1718, m 10 janvier 1753, à Marie-Joseph Turcot, à St-Pierre-les-Becquets.—*Anonyme*, b ¹ et s ¹ 10 janvier 1721.—*Ignace*, b ¹ 27 janvier 1722.—*Pierre*, b ¹ 2 avril 1724, s ¹ 2 août 1725.—*Geneviève*, b ¹ 29 mars 1725.—*Michel*, b ³ 8 oct. 1726.— *Geneviève*, b ¹ 16 janvier 1729 ; s 13 juin 1747, à Batiscan.—*Alexis*, b ¹ 2 sept. 1731.

1712, (21 nov.) Québec. ⁴

I.—BILLY (4), Etienne, fils de Pierre-Claude et d'Anne Proulx, de St-Jean, Poitiers.
1° Girardin, Marie-Jeanne,   [Jean II.
b 1694.
François, b... m ⁴ 21 fevrier 1740, à Marie-Joseph Chamare.
1717, (2 août). ⁴
2° Dechaume, Marie-Anne,   [André I.
b 1698.

(1) Et Biy.
(2) Dit Larocha.
(3) Dit Courville en 1747.
(4) Dit L'Eveillé.

1717, (9 avril) Champlain. ⁴

II.—BILLY (1), Guillaume,   [Jean-François I.
b 1687.
Normandin, Madeleine,   [Daniel II.
b 1694.
Marie-Madeleine, b ⁴ 6 avril 1717 ; m à Louis Brulé.—*Jean-Baptiste*, b 16 mars 1721, à l'Ile-Dupas⁶ ; s ⁶ 27 février 1730. — *Michel*, b 3 mai 1723, à Sorel⁵ ; m 1750, à Marie-Joseph Bernard.— *Marie-Louise*, b ⁵ 8 oct. 1725. — *Marie-Joseph*, b ⁶ 16 juillet 1730.—*Marie-Angélique*, b ⁶ 17 oct. 1732.—*François-Amable*, b ⁶ 18 juin 1741.

1739, (23 nov.) Becancour. ⁷

III—BILLY (2), Joseph,   [Jean-Bte II.
b 1716.
Perrot, Marie-Elisabeth.   [Nicolas II.
Françoise-Ursule, b ⁷ 10 août 1740.—*Anonyme*, b ⁷ et s ⁷ 14 juillet 1742.— *Joseph-Marie*, b ⁷ 23 nov. 1743.

1740, (21 février) Québec. ²

II.—BILLY (3), François,   [Etienne-Pierre I.
Chamare, Marie-Joseph.   [Pierre II.
Jean-Baptiste, b ² 8 août 1741.—*Marie-Joseph*, b ² 12 février et s ² 12 mars 1743.—*Marie-Joseph*, b ² 19 juillet 1744.

1740, (14 nov.) Becancour. ¹

III.—BILLY, François,   [Jean-Bte II.
b 1714.
Perrot (4), Madeleine,   [Nicolas II
b 1723.
François, b 30 oct. 1742, à Batiscan. — *Anonyme*, b ¹ et s ¹ 28 janvier 1744.

1750.

III.—BILLY (5), Michel,   [Guillaume II.
b 1723.
Bernard, Marie-Joseph.   [Michel.
Michel, b 20 mars 1751, à l'Ile-Dupas

1753, (10 janvier) St-Pierre-les-Becquets.

III.—BILLY (6), Jean-Bte,   [Jean-Bte II.
b 1718
Turcot, Marie-Joseph.   [Antoine III

BILMER, François.—Voy. Billemer.

1682, (26 oct.) Ste-Famille, I. O. ⁴

II—BILODEAU, Jean,   [Jacques I.
b 1658 , s 3 sept 1699, à St-François, I. O. ¹
1° Lehoux, Elisabeth,   [Jean II.
b 1669 ; s ⁴ 10 août 1683.
1684, (20 nov.) ⁴
2° Jean, Marie.   [Jacques I.
Marie-Anne b ⁴ 16 oct. 1685 ; m ¹ 24 nov. 1705, à Etienne Dalère. — *Elisabeth*, b... m ¹ 14 oct.

(1) Et Biy—St-Louis.
(2) Dit Courville.
(3) Dit L'Eveille.
(4) Dit Turbal.
(5) Dit St-Louis.
(6) Dit Courville.

1721, à Louis Morin.—*Jean*, b¹ 13 nov. 1688; m 9 nov. 1716, à Marie Turgeon, à Beaumont.—*Jean*, b 24 mars et s 27 déc. 1693, à St-Jean, I. O. —*Jacques*, b⁴ 5 déc. 1694; 1º m 13 nov. 1720, à Marie Morin, à St-Thomas; 2º m 20 nov. 1730, à Marie-Angélique Boutin, à Berthier.

1685, (13 nov.) Ste-Famille, I. O. ⁴
II.—BILODEAU, Antoine, [Jacques I.
   b 1660; s 1ᵉʳ déc. 1732, à St-François, I. O ⁵
Turcot, Geneviève, [Abel I.
   b 1666;, s avant 1731.
François, b 1689; m⁴ 7 avril 1717, à Marie Bauché.—*Marie*, b⁴ 15 nov. 1692; m⁴ 27 février 1734, à Charles Loignon; s⁴ 28 avril 1748.—*Gabriel*, b⁵ 2 janvier 1704; m 13 août 1731, à Suzanne Bissonnet, à Berthier.—*Dorothée*, b⁵ 1ᵉʳ avril 1706; s⁵ 11 avril 1748.—*Anne*, b... m⁵ 3 nov. 1731, à Jean-Baptiste Paquet; s⁵ 22 avril 1733.—*Geneviève*, b 1708; m⁵ 22 août 1736, à Jean Emond; s⁵ 5 avril 1748.—*Françoise*, b... m 1702, à Pierre Gautier; s 13 oct. 1752, au Cap-St-Ignace.

1689, (6 juin) Ste-Famille, I. O.
II.—BILODEAU, Simon, [Jacques I.
   b 1662; s 26 nov. 1742, à St-François, I. O ⁶
Turcot, Anne, [Abel I.
   b 1670; s⁶ 22 janvier 1716.
Angélique, b⁶ 26 juin 1699; m⁶ 11 oct. 1721, à François Langelier.—*Marie-Louise*, b⁶ 25 mars 1702, m⁶ 26 avril 1728, à François Gendron.—*Hélène*, b⁶ 15 sept. 1703, m⁶ 7 février 1736, à Joseph Dompierre, s⁶ 20 mars 1758.—*Agnès*, b⁶ 3 janvier 1708; m⁶ 7 février 1736, à Pierre Paquet.

1713, (10 juillet) St-François, I. O.
III.—BILODEAU, Antoine, [Antoine II
   b 1686, s (1) 20 juin 1728, à Berthier. ⁷
Lepage, Angélique (2), [Louis I.
   b 1693.
Antoine-Romain, b 1ᵉʳ mars 1718, à St-Valier⁸; m à Marie Leprinel; s⁷ 19 avril 1743.—*Marie-Françoise*, b⁸ 4 mars 1720; m⁷ 14 janvier 1743, à Louis Leroux.—*François*, b⁷ 23 janvier et s⁷ 8 février 1722.—*Marie-Madeleine*, b⁸ 28 mai 1725; m⁷ 27 avril 1751, à Pierre Hely. — *Isidore*, b 1728, s⁷ 6 juillet 1736 (3). — *Marie-Louise*, b⁷ 5 avril 1727; s⁷ 6 juillet 1736.—*Angélique*, b... m⁷ 25 oct. 1735, à Pierre Simoneau, s⁷ 17 nov. 1748.—*Marie-Anne*, b... m⁷ 20 oct. 1744, à Nicolas Hely; s⁷ 13 février 1748.

IV.—BILODEAU, Ant.-Romain, [Antoine III.
   b 1718; s 19 avril 1743, à Berthier.
Leprince, Marie. [Joseph I.

---

(1) Tué par la foudre dans sa maison le 19 juin à six heures du soir. Nous avons tout lieu d'esperer de son salut, ayant mené une vie bien reglée. Il a surtout fait paraître beaucoup de zèle durant sa vie a fréquenter les sacrements; de sorte qu'il a été généralement regretté de toute la paroisse qui a assisté à son inhumation.

(2) Elle épouse, le 24 avril 1730, Joseph Dagneau, à Berthier.

(3) Noyé avec sa sœur Marie-Louise, devant leur maison, au bord du rivage.

III.—BILODEAU, Gabriel, [Jean II.
   b 1690; s 7 oct. 1728, à Berthier. ⁷
Roy, Isabelle (1), [Nicolas II.
   b 1693.
Elisabeth, b 12 oct. 1714, à St-Valier⁸; m⁷ 10 février 1744, à Pierre Dodier; s⁷ 24 avril 1775. —*Jean*, b⁶ 10 oct. 1717; m⁷ 2 sept. 1742, à Marie-Joseph Boucher. — *Jacques*, b⁵ 13 avril 1720; m 7 juillet 1749, à Claire Dagneau, à St-Frs-du-Sud.—*Marie-Marthe*, b⁷ 1ᵉʳ déc. 1722; m⁷ 14 février 1751, à Pierre Boutin.—*Marie-Madeleine*, b⁸ 28 juin 1725; m⁷ 21 nov. 1746, à Jean-Valier Boutin.—*Gabriel*, b⁷ 16 février et s⁷ 14 mars 1728. — *Anonyme*, b⁷ et s⁷ 17 février 1728.—*Marie-Geneviève* (posthume), b⁷ 12 mai 1729, s⁷ 7 janvier 1730.—*Christine-Domitilde* (posthume), b⁷ 12 mai et s⁷ 17 août 1729.

1716, (9 nov.) St-Etienne, Beaumont.
III.—BILODEAU, Jean, [Jean II.
   b 1688; s 10 mai 1736, à Ste-Anne-de-la-Perade.
Turgeon, Marie, [Zacharie II
   b 1698; s 20 février 1781, à St-François, I. O ⁵
Jean-Baptiste, b⁵ 24 août 1718; m⁵ 27 août 1742, à Elisabeth Gagné. — *Marie-Louise*, b⁶ sept. 1722; m⁵ 21 août 1747,. à Rene Meneux — *Pierre*, b⁵ 15 nov. 1724; m 1750, à Marie-Gertrude Pedneau. — *Un fils*, b 1727; s³ 15 mai 1729.—*Joseph*, b⁵ 15 mars 1729; m⁵ mars 1756, à Marguerite Bolduc, à St-Joachim. —*Marie*, b⁵ 6 sept. 1731; m⁵ 28 juillet 1749, à François Asselin. — *François*, b⁵ 17 mars 1734, m⁶ 15 juillet 1765, à Louise Poulin.—*Marie-Françoise*, b⁵ 17 mars 1734; s⁵ 30 juillet 1750.—*Jacques*, b... m⁵ 17 nov. 1750, à Marie Plante.

1717, (7 avril) Ste-Famille, I. O. ²
III.—BILODEAU, François, [Antoine II.
   b 1689, s² 9 nov. 1761.
Bauché, Marie, [Guillaume II.
   b 1698, s² 17 janvier 1746.
Jean, b 13 nov. 1719, à St-François, I. O.; m 25 juillet 1746, à Françoise Morisset, à St-Joseph, Beauce.—*François*, b² 8 janvier 1723, m² 23 février 1756, à Celeste Rocheron; s² 13 sept. 1759.— *Marie-Tècle*, b² 10 février 1724; m² 11 nov. 1748, à Pierre Noel.—*Marie-Catherine*, b² 3 février et s² 24 mai 1728.—*Madeleine*, b² 7 août 1731; m² 27 oct. 1749, à Joseph-Marie Noel.—*Geneviève*, b² 30 avril et s² 29 mai 1733.

1720, (13 nov.) St-Thomas. ¹
III.—BILODEAU, Jacques, [Jean II.
   b 1694; s 20 déc. 1760, à Berthier. ²
1º Morin, Marie, [Alphonse II.
   b 1703, s² 31 janvier 1730 (subite).
Anonyme, b² et s² 22 avril 1721.—*Gabriel*, b 11 juillet 1722, à St-Valier³, m¹ 19 nov. 1764, à Geneviève Béland.—*Jean-Valier*, b³ 9 février 1724; m² 11 février 1754, à Marie-Joseph Mercier. —*Jacques*, b² 11 mai 1727, s² 11 nov. 1728.—*Marie-Elisabeth*, b² 14 nov. 1729.

---

(1) Elle épouse, le 17 avril 1730, Philippe Chartier, à Berthier.

1730, (20 nov.) [2]
2° BOUTIN, Angélique, [JEAN-BTE II.
b 1710.
Marie-Angélique, b [2] 13 août 1731 ; m [2] 20 nov. 1758, à Joseph DAGNEAU.—*Jacques*, b [2] 5 sept. 1733.—*Marie-Geneviève*, b [2] 17 février 1736, m [2] 8 nov. 1762, à André CARBONNEAU.—*Joseph-Marie*, b [2] 14 août 1739, m [2] 27 avril 1767, à Marie-Geneviève CLÉMENT. — *Marie-Marguerite*, b [2] 10 avril 1743.—*Michel-Dominique*, b [2] 4 août 1744 ; m [2] 4 nov. 1771, à Marie-Anne CARBONNEAU. —*Pierre*, b [2] 13 juillet 1746 ; m 12 mai 1768, à Marie-Angélique FOURRÉ, à Lévis.—*Jean-Marie*, b [2] 30 et s [2] 31 juillet 1748.—*Marie-Marthe*, b [2] 30 juillet 1748, s [2] 23 mai 1749.—*Augustin*, b [2] 5 juin 1753.

1721, (15 nov) Beaumont. [4]
III.—BILODEAU, JACQUES, [ANTOINE II
b 1690, s avant 1733.
PAQUET, Marie-Françoise (1), [CHARLES (2) II.
b 1696.
Joseph, b [4] 26 sept. 1722.—*Charles*, b [4] 27 février 1724, m à Angélique COURSOL, s 6 nov. 1753, à Verchères.—*Jean-Baptiste*, b [4] 28 avril 1726.—*Gabriel*, b 24 mai 1728, à St-Valier [5], m° 7 février 1757, à Elisabeth GOSSELIN — *Michel*, b 1732 ; s [4] 21 août 1733.—*Jacques*, b... m [5] 11 janvier 1751, à Marie-Louise CHARTIER.

1731, (13 août) Berthier. [6]
III—BILODEAU, GABRIEL, [ANTOINE II.
b 1704
BISSONNET, Suzanne, [JEAN II.
b 1714.
Marie-Marguerite, b [6] 4 juillet 1732, m [6] 4 février 1754, à Charles BLANCHET.—*Gabriel*, b [6] 29 juillet 1734 : m [6] 19 nov. 1753, à Marie-Anne MORIN.—*Marie-Geneviève*, b [6] 12 juin 1736, s [6] 26 août 1754.—*Marie-Hélène*, b [6] 13 avril 1738.— *Pierre*, b [6] 15 août 1740, m 4 août 1760, à Madeleine LAISNE, à St-Charles. — *Jean-Jacques*, b [6] 11 déc. 1742, s [6] 5 février 1743. — *Marie-Joseph*, b [6] 11 oct. 1744. — *Suzanne*, b 27 sept 1746, à St-Thomas, m [6] 7 oct. 1764, à Joachim MERCIER. — *Louis*, b [6] 16 sept. 1748, m [6] 17 oct 1768, à Madeleine GUILLENET. — *François*, b [6] 15 et s [6] 30 sept. 1751. — *Joseph-Marie*, b [6] 1er oct 1752.—*Marie-Louise*, b [6] 1er nov. 1754, s [6] 24 déc. 1755.—*Marie*, b [6] 28 oct. 1756.

BILODEAU, JOSEPH, b 1701, s 28 mai 1736, à St-François, I. O.

1742, (27 août) St-François, I. O. [7]
IV.—BILODEAU, JEAN, [JEAN III
b 1718
GAGNÉ, Elisabeth, [JEAN IV.
b 1715.
Jean-Baptiste, b [7] 8 juillet 1743 —*Jacques*, b [7] 9 oct. 1744.—*Raphael*, b... m 17 février 1772, à Marie LEMELIN, à St-Laurent, I. O —*Joseph*, b 20 avril 1747, à Beaumont [8] —*Marie-Geneviève*, b [8]

(1) Elle épouse, le 22 février 1740, Joseph Chrétien, à St-Michel.
(2) Dit Lavallée.

23 sept. 1749.—*Marie-Elisabeth*, b 10 sept. 1751, à St-Charles [9] ; s [9] 3 avril 1758. — *Jean*, b [9] 31 janvier et s [9] 17 février 1754.—*Marie-Françoise*, b [9] 31 janvier et s [9] 19 février 1754.—*François*, b [9] 19 avril et s [9] 20 mai 1755.—*Marie-Théotiste*, b [9] 18 juin 1756.—*Pierre*, b [9] 11 mars 1759.

1742, (2 sept.) Berthier. [2]
IV.—BILODEAU, JEAN-BTE, [GABRIEL III.
b 1717.
BOUCHER, Marie-Joseph, [JEAN II.
b 1722.
Jean-Baptiste, b [2] 30 nov. 1743 —*Joseph-Marie*, b [2] 8 mars 1745.—*Marie-Joseph*, b [2] 11 déc. 1746 ; m [2] 21 sept. 1765, à Louis NADEAU.—*Marie-Anne*, b [2] 29 août 1748.—*Gabriel*, b [2] 12 mars 1750.— *Marie-Geneviève*, b [2] 7 mars 1757. — *Marie-Bernard*, b [2] 21 mars et s [2] 16 sept 1761.—*Louis-Marie*, b [2] 11 déc. 1763. — *Marie-Thérèse*, b 10 oct. 1752, à St-Valier.

1746, (25 juillet) St-Joseph, Beauce. [6]
IV.—BILODEAU, JEAN, [FRANÇOIS III.
b 1719.
MORISSET, Françoise, [GENCIEN II.
b 1720, veuve d'Hyacinthe LEHOUX, s [6] 20 janvier 1765.
Jean b... s [6] 21 mars 1762.— *Jean*, b 1747, m [6] 27 janvier 1766, à Marie-Thérèse FOUCHER.— *Augustin*, b [6] 26 juin 1763.

1749. (7 juillet) St-Frs-du-Sud.
IV.—BILODEAU, JACQUES, [GABRIEL III.
b 1720.
DAGNEAU, Marie-Claire, [JEAN-BTE II.
b 1732.
Marie-Claire, b 24 février et s 12 mars 1751, à Berthier. [7]— *Marie-Thérèse*, b [7] 19 mai 1752.— *Jacques*, b [7] 30 oct. et s [7] 20 nov. 1753.—*Joseph-Marie*, b [7] 19 janvier 1755.—*Jean-Baptiste*, b [7] 17 février 1757.—*Jacques*, b [7] 23 déc. 1759.— *Pierre-Valier*, b [7] 23 juin 1762, s [7] 2 avril 1763.—*Gabriel*, b [7] 6 février 1764. — *Marie-Joseph*, b [7] 30 avril 1767.— *Marie-Claire*, b [7] 6 août 1770, m [7] 13 janvier 1795, à Jean-Baptiste GUILMET.— *Marie-Marguerite*, b [7] 15 sept. 1772, m [7] 21 avril 1795, à Louis LEMIEUX.

1750, (17 nov.) St-François, I. O. [4]
IV.—BILODEAU, JACQUES. [JEAN III.
PLANTE, Marie-Geneviève, [PIERRE III.
b 1738.
Jean, b [4] 2 sept. 1751 ; s [4] 25 janvier 1752.— *Marie-Louise*, b [4] 21 février 1753.—*Marie-Joseph*, b [4] 2 mars 1755.—*François*, b [4] 21 janvier 1757 ; m [4] 10 février 1783, à Marie-Joseph LABBÉ.— *Marie-Isabelle*, b [4] 16 janvier 1759 ; s [4] 14 déc. 1760.—*Louis*, b [4] 18 oct. 1760.—*Jacques*, b [4] 26 juillet 1762.—*Alexis*, b [4] 15 nov. 1764.—*Etienne*, b [4] 17 janvier et s [4] 14 février 1767.—*Anonyme*, b [4] et s [4] 14 mars 1768.—*Augustin*, b [4] 27 mars 1770 ; s [4] 17 mars 1773.

BIL   284   BIL

1750.
IV.—BILODEAU, Pierre.   [Jean III.
  Pedneau (1), Marie-Gertrude,   [Pierre I.
    b 1733.
  Pierre, b 22 février 1751, à l'Ile-aux-Coudres [6], m [6] 18 avril 1774, à Geneviève-Véronique Debien. — Louis, b [6] 30 juin 1755.— Marie-Constance, b [6] 25 juillet 1757 ; m [6] 18 avril 1774, à Jean-Marc Demeules.— Marie-Charles, b 1759 ; s [6] 3 février 1771.— Marie-Charlotte, b [6] 24 août 1760. — Guillaume, b [6] 11 avril 1763. — Marie-Madeleine, b [6] 29 juillet 1765.— Ambroise-Timothée, b [6] 7 nov. 1767.— Jean-Joseph, b [6] 9 déc. 1769.

1751, (11 janvier) St-Valier.[3]
IV.—BILODEAU, Jacques-Jos.   [Jacques III.
  Chartier, Marie-Louise,   [Louis III.
    b 1729.
  Joseph-Marie, b [3] 20 oct. 1751.— Jacques, b [3] 11 mars 1753.— Guillaume, b 13 juin 1754, à St-Charles [6]; s [6] 7 février 1756.— Alexis, b [6] 10 déc. 1755.— Marie-Louise, b [6] 4 juin 1757.

1752.
IV.—BILODEAU, Charles,   [Jacques III.
  b 1724, s 6 nov. 1753, à Verchères. [7]
  Coursol, Angélique (2).   [Jacques I.
  Charles, b [7] 9 janvier et s [7] 29 mai 1753 — Marie-Judith, b [7] 24 janvier et s [7] 14 février 1754.

1753, (19 nov.) Berthier. [6]
IV.—BILODEAU, Gabriel,   [Gabriel III.
  b 1734.
  Morin, Marie-Anne,   [Pierre-Noel IV.
    b 1732 ; s [6] 20 août 1754.
  Marie-Anne, b [6] 7 août 1754 ; s [6] 12 juillet 1755.

1754, (11 février) Berthier. [4]
IV.—BILODEAU, Jean-Valier,   [Jacques III.
  b 1724.
  Mercier, Marie-Joseph,   [Joseph IV.
    b 1729.
  Jean-Baptiste, b [4] 8 mars 1755 ; m [4] 7 janvier 1783, à Marie-Elisabeth Marcou.— Marie-Elisabeth, b [4] 5 juillet 1760 — Augustin, b [4] 31 déc. 1762.— Michel-Dominique, b [4] 28 février 1768.— Gabriel, b [4] 10 janvier 1773.— Marie-Joseph, b... m [4] 15 nov. 1779, à Jacques Carbonneau.

1756, (23 février) Ste-Famille, I. O. [5]
IV.—BILODEAU, François,   [François III.
  b 1723 ; s [5] 13 sept. 1759 (3).
  Rocheron, Céleste (4),   [Gervais II.
    b 1731.
  Marie-Céleste, b [5] 29 mai 1757.— François-Noël, b [5] 25 déc. 1759 ; s [5] 13 janvier 1760.

(1) Et Painneau.
(2) Elle épouse, en 1759, Gabriel Gosselin.
(3) Inhumé à Charlesbourg où les habitants de la paroisse de Ste-Famille s'étaient réfugiés pendant le siège de Québec. Le curé Eudo a plus tard copié l'acte dans le registre de la Ste-Famille.
(4) Elle épouse, le 10 août 1761, Jacques Blouin, à Ste-Famille, I. O.

1756, (2 mars) St-Joachim. [8]
IV.—BILODEAU, Joseph,   [Jean III.
  b 1729.
  Bolduc, Marguerite,   [Louis III.
    b 1737.
  Marie-Marguerite, b 11 juin, 1756, à Québec. —Geneviève, b [8] 15 nov. 1759 ; s [8] 23 juin 1765. —Marie-Catherine, b [8] 30 avril 1762.— Joseph, b [8] 8 oct. 1763.— Marie-Marguerite, b [8] 13 juillet 1765.— Jean-Baptiste, b [8] 7 avril 1767.— Paul, b [8] 24 oct. 1768.

1757, (7 février) St-Valier.
IV.—BILODEAU, Gabriel,   [Jacques III.
  b 1728.
  Gosselin, Elisabeth,   [Ignace III.
    b 1738.
  Marie-Elisabeth, b 21 mars 1761, à St-Michel.[7] —Joseph-Gabriel, b [7] 27 sept. 1762.

1760, (4 août) St-Charles.
IV.—BILODEAU, Pierre,   [Gabriel III.
  b 1740.
  Laisné, Marie-Madeleine.   [Pierre II.

1764, (19 nov.) St-Thomas.
IV.—BILODEAU, Gabriel,   [Jacques III.
  b 1722, s avant 1797.
  Béland, Geneviève,   Jean-Bte III.
    b 1738.
  Marie-Geneviève, b 15 sept. 1765, à Lévis— Gabriel, b... m 16 janvier 1797, à Madeleine Fradet, à Beaumont.

1765, (15 juillet) St-Joachim.
IV.—BILODEAU, François,   [Jean III
  b 1734.
  Poulin, Louise.   [Pierre IV.

1766, (27 janvier) St-Joseph, Beauce.
V.—BILODEAU, Jean,   [Jean IV.
  b 1747.
  Foucher, Marie-Thérèse,   [Gabriel III.
    b 1737.

1767, (27 avril) Berthier. [4]
IV.—BILODEAU, Joseph,   [Jacques III
  b 1739.
  Clément, Marie-Geneviève.   [Jacques II
  Joseph-Marie, b [4] 21 mars 1768.— Pierre, b 21 avril 1770, à Lévis.

1768, (12 mai) Lévis.
IV.—BILODEAU, Pierre,   [Jacques III.
  b 1746.
  Fourré (1), Marie-Angélique, [Rene I
    b 1737.

1768, (17 oct.) Berthier.
IV.—BILODEAU, Louis,   [Gabriel III.
  b 1748.
  Guillemet, Madeleine,   [Augustin III
    b 1741.

(1) Dit Vadeboncœur.

1771, (4 nov.) Berthier. [4]
IV —BILODEAU, Michel-Dominique, [Jacq. III.
  b 1744.
Carbonneau, Marie-Anne,   [Jacques IV.
  b 1752.
Michel, b [4] 24 août et s [4] 11 oct. 1772.—*Jacques*, b [4] 11 sept. 1773.—*Marie-Anne*, b [4] 26 février 1775.

1772, (17 février) St-Laurent, I. O.
V —BILODEAU, Raphael.   [Joseph-Jean IV.
Lemelin, Marie.   [Joseph III

1774, (18 avril) Ile-aux-Coudres. [1]
V.—BILODEAU, Pierre,   [Pierre IV.
  b 1751.
Debien, Geneviève-Veronique,   [Etienne III.
  b 1753.
Marie-Dorothée, b [1] 20 février 1775 —*Etienne-Benjamin*, b [1] 29 janvier 1777 —*Marie-Geneviève*, b [1] 5 mars 1779.—*Pierre-David*, b [1] 12 oct. 1781

1783, (7 janvier) Berthier.
V —BILODEAU, Jean-Bte.   [Jean-Valier IV.
  b 1755.
Marcou, Marie-Elisabeth,   [Jean-Frs IV
  b 1759.

1783, (10 février) St-François, I. O.
V —BILODEAU, François,   [Jacques IV
  b 1757.
Labbe, Marie-Joseph,   [Jean III.
  b 1764.

BILODEAU, Gabriel.
Dagneau, Françoise.
Marie-Françoise, b 7 janvier 1795, à Berthier

BILODEAU, Jacques.
Lapierre, Marie-Anne.
Jacques-François, b 3 juin 1705, à Berthier.

BILODEAU, Augustin.
Carbonneau, Louise.
Thomas, b 22 dec. 1795, à Berthier.

1797, (16 janvier) Beaumont.
V —BILODEAU, Gabriel.   [Gabriel IV.
Fradet, Madeleine.   [Jacques.

BILODEAU, Marie-Elisabeth, epouse d'Amable Lemieux.

I —BILOT, Charles (1),
  b 1687; s 23 nov. 1716, à Montréal.

I —BINDRE, George.
Lemoine, Marie-Rose.
François-George, b 3 mars 1783, à Lachenaye

(1) De St-Sauveur de Paris

I.—BINAUDIÈRE (1), Marguerite, b 1632, en France; 1° m à Symphorien Rousseau; 2° m 1er déc. 1688, à Claude Guyon, à Ste-Famille, I. O. [1]; s [1] 11 mai 1705.

1705, (5 dec.) Lachine. [2]
I.—BINEAU (2), Jean, b 1675; fils de Jean et de Marie Binet, de Buisson, diocèse de Poitiers; s 18 nov. 1747, au Détroit.
Pothier, Marie-Anne,   [Claude I.
  b 1689; veuve de Michel Priant, s [2] 25 sept. 1714.
Louis, b... m 1735, à Madeleine Lereau, à Montréal. [3]—*Jean-Claude*, b [2] 27 avril 1706; m [3] 30 juillet 1742, à Marie Roy.—*Vital*, b [2] 30 mai 1710.—*Marie-Anne*, b 1712; m [3] 10 janvier 1735, à Jacques Boyer.—*Marie-Anne*, b [3] 23 et s [3] 24 sept. 1714.

1735, Montreal. [1]
II.—BINEAU, Louis.   [Jean I.
Lereau, Madeleine,   [Pierre I.
  b 1716.
Charles, b [1] 20 mars 1736.—*Louis*, b [1] 28 mars, 1737.—*Pierre* b... s 25 août 1781, au Détroit. [2]—*Marie-Félicité*, b [1] 4 avril 1744 — *Céleste-Hypolite*, b [1] et s [1] 20 août 1745.— *Zacharie*, b [1] 10 juin et s [1] 28 juillet 1746. — *Marie-Anne*, b [1] 30 mai 1747, m [2] 7 janvier 1765, à Charles-Dominique Janson.—*Joseph*, b [1] 16 mai 1748.—*Marie-Joseph-Amable*, b 7 mars 1750, à Lachine.— *Jean-Baptiste*, b [2] 14 août 1752.—*Elisabeth*, b [2] 8 mai 1754. — *Thérèse*, b [2] 4 mars 1756.— *Marie-Victoire*, b [2] 31 dec. 1757, s [2] 30 mars 1767.— *Marie-Louise*, b... m [2] 24 oct. 1757, à Charles-François Coron —*Marie-Anne*, b [2] 22 juin 1759; s [2] 6 oct. 1766.—*Archange* (3), b [2] 27 oct. 1776.

1742, (30 juillet) Montréal.
II.—BINEAU, Claude,   [Jean I.
  b 1706
Roy, Marie.   [Jean-Bte II.

BINET, Marie, épouse de Louis Brisset.

1697, (12 nov.) L'Ange-Gardien.
II.—BINET, Nicolas,   [René I.
  b 1671; s 30 juillet 1753, à Beauport
Brisson, Geneviève,   [René I.
  b 1678; s [2] 3 mars 1758.
Marguerite, b [2] 3 sept. 1698; 1° m [2] 14 nov 1718, à Jean-François Giroux, 2° m [3] 22 sept. 1723, à Alexandre Boissel, 3° m [2] 7 août 1747, à Jacques Paradis; s [2] 13 février 1759.—*Nicolas*, b [2] 18 avril 1702, s 29 août 1749, à Montréal. [3]— *Raphael*, b [2] 21 février 1704; m [2] 22 nov. 1728, à Marie-Joseph Turgeon.—*Louis*, b [2] 23 août 1709, 1° m [2] 1er oct. 1731, à Angelique Landry, 2° m [2] 16 février 1756, à Madeleine Giroux; s [2] 30 août 1757.—*Ange*, b [2] 30 oct. 1711; m [2] 1er oct. 1742, à Marie-Ursule Tardif, s [2] 21 dec. 1763. — *Fran-*

(1) Voy vol. I, p. 530
(2) Dit Lejeunesse, soldat de Blainville.
(3) Enfant adopté.

çoise, b ² 12 sept. 1714 ; m ² 3 février 1738, à Louis RODRIGUE.—*François*, b ² 1717 ; m ³ 21 mai 1742, à Charlotte PARANT.— *Geneviève*, b ² 5 janvier 1720.—*Marie*, b... m ² 4 août 1729, à Louis BISSONNET.

1698, (4 février) Beauport. ¹

II.—BINET, JOSEPH-FRANÇOIS,   [RENÉ I.
  b 1673, s ¹ 26 août 1703.
  VACHON, Marie-Françoise (1).   [PAUL I.
  Catherine, b ¹ 20 déc. 1698 ; s ¹ 16 mai 1760.— *Marie-Anne* (posthume), b ¹ 7 février 1704 ; m 5 août 1726, à Marc-Antoine Hus, à Québec.— *Charles*, b... s ¹ 8 février 1721.

1723, (5 avril) Boucherville. ⁴

I.—BINET, NICOLAS, b 1701 ; fils d'Antoine et d'Anne Barbot, de St-Vivien, Xaintes.
  DENOYON, Gabrielle,   [JACQUES II.
  b 1706.
  Jacques, b ⁴ 7 sept. 1725.— *Catherine*, b... m ⁴ 12 février 1759, à Julien DELIÈRES.

1728, (22 nov.) Beauport. ⁵

III.—BINET, RAPHAEL,   [NICOLAS II.
  b 1704.
  TURGEON, Marie-Joseph.   [JEAN II.
  Joseph, b ⁵ 22 mars 1730 ; m ⁵ 19 février 1753, à Madeleine BAUGIS.—*Marie-Joseph*, b ⁵ 11 juillet 1732 ; s ⁵ 6 janvier 1753.—*Pierre-François*, b ⁵ 16 mai 1734 ; s ⁵ 16 février 1735. — *Marguerite*, b ⁵ 29 août 1736 ; s ⁵ 25 juin 1738. — *Jean-Baptiste*, b ⁵ 8 avril 1739 ; m 18 juin 1770, à Marie-Madeleine LACOSTE, au Détroit.

1731, (1ᵉʳ oct.) Beauport. ⁶

III.—BINET, LOUIS,   [NICOLAS II.
  b 1709 ; s ⁶ 30 août 1757.
  1° LANDRY, Angélique,   [CLAUDE II.
    b 1704, veuve de Louis Vachon, s ⁶ 13 sept. 1754.
  Louis-François, b ⁶ 6 et s ⁶ 9 août 1732.— *Louis-Michel*, b ⁶ 31 août 1733 ; m ⁶ 22 avril 1754, à Marie-Reine GRENIER.—*Pierre*, b ⁶ 29 juin 1754, m ⁶ 20 juillet 1760, à Thérèse GARNEAU.—*Gabriel*, b ⁶ 6 nov. 1738 ; m ⁶ 28 sept 1761, à Geneviève GIROUX.

    1756, (16 février). ⁶
  2° GIROUX, Madeleine (2),   [LOUIS III.
    b 1722.
  Louis, b ⁶ 14 août 1757.

1742, (21 mai) Montréal. ⁷

III.—BINET, FRANÇOIS,   [NICOLAS II.
  b 1717.
  PARANT, Charlotte,   [CHARLES II.
  b 1720.
  Nicolas, b ⁷ 26 février 1743.—*Marie-Joseph*, b ⁷ 23 avril 1744.

  (1) Elle épouse, le 4 février 1709, Jean de L'Epinay, à Beauport.
  (2) Elle épouse, le 14 février 1763, André Duprac, à Beauport.

1742, (1ᵉʳ oct.) Beauport. ³

III.—BINET, ANGE,   [NICOLAS II.
  b 1711 ; s ³ 21 déc. 1763.
  TARDIF, Marie-Ursule,   [FRANÇOIS III
  b 1723.
  Marie-Geneviève, b ³ 11 juillet 1743.—*Raphael*, b ³ 13 sept. 1744 ; m ³ 23 janvier 1769, à Marie-Madeleine GRENIER—*Marie-Ursule*, b ³ 30 mars 1746, m 1766, à Joseph MILET. — *Marie-Catherine*, b ⁴ 11 nov. 1747.—*Marie-Reine*, b ³ 21 avril 1749, s ³ 29 mars 1760.—*Louis*, b ³ 25 avril et s ³ 20 mai 1751. — *Marie-Louise*, b ³ 14 juillet 1752; s ³ 12 mai 1753.—*Marguerite-Amable*, b ³ 20 janvier 1755.—*Jean-Baptiste*, b ³ 1ᵉʳ janvier 1757.—*Marie-Louise*, b ³ 31 mars 1759 ; s ⁴ 3 dec 1765 — *François-Michel*, b ³ 26 sept. 1761. — *Marie-Angelique*, b ³ 21 nov. 1763.

1753, (19 février) Beauport. ⁴

IV.—BINET, JOSEPH,   [RAPHAEL III.
  b 1730
  BAUGIS, Madeleine,   [LOUIS IV
  b 1732.
  Joseph, b ⁴ 18 déc. 1753.—*Marie-Madeleine*. b ⁴ 21 sept. 1756. s ⁴ 8 mars 1760 —*Pierre*, b ⁴ 15 oct. 1758 ; s ⁴ 21 février 1759.—*Marie-Joseph*, b ⁴ 16 février 1760.—*Marie-Madeleine*, b ⁴ 3 mais 1763.—*Marie-Louise*, b ⁴ 28 juin 1765.

1754, (22 avril) Beauport ⁸

IV.—BINET, LOUIS-MICHEL,   [LOUIS III.
  b 1733.
  GRENIER, Marie-Reine.   [PIERRE III.
  b 1732
  Marie-Reine, b ⁸ 7 juillet et s ⁸ 11 sept. 1755.—*Louis*, b ⁸ 7 juillet 1755.—*Pierre*, b ⁸ 6 oct. 1756 —*Charles*, b ⁸ 30 sept. 1757.—*Marie-Louise*, b ⁸ 17 nov. 1758.—*Gabriel*, b ⁸ 19 et s ⁸ 22 février 1761.—*Joseph*, b ⁸ 14 mars et s ⁸ 1ᵉʳ sept. 1762 —*Marie-Joseph*, b ⁸ 14 mars 1762.—*Marie-Madeleine*, b ⁸ 3 mars 1764.

1756, (27 janvier) Chambly.

I.—BINET, PIERRE, fils de Jacques et de Françoise Fortin, de Beline, diocèse de Montravenne.
  MONTY, Geneviève.   [JEAN III

1760, (20 juillet) Beauport. ⁹

IV.—BINET, PIERRE,   [LOUIS III
  b 1736.
  GARNEAU, Thérèse,   [PIERRE III
  veuve de Charles Ménard.
  Marie-Geneviève, b ⁹ 14 juin 1761.—*Pierre*, b ⁹ 24 oct. 1762 —*Marie-Geneviève*, b ⁹ 3 juin 1764 s ⁹ 6 sept. 1765.—*Marie-Louise*, b ⁹ 17 nov. 1765

1761, (28 sept.) Beauport. ⁴

IV.—BINET, GABRIEL,   [LOUIS III
  b 1738.
  GIROUX, Geneviève,   [PIERRE III
  b 1737.
  Gabriel, b ⁴ 19 janvier 1764.

BINET, François.—Voy. Brisset.

1769, (23 janvier) Beauport.
IV.—BINET, Raphael, [Ange III.
b 1744.
Grenier, Marie-Madeleine, [Vincent IV.
b 1751.

1770, (18 juin) Détroit.
IV.—BINET, Jean-Bte, [Raphael III.
b 1739.
Lacoste, Marie-Madeleine, [François III
b 1755.

BINETTEAU.—Voy. Linteau.

1753, (10 sept.) Pabos.
I.—BIONNAU, Jacques, fils de Gabriel (marchand) et de Marguerite Metayer.
Lefebvre, Marie-Anne. [Jean-Frs I.

BIORT.—Voy. Pion, 1673.

1705, (24 nov.) St-Thomas.[8]
I.—BIORT, Pierre, fils de Pierre et de Martine Godeau, de St-Honore, ville de Blois.
Lamarre, Marie-Anne. [Pierre II
Pierre, b [8] 2 déc. 1706.—Marie-Louise, b [8] 9 mars 1708 ; m 18 févrièr 1732, à Joseph Lemay, à Quebec.[9]— Agathe, b [9] 9 mai 1710. m [9] 5 février 1731, à Rene Réaume ; s [9] 2 nov. 1753.— Louis, b [8] 11 août 1712, m 13 juin 1735, à Marie-Anne Buisson, à Charlesbourg. [4]— François, b [8] 5 mars 1717; s 12 août 1734 (noyé), à St-Laurent, I. O.—Jacques, b [8] 26 juillet 1719—Joseph, b [9] 15 août 1721 ; m [9] 19 août 1750, à Geneviève Viviers.—Jean-Baptiste, b [9] 5 sept. 1724.—Françoise-Rose, b [9] 4 août 1726 ; 1° m [9] 6 mai 1748, à Augustin Durocher, 2° m [9] 2 fevrier 1756, à Jean Gilles.—Elienne, b [9] 3 mai 1729 ; m [4] 17 juin 1748, à Elisabeth Pivin.

1735, (13 juin) Charlesbourg.[4]
II.—BIORT (1), Louis-Joseph, [Pierre I.
b 1712.
Buisson, Marie-Anne, [Michel-Pierre I.
b 1713.
Louis-Jacques, b 20 août 1736, à Quebec [5]— Pierre-Martin, b [5] 11 nov. 1738.—Louise, b [5] 1740, m 9 nov. 1761, à Antoine Mosson, à Montréal.— Marie-Joseph, b [4] 13 juin 1741.—Michel, b [4] 19 sept 1743 ; s [4] 12 juillet 1744. — Marie-Charles. b [4] 9 sept. 1743.—Joseph, b [3] 19 mars 1746— Marie-Anne, b [4] 13 juin 1748 ; s [4] 18 fevrier 1749 —Anonyme, b [4] et s [4] 16 janvier 1751.

1748, (17 juin) Charlesbourg.[4]
II.—BIORT, Etienne, [Pierre I.
b 1729.
Pivin, Elisabeth. [Jacques II.
Elienne, b [4] 1er avril 1749.—Jacques, b [4] 3 oct. et s [4] 20 dec. 1750.—Pierre, b [4] 15 mars 1752.—

(1) Et Biard.

Jean-Baptiste, b [y][4] 4 mai 1754 ; s [4] 28 oct. 1755.— Alexis, b [4] 4 juin 1756.—Marie-Elisabeth, b [4] 11 dec. 1758.—Marie-Françoise, b 1er juillet 1766, à Lachenaye.

1750, (19 août) Québec.
II.—BIORT, Joseph, [Pierre I.
b 1721.
Viviers, Geneviève, [Pierre II.
b 1725 ; veuve d'Etienne Chevalier.

1730, (24 juillet) Lachine.[5]
I.—BIRABIN (1), Jean-Bte, b 1703 ; fils de Pierre et de Marie Remy, de St-Denis, Paris ; s 19 oct. 1739, au Sault-au-Recollet.[9]
Gibaut, Angelique (2), [Jean-Bte II.
b 1715.
Jean-Baptiste, b [5] 28 oct. 1731 ; m 11 juillet 1763, à Marguerite Coiteu, à Montréal. [6] — Jacques, b 1735 ; m [6] 24 oct. 1757, à Marie-Angelique Lenoir.—Charles, b [9] 12 avril 1739.

1757, (24 oct.) Montréal.
II.—BIRABIN (3), Jacques, [Jean-Bte I.
b 1735.
Lenoir, Marie-Angélique, [Jacques II.
b 1736.

1763, (11 juillet) Montréal.
II.—BIRABIN (3), Jean-Bte, [Jean-Bte I.
b 1731.
Coiteu, Marguerite, [François II
b 1735.

I.—BIRAND (4), Jean-Bte.
Baillargeon, Marie-Anne.
Marie-Anne, b 21 mai et s 16 août 1723, à Repentigny.[5]— Jean-Baptiste, b [5] 14 avril 1724, m 28 juillet 1760, à Jeanne Venne, à Sorel.—Marie-Joseph b [5] 6 mai 1725.

I.—BIRE, Nicolas, b... s 11 déc. 1759, à Charlesbourg.

1729, (16 août) Montréal.[8]
I.—BIREAU (5), Jean-Bte, b 1699 ; fils de Jean et de Suzanne Moulineau, de Caze, diocèse de Xaintes, s [d] 29 fevrier 1756.
Andover, Jeanne, [Martin I.
b 1710.
Charlotte, b [3] 3 sept. 1730. — Marie-Anne, b [3] 1732, m [3] 12 nov. 1753, à Jean Lagarde.—Laurent, b [3] 11 août 1734. — Jean-Baptiste, b [3] 1er avril 1736. — Angélique, b [3] 18 fevrier et s [3] 1er mars 1738 —Jean-Louis, b [3] 18 fevrier 1739.— Marie-Amable, b [3] 24 nov. 1740 — Marie-Charlotte, b [3] 4 et s [3] 26 avril 1742.— Marie-Joseph,

(1) Dit St-Denis. Soldat de la compagnie de Beauvais.
(2) Elle épouse, le 15 janvier 1742, Jean-Bte Morel, à Montreal.
(3) Dit St-Denis.
(4) Dit Girard—Sansregret—Briand.
(5) Dit Vadeboncœur—Birot—Biron, 1748.

b ³ 5 et s ³ 18 mai 1743.—*Marie-Joseph*, b ³ 5 et s ³ 24 juillet 1744.—*Nicolas*, b ³ 4 janvier 1746.— *Marguerite*, b ³ 26 mars 1748.—*Charles*, b ³ 28 janvier et s ³ 16 août 1750.

1700, (19 avril) Pte-aux-Trembles, M.¹
I.—BIROLEAU (1), Pierre, soldat, b 1670 ; fils de Pierre et de Marie Renault, de Villard, diocèse de Xaintes ; s 22 avril 1726, à Montréal.
   Merçan, Anne. [Pierre I.
   Pierre, b ¹ 21 et s ¹ 23 juin 1701.—*Marie*, b ¹ 16 août et s ¹ 18 déc. 1702.—*Joseph*, b ¹ 7 janvier 1707 ; m 1733, à Marie-Joseph Lauzon ; s 4 mai 1750, à Ste-Geneviève, M. — *Elisabeth*, b ¹ 7 janvier et s ¹ 16 mai 1707.—*Etienne*, b... m 1740, à Marie-Joseph Larocquebrune.—*Marie-Agathe*, b... m 1730, à Pierre Lauzon.

1733.
II.—BIROLEAU (1), Joseph, [Pierre I.
   b 1707, s 4 mai 1750, à Ste-Geneviève, M. ⁶
   Lauzon, Marie-Joseph, [Michel II.
   François, b ⁶ 1734 ; s ⁶ 18 janvier 1745.— *Michel*, b ⁶ 9 mars 1741. — *Antoine-Amable*, b ⁶ 1er oct. 1742 ; m 1774, à Marie Proulx. — *Marie-Geneviève*, b ⁶ 27 janvier et s ⁶ 11 juin 1744. — *Geneviève-Amable*, b ⁶ 25 juillet 1745. — *Joseph*, b... m ⁶ 17 oct. 1757, à Clémence Prou.—*Jean-Baptiste*, b ⁶ 20 mars 1747. —*Pierre*, b ⁶ 4 sept. 1748.—*François*, b ⁶ 13 avril et s ⁶ 6 juillet 1750. — *Marie-Joseph*, b... m ⁶ 13 janvier 1755 à Jean-Baptiste Brazeau.

1740.
II.—BIROLEAU (1), Etienne, [Pierre I.
   Larocquebrune, Marie-Joseph, [Louis II.
   b 1727.
   Marie-Joseph, b 28 mai 1741, à Ste-Geneviève, M. ⁴— *Marguerite-Amable*, b ⁴ 23 nov. 1742 ; s ⁴ 12 juillet 1743.—*Marie-Catherine*, b ⁴ 26 mars et s ⁴ 29 juillet 1746.—*Etienne*, b ⁴ 30 juin et s ⁴ 1er sept. 1747.—*Marie-Catherine*, b ⁴ 15 oct. 1748.— *Joseph-Amable*, b ⁴ 16 nov. 1750. — *Pierre*, b ⁴ 1er août 1753, à Ste-Anne-du-Bout-de-l'Ile, M. ; s ⁴ 22 août 1753.— *Charlotte-Amable*, b ⁴ 26 juillet 1754. — *François-Amable*, b ⁴ 26 mai 1756.— *Anne*, b ⁴ 24 nov. 1757 ; s ⁴ 31 janvier 1758.— *Michel*, b ⁴ 10 mars et s ⁴ 30 juillet 1759.

1757, (17 oct.) Ste-Geneviève, M. ⁶
III.—BIROLEAU, Joseph. [Joseph II.
   Prou, Marie-Clemence, [Clément II.
   b 1739 ; s ⁶ 9 nov. 1759.
   Marie-Clémence, b ⁶ 3 nov. 1758.—*Pierre*, b ⁶ 21 oct. 1759.

1774.
III.—BIROLEAU, Antoine, [Joseph II.
   b 1742.
   Proulx, Marie. [Clément II.
   Antoine, b 3 déc. 1775, à Lachenaye.

BIRON, Marie-Madeleine, épouse de Laurent Champagne.

(1) Dit Lafleur.

BIRON, Marie-Joseph, épouse de Pierre-Joseph Doucet.

BIRON, Marie-Anne, épouse de François Dubois.

BIRON, Angélique, épouse de Julien Emond.

BIRON, Françoise, épouse de Michel Gagné.

BIRON, Elisabeth, b... m 28 oct. 1726, à Jean-Baptiste Guevremont, à Sorel.

BIRON, Angélique-Etienne, épouse de Joseph-François Hamel.

BIRON, Françoise, b... m à Etienne Houde ; s avant 1821.

BIRON, Marie-Joseph, épouse de Jean-Baptiste Houde.

BIRON, Marie-Joseph, épouse de Louis Jarret.

BIRON, Marie-Anne, epouse de François Lafrance.

BIRON, Marie-Joseph, épouse de Marie-Joseph Lambert.

BIRON, Marie-Joseph, épouse de Thomas Morange.

1686, (11 février) Trois-Rivières.
II.—BIRON, Pierre, [Jean I.
   b 1665 ; s 14 janvier 1718, à Montréal. ⁸
   Dumouchel, Jeanne, [Bernard I
   b 1674 ; s ⁸ 4 juin 1738.
   Jacques, b ⁸ 9 août 1695, m ⁸ 27 mai 1718, à Marie-Andrée Heurtebise.—*Marie-Joseph*, b ⁸ 26 dec. 1697 ; m ⁸ 11 février 1714, à René-Joseph Choret.—*Jean-Baptiste*, b ⁸ 23 mars 1702, m ⁸ 13 avril 1722, à Marguerite Robitaille.—*Michel*, b ⁸ 14 février 1704 ; s ⁸ 3 février 1709.—*Rémy*, b ⁸ 28 mai 1705.

1691, (20 oct.) Pte-aux-Trembles, Q. ³
II.—BIRON, François, [Pierre I.
   b 1665 ; s 1720.
1° Davaux, Marguerite, [Charles I
   b 1675 ; s 1702.
   Joseph, b... m 27 juillet 1723, à Marie-Angélique Abel, à Deschambault.—*François*, b... m 3 février 1728, à Jeanne Rognon, à Ste-Croix. ⁴ 1703, (5 juillet). ³
2° Fournel, Marie-Anne, [Jacques I.
   b 1679, s 9 février 1713, à Lotbinière. ⁵
   Jacques, b... m ⁴ 13 février 1730, à Marie-Louise Rognon. — *Jean-François*, b ⁵ 9 février 1713.

1718, (28 février) Cap-Santé.
3° Sylvestre, Anne, [Nicolas I.
   veuve de Pierre Piché.

BIRON, Marie-Anne, b 1710 ; s 12 sept. 1733, à Ste-Famille, I. O.

1710, (8 janvier) Montréal.[8]
III.—BIRON, PIERRE,   [PIERRE II.
  b 1690.
  LEDUC, Catherine,   [JOSEPH III.
    b 1693 ; s [8] 27 nov. 1726.
  Marie-Jeanne, b [8] 6 nov. 1710 ; s [8] 26 avril 1714.
— *Pierre*, b [8] 16 oct. 1712 ; s [8] 23 avril 1714.—
Joachim, b [8] 13 déc. 1713 ; s [8] 16 oct. 1714. —
Jean-Baptiste, b [8] 23 nov. 1715 ; m [3] 7 janvier
1741, à Marie-Joseph PRUDHOMME.—*Joachim*, b [8] 11
février 1717 ; m 1739, à Marie-Clémence CHÉNIER.
—*Jeanne*, b [8] 11 février 1718 ; s [8] 9 sept. 1740.—
Catherine, b [8] 20 février et s [8] 1er juin 1719.—
Marie-Madeleine, b [8] 11 sept. 1720. — *Catherine*,
b [8] 1er et s [8] 13 janvier 1722. — *Marie-Catherine*,
b [8] 4 avril 1723 ; s [8] 28 mai 1746.—*Pierre*, b [8] 12
juillet 1724. — *Pierre-Joseph*, b [8] 4 juillet 1725 ;
m [8] 19 nov. 1759, à Angélique TRUDEL.—*Marie-Joseph*, b [8] 12 nov. 1726 ; m [8] 4 février 1760, à
Nicolas TRUDEL.

I.—BIRON, JEAN-BTE.
  PROVOST, Charlotte.
  Marie-Elisabeth, b 2 nov. 1713, à Montréal.

I.—BIRON, CHARLES,
    b 1696 ; s 17 sept. 1768, à Terrebonne.[3]
  RENAUD, Jeanne,
    b 1689 ; s [3] 30 sept. 1777.

1718, (27 mai) Montréal.[4]
III.—BIRON, JACQUES,   [PIERRE II.
  b 1695.
  HEURTEBISE, Marie,   [LOUIS II.
    b 1698.
  Marie-Jeanne, b [4] 30 mars 1723 ; s [4] 11 février
1734.

1722, (13 avril) Montréal.
III.—BIRON, JEAN-BTE,   [PIERRE II.
  b 1702
  ROBITAILLE, Marguerite,   [PHILIPPE I.
    b 1703.

I—BIRON, THOMAS.
  TRADAN, Jeanne.
  Flaire, b 28 et s 29 oct. 1723, à St-Pierre, I. O.

1723, (27 juillet) Deschambault.
III.—BIRON, JOSEPH.   [FRANÇOIS II.
  ABEL, Marie-Angélique.   [PIERRE

I.—BIRON, ETIENNE.
  HOUDE, Marie-Anne.
  Jean-Baptiste, b... m 22 février 1751, à Marie-
Charlotte HAMEL, à Ste-Croix.[1]—*Marie-Anne*, b [1]
13 déc. 1728.—*Joseph-Etienne*, b [1] 20 janvier 1731,
m [1] 19 juillet 1751, à Marie-Charlotte FRÉCHETTE.

I.—BIRON, JOSEPH.
  CHORET, Elisabeth.
  Marie, b... m 12 février 1753, à Louis BOISVERD,
à Ste-Croix.

1728, (3 février) Ste-Croix.[4]
III.—BIRON, FRANÇOIS.   [FRANÇOIS II.
  ROGNON, Marie-Jeanne.   [GUILLAUME II.
  François, b [4] 21 janvier 1729 ; m [4] 12 février
1753, à Marie-Agathe GAUTIER.—*Marie-Joseph*, b [4]
10 août 1730 ; m 18 juin 1759, à Joseph ROUET,
aux Trois-Rivières.—*Jean-Baptiste*, b [4] 27 mars
1732 ; m 10 février 1766, à Marguerite ADAM, à
Batiscan[5] ; s [5] 20 janvier 1794. — *Marie-Angélique*, b... m [4] 14 février 1757, à Julien DUMONT.

1730, (13 février) Ste-Croix.[6]
III.—BIRON, JACQUES,   [FRANÇOIS II.
  s avant 1742.
  ROGNON, Marie-Louise (1).   [GUILLAUME II.
  Joseph-Marie, b 4 février 1731, à Lotbinière.—
Marie-Joseph, b [6] 25 avril 1732.

I.—BIRON, HENRI.
  GOGUET, Catherine.
  Jean, b 1er février 1737, à Montréal.[7]—*Marie-
Catherine*, b [7] 1740 ; m [7] 15 janvier 1759, à Barthelemi-Jean-Baptiste GONDARD. —*Joseph*, b [7] 18
janvier 1743.—*Marguerite*, b [7] 18 janvier 1743.—
Henri, b... s [7] 28 oct. 1744.—*Pierre*, b [7] 31 août
1746. — *Marie-Amable*, b [7] 9 mars et s [7] 15 mai
1749.

1739.
IV.—BIRON, JOACHIM-JOSEPH,   [PIERRE III.
  CHENIER (2), Marie-Clémence,   [JEAN-BTE III.
    b 1719.
  Pierre, b 30 juillet et s 16 nov. 1740, à
Montréal.[8]—*Joachim-Amable*, b [8] 18 août 1741.
—*Jacques*, b [8] 4 janvier et s [8] 13 juillet 1743.—
Joseph, b [8] 9 janvier 1744 ; m 20 avril 1768, à
Marie-Amable LEMAIRE, au Lac-des-Deux-Montagnes.—*Marguerite*, b [8] 1er avril 1745. — *Marie-
Suzanne*, b [8] 16 mai et s [8] 20 juillet 1746 —
Pierre, b [8] 25 avril et s [8] 8 juillet 1747.—*Philippe*,
b [8] 15 avril et s [8] 21 juin 1748.—*Marie-Catherine*,
b [8] 26 mars et s [8] 12 juin 1749. —*Marie-Joseph*,
b [8] 26 avril et s [8] 12 mai 1750.— *Antoine-Alexis*,
b 25 mai 1754, à Lachine.[9] — *Ignace*, b [9] 5 nov.
et s [9] 17 déc 1755. — *Jean-François-Régis*, b [9] 9
oct. 1756, s [9] 4 juillet 1757.—*Joachim*, b [9] 1er et
s [9] 4 juillet 1757.—*Marie-Joachim*, b [9] 16 mars et
s [9] 15 mai 1758.—*Marie-Joachim*, b [9] 20 déc. 1759.
—*Basile*, b [9] 7 et s [9] 22 août 1761.

1741, (7 janvier) Montréal.[1]
IV.—BIRON, JEAN-BTE,   [PIERRE III.
  b 1715.
  PRUDHOMME, Marie-Joseph,   [FRANÇOIS III.
    b 1724.
  Joseph-Amable, b... m 6 mai 1765, à Catherine
BAUDRY, à la Longue-Pointe.—*Joseph*, b [1] 14
oct. 1741.—*Marie-Louise*, b [1] 20 juin et s [1] 13
juillet 1743.—*Marie-Joseph*, b [1] 8 et s [1] 17 août
1744.—*Marie-Joseph*, b [1] 26 sept. 1745.—*Jean-
Baptiste*, b [1] 6 mars et s [1] 20 juillet 1747.—*Jean-
Baptiste*, b [1] 26 oct. et s [1] 20 déc. 1748. — *Marie-
Elisabeth*, b [1] 28 mars et s [1] 3 avril 1750.

(1) Elle était, le 25 avril 1742, à St-Antoine-Tilly.
(2) Et Blemer, 1746.

1751, (22 fevrier) Ste-Croix.²
II.—BIRON, JEAN-BTE.   [ETIENNE I.
  HAMEL, Marie-Charlotte.   [JEAN III.
  Marie-Christine, b ² 30 janvier 1752. — *Marie-Louise*, b ² 5 avril 1753 ; s ² 3 avril 1754.— *Joseph-Alexis*, b 1754 ; s ² 16 nov. 1755.—*Jean-Baptiste*, b ² 28 avril 1756. — *Marie*, b ² 31 déc. 1758.

1751, (19 juillet) Ste-Croix.³
II.—BIRON, ETIENNE,   [ETIENNE I.
  b 1731.
  FRÉCHETTE, Marie-Charlotte.   [FRANÇOIS III.
  Marie, b ³ 15 oct. 1753. — *Joseph*, b ³ 12 oct. 1754.—*Marie-Charlotte*, b ³ 5 et s ³ 26 août 1756. —*François*, b ³ 13 sept. 1757 ; s ³ 29 janvier 1758.

1753, (12 février) Ste-Croix.¹
IV.—BIRON, FRANÇOIS,   [FRANÇOIS III.
  b 1729.
  GAUTIER, Marie-Agathe.   [JOSEPH II.
  Louis-Gabriel, b ¹ 23 juillet 1755. — *Marie-Joseph*, b ¹ 8 mars et s ¹ 5 juillet 1757.—*Marie-Louise*, b ¹ 13 sept. 1758.

1759, (19 nov.) Montreal.
IV.—BIRON, PIERRE-JOSEPH,   [PIERRE III.
  b 1725.
  TRUDEL, Angelique,   [JEAN III.
  b 1732.

1765, (6 mai) Longue-Pointe.⁶
V.—BIRON, JOSEPH-AMABLE.   [JEAN-BTE IV.
  BAUDRY, Catherine.   [ANDRÉ-JOSEPH III.
  Marguerite, b ⁵ 16 février 1766.

BIRON, JEAN-BTE.
  COUILLARD, Agathe.
  Jean-François, b 1765 ; s 3 juillet 1766, à la Longue-Pointe.²—*Marie-Joseph*, b² 1768 ; s ² 13 juin 1769.

1766, (10 février) Batiscan.⁵
IV.—BIRON, JEAN-BTE,   [FRANÇOIS III.
  b 1732 ; s ⁵ 20 janvier 1794.
  ADAM, Marguerite,   [IGNACE III.
  b 1746.
  Marie-Joseph, b ⁵ 15 janvier 1770.—*Joseph*, b ⁵ 6 avril 1771.—*Clotilde*, b ⁵ 29 août 1772.—*Marie-Angélique*, b ⁵ 27 janvier 1774.—*Joseph*, b ⁵ 7 mai 1775.—*François-Xavier*, b ⁵ 1er juin et s ⁵ 24 août 1779.—*Joseph*, b ⁵ 1er juin et s⁵ 20 oct. 1779. *Grégoire*, b ⁵ 9 mai 1781.—*Hyacinthe*, b ⁵ 6 juin 1785.—*Joseph*, b ⁵ 5 nov. 1787.

1768, (20 avril) Lac-des-Deux-Montagnes.
V.—BIRON, JOSEPH,   [JOACHIM IV.
  b 1744.
  LEMAIRE, Marie-Amable.   [HYACINTHE I.

BIRON, MICHEL.
  PICARD, Marie-Salomée.
  Toussaint, b 10 juillet et s 4 sept. 1746, à Lachenaye.⁸—*Marie-Joseph*, b... s ⁸ 11 oct. 1787.

1757, (18 avril) Boucherville.
I.—BIRTZ (1), ETIENNE, fils d'Adrien et de Marguerite Neveu, de d'Aûs, diocèse de Metz.
  ROBERT, Marguerite.   [PIERRE IV.
  Etienne, b... m à Thérèse TRUDEL.

I.—BIRTZ, PASCAL (2), fils d'Adrien et de Marguerite Neveu, de d'Aus, diocèse de Metz.

II.—BIRTZ, ETIENNE.   [ETIENNE I.
  TRUDEL, Thérèse.
  François, b... m à Marguerite DUFORT.— *Etienne* (3), b... m à Marie CIGOTTE.

III.—BIRTZ (4), FRANÇOIS.   [ETIENNE II.
  DUFORT, Marguerite.
  Odille, b... m à Louis LACOSTE-LANGUEDOC— *Onésime* (fille), b... — *François*, b 2 août 1837, à Boucherville⁷ (5). — *Narcisse*, b... m à Sophie VANDAL, à St-Simon. — *Hélène*, b... — *Vitaline*, b... m ⁷ à Antoine BOURDON.— *Geoffroy*, b... — *Alphonse*, b... — *Zenaïde*, b... — *Esther*, b .. m à Charles VIAU.—*Adèle*, b... — *Géolphride*, b...

BISAILLON, CATHERINE, b... m 29 avril 1748, à Angélique CUSSON, à Laprairie.

BISAILLON, VÉRONIQUE, épouse de Jean-Baptiste PATENOTE.

1685, (26 nov.) Laprairie.¹
I.—BISAILLON, ETIENNE (6),
  s ¹ 25 sept. 1697.
  ROANNÈS, Jeanne (7).   [FRANÇOIS I.
  François-Xavier, b ¹ 2 déc. 1686 ; m ¹ 23 nov 1711, à Marie-Anne MOQUIN. — *Marie-Catherine* b ¹ 28 janvier 1688 ; 1º m ¹ 8 février 1706, à Pierre MOQUIN ; 2º m ¹ 14 janvier 1725, à Pierre PINSONNAULT.—*Etienne*, b ¹ 6 mars 1691 ; m ¹ 1 février 1719, à Françoise LEBER.—*Claude*, b ¹ février 1695 ; m ¹ 22 nov. 1717, à Marguerite STE-MARIE.

1710, (30 juin) Détroit.
I.—BISAILLON, MICHEL, fils de Benoit et de Louise Blay, de Clermont, Auvergne ; avant 1728.
  FAFARD, Marguerite,   [FRANÇOIS II
  b 1695 ; s 26 déc. 1728, à l'Ile-Dupas.
  Michel, b 1713 ; m 11 janvier 1740, à Marie Madeleine PERRIER, à Laprairie⁴ ; s 20 juillet 1749, à Montreal.⁵— *Marie-Marguerite*, b ⁴ 2 mars 1718 ; m ⁵ 12 février 1748, à Nicolas DUCORPS.

(1) Dit Desmarteaux, soldat de la compagnie de Vassa, régiment de Béarn.
(2) Frère du précédent.
(3) Père du curé Etienne Birtz.
(4) Dit Desmarteaux.
(5) Ordonné le 24 sept. 1865.
(6) Voy. vol I, p. 53.
(7) Elle épouse, en 1699, François Dumay.

1711, (23 nov.) Laprairie.

II.—BISAILLON, François,   [Etienne I.
   b 1686.
   Moquin (1), Marie-Anne,   [Mathurin I.
   b 1687.

1717, (22 nov.) Laprairie. ⁵

II.—BISAILLON, Claude,   [Etienne I.
   b 1695.
   Marie (2), Marguerite,   [Michel II.
   b 1697.
   Marie-Marguerite, b ⁵ 9 oct. 1718; m ⁵ 16 mai 1740, à Claude Brossard.—*François-Xavier*, b ⁵ 15 avril 1720; m ⁵ 15 janvier 1753, à Ursule Rivet.—*Jean*, b ⁵ 23 oct. 1721—*Marie-Anne*, b ⁵ 24 janvier 1723; m ⁵ 27 nov. 1752, à Louis Caillé.—*Joseph-Marie*, b ⁵ 13 août 1724.—*Claude*, b ⁵ 21 oct. 1725.— *Antoine*, b ⁵ 18 nov. 1728; s ⁵ 17 oct. 1730.—*Pierre-Marie*, b ⁵ 18 janvier 1730.— *Jacques-Marie*, b ⁵ 1ᵉʳ juillet et s ⁵ 21 sept. 1731.—*Marie-Joseph*, b ⁵ 27 sept. 1732, s⁵ 6 janvier 1733.— *Bonaventure*, b ⁵ 2 fevrier et s ⁵ 20 juillet 1734.—*Catherine-Amable*, b ⁵ 22 mai et s ⁵ 17 août 1735.—*Catherine-Joseph*, b ⁵ 2 sept. 1736.

1719, (13 février) Laprairie. ¹

II.—BISAILLON, Etienne,   [Etienne I
   b 1691.
   Leber, Françoise,   [François II.
   b 1701.
   Etienne, b ¹ 29 fevrier 1720 ; m 5 mars 1753, à Marie-Anne Robidou, à St-Constant ²—*Pierre*, b ¹ 10 août 1721 ; 1º m à Marie-Anne Faye ; 2º m 25 nov. 1754, à Marie-Amable Martinbault, à Boucherville. — *Marie-Jeanne*, b ¹ 12 juillet 1723 ; s ¹ 10 juillet 1742. — *Marie-Anne*, b ¹ 24 août 1725 ; m ¹ 21 avril 1749, à Jean Côté.— *Françoise*, b ¹ 4 juin 1728 ; m ¹ 12 nov. 1759, à Antoine Dumontet. — *Barthélemi*, b ¹ 19 oct. 1729 ; s ¹ 23 mars 1730.—*Marie-Charlotte*, b ¹ 14 janvier 1731.— *Véronique*, b ¹ 26 oct. 1732 ; m ¹ 10 fevrier 1755, à Augustin Besnard.—*François*, b ¹ 11 août 1734 , m ¹ 26 janvier 1761, à Marie-Anne Lamarque. — *Paul-Amable*, b ¹ 23 mars 1736 —*Marie-Renée*, b ¹ 4 avril et s ¹ 20 oct. 1738. — *Louis-Barthélemi*, b ¹ 10 août et s ¹ 11 sept. 1740.—*Charles*, b ¹ 21 nov. 1741.—*Catherine*, b ¹ 31 janvier 1744. — *Hypolite*, b... m ² 22 février 1762, à Françoise Dupuis.

1740, (11 janvier) Laprairie. ³

II.—BISAILLON, Michel,   [Michel I.
   b 1713 ; s 20 juillet 1749, à Montréal.
   Perrier, Marie-Madeleine (3),   [Laurent I.
   b 1717.
   Etienne, b ³ 19 nov. 1741. — *Etienne*, b ³ 19 sept. 1743.

---

(1) Voir Mocquet.
(2) Et Ste-Marie.
(3) Elle épouse, le 17 août 1750, Joseph Lepage, à Châteauguay.

1753, (15 janvier) Laprairie.

III.—BISAILLON, François,   [Claude II.
   b 1720.
   Rivet, Ursule,   [René III.
   b 1727.

1753, (5 mars) St-Constant. ⁴

III.—BISAILLON, Etienne,   [Etienne II.
   b 1720.
   Robidou, Marie-Anne.   [Joseph III.
   Marie-Anne, b⁴ 23 déc. 1754.—*Etienne*, b⁴ 10 déc. 1757 ; s⁴ 3 janvier 1758—*Etienne*, b 12 oct 1762, à St-Philippe. ⁵ — *Marie-Madeleine*, b ⁵ 26 juillet 1764.

III.—BISAILLON, Pierre,   [Etienne II.
   b 1721.
   1º Faye (1), Marie-Anne,   [Joseph II.
   b 1727.
   1754, (25 nov) Boucherville.
   2º Martinbault, Marie-Amable.   [Jean II.

1761, (26 janvier) Laprairie.

III.—BISAILLON, François,   [Etienne II
   b 1734.
   Lamarque, Marie-Anne.   [François.

1762, (22 février) St-Constant.

III.—BISAILLON, Hypolite.   [Etienne II.
   Dupuis, Françoise.   [Jean.
   Pierre, b 29 juin et s 12 juillet 1763, à St-Philippe.

BISANÉ, Nicolas.—Voy. Bissonnet.

BISCORNET.—*Variations et surnoms :* Cayer—Caillé—Caïet—Monet.

BISCORNET, Françoise, b 1677 ; m à André Lachapelle ; s 10 mars 1707, à Montreal.

1762, (10 mai) St-Joseph. N.-B ⁸

I.—BISIER, Joseph, fils de Joseph et de Marie Alage, du Languedoc.
   Jacques, Geneviève,   [Pierre II.
   b 1731.
   Joseph, b ⁸ 14 avril 1763.—*Monique*, b ⁸ 29 oct. 1764.—*Marie-Geneviève*, b ⁸ 20 juin 1766.—*Marie-Elisabeth*, b ⁸ 3 janvier 1768. — *Jean-Baptiste*, b ⁸ 3 sept. 1770.—*Angélique-Victoire*, b ⁸ 3 janvier 1773.

BISETTE, Marie-Louise, épouse d'Etienne Grenier.

1697, (18 février) Montréal. ³

I.—BISET, Jacques, b 1669 ; fils de Jacques et de Françoise Collier, de Londres, Angleterre.
   1º Quenneville, Catherine,   [Jean I.
   b 1678 , s 28 janvier 1703, à Lachine.
   Paul-Daniel, b ³ 25 oct. 1697 ; 1º m à Angélique Lecompte , 2º m ³ 20 janvier 1716, à Angé-

---

(1) Ou Faille.

lique Guérin ; 3° m 19 juin 1730, à Marie-Anne Goguet, à Longueuil.—*Paul*, b... 1° m à Marie-Anne Gagné ; 2° m ³ 21 avril 1732, à Marie-Charlotte Judique ; s ³ 17 sept. 1750.

1703, (26 nov.) Lachine. ⁴

2° LeGros, Catherine,   [Antoine I.
b 1683 ; s ⁴ 29 nov. 1719.
Angélique, b ⁴ 28 sept 1704 ; m ⁴ 13 avril 1722, à Michel Dedien ; s ⁴ 30 juillet 1722.—*Marie-Joseph*, b ⁴ 26 mars 1710 ; m ³ 19 août 1737, à Arnaud Janot.—*Jean*, b ⁴ 27 juin 1717.

I.—BISET, Jean-Bte, b 1659 ; s 21 août 1734, à l'Hôpital-General, Q

II.—BISET, Paul-Daniel,   [Jacques I.
b 1697.
1° Lecompte, Angélique,
Jean-Baptiste, b 1715 ; m 27 nov. 1747, à Charlotte Haguenier, à Montreal. ³

1716, (20 janvier). ³

2° Guerin, Angelique,   [Silvain I.
b 1696, s ³ 10 janvier 1730.
Nicolas-Paul, b ³ 16 oct. 1716.—*Marie-Marguerite*, b 6 oct. 1718, à Longueuil ⁴ ; m ³ 29 janvier 1759, à Antoine Lemaire.— *Angélique-Andrée*, b ³ 10 août 1720, m ³ 7 janvier 1756, à Joseph Tessier —*Jeanne*, b ³ 17 mai 1722.—*Guillaume-Alexandre*, b ³ 29 dec. 1723.—*Marie-Anne*, b ³ 27 juillet 1725 ; m 1749, à Jacques Leduc.—*Timothé*, b ³ 23 juin et s ⁴ 19 juillet 1727. — *Marie-Joseph*, b ³ 17 avril et s ³ 4 sept. 1729.

1730, (19 juin). ⁴

3° Goguet, Marie-Anne,   [Pierre II.
b 1701 ; veuve de Jacques Viau.

I.—BISET, François.
Dubois, Marie,
s avant 1755.
Antoine, b... m 27 janvier 1755, à Marie-Anne Lamarre, à Longueuil.

II.—BISET, Paul,   [Jacques I.
s ³ 17 sept 1750.
1° Gagné, Marie-Anne,
b 1700 ; s 26 sept 1730, à Montreal. ³

1732, (21 avril). ⁴

2° Judique (1), Marie-Charlotte, [François I.
b 1711 ; s ³ 16 août 1755.
Elisabeth, b ¹ 14 fevrier 1735, m ³ 10 avril 1752, à Louis Vachard — *Marie-Agathe*, b ³ 16 déc. 1736 ; s ⁴ 23 février 1738.—*Charlotte-Catherine*, b ⁴ 2 et s ³ 3 avril 1738.—*Marie-Anne*, b ³ 15 août 1739 ; m ³ 24 oct 1757, à Claude Malchelos.—*Marie-Louise*, b ³ 4 mars 1741 ; m 1758, à Jean-Baptiste Flamant. — *Joseph*, b 9 et s 30 mars 1742, à Ste-Geneviève, M. — *Jean-Baptiste*, b ³ 30 sept. 1743. — *Charles*, b ¹ᵉʳ janvier 1745. — *Charles*, b ³ 8 juillet 1746 ; m 29 janvier 1774, à Christine Pepin, à St-Laurent, M. — *François*, b ³ 10 mars et s ³ 27 avril 1748.—*Catherine*, b ⁴ 7 fevrier 1750.

(1) Dit Billet, 1742—Rencontre.

1747, (27 nov.) Montreal.

III.—BISET (1), Jean-Bte,   [Paul-Daniel II.
b 1715.
Haguenier, Charlotte (2),   [Pierre III.
b 1723.

1755, (27 janvier) Longueuil. ⁵

II.—BISET, Antoine,   [François I.
s avant 1761.
Lamarre, Marie-Anne (3),   [André II.
b 1736.
Antoine, b 1760 ; s ⁵ 14 février 1761.

BISET, Clément.
Lamoureux, Catherine.
Louis, b... m 11 janvier 1803, à Euphrosine Trudeau.

BISSÊTRE —Voy. Grenier.

BISSON.—Voy. Harier—Buisson.

1671.

II.—BISSON, Antoine,   [Gervais I.
s 27 janvier 1705, à St-Antoine-Tilly. ³
Trude, Ursule,   [Mathurin I.
b 1658 ; s ³ 4 déc. 1710 (subite).
Michel, b... s ³ 25 février 1703. — *Marie*, b 12 nov. 1689, à Quebec ⁴ ; m ³ 8 août 1707, à Jean-baptiste Dubois ; s ³ 15 juin 1732.— *Anne-Ursule*, b ⁴ 7 nov. 1681, 1° m à Louis Houde ; 2° m 16 fevrier 1733, à Charles Hamel, à Ste-Croix.

1696.

III.—BISSON, Joseph (4),   [Gervais II.
b 1667, s 24 avril 1711, à Ste-Foye.⁵
1° Maufait, Marie-Madeleine, [Pierre I.
b 1676 ; s ⁵ 19 déc. 1702.
Madeleine, b... 1° m ⁵ 10 oct. 1712, à Jean Langlois ; 2° m à François Avisse ; s ⁵ 6 nov. 1775.

1703, (21 mai). ⁵

2° Sédilot, Marie,   [Jean II.
b 1680, s ⁵ 17 mai 1711.
Elisabeth, b ⁵ 11 dec. 1704 ; s 22 août 1734, à l'Hôpital-Général, Q.

1701, (24 janvier) Ste-Foye. ⁵

III.—BISSON, Antoine,   [Gervais II
b 1676, s ⁵ 22 avril 1745.
Labadie, Elisabeth,   [François I
b 1678, veuve de Louis Sylvestre ; s ³ 25 nov. 1749.
Angélique-Elisabeth, b ⁵ 8 janvier 1702 ; 1° m ⁵ 13 janvier 1727, à Augustin Migneron, 2° m ⁵ 14 sept. 1750, à Martin Germain ; s 20 juin 1753.—*Joseph*, b ⁵ 20 janvier 1703 ; m ⁵ 24 janvier 1728, à Charlotte Gingras.—*Marie-Louise*, b ³ 17 mars 1706.—*Jean-François*, b ⁵ 20 janvier 1708,

(1) Et Bizet.
(2) Elle épouse, le 4 février 1754, Raymond Ménard, à Montreal.
(3) Elle épouse, le 22 février 1762, Etienne Truteau, à Longueuil.
(4) Voy. vol. I, p. 55.

m⁵ 4 février 1732, à Marie-Françoise PETITCLERC. —*Marie-Charles*, b⁵ 25 oct 1709.—*Anonyme*, b⁵ et s⁵ 11 mars 1710. — *Louise*, b 30 nov. 1711, à Québec. ⁶— *Clément-Urbain*, b⁵ 21 mars 1713 ; m⁵ 28 juillet 1734, à Thérèse BOUCHER.—*Françoise-Angélique*, b⁶ 29 sept. 1715 ; s⁶ 13 déc. 1716. — *Marie-Louise*, b⁵ 27 juillet 1717 ; m⁵ 17 mai 1733, à Jean-Baptiste SÉDILOT.—*Joseph*, b⁶ 7 mai 1719.— *Michelle-Dorothée*, b⁶ 16 nov. 1719 ; m⁵ 8 février 1751, à Augustin PETITCLERC. —*Antoine*, b⁵ 29 oct. 1721 ; s⁵ 12 oct. 1725.— *Félicité*, b... m⁵ 17 mai 1733, à Jean PETITCLERC.

1719, (18 août) Québec.

IV.—BISSON, JOSEPH. [JOSEPH III
SAVARIA, Marie-Anne. [FRANÇOIS I
Geneviève, b... m 5 nov. 1742, à Joseph HUBOULT, à Lachenaye.

1728, (24 janvier) Ste-Foye. ³

IV.—BISSON, JOSEPH, [ANTOINE III
b 1703.
GINGRAS, Charlotte, [JOSEPH II
b 1709 ; s³ 18 avril 1776.
Marie-Louise, b³ 31 juillet 1730. — *Antoine-Joseph*, b³ 10 juin 1731.— *Marie-Geneviève*, b... m³ 12 février 1759, à Alexis DROUIN —*Elienne*, b³ 1ᵉʳ avril et s³ 17 mai 1734 —*Louis-Joseph*, b³ 26 août 1735, s³ 16 février 1760.—*Marie-Madeleine*, b³ 26 et s³ 28 juillet 1737.—*Marie-Joseph*, b³ 20 sept. 1738 ; m³ 7 nov. 1774, à Joseph EMERY.—*Antoine*, b³ 10 mars 1741.— *Charlotte-Angélique*, b³ 10 et s³ 12 mars 1741.—*Charles-André*, b³ 22 août et s³ 27 sept. 1743 —*Pierre-Ignace*, b³ 7 janvier 1745.— *Pierre-Augustin*, b³ 29 sept. 1747, s³ 30 nov. 1748. — *Nicolas*, b³ 8 juillet 1753.

1731, (9 sept.) St-Nicolas. ¹

IV —BISSON (1), JOSEPH, [JEAN-BTE III
b 1704.
METHOT, Marie-Françoise, [RENÉ II
b 1707.
Joseph-Elienne, b¹ 19 et s¹ 21 mai 1732.— *Joseph*, b¹ 28 juillet 1733 ; m 24 janvier 1757, à Marie-Louise RIEL, à St-Constant. ²—*Jean-François*, b¹ 3 avril 1735 ; m 1763, à Michelle DUPUIS. —*Elisabeth*, b¹ 4 oct. et s¹ 21 déc. 1736.—*Michel*, b¹ 4 mai 1737 ; m 19 janvier 1756, à Marie-Charlotte GÉLY, à Lévis. — *Louis-Joseph*, b¹ 21 août 1738, m 1761, à Marie-Marguerite ROY.—*Jean-Baptiste*, b 2 oct. et s 7 nov. 1740, à Laprairie. ᵈ —*André-Marie*, b³ 6 déc. 1741. —*Jacques-Alexis*, b³ 9 oct. 1743, m² 18 janvier 1768, à Angélique DERAINVILLE.

1732, (4 février) Ste-Foye. ²

IV.—BISSON, JEAN-FRANÇOIS (2), [ANTOINE III.
b 1708
PETITCLERC, Marie-Frse, [JEAN-BTE II.
b 1711.
Marie-Françoise, b² 9 nov. 1732, m² 10 mai 1762, à Jean TURMEL.—*Jean-François*, b² 16 nov.

---

(1) Et Buisson
(2) Jean en 1737.

1733 ; m² 20 fev. 1764, à Marie-Joseph BELLEAU.—*Marie*, b 1735, m 15 sept. 1760, à Martin GUERBOIS, à Montréal.—*Marie-Joseph*, b² 6 déc. 1736 : s² 8 août 1737. — *Elisabeth-Dorothée*, b² 20 février 1739. — *Clément*, b² 5 nov. 1740 ; s² 24 avril 1741. — *Marie-Françoise*, b² 22 sept. 1742 ; m à François TURMEL. —*Marie-Marguerite*, b² 2 déc. 1744 ; m² 19 janvier 1767, à Alexis COMIRÉ.—*Marie-Angélique*, b² 7 déc. 1746.— *André*, b² 5 avril 1749 ; m 27 sept. 1773, à Angélique DUGRENIER, à St-Joseph-de-la-Beauce — *Elienne*, b² 23 nov. 1750.— *Jean-Louis*, b² 6 sept. 1752.— *Charles* b² 6 déc. 1753 ; m 1777, à Cécile BELLEAU.

1732, (22 juillet) Québec ¹

I.—BISSON (1), JACQUES, fils de Pierre et de Françoise Cadeau, de St-Sauveur, Ile-Dieu, diocèse de Luçon.
1º SIMARD, Rosalie, [ETIENNE II.
b 1699
1734, (27 sept.) ¹
2º BADEAU, Ursule, [FABIEN III.
b 1703
Jacques, b¹ 18 mai 1739. — *Marie-Ursule*, b¹ 4 mai 1745 ; m¹ 10 janvier 1763, à Alexandre BERDIN.

1734, (28 juillet) Ste-Foye. ⁴

IV —BISSON, CLÉMENT-URBAIN, [ANTOINE III.
b 1713.
BOUCHER, Marie-Thérèse, [FRANÇOIS IV.
b 1713
Elisabeth, b⁴ 21 août 1735 ; s⁴ 13 janvier 1749. —*Augustin-Urbain*, b⁴ 17 mars 1737, m 6 juillet 1761, à Françoise LEMEILLEUR, à St-Vincent-de-Paul.⁵—*Marie-Louise*, b⁴ 27 mai 1739 ; s⁴ 16 oct. 1745. — *Antoine-Clément*, b⁴ 18 janvier 1741.— *Joseph*, b⁴ 15 janvier 1743.—*Marie-Françoise*, b⁴ 14 nov. 1744 —*Joseph-Thierry*, b⁴ 28 mars 1747. —*Marie-Françoise*, b⁴ 1ᵉʳ mars 1749 — *Charles*, b⁴ 18 sept 1750.— *François*, b⁴ 31 mai 1753. —*Marie*, b... m⁴ 15 oct. 1753, à Jacques TASSE. —*Marie-Marguerite*, b⁵ 15 mai 1755.

1740, (18 janvier) Levis.

IV.—BISSON, LOUIS. [SIMON III.
SAMSON, Suzanne, [JEAN II.
b 1717.
Joseph, b 20 février 1743, à Beaumont.¹— *Pascal*, b¹ 31 mars 1747. — *Jean-Marie*, b¹ 1ᵉʳ oct. 1754 ; s¹ 9 nov. 1755 — *Marie-Suzanne*, b¹ 21 août 1758 ; s 11 déc. 1759, à St-Michel.

1744, (12 oct.) Québec.

II.—BISSON, PIERRE, [PIERRE I.
b 1718, s 10 juin 1754, à Charlesbourg. ³
VIVIER, Marie-Madeleine, [PIERRE II.
b 1723.
Pierre-François, b³ 23 août 1746 ; s³ 10 nov. 1748. —*Marie-Agathe*, b³ 7 janvier et s³ 10 nov. 1748 —*Marie-Madeleine*, b³ 3 mai 1750.—*Pierre*, b 1751 ; s 5 mai 1773. à Ste-Foye

---

(1) Marie Buisson.

1748, (6 nov.) Beaumont.⁴
IV.—BISSON, JOSEPH.   [SIMON III.
  LACASSE, Suzanne,   [ANTOINE III.
    b 1731.
  Marie-Suzanne, b ⁴ 29 août 1750. — *Marie-Angélique*, b 24 mars 1752, à St-Michel.—*Charles*, b ⁴ 2 avril 1754.—*Joseph*, b ⁴ 25 mai 1756.—*Simon*, b ⁴ 10 déc. 1758.

1748.
V.—BISSON, CHS-JOSEPH,   [JOSEPH IV.
  b 1726.
  1° DUQUET, Marie-Joseph,   [JEAN III.
    b 1730 ; s 13 déc. 1779, à Terrebonne.⁵
  Marie-Anne, b 22 déc. 1749, à Lévis⁶ ; s⁶ 6 oct. 1750.—*Joseph*, b⁵ 18 sept. 1751 ; m⁵ 5 février 1776, à Françoise MAISONNEUVE.—*Geneviève*, b.. m⁵ 2 août 1779, à Jean-Adam BLIN. — *Antoine*, b⁶ 20 avril 1754.—*Gabriel*, b⁶ 1ᵉʳ août 1756.—*Louis*, b⁶ 10 mai 1761.—*Pierre*, b⁶ 4 août 1765 —*Marie-Joseph*, b 21 février 1770, à Lachenaye.
           1780, (5 juin)⁵
  2° JOURDAIN, Geneviève,   [GUILLAUME I.
    b 1744.

1754, (18 nov.) Rivière-Ouelle.⁷
I.—BISSON, MICHEL, fils de Simon et de Marie-Anne Grou, de St-Sauveur, Londin, diocèse de Coutance.
  GAGNON, Marie-Françoise,   [JEAN II
    b 1704 ; veuve de Julien Gresseau ; s⁷ 19 déc. 1785.

1756, (19 janvier) Lévis.¹
V.—BISSON (1), MICHEL,   [JOSEPH IV.
  b 1737.
  GÉLY, Marie-Charlotte.   [JEAN II.
  Gilles-François, b¹ 20 juillet et s¹ 5 oct 1757. — *Marie-Anne*, b¹ 11 oct. 1758.— *Françoise*, b¹ 26 février 1761.

1757, (24 janvier) St-Constant.⁸
V.—BISSON, JOSEPH,   [JOSEPH IV.
  b 1733.
  RIEL, Marie-Louise,   [JEAN-BTE II.
    b 1738.
  André-Joseph, b⁸ 20 nov. 1757.—*Marie-Madeleine*, b 18 août et s 14 déc. 1762, à St-Philippe⁹ —*Marguerite*, b⁹ 24 oct. 1763.

1759, (29 oct) Trois-Rivières.²
V.—BISSON, JEAN-BTE,   [JEAN-BTE IV.
  b 1735.
  PANNETON, Louise,   [THÉODORE II.
    b 1736.
  Louise, b² 30 sept. 1760.

1761.
V.—BISSON, LOUIS-JOSEPH,   [JOSEPH IV.
  b 1738.
  ROY, Marie-Marguerite.
  Marie-Marguerite, b 2 mars et s 23 juillet 1763, à St-Philippe.

(1) Pour Buisson.

1761, (6 juillet) St-Vincent-de-Paul.
V.—BISSON, AUGUSTIN-URBAIN, [CLEMENT IV.
  b 1737.
  LEMEILLEUR, Françoise,   [JEAN II.
  veuve de François Provost.

1763.
V.—BISSON, FRANÇOIS,   [JOSEPH IV.
  b 1735.
  DUPUIS, Michelle,   [CHARLES III.
    b 1732.
  François, b... s 5 nov. 1764, à St-Philippe.

1764, (20 février) Ste-Foye.
V.—BISSON, JEAN-FRS,   [FRANÇOIS IV.
  b 1733.
  BELLEAU, Marie-Joseph,   [CHARLES III.
    b 1746.
  Marie-Joseph, b 20 janvier 1765, à St-Joseph, N.-B.

1768, (18 janvier) St-Constant.
V.—BISSON, JACQUES-ALEXIS,   [JOSEPH IV.
  b 1743.
  DERAINVILLE, Marie-Angél. [PIERRE-JOS. IV.

BISSON, JOSEPH.
  LEMELIN, Marguerite.
  Marie-Marguerite, b 10 août 1770, à Berthier.

1773, (27 sept.) St-Joseph, N.-B.¹
V.—BISSON, ANDRÉ,   [JEAN-FRANÇOIS IV.
  b 1749.
  GRENIER (DU), Marie-Angélique, [JOSEPH I
    b 1754.
  Judith, b¹ 10 déc. 1775 ; s¹ 30 nov. 1777.—*Marie-Françoise*, b¹ 2 mai 1779.

1776, (5 février) Terrebonne.
VI.—BISSON, JOSEPH,   [JOSEPH V
  b 1751.
  MAISONNEUVE, Françoise,   [JULIEN II.
    b 1752.

BISSON, MARCŒUR,
  b 1715 , s 11 février 1787, à Beaumont.²
  ....
  s² 2 février 1780.

1777.
V.—BISSON, CHARLES,   [FRANÇOIS IV
  b 1753.
  BELLEAU, Cécile,   [CHARLES III.
    b 1751.
  Jean-François-Régis, b 8 et s 11 août 1779, à St-Joseph, N.-B.

BISSON, THÉRÈSE, b 1692 ; m à VALLÉE ; s 2 mars 1767, à St-Thomas.

BISSON, MARIE-ANNE, épouse de Michel LA ROCHE.

BISSON, MARIE-THÉRÈSE, épouse de Louis LE PAGE.

BISSON, Pauline, epouse de Pierre Louineau.

BISSON, Madeleine, epouse de Joseph Bonneville.

BISSON, Marie-Jeanne, épouse de François Bossia.

BISSON, Marie-Anne, epouse de Pierre Panneton.

BISSON, Marie-Anne, épouse de Jean Roy; s avant 1752.

BISSON, Marie, epouse de François Taillon.

BISSON, Marie-Joseph, epouse de François Tissaut.

BISSON, Madeleine-Geneviève, épouse de Jos. Tourville.

BISSON, Marie-Joseph, épouse de François Lafortune.

BISSON (De), Catherine, épouse de Louis Lafontaine.

BISSON, Marie-Ursule, b 1742; m à Alexandre Lafontaine; s 15 avril 1787, à Québec.

BISSON, Louise, épouse d'Etienne Larivière.

1660, (3 mai) Quebec.[1]
I.—BISSONNET (1), Pierre,
  b 1626; s 7 août 1687, à Lévis.[2]
1° DesBordes, Mathurine,
  veuve de Pierre Guiberge.
Jacques, b 28 août 1661, à Montréal; m 22 janvier 1691, à Perrine LePellé, aux Trois-Rivières, s[1] 20 avril 1743.
  1668, (9 oct.)[1]
2° D'Allon, Marie,
  s 7 juillet 1716, à St-Michel.
Pierre, b 30 août 1674, à Ste-Famille, I. O.[3]; m[2] 27 fevrier 1691, à Marie Balan. — *Anne-Françoise,* b[3] 13 juin 1679; 1° m[3] 5 mars 1696, à Joseph Bonneau; 2° m 24 nov. 1704, à Martin Leblond, à Beaumont.

1670, (19 nov.) Boucherville.
I—BISSONNET, Jacques (1),
  b 1645.
Colet, Marguerite,
  b 1653.
Joseph, b 22 mars 1694, à Varennes[9]; 1° m[9] 11 fevrier 1725, à Joseph-Marie Laleu; 2° m[9] 11 fevrier 1748, à Marie Cusson, veuve de Louis Lachambre.

(1) Voy. vol. I, p. 55.

1691, (22 janvier) Trois-Rivières.[4]
II.—BISSONNET (1), Jacques,   [Pierre I.
  b 1661.
LePellé, Perrine,   [Pierre I.
  b 1670; s[4] 15 août 1721.
René, b[4] 24 août 1694; m 5 nov. 1731, à Elisabeth Lemire, à Montreal. — *Marguerite,* b[4] 17 dec. 1699; m[4] 20 janvier 1729, à Jean Laguerce; s[4] 10 août 1757.—*Barbe,* b[4] 26 oct. 1701; m[4] 21 août 1727, à Pierre Goubault.—*Jeanne-Françoise,* b[4] 29 mai 1704.—*Marie-Anne,* b[4] 28 mars 1708.

1691, (27 février) Lévis.[3]
II.—BISSONNET, Pierre,   [Pierre I.
  b 1674.
Balan, Marie (2),   [Pierre I.
  b 1673.
Honoré, b[3] 17 mai 1691.—*Jean-Baptiste,* b 1696; m 4 février 1725, à Therèse Hély, à St-Vallier; s 2 mai 1756, à St-Michel.

1692.
II.—BISSONNET, Jean.   [Pierre I.
1° Davenne, Charlotte.   [Charles I.
Louis, b 3 juin 1706, à St-Michel[4]; 1° m 4 août 1729, à Geneviève Binet, à Beauport; 2° m 16 août 1746, à Marie-Anne Langevin, à Montreal; s 15 mai 1760, à Lachine.—*Jean,* b[4] 26 août 1698; m 19 juillet 1720, à Marie Delavoye, à la Baie-St-Paul.[3]— *François,* b[4] 5 février 1700; m 14 février 1722, à Marguerite Guay, à Quebec; s 30 juin 1756, à Sculanges.—*François-Hilaire,* b[4] 31 mai 1702.—*Charles-Alexandre,* b[4] 5 dec. 1703, m 29 oct. 1727, à Marie Quemeneur, à St-François, I. O.—*Suzanne,* b... m 29 janvier 1714, à Gabriel Brias, à Beaumont.[5]

2° LeBlond, Marie (3).
Marie-Jeanne, b[4] 7 et s[4] 25 mai 1710.—*Joseph,* b[5] 24 nov. et s[5] 8 déc. 1711.—*Pierre,* b[5] 18 janvier 1713; s[3] 17 avril 1731.—*Suzanne,* b[5] 11 février 1714; m 13 août 1731, à Gabriel Bilodeau, à Berthier.

1700, (16 mars) Boucherville[1]
II.—BISSONNET, Jean,   [Jacques I.
  b 1676; s 19 février 1711, à Varennes.[2]
Charles (4), Catherine,   [Etienne I.
  b 1674; s 8 janvier 1704, à Montreal.
Michel, b[1] 18 juin 1700; m[2] 11 janvier 1726, à Catherine Luissier. — *Marie-Catherine,* b 15 oct. 1701, à Longueuil.

1702, (20 février) St-Jean, I. O.[1]
II.—BISSONNET, André,   [Pierre I.
  b 1681; s 1er avril 1715, à St-Michel.[2]
Guilmet, Françoise (5),   [Nicolas I.
  b 1685, s[2] 5 février 1748

(1) Dit Lafaury.
(2) Elle épouse, le 27 février 1701, Noel Gromelin, à St-Michel.
(3) Elle épouse, le 20 avril 1716, Jean Coulombe, a St-Michel.
(4) Dit Lajeunesse.
(5) Elle epouse, le 7 janvier 1716, Jean Daniau, à St-Michel.

Marie-Françoise, b² 9 mars 1704; m 26 avril 1723, à Jean-Baptiste Montminy, à Beaumont.³ — *André*, b¹ 11 avril 1706; s³ 3 mars 1721. — *Joseph*, b 1707; s² 3 janvier 1712. — *Jean-Baptiste*, b¹ 3 et s¹ 13 mai 1708. — *Françoise*, b¹ 5 juillet 1711; m 24 avril 1729, à Joseph Goupil, à St-Valier.—*Jean-Baptiste*, b⁵ 13 août et s⁵ 19 déc. 1713.—*Jean-Baptiste*, b⁵ 20 nov. 1714.

1705, (26 janvier) Varennes.⁴

II.—BISSONNET, Nicolas, [Jacques I.
b 1673.
Villedieu, Marie-Barbe, [Antoine I.
b 1686.
Toussaint, b⁴ 4 nov. 1705; m 24 avril 1741, à Louise Foisy, à Verchères.³—*Marie*, b⁴ 6 mars 1707.—*Marie-Madeleine*, b 28 sept. 1708, à Contrecœur.—*Marie-Joseph*, b 11 sept. 1720, à St-Ours. — *Marie-Catherine*, b⁵ 22 sept. 1728.— *François*, b... m⁵ 16 août 1740, à Marguerite Volant.—*Angélique*, b... m⁵ 29 janvier 1742, à Pierre Goguet. — *Marie-Charlotte*, b... m⁵ 15 oct. 1742, à Louis Foisy.

1709, (15 avril) St-Michel.⁵

II.—BISSONNET, Jacques, [Pierre I.
b 1687; s 9 avril 1715, à Beaumont.⁶
Vandet, Marie (1), [René I.
b 1682; veuve de Jean-Baptiste Breton.
Jeanne, b⁵ 6 février et s⁵ 9 mars 1710.—*Marie-Dorothée*, b⁵ 8 mars 1711; 1° m⁵ 6 nov. 1730, à Paul Boulet; 2° m 6 février 1734, à Jean Pilote, à St-Valier.⁷ — *Catherine*, b⁶ 14 mai 1713.— *Marie-Madeleine*, b⁷ 28 nov. 1715. — *Suzanne*, b... 1° m à Gabriel Bérjasse; 2° m⁵ 14 mai 1736, à Claude Boulanger-Lefebvre; s 30 sept. 1773, à St-Thomas.

1712, (11 avril) Varennes.¹

II.—BISSONNET, Paul, [Jacques I.
b 1690.
Brodeur (Le), Marie-Anne, [Jean-Bte I.
b 1692.
Marie-Anne, b¹ 12 sept. 1712; m¹ 18 juillet 1729, à Jacques Lavigne.—*Jean-Baptiste*, b¹ 8 avril 1714.—*Elisabeth*, b... m¹ 19 mai 1743, à Jean-Baptiste Charbonneau.—*Madeleine*, b... m¹ 22 fév. 1751, à Toussaint Masta.

1713, (9 janvier) Varennes.³

II.—BISSONNET, Alexis, [Jacques I.
b 1683; s avant 1744.
Sénécal, Geneviève, [Nicolas II.
b 1692; s avant 1744.
Michel, b² 22 déc. 1725; m³ 8 sept. 1751, à Marie-Joseph Sénécal.—*Joseph*, b... 1° m 25 juillet 1739, à Marie-Joseph Brunel, à Boucherville; 2° m³ 9 février 1744, à Véronique Rougeau.— *Marie-Joseph*, b... m⁴ 6 nov. 1747, à Joseph Ledoux.—*Jean-Baptiste*, b... m 12 oct. 1744, à Marie-Anne Meunier, à Laprairie.—*Marie-Louise*, b... m 1750, à Jean-Baptiste Meunier.

(1) Elle épouse, le 17 février 1716, Jean-Baptiste Balan, à St-Michel.

1720, (19 juillet) Baie-St-Paul.²

III.—BISSONNET, Jean, [Jean II.
b 1698.
DeLavoye, Marie, [René II.
b 1698.
Marie-Catherine, b² 18 avril 1722; m² 29 nov. 1739, à François Simard; s² 21 nov. 1750.— *Marie-Charlotte*, b² 12 déc. 1723; m² 20 nov. 1741, à Jean Tremblay.— *Marie-Dorothée*, b² 10 août 1726; s² 20 sept. 1746.—*Anonyme*, b² et s² 2 oct. 1728.—*Marie-Desanges*, b² 5 janvier 1730; m² 26 janvier 1751, à Etienne Tremblay.—*Jean*, b² 20 juin 1732.—*Louis*, b² 11 février 1735; m 19 nov. 1753, à Dorothée Simard, à la Petite-Rivière. — *Joseph-Marie*, b² 12 juillet 1738.— *Antoine-François*, b² 24 avril 1741; m² 11 janvier 1763, à Marie-Charlotte Gagnon. — *Geneviève*, b² 5 juin 1744.—*Jean*, b² 26 nov. 1748.

1720, (11 nov.) Beaumont.³

III.—BISSONNET (1), Jean, [Pierre-Ls II.
b 1695; s 13 juillet 1751, à St-Michel.⁴
Chamberlan, Geneviève, [Ignace II.
b 1701; s avant 1750.
Geneviève, b² 12 oct. 1721.—*Gabriel*, b 1722; 1° m⁴ 12 août 1748, à Marie-Joseph Pepin; 2° m⁴ 7 mai 1753, à Madeleine Mathon; 3° m³ 22 février 1762, à Madeleine Lalague; s³ 22 février 1778. — *Jean-Charles*, b³ 18 avril 1723; m⁴ 12 février 1748, à Marie-Claire Queret.—*Anonyme*, b 1723; s 9 oct. 1733, à St-Valier.⁵—*Marie-Joseph*, b³ 12 février 1725; m⁴ 26 nov. 1740, à Louis Plante.— *Gabriel*, b⁵ 12 oct. 1728.—*Marie-Françoise*, b⁵ 12 nov. 1730; m⁴ 7 avril 1750, à Simon Queret. — *Françoise*, b 1733; s⁴ 23 mars 1733.— *Marie-Madeleine*, b⁵ 25 oct. et s⁵ 2 nov. 1734.—*Joseph*, b⁵ 18 avril 1736; s⁴ 19 nov. 1747.— *Pierre*, b⁴ 30 avril 1739. — *Marie-Anne*, b⁴ 12 août 1741; m 12 juin 1783, à Jean Guibert, à Berthier.—*Jacques*, b⁴ 25 mars 1745.

1722, (14 février) Québec.¹

III.—BISSONNET, François, [Jean II.
b 1700; s 30 juin 1756, à Soulanges.⁴
Guay, Marguerite (2), [Mathieu II.
b 1701.
François, b² 6 mars 1723; m 1754, à Angelique Vitry.—*Marguerite*, b 16 sept. 1724, à St-Frs-du-Lac²; m 30 nov. 1743, à Jacques Marcot, à Deschambault.³—*Jeanne-Thérèse*, b² 5 et s² 6 février 1726.— *Thérèse*, b² 23 février 1727; s¹ 11 sept. 1728.—*Charles*, b¹ 18 août et s¹ 6 sept 1728.—*Etienne*, b¹ 31 déc. 1729; m⁴ 8 janvier 1753, à Catherine Vitry.— *Joachim*, b¹ 31 oct. 1731; m 21 oct. 1754, à Marie-Joseph Buet, à Lachine. — *Marie-Hélène*, b³ 17 juillet 1733; s⁵ 29 mars 1734.—*Marie-Charlotte*, b⁵ 15 mai 1735. —*Joseph*, b⁵ 26 nov. 1736.— *Antoine*, b³ 12 janvier 1739; m⁴ 14 nov. 1757, à Angelique Parant. —*Jean-Baptiste*, b³ 18 avril 1741; m⁴ 10 avril 1766, à Barbe Bray.

(1) Dit Laforme en 1741.
(2) Dit Castonguay. Elle épouse, le 28 février 1759, Jean-Baptiste Champanois, à Soulanges.

1725, (4 février) St-Valier.[1]
III.—BISSONNET, JEAN-BTE, [PIERRE II
b 1696; s 2 mai 1756, à St-Michel.[2]
HÉLY, Thérèse, [PIERRE II.
b 1705.
Jacques, b[1] 18 avril 1729. — *Marie-Louise*, b[1] 17 juin 1731; m[2] 4 février 1754, à Joseph JOLIVET.—*Louis*, b 1733; m[2] 23 août 1756, à Marie-Angélique QUERET; s[2] 7 sept. 1758 — *Jean-Baptiste*, b... m 15 nov. 1751, à Marie-Louise ADAM, à Beaumont. — *Marie-Marguerite*, b[2] 31 janvier 1735; 1° m[2] 4 février 1754, à Joseph QUERET; 2° m[2] 23 nov. 1760, à Pierre CLÉMENT.—*Joseph*, b[2] 11 avril 1739; m[2] 8 janvier 1763, à Marie PEPIN.—*Antoine*, b[2] 11 avril 1739; m[2] 20 avril 1761, à Marie-Madeleine FRONTIGNY. — *Marie-Thérèse*, b[2] 9 janvier 1740, s[2] 18 déc. 1752. — *Michel*, b[2] 14 oct. 1742; s[2] 11 avril 1760. — *Marie-Marcille*, b[2] 30 avril et s[2] 2 juillet 1746.

1725, (11 février) Varennes.[4]
II.—BISSONNET, JOSEPH, [JACQUES I
b 1694.
1° LALEU, Marie-Joseph, [LÉONARD I.
b 1694, s avant 1748.
Véronique, b[4] 5 janvier 1726. — *René* b... m[4] 16 février 1756, à Marie-Louise DUBOIS.—*Joseph*, b[4] 24 nov. 1726.—*Joseph*, b[4] 30 nov. 1727.

 1748, (11 février)[4]
2° CUSSON, Marie-Jeanne, [ANGE II
veuve de Louis LACHAMBRE.

1726, (11 janvier) Varennes.[5]
III.—BISSONNET, MICHEL, [JEAN II
b 1700.
LUISSIER, Catherine, [JACQUES II
b 1706.
Michel, b[5] 20 mai 1727.—*Marie-Françoise*, b 2 nov. 1752, à Verchères[6]; s[6] 21 juin 1754.—*Suzanne*, b... m[6] 1er mars 1756, à Thomas CHEVIGNY.—*Marguerite*, b... m[6] 19 janvier 1761, à Basile GOGUET. — *Catherine*, b... m à Jean-Baptiste CHAGNON, s avant 1751.

1727, (29 oct.) St-François, I. O.[7]
III.—BISSONNET, CHARLES-ALEX., [JEAN II.
b 1703; s avant 1775.
QUEMENEUR, Marie, [FRANÇOIS I
b 1708; s[7] 26 sept. 1775.
Marie-Joseph, b[7] 1er oct. 1728; m[7] 4 oct. 1746, à Pierre MARTINEAU; s[7] 11 juin 1782.—*Marie-Louise*, b[7] 10 sept. 1730.

1729, (4 août) Beauport.[6]
III.—BISSONNET, LOUIS, [JEAN II
b 1706, s 15 mai 1760, à Lachine.[7]
1° BINET, Geneviève. [NICOLAS II.
Marie-Geneviève, b[6] 26 février 1732, m 1758, à Nicolas MENANTEAU. — *François*, b 27 avril 1735, à Montreal.[8]—*Elisabeth*, b[8] 22 mars 1737, Sœur St-Basile, C. N.-D., s[8] 18 avril 1762.—*Marie-Geneviève*, b[8] 29 janvier 1739; m[8] 9 janvier 1758, à Nicolas MARMOTTE. — *Marie-Catherine*, b[8] 13 mai 1740; m 1759 à Louis GOGUET.

—*Pierre*, b[8] 4 mars 1742; m 20 juillet 1777, à Geneviève PICARD, à St-Louis, Mo.[9]—*Louis*, b... m[9] 30 avril 1771, à Geneviève ROUTIER.

 1746, (16 août)[8]
2° LANGEVIN (1), Marie-Anne, [LOUIS II.
b 1724; s 10 mai 1772, à l'Hôpital-Général, M.
Thérèse, b[7] 27 janvier 1750. — *Marie-Joseph*, b[7] 22 sept. 1751.—*Anonyme*, b[7] et s[7] 1er juillet 1755.

1731, (5 nov.) Montréal.[4]
III.—BISSONNET (2), RENÉ, [JACQUES II.
voyageur; b 1694.
LEMYRE (3), Elisabeth, [JEAN II.
b 1708.
René-Amable, b[4] 9 oct. 1735; m 27 juillet 1761, à Marie-Louise BRIQUET, à Longueuil.—*Joseph-Isidore*, b[4] 1er sept. 1737; s[4] 14 mai 1738.—*Elisabeth*, b[4] 13 nov. 1738; m[4] 18 avril 1757, à François ESTÈVE.

1739, (25 juillet) Boucherville.[1]
III.—BISSONNET, JOSEPH, [ALEXIS II.
b 1716, s 10 avril 1761, à Verchères.[7]
1° BRUNEL, Marie-Joseph, [JACQUES II.
s avant 1744.
Marie-Joseph, b... m 9 juin 1755, à Antoine CADIEU, à Varennes.[2]

 1744, (9 février)[2]
2° ROUGEAU, Véronique, [JEAN-BTE II.
s avant 1761.
Marie-Anne, b... m[2] 23 janvier 1764, à Toussaint NOYON—*Véronique*, b... m[2] 24 nov. 1766, à Joseph LETARD—*Françoise*, b... m[2] 24 oct. 1768, à Louis LAVIGNE.—*Madeleine*, b... m[2] 25 juillet 1771, à François GAUTIER.

 1761, (19 janvier)[7]
3° LEDOUX, Marie-Anne (4), [NICOLAS II.
b 1726; veuve de Pierre HIZOIR.

1740, (16 août) Verchères.
III.—BISSONNET, FRANÇOIS. [NICOLAS II.
VOLANT, Marguerite, [JEAN-FRANÇOIS II.
b 1702, veuve de Vincent Boisseau.

1741, (24 avril) Verchères.
III.—BISSONNET, TOUSSAINT, [NICOLAS II.
b 1705
FOISY, Louise, [ANTOINE II.
b 1717.

1744, (12 oct.) Laprairie.
III.—BISSONNET, JEAN-BTE. [ALEXIS II.
MEUNIER, Marie-Anne. [GERVAIS I.
Jean-Baptiste, b 25 nov. 1752, à Chambly.[5] — *Louise-Amable*, b[5] 28 nov. 1754.— *Thomas*, b[5] 5 janvier 1757.—*Michel*, b[5] 30 janvier 1759

---

(1) Dit LACROIX.
(2) Dit LA FAVERIE ou LAFAVRY.
(3) Dit MARSOLET. Elle épouse, le 8 oct. 1748, Louis Lefebvre, à Montréal.
(4) Elle épouse, le 3 mai 1762, Pierre Gautier, à Verchères.

1748, (12 février) St-Michel.⁶
IV.—BISSONNET, Jean-Chs,   [Jean III.
  b 1723.
 1ᵉ Queret, Marie-Claire,   [Simon II.
  s⁶ 15 déc. 1756.
  Jean-Marie, b⁶ 23 août et s⁶ 1ᵉʳ sept. 1748.—
  Jean-Baptiste, b⁶ 19 août et s⁶ 27 sept. 1749.—
  Joseph-Marie, b⁶ 17 et s⁶ 20 août 1750.—*Marie-*
  Madeleine, b⁶ 18 et s⁶ 25 avril 1754.
        1757, (26 avril) St-Valier.⁷
 2ᵉ Frégeau, Félicité,   [Daniel I.
  veuve de François Blais.
  Marie-Rose, b⁷ 16 août 1758.

1748, (12 août) St-Michel.⁸
IV.—BISSONNET, Gabriel,   [Jean III.
  b 1722; s 22 fevrier 1778, à St-Joseph, N-B⁹
 1ᵉ Pepin, Marie-Joseph,   [Jean II.
  b 1711; veuve de Jean Lefebvre; s⁸ 22 oct. 1750.
  Jacques-Gabriel, b⁸ 11 août 1749.
        1753, (7 mai).⁸
 2ᵉ Mathon, Madeleine,
  veuve de François Benodique; s⁹ 6 juin 1756.
  Joseph-Marie, b⁹ 25 fevrier 1754.— *Marie-*
  Angélique, b⁹ 3 mars et s⁹ 29 avril 1756.
        1762, (22 février).⁹
 3ᵉ Lalague, Madeleine (1).   [Joseph I
  b 1739.
  Marie-Madeleine, b⁹ 9 avril 1763.—*Angélique*,
  b⁹ 1ᵉʳ mai 1765; s⁹ 31 mars 1777. — *Marie-Mar-*
  guerite, b⁹ 26 mai 1767.—*Marie-Françoise*, b⁹
  21 janvier 1769.—*François-Etienne*, b⁹ 28 avril
  et s⁹ 20 juillet 1771.—*Anonyme*, b⁹ et s⁹ 3 mars
  1772.—*Joseph*, b⁹ 22 juin et s⁹ 17 nov. 1776.

1751, (8 sept.) Varennes.³
III.—BISSONNET, Michel,   [Alexis II.
  b 1725.
  Senécal, Marie-Joseph.   [Etienne III.
  Marie-Louise, b... m³ 17 février 1772, à Joseph Mongeau.

1751, (15 nov.) Beaumont.
IV.—BISSONNET, Jean-Bte.   [Jean-Bte III
  Adam, Marie-Louise,   [Ignace III.
  b 1729.
  Marie-Louise, b 29 avril 1753, à St-Michel.⁴—
  Marie-Thérèse, b⁴ 8 juin et s⁴ 23 sept. 1755.—
  Jean-Baptiste, b⁴ 10 sept. 1756. — *Louis*, b⁴ 21
  février 1760; s⁴ 11 sept. 1762.—*Madeleine*, b⁴ 3
  février 1762.

1753, (19 nov.) Petite-Rivière.
IV.—BISSONNET, Louis,   [Jean III.
  b 1735.
  Simard, Dorothée.   [Paul II.
  Marie-Joseph-Dorothée, b 7 oct. 1754, à la Baie-
  St-Paul.⁶— *Louis-Agapit*, b⁶ 17 février 1759.—
  Madeleine, b⁶ 2 sept. 1761. — *Marie-Silvie-Mo-*
  deste, b⁶ 14 mai 1769.

(1) Elle épouse, le 28 sept. 1778, Joseph Fortin, a St-Joseph, N-B.

BISSONNET, Joseph-Paul,
  s avant 1783.
  Masta, Agathe (1).
  Marie, b... m 13 oct. 1783, à Joseph Courval,
  à Lachenaye. —*Joseph*, b... — *Agathe*, b... m à
  Ignace Poulin.

1753, (8 janvier) Soulanges.³
IV.—BISSONNET, Etienne,   [François III.
  b 1729; s avant 1793.
  Vitry (2), Catherine.   [Germain I.
  François, b³ 30 août 1753.—*Marie-Angélique*,
  b³ 10 oct. 1754.—*Jean-Etienne*, b³ 15 mai 1755.
  —*Jean-Baptiste*, b³ 5 sept. 1758. —*Marie-Cathe-*
  rine, b³ 2 mars 1760. — *Joseph*, b 1ᵉʳ juin 1764,
  au Bout-de-l'Ile, M., m 18 nov. 1793, à Agnès
  Robert, au Détroit ²—*Gabriel*, b... m ² 25 nov.
  1793, à Julie Bourdeau.

1754.
IV.—BISSONNET, François,   [François III.
  b 1723.
  Vitry, Angélique.   [Germain I.
  Jean-Baptiste, b 13 janvier 1755, à Soulanges.¹
  —*Angélique*, b¹ 28 février et s¹ 24 juin 1756.—
  Marie-Catherine, b¹ 15 janvier 1758. —*Pierre-*
  André, b¹ 21 janvier 1759. — *Martin*, b¹ 27 oct.
  1760.—*Marie-Angélique*, b¹ 20 février 1762.

1754. (21 oct.) Lachine.²
IV.—BISSONNET, Joachim,   [François III.
  b 1731.
  Buet, Marie-Joseph,   [René II.
  Joachim, b² 24 juillet et s² 8 nov. 1755. —
  Joachim, b 11 nov. 1756, à Soulanges.³—*Marie-*
  Joseph, b³ 6 avril 1758.—*Jean-Baptiste*, b³ 15
  nov. 1759.—*Catherine*, b⁹ 12 juin 1761.

1756, (16 février) Varennes.
III.—BISSONNET, René.   [Joseph II.
  Dubois, Marie-Louise.   [Joseph II.

1756, (23 août) St-Michel.⁶
IV.—BISSONNET, Louis,   [Jean-Bte III
  b 1733; s⁶ 7 sept. 1758.
  Queret, Marie-Angelique (3),   [Charles II.
  b 1736.
  Marie-Angélique, b⁶ 12 mai 1757.—*Louis*, b⁶
  12 et s⁶ 23 janvier 1759.

1757, (14 nov.) Soulanges.⁶
IV.—BISSONNET, Antoine,   [François III.
  b 1739.
  Parant, Angelique,   [Joseph III.
  Antoine, b⁶ 14 août 1758.—*Marie-Amable*, b⁶
  1ᵉʳ avril 1760; s⁶ 31 mars 1761—*Jean-Baptiste*,
  b 29 juillet 1764, au Bout-de-l'Ile, M.⁷, s⁷ 5 juin
  1765.—*Joachim*, b⁷ 26 août 1766.—*Germain*, b⁷
  25 juillet 1768.

(1) Elle épouse Antoine Quéré.
(2) Dit St-Germain.
(3) Elle épouse, le 26 févner 1759, Michel Patry, à St-Michel

1761, (20 avril) St-Michel.⁴
IV.—BISSONNET, Antoine, [Jean-Bte III.
b 1739.
Frontigny, Marie-Madeleine, [Pierre I.
b 1723; veuve de Jean-Baptiste Chabot; s⁴
26 avril 1762.

1761, (27 juillet) Longueuil.
IV.—BISSONNET, René-Amable, [René III.
b 1735.
Briquet, Marie-Louise, b 1743. [Louis I.

1763, (8 janvier) St-Michel.
IV.—BISSONNET, Joseph, [Jean-Bte III.
b 1739.
Pepin, Marie-Isabelle, [Antoine III.
b 1744.

1763, (11 janvier) Baie-St-Paul.⁸
IV—.BISSONNET ,Antoine-Frs, [Jean-Bte III.
b 1741.
Gagnon, Marie-Charlotte. [Jean IV.
Jean-François, b ⁸ 7 nov 1763. — *Marie-Charlotte,* b ⁸ 23 nov. 1764. — *Marie-Anne-Véronique,* b ⁵ 2 mai 1767.

1766, (10 avril) Soulanges.
IV.—BISSONNET, Jean-Bte, [François III.
b 1741.
Bray, Barbe. [Etienne III

1793, (25 nov.) Detroit.
V.—BISSONNET, Gabriel. [Etienne IV.
Bourdeau, Julie. [Joseph

1793, (18 nov.) Détroit.
V —BISSONNET, Joseph, [Etienne IV.
b 1764.
Robert, Agnès, b 1778. [Antoine V

BISSONNET, Etienne.
Girard, Marie-Joseph.
Céleste, b... m 6 nov. 1815, à Louis Sénécal, à Varennes.

BISSONNET, Marie, b 1639, en France, m 29 nov. 1658, à Pierre Cousseau, à Quebec.

BISSOT, Charlotte, epouse de Jacques Lafontaine.

BISSOT, Marie, épouse de Claude Portier.

1648, (25 oct.) Quebec.¹
I.—BISSOT, François (1), b 1613.
Couillard, Marie (2), [Guillaume I.
b 1633; s 23 juin 1703, à St-Pierre, I. O.
Claire-Françoise, b ¹ 13 avril 1656; m ¹ 7 oct. 1675, à Louis Joliette (3); s¹ 2 mars 1710·— *Marie-Charlotte,* b ² 6 juin 1666, m 25 fevrier 1686, à Pierre Bénac, à Levis

1696, (19 sept.) Montréal.³
II.—BISSOT (1), Jean-Bte, [François I.
b 1668.
Fortier, Marguerite. [Antoine I.
b 1675; s³ 28 sept. 1748.
Marie-Louise, b ³ 20 juin 1697; m 4 juin 1741, à Nicolas Boisseau, à Québec.⁴—*Charlotte,* b ³ 7 mai 1698. — *François-Marie,* b ³ 17 juin 1700.—*Catherine,* b ³ 11 sept. 1701. — *Marie-Catherine,* b ³ 11 oct. 1704. — *Michel,* b 1707; s ³ 10 janvier 1709.—*Pierre,* b ³ 27 et s ³ 29 août 1710.

1698, (4 fevrier) Quebec.⁵
II.—BISSOT, François-Joseph, [François I.
b 1673; s⁵ 12 déc. 1737.
Lambert, Marie, [Eustache II.
s⁵ 4 mai 1745.
Charlotte, b ⁵ 30 avril 1704; m ⁵ 24 oct. 1728, à Jacques De Lafontaine; s ⁵ 22 nov. 1749.

1763, (29 mai) Château-Richer.
I—BISTODEAU, Antoine, fils de Joseph et de Françoise Menard, de St-Christophe, diocèse de Bordeaux.
Cazeau, Geneviève, [Jean I.
b 1729.
Anonyme, b et s 3 avril 1764, à Quebec.

BITARD, François.—Voy. Pitard.

1670, (26 nov.) Quebec.²
I.—BIVILLE, François (2),
b 1640.
Pasqué, Marguerite,
b 1646.
François-Joseph, b ² 10 mars 1672. —*Jean,* b ² 30 août 1675; s 15 nov. 1699, à la Baie-St-Paul. —*Catherine,* b ² 15 mars 1674, m ² 11 juin 1689, à Jacques Fortin; s 3 oct. 1746, à la Petite-Rivière.

1678, (16 août) Montréal.³
I.—BIZARD, Jacques,
b 1642; s ᵈ 6 déc. 1692.
Closse, Jeanne-Cécile (3), [Lambert I.
b 1660.
Louis-Hector, b ³ 3 déc. 1684; s 1721, à la Louisiane.—*Louise,* b ³ 10 août 1679; m 29 oct. 1717, à Charles DuBuisson, à Québec.⁴ — *Marie-Madeleine,* b ³ 23 janvier 1681. — *Jean-Louis,* b ³ 3 dec. 1683.—*Jacques,* b ³ 20 sept. 1687; ordonné prêtre le 8 oct. 1713; s⁴ 24 mars 1724.

1737, (10 nov.) Ste-Foye.
I.—BIZARD, Charles, fils de Charles et de Marie Charbonnier, de N.-D. de Mirambaux, diocèse de Poitiers.
Grégoire, Angelique, [Jean-François II.
b 1713.
Charlotte-Angélique, b 1ᵉʳ oct, 1738, à Québec.

---

(1) Voy. vol. I, p. 56.
(2) Elle épouse, le 7 sept. 1675, Jacques DeLalande, à Québec.
(3) Découvreur du Mississippi.

(1) Sieur de Vincennes, officier.
(2) Voy. vol. I, p, 56.
(3) Elle épouse, le 8 nov. 1694, Raymond Blaise, à Montreal

I.—BIZEAU, Antoine.—Voy. Billot.

1696, (27 juin) Montreal.³
I.—BIZEUX (1), Jean-Baptiste,
b 1671.
1° Bergerat, Marie-Madeleine. [André I.
Marguerite, b³ 16 mai 1697. — *Jeanne*, b³ 27 déc. 1698; m 6 juin 1716, à Jean LeRoy, à Beaumont⁴; s⁴ 7 déc. 1723. — *Marie-Joseph*, b³ 1er fevrier 1703.
1703, (29 oct.)³
2° Forgues (2), Catherine. [Pierre I.
Marie-Louise, b³ 16 juillet 1708.—*Louis*, b³ 21 nov. et s³ 27 dec. 1710.

BLACHE.—Voy. Foran dit Vivarais.

1762, (9 février) Montréal.
I.—BLACHE, Pierre, b 1734; fils de Jean-François et d'Elie Saquard, de St-Agrère, diocèse de Viviers.
Bourgeois, Anne, [Jean-Bte II.
b 1740.

I.—BLACKLOCK, Anne, b 1740; m à Jacques Tanswell; s 28 mai 1797, à Quebec.

I.—BLAIDE, Pierre.
Lante, Marguerite.
Charles, b... s 7 août 1717, à Montréal.

BLAIGNY.—Voy. Blénier.

BLAIN.—Voy. Blin.

BLAIN, Jacques.
Piédalu, Chovide.
Martine, b 12 mars 1740, à Chambly; m 30 oct. 1765, à Noël Blain, à Beauharnois.

BLAINVILLE (De). — Voy. Celdron—De la Ronde.

BLAINVILLE, Hélène (3).

BLAIRE, Angélique, epouse de Louis Portelance.

BLAIRIER.—Voy. Blénier.

BLAIS.—Voy. Blay.

BLAIS, Angélique, epouse de Jean-François Chretien.

BLAIS, Geneviève, épouse d'Augustin DeLessard,

BLAIS, Madeleine, épouse de Maurice Duplassis.

BLAIS, Françoise, épouse de Pierre Fournier.

(1) Dit Larose.
(2) Dit Monrougean.
(3) Elle etait, le 7 sept 1704, aux Grondines.

BLAIS, Marie-Anne, épouse de Charles Gelina.

BLAIS, Marie-Anne-Rogère, b... m 1696, à Jean-Baptiste Guilmet; s avant 1737.

BLAIS, Marie-Louise, épouse de Louis Jégu.

BLAIS, Jeanne, epouse d'Antoine Joly.

BLAIS, Monique, épouse de Jean-Baptiste Labrèche.

BLAIS, Marie-Madeleine, b 1725; m à Pierre Loriau, s 20 avril 1785, à Repentigny.

BLAIS, Marie-Louise, epouse de Thomas Malvenue.

BLAIS, Marie, épouse de Pierre Milot.

BLAIS, Catherine, épouse de Julien Rivard.

BLAIS, Marguerite, epouse de Joseph Rouleau.

1669, (12 oct.) Ste-Famille, I. O.
I.—BLAIS, Pierre,
b 1639; s 18 fevrier 1700, à St-Jean, I. O.¹
1° Perrault, Anne,
b 1643; s¹ 30 juin 1688.
Marguerite, b¹ 30 juin 1688; m 1710, à Etienne Lamy; s 6 mai 1765, à Yamachiche.
1689.¹
2° Royer, Elisabeth (1), [Jean I.
b 1669.
Anne, b 1694; m 10 nov. 1715, à Michel Dumans, à Montreal.—*Gabriel*, b¹ 1699; m 31 mai 1718, à Catherine Bau, à Boucherville.—*Alexis*, b¹ 8 avril 1693; s 3 mars 1722, à Kaskakia.

1695.
II.—BLAIS, Pierre, [Pierre I.
b 1673; s 22 dec. 1733, à Berthier.²
Baudoin, Françoise, [Jacques I.
b 1676.
Pierre, b 25 sept. 1696, à St-Michel¹; m 13 nov. 1720, à Elisabeth Bilodeau, à St-François, I. O.—*Jean-Baptiste*, b¹ 10 fevrier 1701; 1° m 1724, à Marie-Geneviève Carbonneau; 2° m 13 juin 1726, à Marguerite Roy, à St-Vallier³; s³ 24 mai 1780.—*Françoise*, b¹ 3 juin 1703; m à Jean Tanguay; s³ 4 nov. 1729. — *Louis*, b 29 sept 1705, à Beaumont; m² 17 août 1733, à Marie-Anne Mercier.—*Marie-Anne*, b¹ 12 mars 1708; m² 17 juin 1726, à Guillaume Lemieux.—*Michel*, b... m 25 juin 1741, à Françoise Lisotte, à Ste-Anne-de-la-Pocatière.—*Augustin*, b² 10 nov. 1710; 1° m² 13 nov. 1730, à Geneviève Brochu; 2° m 11 sept. 1744, à Marie Fortier, à St-Jean, I. O. — *Elisabeth*, b² 2 sept. 1712. — *Joseph-Marie*, b³ 18 juillet 1717; m³ 11 juillet 1740, à Charlotte Leblond. — *Marie-Joseph-Nathalie*. b³ 28 janvier 1720; m² 23 nov. 1734, à Joseph-Marie Blouin.

(1) Elle epouse, le 16 nov. 1700, Robert Pepin, à St-Jean, I. O.

II.—BLAIS, Alexis (1), [Pierre I.
b 1693 ; s 3 mars 1722, à Kaskakia.

1705, (9 nov.) St-Michel.⁴
II.—BLAIS, Antoine, [Pierre I.
b 1677 ; s 5 février 1734, à Berthier.⁵
1° Lami, Jeanne, [Pierre I.
b 1683.
Antoine, b 21 oct. 1706, à St-Thomas⁶ ; 1° m⁵ 12 nov. 1731, à Marie Chartier, 2° m 29 oct 1743, à Marie-Anne Corriveau, à St-Valier⁷ ; s⁷ 26 janvier 1770.— *Pierre,* b⁴ 30 juin 1709 ; m⁵ 18 mai 1734, à Isabelle Mercier ; s⁷ 6 déc. 1761 —*Marie-Jeanne,* b⁵ 1ᵉʳ sept. 1711 ; m⁵ 10 janvier 1735, à Pierre Ménard ; s⁵ 2 avril 1752.— *Joseph,* b⁶ 25 mars 1713.—*Marie-Anne,* b... m 1727, à Nicolas Bouchard.
1716, (10 février).⁴
2° Fournier, Ambroise (2), [Jean II
veuve de Pierre Lefebvre.
Marie-Anne, b⁷ 3 déc. 1716 ; 1° m⁵ 7 oct 1738, à Jean-Baptiste LePrince ; 2° m 26 nov. 1754, à François Délard, à Québec.⁸— *Dorothée,* b⁷ 12 avril 1718 ; m⁷ 4 mai 1750, à Jean-Baptiste Tibaut.—*Anonyme,* b⁷ et s⁷ 23 juillet 1719.— *Jacques,* b⁷ 27 juillet 1720 ; m⁷ 29 mai 1747, à Louise Lacroix.—*Marie-Joseph,* b⁷ 5 avril 1722 m⁸ 26 août 1744, à Charles Leroux.—*Marie-Joseph,* b⁷ 27 avril 1725 ; m⁷ 20 nov. 1747, à Nicolas Morisset.—*Marie-Catherine,* b⁵ 21 oct. 1726.

BLAIS, Jean.
Sansoualtier, Marie.
Marie, b 28 février 1711, aux Trois-Rivières.

II.—BLAIS, Jean, [Pierre I.
b 1685 ; s 27 mars 1752, à Yamachiche.³
1° Martin, Geneviève, [Pierre I
b 1678, veuve de Jacques Carbonneau ; s ᵈ 30 avril 1727
Jean-Baptiste, b 4 mai 1711, à Berthier.⁴— *Pierre,* b 1715, s 3 janvier 1717, à St-Valier.⁵— *Jean,* b⁵ 16 oct. 1718 ; m 28 oct. 1742, à Geneviève Chauvet, aux Trois-Rivières.—*Marie-Anne,* b⁴ 11 avril 1722.—*Ursule,* b... m 8 mai 1736, à Jean Maillot, à Boucherville.⁷—*Marie-Joseph,* b... m ³ 25 août 1747, à Antoine Girard.—*Marie-Joseph,* b... m ⁴ 4 nov. 1748, à Joseph Dupont
1728, (9 nov)⁷
2° Sénécal, Jeanne, [Henri II.
b 1695.
Marie, b 1734 ; s³ 10 mai 1757.—*Joseph,* b³ 19 oct 1736 m³ 21 janvier 1765, à Françoise Blais.

1713, (30 juin) Trois-Rivières.
II.—BLAIS, Jacques, [Pierre I.
b 1682 ; s 24 déc. 1759, à Yamachiche.³
1° Cartier, Louise-Angélique, [Guillaume I.
b 1690.

(1) Tué avec Laurent Bransard, sur le Mississippi, par les Chicabas.
(2) Elle épouse, le 3 juillet 1741, Pierre Corriveau, à St-Valier.

Louise, b 1719 ; s³ 19 mai 1738.—*Marie-Françoise,* b³ 25 mars 1724. — *Marie-Claire,* b³ 29 juillet 1726 ; m³ 14 février 1752, à Jean-Baptiste Arcan.—*Marie,* b... m³ 25 février 1743, à François Godard.—*Jacques,* b... m³ 31 janvier 1746, à Marie Milet.—*Antoine,* b... m 19 août 1747, à Marie Alary, à la Pointe-du-Lac.—*Antoine,* b... m³ 3 janvier 1763, à Françoise Margot.
2° Sévigny, Marie-Anne,
b 1709 ; s³ 30 janvier 1747.
Etienne, b³ 20 mai 1739. — *Antoine,* b³ 13 avril 1741 — *François,* b³ 19 février 1743. — *Marie-Louise,* b³ 19 février 1743 ; s³ 3 juillet 1757.—*Alexis,* b³ 28 février 1745. — *Françoise,* b... m³ 21 janvier 1765, à Joseph Blais.—*Joseph,* b... m³ 27 janvier 1766, à Marguerite Laur.— *Jean-Baptiste,* b... m⁴ 30 avril 1764, à Marguerite Aidé-Créqui.

1718, (31 mai) Boucherville.
II.—BLAIS, Gabriel, [Pierre I.
b 1699
Bau (1), Catherine, [René II.
b 1698.
Marie-Madeleine, b 17 février 1719, à la Pte-aux-Trembles, M.⁸—*Gabriel,* b⁸ 3 juin 1720, 1° m⁸ 19 janvier 1750, à Jeanne Béique ; 2° m⁸ 11 janvier 1762, à Marguerite Bonnier—*Louis,* b⁸ 23 sept. 1722, m³ 20 nov. 1747, à Catherine Chartier.—*Françoise,* b⁸ 10 mars 1724 ; m⁸ 13 avril 1750, à Toussaint Pépin.—*Agathe,* b 1728, m⁸ 7 janvier 1754, à Pierre Forget.—*Dorothée,* b 1729 ; m⁸ 26 janvier 1750, à Laurent Bricaut. —*Marie-Anne,* b 1731, m⁸ 10 février 1755, à Paul Phanef.—*Catherine,* b 1734 ; m⁸ 18 février 1754, à Pierre Phanef.— *Marie-Joseph,* b 1735, m⁸ 20 janvier 1755, à Antoine Chaudillon.

1720, (13 nov.) St-François, I. O.
III.—BLAIS, Pierre, [Pierre II
s 5 avril 1734, à Berthier ³
Bilodeau, Elisabeth, [Antoine II.
b 1695 ; s⁸ 25 avril 1759.
Pierre, b³ 15 oct. 1721 ; m 1748, à Marguerite Morin.—*Jean-Baptiste,* b³ 30 avril 1723, m 3 déc. 1748, à Thérèse Morin, à St-Pierre-du-Sud.⁴ —*Marie-Elisabeth,* b⁸ 2 mai 1725 ; m³ 26 nov. 1742, à Augustin Picard.— *Marie-Geneviève,* b ᵈ 12 mars 1727, m³ 23 août 1751, à Pierre Morin —*Marie-Françoise,* b³ 14 mai 1729 ; s³ 15 avril 1746. — *Marie-Louise,* b³ 28 mars 1732 ; 1° m³ 19 juillet 1751, à Jacques Chartier ; 2° m⁴ 25 juillet 1757, à Joseph Gagné.— *Marie-Joseph,* b ᵈ 6 août 1734 ; m³ 12 oct. 1761, à Jean Fortin.

1724.
III.—BLAIS, Jean-Bte, [Pierre II.
b 1701 ; s 24 mai 1780, à Berthier.⁹
1° Carbonneau, Marie-Geneviève, [Jacques II.
b 1707.
Marie-Joseph, b 30 avril 1725
1726, (13 juin) St-Valier.
2° Roy, Marguerite, [Noel II.
b 1707, s⁹ 22 avril 1771.

(1) Et LeVeau, 1722

Marie-Marguerite, b [9] 2 janvier 1729; m [9] 20 nov. 1747, à Joseph Boissonneau. — *Marie-Geneviève-Françoise*, b [9] 31 août 1730; m [9] 11 mai 1750, à Guillaume Lemieux. — *Jean-Baptiste*, b [9] 10 août 1732; s [9] 18 janvier 1734. — *Marie-Joseph*, b [9] 3 mai 1734; 1° m [9] 20 août 1753, à Pierre Gaudin ; 2° m [9] 20 oct. 1755, à Antoine Marceau, à St-François-du-Sud. — *Marie-Geneviève*, b [9] 13 février 1736; m [9] 1er août 1757, à Étienne Rénillard. — *Marie-Louise*, b [9] 8 sept. 1737; m [9] 18 février 1765, à Louis Gagné. — *Augustin*, b [9] 14 juin 1739; m [9] 7 oct. 1765, à Angélique Mercier. — *André*, b [9] 15 mars 1743, m 1770, à Marthe Blanchet. — *Jean-Baptiste*, b [9] 13 février 1745 ; m [9] 7 janvier 1771, à Marie-Anne Mercier. — *Jean-François*, b [9] 21 nov. 1746, m [9] 9 nov. 1772, à Marguerite Blanchet. — *Marie-Reine*, b [9] 26 sept. 1748 ; m [9] 27 juillet 1767, à Pierre Blanchet. — *Thérèse*, b [9] 18 juin 1751; s [9] 29 mars 1752. — *Marie-Madeleine*, b... m [9] 15 nov. 1762, à Boniface Aubé.

1727, (7 janvier) Québec. [1]

II.—BLAIS (1), François,   [Pierre I.
  b 1691 ; s [1] 13 avril 1753.
Amelot, Marie-Marthe,   [Jacques I.
  b 1706; s [1] 2 mai 1760.
  François, b [1] 14 janvier 1728. — *François*, b [1] 15 mai 1729; s [1] 11 juin 1730. — *Michel*, b [1] 8 juillet 1732 ; s [1] 21 août 1734 — *Marie-Angélique*, b [1] 5 oct. 1733; 1° m [1] 15 oct. 1753, à Joseph Hotte; 2° m [1] 10 mai 1762, à Pierre Dupuy. — *Marie-Louise*, b [1] 5 sept. 1735; m [1] 13 juin 1757, à Michel Daguerre. — *Jacques-François*, b [1] 13 et s 28 oct. 1736, à St-Augustin.[3] — *Jean-Baptiste*, b [1] 20 oct. 1737. — *Simon*, b [1] 23 juin et s [1] 17 sept. 1739. — *François*, b [1] 22 oct. 1740; s 26 mars 1741, à Charlesbourg.[2] — *Marie-Joseph*, b [1] 10 nov. 1741; s [1] 25 avril 1744. — *Marie-Catherine*, b [1] 12 nov. 1742; s [2] 8 janvier 1743. — *Pierre*, b [1] 10 mai et s [3] 30 juillet 1747.

I.—BLAIS (2), Louis,
  b 1693 ; s 30 août 1760, au Bout-de-l'Ile, M.[4]
Cadieu, Marguerite,   [Jean II.
  b 1703; s [4] 16 juillet 1757.
  Claire-Marie-Joseph, b [4] 2 sept. 1732 ; m 12 février 1753, à Michel Desmoulins, à Ste-Geneviève, M.[5] — *Louis*, b [5] 19 février 1748, à Élisabeth Rouleau. — *Monique*, b... m [5] 9 juin 1749, à Jean-Baptiste Ducas. — *Charles*, b... m [5] 17 mai 1751, à Marie Desmoulins. — *Mathieu*, b... m [5] 8 avril 1755, à Françoise Guitard. — *Joseph*, b... m [4] 17 janvier 1757, à Marie-Anne Madeleine. — *Marie*, b [5] 2 nov. 1741 ; m [4] 11 janvier 1762, à Ignace Samson. — *Pierre*, b [5] et s [5] 29 août 1743. — *Eustache*, b [5] 29 août et s [5] 14 sept. 1743. — *François*, b [5] 1er oct. 1745. — *Marie-Catherine*, b [5] 2 nov. 1747.

(1) On Blaye, navigateur.
(2) Blin en 1732.

1730, (13 nov.) Berthier. [8]

III.—BLAIS, Augustin,   [Pierre II.
  b 1710; s [8] 13 nov. 1781.
1° Brochu, Geneviève,   [Jean II.
  b 1708; s [8] 27 février 1734.
  Augustin, b [8] 22 août 1732; s [8] 18 nov. 1738. — *Marie-Françoise*, b [8] 17 février 1734 ; s [8] 7 déc. 1738. — *Marie-Françoise*, b... m [8] 19 février 1753, à Jean-Baptiste Morin.

  1734, (11 sept.) St-Jean, I. O.
2° Fortier, Marie-Madeleine,   [Jean II.
  b 1714 ; s [8] 26 mai 1780.
  Marie-Madeleine-Joseph, b [8] 1er déc. 1735, m [8] 20 nov. 1758, à Pierre Aubé. — *Jean-Baptiste*, b [8] 1738 ; m [8] 24 mai 1762, à Marie-Joseph Rénillard. — *Joseph*, b [8] 15 mai 1740 ; m 24 mai 1773, à Marie-Élisabeth Michon, à St-Thomas. — *Jean-François*, b [8] 9 février et s [8] 13 avril 1743. — *Marguerite*, b [8] 20 juin 1744 ; m [8] 11 février 1765, à Ambroise Gagné. — *André*, b [8] 2 avril 1746. — *Marie-Madeleine*, b [8] 6 oct. 1747; m [8] 1er sept. 1766, à Pierre-Simon Corriveau. — *Augustin*, b [8] 12 août 1749. — *Joseph-Basile*, b [8] 6 avril 1751. — *Marie-Angélique*, b [8] 7 déc. 1752, m [8] 1er juillet 1771, à Michel Gagné. — *Jean-François*, b [8] 21 mai 1754. — *Jean-Baptiste*, b [8] 16 juin 1757. — *Marie-Élisabeth*, b [8] 12 mars 1737, à St-Valier[4] ; m [8] 7 nov. 1757, à Jean-Baptiste Mercier. — *Pierre*, b [4] 30 juin 1741.

1731, (12 nov.) Berthier. [3]

III.—BLAIS, Antoine,   [Antoine II
  b 1706 ; s 26 janvier 1770, à St-Valier.[1]
1° Chartier, Marie,   [Michel II.
  b 1704 ; s [1] 14 avril 1743.
  Antoine, b [3] 13 août 1732. — *Joseph-Marie*, b [3] 21 février 1734 — *François*, b [3] 3 mars 1736. — *Marie-Louise*, b [3] 13 avril 1743 ; m 28 oct. 1757, à Jean-Baptiste Mignot.

  1743, (29 oct.) [1]
2° Corriveau, Marie-Anne.   [Jean II.
  Marie-Madeleine, b [1] 6 et s [1] 22 sept. 1744. — *Jacques*, b [1] 23 janvier 1746. — *Marie-Anne*, b [1] 15 sept. 1748. — *Michel*, b [1] 9 mars 1751. — *Guillaume-Marie*, b [1] 10 mars 1751. — *Marie-Françoise*, b [1] 23 et s [1] 26 oct. 1758.

1733, (17 août) Berthier. [6]

III.—BLAIS, Louis,   [Pierre II
  b 1705.
Mercier, Marie-Anne,   [Paschal III
  b 1713, s [6] 17 janvier 1772.
  Marie-Louise, b [6] 18 sept. 1734. — *Louis-Michel*, b [6] 14 nov. 1757, à Joseph-Toussaint Gagné. — *Louis-Michel*, b [6] janvier 1736; m 14 nov. 1757, à Geneviève Gaulin, à St-Pierre-du-Sud. — *Marie-Anne*, b 19 sept 1738, à St-Valier[7], m [6] 10 juin 1765, à Basile Bauche — *Joseph-Marie*, b [6] 11 mars, 1740. — *François*, b [6] 12 février 1742. — *Marie-Angélique*, b [6] 29 sept 1743 ; m [6] 14 juin 1763, à François Talbot. — *Marie-Joseph*, b [6] 13 mars et s [6] 4 août 1745. — *Marie-Madeleine*, b [6] 2 juillet 1746 ; m [6] 3 février 1777, à Louis Fortin. — *Marie-Geneviève*, b [6] 24 janvier 1748. — *Pierre*, b [7] 30 juillet 1749 ; m 1764,

à Rose FOURNIER.—*Augustin*, b [6] 25 sept. 1751.—
Louis, b [6] 24 et s [6] 27 mars 1753. —*Elisabeth*, b [6] 4 février 1754. — *Marie-Catherine*, b [6] 11 mars 1757; m [6] 9 oct. 1781, à Joseph MORISSET.—
Marie-Françoise, b... m [6] 8 février 1773, à Pierre DAGNEAU.

1734, (18 mai) Berthier.
III.—BLAIS, PIERRE,   [ANTOINE II.
  b 1709.
  MERCIER, Isabelle.   [PASCHAL III.
Joseph-Marie, b 19 mars 1735, à St-Valier. [4]—
Marie-Joseph, b [4] 8 août 1736; m [4] 9 nov. 1761, à Jean BOUCHER.—*Marie-Elisabeth*, b [4] 24 janvier 1739; m [4] 14 nov. 1763, à François GOULET.—
Michel, b [4] 25 mai 1740; m [4] 23 nov. 1767, à Marie-Elisabeth TANGUAY. —, *Marie-Anne*, b [4] 18 juin 1742. — *Elisabeth*, b [4] 27 sept. 1743.—*Marie-Angélique*, b [4] 14 août 1750.

1740, (11 juillet) St-Valier.
III.—BLAIS, JOSEPH,   [PIERRE II.
  b 1717.
  LEBLOND, Marie-Charlotte,   [MARTIN II.
  b 1722.
Joseph-Marie, b 5 nov. 1741, à Berthier. [4]—
Anne-Françoise, b [4] 23 janvier 1744. — *Joseph-Marie*, b 16 août 1750, à St-Frs-du-Sud.—*Pierre-Michel*, b 28 sept. 1752, à St-Pierre-du-Sud. [5]—
Jean-Baptiste, b [5] 6 oct. 1754.—*Pierre*, b [5] 22 février 1757.—*André*, b [5] 23 mars 1759. — *Marie-Joseph*, b... m [5] 19 janvier 1761, à Jean-Baptiste PICARD.

1741, (25 juin) Ste-Anne de la Pocatière.
III —BLAIS, MICHEL.   [PIERRE II.
  LISOTTE, Françoise,   [JOSEPH II
  b 1722.
Marguerite, b 21 juillet 1749, à Berthier. —
Joseph-Marie, b 29 avril 1752, à St-Pierre-du-Sud. [8]— *Louis*, b [8] 7 janvier 1755, m 9 janvier 1781, à Marie-Gabrielle ROY, à Beaumont. —
Marie-Louise, b [8] 13 janvier 1757.

1741, (3 juillet) Montréal. [7]
I.—BLAIS (1), GABRIEL, b 1714, fils de Pierre et d'Elisabeth HURBÉ, de St-Martin-de-Ré, diocèse de LaRochelle.
1º LESOURD, Marie-Anne,   [JACQUES I.
  b 1716; s [7] 4 août 1755.
Luc, b [7] 24 avril 1742.—*Gabriel-Luc*, b [7] 9 janvier 1743.— *Mathieu*, b [7] 12 et s [7] 26 juillet 1743.
— *Marie-Anne*, b [7] 18 sept. 1745.— *Gabriel*, b [7] 10 oct. 1746.— *Jean-Baptiste*, b [7] 13 juin et s [7] 7 juillet 1748.

2º BRISSON, Marie-Joseph,   [JOSEPH II.
  b 1721; veuve de Louis Tessier.

1742, (28 oct.) Trois-Rivières.
III.—BLAIS, JEAN-BTE,   [JEAN II.
  b 1718.
  CHAUVET (2), Geneviève,   [PIERRE II.
  b 1719.

(1) Dit St-Martin.
(2) Dit Lagerne.

Jean-Baptiste, b... m 26 nov. 1764, à Marie-Anne GODARD. à Yamachiche. [4]—*Joseph*, b [4] 17 juillet 1745.—*Agathe*, b [4] 22 mars 1747 ; m [4] 14 avril 1766, à Joseph DUFAUX.—*Marie-Geneviève*, b [4] 19 juin 1748 ; m [4] 15 février 1768, à Charles MILET.
—*Jean-François*, b [4] 4 février 1750.—*Marie-Anne*, b [4] 8 août 1755.

1746, (31 janvier) Yamachiche. [1]
III.—BLAIS, JACQUES.   [JACQUES II.
  MILET, Marie.   [MATHIEU II.
Marie-Agathe, b [1] 15 mai 1747 ; m [1] 18 février 1765, à Joseph BELLEMARE.—*Jacques*, b [1] 1er mai 1749 ; s [1] 23 sept. 1750. — *Marie-Joseph*, b [1] 25 juin 1751.—*Marie-Joseph*, b [1] 5 déc. 1754. —
Charles, b [1] 1er déc. 1758.—*Jacques*, b [1] 10 mars 1762. — *Joseph*, b [1] 29 janvier 1765.

1747, (29 mai) St-Valier. [2]
III.—BLAIS, JACQUES,   [ANTOINE II.
  b 1720.
  LACROIX, Louise,   [GABRIEL II
  veuve de Joseph Leblond.
Marie-Catherine, b [2] 17 mars 1748. — *Etienne-Jean-Baptiste*, b [2] 29 déc. 1748.—*Dorothée*, b [2] 24 déc. 1749.—*Marie-Angélique*, b [2] 18 déc. 1750,—
Marie-Anne, b [2] 2 février 1752.—*Marie-Geneviève*, b [2] 13 mars et s [2] 15 mai 1753.—*Marie-Joseph*, b [2] 17 mars 1754—*Marie-Madeleine*, b [2] 20 août 1755—*Françoise*, b [2] 1er mars 1757, s [2] 16 janvier 1758.—*Anonyme* b [2] et s [2] 23 mars 1758.
—*Pierre-Clément*, b [2] 9 et s [2] 11 avril 1759.—
Jacques, b [2] et s [2] 20 sept. 1760.—*Jacques*, b [2] 19 nov. 1761.

1747, (19 août) Pte-du-Lac.
III.—BLAIS, ANTOINE.   [JACQUES II.
  ALARY, Marie-Agathe,   [JEAN II.
  b 1724, s 16 nov 1757, à Yamachiche. [6]
Antoine, b [6] 17 janvier et s [6] 29 déc. 1748.—
Antoine, b [6] 1er nov. 1749 — *Agathe*, b [6] 3 avril 1751—*François*, b [6] 30 juin 1755.—*Marie-Louise*, b [6] 27 avril 1757.

1747, (20 nov.) Pte-aux-Trembles, M.
III.—BLAIS, LOUIS,   [GABRIEL II.
  b 1722.
  CHARTIER, Catherine,   [ROBERT II.
  b 1719.

1748, (19 février) Ste-Geneviève, Mo [7]
II —BLAIS, LOUIS,   [LOUIS I.
  ROULEAU, Elisabeth.   [JEAN-BTE II.
Louis, b [7] 4 mars 1749; s [7] 27 mars 1751.—
Geneviève, b [7] 28 oct. et s [7] 30 nov. 1750.—*Louis*, b [7] 18 mai 1752. — *Joseph-Amable*, b [7] 12 avril et s [7] 7 août 1754.—*Joseph-Amable*, b 7 mai 1756, au Bout-de-l'Ile, M. [8] ; s [8] 8 janvier 1760.—*Jean-Baptiste*, b [8] 8 sept. 1758; s [8] 17 avril 1759.—
François-Amable, b [8] 21 mars 1760, s [8] 17 avril 1761.—*Joseph-Amable*, b [8] 13 avril 1762.—*Marie-Anne*, b [8] 28 juillet 1764.—*Charles*, b [8] 12 février 1767.

IV.—BLAIS, Pierre, [Pierre III.
b 1721.
Morin, Marguerite. [Jean IV.
Pierre-Noel, b 26 avril 1749, à St-Pierre-du-Sud. ⁸— Joseph-Marie, b ⁶ 9 avril 1753; m 10 oct. 1774, à Angélique Routier, à Ste-Foye. —Marie-Louise, b ⁶ 18 juin 1755. — Prisque, b ⁸ 11 mai 1757; s ⁶ 17 sept. 1758. — Marie-Félicité, b ⁶ 1ᵉʳ avril et s ⁸ 3 mai 1759.

I—BLAIS, François (1), fils de Guillaume et de Jeanne Ripenelle, de St-Germain, diocèse de Dol, Bretagne.
1° Dagneau, Geneviève, [Guillaume II.
b 1724.
1749, (25 août) St-Frs-du-Sud.
2° Fregeau, Felicité (2). [Daniel I

1748, (3 déc.) St-Pierre-du-Sud.¹
IV.—BLAIS, Jean-Bte, [Pierre III
b 1723.
Morin, Thérèse. [Pierre-Noel IV.
Thérèse, b ¹ 7 mars 1750; m 9 janvier 1769, à Joseph-Marie Carbonneau, à Berthier. ² — Reine, b ² 18 juin 1751; m ² 8 nov. 1779, à Charles Blanchet.—Marie-Marguerite, b ² 2 sept. 1754, m ² 5 août 1783, à Pierre Balan.—Jean-Baptiste, b ² 10 août 1753; m 1777, à Theotiste Beaulieu.

1750, (19 janvier) Pte-aux-Trembles, M.³
III.—BLAIS, Gabriel, [Gabriel II
b 1720.
1° Béique, Jeanne, [Jacques I.
b 1727.
Gabriel, b ³ 11 fevrier 1752. — Marie-Joseph, b ³ 5 août 1753. — Toussaint, b 22 mars 1757, à la Longue-Pointe.
1762, (11 janvier).³
2° Bonnier, Marguerite, [Jacques II.
b 1733.

1751, (17 mai) Ste-Geneviève, M.⁴
II.—BLAIS, Charles. [Louis I
Desmoulins, Marie. [Michel I
Charles, b ⁴ 12 mars 1752. — Marie-Suzanne, b ⁴ 8 et s ⁴ 25 nov. 1753.—Louis, b ⁴ 16 dec. 1754.

BLAIS, François.
Réaume, Marie-Anne.
b 1724; s 1ᵉʳ avril 1759, à Québec.⁵
Joseph, b ⁵ 22 mai 1752 —Etienne, b ⁵ 22 oct. 1753.—Marie-Anne, b ⁵ 19 juin 1755. — François-Joseph, b ⁵ 18 août 1757; s ⁵ 25 août 1758.

1755, (8 avril) Ste-Geneviève, M.⁶
II—BLAIS, Mathieu. [Louis I.
Guitard, Françoise. [Jean I.
Marie-Françoise, b ⁶ 2 avril et s ⁶ 25 juillet 1758.

1757, (17 janvier) Bout-de-l'Ile, M.⁸
II.—BLAIS, Joseph. [Louis I
Madeleine (1), Marie-Anne. [Pierre III
Marie-Céleste, b ⁸ 31 oct. 1759 —Anonyme, b ⁸ et s ⁸ 2 dec. 1761.—Marie-Anne, b ⁸ 24 janvier et s ⁸ 29 juillet 1765. — Marie-Anne, b ⁸ 25 mai 1766.

1757, (14 nov) St-Pierre-du-Sud.
IV.—BLAIS, Louis, [Louis III.
b 1736
Gaulin, Geneviève. [Antoine III.
Marie-Louise, b 19 nov. 1759, à St-François-du-Sud.

1760, (15 sept.) Montréal.
I.—BLAIS (2), Charles-Paul, b 1726; fils de Charles-Paul et de Marie-Anne De-la-Verne, de St-Etienne de Villeneuve, diocèse de Beziers.
Balan, Charlotte, [Etienne III.
b 1744.

1762, (24 mai) Berthier.⁹
IV.—BLAIS, Jean-Bte, [Augustin III.
b 1738, s avant 1795.
1° Rémillard, Marie-Joseph, [Etienne II.
b 1731; veuve de Claude Guyon; s ⁹ 27 février 1775.
Joseph, b ⁹ 13 dec. 1768, s ⁹ 28 août 1769.— Marie-Françoise, b ⁹ 9 mars 1772 — Angélique-Euphrasie, b ⁹ 8 et s ⁹ 20 juin 1773.—Pierre, b... s ⁹ 15 mars 1775.
1783, (27 janvier).⁹
2° Boucher, Marie-Madeleine (3) [Joseph III
b 1760.

1763, (3 janvier) Yamachiche.¹
III.—BLAIS, Antoine. [Jacques II
Marcot, Françoise. [Michel III
b 1721.
Marie-Françoise, b ¹ 31 janvier et s ¹ 23 juillet 1764.—Marguerite, b ¹ 1ᵉʳ mai 1767.

1764, (30 avril) Trois-Rivières.
III.—BLAIS, Jean-Bte. [Jacques II.
Aide-Crequi, Marguerite. [François II.

1764, (26 nov.) Yamachiche.¹
IV.—BLAIS, Jean-Bte. [Jean-Bte III
Godard, Marie-Anne. [François III.
b 1745.
Marie-Anne, b ¹ 29 nov. 1765. — Marie-Louise, b ¹ 10 juillet 1767.

IV.—BLAIS, Pierre. [Louis III
Fournier, Rose.
Marie-Rose, b 28 oct. 1765, à Lévis.

---
(1) Vivien dit Ladouceur.
(2) Dit Sieur de la Faraudière
(3) Elle épouse, le 21 avril 1795, Pierre Bourgaud, à Berthier.

---
(1) Marie sous le nom de Bele.
(2) Elle épouse, le 26 avril 1757, Jean Bissonnet, à St-Valier.

1765, (21 janvier) Yamachiche. [1]
III.—BLAIS, JOSEPH, [JEAN II.
b 1736.
BLAIS, Françoise. [JACQUES II.
Marie-Françoise, b [1] 28 mai 1765 ; s [1] 6 janvier 1766.—*Joseph*, b [1] 30 août 1766.—*Marguerite*, b [1] 17 déc. 1767.

BLAIS, MARGUERITE, épouse d'Ambroise BELLAVANCE.

I.—BLAIS (1), PIERRE.
CHATIGNY, Angélique, [JOSEPH III.
b 1743.
Pierre-Jacques, b 24 juin 1765, au Lac-des-Deux-Montagnes. [6]—*Marie-Madeleine*, b [6] 9 et s [6] 15 oct. 1766.

1765, (7 oct.) Berthier.
IV.—BLAIS, AUGUSTIN, [JEAN-BTE III.
b 1739.
MERCIER, Angélique, [AUGUSTIN III.
Augustin, b [5] 16 août 1766.—*Jean-Baptiste*, b [5] 16 déc. 1767. — *Marie-Ange*, b [5] 31 oct. 1769. — *Jean-Baptiste*, b [5] 4 mai 1774.—*Marie-Charlotte*, b [5] 8 juin 1775. — *Marie-Geneviève*, b [5] 19 mai 1777.

1766, (27 janvier) Yamachiche [6]
III—BLAIS, JOSEPH, [JACQUES II
LAUR, Marguerite. [JEAN I
Joseph, b [6] 28 oct. 1766 ; s [6] 13 février 1768.—*Joseph*, b 1767 ; s [6] 3 avril 1768.

1767, (23 nov.) St-Valier.
IV.—BLAIS, MICHEL, [PIERRE III.
b 1740
TANGUAY, Marie-Elisabeth, EAN I
b 1707 ; veuve de Joseph Hely.

BLAIS, LAURENT.
BEAUCHAMP, Marie-Joseph.
Louis, b 4 mars 1768, à la Longue-Pointe.—*Marie-Amable*, b 12 août 1772, à Lachenaye.

BLAIS, JOSEPH.
BOULET, Louise.
Pierre-Paul, b 20 mai 1770, à Berthier.

IV.—BLAIS, ANDRE, [JEAN-BTE III.
BLANCHET, Marthe, [LOUIS II.
Marguerite, b 13 janvier 1771, à Berthier.—*Marie-Amable*, b [1] 14 mars 1772. — *Marie-Geneviève*, b [1] 18 juin 1774.— *Marguerite*, b [1] 15 août 1778, s [1] 26 février 1780.

1771, (7 janvier) Berthier. [1]
IV.—BLAIS, JEAN-BTE, [JEAN-BTE III.
b 1745.
MERCIER, Marie-Anne, [AUGUSTIN III
b 1752.
Augustin, b [1] 24 mars 1774.—*Michel*, b [1] 30 juin 1775. — *Pierre*, b [1] 30 mars 1777. —*Marguerite*, b [1] 22 janvier 1779.—*Marie-Anne*,

b [1] 11 janvier 1781, m [1] 28 juillet [1795, à Jean-Baptiste GUIBERT.— *Marie-Marthe*, b [1] 19 juillet 1782.

1772, (9 nov.) Berthier. [4]
IV.—BLAIS, FRANÇOIS, [JEAN-BTE III.
b 1746.
BLANCHET, Marguerite, [CHARLES III.
b 1754.
Marie-Marguerite, b [4] 19 août 1773. — *Marie-Rogère*, b [4] 15 mars 1775.

1773, (24 mai) St-Thomas.
IV.—BLAIS, JOSEPH. [AUGUSTIN III.
b 1740.
MICHON, Marie-Elisabeth, [JEAN II.
b 1755.
Joseph, b... s 25 mai 1776, à Berthier. [1] — *Marie-Angélique*, b [1] 18 mars 1777. — *Marie-Joseph*, b [1] 9 sept. 1778 ; s [1] 7 août 1779.—*Rosalie*, b [1] 17 août 1780 — *Marc*, b [1] 25 avril 1795.

1774, (10 oct.) Ste-Foye. [2]
V.—BLAIS, JOSEPH, [PIERRE IV.
b 1753.
ROUTIER, Angélique-Charlotte, [MICHEL III.
b 1748.
Marie, b [2] 11 juin 1786.— *Victoire-Joseph*, b [2] 12 oct 1788.

1777.
V.—BLAIS, JEAN-BTE, [JEAN-BTE IV.
b 1753.
BEAULIEU, Theotiste
Marie-Théotiste, b 29 janvier 1778, à Berthier.[2] —*Jean-Baptiste*, b [2] 24 juin 1779.—*Marie-Thérèse*, b [2] 22 mars 1781. — *Marie-Madeleine*, b [2] 13 oct. 1782.

BLAIS, AUGUSTIN.
BEAUPIÉ, Geneviève.
Augustin, b 10 mars 1781, à Berthier. [3]—*Jean-François*, b [3] 23 août 1782.—*Marie-Elisabeth*, b [3] 29 déc. 1795.

1781, (9 janvier) Beaumont.
IV.—BLAIS, LOUIS, [MICHEL III.
b 1755.
ROY, Marie-Gabrielle. [JOSEPH.

BLAIS, FRANÇOIS.
CAUTRET, Judith.
Antoine, b 26 avril 1789, à Repentigny.

BLAIS, AUGUSTIN.
COULOMBE, Marie-Joseph
Ambroise, b 1794, s 10 avril 1795, à Berthier.

BLAIS, ANDRÉ
VERMET, Marie.
Pierre, b 28 sept 1795, à Berthier.

BLAIS, JEAN-BTE.
VERMET, Marie-Françoise
Elisabeth, b 22 déc. 1795, à Berthier.

(1) Guizaman dit VIVARAIS.

I.—BLAISE DE RIGAUVILLE, Nicolas. — Voy. DesBergères.

I.—BLAISE, André.
1° Cartier, Louise.
1734, (17 février) Pte-aux-Trembles, Q.
2° Sévigny, Marie-Anne, [Julien-Chs I.
b 1703; veuve de Joseph Tapin.

1761, (26 janvier) Verchères.
I.—BLAISE (1), Germain, fils de Jean et de Jeanne Montprairo, de Vignonelle, diocèse de St-Papoul, Languedoc.
Daudelin, Marie-Angelique. [Pierre IV.

BLAKE, Anne, épouse de Thomas Conrad Lee.

1763, (7 nov.) Beauport.
I.—BLAKNEY, Guillaume, fils de Jean et de Marie Brophy, de Ste-Anne, King County.
Maillou, Angelique, [Germain III.
b 1738.

1729, (9 août) Québec.
I.—BLANC, Antoine (2), fils de David et de Jeanne Chevalier, de Dupuis-Michel, diocèse de Riez.
Léger, Marguerite, [Pierre I.
b 1713.
Antoine, b 19 avril 1730.—*Louis-Antoine*, b 26 oct. 1731.—*Vincent*, b 8 sept. 1734.— *Marie-Catherine*, b 5 janvier 1736.—*Charles*, b 9 avril 1738.—*Joseph*, b 23 oct. 1739; s 16 avril 1740.—*Louis-Jacques*, b 2 mai 1741. — *Marie*, b 30 déc. 1742; s 20 janvier 1743. — *Marie-Joseph*, b 6 mars 1744.— *Michel*, b 10 janvier 1746.

BLANCHARD.—*Variations et surnoms*: Blanchy, 1737—Renaud.

BLANCHARD, Madeleine, épouse de Joseph Bourg.

I.—BLANCHARD, Marie, b 1649; 1° m 10 nov. 1667, à Mathieu Brunet, à Québec; 2° m 1708, à Yves Lucas.

BLANCHARD, Françoise, épouse de Jean-Baptiste Burel.

BLANCHARD, Elisabeth, épouse de Guillaume Comeau.

BLANCHARD, Françoise, épouse de Pierre Comiré.

BLANCHARD, Marie, b... m à Jean Emond; s avant 1767.

BLANCHARD, Anne, épouse de Guillaume Giroir.

BLANCHARD, Marie, épouse de Nicolas Labb

BLANCHARD, Anne, épouse de Joseph Laur.

BLANCHARD, Catherine, épouse de Franço Ranger.

BLANCHARD, Marie, épouse d'Alexis Thibdeau.

BLANCHARD, Madeleine, épouse de Barthlemi Vaillancour.

BLANCHARD, Geneviève, épouse de Paul L Pierre.

I.—BLANCHARD, Pierre.
Lagiroflée, Catherine,
b 1686; s 11 nov. 1756, à Québec.

BLANCHARD, Pierre-Chs. — Voy. Branchau

I.—BLANCHARD, Louis, soldat, b 1702:
Niort, diocèse de Poitou; s 26 avril 1718, Montreal.

BLANCHARD, Simon,
b 1700; s 14 janvier 1750, à St-Michel.

BLANCHARD, François, pilote,
b 1706; s 5 juin 1733, à Québec.

BLANCHARD,
Reau (1), Thérèse, [Joseph veuve Dysy; s 1er août 1741, aux Tro Rivières.
Joseph b 24 mai et s 10 juillet 1741, à Cha plain.

1727, (21 sept.) St-Pierre, I. O.
I.—BLANCHARD, Alexandre, fils d'Alexand et de Françoise Cormier, de Forinier, dioc du Mans.
Charon (2), Marie-Angélique. [Jean
Marie-Angélique, b 28 juillet 1728.— *lique*, b 18 nov. 1749, à St-Pierre-du-Sud *Marie-Angélique*, b 1750; m 4 nov. 1773, à Jose Bolduc, à St-Joseph-de-la-Beauce; s 22 av 1776.—*Marie-Madeleine*, b... m 8 13 oct. 1750, Jean-François Pepin.—*Charles*, b 18 nov. 17 s 8 mars 1770, à la Baie-du-Febvre. —*Rosal* b... m 16 nov. 1761, à Michel Squerre. *Pierre*, b... m 3 nov. 1767, à Marguerite Bel mare, à Yamachiche. — *Jean-Baptiste*, b... m fevrier 1770, à Marie-Anne Martel.—*Alexand* b... m 1766, à Madeleine Comiré. —*Cathert* b... m à Pierre Malbœuf.—*Françoise*, b...

(1) Dit Sansquartier, soldat du Royal Roussillon.
(2) Soldat de la compagnie de Laronde.

(1) Et Raoult.
(2) Dit Laferrière.

1733, (1er juin) Trois-Rivières.[1]
I.—BLANCHARD (1), PIERRE, fils de Pierre et d'Andrée Geoffroy, de N.-D. de Poitiers, ville de Poitiers.
DUPUIS, Gertrude (2),   [FRANÇOIS I.
b 1714.
Marie, b [1] 28 juin 1733. — *Pierre*, b 11 mars 1735, à Sorel [3] ; 1o m 9 janvier 1764, à Marie-Elisabeth HOGUE, à St-Antoine-de-Chambly [2] ; 2o m à Marie-Joseph JARET, 3o m 16 mai 1774, à Marie GALARNEAU, à St-Michel-d'Yamaska.— *Joseph*, b [2] 18 sept. 1736. — *Ignace*, b [3] 4 juillet 1738, m [2] 31 mai 1763, à Marie-Louise FONTAINE — *Antoine*, b [2] 22 mai 1740.

BLANCHARD, PIERRE,
  s avant 1764.
BOURG, Marie,
  s avant 1764.
Marie, b... m 10 août 1764, à Pierre-Benjamin LAUR.

I.—BLANCHARD, PAUL.
MARTIN, Marie.
Vincent, b... m 3 oct. 1768, à Marie BLANCHARD, à Repentigny.

I.—BLANCHARD, JEAN-BTE.
GIROUARD, Marguerite.
Marie, b... m 3 oct. 1768, à Vincent BLANCHARD, à Repentigny. [3]— *Madeleine*, b... m [3] 12 février 1770, à Joseph LANGLOIS. — *Nicolas*, b 20 nov. 1760, à Deschambault.

1748, (30 nov.) Ste Anne-de-la-Pérade.
I.—BLANCHARD (3), SIMON, fils de Louis et de Françoise LaBussière, de Beaubassin, en Acadie.
JOING, Marie.   [PIERRE I.

1752, (24 janvier) Québec.[4]
I.—BLANCHARD, JULIEN, fils de Pierre et de Perrine Lamarre, de St-Malo.
LACROIX, Marie-Louise,   [CLAUDE I.
b 1735.
Marie-Julienne, b [4] 2 août 1754.

1754, (1er juillet) Québec.[2]
I.—BLANCHARD, PIERRE, fils de Pierre et de Marguerite Jovin, de St-Jean-du-Pérot, diocèse de LaRochelle.
CLÉMENT, Marie-Louise-Julienne, [JACQUES I.
b 1737.
Pierre, b [2] 29 oct. et s [2] 12 nov. 1755.—*Louise-Julienne*, b [2] 2 oct. 1756 ; s [2] 5 février 1758.— *Louise*, b 31 juillet 1759, à Chambly. [3]—*Geneviève*, b [3] 30 sept. et s [3] 15 nov. 1760 —*Louis*, b 8 déc. 1761, au Bout-de-l'Ile, M. [7]—*Marie-Louise*, b [7] 18 avril et s [7] 4 juillet 1763.— *Marie-Agathe*, b [7] 14 août et s [7] 2 sept. 1764.—*Julienne-Amable*, b [7] 31 oct. 1765.—*Anne*, b [7] 28 juillet 1767.

I —BLANCHARD, MERY (1), b 1729; s 31 août 1806, à l'Hôpital-Général, M.

1757, (17 janvier) Pte-aux-Trembles, M.
I —BLANCHARD, HONORÉ, b 1728 ; fils de Jean et de Jeanne Moreau, de Marsielle, diocèse de LaRochelle.
POUTRÉ (2), Marie-Amable.   [NICOLAS II.
Jacques, b 7 juin et s 22 juillet 1757, à Terrebonne.

1757, (4 juillet) Quebec.[1]
I.—BLANCHARD, FRANÇOIS, fils de Charles et de Marie Fougeau, de DuDorée, diocèse de Xaintes.
PRUDHOMME, Marie-Joseph.   [PIERRE I.
Marie-Louise, b [1] 31 mars 1758 ; s 9 février 1759, à Ste-Foye.—*Jean-François*, b [1] 1er sept. 1759. — *Marie-Joseph*, b 10 sept. 1761, à St-Valier.

I —BLANCHARD, JOSEPH.
LEBLANC, Marguerite.
Marie-Thérèse, b 14 nov. 1759, à St-Pierre-les-Becquets.

1760, (7 janvier) Trois-Rivières.
I —BLANCHARD (3), LOUIS, fils de Mathurin et de François Boutillier, d'Ennebout, Bretagne.
DENOYELLE, Charlotte,   [NICOLAS I.
b 1734.

1762, (30 août) Montréal.
I —BLANCHARD, FRANÇOIS, b 1737 ; fils de Rene et de Marie Guillon, de St-Jean de Sauve, diocèse de Poitiers.
ROBIN, Marie-Joseph,   [JEAN I.
b 1738.

1763, (31 mai) St-Antoine-de-Chambly.
II.—BLANCHARD, IGNACE,   [PIERRE I.
b 1738.
FONTAINE, Marie-Louise,
veuve de Joseph Burel.

1764, (9 janvier) St-Antoine-de-Chambly.[4]
II.—BLANCHARD (4), PIERRE,   [PIERRE I.
b 1735.
1o HOGUE, Marie-Elisabeth,   [FRANÇOIS II.
b 1721 ; veuve de Claude Vandandaigue, s [4] 26 janvier 1765.
2o JARET, Marie-Joseph.
1774, (16 mai) St-Michel-d'Yamaska.
3o GALARNEAU, Marie,   [AUGUSTIN III.
b 1741.

---

(1) Dit Turaine, soldat de M. Montigny.
(2) Elle épouse, le 23 mai 1757, François Joyelle, à St-François-du-Lac.
(3) Dit Larose.

(1) Ancien soldat de la colonie.
(2) Dit Lavigne.
(3) Dit Dorval, capitaine du régiment de Languedoc.
(4) Dit Turaine.

1766.

II.—BLANCHARD, Alex. [Alexandre I.
Couré, Madeleine. [Nicolas I
Etienne-Louis, b 9 nov. 1767, à Yamachiche.

BLANCHARD, Joseph.
Loyer, Judith
Joseph, b... s 28 août 1768, à Repentigny.

I.—BLANCHARD, Jean,
s avant 1789.
Forest, Catherine.
Joseph-Marie, b 1er janvier 1767, à St-Michel-d'Yamaska.³—*Catherine*, b ³ 4 février et s ³ 4 mai 1770. — *Marie-Joseph*, b... m 5 oct. 1789, à François Bergeron, à Nicolet.

1767, (3 nov.) Yamachiche.

II.—BLANCHARD, Pierre. [Alexandre I.
Bellemare (1), Marguerite, [Maurice IV.
b 1735; veuve de Vincent Maheu.
Pierre-Baptiste, b 5 août 1771, à la Baie-du-Febvre.

1768, (3 oct.) Repentigny.²

II.—BLANCHARD, Vincent. [Paul I.
Blanchard, Marie. [Jean-Bte I.
Joseph, b ² 11 mai 1770.

1770, (5 février) Baie-du-Febvre.

II.—BLANCHARD, Jean-Bte. [Ls-Alexandre I.
Martel, Marie-Anne, [Gabriel III.
b 1751.

1771, (16 août) Lachenaye.

I.—BLANCHARD, Etienne, fils de Jean et de Perpétue Lagneau, de St-Michel-de-Bourges, Berry.
Jouet, Marie. [François I.

BLANCHARD, Jean.
Forest, Catherine.
Anselme, b 1759, s 23 mai 1760, à St-Frs-du-Sud.—*Marie-Joseph*, b 28 août 1761, à Berthier.⁴—*Marie-Claire*, b ⁴ 31 oct. 1763.

BLANCHET, Françoise, épouse de Jean-Baptiste Rochefort.

BLANCHET, Marie-Elisabeth, épouse de Simon Duval-Dupauleau.

BLANCHET, Marie-Joseph, épouse de Germain Gaudreau.

1670, (17 février) Québec.¹

I.—BLANCHET (2), Pierre, b 1646; fils de Noël et de Madeleine Valet, de St-Omer, diocèse d'Amiens, Picardie; s 12 avril 1709, à St-Thomas.²
Fournier, Marie, [Guillaume I.
b 1655.

(1) Voy. Gelina
(2) Voy. vol. I, p 58.

Pierre-Guillaume, b ¹ 18 juin 1674; m 9 nov. 1705, à Marie-Anne Gagné, à St-Michel.—*Marie-Madeleine*, b ¹ 5 juillet 1676; 1° m ² 27 juillet 1699, à Vincent Chrétien; 2° m ² 27 mai 1709, à Charles DesTroismaisons.—*Jean*, b 9 juin 1685, au Cap-St-Ignace; 1° m 6 avril 1712, à Geneviève Gagné, à Berthier³; 2° m à Geneviève Rousseau. — *Louis*, b ² 10 avril 1701; m ³ 12 juillet 1723, à Marie Joly. — *François*, b... — *Elisabeth*, b... m à Nicolas Rivard. — *Françoise*, b ² 26 avril 1694; m à Sébastien Morin.—*Geneviève*, b ² 16 janvier 1696; m 1735, à Jean-Baptiste Dubreuil.

1676.

I —BLANCHET, René,
b 1642.
Sédilot, Marie, [Louis I.
b 1644; veuve de Julien Trotier.
Simone, b 1676; m 10 janvier 1700, à Julien Lesieur, à Batiscan; s 18 nov. 1762, à Yamachiche.

1696, (4 juillet) Champlain.

I.—BLANCHET, Pierre.
Harel, Marie-Françoise (1). [Jean I.
Marie-Françoise, b 16 oct. 1706, aux Trois-Rivières⁵; m 7 janvier 1727, à François Picher, à St-Ours.¹ — *Pierre*, b ³ 11 août 1704; m ¹ 30 juin 1727, à Marie-Anne Dubois; s 4 déc. 1746, à Sorel.

1699, (18 nov.) Cap-St-Ignace.²

II.—BLANCHET, Pierre-Alphonse, [Pierre I
b 1672; s avant 1752.
Gagné, Louise, [Louis II.
b 1677; veuve de Christophe DeLajoue, s 20 mars 1716, à St-Thomas.³
Pierre, b ³ 5 sept. 1700, 1° m 21 janvier 1725, à Marie-Joseph Joly, à Berthier; 2° m à Catherine Rousseau; s 15 mars 1756, à Lévis.—*Joseph*, b ³ 7 juin 1702; m à Marie-Joseph DesTroismaisons; s 5 déc. 1749, à St-Pierre-du-Sud.— *Marie-Claire*, b ³ 4 août 1705; m 1728, à Jean-Baptiste Dagneau; s 27 déc. 1746, à St-Fis-du-Sud. — *Marie-Anne*, b ³ 10 mai 1704; m ³ 9 février 1728, à Laurent Michon. — *Louis*, b ³ 26 juin 1709; m 1735, à Marie Fontaine — *Marthe*, b ³ 6 mai 1711; m ³ 9 avril 1731, à Louis-Augustin Michon. — *Hélène*, b ³ 17 mars 1713, m ² 20 nov. 1752, à Jean-Baptiste Gaudreau — *Louise*, b ³ 12 oct. 1714—*Madeleine*, b... m 1728, à Jacques Chartier; s avant 1737.

1705, (9 nov.) St-Michel.

II.—BLANCHET, Pierre-Guillaume, [Pierre I.
b 1674.
Gagné, Marie-Anne, [Louis II.
b 1688.
Vincent, b... m 15 janvier 1748, à Marie-Martha Cloutier, à l'Islet; s 5 déc. 1749, à Lévis.—*Marie-Marthe*, b... 1° m 4 juillet 1749, à Joseph Buteau, au Cap-St-Ignace⁴, 2° m ⁴ 16 mai 1763, à François Rocher.

(1) Elle épouse, le 7 janvier 1700, François Pelloquin, aux Trois-Rivières.

1712, (6 avril) Berthier.⁵

II.—BLANCHET, JEAN,   [PIERRE I.
b 1685.
1° GAGNÉ, Geneviève,   [LOUIS II.
b 1691.
Marie-Geneviève, b 21 fevrier 1713, à St-Thomas⁶, s⁶ 21 sept. 1714.—*François*, b 1713; m⁶ 15 oct. 1736, à Claire FOURNIER; s⁶ 9 oct. 1745. — *Jean-Marie*, b⁶ 7 avril 1714; m 1746, à Marie-Joseph FOURNIER; s 6 février 1752, à St-Pierre-du-Sud.⁷ —*Pierre*, b... m 20 juin 1740, à Gabrielle GAGNÉ, à l'Islet.

2° ROUSSEAU, Geneviève.
Alexis, b... m 21 août 1747, à Marie-Joseph GILBERT, au Cap-St-Ignace.⁸ — *Alexandre*, b... m 11 janvier 1751, à Marie-Louise PEPIN, à Lévis.—*Augustin*, b... m⁸ 15 janvier 1753, à Angelique GILBERT.—*Charles*, b... m⁵ 4 fevrier 1754, à Marguerite BILODEAU.—*Geneviève*, b... m⁷ 12 janvier 1756, à Joseph MORIN.—*Marie-Reine*, b... m⁷ 7 avril 1761, à Joseph DeLESSARD —*André*, b... m⁵ 11 sept. 1769, à Françoise BUTEAU. — *Jean-Baptiste*, b⁷ 5 janvier 1751. — *Marie*, b 1724; s 10 fevrier 1742, à St-Frs-du-Sud.

1723, (12 juillet) Berthier.

II.—BLANCHET, LOUIS   [PIERRE I.
b 1701.
JOLY, Marie-Angelique,   [VITAL I.
b 1702
Louis, b... m 1747, à Marie-Marguerite GERBER, au Cap-St-Ignace.—*Marie-Louise*, b... m 10 nov. 1749, à Joseph COUTURE, à St-Pierre-du-Sud.² — *Angelique*, b... 1° m² 18 janvier 1751, à Jean-Baptiste MORIN; 2° m² 26 janvier 1761, à Joseph-Marie PICARD.—*Geneviève*, b... m² 8 janvier 1753, à Simon TALBOT.—*Marguerite*, b... m² 13 mai 1754, à Prisque MATHIEU. — *Jean-Baptiste*, b... m² 4 nov. 1760, à Geneviève DESTROISMAISONS—*Pierre-François*, b¹ 11 mai 1737; 1° m¹ 27 juillet 1767, à Marie-Reine BLAIS; 2° m² 27 janvier 1780, à Rosalie BLANCHET.—*Marthe*, b... m 1770, à André BLAIS.

1725, (21 janvier) Berthier.

III—BLANCHET, PIERRE,   [PIERRE II.
b 1700, s 15 mars 1756, à Levis.²
1° JOLY, Marie-Joseph,   [VITAL I.
b 1706; s avant 1740.
Marie-Joseph, b... m 23 nov 1744, à Gabriel SIMONEAU, à St-Thomas.—*Madeleine*, b³ 12 mai et s³ 9 sept. 1729.—*Marie-Anne*, b³ 31 août et s³ 31 oct. 1730.— *Geneviève*, b³ 23 août 1732, 1° m 20 sept. 1756, à Pierre MARION, à St-Nicolas, 2° m 27 nov. 1775, à Pierre GARAUT, à Terrebonne

2° ROUSSEAU, Catherine,   [JEAN-BTE II.
b 1714.
Antoine, b... m 1ᵉʳ fevrier 1768, à Marie-Agathe ROY, à St-Valier.—*Marie-Louise*, b³ 11 mars 1740.— *Marie-Louise*, b 2 fevrier 1747, à Quebec.— *Jean-Baptiste*, b² 6 juillet 1749.—*Marie-Hélène*, b² 21 mars 1752. — *Anonyme*, b et s 23 juillet 1756, à St-Pierre-du-Sud.

1727, (30 juin) St-Ours.

II.—BLANCHET, PIERRE,   [PIERRE I.
b 1704; ; 7 dec. 1746, à Sorel.⁴
DUBOIS, Marie-Anne (1),   [CLÉMENT II.
b 1701.
Marie-Madeleine, b⁴ 22 mai 1729; m⁴ 25 janvier 1745, à Joseph PAGÉ. — *Anonyme*, b⁴ et s⁴ 7 juillet 1731.—*Marie-Anne*, b⁴ 7 mars 1734 s⁴ 18 fevrier 1741.

III.—BLANCHET, JOSEPH,   [PIERRE II.
b 1702; s 5 dec. 1749, à St-Pierre-du-Sud.⁵
DESTROISMAISONS (2), Marie-Jos, [FRANÇOIS II.
b 1704.
Marie-Charlotte, b... m⁵ 13 avril 1750, à Charles AYOT.—*Angélique*, b... m⁵ 22 avril 1754, à Jean-Baptiste-Basile CLOUTIER.—*Jacques*, b... m 10 nov 1755, à Marie-Madeleine VERMET, à Berthier —*Joseph*, b... m⁵ 26 fevrier 1759, à Geneviève SAMSON.—*Pierre*, b... m⁵ 23 nov 1761, à Marie-Marthe CLOUTIER.—*Claire*, b 1732, s⁵ 8 fevrier 1754. — *Jean-Marie*, b 1735; s⁵ 29 dec. 1753

1735.

III.—BLANCHET LOUIS   [PIERRE II.
b 1709
FONTAINE, Marie-Geneviève,   [ETIENNE II.
b 1715, s 18 mars 1756, à St-Joseph-de-la-Beauce.¹
Marie-Geneviève, b 15 nov. 1735, à Berthier⁹ ; m 3 nov. 1762, à Charles CADORET, à Levis ⁵— *Jacques*, b 1741; m¹ 5 mars 1764, à Geneviève GRONDIN, s¹ 0 mai 1773.—*Jean-Baptiste*, b 8 avril 1742, à St-Frs-du-Sud³, s² 4 mai 1756 —*Marie-Joseph*, b 1743, m 21 nov. 1781, à Antoine-François BESANÇON, à la Rivière-Ouelle⁴, s⁴ 5 juillet 1783. — *Pierre*, b 1745 ; s³ 28 oct. 1760 —*Marie-Cécile*, b⁵ 6 mai et s⁵ 7 juin 1750. — *Marie-Salomée*, b⁵ 30 oct 1752. — *François*, b⁵ 4 juillet 1755; s⁵ 16 juillet 1756

1736, (15 oct) St-Thomas

III.—BLANCHET, FRANÇOIS,   [JEAN II
b 1713, s⁷ 9 oct. 1745
FOURNIER, Claire,   OSEPH III.
b 1716.
Marie-Geneviève, b⁷ 21 juillet 1737, m 14 mai 1766, à Jacques CHRÉTIEN.— *Marie-Claire*, b⁷ 15 sept. 1739. — *Marie-Louise*, b⁷ 25 août 1741 —*François*, b⁷ 15 dec. 1743, m⁷ 9 juillet 1770, à Thérèse HOROSTEILLE.—*Marie-Françoise*, (posthume) b⁷ 18 fevrier 1746

1736, (19 nov.) Islet.⁴

III.—BLANCHET, NOEL,   [PIERRE II.
b 1707
FORTIN, Marie-Xaintes,   [CHARLES III.
b 1714.
Marie-Xaintes, b⁴ 14 août 1737. — *Louis-Pierre*, b⁴ 11 juillet 1739. — *Noel-Joseph*, b⁴ 16 avril 1742.—*Marthe*, b⁴ 21 et s⁴ 27 juin 1751.

---

(1) Elle épouse, le 27 oct. 1749, Denis Laporte, à Chambly
(2) Dit Picard.

BLA 310 BLA

1740, (20 juin) L'Islet.
III.—BLANCHET, Pierre.   [Jean II.
  Gagné, Marie-Gabrielle,   [Augustin IV.
    b 1714.
  Pierre, b 21 juin 1741, au Cap-St-Ignace. ⁸—
Etienne, b ⁸ 2 oct. 1742.—*Etienne*, b ⁸ et s ⁸ 13 mars 1744.—*Etienne*, b ⁸ et s ⁸ 14 janvier 1746.—*Louis*, b ⁸ 21 oct. 1746 — *Marie-Victoire*, b ⁸ 10 février 1749.—*Joseph-Marie*, b ⁸ 14 mars 1751.—*Jean-Gabriel*, b ⁸ 4 août 1753. — *Jean-François*, b ⁸ 20 août 1756; s ⁸ 15 avril 1758.—*Bernard*, b ⁸ 20 août 1756.

1746.
III.—BLANCHET, Jean-Marie,   [Jean II.
    b 1714 ; s 6 février 1752, à St-Pierre-du-Sud. ²
  Fournier, Marie-Joseph (1).   [Joseph III.
  Marie-Joseph, b ² 8 mai 1749.—*Jean-Baptiste*, b ² 1747 ; s ² 13 sept. 1749.—*Jean-Baptiste*, b ² 4 mars 1751.

1747, (2) Cap-St-Ignace.
III.—BLANCHET, Louis,   [Louis II.
  Gerber (3), Marie-Marguerite.   [Joseph III.
  Paschal, b… m 29 janvier 1793, à Madeleine DesTroismaisons, à St-Pierre-du-Sud. ¹—*Marie-Joseph*, b 1743 ; m 21 nov. 1781, à Antoine-François Besançon, à la Rivière-Ouelle ² , s ² 5 juillet 1783.—*Joseph-Marie*, b ¹ 8 mai 1750.—*Jean-Baptiste*, b ¹ 8 sept. 1751.—*Marie-Marguerite*, b ¹ 22 mars 1753. — *Basile*, b ¹ 13 oct. 1754 ; s ¹ 2 février 1755.—*Hyacinthe*, b ¹ 6 mars 1756.—*Pierre*, b ¹ 20 nov. 1757.—*Marie-Charles*, b ¹ 2 et s ¹ 24 juillet 1759. — *Louis*, b… m 19 avril 1773, à Marie-Joseph Ouellet, à l'Islet.

1747, (21 août) Cap-St-Ignace.
III.—BLANCHET, Alexis.   [Jean II.
  Gilbert, Marie-Joseph.   [Joseph III.
  Alexis, b 8 sept. 1750, à Levis. ³—*Marie-Madeleine*, b ³ 2 mars 1753 ; s ³ 21 mai 1756.—*Pierre-Basile*, b 8 oct. 1758, à St-Pierre-du-Sud ⁴ ; s ⁴ 8 nov. 1759.

I.—BLANCHET, Simon.
  Bouchet, Françoise.
  Alexandre, b… m 20 août 1770, à Geneviève Celles-Duclos, à Varennes.—*Marie-Anne*, b 4 sept. 1749, à Levis. ⁴—*Louis*, b ⁴ 6 janvier 1752.—*François*, b 26 janvier 1755, à St-Pierre-du-Sud. ¹ —*Marie-Geneviève*, b ¹ 16 sept. 1757.

1748, (15 janvier) Islet.
III.—BLANCHET, Vincent,   [Guillaume II.
  s 5 déc. 1749, à Levis ⁴
  Cloutier, Marie-Marthe (4),   [Guillaume IV.
    b 1723.
  Guillaume, b ⁴ 16 nov. 1749, s ⁴ 10 sept. 1750.

1751, (11 janvier) Lévis. ⁴
III.—BLANCHET, Alexandre.   [Jean II.
  Pepin (1), Marie-Louise,   [Antoine III.
    b 1731.
  Alexandre, b ⁴ 21 nov. 1751.—*François-Marie*, b ⁴ 5 janvier 1754.—*Charles*, b ⁴ 21 août 1764, s ⁴ 23 juin 1765.—*Marie-Louise*, b 6 juillet 1757, à St-Pierre-du-Sud.

1753, (15 janvier) Cap-St-Ignace.
III.—BLANCHET, Augustin.   [Jean II.
  Gilbert, Angélique.   [Joseph III.
  Rosalie, b… m 27 janvier 1780, à Pierre Blanchet, à St-Pierre-du-Sud. ⁸ — *Marie-Angélique*, b ⁸ 20 mai et s ⁸ 12 juin 1754 — *Marie-Angélique*, b ⁸ 23 août 1755.—*Marie-Reine*, b ⁸ 4 mai et s ⁸ 10 sept. 1757.—*Augustin*, b ⁸ 21 sept. et s ⁸ 8 oct. 1758.—*Joseph*, b ⁸ 23 oct. 1759.

I.—BLANCHET, Joseph.
  Quemleur (2), Marie-Joseph,
    s 13 mai 1758, à St-Pierre-du-Sud. ⁸
  Marie-Joseph, b ⁸ 21 avril 1754.—*Joseph-Marie*, b ⁸ 20 avril 1756 ; m 28 nov. 1780, à Agathe Godbout, à Beaumont. — *Jean-Baptiste*, b ⁸ 16 avril et s ⁸ 18 juillet 1758.

1754, (4 février) Berthier. ²
III.—BLANCHET, Charles.   [Jean II.
  Bilodeau, Marguerite,   [Gabriel III.
    b 1732.
  Marguerite, b ² 11 nov. 1754 ; m ² 9 nov. 1772, à François Blais —*Charles*, b ² 24 février 1757 ; m ² 8 nov. 1779, à Reine Blais.

1755, (10 nov.) Berthier. ²
IV.—BLANCHET, Jacques.   [Joseph III.
  Vermet, Marie-Madeleine,   [Robert III.
    b 1723.
  Marie-Madeleine, b ² 19 sept. 1756 ; m ² 7 oct. 1776, à Julien Fontaine. — *Jacques*, b 1757 ; s ² 13 janvier 1762. — *Marguerite*, b 2 nov. 1757, à St-Frs-du-Sud.—*Marie-Charlotte*, b ² 18 août et s ² 4 nov. 1759. — *Marie-Madeleine*, b ² 16 déc. 1760.

1759, (26 février) St-Pierre-du-Sud.
IV.—BLANCHET, Joseph.   [Joseph III.
  Samson, Geneviève,   [Etienne II.
    b 1742.

1760, (4 nov.) St-Pierre-du-Sud.
III.—BLANCHET, Jean-Bte.   [Louis II.
  DesTroismaisons (3), Geneviève.   [Philippe II.

1761, (23 nov.) St-Pierre-du-Sud.
IV.—BLANCHET, Pierre.   [Joseph III.
  Cloutier, Marie-Marthe.   [Joseph V.

---

(1) Elle épouse, le 7 août 1752, Pierre Gerbert, à St-Pierre-du-Sud.
(2) La date du mois n'est pas à l'acte et cet acte est au Registre de 1741.
(3) Appelée Gilbert, 1747
(4) Elle épouse, le 11 mai 1750, Jean Fontaine, à Lévis.

(1) Dit Lachance.
(2) Dit Laflamme.
(3) Dit Picard.

1764, (5 mars) St-Joseph, N.-B.⁷
IV.—BLANCHET, Jacques, [Louis III.
 b 1741 ; s ⁷ 9 mai 1773.
 Grondin, Geneviève, [René II.
 b 1740.
Jacques, b ⁷ 26 déc. 1764. — *Charles*, b ⁷ 9 et
s ⁷ 30 mars 1766.

BLANCHET, Jacques.
 Dodier, Marie-Agnès.
Marie-Joseph, b 24 janvier et s 6 février 1768,
à St-Joseph, N.-B. ⁸ —*Marie-Agnès*, b ⁸ 21 janvier
1769.—*Zacharie*, b ⁸ 16 février 1772.

1767, (27 juillet) Berthier (1).
III.—BLANCHET, Pierre. [Louis II.
 1º Blais, Marie-Reine, [Jean-Bte III.
 b 1748.
Pierre, b... —*Jean-Baptiste*, b...
1780, (27 janvier) St-Pierre-du-Sud.
 2º Blanchet, Rosalie. [Augustin III.
Louis, b... m à Marie Gosselin.—*Félix*, b... m à
Rose Talbot.—*François-Norbert*, b 3 sept. 1795 ;
ordonné, le 18 juillet 1819 ; archevêque, 25 juillet
1845. — *Augustin-Magloire*, b 22 août 1797 ; ordonné, le 3 juin 1821 ; evêque, 27 sept. 1846.—
Thomas, b... m à Madeleine Morin.—*Michel*, b...
m à Cécile Blais. — *Hubert*, b... m à Olivier
Prevost.—*Judith*, b... m à Gabriel Cloutier.—
Rose, b... m à Jean-Baptiste Pelletier.—*André*,
b... m à Rosalie Roy.

1768, (1er février) St-Valier.
IV.—BLANCHET, Antoine [Pierre III.
 Roy, Marie-Agathe, [Augustin III.
 b 1742.

1769, (11 sept.) Berthier. ⁹
III.—BLANCHET, André. [Jean II.
 Buteau, Françoise, [François III.
 b 1747.
André, b ⁹ 11 juillet 1771 ; s ⁹ 29 juin 1773.—
Marie-Françoise, b ⁹ 18 mai 1774.—*Augustin*, b ⁹
3 nov. 1776.—*Catherine*, b ⁹ 18 déc. 1779.—
Marie-Marguerite, b ⁹ 22 déc. 1782.

1770, (9 juillet) St-Thomas.
IV.—BLANCHET, François, [François III.
 b 1743.
 Horosteille, Thérèse. [Mathieu I.

1770, (20 août) Varennes.
II.—BLANCHET, Alexandre. [Simon I.
 Celles-Duclos, Geneviève, [Etienne III.
 veuve de Louis Roch.

1773, (19 avril) Islet.
IV.—BLANCHET, Louis. [Louis III.
 Ouellet, Marie-Joseph. [François.

BLANCHET, Pierre.
 Gensereau, Marie.
Pierre, b 20 août 1773, à St-Louis, Mo. ⁶ —
Louis, b... m ³ 15 oct. 1790, à Angelique Indian.

(1) Contrat de Lévêque, N P., à St-Thomas.

BLANCHET, Joseph.
 Cloutier, Veronique.
Marie-Angélique, b 18 avril 1774, à l'Islet. ⁹ —
Marguerite, b ⁹ 3 mars 1776.

1779, (8 nov.) Berthier. ⁵
IV.—BLANCHET, Charles, [Charles III.
 b 1757.
 Blais, Reine, [Jean-Bte IV.
 b 1751.
Marie-Reine, b ⁵ 20 sept. 1780.—*Françoise*, b ⁵
17 nov. 1781.

1738.
I.—BLANCHETIÈRE (1), Sulpice, b 1706 ; fils
de Jean et de Catherine Lecompte, de St-
Sulpice, Paris.
 1º Panis, Catherine.
Paul, b 28 fevrier 1739, à Montreal. ¹
 1744, (21 janvier) ¹
 2º Jussereau (2), Elisabeth, [Pierre I.
 b 1705 ; veuve de Barth Vallet.

1666.
I.—BLANCHON, Etienne,
 b 1632 ; s 21 mai 1712, à Beaumont. ³
 1º Convent, Anne,
 b 1601 ; veuve de Jacques Maheu ; s 25 déc.
1675, à Québec. ⁴
 1676, (30 juin). ⁴
 2º Vuideau, Anne, [Jacques I.
 b 1641 ; veuve de Jean Juineau.
Marie-Louise, b ⁴ 10 déc. 1680, m 18 nov.
1732, à Jacques Jousselan, à Montréal² ; s ² 10
mars 1750—*Elisabeth*, b ⁴ 18 juin 1679 ; m ² 7 déc.
1698, à Augustin Juineau.
 1690
 3º Lacasse (3), Marie-Françoise, [Antoine I.
 b 1670 ; s ³ 14 janvier 1750.
Marie-Charlotte, b ⁴ 8 avril 1692 ; m ⁴ 25 nov.
1715, à Etienne Carpentier ; s ³ 27 sept. 1716.—
Marie-Catherine, b ⁴ 1er mars 1694 ; m ⁴ 4 mai
1717, à Claude Rancour ; s ⁴ 11 juin 1720.—*Françoise*, b 1er oct. 1690, à Lévis ; m ³ 27 nov. 1708,
à Jacques Fournier — *Suzanne*, b ⁴ 29 sept.
1699 ; m ⁴ 27 nov. 1719, à Louis Parant.

I.—BLANCHON (4), Pierre, b 1663, de Chai-
gne, diocèse de Limoges ; s 8 déc. 1736, à
Montréal.

1737, (28 janvier) Montréal.
I.—BLANCHY (5), Claude, b 1706 ; fils de François et de Marie Lapierre, de St-Quentin,
diocèse de Tours.
 Bourg, Marie-Anne (6), [Antoine I.
 veuve de François Morel.

(1) Dit St-Georges. Soldat de la compagnie de Beauvais.
(2) Ci-devant appartenant à Marie Delachauvignerie.
(3) Et Cassé.
(4) Dit Lamélancolie, soldat.
(5) Dit St-Quentin—Blanchard.
(6) Elle épouse, le 9 mai 1757, Edmond Pucelle, à Montréal.

I.—BLANDELET, Toussaint.—Voy. Delay.

BLANQUET, Marie, b 1630; m 1657, à Jean Leclerc; s 10 sept. 1709, à St-Pierre, I. O.

1663, (7 nov.) Quebec.
I.—BLANQUET, Adrien (1),
 b 1604.
 Lemaitre, Anne,
 b 1617.

I.—BLANQUIER (2), François, b 1697; de Paris ; s 18 oct. 1777, à l'Hôpital-General, M.

1766, (10 février) Sorel.
I.—BLANGÉ, Jean, fils de Claude et d'Anne Vilaire, d'Alguëne, diocèse de Boulogne, Picardie.
 Portelance, Marie-Jeanne,
  veuve de Louis Chène dit Lagrave.

BLAU.—*Variations et surnoms* : Blot—Bleau —Belleau—Bennaud.

I.—BLAU, Antoine, b 1645; s 28 nov. 1715, à Montréal.

1672, (22 février) Montréal. [1]
I.—BLAU, François (3),
 b 1641 ; s [1] 22 déc. 1718.
 1° Benoit, Elisabeth,   [Paul I.
  s [1] 5 nov. 1685.
   1685 (1er déc.) [1]
 2° Campeau, Catherine,   [Etienne I.
  b 1667 ; s 16 fevrier 1750, à Verchères.
Anonyme, b [1] et s [1] 18 août 1686.—*Louise*, b [1] 3 sept. 1689; s [1] 15 août 1708. — *Marie-Jeanne*, b [2] 25 février 1692; m [1] 28 nov. 1719, à Joseph Bourdon.—*Jacques*, b [1] 6 avril 1696 ; m 1727, à Françoise Larchevêque.—*Catherine*, b [1] 27 mars 1699 ; m [1] 15 janvier 1720, à Guillaume Longpré. —*Jean-Baptiste*, b [1] 14 août 1701 ; m 3 février 1738, à Angelique Lachaise, à St-François, I. J.—*Etienne*, b [1] 12 mars 1704 ; m [1] 22 janvier 1731, à Marie-Anne Hallé.—*Marie-Joseph*, b [1] 26 mars 1706.—*François*, b [1] 28 déc. 1710,

I.—BLAU, Etienne.
 Séguin, Marguerite.
Nicolas, b... m 19 février 1727, à Thérèse Boisseau, à Kaskakia.

1703, (13 nov.) Montréal. [2]
II.—BLAU, François (4),   [François I.
 b 1677 ; s 15 avril 1723, à la Pte-aux-Trembles, M. [1]
 Juillet, Marie-Catherine,   [Charles II.
  b 1683 ; veuve d'Antoine Fortier ; s [2] 24 mars 1755.

Marie, b [2] 16 août 1704 ; m [2] 28 janvier 1726, à Denis Jourdain. — *Anonyme*, b [1] et s [1] 15 mai 1706.—*François*, b [1] 9 et s [1] 10 août 1719.

1712, (15 oct.) Lorette. [1]
I.—BLAU, Alexis, fils de Barthélemi et de Barbe …………, de Notre-Dame-de-Grâce, ville et diocèse d'Evreux.
 Charon (1), Madeleine,   [Jean-Bte I.
  b 1684; veuve de Michel Chabot ; s avant 1752.
Pierre-Alexis, b [1] 25 mars 1713 ; m 20 août 1753, à Marguerite Benoit, à Quebec. — *Joseph-Marie*, b [1] 20 juin 1714 ; 1° m 1er déc. 1736, à Geneviève Gagnon, à la Petite-Rivière [2] ; 2° m [2] 18 février 1760, à Marie-Agathe Delavoye.—*François*, b... 1° m 17 janvier 1752, à Marguerite Galarneau, à Levis; 2° m 20 oct. 1760, à Marie-Françoise Lemoine, à St-Michel. — *Marie-Geneviève*, b... m à François Boulé. — *Charles*, b [1] 4 mars 1718 ; m 4 mai 1744, à Marguerite Tibaut, à Charlesbourg. — *Antoine*, b [1] 8 mars 1720 — *Louise-Véronique*, b 1716 ; s 14 déc. 1742, à Montreal.

1721, (11 août) Montréal.
I.—BLAU, Laurent, b 1685 ; fils de Jean et d'Elisabeth Benoit, de Falaise, Basse-Normandie.
 Gervaise, Louise,   [Louis II.
  b 1695.
Marie-Louise, b... m 1754, à Michel Tétreau.

BLAU, Pierre.—Voy. Pelot.

1727, (19 février) Kaskakia.
II.—BLAU, Nicolas.   [Etienne I.
 Boisseau. Thérèse.

1727.
II.—BLAU, François-Jacques,   [François I.
 b 1696.
 Larchevêque, Françoise,   [Jean II.
  b 1698.
François, b 23 février et s 9 juin 1728, à Montréal. [2] — *Jacques*, b 19 mars 1730, à la Longue-Pointe. [3] — *François*, b [3] 8 juin 1731 ; s [3] 15 fevrier 1732.—*François*, b [3] 4 oct. et s [3] 6 nov 1732.—*Françoise-Amable*, b [3] 28 avril 1734 ; m [2] 14 janvier 1755, à François Ledoux ; s [3] 27 nov. 1756.—*Marie-Charlotte*, b [3] 21 sept. 1735, m [2] 13 nov. 1757, à Antoine Charon. — *Nicolas*, b [2] 13 juillet ; s [2] 12 février 1737.—*Jean-François*, b [2] 10 nov. 1738 ; s [2] 26 mars 1739.—*Marie-Joseph*, b [2] 25 fevrier 1740. — *Marie-Catherine*, b [2] 28 mars 1742. — *Marie-Anne-Amable*, b [2] 29 juin et s [2] 21 oct. 1745.

1731, (22 janvier) Montréal. [4]
II.—BLAU, Etienne,   [François I.
 b 1704.
 Hallé, Marie-Anne,   [Jean-Bte III
  b 1710.

---

(1) Il était gardiataire des fruits de l'habitation délaissée par sieur Thomas Douaire
 Document du conseil souv., 25 août 1668, p. 509, vol. I.
(2) Dit St-Georges, ancien soldat de la colonie.
(3) Voy. vol. I, p. 57.
(4) Et Blot.

(1) Dit Laferrière, 1714.

Nicolas, b⁴ 14 juin et s⁴ 6 août 1734. — *Françoise-Marie*, b⁴ 7 nov. 1735. — *Louis*, b⁴ 15 mars 1737 ; s 29 août 1738, à la Longue-Pointe. — *Marie-Joseph*, b⁴ 19 oct. 1740 ; m⁴ 8 janvier 1759, à François COITEUX. — *Louis-Etienne*, b⁴ 6 janvier et s⁴ 20 oct. 1742. — *Marie-Louise*, b⁴ 26 juin 1743. — *Marie-Catherine*, b⁴ 2 sept. 1745 — *Marie-Charlotte*, b⁴ 17 nov. et s⁴ 28 dec. 1746. — *Marie-Charlotte*, b⁴ 11 avril et s⁴ 16 août 1748. — *Marie-Joseph*, b⁴ 11 déc. 1750.

1736, (1ᵉʳ dec.) Petite-Rivière.⁵

II. — BLAU, JOSEPH-Marie, [ALEXIS I.
b 1714.

1º GAGNON, Geneviève, [GERMAIN II.
b 1693 ; veuve de Paul Simard ; s⁵ 5 juillet 1759 (1).

1760, (18 février).⁵
2º DELAVOYE, Marie-Agathe, [JACQUES III.
b 1730 ; veuve de François Simard.
Joseph-Côme, b⁵ 26 juillet 1761. — *Marguerite*, b⁵ 30 juillet 1763. — *Marie-Sophie-Joseph*, b 30 août 1775, à la Baie-St-Paul.⁶ — *Marie-Angélique*, b⁶ 13 avril 1768.

1738, (3 février) St-François, I. J.⁷

II. — BLAU, JEAN-BTE, [FRANÇOIS I.
b 1701 ; s 5 déc. 1760, à Ste-Rose.⁸
LACHAISE (2), Angelique, [JEAN-BTE I.
veuve de Jean Lamoureux ; s⁸ 23 déc. 1763.
Marie-Joseph, b⁷ 28 février et s⁷ 4 août 1739. — *Jean-Baptiste*, b 14 février 1744, à Terrebonne.⁹ — *Louis*, b⁸ 8 mai 1746 ; m⁹ 12 juillet 1773, à Marie-Amable CARDONNEAU. — *Jérôme*, b⁹ 19 juillet 1748.

I. — BLAU, ALEXANDRE.
D...... Marie-Catherine.
Antoine, b... 1º m 24 avril 1740, à Marie BLUTEAU, à St-Joachim ; 2º m 1753, à Marie NOLIN ; 3º m 17 mai 1758, à Marie-Anne LACASSE, à St-Charles.

1744, (4 mai) Château-Richer.

II. — BLAU (3), CHARLES, [ALEXIS I.
b 1718.
TIBAUT, Marguerite, [ANTOINE III.
b 1729.
Marguerite, b¹ 8 février 1745 ; s¹ 5 déc. 1748. — *Geneviève*, b¹ 2 avril et s¹ 1ᵉʳ dec. 1748. — *Charles*, b¹ 18 février et s¹ 23 mars 1750. — *Marguerite*, b¹ 30 avril 1751 ; m¹ 18 juin 1770, à Germain RASSET. — *Charles*, b¹ 27 oct. 1754 ; m 1777, à Marguerite MÉNARD. — *Geneviève*, b¹ 7 février 1758. — *Louis*, b¹ 30 déc. 1760. — *Marie-Angélique*, b 7 oct. 1763, à L'Ange-Gardien. — *Joseph-Marie*, b¹ 28 avril et s¹ 12 mai 1765. — *Anonyme*, b¹ et s¹ 13 janvier 1766. — *Marie-Claire*, b¹ 6 février 1769. — *Antoine*, b 1767 ; s¹ 23 février 1770.

---

(1) Morte dans les cabannes dans le bois, pendant le siège de Québec.
(2) Dit Lavigne.
(3) Et Blet.

1749, (24 avril) St-Joachim.

II. — BLAU, ANTOINE. [ALEXANDRE I.
1º BLUTEAU, Marie. [ETIENNE II.
Marie-Louise, b 13 février 1750, à St-Michel.
1753.
2º NOLIN, Marie,
b 1734 ; s 16 janvier 1758, à St-Charles.³
Marie-Louise, b³ 7 août 1754.
1758, (17 mai).³
3º LACASSE, Marie-Anne. [JEAN III.
Marie-Anne, b⁸ 9 déc. 1759.

1752, (17 janvier) Lévis.⁶

II. — BLAU (1), FRANÇOIS. [ALEXIS I.
1º GALARNEAU, Marguerite, [JACQUES II.
b 1719 ; veuve de Nicolas Bernier ; s 22 juin 1759, à St-Michel.⁷
Marie-Françoise et Jean-François, b⁶ 12 avril 1753. — *Marie-Joseph*, b⁶ 29 juin et s⁶ 23 août 1755. — *Marie-Elisabeth*, b⁷ 21 avril 1757 ; s⁷ 31 mars 1758. — *Jean-Baptiste*, b 12 mai et s 30 sept. 1758, à St-Valier.

1760, (20 oct.)⁷
2º LEMOINE, Marie-Frse, [JEAN-FRANÇOIS II.
b 1737.
Antoine, b⁷ et s⁷ 29 oct. 1760. — *Marie-Catherine*, b⁷ 14 janvier 1762.

1753, (20 août) Québec.

II. — BLAU, PIERRE-ALEXIS, [ALEXIS I.
b 1713.
BENOIT, Marguerite, [PHILIPPE I.
b 1733.
Pierre, b 16 février et s 28 juin 1757, à Chambly.⁴ — *Marie*, b⁴ 13 août 1760.

BLAU, FRANÇOIS.
GROU, Amable.
Marie-Louise, b 30 mars 1767, à Lachenaye.

BLAU, FRANÇOIS.
1º MARTIN, Elisabeth.
1778, (21 sept.) Longue-Pointe.
2º DUCHARME, Marguerite. [LOUIS IV.
b 1753.

1773, (17 juillet) Terrebonne.

III. — BLAU, LOUIS, [JEAN-BTE II.
b 1746.
CARBONNEAU, Marie-Amable, [PIERRE II.
b 1743.

1777.

III. — BLAU, CHARLES-ALEXANDRE, [CHARLES II.
b 1754.
MÉNARD, Marguerite.
Marguerite, b 14 février 1778, au Château-Richer.¹ — *Marie-Angélique*, b¹ 15 juillet 1779.

BLAU, LAURENT.
MAILLÉ, Marie-Joseph.
Joseph, b 20 mars 1783, à Lachenaye.

---

(1) Pour Belleau.

BLAU, Marie-Amable, épouse de Joseph Content.

BLAUCHE.—*Variations et Surnoms* : Blosse—Bloze—Belhumeur.

1737.
I.—BLAUCHE (1), Jean.
  Cochon, Marie-Catherine,   [François II.
    b 1707.
  Jean-Marie, b 19 juillet 1738, au Château-Richer.—*Marie-Catherine*, b 7 mai 1740, à St-Augustin.—*Marie-Geneviève*, b 18 oct. 1741, à la Pte-aux-Trembles, Q.—*Marie-Madeleine*, b 11 août 1748, à Lavaltrie[3] ; m 1770, à Louis Potvin.—*Pierre*, b [3] 25 mai et s [3] 16 août 1750.—*Charles*, b... m 1771, à Marie-Joseph-Hermine ....

1771.
II.—BLAUCHE (1), Charles.   [Jean I.
  ...., Marie-Joseph-Hermine.
  Julie, b 23 avril 1772, à Repentigny[3] ; s [3] 17 août 1773.

I.—BLAUSON, Paul.
  Terriault, Marie.
  Anastasie, b... 1º m à Claude Brun ; 2º m 3 août 1761, à François Cormier, à St-Pierre-du-Sud.

1757, (31 janvier) Beauport.[1]
I.—BLAVIER, Jean-Bte (2), fils de Pierre et de Jeanne Charpentier, de Sery, diocèse de Soissons.
  Presseau, Thérèse,   [Jean-Bte II.
    b 1719 ; veuve de Jean-Baptiste Paquet.
  Jean-Baptiste, b [1] 4 août et s [1] 7 oct. 1758.—*Pierre*, b [1] 15 oct. 1759.

1759, (19 février) Québec.
I.—BLAVIER, Jean-Louis, fils de Charles et de Jeanne Marchand, de St-Loup-de-Thugny, diocèse de Rheims.
  Marié, Agnès.   [Joseph III.

I.—BLED (3), Jean,
    b 1668, de Milleperche ; s 25 janvier 1750, à l'Hôpital-Général, M.

BLED.—Voy. DeBlé.

BLÉE, Théotiste, épouse d'Alexis Poitevin.

1698, (26 nov.) Montréal.[1]
I.—BLENIER (4), Bernard,
    b 1679
  Cherlot (5), Marie-Jeanne,   [Jean I.
    b 1680 ; s 27 août 1756, à St-Laurent, M.[2]

(1) Bloze dit Belhumeur.
(2) Soldat du régiment de Guyenne.
(3) Dit Lavigne.
(4) Dit Jarry.
(5) Dit Desmoulins.

Pierre, b [1] 3 mars 1700 ; m [1] 8 janvier 1720, à Françoise Martin. — *Bernard*, b [1] 20 janvier 1702 ; m [1] 6 sept. 1726, à Geneviève Crépin.—*Paul*, b [1] 8 nov. 1703. — *Jean-Baptiste*, b [1] 14 mars 1705. — *Marie-Charlotte*, b [1] 5 nov. 1707 ; 1º m à Philippe Rollin ; 2º m 14 février 1747, à Pierre Dubé, à Ste-Geneviève, M. ; s [1] 12 déc. 1748.—*Basile*, b [1] 8 février 1710.—*François*, b [1] 10 juillet 1712.—*Marie-Anne*, b [1] 23 avril 1714, m à Pierre Jolivet ; s [1] 6 août 1756.—*Etienne*, b [1] 8 nov. 1715 ; s [1] 10 déc. 1716.—*Suzanne*, b [1] 3 oct. 1719 ; m à Jean-Baptiste Dubé.

1720, (8 janvier) Montréal.[3]
II.—BLENIER (1), Pierre,   [Bernard I.
    b 1700 ; s avant 1745.
  Martin (2), Françoise,   [Pierre I.
    b 1704.
  Bérard, b 3 et s 29 déc. 1720, à St-Laurent, M.—*Marie-Françoise*, b [3] sept. 1722.—*Marie*, b [3] 25 mars 1724 ; m [3] 15 février 1745, à Jean-Baptiste Mossion.—*Jacques*, b... m 1732, à Suzanne Jérôme.—*Geneviève*, b [3] 6 sept. 1730.—*Agathe*, b... m 1er mars 1745, à Jean-Baptiste Brunet, à Ste-Geneviève, M.[9]—*Catherine*, b... m [6] 30 janvier 1758, à Pierre Duman.

1726, (6 sept.) Montréal.[9]
II.—BLENIER (3), Bernard,   [Bernard I.
    b 1702.
  Crépin, Geneviève,   [Claude I.
    b 1701.
  Antoine, b [9] 10 juillet 1727.— *Bernard*, b [9] 1er août 1728.— *Jean-Baptiste*, b [9] 25 sept. 1729.—*Joseph*, b [9] 2 janvier 1731.

1732.
III.—BLENIER (4), Jacques,   [Pierre II.
  Jérôme (5), Suzanne,   [Jérôme I.
    b 1714.
  François, b 1733 ; m 17 nov. 1760, à Ursule Crevier, à St-Laurent, M.[7]—*Hyacinthe*, b 1744 ; s 5 avril 1745, à Ste-Geneviève, M. — *Angélique*, b 1746, s [7] 17 sept. 1753. —*Marie-Joseph*, b... s [7] 14 juillet 1749. — *Suzanne*, b [7] 13 oct. 1750.— *Marie-Louise*, b [7] 28 janvier et s [7] 17 mai 1752.—*Jean-Baptiste*, b [7] 20 mars et s [7] 5 août 1753. — *Marie-Angélique*, b [7] 29 mai et s [7] 15 juin 1754. —*Marie-Angélique*, b [7] 5 février et s [7] 26 avril 1756.—*Marie-Marguerite*, b [7] 31 oct. 1759.

1760, (17 nov.) St-Laurent, M.[9]
IV.—BLENIER, François.   [Jacques III.
    b 1733.
  Crevier, Ursule,   [Jean-Bte II
    b 1739.
  François-Xavier, b [9] 29 nov. 1761 ; s [9] 11 février 1762.—*Suzanne* (6), b... m à Jean-Baptiste Meilleur.

(1) Dit Jarry—Blaigny en 1730.
(2) Dit Ladouceur.
(3) Dit Jarry, maçon.
(4) Dit Jarry.
(5) Dit Latour.
(6) Mère de Jean-Baptiste Meilleur, surintendant de l'éducation.

BLERY (1).—Voy. René Cochon.

BLET.—Voy. Gazaille.

1753, (8 janvier) Kamouraska.⁴
I.—BLIÉ, Jean, fils de Jacques et de Jeanne Duquet, de Ducès, diocèse d'Avranches, Basse Normandie.
Paradis, Marie-Joseph,   [Jacques III.
   b 1734.
   Jean-Charles, b ⁴ 17 février 1754. — Pierre-François, b 29 janvier 1755, à la Rivière-Ouelle. —Rosalie, b ⁴ 13 mars et s ⁴ 28 sept. 1757.— Marie-Anne, b ⁴ 4 sept 1758.—Pierre-Jean, b ⁴ 23 avril 1761.—Honoré, b ⁴ 28 juin 1762.—Jacques, b ⁴ 30 nov. 1763. — Bénoni, b ⁴ 20 mars 1765.— Charles-François, b ⁴ 17 mai et s ⁴ 9 juin 1767.— Marie-Catherine, b ⁴ 5 juin et s ⁴ 1ᵉʳ juillet 1768. —Marie-Euphrosine, b ⁴ 28 sept. 1769. — Marie-Tècle, b ⁴ 25 avril 1771.—Marie-Rosalie, b... m ⁴ 18 janvier 1779, à Jean Miville.

1709, (15 avril) Rivière-Ouelle.¹
I.—BLIN (2), Louis, b 1683; fils de François et d'Angélique Duchaume, de St-Pierre, Lachine, Montréal.
Lumineau, Marguerite,   [Jean J
   b 1690.
   Marie-Marguerite, b ¹ 10 avril 1710 ; 1º m 13 février 1736, à Gilles Bondé, à St-Roch ; 2º m à Joseph David.—Louise, b 9 février 1712, au Cap-St-Ignace²; m 14 avril 1731, à Jean-Baptiste Denoyon, à Boucherville.³—Anonyme, b ² et s ² 9 février 1712.—Louis-Ignace, b ² 11 août 1713. —Marie-Reine, b ² 9 janvier 1715 ; m à Pierre Dame; s avant 1750. — Marie-Marthe, b 9 nov. 1716, à L'Islet.⁴ — Marie-Ludivine, b ⁴ 9 oct. 1718 ; m ³ 20 nov. 1741, à Louis Reguindeau. — Marie-Madeleine, b 9 février 1721, à Ste-Anne; m à François Chauvin.— Louis, b ⁴ 20 mai 1725 ; m ³ 25 oct. 1745, à Marie-Joseph Petit. —Marie-Anne, b... m ³ 29 août 1740, à Pierre Daunay.— Marie-Charlotte, b... m ³ 19 février 1748, à Henri-Joseph Donnet.—Angélique, b... m ³ 7 février 1751, à Jean-Baptiste Pépin. — Antoine, b... m ³ 19 février 1753, à Madeleine Petit.

I.—BLIN (3), Pierre,
   s 24 sept. 1721, à Montréal.

1745, (25 oct.) Boucherville.³
II.—BLIN, Louis,   [Louis I.
   b 1725.
Petit, Marie-Joseph.   [Nicolas III.
   Marie-Joseph, b... m ³ 23 janvier 1769, à Constant Bachan.

(1) Pour Fleury, dans le diocèse de Tours. Voy. vol. I, p. 134.
(2) Et Blain, 1709.
(3) Dit Lajeunesse, soldat de la compagnie de St-Ours.

1753, (19 février) Boucherville.⁸
II.—BLIN, Antoine.   [Louis I.
Petit, Madeleine (1).   [Nicolas III.
   Marie, b... m ³ 16 sept. 1771, à Jacques Marsé.

BLIN (2).

1756, (16 février) Pte-aux-Trembles, M.
I.—BLIN, Jean-Bte (3), b 1730 ; fils d'Edme et de Marguerite Proselle, de St-Paul-de-Paris.
Archambaut, Marie-Catherine,   [Pierre IV.
   b 1742.

1765, (21 janvier) Terrebonne.
I.—BLIN, Léger, fils de Jean et de Martine Papionne, diocèse de Bourges.
Riquier (4), Marie-Amable.   [François I.

I.—BLIN, Jean-Adam (5).
1º Coton, Marie-Anne.
   1779, (2 août) Terrebonne.
2º Bisson, Geneviève.   [Joseph.

I.—BLOCHE, Nicolas (6),
   b 1677 ; s 21 juin 1757, à l'Hôpital-Général, M.

BLOIS.—Voy. Vallée.

BLONDEAU (7).—Voy. Bilodeau.

1686, (18 nov.) Charlesbourg.¹
II.—BLONDEAU, Joseph (8),   [François I.
   b 1658.
1º Roy, Ursule,   [Etienne II.
   b 1670 , s 9 août 1688.
   1689, (10 janvier) L'Ange-Gardien.
2º Trudel, Marguerite,   [Jean I.
   b 1671 ; s 6 mai 1701, à Quebec. ²
   1701, (10 oct.) ²
3º Giguère, Agnès,   [Robert I.
   b 1675 , veuve de Charles LeMarquis.
   Pierre, b ¹ 2 juillet 1702.—Maurice, b ¹ 21 oct. 1704 ; m 20 juillet 1725, à Catherine Janneau, à Ste-Anne-de-la-Pocatière. — Marguerite, b ² 6 juillet 1707 ; 1º m ² 9 sept. 1724, à Michel Parant ; 2º m 20 nov. 1730, à Joseph Lécuyer, à Montreal. —Louise, b ¹ 21 février 1710, m 7 janvier 1728, à Joseph Parant, à Kamouraska ; s ² 19 nov. 1728.—Louis-François, b ¹ 14 nov. 1715 ; m 3 avril 1742, à Marie-Joseph Trotier, à Batiscan ; s ² 24 oct. 1753.

(1) Elle épouse, le 6 février 1764, François Pouchat, à Boucherville.
(2) Il était, le 20 juillet 1755, à St-Jean-Deschaillons.
(3) Chirurgien du régiment de Guyenne.
(4) Et Ritier.
(5) Soldat du corps des Chasseurs.
(6) De la paroisse de Cautleux, Rouen.
(7) Gabriel Bilodeau s'est marié sous le nom de Blondeau en 1768 à Berthier.
(8) Seigneur de la Rivière-du-Loup.

BLONDEAU, b 1697; s 31 déc. 1778, à Kamouraska.

1690, (16 janvier) Charlesbourg.[3]

II.—BLONDEAU, Jean,   [François I.
    b 1671 ; s [2] 27 janvier 1703.
  Hot, Marie-Marguerite (1),   [Pierre I.
    b 1679.
  Marie-Marguerite, b [3] 28 janvier 1697 ; m [3] 13 janvier 1716, à Nicolas Giroux.—*Joseph*, b [3] 1er mars 1698 ; m 9 juin 1729, à Angelique Cuillerier, à Montréal.[4]— *Jean-Baptiste*, b [3] 21 mars 1700 ; m [4] 17 avril 1731, à Geneviève Lefebvre.— *Thomas*, b [5] 5 oct. 1701 ; m [4] 7 janvier 1737, à Marie-Joseph Celles-Duclos.

1696, (10 nov.) Montréal. [9]

II.—BLONDEAU, Maurice,   [François I.
    colonel, b 1662 ; s [9] 4 déc. 1742 (2).
  Charbonnier (3), Suzanne,   [Louis I.
    b 1685 ; s [9] 2 mai 1737.
  Marie-Madeleine, b [9] 18 déc. 1704 ; m [9] 30 déc. 1724, à Pierre-Joseph Celoron.—*Maurice* (4), b [9] 12 nov. 1706.—*Suzanne*, b 28 janvier 1709, à Lachine ; m [9] 14 nov. 1731, à Joseph Hertel.— *Marie-Danielle*, b [9] 24 août 1711.—*Catherine*, b [9] 25 nov. 1714 ; m [9] 11 nov. 1737, à Louis-Rene Godfroy.—*Jean*, b [9] 14 sept. 1717.—*Louis-Constant*, b [9] 25 juin 1721, s [9] 23 sept. 1722.—*Louis-Charles* b [9] 7 nov. 1722 ; m [9] 6 déc. 1750, à Louise Héry.

1704.

II.—BLONDEAU, Thomas (5),   [François I.
    b 1674, s 23 déc. 1714.
  Gagnon, Marie-Anne (6).   [Mathurin II.
  Germain, b 22 mai 1707, à Charlesbourg [9], 1o m 9 janvier 1730, à Madeleine Beauchamp, à St-François, I. J. ; 2o m 5 nov. 1755, à Madeleine Rasset, à Quebec. — *Thomas*, b [9] 1er avril 1709 ; ordonné le 22 sept. 1742, s 14 juillet 1770, à St-Valier.—*Madeleine*, b... m [9] 13 avril 1722, à Jean-Baptiste Jobin.—*François*, b [9] 25 mars 1705 ; m [9] 26 nov. 1731, à Jeanne-Veronique Roy.— *Marie-Madeleine*, b [9] 26 déc. 1710 ; m 1728, à Jacques-Jean Jobin.—*Françoise*, b... 1o m à Joseph Bilodeau ; 2o m 31 juillet 1738, à Pierre Gautier, à St-Jean, I. O.

BLONDEAU, Jean-Bte (7), s 15 oct. 1724, à Quebec.

---

(1) Elle épouse, le 18 août 1704, Jean-Baptiste Vanier, à Charlesbourg
(2) Au lieu du 27 janvier 1703. Voy. vol I, p. 59.
(3) Dit Lamoureux—St-Germain.
(4) Il était à Cahokia en 1754.
(5) Voy. vol. I, p. 59.
(6) Elle épouse, le 8 février 1716, Louis Dupéré, à Charlesbourg
(7) Pilote du vaisseau le " Vigilant."

1725, (20 juillet) Ste-Anne-de-la-Pocatière.

III.—BLONDEAU (1), Maurice,   [Joseph II.
    b 1704 ; s 4 mai 1751, à la Rivière-Ouelle.[7]
  Janneau, Catherine.   [Etienne I.
    b 1702 ; s [7] 30 nov. 1752,
  Joseph, b 1727 ; m 28 juillet 1750, à Marie-Claire Richard, au Cap-St-Ignace ; s [7] 26 nov. 1755.— *Catherine*, b 1731 ; m 24 janvier 1758, à Joseph Damours.—*Jean-Baptiste*, b [7] 30 mai 1732; m [7] 15 février 1757, à Marie-Louise Delavoie.— *Antoine*, b [7] 11 avril 1734 ; m [7] 24 janvier 1763, à Marie-Joseph Gauvin.—*Charles*, b [7] 17 février et s [7] 6 mars 1736.—*Louis*, b [7] 25 oct. 1737 ; s [7] 11 mars 1762.— *Pierre-François*, b [7] 21 nov. 1739, s [7] 15 sept. 1742.—*Charles*, b [7] 30 avril 1742, s [7] 30 avril 1760.—*Nicolas-Jean*, b [7] 22 février 1744. —*Jean-André*, b [7] 29 nov. 1748.

1729, (9 juin) Montréal. [1]

III.—BLONDEAU, Joseph,   [Jean-Bte II
    b 1698.
  Cuillerier, Marie-Angélique,   [Lambert II.
    b 1709 ; s 3 sept. 1764, à Lachine [2]
  Suzanne-Amable, b [1] 12 mars 1730 ; m [2] 27 nov. 1752, à François Chesnier.—*Joseph*, b et s 20 oct. 1731, à Longueuil. — *Joseph*, b... m [2] 22 août 1763, à Marie-Amable Brau.

1730, (9 janvier) St-François, I. J. [5]

III.—BLONDEAU, Germain,   [Thomas II.
    b 1707, s 29 juillet 1759, à Charlesbourg. [6]
  1o Beauchamp, Madeleine,   [Pierre II.
    b 1709 , s 15 déc 1754, à Québec. [7]
  Madeleine, b [5] 1er mai 1731 ; m [6] 22 nov. 1756, à Pierre Lefebvre ; s [6] 22 fevrier 1762 — *Barbe*, b... m [7] 29 janvier 1753, à Nicolas Bergevin, s 6 fevrier 1768, à St-Valier. [8]— *Marie-Agnès-Agathe*, b [5] 4 juillet 1735 , m 20 fevrier 1754 à François Mercier, à Berthier. [9]— *Marie-Anne*, b 1739, m [9] 29 nov. 1758, à Joseph Bernier, s 7 avril 1762, à St-Thomas. [3]— *Germain*, b... m [8] 19 août 1765, à Elisabeth Bouchard.— *Marie-Louise*, b... m [8] 18 août 1766, à Joseph Gautron.

1755, (5 nov.) [7]

2o Rasset, Marguerite (2),   [Jean II
  veuve de Joseph Roza.
  Anne-Michelle, b [7] 20 dec. 1757 ; s [7] 10 juillet 1758.

1731, (17 avril) Montréal. [4]

III.—BLONDEAU, Jean-Bte,   [Jean-Bte II
    b 1700.
  Lefebvre (3), Geneviève,   [Jean-Bte II.
    b 1713.
  André, b... m 24 sept. 1759, à Suzanne Lalonde, au Bout-de-l'Ile, M.—*Maurice-Régis*, b [4] 23 juin 1734.—*Geneviève-Apolline*, b [4] 14 mai 1736 ; s [4] 18 nov. 1737.—*Pierre-Joseph*, b [4] 26 mai 1738, s [4] 16 janvier 1740 —*Geneviève*, b [4] 21 juin et s [4] 20 juillet 1740.—*Marie-Geneviève*, b [4] 8 sept

---

(1) Dit Verbois. Seigneur de la Rivière-du-Loup
(2) Elle épouse, le 15 février 1764, Martin-Joseph Delru, à St-Thomas.
(3) Dit Auger.

1742.—*Marie-Louise*, b⁴ 29 sept. 1743. — *Jean-Baptiste*, b⁴ 27 juillet et s 13 août 1745, à Ste-Geneviève, M.⁵—*Jean-Baptiste*, b⁴ 25 août et s⁵ 2 oct. 1746.—*Angélique*, b 1749; s 19 janvier 1750, à St-Vincent-de-Paul. — *Joseph-Amable*, b et s 10 juillet 1750, à la Pte-aux-Trembles, M.

1731, (26 nov.) Charlesbourg.⁶
III.—BLONDEAU, François,   [THOMAS II.
  b 1705
  Roy, Jeanne-Véronique,   [PIERRE II.
  b 1708; s⁶ 9 août 1753.
Marie-Jeanne, b⁶ 24 avril 1733 ; m⁶ 4 oct. 1751, à Thomas BEDARD.—*Françoise*, b⁶ 31 dec. 1734 ; m⁶ 3 juin 1751, à Joseph BEDARD.— *François*, b⁶ 9 août 1736 ; m⁶ 8 nov. 1762, à Marie-Françoise JOBIN.—*Marie-Louise*, b⁶ 28 juillet et s⁶ 4 août 1738.—*Louise*, b⁶ 11 juillet 1741 ; m⁶ 1764, à François BOURRET.—*Thomas*, b⁶ 8 juin 1743.—*Pierre-François*, b⁶ 4 sept. 1745 ; m⁶ 1770, à Geneviève BOISSEL.—*Marie-Madeleine*, b⁶ 4 août 1748 ; m⁶ 1767, à Jean-Baptiste NADEAU.

1737, (7 janvier) Montréal.⁷
III.—BLONDEAU, THOMAS,   [JEAN-BTE II.
  b 1701.
  CELLES-DUCLOS (1), Marie-Jos,   [LAMBERT II.
  b 1712.
Thomas-Joseph, b⁷ 26 oct. 1737. — *Marie-Joseph*, b⁷ 5 sept. 1739—*Joseph-Amable*, b⁷ 2 février 1750.—*Joseph-Barthélemi*, b 24 août 1743, à Michillimakinac.¹—*Thomas* b¹ 30 avril et s¹ 9 juillet 1745.—*Marguerite-Joseph*, b¹ 26 sept. 1746.

1742, (3 avril) Batiscan.
III.—BLONDEAU, LOUIS-FRS,   [JOSEPH II.
  b 1715 ; s 24 oct. 1753, à Québec.
  TROTIER, Marie-Joseph (2),   [ANTOINE III.
  b 1718.

1750, (28 juillet) Cap-St-Ignace.
IV.—BLONDEAU, JOSEPH,   [MAURICE-Jos. III
  b 1727 ; s 26 nov. 1755, à la Rivière-Ouelle.⁸
  RICHARD, Marie-Claire (3),   [PIERRE II
  b 1727.
Anonyme, b⁸ et s⁸ 28 juillet 1751.—*Marie-Angélique*, b⁸ 4 nov. 1752 ; s⁸ 6 oct. 1755.—*Marie-Claire*, b⁸ 13 février 1755 ; m 7 mai 1771, à Jean-Baptiste RIVARD, à St-Michel-d'Yamaska.

1750, (6 déc.) Montreal.
III.—BLONDEAU, LOUIS-CHS,   [MAURICE II
  negociant, b 1722.
  HÉRY (4), Marie-Louise,   [JACQUES I.
  b 1723.
Marie-Louise, b 28 sept. 1752, au Detroit.⁵ — *Marie*, b⁵ 29 janvier 1754—*Jean-Baptiste*, b⁵ 9 et s⁵ 22 février 1755.

(1) Dit Deselles.
(2) Llle epouse, le 21 février 1757, Gabriel Aubernon, à Batiscan.
(3) Llle epouse, le 17 nov. 1756, Jean-Baptiste Boucher, à la Rivière-Ouelle.
(4) Dit Leroy, 1762—Duplanty.

III.—BLONDEAU, MAURICE (1),   [MAURICE II.
  b 1706.

BLONDEAU, CATHERINE, b... m 24 nov. 1777, à Joseph LAMOTHE, à Lachine.

I.—BLONDEAU, JOSEPH.
  LAPÉRADE, Marie-Anne.
André, b... m 10 avril 1769, à Geneviève LAGNEAU, à Ste-Foye.

1757, (15 février) Rivière-Ouelle.¹
IV.—BLONDEAU, JEAN,   [MAURICE III.
  b 1732.
  DELAVOIE, Marie-Louise,   [ANTOINE III.
  b 1734.
Marie-Euphrosine, b¹ 27 mai 1757.—*Pierre*, b¹ 25 février 1759.

1759, (24 sept.) Bout-de-l'Ile, M.²
IV.—BLONDEAU, ANDRÉ.   [JEAN-BTE III.
  LALONDE, Suzanne,   [JOSEPH III.
  b 1737.
Joseph-André, b² 11 avril et s² 1ᵉʳ juillet 1761. —*Marie-Geneviève*, b² 11 avril 1761.

1762, (8 nov.) Charlesbourg.³
IV.—BLONDEAU, FRANÇOIS,   [FRANÇOIS III.
  b 1736.
  JOBIN, Françoise,   [JACQUES III.
  b 1737.
François, b... m³ 1789, à Véronique JACQUES. —*Joseph*, b... m³ 1796, à Marie-Joseph AUCLAIR. —*Marie*, b... m³ 1797, à Etienne AUCLAIR.

1763, (24 janvier) Rivière-Ouelle.
IV.—BLONDEAU, ANTOINE,   [MAURICE III.
  b 1734.
  GAUVIN, Marie-Joseph,   [ETIENNE III.
  b 1737.

1763, (22 août) Lachine.
IV.—BLONDEAU, JOSEPH.   [JOSEPH III.
  BRAU, Marie-Amable.   [JEAN-BTE III.

1765, (19 août) St-Thomas.
IV.—BLONDEAU, GERMAIN.   [GERMAIN III.
  BOUCHARD, Elisabeth,   [JOSEPH III.
  b 1745.

1769, (10 avril) Ste-Foye.
II.—BLONDEAU, ANDRE.   [JOSEPH I.
  LAGNEAU, Marie-Geneviève,   [ETIENNE I.
  b 1746.

1796, Charlesbourg.⁴
V.—BLONDEAU JOSEPH.   [FRANÇOIS IV.
  AUCLAIR, Marie-Joseph.   [ETIENNE III.
Geneviève, b... m⁴ 1821, à François BINET.— *Louise*, b... m⁴ 1821, à Gabriel BINET.

(1) Il était, en 1754, à Cahokia.

BLONDIN. — *Variations et surnoms :* Avon, 1759 — Roquet, 1756 — Guillimin, 1757 — Simon, 1759 — Sureau — Bernesse, 1769 — Bellemer—Bilmer—Catignon.

II.—BLONDIN (1), Pierre,   [Hilaire I.
   b 1702.
  1° Ledoux (2), Agnès,   [Nicolas II.
   b 1708; s 15 mai 1744, à Terrebonne. ⁵
  Elisabeth, b ⁵ 29 mars 1730; s ⁵ 26 février 1733.—*Antoine*, b ⁵ 22 avril 1732; s ⁵ 17 février 1738. — *Marie-Madeleine*, b ⁵ 11 sept. 1734.— *Marie-Joseph*, b ⁵ 14 août 1736; m ⁵ 28 mai 1760 à Jean-Baptiste Robillard. — *Alexandre*, b ⁵ 20 avril 1739.—*Louis*, b ⁵ 29 mars 1741. — *Marie-Françoise*, b ⁵ 7 mars 1743.
       1745, (7 janvier). ⁵
  2° Petitclerc, Marie-Catherine, [François II.
   b 1721; s avant 1778.
  Marie-Joseph, b ⁵ 7 avril 1745. — *Marie-Catherine*, b ⁵ 16 sept. 1746; m ⁵ 5 oct. 1767, à Nicolas Trinquet.—*Marie-Marguerite*, b ⁵ 8 avril et s ⁵ 1ᵉʳ dec. 1748.—*Jean-Baptiste*, b... m ⁵ 2 février 1778, à Thérèse Marié.—*Marie*, b ⁵ 23 mars 1753. — *Charles-Joseph*, b ⁵ 23 janvier 1756. — *François*, b ⁵ 29 mai et s ⁵ 5 août 1758.—*Pierre*, b ⁵ 14 août 1759.

BLONDIN, Charles.
  Bourdon, Marie-Anne.
  Marguerite, b... s 7 mai 1723, à Montréal.

BLONDIN, Charles.
  Larivière, Marie-Amable.
  Charles-François, b 4 déc. 1745, à Montréal.

      1747, (30 janvier) Ste-Geneviève, M.
II.—BLONDIN, Jean-Bte.   [Hilaire I.
  1° Brazeau, Marie-Anne,   [Paul III.
   b 1726; veuve de Jean Valade.
     1757, (21 nov.) St-Laurent, M.
  2° Renaud, Marie-Charlotte.   [Jean I.

BLONDIN, Marie, b 1758; s 21 nov. 1760, à Lorette.

BLONDIN, Simon.
  Cardinal, Elisabeth.
  Anonyme, b et s 27 mars 1762, à Ste-Rose.

BLONDIN, Marie, épouse de Louis Riquet.

BLONDIN, Pierre.
  Indian, ...
  Elisabeth, b 21 janvier 1772, à St-Louis, Mo.

BLONGUÉ, Jean-Bte,
  médecin.
  Amiot, Marie.
  Jean-Baptiste, b 1781; s 17 mars 1790, à St-Augustin.

BLOT.—Voy. Blau, 1685.

BLOUARD.—*Variations et surnoms :* Bluard—Beuluard.

      1672, (12 janvier) Ste-Famille, I. O.
I.—BLOUARD, Mathurin,
   b 1636; s 9 avril 1719, à St-Pierre, I. O. ⁶
  Paulet, Marguerite,   [Antoine I.
   b 1660; s 31 mai 1712, à St-Antoine-Tilly. ⁷
  Marguerite, b ⁶ 6 déc. 1679; m ⁶ 9 nov. 1700, à Jean Goulet ; s ⁶ 15 sept. 1754. — *Madeleine*, b ⁶ 7 mars 1682; m ⁶ 13 oct. 1698, à Jean-Baptiste Raté; s ⁶ 30 mars 1746.—*Mathieu*, b ⁶ 5 mars 1684 ; m ⁶ 14 nov. 1707, à Madeleine Ferland; s ⁶ 7 février 1709.—*Anne*, b ⁶ 25 nov. 1685 ; 1° m ⁵ 22 oct. 1709, à Jean Roberge ; 2° m ⁶ 7 juin 1717, à Jean Cauchon; 3° m ⁷ 23 nov. 1722, à Antoine-François Bourgoin; s ⁷ 11 nov. 1760.—*Jean-Baptiste*, b ⁶ 10 janvier 1688 ; m ⁶ 23 nov. 1711, à Marie-Anne Roberge.—*Pierre*, b 22 mai 1689, au Château-Richer.

      1707, (14 nov.) St-Pierre, I. O. ⁸
II —BLOUARD, Mathieu,   [Mathurin I.
   b 1684; s ⁸ 7 février 1709.
  Ferland, Madeleine (1),   [François I.
   b 1687.
  Marie-Madeleine, b ⁸ 21 déc. 1708 ; m 8 sept. 1731, à Jacques Coté, à St-Antoine-Tilly ⁹ ; s ⁹ 26 janvier 1747.

      1711, (23 nov.) St-Pierre, I. O. ⁸
II.—BLOUARD, Jean-Bte,   [Mathurin I.
   b 1688.
  Roberge, Marie-Anne,   [Pierre I.
   b 1687.
  Marie-Françoise, b ³ 15 déc. 1712 ; m ³ 8 février 1735, à Joseph Gosselin.—*Jean-Baptiste*, b ³ 3 juillet 1714 ; s ³ 15 juillet 1733. — *Françoise*, b ³ 1ᵉʳ mai 1716.—*Agathe*, b ³ 1720 ; s ³ 22 juillet 1733. —*Catherine*, b ³ 29 sept. 1722.—*Charles*, b 5 sept. 1724, à L'Ange-Gardien.—*Madeleine*, b ³ 25 juin 1726.—*Ignace*, b ³ 19 janvier 1729 ; s ³ 31 juillet 1730.—*Marie-Véronique*, b ³ 23 mai 1731; m ³ 19 avril 1751, à Pierre Leclerc.

BLOUF.—Voy. Plouf.

      1669, (30 nov.) Château-Richer.
I.—BLOUIN (2), Méderic.
   b 1641 ; s 14 juillet 1707, à St-Jean, I. O. ⁴
  Carreau, Marie,   [Louis I
   b 1655; s ⁴ 11 février 1722.
  Jean, b 16 juillet 1672, à Québec⁵; 1° m 10 nov. 1700, à Madeleine Langlois, à St-Thomas; 2° m 22 juillet 1715, à Catherine Trudel, à L'Ange-Gardien⁶; 3° m ⁶ 21 mai 1721, à Louise Garnier ; s ⁴ 29 mars 1745.—*Marguerite*, b ⁴ 12 août 1685 ; m à Jacques Letourneau ; s ⁵ 20 juillet 1753.—*Geneviève*, b ⁴ 4 déc. 1693 ; 1° m ⁴ 12 nov. 1714, à Jean Letarte ; 2° m ⁶ 16 nov. 1722, à Pierre Tardif.—*Madeleine*, b 3 janvier

---

(1) Sureau dit. Voy. vol. I, p. 556.
(2) Dit Latreille.

(1) Elle epouse, le 27 juillet 1711, Jean Bergeron, à St-Pierre, I. O.
(2) Voy. vol. I, p. 60.

1696; m ⁴ 22 juin 1722, à Antoine PEPIN.—*Paul,* b ⁴ 28 août 1699; 1º m 29 juillet 1724, à Marie-Jeanne BAUDRY, à la Pte-aux-Trembles, M.; 2º m 1ᵉʳ juillet 1743, à Marguerite LESIÈGE, à Lavaltrie.

1700, (10 nov.) St-Thomas.
II.—BLOUIN, JEAN, [MÉDERIC I
  b 1672; s 29 mars 1745, à St-Jean, I. O. ⁷
  1º LANGLOIS (1), Marguerite, [JEAN II.
    b 1683; s ⁷ 13 oct. 1714.
  Jean (2), b ⁷ 13 mars 1702; s 9 oct. 1769, à Kamouraska.—*Marie-Madeleine,* b ⁷ 24 février 1704; s ⁷ 28 oct. 1714.—*François,* b ⁷ 1ᵉʳ nov. 1706; m 17 février 1738, à Louise BUISSON, à Montréal.—*Gabriel,* b ⁷ 23 déc. 1710; m 13 avril 1739, à Angélique BAUDOIN, à St-François, I. O. —*Joseph-Marie,* b... m 23 nov. 1734, à Marie-Joseph BLAIS, à Berthier.
  1715, (22 juillet) L'Ange-Gardien. ⁸
  2ᵉ TRUDEL, Catherine, [PIERRE II
    b 1692; s ⁷ 22 nov. 1719.
  1721, (21 mai). ⁸
  3º GARNIER, Marie-Louise, [CHARLES I.
    b 1673; veuve de Valentin Marchand, s ⁷ 6 mai 1761.

1708, (5 nov.) Ste-Anne. ⁶
II.—BLOUIN, JACQUES, [MÉDERIC I.
  b 1676; s 16 janvier 1744, à St-Jean, I. O. ⁷
  1º RACINE, Geneviève, [ETIENNE II.
    b 1688; s ⁷ 14 oct. 1714.
  Marie-Geneviève, b ⁷ 1ᵉʳ mars 1711; m ⁶ 28 août 1730, à Etienne SIMARD.—*Augustin,* b ⁷ 24 mai 1713, m ⁶ 16 avril 1736, à Helène MEUNIER. —*Joseph,* b... m ⁶ 25 février 1737, à Madeleine MERCIER.
  2º PLANTE, Geneviève, [GEORGES II.
    b 1693.
  Jacques, b... m 1745, à Marie-Catherine GOSSELIN.—*Charles,* b... —*Marie-Geneviève,* b... 1º m ⁷ 14 nov. 1746, à Joseph-Marie TIVIERGE; 2º m ⁷ 1ᵉʳ mars 1756, à Augustin MARCEAU.—*Marie-Joseph,* b... m ⁷ 16 février 1756, à Jacques TREMBLAY.— *Angélique,* b 10 février 1721, à St-François, I. O.; m ⁷ 21 oct. 1743, à Gervais PEPIN.— *Marguerite,* b ⁷ 18 mai 1734; m 1752, à Jean-Baptiste POULIN. —*Marie,* b ⁷ 14 juillet 1738

1713, (27 nov.) St-Jean, I. O. ⁸
II.—BLOUIN, GABRIEL, [MÉDERIC I.
  b 1691.
  JAHAN, Catherine, [JACQUES II.
    b 1694.
  Gabriel, b ⁸ 20 nov. 1714; m 6 février 1741, à Marie-Madeleine PERROT, à Ste-Famille, I. O. ⁹— *Marie-Charlotte,* b ⁸ 17 février 1724; m 1748, à Joseph PERROT, s ⁹ 12 nov. 1765.— *Jean-Baptiste,* b ⁸ 15 avril 1725, m ⁸ 29 juillet 1754, à Marie-Anne DELAGE. — *Joseph,* b 1727; 1º m à Marie-Joseph GOSSELIN; 2º m ⁹ 15 février 1751, à Madeleine TURCOT; s ⁸ 3 mars 1760. —*Louis,* b 16 sept. 1730, à St-François, I. O.; m 1ᵉʳ juillet 1755, à Angelique ROBERGE, à St-

---
(1) Dit St-Jean, 1714.
(2) Maitre menuisier, non marie.

Pierre, I.O.⁸—*Jacques,*b⁸ 12 mars1732; m⁹ 10 août 1761, à Céleste ROCHERON. — *Geneviève,* b 1732; s ⁹ 10 avril 1756.—*Paul,* b... m⁸ 22 nov. 1756, à Marie-Joseph PLANTE. — *François,* b... m ⁹ 6 oct. 1755, à Hélène LECLERC. — *Marie-Anne,* b ⁸ 19 mars 1735.—*Marguerite,* b... m ⁸ 20 août 1742, à Jean-Baptiste GAULIN. — *Marie-Catherine,* b.. 1º m ⁸ 6 février 1747, à Joseph MENEUX; 2º m ⁹ 22 février 1751, à Jean GUYON —*Marie-Madeleine,* b... m ⁸ 24 janvie 1752, à Joseph DION

1724, (29 juillet) Pte-aux-Trembles, M.
II.—BLOUIN, PAUL, [MÉDERIC I
  b 1699.
  1º BAUDRY, Marie-Jeanne, [GUILLAUME II
    b 1696; veuve de Michel Perrot
  1743, (1ᵉʳ juillet) Lavaltrie. ⁴
  2º LESIÈGE, Marguerite. [ETIENNE I₁
  Marie-Marguerite, b ⁴ 28 oct 1744.

1734, (23 nov.) Berthi
III.—BLOUIN, JOSEPH-MARIE, [JEAN II
  capitaine de milice
  BLAIS, Marie-Joseph, [PIERRE II.
    b 1720.
  Marie-Geneviève, b... m 21 oct. 1754, à Basile TIVIERGE, à St-Jean, I. O. ⁵ — *Marie-Joseph,* b ⁵ 22 janvier 1736; m ⁵ 27 oct. 1755, à Joseph LACROIX.—*Joseph,* b ⁵ 11 mai 1739; m à Marie-Rose LECLERC. — *Marguerite,* b ⁵ 23 mars 1741, m ⁶ 8 février 1763, à Joseph PERRAULT.—*Marie-Anne,* b ⁸ 19 février 1747—*Jean,* b ⁵ 31 mars 1750; m 15 février 1773, à Charlotte LESCABIET, à St-François, I. O. — *Charles,* b ⁵ 3 nov 1753

1736, (16 avril) Ste-Anne. ¹
III.—BLOUIN, AUGUSTIN, [JACQUES II
  b 1713.
  MEUNIER Hélène, [FRANÇOIS II
    b 1711.
  Augustin, b ¹ 5 et s ¹ 14 février 1737.—*Madeleine,* b ¹ 14 et s ¹ 26 février 1739. — *Anonyme,* b ¹ et s ¹ 3 mai 1740.—*Hélène,* b ¹ 26 sept. 1743; m ¹ 31 janvier 1763, à Albert PARÉ. —*Dosithée.* b.¹ 17 sept. 1745. — *Judith-Amable,* b ¹ 4 juin 1747.—*Anonyme,* b ¹ 25 juin 1749.—*Marie-Angélique,* b 12 mai 1750, au Château-Richer²; s ¹ 20 nov. 1750. — *Marie-Joseph,* b ¹ 23 déc. 1751. *Joseph,* b... m ² 4 février 1771 à Geneviève GRAVEL.

1737, (25 février Ste-Anne
III.—BLOUIN, JOSEPH [JACQUES II.
  MERCIER, Madeleine, [PIERRE II.
    b 1720.
  Joseph-Amable, b ³ 3 juin 1738. — *Pierre,* b ³ 7 avril 1740; m 16 juillet 1764, à Dorothee MARTINEAU, à Ste-Famille, I. O. — *Marie-Joseph,* b ³ 7 janvier 1742; m ³ 31 janvie. 1763, à Joseph GAGNON.— *Marie-Geneviève,* b ³ 16 mars 1744; m ³ 26 janvier 1767, à François RACINE; s ³ 11 oct. 1771.—*Marthe,* b ³ 21 mars 1746, m ³ 26 janvier 1767, à François RACINE; s ³ 23 nov. 1771.— *Marie-Charlotte,,* b ³ 29 déc. 1748; m ³ 9 nov. 1772, à Jean SIMARD.

1738, (17 février) Montréa

III.—BLOUIN, François [Jean II
b 1706.
 Buisson, Louise-Marguerit [Frs-Joseph II
b 1722

1739, (13 avril) S François., I O

II.—BLOUIN, Gabriel [Jean II.
b 1710; s avant 1774
 Baudoin Angelique [Louis II
b 1722.
Gabriel, b 18 janvie 1740, à Berthie ⁶, m ⁶ 31 janvier 1763, à Marie-Geneviève Mercier.— *Jean-Marie,* b 4 sept. 1742, à St-Thomas s ⁶ 23 nov. 1755.—*Marie-Angélique,* b ⁶ 5 oct 1755; m ⁶ 24 jauvier 1774, à André Picard—*F ançoi,* b ⁶ 5 juillet 1758, s ⁶ 22 nov 1759

1741, (6 février) Ste-Famille, O

III.—BLOUIN, Gabriel, [Gabrie II
b 1714.
 Perrot, Marie-Madeleine [Bertrand III.
b 1716.
Marie-Madeleine, b 28 janvier 1742, à St-Jean, I. O.⁷; m ⁷ 25 avril 1761, à Barthélemi Terrien —*Gabriel,* b ⁷ 22 avril 1744 — *Elisabeth,* b ⁷ 28 nov. 1745.— *Joseph,* b ⁷ 29 mars et s ⁷ 26 juillet 1747.—*Anonyme,* b ⁷ et s 10 de. 1747.—*Marie,* b 1749; s ⁷ 6 janvier 1750.—*Jean-Baptiste,* b ⁷ 6 sept. 1750.— *Méri,* b ⁷ 24 mai 1753; s ⁷ 29 oct 1754.—*Louis,* b ⁷ 16 juin 1755.—*Marie-Joseph,* b 18 sept. 1758, à St-Laurent, 1 O

1745

III.—BLOUIN, Jacques [Jacques II.
 Gosselin Marie-Catherine, [Michel III.
b 1722; s 9 avril 1763, à St-Jean, I. O.²
Jacques, b ² 6 juin 1746. — *Joseph-Marie,* b 13 oct. 1750, à St-François, I. O.—*Marie-Geneviève,* b ² 11 janvier 1753. — *Charles,* b ² 25 mars 1755. —*Louis,* b ² 7 oct. 1757.—*Pierre-Noel,* b ² 9 avril 1761 · s ² 14 juin 1762.

III.—BLOUIN, Joseph, [Gabriel II.
b 1727; s 3 mars 1760, à St-Jean, I. O. ⁸
1° Gosselin, Marie-Joseph, [Michel III.
s 19 février 1750.
 1751, (15 février) Ste-Famille, I. O.
2° Turcot, Madeleine (1), [Simon III.
b 1731.
Marie-Madeleine, b ⁸ 1ᵉʳ janvier 1752.—*Marie-Joseph,* b ⁸ 4 mars 1753. — *Joseph,* b ⁸ 27 mars 1754.— *Marie-Abondance,* b ⁸ 25 sept. 1755. — *Marie-Geneviève,* b ⁸ 6 août 1757; s ⁸ 2 mai 1760. —*Marie-Madeleine,* b ⁸ 23 mai 1759.

1754, (29 juillet) St-Jean, I. O.

III.—BLOUIN, Jean-Bte, [Gabriel II.
b 1725.
 Delage, Marie-Anne. [Charles III.
Marie-Anne, b 18 juin 1755, à St-Pierre-du-Sud.—*Marie-Louise,* b 18 sept. 1756, à St-François-du-Sud. ¹— *Marie-Thérèse,* b ¹ 19 mai 1758.

(1) Elle épouse, le 22 juin 1761, Pierre-Noel Fortier, à St-Jean, I. O.

1755, (6 oct.) St-Pierre, I. O.

III.—BLOUIN, François, [Gabriel II.
 Leclerc, Helène [François III.
b 1735.
Gabriel, b 22 sept. 1756, à St-François, I. O.; s 10 juillet 1757, à St-Jean, I. O. ²—*François-Marie,* b ² 1ᵉʳ déc. 1757.—*Joseph-Marie,* b ² 16 avril 1759.— *Marie-Hélène,* b ² 14 oct. 1760; s ² 14 février 1761. — *Marie-Hélène,* b ² 5 déc. 1761; m à Louis Roberge — *Marie,* b ² 19 juin 1763.

1755, (1ᵉʳ juillet) St-Pierre, I. O

III.—BLOUIN, Louis, [Gabriel II.
b 1730
 Roberge. Marie-Angelique, [Charles II
b 1731
Marie-Angélique, b 31 mars 1756, à St-Jean, I. O. ¹— *Marie-Joseph,* b ¹ 26 août 1757.—*Louis,* b 17 juin 1759, à Beauport. — *Marguerite,* b ¹ 3 avril 1761.— *Jean-François,* b ¹ 18 mars 1763.— *Gabriel,* b 6 juillet 1769, à St-François, I. O

1756, (22 nov.) St-Jean, I. O. ⁴

III.—BLOUIN, René. [Gabriel II.
 Plante, Marie-Joseph, [Pierre III.
b 1733.
Marie-Joseph, b ⁴ 30 août 1757.—*Marie-Abondance,* b ⁴ 11 mars 1759.— *Marie-Madeleine,* b ⁴ 5 et s ⁴ 8 sept. 1760. — *Marie-Madeleine,* b ⁴ 2 nov. 1761, s ⁴ 23 février 1763.—*René,* b ⁴ 19 juin 1763. —*Marie-Joseph-Nathalie,* b 18 déc. 1764, à St-François, I. O.⁵— *Charles-Valier,* b ⁵ 5 juillet 1770.—*Marie-Isabelle,* b ⁵ 26 août 1772.—*Pierre,* b ⁵ 26 mars 1774.

1760, (29 sept.) Trois-Rivières. ⁶

I.—BLOUIN, Jean-Bte, fils d'André et de Jeanne Bonnelle, de Montellier, diocèse de LaRochelle.
 Bernier (1), Louise, [Antoine.
Marie-Louise, b ⁶ 16 et s ⁶ 27 oct. 1761.

1761, (10 août) Ste-Famille, I. O. ¹

III.—BLOUIN, Jacques, [Gabriel, II.
b 1733.
 Rocheron, Céleste, [Gervais II.
b 1731; veuve de François Bilodeau.
Catherine, b ¹ 2 mai 1762. — *Jacques,* b ¹ 11 janvier et s ¹ 1ᵉʳ février 1764, — *Etienne,* b ¹ 1 janvier 1765 —*Marie-Joseph,* b 1766; s ¹ 24 mars 1767.—*Joseph-Marie,* b ¹ 18 oct. 1768.

1763, (31 janvier) Berthier. ²

IV.—BLOUIN, Gabriel, [Gabriel III.
b 1740.
 Mercier, Marie-Geneviève. [Joseph IV.
Gabriel-Amable, b ² 3 nov. 1763.—*Marie-Geneviève,* b ² 10 avril 1765.—*Jean,* b ² 2 mars 1767; s ² 21 août 1773. — *Basile,* b ² 20 déc. 1768. — *Marie-Louise,* b ² 13 mars 1773. —*Marie-Joseph,* b ² 23 avril et s ² 31 oct. 1777.—*Augustin,* b ² 17 avril et s ² 25 oct. 1779. — *Jean-Baptiste,* b ² 17 avril 1779.

(1) Voy p 243.

IV.—BLOUIN, Joseph,   [Joseph III.
  b 1739.
  Leclerc, Marie-Rose.
Marie-Joseph, b 21 juillet 1765, à Ste-Famille, I. O.

1764, (16 juillet) Ste-Famille, I. O.
IV.—BLOUIN, Pierre,   [Joseph III.
  b 1740.
  Martineau, Dorothée,   [Joseph IV.
  b 1743.
Joseph, b 23 juin 1765, à Ste-Anne.⁶—*Marie*, b ⁶ 7 sept. 1766.—*Etienne*, b ⁶ 25 oct. 1773.

1771, (4 février) Château-Richer.
IV.—BLOUIN, Joseph.   [Augustin III.
  Gravel, Geneviève,   [Charles III.
  b 1740.
Joseph, b 4 mars 1772, à Ste-Anne.

1773, (15 février) St-François, I O.
IV.—BLOUIN, Jean,   [Joseph III.
  b 1750.
  Lescabiet, Charlotte,   [Jean I.
  b 1751.

BLOUIN, Jean.
  Laverdière (1), Marie.
Anonyme, b et s 20 sept. 1774, à St-François, I. O.

1665, (26 nov.) Montréal.¹
I.—BLOYS, Julien,
  b 1639; s ¹ 2 oct. 1730.
1° Leclerc, Marguerite,
  b 1639; s ¹ 31 mai 1704.
Jeanne-Marguerite, b ¹ 14 janvier 1667; 1° m ¹ 19 février 1680, à Adrien St-Aubin; 2° m 1704, à Pierre Emard. — *Marie-Charlotte*, b ¹ 15 avril 1672; m ¹ 25 nov. 1686, à Vincent Lenoir; s ¹ 22 février 1703.

1704, (11 août).¹
2° Goupil, Marie-Françoise,   [Nicolas I.
  b 1655; veuve de Cybar Courault; s ¹ 31 oct. 1747.

BLUCHE.—Voy. DeBluche.

BLUTEAU.—*Variations et surnoms :* Buteau—L'Arabel—LeMeunier.

1679, (30 nov.) Ste-Famille, I. O.⁴
I.—BLUTEAU, Jacques,
  b 1641.
  Paré, Claire,
  b 1641; veuve de Jacques Baudon.
Louis, b ⁴ 7 oct. 1682; 1° m ⁴ 2 déc. 1702, à Geneviève Charlan ; 2° m 12 sept. 1718, à Elisabeth Arbour, à Québec; s 29 janvier 1755, à Montréal.—*Etienne*, b ⁴ 3 février 1686 ; 1° m ⁴ 27 nov. 1709, à Madeleine DeBlois, 2° m ⁴ oct. 1734, à Marie-Anne Guyon, à St-François, I. O.

---

(1) Dit Cochon.

21

1702, (2 déc.) Ste-Famille, I. O. ⁶
II.—BLUTEAU (1), Louis,   [Jacques I.
  b 1682 ; s 29 janvier 1755, à Montréal. ⁸
1° Charlan, Geneviève,   [Claude I.
  b 1679.
Marie-Joseph, b ⁶ 25 avril et s ⁶ 3 mai 1703.—*Marie-Geneviève*, b 3 juin 1704, à Québec⁷ ; m ⁸ 22 août 1736, à Jean-Baptiste Sadé.—*Marie-Joseph*, b ⁷ 19 mars 1706 ; m ⁸ 17 août 1733, à François Lecompte ; s ⁷ 27 mai 1740.—*Marie-Louise*, b ⁷ 31 mai 1708; s ⁷ 2 oct. 1714.—*Marie-Marthe*, b ⁷ 1ᵉʳ nov. 1709; s ⁷ 21 février 1710.—*Angélique*, b ⁷ 11 janvier 1711 ; m ⁶ 14 nov. 1740, à Guillaume Jourdan. — *Louis-François*, b ⁷ 11 déc. 1712 ; s ⁷ 22 juin 1714.—*Philippe*, b ⁷ 1ᵉʳ mai 1714; s 6 déc. 1727, à St-Augustin. — *Louise-Aimée*, b ⁷ 27 janvier 1716.—*Marie-Louise*, b 1716 ; m ⁸ 26 août 1743, à Denis LeCamus.

1718, (12 sept.) ⁷
2° Arbour, Elisabeth,   [Michel I.
  b 1684 ; veuve de Joseph Déry.
Marie-Ursule, b 26 et s 27 mai 1719, à la Pte-aux-Trembles, Q. ⁹— *Jean-François*, b ⁹ 7 août 1727.—*Marie-Angélique*, b... m ⁷ 13 mai 1743, à Jean-François Duclos.— *Marie-Joseph*, b 1727 ; 1° m ⁷ 31 mai 1745, à Thomas Duranseau ; 2° m ⁸ 19 janvier 1756, à François Husson.—*Joseph*, b... 1° m 26 février 1748, à Marie Chaperon, à la Longue-Pointe ; 2° m 1758, à Marie Delbeuf.

1709, (27 nov.) Ste-Famille, I. O.¹
II.—BLUTEAU, Etienne,   [Jacques I.
  b 1686 ; s avant 1767.
1° DeBlois, Madeleine,   [Joseph II.
  b 1687 ; s ¹ 3 janvier 1733.
Marie-Madeleine, b ¹ 2 nov. 1710. — *Etienne*, b ¹ 15 janvier 1712; 1° m 31 août 1740, à Marguerite Caron, à St-Joachim² ; 2° m ² 8 février 1751, à Reine Boucher.—*Marie*, b... m ² 24 avril 1749, à Antoine Blau.— *Madeleine*, b ¹ 11 juin 1714.—*Reine*, b ¹ 26 avril 1716 ; m ¹ 11 nov. 1737, à Pierre Gagné ; s 19 février 1775, à St-Joseph-de-la-Beauce.⁵ — *Cécile-Anne*, b ¹ 6 août 1719, m 31 janvier 1746, à Jacques Belanger, à l'Islet. ⁸ — *Marie-Marguerite*, b ¹ 19 août 1722 ; 1° m 17 juillet 1742, à Philippe Poulin, au Cap-St-Ignace⁴ ; 2° m 1758, à Pierre Césard; 3° m ⁵ 27 oct. 1766, à François Prevost.—*Marie-Elisabeth*, b ¹ 19 août 1722. — *Marie-Brigitte*, b ¹ 19 sept. 1724 ; m ¹ 23 oct. 1742, à Jean-Baptiste Belanger.— *Gertrude*, b ¹ 31 juillet et s ¹ 12 août 1726. — *Marie-Elisabeth*, b ¹ 31 juillet et s ¹ 20 août 1726.—*Marie-Thérèse*, b 18 août 1728, au Château-Richer ; s ³ 22 oct. 1748.

1734, (4 oct.) St-François, I. O.
2° Guyon, Marie-Anne,   [Jean III.
  veuve de François Manseau ; s ¹ 6 juin 1767.

1740, (31 août) St-Joachim. ⁹
III.—BLUTEAU, Etienne,   [Etienne II.
  b 1712.
1° Caron, Marguerite,
  veuve d'Ignace Caron

---

(1) Dit L'Arabel—Lemeunier.

1751, (8 février) ⁹
2° BOUCHER, Marie-Reine,   [PIERRE II.
Etienne, b ⁹ 28 déc. 1751.—*Pierre,* b ⁹ 28 avril 1753.—*Etienne,* b ⁹ 21 juillet 1754.

1748, (26 février) Longue-Pointe. ⁹
III.—BLUTEAU (1), JOSEPH.   [LOUIS II.
1° CHAPERON, Marie,   [PIERRE III.
   b 1725; s ⁹ 5 juin 1753.
Joseph, b ⁹ 24 mai et s ⁹ 6 juin 1749.—*Marie-Céleste,* b ⁹ 21 juin 1750; m ⁹ 16 janvier 1769, à Claude DESCOTEAUX.—*Marie,* b... m ⁹ 30 mai 1774, à Augustin BAYARD.

1758.
2° DELBEUF, Marie.   [FRANÇOIS I.
Antoine, b ⁹ 19 février 1759.—*Marie-Françoise,* b 17 oct. 1767, à Repentigny.

BLUTEAU (1), PHILIPPE.
  ARBOUR, Madeleine,   [MICHEL I.
   b 1677.
Joseph, b 23 juin 1720, à la Pte-aux-Trembles, Q.²—*Marie-Joseph,* b ² 2 juin 1722.

1756.
I.—BOBE, PIERRE-VINCENT.
  VIGEANT (2), Jeanne.   [JEAN-BTE II.
Jean-Louis, b 6 mai et s 2 juin 1760, à St-Antoine-de-Chambly. — *Anonyme,* b et s 30 sept. 1757, à Quebec.

I.—BOBIN, HUBERT.
  ROY, Marie-Anne.
Pierre, b 9 avril et s 24 août 1740 à Montréal.

1768, (7 janvier) Longueuil.
I.—BOBO (3), JOSEPH, fils de Joseph et de Rose Gachet, de Villeneuve, diocèse d'Aleth, province de Roussillon.
  QUINTAL, Marie-Charlotte.   [FRANÇOIS III.

I.—BOC, JOSEPH.
  FUGÈRE, Madeleine.
Marie-Angélique, b 9 déc. 1779, au Château-Richer.

BOCAGE.—Voy. BAILLARGEON.

BOCAGE, MARIE-ANNE, épouse de Jean BRIAND.

II.—BOCAGE (4), NICOLAS.
  HAREL, Marie-Therèse.
Charles, b 27 mai 1715, à Sorel; s 5 nov. 1735, à la Baie-du-Febvre.

BOCAGE, LOUIS, b 1713; s 6 mai 1758, aux Trois-Rivières.

---

(1) Dit L'Arabel.
(2) Et Bigeon.
(3) Dit Fleuri.
(4) Voy. Baillargeon dit Bocage, p. 101.

1740, (19 nov.) Sorel.
III.—BOCAGE (1), JEAN-BTE.   [NICOLAS II.
  DUBOIS, Marguerite.   [PIERRE II.
Marie-Angélique, b 25 et s 31 janvier 1751, à St-Antoine-de-Chambly. ⁹ — *Paul,* b ⁹ 25 nov. 1752.—*Marie-Marguerite,* b 14 juillet 1754, à St-Ours. ⁶—*Pierre-Noel,* b ⁶ 24 déc. 1758; m 3 avril 1780, à Marie-Agathe LAPOINTE, à Terrebonne.²—*Joseph,* b... m 9 nov. 1772. à Thérèse CHARPENTIER, à St-Henri-de-Mascouche. — *Antoine,* b 1745, m ² 20 nov. 1780, à Marie-Joseph LAPOINTE.

1772. (9 nov.) St-Henri-de-Mascouche.
IV.—BOCAGE, JOSEPH.   [JEAN-BTE III.
  CHARPENTIER, Thérèse,   [GABRIEL II.
   b 1746.

1780, (3 avril) Terrebonne.
IV.—BOCAGE, PIERRE,   [JEAN-BTE III.
   b 1758.
  GODARD (2), Marie-Agathe,   [FRANÇOIS III.
   b 1760.

1780, (20 nov.) Terrebonne.
IV.—BOCAGE, ANT. (3), [PIERRE-JEAN-BTE III.
   b 1745.
  GODARD (2), Marie-Joseph.   [FRANÇOIS III.

BOCCARAL.—Voy. BRAY.

BOCQUET, MARIE-JEANNE, épouse de Nicolas DELANOULLIER.

1692, (25 nov.) Repentigny. ⁸
I.—BODA (4), PIERRE.
  TOUIN, Françoise,   [ROCH I.
   b 1678. s 20 janvier 1718, à Montréal. ⁹
Marie-Madeleine, b ⁸ 21 oct. 1707; s ⁹ 7 juin 1718.

I.—BODEAU, PIERRE (5), b 1643; s 4 nov. 1708, à Montréal.

BODIN—Voy. BAUDIN.

BODQUIN—Voy. BOTQUIN.

I.—BOESELÉ (6), URBAIN, b 1700; s 25 août 1736, à Montreal.

BOESMÉ.—*Variations*: BAUMIER—BOHÉMIER.

BOESMÉ Thérèse, épouse de Jean DUFOUR.

---

(1) Baillargeon dit Bocage, voy. p. 102. Trois enfants sont baptisés sous le nom de Baillargeon et les autres sous celui de Bocage.
(2) Dit Lapointe.
(3) Voy. Baillargeon.
(4) Dit LaSeigneurie. Voy. vol. I, p. 61.
(5) Chirurgien des troupes
(6) Dit Langevin, de la Compagnie de Rigauville.

1696, (22 oct.) Charlesbourg. ⁹

II.—BOESMÉ, Charles,   [Jean I.
  b 1674; s ⁹ 15 avril 1727.
  Chamard, Anne,   [Pierre I.
  b 1672; s ⁹ 26 nov. 1719.
  Jean-Charles, b ⁹ 2 mars 1701; 1° m ⁹ 25 mai 1727, à Marie-Joseph Jobin; 2° m 28 février 1729, à Agathe Lacroix, à St-Joachim ; s ⁹ 1ᵉʳ février 1757. — *Adrienne,* b ⁹ 14 dec. 1707 ; m 1728, à Pierre Vaudry. — *Marie-Anne,* b ⁹ 16 août 1704 ; m ⁹ 28 avril 1727, à Jean Chalifour.—*Pierre,* b ⁹ 22 nov. 1713 ; 1° m 2 juillet 1736, à Angélique Leclerc, à Lachenaye⁴; 2° m ⁴ 27 nov. 1747, à Marie-Catherine Marois.—*Louis,* b ⁹ 9 août 1716; m à Marie Joly.

1706, (28 juin) Charlesbourg. ¹

II.—BOESMÉ, Jean,   [Jean I.
  b 1681 ; s 16 janvier 1744, au Sault-au-Récollet. ²
  Bon (1), Madeleine,   [Pierre I.
  b 1687.
  Jean, b ¹ 2 déc. 1707 ; s ¹ 8 mars 1708.—*Marie-Thérèse,* b ¹ 1ᵉʳ déc. 1710 ; s ¹ 22 février 1711.— *Jean-Barthélemi,* b ¹ 19 janvier et s ¹ 17 nov. 1714.—*Angélique,* b 4 avril 1716, à Québec ³ ; m ³ 7 nov. 1740, à Mathieu Castanier.—*Marie-Joseph,* b 20 mars 1718, à Montréal ⁴ ; 1° m ² 1ᵉʳ oct. 1736, à Joseph Monet ; 2° m ² 19 mai 1749, à Joseph Coleret.—*François,* b 1725 ; m ² 12 janvier 1750, à Elisabeth Dagenais.—*Joseph,* b ² 6 mars 1738.—*Deux anonymes,* b ⁴ et s ⁴ 1ᵉʳ oct. 1719. — *Louis,* b ⁴ 2 sept. 1720.

BOESMÉ, Jacques.—Voy. Bonnier.

1727, (25 mai) Charlesbourg. ⁶

III.—BOESMÉ, Jean-Charles,   [Charles II.
  b 1701 ; s ⁶ 1ᵉʳ février 1757.
  1° Jobin, Marie-Joseph,   [Jacques II.
  b 1706 ; s ⁶ 31 mars 1728.
  Charles-Joseph, b ⁶ 29 mars 1728, m ⁶ 3 juillet 1752, à Marie-Anne Paquet.

  1729, (28 février) St-Joachim.
  2° Lacroix, Agathe,   [Louis II.
  veuve de Jean Fortin.
  Pierre-Louis, b ⁶ 29 janvier 1730 ; m ⁶ 21 janvier 1754, à Marie-Joseph Courtois.—*Marie-Agathe,* b ⁶ 28 août et s ⁶ 7 nov. 1731.—*Agathe,* b... m ⁶ 12 juin 1752, à Pierre Parant.

1733, (23 nov.) Lachenaye. ⁷

III.—BOESMÉ, Michel,   [Charles II.
  b 1711.
  Vaudry, Françoise,   [Jacques II.
  b 1712.
  Michel, b ⁷ 23 août 1734; s 5 nov. 1756, à St-Henri-de-Mascouche. ⁸ — *Antoine,* b ⁷ 25 mai 1736.—*Charles,* b ⁷ 16 février et s ⁷ 30 mars 1738.—*Marie-Ozide,* b ⁷ 20 juin 1739, s ⁷ 24 février 1740.—*Gabriel,* b ⁷ 26 juin et s ⁷ 15 juillet 1740.—*Marie-Françoise,* b ⁷ 4 sept. 1741.—*Marie-Rose,* b ⁷ 22 mai et s ⁷ 11 juin 1745. — *Jean,* b ⁷ 1ᵉʳ oct. 1747.—*Pierre,* b 1748 ; s ⁷ 13 juin 1749.

---

(1) Appelée Labrèche, 1738.

—*Marie-Rose,* b ⁸ 30 janvier 1751; 1° m ⁷ 23 février 1767, à Michel Marois; 2° m ⁸ 24 mai 1773, à Charles-François Renaud.—*Marie-Agathe,* b ⁷ 28 sept. et s ⁷ 22 oct. 1752.—*Henri,* b ⁸ 15 juillet et s⁸ 6 août 1756. — *Michel,* b ⁸ 19 janvier 1758. — *Antoine,* b... 1° m ⁸ 12 janvier 1761, à Marie-Agathe Marois ; 2° m ⁸ 14 juin 1773, à Euphrasie Guilbaut. — *Marie-Joseph,* b... 1° m ⁸ 19 janvier 1761, à Michel Mauriceau; 2° m ⁸ 24 avril 1769, à Jean-Baptiste Bourgoin.

1736, (2 juillet) Lachenaye. ⁴

III.—BOESMÉ, Pierre,   [Charles II.
  b 1713.
  1° Leclerc, Angélique,   [Jean-Bte II.
  b 1717, s ⁴ 20 février 1747.
  Anonyme, b ⁴ et s ⁴ 21 sept. 1737.—*Marie-Angélique,* b ⁴ 22 dec. 1738 ; m 8 janvier 1759, à François Guibord, à St-Henri-de-Mascouche. ⁵ — *Pierre,* b ⁴ 31 dec. 1742, m ⁵ 25 juin 1764, à Marie-Joseph Vaudry.—*Marie-Marguerite,* b ⁴ 14 janvier 1745 ; m ⁵ 23 mars 1759, à Jean-Baptiste Marois.

  1747, (27 nov.) ⁴
  2° Marois, Marie-Catherine.   [Jean-Bte II.
  Marie, b ⁴ 25 février 1749.—*Marie-Euphrosine,* b ⁵ 12 février 1751 ; m ⁵ 20 juillet 1767, à Michel Rochon.—*Jean-Marie,* b ⁴ 28 sept. 1752.—*Henri,* b ⁴ 28 janvier 1755.—*Marie-Archange,* b ⁵ 11 sept. 1759.—*Marie-Agathe,* b ⁵ 18 avril 1761.

BOESMÉ, Guillaume.
  Sauvage, Marie-Joseph.
  Anne-Louise, b 26 juillet 1740, à la Pte-aux-Trembles, M. ⁶ — *Anonyme,* b ⁶ et s ⁶ 22 janvier 1751.

III.—BOESMÉ, Louis,   [Charles II.
  b 1716.
  Joly, Marie.   [Jean-Bte.
  Anonyme, b et s 26 nov. 1747, au Sault-au-Récollet. ²—*Jean-Louis,* b ² 3 avril 1749.

1750, (12 janvier) Sault-au-Récollet.

III.—BOESMÉ, François,   [Jean II.
  b 1725.
  Dagenais, Marie-Elisabeth,   [Pierre III.
  b 1727.

1752, (3 juillet) Charlesbourg. ³

IV.—BOESMÉ, Charles-Joseph,   [Jean-Chs III.
  b 1728.
  Paquet, Marie-Anne,   [François IV.
  b 1721.
  Marie-Anne, b ³ 29 sept. 1753.—*Charles-François,* b ³ 16 janvier 1755.—*Barbe,* b ³ 25 avril et s ³ 20 mai 1756.— *Noel,* b... s ³ 4 janvier 1758.—*Marie-Agathe,* b ³ 6 et s ³ 23 juin 1760.

1754, (21 janvier) Charlesbourg. ³

IV.—BOESMÉ, Pierre,   [Jean-Charles III.
  b 1739.
  Courtois, Marie-Joseph,   [Thomas III.
  b 1738.
  Marie-Joseph, b ³ 7 mai 1755. — *Marie-Angélique,* b ³ 8 nov. 1756.—*Agathe,* b ³ 28 fevrier et

s 7 juin 1758, à Québec.⁴ — *Catherine*, b ⁴ 21 et
s ⁴ 26 oct. 1759.—*Marie-Louise*, b 21 mai 1769, au
Détroit.⁵— *Laurent*, b ⁵ 18 nov. 1775.

1761, (12 janvier) St-Henri-de-Mascouche.¹
IV.—BOESMÉ, ANTOINE. [MICHEL III.
  1° MAROIS, Marie-Agathe, [JEAN-BTE II.
    b 1746 ; s ¹ 10 mars 1772.
  Antoine, b 25 mai 1769, à Lachenaye. ²
            1773, (14 juin) ¹
  2° GUILBAUT, Euphrasie, [ETIENNE III.
    b 1753.
  Marie-Amable, b ² 27 février 1777.

1764, (25 juin) St-Henri-de-Mascouche.
IV.—BOESMÉ, PIERRE (1), [PIERRE III.
  b 1742.
  VAUDRY, Marie-Joseph, [GABRIEL III.
    b 1744.
  Pierre, b 27 juillet 1769, à Lachenaye.

I.—BOESSON, JACQUES, b... clerc du Seminaire
  de St-Sulpice ; s 24 juillet 1708, à Montreal.

1700, (15 nov.) Lachine.
I.—BOESSON (2), JEAN,
  b 1673 ; s 7 juin 1713, à Montréal.⁶
  LEGROS, Marie-Anne, [ANTOINE I.
    b 1681.
  Paul-Alexandre, b ⁶ 2 avril 1708. — *Anne*, b ⁶
22 et s ⁶ 24 oct. 1709.

1744, (20 avril) Quebec.⁵
I.—BOETARD (3), JACQUES-GUILLAUME, soldat,
  fils de Jacques et de Marie Hervier de St-
  Sevère, Rouen.
  PEPIN, Marie-Françoise, [JEAN II.
    b 1712, veuve d'Augustin Grenier.
  Jean-Jacques, b ⁸ 7 janvier et s ⁸ 8 sept 1745.
— *Denis*, b ⁸ 17 juillet et s ⁸ 20 août 1746.—
Marie-Louise, b ⁸ 10 sept. 1747 ; s ⁸ 22 février
1748.—*Marie-Joseph*, b ⁸ 24 avril 1750.

BOETTE, MARIE, épouse de Nicolas MOYÉ-
GRANCÉ.

1697, (11 février) L'Ange-Gardien.
I.—BOHEUR (4), NICOLAS,
  b 1667 ; s avant 1732.
  1° QUENTIN, Anne, [NICOLAS I.
    b 1665 ; veuve de Louis Ouvrard ; s 28 mai
    1711, à la Pte-aux-Trembles, Q.
  Marguerite, b 22 juillet 1701, à Québec ; m 18
fevrier 1732, à Guillaume ADAM, à Longueuil ⁸ ;
s ⁸ 22 mars 1757.—*Marie-Louise*, b 28 avril 1705,
à Varennes ; 1° m 27 nov. 1724, à Pierre GOGUET,
à Montreal ; 2° m ⁸ 10 sept. 1736, à Etienne CAM-
PEAU.—*Etienne*, b... m à Marie-Charlotte AUGER.

---

(1) Mariage réhabilité, le 19 mai 1767, à St-Henri-de-Mascouche.
(2) Dit St-Onge.
(3) Dit St-Sévère—De Prémagny.
(4) Voir Bosché.

      1712, (30 mai) Charlesbourg. ⁹
  2° FLEURY, Marie, [FRANÇOIS I.
    b 1673 ; veuve de Jean Préau.
  Henri, b ⁹ 11 février 1713 ; m ⁸ 26 janvier 1739,
à Marie-Louise THUOT.

1739, (26 janvier) Longueuil. ⁵
II.—BOHEUR, HENRI, [NICOLAS I.
  b 1713.
  THUOT, Marie-Louise, [PIERRE I.
    b 1718.
  Marie-Louise, b ⁵ 15 mars 1740.—*Marie-Cathe-
rine*, b ⁵ 20 janvier 1742.—*Henri-Hyacinthe*, b ⁵
14 sept. 1743.—*Joseph-Marie*, b ⁵ 11 sept. 1746.—
Angélique, b ⁵ 10 et s ⁵ 16 août 1748.—*Joseph-
Pascal*, b ⁵ 4 fevrier et s ⁵ 4 mai 1750.—*François-
Marie*, b ⁵ 30 sept. 1751.—*Pascal-Pierre*, b ⁵ 28
avril et s ⁵ 14 juin 1753.—*Pierre*, b 18 sept. et s
17 oct. 1754, à St-Constant.

II.—BOHEUR, ETIENNE. [NICOLAS I.
  AUGER, Marie-Charlotte.
  Marie-Louise, b et s 5 mars 1748, à Montréal.

BOILARD, MARIE-ANNE, épouse de François
DECELLE.

BOILARD, GENEVIÈVE, épouse d'Antoine LA-
MARRE.

BOILARD, MARIE, b... 1° m à Jacques DESTING ;
2° m 19 février 1787, à Louis EMERY dit
BEAUVAIS, à Quebec.

BOILARD, MARIE, épouse de Jean-Baptiste SAN-
TERRE.

1680, (19 nov.) Québec.¹
I.—BOILARD, JEAN,
  b 1645 ; s 24 avril 1737, à Beaumont.²
  MARANDA, Jeanne, [JEAN I.
    b 1654 ; veuve de Julien Brulé ; s ² 3 juin
    1734.
  Eustache, b 1684 ; s 18 mars 1686, à Lévis.³—
Anonyme, b ³ et s ⁸ 24 avril 1686.—*Jeanne*, b ³
14 avril 1687 ; m ¹ 15 mai 1706, à Pierre LÉGER.
—*Jean-Baptiste*, b ³ 1ᵉʳ janvier 1690.—*Joseph*, b ³
23 et s ³ 29 sept. 1691.—*Jean-François*, b ³ 28
juillet 1693 ; 1° m ¹ 8 juin 1716, à Marguerite PA-
LIN ; 2° m 4 nov. 1720, à Geneviève VALLIÈRE, à St-
Pierre, I. O.—*Claude*, b ³ 2 nov. 1698 ; 1° m ² 30
sept. 1738, à Marie-Anne LARRIVÉE ; 2° m 31 août
1761, à Françoise BOURÉ, à Charlesbourg⁴ ; s ²
21 juin 1794. — *Mathurin*, b ² 26 oct. 1702 ; m 7
nov. 1729, à Marie AUDET, à St-Laurent, I. O. ;
s ² 27 février 1755. — *François*, b... m ⁴ 28 sept.
1730, à Barbe BOURÉ.

1716, (8 juin) Québec.⁶
II.—BOILARD, JEAN-BTE-FRS, [JEAN I.
  b 1693 ;
  1° PALIN, Marguerite, [MATHURIN I.
    b 1698 ; s ⁶ 19 mars 1718.
        1720, (4 nov.) St-Pierre, I. O.
  2° VALLIÈRE, Geneviève, [JEAN II.
    b 1707 ; s 16 mai 1742, à Beaumont.⁷

Marie-Geneviève, b ⁷ 30 juillet 1722; m ⁶ 16 août 1753, à Philippe AUCHEU. — *Jean-Baptiste*, b 18 juillet 1726, à Charlesbourg ⁹; s ⁷ 12 sept. 1733.—*Pierre*, b ⁹ 8 oct. 1729; s ⁷ 23 sept. 1733. —*Claude*, b ⁷ 17 oct. 1733.—*Jean-Baptiste*, b ⁷ 21 août 1735.—*Etienne*, b ⁷ 3 mars et s ⁷ 7 juin 1737. — *François*, b ⁷ 9 juin 1738; s ⁶ 1ᵉʳ juin 1754 (noye).— *Pierre*, b 9 mai 1742, à Lévis.—*Barbe*, b ⁹ 18 avril 1728; s ⁹ 19 juillet 1730. — *Marie-Joseph*, b ⁹ 28 août 1731.

1729, (7 nov.) St-Laurent, I. O.
II.—BOILARD, MATHURIN, [JEAN I.
  b 1702; s 27 fevrier 1755, à Beaumont. ⁷
  AUDET, Marie (1), [NICOLAS II.
  b 1704.
Nicolas, b ⁷ 30 oct. 1730; m ⁷ 1ᵉʳ mars 1756, à Charlotte GIRARD; s ⁷ 27 mars 1799 —*Charles*, b ⁷ 21 déc. 1731; s ⁷ 11 avril 1751.—*Marie-Françoise*, b 1732; m ⁷ 7 janvier 1757, à Charles COUILLARD; s ⁷ 5 déc. 1807.—*Marie-Louise*, b ⁷ 19 août 1733.—*Anonyme*, b ⁷ et s ⁷ 2 avril 1735. —*Marie-Catherine*, b ⁷ 20 nov. 1739.—*Marie-Thérèse*, b ⁷ 6 oct. 1743; m ⁷ 19 oct. 1761, à Louis BOURÉ.—*Marie-Anne*, b ⁷ 26 sept. 1745; m ⁷ 5 mars 1764, à Jean-Baptiste NADEAU; s ⁷ 17 oct. 1828.—*Anonyme*, b ⁷ et s ⁷ 18 avril 1749.

1730, (28 sept.) Charlesbourg.
II.—BOILARD, FRANÇOIS. [JEAN I.
BOURÉ, Barbe. [FRANÇOIS II.

1738, (30 sept.) Beaumont. ⁸
II.—BOILARD, CLAUDE, [JEAN I.
  b 1698; s ⁸ 21 juin 1794.
1º LARRIVÉE, Marie-Anne, [JEAN-BTE II.
  b 1707; s ⁸ 17 mai 1750.
Claude, b ⁸ 14 août 1740; s ⁸ 2 avril 1752.— *Joseph*, b ⁸ 9 et s ⁸ 21 sept. 1741.—*Marie-Anne*, b ⁸ 10 et s ⁹ 31 août 1742.—*Jean-François*, b ⁸ 16 juin et s ⁸ 1ᵉʳ juillet 1744.—*Marie-Cécile*, b ⁸ 23 oct. 1746; s ⁸ 20 mai 1751.—*Marie-Thérèse*, b ⁸ 7 juin et s ⁸ 26 août 1748.

1761, (31 août) Charlesbourg.
2º BOURÉ, Françoise, [HENRI III.
  b 1748; s ⁸ 3 mars 1815.
Marguerite, b 1766; m ⁸ 24 janvier 1785, à Joseph BOURASSA; s ⁸ 4 avril 1805. — *Marie-Charlotte*, b... m ⁸ 22 janvier 1788, à François BEGIN.—*Marie-Joseph*, b... m ⁸ 11 janvier 1796, à Pierre VALLIÈRE.—*Joseph*, b... m ⁸ 7 nov. 1796, à Suzanne GIRARD.

1756, (1ᵉʳ mars) Beaumont.¹
III.—BOILARD, NICOLAS, [MATHURIN II.
  b 1730; s ¹ 27 mars 1799.
GIRARD, Marie-Charlotte, [JEAN-BTE II.
  b 1737; s ¹ 18 déc. 1821.
Jean-Baptiste, b 31 janvier et s 26 février 1759, à St-Michel.—*Nicolas*, b ¹ 15 oct. 1760.—*Alexis*, b ¹ 1761; m ¹ 8 août 1791, à Charlotte BERGERON; s ¹ 6 juin 1828.—*Marie-Joseph*, b... m ¹ 9 avril 1793, à Jacques MIOT-GIRARD. — *Louis*, b... m ¹ 16 janvier 1798, à Charlotte LABRECQUE.

1791, (8 août) Beaumont. ¹
IV.—BOILARD, ALEXIS, [NICOLAS III.
  b ¹ 1761; s 6 juin 1828.
BERGERON, Cécile-Charlotte. [JOSEPH IV.

BOILARD, MICHEL,
  b 1759; s 3 août 1832, à Beaumont.
ADAM, Judith.

1796, (7 nov.) Beaumont. ²
III.—BOILARD, JOSEPH, [CLAUDE II.
  s avant 1841.
GIRARD, Suzanne, [JOSEPH III.
  b 1770; s ² 20 déc. 1841.

1798, (16 janvier) Beaumont.
IV.—BOILARD, LOUIS. [NICOLAS III.
LABRECQUE, Charlotte. [JOSEPH IV.

BOILEAU.—Voy. RICHEBOURG.

BOILEAU, MARGUERITE, b 1710; m à Jean GABORIAU; s 7 août 1760, à Chambly.

BOILEAU, MARIE-ANNE. épouse de Pierre GAUTIER.

BOILEAU, CATHERINE, épouse de Joseph-Jean GUAY.

BOILEAU, LOUISE, b 1729, m à Laurent PERRAUT; s 27 janvier 1761, à Chambly.

BOILEAU, MADELEINE, epouse de Jacques SACHET.

BOILEAU, RENÉE, épouse de Laurent VIGEANT.

I.—BOILEAU, VINCENT.
GIRARD, Geneviève.
Pierre, b 1676, m 5 juillet 1706, à Marguerite MÉNARD, à Boucherville.

1706, (5 juillet) Boucherville.
II.—BOILEAU, PIERRE. [VINCENT I.
  b 1676.
MÉNARD, Marguerite, [MAURICE (1) II.
Pierre, b... m à Madeleine-Marguerite LAHAYE. —*René*, b... m 1745, à Marie-Anne ROBERT.

III.—BOILEAU, PIERRE. [PIERRE II.
LAHAYE, Madeleine-Marguerite,
  b 1700; s 10 juillet 1754, à Ste-Geneviève, M. ⁴
Marguerite, b... m ⁴ 8 janvier 1748, à Jacques PROUX.—*Pierre*, b... m ⁴ 7 janvier 1750, à Elisabeth MARTEL.—*Michel*, b... m ⁴ 18 août 1755, à Louise LARIVIÈRE. — *Geneviève*, b... m ⁴ 12 juin 1752, à Nicolas CLAUDE.—*Jacques*, b... m ⁴ 15 janvier 1759, à Marie LAUZON

---

(1) Elle épouse, le 8 nov. 1756, Pierre Roy, à Beaumont. (1) Dit Lafontaine. Il était interprète a Michillimakinac.

1745.
III.—BOILEAU, RENÉ. [PIERRE II.
ROBERT (1), Marie-Anne,
b 1714; s 3 sept. 1759, à Chambly.⁶
Félicité, b ⁶ 13 juillet 1746; s⁶ 11 janvier 1750.
—*Elisabeth*, b ⁶ 4 déc. 1748.—*Marie-Félicité*, b ⁶ 29 juin 1750. — *René*, b ⁶ et s ⁶ 5 mai 1752. — *Marie-Pélagie*, b ⁶ 14 juillet 1753.—*Geneviève*, b ⁶ 10 mai 1755.—*Marie-Madeleine*, b ⁶ 30 avril et s ⁶ 19 mai 1758.—*Marie-Anne*, b... m ⁶ 6 février 1758, à Laurent TAUPIER.

BOILEAU, PIERRE.
MILLET, Agathe.
Pierre, b 24 juillet et s 8 oct. 1751, à Chambly.⁶
—*Louise-Agathe*, b ⁶ 26 juillet et s ⁶ 6 août 1752.
—*Charles*, b ⁶ 24 sept. et s ⁶ 16 oct. 1753.—
René, b ⁶ 27 oct. 1754.—*Pierre*, b ⁶ 17 avril et s ⁶ 8 juin 1757.—*Marie-Agathe*, b ⁶ 12 sept. 1758 . s ⁶ 20 juillet 1759.—*Joseph*, b ⁶ 31 janvier et s ⁶ 20 sept. 1760.

1750, (7 janvier) Ste-Geneviève, M.⁷
IV.—BOILEAU, PIERRE. [PIERRE III.
MARTEL, Marie-Elisabeth, [LOUIS III.
b 1733.
Marie, b ⁷ 28 août 1751.—*Louise*, b ⁷ 30 oct. 1753. — *Marie-Geneviève*, b ⁷ 20 juin 1755; s ⁷ 7 avril 1756.—*Pierre*, b ⁷ et s ⁷ 30 oct. 1759.

1752, (6 nov.) Ste-Geneviève, M.⁷
I.—BOILEAU, ETIENNE, fils d'Etienne et de Marie Moustier, de St-Bonner, diocèse de Xaintes.
PEPIN, Thérèse. [ROBERT II.
Etienne, b ⁷ 8 nov. 1753 ; s ⁷ 7 juillet 1754.—
Catherine, b ⁷ 17 juin 1755.—*François-Etienne*, b ⁷ 17 et s ⁷ 29 avril 1757.—*Joseph*, b ⁷ 5 et s ⁷ 21 avril 1758.—*Jean-Baptiste*, b ⁷ 26 juillet et s ⁷ 12 août 1759.—*Michel*,b 28 sept.1760,à St-Laurent,M.

1755, (18 août) Ste-Geneviève, M.³
IV.—BOILEAU, MICHEL. [PIERRE III.
LARIVIÈRE, Louise, [JACQUES II.
b 1737.
Marie-Louise, b ³ 3 nov. 1756.—*Madeleine*, b ⁸ 11 août 1758.

BOILEAU, MICHEL.
LAVIOLETTE, Catherine (2). [FRANÇOIS.
Michel (posthume), b 29 sept. 1756, à Chambly⁶ ; s⁶ 25 avril 1757.

1756, (9 février) Montréal.
I.—BOILEAU (3), LOUIS-MARIE, marchand, fils de Louis (conseiller du roy) et de Madeleine DeJean, de St-Roch de Paris.
LEFEBVRE (4), Louise-Celeste, [LOUIS II.
b 1730.
Marie-Catherine, b 25 mai 1763, à Québec.

---

(1) Dit Lafontaine.
(2) Elle épouse, le 15 janvier 1759, François Touzelier, à Chambly.
(3) De Richebourg, 1763.
(4) DuChoquet.

BOILEAU, AMABLE.
VIGEANT, Ursule.
Marie-Amable, b 10 janvier et s 13 mai 1757, à Chambly.⁹—*Marie-Ursule*, b ⁹ 28 mai 1759.

1757, (21 février) Montréal.
I.—BOILEAU, FIACRE, sergent, b 1725 ; fils de François et de Marie-Anne Coreil, de St-Christophe-Vieux-Château, Toul.
COURCAMBEC, Madeleine. [PIERRE I.

1759, (15 janvier) Ste-Geneviève, M.
IV.—BOILEAU, JACQUES, [PIERRE III.
LAUZON, Marie, [FRANÇOIS III.
b 1741.

1746, (10 oct.) Québec.³
I.—BOILEVIN, YVES, fils de Philippe et de Marie Filatreau, de Riou-Martin, diocèse de Xaintes.
FABAS, Marie-Anne, [LOUIS II.
b 1726.
Pierre-François, b ² 20 mai et s ² 6 sept. 1748.
—*Yves-Marie*, b ² 24 mai 1750.— *Marie-Anne*, b ² 11 juillet 1752; m 1777, à François PAUMEREAU.
— *Michel*, b ² 30 sept. 1754 ; s ² 29 oct. 1755.—*Louis*, b ² 15 février 1757.— *Philippe-Joseph*, b ² 2 juin et s ² 20 juillet 1759.—*Nicolas*, b 6 déc. 1761, à St-Nicolas.

1726, (30 oct.) Baie-St-Paul.⁴
I.—BOILY, GUILLAUME, forgeron, b 1684, fils d'Antoine et de Françoise Bertrand, de St-Join, diocèse de Poitiers ; s ⁴ 18 février 1764.
GAGNÉ, Louise, [IGNACE III.
b 1683 ; veuve de Robert Dufour ; s ⁴ 24 sept. 1747.
Jean, b ⁴ 9 juin 1728 ; m ⁴ 22 janvier 1748, à Ursule DUCHESNE.

1748, (22 janvier) Baie-St-Paul.³
II.—BOILY, JEAN. [GUILLAUME I.
DUCHESNE, Ursule, [JACQUES II.
b 1726 , s ³ 28 avril 1777.
Guillaume, b ³ 25 janvier 1751 ; m ³ 25 oct 1773, à Marie-Anne SIMARD.—*Marie-Ursule-Julie*, b ᵈ 26 sept. 1752.— *Jean-Baptiste*, b ³ 4 février 1755 ; m ³ 23 juin 1777, à Marie-Louise VILLENEUVE.—*Marie-Joseph*, b ³ 22 sept. 1756.—*Marie-Félicité*, b ³ 12 février 1758 ; s ³ 17 déc. 1760.—*Marie-Pélagie*, b ³ 27 nov. 1759 ; m ³ 18 nov. 1776, à François FORTIN. —*Joseph*, b ³ 23 oct. 1761.—*Marie-Catherine-Justine-Louise*, b ³ 2 mai 1763.—*Marie-Emerance-Rosalie*, b ³ 7 mai 1765 , s ³ 5 août 1777.—*André-Clément-Saturnin*, b ³ 22 nov. 1767.

1773, (25 oct.) Baie-St-Paul.⁴
III.—BOILY, GUILLAUME, [JEAN II.
b 1751.
SIMARD, Marie-Anne, [ANGE IV.
b 1751.
Charlotte, b ⁴ 9 août 1774.—*Joseph*, b ⁴ 19 oct. 1776.

1777, (23 juin) Baie-St-Paul.
III.—BOILY, Jean-Bte, [Jean II.
  b 1755.
  Villeneuve, Marie-Louise, [Germain III.
  b 1754.

BOIN.—Voy. Bouin—Dufresne.

1692, (21 oct.) Lachine.[3]
I.—BOINNEAU (1), Raymond,
  b 1661 ; s [5] 5 juin 1695.
  Plumereau, Louise (2), [Julien I.
  b 1678.
  Catherine-Angélique, b [3] 24 mai 1695, m 22 janvier 1742, à Gabriel Paillard, à Montreal.

BOINNEAU, Jean.—Voy. Poinneau.

BOIRE. — *Variations et surnoms* : Bosché—Boheur.

BOIRY, Marie-Thérèse, epouse de Joseph Cloutier.

BOIRY, Marie-Françoise, b... s 5 nov. 1733, à Berthier (noyée).

BOIS (3), Jean, b... s 15 août 1712, à la Baie-St-Paul.

BOIS, Thérèse, épouse de René Tougas.

BOIS, Marie-Catherine, epouse do Jean Ruel.

1704, (24 nov.) Rivière-Ouelle. [4]
II.—BOIS, Jacques, [René I.
  b 1677; s [4] 13 nov. 1741.
  Soucy, Anne, [Jean I.
  b 1671 ; veuve de Jean Lebel.
  Marie-Thérèse, b 1705 ; m 1729, à Louis Maubais.—*Joseph*, b [4] 1er sept. 1707 ; s [4] 22 sept. 1714. —*Jacques*, b... m 30 nov. 1730, à Angelique Mignier, à Ste-Anne-de-la-Pocatière.[5] — *Jean-Bernard*, b [4] 3 janvier 1710 ; m [5] 26 nov. 1736, à Marie-Madeleine Pelletier ; s [5] 15 mars 1742.— *Jean-Baptiste*, b [4] 3 janvier 1710 ; m 14 janvier 1730, à Angélique Morillon, à Ste-Anne-de-la-Pocatière.—*André*, b [4] 17 janvier 1712.—*Marie-Madeleine*, b [4] 12 et s [4] 28 juillet 1713.—*François-René*, b [4] 14 et s [4] 25 juin 1714.—*Etienne*, b... m 26 avril 1745, à Marguerite Dorion, à Québec.

1730, (14 janvier) Ste-Anne-de-la-Pocatière.[6]
III.—BOIS, Jean-Bte, [Jacques II.
  b 1710.
  Morillon, Angélique, [Mathurin I.
  b 1712.
  Jean-Baptiste, b [6] 19 juin 1732 ; m 10 janvier 1752, à Françoise Aubois, à Québec.

(1) Dit Lachaume.
(2) Elle épouse, le 17 nov. 1698, Antoine Dubois, à Lachine.
(3) Engagé de l'Hôtel-Dieu, noyé avec François Fournier.

1730, (30 nov.) Ste-Anne-de-la-Pocatière. [7]
III.—BOIS, Jacques, [Jacques II.
  s avant 1771.
  Mignier, Angélique, [Michel II.
  b 1710.
  Marie-Joseph, b [7] 7 avril 1733 ; m [7] 26 avril 1762, à Jean Lévêque ; s 14 février 1763, à la Rivière-Ouelle.[8]—*Joseph*, b [7] 13 janvier 1735 ; m [7] 1er février 1762, à Marie Morin.—*Basile*, b [7] 17 déc. 1736 ; m 13 oct. 1761, à Marie-Anne St-Pierre, à St-Roch —*Etienne*, b [7] 23 dec. 1738 ; 1o m [8] 5 mars 1764, à Veronique Miville ; 2o m [7] 2 mars 1772, à Angélique Martin.—*Marie-Anne*, b [7] 23 déc. 1740 ; m [7] 23 nov. 1763, à Noel Gagnon.— *François-Marie*, b [7] 23 février 1743 ; 1o m [7] 23 nov. 1772, à Marie-Charlotte Sirois ; 2o m 5 nov. 1781, à Marie-Angelique Caron, à St-Jean-Port-Joli.[9]—*Jean-Baptiste*, b [7] 17 avril et s [7] 25 mai 1745. —*Jean-Marie*, b [7] 20 avril 1746 ; m [7] 5 nov. 1771, à Catherine Malenfant.— *Roch-Silvain*, b [7] 16 août 1748 ; m [7] 19 nov. 1770, à Marie-Joseph Pinel.—*Jérôme*, b [7] 22 mars 1751 ; m [9] 10 fevrier 1783, à Marie-Louise St-Pierre. — *Marie-Angélique*, b 1731 ; m à Bernard Pelletier ; s 10 mai 1782, à Repentigny.

I.—BOIS, Etienne,
  b 1707; s 21 sept. 1747, à Québec.[1]
  Falardeau, Marguerite (1), [Guillaume I.
  b 1712.
  Marie-Marguerite, b [1] 14 nov. 1733 ; s [1] 9 juillet 1758.—*Thomas*, b [1] 15 oct. 1735 ; s [1] 5 janvier 1736 —*Pierre*, b [1] 8 avril 1737.—*Joseph*, b [1] 23 juin 1739 ; m 17 août 1761, à Madeleine Serindac, à Beaumont.—*Denis*, b [1] 30 août et s [1] 11 sept. 1741.—*Sébastien-Ambroise*, b [1] 18 juin 1743.

1736, (26 nov.) Ste-Anne-de-la-Pocatière. [2]
III —BOIS, Jean-Bernard, [Jacques II.
  b 1710, s [2] 15 mars 1742.
  Pelletier, Marie-Madeleine (2), [Jean-Frs IV.
  b 1712.
  Anonyme, b [2] et s [2] 16 sept 1737.—*Marie-Madeleine*, b 31 août 1738, à la Rivière-Ouelle.— *Marie-Joseph*, b [2] 4 mai 1740.—*Joseph* (posthume), b [2] 18 août 1742.

1742, (5 nov.) L'Ange-Gardien. [3]
I.—BOIS, Charles, fils de Pierre et de Jeanne Rigaud, de Chatagne, diocèse de Xaintes.
  Letarte, Geneviève (3), [Joseph III.
  b 1722.
  Marie-Catherine, b [3] 27 dec. 1743.

1745, (26 avril) Québec. [4]
III.—BOIS, Etienne. [Jacques II.
  Dorion, Marguerite, [Pierre II.
  b 1725.

(1) Elle épouse, le 7 avril 1750, Pierre Lesacque, à Québec.
(2) Elle épouse, le 24 mai 1743, Julien Rehel, à Ste-Anne-de-la-Pocatière.
(3) Elle épouse, le 4 février 1754, Augustin Bornais, à L'Ange-Gardien.

Marguerite, b ᵈ 18 janvier 1746 ; m ᵈ 5 juillet 1762, à Louis COUTANT.—*Jean-Louis*, b ᵈ 23 février et s ᵈ 13 sept. 1748.—*Marie-Geneviève*, b ᵈ 24 juin 1749. — *Etienne*, b ᵈ 5 sept. 1751. — *Marie-Anne*, b ᵈ 27 juillet 1755.—*Jean-Marie*, b ᵈ 7 nov. 1757 ; s ᵈ 28 juin 1758.—*Marie-Joseph*, b ᵈ 30 juillet 1762.—*Geneviève*, b ᵈ 30 juillet 1762.

1752, (10 janvier) Quebec.⁵

IV.—BOIS, JEAN-BTE,   [JEAN-BTE III.
  b 1732.
  AUBOIS, Françoise (1),   [MICHEL II.
  b 1734.
Jean, b ⁵ 8 déc. 1752. — *Marie-Françoise*, b ⁵ 1ᵉʳ février 1754.—*Joseph-Marie*, b⁵ 17 mars 1755.

1761, (17 août) Beaumont.

II.—BOIS, JOSEPH,   [ETIENNE I.
  b 1739.
  SERINDAC, Marie-Madeleine,   [ANTOINE I.
  b 1739.
Antoine, b 30 juillet 1762, à Québec.⁶—*Marie-Madeleine*, b⁶ 17 mars et s⁶ 3 juillet 1764.

1761, (13 oct.) St-Roch.⁷

IV.—BOIS, BASILE,   [JACQUES III.
  b 1736.
  ST-PIERRE, Marie-Anne,   [ALEXANDRE II.
  b 1736.
Marie-Anne, b 19 juillet et s 9 août 1762, à Ste-Anne-de-la-Pocatière.—*Marie-Anne*, b ⁷ 12 sept. 1764.

1762, (1ᵉʳ février) Ste-Anne-de-la-Pocatière.⁸

IV.—BOIS, JOSEPH,   [JACQUES III.
  b 1735.
  MORIN, Marie,   [ANDRÉ II.
  b 1744.
Marie-Madeleine, b ⁸ 18 déc. 1762.—*Marie-Joseph*, b ⁸ 16 janvier 1764.

1764, (5 mars) Rivière-Ouelle.

IV.—BOIS, ETIENNE,   [JACQUES III.
  b 1738.
  1° MIVILLE, Marie-Véronique,   [JOSEPH IV.
  b 1742 ; s 13 mai 1769, à Ste-Anne-de-la-Pocatière.⁹
        1772, (2 mars).⁹
  2° MARTIN, Angélique,   [IGNACE III.
  b 1743.

1770, (19 nov.) Ste-Anne-de-la-Pocatière.

IV.—BOIS, ROCH-SILVAIN,   [JACQUES III.
  b 1748.
  PINEL, Marie-Joseph.   [JOSEPH V.

1771, (5 nov.) Ste-Anne-de-la-Pocatière.

IV.—BOIS, JEAN-MARIE,   [JACQUES III.
  b 1746.
  MALENFANT, Catherine,   [GUILLAUME I.
  b 1753.

---

(1) Elle épouse, le 5 janvier 1760, Michel TIERCELIN, à Lévis.

1772, (23 nov.) Ste-Anne-de-la-Pocatière.

IV.—BOIS, FRANÇOIS,   [JACQUES III.
  b 1743.
  1° SIROIS, Marie-Charlotte,   [JEAN III.
  b 1742.
        1781, (5 nov.) St-Jean-Port-Joli.
  2° CARON, Marie-Angélique,
  veuve de Pierre Morin.

BOIS, ETIENNE.
CRÊTE, Thérèse.
Marie-Madeleine, b... s 19 août 1786, à Ste-Foye.

1783, (10 février) St-Jean-Port-Joli.

IV.—BOIS, JÉRÔME,   [JACQUES III.
  b 1751.
  ST-PIERRE, Marie-Louise,   [ANTOINE III.

BOIS, JOSEPH-CHARLES.
PRÉJEAN, Elisabeth.
Joseph-Charles, b... m 24 juin 1822, à Emilie POUJOL, à Sioux.

1822, (24 juin) Sioux.

BOIS, JOSEPH-CHARLES, de Ste-Geneviève, M. Bas-Canada.
POUJOL, Emilie, fille de Jean-Baptiste et d'Emilie Moquier.

BOIS, BERTHELOT-GEORGE-FRANÇOIS. — Voy. DUBOIS.

BOISARD (1).

BOISBRIANT, RENÉ, b 1696 ; s 22 juin 1736, à Montréal.

BOISBRIANT, CHARLES.—Voy. MOREL.

BOISCLAIR. — *Variations et surnoms :* BOISCLERC—MAILLOT—BÉRIAU, 1731.

I.—BOISDON, Louise, b 1650 ; m à Claude POTHIER ; s 11 juin 1702, à Montreal.

1686, (18 nov.) Boucherville.

I.—BOISDORÉ (2), FRANÇOIS-JEAN.
s 1ᵉʳ avril 1714, à Montréal.
DENOYON, Françoise (3).   [JEAN I.
Marie, b 1695 ; m 18 oct. 1723, à Pierre-François CHALOU, à Québec⁴ ; s ᵈ 17 oct. 1743.—*Marguerite*, b... m ᵈ 21 nov. 1723, à Jean-François GERVAIS.—*Pierre*, b 1699 ; m ᵈ 22 nov. 1723, à Marie-Madeleine RIVIÈRE ; s ᵈ 19 mai 1725 — *Charlotte*, b 1708 ; m ᵈ 4 nov. 1725, à Pierre LAMOTTE ; s ᵈ 27 août 1744. — *Thérèse*, b... m ᵈ 19 février 1727, à Louis PILET ; s ᵈ 25 nov. 1747.—*Marie-Thérèse*, b 1700 ; s ᵈ 25 nov. 1744.—*Marie*, b... m à Jean-Daniel DANIAC.

---

(1) Il était, le 20 juillet 1755, à St-Jean-Deschaillons.
(2) Dit Barbeau. Voir aussi ce nom p 111.
(3) Elle épouse, le 29 nov. 1717, Daniel Beauregard, à Montreal.

I.—BOISDORÉ (1), Jean, b 1705 ; s 1er janvier 1750, à Montreal.

BOISÉE, Marie, épouse de Joseph Colleret.

BOISJOLI.—*Variations et surnoms* : Davion—Griveau — Boisjoly—Joly—Liénard—Ravion.

II.—BOISJOLI (2), Pierre. [Pierre I.
Huppé, Suzanne, [Jacques II.
b 1690.
Joseph, b... m 25 nov. 1727, à Angélique Huppé, à Beauport.

1727, (25 nov.) Beauport.
III.—BOISJOLI (2), Joseph. [Pierre II.
Huppé, Angelique, [Antoine II.
b 1694 ; veuve de Jean-Baptiste Presseau ; s 29 mars 1751, à Ste-Rose.
Joseph, b 24 juillet et s 29 août 1729, à St-Pierre, I. O.

BOISJOLI, Marie-Anne, b 1735 ; m à Jean-Baptiste Chalou ; s 4 nov. 1785, à l'Islet.

III.—BOISJOLI (3), Jean-Bte. [Jean II.
s avant 1756.
Cocquin, Therèse, [Pierre I.
Jean-Thierry, b 1er juillet 1720, à la Pte-aux-Trembles, Q. [2] ; m [2] 5 juillet 1756, à Angelique Dubuc. — *François-de-Sales*, b [2] 6 août 1732. — *Marie-Angélique*, b [2] 8 janvier 1723. — *Marie-Anne*, b [2] 8 mars et s [2] 22 avril 1724.—*Ignace*, b [2] 17 sept. et s [2] 5 oct. 1726.—*Jean-Baptiste*, b [2] 29 oct. 1728.

1756, (5 juillet) Pte-aux-Trembles, Q. [1]
IV.—BOISJOLI, Jean-Thierry, [Jean-Bte III.
b 1720.
Dubuc, Angélique. [Michel III.
Marie-Angélique, b [1] 14 mai 1757. — *Marie-Thérèse*, b [1] 14 février 1759.—*Thierry*, b [1] 4 avril 1761. — *Louis-Joseph*, b 15 février 1763, aux Ecureuils.—*Marie-Madeleine*, b [1] 6 oct. 1767.

BOISJOLI, Jean-Bte.
Fortier, Judith.
Marie-Hélène, b 24 juin 1781, aux Ecureuils.

I.—BOISJOLI (4), Jean-Bte.
Sigouin, Marie.
Jean-Baptiste, b... m 30 sept. 1744, à Madeleine Gautier, aux Trois-Rivières. — *François-Louis*, b 11 et s 27 juin 1738, à Lavaltrie. [2]—*Marie-Cécile*, b [2] 13 et s [2] 20 nov. 1740.—*Louis*, b... m [2] 21 nov. 1746, à Marie-Joseph Fontin.—*Marie-Amable*, b... m [2] 24 avril 1749, à Antoine Milot.—*Marie-Thérèse*, b... m [2] 12 oct. 1752, à Jean-Baptiste Coussi.—*Antoine*, b... m [2] 3 nov. 1744, à Agathe Laporte.

(1) Dit Jolicœur, soldat.
(2) Renaud dit.
(3) Liénard-Durbois dit. Voy. vol. I, p. 394. Cet acte n'est pas écrit et il est signé.
(4) Dit Griveau.

1744, (20 sept.) Trois-Rivières.
II.—BOISJOLI (1), Jean-Bte. [Jean-Bte I.
Gautier, Madeleine [Jean-Bte II.

1744, (3 nov.) Lavaltrie. [2]
II.—BOISJOLI (1), Antoine. [Jean-Bte I.
Laporte (De), Agathe. [Jean II.
Antoine-Toussaint, b [2] 1er nov. 1745.—*Marie-Agathe*, b [2] 5 déc. 1747 ; s [2] 29 janvier 1749.—*Jean-Baptiste-Capistran*, b [2] 14 mai 1749.—*Louis*, b [2] et s [2] 5 mai 1751.— *Joseph-Lambert*, b [2] 12 juillet 1752.— *Simon*, b [2] 28 oct. et s [2] 12 nov. 1753.—*François-Basile*, b [2] 15 déc. 1754.—*Ambroise*, b [2] 27 juillet et s [2] 30 août 1757.—*Basile*, b [2] 7 et s [2] 16 juillet 1758.— *Marie-Agathe*, b [2] 4 sept. 1759.

1746, (21 nov.) Lavaltrie. [2]
II.—BOISJOLI (1), Louis. [Jean-Bte I.
Fortin, Marie-Joseph. [Charles II.
Marie-Brigitte, b [2] 19 déc. 1749.—*Marie-Thérèse*, b [2] 13 avril 1751.—*Louis-Pierre*, b [2] 2 avril 1753.—*Marie-Françoise*, b [2] 19 déc. 1754.—*Jean-Baptiste*, b [2] 15 nov. 1756. — *François*, b [2] 19 sept. 1758.

1761, (2 février) Longueuil.
I.—BOISLE, Simon, fils de Jacques et de Marguerite Gressière, de Larsan, diocèse d'Usez, Languedoc.
Dufaut, Marie-Jeanne, [Louis III.
b 1741.

I.—BOISMENÉ, Marie-Anne, b... m 13 juillet 1744, à Vincent Ferrand, à Quebec

BOISMENU.—*Variations et surnoms* : Moinet—Monet—Boismé—Boesmé—Boismer.

BOISMENU, Pierre.—Voy. Monet.

BOISMENU, Jean-Bte.—Voy. Monet.

BOISMER.—Voy. Boesmé.

BOISOUD, Angélique, epouse de François Cournival.

BOISSEAU, Marie, épouse de Paul Chicoine.

BOISSEAU, Marie-Joseph, b... m à Pierre Conillard ; s avant 1769.

BOISSEAU, Marie, épouse de Paul Dozois.

BOISSEAU, Judith, épouse de Nicolas Trutaut.

BOISSEAU, Angélique, épouse de François Vinet.

BOISSEAU, Etienne, b 1660 ; s 21 mai 1715, à Montreal.

(1) Dit Griveau.

1670, (20 oct.) Montréal.[4]

I.—BOISSEAU, PIERRE (1),
b 1646 ; s 22 sept. 1699, à Varennes.
FOUBERT (2), Anne,
b 1650 ; s 5 avril 1729, à Verchères.[1]
Antoine, b 1680 ; s[1] 26 février 1754. — *Angélique*, b 19 sept. 1683, à Contrecœur[2] ; 1° m 3 mai 1704, à Guillaume LaSerre, à l'Ile-Dupas ; 2° m[4] 29 août 1723, à Jean-Baptiste Chaufour. —*Vincent*, b[4] 9 oct. 1689 ; m[2] 28 août 1718, à Marguerite Volant.

1718, (28 août) Contrecœur.

II.—BOISSEAU, VINCENT,   [PIERRE I.
b 1689.
VOLANT, Marguerite (3),   [JEAN-FRS II.
b 1702.
Vincent, b 30 mai 1719, à Verchères.[1]—*Marie-Anne*, b 8 sept.1720, à St-Ours ; m[2] 16 août 1740, à Joseph Dansereau.—*Antoine*, b 1722 ; m 1746, à Judith Grégoire ; s[2] 20 février 1754.—*François*, b[2] 1724 ; s[2] 21 nov. 1759.—*Louis*, b[2] 9 mars 1728 ; m 1751, à Elisabeth Foisy. — *Marguerite*, b... m[2] 18 février 1741, à François Bouvier. —*Joseph*, b... m 1750, à Marie Duhamel.

1725, (9 sept.) Quebec.[1]

I.—BOISSEAU, NICOLAS (4), fils de Pierre (ancien procureur au parlement de Paris) et de Marguerite Guérin, de St-Benoit, Paris.
1° PAGÉ (5), Marie-Anne,   [GUILLAUME II.
b 1697 ; s[1] 9 mai 1739.
Nicolas-Gaspard, b[1] 16 juin 1726 ; 1° m 6 oct. 1754, à Thérèse Couillard, à St-Thomas ; 2° m 1760, à Claire Joliet.—*Pierre-Louis*, b[1] 8 juillet et s 16 sept. 1727, à Charlesbourg.[2]—*Marie-Louise*, b[1] 3 oct. 1728, s[2] 15 janvier 1730. — *Anonyme*, b[1] et s[1] 17 août 1729.—*Pierre-François*, b[1] 13 août 1730 ; s[2] 29 avril 1731.—*Marie-Angélique*, b[1] 19 avril 1732 ; s[1] 30 mars 1748.—*Marie-Elisabeth*, b[1] 6 août 1733.—*Anne*, b[1] et s[1] 10 nov. 1734.— *François-Madeleine*, b[1] 7 et s[2] 13 nov. 1735. — *Marie-Joseph*, b[1] 13 nov. et s 9 dec. 1736, à Ste-Foye.

1741, (4 juin).[1]
2° BISSOT, Marie-Louise,   [JEAN II.
b 1697.

1746.

III.—BOISSEAU, FRANÇOIS,   [VINCENT II.
b 1724, s 21 nov. 1759, à Verchères.
Geneviève, b 1748, s 26 mars 1751, à Sorel.

1746.

III.—BOISSEAU, ANTOINE,   [VINCENT II.
b 1722 ; s 20 février 1754, à Verchères.[3]
GRÉGOIRE (6), Judith,   [JULIEN II.
b 1714.

Marie-Françoise, b[3] 3 déc. 1752.—*Marguerite*, b 1747 ; s[3] 25 avril 1754.— *Marie-Madeleine*, b 1749 ; s[3] 18 juin 1754.—*Pierre*, b 1751 ; s[3] 15 juin 1755.

1750.

III.—BOISSEAU, JOSEPH.   [VINCENT II.
DUHAMEL (1), Marie.   [LOUIS II.
Joseph, b 25 oct.1751, à St-Antoine-de-Chambly. —*Marie-Anne*, b 1755 ; s 11 janvier 1760, à Verchères.

1751.

III.—BOISSEAU, LOUIS,   [VINCENT II.
b 1728.
FOISY, Elisabeth.   [ANTOINE II.
Joseph, b 15 juillet et s 3 août 1752, à Verchères.[3]—*Jacques*, b[3] 5 oct. 1753.—*Louis*, b[3] 12 déc. 1754. — *Elisabeth*, b[3] 3 mars et s[3] 1er mai 1756.— *Marie-Charlotte*, b[3] 28 mars 1759.—*Marie-Louise*, b[3] 24 août 1760.

1752, (11 sept.) Montréal.

I.—BOISSEAU (2), ANDRÉ, b 1722 ; fils de Jean-Baptiste et de Marguerite Piémond, de Villerais, diocèse de Cahors.
GUIGNARD, Veronique,   [LAURENT I.
b 1737.

1754, (6 oct.) St-Thomas.[4]

II.—BOISSEAU, NICOL-GASPARD (3), [NICOLAS I.
b 1726.
1° COUILLARD, Thérèse,   [LOUIS IV.
b 1732 ; s[4] 16 janvier 1760.
Angélique, b 31 juillet 1755, à Québec.[5]—*Thérèse*, b[5] 9 août 1756.—*Nicolas*, b[5] 24 oct 1757 ; s 17 sept. 1759, à Charlesbourg.—*Marie-Joseph*, b[5] 13 oct. 1758.

1760.
2° JOLIET, Claire,   [JEAN III.
veuve de François Volant.
Nicolas-Gaspard, b 1761.

1756, (7 janvier) Montréal.

I.—BOISSEAU, PIERRE, b 1732 ; fils de Jean et d'Anne Bernard, de Richemont, diocèse de Xaintes.
VALADE, Marie-Anne,   [GUILLAUME II.
b 1734.

BOISSEL, MARGUERITE, épouse de Louis CARIGNAN ; s avant 1745.

BOISSEL, MARGUERITE, épouse de Joseph PARANT.

BOISSEL, ELISABETH, épouse de Pierre VIEN.

---

(1) Seigneur de Bellevue.
(2) Et Fouben.
(3) Elle épouse, le 16 août 1740, François Bissonnet, à Verchères.
(4) Ecrivain du roy, secrétaire en chef du Conseil. Greffier de la Prévosté de Québec.
(5) Et Quercy.
(6) Dit Valentin, 1754. Elle épouse, le 4 nov. 1755, François Richard, à Verchères

(1) Et Sansfaçon.
(2) Dit Sanscartier.
(3) Greffier. Gardenote des archives de la Province.

1696.

II.—BOISSEL, GILLES,   [JACQUES I.
   b 1658 ; s 17 août 1715, à St-Michel-d'Yamaska.
  SALOUE, Marguerite,   [CLAUDE I.
   b 1675.
   Jean-Baptiste, b... m 2 mai 1725, à Charlotte FORCIER, à St-Frs-du-Lac.—*Françoise*, b 10 déc. 1697, au Cap-St-Ignace ; m 30 avril 1721, à François CLUSEAU, à Québec.[1]—*Alexandre*, b 4 sept. 1701, à St-Laurent, I.O.[2] ; m 22 sept. 1723, à Marguerite BINET, à Beauport[3] ; s[3] 17 février 1745.—*Marie*, b[2] 4 sept. 1701. — *Marie-Joseph*, b 10 sept. 1708, à Beaumont[4] ; m[1] 25 février 1727, à Pierre CLUSEAU.—*Marie*, b 1710 ; s[3] 29 oct. 1725.—*Elisabeth*, b[4] 7 oct. 1713 ; s[1] 10 déc. 1729.—*Charles*, b[4] 7 mars 1706 ; m 1736, à Thérèse DAUDELIN.

I.—BOISSEL, LOUIS.
  BANHIAC, Marie-Jeanne,   [FRANÇOIS I.
   b 1692 ; veuve de Jean Gossain ; s 27 février 1750, à St-Michel-d'Yamaska.[4]
   Louis, b 1713 ; m à Elisabeth CANTARA ; s[4] 7 janvier **1758**.

II.—BOISSEL, JEAN-BTE,   [JULIEN I.
   b 1680 ; s avant 1735.
  SALOUÉ, Marie,   [CLAUDE I.
   b 1677.
   Jean-Baptiste-Louis, b... m 21 février 1735, à Marguerite BADAILLAC, à St-Michel-d'Yamaska.

1707, (8 oct.) Lévis.[3]

III.— BOISSEL, PIERRE,   [NOEL II.
   b 1678 ; s 17 janvier 1773, à Beaumont.[4]
  BRULOT, Louise,   [PIERRE I.
   b 1684 ; s[4] 23 janvier 1773.
   Madeleine, b... 1° m[4] 1er mars 1745, à Jean-Baptiste CARON ; 2° m 14 nov. 1746, à Louis LANGELIER, à L'Islet.—*Louis*, b... m[4] 12 août 1765, à Angélique LACASSE.—*Pierre*, b[4] 15 août et s[4] 9 sept. 1708.—*Louise*, b[3] 18 nov. 1709 ; m[4] 5 août 1727, à Jean-Baptiste LADRECQUE.—*Pierre*, b[4] 6 nov. 1711 ; m 1745, à Ursule CARON ; s 31 mars 1760, à St-Charles.—*Marie*, b[4] 19 oct. 1714 ; m[4] 2 sept. 1737, à Pierre FORGUES. — *Charles*, b[4] 20 janvier 1717.—*Joseph*, b[4] 3 juillet 1719.— *Marie-Madeleine*, b[4] 27 oct. 1721 ; m 1757, à François BAUDRY.—*Louis*, b[4] 25 août 1724.

1709, (18 nov.) L'Ange-Gardien.

III—BOISSEL, LOUIS,   [NOEL II.
   b 1674 ; s 11 août 1719, à Québec.
  COTÉ, Geneviève (1),   [JEAN II.

1716, (7 janvier) Québec.[1]

III.—BOISSEL, JOSEPH.   [NOEL II.
  PANNETON, Ursule (2),   [CLAUDE I.
   b 1696.
   Joseph, b[1] 27 juillet 1716, m 1738, à Madeleine LAFONTAINE.—*Louis*, b[1] 7 juillet 1719.—*Marie-*

---

(1) Elle épouse, le 17 juillet 1720, François-Arguin Yves, à Québec.
(2) Elle épouse, le 15 sept. 1727, Jacques Morin, à Québec.

Ursule, b[1] 9 février 1721.—*Marie-Anne*, b[1] 27 juin 1723 ; 1° m[1] 17 oct. 1746, à Jean DURAND ; 2° m 7 février 1774, à Pierre ALAIRE, à Berthier.

1723, (22 sept.) Beauport.[2]

III.—BOISSEL, ALEXANDRE,   [GILLES II.
   b 1701 ; s[3] 17 février 1745.
  BINET, Marguerite (1),   [NICOLAS II.
   b 1698 ; veuve de Jean Giroux.
   Alexandre, b[2] 30 juin 1724 ; m[2] 6 nov. 1747, à Marie-Anne BRUNEAU.—*Charles*, b[2] 2 mars 1726 ; m 11 mai 1750, à Catherine-Geneviève ALARD, à Charlesbourg[3] ; s[3] 17 janvier 1756. — *Marie-Reine*, b[2] 12 mars 1728 ; s[2] 16 août 1738.—*François-Michel*, b[2] 21 juillet 1730 ; m 21 février 1757, à Marguerite PARIS, à Terrebonne.—*Louis*, b[2] 8 mars 1733.—*Ignace*, b[2] 5 mars 1735, s[2] 24 oct. 1755.—*Jean*, b[2] 10 juin 1737 ; s[2] 19 avril 1748.—*Marie-Reine*, b[2] 25 mai 1739 ; s[2] 10 avril 1743.

1725, (2 mai) St-Frs-du-Lac.[4]

III.—BOISSEL, JEAN-BTE.   [GILLES II.
  FORCIER, Charlotte.   [JOSEPH II.
   Marie, b[4] 17 nov. 1726 ; s[4] 16 janvier 1727.— *Marie-Anne*, b[4] 3 nov. 1727 ; m[4] 26 oct. 1749, à Joseph BIBAUD.—*Pierre*, b[4] 26 janvier 1730.— *Marie-Louise*, b[4] 19 juin et s[4] 16 juillet 1731.— *Jean-Baptiste*, b[4] 25 avril 1732 ; m 15 nov. 1761, à Angélique BIBAUD, aux Trois-Rivières.—*Joseph*, b[4] 19 février 1734 ; s[4] 11 déc. 1755.—*Antoine*, b[4] 14 et s[4] 15 février 1736 —*Michel*, b 1738 ; s[4] 31 mai 1747.—*Marie*, b... m[4] 22 février 1762, à Jean-Baptiste LACHAPELLE.—*Marguerite-Amable*, b[4] 27 mars 1742 ; m 21 sept. 1761, à Antoine BRÉZA, à St-Michel-d'Yamaska. — *François-Xavier*, b[4] 10 janvier 1745.—*Elisabeth*, b[4] 1er mars 1749.

1728, (21 avril) Québec.[5]

IV.—BOISSEL, JEAN-BTE,   [CLAUDE III.
   b 1694 ; s avant 1738
  LACOUDRAY, Marie-Jeanne (2),   [JEAN-BTE I.
   b 1704 ; s[5] 27 février 1763.
   Louis-Jean-Baptiste, b[5] 20 janvier 1729.

IV.—BOISSEL, CLAUDE (3),   [CLAUDE III.
   b 18 janvier 1704, à Québec ; s 24 mai 1731, à St-Pierre, I. O.

BOISSEL, PIERRE.
  DELAGE, Marie-Anne.
   Pierre, b 25 juin 1733, à Beauport.[6] — *Louis*, b[6] 10 sept. 1749.

1734, (4 oct) Québec.[7]

IV.—BOISSEL, ANTOINE,   [CLAUDE III.
   b 1711 ; navigateur.
  LAROCHE, Madeleine,   [MICHEL I.
   b 1708.

---

(1) Elle épouse, le 7 août 1757, Jacques Paradis, à Beauport.
(2) Elle était, le 20 février 1738, au Cap-Santé.
(3) Tué accidentellement par son fusil.

Marie-Madeleine, b ⁷ 27 avril 1737. — *Antoine*, b ⁷ 29 avril 1741; s ⁷ 6 mai 1743.—*Joseph*, b ⁷ 19 mars 1744; s ⁷ 24 juin 1745. — *Michel-François*, b ⁷ 3 déc. 1745; s ⁷ 12 sept. 1748.—*Marie-Louise*, b ⁷ 1ᵉʳ nov. 1747.—*Charles-Antoine*, b ⁷ 22 juin 1750; s ⁷ 25 mai 1752.

1735, (21 février) St-Michel-d'Yamaska.

III.—BOISSEL, JEAN-BTE-LOUIS. [JEAN-BTE II.
BADAILLAC, Marguerite [FRANÇOIS I

1736.

III.—BOISSEL, CHARLES, [GILLES II.
b 1706; s avant 1754.
DAUDELIN, Thérèse, [RENÉ II.
b 1701.
Elisabeth, b 1737, s 1ᵉʳ mai 1754, à Verchères.

1738.

IV.—BOISSEL, JOSEPH, [JOSEPH III.
b 1716.
LAFONTAINE, Madeleine.
Marie-Thérèse, b 15 mars 1730, à Quebec.

BOISSEL, LOUIS,
b 1724; s 1ᵉʳ juillet 1799, à Beaumont. ²
PLANTE, Marguerite,
b 1734; s ² 23 fevrier 1809.

BOISSEL, CHARLES,
s avant 1801
DOIRON, Rose.
Joseph, b... m 10 août 1801, à Marguerite BUSSIÈRE, à Beaumont

1747, (6 nov.) Beauport.

IV.—BOISSEL, ALEXANDRE, [ALEXANDRE III.
b 1724.
BRUNEAU, Marie-Anne, [FRANÇOIS III.
b 1724.

1750, (11 mai) Charlesbourg. ⁴

IV.—BOISSEL, CHARLES, [ALEXANDRE III.
b 1726; s ⁴ 17 janvier 1756.
ALARD, Geneviève-Catherine, [GEORGE II.
b 1723; s ⁴ 7 oct. 1760.
Marie-Geneviève, b ⁴ 14 février 1751.—*Marie-Françoise*, b ⁴ 11 oct. 1752. — *Marguerite-Elisabeth*, b ⁴ 10 avril et s ⁴ 2 sept. 1755.

BOISSEL, MARIE, b 1755; s 26 nov. 1758, à St-François-du-Lac.

I.—BOISSEL, PIERRE.
CHIASSON, Louise.
Joseph, b... m 21 nov. 1763, à Angélique GOSSELIN, à St-Valier.

1745.

IV.—BOISSEL, PIERRE, [PIERRE III.
b 1711; s 31 mars 1760, à St-Charles. ²
CARON, Ursule.
Marie-Catherine, b 16 janvier et s 3 fevrier 1746, à Beaumont.³— *Marie-Brigitte*, b ³ 24 nov. 1746.—*Marie-Madeleine*, b ³ 9 mars 1749.—*Cathe-*

rine, b ² 10 avril 1751. — *Jean-Baptiste*, b ² 26 juin 1753.—*Germain*, b ³ 4 oct. et s ² 8 déc. 1755. —*François*, b ³ 7 août 1758 ; s ² 24 mars 1760.

II.—BOISSEL, LOUIS, [LOUIS I.
b 1713; s 7 janvier 1758, à St-Michel-d'Yamaska.³
CANTARA, Elisabeth (1), [JOSEPH II.
b 1730.
Marie-Elisabeth, b ³ 14 et s ³ 25 nov. 1752.—*Marie-Louise*, b ³ 7 mars 1754.—*Dorothée*, b ³ 14 et s ³ 17 dec. 1755.

1757, (21 février) Terrebonne. ⁵

IV.—BOISSEL, MICHEL (2), [ALEXANDRE III.
b 1730.
PARIS, Marguerite, [JOSEPH II.
b 1740.
Marie-Marguerite, b ⁵ 30 juillet et s ⁵ 3 août 1758.

1761, (15 nov.) Trois-Rivières.

IV.—BOISSEL, JEAN-BTE, [JEAN-BTE III.
b 1732.
BIBAUD, Marie-Angelique, [FRANÇOIS III.
b 1742.
Angélique, b 4 et s 6 janvier 1762, à St-Frs-du-Lac.—*Jean-Baptiste*, b 17 janvier 1765, à St-Michel-d'Yamaska.⁴—*Joseph*, b ⁴ 13 janvier et s ⁴ 6 avril 1769.— *François*, b ⁴ 13 janvier 1769 —*Marie-Angélique*, b ⁴ 22 oct. 1770.

1763, (21 nov.) St-Valier.

II.—BOISSEL, JOSEPH. [PIERRE I.
GOSSELIN, Angélique. [IGNACE III.

BOISSEL, JOSEPH.
GAGNON, Marie.
Pierre, b 26 mai 1773 à Repentigny.

1765, (12 août) Beaumont. ⁵

IV.—BOISSEL, LOUIS, [PIERRE III.
LACASSE, Angélique, [ANTOINE III.
b 1737; s ⁵ 23 nov. 1773.
Angélique, b... m ⁵ 20 février 1786, à Louis CARRIER. — *Françoise*, b... m ⁵ 31 juillet 1797, à Louis MARIAGE.

1801, (10 août) Beaumont.

BOISSEL, JOSEPH. [CHARLES.
BUSSIÈRE, Marguerite. [PIERRE.

1761, (29 oct.) St-François, I. O.

I.—BOISSIER, LOUIS, fils d'Antoine et de Catherine Boissier, de St-Genest, ville de Clermont, Auvergne.
EMOND, Geneviève, [JEAN IV.
b 1738.

---

(1) Elle épouse, le 20 oct. 1760, Charles André, à St-Michel-d'Yamaska.
(2) Jean-Baptiste en 1758.

1700, (15 nov.) Lachine. [1]

I.—BOISSON (1), JEAN, b 1673 ; fils de Jean et de Madeleine Bouchard, de Chaignier, diocèse de Xaintes ; s 7 juin 1713, à Montreal. [2]
LEGROS, Marie-Anne, [ANTOINE I.
b 1681.
Paul-Alexandre, b [2] 2 avril 1708. — *Anne,* b [2] 22 et s [2] 24 oct. 1709.—*Jean-Baptiste,* b [1] 25 sept. 1711 ; m à Marie CHOMEDEY.

I.—BOISSON, SÉBASTIEN.
LAFONTAINE, Marie-Anne.
Louis, b 10 oct. 1738, à Laprairie.

II.—BOISSON (2), JEAN-BTE, [JEAN I.
b 1711.
CHOMEDEY, Marie (3), [FRANÇOIS I.
b 1718.
Jean, b 25 février et s 24 juillet 1744, à Ste-Geneviève, M.

1752, (11 sept.) Montréal.

I.—BOISSON (4), ANDRÉ, b 1722 ; fils de Jean-Baptiste et de Marguerite Piémond, de Villerais, diocèse de Cahors.
GUIGNARD, Veronique, [LAURENT I.
b 1737.
Jean-Baptiste, b 14 juin et s 13 juillet 1753, à St-Laurent, M.

1759, (28 mai) Québec.

I.—BOISSON, PIERRE, horloger, fils de Mathieu et de Marguerite Monmul, de N.-Dame d'Aurillac, diocèse de St-Flour.
AUBIN (5), Marie-Frse, [NICOLAS-GABRIEL I.
b 1731.

BOISSONNEAU, MARIE-LOUISE, épouse d'Antoine COLOMBE.

1669, (18 oct.) Ste-Famille, I. O. [8]

I.—BOISSONNEAU (6), NICOLAS,
b 1637
COLIN, Anne,
b 1647.
Jean, b [8] 24 juin 1679 ; m [8] 16 nov. 1707, à Marguerite CHORET.—*Jean-Pierre,* b 24 oct. 1689, à St-Jean, I. O. [9] ; m à Catherine CHORET, s [9] 13 oct. 1724.

1707, (16 nov.) Ste-Famille, I. O.

II.—BOISSONNEAU, JEAN, [NICOLAS I.
b 1679 ; s avant 1746.
CHORET, Marguerite, [JEAN II.
b 1689.

(1) Et Boesson dit St-Onge.
(2) Dit St-Onge.
(3) Elle épouse, le 20 nov. 1752, Joseph Bourdon, à Ste-Geneviève, M.
(4) Dit Sanscartier, il a été aussi appelé Boisseau.
(5) Dit Delisle.
(6) Voy. vol. I, p. 64.

Jean-Baptiste, b 1708 ; m 9 février 1736, à Marie-Joseph DEMEULE, à St-Jean, I. O. [5] ; s [5] 4 avril 1753. —*Joseph-Marie,* b [5] 18 sept. 1712. — *Jean-François,* b [5] 24 février 1714.—*Marguerite,* b... m [5] 5 juin 1736, à François TANGUAY. — *Marie,* b [5] 8 juin 1720 ; m [6] 25 nov. 1737, à Jean LEBLANC. —*Joseph,* b (1) avril 1722 ; m 20 nov. 1747, à Marguerite BLAIS, à Berthier. — *Joseph-Marie,* b [5] 21 oct. 1723 ; m 1749, à Marie-Joseph ASSELIN. — *Marie-Elisabeth,* b [5] 12 août 1725 ; m [5] 21 nov. 1746, à Pierre-Noël PLANTE.—*Madeleine,* b 1731 ; s [5] 2 janvier 1748.—*Nicolas,* b... 1º m 11 oct. 1734, à Françoise TANGUAY, à St-Valier ; 2º m 1er sept. 1755, à Geneviève PLANTE, à St-Frs-du-Sud.—*Pierre,* b 1719 ; m 10 oct. 1740, à Geneviève GONTIER, à Beaumont ; s 8 dec. 1749, à St-Charles.

II.—BOISSONNEAU (2), NICOLAS, [NICOLAS I.
b 1685, s 1er juillet 1737, à l'Hôtel-Dieu, Q. [7] (3)
POISSON, Jeanne, [MARTIN I.
b 1691 ; s [7] 2 juillet 1739 (3).
Elisabeth, b... m à Jean-Baptiste BELLEROSE. —*Marie-Marguerite,* b 13 juin 1711, à St-Jean, I. O. [8], m 29 oct. 1738, à Charles CHAUVEAU, à Quebec. [9]—*Nicolas,* b [8] 19 juin 1713 ; m [9] 25 mai 1745, à Marie-Louise NORMAND.—*Angélique,* b [8] 1er et s [8] 2 août 1714.—*Thérèse,* b 1720 ; m [8] 17 juillet 1741, à Charles LEFEBVRE ; s [8] 24 janvier 1754.—*Martin,* b [8] 21 juillet 1721.—*Basile,* b 16 août 1724, à St-François, I. O. — *Catherine,* b... 1º m à Nicolas THIBAULT ; 2º m [9] 2 février 1763, à Jean-Charles PEPIN.

II.—BOISSONNEAU, JEAN-PIERRE, [NICOLAS I.
b 1689 ; s 13 oct. 1724, à St-Jean, I. O.
CHORET, Catherine (4). [JEAN II.

1734, (11 oct.) St-Valier.

III.—BOISSONNEAU (2), NICOLAS, [JEAN II.
s avant 1767.
1º TANGUAY, Anne-Françoise, [JEAN I.
b 1715 ; s 29 sept. 1753, à St-Frs-du-Sud. [9]
Anonyme, b [8] et s [8] 21 août 1735.—*Pierre,* b [9] 9 sept. 1736.—*Anne-Françoise,* b [8] 23 mai 1738 ; m [8] 16 oct. 1758, à Michel-Philippe DAGNEAU.—*Marie-Joseph,* b... m [8] 8 mai 1758, à Jean-Baptiste MARCEAU.—*Marie-Thérèse,* b 27 février 1742, à Berthier. [9]—*Joseph-Marie,* b [9] 25 avril 1744.—*Jean-François,* b [9] 13 janvier 1746 ; s [8] 5 février 1750.—*Jean-Marie,* b [8] 28 avril et s [8] 9 juin 1748.—*Jean-Chrysostôme,* b [9] 13 juillet 1749 ; s [9] 31 juillet 1752.—*Marie-Angélique,* b [8] 19 mars 1751 ; m [9] 9 nov. 1767, à Noel ROY.—*Louis-Marie,* b [9] 13 janvier et s [8] 23 avril 1753.
1755, (1er sept.) [8]
2º PLANTE, Marie-Geneviève, [CHARLES III.
b 1725.
Anonyme, b [8] et s [8] 21 juin 1756. — *Jean-François-Hyacinthe,* b [8] 21 août et s [8] 11 sept. 1757.— *Marie-Geneviève,* b [8] 17 juillet et s [8] 1er dec. 1758. —*François-Nicolas,* b [8] 27 sept. 1759.

(1) Le Vendredi-Saint.
(2) Dit St-Onge.
(3) Acte à St-Jean, I. O., 1737.
(4) Elle épouse, le 1er oct. 1736, Pierre Lepage, à St-Jean, I. O.

1736, (9 février) St-Jean, I. O. [1]
III.—BOISSONNEAU, Jean-Bte, [Jean II.
b 1708 ; s [1] 4 avril 1753.
Demeule, Marie-Joseph. [Joseph II.
Jean-Baptiste (1), b [1] 8 février 1736.—*Marie-Madeleine*, b [1] 7 oct. 1737; m [1] 9 juin 1756, à Gabriel Dufour.—*Marie-Joseph*, b 1738; m [1] 31 janvier 1757, à Louis Emond.—*Marie-Louise*, b [1] 15 juin 1740 ; m [1] 27 février 1764, à Guillaume Terrien.—*Jean-François*, b [1] 12 février et s [1] 23 juin 1742. —*Pierre-Noel*, b [1] 30 juin 1743 ; s [1] 2 mai 1744.— *Joseph-Marie*, b [1] 30 mai 1750.—*Marie-Geneviève*, b [1] 5 nov. 1752 ; s [1] 8 janvier 1753.

1740, (10 oct.) Beaumont. [2]
III.—BOISSONNEAU (2), Pierre, [Jean II.
b 1719 ; s 8 déc 1749, à St-Charles.
Gontier, Geneviève (3). [Jean-Bte II
Pierre-Etienne, b [2] 12 et s [2] 29 nov. 1741.— *Etienne*, b [2] 17 juin 1743 ; s [2] 26 mars 1745.— *Marie-Geneviève*, b [2] 21 avril 1745 —*Marie-Françoise*, b [2] 8 février 1747.—*Joseph*, b [2] 3 février 1749.

1745, (25 mai) Quebec. [3]
III.—BOISSONNEAU (2), Nicolas, [Nicolas II.
b 1713.
Normand, Marie-Louise, [Charles III.
b 1724.
Nicolas, b [3] 6 janvier et s [3] 11 février 1750— *Nicolas-François*, b [3] 20 avril 1752. — *Marie-Suzanne*, b [3] 18 dec. 1754. — *Marie-Louise*, b... m 15 janvier 1770, à Jean-Jacques Perrault, à Lachenaye.

1747, (20 nov.) Berthier. [4]
III.—BOISSONNEAU, Joseph, [Jean II.
b 1722.
Blais, Marguerite, [Jean-Bte III.
b 1729.
Marguerite, b [4] et s [4] 27 juin 1748.—*Joseph-Marie*, b 1er juin 1749, à St-Valier.—*Basile*, b 16 mai et s 27 août 1751, à St-Frs-du-Sud. [5]— *Jean-Baptiste*, b [5] 13 août 1752.—*Marguerite-Judith*, b [5] 10 février 1754.—*François*, b [5] 25 nov. 1755.—*Marie-Madeleine*, b [5] 25 mars 1757. —*Nicolas*, b [5] 3 février 1759.

1749.
III.—BOISSONNEAU, Jos.-Marie, [Jean II.
b 1723.
Asselin, Marie-Joseph. [Louis-Joseph III.
Marie-Joseph, b 17 avril 1750, à St-Jean, I. O. [6] ; s [6] 17 juillet 1751.—*Marie-Louise*, b [6] 30 avril 1752.—*Marie-Angélique*, b [6] 27 juillet 1754.— *Marie-Joseph*, b [6] 13 mars 1756. — *Marie-Joseph*, b [6] 25 sept. 1757. — *Marie-Madeleine*, b [6] 13 mai et s [6] 28 août 1759, à Lorette.—*Jean-Marie*, b [6] 24 février 1761.—*Etienne*, b [6] 7 avril 1763.

(1) Né la veille de leur légitime mariage.
(2) Dit St-Onge.
(3) Elle épouse, le 16 nov. 1750, Jean-Baptiste Montminy, à St-Charles.

1715, (28 déc.) Repentigny. [7]
II.—BOISSONNIÈRE (1), Pierre. [Pierre I.
Loyer (2), Hélène, [Gabriel II.
b 1696.
Marie-Louise, b [7] 2 juin 1719 ; m 15 nov. 1756, à Arnaud Daret, à Montréal.—*Marie-Madeleine*, b [7] 16 sept. 1720 ; s 26 juillet 1731, à L'Assomption. [8] — *Jean-Baptiste*, b [7] 1722 ; s [8] 29 juillet 1731.—*Marie-Marguerite*, b [8] 7 et s [8] 9 août 1727. —*Marie*, b [8] 14 et s [8] 18 juillet 1728.—*Marie-Catherine*, b [8] 5 juillet 1729.—*Eustache*, b [8] 11 avril 1731.—*Marie-Madeleine*, b [8] 27 mai 1732.

1715, (3 juin) Québec. [1]
II.—BOISSY (3), Louis, [Julien I.
b 1692 ; s [1] 25 mai 1755.
1° Dumareuil, Marie-Madeleine, [Blaise I.
b 1690 ; s [1] 27 nov. 1743.
1746, (22 août). [1]
2° Moleur, Geneviève, [Joachim II.
b 1697 ; veuve de Nicolas Allaire ; s [1] 19 février 1758.
Louis, b... m 31 août 1795, à Marie Bissette, à St-Louis, Mo.

1716, (6 oct.) Québec. [5]
II.—BOISSY, Julien, [Julien I.
b 1685 ; s [5] 12 janvier 1743.
Bisson, Marie-Jeanne. [Antoine II.
Marie-Jeanne, b [5] 16 juillet 1717.—*Marie-Madeleine*, b [5] 16 dec. 1718; m [5] 18 nov. 1738, à Gabriel Pelegrin.—*Angélique*, b [5] 16 mars 1720, s [5] 17 février 1726.— *Marie-Elisabeth*, b [5] 18 mars 1721 ; m [5] 13 août 1748, à Jacques Franchère —*Louis*, b [5] et s [5] 30 août 1722.—*Marie-Anne*, b [5] 27 juin 1724 ; s [5] 17 déc. 1725. —*Louis-Julien*, b [5] 19 août 1725 — *Jean-Baptiste*, b [5] 30 nov. 1726, s [5] 26 mai 1733.—*François*, b [5] 16 avril 1728.— *Jean-Joseph*, b 6 et s [5] 10 août 1729, à Lévis.— *Bernard*, b [5] 6 déc. 1730 ; s [5] 8 mai 1733.— *Nicolas*, b [5] 9 mars 1732 ; m 1754, à Angélique Rancour-Renaud. — *Antoine*, b [5] 9 mai 1736, s [5] 13 juillet 1742.

1754.
III.—BOISSY (3), Nicolas, [Julien II.
Renaud, Angélique.
Anonyme, b et s 10 oct. 1755, à Québec. [6]— *Anonyme*, b [5] et s [5] 2 avril 1758.— *Nicolas*, b 15 janvier 1760, à Berthier. [2]—*Elisabeth-Angélique*, b [2] 1er mai 1761 —*François*, b 1763 ; s [5] 19 avril 1764.

1795, (31 août) St-Louis, Mo. [8]
III.—BOISSY, Louis. [Louis II.
Bissette, Marie. [Charles.
Marguerite, b [3] 26 mai 1796.—*Marie-Madeleine*, b [3] 20 sept. 1797. — *Emilie*, b [3] 23 mai 1799.— *Louis*, b [3] 5 sept. 1802 ; m 30 mars 1833, à Marie-Françoise Marié, à Carondelet, Mo. — *Jean-Baptiste*, b... m [3] 4 février 1827, à Euphrosine Roussel.

(1) Ou Boissonguère.
(2) Appelée Desnoyers en 1728.
(3) Dit Lagrillade.

BOI   385   BOI

BOISVERD, MARIE-JOSEPH, épouse de François LEMAY.

BOISVERD. —*Variations et surnoms :* MARTIN-ONDOYER — JODIN, 1728— BARIBEAU, 1759.—

I.—BOISVERD, ETIENNE,
b 1689 ; s 6 sept. 1759, aux Trois-Rivières.
PICHER, Marie-Anne,   [PIERRE II.
b 1704.
Marie-Anne, b 13 mai et s 21 août 1729, à Ste-Croix.—*Etienne*, b... m 1749, à Marie-Françoise CHORET.

I.—BOISVERD, JEAN.
DESNOYERS, Marie-Thérèse,
b 1697 ; s 23 nov. 1747, au Cap-Santé.
Jean, b... m à Marie ABEL.

1694, (2 mai) Grondines. ³
II.—BOISVERD (1), JEAN,   [PIERRE I.
b 1694 ; s ² 31 août 1734.
RENAUD, Françoise.   [PIERRE I.
François, b ² 10 mars 1698 ; m ² 22 janvier 1731, à Françoise LÉCUYER. — *Jean-Baptiste*, b ² 29 janvier 1696 ; m à Thérèse LAGRAVE.—*Joseph*, b... m ² 7 nov. 1729, à Marie-Joseph LÉCUYER.— *Charles*, b 7 juin 1716, à Ste-Anne-de-la-Perade ; m ² 15 avril 1749, à Marie-Anne RIPAU.—*Louis*, b... m 1729, à Marie-Catherine DUGUÉ.—*Joseph*, b... m à Angélique PICHER.— *François*, b... m à Marie-Madeleine PICHER.

1729.
III.—BOISVERD, LOUIS,   [JEAN II.
s avant 1760.
DUGUÉ, Marie-Catherine.   [PIERRE II.
Marie-Catherine, b 22 oct. 1730, à Lotbinière. ¹ —*Louis*, b 29 avril 1732, à Ste-Croix ² ; m ² 12 février 1753, à Marie BIRON.—*Jean-François*, b ¹ 7 février 1734 ; m ² 16 août 1754, à Marie-Geneviève MARTEL. — *Marie-Anne*, b... m 8 janvier 1760, à Claude LEFEBVRE, à la Baie-du-Febvre.

1729, (7 nov.) Grondines.
III.—BOISVERD, JOSEPH.   [JEAN II.
LÉCUYER, Marie-Joseph (2),   [ANTOINE II.
b 1705.
Marie-Joseph, b... s 30 janvier 1744, à St-Jean-Deschaillons.

II.—BOISVERD, JEAN,   [JEAN I.
s avant 1754.
ABEL, Marie,
s avant 1754.
Jean-Marie, b... m 22 avril 1754, à Jeanne DUMAS, à Laprairie.

I.—BOISVERD, ANTOINE,
s avant 1765.
DUPRÉ, Marie-Anne.
Antoine, b... m 4 nov. 1765, à Marie-Joseph COTÉ, à la Baie-du-Febvre.

(1) Dit Jobin.
(2) Elle epouse, le 25 avril 1735, Pierre Limousin, à St-Pierre-les-Becquets.

BOISVERD, ANGÉLIQUE, épouse de François BORNIVAL.

III.—BOISVERD, JOSEPH.   [JEAN II.
PICHER (1), Angélique.
Marie-Joseph, b... s 26 sept. 1729, à Ste-Croix.¹ —*Louise*, b... m ¹ 3 août 1750, à Charles LEMAY. —*François*, b ¹ 12 février 1730 ; m 6 février 1755, à Marie-Joseph GRENIER, à Lotbinière.—*Pierre*, b ¹ 8 août 1732 ; m ¹ 23 janvier 1758, à Marie-Françoise HOUDE.

III.—BOISVERD, FRANÇOIS,   [JEAN II.
s avant 1768.
PICHER, Marie-Madeleine.
François, b 3 février 1730, à Ste-Croix.¹—*Marie-Joseph,* b ¹ 20 janvier 1732. — *Jean-Baptiste*, b... m 26 sept. 1768, à Madeleine GARCEAU, à Yamachiche.

III.—BOISVERD, JEAN.
MINEAU, Geneviève.
Marie-Geneviève, b 31 août 1736, à St-Michel-d'Yamaska.

III.—BOISVERD (2), JEAN,   [JEAN II.
b 1696.
LAGRAVE, Thérèse,
s avant 1752.
Charles, b... m 7 août 1752, à Marie-Agathe ARCAN, à Deschambault.

1731, (22 janvier) Grondines. ⁶
III.—BOISVERD (2), FRANÇOIS,   [JEAN II.
b 1698.
LÉCUYER, Françoise.   [ANTOINE II.
Marie-Anne, b ⁵ 18 janvier et s ³ 12 oct. 1733. —*Marie-Marguerite,* b ² 3 juin 1734.

1734.
III.—BOISVERD, ALEXIS,   [GUILLAUME II
b 1699 ; s 20 janvier 1774, aux Grondines. ⁹
HAMELIN, Catherine-Charlotte,   [FRANÇOIS I.
b 1716.
Alexis, b ⁹ 21 août 1735 ; m à Elisabeth GERMAIN.—*Marie-Thérèse*, b ⁹ 2 juin 1737 ; m 20 juillet 1767, à Basile BARIL, à Ste-Anne-de-la-Pérade —*Deux Anonymes,* b ⁹ et s ⁹ 10 déc. 1738. — *Marie-Françoise,* b ⁹ 14 mars 1742 ; m ⁹ 8 janvier 1762, à Louis TROTIER. — *François-Marie,* b ⁹ 17 janvier 1744.—*Jean-Baptiste,* b ⁹ 6 février 1746 ; m ⁹ 8 février 1773, à Marie-Joseph GUILLET. — *Joseph-Marie,* b ⁹ 2 avril 1747.— *Charles,* b ⁹ 5 nov. 1750.— *Marie-Joseph,* b ⁹ 17 sept. 1751. — *Augustin,* b ⁹ 6 juillet 1754. — *Marie-Louise,* b ⁹ 20 janvier 1756.—*Abraham,* b ⁹ 13 sept. 1758 ; s ⁹ 22 nov. 1759.—*Abraham,* b ⁹ 5 avril 1761.

I.—BOISVERD (3), MICHEL.
DENEVERS, Jeanne.
Elienne-Eustache, b 26 février 1741, à Lotbinière. ³ — *Marie-Jeanne,* b... s ⁵ 2 juillet 1741.— *Marie-Marguerite,* b ⁵ 26 nov. 1750.

(1) Piche en 1758.
(2) Dit Jobin.
(3) Dit Denevers.

1749, (15 avril) Grondines.⁴
III.—BOISVERD, CHARLES, [JEAN II.
b 1716.
RIPAU, Marie-Anne, [JACQUES II.
s⁴ 13 fevrier 1751.

1749.
II.—BOISVERD, ETIENNE. [ETIENNE I.
CHORET, Marie-Françoise, [JEAN III.
b 1731.
Etienne, b 12 mars et s 12 avril 1750, à Ste-Croix.⁶—*Marie*, b ⁶ 2 sept. 1751; s ⁶ 18 avril 1753.—*Joseph*, b ⁶ 30 avril 1753.—*Marie-Geneviève*, b ⁶ 26 février 1754; s ⁶ 30 mai 1757.—*Joseph-Ambroise*, b ⁶ 19 oct. 1755; 1° m à Elisabeth PROU; 2° m 11 janvier 1790, à Catherine PINARD, à Nicolet.—*Nicolas*, b ⁶ 15 déc. 1757.—*Anne-Marguerite*, b 9 et s 21 août 1759, aux Trois-Rivières.⁷—*Jean-Baptiste*, b ⁷ 14 oct. 1760.—*Augustin*, b 19 juillet 1770, à la Baie-du-Febvre.⁸—*Marie-Reine*, b ⁸ 19 juillet 1770.—*Joseph*, b ⁸ 29 déc. 1771.

BOISVERD, JOSEPH.
LAFRANCE, Marie-Thérèse.
Pierre-Joseph, b 7 janvier 1750, à Ste-Croix.—*Michel*, b 9 juillet 1757, aux Trois-Rivières. ²—*Antoine*, b ² 6 oct. 1759.

BOISVERD, CHARLES, b... s 13 juillet 1777, aux Grondines.

1752, (7 août) Deschambault.¹
IV.—BOISVERD (2), CHARLES. [JEAN III.
ARCAN, Marie-Agathe, [JOSEPH II.
b 1725.
Charles, b ¹ 7 sept. 1753; s 22 mai 1774, aux Grondines.²—*Thérèse*, b ² 14 août 1755; m ² 2 oct. 1775, à Louis SAUVAGEAU.—*Jean*, b ² 27 mars 1758.—*Anonyme*, b ² et s ² 21 août 1759.—*Agathe*, b ² 6 janvier 1761; s ² 5 avril 1774.

BOISVERD, ETIENNE.—Voy. MARTIN.

1753, (12 fevrier) Ste-Croix.¹
IV.—BOISVERD, LOUIS, [LOUIS III.
b 1732.
BIRON, Marie. [JOSEPH I.
Marie-Louise, b ¹ 25 sept. 1757.—*Louis*, b... m à Marie DEMERS.

1754, (22 avril) Laprairie.
III.—BOISVERD, JEAN-MARIE. [JEAN II.
DUMAS, Jeanne. [PIERRE.

1754, (16 août) Ste-Croix.²
IV.—BOISVERD, FRANÇOIS. [LOUIS III.
MARTEL, Marie-Geneviève. [PAUL III.
François, b ² 12 et s ² 26 déc. 1755.—*Geneviève*, b ² 21 déc. 1756; s ² 23 janvier 1757. — *Marie-Angélique*, b ² 21 déc. 1756; s ² 15 sept. 1758. — *François-Xavier*, b ² 12 août et s ² 14 nov. 1758.

(1) Dit Marineau.
(2) Dit Jobin.

1755, (6 février) Lotbinière.⁷
IV.—BOISVERD, FRANÇOIS, [JOSEPH III.
b 1730.
GRENIER, Marie-Joseph. [PIERRE III.
Marie-Joseph, b 28 août 1757, à Ste-Croix.—*Anonyme*, b... s⁷ 4 juin 1764. — *Pierre-Joseph*, b ⁷ 24 mai 1765.

1756.
BOISVERD, FRANÇOIS.
1° HOSTAIN (1), Françoise, [LOUIS II.
b 1738; s 18 déc. 1757, aux Trois-Rivières.²
François, b ² 25 août 1757, s ² 5 sept. 1758. 1763, (10 janvier). ²
2° BAUDET, Françoise. [JACQUES II.

1758, (23 janvier) Ste-Croix.
IV.—BOISVERD, PIERRE, [JOSEPH III.
b 1732.
HOUDE, Marie-Françoise. [JOSEPH III.

BOISVERD, JOSEPH.
RENAUD, Catherine.
Isabelle, b 30 nov. 1761, à St-Michel-d'Yamaska.

BOISVERD, MADELEINE, b... m 1760, à Jean-François CAMBRAI.

1761, (4 mai) Nicolet. ¹
I.—BOISVERD, PIERRE, fils de Pierre et de Renee JAMOIS, de Gems, diocèse de Rennes Haute Bretagne.
ROBERT, Marie-Joseph, [CLAUDE III
b 1727; s ¹ 25 mars 1762.

1765, (4 nov.) Baie-du-Febvre. ⁸
II.—BOISVERD, ANTOINE. [ANTOINE I
COTÉ, Marie-Joseph, [ISIDORE IV
b 1747.
Antoine, b ⁸ 23 sept. 1766.—*Marie-Joseph*, b 1ᵉʳ avril 1768 —*Marie-Françoise*, b ⁸ 12 juin 1770 —*Charles*, b ⁸ 14 mars 1772.

BOISVERD, JEAN-BAPTISTE.
FRÉCHET, Angelique.
Jean-Baptiste-Henri, b 18 juillet 1764, à Lotbinière. — *Marie-Françoise*, b 28 février 1766, à Deschambault.

BOISVERD, ETIENNE.
LAFLEUR (1), Marie-Charlotte.
Marie-Charlotte, b 7 juillet 1768, à la Baie-du-Febvre ⁷; s ⁷ 12 fevrier 1770.

1768, (26 sept) Yamachiche.
IV.—BOISVERD, JEAN-BTE. [FRANÇOIS III
GARCEAU, Madeleine. [DANIEL

BOISVERD, JEAN-BTE.
LECUYER, Marie-Joseph.
Jean-Baptiste, b 22 fevrier 1775, aux Grondines.⁷—*Marie-Joseph*, b⁷ 26 sept. 1776. — *Augustin*, b ⁷ 25 janvier 1780.

(1) Dit Lefebvre, 1770.

BOISVERD, Eustache.
St-Michel, Marie-Joseph.
Marie-Anne-Bibianne, b 1er déc. 1775, aux Grondines[7]; s[7] 12 janvier 1776. — *Pierre-Eustache,* b[7] 13 avril 1779.

1773, (8 février) Grondines.
IV.—BOISVERD, Jean-Bte,   [Alexis III.
b 1746.
Guillet, Marie-Joseph.   [Antoine.

IV.—BOISVERD, Alexis,   [Alexis III.
b 1735.
Germain, Elisabeth,
b 1739; s 12 sept. 1789, aux Grondines.

BOISVERD, Antoine
1° Germain, Françoise,
b 1747; s 16 mars 1787, aux Grondines.[7]
Antoine, b[7] 9 avril 1776.—*Alexis,* b[7] 17 sept. 1777.—*Joseph-David,* b[7] 15 oct. 1778. — *Alexis,* b[7] 15 janvier et s[7] 3 sept. 1780.—*Joseph,* b[7] 28 février 1781. — *Augustin,* b[7] 29 mai et s[7] 23 août 1782.—*Abraham,* b[7] 18 juin et s[7] 4 juillet 1783. — *Michel-Archange,* b[7] 11 oct. 1784; s[7] 3 sept. 1785.—*Anonyme,* b[7] et s[7] 21 janvier 1786.—*François,* b[7] 21 janvier et s[7] 5 février 1786.—*Alexandre,* b[7] 4 mars 1787

1787, (22 oct.)[7]
2° Pinguet, Madeleine,
veuve de Charles Lambert.
Louis, b[7] 28 oct. 1788.

III.—BOISVERD, Jos.-Ambroise,   [Etienne II.
b 1755
1° Prou, Elisabeth.

1790, (11 janvier) Nicolet.
2° Pinard, Catherine.   [Louis-Hyacinthe.

V.—BOISVERD, Louis.   [Louis IV.
Demers, Marie
François, b... m 27 oct. 1817, à Geneviève Lemay, à St-Jean-Deschaillons

BOISVERD, Joseph,
s avant 1795.
Grondin, Catherine
Marie-Archange, b... m 2 février 1795, à Augustin Gagné, à Repentigny —*Pierre,* b...

1817, (27 oct.) St-Jean-Deschaillons.
VI—BOISVERD, François   [Louis V.
Lemay, Geneviève   [Pierre.

I.—BOITEAU, Jacques, boulanger, b 1702, de la Cheu, diocèse d LaRochelle; s 28 oct. 1757, à Québec.[1]
1° Guérinaut (1), Françoise
b 1699, s[1] 15 nov. 1749
Marie-Jeanne, b[1] 18 février 1739; m[1] 19 nov. 1757, à Joseph Hamel. — *Jacques,* b[1] 27 juin 1742.

(1) Alias Gatineau.

1750, (4 août) Charlesbourg.
2° Martel, Catherine,   [Jean-François II.
veuve de Jean-Baptiste Bedard.

BOITEUX.—Voy. St-Olive, 1716.

BOIVIN, Françoise, b 1642; m 1664, à Louis Lamoureux; s 15 avril 1717, à Boucherville.

1664, (4 nov.) Trois-Rivières.
I.—BOIVIN, Pierre (1),
b 1646.
Fafard, Etiennette,   [Bertrand I.
b 1652; s 7 avril 1721, à Ste-Anne.
Augustin, b[2] 3 mai 1690; 1° m 8 juillet 1715, à Barbe Gagné, à la Baie-St-Paul[8]; 2° m[2] 21 août 1725, à Reine Simard; s[3] 16 oct. 1771.—*Alexis,* b 29 déc. 1693, à Québec; m[2] 11 oct. 1728, à Ursule Guimond; s[2] 21 mars 1748.

1697, (7 oct.) Montréal.[1]
II.—BOIVIN, Michel,   [Jacques I.
b 1666; s[1] 16 juin 1703.
Lorrain, Françoise (2),   [Pierre I.
b 1680.
Jeanne-Catherine, b[1] 31 janvier 1699; m[1] 21 mars 1717, à Guillaume Larocque; s 15 mai 1758, à Chambly. — *Charlotte,* b[1] 26 nov. 1702; m[1] 18 nov. 1726, à Antoine Cadieux.

BOIVIN, Ursule, b 1703; s 29 mai 1767, à Ste-Anne.

1700, (12 oct.) Québec.[8]
II.—BOIVIN, François,   [Pierre I.
b 1672; s[3] 30 nov. 1746.
1° Guay, Thérèse.   [Mathieu II.
Louise-Thérèse, b[3] 27 sept. 1704; m[3] 23 nov. 1723, à Jean-Marie Liberge.

1706, (19 avril).[3]
2° Jobin, Jeanne-Angélique,   [Jean I.
b 1687; s[3] 23 janvier 1748.
Marie-Angélique, b[3] 3 janvier 1708; 1° m[3] 3 février 1728, à Roland Paradis; 2° m 16 février 1756, à Joseph Mignot, à Montréal.[2] —*Marie-Louise,* b[3] 13 avril 1709; m[3] 23 avril 1730, à François Guenet; s[3] 19 déc. 1743.—*Pierre,* b[3] 4 août 1710; m 26 nov. 1738, à Marie-Joseph Gauvin, à Lorette.[1]—*Jacques,* b[3] 17 oct. 1711; s[1] 27 déc. 1749.—*François,* b[3] 3 janvier 1713; m[3] 9 nov. 1740, à Marie-Geneviève Payan. — *Noël,* b[3] 14 avril 1714.—*Agnès,* b[3] 31 mars 1716; m 30 août 1751, à Alexandre Bernier, au Cap-St-Ignace.[4]—*Joseph-Pascal,* b[3] 13 avril 1718; m 31 août 1744, à Thérèse Lalande, à St-Vincent-de-Paul.—*Charles,* b[3] 4 juin 1719; m[4] 26 janvier 1761, à Marie-Angélique Durand. — *Françoise-Joseph,* b[3] 13 nov. 1720; m[3] 4 nov. 1737, à Charles Lavau; s[3] 31 janvier 1757. — *Eustache,* b[3] 15 janvier 1722. — *Geneviève,* b[3] 13 mai 1725; m[3] 19 janvier 1750, à Louis Bernier. — *Madeleine,* b[3] 8

(1) Voy. vol. I. p. 64.
(2) Elle épouse, le 25 oct. 1705, Charles Désery, à Montréal.
(3) Elle épouse Michel Boutin.

mars et s ³ 2 avril 1727. — *Pierre*, b ³ 12 juillet 1728 ; s ³ 6 déc. 1729. — *Marie-Anne*, b ³ 7 août 1730 ; m ² 27 oct. 1750, à Julien GUILLAUME.

1703, (15 nov.) Montréal.

I.—BOIVIN, JEAN. [FRANÇOIS I.
  CÉSAR, Madeleine (3),
    b 1677.

1708, (16 avril) Ste-Foye. ⁴

II.—BOIVIN, GUILLAUME, [PIERRE I.
  b 1684.
  TRUD, Geneviève, [MATHURIN I.
    veuve de Jean-Baptiste Pin.

Jean-Marie, b ⁴ 26 mars 1709 ; 1° m 2 juillet 1731, à Angélique MARCHAND, à Lévis ; 2° m 28 juillet 1734, à Marie-Thérèse RABY, à St-Augustin. — *Marie-Louise*, b ⁴ 31 juillet et s ⁴ 14 août 1712. — *Félicité-Gabrielle*, b ⁴ 31 déc. 1713.

1710, (17 février) Ste-Anne. ⁵

II.—BOIVIN, PIERRE, [PIERRE I.
  b 1675 ; s 26 mai 1754, à Lorette. ⁵
  PARÉ, Marie-Anne, [JOSEPH II.
    b 1688 ; s ⁵ 21 mars 1748.

Pierre, b ³ 19 déc. 1710 ; 1° m ⁵ 13 février 1736, à Marie-Joseph BOUTIN ; 2° m ⁵ 27 juin 1743, à Marie-Catherine ROBITAILLE. — *Marie-Rose*, b ⁹ sept. 1712 ; s 25 juin 1717, à Beauport. ²— *Jeanne*, b ² 28 août 1715 ; m 1746, à Louis TRUDEL. — *André*, b ² 19 sept. et s ² 10 oct. 1717. — *Jacques*, b 23 nov. 1718, à Québec. — *Joseph-Marie*, b ⁵ 22 février 1721 ; m 12 février 1748, à Marie-Joseph COTTIN, à St-Augustin. — *Marie-Louise*, b ⁵ 21 mars 1726 ; m ⁵ 24 juin 1748, à Louis DÉRY. — *Marie-Agathe*, b ⁵ 3 mars et s ⁵ 17 sept. 1729.

1714, (13 nov.) Ste-Anne. ¹

II.—BOIVIN, CHARLES, [PIERRE I.
  b 1678 ; s ¹ 11 sept. 1764.
  POULIN, Anne-Aimée, [PIERRE II.
    b 1692 ; s ¹ 19 février 1761.

Catherine, b ¹ 5 et s ¹ 6 juin 1715. — *Joseph*, b ¹ 5 et s ¹ 8 juin 1715. — *Marie-Edmée*, b ¹ 11 juillet 1716. — *Pierre*, b ¹ 17 nov. 1717. — *Antoinette*, b ¹ 18 juillet 1719 ; m ¹ 7 mai 1748, à Louis RACINE. — *Marie-Prisque*, b ¹ 15 mai 1722. — *François*, b ¹ 17 et s ¹ 31 juillet 1723. — *Charles*, b ¹ 22 oct. 1724 ; m 19 avril 1746, à Marguerite PLOUF, à Verchères ; s ¹ 20 nov. 1747. — *Etienne*, b ¹ 22 et s ¹ 25 mars 1726. — *Françoise-Victoire*, b ¹ 2 juillet 1727 ; m ¹ 26 oct. 1762, à Etienne PARÉ. — *Jean*, b ¹ 1ᵉʳ oct. et s ¹ 10 déc. 1729. — *Marie-Tècle*, b ¹ 20 août et s ¹ 12 sept. 1731. — *Louis*, b ¹ 30 sept. 1732 ; m ¹ 27 janvier 1766, à Agnès PARÉ. — *Thérèse*, b ¹ 22 et s ¹ 30 juin 1734.

1715, (8 juillet) Baie-St-Paul.³

II.—BOIVIN, AUGUSTIN, [PIERRE I.
  b 1690 ; s ³ 16 oct. 1771.
  1° GAGNÉ, Barbe, [IGNACE III.
    b 1681 ; s ³ 26 mars 1723.

André-Augustin, b ³ 24 janvier et s ³ 25 février 1717. — *Pierre*, b ³ 18 février 1720 ; m 9 oct. 1747, à Hélène LABBÉ, à St-François, I. O.

1725, (21 août) Ste-Anne.
  2° SIMARD, Reine, [PIERRE II.
    b 1706.

Augustin, b ³ 20 juillet 1726 ; 1° m ³ 3 nov. 1751, à Marie-Joseph DELAVOYE ; 2° m 27 nov. 1754, à Apolline BONNEAU, aux Eboulements. — *François*, b ³ 15 juillet 1727. — *Jean*, b ᵈ 20 juillet 1728 ; 1° m ³ 8 janvier 1754, à Agathe PERRON ; 2° m ³ 30 janvier 1764, à Angélique COTE — *Ambroise*, b ³ 31 oct. 1729 ; m ³ 15 oct. 1753, à Catherine RINGUET ; s avant 1756. — *Marie-Reine*, b ³ 3 février 1731 ; m ³ 22 nov. 1762, à Yves-Michel-Joseph GUAY. — *Marie-Françoise*, b ³ 6 sept. 1733 ; s ³ 31 janvier 1746. — *Marie-Geneviève*, b ³ 19 juillet 1732 ; s ³ 28 mai 1733. — *Pierre*, b ³ 12 janvier et s ³ 7 sept. 1735. — *Ignace*, b ³ 19 mai 1736 ; m ³ 10 nov. 1760, à Marie-Joseph TREMBLAY. — *Louis-Marc*, b ³ 5 juillet 1737 ; m ³ 5 avril 1761, à Marie-Elisabeth TREMBLAY. — *Joseph*, b ³ 30 mars et s ³ 11 avril 1739. — *Etienne*, b ³ 8 mai 1740 ; m ³ 25 oct. 1773, à Marie-Philothée TREMBLAY. — *Antoine*, b ³ 11 oct. 1741 ; m ³ 11 nov. 1771, à Luce GAGNON. — *Félicité*, b ³ 7 mars 1743 ; m 1763, à Louis-Henri-Etienne SIMARD. — *Félix-Eustache-Janvier*, b ³ 1ᵉʳ oct. 1744 ; m ³ 7 nov. 1768, à Madeleine-Ursule DELAVOYE. — *Alexis*, b ³ 1ᵉʳ et s ³ 7 oct. 1744. — *Christophe-Urbain-Grégoire*, b ³ 25 mai et s ³ 9 juin 1746. — *Louis-Théodore-Thierry-Gaspard*, b ³ 17 oct. 1747 ; m ³ 7 nov. 1768, à Thérèse DELAVOYE. — *Marie-Elisabeth*, b ³ 27 avril 1750 ; m ³ 19 oct. 1772, à Joseph TRUCHON. — *Louis*, b... ; m ³ 14 nov. 1774, à Rose BOUCHARD.

1721, (14 juillet) Ste-Anne. ⁸

II.—BOIVIN, JEAN, [PIERRE I.
  b 1686 ; s ⁸ 17 mars 1725.
  SIMARD, Madeleine (1). [PIERRE II.

Marie-Madeleine, b ⁸ 26 avril 1722 ; m ⁸ 16 nov. 1744, à Etienne DELESSARD. — *Geneviève*, b ⁸ 9 mai 1723 ; 1° m ⁸ 3 avril 1742, à Joseph PARADIS ; 2° m ⁸ 26 avril 1751, à Louis POULIN. — *Jean*, b ⁸ 16 janvier 1725 ; s ⁸ 8 février 1726.

BOIVIN, PIERRE.
  LIBERGE, Marie.

Marie-Jeanne, b 8 oct. 1723, à Ste-Foye.

BOIVIN, MARIE-LOUISE, b 1728 ; s 3 mai 1764, à St-Joseph-de-la-Beauce.

1728, (11 oct.) Ste-Anne. ⁸

II.—BOIVIN, ALEXIS, [PIERRE I.
  b 1693 ; s ⁸ 21 mars 1748.
  GUIMOND, Ursule, [JOSEPH II.
    s avant 1771.

Joseph-Luc, b ⁸ 30 oct. 1729 ; m ⁸ 31 janvier 1752, à Claire-Félicité AUDET. — *Marie-Angélique*, b ⁸ 24 juillet 1731 ; 1° m ⁸ 25 oct. 1756, à Pierre GRANDCHAMP ; 2° m ⁸ 2 mars 1767, à Pierre LEROUX. — *Pierre*, b ⁸ 28 février et s ⁸ 11 mai 1733. — *Madeleine-Véronique*, b ⁸ 22 juin 1734 ; m ⁸ 22 juillet 1771. — *Geneviève-Victoire*, b ⁸ 3 sept. 1736 ; s ⁸ 14 août 1739. — *Alexis*, b ⁸ 8 nov. 1738. — *Marie-Rose*, b ⁸ 2 déc. 1741.

---

(1) Elle épouse, le 21 avril 1732, Louis LAPOINTE, à Ste-Anne.

III.—BOIVIN, Jacques, [François II.
b 1711 ; s 27 déc. 1749, à Lorette.

1731, (2 juillet) Lévis.
III.—BOIVIN, Jean-Marie, [Guillaume II.
b 1709.
1° Marchand, Marie-Angélique, [Louis II.
b 1710 ; s 21 avril 1733, à St-Augustin.⁵
Marie-Angélique, b ⁵ 4 juin 1732; s ⁵ 14 août 1733.
1734, (28 juillet).⁵
2° Raby, Marie-Therèse, [Mathieu I.
b 1708 ; s ⁵ 22 janvier 1788.
Jean-Marie, b ⁵ 14 et s ⁵ 24 avril 1736.—*Jean-Marie,* b ⁵ 7 juillet et s ⁵ 31 déc. 1738.—*Marie-Angélique,* b ⁵ 16 août 1740, m ⁵ 15 janvier 1759, à François Tardif ; s ⁵ 25 oct. 1794.

1736, (13 fevrier) Lorette.⁵
III.—BOIVIN, Pierre, [Pierre II.
b 1710.
1° Boutin, Marie-Joseph, [Gabriel III.
b 1719 ; s ⁵ 28 fevrier 1740.
Pierre, b ⁵ 13 mars 1737 ; m ⁵ 1ᵉʳ février 1762, à Marie-Louise Légaré. — *Gabriel-Joseph,* b ⁵ 22 janvier 1740.
1743, (27 juin).⁵
2° Robitaille, Catherine, [Joseph II.
b 1723.
Joseph, b ⁵ 19 juin et s ⁵ 2 juillet 1744.—*Catherine,* b ⁵ 12 mai 1745.—*Jacques,* b ⁵ 19 nov. 1746. —*Joseph,* b ⁵ 26 février 1748. — *Joseph,* b ⁵ 27 août 1749.— *André,* b ⁵ 11 mars 1751. — *Louis,* b ⁵ 15 juin 1754.—*Michel,* b ⁵ 29 sept. 1755 ; m 1ᵉʳ février 1785, à Madeleine Cottin, à Québec.— *Marie-Catherine,* b ⁵ 19 février et s ⁵ 13 mai 1757. — *Marie-Thérèse,* b ⁵ 10 juin 1758. — *Louise,* b ⁵ 23 août 1759.—*Marie-Louise,* b ⁵ 4 mars 1761.— *Jean-Baptiste,* b ⁵ 17 fevrier et s ⁵ 22 juillet 1763.

1738, (26 nov.) Lorette.⁵
III.—BOIVIN, Pierre, [François II.
b 1710.
Gauvin, Marie-Joseph, [Pierre II.
b 1720.
François, b ⁵ 10 nov. 1739.—*Pierre,* b ⁵ 29 juillet 1741.—*Joseph,* b ⁵ 29 janvier 1743. — *Marie,* b ⁵ 28 mai 1745; m ⁵ 28 janvier 1765, à Joseph Juneau.—*Jacques,* b 28 fevrier 1747, à Ste-Foye.⁴ —*Augustin,* b ⁵ 11 janvier 1749. — *Marie-Anne,* b ⁵ 23 déc. 1750.—*Marie-Joseph,* b ⁵ 12 juin 1754. —*Joseph,* b ⁴ 17 juin 1755. — *Jean-François,* b ⁵ 20 fevrier 1756. — *Michel,* b ⁴ 7 mars 1758. — *Ignace,* b ⁵ 5 avril 1759 ; m 13 juin 1785, à Catherine Bussière, à St-Augustin.—*Marie-Louise,* b ⁵ 31 août 1762.

1740, (9 nov.) Québec. ⁶
III.—BOIVIN, François, [François II.
b 1713.
Payan (1), Marie-Geneviève, [Jacques I.
b 1719.
Gabriel, b ⁶ et s ⁶ 26 mars 1740.—*Marie-Françoise,* b ⁶ 15 mai 1742 ; m ⁶ 7 janvier 1760, à Joseph Bonneville. — *Pierre,* b ⁶ 1ᵉʳ janvier et

(1) Dit St-Onge.

s⁶ 11 février 1744. — *Marie-Louise,* b ⁶ 15 mai 1746; s ⁶ 28 juillet 1747.—*Pierre,* b ⁶ 22 janvier 1748.—*François,* b ⁶ 20 août 1749 ; m ⁶ 12 oct. 1779, à Marguerite Lemage.—*Charles,* b ⁶ 15 et s ⁶ 18 déc. 1750.—*Françoise,* b ⁶ 16 nov. 1751.—*Marie-Joseph,* b ⁶ 14 sept. 1753 ; m ⁶ 28 avril 1778, à Louis Liberge ; s ⁶ 5 avril 1782.—*Jeanne-Joseph,* b ⁶ 8 juin 1755 ; s ⁶ 28 août 1758.—*Joseph,* b ⁶ 4 août 1757 ; s ⁶ 1ᵉʳ sept. 1758.—*Marie,* b ⁶ 18 avril et s 4 sept. 1759, à Ste-Foye.

BOIVIN, Pierre
Grenier, Geneviève.
Pierre, b 21 février 1744, à Beauport.—*Jean,* b 3 mars 1747, à Quebec.

1744, (31 août) St-Vincent-de-Paul. ⁴
III.—BOIVIN, Joseph-Pascal, [François II.
b 1718.
Lalande (1), Therèse. [Jacques II.
Joseph, b ⁴ 11 nov. 1746. — *Marie-Thérèse,* b ⁴ 19 nov. 1748 —*François,* b ⁴ 22 fevrier 1751.

1745, (30 juin) Quebec. ²
I.—BOIVIN, Louis, fils de Pierre et de Nicole Gallais, de N-D. de l'Epine, diocèse de Châlons.
Duquet, Marie, [Jean II.
b 1697 ; veuve de René Focque ; s ² 14 nov 1759.

1746, (19 avril) Verchères.
III.—BOIVIN, Pierre-Charles, [Charles II.
b 1724.
Plouf, Marguerite. [Jean II.
Pierre, b 1746 ; s 27 janvier 1748, à Ste-Anne. —*Marguerite,* b 1748 ; s 1ᵉʳ juin 1754, à St-Antoine-de-Chambly. ⁹ —*Marie-Madeleine,* b ⁹ 15 février 1751.—*Geneviève,* b ⁹ 15 fevrier 1751 ; s ⁹ 1ᵉʳ mars 1752.—*Marie-Joseph,* b ⁹ 3 mars 1753 ; s ⁹ 10 février 1754.—*Pierre-Simon,* b ⁹ 7 février 1755. — *Joseph-Marie,* b ⁹ 21 avril 1757   s ⁹ 20 février 1758.—*Michel,* b ⁹ 11 juin 1759.—*Marie-Elisabeth,* b ⁹ 12 oct. 1761 ; s ⁹ 19 février 1762.

1747, (13 fevrier) St-Thomas.¹
I.—BOIVIN, Alain, fils de Jean et de Guillemette Charpentier, de Trehvent, diocèse de St-Malo ; s 9 déc. 1750, à St-Pierre-du-Sud.
Blanchet, Marie-Gertrude (2), [Guillaume II.
b 1713.
Joseph, b ¹ 15 août 1750.

1747, (9 oct.) St-François, I. O.
III.—BOIVIN, Pierre, [Augustin II.
b 1720.
Labbé, Helène. [Jean II.

1748, (12 fevrier) St-Augustin. ¹
III.—BOIVIN, Joseph-Marie, [Pierre II.
b 1721.
Cottin, Marie-Joseph, [Charles II.
b 1725 ; s 19 fevrier 1784, à Quebec. ³

(1) Dit Mauge.
(2) Elle épouse, le 6 mai 1750, Mathurin Gagnon, à St-Pierre-du-Sud.

Anonyme, b et s 8 juin 1749, à Lorette. [3] — *Joseph*, b [2] 17 avril et s [2] 4 mai 1753. — *François-Ignace*, b [3] 10 oct. 1756.—*Marie*, b [3] 25 déc. 1757; s [2] 30 juin 1758. — *Marie*, b [3] 16 janvier et s [3] 30 mai 1759.—*Louis*, b [2] 7 avril 1760 ; s [1] 21 juillet 1761.

1751, (3 nov.) Baie-St-Paul. [2]

III.—BOIVIN, Augustin,   [Augustin II. b 1726.

1° Lavoye (de), Marie-Joseph, [Frs-Xavier III b 1717 ; s [2] 28 janvier 1754.

Marie-Louise, b [2] 25 août 1752, s [2] 17 février 1754.

1754, (27 nov.) Eboulements.

2° Bonneau, Apolline,   [Jacques II. b 1728.

Félicité, b [2] 4 avril 1756, m [2] 8 janvier 1777, à Clement Corneau. — *Louis-Marc*, b [2] 18 nov. 1757 ; s [2] 7 nov. 1758 —*Augustin-Samson*, b [2] 16 sept. 1759. — *Marie-Anne*, b [2] 5 juillet 1761. — *François-Joseph* et *Marie-Joseph-Dorothée-Apolline*, b [2] 19 mars 1763.—*Marie-Barbe-Euphrasie* et *Pierre-Saturnin*, b [2] 13 mars 1765. — *Louis*, b [2] 15 mai 1767.—*Joseph-Marie*, b [2] 11 déc. 1768. —*Silvie-Agnès*, b [2] 8 mars 1771

1752, (31 janvier) Ste-Anne.

III.—BOIVIN, Joseph-Luc,   [Alexis II. b 1729, s avant 1768.

Audet (1), Claire-Félicité,   [Louis III. b 1733

Marie-Félicité, b 1753, m 14 nov. 1768, à Pierre Ledoux, à St-Antoine-de-Chambly

1753, (15 oct.) Baie-St-Paul.

III.—BOIVIN, Ambroise (2),   [Augustin II. b 1729.

Ringuet, Catherine (3),   Jean II. b 1741

1754, (8 janvier) Baie-St-Paul. [1]

III.—BOIVIN, Jean,   [Augustin II. b 1728.

1° Perron, Agathe,   [Antoine III. b 1728.

Jean, b [1er] mai 1755 ; s [1] 6 nov. 1758.—*Marie-Madeleine-Pélage*, b [1] 18 février et s [1] 5 oct. 1758.—*Michel*, b [1] 29 sept. 1763.

1764, (30 janvier). [1]

2° Côté, Angélique,   [Thomas III. b 1744.

Jean-Augustin-César, b [1] 19 déc. 1764.—*François-Damase*, b [1] 6 août 1766. — *Etienne*, b [1] 18 nov. 1771.— *Joseph*, b [1] 21 sept. 1774. — *Geneviève*, b [1] 7 avril 1777.

BOIVIN, Pierre.

1° Satigan, ...

1757, (16 février) St-François, I. O.

2° Bissonnet, Marie-Louise,   [Charles III. b 1730.

(1) Dit Lapointe.
(2) Mort à " La Presqu'île," dans les pays d'en haut.
(3) Elle épouse, le 22 juin 1756, Jean-Baptiste Le Collen, à la Baie-St-Paul.

Marie-Joseph, b 19 avril 1761, à St-Joseph, N.-B. [1]; s [1] 21 mars 1762. — *Marie-Rose*, b [1] 9 juin 1763.

1760, (10 nov.) Baie-St-Paul. [1]

III.—BOIVIN, Ignace,   [Augustin II. b 1736.

Tremblay, Marie-Joseph,   [Etienne III. b 1723 ; veuve de Noël Guay.

Pélagie-Victoire, b [1] 5 mars 1761. — *Jean-Ignace*, b [1] 3 juillet 1762.—*Etienne-David-Salomon*, b [1] 12 juin 1765.

1761, (26 janvier) Cap-St-Ignace. [2]

III.—BOIVIN, Charles,   [François II. b 1719.

Durand, Marie-Angélique,   [Jean-Bte III. b 1741 ; s 24 mai 1773, à Lachenaye. [1]

Marie-Joseph, b [2] 30 oct. 1761.—*Louis-Marie*, b [2] 24 mai 1764. — *Antoine*, b 1772 ; s [1] 20 mars 1773.

1761, (5 avril) Baie-St-Paul.

III.—BOIVIN, Louis-Marc,   [Augustin II, b 1737.

Tremblay, Marie-Elisabeth,   [Etienne III. b 1738, veuve de Vincent Tremblay ; s 16 nov. 1779, aux Eboulements. [3]

Elisabeth, b 17 avril 1762, à l'Ile-aux-Coudres. [4] —*Louis-David*, b [4] 15 juin 1764.— *Geneviève*, b [3] 8 déc. 1765.—*Marc*, b [3] 12 juin 1768. — *Marie-Joseph-Victoire*, b [3] 26 mars 1770.—*Louis*, b [3] 19 nov. 1772. — *Madeleine*, b [3] 4 janvier 1775.—*Dorothée*, b [3] 13 oct. 1776. — *Denise*, b [3] 13 sept. 1778.—*Marie-Anne*, b [3] 13 nov. 1779.

1762, (1er février) Lorette. [3]

IV.—BOIVIN, Pierre,   [Pierre III. b 1737.

Légaré, Marie-Louise,   [Joseph III. b 1738.

Marie-Louise, b [3] 8 déc. 1763 ; m 1784, à Joseph Fiset.

1766, (27 janvier) Ste-Anne. [5]

III.—BOIVIN, Louis,   [Charles II. b 1732.

Paré Agnès.   [Etienne III

Charles, b [5] 14 déc. 1766. — *Louis-Charles*, b [5] 12 juin 1768.—*Marie-Agnès*, b [6] 7 juillet 1771.

1768, (7 nov.) Baie-St-Paul. [6]

III.—BOIVIN, Félix-Eustache,   [Augustin II. b 1744.

Lavoye (de), Madel.-Ursule,   [René-Roch III. b 1755.

Jean-Baptiste, b [6] 12 sept. 1771.—*Thérèse*, b [6] 25 sept. 1774.—*Roch*, b [6] 7 mars 1777.

1768, (7 nov.) Baie-St-Paul. [4]

III.—BOIVIN, Louis-Théodore,   [Augustin II b 1747.

Lavoye (de), Thérèse-Regis,   [Rene III b 1753.

1771, (11 nov.) Baie-St-Paul. [3]
III.—BOIVIN, Antoine, [Augustin II.
b 1741.
Gagnon, Luce, [Pierre IV.
b 1748.
Antoine, b [5] 13 sept. 1772. — *Madeleine*, b [3] 30 sept. 1774.—*Marie-Luce*, b [3] 29 oct. 1776.

1773, (25 oct.) Baie-St-Paul. [7]
III.—BOIVIN, Etienne, [Augustin II.
b 1740.
Tremblay, Marie-Philotée, [François IV.
b 1755.
Jean-Baptiste, b [7] 9 oct. 1774. — *Louis*, b [7] 2 mars 1777.

1774, (14 nov.) Baie-St-Paul. [8]
III.—BOIVIN, Louis. [Augustin II.
Bouchard, Rose. [Michel III.
Louis, b [3] 12 août 1775.— *Mathieu*, b [3] 16 juillet 1777.

BOIVIN, Louis.
Renault, Marie-Louise.
Louis, b... s 2 mars 1776, à Ste-Foye.

BOIVIN, Joseph.
Alain, Geneviève.
Marie-Angélique, b 22 mai 1778, à Ste-Foye.

BOIVIN, Joseph.
Bourbon, Catherine.
Marie-Madeleine, b 3 août 1778, à Ste-Foye.

BOIVIN, Louis,
Gagné, Marie-Joseph.
Marie-Joseph, b 21 nov. 1778, à Ste-Foye.

1785, (13 juin) St-Augustin. [6]
IV.—BOIVIN, Ignace, [François-Pierre III.
b 1759.
Bussière, Catherine. [Charles III.
Catherine, b [6] 10 juillet 1786.— *Ignace*, b [6] 11 oct. 1788.— *Prisque*, b [6] 19 février 1791.—*Joseph*, b [6] 8 avril 1793.

BOIVINET (De).—Voy. Ste-Marguerite.

1681,
I.—BOIVINET (De), Gilles (1),
b 1648 ; juge.
Skignkuret, Marguerite (2), [Etienne I.
b 1650 ; veuve de Louis Godfroy.

1697, (3 juin) Ste-Anne.
II.—BOLDUC, Louis, [Louis I.
b 1669 ; s avant 1738.
Caron, Louise, [Jean II
b 1674.
Pierre, b 1707 ; m 24 mai 1728, à Marie-Joseph Leblond, à Ste-Famille, I. O. ; s 5 mai 1767, à St-Valier. [1]— *Louis*, b... m 1727, à Marguerite Poulin.—*Jean*, b... 1° m 3 février 1733, à Thérèse Racine, à Ste-Anne [2] ; 2° m 16 juillet 1736, à Marie-Joseph Othys, à St-Joachim. [3] — *Paul*, b... 1° m [3] 10 février 1738, à Marthe Racine ; 2° m [3] 9 janvier 1764, à Louise Boutillet.— *Prisque*, b... m à Marguerite Boucher.—*Marie*, b... m à Richard Taillard.—*Joseph*, b 1704 ; m [3] 13 oct. 1727, à Thérèse Poulin ; s [1] 25 mai 1768. —*Marie-Anne*, b... m [3] 14 oct. 1737, à Jean-Baptiste Racine.—*Louise*, b... m 1719, à Joseph Poulin.—*Marie-Françoise*, b... m 1743, à Joseph Couture.—*Jean-Germain*, b... m 1725, à Marie-Anne Filion.

1701, (7 nov.) Ste-Anne.
II.—BOLDUC, Jacques, [Louis I.
b 1671.
Racine, Marie-Anne, [Noel II.
b 1684 , s avant 1729.
Marie-Anne, b 1704 ; m 21 nov 1729, à Jean Filion, à St-Joachim [4] ; s [4] 22 février 1779.— *Marie-Elisabeth*, b... m [4] 17 avril 1730, à Joseph Gagné.—*Reine*, b... 1° m [4] 22 février 1734, à Jean Poulin ; 2° m 18 nov. 1737, à Jean-Baptiste Doyon, au Château-Richer. — *Louis*, b... 1° m à Agnès Dufour , 2° m 24 mai 1728, à Agnès Leblond, à Ste-Famille, I. O.

II.—BOLDUC, René, [Louis I.
b 1674 ; s avant 1728.
1° Gravel, Marie-Anne, [Jean II.
b 1685.
Marie-Anne, b... m 29 juillet 1726, à Etienne Remillard, à Québec.—*Zacharie*, b... m 23 août 1728, à Jeanne Meunier, à St-Joachim. [3]—*Françoise*, b... m [5] 2 nov. 1728, à Joseph Corriveau.
2° Sénat, Louise, [René I.
b 1689.
Louise, b... 1° m à Etienne Simard ; 2° m 21 nov. 1763, à Bonaventure Lessard, à Ste-Anne.

1717, (21 janvier) Château-Richer.
3° Malbœuf, Marguerite (1), [Jean-Bte I.
b 1695.
Marguerite, b... m [5] 27 juin 1742, à Etienne Lebrun.—*Reine*, b... m [5] 13 mai 1743, à Ignace Lessard.

1725.
III.—BOLDUC, Jean-Germain. [Louis II.
Filion, Marie-Anne, [Jean II.
s 29 déc. 1760, à St-Joachim. [4]
Louis, b 25 août 1726, à Ste-Anne [5] ; s [4] 29 dec. 1733.—*Jean*, b [4] 22 dec. 1727 ; s [4] 30 déc. 1733.— *Jean*, b [4] 30 mars 1729 ; 1° m [4] 12 février 1753, à Marie Alaire ; 2° m [4] 16 juin 1761, à Elisabeth Poulin.—*René*, b [4] 12 déc. 1730 ; s [4] 19 dec. 1733. —*Paul*, b [4] 22 août et s [4] 30 dec. 1733.—*Pierre*, b [4] 9 janvier 1736 ; m [5] 22 nov. 1762, à Marie-Angélique Simard.— *Marie-Anne*, b... 1° m [4] 29 juillet 1754, à Jacques Tremblay ; 2° m [4] 26 mai 1761, à Jean Othys.—*Louis*, b [4] 1° avril 1747 ; m à Marie Guérin.—*Agathe*, b... m [4] 27 janvier 1755, à Jacques Talon.—*Joseph*, b... m 8 nov. 1763, à Emérance Bouchard, à la Baie-St-Paul

---

(1) D'après le recensement de 1681.
(2) Elle épouse, le 28 mai 1683, Jean Boudor, à Québec.

(1) Elle épouse, en 1726, Pierre Gagné.

III.—BOLDUC, Louis. [Jacques II.
1° Dufour, Agnès,
Agnès, b... m 22 avril 1743, à Joseph Poulin, à St-Joachim. 6
    1728, (24 mai) Ste-Famille, I. O.
2° Leblond, Agnès, [Jean-Bte II.
b 1707.
Jean-Baptiste, b 6 26 mars 1729 ; s 6 2 oct. 1730.—François, b 6 27 août 1730; s 6 11 juin 1768.—François, b 6 6 janvier 1733; m 6 22 février 1751, à Françoise Filion.—Louis, b 6 25 déc. 1734.—Marie-Marguerite, b 6 13 avril 1737 ; m 6 2 mars 1756, à Joseph Bilodeau.—Louise, b... m 6 28 février 1737, à Etienne Simard.—Jacques, b 6 2 mai 1741. — Joseph, b 6 22 mars et s 6 23 juillet 1744.—Paul, b 6 16 mars 1748.—Geneviève, b... m 6 19 avril 1762, à Joseph Lavoie.

    1727, (13 oct.) St-Joachim.
III.—BOLDUC, Joseph, [Louis II.
b 1704 ; s 25 mai 1768, à St-Valier. 2
Poulin, Thérèse, [Julien III.
Vital-Martial-Joseph, b 2 10 juillet 1728, s 2 25 mai 1747.—Marie-Thérèse, b 2 19 août 1730 — Pierre-Marie, b 2 23 mai 1732 ; m 10 avril 1752, à Elisabeth Cloutier, au Château-Richer. — Etienne, b 2 13 avril 1736.— Jean-Baptiste, b 2 8 juin 1738. — Jean-Baptiste, b 2 8 août 1744. — Marie-Anne, b 1746 ; m 2 1er oct. 1764, à Jacques Bélanger ; s 2 18 oct. 1766.

    1727.
III.—BOLDUC, Louis. [Louis II.
Poulin, Marguerite, [Martin II.
b 1702.
Louis, b 23 nov. 1727, à St-Valier 4 ; 1° m 14 février 1751, à Angelique Mercier, à Berthier 5 ; 2° m 4 11 nov. 1760, à Marie-Joseph Labrecque. —Marie-Angélique, b 5 21 juillet 1729 ; m 4 20 nov. 1753, à Pierre Adam. — Marie-Agathe, b 4 9 déc. 1730 ; m 4 5 mars 1764, à Joseph Pilote.— Jean-Baptiste, b 4 15 mars 1734.—Joseph, b... m 11 février 1755, à Marie-Dorothée Racine.—Marguerite, b... m 1746, à Pierre Forgues.—Jacques, b 18 août 1739 ; m 19 oct. 1761, à Marie-Elisabeth Denis, à St-Michel.

    1728, (24 mai) Ste-Famille, I. O.
III.—BOLDUC, Pierre, [Louis II.
b 1707 ; s 5 mai 1767, à St-Valier. 3
Leblond, Marie-Joseph, [Jean-Bte II.
b 1710.
Pierre, b 8 janvier 1730, à St-Joachim ; 1° m 3 15 février 1751, à Marie-Geneviève Guillemette ; 2° m 3 6 août 1736, à Marie-Louise Roy.—Louis-François, b 3 28 juin 1732 ; m 25 février 1754, à Marthe Couture, à Beaumont.—Louis-Jean, b 3 16 juin 1733.—Joseph-Néry, b 3 26 mai 1735 ; m 23 nov. 1761, à Marie-Marguerite Pilote, à St-Michel. — Marie-Joseph, b 3 31 juillet 1737 ; m 3 10 sept. 1764, à Augustin Balard. — Michel, b 3 14 juillet 1739.—Marguerite, b 3 21 avril 1743 ; m 3 21 nov. 1763, à Augustin Pilote. — Jacques-René, b 3 26 juillet 1745 ; s 3 28 juillet 1749.—Guillaume-Grégoire, b 3 11 mars 1747.—Etienne, b 3 6 avril 1750.—Jean, b 3 6 avril et s 3 1er mai 1750. —Marie-Françoise, b 3 19 sept. 1751 ; m 3 21 nov. 1768, à Louis Plante.

    1728, (23 août) St-Joachim. 4
III.—BOLDUC, Zacharie. [René II.
Meunier, Jeanne, [François II.
b 1700 ; s 4 7 nov. 1770.
Zacharie, b 4 3 sept. 1730 ; m 4 26 janvier 1756, à Marie-Anne Poulin.—Jean, b 4 11 sept. 1732, m 4 1er avril 1750, à Louise Quirion. — Marguerite, b 4 27 août 1734 ; m 4 26 janvier 1750, à François Quirion. — Marie, b 4 3 sept. 1736. — Louis-Amable, b 4 25 août 1740 ; m 4 15 février 1762, à Marguerite Bolduc. — Joseph-René, b 4 25 oct. 1742 ; 1° m 30 juillet 1764, à Marguerite Létourneau, à St-Joseph, N.-B. 2 ; 2° m 2 2 mars 1767, à Brigitte Perrot ; 3° m 4 4 nov. 1773, à Angélique Blanchard, 4° m 2 19 août 1776, à Marie-Anne Gagné. — Marie-Anne, b 4 19 juillet 1744.—Marthe, b... m 4 5 août 1765, à Pierre Poulin.

    1733, (3 février) Ste-Anne.
III.—BOLDUC, Jean, [Louis II.
s 1741.
1° Racine, Thérèse, [Jean III.
b 1708 ; s 9 déc. 1733, à St-Joachim. 4
    1736, (16 juillet). 4
2° Otyhs, Marie-Joseph (1), [Joseph I.
veuve de François Quirion.
Jean, b 4 29 mai 1737 ; m 4 29 avril 1760, à Marguerite Filion. — Marie-Joseph, b 4 10 août 1740 ; m 4 2 août 1762, à Joseph Paré. — Renée-Claire, b 4 4 oct. et s 4 15 nov. 1741.—Paul, b... m 4 10 oct. 1763, à Louise Paré.

BOLDUC, Jean,
1° Meunier, Marie.
    1737, (3 sept.) St-Joachim.
2° Cochon, Marie, [Jacques III.
b 1711.

    1738, (10 février) Ste-Anne. 5
III.—BOLDUC, Paul. [Louis II.
1° Racine, Marthe, [Jean III.
b 1718 ; s 5 3 juillet 1759.
Paul, b...m 22 janvier 1770, à Geneviève Fortin, à St-Joachim. 6.—Marie-Anne, b... m 6 16 février 1778, à Augustin Caret.—Jean-Baptiste, b 6 8 fév. 1740 ; s 6 13 déc.1760.—Marthe, b 6 2 déc. 1741.—Marie-Joseph, b 6 11 janvier 1744.—Marie-Joseph, b 6 22 février 1745 — Marie-Marguerite, b 6 9 avril 1746.—Marie-Joseph, b 6 3 février 1754 , s 8 16 déc. 1760. — Marie-Jean, b 6 15 oct. 1755.
    1764, (9 janvier). 6
2° Boutillet, Louise, [Jacques I.
b 1719 ; veuve de Pierre Poulin.

_____

(1) Elle épouse, le 29 janvier 1742, Jacques Fougère, à St-Joachim.

III.—BOLDUC, Prisque, [Louis II.
s avant 1775.
Boucher, Marguerite.
Marguerite, b... m 15 février 1762, à Amable Bolduc, à St-Joachim.[6]—*Prisque*, b... m [6] 13 février 1775, à Marie Poulin.— *Marie-Renée*, b [6] 20 nov. 1740.—*Pierre*, b [6] 11 juin et s [6] 3 juillet 1743.—*Louis*, b [6] 16 oct. 1744. — *Marie-Joseph*, b [6] 24 avril 1747. — *Pierre-Alexis*, b [6] 17 juillet 1753.—*Joseph-Laurent*, b [6] 10 août 1755.

1750, (1er avril) St-Joachim.
IV.—BOLDUC, Jean, [Zacharie III.
b 1732.
Quirion, Louise, [Joseph II.
b 1734.
Angélique, b 26 nov. 1754, à St-Joseph-de-la-Beauce[2]; m[2] 3 février 1777, à Thomas Roy.—*Zacharie*, b[2] 17 nov. 1759; m[2] 25 oct. 1779, à Marie-Anne Roy.—*François*, b[2] 10 et s[2] 12 août 1761.—*Joseph*, b [2] 20 août 1762.—*Ignace*, b[2] 2 mai 1764.—*Augustin*, b 1765; s[2] 5 mai 1773.—*Marie-Louise*, b [2] 12 juillet 1767.—*Joseph-Marie*, b[2] 24 déc. 1772. — *Pierre*, b... m [2] 20 février 1775, à Marie-Joseph Doyon.

1751, (14 février) Berthier.
IV.—BOLDUC, Louis (1), [Louis III.
b 1727.
1º Mercier, Angélique, [Joseph IV.
b 1727; s 22 février 1760, à St-Valier. [7]
Marie-Angélique, b [7] 9 nov. 1751.
1760. (11 nov.) [7]
2º Labrecque, Marie-Joseph, [Jean-Bte III.
b 1733.
Joseph-Marie, b [7] 2 août 1761.

1751, (15 février) St-Valier. [8]
IV.—BOLDUC, Pierre, [Pierre III.
b 1730.
1º Guillemette, Marie-Genev., [Jean-Bte III.
b 1732; s [8] 4 déc. 1755.
Marie-Geneviève, b [8] 4 déc. 1751; s [8] 29 nov. 1755.—*Pierre*, b [8] 2 mars 1753.—*Marie-Joseph*, b [8] 9 avril 1754; m 1771, à Joseph Guérin.
1756, (6 août). [8]
2º Roy, Marie-Louise, [Jean-Noel III.
b 1729.
Marie, b [8] 23 mai 1757. — *Michel*, b [8] 22 mai 1758.—*Marie-Louise*, b [8] 30 nov. 1760; s [8] 28 juillet 1761.

1751, (22 février) St-Joachim. [9]
IV.—BOLDUC, François, [Louis III.
b 1733.
Filion, Françoise, [Jean II.
b 1726.
François, b [9] 16 et s [9] 21 janvier 1752.—*Agnès*, b [9] 16 janvier 1753; m à Augustin Roy; s 31 janvier 1791, à Québec.—*Louis-François*, b [9] 30 avril 1756.—*Marie-Marthe*, b 1760; s [9] 21 janvier 1762. — *Anonyme*, b [9] et s [9] 26 mars 1761. — *Anonyme*, b [9] et s [9] 20 déc. 1761. — *Marie-Françoise*, b [9] 6 avril 1763.—*Michel*, b [9] 29 sept. 1765.

---
(1) Rehabilité le 15 mars suivant, avec dispense du 3e au 4e degré.

1752, (10 avril) Château-Richer.
IV.—BOLDUC, Pierre, [Joseph III.
b 1732.
Cloutier, Elisabeth, [François IV.
b 1722.
Pierre, b 15 avril 1753, à St-Valier.[1]—*Joseph*, b... s [1] 26 oct. 1758.—*Marie-Elisabeth*, b [1] 6 nov. 1759.

1753, (12 février) St-Joachim.[2]
IV.—BOLDUC, Jean, [Jean-Germain III.
b 1729.
1º Alaire, Marie, [Louis III.
s [2] 6 mai 1760.
Jean-Baptiste, b [2] 28 mars 1754.—*Jacques*, b [2] 11 avril 1755.—*Louis-René*, b [2] 12 nov. 1756.
1761, (16 juin). [2]
2º Poulin, Elisabeth. [Claude III.
Marie-Symphorose, b [2] 18 juillet 1762.

1754, (25 février) Beaumont.
IV.—BOLDUC, Louis-François, [Pierre III.
b 1732.
Couture, Marthe, [Guillaume III.
b 1727.
Louis-Marie, b 7 janvier 1755, à St-Valier.

1755, (11 février) Ste-Anne.
IV.—BOLDUC, Joseph, [Louis III.
Racine, Marie-Dorothée, [Jean III.
b 1723.
Louis, b 15 déc. 1755, à St-Valier.[3]—*Joseph*, b [3] 28 oct. 1757; s 14 déc. 1758, à St-Michel. [4]—*Joseph*, b [4] 14 mars 1760; s [4] 24 sept. 1761.

1756, (26 janvier) St-Joachim. [5]
IV.—BOLDUC, Zacharie, [Zacharie III.
b 1730.
Poulin, Marie-Anne, [Claude III.
b 1733.
Louis, b [5] 5 déc. 1760; s [5] 26 janvier 1761.—*Marie-Marthe*, b [5] 15 déc. 1761.—*Marie-Geneviève*, b [5] 28 janvier 1763.—*Marguerite*, b [5] 12 nov. et s [5] 2 déc. 1764.—*Geneviève*, b [5] 21 août 1769; s [5] 7 mars 1770.—*Jean*, b [5] 4 nov. 1778.

BOLDUC, Pierre.
Gagnon, Geneviève.
Marie-Anne, b 19 juillet 1757, à St-Joachim.

1760, (29 avril) St-Joachim. [2]
IV.—BOLDUC, Jean, [Jean III.
b 1737.
Filion, Marguerite, [Paul III.
b 1741.
Jean-Baptiste, b [2] 1er mars 1761.—*Marguerite*, b 1762; s [2] 19 oct. 1763.

1761, (19 oct.) St-Michel.
IV.—BOLDUC, Jacques, [Louis III.
b 1739.
Denis (1), Marie-Elisabeth, [Joseph II.
b 1735.

---
(1) Dit Lapierre.

1761, (23 nov.) St-Michel.³
IV.—BOLDUC, JOSEPH, [PIERRE III.
b 1735.
    PILOTE, Marie-Marguerite, [JEAN IV.
    b 1741.
    Pierre, b ³ 14 février 1763.

1762, (15 février) St-Joachim.⁵
IV.—BOLDUC, LOUIS-AMABLE, [ZACHARIE III.
b 1740.
    BOLDUC, Marguerite, [PRISQUE III.
    Louis-Marie, b⁵ 25 nov. 1762. — *Marie-Agnès*, b⁵ 11 déc. 1763. — *Urbain*, b⁵ 19 avril 1765. — *Augustin*, b 1766; s⁵ 13 avril) 1770. — *Félicité*, b⁵ 18 mai 1768. — *Marie-Louise*, b⁵ 2 et s⁵ 26 sept. 1769.

1762, (22 nov.) Ste-Anne.
IV.—BOLDUC, PIERRE, [JEAN-GERMAIN III.
b 1736.
    SIMARD, Marie-Angélique, [JEAN IV.
    b 1740.
    Pierre, b 31 oct. et s 5 nov. 1763, à St-Joachim.⁵—*Louis-Marie*, b⁵ 12 janvier 1765.—*Marie-Geneviève*, b⁵ 25 mars 1768. — *Marie-Joseph*, b⁵ 14 juillet et s⁵ 18 sept. 1769.—*Angélique*, b⁵ 28 août et s⁵ 14 sept. 1770. — *Marie-Joseph*, b⁵ 13 mai 1775; s⁵ 30 avril 1777.— *Joachim-Marie*, b⁵ 2 juillet 1776.

1763, (10 oct.) St-Joachim.
IV.—BOLDUC, PAUL. [JEAN III.
    PARÉ, Louise. [NOEL III.

1763, (8 nov.) Baie-St-Paul.⁵
IV.—BOLDUC, JOSEPH. [JEAN-GERMAIN III.
    BOUCHARD, Emerance, [JEAN-NOEL III.
    b 1744.
    Marie-Anne-Rosalie, b⁵ 16 oct. 1764. — *Jean-Baptiste-Sylvestre*, b⁵ 31 déc. 1765.—*Jean-Baptiste-David*, b⁵ 29 juillet 1767.—*Joseph-Etienne-Timothée*, b⁵ 27 août 1768. — *Jean*, b... s⁵ 29 juin 1773.—*Emérance*, b⁵ 29 juin 1774. — *Jean-Baptiste*, b⁵ 6 juin 1776.

1764, (30 juillet) St-Joseph, N.-B.⁵
IV.—BOLDUC, JOSEPH-RENÉ, [ZACHARIE III.
b 1742.
    1° LÉTOURNEAU, Marguerite, [GUILLAUME I.
    b 1743.
    Anonyme, b⁵ et s⁵ 14 mars 1765. — *Joseph-François*, b⁵ 30 mars 1766.
    1767, (2 mars).⁴
    2° PERROT, Marie-Brigitte, [FRANÇOIS IV.
    b 1744; s⁵ 26 mars 1773.
    Marie, b⁵ 24 janvier 1768. — *Joseph*, b⁵ 14 mai 1769. — *Jean-Marie*, b⁵ 1ᵉʳ août 1771. — *Charles*, b⁵ 6 février et s⁵ 11 juin 1773.
    1773, (4 nov.)⁵
    3° BLANCHARD, Marie-Angélique, [ALEXANDRE I.
    b 1749; s⁵ 22 avril 1776.
    Augustin, b⁵ 30 avril 1775.—*Anonyme*, b⁵ et s⁵ 22 avril 1776.

    1776, (19 août).⁵
    4° GAGNÉ, Marie-Anne, [PIERRE V.
    b 1752.
    Etienne, b⁵ 15 juin 1777; s⁵ 11 oct. 1778. — *Marie-Anne*, b⁵ 25 oct. 1778.

BOLDUC, JACQUES.
    VALADE, Marie-Anne.
    Jacques, b 23 avril et s 7 mai 1767, à St-Joachim.

BOLDUC, JEAN.
    POULIN, Marie-Louise.
    Joseph, b 19 août 1768, à St-Joachim.—*Pierre*, b 1768; s 26 février 1770, à Ste-Anne.

1770, (22 janvier) St-Joachim.¹
IV.—BOLDUC, PAUL. [PAUL III.
    FORTIN, Geneviève, [JULIEN-PIERRE III.
    b 1748.
    Marie-Angélique, b¹ 13 mai 1775. — *Marguerite*, b¹ 13 mai 1777.—*Paul*, b¹ 12 mars 1779.

1775, (13 février) St-Joachim.¹
IV.—BOLDUC, PRISQUE. [PRISQUE III.
    POULIN, Marie. [PIERRE IV.
    Prisque, b¹ 4 déc. 1775.— *Pierre*, b¹ 16 avril 1777.

1775, (20 février) St-Joseph, Beauce.²
V.—BOLDUC, PIERRE, [JEAN IV.
    DOYON, Marie-Joseph, [CHARLES-AMADOR IV.
    b 1756.
    Jean-Baptiste, b² et s² 16 sept. 1775.—*Pierre*, b² 17 nov. 1776. — *Charles*, b² 11 janvier 1778. —*Marie-Joseph*, b² 23 mai 1779.

IV.—BOLDUC, LOUIS, [JEAN-GERMAIN III.
b 1741.
    GUÉRIN, Marie.
    Joseph, b 29 déc. 1776, à St-Joachim.

BOLDUC, JACQUES.
    MERCIER, Marie Joseph.
    Marie-Angélique, b 24 déc. 1778, à St-Joachim.

1779, (25 oct.) St-Joseph, Beauce.
V.—BOLDUC, ZACHARIE, [JEAN IV.
b 1759.
    ROY, Marie-Anne. [JOSEPH.

BOLERON.—Voy. BONNERON.

1757, (14 nov.) Québec.¹
I.—BOLEY, LAZARE, soldat, fils de Laurent et de Marguerite Bertheau, de Sémur, diocèse d'Autun.
    L'ENCLUS (1), Marie, [PIERRE I.
    b 1733.
    Jacques, b¹ 12 août 1758.

I.—BOLÉ, JOSEPH.
    MARÉ, Geneviève,
    Michel, b 14 juillet 1731, à Beauport.

(1) Dit Lapierre.

I.—BOLF (1), MATHIEU,
b 1714; s 18 juin 1791, à St-Augustin.[4]
PETIT, Agathe.
Joseph, b [4] 25 mars 1755. — *Marie*, b... m [6] 8 nov. 1784, à Jean-Baptiste CHARLAND.—*Rosalie*, b [4] 5 mai 1761; m [4] 12 février 1787, à Antoine OUVRARD.

I.—BOLOGNIEL (2), CLAUDE, b 1718; diocèse de Langres; s 1er avril 1772, à l'Hôpital-General, M.

1760, (3 nov.) Ecureuils.[1]

I.— BOLUSE (3), NICOLAS, fils de Michel et d'Anne Robert, de Donteil, ville d'Assonville, Lorraine.
GAUDIN, Catherine,   [GUILLAUME III.
b 1736.
Geneviève, b... m [1] 2 août 1779, à Jean-Baptiste DUSSAULT.—*Marie-Joseph*, b 29 fevrier 1764, à Batiscan.

1732, (24 mai) Trois-Rivières.[6]

I.—BOLVIN, GILLES (4), b 1711; fils de Jean-François et de Marie-Anne Isabeau, de St-Nicolas d'Avesne, diocèse de Cambray ; s [6] 31 janvier 1766.
1° LAMARQUE, Marguerite,   [PIERRE I.
b 1707.
Marie-Joseph, b [6] 10 mars 1733 ; 1° m [6] 10 avril 1758, à Joseph GOUBAUT ; 2° m [6] 24 sept. 1761, à Joseph GODFROY. — *Jean-François*, b [6] 10 oct. 1734; s 10 juillet 1748, au Cap-Santé. — *Gilles-Modeste*, b [6] 3 juillet 1736.—*Marguerite*, b [6] 16 nov. 1738 ; m [6] 29 oct. 1764, à Jean-Baptiste BADEAU. — *Clémence*, b [6] 23 oct. 1740.—*Marie-Anne*, b [6] 7 mai et s [6] 11 déc. 1742.—*Marie-Anne*, b [6] 24 oct. 1743. — *Joseph*, b [6] 13 et s [6] 23 déc. 1745.—*Catherine*, b [6] 2 mai 1747, s [6] 11 mai 1748.
1749, (5 mai).[6]
2° JUTRAS, Claire,   [JEAN-BTE II.
b 1723.
Charles-Gilles, b [6] 12 mai 1750.
1761, (26 oct.) Pte-aux-Trembles, Q.
3° BELAND, Angélique,   [MATHURIN II.
b 1727; s [6] 30 sept. 1764.

BOLVIN, JEAN-MARIE.
FABAS, Marie-Anne.
Nicolas, b... m 1807, à Hélène ST-CYR, à St-Louis, Mo.

1807, St-Louis, Mo.[4]

BOLVIN, NICOLAS.   [JEAN-MARIE.
ST-CYR, Hélène.   [HYACINTHE.
Guillaume-Charles, b [4] 3 avril 1820.

(1) Ou Bost.
(2) Dit Lajeunesse.
(3) Dit Vadeboncœur, soldat au régiment de Languedoc.
(4) Maitre sculpteur en 1740.

1706, (12 juin) Montréal.

I.—BOMBARDIER (1), ANDRÉ, b 1679; fils de Jean et de Marie-Françoise Guilin, de St-Sauveur, ville de l'Isle, diocèse de Tournay, Flandre; s 19 avril 1754, à la Pte-aux-Trembles, M.[7]
DEMERS, Marguerite,   [JEAN-BTE II.
b 1687.
Jean, b 18 juillet 1707, au Détroit.[8]—*Bernard-Philippe*, b [8] 13 oct. 1709.—*André*, b [7] 6 janvier 1712; m à Marie POUTRÉ.—*Marie-Anne*, b... m à Antoine BOUDRIAS.—*Jacques*, b [7] 30 août 1714; m 1748 à Françoise TIBAUT. — *Marguerite*, b [7] 7 janvier 1719. — *Pierre*, b [7] 8 juin 1723.—*Marie*, b... m [7] 9 janvier 1747, à Jean-Baptiste CHARTIER. — *Joseph*, b 1729, m [7] 9 fevrier 1750, à Marie TIBAUT.

1748.

II.—BOMBARDIER, JACQUES,   [ANDRÉ I.
b 1714.
TIBAUT, Françoise.   [NICOLAS II.
Jacques, b 28 nov. 1749, à la Pte-aux-Trembles, M.[7]—*Jean-Louis*, b [7] 16 mars et s [7] 8 août 1751.—*Augustin*, b [7] 16 mars et s [7] 14 août 1751. —*Marie-Reine*, b [7] 27 sept. 1752. — *Marie-Marguerite*, b [7] 3 mars 1754.—*Gabriel*, b... m [7] 2 fevrier 1761, à Cecile SENET

II.—BOMBARDIER (2), ANDRÉ,   [ANDRÉ I.
b 1712.
POUTRÉ, Marie.   [PIERRE II.
Philippe, b 9 mai 1749, à la Pte-aux-Trembles, M.[7]— *Marie-Joseph*, b [7] 1er sept. 1751.— *Françoise-Marguerite*, b 18 août 1753, à Chambly.[4]— *Marie-Agathe*, b... s [4] 21 mai 1756.— *Marie-Anne*, b... m [4] 5 nov. 1753, à Toussaint VAUDRY.

1750, (9 février) Pte-aux-Trembles, M.[1]

II.—BOMBARDIER (2), JOSEPH,   [ANDRÉ I.
b 1729.
TIBAUT, Marie,   [NICOLAS II.
b 1728.
Marie-Joseph, b [1] 6 janvier 1751.—*Marie-Reine*, b [1] 6 oct. 1754.

1761, (2 fevrier) Pte-aux-Trembles, M.

III.—BOMBARDIER, GABRIEL.   [JACQUES II.
SENET, Cecile,   [JOSEPH II.
b 1744.

1741, (8 août) Trois-Rivières.

I.—BOMES, GUILLAUME, marchand, fils de Robert (conseiller au baillage et siège présidial du Costentin) et de Marie LeBavois, ville de Coutances ; s avant 1762.
SAUVAGE, Marie-Joseph,   [FRANÇOIS I.
b 1721.

(1) Dit Passepartout, soldat d'Alogny.
(2) Dit Labomharde.

1739, (10 février) Québec.
I.—BONPART, GUILLAUME, fils de Laurent et d'Anne Basset, de St-Gilles, diocèse de Vannes, Bretagne.
  1° CHAILLÉ, Marie-Joseph,   [FRANÇOIS II.
    b 1716.
  Guillaume, b 29 oct. 1740, aux Trois-Rivières.[3]
—*Charles-René*, b[9] 4 mars 1743; s 16 juin 1744, à la Pte-du-Lac.[8]—*Louis*, b[8] 9 juin 1745.—*Jeanne-Agathe*, b[9] 13 août 1747. — *Jean-Louis*, b[8] 3 mars 1754; m 12 oct. 1790, à Celeste DuCHOQUET, à St-Louis, Mo.
        1756, (9 juin).[8]
  2° LAFOREST, Marie-Catherine,   [JEAN III.
    veuve de François Bigon.

          1672.
I.—BON (1), PIERRE, b 1645; diocèse de Chartres; s 5 avril 1715, à Charlesbourg.[2]
  DUVAL, Michelle,   [PIERRE I.
    b 1651; s[2] 3 juin 1711.
  Marie-Françoise, b 1679; 1° m 4 juin 1696, à Jean-Baptiste AUGIER, à Montréal[3], 2° m[3] 7 août 1727, à Nicolas BOURDET; s 6 mars 1749, au Sault-au-Récollet.

    1705, (5 oct.) Charlesbourg.[1]
II.—BON (2), PIERRE,   [PIERRE I.
  1° VERRET, Marie-Madeleine,   [MICHEL I.
    b 1677; s[1] 26 mars 1717.
  Michelle, b[1] 3 mars 1707.—*Pierre*, b[1] 16 nov. 1708; s[1] 4 mars 1731.—*Jean*, b 1710; s 25 nov. 1760, à Québec.—*Charles*, b[1] 19 déc. 1710.—*Marie-Madeleine*, b[1] 8 mai 1713; s[1] 7 mai 1717.—*Jeanne*, b[1] 17 juillet 1715; s[1] 28 janvier 1717.
        1718, (21 nov.)[1]
  2° LEDOUX, Marie,   [PIERRE I.
    b 1676; veuve de Paul Lauzet.

III.—BON, JEAN,   [PIERRE II.
  journalier; b 1710; s 25 nov. 1760, à Québec.

BONAPPETIT.—Voy. POUSSARD, 1711.

I.—BONARD, JACQUES (3),
  b 1673; s 15 sept. 1727, à Montréal.

I.—BONASSE, MARIE, épouse de Joseph EMBANDAOUR.

BONAVENTURE. — *Variations et surnoms* : LEJEUNE—HILAIRE—FRAPIER.

BONCOURAGE.—Voy. NOLIN, 1736.

    1736, (13 février) St-Roch.
I.—BONDÉ, GILLES, fils d'Etienne et de Michelle David, de Pleurtier, diocèse de St-Brieu.
  BLIN, Marie-Marguerite (4),   [LOUIS I.
    b 1710.

BONDEAU, MARIE-ANNE, épouse de Louis MÉNARD.

BONDY.—Voy. DOUAIRE DE BONDY.

BONENFANT. — *Variations et surnoms* : BÉNARD, 1724—BESNARD.

    1732, (4 février) Pte-aux-Trembles, Q.
I.—BONENFANT, ANDRÉ, fils de René et de Marie Bonin, de St-Nicolas, ville de Fontenoi-le-Comte, diocèse de Poitiers.
  RICHARD, Marie-Louise,   [FRANÇOIS II.
    b 1708.
  André, b 8 nov. 1732, à Deschambault[2]; s[2]25 avril 1737. — *Jacques-Alexis*, b[2] 11 nov. 1734.—*François*, b[2] 7 nov. 1736.—*Marie-Louise*, b[2] 22 avril 1738. — *Marie-Isabelle*, b[2] 6 nov. 1739.—*Marie-Joseph*, b[2] 28 avril 1741.—*Augustin*, b... m 5 mai 1766, à Marie-Jeanne PETIT, à St-Michel-d'Yamaska.[4] — *Marguerite*, b... m[4] 27 juin 1768, à Michel BADAILLAC (1).

I.—BONENFANT, JEAN.
  BARDE (2), Elisabeth,   [JEAN I.
    b 1722; s 18 avril 1774, à la Rivière-Ouelle.[3]
  François, b[3] 24 oct. et s[3] 27 nov. 1752.—*Pierre*, b[3] 24 oct. 1752.—*Elisabeth*, b 29 sept 1759, à St-Antoine-Tilly; m[3] 26 sept. 1774, à Louis GAGNON.—*Jean-Baptiste*, b... 1° m 26 mai 1763, à Veronique LEPAGE, à Rimouski; 2° m[3] 13 janvier 1783, à Marie-Anne LEBEL.

    1763, (26 mai) Rimouski.
II.—BONENFANT, JEAN-BTE.   [JEAN-BTE I.
  1° LEPAGE, Veronique,   [PAUL III.
    b 1746; s 22 oct. 1781, à la Rivière-Ouelle.[4]
  Jean, b... m[4] 7 janvier 1783, à Dorothee HUDON.—*Véronique*, b... m[4] 20 janvier 1783, à Charles GAGNON.
      1783, (13 janvier).[4]
  2° LEBEL, Marie-Anne,   [JEAN IV.
    b 1752.

    1766, (5 mai) St-Michel-d'Yamaska.[5]
II.—BONENFANT, AUGUSTIN.   [ANDRÉ I.
  PETIT, Marie-Jeanne,   [PIERRE II
    b 1744.
  Marie-Jeanne, b[5] 16 février 1767.—*Pierre-Augustin*, b[5] 6 déc. 1768.

    1783, (7 janvier) Rivière-Ouelle.
III.—BONENFANT, JEAN,   [JEAN-BTE II.
  HUDON, Marie-Dorothée,   [ETIENNE III.
    b 1758.

    1783, (21 juillet) Rivière-Ouelle.
I.—BONENFANT (3), JEAN-BTE.
  HUDON, Marie-Françoise.   [FRANÇOIS III.

---

(1) Dit Lacombe. Voy. vol. I. p. 65.
(2) Dit Lacombe.
(3) Soldat de Budemont.
(4) Elle épouse Joseph David.

(1) Dit Laplante.
(2) Et Barse.
(3) Dit Marcoux.

BONET. — *Variations et surnoms :* BONNET — DELISLE — TRANCHEMONTAGNE — LaROCHELLE — LATOUR.

1671.
I.—BONET (1), MÉLAINE,
b1640 ; s 1er oct. 1703, à Charlesbourg. [6]
BUISSON, Marie,   [GERVAIS I.
b 1657.
Marguerite, b [6] 21 déc. 1688 ; m 23 nov. 1705, à Jean-Baptiste GARIÉPY, à St-François, I. J. ; s 10 sept. 1736, à Lachenaye.

I.—BONET (2), ANDRÉ,
b 1654 ; s 20 avril 1714, à Montréal.

1694, (4 oct.) Montréal. [7]
I.—BONET, JEAN,
b 1664.
BOYER, Marguerite-Catherine,   [CHARLES I.
b 1675 ; veuve de Claude Guichard ; s [7] 17 nov. 1708.
Jeanne-Françoise, b [7] 2 déc. 1698. — *Jean-Baptiste*, b [7] 18 février 1701 ; s [7] 10 juin 1703. — *Madeleine*, b... s [7] 11 nov. 1708.

I.—BONET, PIERRE,
b 1674 ; s 12 juin 1729, à Montréal.

1705.
I.—BONET, JEAN.
RICHARD, Marguerite.   [GUILLAUME I.
Michelle, b 19 février 1706, à Montréal. [8] — *Joseph*, b [8] 9 sept. 1708.

I.—BONET (3), LOUIS,
b 1701 ; s 18 mars 1718, à Montréal.

BONET, MARIE-JOSEPH, b 1703 ; s 7 mars 1763, à St-Valier.

1723, (22 nov.) Québec. [9]
I.—BONET, JEAN, b 1693 ; fils de Jean et d'Elisabeth Pile, de Dunkerque, diocèse d'Arras ; s [9] 16 mars 1749.
GRENET, Marie-Joseph,   [JEAN I.
b 1704.
Marie-Louise, b [9] 27 mars et s [9] 12 juillet 1727. — *Marie-Thérèse*, b [9] 17 août 1728 ; s [9] 7 mai 1733. — *Jean-Baptiste*, b [9] 13 sept. 1730 ; m 15 février 1751, à Geneviève MAILLOU, à Beauport ; s [9] 18 juillet 1779. — *Marie-Anne*, b [9] 13 juin et s [9] 3 sept. 1732. — *Louise-Maurice*, b [9] 4 nov. 1734 ; s [9] 5 juillet 1735. — *Marie-Louise*, b [9] 3 juillet 1736, s [9] 6 oct. 1737. — *Geneviève*, b [9] 2 juillet 1740. — *Marie-Joseph*, b [9] 6 nov. 1741 ; m 24 nov. 1760, à Jean-Baptiste DELISLE, à St-Valier. — *Thérèse-Antoinette et Hélène*, b [9] 21 juillet et s [9] 6 août 1743. — *Marie-Thérèse*, b [9] 25 février et s [9] 19 juillet 1745. — *Antoine*, b [9] 4 et s [9] 18 oct. 1746.

---
(1) Voy. vol. I, p. 65.
(2) Dit Delisle.
(3) Dit Tranchemontagne, soldat de la compagnie Desgagné, natif du diocèse de Dumaus.

1732, (24 nov.) Québec. [2]
I.—BONET, ANTOINE, perruquier ; fils de François et de Françoise Marat, de St-Nicolas-Coudrieu, diocèse de Vienne.
1° MÉTIVIER, Angélique,   [JEAN III.
b 1710 ; s [2] 9 déc. 1737.
2° PARANT, Marie-Louise (1).

BONET, MICHEL.
LAFRENAYE, Elisabeth.
Elisabeth, b 1740 ; s 20 août 1741, à Montréal.

BONET, NICOLAS.
TESSIER, Marie-Joseph,
b 1721 ; s 3 février 1761, à Chambly. [3]
Jean-Baptiste, b [3] 9 février 1747.

BONET, MARIE-ANGÉLIQUE, b 1751 ; Sœur Grise ; s 1er sept. 1815, à l'Hôpital-Général, M.

1750, (7 janvier) Montréal. [3]
I.— BONET (2), PIERRE, b 1718 ; fils de Philippe, et de Marie Desbarrières, de St-Sauveur, ville de LaRochelle.
MÉTRA, Marguerite,   [JEAN-BTE I.
b 1726.
Elisabeth, b [3] 14 juin 1750. — *Marie*, b... s 25 déc. 1756, à St-Laurent, M.

1751, (15 février) Beauport.
II.—BONET, JEAN-BTE,   [JEAN I.
b 1730 ; s 18 juillet 1779, à Québec. [1]
MAILLOU, Geneviève,   [JEAN III.
b 1729, s [7] 31 mars 1784.
Jean-Baptiste, b [7] 30 avril 1752. — *Joseph*, b [7] 18 mai 1754 ; m à Elisabeth BOUTIN. — *Madeleine*, b [7] 12 mars et s [7] 20 nov. 1757. — *Michel-David*, b [7] 21 mai 1759.

1757, (13 juin) Montréal.
I.—BONET, CHARLES, b 1731 ; fils d'Augustin et de Petronille Hattier, de St-Jean de Joigny, Sens.
LEBRETOV, Marie-Anne,   [HENRI I.
b 1739.

1760, (4 nov.) Verchères.
I.—BONET (3), LOUIS, fils de Jean et de Marie-Anne Trillac, de la Tour de France, diocèse d'Alet, Languedoc.
PETIT-LAPRÉE, Marie.   [JOSEPH III.

1761, (27 juillet) Québec. [2]
I.—BONET, PIERRE, boulanger, fils de Bertrand et de Marie Clermont, de Cassagnavère, diocèse de Comminges.
1° HAINS, Marie-Louise,   [JOSEPH I.
b 1727 ; veuve de Jean-Baptiste Leclair ; s [2] 13 juillet 1776.

---
(1) Elle épouse, le 5 août 1743, Pierre Vesina, à Québec.
(2) Dit LaRochelle, soldat de la compagnie de Contrecœur.
(3) Dit Latour, soldat du régiment de la Sarre, compagnie du chevalier Douez.

Pierre-Barthélemi, b ² 9 mai 1763 ; m ² 26 sept. 1786, à Marguerite GOBERT.

1777, (3 février). ²
2° ROUILLARD, Geneviève. [CHARLES.

III.—BONET, JOSEPH, [JEAN-BTE II.
b 1754.
BOUTIN, Marie-Elisabeth.
Anonyme, b et s 2 oct. 1795, à Berthier.

1786, (26 sept.) Québec. ⁴

II.—BONET, PIERRE, [PIERRE I.
b 1763.
GOBERT, Marguerite, [JEAN.
b 1766 ; s ⁴ 5 avril 1787.

I.—BONFAIT, MARIE-FRANÇOISE, épouse de Blaise MARIÉ.

I.—BONFILS, PIERRE, b 1685 ; des Quatre-Châteaux, diocèse d'Amiens ; s 8 mai 1756, à Québec.

1664, (30 oct.) Québec.

II.—BONHOMME, GUILLAUME (1), [NICOLAS I.
b 1643 ; s 14 mars 1710, à Ste-Foye. ³
1° HACHÉ, Françoise,
b 1644 ; s ³ 13 mai 1699.
Joseph, b 6 avril 1672, à Sillery ; s 23 juillet 1715, à la Baie-St-Paul. — *Etienne*, b 1673 ; s 26 avril 1743, à Montreal.

1671, (12 janvier) Québec. ⁴

II.—BONHOMME, IGNACE (1), [NICOLAS I.
b 1647 ; s 22 avril 1711, à Ste-Foye. ¹
1° MORIN, Agnès, [NOEL I.
b 1641 ; veuve de Nicolas Gaudry ; s ⁴ 31 août 1687.
Anne-Agnès, b ⁴ 21 juin 1675 ; m à Pierre DION.—*Marie-Catherine*, b ⁴ 13 juin 1677 ; 1° m 1699, à François PROVOST ; 2° m ¹ 12 février 1714, à Pierre FORTIN-PARIS.
1692.
2° POIRIER, Anne, [VINCENT I.
b 1656 ; veuve de Jacques Gaudry ; s ¹ 1ᵉʳ février 1704.
Marie, b... m 1714, à Jean LIÉNARD. — *Michel*, b... m 1732, à Marie MOREAU.

1676, (14 janvier) Québec. ³

II.—BONHOMME, NICOLAS (1), [NICOLAS I.
b 1653 ; s 17 mars 1711, à Lorette. ⁴
LEVASSEUR, Thérèse, [JEAN I.
b 1659 ; s ⁴ 26 mars 1731.
Nicolas, b 1679 ; 1° m ⁴ 11 nov. 1705, à Thérèse VOYER ; 2° m ³ 19 sept 1712, à Catherine JORIAN.—*Jeanne-Catherine*, b ⁴ 10 février 1685 ; m ⁴ 18 février 1706, à Mathurin MEUNIER ; s ⁴ 29 janvier 1749.— *Félicité*, b ⁴ 15 nov. 1693 ; m ⁴ 6 août 1714, à Etienne MOISAN ; s ⁴ 16 janvier 1741. —*Michel*, b ³ 27 février 1696 ; m ⁴ 13 janvier 1720, à Louise ROUTIER.—*Marguerite*, b ⁴ 21 déc. 1697 ; m ⁴ 7 janvier 1720, à Joseph MEUNIER.—*Marie-Anne*, b 1698 ; 1° m 1720, à Charles MEU-

(1) Voy. vol. I, p. 66.

NIER ; 2° m ⁴ 17 août 1726, à Pierre BEZEAU ; s ³ 29 oct. 1745.—*Jeanne-Marguerite*, b ⁴ 9 juin 1702 ; m 1722, à Jean MORIN ; s avant 1753.— *Thérèse*, b... m ⁴ 18 nov. 1709, à Michel MOISAN.—*François*, b 1711 ; m à Geneviève DUFAUX ; s 4 juin 1783, à Repentigny.

1695, (26 janvier) Château-Richer.

III.—BONHOMME (1), NICOLAS, [GUILLAUME II.
b 1665 ; s 17 janvier 1711, à Ste-Foye. ¹
CLOUTIER, Louise, [CHARLES II.
b 1673.
Thérèse-Françoise, b ¹ 1ᵉʳ mai 1698 ; 1° m ¹ 29 août 1724, à François LAMBERT ; 2° m 1733, à Pierre MARION ; s 31 août 1754, à St-Nicolas. — *Nicolas*, b ¹ 30 avril 1703, m 1741, à Madeleine CHAUMARD.—*Joseph*, b ¹ 10 mai 1705 ; 1° m 7 nov. 1740, à Louise RODRIGUE, à la Longue-Pointe ³ ; 2° m ¹ 1ᵉʳ sept. 1765, à Marie-Julienne CLOUTIER, à St-Joseph, Beauce ² ; s² 25 juillet 1778.—*Louise-Charlotte*, b ¹ 19 mai 1707 ; m 1726, à Pierre GOGUET.— *Guillaume*, b ¹ 30 août 1710 ; m ³ 7 février 1746, à Thérèse PITON ; s ³ 11 déc. 1775. —*Marie*, b... m 1723, à Jean-François DESALLE.

1705, (11 août) Lorette. ¹

III.—BONHOMME, NICOLAS, [NICOLAS II
b 1679.
1° VOYER, Thérèse, [JACQUES I.
b 1684 ; s ¹ 4 avril 1711.
Nicolas, b ¹ 22 juillet 1706 ; m ¹ 30 oct. 1731, à Marie-Louise BONHOMME. — *Marie-Thérèse*, b ¹ 25 août 1708.—*Marie-Félicité*, b ¹ 31 mars et s ¹ 11 avril 1711.

1712, (19 sept.) Quebec. ³
2° JORIAN, Catherine (2), [ANDRÉ I.
b 1692.
Joseph-Marie, b ³ 15 août 1714. — *Nicolas-Michel*, b ³ 29 sept. et s ³ 2 déc. 1715.

1705, (9 nov.) Montréal.

III.—BONHOMME (3), CHS-IGNACE, [IGNACE II.
b 1682 ; s 14 mars 1755, à Terrebonne. ³
GOULET, Thérèse, [RENÉ II.
b 1691 ; s ³ 12 février 1772.
Ignace, b 9 mars 1706, à St-François, I. J.¹— *Thérèse*, b ¹ 8 août 1708 ; 1° m ³ 18 janvier 1734, à Jean-Baptiste DELAGE ; 2° m ³ 26 février 1759, à Pierre ROBIN.— *Geneviève*, b ¹ 24 février 1713, m 31 janvier 1741, à Laurent GUILBAUT, à Lachenaye. — *Catherine*, b ¹ 29 mars 1716 ; m ³ 19 août 1737, à Jean-Baptiste PARIS.—*Ignace*, b ³ 9 mai 1728 ; m ³ 2 février 1761, à Marie-Thérèse MIGNERON.—*Monique*, b ³ 25 juillet 1733 ; s ³ 12 août 1734.—*Marguerite*, b... m ³ 18 janvier 1745, à François PARANT. — *Marie*, b... m ³ 13 nov 1741, à Joseph PARANT.— *Véronique*, b... m ³ 26 avril 1745, à François FILIATREAU.—*Marie-Angélique*, b... m ³ 20 juillet 1762, à Jean-Baptiste VISCONTE.

(1) Dit Dulac. Voy. Vol. I, p. 66.
(2) Elle épouse, le 15 février 1716, Charles DeBló, à Québec.
(3) Dit Beaupré.

1709, (2 mai) Lorette. [1]

III.—BONHOMME (1), Noël, [Ignace II.
 b 1684 ; s [1] 29 mai 1755.
 Hamel, Félicité, [Jean-François II.
 s [1] 13 déc. 1743.
 Anne-Félicité, b [1] 19 sept. 1710 ; m [1] 30 oct. 1731, à Louis Fluet ; s [1] 13 juin 1733. — *Marie-Louise*, b [1] 24 janvier 1712 ; m [1] 30 oct. 1731, à Nicolas Bonhomme.—*Nicolas*, b [1] 12 oct. 1713.— *Noel*, b [1] 9 juin 1716 ; m [1] 5 février 1742, à Thérèse Moisan. — *Joseph-Marie*, b [1] 25 mars 1719 ; s [1] 25 déc. 1727. — *François-Régis*, b [1] 30 janvier 1721 ; m 1746, à Louise-Agathe Alain.—*Claude*, b... m 25 août 1749, à Geneviève Martin, à Ste-Anne-de-la-Pocatière. — *Jean-Baptiste*, b 16 mai 1724, à Ste-Foye.—*Marie-Charlotte*, b [1] 22 avril 1726.—*Charles*, b [1] 2 août 1727 ; m [1] 3 août 1753, à Marie-Charlotte Grenier.—*Marie-Thérèse*, b [1] 7 sept. 1729 ; m [1] 29 oct. 1753, à David Dauphresne.—*Joseph-Marie*, b [1] 16 avril 1731 ; s [1] 8 juin 1732.

1713, (27 janvier) Ste-Foye. [3]

III.—BONHOMME, Ignace, [Nicolas II.
 b 1681 ; s avant 1761.
 Moreau, Marie-Madeleine, [Michel II.
 s avant 1758.
 Madeleine, b 13 déc. 1715, à Lorette [4] ; m [4] 13 août 1736, à Louis Fiset. — *Félicité*, b [4] 6 oct. 1717.—*Ignace*, b [8] 12 oct. 1719.—*Joseph-Charles*, b [4] 17 nov. 1721.—*Ignace*, b 1723 ; s [4] 31 janvier 1732.—*François-Josué*, b [4] 13 déc. 1727 ; s [4] 20 juin 1733. — *Marie-Félicité*, b [4] 28 mai et s [4] 12 juillet 1730 - *Nicolas*, b [4] 8 juin 1732 ; m [4] 4 avril 1758, à Marie Gauvin.—*Ignace*, b [4] 9 mai 1734 ; 1° m 3 février 1755, à Marie Huguet, à Quebec ; 2° m 16 janvier 1758, à Françoise-Amable Roy, à Lachine. [5]— *Jean*, b [4] 21 février 1737 ; m [5] 19 oct. 1761, à Marie-Anne Roy.

III.—BONHOMME, Michel. [Ignace II.
 Moreau, Marie, [Michel II.
 b 1705 ; s 27 mars 1755, à Québec. [3]
 Nicolas, b 1733 , s [3] 1er nov. 1752.

1720, (13 janvier) Lorette. [7]

III.—BONHOMME, Michel, [Nicolas II.
 b 1696 ; s 21 juin 1728, à Québec. [8]
 Routier, Marie-Louise (2), [Charles II.
 b 1703.
 Louise, b [7] 25 mars 1721 ; m [8] 5 février 1737, à Pierre Philippon ; s [8] 28 février 1738.—*Marie-Anne*, b... m [8] 7 nov. 1746, à Louis-Joseph Metot. —*Michel*, b... 1° m 1746, à Madeleine Cotin-Dugal ; 2° m [7] 5 oct. 1762, à Blanche Leblanc ; 3° m 30 janvier 1764, à Anne-Françoise Coulombe, à Ste-Foye.—*Michel*, b 1723 ; s [8] 28 déc 1746.—*Pierre*, b [7] 16 août 1727 ; m [8] 9 oct. 1752, à Angélique Simard —*Charles*, b...

(1) Dit Beaupré, arpenteur
(2) Elle épouse, le 23 nov. 1729, Guillaume Taphorin, à Lorette.

1722, (16 février) Pte-aux-Trembles, Q.

III.—BONHOMME, François, [Guillaume II.
 b 1677 ; s 7 juin 1751, à Ste-Foye. [4]
 DeLarue, Marie-Françoise, [Jean-Bte II.
 s [4] 29 avril 1768.
 Marie-Françoise, b [4] 5 déc. 1722.—*Jean-Baptiste*, b [4] 20 mai 1726 ; m [4] 12 nov. 1753, à Marie-Anne Routier ; s [4] 19 déc. 1775.—*Henri-Louis*, b [4] 30 sept. 1728. — *Marie-Louise*, b [4] 1er nov. 1731 ; m [4] 1er août 1753, à Blaise Bellot ; s 19 avril 1761, à Lévis.—*Charles*, b [4] 29 mars 1734 ; s [4] 19 avril 1748.—*Marguerite-Charles*, b [4] 9 février 1735 ; m [4] 7 février 1763, à Antoine Routier ; s [4] 12 mai 1770.—*Françoise-Angélique*, b [4] 22 avril 1737.

1731, (30 oct.) Lorette. [8]

IV.—BONHOMME, Nicolas, [Nicolas III.
 b 1706.
 Bonhomme, Marie-Louise, [Noel III.
 b 1712.
 Marie-Louise, b [8] 30 oct. 1732 ; m [8] 11 janvier 1751, à François Valin.—*Nicolas*, b [8] 5 juin 1734. —*Pierre*, b [8] 21 mai 1736 ; s [8] 22 avril 1767.— *Jean-Baptiste*, b [8] 6 sept. 1737 ; s [8] 24 janvier 1738. —*Nicolas*, b [8] 14 nov. 1738 ; s 12 juin 1739, à St-Augustin.—*Nicolas-Régis*, b [8] 19 déc. 1739 ; m [8] 4 avril 1758, à Marie Gauvin.—*Anonyme*, b [8] et s 13 avril 1741.—*Thérèse*, b [8] 20 mai et s [8] 10 juin 1742.—*Marie-Félicité*, b [8] 18 mai 1743.—*Nicolas*, b [8] 11 juillet 1745 ; s [8] 6 février 1750. — *Marie-Thérèse*, b [8] 6 mars 1748.—*Marie-Marguerite*, b [8] 21 janvier et s [8] 11 mai 1750.

1740, (7 nov.) Longue-Pointe. [7]

IV.—BONHOMME (1), Joseph, [Nicolas III.
 b 1705 , s 25 juillet 1778, à St-Joseph-de-la Beauce. [8]
 1° Rodrigue, Louise, [Vincent II.
 b 1717.
 Marie-Louise, b [7] 25 août 1741 ; m [8] 15 février 1762, à Nicolas Pouliot. — *Joseph*, b 1743 ; s [7] 28 juillet 1744. — *Denis*, b [7] 15 janvier et s [7] 3 août 1744.— *Marie-Angélique*, b [7] 21 mars 1745 ; s [8] 25 sept. 1746.—*Vincent*, b [8] 23 août 1746 ; m 7 janvier 1777, à Françoise Gély, à Quebec.— *Jean-Marie*, b [8] 14 mars 1755 ; s [8] 11 sept. 1756.
 1765, (1er sept.) [8]
 2° Cloutier, Marie-Julienne, [Basile IV.
 b 1743.
 Joseph, b [8] 12 juillet 1770. — *François*, b [8] 19 janvier 1772. — *Jacques*, b [8] 24 janvier 1774.— *Elienne*, b [8] 25 déc. 1776.—*Basile* (posthume), b [8] 24 janvier 1779.

1741.

IV.—BONHOMME (1), Nicolas, [Nicolas III.
 b 1703.
 Chaumard, Madeleine.
 Marie-Anne, b 18 et s 25 fevrier 1742, à la Longue-Pointe. [7]—*Marie-Madeleine*, b [7] 9 avril et s [7] 28 août 1743.—*Nicolas*, b [7] 23 oct. 1744.

(1) Dit DuLac.

1742, (5 février) Lorette.[8]
IV.—BONHOMME (1), NOEL,   [NOEL III.
   b 1716.
   MOISAN, Thérèse,   [MICHEL II.
   b 1722.
   Noël-Jean, b[8] 19 déc. 1742. — *Nicolas,* b[8] 21 mars et s[8] 6 mai 1744.—*Joseph,* b[8] 13 juin 1745 —*Thérèse,* b[8] 18 janvier 1747; s[8] 23 avril 1748. —*Marie-Louise,* b[8] 25 mars 1748; s[8] 4 oct. 1750. —*Jean-Baptiste,* b[8] 23 oct. 1749; s[8] 10 sept. 1750.—*Ignace,* b[8] 7 juillet 1751, m 24 janvier 1780, à Louise LANGLOIS, à Ste-Foye.—*Denis,* b[8] 3 mars et s[8] 29 août 1755.—*Marie-Angélique,* b[8] 19 juin 1756.—*Noel-Claude,* b[8] 13 avril 1758; m[8] 1780, à Louise POITRAS.— *Marie-Marguerite,* b[8] 19 oct. 1763.

1746, (7 février) Longue-Pointe.
IV.—BONHOMME (2), GUILL.,   [NICOLAS III.
   b 1710; s[6] 11 déc. 1775.
   PITON, Thérèse,   [SIMON I.
   b 1697; veuve de Jean-Baptiste Morin.

1746.
IV.—BONHOMME, FRS-RÉGIS,   [NOEL III
   b 1721.
   ALAIN, Louise-Agathe,   [PIERRE II.
   b 1727.
   Marie-Louise, b 29 juin 1747, à Lorette[8]; s[8] 4 mai 1748. — *Marie-Louise,* b[8] 2 mars et s[8] 13 dec. 1749. — *Marie-Louise,* b[8] 13 sept. 1753.— *Marie-Joseph,* b[8] 28 oct. 1755.—*François-Régis,* b[8] 7 oct. 1757; s[8] 16 mai 1758.—*Marie-Marguerite,* b 12 mars 1762, à Lachenaye.[9]— *François-Régis,* b[9] 24 février 1764.

1746.
IV.—BONHOMME, MICHEL.   [MICHEL III.
1° COTIN (3), Madeleine,   [JOSEPH II.
   b 1720; s 16 nov. 1760, à Lorette.[1]
   Michel, b[1] 3 avril 1747.—*Augustin,* b[1] 3 juillet 1749; s[1] 14 janvier 1750. — *Marie-Madeleine,* b[1] 13 mars 1751; m 3 nov. 1767, à François ROY, à Lachine.—*Ignace,* b[1] 5 février 1754. —*Marie-Joseph,* b[1] 3 mars 1756.—*Marie-Louise,* b[1] 27 oct. 1757.
   1762, (5 oct.)[1]
2° LEBLANC, Blanche,   [RENÉ I.
   b 1725; s[1] 1er juillet 1763.
   Anonyme, b[1] et s[1] 30 juin 1763.
   1764, (30 janvier) Ste-Foye.
3° COULOMBE, Anne-Françoise,   [JEAN-BTE III.
   b 1739.
   Marie-Anne, b[1] 11 nov. 1764. — *Joseph,* b 1er mars 1773, à Repentigny.

1749, (25 août) Ste-Anne-de-la-Pocatière.[2]
IV.—BONHOMME (1), CLAUDE.   [NOEL III.
   MARTIN, Marie-Geneviève.   [PIERRE II.
   Charles, b[2] 7 août 1750.—*Marie-Geneviève,* b[2] 20 nov. 1751.

(1) Dit Beaupré.
(2) Dit DuLac.
(3) Dit Dugal.

BONHOMME, JEAN-BTE,
   s avant 1795.
   DROUILLARD, Elisabeth (1).
   Marguerite, b... m 1er juin 1795, à Joseph BERTHIAUME, au Detroit.

BONHOMME, JEAN-BTE.
   LEFEBVRE, Marie-Anne.
   Marie-Geneviève, b 17 juillet 1754, à Lorette.[1] —*Marie-Thérèse,* b[2] 16 juillet 1755.—*Marguerite,* b[2] 18 nov. 1756. — *Louis-Félix,* b[2] 25 juin et s[2] 8 août 1763.

1752, (9 oct.) Québec.[1]
IV.—BONHOMME, PIERRE,   [MICHEL III.
   b 1727.
   SIMARD, Angélique,   [AUGUSTIN III
   b 1722; veuve d'Antoine Parant; s[1] 11 oct. 1792.
   Marie-Angélique, b[1] 22 juillet 1753; m 1787, à Thomas CHRISTIE.—*Pierre,* b[1] 11 sept. 1754, s[1] 15 juin 1756.—*Marie-Charles,* b[1] 24 mai 1756, m[1] 29 janvier 1782, à Louis CARRIER.—*Marie,* b[1] 24 dec. 1757; s[1] 17 sept. 1758.—*Marie-Joseph,* b[1] 15 et s[1] 27 août 1759.—*Pierre,* b 13 nov. 1760, à Beauport; m[1] 26 août 1794, à Marie-Joseph GAGNÉ.—*Marie-Anne,* b[1] 15 juin 1762; s[1] 9 avril 1763.—*Louis-Joseph,* b[1] 12 janvier et s[1] 26 juillet 1764.

1753, (3 août) Lorette.[3]
IV.—BONHOMME, CHARLES,   [NOEL III.
   b 1727.
   GROINIER, Marie-Charles,   [JOSEPH II.
   b 1732.
   Charles, b[3] 17 oct. 1754; s[3] 9 nov. 1754.— *Joseph,* b[3] 16 mars 1756.—*Marie-Charles,* b[3] 26 juin 1758; s[3] 27 juillet 1759.—*Jean-Baptiste,* b 22 juillet 1760, à St-Augustin; m à Marguerite VÉSINA. — *Marie-Elisabeth,* b[3] 7 sept. 1762.— *Charles,* b[3] 11 août 1764. — *Jacques,* b... m 11 juillet 1791, à Marie-Joseph DECHAVIGNY, à Deschambault.

1753, (12 nov.) Ste-Foye.[2]
IV.—BONHOMME, JEAN-BTE,   [FRANÇOIS III.
   b 1726; s[2] 19 déc. 1775.
   ROUTIER, Marie-Anne.   [ANTOINE III.
   Jean-Baptiste, b[2] 27 juillet 1755. — *Anne,* b[2] 17 juillet 1757; s[2] 31 juillet 1758.—*Charlotte,* b[2] 30 juin 1759; m[2] 27 sept. 1779, à Jean LEROUX.—*Charles,* b[2] 28 mars 1763.—*Marie-Anne,* b[2] 15 dec. 1765; s[2] 5 février 1773.— *Marie,* b[2] 10 dec. 1767.—*Michel-Charles,* b[2] 21 mai 1769. —*Angélique,* b[2] 17 juin 1772; s[2] 10 juillet 1778.

1755, (3 février) Québec.
IV.—BONHOMME, IGNACE,   [IGNACE III.
   b 1734.
1° HUGUET (2), Marie,   [CLAUDE I.
   b 1734; s 10 août 1755, à Lorette.
   1758, (16 janvier) Lachine.[3]
2° ROY, Françoise-Amable.   [FRANÇOIS.
   Rosalie-Angélique, b[3] 20 janvier 1760.

(1) Elle épouse René Lebeau.
(2) Dit Latour.

1758, (4 avril) Lorette.
V.—BONHOMME, Nicolas, [Nicolas IV.
 b 1732.
 Gauvin, Marie.

BONHOMME, Guillaume.
 Trudel, Louise (1).

1761, (2 février) Terrebonne. [4]
IV.—BONHOMME, Ignace, [Ignace III.
 b 1728.
 Migneron, Marie-Thérèse, [Charles III.
 b 1724 ; s [4] 26 mars 1776.
 Marie-Reine, b... m 1785, à Jean-Baptiste Brien.—*Ignace*, b 22 fevrier 1764, à Lachenaye.

1761, (19 oct.) Lachine
IV.—BONHOMME, Jean-Bte, [Ignace III.
 b 1737.
 Roy, Marie-Anne. [François III.

1777, (7 janvier) Québec.
V.—BONHOMME, Vincent, [Joseph IV.
 b 1746.
 Gély, Françoise, [Etienne III.
 b 1745.

1780, (24 janvier) Ste-Foye.
V.—BONHOMME (2), Ignace, [Noel IV.
 b 1751.
 Langlois, Marie-Louise, [François IV.
 b 1761.

V.—BONHOMME, Jean-Bte. [Charles IV.
 Vésina, Marguerite.
 Marie-Anne, b 17 mars 1788, à Ste-Foye.

1791, (11 juillet) Deschambault.
V.—BONHOMME (3), Jacques. [Charles IV.
 DeChavigny, Marie-Joseph. [Augustin.

1794, (26 août) Quebec.
BONHOMME, Pierre. [Pierre.
 Gagné, Marie-Joseph. [Etienne.

I.—BONI, Catherine (4), b 1647 ; s 22 avril 1712, à Montreal.

BONIAUT.—*Variations et surnoms* : Bonniot—Bonijaut—St-Onge.

BONIAUT, Madeleine, b... m 7 avril 1704, à Pierre Verret, à Lorette.

I.—BONIFACE, Jean, de Verclose, diocèse de Gap.
 Favereau, Elisabeth.

Madeleine, b 1712 ; 1º m à François Mespec ; 2º m 10 juin 1756, à Nicolas Camus, à Quebec[5] ; s [5] 19 mai 1753.

I.—BONIFACE, Madeleine-Piton, b... m 12 juillet 1756, à Jean-Michel Perier, à Montreal.

I.—BONIFACE, Louis (1).

1759, (14 janvier) St-Vincent-de-Paul.
I.—BONIFACE, Etienne, fils de Jean et de Marie Regner, de Briançon, diocèse d'Embrun.
 Boucher, Charlotte-Amable, [Noel III.
 b 1737.

1760, (20 oct.) St-Vincent-de-Paul.
I.—BONIFACE (2).
 Monet, Marie-Victoire, [Charles II.
 b 1736.

BONIN.—Voy. Delisle.

1685, (8 janvier) Contrecœur. [1]
I.—BONIN, Nicolas,
 b 1655 ; s 6 juillet 1721, à St-Ours. [2]
 Emery, Marie, [Antoine I.
 b 1670.
 Madeleine, b [1] 21 juin 1687 ; s 14 juillet 1708, à Montreal.—*Angélique*, b 10 avril 1692, à Boucherville [3], m 1713, à Jean Goitou.—*Nicolas*, b [3] 23 mai 1694, m [3] 24 oct. 1718, à Catherine Giard.—*Antoine*, b [3] 9 nov. 1696 ; m à Françoise-Catherine Volant ; s [1] 21 nov. 1757.— *Joseph*, b [3] 12 janvier 1699 ; m à Marie-Charlotte Meunier.—*Pierre*, b [3] 23 avril 1705 ; m à Charlotte Lapierre.

1687, (25 nov.) Rivière-Ouelle.
I.—BONIN, Sébastien, b 1661 ; de LaRochelle ; s 12 déc. 1741, à Ste-Anne-de-la-Pocatière. [5]
 Grondin, Marie, [Jean I.
 b 1671 ; s [5] 23 avril 1741.

1688, (10 nov.) Trois-Rivières.
I.—BONIN (3), André, b 1658 ; fils de Pierre et de Françoise Véron, de l'Ile de Rhé, diocèse de LaRochelle.
 1º Loubier, Marie,
  b 1644 ; veuve de François Huquerre.
  1705, (26 oct.) St-Frs-du-Lac. [5]
 2º Pinard, Madeleine-Angélique, [Louis I.
  b 1679.
 François, b... m à Marie Miville. — *Marie-Anne*, b... 1º m [5] 2 mai 1729, à Louis Chapdelaine ; 2º m 1740, à Louis Lalonde.—*Augustin*, b 4 et s 22 mars 1712, à Sorel. [6]—*André*, b [6] 16 fevrier et s [6] 30 mai 1714.—*Antoinette*, b... m [6] 5 février 1731, à Ange Ossant.—*Marguerite*, b... m 1732, à Jean-Baptiste Circé.

---

(1) Elle épouse, le 1er mai 1758, Jean Dion, à Lorette.
(2) Dit Beaupré.
(3) Dit Beaupré.
(4) Sœur de la Congrégation de Notre-Dame.

(1) Sergent de la compagnie Degros, régiment Royal Roussillon. Il était, le 7 mars 1759, à Verchères.
(2) Fils adoptif de Louis Paquet et de Thérèse Barbeau.
(3) Dit Delisle.

I.—BONIN (1), Jean-Bte, b 1691 ; du diocèse de
St-Onge ; s 8 avril 1769, à l'Hôpital-Général,
M.

I.—BONIN, Jacques.
  Prevost, Marie-Rose.
  Jacques, b 10 oct. 1707, à Varennes.

1718, (24 oct.) St-Ours.[5]

II.—BONIN, Nicolas,   [Nicolas I.
  b 1694.
  Giard, Catherine,   [Gabriel II.
  b 1700.
  Marie-Joseph, b [5] 5 sept. 1720.—Nicolas, b 25
  février 1725, à Sorel ; m 1748, à Marie-Françoise
  Houle. — Marie-Catherine, b 10 mars 1733, à
  Lavaltrie.—Louis, b 1720 ; 1° m 1738, à Marguerite Guertin ; 2° m 1749, à Marie Dubord ; s 29
  juin 1761, à Lanoraie. [2]— Angélique, b... m [2] 10
  janvier 1752, à Joseph Goulet.—Pierre, b... m [2]
  22 février 1762, à Marie-Jeanne Joly.

II.—BONIN, Antoine,   [Nicolas I.
  b 1696 ; s 21 nov. 1757, à Contrecœur. [3]
  Volant, Françoise-Catherine.
  Françoise, b... m [3] 22 janvier 1759, à Jean-Baptiste Foisy.

II.—BONIN, Joseph,   [Nicolas I.
  b 1699 ; s avant 1767, à St-Antoine-de-Chambly. [9]
  Meunier, Marie-Charlotte.
  Joseph, b... m 30 janvier 1759, à Marie-Joseph
  Pinard, à Boucherville.—François, b 1745 ; m [9]
  9 février 1767, à Marie St-Germain.

BONIN, Joseph.
  Mercier, Marguerite.
  Pierre, b... m 27 nov. 1758, à Marguerite
  Giard, à Contrecœur.

1729, (4 juillet) Montréal.[5]

I.—BONIN (2), Jean, b 1689 ; fils de Guillaume
  et de Marie Cicotte, de d'Or, diocèse d'Angoulême.
  1° Campagna, Marie,   [Pierre I.
  b 1669 ; s [5] 4 déc. 1745.

1746, (23 mai).[5]

  2° Plouf, Françoise,   [Jean II.
  b 1717.
  Marie-Marguerite, b [5] 25 juin 1749.

II.—BONIN, Pierre,   [Nicolas I.
  b 1705.
  Lapierre, Charlotte.
  Louise, b 1733 ; s 18 sept. 1750, à St-Antoine-de Chambly.

II.—BONIN, François.   [André I.
  Miville, Marie.
  Marie, b 29 avril 1738, aux Trois-Rivières.

(1) Dit Deslauriers.
(2) Dit Deslauriers.

1738.

III.—BONIN, Louis,   [Nicolas II.
  b 1720 ; s 29 juin 1761, à Lanoraie. [3]
  1° Guertin, Marguerite.   [Paul II
  Marie-Marguerite, b 1739 ; m 31 janvier 1763,
  à Jacques Dudevoir, à St-Antoine-de-Chambly.[7]
  —Marie-Louise, b 1740 ; m [7] 8 janvier 1759, à
  Jean-Baptiste Dudevoir. — Françoise, b 1740,
  m [7] 23 février 1767, à Jean-Baptiste Poulin.—
  Marie-Ursule, b 1744 ; m [7] 19 nov. 1764, à Pierre
  Royer.

1749.

  2° Dubord (1), Marie.
  Marie, b 1er nov. 1750, à Lavaltrie. — Joseph,
  b [2] 10 juillet 1755. — Marie-Joseph, b [2] 11 août
  1758.

III.—BONIN, Nicolas,   [Nicolas II.
  b 1725.
  Houle, Marie-Françoise,   [Michel I.
  b 1724.
  Nicolas, b 6 nov. 1749, à Lavaltrie.[1]—Joseph-Marie, b [1] 8 avril 1750.

BONIN, François.
  Minguy, Marie.
  Marie-Geneviève, b 7 et s 28 février 1551, à
  Sorel.

I.—BONIN, Pierre.
  Laporte, Madeleine.
  Marie-Ursule, b 1732 ; m 28 avril 1755, à François Royer, à St-Antoine-de-Chambly. [3]—Pierre,
  b 1736 ; m [3] 29 janvier 1759, à Madeleine Vaudry.—Louis-Théodore, b [3] 7 déc. 1751.

BONIN, Jean-Bte.
  Houde (2), Antoinette.
  Pierre, b 19 oct. 1751, à Lanoraie. [2]—Amable,
  b [2] 9 sept. 1753. — Marie-Antoinette, b [2] 8 sept.
  1755.—Marie-Françoise, b [2] 4 juin 1757.

BONIN, Joseph.
  Bari, Agathe.
  Marie-Joseph, b 6 nov. 1753, à l'Ile Dupas ; s
  23 juin 1754, à Lanoraie. [7]—Joseph-Basile, b [7] 28
  avril 1755.—Pierre, b [7] 2 déc. 1756.—Jean-Baptiste, b [7] 4 avril 1758.—Pierre, b [7] 18 déc. 1759.

1754, (27 mai) Verchères. [3]

I.—BONIN, Louis, fils de Louis et de Marie
  Paré, de St-Pierre, diocèse de Limoges.
  Lemaire, Marie-Anne,
  veuve de Louis Sourin.
  Marie-Anne, b [3] 13 mars 1755. — Marie-Madeleine, b [3] 31 avril et s [3] 10 juillet 1756. — Marie-Joseph, b [3] 19 oct. 1760.

1758, (27 nov.) Contrecœur.

BONIN, Pierre.   [Joseph.
  Giard, Marguerite.   [Gabriel.

(1) Dit Lafontaine.
(2) Dit Cauchon.

1759, (29 janvier) St-Antoine-de-Chambly.
II.—BONIN, Pierre, [Pierre I.
  b 1736.
  Vaudry, Madeleine, [Pierre III.
  b 1738.

1759, (30 janvier) Boucherville.
III.—BONIN, Joseph. [Joseph II.
  Pinard, Marie-Joseph. [Jean-Bte II.

1762, (22 février) Lanoraie.
III —BONIN, Pierre. [Nicolas II.
  Joly, Marie-Jeanne. [Jean-Bte.

1767, (9 février) St-Antoine-de-Chambly.
III.—BONIN, François, [Joseph II.
  b 1745.
  Lamoureux (1), Marie, [Jean-Bte IV.
  b 1749.

I.—BONJOUR (2), Jacques, b 1708 ; de Triacq, diocèse de Xaintes, s 10 août 1742, à Montreal.

BONNE.—Voy. Baumier.

BONNE, Angélique, épouse de François Miville.

BONNE, Jean-Baptiste.
  Cabrière, Monique-Amable.
Jean-Baptiste, b 2 et s 20 juillet 1761, au Bout-de-l'Ile, M.

BONNE, Pierre.
  Boisverd, Marie.
Joseph, b 20 février 1744, à la Pte-du-Lac.³ — *Louise*, b ³ 15 août 1746.

BONNEAU.—*Surnom* : LaBécasse.

1670, (16 sept.) Ste-Famille, I. O
I.—BONNEAU, Joseph,
  b 1651 ; s 30 nov. 1701, à St-François, l. O.³
  1° LeLong, Marie-Anne,
  b 1652 ; s ³ 14 février 1684.
    1684, (11 avril). ³
  2° Duchesne, Marie-Madeleine, [Pierre I.
  b 1667.
Jean, b ³ 7 oct. 1685 ; 1° m ³ 28 nov. 1708, à Elisabeth Gagné ; 2° m 23 mai 1717, à Marie-Charlotte Labady, à Québec⁴ ; s ⁴ 23 mars 1725. —*Dominique*, b ³ 18 oct. 1691 ; m⁴ 23 juillet 1716, à Françoise Gingras. — *Jacques*, b ³ 10 janvier 1694 ; 1° m 19 avril 1723, à Louise Bouchard, à la Baie-St-Paul⁵ ; 2° m 2 oct. 1736, à Marie-Catherine Laforest, à la Petite-Rivière ; s⁵ 12 janvier 1748. —*Madeleine*, b 1697 ; m ⁴ 25 juin 1715, à Louis Tremblay ; s 13 déc. 1777, aux Eboulements. —*Basile*, b ³ 18 déc. 1699 ; m 1er oct. 1727, à Marie-Madeleine Parant, à Beauport ; s 23 mai 1778, à

l'Hôpital-Général, M.—*Marie-Marguerite*, b... m 1707, à ...... Menanteau ; s 1708. — *François*, b... m 1713, à Madeleine Bourgoin.

1681, (6 nov.) Lachine.¹
I.—BONNEAU, Pierre,
  b 1650 ; s ² 30 sept. 1687.
  Gignard, Marie-Madeleine. [Laurent I.
Thomas, b... m 1722, à Marie-Françoise Dumay.

1708, (28 nov.) St-François, I. O. ¹
II.—BONNEAU, Jean, [Joseph I.
  b 1685 ; s 23 mars 1725, à Québec.²
  1° Gagné, Elisabeth, [Olivier III.
  b 1689 ; s ² 24 janvier 1717.
Joseph, b ¹ 30 nov. 1709 ; m ² 12 juin 1729, à Marie-Charlotte Vivier ; s ² 28 février 1750. — *Rosalie*, b ² 9 et s ² 17 mai 1712.—*Pierre*, b ² 17 mars 1714 ; s ² 9 février 1717. — *Charles-Marie*, b ² 30 mars 1716.
    1717, (23 mai). ²
  2° Labady, Marie-Charlotte, [François I.
  b 1690 , s ² 25 juillet 1733.
Marie-Charlotte, b ² 21 février 1718 ; m 14 oct. 1738, à François Chrétien, aux Trois-Rivières.— *Marie-Françoise*, b ² 25 juin 1720.—*Marie-Jeanne*, b ² 16 août 1722 ; m 13 nov. 1752, à Rene-Roch DeLavoye, à la Baie-St-Paul.—*Pierre*, b ² 7 sept. 1724 ; s ² 23 mars 1727.

1712, (5 avril) Québec.³
I.—BONNEAU, Jean, boulanger du roi ; fils de Jean et de Marie Jouanneau, de St-Quentin-de-la-Beauce, diocèse d'Orléans.
  Moreau, Marie-Madeleine, [Pierre I.
  b 1684 ; veuve de François Roland.
Jean, b ³ 5 janvier 1713.—*Charles*, b ³ 14 dec. 1714 ; 1° m à Marguerite Poulin ; 2° m 9 nov. 1744, à Marie-Louise Parant, à Beauport ; 3° m 13 juillet 1751, à Geneviève Dudevoir, au Detroit.—*Marie-Françoise*, b 1720 ; s ³ 19 oct. 1728.

II.—BONNEAU, François. [Joseph I.
  Bourgoin Madeleine,
François, b 24 janvier 1715, à Beauport.

1713, (12 juin) Québec. ⁴
II.—BONNEAU (1), Augustin, [Joseph I.
  b 1689 ; s 1er mars 1754, à St-François, I. O.⁵
  Gagne, Geneviève, [Olivier III.
  b 1695 ; s⁵ 13 juin 1778.
Joseph-Augustin, b ⁴ 19 février et s ⁴ 2 avril 1715.—*Joseph*, b... m ⁴ 13 mai 1748, à Catherine Picoron.—*Jean-Baptiste*, b ⁵ 19 sept. 1716 ; m 25 juin 1743, à Dorothee Coté, à St-Pierre, I. O.⁶ ; s ⁵ 1er nov. 1765.—*Augustin*, b ⁵ 16 et s ⁵ 29 juillet 1719.—*Marie-Geneviève*, b ⁵ 12 août 1720 ; 1° m ⁵ 26 avril 1740, à Jean Jolin ; 2° m 7 février 1757, à Joseph-Marie Boulé, à St-Frs-du-Sud.— *Marie-Anne*, b... m ⁵ 25 nov. 1743, à Jean-Mathurin Meunier —*Augustin*, b ⁵ 11 nov. 1722 ;

---
(1) Dit St-Germain.
(2) Dit Jarnac, soldat de la compagnie Pérıgny.

(1) Dit LaBécasse.

s⁵ 11 déc. 1748.—*Basile*, b⁵ 19 nov. 1724; m 7 oct. 1748, à Marie-Louise CARON, à Ste-Anne; s⁴ 25 nov. 1756.—*Joseph*, b⁵ 8 janvier 1727.— *Pierre*, b⁵ 31 juillet 1729; m 25 janvier 1751, à Marie-Joseph GOSSELIN, à St-Thomas. — *Marie-Thérèse*, b⁵ 21 sept. 1731; m⁵ 26 août 1753, à Louis VERIEUIL.—*Jérôme*, b⁵ 13 déc. 1733; s⁵ 21 mars 1749.—*Zacharie*, b⁵ 20 avril 1736; m⁶ 26 sept. 1757, à Marie-Joseph NOEL.

1716, (22 février) Quebec. ⁷

I.—BONNEAU, PIERRE, fils d'Etienne et de Marie Duverger, de Bourg St-Denis, diocèse de Nantes.
   REPOCHE (1), Marie-Madeleine,   [FRANÇOIS I.
    b 1694; veuve de Bernard Richard; s⁷ 12 mars 1724.
   Marie-Catherine, b⁷ 25 nov. 1716; s⁷ 6 nov. 1718.—*Marie-Joseph*, b⁷ et s⁷ 2 sept. 1718.— *Marie-Madeleine*, b⁷ 22 juillet et s⁷ 26 déc. 1719. — *Pierre*, b⁷ 18 avril 1721; s⁷ 23 mars 1727.

1716, (23 juillet) Québec.

II.—BONNEAU, DOMINIQUE,   [JOSEPH I.
    b 1691; s 27 juillet 1755, à l'Ile-aux-Coudres. ²
   GINGRAS (2), Françoise,   [SÉBASTIEN I.
    b 1678; veuve de François Jérémie; s² 25 février 1759.
   Marie, b 15 mai 1718, à St-François, I. O.— *Dominique*, b 30 nov. 1722, à la Baie-St-Paul⁸; m⁸ 8 nov. 1741, à Marie-Françoise GAUTIER.— *Marie-Louise*, b... m 11 nov. 1734, à Etienne TREMBLAY, à la Petite-Rivière.

1722.

II.—BONNEAU, THOMAS.   [PIERRE I.
   DUMAY, Marie-Françoise,   [EUSTACHE II.
    b 1701; s avant 1756.
   Marie-Françoise, b 6 février et s 24 mars 1723, à Québec. — *Marie-Joseph*, b⁷ 7 oct. 1725, à St-Ours; m 1757, à Jean-Baptiste TÉTARD (3). — *Marie-Madeleine*, b 8 mars et s 14 avril 1733, à Lavaltrie.—*Marie-Amable*, b... s 14 déc. 1736, à Lanoraie. ⁹—*Louis*, b⁹ 26 et s⁹ 27 mars 1738.— *Joseph*; b... m 18 oct. 1756, à Catherine POITEVIN, à Contrecœur. — *Pierre*, b... m 1741, à Louise POITEVIN.

1723, (19 avril) Baie-St-Paul.¹

II.—BONNEAU (4), JACQUES,   [JOSEPH I.
    b 1694; s¹ 12 janvier 1748.
   1° BOUCHARD, Louise,   [FRANÇOIS II.
    veuve de Joseph Amiot-Villeneuve.
   Marguerite, b¹ 30 mars 1725; m 1742, à Jean LAFOREST.—*Louise*, b¹ 10 juin 1726; s¹ 9 avril 1739.—*Pauline*, b¹ 3 sept. 1728; m 27 nov. 1754, à Augustin BOIVIN, aux Eboulements.—*Jacques*, né 5 février et b¹ 24 juin 1731; m 14 nov. 1757, à Marie-Geneviève FORTIN, à la Petite-Rivière.² —*Antoine*, b¹ 15 juillet 1733. — *Marie*, b 1735; s² 1ᵉʳ juin 1736.

  (1) Dit Ducharme.
  (2) Et Gingros, 1718.
  (3) Dit Forville.
  (4) Dit LaBécasse.

1736, (2 oct.) ²
  2° LAFOREST (1), Marie-Catherine.   [JEAN III.
   Marie-Angélique, b² 15 sept. 1737; m 3 avril 1758, à Joseph BOUCHER, à Ste-Croix. — *Joseph-Marie*, b¹ 19 oct. 1740. — *Marie-Judith*, b¹ 28 juillet 1743; s 4 nov. 1753, à St-Nicolas.—*Marie-Pélagie-Victoire*, b¹ 16 mai 1746; m 6 février 1764, à Jean-Baptiste COUTANSINEAU, à Nicolet.

1727, (1ᵉʳ oct.) Beauport.³

II.—BONNEAU (2), BASILE,   [JOSEPH I.
    b 1699; s 23 mai 1778, à l'Hôpital-Général, M.
   PARANT, Marie-Madeleine,   [JEAN II.
    b 1704; veuve de Vincent Vachon; s³ nov. 1749.
   Jacques-Basile, b³ 29 août 1728; s³ 15 janvier 1730.— *Marie-Charlotte*, b³ 5 janvier 1730; s⁴ 11 juin 1733. — *Joseph*, b³ 14 déc. 1731.— *Charles*, b³ 13 oct. 1733; s³ 8 juin 1738.—*Jacques*, b³ 11 janvier 1735; s³ 12 juin 1738.— *Joseph-Basile*, b³ 16 sept. 1736; s³ 16 juin 1738. —*Marie-Marguerite*, b³ 7 et s³ 29 mars 1738.— *Marie-Madeleine*, b³ 20 sept. 1739. — *Antoine-Basile*, b³ 8 nov. et s³ 4 déc. 1741.—*Joseph-François*, b³ 6 et s³ 17 août 1743. — *François-Régis*, b³ 14 nov. 1745.—*Marie-Anne*, b... m 10 nov. 1760, à André TURGEON, à Beaumont.

1729, (12 juin) Québec.⁵

III.—BONNEAU (2), JOSEPH,   [JEAN II.
    b 1709; s⁵ 28 février 1750.
   VIVIER, Marie-Charlotte,   [CLAUDE II.
    b 1708; s⁵ 5 mars 1750.
   Joseph, b⁵ 30 mars et s⁵ 11 avril 1731.— *Joseph*, b⁵ 31 janvier et s⁵ 18 juillet 1732.— *Anonyme*, b⁵ 31 janvier et s⁵ 1ᵉʳ février 1732.— *Marie-Joseph*, b⁵ 16 avril 1734; m⁵ 16 sept 1749, à Joseph GALARNEAU.—*Charles-Marie*, b⁵ 23 oct. 1735; m⁵ 18 avril 1757, à Madeleine SAVARD; s⁵ 30 mai 1758.—*Marie-Geneviève*, b⁵ 11 janvier 1738. — *Marie-Anne*, b 1738; m⁵ 18 février 1760, à Jean-François RINFRET; s⁵ 23 sept. 1776. — *Marie-Angélique*, b⁵ 17 février 1741.— *Marie-Elisabeth*, b⁵ 15 avril 1743; s⁵ 30 janvier 1744.—*Joseph*, b⁵ 18 et s⁵ 19 janvier 1745.— *Marguerite*, b... m⁵ 6 juillet 1761, à Jacques TRAVERS.

II.—BONNEAU, CHARLES,   [JEAN I.
    b 1714.
   1° POULIN, Marguerite,
    b 1720; s 7 mai 1743, à Québec.⁵
   Charlotte, b⁵ 15 mai 1741. — *Charles*, b⁵ 10 avril 1743.

1744, (9 nov.) Beauport.

  2° PARANT, Marie-Louise,   [JACQUES III.
    b 1713.
   Joseph, b 1745; s⁵ 11 mai 1761.—*Charles*, b... 1ᵉʳ août 1747.

1751, (13 juillet) Détroit.

  3° DUDEVOIR, Geneviève,   [CLAUDE
    b 1732.

  (1) Dit Labranche. Elle épouse, le 10 nov. 1749, François Bigon, à St-Joachim.
  (2) Dit LaBécasse.

1741, (8 nov.) Baie-St-Paul.
III.—BONNEAU, Dominique, [Dominique II.
   b 1722.
   Gautier (1), Marie-Françoise, [Claude II.
   b 1721.
   Dominique-Eloi-Benjamin, b 30 janvier 1743, à la Petite-Rivière[7]; m 19 février 1770, à Marie-Catherine Giroux, à St-Philippe.—*Marie-Elisabeth*, b [7] 17 déc. 1747. — *Stanislas*, b [7] 9 et s [7] 10 juin 1750.—*Léonard*, b [7] 2 mai 1754.—*Marie-Joseph*, b 27 avril 1757, au Cap-St-Ignace. [8]—*Etienne*, b [8] 30 sept. 1759. — *Louis*, b 13 nov. 1761, à Lachine.

III.—BONNEAU, Pierre. [Thomas II.
   Poitevin (2), Louise. [Jean-Bte II.
   Marie-Joseph, b 20 sept. 1742, à Montréal[1]; s [1] 20 mai 1743.—*Jean-Baptiste*, b 14 déc. 1750, à Lachine.

1743, (25 juin) St-Pierre, I. O.
III.—BONNEAU (3), Jean-Bte, [Augustin II.
   b 1716 ; s 1er nov. 1765, à St-François, I. O.[2]
   Côté, Dorothée (4), [Pierre IV.
   b 1726.
   Marie-Joseph, b [2] 21 avril 1747 ; m [2] 14 avril 1766, à Etienne Dalaire.—*Marie-Victoire*, b [2] 20 janvier 1750 ; m [2] 6 nov. 1769, à François Tareau. —*Jean-Marie*, b [2] 7 février 1757 ; s [2] 10 février 1773.

1748, (13 mai) Québec. [6]
III.—BONNEAU (3), Joseph. [Augustin II.
   Picoron (5), Catherine, [Henri I.
   b 1721.
   Marie-Joseph, b [6] 7 mars et s [6] 26 sept. 1749.— *Joseph*, b [6] 2 août 1750 ; s [6] 30 août 1751.—*Marie-Madeleine-Joseph*, b [6] 2 juin et s [6] 26 juillet 1752. —*Anonyme*, b [6] et s [6] 12 sept. 1753.

1748, (7 oct.) Ste-Anne.
III.—BONNEAU (3), Basile, [Augustin II.
   b 1724 ; s 25 nov. 1756, à Québec.
   Caron, Marie-Louise (6), [Jean III.
   b 1725.

1751, (25 janvier) St-Thomas.
III.—BONNEAU (3), Pierre, [Augustin II.
   b 1729.
   Gosselin, Marie-Joseph, [François III.
   b 1728.
   Marie-Joseph, b 14 avril 1752, à St-Frs-du-Sud. [4] —*Marie-Victoire*, b [4] 11 février 1754. — *Marie-Reine*, b [4] 15 nov. 1755. — *Marie-Thérèse*, b [4] 4 mars 1757.— *Pierre*, b [4] 14 juin et s [4] 6 juillet 1758. — *Marguerite*, b [4] 27 mai 1759. — *Marie-Louise*, b [4] 10 et s [4] 27 août 1760.

---
(1) Dit Larouche. Appelée Gagné en 1743.
(2) Et Barbeau.
(3) Dit LaBécasse.
(4) Elle épouse, le 24 janvier 1774, Joseph-Marie Deblois, à St-François, I. O.
(5) Dit Descoteaux.
(6) Elle épouse, le 8 mai 1758, Jean Nexer, à Québec.

1756, (18 oct.) Contrecœur. [4]
III.—BONNEAU, Joseph. [Thomas II.
   Poitevin, Catherine. [Michel III.
   Joseph, b [4] 13 déc. 1756.

1757, (18 avril) Québec. [2]
IV.—BONNEAU, Charles-Marie, [Joseph III.
   b 1735 ; s [2] 30 mai 1758.
   Savard, Marie-Madeleine (1), [Pierre IV.
   b 1736.
   Reine-Madeleine, b [2] 13 nov. 1757 ; s [2] 18 août 1758.

1757, (26 sept.) St-Pierre, I. O.
III.—BONNEAU, Zacharie, [Augustin II.
   b 1736.
   Noel, Marie-Joseph, [Ignace III.
   b 1730.
   Jacques, b 20 juillet et s 6 août 1759, à Charlesbourg.

1757, (14 nov.) Petite-Rivière.
III.—BONNEAU (2), Jacques, [Jacques II.
   b 1731.
   Fortin, Marie-Geneviève, [Jacques III.
   b 1732.
   Anonyme, b et s 21 oct. 1758, à la Baie-St-Paul. [4] — *Jacques-Julien*, b [4] 19 déc 1761. — *Marie-Joseph - Marguerite - Apolline*, b [4] 6 mars 1764.—*Jean-Baptiste - Marc-Clément*, b [4] 25 avril 1766.—*Thècle*, b [4] 16 juillet 1767.—*Marie-Geneviève-Ursule*, b [4] 11 oct. 1769.—*Jean-Baptiste*, b [4] 25 avril 1772.

1770, (19 février) St-Philippe.
IV.—BONNEAU, Benj.-D.-Eloi, [Dominique III.
   b 1743.
   Giroux, Marie-Catherine. [Jean-Bte IV.

BONNEAU, Marie-Joseph, épouse de Pierre Bergevin.

BONNEDEAU.—*Surnoms* : Beneteau—Chatellereau—St-Laurent.

1671, (26 oct.) Quebec. [5]
I.—BONNEDEAU, Louis,
   b 1641.
   DelaVal, Claude,
   b 1651.
   Elisabeth, b [5] 29 juillet 1674 ; 1o m [5] 14 février 1691, à Jean-Baptiste Mongeau ; 2o m 17 février 1710, à Pierre DeCourtigny, à Montreal.

1712, (13 sept.) Québec. [5]
II.—BONNEDEAU (3), Louis, [Louis I.
   b 1680.
   Gagnon, Marie-Anne (4), [Vincent II.
   b 1697.

---
(1) Elle épouse, le 11 sept. 1758, Charles-Louis Hellot, à Quebec.
(2) Dit LaBécasse.
(3) Dit Chatellereau.
(4) Elle épouse, le 11 mai 1732, Louis Bourbeau, à Québec.

BON 356 BON

Marie-Anne, b ⁵ 14 oct. 1714, âgée de 14 mois m ⁵ 8 oct. 1731, à Henri Parant.—*Marguerite*, b ⁵ 5 janvier et s ⁵ 23 mai 1715. — *Louis-Thomas*, b 7 juillet 1717, à la Baie-St-Paul ² ; né le 21 déc. 1716. —*Angélique*, b ² 4 sept. 1718.—*Louis*, b 1720 ; m ⁵ 1ᵉʳ oct. 1742, à Marie-Geneviève Chalifour ; s ⁵ 4 mars 1752.—*Vital*, b ⁵ 30 août 1722 ; s ⁵ 9 août 1723.— *Marguerite*, b... m ⁵ 18 février 1738, à Joseph Belan.

1722, (2 nov.) Berthier.
I.—BONNEDEAU (1), Pierre.
Larrivé, Hélène, [François II.
b 1707.
Pierre-François, b ¹ 31 août 1745.

1742, (1ᵉʳ oct.) Quebec. ¹
III.—BONNEDEAU (2), Louis, [Louis II.
charpentier , b 1720 ; s ¹ 4 mars 1752.
Chalifour, Marie-Geneviève (3), [Joseph III.
b 1722.
Louis, b ¹ 7 oct. 1743 ; m ¹ 12 avril 1763, à Marie Dumont.—*Joseph-Michel*, b ¹ 30 sept. 1745. —*Marie-Geneviève*, b ¹ 11 sept. 1747 ; s ¹ 22 juin 1748.—*Geneviève*, b ¹ 12 mars 1750.

BONNEDEAU (2).
Leroux, Louise,
b 1727 ; s 11 déc. 1753, à Québec.

1763, (12 avril) Québec. ²
IV.—BONNEDEAU (2), Louis, [Louis III.
b 1743.
Dumont, Marie-Joseph-Frse, [Jean I.
b 1743.
Marie-Joseph, b ² 31 mai et s ² 22 août 1763.— *Pierre-Louis*, b ² 9 juillet 1764.

I.—BONNECHERE, Marie, b 1629 ; m 3 janvier 1701, à Rene Brien, au Lac-des-Deux-Montagnes ³ ; s ³ 22 juillet 1709.

I.—BONNEFILS.
Martel de Berrouague, Marie. [François II.
Jacques, b 1765 ; s 6 mars 1766, à Ste-Foye. ⁴ —*Un enfant*, b... s ⁴ 2 mars 1776.

BONNEFOND.—Voy. Passerieux.

I.—BONNEFOYE (4),
Poulin, Louise.

1752, (16 mai) Québec. ⁶
I.—BONNELLE (5), Pierre, veuf de Françoise Laneau ; fils de Jean et de Louise Pezières, de St-Gıles, diocèse de Nısme.
Berdin, Flavie. [Denis I.

(1) Dit St-Laurent. Voir Beneteau, p 214.
(2) Dıt Chatellereau.
(3) Elle épouse, le 9 février 1736, Jacques Dupont, à Québec.
(4) Chirurgien. Il était, le 5 juin 1766, à Lachenaye.
(5) Dıt Lalancette.

Jean-Baptiste, b ⁶ 31 juillet 1752 ; s ⁶ 15 sept. 1755.—*Jacques*, b ⁶ 26 juillet 1754.—*Bernard*, b ⁶ 17 février 1756 ; s ⁶ 13 déc. 1758.—*Jean*, b ⁶ 7 juin 1757 ; s ⁶ 4 juillet 1758.—*Aubert-Guillain*, b 8 juin 1760, à Charlesbourg. —*Joseph-Amable*, b ⁶ 16 nov. 1761 ; s ⁶ 27 février 1762. — *Marie-Anne*, b ⁶ 16 nov. 1761 ; s ⁶ 2 mars 1762. — *Marie-Anne*, b ⁶ 15 mai 1763.

I.—BONNERON (1), François.
Drapeau, Marie, [Jean I
b 1697.
Joseph, b 1ᵉʳ sept. 1726, à St-François, I. J.

1717, (9 nov.) Longueuil. ²
BONNERON (2), François-Mathurin, b 1695 ; fils de François et de Jeanne Turpande, de St-Nicolas, de LaRochelle.
St-Aubin (3), Marie-Charlotte, [Adrien I.
b 1696.
François, b ² 10 février 1720 ; 1º m 12 juin 1741, à Marie-Joseph Jourdain, à Montréal ⁷ ; 2º m 26 juillet 1751, à Marie-Louise Allaire, à Québec.— *Geneviève*, b ⁷ 21 juin 1727 ; m ⁷ 18 nov. 1748, à Nicolas Marsil.—*Marie-Joseph*, b 1729 ; m ⁷ 24 nov.1749, à Joseph Jourdain.—*Catherine-Amable*, b 1732 ; m ⁷ 12 nov. 1757, à André Labady.— *Marie-Madeleine*, b 1733 ; m ⁷ 5 février 1759, à Augustin Gautier.—*Hélène*, b... s ⁷ 31 août 1741. —*Félicité*, b ⁷ 13 août 1741.—*Charles*, b ⁷ 2 juin 1750.

1741, (12 juin) Montréal. ⁸
II.—BONNERON (4), Frs, [Frs-Mathurin I.
b 1720.
1º Jourdain, Marie-Joseph, [Guillaume II.
b 1715 ; s ⁸ 1ᵉʳ août 1746.
Paul, b ⁸ 14 juin et s ⁸ 5 juillet 1743.—*Thérèse*, b ⁸ 27 juin et s ⁸ 3 juillet 1745.

1751, (26 juillet) Québec.
2º Allaire, Marie-Louise, [François I
b 1725 ; veuve de Martin Langlois.

1671.
I.—BONNET, Mélaine (5),
b 1640, s 1ᵉʳ oct. 1703, à Charlesbourg. ⁹
Buisson, Marie, [Gervais I.
b 1657 ; s ⁹ 4 juin 1732.
Jean, b ⁹ 20 déc. 1685 ; s ⁹ 8 mars 1753.

BONNET, Louise, b 1715 ; m à Alexandre Gaillard ; s 27 oct. 1736, à Lorette.

1732, (24 nov.) Québec. ³
I.—BONNET, Antoine (6).
1º Métivier, Angélique, [Jean III
b 1710 ; s ² 9 déc. 1737.
1738, (20 janvier) Beauport.
2º Parant, Marie-Louise. [Joseph.

(1) Dit Boneront—Bollereau.
(2) Dit Dumaine. Voır aussı Dumaine.
(3) Dit Potvın.
(4) Dıt Dumaine.
(5) Voy. vol. I, p. 65. Voir aussi Bonet, p. 347.
(6) Voir aussı Bonet, p. 347.

BONNET, Joseph.
 NORMAND, Marie-Joseph.
Pierre-Joseph, b 7 sept. 1743, à Beauport.

BONNETERRE.—Voy. FRAPIER.

I.—BONNETON, PIERRE.
 DEVAUT, Marie.
Françoise, b 23 sept. 1718, à Quebec.

I.—BONNEVIE, MARIE-CHARLOTTE, epouse de Jacques LAUR.

BONNEVILLE.—*Variations et surnoms :* BELLEFLEUR—PROUVILLE—POUPEVILLE.

BONNEVILLE.—Voy. BOUTEILLER.

BONNEVILLE, MARIE, épouse d'André CORBEIL.

1743, (21 oct.) Québec. 4

I.—BONNEVILLE, FRANÇOIS, boulanger, fils d'Ambroise et de Marie Janté, de St-Sauveur, Franche-Comté. diocèse de Besançon ; s avant 1759.
 HALAY, Marie-Louise,   [LOUIS III.
 b 1719 ; s⁴ 28 juin 1754.
Marie-Louise, b⁴ 14 et s⁴ 30 nov. 1744.—*François*, b⁴ 29 avril 1746 ; 1° m 20 fevrier 1770 à Thérèse VERREAU ; 2° m à Thérèse ROBITAILLE.—*Louis-Marie*, b⁴ 2 mars et s⁴ 24 oct. 1748.—*Marie-Geneviève*, b⁴ 20 sept. 1749, s⁴ 22 nov. 1759.—*Marie-Louise*, b⁴ 20 août 1751 ; s 18 sept. 1755.

BONNEVILLE, JACQUES. — Voy. POUPEVILLE, 1743.

1761, (7 janvier) Québec. 4

I.—BONNEVILLE (1), JOSEPH, fils de Jacques et de Catherine Lau, de Broquiez, diocèse de Rhodez.
 BOIVIN, Marie,   [FRANÇOIS III.
 b 1742.
Marie, b⁴ 10 déc. 1761.—*Joseph*, b⁴ 3 janvier 1763. — *Jean-François*, b⁴ 18 avril et s⁴ 26 mai 1764.

1770, (20 février) Ste-Marie, Beauce. 5

II.—BONNEVILLE, FRANÇOIS.   [FRANÇOIS I.
 1° VERREAU, Thérèse,   [FRANÇOIS III.
 b 1751 ; s⁵ 18 mars 1811.
Marie-Thérèse, b⁵ 3 avril 1771.—*François-Xavier*, b⁵ 14 mars 1772. — *Marie-Thérèse*, b⁵ 5 avril 1773. — *René-François*, b⁵ 20 août 1774. — *Etienne*, b⁵ 3 mai 1776. — *Marie-Thérèse*, b⁵ 16 juillet 1777. — *Marie-Hélène*, b⁵ 31 août 1778 ; m à Etienne VACHON-POMERLEAU. — *Marie-Isabelle*, b⁵ 17 juin 1780 ; m⁵ 8 avril 1799, à Augustin-Fabien ROUTIER. — *Thomas*, b⁵ 11 déc. 1784.—*Joseph*, b⁵ 18 avril 1788 ; m à ...... PARADIS. — *Anonyme*, b⁵ et s⁵ 8 janvier 1789.—*Fabien*, b⁵

(1) Dit Bellefleur, 1761.

2 février 1790. — *Marie-Judith* (1), b⁵ 20 mars 1791 ; m à Gabriel LEMIEUX.—*Jean-Baptiste*, b⁵ 27 mai 1793 ; m 15 avril 1828, à Julie-Louise FORTIER, à Quebec.
 2° ROBITAILLE, Thérèse,   [JOSEPH III.
 veuve de François Desruisseaux.

BONNEVILLE, JOSEPH.
 BISSON, Madeleine,
 s avant 1795.
Marguerite, b... m 26 janvier 1795, à Louis BEAUBIEN, à Nicolet.

BONNIER.—*Variation et surnom :* LAPLANTE.

1686.

I.—BONNIER (2), JACQUES.
 MIGNERON, Geneviève,   [JEAN I.
 b 1670.
Jacques, b... m 23 mai 1726, à Madeleine GALIPEAU, à la Longue-Pointe. — *Joseph*, b... m 10 nov. 1738, à Jeanne GARANT, à Beaumont.—*Marie-Anne*, b 1700 ; m à Louis CHARLES ; s 13 mai 1775, à Québec.

1726, (23 mai) Longue-Pointe. 2

II.—BONNIER (3), JACQUES.   [JACQUES I.
 GALIPEAU, Madeleine,   [ANTOINE I.
 b 1704.
Jacques, b² 17 août et s²9 dec. 1726.—*Joseph*, b² 5 oct. 1727 ; m 16 janvier 1758, à Agathe BROUILLET, à la Pte-aux-Trembles, M ³—*Marie-Madeleine*, b² 23 oct. 1729 ; 1° m à Jean-Baptiste MIGNERON, 2° m³ 22 avril 1754, à Andre ST-JEAN.—*Marie-Françoise*, b² 4 sept. 1731 ; m³ 25 sept. 1752, à Jacques BOTQUIN.—*Marguerite*, b² 18 sept 1733 ; m³ 11 janvier 1762, à Gabriel BLAYE. —*Jacques*, b² 13 janvier 1735. — *Marie-Joseph*, b² 21 août 1736 , m² 4 nov. 1760, à Jean-Baptiste SENET.—*Louis*, b² 8 août 1738 —*Toussaint*, b² 10 mars 1740. — *Marie*, b 1743 ; m³ 11 janvier 1762, à Louis LORRAIN.—*Marie-Anne*, b 1744 ; m ³ 7 nov. 1763, à Alexis BROUILLET.

1738, (10 nov.) Beaumont.

II.—BONNIER (4), JOSEPH.   [JACQUES I.
 GARANT, Jeanne,   [PIERRE II.
 b 1714.
Marie-Joseph, b 30 juillet 1739, à St-Michel.—*Marie-Anne*, b 12 nov. 1742, à St-Valier. ⁶—*Marguerite*, b⁶ 28 oct. 1744 ; s⁶ 19 juillet 1749. — *Marie-Madeleine*, b⁶ 23 avril 1747. — *Joseph*, b⁶ 23 fevrier 1749. — *Jean-Baptiste*, b⁶ 5 nov. 1750.

1758, (16 janvier) Pte-aux-Trembles, M.

III.—BONNIER, JOSEPH,   [JACQUES II.
 b 1727.
 BROUILLET, Agathe.   [JEAN.

(1) Mère de l'honorable François Lemieux.
(2) Dit Laplante. Voy. vol. I, p. 67.
(3) Dit Laplante.
(4) Dit Bonié ou Laplante.

BONON.—Voy. BONNEAU.

BONPAIR.—Voy. BON—LEBON dit LACOMBE.

BONSECOURS. — *Variations et surnoms* : BÉLANGER, Frs—FAUTEUX—LABERGE.

BONTEMPS.— Voy. COLOMBE.

BONVIVANT.—Voy. —DUFOUR 1737.

I.—BONVIVANT, b 1650; s 8 déc. 1710, à Montréal.

BONVOULOIR. — *Variations et surnoms* : DELIÈRE, 1717—TRULLINE—DUDEVOIR—LACHÈNE—LUTON.

I.—BOONE, HENRI.
   DUNIÈRE, Elisabeth,   [LOUIS II.
   b 1749.
   Louis-Henri, b 24 déc. 1770, à Québec [9]; s [9] 17 mars 1771.—*Jean-Jacques*, b [9] 5 déc. 1771; s [9] 5 sept. 1772.—*Catherine-Henri*, b [9] 26 nov. 1772, m à James MARETT. — *Julie-Joseph*, b [9] 20 mars 1774.—*Henri-Robert*, b [9] 22 janvier 1777.

I.—BORDAGE, RAYMOND.
   LEBLANC, Esther.   [RENÉ I.
   Marie-Charles, b 13 déc, 1756, à Québec.[1]—*Jean-Marie*, b [1] 8 oct. 1759.—*Raymond*, b 6 janvier 1761, à Lorette.[2] — *Benjamin-Marie*, b [2] 9 août 1762.—*Louis-Marie*, b [2] 6 juillet 1764

1753, (30 janvier) Détroit.[4]
I.—BORDE (1), JEAN, fils de Pierre et de Marie Prudeau, de Blessignac, diocèse de Bordeaux.
   COLET, Marie-Joseph,   [CLAUDE I.
   b 1718; veuve de François Bergeron.
   Marie-Louise, b [4] 19 déc. 1755; m [4] 20 janvier 1772, à Charles CAMPEAU.

1757, (19 sept.) Québec.
I.—BORDE, BLAISE, fils de Pierre et de Marie Coulon, de Séna, diocèse d'Autun.
   RANCOUR, Barbe,   [JOSEPH I.
   b 1706; veuve de Joseph Pilote.

1719, (24 avril) Laprairie.
II.—BORDEAU (2), PIERRE,   [PIERRE I.
   b 1694.
   LEVITRE, Marie-Anne,   [GUILLAUME II.
   b 1699.

1724, (6 nov.) Laprairie.
II.—BORDEAU, DOMINIQUE,   [PIERRE I.
   b 1699.
   PÉRAS, Marie.   [JEAN II.

(1) Dit St-Surin.
(2) Marié Bourdeau.

1795, (13 oct.) St-Louis, Mo.
BORDEAU, PIERRE,
   de Laprairie de la Madeleine.
   PETIT, Thérèse.   [JEAN-BTE.

BORDELAIS —*Variations et surnoms* : BORDELET—ARCAN—COURIER, 1702—BREM.

BORDELAIS, JOSEPH.—Voy. COURIER.

BORDELAIS, LAURENT.—Voy. COURIER.

1696, (5 mars) Pte-aux-Trembles, Q.[2]
II.—BORDELEAU, ANTOINE (1),   [ANTOINE I.
   b 1673 ; s [2] 4 mai 1758.
   PICHÉ, Catherine,   [PIERRE I.
   b 1677.
   Jean-Baptiste, b [2] 10 nov. 1697, 1° m [2] 14 juillet 1721, à Marie-Anne FAUTEUX ; 2° m [2] 11 janvier 1759, à Françoise BELAND.—*Catherine*, b [2] 15 août 1699 ; 1° m [2] 9 sept. 1737, à René ROUSSEAU, 2° m à Joseph BERGERON.—*Françoise*, b [2] 15 mars 1714 ; m [2] 30 août 1756, à Joseph PETREL.—*Etienne*, b [2] 6 nov. 1717 ; 1° m [2] 17 avril 1747, à Geneviève BELAND ; 2° m [2] 9 février 1750, à Louise AIDE-CRÉQUY.—*Marie-Anne*, b [2] 25 juillet 1720 ; 1° m [2] 1er août 1746, à Jean-François PINEL ; 2° m 13 avril 1761, à André BAVIÈRE, à Terrebonne.

1721, (14 juillet) Pte-aux-Trembles, Q.[3]
III.—BORDELEAU, JEAN-BTE,   [ANTOINE II.
   b 1697.
   1° FAUTEUX, Marie-Anne,   [PIERRE II.
   b 1683 ; s [3] 20 mai 1758.
   Marie-Geneviève, b [3] 7 sept. 1723 ; m [3] 29 juillet 1743, à Jean ROUSSEAU. — *Jean-Baptiste*, b [3] 23 juillet 1725 ; m 1757, à Marie-Charlotte DORÉ; s [3] 22 avril 1768.
   1759, (11 janvier).[5]
   2° BELAND, Françoise,   [JEAN II.
   b 1715, veuve d'Antoine Sevigny.
   Marie-Joseph, b [3] 13 nov. 1759, s [3] 30 nov. 1760

1727, (4 nov.) Pte-aux-Trembles, Q.[6]
III.—BORDELEAU, ANTOINE,   [ANTOINE II.
   b 1701 ; s 19 sept. 1735, à Québec.[7]
   SAVARY, Marie-Madeleine,   [PIERRE II
   b 1708.
   Marie-Madeleine, b [6] 26 mars 1728 ; m [6] 19 déc. 1746, à François GRÉGOIRE.—*Antoine*, b [7] 24 avril 1730.— *Jean-Marie*, b [7] 25 juillet et s [7] 24 août 1732.—*Michel*, b [7] 29 sept. 1734.

1738, (30 juin) Pte-aux-Trembles, Q.[9]
III.—BORDELEAU, LOUIS-JOS.,   [ANTOINE II.
   b 1711.
   LABERGE, Madeleine,   [NICOLAS II.
   b 1695 ; veuve de Guillaume Hébert.
   Marie-Madeleine, b [9] 6 juillet 1739.

(1) Voy. vol. I, p. 68.

1743, (19 août) Pte-aux-Trembles, Q. ²
III.—BORDELEAU, Louis,   [ANTOINE II.
  b 1716.
GUYON, Geneviève,   [PIERRE II.
  b 1717.
Marie-Louise, b ² 25 sept. 1744. — *Marie-Thérèse*, b ² 13 juin 1746.—*Dominique*, b ² 31 oct. 1748. — *Marie-Geneviève*, b ² 28 avril 1750. — *Marie-Geneviève*, b ² 19 sept. et s ² 3 déc. 1751.— *Marie-Catherine*, b ² 19 sept. 1751.— *Louis*, b... s ² 22 février 1756.

BORDELEAU, MARIE, épouse de Charles COTÉ.

1747, (17 avril) Pte-aux-Trembles, Q. ⁹
III.—BORDELEAU, ETIENNE,   [ANTOINE II.
  b 1717.
1° BELAND, Geneviève,   [JEAN II.
  b 1719; s ⁹ 5 avril 1748.
Geneviève, b ⁹ 29 mars et s ⁹ 16 avril 1748.
    1750, (9 février). ⁹
2° AIDE-CRÉQUY, Louise,   [IGNACE II.
  b 1726.
Etienne, b ⁹ 22 janvier 1752 ; s 7 oct. 1771, aux Ecureuils. ⁵—*Augustin*, b ⁹ 2 mars 1757.—*François*, b ⁹ 7 juin 1761.—*Marie-Louise*, b ⁹ 9 janvier 1764.—*Marie-Thérèse*, b ⁹ 17 oct. 1765.—*Antoine*, b ⁵ 30 nov. 1767

1757.
IV.—BORDELEAU, JEAN-BTE,   [JEAN III.
  b 1725, s 22 avril 1768, à la Pte-aux-Trembles, Q. ¹
DORÉ, Marie-Charlotte,   [LOUIS III.
  b 1731.
Marie-Charlotte, b ¹ 13 oct. 1758, m à Michel ROGNON.—*Jean-Baptiste*, b... m 13 oct. 1788, à Marie-Anne GINGRAS, à St-Augustin.

    1788, (13 oct.) St-Augustin.
V.—BORDELEAU, JEAN-BTE.   [JEAN IV.
GINGRAS, Marie-Anne.   [AUGUSTIN.

I.—BORDERON (1), FRANÇOIS,
  sergent.
DANLEAU, Elisabeth (2), fille de François et de Marie Larocque, de St-Martin-de-Joppincourt, diocèse de Trèves, Lorraine.
Etienne-Catherine, b 30 août 1757, à Québec ² ; s ² 25 nov 1758.

BORDET.—Voy. BRASSARD, 1723.

BOREL.—*Surnoms* : CLERMONT—CLÉMENT.

    1747, (9 nov.) Baie-St-Paul. ³
I.—BOREL, LÉONARD-JOSEPH, fils de Jean et d'Anne Coeffie, de Demaise, diocèse de Clermont, Auvergne.
1° SIMARD, Dorothée,   [FRANÇOIS II.
  b 1721 ; s ³ 27 février 1762.

(1) Dit DeVillé.
(2) Elle épouse, le 23 avril 1759, Louis-Nicolas Lachaux, à Québec

---

Jean-Marie, b ³ 18 août 1748.—*Louis-Léopold-Etienne-Edouard*, b ³ 12 avril 1750. — *Joseph-Louis*, b 9 février et s 6 août 1752, à Québec.— *Pierre*, b ³ 6 août 1753.
2° COUILLARD, Marie-Barbe,
  s 25 nov. 1770, à St-Joseph, Beauce.

II.—BOREL (1), JEAN,   [LÉONARD I.
  b 1748.

    1778, (13 janvier) Québec.
II.—BOREL (2), PAUL-ETIENNE.   [LÉONARD I.
DEGUISE, Marie-Anne, fille de Charles et de Geneviève Guillemin.

    1780, (10 sept.) Détroit. ⁴
I —BORGIA (3), PIERRE,
  maître-forgeron.
VALLEE, Catherine.
Marie, b ⁴ 3 août 1781. — *Marie-Anne*, b ⁴ 16 août 1783.

    1793, (17 oct.) Québec. ⁶
BORGIA, Louis,
  lieut. capitaine ; s ⁶ 4 janvier 1805.
CHAUVEAU, Marie-Louise.

BORGNE, JOSEPH (4),
  medecin.
CHARLEBOIS, Véronique.

BORNAIS, MARIE, b 1760 ; m à Joseph DOUCET ; s 31 mars 1794, à Nicolet.

    1727, (6 août) Pte-aux-Trembles, Q. ⁵
I.—BORNAIS (5), EDMÉ, fils d'Edmé et de Marguerite Dartenai, de Paris ; s ⁵ 8 avril 1731.
PAPILLON, Geneviève (6),   [ETIENNE I.
  b 1697 ; veuve de René Mezeret ; s avant 1754.
Louis-Edmé, b ⁵ 17 août 1728 ; m 1ᵉʳ oct. 1753, à Marie-Françoise GAGNERY, à Québec.—*Augustin*, b ⁶ 1ᵉʳ sept. 1730 ; m 4 février 1754, à Geneviève LETARTE, à L'Ange-Gardien.

    1753, (1ᵉʳ oct.) Québec. ⁶
II.—BORNAIS, LOUIS-EDMÉ,   [EDMÉ-PIERRE I.
  b 1728 ; navigateur ; s 1789.
GAGNERY (7), Marie-Françoise.   [PIERRE.
Louis, b ⁶ 23 déc. 1754 ; s ⁶ 10 sept. 1755.— *François*, b ⁶ 22 février 1756 ; m ⁶ 17 nov. 1789, à Marie-Joseph DUPÉRÉ.

(1) Dit Clermont. Il était, en 1770, à St-Joseph, Beauce.
(2) Dit Clermont.
(3) Dit Provençal.
(4) Il était, le 26 janvier 1787, à Lachenaye.
(5) Dit Laperle.
(6) Elle épouse, le 13 mai 1733, Jean Houlet, à la Pte-aux-Trembles, Q.
(7) Dit St-Pierre.

1754, (4 février) L'Ange-Gardien.⁷

II.—BORNAIS, Augustin.   [Edmé I.
  Letarte, Geneviève,   [Joseph III.
    b 1722; veuve de Charles Bois.
  Augustin, b 29 déc. 1757, au Château-Richer;
  m à Madeleine Fiset.—*Geneviève*, b ⁷ 7 oct.
  1761.—*Jean*, b ⁷ 17 déc. 1762.

III.—BORNAIS, Augustin,   [Augustin II.
  b 1757.
  Fiset, Madeleine,
    b 1759; s 15 déc. 1793, à Québec.

1789, (17 nov.) Québec.

III.—BORNAIS, François.   [Louis II.
  Dupéré, Marie-Joseph.   [Joseph.

1759, (7 février) Québec.⁷

I.—BORNE, George, fils de Sébastien et de Justine Escalier, de N.-Dame-de-Grenoble.
  1º Dechambre, Marie-Frse,   [François III.
    b 1744; s 14 oct. 1760, à St-Valier.⁸
  Marie, b ⁸ 7 oct. 1760

            1762, (19 avril).⁸
  2º LeTellier, Marie-Françoise,   [François I.
    b 1744.
  Pierre-George, b 11 mai et s 28 juin 1763, à Lévis.⁹—*Marie-Louise-Angélique*, b⁹ 10 mai 1768; s⁹ 14 janvier 1769.—*Geneviève-Angélique*, b... s 24 août 1782, à St-Augustin.—*Elisabeth*, b... m ⁷ 17 avril 1798, à Jean Fortier.—*Charles*, b⁷ 1779; s ⁷ 26 janvier 1781.—*Marie-Ursule*, b ⁷ 3 avril 1781.—*Marie-Félicité*, b ⁷ 3 août 1783.—*Michel*, b ⁷ 20 sept. 1784.—*Thérèse*, b ⁷ 4 oct. 1785.

I.—BORNEUF, Pierre.
  Leroux, Marie,
    b 1645; s 5 avril 1717, à l'Ile-Dupas.

1756, (23 nov.) Québec.⁶

I.—BORNEUF, Pierre, b 1722; marchand, fils de Louis et de Marie Dupeux, de la Couarde, Ile Rhe, diocèse de LaRochelle; s ⁶ 25 oct. 1780.
  Degré, Madeleine,   [Raymond I.
    b 1735.
  Pierre, b ⁶ 13 février 1758.—*Madeleine*, b ⁶ 11 janvier 1759; m ⁶ 29 avril 1783, à Pascal-Martial Bardy.—*Marie*, b 15 déc. 1759, à Ste-Anne-de-la-Perade.—*Joseph*, b ⁶ 26 sept. 1762.—*Pierre*, b ⁶ 7 oct. 1763.

BORNI, Joseph (1).
  Malvineau, Thérèse.
  Joseph, b 1724, à Louisbourg; s 8 février 1766, à Berthier.—*Anne*, b... m à Julien Durand.—*Bazile*, b...

BORNIA.—Voy. Beignac.

(1) Habitant de Terreneuve.

BORNIVAL (1), François.
  Boisverd, Angélique.
  Pierre, b 1756; s 17 déc. 1758, à la Pointe-du-Lac.—*Marie-Thérèse*, b 15 juin 1758, aux Trois-Rivières.

1699, (7 mars) Montréal.¹

II.—BORY (2), François,   [Laurent I.
  b 1676.
  1º Benoit, Barbe,   [Paul I.
    b 1665; veuve de Thomas Hébert.
  Marie, b... m 25 février 1721, à Pierre Guertin, à St-Ours.—*François*, b 21 avril 1702, à Laprairie.
  2º Diel, Marie-Anne,   [Charles I.
    b 1685; s ¹ 15 mai 1708.

1721, (4 déc.) Laprairie.²

II.—BORY (3), Jean,   [Laurent I.
  b 1683; s ² 11 mars 1738.

1750.

III.—BORY (3), Louis-Julien.   [Jean II.

1763, (24 oct.) Québec.

I.—BORY, Jean-Henri, fils de Louis Dominique et de Marie Vivarez, de St-Barthelemi de LaRochelle.
  Béda, Marie-Louise.   [Jacques I.

BOSCAND.—Voy. Bray.

BOSCHÉ.—*Variations et surnoms :* Bauche—Morency—Boheur.

1695.

I.—BOSCHÉ, René.
  2º Trumelle, Marie-Madeleine.
  Madeleine, b 31 oct. 1700, à Charlesbourg; m à Simon Rondel.

1698.

II.—BOSCHÉ (4), Joseph.   [Guillaume I.
  Lemieux Marthe.   [Guillaume I.
  Marthe, b 30 avril 1702, à Ste-Famille, I. O ³; m ² 13 février 1719, à Jean Guyon; s² 1ᵉʳ juin 1748.—*Angélique*, b ² 25 février 1704.

I.—BOSQUE, Joseph.
  Ausouliague, Marie.
  Joseph-Jacques, b 31 déc. 1751, à Québec.

1796, (20 sept.) Quebec.

I.—BOSQUI, Maurice, fils de François et d'Anne Pivuse, de Saint-Féréol, diocèse de Marseilles.
  Fréchet, Marie.   [Jacques

BOSSAN.—Voy. Bausang, 1721.

(1) Dit Picard.
(2) Voy. Boüy sieur de Grandmaison.
(3) Voy. Boüy.
(4) Voy. vol. I. p. 29.

BOSSANGE.—Voy. BEAUSANGE.

1692, (14 février) Cap-St-Ignace. [2]
I.—BOSSÉ, LOUIS,
  b 1650; s [2] 12 sept. 1736.
  BOUCHARD, Angélique, [NICOLAS I.
  b 1673.
  Jean-Baptiste, b [2] 9 janvier 1704; 1° m 18 nov. 1732, à Marie-Louise CARON, à l'Islet; 2° m [2] 23 nov. 1734, à Madeleine BERNIER; 3° m 13 nov. 1740, à Madeleine GUAY, à Quebec; s [2] 3 mai 1749.

1732, (18 nov.) Islet. [6]
II.—BOSSÉ, JEAN-BTE, [LOUIS I.
  b 1704; s 3 mai 1749, au Cap-St-Ignace. [7]
  1° CARON, Marie-Louise, [JOSEPH III.
    b 1715; s [6] 11 sept. 1733.
    1734, (23 nov.) [7]
  2° BERNIER, Marie-Madeleine, [CHARLES II.
    b 1707; veuve de François Couillard; s [6] 27 janvier 1739.
  Marie-Angélique, b [7] 5 sept. 1735. — *Marie-Geneviève*, b [7] 5 nov. 1736; m [6] 18 janvier 1757, à Jean-François THIBAUT.—*Pierre-Benjamin*, b [7] 21 nov. 1737; m 12 nov. 1764, à Helène PELLETIER, à St-Roch. — *Marie-Desanges*, b... m [6] 23 février 1757, à Simon TONDREAU.
    1740 (13 nov.) Québec.
  3° GUAY, Madeleine, [JEAN-BTE II
    b 1711.
  Jean-Baptiste, b [7] 18 sept. 1741.—*Marie*, b [7] 17 sept. et s [7] 3 oct. 1742.—*Louis-Basile*, b [7] 22 sept et s [7] 22 nov. 1743.—*Marie-Elisabeth*, b [7] 30 sept et s [7] 3 oct. 1744. — *Marie-Pélagie*, b [7] 10 oct. 1745.

1734, (25 oct.) Cap-St-Ignace. [1]
II.—BOSSÉ, ETIENNE, [LOUIS I.
  b 1710; s [7] 7 février 1739.
  GRAVELLE, Marie-Geneviève (1),[AUGUSTIN III.
    b 1702.
  Marie-Geneviève, b 15 août et s 5 sept. 1735, à l'Islet. [2] — *Marie-Geneviève*, b [1] 1er mars 1737; m [2] 24 avril 1752, à Charles METHOT.—*Anonyme*, b [1] et s [2] 2 nov. 1738.

II.—BOSSÉ, IGNACE, [LOUIS I.
  b 1708.
  GAGNÉ, Marguerite.
  Geneviève, b 2 mars 1740, au Cap-St-Ignace; m 1773, à Charles BERNIER.

1742, (2 avril) Cap-St-Ignace. [1]
II.—BOSSÉ, PIERRE, [LOUIS I.
  b 1712.
  RICHARD, Marie-Charlotte. [FRANÇOIS II.
  Pierre-Vital, b [1] 19 janvier 1743; s 12 nov. 1755, à l'Ilet. [2]—*Marie*, b [2] 18 juin 1749.—*François*, b [2] 10 nov. 1751; s [2] 3 août 1775. — *Marie-Claire*, b... m [2] 20 février 1781, à Jean-François BERNIER.— *Marie-Desanges*, b [2] 20 janvier 1755.

(1) Elle épouse, le 14 nov. 1741, Jean-Baptiste Naud, à l'Islet.

1762, (8 nov.) St-Thomas.
I.—BOSSÉ, JEAN, fils de Pierre et de Jeanne Caiolle, de Biard, diocèse d'Avranche.
  PELLETIER, Madeleine, [JEAN-BTE IV.
  b 1732; veuve de René Damours.

1764, (12 nov.) St-Roch.
III.—BOSSÉ, PIERRE-BENJAMIN, [JEAN II.
  b 1737.
  PELLETIER, Helène. [JOSEPH IV.
  b 1736.

BOSSÉ, JOSEPH.
  THRÉBERT, Geneviève.
  Geneviève-Sophie, b 8 mars 1774, à l'Ilet.

BOSSÉ, THÉRÈSE, épouse de Joseph QUEVILLON.

BOSSÉ, THÉRÈSE, épouse de Jacques BOURDON.

I.—BOSSELET, MATHIEU (1), b 1665; s 22 janvier 1705, à Montréal.

BOSSERON.—Voy. RIDAY.

I.—BOSSIA (2), FRANÇOIS.
  BISSON, Marie-Jeanne.
  François, b... s 26 avril 1728, à St-Augustin.

BOSSU. — *Variations et surnoms* : LIONNAIS — LAGRÉMENT—LEPRINCE.

1705, (25 mai) Quebec. [1]
I.—BOSSU (3), JEAN, fils de Claude et de Jeanne Sorret, de St-Martin, Lyon.
  PROU, Elisabeth-Ursule, [JEAN I.
  b 1682.
  Louis-Joseph, b 6 mars 1708, à la Pte-aux-Trembles, Q. [2]; 1° m [1] 26 mai 1729, à Marie-Françoise AIDE-CRÉQUY, 2° m 13 juillet 1745, à Marie-Charlotte VILLENEUVE, à Charlesbourg; s [1] 15 déc. 1760. — *Madeleine*, b [2] 10 janvier 1710; m [2] 30 oct. 1730, à Jean-Baptiste HARDY.—*Jean-Baptiste*, b [2] 8 mars 1713. — *Claude*, b [2] 9 avril 1715. — *Augustin*, b [2] 8 sept. 1719; m à Angélique CELLES-DUCLOS.—*Marie*, b [2] 26 sept. 1721. — *Elisabeth*, b... m [2] 4 juin 1742, à Pierre SAVARI.

1729, (26 mai) Québec. [1]
II.—BOSSU (4), LOUIS-JOSEPH, [JEAN-BTE I.
  tonnelier; b 1708, s [1] 15 déc. 1760.
  1° AIDE-CRÉQUY, Françoise, [JEAN I.
    b 1708; s [1] 5 mars 1744.
  Marie-Louise, b 1er août 1729, à la Pte-aux-Trembles, Q. [2]; s [2] 16 août 1730.—*Louis-Joseph*, b [2] 8 mai 1731; m [1] 12 janvier 1761, à Marie-Louise GAFFÉ; s [1] 20 janvier 1779.—*Marie-Françoise*, b [1] 26 oct. 1732.—*Jean-Michel*, b [1] 1er oct. 1734. —

(1) Dit Jolycœur, soldat de la compagnie de M. de Beaucours, trouvé mort sur la glace, age d'environ quarante ans.
(2) Dit Lagrillade, boulanger à Québec.
(3) Dit Lionnais.
(4) Dit Lionnais.

François-Joseph, b ¹ 17 mars 1736 ; m à Marguerite LEVRON.—*Marie-Agathe*, b ¹ 17 mai 1737.—*Joseph*, b ¹ 31 janvier 1739 ; m 4 janvier 1764, à Charlotte CELLES-DUCLOS, à Varennes.—*Marie*, b ¹ 11 déc. 1740 ; m ¹ 29 nov. 1759, à Jean GOBERT.—*Jean-Baptiste*, b ¹ 4 mai 1743 ; s ³ 13 février 1745.—*Jacques*, b...
    1745, (13 juillet) Charlesbourg.
  2° VILLENEUVE, Marie-Charlotte, [CHARLES II. b 1706.

II.—BOSSU (1), AUGUSTIN,   [JEAN I. b 1719.
  CELLES-DUCLOS, Angélique.   [MICHEL III.
Angélique, b... m 12 janvier 1761, à Gabriel LUSSIER, à Varennes.

    1759, (8 janvier) Montréal.
I.—BOSSU (2), PIERRE, b 1735 ; fils de Jean et de Marguerite Gressiaux, de St-Eloi, Bordeaux.
  MOUILLERON, Marguerite,   [PIERRE-LOUIS I. b 1735 ; veuve de Henri-Joseph Robert.

BOSSU (1), MICHEL.
  1° JEAN (3), Catherine, s 4 mars 1779, à Québec.¹
Louis, b... m ¹ 2 février 1796, à Anne CHAMBERLAN.
    1779, (21 sept.) ¹
  2° BEZEAU, Thérèse.   [PIERRE.

III.—BOSSU, FRANÇOIS,   [LOUIS-JOSEPH II. b 1736.
  LEVRON, Marguerite.   [JEAN-BTE I.
Jean, b... m 18 mai 1790, à Marie PAQUET, à Québec.²—*Marguerite*, b... m ³ 25 sept. 1792, à François BUSSIÈRE.

    1761, (12 janvier) Québec.³
III.—BOSSU (4), LOUIS-JOSEPH,   [JOSEPH II. b 1731 ; s ³ 20 janvier 1779.
  GAFFÉ, Marie-Louise,   [JEAN-BTE I. s ³ 4 avril 1780.
Louis, b ³ 16 sept. 1761 ; s ³ 19 juillet 1762.—*Jean-Baptiste*, b ³ 1er sept. 1762 ; m ³ 21 sept. 1789, à Marie DOIRON.—*François*, b ³ 27 août 1763.—*Marie-Marthe*, b ³ 30 juillet 1764 ; m ³ 28 sept. 1784, à Louis GOULET.—*Marie-Joseph*, b... m ³ 20 sept. 1791, à Joseph DORVAL.—*Pierre-Olivier*, b... m ³ 24 juin 1794, à Marie-Louise DORVAL.

    1764, (4 juin) Varennes.
III.—BOSSU, JOSEPH,   [JOSEPH II. b 1739.
  CELLES-DUCLOS, Charlotte.   [ETIENNE III.

    1789, (21 sept.) Quebec.
IV.—BOSSU, JEAN-BTE,   [LOUIS III. b 1762.
  DOIRON, Marie.   [JOSEPH I.

----
(1) Dit Lionnais.
(2) Dit Lagrément, soldat.
(3) Dit Maurice.
(4) Dit Lionnais. Il signe Louis.

    1790, (18 mai) Québec.
IV.—BOSSU (1), JEAN.   [FRANÇOIS III.
  PAQUET, Marie.   [ETIENNE IV.

    1794, (24 juin) Québec.
IV.—BOSSU, PIERRE-OLIVIER.   [LOUIS III.
  DORVAL, Marie-Louise.   [JEAN-BTE V.

    1796, (2 février) Québec.
BOSSU, LOUIS.   [JEAN-MICHEL.
  CHAMBERLAN, Anne.   [PRISQUE.

I.—BOSSUA (2), AIMÉ.
  POIRIER, Julienne.
Amable, b 8 sept. 1764, au Bout-de-l'Ile, M.

BOTFAITE (3), SUZANNE, b 1634 ; m 28 sept. 1649, à Mathieu HUBOU, à Quebec.

BOTH (4), THÉRÈSE, m 1750, à Michel VAILLANCOURT.

BOTQUIN.—*Variations et surnoms* : BODQUIN—BOITQUIN—ST-ANDRÉ.

I.—BOTQUIN, PIERRE.
  BOURGOIN, Marie-Claude.
Pierre, b 1684 ; m 24 sept. 1708, à Marie GAUTIER, à Boucherville ; s 6 déc. 1725, à Montreal.

    1708, (24 sept.) Boucherville.³
II.—BOTQUIN (5), PIERRE,   [PIERRE I. b 1684 ; s 6 déc. 1725, à Montreal.³
  GAUTIER, Marie (6),   [GERMAIN I. b 1688.
Pierre, b ⁴ 27 juillet 1709 ; m ³ 9 oct. 1730, à Marie-Joseph LOISEAU.—*Joseph*, b ⁴ 10 sept. 1712, m 2 mai 1746, à Marguerite BAUDREAU, à la Longue-Pointe.—*Jean-Baptiste*, b ⁴ 4 mars et s ⁴ 22 juin 1716.—*Marie-Madeleine*, b ³ 7 mars 1717.—*Jacques*, b 1718 ; m 25 sept. 1752, à Marie-Françoise BONNIER, à la Pte-aux-Trembles, M.—*Eustache*, b ³ 1er janvier 1719.—*Agathe*, b ⁴ 30 avril 1720 ; m ⁴ 7 janvier 1744, à Séraphin LAUZON.—*Marie-Joseph*, b ⁴ 30 juin 1722.—*Jean-Baptiste*, b ⁴ 25 avril et s ⁴ 29 mai 1724.—*Nicolas*, b ⁴ 1er mai 1725.

    1730, (9 oct.) Boucherville.
III.—BOTQUIN (7), PIERRE,   [PIERRE II. b 1709.
  LOISEAU, Marie-Joseph,   [JOACHIM II. b 1710.
Charles, b 3 juin 1739, à Montreal.

----
(1) Dit Lionnais.
(2) Dit Bourguignon.
(3) Bottfair, Anglaise de Gloucester.
(4) Et Bande.
(5) Dit St-André, soldat.
(6) Elle épouse, le 15 février 1745, Antoine Daunay, à Boucherville.
(7) Dit St-André.

1746, (2 mai) Longue-Pointe [6]
III.—BOTQUIN (1), Joseph, [PIERRE II.
b 1712.
BAUDREAU, Marguerite, [PAUL II.
b 1725.
Anonyme, b et s 28 janvier 1747, à Montréal.
—*Joseph*, b... s [6] 5 juin 1753.—*Marie-Marguerite*, b... m 1776, à Prisque LABELLE.

1752, (25 sept.) Pte-aux-Trembles, M.
III.—BOTQUIN, JACQUES, [PIERRE II.
b 1718.
BONNIER, Marie-Françoise, [JACQUES II.
b 1731.
Marie-Françoise, b 29 juillet et s 8 déc. 1753, à la Longue-Pointe [6]—*Marie-Joseph*, b [6] 24 sept. 1754.—*Jean-Claude*, b [6] 20 février 1756.—*Marie-Joseph*, b [6] 28 oct. 1757.—*Joseph*, b [6] 30 sept. 1759.—*Jacques*, b [6] 18 juillet 1761.—*Pierre*, b [6] 10 juillet 1763.

BOTQUIN, ANDRÉ.
PINOT (2), Scholastique.
Marie-Desanges, b... m 3 février 1789, à Jean-Baptiste DOUILLET, à Repentigny.

1670, (19 mars) Montréal. [2]
I.—BOUAT, ABRAHAM (3),
b 1644; s avant 1720.
DENEVELET, Marguerite (4),
b 1643; s [2] 11 avril 1720.
Gabriel (5), b [2] 3 juin 1671. — *Marguerite*, b [2] 18 février 1678; m [2] 21 janvier 1697, à Antoine PACAUD. — *Angélique*, b... m 1718, à Pierre DE MONTAY.

1700, (7 juin) Québec. [2]
II.—BOUAT (6), FRANÇOIS-MARIE, [ABRAHAM I.
b 1676; s 18 mai 1726, à Montréal [1]
1° LAMBERT (7), Madeleine, [EUSTACHE II.
s [1] 5 déc. 1722.
Marguerite, b [1] 1701; m [1] 18 janvier 1722, à Paul-Louis DELUSIGNAN.—*Louise-Jeanne*, b 1704; m [1] 20 août 1724, à François DAINE; s [2] 11 mai 1740. — *Françoise*, b [1] 18 et s [1] 20 mai 1709. — *François-Antoine*, b [1] 1er sept. et s [1] 24 oct. 1710.—*Madeleine-Thérèse*, b [1] 1er oct. 1711; 1° m [2] 22 nov. 1733, à Louis-Jean POULAIN-COURVAL, 2° m [1] 7 nov. 1744, à Jean-Baptiste DEGANNES. — *François-Marie-Augustin*, b [1] 22 oct. 1713, s [1] 9 sept. 1714. — *Nicolas*, b [1] 8 février 1715; s [1] 30 nov. 1716.—*Antoine*, b [1] 25 mars et s [1] 1er août 1716. — *François-Marie*, b [1] 6 juin 1717; m [1] 5 février 1742, à Marie-Anne GAUTIER-DE-VARENNES.—*Louis-François*, b [1] 23 août 1720.

—*Louise-Madeleine*, b [1] 31 août 1722; s [2] 19 avril 1732.—*Marie-Françoise*, b [1] 31 août 1722.
1723, (8 août). [1]
2° LEGARDEUR (1), Agathe, [PIERRE IV.
b 1688.
Eustache-François-Joseph, b [1] 22 mai 1724.—*François-Marie* (posthume), b [1] 18 nov. 1726; s [1] 14 mai 1727.

1742, (5 février) Montréal. [1]
III.—BOUAT, FRS-MARIE, [FRANÇOIS II.
b 1717.
GAUTIER (1), Marie-Anne, [RENÉ II.
b 1723.
René-François, b [1] 10 février 1744; s [1] 5 avril 1749.—*Marie-Louise*, b [1] 14 sept. 1745.—*Timothée*, b [1] 6 janvier 1747.—*Pierre*, b [1] 16 juin 1749.

1774, (5 sept.) Montréal.
III.—BOUAT, JEAN-BTE. [FRANÇOIS II.
FOUCHER, Marie-Céleste. [ANTOINE I.

1782, (8 janvier) Québec.
I.—BOUBON, JEAN-JOSEPH, fils de Joseph et d'Elisabeth Bonenfant, de St-Martin, Marseille, en Provence.
AUBOIS, Marie-Michelle (2), [CHARLES III.
b 1754.

BOUC, CHARLES, marchand.
LEPAGE, Marie-Archange.
Séraphin, b 29 oct. 1788, à Lachenaye.

BOUCANNE.—Voy. FOURNAISE.

BOUCAULT, MARIE, épouse de Gilles FREMON·

I.—BOUCAULT, NICOLAS-GASPARD (3).
BUIRETTE, Marguerite.
Charles-Nicolas, b 12 août 1729, à Québec.[7]—*Gilles-Charles*, b [7] 26 août 1731; s [7] 19 mai 1733. *Louis-Gaspard*, b [7] 1er nov. 1732.—*Pierre-Nicolas-Gaspard*, b [7] 3 nov. 1735.—*Marie-Madeleine*, b et s 30 oct. 1741, à Charlesbourg.

1730, (7 janvier) Ste-Foye.
I.—BOUCAULT (4), GILBERT-CHARLES.
DELAJOUE, Marie-Madeleine, [FRANÇOIS I.
b 1697; veuve de Pierre Frontigny; s 28 déc. 1753, à Québec. [7]
Marie-Angélique, b [7] 1er août 1730; s [7] 30 nov. 1731.—*Gilbert-Charles*, b [7] 25 juin 1731.—*Louis-Nicolas*, b [7] 4 août 1732; s [7] 5 avril 1733.—*Catherine*, b [7] 18 avril 1734; s [7] 25 août 1755.—*Pascal*, b [7] 20 juillet 1735; s 2 août 1735, à Beaumont. — *Marie-Angélique-Françoise*, b [7] 19 mai 1740.—*Catherine-Madeleine-Françoise*, b [7] 19 oct. 1741; s [7] 24 mars 1742.

---

(1) Dit St-André.
(2) Et Deschalets.
(3) Voy. vol. I, p. 69.
(4) Pendant onze ans pensionnaire perpétuelle chez les sœurs de la Cong. de N.-D.
(5) Pris par les Iroquois, en 1690, et mort de la petite vérole. (*Recueil de ce qui s'est passé, etc., depuis 1682.*)
(6) Et Bouet, lieutenant-général de Montréal, 1726.
(7) Et Dumont.

(1) Et DeVarennes.
(2) Elle épouse, le 9 mai 1786, Jean Lang, à Québec.
(3) Conseiller du Roi, lieut. particulier de la Prévôté de Québec, lieut. général de l'Amirauté, Secretaire de M. Bégon, 1726. Procureur du Roi. Il était le 1er sept. 1737, à Beauport.
(4) Sieur de Godefus, juge Prévôt de Beaupré. Cet acte se trouve au Registre de 1699.

1654, (25 mai) Quebec.
I.—BOUCHARD, CLAUDE (1),
  b 1626, s 25 nov. 1699, à la Baie-St-Paul.¹
GASNIER, Louise,   [LOUIS II.
  b 1642; s¹ 27 avril 1721.
Marguerite, b 21 oct. 1665, au Château-Richer;
1° m 4 nov. 1683, à René DELAVOYE, à Ste-
Anne²; 2° m 1692, à Jean GAGNON. — *Louise*, b
1668; s¹ 8 déc. 1696 (imbécile). — *Geneviève*, b
1672; m¹ 20 juin 1686, à Michel TREMBLAY; s 23
mars 1754, à la Petite-Rivière.³ — *François*, b
1674; m¹ 15 juin 1699, à Marguerite SIMARD;
s³ 12 oct. 1756. — *Rosalie*, b 1676; m¹ 22 nov.
1695, à Etienne SIMARD; s¹ 23 juin 1733. —
Louis, b¹ 1680; 1° m 25 février 1715, à Suzanne
LEFEBVRE, à Laprairie⁴; 2° m⁴ 2 déc. 1724, à
Françoise DANIAU. — *Antoine*, b¹ 25 oct. 1682;
m¹ 20 nov. 1704, à Madeleine SIMARD.

1665, Montréal.⁷
I.—BOUCHARD, GUILLAUME (1),
  b 1636; s avant 1707.
BENARD, Françoise,
  b 1637; s¹ 6 février 1707.

BOUCHARD, MARIE, épouse d'Augustin GENEST.

BOUCHARD, AGNÈS, épouse de Joseph TREMBLAY.

BOUCHARD, MARIE, épouse de Pierre DELAGE.

BOUCHARD, MARIE, b... m à François PICARD;
s avant 1734.

BOUCHARD, ANGÉLIQUE, épouse de Pierre GAGNÉ.

BOUCHARD, MARGUERITE, épouse de Jean-Bte PARE.

BOUCHARD, MARIE-ANNE, épouse de Louis MORIN.

BOUCHARD, PROCULE, épouse de Louis GAUTIER.

BOUCHARD (2), MARIE-DOROTHÉE, m 1772, à François ROUISSE

1670, (30 sept.) Ste-Anne.
I.—BOUCHARD, NICOLAS (3),
  b 1637.
LEROY, Anne (4),
  b 1655.
Elisabeth-Agnès, b 10 nov. 1677, à Québec;
1° m 13 juillet 1699, à Charles FOURNIER, au Cap-
St-Ignace⁶, 2° m⁶ 17 nov. 1701, à Joseph MORIN;
s 28 mars 1758, à St-Thomas.⁷ — *Pierre*, b⁶ 1679;
m⁷ 27 mai 1709; s⁷ 21 juin 1758 — *Marie-
Marthe*, b 1704; 1° m à Simon FOURNIER; 2° m⁷
20 oct 1732, à Charles DESTROISMAISONS - PI-
CARD; s 5 février 1751, à St-Pierre-du-Sud.—
Ignace, b⁶ 25 février 1682; m 24 oct. 1712, à
Jeanne ROY (1), à Beaumont; s 12 sept. 1733, à
Berthier.

1679, (24 nov.) Château-Richer.
II.—BOUCHARD (2), JEAN,   [CLAUDE I.
  b 1652; s 19 nov. 1703, à St-Pierre, I. O ⁶
1° CLOUTIER, Madeleine,   [ZACHARIE II.
  b 1657; veuve de Pierre Gravelle.
Jean-Baptiste, b⁶ 11 nov. 1680; m⁶ 3 nov.
1705, à Elisabeth PARADIS; s⁶ 15 déc. 1749.—
Charles, b⁶ 8 février 1683; m⁶ 5 avril 1712, à
Madeleine GOSSELIN; s⁶ 22 déc. 1749. — *Pierre*,
b⁶ 8 avril 1685; 1° m⁶ 18 nov. 1709, à Anne
PARADIS; 2° m⁶ 1ᵉʳ février 1730, à Dorothée
LANGLOIS. — *Madeleine*, b⁶ 29 juin 1687; 1° m⁶
29 oct. 1704, à Gabriel NOLIN; 2° m⁶ 27 mai
1720, à Joseph GODBOUT; s⁶ 15 mars 1740. —
Hélène, b⁶ 16 oct. 1689; m⁶ 10 nov. 1705, à
Ignace RATÉ; s⁶ 1ᵉʳ juin 1728.—*Marguerite*, b...
m⁶ 23 nov. 1711, à Pierre PARADIS.—*Geneviève*,
b⁶ 8 nov. 1694; 1° m⁶ 16 avril 1714, à François
TURCOT; 2° m 9 avril 1731, à Gervais FOUCHER, à
Ste-Famille, I. O.⁷; s⁷ 27 juin 1763.
  1695, (19 déc.) Montréal.¹
2° CHOUART, Marie-Antoinette,   [MÉDARD I.
  b 1661; veuve de Jean Jallot; s avant 1734.
Marie-Thérèse, b⁸ 3 août 1697; m⁸ 3 juin
1720, à Jean-Baptiste GAULIN.—*Marie-Geneviève*,
b⁸ 6 oct. 1696: 1° m¹ 9 mars 1720, à Pierre FOR-
TIER; 2° m¹ 4 mai 1744, à Jean-Baptiste BAR-
SOLOU.—*Jean-Baptiste*, b¹ 18 janvier 1698; m 26
sept. 1734, à Marie-Joseph DECHAVIGNY, à Beauport.—*Antoine*, b 20 oct. 1699, à Lachine: m¹ 9
sept. 1730, à Françoise-Véronique HUBERT.—
Joseph, b 1702: m 20 février 1730, à Angélique
LAMBERT, à Québec⁸; s⁸ 15 juin 1764.

1687, (28 nov.) Montréal.⁸
II.—BOUCHARD, PAUL,   [ETIENNE I.
  b 1663; s⁸ 26 août 1734.
LEBLANC, Louise,   [LÉONARD I.
  b 1654, veuve de Guillaume Boissel
Jean (3), b⁸ 26 juin 1690; s⁸ 23 oct. 1713.—
Nicolas, b⁸ 18 juillet 1697; s⁸ 17 mars 1706—
Louise, b⁸ 27 juillet 1699; m⁸ 10 février 1721,
à Joseph JETTÉ, s⁸ 5 nov. 1756.

1690, (5 avril) Rivière-Ouelle.⁶
II.—BOUCHARD, CHARLES,   [MICHEL I.
  b 1667, s⁶ 30 mai 1690 (noyé).
DUBÉ Madeleine (4).   [MATHURIN I.

1692, (20 oct.) Quebec.
II.—BOUCHARD, ETIENNE,   [MICHEL I.
  b 1663, s 12 août 1738, à la Rivière-Ouelle.⁹
MEUNIER, Madeleine,   [JULIEN I.
  b 1671; s⁹ 25 déc. 1747.
Marie-Madeleine, b⁹ 25 mai 1698; m⁹ 27 nov.
1713, à Nicolas HUDON.

---

(1) Voy vol. I, p 69.
(2) Dit Savard.
(3) Voy vol I p. 70.
(4) Elle épouse, le 8 oct. 1685, Claude Guimond, à Quebec.
(1) Au registre de Berthier, le mariage est au 26 août.
(2) Dit Dorval.
(3) Soldat de la compagnie Repentigny.
(4) Elle épouse, le 13 mai 1691. Jean Miville, à la Rivière-Ouelle.

1693, (12 oct.) Pte-aux-Trembles, Q.
II.—BOUCHARD, FRANÇOIS, [MICHEL I.
b 1670 ; s 3 janvier 1754, à Ste-Anne-de-la-Pocatière. [1]
VALIÈRE, Marie-Anne, [PIERRE I.
b 1672.
Marie-Anne, b 23 juin 1699, à la Rivière-Ouelle[3] ; m 1727, à François OUELLET : s 9 sept. 1760, à St-Vincent-de-Paul. [2] —*Madeleine,* b [3] 19 nov. 1702 ; m à Joseph-Gregoire OUELLET.—*Joseph,* b [3] 22 avril 1706 ; 1° m à Dorothee OUELLET ; 2° m [1] 23 nov. 1744, à Madeleine THIBOUTOT.—*Jean-Baptiste,* b 12 oct. 1710, à St-Pierre, I. O. ; 1° m [3] 13 février 1736, à Marie-Anne TAILLON ; 2° m 19 nov. 1742, à Madeleine OUELLET, à St-Roch.

1694, (15 février) Château-Richer.
II.—BOUCHARD, PAUL-CLAUDE, [CLAUDE I.
b 1662, s 11 août 1724, à Ste-Anne. [4]
BELANGER, Marie-Madeleine, [CHARLES II.
b 1675 ; s [4] 7 nov. 1748.
Marie-Madeleine, b [4] 19 sept. 1704 ; m [4] 9 nov 1722, à Jean RACINE.

1696, (14 nov.) Montréal. [5]
I.—BOUCHARD (1), RENÉ,
b 1665 ; s [5] 14 mai 1736.
SAUVAGEOT, Marie-Anne, [RENÉ I.
b 1679 ; s avant 1744.
Jean, b 1697 ; m [5] 8 juin 1722, à Marie-Louise TESSIER ; s [5] 15 déc. 1747.—*Marie-Clemence,* b [5] 3 avril 1701; m [5] 9 fév.1722, à Jean-Baptiste TESSIER.—*Marie-Marguerite,* b [5] 16 avril 1704 ; m à Jean-Baptiste GARIEPY, s 5 avril 1742, à Lachenaye—*Marie-Anne,* b [5] 12 mai 1706 ; m [5] 4 avril 1731, à Antoine BOURDRIA.—*Joseph,* b [5] 13 avril 1708, m [5] 3 août 1739, à Marie-Joseph BOURDRIA.—*Louise,* b [5] 29 mars 1710 ; m 24 nov. 1733, à Joseph LAPOINTE, à Terrebonne. — *Marie-Anne,* b [5] 12 avril 1711, s [5] 23 nov. 1714.—*Louis,* b [5] 9 nov. 1712.—*Charles,* b [5] 29 janvier et s [5] 3 dec. 1714.—*Charles,* b [5] 28 mai 1715.—*Jacques,* b [5] 3 juin et s [5] 5 juillet 1717.—*Etienne,* b [5] 21 mai 1718 ; s [5] 1er août 1719.—*Geneviève,* b [5] 14 janvier 1720, m [5] 15 mai 1744, à Jean-Baptiste DESÈVE.—*Jean-Baptiste,* b 1721 ; m [5] 6 juin 1745, à Marie-Anne BOURDRIA.

1699, (15 juin) Baie-St-Paul. [6]
II.—BOUCHARD, FRANÇOIS, [CLAUDE I.
capitaine ; b 1674 ; s 12 oct. 1756, à la Petite-Rivière. [7]
SIMARD, Marguerite, [NOEL I.
b 1684.
Marie-Madeleine, b [6] 15 avril 1700 ; m [6] 24 nov. 1718, à François TREMBLAY.—*Louise,* b [6] 18 nov. 1701 ; 1° m [6] 13 juillet 1717, à Joseph AMIOT (2) ; 2° m [6] 19 avril 1723, à Jacques BONNEAU.—*Claude,* b [6] 27 mars 1703.—*Barbe* (3), b [6] 22 avril 1704 ; m [6] 5 juin 1732, à Joseph LAFOREST ; s [6] 25 mars 1739.—*Claude,* b [6] 25 nov. 1705.—*Margue-*

---
(1) Dit Lavallee, taillandier.
(2) Dit Villeneuve.
(3) Pep. 1726, Baie-St-Paul.

rite, b [6] 8 oct. 1707 ; s [6] 4 mai 1724. — *Agnès,* b [6] 27 sept. 1709 ; m [7] 27 nov. 1741, à Sebastien HERVÉ.—*Marie-Gertrude,* b [6] 4 juillet 1711 ; m [6] 4 nov. 1732, à Pierre PEDNOT.—*Joseph-François,* b [6] 19 mars 1713 ; m [7] 17 nov 1739, à Dorothée SAVARD.—*Marie-Joseph,* b [6] 19 mars 1713 , m [6] 21 nov. 1731, à Pierre SAVARD.—*Catherine* b [6] 12 mars 1715.—*Etienne,* b [6] 12 fevrier 1717 , m [7] 28 nov. 1747, à Geneviève GAGNÉ.—*Jean-Baptiste,* b [6] 25 dec. 1718 ; m 3 fevrier 1749, à Marie Charlotte TREMBLAY, aux Eboulements.—*Marie-Thérèse,* b [6] 21 janvier 1722. — *Charlotte,* b [6] 21 janvier 1722 ; m [7] 7 février 1746, à François PERRON.—*Geneviève,* b [6] 21 mars 1724 ; m [7] 28 nov. 1747, à Etienne GAGNON ; s [6] 8 février 1758.—*Antoine,* b [6] 15 juin 1726.—*François,* b... m 3 nov. 1750, à Geneviève TREMBLAY, à l'Ile-aux-Coudres.

1699, (29 oct.) Quebec.
II.—BOUCHARD, PIERRE, [MICHEL I.
b 1678 ; s avant 1736.
BOURASSA, Marie-Anne, [JEAN I.
b 1680, s avant 1736.
Jean-François, b 11 janvier 1711, à la Rivière-Ouelle[8] ; m 9 janvier 1736, à Angelique PELLETIER, à St-Roch.—*Marie-Anne,* b [8] 17 dec. 1713 ; 1° m [8] 6 février 1736, à Joachim LÉVÊQUE ; 2° m [8] 26 juillet 1745, à Guillaume MIVILLE.—*Joseph,* b [8] 26 oct. 1715 , m 6 nov. 1747, à Marguerite LECLERC, à Montreal.

1701, (12 janvier) Rivière-Ouelle. [1]
II.—BOUCHARD, GADRIEL, [MICHEL I
b 1676.
LISOTTE, Françoise (1), [GUILLAUME I.
b 1681.
Marie-Rosalie, b [1] 27 mai 1708, 1° m 8 juin 1722, à Charles SAUCIER, à Ste-Anne-de-la-Pocatière [2] ; 2° m [2] 8 janvier 1761, à Pierre COLIN.

1704, (20 nov.) Baie-St-Paul. [1]
II.—BOUCHARD, ANTOINE, [CLAUDE I.
b 1682, s 24 juin 1759,à la Petite-Rivière [2](2).
SIMARD (3), Madeleine, [NOEL I
b 1689 ; s [2] 20 fevrier 1769.
Félicité, b [1] 29 nov 1705 ; m [1] 10 janvier 1729, à Pierre PERRON , s [1] 17 dec 1770.—*Noel* b [1] 15 juin 1707, m 1735, à Marie-Catherine TREMBLAY ; s [2] 13 nov. 1760. — *Marie-Catherine,* b [1] 19 juin 1709 ; s [1] 2 mai 1710.—*Antoine,* b [1] 22 fevrier 1711 ; m 20 nov. 1738, à Jeanne GAGNON, aux Eboulements. — *Jacques,* b [1] 8 janvier 1713 ; m 13 nov 1741, à Louise-Françoise ROUSSET, à l'Ile-aux-Coudres. [3]—*Marie-Madeleine,* b [1] 16 nov. 1714 ; m [2] 8 janvier 1737, à Pierre-Jacques ALARD.—*Joseph,* b [1] 2 février 1718 ; m [1] 14 nov. 1746, à Françoise FORTIN. — *Marguerite,* b [1] 11 mars 1720 ; 1° m [2] 6 nov. 1742, à Joseph TREMBLAY , 2° m [3] 8 oct. 1764, à François LECLERC.—

---
(1) Elle épouse, le 25 nov. 1736, Nicolas-Jean DeKerverzo, à Ste-Anne-de-la-Pocatière.
(2) Mort dans les cabanes, dans le bois où les habitants s'etaient refugiés à l'approche des Anglais.
(3) Dit Lombrette.

Emérance, b ¹ 1ᵉʳ avril 1722; m ² 5 février 1743, à François PERRON; s ² 30 mai 1744.— *Michel*, b ¹ 12 août 1725 · m ² 15 nov. 1750, à Marie-Louise TREMBLAY.—*Louis*, b ¹ 18 mai 1729; m ² 14 nov 1757, à Marie-Françoise DUFOUR.

1705, (3 nov,) St-Pierre, I. O. ⁴
III.—BOUCHARD (1), JEAN-BTE   [JEAN II
  b 1680, s ⁴ 15 déc. 1749.
  PARADIS, Elisabeth,   [GUILLAUME II.
  b 1686.

Jean-Baptiste, b ⁴ 15 février 1707; m ⁴ 17 nov. 1732, à Geneviève CRÉPEAU. — *Elisabeth*, b ⁴ 21 nov. 1708; s 4 avril 1721, à Ste-Famille, I. O.— *Prisque*, b ⁴ 3 janvier et s ⁴ 6 fevrier 1711.— *Marie-Thérèse*, b ⁴ 27 et s ⁴ 29 janvier 1712 — *Madeleine*, b... s ⁴ 2 avril 1713. — *Pierre*, b ⁴ 17 juillet 1716, m ⁴ 18 nov. 1737, à Cecile RATÉ.— *Joseph-Marie*, b ⁴ 27 juin et s ⁴ 1ᵉʳ juillet 1719.— *Marie-Rose*, b 16 juin 1723, à L'Ange-Gardien m ⁴ 14 oct. 1743, à Pierre NOLIN.

1709, (27 mai) St-Thomas.
II.—BOUCHARD, PIERRE,   [NICOLAS I.
  b 1674; s ⁵ 21 juin 1758.
  FOURNIER, Marie-Catherine,   [SIMON II.
  b 1692; s ⁵ 25 dec. 1760.

Pierre, b ⁵ 17 et s ⁵ 19 janvier 1711. — *Marie-Catherine*, b ⁵ 20 avril 1712; m 1730, à Joseph BERNIER.—*Geneviève*, b 1713, m 1734, à Isidore COTÉ, s ₌ décembre 1752, à St-Pierre-du-Sud— *Pierre*, b 1718; m 3 nov 1739, à Marguerite-Cordule CARON; s ⁵ 18 oct 1773.—*Anonyme*, b ⁵ et s ⁵ 12 avril 1730. — *Joseph* b... 1ᵒ m ⁵ 12 oct. 1744, à Elisabeth COUILLAI   2ᵒ m ⁵ 18 août 1749, à Marguerite COTÉ.

1709, (1ᵉʳ juillet) Château-Richer.
II.—BOUCHARD, NICOLAS,   [NICOLAS I.
  b 1684, s 15 juille 1746, à St-Thomas. ⁴
  VEAU (2), Anne,   [ETIENNE II.
  b 1694.

Dorothée, b... m 1729, à Joseph PROU; s ⁴ 23 mai 1734.—*Claude-Joseph*, b 4 sept. 1713, à Ste-Anne⁵; m ⁴ 2 juin 1738, à Elisabeth TIBAUT.— *Marie-Geneviève*, b ⁵ 7 déc. 1715; s ⁵ 3 août 1718. —*Pierre*, b ⁵ 5 oct. 1718. — *Marie-Anne*, b ⁵ 10 nov. 1720.—*Nicolas*, b 18 août 1723, à Berthier⁶; m ⁴ 10 oct. 1746, à Marie-Anne CHIASSON.— *Charles*, b ⁶ 23 avril 1726; n 17 nov. 1749, à Marie-Joseph CORRIVEAU, à St-Valier ⁷, s ⁷ 27 avril 1760.— *Pierre*, b ⁴ 2 mai 1728; m ⁷ 22 juin 1750, à Ursule ROY.—*Basile*, b ⁴ 23 avril 1730.— *Laurent*, b 18 août 1731, à Rimouski. ⁸—*Michel*, b ⁸ 4 juin 1734; s ⁴ 3 juillet 1738.—*Louis*, b ⁴ 26 août 1736.

1709, (18 nov.) St-Pierre, I. O. ⁹
III.—BOUCHARD (1), PIERRE,   [JEAN II.
  b 1685.
  1ᵒ PARADIS, Anne,   [PIERRE II.
  b 1687; s ⁹ 19 nov. 1728.

Pierre, b ⁹ 9 oct. 1710; m ⁹ 11 nov. 1757, à Agathe RATÉ. — *Marie-Anne*, b ⁹ 18 sept. 1712; m ⁹ 11 oct. 1730, à Ignace RATÉ.—*Judith*, b ⁹ 25 mars 1714; s ⁹ 15 mai 1732.—*Ignace*, b ⁹ 12 mars 1718, m ⁹ 6 février 1741, à Louise CRÉPEAU.— *Louis*, b ⁹ 20 dec. 1719; m ⁹ 27 oct. 1749, à Marie-Anne LANGLOIS. — *Marie-Marguerite*, b ⁹ 1ᵉʳ oct. 1721; m ⁹ 7 nov. 1746, à Joseph CRÉPEAU.— *Marie-Madeleine*, b ⁹ 23 juin 1724; s ⁹ 19 mai 1736.—*Marie-Joseph*, b ⁹ 27 avril 1726; 1ᵒ m ⁹ 3 nov. 1745, à Alexis LANGLOIS; 2ᵒ m ⁹ 28 sept. 1750, à Gabriel FERLAND; 3ᵒ m ⁹ 6 nov. 1752, à Pierre CRÉPEAU. — *Philippe*, b ⁹ 8 oct. 1727, s ⁹ 9 fevrier 748.

1730, (1ᵉʳ fevrier). ⁹
2ᵒ LANGLOIS, Dorothee,   [PIERRE III
  b 1702.

François, b ⁹ 11 nov. 1730; s ⁹ 21 dec. 1747. —*Marie-Anne*, b ⁹ 29 avril 1732; s ⁹ 26 juillet 1733. — *Marie-Thérèse*, b ⁹ 17 mai 1734; m ⁹ 6 février 1749, à Basile PAQUET.—*Marie-Rose*, b ⁹ 30 avril 1736.—*Jean-Baptiste*, b ⁹ 26 juillet 1738; s ⁹ 12 février 1748. — *Marie-Pélagie*, b ⁹ 22 oct. 1741.

1712, (5 avril) St-Pierre, I. O. ⁷
III.—BOUCHARD (1), CHARLES,   [JEAN II.
  b 1683; s ⁷ 22 dec. 749.
  GOSSELIN, Madeleine,   [GABRIEL II.
  b 1695.

Marie-Madeleine, b 10 mars 1713, à L'Ange-Gardien. — *Charles*, b ⁷ 26 avril et s ⁷ 26 mai 1714. — *Charles*, b ⁷ 3 avril et ⁷ 14 mai 1715. —*Charles*, b ⁷ 16 août 1716; m ⁷ 11 janvier 1746, à Geneviève COTÉ. — *Catherine*, b ⁷ 23 février 1718; m ⁷ 11 août 1750, à Augustin ROY. — *Marie-Françoise*, b ⁷ 20 mai 1720; m 3 juillet 1741, à Pierre DUBEAU, à Charlesbourg.⁸— *Flavie*, b 1721; s ⁷ 13 oct. 1725.—*Marie-Joseph*, b ⁷ 13 janvier 1722; m ⁷ 3 nov. 1744, à Jean-Baptiste RATÉ. — *Joseph-Marie*, b ⁷ 12 juin 1724; s ⁷ 21 janvier 1731.—*Marie-Madeleine*, b ⁷ 8 sept. 1725. — *Geneviève*, b ⁷ 6 janvier 1728; m ⁷ 11 août 1750, à Pierre ROY.—*Marie-Thérèse*, b ⁷ 1ᵉʳ avril 1729; m ⁷ 23 fevrier 1756, à Louis BAILLARGEON. —*Jean-Baptiste*, b ⁷ 15 et s ⁷ 29 août 1730.— *Marie-Louise*, b ⁷ 27 janvier 1732; s ⁷ 24 juillet 1733. — *Marie-Dorothée*, b ⁷ 5 avril et s ⁷ 27 juillet 1733.—*Jean-Baptiste*, b ⁷ 13 sept. 1734; m ⁸ 11 oct. 1762, à Madeleine GARNEAU.— *Joseph*, b ⁷ 24 avril 1736; m 19 oct. 1762, à Angelique TIBAUT, à St-Valier.—*Antoine*, b... m 18 oct. 1796, à Marie-Joseph DESROCHERS, à Québec.

1712, (24 oct.) (2) Beaumont.
II.—BOUCHARD, IGNACE,   [NICOLAS I.
  b 1682; s 12 sept. 1733, à Berthier ⁷
  LEROY, Jeanne,   [NOEL II.
  b 1691; s ⁷ 15 janvier 1743.

Marie-Claire, b 14 mai 1713, au Cap-St-Ignace. —*Marguerite*, b 12 mars 1717, à St-Valier ⁸; m ⁷ 14 juin 1735, à Augustin GUILMET; s ⁷ 24 février 1736. — *Joseph-Claude*, b ⁸ 5 juin 1719;

---

(1) Dit Dorval.
(2) Dit Silvain.

(1) Dit Dorval.
(2) 26 août au Registre de Berthier.

m ⁷ 17 oct. 1746, à Madeleine BOUTIN ; s ⁷ 6 avril 1763. — *Marie-Angélique*, b ⁸ 11 mars 1720 ; m ⁷ 11 nov. 1739, à Pierre TERRIEN.—*Guillaume*, b ⁸ 28 sept. 1721 ; m 9 février 1750, à Monique BOULÉ, à St-François-du-Sud.—*Ignace*, b ⁸ 5 janvier 1725. — *Marie-Claire*, b ⁷ 1ᵉʳ juillet 1728 ; m ⁸ 4 février 1754, à Pierre PRUNEAU. — *Basile*, b ⁷ 25 sept. 1730. — *Isabelle*, b ⁷ 3 sept. 1733 ; m ⁷ 13 janvier 1766, à Thomas LAPIERRE.—*Marie-Joseph*, b... m ⁷ 20 nov. 1752, à Joseph PRUNEAU.

1715, (25 février) Laprairie. ⁸
II.—BOUCHARD, LOUIS,   [CLAUDE I.
  b 1680 ; s 18 nov. 1727, à Montréal. ⁷
1° LEFEBVRE, Suzanne,   [PIERRE I.
  b 1688.
Marie-Joseph, b ⁸ 25 juillet 1716 ; s ⁸ 16 sept. 1727.—*Louis*, b ⁸ 19 février 1718 ; m ⁷ 15 février 1751, à Marie-Joseph BOYER. — *Marie-Charlotte*, b ⁸ 15 août 1719. — *Marie-Catherine*, b ⁸ 29 sept. 1720.

      1724, (2 déc.) ⁸
2° DANIAU, Françoise,   [JEAN-PIERRE I.
  b 1678 ; veuve de Jacques Deneau.

BOUCHARD, JEAN,
  s 27 juin 1744, à St-Thomas. ⁸
VALIÈRE, Marie-Geneviève,
  s avant 1745.
Marie-Geneviève, b... m ⁸ 1ᵉʳ mars 1745, à Antoine LAMARRE.

1722, (8 juin) Montreal. ⁸
II.—BOUCHARD (1), JEAN,   [RENÉ I.
  b 1697 ; s ⁸ 15 déc. 1747.
TESSIER, Marie-Louise,   [JEAN II.
  b 1692 ; veuve de Paul Dumouchel.
Françoise, b ⁸ 3 mars 1723 ; m ⁸ 3 février 1744, à Pierre LEDUC ; s ⁸ 10 sept. 1747. — *Jean-Baptiste*, b ⁸ 18 janvier 1725 ; s ⁸ 3 juillet 1730.— *Marie-Angélique*, b ⁸ 27 janvier et s ⁸ 25 août 1727.—*Joseph-Marie*, b ⁸ 27 janvier 1728 ; m 2 janvier 1759, à Marie-Joseph MAROT.—*Augustin*, b ⁰ 25 avril et s ⁸ 7 dec. 1729.—*Angélique-Elisabeth*, b ⁸ 18 juin 1730.—*Elisabeth*, b ⁸ 6 et s ⁸ 29 janvier 1737. — *Madeleine*, b... m 3 juin 1776, à Joseph LEUROPE, à l'Ile Dupas.

BOUCHARD, JOSEPH, b 1713 ; s 9 juin 1741, à St-Thomas.

      1727.
BOUCHARD, NICOLAS.
BLAIS, Anne.   [ANTOINE II.
Pierre, b 2 mai 1728, à St-Pierre-du-Sud.

      1727.
III.—BOUCHARD, JOSEPH,   [FRANÇOIS II.
  b 1706.
1° OUELLET, Marie-Dorothée,   [JOSEPH II.
  b 1701 ; s 7 dec. 1743, à Ste-Anne-de-la-Pocatière. ⁶

(1) Dit Lavallée, sergent.

Joseph-François, b 16 mai 1728, à Kamouraska.⁷ ; s ⁷ 10 sept. 1729.—*Jean-Baptiste*, b ⁷ 12 nov. 1730.—*Louis*, b ⁷ 24 août et s ⁷ 11 nov. 1732.—*Prisque*, b ⁷ 3 janvier 1734 ; m ⁷ 22 nov. 1762, à Marie-Joseph SAUCIER.—*Michel-Ange*, b ⁷ 30 janvier 1736 ; m 14 janvier 1765, à Véronique MIVILLE, à la Rivière-Ouelle.⁸— *Pierre*, b ⁷ 28 février 1738.—*Geneviève*, b ⁷ 24 avril 1740 ; m ⁸ 15 nov. 1773, à André LEBLANC.

      1744, (23 nov.) ⁶
2° THIBOUTOT, Madeleine.   [PIERRE II.
Marie-Madeleine, b ⁷ 20 oct. 1745 ; m ⁷ 27 janvier 1766, à Barthélemi VAILLANCOUR.—*Marie-Joseph*, b ⁷ 24 juin 1747.—*François-Raphael*, b ⁸ 19 avril 1753.—*Joseph*, b ⁸ 16 avril 1755.—*Jean-Baptiste*, b... s ⁷ 15 avril 1756. — *Judith*, b⁷ 29 août 1763.

BOUCHARD.
Françoise, b... m à SIMON BLANCHET.

1730, (9 sept.) Montreal.
III.—BOUCHARD (1), ANTOINE,   [JEAN-BTE II.
  b 1700.
HUBERT, Frse-Véronique,   [JOSEPH II.
  b 1706.
Marie-Véronique, b 12 mai 1734, au Detroit.

1732, (17 nov.) St-Pierre, I. O.
IV.—BOUCHARD (2), JEAN-BTE,   [JEAN-BTE III.
  b 1707.
CRÉPEAU, Geneviève,   [ROBERT II.
  b 1708.

1734, (22 fevrier) Islet.
III —BOUCHARD, JOSEPH,   [GABRIEL II.
  b 1712, s 23 janvier 1750, à Ste-Anne-de-la-Pocatière. ²
FORTIN, Marie-Madeleine (3),   [PIERRE II.
  b 1710.
Marie-Madeleine, b ² 2 déc. 1734 ; m ² 24 nov. 1751, à Jean-Baptiste GUY.—*Marie-Rosalie*, b ² 1ᵉʳ mai 1736 ; 1° m ² 26 février 1753, à Louis CHOUINARD ; 2° m ² 21 juillet 1760, à Joseph MIVILLE.—*Joseph*, b ² 28 déc. 1738 ; m 2 février 1761, à Marie-Joseph OUELLET, à St-Roch.—*Louis-Julien*, b ² 29 sept. 1740 ; s ² 19 janvier 1760.—*Jean-Marie*, b ² 21 août 1742 ; s ² 17 août 1743.—*Charles*, b ² 3 janvier 1744 ; m ² 14 juillet 1766, à Marie-Françoise DIONNE.—*Marie-Charles*, b ² 9 nov. 1745, s ² 16 juin 1748.—*Jean-Gabriel*, b ² 10 sept. 1747 ; m ² 20 août 1770, à Marie-Geneviève AUTIN.—*Geneviève*, b ² 9 mai 1749 ; m ² 25 nov. 1761, à Benjamin MICHAUD.

1734, (26 sept.) Beauport.
III.—BOUCHARD (4), JEAN-BTE,   [JEAN-BTE II.
  b 1698.
DeCHAVIGNY (5), Marie-Joseph.   [FRANÇOIS II.

(1) Dit Dorval
(2) Voy. J. B. Dorval, 1732.
(3) Elle épouse, le 5 juillet 1751, Joseph Ouellet, à Ste-Anne-de-la-Pocatière.
(4) Dit Dorval—Desgroseillers. Agent de la compagnie d'Occident.
(5) Dit Lachevrotière.

Louis-Joseph, b 3 sept. 1740, à Québec⁶ ; s⁶ 4 janvier 1741.—*Marie-Louise*, b 12 mai et s 8 juillet 1742, à Deschambault. ⁴—*Joseph-Prosper*, b⁴ 19 mai 1743.—*Marguerite*, b⁶ 2 nov. 1748.

1735.

III.—BOUCHARD, Jean-Bte-Noel, [Ant. II.
b 1707 ; s 13 nov. 1760, à la Petite-Rivière.
Tremblay, Marie-Catherine, [Etienne III.
b 1717.
Jean-Baptiste, b 16 avril 1736, à la Baie-St-Paul. ⁴— *François*, b⁴ 14 avril 1738 ; m⁴ 9 juin 1761, à Marie-Angélique Debien.—*Pierre*, b⁴ 4 mai 1740 ; m⁴ 26 février 1767, à Silvie Grenon. —*Marie-Catherine*, b⁴ 8 et s⁴ 15 nov. 1741.— *Marie-Elisabeth*, b⁴ 8 oct. 1742 ; m⁴ 26 août 1760, à Jean Néron. — *Marie-Emérance*, b⁴ 30 août 1744 ; m⁴ 8 nov. 1763, à Joseph Bolduc.— *Amédé-Constantin-Brice-Siméon-Richard*, b⁴ 24 mars 1746.—*Antoine*, b⁴ 7 déc. 1747 ; m⁴ 18 février 1772, à Marie-Joseph Grenon. — *Michel-Romain*, b⁴ 9 août 1749.—*Etienne*, b⁴ 13 avril 1751.—*Alexis*, b⁴ 9 janvier 1753.—*Victor-Samson*, b⁴ 28 juillet 1754.

1735, (21 février) Québec.⁶

I.—BOUCHARD (1), Pierre, menuisier, b 1711 ; fils de François et de Jeanne Robert, de Marenne, diocèse de Xaintes ; s⁶ 25 avril 1764
Lemoine (2), Marie-Joseph, [François I.
b 1696, veuve de René Laizeau.
Marguerite, b⁶ 11 oct. 1734 ; m⁶ 12 oct. 1750, à Jean-Pierre Pecontant.

1736, (9 janvier) St-Roch.³

III.—BOUCHARD, Jean, [Pierre II.
b 1711.
Pelletier, Angélique. [Jean-Bte IV.
Angélique, b³ 29 oct. 1736 ; m 5 nov. 1765, à Pierre Lebreton, à Ste-Anne-de-la-Pocatière.⁴ —*Marie-Honorée*, b³ 31 août 1738.— *Brigitte*, b³ 20 août 1740 ; m⁴ 8 février 1768, à Pierre Lebreton.—*Joseph*, b³ 15 juin 1742 ; m 2 juillet 1764, à Marie-Thérèse Guillot, à Beauport— *Marie-Anne*, b³ 29 juin 1745.— *François*, b³ 25 janvier 1750, s³ 24 février 1760 — *Jean-Marie*, b³ 13 août 1752.— *Marie*, b³ 19 et s³ 30 août 1754. — *Gabriel-Thomas*, b³ 21 et s³ 31 déc 1755. — *Marie-Marthe*, b... m³ 21 oct. 1777, à Germain Sirois.—*Marie*, b... m⁴ 26 nov. 1764, à Joseph Lisot.

BOUCHARD, Louis.
René-Augustin, b... s 19 juin 1737, à Beauport.

1736, (13 février) Rivière-Ouelle.

III.—BOUCHARD, Jean-Bte, [François II.
b 1710.
1° Taillon, Marie-Anne, [Jos. Jacques III.
b 1719 ; s 3 sept. 1736, à Kamouraska.
1742, (19 nov.) St-Roch.¹
2° Ouellet, Madeleine, [Sébastien II
b 1711 ; s 1ᵉʳ avril 1748, à Ste-Anne-de-la-Pocatière.²

(1) Dit St-Pierre, 1764.
(2) Dit Jasmin.

Jean-François, b ² 2 février 1744 ; m ² 21 janvier 1765, à Geneviève Pelletier.—*Marie-Madeleine*, b¹ 24 et s¹ 25 août 1745.—*Marie-Madeleine*, b² 11 juillet 1746 ; s² 29 juin 1750.— *Jean-Baptiste*, b 1747 ; s¹ 29 juin 1750.—*Joseph-Marie*, b² 20 mars 1748.

1737, (11 nov.) St-Pierre, I. O.

IV.—BOUCHARD (1), Pierre, [Pierre III.
b 1710.
Raté, Agathe, [Guillaume II.
b 1716.

1737, (18 nov.) St-Pierre, I. O.

IV.—BOUCHARD (1), Pierre, [Jean-Bte III.
b 1716.
Raté, Cecile (2), [Pierre II.
b 1719.

1738, (2 juin) St-Thomas.³

III.—BOUCHARD, Claude-Joseph, [Nicolas II.
b 1713.
Tibaut, Elisabeth (3), [Jacques II.
b 1715.
Marie-Elisabeth, b³ 12 mars 1740 ; m³ 3 février 1766, à Jean-Baptiste Poirier.—*Joseph-Charles*, b³ 25 février 1741.

1738, (20 nov.) Eboulements.⁴

III.—BOUCHARD, Antoine, [Antoine II.
b 1709 ; s⁴ 3 juillet 1776.
Gagnon, Marie-Jeanne, [Joseph III.
b 1712 ; s⁴ 11 dec. 1776.
Pierre, b⁴ 9 janvier 1740 ; m⁴ 28 janvier 1760, à Geneviève Grenon. — *Antoine*, b... m 26 nov. 1764, à Madeleine-Elisabeth Tremblay, à la Baie-St-Paul.⁵— *Joseph-Louis*, b... m 23 oct. 1769, à Marie-Madeleine Tremblay, à l'Ile-aux-Coudres⁶ —*Madeleine*, b... m⁹ 30 juin 1773, à Adrien Guay. — *Marie-Emérance*, b⁴ 11 sept. 1745 ; m⁴ 20 février 1764, à Pierre-Louis Girard. — *Jean-Baptiste-Dominique*, b⁴ 7 dec. 1746 ; s⁴ 2 avril 1770.— *François-Bernard*, b⁴ 21 mars 1748 ; m⁵ 20 nov. 1775, à Felicité Tremblay.—*Geneviève*, b... m⁴ 4 fevrier 1776, à Pierre Tremblay. — *Marie-Thérèse*, b⁴ 28 nov.1753 ; m⁴ 4 nov. 1772, à François Lajoie.—*Godfroy*, b... m⁶ 26 avril 1775, à Charlotte Tremblay.

1739, (3 août) Montréal.⁷

II.—BOUCHARD (4), Joseph. [René I.
Bourdria, Marie-Joseph, [Antoine I.
b 1711.
Louise, b⁷ 31 juillet 1740 ; m⁷ 19 avril 1762, à Antoine Desforges. — *Marie-Madeleine*, b⁷ 30 juillet 1743.—*Marie-Catherine*, b⁷ 7 mars 1745 , s⁷ 8 février 1747.—*Marie-Charlotte*, b⁷ 31 mars et s⁷ 3 avril 1746.—*Joseph*, b⁷ 18 avril et s⁷ 25 juillet 1747.—*Pierre*, b⁷ 21 mai 1748.—*Jean*, b... m 14 août 1775, à Marie-Joseph Fortin, à Terrebonne.

(1) Voy. Pierre Dorval, 1737, pour les enfants.
(2) Elle épouse, le 17 oct. 1763, Joseph Loiseau, à Sorel.
(3) Elle épouse, le 7 oct. 1748, Joseph Pelletier, à St-Thomas.
(4) Dit Lavallée.

BOU 869 BOU

1739, (3 nov.) Islet.
III.—BOUCHARD, Pierre, [Pierre II.
 b 1718; s 18 oct. 1773, à St-Thomas. ³
 Caron, Marguerite-Cordule, [Joseph III.
 b 1722.
Pierre-Basile, b ⁸ 15 sept. 1740; m 24 août 1761, à Marie Talbot, à St-Pierre-du-Sud.—*Joseph-Marie*, b ⁸ 15 janvier 1742.—*Augustin*, b ⁸ 2 sept. 1743.—*Charles*, b ⁸ 10 août 1745.—*Marguerite*, b ⁸ 22 août 1747; m ⁸ 2 juillet 1767, à René McDonell; s 28 janvier 1776, à Quebec.

1739, (17 nov) Petite-Rivière. ⁹
III.—BOUCHARD, Joseph-Frs, [François II.
 b 1713; s 28 déc. 1755, à l'Ile-aux-Coudres. ²
 Savard, Dorothée, [Joseph III.
 b 1718; s avant 1766.
Marie-Joseph, b ² 23 mars 1741; m ² 1ᵉʳ mai 1759, à Jean Perron.—*Claude*, b ² 16 avril 1743; m 27 juillet 1766, à Geneviève Desbagnés, à la Baie-St-Paul.³—*Agathe*, b ² 10 avril 1745; s² 24 août 1747.—*Dorothée*, b ² 5 mars 1747; m ⁹ 20 juin 1768, à François Martel.—*Françoise*, b ² 13 mars 1749, s² 8 mai 1750.—*Madeleine*, b² 5 mars 1751; m ⁸ 8 août 1768, à Joseph Perron.—*Geneviève*, b ² 6 août 1752; m ² 2 août 1773, à Joseph-Louis Gonthier.—*Tècle*, b ² 30 nov. 1754, m ² 9 août 1774, à Louis Lajoie.

BOUCHARD, Jean,
 b 1713; s 11 dec. 1755, à St-Roch.

1741, (13 nov.) Ile-aux-Coudres. ⁷
III.—BOUCHARD, Jacques, [Antoine II.
 b 1713; s ⁷ 18 mai 1772.
 Rousset, Louise-Françoise, [François II.
 b 1724.
Marie-Madeleine-Louise-Françoise, b ⁷ 16 avril 1743, m ⁷ 8 oct. 1764, à Pierre Audet.— *Marie-Angélique*, b ⁷ 12 sept. 1745; s ⁷ 13 avril 1749.—*Marie-Emérance*, b ⁷ 24 août 1747.—*Marie-Angélique*, b ⁷ 26 oct. 1749; m ⁷ 8 nov. 1769, à Louis Caron.—*Jacques*, b ⁷ 6 août 1752; m ⁷ 18 août 1777, à Marie-Joseph Ouellet.—*Marie-Augustine*, b ⁷ 23 juillet 1755; m ⁷ 18 août 1777, à Marc Gagnon.—*Félicité-Perpétue*, b ⁷ 20 janvier 1759.—*Marie-Joseph*, b ⁷ 27 août 1763.

BOUCHARD, Jean.
Pierre, b et s 20 juillet 1742, à St-Thomas.

BOUCHARD, Philippe,
 Dionne, Marie.
Geneviève, b... m 18 février 1765, à Antoine Gagnon.

1744, (12 oct,) St-Thomas. ⁹
III.—BOUCHARD, Joseph. [Pierre II.
 1º Couillard (1), Elisabeth, [Jacques IV.
 b 1724; s ⁹ 27 fevrier 1748.
Elisabeth, b ⁹ 18 sept. 1745; m ⁹ 19 août 1765, à Germain Blondeau.—*Joseph*, b ⁹ 27 dec. 1746.—*Marie-Louise*, b ⁹ 7 fevrier 1748, m ⁹ 28 avril 1767, à Louis Ligny.

(1) Dit Desprès.

1749, (18 août). ⁹
2º Coté, Marguerite. [Joseph IV.
Chrysostôme, b 21 juillet 1750, à St-Pierre-du-Sud; s ⁹ 9 fevrier 1751.—*Marguerite*, b ⁹ 9 et s⁹ 22 janvier 1752.—*Jean-Baptiste*, b ⁹ 19 dec. 1753.—*Elisabeth*, b ⁹ 7 janvier et s ⁹ 21 oct. 1758.—*Anonyme*, b ⁹ et s ⁹ 23 sept. 1759.—*Marie-Madeleine*, b ⁹ 8 sept. 1760.

1746, (6 juin) Montréal.
II.—BOUCHARD (1), Jean-Bte, [René I.
 b 1721.
 Bourdria, Marie-Anne, [François II.
 b 1725.
Louis, b 24 juillet et s 14 sept. 1749, à St-Laurent, M. ³—*Marie-Amable*, b ³ 14 et s ³ 15 mai 1750.—*Jean*, b ³ 14 juin et s ³ 24 juillet 1751.—*Geneviève*, b ³ 8 août et s ³ 5 sept. 1752.—*Marie-Louise*, b ³ 23 sept. 1753.— *Louis-Amable*, b ³ 27 nov. 1755.—*Marie-Joseph*, b ³ 22 dec. 1756; s ³ 28 juillet 1757.—*Eustache*, b ³ 25 avril et s ³ 12 août 1758.—*Marie-Françoise*, b ³ 18 juin et s ³ 29 juillet 1759.—*Pélagie*, b ³ 25 oct. 1760.

1746, (10 oct.) St-Thomas. ⁴
III.—BOUCHARD, Nicolas, [Nicolas II.
 b 1723.
 Chiasson, Marie-Anne. [François I.
Nicolas, b ⁴ 18 juillet 1748.

1746, (17 oct.) Berthier. ⁵
III.—BOUCHARD, Joseph-Claude, [Ignace II.
 b 1719; s ⁵ 6 avril 1763.
 Boutin, Madeleine (2), [Jean-Bte III.
 b 1721.
Marie-Madeleine, b ⁵ 19 sept. 1752; s ⁵ 17 janvier 1756.—*Marie-Joseph*, b ⁵ 6 oct. 1757; m ⁵ 13 nov. 1781, à Augustin Morin.

1746, (14 nov.) Baie-St-Paul. ⁶
III.—BOUCHARD, Joseph, [Antoine II.
 b 1718.
 Fortin, Françoise, [François III.
 b 1727.
Emérance, b... m ⁶ 17 nov. 1768, à Etienne-Gaspard Tremblay.— *Joseph*, b... m ⁶ 27 janvier 1777, à Marie-Jeanne Tremblay. — *Marie-Madeleine*, b ⁷ 27 août 1747, à la Petite-Rivière.⁷—*Marie-Joseph-Angélique*, b ⁷ 10 fevrier, et s ⁷ 3 mars 1749. — *Antoine-François*, b ⁷ 30 janvier 1752.—*Marie-Joseph-Angélique*, b ⁷ 24 août 1754.—*Jean-François*, b ⁷ 11 sept. 1756.—*Joseph-Louis-Antoine*, b ⁷ 16 oct. 1758. — *Marie-Madeleine*, b ⁷ 3 déc. 1759.—*Antoine-François*, b ⁷ 29 avril 1764.—*René-Pierre-François*, b ⁷ 7 oct. 1767.—*Ignace*, b ⁷ 21 dec. 1771.

1747, (6 nov.) Montréal. ⁸
III—BOUCHARD, Joseph, [Pierre II.
 b 1716.
 Leclerc, Marguerite, [Louis II.
 b 1726.
Joseph, b ⁸ 15 sept. 1748.

(1) Dit Lavallée.
(2) Elle épouse, le 10 oct. 1763, André Bauché à Berthier.

BOU 370 BOU

1747, (28 nov.) Petite-Rivière. [9]
III.—BOUCHARD, Etienne, [François II.
b 1717.
Gagné, Geneviève, [François IV.
b 1726.
Etienne, b [9] 3 nov. 1749. — *François*, b [9] 5 sept. 1751. — *Louis-Michel*, b [9] 11 août 1753. — *Barthélemi*, b [9] 27 mars 1755.—*Augustin*, b [9] 11 mars 1757.

BOUCHARD, Jean-François,
s 11 avril 1756, à St-Roch. [9]
Ouellet, Marie-Angélique.
Marie-Marthe, b [9] 7 janvier 1748.

1748, (23 sept.) Beauport. [9]
I. — BOUCHARD (1), Nicolas-Philibert, fils d'Antoine et de Marie-Anne Donzers, de St-Séverin, Paris.
1° Vallé, Catherine, [Nicolas II.
b 1724; s 2 déc. 1766, à la Rivière-Ouelle. [8]
Jean-Baptiste, b 1749; s 14 août 1750, à Québec. [7] — *Nicolas-Christophe*, b [7] 13 mars 1751. — *Catherine*, b [8] 2 janvier 1753; s [7] 12 août 1755.— *Marie-Madeleine*, b [8] 21 mai et s [8] 30 juin 1754.— *Aubin*, b [7] 2 sept. 1755; s [7] 26 juillet 1756.—*André*, b [9] 18 juillet 1760.—*Joseph*, b [7] 24 avril 1762. — 1767, (5 oct.) [8]
2° Gautier, Madeleine, [Pierre II.
b 1739.

1749, (3 février) Eboulements.
III.—BOUCHARD, Jean-Bte, [François II.
b 1718.
Tremblay, Marie-Charlotte, [Louis III.
b 1731.
Marie-Madeleine, b 22 janvier 1751, à la Petite-Rivière. [9] — *Marie-Geneviève*, b [9] 20 février 1754; m 17 nov. 1768, à Jean-Baptiste Dufour, à la Baie-St-Paul. — *Jean-Baptiste*, b [9] 29 nov. 1760.

1749, (17 nov.) St-Valier. [8]
III.—BOUCHARD, Charles, [Nicolas II.
b 1726; s [8] 27 avril 1760.
Corriveau, Marie-Joseph (2), [Joseph III.
b 1733.
Marie-Françoise, b [8] 10 mars 1752; m [8] 16 oct. 1769, à Paul Gourgue.—*Marie-Angélique*, b [8] 6 février 1754, m [8] 16 oct. 1769, à Jean-Baptiste Quemleur.—*Charles*, b [8] 16 août 1757.

1750, (9 février) St-François-du-Sud. [9]
III.—BOUCHARD, Guillaume, [Ignace II.
b 1721.
Boulé, Monique, [Joseph III.
b 1728.
Ignace, b [9] 7 avril 1751.—*Marie-Joseph*, b [9] 27 sept. 1753. — *Marie-Anne*, b... s 28 sept. 1754, à St-Valier. [8]—*Augustin-Pierre*, b [8] 26 février 1756. *Marie*, b [8] 31 mars 1758.

1750, (22 juin) St-Valier. [9]
III.—BOUCHARD (1), Pierre, [Nicolas II.
b 1728.
Roy, Ursule, [Nicolas II.
b 1726; veuve de Noël Carrier.
Pierre-Charles, b [9] 27 oct. 1751.—*Marie-Joseph*, b [9] 26 août 1754. — *Nicolas*, b [9] 2 avril 1756. — *Pierre*, b [9] 20 mai 1759. — *Ursule*, b [9] 15 juillet 1761.

1750, (3 nov.) Ile-aux-Coudres. [9]
III.—BOUCHARD, François. [François II.
1° Tremblay, Geneviève, [Guillaume III.
b 1732; s [9] 7 oct. 1773.
Anonyme, b [9] et s [9] 29 nov. 1751.
1775, (6 février). [9]
2° Desgagnés, Cécile, [Joseph II.
b 1731; veuve de Charles Demeules.

1750, (15 nov.) Petite-Rivière.
III.—BOUCHARD, Michel, [Antoine II.
b 1725.
Tremblay, Marie-Louise (2), [Louis III.
b 1729.
Madeleine, b 8 sept. 1751, à la Baie-St-Paul [8]; m [8] 12 nov. 1774, à Jérôme Girard. — *Rose*, b... m [8] 12 nov. 1774, à Louis Boivin. — *Dorothée*, b [8] 9 mai 1755; m [8] 24 nov. 1776, à Louis Gautier. — *Marie-Joseph-Sylvie*, b [8] 11 déc. 1757.— *Louis-Antoine-Michel*, b [8] 9 février 1760.— *Jacques-Michel*, b [8] 21 février 1762. — *Pierre-Jean-Prisque*, b [8] 29 janvier 1765.—*Marie-Agathe-Angélique*, b [8] 3 février 1768. — *Joseph-Marie*, b [1] 26 mars 1771.

1751, (15 février) Montréal.
III.—BOUCHARD, Louis, [Louis II.
b 1718.
Boyer, Marie-Joseph, [Antoine II.
b 1726.

BOUCHARD, s 25 juillet 1756, à la Petite-Rivière.

1757, (14 nov.) Petite-Rivière. [1]
III.—BOUCHARD, Louis, [Antoine II.
b 1729.
Dufour, Marie-Françoise, [Bonaventure II.
b 1740.
Louise-Côme, b [1] 16 oct. 1758; s [1] 20 février 1759.—*Jean-Baptiste*, b [1] 24 oct. 1760. — *Joseph-Marie*, b [1] 4 avril 1762. — *Antoine-Abraham*, b [1] 9 juin 1764. — *Abel-François-Alexis*, b [1] 23 août 1767.—*Marie-Madeleine*, b [1] 30 avril 1772.

1759, (22 janvier) Montréal.
III.—BOUCHARD, Joseph, [Jean II.
b 1728.
Marot, Marie-Joseph, [Jacques II.
b 1737.

---

(1) Dit Joliœur, canonier de la compagnie de Raymond.
(2) Elle épouse, le 20 juillet 1761, Louis Dodier, à St-Valier.

(1) Dit Boucher, 1754.
(2) Appelée Marie-Anne en 1765.

BOUCHARD, Joseph.
 Lebel, Marie-Joseph,
 s 30 janvier 1767, à Ste-Anne-de-la-Pocatière.

BOUCHARD, Emérance (1), b... s 1er avril 1760, à la Petite-Rivière.

1760, (28 janvier) Eboulements. ²
IV.—BOUCHARD, Pierre, [Antoine III.
 b 1740.
 Grenon, Marie-Geneviève, [Joseph II.
 b 1734.
 Marie-Catherine, b 20 juillet 1761, à la Baie-St-Paul.—*Pierre-Joseph,* b ² 10 sept. 1762, m ² 7 août 1786, à Ursule Tremblay.—*Marie-Geneviève,* b ² 17 février et s ² 27 mars 1764.—*Geneviève,* b... m ² 17 nov. 1784, à Salomon Tremblay. —*Pierre,* b ² 1er et s ² 2 avril 1766.— *Jean-Baptiste,* b ² 14 juin 1767.—*Marie-Thérèse-Judith,* b ² 2 février 1770.—*Dominique,* b ² 23 février 1772.—*Jean-Baptiste,* b ² 4 juillet 1773. — *Charlotte-Félicité,* b ² 25 oct. 1775.—*Marie-Constance,* b ² 22 février 1778.

BOUCHARD, René.
 Toussaint, Marie.
 René, b 4 juillet 1761, à Ste-Anne-de-la-Pocatière

1761, (2 février) St-Roch. ³
IV.—BOUCHARD, Joseph, [Joseph III.
 b 1738.
 Ouellet, Marie-Joseph, [Jacques III.
 b 1740.
 Joseph-Marie, b ³ 1er février 1762.—*Marie-Joseph,* b ³ 7 sept. 1763, m 1er août 1791, à Antoine Cloutier, à Deschambault. ⁴ — *Pierre,* b... m 26 sept. 1786, à Judith Hamelin, aux Grondines.— *Euphrosine,* b... m ⁴ 1er oct. 1792, à Joseph Groleau.

1761, (9 juin) Baie-St-Paul. ⁵
IV.—BOUCHARD, Frs, [Jean-Bte-Noel III.
 b 1738.
 Debien, Angélique, [Etienne II.
 b 1738.
 Suzanne-Félicité, b ⁵ 13 sept. 1762.—*Marie-Angélique,* b ⁵ 20 oct. 1764 —*François-Xavier-Raymond* et *Joseph-Marie-Felix,* b ⁵ 30 août 1766. —*Jean-Baptiste-Saturnin,* b ⁵ 11 août 1768 — *Louis-Michel,* b ⁵ 20 février 1771. — *Nicolas,* b ⁵ 1er juin 1773.—*Félicité,* b ⁵ 8 avril 1775.—*André,* b ⁵ 3 février 1777.

1761, (24 août) St-Pierre-du-Sud.
IV.—BOUCHARD, Pierre-Basile, [Pierre III.
 b 1740.
 1° Talbot, Marie, [Simon II
 b 1739, s 9 juillet 1769, à Ste-Anne-de-la-Pocatière. ⁶
 Pierre, b 15 juin 1762, à St-Roch⁷ ; s ⁷ 15 avril 1763 —*Joseph-Marie,* b ⁷ 13 mai 1764.

(1) La marge, et l'acte est en blanc.

1771, (7 janvier). ⁶
2° Miville, Marthe, [Joseph IV
 b 1755.

1762, (22 nov.) Kamouraska.¹
IV.—BOUCHARD, Prisque, [Joseph III.
 b 1734.
 Saucier, Marie-Joseph, [Louis III.
 b 1745.
 Marie-Madeleine, b ¹ 15 mars 1765.—*Marie-Euphrosine,* b ¹ 3 août 1766.—*Joseph-Prisque,* b ¹ 5 oct. 1768.—*Geneviève,* b ¹ 18 sept. 1770.— *Marie-Joseph,* b ¹ 1er avril 1772.

1764, (2 juillet) Beauport.
IV.—BOUCHARD, Joseph, [Jean III.
 b 1742.
 Guillot, Marie-Thérèse, [Jacques III
 b 1735.
 Joseph-Marie, b 7 oct. 1764, à St-Roch.

1764, (26 nov.) Baie-St-Paul.
IV.—BOUCHARD, Antoine. [Antoine III.
 Tremblay, Elisabeth-Madeleine [Etienne III.
 b 1745.
 Louis, b 8 déc. 1765, aux Eboulements. ²— *Didace-Martin,* b ² 12 juin 1768.—*Jean-Baptiste,* b ² 14 août 1769 —*Antoine,* b ² 19 mars et s ² 9 avril 1771. — *Madeleine,* b ² 19 mars 1771. — *Thérèse,* b ² 16 mai 1773.—*Godfroy,* b ² 4 sept. 1774.—*Pierre,* b ² 19 mai 1776.—*Antoine,* b ² 10 août 1777.—*Félicité,* b ² 28 février 1779.—*Louis,* b ² 7 mai 1781.—*François,* b ² 2 nov. 1782.

1765, (14 janvier) Rivière-Ouelle.
IV.—BOUCHARD, Michel, [Joseph III.
 b 1736.
 Miville, Véronique. [Pierre-Frs IV.

1765, (21 janvier) Ste-Anne-de-la-Pocatière.
IV.—BOUCHARD, Jean-Frs, [Jean-Bte III.
 b 1744.
 Pelletier, Geneviève, [François IV.
 b 1742.

1766, (14 juillet) Ste-Anne-de-la-Pocatière.
IV.—BOUCHARD, Charles, [Joseph III.
 b 1744.
 Dionne, Marie-Françoise, [Augustin III.
 b 1739.

1766, (27 juillet) Baie-St-Paul.
IV.—BOUCHARD, Claude, [Joseph-Frs III.
 b 1743.
 Desgagnés, Geneviève, [Joseph II.
 b 1737.
 Marie-Joseph. b 1768, à l'Ile-aux-Coudres. ⁸ — *Joseph-Marie,* b ⁸ 8 juin 1770 , s ⁸ 20 février 1771. —*Julie,* b ⁸ 12 juin 1772. — *Félicité,* b ⁸ 3 février 1775.—*Henri,* b ⁸ 6 août 1777 —*Anonyme,* b ⁸ et s ⁸ 21 mai 1779 — *Geneviève-Archange,* b ⁸ 28 sept. 1780 ; s ⁸ 6 mai 1781.

1767, (26 février) Baie-St-Paul. ⁹
IV.—BOUCHARD, Pierre,   [Jean-Bte-Noel III.
  b 1740.
  Grenon, Silvie,   [Jean-Bte III.
  b 1753.
  Pierre, b ⁹ 20 janvier 1771.—*Agnès,* b ⁹ 15 avril 1773.—*Rosalie,* b ⁹ 26 février 1775.—*Antoine,* b ⁹ 15 juillet 1777.—*Anonyme,* b ⁹ 15 et s ⁹ 17 juillet 1777.

1769, (23 oct.) Ile-aux-Coudres. ¹
IV.—BOUCHARD, Joseph-Louis. [Antoine III.
  Tremblay, Marie-Madeleine, [Etienne III.
  b 1752.
  Joseph-Marie, b ¹ 8 déc. 1770. — *Marie,* b ¹ 18 avril 1772.—*Madeleine,* b ¹ 1ᵉʳ janvier 1774.—*Marie-Rosalie,* b ¹ 7 déc. 1775.—*Jean-Amable,* b ¹ 14 déc. 1777.—*Angélique,* b ¹ 31 déc. 1778.—*Isaac,* b ¹ 30 oct. 1780. — *Constance,* b ¹ 18 nov. 1782.

1770, (20 août) Ste-Anne-de-la-Pocatière.
IV.—BOUCHARD, Gabriel,   [Joseph III.
  b 1747.
  Autin, Marie-Geneviève,   [Joseph II.
  b 1739

1772, (18 février) Baie-St-Paul. ²
IV.—BOUCHARD, Antoine,   [Jean-Noel III.
  b 1747.
  Grenon, Marie-Joseph,   [Jean-Bte III.
  b 1750
  Thérèse, b ² 29 nov. 1773.—*Madeleine,* b ² 13 déc. 1775.—*Jean-Baptiste,* b ² 7 oct. 1777.

1775, (26 avril) Ile-aux-Coudres.
IV.—BOUCHARD, Godfroy.   [Antoine III
  Tremblay, Charlotte,   [Jean IV.
  veuve de Jean-Marie Tremblay.
  Marie-Elisabeth, b 13 oct. 1776, aux Eboulements. ⁸ — *Emérance-Véronique,* b ⁸ 16 février 1778.—*Véronique,* b ⁸ 29 mars 1779.—*André,* b ⁸ 21 oct. 1780.—*Olivier,* b ⁸ 1ᵉʳ avril 1782. — *Anonyme,* b... s 27 juillet 1783. — *Rosalie,* b ⁸ 14 août 1784.—*Ursule,* b ⁸ 7 août 1786.

1775, (14 août) Terrebonne.
III.—BOUCHARD, Jean.   [Joseph II.
  Fortin, Marie-Joseph,   [Julien IV.
  b 1756.

1775, (20 nov.) Baie-St-Paul.
IV.—BOUCHARD, Frs-Bernard, [Antoine III.
  b 1748.
  Tremblay, Félicité,   [Jean IV.
  b 1759.
  François-Xavier, b 5 et s 23 janvier 1777, aux Eboulements. ⁸ — *Vital,* b ⁸ 26 juillet 1778. — *Moïse,* b ⁸ 17 nov. 1780. — *Eugène,* b ⁸ 2 nov. 1782.—*Marie,* b ⁸ 14 août 1784.—*Marie-Charlotte,* b ⁸ 17 sept. 1786.

1777, (27 janvier) Baie-St-Paul.
IV.—BOUCHARD, Joseph.   [Joseph III.
  Tremblay, Marie-Jeanne,   [Joseph III.
  b 1753.
  Joseph-Marie, b 23 avril 1778, aux Eboulements. ⁷ — *Marie-Madeleine,* b ⁷ 3 oct. 1779. — *Daniel,* b ⁷ 4 nov. 1781. — *Alexandre,* b ⁷ 1ᵉʳ février 1784. — *Marie-Euphrosie,* b ⁷ 14 mai 1786.

1777, (18 août) Ile-aux-Coudres. ⁷
IV.—BOUCHARD, Jacques,   [Jacques III.
  b 1752.
  Ouellet, Marie-Joseph.   [François
  Jacques, b ⁷ 18 nov. 1778. — *François-Julien,* b ⁷ 28 janvier 1780. — *Julienne,* b ⁷ 13 janvier 1782.

BOUCHARD, Antoine.
  Terrien, Geneviève.
  François, b 27 juillet 1783, aux Eboulements. ¹ —*Joseph-Marie,* b ¹ 3 juillet 1785.

1786, (7 août) Eboulements.
V.—BOUCHARD, Joseph,   [Pierre IV.
  b 1762.
  Tremblay, Ursule,   [Nicolas IV.
  b 1766.

BOUCHARD, Charles
  Griau, Marie-Angélique (1).

1786, (26 sept.) Grondines. ¹
V.—BOUCHARD, Pierre.   [Joseph IV.
  Hamelin, Judith,   [Joseph III.
  b 1753.
  Marie-Rosalie, b ¹ 23 mars 1789.

BOUCHARD, Marie, b... m à Louis Brunet; s avant 1789.

BOUCHAUT. — *Variations :* Bouchaux — Bouchaud.

BOUCHAUT, Anne, b... s 4 avril 1741, à l'Hôpital-Général, Quebec.

1704, (21 avril) Quebec. ¹
I.—BOUCHAUT, René, b 1662 ; fils de Pierre et de Perinne Renault, de Ste-Lumine, diocese de Nantes, s ¹ 28 juin 1742.
  Jacquereau, Marguérite,   [Jean I
  b 1666 ; veuve de Charles de Trépagny, s ¹ 17 mai 1731.
  André, b ¹ 1ᵉʳ mars 1705 ; m ¹ 12 oct. 1727, à Marie-Anne Cocheu; s ¹ 26 mai 1776.—*Anonyme,* b ¹ et s ¹ 20 février 1706. — *Geneviève,* b ¹ 26 février et s ¹ 1ᵉʳ mars 1707. — *Louis,* b ¹ 29 nov. 1708 ; 1° m ¹ 29 mai 1730, à Marie-Charlotte Giraud; 2° m ¹ 23 février 1756, à Angelique Chapeau.—*Joseph,* b ¹ 21 février 1711.

(1) Elle épouse, le 10 février 1795, Charles Tardif, à Québec.

1727, (12 oct.) Québec.[1]
II.—BOUCHAUT, ANDRÉ, [RENÉ I.
b 1705; forgeron; s¹ 26 mai 1776.
COCHEU, Marie-Anne, [JACQUES I.
b 1704.
Louis-Antoine, b² 7 janvier 1729.—*Marie-Anne*, b¹ 26 oct. 1730; m¹ 8 janvier 1752, à Henri MORIN; s¹ 11 juillet 1777. — *Germain-François*, b¹ 8 février 1735. — *Louis*, b¹ 7 oct. 1736. — *Marie-Louise*, b¹ 31 mars 1739; s¹ 30 sept. 1755. —*Louis-Joseph*, b¹ 20 août 1741.—*Michel*, b¹ 15 août 1743; m¹ 30 mai 1768, à Angélique CHAUVEAU; s¹ 15 mai 1778.

1730, (29 mai) Québec.[2]
II.—BOUCHAUT, LOUIS, [RENÉ I.
b 1708; boulanger.
1° GIRAUD, Marie-Charlotte, [GUILLAUME I.
b 1705; s² 1er juillet 1755.
Michel-Félix, b² 30 sept. et s² 29 oct. 1731 — *Pierre*, b² 4 nov. 1732; s² 17 mai 1733.—*Marie-Charlotte*, b² 20 août 1734, s² 26 juillet 1735.— *Louis-Jacques*, b² 1er mai 1736.—*René-Augustin*, b² 5 juin 1737. — *Pierre-Bonaventure*, b² 24 juillet 1738.—*Marie-Louise*, b² 18 oct. 1739; s² 20 janvier 1740. — *François*, b² 1740; s² 3 mars 1741.—*Marie-Marguerite*, b² 11 juillet 1742; s² 31 août 1755.—*Jean-Baptiste*, b² 21 janvier 1741 —*Nicolas*, b² 22 mars et s² 14 août 1748.
1756, (25 février).[2]
2° CHAPEAU, Angélique, JEAN I.
b 1714; veuve de Charles Legris.

1768, (30 mai) Quebec.[3]
III.—BOUCHAUT, MICHEL, [ANDRÉ II.
b 1743; s³ 15 mai 1778.
CHAUVEAU, Angélique, [CLAUDE II
b 1750.
Marie-Angélique, b 1769; s³ 29 février 1832 —*Marie-Anne*, b... s 27 dec 1778, à Ste-Foye.— *Catherine*, b... m³ 22 juillet 1793, à Thomas WILSON. — *Félicité*, b... m³ 10 janvier 1797, à Louis BOUCHER.

1734, (28 oct.) Quebec.[3]
—BOUCHEL (1), JACQUES-FRANÇOIS, fils de Jean-Baptiste (conseiller du roi, lieutenant-general des eaux et forêts du Duché de Valois, et avocat au Grand Conseil) et d'Elisabeth Morand
CARDINET, Françoise, [JEAN-BTE I
b 1710.
Elisabeth-Françoise, b³ 23 juillet 1735. — *Louise-Victoire*, b³ 9 juin 1736. — *Agnès*, b³ 27 mai 1737.—*Roch-Charles*, b³ 27 août 1740.— *Louis*, b³ 2 juillet 1742.

BOUCHER.— *Variations et surnoms :* DE GROSBOIS—DE BOUCHERVILLE—DE LA PÉRIÈRE— DE LA BRUYÈRE — DE MONTARVILLE — DE NIVERVILLE—DE MONTBRUN—DE LA BROQUERIE— DE MONTIZAMBERT — DE VERCHÈRES — LAJOIE—ST-AMOUR—DESROSIERS — ST-PIERRE—BELLEVILLE — DÉROCHE — ST-MARTIN — DESNOIS—DUBOIS—SIMON—CAMBRAY.

(1) Chevalier, seigneur d'Orceval, mousquetaire de Sa Majesté, lieutenant de cavalerie et avocat de Paris.

I.—BOUCHER (1), BENOIT, b 1646; s 9 janvier 1703, à St-Antoine-Tilly

1641, (3 sept.) Québec.
II.—BOUCHER, FRANÇOIS (2), MARIN I.
b 1626.
GAREMAN, Florence,
b 1629.
Marie, b 30 oct. 1652, à Sillery m 1670, à Antoine CHAUDILLON s 16 déc 171 , a Pte-aux Trembles, M.

1652, (9 juillet) Québec
II.—BOUCHER (3), PIERRE, [GASPARD I.
b 1622; s 21 avril 1717, à Boucherville.
CREVIER, Jeanne, [CHRISTOPHE I.
b 1636.
Louise, b⁴ 5 déc. 1670 s 25 oct. 1756, à Montreal —*Charles*, b. m à Marie-Anne LAVALTRIE.

1661, (10 oct.) Château-Richer.
II.—BOUCHER, JEAN-GALERAN (2), [MARIN I
b 1633; s 29 mars 1714, à la Rivière-Ouelle.
LECLERC, Marie,
b 1640.
Catherine-Gertrude, b 20 avril 1673 à Quebec[5]; m à LAJOIE ; s⁵ 9 mai 1758

1663, (4 avril) Château-Richer [4]
II.—BOUCHER, PIERRE, [MARIN I.
b 1639, s 3 mai 1707, à la Rivière-Ouelle.
ST-DENIS, Marie [PIERRE I
b 1650.
Marguerite, b⁴ 12 mai 1692; m 2 nov. 1716, à Pierre AUMIER, à Quebec.

1664, (21 avril) Quebec.
I.—BOUCHER (4), FRANÇOIS,
b 1632.
LÉPINE, Anne,
b 1637.
Guillaume, b⁴ 19 janvier 1665, 1° m 19 dec. 1695, à Jeanne BEAUVAIS, à Montréal [5], 2° m 16 août 1716, à Angélique DALONNE, au Détroit. — *Antoinette*, b⁴ 24 déc. 1670, m⁵ 20 nov. 1695, à Etienne-Joseph MARTEL; s⁵ 25 mars 1703. — *Marie-Françoise*, b⁴ 10 janvier 1677 ; m⁵ 26 avril 1702, à Leonard DESMONTS ; s° 18 mars 1703.—*Louise*, b⁴ 20 février 1681, 1° m⁴ 10 février 1711, à Jean CRETOT; 2° m⁵ 1er mai 1730, à André RÉMY.

1672.
III.—BOUCHER (5), PIERRE, [FRANÇOIS II.
b 1648.
GAUDRY, Hélène, [NICOLAS I.
b 1656; s 22 nov. 1712, à St-Nicolas. [6]
Ignace, b 26 mai 1673, à Quebec[7], m⁶ 17 nov. 1699, à Françoise POULIOT ; s⁶ 7 avril 1741.—*Jo-*

(1) Cultivateur établi à Lotbinière; célibataire.
(2) Voy. vol. I, p. 71.
(3) Ancien gouverneur des Trois-Rivières. Vol. I, p 71.
(4) Voy. Vol. I, p. 72.
(5) Dit Déroche.

seph, b... m ⁶ 28 avril 1716, à Marie-Marguerite Fréchet. — *Marie-Hélène*, b 1682 ; s ⁶ 4 février 1748.—*François*, b 8 mars 1684, à la Pte-aux-Trembles, Q., m ⁶ 28 nov. 1709, à Therèse Le-Marié ; s 24 oct. 1760, à St-Vincent-de-Paul.— *Pierre*, b 1688 ; s ⁶ 16 janvier 1718.—*Marie-Madeleine*, b ⁷ 5 août 1692 ; 1° m à Jacques De Hornay ; 2° m 1736, à Jacques Baron.—*Elisabeth*, b... m à Jean-Baptiste Chenay.

1672, (21 nov.) Château-Richer.¹
II.—BOUCHER, Guillaume,   [Marin I.
b 1647 ; s ⁷ 2 juillet 1729.
    Tibaut, Marguerite-Jeanne,   [Guillaume I.
b 1657 ; s ⁷ 6 fevrier 1718.
    Marguerite, b ⁷ 27 oct. 1675 ; m ⁷ 14 avril 1692, à François Laberge s ⁷ 28 fevrier 1705.

1678, (12 nov.) Ste-Anne.⁸
I.—BOUCHER, Jean (1),
b 1650.
    Paré, Marie-Madeleine,   [Robert I.
b 1662.
    Jean, b ⁸ 29 août 1679, 1° m 1709, à Marie-Madeleine Gravel 2° m 17 nov. 1726, à Marguerite Carbonneau, à Berthier⁹ ; s⁹ 14 février 1758.—*Pierre*, b ⁸ 27 oct. 1686 ; m 1728, à Marie-Françoise Alaire.

1683, (25 oct.) Québec.³
III.—BOUCHER (2), Pierre   [Pierre II.
b 1653.
    Denis, Charlotte,   [Simon I.
b 1663 ; veuve de Pierre Du Brahe, sieur Dupas.
    Joseph, b... 1° m 29 nov. 1730, à Charlotte Tailhandier, à Boucherville⁴ ; 2° m 7 août 1742, à Marie Cardin, à Nicolet ; s ⁴ 28 février 1762.— *Angélique*, b ⁴ 25 juillet 1697 ; Sœur Ste-Monique, Congrégation de Notre-Dame ; s 13 février 1721, à Montreal.⁵—*René*, b ⁴ 17 mai 1699 ; 1° m ⁴ 8 nov. 1739, à Louise-Renee Pécody ; 2° m ⁴ 27 nov. 1765, à Charlotte Boucher ; s ⁴ 12 avril 1773.—*Claire-Françoise*, b ⁴ 14 avril 1705 ; 1° m ⁴ 11 mars 1736, à Jean-Baptiste Pommereau, 2° m ³ 25 oct 1745, à Joseph-Michel LeGardeur.— *Pierre*, b ⁴ 11 juin 1689 ; m ⁵ 14 sept. 1731, à Marguerite Raimbault ; s ⁴ 15 sept. 1767.

1685, (7 mai) Sorel.⁵
III.—BOUCHER, Charles,   [François II.
b 1658.
    Pelletier, Marguerite-Agnès,   [François II.
b 1666.
    Joseph, b 1699 ; m ⁵ 6 nov. 1725, à Madeleine Migneron.—*Louis*, b ⁵ 23 avril 1701.—*Marie-Anne*, b 9 juillet 1704, à l'Ile-Dupas ⁶ ; m ⁵ 5 août 1721, à Antoine Joly.—*Alexis*, b ⁶ 26 mai 1706.—*Jean-Baptiste*, b ⁶ 30 oct. 1708.—*François*, b... m ⁵ 29 août 1712, à Geneviève Delbec.—*Pierre*, b... m ⁵ 6 nov. 1725, à Geneviève Migneron.— *Marie*, b... m ⁵ 2 mai 1711, à Antoine Piette.

---

(1) Voy. vol I, p. 72
(2) Dit DeBoucherville. Voy. vol. I, p. 72.

Charles, b 5 déc. 1690, au Château-Richer ; 1° m⁴ 20 février 1713, à Marie Hénault ; 2° m à Marguerite Delorme.

1689, (21 nov.) Québec.
III.—BOUCHER (1), Denis,   [François II.
b 1660 ; s 17 nov. 1723, à St-Antoine-Tilly.²
    Miville, Marie-Jeanne,   [François II.
b 1671 ; s ³ 3 nov. 1744.
    Angélique, b 1690 ; s 3 déc. 1771, à Ste-Anne-de-la-Pocatière.— *Marie-Thérèse*, b 1692 ; m 18 janvier 1712, à Philippe Dubois, à St-Nicolas ⁴, s ³ 24 juin 1726.—*Jean-François*, b 13 sept. 1693, à la Pte-aux-Trembles, Q. ; m ⁴ 7 août 1719, à Geneviève Fréchet.—*André*, b⁴ 8 avril 1696 ; 1° m ⁴ 25 avril 1722, à Marguerite Lambert ; 2° m ⁴ 7 février 1757, à Louise Marion ; s ³ 6 juin 1767.— *Denis-Joseph*, b ⁴ 1ᵉʳ mars 1699, m ⁴ 25 août 1722, à Marie-Ursule Marion.—*Nicolas*, b ³ 21 mai 1702 ; m ⁴ 3 sept. 1726, à Marie-Joseph Lambert ; s ⁴ 22 mai 1758.—*Marie-Charlotte*, b ⁴ 31 mai 1704 ; m ⁴ 24 février 1721, à François Marion ; s ⁴ 22 janvier 1758.—*Etienne*, b ⁴ 24 mai 1706 ; m 13 août 1730, à Marie-Charlotte Houde, à Ste-Croix.—*Marie-Anne*, b ⁴ 5 juillet 1709 ; m ⁴ 4 février 1727, à Joseph Martineau. — *Marie-Thérèse*, b ⁴ 17 avril 1712 ; 1° m ⁴ 27 août 1725, à Joseph Demers ; 2° m ⁴ 18 mars 1748, à Louis Bourgouin.

1692, (24 nov.) Lévis.
III.—BOUCHER, René-Jean,   [Pierre II.
b 1666.
    1° Charest, Françoise-Claire,   [Etienne I.
b 1674 ; s 19 déc. 1725, à Boucherville.⁵
    Marie-Anne, b ³ 1708 ; m 25 juillet 1729, à Joseph Outlan, à Montréal. — *Joseph*, b... m 13 juin 1729, à Agathe Hébert, à Varennes.

    1729, (10 nov.) Trois-Rivières.
    2° Godfroy, Françoise,   [Jean-Amador II.
b 1683.

1693, (13 août) Québec.
III.—BOUCHER, Lambert,   [Pierre II.
b 1656 ; s 3 avril 1699, aux Trois-Rivières ⁵
    Vauvril (2), Marguerite,   [Pierre I.
b 1672.
    Louis, b ³ 3 juillet 1695. — *Geneviève*, b ³ 10 juillet 1697 ; 1° m ³ 16 nov. 1729, à Charles Hertel ; 2° m ³ 17 nov. 1738, à Jacques Simonet.

1693, (10 nov.) Rivière-Ouelle.³
III.—BOUCHER, Philippe,   [Jean-Galeran II.
b 1666 ; s avant 1744.
    Mignier, Marie-Anne,   [André I.
b 1677 ; s 27 janvier 1750, à Ste-Anne-de-la-Pocatière.⁷
    Dorothée, b ³ 1ᵉʳ mai 1707 ; m ⁷ 26 avril 1730, à Pierre Bourgelas ; s ⁷ 27 sept. 1752.— *Marie-Reine*, b ³ 2 janvier 1711 ; m ⁷ 23 sept. 1743, à Michel Gannat ; s ⁷ 30 déc. 1745. — *Pierre*, b ³ 8 oct. 1713 ; 1° m 10 nov. 1738, à Marie-Madeleine

---

(1) Dit Desrosiers.
(2) DeBlazon Elle épouse, le 13 nov. 1709, Raymond DesBergères, à Sorel.

CARON, à l'Islet⁸; 2° m ⁷ 10 sept. 1753, à Marie TOUSSAINT.—*Jean*, b ⁵ 5 août 1700 ; m ⁸ 24 nov. 1727, à Madeleine LECLERC.—*Thérèse-Françoise*, b... m 1727, à Jacques ST-PIERRE. — *Madeleine*, b ³ 12 avril 1699 ; s ⁷ 13 août 1772.

1694, (28 oct.) Montréal.
III.—BOUCHER (1), IGNACE,   [PIERRE II.
   b 1659 ; s 25 oct. 1699, à Boucherville. ²
MARGANNE, Marie-Anne,   [SÉRAPHIN I.
   b 1668.
Louise, b... m ² 27 nov. 1737, à Jean-Baptiste FORTIER.

1695, (19 juillet) Rivière-Ouelle ²
III.—BOUCHER, PIERRE,   [JEAN-GALERAN II.
   b 1664.
MICHAUD, Marie-Anne,   [PIERRE I.
   b 1672 ; s 14 juin 1755, à Kamouraska. ³
Marguerite, b... 1° m ³ 4 nov. 1748, à Pierre ROY ; 2° m ³ 10 juin 1754, à Gabriel PARANT.—*Marie-Anne*, b ² 5 août 1699 ; m à Charles MARQUIS ; s ³ 20 nov. 1775.

1695, (26 nov.) Québec.
III.—BOUCHER, MICHEL,   [FRANÇOIS II
   b 1661.
HUOT, Marie-Madeleine,   [NICOLAS I.
   b 1670.
Marie, b 1702 ; s 10 avril 1703, à St-Antoine-Tilly.

1695, (19 déc.) Montréal. ¹
II.—BOUCHER, GUILLAUME,   [FRANÇOIS I
   b 1665.
1° BEAUVAIS, Jeanne,   [JACQUES I
   b 1673 ; s ¹ 6 février 1703.
Jeanne, b 1699 ; m ¹ 26 août 1735, à Gabriel GROU.
   1716, (16 août) Détroit.
2° DALONNÉ (2), Angélique,   [CHARLES I.
   b 1679 ; veuve de Pierre Robert.

1697, (4 février) Rivière-Ouelle. ⁹
III.—BOUCHER, PIERRE,   [PIERRE II.
   b 1673 ; s avant 1716.
DANCOSSE, Madeleine (3),   [PIERRE I.
   b 1680.
François, b ⁹ 25 août 1699 ; m 10 janvier 1727, à Marie-Anne MARTEL, à Charlesbourg.—*Rosalie*, b ⁹ 4 mars 1710, m 1730, à Jacques PARADIS. —*Angélique*, b 10 sept. 1711 ; 1° m ⁹ 30 juin 1739, à Jean-Baptiste RICHARD ; 2° m ⁹ 11 avril 1758, à Pierre-François MIVILLE ; s ⁹ 27 sept. 1781.— *Catherine*, b... m ⁹ 26 nov. 1737, à Joseph LISOTTE.—*Joseph*, b ⁹ 7 juillet 1708 ; 1° m 25 nov. 1737, à Reine LISOTTE, à Ste-Anne-de-la-Pocatière ; 2° m 12 oct. 1745, à Madeleine-Salomée FORTIN, au Cap-St-Ignace.

1699, (17 nov.) St-Nicolas. ⁹
IV.—BOUCHER (1), IGNACE,   [PIERRE III.
   b 1673, s ⁹ 7 avril 1741.
POULIOT, Françoise,   [ANTOINE I.
   b 1675.
Marie-Françoise, b ⁹ 1ᵉʳ et s ⁹ 7 janvier 1701. — *Joseph*, b 24 sept. 1702, à la Pte-aux-Trembles, Q. ; m ⁹ 26 juillet 1731, à Marguerite FRÉCHET ; s ⁹ 7 juillet 1742.—*Louis-Charles*, b ⁹ 25 août 1704 ; m 27 mai 1733, à Marie FILTEAU, à Beaumont.—*Ignace*, b ⁹ 29 août 1706. — *François*, b ⁹ 15 août 1708 ; m ⁹ 5 mai 1732, à Marie-Anne DEMERS. — *Marie-Françoise*, b ⁹ 31 août 1710 ; 1° m ⁹ 21 février 1729, à Joseph DEMERS ; 2° m ⁹ 29 avril 1732, à Louis BOURASSA.—*Pierre-Antoine*, b ⁹ 1ᵉʳ juillet 1716 ; s ⁹ 1ᵉʳ déc. 1717.

1700, (19 avril) St-Augustin. ⁴
III.—BOUCHER, MICHEL,   [FRANÇOIS II.
   b 1666 ; s avant 1713.
AMIOT (2), Geneviève,   [JEAN-BTE III.
   b 1683.
Marie-Geneviève, b 7 février 1701, à la Pte-aux-Trembles, Q. ⁵— *Marie-Joseph*, b ⁵ 11 oct. 1702.—*Marie-Françoise*, b 20 juillet 1704, à St-Antoine-Tilly, m 25 janvier 1740, à Michel BERTHELOT, à Québec.⁶—*François*, b... s 25 février 1713, à St-Nicolas.⁷—*Pierre*, b ⁴ 1ᵉʳ mai 1706.—*Marie-Ursule*, b ⁷ 14 sept. 1708.— *Marie-Ursule*, b ⁶ 10 février 1710.

1700, (3 nov.) Ste-Famille, I. O.
I.—BOUCHER (3), ELIE, b 1675 ; fils d'Elie et de Madeleine Boucherie, de Bone, diocèse d'Angoulesme ; s 10 juillet 1726, à Québec. ⁶
MONTAMBAUT, Therèse,   [MICHEL I.
   b 1675.
Pierre, b ⁶ 14 août 1701.—*Charles*, b ⁶ 15 sept. 1704.—*Louis*, b ⁶ 22 mai et s ⁶ 29 oct. 1706.—*Louis*, b ⁶ 10 juillet 1707 ; m ⁵ 6 mai 1729, à Marie-Jeanne RENOYER ; s ⁶ 14 juillet 1734.— *Marie-Catherine*, b ⁶ 9 sept. 1708 ; m ⁶ 27 juin 1729, à Pierre LANGLOIS.— *Thérèse-Monique*, b ⁶ 5 mai 1710 ; m ⁶ 15 mai 1738, à Jacques-Vincent DUPRÉ. — *Jean-Baptiste*, b ⁶ 12 sept. 1714 ; s ⁶ 6 juin 1715.—*Marie-Anne*, b ⁶ 17 nov. 1715, s ⁶ 24 nov. 1718.—*Ambroise* et *Pierre-Claude*, b ⁶ 29 juin 1718.—*Joseph*, b ⁶ 13 février 1721.

1701, (16 nov.) Cap-St-Ignace. ⁵
III.—BOUCHER, FRS-GALERAN,   [JEAN-GAL. II.
   b 1677.
GODREAU (4), Jeanne.   [GILLES I.
   b 1681.
Anne-Françoise, b⁵ 28 sept. 1702 ; m 4 nov.1745, à Nicolas LOUVEL, à Ste-Anne-de-la-Pocatière.⁴—*Jean-François*, b 7 mars 1705, à l'Islet. ⁶—*Louis*, b ⁶ 10 février 1707.—*Joseph*, b ⁵ 20 février 1711.— *Joseph*, b ⁵ 22 mars 1713. — *Louis-Ignace*, b ⁶ 30 juillet 1708 ; m ⁴ 17 avril 1736, à Marie-Madeleine MIGNIER. — *Pierre*, b... m ⁴ 10 janvier 1746, à Marie-Joseph OUELLET.

---

(1) Sieur de Grosbois. Voy. vol I, p. 73.
(2) Et Ptolomé.
(3) Elle épouse, le 21 mars 1716, Jean-Baptiste Maisonneuve, a la Rivière-Ouelle.

(1) Déroche, 1716.
(2) Dit Neuville.
(3) Dit Lajoie, 1714.
(4) Et Gottereau.

BOUCHER, Jean, b 1706; s 26 mai 1731, à Berthier.

BOUCHER, Georges, b 1699; s 4 mai 1730, à Montréal.

BOUCHER, Geneviève, b 1701; s 30 avril 1721, à Montréal.

BOUCHER, Louise, b 1715; s 2 avril 1770, à St-Joachim.

BOUCHER, Marguerite (1), b...

BOUCHER, Jean.
Brossard, Marthe.
Thérèse, b 22 février 1702, à Montréal.

BOUCHER (2), Jacques.

BOUCHER (3), Martin.

1704, (18 nov.) Rivière-Ouelle.⁴
III.—BOUCHER, Charles,   [Pierre II.
  b 1679; s ⁴ 5 mai 1709.
  Ouellet, Marie-Anne,   [René I.
  b 1687.
Marie-Anne, b ⁴ 7 oct. 1708; 1° m 8 janvier 1726, à Charles Pelletier, à Ste-Anne-de-la-Pocatière ; 2° m 28 avril 1756, à François Thiboutot, à St-Roch.—*Marie-Thérèse*, b ⁴ 18 mai 1706.

1705, (15 déc.) Montréal.³
III.—BOUCHER (4), René,   [Pierre II.
  b 1668; s 12 août 1742, à Boucherville.¹
  Malhiot, Françoise,   [Jean-Bte I.
  b 1688; s ³ 26 avril 1708.
Marie-Madeleine, b ³ 23 février 1707; m¹ 10 janvier 1729, à Pierre-Claude Pécody.—*François-Clément*, b ³ 24 avril 1708; m ³ 21 janvier 1737, à Charlotte Pécody.

II.—BOUCHER, Noel,   [Jean I.
  b 1684.
1° Simard, Françoise,   [Noel I.
  b 1671.
Noel, b 1701; m 30 juin 1732, à Thérèse Caron, à St-François, I. J.² ; s 23 février 1761, à St-Vincent-de-Paul.
  1717, (20 juillet).²
2° Deblois, Anne,   [Joseph II.
  b 1699; s 31 déc. 1764, à St-Joachim.⁶
Marie-Geneviève, b 1721; m ⁶ 8 février 1751, à Isidore Martel.—*Jean*, b ⁶ 5 janvier 1729.—*Françoise*, b ⁶ 2 mars 1730; m ⁶ 5 oct. 1751, à Timothé Paré.—*Geneviève*, b 1727; m ⁶ 3 nov. 1744, à Pierre Poulin; s 14 mars 1765, à St-Joseph, Beauce.—*Tecle*, b... m ⁶ 28 nov. 1745, à Joseph Gagnon.—*Marguerite*, b... m ⁶ 4 février 1765, à Joseph Mercier. — *Marie-Joseph*, b ⁶ 29 janvier 1732; s ⁶ 5 nov. 1733.—*Marie-Joseph*, b ⁶

2 février 1734; 1° m ⁶ 7 janvier 1756, à Augustin Gagnon; 2° m ⁶ 19 janvier 1778, à Charles-Benjamin Chambrelan.—*Marie-Anne*, b ⁶ 27 mai 1736; m ⁶ 19 oct. 1762, à Ambroise Pilote.—*Noel*, b ⁶ 10 oct. 1740; m ⁶ 31 janvier 1763, à Marie-Joseph Paré.

1709, (16 juin) Montreal. ⁴
I.—BOUCHER (1), Jacques-Hyacinthe, b 1671; fils de Pierre et de Renée Damours, de la Tillie, diocèse de Poitiers.
  Adversy (2), Marie-Renée.   [Maurice I.
  b 1687.
Fleurent, b ⁴ 18 mai 1710; m 1734, à Cécile Aubry.— *Marie-Jeanne*, b... m ⁴ 26 août 1735, à Gabriel Grou.—*Marie-Charlotte*, b ⁴ 20 mai 1712; s ⁴ 18 nov. 1729. — *François-Marie*, b ⁴ 11 sept. 1713; s ⁴ 31 mai 1714. —*Marie-Anne*, b ⁴ 31 mars 1715; m 1733, à Jean-Baptiste Roy. — *Marie-Françoise*, b ⁴ 12 janvier 1717 ; m 1738, à François Beaumont.

1709, (28 nov.) St-Nicolas. ⁴
IV.—BOUCHER (3), François,   [Pierre III.
  b 1684 ; s 24 oct. 1760, à St-Vincent-de-Paul ⁵
  Marié (Le) Thérèse.   [Michel II.
Marie-Joseph, b ⁴ et s ⁴ 26 sept. 1710. —*Joseph*, b ⁴ 31 oct. 1711. — *Marie-Thérèse*, b ⁴ 26 mars 1713; m 28 juillet 1734, à Clément Buisson, à Québec. — *Françoise-Claude*, b ⁴ 14 avril 1715, m ⁴ 18 juin 1736, à Joseph Dussault.—*François*, b ⁴ 23 février 1717; m 6 février 1758, à Marie-Charlotte Lalande, au Sault-au-Récollet.—*Marie-Marguerite*, b 24 avril 1719, à St-Antoine-Tilly ; m ⁴ 6 oct. 1738, à Jean-Baptiste Lambert. — *Marie-Louise*, b ⁴ 2 juin 1721 ; m ⁴ 21 juillet 1749, à Pierre Handgrave. — *Marie-Joseph*, b ⁴ 4 mai 1723; m 1744, à Pierre Huot; s ⁴ 28 février 1758.—*Nicolas*, b ⁴ 24 mai 1725; m 24 oct. 1753, à Marie Parant, à Montréal.—*Marie-Madeleine*, b ⁴ 15 juin 1727.—*Jean-Baptiste*, b ⁴ 24 août 1729; m ⁵ 12 janvier 1756, à Marie-Elisabeth Leblanc. — *Marguerite*, b ⁴ 10 juillet 1733; 1° m ⁵ 24 nov. 1755, à François Handgrave; 2° m ⁵ 24 nov. 1760, à François Léonard. — *Marie-Anne*, b... m ⁴ 28 janvier 1749, à Jean Ducas.

III.—BOUCHER (4), Charles,   [Pierre II.
  s avant 1744, à Boucherville.¹
  Lavaltrie, Marie-Anne,
  b 1678 ; s ¹ 4 oct. 1744.

1709.
II.—BOUCHER, Jean-Marie,   [Jean I.
  b 1679 ; s 14 février 1758, à Berthier. ⁵
1° Gravel, Marie-Madeleine,   [Joseph II.
  b 1690; s avant 1726.
Paschal, b ⁵ 2 mai 1711 ; m ⁵ 9 février 1733, à Geneviève Vernet; s ⁵ 4 mars 1756.—*Joseph*, b 9 avril 1713, à St-Thomas ; m 26 février 1753, à Marie-Anne Picard, à St-Frs-du-Sud. — *Marie-Françoise*, b 16 avril 1719, à St-Valier ; s ⁵ 13 juin

---

(1) Elle a eu 2 jumeaux, 21 oct. 1717.
(2) Dit St-Amour, 1696, à Montréal.
(3) Voy. Bauché, vol. I, p. 29
(4) Sieur de la Périère, enseigne.

(1) Dit St-Amour, maitre tailleur de pierre.
(2) Et L'Averty.
(3) Dit Desrosiers.
(4) De Grosbois.

1731. — *Marie-Joseph*, b ⁵ 9 avril 1722; m ⁵ 2 sept. 1742, à Jean-Baptiste BILODEAU.
1726, (19 nov.) ⁵
2° CARBONNEAU, Marguerite, [PRISQUE I.
b 1688; veuve de Jean Nadeau; s ⁵ 7 mai 1774.
Marie-Catherine, b ⁵ 21 août 1727; m ⁵ 25 nov. 1743, à Alexis GAGNÉ. — *Augustin*, b ⁵ 19 avril 1729; s ⁵ 11 mai 1730.—*Marguerite-Elisabeth*, b ⁵ 21 février 1732; m ⁵ 25 nov. 1749, à Joseph ISADEL.

1710.

III.—BOUCHER (1), JEAN-BTE, [PIERRE II.
b 1673.
HERTEL, Marguerite-Thérèse, [JACQUES III.
b 1695.
Jeanne-Marguerite, b 5 nov. 1710, à Chambly ⁸ ; s ⁸ 11 avril 1716.—*Marie-Charlotte*, b ⁸ 19 nov. 1712; m à Jean-François NEPVEU; s 24 déc. 1793, à l'Hôpital-General, M.—*Thérèse-Louise*, b ⁸ 10 déc. 1713; s 21 janvier 1717, à Montréal.³—*François*, b ⁸ 12 oct. 1714.—*Joseph*, né ⁸ 22 sept. 1715; b ⁸ 25 janvier 1716; m 5 oct. 1757, à Joseph CHATELAIN, aux Trois-Rivières.—*Jean-Baptiste*, b 1716; 1° m ⁵ 7 sept. 1745, à Marguerite HERBIN; 2° m ⁵ 23 avril 1755, à Marie-Anne BABY. — *Marie-Thérèse*, b 23 août 1717, à Boucherville⁹; m ⁹ à Jean-Baptiste-Lambert AUBIN; s³ 15 juin 1738. —*Marie-Anne*, b 1719; m 1741, à Louis HERBIN. —*Marie-Madeleine*, b ⁹ 11 sept. 1720.—*Pierre-Louis*, b ⁹ 30 avril 1722; m à Caroline KATE, au Detroit.—*Marie-Françoise*, b ⁹ 3 juillet 1723, m ⁹ 16 janvier 1745, à Jean SPAGNOLINI.—*Pierre*, b ⁹ 24 et s ⁹ 25 janvier 1725.—*Marie-Marguerite*, b ⁹ 9 nov. 1726; m ⁹ 26 février 1753, à Louis MARCHAND.—*François*, b ⁹ 23 juillet 1728.

1712, (6 avril) Rivière-Ouelle. ¹

III.—BOUCHER, PRISQUE (2), [PIERRE II.
b 1689; s 10 mai 1768, à Lévis. ²
MIVILLE, Marie-Françoise, [FRANÇOIS II.
b 1694; s ¹ 18 juin 1758.
Marie-Françoise, b ¹ 12 janvier 1713; m ² 7 janvier 1735, à François CORNEAU. — *Joseph*, b ¹ 2 février et s ¹ 4 mars 1714.—*Joseph*, b ¹ et s ¹ 23 sept 1716.—*Prisque*, b ¹ 25 juin et s ¹ 2 juillet 1718.—*Geneviève*, b 15 sept. 1719, à Ste-Anne-de-la-Pocatière.—*Jean-Baptiste*, b ¹ ² 13 février 1721.—*Charles*, b ² 28 janvier 1723; m ² 3 nov. 1761, à Agathe COTÉ.—*Jean-Baptiste*, b 1724; m ² 4 nov. 1749, à Marie-Anne FONTAINE; s ² 27 avril 1751.—*Prisque*, b ² 28 avril 1725: m ² 19 avril 1751, à Marguerite HUOT.—*Marie-Thérèse*, b... m ² 14 mai 1739, à Joseph JOURDAIN.—*Marie-Joseph*, b ² 10 sept. 1728; m ² 29 août 1768, à Gabriel DUQUET.— *Marie-Madeleine*, b ² 23 mars et s ² 5 août 1731.—*Joseph-Marie*, b ² 27 mars 1733; m à Marie-Rose LAROSE.— *Michel*, b ² 16 juin 1738; m ² 19 juillet 1762, à Geneviève BOULET.

BOUCHER, FRANÇOIS.
Joseph, b 1714; s 16 mai 1730, à Kamouraska.

1712, (29 août) Sorel. ⁸

IV.—BOUCHER, FRANÇOIS, [CHARLES III.
b 1693.
DELBEC (1), Geneviève, [PIERRE I.
b 1693.
Anonyme, b ³ et s ³ 18 mars 1714. — *Jean-Baptiste*, b... m 1737, à Marie-Catherine GLADUS. —*François*, b ³ 13 mai 1724.—*Marie-Geneviève*, b ⁸ 21 sept. 1726.

BOUCHER, IGNACE.
ROUSSEAU, Françoise.
Marie-Charlotte, b 28 juin 1714, à St-Nicolas⁴ ; s⁴ 7 mai 1731.

BOUCHER, MICHEL.
NEUVILLE, Geneviève,
b 1680; s 30 juillet 1717, à Montréal.

1713, (20 février) Sorel. ⁶

IV.—BOUCHER, CHARLES, [CHARLES III.
b 1690; s avant 1738.
1° HÉNAULT, Marie, [PIERRE I.
Geneviève, b ⁶ 5 mai 1715.—*Marie-Marguerite*, b ⁶ 12 sept. 1718.—*Charles*, b ⁶ 12 février 1726 ; m 1er juillet 1748, à Thérèse HÉTU, à Lavaltrie. —*Marie-Anne*, b... m 24 nov. 1738, à Guillaume PONTU, à Lanoraie.
2° DELORME, Marguerite,
s avant 1751.
Michel, b 1729; m 22 février 1751, à Agathe MARTEL, à Montréal.

1716, (28 avril) St-Nicolas. ³

IV.—BOUCHER, JOSEPH, [PIERRE III.
s avant 1749.
FRÉCHET, Marie-Marguerite (2). [FRANÇOIS I.
Joseph, b ³ 29 mars et s ³ 24 mai 1733.—*Marie-Marguerite*, b 1734 , m 22 février 1751, à Jean-François DAIGLE, à St-Antoine-Tilly⁴ ; s⁴ 12 dec. 1774.—*Marie-Françoise*, b... m⁴ 22 avril 1754, à Antoine RONDEAU. — *Angélique*, b... m⁴ 4 nov. 1760, à Joseph HOUDE.—*Marie-Louise*, b... s ³ 6 août 1742.

1719, (7 août) St-Nicolas. ³

IV.—BOUCHER (3), JEAN-FRANÇOIS, [DENIS III.
b 1693; s ³ 13 mai 1757.
FRÉCHET, Geneviève, [FRANÇOIS I.
b 1696.
Marie-Geneviève, b 11 mars 1721, à St-Antoine-Tilly⁴ ; m³ 13 nov. 1741, à Joseph DAIGLE.— *Jean-François*, b⁴ 4 oct. 1722; m 4 février 1750, à Charlotte GRENIER, à Ste-Croix.—*Joseph*, b⁴ 28 mars 1725. — *Marie-Charlotte*, b⁴ 16 août 1726 ; m 1742, à Gabriel ROYER ; s ⁴ 19 août 1760.— *Antoine*, b⁴ 12 janvier 1729; m ⁶ 6 février 1758, à Marie-Augustine BERGERON.—*Marie-Anne*, b ³

---

(1) Sieur de Niverville, lieutenant reformé, seigneur de Chambly.
(2) Troisième bedeau, de Lévis.

(1) Dit Joly.
(2) Elle épouse, le 3 février 1749, Etienne Boucher, à St-Antoine-Tilly.
(3) Dit Desrosiers.

3 janvier 1731. — *Marie-Thérèse*, b ³ 3 janvier 1734; s ³ 20 avril 1737.—*Joseph-Michel*, b ³ 4 sept. 1735; m ³ 14 février 1757, à Marie-Françoise Bourassa.—*Louis*, b ³ 12 mai 1737; m ³ 7 nov. 1757, à Thérèse Simoneau.—*Pierre*, b ³ 13 juillet 1739.

BOUCHER (1).
  Labbé, Marie (2).
  Pierre, b...

1719, (20 nov.) Québec. ⁵

II.—BOUCHER (3), Jean-Bte.   [Jean I.
  b 1699.
  Moreau, Louise-Frse,   [Louis II.
  b 1702.
Jean-Baptiste, b ⁵ 5 oct. 1720; s 13 février 1733, à Montréal. — *Marie-Louise*, b ⁵ 20 sept. 1722; s ⁵ 23 février 1724. — *Marie-Charlotte-Louise*, b ⁵ 21 juillet 1725 ; s ⁵ 15 juillet 1733 — *Pierre*, b ⁵ 17 juin et s ⁵ 1ᵉʳ août 1729. —*Charles-Joseph*, b ⁵ 16 nov. 1731; m ⁵ 29 janvier 1753, à Geneviève Enouille.—*Jean-Baptiste*, b ⁵ 3 janvier 1740; m ⁵ 31 août 1762, à Marie Martin.—*Charles*, b ⁵ 23 février et s ⁵ 1ᵉʳ mars 1743.

1722, (25 avril) St-Nicolas. ³

IV.—BOUCHER (4), André,   [Denis III.
  b 1696 ; s 6 juin 1767, à St-Antoine-Tilly. ⁴
  1° Lambert, Marguerite,   [François II.
  b 1703.
Jean-François, b ³ 11 février et s ³ 2 mars 1723.—*Marie-Marguerite*, b ⁴ 27 oct. 1724 ; m ³ 24 nov. 1755, à Gabriel Simoneau.—*André*, b ⁴ 2 déc. 1725 ; s ³ 16 août 1731.—*Pierre*, b ³ 31 janvier 1728. — *Marguerite*, b ³ 24 juin 1730. — *Michel*, b ³ 11 juin 1732. — *André*, b ³ 17 juillet 1734 ; s ³ 8 nov. 1747. — *Marie-Charlotte*, b ³ 3 mars 1737.—*Marie-Angélique*, b ³ 28 juillet 1739. —*Marie-Thérèse*, b ³ 12 août 1741 ; m ³ 24 oct. 1757, à Jean-Marie Taillon. — *Marie-Geneviève*, b 1746; s ³ 12 nov. 1747.

1757, (7 février). ³
  2° Marion, Louise,   [Pierre II.
  b 1735.
Marie-Louise, b ³ 11 et s ³ 15 mai 1757.

1722, (25 août) St-Nicolas. ³

IV.—BOUCHER, Denis-Joseph,   [Denis III.
  b 1699.
  Marion, Marie-Ursule,   [George I.
  b 1703 ; s ³ 16 mai 1744.
Joseph-Denis, b ³ 28 et s ³ 29 nov. 1723.—*Anonyme*, b ³ et s ³ 20 nov. 1724.—*Marie-Ursule*, b ³ 20 et s ³ 26 nov. 1724. — *Joseph*, b 11 nov. 1725, à St-Antoine-Tilly ; m ³ 28 août 1747, à Marie-Catherine Grenon. — *Denis*, b ³ 27 mai 1727 ; m ³ 13 nov. 1747, à Marie-Joseph Coté ;

(1) Dit St-Pierre.
(2) Elle épouse Claude Poliquin avant 1722.
(3) Dit Belleville, architecte, entrepreneur de la maçonnerie du Roy.
(4) Dit Desrosiers.

s ³ 20 déc. 1747. — *Jean-Baptiste*, b ³ 28 janvier et s ³ 12 février 1730. — *Charles*, b ³ 31 mar 1731; m 1759, à Angelique Dubois.—*Jean-Baptiste*, b ³ 28 oct. 1736 ; s ³ 11 février 1753.—*François-de-Sales*, b ³ 23 nov. 1738 ; m ³ nov. 1762, à Marie-Louise Dubois. — *Ursule*, b ³ 23 nov. 1738 ; m ³ 7 nov. 1757, à Jean Baptiste Bourassa. — *Marie-Joseph*, b ³ 24 juin 1742.—*Joseph*, b... m ³ 7 février 1752, à Marie Charlotte Dubois. — *Jean-Baptiste*, b... m ³ 2 janvier 1762, à Marie-Geneviève Dubois.—*Marie Thérèse*, b... m ³ 3 mai 1762, à François Bourassa.

1724, (1ᵉʳ août) Cap-St-Ignace. ⁶

IV.—BOUCHER, Jean-Bte,   [Philippe III
  b 1696 ; s avant 1754.
  Cahouet, Suzanne (1),   [Pierre I
  b 1703.
Marie-Joseph, b 11 février 1730, à Ste-Anne-de-la-Pocatière⁷; m ⁷ 28 sept. 1750, à Pierre Soucy.—*Marie-Suzanne*, b 1730; m ⁶ 25 février 1754, à Jean-François Fournier ; s ⁶ 15 février 1761.

1725, (6 nov.) Sorel. ³

IV.—BOUCHER, Joseph,   [Charles III
  b 1699.
  Migneron, Madeleine.   [Ambroise I
Geneviève, b ³ 31 juillet 1726.—*Jean-Baptiste* b... m ³ 5 février 1760, à Angelique Baillargeon.—*Marie-Joseph*, b 1738; s 29 juillet 1747, Montréal.

1725, (6 nov.) Sorel.

IV.—BOUCHER, Pierre.   [Charles III
  Migneron, Marie-Geneviève.   [Ambroise I

1726, (17 août) Ste-Anne-de-la-Pocatière. ⁶

IV.—BOUCHER, Pierre,   [Pierre II.
  b 1697, s 4 mars 1774, à la Rivière-Ouelle.
  Lisotte, Marie-Catherine,   [Noel I
  b 1705 ; s ⁹ 16 avril 1779.
Ignace, b ⁹ 23 janvier 1732; m 18 avril 1757, à Geneviève Michaud, à Kamouraska. ⁸—*Marie-Geneviève*, b ⁹ 6 janvier 1734; s ⁹ 16 juin 1749.—*Marie Joseph*, b ⁹ 6 janvier 1734; m ⁹ 18 février 1754, Augustin Bedard.—*Joseph*, b ⁹ 13 février 1736; m 16 nov. 1761, à Rosalie Martin.—*Marie-Louis* b ⁹ 8 janvier 1738; m ⁹ 13 août 1770, à Jean-Baptiste Gagnon.—*Catherine*, b... s⁹ 30 janvier 174 — *Marie-Reine*, b ⁹ 11 juin 1739; m ⁹ 23 juillet 1764, à Jean-Baptiste Rioux.—*Marie-François* b ⁹ 25 janvier 1741.—*François*, b ⁹ 7 sept. 174 m ⁹ 21 nov. 1768, à Catherine Hudon.—*Marie Angélique*, b ⁹ 31 déc. 1744 ; m ⁹ 19 nov. 1770, François Ouellet. — *Pierre*, b... m ⁹ 18 janvier 1751, à Brigitte Plourde. — *Jean-Baptiste*, b... m ⁶ 20 février 1759, à Marie-Joseph Roy.

(1) Elle épouse, le 9 janvier 1740, André Deschamps, Ste-Anne-de-la-Pocatière.

1726, (3 sept.) St-Nicolas.³

IV.—BOUCHER (1), NICOLAS, [DENIS III.
b 1702; s ³ 22 mai 1758.
LAMBERT, Marie-Joseph, [FRANÇOIS II.
b 1709.
Marie-Joseph, b ³ 8 avril et s ³ 1ᵉʳ mai 1728.—*Nicolas,* b ³ 21 mars 1729. — *Nicolas,* b ³ 21 mai 1730.—*Anonyme,* b ³ et s ³ 19 juin 1731.—*Denis-Joseph,* b ³ 29 juin 1732; m ³ 17 oct. 1757, à Marie-Joseph HUOT.—*Jean-François,* b ³ 2 fevrier 1737. — *Marie-Louise,* b ³ 5 mars 1739. — *Marie-Thérèse,* b ³ 21 mai 1741. — *Marie-Charlotte,* b ³ 13 et s ³ 15 février 1743.—*Gabriel,* b ³ 15 fevrier 1744. — *Jean-Marie,* b 1746, s ³ 4 nov. 1747.—*Marie-Geneviève,* b ³ 15 mars 1750.—*Marie-Joseph,* b ³ 28 oct. 1752; s ³ 17 avril 1754. — *Louis,* b... m ³ 4 avril 1758, à Charlotte BOURGUIGNON.

1726, (3 déc.) St-Ours.¹

I.—BOUCHER (2), GEORGE, fils de Charles et de Catherine Boivin, de St-Nicolas-des-Champs, Paris.
GEORGET (3), Geneviève. [JEAN I.
Marie-Geneviève, b ¹ 16 janvier 1727; m 22 fevrier 1745, à Nicolas VERNET, à Montreal. ²—*Louise,* b 1729; m ² 25 nov. 1748, à Pierre BOUTONE.

1727, (24 nov.) Islet

IV.—BOUCHER, JEAN, [PH III
b 1700, s 8 avril 1761, à St-Thomas ⁴
LECLERC (4), Marie-Madeleine, [JEAN-BTF I
b 1698, a ⁶ 12 avril 1761.
Marie-Anne, b ⁵ 30 oct. et s ⁵ 3 nov. 1728.—*Marie-Madeleine,* b 9 dec. 1729, à Ste-Anne-de-la-Pocatière.¹ — *Jean-Baptiste,* b ¹ 28 mai 1732 m 17 nov. 1756, à Marie-Claire RICHARD, à la Rivière-Ouelle.—*Joseph,* b ¹ 14 avril 1734. — *Marie-Joseph-Agathe,* b ⁵ 19 mars 1737, m ⁶ 29 juillet 1762, à Martin BOULET. — *Anonyme,* b ⁶ et s ⁶ 7 sept. 1739. — *Marie-Reine,* b ⁵ 4 avril 1741 ; m ⁶ 11 février 1760, à Olivier BENIAU.

1727, (10 janvier) Charlesbourg.

IV.—BOUCHER, FRANÇOIS, [PIERRE III.
b 1699.
MARTEL, Marie-Anne, [HONORÉ I.
b 1689 ; veuve de Thomas Ferret.
François, b 8 août 1728, à Quebec⁶ ; m 12 fevrier 1759, à Marie-Joseph TREMBLAY, à l'Ile-aux-Coudres. ¹—*Françoise,* b ⁶ 10 dec. 1730 m ⁶ 17 juillet 1747, à Jean-Baptiste GARON.— *François* (5), b ⁶ 10 dec. 1730, m ¹ 12 février 1759, à Marie-Joseph TREMBLAY.

(1) Dit Desrosiers.
(2) Dit St-Martin.
(3) Dit Châteaubriand, 1745. Elle épouse, le 26 sept. 1740, Jacques Vadeau, à Montréal.
(4) Dit Francœur.
(5) Grand-père de Marie-Louise-Flore Masse, épouse de l'honorable P.-J.-O. Chauveau.

IV.—BOUCHER, JOSEPH, [PIERRE III.
b 1697 ; s 11 nov. 1742, à Kamouraska.¹
HAYOT, Geneviève (1), [JEAN III.
b 1707.
Marie-Madeleine, b ¹ 7 juin 1729 ; m ¹ 11 février 1765, à Jean OUELLET.—*Geneviève,* b ¹ 30 juillet 1731 ; m ¹ 28 janvier 1748, à Barthélemi NORMANDIN.—*Louis,* b ¹ 20 oct. 1733. — *Pierre,* b ¹ 2 fevrier 1736 ; m ¹ 21 nov. 1763, à Marie-Agathe MIGNOT —*Marie-Catherine,* b ¹ 14 avril 1738.—*François,* b ¹ 18 sept. 1740 , m ¹ 9 août 1773, à Marie-Joseph ROULEAU.— *Elisabeth,* b ¹ 2 fevrier 1743.

I.—BOUCHER (2), PIERRE.
DARDE, Marie-Anne, [ANTOINE I.
b 1690, veuve de Jean-François Grondin.
Joseph, b... m 14 janvier 1754, à Marguerite BÉLANGER, à l'Islet.—*Jean-Baptiste,* b 10 nov. 1729, à Ste-Anne-de-la-Pocatière ² ; m 11 janvier 1751, à Marie-Anne LISOTTE, à St-Roch —*Marie-Joseph,* b... m ² 15 janvier 1748, à Pierre ROULEAU.

II.—BOUCHER, PIERRE, [JEAN I.
b 1686 , s avant 1767.
ALAIRE, Marie-Françoise, [CHARLES II.
b 1692, s 24 fevrier 1767, à St-Joachim.³
Anonyme, b ³ et s ³ 26 fevrier 1729. — *Marie-Joseph,* b ³ 16 avril 1730 ; m ³ 7 avril 1750, à Pierre MATHIEU ; s 13 oct. 1763, à L'Ange-Gardien.—*Geneviève,* b ³ 14 et s ³ 16 oct. 1732.—*Jean-Baptiste,* b ³ 15 et s ³ 24 mai 1735.—*Pierre,* b... m ³ 22 nov. 1740, à Geneviève GAGNON ; s ³ 7 janvier 1760.—*Françoise,* b... m ³ 13 février 1747, à Pierre GAGNE. — *Marie-Reine,* b... m ³ 8 fevrier 1751, à Etienne BLUTEAU —*Ma* b... m ³ 22 février 1751, à Nicolas HÉBERT.

I.—BOUCHER, JACQUES-JOSEPH,
s 8 sept. 1761, à St-Joachim. ⁴
GAGNON, Dorothée.
Jacques, b ⁴ 6 dec. 1728.—*Dorothée,* b ⁴ 7 déc. 1730. — *Marie-Madeleine,* b 7 fevrier 1733, à Ste-Anne, s ⁴ 22 dec. 1733.—*Marie,* b... m ⁴ 7 mars 1750, à Jean GUYON —*Pierre,* b... m ⁴ 23 août 1751, à Therèse GAGNÉ —*Louis,* b... m ⁴ 27 nov. 1752, à Marie POULIN.—*Marie-Anne,* b ⁴ 12 nov. 1734; m ⁴ 11 oct. 1762, à Pierre SIMARD.—*Joseph,* b... m ⁴ 8 février 1765, à Marguerite FOUGÈRE.—*Françoise,* b ⁴ 21 avril 1736, m ⁴ 20 fevrier 1775, à Joseph SIMARD.—*Marie-Louise,* b ⁴ 2 mai 1741.—*Madeleine,* b ⁴ 2 mars et s ⁴ 6 avril 1745.

BOUCHER, JOSEPH,
1° FRÉCHET, Marie-Anne, [FRANÇOIS I.
b 1686 ; veuve de Simon Houde.
Marie-Charlotte, b 20 sept. 1729, à Ste-Croix. ⁵ 1758, (3 avril). ⁵
2° BONNEAU, Marie-Angelique, [JACQUES II.
b 1737.

(1) Elle épouse, le 2 sept. 1748, Basile Normandin, à Kamouraska.
(2) Dit St-Pierre.

BOUCHER, Marie-Ursule, épouse de Simon Morisset.

1729, (6 mai) Québec.
II.—BOUCHER (1), Louis, [Elie I
b 1707; s ⁷ 14 juillet 1734.
Renoyer, Marie-Jeanne (2). [Ambroise I.
Louis, b ⁷ 12 oct. 1729.—Marie-Geneviève, b ⁷ 3 janvier 1731.—Marie-Thérèse, b ⁷ 25 juin 1732.—Marie-Françoise-Noelle, b ⁷ 25 déc 1733.

1729, (13 juin) Varennes.
IV.—BOUCHER, Joseph (3), [René-Jean III.
Hébert, Agathe, [Augustin III.
b 1713; s avant 1754.
Claire-Agathe, b... m 19 février 1754, à Pierre Martel, à Verchères.

1729, (4 juillet) Ste-Anne-de-la-Pocatière.¹
IV.—BOUCHER, Philippe, [Philippe III.
b 1704; s ¹ 28 mai 1747.
Dionne, Marie, [Jean II.
b 1697; veuve de François Michaud.
Philippe, b ¹ 24 janvier 1730; m ¹ 24 nov. 1760, à Marie-Anne Lisotte.—Joseph-Marie, b ¹ 11 mars 1732. — Michel, b ¹ 29 janvier 1734.—Marie-Joseph, b ¹ 9 sept. 1736, m 20 sept. 1756, à Jean-Baptiste Rouleau, à la Rivière-Ouelle.—Marie-Geneviève b ¹ 7 janvier 1739

1730, (13 août) Ste-Croix.
IV.—BOUCHER, (4) Etienne, [Denis III.
b 1706.
1º Houde, Charlotte [Simon II.
Joseph-Denis, b 1ᵉʳ juin 1732, à St-Antoine-Tilly.¹ — Anonyme,.b ¹ et s ¹ 10 avril 1734. — Marie-Ursule, b 22 mars 1735, à St-Nicolas; s ¹ 2 mai 1735.—Marie-Charlotte, b ¹ 25 mars 1736.—Marie-Geneviève, b ¹ 14 janvier 1738; m ¹ 24 nov. 1755, à Charles Coté.—Etienne, b ¹ 18 oct. et s ¹ 23 nov. 1739.—Marie-Joseph, b ¹ 21 nov. 1740.—Etienne-Laurent, b ¹ 13 août 1742; s ¹ 22 sept. 1743. — Marie-Angélique,] ¹ 13 mars et s ¹ 18 août 1744.—Marie-Anne, b ¹ 12 et s ¹ 24 nov. 1747. — Marie-Charlotte, b ¹ 30 sept. et s ¹ 6 oct 1748. — Marie-Marguerite, b ¹ 30 sept. 1748; s ¹ 28 sept. 1749.

1749, (3 février). (5) ¹
2º Fréchet, Marie-Marguerite, [François I.
veuve de Joseph Boucher.
Antoine, b ¹ 14 mars 1750. — Marie-Anne, b ¹ 1ᵉʳ avril 1753.—Marie-Joseph, b ¹ 23 mars 1758.

1730, (29 nov.) Boucherville. ³
IV.—BOUCHER (6), Joseph, [Pierre III.
s ³ 28 février 1762.
1º Tailhandier (7), Charlotte, [Marien I.
b 1707; s ⁸ 16 nov. 1740.

---

(1) Dit Lajoie.
(2) Elle épouse, le 11 avril 1735, Jean-Baptiste D'Amours.
(3) Sieur Desnois, chirurgien.
(4) Dit Desrosiers.
(5) Dispenses du 2ème au 2ème degrés et du 2ème au 3ème degrés
(6) Sieur de la Broquerie.
(7) Dit Marien.

Joseph, b ³ 4 avril 1732; m 13 nov. 1758, à Clémence Gamelin, à Montréal.—Marie-Anne, b ³ 28 mai 1734; m ³ 14 juin 1751, à Pierre-Philippe Noyelle de Fleurimont.—René, b ³ 10 juin 1735.—Pierre, b ³ 10 dec. 1736.—Bonaventure, b ³ 16 juillet 1738.

1742, (7 août) Nicolet.
2º Cardin, Marie. [Maurice II.
Marie-Joseph, b ³ 13 mars 1747.—Josephte-Renée (1), b³ 1ᵉʳ sept. 1748.—Joseph, b ³ 3 sept. 1755.

IV.—BOUCHER, Pierre, [Pierre III.
b 1704 ; s 12 avril 1754, à Kamouraska ³
Guérez, Marie-Catherine (2), [Jacques I.
b 1708.
Anne, b ³ 26 déc. 1731 ; m ³ 12 juin 1754, à Augustin Sirois. — Marie-Catherine, b ³ 5 avril 1739; m ³ 11 janvier 1768, à Jean Raymond. — Pierre, b ³ 7 nov. 1741; m ³ 26 juin 1768, à Marie St-Laurent —Elisabeth, b ³ 24 mai 1745, m ³ 7 juin 1762, à Antoine Morin.

1731, (5 mai) Kamouraska.
IV.—BOUCHER, Jean, [Pierre III.
b 1704; s ³ 29 mars 1736.
Michaud, Cécile (3), [Pierre II.
b 1706.
Pierre, b ³ 21 février 1732; s ³ 12 mars 1735.—Jean-Roch, b ³ 28 janvier 1734. — Joseph, b ³ 28 janvier 1736; m ³ 25 août 1756, à Dorothée Paradis.

1731, (26 juillet) St-Nicolas. ³
V.—BOUCHER Joseph, [Ignace IV
b 1702 ; s ³ 7 juillet 1742.
Fréchet, Marguerite (4), François II.
b 1713.
Marguerite, b ³ 6 et s ³ 25 mars 1732.—Marie-Madeleine, b ³ 25 mars 1734. — Joseph, b ³ 27 nov. 1735.—Marie-Angélique, b ³ 11 août 1737 — Marie-Joseph, b ³ 23 mai 1739 ; s ³ 13 déc. 1742. —Marie-Louise, b ³ 11 avril 1741.

1731, (30 sept.) Québec.
IV.—BOUCHER (5), Charles, [Ignace III.
b 1698, s 2 janvier 1772, à Boucherville ³
Hertel (6), Thérèse, [Jean-Bte III.
b 1712, s ³ 3 juillet 1777.
Marie-Françoise, b ³ 4 août 1732. — Charlotte-Thérèse, b ³ 19 août 1734 ; s 1819. — Louise, b ³ 19 juin et s ³ 17 juillet 1736. — Jean-Baptiste, b ³ 11 août et s ³ 11 oct. 1737. — Ignace, b ³ 1ᵉʳ août 1738. — René-Ignace, b ³ 23 oct. 1739. — Jeanne-Louise, b ³ 7 mars 1742 ; s ³ 2 avril 1743.—Louise-Thérèse, b ³ 27 février 1744. — Charles, b ³ 2 avril 1745 ; m ³ 6 nov. 1769, à Renée Boucher — Catherine, b ³ 24 février 1749.—Marie-Anne, b... m ³ 7 février 1764, à Jean Soumande.

---

(1) Filleule de M. Joseph Cardin, curé de Nicolet.
(2) Elle épouse, le 2 juin 1755, Pierre Dion, à Kamouraska
(3) Elle épouse, le 21 juillet 1738, Louis Saucier, a Kamouraska.
(4) Elle épouse, le 13 nov. 1742, Jean-Baptiste Filteau, à St-Nicolas
(5) Sieur de Grosbois.
(6) De Rouville.

1731, (14 sept.) Montréal.⁴

IV.—BOUCHER (1), Pierre,   [Pierre III.
b 1689; s 15 sept. 1767, à Boucherville.⁵
Raimbault, Marguerite,   [Pierre II.
b 1711.
Louise-Charlotte, b... m 20 oct. 1749, à Jacques Perrault, à Québec.⁶ — Françoise, b⁴ 26 janvier 1734; m⁵ 8 nov. 1767, à Jean-Baptiste Autlan.—Louis-René, b⁴ 3 mars 1736.—Jean-François, b⁴ 19 juillet 1740. — Charles, b⁴ 28 août 1741.—Marie-Catherine, b⁴ 6 janvier 1745; m⁶ 17 mai 1764, à Jean-Louis Frémont.

1732, (5 mai) St-Nicolas.⁴

V.—BOUCHER, François,   [Ignace IV.
b 1708.
Demers, Marie-Anne,   [Nicolas II.
b 1709.
Marie-Charlotte, b⁴ 4 juillet 1734; m⁴ 26 juin 1752, à Jean Gagnon, s⁴ 3 déc. 1757. — François, b⁴ 24 août 1736; m 17 juin 1760, à Elisabeth Couture, à St-Valier.³—Louis-Charles, b⁴ 16 mars 1738; m² 4 avril 1758, à Marie Rémillard. — Marie-Madeleine, b⁴ 24 avril 1740. — Jean-Baptiste, b⁴ 6 et s⁴ 11 avril 1744.—Marguerite, b... s⁴ 12 déc. 1747. — Marie-Anne, b... s⁴ 12 déc. 1747.—Marie-Madeleine, b 14 juillet 1750, à Québec.

1732, (30 juin) St-François, I. J.⁶

III.—BOUCHER, Noel,   [Noel II
b 1701; s 23 fevrier 1761, à St-Vincent-de-Paul.⁵
1° Conon, Marie-Therèse,   [François II.
s⁵ 11 février 1744.
Marie-Hélène, b⁶ 23 mars 1733; m⁵ 10 février 1755, à Gabriel Ouellet. — Anonyme, b⁶ et s⁶ 23 août 1734. — Thérèse, b⁶ 23 nov. 1735; m⁵ 10 nov. 1760, à Maurice Paquet. — Charlotte-Amable, b⁶ 25 mai 1737; m⁵ 14 janvier 1759, à Etienne Boniface. — Jean-Noel, b⁶ 28 déc 1738.—Michel, b⁶ 6 avril et s⁶ 4 juillet 1740. — Geneviève, b 4 mai 1741, au Sault-au-Recollet, m⁵ 10 nov. 1760, à Louis Galarneau.—Reine, b... m⁵ 22 février 1762, à Louis Paquet.

2° Brunel (2), Marie-Joseph.   [Pierre III.
Marie-Louise, b⁵ 15 nov 1745.—François, b⁵ 12 avril 1747.—Marie-Joseph, b⁵ 22 mars 1750, s⁵ 23 août 1751.—Marie-Joseph, b⁵ 19 mars 1752; s⁵ 23 avril 1753.—Joseph et Marie-Madeleine, b⁵ 27 juillet 1754.—Marie-Marguerite, b⁵ 6 juin 1756.

1733, (9 février) Berthier.⁶

III.—BOUCHER, Paschal,   [Jean-Marie II.
b 1711, s⁶ 4 mars 1756.
1° Vermet, Geneviève,   [Robert III.
b 1717; s 22 juillet 1754, à St-Charles.¹
Jean, b⁶ 14 février 1735, m 9 nov. 1761, à Marie Blais, à St-Valier.—Joseph-Paschal, b⁶ 10 mars 1737.— Etienne, b 28 janvier 1739, à Beau-

---

(1) Sieur de Boucherville, capitaine d'infanterie et chevalier de St-Louis, commandant à Niagara en 1740.
(2) Dit Létang. Elle epouse, le 24 janvier 1763, Louis Pelletier, à St-Vincent-de-Paul.

---

mont.²—François, b² 29 janvier 1741.—Marie-Anne, b... m⁶ 29 sept. 1766, à Paul Gaumond.—Bernard, b² 21 août 1744. — Geneviève, b² 18 mars et s² 30 juillet 1746.—Alexis, b² 3 août 1747; s² 28 janvier 1748. — Marie, b² 25 mai 1749.—Reine, b¹ 5 janvier 1751.—Marie-Marguerite, b¹ 22 juillet et s⁶ 8 août 1754. — Pierre, b¹ 22 juillet 1754.

1755, (3 février).¹
2° Hély, Marie.   [Jacques II.
Marie-Louise, (posthume) b¹ 9 sept. 1756.

1733, (27 mai) Beaumont.

V.—BOUCHER, Louis-Charles,   [Ignace IV.
b 1704.
Filteau, Marie.   [Pierre II.
Marie-Joseph, b 15 août 1734, à St-Nicolas¹; m¹ 25 oct. 1751, à Jacques Houde.—Charles, b¹ 21 août 1735.—Marie-Charlotte, b¹ 12 mai et s¹ 6 oct. 1737. — Marie-Thérèse, b¹ 12 avril 1739; m¹ 18 janvier 1761, à Joseph Viau.— Marie-Charlotte, b¹ 28 mars 1742. — Marie-Louise, b¹ 16 mars 1744. — Joseph-Marie, b¹ 10 et s¹ 13 déc. 1748.—Marie-Madeleine, b¹ 11 février 1750; s¹ 8 sept. 1751. — Ignace, b¹ 31 mars et s¹ 30 avril 1752.—Michel, b¹ 31 mars et s¹ 18 avril 1752.—Joseph, b¹ 6 oct 1754; s¹ 28 oct. 1755.—Marie-Angélique, b... m¹ 7 nov. 1757, à Simon Bergeron; s¹ 1er sept. 1758.

BOUCHER, François.
LeGardeur (1), Marie-Joseph.
Charles-Joseph, b 23 sept. 1735, à Montréal.

II.—BOUCHER (2), Fleurant,   [Jacq-Hyac. I.
b 1710.
Aubry, Cécile.   [François II.
b 1709
Marie-Amable, b... m 1756, à Louis Loisel.—Marie-Françoise, b 1735; s 17 août 1749, à St-Laurent, M.¹ — Cécile, b 1747; s¹ 14 août 1756.—Marie-Joseph, b... m¹ 16 août 1758, à Louis-François Rigereau.—Michel, b¹ 2 oct. 1750; s¹ 15 sept. 1751.—Jean-Baptiste, b¹ 16 déc. 1752.

1735, (13 mai) Québec.²

IV.—BOUCHER (3), Charles,   [Pierre III.
b 1704.
Bourote, Françoise,
b 1678; veuve de François Jérémie; s² 3 août 1758.

1735, (14 nov.) Kamouraska.⁶

IV.—BOUCHER, Michel,   [Pierre III.
b 1716; s⁶ 18 mars 1756.
Choret, Marguerite,   [Jean-Bte III.
b 1710; s⁶ 8 oct. 1757.
Marie-Joseph, b⁶ 20 août 1736; m⁶ 25 juillet 1757, à Michel Morin. — Joseph-Michel, b⁶ 30 mars 1738. — Rosalie, b 1739; s⁶ 4 août 1746. — Joseph-Antoine, b⁶ 20 oct. 1745; 1° m⁶ 2 sept. 1771, à Elisabeth Ber-

---

(1) De Courtemanche.
(2) Dit St-Amour.
(3) Sieur de Montarville.

GERON ; 2º m ⁶ 19 fevrier 1776, à Catherine RIOU. — *Jean-Baptiste*, b ⁶ 2 février 1748. — *Marie-Anne*, b ⁶ 22 mai 1752 ; s ⁶ 23 sept. 1756. — *Rosalie*, b ⁶ 24 mars 1754 ; s ⁶ 29 mai 1755. — *Marie-Euphrosine*, b ⁶ 13 oct. 1755 ; m ⁶ 12 juillet 1774, à Denis MORIN. — *Véronique*, b... m ⁶ 18 février 1764, à Jean MICHAUD. — *Marguerite*, b... m ⁶ 8 janvier 1770, à Augustin MORIN.

BOUCHER.
Geneviève, b... m à Ignace HUOT-ST-LAURENT. — *Charles*, b...

1736, (17 avril) St-Anne-de-la-Pocatière. ⁴
IV.—BOUCHER, LOUIS-IGNACE,   [FRANÇOIS III.
  b 1708.
  MIGNIER, Marie-Madeleine,   [ANDRÉ II.
  b 1720 ; s ⁴ 11 janvier 1760.
Marie-Madeleine, b ⁴ 1ᵉʳ juin et s ⁴ 27 juillet 1737. — *Marie-Angélique*, b ⁴ 5 mars 1739. — *Louis*, b ⁴ 19 janvier 1741. — *Louise-Madeleine*, b ⁴ 11 août 1742, m ⁴ 22 oct. 1764, à Pierre PERRAULT. — *Marie-Joseph*, b ⁴ 20 avril et s ⁴ 10 mai 1744. — *Marie-Madeleine*, b ⁴ 9 juin 1745. — *Marie-Geneviève*, b ⁴ 2 fevrier 1747. — *Marie-Joseph*, b ⁴ 28 janvier 1749. — *Joseph*, b... m 3 nov. 1772, à Louise BÉLANGER, à la Rivière-Ouelle. ⁵ — *Benjamin*, b... m ⁵ 26 janvier 1778, à Geneviève CASISTA. — *Jean-Baptiste*, b ⁴ 17 déc. 1752 ; m 9 fevrier 1778, à Marie-Reine PELLERIN, à St-Roch. — *Marie-Ursule*, b ⁴ 1ᵉʳ août 1754.

1737, (21 janvier) Montréal.
IV.—BOUCHER (1), Fʳˢ-CLEMENT,   [RENÉ III.
  b 1708.
  PÉCODY, Charlotte   [FRANÇOIS-ANTOINE II.
  b 1714.
Marie-Charlotte, b 1ᵉʳ nov. 1737, à Boucherville⁷ ; 1º m ⁷ 30 nov. 1758, à Germain VASSAL DE MONVIEL ; 2º m ⁷ 27 nov. 1765, à Pierre-Rene BOUCHER-LABRUYÈRE ; s 10 mars 1820, à Quebec. — *François-Renée*, b ⁷ 17 oct. 1738 ; s ⁷ 19 fevrier 1739. — *François-Claude*, b ⁷ 14 oct. 1739. — *François*, b ⁷ 22 nov. 1740. — *Louise-Françoise*, b ⁷ 13 janvier 1742. — *Renée-Louise*, b ⁷ 3 avril 1743 ; m ⁷ 6 nov. 1769, à Charles BOUCHER. — *René-Clément*, b ⁷ 19 juin 1747 ; s ⁷ 21 août 1749. — *Joseph-René*, b ⁷ 12 sept. et s ⁷ 8 oct. 1748. — *Madeleine-Joseph*, b ⁷ 16 et s ⁷ 26 mai 1750. — *Marie*, b ⁷ 15 juillet 1751 ; s ⁷ 15 juillet 1755. — *Jean-Baptiste*, b ⁷ 10 et s ⁷ 20 août 1752. — *Pierre-Eustache*, b ⁷ 20 sept. 1755 ; s ⁷ 18 juin 1756. — *François*, b ⁷ et s ⁷ 2 sept. 1766. — *Louise*, b ⁷ 27 oct. 1770. — *Renée*, b ⁷ 22 juin 1772. — *Joseph-François*, b ⁷ 1ᵉʳ et s ⁷ 6 août 1773. — *Pierre*, b ⁷ 25 nov. 1774, s ⁷ 27 juin 1775. — *Marie-Angélique*, b ⁷ 5 juillet et s ⁷ 19 oct. 1776. — *Claude-François*, b ⁷ 27 sept. 1777. — *Marie-Angélique*, b ⁷ 8 janvier et s ⁷ 23 août 1779. — *Anonyme*, b ⁷ et s ⁷ 21 sept. 1780.

1737, (25 nov.) Ste-Anne-de-la-Pocatière. ²
IV.—BOUCHER, JOSEPH,   [PIERRE III.
  b 1708 ; s avant1780.
  1º LISOTTE, Reine,   [NOEL II.
  b 1712 ; s 27 oct. 1744, à la Rivière-Ouelle. ³

—(1) De La Periere.

1745, (12 oct.) Cap-St-Ignace.
2º FORTIN, Madeleine-Salomee,   [FRANÇOIS III.
  s ³ 31 août 1780.
Angélique-Salomée, b ³ 27 nov. 1746 ; s ³ 21 février 1747. — *Joseph*, b ³ 31 dec. 1747. — *Marie-Madeleine*, b ³ 13 mars 1750 ; 1º m ³ 23 fevrier 1767, à Jean TREMBLAY ; 2º m ³ 3 août 1772, à Augustin LEBEL. — *Cunégonde*, b ³ 13 oct. et s ³ 18 déc. 1751. — *Marie-Catherine*, b ³ 29 oct. 1752 ; s ³ 19 avril 1754. — *Pierre-François*, b ³ 22 juillet 1754. — *Marie-Geneviève*, b ³ 10 avril 1756 ; m ³ 26 juin 1775, à Charles CHAPAIS. — *Marie-Euphrosine*, b ³ 21 août 1757 ; m ³ 3 fevrier 1777, à Henri MICHAUD. — *Louis-Marie*, b ³ 16 mai 1759. — *Marie-Modeste*, b ³ 30 sept. 1760. — *Marie-Théotiste*, b... m ³ 31 juillet 1780, à Paschal DUBÉ. — *Madeleine*, b... s ² 24 fevrier 1760. — *Joseph*, b... m ² 11 nov. 1771, à Rose MICHAUD.

1737.
V.—BOUCHER, JEAN-BTE.   [FRANÇOIS IV
  GLADUS, Marie-Catherine.   [NICOLAS II.
Jean-Baptiste, b 13 oct. 1738, à l'Ile-Dupas.

1738, (14 sept.) Trois-Rivières.
IV.—BOUCHER (1), RENÉ,   [RENÉ-JEAN III.
  b 1699, s 31 août 1773, à Boucherville³ (mort subite).
  GODFROY (2), Madeleine,   [JEAN-AMADOR II
  b 1688 ; s ⁸ 7 fevrier 1759, à l'eglise de la Congregation.

1738, (10 nov.) Islet.
IV.—BOUCHER, PIERRE,   [PHILIPPE III.
  b 1713 ; s 7 mai 1784, à la Rivière-Ouelle. ⁸
  1º CARON, Marie-Madeleine,   [JOSEPH III.
  b 1716 ; s 10 mai 1753, à Ste-Anne-de-la-Pocatière. ⁹
Pierre, b ⁹ 25 sept. 1739. — *Marie-Madeleine*, b ⁹ 17 juin 1741 ; m ⁹ 23 juin 1761, à Pierre LAMARRE. — *Joseph*, b ⁸ 2 fevrier 1742 ; m ⁸ 27 fevrier 1775, à Marie LÉVÊQUE. — *Joseph*, b... s ⁹ 3 août 1743. — *Louis*, b ⁹ 18 juillet 1744 ; m ⁸ 10 août 1772, à Ursule ST-JORRE. — *Marie-Suzanne*, b ⁹ 30 mai 1746 ; s ⁹ 8 nov. 1747. — *Marie-Catherine*, b ⁹ 30 dec. 1747 ; s ⁹ 1ᵉʳ janvier 1748. — *Isidore*, b ⁹ 20 février 1749. — *Marie-Geneviève*, b ⁹ 16 dec. 1750 ; 1º m ⁸ 30 sept. 1771, à Pierre-François MACÉ ; 2º m ⁸ 13 nov. 1780, à Pierre MICHAUD, s ⁸ 26 mars 1785. — *Joseph-Marie*, b ⁸ 1ᵉʳ août 1752.

1753, (10 sept.) ⁹
2º TOUSSAINT, Marie-Lse.   [JEAN I.
  b 1737 ; s ⁸ 11 nov. 1775.
Augustin, b ⁹ 4 et s ⁹ 5 mai 1754. — *Alexis*, b ⁹ 27 mars 1755 ; s ⁹ 6 mars 1760. — *Marie-Catherine*, b ⁸ 8 avril 1763 — *Marie-Elisabeth*, b... m ⁸ 7 juin 1784, à Pierre-Noel PELLETIER.

(1) De Montbrun.
(2) De St-Paul.

1739, (8 nov.) Boucherville.³
IV.—BOUCHER (1), RENÉ, [PIERRE III.
b 1699 ; s ⁸ 12 avril 1773, à la chapelle de la Congrégation.
1º PÉCODY (2), Louise-Renee. [FRS-ANTOINE II.
Françoise, b... m 15 nov. 1757, à François LEMERCIER, à Ste-Foye.
1765, (27 nov.)³
2º BOUCHER (3), Marie-Chs. [FRS-CLÉMENT IV.
b 1737 ; veuve de Germain-François Vassal de Montviel (4), s 10 mars 1820, à Quebec.
Philippe-Pierre, b ³ 3 mai 1767. — *François-René*, b ⁸ 23 juin 1768. — *Louis-Charles*, b ³ 30 août et s ³ 5 sept. 1769.—*Charles-François-René*, b ³ 4 déc. 1770.—*Charles-Eloi*, b ³ 1ᵉʳ nov. 1771.—*Renée-Charlotte*, b ³ 4 janvier 1774.

BOUCHER, MICHEL (5), b 1745 ; s 18 mars 1769, à Kamouraska.

BOUCHER, ...
Jean, b...—*Madeleine*, b... m à Paschal MERCIER.

BOUCHER, REINE, b 1738 ; s 10 nov. 1788, à l'Ile-Verte.

BOUCHER, JOSEPH.
Charlotte, b 1730 ; m à Gabriel FEUILLETEAU ; s 11 janvier 1758, à Ste-Croix.

BOUCHER, JOSEPH.
Marie-Anne, b 1744 ; s 1ᵉʳ juin 1755, à Ste-Croix.

BOUCHER, JOSEPH, s 2 dec. 1776, à la Rivière-Ouelle.

1740, (22 nov.) St-Joachim.³
III.—BOUCHER, PIERRE, [PIERRE II.
s ⁸ 7 janvier 1760.
GAGNON, Geneviève (6). [JEAN III.
Geneviève, b... m s³ 12 oct. 1761, à Joseph GAGNON. — *Marie-Joseph*, b ³ 1ᵉʳ nov. 1741.—*Marie-Monique-Euphrosie*, b³ 15 nov. 1743 ; m ⁸ 7 février 1763, à Jean-Baptiste RANCOUR.—*Pierre*, b ³ 17 nov. 1745.—*Marie-Anne*, b 5 février 1748, à Ste-Anne.—*Marie-Anne-Félicité-Charlotte*, b ³ 5 nov. 1754.—*Augustin*, b... 1º m à Marie-Louise LESSARD ; 2º m ⁸ 20 février 1775, à Madeleine CARON.

BOUCHER, JEAN.
BOUCHER, Marie-Anne.
Marie-Geneviève, b 20 oct. 1743, à l'Islet.

BOUCHER, ...
Marguerite, b... m à Jean-Charles LECLERC.—*Claire*, b... m à Jean CHORET.

(1) De la Bruyère, seigneur de Boucherville.
(2) De Contrecœur.
(3) De la Périère.
(4) Capitaine au régiment de Béard.
(5) Mort sur le chemin du lac de Témiscouata.
(6) Elle épouse, le 13 avril 1761, Ignace Paré, à St-Joachim.

I.—BOUCHER, JOSEPH.
CHRÉTIEN, Madeleine, [JEAN-BTE II.
b 1708.
Marie, b... m 22 juillet 1776, à Joseph SÉDILOT, à la Rivière-Ouelle.

I.—BOUCHER, PIERRE.
CHRÉTIEN (1), Dorothée, [JACQUES II.
b 1717.
Pierre-Ignace, b 6 mai 1741, à l'Ile-Dupas.—*Marie-Françoise*, b 1747 ; m 12 sept. 1763, à Joseph-Augustin DURAND, à Montréal. — *Antoinette*, b 7 juillet 1750, aux Trois-Rivières.—*Marie*, b 1752 ; s 28 déc. 1755, à Lanoraie.⁴—*Antoine*, b ⁴ 6 mai 1755.

I.—BOUCHER (2), JOSEPH.
AUDET DE BAILLEUL, Marie-Anne, [LOUIS I.
b 1712.
Marie-Catherine, b 12 avril 1742, à Verchères.⁸ —*Marie-Anne*, b ⁸ 19 mars 1744.—*Angélique*, b ⁸ 7 dec. 1745.—*Marguerite*, b ⁸ 9 fevrier 1747.—*Marie-Madeleine*, b ⁸ 29 juillet 1752.

BOUCHER, ...
Angélique, b 1742 ; s 19 janvier 1760, à Ste-Anne-de-la-Pocatière.

1743, (23 avril) Islet.
I.—BOUCHER, JEAN, fils de Bastien et de Jeanne Bourguignon, de Fontaine, diocèse de Blois.
GAMACHE, Marie-Marthe, [NICOLAS II.
b 1724.
Marthe, b 1743 ; s 23 mai 1755, à la Rivière-Ouelle.

1744, (17 nov.) Boucherville.⁹
IV.—BOUCHER (3), ETIENNE, [RENÉ-JEAN III
b 1714 ; s ⁹ 14 avril 1773.
RACICOT, Marie, [JACQUES I.
Jacques-Timothé, b ⁹ 23 mars 1747 ; m ⁹ 16 nov. 1766, à Thérèse-Archange GIBAUD.—*Marie-Charlotte*, b ⁹ 15 mai et s⁹ 29 juillet 1748.—*Jean-Baptiste*, b... s ⁹ 25 juillet 1749.—*Marie-Béatille*, b ⁹ 23 et s ⁹ 29 août 1750.—*Charles*, b ⁹ 10 janvier 1753. — *Marie-Apolline*, b ⁹ 20 oct. 1755.—*Pierre-Philippe*, b ⁹ 9 déc. 1756 : s ⁹ 3 juillet 1757. — *Marie-Louise*, b ⁹ 26 nov. 1757.—*Catherine*, b ⁹ 8 fevrier 1759.—*Charlotte*, b ⁹ 22 nov. 1761.—*Marie-Louise*, b ⁹ 6 et s ⁹ 21 sept. 1763.—*Etienne-Timothé*, b ⁹ 18 nov. 1764, s ⁹ 7 janvier 1765.

1745, (7 sept.) Montreal.⁸
IV.—BOUCHER (4), JEAN-BTE, [JEAN-BTE III.
b 1716.
1º HERBIN, Marguerite, [LOUIS-FRÉDÉRIC I.
b 1717.
Anonyme, b et s 22 janvier 1748, à Chambly.⁹

(1) Et Desroches. Elle épouse, le 25 février 1759, René Richot, à Montréal.
(2) DeNois.
(3) De Montbrun.
(4) De Niverville.

1755, (23 avril).⁸
2° BABY, Marie-Anne,   [RAYMOND II.
b 1729.
Joseph, b... s⁹ 9 juin 1756.—Jean-Joseph-Louis,
b⁹ 15 mai et s⁹ 10 juin 1757. — *Jean-Louis,* b⁹
19 mai 1758.—*Louis,* b⁹ 13 avril 1759.—*Antoine,*
b⁹ 18 avril 1760.

I.—BOUCHER, JEAN.
  FORTIN, Renee.
Jean-Baptiste, b 26 mai 1746, à l'Islet⁸; 1° m⁸
à Geneviève BÉLANGER; 2° m ⁸ 7 août 1775, à
Marie-Joseph CLOUTIER.—*Marie-Reine,* b ⁸ 6 sept.
1747.—*Pierre-Paul,* b ⁸ 23 mai 1749; m⁸ 27 sept.
1773, à Marie-Anne RICHARD.— *Elisabeth,* b ⁸ 7
nov. 1750.—*Charles-François,* b ⁸ 3 fevrier 1752;
s ⁸ 15 juin 1776. — *Marie-Geneviève,* b ⁸ 30 nov.
1753.—*Marie-Reine-Françoise,* b ⁸ 24 sept. 1755.
—*Marie-Claire,* b ⁸ 29 juin 1757.—*Marie-Louise,*
b ⁸ 22 janvier 1758. — *Marguerite,* b ⁸ 26 août
1760.—*Marie-Judith,* b ⁸ 1ᵉʳ août 1762. — *Reine-Félicité,* b ⁸ 10 sept. 1764.—*Marie-Perpétue,* b...
m 2 sept. 1783, à Claude BABIN, à St-Jean-Port-Joli.

1746, (10 janvier) Ste-Anne-de-la-Pocatière.
IV.—BOUCHER, PIERRE.   [FRS-GALERAN III.
  OUELLET, Marie-Joseph,   [JEAN-BTE III.
  b 1721.

1746.
I.—BOUCHER, JOSEPH.
  CHARTRAN, Marie.   [JOSEPH II.
Marie, b 1747, s 3 déc. 1748, à St-Vincent-de-Paul. ⁸ — *Marie-Joseph,* b ⁸ 12 juin 1749, s ⁸ 3
juin 1750. — *Joseph-Marie,* b ⁸ 30 avril et s ⁸ 1ᵉʳ
août 1751. — *François,* b ⁸ 13 oct. et s ⁸ 17 déc.
1752.—*Jean-François,* b ⁸ 21 nov. 1753.—*Joseph,*
b... s ⁸ 10 fevrier 1756.

1747, (28 août) St-Nicolas. ⁸
V.—BOUCHER, JOSEPH,   [DENIS-JOSEPH IV.
  b 1725.
  GRENON, Marie-Catherine,   [JEAN-FRANÇOIS II.
  b 1724.
Marie-Catherine, b ⁸ 29 oct. et s⁸ 12 nov. 1748.
—*Jean-Joseph,* b 28 mars 1752, à St-Antoine-Tilly ⁵; m ⁵ 10 oct. 1774, à Thérèse MOREAU.—
Marie-Thérèse, b ⁵ 12 déc. 1754; m ⁵ 10 oct. 1774,
à Jean-Baptiste CÔTÉ.—*Charles,* b ⁵ 14 avril 1761.

1747, (13 nov.) St-Nicolas. ⁸
V —BOUCHER, DENIS,   [DENIS-JOSEPH IV.
  b 1727, s³ 20 dec. 1747.
  COTE, Marie-Joseph (1).   [JACQUES III.

1748, (1ᵉʳ juillet) Lavaltrie. ³
V.—BOUCHER, CHARLES,   [CHARLES IV.
  b 1726.
  HÉTU, Thérèse.   [JEAN-BTE.
Charles, b ³ 26 sept. 1749.—*Marie-Apolline,* b ³
3 nov. et s ³ 1ᵉʳ déc. 1755.

---

(1) Elle épouse, le 14 janvier 1749, Alexandre Genest, à St-Nicolas.

BOUCHER, DENIS-JOSEPH.
  DION, Marie.
Marguerite-Angélique, b 21 juillet 1749, à St-Nicolas.

I.—BOUCHER (1), NICOLAS-PHILIBERT.
  VALLÉ, Catherine.
Jean-Baptiste, b 3 juillet 1749, à Québec. ᵗ—
Elisabeth, b ⁷ 29 sept. 1757.

1749, (4 nov.) Lévis. ²
IV.—BOUCHER, JEAN-BTE.   [PRISQUE II
  b 1724; s ² 27 avril 1763.
  FONTAINE, Marie-Anne (2).   [ETIENNE I
Marie-Anne, b ² 2 oct. 1752.— *Françoise,* b ²
nov. 1756; s 5 sept. 1758, à St-Pierre-du-Sud.
—*Marie-Madeleine,* b ³ 5 janvier 1759.

1750, (4 février) Ste-Croix.
V.—BOUCHER, JEAN-FRS,   [JEAN-FRANÇOIS IV
  b 1722; s 4 mai 1753, à St-Antoine-Tilly. ⁴
  GRENIER, Charlotte (3),   [JOSEPH II
  b 1728.
Jean-François, b ⁴ 7 fevrier 1751; m ⁴ 17 oc
1774, à Marie-Charles DUBOIS.—*Marie-Charlott*
b ⁴ 7 fevrier 1751; s ⁴ 15 août 1759 (4).—*Antoin*
b ⁴ 23 avril 1752.

I.—BOUCHER, CHARLES,
  s avant 1771.
  DUBORD, Therese,
  s avant 1771.
François, b 1751; m 25 nov. 1771, à Mari
Joseph GIROUX, à la Longue-Pointe.

1751, (11 janvier) St-Roch.
II.—BOUCHER (5), JEAN-BTE,   [PIERRE
  b 1729.
  LISOTTE, Marie-Anne (6).   [NICOLAS I
Pierre-Jean, b 7 oct 1751, à Ste-Anne-de-
Pocatière. ² — *Marie-Anne,* b ² 1ᵉʳ janvier 1753.
Marie-Catherine, b 12 février 1754, à la Rivièr
Ouelle.

1751, (18 janvier) Rivière-Ouelle. ⁴
V.—BOUCHER, PIERRE.   [PIERRE I
  PLOURDE, Brigitte.   [PIERRE I
Pierre, b ⁴ 9 oct. et s ⁴ 11 nov. 1751.

1751, (22 fevrier) Montréal.
V.—BOUCHER, MICHEL,   [CHARLES I
  b 1729.
  MARTEL, Agathe,   [JOSEPH-ALPH I
  b 1725; veuve d'Antoine Tessier.

---

(1) Dit Jolicœur, soldat de la compagnie de Raymond.
(2) Elle épouse, le 10 octobre 1763, Pierre Mercier, a l' vis.
(3) Elle épouse, le 22 avril 1754, Jean-Baptiste Croteà St-Antoine-Tilly.
(4) Inhumée au 2e rang, par Charles Côte, à cause l'ennemi.
(5) Dit St-Pierre.
(6) Elle épouse, le 24 nov. 1760, Philippe Boucher, Ste-Anne-de-la-Pocatière.

1751, (19 avril) Lévis.²
IV.—BOUCHER, Prisque,   [Prisque III.
  b 1725.
Huot, Marguerite,   [Laurent II.
  b 1731 ; s 28 oct. 1798, à Québec.³
Marguerite, b ³ 5 janvier 1752.—*Geneviève*, b² 29 mars 1753 ; m³ 12 oct. 1784, à Basile Vaillancour.— *Marie*, b... m à François Carrier.— *Suzanne*, b² 12 et s² 15 déc. 1754.—*Joseph*, b² 2 mars 1756 ; s² 25 sept. 1769.— *Etienne*, b² 8 janvier et s² 2 août 1758.—*Marie-Catherine*, b² 6 mai 1759.—*Pierre*, b³ 28 juin 1761.—*Catherine-Rosalie*, b² 8 avril 1763 ; s² 30 sept. 1769.— *Marie-Anne*, b² 5 août 1764 ; s² 10 oct. 1769.— *Michel*, b² 10 février 1766.—*Anonyme*, b² et s² 20 août 1767.—*Prisque*, b² 14 nov. 1768 ; s² 10 oct. 1769.— *Louis*, b² 14 nov. 1768.—*Marie*, b² 9 sept. 1770.—*Marie-Joseph*, b... m³ 6 sept. 1792, à Guillaume Ross.

1751, (23 août) St-Joachim.⁴
II—BOUCHER, Pierre.   [Jacques I.
Gagné Thérèse,   [François.
  b 1728.
Pierre, b⁴ 27 juillet 1752 ; m⁴ 24 nov. 1777, à Marguerite Hébert.—*Joseph*, b⁴ 17 mai 1754.— *Marie-Thérèse*, b⁴ 11 février 1756.— *Françoise*, b⁴ 25 janvier 1761.—*Marie-Thérèse*, b⁴ 21 mars 1768.—*Marie-Dorothée*, b 1771 ; s⁴ 9 août 1778.

1752, (7 février) St-Nicolas.
V.—BOUCHER, Joseph.   [Denis-Jos. IV.
Dubois, Marie-Charlotte,   [Nicolas II.
  b 1720 , s³ 6 janvier 1775.
Joseph, b 1752 ; s³ 1ᵉʳ déc. 1753. — *Marie-Charlotte*, b 9 mars 1753, à St-Antoine-Tilly.²— *Marie-Geneviève*, b³ 12 février 1755. — *Marie-Thérèse*, b² 28 avril 1757.

1752, (27 nov.) St-Joachim.⁵
II.—BOUCHER, Louis.   [Jacques I.
Poulin, Marie-Geneviève,   [Guillaume III.
  b 1730.
Louis, b⁵ 10 oct. 1753.—*Marie-Geneviève*, b⁵ 8 mars 1755 ; s 5 nov 1770, à Ste-Anne.⁶—*Marie*, b⁶ 14 juillet 1760.—*Marie-Louise*, b⁶ 13 nov. 1762, s⁶ 11 avril 1765. — *Joseph*, b⁶ 5 mai 1764 ; s⁶ 6 avril 1765.—*Joseph*, b⁶ 10 février 1768 ; s⁶ 26 déc. 1772.— *Jérôme*, b⁶ 20 oct. 1770. — *Marie-Julienne*, b⁶ 15 nov. et s⁶ 5 déc. 1772.

BOUCHER, Jean.
 1° Guillemet, Marie.
Jean-Baptiste, b 25 juin 1753, à St-Joachim.— *Marie-Marguerite*, b 24 juin et s 16 juillet 1757, à St-Charles.
     1770, (9 février) St-Valier.
 2° Roy, Marie.   [Augustin III.

1753, (29 janvier) Québec.¹
III.—BOUCHER (1), Chs-Joseph, [Jean-Bte II.
  b 1731.
Enouille, Geneviève,   [Louis I.
  b 1730 , s¹ 29 oct. 1778.

(1) Dit Belleville.

Geneviève, b¹ 14 déc. 1753.—*Marie-Louise*, b¹ 17 janvier 1755 ; m¹ 9 février 1779, à Pierre Lefrançois.

1753, (26 février) St-Frs-du-Sud.
III.—BOUCHER, Joseph,   [Jean-Bte II.
  b 1713.
Picard (1), Marie-Anne.   [Jacques III.
Marie-Joseph, b 11 février 1754, à St-Pierre-du-Sud.¹—*Joseph-Marie*, b² 2 mars 1755 ; s¹ 23 juin 1756. — *Marie-Angélique*, b¹ 22 oct. 1756 ; m 26 juillet 1779, à Jacques Quirouet, à Berthier.²—*Joseph*, b 25 juin 1758, à Lorette.— *Marie-Madeleine*, b³ 15 juin 1760 ; 1° m² 27 janvier 1783, à Jean-Baptiste Blais ; 2° m² 21 avril 1795, à Pierre Bourgaud.—*Marie-Marguerite*, b² 7 juin 1762 ; m² 26 juillet 1779, à Louis Fortier.—*Jean*, b² 26 janvier 1764.—*Augustin*, b² 14 oct. 1765 ; s² 8 août 1766.—*Pierre*, b² 7 juin 1767.—*Jacques*, b² 27 avril et s² 28 juillet 1769. —*Cyprien*, b² 30 juillet 1771 ; s² 14 mai 1772.— *Louis*, b² 23 mars 1773 ; s² 7 mai 1774.—*Elisabeth*, b² 20 janvier 1775 ; s² 19 juillet 1778.— *Jacques*, b² 28 mai 1777.

1753, (24 oct.) Montréal.
V.—BOUCHER, Nicolas,   [François IV.
  b 1725.
Parant, Marie,   [André III.
  b 1732.
Marie-Anne, b... s 11 mars 1758, à St-Laurent, M.

1754, (14 janvier) Islet.⁷
II.—BOUCHER (2), Joseph,   [Pierre I.
  s 1756.
Bélanger, Marguerite.   [Pierre-Paul III.
Joseph-Gabriel (posthume), b⁷ 8 août 1756.

1755.
IV.—BOUCHER, Joseph-Marie,   [Prisque III.
  b 1733.
Belleau (3), Marie-Rose.   [Jean-Bte III.
Joseph-Marie, b 19 oct. 1755, à Lévis.⁵—*Pierre*, b⁵ 8 nov. 1757.—*Marie-Catherine*, b⁵ 20 janvier 1760. — *Anonyme*, b... s⁵ 15 mai 1763. — *Marie-Geneviève*, b⁵ 15 mai 1764.

BOUCHER, ...
Marie-Marguerite, b et s 20 sept. 1756, à St-Nicolas.⁷— *Un garçon*, b 1757 ; s⁷ 11 avril 1759.

1756, (12 janvier) St-Vincent-de-Paul.
V.—BOUCHER, Jean-Bte,   [François IV
  b 1729.
Leblanc, Marie-Elisabeth,   [Pierre III.
  b 1738.
Jean-Baptiste, b⁴ 20 oct. 1756.

(1) Dit Destroismaisons.
(2) Dit St-Pierre.
(3) Dit Larose.

1756, (25 août) Kamouraska.⁹
V.—BOUCHER, Joseph, [Jean IV.
b 1736.
Paradis, Dorothée, [Gabriel III.
b 1738.
Marie-Rosalie, b⁹ 11 août et s⁹ 29 sept. 1757. —*Benoni,* b⁹ 10 avril 1761.— *Alexandre,* b⁹ 17 janvier 1763.—*Marie,* b⁹ 30 oct. 1764.—*Joseph-Marie,* b⁹ 11 sept. 1766. — *Marie-Rosalie,* b⁹ 4 août 1768.—*Ignace,* b⁹ 15 janvier 1771.

1756, (17 nov.) Rivière-Ouelle.⁴
V.—BOUCHER, Jean-Bte, [Jean-Bte IV.
b 1732.
Richard, Marie-Claire, [Pierre II.
b 1727; veuve de Joseph Blondeau.
Marie-Madeleine, b⁴ 10 juin 1757. — *Marie-Joseph,* b⁴ 24 nov. 1758. — *Jean-François,* b 22 juin 1760, à Ste-Anne-de-la-Pocatière.

BOUCHER, Joseph.
Rémond (1), Marie-Anne,
b 1739; s 10 sept. 1757, à Kamouraska.⁸
Pierre, b... s⁸ 25 sept. 1757.

1757, (14 février) St-Nicolas.⁹
V.—BOUCHER, Joseph-Michel, [Jean-Frs IV.
b 1735.
Bourassa, Marie-Françoise, [Louis III.
Marie-Anne, b⁹ 20 nov. 1758. — *Joseph,* b⁹ 26 sept. 1760.

1757, (18 avril) Kamouraska,
V.—BOUCHER, Ignace, [Pierre IV.
b 1732.
Michaud, Geneviève, [Louis III.
b 1740.
Louis-Vincent, b 5 mars 1758, à la Rivière-Ouelle.⁷ — *Geneviève,* b⁷ et s⁷ 30 nov. 1759.— *Paul-Hilaire,* b⁷ 11 août 1760 ; m⁷ 3 mars 1783, à Angélique Mercure.—*Julie,* b... m⁷ 28 juillet 1783, à Louis Dubé.

1757, (5 oct.) Trois-Rivières.
IV.—BOUCHER (2), Joseph, [Jean-Bte III.
b 1715.
Chatelain, Marie-Joseph, [François I.
b 1737.
Marguerite-Joseph, b⁴ 1ᵉʳ juillet et s⁴ 26 août 1758.—*Joseph-François,* b⁴ 10 août 1760 ; s 12 août 1760, à Becancour.—*Marie-Madeleine,* b⁴ 1ᵉʳ avril 1762.—*Joseph-Michel,* b⁴ 9 mars 1765.

IV.—BOUCHER (3), Pierre-Ls, [Jean-Bte III.
b 1722.
Hate, Elisabeth-Caroline.
Marie-Catherine, b 2 nov. 1759, au Detroit.

---

(1) Acadienne.
(2) Chevalier de Niverville, lieutenant des troupes.
(3) De Niverville, sieur de Montizambert, officier des troupes.

1757, (17 oct.) St-Nicolas.
V.—BOUCHER, Denis-Joseph, [Nicolas IV.
b 1732.
Huot, Marie-Joseph. [Etienne III.
Marie-Joseph, b 29 avril 1760, à St-Antoine-Tilly.²—*Marie-Joseph,* b² 29 oct. 1761.—*Pierre,* b² 15 dec. 1765.

1757, (7 nov.) St-Nicolas.⁸
V.—BOUCHER, Louis, [Jean-Frs IV.
b 1737.
Simoneau, Marie-Thérèse, [René II.
b 1738.
Marie-Thérèse, b⁸ 21 sept. 1758. — *Louis-Gabriel,* b 9 oct. 1760, à St-Antoine-Tilly ; s⁸ 20 mars 1761.—*Anonyme,* b⁸ et s⁸ 26 sept. 1762.

BOUCHER, Joseph-Marie.
Lévèque, Louise-Geneviève.
Marie-Euphrosine, b 7 janvier 1758, à la Rivière-Ouelle.

1758, (6 février) St-Antoine-Tilly.²
V.—BOUCHER, Antoine, [Jean-François IV.
b 1729.
Bergeron, Marie-Augustine, [Claude III.
b 1737.
Marie-Charlotte, b² 3 sept. 1759. — *Antoine,* b 6 avril 1761, à St-Nicolas.⁷ — *François,* b⁷ 18 août 1762.—*Denis-Joseph,* b² 5 nov. 1765.

1758, (6 février) Sault-au-Récollet.
V.—BOUCHER, François, [François IV.
b 1717.
Lalande, Marie-Charlotte, [Jacques II.
b 1741.

1758, (4 avril) St-Valier.
VI.—BOUCHER, Charles. [François V.
b 1738.
1° Rémillard, Marie, [Antoine II.
b 1739, s 18 janvier 1761, à St-Nicolas.
1763, (17 janvier) Beaumont.
2° Couture, Marie-Joseph, [Guillaume III.
b 1735.

1758, (4 avril) St-Nicolas.¹
V.—BOUCHER, Louis. [Nicolas IV.
Bourgouin (1), Charlotte, [Louis III.
b 1737.
Louis, b¹ 2 janvier 1763. — *Marie-Charlotte,* b 10 sept. 1766, à St-Antoine-Tilly.

1758, (13 nov.) Montréal.¹
V.—BOUCHER (2), Joseph, [Joseph IV.
Gamelin (3), Marie-Clemence, [Pierre III.
b 1738.
Joseph-Ignace, b¹ 13 oct. 1759.—*Pierre,* b¹ 11 sept. 1760.—*Pierre-René,* b¹ 15 dec. 1761 —*René,* b 24 mars et s 11 sept. 1763, à Boucherville.²—*Marguerite-Clémence,* b² 25 juillet 1764.—*Marie-*

---

(1) Dit Bourguignon.
(2) De la Broquerie.
(3) Dit Maugras.

Anne-Charlotte, b ² 20 oct. 1765 ; m ² 9 janvier 1787, à Georges STUBENGER.—*Anonyme*, b 1768 ; s ² 10 mai 1772.—*Joseph-Clément*, b ² 10 juin et s ² 27 juillet 1771.—*Amable-Clément*, b ² 24 nov. 1772.—*Charlotte-Renée*, b ² 11 sept. et s ² 31 déc. 1774. — *Josette-Clémence*, b ² 12 janvier et s ² 8 août 1776. — *Charles*, b ² 29 mars et s ² 2 août 1781.

I.—BOUCHER, JEAN (1), jardinier, de St-Pierre, diocèse de Bayeux.

IV.—BOUCHER, ANDRÉ (2).   [DENIS III.
2° MARION, Marie-Louise.   [PIERRE II.
Charles, b 1ᵉʳ sept. 1759, à St-Antoine-Tilly ; s 10 nov. 1759, à St-Nicolas. ¹—*Louis-André*, b ¹ 3 avril 1761.

1758, (3 oct.) St-François-du-Sud. ²
IV.—BOUCHER (3), BASILE.   [BASILE III.
DESTROISMAISONS (4), Françoise. [JACQUES III.
Basile, b ² 7 oct. 1759.

1759, (12 fevrier) Ile-aux-Coudres. ¹
V.—BOUCHER (5), FRANÇOIS,   [FRANÇOIS IV.
b 1728.
    TREMBLAY, Marie-Joseph.   [FRANÇOIS.
François-Xavier, b ¹ 22 mars 1760 ; s ¹ 7 oct 1776. — *Marie-Joseph*, b ¹ 22 août 1761 ; m à François DAMBOURGÈS ; s 10 avril 1822, à Québec. ⁴ — *Pierre*, b ¹ 29 juillet 1764, m ⁴ 27 nov. 1797, à Marie-Marguerite PEPIN-LAFORGE. — *Joseph*, b ¹ 7 avril 1766. — *Louis-Michel*, b ¹ 7 mai 1769, m ⁴ 10 janvier 1797, à Felicité BOUCHAUD. —*Marie-Victoire*, b ¹ 7 oct. 1770. — *Jean-Marie*, b ¹ 8 sept. 1772. — *Laurent-David*, b ¹ 11 août 1774 ; s ¹ 12 fevrier 1780.—*Emérance*, b ¹ 24 janvier 1777.—*François*, b ¹ 18 août 1778 ; m 1 fevrier 1802, à Julie OLIVIER, à Berthier-en-haut. —*Marie-Anne*, b... m ⁴ 13 nov. 1797, à Pierre MASSE.

1759, (20 février) Kamouraska.
V.—BOUCHER, JEAN-BTE.   [PIERRE IV.
    ROY (6), Marie-Joseph,   [PIERRE III.
b 1742.
Jean-Baptiste, b 29 et s 31 oct. 1759, à la Rivière-Ouelle. ¹ — *Chrysostôme*, b ¹ 6 oct. 1760.

I.—BOUCHER, ANTOINE,
s avant 1781.
    ROY, Madeleine.
Marie, b... m 16 juillet 1781, à Jean-Baptiste GUENET, à Terrebonne.

---

(1) Venu en 1750, soldat : Registre des procès-verbaux de liberté. (Archevêché, 1766).
(2) Voy. André Boucher, de 1722, p. 378.
(3) Voy. Bauché, 1758, p. 138.
(4) Dit Picard.
(5) Dit Bouchard, capitaine de la marine française, laissant la mer pour s'établir dans l'Ile-aux-Coudres.
(6) Dit Desjardins.

1759.
V.—BOUCHER, CHARLES,   [DENIS IV.
b 1731.
    DUBOIS, Angélique.
Anonyme, b et s 3 août 1760, à St-Nicolas. ⁴ —*Anonyme*, b ⁴ et s ⁴ 7 août 1761.

BOUCHER, JACQUES.
    PARÉ, Françoise.
Joseph, b 16 août 1760, à St-Joachim. ⁵—*Marie-Agnès*, b ⁵ 31 oct. 1761 ; s ⁵ 18 mai 1776.—*Marie-Catherine*, b ⁵ 30 avril 1763.

1760, (5 fevrier) Sorel.
IV.—BOUCHER, JEAN-BTE.   [JOSEPH III.
    BAILLARGEON, Angélique,   [NICOLAS III.
b 1730.

1760, (17 juin) St-Valier. ⁶
VI.—BOUCHER, FRANÇOIS,   [FRANÇOIS V.
b 1736.
    COUTURE, Elisabeth,
    veuve d'Antoine Rouillard.
Marie-Anne, b ⁶ 26 mars 1761.

1760, (24 nov.) Ste-Anne-de-la-Pocatière. ⁷
V.—BOUCHER, PHILIPPE,   [PHILIPPE IV.
b 1730.
    LISOTTE, Marie-Anne,   [NICOLAS III.
    veuve de Jean-Baptiste Boucher.
Philippe-Antoine, b ⁷ 24 avril 1762.

1761, (26 janvier) Beauport. ⁸
I.—BOUCHER, ETIENNE-FRANÇOIS, fils d'Etienne-François et de Scholastique Danse, de St-George, diocèse de Cambray.
1° DUPRAC, Marie-Marguerite,   [JEAN II.
b 1743.
Marie-Marguerite, b ⁸ 20 sept. 1762.—*Etienne-François*, b ⁸ 29 août 1764.—*Jean-François*, b ⁸ 30 dec. 1765.
1779, (13 avril) Château-Richer.
2° GRAVEL, Marie (1).   [CLAUDE III.

1761, (3 nov.) Lévis. ⁹
III.—BOUCHER, CHARLES,   [PRISQUE II.
b 1723.
    COTÉ, Agathe,   [PIERRE IV.
b 1739.
Marie-Agathe, b ⁹ 5 août 1764.

1761, (9 nov.) St-Valier.
IV.—BOUCHER, JEAN.   [PASCHAL III.
    BLAIS, Marie-Joseph,   [PIERRE III.
b 1736.

1761, (16 nov.) Ste-Anne-de-la-Pocatière.
V.—BOUCHER, JOSEPH,   [PIERRE IV.
b 1736.
    MARTIN, Rosalie,   [JOSEPH III.
b 1741.
Madeleine, b... m 28 juillet 1783, à Gabriel HUDON, à la Rivière-Ouelle.

---

(1) Elle épouse, le 15 août 1797, François Bélanger, à Québec.

1762, (25 janvier) St-Nicolas.

V.—BOUCHER, Jean-Bte. [Denis IV.
Dubois, Marie-Geneviève, [Nicolas II.
b 1733.

1762, (19 juillet) Lévis.[7]

IV.—BOUCHER, Michel, [Prisque III.
b 1738.
Boulet, Geneviève, [Louis II.
Marie-Geneviève, b[7] 25 avril 1763; s[7] 5 août 1764.—*Louis,* b[7] 10 février 1765.

1762, (31 août) Québec.[8]

III.—BOUCHER (1), Jean-Bte, [Jean-Bte II.
b 1740.
Martin (2), Marie. [Joseph III.
Jean-Baptiste, b[8] 24 juillet 1763, ordonne le 7 oct. 1787; s 6 sept. 1839, à Laprairie.—*Pierre,* b... m 15 sept. 1788, à Marie Belleau.

1762, (3 nov.) St-Nicolas.

V.—BOUCHER, François, [Denis-Joseph IV.
b 1738.
Dubois, Marie-Louise, [Nicolas II.
b 1725; veuve de Joseph Demers.
Denis-Joseph, b 3 déc. 1765, à St-Antoine-Tilly.

IV.—BOUCHER (3), Etienne, [Denis III.
s avant 1787.
2° Fréchette, Marguerite, [François I.
s avant 1787.
Antoine, b 1750; m 21 janvier 1771, à Geneviève Baron, à St-Antoine.—*Marie-Joseph,* b 1758; m 12 février 1787, à Jean-Baptiste Nadeau, à Beaumont[9]; s[9] 29 mars 1817

1763, (31 janvier) St-Joachim.[4]

III.—BOUCHER, Noel, [Noel II.
b 1740.
Paré, Marie-Joseph (4), [Noel III.
b 1740.
Marie-Joseph, b[4] 26 oct. et s[4] 7 nov. 1763.—*Marie-Joseph,* b[4] 21 sept. 1764. — *Marie-Anne,* b 1766; s[4] 30 avril 1768.—*Noel,* b[4] 23 juillet 1768.

1763, (21 nov.) Kamouraska.[7]

V.—BOUCHER, Pierre, [Joseph IV.
b 1736.
Mignot, Marie-Agathe. [Pierre II.
Pierre, b[7] 21 mai 1764; m 8 oct. 1787, à Brigitte Morel, à Nicolet.—*Marie-Joseph,* b[7] 20 oct. 1765; m à Marc McDonald (protestant), aux Trois-Rivières; s 10 avril 1861, à la Baie-du-Febvre.—*Marie-Agathe,* b[7] 14 nov. 1767.

BOUCHER, Augustin.
Moreau, Angélique.
Marie-Charlotte, b 18 mai 1764, à l'Ile-Dupas.

---

(1) Dit Belleville.
(2) Dit Beaulieu.
(3) Voy. Etienne Boucher de 1730, p 380.
(4) Elle épouse, le 20 février 1775, Jacques Guérin, à St-Joachim.

1765, (8 février) St-Joachim.

II.—BOUCHER, Joseph. [Jacques I.
Fougère, Marguerite. [Jacques II.

BOUCHER, Louis.
Croteau, Marie.
Louis, b 18 juin 1766, à St-Antoine-Tilly.

1766, (16 nov.) Boucherville.

V.—BOUCHER (1), Timothé. [Etienne IV.
b 1747.
Gibaud, Thérèse-Archange, [Etienne III.

I.—BOUCHER, Pierre.
Quirion, Marguerite. [Joseph II.
Anonyme, b et s 2 oct. 1768, à St-Joseph, Beauce.[7] — *Pierre-Marie,* b[7] 17 juin et s[7] 23 juillet 1769.—*Anonyme,* b[7] et s[7] 1er juin 1770.—*Marie-Marguerite,* b[7] 7 juillet 1771; s[7] 21 février 1773.—*Pierre,* b[7] 3 nov. 1773.—*Jean-Baptiste,* b[7] 23 juin 1776.—*Geneviève,* b[7] 17 février 1779.

1768, (26 juin) Kamouraska.[8]

V.—BOUCHER, Pierre, [Pierre IV.
b 1741.
St-Laurent, Marie. [Pierre II.
Pierre, b[8] 29 juin 1769.—*Ursule,* b[8] 30 mars 1771.

1768, (21 nov.) Rivière-Ouelle.

V.—BOUCHER, François, [Pierre IV.
b 1742.
Hudon, Catherine, [Joseph III.
b 1750.

V.—BOUCHER (2), Joseph. [René IV.
Pécody, Catherine.
Olympe, b et s 9 sept. 1769, à Boucherville.[9]—*Joseph-René,* b[9] 25 mai et s[9] 17 juillet 1770—*Marie-Catherine,* b[9] 9 juillet 1771.— *Catherine,* b[9] 21 août 1772.— *Joseph-François,* b[9] 4 et s[9] 27 sept. 1773.— *Françoise-Madeleine,* b[9] 5 et s[9] 12 sept. 1774.— *Charlotte-Angélique,* b[9] 9 sept 1775; s[9] 4 mai 1776.— *Gilles-Joseph,* b[9] 31 oct 1776.—*Joseph,* b[9] 19 déc. 1777. — *Marie-Françoise,* b[9] 26 déc. 1778.—*Pierre-Joseph,* b[9] 5 et s[9] 18 juin 1780.

1769, (6 nov.) Boucherville.[1]

V.—BOUCHER (3), Charles, [Charles IV.
b 1745.
Boucher (4), Renée-Lse, [Frs-Clément IV.
b 1743.
Charlotte, b[1] 18 août 1770; m[1] 29 janvier 1798, à Jean-Marie Mondelet. — *Renée-Thérèse,* b[1] 20 juillet 1771.—*Renette,* b[1] 22 oct. 1772—*Charles-René,* b[1] 9 déc. 1773; s[1] 25 avril 1774.—*Pierre-Charles,* b[1] 16 déc. 1774.—*Jean,* b[1] 15 janvier 1775, s[1] 7 juillet 1776. — *Eustache,* b...

---

(1) De Montbrun.
(2) De Montarville.
(3) De Grosbois.
(4) De la Périère.

s ¹ 6 juillet 1777. — *Joseph-René*, b ¹ 1ᵉʳ et s ¹ 3 sept. 1778. — *Renée-Ovide*, b ¹ 8 nov. 1779. — *Renée-Lucie*, b ¹ 14 déc. 1780.

BOUCHER, JACQUES.
DODIER, Marie-Agnès.
Jean-Baptiste, b 15 juillet 1770, à St-Joseph, Beauce.

BOUCHER (1), MARIE-CÉCILE, épouse d'Etienne RAYMOND.

1771, (21 janvier) St-Antoine. ²
V.—BOUCHER, ANTOINE, [ETIENNE IV.
b 1750.
BARON, Geneviève, [PHILIPPE-IG. III.
b 1748.
Louis-Charles, b ² 19 août 1784.

1771, (2 sept.) Kamouraska. ³
V.—BOUCHER, ANTOINE, [MICHEL IV.
b 1745.
1ᵉ BERGERON, Elisabeth, ˉJOSEPH III.
b 1750 ; s ³ 13 février 1773.
1776, (19 février). ³
2ᵉ RIOUX, Marie-Catherine, ˉETIENNE III.
b 1756.

BOUCHER, AUGUSTIN.
DION, Josette.
Augustin, b 9 sept. 1770, aux Trois-Pistoles.

1771, (11 nov.) Ste-Anne-de-la-Pocatière.
V.—BOUCHER, JOSEPH, [JOSEPH IV
b 1747.
MICHAUD, Rose, [BENJAMIN III.
b 1749.

II.—BOUCHER, JEAN-BTE. [JEAN I.
b 1746.
1ᵉ BÉLANGER, Geneviève, [JOSEPH IV.
b 1757 ; s 20 déc. 1773, à l'Islet. ⁴
Marie, b 1772 ; s ⁴ 27 juin 1773.—*Marie-Judith*, b ⁴ 7 déc. 1773.
1775, (7 août). ⁴
2ᵉ CLOUTIER, Marie-Joseph, [GUILLAUME V
b 1749.

1771, (25 nov.) Longue-Pointe.
II.—BOUCHER, FRANÇOIS, [CHARLES I.
b 1751.
GIROUX, Marie-Joseph, [LOUIS IV.
b 1755.

BOUCHER, JACQUES.
ALAIRE, Dorothée,
b 1759 ; s 1ᵉʳ mars 1779, à St-Joachim. ⁵
Jacques, b ⁵ 28 août 1775.—*Louis*, b ⁵ 18 déc. 1776.—*Joseph*, b ⁵ 23 février 1779.

IV.—BOUCHER, AUGUSTIN. [PIERRE III.
1ᵉ LESSARD, Marie-Louise.

(1) Dit Mignot.

1775, (20 février) St-Joachim. ⁶
2ᵉ CARON, Madeleine, [FRANÇOIS IV.
b 1753.
Augustin-Chrystophe, b ⁶ 3 déc. 775.—*Joseph*, b ⁶ 14 mars 1777.

V.—BOUCHER (1), RENÉ-AMABLE. [PIERRE IV.
RAIMBAULT (2), Madeleine.
Charlotte, b 6 août 1771, à Boucherville¹ ; m à DELÉRY.—*René-Ovide*, b ⁷ 4 août 1772, s ⁷ 7 juillet 1773.—*Françoise*, b ⁷ 14 juillet et s ⁷ 16 août 1774.—*Catherine*, ¹ 1775 ; s ⁷ 23 déc. 1776. —*Marie-Renée*, b ⁷ 10 déc. 1776 ; s ⁷ 21 mars 1777. —*Paul-Amable*, b ⁷ 29 août 1778 ; s ⁷ 23 janvier 1779.—*Pierre-Amable*, b ⁷ 24 oct. 1780.

V.—BOUCHER (3), CHARLES. [RENÉ IV.
BOUCHER (4), Josette.
Charles-René, b 8 nov. 1777, à Boucherville⁸ ; s ⁸ 20 février 1778.—*Charles-Joseph*, b ⁸ 29 déc. 1778.—*Joseph-Lin*, b ⁸ 23 sept. et s ⁸ 11 oct. 1780.

1772, (10 août) Rivière-Ouelle.
V.—BOUCHER, LOUIS, [PIERRE IV
b 1744.
ST-JORRE, Marie-Ursule, ˉPIERRE II.
b 1752.

1772, (3 nov.) Rivière-Ouelle.
V.—BOUCHER, JOSEPH. [LOUIS-IGNACE IV.
BÉLANGER, Marie-Louise. [BARTHÉLEMI IV

1773, (9 août) Kamouraska.
V.—BOUCHER, FRANÇOIS, [JOSEPH IV.
b 1740.
ROULEAU, Marie-Joseph, ˉPIERRE I.
b 1750.

1773, (27 sept.) Islet.
II.—BOUCHER, PIERRE-PAUL, [JEAN I.
b 1749.
RICHARD, Marie-Anne, ˉFRANÇOIS II.
b 1746.
Pierre, b ⁹ 31 juillet 1775.

1774, (5 sept.) St-Antoine-Tilly.
VI.—BOUCHER, JEAN-JOSEPH, [JOSEPH V.
b 1752.
MOREAU, Thérèse, [LAURENT.
b 1752.

1774, (17 oct.) St-Antoine-Tilly.
VI.—BOUCHER, JEAN-FRS, [JEAN-FRS V.
b 1751.
DUBOIS, Marie-Charlotte. [CHARLES III.

(1) DeBoucherville.
(2) De St-Blain.
(3) De LaBruyère.
(4) De La Broquerie.

1775, (27 fevrier) Rivière-Ouelle.
V.—BOUCHER, Joseph, [Pierre IV.
b 1742.
Lévêque, Marie-Joseph (1). [Joseph.

BOUCHER (2), Pierre.
1° Pelletier, Marie-Angélique.
1778, (26 oct.) St-Roch.
2° Picard (3), Marie-Rose, Paul III.
b 1753.

1777, (24 nov.) St-Joachim.
III.—BOUCHER, Pierre, [Pierre II.
b 1752.
Hébert, Marguerite. [François III.

BOUCHER, Joseph.
Mandeville, Marie-Agathe, [Alexis III.
b 1746, veuve de Joseph Herpin s 18 avril
1783, à Repentigny
Joseph, b... s 19 août 1779

1778, (26 janvier) Rivière-Ouelle.
V.—BOUCHER, Benjamin. [Louis IV
Casista (4), Geneviève. [Pierre I.

1778, (9 fevrier) St-Roch.
V.—BOUCHER, Jean-Bte, [Louis-Ig. IV
b 1752.
Pellerin, Marie-Anne. [François I.

1783, (3 mars) Rivière-Ouelle.
VI.—BOUCHER, Paul-Hilaire, [Ignace V
b 1760.
Mercure, Angelique. [Joseph II.

1787, (8 oct.) Nicolet.
VI.—BOUCHER, Pierre, [Pierre V.
b 1764.
Morel, Brigitte, [Louis I.
1768.

1787, (27 nov.) Québec.
VI.—BOUCHER, Pierre, [François V.
b 1764.
Pepin-Laforce, Marie-Marg., [Hippolite IV.
b 1764.

1788, (15 sept.) Ste-Foye.
IV.—BOUCHER (5), Pierre. [Jean-Bte III.
Belleau, Marie, [Pierre III.
b 1764.

BOUCHER, Joseph.
Isabel, Geneviève.
Anonyme, b et s 21 avril 1795, à Berthier.

---
(1) Elle épouse, le 9 nov. 1778, Joseph-Marie Jean-Bar, à la Rivière-Ouelle.
(2) Dit St-Pierre.
(3) Dit Destroismaisons.
(4) Bachelet dit Casista.
(5) De Belleville.

1797, (10 janvier) Québec.
VI.—BOUCHER, Louis-Michel, [François V
b 1769.
Bouchaud, Félicité. [Michel II

1802, (11 février) Berthier. [6]
VI.—BOUCHER (1), Frs-Xavier, [François V
b 1778.
Olivier, Marie-Julie. [Loui
Marie-Julie-Emérance, b [6] 8 déc. 1802, m [
janvier 1819, à Charles Morrison, à Maskinor
gé [7]; s [7] 21 nov. 1836.—*Marie-Léocadie,* b... [
7 janvier 1835, à Joseph-Patrice Trullier.

BOUCHER, François,
b 1763; s 24 dec. 1822, à St-Jean-Descha
lons. [6]
Tousignan, Françoise.
Angélique, b... m [6] 29 oct. 1822, à Guillaum
Legendre.—*François-Olivier,* b... m [6] 30 janvi
1826, à Marie-Anne Maillot.

1826, (30 janvier) St-Jean-Deschaillons.
BOUCHER, François-Olivier [Françoi
Maillot, Marie-Anne. [Modest

BOUCHER, Belleville, épouse de Jean For
ton.

BOUCHER, Marie-Charles, epouse de Jean G
gnon.

BOUCHER, François.
Lafrance, Marie-Louise,
b 1726; s 27 janvier 1786, à Québec.

BOUCHER, Charlotte, épouse de Charles
François Coté.

BOUCHER, Marie-Charlotte, epouse de Jea
Terrien.

BOUCHER (2), Marie-Charlotte, épouse d
Jacques Giraud.

BOUCHER, Ursule, b... m 1773, à Joseph-Gé
deon Caron.

BOUCHER, Félicité, épouse d'Augustin Mer
cier.

BOUCHER, Marie, epouse d'Andre Mignier.

BOUCHER, Marie-Joseph, épouse de Dominiqu
Poulin.

BOUCHER, Marie-Madeleine, épouse d'André
Lagace.

BOUCHER, Rose, épouse de Clément Langlois

BOUCHER, Elisabeth, epouse de Jean-Baptist
Damours.

---
(1) Enseigne dans le premier bataillon du Royal-Cana
dien volontaire.
(2) De Boucherville.

BOUCHER Thérèse, epouse de Jean-Baptiste Rioux

BOUCHER (1), Marie-Françoise, épouse de Pierre Huot-St-Laurent

I.—BOUCHERY (2), Jacques-François, b 1683 ; s 19 oct. 1708 à Montreal.

BOUCHET, Madeleine, b... 1° m à Jacques Dontaille ; 2° m 31 dec 1725, à Claude Morillonnet, à Québec

BOUCHET Marie-Anne épouse de Joseph Ferré

BOUCHET, Marie-Joseph épouse de Louis Regereau.

BOUCHET, Jean-Bte (3)

1724, (2 sept.) Québec. ⁵
I.—BOUCHET, Marc, fils d'Alain et de Servienne Bureau, de St-Charles, ville de St-Malo.
Grenet, Marie-Therèse (4),   [Jean-Bte I.
   b 1707.
Marie-Thérèse, b ⁵ 7 avril 1726 ; s ⁵ 7 juillet 1729.—Louise, b ⁵ 27 mars 1729 ; m ⁵ 17 fevrier 1749, à Louis-Joseph Bourbeau — Guillaume, b ⁵ 4 janvier 1732, s ⁵ 29 avril 1733. — Jean-Baptiste, b ⁵ 5 juillet 1736.—Nicolas-Agathe, b ⁶ 17 sept. 1733

BOUCHET, Jacques marchand.
Loisy, Madeleine
Jacques, b 17 mai et s 22 oct. 1756, à Québec.

I—BOUDART, Jean (5),
   s 6 mai 1651, à Montréal. ⁶
Mercier, Catherine (6)
Marie, b ⁶ 23 août et s ⁶ 1ᵉʳ sept. 1649.

1689.
II.—BOUDEAU (7), Jean,   [Jean I
   b 1674, s avant 1722.
Pivain, Elisabeth,   [Pierre I
   b 1671 ; s 4 avril 1711, à Charlesbourg ²
Marie, b 4 juillet 1691 à Quebec ; m 13 avril 1722, à Augustin Gagné, à St-Thomas.—Jean-François, b ² 3 sept. 1692, m à Madeleine Jobin-Boisverd.

(1) Dit Dubois.
(2) Dit Montdor, soldat de la compagnie de M. de Subercasse. Il était a Montréal en 1699
(3) Parrain d'une Abénaquise, en 1762, à St-Joseph, Beauce
(4) Elle épouse, le 9 février 1739, François Rolet, à Québec.
(5) Tué par les Hurons.
(6) Enlevée par les Hurons. Tous deux d'une vie édifiante
(7) Voy. vol. I, p. 74.

III.—BOUDEAU, Jean-François,   [Jean II
   b 1692.
Jobin-Boisverd, Madeleine,   [Charles I.
   b 1689 ; s 29 juin 1725, à St-Antoine-Tilly.

1727, (3 février) Québec. ⁵
I.—BOUDEAU, Jacques, fils de Jean et de Julienne Denis, de St-Pierre de Ploenguen, diocèse de Dol, Bretagne.
Maranda, Marie-Helène,   [Jean II.
   b 1707.
Nicolas, b ⁵ 27 mars et s ⁵ 14 mai 1729 — Louise, b ⁵ 7 août 1738, 1° m ⁵ 22 juillet 1754, à Guillaume Saderlan ; 2° m ⁵ 11 janvier 1762, à Pierre Aucheu. — Marie-Joseph, b... m 1756, à Louis Banville.

I.—BOUDET, Jean-Bte.
Duret, Ursule.
Jean-Baptiste, b 1747 ; s 8 janvier 1749, à Quebec.

1682, (9 février) Montréal. ⁸
I.—BOUDIER, Philippe,
   b 1642, s ⁸ 24 janvier 1726.
Valade, Marie,
   b 1644, veuve de Jean Cadieux ; s ⁸ 9 janvier 1719.
Jean-François, b ⁸ 4 mai 1684 ; m ⁸ 18 mars 1720, à Jeanne Mezeray. — Marie-Françoise, b ⁸ 30 sept. 1686, m ⁸ 31 janvier 1705, à François Heritier.

1720, (18 mars) Montréal. ⁹
II.—BOUDIER (1), Jean-Frs,   [Philippe I.
   b 1684, s avant 1749.
Mezeray, Jeanne,   [Jean-Bte II.
   b 1693 ; veuve de Toussaint Dardaine, s avant 1749.
Marie-Louise, b ⁹ 9 sept. 1720 s ⁹ 10 mai 1722. — Jean-François, b ⁹ 13 nov 1721, s ⁹ 4 juin 1722.—Jean-François, b ⁹ 25 avril 1723.— Marie Louise, b 1724 ; 1° m ⁹ 6 oct 1749, à Andre Lacoste ; 2° m ⁹ 13 juillet 1761, à Feréo Coulon.— Joseph, b ⁹ 1725 ; s ⁹ 17 sept 1726. — Madeleine, b ⁹ 22 mars 1730

1761, (3 août Montréal]
I.—BOUDILLON (2), Jacques, b 1733, fils de Jean et de Marguerite Blaye, de St-Joseph de Grenoble
Harbour, Marie-Anne,   [Augustin II.
   veuve de François Chaumont
Marie-Marguerite, b ⁹ 28 dec. 1763 ; s ⁹ 28 janvier 1764.—Pierre-Basile, b 20 janvier et s 6 juin 1766 à St-Michel-d'Yamaska.

1690, (23 février) Ste-Famille, I. O.
II.—BOUDON (3), Jacques   [Jean I
Vérieul, Marguerite   [Nicolas I.
Jean, b ⁷ 20 nov. 1697, m 4 février 1725, à Angelique Durand, à Sorel.

(1) Dit Cadieux, 1726.
(2) Dit Grenoble.
(3) Voy. Baudon, p. 143.

1725, (4 février) Sorel.
III.—BOUDON (1), Jean,   [Jacques II.
   b 1697.
   Durand, Angélique,   [Louis II.
   b 1706.

BOUDOR.—Voy. Provencher—Ducharme.

BOUDREAU.—*Variations et surnoms :* Boudrot—Boudrault—Baudrault.

I.—BOUDREAU (2), Charles, Acadien.
   Sincennes, Marie-Joseph,
   s avant 1764.
   Athalie, b... m 7 janvier 1764, à Louis DeFleury, à Deschambault.[3]—*Isaïe,* b... m[8] 25 janvier 1773, à Marie-Joseph Belisle.—*Jean,* b...

I.—BOUDREAU, Jean-Bte, Acadien,
   b 1715 ; s 13 janvier 1760, à St-Joachim.[4]
   Pitre, Agnès.
   Marie, b... m[4] 18 février 1765, à Guillaume Guérin.—*Joseph,* b...

I.—BOUDREAU, François, Acadien,
   s avant 1764.
   Pitre, Marguerite (3).
   Ozias, b... m 19 nov. 1764, à Anne Orion, à Nicolet.[5]—*Madeleine,* b... m[5] 22 janvier 1770, à Joseph Desfossés.—*Cécile,* b... m[5] 22 janvier 1770, à Modeste Provencher.—*Théotiste,* b.. m[5] 16 août 1774, à Alexis Beaulorier.

I.—BOUDREAU, Jean-Bte, Acadien,
   s avant 1767.
   Comeau, Marie-Anne.
   Marie-Elisabeth, b... m 3 nov. 1767, à Joseph Cailla à la Baie-du-Febvre.

1751, (25 janvier) Sorel.
III.—BOUDREAU (4), Joseph,   [Jean II.
   b 1729.
   Peloquin, Marie,   [Pierre II.
   b 1731

I.—BOUDREAU, Athanase, Acadien.
   Orion, Félicité   [Charles I.
   Cécile, b... m 26 février 1781, à Joseph Laplante, à Nicolet.—*François,* b 27 oct. 1771, à la Baie-du-Febvre.—*Marie-Marguerite,* b 28 mars 1763, à Ste-Anne-de-la-Pérade.

I.—BOUDREAU, René, Acadien
   Pitre, Marie-Judith (5)
   Pierre, b... m 11 juillet 1774, à Marie-Joseph Tremblay, à l'Ile-aux-Coudres

---

(1) Dit Larivière.
(2) Et Baudreau.
(3) Elle épouse, le 11 janvier 1768, Simon Provencher, à Nicolet.
(4) Voy aussi Baudreau, p 150.
(5) Elle épouse, le 10 nov. 1760, Joseph Laur, à St-Joachim.

I.—BOUDREAU, Charles, Acadien,
   s avant 1791.
   Doucet, Marie-Joseph.
   Bernard, b 19 juillet 1759, à Ste-Foye.—*Nicolas,* b 23 mars 1768, à Repentigny.[2]—*Charles,* b... m[2] 21 nov. 1791, à Marie Jetté.

I.—BOUDREAU, Antoine, Acadien.
   Leblanc, Marie.
   Marie, b 22 oct. 1758, à St-Charles.—*Rosalie,* b 4 juillet et s 20 dec. 1761, à St-Antoine-de-Chambly.—*Antoine,* b... m 1786, à Ste-Marguerite Blairfindie.

1764, (19 nov.) Nicolet.[6]
II.—BOUDREAU, Ozias.   [François I.
   Orion, Anne.   [Charles I.
   Marie, b... m[5] 28 février 1791, à Pierre Poirier.—*François,* b... m[6] 17 juin 1793, à Elisabeth Lemire—*Joseph,* b... m[6] 22 août 1796, à Marguerite Lemire.

I.—BOUDREAU, David, Acadien.
   Savoie, Hélène (1).

1773, (25 janvier) Deschambault.[6]
II.—BOUDREAU, Isaïe,   [Charles I.
   capitaine et armateur.
   Belisle, Marie-Joseph,   [Eustache III.
   b 1744.
   Marie-Joseph, b... m[6] 13 février 1798, à Jean-Baptiste Noel.

BOUDREAU, Agnès, b 1718 ; s 2 juin 1781, à l'Ile-aux-Coudres.

I.—BOUDREAU, François, Acadien,
   s avant 1762, à Ste-Anne, Acadie.
   Pitre, Marguerite,
   s avant 1762.
   Françoise, b... m 22 février 1762, à Louis Vallée, à Ste-Anne-de-la-Pérade.[6]—*Marie,* b... m[6] 11 oct. 1762, à Antoine Ricard.

I.—BOUDREAU, Jean, Acadien.
   Pitre, Agnès.
   François, b... m 20 juillet 1768, à Sophie Martel, à la Baie-St-Paul.

1768, (20 juillet) Baie-St-Paul.
II.—BOUDREAU, François.   [Jean I.
   Martel, Marie-Sophie.   [Jean-Bte II.
   Jean-Marie, b 25 juin 1769, à l'Ile-aux-Coudres.[9]—*Anne,* b[9] 21 nov. et s[9] 29 dec. 1770—*Marie,* b[9] 6 janvier 1772.—*Charlotte,* b[9] 26 février 1774.—*Ignace-Elzéar,* b[9] 8 nov. 1777.—*Marguerite,* b[9] 10 oct. 1779 ; s[9] 24 juillet 1780.—*Marguerite,* b[9] 6 mai 1781.

1774, (11 juillet) Ile-aux-Coudres.[9]
II.—BOUDREAU, Pierre.   [René I.
   Tremblay, Marie-Joseph,   [François IV
   b 1757.
   Joseph-Marie, b[9] 15 mai 1776.

---

(1) Elle épouse plus tard Pierre Arcan.

1791, (21 nov.) Repentigny. [9]
II.—BOUDREAU, Charles. [Charles I.
Jette, Marie. [Amable IV.
Charles, b [9] 15 sept. 1792. — *Anonyme*, b [9] et s [9] 11 mai 1794.—*Marie-Louise*, b [9] 7 juin 1795.

1793, (17 juin) Nicolet.
III.—BOUDREAU, François. [Ozias II.
Lemire (1), Elisabeth. [Jean-Bte III.

1796, (22 août) Nicolet.
III.—BOUDREAU, Joseph. [Ozias II.
Lemire (1), Marguerite. [Jean-Bte III.

BOUDRIA, Louis.
Sarazin, Jeanne.
Louis, b et s 9 sept. 1760, à St-Laurent, M.

BOUET, François.—Voy. Bouat.

1704, (3 avril) Québec.
II.—BOUET, Pierre-Daniel. [Jean-Daniel I.
Rousseau, Marie-Catherine, fille de Jacques et de Françoise Villenelle, de Ste-Flavie, diocèse de Luçon.

1758, (12 juin) Montréal.
I.—BOUET, Joseph, b 1735; fils de Jean et de Marguerite Brunel, de St-Arnoul-Lasausse, diocèse de Gap.
Aubin, Geneviève, [Antoine I.
b 1735.

BOUER, Françoise, b... 1° m à Jean Roy; 2° m 1678, à Alexis Buet, à Lachine.

BOUFFANDEAU, Jean (2); s 26 août 1730, à Montréal.

BOUFFANDEAU, Jean, prêtre de St-Sulpice, né le 22 mars 1674, à Cholet, diocèse de La-Rochelle; ordonné en 1702; s 29 août 1747, à Montreal.

BOUFFARD, Marie-Elisabeth, b 1749; m à Antoine Labrecque; s 27 mai 1829, à Beaumont.

BOUFFARD, Marie-Louise, épouse de Jean Martin.

1680, (5 mars) Ste-Famille, I. O.
I.—BOUFFARD, Jacques,
b 1655; s 26 juillet 1727, à St-Laurent, I.O.[1]
Leclerc, Marguerite-Anne, [Jean I.
b 1664.
Anne, b... s [1] 15 mars 1703.—*François*, b 1701; m 1726, à Marie-Anne Fournier, s [1] 12 août 1746. —*Nicole*, b... m [1] 5 juillet 1703, à Guillaume Couture; s [1] 10 avril 1713.—*Jean*, b 26 janvier 1681, à St-Pierre, I. O.; m [1] 9 avril 1709, à Marie DeCaruel; s [1] 9 février 1716.—*Catherine*, b [1]

(1) Dit Foucault.
(2) Caporal de la compagnie de Laperrière.

9 mai 1688; m [1] 9 avril 1709, à Antoine Rousseau; s [1] 15 oct. 1748. — *Marguerite*, b... m [1] 24 nov. 1727, à Pierre Couture.

I.—BOUFFARD, Martin (1), b 1641; s 10 sept. 1715 (apoplexie), à St-Laurent, I. O.

1709, (9 avril) St-Laurent, I. O.[2]
II.—BOUFFARD, Jean, [Jacques I.
b 1681; s [2] 9 février 1716.
DeCaruel, Marie (2), [Charles I.
b 1691.
Jacques, b [2] 14 janvier 1710; m [2] 26 nov. 1731, à Geneviève Gosselin; s [2] 17 avril 1754.—*Geneviève*, b [2] 21 sept. 1711; m [2] 11 nov. 1737, à Jean Chabot.—*Marie*, b [2] et s [2] 18 mai 1713.—*Marie-Louise*, b [2] 10 juillet 1714; m [2] 16 nov. 1733, à Jean-Baptiste Coté.

II.—BOUFFARD, François, [Jacques I.
b 1701; s 12 août 1746, à St-Laurent, I. O.[4]
Fournier, Marie-Anne (3), [Simon II.
b 1707.
François, b [4] 1727; s [4] 6 mai 1748.—*Marie-Anne*, b [4] 10 juillet 1729; s [4] 17 juillet 1730.—*Jean-Baptiste*, b [4] 2 février 1731; 1° m [4] 8 nov. 1756, à Françoise Maranda; 2° m [4] 8 nov. 1762, à Marguerite Leclerc.—*Pierre*, b [4] 4 février 1733, m 30 juillet 1765, à Angélique Cauchon, à St-Jean, I. O. — *Jacques*, b [4] 18 janvier 1735. — *Marie-Anne*, b [4] 25 février 1737. — *Antoine*, b [4] 14 déc. 1738.—*Basile*, b [4] 8 janvier 1740. — *Ambroise*, b [4] 22 février 1742.—*Ignace*, b [4] 29 août 1744.

1731, (26 nov.) St-Laurent, I. O.[3]
III.—BOUFFARD, Jacques, [Jean II.
b 1710; s [3] 17 avril 1754.
Gosselin, Geneviève, [François II.
b 1701; s [3] 7 août 1751.
Marie-Geneviève, b [3] 17 oct. 1732; s [3] 21 juin 1757. — *Marie-Françoise*, b [3] 4 janvier 1734; m 10 janvier 1763, à Charles Paquet, à Beaumont.—*Marie*, b [3] 4 nov. 1735; m [3] 12 nov. 1753, à François Morin.—*Jacques*, b [3] 9 février 1738.—*Antoine*, b [3] 9 sept. 1740 —*Pierre*, b [3] 3 juillet 1742.—*Elisabeth*, b 17 mars 1745, à St-Pierre,I.O.

BOUFFARD (4), Simon.
Faucher, Marie.
Antoine, b et s 12 juin 1745, à Montréal.

1756, (8 nov) St-Laurent, I. O.[6]
III.—BOUFFARD, Jean, [François II.
b 1731.
1° Maranda, Françoise, [Joseph III.
b 1730; s [6] 2 janvier 1760.
Jean, b 6 oct. 1757, à St-Pierre, I. O.; s [6] 9 nov. 1759. — *Marie-Isabelle*, b [6] 26 mars et s [6] 17 oct. 1759.

(1) Frère du précédent.
(2) Elle épouse, le 11 janvier 1717, Pierre Gosselin, à St-Laurent, I. O.
(3) Elle épouse, le 26 février 1748, Alexis Couture, à St-Laurent, I. O.
(4) Dit Mador.

1762, (8 nov.) [6]
2° LECLERC, Marguerite, [JEAN III.
b 1738.
Marguerite, b [6] 31 déc. 1763.

1765, (30 juillet) St-Jean, I. O.
III.—BOUFFARD, PIERRE, [FRANÇOIS II.
b 1733.
CAUCHON, Angélique, [LOUIS III.
b 1741.

BOUFFARD, JACQUES.
DUFAUD (1), Anne.
Marie-Anne, b 13 mai 1764, à Lévis. [3]—*Marie-Rose*, b [3] 16 février 1766.—*Marie-Isabelle* b 1770, s 24 avril 1771, à l'Ile-Dupas.

BOUFFARD, JEAN-BTE.
BOESMÉ, Marie-Joseph, [PIERRE IV.
b 1755.
Pierre, b... s 28 nov. 1776, au Détroit.

BOUGAINVILLE (DE), chevalier de St-Louis (2).

I.—BOUGINE, AMABLE,
s avant 1768.
DELISLE, Louise-Catherine.
Marie-Joseph, b... m 3 sept. 1768, à Joseph PARIS, à Boucherville.

BOUGIS, MARIE, b... 1° m à Denis BOUVOYET, 2° m 20 oct. 1738, à Joseph RENAUD, à Boucherville.

V.—BOUGIS, PAUL (3), [PAUL IV.
s avant 1790.
CHAMBLY, Marie-Clémence.
Pierre, b... m 18 oct. 1790, à Catherine PIGEON, à Repentigny.

1790, (18 oct.) Repentigny. [1]
VI.—BOUGIS, PIERRE. [PAUL V.
PIGEON, Catherine. [JACQUES.
Joseph-Pierre, b [1] 27 août 1794. — *Marie-Agathe*, b [1] 11 oct. 1795.

1686.
I.—BOUGON, PIERRE.—Voy. GOUJON.

BOUGRAND.—Voy. BEAUGRAND — CHAMPAGNE.

1742, (30 janvier) Québec. [4]
I.—BOUGRAT, PIERRE, fils de François et de Marie Routot, de St-Martin, Ile Ré.
LETOURNEAU, Thérèse. [BERNARD III.
Pierre-Etienne, b [4] 26 déc. 1742, s 27 janvier 1743, à Lévis.

BOUGRET, JUDITH, épouse de Charles BRODEUR.

(1) Dit Giasson.
(2) En 1756, aide-de-camp de Montcalm, commandant en chef de l'Ile-aux-Noix, brûle une flottille anglaise; après 1763, chef d'escadre à plusieurs batailles navales de la guerre de l'indépendance américaine; 1790, gouverneur de Brest; meurt le 31 août 1811, à 82 ans.
(3) Voy. aussi Baugis, p. 157.

1673, (19 octobre) Trois-Rivières.
I.—BOUGRET (1), PRUDENT,
b 1639.
ETIENNE, Marie-Charlotte, PHILIPPE I.
b 1656.
Jean, b 3 oct. 1674, à Boucherville [1]; 1° m [1] 25 juillet 1704, à Marie-Anne BAUDRY; 2° m [1] 4 juillet 1722, à Marie-Françoise VIGER; s 14 juin 1732, à Longueuil. [3] — *Pierre*, b [1] 17 août 1677; m 2 juin 1716, à Louise DUDEVOIR, à Montréal. [2] — *Prudent*, b [1] 20 juin 1684; m [2] 12 février 1725, à Marguerite DESROCHES; s [3] 6 oct. 1753. — *Charlotte*, b [1] 6 juin 1686, m [1] 10 août 1710, à Michel DUBUC; s [3] 18 déc. 1756.— *François*, b [1] 25 janvier 1688; m [2] 24 oct. 1719, à Geneviève CHEVALIER. — *Louis*, b [1] 20 avril 1690; 1° m 24 juillet 1719, à Marie-Anne BAUDRY, à la Pte-aux-Trembles, M [4]; 2° m [2] 4 février 1743, à Madeleine PRUDHOMME.— *Jean-Louis*, b [2] 8 mars 1692, m 8 juillet 1727, à Marguerite CHICOINE, à Verchères. — *Madeleine*, b [1] 25 nov. 1697; m [1] 13 août 1714, à Jean-Baptiste BAUDRY.—*Marguerite*, b [4] 10 oct. 1680; 1° m [1] 21 janvier 1699, à Leger BOURGERY; 2° m [1] 23 janvier 1736, à François SIMONET. — *Marie*, b [1] 20 oct. 1699; m [3] 27 nov. 1719, à Pierre BAZINET.

1704, (25 juillet) Boucherville. [1]
II.—BOUGRET (1), JEAN, [PRUDENT I.
b 1674; s 14 juin 1732, à Longueuil.
1° BAUDRY, Marie-Anne, [URBAIN I
b 1680.
1722, (4 juillet). [1]
2° VIGER, Marie-Frse, [DÉSIRÉ I.
b 1677.

1716, (2 juin) Montréal.
II.—BOUGRET (1), PIERRE, [PRUDENT I.
b 1677.
DUDEVOIR, Louise (2), [CLAUDE I.
b 1693.

1719, (24 oct.) Montréal. [1]
II.—BOUGRET (1), FRANÇOIS, [PRUDENT I.
b 1688.
CHEVALIER, Geneviève, [JOSEPH I.
b 1683; veuve de Jacques Foucher; s [1] 15 déc. 1749.
François-Marie, b [1] 4 juillet 1722; s [1] 25 février 1743.—*Geneviève*, b [1] 5 janvier 1724.

1719, (24 juillet) Pte-aux-Trembles, M. [1]
II.—BOUGRET (1), LOUIS, [PRUDENT I.
b 1690.
1° BAUDRY, Marie-Anne, [LOUIS II
b 1701; s 6 février 1741, à Longueuil. [2]
Jean-Louis, b [1] 10 juillet 1720; m [1] 18 janvier 1751, à Thérèse LANGLOIS.—*Marie-Joseph*, b [2] 10 mars 1722; m [1] 12 février 1741, à Jacques PICARD.—*Antoine*, b [2] 15 mars et s [2] 13 mai 1723.— *Françoise*, b [2] 10 avril 1724; s [2] 4 juillet 1748.— *Marie-Anne*, b [2] 21 mai et s [2] 15 juillet 1725.— *Joseph*, b 1727; m 13 sept. 1751, à Marthe Mo-

(1) Dit Dufort
(2) Elle épouse, le 29 sept. 1760, Jean Monier, à Montréal

RAND, à Montréal.³ — *Louis*, b ² 20 mars 1728 ; s 30 avril 1786, à Repentigny. ⁴ — *Jacques-Amable*, b ² 23 juillet et s ² 2 sept. 1729.—*Louis*, b ² 6 sept. et s ² 10 dec. 1730.— *Marie-Elisabeth*, b ² 13 juin 1733. — *Toussaint*, b ² 1ᵉʳ et s ² 24 nov. 1734—*Louis*, b ² 1ᵉʳ mai 1736. — *Marie-Marguerite*, b ² 15 juin 1737 ; m ² 12 janvier 1756, à Henri BELISLE ; s ⁴ 24 oct. 1771. — *Marie-Anne*, b ² 11 mars 1739 ; m ³ 20 nov. 1758, à Joseph POIRIER.—*François*, b... m à Thérèse-Marguerite JETTÉ.

1743, (4 février). ³
2° PRUDHOMME, Madeleine, [FRANÇOIS II
b 1706.
Marie-Madeleine, b ² 25 juin 1744. — *Marie-Thérèse*, b ² et s ² 16 janvier 1746. — *Jean-Baptiste*, b ² 10 avril et s ² 20 juin 1747.

1725, (12 fevrier) Montréal.
II.—BOUGRET, PRUDENT, [PRUDENT I.
b 1684, s 6 oct. 1753, à Longueuil.
DESROCHES, Marguerite, [PIERRE II.
b 1695.

1727, (8 juillet) Verchères. ⁶
II.—BOUGRET, JEAN-LOUIS, [PRUDENT I.
b 1692.
CHICOINE, Marguerite, [PIERRE II.
b 1707.
Angelique, b... m 1758, à Joseph BAUDRY — *Louis*, b ⁶ 24 juillet 1729.—*Marguerite*, b... m 1752, à Jean-Baptiste SAVARY

1751, (18 janvier) Pte-aux-Trembles, M. ⁷
III.—BOUGRET (1), JEAN-LOUIS, [LOUIS II.
b 1720.
LANGLOIS, Thérèse, [ANDRÉ II.
b 1722.
Louis, b ⁷ 22 nov. 1751 ; m à Catherine JANOT. — *Marie*, b 1754, s 21 mai 1782, à Repentigny. ⁶ — *Thérèse-Marguerite*, b ⁶ 11 janvier et s ⁶ 24 fevrier 1767. — *Jean-Baptiste*, b... m ⁶ 27 oct 1788, à Marie-Joseph GERVAIS.

1751, (13 sept.) Montréal.
III.—BOUGRET (1), JOSEPH, [LOUIS II.
b 1727.
MORAND, Marthe, [VINCENT II.
b 1730
Joseph, b 9 juillet 1752, à Longueuil.

III.—BOUGRET (1), FRANÇOIS, [LOUIS II.
s avant 1786.
JETTE, Therèse-Marguerite.
Joseph, b... m 27 fevrier 1786, à Marie LANDRY, à Repentigny. ⁶ — *Jean-Baptiste*, b... m ⁶ 15 janvier 1787, à Françoise JANOT.—*Urbain*, b... m ⁶ 23 juin 1788, à Marie-Charlotte JANOT.

1786, (27 fevrier) Repentigny. ⁶
IV.—BOUGRET, JOSEPH. [FRANÇOIS III.
LANDRY, Marie. [JEAN.
Anonyme, b ⁶ et s ⁶ 1ᵉʳ dec. 1786.—*Joseph*, b ⁶ 5 juillet 1788.—*Joseph*, b ⁶ 19 oct 1794.

1787, (15 janvier) Repentigny. ⁶
IV.—BOUGRET (1), JEAN-BTE. [FRANÇOIS III.
JANOT, Françoise. [CHARLES.
Marie, b ⁶ 12 mars 1789.—*Marie-Charlotte*, b ⁵ 30 sept. 1790.

1788, (23 juin) Repentigny.
IV.—BOUGRET (2), URBAIN. [FRANÇOIS III.
JANOT, Marie-Charlotte. [FRANÇOIS.

1788, (27 oct.) Repentigny. ⁶
IV.—BOUGRET, JEAN-BTE. [JEAN-LOUIS III.
GERVAIS, Marie-Joseph, [JEAN-BTE.
b 1774.
Jean-Baptiste, b... s ⁶ 15 juillet 1790. — *Jean-Baptiste*, b 1791, s ⁶ 4 dec. 1792.

IV.—BOUGRET (1), JEAN-LOUIS, [JEAN-Ls III.
b 1751.
JANOT (3), Marie-Catherine.
Marie-Catherine, b 10 mai 1794, à Repentigny.

BOUGRET (1), Louis.
HUNAULT (4), Françoise.
Marie-Charlotte, b 13 juillet 1794, à Repentigny.

1756, (23 fevrier) Montreal.
I.—BOUGUILLON (5), JEAN, b 1729, fils de Nicolas et de Jeanne Mote, de St-Hilaire, Reims
LECOMTE, Marie-Joseph, [PIERRE I.
b 1727.

BOUGY, GENEVIÈVE, épouse de Michel VALLÉ.

BOUHOURS.—Voy. BOURG.

1696, (26 nov.) Beauport.
I.—BOUHOURS (6), ANTOINE,
b 1660.
VANDANDAIGUE, Marie-Anne, [JOSEPH I.
b 1680.
Marie-Anne, b 29 juin 1699, à Charlesbourg ¹ ; m 8 nov. 1717, à François MOREL, à Montreal. ² —*Louise*, b ¹ 6 janvier 1704 ; m ² 18 juillet 1724, à Charles PIMPARÉ. — *Marie-Angélique*, b ¹ 9 sept. 1705.

1739, (18 nov.) Petite-Rivière. ⁶
I.—BOUILLANE, JEAN-MARC, fils d'Etienne et de Jeanne Faucon, de Berne, Suisse.
SAVARD, Charlotte, [JOSEPH III.
s 24 avril 1770, à l'Ile-aux-Coudres. ⁷
Louis-Marie, b ⁶ 6 oct. 1740, 1° m ⁷ 17 oct. 1763, à Marie-Anne TREMBLAY ; 2° m 13 août 1770, à Geneviève CARON, à St-Joachim.—*Marie-Egyptienne-Felicité-Charlotte*, b ⁷ 26 avril 1743 ;

---

(1) Dit Dufort.

(1) Dit Dufort.
(2) Dit Dufort ; marié sous ce nom.
(3) Dit Bellehumeur.
(4) Dit Deschamps.
(5) Dit Sansoucy, soldat.
(6) Dit Lachapelle. Voy vol. I, p. 75.

m ⁷ 27 oct. 1760, à François TREMBLAY. — *Jean-David*, b 6 juin 1747, aux Eboulements.—*Madeleine*, b... m ⁷ 8 oct. 1764, à Joseph TREMBLAY.

1763, (17 oct.) Ile-aux-Coudres. ⁶
II.—BOUILLANE (1), LOUIS-MARIE,   [JEAN I.
   b 1740.
   TREMBLAY, Marie-Anne,   [ANDRÉ III.
      b 1741, s ⁶ 28 février 1770.
   Charlotte-Félicité, b ⁶ 11 août 1764.—*Samson-Abraham*, b ⁶ 7 avril 1766. — *Marie-Anne*, b ⁶ 1768.—*Marie-Madeleine*, b ⁶ 17 février 1770.

       1770, (13 août) St-Joachim.
2° CARON, Geneviève,   [FRANÇOIS IV.
   b 1748.
   Marie-Geneviève, b ⁶ 30 mai 1771.—*Jean-Baptiste*, b ⁶ 20 mai 1773.—*Joseph-Marie*, b ⁶ 3 juillet 1775.—*François*, b ⁶ 20 août 1778.—*Bernard*, b ⁶ 22 juin 1780. — *Anonyme*, b ⁶ et s ⁶ 15 mai 1782.

I.—BOUILLERON (2), DIDIER.
   POIRIER, Félicité.
   Charlotte, b 1744, m 2 fevrier 1761, à Jean-Baptiste SOUBES, à Montreal.

BOUILLET. — *Surnoms :* De la CHASSAIGNE, 1699—De CHEVALET, 1742.

      1699, (28 oct.) Montréal. ⁴
I.—BOUILLET (3), JEAN-BTE,
   b 1649. s ⁴ 31 janvier 1733.
   LEMOINE, Marie-Anne,   [CHARLES I.
      b 1678.

      1742, (26 nov.) Montréal. ³
I.—BOUILLET (4), CLAUDE, b 1713 ; fils de Claude et d'Anne Charland, de Couche, diocèse d'Autun.
   AUBIN, Marie-Catherine (5),   [ANTOINE I.
      b 1725.
   Marie-Françoise, b ³ 4 déc. 1742.—*Marie-Anne*, b ³ 13 nov. 1743 ; m ⁵ 27 janvier 1761, à François BERTRAND.— *Marie-Joseph*, b ³ 4 avril 1746 ; s ³ 23 oct 1748. — *Claude*, b ³ 11 mai 1747.— *Pierre*, b ³ 11 mai et s ³ 21 juin 1748.— *Michel*, b ³ 11 mai et s ³ 9 juillet 1748.—*Marguerite*, b ³ 17 juin 1749.

BOUILLÉ, MARIE, épouse de Louis RENAULT.

      1760, (24 nov.) Ste-Foye.
I.—BOUILLÉ, JEAN, fils de Jean et de Françoise Tical, de Richemont, diocèse de Xaintes.
   SINCENNES, Elisabeth.   [DENIS I.
   Elisabeth, b 31 août 1762, à Deschambault⁵—*Jean-Louis*, b ⁵ 21 et s ⁵ 27 dec. 1763. — *Marie-Anne*, b ⁵ 1ᵉʳ août 1765 ; m ⁵ 18 fevrier 1783, à

(1) Dit le Suisse, régistres des Eboulements, 1774.
(2) Dit Courtois.
(3) Sieur de la Chassaigne, gouverneur de l'Ile de Montréal en 1698, major de Québec.
(4) Sieur de Chevalet, soldat de la Compagnie Lavaltrie.
(5) Elle épouse, le 20 oct. 1755, Jacques Clauseret, à Montréal.

Joseph GARIÉPY.—*Jean*, b ⁵ 20 août 1766.—*Louis*, b... m ⁵ 19 janvier 1795, à Marie-Françoise MÉRAND.

      1795, (19 janvier) Deschambault.
II.—BOUILLÉ, LOUIS,   [JEAN I
   MÉRAND, Marie-Françoise.   [LOUIS-MARIE II

BOUILLON, LOUISE, epouse de Pierre COLIN.

BOUILLON, MARIE-FRANÇOISE, épouse de Jean Baptiste LÉVÊQUE.

      1738, (7 janvier) Rimouski. ⁸
I.—BOUILLON, JACQUES, fils de Jacques et d Catherine Rabasse, de Coudeville, diocès de Coutance, Normandie.
   LAURENT (ST), Marie-Françoise,   [PIERRE I
      b 1717 ; s ⁵ 5 août 1792.
   Jacques, b ⁵ 26 janvier 1739 ; m... à Catherin LANDAIS.— *Marie-Françoise*, b ⁵ 24 août 1741 *Ambroise*, b ⁵ 25 dec. 1743 ; m à Marie PINAUT.—*Marie-Elisabeth*, b ⁵ 6 janvier 1744.—*Louise*, b 13 juin 1752.

      1746, (10 janvier) Cahokia. ¹
I.—BOUILLON (1), BERNARD, fils de Valentin et de Françoise Richer, de St-Remy d Bussi, diocèse de Soissons.
   PANCRASSE, Marie-Thérèse,   [PANCRASSE
      veuve de Joseph Brault.
   Marie-Thérèse, b ¹ 24 nov. 1746.

II.—BOUILLON, JACQUES,   [JACQUES I
   b 1739.
   LANDAIS, Catherine.   [JACQUES I
   Marie-Constance, b 7 mars 1778, à Rimouski l° m ¹ 5 avril 1796, à Charles-George FRASER 2° m ¹ 16 février 1802, à Jean GAGNÉ ; 3° m¹ 29 avril 1805, à Zacharie CANUEL.—*Catherine* b... m ¹ 26 nov. 1793, à Louis CANUEL.—*Marcel* b ¹ 18 mai 1789.—*Marie-Anne*, b... m ¹ 25 nov 1795, à René LAVOIE.—*Louise*, b... m ¹ 2 fevrier 1796, à Basile COTÉ. — *Jean-Baptiste*, b... m 29 fevrier 1808, à Agnès COTÉ.

II.—BOUILLON, AMBROISE,   [JACQUES I
   b 1743.
   PINAUT, Marie.
   Marie, nee le 17 juillet 1781 ; b 20 juillet 1783 à Rimouski ⁵ ; m ⁵ 3 fevrier 1801, à Hector Ross —*Elisabeth*, b ⁵ 20 juillet 1783 ; m ⁵ 29 fevrier 1808, à Augustin CHORET.—*Théodore*, b ⁵ 22 m 1786 ; m ⁵ 29 fevrier 1808, à Rosalie CHORET.

      1808, (29 février) Rimouski.
III.—BOUILLON, JEAN-BTE.   [JACQUES II
   COTÉ, Agnès.   [ANTOINE

      1808, (29 février) Rimouski.
III.—BOUILLON, THÉODORE,   [AMBROISE II
   b 1786.
   CHORET, Rosalie (2).   [AUGUSTI

(1) Dit Lajoie, 1746
(2) Elle épouse, le 22 janvier 1811, Gilbert Ruest, Rimouski.

BOUIN, Geneviève, épouse de Zacharie GAGNON.

1675, (2 juillet) Québec.[1]

I.—BOUIN (1), JULIEN,
b 1641 ; s 17 fevrier 1716, à Lorette.[2]
1º BERRIN, Marguerite, b 1655; s 1680.

1684, (20 juillet).[1]
2º RIVAULT-BEAUBRI, Jeanne,   [PIERRE I.
b 1668 ; veuve de Pierre Doré.
Simon, b... m 10 oct. 1712, à Louise DUBOIS, à Charlesbourg.—*Marie-Renée,* b[2] 11 mars 1690. —*Claude,* b[2] et s[2] 14 janvier 1695.—*Claude,* b[2] 14 janvier 1696.—*Charles,* b... m[2] 8 juillet 1705, à Marie-Madeleine GAUVIN.—*Louis,* b... m[2] 11 juillet 1717, à Anne FASCHE.

II.—BOUIN (2), CHARLES,   [JULIEN I.
s 1er nov. 1746, à Lorette.[3]
1º COURVILLE-CADIEUX, Marie,   [JEAN-CHS II.
b 1681.
Augustin, b... m à Agnès LECLERC.—*François,* b 1695, m 25 août 1718, à Madeleine GUÉRIC, à Montréal.

1705, (8 juillet)[3]
2º GAUVIN, Marie-Madeleine,   [JEAN I.
b 1681.
Marie-Agnès, b[3] 29 avril 1706. — *Marie-Charlotte,* b[3] 26 juin 1707; m[3] 17 août 1739, à Pierre VALADE.—*Marie-Madeleine,* b[3] 22 sept. 1708 m[3] 20 juillet 1739, à Charles HOT.—*Anne,* b[3] 16 août 1710; m[3] 18 nov. 1726, à Joseph LEFEBVRE. —*Marie-Anne,* b[3] 19 mai 1712, 1º m[3] 4 juin 1731, à Jean-Baptiste LACHAINE, 2º m[3] 10 mai 1751, à Ignace FOURNIER.—*Charles-François,* b[3] 30 mars 1714 ; m 24 avril 1742, à Marie-Louise GRENIER, à Beauport.[4]— *Pierre,* b[3] 30 juin 1715, m[4] 28 mai 1742, à Marie-Geneviève GRENIER.— *Joseph,* b[3] 17 août et s[3] 1er nov. 1717.—*Jacques,* b[3] 20 janvier 1719.—*Marguerite,* b[3] 4 juin et s[3] 2 août 1721.—*Thérèse,* b... m[3] 19 juillet 1745, à René DAUPHIN.—*Joseph,* b... m 23 juin 1749, à Geneviève ROBITAILLE.

1712, (10 oct.) Charlesbourg.
II.—BOUIN (2), SIMON,   [JULIEN I.
s 25 fevrier 1724, à Lorette.[6]
DUBOIS, Marie-Louise (3),   [FRANÇOIS I.
b 1695.
Jean-François, b[5] 3 avril 1713; m 1738, à Marie MINGUY.—*Marie-Thérèse,* b[5] 14 nov. 1714, m 11 mai 1739, à Basile MAROIS, à Québec.[6]— *Deux anonymes,* b[5] et s[5] 25 dec. 1716 —*Charles-Simon,* b[5] 20 dec. 1717 ; m 8 fevrier 1739, à Catherine PINEAU, aux Trois-Rivières.—*Joseph,* b[5] 10 juillet 1722 ; m 1749, à Angelique BIBAUT.— *Madeleine,* b... m[6] 15 fevrier 1740, à Paul FLEUREAU.

1717, (11 juillet) Lorette.[8]
II.—BOUIN (2), LOUIS.   [JULIEN I.
FASCHE, Anne,   [NICOLAS I.
b 1689, s 20 août 1747, à Montréal.

(1) Dit Dufresne. Voy. vol. I, p. 62.
(2) Dit Dufresne.
(3) Elle épouse, le 19 février 1726, Pierre Chagau, à Lorette.

Marie-Anne, b[8] 31 mars 1718 ; m 1745, à Louis LACOMBE.—*Louis,* b[8] 16 dec. 1719 ; m 1762, à Marie-Louise RENAULT.—*Marie-Joseph,* b 18 mai 1724, à St-Augustin ; s[8] 17 sept. 1724.

1718, (25 août) Montreal.
III.—BOUIN, FRANÇOIS,   [CHARLES II.
b 1695.
GUERIC, Madeleine,   [FRANÇOIS I.
b 1699.

III —BOUIN (1), AUGUSTIN,   [CHARLES II.
LECLERC, Agnès,   [JEAN I.
b 1683 ; s 29 juillet 1759, à Charlesbourg.

BOUIN (1), SIMON.
GUILBAUT, Marie.
Marie-Madeleine, b 5 oct. 1720, à Lorette.

III.—BOUIN (1), FRANÇOIS,   [SIMON II.
b 1713.
MINGUY (2), Marie-Marguerite,   [JEAN I.
b 1716.
Françoise, b 13 nov. 1739, aux Trois-Rivières[1] ; s[1] 1er mars 1741. — *Marie-Charlotte,* b[1] 6 déc. 1740 ; m 6 juin 1757, à Jacques JOYAUX, à Montreal. — *François,* b[1] 1er mars 1743 ; s 23 mars 1744, à la Pointe-du-Lac.[2]— *François,* b[2] 8 janvier 1745.— *Louis,* b[2] 9 janvier 1748 ; s 16 dec. 1751, à Verchères.[3]— *Pierre,* b[2] 31 août 1749, s 25 mars 1756, à St-Laurent, M.[4]—*Marie-Madeleine,* b[3] 4 avril 1752.—*Jean-Baptiste,* b[4] 5 et s[4] 18 sept. 1756.— *Marie-Catherine,* b... m[4] 11 janvier 1762, à Laurent VERMIER.

1739, (8 fevrier) Trois-Rivières.
III.—BOUIN (1), SIMON,   [SIMON II.
b 1717.
PINEAU (3), Catherine,   [RENÉ II.
b 1719.

1742, (24 avril) Beauport.[7]
III.—BOUIN, CHARLES,   [CHARLES II.
b 1714.
GRENIER, Marie-Louise,   [CHARLES II.
b 1710 ; veuve de Toussaint GIROU.
Joseph-Charles, b[7] 20 mars 1743.—*Jean-Baptiste,* b[7] 15 mai 1746.

I —BOUIN, GUILLAUME (4), b..., s 5 mai 1741, à l'Hôpital-General, Q.

1742, (28 mai) Beauport.
III.—BOUIN (1), PIERRE,   [CHARLES II.
b 1715.
GRENIER, Marie-Geneviève,   [CHARLES III.
Jean-Baptiste, b 2 août 1747, à Quebec.— *Joseph,* b 12 janvier 1749, à Lorette.[7]—*Marie-Angelique,* b[7] 26 avril 1753.— *Anonyme,* b[7] et s[7] 27 avril 1753.—*Pierre,* b 1754, s[7] 10 janvier 1759.—*Marie-Marguerite,* b[7] 16 fevrier 1756.—

(1) Dit Dufresne.
(2) Dit Lachaussee.
(3) Dit Laperle.
(4) Matelot de Louisbourg.

Marie-Françoise, b ⁷ 1ᵉʳ avril 1757; s ⁷ 16 janvier 1758.—Marie-Jeanne, b ⁷ 24 février 1760.—Marie-Joseph, b ⁷ 7 juin 1764.

1749.

III.—BOUIN (1), JOSEPH,   [SIMON II.
  b 1722.
  BIBAUT, Angélique,   [FRANÇOIS II.
  b 1724.
  Joseph-Paul, b 17 juillet 1750, à St-Laurent, M.⁶; s⁶ 10 juin 1751. — Joseph-Marie, b⁶ 7 nov. 1751.—Jean-Baptiste, b⁶ 4 juillet 1754.—Charles, b⁶ 14 août et s⁶ 1ᵉʳ sept. 1757.

1749, (23 juin) Lorette.⁷

III.—BOUIN (1), JOSEPH.   [CHARLES II.
  ROBITAILLE, Geneviève,   [ROMAIN II.
  b 1729.
  Joseph, b⁷ 29 mai 1750.—François-Xavier, b⁷ 7 oct. 1751.—Marie-Geneviève, b⁷ 24 juillet 1754. —Jean-Baptiste, b⁷ 9 août 1756.—Un fils, b⁷ 3 oct. 1758. — Marie-Nicolas, b⁷ 8 août 1760.— Catherine, b⁷ 19 mai 1762.

III.—BOUIN, LOUIS,   [LOUIS II.
  b 1719.
  RENAULT, Marie-Louise.
  Marie-Jeanne, b 1763; s 25 janvier 1776, à Ste-Foye.

BOUIN, ROSALIE, epouse de Pierre GRAVEL.

BOUIS.—Voy. BOUY.

BOUJAT, MARIE, b... 1° m à Pierre BUSCAILLE; 2° m à Pierre HÉVÉ.

1777, (22 janvier) Détroit.

I.—BOUJOM, JEAN, fils de Jean et de Laurence Daroutache, de St-Pierre-Bourg-d'Arnon, diocèse d'AIX, Basse-Guyenne.
  DROUILLARD, Marie-Isabelle,   [SIMON III.
  b 1759.

BOULAGUET. — *Variations :* BOULAQUIER — BOULARDIE—BOULAYER.

1731, (20 nov.) Montréal.⁷

I.—BOULAGUET (2), ETIENNE, b 1694; fils de Jean et de Marie-André Picard, de St-Jacques-de-la-boucherie, Paris; s 28 nov. 1776, à l'Hôpital-Général, M.
  CUSTOS, Marie-Louise,   [JACQUES I.
  b 1707.
  Marie-Amable, b 1733; m⁷ 21 janvier 1754, à Louis-René VENET.—Etienne-Louis, b⁷ 21 mars et s⁷ 2 avril 1735.—Marie-Catherine, b⁷ 14 sept. 1736; s⁷ 29 sept. 1737.— Marie-Louise, b⁷ 7 nov. 1738; m⁷ 18 avril 1757, à Jean HEBERT.—Jean-Antoine, b⁷ 25 nov. et s⁷ 21 dec. 1740.—Pierre-Gregoire, b⁷ 9 mai 1742.— Louis, b⁷ 24 sept. 1744.—Marie-Catherine, b⁷ 21 et s⁷ 25 avril 1747.

---
(1) Dit Dufresne.
(2) Dit St-Amour—Boulardie, 1747.

I.—BOULAN, JEAN-FRANÇOIS, sergent.
  LEPAGE, Marie-Catherine.
  Marie-Catherine, b 4 oct. 1749, à Quebec.

BOULANGER, JEAN-BTE.—Voy. LEFEBVRE.

BOULANGER, MARIE, m à Jean-Baptiste CORNEAU, s avant 1737.

BOULANGER, MARIE-JOSEPH, épouse d'Antoine LACOMMANDE.

BOULANGER, MARIE-JOSEPH, épouse de Joseph LARRIVEE.

BOULANGER, MARIE-CHARLOTTE, épouse d'Etienne PARANT.

BOULANGER, ELISABETH, épouse de Jean-Bte PROVENÇAL.

BOULANGER, LOUISE, épouse de François THOMAS.

I.—BOULANGER (1), ... du diocèse d'Amiens, Picardie.
  Joachim (2), b 1721; s 27 sept. 1741, au Détroit.

1697.

II.—BOULANGER (3), JEAN-BTE,   [CLAUDE I.
  b 1671, s avant 1736.
  MESNY, Reine,   [ETIENNE I.
  b 1675.
  Claude, b... m 14 mai 1736, à Suzanne BISSONNET, à Beaumont.

1728, (7 janvier) Trois-Rivières ⁷

II.—BOULANGER (LE) (4), JOSEPH.   [PIERRE I.
  MOETE (5), Elisabeth,   [PIERRE II.
  b 1705
  Joseph-Toussaint, b⁷ 2 nov. 1728.—Marie-Madeleine, b⁷ 1ᵉʳ fevrier 1731; m⁷ 14 nov. 1757, à Theodore PANNETON.—Marie-Joseph, b⁷ 17 mars 1734, m⁷ 29 janvier 1759, à F.-X. ROCHEREAU.— Jean-Baptiste, b⁷ 28 juillet 1735; m⁷ 16 janvier 1764, à Louise PRÉ. — Pétronille. b⁷ 17 dec 1736.—Marie-Isabelle, b⁷ 8 dec. 1737. — Pierre-René, b⁷ 6 avril 1739; m 12 août 1771, à Marie-Louise BENOIT, à la Baie-du-Febvre. — Marguerite, b⁷ 31 mars 1740; s⁷ 28 mars 1746.— Abraham, b... m à Louise ST-FRANÇOIS.— Marie-Françoise, b⁷ 9 sept. 1741; m 26 avril 1763, à Jean ROCHEREAU, au Cap-de-la-Madeleine.—François, b⁷ 10 mai et s⁷ 4 juillet 1744. — Marie-Anne, b⁷ 5 janvier 1746.

---
(1) Dit Beauséjour
(2) Soldat de la compagnie de St-Ours.
(3) Voy. aussi Lefebvre. Vol. I, p 365.
(4) Sieur de St-Pierre. Il signait : Boullanger.
(5) Et Mouet.

II.—BOULANGER (LE), JEAN-FRS, [PIERRE I.
b 1687; capitaine; s 11 nov. 1751, au Cap-
de-la-Madeleine.

1736, (14 mai) Beaumont.
III.—BOULANGER, CLAUDE. [JEAN-BTE II.
BISSONNET, Suzanne, [JACQUES II.
veuve de Gabriel Bériasse; s 30 sept. 1773,
à St-Thomas.

I.—BOULANGER, CHARLES,
s 26 oct. 1760, à Ste-Famille, I. O.
BOISSONNEAU, Thérèse.
Charles, b 23 août 1743, à St-François, I. O.

1749, (4 août) St-Michel. [2]
III.—BOULANGER (1), CLAUDE, [CLAUDE II.
b 1708.
1º GOUPIL, Brigitte, [ANTOINE II.
b 1727; s [2] 7 juillet 1750.
Gervais, b [2] 20 juin et s [2] 7 juillet 1750.
1751, (4 mai) St-François, I. O.
2º ASSELIN, Marie-Joseph, [LOUIS III.
b 1729.

BOULANGER, JEAN-BTE.
PARANT, Louise.
Marie-Marthe, b 4 sept. et s 2 oct. 1763, à
Lévis. [1]—*Ursule*, b [1] 4 et s [1] 25 sept. 1763.

I.—BOULANGER, JEAN, b 1734; de Breslau,
diocèse de Spire.

1764, (16 janvier) Trois-Rivières.
III.—BOULANGER, JEAN, [JOSEPH II.
b 1735.
PRÉ, Louise. [JACQUES.

1771, (12 août) Baie-du-Febvre.
III.—BOULANGER, PIERRE, [JOSEPH II.
b 1739.
BENOIT, Marie-Louise, [JOSEPH III.
b 1751.

III.—BOULANGER, ABRAHAM, [JOSEPH II.
ST-FRANÇOIS, Louise.
François, b... m 29 sept. 1801, à Euphrosine
GAGNÉ, à Florissant, Mo.

BOULAQUIER—Voy. BOULAGUET.

BOULARD.—Voy. BOULLARD.

BOULARDIE.—Voy. BOULAGUET.

1738, (16 juin) Montréal. [4]
I.—BOULARDIER, FRANÇOIS, b 1710; fils de
Jacques et d'Elisabeth Gironne, de Bougi-
val, diocèse de Paris.
VALLÉE, Marie-Marguerite, [JEAN I.
b 1713; s [4] 20 juin 1739.

BOULÉ.—*Variations* : BOULAY—BOULET.

---

(1) Voy. aussi Lefebvre de 1705.

BOULÉ, MARIE, épouse de Guillaume BRICAUT.

BOULÉ, ANGELIQUE, épouse de Philippe CHAR-
TIER.

BOULÉ, ELISABETH, 1º m à Jean COURTOIS; 2º
m 27 oct. 1755, à François FERLAND, à Lévis.

BOULÉ, MARIE-JOSEPH, épouse de François DU-
TILLE.

BOULÉ, MARIE-THÉRÈSE, épouse de Paul SIL-
VAIN.

BOULÉ, MARIE-LOUISE, épouse de Joseph DE-
LESSARD.

BOULÉ, MARIE-FRANÇOISE, épouse de François
FOURNIER.

BOULÉ, MADELEINE, épouse de Joseph GOUET.

BOULÉ, MARIE-JOSEPH, epouse de Jean-Claude
LANGLOIS.

BOULÉ, VÉRONIQUE, épouse de Paul MAROIS.

BOULÉ, MADELEINE, épouse de Denis MORIN.

BOULÉ, GENEVIÈVE, épouse de Pierre PRUNEAU.

BOULÉ, MARIE-ANGÉLIQUE, épouse de François
ROBIN.

1657.
I.—BOULÉ (1), ROBERT,
b 1630; s 24 mars 1707, à St-Thomas. [2]
GRENIER, Françoise,
b 1634, s [2] 29 janvier 1709.
Jaqueline, b 1658; m 8 juin 1672, à Pierre
JONCAS, à Ste-Famille, I. O. [3]; s [2] 21 mai 1736.—
Martin, b [2] 27 mars 1672; m 13 oct. 1698, à Fran-
çoise NOLIN, à St-Pierre, I. O.

1686, (21 avril) St-Thomas. [1]
II.—BOULÉ, JACQUES (1), [ROBERT I.
b 1664; s [1] 1er mai 1738.
FOURNIER, Françoise, [GUILLAUME I.
b 1671, s [1] 16 juillet 1734.
Jacques, b [1] 7 mars 1700, 1º m 1719, à Agathe
MORIN; 2º m à Jeanne TERRIEN; 3º m 14 juin
1751, à Marguerite ISABEL, à St-Frs-du-Sud.—
Pierre, b [1] 28 mars 1691; m 1715, à Marie-Louise
LANGLOIS—*Augustin*, b 15 mars 1697, à St-Jean;
m [1] 4 oct. 1723, à Veronique MIVILLE; s [1] 22 juillet
1771.—*Guillaume*, b [1] 17 sept. 1702; 1º m [1] 11
nov. 1727, à Madeleine MIVILLE; 2º m [1] 10 juin
1734, à Marie-Anne DANDURAND; s [1] 10 janvier
1764.—*Louis*, b [1] 30 sept. 1704; 1º m 20
fevrier 1730, à Elisabeth CHIASSON, à Berthier [2];
2º m [2] 5 nov. 1731, à Geneviève DAGNEAU.—
François, b [1] 23 mars 1707; 1º m [1] 19 nov.
1730, à Geneviève MIVILLE; 2º m [1] 9 février 1750,
à Françoise DUFRESNE.—*Paul*, b [1] 2 déc. 1708;

---

(1) Voy. vol I, p. 75.

m¹ 26 nov. 1731, à Claire MIVILLE.—*Charles*, b¹ 3 avril 1711; m¹ 14 oct. 1732, à Marthe MIVILLE. —*Martin*, b¹ 15 avril 1713.

1695, (25 avril) Québec.¹

II.—BOULÉ, PAUL,   [ROBERT I.
  b 1677; s 17 février 1736, à Lévis.³
PAQUET, Marie-Françoise,   [MAURICE II.
  b 1678; s³ 24 mars 1765.

François, b 26 juillet 1707, au Cap-St-Ignace⁶; 1º m³ 29 oct. 1732, à Marie-Anne DUBOIS; 2º m 1735, à Marie PEPIN; 3º m³ 1ᵉʳ avril 1743, à Marie-Geneviève BLAU. — *Pierre*, b⁶ 2 juillet 1709; m³ 29 oct. 1732, à Catherine ALBERT.—*Jean*, b... 1º m... 2º m 27 janvier 1759, à Angélique LANGELIER, à l'Islet.—*Augustin*, b 14 avril 1711, à St-Thomas⁴; 1º m 5 mai 1733, à Marie-Suzanne CORRIVEAU, à St-Valier⁵; 2º m⁴ 25 avril 1743, à Charlotte MAROIS.—*Elisabeth*, b⁴ 10 mai 1713; s⁴ 29 août 1731.—*Rosalie*, b⁴ 6 avril 1715. —*Marie-Madeleine*, b⁴ 11 janvier 1699; m⁴ 30 sept. 1721, à Charles PICARD. — *Marie-Françoise*, b¹ 27 déc. 1696; m⁴ 30 oct. 1724, à Antoine GOUPY.—*Paul*, b... m 6 nov. 1730, à Dorothée BISSONNET, à St-Michel; s⁵ 19 août 1733.—*Geneviève*, b 23 juin 1705, à St-Jean, I. O.; m⁵ 29 février 1740, à Joseph GABOURY.—*Alexis*, b... 1º m³ 30 janvier 1744, à Geneviève SAMSON; 2º m³ 2 août 1756, à Marie-Françoise FERLAND —*Louis*, b... 1º m³ 11 mai 1739, à Angelique SAMSON; 2º m 1745, à Ursule ROUSSEAU.

1698, (13 oct.) St-Pierre, I. O.

II.—BOULÉ, MARTIN,   [ROBERT I.
  b 1672; s 16 oct. 1728, à St-Thomas.⁶
NOLIN, Françoise,   [JACQUES I.
  b 1680; s⁶ 24 janvier 1724.

Louise, b 1699; m⁶ 22 nov. 1723, à Jacques COUILLARD; s⁶ 1ᵉʳ janvier 1729.—*Marie-Anne*, b 1702; s⁶ 1ᵉʳ août 1715. — *Geneviève*, b 11 février 1705, à St-Jean, I. O., s⁶ 11 juillet 1715. —*Angélique*, b... s⁶ 23 juillet 1715.—*Jacques*, b⁶ 8 sept. 1708; 1º m 20 février 1730, à Marie-Joseph CHIASSON, à Berthier; 2º m⁶ 29 avril 1743, à Marie-Madeleine GAGNÉ, s⁶ 14 déc. 1764.—*Elisabeth*, b⁶ 9 juillet 1710; m 12 janvier 1728, à Joseph DENEAU, à St-Pierre-du-Sud. — *Alexis*, b⁶ 6 avril 1712, m⁶ 22 février 1740, à Elisabeth FOURNIER, s⁶ 14 avril 1755.—*Robert*, b 1713, s⁶ 14 juin 1714.—*Robert*, b⁶ 24 août 1714; s⁶ 26 oct. 1733.—*Jean-Marie*, b⁶ 20 sept. 1716; s⁶ 3 janvier 1736.

1715.

III.—BOULÉ, PIERRE,   [JACQUES II.
  capitaine, b 1691.
LANGLOIS, Marie-Louise,   [JEAN-FRS III.
  b 1696; s 14 oct. 1749, à St-Frs-du-Sud.⁷

Marie, b 1716, s⁷ 15 oct. 1749.—*Pierre*, b 10 février et s 2 mars 1717, à St-Thomas.⁸—*Pierre*, b... m⁸ 29 oct. 1743, à Marie-Joseph COURTEAU. —*Marie-Madeleine*, b 1723; s⁷ 5 nov. 1749.— *Jean-Baptiste*, b 1ᵉʳ mars 1727, à Berthier⁵; m⁷ 2 février 1750, à Agathe GENDRON.—*Anonyme*, b⁵ et s⁵ 30 sept. 1729.—*Marie-Françoise*,

b⁵ 3 sept. 1730; s⁷ 18 oct. 1749.—*Marie-Thérèse*, b⁵ 5 oct. 1732; m⁷ 31 juillet 1752, à Louis PEPIN. — *Martin*, b... m 15 janvier 1776, à Helène CAMPAGNA, à la Baie-St-Paul.—*Marie-Joseph*, b⁵ 9 sept. 1734.—*Joseph-Marie*, b⁷ 20 janvier 1737.

BOULÉ, JEAN-BTE, b 1700; s 27 sept. 1741, à St-Thomas.

1719.

III.—BOULÉ, JACQUES,   [JACQUES II.
  b 1700.
1º MORIN, Agathe,   [PIERRE I.
  b 1697; s 31 juillet 1733, à St-Frs-du-Sud.¹

Jacques, b 1720; s⁶ 2 sept. 1738.—*Robert*, b⁶ 2 mars 1727; m⁶ 18 nov. 1748, à Marie-Agnès GENDRON.—*Marie-Marthe*, b... m⁶ 16 nov. 1744, à Joseph CAHOUETTE.—*Marie-Louise*, b... m⁶ 24 août 1750, à Joseph PEPIN.—*Agathe*, b... m⁶ 26 avril 1751, à Jacques MARCEAU. — *Michel*, b 25 mars 1731, à Berthier; m⁶ 24 janvier 1757, à Geneviève AUDET.—*Jean*, b... m 25 oct. 1745, à Marie-Madeleine TERRIEN, à St-Jean, I. O.— *Marie-Madeleine*, b... m 14 nov. 1746, à François Posé, à St-Thomas.

2º TERRIEN, Jeanne,   [LOUIS III.
  1751, (14 juin).⁶
3º ISABEL, Marguerite,   [MARC II.
  b 1705; veuve de Jean Morin.

1723, (4 oct.) St-Thomas.¹

III.—BOULÉ, AUGUSTIN,   [JACQUES II.
  b 1697; s¹ 22 juillet 1771.
MIVILLE, Véronique,   [JOSEPH III.
  b 1701; s¹ 13 juin 1763.

Véronique, b¹ 7 mars 1725; m¹ 22 nov. 1751, à Paul MAROT.—*Augustin*, b¹ 12 mars 1726, m¹ 23 nov. 1750, à Marthe COTÉ.—*Louis*, b¹ 13 février 1728; m 20 oct. 1749, à Jacobee CLOUTIER, à l'Islet.—*Marie-Madeleine*, b... m¹ 21 nov. 1757, à Joseph-Magloire RUEL.—*Marie-Louise*, b¹ 24 août 1732.—*Joseph*, b¹ 20 juin 1734; m¹ 18 avril 1768, à Marie-Geneviève SYLVESTRE. — *Marie-Anne*, b... s¹ 9 sept. 1736. — *Geneviève*, b¹ 12 juin et s¹ 20 oct. 1738.—*Geneviève-Régis*, b¹ 6 mars 1740; m¹ 28 janvier 1765, à Nicolas SCAIRE. —*Marie-Thérèse*, b¹ 8 mars et s¹ 26 sept. 1742. —*Marie-Claire*, b¹ 13 mars 1743; m¹ 22 août 1763, à Jean-Baptiste MORIN.—*François*, b... m¹ 23 oct. 1758, à Marie-Geneviève MORIN.

1723, (27 juillet) Ste-Anne.

III.—BOULÉ, JOSEPH.   [JACQUES II.
MEUSNIER, Monique,   [FRANÇOIS II.
  b 1704.

Monique, b 23 août 1728, à Berthier²; m 9 février 1750, à Guillaume BOUCHARD, à St-Fis-du-Sud.³—*Augustin*, b² 16 juillet 1730; m 1ᵉʳ janvier 1752, à Marie-Anne TANGUAY, à St-Valier—*Marie-Marguerite*, b² 26 mai 1732; m³ 4 février 1754, à Jean-Laurent ROY.—*Marie-Joseph*, b² 8 mai 1734; m² 23 avril 1759, à Jean FRADET.— *François-Simon*, b² 28 oct. 1735. — *Simon*, b 1736, s³ 19 déc. 1755.—*Pierre*, b³ 13 août 1737. —*Geneviève*, b³ 8 juin 1739.—*Marie-Françoise*,

b ⁵ 29 janvier 1741.—*Marie-Madeleine*, b ⁹ 26 déc.
1741. — *Jacques-Antoine*, b ³ 27 sept. 1743.—
Marie-Françoise, b ³ 16 mai 1748.

1724, (24 juillet) Montréal. ⁶
I.—BOULÉ, NICOLAS, perruquier, b 1700 ; fils de
Louis et de Jeanne Gibaut, de St-Germain-
en-Laye, Paris.
  MARILLAC (1), Marie,   [JEROME I.
    b 1707 ; s 28 oct. 1788, à l'Hôpital-General, M.
Marie-Anne, b ⁶ 26 juillet 1725 ; m ⁶ 17 avril
1747, à Raymond QUESNEL.—*Marie-Charlotte*, b ⁶
5 mai 1727 ; m ⁶ 22 fevrier 1751, à Pierre-
George GUELTE. — *Louis-Hyacinthe*, b ⁶ 18 janvier et s ⁶ 16 fevrier 1730.—*Marie-Louise*, b 1731 ;
m ⁶ 27 oct. 1749, à Pierre JUSSEAUME.—*Marie-
Madeleine*, b ⁶ 20 août 1735 ; m ⁶ 5 juin 1758, à
Joseph GOUET.—*Marie-Agathe*, b ⁶ 4 déc. 1733 ;
s ⁶ 4 janvier 1734. — *Louis-Hypolite*, b ⁶ 18 juin
1737 ; m ⁶ 3 nov. 1761, à Marie-Joseph TILIER.—
Elisabeth, b ⁶ 4 et s ⁶ 25 nov. 1740. — *Marie-
Joseph*, b ⁸ 13 juillet 1742.—*Marie-Angélique*, b ⁶
7 et s ⁶ 18 mai 1745.—*Marguerite*, b ⁶ 18 mars et
s ⁶ 8 juin 1747.

1727, (29 oct.) St-François, I. O.
III.—BOULÉ, JEAN,   [JACQUES II.
    b 1699.
  1° ASSELIN, Marie-Madeleine,   [THOMAS II.
    b 1704 ; veuve de Charles Allaire ; s 23 fe-
    vrier 1748, à St-Frs-du-Sud. ⁵
Jean-Marie, b 13 dec. 1729, à Berthier⁶ ; m ⁵ 2
fevrier 1756, à Marie-Anne FORTIER. — *Marie-
Madeleine*, b ⁶ 29 février 1732 ; m ⁵ 22 janvier
1760, à Mathurin GAGNON.—*Joseph-Marie*, b ⁶ 12
sept. 1735 ; m ⁵ 7 février 1757, à Marie BONNEAU.
—*Pierre*, b ⁵ 27 nov. 1737 ; s ⁵ 12 janvier 1738.
—*Jean-Baptiste*, b... — *Marie-Geneviève*, b ⁶ 26
fevrier 1745. — *Marie-Marguerite*, b ⁶ 25 fevrier
1748 ; s ⁶ 19 mars 1750. — *Jacques*, b ⁵ 18 nov.
1742.—*Marie-Thérèse*, b... m ⁵ 3 février 1756, à
Etienne DION.—*Louis*, b...
  2° FONTAINE, Marie-Jeanne (2).

1727, (11 nov.) St-Thomas ⁶ (3).
III.—BOULÉ, GUILLAUME,   [JACQUES II.
    b 1702 ; s ⁶ 10 janvier 1764.
  1° MIVILLE, Madeleine,   [JOSEPH III.
    b 1698 ; s ⁶ 25 juillet 1738.
Guillaume, b ⁶ 8 juin 1729.—*Marie-Madeleine*,
b ⁶ 20 dec. 1730 ; m ⁶ 30 août 1751, à François
BOSSANGE.—*Marie-Geneviève*, b ⁶ 1ᵉʳ juin 1732, à
Laurent CLOUTIER.
        1734, (10 juin). ⁶
  2° DANDURAND, Marie-Anne,   [ANTOINE I.
    b 1715.
Guillaume, b ⁶ 23 mars 1735. — *Marie-Anne*,
b ⁶ 28 mars 1737 ; m ⁶ 22 nov. 1763, à Philippe
VALLIÈRE. — *Elisabeth*, b ⁶ 23 mai 1739 ; m ⁶ 3
février 1772, à François MORIN. — *Jacques*, b ⁶
29 juillet 1741. — *Marie-Joseph*, b ⁶ 12 mai et s ⁶

12 sept. 1744. — *Marie-Angélique*, b ⁶ 30 juillet
1745 ; 1° m ⁶ 23 oct. 1769, à Pierre VALLIÈRE ; 2°
m ⁶ 25 nov. 1771, à François CHABOT.—*Antoine*,
b ⁶ 11 avril 1748. — *Joseph-Marie*, b ⁶ 17 juillet
1750. — *François*, b 1753 ; s ⁶ 12 juillet 1754. —
François-Xavier, b ⁶ 18 mai 1755. — *Pierre*, b ⁶
20 février 1758.

BOULÉ, FRANÇOIS-PAUL, b 1707 ; s 22 janvier
1763, à St-Thomas.

1730, (6 nov.) St-Michel.
III.—BOULE, PAUL,   [PAUL II.
    s 19 août 1733, à St-Valier ⁶ (mort de la
    picote).
  BISSONNET, Dorothée (1),   [JACQUES II.
    b 1711.
Marguerite, b ⁶ 1ᵉʳ nov. 1732 ; s ⁶ 23 août 1733.

1730, (19 nov.) St-Thomas. ²
III.—BOULÉ, FRANÇOIS,   [JACQUES II.
    b 1707.
  1° MIVILLE, Geneviève,   [JOSEPH III.
    b 1708 ; s ² 12 juillet 1740.
Geneviève-Régis, b ² 27 janvier 1732 ; m ² 28
janvier 1754, à François ROBIN ; s ² 25 mars 1756.
—*François*, b ² 6 février 1735 ; m ² 14 février
1757, à Marie-Madeleine RUEL ; s ² 23 mars 1760.
—*Charles*, b ² 20 mai 1737 ; 1° m ² 21 nov. 1763,
à Marie-Claire MORIN ; 2° m ² 7 février 1767, à
Dorothee LACROIX. — *Martin*, b ² 11 août 1739.
        1750, (9 février). ²
  2° DUFRESNE, Françoise,   [GUILLAUME II.
    b 1710.
Jacques, b ² 2 avril 1751. — *Prisque*, b ² 27
août 1752.

1730, (20 février) Berthier. ²
III.—BOULÉ, LOUIS,   [JACQUES II.
    b 1704.
  1° CHIASSON, Elisabeth,   [MICHEL I.
    b 1707 ; s 5 juin 1731, à St-Thomas. ⁵
Louis, b ⁵ 1ᵉʳ mai 1731.
        1731, (5 nov.) ²
  2° DAGNEAU (2), Marie-Geneviève, [JACQUES II.
    b 1714.
Joseph-Marie, b ⁵ 24 mai 1734.—*Marie-Claire*,
b ⁵ 4 juin 1736 ; m ⁵ 9 janvier 1764, à Augustin
CHAMBERLAN. — *Jean-Marie*, b ⁵ 8 mars 1738 ; m
21 janvier 1765, à Marie-Anne DAVID, à St-Philippe. — *Jacques*, b ⁵ 31 août 1740 ; m ⁵ 8 août
1763, à Elisabeth MORIN.—*Marie-Louise*, b ⁵ 1ᵉʳ
mai et s ⁵ 11 juin 1743 — *François-Marie*, b ⁵ 29
oct. 1744.—*Marie-Louise*, b ⁵ 31 mai 1747. — *Alphonse*, b ⁵ 8 mars 1750. — *Véronique*, b ⁵ 2 juin
1752.

1730, (20 février) Berthier.
III.—BOULE, JACQUES,   [MARTIN II.
    b 1708, s 14 dec. 1764, à St-Thomas. ⁵
  1° CHIASSON, Marie-Joseph,   [MICHEL I.
    b 1710 ; s ⁵ 6 nov. 1742.

---

(1) Morlia, 1758—Merlix, 1788.
(2) Voy. 25 février 1757, à St-Frs-du-Sud.
(3) Cet acte se trouve aussi au registre de St-Pierre-du-
Sud.

(1) Elle épouse, le 6 février 1734, Jean Piloto, à St-Valier.
(2) Dit Laprise.

BOU 402 BOU

Jacques, b [5] 23 janvier 1731. — *Alexis*, b [5] 16 août et s [5] 13 sept. 1732. — *Marie-Joseph*, b [5] 30 août 1733. — *Marie-Claire*, b [5] 14 mars 1735. — *Marie-Geneviève*, b [5] 1er mai 1736.—*Thérèse*, b [5] 19 sept. 1737.—*Elisabeth*, b [5] 16 mars 1739; m [5] 21 janvier 1765, à Jacques BRY. — *Marie-Anne*, b [5] 30 nov. 1740; m [5] 21 nov. 1763, à Joseph COTÉ.—*Marguerite*, b [5] 18 juin 1742; s [5] 27 nov. 1748. — *Angélique*, b... m [5] 24 janvier 1757, à François ROBIN.

1743, (29 avril). [5]
2° GAGNÉ, Marie-Madeleine,   [JEAN IV.
b 1719; s [5] 8 avril 1764.
Marie-Osmane, b [5] 23 avril 1744; m [5] 11 nov. 1771, à François GOSSELIN. — *Marie-Françoise*, b [5] 18 nov. 1745.—*François*, b [5] 24 sept. 1750.— *Marie-Madeleine*, b [5] 31 mars 1752.—*Euphrosine*, b [5] 20 déc. 1753. — *Ursule* b [5] 23 fevrier 1756.— *Marie-Judith*, b [5] 9 avril 1758.—*Véronique*, b [5] 5 oct. 1760. — *Joseph*, b... m 23 juillet 1770, à Elisabeth COTÉ, à Ste-Anne-de-la-Pérade.

1731, (26 nov.) St-Thomas. [3]
III.—BOULÉ, PAUL,   [JACQUES II.
b 1708.
MIVILLE, Claire,   [JOSEPH III.
b 1710; s [3] 16 déc. 1770.
Paul, b [3] 13 nov. 1732; s [3] 2 février 1734.— *Françoise-Marthe*, b [3] 1er mai 1734; m [3] 7 mai 1753, à Etienne CHEVRET. — *Joseph*, b [3] 21 déc. 1735; s [3] 19 avril 1739. — *Paul*, b [3] 5 sept. 1737; m [3] 15 fevrier 1762, à Marie-Geneviève RUEL.—*Robert*, b [3] 10 avril 1739; m [3] 11 février 1765, à Marie-Joseph RENAUD. — *Marie-Joseph*, b [3] 30 janvier 1741; m [3] 18 janvier 1762, à Amant GAUMONT. — *Jacques*, b [3] 30 août et s [3] 1er sept. 1742.—*Marie-Claire*, b [3] 19 juillet 1744; m [3] 11 mai 1767, à Guillaume GAUMONT. — *Abraham*, b [3] 16 janvier 1746; m [3] 15 février 1773, à Thérèse FOURNIER. — *Geneviève*, b [3] 24 sept. 1747; m [3] 28 avril 1772, à François TRAHAN. —*Marguerite*, b [3] 25 sept. et s [3] 14 oct. 1749.— *Isaac*, b [3] 16 nov. 1750; s [3] 30 mai 1751. —*Jean-Baptiste*, b [3] 16 nov. 1750. — *Marguerite*, b [3] 11 mai 1752.—*Etienne*, b [3] 31 déc. 1756.

1732, (14 oct.) St-Thomas. [3]
III.—BOULÉ, CHARLES,   [JACQUES II.
b 1711.
MIVILLE, Marthe,   [JOSEPH III.
b 1699.
Charles, b [3] 11 juillet 1733; s [3] 24 janvier 1734.—*Marie-Charlotte*, b [3] 20 janvier 1735; m [3] 1er février 1751, à Jean-Baptiste COTÉ.—*Marie-Elisabeth*, b [3] 20 juillet 1736; m [3] 18 nov. 1754, à Charles-Prisque LEMIEUX.—*Jean-Baptiste*, b [3] 9 février 1738; s [3] 29 février 1756.—*Jean-Baptiste*, b... m 29 janvier 1759, à Marie-Angelique VALLÉE, à Quebec. — *Charles*, b [3] 15 août 1741; s [3] 11 déc. 1749.

1732, (29 oct.) Lévis. [4]
III.—BOULÉ, FRANÇOIS,   [PAUL II.
b 1707.
1° DUBOIS, Marie-Anne,   [FRANÇOIS II.
b 1705; s [4] 20 juillet 1733.

1735.
2° PEPIN, Marie,
s [4] 10 mai 1737.
Marie-Geneviève, b 5 nov. 1735, à St-Thomas.[5] — *Rose*, b [4] 4 mars 1737; s [5] 24 avril 1738.— *Elisabeth*, b [4] 4 et s [4] 26 mars 1737.

1743, (1er avril). [4]
3° BLAU, Marie-Geneviève.   [ALEXIS I.
Marie-Angélique, b [4] 4 avril 1743; s 4 sept. 1760, à St-Joseph, Beauce. [6]— *Marie-Louise*, b [4] 27 et s [4] 31 déc. 1745. — *Michel*, b [4] 8 et s [4] 19 juillet 1750. — *Marie-Anne*, b [4] 10 juillet 1751.— *Pierre*, b [4] 12 déc. 1752; m [6] 21 sept. 1778, à Marie-Louise BUREAU.— *Augustin*, b [4] 4 et s [6] 8 août 1754.— *Anonyme*, b [4] et s [4] 14 oct. 1756.— *Alexis*, b [4] 7 nov. 1757. — *Marie-Victoire*, b [5] 13 oct. 1760. — *François*, b... m [5] 15 avril 1771, à Marguerite VIGNEAU.

1732, (29 oct.) Lévis. [7]
III.—BOULÉ, PIERRE,   [PAUL II.
b 1709.
ALBERT, Catherine,   [RENÉ I.
b 1709; veuve de Joseph Branchaux.
Pierre, b 1732; s 14 déc. 1756, à St-Joseph, Beauce. [8] — *Pierre-Paul*, b [7] 8 janvier 1735.— *Joseph-André*, b [7] 16 mars 1738. — *Marie-Geneviève*, b [7] 1er février 1740. — *Marguerite*, b [7] 29 nov. 1741; m [8] 4 oct. 1762, à Jean GOUSSE.— *Marie-Catherine*, b [7] 29 avril 1744; s [7] 21 mai 1750. — *Geneviève*, b 1744; m [8] 7 février 1763, à Augustin JACQUES; s [8] 15 août 1766. — *Louis*, b [7] 17 juillet 1749; m [8] 3 février 1772, à Marie-Geneviève SQUERRÉ.—*Joseph*, b... m [8] 21 février 1757, à Louise LANGELIER. — *Marie*, b... m [8] 12 nov. 1759, à Jean RODRIGUE.

1733, (5 mai) St-Valier. [4]
III.—BOULÉ, AUGUSTIN,   [PAUL II.
b 1711.
1° CORRIVEAU, Marie-Suzanne. [GUILLAUME II.
Guillaume, b [4] 31 mai 1734; s 21 sept. 1738, à Québec.— *Thérèse*, b... m [4] 18 oct. 1756, à Paul SYLVAIN.

1743, (25 avril) St-Thomas.
2° MAROIS, Charlotte.   [CHARLES II.

1736, (12 nov.) Cap-St-Ignace.
III.—BOULÉ, MARTIN,   [JACQUES II.
b 1713.
1° LEMIEUX, Louise,   [LOUIS II.
b 1718; s 28 janvier 1756, à St-Thomas. [9]
Marie-Louise, b [9] 28 sept. et s [9] 4 déc. 1737.— *Véronique*, b [9] 28 sept. 1738; m [9] 23 oct. 1758, à Jean-Baptiste MORIN.— *Martin*, b [9] 13 oct 1740. — *Marie-Angélique*, b [9] 14 juillet 1743 — *Louis*, b [9] 28 sept. 1745. — *Paul*, b [9] 28 avril 1748.— *Ursule*, b [9] 28 août 1750. — *Jean-Baptiste*, b [9] sept. 1755.

1762, (29 juillet). [9]
2° BOUCHER, Marie-Joseph,   [JEAN IV.
b 1737.
Marie-Louise, b... m [9] 30 avril 1794, à Louis-Marie MORIN.

1739, (11 mai) Levis. [1]
III.—BOULÉ, Louis. [Paul II.
1° Samson, Angélique, [Ignace II.
b 1716; s [1] 2 fevrier 1742.
Louis, b [1] 29 fevrier et s [1] 27 sept. 1740.—
Marie-Geneviève, b [1] 8 janvier 1742; m [1] 19 juillet 1762, à Michel Boucher.

1745.
2° Rousseau, Ursule, [Michel II.
b 1725.
Marie-Louise, b [1] 4 et s [1] 11 avril 1746.—
Ursule, b [1] 4 et s [1] 16 avril 1746. — *Anonyme,* b [1] et s [1] 10 mai 1749. — *Jean-Baptiste,* b [1] 16 août 1750.—*Henri-Marie,* b [1] 12 sept. 1752.—*Louise,* b [1] 27 et s [1] 30 sept. 1754.—*Marie-Louise,* b [1] 6 oct. 1756.—*Antoine,* b [1] 4 janvier et s [1] 9 fevrier 1759.

1740, (22 février) St-Thomas. [2]
III.—BOULÉ, Alexis, [Martin II.
b 1712; s [2] 14 avril 1755.
Fournier, Elisabeth (1), [Joseph III.
b 1724.
Marie-Françoise, b [2] 10 février 1741; m [2] 10 janvier 1763, à Augustin Brousseau.—*Marie-Angélique,* b [2] 6 oct. 1742; m [2] 18 nov. 1765, à Yves DeGauche.—*Elisabeth,* b [2] 17 février 1744; s [2] 10 août 1752. — *Alexis,* b [2] 28 mars 1746; m 1761, à Françoise Fortin.—*Pierre-Jacques,* b [3] 12 fevrier 1748.— *Reine,* b [2] 3 nov. 1749.— *Guillaume,* b [2] 12 mars 1752. — *Joseph,* b [2] 30 avril 1754.

BOULÉ, Jean-Bte.
Larose, Madeleine.
Marguerite, b 1742; s 23 août 1743, à Québec.

BOULÉ, Charles.
Girard (2), Françoise.
Louise, b 1741; s 27 mars 1744, à Québec.

1743, (29 oct.) St-Thomas. [3]
IV.—BOULÉ, Pierre. [Pierre III.
Courteau, Marie-Joseph, [Joseph II.
b 1726.
Marie-Joseph, b [3] 14 août 1744.—*Marie-Thérèse,* b [3] 29 mai 1746; s [3] 30 juillet 1747.—*Pierre,* b [3] 17 juillet 1748.—*Martin,* b [3] 20 mars 1750.—*Jacques,* b [3] 12 mars 1752; s [3] 13 fevrier 1755.—*Jean-Baptiste,* b [3] 9 mai 1754.—*Marie-Victoire,* b [3] 17 déc. 1755.—*Brigitte,* b [3] 2 juillet 1757.—*Marguerite,* b [3] 17 août 1760.

1744, (20 janvier) Lévis. [4]
III.—BOULÉ, Alexis. [Paul II.
1° Samson, Geneviève, [Ignace II.
s [4] 8 mars 1756.
Alexis, b [4] 4 oct. 1744.—*Ignace,* b [4] 15 et s [4] 25 avril 1746.—*Marie-Elisabeth,* b [4] 2 mai 1750.—*Marie-Joseph,* b [4] 2 avril 1752.—*Rosalie,* b [4] 9 sept. 1754.—*André-Joseph,* b... s [4] 22 mars 1756.

---

(1) Elle épouse, le 30 août 1756, Jean Lecavalier, à St-Thomas.
(2) Dit LeBreton.

1756, (2 août). [4]
2° Ferland, Marie-Françoise, [François III.
b 1736.
Françoise, b [4] 7 sept. 1758.—*Marie-Joseph,* b [4] 17 juin 1764; s [4] 14 juillet 1765.

1745, (25 oct.) St-Jean, I. O.
IV.—BOULÉ, Jean. [Jacques III.
Terrien, Marie-Madeleine. [Pierre III.
Marie-Madeleine, b 8 août 1746, à St-Frs-du-Sud. [5] — *Marie-Angélique,* b 6 juillet 1748, à Berthier. — *Jean-Baptiste,* b 5 juillet 1750, à St-Pierre-du-Sud [6]; s [5] 28 mars 1752.— *Jean-Baptiste,* b [6] 25 juillet 1752.—*Pierre-Noel,* b [5] 30 juin 1754.—*Guillaume,* b [5] 24 février 1757.—*Augustin,* b [5] 25 oct. 1758.

1748, (18 nov.) Berthier.
IV.—BOULÉ, Robert, [Jacques III.
b 1727.
Gendron, Marie-Agnès. [François III.
Robert, b 19 déc. 1750, à St-Frs-du-Sud. [7]—*Marie-Reine,* b [7] 17 avril 1753.—*Jacques,* b [7] 18 juin 1756.—*Françoise,* b [7] 10 mai 1759.

1749, (27 janvier) Islet.
III.—BOULÉ, Jean. [Paul II.
2° Langelier, Angélique, [Charles II.
b 1712.
Anonyme, b et s 25 août 1750, à St-Frs-du-Sud.—*Jean-François,* b 27 fevrier 1753, à St-Pierre-du-Sud.

1749, (20 oct.) Islet. [7]
IV.—BOULÉ, Louis, [Augustin III.
b 1726.
Cloutier, Marie-Jacobée, [Louis IV.
b 1725.
Louis, b [7] 27 janvier 1751.—*Louis-Marie,* b [7] 22 janvier 1752. — *Augustin,* b [7] 7 mars 1753. — *Jean-Baptiste,* b [7] 23 mai 1754.—*Pierre-Romain,* b [7] 14 sept. 1755.—*Marie-Joseph,* b [7] 6 avril 1764.

1750, (2 février) St-Frs-du-Sud. [7]
IV.—BOULÉ, Jean-Bte, [Pierre III.
b 1727.
Gendron, Agathe, [Joseph-Jacques III.
Jean-Baptiste, b [7] 8 mars 1751.—*Marie-Agathe,* b 21 sept. 1752, à St-Pierre-du-Sud.— *Marie-Thérèse,* b [7] 1er et s [7] 13 août 1754. — *Marie-Christine,* b [7] 29 fevrier 1756 —*Marie-Louise,* b [7] 16 fevrier 1758.—*Pierre-Amable,* b [7] 9 mars 1760.

1750, (23 nov.) St-Thomas.
IV.—BOULÉ, Augustin, [Augustin III.
b 1726.
Coté, Marthe, [Jean-Bte IV.
b 1733.

1752, (11 janvier) St-Valier.
IV.—BOULÉ, Augustin, [Joseph III.
b 1730.
Tanguay, Marie-Anne (1). [Jacques II.

---

(1) Elle était, le 25 juillet 1752, à St-Pierre-du-Sud.

BOU   404   BOU

    Marie-Geneviève, b 21 oct. 1752, à St-Frs-du-Sud. [7]—*Joseph-Marie*, b [7] 20 mars 1754.—*Augustin*, b [7] 10 sept. 1755. — *François*, b [7] 11 avril 1757.—*Marie-Thérèse*, b [7] 2 nov. 1758. — *Marie-Rosalie*, b [7] 23 oct. 1760.

1756, (2 février) St-Frs-du-Sud. [7]
IV.—BOULÉ, Jean-Marie,   [Jean III.
    b 1729.
Fortier, Marie-Anne,   [Clément III.
    b 1735.
    Marie-Thérèse, b [7] 6 avril 1757.—*Jean-Baptiste*, b [7] 16 mars 1759.—*Marie-Joseph*, b [7] 23 déc. 1760.

1757, (24 janvier) St-Frs-du-Sud.
IV.—BOULÉ, Michel,   [Jacques III.
    b 1731.
Audet, Geneviève,   [Nicolas II.
    b 1714 ; veuve d'Augustin Dumas.

1757, (7 février) St-Frs-du-Sud. [7]
IV.—BOULÉ, Joseph-Marie.   [Jean III.
    b 1735.
Bonneau, Marie-Geneviève,   [Augustin II.
    b 1720 ; veuve de Jean-Baptiste Jolin.
    Joseph-Magloire, b [7] 19 mai 1758 ; s [7] 21 février 1759.—*Joseph*, b [7] 18 et s [7] 24 mars 1760.

1757, (14 février) St-Thomas. [6]
IV.—BOULE, François,   [François III.
    b 1735, s [8] 23 mars 1760.
Ruel, Marie-Madeleine (1),   [Henri II.
    b 1729, s [8] 5 avril 1767.
    Marie-Madeleine, b [6] 25 août 1758.—*François*, b [8] 5 et s [8] 13 oct. 1760.

1757, (21 février) St-Joseph, Beauce. [9]
IV.—BOULÉ, Joseph.   [Pierre III.
Langelier, Marie-Louise.   [François III.
    Marie-Louise, b [9] 16 janvier et s [9] 29 sept. 1758.—*Marie-Louise*, b [9] 1er avril 1759.—*Joseph-Marie*, b [9] 14 février 1761.— *Geneviève*, b [9] 5 nov. 1762.—*Véronique*, b [9] 7 et s [9] 18 sept. 1765.—*Marie-Louise*, b [9] 3 mai 1767.

BOULÉ (2), Pierre.
Chamberlan, Catherine,   [Jean III.
    b 1735.
    Pierre-Noel, b 10 déc. 1758, à Québec.

1758, (23 oct.) St-Thomas. [1]
IV.—BOULÉ, François.   [Augustin III.
Morin, Marie-Geneviève,   [Pierre IV.
    b 1733 ; s [1] 8 janvier 1766.
    Marie-Madeleine, b [1] 2 oct. 1760.

1759, (29 janvier) Québec.
IV.—BOULÉ, Jean-Bte.   [Charles III.
Vallée, Angélique (3),   [Charles III.
    b 1740.

---

(1) Elle épouse, le 25 juillet 1763, François Morin, à St-Thomas.

(2) Dit St-Simon.

(3) Elle épouse, le 21 nov. 1768, Jean-Victor Mondina, à St-Thomas.

1761, (3 nov.) Montréal.
II.—BOULÉ, Louis,   [Nicolas-Louis I.
    b 1737.
Tilier, Marie-Joseph,   [Mathieu I.
    b 1740.
IV.—BOULÉ, Alexis,   [Alexis III.
    b 1746.
Fortin, Françoise.
    Joseph, b 11 juillet 1762, à St-Joseph, Beauce.

1762, (15 février) St-Thomas.
IV.—BOULÉ, Paul,   [Paul III.
    b 1737.
Ruel, Marie-Geneviève,   [Henri II.
    b 1735.

1763, (8 août) St-Thomas.
IV.—BOULÉ, Jacques,   [Louis III.
    b 1740.
Morin, Elisabeth,   [Pierre IV.
    b 1735.
    Marie-Louise, b… s 24 mai 1769, à St-Anne-de-la-Pérade.

1763, (21 nov.) St-Thomas. [6]
IV.—BOULÉ, Charles,   [François III.
    b 1737.
1º Morin, Marie-Claire,   [Pierre IV.
    b 1739 ; s [5] 11 nov. 1765.
    1767, (7 février). [6]
2º Lacroix Dorothée,   [Pierre II.
    b 1740.

1765, (21 janvier) St-Philippe.
IV.—BOULÉ, Jean,   [Louis III
    b 1738.
David, Marie-Anne,   [Nicolas II.
    b 1737.

1765, (11 février) St-Thomas.
IV.—BOULÉ, Robert,   [Paul III.
    b 1739.
Renaud, Marie-Joseph,   [Jean-Bte I.
    b 1743.

1768, (18 avril) St-Thomas.
IV.—BOULÉ, Joseph,   [Augustin III.
    b 1734.
Sylvestre, Marie-Geneviève,   [Eustache III.
    b 1743.
    Geneviève-Félicité, b 14 mars 1774, à l'Islet.[6] —*Marie*, b [6] 15 avril 1775.

BOULÉ, Antoine.
Gagné, Marie-Marthe (1),
    b 1747.

1770, (23 juillet) Ste-Anne-de-la-Perade
IV.—BOULÉ, Joseph,   [Jacques III.
Coté, Elisabeth,   [Jean IV
    b 1726, veuve de Louis Rochereau.

---

(1) Elle épouse, le 20 sept. 1784, Alexandre-Isidore Ca… à St-Jean-Port-Joli.

1771, (15 avril) St-Thomas.
IV.—BOULÉ, FRANÇOIS. [FRANÇOIS III.
VIGNEAU, Marguerite. [FRANÇOIS.

1772, (3 février) St-Joseph, Beauce.
IV.—BOULÉ, LOUIS, [PIERRE III.
b 1749.
SQUERRÉ, Marie-Geneviève, [JEAN-BTE I.
b 1747.

1773, (15 février) St-Thomas.
IV.—BOULÉ, ABRAHAM, [PAUL III.
b 1746.
FOURNIER, Thérèse, [PIERRE.
b 1750.

1776, (15 janvier) Baie-St-Paul.
IV.—BOULÉ, MARTIN. [PIERRE III.
CAMPAGNA, Helène, [SIMON III.
b 1740.

BOULÉ, LAZARE,
s avant 1795.
L'ENCLU (1), Marie.

1778, (21 sept.) St-Joseph, Beauce.
IV.—BOULÉ, PIERRE, [FRANÇOIS III.
b 1752.
BUREAU, Marie-Louise, [PIERRE III.
b 1766.

BOULÉ, AUGUSTIN.
TANGUAY, Geneviève.
Françoise, b... m 18 sept. 1804, à Alexandre COUTURE.

BOULIER.—*Variations et surnoms :* ROULIER—BAULIER—LAMARCHE—LASOLLE—LAPALME—STAME.

1760, (4 nov.) St-Michel-d'Yamaska. [6]
I.—BOULIER (2), CLAUDE-FRANÇOIS, de la Madeleine, diocèse de Besançon, Franche-Comte.
1° CLAUDIÈRE, Cecile.
2° COTTENOIRE, Anne-Elisabeth, [LOUIS II.
b 1726, veuve de Joseph Théroux-Laferté.
Marie-Gabrielle, b [6] 22 mai 1762.—*Pierre,* b [6] 30 janvier et s [6] 27 août 1764.—*Pierre,* b... s [6] 4 février 1770.

1768, (11 avril) Berthier. [8]
I.—BOULIER (3), JEAN,
b 1720; d'Avignac, diocèse de St-Malo ; s [3] 17 mars 1782.
PICARD (4), Marie-Geneviève, [AUGUSTIN III.
b 1749.
Marie-Madeleine, b [3] 24 nov. 1769. — *Marie-Marguerite,* b [3] 12 mai 1771.

(1) Dit Lapierre. Il etait à Berthier, le 16 nov. 1795.
(2) Dit Lapalme—Stame—Flamme.
(3) Marié Baulier, p. 157. Cousin de Felix Têtu, établi à Berthier.
(4) Dit Destroismaisons.

BOULIGNER.—Voy. BULINGER, 1754.

1752, (4 sept.) St-Vincent-de-Paul. [3]
I.—BOULIN, FRANÇOIS, fils d'Ambroise et de Renee Forget, de St-Barthélemi, diocèse du Mans.
SAUMUR, Catherine, [MARC II.
b 1735.
Marie-Catherine, b [3] 20 janvier 1755.

BOULLARD.—Voy. ARCAN, Joseph, 1703.

BOULLARD, CATHERINE, epouse d'André CHADOT.

BOULLARD, MARIE, épouse de Jean-Baptiste CORBEIL.

BOULLARD, MARIE, épouse de Roch DESJARDINS.

BOULLARD, MARIE-ANNE, épouse d'André FERRÉ.

BOULLARD, MARIE, épouse de Joseph HOGUE.

BOULLARD, JEANNE, épouse de Pierre LABELLE.

BOULLARD, MARIE-ANNE, épouse d'Andre ST-JEAN.

1675, (20 nov.) Montréal.
I.—BOULLARD, FRANÇOIS,
b 1650.
LAUZON, Françoise, [GILLES I.
b 1662.
Louise, b 25 août 1685, à la Pte-aux-Trembles, M. [9]; m 1708, à Pierre BROUILLET; s [9] 13 avril 1754.

1704, (24 nov.) Montréal.
II.—BOULLARD, PAUL, [FRANÇOIS I.
b 1677.
HANDGRAVE (1), Marie, PIERRE I.
b 1683.
Jeanne, b 1705, m 1738, à François BERTHELET.
—*Jean-Paul,* b 13 sept. 1707, à St-François, I. J.

1738, (17 nov.) Montréal. [1]
I.—BOULLARD, ANTOINE-JEAN-BTE, soldat, b 1716, fils de Jean et de Jeanne Villeron, de St-Jean-en-Graves, Paris.
1° CHASLU, Françoise, [FRANÇOIS I.
b 1719 ; s [1] 23 dec. 1749.
Anonyme, b [1] et s [1] 11 dec. 1739.—*Marie-Françoise,* b [1] 28 fevrier 1742. — *Anonyme,* b [1] et s [1] 29 janvier 1744.—*Charlotte-Hypolite,* b [1] 9 février 1745.—*Marie-Anne,* b [1] 18 oct. 1746 ; s [1] 1er juin 1747.—*Marie-Thomas,* b [1] 28 oct. 1747.—*Amable,* b [1] 17 fevrier 1749.

1750, (13 juillet). [1]
2° DENIGER, Marie, [JEAN II.
b 1714 ; veuve de Charles Tougas.

(1) Dit Champagne.

Marie-Marguerite, b... s 26 mai 1756, à la Longue-Pointe.—*Marguerite*, b... m à Joseph Béique.

1745, (15 février) Québec. [2]

I.—BOULLARD, Nicolas, soldat; fils de Michel et d'Anne Polet, de Talmontier, diocèse de Rouen.
Réaume, Marie-Anne, [Jean III.
b 1729.
Nicolas, b [2] 17 nov. 1746; s [2] 3 nov. 1747.— *Joseph*, b [2] 21 mars 1748; s [2] 13 août 1749.— *Nicolas*, b [2] 1er oct. 1749.—*Marie-Anne*, b [2] 29 juin 1751.—*Catherine*, b [2] 4 juillet 1752.—*Jean-Baptiste*, b [2] 11 mars et s [2] 13 août 1754—*Jean-François*, b [2] 19 déc. 1755, s [2] 24 août 1756— *Jean-Baptiste-Nicolas*, b 1756; 1o m 1773, à Marie-Anne Lemerle, 2o m 12 janvier 1778, à .... à Ste-Anne-de-la-Perade. [3] —*Marguerite*, b... m [3] 24 janvier 1774, à Joseph Lévêque.—*Marie-Louise*, b... m [3] 12 janvier 1778, à Joseph Courtois.—*Antoine-Robert*, b [2] 28 mars 1770.

1773.

II.—BOULLARD, J.-Bte-Nicolas, [Nicolas I.
b 1756.
1o Lemerle, Marie-Anne, [Joseph IV.
b 1752.
Nicolas-Jean-Baptiste, b 21 avril 1774, à Ste-Anne-de-la-Perade. [4] — *Marie-Anne*, b [4] 16 février 1775.
1778, (12 janvier). [4]
2o ....
Marie-Joseph, b [4] 30 janvier 1779. — *Marie-Joseph*, b [4] 1er juin 1780.

BOULLERIE.—Voy. Bourhis.

BOULLERISE.—Voy. Bourhis.

1718, (5 juillet) Boucherville.

II.—BOULLERIVE (1), Yves, [Jean I.
b 1693.
Letard, Marthe (2), [François I.
b 1700.
Marie-Françoise, b... m 17 janvier 1749, à Adrien Quevillon, à Terrebonne.

1756, (20 sept.) Varennes.

I.—BOULLET, Jean-Marie, fils de Jacques et de Guillemet Ruellin, de Ploermel, diocèse de St-Malo, Bretagne.
Gautier, Catherine. [Augustin II.

BOULOGNE.—Voy. Magaut.

BOULOGNE, Jean-Bte.—Voy. Magaut.

BOUQUEVILLE.—Voy. Normand

(1) Voy. aussi Bourhis.
(2) Elle épouse, le 21 août 1730, Louis Temoins, à Boucherville.

1765, (28 janvier) Terrebonne.

I.—BOUR, Louis, fils de Pierre et de Jeanne Judit, de Berlin, Brandebourg.
Comparet, Angelique. [François I.

BOURAN, Anne, épouse de Pierre Lapierre.

BOURASSA, Catherine, b... 1o m à Joseph Lefrançois; 2o m 1er février 1780, à Dominique Fénasse, à Quebec.

BOURASSA, Françoise-Elisabeth, b 1709; m à Louis-Toussaint Girou; s 6 février 1743, à Beauport.

BOURASSA, Marie, épouse de François Laviolette.

BOURASSA, Marie-Charlotte, épouse de Jean-Louis Maillet.

BOURASSA, Jeanne, épouse de Louis Marchand.

BOURASSA, Marguerite, épouse de Jean Paré.

1684, (4 juillet) Contrecœur.

I.—BOURASSA (1), François,
b 1659; s 9 mai 1708, à Montréal.
Lebert, Marie (2), [François I.
b 1666; veuve de Charles Robert.
François-Joachim, b 10 avril 1698, à Laprairie [1]; 1o m [2] 10 février 1721, à Anne Deneau; 2o m [1] 10 janvier 1735, à Marie-Suzanne Lefebvre.— *Charles-Joseph*, b [2] 13 juin 1703.—*Antoine*, b [1] 23 mars 1705 ; 1o m [2] 24 janvier 1729, à Marie-Catherine Baret; 2o m [2] 4 avril 1731, à Marie Moquin. — *Suzanne*, b [2] 24 mars 1707.— *René*, b [2] 21 déc. 1688; 1o m [2] 23 oct. 1710, à Agnès Gagné; 2o m [2] 28 sept. 1721, à Catherine Leriger. — *Marie*, b... m [2] 21 juillet 1712, à Jacques Pinsonnault.

1698, (10 nov.) St-Nicolas. [1]

II.—BOURASSA (1), Jean, [Jean I.
b 1671; s 6 juin 1746, à Lévis. [2]
Metot, Françoise, [Abraham I.
b 1676; s [2] 25 nov. 1754.
Jean, b [2] 16 mai 1700; 1o [*] m [1] 13 nov. 1724, à Marie Rousseau; 2o m [2] 22 nov. 1728, à Angélique Buisson. — *Marie*, b [2] 2 avril 1702; m [2] 7 février 1729 à François Jehan ; s 11 avril 1735, à Ste-Famille, I. O.—*Catherine*, b 1706 , m [2] 28 nov. 1731, à Louis Samson ; s [2] 19 déc. 1749.— *Louis*, b [2] 24 février 1708; m [1] 29 avril 1732, à Françoise Boucher; s [1] 21 juin 1751.—*Elisabeth*, b [2] 14 février 1710; m [2] 5 oct. 1733, à Philippe-Olivier Couture; s 13 janvier 1772, à Beaumont. — *Marie-Françoise*, b 1713; m [2] 27 avril 1739, à Augustin Couture; s [2] 8 mars 1768.— *Marie-Joseph*, b... 1o m......; 2o m à Louis Bossé, s 5 nov. 1733, à Berthier (noyée).

(1) Voy. vol. I, p. 76.
(2) Elle épouse, le 22 avril 1714, Pierre Hervé, à Laprairie.

1710, (23 oct.) Laprairie.¹

II.—BOURASSA (1), RENÉ, [FRANÇOIS I.
b 1688.
1° GAGNÉ, Agnès, [PIERRE I.
b 1692.
Marie-Catherine, b ¹ 22 sept. 1712; s ¹ 1ᵉʳ sept. 1731. — *Françoise-Agnès*, b ¹ 14 juin 1716.— *René*, b ¹ 1ᵉʳ juin 1718; m 3 août 1744, à Anne-Charlotte CHEVALIER, à Makinac ; s 24 nov. 1792, au Detroit.

1721, (28 sept.) ¹
2° LERIGER, Marie-Catherine, [CLÉMENT I.
b 1702.
Ignace (2), b ¹ 20 mai 1724 ; m 20 nov. 1752, à Marie-Anne HUET, à Boucherville.—*René-Clément*, b ¹ 17 sept. 1722. — *Amable*, b ¹ 2 août et s ¹ 22 nov, 1729. — *Françoise-Marie*, b ¹ 16 août 1733 ; s ¹ 19 mai 1734.—*Charlotte-Ambroise*, b ¹ 14 juin 1735.

1715.

II.—BOURASSA, FRANÇOIS, [JEAN I.
b 1687.
JOURDAIN, Marguerite, [GUILLAUME I.
b 1691 ; s 8 oct. 1746, à Lévis.⁴
Marie-Louise, b ⁴ 14 déc. 1716 ; m ⁴ 23 nov. 1739, à Jean-Baptiste BÉGIN ; s ⁴ 8 août 1748.— *François*, b... m ⁴ 1ᵉʳ août 1740, à Catherine COUTURE, à Lévis.—*Marie-Joseph*, b ⁴ 28 août 1718. —*Jacques*, b ⁴ 3 juin 1721 ; 1° m 1748, à Marie-Thérèse GUAY ; 2° m ⁴ 8 août 1757, à Louise CARRIER.—*Marie-Angélique*, b ⁴ 6 mai 1723.—*Geneviève*, b ⁴ 10 dec. 1724 ; s ⁴ 12 août 1725.—*Anne-Marguerite*, b ⁴ 1ᵉʳ mars 1726 ; m ⁴ 3 nov. 1745, à Jean-Baptiste POIRÉ. — *Michel*, b... m ⁴ 6 nov. 1751, à Marie-Louise DUSSAULT.—*Marie-Véronique*, b ⁴ 15 avril 1729 ; m ⁴ 11 janvier 1751, à Jacques BÉGIN ; s ⁴ 12 avril 1751.

1721, (10 février) Laprairie.¹

II.—BOURASSA, FRANÇOIS, [FRANÇOIS I.
b 1698.
1° DENEAU, Marie-Anne, [JACQUES II.
b 1705 ; s ¹ 20 avril 1733.
Albert, b... m ¹ 25 fevrier 1754, à Marie-Jeanne BROSSEAU.—*Marie-Anne*, b... m ¹ 14 nov. 1746, à Gabriel PROVOST.— *Louis*, b ¹ 25 août 1722.—*Ignace*, b ¹ 26 février 1724.—*Félix*, b ¹ 21 nov. 1725.— *François-Félix*, b ¹ 5 fevrier et s ¹ 3 août 1729.—*François-Marie*, b ¹ 28 fevrier et s ¹ 19 avril 1730.— *Français*, b ¹ 30 avril et s ¹ 17 juin 1731.—*Jacques-Albert*, b ¹ 30 juillet 1732.— *Félicité*, b... m ¹ 15 janvier 1748, à Julien PIÉDALU.

1735, (10 janvier). ¹
2° LEFEBVRE, Marie-Suzanne, [PIERRE II.
b 1710 ; s ¹ 25 juillet 1738.
François-Modeste, b ¹ 31 oct. 1735. — *François-Marie*, b ¹ 28 juin 1737 ; m ¹ 12 fevrier 1759, à Agnès LEFEBVRE.

(1) Dit Laronde.
(²) Il etait à Michillimakinac en 1749.

1724, (13 nov.) St-Nicolas.²

III.—BOURASSA, JEAN, [JEAN II.
b 1700.
1° ROUSSEAU, Marie, [JACQUES I.
b 1691 ; s 18 janvier 1726, à St-Antoine-Tilly.
Marie-Madeleine, b ² 9 sept. 1725 ; m ² 25 janvier 1751, à Jacques DRAPEAU.

1728, (22 nov.) ²
2° BUISSON, Angelique, [JEAN-BTE III.
b 1702.
Marguerite, b ² 14 août 1729 ; m ² 18 nov. 1748, à Joseph MARTINEAU ; s ² 23 janvier 1753. —*Marie-Joseph*, b ² 8 oct. 1730, s ² 25 oct. 1733. —*Jean-Charles*, b ² 22 sept. 1732.—*Jean-Baptiste*, b ² 9 mai 1734 ; m ² 7 nov. 1757, à Marie-Ursule BOUCHER.—*Joseph*, b ² 27 avril 1738 ; m ² 30 juin 1760, à Marie-Thérèse DUBOIS.—*François*, b ² 25 mars 1740 ; m ² 3 mai 1762, à Marie-Thérèse BOUCHER. — *Marie-Louise*, b ² 13 nov. 1742.— *Pierre*, b... m ² 5 février 1759, à Thérèse MARION.

1729, (24 janvier) Laprairie. ⁸

II.—BOURASSA, ANTOINE, [FRANÇOIS I.
b 1705.
1° BARET, Marie-Catherine, [GUILLAUME II.
b 1707; s ⁸ 6 sept. 1729.
Marie-Catherine, b ⁸ 29 sept. 1729; s ⁸ 23 février 1730.

1731, (4 avril). ⁸
2° MOQUIN, Marie-Anne, [PIERRE II.
b 1713.
Antoine, b ⁸ 1ᵉʳ janvier et s ⁸ 24 mai 1732.— *Marie-Anne*, b ⁸ 14 juin 1733 ; m ⁸ 13 janvier 1755, à Joseph PIEDALU.—*Pierre*, b ⁸ 30 août 1734 ; m ⁸ 7 janvier 1761, à Marguerite PERRAS. — *Anne-Agnès*, b ⁸ 8 février 1736 ; s ⁸ 14 mars 1743.— *Marie-Marguerite*, b ⁸ 3 janvier 1738 ; m ⁸ 7 janvier 1761, à Antoine PERRAS.—*Marie-Françoise*, b ⁸ 27 mai 1739. — *Marie-Catherine*, b ⁸ 18 et s ⁸ 21 sept. 1740.—*Pierre*, b ⁸ 16 nov. 1741. —*Antoine-Alexis*, b ⁸ 18 juillet et s ⁸ 4 août 1743. —*Rosalie*, b ⁸ 3 nov. 1744 ; m ⁸ 18 janvier 1762, à Pierre MENY.

1732, (29 avril) St-Nicolas. ⁹

III.—BOURASSA, LOUIS (1), [JEAN II.
b 1708 ; s ⁹ 21 juin 1751.
BOUCHER, Françoise, [IGNACE IV.
b 1710 ; veuve de Joseph Demers.
Louis, b ⁹ 20 sept. 1733 ; s ⁹ 22 mars 1735.— *Jean*, b ⁹ 15 nov. 1735 ; s ⁹ 21 juin 1751.—*Louis-Charles*, b ⁹ 11 juillet et s ⁹ 6 oct. 1737. — *Louis-Michel*, b ⁹ 30 mars 1739.—*Marie-Charles*, b ⁹ 13 oct. 1743. — *Marie-Ursule*, b ⁹ 19 mars 1747, à St-Antoine-Tilly ; s ⁹ 23 nov. 1748.—*Jean-François*, b ⁹ 19 mai 1749.—*Charles*, b ⁹ 21 juin 1751. —*Marie-Françoise*, b... m ⁹ 14 février 1757, à Michel BOUCHER.

I.—BOURASSA, LAURENT,
marchand.
Marie-Charlotte, b... m 1759, à Charles DE LANGLADE.

(1) Tué par la foudre avec son fils Jean, en revenant de Québec.

1733, (26 janvier) Lévis.¹

III.—BOURASSA, Pierre,　　　　[Jean II.
s avant 1763.
　Couture, Marie-Louise,　　　　[Joseph II.
　b 1711 ; s 26 déc. 1782, à Québec.²
　Marie-Charlotte, b ¹ 4 nov. 1733 ; m ¹ 18 sept. 1764, à Jean Maillet.—*Joseph,* b ¹ 6 avril 1736, m 7 février 1763, à Angélique Fournier, à St-Thomas.—*Marie-Geneviève,* b ¹ 13 août 1738 ; m ¹ 6 février 1758, à Ignace Lambert.—*Pierre,* b ² 31 août 1740 ; m 14 janvier 1771, à Françoise Petit-clerc, à Ste-Foye.—*Marie-Charlotte,* b ¹ 21 sept. 1742 ; m ¹ 15 nov. 1762, à Jean Dejadon.—*Ignace,* b ¹ 30 août 1744.—*Jean-Baptiste,* b ¹ 25 juillet 1748.—*Angélique,* b ¹ 22 février 1751 ; m ¹ 7 janvier 1771, à Joseph Lemieux.—*Marie-Françoise,* b ² 18 sept. 1756 ; m ³ 9 janvier 1775, à Augustin Vallière—*Louise,* b...

1740, (1ᵉʳ août) Lévis.³

III.—BOURASSA, François.　　　　[François II.
　Couture, Catherine.　　　　　　[Joseph II.
　François, b ³ 27 avril 1741.—*Joseph,* b ³ 14 juin 1742.—*Catherine,* b ³ 1ᵉʳ août 1743 ; m ³ 8 janvier 1770, à Jean-Baptiste Bégin.—*Charles,* b ³ 4 avril et s ³ 25 août 1745.—*Jean-Baptiste,* b ³ 23 juillet 1746.—*Marie-Louise,* b ³ 21 avril 1749 ; s ³ 11 juillet 1750.—*Jean-Joseph,* b ³ 18 oct. 1750, s ³ 30 sept. 1755.—*Michel,* b ³ 14 et s ³ 28 avril 1752.—*Alexis-Antoine,* b ³ 13 août 1753. — *Geneviève,* b ³ 25 juin 1755.

1742, (21 août) Lévis.⁸

III.—BOURASSA, Charles,　　　　[Jean II.
　b 1712 ; s ⁸ 4 déc. 1759.
　Huard, Louise-Geneviève,　　　[Etienne II.
　b 1723.
　Charles, b ⁸ 1ᵉʳ sept. 1743.—*Joseph,* b ⁸ 2 août 1744 ; s ⁸ 30 sept. 1749.—*Michel,* b ⁸ 5 sept. 1745 ; s ⁸ 13 déc. 1749.—*Louis-Joseph,* b ⁸ 23 août 1750.—*Alexis,* b ⁸ 24 juillet 1752 ; m 4 février 1788, à Marie-Joseph Alary, à Québec.—*Marie-Anne,* b ⁸ 16 juillet 1755.—*Marie-Charlotte,* b ⁸ 30 nov. 1757.—*Marie-Joseph,* b... s ⁸ 1ᵉʳ janvier 1760.

1744, (3 août) Makinas.⁴

III.—BOURASSA, René,　　　　[René II.
　b 1718 ; s 24 nov. 1792, au Detroit.⁵
　Chevalier, Anne-Charlotte-Ver.,　[Jean-Bte II.
　b 1726.
　René-François, b ⁴ 3 mars 1744.—*Anne-Catherine,* b ⁴ 17 mars 1747, m ³ 12 oct. 1773, à Jean-Baptiste Leduc. — *Daniel,* b ⁴ 8 oct. 1752 ; m à Marguerite Bertrand. — *Charles-Louis,* b ⁴ 18 janvier 1755. — *Anne-Agnès,* b ⁴ 2 mars 1757 ; m ³ 29 mai 1775, à Antoine Vaudry.— *Louis-François-Xavier,* b ⁴ 17 déc. 1758. — *Jean-Baptiste,* b ⁴ 1ᵉʳ juin 1761. — *Angélique,* b ⁴ 29 nov. 1763 ; m ³ 23 juillet 1781, à Alexandre Ouellet.— *Charlotte,* b... m ³ 20 juillet 1767, à François DeMarsac.

1748.

III.—BOURASSA, Jacques,　　　　[François II.
　b 1721.
1º Guay, Marie-Thérèse,　　　　[Louis III.
　b 1724 ; s 1ᵉʳ oct. 1756, à Lévis.
　Jacques-François, b ⁴ 16 et s ⁴ 22 juillet 1749. —*Marie-Anne,* b ⁴ 26 juillet et s ⁴ 11 août 1751.— *Marie-Thérèse,* b ⁴ 29 juillet 1752.—*Marie-Louise,* b ⁴ 14 nov. 1754 ; m 1790, à Etienne Huot.— *Marie-Anne,* b ⁴ 13 déc. 1755.

1757, (8 août).⁴
2º Carrier, Louise,　　　　　　[Joseph III.
　b 1733, veuve de Joseph Hallé.
　Jacques, b ⁴ 26 et s ⁴ 27 juillet 1758.—*Joseph,* b ⁴ 20 nov. 1760 ; m 24 janvier 1785, à Marguerite Boilard, à Beaumont. — *Marie-Thérèse,* b ⁴ 27 juin 1762.—*François,* b ⁴ 16 oct. 1763.—*Marie-Angélique,* b ⁴ 21 février 1765.— *Catherine,* b ⁴ 22 juin 1766. — *Ignace,* b ⁴ 16 janvier 1768.— *Jacques,* b ⁴ et s ⁴ 22 mai 1769.—*Anonyme,* b ⁴ et s ⁴ 25 juillet 1770.

1751, (8 nov.) Lévis.⁵

III.—BOURASSA, Michel.　　　　[François II.
　Dussault, Marie-Louise,　　　　[Jean III.
　b 1732.
　Marie-Louise, b ⁵ 8 janvier 1753.—*Marie-Madeleine,* b ⁵ 7 et s ⁵ 23 juillet 1754. — *Michel,* b ⁵ 14 juillet 1755.—*Joseph,* b ⁵ 20 juillet 1757.—*Louis,* b ⁵ 10 juin 1759. — *Thomas,* b ⁵ 25 déc. 1761.— *Joseph-André,* b ⁵ 19 juin 1763. — *Marguerite,* b ⁵ 7 juillet 1765.—*Marie-Catherine,* b ⁵ 6 oct. 1767, s ⁵ 28 sept. 1769. — *Marie-Angélique,* b ⁵ 26 sept. 1769.—*Jean-Baptiste,* b ⁵ 9 mai 1771.

1752, (20 nov.) Boucherville.

III.—BOURASSA, Ignace,　　　　[René II.
　b 1724.
　Huet, Marie-Anne.　　　　　　[Marien II.
　Jacques, b... s 16 février 1769, à la Longue-Pointe.¹—*Louis,* b ¹ 9 juillet 1764.

1754, (25 février) Laprairie.

IV.—BOURASSA, Frs.-Albert.　　[François III
　Brosseau, Marie-Jeanne,　　　　[Pierre III
　b 1732.
　André, b 21 nov. 1760, à St-Philippe.

1757, (7 nov.) St-Nicolas.⁶

IV.—BOURASSA, Jean-Bte.　　　　[Jean III.
　b 1734.
　Boucher, Marie-Ursule,　　　　[Denis-Joseph IV.
　b 1738.
　Jean-Baptiste, b ⁶ 28 février 1759.—*Marie-Ursule,* b 14 février 1760, à St-Antoine-Tilly.⁹— *Marie-Geneviève,* b ⁶ 18 juillet 1761. — *François,* b ² 1ᵉʳ nov. 1763. — *Marie-Françoise,* b ² 18 oct. 1765.—*Marie-Charlotte,* b ² 9 mars 1768.— *Judith,* b... m 17 oct. 1791, à Jean-Baptiste Aves dit Jolibois, au Cap-de-la-Madeleine.¹—*Marie-Anne,* b... m ¹ 29 sept. 1794, à Pierre Arceneau.

1759, (5 février) St-Nicolas.[7]
IV.—BOURASSA, PIERRE,   [JEAN III.
  MARION, Thérèse,   [FRANÇOIS II.
  b 1743.
  Thérèse, b [7] 20 déc. 1760. — *Marie-Louise*, b [7] 29 août 1762.

1759, (12 février) Laprairie.
IV.—BOURASSA, FRANÇOIS,   [FRANÇOIS III.
  b 1737.
  LEFEBVRE, Agnès-Anne,   [PIERRE III.
  b 1736.

1760, (30 juin) St-Nicolas.
IV.—BOURASSA, JOSEPH,   [JEAN III.
  b 1738.
  DUBOIS, Marie-Thérèse,   [JOSEPH III.
  b 1737.

1761, (7 janvier) Laprairie.
III.—BOURASSA, PIERRE,   [ANTOINE II.
  b 1734.
  PERRAS, Marguerite,   [CLÉMENT III.
  b 1739.

1762, (3 mai) St-Nicolas.
IV.—BOURASSA, FRANÇOIS,   [JEAN III.
  b 1740.
  BOUCHER, Marie-Thérèse.   [DENIS-JOSEPH IV.

1763, (7 février) St-Thomas.
IV.—BOURASSA, JOSEPH,   [PIERRE III.
  b 1736.
  FOURNIER, Marie-Angélique,   [CHARLES III.
  b 1739.
  Joseph, b 24 oct. 1763, à Lévis.[4] — *Marie-Angélique*, b [4] 21 janvier 1765. — *François*, b [4] 3 déc. 1766. — *Marie-Anne*, b [4] 21 mars 1768. — *Catherine*, b [4] 25 nov. 1770.

1771, (14 janvier) Ste-Foye.
IV.—BOURASSA, PIERRE,   [PIERRE III.
  b 1740.
  PETITCLERC, Françoise,   [AUGUSTIN III.
  b 1741.
  Pierre, b... m 15 nov. 1796, à Marie MATHIEU, à Québec.

IV.—BOURASSA, DANIEL,   [RENÉ III.
  b 1752.
  BERTRAND, Marguerite.
  Daniel, ne 22 juin 1780; b 16 juillet 1786, à Makinac.[7] — *Marguerite*, née 25 mai 1782; b [7] 16 juillet 1786.— *Archange*, née 8 mars 1784; b [7] 16 juillet 1786.— *Jean-Baptiste*, ne 24 juin 1786; b [7] 16 juillet 1786.— *Michel*, b [7] 9 sept. 1792.

1785, (24 janvier) Beaumont.[7]
IV.—BOURASSA, JOSEPH,   [JACQUES III.
  b 1760.
  BOILARD, Marguerite,   [CLAUDE II
  b 1766; s [7] 4 avril 1805.

1788, (4 février) Québec.
IV.—BOURASSA, ALEXIS,   [CHARLES III.
  b 1752.
  ALARY, Josette.   [CHARLES.

1796, (15 nov.) Québec.
V.—BOURASSA, PIERRE.   [PIERRE IV.
  MATHIEU, Marie.   [PRISQUE.

BOURBEAU.—*Variations et surnoms*: BEAUCHÊNE — CARIGNAN — DUCLOS — LACOURSE — VERVILLE.

BOURBEAU, MARIE-ANNE, b 1691; m à Gervais GRENIER; s 1731, à Ste-Croix.

BOURBEAU, SUZANNE, épouse de Jean-Baptiste LEGENDRE.

BOURBEAU, MARIE-JEANNE, épouse de René LEBLANC.

BOURBEAU, MARIE-ANNE, épouse de Gervais GRENIER.

BOURBEAU, MARIE - MADELEINE, épouse de Pierre GÉLINAS.

BOURBEAU, MARGUERITE, épouse de Nicolas PERROT-TURBAL.

BOURBEAU, MARIE-ANNE, épouse de Thomas GUYON.

BOURBEAU, MARIE-THÉRÈSE, b 1725; m à Jean-Baptiste FOREST; s 6 juillet 1785, à Québec.

BOURBEAU, MARGUERITE, b 1738; m à Augustin JACQUES; s 27 juillet 1778, à St-Joseph, Beauce.

BOURBEAU, MADELEINE, épouse de Guillaume CANTIN.

1678.
II.—BOURBEAU (1), PIERRE,   [SIMON I.
  s avant 1719.
  BESNARD, Anne,   [RENÉ I.
  b 1661; s 11 mai 1719, à Bécancour.[1]
  Marie-Anne-Geneviève, b... m [1] 26 août 1722, à Jean CHAMPOUX.—*Marie-Joseph*, b... m [1] 30 oct. 1730, à Mathurin LEMAY. — *Joseph*, b... 1° m 19 oct. 1727, à Madeleine LECLERC, aux Trois-Rivières; 2° m [1] 4 nov. 1732, à Marguerite-Agathe BIGOT. — *Charlotte*, b 1710; 1° m 9 oct. 1730, à Jean-Baptiste FAVREAU, à Boucherville [2]; 2° m [2] 2 juin 1747, à Charles LANGEVIN.

1689, (12 oct.) Beauport.
II.—BOURBEAU, EUSTACHE,   [SIMON I.
  b 1668; s 29 janvier 1736, à St-Augustin.[2]
  BROUSSEAU, Marguerite,   [JULIEN I.
  b 1676, s [2] 31 janvier 1736.

---
(1) Dit Lacourse.

Marie-Madeleine, b 1er février 1695, à Charlesbourg, m ² 7 août 1722, à Jean COTIN-DUGAL. — *Eustache*, b 1695; m ² 16 février 1722, à Madeleine RASSET; s ² 3 janvier 1738.

1697, (18 juin) Charlesbourg. ²
II.—BOURBEAU, JEAN,   [SIMON I.
b 1675.
VIVIER, Marguerite,   [PIERRE I.
b 1673.
Eustache, b ² 5 avril 1698; m ² 3 février 1729, à Marie-Joseph LEFEBVRE; s ² 11 oct. 1731. — *Anne-Marguerite*, b ² 9 avril 1705; m ² 23 janvier 1730, à Joseph-Charles LEFEBVRE.—*Marie-Françoise*, b ² 3 nov. 1702; m ² 22 mai 1730, à Jean-Baptiste MOLEUR.—*Jacques*, b ² 2 déc. 1710; m ² 25 juin 1736, à Marie-Louise THIBAULT.

II.—BOURBEAU (1), PIERRE.   [PIERRE I.
PROVENCHER, Marie-Catherine,   [SÉBASTIEN II.
b 1693; s 23 nov. 1745, à Bécancour. ⁵
Marie-Joseph, b ⁵ 22 nov. 1717; s ⁵ 3 oct. 1746 (noyée). — *Alexis*, b ⁵ 31 janvier 1719; s ⁵ 13 avril 1743. — *Marie-Anne-Geneviève*, b ⁵ 14 sept. 1720.—*Pierre*, b ⁵ 19 oct. 1722.—*Marie-Françoise*, b ⁵ 20 août 1724. — *Françoise*, b ⁵ 26 mars 1726. —*Anonyme*, b ⁵ et s ⁵ 2 janvier 1729.—*Marie-Angélique-Françoise*, b ⁵ 1er février 1731. — *Jean-Baptiste*, b ⁵ 23 et ⁵ 25 avril 1733. — *Marie-Louise*, b ⁵ 16 avril 1736; m ⁵ 25 février 1759, à Claude PROVENCHER.

BOURBEAU, PIERRE, b 1705; s 20 juin 1740, à Charlesbourg.

1706, (4 janvier) Montréal. ⁹
III.—BOURBEAU (2), PIERRE,   [PIERRE II.
b 1691.
1º SAMSON, Marie-Anne,   [GABRIEL I.
b 1684.
Marie-Anne, b ⁹ 6 nov. 1706.—*Marie-Catherine*, b... m 10 janvier 1733, à Pierre BARY, à Bécancour. ⁸

1713, (7 janvier) Champlain.
2º CARPENTIER, Thérèse.   [NOEL I.
b 1689; s ⁸ 7 déc. 1728.
Pierre-Charles, b ⁸ 19 sept. 1717; m 13 février 1747, à Marie-Anne MORAND, à Ste-Anne-de-la-Pérade.—*Anne-Céleste*, b... m ⁸ 30 août 1737, à Augustin DESHAIES. — *Jacques-François*, b ⁸ 14 avril 1719, m 5 nov. 1739, à Marie-Charlotte BELAND, à la Pointe-aux-Trembles, Q. — *Jean-Baptiste*, b ⁸ 8 mars 1721; m ⁸ 12 oct. 1744, à Marie-Louise GENEST. — *Charles-Ignace*, b ⁸ 6 juillet 1723; s ⁸ 7 déc. 1728. — *Antoine*, b ⁸ 17 mars 1725; s ⁸ 9 mars 1747. — *René-Thomas*, b ⁸ 20 déc. 1726; s ⁸ 5 déc. 1728. —*Marie-Joseph*, b ⁸ 1er nov. 1728; m ⁸ 15 février 1745, à Jean-Baptiste DUBOIS.—*Joseph*, b... m 7 février 1757, à Marie-Anne PETIT-BRUNEAU, à Sorel.

(1) Dit Verville.
(2) Dit Lacourse.

1729, (7 juin) Batiscan.
3º MASSICOT, Marie-Louise,   [JACQUES I.
b 1697; s ⁸ 4 juin 1761.
Marie-Marguerite, b... m 1er février 1757, à Nicolas BELAND, à St-Pierre-les-Becquets.—*Anonyme*, b ⁸ et s ⁶ 2 sept. 1730. — *Marie-Catherine*, b ⁸ 19 sept. 1731; m ⁸ 6 nov. 1747, à Pierre GENEST. — *Marie-Louise*, b ⁸ 28 nov. et s ⁸ 9 déc. 1732.—*Jean-François*, b ⁸ 27 et s ⁸ 30 déc. 1733. —*Marie-Claire*, b ⁸ 21 janvier 1735.—*Charlotte*, b ⁸ 13 août 1737.—*Marie-Louise*, b ⁸ 28 oct. 1740; m ⁸ 31 mars 1761, à Charles HAMEL.—*Gabriel*, b ⁸ 9 et s ⁸ 15 sept. 1742.—*Claire*, b 1744; s ⁸ 12 avril 1758.

1717, (8 août) Québec. ⁸
III.—BOURBEAU (1), LOUIS,   [PIERRE II.
b 1693, s ⁸ 28 oct. 1762.
1º BOISSEL, Marguerite,   [CLAUDE III.
b 1698, s ⁸ 4 déc. 1730.
Marguerite, b ⁸ 9 août 1718.—*Louis-Joseph*, b ⁸ 19 mars 1720; m ⁸ 17 février 1749, à Marie-Louise BOUCHET.—*Louise*, b ⁸ 28 mai 1723.—*François*, b ⁸ 19 août 1724; m 9 janvier 1753, à Marie-Louise GENEST, à St-Pierre-les-Becquets. —*Angélique-Michelle*, b ⁸ 9 nov. 1725.—*Marie-Anne*, b ⁸ 28 mars 1727; m ⁸ 4 oct. 1751, à Charles SAVARD.—*Anne-Joseph*, b ⁸ 27 avril 1728; m 7 janvier 1751, à Jean-Baptiste BOURSIER, à Châteauguay.

1732, (11 mai). ⁸
2º GAGNON, Marie-Anne,   [VINCENT II.
b 1697, veuve de Louis Bonedeau.
Marie-Louise, b ⁸ 11 février 1733; m ⁶ 20 sept. 1751, à Jean LEFEBVRE.—*François-Polycarpe*, b ⁸ 2 janvier 1734.—*Marguerite*, b ⁸ 6 janvier 1735.

1745, (25 oct.) ⁸
3º DERAINVILLE, Marie-Charlotte,   [JEAN III.
b 1695; veuve de Jean Lefebvre; s ⁶ 14 mars 1750.

1722, (16 février) St-Augustin. ²
III.—BOURBEAU, EUSTACHE,   [EUSTACHE II.
b 1695; s ² 3 janvier 1738.
RASSET, Marie-Madeleine (2),   [JEAN I.
b 1686; veuve de Jean-Baptiste Gaboury.
Eustache, b ² 18 déc. 1722; m 1753, à Marie-Joseph COTIN-DUGAL.—*Philippe*, b ² 5 oct. 1724; s ² 27 juillet 1729.—*Charles*, b 30 juillet à Québec.—*Pierre*, b ² 4 janvier 1728; s ² 23 oct. 1731.—*Laurent*, b ² 24 avril et s ² 11 sept. 1729. —*Philippe-Bernard*, b ² 25 mai et s ² 16 juillet 1730.—*Joseph*, b ² 1er déc. 1731; s ² 9 janvier 1758.

1727, (19 oct.) Trois-Rivières.
III.—BOURBEAU (3), JOSEPH.   [PIERRE II.
1º LECLERC (4), Madeleine.   [FLORENT II
b 1701.
Joseph, b 19 mars 1728, à Bécancour⁵; s ⁵ 27 août 1745.

(1) Dit Carignan, charpentier de navire
(2) Elle épouse, le 6 oct. 1738, Chas Cotin, à St-Augustin.
(3) Dit Beauchêne.
(4) Dit Fleurant.

1732, (4 nov.) [5]
2º BIGOT, Marguerite-Agathe, [FRANÇOIS III.
b 1717.
Jean-Baptiste-Charles, b [5] 26 oct. et s [5] 27 déc.
1733.—*Ignace-François-Xavier*, b [5] 23 mars 1735.
—*Charles*, b... m [5] 19 oct. 1759, à Geneviève
PRÉ.—*Marguerite*, b [5] 27 mars 1740 ; m 1759, à
Jean BARIL.—*Marie-Agathe*, b [5] 16 avril 1742. —
Charles-Bonaventure, b [5] 14 mars 1744.—*Marie-Charlotte*, b [5] 31 janvier 1746.—*Joseph*, b [5] 4 sept.
1747 ; s [5] 19 juillet 1748.—*Marie-Joseph*, b [5] 26
mai et s [5] 4 juin 1749.

1727, (17 nov.) Ste-Foye.
III.—BOURBEAU, SIMON, [EUSTACHE II.
b 1699.
GALARNEAU, Madeleine, [JACQUES II.
b 1709.
Marie-Simone, b 15 sept. 1728, à St-Augustin.[8]
—*Marie-Catherine*, b [8] 6 février et s [8] 8 juin
1730.—*Simon*, b [8] 21 mai 1731 ; m 23 janvier
1753, à Marie-Louise-Angelique HUYET, à L'Ange-Gardien ; s 21 janvier 1784, à Quebec. [7] — *Marie-Marguerite*, b [8] 20 août 1733 ; m [7] 7 nov. 1752, à
Jean PARÉ.—*Marie-Louise*, b [8] 4 mai et s [8] 6 juin
1735.—*Marie-Madeleine*, b [8] 10 juin 1736.—*Jean-Baptiste*, b [8] 26 mai 1738.—*Marie-Angélique*, b [8]
24 janvier 1740.—*Marie-Louise*, b [8] 13 déc. 1741,
m [8] 17 nov. 1760, à Pierre TIBAUT, aux Trois-Rivières. — *Louis-Joseph*, b [8] 15 sept. 1743.—
Eustache-Gabriel, b [8] 18 mars 1745.—*Joseph-Marie*, b [8] 30 août 1747. — *François*, b 1752 ; s [7]
12 mars 1753.

BOURBEAU, ETIENNE (1), s 18 juillet 1758, à
Chambly.

1729, (3 février) Charlesbourg. [8]
III.—BOURBEAU, EUSTACHE, [JEAN II.
b 1698 ; s [8] 11 oct. 1731.
LEFEBVRE, Marie-Joseph (2), [PIERRE I.
b 1696.
Jean-Baptiste (posthume), b [8] 29 déc. 1731 ; s [8]
14 déc. 1732.

1735, (8 août) Charlesbourg. [9]
III.—BOURBEAU, JEAN-BTE. [JEAN-BTE II.
DUPÉRÉ, Marie-Marguerite (3), [LOUIS II.
b 1716.
Jean-Baptiste, b [9] 26 juin 1736.—*Marie-Marguerite*, b [9] 7 déc. 1738 ; m 12 sept. 1763, à Jean
THOMAS, à Montréal.—*Louise-Geneviève*, b [9] 5
juin 1741.—*Joseph-Eustache*, b [9] 23 juillet 1743 ;
s [9] 24 oct. 1744.—*Jean-Joseph*, b [9] 23 mai 1746.—
Marie-Françoise, b [9] 30 janvier 1749 ; s [9] 4 mars
1751.

---

(1) Revenant de Carillon.
(2) Elle épouse, le 13 avril 1733, Jean Valade, à Charlesbourg.
(3) Elle épouse, le 18 janvier 1751, Jean-Baptiste Thomas, à Charlesbourg.

1736, (25 juin) Charlesbourg. [3]
III.—BOURBEAU, JACQUES, [JEAN II.
b 1710.
THIBAULT, Marie-Louise. [LOUIS III.
b 1711.
Marie-Louise, b [3] 13 juillet 1737 ; m [3] 24 nov.
1760, à Pierre BEDARD. — *Marie-Marguerite*, b [3]
27 août 1739.—*Jacques*, b [3] 9 et s [3] 21 nov. 1740.
—*Jean-Baptiste*, b [3] 21 mai 1742 ; m 9 janvier
1775, à Marie-Geneviève POULIN, à St-Joseph,
Beauce.—*Marie-Madeleine*, b [3] 5 juin 1744.—
Geneviève, b [3] 17 août 1745 ; m à Jean-Baptiste
CLICHE.—*Jacques*, b [3] 26 août 1746.—*Pierre*, b [3]
24 janvier et s [3] 11 déc. 1748.—*Marie-Joseph*, b [3]
14 août 1749.—*Marie-Thérèse*, b [3] 25 janvier et
s [3] 8 mars 1751.—*Marie-Charlotte*, b [3] 5 juillet
1752.—*Pierre-Nicolas*, b [3] 22 mai et s [3] 26 oct.
1754.—*Marie-Elisabeth*, b [3] 4 sept. 1755.

1739, (5 nov.) Pte-aux-Trembles, Q.
IV.—BOURBEAU, JACQUES-FRS, [PIERRE III.
b 1719.
BELAND, Marie-Charlotte, [MATHURIN II.
b 1713.
Marie-Françoise, b 28 oct. 1740, à Bécancour[4] ;
s [4] 23 janvier 1741. — *Michel-François*, b [4] 1er et
s [4] 21 avril 1742.—*Toussaint*, b [4] 31 oct. 1743.

1744, (12 oct) Bécancour.
IV.—BOURBEAU, JEAN-BTE, [PIERRE III.
b 1721.
GENEST, Marie-Louise (1). [JACQUES III.

1747, (13 février) Ste-Anne-de-la-Pérade. [6]
IV.—BOURBEAU, PIERRE-CHS, [PIERRE III.
b 1717.
MORAND (2), Marie-Anne, [ALEXIS II.
b 1729
Alexis-Marie, b [5] 15 sept. 1749 ; s [5] 5 janvier
1750.—*Pierre*, b [5] 12 nov. 1750.—*Marie-Louise*,
b [5] 5 février 1752.—*Joseph-Alexis*, b [5] 20 sept.
1753 ; s [5] 13 février 1756.—*Antoine*, b 1758 ; s 14
juin 1759, à Verchères. [6] — *Marie-Anne*, b [6] 9
août 1760.

1749, (17 février) Québec.[7]
IV.—BOURBEAU (3), LOUIS-JOS., [LOUIS III.
b 1720.
BOUCHET, Louise, [MARC I.
b 1729.
Louis-François, b 10 et s 18 août 1752, à
Beauport.—*Antoine-Joseph*, b [7] 15 janvier 1750.
—*Jean-Louis*, b [7] 19 déc. 1753 ; s [7] 24 avril 1759.
—*Daniel*, b [7] 22 déc. 1754.—*Louise-Cécile*, b [7] 12
déc. 1756. — *Louis*, b [7] 10 sept. 1761.—*Louis-François-Xavier*, b 22 mars et s 4 août 1760, à
Berthier. — *Joseph*, b [7] 13 oct. 1762. — *Marie-Anne*, b [7] 23 février 1764 ; m [7] 24 mai 1785, à
Louis CHORET.

BOURBEAU PIERRE.—Voy. DUCLOS.

(1) Elle épouse, le 6 janvier 1753, François Bourbeau, à St-Pierre-les-Becquets.
(2) Dit Douville.
(3) Dit Carignan.

1753, (9 janvier) St-Pierre-les-Becquets. [4]
IV.—BOURBEAU (1), François.   [Louis III.
  Genest, Marie-Louise,   [Jacques III.
    veuve de Jean-Baptiste Bourbeau.
  Jean-Baptiste, b [4] 21 oct. 1753.—*Marie-Théotiste,* b [4] 20 nov. 1757.

1753, (22 janvier) L'Ange-Gardien.
IV.—BOURBEAU, Simon,   [Simon III.
    b 1731; s 21 janvier 1784, à Québec.
  Huyet (2), Louise-Angélique,   [Etienne I.
    b 1735.
  Un fils, b et s 21 déc. 1759, à Batiscan.

1753.
IV.—BOURBEAU, Eustache,   [Eustache III.
    b 1722; s avant 1781.
  Cotin, Marie-Joseph,   [Joseph II.
    b 1725; s 22 mars 1781, à St-Augustin. [4]
  Madeleine, b [4] 3 mai 1754.—*Marie-Louise,* b [4] 28 juin 1755; m 27 oct. 1794, à Pierre Vocelle, à Québec.—*Jean-Marie,* b 1756; s [4] 23 janvier 1758.—*Eustache,* b 1757; s [4] 4 mars 1758.—*Joseph-Charles,* b [4] 2 avril 1759; s [4] 14 février 1788.—*Joseph,* b [4] 21 mai 1761; m [4] 28 février 1791, à Louise Constantin.—*François,* b [4] 10 oct. 1762; s [4] 21 janvier 1788.—*Augustin,* b... 1º m [4] 12 janvier 1784, à Marie-Gertrude Gagnon; 2º m [4] 8 nov. 1790, à Thérèse Constantin.—*Marie-Elisabeth,* b 1768; s [4] 25 sept. 1788.

1757, (7 février) Sorel.
IV.—BOURBEAU, Joseph.   [Pierre III.
  Petit (3), Marie-Anne.   [Joseph III.

1759, (19 oct.) Bécancour. [8]
IV.—BOURBEAU (4), Charles.   [Joseph III.
  Pré (5), Geneviève.   [Jacques III.
  François-Xavier, b [8] 16 nov. 1761.

BOURBEAU, Joseph.
  Tremblay, Thècle,
    b 1752; s 18 mai 1788, à Québec.

1775, (9 janvier) St-Joseph, Beauce. [8]
IV.—BOURBEAU, Jean-Bte,   [Jacques III.
    b 1742.
  Poulin, Marie-Geneviève,   [Joseph.
  Anonyme, b [8] et s [8] 12 déc. 1775.—*Jean-Baptiste,* b [8] 24 déc. 1776; s [8] 4 janvier 1777.—*Marie-Louise,* b [8] 21 juin 1778.—*Marie-Geneviève,* b... m 28 oct. 1797, à Gabriel Quéret, à Québec.

1784, (12 janvier) St-Augustin. [9]
V.—BOURBEAU, Augustin.   [Eustache IV.
  1º Gagnon, Marie-Gertrude,   [Jean-Bte.
    s [9] 30 avril 1788.
  Marie, b [9] 26 mars 1785.—*Marie,* b [9] 6 mai 1786.—*Augustin,* b [9] 17 août 1787, s [9] 23 mars 1788.

1790, (8 nov.) [9]
2º Constantin, Thérèse,   [Frs-Augustin III.
    b 1762.
  Augustin, b [9] 6 déc. 1792.

1791, (28 février) St-Augustin.
V.—BOURBEAU, Joseph,   [Eustache IV.
    b 1761.
  Constantin, Louise.   [Frs-Augustin III.

BOURBON.—Voy. Mérieu.

I.—BOURBON, Jean-Bte,
    b 1715; s 28 mars 1775, à Terrebonne.
  Rosa, Marie-Madeleine.

1680, (27 février) Boucherville.
I.—BOURBON, Jean,
    b 1653; s 5 déc. 1690, à Laprairie. [7]
  Benoit (1), Marie-Anne,   [Paul I.
    b 1665.
  Marguerite, b [7] 18 janvier 1685; m 26 janvier 1707, à François Marie, à Longueuil.—*Marie-Anne,* b [7] 6 janvier 1689; m 9 déc. 1717, à Pierre Sarault, à Montréal.

1690, (6 février) Charlesbourg. [5]
I.—BOURBON (2), Jean,
    b 1669, s [5] 4 février 1736.
  Guérin, Claudine,   [Clément I.
    b 1675; s [5] 4 février 1726.
  Jean-Baptiste, b... m [5] 21 nov. 1740, à Marie-Madeleine Barbot.

1697, (28 oct.) Montréal.
I.—BOURBON, Etienne,
    b 1672.
  Mondin, Madeleine,   [Antoine I.
    b 1673; s 3 juillet 1744, à Charlesbourg. [6]
  Marie-Jeanne, b 1704; m [6] 20 nov. 1725, à Léonard Hély; s [6] 22 juillet 1751.—*Joseph,* b... m à Marie Boudeau.

BOURBON, Catherine, épouse de François Labelle.

1703, (1er oct.) Charlesbourg.
I.—BOURBON (3), Mathurin, fils d'Antoine et de Catherine Duchesne, de St-Morille de Pontsec, diocèse d'Angers.
  Charbonneau, Suzanne-Elisabeth (4)   [Jean I.
  Jacques-Mathurin, b 20 déc. 1704, à Québec [1]; s [1] 14 juillet 1706.—*Jean,* b [1] 4 août 1707.—*Louis,* b [1] 20 déc. 1709; s [1] 31 mars 1718.—*Pierre,* b [1] 9 sept. 1712.—*Marie-Joseph,* b [1] 18 mars 1714.

---

(1) Dit Carignan.
(2) Dit Champagne.
(3) Dit Bruneau.
(4) Dit Beauchêne.
(5) Dit Richard, 1761.

(1) Elle épouse, le 15 mai 1695, Jean Besset, à Laprairie.
(2) Dit Mérieu.
(3) Alias Bourdelon dit Langevin—Bourboulon.
(4) Elle épouse, le 4 février 1716, Etienne De la Porte, à Charlesbourg.

II.—BOURBON, JOSEPH,   [ETIENNE I.
  s avant 1760.
  BOUDEAU, Marie,
    s avant 1760.
    Agathe, b 1730; m 7 janvier 1760, à Etienne SARAZIN, à Montreal.

1740, (21 nov.) Charlesbourg. [3]

II.—BOURBON (1), JEAN-BTE.   [JEAN I.
  BARBOT, Marie-Madeleine.   [SIMON II.
    Anonyme, b [3] et s [3] 31 oct. 1741.—*Marie-Madeleine*, b [3] 27 sept. 1743; m [3] 3 nov. 1761, à Jean-Baptiste FRÉCHET. — *Marie-Marguerite*, b [3] 15 nov. 1745. — *Marie-Catherine*, b [3] 16 août 1748; m 15 juin 1784, à François VALERAN, à Québec.— *Jean-Simon*, b [3] 10 oct. 1750.—*Jean-François*, b [3] 22 dec. 1752.—*Etienne*, b 1758; s [3] 17 janvier 1759.

BOURBON, LOUIS,
  s avant 1749.
  GAUDRY, Anne (2).

BOURBON, CLAUDE.
  MAISONNEUVE, Marguerite.
    François-Amable, b 11 mai 1747, à Ste-Rose.

BOURBON (1), JACQUES.
  THIBAULT, Marie-Françoise.
    Marie-Anne, b et s 5 sept. 1740, à Charlesbourg.

BOURBON, MARIE-FRANÇOISE, épouse de Charles CHEVAUDIER (3).

BOURBON (1), JACQUES.
  CARTIER, Marie-Thérèse.
    Jacques, b 1755; s 2 janvier 1756, à Charlesbourg.

BOURBON (1), JACQUES.
  ROSA, Thérèse.
    Angélique, b... m 23 nov. 1772, à François VALIQUET, à Terrebonne.

BOURBONNAIS.—*Surnoms* : BRUNET—MIOT—JOYAU.

BOURBONNAIS, MARIE-JOSEPH, épouse de Pierre LALONDE.

BOURBONNAIS, Louis, s 2 oct. 1728, à Montreal.

I.—BOURBONNAIS, CLAUDE.
  LAPINTARDE, Louise.
    Catherine, b 19 mai 1736, à Montréal; m 12 janvier 1755, à Antoine JOYELLE, à St-François-du-Lac

(1) Dit Mérieu.
(2) Elle épouse Jean-Baptiste Ledoux.
(3) Et Chabaudier.

1743, (2 mai) Québec. [1]

I.—BOURBONNAIS (1), SIMON, sergent, fils de Pierre et de Marie Merec, de St-Louis de Rochefort, diocèse de La Rochelle.
  DEGUISE, Catherine.   [GUILLAUME II.
    Simon, b [1] 28 mai 1743; s [1] 28 août 1744.— *Catherine*, b [1] 4 mai 1745. — *Geneviève*, b [1] 22 janvier 1747. — *Simon*, b [1] 28 mars 1749; s [1] 25 août 1750.—*Georges*, b [1] 18 mai 1751; s [1] 24 mars 1752. — *Marie-Anne*, b [1] 18 mai et s [1] 9 août 1754.—*Jean-Baptiste*, b [1] 11 nov. 1756.

BOURBONNIER, JACQUES, s 28 nov. 1758, à Chambly.

BOURBONNIER, ……
  LEFEBVRE, Marie-Joseph.
    Marie-Marguerite, b 2 mars 1742, à Montreal.

BOURBONNIÈRE (2), MARIE-ANNE, épouse de Jacques PIGEON.

BOURBOULON.—Voy. LANGEVIN—BOURBON.

I.—BOURC (3), ALEXANDRE.
  HÉBERT, Marie (3).
    Alexandre, b 1737; s 25 mars 1760, à St-Frs-du-Sud.—*François*, b... m 13 nov. 1775, à Marie-Louise DOYON, à St-Joseph, Beauce. — *Joseph*, b... m à Marie MORIN.—*Simon*, b...— *Paul*, b...

BOURC.—Voy. BOUHOURS.

I.—BOURCHAINE, LOUIS (4).
  MARCEAU, Louise.
    Nicolas, b 21 mai 1750, à Montréal.

BOURCHEMIN (DE).—Voy. CHEVALIER.

BOURCHEMIN (DE), JACQUES-FRANÇOIS,
  s avant 1708
    Marie-Anne (5), b...

I.—BOURDAGES, RAYMOND,
  s avant 1787.
  LEBLANC, Esther.
    Louis, b... m 9 oct. 1787, à Louise-Catherine SOUPIRAN, à Quebec. [2]—*Jean-Marie-Olivier*, b... —*Marie-Charlotte*, b... m [2] 22 oct. 1783, à Louis SASSEVILLE.

1787, (9 oct.) Québec.

II.—BOURDAGES, LOUIS,   [RAYMOND I.
  SOUPIRAN, Lse-Catherine. [CHARLES-SIMON III.

(1) Dit Sansregret.
(2) Gaudry dit Bourbonnière.
(3) De St-Charles, Acadie.
(4) Du fort St-Jean. Acte annexé au registre de 1749 de Montréal.
(5) Elle était à Montréal le 23 juillet 1709.

1751, (18 janvier) Sorel.¹
I.—BOURDAIS, JEAN, fils de Julien et de Renée Guillois, de St-Vincent, diocèse du Mans.
VACHER (1), Catherine,   [JEAN-CHARLES II.
  b 1712; veuve de Pierre TESSIER.
Marie-Joseph, b¹ 24 oct. 1751.— Marie, b¹ 26 juin 1754.

BOURDEAU, CATHERINE, épouse de Jean-Baptiste GUÉRIN.

BOURDEAU, FRANÇOISE, m 4 mai 1744, à Joseph DUQUET, à Châteauguay.

BOURDEAU, CATHERINE, m à Louis-Laurent ROY; s avant 1772.

I.—BOURDEAU, ADRIEN, b 1698; s 25 oct. 1782, à Nicolet (célibataire).

I.—BOURDEAU, JEAN,
  s avant 1722.
POIRIER, Elisabeth,
  s avant 1722.
Marie, b... m 26 sept. 1722, à Joseph BOURDON, à Longueuil.—Dominique, b... m 1735, à Madeleine PERRAS.

1689, (25 oct.) Laprairie.⁴
I.—BOURDEAU (2), PIERRE,
  b 1659, s avant 1738.
  1° FAYE, Marie,   [MATHIEU I.
    b 1676.
  2° LEFEBVRE, Marguerite,   [PIERRE I.
    b 1676, s avant 1753.
Marie-Marguerite-Françoise, b⁴ 15 sept. 1701. —Joseph, b⁴ 24 janvier 1703, m⁴ 3 février 1728, à Marguerite GUÉRIN.—Marie-Catherine, b⁴ 1er déc. 1704; m⁴ 29 janvier 1725, à Jean-Baptiste GUÉRIN.—Pierre, b⁴ 1er janvier 1707; m⁴ 28 oct. 1734, à Suzanne BARETTE. —Suzanne-Françoise, b⁴ 8 mars 1709, m⁴ 10 juin 1731, à Pierre SENÉCAL.— Anne-Catherine, b⁴ 2 avril 1711; m⁴ 12 janvier 1733, à Antoine SENÉCAL.—Laurent, b 1713; 1° m⁴ 17 février 1738, à Marie-Joseph SENÉCAL; 2° m⁴ 19 février 1753, à Marie-Anne BOURDON.

I.—BOURDEAU (3), ISAAC,
  b 1658; s 26 février 1755, à Chambly.⁴
COULON, Marie-Françoise,
  s⁴ 4 sept. 1758.
Marie-Françoise, b 1716; m⁴ 1er juillet 1748, à François LOUPE-ROCHELET; s⁴ 23 oct. 1756.

1719, (24 avril) Laprairie.⁴
II.—BOURDEAU (4), PIERRE,   [PIERRE I.
  b 1694.
LEVITRE, Marie-Anne,   [GUILLAUME II.
  b 1699, s avant 1768.
Pierre-Jean, b⁴ 27 janvier 1720; m 27 sept. 1751, à Elisabeth BRAULT, à Lachine.—

---

(1) Dit Laserte.
(2) Et Bordeau, vol. I, p. 67.
(3) Dit Leroux.
(4) Et Bordeau.

Marie-Catherine, b⁴ 2 nov. 1721. —Marie-Anne, b⁴ 30 nov. 1723; m 29 janvier 1748, à Jean-François GUILLOT, à Québec.—Marie-Françoise, b⁴ 1er déc. 1725.— Véronique, b⁴ 25 août 1727; m⁴ 11 nov. 1754, à Joseph POMINVILLE. — Jean-Baptiste, b⁴ 17 juin 1729.— Joseph, b⁴ 12 sept. 1730; m 14 avril 1760, à Louise CLERMONT, au Détroit.—Marie-Joseph-Pélagie, b⁴ 11 mai 1732. —François-Basile, b⁴ 1er juin 1734.—Marie-Angélique, b⁴ 21 juin 1736, m⁴ 19 janvier 1756, à François LEBER. — Marie-Michelle, b⁴ 12 juin et s⁴ 26 déc. 1739. — Jean, b... 1° m... 2° m 7 nov. 1768, à Marie-Brigitte COUTURE, à St-Constant.

1724, (6 nov.) Laprairie.⁴
II.—BOURDEAU, DOMINIQUE,   [PIERRE I.
  b 1699; s avant 1759.
PERRAS, Madeleine,   [JEAN II.
  b 1707.
Marie-Marguerite, b⁴ 20 août 1725.—Dominique, b⁴ 13 août 1726; m 15 nov. 1751, à Barbe GERVAIS, à Longueuil. — Marie-Catherine, b⁴ 11 mars 1728.— Jean-Marie, b⁴ 30 sept. 1729.— Marguerite, b⁴ 15 mars 1731. — Pierre, b⁴ 1er juillet 1732. — Marie-Joseph, b⁴ 8 mars 1734; m 1761, à André BERNIER.—Marie-Louise, b⁴ 15 février 1736; m⁴ 29 janvier 1759, à Ange CUSSON. — Marie-Anne, b⁴ 5 oct. 1737.— André, b⁴ 1er mars 1739; m 18 février 1765, à Marie-Joseph LEMIEUX, à St-Philippe.—Marie-Suzanne, b⁴ 29 avril 1742.

1728, (3 février) Laprairie.⁶
II.—BOURDEAU, JOSEPH,   [PIERRE I.
  b 1703; s avant 1761.
GUÉRIN-LAFONTAINE, Marguerite,   [CLAUDE I.
  b 1703, s avant 1761.
Joseph, b⁶ 27 oct. 1728.—Pierre, b⁶ 6 janvier 1730; m⁶ 20 juin 1761, à Félicité PACQUELIN.—Marguerite, b⁶ 19 sept. 1731; m⁶ 5 février 1753, à Pascal PINSONNEAU.—Catherine-Amable, b⁶ 13 avril 1733.— Marie-Amable, b⁶ 20 février 1735, s⁶ 18 avril 1740.—Laurent, b⁶ 7 janvier 1737.— Jacques, b⁶ 15 mars 1739; m⁶ 13 janvier 1761, à Jeanne PACQUELIN.—Marie-Louise, b⁶ 28 mars 1741; m⁶ 6 août 1764, à Joseph LEMIEUX, à St-Philippe.—Louis, b⁶ 17 mai 1743. — Catherine-Véronique, b⁶ 12 déc. 1744; m 6 juillet 1761, à Simon CAMPEAU, à Montréal.

1734, (28 oct.) Laprairie.⁴
II.—BOURDEAU, PIERRE,   [PIERRE I.
  b 1707.
BARETTE, Suzanne,   [GUILLAUME II.
  b 1712.
Marie-Félicité, b... m⁴ 21 sept. 1760, à Louis ROBIDOU. — Pierre-Amable, b⁴ 25 mai 1736. — Marie-Elisabeth, b⁴ 6 nov. 1737. — Marie-Veronique, b⁴ 8 février 1739.— Marie-Félicité, b⁴ 2 mai et s⁴ 21 sept. 1741. — Marie-Jeanne, b⁴ 18 sept. 1742.—Augustin, b⁴ 29 août 1744.

1738, (17 février) Laprairie.⁴
II.—BOURDEAU, LAURENT,   [PIERRE I.
  b 1713.
  1° SENÉCAL, Marie-Joseph,   [PIERRE III.
    b 1719.

Laurent, b ⁴ 2 nov. 1738 ; m 22 sept. 1760, à Marie-Joseph MAUBLOT, à St-Philippe. ⁵— *Pierre-Marie*, b ⁴ 23 juillet 1740 ; s ⁴ 26 oct. 1742. — *Paul-Toussaint*, b ⁴ 25 oct. 1741. — *Antoine-Amable*, b ⁴ 28 déc. 1742 ; s ⁴ 24 mai 1743. — *Marie-Joseph*, b ⁴ 15 mai 1744.—*Joseph*, b... m ⁵ 6 fevrier 1769, à Marguerite ROBERT.

1753, (19 février). ⁴
2º BOURDON, Marie-Anne,   [PIERRE II.
  b 1714 ; veuve de Pierre Boyer.

1751, (27 sept.) Lachine.
III.—BOURDEAU, PIERRE,   [PIERRE II.
  b 1720.
BRAULT, Elisabeth-Amable,   [JOSEPH III.
  b 1728.

1751, (15 nov.) Longueuil.
III.—BOURDEAU, DOMINIQUE, [DOMINIQUE II.
  b 1726.
GERVAIS, Barbe,   [MATHIEU II.
  b 1730.
Marie-Barbe, b 11 février et s 27 août 1753, à St-Constant. ⁵ — *Dominique*, b ⁵ 29 mai 1754.— *Marie-Barbe*, b ⁵ 26 mars 1756.

1759, (20 oct.) Charlesbourg. ²
I.—BOURDEAU, JEAN, fils de Paul et de Marie Coursenais, de St-Nicolas de Paris.
ROY-AUDY, Marguerite.   [JEAN-BTE III.
Anonyme, b ² et s ² 27 août 1760.

1760, (14 avril) Détroit. ¹
III.—BOURDEAU (1), JOSEPH,   [PIERRE II.
  b 1730 ; s avant 1793.
CLERMONT (2), Marie-Louise,   [LOUIS II.
  b 1745.
Geneviève, b 1763 ; m¹ 30 mars 1785, à Amable COSME.—*Etienne*, b... s¹ 21 nov. 1764. — *Marie-Joseph*, b... m¹ 21 oct. 1782, à Pierre SOLO.— *Louis*, b ¹ 16 avril 1771.—*Catherine*, b ¹ 1ᵉʳ janvier 1773 ; m ¹ 28 janvier 1793, à Augustin LAFOY.—*Sylvie*, b ¹ 26 nov. 1774.—*Angélique*, b ¹ 13 juillet 1776 ; m ¹ 25 nov. 1793, à Angéline-François GUAY.—*Joseph*, b ¹ 6 avril et s ¹ 15 mai 1778.—*Antoine*, b ¹ 20 et s ¹ 21 mai 1779.—*Geneviève*, b ¹ 17 sept. 1781.—*Jean-Marie*, b ¹ 16 janvier 1783.—*Alexis*, b ¹ 16 janvier 1784. — *Geneviève*, b... m ¹ 30 mars 1785, à Amable ST-CÔME.—*Joseph*, b... m ¹ 16 janvier 1792, à Agathe RÉAUME.—*Julie*, b... m ¹ 25 nov. 1793, à Gabriel BISSONNET.

1760, (22 sept.) St-Philippe.
III.—BOURDEAU, LAURENT,   [LAURENT II.
  b 1738.
MAUBLOT, Marie-Joseph,   [PIERRE I.
  b 1739.
Laurent, b 19 août 1761, à St-Constant.

1761, (13 janvier) Laprairie.
III.—BOURDEAU, JACQUES,   [JOSEPH II.
  b 1739.
PACQUELIN, Jeanne-Clotilde.   [JEAN I.

1761, (20 juin) Laprairie.
III.—BOURDEAU, PIERRE,   [JOSEPH II.
  b 1730.
PACQUELIN, Félicité.   [JEAN I.

III.—BOURDEAU, JEAN.   [PIERRE II.
1º ....
    1768, (7 nov.) St-Constant.
2º COUTURE, Marie-Brigitte.   [ALEXIS.

1765, (18 février) St-Philippe.
III.—BOURDEAU, ANDRÉ, [DOMINIQUE-ANDRÉ II.
  b 1739.
LEMIEUX, Marie-Joseph,   [JACQUES III.
  b 1740.
André, b 1766 ; s 17 juin 1767, à St-Constant.

1769, (6 février) St-Philippe.
III.—BOURDEAU, JOSEPH.   [LAURENT II.
ROBERT, Marguerite.   [FRANÇOIS IV.

1792, (16 janvier) Détroit.
IV.—BOURDEAU (1), JOSEPH.   [JOSEPH III.
RÉAUME, Agathe,   [JEAN-BTE IV.
  b 1769.

I.—BOURDELAIS-COURIER (2), RAYMOND,
  b 1647 ; s 29 juin 1722, à Champlain. ²
DUMONT, Barbe,
  b 1642 ; s ² 14 juin 1722.

BOURDELAIS.—Voy. BRANE.

1714, (17 avril) Québec. ¹
I.—BOURDET, NICOLAS, b 1682 ; soldat de la compagnie du chevalier de Beaucour ; fils d'Alexandre et de Madeleine Michelle, de St-Sauveur, Rouen.
1º JACOTI, Marie-Anne,   [JEAN I.
  b 1694 ; s 5 mars 1727, à Montréal. ²
Marie-Madeleine, b ¹ 23 janvier 1715.— *Marie-Anne*, b ¹ 21 janvier 1717 ; m à Louis NEPVEU.— *Marie-Louise*, b ² 24 nov. et s ² 3 dec. 1718.— *Angélique*, b ² 19 janvier 1722 ; m ² 8 janvier 1757, à Pierre FAURE.—*Marie-Joseph*, b ² 13 sept. et s ² 2 nov. 1723.—*Anonyme*, b ² et s ² 10 avril 1725. — *Nicolas-Amable*, b ² 7 février 1727. — *Marie-Anne*, b ² 5 mars 1727.

1727, (7 août). ³
2º BON (3), Françoise,   [PIERRE I.
  b 1679 ; veuve de Jean-Baptiste Augier ; s 6 mars 1749, au Sault-au-Récollet.

---

(1) Dit L'Ile Ronde.
(2) Il était à Champlain en 1717.
(3) Dit Lacombe.

---

(1) Dit l'Ile-Ronde, habitant de la Côte Nord-Est.
(2) Et Dubord.

II.—BOURDET, Joseph, [Nicolas I.
cultivateur.
Leprince, Marie. [Nicolas I.
Joseph, b 1709; s 10 janvier 1772, au Detroit.

1749, (21 avril) Montréal.

I.—BOURDIGAL (1), François, b 1714; fils de François et de Marie Turcot, de St-Vivien, diocèse de Xaintes.
Nolet, Marie-Catherine, [Louis-François II. b 1720.

BOURDON.—Voy. Content.

BOURDON (2), Jean.

BOURDON, Marie-Anne, épouse de Jean-Baptiste Roy.

BOURDON, Anne, épouse de Raymond Lamontagne.

BOURDON, Madeleine, epouse de Jean-Baptiste Lapierre.

BOURDON, Marguerite, épouse de François Desmarais.

1672, (8 février) Boucherville.[7]

I.—BOURDON, Jacques,
b 1650; s [7] 7 août 1724.
Ménard, Marie, [Jacques I.
b 1658; s [7] 2 juillet 1726.
Marie, b [7] 11 août 1675; 1° m [7] 30 mai 1695, à Jean Cadieux; 2° m 26 mai 1710, à Antoine Quenneville, à Longueuil.[8] — *Jeanne*, b 1679.— *Jacques*, b [7] 18 février 1680; s 29 juin 1723, à Kaskakia.— *Pierre*, b [7] 9 avril 1682; m 15 janvier 1711, à Marie-Anne Gouyou, à Laprairie.—*César-Marin*, b [7] 13 mai 1686; m [7] 23 dec. 1709, à Anne Charles; s [8] 18 février 1719.— *Ignace*, b [7] 10 mai 1688; 1° m [s] 13 avril 1711, à Jeanne Charles; 2° m 31 janvier 1729, à Madeleine Quenneville, à Lachine; 3° m 15 mai 1746, à Madeleine Barette, au Cap-de-la-Madeleine; s 8 dec. 1755, à Lanoraie.—*Angélique*, b [7] 18 mars 1693, m [7] 14 août 1719, à François Bilaud. — *Marguerite*, b [7] 3 juin 1695, 1° m [7] 27 avril 1716, à François Prevost; 2° m [s] 19 juin 1724, à Michel Darragon.— *Joseph-François*, b [7] 29 janvier 1697; m 28 nov. 1719, à Jeanne Blau, à Montreal. — *Marie-Anne*, b [7] 23 oct. 1698; m [7] 29 oct. 1715, à Jean-Baptiste Charles.—*Charlotte*, b [7] 3 avril 1701; m [7] 17 février 1721, à Antoine Robert.

II.—BOURDON, Jacques (3), [Jacques I.
b 1680; s 29 juin 1723, à Kaskakia.

---

(1) Dit St-Onge, soldat de la compagnie de Marin.
(2) Romainville. Régistre du Conseil Souverain, 19 oct. 1663.
(3) Capitaine de milice. Il était à Kaskakia, le 26 juillet 1704 et le 11 février 1717.

1709, (23 déc.) Boucherville.

II.—BOURDON, César-Marin, [Jacques I.
b 1684; s 18 février 1719, à Longueuil.
Charles (1), Anne, [Etienne I.
b 1691.
Marin, b 1710; s 3 juin 1722, à Montréal.[1]— *Marie-Anne*, b 2 janvier 1712, à St-François, I. J.[2]; m à Michel Jubinville. — *Elisabeth*, b [2] 14 mai 1713; m [1] 21 avril 1732, à Joseph Martin.— *François*, b [2] 17 déc. 1714.— *Agnès*, b [2] 9 août 1716. — *Joseph*, b [1] 22 mars 1718; 1° m à Marie Parant; 2° m 20 nov. 1752, à Marie Chomelier, à Ste-Geneviève, M.

1711, (5 janvier) Laprairie.[4]

II.—BOURDON, Pierre, [Jacques I.
b 1681; s 7 juin 1740, à Longueuil.[6]
Gouyou, Marie-Anne (2), [Guillaume I.
b 1691.
Pierre, b [6] 12 dec. 1711, m 10 janvier 1735, à Isabelle Louvois, à Boucherville.—*Joseph-Marie*, b [6] 16 mars et s [6] 23 mai 1713.—*Marie-Anne*, b [6] 19 dec. 1714; 1° m [6] 14 juillet 1738, à Pierre Boyer; 2° m [4] 19 février 1753, à Laurent Bourdeau.— *Marie-Joseph*, b [6] 29 juillet et s [6] 14 août 1716.—*Michel*, b [6] 12 février et s [6] 19 juin 1718. —*Jean-Baptiste*, b [6] 29 juillet et s [6] 16 nov. 1719. —*Elisabeth*, b [6] 3 mars 1721; m [6] 26 mai 1740, à Vincent Aymart. — *Marie-Madeleine*, b [6] 23 juin et s [6] 10 juillet 1722. — *Joseph*, b... m [6] 26 sept. 1722, à Marie Bourdeau.—*Marie-Charlotte*, b [6] 3 juin 1724; m [6] 6 février 1741, à Jean-Baptiste DeLière —*Antoine*, b [6] 18 mars et s [6] 3 sept. 1726.—*Antoine*, b [6] 24 août et s [6] 3 sept. 1727.—*Augustin*, b [6] 6 sept. 1729; m [4] 28 janvier 1754, à Marie-Thérèse Gervais.—*Angélique*, b [6] 15 mars 1731; s [6] 14 nov. 1749.

1711, (13 avril) Longueuil.[1]

II.—BOURDON, Ignace, [Jacques I.
b 1688, s 8 dec. 1755, à Lanoraie.[2]
1° Charles (3), Jeanne, [Etienne I.
b 1693.
Michel, b 9 nov. 1711, à St-François, I. J.[3], 1° m à Thérèse Vignaux, 2° m 30 juin 1744, à Marie Coussy, à Sorel. — *Jean-Baptiste*, b [3] 12 février 1713; m 9 nov. 1732, à Thérèse Triolet, à Lavaltrie[4]; s [4] 19 mai 1745. — *Geneviève*, b 1715, m à Pierre Dutaut, à l'Ile-Dupas. —*Charlotte*, b [1] 5 nov. 1716.— *Antoine*, b [1] 23 juin 1718.—*Joseph-Marie*, b [1] 6 dec. 1719; s [1] juillet 1720.—*Marie-Joseph*, b 16 sept. 1725, à St-Ours.

1729, (31 janvier) Lachine.
2° Quenneville, Madeleine, [Jean II. b 1712.
Madeleine, b... m [4] 17 février 1749, à Jean-Baptiste Merçan. — *Marie-Thérèse*, b... m [4] 14 avril 1760, à Jean-Marie Cherby.—*Jean-Baptiste*, b [2] 1er dec. 1737.—*Gabriel*, b [4] 7 février et s [4] 5 avril 1745.

---

(1) Dit Lajeunesse. Elle épouse, le 28 février 1720, Charles Sureau, à Montréal.
(2) Et Gouyau.
(3) Dit Lajeunesse.

1746, (15 mai) Cap-de-la-Madeleine.
3° BARETTE, Madeleine. [ADRIEN II.

1719, (28 nov.) Montréal. ³
II.—BOURDON, JOSEPH-FRANÇOIS, [JACQUES I.
b 1697.
BLAU, Jeanne, [FRANÇOIS I.
b 1692.
Marie-Joseph, b 30 août 1720, à Boucherville⁴ ; s ³ 11 juin 1722. — François, b 1721 ; m 1742, à Marie-Charlotte FORTIER ; s avant 1765. —Marie-Catherine, b ⁴ 2 mai 1722 ; m ⁴ 5 février 1742, à Jean-Baptiste CHARON. — Joseph, b ⁴ 2 août 1724 ; 1° m 19 février 1748, à Pelagie CHARON, à Longueuil ; 2° m ⁴ 12 août 1771, à Judith CHOQUET. — Madeleine, b ⁴ 4 mai 1726 ; m ⁴ 17 février 1749, à Joseph ROBERT. — Marie-Louise, b... m ⁴ 15 février 1751, à Nicolas GÉLINEAU.— Marie-Anne, b... m ⁴ 9 janvier 1758, à Joachim BENOIT. — François, b... m ⁴ 22 janvier 1759, à Marie GAUTIER.

1722, (26 sept.) Longueuil. ⁴
III.—BOURDON (1), JOSEPH. [PIERRE II.
BOURDEAU, Marie. [JEAN I.
Catherine, b... m 22 février 1735, à Jean SABOURIN, à Boucherville.—Antoine, b... m ⁴ 25 janvier 1751, à Marie GÉLINEAU.—Marie-Françoise, b ⁴ 30 nov. 1724.—Charles (posthume), b 5 et s 17 oct. 1735, à Quebec.

III.—BOURDON, MICHEL, [IGNACE II.
b 1711.
1° VIGNAUX, Thérèse, [FRANÇOIS I.
b 1710.
François, b... m 16 oct. 1752, à Marguerite LAPORTE, à Lavaltrie.¹ — Thérèse, b... m ¹ 7 janvier 1754, à Jean-Baptiste GENDRON.—Madeleine, b... m ¹ 9 avril 1755, à Joseph GUINARD.— Marie-Joseph, b... m ¹ 7 janvier 1758, à Jean DUCONDU.—Marc-Antoine, b... m 1752, à Marie-Joseph VIGNAUX.
1744, (30 juin) Sorel.
2° COUSSY (2), Marie. [JEAN-BTE II.
Michel, b ¹ 10 avril et s ¹ 4 juillet 1749.— Marie-Anne, b ¹ 28 juin 1750.—Michel, b... s ¹ 25 août 1748. — Michel, b ¹ 12 avril 1752. — Marie-Monique, b ¹ 18 juillet 1754.— Marie, b... s ¹ 30 juin 1755.—Pierre, b ¹ 29 mars 1756, s ¹ 27 mars 1757.—Joseph, b ¹ 18 sept. 1757 ; s ¹ 13 avril 1759.—Marie-Louise, b ¹ 11 nov. 1758 ; s ¹ 13 avril 1759. — François, b ¹ 7 janvier 1760.

1732, (9 nov.) Lavaltrie. ²
III.—BOURDON, JEAN-BTE, [IGNACE II.
b 1713 ; s ² 19 mai 1745.
TRIOLET, Thérèse. [JACQUES I.

1735, (10 janvier) Boucherville.
III.—BOURDON (3), PIERRE, [PIERRE II.
b 1711.
LOUVOIS, Isabelle. [JACQUES I.

(1) Dit Sauvage.
(2) Dit Lafleur.
(3) Et Bourbon.

Marie-Elisabeth, b 8 février 1736, à Longueuil⁵ ; m ⁵ 28 janvier 1754, à Antoine BOYER.—Pierre, b ³ 9 sept. 1739 ; s ³ 23 mars 1740.—Jean-Baptiste, b ³ 22 janvier 1741 ; m 11 janvier 1762, à Louise LECAVELIER, à Montreal.—Charles, b ³ 10 mars 1743 ; s ³ 29 août 1763.—Pierre, b ³ 14 oct. 1749. —Ambroise, b ³ 2 mars et s ³ 29 août 1751.— Ambroise, b ³ 13 août 1752.—Marie-Anne, b... s ³ 24 mars 1742.—Marie-Anne, b ³ 26 oct. 1754.

I.—BOURDON, JEAN-BTE.
QUENNEVILLE, Charlotte.
Marie-Joseph, b 7 nov. 1742, à Lavaltrie. ⁴ — Marie-Angélique, b ⁴ 23 et s ⁴ 31 janvier 1744. — Marie-Judith, b ⁴ 14 mars 1745.—Marie-Charlotte, b... m ⁴ 16 janvier 1758, à François FISET.

1742.
III.—BOURDON, FRANÇOIS, [JOS.-FRS II.
b 1721, s avant 1765.
FORTIER, Charlotte,
s avant 1765.
Jean, b... m 20 mai 1765, à Françoise HUBERT, à Lachine.

1748, (19 février) Longueuil.
III.—BOURDON, JOSEPH, [JOSEPH-FRS II.
b 1724.
1° CHARON, Pélagie [NICOLAS II.
b 1728.
Joseph, b... m 28 sept. 1772, à Marie-Joseph PREVOST, à Varennes —Marie-Joseph, b... m 23 nov. 1772, à Etienne LUSSIER, à Boucherville. ⁵ 1771, (12 août). ⁵
2° CHOQUET, Judith, [JACQUES III.
veuve d'André Ménard.

BOURDON, MICHEL,
s avant 1778.
MEUNIER, Brigitte,
b 1728, s 21 mars 1778, à Repentigny.

III.—BOURDON, JOSEPH, [CÉSAR-MARIN II.
b 1718.
1° PARANT, Marie-Joseph.
François, b 27 août 1750, à Ste-Geneviève, M.⁵ ; s ³ 7 avril 1753.
1752, (20 nov.) ³
2° CHOMELIER (1), Marie, [FRANÇOIS I.
b 1718, veuve de Jean-Baptiste Boisson.
Anonyme, b ³ et s ³ 21 sept. 1755.—François-Xavier, b ³ 14 juin 1756.

1751, (25 janvier) Longueuil.
IV.—BOURDON, ANTOINE. [JOSEPH III.
GÉLINEAU, Marie. [DANIEL II

1752.
IV.—BOURDON, MARC-ANT. [MICHEL III.
VIGNAUX, Marie-Joseph [FRANÇOIS I.
Marie-Joseph, b 16 mai 1753, à Lavaltrie ³ ; s ³ 3 février 1759. — François, b ³ 25 sept. 1754.— Marie-Agathe, b 22 février 1756, à Contrecœur ; m 1778, à Jean CHAUSSÉ-LEMAINE. — Marie-Toussaint, b ³ 1ᵉʳ nov. 1760.

(1) Voy. Chomedey.

1752, (16 oct.) Lavaltrie.
IV.—BOURDON, François. [Michel III.
  Laporte, Marguerite. [Pierre.
  François, b 1758; s 7 janvier 1759, à Lanoraie.
  —Marie-Louise, b et s 17 sept. 1777, à Repentigny.

BOURDON, Jacques.
  Bossé, Thérèse.
  Marie-Thérèse, b 15 juin 1753, à Québec.

1754, (28 janvier) Laprairie.
III.—BOURDON, Augustin, [Pierre II.
  b 1729.
  Gervais, Marie-Thérèse, [Jean-Bte.
  b 1735.
  Marie-Anne, b 1755; s 26 janvier 1760, à St-Philippe.³—*Marie-Thérèse*, b 1757; s³ 16 février 1760.—*Antoine*, b³ 17 sept. 1758.—*Marie-Anne-Amable*, b 12 déc. 1760, à St-Constant.⁴—*Marie-Catherine*, b⁴ 1ᵉʳ dec. 1761; s³ 4 juin 1762.—*Marie-Françoise*, b³ 5 déc. 1762.—*Jean-Baptiste*, b³ 13 février 1764.

1759, (22 janvier) Boucherville.
III.—BOURDON, François. [Joseph-Frs II.
  Gautier, Marie. [Joseph II.

1762, (11 janvier) Montréal.
IV.—BOURDON, Jean-Bte. [Pierre III.
  LeCavelier, Louise, [Jacques
  b 1737.

1765, (20 mai) Lachine.
IV.—BOURDON, Jean. [François III.
  Hubert, Françoise. [Pierre.

1772, (28 sept.) Varennes.
IV.—BOURDON, Joseph, [Joseph III.
  Prevost, Marie-Joseph. [Joseph.

BOURDON, Antoine.
  Morin, Marie.
  Louis, b et s 26 juin **1779**, à Repentigny.

1689, (2 juin) Laprairie.
I.—BOURDRIA (1), Antoine,
  b 1650; s 21 janvier 1730, à Montréal.¹
  Plumereau, Jeanne, [Julien I.
  Marie-Anne, b 13 février 1700, à Lachine²; m¹ 12 janvier 1722, à Louis Cavelier; s¹ 20 mai 1722.—*Antoine*, b² 26 mars 1702, m 4 avril 1731, à Marie-Anne Bouchard. — *Marie-Jeanne*, b² 2 juillet 1705; m¹ 2 mai 1729, à Simon Lecavelier —*Claude*, b² 21 février 1707, 1° m¹ 22 juillet 1754, à Elisabeth Sarazin, 2° m¹ 17 avril 1763, à Marie-Anne Lemieux. — *Marie-Joseph*, b² 13 juillet 1711; m¹ 3 août 1739, à Joseph Bouchard.

1720, (8 janvier) Montréal.¹
II.—BOURDRIA (1), François, [Antoine I.
  b 1695.
  Gateau, Louise, [Jean II.
  b 1700; s¹ 6 sept. 1727.

Marie-Joseph, b 1720; m² 25 juin 1743, à Paul Lécuyer.—*Marie-Anne*, b¹ 10 août 1725; m¹ 6 juin 1746, à Jean-Baptiste Bouchard.—*Anonyme*, b¹ et s¹ 3 sept. 1727.

1731, (4 avril) Montréal. ⁹
II.—BOURDRIA, Antoine, [Antoine I.
  b 1702.
  Bouchard, Marie-Anne, [René I.
  b 1706.
  Marie-Anne, b 1732; m⁹ 8 janvier 1752, à Joseph Beaulieu.—*Louis*, b 1735; m⁹ 7 janvier 1758, à Jeanne Sarazin. — *Joseph*, b⁹ 9 juillet 1736.—*Madeleine-Amable*, b⁹ 6 avril 1738, m⁹ 4 oct. 1756, à Pierre Jolive.—*Jean-Baptiste*, b⁹ 10 juin et s⁹ 23 août 1739. — *Jean-Baptiste*, b⁹ 4 août 1740; m⁹ 11 oct. 1762, à Marie-Anne Martin.—*Claude*, b⁹ 8 oct. 1742; s⁹ 18 nov. 1743.—*Marie-Marguerite*, b⁹ 20 nov. 1743.—*François*, b⁹ 16 mars et s⁹ 2 avril 1745. — *Marie*, b⁹ 16 avril et s⁹ 28 juillet 1747.—*Antoine*, b...

1754, (22 juillet) Montréal. ³
II.—BOURDRIA (1), Claude, [Antoine I
  b 1707.
  1° Sarazin, Elisabeth-Frse, [Thomas III.
  b 1730.
  1763, (17 avril). ³
  2° Lemieux, Marie-Anne-Félicité, [Louis III.
  b 1739.

1758, (7 janvier) Montréal.
III.—BOURDRIA, Louis, [Antoine II.
  b 1735.
  Sarazin, Jeanne, [Thomas III.
  b 1734.

1761, (18 mai) Varennes.
I.—BOURDRIA, François, fils de Jacques et de Marie Varita, de Genay, diocèse de Lyon.
  Lebrodeur, Marie-Anne, [Jean-Marie II.
  b 1728.

1762, (11 oct.) Montréal.
III.—BOURDRIA (1), Jean-Bte, [Antoine II.
  b 1740.
  Martin (2), Marie-Anne, [Jean-Bte II
  b 1744.

1673.
I.—BOURÉ (3), Gilles,
  b 1642; s 9 février 1726, à Charlesbourg. ⁴
  Bellehache, Marie,
  b 1652; s⁴ 8 déc. 1718.
  Marie-Anne-Michelle, b 12 déc. 1674, à Quebec⁵; m⁴ 18 mai 1692, à Ignace Leroux, s⁴ 13 août 1735. — *Jeanne*, b⁵ 9 mars 1678, 1° m⁴ 13 août 1693, à André Bernier; 2° m⁵ 5 sept. 1735, à Simon Lange. — *Catherine*, b⁴ 31 mars 1686, 1° m⁴ 16 avril 1703, à Jean Girard, 2° m 7

(1) Et Baudrias.
(2) Dit Versailles.
(3) Dit Lépine Vol. I, p. 78.

janvier 1728, à Pierre GERMAIN, à Lorette. — *Antoinette*, b ⁴ 15 sept. 1692; 1° m ⁴ 9 fevrier 1711, à Jean LAURENT ; 2° m ⁵ 25 janvier 1734, à Joseph GAUDREAU.

1705, (26 oct.) Charlesbourg. ³
II.—BOURÉ, FRANÇOIS-GILLES,   [GILLES I.
  b 1683.
  1° PARADIS, Anne,   [JEAN II.
    b 1682; s ³ 24 déc. 1707.
  François, b ³ 27 juillet 1706; m 23 nov. 1727, à Marie BERGEVIN, à Beauport; s 6 nov. 1759, à Québec. ²
    1709, (11 février). ³
  2° PROTEAU, Suzanne,   [ETIENNE I.
    b 1688; s ² 13 juin 1753.
  Bernard, b ³ 11 avril 1711 ; s ³ 10 mai 1731.— *Henri*, b ³ 18 dec. 1712, m ³ 15 nov. 1734, à Madeleine-Louise CHALIFOUR.—*Louis-Joseph*, b ³ 9 et s ³ 19 juillet 1714.—*Marie*, b ³ 19 sept. 1715 ; m ³ 1ᵉʳ mars 1734, à Pierre SAVARD. — *Marie-Charlotte*, b ³ 8 mars et s ³ 22 avril 1717. — *Françoise-Madeleine*, b ³ 26 mars et s ³ 19 avril 1718.—*Marie*, b ³ 28 mai et s ³ 25 juin 1719.— *Marie-Angélique*, b ³ 18 juillet 1720, m ³ 20 juillet 1739, à Pierre SAVARD.—*Nicolas*, b ³ 20 et s ³ 28 nov. 1722. — *Suzanne-Therèse*, b ³ 16 juillet 1727; s ³ 15 août 1729.—*Barbe*, b... m ³ 28 sept. 1730, à François BOILARD.

1727, (23 nov.) Beauport.
III.—BOURÉ, FRANÇOIS,   [FRANÇOIS II
  b 1706, s 6 nov. 1759, à Québec. ³
  BERGEVIN (1), Marie-Marguerite.   [LOUIS II
  Marie-Marguerite, b 7 oct. 1729, à Charlesbourg ⁷ ; m ⁸ 16 août 1757, à Charles LOISEL.— *François*, b ⁷ 12 juin 1731; s ⁷ 13 sept. 1755.— *Marie-Barbe*, b ⁷ 18 juin 1733 ; m ⁷ 15 fevrier 1751, à Pierre GIRARD.—*Marie-Françoise*, b ⁷ 26 sept. 1735 ; m ⁷ 26 fevrier 1753, à Jean-Baptiste CHRÉTIEN.—*Marie-Louise*, b ⁷ 26 mai 1737 , m ⁷ 25 mai 1761, à Louis LEMALLE. — *Louis*, b ⁷ 20 août 1739; m 19 oct. 1764, à Therèse BOILARD, à Beaumont.—*Joseph*, b ⁷ 13 août 1742. — *Marie-Catherine*, b ⁷ 24 mars 1744.—*Marie-Joseph*, b... s ⁷ 26 sept. 1747.—*Marie-Angélique*, b ⁷ 22 mai 1752.

1734, (15 nov.) Charlesbourg. ⁷
III.—BOURÉ, HENRI,   [FRANÇOIS II
  b 1712.
  CHALIFOUR, Madeleine-Louise,   [PIERRE II.
  b 1714.
  François, b ⁷ 10 août 1735 ; m 1764, à Louise BLONDEAU.—*Paul*, b ⁷ 19 oct. 1736 —*Marie-Anne*, b ⁷ 20 sept. 1739 —*Marie-Jeanne*, b ⁷ 6 fevrier 1741 —*Angélique*, b ⁷ 13 dec. 1742.—*Prisque*, b ⁷ 14 oct. 1744. — *Henri*, b ⁷ 5 fevrier 1746. — *Marie-Françoise*, b ⁷ 19 janvier 1748, m ⁷ 31 août 1761, à Claude BOILARD; s 3 mars 1815, à Beaumont. —*Joseph-Basile*, b ⁷ 12 nov. 1749 —*Agathe*, b ⁷ 21 mai 1751.—*Alexis*, b ⁷ 19 dec. 1752.—*Augustin*, b ⁷ 1ᵉʳ oct. 1754.—*Jean-Baptiste*, b ⁷ 18 mai 1757.

(1) Dit Tessier.

IV.—BOURÉ, FRANÇOIS,   [HENRI III.
  b 1735.
  BLONDEAU, Louise,   [FRANÇOIS III.
  b 1741.
  Henri, b .. m 7 juin 1791, à Elisabeth ROY-AUDY, à Quebec.

1761, (19 oct.) Beaumont.
IV.—BOURÉ, LOUIS,   [FRANÇOIS III.
  b 1739.
  BOILARD, Marie-Therèse,   [MATHURIN II.
  b 1743.
  Joseph, b... m vers 1794, à Angélique LEMAITRE-BELLENOIX, à la Rivière-du-Loup.—*Marie-Thérèse*, b 21 juillet et s 25 sept. 1763, à Charlesbourg.

1791, (7 juin) Québec.
V.—BOURÉ, HENRI.   [FRANÇOIS IV.
  ROY-AUDY, Elisabeth.   [PIERRE.

1794, Rivière-du-Loup. ⁷
V —BOURÉ, JOSEPH.   [LOUIS IV.
  LEMAITRE (1), Angelique.
  Tharsile, b ⁷ 1800. — *Joseph* (2), b ⁷ 10 juin 1802; 1° m ⁷ à Emilie PELLETIER; 2° m 16 oct. 1839, à Stephanie BEDARD, à Montreal ⁸, s ⁸ 8 mars 1859.—*Alexis*, b ⁷ 17 juillet 1813 , ordonné le 23 sept. 1837.—*Antoine*, b ⁷, m à Tharsile CARON (3).—*Henriette*, b ⁷.—*Emilie*, b ⁷; m ⁷ 27 nov. 1875, à Moise CARON —*Sophie*, b ⁷; m à François-Xavier RIVARD (4).

BOURG.—*Variation:* BOUHOURS, 1696.

1696, (26 nov.) Beauport.
I —BOURG (5), ANTOINE,
  b 1660.
  VANDENDAÏQUE, Marie-Anne,   [JOSEPH I.
  b 1680.
  Marie-Anne, b 29 juin 1699, à Charlesbourg ¹ ; 1° m 8 nov. 1717, à François MOREL, à Montréal ² ; 2° m ² 28 janvier 1737, à Claude BLANCHARD; 3° m ² 9 mai 1757, à Edmond PUCELLE.—*Jean-Baptiste*, b ¹ 29 juin 1701 ; m à Angelique BECQUET.—*Marie-Louise*, b ¹ 6 janvier 1704.— *Marie-Angélique*, b ¹ 9 sept. 1705, m 11 nov. 1720, à Pierre PAQUET, à St-Laurent, M.—*Françoise*, b ² 3 dec. 1707.—*Agathe*, b ² 9 fevrier 1710, s ² 9 janvier 1711.—*Marie-Catherine*, b ² 22 juillet 1712, s ² 21 juin 1713. — *François*, b ² 5 août et s ² 30 dec. 1714.

II.— BOURG (5), JEAN-BTE,   [ANTOINE I.
  b 1701 , s avant 1754.
  BECQUET, Angelique,   [FRANÇOIS I.
  b 1701.

(1) Dit Bellenoix.
(2) Ancien maire de Montréal.
(3) Sœur du vicaire-général Thomas Caron.
(4) De la Glanderie.
(5) Dit Bouhours ou Lachapelle.

Marie-Angélique, b 1er nov. 1725, à Montréal³;
m ³ 4 février 1743, à Claude THIERRY.— *Marie-Joseph*, b ³ 6 mars 1727. — *Marie-Angélique*, b ³
27 juillet 1730.— *Pierre*, b ³ 1er sept. 1734; m ³
14 janvier 1754, à Marie-Amable POITRAS.

1754, (14 janvier) Montréal.
III.—BOURG (1), PIERRE,   [JEAN-BTE II.
    b 1734.
    POITRAS, Marie-Amable,   [LOUIS II.
    b 1734.

BOURG, MADELEINE, épouse de Jean PRINCE.

BOURG, GENEVIÈVE, épouse de Louis CONSTANTINEAU.

BOURG, ANNE, épouse de François HÉBERT.

BOURG, FRANÇOISE, épouse de Jean-Baptiste ROULEAU.

BOURG, GENEVIÈVE, épouse de Zacharie GAGNON.

BOURG, ANGÉLIQUE, épouse de Pierre GUERTIN.

I.—BOURG, FRANÇOIS,
    Acadien.
    BELIVEAU, Marie,
    s avant 1764.
    Rosalie, b... m 6 août 1764, à François BERGERON, à Ste-Anne-de-la-Pocatière.

BOURG, MARIE, b... m à François MIGNAU; s 16 oct. 1735, à Quebec.

BOURG, ANNE, Acadienne, b... 1° m à Charles MELANÇON; 2° m 20 nov. 1758, à Charles GAUDREAU, à St-Charles.

BOURG, MARGUERITE, epouse de Pierre MELANÇON.

I —BOURG, MICHEL,
    Acadien
    CORMIER, Marie
    Bénoni, b... 1° m à Marie-Joseph HÉBERT, 2° m 19 nov. 1760, à Felicite BOURGEOIS, à Becancour.

I.—BOURG, JOSEPH,
    Acadien; s avant 1771.
    BLANCHARD, Madeleine,
    s avant 1771.
    Marie-Joseph, b... m 21 janvier 1777, à François TIFAUT, à Batiscan.⁶— *Theotiste*, b... m à Joseph QUESSY.—*Elisabeth*, b... m à Nicolas QUESSY. — *Marguerite*, b... m ⁶ 20 mai 1776, à François LEMAY.

II.—BOURG, BÉNONI.   [MICHEL I.
    1° HEBERT, Marie-Joseph.
       1760, (19 nov.) Bécancour.
    2° BOURGEOIS, Felicite,   [JOSEPH I.
       veuve de Pierre Prince.

(1) Dit Bouhours ou Lachapelle.

I.—BOURG, CLAUDE,
    Acadien.
    GUILBAUT, Marie.
    Marie-Joseph, b 25 sept. 1760, à St-Joachim.⁷ —*Marguerite*, b⁷ 1er janvier 1763.—*Marie-Louise*, b ⁷ 29 août 1765.

I.—BOURG, JACQUES,
    Acadien.
    ......, Marguerite.
    Marie-Françoise, b 9 février 1761, à Bécancour.

I.—BOURG, JOSEPH,
    Acadien.
    GÉLY, Marie-Louise.
    Madeleine, b 1769; s 19 janvier 1793, à Québec.⁸ —*Marie-Louise*, b... m ⁸ 14 oct. 1783, à Alexandre DUVERNY.

I.—BOURG, SIMON,
    Acadien.
    GAUDET, Rosalie.
    Monique, b... m 11 janvier 1796, à Jean-Baptiste BOURGEOIS, à Nicolet.

1775, (13 nov.) St-Joseph, Beauce. ⁹
BOURG, FRANÇOIS,   [ALEXANDRE.
    Acadien.
    DOYON, Marie-Louise.   [CHARLES.
    Marie-Louise, b ⁹ 18 août 1776. — *Marie-Françoise*, b... s ⁹ 24 déc. 1777.—*Jean-François*, b ⁹ 3 mai 1778.

I.—BOURG, JEAN-BTE,
    Acadien.
    MORIN, Marie-Françoise.
    Marie-Françoise, b 17 nov. 1776, à St-Joseph, Beauce. ²— *Geneviève*, b ² 12 nov. 1777.—*Paul-Alexandre*, b ² 3 janvier 1779.

BOURG, JOSEPH,   [ALEXANDRE
    Acadien.
    MORIN, Marie-Félicité.
    Joseph-Marie, b 15 déc. 1776, à St-Joseph, Beauce ⁴; s ⁴ 7 janvier 1777. — *Jean-Alexandre*, b ⁴ 11 janvier et s ⁴ 8 février 1778.—*Louis-Marie*, b ⁴ 13 mai et s ⁴ 3 juin 1779.

I.—BOURG, JOSEPH,
    Acadien, b 1737 ; s 22 juin 1797, à Nicolet. ⁸
    BERGERON, Marie.
    Joseph, b... m ⁸ 15 nov. 1790, à Marguerite PRINCE —*Marie*, b... m ⁸ 1er fevrier 1796, à Jean-Baptiste DESILETS.

I.—BOURG, RAPHAEL,
    Acadien.
    POIRIER, Madeleine.
    Marie, b... m 16 janvier 1797, à Joseph HÉBERT, à Nicolet.

I.—BOURG, FRANÇOIS,
    Acadien.
    PRINCE, Marie,
    s avant 1791.
    Michel, b... m 7 nov. 1791, à Madeleine BRASSARD, à Nicolet.

1790, (15 nov.) Nicolet.
II.—BOURG, Joseph. [Joseph I.
Prince, Marguerite. [Jean.

1791, (7 nov.) Nicolet.
II.—BOURG, Michel. [François I.
Brassard, Madeleine. [Pierre.

BOURGAINVILLE.—Voy. Hérou.

BOURGALANE, Catherine, épouse de Guillaume Vignau.

BOURGAUD, Marie-Joseph, épouse de François Quay.

BOURGAUD, Geneviève, épouse d'Alexandre Chartier.

1698.
I.—BOURGAUD (1), Gilles.
Gazaille, Marie-Marthe, [Jean I.
b 1676.
 Séraphin, b 1699, à Contrecœur² ; m 27 nov. 1724, à Angélique Brunel, à Montréal.—*Louis,* b... m 13 août 1725, à Marie-Anne Meunier, à St-Ours.²—*Catherine,* b² 24 août 1703 ; m à Jacques Brunet. — *Jean-François,* b² 30 août 1705 ; m 6 oct. 1727, à Marguerite Tétrau.—*Marie-Anne,* b² 2 février 1706 ; 1° m³ 9 juillet 1727, à Pierre Chicoine ; 2° m à Louis Beignet. —*Elisabeth,* b... m à Jean-Adrien Ménard.

1724, (27 nov.) Montréal.
II.—BOURGAUD, Séraphin, [Gilles I.
b 1699.
Brunel, Angélique, [Jean I.
b 1704.
 Jacques, b 16 nov. 1725, à St-Ours⁷ ; m⁷ 9 oct. 1752, à Marguerite Alaire.— *Bonaventure,* b⁷ 6 avril 1727 ; m à Marie Varin.—*Angélique,* b... m 9 janvier 1758, à Jacques-Joseph Léonard, à Contrecœur.

1725, (13 août) St-Ours. ⁸
II.—BOURGAUD (2), Louis. [Gilles I.
Meunier, Marie-Anne. [Pierre II.
 Jean-Baptiste, b³ 22 sept. 1726.

1727, (6 oct.) Verchères. ⁶
II.—BOURGAUD, François, [Gilles I.
b 1703.
Tétrau, Marguerite, [Jacques II.
b 1708.
 Marguerite, b⁶ 29 oct. 1728.

BOURGAUD, Angélique, b 1732 ; s 2 janvier 1750, à St-Antoine-de-Chambly.

---
(1) Dit Hubert.
(2) Dit Lacroix.

I.—BOURGAUD, Jean, de St-Malo ; s 11 juin 1739, à Berthier. ³
Bigué, Thérèse-Françoise (1).
 Augustine, b 1733 ; s 5 mars 1734, à Charlesbourg.—*Jean-Baptiste,* b... m³ 14 nov. 1763, à Marie-Madeleine Vermet.—*Marie,* b... m³ 9 oct. 1758, à Antoine Marcou. — *Jean,* b... m 7 avril 1750, à Jeanne Guimond, au Cap-St-Ignace. — *Thérèse* (posthume), b³ 20 sept. 1739.

1750, (7 avril) Cap-St-Ignace. ⁷
II.—BOURGAUD, Jean. [Jean I.
Guimond, Marie-Jeanne, [François III.
b 1732.
 Marie-Jeanne, b 21 août, et s 4 sept. 1751, à Berthier.—*Marie-Madeleine,* b⁷ 20 oct. 1752. s 21 janvier 1777, à St-Jean-Port-Joli. — *Jean-Baptiste,* b⁷ 22 déc. 1753 — *Gilles-François-Marie,* b⁷ 1er sept. 1755.—*Louis-Roch,* b⁷ 22 août 1757.—*Geneviève,* b 23 août 1763, à l'Islet² ; m² 14 oct. 1782, à Levrard Caouette.

1752, (9 oct.) St-Ours. ³
III.—BOURGAUD (2), Jacques, [Séraphin II.
b 1725.
Alaire, Marguerite, [Etienne III.
 Jacques, b³ et s³ 14 juillet 1753.—*Marie-Charlotte,* b³ 25 août 1754. — *Jacques,* b³ 12 sept. 1756.—*Joseph,* b³ 1er juin et s³ 3 juillet 1759.

III.—BOURGAUD (3), Bonav., [Séraphin II.
b 1727.
Varin-Lapistole, Marie, [Nicolas II.
b 1727.
 Jean-Baptiste, b 13 août 1756, à St-Antoine-de-Chambly.

1760, (23 sept.) Montréal.
I.—BOURGAUD, Vincent, b 1735 ; fils de Mathurin et de Périne Rousseau, de St-Vital de Nantes, Bretagne.
Rouille, Marie, [Pierre I.
b 1735.

1763, (14 nov.) Berthier. ³
II.—BOURGAUD, Jean-Bte. [Jean-Bte I.
Vernet, Marie-Madeleine, [Pierre III.
b 1740.
 Madeleine, b³ 24 sept. 1764. — *Pierre,* b... m³ 21 avril 1795, à Madeleine Boucher. — *Marie-Elisabeth,* b³ 1er oct. 1778.

1795, (21 avril) Berthier.
III.—BOURGAUD, Pierre. [Jean-Bte II.
Boucher, Madeleine, [Joseph III.
b 1760, veuve de Jean-Baptiste Blais.

---
(1) Elle épouse, le 31 avril 1741, Jean Chrétien, à St-Valier.
(2) Dit Lacroix—Bourgeau.
(3) Dit Lacroix.

1730, (1er déc.) Montreal.³
I.—BOURGEAT (1), Pierre-Paul, b 1701; fils de François et de Marie Clémence, de Toulon, s ³ 22 oct. 1749.
Fourneau, Jeanne, [Jean I.
b 1709.
Marie-Anne, b 1734; m ³ 29 mai 1752, à François Husard. — *Marie-Joseph,* b ³ 10 mai 1736, m ³ 6 février 1758, à François Bertron.—*Marie-Madeleine,* b ³ 31 janvier 1738.— *Elisabeth,* b ³ 8 mars 1740; m ³ 16 mai 1757, à Nicolas Georges.—*Marie-Amable,* b ³ 24 janvier 1742; s ³ 28 mars 1750. — *Marie-Angélique,* b ³ 1er oct. 1743.— *Pierre,* b ³ 16 mars 1746.— *Nicolas,* b ³ 10 février 1748.—*Charles,* b ³ 28 janvier 1750.

1735, (27 nov.) Charlesbourg.³
I.—BOURGEOT, Quentin, b 1708; fils de Jean et de Claudine Boulle, de St-Martin, diocèse de Châlons-sur-Saône, Bourgogne, généralité de Dijon; s 28 juillet 1780, à Lavaltrie.
Chamard, Anne, [Nicolas II
b 1706.
Quentin, b 4 mai 1736, à Quebec, s ³ 27 juin 1738.—*Marie-Joseph,* b ³ 6 janvier 1738.—*Quentin,* b ³ 1er janvier 1740.— *Geneviève,* b ³ 17 janvier 1742. — *François,* b ³ 2 mars et s ³ 11 mai 1744. — *Jean-Baptiste,* b ³ 25 nov. 1745; m 21 nov. 1768, à Marie Morin, à Lévis.—*Marie-Madeleine,* b ³ 17 oct. 1747, s ³ 15 février 1748.— *Marie-Anne,* b ³ 24 juillet 1749.—*Charles-Marie,* b ³ 4 et s ³ 26 août 1751.

1768, (21 nov.) Lévis.
II.—BOURGEOT, Jean-Bte, [Quentin I.
b 1745.
Morin, Marie-Françoise, [François III.
b 1750.

1730, (26 avril) Ste-Anne-de-la-Pocatière.⁷
I.—BOURGELA (2), Pierre, b 1701; fils de Jean et de Marie Guenet; s ⁷ 12 mars 1767.
1° Boucher, Dorothee, [Philippe III.
b 1706; s ⁷ 27 sept. 1752.
Joseph, b... m 27 nov. 1752, à Dorothee St-Pierre, à St-Roch. — *Marie-Joseph,* b ⁷ 28 mai 1732; 1° m à Louis Mignier, 2° m ⁷ 7 janvier 1764, à Pierre Lombard.—*Reine,* b ⁷ 23 janvier 1734.—*Marie-Madeleine,* b ⁷ 10 nov. 1734; m ⁷ 14 février 1763, à Pierre Moreau.—*Anonyme,* b ⁷ et s ⁷ 23 avril 1736.— *Pierre,* b ⁷ 2 juillet 1737.— *Maurice,* b ⁷ 20 janvier 1739, m ⁷ 23 juin 1761, à Marie Toussaint.—*Marie-Dorothée,* b ⁷ 6 et s ⁷ 28 janvier 1741 et s ⁷ 28 janvier 1742. — *François-Marie,* b ⁷ 29 mai et s ⁷ 22 juin 1745.— *Anonyme,* b ⁷ et s ⁷ 17 mai 1746.—*Anonyme,* b ⁷ et s ⁷ 4 août 1747. — *Marie-Dorothée,* b ⁷ 27 sept. et s ⁷ 12 nov. 1752.—*Marie-Geneviève,* b... m ⁷ 14 avril 1766, à Andre Deschamps.

1754, (18 février). ⁷
2° Ouellet, Marie-Claire, [Joseph II
b 1703, veuve de Joseph Hayot.

---
(1) Dit Provençal—Bourja, 1749.
(2) Dit St-Pierre. Soldat de la compagnie de Rigaut.

1752, (27 nov.) St-Roch.
II.—BOURGELA (1), Joseph. [Pierre I
St-Pierre, Dorothee. [Jacques II.
Marie-Joseph, b 30 août 1753, à Ste-Anne-de-la-Pocatière.

1761, (23 juin) Ste-Anne-de-la-Pocatière. ³
II.—BOURGELA, Maurice, [Pierre I.
b 1739.
Toussaint, Marie. [Jean I.
Jean-François, b ³ 13 mars 1762.

BOURGEOIS.—*Surnom*: Bergas.

1667.
I.—BOURGEOIS (2), Nicolas,
b 1641.
Carpentier, Claire-Catherine,
b 1643.
Marie-Françoise, b 31 oct. 1674, à Québec, 1° m à Paul Crépeau; 2° m 2 mars 1688, à Jean Pérot, à Repentigny. —*Marie,* b 1675; m 15 oct 1692, à Jean Goguet, à la Pte-aux-Trembles, M.

BOURGEOIS, Jeanne, b 1701, m à Louis Robichaud; s 19 mars 1790, à Québec.

1697.
I.—BOURGEOIS, Antoine.
Marquet, Catherine, [François I.
b 1671.
Jean-Baptiste, b... m 1739, à Anne Bernard

I.—BOURGEOIS, Joseph, Acadien.
Leblanc, Anne
Félicité, b... 1° m a Pierre Prince; 2° m 19 nov. 1760, à Bénoni Bourg, à Bécancour.

I.—BOURGEOIS, Claude, Acadien,
b 1700; s 12 janvier 1770, à Ste-Anne-de-la-Perade.
Vigneau, Marie.
Marie, b... m 22 nov. 1790, à Joseph Richard, à Nicolet. ²—*Charlotte,* b... m ² 17 février 1794, à Pierre Bergeron. — *Jean-Baptiste,* b... m ⁹ 9 oct. 1797, à Marie-Joseph Poirier.

II.—BOURGEOIS, Jean-Bte. [Antoine I
Bernard, Anne,
s avant 1762.
Marie-Anne, b 1740; m 9 février 1762, à Pierre Blache, à Montréal.

I.—BOURGEOIS, Joseph, Acadien.
Lemay, Scholastique.
Véronique, b... m 23 juillet 1787, à Jean-Baptiste Terrien, à Nicolet.

I.—BOURGEOIS, Grégoire, Acadien.
1° Comeau, Catherine.
Marguerite, b... m 1er août 1774, à François Précour, à Nicolet. ⁴—*Marie,* b... m ⁴ 5 août 1782, à Rene Coltret.

---
(1) Dit St-Pierre.
(2) Voy. vol. I, p. 79.

1774, (20 juin). [4]
2° HUBERT, Thérèse,
veuve de François Précour.

1753, (28 oct.) St-Vincent-de-Paul. [7]
I.—BOURGEOIS, PIERRE, fils d'Antoine et de Claudine Griphon, de St-Hypolite de Poligny, diocèse de Besançon.
CLÉROUX, Marie-Louise, [GUILLAUME I.
b 1738.
Pierre, b [7] 29 sept. 1754.

1755, (5 mai) Montréal.
I.—BOURGEOIS, JOSEPH, b 1723 ; fils de Claude et de Jeanne Richard, de St-Georges, Metz.
POIRIER, Marie-Joseph, [JOSEPH I.
b 1717 ; veuve de Pierre Piton.

1755, (23 sept.) Sorel. [4]
I.—BOURGEOIS, PIERRE, fils de Maurice et de Catherine........, de St-Maurice, diocèse de Lyon.
PELLETIER, Catherine, [MICHEL III.
b 1716 ; veuve d'Augustin Plante.
Pierre, b [4] 11 janvier 1756.

1758, (16 janvier) Montréal.
I.—BOURGEOIS, LEOPOLD, sergent, b 1733 ; fils de Henri et de Barbe Joly, de Baudricourt, diocèse de Toul.
ROBERT, Marie-Amable, [NICOLAS I.
b 1739.

I.—BOURGEOIS, PIERRE, Acadien.
1° RICHARD, Marie.
1763, (8 février) St-Antoine-de-Chambly.
2° BÉRARD, Marie,
veuve de Jean Mignau.

1760, (16 sept) Cap-de-la-Madeleine.
I.—BOURGEOIS, NICOLAS (1), fils de Pierre et d'Anne Poiré, de Bazzureau, Champagne.
GARANT, Marie-Joseph, [FRANÇOIS.
Nicolas, b... m 19 fevrier 1787, à Marie-Amable LABONTE, à Nicolet.

I.—BOURGEOIS (2), JEAN-BTE, Acadien.
CYR (3), Marguerite.
Marguerite, b 11 nov. 1764, à Kamouraska. [4]
—*Henri-Marie*, b [4] 20 mai 1767.

1787, (19 fevrier) Nicolet.
II.—BOURGEOIS, NICOLAS. [NICOLAS I.
LABONTÉ Marie-Amable, [JEAN-BTE.
veuve de Jean-Baptiste Houde.

I.—BOURGEOIS, JEAN, Acadien.
1° RICHARD, FRANÇOISE,
b 1765 ; s 3 juillet 1795, à Nicolet.[7]
1796, (11 janvier) [7]
2° BOURG, Monique. [SIMON I.

(1) Soldat de la compagnie de Rouville.
(2) Dit Bercas.
(3) Et Syre.

1797, (9 oct.) Nicolet.
II.—BOURGEOIS, JEAN-BTE. [CLAUDE I.
POIRIER, Marie-Joseph, [JOSEPH.
b 1759.

BOURGEOIS, AGNÈS, b 1720 ; m à Pierre COTARD ; s 29 sept. 1755, à Québec.

BOURGEOIS, JEANNE, b 1640 ; m à ...... COUDRAY ; s 17 janvier 1730, à Beauport.

BOURGEOIS, MARGUERITE, épouse de Joseph DUPUIS.

BOURGEOIS, JEANNE, b 1684 ; m à Michel POIRIER ; s 22 déc. 1760, à la Pte-aux-Trembles, Q.

BOURGEOIS, HEDWIGE, epouse de Victor RICHARD.

BOURGEOIS, MARIE, b... m à Michel RICHARD ; s avant 1760.

BOURGEOIS, MARIE-ANNE, épouse de Pierre ROBICHAUD.

BOURGEOIS, MARGUERITE, epouse de François VANASSE.

1643.
I.—BOURGERY (1), JEAN-BTE.
GENDRE (2), Marie.
Madeleine, b 22 juillet 1652, aux Trois-Rivières ;
1° m 22 août 1667, à Jean BRAUNE, à Quebec ;
2° m 2 dec. 1689, à Jacques CHASLES, à Lachine.

1670.
II.—BOURGERY, PIERRE, [JEAN-BTE I.
b 1644, s 16 juin 1703, à Boucherville. [7]
BOULLARD, Marie,
b 1643.
Léger, b [7] 8 mars 1671 ; m [7] 21 janvier 1699, à Marguerite BOUGRET ; s [7] 25 janvier 1723. —
Pierre, b [7] 27 fevrier 1677. — *Denis*, b [7] 29 mars 1679, m [7] 1er mai 1718, à Marie-Joseph BAULT.
—*Marguerite*, b [7] 8 février 1681 ; m [7] 14 août 1719, à Jean LEFORT. — *Jean-Louis*, b [7] 12 dec. 1685 ; m 6 août 1717, à Anne ALIMACOUA, au Detroit.

1699, (21 janvier) Boucherville. [7]
III.—BOURGERY, LÉGER, [PIERRE II.
b 1671 ; s [7] 25 janvier 1723.
BOUGRET, Marguerite, [PRUDENT I.
b 1680.

1702, (27 nov.) Varennes. [7]
III.—BOURGERY, IGNACE, [PIERRE II.
b 1675.
DESMARÈS, Marie, [CHARLES I.
b 1682.
Marie, b [7] 12 avril 1705 : s [7] 29 août 1706

(1) Voy. vol. I. p 79.
(2) Elle épouse, le 4 fevrier 1658, Florent Leclerc, aux Trois-Rivières.

1717, (6 août) Détroit.
III.—BOURGERY (1), JEAN-LOUIS, [PIERRE II.
  b 1685.
  ALIMACOUA, Anne (2).

1718, (1er mai) Boucherville. ²
III.—BOURGERY, DENIS, [PIERRE II.
  b 1679; s avant 1751.
  BAULT, Marie-Joseph, [RENÉ II.
  b 1696.
  Joseph, b ² 11 février 1719; s ² 23 mai 1721.— Marie-Joseph, b ² 17 mars 1720; m ² 29 oct. 1738, à Antoine AYMARD. — Joseph, b ² 2 août 1722, m ² 3 mai 1751, à Euphrasie CHICOT.—François, b ² 6 et s ² 7 février 1725. — René, b 1730, m 26 avril 1751, à Marie-Charlotte TRUTEAU, à Montréal.

1751, (26 avril) Montréal.
IV.—BOURGERY, RENÉ, [DENIS III.
  b 1730.
  TRUTEAU, Marie-Charlotte. [LOUIS II.

1751, (3 mai) Boucherville. ⁷
IV.—BOURGERY, JOSEPH, [DENIS III.
  CHICOT, Euphrasie, [JOSEPH III.
  s avant 1772.
  Marie, b... m ⁷ 2 mars 1772, à Pierre ADAM.

1683, (28 juin) Quebec. ⁴
I.—BOURGET, CLAUDE (3),
  b 1653.
  COUTURE, Marie, [GUILLAUME I.
  b 1658; veuve de François Vézier.
  Anne, b ⁴ 11 juin 1690; m à Charles COUTOIS. —Louis, b ⁴ 14 avril 1697; 1° m à Marie-Michelle FILIASTRE; 2° m 5 août 1726, à Françoise-Joseph POITEVIN, à Charlesbourg; 3° m ⁴ 1er juillet 1741, à Charlotte SAVARD; s ⁴ 28 sept. 1754.

1691.
I.—BOURGET, PIERRE (4).
  JEAN (5), Marie, [JEAN II.
  b 1676.
  Pierre, b 14 mars 1692, à Québec.⁶—Elisabeth, b 30 juin 1694, à Beaumont⁷; m ⁶ 13 juin 1712, à Charles CHANDONNE.— Madeleine, b ⁷ 21 février 1699; m ⁷ 4 juillet 1718, à Antoine LACASSE; s ⁷ 29 juin 1779.— Madeleine, b... m ⁷ 12 juin 1728, à Jean LEROY.—Jeanne, b... m 1720, à Jean-Baptiste QUÉRET.

1718, (28 nov.) Quebec. ⁵
II.—BOURGET, CLAUDE-CHS, [CLAUDE I.
  b 1694, s ⁶ 8 oct. 1750.
  PINGUET, Elisabeth, [NICOLAS III.
  b 1699.

(1) Pour Bougis.
(2) Quescacan de nation (Kaskakan).
(3) Voy. vol. I, p. 79.
(4) Tonnelier, frère de Claude.
(5) Dit Denis. Elle épouse, le 26 nov. 1704, Jacques Turgeon, à Beaumont.

Claude, b ⁶ 18 sept. 1719; s ⁶ 15 juin 1727.— Philibert-Théophile, b ⁶ 3 mai 1721, m ⁶ 4 juillet 1746, à Marie-Louise LESSARD. — Marie-Catherine, b ⁶ 15 février et s ⁶ 11 juillet 1723.—Joseph, b ⁶ 20 juin 1724.—Marie-Elisabeth-Madeleine, b ⁶ 10 janvier 1726; s ⁶ 23 oct. 1727. — Marie-Elisabeth, b ⁶ 20 avril 1728; s ⁶ 1er février 1730— Pierre, b ⁶ 25 sept. 1730; m ⁶ 4 juillet 1752, à Catherine LESSARD. — Louise, b ⁶ 25 et s ⁶ 26 sept. 1730.—Elisabeth-Agathe, b ⁶ 9 avril 1733; m ⁶ 10 janvier 1752, à François JAQUIER. — Marie-Angélique, b ⁶ 8 janvier 1736; s ⁶ 11 juin 1738.—Anonyme, b ⁶ et s ⁶ 11 juin 1740.

1722, (16 nov.) Lévis. ⁸
II.—BOURGET, PIERRE, [CLAUDE I.
  b 1699; s ⁸ 26 sept. 1756.
  GUAY, Marie-Françoise, [IGNACE II.
  b 1692; s ⁸ 26 sept. 1756.
  Marie-Geneviève, b ⁸ 10 août 1723; m ⁸ 12 oct. 1744, à Louis GUAY.—Jean-François, b ⁸ 25 oct. 1728, m ⁸ 14 février 1752, à Ursule SAMSON.— Pierre, b ⁸ 25 avril 1731; m ⁸ 19 janvier 1756, à Ursule CARRIER. — Marie-Joseph, b... m ⁸ 18 février 1754, à Jean-Baptiste NOEL.

II.—BOURGET, LOUIS, [CLAUDE I.
  b 1697; s 28 sept. 1754, à Québec.⁹
  1° FILIASTRE, Marie-Michelle.
  Louis, b... m 23 février 1757, à Louise CHOUINARD, à l'Islet.
  1726, (5 août) Charlesbourg.
  2° POITEVIN, Françoise-Joseph. [JEAN II.
  1741, (1er juillet). ⁹
  3° SAVARD, Marie-Charlotte, [SIMON II.
  b 1694; veuve de Michel Balan.

1746, (4 juillet) Quebec. ⁹
III.—BOURGET, Theophile, [CLAUDE II
  b 1721.
  LESSARD, Marie-Louise. [CHARLES II.
  Elisabeth, b ⁹ 13 oct. 1747.—Marie-Louise, b ⁹ 9 juin 1749. — Geneviève, b ⁹ 16 sept. 1750, m ⁹ 30 sept. 1788, à François SÉDILOT.—Charles, b ⁹ 21 sept. 1751. — Joseph, b ⁹ 21 mars 1753, s ⁹ 8 sept. 1755.— Jean-Baptiste, b ⁹ 31 janvier 1755 m ⁹ 25 nov. 1783, à Marie-Charles FILTEAU.— Angélique, b ⁹ 17 mars 1757; s ⁹ 22 juillet 1758. —Pierre, b ⁹ 23 avril 1759; m ⁹ 16 nov. 1790, à Catherine CLOZEL. — Jacques, b ⁹ et s ⁹ 3 août 1761.— Claude, b ⁹ 25 juin 1762. — Joseph, b.. m ⁹ 9 août 1791, à Ursule RINFRET.

1752, (14 février) Lévis. ⁸
III.—BOURGET, JEAN-FRANÇOIS, [PIERRE II
  b 1728.
  SAMSON, Ursule (1). [AMBROISE III
  François-Marcellin, b ⁸ 1er juin 1753.—Pierre, b ⁸ 10 mars et s ⁸ 1er oct. 1755.—Pierre (2), b ⁸ 13 sept. 1756, m à Thérèse PARADIS. — Marie-Anne, b ⁸ 10 nov. 1758. — Marie-Joseph, b ⁸ 25 février 1761, s ⁸ 5 nov. 1762.—André, b ⁸ 13 mars 1763

(1) Et Marguerite en 1763.
(2) Père de l'Archevêque Bourget.

—*Marguerite,* b ⁸ 11 janvier 1765.—*Jean-Baptiste,* b ⁸ 5 mars 1767. — *Louis,* b ⁸ 29 mai 1769.— *Charles,* b ⁸ 12 mai 1771.

1752, (4 juillet) Québec. ⁹
III.—BOURGET, PIERRE,   [CLAUDE II.
     b 1730.
    LESSARD, Catherine.   [CHARLES II.
    Charles, b ⁹ 19 mars 1753.— *Jean-Baptiste,* b ⁹ 14 juillet 1755 ; m ⁹ 25 nov. 1783, à Marie-Charles FILTEAU.—*Marie-Catherine,* b ⁹ 24 avril et s ⁹ 10 juillet 1758. — *Pierre-Paul,* b ⁹ 13 oct. 1761.— *Jean-Baptiste,* b... 1º m ⁹ 1ᵉʳ juillet 1783, à Marie-Anne GUILLET ; 2º m ⁹ 22 avril 1788, à Marie-Louise CLOZEL.

1756, (19 janvier) Lévis. ⁸
III —BOURGET, PIERRE,   [PIERRE II.
    CARRIER, Marie-Ursule.   [JEAN III.
    Marie-Ursule, b ⁸ 25 nov. 1756.—*Pierre,* b ⁸ 29 juin 1758 ; s ⁸ 21 dec. 1765. — *Françoise,* b ⁸ 10 août 1760 ; s ⁸ 14 janvier 1766. — *Guillaume,* b ⁸ 28 sept. 1762. — *Jean-Baptiste,* b ⁸ 13 janvier 1765 ; s ⁸ 14 janvier 1766. — *Françoise,* b ⁸ 23 nov. 1766.—*Suzanne,* b ⁸ 14 oct. 1770.

1757, (23 fevrier) Islet.
III.—BOURGET, Louis.   [LOUIS II.
    CHOUINARD, Louise,   [PIERRE II
    veuve de Jean Labbée.

1783, (1ᵉʳ juillet) Québec. ¹
IV.—BOURGET, JEAN-BTE.   [PIERRE III.
   1º GUILLET (1), Marie-Anne,   [PIERRE II
     b 1766 ; s ¹ 15 mars 1786.
     1788, (22 avril). ¹
   2º CLOZEL, Marie-Louise.   [PIERRE I.

1783, (25 nov.) Québec.
IV.—BOURGET, JEAN-BTE.   [PIERRE III.
    b 1755.
    FILTEAU, Marie-Charlotte.   [FRANÇOIS III.

1790, (16 nov.) Québec.
IV.—BOURGET, PIERRE.   [CLAUDE-THÉOP. III.
    CLOZEL (2), Catherine.   [PIERRE I.

1791, (9 avril) Québec.
IV.—BOURGET, JOSEPH.   [CLAUDE-THÉOP. III.
    RINFRET, Ursule.   [FRANÇOIS.

IV.—BOURGET, PIERRE,   [FRANÇOIS III.
    b 1756.
    PARADIS, Thérèse.
    Angélique, b... m en sept. 1810, à Olivier BÉGIN. — *Ignace,* b 28 oct. 1799, à Levis ; ordonné le 30 nov. 1822 ; consacré évêque le 25 juillet 1837 ; s 8 juin 1885, à Montreal.

(1) Dit Tourangeau.
(2) Dit Brindamour.

1691, (10 janvier) Lévis. ²
I.—BOURGIET (1), PIERRE, fils de Pierre et de Marie Rioux, de St-Musac, diocèse de Xaintes.
  JEAN, Marie (2),   [VIVIEN I.
    b 1669.
  Pierre, b... m ² 16 nov. 1722, à Marie-Françoise GUAY.

II.—BOURGINE, RENÉ-HILAIRE,   [HILAIRE I.
    b 1683 ; s avant 1756.
  ADHÉMAR, Marie,   [ANTOINE I.
    b 1683 ; s 26 mars 1756, à Montréal.

BOURGIS.—Voy. BOURGERY.

BOURGOIN.—*Variations et surnoms :* BOURGOUIN—ST-PAUL—BOURGUIGNON.

1695, (3 nov.) Pte-aux-Trembles, Q. ³
II.—BOURGOIN, JACQUES,   [PIERRE I.
    b 1670.
  1º MATTE, Jeanne,   [NICOLAS I.
    b 1679 ; s 29 janvier 1703, à St-Antoine-Tilly. ⁴
  Marie-Thérèse, b ³ 27 août 1697.—*Laurent,* b ³ 7 mars 1701 ; m 28 dec. 1731, à Marie-Madeleine PROU, à Nicolet. ⁵—*Anonyme,* b ⁴ et s ⁴ 29 janvier 1703.
     1706, (9 février) Ste-Famille, I. O. ⁶
  2º MESNY, Jeanne,   [ETIENNE I.
    s ⁴ 12 mai 1737.
  Joseph-François, b ⁶ 6 déc. 1707 ; m ⁴ 29 août 1735, à Charlotte DUGUAY.—*Charles-Joseph,* b... s ⁴ 12 oct. 1722.—*Angélique,* b ⁶ 25 fevrier 1710, m ⁴ 22 août 1734, à Jean-Baptiste HOUDE ; s ⁴ 11 mai 1760 —*Charlotte,* b 10 nov. 1715, à St-Nicolas ; s ⁴ 27 dec. 1724.—*Marie-Thérèse,* b 1720 ; s ³ 6 avril 1745.

1698, (10 nov.) Pte-aux-Trembles, Q. ⁷
II.—BOURGOIN, CLAUDE,   [PIERRE I.
    b 1676 , s 24 dec. 1733, à St-Antoine-Tilly. ⁸
  MAGNAN, Therèse,   [ETIENNE I.
    b 1676.
  Marie-Catherine, b ⁷ 8 juillet 1700 ; m ⁸ 25 oct. 1717, à Thomas RONDEAU.—*Antoine-François,* b ⁸ 26 août 1704 ; m ⁸ 23 nov. 1722, à Anne BLOUARD. —*Louis-François,* b ⁸ 3 mai 1707, 1º m ⁸ 30 avril 1731, à Angélique HOUDE ; 2º m ⁸ 13 fevrier 1741, à Angélique HAYOT ; 3º m 18 mars 1748, à Thérèse BOUCHER, à St-Nicolas. ⁹ — *Marie-Françoise,* b ⁹ 30 avril 1709 ; m 6 février 1731, à Louis CLUSEAU, à Quebec.—*Marie,* b 1715 ; s ⁸ 26 dec. 1733.

1701, (31 janvier) Beauport. ³
II.—BOURGOIN, PIERRE,   [PIERRE I.
    b 1681 ; s 20 nov. 1743, à Lachenaye. ⁴
  1º BOUCHARD (3), Madeleine,   [FRS-ÉTIENNE I.
    s ⁴ 11 dec. 1728.
  Alexis, b... m 24 mai 1751, à Marie-Charlotte CHALIFOUR, à St-Henri-de-Mascouche. ⁵— *Marie-*

(1) Dit Lavallee
(2) Dit Denis Elle épouse, le 26 nov. 1704, Jacques Turgeon, à Beaumont.
(3) Appelée Chenay en 1704 et 1706.

BOU 426 BOU

Madeleine, b³ 1ᵉʳ février 1702 ; m à Jean Rancin.
— *Jean-Baptiste*, b³ 2 avril 1704 ; s⁵ 31 déc. 1706.
— *Vincent*, b³ 7 mars 1706 ; m 1727, à Françoise Migneron ; s⁵ 10 février 1760.— *Jean-Baptiste*, b⁸ 18 février 1709 ; 1ᵒ m⁴ 12 juillet 1734, à Madeleine Mulois ; 2ᵒ m 1753, à Catherine Asselin; s⁵ 17 mai 1764. — *Pierre*, b 12 août 1711, à L'Ange-Gardien⁶ ; s⁴ 5 mai 1736.— *Françoise*, b⁶ 27 nov. 1713 ; m⁴ 29 janvier 1732, à Jean Charpentier ; s⁴ 23 avril 1733.— *Thérèse*, b⁶ 20 juin 1716 ; m⁴ 29 oct. 1743, à Joseph Truchon ; s⁵ 2 mai 1751.— *Joseph*, b⁶ 31 août 1718 ; m⁴ 9 oct. 1741, à Louise Forget.

1730, (20 nov.)⁴
2ᵒ Perrault, Madeleine (1). [François II.
François, b 22 janvier 1734, à St-François, I.J.¹;
m⁴ 14 oct. 1754, à Marie-Joseph Beauchamp.—
Antoine, b⁷ et s⁷ 22 janvier 1734.— *Elisabeth*,
b⁷ 18 juillet 1736.

1712, (29 oct.) Québec.
I.— BOURGOIN (2), Didier, fils de Didier et d'Anne Morière, de St-Paul, Paris.
Brazeau, Marie (3), [Nicolas I.
veuve de Guillaume Tougard.

1712, (20 nov.) Québec.³
I.— BOURGOIN, Pierre, fils de Pierre et de Françoise Claverie, de St-Alarie, Bordeaux.
LeMoine, Marie, [Pierre I.
b 1675 ; veuve de Jacques Laborde.
Marie-Charlotte, b³ 15 sept. 1713.

1722, (23 nov.) St-Antoine-Tilly.³
III.— BOURGOIN, Antoine-Frs, [Claude II.
b 1704.
Blouard, Anne, [Mathurin I.
b 1685 ; veuve de Pierre Cauchon, s³ 11 nov. 1760.
Marguerite, b³ 17 sept. 1724. — *Marie-Madeleine*, b... m³ 15 sept. 1744, à Prisque Croteau ;
s 4 janvier 1768, à St-Henri-de-Mascouche.

1727.
III.— BOURGOIN (4), Vincent, [Pierre II.
b 1706 ; s 10 février 1760, à St-Henri-de-Mascouche.³
Migneron, Marie-Françoise. [Jean II
Marie-Madeleine, b 13 avril et s 20 mai 1728, à Lachenaye.⁵ — *Marie-Joseph*, b⁵ 13 avril 1728 ; s⁵ 30 juin 1745 — *Pierre*, b 1730, s⁵ 18 déc. 1734. — *Louis*, b⁵ 21 juillet 1731.
— *Marie-Elisabeth*, b 1734 ; m à Jean Vaillancour ; s³ 26 nov. 1760. — *Marie-Françoise*, b⁶ 27 juin 1735. — *Jean-Baptiste*, b⁵ 16 juin 1736 ; m 30 janvier 1758, à Marie-Amable Cherby, à Lavaltrie.— *Noel*, b⁵ 8 nov. 1737.— *Pierre*, b⁵ 30 avril et s⁵ 2 mai 1740. — *Antoine*, b⁵ 18 mai et s⁵ 6 juillet 1743.— *Louis*, b⁵ 15 mai et s⁵

(1) Elle épouse, en 1762, Jean Terrien.
(2) Dit St-Paul, soldat de la compagnie de M de Montigny.
(3) Elle épouse, le 18 juin 1713, Pierre Tastet dit Francœur, à Montréal.
(4) Dit Bourguignon.

6 juillet 1745. — *Vincent*, b... 1ᵒ m⁵ 7 janvier 1749, à Agathe Beauchamp ; 2ᵒ m 1751, à Marie-Anne Charpentier.

1731, (30 avril) St-Antoine-Tilly.³
III.— BOURGOIN (1), Louis-Frs, [Claude II.
b 1707.
1ᵒ Houde (2), Angélique, [Jacques II.
b 1709 ; s³ 30 janvier 1739.
Jean-Louis, b³ 25 mars 1732 ; s³ 15 oct. 1746.
— *Angélique*, b³ 11 mai 1733.— *Marie-Joseph*, b³ 10 mars 1736 ; s³ 22 avril 1737. — *Marie-Charlotte*, b³ 25 février 1737 ; m 4 avril 1758, à Louis Boucher, à St-Nicolas. ⁴ — *Jacques*, b³ 3 août 1738.— *Jean-Baptiste*, b... 1ᵒ m 14 nov. 1757, à Geneviève Levasseur, à Kamouraska⁵ ; 2ᵒ m⁵ 25 nov. 1765, à Marie-Anne Albert.
1741, (13 février)³ (3).
2ᵒ Hayot, Angélique, [Louis III
b 1700, veuve de Pierre Duguay, s³ 1ᵉʳ nov. 1745.
Jean-François, b³ 11 août 1741.
1748, (18 mars).⁴
3ᵒ Boucher (4), Thérèse, [Denis III.
b 1712, veuve de Joseph Demers
François, b... m⁵ 25 juin 1764, à Thérèse Gaudreau.

1731, (28 déc.) Nicolet.
III.— BOURGOIN (5), Laurent, [Jacques II
b.1701.
Prou, Marie-Madeleine, [Joseph II
b 1710.
Joseph, b 19 mars 1732, aux Trois-Rivières.³— *Michel*, b 26 déc. 1733, à Becancour ; s³ 7 janvier 1760. — *Noel*, b³ 22 janvier 1736. — *Marie-Joseph*, b³ 25 mai 1738, 1ᵒ m³ 26 février 1759, à Louis Girard ; 2ᵒ m 16 février 1767, à Louis Laureau, à Yamachiche.— *Françoise-Véronique*, b³ 18 déc. 1740 ; m³ 21 nov. 1763, à Louis Trotochau ; s³ 28 déc. 1764. — *Jean-Baptiste*, b³ 8 sept. 1743. — *Louis*, b³ 28 août 1746. — *Marie-Charlotte*, b³ 28 oct. 1748.

1734, (12 juillet) Lachenaye.⁶
III.— BOURGOIN, Jean-Bte, [Pierre II
b 1709 ; s 17 mai 1764, à St-Henri-de-Mascouche.⁷
1ᵒ Mulois, Madeleine, [Jacques II
b 1716, s⁷ 5 juillet 1751.
Marie-Reine, b⁶ 28 nov. 1736 ; s⁶ 17 nov. 1738. — *Marie-Reine*, b... m à Joseph Beauchamp. — *Marie-Madeleine*, b 16 janvier 1740, à Terrebonne ; m⁷ 9 janvier 1759, à Joseph Gosselin. — *Marie-Joseph*, b⁶ 8 et s⁶ 10 février 1741.— *Jean*, b⁶ 30 juin et s⁶ 12 août 1743.— *Jean-Baptiste*, b⁶ 3 août 1745 ; m⁶

(1) Dit Bourguignon.
(2) Dit Desruisseaux
(3) Réhabilité, le 7 janvier 1742, à St-Antoine-Tilly, avec dispense de parenté spirituelle.
(4) Dit Dumais.
(5) Dit Bourguignon.

24 avril 1769, à Marie-Joseph Boesmé.—*Marie-Charlotte*, b... m ⁷ 17 nov. 1757, à François Beauchamp; s ⁷ 26 juillet 1770.—*Marie-Françoise*, b 1747; m ⁷ 1ᵉʳ août 1764, à François Beauchamp ; s ⁷ 27 juillet 1769.—*Pierre*, b ⁶ 5 et s ⁶ 18 mai 1749.—*Marie-Angélique*, b ⁷ 2 juillet et s ⁷ 24 août 1751.

  2° Asselin, Catherine (1),   [Augustin III. b 1745.
Catherine, b ⁷ 12 juin 1754; m ⁷ 7 février 1774, à Charles Caillé. — *Marie-Archange*, b ⁷ 19 juin et s ⁷ 11 juillet 1759.—*Jean-Marie*, b ⁷ 18 oct. 1760.

1735, (29 août) St-Antoine-Tilly. ⁸
III.—BOURGOIN (2), Joseph-Frs., [Jacques II. b 1707.
  Duguay, Charlotte,   [Pierre II. b 1711.
Ursule, b ⁸ 20 février 1738 ; m ⁸ 19 janvier 1756, à Joseph Marot. — *Marie-Angélique*, b ⁸ 17 avril 1740, m 10 oct. 1760, à Jean-Baptiste Béchard, à Nicolet.—*Marie-Charlotte*, b... s ⁸ 8 nov. 1741.—*Marie-Joseph*, b ⁸ 10 avril 1742, s ⁸ 25 mars 1754.—*Marie-Thérèse*, b ⁸ 6 avril 1744 ; m ⁸ 2 mai 1763, à François Turgon. — *Marie-Charlotte*, b ⁸ 30 janvier 1746.—*Joseph*, b ⁸ 29 avril 1748; s ⁸ 12 oct. 1749.

1741, (9 oct.) Lachenaye. ⁹
III.—BOURGOIN, Joseph,   [Pierre II. b 1718.
  Forget, Louise.   [Pierre III.
Anonyme, b ⁹ et s ⁹ 14 déc. 1741. — *Marie-Joseph*, b ⁹ 16 janvier 1746 ; s 3 juin 1751, à St-Henri-de-Mascouche.—*Françoise*, b 1749 ; m 2 février 1767, à Joseph Charpentier, à la Longue-Pointe.

1749, (7 janvier) Lachenaye. ³
IV.—BOURGOIN, Vincent.   [Vincent III
  1° Beauchamp, Agathe,   [Pierre II. veuve d'Athanase Hubou ; s ³ 17 janvier 1750.
Anonyme, b ³ et s ³ 14 janvier 1750.
                  1751.
  2° Charpentier, Marie-Anne,   [Gabriel II. b 1737.
Vincent, b 15 nov. 1752, à St-Henri-de-Mascouche. ⁴ — *Marie-Anne*, b ⁴ 20 mars 1756.—*Joseph-Marie*, b ⁴ 24 oct. 1758, s ⁴ 14 août 1759. —*Joseph*, b... s ⁴ 10 février 1760.—*Joseph-Marie*, b ⁴ 14 août et s ⁴ 7 nov. 1760.—*Joseph-Marie*, b ⁴ 13 février 1762.

1751, (24 mai) St-Henri-de-Mascouche. ⁵
III.—BOURGOIN, Alexis.   [Pierre II.
  Chalifour, Marie-Charlotte,   [Jean-Bte III. b 1730.
Alexis-Marie, b ⁵ 27 mai 1752 ; m 25 sept. 1775, à Marie-Anne Fortin, à Lachenaye.⁶—*Deux anonymes*, b ⁶ et s ⁶ 20 avril 1753.—*Marie-Charlotte*,

---
(1) Elle épouse, le 3 février 1766, Jean-Baptiste Beauchamp, à St-Henri-de-Mascouche.
(2) Dit Bourguignon.

b ⁵ 26 avril 1754.—*Michel-Archange*, b ⁵ 15 sept. 1755 ; m ⁶ 24 janvier 1786, à Marie-Thérèse Béique.—*Joseph*, b ⁵ 24 oct. 1756.—*Pierre*, b ⁵ 13 oct. 1757.—*Charles*, b ⁵ 5 nov. 1758, s ⁵ 19 mai 1759.—*Pierre*, b ⁵ 16 février 1760.—*Marie-Joseph*, b ⁵ 31 oct. 1761.

1754, (14 oct.) Lachenaye.
III.—BOURGOIN, François,   [Pierre II. b 1734.
  Beauchamp, Marie-Joseph,   [François III. b 1739.
François, b 1757 ; s 26 juillet 1759, à St-Henri-de-Mascouche.³ — *Pierre*, b ³ 27 juillet et s ³ 20 août 1760.—*Marie-Thérèse*, b ³ 13 nov. 1761.

BOURGOIN, Joseph.
  Lemay, Marie.
Marie-Joseph, b 3 avril 1757, aux Trois-Rivières.

1757, (14 nov.) Kamouraska. ¹
IV.—BOURGOIN (1), Jean-Bte.   [Louis III.
  1° Levasseur, Marie-Geneviève,   [Pierre IV. b 1743, s ¹ 15 mai 1765.
Jean, b ¹ 21 août 1758.—*Alexandre*, b ¹ 17 août 1760.—*Catherine*, b ¹ 15 sept. 1762. — *Anonyme*, b ¹ et s ¹ 18 mai 1765.—*Marie-Geneviève*, b... m ¹ 26 août 1777, à Simon Martin.
          1765, (25 nov.) ¹
  2° Albert, Marie-Anne,   [François II. b 1742.
Jean-Baptiste, b ¹ 26 déc. 1767.

1758, (30 janvier) Lavaltrie.
IV.—BOURGOIN, Jean,   [Vincent III. b 1736.
  Chearby, Marie-Amable,   [Guillaume I. b 1739.
Jean-Baptiste, b 24 nov. 1758, à St-Henri-de-Mascouche. ² —*Jean-Marie*, b ² 12 oct. 1760.

BOURGOIN, Marie-Catherine, épouse de Louis Mathieu.

BOURGOIN, Jean-Bte.
  Cyr, Marguerite.
Jean-Baptiste, b 5 février 1760, à Ste-Anne-de-la-Pocatière. ⁵—*Joseph-Antoine*, b ⁵ 21 mars 1762.

1764, (25 juin) Kamouraska. ⁸
IV.—BOURGOIN (1), François.   [Louis III.
  Gaudreau, Thérèse, veuve de Nicolas Ruest.
Jean-Baptiste, b ⁸ 12 mars 1765.—*Marie-Madeleine*, b ⁸ 7 mai 1767.

1767, (23 février) Lachenaye.
I.—BOURGOIN, Pierre, fils de Pierre et de Marie Bertrand, de St-Michel, diocèse de Périgord.
  Beauchamp, Véronique,   [Pierre III. b 1745.

---
(1) Dit Bourguignon.

1769, (24 avril) St-Henri-de-Mascouche.
IV.—BOURGOIN, Jean-Bte, [Jean-Bte III.
b 1745.
Boesmé, Marie-Joseph, [Michel III.
veuve de Michel Mauriceau.

BOURGOIN, Joseph.
Millot, Cecile,
b 1750 ; s 28 mars 1790, à Nicolet.

1775, (25 sept.) Lachenaye. [7]
IV.—BOURGOIN, Alexis, [Alexis III.
b 1752.
Fortin, Marie-Anne, [Jean.
Apolline-Amable, b [7] 5 sept. 1783.

BOURGOIN, Joseph.
Laurent-Larose, Marie-Joseph.
Joseph-Marie, b 29 janvier 1781, à Lachenaye.

1786, (24 janvier) Lachenaye.
IV.—BOURGOIN, Michel, [Alexis III.
b 1755.
Béique, Marie-Thérèse, [Michel III.
b 1768.

BOURGON.—Voy. Gourgon dit St-Maurice.

BOURGON, Marie-Catherine, épouse de Joseph Cheval.

BOURGREDETTE (1), Marie, épouse de Jean-Baptiste Morel.

BOURGUIGNON. — *Variations et surnoms* :
Couturier — Périllard — Beurnonville, 1732—Tieblé, 1749—Vernet, 1745—Potin — Moine — Bossua — Coleret — Bourgoin —Prior—Guichard—Richard.

BOURGUIGNON, Madeleine, épouse de Nicolas Courville.

BOURGUIGNON, Louis,
b 1701, s 27 février 1784, à Québec. [1]
Boucher, Marie-Anne-Thérèse,
b 1710 ; s [1] 27 mai 1788.

I.—BOURGUIGNON, François, b 1679 ; soldat de la compagnie de Sabrevois ; s 25 sept. 1714, à Montréal.

1755, (29 sept.) Québec.
I.—BOURGUIGNON (2), François, fils de Pierre et de Jeanne Durand, de Pagny, diocèse de Besançon.
Marien, Marie-Louise. [Jacques II.

I.—BOURGUIGNON, François,
b 1742 ; s 18 février 1783, à Québec. [1]
Gaudreau, Françoise, [Joseph III.
b 1746 ; s [1] 8 mai 1784.

(1) Dit Lachapelle.
(2) Dit Moine.

I.—BOURGUIGNON (1), Benoit.
Saindon, Françoise. [Louis II.
François, b... m 1784, à Marie-Charlotte Proulx, aux Trois-Pistoles.

1784, Trois-Pistoles.
II.—BOURGUIGNON (1), François. [Benoit I.
Proulx, Marie-Charlotte.
Bernard, né 1er juillet et b 15 août 1784.

I.—BOURGUIGNON, Joseph.
McKensy, Marie.
Godfroy, b... m 28 mai 1838, à Marie-Joseph Jusseaume, à Cahokia.

1838, (28 mai) Cahokia.
II.—BOURGUIGNON, Godfroy. [Joseph I
Jusseaume, Marie-Joseph. [Toussaint.

BOURHIS, Françoise, epouse de Jean-Baptiste Sorel.

1686, (22 oct.) Montréal. [1]
I.—BOURHIS, Jean,
b 1658 ; s [1] 19 nov. 1708.
Dumets, Marie (2), [André I.
b 1668.
Marie-Anne, b [1] 10 avril 1691 ; m 5 déc. 1718, à Leger Bray, à Longueuil [2] ; s [2] 19 juillet 1723. —*Yves*, b [1] 2 déc. 1693 ; m 5 juillet 1718, à Marthe Letard, à Boucherville. [3]—*Jean-Baptiste* b [3] 23 février 1697, m [1] 9 janvier 1719, à Catherine Jetté ; s [1] 12 janvier 1750. — *Gabriel*, b [1] 1700, 1o m [1] 5 mars 1731, à Geneviève Jetté, 2o m 10 janvier 1752, à Marie Morel, à Lachine [4], 3o m [4] 30 oct. 1752, à Marie-Joseph Roussel.—*Suzanne*, b 5 nov. 1704, à St-François, I. J. ; m [2] 9 février 1722, à Jean-Baptiste Viau ; 2o m [1] 3 février 1733, à Antoine Valières, s 25 janvier 1757, à Chambly. — *Marie-Joseph*, b... m [2] 26 nov. 1725, à François Gareau ; s [2] 7 janvier 1742.

1718, (5 juillet) Boucherville. [1]
II.—BOURHIS (3), Yves, [Jean I
b 1693.
Letard (4), Marthe, [François I
b 1700.
Marie-Françoise, b [1] 16 avril 1719 ; m 17 janvier 1749, à Adrien Quevillon, à Terrebonne [2], s [2] 29 avril 1760.—*Marie-Marthe*, b [1] 5 sept. 1720, s [1] 29 avril 1721.—*Marie-Madeleine*, b [1] 26 dec 1721 ; s 14 juin 1725, à Longueuil.—*Jacques*, b [1] 25 février et s [1] 13 oct. 1723.—*Marie-Joseph*, b [1] 25 février 1723 ; s [1] 27 janvier 1724. — *Marie-Elisabeth*, b [1] 18 février 1725 ; m [2] 3 avril 1742, à André Colin.—*Marie-Anne*, b [1] 6 déc. 1726 ; m [2] 23 nov. 1761, à François Dumas.

(1) Dit Richard.
(2) Elle epouse, le 1er novembre 1712, Charles Varry, à Longueuil.
(3) Et Bourlier, 1720.
(4) Elle épouse, le 21 août 1730, Louis Temoins, à Boucherville.

1719, (9 janvier) Montréal. ⁹
II.—BOURHIS, JEAN-BTE,   [JEAN I.
  b 1697; s ⁹ 12 janvier 1750.
  JETTÉ, Catherine.   [NICOLAS II.
  Jean-Baptiste, b ⁹ 10 oct. 1719; s ⁹ 14 nov. 1720.—*Pierre*, b ⁹ 1ᵉʳ juillet et s ⁹ 19 sept. 1721.—*Joseph*, b ⁹ 27 août 1722; m ⁹ 23 sept. 1754, à Marie-Amable ROY.—*Gabriel*, b ⁹ 5 oct. 1723.—*François*, b ⁹ 31 janvier et s ⁹ 28 juillet 1725.—*Jean-Baptiste*, b ⁹ 1ᵉʳ mars 1726. — *Catherine*, b ⁹ 20 mai et s ⁹ 9 août 1727. — *Louis-Charles*, b ⁹ 4 juillet 1728; s ⁹ 10 janvier 1730.—*Marie-Thérèse*, b ⁹ 24 oct. 1730. — *Marie-Amable*, b 1732, s ⁹ 22 mars 1736. — *Jean-Amable*, b ⁹ 16 mai et s ⁹ 2 juin 1735.—*Catherine*, b ⁹ 10 mai et s ⁹ 28 juillet 1735.

BOURHIS, MICHEL.—Voy. BOUVIER.

1731, (5 mars) Montréal. ¹
II.—BOURHIS, GABRIEL,   [JEAN I.
  b 1700.
  1° JETTÉ, Geneviève,   [URBAIN II.
  b 1700; s ¹ 14 mars 1750.
  Gabriel, b ¹ 12 juillet 1734. — *Charles*, b ¹ 20 et s ¹ 29 sept. 1735.—*François*, b ¹ 17 sept. et s ¹ 10 oct. 1736.—*François*, b ¹ 21 mars et s ¹ 19 mai 1738.—*Marie-Anne*, b ¹ 25 dec. 1739, s ¹ 3 août 1740.—*Marie-Catherine*, b ¹ 17 et s ¹ 29 juin 1741.—*Geneviève*, b... m 19 avril 1751, à Pierre LECOMPTE, à Lachine. ²—*Jean-Baptiste*, b... m ² 21 mai 1753, à Marie-Joseph CUILLERIER.
    1752, (10 janvier). ²
  2° MOREL, Marie.   [FRANÇOIS II
    1752, (30 oct.) ³
  3° ROUSSEL, Marie-Jos. (1).   [JEAN-ANTOINE II.

1753, (21 mai) Lachine. ⁶
III.—BOURHIS, JEAN-BTE   [GABRIEL II
  CUILLERIER, Marie-Joseph.   [JOSEPH
  Marie-Louise, b ⁶ 29 avril 1754.—*Marie-Elisabeth*, b ⁶ 23 oct. 1755.—*Joseph*, b ⁶ 1ᵉʳ janvier 1760.

BOURHIS, JEAN-BTE.—Voy. BOUVIER.

1754, (23 sept.) Montréal.
III.—BOURHIS (2), JOSEPH,   [JEAN-BTE II.
  b 1722.
  ROY, Amable.   [ETIENNE III.

BOURJA, PIERRE.—Voy BOURGEAT.

BOURJOLI.—Voy. BENARD.

BOURJOLI, ALEXIS,
  maître tailleur, s 16 janvier 1751, à Montréal ¹
  Françoise, b 1721; s ¹ 3 mai 1746.

---

(1) Elle épouse, le 10 juillet 1769, Joseph Deneau, à Lachine.
(2) Et Bourrice.

BOURLAIS, JOSEPH.
  CHARON, Geneviève.
  Marie-Catherine, b 29 août 1765, à l'Ile-Dupas.

BOURLIER.—Voy. BOURHIS.

BOURLIS.—Voy. BOURHIS.

1689, (10 janvier) Charlesbourg.
I.—BOURLOTON, PIERRE,
  b 1665; s 9 mars 1753, à Chambly. ¹
  RENAUD, Marie-Anne,   [MATHURIN I.
  b 1674; s ¹ 13 oct. 1749.
  Marie-Charlotte, b 20 juin 1716, à Québec; m à Jean SPAGNOLINI.

I.—BOURNIVAL, FRANÇOIS.
  BOISVERD, Angélique.
  Angélique, b 2 février 1762, à Yamachiche.

I.—BOURO, GUILLAUME,
  b 1648.
  PICHINA, Marie,   [PIERRE I.
  b 1653.
  Françoise, b... 1° m à François JÉRÉMIE; 2° m 13 mai 1735, à Charles BOUCHER.

1708, (5 nov.) Charlesbourg. ⁴
II.—BOURON, MICHEL,   [JEAN I.
  b 1687, s 21 février 1709, à Beauport.
  VIVIER, Madeleine (1),   [PIERRE I.
  b 1688.
  Marie-Madeleine, b ⁴ 29 juillet et s ⁴ 21 août 1709.

II—BOURON, ANTOINE-JOSEPH,   [JEAN I.
  b 1696.
  BOYER, Marie-Joseph (2),   [CHARLES II.
  b 1704.
  Marie-Joseph, b 1718; m à Alexis BIENVENU; s 30 mai 1758, au Detroit. ⁴—*Charles*, b 17 oct. 1722, à Laprairie, m ⁴ 7 janvier 1756, à Marguerite RÉAUME. — *Louise*, b... m ⁴ 5 oct. 1744, à Louis CLERMONT.—*Madeleine*, b... 1° m ⁴ 26 février 1748, à Jean-Baptiste PUTELLE, 2° m ⁴ 8 janvier 1753, à François LACOSTE.—*François*, b 2 mai 1728, à Montreal. ⁵—*André*, b 1733; s ⁵ 4 janvier 1734.—*Pierre*, b ⁵ 26 juin 1737. — *Elisabeth*, b... m ⁴ 17 janvier 1740, à Alexis BIENVENU.

I—BOURON, JEAN-HENRI (3).

---

(1) Elle épouse, le 19 août 1715, Charles Boyer, à Charlesbourg.
(2) Elle épouse, le 2 juillet 1742, Jean Dumouchel, à Montréal.
(3) Notaire royal. Il était à Montréal le 21 janvier 1754

1756, (7 janvier) Détroit.[4]
III.—BOURON, Charles (1), [Joseph II.
b 1722.
Réaume, Marguerite, [Pierre III.
b 1725.
Charles, b [4] 19 février 1757 ; s [4] 7 janvier 1775. —*Marguerite,* b [4] 4 et s [4] 19 mai 1758.—*Nicolas,* b [4] 28 février et s [4] 30 mars 1760.—*Jean-Baptiste,* b [4] 7 juin et s [4] 18 août 1761.—*Charles,* b [4] et s [4] 23 juin 1762.—*Charles,* b [4] et s [4] 27 avril 1765.

BOURQUE, Marie-Louise, épouse de Charles Poupart.

BOURQUE.
Jacques, b... m à Marie-Marguerite Cormier. —*Pierre,* b...

BOURQUE, Jacques.
Cormier, Marie-Marguerite.
Marie, b... m à Pierre Leclerc.

BOURQUET.—Voy. Messaguet.

1748, (29 janvier) Montréal.[5]
I.—BOURQUIN (2), Louis, b 1718, fils d'Ignace et de Marie Chomé, de N.-D. de Versailles, Paris.
Marsereau (3), Louise, [Pierre I.
b 1722.
Louis, b [5] 20 oct. 1743.—*Marguerite,* b 11 déc. 1748, à Chambly.

BOURSIER, Joseph (4).

1673, (9 avril) Montréal.[2]
I.—BOURSIER, Jean,
b 1644.
Thibodeau, Marie-Marthe, [Mathurin I.
b 1661.
Alexandre, b [2] 29 juillet 1674 ; m à Marie-Jeanne Poineau. — *Barbe,* b 27 déc 1677, à Lachine[3] ; 1° m à Charles Primot ; 2° m [1] 7 mai 1703, à Jean Poineau.

II.—BOURSIER (5), Alexandre, [Jean I.
b 1674 ; s avant 1745.
Poineau-Primot, Marie-Jeanne.
Marie-Joseph, b 1710 ; m 30 juillet 1742, à Claude Rolland, à Montréal.[3]—*Marguerite,* b 1711 ; m 5 juillet 1745, à Charles Lejeune, s [3]

(1) Habitant de la côte sud. Côte des Hurons. Nous avons de concert avec le Sieur Legrand, juge de paix en cette ville, donné Marie, née et baptisée la veille, enfant de parents inconnus, au sieur et dame Bouron, pour être par eux élevée, nourrie et entretenue comme leur enfant, à condition que la susdite Marie sera, de son côté, obligée de les servir jusqu'à l'âge de vingt ans, en tout ce qui n'est pas contraire à la religion et à sa conscience.
Détroit, ce 7 mars 1766.
(Signé) F. Simple Bosquet,
Miss. Récollet.
(2) Dit Versailles.
(3) Et Marsau.
(4) Frère jésuite. Registre du Conseil Souverain, 26 janvier 1664.
(5) Dit Lavigne.

5 nov. 1746.—*Joseph,* b [5] 18 mars 1713.—*Pierre,* b 22 août 1717, à Laprairie[1] ; m [1] 27 nov. 1747, à Marie-Anne Gagné. — *Suzanne,* b... m 7 janvier 1749, à Louis Duquet, à Châteauguay.[2]— *Jean-Baptiste,* b... m [2] 7 janvier 1751, à Marie-Anne Bourbeau.—*Nicolas,* b... m [2] 29 oct. 1753, à Catherine Primot.

1747, (27 nov.) Laprairie.
III.—BOURSIER (1), Pierre, [Alexandre II.
b 1717.
Gagné, Marie-Anne, [Louis II.
b 1722.

1751, (7 janvier) Châteauguay.
III.—BOURSIER (1), Jean-Bte. [Alexandre II.
Bourbeau, Anne-Joseph, [Louis III.
b 1728.
Marie-Jeanne, b 1751 ; s 3 nov. 1760, à l'Hôpital-Général, M.

1753, (29 oct.) Châteauguay.
III.—BOURSIER, Nicolas. [Alexandre II
Primot, Catherine.

1758, (24 avril) Québec.
I.—BOURSIER (2), Jacques,
b 1730 ; s 30 oct. 1764, à Lachine.
Tremblay, Marie-Catherine (3), [Antoine III
b 1730.

BOURSIER, Jean.
Daoust, Catherine.
François, b 20 avril 1786, à l'Ile-Dupas.

BOURY.—Voy. Bory—Grandmaison.

BOUSQUEM (De).—Voy. Carrery, chevalier.

BOUSQUET, Barbe, épouse de Jean-Baptiste Dutremble.

BOUSQUET, Marie-Charlotte, épouse de Louis Goulet.

BOUSQUET, Marie, b... m à Claude Phaneuf, s 21 nov. 1756, à St-Antoine-de-Chambly.

BOUSQUET, Thérèse, épouse de Louis Rebelliau.

BOUSQUET, Marguerite, épouse d'Alexis Rivet.

1672, (11 mai) Montréal.[1]
I.—BOUSQUET, Jean,
b 1646 ; s avant 1716.
Fourrier, Catherine,
b 1638 ; s 22 oct. 1726, à Varennes.[2]
Catherine, b [1] 13 février 1676 ; m [2] 24 nov. 1698, à Jean Voyne. — *Marie,* b 27 sept. 1682, à

(1) Dit Lavigne.
(2) Voy. Bausier. p. 157.
(3) Elle épouse, le 17 août 1767, Antoine Tabaut, à Lachine.

la Pte-aux-Trembles, M.³ ; m² 12 mai 1704, à Majotte AUDIN ; s 15 mai 1740, à St-François, L. J. — *Barbe*, b⁸ 7 fevrier 1684 ; 1° m¹ 1ᵉʳ août 1707, à Pierre LAVAL ; 2° m¹ 17 nov. 1709, à Jean-Baptiste DESROSIERS ; 3° m¹ 8 janvier 1731, à Charles MIVILLE. — *Jeanne*, b³ 17 oct. 1685 ; m¹ 14 nov. 1710, à Albert BEAUNE ; s¹ 19 avril 1716. — *Anne-Catherine*, b² 14 mai 1695 ; m² 27 janvier 1716, à Nicolas LEDOUX.

1702, (16 janvier) Varennes. ⁶
II.—BOUSQUET, PIERRE,   [JEAN I.
  b 1679.
  BANLIER, Marie-Anne,   [MATHURIN I.
  b 1684.
Jean-Baptiste, b⁶ 26 nov. 1702 ; 1° m 29 oct. 1726, à Marguerite PROVOST, à Repentigny⁹, 2° m⁶ 15 juin 1738, à Madeleine GUYON. — *Marie-Joseph*, b⁶ 31 août 1704 ; m⁶ 28 janvier 1726, à Joseph LEDOUX.—*Pierre*, b⁶ 7 février 1707 ; m⁶ 8 juin 1733, à Louise GUYON. — *Charles*, b⁶ 17 janvier 1709 ; m⁶ 12 nov. 1731, à Judith LEBRODEUR.—*Claude*, b⁶ 15 janvier 1711 ; m⁶ 16 janvier 1736, à Marie HÉBERT. — *Louis*, b 1712 ; m à Marie-Louise DESMARAIS ; s⁹ 8 sept. 1784.— *Nicolas*, b⁶ 13 février 1713, m 7 janvier 1739, à Veronique LEDUC, à Montréal.—*Marguerite*, b... m⁶ 8 février 1734, à Christophe LEBRODEUR.

1726, (29 oct.) Repentigny.
III.—BOUSQUET, JEAN-BTE,   [PIERRE II.
  b 1702.
  1° PROVOST, Marguerite,   [FRANÇOIS II.
  b 1706.
Jean-Baptiste, b 28 nov. 1727, à Varennes. ⁶—*Maurice*, b... m à Marie-Charlotte DESMARAIS. — *Marguerite*, b 1731 ; m 12 juin 1752, à Augustin BRODEUR, à St-Antoine-de-Chambly. ⁹—*Charles*, b... m⁶ 16 février 1756, à Marguerite LEBRODEUR. —*Marie-Charlotte*, b... m à Jean ARCHAMBAULT.
    1738, (15 juin). ⁶
  2° GUYON, Madeleine,   [IGNACE IV.
  b 1717.
Julien, b 1730 ; m⁹ 6 oct. 1766, à Marie-Joseph ARCHAMBAULT.—*Marie-Louise*, b 1748, s⁹ 16 dec. 1751.—*Marie-Baptiste*, b 1748 ; m⁹ 11 août 1766, à Florentin ARCHAMBAULT.—*Marie-Judith*, b⁹ 6 dec. 1750 ; s⁹ 7 dec. 1751.

1731, (12 nov.) Varennes.
III.—BOUSQUET, CHARLES,   [PIERRE II.
  b 1709 ; s avant 1768.
  LEBRODEUR, Judith,   [JEAN-BTE II.
  b 1714.
Jean-Baptiste, b 1738 ; m 7 nov. 1763, à Marie-Louise ARCHAMBAULT, à St-Antoine-de-Chambly. ⁶—*Marie-Madeleine*, b⁶ 1ᵉʳ nov. 1750, m⁶ 8 février 1768, à Jean-Baptiste COURTEMANCHE. — *Marie-Joseph*, b⁶ 1ᵉʳ janvier 1752 ; m⁶ 18 janvier 1768, à François GAUDET.—*Jacques*, b⁶ 15 avril et s⁶ 12 août 1753.—*Marie-Amable*, b 12 juillet 1754, à St-Ours. — *Jean-Baptiste*, b⁶ 15 février 1757. — *Françoise-Marie*, b⁶ 14 mars 1758. — *Ignace*, b... m⁶ 26 oct. 1767, à Marie VANDANDAIQUE.

III.—BOUSQUET, LOUIS,   [PIERRE II.
  b 1712 ; s 8 sept. 1784, à Repentigny. ⁶
  DESMARAIS (1), Marie-Louise,   [CHARLES II.
  b 1716 ; s⁶ 16 janvier 1782.

1733, (8 juin) Varennes.
III.—BOUSQUET, PIERRE,   [PIERRE II.
  b 1707.
  GUYON, Louise,   [IGNACE IV.
  b 1712.
Pierre, b... m 12 janvier 1761, à Elisabeth ARCHAMBAULT, à St-Antoine-de-Chambly.

1736, (16 janvier) Varennes. ¹
III.—BOUSQUET, CLAUDE,   [PIERRE II.
  b 1711.
  HÉBERT, Marie,   [JOSEPH III.
  b 1716.
Isabelle, b... 1° m¹ 7 sept. 1761, à Jean-Baptiste LAVIGNE, 2° m¹ 25 sept. 1769, à Simon PERRON.—*Marie*, b... m¹ 19 sept. 1763, à François CHARLAN.—*Judith*, b... m¹ 28 sept. 1767, à Jean-Baptiste LEDOUX —*Marguerite*, b... m¹ 25 sept. 1769, à Jean-Pierre BRUNEL. — *Christophe*, b... m 18 juin 1770, à Marie PREVOST, à Boucherville.

III —BOUSQUET, MAURICE,   [JEAN-BTE II.
  b 1716.
  TROGNON (2), Marie-Charlotte.   [CHARLES II.
  s 14 février 1789, à Repentigny. ³
Marie, b... m³ 7 nov. 1768, à Pierre BÉIQUE. —*Marie-Madeleine*, b... m³ 9 août 1773, à Pierre BAUDRY.—*Pierre*, b...—*Charles*, b...

1739, (7 janvier) Montréal.
III.—BOUSQUET, NICOLAS,   [PIERRE II.
  b 1713.
  LEDUC, Veronique,   [CHARLES II.
  b 1716.
Thérèse, b... m 3 février 1761, à Louis REBILLAU, à Varennes. ⁹ — *Jean-Baptiste*, b... m⁹ 27 avril 1767, à Charlotte MESSIER.—*Marie-Amable*, b... m⁹ 26 février 1770, à Charles TÉTREAU.

1756, (16 février) Varennes.
IV.—BOUSQUET, CHARLES.   [JEAN-BTE III.
  LEBRODEUR, Marguerite.   [JEAN-BTE II.

BOUSQUET, JOSEPH.
  RIVARD (3), Geneviève,   [JOSEPH III.
  b 1738 ; s 13 nov. 1760, à St-Antoine-de-Chambly. ⁶
Marie-Geneviève, b⁶ 19 juillet et s⁶ 2 août 1758. — *Marie-Louise*, b⁶ 30 sept. 1759. — *Anonyme*, b⁶ et s⁶ 12 nov. 1760.

1760, (6 oct.) Verchères. ⁷
I.—BOUSQUET, JOSEPH, fils de Pierre et de Marie-Anne Fortillade, de St-Saturnin, diocèse de Toulouse, Languedoc.
  SAVARIA, Marie-Anne.   [JOSEPH II.
Joseph, b⁷ 26 dec. 1760.

---
(1) Marais dit Desmarais.
(2) Dit Desmarets.
(3) Dit Lacoursière

1761, (12 janvier) St-Antoine-de-Chambly.
IV.—BOUSQUET, Pierre. [Pierre III.
Archambault, Elisabeth, [Pierre IV.
b 1743.

1763, (7 nov.) St-Antoine-de-Chambly.
IV.—BOUSQUET, Jean-Bte, [Charles III.
b 1738.
Archambault, Marie-Louise, [Louis IV.
b 1745.

1766, (6 oct.) St-Antoine-de-Chambly.
IV.—BOUSQUET, Julien, [Jean-Bte III.
Archambault, Marie-Joseph, [Louis IV.
b 1749.

1767, (27 avril) Varennes.
IV.—BOUSQUET, Jean-Bte. [Nicolas III.
Messier, Charlotte. [Augustin III.

1767, (26 oct.) St-Antoine-de-Chambly.
IV.—BOUSQUET, Ignace. [Charles III.
Gadbois (1), Marie. [André III.

1770, (18 juin) Boucherville.
IV.—BOUSQUET, Christophe. [Claude III.
Prevost, Marie. [Joseph III.

BOUSQUET, Pierre.
Pelletier, Marie-Charles.
Anonyme, b et s 1ᵉʳ sept. 1775, à Repentigny.

BOUSQUET, Michel.
........., Thérèse.
François, b et s 24 sept. 1794, à Repentigny.

BOUSQUET, Michel.
Leduc, Catherine. [Antoine.
Marie-Marguerite, b 23 août 1794, à Repentigny.

BOUSSOT (2), Jean,
s 10 février 1690, à Montréal.

1686, (1ᵉʳ sept.) Boucherville.⁴
I.—BOUTEILLER (3), André,
b 1650, s 16 mai 1699, à Montréal.
Chapacou, Marie-Angélique (4), [Simon-Jean I.
b 1668.
Marie-Angélique, b ⁴ 24 nov. 1686; m 14 avril 1709, à François Harel, à Longueuil.⁵ — *André,* b ⁴ 22 sept. 1688; m 7 février 1714, à Barbe Beauchamp, à St-François, I. J. — *Jean-Baptiste,* b ⁴ 17 mai 1693, s ⁵ 22 juin 1706 (noyé) — *Catherine,* b ⁴ 18 mars 1695, m ⁵ 11 août 1715, à Adam Fournier. — *Marthe,* b ⁴ 15 nov. 1696, m ⁵ 11 août 1715, à Pierre Colin; s ⁵ 25 mars 1737. — *François,* b... m ⁵ 28 nov. 1725, à Charlotte Lanctot.

(1) Vandandaique dit Gadbois.
(2) Dit Laflotte.
(3) Voy. vol. I, p. 81.
(4) Elle épouse André Lamarre.

1695, (23 juin) Montréal.⁷
I.—BOUTEILLER (1), Jean,
b 1658; s ⁷ 4 oct. 1698.
Morin, Marie (2), [Jacques I.
b 1667, veuve de Jacques Vigor.
Marie, b ⁷ 29 mars 1696; m ⁷ 23 sept. 1708, à François Aubry. — *Angélique* (posthume), b ⁷ 29 avril 1699; m ⁷ 3 nov. 1722, à Gabriel Leber; s ⁷ 23 juillet 1723.

1706.
I.—BOUTEILLER (3), François,
b 1667; s 11 juillet 1754, à Longueuil.⁷
Charon, Jeanne, [Pierre I.
b 1688, s avant 1731.
François, b ⁷ 6 nov. 1707; 1º m ⁷ 9 nov. 1731, à Marie-Angélique Lussier; 2º m ⁷ 9 août 1751, à Marie-Anne Foran. — *Anne,* b ⁷ 10 nov. 1709; m ⁷ 5 nov. 1731, à Joseph Viau. — *Françoise,* b 1710; 1º m ⁷ 9 février 1733, à Nicolas Lussier; 2º m ⁷ 14 avril 1755, à Jean-Baptiste Deniau; s ⁷ 4 janvier 1760. — *Marie,* b... m ⁷ 12 janvier 1739, à Jean-Baptiste Lavigne. — *Marie-Madeleine,* b 20 mars 1712, à Repentigny.

I.—BOUTEILLER (4), Simon,
s avant 1722.
Masson, Michelle,
s avant 1722.
François, b... m 22 janvier 1722, à Marguerite Viau, à Longueuil.

1715, (21 sept.) Montréal.
II.—BOUTEILLER, Antoine, [André I
b 1690, s 13 dec. 1747, à Longueuil.⁶
Goyou, Louise, [Guillaume I
b 1695.
Marie-Angélique, b ⁶ 31 août 1716; m ⁶ 15 janvier 1738, à Joseph Létourneau. — *Marie-Louise,* b ⁶ 20 oct. 1718; m ⁶ 7 nov. 1740, à Antoine Benoit. — *Charlotte,* b ⁶ 6 sept. 1720, m ⁶ 6 février 1741, à Antoine Adam. — *Marie-Joseph,* b ⁶ 3 sept. 1722; m ⁶ 17 mai 1745, à Joseph Desautels. — *Marie-Anne,* b ⁶ 25 mars 1724, m ⁶ 19 mai 1749, à Blaise Dufresne. — *Antoine-Joseph-Laurent,* b ⁶ 10 août 1725; 1º m⁶25 février 1754, à Marguerite-Amable Gélineau, 2º m 21 février 1757, à Catherine Favreau, à Boucherville. — *Marguerite,* b ⁶ 3 février 1728; m ⁶ 19 mai 1749, à Pierre Desautels. — *Etienne-Noel,* b ⁶ 26 dec. 1729; s ⁶ 16 dec. 1730. — *Michel-Amable,* b ⁶ 29 sept. 1731; m 15 oct. 1753, à Marie-Joseph Prevost, à Varennes. — *Marie-Catherine,* b ⁶ 10 juin 1733; 1º m 1748, à Marc-Antoine Goguet, 2º m ⁶ 8 février 1751, à Michel Marsil. — *Françoise-Archange,* b ⁶ 28 août 1735; m ⁶ 18 février 1754, à Antoine Dufresne — *Jean-Baptiste,* b ⁶ 11 et s ⁶ 13 juillet 1737 — *Marie-Suzanne,* b ⁶ 25 nov. 1738, s ⁶ 14 janvier 1747. — *Marie-Reine,* b ⁶ 2 oct 1740; m ⁶ 22 janvier 1759, à Jean-Baptiste Marsil.

(1) Dit Testu.
(2) Elle épouse, le 1er janvier 1699, François LeTendre, à Montréal.
(3) Dit Bonneville.
(4) Dit Bonneville.

1722, (22 janvier) Longueuil. ⁶
II.—BOUTEILLER (1), FRANÇOIS, [SIMON I.
s avant 1754.
VIAU, Marguerite, [JACQUES I.
b 1680; veuve de Pierre Lussier; s ⁶ 13 nov. 1754.
Etienne, b ⁶ 26 déc. 1722; s ⁶ 25 avril 1723.

1725, (28 nov.) Longueuil. ⁶
II.—BOUTEILLER, FRANÇOIS. [ANDRÉ I.
LANCTOT, Marie-Charlotte, [FRANÇOIS III.
b 1708.
Françoise, b ⁶ 5 et s ⁶ 23 oct. 1726. — *Marie-Charlotte,* b ⁶ 18 oct. et s ⁶ 4 nov. 1727. — *Angélique* b ⁶ 7 et s ⁶ 11 oct. 1728. — *François,* b ⁶ 9 oct. 1729; m ⁵ 3 juillet 1752, à Marie-Anne BOYER. — *Marie-Charlotte,* b ⁶ 23 et s ⁶ 28 sept. 1731.—*Joseph,* b ⁶ 16 fevrier et s ⁶ 17 avril 1733. —*Angélique,* b ⁶ 9 mars 1734.—*Marie-Charlotte,* b 1734; s ⁶ 5 janvier 1737. — *Louis,* b ⁶ 30 nov. 1735, m ⁶ 7 janvier 1761, à Marie-Anne VARRI. —*Marie-Anne-Charlotte,* b ⁶ 16 mars 1737, m ⁶ 16 juin 1755, à Louis DENIAU. — *Charles-Joseph-Dominique,* b ⁶ 4 août 1738.—*Antoine-Augustin,* b ⁶ 26 janvier 1740. — *Charles,* b ⁶ 28 mai et s ⁶ 25 juin 1741. — *André.* b ⁶ 30 mai et s ⁶ 3 juin 1742.—*Alexis-Marie,* b ⁶ 15 août 1743, m 21 oct. 1765, à Madeleine CHARLES, à Boucherville.— *Gabriel-Benjamin,* b ⁶ 12 mars et s ⁶ 12 nov. 1747. — *Joseph,* b... m 1ᵉʳ fevrier 1762, à Flavienne PERRAS, à Laprairie.

1731, (9 nov.) Longueuil. ⁵
II.—BOUTEILLER (1), FRANÇOIS, [FRANÇOIS I.
b 1707.
1° LUSSIER, Marie-Angélique, [PIERRE II
b 1715; s ⁶ 23 mai 1750.
Angélique, b ⁵ 21 sept. 1732; m ⁵ 27 oct. 1760, à Dominique ROLIN. — *Sulpice,* b... m ⁵ 2 fevrier 1761, à Marie-Amable ACHIN. — *Marguerite,* b... m ⁵ 11 oct. 1762, à Jean-Louis DELUBAC. — *François,* b... m ⁵ 28 janvier 1760, à Angelique BIGUÉ. — *Joseph,* b...—*Louis,* b...—*Marie-Françoise,* b ⁵ 5 juillet 1743, s ⁶ 24 avril 1744.— *Marie-Monique,* b ⁵ 16 avril 1745.—*Marie-Judith-Amable,* b ⁵ 28 février 1747. — *Antoine,* b ⁵ 28 mars et s ⁵ 2 avril 1749.
1751, (9 août). ⁵
2° FORAN, Marie-Anne. [ANDRÉ II.
Marie-Archange, b ⁵ 30 avril et s ⁵ 7 mai 1752. —*Daniel,* b ⁵ 27 août et s ⁵ 2 sept. 1753.—*Rosalie,* b ⁵ 10 nov. 1760; s ⁵ 11 janvier 1761.

1752, (3 juillet) Longueuil.
III —BOUTEILLER, FRANÇOIS, [FRANÇOIS II.
b 1729.
BOYER, Marie-Anne. [PIERRE III.

1753, (15 oct.) Varennes.
III —BOUTEILLER, MICHEL, [ANTOINE II.
b 1731.
PREVOST, Marie-Joseph. [RENÉ II.
Geneviève, b 1756, s 6 janvier 1757, à Longueuil. °— *Jacques,* b ⁵ 18 oct. 1760

1754, (25 fevrier) Longueuil. ⁷
III.—BOUTEILLER, ANT., [ANTOINE II.
b 1725.
1° GÉLINEAU, Marguerite-Amable, [DANIEL II.
b 1735; s ⁷ 23 juillet 1754.
1757, (21 fevrier) Boucherville.
2° FAVREAU, Catherine. [PIERRE III.
Marie-Catherine, b 15 mai 1758, à Chambly.

1760, (28 janvier) Longueuil. ⁷
III —BOUTEILLER, FRANÇOIS. [FRANÇOIS II.
BIGUÉ, Angélique, [JEAN-BTE II.
b 1736.
François, b ⁷ 13 nov. 1760.

1761, (7 janvier) Longueuil. ⁷
III.—BOUTEILLER, LOUIS, [FRANÇOIS II.
b 1735.
VARRI, Marie-Anne, [CHARLES II.
b 1739.
Marie-Anne, b ⁷ 26 oct. 1761.

1761, (2 février) Longueuil.
III.—BOUTEILLER, SULPICE. [FRANÇOIS II.
ACHIN, Marie-Amable, [ETIENNE III.
b 1739.

1762, (1ᵉʳ fevrier) Laprairie.
III.—BOUTEILLER, JOSEPH. [FRANÇOIS II.
PERRAS, Flavienne, [CLÉMENT III.
b 1742.

1765, (21 oct.) Boucherville.
III.—BOUTEILLER, ALEXIS, [FRANÇOIS II.
b 1743.
CHARLES, Madeleine. [JOSEPH II.

BOUTEILLER, ANDRÉ.
LAPERCHE, Amable.
Marie-Amable, b et s 24 juin 1780, à Repentigny.⁹ — *Marie-Louise,* b ⁹ et s ⁹ 2 mai 1784.

BOUTEILLER, PIERRE.
1° VEILLEUX, Marie.
1796, (18 oct.) Beaumont.
2° FOURNIER, Marie-Joseph. [ANTOINE III.

BOUTET.—Voy. LEBEUF.

BOUTET, MARIE, épouse de Noël CARPENTIER; s avant 1721.

1687, (6 oct.) Québec. ¹
I.—BOUTET (1), PIERRE-JEAN,
b 1660; s avant 1745.
GUERIN, Marie, [CLÉMENT I.
b 1673; s 25 oct. 1759, à Charlesbourg ²
Julien, b ² 10 mai 1699, m 16 janvier 1729, à Marguerite GIRARD, à Lorette. — *Simone,* b ² 9 juillet 1702, m ² 13 janvier 1727, à Pierre-Charles DURET. — *Jean-Baptiste,* b ² 2 janvier 1704; m ¹ 4 août 1732, à Ursule DURET.—*Jeanne,* b ² 21 nov. 1706, m à Pierre JUSGRAIN; s ¹ 20

(1) Dit Bonneville.

(1) Dit Lebeuf. Voy. vol I, p. 81.

juillet 1744.—*René*, b ² 31 déc. 1709; m ² 23 janvier 1741, à Marie-Elisabeth HILERET. — *Marie*, b... m à Jacques DUCHESNEAU.

1695.

I.—BOUTET, JEAN.
FONTAINE, Marie-Anne,
veuve de Jean Brousseau.
Gabriel, b 19 février 1696, à Québec.⁷ — *Pierre*, b... m ⁷ 16 nov. 1729, à Marie-Françoise HAINS.

1719, (6 février) Charlesbourg.⁵

II.—BOUTET (1), PIERRE, [PIERRE I.
b 1694.
1° CLOCHER, Geneviève, [LOUIS I.
b 1698; s⁵ 29 oct. 1736.
Joseph, b⁵ 15 déc. 1719; m⁵ 1ᵉʳ mars 1745, à Marie-Joseph BEZEAU. — *Geneviève*, b⁵ 22 avril 1722; s⁵ 4 janvier 1734.—*Pierre*, b⁵ 27 mai 1724, m 28 avril 1755, à Marie PLAMONDON, à Lorette. —*Marie-Jeanne*, b⁵ 17 juin 1726.—*Marie-Louise*, b⁵ 25 juin 1728. — *Marie-Thérèse*, b⁵ 25 février 1731; m 9 nov. 1750, à PIERRE BEZEAU, à Québec.⁶ *Marie-Geneviève*, b⁵ 3 janvier 1734; m 7 janvier 1755, à Jean-Hubert RUEL, à Montréal.—*Claude*, b⁵ 12 et s⁵ 30 janvier 1735.—*Jean-Baptiste*, b⁵ 21 février 1736.

1738, (16 juin).⁵

2° DÉRY, Marie-Madeleine, [JOSEPH II.
veuve d'Etienne Magnan.
Marie-Elisabeth, b⁵ 16 déc. 1739. — *Marc*, b⁵ 8 juin et s⁶ 1ᵉʳ août 1741. — *Marguerite*, b⁵ 26 août 1742. — *Jean-Charles*, b⁶ 21 avril et s⁶ 17 mai 1744. — *Jacques*, b⁶ 21 avril et s⁶ 1ᵉʳ juillet 1744.—*Marie-Angélique*, b⁶ 19 sept. 1745; s⁶ 12 août 1746. — *Charles*, b⁶ 30 nov. 1747; s⁶ 13 juillet 1748. — *Marie-Marguerite*, b⁶ 16 janvier 1750; s⁶ 10 mai 1751.—*Marie*, b⁵ 15 août et s⁵ 13 sept. 1751. — *Jean-Gilles*, b⁶ 8 déc. 1752; s⁶ 22 janvier 1753.

1729, (16 janvier) Lorette.

II.—BOUTET (1), JULIEN, [JEAN I.
b 1699.
GIRARD, Marguerite-Suzanne, [ETIENNE I.
b 1710.
Michel, b 12 avril 1729, à Charlesbourg⁵; s⁵ 14 janvier 1752. — *Charles*, b⁵ 10 et s⁵ 20 juillet 1731.—*Simon*, b⁵ 14 juillet 1732.—*Pierre*, b⁵ 18 mars 1735. — *Marguerite*, b⁵ 18 déc. 1736.—*Marie-Françoise*, b⁵ 5 nov. 1738.—*Marie-Jeanne*, b⁵ 1ᵉʳ nov. 1740; s⁵ 28 déc. 1758. — *Marie-Angélique*, b⁵ 17 février 1743; s⁵ 18 sept. 1749.—*Marie-Simone*, b⁵ 31 mars 1746; s⁵ 20 sept. 1749. —*François*, b⁵ 6 août 1748; s⁵ 24 sept. 1749.—*François*, b⁵ 14 déc. 1751.

1729, (16 nov) Québec.⁵

II.—BOUTET (1), PIERRE, [JEAN I.
b 1694.
HAINS, Marie-Françoise, [JOSEPH I.
b 1715.

(1) Dit Lebeuf.

1732, (4 août) Québec.⁵

II.—BOUTET (1), JEAN-BTE. [JEAN I.
b 1704.
DURET, Ursule, [JACQUES I.
b 1712.
Jean-Baptiste, b 7 sept. 1732 à Charlesbourg⁴; s⁴ 26 mars 1734.—*Marie-Thérèse*, b⁴ 7 avril 1734. —*Marie-Jeanne*, b⁴ 10 janvier 1736. — *Marie-Catherine*, b⁴ 27 mai 1737. — *Jacques*, b⁵ 11 août et s⁵ 15 sept. 1738. — *Louis-Joseph*, b⁵ 24 mars et s⁵ 4 mai 1741. — *Mathieu*, b⁵ 4 avril 1743. — *Jean-Baptiste*, b⁵ 3 et s⁵ 18 oct. 1744.— *Jean-Baptiste*, b⁵ 4 février 1747.—*Marie-Louise*, b⁵ 11 et s⁵ 13 sept. 1748. — *Jean-Pierre*, b⁵ 4 juillet 1750; s⁵ 11 janvier 1751.—*Marie-Ursule*, b⁵ 5 déc. 1751; s⁵ 7 mars 1752. — *Marie-Thérèse*, b... m⁵ 14 février 1757, à Denis PÉLISSIER. —*Simon*, b... m 8 avril 1771, à Marie-Reine TIDAUT, au Château-Richer.

1741, (23 janvier) Charlesbourg.⁴

II —BOUTET, RENÉ, [JEAN I.
b 1709.
HILERET, Marie-Elisabeth, [HENRI II.
b 1720; s⁴ 22 août 1762.
Marie-Isabelle, b⁴ 1ᵉʳ juin 1742; m⁴ 24 nov. 1763, à Joseph DUGRÈS.—*Pierre*, b⁴ 28 mai 1744. —*André-Charles*, b⁴ 6 avril 1746. — *Françoise*, b⁴ 19 février et s⁴ 12 oct. 1748. — *Marie-Joseph*, b⁴ 17 sept. 1749. — *Marie-Françoise*, b⁴ 6 août 1751.—*Anonyme*, b... s⁴ 23 juillet 1754.—*Simon*, b⁴ 19 oct. 1755 — *Marie-Marguerite*, b⁴ 22 juillet et s⁴ 11 oct. 1758.—*Marie-Simone*, b⁴ 24 oct. 1759.

1745, (1ᵉʳ mars) Québec.⁴

III.—BOUTET (2), JOSEPH. [PIERRE II.
BEZEAU, Marie-Joseph, [PIERRE II.
b 1714; veuve de Jean-Baptiste Dumareuil.
Marie-Joseph, b⁴ 19 février et s⁴ 31 mars 1746. — *Marie-Joseph*, b⁴ 22 mai 1747.— *Marie-Françoise*, b⁴ 26 nov. 1748; s⁴ 17 mars 1749.— *Pierre-Joseph*, b⁴ 26 février et s⁴ 19 mai 1750.— *Marie-Angélique*, b⁴ 5 mai 1751. — *Pierre*, b⁴ 7 août 1753.—*Anonyme*, b⁴ et s⁴ 11 oct. 1762.

BOUTET, BARTHÉLEMI.
PITALIER, Marie-Charlotte.
Charles-Barthélemi, b 2 et s 28 août 1746, à Montréal.

1755, (28 avril) Lorette.⁴

III.—BOUTET (3), PIERRE, [PIERRE II.
b 1724.
PLAMONDON, Marie-Jeanne, [PIERRE II.
b 1736.
Pierre, b⁴ 9 sept. 1757; s⁴ 12 juillet 1759.— *Marie-Louise*, b⁴ 16 avril 1762. — *Marie-Thérèse*, b⁴ 8 avril 1764; s⁴ 14 juin 1765.

(1) Dit Lebeuf.
(2) Dit Lebeuf; appelé Malbœuf en 1751.
(3) Dit Lebeuf; appelé Albeuf en 1764.

1771, (8 avril) Château-Richer.
III.—BOUTET, Simon. [Jean-Bte II.
  Tibaut, Marie-Reine.

BOUTIER, Françoise, épouse de François Lescuyer.

I.—BOUTIER, Jean-François,
  s avant 1748.
  DeRamezay (1), Jeanne,
    b 1685; s 19 avril 1735, à Montréal.[7]
  Jacques-Joseph, b[7] 17 février 1725. — *Jean-Baptiste,* b[7] 18 oct. 1728.—*François,* b... m 12 février 1748, à Françoise Grisé, à Chambly.

1748, (12 février) Chambly.[7]
II.—BOUTIER, François. [François I.
  Grisé, Françoise. [Antoine.
  Marie-Françoise, b[7] 19 mai 1749.—*François,* b[1] 25 oct. 1750.—*Pierre,* b[7] et s[7] 8 août 1756.—*Michel,* b[7] 23 juillet et s[7] 4 août 1759.

BOUTILLET, Marie-Anne, b... 1° m à Andre Corbeil; 2° m 12 oct. 1778, à Jacques Lauzon.

BOUTILLET, Cécile, épouse de Louis Gariépy.

1699, (12 janvier) Château-Richer.[1]
I—BOUTILLET (2), Jacques,
  b 1671; s 30 oct. 1749, à L'Ange-Gardien [2]
  Verreau, Marguerite, [Barthélemi I.
    b 1674; s[2] 25 nov. 1749.
  Jacques, b[1] 1er déc. 1699.—*Marguerite,* b[1] 31 juillet 1702; m[2] 12 fev. 1721, à Joseph Turgeon. —*Agnès,* b[1] 14 janvier 1704; m[2] 6 nov. 1724, à Claude Gravelle. — *Jacques,* b[1] 11 mars 1705; m[1] 29 janvier 1731, à Marie Cordeau-Deslauriers; s[1] 17 mars 1754, à Quebec.[3]—*Marie-Madeleine,* b[1] 24 juillet 1708; m[2] 17 avril 1730, à Jean Gagnon. —*Françoise,* b[1] 24 juillet 1708.—*Marie-Geneviève,* b[2] 19 juin 1710; m[2] 11 nov. 1734, à Antoine Richoux.—*Marie-Joseph,* b[2] 17 janvier 1712; 1° m[3] 25 janvier 1734, à Pierre-François Paris; 2° m[3] 22 février 1745, à Louis Choret; s[3] 21 août 1762.—*Thérèse,* b[2] 6 juin 1713; m[2] 29 oct. 1736, à Louis Huot.— *Marie-Louise,* b[2] 9 mai 1719 ; 1° m[2] 21 oct. 1743, à Guillaume Gosselin; 2° m[1] 20 oct. 1749, à Louis Turgeon; 3° m[1] 26 oct. 1750, à Guillaume Plante; 4° m[1] 21 juillet 1756, à Pierre Poulin.

1699, (5 oct.) Beauport.[7]
I.—BOUTILLET (3), Pierre, b 1676; fils de Pierre et de Jeanne Lemoine, de St-Sauveur, diocèse de Rouen; s 10 juin 1715, à Charlesbourg.[8]
  1° Vandandaique, Jacqueline, [Joseph I
    b 1678.
  Marie-Françoise, b[8] 30 janvier 1701; m 1725, à Joseph Sire, s 14 sept. 1738, à St-François, I. J. — *Marie-Charlotte,* b[8] 10 février 1704; m

(1) Et Mezeray.
(2) Voy. vol. I, p. 82.
(3) Dit St-Amour.

1725, à Jean Berthiaume. — *Geneviève,* b[8] 10 juillet 1705; m 8 mai 1730, à François Lemoine, à Québec.—*Marguerite-Angelique,* b[8] 16 février 1712; m[7] 25 nov. 1731, à Vincent Giroux.— *Louise-Françoise,* b[8] 10 mai 1713; s[8] 22 mai 1744.

1714, (23 juillet).[8]
2° Allard, Marie-Anne (1). [François I.
  François, b[8] 9 juin 1715; m[7] 24 oct. 1735, à Marie-Charlotte Giroux; s[7] 28 janvier 1738.

1714, (7 février) St-François, I. J.[7]
II.—BOUTILLET (2), André, [André I.
  b 1688.
  Beauchamp, Barbe, [Jean I.
    b 1683; veuve de Guillaume Forget.
  André, b[7] 27 juin 1715. — *Marie-Anne,* b[7] 9 mai 1717; m 6 février 1741, à Joseph Brousseau, à Lachenaye.[8]— *Louise,* b 1723, s[8] 7 avril 1733.

1731, (29 janvier) Château-Richer.[8]
II.—BOUTILLET, Jacques, [Jacques I.
  b 1705 ; s 17 mars 1754, à Québec.
  Cordeau (3), Marie-Anne, [Jacques II.
    b 1711; s 26 déc 1761, à L'Ange-Gardien.[9]
  Marie, b[9] 3 oct. 1731; m[9] 20 oct. 1749, à Augustin Fournier. — *Marguerite,* b[9] 6 déc. 1732; m[9] 5 février 1759, à Philippe Trudel. — *Joseph,* b[9] 3 juin 1734; m[9] 28 sept. 1761, à Geneviève Fafart.—*Jacques,* b[9] 7 janvier 1736.—*Tècle,* b[9] 7 sept. 1737.— *Simon,* b[9] 27 oct. 1739.—*Pierre,* b[9] 18 nov. 1741. — *Geneviève,* b[9] 15 avril 1744, m à Rene Mathieu. — *François,* b... m[8] 9 février 1767, à Marie-Louise Langlois.

1735, (24 oct.) Beauport[7]
II.—BOUTILLET, François, [Pierre I.
  b 1715; s[7] 28 janvier 1738.
  Giroux, Marie-Charlotte (4), [Toussaint II.
    b 1712.

1761, (28 sept.) L'Ange-Gardien.[7]
III.—BOUTILLET, Joseph, [Jacques II.
  b 1734.
  Fafart, Geneviève, [Louis III.
    b 1739.
  Joseph-Marie, b[7] 8 déc. 1762. — *Louis,* b 30 août 1764, au Château-Richer[8]; m 3 mai 1791, à Geneviève Chamberland, à Quebec.—*Geneviève,* b[8] 2 juin 1766.—*Pierre,* b[8] 14 sept. 1767.

1767, (9 février) Château-Richer.
III.—BOUTILLET, François. [Jacques II.
  Langlois, Marie-Louise, [Louis IV.
    b 1742.

1791, (3 mai) Québec.
IV.—BOUTILLET, Louis, [Joseph III.
  b 1764.
  Chamberland, Geneviève. [Pierre.

(1) Elle épouse, en 1720, Jean Renaud, à Charlesbourg.
(2) Et Bouteiller.
(3) Dit Deslauriers.
(4) Elle épouse, le 5 nov. 1738, Pierre Pivain, à Beauport.

BOUTILLET, Pierre.
Viau, Thérèse,
b 1769; s 19 oct. 1795, à Québec.

1766, (27 oct.) Lac-des-Deux-Montagnes.
I.—BOUTILLIER, Pierre, marchand, fils de Nicolas et d'Elisabeth Roland, de St-Martin, Ile-de-Rhe, diocèse de LaRochelle.
Lemaire, Angelique. [Hyacinthe I.

1777, (17 mars) Québec. [4]
I.—BOUTILLIER, Guillaume, fils de Jean et de Marie Boutiller, de Guernesay.
1º Guignard, Angelique, b 1757; fille de Julien et de Marie-Louise Morand; s [4] 19 juillet 1791.
1792, (7 janvier) [4]
2º Normand, Marie-Anne-Frse. [Jean-Bte.

BOUTIN.—*Variations et surnoms:* Larose — Dubord—Francoeur.

1682, (7 mai) Québec.
II.—BOUTIN (1), Jean, [Jean I.
b 1662.
Fontaine, Marie-Anne, [Louis I.
b 1658; veuve de Jacques Fluet; s 2 déc. 1739, à Lorette. [1]
Jean-Etienne, b [1] 22 juillet 1684; m 14 nov. 1712, à Louise Vandandaique, à Beauport — *Marie-Thérèse,* b [1] 5 oct. 1699; m [1] 22 oct. 1720. à Jacques Drolet; s [1] 17 sept. 1738.—*Catherine-Françoise,* b [1] 6 oct. 1701, m [1] 13 juin 1718, à Charles Normand. — *Gabriel,* b... 1º m 1719, à Catherine Auclair, à Charlesbourg; 2º m à Marie-Catherine Routier.

1691, (20 juin) Charlesbourg.
II.—BOUTIN, Jacques, [Jean I.
b 1669.
Bernard, Angelique, [Jean I
b 1672.
Angélique, b 4 janvier 1693, à Quebec; s 24 mars 1727, à Montreal. [1] — *Marie-Jeanne-Gilles,* b 10 sept. 1702, à Laprairie. [2] — *Suzanne-Angelique,* b [2] 12 mai 1704; m [1] 27 juillet 1723, à Joseph St-Yves. — *Jacques,* b [2] 21 mars 1706, m [3] 3 fevrier 1733, à Helène Gagné. — *Pierre-Jean,* b [1] 5 juillet 1708.—*Antoine,* b 10 août 1711, à Lachine.

1692, (13 fevrier) Québec.
I.—BOUTIN (2), Joseph-Anet-René,
b 1662, s 30 janvier 1709, à Montréal. [1]
Greslon, Angelique (3), [Jacques I.
b 1676.
Jean-Baptiste, b [1] 30 sept. 1695; 1º m 19 janvier 1722, à Marie-Charlotte Bernier, à Charlesbourg; 2º m à Marie Lamothe.—*Etienne-Jos.,* b [1] 25 juillet 1697, m à Genevieve Maranda.—*Anne-Françoise,* b [1] 12 mars 1704.—*Angélique,* b [1] 3 nov. 1705.—*Jean-Baptiste,* b [2] 8 juin et s [1] 4 juillet 1707—*Jeanne,* b [1] 8 fevrier 1709

(1) Dit Larose.
(2) Dit Dubord, tailleur
(3) Elle epouse, le 12 octobre 1711, Jacques Bernier, à Quebec.

1692, (27 juillet) Québec. [1]
II.—BOUTIN, Jean-Bte, [Antoine I.
b 1666; s 20 déc. 1751, à Berthier. [2]
Hautbout, Jeanne, [Michel I.
b 1672. s [2] 13 mars 1744.
Jean, b 23 avril 1693, à St-Michel [3]; 1º m 16 août 1717, à Catherine Rolandeau, à St-Thomas; 2º m [2] 25 janvier 1773, à Geneviève Rousseau.—*Geneviève,* b [3] 8 déc. 1697; m 1719, à Jean Mercier.—*Marie-Madeleine,* b [1] 28 oct 1700; m [2] 8 avril 1727, à Pierre Vermet.—*Marie-Geneviève,* b [1] 24 oct. 1704; m 1723, à Jean Pruneau. — *Louis-Thomas,* b [1] 21 déc. 1705; m [2] 7 mai 1731, à Marie-Anne Mercier; s 5 janvier 1749, à St-Pierre-du-Sud. — *Joseph,* b [1] 11 août 1709; s [2] 20 oct. 1731. — *Angélique,* b 1710; m [2] 20 nov. 1730, à Jacques Bilodeau. — *Elisabeth,* b 24 oct. 1717, à St-Valier [5]; s [5] 13 février 1718.

1698, (25 nov.) St-Jean. I. O. [1]
II.—BOUTIN, Louis, [Antoine I.
b 1671 ; s 13 sept. 1736, à St-Valier. [3]
1º Hély, Marie-Madeleine, [Jean I.
b 1678.
1720, (4 nov.) [1]
2º Choret, Anne-Charlotte,
b 1698, veuve d'Emanuel Ricosse, s [3] 15 juillet 1729.
Louis, b [3] 16 nov. 1721; 1º m 25 juillet 1746, à Marie Meyeux, à Ste-Famille, I. O.; 2º m [3] 19 oct. 1767, à Marie-Rose Godet. — *Joseph,* b [3] 1er juin 1723. — *Jean-Valier,* b [3] 16 déc. 1725; 1º m 21 nov. 1746, à Madeleine Bilodeau, à Berthier [4], 2º m [4] 3 avril 1769, à Marie-Madeleine Isabel.—*Perinne-Charlotte,* b [3] 4 août 1727; m 2 oct. 1747, à Pierre Dumas, à St-Laurent, I. O.

I.—BOUTIN, Michel,
b 1672, menuisier ; s 5 nov. 1708, à Lachine.[?]
César, Madeleine (1), [François I
b 1677, veuve de Jean Boivin.
Jacques-Charles, b 24 août 1704, à Ste-Anne, 1º m 27 mai 1732, à Marie-Joseph Poineau, au Detroit [9], 2º m [9] 16 sept. 1733, à Marie Chesne.—*Michel,* b [5] 20 fevrier 1707 (2).—*Marie,* b... m 10 janvier 1729, à André Lacoste, à Longueuil.

1712, (14 nov.) Beauport. [4]
III.—BOUTIN, Jean-Etienne, [Jean II.
Vandandaique, Louise (3), [Joseph I.
b 1687, veuve de Jacques Gervais.
Jean-Baptiste, b 1713; s [4] 11 sept. 1714 — *Jean-Pierre,* b 28 août 1713, à Lorette. [3] — *Jean-Baptiste,* b [3] 2 déc. 1715; s [5] 9 fevrier 1717.

BOUTIN, Jean.
Patry, Jeanne, [André I.
b 1690.
Marie-Angélique, b 1er août 1712, à Québec.

(1) Elle epouse, le 28 decembre 1712, Pierre Cardinal, à Montreal.
(2) L'acte est écrit au 17 septembre suivant.
(3) Elle epouse, le 17 janvier 1718, François Lefebvre, à Laprairie.

1713, (16 oct.) Québec. [1]
III.—BOUTIN, PIERRE, [JEAN II.
b 1691; forgeron.
LANGLOIS, Marie-Jeanne, [GERMAIN I.
b 1696.
Louise, b [1] 28 août 1714, s 10 février 1733, à Montréal [3] (morte de la picote). — *Louise,* b [2] 24 mars et s [2] 8 mai 1716. — *Marie-Thérèse,* b [1] 10 mai 1717; 1° m [2] 11 mai 1744, à Philippe MARTINEAU; 2° m [2] 21 nov. 1758, à Joseph HÉBERT. —*Pierre,* b 5 mai 1719, à Laprairie [3]; s [2] 1er février 1733.—*Marie-Joseph,* b [2] 29 avril 1721; s [2] 19 avril 1747.—*Marie-Anne,* b [2] 31 mai et s [2] 10 sept. 1722.—*Marguerite,* b [2] 12 juillet 1723; s 10 nov. 1795, à l'Hôpital-Général, M. — *Geneviève,* b [2] 12 déc. 1724; s [2] 17 février 1733.—*Marie-Charlotte,* b [2] 8 janvier et s [2] 31 juillet 1728. — *Alexandre,* b [2] 15 mars 1730; s [2] 26 mars 1733.—*Michel,* b [2] 28 nov. 1736.—*Marie-Jeanne,* b [2] 4 sept. 1738, m [2] 7 janvier 1758, à François ROGER.

1717, (16 août) St-Thomas [1]
III.—BOUTIN, JEAN-BTE, [JEAN-BTE II.
b 1693.
1° ROLANDEAU, Catherine, [JEAN I.
b 1698.
Jean-Baptiste, b [1] 20 mai 1718.—*Marie-Madeleine,* b 16 juin 1721, à Berthier [3]; 1° m [3] 17 oct. 1746, à Joseph BOUCHARD; 2° m [3] 10 oct. 1753, à André BAUCHE. — *Jean-François,* b 4 avril 1724, à St-Valier.— m [3] 10 oct. 1746, à Marie-Anne GUINARD.— *Pierre,* b [1] 11 août 1726, m [3] 14 février 1751, à Marie-Marthe BILODEAU. — *Louis-Joseph,* b [3] 8 juillet 1728; 1° m [3] 7 nov. 1757, à Elisabeth MERCIER, 2° m [3] 23 janvier 1781, à Geneviève GAGNON. — *Marie-Marguerite,* b [3] 3 mai 1732; m [3] 3 février 1749, à Joseph BAUDOIN, s [3] 8 août 1753.
1773, (25 janvier). [3]
2° ROUSSEAU, Geneviève. [JEAN II
b 1751; s [3] 13 mars 1782.

1719, (12 février) Charlesbourg.
III.—BOUTIN, GABRIEL. [JEAN II
1° AUCLAIR, Marie-Catherine, [ANDRÉ I
b 1698; s 28 février 1724, à Lorette. °
Marie-Joseph, b [5] 1er nov. 1719, m [5] 13 février 1736, à Pierre BOIVIN, s [5] 28 février 1740.
2° ROUTIER, Marie-Catherine, [CHARLES II
b 1703; s [5] 27 avril 1745.
Marie-Suzanne, b [5] 16 mai 1726, m [5] 11 janvier 1745, à Joseph ROJOUX; s [5] 26 déc. 1747— *Gabriel-François,* b [5] 29 juillet 1727; s [5] 6 juillet 1728.—*Marie-Gabrielle,* b [5] 24 mars et s [5] 3 juin 1729.— *Marie-Louise,* b [5] 15 mars 1730, m [5] 2 nov. 1750, à Charles LACHAINE. — *Joseph,* b [5] 17 janvier 1732; m 30 juin 1761, à Elisabeth BÉLANGER, à St-Vincent-de-Paul. [6]—*Anne-Michelle,* b [5] 27 oct. 1733; m [5] 24 nov. 1755, à Pierre GIRARD.—*Marguerite,* b [5] 2 mai 1735, m [5] 20 juillet 1756, à Joseph GIRARD. — *Marie-Thérèse,* b [5] 12 février 1737; m [5] 11 février 1760, à François CHARPENTIER.—*Marie-Félicité,* b [6] 1er déc. 1738; s [5] 2 août 1739. — *Gabriel,* b [5] 6 février 1742 — *Marie-Françoise,* b [5] 15 avril et s [5] 4 mai 1745. —*Anonyme,* b [5] 15 et s [5] 17 avril 1745.

1719, (5 août) St-Pierre, I. O.
II.—BOUTIN (1), JOS.-ETIENNE, [ANET-RENÉ I.
b 1697.
MARANDA, Geneviève, [MICHEL II.
b 1696.
Charles, b 1723; m 27 mai 1747, à Marie-Françoise DESROCHES, à Montréal. [1] — *Geneviève,* b 1728, m [1] 17 nov. 1750, à Antoine BARBEAU.— *Marie-Joseph,* b 1733; 1° m [1] 5 août 1754, à Michel VIGNEAU; 2° m [1] 21 nov. 1757, à Louis-Pierre TOURLAY.—*Marie-Angélique,* b 1738; m [1] 12 janvier 1756, à Joseph BEAUCHAMP; s 31 mai 1769, à St-Henri-de-Mascouche—*Louis,* b 1738, m 8 nov. 1762, à Elisabeth CHEFDEVERGUE, à St-Antoine-de-Chambly.

1722, (19 janvier) Charlesbourg. [2]
II —BOUTIN (1), JEAN-BTE, [ANET-RENÉ I.
b 1695.
1° BERNIER, Marie-Charlotte, [ANDRÉ I.
b 1702; s [2] 25 sept. 1723.
2° LAMOTHE, Marie.
Jean-Baptiste, b... s [2] 20 août 1748.

1731, (7 mai) Berthier. [3]
III —BOUTIN, Louis-THOMAS, [JEAN-BTE II.
s 5 janvier 1749, à St-Pierre-du-Sud.
MERCIER, Marie-Anne. [PIERRE III.
Marie-Louise, b [3] 5 nov. 1732; m 12 février 1753, à Michel HARBOUR, à St-Frs-du-Sud. [4]— *Marie-Joseph,* b [3] 20 mars 1735.—*Louis-Bernardin,* b 20 mai 1737, à St-Valier.—*Marie-Claudine,* b 1739, m à Joseph BUTEAU, s [3] 16 janvier 1767. — *Thérèse,* b [3] 27 avril 1743, m [3] 28 janvier 1771, à Jean GUIBERT; s [3] 7 janvier 1780. —*Joseph-Marie,* b [3] 4 mai 1745.—*Marie-Geneviève,* b [3] 11 déc.1747.—*Jacques* (posthume), b [3] 17 sept. 1749; s [4] 11 juillet 1752.

1732, (27 mai) Detroit. [5]
II.—BOUTIN (2), JACQUES-CHARLES, [MICHEL I.
b 1704
1° POINEAU, Marie-Joseph, [JEAN I.
b 1706, s [5] 12 oct 1732.
1733, (16 sept.) [5]
2° CHESNE, Marie, [PIERRE I.
b 1690; veuve de Jacques Godfroy.

1733, (3 février) Laprairie [6]
III —BOUTIN, JACQUES, [JACQUES II.
b 1706.
GAGNÉ, Hélène, [PIERRE II.
b 1714; s 6 avril 1736, à Montréal [7]
Jacques-Paschal, b [6] 25 avril et s [6] 22 août 1734.—*Joseph,* b [7] 21 mars et s [6] 16 avril 1736.

BOUTIN, FRANÇOIS.
ST-JULIEN, Angélique.
Marie-Joseph, b 1737, s 22 déc. 1745, à Québec.

I.—BOUTIN (3), JEAN,
b 1696, s 15 janvier 1733, à Montréal

---
(1) Dit Dubord.
(2) Il était à Mackinac le 19 janvier 1743.
(3) Dit Lacombe, soldat de la compagnie de Lacorne

1745, (7 janvier) Québec. ⁸
I.—BOUTIN, Thomas, navigateur ; fils de Pierre et de Marie Alard, d'Estole, Ile d'Elverd, diocèse de Xaintes.
    Bean (1), Marie-Louise,   [Corneille I.
      b 1723.
    Pierre, b ⁸ 16 oct. 1745.—Joseph, b ⁸ 14 oct. et s ⁸ 4 nov. 1746.—Marie-Geneviève, b ⁸ 29 avril et s ⁸ 8 mai 1750.—Louis-François, b ⁸ 2 avril 1751 ; s ⁸ 24 mars 1752.—Anonyme, b ⁸ et s ⁸ 17 mai 1752.

1746, (25 juillet) Ste-Famille, I. O.
III.—BOUTIN, Louis,   [Louis II.
    b 1721.
    1° Meneux (2), Marie-Elisabeth,   [René II.
      b 1717, s 2 mars 1765, à St-Valier. ⁹
    Barnabé, b ⁹ 11 juin 1747.—Antoine, b ⁹ 31 juillet 1748.—Jean-François, b ⁹ 27 février 1750, s ⁹ 10 mars 1760.—Jacques-Marie, b ⁹ 16 oct. 1751.—Marie-Charlotte, b ⁹ 24 mai 1753.
        1767, (19 oct.) ⁹
    2° Godet, Marie-Rose,
      veuve de Jean-Pierre Emond.

1746, (10 oct.) Berthier ²
IV.—BOUTIN, Jean-Frs,   [Jean-Bte III.
    b 1724.
    Guignard, Marie-Anne,   [Noel II.
      b 1722.
    Jean-François, b ² 16 et s ² 22 août 1747.—Nicolas-François, b ² 10 mai 1749 ; m ² 9 nov. 1778, à Jeanne Buteau.—Eléazar, b ² 3 oct. 1751, s ² 20 oct. 1759.—Jacques-Philippe, b ² 1ᵉʳ mai 1754.—Marie-Elisabeth, b ² 30 mars 1757.—Marie-Anne, b 6 juin 1759, à St-Frs-du-Sud ; m ² 20 janvier 1795, à Jean-Baptiste Campagna.—André, b ² 10 avril 1762.

1746, (21 nov.) Berthier. ²
IV —BOUTIN, Jean-Valier,   [Louis III.
    b 1725.
    1° Bilodeau, Madeleine,   [Gabriel III.
      b 1725 ; s 6 avril 1768, à St-Valier. ³
    Marie-Madeleine, b ² 18 août et s ² 6 sept. 1747.—Jean-Baptiste, b ³ 18 nov. 1748.—Louis-Marie, b ² 9 juillet 1752.— Marie-Madeleine, b ² 17 janvier 1755.— Pierre, b ³ 31 juillet 1757.— Marie-Marguerite, b ³ 7 déc. 1759.
        1769, (3 avril). ²
    2° Isabel, Marie-Madeleine,   [Ignace III.
      b 1746.

1747, (27 mai) Montréal. ³
III.—BOUTIN (3), Charles,   [Jos.-Etienne II.
    b 1723.
    Desroches (4), Marie-Françoise,   [Jean-Frs I.
      b 1713, veuve de Jean Tarte.
    Marie-Charlotte, b ³ 6 déc. 1748 ; s ³ 27 mars 1749

1751, (14 février) Berthier. ³
IV.—BOUTIN, Pierre,   [Jean III.
    b 1726.
    Bilodeau, Marie-Marthe,   [Gabriel III.
      b 1722.
    Marie-Marguerite, b ³ 1ᵉʳ juin 1752 ; s ³ 19 mars 1777.— Marie-Marthe, b ³ 10 août 1755 ; m ³ 16 nov. 1772, à Joseph Gaumond.—Marie-Elisabeth, b 22 sept. 1757, à St-Valier. — Marie-Brigitte, b ³ 28 janvier 1759 ; m ³ 10 janvier 1780, à Pierre Guilmet. — Marie-Madeleine, b ³ 6 mars 1761 ; s ³ 28 mars 1774.— Anonyme, b ³ et s ³ 28 sept 1763.— Pierre-Antoine, b ³ 13 nov. 1764 ; s ³ 22 juin 1765.

1751, (12 sept.) Louisbourg. ³
I.—BOUTIN (1), Jean-Bte,
    de Montférat, Piémont.
    Gaulin, Marie-Joseph,   [Louis III
      b 1718
    Marie-Joseph-Geneviève, b ³ 28 nov. 1752, m 9 janvier 1787, à François Baillargé, à Québec.

1757, (7 nov.) Berthier. ⁴
IV.—BOUTIN, Louis-Joseph,   [Jean-Bte III.
    b 1728.
    1° Mercier, Elisabeth,   [Joseph IV.
      b 1737 ; s ⁴ 29 mai 1780.
    Louis, b ⁴ 6 oct. 1758 ; s ⁴ 29 mars 1759 — Marie-Elisabeth, b ⁴ 21 déc. 1759.— Marie-Geneviève, b ⁴ 27 sept. 1761.— Louis, b ⁴ 6 janvier 1764.—Jean-François, b ⁴ 4 sept. 1766.— Gabriel-Amable, b ⁴ 7 mars 1771.— Antoine, b ⁴ 4 mars 1773.—Jacques, b ⁴ 1775 ; s ⁴ 12 avril 1777.—Joseph, b ⁴ 16 août 1777.
        1781, (23 janvier). ⁴
    2° Gagnon, Geneviève,   [Jean.
      s ⁴ 3 sept. 1782
    Geneviève-Victoire, b ⁴ 23 juillet 1782.

1761, (30 juin) St-Vincent-de-Paul.
IV.—BOUTIN, Joseph,   [Gabriel III
    b 1732.
    Bélanger, Elisabeth,   [Basile IV
      b 1737.

1762, (8 nov.) St-Antoine-de-Chambly.
III.—BOUTIN (2), Louis,   [Ant.-Joseph II.
    b 1738.
    Chefdevergue, Marie-Elisabeth,   [Louis II.
      b 1725.

1764, (20 février) St-Michel-d'Yamaska. ²
I.—BOUTIN (3), Jacques, fils d'André et de Marguerite Baron, de Rochefort, Languedoc.
    Cantara, Marie-Joseph,   [Jean-Bte II
      b 1736.
    Marie-Joseph, b ² 20 mai 1765.—Jacques, b ² 8 oct. 1766. — Françoise, b ² 23 nov. 1767 ; s ² 9 juin 1768.—Jean-Baptiste, b ² 5 mars 1769 ; s ² 9 nov. 1770.

---

(1) Dit Onelle.
(2) Dit Chateauneuf.
(3) Dit Dubord.
(4) Dit Lafontaine.

(1) Dit Piémont.
(2) Dit Dubord.
(3) Dit Francœur.

1778, (9 nov.) Berthier.[1]
V.—BOUTIN, Nicolas-Frs,   [Jean-Frs IV.
b 1749.
  Buteau, Jeanne,   [Joseph III.
  b 1753.
  François-Charles, b 1·26 nov. 1779.—*Jacques,*
b[1] 14 février 1782.

I.—BOUTINIS, Augustin, b 1648 ; s 9 juin 1738,
  à l'Hôpital-Général, Q.

1718, (9 nov.) Québec.[3]
I.—BOUTIRON, François, fils de Jacques et de
  Marguerite DeLacombe, de St-Martin-le-pain,
  diocèse de Périgueux.
  Bisson, Geneviève.   [Joseph III.
  Pierre, b[2] 28 sept. 1719 ; s[2] 12 juin 1720.

1699.
I.—BOUTON, Antoine,
  b 1640 ; s 14 janvier 1758, aux Trois-
  Rivières.[9]
  Fréchet, Marthe,   [Pierre I.
  b 1676 ; s[9] 20 avril 1758.
  Michelle, b[9] 6 juin 1705 ; m[9] 3 février 1729, à
Claude Clerc.—*Marie-Antoine,* b[9] 7 février 1709,
m[9] 12 janvier 1750, à Joseph Hertel.—*Marie-
Claire,* b[9] 24 février 1714 ; m[9] 4 juillet 1735, à
Jean-Baptiste Duprat.—*Marie,* b... m[9] 7 janvier
1745, à Jean-Baptiste Harnois.

I.—BOUTONE (1), Pierre-Charles, b 1723 ; fils
  de Pierre-Sébastien et de Marie Cassaux, de
  Meudon, diocèse de Paris.
1° Provost, Marguerite.
  Charles, b 14 février 1746, à Montréal.[4]
          1748, (25 nov.)[4]
2° Boucher, Louise,   [George I.
  b 1729.
  François, b[4] 17 sept. 1749 ; s[4] 5 février 1750.
—*Antoine,* b 12 mai 1753, au Détroit.

BOUTONÉ, Antoine.
  Prevost, Marie-Geneviève.
  Louis, b 18 sept. 1790, à Québec.

BOUTOT.—Voy. Thiboutot.

I.—BOUTOT, François.
  Jean, Marguerite,
  s avant 1773.
  Jean, b... m 19 juillet 1773, à Marie-Joseph
Pelletier, à St-Thomas.

1758, (9 janvier) Montréal.
I.—BOUTOT, Jean, soldat, b 1736 ; fils de Clément et de Marie Spel, de Bedena, diocèse
  de Xaintes.
  Lemire, Marie-Joseph,   [Michel II.
  b 1737.

(1) Et Boutonnier. Dit Meudon, soldat de la compagnie
de Marin et maître-boulanger. Il était au Détroit le 15 novembre 1754.

BOUTOT, Alexis.—Voy. Thiboutot.

1773, (19 juillet) St-Thomas.
II.—BOUTOT, Jean.   [François I.
  Pelletier, Marie-Joseph,   [Jean V.
  b 1754.

1688, (19 oct.) Québec.[4]
I.—BOUTREL (1), Jacques,
  b 1660.
  David, Marie (2),   [Jacques I.
  b 1663 ; veuve de Noël Faveron.
  Louise, b[4] 14 avril 1694 ; m 17 janvier 1714, à
Pierre Lambert, à St-Nicolas.—*Marie-Anne,* b[4]
15 août 1695 ; 1° m[4] 24 février 1730, à Etienne
Marchand ; 2° m[4] 3 nov. 1739, à René Cartier.
—*Cécile,* b[4] 7 avril 1701.

BOUTRON.—*Variations et surnoms :* Beautron
  —Dumaine—Major.

1706, (3 mai) Québec.
I.—BOUTRON (3), Etienne, fils de Claude et
  de Blaise Saindo, de Montresain, diocèse de
  Besançon.
  Proteau, Angélique (4),   [Etienne I.
  b 1688.
  Marie-Angélique, b 5 juillet 1707, au Detroit.[4]
—*Marguerite,* b[4] 16 sept. 1709 ; m à François
Bigras.—*Joseph,* b 20 nov. 1711, à Repentigny[5],
m 1732, à Marie-Anne Grou.—*Jean-Baptiste,* b[5]
28 février 1713, 1° m[5] 31 janvier 1752, à Marguerite Couvret, à St-Laurent, M. ; 2° m 5 sept.
1763, à Madeleine Barbeau, à St-Vincent-de-
Paul. — *Thérèse,* b 1715 ; m 7 février 1735, à
Jacques Desnoux, à Montreal.[6]—*Nicolas,* b[6] 1er
oct. 1716 ; s[6] 25 mars 1717.—*Louis,* b[6] 19 mars
1718 ; 1° m à Marie Deguire ; 2° m 31 mai 1745,
à Suzanne Lebeau, à la Longue-Pointe—*André,*
b[6] 26 mai et s[6] 15 août 1720. — *Guillaume-
Etienne,* b[6] 8 juillet 1722.—*Elie,* b... m à Françoise Sédilot.

II.—BOUTRON (5), Louis,   [Etienne I.
  b 1718.
1° Deguire, Marie.
        1745, (31 mai) Longue-Pointe.[9]
2° Lebeau, Suzanne.   [Marien II.
  Louis, b[9] 5 mars et s[9] 28 mai 1746.—*Suzanne-
Amable,* b[9] 17 juillet 1747.—*Jean-Louis,* b[9] 25
sept. 1749.

II.—BOUTRON (5), Elie.   [Etienne I.
  Sédilot, Françoise,   [Louis-Charles III.
  b 1721 ; veuve de Charles Maufet.

(1) Voy. vol. L p. 83.
(2) Elle épouse, le 12 août 1702, Joseph Brodière, à Québec.
(3) Dit Major, soldat de la compagnie de Laforest.
(4) Elle épouse postérieurement Pierre Germain.
(5) Dit Major.

1732.

II.—BOUTRON, Joseph, [Etienne I.
b 1711.
Grou, Marie-Anne, [Pierre II.
b 1710.
Joseph, b 1733; m 2 août 1751, à Marie-Geneviève Girard, à St-Laurent, M.⁹ — *Marie-Angélique*, b 1737, s 8 août 1749, à Montreal.—*Marie-Angélique*, b ⁹ 3 fevrier 1750.—*Jean-Baptiste*, b ⁹ 17 juin 1753.—*Michel*, b ⁹ 28 juillet 1757.

1751, (2 août) St-Laurent, M. ⁶

III.—BOUTRON, Joseph, [Joseph II.
b 1733.
Girard (1), Marie-Geneviève, [Joseph II.
Marie-Geneviève, b ⁶ 14 juillet 1752, s ⁶ 15 nov. 1758.—*Joseph*, b ⁶ 10 avril 1754.—*Marie-Françoise*, b ⁶ 27 juin et s ⁶ 30 oct. 1755.—*Marie-Louise*, b ⁶ 22 oct. 1756.—*François*, b ⁶ 7 déc. 1757; s ⁶ 29 dec. 1761.—*Marie-Marguerite*, b ⁶ 26 août 1760, s ⁶ 13 juillet 1761.

1752, (31 janvier) St-Laurent, M. ⁸

II.—BOUTRON (2), Jean-Bte, [Etienne I.
b 1713.
1° Couvret, Marguerite, [Jean-Bte II.
b 1730; s ⁸ 24 avril 1757.
Jean-Baptiste, b ⁸ 7 février 1752; m à Marguerite Coupal.—*Etienne*, b ⁸ 25 mars 1753.—*Marie-Joseph*, b ⁸ 15 et s ⁸ 18 sept. 1754.—*Michel*, b ⁸ 13 oct. 1755; s ⁸ 7 juillet 1756.—*Marie-Marguerite*, b ⁸ 17 avril et s ⁸ 9 juillet 1757.
1763, (5 sept.) St-Vincent-de-Paul.
2° Barbeau, Madeleine, [Michel II.
b 1727.

III.—BOUTRON (3), Jean-Bte, [Jean-Bte II.
b 1752.
Coupal (4), Marguerite. [Antoine I.
Marie, b 1779; m 21 oct 1799, à Jean Ouimet, à Ste-Rose.—*Marie*, b... m à François Rossignol.—*Joseph*, b...—*Marguerite*, b...—*Marie-Amable*, b...

I.—BOUVARD (5), Jean.
Richer, Jeanne.

1703, (7 nov.) Quebec. ³

I.—BOUVET, François, fils de Michel et de Madeleine Morel, de Boisville, diocèse de Chartres; s ³ 3 janvier 1722.
Colombe, Marguerite (6). [Louis I.
b 1681.
François, b 14 et s 15 sept 1704, à St-Laurent, I. O. ⁴ — *François*, b ⁴ 16 août 1705; s ³ 2 oct. 1720.—*Nicolas*, b ⁴ 27 nov. 1707.—*Augustin*, b ⁴ 1ᵉʳ février 1710.—*Jacques*, b 1711; s ³ 18 déc.

(1) Nom de baptême de son père Girard Barsolou.
(2) Dit Major.
(3) Dit Beautron ou Major.
(4) Dit Laruine ou Lareine.
(5) Voy Bonneau dit Lafortune, régistre du Conseil souverain, 9 février 1664.
(6) Elle épouse, le 1er janvier 1727, Thomas Ferreux, à Québec.

1725.—*Joseph*, b ⁴ 14 février 1712; m 25 nov. 1737, à Madeleine Circé, à Montreal. ⁵—*Pierre-Joseph*, b ³ 25 mars 1714; 1° m ³ 26 nov. 1742, à Marie-Joseph Normand; 2° m ³ 20 mai 1754, à Marie-Louise Fournier. — *Pierre*, b 1715; m 7 janvier 1741, à Catherine Bériau, aux Trois-Rivières ⁶; s ⁶ 1ᵉʳ sept. 1763. — *Michel*, b ³ 27 août 1716; m ⁵ 4 nov. 1738, à Elisabeth Mignot; s ⁵ 14 sept. 1746. — *Louis*, b ³ 29 mai et s ³ 28 juin 1719. — *Joseph-Exupère*, b ³ 28 mars 1721. — *François*, b... m à Geneviève Guillot.

BOUVET, Marie-Joseph, épouse de Pierre Godbout.

1737, (25 nov.) Montréal.

II.—BOUVET, Joseph, [François I.
b 1712.
Circé (1), Madeleine, [François I.
b 1700.
Joseph-Marie, b 18 juillet et s 4 août 1738, à Laprairie.³ — *Marie-Joseph-Marguerite*, b ³ 17 nov. 1739; s ³ 19 mai 1740.—*Joseph-Amable*, b ³ 20 janvier 1743.

1738, (4 nov.) Montréal. ⁶

II.—BOUVET, Michel, [François I.
b 1716; s ⁶ 14 sept. 1746.
Mignot, Elisabeth. [Rene I.
Michel, b ⁶ 30 avril 1739; s ⁶ 15 nov. 1743. — *Elisabeth*, b ⁵ 12 oct. 1740. — *Jean-Baptiste*, b ⁶ 10 déc. 1741.—*François*, b ⁶ 1ᵉʳ juin 1743.—*Elisabeth*, b ⁶ 27 avril et s ⁶ 7 mai 1744.—*Elisabeth*, b ⁶ 10 août 1745; m ⁵ 8 fevrier 1762, à Jean-Baptiste Heurtaud. — *Marie-Joseph*, b ⁶ 28 oct. 1746.

1741, (7 janvier) Trois-Rivières. ⁶

II.—BOUVET, Pierre (2), [François I
b 1715; s ⁶ 1ᵉʳ sept. 1763.
Bériau (3), Catherine, [Maurice II
b 1722.
Pierre-Maurice, b ⁶ 3 nov. 1741. — *Augustin*, b ⁶ 4 sept. 1743; s ⁶ 20 août 1744. — *Jean-François*, b ⁵ 29 juin et s ⁶ 17 nov. 1745. — *Marie-Catherine*, b ⁶ 2 oct. 1746. — *Claude*, b ⁶ 20 janvier et s ⁶ 4 février 1749. — *François-Xavier*, b ¹ 28 déc. 1757.—*Marie-Joseph*, b ⁶ 22 oct. 1759

1742, (26 nov.) Québec. ⁸

II.—BOUVET, Pierre-Joseph, [François I.
b 1714.
1° Normand, Marie-Joseph, [Charles III.
b 1723, s ⁸ 21 janvier 1754.
Joseph-Marie, b 14 juin 1745, à Montreal.—*Nicolas*, b ⁸ 30 sept. 1746.—*Joseph-Stanislas*, b ⁵ 3 déc. 1748.—*Jean-Baptiste*, b ⁸ 20 mai et s ⁸ 29 août 1750. — *Michel*, b ⁸ 26 avril et s ⁸ 1ᵉʳ mai 1752.

(1) Dit St-Michel.
(2) Maitre taillandier aux forges.
(3) Et Lamarche.

1754, (20 mai).⁸
2° FOURNIER, Marie-Louise, [MICHEL II.
b 1701; veuve de François Leroux; s ⁸ 18 nov. 1786.

II.—BOUVET, FRANÇOIS. [FRANÇOIS I.
GUILLOT, Geneviève,
b 1723; s 15 janvier 1755, à Québec. ⁶
Marie-Madeleine, b ⁶ 8 et s ⁶ 9 janvier 1755.

I.—BOUVET, PIERRE, b 1735; de Bouillon, diocèse d'Avranches, Normandie; s 27 janvier 1757.

BOUVET, PIERRE.
BEDARD, Marie-Jeanne,
b 1752; s 13 mai 1793, à Québec.

BOUVET, PIERRE.
POULIOT, Angélique.
Angélique, b 1778; s 10 février 1781, à Ste-Foye.

BOUVET, MATHURIN.
SOUMANDE, Marie-Joseph, [FRS-MARIE III.
b 1745; veuve de Jacques Benoit; s 1814, à la Rivière-des-Prairies.

1678, (4 janvier) Québec.
I.—BOUVIER, PIERRE (1).
2° MÉLIOT, Catherine,
veuve de Jean Routier; s 23 sept. 1699, à Ste-Foye. ²
Marie, b 1679; m 1694, à Pierre-Jacques CUSTOS; s ² 29 avril 1711.

1690, (15 mai) Montréal. ¹
II.—BOUVIER, URBAIN, [MICHEL I.
b 1666.
1° DEVANCHY, Geneviève, [PIERRE I.
s ¹ 8 juin 1691.
Madeleine, b ¹ 30 oct. 1690.
1694, (19 avril). ¹
2° CHICOINE, Marguerite, [PIERRE I.
b 1674.
Michel, b ¹ 27 août 1694; m 19 mars 1718, à Catherine CODERRE-EMERY, à St-Ours. — *Marie-Catherine*, b ¹ 25 déc. 1698.

1696, (27 février) Québec. ²
II.—BOUVIER, CHARLES, [PIERRE I.
b 1671.
RENAUD, Catherine (2), [JACQUES II.
b 1671.
Charles, b ² 22 mai 1704; m ² 12 sept. 1731, à Marie-Anne GAUTRON. — *Pierre*, b ² 27 janvier 1709. — *Jean-Baptiste*, b ² 16 avril 1711; 1° m 7 janvier 1738, à Catherine LANGEVIN, à Montréal¹; 2° m ¹ 13 janvier 1749, à Marie-Louise LEPAGE; 3° m ¹ 17 oct. 1757, à Angélique COUTAUT.

(1) Voy. vol. I, p 84
(2) Elle épouse, le 23 juin 1712, Romain Chappau, à Québec.

1696, (26 sept.) Montréal.
II.—BOUVIER, JEAN, [MICHEL I.
b 1669.
CADIEUX, Marguerite (1), [JEAN I.
b 1676.

1702, (30 janvier) Ste-Anne.
II.—BOUVIER, PIERRE, [PIERRE I.
b 1675; s 17 mars 1715, à Québec.
MEUNIER, Marie (2), [MATHURIN II.
b 1685.
Marie-Charlotte, b 8 et s 22 mars 1703, à Lorette. ⁹— *Marie-Ursule*, b ⁹ 19 mars 1704; m ⁹ 9 février 1724, à Augustin DUPAUL.—*Marie-Anne*, b ⁹ 8 mars 1706; m ⁹ 29 nov. 1731, à André BERTHIAUME. — *Pierre*, b ⁹ 13 avril 1707; m 24 janvier 1735, à Marie-Anne GÉLY, au Château-Richer. —*Jean-François*, b ⁹ 24 sept. 1708.—*Marie-Charlotte*, b ⁹ 14 février et s ⁹ 6 avril 1710.—*François*, b ⁹ 19 et s ⁹ 26 juillet 1711.—*Marie-Charlotte*, b⁹ 20 juillet 1712; m ⁹ 24 avril 1730, à François DROUET. — *Angélique*, b ⁹ 16 août 1714; s ⁹ 1ᵉʳ janvier 1715.

1718, (19 mars) St-Ours. ⁹
III —BOUVIER (3), MICHEL, [URBAIN II.
b 1694.
CODERRE-EMERY, Catherine, [ANTOINE II.
b 1696.
Michel, b ⁹ 4 juin 1718, m 3 juin 1743, à Angélique DURAND (4), à Verchères ⁸—*Marie-Anne*, b ⁸ 13 déc. 1719; s ⁹ 22 janvier 1720.—*François*, b ⁹ 5 mars 1721; 1° m ⁸ 18 février 1743, à Marguerite BOISSEAU; 2° m ⁹ 14 février 1752, à Marie-Charlotte DUVAL. — *Louis*, b ⁹ 11 mai 1724, m à Madeleine BEAULIEU. — *Marie-Anne*, b ⁸ 10 déc. 1727. — *Urbain*, b ⁸ 20 mai et s ⁸ 6 juin 1729.— *Marguerite*, b 1738; s ⁸ 30 nov. 1755.—*Marie-Elisabeth*, b... m ⁶ 6 mai 1754, à Jean-Baptiste PALARDY.—*Jean-Baptiste*, b... m ⁸ 6 mai 1754, à Marie-Anne CASAVAN.

BOUVIER, ALEXANDRE.
PRIMOT, Marie-Jeanne.
Marie-Joseph, b 21 juillet 1722, au Bout-de-l'Ile, M.

1731, (12 sept.) Québec. ¹
III.—BOUVIER, CHARLES, [CHARLES II.
b 1704.
GAUTRON, Marie-Anne (5). [MICHEL I.
Charles, b ¹ 26 oct. 1732; s ¹ 3 janvier 1735.—*Pierre*, b 2 avril 1734, à St-Valier; s ¹ 1ᵉʳ déc. 1735.—*Louis*, b ¹ 16 juillet 1736.—*Pierre*, b ¹ 21 juin 1738.—*Charles*, b ¹ 21 et s ¹ 27 juin 1738.—*Michel*, b ¹ 10 avril 1740; s ¹ 27 mars 1741.

(1) Elle épouse, le 5 mars 1726, François Delbeuf, à Montréal.
(2) Elle épouse, le 3 juillet 1716, Pierre Delâge, à Lorette.
(3) Et Bourhis.
(4) Voy. Chevigny.
(5) Elle épouse, le 28 janvier 1743, Jean-Baptiste Cardinet, à Québec.

1735, (24 janvier) Château-Richer. [2]
III.—BOUVIER, PIERRE,   [PIERRE II.
    b 1707.
    GÉLY, Marie-Anne,   [FRANÇOIS II.
    b 1715.
    Marie-Anne, b 16 mai 1736, à Lorette.[3] — *Michel*, b [3] 13 juin 1738 ; m [2] 16 juin 1760, à Madeleine BEDARD.—*Pierre*, b [3] 24 juillet 1740, s [3] 7 oct. 1755.

1738, (7 janvier) Montréal. [4]
III.—BOUVIER, JEAN-BTE,   [CHARLES II.
    b 1711.
    1° LANGEVIN, Catherine,   [LOUIS II.
    b 1721, s [4] 6 mars 1748.
    Jean-Baptiste, b [4] 25 avril 1738 ; s [4] 19 janvier 1739.—*Catherine*, b [4] 19 sept. 1739 ; s [4] 17 sept. 1740.—*Jean-Baptiste*, b [4] 10 nov. 1740 ; s [4] 1er juillet 1741.—*Pierre*, b [4] 16 juin 1742.—*Jean-Baptiste*, b [4] 23 janvier et s [4] 26 juin 1744.—*Marie-Anne*, b [4] 11 mai et s [4] 4 sept. 1745.—*Louis-René*, b [4] 8 août et s [4] 6 oct. 1746.
    1749, (13 janvier). [4]
    2° LEPAGE, Gabrielle-Louise,   [JACQUES II.
    b 1718 ; s [4] 10 mai 1756.
    Jean-Baptiste, b [4] 9 déc. 1749.
    1757, (17 oct.) [4]
    3° COUTAUT, Angelique,   [JACQUES I.
    b 1718 ; veuve de Joseph Godin.

1743, (18 fevrier) Verchères
IV.—BOUVIER, FRANÇOIS,   [MICHEL III.
    b 1721.
    1° BOISSEAU, Marguerite.   [VINCENT II.
    1752, (14 fevrier) St-Ours. [5]
    2° DUVAL, Marie-Charlotte.   [PIERRE II.
    Marie-Charlotte, b [5] 8 janvier 1754.—*Marie-Archange*, b [5] 13 avril 1755.—*François*, b [5] 28 mars 1757.

1743, (3 juin) Verchères. [6]
IV.—BOUVIER, MICHEL,   [MICHEL III
    b 1718.
    CHEVIGNY (1), Angelique,   [JACQUES I
    b 1720 ; s [6] 24 mars 1756.

IV.—BOUVIER, LOUIS,   [MICHEL III
    b 1724.
    BEAULIEU (2), Marie-Madeleine.
    Louis, b... s 22 juillet 1750, à Sorel —*François*, b 23 juin 1751, à St-Ours.[7]—*Marie-Joseph*, b [7] 19 mars 1753.—*Louis*, b [7] 29 nov. et s [7] 2 déc. 1754.—*Jean-Baptiste*, b [7] 25 janvier et s [7] 12 mars 1756.—*Hypolite*, b [7] 12 mai 1757.—*Marie-Madeleine*, b [7] 17 mars 1759.

BOUVIER, JEAN-BTE.
    ROY, Marie.
    Marie-Angélique, b... s 12 dec. 1754, à St-Laurent, M.

---

(1) Dit Durand.
(2) Dit Hudon, 1759.

BOUVIER, FRANÇOIS.
    CHICOINE, Agathe.
    Marie-Anne, b 29 oct. 1757, à St-Ours.

1754, (6 mai) Verchères.
IV.—BOUVIER (1), JEAN-BTE.   [MICHEL III.
    CASAVAN, Marie-Anne,   [JEAN-BTE II.
    veuve de Pierre-Louis Tétrault.
    Jean-Baptiste, b 17 sept. 1758, à St-Ours.

1760, (16 juin) Charlesbourg.
IV.—BOUVIER, MICHEL,   [PIERRE III.
    b 1738, s 21 juin 1776, à Québec
    BEDARD, Madeleine (2),   [JACQUES IV.
    b 1734.
    Michel, b... s 10 mai 1761, à Yamachiche. [8]—*Michel*, b [8] 24 avril 1761 ; s [8] 11 août 1762.—*Angélique*, b [8] 14 mai 1762.—*Michel*, b 31 janvier et s 18 fevrier 1764, à Lorette.

BOUVIER, SUZANNE, epouse de Jean DESJARDINS.

BOUVIER, MARIE, epouse d'Exupère DUHAMEL.

BOUVIER, MARIE-ANNE, épouse de Pierre JACQUES.

BOUVIER, MARIE-FRANÇOISE, épouse de Joseph DAUPHINE.

BOUVIER, CATHERINE, epouse d'André JARED

1745, (27 sept.) Montreal. [5]
I.—BOUVRET, ETIENNE, b 1712 ; fils de Simon et de Claudine Saunier, de Champletre, diocèse de Besançon.
    AUGER, Elisabeth,   [JEAN-BTE II.
    b 1722, s 14 fevrier 1778, à Terrebonne. [2]
    Elisabeth, b [5] 23 juillet 1746. — *Louise*, b [5] 13 fevrier 1748.— *Thérèse*, b... s 2 dec. 1753, à St-Vincent-de-Paul. [1]— *Thérèse*, b [5] 19 juin 1750, m [2] 15 fevrier 1779, à Paul LECLERC.— *Joseph-Amable*, b [1] 4 mai et s [1] 9 sept. 1752. — *Marie-Amable*, b [1] 14 et s [1] 18 juillet 1753.—*Joseph*, b [1] 10 oct. 1754.—*Simon*, b [1] 28 déc. 1756.

1670.
I.—BOUY (3), LAURENT,
    b 1641.
    ANTHOINE, Denise,   [PIERRE I.
    b 1650.
    Pierre, b 1671. — *Marie-Madeleine*, b 2 août 1674, à Sorel.[3]— *François*, b [3] 19 juin 1677.— *Jean*, b [3] 18 mai 1678, m 4 déc. 1721, à Jeanne PERIER, à Laprairie. — *Anne*, b 1680 —*Ursule*, b 17 oct. 1682, à Contrecœur. [1]—*Louis*, b [1] 17 juin 1684 ; m à Catherine GOUJON,—*Marie-Elisabeth*, b [1] 18 juin 1686.

---

(1) Et Bourhis.
(2) Elle épouse, le 11 août 1783, Charles SIMARD, à Québec.
(3) Et Buy

II.—BOUY, Louis, [Laurent I.
  b 1684.
  Goujon, Catherine, [Pierre I.
  b 1690.
  Marie-Françoise, b 6 sept. 1717, à Lachine.

1721, (4 déc.) Laprairie. ⁹

II.—BOUY (1), Jean, [Laurent I.
  b 1678 ; s ⁹ 11 mars 1738.
  Périer Jeanne (2), [Laurent I.
  b 1696.
  Louis-Julien, b... m 1750, à Elisabeth Huet.—
Angélique, b 1726 ; s ⁹ 8 oct. 1738. — Jeanne, b ⁹
3 juin 1733.

1750.

III.—BOUY, Louis-Julien. [Jean II.
  Huet, Elisabeth, [Joseph II.
  b 1720.
  Marie-Madeleine, b 30 août 1752, à Verchères.

I.—BOWER, Jérémie.
  Masters, Ruth.
  Marie-Priscille (3), b 21 nov. 1705, à Montreal.

BOWERS, Emilie, épouse de Clément DeSabrevois.

1730, (13 nov.) Charlesbourg. ¹

I.—BOY, Etienne, fils de Pierre et de Marie Gagné, de St-Louis de Rochefort, diocèse de LaRochelle.
  Falardeau, Marguerite, [Guillaume I
  b 1712.
  Etienne, b ¹ 9 oct. 1731.

BOYER.—Variations et Surnoms : Joliccœur—Argencour — Sanssoucy — Lagarde — Lafontaine—Lafleur—Lambeye — Lafrance—Lapintarde—Ladéroute.

I.—BOYER, Pierre, de St-Nicolas, diocèse de LaRochelle.
  Vinet, Catherine, de St-Nicolas, diocèse de LaRochelle.
  Marie-Anne, b 1636, en France ; m 1658, à Pierre Pinot, s 9 dec. 1704, à Ste-Anne-de-la-Perade.

1667, (18 août) Montréal. ⁸

I.—BOYER (4), Nicolas,
  b 1642 ; s ⁸ 24 mai 1714.
  Maclin, Marguerite, [Nicolas I.
  b 1648 ; veuve de Jean Chicot.
  Jacques, b ⁸ 13 avril 1669 ; 1° m 3 février 1698, à Anne Cesyre, à Lachine ; 2° m ⁸ 28 mai 1738, à Jeanne Milot ; s ⁸ 6 mai 1754.— Paul, b ⁸ 27 mai 1674. — Marie, b ⁸ 16 février 1677 ; m ⁸ 29 oct. 1693, à Charles Gervaise.—Nicolas-Antoine,
b ⁸ 23 février 1679 ; m 2 juin 1704, à Louise Payet, à la Pte-aux-Trembles, M.—Marguerite-Jeanne, b ⁸ 1ᵉʳ avril 1682, m ⁸ 12 nov. 1703, à Claude Caron. — Zacharie, b ⁸ 23 mai 1684, m ⁸ 26 nov. 1711, à Marie-Françoise Mezeret. — Marguerite, b ⁸ 15 avril 1688 ; m ⁸ 28 oct. 1710, à André Senécal.

I.—BOYER (1), François,
  b 1668 ; s 10 février 1768, à l'Hôpital-Général, M.

1671, (26 oct.) Québec.

I.—BOYER (2), Etienne,
  b 1641.
  Viel, Marie-Thérèse,
  b 1651.
  Jacques, b 18 avril 1683, à Lorette ; 1° m à Jeanne Foran ; 2° m à Marie Duvivier

1690, (4 février) Laprairie. ⁴

II.—BOYER, Jacques-Antoine, [Charles I.
  b 1671.
  1° Perras, Marie, [Pierre I.
  b 1673.
  Marie-Jeanne, b ⁴ 16 août 1694 ; m ⁴ 17 février 1716, à Charles Diel ; s 24 déc.1730, à Longueuil.⁵
—Pierre, b ⁴ 31 mars 1703.—Pierre, b ⁴ 23 mai 1704 ; 1° m ⁵ 10 janvier 1729, à Marie Gervais ; 2° m ⁵ 14 juillet 1738, à Marie-Anne Bourdon.—
Jacques, b ⁴ 21 mars 1706 ; m ⁴ 3 février 1733, à Marie-Anne Supernant.—Marie-Joseph, b 1708 ; m ⁴ 20 nov. 1730, à Pierre Supernant.—Antoine, b ⁴ 2 mars 1711.—Joseph, b 1715 ; 1° m ⁴ 4 février 1737, à Marie-Angelique Roy ; 2° m ⁴ 21 oct. 1743, à Michelle Lamarque.— Louis, b ⁴ 21 juin 1716.—Marie, b... m ⁴ 21 nov. 1712, à Jean Patenote.—Charles, b... m ⁴ 8 oct. 1742, à Jeanne Supernant.

  2° Supernant, Catherine, [Jacques I.
  b 1686 ; veuve de Julien Bariteau.

1698, (3 février) Lachine.

II.—BOYER, Jacques, [Nicolas I.
  b 1669 ; s 6 mai 1754, à Montreal.⁶
  1° Cesyre, Anne, [Claude I.
  b 1680, s ⁶ 11 sept. 1722.
  Jacques, b 1700 ; 1° m ⁶ 10 janvier 1735, à Marie-Anne Bineau, 2° m 11 juillet 1757, à Elisabeth Liberson, à Soulanges.—Marguerite, b ⁶ 29 sept. et s ⁶ 10 déc. 1705. — Charles, b ⁶ 21 et s ⁶ 22 sept. 1706. —André, b ⁶ 15 et s ⁶ 18 sept. 1707. — Marie-Anne, b ⁶ 5 oct. 1708 —Marie-Catherine, b ⁶ 14 mai 1710 ; s ⁶ 14 juin 1736.—Pierre, b ⁶ 13 janvier 1712, m ⁶ 25 juin 1748, à Marie-Louise Milot.— Paul, b ⁶ 14 et s ⁶ 16 dec. 1713. — Charles, b ⁶ 28 mai et s ⁶ 6 juin 1715.—Jean, b ⁶ 16 mai et s ⁶ 20 mai 1716.—Paul, b ⁶ 15 mai 1717 ; m ⁶ 21 juillet 1749, à Marie-Joseph Parant.—François, b ⁶ 12 février 1719 ; s ⁶ 6 février 1733.—Joseph-Marie et Marie-Madeleine, b ⁶ 26 janvier 1721. — Anne, b ⁶ 11 et s ⁶ 12 sept. 1722.

---

(1) Dit Lavergne.
(2) Elle épouse, le 16 janvier 1741, Pierre Batrio, à Laprairie
(3) Née au mois d'août 1684 à Wells, Nouvelle-Angleterre, prise en guerre le 21 août 1705.
(4) Voy. vol. I, p. 84.

(1) Dit Sanssoucy.
(2) Voy vol. I, p 84-85.

1738, (28 mai).⁶
2° MILOT (1), Jeanne, [JACQUES I.
  b 1679; veuve de Julien Aubert; s ⁶ 22
  avril 1739.

1698, (10 février) Laprairie.⁷
II.—BOYER, JEAN, [CHARLES I.
  b 1673.
  CAILLÉ, Marie-Anne, [ANTOINE I.
    b 1675.
  Marie, b ⁷ 16 juillet 1704.—*Jean,* b 1705; m ⁷
  18 nov. 1737, à Marguerite BROSSEAU.—*Marie-
  Marguerite,* b ⁷ 2 janvier 1707; m ⁷ 1er février
  1734, à Michel MARIE.—*Antoine,* b ⁷ 8 juin 1709.
  —*Marie-Catherine,* b ⁷ 30 juillet 1715. — *Marie-
  Anne,* b ⁷ 18 sept. 1717.

1699, (9 février) Charlesbourg.¹
II.—BOYER, CHARLES, [ETIENNE I.
  b 1675.
  1° VANIER, Marguerite, [GUILLAUME I.
    b 1684; s ¹ 18 avril 1715.
  Marie-Joseph, b ¹ 1704; m 2 juillet 1742, à
  Jean DUMOUCHEL, à Montréal²; s ² 25 déc 1742.
  —*Pierre,* b 1708; m ² 25 nov. 1743, à Marie-Jo-
  seph GATIEN.

  1715, (19 août).¹
  2° VIVIER, Marie-Madeleine, [PIERRE I.
    b 1688; veuve de Michel Bouron; s ² 6 sept.
    1729.
  Marie, b ² 3 et s ² 12 oct. 1717. — *Jacques,* b ²
  27 avril 1719.—*Marie-Louise,* b 19 mars 1721, à
  St-Laurent, M — *Marie-Madeleine,* b ² 15 et s ²
  18 février 1723.—*Michel,* b ² 3 mars 1725.—*Antoine,* b... m 24 oct. 1757, à Marie-Louise-Brigide
  DUFOUR, au Détroit.

I.—BOYER (2), GUILLAUME.
  DAGNAC (3), Marie-Françoise.
  Marie-Joseph, b 19 février 1701, à Longueuil.

1704, (2 juin) Pte-aux-Trembles, M.
II.—BOYER, ANTOINE, [NICOLAS I.
  b 1679.
  PAYET (4), Louise, [PIERRE I.
    b 1686.
  Marie-Joseph, b 18 mars 1705, à Montréal¹;
  s ¹ 13 oct. 1714.—*Joseph,* b ¹ 21 mai 1706; m 4
  juin 1746, à Marie-Françoise SÉNÉCAL, à Laprairie. — *Pierre,* b ¹ 21 nov. 1707; m 6 janvier
  1744, à Louise PEPIN, au Détroit ²; s ² 7 oct.
  1765.—*André,* b ¹ 23 nov. 1708; s ¹ 19 mai
  1727. — *Thérèse,* b ¹ 12 février 1710, m ¹ 10 février 1738, à François LEFEBVRE.—*Marguerite,*
  b ¹ 16 août 1711; m ¹ 24 avril 1741, à Jean-Bte
  ROY; s ¹ 14 janvier 1748. — *Marie-Louise,* b ¹ 15
  janvier 1713, s ¹ 6 janvier 1714.—*Marie,* b 1714;
  s ¹ 21 février 1730. — *Antoine,* b ¹ 21 juin 1714;
  s ¹ 24 février 1730. — *Nicolas,* b ¹ 19 mai 1716
  —*Marie-Louise,* b ¹ 21 juin et s ¹ 4 sept. 1717.—
  Jacques, b ¹ 31 juillet 1718. — *Madeleine,* b ¹ 18

---
(1) Dit Laval.
(2) Dit Lagarde.
(3) Et Dagnia.
(4) Dit St-Amour.

---

déc. 1719; m ¹ 27 avril 1750, à Jacques ROY.—
Ignace, b ¹ 15 nov. 1721; m ² 24 nov. 1749, à
Angélique PEPIN; s ² 22 mai 1784.—*Claude,*
b ¹ 20 déc. 1722; m ¹ 9 février 1756, à Suzanne
MÉNARD.—*Charles,* b ¹ 10 février 1724.—*Marie-
Joseph,* b ¹ 11 août 1725; m ¹ 15 février 1751,
à Louis BOUCHARD.—*Jean-Baptiste-Amable,* b ¹ 12
et s ¹ 26 oct. 1726.—*Louise-Amable,* b ¹ 29 mars
1728; m ¹ 24 nov. 1755, à Basile RIEL.

1708, (23 sept.) Montréal. ⁵
I.—BOYER (1), JEAN, b 1681; fils de Pierre et
  de Jeanne Guillemin, de Fouguerole, diocèse
  d'Agen.
  DEGUIRE, Jeanne, [FRANÇOIS I.
    b 1683; s ⁵ 13 mars 1723.
  Elisabeth, b ⁵ 8 oct. 1709.

II.—BOYER, JEAN-ETIENNE, [ETIENNE I.
  b 1680; s 22 avril 1750, à Lachine. ⁶
  LAMOUREUX, Barbe, [PIERRE II.
    b 1685.
  Marie-Madeleine, b 1707; m 7 février 1735, à
  Louis-François LEPAGE, au Bout-de-l'Ile, M.⁷—
  Marie-Charlotte, b 1710; m ⁷ 15 sept. 1733, à
  Jean-Baptiste POIRIER.—*Françoise,* b ⁷ 31 jan-
  vier 1710; m 14 oct. 1726, à André DENEAU,
  à Montréal. ⁸ — *René,* b ⁷ 10 juin 1715, s ⁸
  6 nov. 1716. — *Jean-Etienne,* b ⁸ 12 avril 1717;
  m ⁷ 13 janvier 1739, à Marie-Joseph HUNAUT.—
  Marie-Angélique, b ⁷ 30 juillet 1719; m ⁷ 14 avril
  1738, à Antoine BRUNET. — *Alexandre,* b ⁷ 1er
  août 1721, 1° m ⁷ 10 avril 1741, à Charlotte HU-
  NAUT; 2° m ⁷ 10 avril 1747, à Thérèse LALONDE.
  —*Antoine-Etienne,* b ⁷ 2 juillet 1723, m ⁶ 31 janvier 1754, à Angélique-Amable ROY. — *Louis-
  Hector,* b ⁷ 17 sept. 1725.—*Amable,* b ⁷ 7 janvier
  1729.

II.—BOYER (2), JACQUES, [ETIENNE I
  b 1683.
  1° FORAN, Jeanne.
  Angélique, b 30 avril 1710, à la Pte-aux-
  Trembles, M. ⁴— *Pierre,* b ⁴ 25 nov. 1712.
  2° DUVIVIER, Marie.
  Marguerite, b 1715; s 19 avril 1735, à Montréal.
  —*Marie-Louise,* b... m 7 oct. 1748. à Gilles
  JOACHIM, à Boucherville.

1710, (28 juillet) Québec.
II.—BOYER, JEAN-BTE, [ETIENNE I.
  cordonnier; s 30 oct. 1750, à Ste-Anne. ⁵
  BONNIER (3), Madeleine. [JACQUES I.
  Marie-Madeleine, b ⁵ 15 avril 1716, m ⁵ 8 juin
  1733, à Joseph RACINE.—*Elienne,* b ⁵ 12 nov.
  1718; m ⁵ 23 janvier 1764, à Thérèse LESSARD;
  s ⁵ 11 février 1769.—*Marie-Françoise,* b ⁵ 22 mars
  1720; m ⁵ 26 août 1739, à Joseph GRENIL.—*Marie-
  Angélique,* b ⁵ 5 février 1724; m ⁵ 2 février 1756,
  à Ignace RACINE; s ⁵ 12 oct. 1772.—*Félicité,* b ⁵
  26 mai 1727, 1° m ⁵ 28 nov. 1747, à Jean-Baptiste
  SIMARD; 2° m ⁵ 6 février 1764, à Louis GAGNON

---
(1) Dit Lafontaine.
(2) Dit Lafleur et Lambeye.
(3) Et Baumier dit Laplante.

1711, (26 nov.) Montréal.⁶
II.—BOYER, Zacharie, [Nicolas I.
b 1684.
Mezerets, Marie-Françoise, [Jean II.
b 1683.
Marguerite, b ⁶ 26 oct. et s ⁶ 8 nov. 1712.—Jacques, b... s ⁶ 20 déc. 1715.—Nicolas, b ⁸ 26 mars 1714 ; s ⁶ 14 déc. 1730.—Louise, b ⁶ 14 nov. 1715.—Marie-Madeleine, b ⁶ 14 mai 1717 ; s ⁶ 27 janvier 1733.—Michel-Zacharie, b ⁶ 14 avril 1719.—Jacques, b ⁶ 6 et s ⁶ 19 août 1721.—Antoine, b ⁶ 8 et s ⁶ 10 mai 1724.

I.—BOYER, Pierre (1).

1715, (1ᵉʳ déc.) Montréal.⁸
I.—BOYER (2), Antoine, b 1664 ; fils d'Antoine et de Louise Guilloré, de Ste-Marie, Ile de Rhe ; s ⁸ 2 mars 1745.
Gladus, Catherine, [Jean I.
b 1666 ; veuve de Jean-Baptiste St-Amand.

BOYER,
s avant 1728.
Dauphin, Thérèse (3). [Jean II.

1719.
I.—BOYER (4), Jacques,
s avant 1750.
Dubois, Marguerite, [François I.
b 1700.
Marie-Joseph, b 1720 ; m 18 nov. 1750, à Nicolas Cordeau, à Chambly⁷ ; s⁷ 10 mai 1751.—Thérèse, b... m à François Loupe.

1722, (14 juillet) Laprairie.²
III.—BOYER, Jean, [Antoine II.
b 1697 ; s 12 août 1768, à St-Constant.
1° Dumay, Marguerite, [Joseph II.
b 1694 ; s² 11 mai 1732.
Antoine, b² 15 avril 1723 ; m 28 janvier 1754, à Elisabeth Bourdon, à Longueuil.³—Jean, b² 27 juin 1724 ; m² 10 février 1749, à Charlotte Roy—Joseph-Marie, b² 18 février 1726.—Pierre, b² 26 février 1728, s² 16 mars 1730.—Marie-Marguerite, b² 2 et s² 6 août 1729.—Pierre, b² 1ᵉʳ juillet 1731 ; s² 30 mars 1733.—Marie-Marguerite, b² 11 mai et s² 10 oct. 1732.
1736, (7 janvier).³
2° Haguenier, Marie-Anne, [Louis III.
b 1714.
Jean-Maccabé et Louis, b² 4 et s² 7 avril 1737.—Marie-Anne, b² 13 mai 1738.—Charlotte, b 1740 ; s² 18 août 1741.—Marie-Jeanne, b² 3 février 1743.

---

(1) Il fait abjuration, le 28 mai 1717, a la Pointe-aux-Trembles, Q.
(2) Dit Lafrance ; soldat de Beauvais
(3) Elle épouse, le 24 avril 1729, Jean Doucet, au Cap-St-Ignace.
(4) Dit Lapintarde.

I.—BOYER (1), Jean-Bte, b 1701 ; fils de Joseph et de Claire Faraud, de St-André de Barême, diocèse de Sens.
1° Fasche, Françoise, [Robert II.
b 1705 ; s 20 juin 1741, à Montréal.⁵
Jean-Baptiste, b... m 4 mai 1749, à Véronique Reguindeau, à Boucherville. — Anne-Françoise, b⁵ 8 juin 1728 ; s⁵ 19 février 1733. — François, b⁵ 16 juin et s⁵ 28 déc. 1730.—Charles-Paschal, b⁶ 10 avril 1735 ; m 14 nov. 1762, à Catherine-Marguerite Hunaut, à Lachine. — Pierre, b⁵ 7 avril 1737.
1743, (9 janvier).⁵
2° Bideau, Marie-Joseph, [Philippe I.
b 1723.

BOYER, Jean.
Jarry, Marguerite.
Jérôme-Marie, b 4 sept. 1727, à Montréal.

1729, (10 janvier) Longueuil.⁷
III.—BOYER, Pierre, [Antoine II.
b 1704 ; s avant 1752.
1° Gervais, Marie-Anne, [Jean II.
b 1710 ; s 8 août 1737, à Laprairie.⁸
Marie, b⁷ 8 et s⁷ 14 mai 1730. — Pierre, b⁷ 20 janvier 1732 ; s⁷ 10 mars 1733. — Marie-Anne, b... m⁷ 3 juillet 1752, à François Bouteiller.—Marie-Geneviève, b⁷ 3 juin 1734.—Marie-Félicité, b⁸ 12 et s⁸ 14 avril 1736.
1738, (14 juillet)⁷
2° Bourdon, Marie-Anne (2), [Pierre II.
b 1714.
Pierre, b⁸ 29 juin 1739.— Charles, b⁸ 22 juillet et s⁸ 5 août 1742. — Anonyme, b⁸ et s⁸ 20 juillet 1743 — Marie-Elisabeth, b⁸ 20 oct. 1744.—Jean-Baptiste, b⁷ 23 juin 1746.

1732, (25 février) St-Michel-d'Yamaska.
I.—BOYER, Jean, fils de Pierre et de Jeanne Guchemont, de Faguerolle.
Mineau, Geneviève, [René III.
b 1711.
André, b 29 mars 1739, à St-Frs-du-Lac.

1732, (5 mai) Montréal.³
I.—BOYER (3), Louis, b 1702 ; fils de Jean et de Jeanne Gaillou, de Domaigne, diocèse de Xaintes
Auger, Madeleine, [Pierre I.
b 1713.
Marie-Louise, b³ 10 février 1735 ; m³ 27 nov. 1752, à Nicolas Raza. — Cécile, b³ 10 oct. 1739 ; s³ 24 nov. 1749 —Philippe, b³ 6 et s³ 20 avril 1741.—Madeleine, b⁸ 12 mars 1745 ; m³ 2 février 1761, à Joseph Hungard.—Jean, b³ 14 avril et s³ 6 août 1747 —Joseph, b³ 7 juin 1749.

---

(1) Dit Laderoute
(2) Elle épouse, le 19 février 1753, Laurent Bourdeau, à Laprairie.
(3) Dit Larivière.

1733, (3 février) Laprairie.⁴
III.—BOYER, JACQUES, [JACQUES-ANTOINE II.
b 1706.
SUPERNANT, Marie-Anne, [PIERRE II.
b 1710; veuve de Toussaint Bétourné.
Antoine, b 29 déc. 1734, à Longueuil.—*Jacques*, b⁴ 25 mai 1736; s 25 oct. 1756, à St-Constant.⁵—*Marguerite*, b⁴ 11 mars 1738; m⁵ 4 nov. 1754, à Pierre LONGTIN. — *Marie-Joseph*, b⁴ 14 février et s⁴ 7 mars 1740.—*Charles*, b⁴ 28 avril et s⁴ 21 sept. 1741.—*François*, b⁴ 25 nov. 1742.—*Marie-Anne*, b⁴ 23 juin 1744.

1735, (10 janvier) Montréal.⁹
III.—BOYER, JACQUES, [JACQUES II.
b 1700.
1° BINEAU, Marie-Anne, [JEAN I.
b 1712.
Marie-Louise, b 21 sept. 1735, au Bout-de-l'Ile, M.⁸; m⁸ 13 mai 1754, à Paschal MOINEAU; s⁸ 1ᵉʳ déc. 1760. — *Cécile*, b⁹ 28 janvier et s⁹ 22 avril 1737. — *Jean-Baptiste*, b⁹ 4 août 1738; s⁹ 29 avril 1739. — *Marie-Joseph*, b⁸ 13 mars 1740; s 20 avril 1741, à Laprairie.²—*Marie-Anne*, b⁸ 13 mars 1740; s² 27 avril 1741.
1757, (11 juillet) Soulanges.
2° LIBERSON, Elisabeth, [FRANÇOIS II.
veuve de Jean-Baptiste Rousson.

1736, (4 juin) Laprairie.³
III.—BOYER, JOSEPH, [ANTOINE II
b 1706.
SENÉCAL, Marie-Françoise, [PIERRE III
b 1717.
Joseph, b⁸ 8 avril 1737; s 25 nov. 1742, à Montréal. — *Pierre-Antoine*, b³ 19 août 1738—*Antoine-Amable*, b³ 20 oct. 1739; s³ 7 mai 1740 —*Marie-Catherine*, b³ 8 nov. 1740; s³ 14 janvier 1741.—*Marie-Hypolite*, b³ 27 nov. 1741.—*François-Benjamin*, b³ 31 mars et s³ 30 juillet 1743.—*Marie-Madeleine*, b⁴ 2 et s⁴ 30 juin 1744—*Joseph-Marie*, b 24 oct. 1754, à St-Constant.

1737, (4 février) Laprairie.³
III.—BOYER, JOSEPH, [JACQUES-ANTOINE II.
b 1715.
1° ROY, Angélique, [PIERRE II.
b 1717; s³ 12 février 1738.
Marie-Angélique, b³ 7 février 1738, m³ 19 janvier 1761, à René-Amable LONGTIN.
1743, (21 oct.)³
2° LAMARQUE, Michelle, [PIERRE I.
b 1712.
Joseph, b³ 2 août 1744.—*Alexis*, b³ 2 et s³ 10 août 1744.

1737, (18 nov.) Laprairie.⁴
III.—BOYER, JEAN, [JEAN II.
b 1705.
BROSSEAU, Marguerite, [PIERRE II.
b 1712.
André, b⁴ 30 nov. 1740.—*Marguerite*, b 1742, s 7 nov. 1756, à l'Hôpital-Général, M. — *Jean-Baptiste*, b⁴ 8 juin 1743.

1738.
III.—BOYER, CLAUDE, [JACQUES II.
b 1704; s 12 juillet 1756, au Bout-de-l'Ile, M.⁷
RIBERVILLE (1), Marie-Anne, [JOSEPH I.
b 1711.
Marie-Anne, b⁷ 13 nov. 1739; m⁷ 28 avril 1755, à François LALONDE.—*Rosalie*, b⁷ 16 avril 1741; m 26 mai 1757, à Jacques XANDRE, à Lachine. — *Angélique-Amable*, b⁷ 5 février 1743; m⁷ 8 janvier 1757, à Etienne MONPETIT.—*Paschal*, b⁷ 26 avril 1744; m⁷ 9 février 1767, à Catherine LAROQUEBRUNE. — *Joseph-Constant*, b⁷ 3 juin 1745; s⁷ 27 février 1766. — *Cécile*, b⁷ 29 juillet 1746.—*Antoine*, b⁷ 30 mars 1750.— *Antoine*, b⁷ 18 mai 1753; s⁷ 28 mai 1754.

1739, (13 janvier) Bout-de-l'Ile, M.⁷
III.—BOYER (2), JEAN-ETIENNE, [ETIENNE II.
b 1717.
HUNAUT, Marie-Joseph, [PIERRE III.
b 1718.
Pierre, b⁷ 31 oct. 1739; m⁷ 20 oct. 1760, à Madeleine HUNAUT.—*Marie-Joseph*, b⁷ 8 février 1741.—*Alexis*, b⁷ 14 juin 1745. — *Marie-Louise*, b⁷ 12 février 1747.

1739, (26 janvier) Longueuil.
II —BOYER (3), HENRI, [NICOLAS I.
b 1713.
THUOT, Louise, [PIERRE I.
b 1718.
Marguerite, b 12 nov. 1756, à St-Constant.

1741, (10 avril) Bout-de-l'Ile, M.¹
III.—BOYER, ALEXANDRE, [ETIENNE II
b 1721; s 14 sept. 1760, à Lachine.²
1° HUNAUT, Charlotte, [ANTOINE III
Paul-Alexis, b¹ 12 juillet 1742.
1747, (10 avril).¹
2° LALONDE, Thérèse (4), [FRANÇOIS III
b 1729.
Thérèse, b 1748; s² 27 juillet 1756.—*Marie-Joseph*, b¹ 29 juillet 1750; m 24 oct. 1768, à Jean-Baptiste MOINEAU, à Soulanges.³—*Marie-Madeleine*, b¹ 20 et s¹ 25 avril 1752.—*Paul-Alexandre*, b¹ 6 août 1753.—*Joseph-Marie*, b³ 23 août 1754.—*Marie-Rosalie*, b¹ 16 sept. 1757.—*François*, b¹ 30 nov. 1759.

1742, (8 oct.) Laprairie.⁸
III.—BOYER, CHARLES. [ANTOINE II.
SUPERNANT, Jeanne. [LAURENT II.
Pierre, b⁸ 30 juin et s⁸ 13 juillet 1743—*Charles*, b⁸ 22 sept. 1744. — *Marie-Joseph*, b 26 sept. 1753, à St-Constant.

BOYER, JEAN-BTE.—Voy. BOUVIER.

(1) Dit Cesire. Elle épouse, le 4 juillet 1757, François Lalonde, au Bout-de-l'Ile, M.
(2) Dit Germain.
(3) Pour Boheur, voy. p 324.
(4) Elle épouse, le 25 mai 1761, Joseph Aymond, au Bout-de-l'Ile, M.

1743, (25 nov.) Montréal.[4]
III.—BOYER, Pierre,   [CHARLES II.
  b 1708.
  GATIEN, Marie-Joseph,   [FRANÇOIS II.
  b 1725.
  Pierre, b [4] 22 oct. 1744.—*Marie-Joseph*, b [4] 15 et s [4] 22 août 1746.—*Marie-Angélique*, b [4] 31 déc. 1748 ; s 12 janvier 1749, au Sault-au-Récollet.

1744, (6 janvier) Detroit.[6]
III.—BOYER, Pierre,   [ANTOINE II.
  b 1707 ; s [6] 7 oct. 1765.
  PEPIN (1), Marie-Anne-Louise,   [JOSEPH III
  b 1726.
  Marie-Louise, b [6] 6 janvier 1745 ; m [6] 2 mai 1761, à Charles CHAUVIN. — *Marie-Catherine*, b [6] 14 oct. 1746.—*Antoine*, b [6] 25 juin 1748 ; m [6] 12 janvier 1778, à Angélique GIBAULT.—*Marie-Suzanne*, b [6] 20 déc. 1749 ; s [6] 27 juillet 1751.—*Pierre*, b [6] 23 et s [6] 25 juin 1751.—*Pierre*, b [6] 2 et s [6] 3 août 1752.—*Angélique*, b [6] 10 août 1753, m [6] 28 janvier 1771, à Simon MELOCHE.—*Marie-Anne*, b [6] 26 déc. 1755 ; m [6] 25 oct. 1773, à Nicolas MORAS.—*Suzanne*, b [6] 11 nov. 1757 ; m [6] 9 nov. 1779, à Charles-François GOUIN. — *Pierre*, b [6] 16 déc. 1759, s [6] 2 juin 1760.—*Thérèse*, (posthume) b [6] 6 mars 1766.

BOYER (2), JOSEPH.
  BLANCHET, Madeleine.
  Joseph, b 7 oct. 1749, à Chambly.[8]—*Jacques*, b [8] 26 août 1751 ; s [8] 9 déc. 1756. — *Clement-Amable*, b [8] 12 avril 1754. — *Marie-Anne*, b [8] 18 mai 1757.—*Jean-François*, b [8] 15 juin 1759.

1748, (25 juin) Montréal.[9]
III.—BOYER, Pierre,   [JACQUES II.
  b 1712.
  MILOT, Marie-Louise,   [CHARLES II
  b 1717.
  Pierre, b [9] 2 avril 1749.—*Antoine*, b [9] 28 juillet 1750.

1749, (10 fevrier) Laprairie.
IV.—BOYER, JEAN,   [JEAN III.
  b 1724.
  ROY, Marie-Charlotte,   [PIERRE.
  veuve de Louis Lamarre.
  Joseph-Marie, b 7 fevrier 1754, à St-Constant.[9] —*Guillaume*, b [9] 23 juillet 1755. — *Marie-Anne-Archange*, b [9] 31 janvier 1757.—*Marguerite*, b... m [9] 8 mai 1768, à Jean-Baptiste BAREAU.

1749, (4 mai) Boucherville.
II.—BOYER, JEAN-BTE.   [JEAN-BTE I
  REGUINDEAU, Veronique,   [LOUIS II.
  b 1726.
  Marie-Véronique, b 8 avril 1750, à St-Laurent, M.

1749, (21 juillet) Montréal.
III.—BOYER, PAUL,   [JACQUES II.
  b 1717.
  PARANT, Marie-Joseph,   [GUILLAUME II.
  b 1722.
  Marie-Joseph, b 15 et s 28 déc. 1756, à Ste-Geneviève, M.

1749, (24 nov.) Detroit.[9]
III.—BOYER, IGNACE,   [ANTOINE II.
  b 1721 ; s [9] 22 mai 1784.
  PEPIN (1), Angélique.   [JOSEPH III.
  Ignace, b [9] 25 juillet et s [9] 9 août 1750. — *Pierre-Ignace*, b [9] 22 oct. 1751 ; s [9] 25 juin 1752. —*Suzanne*, b [9] 1er nov. 1752 ; s [9] 2 avril 1753.—*Angélique*, b [9] 27 fevrier et s [9] 6 mai 1754.—*Thérèse*, b [9] 16 oct. 1755 ; 1° m [9] 8 oct. 1770, à Jean-Baptiste CASSE, 2°, m [9] 11 février 1779, à François DAGNEAU.—*Angélique*, b [9] 11 oct. 1757; s [9] 9 avril 1758. — *Anonyme*, b [9] et s [9] 22 août 1758.—*Archange*, b [9] 10 sept. 1759, m [9] 1er sept. 1781, à Nicolas GOUIN. — *Catherine*, b... s [9] 13 sept. 1762.—*Antoine-Nicolas*, b [9] 23 déc. 1763.—*Marie-Louise*, b [9] 27 oct. 1765. — *Catherine*, b 1767 ; m [9] 17 janvier 1791, à Joseph MORAND ; s [9] 4 mai 1793.

1754, (31 janvier) Lachine.
III.—BOYER, ANTOINE-ETIENNE,   [ETIENNE II.
  b 1723.
  ROY, Angelique-Amable.   [FRANÇOIS III.

1754, (28 janvier) Longueuil.[8]
IV.—BOYER, ANTOINE,   [JEAN III.
  b 1723.
  BOURDON, Elisabeth,   [PIERRE III.
  b 1736.
  Marie-Elisabeth, b [8] 4 nov. 1754. — *Marie-Elisabeth*, b 24 août 1756, à St-Constant.[9]—*Marie-Marguerite*, b [9] 15 oct. 1757.

1756, (9 fevrier) Montréal.
III.—BOYER, CLAUDE,   [ANTOINE II.
  b 1722.
  MÉNARD, Suzanne,   [JACQUES III.
  b 1732.

1757, (10 janvier) Montréal.
I.—BOYER, JACQUES, soldat, b 1732; fils de Pierre et de Catherine Destalin, de St-Agnan, ville de Castel-Sarrazin, diocèse de Montauban.
  HALLE, Cécile,   [JEAN-BTE III.
  b 1734.

1757, (7 fevrier) Baie-St-Paul.[5]
I.—BOYER (2), JOSEPH, marchand, fils de Jean et de Marie-Therèse d'Avient, de Lisbonne, Portugal.
  PERRON, Elisabeth,   [JEAN III.
  b 1734

---

(1) Dit Descardonnets. Elle épouse, le 11 avril 1768, Hypolite Campeau, au Détroit.
(2) Dit Lapintarde.

(1) Dit Descardonnets
(2) Dit Pellion, soldat de la compagnie de Courtemanche.

Joseph-François, b⁵ 6 avril 1757.—*Théodose*, b⁵ 21 déc. 1758.—*Marie-Joseph-Rosalie*, b⁵ 13 août 1760.—*François-Paschal*, b⁵ 21 juillet 1762.—*Marie-Joseph-Pélagie*, b⁵ 22 dec. 1763.—*Marie-Joseph-Véronique*, b⁵ 17 avril 1765. — *Ellius-Benjamin*, b⁵ 1ᵉʳ avril 1767.

1757, (24 oct.) Detroit. ⁵

III.—BOYER, Antoine.   [Charles II.
 Dufour, Marie-Louise-Brigide,   [Pierre I.
  b 1742.
Antoine, b⁵ 16 mars 1759. — *Joseph*, b⁵ 16 mars 1761.—*Eléonore*, b⁵ 29 août 1762.

1758, (30 janvier) Contrecœur. ⁵

I.—BOYER, Etienne, fils de Jacques et de Marie Marin, de St-Siferin, ville de Carpentras, Provence.
 St-Onge, Marie.   [Dominique.
Marie-Madeleine, b⁵ 8 janvier 1759.

1759.

BOYER, Pierre.
 Longtin, Marie-Joseph,   [Gabriel II.
  b 1737.
Marie-Joseph, b 18 juin 1760, à St-Philippe. ⁹—*Elisabeth*, b 11 dec. 1761, à St-Constant.—*Pierre*, b ⁹ 13 oct. 1763.

1760, (7 janvier) Makinac. ³

BOYER, Michel, marchand.
 DuLignon, Josette-Marguerite, [François IV
  b 1736.
Charles, b ⁸ 14 sept. 1761.

1760, (5 mai) Chambly.

I.—BOYER, Yves, fils d'Etienne et de Marie Salomon, de St-Michel, diocèse de Lisieux, Normandie.
 Neveu, Marie-Marthe.   [Louis III.

1760, (20 oct.) Bout-de-l'Ile, M. ⁵

IV.—BOYER, Pierre,   [Etienne III.
  b 1739.
 Hunaut, Madeleine,   [Jean-Bte III.
  veuve de Simon Cuillerier.
Marie-Madeleine, b⁵ 13 août 1761. — *Etienne*, b⁵ 5 mai 1763 — *Pierre*, b⁵ 23 mars 1765.—*Félicité*, b⁵ 26 janvier 1767. — *Luc*, b⁵ 14 avril 1768.

1762, (14 nov.) Lachine.

II.—BOYER (1), Charles-Paschal, [Jean-Bte I.
  b 1735.
 Hunaut, Catherine-Marguerite, [Gabriel III.
  b 1740.

BOYER, Pierre.
 Riel, Marguerite.
Marie-Marguerite, b 27 juillet 1764, à St-Philippe.

(1) Dit Ladéroute.

1764, (23 janvier) Ste-Anne. ⁸

III.—BOYER, Etienne,   [Jean-Bte II.
  b 1718 ; s ⁸ 11 fevrier 1769.
 Lessard, Thérèse,   [Jean III.
  b 1744.
Marie, b ⁸ 21 oct. 1764.—*Marie-Charlotte*, b ⁸ 27 dec. 1765.—*Marie-Louise*, b ⁸ 26 juin 1768.

BOYER, Joseph.
 Patenote, Marguerite.
Marguerite, b 6 avril et s 3 mai 1767, à St-Constant.

1767, (9 février) Bout-de-l'Ile, M.

IV.—BOYER, Paschal,   [Claude III.
  b 1744.
 Laroquebrune, Catherine.   [Louis III.

1778, (12 janvier) Détroit.

IV.—BOYER, Antoine,   [Pierre III.
  b 1748.
 Gibault, Angélique.   [Etienne.

BOYER, Marguerite, épouse de Joseph Rousseau.

BOYER, Marguerite, epouse de Pierre Coderre.

BOYER, Marie, épouse de Jean Gautier.

BOYER, Françoise, epouse d'André Renaud.

BOYER (1), Thérèse, b 1720, m à Paschal Riche ; s 3 juillet 1788, à Repentigny.

BOYER, Marie-Charlotte, épouse de Jean-Baptiste Desloges.

BOYER, Marie-Anne, epouse de Claude Monty.

BOYLE, Henri.
 Robitaille, Elisabeth.
Joseph et *Jeanne*, b 13 avril 1761, à l'Ile-Dupas.

BRABANT.—Voy. Brébant.

1734, (26 juin) Montréal.

I.—BRACARD (2), René, b 1703 ; fils d'Antoine et de Madeleine Double, de St-Sulpice, Paris.
 Gatien, Marie-Joseph,   [Pierre II.
  b 1707.

BRACMARD.—Voy. Braquemare.

1773, Ste-Anne-de-la-Perade.

I.—BRACNEY, Noel, fils de Samuel et de Marie Tailor, Philadelphie.
 Gervais, Thérèse,   [Louis-Joseph II
  b 1751.

BRACONNIER.—*Variations et surnoms* : Braconnier—Brancognet.

(1) Dit Latouche.
(2) Dit St Laurent, sergent.

I.—BRACONNIER (1), JEANNE, b 1653 ; veuve de Crispin Thuillier ; m 1675, à Charles EDELINE ; s 20 février 1711, à Montréal.

BRACONNIER, PIERRE, b 1659 ; s 13 mars 1719, à Montréal.

1700.

I.—BRACONNIER, JEAN.
CHAPELAIN, Françoise,   [BERNARD II.
b 1673 ; veuve d'Antoine St-Marc.
Jean-Baptiste, b 20 et s 21 janvier 1701, à St-Laurent, I. O.⁷—*Jean-Baptiste*, b... m ⁷ 27 nov. 1730, à Jeanne DUFRESNE.—*Marie-Françoise*, b ⁷ 4 avril 1702 ; s ⁷ 6 nov. 1714.—*Charles*, b ⁷ 2 mai 1706 ; m 10 sept. 1742, à Marguerite PARANT, à Québec.⁸—*Marie-Madeleine*, b ⁷ 14 août 1708 ; 1° m ⁷ 3 avril 1731, à Alexandre BÉLANGER ; 2° m 25 nov. 1737, à Ignace GRAVEL, au Château-Richer, s 29 janvier 1783, à Beaumont.—*Joachim*, b ⁷ 1ᵉʳ février 1711.—*François*, b ⁷ 22 oct. 1714 ; s ⁷ 17 déc. 1721.—*François*, b... m ⁸ 1ᵉʳ oct. 1742, à Marie-Jeanne HAINS.

1730, (27 nov.) St-Laurent, I. O.
II.—BRACONNIER, JEAN-BTE,   [JEAN I.
b 1701.
DUFRESNE, Jeanne,   [PIERRE II.
b 1702.
Jean-Pierre, b 3 sept. 1731, à Québec⁵ ; s ⁵ 22 sept. 1732.—*Jean-Baptiste*, b ⁵ 26 août 1733 ; m 30 janvier 1758, à Marie-Joseph BARDET, à Montréal.—*Joseph*, b ⁵ 19 mars 1737 ; m 11 janvier 1762, à Geneviève SPÉNARD, à St-Pierre-les-Becquets.—*Bernard-Marie*, b ⁵ 22 mai 1739 ; m ⁵ 9 janvier 1764, à Madeleine LEDROIT. — *Marie-Suzanne*, b ⁵ 22 janvier 1742. — *Pierre*, b ⁵ 30 mai 1745.

1742, (10 sept.) Québec.⁵
II.—BRACONNIER, CHARLES,   [JEAN-BTE I.
b 1706.
PARANT, Marguerite,   [ANDRÉ III.
b 1721.
Jean-Charles, b 27 mars 1745, à Beauport ; s ⁹ 10 juin 1745.—*Charles*, b ⁵ 1ᵉʳ juillet 1746 ; m 5 juillet 1773, à Catherine DESAUTELS, à St-Henri-de-Mascouche.—*André*, b ⁵ 3 oct. et s ⁵ 3 nov. 1748. — *Antoine-Gabriel*, b ⁵ 30 janvier et s ⁵ 15 juin 1751.—*Catherine*, b ⁵ 6 oct. 1752.—*Jean-Marie*, b 13 oct. 1760, à Terrebonne.

1742, (1ᵉʳ oct.) Québec. ⁵
II.—BRACONNIER, FRANÇOIS.   [JEAN-BTE I.
HAINS, Jeanne,   [JOSEPH I.
b 1722.
Marie-Joseph, b 1ᵉʳ juillet 1743, à Deschambault ; m 21 janvier 1765, à Jean-Baptiste LAUZON, à Terrebonne.—*Jean-François*, b ⁵ 10 juillet 1744.—*François-Joseph*, b ⁵ 21 janvier 1746 ; s ⁵ 29 mars 1748.—*Joseph*, b ⁵ 7 mars et s ⁵ 1ᵉʳ juillet 1747. — *Marie*, b ⁵ 23 avril 1748 ; s ⁵ 19 juillet 1755.—*Marie-Louise*, b ⁵ 7 et s ⁵ 11 nov. 1749.— *Marie-Louise*, b ⁵ 30 nov. 1750, s ⁵ 3 nov. 1751.—

(1) Voy vol I, p. 85.

Jean-Baptiste, b ⁵ 4 juin et s ⁵ 8 août 1752.— *Jean-Baptiste*, b ⁵ 24 juin 1753. — *Marie-Louise*, b ⁵ 20 février 1755.

1758, (30 janvier) Montréal.
III.—BRACONNIER, JEAN-BTE,   [JEAN-BTE II.
b 1733.
BARDET (1), Marie-Joseph,   [PIERRE II.
b 1740.

1762, (11 janvier) St-Pierre-les-Becquets.
III.—BRACONNIER, JOSEPH,   [JEAN-BTE II.
b 1737.
SPÉNARD, Geneviève,   [JEAN-BTE II.
b 1743.

1764, (9 janvier) Québec.
III.—BRACONNIER, BERNARD,   [JEAN-BTE II.
b 1739.
LEDROIT, Marie-Madeleine,   [FRANÇOIS I.
veuve de François Morin.

1773, (5 juillet) St-Henri-de-Mascouche.
III.—BRACONNIER, CHARLES,   [CHARLES II.
b 1745.
DESAUTELS, Catherine.   [GILBERT III.

BRADER, MARIE-JOSEPH, épouse de Pierre CARON.

BRAN, JEAN.
........., Marie-Blanche.
Joseph-Amable (2), b 1ᵉʳ avril 1752, à St-Roch.

1719, (27 nov.) Montreal. ⁸
I.—BRAGELONE (DE), ETIENNE, capitaine, b 1674 ; fils de Charles (commissaire général de la cavalerie de France) et de Marie-Madeleine de Vigny, de St-Salomon, diocèse d'Orleans ; s ⁸ 27 nov. 1738.
MARGANE (3), Barbe,   [SÉRAPHIN I.
b 1681.

BRAGIACE, GABRIEL.—Voy. BÉRIASSE.

BRAILLÉ.—Voy. BREILLARD—BREILLA.

1669.
I.—BRAI (4), JEAN.
COUET, Marie-Charles (5).
Marie-Charlotte, b 22 juin 1674, à Sorel.

BRANCHAUD. — *Variations* : BRANCHAUX — BRANCHAU.

BRANCHAUD, ANGÉLIQUE, épouse de François ETHIER.

(1) Et Bardet.
(2) De Laubéré, près de Boston, N.-Angleterre. Abjure le protestantisme et est baptisé. C'est le Père Ambroise qui l'avait instruit.
(3) De Lavaltrie.
(4) Et Brais, Reverdra et LaReverdra.
(5) Elle épouse, le 14 avril 1678, Pierre Brignon, à Sorel.

BRANCHAUD, Geneviève, b... m 7 juillet 1760, à François OUELLET, à St-Ours.

1694.

I.—BRANCHAUD (1), Charles,
s 14 déc. 1711, à St-Thomas. [5]
 GARAND, Marthe (2),   [Pierre I.
 b 1675.
 Charles, b [5] 4 avril 1704.—*Michel*, b [5] 25 sept. 1707; m 1735, à Marie-Jeanne LECLERC.—*Joseph*, b [5] 1er juin 1709; m 24 février 1731, à Catherine-Geneviève ALBERT, à Levis [4]; s [4] 2 juin 1732 (noyé).

1731, (24 fevrier) Lévis. [8]

II.—BRANCHAUD, Joseph (3), [Charles I.
 b 1709; s [8] 2 juin 1732.
 ALBERT, Catherine-Geneviève (4), [René I.
 b 1709.
 Joseph, b [8] 15 déc. 1731; s [8] 1er janvier 1732.
 —*Joseph* (posthume), b [8] 20 janvier 1733; s [8] 12 mai 1738.

1732.

II.—BRANCHAUD, Michel,   [Charles I.
 b 1707.
 LECLERC, Marie-Jeanne.
 Marie-Anne, b 1733; s 28 sept. 1757, à St-Ours. [7]—*Marie-Jeanne*, b 1736; s [7] 28 sept. 1757.

BRANCOGNET.—Voy. BRACONNIER.

BRAND, Marie, épouse de Jean FRODES.

1688, (1er mars) Repentigny. [7]

I.—BRANE (5), Antoine,
 b 1663; s avant 1714.
 DELPÈCHE, Marie,   [Bernard I.
 b 1668; s avant 1714.
 Claude, b [7] 21 avril 1690; m 8 janvier 1714, à Charlotte BAUDOIN, à la Pte-aux-Trembles, M.

1714, (8 janvier) Pte-aux-Trembles, M.

II.—BRANE (6), Claude,   [Antoine I.
 b 1690.
 BAUDOIN, Charlotte,   [Jean I.
 b 1688; s 28 oct. 1714, à Repentigny. [8]
 Anne-Charlotte, b [8] 14 oct. 1714.—*Agathe*, b... m à Pierre PICHET; s avant 1795.

BRANIER, Charles, b 1714; s 29 mars 1741, à Montreal.

1748, (23 sept.) Québec. [5]

I.—BRANET, Bernard, fils de Jacques (chirurgien) et de Catherine Cassagne, de St-Blaise, diocèse d'Auch.
 NORMANDEAU, Marguerite, [Pierre II.
 b 1723.
 Marguerite (illégitime), b [5] 29 août 1748.

1758, (4 avril) Sault-au-Récollet.

I.—BRANGER, Jacques, fils de Jacques et de Catherine Gonbon, de St-André de Niort, diocèse de Poitiers.
 LEMAY, Marie-Joseph,   [Joseph II.
 b 1735.

BRANSARD. — *Variations et surnoms* : BRONSARD—LANGEVIN.

II.—BRANSARD, Laurent (1), [Laurent I.
 b 1692; s 3 mars 1722, à Kaskakia.

II.—BRANSARD (2), Etienne, [Laurent I.
 b 1701.
 PAPLAU (3), Marie-Madeleine. [Jean I.
 Etienne, b... m 20 janvier 1755, à Marie-Charlotte RICHER, à Ste-Anne-de-la-Perade.

1725, (13 fevrier) Batiscan. [4]

II.—BRANSARD (4), Jean-Bte, [Laurent I.
 b 1694.
 QUATRESOUS, Madeleine,   [Damien I.
 b 1687; veuve de Michel Roy.
 Jean-Baptiste-Gervais, b [4] 28 mars 1725.—*Anonyme*, b [4] et s [4] 19 mars 1727.

1755, (20 janvier) Ste-Anne-de-la-Pérade.

III.—BRANSARD, Etienne. [Etienne II.
 RICHER, Marie-Charlotte.   [Pierre
 b 1730.

I.—BRAQUEMARE, Jean-Bte-Antoine,
 b 1699; menuisier; s 27 mars 1756, à Québec. [4]
 PÉLISSIER, Catherine-Jeanne.
 Marie-Béatrice, b [4] 2 oct. 1750. — *Louis*, b 1749; s [4] 12 mai 1759.

BRASDEFER.—Voy. CHARDIN, 1749.

BRASEAU.—Voy. BRAZEAU.

BRASIER.—Voy. HARIER-DUBUISSON.

1637, (14 janvier) Quebec. [4]

I.—BRASSARD (5), Antoine,
 b 1609.
 MÉRY, Françoise,
 b 1621; s [4] 11 juillet 1671.

---

(1) Voy. vol. I, p. 85.
(2) Elle épouse, le 18 juillet 1712, Charles Dumas, à Beaumont.
(3) Branchaud se noya, le 1er mai 1732, dans la rivière Etchemins, et fut inhumé, le 2 juin 1732, à Levis.
(4) Elle épouse, le 29 oct. 1732, Pierre Boulé, à Lévis.
(5) Dit Bourdelais. Voy. vol. I, p. 86.
(6) Dit Bourdelais; appelé aussi De Brene, 1714.

(1) Fils de Laurent et de Marie Cosset, de Batiscan; tué avec Alexis Blais sur le Mississipi. par les Chicahas.
(2) Dit Langevin. Voy. vol. I, p. 86.
(3) Dit Papilloux ou Périguy.
(4) Dit Bronsard ou Langevin. Il était, le 24 septembre 1762, à Ste-Anne-de-la-Pérade.
(5) Et Brossard, vol. I, p. 86.

Dorothée, b ⁴ 30 juillet 1656 ; m ⁵ 5 oct. 1671, à Pierre RICHER ; s 7 nov. 1738, à St-Augustin.

1672, (15 février) Québec. ³
II.—BRASSARD (1), GUILLAUME, [ANTOINE I.
b 1647.
LOUVET, Catherine,
b 1650 ; s ³ 1ᵉʳ juin 1715.
Marie-Catherine, b 13 déc. 1677, à Sillery¹ ; m 1699, à Charles DANNETS ; s 21 février 1703, à Ste-Foye. — *Guillaume*, b ¹ 30 mai 1679 ; m à Marie MAUFAIT. — *Claude*, b... m à Barbe HÉBERT-LAROSE ; s avant 1753.—*Jean-Baptiste*, b... m 20 juin 1707, à Marie-Geneviève HUBERT.— *Charles*, b... m ³ 2 juin 1720, à Marie-Joseph HUBERT.— *Pierre*, b... m à Marie DELALANDE.

1672, (26 avril) Québec. ³
II.—BRASSARD, JEAN-BTE (1),
b 1651 ; s ³ 22 février 1715.
QUELUÉ, Jeanne,
b 1653 ; s ³ 2 avril 1721.
Jean, b 1680. — *Marie-Catherine*, b ³ 6 juin 1682 ; m ³ 21 oct. 1710, à Jean PILOTE.

1683.
II.—BRASSARD, LOUIS, [ANTOINE I.
b 1653.
MAUFAIT, Simone (2), [PIERRE I.
b 1663.
Pierre, b 1687 ; 1º m 9 février 1711, à Marie LALANDE, à Montréal⁶ ; 2º m ⁶ 22 oct. 1742, à Marie-Louise LEBLANC. — *Marie-Madeleine*, b... 1º m ⁶ 7 oct. 1710, à Etienne BALAN ; 2º m ⁶ 15 juin 1748, à Pierre DESROCHES.—*Charles*, b 12 juin 1704, à Ste-Foye.

1696.
III.—BRASSARD (3), GUILLAUME, [GUILLAUME II.
b 1679.
MAUFAIT, Marie-Catherine, [PIERRE I.
b 1673.

1707, (20 juin) Québec. ³
III.—BRASSARD, JEAN-BTE, [GUILLAUME II.
b 1681, s ³ 11 avril 1756.
HUBERT, Marie-Geneviève, [FRANÇOIS I.
b 1688.
Marie-Joseph, b ³ 20 mars 1709 ; 1º m ³ 9 février 1733, à Guillaume DEBELLEFOND ; 2º m 24 janvier 1760, à Alain FERRE.—*Marie-Madeleine-Louise*, b ³ 8 sept. 1710 ; 1º m ³ 22 sept. 1736, à Ferd.-Henri DELLEUR ; 2º m ³ 12 oct. 1750, à Nicolas-Joseph LESAGE ; s ³ 14 sept. 1758.—*Louise*, b ³ 15 mai 1712. — *Anonyme*, b ³ et s ³ 6 nov. 1714. — *Jean-Baptiste-Joseph*, b ³ 4 août 1719 ; m ³ 27 janvier 1749, à Madeleine AUDIVERT ; s ³ 6 juillet 1796.

---

(1) Voy. vol. I, p 86.
(2) Elle épouse, le 7 février 1718, Jacques Chevautier, à Montréal.
(3) Voy. vol. I, p. 87.

1711, (9 février) Montréal. ²
III.—BRASSARD (1), PIERRE, [LOUIS II.
b 1687.
1º LALANDE, Marie, [JEAN I.
b 1689 ; s ² 17 nov. 1739.
Louise, b... m ² 26 nov. 1742, à Pierre LECERF. —*Jean-Baptiste*, b 7 mars 1713, à Québec⁴ ; s ⁴ 21 sept. 1714. — *Pierre*, b ⁴ 27 mai 1715 ; s ⁴ 10 janvier 1717.—*Pierre*, b 1718 ; s ³ 3 février 1733. —*Marguerite*, b ² 26 janvier 1722 ; m ² 12 sept. 1740, à Michel-Jacques NEVEU. — *Marie-Charlotte-Danielle*, b ² 6 mars 1720 ; m ² 4 juin 1742, à Adam-Thomas URPEAU.—*Pierre-Theodore*, b ² 22 avril 1723 ; s ² 8 août 1724.—*Michel*, b ² 21 et⋅ s ² 23 oct. 1724.—*Marie-Anne*, b ² 11 sept. 1726 ; m ² 2 nov 1749, à Jean-Pierre BARON.—*Alexis*, b ² 21 février 1729.—*Marie-Joseph*, b ² 14 janvier 1731.—*Angélique*, b ² 27 mars 1734.

1742, (22 oct.) ³
2º LEBLANC, Marie-Louise, [JULIEN II.
b 1716.
Louise, b 1743 ; m ² 2 février 1761, à Emmanuel-Joseph SAFFRAY. — *Marie-Geneviève*, b ² 21 oct. et s ² 14 nov. 1743.— *Marie-Anne*, b ² 21 oct. et s ² 10 nov. 1743. — *Pierre-Nicolas*, b ² 12 juin 1748.—*Marie-Angélique*, b ² 12 mai 1750.

1717, (10 janvier) Beauport.
III.—BRASSARD, JEAN-BTE, [JEAN-BTE II.
b 1689, s 2 oct. 1749, à Quebec. ⁴
HUPPÉ, Françoise, [JACQUES II.
b 1693.
Jean-Baptiste, b ⁴ 14 janvier 1718 ; s ⁴ 19 mars 1795. — *Joseph-Jacques*, b ⁴ 11 février 1719.— *Marie-Françoise*, b ⁴ 6 août 1720 ; s ⁴ 17 mai 1733. — *François-Marie*, b ⁴ 3 déc. 1721.—*Elisabeth*, b ⁴ 14 juillet 1723 ; s ⁴ 16 février 1725.— *Joseph-Pierre*, b ⁴ 10 février 1725 ; s ⁴ 17 juillet 1726.—*Louis-Marie* (2), b ⁴ 19 déc. 1726 ; ordonné le 20 dec. 1749, s 27 dec. 1800, à Nicolet.¹—*Marie-Charlotte*, b ⁴ 25 avril 1728. — *Joseph*, b ⁴ 17 février 1730.— *Pierre-Bellarmin*, b ⁴ 16 fevrier 1732 ; m ¹ 30 sept. 1766, à Marie-Antoinette PINARD—*Louise-Michelle*, b ⁴ 26 juillet 1733 ; s ⁴ 30 août 1735.— *Marie-Anne*, b ⁴ 17 janvier 1736. —*Marie-Geneviève*, b ⁴ 9 sept. et s ⁴ 8 déc. 1738.

1720, (2 juin) Québec. ⁵
III.—BRASSARD (3), CHARLES, [GUILLAUME II.
s avant 1775.
HUBERT, Marie-Joseph, [FRANÇOIS I.
b 1706, s ⁵ 4 mars 1775.
Marie-Geneviève, b ⁵ 5 fevrier et s ⁵ 9 avril 1721.—*Joseph*, b ⁵ 2 août 1722 ; 1º m ⁵ 21 août 1747, à Suzanne-Elisabeth FILION ; 2º m ⁵ 21 mai 1750, à Madeleine VALLEE.—*Louis*, b ⁵ 31 janvier et s 12 mars 1724, à Lorette.—*Marie-Françoise*, b ⁵ 29 avril et s ⁵ 13 sept. 1725. — *Joseph*, b ⁵ 25 août et s 8 oct. 1726, à Charlesbourg.—*Charles-Louis*, b ⁵ 28 dec. 1727.

---

(1) Dit Maufait—Deschenaux.
(2) Fondateur du séminaire de Nicolet.
(3) Dit Deschenaux.

1723, (19 juillet) Québec.[7]
III.—BRASSARD (1), Jean-Bte, [Jean-Bte II.
s 20 sept. 1753.
 Chalifour, Marie-Joseph, [Paul II.
  b 1702; s[7] 10 janvier 1741.
 Jean-Baptiste, b[7] 18 août 1724.—*Michel-François,* b[7] 3 mars 1726; s[7] 12 sept. 1727.—*Marie-Madeleine,* b[7] 2 oct. 1729; s[7] 26 janvier 1731.—*Marie-Louise,* b[7] 29 avril 1732; s[7] 17 avril 1745. — *Charles-Marie,* b[7] 16 août 1734; m 20 nov. 1752, à Catherine Gagnon, aux Eboulements. — *Alexandre,* b[7] 9 février 1736.—*Marie-Joseph,* b[7] 4 février 1738; s 30 oct. 1755, à Charlesbourg. — *Pierre,* b[7] 25 oct. 1739; s[7] 15 sept. 1740.—*Joseph,* b... m 11 août 1760, à Marie Belleville, à Lavaltrie.

1747, (21 août) Québec.[1]
IV.—BRASSARD (2), Joseph, [Charles III.
  b 1722; s[1] 18 sept. 1793.
 1° Filion, Suzanne-Elisabeth, [Joseph I.
  b 1722; s[1] 6 juillet 1748.
 Nicolas-Joseph, b[1] 13 et s[1] 18 mai 1748.
  1750, (21 mai).[1]
 2° Vallée, Marie-Madeleine, [Jean-Bte III.
  b 1734; s[1] 25 oct. 1789.
 Joseph-Marie, b[1] 19 nov. et s[1] 4 déc. 1751. — *Charles-Joseph,* b[1] 3 nov. 1752.—*Pierre-Jean-Baptiste,* b[1] 10 juillet 1754.—*Joseph-Jean-Baptiste,* b[1] 15 août 1755.—*Marie-Madeleine,* b[1] 27 août 1757; m[1] 23 mars 1793, à Guillaume DeLorimier.—*Pierre-Louis,* b[1] 13 février 1759; m[1] 14 juin 1784, à Marie-Geneviève Dumont.—*Jean,* b[1] 4 et s[1] 18 sept. 1763.

1749, (27 janvier) Québec.[2]
IV.—BRASSARD, Jean-Bte (3), [Jean-Bte III.
  b 1719; s[2] 6 juillet 1796.
 Audivert (4), Madeleine, [François I.
  b 1731.
 Marie-Joseph, b[2] 14 juin 1750. — *Marie-Madeleine,* b[2] 28 mai et s[2] 17 juin 1751, à Charlesbourg.—*Madeleine-Charlotte,* b[2] 27 juin 1753.—*Anonyme,* b... s 15 sept. 1755, à Ste-Foye.

1749.
I.—BRASSARD, Paul, Acadien.
 Bertrand, Marguerite. [François III.
 Marie-Madeleine, b 1750; s 21 nov. 1756, à Ste-Foye.—*Marie-Marguerite,* b 17 nov. 1761, à Ste-Anne-de-la-Pérade.

1752, (20 nov.) Eboulements.[3]
IV.—BRASSARD, Charles, [Jean-Bte III.
  b 1734.
 Gagnon, Catherine, [Joseph III.
  b 1724.

Augustin, b[3] 19 août 1754.—*Charles-Chrysologue,* b[3] 4 déc. 1756 —*Henri,* b[3] 26 août 1758. —*Jean,* b[3] 29 août 1761.—*Alexis,* b[3] 9 oct. 1763; m[3] 27 nov. 1784, à Madeleine Debien.

1760, (11 août) Lavaltrie.
IV.—BRASSARD, Joseph, [Jean-Bte III.
 Belleville, Marie. [Antoine II.

1766, (30 sept.) Nicolet.[4]
IV.—BRASSARD, Pierre-Bellarmin (1),
  b 1732. [Jean-Bte III.
 Pinard, Marie-Antoinette. [Jean-Bte III.
 Marie-Anne, b... m[4] 18 janvier 1784, à Louis Prou.—*Madeleine,* b... m[4] 7 nov. 1791, à Michel Bourg.—*Pierre,* b... m[4] 17 février 1794, à Marie-Louise Triganne.—*Marie-Antoinette,* b... m[4] 24 février 1794, à François Lemire.—*Apolline,* b... m[4] 16 oct. 1796, à Louis Manseau.

1784, (14 juin) Québec.[5]
V.—BRASSARD (2), Pierre-Louis, [Joseph IV.
  b 1759.
 Dumont, Marie-Geneviève, [Jean-Bte I.
  b 1755; s[5] 26 janvier 1786.
 Joseph-Louis, b[5] 21 janvier et s[5] 9 février 1786.

  1787, (11 avril).[5]
 2° Perrault, Marie-Joseph, [Jacques II.
  b 1759.

1784, (27 nov.) Eboulements.
V.—BRASSARD, Alexis, [Charles IV.
  b 1763.
 Debien, Madeleine, [Jean-Bte III.
  b 1766.

1794, (17 février) Nicolet.
V.—BRASSARD, Pierre. [Pierre IV.
 Triganne, Marie-Louise. [Jean-Joseph I.

BRASSEUR, Anne, épouse de Joseph Lejeune, s 30 oct. 1756, à St-Laurent, I. O.

BRASSEUX, Marguerite, épouse de Pierre Henry.

I.—BRASSEUX (3), François.
 Jérôme, Marie-Angélique.
 Joseph-Marie, b 15 août 1768, au Bout-de-l'Ile, M.

BRAULT. — *Variations et surnoms :* Brau—Breau—Bro—Brod—Pominville.

1665, (12 août) Québec.[6]
I.—BRAULT, Henri (4),
  b 1640.
 1° D*-*Cheurenville, Claude. [Jacques I.

---

(1) Dit Bordet, 1724.
(2) Deschenaux, seigneur de Neuville, St-Michel et Livaudière, secrétaire de Mr l'Intendant
(3) Sergent d'armes du Conseil Legislatif.
(4) Dit Romain.

(1) Capitaine de vaisseau.
(2) Deschenaux; frère du curé de Lorette.
(3) Dit Duhamel.
(4) Voy. vol I, p 87.

Pierre, b 2 janvier 1683, à Lévis⁷ ; 1° m 1716, à Clémence DAVID ; 2° m 30 juin 1725, à Jeanne PARANT, à Montréal. ⁸
    1692, (11 août). ⁸
2° BOLDUC, Marie-Ursule (1),   [LOUIS I.
 b 1675.
Jean-François, b⁷ 24 avril 1695 ; m⁶ 30 juin 1728, à Elisabeth BIÉTRY.

1693.

II.—BRAULT, GEORGE (2),   [HENRI I.
 b 1668.
1° MARCHAND, Madeleine.   [FRANÇOIS II.
 1696, (26 nov.) Lachine.
2° BRUNET, Barbe (3),   [FRANÇOIS I.
 b 1675.

1697, (18 nov.) Montréal. ⁹

I.—BRAULT (4), PIERRE,
 b 1669.
LESIÈGE, Madeleine,   [PIERRE I.
 b 1675.
Jean-Baptiste, b⁹ 22 août 1698.—*Marie-Madeleine*, b⁹ 10 mai 1700.—*Marie-Joseph*, b⁹ 23 oct. 1705.—*Antoine*, b 17 janvier 1710, à Repentigny⁴; m à Agathe LAURENCE.—*Marie*, b⁴ 1ᵉʳ mai 1712.

1703, (10 avril) Lachine.¹

II.—BRAULT (5), JOSEPH,   [HENRI I.
 b 1675.
MARCHAND, Marie-Anne (6),   [FRANÇOIS II.
 b 1671 ; veuve de Jean Fouché.
Marguerite-Angélique, b¹ 9 mai 1704 ; s 30 août 1707, à Montréal. — *Joseph* (7), b¹ 3 juin 1706 ; m¹ 1ᵉʳ déc. 1727, à Louise PARÉ. — *Jean-Baptiste*, b¹ 15 mars et s¹ 19 avril 1711.

1703, (26 nov.) Lachine.¹

II.—BRAULT (5), JEAN-BTE,   [HENRI I.
 b 1673 ; s¹ 27 janvier 1760.
BRUNET, Elisabeth,   [FRANÇOIS I.
 b 1685 ; s¹ 29 janvier 1763.
Jean-Baptiste, b¹ 31 oct. 1704 ; s 7 avril 1730, à Montréal.—*Marie-Angélique*, b¹ 31 déc. 1709 ; m à François ROY. — *Louise*, b¹ 31 août 1717 ; m à Pierre ROY ; s¹ 29 nov. 1751.— *Jacques*, b¹ 24 février 1720. — *Joseph*, b... m 9 oct. 1743, à Marie PANCRASSE, à Cahokia² ; s² 19 mai 1745.

1708.

II.—BRAULT (5), PIERRE,   [HENRI I.
 b 1683.
1° DAVID, Clémence,   [MICHEL II.
 b 1687 ; s avant 1725.

---

(1) Elle épouse, le 11 août 1700, Jean-Baptiste Drapeau, à Lévis.
(2) Voy. vol. I, p. 87.
(3) Elle épouse, en 1724, Martial Moulineuf.
(4) Dit Lafleur.
(5) Dit Pominville.
(6) Elle épouse, le 9 nov. 1726, Charles Brazeau, à Montréal.
(7) LeBrault en 1727.

François, b 1708 ; s 30 juin 1724, à Montréal. ⁴
—*Jean-Baptiste*, b 26 déc. 1717, au Bout-de-l'Ile, M.³—*Marie-Joseph*, b 1721 ; m⁴ 12 juin 1747, à Jean ARDILOS.
    1725, (30 juin). ⁴
2° PARANT, Jeanne (1),   [MATHURIN I.
 b 1691.
Mathurin, b 1726 ; m⁴ 20 oct. 1749, à Thérèse DANNY.—*François*, b 1727 ; m 1749, à Agathe SARAZIN.

1716, (8 juin) Québec. ⁹

II.—BRAULT (2), ETIENNE,   [HENRI I.
 b 1671.
1° PALIN, Louise,   [MATHURIN I.
 b 1697 ; s³ 27 mars 1717.
    1718, (15 oct.) Rimouski. ⁴
2° SAUVAGESSE, Marguerite.
Pierre, b⁴ 8 avril 1719, m 1745, à Thérèse PAUL.—*Louis-François*, b⁴ 1ᵉʳ mai 1722.—*Angélique*, b⁴ 2 oct. 1724.—*Jean-Baptiste*, b⁴ 4 janvier 1727. — *Gabriel* et *Claude*, b⁴ 12 mai 1729. —*Cécile*, b⁴ 25 août 1734 ; s 11 juin 1742, à Montréal.

1721, (14 déc.) Lachine. ³

III.—BRAULT (3), JEAN-BTE,   [GEORGE II.
 b 1699.
CARON, Marie,   [VITAL II.
 b 1702.
Marie-Michelle, b... m 7 janvier 1742, à Paul GAGNIER, à Châteauguay. ⁴— *Vital*, b... m⁴ 18 février 1754, à Marie-Anne PRÉJEAN.— *Félicité*, b 1731 ; m³ 16 janvier 1758, à Pierre DEFOND.— *Marie-Joseph*, b⁴ 24 avril 1735 ; m³ 16 janvier 1758, à Guillaume MALLET.—*Marie-Amable*, b... m³ 22 août 1763, à Joseph BLONDEAU — *Françoise*, b... 1° m à René-Hubert LACROIX ; 2° m³ 3 août 1768, à Pierre COUILLARD.

1727, (1ᵉʳ déc.) Lachine.³

III.—BRAULT (3), JOSEPH,   [JOSEPH II.
 b 1706.
PARÉ, Louise,   [JEAN I.
 b 1703.
Marie-Elisabeth, b³ 28 sept. 1728 ; m³ 27 sept. 1751, à Pierre BOURDEAU. — *Joseph-Amable*, b³ 30 sept. 1730 ; s 29 juillet 1767, à Kamouraska.—*Angélique*, b 1732 ; s³ 8 sept. 1755.—*Marie-Joseph*, b 1736 ; m³ 9 janvier 1761, à Alexis ROY.—*Marie*, b... m³ 21 sept. 1761, à Joseph GROU.— *Paschal*, b 1735, m 8 janvier 1759, à Marie-Thérèse LEDUC, à Montréal.

1728, (30 juin) Montréal.

II.—BRAULT. JEAN-FRANÇOIS,   [HENRI I.
 b 1695.
BIÉTRY, Elisabeth,   [JACQUES I.
 b 1702.

---

(1) Elle épouse, le 3 février 1735, Jean-Baptiste Abraham, à Montréal.
(2) Dit Pominville (Bereau est le vrai nom.)
(3) Dit Pominville.

François, b 1729 ; m 27 janvier 1755, à Elisabeth Turcot, au Sault-au-Recollet.[5] — *Marie-Elisabeth*, b 1733 ; s [5] 21 déc. 1748.—*Pierre*, b [5] 23 mars et s [5] 16 juillet 1738. — *Pierre*, b [5] 30 août 1739. — *Joseph-Marie*, b [5] 5 février et s [5] 6 oct. 1741.

1737.

II.—BRAULT, Antoine,   [Pierre I.
  b 1710
  Laurence, Agathe,   [Nicolas II.
  b 1711.
  Jean-Baptiste, b 1er nov. 1745, à Lavaltrie.[5]— *Joseph*, b [5] 21 nov. 1748 ; s [5] 14 juillet 1749.— *Madeleine*, b... m [5] 5 février 1759, à Joseph Robillard.

1743, (9 oct.) Cahokia, Mo.[2]

III.—BRAULT (1), Joseph,   [Jean II.
  s [2] 19 mai 1745.
  Pancrasse, Marie (2).   [Pancrace.

1745.

III.—BRAULT (3), Pierre,   [Etienne II.
  b 1719.
  Paul (4), Thérèse.
  Pierre-François, b 29 mai 1746, à Rimouski.— *Etienne*, b 27 juin 1749, aux Trois-Pistoles.

1748.

III.—BRAULT (5), François.   [Pierre II
  Sarazin, Agathe,   [Pierre III
  b 1730.
  Jean-Gabriel, b 1748 ; s 3 nov. 1755, à Lachine.[4]—*Elisabeth-Agathe*, b [4] 19 déc. 1749 ; s [4] 4 janvier 1750. — *Joseph-Amable*, b [4] 29 mars 1751 ; s [4] 26 janvier 1755.—*Françoise-Agathe*, b [4] 8 oct. 1752.—*Anonyme*, b [4] et s [4] 22 nov. 1753.— *Angélique-Amable*, b [4] 17 déc. 1754.—*Marguerite-Angélique*, b [4] 8 sept. 1756 ; s [4] 13 nov. 1760.— *Marie-Angélique*, b [4] 8 sept. et s [4] 16 oct. 1757.— *Pierre*, b [4] 8 février 1759. — *Marie-Claire*, b [4] 9 nov. 1759.—*Louise*, b [4] 26 juin 1760.

1749, (20 oct.) Montréal.

III.—BRAULT (3), Mathurin,   [Pierre II.
  b 1726.
  Danny, Thérèse,   [Jean-Bae III.
  b 1732.
  Paul, b 7 juillet 1759, à Lachine.

1753.

BRAULT (3), Pierre.
  Cadieux, Marie-Joseph,   [Pierre III.
  b 1726.
  Geneviève, b 27 juin 1754, à Ste-Geneviève, M.[3]—*Marie-Joseph*, b [3] 25 juin 1757.

(1) Dit Pominville, tué par les Sioux.
(2) Elle épouse, le 10 janvier 1746, Bernard Bouillon, à Cahokia.
(3) Dit Pominville.
(4) Dit Sauvagesse.
(5) Et Brod.

I.—BRAULT, Jean,
  Acadien, s avant 1760.
  Tibaudeau, Catherine,
  s avant 1760.
  Catherine, b... m 14 juillet 1760, à Jean-Bte Landry, à St-Joachim.

I.—BRAULT, Théodore,
  Acadien.
  Michelle, Marie,
  *b 1735 ; s 26 avril 1760, à St-Charles.[3] *Jean-Baptiste*, b 12 avril 1757, à Québec, s [3] 23 mai 1758. — *Madeleine*, b [3] 2 déc. 1759 ; s [3] 20 août 1760. — *Marie-Anne*, b [3] 2 déc. 1759 ; s [3] 25 août 1760.

BRAULT (1), Joseph.
  Chauvin, Louise.
  Louise, b 10 déc. 1784, au Détroit.

1754, (18 février) Lachine.

IV.—BRAULT (1), Vital.   [Jean-Bte III.
  Préjean, Marie-Anne.   [Louis.

1755, (27 janvier) Sault-au-Récollet.

III.—BRAULT (2), François,   [François II
  b 1729.
  Turcot, Marie-Elisabeth,   [Jean II
  b 1732.

1759, (8 janvier) Montréal.

IV.—BRAULT (1), Paschal,   [Joseph III.
  b 1735.
  Leduc, Marie-Thérèse,   [Joseph III.
  b 1734.

I.—BRAULT, Théodore,
  Acadien.
  Thibodeau, Elisabeth,
  s avant 1791.
  Marie-Elisabeth-Reine, b 6 janvier 1763, à Charlesbourg. — *Marguerite*, b... m 8 nov. 1791, à Joseph Derome, à Québec.

I.—BRAULT (1), Jean-Bte,
  Acadien.
  Micmac, Anne.
  Jean-Baptiste, b 9 juin 1750, à Rimouski. — *Geneviève*, b 23 oct. 1771, à Kamouraska.

I.—BRAULT, Jean-Bte,
  Acadien.
  Leclair, Dorothée.
  Jean-Baptiste, b... m 14 oct. 1793, à Marguerite Lebeau, à Repentigny.

1793, (14 oct.) Repentigny.[3]

II.—BRAULT (3), Jean-Bte.   [Jean-Bte I.
  Lebeau, Marguerite.   [Jacques.
  Marguerite, b [3] 27 juillet 1794.

(1) Dit Pominville.
(2) Et Breau dit Pominville.
(3) Appelé Laurent Brault-Pominville, 1794.

BRAULT, Geneviève, b 1691; m à ...... Landorneau; s 1er mars 1748, à Montréal.

BRAULT, Marguerite, épouse de Jean Daroy.

BRAULT, Geneviève, épouse de Jean-Baptiste Sobel.

BRAULT, Marie, b... m à Abraham Gaudet; s 20 déc. 1742, à St-Frs-du-Sud.

BRAULT, Angélique, épouse de Pierre-Noël Legault.

BRAULT, Elisabeth, b... 1° m à Pierre Aucoin; 2° m 19 nov. 1759, à Alexandre Guilbaut, à St-Pierre-les-Becquets.

BRAULT, Louise, épouse d'Etienne Brazeau.

BRAULT, Marie-Anne, épouse de Pierre Landry.

I.—BRAVIER, Jean-Bte.
Brousseau, Marie-Thérèse.
Jean-Baptiste, b... m 9 juin 1800, à Elisabeth Rice, à Florissant, Mo.

BRAY.—*Variations et surnoms*: Braye — Labonté—Poré—Boscand—Boccaral.

BRAY, Geneviève, épouse de Pierre Desautels.

I.—BRAY (1), Pierre.
Coudet, Jeanne.
Léger, b 1668; 1° m à Marguerite Colin; 2° m 5 déc. 1718, à Marie-Anne Bourhis, à Longueuil[1]; s[2] 28 nov. 1744.

II.—BRAY (1), Léger,   [Pierre I.
b 1668; s 28 nov. 1744, à Longueuil.[2]
1° Colin, Marguerite,   [Mathurin I.
b 1680; s[2] 21 janvier 1717.
Marguerite, b[2] 22 sept. 1701; m[2] 11 février 1726, à Pierre Legris. — *Antoine*, b[2] 2 mars et s[2] 4 juin 1703. — *Guillaume*, b[2] 27 juillet 1704; m[2] 13 février 1736, à Geneviève Lamarre; s[2] 9 sept. 1743. — *Joseph*, b[2] 27 août 1706; m 7 nov. 1735, à Cécile St-Aubin, à Montréal.[3]—*Antoine*, b[2] 4 mars 1708; m à Marguerite Bourdet; s[2] 6 oct. 1730.—*Marie-Louise*, b[2] 15 janvier 1711; m[2] 6 février 1736, à François Adam.—*Pierre*, b[2] 23 oct. 1712; m[2] 29 juillet 1741, à Marie-Charlotte Charon; s[2] 22 avril 1751.—*Laurent*, b[2] 3 sept. 1714; m[3] 15 nov. 1751, à Louise Charon. —*Marguerite*, b[2] 11 et s[2] 13 janvier 1717.— *Etienne*, b... m 1725, à Barbe Dazé.
1718, (5 déc.)[2]
2° Bourhis, Marie-Anne,   [Jean I.
b 1691; s[2] 19 juillet 1723.
Charles-Antoinette, b[2] 27 nov. 1719. — *Marie-Suzanne*, b[2] 10 déc. 1720; m[2] 10 sept. 1742, à Jacques Goguet. — *Gabriel-Antoine*, b[2] 10 déc. 1720; s[2] 24 sept. 1721. — *Jean-Baptiste*, b[2] 16 janvier 1722; s[2] 12 mai 1741.—*Marie-Anne*, b[2] 22 juillet 1723.—*Charles*, b... m[2] 26 février 1748, à Marie-Charlotte Piédalu.

1725.

III.—BRAY (1), Etienne.   [Léger II.
Dazé, Barbe,   [Paul-Charles I.
b 1703.
Deux anonymes, b et s 15 janvier 1726, à la Longue-Pointe.[6] — *Dominique*, b[6] 25 août 1727; m 7 janvier 1755, à Catherine Lalonde, au Bout-de-l'Ile, M.[7] — *André*, b[7] 17 sept. 1744. — *Charlotte*, b... m 7 janvier 1754, à Guillaume Lalonde, à Soulanges.[5]— *Etienne*, b... m[7] 2 août 1756, à Marie-Anne Lalonde.—*Marie-Angélique*, b... m[8] 18 avril 1757, à Joseph Lalande.—*Josette-Amable*, b... m[8] 15 février 1762, à Charles Rousson.— *François*, b... m[7] 7 février 1763, à Geneviève Lalonde.—*Barbe*, b... m[8] 10 avril 1766, à Jean-Baptiste Bissonnet.

1735, (7 nov.) Montréal.[1]

III.—BRAY (2), Joseph,   [Léger II.
b 1706.
St-Aubin, Cécile,   [Julien II.
b 1715
Joseph-Amable, b 4 janvier 1737, à Longueuil.[2] — *Pierre*, b[2] 29 juin 1738.—*Charles*, b[2] 10 juin et s[2] 27 sept. 1739.—*Antoine*, b[2] 21 août et s[2] 11 sept. 1740.—*Cécile*, b[2] 6 janvier 1743.—*François*, b[2] 25 janvier et s[2] 9 avril 1744. — *Marie-Charlotte*, b[1] 19 juillet 1746.—*Cécile*, b[1] 19 et s[2] 25 juillet 1746 —*François*, b[2] 28 août et s[2] 6 sept. 1747. — *Antoine-Benjamin*, b[2] 8 oct. 1748; s[2] 1er sept. 1750.— *Geneviève*, b[2] 25 janvier 1751. — *Angélique*, b[2] 7 mai et s[2] 21 juin 1753.— *Antoine-Benjamin*, b[2] 23 avril et s[2] 3 mai 1754. —*Marguerite*, b... m[2] 19 avril 1762, à Pierre Patenote.

1736, (13 février) Longueuil.[3]

III.—BRAY, Guillaume,   [Léger II.
b 1704; s[3] 9 sept. 1743.
Lamarre, Geneviève (3),   [André I.
b 1714.
Geneviève, b[3] 16 nov. 1736; s[3] 14 avril 1737. —*François-Amable*, b[3] 3 mars 1738.—*Guillaume*, b[3] 7 nov. 1739. — *Marie-Elisabeth*, b[3] 16 sept. 1741; s[3] 21 mai 1742.

III.—BRAY (4), Antoine,   [Léger II.
b 1708, s 6 oct. 1730, à Longueuil.
Bourdet, Marguerite.   [Nicolas I.
Gabriel, b... m 24 sept. 1770, à Marie-Catherine Charon, à Boucherville.[9] — *Marie-Clémence*, b... m[9] 1er oct. 1770, à Pierre Rivard.

---

(1) Dit Labonté.

---

(1) Ou Poré, 1727.

(2) Dit Labonté.

(3) Elle épouse, le 20 février 1745, François Patenote, à Longueuil

(4) Dit Boscand—Boccaral

1741, (29 juillet) Longueuil.⁴
III.—BRAY, Pierre, [Léger II.
  b 1712; s⁴ 22 avril 1751.
  Charon, Marie-Charlotte (1), [Pierre III.
    b 1723.
    Marie-Charlotte, b⁴ 6 oct. 1742.—*Marie-Thérèse*, b⁴ 8 mars et s⁴ 7 juin 1745.—*Antoine*, b⁴ 4 mars 1747.—*Jean-Baptiste*, b⁴ 27 avril 1748; s⁴ 12 mars 1749.—*Pierre-Joseph*, b⁴ 9 mai 1749.

1748, (26 février) Longueuil.⁴
III.—BRAY, Charles, [Léger II.
  Piédalu, Marie-Charlotte, [Julien I.
    b 1725.
    Charlotte, b⁴ 29 nov. 1748. — *Joseph*, b⁴ 6 mars 1750. — *Angélique*, b⁴ 31 mars et s⁴ 12 juillet 1751.—*Michel*, b⁴ 9 février 1754.—*François*, b⁴ et s⁴ 3 mai 1757. — *Angélique*, b⁴ 18 août 1760.— *Marie-Archange*, b⁴ 9 janvier 1762.

1751, (15 nov.) Montréal.
III.—BRAY, Laurent, [Léger II.
  b 1714.
  Charon, Louise, [Pierre III.
    b 1731.
    Joseph, b 8 sept. 1752, à Longueuil.¹—*Marie-Louise*, b¹ 27 avril et s¹ 4 sept. 1754. — *Angélique*, b¹ 1ᵉʳ juin 1757. — *Laurent*, b¹ 15 août 1760—*Marie-Joseph*, b¹ 27 février et s¹ 7 mars 1762.

1755, (7 janvier) Bout-de-l'Ile, M.¹
IV.—BRAY, Dominique, [Etienne III.
  b 1727.
  Lalonde, Marie-Catherine, [Guillaume III.
    b 1735.
    Charles, b 15 sept. et s 4 déc. 1755, à Soulanges.³—*Dominique*, b² 26 février 1757; s² 12 février 1759. — *Geneviève*, b¹ 3 sept. 1760. — *Marie-Charlotte*, b² 13 avril 1764.— *Joseph*, b² 14 mars 1766 ; s² 9 mars 1768.— *Angélique*, b² 14 mars 1766.—*Antoine*, b² 23 mai et s² 15 juin 1767.

1756, (2 août) Bout-de-l'Ile, M.
IV.—BRAY, Etienne. [Etienne III.
  Lalonde, Marie-Anne, [François III.
    b 1740.

1763, (7 février) Bout-de-l'Ile, M.
IV.—BRAY, François. [Etienne III.
  Lalonde, Geneviève, [Guillaume III.
    b 1746.
    Dominique, b 9 mars 1764, à Soulanges.³—*Angélique*, b³ 27 janvier et s³ 4 mai 1766.—*Geneviève*, b³ 25 oct. 1767.

1770, (24 sept.) Boucherville.
IV.—BRAY, Gabriel, [Antoine III.
  Charon, Marie-Catherine. [Louis III.

BRAYA.—Voy. Brien.

(1) Elle épouse, le 23 oct. 1752, Etienne Gelineau, à Longueuil.

BRAZEAU.—*Variations et surnoms :* Braseau—Brosseau—Brisseau—Duplissy.

1662.
I.—BRAZEAU, Nicolas.
  Billard, Perette,
    b 1635; s 20 août 1705, à Montréal.³
    Charles, b 1662 ; 1° m⁵ 5 oct. 1693, à Geneviève Quenneville; 2° m³ 9 nov. 1726, à Marie-Anne Marchand; 3° m 22 août 1735, à Jeanne Ménard, à Boucherville; s 25 avril 1750, à Ste-Geneviève, M.—*Marie*, b 16 mars 1683, à la Pte-aux-Trembles, M. ; 1° m à Silvain Guérin ; 2° m³ 10 nov. 1698, à Guillaume Tougard.—*Marie*, b 1663 ; m à ...... Françœur ; s³ 30 mai 1735.

1693, (5 oct.) Montréal.⁵
II.—BRAZEAU (1), Charles, [Nicolas I.
  b 1662 ; s 25 avril 1750, à Ste-Geneviève, M.
  1° Quenneville, Geneviève, [Jean I.
    b 1676 ; s⁵ 16 juillet 1726.
    Marie-Catherine, b 1695 ; m⁵ 1ᵉʳ déc. 1715, à Eustache Prevost; s⁵ 13 mai 1726. — *Paul*, b 1697 ; m 12 août 1720, à Marie-Roche Cadieux, à Longueuil.—*François*, b 11 nov. 1701, à la Pte-aux-Trembles, M. — *Charlotte*, b⁵ 7 avril 1714; m⁵ 30 juin 1732, à Antoine Beurnonville.—*Marie-Gabrielle*, b⁵ 26 mars 1716; s⁵ 12 janvier 1723.—*Pierre-Antoine*, b⁵ 20 mai 1717.—*Madeleine*, b⁵ 10 oct. 1720 ; s⁵ 18 oct. 1721.

    1726, (9 nov.)⁵
  2° Marchand, Marie-Anne, [François II.
    b 1671 ; veuve de Joseph Brault, s⁵ 9 juillet 1734.

    1735, (22 août) Boucherville.
  3° Ménard, Jeanne, [Jacques I.
    b 1669; veuve de Jean-Baptiste Lachaise, s⁵ 16 oct. 1747.

1694, (11 oct.) Montréal.⁶
II.—BRAZEAU, Nicolas, [Nicolas I.
  b 1670 ; s⁶ 1ᵉʳ avril 1737.
  Pinsonneau, Anne, [François I.
    b 1676 ; s⁶ 17 janvier 1741.
    Agnès, b⁶ 19 déc. 1697; m⁶ 20 mars 1719, à Charles Poupart ; s⁶ 7 nov. 1742. — *Jeanne-Danielle*, b⁶ 24 juin 1699 ; m⁶ 30 oct. 1727, à Pierre Martineau.—*Marie*, b⁶ 7 février 1701; m⁶ 9 juin 1727, à Charles Davesne.—*Marie-Marguerite*, b⁶ 22 juin 1704 ; m⁶ 29 juin 1722, à Esprit Senez —*Nicolas*, b⁶ 14 mars 1705, m⁶ 9 oct. 1730, à Marie-Anne Miville ; s⁶ 26 janvier 1755.—*Etienne*, b⁶ 15 février 1708, m⁶ 11 janvier 1734, à Louise Picard.—*Françoise-Anne*, b⁶ 9 sept. 1709, m⁶ 2 juin 1738, à Jacques Martel.—*Jean-Baptiste*, b⁶ 5 avril 1711 ; m⁶ 10 février 1739, à Geneviève Tartre.—*Gabriel-Joseph*, b⁶ 18 mars 1713 ; m⁶ 17 février 1738, à Marie-Joseph Robreau.—*Elisabeth*, b⁶ 5 avril 1715 ; s⁶ 17 oct. 1716.—*Elisabeth*, b⁶ 16 mai 1717 ; s⁶ 12 janvier 1718.—*Charles*, b⁶ 14 sept. 1718 ; s⁶ 9 mars 1737. — *Charlotte-Françoise*, b⁶ 17 mars et s⁶ 11 juillet 1720.

(1) Ou Brazon.

BRAZEAU, Jeanne-Danielle, épouse de Charles Lajeunesse.

1714, (4 nov.) Montréal. ⁴
III.—BRAZEAU, Gabriel, [Charles II.
  b 1694; s avant 1755.
 Handgrave, Angélique, [Pierre I.
  b 1695.
Angélique, b ⁴ 14 sept. 1720. — *Marie-Joseph*, b ⁴ 16 sept. 1722.—*Gabriel*, b ⁴ 16 déc. 1724; m 1756, à Marie-Joseph Hunaut. — *François*, b... m 3 février 1755, à Agathe Laporte, à Boucherville.

1720, (12 août) Longueuil.
III.—BRAZEAU (1), Paul, [Charles II.
  b 1697; s 19 avril 1753, à Ste-Geneviève, M. ⁴
 Cadieux, Marie-Roche, [Jean II.
  b 1698.
Marie-Rose, b 26 mai 1721, à Montréal.—*Paul*, b... m 1746, à Marie-Anne Héry-Duplanti. — *Anne*, b 1726; 1° m ⁴ 17 février 1744, à Jean Valade; 2° m ⁴ 30 janvier 1747, à Jean-Baptiste Sureau; s ⁴ 6 mai 1752.—*Thérèse*, b... m ⁴ 23 février 1756, à Eustache Hubert. — *François*, b ⁴ 29 juillet 1742 ; s ⁴ 29 mars 1743.—*Jean-Baptiste*, b... 1° m ⁴ 13 janvier 1755, à Marie-Joseph Biroleau; 2° m 7 février 1763, à Marie-Joseph Sauvé, au Bout-de-l'Ile, M.

1730, (9 oct.) Montréal. ⁴
III.—BRAZEAU, Nicolas, [Nicolas II.
  b 1706 ; s ⁴ 26 janvier 1755.
 Miville, Marie-Anne, [Jacques III.
  b 1708.
Marie-Anne, b 1733 ; m ⁴ 17 janvier 1757, à Michel Demers.—*Nicolas*, b 9 oct. 1743, à Laprairie.—*Louise-Marguerite*, b ⁴ 18 et s ⁴ 21 nov. 1747.—*Charles*, b ⁴ 19 déc. 1750.

1734, (11 janvier) Montréal. ⁴
III.—BRAZEAU, Etienne, [Nicolas II.
  b 1708.
 Picard, Louise, [Alexis II.
  b 1713.
Alexis, b ⁴ 28 nov. 1734.—*Etienne*, b ⁴ 13 mai 1736 ; m ⁴ 10 nov. 1760, à Marie Caron.—*Nicolas*, b ⁴ 20 août 1738. — *Marguerite*, b 1741 ; m ⁴ 27 oct. 1769, à Augustin Amiot.—*Marie-Louise*, b ⁴ 20 février et s ⁴ 9 avril 1741. — *Geneviève*, b ⁴ 3 avril 1742.— *Raphael*, b 3 et s 24 août 1743, à Laprairie. ²—*Joseph*, b ² 12 août 1744.—*Louise-Amable*, b ⁴ 13 janvier 1748. — *Joseph*, b ⁴ 25 août et s ⁴ 12 sept. 1749.—*François-Bernard*, b ⁴ 20 août 1750.

1738, (17 février) Montréal.
III.—BRAZEAU; Gabriel-Joseph, [Nicolas II.
  b 1713.
 Rodrau (2), Marie-Joseph, [Pierre I.
  b 1718.

(1) Et Brosseau.
(2) Dit Duplessy.

1739, (10 février) Montréal. ³
III.—BRAZEAU, Jean-Bte, [Nicolas II.
  b 1711.
 Tartre, Geneviève, [Guillaume I.
  b 1713.
Jean-Baptiste, b ³ 17 nov. 1743.

III.—BRAZEAU, Pierre, [Charles II.
  b 1717.
 Lauzon, Geneviève, [Séraphin II.
  b 1714.
Marie-Geneviève, b 21 mars 1742, à Ste-Geneviève, M. ⁷— *Marie-Joseph*, b ⁷ 8 avril 1743. —*Joseph*, b ⁷ 19 février 1744.—*Marie-Louise*, b ⁷ 14 février 1746 ; s ⁷ 25 février 1755. — *Marie-Anne*, b ⁷ 10 janvier 1747 ; s ⁷ 14 juin 1748. — *Marie-Louise*, b ⁷ 6 fev. et s ⁷ 8 août 1748.—*Antoine*, b ⁷ 29 oct. 1749.—*Marie-Anne*, b ⁷ et s ⁷ 1er août 1751. —*Marie-Joseph*, b ⁷ 6 mai et s ⁷ 8 août 1753.—*Jean-Baptiste*, b ⁷ 6 mars 1754.— *Charles*, b ⁷ 17 mars et s ⁷ 18 juillet 1755.—*Marie-Catherine*, b ⁷ 18 avril et s ⁷ 2 août 1756.—*Marie-Joseph*, b ⁷ 23 mai 1757.

BRAZEAU, Joseph (1),
  s 4 juin 1779, à Kaskakia.
 Dezier, Françoise.

III.—BRAZEAU, François, [Charles II.
  b 1701.
 Buet, Marie-Anne. [René II.
François, b 1738 ; s 28 avril 1750, à Ste-Geneviève, M.⁷—*René*, b ⁷ 6 mai 1743—*Louis-Marie*, b ⁷ 26 janvier 1746.— *Charles*, b ⁷ 20 août 1748 ; s ⁶ janvier 1749.—*Marie-Anne*, b ⁷ 16 mai 1750. —*Marie*, b... m ⁷ 7 février 1752, à Jacques-Amable Pilon.— *Francoise*, b... m ⁷ 17 janvier 1757, à Jean-Baptiste Rouleau. — *Gabriel*, b... m 15 avril 1765, à Françoise Brunet, au Bout-de-l'Ile, M.

BRAZEAU, Etienne.
 Brault, Louise.
Pierre, b 1746 ; s 12 juin 1747, à Montreal.

IV.—BRAZEAU, Paul. [Paul III.
 Hery (2), Marie-Anne, [Jacques I.
  b 1720.
Marie-Anne, b 30 janvier 1747, à Ste-Geneviève, M. ⁶—*Paul*, b 15 janvier 1751, au Lac-des-Deux-Montagnes⁵ ; s ⁶ 17 sept. 1758. — *Joseph-Marie*, b ⁵ 15 nov. 1752. — *Marie-Marguerite*, b ⁶ 17 mai 1755 ; s ⁶ 18 nov. 1756.—*Jean-Baptiste*, b ⁶ 24 dec. 1756 ; s ⁶ 22 sept. 1759.—*Marie-Catherine*, b ⁶ 20 février 1758.—*Paul*, b ⁶ 22 dec. 1759.

1755, (13 janvier) Ste-Geneviève, M. ⁸
IV.—BRAZEAU, Jean-Bte. [Paul III.
  1° Biroleau, Marie-Joseph. [Joseph II.
Marie-Joseph, b 9 mai 1756, au Lac-des-Deux-Montagnes.⁹— *Marie-Geneviève*, b ⁸ 6 août 1757. —*Jean-Baptiste*, b... s 24 avril 1759, au Bout-de-l'Ile, M. ²— *Marie-Louise*, b ² 16 février 1759.— *Marie-Rose*, b ⁹ 11 juin 1761

(1) Il était, le 12 juin 1759, a Kaskakia. Tué par les sauvages le long de la riviere des Kaskakia.
(2) Dit Duplanti—Germain.

1763, (7 février) [2]
2° SAUVÉ, Marie-Joseph,   [LOUIS II.
  b 1737.
  Marie-Charlotte, b [2] 14 mars 1764; s [2] 6 mai 1765.—*Marguerite*, b [2] 23 mai 1765.—*Jean-Baptiste*, b [2] 1er mars 1767.

1755, (3 février) Boucherville.
IV.—BRAZEAU, FRANÇOIS.   [GABRIEL III.
  LAPORTE, Agathe,   [JOSEPH III.
  veuve de Pierre Labelle.

1756.
IV.—BRAZEAU, GABRIEL,   [GABRIEL III.
  b 1724.
  HUNAUT, Marie-Joseph.
  Madeleine, b 2 mars 1757, à Terrebonne.

BRAZEAU, JEAN-BAPTISTE.
  SABOURIN, Catherine.
  François, b 17 et s 26 nov. 1757, à Ste-Geneviève, M.—*Marie-Ursule*, b 12 janvier 1759, au Bout-de-l'Ile, M.[1]— *Marie-Louise*, b [1] 11 juillet 1760.—*Thomas*, b [1] 23 déc. 1762; s[1] 3 août 1764.—*Marie-Renée*, b [1] 8 juin 1765.

1760, (10 nov.) Montréal.
IV.—BRAZEAU, ETIENNE,   [ETIENNE III.
  b 1736.
  CARON, Marie-Catherine,   [NICOLAS III.
  b 1739.

BRAZEAU, PIERRE.
  DUBOIS, Marie-Anne.
  Jean-Baptiste, b 1761; s 10 août 1762, au Bout-de-l'Ile, M.[3]—*Marie-Louise*, b [3] 21 mars et s [3] 22 avril 1765.—*Augustin*, b [3] 30 août 1766

1765, (15 avril) Bout-de-l'Ile, M.
IV.—BRAZEAU, GABRIEL.   [FRANÇOIS III.
  BRUNET, Françoise.   [FRANÇOIS

BRAZEAU (1), LOUIS.
  GUERNON, Madeleine.
  Jean-Baptiste, b 17 janvier 1774, à Lachenaye.[4]—*Augustin*, b [4] 11 oct. 1777.

BRAZEAU, MARIE, b... 1° m à Didier BOURGOIN, 2° m 18 juin 1713, à Pierre TASTET, à Montréal.

BRAZEAU, LOUISE, épouse de Pierre CADIEUX.

BRAZEAU, GENEVIÈVE, épouse de Pierre LABELLE.

BRAZEAU, MARIE-ROSE, épouse de François LEGAULT.

BRAZEAU, MARIE-FRANÇOISE, épouse de Jean-Baptiste ROULEAU.

BRAZEAU, ANGÉLIQUE, épouse de Joseph SICARD.

(1) Ou Brisseau.

BRÉARD, MARGUERITE, b 1734; m à Joseph LUCAS; s 6 février 1758, à St-Charles.
I.—BRÉARD, JACQUES-MICHEL (1).
  CHASSERIAU, Marie.
  Jean-Jacques, b 11 oct. 1751, à Québec.[5]—*Etienne-Benjamin*, b [5] 11 déc. 1752, s [5] 9 août 1753.—*Michel-Ange*, b [5] 30 déc. 1753.

I.—BRÉARD, JEAN-BTE, Acadien,
  b 1718; s 11 février 1758, à St-Charles.[6]
  CLÉMENCEAU, Marguerite,
  s avant 1758.
  Marguerite, b 1756; s [6] 19 février 1758.

BRÉAU.—*Variations et surnoms*: GEORGET—BRAULT—BAREAU.

1720, (18 mars) Laprairie.[7]
II.—BRÉAU (2), FRANÇOIS,   [JEAN I.
  b 1687; s avant 1768.
  SENÉCAL, Marguerite.   [PIERRE II.
  François, b [7] 25 sept. 1727; m 13 janvier 1755, à Marie-Catherine LERIGER, à St-Constant.[8]—*Jean-Baptiste*, b [7] 18 sept. 1729; m [8] 8 mai 1768, à Marguerite BOYER.

1755, (13 janvier) St-Constant.
III.—BRÉAU (3), FRANÇOIS,   [FRANÇOIS II.
  b 1727.
  LERIGER, Marie-Catherine,   [PAUL II.
  b 1737.

1768, (8 mai) St-Constant.
III.—BRÉAU (3), JEAN-BTE,   [FRANÇOIS II.
  b 1729.
  BOYER, Marguerite.   [JEAN-BTE IV.

BRÉBANT.—*Variations et surnoms*: BRABANT—LAMOTHE (DE)—LECOMPTE.

I.—BRÉBANT (4), PIERRE,
  b 1645; s 26 nov. 1677, à Québec.
  GOUPIL, Anne (5),   [NICOLAS I
  b 1653.
  Michel, b 10 mars 1678, à Sillery; m à Marie-Elisabeth DELAFAYE —*Marie-Anne*, b... m 21 mai 1703, à Etienne MARTEL, à Montréal.

1696, (15 sept.) Montréal.[1]
I.—BRÉBANT (6), PIERRE,
  b 1668; s [1] 7 janvier 1715.
  LAPLACE, Marguerite,
  b 1659, veuve de Pierre LeSiège.
  Geneviève, b [1] 4 août 1697; m 5 février 1714, à Jean-Baptiste ROBERT, à Repentigny.

(1) Conseiller et commissaire de la marine
(2) Dit Bareau; voy. ce nom p. 117.
(3) Dit Bareau.
(4) Dit Lamothe. Voy vol. I, p. 87.
(5) Elle épousa, en 1679, Aimé Lecompte.
(6) Dit Lecompte; soldat de la compagnie de Lamothe-Cadillac. Voy. vol. I, p. 87

II.—BRÉBANT (1), Michel, [Pierre I.
b 1678.
Lafaye (De), Marie-Elisabeth, [René-Ant. I.
b 1691 ; s 8 déc. 1745, à Montréal. ¹
Marie-Joseph, b 14 mars 1709, au Bout-de-l'Ile, M. ² — *Michel*, b ² 1ᵉʳ oct. 1710 ; s ² 3 sept. 1728.—*Jean-Baptiste*, b 10 avril et s 4 mai 1714, à la Pointe-Claire.—*Thérèse*, b 1714 ; s ¹ 1ᵉʳ janvier 1729. — *Marie-Joseph*, b 1711 ; m ² 3 mars 1726, à Jean-Baptiste Lalonde ; s ² 5 avril 1750. —*Augustin-François*, b ² 1ᵉʳ mai 1716 ; m ² 13 janvier 1738, à Marie Lalonde. — *Joseph*, b ² 7 août 1718 ; m ¹ 20 janvier 1741, à Marie-Françoise Desmarais. — *Etienne-Joseph*, b ² 21 sept. 1722 ; m ² 9 nov.1750, à Marie-Joseph Madeleine. —*Marie-Louise*, b ² 15 février 1725 ; 1° m ² 25 février 1743, à Louis-Philippe Lamoureux ; 2° m ² 31 mars 1761, à Jacques Moineau.—*Marie-Elisabeth*, b ² 21 mai 1727 ; m ² 7 avril 1750, à Jean-Baptiste Léger. — *Antoine-Amable*, b ² 27 nov. 1729. — *Marie-Thérèse*, b ² 7 déc. 1731. — *Anonyme*, b ² et s ² 2 avril 1738.

1738, (13 janvier) Bout-de-l'Ile, M.²
III.—BRÉBANT, Augustin-Frs, [Michel II.
b 1716.
Lalonde, Marie, [Jean-Bte II.
b 1717.
Jean-Baptiste-Gabriel, b ² 24 nov. 1738 ; m ² 2 février 1761, à Marie-Joseph Léger.— *François-Augustin*, b ² 4 février 1741 ; s ² 8 juin 1750.— *Marie-Joseph*, b ² 31 mai 1743 ; s ² 19 nov. 1755. —*Marie-Elisabeth*, b ² 16 sept. 1745 ; m ² 16 nov. 1761, à Hyacinthe Séguin. — *Joseph*, b ² 22 février et s ² 19 août 1750.—*Augustin*, b ² 23 juin et s ² 14 juillet 1751. — *Pierre-Augustin*, b ² 28 nov. 1752.—*François-Marie*, b ² 13 nov. 1754. —*Suzanne*, b ² 31 déc. 1756. — *Marie-Rose*, b ² 12 nov. 1758.

1741, (20 janvier) Montréal.⁵
III.—BRÉBANT, Joseph, [Michel II.
b 1718.
Desmarais (2), Marie-Frse, [Jean-Bte II.
b 1723.
Marie-Joseph, b ⁵ 13 sept. 1742 ; m 22 nov. 1762, à Antoine-Amable Tabaut, au Bout-de-l'Ile, M.⁶— *Joseph-Amand*, b ⁶ 26 juin 1745.— *Joseph-Amable*, b ⁶ 2 avril 1748.—*Michel-Amable*, b ⁶ 9 janvier 1751.—*Marguerite-Amable*, b ⁶ 3 oct. 1753. — *Marie-Charlotte*, b ⁶ 4 avril 1756 —*Marie-Rose*, b ⁶ 14 nov. 1761.

1750, (9 nov.) Bout-de-l'Ile, M. ⁶
III.—BRÉBANT, Etienne-Joseph, [Michel II
b 1722.
Madeleine (3), Marie-Joseph, [Jean-Bte III.
b 1734.
Marie-Amable, b ⁶ 13 sept. 1751. — *Charles-Etienne*, b ⁶ 7 nov. 1752. — *Marie-Joseph*, b ⁶ 16 août 1754. — *Anonyme*, b ⁶ et s ⁶ 9 juin 1757.— *Michel*, b ⁶ 16 juin et s ⁶ 14 juillet 1760.—*Louis*,

(1) Dit Lamothe.
(2) Dit Courville.
(3) Dit Ladouceur.

b ⁶ 15 juin 1761.—*Paul*, b ⁶ 29 mai 1763 ; m 9 nov. 1789, à Marie-Amable Navers, à Lachenaye.— *Marie-Rose*, b ⁶ 23 juin 1765.

1761, (2 février) Bout-de-l'Ile, M. ¹
IV.—BRÉBANT, Jean-Bte, [Augustin III.
b 1738.
Léger (1), Marie-Joseph, [Charles II.
b 1742.
Marie-Joseph, b ¹ 17 déc. 1761. — *Marie-Angélique*, b 1ᵉʳ déc. 1762, au Lac-des-Deux-Montagnes. ²—*Marie-Rose*, b ¹ 12 mars 1764.—*Marie-Françoise*, b ¹ 31 janvier 1766. — *Hyacinthe*, b ² 21 oct. 1767.

1789, (9 nov.) Lachenaye.
IV.—BRÉBANT, Paul, [Etienne III.
b 1763.
Navers, Marie-Amable, [Augustin III.
b 1771.

1755, (10 nov.) Montréal.
I.—BRÉBINAU, Pierre, b 1728 ; fils d'Etienne et de Renée Saguin, de Ruelle, diocèse d'Angoulême.
Bertrand, Françoise, [Jean-Bte I.
b 1738.

1730, (7 août) Montréal. ⁴
I.—BRÉBION (2), François, b 1698 ; fils de Jean et de Marie Guitard, de St-Cybar, diocèse d'Angoulême ; s 7 mars 1773, à l'Hôpital-General, M.
Gouin, Marie-Catherine-Angél., [Sébastien I,
b 1704.
François, b 1731 ; s ⁴ 13 sept. 1734.— *Louise*, b 1733 ; m ⁴ 21 janvier 1760, à Edmond Michon. — *Louis*, b⁴ 30 avril 1735 ; s ⁴ 16 juillet 1744. — *Marie-Thérèse*, b ⁴ 4 nov. 1736. — *Elisabeth*, b ⁴ 13 février 1738 ; m ⁴ 20 mai 1760, à Germain Marcoux.— *Marie-Charlotte*, b ⁴ 9 janvier 1740. — *Anonyme*, b ⁴ et s ⁴ 7 juin 1741.— *Anonyme*, b ⁴ et s ⁴ 1ᵉʳ sept. 1742.—*Marie-Angélique*, b ⁴ 29 mai et s ⁴ 9 juin 1747.

BRÉCHON, Jacques (3), marchand.

BREILLARD.—*Variations et surnoms:* Briac —Breilla—Breillac—Brillac—Laroche, —Briard—Braillé.

1687, (3 février) Batiscan. ¹
I.—BREILLARD (4), Amable, [Jean II.
b 1657.
De Lafond, Marie, [Jean II.
b 1671.
Marie-Marguerite-Renée, b ¹ 19 sept. 1698 ; m 14 juillet 1719, à Michel Billy, à Ste-Anne-de-la-Perade ; s 25 sept. 1728, à Champlain.—*Joseph*, b 17 mai 1701, à Quebec ² ; m 12 février 1725, à Marguerite Petit, à Varennes. ³—*Geneviève*, b ²

(1) Dit Parisien
(2) Dit Sanscartier, soldat de la colonie.
(3) Voy. registre du conseil souverain, 4 sept. 1663.
(4) Et Breilla dit Laroche. Voy. vol. I, p. 88

17 avril 1703; m ^{3} 5 oct. 1721, à Etienne DE CELLES. — *Angélique*, b ^{1} 18 avril 1706; m ^{3} 17 juillet 1724, à François JOACHIM.—*Mathurin*, b ^{1} 16 nov. 1708; m ^{3} 5 juin 1739, à Charlotte LEMOINE.—*Charles*, b... m ^{3} 26 nov. 1736, à Marie-Anne PETIT.

1719, (2 nov.) Ste-Anne-de-la-Pérade.
II.—BREILLARD (1), PIERRE,   [AMABLE I.
   b 1695.
   PERROT, Elisabeth,   [PIERRE I.
   b 1694.
   Pierre, b 23 oct. 1720, à St-Ours.

1725, (12 février) Varennes. ^{9}
II.—BREILLARD, JOSEPH,   [AMABLE I.
   b 1701.
   PETIT, Marguerite,   [NICOLAS II.
   b 1698.
   Joseph, b ^{9} 10 déc. 1725. — *Basile*, b ^{9} 14 juin 1727.—*Louise*, b... m ^{9} 16 janvier 1764, à Joseph HÉBERT.

1736, (26 nov.) Varennes.
II.—BREILLARD (2), CHARLES.   [AMABLE I.
   PETIT, Marie-Anne.   [LOUIS III.
   Mathieu, b 1739; s 11 janvier 1744, à Longueuil.^{1} — *Joseph*, b ^{1} 15 nov. 1743. — *Marie-Joseph*, b ^{1} 25 mars 1747. — *Catherine*, b ^{1} 26 juin et s ^{1} 3 août 1749. — *Marie-Louise*, b ^{1} 5 juillet 1750. — *Elisabeth*, b ^{1} 10 mars 1752. — *Marie-Desanges*, b ^{1} 25 mars 1754.—*Marie-Anne*, b 1756; s ^{1} 4 août 1760.

1739, (5 juin) Varennes. ^{9}
II.—BREILLARD, MATHURIN,   [AMABLE I.
   b 1708.
   LEMOINE (3), Charlotte,   [JACQUES III.
   s avant 1764.
   Charlotte, b... m ^{9} 16 mai 1763, à François MONGEAU. — *Hypolite*, b... m ^{9} 13 août 1764, à Marie-Archange SENÉCAL. — *Marie-Joseph*, b... m ^{9} 23 janvier 1769, à Louis GIRARD.

1764, (13 août) Varennes.
III.—BREILLARD, HYPOLITE.   [MATHURIN II.
   SENÉCAL, Marie-Archange.   [ADRIEN III.

I.—BREILLÉ (4), PIERRE.
   TIBAUT (5), Françoise,   [PIERRE III.
   b 1721.
   Pierre, b 10 juin 1742, à Ste-Geneviève, M.^{1}— *Jean-Baptiste-Amable*, b ^{1} 20 sept. 1744—*Eustache*, b ^{1} 1er mars 1746.—*Marie-Geneviève*, b^1 24 juin et s ^{1} 30 août 1747.—*Ursule*, b ^{1} 23 oct. 1748; s ^{1} 17 déc. 1751.—*Guillaume*, b ^{1} 10 sept. 1750. — *François*, b ^{1} 9 mai 1752. — *Marie-Françoise*, b ^{1} 8 nov. 1753; s ^{1} 4 juillet 1754. — *Marie-Apol-*

---

(1) Et Brillac—Breillac.
(2) Dit Laroche, menuisier, et Brillant, Braya, Brien.
(3) DeMartigny.
(4) Dit St-Pierre.
(5) Dit Levaillé. Elle épouse, le 19 nov. 1759, François Vinet, à Ste-Geneviève, M.

line, b ^{1} 24 mars 1756. — *François-Amable*, b ^{1} 5 juin 1757.—*Toussaint*, b ^{1} 26 oct. 1758; s ^{1} 7 février 1759.

I.—BREILLY, ANTOINE.
   BARDET, Marguerite.
   Antoine, b... m 18 janvier 1768, à Marie-Joseph AUDET, à Boucherville.

1768, (18 janvier) Boucherville.
II.—BREILLY, ANTOINE.   [ANTOINE I.
   AUDET, Marie-Joseph.   [JEAN-BTE III

BREM.—Voy. BORDELAIS.

BREN, MARIE, épouse de Louis MORIN.

1698, (26 nov.) Montréal.^{2}
I.—BRENIER (1), BERNARD,
   b 1679.
   CHERLOT, Jeanne,   [JEAN I.
   b 1680.
   Jacques, b ^{2} 8 sept. 1717.

1758, (3 juillet) Montréal.
I.—BRENIER, JEAN, b 1734; fils de Jacques et de Louise Roustin, de St-André, Vienne.
   POIRIAU, Marguerite,   [PAUL I.
   b 1735.

BRENOTEVILLE, MARIE-LOUISE, épouse de Jean-Baptiste JEANBAU.

I.—BRESAC, MARIE, b... m 1689, à Simon PITON

BRESSARD.—*Variations et surnoms* : BERZA-LAFLEUR.

1761, (17 août) Montréal.
I.—BRESSE, PIERRE, b 1737; fils de Hugues et de Jeanne Pandreau, de St-Martin-de-Leisal, diocèse du Puy, Velay.
   TRIVARET (2), Marie-Catherine,   [VALENTIN I.
   b 1739.

BRETEAU, MARIE, épouse de Jean KAINE.

BRETEAU, ELISABETH, épouse de Jean-Baptiste PILON.

BRETON. — *Variations et surnoms :* HÉLY-GIRARD—DUMONT, 1731—MADEILLE, 1743—ROBERT—LEBRICE—KÉROAC—ST-PIERRE

BRETON, ROBERT, b 1656; s 25 nov. 1736, à Longueuil.

BRETON, MARIE-JOSEPH, b 1751; m à Antoine CADORET, s 24 oct. 1795, au Cap-de-la-Madeleine.

BRETON, MARIE-JEANNE, épouse de François DUFOUR.

---

(1) Voy. aussi Blenier de 1698, p. 314.
(2) Dit Labadie.

1731, (23 avril) St-Augustin.⁶
I.—BRETON (1), Jacques, fils de Nicolas et de Marie Laisné, d'Hudimenil, diocèse de Coutances, Basse-Normandie.
Vernas, Marie-Catherine, [Louis I.
b 1716; s ⁶ 1ᵉʳ juin 1733.
Pierre, b ⁶ 12 janvier 1732; s ⁶ 29 juillet 1754.

1741, (2 déc.) Québec.⁷
I.—BRETON (Le), Pierre.
Larchevêque, Agnès, [Jean III.
b 1720.
Marie-Joseph, b... m⁷ 29 avril 1783, à Jacques Crémazie.—*Denis,* b... m ⁷ 19 juillet 1775, à Louise-Angélique Dupont.

1743, (17 juin) Québec.⁸
I.—BRETON (2), Jean-Charles, fils de Nicolas et de Catherine Troyer, de Lucerne, diocèse de Rouen, Guerne.
1° Thibaut, Marie-Louise, [Joseph III
b 1728; s ⁸ 29 sept. 1748.
Charles-Joseph, b ⁸ 20 et s ⁸ 24 mai 1744.—*Charles-Joseph,* b ⁸ 30 août 1745, s ⁸ 20 mars 1748.—*Marie-Louise,* b ⁸ 8 août 1747.
1750, (16 nov.) ⁸
2° Léger, Marguerite, [Jean I.
b 1732.
Marie-Marguerite, b ⁸ 24 sept. et s ⁸ 6 oct. 1751.—*Jean-André,* b ⁸ 28 déc. 1755; s 12 janvier 1756, à Lorette.—*François,* b ⁸ 9 avril et s ⁸ 10 août 1758.—*Pierre,* b ⁶ 29 juin 1759.

1753, (12 février) Pte-aux-Trembles, M.⁴
I.—BRETON (3), Jean.
Montabert, Marie-Thérèse, [Etienne I.
b 1732; s avant 1762.
Jean-Baptiste, b 28 nov. 1754, au Détroit. ²—*François,* b ² 11 juillet 1758; s ² 26 juillet 1762.—*Thérèse* (4), b ² 23 juin 1762; m ² 6 février 1778, à Pierre Lemay.

1759, (26 février) Charlesbourg.⁴
I.—BRETON (5), Antoine.
Huppé, Marie-Charlotte, [Nicolas IV.
b 1742.
Marie-Thérèse, b ⁴ 16 août 1760.

BRETON, Jacques.—Voy. Hély.

1775, (19 juillet) Québec.
II.—BRETON (Le), Denis. [Pierre I.
Dupont, Louise-Angélique, [Joseph III.
b 1748; veuve de Jean-Olivier LeGoubé.

BRETONNEAU, Françoise, épouse de René Hautbois.

(1) Dit Dumont.
(2) Dit St-Pierre.
(3) Dit St-Martin, habitant Miamis. Voy. aussi Berton p 256.
(4) Née le 24 oct. 1761 aux Miamis, et ondoyée par le nommé Boutin.
(5) Et Bertrand ; voy. aussi ce nom p. 261.

1706, (20 avril) Ste-Famille, I. O.
I.—BRETONNET (1), François, fils d'Etienne et de Marie Dier, ville de Montargis, diocèse de Sens.
Emond, Anne, [René I.
b 1679.

BREUME, Brigitte, b 1700; s 23 février 1786, à Nicolet.

1760, (6 oct.) Cap-St-Ignace.³
I.—BREUX, François, fils de Claude et de Madeleine Lecompte, de Briard, diocèse d'Avranches.
Cahouet, Ursule, [Claude II.
b 1738.
François, b ³ 1ᵉʳ janvier 1762.—*Pierre-Basile,* b ³ 19 janvier 1763.

1744, (13 avril) Québec.³
I.—BREUZARD (2), Jean, fils de Jacques et de Marie-Anne Debille, diocèse d'Auxerre.
Rasset, Marie-Louise, [Jean I.
b 1693; veuve de Pierre DeLarmé.
Jean, b ³ 3 et s ³ 8 avril 1745.—*Louis,* b ³ 3 et s ³ 5 avril 1745.

BREVILLE, Marguerite (3).

BREYAU.—Voy. Bareau.

1718, (30 mars) St-Frs-du-Lac.¹
II.—BREZA (4), Ignace, [André I.
b 1683; s 5 nov. 1758, à St-Michel-d'Yamaska.²
Laurent (5), Angelique, [Gilles I.
s avant 1751.
Marie-Angélique, b ¹ 25 mars 1721 ; m ¹ 17 février 1749, à Joseph Giguère.—*Louis,* b ¹ 23 déc. 1722; m ¹ 22 nov. 1751, à Marie-Anne Giroux.—*Marie-Rose,* b ¹ 17 avril 1725 ; m ¹ 6 juillet 1753, à Antoine Saloier.—*Louise-Suzanne,* b ¹ 28 avril 1727—*Marie-Ursule,* b ² 18 oct. 1728; m ² 25 août 1749, à Paul Théroux.—*Marie-Hypolite,* b ² 18 oct. 1728 ; m ² 10 janvier 1761, à François Lavallée; s ² 14 avril 1761.—*Antoine,* b ² 15 février 1731 ; m ² 21 sept. 1761, à Marguerite Boissel.—*Jean-Marie,* b ² 21 janvier 1733. — *Jean-Baptiste,* b ² 3 février 1735. — *Gabriel,* b ¹ 21 déc. 1736.

1751, (22 nov.) St-Michel-d'Yamaska.¹
III —BREZA (6), Louis, [Ignace II.
b 1722.
Giroux, Marie-Anne, [Pierre-Frs III.
b 1717; veuve de Joseph Ritchot.

(1) Et Bertonet dit Montargis.
(2) Dit Lavictoire.
(3) Elle était, le 22 juillet 1714, à St-Laurent, I. O.
(4) Et Barsa dit Gajau—Joyal. Voy. ce nom p. 131.
(5) Dit St-Laurent.
(6) Dit Lafleur.

BRE 462 BRI

Marie-Elisabeth, b ¹ 29 mars 1753 ; m ¹ 17 février 1772, à Jean-François BADAILLAC.—*Marie-Anne*, b ¹ 24 oct. 1754.—*Marie-Madeleine*, b ¹ 17 mars 1756.—*Thérèse*, b ¹ 3 mars 1757. — *Louise-Antoinette*, b ¹ 27 sept. 1758.

1761, (21 sept.) St-Michel-d'Yamaska.⁶

III.—BREZA (1), ANTOINE, [IGNACE II.
b 1731.
BOISSEL, Marguerite-Amable, [JEAN-BTE III.
b 1742.
Michel, b 29 sept. 1761, à St-Frs-du-Lac.— *Paul*, b ⁶ 13 février et s ⁶ 11 avril 1763. — *Jean-Baptiste*, b ⁶ 26 avril 1764.

BREZEAU, JEANNE, b... m à Pierre RICHARD, s avant 1711.

BRIANT. —*Variations et surnoms :* BRIEN — BRIAND — BRILLANT — BIRAND—SANSREGRET —GIRARD.

I.—BRIANT, JEAN-OLIVIER, b 1715 ; évêque de Québec ; de Plerin, diocèse de Brieux, Bretagne ; s 27 juin 1794, à Québec.

BRIANT (2), JOSEPH,
s 21 nov. 1760, aux Eboulements. ⁸
DUFOUR, Marie-Anne,
s ⁸ 21 nov. 1760.
Agapit, b... s ⁸ 21 nov. 1760.—*Marie-Anne*, b... s ⁸ 21 nov. 1760.—*Joseph*, b... s ⁸ 21 nov. 1760.— *René*, b... s ⁸ 12 déc. 1760.—*François*, b... s ⁸ 22 déc. 1760.

I.—BRIANT (3), MICHEL, b 1692 ; de St-Germain, Paris ; s 15 juin 1780, à l'Hôpital-Général, M.

BRIANT, JEAN-BTE (4).

I.—BRIANT, JEAN-BTE, b 1697 ; Basque de nation ; s 21 sept. 1739 (subite), aux Trois-Rivières.

BRIANT, GEORGE,
s avant 1764.
........., Marie-Anne.
Marie-Anne, b 1734 ; m 17 sept. 1764, à Louis LABERGE, à St-Antoine-de-Chambly.

1737, (23 sept.) Lévis. ⁸

I.—BRIANT, LAURENT, fils de Laurent et de Jacqueline Martin, de Parame, diocèse de St-Malo.
DUQUET (5), Marguerite, [DENIS I.
b 1702, veuve de Jean-Baptiste Halle.
Marie-Joseph, b ⁸ 8 et s ³ 24 déc.1738.—*Charles-Laurent*, b ⁸ 25 oct. 1741, s 11 août 1748, à Québec.

BRIANT, JEAN.—Voy. BRILLANT.

(1) Lafleur dit Gajau, 1764.
(2) Dit Grondines. Tous inhumés après la guerre.
(3) Ancien soldat de la colonie.
(4) Voy. Birand, p. 287. Et Brien.
(5) Dit Desrochers.

1754, (29 juillet) Québec. ⁴

I.—BRIANT (1), THOMAS, navigateur ; fils de Gabriel et de Jeanne Loisel, de Pledehan, diocèse de Dol.
LEFEBVRE, Marie-Joseph, [JACQUES III.
b 1730 ; veuve de Jacques Pecrel.
Thomas, b ⁴ 16 janvier 1756 ; s ⁴ 20 sept. 1757. —*Jean-Baptiste*, b ⁴ 21 sept. 1757, s ⁴ 16 déc. 1758. — *Marie-Geneviève*, b ⁴ 26 mai 1761.— *Thomas*, b ⁴ 11 août 1763.

I.—BRIANT, JEAN, b 1720, en France ; s 23 mars 1760, à Deschambault.

1754, (21 oct.) Sorel. ⁸

III.—BRIANT (2), LUC, [JEAN-BTE II.
b 1728.
VANDET, Marie. [PIERRE II.
Louis, b ⁸ 5 avril 1755.

I.—BRIANT, JEAN, b 1741 ; de St-Jouant-des-Guérets, diocèse de St-Malo ; s 13 juillet 1777, à l'Hôpital-Général, M.

1760, (28 juillet) Sorel.

III.—BRIANT (?), JEAN-BTE, [JEAN-BTE II.
b 1724.
VENNE, Jeanne. [LOUIS III.

BRIARD, AUGUSTIN.—Voy. LAISNÉ, 1742.

1739, (31 août) Québec. ¹

I.—BRIARD, JEAN, journalier ; b 1722 ; fils de Jean et de Thérèse Gerbaud, de Brenezay, diocèse de Luçon ; s ¹ 19 juillet 1780.
1° CADORET, Geneviève, [PIERRE II.
b 1721, s ¹ 12 août 1774.
Geneviève, b ¹ 10 avril 1741 ; m ¹ 30 juin 1761, à Pierre DURET. — *Jean-Baptiste-Etienne*, b ¹ 26 mars et s ¹ 25 août 1743.—*Jean*, b ¹ 24 mai 1744, s ¹ 20 août 1745.—*Marie-Charlotte*, b ¹ 31 août 1746 ; s ¹ 25 oct. 1748.—*Marie-Joseph-Joachim*, b ¹ 2 oct. 1749 ; s ¹ 14 sept. 1750.—*Jean-Baptiste*, b ¹ 14 et s ¹ 16 août 1751.

1775, (31 juillet) ¹
2° TAILLIE, Marie-Louise, [DENIS I.
b 1733 ; veuve de Joseph Philibert ; s ¹ 31 déc. 1776.

BRIAS. — *Variations et surnoms :* BRIASSE— LATREILLE—LACOMBE.

1690.

I.—BRIAS (3), JEAN.
BIRET (4), Renée,
veuve de Pierre Balan.
Louis-Alexandre, b 17 mai 1691, à Lévis ; m à Marguerite HARDOUIN ; s 26 août 1755, à Montréal.

(1) Etabli au Cul-de-Sac en 1746. Registre des Procès-Verbaux, évêché.
(2) Et Brien dit Sansregret.
(3) Dit Latreille.
(4) Voy. vol. I, p. 53 Elle épousa, le 15 avril 1700, François Lavergne, à St-Michel.

—*Gabriel*, b 9 janvier 1693, à St-Michel; m 29 janvier 1714, à Suzanne Bissonnet, à Beaumont. —*Nicolas*, b... m 1729, à Louise Barré.

1714, (29 janvier) Beaumont. [2]
II.—BRIAS (1), Gabriel,   [Jean I.
  b 1693.
  Bissonnet, Suzanne,   [Jean II.
    b 1693 ; s 20 déc. 1741, à Montréal. [3]
Gabriel, b [2] 25 août 1719 ; m [3] 29 juillet 1743, à Geneviève Cardinal. — *Suzanne*, b [s] 13 oct. 1734 ; s [s] 4 juillet 1738.

II.—BRIAS (2), Louis-Alexandre,   [Jean I.
  b 1691 ; s 26 août 1755, à Montréal. [4]
  Hardouin, Marguerite,   [Pierre I.
    b 1704.
Marie-Louise, b 1725 ; m [4] 10 avril 1747, à Ambroise Grignon.—*Marguerite*, b 1728 ; s [4] 7 juillet 1744. — *Gabriel*, b 1733 ; m [4] 26 janvier 1756, à Marie-Amable Beneteau.—*Geneviève*, b [4] 17 janvier 1735 ; m [4] 22 nov. 1751, à Antoine Grignon. — *Marie-Angélique*, b... s [4] 24 avril 1734.—*Marie-Suzanne*, b [4] 10 sept. 1736 ; s [4] 20 janvier 1738.—*Alexandre*, b [4] 4 oct. 1737. — *Marie-Agathe*, b [4] 20 juillet et s [4] 20 août 1739.— *Monique*, b [4] 23 oct. et s [4] 8 nov. 1740.—*Monique*, b [4] 3 et s [4] 18 juillet 1742.—*Jean-François*, b [4] 2 déc. 1743, s [4] 10 nov. 1746.—*Charles*, b [4] 22 oct. 1744, s [4] 21 mars 1745.—*Marie-Catherine*, b [4] 14 et s [4] 25 mai 1746.

1729.
II.—BRIAS (3), Nicolas.   [Jean I.
  Barré, Louise.
Marie-Louise, b... s 2 nov. 1730, à Montréal.

1743, (29 juillet) Montreal. [5]
III.—BRIAS (3), Gabriel,   [Gabriel II.
  b 1719.
  Cardinal, Geneviève (4),   [Pierre II.
    b 1724.
Gabriel, b [5] 9 et s [5] 20 juin 1744.

1756, (26 janvier) Montréal.
III.—BRIAS (5), Gabriel,   [Louis II.
  b 1733.
  Beneteau, Marie-Amable,   [Jacques I.
    b 1735.

1743, (16 janvier) Trois-Rivières.
I.—BRIAULT, Antoine, médecin du roi ; fils de Daniel et de ...., de Lamothe, Poitou.
  Fafard (6), Anne-Charlotte, [Alexis III.
    b 1727 ; s 30 sept. 1757 (dans l'église), à Québec. [6]
Antoine-Claude, b [6] 26 mai et s [6] 7 oct. 1747.— *Louise-Marie-Anne*, b [6] 12 février 1752.—*Pierre-Ange*, b [6] 2 oct. 1753 —*Antoine-Alexis*, b [6] 11 oct. 1755 ; s [6] 20 sept. 1756.

---
(1) Dit Latreille.
(2) Dit Lacombe, Latreille et Briasse.
(3) Dit Latreille, et Briasse.
(4) Elle épouse, le 26 janvier 1756, Louis Gallé, à Québec.
(5) Et Briasse.
(6) Dit Francdeville.

BRICAUT.—*Variations et surnoms :* Bricault — Bricot — Lamarche — Laliberté — De Valmur.

BRICAUT, Catherine, épouse de Jean-Baptiste Desroches.

BRICAUT, Elisabeth, épouse de Laurent Galipeau ; s 28 mai 1777, à la Longue-Pointe.

BRICAUT, Marie-Joseph, épouse de Joseph Chartier ; s avant 1756.

BRICAUT, Marguerite, b 1750 ; m à Joseph Galipeau ; s 9 fevrier 1782, à la Longue-Pointe.

1674, (12 nov.) Montréal.
I.—BRICAUT (1), Jean,
  b 1646.
  Chenier, Marie,   [Jean I.
    b 1660.
Marie, b 23 juin 1684, à la Pte-aux-Trembles, M. [3] ; m [3] 7 janvier 1704, à Gilles Brouillet.— *Joseph*, b [3] 11 fevrier 1686 ; m [3] 26 oct. 1710, à Elisabeth Archambault.— *Anne-Thérèse*, b [3] 9 nov. 1690 ; m [3] 17 nov. 1710, à Jean Raymond.— *Jean-Baptiste*, b [3] 27 sept. 1693 ; m [3] 8 nov. 1723, à Petronille Janot.— *Marie-Catherine*, b [3] 6 mai 1701 ; m [3] 24 janvier 1718, à Jacques Coiteu.— *Pierre*, b [3] 24 oct. 1702 ; m 1734, à Marie Alard.

1710, (26 oct.) Pte-aux-Trembles, M. [4]
II.—BRICAUT (2), Joseph,   [Jean I.
  b 1686.
  Archambault, Elisabeth,   [Laurent III.
    b 1691 ; s [4] 8 juillet 1753.
Elisabeth, b [4] 5 sept. 1711. — *Joseph*, b [4] 30 mai 1713 ; m à Marie-Joseph Lefebvre ; s 17 mars 1789, à Repentigny. [5]—*Jean-Baptiste*, b [4] 23 mars 1719 ; m à Marie-Charlotte Baudoin.— *Louis-Hector*, b [4] 19 sept. 1721 ; m 25 janvier 1750, à Marie Daunay, à Lachenaye.—*Antoine*, b 1724 ; m 9 oct. 1747, à Marie-Anne Janot, à la Longue-Pointe [6] ; s [5] 25 oct. 1786.—*Laurent*, b 1725 ; m [4] 26 janvier 1750, à Dorothée Blais. —*Marie-Thérèse*, b 1730 ; m [4] 9 janvier 1756, à Joseph Bazinet. — *François*, b [6] 13 nov. 1733 ; m [4] 23 fevrier 1756, à Marie-Amable Bazinet.— *Marie*, b...—*Anne*, b...

1723, (8 nov.) Pte-aux-Trembles, M. [8]
II.—BRICAUT, Jean-Bte,   [Jean I.
  b 1693.
  Janot, Petronille.   [Pierre II.
Marie-Anne, b [8] 27 juillet et s [8] 7 août 1724.— *Thérèse*, b 1726 ; m [8] 20 février 1748, à Joseph Foran.—*Nicolas*, b 1733 ; m [8] 12 janvier 1761, à Felicite Janot. — *Marie-Joseph*, b 1736 ; m [8] 19 janvier 1761, à Isidore Janot. —*Archange*, b 1738 ; m [8] 11 janvier 1762, à Angélique Bazinet. — *Marie-Joseph*, b... m [8] 19 avril 1762, à Maurice Bazinet.

---
(1) Voy. vol I, p. 89.
(2) Dit Lamarche.

I.—BRICAUT (1), Pierre, b 1701; du Bourg du Rufas, diocèse d'Angoulême; s 29 janvier 1737, à Montreal.

1734.

II.—BRICAUT, Pierre, [Jean I.
b 1702; s avant 1762.
- Alard, Marie. [Simon I.
Pierre, b 1735; 1º m 15 février 1762, à Judith Desroches, à la Pte-aux-Trembles, M. ⁸; 2º m 1767, à Marie-Amable Foran; s 9 juin 1791, à Repentigny. — *Marie-Joseph*, b 1736; m ⁸ 18 février 1760, à Jacques Baudry.—*Catherine*, b 1740; m ⁸ 22 février 1762, à Basile Dufresne.— *Anne-Thérèse*, b 1745; m ⁸ 20 janvier 1766, à Pierre-Benjamin Dufresne.

I.—BRICAUT (2), Louis-Frédéric, b 1691; s 28 juin 1738, à Quebec.

III.—BRICAUT (3), Joseph, [Joseph II.
b 1713; s 17 mars 1789, à Repentigny. ⁴
Lefebvre, Marie-Joseph, [Urbain II.
b 1721; s ⁴ 9 juillet 1783.

1747, (9 oct.) Longue-Pointe. ⁴

III.—BRICAUT (3), Antoine, [Joseph II.
b 1724; s 25 oct. 1786, à Repentigny.
Janot, Marie-Anne, [Antoine III.
b 1730.
Joseph, b ⁴ 29 mars 1749. — *Marie-Joseph*, b ⁴ 23 janvier et s ⁴ 7 avril 1751. — *Antoine*, b ⁴ 10 février 1752. — *Jean-Louis*, b ⁴ 6 sept. 1753.— *Pierre*, b ⁴ 23 mars 1755.—*Jean-Baptiste*, b ⁴ 9 et s ⁴ 13 sept. 1756. — *Marie-Thérèse*, b ⁴ 14 déc. 1757; s ⁴ 18 janvier 1758. — *Véronique*, b ⁴ 11 et s ⁴ 19 sept. 1760.

1750, (26 janvier) Pte-aux-Trembles, M. ⁶

III.—BRICAUT (3),Laurent-Pierre, [Joseph II
b 1725.
Blais, Dorothée, [Gabriel II.
b 1729.
Angélique, b... s ⁶ 11 juin 1752.—*Jean-Marie*, b 25 mars 1754, à la Longue-Pointe ²; m ² 12 janvier 1778, à Marie Janot.—*Marie-Joseph*, b ² 17 mars 1756; m ² 12 février 1781, à François Chartier. — *Gabriel*, b ² 10 nov. et s ² 27 déc. 1757.—*Suzanne-Marie*, b ² 22 avril 1759; m ² 16 février 1784, à Augustin Tibaut.—*Pierre-Laurent*, b ² 22 juillet 1761. — *François*, b ² 9 oct. 1763. — *Marie-Françoise*, b ² 6 juillet 1766. — *Louis-Toussaint*, b ² 2 nov. 1768.

1751, (25 janvier) Lachenaye. ⁷

III.—BRICAUT (3), Louis-Hector, [Joseph II.
b 1721.
Daunay, Marie. [Louis II.
Marie-Rose, b ⁷ 24 oct. 1751.

---

(1) Dit Laliberte ; soldat de la compagnie de Repentigny.
(2) Sieur de Valmur, premier secretaire de l'Intendant. Il était à Beauport le 18 fevrier 1730.
(3) Dit Lamarche.

1752, (17 avril) Quebec. ⁶

I.—BRICAUT, Guillaume, b 1715; fils de Rene et de Renée Leblanc, de Beligny, diocèse de Nantes.
1º Boullé, Marie, b 1718; fille d'Antoine et de Marguerite Renaut, de St-Pierre, diocèse de Xaintes; s ⁶ 26 nov. 1752.
Joseph, b ⁶ 16 nov. et s ⁶ 2 déc. 1752.
1753, (9 juillet) Montréal.
2º Forget (1), Marie-Anne, [Michel III.
b 1735.

1756, (23 février) Pte-aux-Trembles, M.

III.—BRICAUT, François, [Joseph II.
b 1733.
Bazinet, Marie-Amable, [Antoine II.
b 1734.

1757, (17 janvier) Longueuil.

I.—BRICAUT, Vincent, soldat du régiment de Bearn , fils de François et de Françoise Brière, de Gounet, diocèse de St-Brieux.
Lajeunesse, Marie-Joseph, [Jean-Bte I.
b 1735.

1761, (12 janvier) Pte-aux-Trembles, M.

III.—BRICAUT, Nicolas, [Jean-Bte II.
b 1733.
Janot, Félicité, [Jean-Bte III.
b 1727.

1762, (11 janvier) Pte-aux-Trembles, M.

III.—BRICAUT, Archange, [Jean-Bte II.
b 1738.
Bazinet, Angelique, [Jean-Bte III.
b 1741.

1762, (15 février) Pte-aux-Trembles, M.

III.—BRICAUT (2), Pierre, [Pierre II.
b 1735 , s 9 juin 1791, à Repentigny. ⁷
1º Desroches, Judith, [Pierre II.
b 1737.
1767.
2º Foran, Marie-Amable.
Marie-Charlotte, b ⁷ 5 nov. 1767; m ⁷ 25 juillet 1791, à Benjamin Fournier.—*Joseph*, b ⁸ 8 nov. 1768. — *Marie-Amable*, b ⁷ 1ᵉʳ déc. 1769; m ⁷ 24 février 1794, à Jean-Baptiste Beauchamp.—*François*, b ⁷ 26 avril et s ⁷ 27 juillet 1771. — *Jean-Baptiste*, b ⁷ 15 mai 1772.—*Marie-Catherine*, b ⁷ 2 et s ⁷ 18 mai 1775.—*Pierre*, b...

III.—BRICAUT (2), Jean-Bte, [Joseph II.
b 1719.
Baudoin, Marie-Chs, b 1734. [Guill. III
Marie-Charlotte, b 20 juin 1767, à Repentigny. ⁷—*Marie-Louise*, b ⁷ 10 février et s ⁷ 27 août 1769. — *Henri-Benjamin*, b ⁷ 2 juillet et s ⁷ 15 nov. 1770.—*Marie-Archange*, b ⁷ 5 sept. 1771

BRICAUT, Joseph.
Gibeau, Marie-Joseph.
Marie-Joseph, b... s 16 oct. 1769, à Repentigny

---

(1) Dit Depaty.
(2) Dit Lamarche.

1778, (12 janvier) Longue-Pointe.
IV.—BRICAUT, JEAN-MARIE, [LT-PIERRE III.
  b 1754.
JANOT, Marie. [JOSEPH.

BRICAUT (1), PIERRE.
FAIRAUT, Amable.
Paul, b 2 nov. 1773, à Lachenaye.

BRICAUT (1), JOSEPH.
LACROIX, Marie-Anne (2).
Marie-Charlotte, b 25 mai 1788, à Repentigny.

1741, (4 sept.) Québec. [9]
I.—BRIDARD (3), JACQUES, b 1716; fils de Pierre-Joseph et de Madeleine Guay, de La Rochelle; s [9] 1er mai 1776.
GOTIN (4), Marie-Charlotte, [MATHIEU II.
  b 1714; s [9] 26 sept. 1778.
Louis-Jacques, b [9] 6 août 1742.—*Marie-Joseph,* b [9] 1er juin 1745; m à Jean LEBRUN. — *Joachim-Pierre,* b [9] 15 mai 1747; s [9] 5 oct. 1748.—*Charles-Louis-Jacques,* b [9] 23 juillet et s [9] 19 sept. 1749. —*Marie-Madeleine,* b [9] 29 oct. 1750; m [9] 23 avril 1787, à Etienne VAILLANCOUR. — *Jean-Baptiste,* b [9] 4 sept. 1752; s [9] 25 juillet 1753.—*Catherine,* b [9] 2 sept. 1754; m [9] 19 fevrier 1787, à Augustin PEPIN.

BRIDEAU, MARIE, épouse de Pierre HÉLY.

1687, (21 avril) Quebec. [6]
I.—BRIDEAU (5), JEAN,
  b 1657, s avant 1754.
CRÈTE, Marie, [JEAN I.
  b 1657.
Jean-Hilaire, b [8] 28 août 1692; 1o m [8] 3 sept. 1716, à Marie-Joseph PAQUET, 2o m 17 juin 1754, à Marthe GAMACHE, au Cap-St-Ignace; s 7 mai 1757, à St-Frs-du-Sud.

1716, (3 sept.) Québec. [9]
II.—BRIDEAU, JEAN-HILAIRE, [JEAN I.
  b 1692; s 7 mai 1757, au Cap-St-Ignace. [2]
1o PAQUET, Marie-Joseph, [PIERRE II.
  b 1697, s 24 mars 1743, à St-Michel. [8]
Marie-Joseph, b [9] 28 mai 1717; m [8] 13 nov. 1741, à Noel ROUILLARD. — *Marie-Louise,* b [9] 8 mai 1719, m [8] 25 mai 1739, à Joseph LACROIX.— *Marie-Jeanne,* b [9] 26 juillet 1721, s [9] 10 août 1723.— *Marie-Elisabeth,* b [9] 13 juin 1723; m 31 juillet 1753, à François MORIN, à St-Pierre-du-Sud, s 8 sept. 1754, à Lévis.— *Marie-Catherine,* b [9] 13 fevrier 1725; s [9] 29 nov. 1727. — *Joseph,* b 1727, s 27 janvier 1749, à St-Valier. [7]—*Jean-François,* b 13 oct. 1730, à St-François, I. O.; m à Louise MARTIN; s [9] 3 août 1794. — *Marie-Tècle,* b 22 mars 1732, à St-Jean, I. O. [6]; s [7] 18 oct. 1748.— *Marie-Madeleine,* b 1732; s [8]

(1) Dit Lamarche.
(2) Elle épouse, le 9 novembre 1789, Joseph Gautier, à Repentigny.
(3) Il signait Brizart.
(4) Dit Dugal.
(5) Voy. vol. I, p. 89.

13 juin 1739.—*Marie-Renée,* b 1734; s [6] 10 février 1736. — *Marie-Angélique,* b [6] 31 dec. 1736.—*Augustin,* b [6] 27 et s [6] 31 juillet 1738.—*Marie-Anne,* b [8] 29 juin 1739; s [8] 18 avril 1741.—*Louis,* b... m à Therèse THOMAS.
               1754, (17 juin). [2]
2o GAMACHE, Marie-Marthe, [LOUIS II.
  b 1710.

III.—BRIDEAU, FRANÇOIS, [JEAN-HILAIRE II.
  b 1730; s 3 août 1794, à Québec.
MARTIN, Louise.

1756, (5 juillet) Charlesbourg. [9]
III.—BRIDEAU, LOUIS, [JEAN-HILAIRE II.
THOMAS (1), Marie-Therèse, [JACQUES III.
  b 1735.
Louis, b [9] 28 avril et s [9] 12 oct. 1758.—*Marie-Thérèse,* b 21 nov. 1759, à St-Michel [1], s [1] 7 août 1760.— *Marie-Thérèse,* b [9] 6 avril 1761. — *Louis-Mathieu,* b [9] 26 nov. 1763.

1710, (18 janvier) Charlesbourg.
II.—BRIDET, NICOLAS. [JEAN I.
MARTINEAU, Françoise (2), [JACQUES I.
  b 1678.

BRIE, MADELEINE, épouse de François OUELLET.

BRIEN. — *Variations et surnoms:* BRIAND — BRIANT—BRILLANT—BRAYA—DESROCHERS — LAROCHE.

BRIEN, MARIE-JOSEPH, épouse de Guillaume GIRARD.

BRIEN. MARIE, épouse de Joseph HAVET.

BRIEN, MARIE, epouse de Jean-Baptiste HOULE.

BRIEN, MARIE-AGNÈS, épouse de François JUNEAU.

BRIEN, MARIE-ANNE, épouse d'Antoine LAROCQUE.

BRIEN, MARIE, b... m à Joseph LEFEBVRE; s avant 1766.

BRIEN, CATHERINE, epouse de Louis LEFORT.

BRIEN, MARIE, épouse de Louis MÉNARD.

BRIEN, MARIE-FRANÇOISE, b... m 24 nov. 1760, à Jean-Baptiste MENARD, à St-Ours.

BRIEN, MARGUERITE, epouse de François TELLIER.

BRIEN, URSULE, épouse de Jean-Baptiste VERONNEAU; s avant 1753.

(1) Dit Bigaouette
(2) Elle épouse, le 9 nov. 1722 Jean Poussard, à Montréal.

BRI   466   BRI

1681, (16 avril) Montréal.²
I.—BRIEN (1), Louis,
b 1639; s 17 juin 1708, à Varennes.⁴
BOUVIER, Suzanne,   [MICHEL I.
b 1664.
Louis, b ³ 10 juillet 1682; m 24 avril 1718, à Catherine DESROCHERS, à la Pte-aux-Trembles, M.³— *Pierre*, b ³ 30 mars 1684: m à Elisabeth DESROCHERS. — *Urbain*, b 1686; m à Marguerite DESROCHES; s ³ 16 juillet 1754. — *Jean-Baptiste*, b ³ 14 février 1693; 1° m à Marie-Anne BAILLARGEON; 2° m à Marie-Joseph VAUDRY.—*Marguerite*, b ³ 3 mars 1697; 1° m 14 oct. 1720, à Joseph GUIDORD, à Boucherville; 2° m 14 avril 1749, à Jean CHARPENTIER, à Lachenaye; s 26 nov. 1768, à St-Henri-de-Mascouche.— *Agnès*, b ³ 27 août 1698; m ³ 6 nov. 1719, à Jean-Baptiste VOYNE.—*Julien*, b ² 2 juillet 1700; m ⁴ 17 août 1727, à Charlotte DELPUÉ. — *Anne*, b ² 7 juin 1705; m ⁴ 9 sept. 1727, à Pierre DESJARDINS.—*François*, b 1690; m ³ 22 nov. 1716, à Marguerite-Louise LEMIRE.

1701, (3 janvier) Lac-des-Deux-Montagnes.⁶
I.—BRIEN, RENÉ.
BONNECHÈRE (2), Marie,
b 1629; s ⁶ 22 juillet 1709.

1713, (12 mars) Varennes.
II.—BRIEN, ISAAC,   [LOUIS I.
b 1688.
VALIQUKT, Marie,   [JEAN I.
b 1662; veuve de Louis Ledoux.

II.—BRIEN (3), URBAIN,   [LOUIS I.
b 1686; s 16 juillet 1754, à la Pte-aux-Trembles, M.
DESROCHES, Marguerite (4).   [JEAN II.
Anonyme, b et s 3 déc. 1714, à Varennes.— *Hyacinthe*, b 1718; m 3 février 1740, à Madeleine COITEUX, à Montréal.

1716, (22 nov.) Varennes.⁶
II.—BRIEN (3), FRANÇOIS-MARIE,   [LOUIS I.
b 1690.
LEMIRE, Marguerite-Louise,   [JOSEPH II.
b 1697.
Joseph, b... m à Marie-Catherine COITEUX.— *François*, b 1720; m 29 oct. 1743, à Louise FISSIAU, à la Longue-Pointe.⁷—*Paul*, b ⁶ 14 mai 1727—*Basile*, b ⁶ 14 mai 1727; m ⁷ 24 janvier 1752, à Charlotte FISSIAU. — *Marie*, b... m ⁶ 18 oct. 1734, à Michel BRISSET.—*Marie-Joseph*, b... m ⁶ 18 oct. 1734, à Joseph CHEVAUDIER.—*Catherine*, b... m ⁶ 12 février 1748, à Jean MARTIN.— *Louis-Joachim*, b ⁶ 15 mars 1723; 1° m ⁶ 17 février 1749, à Marie-Therese HAYET; 2° m ⁶ 3 juin 1751, à Marie-Joseph SENÉCAL.

1718, (24 avril) Pte-aux-Trembles, M.⁴
II.—BRIEN (1), LOUIS,   [LOUIS I
b 1682.
DESROCHERS, Catherine.   [NICOLAS II.
Angélique, b ⁴ 4 juin 1720.—*Marie-Anne*, b ⁴ 8 avril 1723. — *Françoise-Elisabeth*, b 10 février 1722, à Varennes; m 30 avril 1741, à Louis DUFAUT, à L'Assomption.

II.—BRIEN, PIERRE,   [LOUIS I.
b 1684.
DESROCHERS, Elisabeth,
s avant 1750.
Pierre, b 1718; 1° m à Madeleine LAUZON; 2° m 7 juin 1751, à Marguerite DUCLOS, à la Pte-aux-Trembles, M.⁶— *Urbain*, b ⁶ 19 oct. 1719, m ⁶,12 janvier 1750, à Barbe COITEUX.—*Elisabeth*, b ⁶ 13 janvier 1722.—*Jean-Baptiste*, b ⁶ 2 janvier 1724. — *Marie-Amable*, b... m ⁶ 27 mai 1754, à Joseph GERVAIS.

1727, (25 février) Repentigny.
II.—BRIEN (1), SÉRAPHIN,   [LOUIS I
b 1702.
RIGEALLE (2), Marie-Ursule.   [JEAN I.
Marie-Thérèse, b 13 mars 1738, à Lanoraie.— *Marguerite*, b...1° m 6 nov. 1752, à Jean-Baptiste COULON, à St-Ours⁹; 2° m 10 juin 1771, à Pierre DARBAGON, à Boucherville. — *André*, b... m²,¹ juin 1755, à Marie-Amable HERPIN. — *Marie-Thérèse*, b... m ⁹ 23 avril 1759, à Etienne COTTU.

1727, (17 août) Varennes.⁹
II.—BRIEN (1), JULIEN,   [LOUIS I.
b 1700.
DELPUÉ (3), Charlotte,   [FRANÇOIS II.
b 1705.
Charlotte, b... 1° m ⁹ 28 janvier 1754, à Etienne SENÉCAL; 2° m ⁹ 24 sept. 1764, à Amable SAVARIA, veuf de Madeleine Roy. — *Jean-Baptiste*, b... m ⁹ 7 janvier 1760, à Marie-Therese MALEPART.—*Marie-Louise*, b... m 5 août 1765, à Louis PILET, à Boucherville. — *Louis*, b 23 janvier 1730, à St-François, I. J.; m ⁹ 26 février 1759, à Isabelle SENÉCAL.

II.—BRIEN (4), JEAN-BTE,   [LOUIS I.
b 1693.
1° BAILLARGEON (5), Marie-Anne.
Luc (6), b 18 oct. 1728, à Repentigny, m 21 oct. 1754, à Marie VANDET, à Sorel.
2° VAUDRY, Marie-Joseph.
Joseph, b 11 oct. 1740, à Lachenaye ⁸, m à Marie-Joseph LAUZON.—*Jacques-Marie*, b ⁸ 4 janvier 1743; m 29 janvier 1770, à Agathe HUBOU, à St-Henri-de-Mascouche.

(1) Dit Desrochers. Voy. vol. I, p. 89.
(2) Ou Bonnehère.
(3) Dit Desrochers.
(4) Elle épouse, le 7 janvier 1757, Denis TOUREAU, à la Pte-aux-Trembles, M.

(1) Dit Desrochers.
(2) Et Régas.
(3) Dit Pariseau.
(4) Dit Sansregret—Birand—Briant.
(5) Dit Bocage.
(6) Marié Briant.

1740, (3 février) Montréal.
III.—BRIEN, Hyacinthe, [Urbain II.
  b 1718.
Coiteux (1), Madeleine, [François II.
  b 1720.
Urbain, b 1741; m 4 février 1765, à Thérèse Voyne, à la Pte-aux-Trembles, M. ⁸ — *Marie-Françoise*, b ⁸ 6 janvier 1751.—*Marie*, b... m 1ᵉʳ août 1763, à Pierre Gervaise, à Varennes. ⁹—*Marie-Madeleine*, b... m ⁹ 24 juin 1765, à Joseph Brien.—*Marie-Amable*, b... m ⁹ 27 nov. 1769, à François Brien.

III.—BRIEN, Joseph, [Frs-Marie II.
  s avant 1765.
Coiteux, Marie-Catherine.
Joseph, b... m 24 juin 1765, à Marie-Madeleine Brien, à Varennes.

III.—BRIEN, Pierre, [Pierre II.
  b 1718; s avant 1783.
1º Lauzon, Madeleine. [Michel II.
Marie-Amable, b 1742; m 15 février 1762, à Raphaël Duclos, à la Pte-aux-Trembles, M. ⁷ —*Elisabeth*, b 1742; m ⁷ 5 juillet 1762, à Joseph Mathieu.
  1751, (7 juin). ⁷
2º Duclos, Marguerite, [Jean II.
  b 1734; s avant 1783.
Nicolas, b ⁷ 31 mars 1753. — *Marie-Anne*, b... m 5 mai 1783, à Antoine Galipeau, à la Longue-Pointe.

1743, (29 oct.) Longue-Pointe. ²
III.—BRIEN (2), François, [François II.
  b 1720.
Fissiau (3), Marie-Louise, [Jacques II.
  b 1723.
François, b ² 18 sept. 1744; m 27 nov. 1769, à Marie-Amable Brien, à Varennes. ³—*Jean-Baptiste*, b ² 26 nov. 1745; s ² 8 février 1746.—*Marie-Louise*, b... m ⁸ 1ᵉʳ oct. 1770, à Joseph Prudhomme.—*Louis*, b 1748; m 7 août 1775, à Marie-Charlotte Touin, à Repentigny.—*Barthélemi*, b...—*Bonaventure*, b...

BRIEN (4), Joseph.
Savinier, Marthe.
Marie-Anne, b 30 avril 1745, à Longueuil.

1749, (17 février) Varennes. ²
III.—BRIEN, Louis-Joachim, [François II.
  b 1723.
1º Hayet, Marie-Thérèse. [Louis II.
  1751, (3 juin). ²
2º Senécal, Marie-Joseph, [Adrien III.
  b 1727.

---

(1) Elle épouse, le 21 novembre 1757, Antoine Troye, à Varennes.
(2) Dit Desrochers.
(3) Dit Laramée.
(4) Dit Laroche.

1750, (12 janvier) Pte-aux-Trembles, M. ³
III.—BRIEN, Urbain, [Pierre II.
  b 1719.
Coiteux, Barbe, [Jean-Bte II.
  b 1730.
Elisabeth, b 18 déc. 1750, à la Longue-Pointe; s ³ 23 oct. 1751. — *Pierre*, b ³ 5 août 1752.—*Marie-Madeleine*, b ³ 2 juin et s ³ 9 sept. 1754.—*Joseph*, b... m 26 janvier 1767, à Geneviève Pariseau, à Varennes—*Pierre*, b 8 oct. 1760, à Lachenaye. ⁴ — *Marie-Victoire*, b ⁴ 10 janvier 1765.—*Marie-Rose*, b ⁴ 30 mai 1774.

III.—BRIEN, Joseph, [Jean-Bte II.
  b 1740.
Lauzon, Marie-Joseph
Joseph, b... m 27 oct. 1777, à Marie-Angélique Filion, à Lachenaye.

1752, (24 janvier) Longue-Pointe.
III.—BRIEN, Basile, [François II.
  b 1727.
Fissiau, Charlotte, [Jacques II.
  b 1730.

1755, (2 juin) St-Ours. ⁴
III —BRIEN (1), André. [Séraphin II.
Herpin, Marie-Amable [Pierre III
André, b ⁴ 25 nov. 1756; s ⁴ 13 mars 1757.—*Marie*, b ⁴ 13 avril 1758. — *Joseph*, b ⁴ 10 nov. 1759.

1759, (26 février) Varennes.
III.—BRIEN, Louis, [Julien II.
  b 1730.
Senécal, Isabelle, [Joseph.

1760, (7 janvier) Varennes.
III.—BRIEN, Jean-Bte. [Julien II.
Malepart, Marie-Thérèse, [Jean-Bte I.
  b 1737.

1765, (4 février) Pte-aux-Trembles, M.
IV.—BRIEN (1), Urbain, [Hyacinthe III.
  b 1741.
Voyne, Thérèse, [Pierre III
  b 1742.
Marie-Madeleine, b 27 juillet 1768, à Repentigny.

1765, (24 juin) Varennes.
IV —BRIEN, Joseph. [Joseph III.
Brien, Marie-Madeleine. [Hyacinthe III.

1767, (26 janvier) Varennes.
IV.—BRIEN, Joseph. [Urbain III.
Delpue (2), Geneviève [Jean-Bte III.
Joseph, b 1768; s 1ᵉʳ juin 1786 (noyé), à Lachenaye.⁸—*Louis*, b 1777, s ⁸ 21 oct. 1787.—*Anonyme*, b ⁸ et s ⁸ 2 janvier 1784. — *Jean-Hyacinthe*, b ⁸ 10 déc. 1784, s ⁸ 1ᵉʳ juin 1787.

---

(1) Dit Desrochers.
(2) Dit Pariseau.

1769, (27 nov.) Varennes.
IV.—BRIEN, François,   [François III.
  b 1744.
  BRIEN, Marie-Amable.   [Hyacinthe III.

1770, (29 janvier) St-Henri-de-Mascouche.
III.—BRIEN (1), Jacques,   [Jean-Bte II.
  b 1743.
  Hubou, Agathe,   [Athanase III.
  b 1746; veuve de Joseph Leveillé.

BRIEN, Amable.—Voy. Brière.

1775, (7 août) Repentigny.
IV.—BRIEN, Louis,   [François III.
  b 1748.
  Touin, Marie-Charlotte,   [Jean-Bte III
  b 1750.

1777, (27 oct.) Lachenaye.
IV.—BRIEN (1), Joseph.   [Joseph III
  Filion, Marie-Angélique, [François-Ant. III.
  b 1759.

1785.
BRIEN, Jean-Bte.
  Bonhomme, Marie-Reine.   [Ignace IV.
Jean-Baptiste, b 24 oct. 1786, à Lachenaye ³—*Marie-Reine*, b ⁵ 27 fevrier 1788.

BRIÈRE, Françoise, épouse de Charles Lapointe.

BRIÈRE, Marie, épouse de Jean Guay.

BRIÈRE, Marie-Jeanne, b... m à François Jugnac; s avant 1751.

BRIÈRE, Marie-Louise, épouse de Michel L'Huissier.

BRIÈRE (2), Thérèse, b 1688; m à Jacques Coté; s 23 nov. 1730, à St-Antoine-Tilly.

1698, (4 août) Pte-aux-Trembles, Q. ²
II.—BRIÈRE, Jean,   [Jean I.
  b 1672.
  Fournel, Françoise,   [Jacques I.
  b 1674; s 8 fevrier 1736, à l'Hôpital-General, Q.
Jean-François, b ² 31 août 1705, m 12 mars 1736, à Marie-Louise Carpentier, au Cap-Sante.⁸—*Marie*, b... m ⁸ 4 mars 1737, à Joseph Chancelier.—*Marie-Joseph*, b 1708, 1º m 14 juin 1745, à Pierre-André Dalaonde, à Terrebonne ³; 2º m ² 14 mai 1753, à Jean-François Taillon.—*Jacques*, b ² 10 janvier 1704; m ⁸ 24 nov. 1733, à Angelique Renaud.—*Geneviève-Augustine*, b 11 juillet 1718, à Québec.

1701, (4 sept.) Pte-aux-Trembles, Q.⁷
II.—BRIERE, Charles,   [Jean I.
  b 1676, s 1er juin 1721, au Cap-Sante. ⁸
  Pleau (1), Marie-Anne,   [Simon I.
  b 1686.
Cécile, b ⁷ 8 avril 1703; s ⁸ 22 oct. 1753.—*Jean*, b ⁷ 18 fevrier 1705, m ⁸ 22 nov. 1751, à Marie-Thérèse Hardy. — *Joseph*, b ⁷ 22 oct. 1706; m ⁸ 6 fevrier 1736, à Marie-Jeanne Laroche.—*Anonyme*, b ⁸ et s ⁸ 29 juillet 1708 —*Louis*, b ⁸ 12 oct. 1709; m ⁸ 27 nov. 1741, à Marie-Therèse Laroche. — *Marie-Catherine*, b ⁸ 18 sept. 1711; m ⁸ 22 fevrier 1751, à Laurent Matte.—*Mathurin*, b ⁸ 1er janvier 1714; 1º m 30 janvier 1741, à Marie-Charlotte Lesage; 2º m ⁸ 6 février 1747, à Catherine Gautier; 3º m ⁸ 24 oct. 1750, à Marie-Anne Petit.— *Etienne-Paschal*, b ⁸ 30 avril 1721.—*Adrien*, b... m ⁸ 29 janvier 1748, à Geneviève Lamothe.

1712, (17 janvier) Québec.
I —BRIÈRE, Simon, fils de Richard et de Charles Constantin, de St-Pierre, ville de Caen, diocèse de Bayeux.
  Migneron, Marie-Anne (2),   [Jean I.
  b 1661; veuve de Jean Bredelle.

1712, (23 nov.) Quebec. ³
II.—BRIÈRE (3), Jean-Bte,   [Denis I.
  b 1668; s 18 oct. 1745, à St-Augustin. ⁴
  Brassard, Françoise,   [Jean-Bte II
  b 1679, veuve de Pierre Corbin; s ⁴ 21 janvier 1728.
Jean-Baptiste, b ⁴ 18 février 1714; m ³ 23 janvier 1736, à Françoise Harnois.—*Marie-Louise*, b ⁴ 24 fevrier 1715, 1º m ⁴ 17 nov. 1732, à Laurent Harnois; 2º m ⁴ 30 mai 1740, à Joseph Cotin.—*Denis*, b ⁴ 7 nov. 1717; s ⁴ 31 oct. 1718. —*Louis-Augustin*, b ⁴ 16 mai 1719.

BRIÈRE, Charles, b... s 20 déc. 1734, à Beauport.

BRIÈRE, Jean-Bte, b... s 24 mars 1736, au Cap-Sante.

1733, (24 nov.) Terrebonne. ¹
III.—BRIÈRE, Jacques,   [Jean II
  b 1704.
  Renaud, Angelique,   [Louis II.
  b 1712.
Louis-Jacques, b ¹ 25 août 1734; m ¹ 6 nov. 1758 à Marie-Reine Robin.—*Marie-Angélique*, b ¹ 2 juin 1736; m ¹ 26 janvier 1761, à Louis-Joseph-Albert Ouimet.—*Jacques*, b ¹ 18 fevrier 1738.—*Marie-Françoise*, b ¹ 10 dec. 1739, m ¹ 24 nov. 1760, à Pierre Fournel.—*Marie-Joseph*, b ¹ 24 et s ¹ 28 juin 1743 —*Jean-Baptiste*, b ¹ 30 août et s ¹ 10 sept 1744 —*Amable*, b ¹ 15 nov. 1745, m ¹ 20 janvier 1766, à Geneviève Renaud.—*Charlotte*, b ¹ 16 mars et s ¹ 26 juillet 1749.—*Marie-Madeleine*, b ¹ 15 et s ¹ 24 août 1750 —*Jean-Baptiste*, b ¹ 10 avril et s ¹ 30 mai 1753 —*Marie*, b ¹ 8 mai 1757.

---

(1) Dit Lifleur.
(2) Dit Desrochers.
(2) Elle épouse, le 29 nov. 1717, Jacques Morel, à Québec.
(2) Dit Vincennes.
(3) Dit Laborde.

1736, (23 janvier) Québec. ²
III.—BRIÈRE, JEAN-BTE, [JEAN-BTE II.
 b 1714.
 HARNOIS, Françoise (1), [JOSEPH II.
 b 1716.
 Jean-Baptiste, b ² 11 avril 1738; s ² 27 juin 1740.—*Françoise-Angélique*, b ² 17 mai et s ² 20 août 1742.—*Louis*, b ² 9 août 1743; m 28 janvier 1765, à Anne DUMESNIL, à Ste-Foye.—*Marie-Joseph*, b ² 24 mars 1745; m ² 9 janvier 1764, à Joseph MALHERBE.

1736, (6 février) Cap-Santé. ³
III.—BRIÈRE, JOSEPH, [CHARLES II.
 b 1706.
 LAROCHE, Marie-Jeanne, [FRANÇOIS II.
 b 1709.
 Joseph-Marie, b ³ 4 mars 1744; m 8 février 1762, à Marie-Anne BERNARD, à Charlesbourg.

1736, (12 mars) Cap-Santé. ⁵
III.—BRIÈRE, JEAN-FRANÇOIS. [JEAN II
 CARPENTIER, Marie-Louise, [JEAN-BTE II
 b 1716; s ⁵ 24 août 1751.
 Marie-Louise, b ⁵ 10 juillet 1737; m 20 juillet 1772, à Joseph RENAUD, à Terrebonne. ⁴ — *Deux anonymes*, b ⁵ et s ⁵ 17 avril 1739.—*Marie-Madeleine*, b ⁵ 7 nov. 1740.—*Françoise*, b 16 oct. 1742, aux Ecureuils; m ⁴ 3 juin 1771, à Michel GODARD. —*Marie-Thérèse*, b ⁵ 11 oct. et s ⁵ 19 déc. 1744.—*Jean-Baptiste*, b ⁵ 12 avril 1746, m ⁴ 11 mai 1767, à Marie-Anne QUEVILLON.—*Joseph*, b ⁵ 12 déc. 1747.—*Marie-Joseph*, b ⁵ 17 oct. et s ⁵ 11 nov. 1749.—*Jean-François*, b ⁵ 28 mars et s ⁵ 5 août 1751.

1741, (30 janvier) Cap-Santé. ⁷
III.—BRIÈRE, MATHURIN, [CHARLES II.
 b 1714.
 1° LESAGE, Marie-Charlotte, [NICOLAS II
 b 1721; s ⁷ 10 nov. 1743.
 Anonyme, b ⁷ et s ⁷ 14 mars 1742.—*Marie-Charlotte*, b ⁷ 20 février et s ⁷ 3 mars 1743.
 1747, (6 février) Deschambault.
 2° GAUTHIER, Marie-Catherine, [PIERRE I.
 b 1729, s ⁷ 28 janvier 1748.
 Jean-Baptiste, b ⁷ 23 janvier et s ⁷ 26 février 1748.
 1750, (24 août). ⁷
 3° PETIT, Marie-Anne, [JEAN-FRS III.
 b 1725.
 Marie-Madeleine, b ⁷ 9 janvier 1751.—*Jean-François*, b ⁷ 23 avril 1752.—*Amable*, b ⁷ 19 juillet 1753.—*Augustin*, b 23 oct. 1756, aux Ecureuils. ⁸— *Marie-Anne*, b ⁸ 23 février 1763.

1741, (27 nov.) Cap-Santé. ²
III.—BRIÈRE, LOUIS, [CHARLES II.
 b 1709.
 LAROCHE, Marie-Thérèse, [FRANÇOIS II.
 b 1711; s 17 avril 1779, à Terrebonne. ³

(1) Elle épouse, le 9 oct. 1747, François-Clément Racine, à Québec.

Marie-Angélique, b ² 8 juillet 1743; m ³ 16 juillet 1781, à Charles MOREAU. — *Joseph-Marie*, b ² 31 janvier et s ² 12 février 1745.—*Jean-Baptiste*, b ² 31 janvier et s ² 2 février 1745.—*Louis-Joseph*, b ² 22 juillet 1746.—*Etienne*, b ² 3 avril 1748, s ² 11 déc. 1749.—*Marie-Thérèse*, b ² 16 oct. 1749.—*Ambroise*, b ² 3 avril 1752.

1748, (29 janvier) Cap-Santé. ⁷
III.—BRIÈRE, ADRIEN. [CHARLES II.
 LAMOTTE, Geneviève, [JEAN II.
 b 1728.
 Marie-Joseph, b ⁷ 16 déc. 1748; s ⁷ 16 avril 1750.—*Marie-Anne*, b ⁷ 16 janvier et s ⁷ 6 mars 1750.—*Adrien*, b ⁷ 22 déc. 1750; s ⁷ 26 déc. 1752. —*Jean-Baptiste*, b ⁷ 5 mars et s ⁷ 24 déc. 1752.— *Marie-Geneviève et Charles*, b ⁷ 8 sept. 1753.— *Marie-Thérèse*, b ⁷ 1ᵉʳ nov. 1754.

BRIÈRE, AUGUSTIN-CLAUDE.
 PLOUF (1), Angelique.
 Marie-Amable, b 15 février 1754, à St-Ours.

1751, (22 nov.) Cap-Santé. ¹
III.—BRIÈRE, JEAN, [CHARLES II.
 b 1705.
 HARDY, Marie-Thérèse. [PIERRE II.
 Marie-Joseph, b ¹ 14 et s ¹ 28 juin 1753.

1758, (6 nov.) Terrebonne. ²
IV.—BRIÈRE, LOUIS-JACQUES, [JACQUES III
 b 1734.
 ROBIN (2), Marie-Reine. [ETIENNE.
 Louis, b 17 sept. 1759, à Ste-Rose; m ² 5 août 1782, à Felicité TRUCHON.

1762, (8 février) Charlesbourg.
IV.—BRIÈRE, JOSEPH-MARIE, [JOSEPH III.
 b 1744.
 BERNARD, Marie-Anne, [PIERRE III.
 b 1736, veuve de Charles Falardeau.

1765, (28 janvier) Ste-Foye. ⁴
IV.—BRIÈRE, LOUIS, [JEAN-BTE-LOUIS III.
 b 1743.
 DUMESNIL (3), Marie-Anne, [NICOLAS II.
 b 1741.
 Marie-Anne, b ⁴ 25 mars 1766.

1766, (20 janvier) Terrebonne. ¹
IV.—BRIÈRE, AMABLE. [JACQUES III.
 RENAUD, Geneviève, [JOSEPH III.
 b 1748.
 Marie, b... m ¹ 23 sept. 1782, à Nicolas JAMET. —*Marie-Marguerite*, b 25 février 1771, à Lachenaye.

(1) Ce nom vient de Belouf, transformé en Blouf, puis travesti en Plouf.
(2) Dit Lapointe.
(3) Dit Lamusique.

1767, (11 mai) Terrebonne.
IV.—BRIÈRE, JEAN, [JEAN-FRS III.
b 1746.
QUEVILLON, Marie-Anne, [JEAN-BTE III.
b 1741.

BRIÈRE, JOSEPH-MARIE, b 1746; s 22 avril 1775, à Ste-Foye.

BRIÈRE, JOSEPH.
PETIT, Angélique.
Marie-Angélique, b 16 juillet 1775, aux Ecureuils.

1782, (5 août) Terrebonne.
V.—BRIÈRE, LOUIS, [LOUIS IV.
b 1759.
TRUCHON, Félicité. [JEAN-BTE-JOSEPH III.

BRIGAIL.—Voy. BERGIN.

III.—BRIGNET (1), PIERRE, [LOUIS II.
b 1710.
JOUANE, Marie-Charlotte, [NICOLAS II.
b 1714; s 19 avril 1780, à Laprairie.
François, b 14 juillet 1752, à Verchères.

BRIGNON—Variations et surnom : LAPIERRE—BRUNION.

1678, (14 avril) Sorel. [4]
I.—BRIGNON (2), PIERRE,
b 1642 ; s 6 nov. 1687, aux Trois-Rivières. [5]
COY, Charlotte,
b 1649 ; veuve de Jean Braï.
Jean, b [4] 5 nov. 1678 ; m 6 janvier 1710, à Anne-Charlotte PROVOST, à Montréal.—Marie, b [5] 3 avril 1680.—Jacques, b [4] 23 mars 1686.—Louis, b [5] 10 mai 1688.

1710, (6 janvier) Montréal.
II.—BRIGNON (3), JEAN, [PIERRE I.
b 1678.
PROVOST, Anne-Charlotte, [EUSTACHE I.
b 1690.
Léonard, b... 1° m à Madeleine DANIEL ; 2° m 14 février 1748, à Marie-Anne MANDEVILLE, à Sorel. — Marie-Elisabeth, b... m 2 nov. 1736, à Laurent DAGENAIS, au Sault-au-Récollet.[2]—Marie-Joseph, b... m [2] 30 juin 1739, à Pierre PAPINEAU.—Marie-Charlotte, b... m [2] 7 janvier 1744, à Jean-Baptiste DESMARCHAIS—Catherine, b 28 mars et s 15 avril 1721, à St-Laurent, M.—Catherine, b 1725 ; m [2] 13 janvier 1751, à Antoine PAYSANT,—Jean-Baptiste, b... m [2] 23 avril 1752, à Françoise TURCOT.—Jacques, b 1730 ; m [2] 11 janvier 1751, à Marie-Françoise CHARTRAND.—Joseph, b 1731 ; m [2] 24 nov. 1755, à Marie-Amable MARTINEAU.

III.—BRIGNON (1), LÉONARD. [JEAN-BTE II.
1° DANIEL, Madeleine.
Jacques, b 29 et s 30 oct. 1739, au Sault-au-Récollet.
1748, (14 février) Sorel. [8]
2° MANDEVILLE, Marie-Anne, [JEAN-BTE II.
b 1728.
Marie-Anne, b 11 nov. 1748, à Montréal. [9]—Pierre, b [9] 2 sept. 1750.—Louis, b 27 juin 1754, à Chambly.—Marie-Thérèse, b [8] 19 déc. 1759.

BRIGNON, OLIVIER.—Voy. HUGRON.

BRIGNON, PIERRE.
BÉRARD, Catherine.
Pierre, b 10 nov. 1747, au Sault-au-Récollet

BRIGNON, JEAN-BTE—Voy. HUGRON.

1751, (11 janvier) Sault-au-Récollet.
III.—BRIGNON (2), JACQUES, [JEAN II.
b 1730.
CHARTRAND, Marie-Françoise, [CHARLES III.
b 1732.

1752, (23 avril) Sault-au-Récollet.
III.—BRIGNON, JEAN-BTE. [JEAN-BTE II.
TURCOT, Françoise. [JEAN II.

1755, (24 nov.) Sault-au-Récollet.
III.—BRIGNON, JOSEPH, [JEAN-BTE II.
b 1731.
MARTINEAU, Marie-Amable, [PIERRE III.
b 1735.

1752, (6 juillet) Makinac. [6]
I.—BRILLANT (3), JEAN-BTE, fils de Jean et de Jeanne Vigne, de Toussaint, diocèse de Rennes, Bretagne.
ITAGISSE-CHRÉTIENNE, Françoise,
Sauteuse ; s 22 août 1781, au Détroit. [8]
Catherine, née le 28 avril et b [8] 15 juillet 1753 ; m [8] 9 juillet 1770, à Antoine MESNV.—Françoise, b [8] 11 avril 1757 ; m [8] 10 janvier 1774, à Joseph LAPERLE.—Jeanne, b [8] 9 avril 1759, m [8] 26 juin 1775, à François GATIGNON.—Marie-Angélique, b [8] 21 avril 1761 ; m [8] 30 oct. 1781, à François COUTANT. — Cécile (4), b [8] 10 juin 1764.— Thérèse (5), b [8] 28 mai 1766.—Jean-Baptiste, b [8] 17 août 1768.

BRILLANT.—Voy. DUMONTIER.

BRILLON.—Voy. BRION.

BRINDAMOUR. — Variations et surnoms : FLAME, 1752 — TATOUL, 1757 — FOURNEAU, 1709.—CHARPENTIER, 1743—MARTIN, 1749—VISCOMTE—GÉRAUX—DURANSEAU—CLOISEL—DURAND—MÉNARD, 1763—GATINEAU, 1759

---

(1) Voy. aussi Beignet, p. 189.
(2) Et Brunion dit Lapierre Voy. vol. I, p. 95.
(3) Dit Lapierre. Voy. vol. I, p. 95.

(1) Et Brunion dit Lapierre.
(2) Dit Lapierre.
(3) Dit Beaulieu, médecin à Saginaw.
(4) Née dans le bois en novembre 1763.
(5) Née le 3 mai 1766, à la Rivière Saginaw, où ses parents ont hiverné.

BRINDAMOUR, Marie, épouse de Pierre Hubert.

BRINDAMOUR, Marie-Anne, épouse d'Hilaire Macé.

BRINDAMOUR, Louise, épouse de Noël Migneron.

BRINDAMOUR, Etienne.
Dumenil, Geneviève.
Charles, b 9 mars 1762, à Québec.

BRING, Jean.
Gaudet, Marguerite.
Anne-Gertrude, b 1756; s 3 août 1757, à Québec.

BRION.—Voy. Regnier—Reinier—Brillon.

1695, (7 nov.) Laprairie. [4]
I.—BRION, Pierre.
Dupuys, Marie-Anne,   [François I.
b 1679.
Marie-Françoise, b [4] 14 oct. 1701; 1° m [4] 3 février 1722, à Nicolas Gagné; 2° m [4] 19 sept. 1735, à Joseph Lemieux.

BRIQUET.—Voy. Lefebvre—St-Disier.

BRIQUET, Catherine, épouse de Jean-Baptiste Roussel.

I.—BRIQUET, Louis.
Lamarre, Marie-Charlotte,
s avant 1757.
Marie-Louise, b... m 20 février 1757, à François Colin, à Longueuil.

1742, (30 mai) Québec.
I.—BRIQUET (1), Louis, fils de Macrin et de Catherine Mazure, de Ste-Marie Outreleau, diocèse de Coutances.
Michelon, Marie-Anne,   [Jean II.
b 1721.
Marie-Louise, b 24 mars 1743, à Longueuil [2]; m [2] 27 juillet 1761, à Amable Bissonnet.—*Marie-Anne*, b [2] 2 déc. 1744.—*Catherine*, b [2] 12 janvier 1746.—*Jean-Louis-François-Joseph*, b [2] 24 février 1749.—*Marie-Françoise*, b [2] 1er janvier 1753.

I.—BRIQUET (2), Nicolas.
Bigras, Marie-Anne,   [François I.
b 1711.
Nicolas, b 28 nov. 1742, à Ste-Geneviève, M. [4]; s [4] 26 juin 1743.—*Marie-Thérèse*, b [4] 9 juillet 1744, m [4] 17 avril 1758, à Jean L'Enfant.—*Marie-Cécile*, b [4] 25 juin et s [4] 29 juillet 1749.—*Eustache*, b [4] 11 mars et s [4] 2 avril 1751.—*Marie-Félicité*, b... m [4] 13 sept. 1756, à Philippe Darragon.

BRIS, Edouard, soldat grenadier anglais, b 1711; s 16 sept. 1756, à l'Hôpital-General, M.

(1) Dit Lefebvre.
(2) Dit St-Disier.

BRISARD, Marie-Joseph, épouse de Jean Brun.

1714, (4 mars) Trois-Rivières.
I.—BRISARD, Jean, fils de François et de Marie Bernard.
Degerlais, Marie-Anne,   [Jean I.
b 1698.
Marie-Louise, b... m 1758, à Michel Bernard.

1744, (7 janvier) Montréal. [8]
I.—BRISARD, Pierre-Joseph, b 1720; fils de Joseph et de Madeleine Legué, de N-D. de LaRochelle; s [8] 9 janvier 1750.
Harel, Françoise (1),   [François II.
b 1717.
Françoise, b [8] 24 janvier 1745.—*Madeleine*, b [8] 6 sept. 1746.

1752, (7 mai) Détroit.
I.—BRISARD, Jean, fils de Jean et de Catherine Famigué, de St-Valerien, diocèse de Chartres.
Clément, Angelique,   [Pierre I.
b 1705; veuve de Jacques Fauvel.

BRISARD (2), Jacques.

BRISEBOIS.—Voy. Dubois.

BRISEBOIS, Catherine, épouse de François Douville.

BRISEBOIS, Louise, épouse de François Gamelin.

BRISEBOIS, Charlotte, épouse de Joseph Lavallée.

BRISEBOIS, Ursule, épouse d'Alexis Lefebvre.

BRISEBOIS, Clémence, épouse de Pierre Legaut.

BRISEBOIS, Dorothée, épouse de Jean-Baptiste Madeleine.

BRISEBOIS, Marie, b 1640; s 17 avril 1700, à St-François-du-Lac.

BRISEBOIS, François.—Voy. Dubois.

II.—BRISEBOIS, Charles,   [René I.
b 1681; s 9 janvier 1747, à St-Michel-d'Yamaska. [4]
1° Adams (Anglaise), Ursule, b 1674, fille de Charles et de Rebecca Smith.
Françoise, b... m [4] 7 juin 1734, à Jean-François Comparet. — *Catherine*, b... m [4] 4 nov. 1748, à Joseph Baillargeon.
1732, (29 sept.) St-François, I. J.
2° Soucy, Marie-Anne,   [Jean I.
b 1665; veuve de Robert Gaulin; s [4] 1er février 1755.

(1) Elle épouse, le 18 avril 1757, Joseph Ducharme, à Montréal.
(2) Beau-frère de Louis Chrétien III. Il était à Charlesbourg le 5 février 1759.

BRI   472   BRI

1716.

III.—BRISEBOIS, JEAN-BTE,   [FRANÇOIS II.
   s avant 1748.
   ST-MICHEL, Marguerite.
   Jean, b 3 nov. 1717, au Bout-de-l'Ile, M.—
Louis, b... m 15 juillet 1748, à Suzanne LEBLANC,
au Sault-au-Récollet.

III.—BRISEBOIS, RENÉ,   [FRANÇOIS II
   b 1699.
   LANTIER, Angélique,   [JACQUES I.
   b 1704.
   Louis, b... m 7 janvier 1754, à Marie-Anne
MARTEL, à Ste-Geneviève, M.

III.—BRISEBOIS, LOUIS,   [FRANÇOIS II.
   b 1702.
   GROU, Marie-Angélique,   [PIERRE II.
   b 1717 ; s avant 1758.
   Cécile, b... m 22 mai 1758, à Paul ERICHÉ, à
St-Laurent, M.¹— *Marguerite*, b 1739 ; m¹ 5
février 1759, à François LEMIRE.

III.—BRISEBOIS, JACQUES.   [FRANÇOIS II.
   LEGAUT, Marie-Joseph.   [NOEL I.
   Jeanne, b 10 mai 1741, à Ste-Geneviève, M.²—
Marie-Suzanne, b 1743 ; s² 14 janvier 1744.—
Marie-Archange, b² 19 déc. 1744.—*Barthélemi*,
b² 17 oct. 1746. — *Michel-Amable*, b² 1ᵉʳ mai
1748.—*Marie-Joseph*, b² 3 et s² 20 mars 1750.—
Marie-Louise, b² 10 mai et s² 9 sept. 1751.—
Antoine, b² 30 nov. 1752 ; s² 15 déc. 1753.—
Marie-Joseph, b² 17 mars 1757.— *Dorothée*, b..
m² 26 sept. 1757, à Michel JAM-CARRIÈRE.—
Marie-Charlotte, b... m² 30 janvier 1758, à
Pierre JAM-CARRIÈRE.

III.—BRISEBOIS, AMBROISE.   [FRANÇOIS II.
   LEGAUT, Marie-Anne,
   b 1718 ; s avant 1769.   [NOEL I.
   Augustin, b... m 9 janvier 1769, à Rose COUILLARD, à Lachine.⁴ — *Ursule*, b... m⁴ 10 janvier
1769, à André CHOLET.

1748, (15 juillet) Sault-au-Récollet.⁵

IV.—BRISEBOIS, LOUIS.   [JEAN-BTE III.
   LEBLANC, Suzanne,   [CHARLES II.
   b 1716 ; veuve de Joseph Roger.
   Joseph, b⁵ 26 août 1749. — *Marie-Louise*, b 8
juin 1757, à St-Laurent, M.⁶— *Suzanne*, b⁵ 14
janvier 1760.

1750, (18 janvier) St-Frs-du-Lac.

III.—BRISEBOIS, JOSEPH.   [FRANÇOIS II.
   RENOU, Catherine-Therèse,   [MICHEL-FRS II.
   b 1720.
   Catherine, b 19 oct. 1750, à St-Michel-d'Yamaska⁷, m⁷ 22 nov. 1773, à François DESPINS.
—*Joseph*, b⁷ 30 janvier 1752 ; s⁷ 4 avril 1768.—
Michel, b⁷ 3 juin 1753 ; s⁷ 16 janvier 1756.—
Marie-Louise, b⁷ 6 mars 1756.—*François*, b⁷ 13
mars 1757.—*Joselte-Geneviève*, b⁷ 17 juin 1758.
— *Michel*, b⁷ 17 oct. 1760. — *Marie-Dorothée*, b⁷
6 déc. 1762 ; s⁷ 16 février 1770. — *Antoine*, b⁷ 3
juillet 1766.

1754, (7 janvier) Ste-Geneviève, M.⁸

IV.—BRISEBOIS, LOUIS.   [RENÉ III.
   MARTEL, Marie-Anne,   [FRANÇOIS II.
   b 1730.
   Louis, b⁸ 13 déc. 1754. — *Jacques-Joseph*, b⁶
25 juin et s⁸ 17 juillet 1756.—*Marie-Marguerite*,
⁸b⁸ 24 août 1757.—*Anonyme*, b⁸ et s⁸ 7 février
1759.

II.—BRISEBOIS, ANTOINE-JOS.   [ANTOINE I.
   BEAUNE, Françoise-Amable   [FRANÇOIS III.
   Louise-Élisabeth, b 8 juillet 1763, au Bout-de-l'Ile, M.⁹—*Antoine*, b⁹ 23 nov. 1764.—*Jean-Baptiste*, b⁹ 15 oct. 1766.

III.—BRISEBOIS, JEAN-FRANÇOIS, [FRANÇOIS II.
   b 1701.
   BEAUNE, Marie-Louise.   [FRANÇOIS III.
   François, b... s 14 oct. 1765, au Bout-do-l'Ile, M.

1769, (9 janvier) Lachine.

IV.—BRISEBOIS, AUGUSTIN.   [AMBROISE III.
   COUILLARD, Rose.   [PIERRE IV.

BRISEFER.—Voy. MACÉ.

BRISSAU, LAURENT.
   ...... Marguerite.
   Charles-Laurent, b 24 oct. 1741, à Lévis.

BRISSAU (1), MARIE-JOSEPH, b 1765 ; m à Paul
   MEUNIER ; s 10 sept. 1787, à Repentigny.

BRISSET.—*Surnoms* : COURCHÊNE—BEAUPRÉ—
   DUPAS.

BRISSET, MARGUERITE, b... 1º m à Jean-François CASAUBON, 2º m 4 février 1743, à Pierre
CAILLIA, à l'Ile-Dupas.

BRISSET, MARIE-ANNE, b... m à Ignace DISY,
   s 21 nov. 1728, à l'Ile-Dupas.

BRISSET, MARIE-JOSEPH, épouse de Joseph
   LANGLOIS.

BRISSET, MARIE-MADELEINE, épouse de Joseph
   NEPVEU.

1674.

II.—BRISSET (²), JACQUES,   [JACQUES I.
   b 1648 ; s 29 mars 1736, à l'Ile-Dupas.¹
   DANDONNEAU, Marguerite,   [PIERRE I.
   b 1660 ; s¹ 22 mars 1740.
   Bernard, b 1678, m 1ᵉʳ février 1712, à Catherine LEPELLÉ, à Champlain. ²—*Marie-Jeanne*, b¹
19 juillet 1682, m 5 juin 1713, à Joseph PETIT-BRUNEAU, à Sorel³ ; s 13 mai 1727, à Montreal.
— *Joseph*, b² 23 juin 1688 ; s¹ 22 oct. 1708. —
Charles (3), b² 12 août 1691 ; m à Marie-Joseph

---

(1) Dit Lafleur.
(2) Dit Courchène, seigneur de l'Ile-Dupas. Voy. vol. I, p. 90.
(3) Sieur Dupas.

BRI   473   BRI

PETIT-BRUNEAU—*Geneviève*, b ² 23 juin 1697 ; m ¹ 16 mars 1728, à François DISY. — *Marie-Madeleine*, b ² 23 juin 1697 ; m 1719, à Pierre DUVAL. —*Marie-Charlotte*, b ² 12 oct. 1698 ; m ¹ 13 janvier 1721, à Alexis DUTAUT ; s ¹ 19 mars 1731.— *Jacques*, b... m 27 juillet 1706, à Marie AUBUCHON, à la Pte-aux-Trembles, M.—*Marie-Catherine*, b... s ³ 29 sept. 1702.

1693, (6 juillet) Batiscan.⁵
I.—BRISSET (1), JEAN,
  b 1663.
  1° TRUDE, Geneviève,   [MATHURIN I.
  b 1669 ; veuve de Jean Morneau ; s 17 oct. 1703, à Ste-Anne-de-la-Perade. ²
Marie-Françoise, b ⁵ 20 avril 1694 ; m 17 juillet 1719, à François GEORGET, à Montréal. ¹—*Joseph*, b ² 4 oct. 1703 ; m 14 mai 1727, à Marie-Anne DELAGE, à Beauport.—*Louis*, b... m à Marie BINET.

      1705 (24 février). ²
  2° LESIEUR (2), Catherine,   [JEAN I.
  b 1684.
Marguerite, b ² 3 juin 1706 ; m à Nicolas CHEVALIER ; s ¹ 16 mars 1727. — *Michel*, b ² 29 sept. 1708 ; m 18 oct. 1734, à Marie BRIEN, à Varennes. —*Marie-Madeleine*, b 26 mars 1713, à Québec ⁹ ; s ⁹ 22 février 1715.

BRISSET, JACQUES, capitaine, s 31 mars 1731, à l'Ile-Dupas.

1706, (27 juillet) Pte-aux-Trembles, M.
III.—BRISSET, JACQUES.   [JACQUES II.
  AUBUCHON, Mario.   [JACQUES II.

1710, (3 mars) Champlain.
III.—BRISSET, JACQUES,   [JACQUES II.
  b 1675.
  DUTAUT, Marie-Jeanne.   [CHARLES I.

1712, (1ᵉʳ février) Champlain.
III.—BRISSET (3), BERNARD,   [JACQUES II.
  b 1678.
  LEPELLÉ, Catherine.   [JEAN I.
Jacques, b 1ᵉʳ février 1715, à Sorel ¹ ; m à Marie-Anne BIGOT. — *Jean-Baptiste*, b 19 juin 1717, à l'Ile-Dupas ² ; m à Françoise DUTAUT.—*Antoine-Bernard*, b ¹ 4 janvier 1720 ; m à Marguerite DUTAUT ; s ² 6 février 1779.

III.—BRISSET (4), CHARLES,   [JACQUES II.
  b 1691.
  PETIT (5), Marie-Joseph,   [JOSEPH II.
  b 1689.
Jacques, b 1ᵉʳ février 1715, à Sorel. ³—*Joseph*, b... s ³ 15 mai 1718.—*Joseph-Charles*, b ³ 23 avril 1719 ; m à Marie-Joseph LUPIEN. — *Marie-Madeleine*, b ³ 22 juillet 1724.—*Alexis*, b ⁸ 26 et s ³ 29 oct. 1726. — *Marie-Madeleine*, b 10 sept. 1727, à l'Ile-Dupas.⁴ — *François*, b ⁴ 9 sept. 1730.

BRISSET, JOSEPH ; s 20 janvier 1774, au Detroit.

BRISSET, JEAN.—Voy. COURCHÊNE de 1710.

1726, (20 février) Sorel. ⁷
III.—BRISSET (1), MELCHIOR,   [JACQUES II.
  b 1692 ; s 18 juillet 1769, à l'Ile-Dupas. ³
  CASAUBON, Geneviève,   [MARTIN I.
  b 1705 ; s ⁸ 29 sept. 1738.
Geneviève, b ⁷ 1ᵉʳ déc. 1726.—*Martin-Joseph*, b ⁸ 1ᵉʳ sept. 1728 ; m ⁸ 18 mai 1761, à Marguerite LeBOULANGER. — *Marie-Catherine*, b ⁸ 14 avril 1730.—*Pierre*, b ⁸ 29 février et s ⁸ 11 mars 1732. —*Marc-Antoine*, b ⁷ 18 avril 1733, m ⁸ 18 février 1760, à Geneviève DANDONNEAU.—*Madeleine*, b ⁷ 25 janvier et s ⁷ 3 février 1735.—*Marie-Amable*, b ⁷ 25 avril 1736.— *Marie*, b... m ⁸ 21 janvier 1765, à Louis LUNEAU.

1727, (14 mai) Beauport. ³
II.—BRISSET, JOSEPH,   [JEAN I.
  b 1703.
  DELAGE, Marie-Anne, b 1709.   [JEAN I.
Joseph, b ³ 22 avril 1729 ; m 23 sept. 1754, à Marie-Veronique COLLET, à Charlesbourg.⁴— *Pierre*, b... m ⁴ 19 février 1759, à Jeanne-Françoise COLLET. — *Marie-Anne*, b ³ 29 oct. 1730 ; m 9 sept. 1765, à Antoine DESEL, à Varennes. ⁹— *Jacques*, b ³ 25 mars 1735. — *François*, b ³ 12 mars 1737, m ² 22 août 1763, à Agathe MAILLOU. — *Jean-Simon*, b ³ 23 déc. 1738.—*Pierre*, b ³ 16 sept. 1740, s 8 février 1747, à Québec. ⁶—*Marie-Marguerite*, b ³ 22 février 1743 ; m ⁹ 7 février 1763, à Jean-Pierre MONGEAU.—*Marie-Elisabeth*, b ⁸ 26 mai 1745 ; m ³ 1ᵉʳ février 1766, à Augustin CARREAU.— *Charles-Marie*, b ⁸ 2 février 1747.— *Marie-Angélique*, b ³ 24 mars 1752 ; m ⁹ 17 août 1772, à Jean-Baptiste HÉBERT.

1734, (18 oct.) Varennes.
II.—BRISSET, MICHEL,   [JEAN I.
  b 1708.
  BRIEN, Marie.   [FRANÇOIS-MARIE II.

II.—BRISSET, LOUIS.   [JEAN I.
  BINET, Marie.
Louis, b 17 juin 1730, à Beauport.

IV.—BRISSET, JACQUES,   [BERNARD III.
  b 1715.
  BIGOT (2), Marie-Anne,   [MICHEL III.
  b 1722.
Jacques, b 18 juin 1743, à l'Ile-Dupas ⁸ ; m ⁸ 3 février 1766, à Marguerite DIDIER.—*Marie-Joseph-Amable*, b 4 nov. 1746, à Sorel —*Michel-Ignace*, b ⁸ 5 déc. 1749. — *Louise*, b ⁸ 12 janvier 1752.— *Alexis*, b ⁸ 25 mai 1753.—*Marie*, b ⁸ 29 mai et s ⁸ 19 oct. 1754.—*Joseph*, b ⁸ 30 mai 1755.—*Joseph-*

---

(1) Voy. vol. I, p. 90.
(2) Alias Lefebvre, 1716. Elle épouse, le 26 janvier 1716, François Poitevin, a Quebec.
(3) Dit Courchêne.
(4) Sieur Dupas.
(5) Dit Bruneau.

(1) Sieur de Beaupré.
(2) Dit Dorval.

Marie, b⁸ 24 oct. 1756. — *Amable*, b⁸ 10 août 1758. — *Marguerite*, b... m⁸ 1ᵉʳ février 1760.— *Marie-Anne*, b⁸ 21 mai 1761.— *Pierre-Amable*, b⁸ 28 avril 1762. — *Pierre*, b⁸ 30 juin et s⁸ 3 juillet 1763.

IV.—BRISSET, JOSEPH-CHARLES, [CHARLES III.
   b 1719.
  LUPIEN, Marie-Joseph.
  Marie-Joseph, b... m 1ᵉʳ février 1760, à Pierre-Louis GÉNÉREUX, à l'Ile-Dupas. ¹ — *Marie-Madeleine*, b... m¹ 7 février 1780, à Gabriel BEAUPARLANT.

IV.—BRISSET, JEAN-BTE, [BERNARD III.
   b 1717.
  DUTAUT, Françoise. [JACQUES II.
  Jean-Baptiste, b... m 1ᵉʳ février 1768, à Marie-Joseph CASAUBON, à l'Ile-Dupas.

BRISSET (1), ANTOINE, b 1733; s 11 janvier 1774, à l'Ile-Dupas.

IV.—BRISSET (2), ANT.-BERNARD,[BERNARD III.
   b 1720; s 6 février 1779, à l'Ile-Dupas. ⁸
  DUTAUT, Marguerite, [JACQUES II.
   b 1718.
  Marie-Anne, b⁸ 24 et s⁸ 27 juillet 1751. — *Jean-Baptiste-Amable*, b⁸ 22 juin 1752. — *Marguerite*, b⁸ 4 avril 1754; s⁸ 4 janvier 1762 —*Anne-Céleste*, b⁸ 15 février 1756.—*Marie-Pélagie*, b⁸ 10 mai 1757; m⁸ 8 mai 1780, à Pierre CRÉPEAU. — *Antoine*, b⁸ 21 sept. 1759.— *Alexis*, b⁸ 19 mars 1761 : m⁸ 28 janvier 1782, à Agnès FAUTEUX.—*Marie-Marguerite*, b⁸ 31 oct et s⁸ 2 nov. 1763.— *Pierre*, b⁸ 25 février 1765.— *Marguerite*, b⁸ 16 et s⁸ 22 juillet 1770.

BRISSET, AMABLE.
  CHEVALIER, Louise.
  Marie-Amable, b 5 février 1760, à Verchères.

1754, (23 sept.) Charlesbourg. ⁸

III.—BRISSET, JOSEPH, [JOSEPH II.
   b 1729.
  COLLET (3), Marie-Veronique, [JOSEPH II
   b 1734.
  Joseph, b 25 sept. et s 15 oct. 1755, à Beauport. ²— *Louise-Véronique*, b² 12 nov. 1757. — *Joseph-François*, b³ 10 sept. 1759.

1759, (19 février) Charlesbourg. ⁵

III.—BRISSET, PIERRE, [JOSEPH II.
  COLLET, Jeanne-Françoise, [JOSEPH II.
   b 1740.
  Marie-Louise, b⁵ 22 déc. 1759. — *Pierre*, b 29 juin 1762, à Beauport.¹— *Joseph*, b¹ 17 août 1764.

1760, (18 février) Ile-Dupas. ⁷
IV.—BRISSET (1), ANTOINE, [MELCHIOR III.
   b 1733; s avant 1781.
  DANDONNEAU, Geneviève, [JOSEPH III.
   b 1739.
  Marie-Geneviève, b⁷ 11 janvier 1761; m⁷ 8 janvier 1781, à Michel MASSON.—*Marie-Céleste*, b⁷ 5 mai 1762; s⁷ 15 mars 1770. — *Marie-Marguerite*, b⁷ 29 dec. 1763.— *Joseph*, b⁷ 21 janvier et s⁷ 25 mai 1765.—*Antoine-Amable*, b⁷ 14 juin 1766.— *Amable*, b⁷ 3 avril et s⁷ 22 juin 1769.— *Antoine*, b⁷ et s⁷ 20 juin 1771.—*Marie-Catherine* et *Marie-Joseph*, b⁷ 5 et s⁷ 11 février 1773.— *Marie-Joseph*, b⁷ 15 et s⁷ 29 mai 1774.

1761, (18 mai) Ile-Dupas. ¹
IV.—BRISSET (1),MARTIN, [MELCHIOR-JOS. III.
   b 1728.
  LEBOULANGER (2), Marguerite. [JOSEPH II.
  Marie-Ursule, b¹ 24 mars 1762. — *Marie-Marguerite*, b¹ 20 août 1765 ; s¹ 16 nov. 1770. — *Antoine-Régis*, b¹ 19 déc. 1768.—*Joseph-Melchior*, b¹ 2 mars 1773. — *Jean-Baptiste*, b¹ 13 janvier 1775.—*Pélagie*, b 1777; s¹ 5 sept. 1779.—*Pierre*, b¹ 19 juin 1779.

1763, (22 août) Beauport.
III.—BRISSET, FRANÇOIS, [JOSEPH II.
   b 1737.
  MAILLOU, Agathe, [NOEL III.
   b 1741.

BRISSET, JACQUES.
  CASAUBON, Marguerite.
  Marguerite, b 17 mars et s 12 avril 1777, à l'Ile-Dupas.⁶— *Marguerite*, b⁶ 30 juin et s⁶ 9 août 1781.

1766, (3 février) Ile-Dupas. ⁸
V.—BRISSET, JACQUES, [JACQUES IV.
   b 1743.
  CASAUBON (3), Marguerite. [JOSEPH III.
  Marie-Marguerite, b⁸ 2 et s⁸ 7 février 1768.— *Jacques*, b⁸ 12 mars 1769. — *Michel*, b⁸ 2 nov. 1770.— *Thérèse*, b⁸ 31 oct. et s⁸ 8 nov. 1772. — *Thérèse*, b... s⁸ 7 oct. 1773.

1768, (1ᵉʳ février) Ile-Dupas. ⁹
V.—BRISSET, JEAN-BTE. [JEAN-BTE IV.
  CASAUBON (3), Marie-Joseph, [JOSEPH III.
   b 1747.
  Jean-Baptiste, b⁹ 10 oct. et s⁹ 7 nov. 1769.— *Charlotte*, b⁹ 18 mars 1778.

BRISSET (4), CHARLES.
  BELLEGARDE, Madeleine.
  Jacques, b 7 avril et s 17 juillet 1770, à l'Ile-Dupas.

---

(1) Dit Beaupré.
(2) Dit Courchène.
(3) Dit Picard.

(1) Dit Beaupré.
(2) Dit St-Pierre.
(3) Dit Didier.
(4) Dit Dupas.

BRISSET, Jean-Bte.
  Dandonneau, Geneviève,
    b 1759; s 10 mai 1778, à l'Ile-Dupas.

1782, (28 janvier) Ile-Dupas.
V.—BRISSET, Alexis.   [Antoine IV.
  Fauteux, Agnès.   [Pierre.

BRISSET, Charles.
  St-Georges, Agathe.
  Charles, b 3 mai 1791, à Repentigny.

BRISSON.—*Variations et surnoms :* Boisson — Laroche—Tilly—Du Tilly—Montargis.

BRISSON, Marie-Joseph, épouse de Pierre Couin.

BRISSON, Angèle, épouse de Jean-Baptiste Ferré.

BRISSON, Marie-Anne, epouse de Joseph Lemay.

BRISSON, Marguerite, épouse de Jean Lévêque.

BRISSON, Clotilde, épouse de Pierre Paris.

BRISSON, Angélique, epouse de Jean-Baptiste Provost.

BRISSON, Geneviève-Ursule, b... m 1er oct. 1770, à Louis-Jean Savard, à l'Ile-aux-Coudres.

I.—BRISSON (1), Jean-Bte, b 1675 ; s 7 janvier 1741, à Montréal.

1665.
I.—BRISSON (2), René,
  b 1635.
  Vesinat, Anne,   [Jacques I.
    b 1651 ; s 31 déc. 1687, à l'Ange-Gardien. 7
  Marie, b 7 29 sept. 1675 ; 1o m 7 14 fevrier 1695, à Nicolas Julien ; 2o m 7 1er fevrier 1719, à Ange Prevost.

I.—BRISSON, Sébastien.
  Bruno, Marie.
  Sébastien, b 1699 ; m 30 oct. 1721, à Marie Sancer, à Lachine.

1696, (23 janvier) L'Ange-Gardien. 4
II.—BRISSON (2), René,   [René I.
  b 1665 ; s 26 déc. 1711, à la Rivière-Ouelle. 5
  Testu, Geneviève (3),   [Pierre I.
    b 1678.
  Michel, b 4 30 sept. 1700 ; 1o m 9 nov. 1722, à Marguerite Perrot, à Ste-Anne-de-la-Perade ; 2o m 31 janvier 1730, à Geneviève Pepin, à Champlain. — *Dorothée,* b 5 5 déc. 1703 ; m 17 avril 1719, à Barthelemi-François Perrault, au Château-Richer.

1698, (25 nov.) L'Ange-Gardien. 4
II.—BRISSON, Charles,   [René I.
  b 1670, s 12 juillet 1712, à la Rivière-Ouelle. 5
  Letarte, Marie (1),   [Charles II.
    b 1681.
  Athanase, b... s 5 dec. 1725, à la Baie-St-Paul. 6 — *François-Charles,* b 4 25 nov. 1700, m 4 31 juillet 1730, à Brigitte Tremblay. — *Ignace,* b 5 9 dec. 1702 ; m 6 1er dec. 1731, à Marguerite Lavoie — *Jean-Baptiste,* b 5 13 mars 1707.— *Marie-Madeleine,* b o 7 février 1709, m 9 fevrier 1733, à Zacharie Cloutier, au Château-Richer 7 ; s 7 25 avril 1770.—*Françoise,* b 5 15 juillet 1710 ; 1o m 7 12 oct. 1733, à Guillaume Gravel ; 2o m 7 1er mars 1745, à Joachim Terrien. — *Marie-Joseph,* b 5 26 mars 1712 ; m 4 14 janvier 1737, à François Bardet.

1707, (20 juin) Rivière-Ouelle. 1
II.—BRISSON, Jean,   [René I.
  b 1683 ; s 29 nov. 1755, à St-Roch. 2
  Dancosse, Catherine,   [Pierre I.
    b 1684, s 14 fevrier 1756.
  Marie-Joseph, b 1709, m à Jean Pain ; s 2 4 nov. 1744. — *Anonyme,* b 1 et s 1 7 dec. 1709.— *Marie,* b 2 24 mars 1708. — *Catherine,* b 1 20 nov. 1710 ; m 2 14 nov. 1734, à Augustin Lemieux ; s 2 15 avril 1759. — *Marie-Madeleine,* b 1 18 dec. 1712 ; s 1 13 janvier 1713. — *Rosalie,* b 1 19 juin 1714 ; m 2 12 nov. 1742, à Jean-Baptiste Caron ; s 9 juillet 1759, à l'Islet. 3 — *Marie-Anne,* b 27 sept 1716, à Ste-Anne-de-la-Pocatière 4 ; 1o m 2 11 juillet 1740, à Joseph Belanger ; 2o m 3 4 avril 1758, à Bonaventure Langelier.—*Marie-Angélique,* b... s 3 11 dec. 1755 — *Jean-François,* b 4 16 nov. et s 4 14 dec. 1718. — *Marie-Marthe,* b 4 5 dec. 1719, m 2 2 nov. 1738, à Bernard Pelletier. — *Marie-Louise,* b... m 2 12 août 1748, à Jacques Dupont. — *Marie-Angélique,* b 4 22 février 1722.

1709, (13 janvier) Montréal. 2
I.—BRISSON (2), Sébastien, b 1655 ; fils de Sébastien et de Jeanne Lacoste, de St-Surin, diocèse de Bordeaux ; s 2 30 août 1747.
1o Pilliar, Catherine,
  b 1651 ; veuve de Pierre Charron.
2o Rivière (3), Marie-Marguerite. [Pierre I.
  Marie-Joseph, b 1721 ; 1o m 2 16 août 1746, à Louis Tessier ; 2o m 2 4 nov. 1755, à Gabriel Bled. — *Mathurin,* b 8 oct. 1723,. à Repentigny. — *Antoine,* b 28 février 1726, à St-Frs-du-Lac ; m 22 oct. 1753, à Marie-Geneviève Ledoux, à Varennes. — *Joseph,* b 26 oct. 1727, à Nicolet ; m 2 fevrier 1761, à Agathe-Pélagie Monet, à Laprairie. 5 — *Louis,* b... m 18 nov. 1771, à Marguerite Robidou, à St-Constant.

---
(1) Dit **Montargis,** soldat de la compagnie de St-Ours.
(2) Voy. Vol. I, p 90.
(3) Elle épouse, le 21 nov. 1720, Louis Levrard, à Québec.

(1) Elle épouse, le 26 août 1716, Louis Tremblay, à L'Ange-Gardien.
(2) Ou Boisson dit Laroche.
(3) Dit Lafontaine. Veuve de Jacques Baudoin.

—*Angélique*, b [5] 18 sept. 1732; s [5] 6 déc. 1741.
Ignace, b [5] 3 et s [5] 8 mars 1735.—*Jean-François*,
b [6] 8 nov. 1736 — *Etienne*, b [5] 23 juillet 1742.—
Marie-Madeleine, b [5] 4 oct. 1744.

1719, (11 février) Château-Richer. [6]
III.—BRISSON, RENÉ,   [RENÉ II.
   b 1697.
  DOYON, Marie-JOSEPH (1),   [ANTOINE II.
   b 1699.
François-Michel, b 1er nov. 1722, à Batiscan.
— *Pierre-René*, b 29 juin 1724, à Québec [7]; s [6] 22 juillet 1724.— *Marie-Marguerite*, b 1725; s [7] 14 avril 1733. — *Marie-Elisabeth*, b [7] 2 juillet 1726; m à Jacques BARDET.—*Prisque-René*, b [6] 5 février 1731.—*Marie-Joseph*, b [7] 7 août 1733.

1720, (9 avril) Rivière-Ouelle. [1]
III.—BRISSON, PIERRE,   [RENÉ II.
   b 1699.
  COURTEAU, Marie-Catherine,   [PIERRE I.
   b 1700.
Marie-Catherine, b [3] 13 février 1721.— *Pierre*, b 16 sept. 1722, à Batiscan; m 21 avril 1748, à Louise HAINS, à St-Thomas [2]; s [2] 9 nov. 1755.— *Noël-Augustin*, b... m [2] 21 nov. 1754, à Marie-Joseph MIVILLE. — *Marie-Joseph*, b 22 juillet 1724, à Ste-Anne-de-la-Perade [8]: m 3 février 1744, à Louis MAILLOT, à St-Pierre-les-Becquets. [4] —*Marie*, b... m [4] 6 oct. 1747, à Joseph MIVILLE. —*Michel*, b [3] 22 avril et s [3] 6 mai 1726.—*Marie-Elisabeth*, b [3] 27 avril 1727; 1° m [4] 15 juillet 1748, à Pierre MAILLOT; 2° m [4] 19 avril 1751, à Jacques BAUDET; s 20 mars 1790, à St-Jean-Deschaillons. [5] —*Joseph*, b [d] 12 mai 1729; s [3] 7 février 1730.— *Marie-Brigitte*, b [3] 8 avril 1731; m [4] 23 sept. 1748, à Jacques MAILLOT. — *Marie-Clotilde*, b [3] 22 février 1733; m [4] 17 avril 1752, à Nicolas MAILLOT; s [5] 19 nov. 1819.

1721, (30 oct.) Lachine.
II.—BRISSON, SÉBASTIEN,   [SÉBASTIEN I.
   b 1699.
  SANCER, Marie.   [CLAUDE I.

1722, (9 nov.) Ste-Anne-de-la-Pérade. [3]
III.—BRISSON, MICHEL,   [RENÉ II.
   b 1700.
1° PERROT, Marguerite,   [PIERRE I.
   b 1704; s 29 avril 1728, à Batiscan. [4]
Madeleine, b [4] 21 janvier 1725; m 22 avril 1748, à Jean-Baptiste LALIBERTÉ, à St-Pierre-les-Becquets. [9] —*Marie-Marguerite*, b [3] 30 août 1723. — *Geneviève*, b [3] 10 nov. 1724; m [3] 9 janvier 1746, à Antoine RIVARD.—*Elisabeth*, b [3] 25 avril 1727; m [3] 17 janvier 1745, à François PAPILLOUX. — *François*, b [3] 6 mai 1728.
        1730, (31 janvier) Champlain.
2° PEPIN, Geneviève,   [JEAN-BTE II.
   s [9] 11 mars 1751.
Marie-Françoise, b [3] 15 mai 1731; m [9] 4 février 1754, à Louis OUI. — *Marie-Geneviève*, b [3] 13 juillet 1733; m [9] 20 nov. 1752, à Joseph MAILLOT.

—*Marie-Anne*, b [9] 29 juin 1736; m [9] 4 février 1754, à Ignace LEMAY. — *Alexis*, b [9] 17 juin et s [9] 25 juillet 1742.—*Marie-Thérèse*, b [9] 15 juillet 1744. —*Alexis*, b [9] 6 mars 1746.—*Marie-Judith*, b [9] 30 avril 1748; s [9] 16 nov. 1754.

1730, (31 juillet) L'Ange-Gardien. [4]
III.—BRISSON, FRS-MICHEL (1),   [CHARLES II.
   b 1706; s 30 janvier 1751, à St-Michel. [5]
  TREMBLAY, Brigitte,   [JACQUES II.
   b 1704.
Marie-Brigitte, b 7 juin 1731, à Ste-Famille, I. O. [6]; s [6] 20 sept. 1733. — *Marie-Thérèse*, b [6] 27 janvier et s [6] 10 mars 1733. — *François*, b [6] 27 février 1734. — *Marie*, b [4] 11 février 1736.— *Prisque*, b 21 février 1738, à St-Valier.—*Michel*, b [5] 15 oct. 1739 —*Marie-Elisabeth*, b [5] 27 nov. et s [5] 4 déc. 1741.—*Jean-Hilaire*, b [5] 22 déc. 1742.— *Marie-Thérèse*, b [5] 1er et s [5] 30 déc. 1744.—*Marie-Joseph*, b [5] 1er mai 1746.— *Marie*, b... m [5] 18 janvier 1762, à Laurent COUTURE. — *Louis*, b [5] 16 juin et s [5] 7 juillet 1750.

1731, (1er dec.) Baie-St-Paul. [4]
III.—BRISSON, IGNACE,   [CHARLES II.
   b 1702.
  LAVOIE, Marguerite,   [PIERRE II.
   b 1711; s 2 juillet 1774, à l'Ile-aux-Coudres. [5]
Marie-Anne, b [4] 29 mai 1733 ; s [5] 16 déc. 1750. —*Marguerite*, b et s 29 oct. 1733, à la Petite-Rivière. [6] — *Marguerite*, b 6 [1er] nov. 1737 ; m [5] 28 sept. 1761, à Pierre SAVARD.—*Barth*, b [4] 4 avril 1740 ; m [5] 1er oct. 1770, à Clotilde DEBIEN— *Marie-Madeleine*, b [5] 1er avril 1742. — *Ignace-Lazare*, b [5] 30 mai 1745; m [5] 1er oct. 1770, à Rosalie MARTEL.—*Marie-Pélagie*, b [5] 30 mai 1745; s [5] 25 août 1747.— *Geneviève-Ursule*, b [5] 16 juin 1748 ; m [4] 20 oct. 1766, à Jean-François DUFOUR. —*Louis-Marie*, b [5] 10 mars 1751 ; s [5] 26 février 1752.

BRISSON, JEAN-BTE, s 25 avril 1731, à la Baie-St-Paul.

BRISSON, JOSEPH.
Marie-Angélique, b 1733 , s 2 oct. 1734, à Québec.

BRISSON, LOUIS.
SAMSON, Suzanne.
Louis, b 21 déc. 1740, à Beaumont. [1] —*Marie-Joseph*, b [1] 11 avril 1745.

1748, (21 avril) St-Thomas. [2]
IV.—BRISSON, PIERRE,   [PIERRE III.
   b 1722; s [2] 9 nov. 1755.
  HAINS, Louise (2),   [JOSEPH I
   b 1731.
Marie-Louise, b [2] 15 février 1749; m 8 février 1773, à Michel BERNIER, à l'Islet. — *Pierre*, b [2] 22 janvier 1751.—*Marie-Marguerite*, b [2] 15 mars 1752.—*Marie-Geneviève*, b [2] 25 oct. 1753.—*Marie-Madeleine*, b [2] 2 sept. 1755.

---

(1) Elle épouse, le 18 avril 1735, Laurent Lemelin, à Québec.

(2) Elle épouse, le 26 avril 1757, Joseph Lefebvre, à St-Thomas.

BRISSON, ANGE.
  DELISLE, Antoinette.
  Marie-Brigitte, b 29 mars 1751, à Sorel.

1753, (22 oct.) Varennes.
II.—BRISSON, ANTOINE,   [SÉBASTIEN I.
  b 1726; s avant 1757.
  LEDOUX, Marie-Geneviève (1).   [NICOLAS II.

1754, (21 nov.) St-Thomas.
IV.—BRISSON (2), NOEL-AUGUSTIN. [PIERRE III.
  MIVILLE (3), Marie-Joseph,   [JOSEPH IV.
  b 1737.
  Anonyme, b et s 19 nov. 1755, à St-Pierre-les-Becquets.³ — *Marie-Gertrude*, b³ 11 sept. 1757. —*Dorothée*, b³ 10 sept. 1759.—*Amable*, b... m 10 février 1789, à Marguerite RICHER, à St-Jean-Deschaillons.

1758, (7 janvier) Rimouski.
I.—BRISSON, FRANÇOIS, fils de François et d'Elisabeth Perron, de St-Pierre
  LANDAIS, Madeleine (4),   [JACQUES I.
  b 1741.

1761, (2 février) Laprairie.
II.—BRISSON, JOSEPH,   [SÉBASTIEN I.
  b 1727.
  MONET, Marie-Agathe-Pélagie,   [JEAN II.
  b 1739.

IV.—BRISSON, ANDRÉ.   [IGNACE III.
  DESCAGNÉS, Marie-Louise.
  Joseph-David, b 12 avril 1767, à l'Ile-aux-Coudres.

1770, (1er oct.) Ile-aux-Coudres. 5
IV.—BRISSON, IGNACE,   [IGNACE III.
  b 1745.
  MARTEL, Rosalie,   [JEAN-BTE II.
  b 1752.
  Marie-Rosalie, b⁵ 3 août 1771.—*Marie-Judith*, b⁵ 18 août 1773. — *Dorothée*, b⁵ 5 déc. 1775. — *François*, b⁵ 23 août 1777. — *Ignace*, b⁵ 19 nov. 1779.—*Marie-Constance*, b⁵ 23 mars 1782.

1770, (1er oct.) Ile-aux-Coudres. 6
IV.—BRISSON, BARTHÉLEMI,   [IGNACE III.
  b 1740.
  DEBIEN, Marie-Clotilde,   [ETIENNE III.
  b 1751.
  Véronique, b⁶ 19 mars 1772. — *Jean-Baptiste*, b⁶ 26 février 1774.—*Marie-Théotiste*, b⁶ 25 avril 1776.—*Michel*, b⁶ 17 mars 1778.—*Marie-Madeleine*, b⁶ 12 mai 1780.—*Anonyme*, b⁶ et s⁶ 8 mars 1783.

(1) Elle épouse, le 17 janvier 1757, Julien Daviau, à Varennes.
(2) Dit Tilly et Dutilly.
(3) Dit Blainville, 1757.
(4) Elle épouse, le 20 février 1765, François Provost, à Rimouski. Ce mariage est déclaré nul le 13 janvier 1771. Elle épouse, le 4 février 1771, Joseph Chapais, à la Rivière-Ouelle.

1771, (18 nov.) St-Constant.
II.—BRISSON, LOUIS.   [SÉBASTIEN I.
  ROBIDOU, Marguerite,   [JEAN-BTE III.
  b 1754.

1789, (10 février) St-Jean-Deschaillons.
V.—BRISSON (1), AMABLE. [NOEL-AUGUSTIN IV.
  RICHER, Marguerite.   [JOSEPH IV.

I.—BRISVAL, MARIE-ANGÉLIQUE, b... 1° m 30 oct. 1715, à Jean-Baptiste CHAMPAGNE, à Quebec¹; 2° m¹ 24 nov. 1722, à François DUGAST.

BRIZART.—Voy. BRIDARD, 1741.

BRO, MARIE-MADELEINE, b 1699; m à Joseph CUGNET; s 27 mars 1777, à Repentigny.

BRO, MARIE, b 1760, m à Athanase DUPRAT; s 3 février 1791, à Lachenaye.

BRO, ANNE, épouse de Charles RATEL.

BROC, MARIE, b 1693; m à Michel CIRE; s 18 avril 1760, à St-Vincent-de-Paul.

1726, (21 janvier) Québec.
I.—BROCARD, ETIENNE-FRANÇOIS (2), fils de François et de Marie-Madeleine Levasseur, de St-Leu et St-Gilles, diocèse de Paris.
  GOTTREAU (3), Geneviève.   [GILLES II.

1736, (5 nov.) Beauport.
I.—BROCHARD, THOMAS, b 1703; fils de Jacques et d'Olive Thomas; des Sept.-Saints, diocèse de St-Paul, ville de Brest; s 30 août 1742, à Quebec. ²
  TURGEON, Marguerite,   [JEAN II.
  b 1705, s² 2 nov. 1743.
  Marguerite, b² 28 juillet 1737.—*Louis-François*, b² 30 nov. 1738; s² 24 dec. 1739.—*Marthe-Denise*, b² 1er avril 1740; m 22 nov. 1756, à Louis MAZERES, à Montréal.—*Louis-Jacques*, b² 29 mars 1742; s² 13 sept. 1743.

I.—BROCHET, PIERRE (4).

1697, (29 oct.) Québec.
II.—BROCHU, JEAN,   [JEAN I.
  b 1672.
  DELAUNAY, Marie-Françoise (5),   [HENRI II.
  b 1680.
  Geneviève, b 1708; m 13 nov. 1730, à Augustin BLAIS, à Berthier³; s³ 27 février 1734.—*Marguerite*, b... 1° m³ 16 août 1734, à Jean-Baptiste GAGNÉ; 2° m 2 février 1739, à François LAFLAMME, à St-Valier⁴. s⁴ 5 juin 1745.—*Mathurin*, b... m 25 février 1732, à Madeleine MAILLOU, à Beauport.

(1) Dit Dutilly.
(2) Partis pour France en 1736.
(3) Pour Gaudreau.
(4) Sergent du régiment du Languedoc. Il était aux Ecureuils le 17 janvier 1758.
(5) Elle épouse ensuite Jacques Greffard.

1724, (25 février) Quebec.

III.—BROCHU, Jean,   [Jean II.
b 1700.
1° Allaire, Dorothée,   [Charles II.
b 1704; s 14 déc. 1739, à St-Valier.[7]
Dorothée, b [7] 1er avril 1725.—*Agathe*, b [7] 13 sept. 1726; m [7] 21 février 1745, à Michel Garand.—*Jean-Baptiste*, b [7] 22 août 1728; m 1756, à Agathe Roy.—*Pierre-Philippe*, b [7] 1er mai 1730; m [7] 30 juillet 1753, à Geneviève Roy.—*Joseph*, b [7] 28 avril 1732.—*Gervais-Protais*, b [7] 19 juin 1734; s [7] 18 déc. 1758.—*Marguerite*, b [7] 29 juillet 1736; m à Jean Roy. — *Alexis-Louis*, b [7] 17 juillet 1739; m [7] 5 février 1759, à Marguerite Roy. — *Marie*, b... m [7] 15 juin 1744, à Clement Patry.—*Marie-Joseph*, b... m [7] 11 janvier 1755, à Jacques Roy.

        1741, (9 janvier).[7]
2° Garand, Suzanne,   [Pierre II.
b 1718; s [7] 17 oct. 1754.
Marie-Louise, b [7] 18 oct. 1741; m [7] 18 février 1765, à Olivier Nicole.—*Marie-Charlotte*, b [7] 30 mars et s [7] 17 juillet 1743.—*Marie-Françoise*, b [7] 8 juillet 1744.—*Jean-François*, b [7] 25 nov. 1745; m à Marie Lacasse.—*Marie-Charlotte*, b [7] 24 février 1747. — *Marie-Suzanne*, b [7] 8 avril 1749; m [7] 16 nov. 1767, à Jacques Roy.—*Marie-Benoîte*, b [7] 13 sept. 1751. — *Louis-Mathieu*, b [7] 20 nov. 1753.

1732, (25 février) Beauport.[1]

III.—BROCHU, Mathurin,   [Jean II.
b 1703, s 5 mars 1771, à la Longue-Pointe.[2]
Maillou, Madeleine,   [Noel II.
b 1703, veuve de Louis Girou; s [2] 30 nov. 1779.
Elisabeth, b 1733; m [2] 8 nov. 1751, à Nicolas Janot.—*Louis-Mathurin*, b 8 avril 1735, à St-Valier; 1° m 1758, à Marie-Joseph Simon; 2° m [2] 11 février 1765, à Marie-Rose ...... — *Marie-Louise*, b [1] 18 déc. 1736; m [2] 16 janvier 1769, à Antoine Chaudillon. — *Ignace*, b [1] 19 mai 1738.—*Marie-Angélique*, b [2] 17 et s [2] 25 mai 1740.—*Marie-Joseph*, b [2] 30 déc. 1741.—*Etienne*, b 1745; s [2] 20 août 1746.

1753, (30 juillet) St-Valier.[3]

IV.—BROCHU, Pierre.   [Jean III.
Roy, Geneviève,   [Etienne II.
b 1733.
Marguerite, b [3] 28 juillet 1757; s [3] 15 mai 1758.—*Marie-Agathe et Marie-Marguerite*, b 1er nov. 1769, à Berthier.

1756.

IV.—BROCHU, Jean,   [Jean III.
b 1728.
Roy, Agathe,   [Joseph III.
b 1738.
Marie-Agathe, b 1er février 1757, à St-Valier.[5]—*Jean-Baptiste*, b [5] 24 juillet 1758.—*Joseph-Marie*, b [5] 24 sept. 1760.

1758.

IV.—BROCHU, Louis.   [Mathurin III.
1° Simon (1), Marie-Joseph,   [Jean-Bte.
b 1739; s 30 nov. 1759, à St-Vincent-de-Paul.
Marie-Joseph, b 14 avril 1759, à la Longue-Pointe.[6]
        1765, (11 février).[6]
2° ...... Marie-Rose.
Louis, b [6] 13 déc. 1765.—*Marie-Rose*, b [6] 16 juillet 1767.—*Toussaint*, b [6] 8 février et s [6] 3 mars 1769.

1759, (5 février) St-Valier.[4]

IV.—BROCHU, Alexis-Louis,   [Jean III.
b 1739.
Roy, Marie-Marguerite (2).   [Joseph III.
Pierre-Alexis, b [4] 7 déc. 1759.

IV.—BROCHU, Jean-Frs,   [Jean III.
b 1745.
Lacasse, Marie-Louise,   [Jean-Bte III.
b 1745; s 5 janvier 1764, à St-Valier.

BROCHU, Anne, épouse de Noël Carrier-Lebrun; s 28 déc. 1749, à St-Valier.

BROCHU, Marie, épouse de Nicolas Plante.

BROCHU, Marie-Joseph, b 1742; m à Paul Chevalier; s 22 déc. 1778, à la Longue-Pointe.

BROCHU, Marie, épouse de Jean Charpentier.

BROD. — *Variations et surnoms*: Brau dit Pominville—Bro.

BRODEUR.—Voy. Lebrodeur dit Lamy.

1679, (31 janvier) Boucherville.[7]

I.—BRODEUR (Le), Jean-Bte (3),
b 1653.
Messier, Marie-Anne (4),   [Michel I.
b 1665.
Jean-Baptiste, b [7] 28 avril 1689; 1° m 14 juin 1712 à Marie Hébert, à Varennes[8]; 2° m à Marie Viau. — *Jean*, b [8] 14 février 1703; m 11 nov. 1727, à Anne Tetrau, à Verchères.—*Christophe*, b [8] 7 nov. 1707; 1° m [8] 8 février 1734, à Marguerite Bousquet; 2° m [8] 13 oct. 1765, à Marie-Therèse Tétrau.—*Marie-Anne*, b... m [8] 8 août 1734, à François Pelletier; s avant 1753.

1712, (14 juin) Varennes.[1]

II.—BRODEUR (Le), Jean-Bte,   [Jean-Bte I.
b 1689.
1° Hébert, Marie,   [Léger II.
b 1692.

---

(1) Dit Leonard.
(2) Elle épouse, le 20 avril 1761, Pierre Coupy, à St-Michel.
(3) Voy. vol. I, p. 91.
(4) Elle épouse, le 8 janvier 1721, Alexandre Petit, à Varennes.

Jean-Baptiste, b¹ 15 avril 1713 ; 1° m 9 nov. 1733, à Marie-Madeleine CHARON, à Longueuil ; 2° m¹ 14 février 1752, à Marie SIMON-LEONARD. —*Marie-Judith,* b¹ 11 oct. 1714 ; m¹ 12 nov. 1731, à Charles BOUSQUET.—*Marie,* b¹ 2 février 1726.—*Augustin,* b¹ 1er février 1727 ; m 12 juin 1752, à Marguerite BOUSQUET. — *Elisabeth,* b... m¹ 7 janvier 1739, à Antoine PREVOST.—*Louis,* b... m 10 février 1744, à Elisabeth ARCHAMBAULT, à la Longue-Pointe. — *Marguerite,* b... m¹ 16 février 1756, à Charles BOUSQUET.—*Charles,* b... — *Ignace,* b... m¹ 24 nov. 1746, à Marie-Renée MALARD.
  2° VIAU, Marie,
    s avant 1761.
Louise, b... m¹ 12 janvier 1761, à Jean MOREAU. — *Marie-Anne,* b... m¹ 10 janvier 1763, à François HÉBERT.— *Madeleine,* b... m¹ 16 juin 1766, à Jean-Baptiste BROUILLET.

1713, (28 nov.) Varennes.¹
II.—BRODEUR (LE), IGNACE,   [JEAN-BTE I.
  b 1690.
  JOUET, Marie-Anne,   [JOSEPH I.
    b 1697.
Augustin, b 1722 ; m 2 juin 1749, à Marie-Joseph CHAPERON, à la Pte-aux-Trembles, M.²— *Ignace,* b 1724 ; m² 17 février 1749, à Marie-Joseph PITALIER. — *Marie-Judith,* b¹ 23 avril 1726 ; m¹ 2 février 1761, à François TESSANDIER. —*Pierre,* b¹ 9 nov. 1727, m¹ 2 mars 1772, à Marie-Archange LEPRAY. — *Marguerite,* b... m¹ 12 sept. 1745, à François HÉBERT. — *Jean-Baptiste,* b... m¹ 30 oct. 1764, à Marie-Amable PETIT.

1718, (20 juin) Varennes.²
II.—BRODEUR (LE), JOSEPH,   [JEAN I.
  b 1694.
  1° ST-ONGE (1), Marie-Marguerite. [PIERRE I.
    1720, (27 avril).²
  2° GAUTIER, Madeleine,   [JEAN I.
    b 1697.
Marie, b² 16 mars 1726.— *Madeleine,* b... m² 30 janvier 1747, à Jean-Baptiste CHARLEBOIS. — *Véronique,* b... m² 21 mai 1764, à Louis RIBELLIAU. — *Louis,* b... m² 15 juillet 1765, à Marie-Judith HEBERT.

1721, (6 oct.) Varennes.¹
II.—BRODEUR (LE), AUGUSTIN,   [JEAN-BTE I.
  b 1698.
  PETIT, Marie-Louise (2),   [PAUL II.
    b 1701.
Augustin, b... m¹ 1er mars 1745, à Elisabeth LEDOUX.

1727, (11 nov.) Verchères.
II.—BRODEUR (LE), JEAN-MARIE,   [JEAN I.
  b 1703 ; s avant 1765.
  TÉTRAU, Anne,   [JOSEPH-MARIE II.
    b 1711 ; s avant 1765.

(1) St-Ange, à son mariage.
(2) Elle épouse, le 25 août 1724, Louis Sénécal, à Varennes.

Marie-Anne, b 1728 ; m 18 mai 1761, à François BOURDRIA, à Varennes.² — *Joseph,* b 1731 ; m 9 janvier 1758, à Geneviève ARCHAMBAULT, à St-Antoine-de-Chambly.—*Catherine,* b... m² 12 oct. 1761, à Antoine CADIEU.—*Joseph-Amable,* b... m² 3 juin 1765, à Marie BRUNEL.

1733, (9 nov.) Longueuil.
III.—BRODEUR (LE), JEAN-BTE,   [JEAN-BTE II.
  b 1713.
  1° CHARON, Marie-Madeleine,   [NICOLAS II.
    b 1712 ; s avant 1752.
Marie, b... m 18 oct. 1751, à Jean CHOQUET, à Varennes.²
    1752, (14 février).³
  2° SIMON (1), Marie.   [JOSEPH III.

1734, (8 février) Varennes.¹
II.—BRODEUR (LE), CHRISTOPHE,   [JEAN-BTE I.
  b 1707.
  1° BOUSQUET, Marguerite,   [PIERRE II.
    s avant 1763.
Marguerite, b... m¹ 15 nov. 1756, à François BAUDRY.—*Alexandre,* b... m¹ 22 janvier 1759, à Marie-Archange LHUISSIER. — *Christophe,* b... m¹ 17 janvier 1763, à Angelique LHUISSIER.— *Marie,* b... m¹ 26 avril 1763, à Jean-Baptiste MESSIER.—*Jean-Baptiste,* b... m¹ 12 oct. 1772, à Marie-Joseph HEBERT.
    1765, (13 oct.)¹
  2° TÉTRAU, Marie-Thérèse,   [JOS.-MARIE II.
    b 1704, veuve de Pierre Girard.

1741, (10 février) Longue-Pointe.²
III.—BRODEUR, Louis.   [JEAN-BTE II.
  ARCHAMBAULT, Elisabeth,   [JACQUES III.
    b 1708.
Marie-Elisabeth, b² 13 déc. 1744.

1745, (1er mars) Varennes.
III.—BRODEUR (LE), AUG.,   [AUGUSTIN II.
  s avant 1754.
  LEDOUX, Elisabeth (2).   [JOSEPH II.

1746, (24 nov.) Varennes.
III —BRODEUR (LE) (3), IGNACE.   [JEAN-BTE II.
  MALARD (4), Marie-Renée,   [GERVAIS I.
    b 1723.
Marie-Reine, b 9 oct. 1750, à St-Antoine-de-Chambly⁵ ; s⁵ 15 août 1751.—*Ignace-Marie,* b⁵ 14 mai 1752. — *Elisabeth,* b 28 février 1754, à St-Ours.—*Jean-Baptiste,* b⁵ 29 avril 1761.

1749, (17 février) Pte-aux-Trembles, M.
III.—BRODEUR, IGNACE,   [IGNACE II.
  b 1724.
  PITALIER, Marie-Joseph,   [JEAN-BTE I.
    b 1728.

(1) Dit Leonard.
(2) Elle épouse, le 18 février 1754, Augustin Gautier, à Varennes.
(3) Dit Lamy.
(4) Dit Laverdure.

1749, (2 juin) Pte-aux-Trembles, M.
III.—BRODEUR, Augustin, [Ignace II.
   b 1722.
  Chaperon, Marie-Joseph, [Jacques III.
   b 1728.

1752, (12 juin) St-Antoine-de-Chambly.
III.—BRODEUR, Augustin, [Jean-Bte II.
   b 1727.
  Bousquet, Marguerite, [Jean-Bte III.
   b 1731.

1758, (9 janvier) St-Antoine-de-Chambly.[7]
III.—BRODEUR (Le), Joseph, [Jean-Marie II.
   b 1731.
  Archambault, Geneviève, [Jean IV.
   b 1734.
  Marie-Joseph, b [7] 2 juillet 1760.

1759, (22 janvier) Varennes.
III.—BRODEUR (Le), Alex. [Christophe II.
  Lhuissier, Marie-Archange. [Joseph III.

1763, (17 janvier) Varennes.[2]
III.—BRODEUR (Le), Christ., [Christophe II.
  Lhuissier, Angélique. [Joseph III.
  Marie-Louise, b... m [2] 19 nov. 1798, à Christophe Monjeau.

1764, (30 oct.) Varennes.
III.—BRODEUR (Le), Jean-Bte. [Ignace II.
  Petit, Marie-Amable. [Jean-Bte III.

1765, (3 juin) Varennes.
III.—BRODEUR (Le), Jos-Amable. [Jean II.
  Brunel, Marie. [Joseph III.

1765, (15 juillet) Varennes.
III.—BRODEUR (Le), Louis. [Joseph II.
  Hébert, Marie-Judith. [Augustin IV.

BRODEUR, Charles.
  Bougret, Judith.
  Charles, b 1767, s 18 oct. 1791, à Repentigny.[7]
—*Jean-Louis*, b... m [7] 19 janvier 1795, à Françoise Ethier. — *Jean-Marie*, b... — *Pierre*, b...
— *Michel*, b... — *Marie-Amable*, b... — *Marie-Anne*, b...

1772, (2 mars) Varennes.
III.—BRODEUR (Le), Pierre, [Ignace II.
   b 1727.
  Lepray, Marie-Archange. [Jean-Bte.

1772, (12 oct.) Varennes.
III.—BRODEUR (Le), Jean-Bte. [Christophe II.
  Hebert, Marie-Joseph. [Jean-Bte.

1795, (19 janvier) Repentigny.
BRODEUR, Jean-Bte-Ls. [Charles.
  Ethier, Françoise. [Jean.

BRODEUR, Marie, epouse de Jean-Baptiste Choquet.

1702, (12 août) Québec.[6]
I.—BRODIÈRE, Joseph, b 1674; fils de Louis et d'Etiennette Noël, de N.-D. de Nantilly, diocèse d'Anjou; s [6] 3 août 1724.
  1° David, Marie, [Jacques I.
   b 1663; veuve de Jacques Boutrel.
  Michel-Joseph, b [6] 29 avril 1703.—*Marie-Agnès*, b [6] 10 déc. 1704.—*Marie-Madeleine*, b... m 3 nov. 1723, à Gabriel Maheu, à Beauport.
  1710, (13 janvier) Château-Richer.
  2° Alard, Marie, [Pierre I.
   b 1684.
  Pierre, b [6] 16 et s [6] 24 août 1710.—*Nicolas*, b [6] 3 nov. 1712; s [6] 28 sept. 1718.
  1716, (7 janvier).[6]
  3° Dubreuil, Angelique, [Jean I.
   b 1692; s [6] 2 janvier 1753.
  Geneviève, b [8] 23 sept. 1717; s [6] 7 juillet 1724.
— *Françoise*, b [6] et s [6] 8 oct. 1719. — *Elisabeth*, b [6] 24 nov. et s [6] 2 dec. 1720. — *Marie-Joseph*, b [6] 5 fevrier 1722; 1° m 8 janvier 1748, à Pierre Huppé, à Charlesbourg; 2° m [6] 12 oct. 1750, à Pierre Dupuis, s [6] 1er mai 1751.— *Marie-Anne*, b [6] 13 fevrier 1724, 1° m [6] 30 oct. 1741, à Pierre Cornette; 2° m [5] 9 janvier 1753, à Joseph Hu; s [6] 2 avril 1778.

I.—BROOKS, Nathaniel,
  Williams, Marie.
  Marie (1), nee le 5 sept. 1695, à Dearfield, b 15 juillet 1705, à Montreal.

1660, (19 avril) Montréal.[5]
I.—BROSSARD, Isaac-Urbain,
   b 1634; s [5] 10 avril 1710.
  Hodiau (2), Urbaine, [Sébastien I.
   b 1645; s [5] 15 juillet 1681.
  Jeanne, b [5] 17 juin 1663; m [5] 20 nov. 1679, à Henri Gatin; s [5] 1er sept. 1744. — *Marthe*, b [5] 12 mars 1673; m [5] 19 janvier 1699, à Jean Pouget, s [5] 5 oct 1745.—*Madeleine*, b [5] 13 nov. 1675; m [5] 28 janvier 1698, à François Campeau; s [5] 11 avril 1729.—*Claude*, b [5] 28 mai 1681; m [5] 14 juin 1706, à Barbe Hébert; s [5] 26 déc. 1728.

BROSSARD, Philippe, b 1700; s 24 juin 1715, à Montréal.

1700, (10 mai) Montréal.[4]
II.—BROSSARD, François, [Urbain I.
   b 1678; s [4] 15 avril 1739.
  Ste-Marie, Marie, [Louis I.
   b 1678; s [4] 2 nov. 1725.
  Marie, b [4] 12 mars 1701; s [4] 5 juillet 1704—*Antoinette*, b [4] 11 fevrier et s [4] 31 mars 1703 —*François-Daniel*, b [4] 7 mars 1705.— *Jean-Baptiste*, b [4] 1er oct. 1706, m [4] 27 mai 1734, à Françoise Caron.— *Jean-Baptiste*, b [4] 30 juin 1709.— *Joseph*, b [4] 15 août 1714.— *Marie-Joseph*, b [4] 15 mars 1717; s [4] 15 juin 1729. — *Jacques*, b [4] 26 janvier 1720.—*Therèse*, b 1722; m 1743, à Pierre Serat.—*André*, b [4] 8 nov. 1724.

(1) Prise en guerre en 1704
(2) Appelee Dionet en 1706.

1706, (14 juin) Montréal. ³
II.—BROSSARD, CLAUDE,   [URBAIN I.
   b 1681 ; s ³ 26 déc. 1728.
  HÉBERT, Barbe,   [THOMAS I.
   b 1685 ; s ³ 19 avril 1745.
  Paul, b ³ 5 juillet 1707 ; m ³ 21 mai 1731, à Marie-Renée MARET. — *Marie-Barbe*, b ³ 23 avril 1709 ; m ³ 11 mai 1733, à Jacques MAROT.—*Claude*, b ³ 8 avril 1711 ; m 16 mai 1740, à Marie-Marguerite BISAILLON, à Laprairie.—*Marie-Louise*, b ³ 30 nov. 1712 ; s ³ 17 avril 1715.—*Urbain*, b ³ 28 avril 1714 ; m ³ 2 mai 1736, à Françoise SERAT.—*Joseph*, b ³ 1er février 1716.—*Claude*, b ³ 23 août et s ³ 20 oct. 1717.—*Elisabeth*, b ³ 30 avril 1719 ; m ³ 30 sept. 1738, à Charles PLESSY. — *Geneviève-Joseph*, b ³ 30 nov. 1720 ; s ³ 14 mai 1721. — *Jean-Baptiste*, b ³ 17 oct. 1721 ; s ³ 5 avril 1729. — *Denis*, b ³ 5 juillet 1723 ; 1o m 12 février 1753, à Marie GAGNÉ, à St-Constant ; 2o m ³ 2 juin 1760, à Marie-Madeleine DUPLESSIS.—*François*, b ³ 18 et s ³ 20 sept. 1724.—*Anonyme*, b ³ et s ³ 20 juillet 1725. —*Elisabeth*, b ᴶ 18 mars et s ³ 5 sept. 1727. — *Marie-Joseph*, b ³ 30 sept. et s ³ 13 oct. 1728.

1731, (21 mai) Montréal. ¹
III.—BROSSARD, PAUL,   [CLAUDE II.
   b 1707.
  MARET, Marie-Renée,   [JEAN II.
   b 1708.
  Paul, b ¹ 5 sept. 1735 ; s ¹ 17 janvier 1736.—*Marie-Amable*, b ¹ 11 avril 1738 ; s ¹ 10 août 1748.—*Catherine-Charlotte*, b ¹ 10 mai et s ¹ 24 juin 1741.—*Charles-Henri*, b ¹ 6 nov. 1742.—*Marie-Louise*, b ¹ 21 et s ¹ 23 déc. 1743.—*Marie-Catherine*, b ¹ 20 juin et s ¹ 18 juillet 1745.—*Marie-Renée*, b ¹ 3 sept. 1748.—*Paul*, b ¹ 24 février et s ¹ 13 mars 1750.

I.—BROSSARD, JEAN-BTE, Acadien,
   b 1704 ; s 5 juillet 1770, à St-Henri-de-Mascouche.
  BABIN, Cécile,
   s avant 1770.

1734, (27 mai) Montréal. ²
III.—BROSSARD, JEAN-BTE,   [FRANÇOIS II.
   b 1706.
  CARON, Françoise,   [CLAUDE II.
   b 1713.
  Jean-Baptiste, b ³ 12 mai et s ³ 29 juin 1734.— *Thérèse*, b ³ 1er mars 1738, m ³ 5 nov. 1759, à François LACOMBE.—*Urbain*, b ³ 29 juin 1739.— *Antoine*, b ³ 14 déc. 1741 ; s ³ 7 juillet 1742.— *Marie-Joseph*, b ³ 7 janvier 1745.

1736, (2 mai) Montréal. ⁴
III.—BROSSARD, URBAIN (1),   [CLAUDE II.
   b 1714.
  SÉRAT, Marie-Françoise,   [FRANÇOIS II.
   b 1718.
  Marie-Françoise, b ⁴ 22 avril 1737 ; m ⁴ 30 janvier 1755, à Joseph DASILVA.—*Urbain*, b ⁴ 12 déc. 1738 ; m ⁴ 8 nov. 1762, à Catherine LEMOINE.— *Marie-Joseph*, b ⁴ 26 sept. 1740.—*Joseph*, b ⁴ 20 janvier 1743.—*Louis*, b ⁴ 25 juin 1745.

(1) Voyageur.

1740, (16 mai) Laprairie. ⁵
III.—BROSSARD, CLAUDE,   [CLAUDE II.
   b 1711.
  BISAILLON, Marie-Marguerite,   [CLAUDE II.
   b 1718.
  Marie-Anne-Marguerite, b ⁵ 15 juin 1741.— *Marie-Joseph*, b ⁵ 16 juin 1742.—*Claude-Marie*, b ⁵ 11 août 1743.

BROSSARD, ANNE, b 1747 ; s 21 février 1771, à St-Henri-de-Mascouche.

I.—BROSSARD, PIERRE.
  LEBLANC, Louise.
  Louise, b 23 avril 1745, à Montréal.

1753, (12 février) St-Constant.
III.—BROSSARD, DENIS,   [CLAUDE II.
   b 1723.
  1o GAGNÉ, Marie.   [FRANÇOIS II.
   1760, (2 juin) Montréal.
  2o DUPLESSIS, Marie-Madeleine,   [JOSEPH.
   b 1742.
  Joseph, b… m 28 janvier 1788, à Marie-Joseph MATHIEU, à Lachenaye.—*Denis*, b…— *Elisabeth*, b… m à Jacques-François DELAUX.

1762, (8 nov.) Montréal.
IV.—BROSSARD, URBAIN,   [URBAIN III.
   b 1738.
  LEMOINE, Catherine,   [FRANÇOIS II.
   b 1742.

1788, (28 janvier) Lachenaye.
IV.—BROSSARD, JOSEPH.   [DENIS III.
  MATHIEU, Marie-Joseph,   [JEAN-BTE III.
   b 1764.

BROSSARD, MARIE, épouse d'Alexandre DUGAS.

BROSSARD, MARGUERITE, épouse de Toussaint LEMARIÉ.

1705, (8 sept.) Québec. ⁶
I.—BROUSSE, JEAN, fils de Léonard et de Jeanne MARICHAU, de St-Michel, diocèse de Bordeaux ; s ⁶ 6 sept. 1711.
  ALLEMAND, Louise (1),   [PIERRE I.
   b 1686.
  Jean-Baptiste, b ⁶ 7 février 1708.—*Marie-Louise*, b ⁶ 12 janvier 1710 ; m ⁶ 19 déc. 1724, à Charles PERTHUIS ; s ⁶ 5 déc. 1729.

BROSSEAU.— *Variations et surnoms :* BROUSSEAU—BRUSEAU—BROSSAULT—LAFLEUR.

BROSSEAU, BARBE, épouse de Jacques DEVERS.

BROSSEAU, MARIE-JOSEPH, b 1725 ; m à Pierre TROTIER ; s 9 avril 1795, à Batiscan.

(1) Elle épouse, le 28 janvier 1714, Jean-Baptiste Charets, à Québec.

1668, (28 oct.) Quebec.[1]
I.—BROSSEAU, Julien (1),
 b 1631; s 13 janvier 1713, à Charlesbourg.
 Chalifour, Simone,   [Paul I.
 b 1655.
 Suzanne-Simone, b 2 avril 1684, à Sorel; m à François Jarry; s[1] 24 dec. 1746.

1672.
I.—BROSSEAU, Denis (2),
 b 1644.
 Hubert, Marie-Louise,   [Augustin I.
 b 1653.
 Catherine, b 27 déc. 1684, à Montreal; m 20 nov. 1711, à Pierre Arlen, à Laprairie.[2]—Louise, b[2] 24 janvier 1692; m[2] 17 nov. 1711, à Pierre Lefebvre.

1698, (9 juin) Laprairie.[3]
II.—BROSSEAU, Pierre,   [Denis I.
 b 1673; s[3] 26 nov. 1741.
 Bourbon, Barbe.   [Jean I.
 Pierre, b[3] 5 fevrier 1702.—Pierre, b[3] 28 août 1704; 1° m[3] 11 fevrier 1732, à Jeanne Moquin; 2° m[3] 12 juin 1745, à Marie-Anne Deneau.—François, b[3] 12 fevrier 1706, m[3] 17 oct. 1729, à Marie-Joseph Leber.—Louis, b[3] 29 août 1707.—Joseph, b[3] 23 mars 1709; m[3] 14 avril 1738, à Marie-Françoise Pinsonneau. — Marie-Anne, b[3] 23 nov. 1710; m[3] 16 fevrier 1733, à François Faille.—Marie-Marguerite, b[3] 29 mars 1712, m[3] 18 nov. 1737, à Jean Boyer. — Barbe-Elisabeth, b 1714; 1° m[3] 7 janvier 1737, à Jacques Leber, 2° m[3] 22 nov. 1756, à Pierre Lefebvre.—Jean-François, b[3] 3 dec. 1716.—Marie-Françoise, b[d] 22 janvier 1718. —Agnès, b[3] 27 mars 1719; m[3] 19 fevrier 1748, à Joseph Caillé. — Jean-Baptiste, b[3] 24 mars 1722.—Denis, b[3] 28 oct. 1723.—Jacques, b[3] 17 oct. 1724; s[2] 31 mai 1728.—Etienne, b[3] 5 mai 1726.—Anne-Catherine, b... m[3] 19 fevrier 1748, à François Pinsonneau.

BROSSEAU, Pierre.—Voy. Rousseau de 1707.

1729, (17 oct.) Laprairie.[5]
III.—BROSSEAU, François,   [Pierre II.
 b 1706.
 LeBer, Marie-Joseph,   [François II.
 b 1703.
 Pierre, b[5] 22 mars 1732; 1° m[5] 18 nov. 1754, à Marie-Louise Hervé; 2° m 24 nov. 1766, à Marie-Angelique Lestage, à St-Philippe.—Louis, b[5] 18 août 1735.—Jacques, b[5] 23 juin 1737.—Marie-Joseph, b[5] 27 janvier 1739; m[5] 19 fevrier 1759, à Etienne-Jérémie Deneau.—François, b... m[5] 26 fevrier 1759, à Marie Aymard. — Laurent, b[5] 10 août et s[°] 3 oct. 1740.—Toussaint, b[5] 15 oct. 1741.—Joseph-Marie, b[5] 26 oct. 1744.

1732, (11 février) Laprairie.[1]
III.—BROSSEAU, Pierre,   [Pierre II.
 b 1704.
 1° Moquin, Jeanne,   [Pierre II.
 b 1711; s[1] 15 mai 1743.

(1) Voy. vol. I, p. 91.
(2) Voy. vol. I, p. 92.

 Marie-Jeanne, b 1732; m[1] 25 février 1754, à Albert Bourassa. — Pierre, b[1] 15 déc. 1732 — François, b[1] 21 janvier 1734; m[1] 13 oct. 1760, à Marie-Anne Guérin. — Marie-Suzanne, b[1] 21 janvier 1736, s[1] 7 avril 1737.—Marie-Joseph, b[1] 18 et s[1] 21 mars 1737. — Anne-Catherine, b[1] 11 février 1738. — Marie-Antoinette, b[1] 18 fevrier 1739.—Geneviève, b[1] 4 avril 1740.—Marie-Anne, b[1] 9 mai 1741.—Marie-Louise, b[1] 10 août 1742. —Anonyme, b[1] et s[1] 5 mai 1743.

   1745, (12 juin).[1]
2° Deneau, Marie-Anne,   [Claude II.
 b 1724.

1738, (14 avril) Laprairie.[6]
III.—BROSSEAU, Joseph,   [Pierre II.
 b 1709.
 Pinsonneau, Marie-Frse,   [Jacques II.
 b 1717.
 Joseph, b[8] 3 mai 1739. — Jacques, b[8] 6 mai 1740.—Marie-Catherine, b[8] 5 mars 1742.—Marie-Anne, b[8] 24 fevrier 1744.

BROSSEAU, Antoine.
 Ladrec-Leclair, Therèse.
 François, b 4 juillet 1751, à Sorel[1]; s[1] 30 juillet 1752.

BROSSEAU, Joseph.
 Dutremble, Marie-Anne.
 Agathe, b 16 fevrier et s 12 mai 1752, à Sorel.[6] —Pierre, b[6] 27 juin 1753.

BROSSEAU, Gabriel.
 Hunaut, Marie-Joseph.
 Marie-Marguerite, b 13 juillet 1755, à Ste-Rose.

BROSSEAU, Charles. — Voy. Brousseau de 1730.

1754, (18 nov.) Laprairie.
IV.—BROSSEAU, Pierre,   [François III.
 b 1732.
 1° Hervé, Marie-Louise,   [Louis II.
 b 1731.
 1766, (24 nov.) St-Philippe.
 2° Lestage, Marie-Angelique,   [Pierre II.
 b 1744.

1757, (14 février) Varennes.
III.—BROSSEAU (1), Joseph.   [Pierre II.
 Burel, Marie-Joseph.   [Michel II.
 Augustin, b... m 3 février 1794, à Marie-Joseph Gagné, à Repentigny.

1759, (26 février) Laprairie.
IV.—BROSSEAU, François.   [François III.
 Aymard, Marie.   [Antoine II.
 Antoine, b 22 déc. 1764, à St-Philippe.

1760, (13 oct.) Laprairie.
IV.—BROSSEAU, François,   [Pierre III.
 b 1734.
 Guérin, Marie-Anne,   [Ange II.
 b 1740.

(1) Dit Lafleur. Voy. aussi Brousson.

1760, (10 nov.) Verchères.
I.—BROSSEAU (1), JEAN-PIERRE, fils de François et de Constance Bertrand, de River, diocèse de Mirepoix, Languedoc.
GUERTIN, Marie-Joseph.   [FRANÇOIS III.

1761, (2 février) Verchères.
III.—BROSSEAU (2), AUGUSTIN.   [PIERRE II.
AMIOT (3), Marie-Louise,   [JEAN-BTE IV.
b 1729; veuve de François Quintal.

1761, (24 oct.) Varennes.
III.—BROSSEAU (4), PIERRE.   [PIERRE II.
CHARON, Françoise.   [CHARLES III.

BROSSEAU, FRANÇOIS.
JÉROME, Angelique.
François, b 3 mai 1767, au Lac-des-Deux-Montagnes.

BROSSEAU, JEAN-LOUIS.
LALIMONDIÈRE, Marie-Louise,
   b 1719; s 11 nov. 1806, à l'Hôp.-Général, M.

BROSSEAU,
b 1762.
LAURE, Marie,
   b 1772; s 1839, à St-Luc.[1]
Antoine, b 1795; m[1] 1820, à Louise MOREAU.

BROSSEAU, ANTOINE.
MOREAU, Louise.   [HYPOLITE.
Hypolite, b... à St-Sébastien.—*Noel*, b 25 déc. 1841, à Henryville; m 30 oct. 1865, à Martine BLAIN, à Bourbonnais.

1688, (18 mars) Montréal.
I.—BROUILLARD, CHARLES,
b 1668.
DANNY, Petronille (5),   [HONORÉ I.
   b 1671.
Jean-Baptiste, b 23 avril 1690, au Lac-des-Deux-Montagnes, m 24 août 1718, à Madeleine ST-LAURENT, à St-Frs-du-Lac[2]; s 27 juillet 1768, à St-Michel-d'Yamaska. — *René*, b... m 1717, à Louise FORTIER.

BROUILLARD, MARIE, épouse de Pierre BUSCAILLÉ.

1718, (24 août) St-Frs-du-Lac.[1]
II.—BROUILLARD, JEAN-BTE,   [CHARLES I.
   b 1690; s 27 juillet 1768, à St-Michel-d'Yamaska.[2]
ST-LAURENT, Madeleine,   [GILLES I.
   b 1700; s[2] 30 juillet 1736.
Pierre-Joseph, b[1] 12 mars 1719; m 14 mai 1753, à Marie-Amable MÉNARD, au Bout-de-l'Ile, M. — *Jean-Baptiste*, b[1] 23 fevrier 1721; m[2] 22 janvier 1753, à Thérèse BADAILLAC.—*Pierre*, b[1] 28 janvier 1723. — *Gabriel*, b[2] 29 dec. 1724.— *Marie-Anne*, b[1] 20 avril 1727; 1° m[2] 8 juin 1750, à Michel RICHOT; 2° m[2] 5 mars 1753, à Pierre PELISSIER. — *Jacques-Julien*, b[3] 1er mai 1729; m 12 juillet 1763, à Antoinette HUSBEAUCHEMIN, à Sorel. — *Louis*, b 1730; s[2] 23 janvier 1756.—*Marie-Madeleine*, b[2] 24 août 1731; m[2] 18 juin 1754, à Pierre GIGUÈRE. — *Marie-Thérèse*, b[2] 1er oct. 1733; m[2] 2 fevrier 1761, à Jacques GAUTIER.— *Marguerite*, b[2] 10 et s[2] 24 janvier 1736.

1753, (22 janvier) St-Michel-d'Yamaska.[2]
III.—BROUILLARD, JEAN-BTE,   [JEAN-BTE II.
   b 1721.
BADAILLAC (1), Thérèse,   [LOUIS III.
   b 1733.
Jean-Baptiste, b[2] 14 mai 1754. — *Jean-Marie*, b[2] 14 janvier 1756. — *Marie-Madeleine*, b[2] 3 mars 1757; s[2] 13 sept. 1759. — *Geneviève*, b[2] 23 fevrier 1759. — *Thérèse*, b[2] 26 nov. 1760. — *Marguerite*, b 1767, s[2] 7 mars 1770. — *Marie-Thérèse*, b[2] 7 avril 1769. — *Marie-Anne*, b[2] 23 nov. 1770.

1753, (14 mai) Bout-de-l'Ile, M.[3]
III.—BROUILLARD, PIERRE-JOS.,   [J.-BTE II.
   b 1719.
MÉNARD, Thérèse-Amable,   [LOUIS III.
   b 1737.
Thérèse-Amable, b[3] 9 sept. 1754.— *Pierre*, b[3] 6 oct. 1756.

1763, (12 juillet) Sorel.
III.—BROUILLARD, JACQUES,   [JEAN-BTE II.
   b 1729.
HUS (2), Marie-Antoinette,   [ANTOINE III.
   b 1740.
Marie-Anne, b et s 3 avril 1763, à St-Michel-d'Yamaska.[3] — *Marie-Anne*, b[3] 24 avril 1764.— *Jacques*, b[3] 6 juin 1765. — *François*, b[3] 13 fevrier 1766. — *Louis*, b[3] 17 oct. 1768. — *Jean-Baptiste*, b[3] 31 mai 1770.

BROUILLET.—*Variations et surnoms* : LAVIOLETTE—LAVIGUEUR—LAJEUNESSE—BERNARD BODY.

BROUILLET, MARIE, épouse de Philippe LABOMBARDE.

BROUILLET, MARIE, épouse de François GERVAIS.

BROUILLET, VÉRONIQUE, épouse de Jean-Baptiste LANGUEDOC.

BROUILLET, MARIE-AGATHE, épouse de Jean-Marie ETHIER.

BROUILLET, MARIE-JOSEPH, épouse d'Antoine COSSET.

---

(1) Sergent de Guyenne, de la compagnie de Bousquet.
(2) Voy aussi Brousson, p. 490.
(3) Dit Villeneuve.
(4) Dit Lafleur. Voy. aussi Brousson, p 490.
(5) Elle épouse, le 8 oct. 1696, Bernardin Cantera, à Montreal.

(1) Dit Laplante.
(2) Millet dit Beauchemin.

BROUILLET, Angélique, épouse de Prisque Trépanier.

BROUILLET, Marie, épouse de Jean-Baptiste Venne, 1769.

BROUILLET, Thérèse, épouse de George Thomson.

1671.
I.—BROUILLET (1), Michel,
b 1650; s 18 mai 1712, à Montréal.
Dubois, Marie, [Pierre I.
b 1659.
Bernard, b 1671; m 24 juin 1697, à Marie Chartier, à la Pte-aux-Trembles, M.³; s³ 1ᵉʳ dec. 1723.—*Jean*, b 1672; m 7 nov. 1707, à Françoise Leclerc, à St-François, I. J.—*Gilles*, b 9 février 1675, à Boucherville; m³ 7 janvier 1704, à Marie Bricaut.—*Marie*, b 24 oct. 1677, à Sorel⁴; m³ 3 oct. 1693, à François Vaudry.—*Françoise*, b⁴ 20 fevrier 1697; m à Pierre Masson.

1697, (24 juin) Pte-aux-Trembles, M.³
II.—BROUILLET, Bernard, [Michel I.
b 1671; s³ 1ᵉʳ dec. 1723.
Chartier, Marie (2), [Guillaume I.
b 1676; s 29 août 1729, à Montréal. ⁴
Gilles, b 1699; s³ 22 janvier 1700.—*Jean*, b³ 8 nov. 1700; m à Thérèse Lorion.—*Marie-Catherine*, b³ 22 août 1702, m³ 15 dec. 1723, à Andre Janot.—*Robert*, b³ 10 avril 1704; m 1737, à Catherine Lorion.—*Marie-Madeleine*, b³ 16 mars 1706; m³ 19 avril 1723, à Charles Goguet.—*Agnès*, b³ 24 et s³ 28 dec. 1707.—*Marie-Anne*, b³ 12 août 1711; m à François Desrochers.—*Michel*, b³ 27 dec. 1712; m à Marie-Louise Renaudeau.—*Elisabeth*, b 1712; m⁴ 14 janvier 1737, à Andre Bodin; s⁴ 6 juin 1748.—*Gertrude*, b³ 27 juin 1714.—*Marie-Joseph*, b³ 19 et s³ 20 mars 1719.—*Marie-Joseph*, b 1720; m à Louis Lorion.

1699, (19 mars) Montréal.
I.—BROUILLET, Pierre (3),
b 1669; s avant 1731.
Drouet, Marie-Isabelle, [Mathurin I.
b 1683.
Marie-Isabelle, b 1705; 1° m à Joseph Martel; 2° m 19 nov. 1731, à Jean-Baptiste Jacques, à la Longue-Pointe.

1704, (7 janvier) Pte-aux-Trembles, M.⁴
II.—BROUILLET, Gilles, [Michel I.
b 1675.
Bricaut, Marie, [Jean I.
b 1684.
Marie-Anne, b⁴ 26 février 1705.—*Joseph*, b⁴ 2 janvier 1707; s 23 janvier 1766, à la Longue-Pointe.—*Pierre-Laurent*, b⁴ 11 août 1708; m à Marguerite Lefort.—*Marguerite-Catherine*, b⁴ 11 mai 1710.—*Jacques-Antoine*, b⁴ 22 dec. 1711;

m 1739, à Marie-Anne Mersan.—*Barthélemi*, b⁴ 30 juillet et s⁴ 4 août 1713.—*Gilles*, b⁴ 2 sept. 1714; m à Marguerite Robert.—*Marie-Dorothée*, b⁴ 23 fevrier 1718.—*Marie-Catherine*, b⁴ 21 sept. 1719; m 19 oct. 1750, à Louis Charles, à Ste-Rose.—*Charles-Alexis*, b⁴ 23 sept. 1721; 1° m à Angélique Sicard; 2° m⁴ 27 sept. 1762, à Catherine Janot.—*Jean-Baptiste*, b 1722; m⁴ 5 fevrier 1748, à Catherine Migneron.—*Marie-Véronique*, b⁴ 26 juillet 1724; m à Jacques Foran.

1706, (7 janvier) Ste-Anne-de-la-Pérade. ⁴
I.—BROUILLET (1), Jean, fils de Jean et de Simone Légère, de St-Jean-Baptiste, diocèse d'Angoulesme; s avant 1719.
Richard, Marie-Madeleine, [Jean I.
Marie-Madeleine, b 28 oct. 1706, à Batiscan⁵; m 2 mai 1730, à Pierre Gladu, à Ste-Geneviève.—*Pierre*, b⁵ 30 août 1708; m 10 sept. 1730, à Geneviève Arrivée, à Champlain.—*Jean-François*, b⁵ 22 janvier 1710.—*Julien*, b⁵ 4 avril 1712.—*Marie-Joseph*, b⁵ 29 sept. 1713.—*Marie-Thérèse*, b⁵ 8 sept. 1715; m⁵ 5 sept. 1746, à Luc Brousson, s⁴ 25 janvier 1778.—*Marie-Rose*, b⁵ 15 août 1717.—*Joseph* (posthume), b⁵ 15 mars 1719.

1707, (27 nov.) St-François, I. J. ⁴
II.—BROUILLET (2), Jean, [Michel I.
b 1672; s 25 août 1732, à Terrebonne. ⁵
Leclerc, Françoise (3), [Robert I.
b 1689.
Marie-Françoise, b⁴ 30 sept. 1708.—*Marie*, b 1710; m 9 juin 1738, à Jean Robin, à Montreal.—*Jean*, b 20 février 1713, à la Pte-aux-Trembles, M.⁶; m 1742, à Jeanne Dessureaux.—*Charles-Rémi*, b⁶ 1ᵉʳ oct. 1720.—*Pierre*, b⁵ 29 juin 1728.

BROUILLET, Joseph, b 1706; s 23 janvier 1766, à la Longue-Pointe.

1708.
II.—BROUILLET (2), Pierre, [Michel I.
b 1673; s 23 mars 1752, à la Pte-aux-Trembles, M. ⁴
Boullard, Louise, [François I.
b 1685; s⁴ 13 avril 1754.
Joseph, b 13 juillet 1709, à Montréal; s⁴ 29 mai 1711.—*Louise*, b⁴ 14 avril 1711; 1° m à ...... Lajeunesse; 2° m 9 janvier 1748, à Isaac Desrochers, à Chambly.—*Marie-Louise*, b⁴ 1ᵉʳ et s⁴ 17 juin 1714.—*Joseph*, b⁴ 5 mai 1718; m à Agathe Mersan.—*Catherine*, b⁴ 2 juin 1722; m⁴ 18 février 1754, à Pierre Benard.—*Jean-Baptiste*, b 1730; m⁴ 19 février 1753, à Marie-Anne Mersan.—*Joseph*, b 1731; m⁴ 12 nov. 1753, à Marie Desroches.—*Gabrielle-Françoise*, b 1735; m⁴ 22 nov. 1756, à Pierre Raby.—*Suzanne*, b 1737; m⁴ 13 juillet 1761, à Joseph Archambault.

(1) Dit Lavigueur.
(2) Dit Laviolette.
(3) Elle épouse, le 27 juillet 1735, Charles Etienne, à Terrebonne.

---
(1) Dit Laviolette.
(2) Sœur de la C. N.-D. sous le nom de Ste-Marguerite.
(3) Marie sous le nom de Bouher. Voy. vol. I, p. 76.

III.—BROUILLET, Joseph, [Pierre II.
b 1718.
Mersan, Agathe, [Joseph II.
b 1718.
Noël-Alexis, b 24 mai et s 2 juin 1750, à la Pte-aux-Trembles, M.¹ — *Agathe*, b... m à Basile Maillot. — *Clément*, b¹ 23 avril et s¹ 4 mai 1754.

BROUILLET, Jean,
s avant 1745.
Bastien, Marie. [Philippe I.
Marie-Madeleine, b 1724; s 12 mai 1745, à Lachenaye.

III.—BROUILLET, Antoine, [Gilles II.
b 1711.
Mersan, Marie-Anne. [François II.
Antoine, b 1739, 1° m 19 février 1759, à Marie-Joseph Mersan, à la Pte-aux-Trembles, M.²; 2° m 13 août 1792, à Angelique Lacasse, à Repentigny.—*Madeleine*, b 1740; m² 30 juillet 1764, à François Bourgon.—*Marguerite-Véronique*, b² 29 avril 1750.—*Louis*, b² 8 mai 1752.

1730, (10 sept.) Champlain.

II.—BROUILLET, Pierre, [Jean I.
b 1708.
Arrivée, Geneviève, [Simon II.
b 1710.
Pierre-François, b 9 mai 1732, à Ste-Geneviève.³ — *Joseph*, b³ 16 mai 1734; s³ 9 juillet 1735.—*Jean-Baptiste*, b³ 6 avril 1736 —*Joseph*, b³ 4 mars 1738.—*Louis*, b... m 8 janvier 1757, à Marie-Madeleine Lefebvre, à St-Pierre-les-Becquets.

III.—BROUILLET (1), Jean, [Bernard II.
b 1700.
Lorion (2), Thérèse, [Jean II.
b 1706.
Agathe, b... m 16 janvier 1758, à Joseph Bonnier, à la Pte-aux-Trembles, M.⁶ — *Marie-Archange*, b 1732; m⁶ 7 janvier 1761, à Jean Guiraud.—*Jean-Baptiste*, b 1738; m⁶ 31 janvier 1763, à Marie-Victoire Millet.—*Alexis-Louis*, b 10 février 1740, à la Longue-Pointe⁷, m⁶ 7 nov. 1763, à Marie-Anne Bonnier.—*Jean-Paschal*, b... s⁷ 18 juillet 1748.—*Anne-Thérèse*, b⁶ 18 avril 1749; s⁶ 23 janvier 1750.

1737.

III.—BROUILLET (1), Robert, [Bernard II
b 1704.
Lorion, Catherine, [Jean II.
b 1712.
Catherine, b 1738; m 4 avril 1758, à Joseph Bussat, à la Pte-aux-Trembles, M.⁸—*Véronique*, b⁸ 9 février 1750; m à Nicolas Gervais.—*Marie-Marguerite*, b⁸ 25 sept. 1753.

(1) Dit Bernard.
(2) Dit Lefort.

1740,

III.—BROUILLET (1), Louis, [Jean II.
s avant 1762.
Huet (2), Elisabeth, [Joseph II.
b 1720.
Jean-Baptiste, b... m 16 juin 1766, à Madeleine Lebrodeur, à Varennes.⁴ — *Elisabeth*, b... m⁴ 9 juin 1767, à Joseph-Mathieu Marin.—*Michel*, b... m⁴ 11 juin 1770, à Marie-Anne Charbonneau.—*Archange*, b... m⁴ 25 juin 1770, à Jean-Baptiste Charbonneau.—*Marguerite*, b... m⁴ 20 août 1770, à Alexis Gariepy.

BROUILLET, Régis, b 1743; s 26 juin 1756, à St-Pierre-les-Becquets.

BROUILLET, Jean-Bte.
Lefort (3), Françoise,
b 1712, s 14 avril 1748, à la Pte-aux-Trembles, M.

III.—BROUILLET (4), Jean, [Jean II.
b 1713.
Dessureaux, Jeanne.
Marie-Joseph, b 14 mars 1743, à Terrebonne²; m 16 janvier 1758, à Jean Charbonneau, à Ste-Rose.³—*Françoise*, b² 11 février 1746; m³ 2 février 1761, à François Cadieux.

III.—BROUILLET. Gilles, [Gilles II.
b 1714.
Robert, Marguerite.
Marie-Ursule, b 30 août 1748, à Chambly.

BROUILLET, Jean, s 15 août 1750, à St-Antoine-de-Chambly (noyé).

1748, (5 fevrier) Pte-aux-Trembles, M.

III.—BROUILLET, Jean-Bte, [Gilles II.
b 1722.
Migneron, Catherine, [Ambroise II.
b 1723.
Catherine, b 1751; s 30 nov. 1758, à Chambly.

III.—BROUILLET (5), Michel, [Bernard II.
b 1712.
Renaudeau, Marie-Louise.
Jean-Baptiste, b 1745, s 16 juin 1747, à Chambly.⁵—*Maurice*, b⁵ 24 mars 1747.—*Marie-Geneviève*, b⁵ 22 et s⁵ 24 août 1749. — *Marie-Charlotte*, b⁵ 22 oct. 1750.—*Jean-Baptiste*, b⁵ 30 juillet 1753 — *Marie-Madeleine*, b⁵ 30 nov. 1756. *Marie-Louise*, b... m⁵ 20 oct. 1760, à François Béniac.

III.—BROUILLET, Pierre-Laurent, [Gilles II.
b 1708
Lefort, Marguerite.

(1) Voy. aussi Bouy, p. 443.
(2) Dit Dulude. Elle épouse, le 16 août 1762, Louis Dugrès, à Varennes.
(3) Dit Laforest.
(4) Dit Laviolette.
(5) Dit Lajeunesse.

Marie-Angélique, b 10 février 1749, à Chambly.⁷
—*Marguerite*, b… m ⁷ 26 janvier 1761, à Laurent VIAU.

III.—BROUILLET, CHS.-ALEXIS, [GILLES II.
b 1721.
1° SICARD, Angélique.
Jean-Baptiste, b 29 juin et s 12 juillet 1749, à la Pte-aux-Trembles, M.⁵— *Gilles*, b⁶ 17 et s⁶ 29 sept. 1750. — *Clément*, b⁶ 17 et s⁶ 27 sept. 1750.— *Nicolas*, b⁶ 12 et s⁶ 24 dec. 1751.— *Marie-Madeleine*, b⁵ 31 dec. 1752.—*Clément*, b⁶ 10 sept. 1754.
    1762, (27 sept.) ⁶
2° JANOT, Marie-Catherine, [JEAN-BTE III.
b 1732.

1753, (19 février) Pte-aux-Trembles, M.⁶
III.—BROUILLET, JEAN-BTE (1), [PIERRE II.
b 1730.
MERSAN, Marie-Anne, [JOSEPH II.
b 1733.
Marie-Anne, b⁶ 23 nov. et s⁶ 18 déc. 1753.

1753, (12 nov.) Pte-aux-Trembles, M.
III.—BROUILLET, JOSEPH, [PIERRE II.
b 1731.
DESROCHES, Marie, [JEAN-BTE III.
b 1728.

1757, (8 janvier) St-Pierre-les-Becquets. ⁸
III.—BROUILLET, LOUIS-JOSEPH. [PIERRE II.
LEFEBVRE, Marie-Madeleine, [PIERRE II.
veuve de Paul Lecuyer.
Marie-Joseph, b ⁸ 7 dec. 1757.—*Joseph*, b ⁸ 14 et s ⁸ 18 oct. 1759.—*Marie-Louise*, b⁸ 2 oct. 1760.

1759, (19 février) Pte-aux-Trembles, M.
II.—BROUILLET, ANTOINE (2), [ANTOINE I.
b 1739.
1° MERSAN, Marie-Joseph. [JACQUES III.
  1792, (13 août) Repentigny.
2° LACASSE, Angelique, [ANTOINE III.
b 1733 ; veuve de Charles Gautier.

1759, (30 avril) Montréal.
I.—BROUILLET, NICOLAS, b 1732 ; fils de François-Nicolas et de Françoise Perrin, de St-Nicolas-de-Sensal, diocèse de Fribourg, Suisse.
REGNIER, Marie, [JEAN I.
b 1713 ; veuve de Jacques Aubuchon.

1763, (31 janvier) Pte-aux-Trembles, M.
IV.—BROUILLET, JEAN-BTE, [JEAN-BTE III.
b 1738.
MILLET, Marie-Victoire, [JEAN III.
b 1742.

1763, (7 nov.) Pte-aux-Trembles, M.
IV.—BROUILLET, ALEXIS, [JEAN III.
b 1740.
BONNIER, Marie-Anne, [JACQUES II.
b 1744.

1766, (16 juin) Varennes.
IV.—BROUILLET, JEAN-BTE. [LOUIS III.
LEBRODEUR, Madeleine. [JEAN-BTE II.

BROUILLET, JOSEPH.
DESAULNIERS, Marie-Joseph.
Joseph, b 14 juillet 1768 à Yamachiche.

BROUILLET, JOSEPH.
VEILLET, Marie
Jean-Baptiste, b 14 mars 1771, à Ste-Anne-de-la-Perade.

1770, (11 juin) Varennes.
IV.—BROUILLET, MICHEL. [LOUIS III.
CHARBONNEAU, Marie-Anne, [JEAN-BTE IV.
veuve de François Barabé.

BROUILLET, JULIEN.
DESROCHES, Françoise.
Julien, b 14 janvier 1794, à Repentigny.

BROUSSEAU, ANGÉLIQUE, b 1709 ; m à ……
LAVERDURE ; s 1ᵉʳ avril 1783, à la Rivière-Ouelle.

BROUSSEAU, MARIE, b 1701 ; m 1718, à Charles DEFOY, à St-Augustin¹ ; s ¹ 27 février 1781.

BROUSSEAU, MARGUERITE, épouse de Jean-Baptiste HOUDE.

BROUSSEAU, MARIE-MADELEINE, épouse de Louis CANTIN.

BROUSSEAU, MARIE-ANNE, épouse de Louis CANTIN.

BROUSSEAU, MARIE-JOSEPH, épouse de Michel DESMARETS.

BROUSSEAU, MARIE-ANNE, épouse de Louis POTVIN.

BROUSSEAU, GENEVIÈVE, épouse de Jean-François GAUDIN.

BROUSSEAU, THÉRÈSE, epouse de François GALARNEAU.

1683, (6 sept.) Québec.
I.—BROUSSEAU (1), JEAN,
 b 1665, s 2 janvier 1699, à la Pte-aux-Trembles, Q.
GRESION, Anne (2), [JACQUES I.
b 1666.
Marie-Angélique, b… m 3 janvier 1727, à Pierre MILLET.

---
(1) Et Bruseau, voy. vol I, p. 95.
(2) Elle épouse, le 14 mars 1699, Jean Masson, à la Pte-aux-Trembles, Q.

---
(1) Dispense du 2ème au 3ème degré de parenté.
(2) Dispense du 3ème degré de parenté.

1694, (3 mai) Charlesbourg. ⁴
II.—BROUSSEAU (1), Joseph,   [Julien I.
  b 1670.
GAUDREAU, Marie-Anne (2),   [Charles I.
  b 1676.
Catherine, b ⁴ 23 mars 1701 ; m ⁴ 1ᵉʳ déc. 1736, à Jean-François LAVILLET.

I.—BROUSSEAU, Pierre.
BÉRARD, Marie.
Pierre, b... m 27 avril 1727, à Geneviève PARANT, à Beauport.

1698, (13 janvier) Beauport. ²
II.—BROUSSEAU (3), Nicolas,   [Julien I.
  b 1676 ; s 13 janvier 1736, à St-Augustin. ³
Huppé, Marie-Madeleine,   [Antoine II.
  b 1678 ; s 4 oct. 1750, à Québec. ⁴
Marie-Jeanne, b ² 29 juin 1707, m ³ 26 janvier 1732, à Michel CONTANT. — *Marie-Thérèse,* b... m ³ 1ᵉʳ oct. 1736, à Louis ROBERGE.—*Joseph,* b 21 juillet 1711, à Charlesbourg ⁵ ; m 6 fevrier 1741, à Marie-Anne BOUTILLET, à Lachenaye ; s ⁴ 13 juillet 1758.— *Marie-Angélique,* b... m ⁴ 17 fevrier 1749, à Claude VERNOUILLET. — *Marie-Joseph,* b⁵ 14 mars 1715 ; m ⁴ 25 oct. 1751, à Louis MOREAU — *Jacques,* b ⁵ 24 août 1718.— *Marie-Ursule,* b ⁵ 25 janvier 1721.—*Augustin,* b⁵ 10 août 1725 ; m 11 fevrier 1765, à Angélique BÉRUBÉ, à la Rivière-Ouelle.

1704, (7 janvier) Québec. ⁶
II.—BROUSSEAU, Pierre,   [Julien I.
  b 1675 ; s 4 janvier 1748 au Cap-Santé. ⁵
1º BERNARD (4), Marie-Therese,   [Jean I.
  b 1686 ; s ⁶ 4 août 1732.
Jean, b ⁶ 4 août 1704 ; m ⁶ 7 janvier 1728, à Ursule LAISNÉ ; s ⁶ 5 juillet 1742.—*Simon-Pierre,* b ⁶ 22 janvier 1706.— *Joseph,* b 20 février et s 6 avril 1708, à Charlesbourg. ⁸—*Anonyme,* b ⁸ et s ⁸ 25 février 1709.— *Françoise,* b ⁸ 23 février et s ⁸ 17 mars 1710.— *Charles,* b ⁸ 26 janvier 1711 ; m ⁶ 6 fevrier 1730, à Thérèse ROBERGE ; s ⁶ 20 avril 1759.—*Jacques,* b ⁸ 4 avril 1713 ; s ⁵ 3 oct. 1714. —*Joseph-François-Xavier,* b ⁸ 26 juillet 1715 ; s⁸ 14 août 1716.—*Marguerite-Thérèse,* b 1717 ; m ⁵ 18 août 1738, à Louis BERTRAND, s ⁵ 5 déc. 1747. —*François,* b ⁶ 20 mars 1720 ; m 10 juillet 1742, à Marie-Joseph ROBERGE, à St-Pierre, I. O. — *Antoine,* b ⁶ 12 oct. 1724 ; 1º m ⁶ 7 fevrier 1746, à Elisabeth GAGNON ; 2º m ⁶ 12 janvier 1756, à Louise ALLAIRE.

1734, (1ᵉʳ mars) ⁵
2º LAROCHE, Marie-Françoise,
  veuve de Michel Houde.
Marguerite, b... m ⁵ 26 juillet 1751, à Jean-Baptiste HOUDE.

---

(1) Voy. vol. I, p. 92.
(2) Elle épouse, le 1er février 1706, Jean Valade, à Charlesbourg
(3) Et Brosseau.
(4) Dit Hanse.

1718, (8 janvier) Québec. ¹
II.—BROUSSEAU, Michel,   [Jean I.
  navigateur, b 1690 ; s ¹ 8 avril 1744.
1º DUCLAS, Marie-Charlotte,   [François I.
  b 1698 ; s ¹ 13 juillet 1733.
Michel, b ¹ 10 juillet 1718 ; m 20 oct. 1760, à Marie-Anne VIVIER, à Charlesbourg.—*Catherine,* b ¹ 26 août 1720.—*Louis-Michel,* b ¹ 16 nov. 1723 ; m ¹ 17 juin 1748, à Madeleine LANDRY. —*Joseph-Marie,* b ¹ 11 oct. 1725 ; s ¹ 17 oct. 1727.—*Marie-Marguerite,* b ¹ 3 juin 1727 ; m ¹ 16 oct. 1747, à Jacques HÉLOUÏS.—*Augustin,* b ¹ 29 sept. 1729, m à Madeleine TARDIF. — *Jacques,* b ¹ 25 juin et s ¹ 17 juillet 1732.

1733, (18 sept.) ¹
2º LAFONTAINE (1), Marie-Anne, [Jérome-Frs I.
  b 1699 ; veuve de Timothe Provost ; s¹ 7 juin 1780.
Marie-Anne, b ¹ 19 avril 1734 ; s ¹ 15 juin 1735. —*Michel,* b ¹ 18 juin 1739 ; m à Marguerite DUSSAULT.

1718, (10 février) Pte-aux-Trembles, Q. ²
II.—BROUSSEAU (2), Jean-Bte,   [Jean I.
  b 1699 ; s 15 mars 1759, à St-Augustin. ³
PROULX, Marie-Felicite,   [Jean I.
  b 1699 ; s ⁸ 25 mars 1759.
Marie-Louise, b ² 11 dec. 1718 ; m ² 1ᵉʳ sept. 1766, à François PELLETIER.—*Marie-Joseph,* b ² 25 juillet 1720 ; s ³ 15 sept 1741. — *Jean,* b ² 21 déc. 1721 ; m ² 17 janvier 1763, à Marie-Louise GREGOIRE ; s ³ 25 juillet 1788.—*Marie-Agnès,* b ² 8 février 1724.—*Marie-Geneviève,* b ³ 25 janvier 1726, m 4 nov. 1749, à Louis MARCOU, à Québec. —*Marie-Madeleine,* b ³ 5 avril 1728.—*Joseph,* b ³ 12 juillet 1730 ; m à Marguerite PELLETIER. — *Joseph,* b ³ 1ᵉʳ sept. 1732 ; m ³ 21 nov. 1757, à Madeleine GRENON. — *Marie-Anne,* b ³ 1er sept. 1732 — *Louis-Joseph,* b ³ 15 août 1734.—*Marie-Félicité,* b ³ 18 sept. 1736.—*Michel,* b ³ 28 avril 1740, m 17 oct. 1763, à Marguerite TARDIF, à Lorette. ⁴—*Gabriel,* b ³ 7 mars 1742 ; m ⁴ 20 fevrier 1764, à Marie-Louise TARDIF.

1727, (27 avril) Beauport.
II.—BROUSSEAU, Pierre.   [Pierre I.
PARANT, Marie-Geneviève.   [Jean II.
Marie-Charlotte, b 4 février 1729, à Québec ³, s ³ 20 janvier 1730. — *Pierre-Joseph,* b ³ 3 juin 1731.—*Louis,* b ³ 19 sept. 1732, s ³ 1ᵉʳ avril 1733. —*Jean-Baptiste-Ambroise,* b ³ 7 dec. 1734, s ³ 21 juillet 1735. — *Catherine-Geneviève,* b ³ 30 avril 1736, m ³ 16 août 1757, à Charles LEFEBVRE. — *Marie-Jeanne,* b ³ 15 juin et s ³ 17 juillet 1739.— *Charles,* b ³ 22 sept. 1740. — *Pierre-Simon,* b ³ 28 mai 1745.—*Catherine,* b ³ 17 février 1747.

1728, (7 janvier) Québec. ³
III.—BROUSSEAU, Jean-Bte,   [Pierre II.
  b 1704 ; s ³ 5 juillet 1742.
LAISNÉ, Ursule (3),   [Bernard I.
  b 1704.

---

(1) Rivière dit Lafontaine-Desrivières.
(2) Dit Bruseau.
(3) Elle épouse, le 9 août 1745, Charles Rancour, à Québec.

Marie-Ursule, b ³ 19 sept. et s ³ 28 oct. 1733.—
Jean-Baptiste, b ³ 5 août 1736 ; s ³ 11 janvier
1737.—*Marie-Ignace*, b ³ 20 mai 1739 ; s³ 17 déc.
1741.

1730, (6 février) Québec. ³
III.—BROUSSEAU, CHARLES,   [PIERRE II.
   forgeron, b 1711 ; s ³ 20 avril 1759, dans
   l'église.
   ROBERGE, Thérèse.   [PIERRE I.
   Charles, b ³ 26 janvier 1731 ; s ³ 20 août 1732.
—*Marie-Thérèse*, b ³ 11 août 1732 ; s ³ 23 mai
1733.—*Jean-Charles*, b ³ 10 février 1734. — *Thérèse*, b ³ 7 mai 1735, m ³ 8 avril 1755, à Pierre
TOUPIN. — *Marie-Geneviève*, b ³ 3 oct. et s ³ 26
déc. 1736. — *Marie-Anne*, b ³ 27 nov. 1737 ; m ³
22 janvier 1759, à René TOUPIN. — *Louise*, b ³ 9
nov. 1739. — *Ursule*, b ³ 26 sept. 1741 ; s ³ 27
août 1755. — *Antoine*, b ³ 15 avril 1743 ; m 11
avril 1768, à Marie FRÉCHET, à Yamachiche.—
Raymond, b ³ 17 oct. 1745. — *Pierre*, b ³ 29 janvier 1747 ; s ³ 18 nov. 1748.—*Marie-Elisabeth*, b ³
30 juin et s ³ 20 juillet 1749.—*Nicolas*, b ³ 20 nov.
1750.—*Raymond*, b 26 août 1755, à Sorel.

III.—BROUSSEAU, MICHEL,   [MICHEL II.
   b 1718 ; s avant 1760.
   VIVIER, Marie-Anne.
   Michel, b... m 20 oct. 1760, à Marie-Joseph
PEPIN, à Charlesbourg.

BROUSSEAU, PIERRE,
   b 1704 ; s 4 nov. 1750, à Québec. ²
   LAROCHE, Françoise.
   Antoine, b ² 20 juillet et s ² 4 août 1735.—
Marie-Marguerite, b ² 20 juillet 1735.

1741, (6 février) Lachenaye. ³
III.—BROUSSEAU, JOSEPH,   [NICOLAS II.
   navigateur, b 1711 ; s 13 juillet 1758, à
   Québec. ²
   BOUTILLET, Marie-Anne,   [ANDRÉ II.
   b 1717.
   Joseph-Marie, b ³ 16 nov. 1741 ; s ³ 2 sept.
1749.—*Antoine*, b 1743 ; m à Marie-Anne PETIT.
—*Joseph*, b 1745 ; m 1775, à Rose OUIMET.—
Elisabeth, b ³ 24 juillet 1746. — *André*, b ³ 23
mars 1748 ; m 5 oct. 1772, à Marie-Elisabeth
ALARD, à St-Henri-de-Mascouche. ⁴—*Marie-Marguerite*, b ³ 10 mai 1750.—*Félix*, b ⁴ 5 mai 1751 ;
s ³ 25 mars 1753. — *Louis-Marie*, b ² 22 et s ² 28
mai 1756.—*Marie-Anne*, b... m ⁴ 30 janvier 1769,
à Jacques BEAUCHAMP , s ⁴ 31 août 1771.

1742, (10 juillet) St-Pierre, I. O.
III.—BROUSSEAU, FRANÇOIS,   [PIERRE II.
   forgeron, b 1720 ; s 9 juin 1744, à Québec. ³
   ROBERGE, Marie-Joseph (1),   [CHARLES II.
   b 1721.
   Marie-Joseph, b ³ 20 mai et s ³ 31 oct. 1743.—
François-Xavier (posthume), b ³ 19 oct. 1744.

(1) Elle épouse, le 13 mai 1748, Jean Gilbert, à Québec.

III.—BROUSSEAU, MICHEL, .   [MICHEL II.
   b 1739 , s avant 1763.
   DUSSAULT, Marguerite,
   s avant 1763.
   Augustin, b... m 10 janvier 1763, à Françoise
BOULET, à St-Thomas.

1746, (7 février) Québec. ⁴
III.—BROUSSEAU, ANTOINE,   [PIERRE II.
   forgeron, b 1724.
   1° GAGNON, Elisabeth,   [JOSEPH II.
   b 1719 ; s ⁴ 25 avril 1754.
   Antoine, b ⁴ 7 nov. 1746 ; s ⁴ 16 déc. 1748.—
Antoine-Pierre, b ⁴ 9 janvier 1749. — *Joseph*, b ⁴
14 janvier 1751. — *Marie-Elisabeth*, b ⁴ 20 nov.
1752. — *Marie-Angèle*, b ⁴ 2 avril 1754 ; s ⁴ 25
nov. 1758.
   1756, (12 janvier). ⁴
   2° ALLAIRE, Louise,   [JOSEPH III.
   b 1738.
   Louis, b ⁴ 12 août 1757 ; s ⁴ 10 janvier 1758.—
Louis-Charles, b ⁴ 12 déc. 1758 ; s 20 nov. 1762,
à St-Michel.⁵—*Pierre-Simon*, b ⁵ 27 oct. 1760, s⁵
3 déc. 1762.

1748, (17 juin) Québec. ¹
III.—BROUSSEAU, MICHEL-LOUIS,   [MICHEL II.
   charpentier, b 1723.
   LANDRY, Marie-Madeleine,   [CLAUDE II.
   b 1715 ; veuve de Jacques Moran.
   Madeleine, b ¹ 5 mars 1749 ; s ¹ 3 oct. 1750.—
Marie-Louise, b ¹ 18 déc. 1750 ; s ¹ 19 sept. 1751.
— *Louis*, b ¹ 4 oct. 1752 ; m 26 février 1770, à
Françoise BAUDOIN, à Varennes. — *Joseph*, b
1766 ; s 24 mars 1767, à Repentigny. ² — *Joseph*,
b... m ² 3 mai 1790, à Marie-Joseph AR-
CHAMBAULT. — *Marie-Angélique*, b ² 19 juillet
1767.—*Jean-Baptiste*, b ² 19 février et s ² 16 oct.
1769.—*Joseph*, b ² 14 sept. 1770 ; s ² 25 oct. 1772.
—*Marie-Joseph*, b ² 14 mai 1775.

III.—BROUSSEAU, JEAN-BTE.—Voy. ROUSSEAU
de 1743.

1750, (7 avril) Québec. ³
I.—BROUSSEAU, LÉONARD (1), fils de Jean et
   de Marie Bonet, de St-Pierre, diocèse de
   Limoges.
   BARBIER, Marguerite,   [JACQUES I.
   b 1735.
   Marguerite, b 27 avril 1752, à Chambly ; s ³ 21
sept. 1754.—*Léonard*, b ³ 7 nov. 1760 ; s ³ 24 juin
1763.—*Pierre*, b ³ 23 juillet 1763.

III.—BROUSSEAU, JOSEPH,   [JEAN-BTE II.
   b 1730.
   PELLETIER, Marguerite (2),   [FRANÇOIS III.
   b 1738.

(1) Soldat canonier de Sabrevois.
(2) Elle épouse, le 7 février 1774, François LeValois, à Québec.

1757, (21 nov.) Quebec.
III.—BROUSSEAU, Joseph, [Jean II.
b 1732.
GRENON, Madeleine, [Joseph III.
b 1738.
Louis-François, b 5 mai 1760, à Lachenaye.

1760, (20 oct.) Charlesbourg.
IV—BROUSSEAU, Michel. [Michel III.
PEPIN, Marie-Joseph. [Louis III.

1763, (10 janvier) St-Thomas.
IV.—BROUSSEAU, Augustin. [Michel III.
BOULET, Françoise, [Alexis III.
b 1741.

1763, (17 janvier) Pte-aux-Trembles, Q. [5]
III.—BROUSSEAU, Jean-Bte, [Jean-Bte II.
b 1721; s 25 juillet 1788, à St-Augustin.
GRÉGOIRE, Marie-Louise, [Ignace II.
b 1734.
Marie-Félicité, b [5] 2 mars 1764.—Jean-Baptiste, b [5] 16 mars 1765.

1763, (17 oct.) Lorette.
III.—BROUSSEAU, Michel, [Jean II.
b 1740.
TARDIF, Marguerite, [François IV.
b 1742.

1764, (20 fevrier) Lorette.
III.—BROUSSEAU, Gabriel, [Jean II.
b 1742.
TARDIF, Marie-Louise, [François IV.
b 1744.

1765, (11 février) Rivière-Ouelle.
III.—BROUSSEAU, Augustin, [Nicolas II.
b 1725.
BÉRUBÉ, Angélique, [André III.
b 1740.

BROUSSEAU, Paul.
Marie-Archange, b 20 janvier 1769, à Lachenaye.

BROUSSEAU, Gabriel.
LALONDE, Marie-Louise.
Marie-Louise, b 12 dec. 1768, à Lachenaye.

1768, (11 avril) Yamachiche.
IV.—BROUSSEAU, Antoine, [Charles III.
b 1743.
FRÉCHET, Marie. [François III.

1770, (26 février) Varennes.
IV.—BROUSSEAU, Louis, [Louis III.
b 1752.
BAUDOIN, Françoise, [Claude III.
b 1738, veuve de Michel Petit.

1772, (5 oct) St-Henri-de-Mascouche.
IV.—BROUSSEAU, André, [Joseph III.
b 1748.
ALARD, Marie-Elisabeth. [Joseph III.

1775.
IV.—BROUSSEAU, Joseph, [Joseph III.
b 1745.
OUIMET, Rose.
Rose, b 21 juin 1776, à Lachenaye.

IV.—BROUSSEAU (1), Antoine, [Joseph III.
b 1743; s avant 1787.
PETIT, Marie-Anne,
s avant 1787.
Marie-Anne, b... m 16 juillet 1787, à Joseph FILION, à Lachenaye.

III.—BROUSSEAU, Augustin, [Michel II.
b 1729.
TARDIF, Madeleine.
Augustin, b... m 10 janvier 1791, à Marie-Anne TRUDEL, à St-Augustin.

BROUSSEAU, Jean-Bte. — Voy. Rousseau de 1771.

BROUSSEAU, Jean-Bte.
DUBÉ, Angélique.
Jean-Baptiste, b 13 sept. 1772, à Lachenaye.—
Marie-Angélique, b 1784, s 4 février 1788, à Repentigny.[1]—Un fils, b [1] 3 juillet 1788.— Charles, b [1] 21 juin et s [1] 1er sept. 1791 —Marie-Françoise, b [1] et s [1] 9 juillet 1792.— Marie-Angélique, b [1] 5 juin et s [1] 25 juillet 1793. — Marie-Thérèse, b [1] 7 sept. 1794.

BROUSSEAU, Nicolas-Pierre.
CREVIER-BELLERIVE, Marie.
Joseph, b 4 sept. 1791, au Cap-de-la-Madeleine[1]; s [1] 8 sept. 1792.

1790, (3 mai) Repentigny. [6]
IV.—BROUSSEAU, Joseph [Michel-Louis III.
ARCHAMBAULT, Marie-Joseph, [Jean-Bte V.
b 1767.
Marie-Joseph, b [6] 13 oct. 1790.—Marie-Esther, b [6] 2 nov. 1791; s [6] 23 fevrier 1793.—Pierre, b [6] 18 nov. 1792.—Jean-Baptiste, b [6] 12 janvier 1794. —Marie, b [5] 3 mai 1795.

1791, (10 janvier) St-Augustin. [6]
IV.—BROUSSEAU, Augustin. [Augustin III.
TRUDEL, Marie-Anne, [Alexandre IV.
veuve de Charles Petitclerc.
Madeleine, b [6] 18 nov. 1791.—Augustin, b [6] 15 juin 1793. — Marie-Joseph, b [6] 16 juin 1794. — Thérèse, b [6] 2 nov. 1795.

BROUSSEAU, Augustin. — Voy. Brousson de 1794.

1689, (18 janvier) Batiscan. [1]
I.—BROUSSON, François (2),
b 1666; s 8 juin 1740, à Ste-Anne-de-la-Perade. [4]
COLET, Marie-Jeanne, [Jean I.
b 1673, s [4] 12 août 1713.

---

(1) Dit Lafond
(2) Voy. vol. 1, p. 92.

Luc, b ⁴ 2 janvier 1701; 1° m ⁴ 12 août 1726, à Marie-Madeleine HORSON; 2° m ¹ 5 sept. 1746, à Thérèse BROUILLET; s ⁴ 26 dec. 1769.—*Marie-Anne*, b ⁴ 28 avril 1705; m ⁴ 21 avril 1732, à Jean-Baptiste HORSON.—*Ambroise*, b ⁴ 31 août 1707; m ⁴ 22 août 1735, à Marie-Joseph GERVAIS; s ⁴ 30 juillet 1753. — *Pierre*, b ¹ 27 août 1696; m 20 février 1730, à Marie-Joseph LANGLOIS, à Varennes.

1726, (12 août) Ste-Anne-de-la-Pérade. ⁵
II.—BROUSSON, LUC (1).   [FRANÇOIS I.
   b 1701 ; s ⁵ 26 dec. 1769.
   1° HORSON, Marie-Madeleine,   [SIMON I.
     b 1702 ; s ⁵ 6 juin 1745.
   François, b ⁵ 9 avril et s ⁵ 14 juin 1727. — *Anonyme*, b ⁵ et s ⁵ 9 avril 1727.—*Marie-Joseph*, b ⁵ 20 avril 1728. — *Louis*, b ⁵ 19 mai 1730.— *Marie-Marguerite*, b ⁵ 12 juillet 1732, m ⁵ 21 janvier 1759, à François GERVAIS.—*Apolline-Madeleine*, b ⁵ 8 janvier 1736; m ⁵ 23 nov. 1760 à Hugues ROUSSE.—*Pierre*, b ⁵ 22 juillet 1740.

       1746, (5 sept.) Batiscan.
   2° BROUILLET, Thérèse,   [JEAN I.
     b 1715 ; s ⁵ 25 janvier 1778.
   Jean-Baptiste, b ⁵ 5 et s ⁵ 8 juillet 1747.— *Apolline*, b... — *Marie-Thérèse*, b ⁵ 28 février et s ⁵ 2 mars 1749.— *Anonyme*, b ⁵ et s ⁵ 15 janvier 1750.— *Joseph-Alexis*, b ⁵ 18 nov. 1752.— *Marie-Elisabeth*, b ⁵ 11 mars 1755; m ⁵ 16 janvier 1775, à Joseph VALLÉE.—*François*, b ⁵ 24 fevrier 1757.

II.—BROUSSON, ETIENNE,   [FRANÇOIS I.
   PAPLAU (2), Marie-Madeleine,   [JEAN-BTE I.
    b 1703.
   Marie-Joseph, b 5 avril 1729, à Ste-Geneviève. ⁶ —*Marie-Madeleine*, b ⁶ 13 avril 1732. — *Marguerite*, b ⁶ 30 mai et s ⁶ 2 juin 1734. — *François-Xavier*, b ⁶ 30 nov. 1736 ; m à Marie-Anne LEFEBVRE.

       1730, (20 février) Varennes. ³
II.—BROUSSON (3), PIERRE,   [FRANÇOIS I.
   b 1696.
   LANGLOIS, Marie-Joseph,   [ANDRÉ II.
    b 1704.
   Joseph, b... m ³ 14 fevrier 1757, à Marie-Joseph BUREL.—*Pierre*, b... m ³ 24 oct. 1761, à Françoise CHARON.—*Augustin*, b... m ³ 2 fevrier 1761, à Marie-Louise AMIOT.

       1735, (22 août) Ste-Anne-de-la-Pérade.⁴
II.—BROUSSON (4), AMBROISE,   [FRANÇOIS I.
   b 1707, s ⁴ 30 juillet 1753.
   GERVAIS, Marie-Joseph (5),   [JEAN-BTE I.
    b 1714.
   Ambroise, b ⁴ 21 déc. 1735 ; m à Marie-Angélique ROUSSEL.—*Agathe*, b ⁴ 3 juin 1737.— *Jean-Baptiste*, b ⁴ 15 sept. 1739.—*Marie-Joseph*, b ⁴ 12 juin 1742 ; s ⁴ 22 juin 1743. — *Pierre-Joseph*, b ⁴ 19 avril 1744.—*Marie-Joseph*, b ⁴ 26 juin 1746.— *Anonyme*, b ⁴ et s ⁴ 8 oct. 1748.—*Marie-Thérèse*, b ⁴ 1ᵉʳ nov. 1749; m 14 nov. 1768, à Pierre VANDANDAIQUE, à St-Antoine-de-Chambly. — *Marie-Marguerite*, b ⁴ 19 mars 1752; m 1773, à Louis-Joseph SARCELIER.

       1757, (14 février) Varennes.
III.—BROUSSON (1), JOSEPH.   [PIERRE II.
   BUREL, Marie-Joseph.   [MICHEL II.
   Augustin, b... m 3 février 1794, à Marie-Joseph GAGNÉ, à Repentigny.

       1761, (2 fevrier) Verchères.
III.—BROUSSON (1), AUGUSTIN,   [PIERRE II.
   AMIOT, Marie-Louise,   [JEAN-BTE IV.
    b 1729 ; veuve de François Quintal.

       1761, (24 oct.) Varennes.
III.—BROUSSON (1), PIERRE.   [PIERRE II.
   CHARON, Françoise.   [CHARLES III.

       1763.
III.—BROUSSON (2), AMBROISE,   [AMBROISE II.
   b 1735.
   ROUSSEL (3), Marie-Angélique.   [ANTOINE II.
   Pierre-Ambroise, b 13 janvier 1764, à Ste-Anne-de-la-Perade.⁴ — *Marie-Angélique*, b ⁴ 20 avril et s ⁴ 17 août 1766.—*Joseph-Antoine*, b ⁴ 7 fevrier 1768.

III.—BROUSSON, FRS-XAVIER,   [ETIENNE II.
   b 1736.
   LEFEBVRE, Marie-Anne.
   Marie-Joseph, b 18 mars 1772, à Ste-Anne-de-la-Perade.

       1794, (3 février) Repentigny. ⁶
IV.—BROUSSON (2), AUGUSTIN.   [JOSEPH III.
   GAGNÉ, Marie-Joseph.   [PIERRE.
   Marie-Joseph, b ⁶ 19 avril 1794.

I.—BROUX, ANNE, b... 1° m à Pierre MAGRIGRI ; 2° m 2 fevrier 1750, à Louis LOISEL, à Québec.

I.—BROWN, GEORGE (4).

I.—BROWN, JOSEPH.
   WELLS, Marie,
    b 1756, de Cork, Irlande; s 17 août 1782, à Québec.

BROWN, MARIE-ANNE, b... m 7 janvier 1783, à John KENNY, à Quebec.

I.—BROWN (5), FRANÇOIS.
   CAOUETTE, Ursule.
   Marie-Louise, b 13 oct. 1764, à l'Islet.

---

(1) Dit Lafleur—Brunsard—Brosson.
(2) Dit Périgny.
(3) Dit Lafleur.
(4) Dit Lafleur, 1737.
(5) Elle épouse, le 7 avril 1701, Joseph Bercier, à Ste-Anne-de-la-Pérade.

(1) Dit Lafleur et Brosseau.
(2) Dit Lafleur et Brousseau, 1764.
(3) Sansoucy, 1766.
(4) Anglais presbytérien ; il fait abjuration le 16 avril 1752, à Ste-Anne-de-la-Pocatière.
(5) Dit Brume.

1789, (26 mai) Quebec.
I.—BROWN, Guillaume, fils d'André-Jacques et d'Anne Danted.
LEMAITRE, Marie. [JEAN I.

1732, (26 oct) Québec. [4]
I.—BRUGEVIN, Louis, fils de Jean et de Marguerite Poitreau, de St-Roch, Paris.
VÉRIEUL (1), Marie-Joseph, [NICOLAS II.
b 1712.
Jean-Baptiste, b [4] 1er avril et s [4] 13 juillet 1735.—Marie-Joseph, b [4] 5 mai 1736.— Joseph, b [4] 29 sept. 1737. — Marie-Louise, b [4] 13 mars 1740.—François-Régis, b [4] 12 déc. 1741; s [4] 9 février 1742.—Anne, b [4] 9 avril 1743.—Louise, b... m 7 février 1757, à Joseph-Alexandre RENAULT, à Batiscan.

I.—BRUGEVIN, PIERRE.
BONNEAU (2), Marie-Joseph, [AUGUSTIN II.
b 1712.
Marie-Joseph, b... m 2 février 1761, à Joseph BEZEAU, à Quebec.

I.—BRUGIÈRE, AMABLE (3).
DELISLE (4), Catherine.
Jean-Baptiste-Amable, b 1736; s 4 janvier 1750, à Montreal.[1]— Pierre, b 1738; s [1] 17 sept. 1740.—Louis-François, b [1] 15 avril 1741.—Marie-Jeanne, b [1] et s [1] 28 août 1745.

BRULÉ.—Voy. FRANCŒUR.

I.—BRULÉ (5), ANTOINE,
b 1655; s 14 mai 1743, à l'Ile-Dupas. [4]
1° COTTENOIRE, Marie-Renee, [ANTOINE I.
s 10 février 1711, à Sorel.[5]
Alexis, b [5] 6 avril 1708; s [4] 26 avril 1731.—Anonyme, b [5] et s [5] 6 février 1711.—Marie-Madeleine, b...; m [5] 13 février 1736, à Antoine MOREAU.—Louis, b... m [5] 13 février 1736, à Marie-Madeleine BILLY.

1711, (1er nov.) Montréal.
2° MELAIN, Marie-Angelique, [LOUIS I.
veuve de Pierre Moreau.
Marie-Joseph, b [5] 15 août 1712; m [4] 30 nov. 1730, à Daniel NORMANDIN. — Madeleine, b [5] 6 juin 1714.—Jacques, b [5] 22 août 1717. — André, b [5] 25 et s [5] 30 juin 1723.—Antoine, b [5] 29 déc. 1724; m à Marie-Joseph ETHIER.—Marguerite, b... m [4] 1er juin 1739, à Louis BALARD.—Joseph, b... 1° m 1749, à Marie-Anne SYLVESTRE; 2° m 1753, à Marie PLANTE.

1736, (13 février) Sorel.
II.—BRULÉ, Louis. [ANTOINE I.
BILLY (6), Marie-Madeleine, [GUILLAUME II.
b 1717.

(1) Vergueur ou Védieu.
(2) Dit la Bécasse.
(3) Huissier.
(4) Dit Lardoise.
(5) Dit Francœur.
(6) Dit St-Louis, 1743.

Alexis, b 7 et s 15 juillet 1738, à l'Ile-Dupas.[7] Joseph, b [7] 23 juillet 1739. — Jean-Baptiste, b [7] 1er avril 1743.

1749.
II.—BRULÉ, JOSEPH. [ANTOINE I.
1° SYLVESTRE, Marie-Anne, [NICOLAS II.
b 1732.
Joseph-Charles, b 8 nov. 1750, à l'Ile-Dupas [1]; m [1] 30 janvier 1775, à Marie-Anne LAURENDEAU.—Marie-Madeleine, b [1] 16 juillet 1752. — Alexis, b... m [1] 22 janvier 1781, à Marie LAMY.
1753.
2° PLANTE, Marie-Jos.-Thérèse, [JOSEPH III.
b 1734.
Marie-Charlotte, b [1] 10 mars 1754.

1753.
II.—BRULÉ, ANTOINE, [ANTOINE I.
b 1724.
ETHIER, Marie-Joseph, [ETIENNE.
b 1735.
Marie-Joseph, b 29 nov. 1753, à l'Ile-Dupas [2]—Jean-Baptiste, b [2] 15 déc. 1754; s [2] 16 janvier 1755.—Antoine, b [2] 5 février 1759.

1775, (30 janvier) Ile-Dupas.
III.—BRULÉ, JOSEPH-CHARLES, [JOSEPH II.
b 1750.
LAURENDEAU, Marie-Anne, [JOSEPH-LOUIS II.
b 1755.

1781, (22 janvier) Ile-Dupas.
III.—BRULÉ, ALEXIS. [JOSEPH II.
LAMY, Marie. [JEAN-BTE III.

BRULEVILLAGE.—Voy. CHARLES, 1739.

I.—BRULEVILLAGE, JEAN-BTE (1),
s 19 février 1711, à Montreal.

BRULOT.—Voy. GESSERON.

BRUN.—Variations et surnoms : BRANE—LEBRUN—LEBREUX.

I.—BRUN (2), FRANÇOIS,
b 1688; s 5 sept. 1723, à Montréal.

I.—BRUN, MARIE (Acadienne), épouse de Jean-Baptiste MARTIN; s avant 1763.

BRUN, ANNE (Acadienne), épouse de Pierre MIREAU.

BRUN, BRIGITTE (Acadienne), épouse de Pierre ORION.

BRUN, MARIE, épouse de Michel POIRIER; s avant 1759.

(1) Soldat de la compagnie de Tonty
(2) Dit LeBreton, soldat de la compagnie de Portneuf.

1758, (6 février) Ste-Anne.

I.—BRUN (1), PIERRE, fils de George et de Marie Pointé, de St-Antoine-du-Pigeon, diocèse de Perigueux.
PARÉ, Marie-Madeleine,   [ETIENNE III.
b 1730.

BRUNEAU.—Voy. PETIT-BRUNEAU.

1669, (9 oct.) Québec.

I.—BRUNEAU (2), FRANÇOIS,
b 1638.
PREVOST, Marie (3),   [ANTOINE I.
b 1650.
Mathurin, b 23 avril 1673, à L'Ange-Gardien.[2] —*Pierre,* b... m 3 juin1714, à Catherine CHAPLAIN, aux Grondines. — *François,* b[2] 22 juin 1675; 1° m 21 février 1702, à Madeleine BOURGOIN, à Beauport[3]; 2° m[3] 9 nov. 1722, à Marguerite LEPINET; s[3] 23 juillet 1731.

1702, (21 février) Beauport.[7]

II.—BRUNEAU, FRANÇOIS,   [FRANÇOIS I.
b 1675, s[7] 23 juillet 1731.
1° BOURGOIN (4), Marie-Madeleine,   [PIERRE I.
b 1683; s[7] 14 juin 1722.
Jacques-François, b[7] 24 déc. 1702; s[7] 14 avril 1703.—*Marie-Madeleine,* b[7] 13 février 1705; m[7] 4 nov. 1727, à Jean DUPRAC.—*François,* b[7] 30 juillet 1707; m[7] 24 février 1732, à Madeleine LEPINET.—*Marie-Catherine,* b[7] 14 sept. 1709; m[7] 24 juillet 1730, à Jacques GLINEL; s[7] 21 avril 1731.—*Joseph,* b[7] 4 février 1712; m 20 nov. 1741, à Marie-Jeanne DENEAU, à Laprairie. — *Marie,* b[7] 24 janvier 1715; m[7] 25 oct. 1734, à Jean PROTEAU. — *Charles,* b[7] 8 août 1717; m[7] 27 juillet 1744, à Louise LAMOTTE. — *Marie-Anne-Joseph,* b[7] 9 février 1720; m[7] 8 oct. 1742, à François PROTEAU.—*Geneviève,* b[7] 14 juin 1722; m[7] 24 janvier 1763, à Louis PROTEAU.

1722, (9 nov.)[7]
2° LEPINET, Marguerite (5).   [JEAN I.
Jean-Baptiste, b[7] 12 août et s[7] 15 sept. 1723. —*Marie-Anne,* b[7] 9 oct. 1724; m[7] 6 nov. 1747; à Alexandre BOISSEL.—*Jean-Baptiste,* b[7] 21 juin 1727; m[7] 19 avril 1751, à Marie-Cécile RÉAUME.— *Marie-Anne,* b[7] 23 mars 1729; m[7] 24 janvier 1752, à Vincent GIROUX.—*Louis,* b[7] 21 août 1731.

I.—BRUNEAU (6), ... de St-Donatien, diocèse de Nantes; b 1693; s 13 avril 1745, à Montréal.

---

(1) Dit St-Antoine, soldat au régiment de Berry, compagnie de Goffreteau.
(2) Marié sous le nom de Druineau; voy. vol. I, p. 202.
(3) Elle épouse, le 15 sept. 1681, Jean Chauvet, à Québec.
(4) Pour Bourgouin.
(5) Elle épouse, le 19 avril 1735, Gouasin Guy, à Beauport.
(6) Dit Lapierre.

1714, (3 juin) Grondines.[2]

II.—BRUNEAU, PIERRE,   [FRANÇOIS I.
b 1714.
CHAPLAIN, Catherine,   [BERNARD II.
b 1676; veuve de Jacques LeBrun; s 29 août 1743, à Deschambault.
Louis-Joseph, b 24 août 1715, à Champlain; m[2] 5 février 1742, à Marie-Joseph BRUNET.

BRUNEAU, PIERRE, b 1686; s 22 oct. 1756, à Contrecœur.

1732, (24 février) Beauport.[4]

III.—BRUNEAU, FRANÇOIS,   [FRANÇOIS II.
b 1707.
LEPINET, Madeleine.   [JEAN II.
Marie-Michelle, b[4] 3 et s[4] 17 sept. 1733.— *Joseph,* b[4] 22 janvier 1735; m[4] 28 janvier 1754, à Louise GIROUX. — *Marie-Françoise,* b[4] 4 nov. et s[4] 6 déc. 1736. — *Louise,* b[4] 28 avril 1738, m[4] 24 nov. 1755, à Joseph MARCOU.—*Hélène,* b[4] 7 et s[4] 22 juillet 1740. — *Marie-Michelle,* b[4] 14 avril et s[4] 12 juin 1742. — *François,* b[4] 17 et s[4] 20 août 1743. — *Marie-Madeleine,* b[4] 8 janvier 1745; s[4] 12 oct. 1748.—*Marie-Marguerite,* b[4] 19 janvier et s[4] 14 août 1747. — *François,* b[4] 11 mai 1749; s 6 juillet 1796, à Quebec.[2] — *Madeleine,* b[4] 30 et s[4] 31 oct. 1750. — *Louis,* b[4] 24 mars et s[4] 19 juillet 1752.—*Marie-Angélique,* b[4] 23 août 1754, m[3] 17 août 1787, à Jean-Baptiste MANSEAU; s[2] 16 juin 1788.—*Marie-Françoise,* b[4] 20 août et s[4] 10 sept. 1755. — *Françoise,* b 30 juillet 1759, à Charlesbourg; s[4] 8 sept. 1759.

1741, (20 nov.) Laprairie.

III.—BRUNEAU, JOSEPH,   [FRANÇOIS II.
b 1712.
DENEAU, Marie-Jeanne,   [JACQUES II.
b 1717.

1742, (5 février) Grondines.[5]

III.—BRUNEAU, LOUIS-JOSEPH,   [PIERRE II.
b 1715.
BRUNET, Marie-Joseph,   [FRANÇOIS I.
b 1703, s[5] 17 sept. 1778.
Louis-Joseph, b 21 nov. 1742, à Deschambault[3] — *Louis-Joseph,* b[3] 1er et s[3] 12 mars 1744.— *Jacques,* b[3] 1er et s[3] 10 mars 1744.—*Marie-Angélique,* b[5] 19 avril 1745.—*Marie-Françoise,* b[5] 5 oct 1746.—*François,* b[5] 21 avril 1748.—*Marie-Joseph,* b[5] 12 mars 1750. — *Marie-Rose,* b[5] 28 juin 1753.—*Judith,* b[5] 14 avril 1756.

BRUNEAU, JOSEPH,
s avant 1765.
SICARD, Agathe.
Pierre, b 1745; m 8 juin 1765, à Ursule JUTRAS, à l'Ile-Dupas[5]; s[5] 5 déc. 1773.

1744, (27 juillet) Beauport.[5]

III.—BRUNEAU, CHARLES,   [FRANÇOIS II.
b 1717.
LAMOTTE, Louise,   [FRANÇOIS I.
b 1721.
Charles, b[5] 2 juin 1745. — *Marie-Michelle,* b[5] 17 juillet 1746; s[5] 24 juin 1747. — *François,* b[5]

11 nov. 1747; s ⁵ 20 déc. 1748.—*François*, b ⁵ 28 janvier 1749.—*Marie-Françoise*, b ⁵ 29 sept. 1750. —*Louis-Joseph*, b ⁵ 18 mars et s ⁵ 25 août 1752.— *Marie-Louise*, b ⁵ 28 mai 1753.—*Joseph-Joachim*, b ⁵ 20 mars 1755.—*Marie-Geneviève*, b ⁵ 2 janvier 1757.—*Paul-Marie*, b ⁵ 10 sept. 1758. — *Joseph*, b ⁵ 29 juillet 1760.—*Marie-Geneviève*, b ⁵ 17 janvier 1763.

1745, (19 février) Baie-du-Febvre. ¹
I.—BRUNEAU (1), PIERRE, fils de Pierre et de Catherine Lamignon, de Lamignon, diocèse d'Angers.
1º LANIEL, Marguerite,   [JULIEN I.
   b 1710, veuve de Jacques Lefebvre ; s ⁷ 24 nov. 1751.
Pierre, b ⁷ 26 juin 1745 ; s ⁷ 17 sept. 1749.— *Michel*, b ⁷ 5 et s ⁷ 14 juillet 1747.—*Marie-Louise*, b ⁷ 23 nov. 1749.

        1752, (1ᵉʳ mai). ⁷
2º DESROCHERS, Madeleine,   [PIERRE III.
   b 1724.

1751, (19 avril) Beauport. ⁷
III.—BRUNEAU, JEAN,   [FRANÇOIS II.
   b 1727.
RÉAUME, Marie-Cécile,   [JEAN-BTE III.
   b 1734.
Marie-Anne, b ⁷ 15 mars 1752 ; m ⁷ 16 nov. 1767, à Michel-Ange GRENIER. — *Alexandre*, b ⁷ 15 mai 1754. — *Jean*, b ⁷ 30 août 1756. — *Jean-Baptiste*, b ⁷ 26 juin 1758 ; s ⁷ 17 oct. 1759.— *Jean-Baptiste*, b ⁷ 6 février 1760. — *Joseph-Noel*, b ⁷ 20 juillet 1762.

1754, (28 janvier) Beauport. ¹
IV.—BRUNEAU, JOSEPH,   [FRANÇOIS III.
   b 1735.
GIROUX, Louise-Angélique,   [JOSEPH III.
   b 1737.
Marie-Madeleine, b ¹ 19 juillet et s ¹ 25 sept. 1755.—*Marie*, b ¹ 26 août 1756.—*Marie-Geneviève*, b ¹ 8 août 1758.—*Jean-Charles*, b ¹ 4 nov. 1760 , s ¹ 15 juillet 1761.—*Marie-Madeleine*, b ¹ 8 avril 1763.

1757, (23 mai) Montréal.
I.—BRUNEAU, MARCEL, b 1727, fils de Marcel et de Nicole Cheveau, de St-Marcel, Orleans.
LÉONARD, Catherine,   [JOSEPH III.
   b 1735.

BRUNEAU, MARIE, épouse de Sebastien BRISSON.

BRUNEAU, MADELEINE, épouse de Pierre FRANCŒUR.

BRUNEAU, GENEVIÈVE, épouse de Pierre HUS.

BRUNEAU, MARGUERITE, épouse de Michel LAVALLÉE.

BRUNEAU, CATHERINE, épouse de Jean MONET.

(1) Dit Laviolette.

BRUNEAU, JEANNE, épouse d'Alexandre TERNI.

1758, (30 janvier) Québec. ³
I.—BRUNEAU, GUILLAUME-PIERRE (1), marchand ; fils de Jacques et de Brigitte Champeau, de Notre-Dame-la-Petite, ville de Poitiers.
MORIN (2), Marie-Elisabeth,   [JOSUÉ II.
   b 1739 ; s ² 22 dec. 1780.
Elisabeth, b ² 10 et s ² 12 oct. 1759.—*Pierre*, b ² 22 juillet 1761 ; m ² 30 août 1785, à Marie-Anne ROBITAILLE.—*Marie-Elisabeth*, b ² 21 juin 1763.—*Jacques*, b... — *Jean*, b... — *Louise*, b... m ² 18 août 1789, à Antoine DESTRAMPES.— *Marie-Anne*, b... m ² 9 mai 1797, à Joseph ROUTIER.

1765, (8 juin) Ile-Dupas. ⁸
BRUNEAU, PIERRE,   [JOSEPH.
   s ³ 5 dec. 1773.
JUTRAS, Ursule,
   veuve de Jean-Baptiste Loiseau.

BRUNEAU, FRANÇOIS.
MITRON, Françoise.
Anonyme, b et s 3 mars 1776, au Château-Richer. ⁴—*Joseph*, b ⁴ 3 mars et s ⁴ 17 avril 1776

1785, (30 août) Québec.
II.—BRUNEAU, PIERRE,   [PIERRE I.
   b 1761.
RODITAILLE, Marie-Anne.   [PIERRE IV.

BRUNEAU, JACQUES.
1º MERCIER, Marguerite.
   1822, (15 oct.) St-Jean-Deschaillons.
2º LEBEL, Geneviève.   [LOUIS.

BRUNEL.—*Variations et surnoms* : BEAUFORT —LIMOUSIN—DE LA SABLONNIÈRE—BRUNET.

BRUNEL, CATHERINE, épouse d'Honoré DAVID.

1677, (1ᵉʳ avril) Boucherville.
I.—BRUNEL (3), JEAN,
   b 1650.
RICHAUME, Marie-Madeleine,   [PIERRE I.
   b 1662, s 10 janvier 1722, à Montréal ⁹
Marie-Anne, b 25 mars 1683, à Contrecœur⁶ ; 1º m 1710, à Pierre GONILLARD ; 2º m ⁹ 13 dec. 1717, à Jean-Baptiste MARET. — *Jean*, b 1687 ; m ⁹ 23 janvier 1719, à Louise MALGUE ; s ⁹ 18 juin 1753.—*Pierre*, b 1691, m ⁹ 28 nov. 1741, à Madeleine DUPILLE.—*Marguerite*, b 1694, m ⁹ 10 février 1716, à Antoine EMERY. — *Augustin*, b 1696, m 28 juillet 1721, à Elisabeth JETTE, à St-Ours⁷, s ⁷ 26 dec.1725 —*Elisabeth*, b ⁹ 20 avril 1698 ; 1º m ⁹ 28 février 1724, à Pierre BUISSON ; 2º m ⁹ 17 sept. 1742, à Joseph ETIENNE.—*Joseph*, b 1700 ; s ⁹ 18 oct. 1720 —*Angélique*, b ⁶ 21 mai 1704 ; m ⁹ 27 nov. 1724, à Seraphin BOURGAUD. —

(1) Il signe Pierre en 17..
(2) Dit Chennevert.
(3) De la Sablonnière. Voy. vol. I, p. 93.

Etienne-Joseph, b ⁹ 14 mai 1707; s ⁹ 20 août 1708. — *Jacques*, b... m 1722, à Catherine Bourgaud. — *François*, b... m 31 oct. 1732, à Agathe Quintal, à Nicolet.

1677, (24 nov.) Boucherville.⁴

I.—BRUNEL (1), Jacques,
  b 1645; s avant 1717.
Bertault, Suzanne,   [Jacques I.
  b 1657.
Marie, b... m ⁴ 3 février 1717, à Augustin Lightpil. — *Suzanne*, b ⁴ 23 mai 1683; m ⁴ 29 nov. 1711, à Denis Baron. — *Geneviève*, b ⁴ 25 mars 1692; m 19 oct. 1723, à Etienne Girard, à Varennes.

1704, (31 mars) Varennes.³

II.—BRUNEL, Jacques,   [Jacques I.
  b 1680; s avant 1734.
Bernard (2), Anne,   [Jean I.
  b 1685; s 24 avril 1752, à la Longue-Pointe.⁴
Jacques, b ³ 9 dec. 1704; m ³ 7 mai 1731, à Angelique Barabé. — *Jean-Baptiste*, b ³ 26 sept. 1706; m ⁴ 24 mai 1734, à Suzanne Goguet. — *Joseph*, b ³ 24 août 1708; 1° m à Marie-Joseph Dubois; 2° m ³ 2 avril 1736, à Marie-Joseph Sénécal. — *Michel*, b ³ 5 nov. 1714; m ³ 27 nov. 1741, à Madeleine Herpin. — *François*, b 1718; 1° m à Marie Bernard; 2° m ⁴ 11 février 1743, à Barbe Goguet; s ⁴ 28 dec. 1782. — *Marie-Marguerite*, b... m ³ 5 février 1731, à René Prévost. — *Véronique*, b... m ³ 29 janvier 1747, à Louis Petit. — *Marie-Joseph*, b... m 25 juillet 1739, à Joseph Bissonnet, à Boucherville.

1719, (23 janvier), Montréal.¹

II.—BRUNEL (3), Jean,   [Jean I.
  b 1687.
Maugue, Louise,   [Claude I.
  b 1693; s ¹ 2 avril 1755.
Pierre, b ¹ 1ᵉʳ juillet 1720. — *Marie-Joseph*, b ¹ 13 déc. 1721; m ¹ 25 nov. 1743, à François Pied. — *Joseph*, b ¹ 2 janvier et s ¹ 29 mars 1723. — *Marguerite-Louise*, b ¹ 12 déc. 1723. — *Marie-Charlotte*, b ¹ 18 déc. 1724; s ¹ 30 oct. 1725. — *Marie-Charlotte*, b ¹ 3 et s ¹ 19 mars 1726. — *Joseph*, b ¹ 17 avril 1727. — *Marie-Amable*, b ¹ 4 juillet 1728; m ¹ 17 février 1749, à Jean Petit. — *Marie-Catherine*, b ¹ 14 août 1729; s ¹ 25 juillet 1745. — *Jean-Baptiste*, b ¹ 10 oct. 1730. — *Marie-Charlotte*, b ¹ 738; m ¹ 20 sept. 1756, à Jacques Simon-Léonard.

1721, (28 juillet) St-Ours.⁹

II.—BRUNEL, Augustin,   [Jean I.
  b 1696; s ⁹ 26 dec. 1725.
Jetté, Elisabeth,   [Louis-Charles II.
  b 1705.
Augustin, b ⁹ 23 avril 1725; s ⁹ 10 nov. 1726.

---

(1) Voy. vol I, p. 93.
(2) Dit Hains.
(3) De la Sablonnière.

1722.

II.—BRUNEL (1), Jacques.   [Jean I.
Bourgaud (2), Catherine,   [Gilles I.
  b 1703.
François, b 25 mars et s 13 avril 1723, à Montréal. — *François*, b 17 juillet 1724, à St-Ours.⁵ — *Jacques*, b ⁵ 18 février 1726; m à Marguerite Michelet. — *Marie-Agathe*, b ⁵ 4 mars 1727.

III.—BRUNEL, François,   [Jacques II.
  b 1718; s 28 dec. 1782, à la Longue-Pointe.¹
1° Bernard, Marie,
  s avant 1743.
François, b... m 19 février 1753, à Angélique Deniau, à Boucherville.
         1743, (11 février).¹
2° Goguet, Barbe,   [Jacques II.
  s ¹ 26 avril 1748.
Pierre-François, b ¹ 24 mai 1745; m 28 mai 1770, à Angelique Lavigne, à Varennes. — *Jean-Baptiste*, b ¹ 20 nov. 1746; s ¹ 19 mars 1747. — *Jean-Baptiste*, b ¹ 18 et s ¹ 29 avril 1748. — *Marie-Monique*, b ¹ 18 avril et s ¹ 1ᵉʳ mai 1748.

BRUNEL, Pierre. — Voy. Brunet de 1729.

1731, (7 mai) Varennes. ⁹

III.—BRUNEL, Jacques,   [Jacques II.
  b 1704, s avant 1769.
Barabé, Angelique.   [Jean II.
Jacques, b... m ⁹ 12 janvier 1761, à Isabelle Jodoin. — *Marie-Joseph*, b... m ⁹ 9 janvier 1764, à Louis Lavigne. — *Jean-Pierre*, b... m ⁹ 25 sept. 1769, à Marguerite Bousquet.

1732, (31 oct.) Nicolet.

II.—BRUNEL (1), François.   [Jean I.
Quintal, Agathe.   [François II.
François, b 2 avril 1734, à Montréal.

III.—BRUNEL, Joseph,   [Jacques II.
  b 1708, s avant 1755.
1° Dubois, Marie-Joseph.
Alexis, b 1734; s 28 avril 1735, à St-Pierre-les-Becquets.
        1736, (2 avril) Varennes. ⁴
2° Sénécal, Marie-Joseph,   [Adrien II.
  b 1712.
Marie-Joseph, b... m ⁴ 8 avril 1755, à Joseph Quintin. — *Jacques*, b... m ⁴ 7 juillet 1760, à Marie Fugère. — *Marie*, b... m ⁴ 3 juin 1765, à Joseph-Amable Lebrodeur. — *Véronique*, b... m ⁴ 23 février 1767, à Antoine Quintin.

1734, (24 mai) Longue-Pointe.⁶

III.—BRUNEL, Jean-Bte,   [Jacques II.
  b 1706.
Goguet, Suzanne,   [Jacques II.
  b 1711; s ⁶ 24 dec. 1782.
Paul, b ⁶ 1ᵉʳ avril 1735. — *Marie-Barbe*, b ⁶ 8 août 1737; m ⁶ 18 février 1765, à Rene-André Cléroux. — *Catherine*, b ⁶ 17 janvier et s ⁵ 4 juin 1740. — *Jeanne*, b ⁶ 25 déc. 1741. — *Jacques-Joseph*,

---

(1) De la Sablonnière.
(2) Dit Hubert, 1723.

b ⁶ 10 février 1745; m ⁶ 11 février 1771, à Marguerite Desautels.—*Anonyme*, b 14 déc. 1747, à la Pte-aux-Trembles, M.

III.—BRUNEL (1), Jacques,   [Jacques II.
b 1726.
Michelet, Marguerite,   [Melchior I.
b 1722.
Jacques, b... m 4 mai 1771, à Hélène Beaugenoux, à St-Louis, Mo. — *Marguerite*, b... m 24 nov. 1765, à Jean-Baptiste Hely, à St-Antoine-de-Chambly.⁵—*Louise*, b 1759 ; s ⁵ 5 oct. 1764.

1741, (27 nov.) Varennes. ⁵
III.—BRUNEL, Michel,   [Jacques II.
b 1714.
Herpin, Madeleine.   [Pierre II.
Madeleine, b ⁵ 21 janvier 1745; m 22 février 1762, à Etienne Senécal ; s ⁵ 28 juillet 1803.— *Joseph*, b... m ⁵ 29 sept. 1771, à Charlotte Girard.

1741, (28 nov.) Montréal.
II.—BRUNEL (2), Pierre,   [Jean I.
b 1691.
Dupille, Madeleine,   [Rémi I.
b 1691; veuve de Michel Touin.

1753, (19 février) Boucherville.
IV.—BRUNEL, François.   [François III.
Deniau, Angélique,   [Pierre III.
b 1730 ; s 15 mai 1784, à la Longue-Pointe.⁶
Pierre, b ⁶ 4 déc. 1753. — *Angélique*, b ⁶ 20 février 1755 ; m ⁶ 11 février 1771, à Jean-Baptiste Duclos. — *Charles*, b ⁶ 4 nov. 1756 ; s ⁶ 22 août 1757. — *Elisabeth*, b ⁶ 17 février et s ⁶ 30 juillet 1758. — *Basile*, b ⁶ 13 janvier 1761 ; s ⁶ 5 déc. 1762. — *Jean-Baptiste*, b ⁶ 26 mai 1762.— *François-Barthélemi*, b ⁶ 28 janvier 1764.—*Marie-Marguerite*, b ⁶ 5 sept. 1766.—*Marie-Anne-Elisabeth*, b ⁶ 8 juillet et s ⁶ 2 sept. 1769.

1760, (7 juillet) Varennes.
IV.—BRUNEL, Jacques.   [Joseph III.
Fugère, Marie.   [Edme.

1761, (12 janvier) Varennes.
IV.—BRUNEL, Jacques.   [Jacques III.
Jodoin, Isabelle.   [André III.

1761, (12 janvier) Varennes.
BRUNEL, Joseph.   [Joseph.
Lhuissier, Charlotte.   [Joseph III.

1769, (25 sept.) Varennes.
IV.—BRUNEL, Jean-Pierre.   [Jacques III.
Bousquet, Marguerite.   [Claude III.

1770, (28 mai) Varennes.
IV.—BRUNEL, François,   [François III.
b 1745.
Lavigne, Angélique.   [Jean-Bte III.

(1) De la Sablonnière.
(2) De la Sablonnière et Brunet.

1771, (11 février) Longue-Pointe.
IV.—BRUNEL, Jacques-Jos.,   [Jean-Bte III.
b 1745.
Desautels, Marguerite,   [Nicolas III.
b 1743.

1771, (29 sept.) Varennes.
IV.—BRUNEL, Joseph.   [Michel III.
Girard, Charlotte.   [Joseph III.

BRUNEL, François.—Voy. Brunet de 1771.

BRUNEL, Pierre.
Lachapelle, Marie-Anne.
Marie-Anne, b 20 janvier 1773, à Lachenaye.

I.—BRUNÈS, Louis.
Doiron, Françoise-Théotiste.
Jean-Baptiste, b 1761 ; s 27 nov. 1762, à Québec. ⁶—*François*, b ⁶ 22 déc. 1762.

BRUNET. — *Variations et surnoms* : Létang— Lagiroflée—Belhumeur—Bourbonnais— Lafaye,1713—Dauphiné,1732—Lajoie, 1738.

BRUNET (1), Geneviève, épouse de Jacques-Jean-Baptiste Jean.

BRUNET, Marie-Joseph, épouse de Joseph Lefebvre.

BRUNET, Angélique, épouse de François Godbout.

BRUNET, Madeleine, épouse de Jean-Baptiste Gibault.

BRUNET, Rosalie, épouse de Bernardin Gautier.

BRUNET, Françoise, épouse de François David.

BRUNET, Marie-Anne, épouse de François-Simon Delorme.

BRUNET, Madeleine, épouse de Jean Rel.

BRUNET, Marguerite, b... m à Charles Giroux ; s avant 1729.

BRUNET, Madeleine, b... m 1716, à Joachim Labelle, à St-François, I. J. ; s avant 1753.

BRUNET, Catherine, épouse de François Gazaille.

BRUNET, Catherine, épouse de François Préjean.

BRUNET, Louise, épouse de Joseph Hunaut.

BRUNET, Marie-Joseph, épouse de François Charbonneau.

BRUNET, Ursule, épouse de Jean-Baptiste Valentin.

(1) Dit Dauphiné.

BRUNET, MARIE-JOSEPH, epouse de Joseph PÉRILLARD.

BRUNET, THÉRÈSE, épouse de Pierre SANSOUCY.

BRUNET, GENEVIÈVE, epouse de Michel LAPORTE.

1663, (28 nov.) Montréal.[4]
I.—BRUNET (1), ANTOINE,
b 1644.
MOISAN, Françoise (2),
b 1645.
Jacques, b... m à Catherine MÉNARD. — Geneviève, b[4] 23 juillet 1674 ; 1° m[4] 4 juin 1695, à Louis TETREAU ; 2° m[4] 8 fevrier 1705, à Louis LEBEAU ; s[4] 17 déc. 1706.

1666, (1er janvier) Québec.[1]
I.—BRUNET (3), PIERRE,
b 1642.
COTTIN, Marie-Catherine,
b 1651.
Marie-Catherine, b[1] 30 mai 1673 ; s 27 nov. 1739, à l'Hôpital-Géneral, Q.

1667, (10 nov.) Québec.
I.—BRUNET (3), MATHIEU,
b 1646 ; s 17 dec 1708, à Montreal.[3]
BLANCHARD, Marie (4),
b 1649.
Michel, b 1668 ; 1° m[2] 7 oct. 1692, à Marie-Madeleine MOISAN ; 2° m[2] 10 juillet 1713, à Anne-Elisabeth HÉMÉRIO.

1672, (11 juillet) Montréal.[4]
I.—BRUNET (5), FRANÇOIS,
b 1645 ; s 24 juin 1702, à Lachine.[2]
BEAUVAIS, Barbe, [JACQUES I.
b 1656.
Marie-Jeanne, b[4] 5 sept. 1677 ; m[2] 29 oct. 1697, à Louis MAILLET ; s 7 août 1761, au Lac-des-Deux-Montagnes.—Marie, b[2] 5 juin 1687 ; m[2] 7 fevrier 1707, à Pierre CAILLÉ ; s 24 juillet 1726, à Laprairie.—Angélique, b[4] 16 avril 1691 ; m[2] 17 fevrier 1710, à Jean TABEAU.—Louis, b[2] 31 mai 1697 ; m[2] 7 janvier 1721, à Marie-Madeleine GIRARD.

BRUNET, MATHIEU, b 1685 ; s 7 nov. 1706, à Montréal.

1681, (9 juin) Beauport.[7]
I.—BRUNET (3), VINCENT,
b 1645, s[7] 31 oct. 1736.
1° CREVIER, Jeanne,
b 1639 ; veuve de Denis Avisse ; s[7] 25 mai 1709.

(1) Voy. vol I, p. 93.
(2) Elle épouse, le 13 fevrier 1707, Pierre Perthais, à Montréal.
(3) Voy. vol. I, p 94.
(4) Elle épouse, en 1709, Ives Lucas.
(5) Dit Bourbonnais. Voy. vol. I, p. 94.

1710, (22 juillet).[7]
2° GRATTON, Mathurine, [PIERRE I.
b 1651 ; veuve de Pierre Toupin.

1688, (15 nov.) Boucherville.
II.—BRUNET (1), FRANÇOIS, [ANTOINE I.
b 1665 ; s 14 juillet 1739, à Terrebonne.[3]
1° MÉNARD, Marie-Anne, [JACQUES I.
b 1671.
Jean-François, b 1704 ; m[3] 9 fèvrier 1728, à Anne TIBAUT.—Joseph, b... 1° m 5 avril 1712, à Ursule ETHIER, à St-François, I. J.[4] ; 2° m 1727, à Catherine BEAUCHAMP.
1715, (22 juillet).[4]
2° RENAUD, Marie, [PIERRE-ANDRÉ I.
b 1680 ; veuve de Jean Richard.

1692, (7 oct.) Montréal.[6]
II.—BRUNET (2), MICHEL, [MATHIEU-MICHEL I.
b 1668.
1° MOISAN, Marie-Madeleine, [NICOLAS I.
b 1675.
Michel, b[6] 2 sept. 1694 ; 1° m 28 février 1718, à Marie PELLETIER, au Bout-de-l'Ile, M.[7], 2° m[7] 27 juillet 1729, à Marie-Anne MADELEINE.—Jean, b 6 mars 1697, à Lachine[4] ; m à Jeanne LALONDE. — Marie-Michelle, b... m 1726, à Pierre PARANT.—Jean-Baptiste, b[4] 13 fevrier 1703 ; 1° m à Marguerite DUBOIS ; 2° m 1er mars 1745, à Agathe BLENIER, à Ste-Geneviève, M.[9]—Joseph, b[4] 16 mars 1706 ; m à Marie-Françoise BARBARY. — Marie-Joseph, b... m[9] 10 juin 1743, à Jacques-Noel COUSINEAU.
1713, (10 juillet).[6]
2° HÉMÉRIO (3), Anne-Elisabeth, [FRANÇOIS I.
b 1686 ; s[9] 19 juin 1753.
Joseph, b[4] 24 février 1718.—Jean-Baptiste-Louis, b[4] 14 août 1720.

1694, (19 oct.) Lachine.[4]
II.—BRUNET (2), JEAN, [MATHIEU I.
b 1673 ; s avant 1729.
PÉRIER, Marie, [JEAN I.
b 1670, veuve de Guillaume Loret ; s 6 dec. 1740, à Montreal.[5]
Michel, b[4] 29 sept. 1695 ; m 1716, à Marie-Madeleine JAMME. — Jean-François, b[4] 8 sept. 1697 ; m à Françoise PROU.—Pierre, b 21 janvier 1705, au Bout-de-l'Ile, M. ; m 1er mars 1729, à Françoise VALIQUET, à Terrebonne.—Louis, b 1711, 1° m[5] 18 janvier 1734, à Louise PARANT ; 2° m à Marie BOUCHARD ; s 23 mai 1789, à Lachenaye.

1695, (4 oct) L'Ange-Gardien.[4]
I.—BRUNET, FRANÇOIS, b 1665 ; fils de Bernard et de Marie Barathe, de Fouquebrune, diocèse d'Angoulême ; s 8 janvier 1742, au Grondines.[5]
LETARTE (4), Marie-Louise, [CHARLES I.
b 1679 ; s[5] 17 sept. 1731.

(1) Dit Belhumeur. Voy. vol. I, p 94.
(2) Dit Létang. Voy. vol. I, p. 95.
(3) Dit Belair.
(4) Dit Lessard.

Pierre, b ⁴ 16 nov. 1697; m 3 oct. 1741, à Angélique MARCOT, à Deschambault. ⁶ — *Marie-Joseph,* b ⁶ 18 février 1703; m ⁵ 5 février 1742, à Louis BRUNEAU; s ⁶ 17 sept. 1778. — *Anonyme,* b ⁵ 6 mai 1704. — *Louis,* b... s ⁵ 4 sept. 1730. — *Louise,* b ⁶ 9 février 1707. — *Joseph-Charles,* b ⁵ 12 février 1711; m ⁶ 1ᵉʳ août 1741, à Thérèse ARCAN. — *Marie-Joseph,* b ⁵ 2 août 1712. — *Marie-Thérèse,* b ⁵ 23 juillet 1714. — *Marie-Angélique,* b ⁵ 19 avril 1716; s ⁵ 11 juillet 1735. — *Madeleine,* b 1716; m ⁶ 19 oct. 1733, à Louis MÉRAND; s ⁶ 2 mars 1786. — *Marie-Françoise,* b ⁶ 29 sept. 1718; m ⁵ 7 avril 1750, à Joseph SAUVAGEAU. — *Jacques,* b ⁵ 18 juillet 1721; s ⁵ 23 oct. 1755.

1701, (17 oct.) Lachine. ²

II. — BRUNET, THOMAS,   [PIERRE I.
     b 1678; s avant 1745.
     CECYRE, Catherine,   [CLAUDE I.
     b 1679.

Catherine, b 15 nov. 1702, à Montréal. — *Jeanne,* b 9 avril 1704, au Bout-de-l'Ile, M. ². — *Elisabeth,* b ² 24 août 1705. — *Jeanne,* b ¹ 5 déc. 1706. — *Thomas,* b 1708; s ² 16 avril 1709. — *Jean-François,* b ² 30 janvier 1710; m 10 mai 1751, à Marie GAUTIER, à Ste-Geneviève, M. ³; s ³ 19 déc. 1756. — *Charles,* b... m ³ 26 avril 1745, à Marie-Raphael LAUZON. — *Marie-Joseph,* b 12 mars 1715, à la Pointe-Claire.

1701, (14 nov.) Lachine.

II. — BRUNET, JACQUES,   [MATHIEU I.
     b 1680; s 1ᵉʳ déc. 1708, à Montréal. ʲ
     VERRET (1), Jeanne,   [MICHEL I.
     b 1675.

Joseph, b ² 25 déc. 1702; s ² 14 janvier 1703. — *Marie-Anne,* b ² 3 sept. 1704; m à Jean-Baptiste HUNAUT. — *Jeanne,* b ² 4 et s ² 8 août 1707. — *Jacques-Guillaume,* b ² 17 et s ² 21 déc. 1708.

II. — BRUNET, JACQUES.   [ANTOINE I.
     MENARD, Catherine.

Joseph, b 26 sept. 1704, à St-François, I. J.

I. — BRUNET (2), DANIEL, b 1662; s 6 août 1742, à Montréal.

BRUNET, MICHEL (3).
     FORTIER, ...   LOUIS I.

BRUNET, MICHEL,
     MADORE, Marie-Madeleine,
     b 1675; s 3 février 1713, à Montréal.

1706, (25 janvier) Champlain. ¹

II — BRUNET (4), FRANÇOIS,   [FRANÇOIS I.
     b 1682; s 13 mars 1740, au Bout-de-l'Ile, M. ²
     DAVID (5), Françoise.   [CLAUDE II.

---
(1) Dit Laverdure. Elle épouse, le 19 oct. 1710, Guillaume Delisle, à Montréal.
(2) Dit Lagiroflée.
(3) Il était à Montréal le 7 novembre 1712.
(4) Dit Bourbonnais.
(5) Dit Dani, 1717.

Françoise, b 18 déc. 1706, à Lachine. ³ — *Anonyme,* b... s ³ 17 oct. 1710. — *Marie-Angélique,* b ³ 23 juin 1711; m ³ 16 janvier 1730, à Guillaume LALONDE. — *Marie-Louise,* b ³ 7 nov. 1717; m ² 30 avril 1737, à Joseph EMERY. — *Antoine,* b... m ² 14 avril 1738, à Marie-Angélique BOYER. — *Jean-Baptiste,* b... s ¹ 18 oct. 1722. — *François,* b ³ 31 juillet 1720; m ² 25 janvier 1740, à Marie HUNAUT. — *Claude,* b... m ² 14 février 1746, à Angélique EMERY. — *Marie-Anne,* b 1725; m ³ 24 nov. 1749, à Gabriel MALIET. — *Anne-Renée,* b ² 26 juillet 1729; 1° m ² 2 février 1750, à Charles DAOUT; 2° m ² 4 février 1760, à Guillaume DAOUT; s ² 8 juillet 1764.

1712, (5 avril) St-François, I. J. ⁶

III. — BRUNET (1), JOSEPH,   [FRANÇOIS II.
     b 1689.
     1° ETHIER, Ursule.   [LÉONARD I.

François-Marie, b ⁶ 25 janvier et s ⁶ 31 mars 1713.

1727.
     2° BEAUCHAMP, Catherine,
     b 1706; s ⁶ 30 sept 1736.

Marie-Charlotte, b ⁶ 1ᵉʳ avril 1728; s ⁶ 4 mai 1733 (morte de la picote). — *Marie-Anne,* b ⁶ 11 mars et s ⁶ 13 mai 1730. — *Marie-Marguerite,* b ⁶ 6 et s ⁶ 24 mars 1731. — *Catherine-Amable,* b ⁶ 20 février 1733; m 11 oct. 1756, à Jérôme HUBOUT, à Lachenaye. — *Joseph,* b ⁶ 8 et s ⁶ 23 juin 1736.

1713, (27 août) Montréal.

I — BRUNET (2), FRANÇOIS, b 1669; fils de François et de Françoise ......, de St-Georges, diocèse de Perigueux; s 5 avril 1753, à l'Hôpital-General, M. ⁴
     MASSARD, Marie-Anne,   [NICOLAS I.
     b 1667; veuve de Marin Varin; s ⁴ 21 oct. 1753.

1715, (2 sept.) Québec. ⁶

II. — BRUNET, JEAN,   [PIERRE I.
     b 1682, s ⁶ 1ᵉʳ déc. 1745.
     HEDOUIN, Angélique-Elisabeth,   [JACQUES I.
     b 1680, veuve de Charles Rancin, s ⁶ 20 déc. 1749.

Jean-Gabriel, b ⁶ 4 février et s ⁶ 27 oct. 1716.

1715, (23 sept.) Québec. ⁶

II. — BRUNET, JEAN,   [PIERRE I.
     b 1694.
     LARCHEVÊQUE, Madeleine-Agathe. [JACQUES III.

Jean-Baptiste, b ⁶ 7 juin 1716, s ⁶ 20 juin 1717.

1716, (13 janvier) Ste-Foye. ⁶

III. — BRUNET, JEAN,   [PIERRE II.
     b 1677; s ⁶ 9 nov. 1747.
     SÉDILOT, Angélique,   [JEAN II.
     b 1697; s 20 août 1779, à Québec. ⁷

Marie-Angèle, b ⁶ 7 février 1719, m ⁶ 13 nov. 1741, à Gilbert DUPUIS. — *Marie-Jeanne,* b ⁶ 21 nov. 1720. — *Jean-Baptiste,* b ⁶ 23 nov. 1722; 1°

---
(1) Dit Belhumeur.
(2) Dit Lafaye, soldat de la compagnie de Verrier.

m⁷ 12 oct. 1750, à Angélique Dubeau; 2° m 1ᵉʳ avril 1761, à Thérèse Audet, à St-Laurent, I.O.; 3° m⁷ 12 nov. 1782, à Angélique Godin. — *Angélique*, b 25 oct. 1724, à St-François-du-Lac.⁸ — *Marie-Geneviève*, b⁸ 22 sept. 1726; s⁶ 2 juin 1734.— *Thérèse*, b⁸ 28 juillet 1728; 1° m⁶ 5 fevrier 1750, à Jean Lessard; 2° m 1759, à Pierre Bureau. — *Joseph*, b 1730; s⁶ 12 mai 1734. — *Louise*, b⁶ 27 nov. 1731.— *Françoise*, b⁶ 8 déc. 1732; m⁶ 17 avril 1752, à Denis Salois.

III.—BRUNET, Michel, [Jean II. b 1695; s avant 1753.
Jamme (1), Marie-Madeleine, [Pierre I. b 1691.
Marie-Madeleine, b 6 mai 1717, au Bout-de-l'Ile, M.— *Noel*, b 1725; m 19 janvier 1750, à Marie-Anne Parant, à Montréal.⁸ — *Augustin*, b 1732; m 5 nov. 1753, à Marie-Catherine Trotier, à Ste-Geneviève, M.⁹; s⁹ 29 nov. 1755. — *Joseph*, b 1734; m⁸ 4 août 1755, à Marie-Joseph Parant.

1718, (28 février) Bout-de-l'Ile, M.⁶
III.—BRUNET (2), Michel, [Michel II. b 1694.
1° Pelletier, Marie, [François I. b 1700; s 14 déc. 1728, à Lachine.⁷
Marie-Angélique, b⁷ 15 fevrier 1719.—*Michel*, b... m⁶ 19 juillet 1745, à Charlotte Madeleine.
1729, (27 juillet).⁶
2° Madeleine, Marie-Anne, [Joseph II. b 1704.
Marie-Agathe, b⁶ 6 sept. 1735.—*Dorothée*, b... s⁶ 20 avril 1737.

1721, (7 janvier) Lachine.
II.—BRUNET (3), Louis. [François I.
Girard, Marie-Madeleine. [Léon I.

BRUNET, Etienne.
Martin, Cecile.
Angélique, b 14 fevrier 1723, à Montréal.

III.—BRUNET, Jean, [Michel II. b 1697; s avant 1753.
Lalonde (4), Jeanne. [Jean-Bte III.
Jean, b 7 mai 1717, au Bout-de-l'Ile, M.³; m³ 9 fevrier 1739, à Marie-Anne Valade.—*Marie-Joseph*, b... m³ 17 mai 1745, à François Messaguer.—*Marie-Françoise*, b... m à Pierre Messaguer.—*Jacques*, b 1723; 1° m 26 nov. 1753, à Marie-Louise-Françoise Tabaut, à Lachine⁴; 2° m⁴ 15 nov. 1756, à Marie-Agathe Hunaut; s⁴ 1ᵉʳ mai 1757.

BRUNET.
Agnès, b 1723; s 22 janvier 1767, à St-Antoine-de-Chambly.

(1) Dit Carrière.
(2) Dit Létang.
(3) Bourbonnais.
(4) Dit Anghée. Elle épouse plus tard François-Girard Renelle.

III.—BRUNET (1), Joseph, [Michel II. b 1706.
Barbary, Marie-Françoise, [Pierre II. b 1702.
Marguerite, b 1725; m 7 nov. 1746, à Andre Beaune, à Ste-Geneviève, M.⁶; s⁶ 13 sept. 1757.

1728, (9 février) Terrebonne.⁸
III.—BRUNET (2), Jean-Frs, [François II. b 1704.
Tibaut, Anne, [Nicolas II. b 1707.
François, b⁸ 23 nov. 1728; m 9 mai 1757, à Geneviève Vanier, au Sault-au-Recollet.⁹ — *Marie-Catherine*, b 4 sept. 1730, à Lachenaye; m⁹ 12 sept. 1757, à Joseph Dagenais.—*Rosalie*, b⁸ 23 mai 1732, m⁹ 5 juin 1754, à Jacob Humbekem.—*Louis*, b⁸ 28 juillet 1733.—*Joseph*, b⁸ 10 nov. 1734; s⁸ 3 mai 1735.—*Suzanne*, b⁸ 4 mars 1736, m⁹ 22 nov. 1756, à Jacques Meilleur. —*Marie-Reine*, b⁸ 25 mars 1738; m⁹ 9 mai 1757, à Bonaventure Rousseau.—*Charles-Joseph*, b⁸ 15 fevrier 1740.—*Marie-Anne*, b⁸ 6 nov. 1741.— *Pierre*, b 18 avril 1746, à Ste-Rose.

1728.
III.—BRUNET (1), Philippe, [Jean II. b 1702; s 31 juillet 1754, à Ste-Geneviève, M.⁶
Barbary, Suzanne, [Pierre II. b 1707.
Suzanne, b 1729; s⁶ 4 février 1753. — *Catherine*, b 1735, m⁶ 27 janvier 1755, à Pierre Berthiaume. — *Marie-Claire*, b 1737; s⁶ 7 janvier 1743. — *Marie-Marguerite*, b... m⁶ 14 fevrier 1747, à Pierre Paiment.—*Marie-Joseph*, b... m⁶ 22 fevrier 1751, à François Meloche. — *Marie-Madeleine*, b... m⁶ 2 fevrier 1756, à Joseph Rapidiou.—*Philippe-Amable*, b... m⁶ 2 mars 1756, à Geneviève Martel.

1729, (1ᵉʳ mars) Terrebonné.⁶
III.—BRUNET (3), Pierre, [Jean II. b 1705.
Valiquet, Françoise, [Pierre II. b 1706.
François-Amable, b 1740; s 28 sept. 1741, à Ste-Geneviève, M.⁷—*Marie-Amable*, b⁷ 20 juillet 1742; s⁷ 13 fevrier 1743.—*François-Amable*, b 5 mars 1746, à Ste-Rose⁸; m 25 nov. 1771, à Marie-Joseph Vetu, à Varennes. — *Marie-Marguerite*, b⁶ 31 janvier 1748.—*Anonyme*, b⁸ et s⁸ 29 mai 1749. — *Geneviève*, b... s⁸ 16 juin 1749. — *Jean-Baptiste*, b⁸ 21 juillet 1750. — *Marie-Françoise*, b⁸ 7 avril 1752. — *Marie-Marguerite*, b⁸ 5 avril et s⁸ 9 août 1754.—*Marie*, b... s⁸ 26 août 1756 — *Marie-Suzanne*, b⁶ 14 août 1756. — *Marie-Joseph*, b... 1° m à Noel Boucher; 2° m 24 janvier 1763, à Louis Pelletier, à St-Vincent-de-Paul.—*Marie-Louise*, b... m⁸ 14 janvier 1754, à Joseph Lamoureux; s⁸ 3 avril 1755.

(1) Dit Létang.
(2) Dit Belhumeur.
(3) Dit Letang et Brunel.

1732, (25 nov.) Quebec.⁷

I.—BRUNET (1), ALEXIS, maître-tailleur, b 1710; fils de Jean et de Jeanne Robare, de St-Pierre, ville d'Ancenis, diocèse de Nantes; s ⁷ 3 août 1775.
1º HARNOIS, Marie-Catherine,   [JOSEPH II.
b 1716; s ⁷ 30 mars 1745.
Marie-Angélique, b ⁷ 22 août 1733; m ⁷ 27 oct. 1755, à Jacques RACINE. — *Jeanne-Elisabeth*, b ⁷ 19 nov. 1734; m ⁷ 18 avril 1757, à Urbain RACINE. — *Alexis*, b... m ⁷ 12 oct. 1761, à Louise DECHAMBRE; s avant 1777.—*François*, b ⁷ 26 juillet 1737; m 5 juillet 1762, à Marie-Martha POUGET, à Montréal. — *Nicolas-André*, b ⁷ 30 nov. 1738; m à Marie-Charlotte LAMONTAGNE.—*François*, b ⁷ 8 nov. 1740; s ⁷ 24 sept. 1741. — *Jean-Jacques*, b ⁷ 2 mai 1742; m ⁷ 1768, à Elisabeth DUGAST.—*François-Régis*, b ⁷ 4 et s 15 sept. 1743, à Charlesbourg. — *Henri*, b ⁷ 25 mars et s ⁷ 4 avril 1745.

1745, (13 sept.)⁷
2º RACINE, Marguerite,   [PIERRE III.
b 1726; s ⁷ 23 avril 1760.
Michel, b ⁷ 5 juin et s ⁷ 5 août 1746 — *Louise-Marguerite*, b ⁷ 21 juin 1747; s ⁷ 29 mai 1749. — *Alexis-Toussaint*, b ⁷ 5 juillet 1748, s ⁷ 2 février 1750. — *Marie-Geneviève*, b ⁷ 27 janvier 1750. — *Jeanne*, b ⁷ 16 janvier 1756.—*Marie-Angèle*, b ⁷ 2 nov. 1758; s ⁷ 8 sept. 1759.

1765, (30 mai) Beauport.
3º MAHEU, Marie-Joseph,   [PIERRE III.
b 1722; veuve de Louis Crête.

1734, (18 janvier) Montréal.⁴
III.—BRUNET (2), Louis,   [JEAN II.
b 1711; s 23 mai 1789, à Lachenaye.⁵
1º PANANT, Louise,   [JEAN II.
b 1708; s ⁵ 6 juin 1769.
Joseph, b ⁴ 5 avril et s ⁴ 3 août 1735. — *Marie-Louise*, b ⁴ 25 janvier et s ⁴ 23 août 1737.—*Louis-Joseph*, b ⁴ 15 février 1738; m 6 juin 1766, à Louise PANIS (3), au Detroit.—*Marie-Louise*, b ⁴ 22 mai et s ⁴ 10 juin 1740.—*Joseph*, b ⁴ 3 et s ⁴ 17 sept. 1741. — *Marie-Louise*, b ⁴ 14 sept. et s ⁴ 1ᵉʳ oct. 1742.— *Charles*, b ⁴ 27 janvier et s ⁴ 19 juin 1744.—*Marie-Charlotte*, b ⁵ 16 mars 1746.

2º BOUCHARD, Marie,
s avant 1789.

1738, (14 avril) Bout-de-l'Ile, M.⁶
III.—BRUNET (4), ANTOINE.   [FRANÇOIS II.
BOYER, Marie-Angelique,   [JEAN-ETIENNE II.
b 1719.
Marie-Angélique, b ⁶ 19 juin 1739. — *Etienne*, b 1750; s 28 mai 1760, à Lachine.⁷ — *Suzanne*, b ⁶ 6 et s ⁷ 31 juillet 1751.—*Joseph-Marie*, b ⁷ 30 mai 1754; s ⁷ 8 février 1755.—*Marie-Madeleine*, b ⁷ 21 déc. 1757.—*François*, b... m ⁷ 9 nov. 1767, à Marie-Osithé HEBERT.

(1) Dit Dauphiné.
(2) Dit Létang.
(3) Ci-devant esclave appartenant au sieur Douville DeQuindre.
(4) Dit Bourbonnais.

1738, (4 nov.) Montreal.⁶
I.—BRUNET (1), JACQUES, b 1712; fils de Jacques et de Catherine Demiot, de St-Nicolas, Bapaume, diocèse d'Arras.
LAROCHE, Marie-Anne,   [JEAN-BTE II.
b 1716; s ⁶ 7 mars 1740.
Paul-Joseph, b ⁶ 3 sept. 1739; s ⁶ 18 avril 1740.

III.—BRUNET, FRANÇOIS,   [JEAN II.
b 1697; s avant 1765.
PROU, Françoise,   [JACQUES I.
b 1720; s 9 janvier 1750 à Ste-Geneviève, M.⁹
François, b 1739, s ⁹ 2 février 1744. — *François-Amable*, b ⁹ 20 juin 1744 —*Marie-Françoise*, b ⁹ 9 juillet 1746; m 15 avril 1765, à Gabriel BRAZEAU, au Bout-de-l'Ile, M. — *Michel*, b ⁹ 6 avril 1748.

1739, (9 février) Bout-de-l'Ile, M.⁵
IV.—BRUNET, JEAN,   [JEAN III.
b 1717.
VALADE, Marie-Anne.   [JEAN II.
Jean-Nicolas, b ⁵ 24 mars 1740.

1740, (25 janvier) Bout-de-l'Ile, M.⁹
III.—BRUNET (2), FRANÇOIS,   [FRANÇOIS II.
b 1720.
HUNAUT, Marie-Rose,   [PIERRE III.
b 1721.
Pierre-François, b ⁹ 1ᵉʳ nov. 1740; s ⁹ 0 avril 1741.— *Marie-Joseph*, b ⁹ 23 février 1742, s ⁹ 17 janvier 1750.—*François-Marie*, b ⁹ 12 mars 1744; m ⁹ 17 nov. 1766, à Françoise DAOUT. — *Marie-Angélique*, b ⁹ 8 mars 1746 — *Marie-Angélique*, b ⁹ 19 mai 1748.— *Jean-Baptiste*, b ⁹ 21 juin et s ⁹ 23 juillet 1750.—*Marie*, b ⁹ 14 mai 1752.—*Marie-Agathe*, b ⁹ 3 juin 1754. — *Joseph-Marie*, b ⁹ 24 sept. et s ⁹ 21 nov. 1755.—*François-Alexis*, b ⁹ 24 oct. 1756. — *Marie*, b ⁹ 8 février et s ⁹ 25 nov. 1760.— *Marie-Joseph*, b ⁹ 23 mars et s ⁹ 30 avril 1763.

1741, (1ᵉʳ août) Deschambault.⁸
II.—BRUNET, JOSEPH-CHARLES,   [FRANÇOIS I.
b 1711.
ARCAN, Thérèse,   [SIMON II.
b 1725.
Joseph-Marie, b 29 sept. 1742, aux Grondines⁶ —*Marie-Joseph*, b ⁶ 16 juillet 1744.—*Marie-Angélique*, b ⁶ 2 et s ⁶ 12 juin 1746. — *Charles-François*, b ⁵ 28 sept. 1747. — *Marie-Angélique*, b ⁵ 2 juillet 1749.—*Marie-Félicité*, b ⁶ 26 sept. 1751—*Antoine*, b ⁵ 8 février 1752, s ⁶ 12 nov. 1760.— *Marie-Françoise*, b ⁶ 5 février 1755.—*Jean-Baptiste*, b ⁶ 19 oct. 1756; s ⁶ 8 oct. 1760.—*Bonaventure*, b ⁶ 5 août 1758, s ⁶ 8 nov. 1760.—*Jacques*, b ⁶ 28 juin 1760. — *Louis*, b ⁵ 25 nov. 1761.— *Marie-Thérèse*, b ⁵ 18 oct. 1763. — *Marie-Marguerite*, b ⁵ 1ᵉʳ mai et s ⁵ 10 juillet 1765.

(1) Dit Lajoie, soldat.
(2) Dit Bourbonnais.

BRU 500 BRU

1741, (3 oct.) Deschambault.[2]
II.—BRUNET, PIERRE, [FRANÇOIS I.
b 1697.
MARGOT, Angélique, [FRANÇOIS II.
b 1721; s[2] 30 avril 1799.
Marie-Angelique, b 15 février 1743, aux Grondines.[3]—*Pierre,* b[2] 27 juin 1745.—*Louis-Joseph,* b[2] 18 nov. 1746.—*Jacques,* b[2] 25 et s[2] 29 déc. 1747.—*François,* b[2] 16 mars 1749; s[3] 25 fevrier 1760. — *Scholastique,* b[2] 21 et s[2] 28 nov. 1750. —*Marie-Françoise,* b[2] 11 juillet 1752; 1° m[2] 6 août 1787, à Pierre FALARDEAU; 2° m[2] 6 fevrier 1798, à Joseph BERTHIAUME. — *Jean-Baptiste,* b[2] 24 nov. 1753.— *Pélagie,* b[2] 23 février et s[2] 10 sept. 1756. — *Ambroise,* b[2] 27 juin 1759.—*Jean-François,* b[2] 23 et s[2] 26 août 1761. — *Marie-Joseph,* b[2] 2 janvier 1764; 1° m à François PORTELANCE; 2° m[2] 20 février 1792, à Joseph HAMEL.

III.—BRUNET (1), JEAN-BTE, [MICHEL II.
b 1703.
1° DUBOIS, Marguerite. [FRANÇOIS II.
Marguerite, b 1726; m 18 oct. 1745, à Jean LANGLOIS, à Montréal.[7] — *Marie-Joseph,* b 1729, m[7] 25 sept. 1751, à Jean-Baptiste GAUVREAU.— *Jean,* b 1732; s[7] 21 fevrier 1739. — *Dominique,* b... m 11 janvier 1751, à Catherine PARE, à Lachine.
1745, (1er mars) Ste-Geneviève, M.[6]
2° BLENIER (2), Agathe. [PIERRE II
Michel, b[6] 8 février et s[6] 29 avril 1750. — *Marie-Joseph,* b[6] 21 juillet 1751. — *Catherine-Amable,* b[6] 1er mai et s[6] 4 juillet 1754.—*Marie-Marguerite,* b[6] 21 mars 1756.

1745, (26 avril) Ste-Geneviève, M.
III.—BRUNET, CHARLES. [THOMAS II.
LAUZON, Marie-Raphael. [MICHEL II.

1745, (19 juillet) Bout-de-l'Ile, M.
IV.—BRUNET (1), MICHEL. [MICHEL III.
MADELEINE, Charlotte. [JOSEPH II.

1746, (14 février) Bout-de-l'Ile, M.[6]
III.—BRUNET (3), CLAUDE, [FRANÇOIS II.
EMERY-CODERRE, Angelique, [JOSEPH III.
b 1727.
François-Claude, b[6] 31 oct. 1748.—*Marie-Angélique,* b[6] 25 mai 1751. — *Marie-Louise,* b[6] 1er dec. 1753; s[6] 1er mars 1765. — *Jean-Baptiste-Marin,* b[6] 13 août 1756.— *Joseph-Alexis,* b[6] 7 et s[6] 20 juillet 1760. — *Anonyme,* b[6] et s[6] 14 déc. 1761. — *Deux anonymes,* b[6] et s[6] 28 juillet 1762. —*Françoise-Amable,* b[6] 20 sept. 1763.—*Marie-Louise,* b[6] 15 avril 1766. — *Paul-Amable,* b[6] 10 oct. 1767.

BRUNET (4),
PLANTE, Catherine,
b 1700, veuve de Racine; s 18 oct. 1759, à Quebec.

(1) Dit Létang.
(2) Dit Jarry.
(3) Dit Bourbonnais.
(4) Dit Dauphiné.

1750, (19 janvier) Montreal.
IV.—BRUNET, NOEL, [MICHEL III.
b 1725.
PARANT, Marie-Anne, [PIERRE II.
b 1727.

1750, (12 oct.) Québec.[7]
IV.—BRUNET, JEAN-BTE, [JEAN III.
b 1722.
1° DUBEAU, Marie-Angélique, [JEAN-BTE III.
b 1729, s 24 avril 1760, à Beaumont.
Marie-Angelique, b[7] 24 juillet 1751. — *Geneviève,* b[7] 18 déc. 1752. — *Marie-Louise,* b[7] 17 janvier 1754. — *Jean,* b[7] 14 mars et s[7] 25 août 1755. — *Marie-Nathalie,* b[7] 28 nov. 1756; s[7] 11 sept. 1763. — *Jean-Baptiste,* b 10 août 1759, à Lorette; m[7] 18 nov. 1788, à Marie-Angelique COTTON; s[7] 25 mars 1797.
1761, (1er avril) St-Laurent, I. O.
2° AUDET (1), Therèse, [JEAN III.
b 1729; s[7] 24 août 1780.
Pierre, b[7] 26 et s[7] 29 janvier 1762. — *Pierre,* b[7] 1er avril et s[7] 3 août 1763. — *Etienne,* b[7] 7 juillet 1764. — *Marie,* b... m[7] 26 août 1788, à Joseph Roy.
1782, (12 nov.)[7]
3° GODIN, Angelique, [GUILLAUME III.
b 1744.
Jean-Olivier, b... m[7] 23 sept. 1818, à Adelaïde-Cecile LAGUEUX.

1751, (11 janvier) Lachine.
IV.—BRUNET (2), DOMINIQUE. [JEAN III.
PARE, Catherine, [JOSEPH II.
b 1730.

1751, (10 mai) Ste-Geneviève, M.[1]
III.—BRUNET, JEAN-FRANÇOIS, [THOMAS II.
b 1710; s[1] 19 déc. 1756.
GAUTIER, Marie (3). [JEAN-BTE II.
Joseph-Marie, b[1] 7 août 1752; s[1] 15 mai 1753. —*Marie-Geneviève,* b[1] 16 janvier 1754.

BRUNET, JOSEPH,
s 1759, à l Hôpital-Général, Q.
1° MAILLOT, Madeleine.
1754, (29 janvier) Beaumont.
2° FILTEAU, Marguerite (4), [PIERRE II.
b 1737.

1753, (5 nov.) Ste-Geneviève, M.[2]
IV.—BRUNET, AUGUSTIN, [MICHEL III.
b 1732; s[2] 29 nov. 1755.
TROTIER, Marie-Catherine (5) [PIERRE IV.
Augustin, b... s[2] 22 sept. 1754.—*Augustin-Amable,* b[2] 17 juin 1756.

(1) Dit Lapointe.
(2) Dit Létang.
(3) Elle épouse, le 2 mai 1757, Pierre Jolive, à Ste-Geneviève, M.
(4) Elle épouse, le 18 sept. 1760, François Arcencau, au Cap de-la-Madeleine.
(5) Elle épouse, le 9 oct. 1758, Jean-Baptiste Gueneau-la-Couture, à Ste-Geneviève, M.

1753, (26 nov.) Lachine.[3]
IV.—BRUNET, Jacques,   [Jean III.
  b 1723 ; s [3] 1er mai 1757.
1° Tabeau, Marie-Louise,   [Alexis II.
  b 1723 ; s [3] 31 déc. 1754.
Jacques-Antoine, b [3] 13 déc. 1754 ; s [3] 1er janvier 1755.
    1756, (15 nov.) Bout-de-l'Ile, M.
2° Hunault, Marie-Agathe (1).   [Jean-Bte III.

1755, (4 août) Montréal.
IV.—BRUNET, Joseph,   [Michel III
  b 1734.
Parant, Marie-Joseph,   [Pierre II
  b 1735.

BRUNET, François.
  Lahaye, Marie.
François-Amable, b 24 mars 1756, à Ste-Geneviève, M.

1756, (7 janvier) Verchères.
I.—BRUNET, Pierre (2), b 1736, fils de Pierre et de Jeanne Dupuis, de Ste-Foye-le-Grand-de-Préville, ville de Niort, diocèse d'Agen.
Coursol, Marie-Joseph.   [Michel II.

1756, (2 mars) Ste-Geneviève, M.[4]
IV.—BRUNET, Philippe-Amable. [Philippe III.
Martel, Marguerite,   [François II.
  b 1735 ; s [4] 22 avril 1758.
Suzanne-Amable, b [4] 10 janvier 1757. — *François-Amable-Eustache*, b [4] 12 mars et s [4] 24 nov. 1758.

BRUNET, Jacques,
  b 1731 ; s 17 oct. 1758, à Ste-Geneviève, M.[6]
Legaut (3), Marie-Joseph.
Geneviève, b [6] 6 août 1757.—*Joseph-Amable*, b [5] 15 et s [6] 30 août 1758.

1757, (9 mai) Sault-au-Récollet.
IV.—BRUNET (4), François,   [François III.
  b 1728.
Vanier, Geneviève,   [Jean.
  b 1738.

1761, (12 oct.) Québec.[7]
II.—BRUNET (5), Alexis,   [Alexis I.
tonnelier.
Dechambre, Louise (6),   [François III.
  b 1738, veuve de Jean-Baptiste Albert.
Louise, b [7] 2 nov. 1762 ; m [7] 25 février 1783, à Louis Alexandre. — *Marie-Joseph*, b [7] 13 mai 1764.—*Romain*, b... m [7] 7 juin 1791, à Ursule Vésina.—*Marie-Anne*, b... m [7] 17 janvier 1797, à Germain Damien.

1762, (5 juillet) Montréal.
II.—BRUNET, François,   [Alexis I.
  b 1737.
Pouget, Marie-Marthe.   [Jean-Bte II.

BRUNET, Charles (1).
Rafaré, Marie.
Marie-Joseph, b 4 juillet 1764, au Bout-de-l'Ile, M.

BRUNET (2), François-Simon,
  b 1745 ; s 3 janvier 1777, à l'Hôpital-Général, M.

1766, (6 juin) Détroit.
IV.—BRUNET (3), Louis,   [Louis III.
  b 1738.
Panis, Louise (4).

1766, (17 nov.) Bout-de-l'Ile. M.
IV.—BRUNET (5), Frs-Marie,   [François III.
  b 1744.
Daout, Françoise,   [Charles II.
  b 1745.

1767, (13 juillet) St-Antoine-de-Chambly.
I—BRUNET, Pierre, b 1736 ; fils d'André et de Louise Roy, de Niort, diocèse de Poitiers.
Alard, Marie-Joseph,   [Joseph-Méry II.
  b 1739 ; veuve de Louis Archambault.

1767, (9 nov.) Lachine.
IV.—BRUNET (5), François.   [Antoine III.
Hebert, Marie-Osithe.   [François.

1768.
II.—BRUNET (6), Jean-Jacques,   [Alexis I.
  b 1742.
Dugast (7), Elisabeth.
Jacques, b 14 nov. 1769, à Ste-Anne-de-la-Perade.

BRUNET, Pierre.
Langlois, Marie-Anne.
Pierre, b 2 nov. 1769, à Lachenaye.

II.—BRUNET (6), Nicolas,   [Alexis I.
  b 1738.
Lamontagne, Marie-Charlotte,
  b 1752, s 21 avril 1785, à Québec.[9]
Charlotte, b... m [9] 17 nov. 1795, à Jacques Vocelle.

---

(1) Elle épouse, le 4 nov. 1760, Antoine Lalonde, au Bout-de-l'Ile, M.
(2) Parti de Brest et arrivé en 1752, après avoir fait naufrage au Mécatinac, sur le navire "L'Aigle," commandé par le capitaine De Roboras.
(3) Dit Deslauriers.
(4) Dit Belhumeur.
(5) Dit Dauphiné.
(6) Elle épouse, le 10 sept. 1777, Charles Lamontagne, à Québec.

---

(1) Soldat de la compagnie de Lanaudière. Il était à Charlesbourg le 7 février 1787.
(2) Dit Belhumeur.
(3) Dit Létang.
(4) Ci-devant esclave Panis appartenant au Sieur Douville De Quindre.
(5) Dit Bourbonnais.
(6) Dit Dauphiné.
(7) Dit Labrèche.

1771, (25 nov.) Varennes.
IV.—BRUNET, François,   [Pierre III.
  b 1746.
  Vetu, Marie-Joseph,   [Louis II.
    b 1753.

1788, (18 nov.) Québec. [9]
V.—BRUNET, Jean-Bte,   [Jean-Bte IV.
  b 1759; maître d'école; s [9] 25 mars 1797.
  Cotton, Marie-Angelique.   [Guillaume.

1791, (7 juin) Québec.
III.—BRUNET (1), Romain.   [Alexis II.
  Vésina, Ursule,
  veuve de Jean-Baptiste Dubord.

1818, (23 sept.) Québec. [9]
V.—BRUNET, Jean-Olivier,   [Jean-Bte IV.
  marchand.
  Lagueux, Cécile-Adélaïde, fille d'Etienne-Claude et de Cecile Griault.
  Olivier, b... — *Joseph-Ovide*, b [9] 9 nov. 1824. — *Louis-Ovide*, b [9] 10 mars 1826; ordonne le 1er oct. 1748, à Québec.

BRUNION.—Voy. Brignon.

1678, (14 avril) Sorel. [9]
I.—BRUNION (2), Pierre,
  b 1642; s 6 nov. 1687, aux Trois-Rivières.[8]
  Coy (3), Marie-Charlotte,
    b 1649; veuve de Jean Brai.
  Jean, b [9] 5 nov. 1678; m 6 janvier 1710, à Anne-Charlotte Prevost, à Montréal. — *Marie*, b [8] 3 avril 1680. — *François*, b [9] 30 mars et s [9] 6 avril 1682. — *Jacques*, b [9] 13 mars 1686. — *Louis* (posthume), b [8] 10 mai 1688.

1710, (6 janvier) Montréal. [9]
II.—BRUNION (4), Jean,   [Pierre I.
  b 1678.
  Prevost, Anne-Charlotte,   [Eustache I.
    b 1690.
  Louis-Toussaint, b [9] 3 nov. 1710. — *Jean-Baptiste*, b [9] 30 juillet 1712. — *Pierre*, b [9] 31 oct. 1715, m 1er mai 1746, à Marie-Catherine Mandeville, à Sorel. — *Marie-Joseph*, b [9] 19 janvier 1717 — *Léonard*, b [9] 27 avril 1718. — *Jean-Baptiste*, b [9] 19 nov. 1719.

1746, (1er mai) Sorel. [8]
III.—BRUNION (5), Pierre,   [Jean II.
  b 1715.
  Mandeville, Marie-Catherine.   [Jean-Bte II.
  Marie-Catherine, b [8] 23 janvier 1750. — *Marie-Marguerite*, b 28 juillet 1753, à Chambly. [9] — *Joseph*, b [9] 27 janvier 1756. — *Jean-Baptiste*, b [9] 5 janvier 1759.

---
(1) Dit Dauphiné.
(2) Voy. aussi Brignon, p 470.
(3) Ou Couet.
(4) Et Lapierre; voy. aussi Brignon, p. 470.
(5) Et Brignon dit Lapierre.

BRUNSARD.—*Variations et surnoms* : Brousson—Dessureaux—Bransard.

1725, (13 février) Bécancour.
II.—BRUNSARD (1), Jean-Bte.   [Laurent I.
  1° Quatresous, Madeleine,   [Damien I.
    b 1687; veuve de Michel Roy.
    1727, (9 nov.) Québec.
  2° Delajoue, Marie-Catherine,   [François I.
    b 1699, s 18 février 1734, à Ste-Geneviève [8]
  Marie-Jeanne-Catherine, b [8] 6 février 1730.— *Joseph-Marie*, b [8] 10 août 1731. — *François-Laurent*, b [8] 22 et s [8] 24 mars 1733. — *François-Xavier*, b [8] 14 février et s [8] 5 déc. 1734.—*Marie-Joseph*, b [8] 14 février 1734.

BRUYÈRE.—Voy. Porlier.

BRUYÈRE, Françoise, epouse de Joseph Chevalier.

1732, (16 sept.) Québec. [6]
I.—BRUYÈRE, Jean-Bernard, fils d'Antoine et de Raymonde Marsal, de Toulouse.
  Brisson, Geneviève,   [René II.
    b 1709; veuve de Charles Trefflé.
  Marie, b [6] 4 nov. 1733. — *Bernard*, b [6] 7 dec. 1734. — *Joseph-Bernard*, b [6] 7 mars 1736, s [6] 11 août 1756 (noye). — *Pierre*, b [6] 1er mars 1737.— *Geneviève-Brigitte*, b [6] 4 mars et s [6] 16 août 1738. —*Marie-Charles*, b [6] 14 mai 1739.

I.—BRUYÈRE (2), Ralph-Henri.
  Dunbar, Jeanne.
  Anne-Françoise, b... m 10 janvier 1820, à Toussaint Pothier, à Montreal.

1765, (21 janvier) St-Thomas.
I.—BRY, Jacques, fils de Gilles et de Jaqueline Gallien, de St-Per, diocèse de Coutances.
  Boulet, Marie-Elisabeth,   [Jacques III.
    b 1739.

BRYNE, Marie, épouse de Charles Hay.

BUCKEEP, Nicolas.
  Barbeau, Marguerite,
    b 1753, s 17 janvier 1795, à Québec.

1789, (13 janvier) Québec.
I.—BUCKELL, Jean-Bte, fils de Joseph et de Marie Schelling, d'Auxtide, Allemagne.
  Chamberlan, Gertrude.   [Paisque.

I.—BUCHANAN, Jean.
  1° Chevalier, Louise,   [Jean-Alexis II.
    b 1746; s 18 sept. 1780, à Quebec. [5]
    1781, (31 juillet). [5]
  2° Cadoret, Thérèse,   [Antoine II.
    b 1754

BUET, Angélique, épouse de Jean-Baptiste Fauber.

---
(1) Et Dessureaux. Voy. Bransard do 1725, p. 450.
(2) Lieutenant-colonel des Ingenieurs-Royaux.

BUET, Louise, épouse de Jean Hubert.

1678, Lachine.⁸
I.—BUET, Alexis.
'Bouer, Françoise,
b 1630; veuve de Jean Roy.
Marie, b⁸ 22 oct. 1678; m⁸ 24 nov. 1700, à Jean Legros. — *René*, b⁸ 30 mars 1681; m⁸ 16 fevrier 1711, à Marie-Renee Foucher; s 7 mars 1758, à Ste-Geneviève, M.

1711, (16 fevrier) Lachine.⁸
II.—BUET, René,   [Alexis I.
b 1681; s 7 mars 1758, à Ste-Geneviève, M.
Foucher (1), Marie-Renee,   [Jean II.
b 1689.
Marie-Thérèse, b 1712; 1° m...; 2° m..., 3° m à Valentin Tétard; s 4 juillet 1801, à l'Hôpital-General, M.—*Marie-Anne*, b... m à François Brazeau.—*Jean-Baptiste*, b⁸ 21 mai 1718.—*Alexis*, b⁸ 5 août 1720. — *René*, b⁸ 2 nov. 1727.—*Marie-Louise*, b⁸ 6 janvier 1731; m⁸ 10 janvier 1757, à Jean Leber. — *Marie-Joseph*, b... m⁸ 21 oct. 1754, à Joachim Bissonnet.

1767, (22 janvier) Détroit.⁵
I.—BUFET, Louis, marchand; fils de Luc et de Gabrielle Souriceau, de St-Martin, Ile-de-Rhe, diocèse de LaRochelle, Aunis.
DeMarsac, Thérèse.   [François.
Thérèse, b⁵ 30 avril 1768.—*Marie-Irène*, b⁵ 27 juin 1770.—*Louis*, b⁵ 13 nov. 1773.—*Elisabeth*, b⁵ 1ᵉʳ dec. 1778.

BUGEAULT.—Voy. Beaujoux, 1746.

1746, (5 sept.) Québec.²
I.—BUGEAULT, François (2).
Raymond, Marie-Anne.   [Pierre.
Charles, b³ 1ᵉʳ dec. 1759; s² 27 juin 1763.

1689, (28 avril) Montréal.⁵
I.—BUISSON, Pierre,
s⁵ 21 avril 1724.
Levasseur, Madeleine-Françoise,   [Pierre I.
b 1656; veuve de Jean-Baptiste Gosset.
Jean-Baptiste, b⁵ 15 fevrier 1690. — *Jacques*, b⁵ 24 nov. 1691.—*Suzanne*, b⁵ 6 août 1694, m⁵ 9 avril 1720, à Charles Tessier, s⁵ 13 oct. 1721. —*Pierre*, b⁵ 19 juillet 1697; m⁵ 28 fevrier 1724, à Elisabeth Brunel.

1699.
III.—BUISSON (3), Jean-Bte,   [Antoine II.
b 1675.
Baudet, Louise-Françoise.   [Jean I.
b 1679; s 17 janvier 1712, à St-Nicolas.⁶
Marie-Françoise, b... s 27 fevrier 1703, à St-Antoine-Tilly.⁷ — *Marie-Françoise*, b... m⁷ 20 oct. 1728, à Joseph-Simon Houde. — *Angélique*, b 25 juin 1702, à la Pte-aux-Trembles, Q.; m⁶

(1) Françoise, 1727.
(2) Voy. Beaujoux, p. 171.
(3) Et Bisson; voy. vol. I, p. 55.

---

22 nov. 1728, à Jean Bourassa. — *Joseph*, b⁶ 6 juin 1704; m⁶ 9 sept. 1731, à Marie-Françoise Metot. — *Jean-Baptiste*, b⁶ 20 juin 1706; m 7 janvier 1734, à Agathe Pinard, à St-Frs-du-Lac. —*Marie-Françoise*, b⁶ 30 nov. 1708. — *Marie-Geneviève*, b⁶ 3 janvier 1711; s⁶ 22 janvier 1712.

1700, (15 nov.) Charlesbourg.³
I.—BUISSON, Michel-Pierre (1), b 1661; fils de Michel et d'Isabelle Deterville, d'Eterville, diocèse de Bayeux; s³ 6 nov. 1760.
Fasche (2), Catherine,   [Nicolas I.
b 1678; s³ 6 fevrier 1744.
Louis, b 31 août et s 1ᵉʳ sept. 1701, au Château-Richer. ⁴—*Charles*, b³ 16 et s³ 17 juillet 1702.— *Marie-Thérèse*, b³ 19 dec. 1703; s³ 3 oct. 1714.— *Marie-Angélique*, b³ 27 mars 1706; m 9 mai 1734, à Jean-Baptiste Prevost, à Québec. ⁵— *Marie-Catherine*, b³ 12 nov. 1708; m³ 6 oct. 1732, à Louis Penin. — *Pierre-Louis*, b³ 12 et s³ 14 mars 1712. — *Anne*, b³ 5 avril 1713; m³ 13 juin 1735, à Louis Biard.— *Marie-Jeanne*, b³ 21 oct. 1715. — *Marie*, b³ 15 janvier 1719; m⁴ 14 avril 1749, à Louis Alaine.—*Marie-Louise*, b³ 12 mars 1722, s³ 26 février 1742.— *Pierre*, b... m⁵ 12 oct. 1744, à Madeleine Vivier; s³ 10 juin 1754.

1703, (21 mai) Ste-Foye.
III.—BUISSON (3), Joseph.   [Gervais II.
2° Sédilot, Marie,   [Jean II.
b 1680.
Félicité, b... m 28 oct. 1728, à Nicolas Martin, à Quebec.

1708, (3 sept.) Pte-aux-Trembles, Q.
III.—BUISSON (4), Simon,   [Gervais II.
s avant 1740.
Labadie, Françoise,   [François I.
b 1687.
Charlotte, b... m 28 juin 1745, à Antoine Hély, à Beaumont.¹— *Louis*, b... m 18 janvier 1740, à Suzanne Samson, à Levis. — *Joseph*, b... m¹ 6 nov. 1748, à Suzanne Lacasse.

BUISSON, Marie, b 1713; s 23 nov. 1733, aux Trois-Rivières.

1716.
III—BUISSON (5), Frs-Joseph,   [Antoine II.
b 1692.
Houle, Marie-Marguerite,   [Jean II.
b 1694.
François, b 1719; s 23 juillet 1728, aux Trois-Rivières. ⁴— *Louise-Marguerite*, b⁴ 27 fevrier 1722; m 17 fevrier 1738, à François Blouin, à Montréal. ⁵—*Ursule*, b⁴ 10 et s⁴ 15 juin 1724.— *Marie-Joseph*, b⁴ 19 juillet 1725; m⁵ 26 fevrier 1743, à Louis Olivier; s⁴ 6 mai 1743 —*Joseph*, b⁴ 19 et s⁴ 21 juillet 1725.— *Marguerite*, b⁴ 13

(1) Et Bisson en 1702; soldat de M. De Longueuil.
(2) Dit Suret—Fauché.
(3) Voy. Bisson, p. 292.
(4) Et Bisson.
(5) Et Bisson, voy. vol. I, p. 54.

BUI 504 BUI

mars 1727; s⁴ 17 mars 1730. — *Ursule*, b⁴ 23 oct. 1729. — *François-Didace*, b 5 et s 22 mai 1731, à Bécancour. — *Joseph*, b⁴ 15 et s⁴ 27 nov. 1732.

1719, (18 août) Québec. ⁸

IV.—BUISSON (1), Joseph.   [Joseph III.
1° Savari, Marie-Anne.   [François I.
Marie-Ignace, b⁸ 31 août 1720.—*Joseph*, b⁸ 26 sept. 1722; s⁸ 7 sept. 1725. — *Marie-Madeleine*, b⁸ 12 avril 1724. — *Charles-Joseph*, b⁸ 5 nov. 1726; m 1748, à Marie-Joseph Duquet.—*Thérèse*, b⁸ 28 dec. 1728; s⁹ 24 janvier 1730.—*Jean*, b⁸ 21 sept. et s⁸ 24 nov. 1730. — *Michel*, b... m 19 janvier 1756, à Marie-Charlotte Gély, à Levis. ⁹ —*Antoine*, b... m⁹ 12 fevrier 1759, à Marie-Anne Carrier. — *Marie-Anne*, b... m⁹ 8 nov. 1761, à Etienne Griau. — *Louise-Elisabeth*, b⁸ 8 oct. 1736. — *Geneviève*, b... m 5 nov. 1742, à Joseph Huboult, à Lachenaye.

1759, (18 juin). ⁹
2° Aubert, Marie-Anne,   [François IV.
b 1739.
Marie-Anne, b⁹ 21 avril 1764.

1724, (28 février) Montréal. ¹

II.—BUISSON (2), Pierre,   [Pierre I.
b 1697.
Brunel, Elisabeth (3).   [Jean I.
Pierre, b¹ 2 et s¹ 11 oct. 1727.

1732, (22 juillet) Québec.
BUISSON (4), Jacques.

1734, (7 janvier) St-Frs-du-Lac.

IV.—BUISSON, Jean-Bte,   [Jean-Bte III.
b 1706.
Pinard (5), Agathe,   [Louis II.
b 1713.
Jean-Baptiste, b 6 juillet 1735, aux Trois-Rivières⁹, m⁹ 29 oct. 1759, à Louise Panneton. —*Anonyme*, b⁹ et s⁹ 8 mars 1737.—*Antoine*, b⁹ 8 août 1739; m⁹ 10 août 1762, à Marie-Charlotte Delorme. — *Joseph-Bonaventure*, b⁹ 10 avril 1741; m⁹ 16 août 1763, à Marguerite Pepin.— *Marie-Anne*, b⁹ 25 avril 1743; m⁹ 2 juin 1760, à Pierre Hardy.—*Louis*, b⁹ 24 oct. 1745.—*Charles-François*, b⁹ 5 nov. 1747; s⁹ 4 mai 1748.— *Marie-Madeleine*, b⁹ 6 mai 1749.

BUISSON Clément.—Voy. Bisson.

1740, (18 janvier) Levis.
IV.—BUISSON, Louis.   [Simon III.
Samson, Suzanne,   [Jean II.
b 1717.

(1) Voy. aussi Bisson, p. 293.
(2) Dit Subtil.
(3) Elle épouse, le 17 sept. 1742, Joseph Etienne, à Montréal.
(4) Voy. Bisson.
(5) Dit Lauzière, 1743.

1748, (6 nov.) Beaumont.
IV.—BUISSON, Joseph.   [Simon III.
Lacasse, Suzanne,   [Antoine III.
b 1731.
Simon, b 1758; s 21 mars 1760, à St-Charles.

1753.
I.—BUISSON, Pierre (1), s 6 août 1753, à Lévis (noyé).

1756, (19 janvier) Lévis. ¹
V.—BUISSON, Michel.   [Joseph IV.
Gély, Marie-Charlotte.   [Jean II.
Marie-Anne, b 1758; s¹ 2 mars 1768.—*Anonyme*, b¹ et s¹ 24 mai 1763.—*Marie-Angélique*, b¹ 20 juin 1764.— *Geneviève*, b¹ 11 mai 1767.— *Anonyme*, b¹ et s¹ 8 fevrier 1769.

I.—BUISSON, Melchior, Acadien.
1° Dubois, Marie.
Joseph, b... s 1ᵉʳ février 1758, à St-Charles. ²— *Marie*, b 1748; s² 19 fevrier 1758.

1758, (4 avril). ²
2° Joanne, Marie-Louise.   [Jacques.

1759, (12 février) Lévis.
V.—BUISSON, Antoine.   [Joseph IV.
Carrier, Marie-Anne,   [Jean III.
b 1741.

1759, (29 oct.) Trois-Rivières.
V.—BUISSON, Jean-Bte,   [Jean-Bte IV.
b 1735.
Panneton, Louise,   [Théodore II.
b 1736.

1762, (10 août) Trois-Rivières.
V.—BUISSON, Antoine,   [Jean-Bte IV.
b 1739.
Delorme, Charlotte,   [Jean-Bte I.
b 1740.

1763, (16 août) Trois-Rivières.
V.—BUISSON, Joseph,   [Jean-Bte IV.
b 1741.
Pepin, Marguerite.   [Charles III.

BUISSON, Marie-Louise, épouse de François Grenier.

BUISSON, Marguerite, epouse de Jean Jinchereau.

BUISSON, Arcllline, epouse de Pierre Juneau.

BUISSON, Marie-Madeleine, épouse de François Langlois.

BUISSON, Josette, épouse de Joseph Tourville.

(1) Natif de Dinan, Belgique. Agé de 18 ans, canonier sur le "Tigre," vaisseau du roi commandé par Mr De la Villéon.

1783, (14 janvier) Québec.
V.—BUISSON (1), Nicolas,   [Joseph IV.
  b 1753.
  Pruneau, Marie-Joseph,   [René III.
  b 1762.

1754, (25 février) Montréal.
I.—BULINGER (2), Antoine, b 1727 ; fils de Michel et de Suzanne Hélène, de St-Roch, diocèse de Rastach.
  Robrau, Marie-Anne,   [Pierre I.
  b 1729.

1754, (25 février) Montréal.
I.—BULLAU, Antoine, marchand, b 1722 ; fils de Jean et de Catherine Pintin, de St-Nicolas, ville d'Amiens.
  Gatien, Elisabeth,   [François II.
  b 1732.

BULMER, Marie-Anne, épouse de Pierre La Terrière.

1727, (18 février) Québec. [9]
I.—BULTEAU, Noel, marchand, fils de Jean et de Marguerite Bonard, de St-Fulcien de Rouville, diocèse de Senlis.
  DeBure, Marie-Marguerite, fille de Gabriel et de Marie-Marguerite Leroux, de St-Firmin, ville d'Amiens.
Marie-Françoise, b [9] 15 nov. 1728 ; s [9] 24 juillet 1735.—Anonyme, b... s [9] 28 déc. 1728 —Noel-Louis, b [9] 23 déc. 1729. — Nicolas-Stanislas, b [9] 16 avril 1733.

I.—BULTÉ, Anne, b 1659 ; 1° m 1674, à Jean Guerganivet ; 2° m 11 mai 1700, à Etienne Gauvin, à Lorette [9] ; s [9] 4 janvier 1709.

I.—BULTÉ, Pierre,
  b 1621.
  Charon, Jeanne,
  b 1631.
Perronne, b 1655 ; m 1678, à Pierre Fauteux ; s 1er oct. 1720, à la Pte-aux-Trembles, Q.

BUOT.—Voy. Bigeau—Bigeot.

BUOTTE, Marie-Anne, épouse de Pierre Malbeuf.

BURDAIRON, Louis.—Voy. Guy.

1768, (24 oct.) (3) St-Antoine-de-Chambly.
I.—BURE, Charles, fils d'Abraham et de Marie Dugas, de Port-Royal, Acadie.
  Richard, Anne.   [Joseph.

(1) Baptisé sous le nom de Bisson ; voy. p 293.
(2) Appelé Bouligner.
(3) Mariage réhabilité, s'étant mariés en la Nouvelle-Angleterre, le 5 février 1764.

1685, (25 juillet) Québec. [7]
I.—BUREAU (1), Louis,
  b 1630 ; s 15 février 1711, à Lorette. [8]
  1° Gauvin, Marie-Anne,   [Jean I.
  b 1671.
Jean, b 1689 ; m [8] 9 mai 1712, à Marie-Anne Lachaine ; s [8] 31 oct. 1729. — Catherine, b... m [8] 30 janvier 1713, à Jean Rouillard ; s [8] 8 oct. 1750.
  1695, (12 sept.) [7]
  2° Coqueret, Marie,
  b 1662 ; veuve de Pierre Dumets ; s [8] 8 février 1724.

1699, (4 mai) Québec. [9]
I.—BUREAU (2), Jean,
  b 1669.
  Vermet, Madeleine,   [Antoine I.
  b 1674.
Marie-Madeleine, b [9] 11 mars 1701 ; m 1er juin 1728, à Laurent Desparois, à St-Augustin.

1712, (9 mai) Lorette. [9]
II.—BUREAU (3), Jean,   [Louis I.
  b 1689 ; s [9] 31 oct. 1729, dans l'église.
  Lachaine, Marie-Anne (4),   [Pierre I.
  b 1692.
Marie-Anne, b [9] 12 février 1713 ; s [9] 6 janvier 1717. — Marie-Anne-Thérèse, b [9] 28 août et s [9] 2 sept. 1714. — François, b 1715 ; m 8 nov. 1745, à Catherine Lessard, à Québec [4] ; s [4] 24 nov. 1783. — Pierre, b... 1° m 4 nov. 1754, à Thérèse Gagne, à St-Joseph, Beauce ; 2° m 1759, à Thérèse Brunet.— Marie-Joseph, b... m 20 avril 1740, à Prisque Michel, au Château-Richer. [8] — Marie-Françoise, b [9] 28 mars 1716.—Marie, b [9] 22 août 1717.—Jean-Baptiste, b [9] 21 juin 1719 ; m [8] 1er mars 1740, à Madeleine Cochon.—Joachim, b [9] 15 sept. 1720 ; m 2 juillet 1742, à Marie-Joseph Carreau, à l'Ange-Gardien.—Mathurin, b [9] 29 avril 1722. — Marie-Anne, b [9] 7 oct. 1723 ; m [8] 18 août 1747, à Pierre Gravel. — Marie-Anne, b [9] 11 nov. 1726 ; s [9] 28 sept. 1727.—Louis-Joseph, b [9] 6 mai 1728 ; s [9] 23 juillet 1729. — Joseph (posthume), b [9] 11 janvier et s [9] 17 juin 1730.

1740, (1er mars) Château-Richer.
III.—BUREAU, Jean-Bte,   [Jean II.
  b 1719.
  Cochon, Madeleine,   [Joseph III.
  b 1724.
Jean-Baptiste, b 29 et s 30 juillet 1741, à Lorette. [9] — Jean-Baptiste, b [9] 18 janvier 1743. s [9] 11 février 1765, à Marie-Marthe Gagnon. — Anonyme, b [9] et s [9] 11 avril 1744.— Anonyme, b [9] et s [9] 24 janvier 1745. — François, b [9] 12 et s [9] 30 juillet 1747.—Anonyme, b [9] et s [9] 10 juin 1748.— Joseph, b [9] 25 sept et s [9] 3 oct 1749.—Geneviève, b [9] 22 février 1751. — Catherine, b [9] 24 août et

(1) Dit Sansoucy, voy. vol. I, p. 93.
(2) Voy. vol. I, p. 96.
(3) Dit Sansoucy.
(4) Elle épouse, le 15 oct. 1731, Olivier Guignin, à Lorette.

s⁹ 9 sept. 1753. — *Jean-Louis*, b⁹ 9 déc. 1758.— *Jean-Baptiste*, b... m 17 janvier 1767, à Angélique ALAIN, à Ste-Foye.

1742, (2 juillet) l'Ange-Gardien. ⁸
III.—BUREAU, JOACHIM,   [JEAN II.
    b 1720.
CARREAU, Marie-Joseph,   [JOSEPH II.
    b 1722 ; veuve de Jacques Garnaud.
Jean-Baptiste, b... m 15 avril 1765, à Marie-Anne TOUCHET. au Château-Richer.—*Marie-Anne*, b ⁸ 7 mars 1749. — *Joachim-Gabriel*, b ⁸ 18 mai 1750.—*Marie-Anne*, b ⁸ 1ᵉʳ août 1751 ; m 1771, à Louis-Antoine GIRARD. — *Marie-Geneviève*, b ⁸ 25 août 1752. — *Marie-Rose*, b ⁸ 25 avril 1754.— *Julien*, b ⁶ 30 mars 1755.—*Louis*, b ⁸ 10 avril et s ⁸ 10 juillet 1756.—*Geneviève*, b ⁸ 15 mai 1757 ; s ⁸ 25 janvier 1761. — *Marguerite*, b ⁸ 27 mai et s ⁸ 12 juin 1758. — *Marie-Barbe*, b 29 juillet et s 14 août 1759, à Beauport.⁶—*Marguerite*, b 1760, s ⁸ 25 janvier 1761.— *Thérèse*, b ⁶ 11 mars et s ⁸ 6 oct. 1762.—*Joseph*, b ⁸ 5 août et s ⁸ 8 sept. 1763.

1742, (24 sept.) Montréal. ⁵
I.—BUREAU, FRANÇOIS, b 1702, fils de François et de Marie Varennes, de St-Etienne de Thion, diocèse d'Autun.
1° DUDEVOIR, Thérèse,   [CLAUDE I.
    b 1706.
    1761, (27 juillet). ⁵
2° LATOUCHE (1), Elisabeth,   [JEAN I.
    b 1726.

1745, (8 nov.) Québec. ⁸
III.—BUREAU (2), FRANÇOIS,   [JEAN II.
    b 1717, s ⁸ 24 nov. 1783.
LESSARD (DE), Catherine,   [CHARLES III.
    b 1723.
Marie-Catherine, b ⁸ 26 août 1746.— *François*, b ⁸ 8 et s ⁸ 30 mars 1748. — *Marie-Catherine*, b ⁸ 22 mai 1750 ; s ⁸ 4 sept. 1779 —*Marie-Louise*, b ⁸ 19 mars 1752 ; m ⁸ 8 juin 1779, à Jacques FLUET. —*Marie-Geneviève*, b ⁸ 28 juin 1754.— *Charles-Régis*, b ⁸ 25 août 1756 ; m ⁸ 16 avril 1782, à Geneviève FRASER —*Marie-Charlotte*, b... m ⁸ 13 nov. 1787, à Joseph DEGUISE. — *Marie-Madeleine*, b ⁸ 8 février 1759 ; m ⁸ 16 mai 1791, à Etienne LOISEL.— *Marie-Joseph*, b ⁸ 4 août 1761 ; m ⁸ 6 février 1798, à Paul PRIMEAU.— *Jean-François*, b ⁸ 8 mai 1763 ; m ⁸ 15 janvier 1788, à Marguerite PRIMEAU.

1754, (4 nov.) St-Joseph, Beauce. ⁹
III.—BUREAU, PIERRE.   [JEAN II.
1° GAGNÉ, Thérèse,   [JOSEPH IV.
    b 1735.
Pierre, b⁹ 7 et s⁹ 14 août 1755.—*Marie*, b⁹ 9 avril 1758.
    1759.
2° BRUNET, Thérèse,   [JEAN III.
    b 1728 ; veuve de Jean Lessard.

(1) Dit Soupras
(2) Dit Sansoucy.

Pierre, b⁹ 10 février 1760.—*Marie*, b 1761 ; s⁹ 2 sept. 1765. — *Angélique*, b⁹ 13 février 1764 ; m⁹ 25 janvier 1780, à Zacharie CLOUTIER.— *Marie-Louise*, b⁹ 20 février 1766 ; m⁹ 21 sept. 1778, à Pierre BOULET.—*Hélène*, b⁹ 17 avril 1768. —*Marie-Suzanne*, b⁹ 29 sept. 1770.

1757, (10 janvier) Montréal.
I.—BUREAU, ISAAC, b 1733 ; fils d'Isaac et de Marie Modet, de Mause, diocèse de LaRochelle.
GIRARD, Marie-Angélique,   [ANTOINE III.
    b 1738.

1765, (11 février) Lorette. ⁵
IV.—BUREAU, JEAN-BTE,   [JEAN-BTE III.
    b 1743.
GAGNON, Marie-Marthe,   [PRISQUE.
    s ⁵ 17 avril 1765.

1765, (15 avril) Château-Richer. ⁸
IV.—BUREAU, JEAN-BTE.   [JOACHIM III.
TOUCHET, Marie-Anne,   [THOMAS III.
    b 1741.
Marie-Anne, b ⁸ 5 février 1766.

1767, (17 janvier) Ste-Foye.
IV.—BUREAU (1), JEAN-BTE.   [JEAN-BTE III.
ALAIN, Angélique,   [JOSEPH III.
    b 1744.
Jacques, b... m 1806, à Françoise DEVAUX, à Ste-Anne. — *Charles*, b 1ᵉʳ juillet 1778, à Ste-Foye. — *Pierre*, b... m 12 juillet 1791, à Geneviève GILBERT.

BUREAU, JULIEN.
GUILLOT (2), Catherine.
Catherine, b 30 août 1782, à St-Augustin. ⁸— *Catherine*, b ⁸ 22 août 1783.—*Joseph*, b ⁸ 2 février 1785. — *Jean-Baptiste*, b ⁸ 30 nov. 1786.—*Louis*, b ⁸ 6 mars 1788.—*Nicolas*, b ⁸ 7 oct. 1789.

1782, (16 avril) Québec. ⁷
IV.—BUREAU, CHARLES,   [FRANÇOIS III.
    b 1756, s ⁷ 19 août 1797.
FRASER, Geneviève.   [LUC.

1788, (15 janvier) Québec.
IV.—BUREAU, FRANÇOIS,   [FRANÇOIS III.
    b 1763.
PRIMEAU, Marguerite.   [JOACHIM III.

1791, (12 juillet) Québec.
V.—BUREAU (3), PIERRE.   [JEAN-BTE IV.
GILBERT, Geneviève.   [JEAN-BTE III.

1806, Ste-Anne.
V.—BUREAU, JACQUES,   [JEAN-BTE IV.
DEVAUX, Françoise.
Jacques-Olivier, b... —*Joseph-Napoléon*, b... m à Sophie GINGRAS.

(1) Dit Sansoucy.
(2) Dit Huot en 1783.
(3) Dit Sansoucy.

1699, (4 février) Varennes.⁶
I.—BUREL, Pierre (1),
  b 1669 ; s avant 1742.
Gentès, Marie-Anne,   [Etienne I.
  b 1679.
Marie-Anne, b ⁶ 13 déc. 1699 ; m ⁶ 10 janvier 1724, à François Courault.— *Michel*, b ⁶ 6 mars 1704 ; m ⁶ 11 janvier 1734, à Marie-Joseph Normandin.—*Madeleine*, b ⁶ 23 nov. 1708 ; m ⁶ 21 juin 1735, à Joseph Benoit. — *Catherine*, b... 1° m ⁶ 19 nov. 1742, à Michel Benoit ; 2° m 6 mai 1760, à Jean-Baptiste Guillot, à Nicolet — *Jean-Baptiste*, b ⁶ 17 avril 1711 ; m ⁶ 11 oct 1745, à Veronique Latouche. — *Joseph*, b ⁶ 2 juin 1713 ; m à Louise Fontaine.— *Marie-Joseph*, b... m 2 nov. 1737, à Pierre Benoit, à la Baie-du-Febvre.

1734, (11 janvier) Varennes.¹
II.—BUREL, Michel,   [Pierre I.
  b 1704.
Normandin, Marie-Joseph,   [Daniel II
  b 1703.
Marie-Joseph, b... m ¹ 14 février 1757, à Joseph Brousson.—*Marguerite*, b... m ¹ 18 fevrier 1760, à Pierre Jared.—*Charlotte*, b... m ¹ 23 juin 1760, à Louis Ménard.

1745, (11 oct.) Varennes.
II.—BUREL, Jean-Bte,   [Pierre I.
  b 1711.
Latouche, Véronique.   [Jean-Bte II.

II.—BUREL, Joseph,   [Pierre I.
  b 1713.
Fontaine, Marie-Louise (2).
Joseph, b 1745 ; m 17 oct. 1768, à Rosalie Bernard, à St-Antoine-de-Chambly. ⁶—*Eustache*, b ⁸ 15 mai 1751 ; s ⁸ 1ᵉʳ avril 1752.— *Michel*, b ⁸ 27 août et s ⁸ 3 oct. 1753.—*Jacques-Philippe*, b ⁸ 31 août 1755. — *Marie-Geneviève*, b ⁸ 14 juillet 1757. — *Marie-Joseph*, b ⁸ 21 août 1759 ; s ⁸ 20 janvier 1764. — *Louise*, b... m 3 février 1766, à François Dupuy, à Varennes.⁹— *Cécile*, b... m ⁹ 5 sept. 1768, à Michel Bérard.

1756, (18 mai) Montréal.
I.—BUREL, Jacques, b 1731 ; fils de Nicolas et de Françoise Leduc, de Lunery, diocèse de Rouen.
Poiriau (3), Marie-Joseph,   [Paul I.
  b 1739.

BUREL, Jean-Bte.
Blanchard, Françoise.
Jean-François, b ⁶ avril 1768, à St-Michel-d'Yamaska.

1768, (17 oct.) St-Antoine-de-Chambly.
III.—BUREL, Joseph,   [Joseph II.
  b 1745.
Bernard, Rosalie,   [Jean-Bte I.
  b 1744 ; s avant 1770.

1770, (24 sept.) Varennes.
2° Laleu (1), Marguerite.   [Jean-Bte.

I.—BURGESSE, Edouard.
Rose, Geneviève.
Jean, b... m 24 mai 1795, à Angélique Dupéré, à Quebec.

1795, (24 mai) Québec.
II.—BURGESSE, Jean.   [Edouard I.
Dupéré, Angelique.   [Joseph.

I.—BURGO, Jean.
Thérèse, b 1739 ; s 4 juin 1740, à Québec.

1674, (1ᵉʳ nov.) Ste-Famille, I. O.¹
I.—BURLON (2), Pierre,
  b 1645 ; s ⁷ 8 janvier 1678.
Baillargeon, Jeanne (3),   [Jean I.
  b 1651 ; veuve de Jean Labrecque.
Catherine, b ⁷ 15 juin 1678, m 9 février 1699, à François Noel, à St-Pierre, I. O.

BURON.—Voy. Achin.

I.—BURON, Jacques, b 1669 ; de la ville de Tours, Touraine, s 29 sept. 1739, à Ste-Anne.

1729, (29 août) Quebec.¹
I.—BURON, Noel, b 1708, fils de Jacques et de Marie Danseau, de Mont-Louis, diocèse de Tours ; s ¹ 23 février 1743.
Michelon, Marie-Catherine,   [Jean II.
  b 1711 ; s ¹ 4 dec. 1741.
Marie-Catherine, b ¹ 9 et s ¹ 12 août 1730.— *Ignace-Noel*, b ¹ 5 et s ¹ 30 juillet 1731.— *Louise-Catherine*, b ¹ 9 juillet 1732, m ¹ 29 juillet 1748, à Etienne Gauvreau.—*Geneviève-Françoise*, b ¹ 6 juillet 1734 ; m ¹ 6 juin 1752, à Jean-Baptiste D'Estrampes.—*Jeanne-Joseph*, b ¹ 19 sept. 1735 ; s ¹ 15 avril 1736.—*Jean-Baptiste*, b... m 14 janvier 1766, à Madeleine Duprat, aux Trois-Rivières.

I.—BURON, Mathurin,
1° Aymond, Marie-Anne.
Marie-Louise, b 1741, m 4 oct. 1762, à François Goiliot, à Montreal.
2° Mauge, Marie-Anne,
  b 1697 ; s 24 nov. 1757, à Quebec.¹
Nicolas, b 1744 ; s ¹ 16 août 1745.

1766, (14 janvier) Trois-Rivières.
II.—BURON, Jean-Bte.   [Noel I.
Duprat, Madeleine,   [Jean-Bte II.
  b 1739.
Madeleine, b 24 déc. 1768, à l'Ile-Dupas. ⁹— *Joseph*, b ⁹ 12 juillet 1770.

---

(1) Voy. vol. I, p 96.
(2) Elle épouse, le 31 mai 1763, Ignace Blanchard, à St-Antoine-de-Chambly.
(3) Appelée Poirier à son mariage.

(1) Dit Lamontagne.
(2) Voy. vol. I, p. 96.
(3) Elle epouse, le 5 février 1681, Antoine Mondin, à Ste-Famille, I. O. Voy. la note du vol. I, p. 23.

BURON, JULIE, b 1800, à Berthier, m à Joseph
MATHIEU ; s 2 avril 1883, à St-Hugues.

I.—BURROUGHS, STEPHEN.
DEVISS, Sally.
Belinda, b... s 22 déc. 1857, à Québec.—
Edouard (1), b...

I.—BUSCAILLÉ, MARIE-JOSSELINE, b... m 28
sept. 1732, à Augustin JANNEAU, à Beauport.

I.—BUSCAILLÉ, PIERRE.
BROUILLARD, Marie (2).
Laurence, b... m à Jean PUET.

1719, (25 sept.) Québec. ²
I.—BUSQUE (3), JEAN, fils d'André et de Marie
Brut, de St-Eloi, Dunkerque.
PRIEUR, Catherine-Thérèse (4),   [JOSEPH I.
b 1698.
Jean, b ² 27 mai 1720 ; 1º m 6 oct. 1747, à Geneviève CLOUTIER, au Château-Richer ; 2º m à Marie-
Louise RODRIGUE.

1747, (6 oct.) Château-Richer.
II.—BUSQUE (5), JEAN,   [JEAN I.
b 1720.
1º CLOUTIER, Geneviève.   [CHARLES IV.
2º RODRIGUE, Marie-Louise.   [JEAN III.
Marie-Madeleine, b 18 juillet 1759, à St-Joseph,
Beauce ¹ — *Jean*, b ¹ 8 janvier 1762.— *Marguerite*, b ¹ 5 juillet 1764. — *Marie-Catherine*, b ¹ 18
janvier 1767.— *Jean-Marie*, b ¹ 21 janvier 1769.—
Marie-Louise, b... m ¹ 12 oct. 1778, à François
FORTIN —*Marie-Joseph*, b... m ¹ 21 sept. 1779, à
François MAHEU.

I.—BUSQUET (6).

1733, (20 avril) Montréal. ²
I.—BUSQUET, ANTOINE, b 1700 ; fils de Jean-
Blaise et de Marie Aramy, de St-Jean, ville
de LaRochelle.
PETIT (7), Louise.   [CHARLES I.
b 1711.
Antoine-Etienne, b ² 23 avril et s ² 2 août 1740.
—*Louise-Marguerite*, b ² 7 mai et s ² 31 oct. 1743.
—*Louise-Charlotte*, b ² 10 mai 1744.—*Antoine*,
b ² 26 février et s ² 3 mars 1746.

1758, (4 avril) Pte-aux-Trembles, M.
I.—BUSSAT (8), JOSEPH, b 1729 ; fils de Jacques
et de Marie Lagarde, de St-Germain, diocèse
d'Angoulesme ; s 21 nov. 1792, à Repentigny. ⁴
BROUILLET, Catherine,   [ROBERT III.
b 1731 ; s ⁴ 15 février 1781.

(1) Ancien Protonotaire à Québec.
(2) Elle épouse, en secondes noces, Pierre Hévé.
(3) Et Basque.
(4) Elle épouse, le 27 oct. 1726, Jean Doucet, à Québec.
(5) Et Burque.
(6) Capitaine du "Cheval Marin." Il était, le 31 janvier 1724, à St-Laurent, I. O.
(7) LeVilliers.
(8) Dit St-Germain, grenadier du régiment de la Sarre.

Louis-Jacques, b ⁴ 31 janvier 1770.—*Pierre-
Joseph*, b ⁴ 13 janvier 1773 ; s ⁴ 26 juillet 1780.

1671, (16 oct.) Ste-Famille, I. O. ⁴
I.—BUSSIÈRE, JACQUES,
b 1619 ; s 20 juin 1699, à St-Pierre, I. O. ⁵
GOSSARD, Noelle,
b 1634 ; s ⁵ 19 nov. 1684.
Jean, b ⁴ 7 janvier 1674 ; m ⁵ 21 avril 1694, à
Ursule RONDEAU ; s ⁵ 19 déc. 1735.

1685, (26 nov.) Pte-aux-Trembles, Q. ²
I.—BUSSIÈRE (1), ANTOINE, b 1650.
CROTEAU, Jeanne (2),   [VINCENT I.
b 1670.
Marie-Geneviève, b ² 23 oct. 1701 ; m à Jean-
Baptiste VAUDRY.—*Louise*, b... m 31 déc. 1718,
à Simon-François LAURIN, à Québec.

1694, (21 avril) St-Pierre, I. O. ⁶
II.—BUSSIÈRE, JEAN,   [JACQUES I.
b 1674 ; s ⁶ 19 déc. 1735.
RONDEAU, Ursule,   [THOMAS I.
b 1676 ; s ⁶ 18 janvier 1745.
Jean, b ⁶ 31 janvier 1695 ; 1º m ⁶ 20 janvier
1716, à Françoise DUPILLE ; 2º m 20 nov. 1758, à
Marie-Charlotte NADEAU, à Beaumont⁷ ; s ⁷ 28
déc. 1770.—*François*, b ⁶ 31 janvier 1696 ; 1º m ⁶
16 nov. 1733, à Marie-Anne FERLAND ; 2º m 8
février 1745, à Marie-Anne RUEL, à St-Laurent,
I. O. ; 3º m 1ᵉʳ février 1751, à Marie-Anne
DUFAUT, à Ste-Famille, I. O.—*Geneviève*, b ⁶ 12
février 1697.—*Pierre*, b ⁶ 6 juillet 1698 ; s ⁶ 5
avril 1720.—*Augustin*, b ⁶ 16 nov. 1699 ; m ⁷ 21
janvier 1726, à Marie-Charlotte LECOMPTE.—
François, b ⁶ 12 avril 1701 ; m à Marie-Louise
LAROCHE. — *Gabriel*, b ⁶ 23 août 1702 ; m ⁶ 8
nov. 1734, à Marie-Anne PARADIS. — *Marie*,
b ⁶ 24 déc. 1703 ; m 4 mai 1734, à Pierre-François HEURTIN, à Québec. ⁸ — *Joseph*, b ⁶ 17
mai 1705 ; m 14 février 1730, à Geneviève PARANT,
à Beauport.—*Marie-Madeleine*, b ⁶ 25 avril 1707 ;
s ⁶ 22 avril 1709 —*Barthélemi*, b ⁶ 3 oct. 1708 ;
s ⁶ 13 mars 1731.— *Madeleine*, b ⁶ 26 mars 1710,
1º m ⁶ 13 avril 1733, à Pierre ROY ; 2º m ⁸ 13
avril 1744, à Nicolas DUCHESNE, 3º m ⁸ 7 nov.
1746, à Jacques PELAUNE ; 4º m ⁸ 10 janvier 1752,
à Leonard CARRIER.—*Jacques*, b ⁶ 24 janvier
1712, s ⁶ 10 mars 1731.—*Marie-Angélique*, b ⁶ 1
juillet 1713 ; m ⁶ 20 nov. 1737, à François LA-
FRANCE.—*Ursule*, b ⁶ 6 nov. 1714 ; s ⁶ 18 février
1717.—*Charles*, b ⁶ 17 oct. 1716 ; m 2 février 1750,
à Marie-Catherine DROLET, à Lorette.—*Paul*, b ⁶ 7
oct. 1718 ; m ⁶ 6 juillet 1744, à Catherine FERLAND
—*Marthe*, b ⁶ 31 juillet 1720, m ⁶ 6 juillet 1744, à
Maurice-Michel JEAN.—*Pierre*, b ⁶ 8 mai 1722.

1716, (20 janvier) St-Pierre, I. O. ³
III.—BUSSIÈRE, JEAN,   [JEAN II
b 1695 ; s 28 déc. 1770, à Beaumont ⁴
1º DUPILLE, Françoise,   [RÉMI I.
b 1687 ; veuve de Mathieu Cote ; s ³ 4 avril
1758.

(1) Et Bessière.
(2) Elle épouse, le 15 août 1709, Philippe Bareil, à Montreal.

Jean-Baptiste, b ³ 2 nov. 1716; m 24 oct. 1741, à Marie-Joseph Poiné, à Lévis⁵; s ⁵ 27 janvier 1760.—*Marie*, b ³ 17 avril 1718, m ³ 10 avril 1747, à Joseph Cloutier.—*Geneviève*, b ³ 29 juin 1719; m ³ 25 nov. 1749, à Joseph Bergeron.—*Marie-Thècle*, b ³ 17 août 1725.—*Marie-Véronique*, b ³ 21 mars 1727; m ³ 16 nov. 1744, à Jacques Rousseau.
    1758, (20 nov.) ⁴
2º Nadeau, Charlotte,   [Jean III.
 b 1729.

1726, (21 janvier) Beaumont.
III.—BUSSIÈRE (1), Augustin. [Jean II.
 Lecompte, Marie-Charlotte, [Antoine I.
 b 1701.
Joseph-Marie, b 30 oct. et s 20 dec. 1726, à St-Pierre, I. O. ⁹ — *Pierre*, b ⁹ 14 nov. 1727; m 11 janvier 1751, à Barbe Ouvrard, à Lorette⁷, s 12 nov. 1754, à St-Augustin. ⁸ — *Paul-Marie*, b ⁹ 25 janvier 1728; m ⁹ 4 nov. 1754, à Marie-Joseph Meunier.—*Marie-Joseph*, b ⁸ 15 août 1730, m à Joseph Meunier.—*Joseph*, b ⁹ 9 janvier 1732. —*Marie-Charlotte*, b ⁷ 27 février et s ⁹ 24 juin 1733.—*Augustin*, b ⁷ 1er oct. 1734; s ⁸ 26 dec. 1738. —*Marie-Louise*, b ⁸ 23 août 1736; m à Jean-François Trudel.—*Prisque*, b ⁸ 26 juillet 1738; s ⁸ 28 dec. 1739.—*Augustin*, b ⁷ 11 janvier 1740; s ⁸ 5 mai 1741.—*René*, b ⁸ 21 et s ⁸ 26 février 1742.

1730, (14 février) Beauport.
III.—BUSSIÈRE, Joseph. [Jean II.
 Parant, Geneviève,   [Jacques.
Joseph, b 21 juin 1731, à Québec. ² — *Jean-Baptiste*, b ² 30 mars 1733; m 10 oct. 1763, à Marie-Joseph Malbœuf, à Levis.³ — *Geneviève*, b ² 29 juillet 1736; m ³ 10 oct. 1763, à Pierre-Noel Malbœuf.—*Louis*, b ² 24 avril 1738; s ² 11 oct. 1739.—*Marie-Anne*, b ² 12 juillet et s ² 6 août 1739.—*Marie-Joseph*, b 25 juin 1740, à Charlesbourg⁶, m ⁶ 18 oct. 1762, à Jean-Pierre Villeneuve.—*Charles*, b ⁶ 28 janvier 1742, s 20 mai 1759, à St-Pierre, I. O. ⁴— *Marie-Louise*, b ⁶ 13 déc. 1743.—*Marie-Anne*, b 1744; s 9 mars 1751, au Cap-St-Ignace. ⁵ — *Jean-Paul*, b ⁵ 5 mars 1748.—*Pierre-Paul*, b ⁵ 24 sept. 1749.—*Marie*, b ⁵ 4 février 1751.—*François-Xavier*, b ⁵ 8 février 1753; m ² 25 sept. 1792, à Marguerite Bossu. —*Ignace*, b ⁴ 12 et s ⁴ 18 juin 1755.

1733, (16 nov.) St-Pierre, I. O. ⁵
III.—BUSSIÈRE, François,   [Jean II.
 b 1696.
1º Ferland, Marie-Anne,   [François II.
 b 1709, s ⁵ 16 août 1743.
Jean-François, b ⁵ 8 janvier 1735; s ⁵ 17 oct. 1745.—*Louis*, b ⁵ 17 nov. 1736, m à Thérèse Leclerc.—*Marie-Françoise*, b ⁵ 6 et s ⁵ 8 sept. 1740.—*Marie-Françoise*, b ⁵ 3 dec. 1741.
  1745, (8 fevrier) St-Laurent, I. O.
2º Ruel, Marie-Anne,   [Pierre II.
 b 1712, s ⁵ 12 mai 1750.

(1) Quelquefois appelé Gossard, du nom de sa grand'mère.

François, b ⁵ 20 nov. 1745; s ⁵ 11 février 1749. —*Marie-Thérèse*, b ⁵ 27 avril et s ⁵ 12 juin 1750.
 1751, (1er février) Ste-Famille, I O.
3º Dufaux, Marie-Anne.   [Gilles II.
Marie-Anne, b ⁵ 20 nov. 1751.—*Jean-François*, b ⁵ 3 mars 1753.—*Véronique*, b ⁵ 23 février et s ⁵ 13 sept. 1755.—*Charles*, b ⁵ 7 mai 1757.—*Simon*, b 5 juin 1759, à Beauport.

III.—BUSSIÈRE, François,   [Jean II.
 b 1701.
 Laroche, Marie-Louise,
 s 11 juillet 1758, à Québec.

1734, (8 nov.) St-Pierre, I. O. ⁹
III.—BUSSIÈRE, Gabriel,   [Jean II.
 b 1702.
 Paradis, Marie-Anne, [Guillaume III.
 b 1708.
Jean-Baptiste, b ⁹ 17 sept. 1735.—*Marie-Geneviève*, b ⁹ 15 février 1737.—*Louis-Gabriel*, b ⁹ 9 avril 1739.—*Ambroise*, b ⁹ 14 sept. 1740; s ⁹ 8 mars 1749.—*Marie-Louise*, b ⁹ 27 juillet 1742. —*Marie*, b ⁹ 8 et s ⁹ 28 avril 1744.—*François*, b ⁹ 1er sept. 1745; s ⁹ 16 août 1746.—*Marie-Thérèse*, b ⁹ 14 juin 1747.—*Marie-Joseph*, b ⁹ 16 mai 1752.

1741, (24 oct.) Lévis. ³
IV.—BUSSIÈRE, Jean,   [Jean III.
 b 1716; s ³ 27 janvier 1760.
 Poiré, Marie-Joseph,   [Laurent II.
 b 1720; s ³ 2 oct. 1759.
Jean-François, b 22 oct. 1742, à St-Pierre, I. O. ⁴; s ⁴ 25 oct. 1745.—*Marie-Joseph*, b ⁴ 13 avril 1744; s ⁴ 25 juillet 1746. — *Marie-Angélique*, b ⁴ 1er et s ⁴ 15 dec. 1745.—*Jean-Joseph*, b ⁴ 3 juillet 1747; s ³ 13 dec. 1759. — *François*, b ⁴ 2 juillet 1749.—*Pierre*, b ⁴ 1er avril 1751.—*Marie-Joseph*, b ⁴ 22 mars 1753, m ³ 24 sept. 1770, à Louis Crépeau.—*Jean-Baptiste-Joseph*, b ⁴ 4 mars 1755. — *Marie-Victoire*, b ⁴ 22 dec. 1756. — *Marie*, b ⁴ 13 mai 1759.

1744, (6 juillet) St-Pierre, I. O
III.—BUSSIÈRE, Paul.   [Jean II.
 Ferland, Catherine,   [François II.
 b 1717.
Marie-Catherine, b 26 avril 1745, à St-Antoine-Tilly. ⁴—*Jean-François*, b ⁴ 10 et s ⁴ 12 mars 1746.—*Paul*, b ⁴ 27 janvier 1747.—*Pierre-Charles*, b ⁴ 8 dec. 1748.—*Pierre*, b ⁴ 12 sept. 1750.— *Marie-Anne*, b ⁴ 15 août 1753.

1750, (2 fevrier) Lorette. ³
III.—BUSSIÈRE, Charles,   [Jean II.
 b 1716; s avant 1787.
 Drolet, Marie-Catherine, [Pierre III.
 b 1730.
Marie-Louise, b ³ 22 sept. 1750; m 5 nov. 1787, à Denis Bacon, à St-Augustin. ⁴—*Charles*, b ³ 7 août 1754, m à Anne Bacon.—*François*, b ⁴ 10 février 1759—*Marie-Madeleine*, b ⁴ 26 oct 1760, m ⁴ 4 février 1782, à Louis Moisan.—*Jean-François*, b ⁴ 24 dec. 1762, m 6 nov. 1781, à Marie-Joseph Audet, à Québec.—*Marie-Thérèse*, b ⁴ 5

août 1765. — *Catherine*, b... m ⁴ 13 juin 1785, à Ignace Boivin.— *Marie*, b... m à Charles Valin. —*Marie-Anne*, b... m ⁴ 15 janvier 1787, à Joseph Savard.

1751, (11 janvier) Lorette. ⁶
IV.—BUSSIÈRE (1), Pierre,   [Augustin III.
b 1727.
  Ouvrard, Barbe (2),   [Antoine II.
  b 1731.
  Pierre-Jean, b ⁶ 27 oct. 1751 ; m à Marie-Joseph Dalaire ; s 12 déc. 1831, à Beaumont.

1754, (4 nov.) Lorette. ³
IV.—BUSSIÈRE, Paul-Marie,   [Augustin III.
b 1728.
  Meunier, Marie-Joseph,   [Joseph III.
  b 1735 ; s 29 juillet 1795, à St-Augustin. ⁴
  Marie-Joseph, b ⁴ 13 nov. 1758. — *Thérèse*, b ³ 26 fevrier 1761 ; m ⁴ 5 nov. 1781, à Charles Martel.—*François*, b ⁴ 19 mai 1762 ; m à Marie Dussault.—*Paul*, b... m ⁴ 7 janvier 1783, à Marie-Barbe Marois.

1763, (10 oct.) Lévis. ³
IV.—BUSSIÈRE, Jean,   • [Joseph III.
b 1733.
  Malboeuf, Marie-Joseph.   [Noel II.
  Marie-Joseph, b ³ 26 août 1764 ; s ³ 10 fevrier 1765.

V.—BUSSIÈRE, Pierre,   [Pierre IV.
b 1751 ; s 12 dec. 1831, à Beaumont. ³
  Dalaire, Josette,
  b 1749 ; s ³ 28 mars 1825.
  Marie-Joseph, b... m ³ 6 février 1797, à Jean Bergeron.—*Marguerite*, b... m ³ 10 août 1801, à Joseph Boissel.—*Françoise*, b... m ³ 14 janvier 1806, à Joseph Labrecque.

1781, (6 nov.) Québec.
IV.—BUSSIÈRE, Jean-François, [Charles III.
b 1762.
  Audet, Marie-Joseph.   [Louis.

IV.—BUSSIÈRE, Charles,   [Charles III.
b 1754.
  Bacon, Anne,   [Eustache IV.
  b 1762.
  Marie-Anne, b 19 oct. 1782, à St-Augustin. ²— *Anne*, b ² 16 février 1784.—*Charles*, b ² 26 sept. 1785.—*Prisque*, b ² 18 avril 1787.

1783, (7 janvier) St-Augustin.
V.—BUSSIÈRE, Paul.   [Paul IV.
  Marois, Marie-Barbe.   [Prisque III.

V.—BUSSIÈRE, François,   [Paul IV.
b 1762.
  Dussault, Marie.

---

(1) Marié sous le nom de Gaussard.
(2) Elle épouse, le 28 avril 1755, Prisque Marois, à St-Augustin.

IV.—BUSSIÈRE, Louis,   [François III.
b 1736.
  Leclerc, Thérèse,
  s avant 1792.
  Louis, b... m 27 août 1792, à Madeleine Roy, à Beaumont.

1792, (27 août) Beaumont.
V.—BUSSIÈRE, Louis.   [Louis IV.
  Roy, Madeleine.   [Guillaume.

1792, (25 sept.) Québec.
IV.—BUSSIÈRE, François,   [Joseph III.
b 1753.
  Bossu, Marguerite.   [François III.

BUSSIÈRE, Marie, épouse de Pierre Gauvin.

BUSSIÈRE, Marie-Marthe, épouse de Jean Maurice.

BUSSIÈRE, Marie-Joseph, épouse de François Ouvrard.

BUSSIÈRE, Marie-Thérèse, b 1767 ; m à Pierre Trahan ; s 18 mars 1795, à Quebec.

I.—BUSSON, Pierre, b 1644 ; s 21 avril 1724, à Montreal.

II.—BUSSON, Jean-Bte,   [Pierre I.
b 1691 ; s 30 mai 1716, à Montréal.

II.—BUSSON (1), Pierre,   [Pierre I.
b 1697 ; s 14 sept. 1739, à Montréal. ¹
  Brunel (2), Elisabeth.
  Marie-Joseph, b ¹ 9 fevrier et s ¹ 29 août 1725.— *Jean-Baptiste*, b ¹ 17 sept. 1726.—*Marie-Elisabeth*, b ¹ 29 juillet et s 16 oct. 1729, à Longueuil. —*Jean-Pierre*, b ¹ 22 et s ¹ 25 oct. 1730.—*Pierre*, b 1731 ; s ¹ 22 mars 1734.—*Pierre*, b ¹ 11 janvier 1734.

BUTEAU.—Voy. Bluteau.

1671, (21 oct.) Ste-Famille, I. O.
I.—BUTEAU (3), Pierre,
b 1635 ; s 22 nov. 1705, à St-François, I O ⁶
  Loryot, Perette,   [Pierre I.
  b 1659 ; s 14 nov. 1730, à Berthier.
  Marguerite, b ⁶ 30 avril 1691 ; 1° m à Joseph Varieul ; 2° m ⁶ 21 nov. 1740, à Jean-Baptiste Leblond ; s ⁶ 9 juin 1758.

I.—BUTEAU, (3) Nicolas,
  Gichelin, Catherine (4),
  b 1658.
  Marie, b... m 3 février 1713, à Jacques La-Bossé-LaBosse.—*Antoine*, b 27 février 1673, à

---

(1) Dit Subtil
(2) De LaSablonnière.
(3) Voy. vol. I, p. 96.
(4) Elle épouse, le 16 avril 1708, Charles Tissiau dit St-Germain, à Montréal.

Québec; 1° m à Anne CLOUTIER; 2° m 3 mai 1716, à Louise TREMBLAY, à la Baie-St-Paul; s 18 avril 1736, à St-Joachim.

1697.

II.—BUTEAU (1), ANTOINE, [NICOLAS I.
b 1673; s 18 avril 1736, à St-Joachim.
1° CLOUTIER, Anne, [JEAN II.
b 1659; veuve de Paschal Mercier.
1716, (3 mai) Baie-St-Paul.
2° TREMBLAY, Louise, [PIERRE I.
b 1669; veuve d'Ignace Gagné.

1698, (2 août) St-Frs-du-Sud. [7]

II.—BUTEAU (1), PIERRE, [PIERRE I.
b 1674; s 6 juin 1749, à Berthier. [8]
CARBONNEAU, Marie, [ESPRIT I.
b 1679; s [7] 20 nov. 1758.
André, b... s [8] 30 août 1711.—*Joseph*, b [8] 11 sept. 1712; 1° m 5 nov. 1736, à Marie-Thècle BAUDOIN, à St-François, I. O.; 2° m 3 avril 1742, à Marie-Ursule Guimont, au Cap-St-Ignace. — *André*, b 11 juin 1715, à St-Valier. [9] — *Marie*, b... m [9] 7 oct. 1724, à Jacques CORRIVEAU.—*Marie-Angélique*, b [9] 25 mars 1718, m [8] 8 nov. 1734, à Augustin BERNIER.—*Jean-Baptiste*, b [7] 24 mai 1720; s [8] 10 août 1727.

1703, (31 juillet) Quebec.

II.—BUTEAU, PIERRE. [NICOLAS I.
CHEVAUDIER, Madeleine, [JEAN-FRS I.
b 1694; s 4 déc. 1724, au Detroit [3]
Anonyme, b et s 1er juin 1704, à St-Antoine-Tilly.—*Pierre*, b 11 fevrier 1706, à St-Nicolas.—*Charles*, b 22 août 1714, à Montreal. [4]—*Marie-Elisabeth*, b [4] 1er nov. 1716.—*Etienne*, b [8] 10 mars 1720.—*Marie*, b... m [8] 27 dec. 1734, à Philippe DANIAU. — *Marie-Joseph*, b... m [8] 7 fevrier 1740, à Michel CAMPEAU.—*Jacques*, b [3] 30 avril 1724.

BUTEAU, ..., b... s 30 sept. 1759, à Lorette.

BUTEAU, PIERRE.
LEPINE, Elisabeth.
Louis, b 2 sept. 1708, à St-Nicolas.

1710, (30 juin) St-François, I. O. [2]

II.—BUTEAU, JOSEPH, [PIERRE I.
b 1688, s [2] 3 mai 1711, (noyé).
.... Marguerite.

1715, (29 oct.) St-François, I. O.

II.—BUTEAU, FRANÇOIS, [PIERRE I.
b 1682; s 6 mai 1732, à Berthier. [1]
JINCHEREAU, Marie, [LOUIS I.
b 1680; veuve de Vital Joli.
François, b 10 oct. 1716, à St-Valier [2], m [3] fevrier 1744, à Marie-Anne TANGUAY; s [1] 25 mai 1753. — *Elisabeth-Brigitte*, b [2] 15 juin 1719. — *Joseph*, b [1] 15 janvier 1721; m 4 juillet 1749, à Marthe BLANCHET, au Cap-St-Ignace; s 15 janvier 1755, à St-Pierre-du-Sud.

(1) Voy. vol. I, p. 97.

1736, (5 nov.) St-François, I. O.

III.—BUTEAU, JOSEPH, [PIERRE II.
b 1712.
1° BAUDOIN, Marie-Thècle, [MARC II.
b 1719.
Joseph, b 7 mars 1738, à St-Valier; 1° m à Marie-Claudine BOUTIN, 2° m 1771, à Therèse FORTIER.
1742, (3 avril) Cap-St-Ignace.
2° GUIMONT, Marie-Ursule (1), [FRS-JOSEPH III.
b 1726.
Marie-Ursule, b 19 nov. 1743, à Berthier [1]; m [1] 14 fevrier 1763, à Jean-Baptiste PROULX.—*Marie-Joseph*, b [1] 6 janvier 1745; m [1] 26 nov. 1770, à Germain BAUDOIN.— *André*, b [1] 21 février 1746. —*Jacques*, b [1] 24 mai 1747. — *Marie-Elisabeth*, b [1] 15 sept. 1748. — *Eléazar*, b [1] 6 mars 1750; m [1] 21 nov. 1780, à Marguerite MARCOU.—*Marie-Anne*, b [1] 26 nov. 1751; m [1] 10 fevrier 1795, à Pierre FEUILLETEAU.—*Marie-Anne-Jeanne*, b [1] 28 juillet 1753; m [1] 9 nov. 1778, à François-Nicolas BOUTIN. — *Honoré-Joachim*, b [1] 20 mars et s [1] 14 avril 1755.—*Pierre*, b...

1740, (31 août) St-Joachim. [1]

III.—BUTEAU (2), ETIENNE, [ETIENNE II.
b 1712.
1° CARON, Marguerite,
veuve d'Ignace Caron.
1751, (8 fevrier). [1]
2° BOUCHÉ, Marie-Reine, [PIERRE II.
Michel, b 18 dec. 1755, à la Petite-Rivière.[1]—*Marie-Reine-Sophie-Geneviève*, b [7] 7 juin 1757.—*Joseph-Marie* (3), b [7] 27 sept. 1759.—*Marie-Anne*, b [7] 8 avril 1761.—*Jean-Baptiste*, b [7] 11 mai 1763. —*Marie-Thècle*, b [7] 23 août 1767.

1744, (3 fevrier) St-Valier.

III.—BUTEAU, FRANÇOIS, [FRANÇOIS II.
b 1716, s 25 mai 1753, à Berthier. [1]
TANGUAY, Marie-Anne (4), [JEAN II.
b 1725.
Marie-Anne, b [1] 26 mai 1745; s [1] 22 août 1750. — *Marie-Françoise*, b [1] 1er avril 1747; m [1] 11 sept. 1769, à André BLANCHET. — *Marie-Louise*, b [1] 1er avril et s [1] 10 dec. 1748. — *Marie-Barbe*, b [1] 24 mai et s [1] 27 juillet 1749. — *François*, b [1] 14 mai 1750—*Joseph*, b [1] 31 juillet 1751.—*Louis* (posthume), b [1] 21 juin 1753.

1749, (10 fevrier) St-Pierre-du-Sud. [2]

III.—BUTEAU, PIERRE, [PIERRE II.
b 1699.
FOURNIER, Brigitte. [SIMON III.
Pierre, b 2 et s 22 déc. 1749, à St-Frs-du-Sud.[3]—*Joseph-Marie*, b [3] 18 avril 1751. — *Marie-Brigitte*, b [3] 1er mai 1753.—*Jacques*, b [4] 5 janvier 1757.—*Pierre*, b [2] 8 mars 1759.

(1) Elle épouse, le 11 fevrier 1765, Charles-François Chretien, à Berthier.
(2) Et Bluteau; voy. p. 321.
(3) Né dans les cabanes, dans les bois.
(4) Elle épouse, le 1er mars 1756, Pierre Lefebvre, à Berthier.

1749, (4 juillet) Cap-St-Ignace.
III.—BUTEAU, JOSEPH, [FRANÇOIS II.
  b 1721; s 15 janvier 1755, à St-Pierre-du-Sud.³
  BLANCHET, Marie-Marthe (1). [GUILLAUME II.
  Marie-Geneviève, b ³ 18 mars 1751. — *Marie-Elisabeth,* b ³ 25 mars 1753. — *Jean-Marie,* b ³ 3 juillet 1755.— *Joseph,* b 1754; s 3 juillet 1779, à Berthier.

IV.—BUTEAU, JOSEPH, [JOSEPH III.
  b 1738.
  1° BOUTIN, Marie-Claudine, [LS-THOMAS III.
    b 1739; s 16 janvier 1767, à Berthier.²
  Joseph-Germain, b ² 10 janvier 1767.
              1771.
  2° FORTIER, Thérèse, [CLÉMENT III.
    b 1743.
  Louis-Alexandre, b ² 27 avril 1772.

1780, (21 nov.) Berthier.
IV.—BUTEAU, ELÉAZAR, [JOSEPH III.
  b 1750.
  MARCOU, Marguerite, [JEAN-FRS IV.
    b 1757.

1811, (11 juin) Québec. ³
BUTEAU, FRANÇOIS, fils d'André et de Brigitte Brisson, de Berthier.
  1° MIGNERON, Catherine, [JEAN V.
  Marie-Caroline-Delphine, b... m ³ 7 juin 1848, à Edouard-Modeste POISSON. — *Jacques,* b...— *Rose,* b...

BUTEAU, BASILE.
  FORTIN, Marie-Joseph.
  Soulanges, b... m 24 février 1840, à Magloire VALIÈRES, à St-Frs-du-Sud.

BUTEAU, MARIE-AGATHE, épouse de François JUILLET.

BUTEAU, MARIE, épouse de Jacques LABROSSE.

BUTEAU, MARIE-ANNE, b 1650; m à Jean FRANCŒUR; s 22 juin 1744, à Montréal.

BUTEAU, GENEVIÈVE, épouse de Jean-Baptiste GODET.

I.—BUTHER, ANTOINE,
  venu de France.
  ROULY, Barbe,
  du Maryland.
  François, b 9 sept. 1757, à Québec.

BUTTES (DES)—Voy. BAUDRY, 1723.

1736, (27 nov.) Charlesbourg.
I.—BUVETEAU (1), CHARLES, fils de Jean et de Marie Clergeau, de la Menane, diocèse de Xaintes.
  BARBEAU, Catherine, [SIMON II.
    b 1716.
  Charles, b 3 août 1738, à Québec.²— *Marie-Catherine,* b ² 7 avril 1740; m ² 12 février 1759, à Louis LUCAS.—*Louise-Geneviève,* b ³ 3 et s ² 21 fevrier 1742.—*François,* b ² 12 sept. 1744.

C

CABACHÉ, CHARLOTTE, épouse de Jean LATOUCHÉ.

I.—CABALÉE, DOMINIQUE, soldat, b 1723; du diocèse d'Auch, Gascogne; s 22 dec. 1750, à Montreal.

CABANAC.—*Surnoms:* CHARON—LAROSE—DESJORDIS.

CABANAC, EMILIE, épouse de François-Xavier CLÉROUX.

I.—CABANAC, MELCHIOR, chevalier de St-Louis, b 1697; s 5 avril 1763, aux Trois-Rivières.

I.—CABANAC, JACQUES.
  SÉRAN, Marie-Catherine.
  Catherine, b 1745; s 28 juillet 1804, à l'Hôpital-General, M.—*Pierre,* b 27 janvier 1761, à St-Laurent, M.

(1) Elle épouse, le 16 mai 1763, François Rocher, au Cap-St-Ignace.

1760, (20 oct.) Terrebonne.
I.—CABANAC, JOSEPH, fils de Michel et de Françoise Salès, du diocèse de Perpignan.
  RIQUIER, Marie-Louise, [JEAN II.
    b 1734.
  Louis-Joseph, b... m 23 sept. 1782, à Marie-Marguerite GARIÉPY, à Lachenaye.—*Pierre,* b...

1782, (23 sept.) Lachenaye. ¹
II.—CABANAC, LOUIS-JOSEPH. [JOSEPH I.
  GARIÉPY, Marie-Marguerite, [JEAN-BTE IV.
    b 1766.
  Louis, b ¹ 13 mars 1785; s ¹ 8 sept. 1787.—*Amable,* b ¹ 21 juillet 1787.

I.—CABANIS, JEAN.
  BLIN, Marie-Anne, Irlandaise.
  Jacques, b... m 4 fevrier 1760, à Marie-Catherine GAUTIER, à St-Laurent, M.

1760, (4 février) St-Laurent, M.
II.—CABANIS, JACQUES. [JEAN I.
  GAUTIER, Marie-Catherine. [JOSEPH.

(1) Dit Vadeboncœur, soldat de M. DelaRonde.

CAB 513 CAD

1669, (23 juillet) Montréal.³
I.—CABASSIER, Pierre,
b 1641 ; s ³ 14 juillet 1715.
GUIBERGE, Jeanne,   [PIERRE I.
b 1656 ; s ³ 3 déc. 1728.
Marie-Anne, b ² 2 nov. 1687; m ³ 21 mai 1714, à Louis BARITEAU ; s ³ 1ᵉʳ mars 1755. — *Jeanne,* b ³ 4 février 1691 ; m ³ 12 dec. 1718, à Louis VESNE.

1705, (3 août) Montréal. ⁶
II.—CABASSIER, CHARLES,   [PIERRE I.
b 1677 ; s avant 1734.
RENAULT, Marguerite-Angélique, [ANTOINE I.
b 1682 ; s ⁵ 21 juillet 1748.
Marguerite, b ⁶ 10 nov. 1706; m ⁶ 28 juillet 1739, à Henri LAFAYE.—*Angélique,* b ⁶ 16 sept. 1708 ; m ⁶ 15 nov. 1728, à Joseph BAILLARD.— *Louis-Marie,* b ⁶ 17 juillet 1710.—*Charlotte,* b ⁶ 23 juillet 1712; 1º m ⁶ 9 janvier 1743, à Jean AUBERT ; 2º m ⁶ 9 février 1750, à Jean-Baptiste TESSIER.—*Marie-Louise,* b ⁶ 4 déc. 1714.—*Elisabeth,* b ⁶ 17 sept. 1716 ; 1º m ⁵ 10 nov. 1734, à Jacques LAVALLÉE ; 2º m ⁶ 25 février 1754, à René HAUTBOIS. — *Charles,* b ⁶ 2 sept. 1718 ; s ⁶ 5 mai 1746 (voyageur),—*Pierre,* b ⁶ 14 mars 1720. —*Joseph,* b ⁶ 2 mai 1722 ; 1º m 10 janvier 1752, à Angélique BIENVENU, au Detroit⁷ ; 2º m ⁷ 15 janvier 1781, à Angélique MORAN.—*Hypolite,* b ⁶ 30 août 1729 ; s ⁶ 11 fevrier 1730.

1752, (10 janvier) Détroit. ⁸
III.—CABASSIER, JOSEPH,   [CHARLES II.
b 1722.
1º BIENVENU (1), Angélique,   [Frs-ALEXIS I.
b 1721 ; veuve de Claude Esprit ; s ⁸ 14 déc. 1773.
Thérèse, b ⁸ 6 oct. 1752 ; m ⁸ 7 janvier 1772, à François GAMELIN ; s ⁸ 26 mai 1777.—*Louis,* b ⁸ 2 août 1754.—*Angélique,* b ⁸ 27 oct. 1755.—*Angélique,* b ⁸ 20 fevrier et s ⁸ 7 juillet 1758.— *Joseph,* b ⁸ 2 mars et s ⁸ 13 avril 1760.—*Anonyme,* b ⁸ et s ⁸ 10 déc. 1761.—*Charles,* b ⁸ 24 oct. 1763 ; m ⁸ 27 janvier 1791, à Jeanne MILMENNE.

1781, (15 janvier). ⁶
2º MORAN, Angelique,   [VINCENT II.
veuve de Paschal Viger.

1791, (27 juin) Détroit.
IV.—CABASSIER, Charles,   [JOSEPH III.
b 1763.
MILMENNE, Jeanne.   [ALEXIS.

I.—CABIN, Marie-Marthe, b 1740 ; m à Jacques SIMON ; s 24 août 1779, à Quebec.

1672, (12 sept.) Québec. ⁸
I.—CACHELIÈVRE (2), Jacques,
b 1634.
PAPIN, Madeleine,
b 1649.
Jean, b ² 2 oct. 1685; m ³ 7 nov. 1712, à Catherine LEMOINE.

(1) Dit Delisle, habitante de la Côte Sud-Ouest.
(2) Voy. vol. I, p. 97.

1712, (7 nov.) Québec. ⁶
II.—CACHELIÈVRE, JEAN,   [JACQUES I.
b 1685.
LEMOINE, Catherine (1),   [PIERRE I.
b 1682.
Joseph, b ⁶ 20 août 1717 ; s ⁶ 16 mai 1762 (navigateur).

I.—CACHENEAU, MARTIN.
TREILLI, Judith.
Louis-Marie, b 12 sept. 1750, à St-Thomas.

1759, (12 février) St-Philippe.
I.—CACHET, JACOB (2), fils de George et d'Elisabeth Poicherel, de N.-D. de Mirecourt, diocèse de Toul, Lorraine.
RAYMOND, Marie (3).   [FRANÇOIS II.

I.—CADAIGNAN, ANTOINE (4), b 1687 ; s 29 dec. 1717, à Montréal.

1780, (30 oct.) Détroit. ²
I.—CADERAN, ANTOINE, fils de Pierre et de Claudine Augé, de Volay-forlay, jurisdiction de Salam, Franche-Comté.
PARNIER, Catherine,   [JOSEPH.
s ² 12 août 1793.

CADERON, Marie-Amable, épouse de Jean-Baptiste FRAPIER.

CADERON, Jeanne, épouse de Nicolas LAPORTE.

CADERON, Marie-Joseph, épouse de François MOUSSEAU.

CADERON (5), Pierre, s 20 nov. 1740, à Lavaltrie.

CADERON, Madeleine, b... m à Antoine LAPORTE ; s 30 oct. 1751, à Lavaltrie.

I.—CADERON, Pierre.
FROMENT, Charlotte.
Jean-Baptiste, b 18 janvier 1749, à Lavaltrie. ¹ —*Marie-Charlotte,* b ¹ 2 août 1750. — *Marie-Archange,* b ¹ 23 janvier 1752.—*Marie-Thérèse,* b ¹ 2 mai 1753.—*Marie-Louise,* b ¹ 7 août 1754.

I.—CADERON, ANTOINE.
VAUDRY, Thérèse.
Antoine, b 1ᵉʳ février 1753, à Lavaltrie.³—*Jean-Baptiste,* b ² 11 sept. 1754 ; s ² 25 fevrier 1755.— *Jean-Baptiste,* b ² 2 dec. 1755 ; s² 16 janvier 1756. —*Louis,* b ² 9 avril 1757.—*Thérèse,* b ² 28 mars 1759.

(1) Elle épouse, le 23 nov. 1736, Charles Turgeon, à Québec.
(2) Sergent du régiment " le Royal-Roussillon."
(3) Elle épouse, le 29 sept. 1766, Joseph Tesson, à St-Philippe.
(4) Natif du Languedoc ; soldat de la compagnie de Repentigny.
(5) Dit St-Pierre.

CADET.—Voy. AGUERRE.

CADET-D'AMOUR.—Voy. HUARD, 1731.

CADET, MARIE-JOSEPH, épouse de François ESTÈBE.

CADET, MARGUERITE, épouse de Claude HÉBERT.

1715, (14 août) Charlesbourg.³
I.—CADET (1), JULIEN, fils de Julien et de Simone Mérole, de St-Barthélemi, diocèse de La-Rochelle.
1° LESOT, Marie-Anne, [JACQUES I.
b 1676, veuve de Blaise Dumareuil dit Lafranchise; s 22 nov. 1717, à Quebec.⁴
Julien-Florent, b ⁴ 30 juin 1716; m ⁴ 26 juin 1741, à Marie-Louise CHATEL.
1718, (22 avril).⁴
2° GRESLON (2), Angelique, [JACQUES I.
b 1676; veuve de Jacques Bernier; s 21 juillet 1736, à St-Augustin.⁵
Augustin, b 25 avril 1719, à St-Pierre, I. O.; s ⁵ 29 avril 1733.—*Marie-Angélique,* b ⁴ 1ᵉʳ août et s ³ 2 déc. 1722.
1742, (16 mai) Ste-Anne-de-la-Perade.
3° CHARETS, Catherine (3), [JEAN II.
b 1700.

1719, (7 février) Québec.³
II.—CADET (1), FRANÇOIS-JOSEPH, [MICHEL I.
b 1697; s² 11 déc. 1720.
DAVENNE, Marie-Joseph (4), [GABRIEL II.
b 1699.
Joseph-Michel, b² 24 déc.1719; m² 10 sept. 1742, à Angèle FORTIER.— *Marie-Joseph,* b² 27 déc. 1720; m² 8 sept. 1749, à Jean-Raymond VIGNAU.

1733, (9 nov.) Québec.⁵
II.—CADET (1), AUGUSTIN, [MICHEL I.
b 1709; maître-boucher.
1° LAMBERT (5), Louise-Elisabeth, [FRANÇOIS II.
b 1711; s ⁵ 22 janvier 1753.
Pierre-Augustin, b ⁵ 11 sept. 1734. — *Louise-Joseph,* b ⁵ 21 juillet 1736; m ⁵ 8 avril 1755, à Joseph ROUFFIO.—*Joseph,* b ⁵ 10 mars 1738; s ⁵ 21 juin 1747. — *François-Joseph,* b ⁵ 12 mars 1739; s ⁵ 27 mai 1743.—*Marie-Anne,* b ⁵ 14 fevrier 1741.—*François-Régis,* b ⁵ 1ᵉʳ mars et s ⁵ 20 mai 1743.—*François-Régis,* b ⁵ 26 sept. 1744.—*Marie-Madeleine,* b ⁵ 15 mars 1746. — *Bernard,* b ⁵ 4 sept. 1747.—*Barbe,* b ⁵ 16 sept. et s ⁵ 3 oct. 1748. —*Geneviève,* b ⁵ 12 juin 1750. — *Joseph,* b ⁵ 15 oct. 1751; m 30 sept. 1782, à Cecile CAMPEAU, au Detroit.

(1) Dit Caddé.
(2) Dit Pothier—Lafontaine—Laviolette.
(3) Elle épouse, le 27 sept. 1745, Martin Lefebvre, à Ste-Anne-de-la-Pérade.
(4) Elle épouse, le 29 nov. 1724, Pierre-Joseph Bernard, à Québec.
(5) Dit Champagne.

1756, (17 mai). ⁵
2° AUBIN, Marie-Gabrielle, [GABRIEL I.
b 1724; veuve d'Etienne Tinon; s ⁵ 5 avril. 1776.

CADET (1), FRANÇOIS.
LEPAGE, Charlotte,
b 1710; s 20 sept. 1755, à Québec.

1741, (26 juin) Québec.³
II.—CADET (2), JULIEN-FLORENT, [JULIEN I.
b 1716; s 1757, au Cap-St-Domingue.
CHATEL, Marie-Louise, [PIERRE II.
b 1721.
Marie-Louise, b ³ 26 fevrier et s ³ 9 mai 1743. —*Marie-Louise,* b ³ 5 sept 1744. — *Joseph,* b 11 juillet 1747, à St-Jean, I. O., m 3 juillet 1775, à Marie-Charlotte FARLY, à l'Ile-Dupas.

1742, (10 sept.) Québec.³
III.—CADET (3), JOSEPH-MICHEL. [JOSEPH II.
FORTIER, Angèle. [MICHEL II.
Augustin-Joseph, b ³ 13 déc. 1743. — *Marie-Louise,* b ³ 25 mars 1745; s³ 20 oct. 1753. —*Anonyme,* b... s ³ 17 juin 1746. — *Angèle,* b ³ 13 nov. 1748. — *Jacques-Joseph,* b ³ 16 oct. 1750. — *Pierre-Antoine,* b ³ 22 juin et s ³ 29 sept. 1752.—*Marie-Anne,* b ³ 17 juillet et s 26 août 1755, à Lorette.—*Françoise-Angélique,* b ³ 4 mars 1759.

I.—CADET, MICHEL, de Bédac, diocèse de Bayonne.

CADET, PIERRE,
s avant 1774.
BÉNARD, Marie-Angélique.
Marie-Joseph, b... m 14 février 1774, à Jean-Baptiste ROCHON, à Terrebonne.

1775, (3 juillet) Ile-Dupas.³
III.—CADET, JOSEPH, [JULIEN II.
b 1747.
FARLY, Marie-Charlotte. [JACQUES-PHILIPPE II.
Marie-Louise, b ³ 24 mars 1776.

1782, (30 sept.) Détroit.²
III.—CADET, JOSEPH, [AUGUSTIN II.
b 1751.
CAMPEAU, Cécile, [JEAN-BTE IV.
b 1765.
Cécile, b² 7 août 1783.

CADIEU.—Voy. BOUDIER.

CADIEU, MARIE-FRANÇOISE, b... m à Joseph CHARPENTIER; s avant 1752.

CADIEU, JEANNE, b... m à Jean CHARPENTIER; s avant 1749.

(1) Dit Cadde.
(2) Dit Caddé; maître d'équipage de *La Thérèse*, commandée par le capitaine J. Marchand.
(3) Dit Caddé, boucher et munitionnaire général du roi, sous Bigot. Après la capitulation de Montréal, en 1760, il passa en France.

CADIEU, MARIE-ANGÉLIQUE, b 1711 ; m à Fabien COTÉ ; s 31 janvier 1773, à l'Hôpital-Général, M.

CADIEU, GENEVIÈVE, épouse de Laurent CROZE.

CADIEU, MARIE-CHARLOTTE, épouse de François DELIERRE.

CADIEU, MARGUERITE, épouse de Joseph-Marie DUPLESSIS.

CADIEU, CATHERINE, épouse de Robert FAITU.

CADIEU, MARIE, épouse de Joseph GIRARD.

CADIEU, MARIE, épouse de Pierre GIRAUDAU.

CADIEU, AMABLE, épouse de Joseph JOLY.

CADIEU, MARIE-ELISABETH, épouse de Nicolas LÉVÈQUE.

CADIEU, MARIE-JOSEPH, épouse de Michel LÉVÈQUE.

CADIEU, ANGÉLIQUE, épouse de Nicolas MAR.

CADIEU, MARGUERITE, épouse de Joseph-Marie MOREAU.

CADIEU, MARIE-ANNE, b... 1° m à Jean-Baptiste QUEVILLON ; 2° m 24 mai 1756, à François CHABOT, à St-Vincent-de-Paul.

CADIEU, ELISABETH, épouse de Jacques SABOURIN.

CADIEU, MADELEINE, b... 1° m à Joseph VAILLANCOUR ; 2° m 10 janvier 1757, à Claude LEVERT, à Ste-Rose.

1663, (26 nov.) Montréal.[2]

I.—CADIEU, JEAN (1),
b 1634 ; s [2] 30 sept. 1681.
VALADE, Marie (2),
b 1644.
Catherine, b 1674 ; s 5 février 1755, à St-Laurent, M. — *Marguerite*, b [2] 26 juillet 1676 ; 1° m [2] 26 sept. 1696, à Jean BOUVIER ; 2° m [2] 5 mars 1726, à François DELBŒUF ; s [2] 21 nov. 1740.— *Jeanne*, b [2] 16 juillet 1678 ; 1° m 16 juin 1698, à Michel CHARLES, à Boucherville ; 2° m 14 mai 1704, à André COLIN, à St-François, I. J. ; s 16 mai 1742, à Terrebonne.—*Pierre*, b... m 29 mai 1702, à Jeanne MERÇAN, à la Pte-aux-Trembles, M.

CADIEU, FRANÇOISE, b 1675 ; s 26 nov. 1723, à Beauport.

(1) Voy. vol. I, p. 98.
(2) Elle épouse, le 9 février 1682, Philippe BOUDIER, à Montréal.

1681, (28 avril) Québec.

II.—CADIEU (1), JEAN-CHARLES, [CHARLES I.
b 1655 ; s 26 mai 1709, à Beauport. [2]
NEPVEU, Marie-Madeleine, [PHILIPPE I.
b 1660 ; s [2] 28 oct. 1697.
Geneviève, b [2] 5 mai 1685 ; m [2] 22 juin 1711, à Joseph-Noël GIROUX ; s [2] 5 nov. 1757.—*Angélique*, b [2] 9 déc. 1686 ; m 7 janvier 1727, à Jean-Baptiste COUSSR, à Montréal ; s 29 août 1748, à Sorel.—*Marie-Cécile*, b [2] 23 nov. 1690 ; s 15 mars 1774, à Belœil.

1695, (30 mai) Boucherville. [4]

II.—CADIEU, JEAN, [JEAN I.
b 1671.
BOURDON, Marie (2), [JACQUES I.
b 1675.
Jean-Baptiste, b [4] 13 juin 1697 ; m 3 février 1717, à Marie GAUDRY, à Varennes. — *Marie-Roche*, b 1698 ; m 12 août 1720, à Paul BRAZEAU, à Longueuil. [3] — *Jacques-Christophe*, b 1700 ; m à Marie-Joseph VIAU. — *Pierre*, b [3] 2 mars 1703 ; m 5 nov. 1725, à Marie TOUGARD, à Montréal. — *Marguerite*, b 1703, m à Louis BLAY, s 16 juillet 1757, au Bout-de-l'Ile, M.— *Marie-Joseph*, b [4] 7 janvier 1701 ; 1° m [3] 16 février 1722, à Bertrand VIAU ; 2° m [3] 21 août 1745, à Jean-Baptiste GOGUET.— *Joseph*, b [3] 27 août 1705.—*Augustin*, b [3] 22 janvier 1708 ; m 1742, à Marie-Catherine LEBEAU.

1702, (29 mai) Pte-aux-Trembles, M. [2]

II.—CADIEU, PIERRE. [JEAN I.
MERÇAN, Jeanne, [PIERRE I.
b 1680.
Marie-Françoise, b 1703 ; m [2] 1er février 1723, à Nicolas DUMAIS ; s 11 mai 1749, à Ste-Geneviève, M. — *François*, b 1705 ; m 1740, à Marie FANEUF.—*Marie-Françoise*, b [2] 30 janvier 1708. — *Gabriel*, b... m 22 janvier 1738, à Françoise PROULX, à St-François, I. J.

1717, (3 février) Varennes. [2]

III.—CADIEU, JEAN-BTE, [JEAN II.
b 1697.
GAUDRY (3), Marie-Jeanne, [JACQUES II.
b 1696.
Jean-Baptiste, b 23 février 1718, à Longueuil [3] ; m [2] 4 février 1743, à Marie-Louise JODOIN.— *Louis*, b [3] 8 avril 1720. — *Catherine*, b... m [2] 11 février 1743, à Augustin ROCH.—*François*, b... 1° m [2] 18 nov. 1745, à Charlotte LEDOUX ; 2° m [2] 12 février 1759, à Marie-Joseph RENAUD.—*Angélique*, b... m [2] 8 janvier 1753, à Jean-Baptiste CHOQUET.—*Antoine*, b 27 mars 1722, à Boucherville [4] ; 1° m [2] 9 juin 1755, à Marie-Joseph BISSONNET ; 2° m [2] 12 oct. 1761, à Catherine LEBRODEUR. — *Marie-Madeleine*, b [4] 24 juin 1724.— *Joseph*, b... m [2] 9 avril 1741, à Madeleine LOUVOIS.

(1) Voy. vol. I, p. 98.
(2) Elle épouse, le 26 mai 1710, Antoine QUENNEVILLE, à Longueuil.
(3) Dit Bourbonnière.

1725, (5 nov.) Montréal.[2]

III.—CADIEU, PIERRE,   [JEAN II.
b 1703.
   TOUGARD (1), Marie,   [GUILLAUME I.
b 1703; s 29 oct. 1767, au Bout-de-l'Ile, M.[3]
   Marie-Joseph, b[2] 14 août 1726; m 1753, à Pierre BRAULT. — *Pierre-Nicolas*, b[2] 20 janvier 1728.—*Louis* et *Jean-Baptiste*, b[3] 30 janvier et s[3] 2 février 1735.—*Louise-Amable*, b[3] 25 janvier 1736; 1° m 24 juillet 1752, à Maurice HÉRY, au Lac-des-Deux-Montagnes ; 2° m[3] 6 avril 1761, à François PRÉJEAN. — *Angélique*, b[3] 15 nov. 1737.—*Marie-Renée*, b… m[3] 9 janvier 1764, à Pierre SAUVÉ.

1726, (18 nov.) Montréal.

I.—CADIEU, ANTOINE, fils de Bertrand et de Jeanne Polet, de St-Amand, diocèse de Toulouse.
   BOIVIN, Charlotte,   [MICHEL II.
b 1702.

1727, (5 janvier) Québec.[4]

III.—CADIEU (2), JEAN-BTE,   [JEAN-CHS II.
b 1695 ; s[4] 18 février 1731.
   MONTMINY, Madeleine (3),   [GUILLAUME II.
b 1704.
   Augustin, b 1728 ; s[4] 13 mai 1730. — *Louis* (posthume), b[4] 17 oct. 1731.

III.—CADIEU, JACQUES-CHRISTOPHE,   [JEAN II.
b 1700 ; s avant 1755.
   VIAU, Marie-Joseph.
   Catherine, b… m 9 avril 1755, à Michel LAROCQUE, à Longueuil.[4]—*Pierre*, b[4] 3 mai 1747.

1738, (22 janvier) St-François, I. J.

III.—CADIEU, GABRIEL.   [PIERRE II.
   PROULX, Françoise,   [JOSEPH II.
b 1713 ; s avant 1760, à Ste-Rose.
   Joseph-Gabriel, b 1742 ; s 1er juin 1818, à l'Hôpital-Général, M. — *Marie-Madeleine*, b… m[5] 10 nov. 1760, à Joseph VAILLANCOUR.

CADIEU, JEAN-BTE.
   LACROIX, Catherine.
   Pierre, b… m 16 nov. 1761, à Marie-Anne HUNAUT, à Lachine.

CADIEU, CHARLES (4), de Beauport.
   PÉORIAS, Marie-Catherine (5), b 1728 ; s 3 juillet 1758, à Cahokia.[5]
   Louis, b[5] 8 juillet 1741.

CADIEU,
   ……… (6), b 1740 ; s 17 nov. 1760, à Chambly.

(1) Dit Laviolette et Tougas.
(2) Dit Courville.
(3) Elle épouse, le 7 oct. 1743, Louis Berthelot, à Québec.
(4) 1740, Cahokia.
(5) Illinoise. Son esclave a un enfant d'un Dion, voyageur.
(6) Apprenti chez M. Gilbert.

1740.

III.—CADIEU, FRANÇOIS,   [PIERRE II.
b 1705.
   FANEUF, Marie-Catherine,   [MATHIAS I.
b 1714.
   Marie-Marguerite, b 19 février 1747, à Ste-Rose[1] ; s 11 avril 1748, à Terrebonne.[2]—*Pierre*, b[2] 24 janvier et s[1] 2 février 1749.—*Mathieu*, b[1] 8 avril et s[1] 1er août 1750.—*Marie-Catherine*, b[1] 26 février 1752 ; s[2] 15 juillet 1754. — *François*, b et s 20 sept. 1754, au Lac-des-Deux-Montagnes. —*Marie-Anne*, b[1] 22 juin 1755 ; s[1] 15 juin 1756. —*Marie-Rose*, b[1] 11 août et s[1] 8 sept. 1758.—*François*, b… m[1] 2 février 1761, à Françoise BROUILLET. — *Jean-Baptiste*, b… m 22 février 1773, à Marguerite CHARPENTIER, à St-Henri-de-Mascouche.—*Catherine*, b… m à Simon DUROUVRAY (1).

1741, (9 avril) Boucherville.

IV.—CADIEU, JOSEPH.   [JEAN III.
   LOUVOIS, Madeleine,   [JACQUES I.
b 1722.

1742.

III.—CADIEU, AUGUSTIN,   [JEAN II.
b 1708.
   LEBEAU, Marie-Catherine.
   Marie-Françoise, b 11 août 1748, à Chambly.[2] —*Marie-Amable*, b[2] 27 juillet 1751 ; s[2] 15 juillet 1759. — *Marie-Joseph*, b[2] 26 août 1753. — *Jean-Baptiste*, b[2] 13 février 1758.—*Marie-Amable*, b[1] 21 mars 1760. — *Charlotte*, b… m[2] 12 janvier 1761, à Laurent ROBERT.

1743, (4 février) Varennes.[1]

IV.—CADIEU, JEAN-BTE,   [JEAN-BTE III.
b 1718.
   JODOIN, Marie-Louise.   [CLAUDE II.
   Marie-Madeleine, b… m[1] 24 sept. 1764, à Jacques MONGEAU. — *Marguerite*, b… 1° m[2] 29 oct. 1764, à Augustin LAVIGNE ; 2° m[1] 11 février 1771, à Jean-Baptiste ROGER.

1743, (18 nov.) Varennes.[3]

IV.—CADIEU, FRANÇOIS.   [JEAN-BTE III.
   1° LEDOUX, Charlotte,   [JACQUES II.
s avant 1759.
   Charlotte, b… m[3] 30 sept. 1765, à Jacques JODOIN.—*Marie-Claire*, b… m[3] 24 février 1772, à François ADDE.—*Marie-Louise*, b 14 sept. 1756, à Verchères.

1759, (12 février).[3]

   2° RENAUD, Marie-Joseph.   [CHARLES.

CADIEU, FRANÇOIS.
   QUEVILLON, Marie-Louise.
   Marie-Françoise, b 1751 ; s 13 juillet 1752, à St-Vincent-de-Paul.[1] — *Marie-Marguerite*, b[1] 16 février 1754.

(1) Et Rouvray.

1755, (9 juin) Varennes. [6]
IV.—CADIEU, ANTOINE, [JEAN-BTE III.
b 1722.
1° BISSONNET, Marie-Joseph, [JOSEPH III.
s avant 1761.
  1761, (12 oct.) [6]
2° LEBRODEUR, Catherine. [JEAN-MARIE II.

1756, (7 janvier) Lac-des-Deux-Montagnes. [1]
CADIEU, FRANÇOIS.
SABOURIN, Geneviève,
b 1730 ; s 3 mars 1764, au Bout-de-l'Ile, M.[2]
François-Amable, b [2] 22 janvier 1759. — *Jean-Baptiste,* b [1] 29 mars 1761.— *Anonyme,* b [1] et s [1] 22 déc. 1762.

1761, (2 février) Ste-Rose. [5]
IV.—CADIEU, FRANÇOIS. [FRANÇOIS III.
BROUILLET (1), FRANÇOISE, [JEAN III.
b 1746.
Marie-Françoise, b [5] 19 mai 1762.

1761, (16 nov.) Lachine.
CADIEU, PIERRE. [JEAN-BTE.
HUNAUT, Marie-Anne. [GABRIEL III.

CADIEU, FRANÇOIS.
CARTIER (2), Marie-Joseph.
François, b 10 mars 1766, au Bout-de-l'Ile, M. —*Marie-Elisabeth,* b 16 déc. 1767, au Lac-des-Deux-Montagnes.

CADIEU, ARNAUD.
JOLY, Marie.
Arnaud, b 22 déc. 1766, à Lachenaye.

CADIEU, FRANÇOIS.
1° FACHE, Angelique.
  1774, (14 février) Terrebonne.
2° BÉLANGER, Marie-Louise, [JOSEPH II.
b 1748.

CADIEU, PIERRE.
1° BRAZEAU, Louise.
  1771, (17 juin) Terrebonne.
2° CLÉMENT, Marie-Charlotte, [JOSEPH.
veuve de Charles Cusson.

1773, (22 février) St-Henri-de-Mascouche.
IV.—CADIEU, JEAN-BTE. [FRANÇOIS III.
CHARPENTIER, Marguerite. [JOSEPH.
Marie, b 16 juin 1775, à Lachenaye.

CADIEU, PIERRE.
MAILLET, Marie-Joseph.
Marie-Elisabeth, b 9 mars 1781, à Lachenaye.

CADIEU, JOSEPH.
DEBONNE, Marie-Louise. [DANIEL.
Marie-Rose, b 30 mai 1786, à Lachenaye. [4]—*Marie-Louise-Elisabeth,* b [4] 16 oct. 1787 ; s [4] 10 sept. 1788.—*Marie-Geneviève,* b [4] 2 déc. 1788.

(1) Dit Laviolette.
(2) Et Lantier.

CADIEU, LOUIS.
PAYET, Marie-Angélique.
Marie-Victoire, b 10 juillet 1795, à Repentigny.

CADIN, FRANÇOISE, épouse d'Antoine LEMARIÉ.

CADORET, ELISABETH, épouse de François MORAND.

CADORET, MARIE-FRANÇOISE, épouse de Jacques PAMPALON.

CADORET, ROSALIE, épouse d'Onésime ROBERGE.

CADORET, MARIE-ANNE, épouse de Pierre ROGER.

1657, (13 sept.) Québec. [3]
I.—CADORET (1), GEORGE,
b 1630 ; s 18 avril 1711, à Levis [2]
1° JOPPY, Anne,
b 1619.
  1686, (22 avril) Château-Richer.
2° BOUCHER, Barbe (2), [PIERRE II.
b 1663 ; veuve de Rene Maheu.
François, b [2] 29 juillet 1690 ; m [3] 25 avril 1718, à Françoise-Catherine LANCELEUR ; s [3] 27 juillet 1747.— *Pierre,* b [2] 27 août 1697, m 4 nov. 1720, à Marie-Charles MARANDA, à St-Laurent, I. O.—*Angélique,* b [2] 8 août 1701 ; 1° m [2] 27 juillet 1723, à François DUBOIS ; 2° m [2] 11 février 1744, à Noel MAHEU.—*Marie-Anne,* b... m 2 sept. 1726, à Etienne HUOT, à St-Nicolas. [4]—*Antoine,* b [3] 22 sept. 1704 ; m [4] 23 nov. 1733, à Madeleine LAMBERT.

1709, (11 février) Lévis. [2]
II.—CADORET, JEAN-BTE, [GEORGE I.
b 1687 ; s [2] 24 mai 1769.
MOREAU, Geneviève, [LOUIS I.
b 1681 ; s [2] 19 déc. 1749.
Geneviève, b... m [2] 11 février 1741, à Joseph VIVIER. — *Jean-Baptiste,* b [2] 2 nov. 1710 ; m à Elisabeth MARCHAND ; s [3] 24 janvier 1760.

1718, (25 avril) Québec. [1]
II.—CADORET, FRANÇOIS, [GEORGE I.
b 1699 ; s [1] 27 juillet 1747.
LANCELEUR, Françoise-Catherine, [RENÉ II.
b 1699.
Pierre, b... m 10 février 1750, à Louise TAILLON, à St-Nicolas. — *François,* b 6 juin 1719, à Levis. [2]— *François,* b [2] 16 février 1721 ; m 1745, à Marie-Anne PIERRE-JACQUES. — *Louise-Joseph,* b [2] 2 nov. 1722. — *Françoise-Catherine,* b [2] 27 août et s [2] 20 sept. 1726. — *Marie-Françoise,* b [1] 7 nov. 1727 ; m [1] 26 février 1748, à François GIRARD.—*Ignace,* b [2] 23 janvier 1730 ; m 11 janvier 1762, à Marie-Anne CATY, à la Pte-aux-Trembles, M. [3]— *Joseph-Marie.* b [2] 28 sept. 1731.—*Jean-François,* b [3] 26 juin 1734 ; m [3] 10 avril 1758, à Marguerite HÉBERT.—*Louise-Françoise,* b [2] 15 nov. 1735. — *George,* b [2] 26 mai 1737.—

(1) Voy. vol. I, p 98.
(2) Elle épouse, le 8 février 1712, Louis Jourdain, à Lévis.

François-Louis, b ² 6 février 1741 ; m 27 août 1764, à Angelique CHEVAUDIER, à la Longue-Pointe.—*Marie-Catherine*, b ² 3 avril 1743 ; m ³ 18 mai 1761, à François LABELLE.

1720, (4 nov.) St-Laurent, I. O.

II.—CADORET, PIERRE,   [GEORGE I.
  b 1697 ; s avant 1760.
  MARANDA, Charlotte,   [CHARLES II.
    b 1697 ; s 30 août 1758, à Québec. ⁸

Geneviève, b 24 déc. 1721, à Lévis⁹ ; m ⁸ 31 août 1739, à Jean BRIARD. — *Marie-Anne*, b ⁹ 31 déc. 1723 ; m ⁸ 30 oct. 1741, à Pierre DESCHAMPS. —*Louis-Joseph*, b 1724 ; s 22 avril 1733, à St-Nicolas. — *Marie-Madeleine*, b 2 nov. 1725, à St-Pierre, I. O. ; 1º m ⁸ 2 février 1751, à Louis CORBET ; 2º m 26 oct. 1760, à Joseph POTIER, à la Pte-du-Lac.—*Marie-Charlotte*, b ⁸ 24 déc. 1727 ; s ⁸ 5 août 1748.—*Pierre*, b ⁸ 14 avril 1729 ; s ⁸ 6 mai 1730.—*Pierre*, b ⁸ 17 mars 1731.—*Marie-Marguerite*, b ⁸ 1ᵉʳ juin 1733, s ⁸ 6 août 1734.—*Marie-Louise*, b 1736 ; s ⁸ 8 juillet 1755.—*Marie-Marguerite*, b ⁸ 21 février 1737 ; m ⁸ 29 janvier 1753, à Gilles LEMIRE ; s ⁸ 22 nov. 1789—*Marie-Joseph*, b ⁸ 15 et s ⁸ 21 nov. 1739.—*Marie-Joseph*, b ⁸ 16 avril 1741 ; s ⁸ 15 sept. 1744.—*François*, b...

1733, (23 nov.) St-Nicolas.

II.—CADORET, ANTOINE,   [GEORGE I.
  b 1704 ; s avant 1763.
  LAMBERT (1), Madeleine,   [JEAN II.
    b 1716.

Anonyme, b et s 16 oct. 1734, à Lévis. ²— *Jean-Baptiste*, b ² 14 et s ² 28 oct. 1735.— *Joseph-Antoine*, b ² 17 déc. 1736 ; m ² 24 janvier 1763, à Marie-Joseph LAFONTAINE ; s ² 20 avril 1767.—*Charles*, b ² 29 juillet 1738, m ² 3 nov. 1762, à Geneviève BLANCHET.—*Marie-Geneviève*, b ² 3 février 1740 ; m ² 8 février 1763, à François ROLET.—*Marie-Joseph*, b ² 10 sept. 1741 ; m ² 3 nov. 1761, à Joseph MIGNERON.—*Antoine*, b ² 29 juillet 1743.—*Marie-Catherine*, b ² 28 oct. 1744, s ² 20 mars 1763.—*Marguerite*, b ² 27 avril 1746 ; m 8 août 1776, à Bruno DUCHESNE, à la Baie-St-Paul.—*Angélique*, b ² 15 juin 1748 ; s ² 15 février 1764.—*Pierre*, b ² 22 sept. 1750 ; s ² 28 oct. 1757 —*Jacques*, b ² 12 février 1752.—*Thérèse*, b ² 7 mai 1754 ; m 31 juillet 1781, à Jean BUCHANAN —*Marie-Madeleine*, b ² 23 nov. 1756.

CADORET, PIERRE, b 1733 ; s 23 oct. 1760, à St-Laurent, M.

1745.

III.—CADORET, FRANÇOIS,   [FRANÇOIS II.
  b 1721.
  PIERRE-JACQUES, Marie-Anne.

François, b 2 nov 1745, à St-Joseph, Beauce, m 7 août 1775, à Ursule FAUVEL, au Detroit. —*Marie*, b 31 août 1748, à Quebec ; m 7 janvier 1765, à Joseph SENET, à la Pte-aux-Trembles, M. —*Marguerite*, b 16 juin 1759, à Lévis³ ; s ³ 3 février 1760.

(1) Dit Aubin.

III.—CADORET, JEAN,   [JEAN-BTE II.
  b 1710, s 24 janvier 1760, à Lévis. ⁴
  MARCHAND, Elisabeth (1),   [LOUIS II.
    b 1725.

Catherine, b 1745 ; s ⁴ 20 mars 1763.—*Jean-Baptiste*, b ⁴ 16 août 1750.—*Antoine*, b ⁴ 26 août 1751 ; m à Marie-Joseph BRETON-COSETTE. — *Marie-Elisabeth*, b ⁴ 2 nov. 1752 ; m 10 février 1777, à François DOUVILLE, à Batiscan.⁵—*Joseph*, b ⁴ 10 avril 1754.—*Marie-Madeleine*, b ⁴ 1ᵉʳ juillet 1755 ; m ⁵ 27 janvier 1777, à Pierre TESSIER. —*Joseph-Marie*, b ⁴ 20 oct 1756 —*Marie-Joseph*, b ⁴ 22 nov. 1758 ; s ⁴ 2 avril 1759.—*Charles*, b ⁴ 10 janvier 1760 ; s ⁴ 11 juin 1761.

1750, (10 février) St-Nicolas. ⁷

III.—CADORET, PIERRE.   [FRANÇOIS II.
  TAILLON, Louise (2).   [PIERRE-MICHEL III.

Marie-Louise, b 6 et s 16 déc. 1750, à Lévis. —*Pierre*, b ⁸ 16 et s ⁸ 23 nov. 1751.—*Joseph*, b ⁸ 25 sept. 1753 ; s ⁸ 4 déc. 1755.—*Marie-Louise*, b ⁸ 24 juillet 1755 ; s ⁷ 14 sept. 1756.

1758, (10 avril) Pte-aux-Trembles, M.

III.—CADORET, JEAN-FRANÇOIS,   [FRANÇOIS II.
  b 1734.
  HÉBERT, Marguerite,   [JOSEPH III.
    b 1729 ; veuve d'Augustin Bazinet.

1762, (11 janvier) Pte-aux-Trembles, M.

III.—CADORET, IGNACE,   [FRANÇOIS II.
  b 1730.
  CATY, Marie-Anne,   [LOUIS II.
    b 1741.

Marie-Anne, b 11 mai 1764, à la Longue-Pte

1762, (3 nov.) Lévis. ¹

III.—CADORET, CHARLES,   [ANTOINE II.
  b 1738.
  BLANCHET, Geneviève,   [LOUIS III.
    b 1735.

Charles, b ¹ 9 août 1763 ; s ¹ 31 août 1764. —*Charles*, b ¹ 23 mars 1765. — *Marguerite*, b ¹ 17 février 1769.—*Louis*, b ¹ 28 mars 1771.

1763, (24 janvier) Lévis. ¹

III.—CADORET, JOSEPH-ANT.,   [ANTOINE II.
  b 1736 ; s ¹ 20 avril 1767.
  LAFONTAINE, Marie-Joseph.   [LOUIS.

Joseph, b ¹ 8 et s ¹ 13 juin 1763.—*Joseph*, b ¹ 2 déc 1764 ; m 9 nov. 1790, à Marie-Joseph BAUDIN, à Québec.—*Charles*, b ¹ 15 mai et s ¹ 13 sept. 1767.

1764, (27 août) Longue-Pointe.

III.—CADORET. FRS-LOUIS,   [FRANÇOIS II.
  b 1741.
  CHEVAUDIER, Marie-Angélique.   [CHARLES.

1775, (7 août) Détroit.

IV.—CADORET, FRANÇOIS,   [FRANÇOIS III.
  b 1745.
  FAUVEL, Ursule.   [JOSEPH-AMABLE III.

(1) Elle épouse, le 26 oct. 1761, Pierre Joly, à Lévis.
(2) Elle épouse, le 24 oct. 1757, Pierre Marion, à St-Nicolas.

IV.—CADORET, Antoine,   [Jean III.
    b 1751.
    Breton (1), Marie-Joseph,
      b 1751 ; s 24 oct. 1795, au Cap-de-la-Madeleine.²
    Marie-Anne, b² 1er juillet 1787 ; s² 26 sept. 1789.—*Madeleine*, b² 22 juillet 1790 ; s² 14 oct. 1792.

1790, (9 nov.) Québec.¹

IV.—CADORET, Joseph,   [Joseph III.
    b 1764.
    Baudin, Marie-Joseph,   [Louis.
      b 1770 ; s¹ 7 août 1796.

CADOT, Marie-Joseph, b 1686 ; s 21 mai 1746, à Ste-Anne-de-la-Pérade.

CADOT, Marie-Félicité, épouse de Claude Rivard.

CADOT, Geneviève, épouse de Joseph Trotier.

1688, (31 juillet) Montréal.

I.—CADOT (2), Mathurin,
    b 1649 ; s 8 nov. 1729, à Batiscan.¹
    Durand, Catherine,   [Jean I.
      b 1666.
Jean, b 1693 ; 1° m¹ 20 nov. 1721, à Marie-Joseph Proteau ; 2° m¹ 10 août 1734, à Marie Rivard, s¹ 6 nov. 1743. — *René*, b 1699 ; m¹ 29 avril 1726, à Marie-Louise Proteau ; s 8 mars 1749, à Ste-Anne-de-la-Perade.—*Mathurin*, b¹ 3 dec. 1701 ; 1° m 27 oct. 1727, à Angelique Gaudry, à Varennes ; 2° m 13 février 1741, à Felicite Hayot, à la Pte-aux-Trembles, Q.—*Jeanne*, b... m¹ 4 février 1725, à Jacques Tifaut.— *Charles*, b... m à Catherine Tifaut.

1721, (20 nov.) Batiscan.³

II.—CADOT, Jean,   [Mathurin I.
    b 1693 ; s³ 6 nov. 1743.
    1° Proteau, Marie-Joseph,   [Luc I
      b 1701 ; s³ 16 dec. 1731.
Joseph-Louis, b³ 26 août 1722 ; s 7 août 1730, à Ste-Geneviève.⁴ — *Jean-Baptiste*, b³ 5 dec. 1723.—*Pierre-Alexis*, b³ 18 avril 1725.—*Michel*, b⁴ 19 sept. 1729, m à Marie-Anne Cosset.— *Marie-Joseph*, b⁴ 28 nov. 1730 ; s⁴ 14 janvier 1737.—*Augustin*, b... m 1763, à Marie-Joseph Cosset.

1734, (10 août).³

    2° Rivard, Marie (3).   [Nicolas II.

1726, (29 avril) Batiscan.

II.—CADOT, René,   [Mathurin I.
    b 1699, s 8 mars 1749, à Ste-Anne-de-la-Perade.⁶
    Proteau, Marie-Louise,   [Luc I.
      b 1694 ; s⁶ 21 mars 1761.

Louis, b⁶ 20 avril 1727 ; 1° m⁶ 3 février 1755, à Marie-Joseph Rivard ; 2° m⁶ 23 février 1778, à Françoise Trotier. — *René*, b⁶ 14 nov. 1728 ; s⁶ 23 mars 1752. — *Marie-Joseph*, b⁶ 18 mai et s⁶ 28 juillet 1730. — *Marie-Marguerite*, b⁶ 11 mars 1732, m⁶ 7 février 1752, à François Richer.—*Marie-Louise*, b⁶ 29 oct. 1733 ; s⁶ 7 déc. 1753 — *Marie-Anne*, b⁶ 7 juin 1735 ; m⁶ 19 février 1759, à Pierre Rivard. — *Marie-Elisabeth*, b⁶ 30 nov. 1737 ; s⁶ 4 juillet 1738.

1727, (27 oct.) Varennes.

II.—CADOT (1), Mathurin,   [Mathurin I.
    b 1701.
    1° Gaudry (2), Angélique,   [Jacques I.
      b 1685 ; veuve de Pierre Tessier.
Marie-Judith, b 6 nov. 1730, à L'Assomption² ; s² 17 janvier 1731. — *Charles*, b 1731 ; m 9 février 1756, à Marie Lemay, au Sault-au-Récollet.

    1741, (13 février) Pte-aux-Trembles, Q.
    2° Hayot, Marie-Felicité,   [Etienne III.
      b 1710.

I.—CADOT (3), Jacques, b 1710, de St-Michel, Poitou ; s 10 avril 1781, à l'Hôp.-General, M.

II.—CADOT, Charles.   [Mathurin I.
    Tifaut, Catherine.
Charles, b 16 février et s 7 mars 1752, à Batiscan.⁴— *Pierre*, b⁴ 13 avril 1753. — *Joseph*, b 1755 ; s⁴ 23 février 1756.—*Charles*, b⁴ 16 sept. 1757.—*Marie-Catherine*, b⁴ 10 mars 1761.

1755, (3 février) Ste-Anne-de-la-Perade.⁴

III.—CADOT, Louis,   [René II.
    b 1727.
    1° Rivard (4), Marie-Joseph,   [François IV.
      b 1730.
Marie-Joseph, b⁴ 16 nov. 1757. — *Marie-Anna*, b⁴ 19 dec. 1760 ; s⁴ 19 mai 1761.—*Louis*, b⁴ 21 mars 1762.—*Marie-Thérèse*, b⁴ 22 et s⁴ 27 août 1763. — *Marguerite*, b⁴ 26 oct. 1764 ; s⁴ 6 mai 1765.—*Elisabeth*, b⁴ 13 oct. 1766. — *Marie-Geneviève*, b⁴ 13 mai 1768.— *Marguerite*, b⁴ 23 et s⁴ 24 mai 1770.—*Anonyme*, b⁴ et s⁴ 11 juin 1771.

    1778, (23 fevrier).⁴
    2° Trotier, Françoise,   [René IV.
      b 1746.
Joseph-René, b⁴ 5 fevrier et s⁴ 9 juin 1779.— *Louis-René*, b⁴ 22 janvier 1780.

1756, (9 février) Sault-au-Récollet.

III.—CADOT, Charles,   [Mathurin II.
    b 1730
    Lemay, Marie,   [Ignace II.
      b 1723, veuve de Pierre Choret.

---

(1) Dit Cosette, 1792.
(2) Voy. vol. I, p 97.
(3) Elle épouse, le 31 janvier 1745, Pierre Dubois, à Batiscan.

(1) Et Cadau.
(2) Dit Bourbonnière.
(3) Dit Laviolette.
(4) Dit Loranger.

1756, (28 oct.) Makinac.⁶
CADOT, Jean-Bte.
   Nipissing, Anastasie, Sauvagesse.
   Marie-Renée, née ⁶ le 6 août et b ⁶ 15 oct. 1756.
   —*Charlotte*, née le 1ᵉʳ oct. 1759, au Sault-Ste-Marie; b ⁶ 22 mai 1760.—*Jean-Baptiste*, né ⁶ le 25 oct. 1761 ; b ⁶ 29 juin 1762.—*Michel*, b ⁶ 30 août 1764.

III.—CADOT, Michel,   [Jean II.
   b 1729.
   Gosset, Marie-Anne.
   Marie-Joseph, b 23 janvier 1762, à Batiscan.⁸
   —*Michel*, b ⁸ 10 mars 1764. — *Alexis*, b... m 8 janvier 1801, à Marie-Anne DeGerlais, à Florissant, Mo.

III.—CADOT, Augustin.   [Jean II.
   Gosset, Marie-Joseph.
   Geneviève, b 24 mars 1764, à Batiscan.

CADRED.—Voy. Cadoret.

CADRIN, Marie-Joseph, épouse de Joseph Lacroix.

CADRIN, Marguerite, b... 1° m à Robert Vermet ; 2° m 18 février 1743, à Pierre Gagné, à Berthier.

1679, (23 oct.) Ste-Famille, I. O.⁷
I.—CADRIN (1), Nicolas,
   b 1654 ; s ⁷ 13 déc. 1700.
   DeLaunay, Françoise,   [Nicolas I.
   b 1664.
   Marie-Françoise, b ⁷ 2 sept. 1680 ; 1° m 17 oct. 1701, à François Bazin, à St-Michel⁸ ; 2° m à Antoine LeMarié. — *Claire*, b ⁷ 12 juillet 1683 ; m ⁸ 17 oct. 1701, à Jean-Baptiste Roy (Le).— *Marie*, b ⁷ 16 sept. 1685 ; m ⁷ janvier 1715, à Laurent Tareau, à Québec ; s 30 janvier 1733, à St-Valier.⁹ — *Nicolas*, b ⁷ 26 mai 1688 ; m à Marie Fafard ; s 10 nov. 1727, à Kaskakia.⁶—*Marie*, b ⁷ 6 juin 1693 ; s ⁹ 13 janvier 1750. — *Joseph*, b ⁷ 2 sept. 1695 ; s ⁶ 4 sept. 1723. — *Marguerite*, b ⁷ 30 juin 1698 ; 1° m ⁹ 16 février 1716, à Robert Vermet ; 2° m 18 février 1743, à Pierre Gagné, à Berthier. — *Pierre*, b ⁷ 6 février 1701 ; m ⁹ 26 juin 1727, à Marie-Joseph-Marthe Marceau.

1727, (26 juin) St-Valier.⁷
II.—CADRIN, Pierre (2),   [Nicolas II.
   b 1701 ; s 1786, à St-Michel.⁸
   Marceau, Marie-Joseph-Marthe.   [Jacques II.
   Urbain-Valier, b ⁷ 2 avril 1728 ; m ⁸ 14 février 1752, à Marie-Thérèse Fortier.—*Pierre-Alexandre*, b ⁷ 6 avril 1730 ; m ⁸ 26 janvier 1756, à Marie-Charlotte Fortin. — *Marthe*, b ⁷ 2 avril 1732.—*Antoine-Paul*, b ⁷ 22 mars 1734.—*Monique-Hélène*, b ⁷ 4 mai 1735 ; m ⁷ 28 oct. 1754, à Pierre-Arsène Daniau.—*Marie-Ursule-Foi*, b ⁷ 21 oct. 1736.—*Marie-Geneviève-Renée*, b ⁷ 16 nov. 1737.

—*Nicolas*, b ⁸ 5 et s ⁸ 31 mars 1739.—*Nicolas*, b ⁸ 1ᵉʳ avril et s ⁸ 1ᵉʳ juin 1740.—*Marie-Geneviève*, b ⁸ 22 mai et s ⁸ 18 juin 1741.—*Jacques-Christophe*, b ⁸ 25 juillet et s ⁸ 3 août 1742.—*Marguerite-Angélique*, b ⁸ 28 nov. 1743 ; s ⁸ 10 mars 1744.—*Marie-Marguerite*, b ⁸ 9 janvier 1745.—*Joseph*, b ⁷ 18 juillet 1746.—*Anonyme*, b ⁸ et s ⁸ 26 janvier 1748.

1752, (14 février) St-Michel.⁹
III.—CADRIN, Urbain-Valier,   [Pierre II.
   b 1728.
   Fortier, Marie-Thérèse,   [Pierre II.
   b 1725.
   Nicolas-Urbain, b ⁹ 31 déc. 1752.—*Marie-Thérèse*, b ⁹ 10 déc. 1754.—*Marie-Geneviève*, b ⁹ 12 février 1757 ; s ⁹ 21 juin 1758.—*Joseph*, b ⁹ 6 mai 1759 ; s ⁹ 31 mars 1760.—*Eloi*, b ⁹ 30 oct. 1760.—*Louis et Elisabeth*, b ⁹ 20 déc. 1761.

1756, (26 janvier) St-Michel.²
III.—CADRIN, Pierre-Alexandre,   [Pierre II.
   b 1730.
   Fortin, Marie-Charlotte,   [Louis-Marie III.
   b 1735.
   Marie-Marthe, b ² 26 oct. 1757.—*Rosalie*, b ² 3 février et s ² 9 mars 1759.—*Pierre-Alexandre*, b ² 15 juin 1760.—*Elisabeth*, b ² 4 déc. 1762.

I.—CADRON, Charles,
   s avant 1752.
   Soulange, Marie.
   Antoine, b... m 14 février 1752, à Marie-Thérèse Vaudry, à Lanoraie.

1752, (14 février) Lanoraie.
II.—CADRON, Antoine.   [Charles I.
   Vaudry, Marie-Therèse.   [Michel IV.

I.—CAFFIÉ (1), Denis.

CAHOUET.—*Variations et surnoms :* Kaouet—Caillout—Caouette—Cahouette—Kaouette.

CAHOUET, Charlotte, épouse de Pierre Lebeffre.

1693, (27 juillet) Cap-St-Ignace.⁷
I.—CAHOUET (2), Pierre,
   b 1669 ; s ⁷ 18 sept. 1735.
   Gaudreau, Marie-Anne,   [Gilles I.
   b 1672 ; s ⁷ 21 avril 1749.
   Jean-Baptiste-Claude, b ⁷ 14 avril 1701 ; 1° m 25 août 1729, à Geneviève Jean, à Québec ; 2° m 8 janvier 1735, à Catherine Grondin, à la Rivière-Ouelle ; s ⁷ 15 sept. 1750.—*Marie-Suzanne*, b ⁷ 24 mars 1703 ; 1° m ⁷ 1ᵉʳ août 1724, à Jean-Baptiste Boucher ; 2° m 9 janvier 1740, à André Deschamps, à Ste-Anne-de-la-Pocatière.—*Joseph*, b... m 16 nov. 1744, à Marthe Boule, à St-François-du-Sud.—*Angélique*, b ⁷ 27 avril 1704 ; m ⁷ 28 avril

---

(1) Et Catrin. Voy. vol. I, p. 98.
(2) Excommunié en 1775. Voy. "La Patrie" du 13 déc. 1883.

(1) Dit Lapinterre ; sergent de Mr de Ramezay en 1704, à Montreal.
(2) Voy. vol. I, p. 98.

1749, à Pierre Guyon.—*Madeleine*, b ⁷ 5 avril 1711 ; m ⁷ 29 oct. 1753, à Pierre Gautier ; s ⁷ 25 nov. 1755.

II.—CAHOUET, Thomas,   [Pierre I.
  b 1697.
  Richard, Marie-Françoise,   [Pierre I.
  b 1692 ; veuve de Jean Gaudreau.
Pierre-Alexis, b... m 23 nov. 1750, à Marie-Louise Coté, au Cap-St-Ignace. ⁶—*Claude-Joseph*, b ⁶ 22 oct. 1725 ; m ⁵ 19 nov. 1753, à Charlotte Bernier ; s ⁶ 10 déc. 1755.—*Jacques*, b ⁶ 23 sept. 1727 ; m ⁵ 3 août 1750, à Marie-Geneviève Ouabart.—*Marguerite-Ursule*, b ⁶ 25 mars 1729.—*Louis-Michel*, b ⁶ 29 sept. et s ⁶ 13 oct. 1730.—*Joseph-Victor*, b ⁶ 20 avril 1732.—*Jean-Baptiste*, b ⁶ 13 juin 1733 ; m 17 nov. 1762, à Marthe Fortin, à l'Islet.—*Amant*, b ⁶ 19 et s ⁶ 23 déc. 1734.

1729, (25 août) Québec.

II.—CAHOUET (1), J.-Bte-Claude,   [Pierre I.
  b 1701 ; s 15 sept. 1750, au Cap-St-Ignace. ²
  1° Jean (2), Geneviève,   [Pierre II.
  b 1706 ; s ² 10 juillet 1733.
Marie-Geneviève, b ² 22 oct. 1730 ; s ² 7 déc. 1739.—*Claude-Raphaël*, b ² 1ᵉʳ mai 1732 ; 1° m ² 3 mai 1751, à Marguerite-Geneviève Chevalier ; 2° m ² 19 avril 1762, à Elisabeth Cloutier.

1735, (8 janvier) Rivière-Ouelle.
  2° Grondin (3), Marie-Catherine.   [Jean II.
Marie-Ursule, b ² 26 juin 1738 ; m ² 6 oct. 1760, à François Breux. — *Marie-Geneviève*, b ² 14 février 1740. — *Marie-Magloire*, b ² 2 mars et s ² 10 mai 1742.—*Françoise*, b ² 3 mai 1743.—*Marie-Marthe*, b ² 22 mars 1746 ; s ² 26 mars 1753.—*Joseph-Joachim*, b ² 28 avril et s ² 7 juin 1748.—*François-Benoît*, b ² 18 avril et s ² 5 juin 1749.—*Jacques-Thomas*, b ² 19 juin et s ² 20 nov. 1750.

1734, (18 oct.) Cap-St-Ignace. ³

II.—CAHOUET, Pierre-Ignace,   [Pierre I.
  b 1707.
  Grondin, Marie-Anne,   [Jean II.
  b 1714.
Pierre-Basile, b ³ 5 août 1736 ; s ³ 9 août 1758.

1744, (16 nov.) St-Frs-du-Sud.

II.—CAHOUET (4), Joseph.   [Pierre I.
  Boulé (5), Marie-Marthe.   [Jacques III.
Marie-Joseph, b 30 août 1745, au Cap-St-Ignace⁴ ; m ⁴ 27 février 1764, à Pierre-Noël Fregeau. — *Ursule*, b ⁴ 14 mai 1747 ; s ⁴ 5 avril 1763.—*Jean-Baptiste*, b ⁴ 22 sept. 1748 ; s ⁴ 3 juin 1749.—*Joseph*, b ⁴ 23 mars 1750.—*Amable*, b ⁴ 23 mars et s ⁴ 12 mai 1750. — *Marie-Marthe*, b ⁴ 1ᵉʳ et s ⁴ 6 août 1751.—*Hilarion*, b ⁴ 29 oct. et s ⁴ 17 nov. 1753.

---

(1) Et Kaouet.
(2) Dit Préjean.
(3) Appelée Labry, en **1740**. Elle épouse, le 7 nov. 1752, Joseph Posé, au Cap-St-Ignace.
(4) Et Kaouet—Cahouette.
(5) Et Boulet.

1750, (12 mai) Québec. ⁵

I.—CAHOUET (1), Gilles, armurier ; fils de Henri et de Mauricette Emery, de St-Louis de Brest, diocèse de Léon.
  Métot, Marie-Anne.   [Joseph II.
Gilles-Joseph, b ⁶ 7 août 1752. — *Marie-Anne*, b... s 6 juin 1757, à Longueuil.

1750, (3 août) Cap-St-Ignace. ³

III.—CAHOUET, Jacques,   [Thomas II.
  b 1727.
  Ouabart (2), Marie-Geneviève,   [Joseph I.
  b 1731.
Louis-Zacharie, b ³ 18 juillet 1751. — *Marie-Geneviève*, b ³ 12 mai 1753.—*Marie-Marthe*, b ³ 9 février 1755.—*Evrard*, b ³ 21 janvier 1757, m 14 oct. 1782, à Geneviève Bourgaud, à l'Islet.—*Madeleine*, b ³ 9 août 1758.— *Jean-Baptiste-Paschal*, b ³ 8 avril 1760 —*Marie-Victoire*, b ³ 18 nov. 1761.—*Marie-Rosalie*, b ³ 2 oct. 1763.

1750, (23 nov.) Cap-St-Ignace. ³

III.—CAHOUET, Pierre-Alexis,   [Thomas II.
  s avant 1783.
  Coté (3), Marie-Louise,   [Jean-Bte IV.
  b 1728.
Prosper, b ⁶ 26 sept. 1751. — *Alexis-Chrysostôme*, b ⁸ 22 oct. 1752 ; m 24 février 1783, à Marie-Joseph Janot, à la Longue-Pointe.—*Marie-Salomée et Marie-Anne*, b ⁸ 20 nov. et s ⁸ 1ᵉʳ déc. 1753.—*Anonyme*, b ⁸ 20 nov. 1753.—*Marie-Victoire*, b ⁸ 20 et s ⁸ 24 nov. 1753. — *Pierre-Paschal*, b ⁸ 9 février 1755.— *Henri-Thomas*, b ⁸ 15 juillet 1756. — *Magloire*, b ⁸ 16 oct. 1757 ; s ⁸ 11 sept. 1760.—*Marie-Véronique*, b ⁸ 7 avril 1759.—*Jean-Magloire*, b ⁸ 16 février et s ⁸ 6 sept. 1761. — *François-Lambert*, b ⁸ 4 août 1762. — *Louis-Raphael*, b ⁸ 23 nov. 1763. — *Pierre-Noel*, b ⁸ 20 janvier 1765.

1751, (3 mai) Cap-St-Ignace. ⁸

III.—CAHOUET, Claude-Raphael,   [Claude II.
  b 1732.
  1° Chevalier, Marguerite-Geneviève,[René III.
  b 1723 ; s ⁸ 3 mai 1756.
Marie-Geneviève, b ⁸ 1ᵉʳ mars 1752.

1762, (19 avril) Islet.
  2° Cloutier, Elisabeth.   [Jean-Bte V.
Jean-Marie, b ⁸ 6 février 1763.—*Louis-Raphael*, b ⁸ 16 sept. 1764.

1753, (19 nov.) Cap-St-Ignace. ⁷

III.—CAHOUET, Claude-Joseph,   [Thomas II.
  b 1725 ; s ⁷ 10 déc. 1755.
  Bernier, Charlotte (4),   [Barthélemi III.
  b 1732.
Charlotte, b ⁷ 17 et s ⁷ 26 janvier 1755. — *Joseph-Marie*, b ⁷ 8 mai et s ⁷ 17 août 1756.

---

(1) Et Caillouet.
(2) Dit Langlois.
(3) Elle fait baptiser quatre jumeaux en 1753.
(4) Elle épouse, le 19 janvier 1757, Antoine Guyon, au Cap-St-Ignace.

I.—CAHOUET, Antoine.
  Métot, Madeleine.
  François, b... m 15 janvier 1781, à Marie-Joseph Chamberlan, à Kamouraska.

1762, (17 nov.) Islet.
III.—CAHOUET, Jean-Bte,   [Thomas II.
  b 1733.
  Fortin, Marthe,   [Julien III.
  b 1739.
  Antoine, b 4 sept. 1763, au Cap-St-Ignace.[6] — *Marie-Marthe*, b [6] 21 janvier 1765.

CAHOUET, Jean-Bte.
  Chouinard, Rose,
  b 1763 ; s 16 juin 1818, à Beaumont.

1781, (15 janvier) Kamouraska.
II.—CAHOUET, François.   [Antoine I.
  Chamberlan, Marie-Joseph.   [Simon IV.

1782, (14 oct.) Islet.
IV.—CAHOUET, Evrard,   [Jacques III.
  b 1757.
  Bourgaud, Geneviève,   [Jean II.
  b 1763.

1783, (24 février) Longue-Pointe.
IV.—CAHOUET, Chrysostome,   [Alexis III.
  b 1752.
  Janot, Marie-Joseph,   [Laurent IV.
  b 1752.

I.—CAIGNARD, Joseph,
  b 1660 ; s 23 janvier 1731, à Québec.[1]
  1° Belhumeur, Geneviève.
              1720, (27 oct.)[1]
  2° Stains, Marie,   [George I.
  b 1672 ; veuve d'André Loup.

I.—CAILLABÉ (1), Joseph.
  LeGrand, Madeleine.
  Marguerite, b 1739 ; s 21 nov. 1739, à Québec.[9] —*Madeleine*, b 1743 ; s [9] 29 février 1748.—*Jean* (2), b [9] 24 et s [9] 25 sept. 1747.—*Louise-Ignace*, b [9] 31 août 1748 ; s [9] 18 sept. 1749.—*René-Marie*, b [9] 1er mai 1750 ; s [9] 25 oct. 1751. — *Charles*, b [9] 26 nov. 1751.—*Pierre-Jean*, b [9] 4 et s [9] 20 août 1754.—*Anonyme*, b [9] et s [9] 5 août 1755.—*Marie-Charlotte*, b [9] 27 nov. 1756.

1670, (5 février) Laprairie.
I.—CAILLAU (3), Jean.
  b 1654 ; s 7 février 1717, à Montréal.
  Touchard, Marie-Madeleine,
  b 1656.

CAILLAU, Marie-Anne, b... m 26 nov. 1736, à Jacques Lochet, à Québec.

---

(1) Ci-devant habitant de Louisbourg.
(2) Agé de huit mois. Le père était alors prisonnier de guerre à Boston.
(3) Dit LeBaron ; voy. vol. I, p. 99.

1758, (24 juillet) Montréal.
I.—CAILLAU, Jean, b 1728 ; fils de Jean et d'Anne Giraud, de St-Antoine de Quercy, diocèse de Poitiers.
  Roy, Marie-Anne-Catherine,   [François I.
  b 1736.

CAILLÉ. — Voy. Callière dit Jasmin-Aurin, 1716.

CAILLÉ. — *Variations et surnoms* : Caillet— Cayer — Cayet — Brulefer — LePicard— Biscornet.—Callière.

CAILLÉ, Catherine, épouse de Louis Tophiné.

CAILLÉ, Marie-Madeleine, epouse de Jean-Baptiste Ethier.

CAILLÉ, Barbe, épouse de Louis Filiatreau.

CAILLÉ, Marie-Joseph, épouse de Pierre Coron.

CAILLÉ, Marie, b... m à Louis Noel ; s avant 1767.

CAILLÉ, Angélique, épouse d'Eustache Diel.

CAILLÉ (1), Marie, epouse de Nicolas Cléroux.

CAILLÉ, Marie, b 1648 ; m 1672, à Pierre Paquet ; s 24 sept. 1685, à Ste-Famille, I. O.

I.—CAILLÉ (2), Antoine,
  b 1651.
  Aubry, Anne,
  b 1654.
  Jacques, b 30 avril 1679, à Laprairie[7] ; 1° m[7] 10 mai 1723, à Marie-Joseph Babeu ; 2° m[7] 1er déc. 1730, à Marie-Louise Dumas.—*Pierre*, b[7] 22 déc. 1680 ; m 7 février 1707, à Marie Brunet, à Lachine ; s 9 février 1729, à Montréal.—*Marguerite*, b[7] 24 mai 1688 ; m[7] 23 nov. 1715, à André Longtin.

CAILLÉ, Michel, prêtre S.S. ; s 20 juillet 1708, à Montreal.

1684.
I.—CAILLÉ (3), Jean,
  b 1656, s 11 avril 1733, à St-Augustin.[8]
  Hamel, Marie-Anne,   [Jean I.
  b 1666 ; s [8] 2 janvier 1731.
  René, b 22 sept. 1692, à Québec[9] ; m à Barbe Forget. — *Louise-Marguerite*, b [9] 12 mai 1694 ; m [8] 7 janvier 1737, à Charles Alain.—*Marie-Charlotte*, b 1702 ; s [8] 12 février 1726.—*Marie-Joseph*, b 1703 ; m [8] 17 nov. 1722, à Laurent Amiot ; s [8] 15 mars 1733.—*Marie-Angélique*, b [7] mars 1709, à la Pte-aux-Trembles, Q. ; s [8] 27 mai 1726.

---

(1) Dit Jasmin.
(2) Dit Brûlefer, voy. vol. I, p. 99.
(3) Dit LePicard, voy. vol. I, p. 99.

1685, (30 avril) Charlesbourg.[7]

II.—CAILLÉ (1), JEAN, [JACQUES I.
b 1665; s 11 mai 1733, à St-Frs-du-Lac.[4]
GALARNEAU, Madeleine, [JACQUES I.
b 1669; s 23 sept. 1707, à Québec.[6]
Jacques, b[7] 9 déc. 1689; m 11 janvier 1717, à Thérèse GASTIGNON, à Montréal[5]; s[4] 13 mai 1756. — *François*, b[7] 3 mai 1693; s[5] 22 oct. 1714.—*Jean-Baptiste*, b[5] 25 janvier 1697; 1° m à Marguerite DUPUIS; 2° m[4] 18 oct. 1750, à Catherine DULIGNON. — *Augustin*, b[6] 21 déc 1703; m[5] 2 mai 1730, à Marguerite GASTIGNON.

CAILLÉ, JEAN, b 1692; s 26 janvier 1714, à Montréal.

1707, (7 février) Lachine.

II.—CAILLÉ (2), PIERRE, [ANTOINE I.
b 1680, s 9 février 1729, à Montréal.
BRUNET (3), Marie, [FRANÇOIS I.
b 1687; s 24 juillet 1726, à Laprairie.[9]
Pierre, b[9] 20 déc. 1707; s[9] 1er juillet 1715.—*Marie*, b 1710; m[9] 4 avril 1731, à Pierre BARETTE—*Antoine*, b[9] 17 mars 1712.—*Jean-Baptiste*, b[9] 2 janvier 1715; 1° m[9] 13 nov. 1747, à Charlotte GOYAU; 2° m[9] 3 nov. 1761, à Geneviève HERTAUT.—*Joseph*, b[9] 3 mai 1716, m[9] 19 février 1748, à Agnès BROSSEAU.—*Pierre*, b[9] 22 oct. 1718.—*Louis*, b[9] 26 avril 1720, m[9] 27 nov. 1752, à Marie-Anne BISAILLON.—*François*, b[9] 2 sept. 1722.

CAILLÉ, PIERRE, prêtre, curé de St-Pierre, I.O.[1]; s[1] 16 mars 1731.

III.—CAILLÉ, JEAN, [JEAN II.
b 7 nov. 1686, à Charlesbourg; s 3 juin 1767, à St-Henri-de-Mascouche.

1717, (11 janvier) Montréal.[1]

III.—CAILLÉ, JACQUES, [JEAN II.
b 1689; s[1] 13 mai 1756.
GASTIGNON, Thérèse, [ANTOINE-LEONARD I.
b 1697.
Pierre-Jean, b[1] 8 déc. 1717; m 6 février 1748, à Marie PAQUET, à St-Vincent-de-Paul. — *Charlotte*, b[1] 2 oct. 1719; s 4 déc. 1720, à St-Laurent, M. — *Marguerite*, b[1] 8 nov. 1721; s[1] 23 juillet 1723.—*Marie-Anne*, b[1] 28 déc. 1723; s[1] 3 janvier 1724—*Jacques*, b[1] 12 mai 1725. — *Nicolas-Laurent*, b[1] 17 août 1726. — *Jean*, b[1] 14 nov. 1727; s[1] 22 mars 1728. — *Thérèse-Marguerite*, b[1] 3 mars et s[1] 27 juillet 1729.—*Catherine-Françoise*, b[1] 11 et s[1] 12 sept. 1730.—*Thérèse*, b 1731; m[1] 15 janvier 1748, à Firmin CHERON. — *Jean-Baptiste*, b 1733; m[1] 6 février 1758, à Brigitte DANNY—*Charlotte-Catherine*, b[1] 7 nov. 1734; s[1] 20 août 1735.—*Jacques*, b[1] 3 février et s[1] 25 sept. 1737—*Etienne*, b[1] 11 avril 1738.

---

(1) Voy. vol. I, p. 99.
(2) Dit Biscornet.
(3) Dit Bourbonnais.

1717, (27 avril) Laprairie.[7]

II.—CAILLÉ (1), ANTOINE, [ANTOINE I.
b 1683.
BÉTOURNÉ, Françoise, [PIERRE II.
b 1694.
Marie, b[7] 23 janvier 1718; m[7] 22 février 1745, à Augustin BARETTE.—*Marie-Angélique*, b[7] 24 sept. 1719; m[7] 29 juillet 1748, à Jacques DENEAU.—*Antoine*, b[7] 25 oct. 1721; m 20 nov. 1752, à Marie-Jeanne DUPUY, à St-Constant. — *Jean-Baptiste*, b[7] 22 nov. 1723; s[7] 25 mai 1731.—*Pierre*, b[7] 20 janvier 1726; m 20 oct. 1760, à Marie-Joseph DENIAU, à Longueuil. — *Joseph-Marie*, b[7] 6 avril 1729.—*Marie-Marguerite*, b[7] 14 avril 1731; m[7] 5 février 1753, à Pierre LEFEBVRE.—*Marie-Félicité*, b[7] 20 nov. 1735.—*Michelle*, b[7] 20 nov. et s[7] 11 déc. 1740.

1723, (10 mai) Laprairie.[8]

II.—CAILLÉ (2), JACQUES, [ANTOINE I.
b 1679.
1° BABEU, Marie-Joseph, [ANDRÉ I.
b 1698; s[3] 3 mai 1730.
Marie, b[3] 13 mars 1723; m[8] 22 juillet 1743, à Joseph MENANÇON.—*Angélique*, b[3] 27 avril 1728.
1730, (1er déc.)[8]
2° DUMAS, Marie-Louise, [RENÉ I.
b 1685; veuve de Jerôme Longtin.

II.—CAILLÉ, RENÉ, [JEAN I
b 1692.
FORGET, Barbe, [LOUIS II.
b 1699; s 31 août 1735, à St-François, I. J.[3]
Marie-Joseph, b[3] 24 sept. 1727, à Terrebonne. — *Anonyme*, b[3] et s[3] 20 sept. 1731. — *Marie-Charlotte*, b[3] 1er et s[3] 18 août 1733.—*René*, b[3] 20 août et s[3] 12 sept 1735, à Lachenaye. — *Charles*, b... m 7 janvier 1749, à Marie-Joseph GIPOULON, à Ste-Rose.

1728, (22 nov.) Pte-aux-Trembles, Q.

II.—CAILLÉ, CHARLES-FRANÇOIS, [JEAN I.
b 1707, s 6 février 1732, à St-Augustin.[3]
JEAN (3), Marie-Céleste, [NICOLAS II.
b 1706.
Marie-Céleste, b[3] 12 sept. 1729. — *Jean-François*, b[d] 19 nov. 1730; m[3] 4 février 1754, à Louise VALIÈRES. — *Marie*, b 1730; m 4 février 1754, à Joseph MENARD, à Montréal. — *Louise-Anne-Madeleine*, b[3] 27 juillet 1732. — *Marie-Louise*, b... m 19 février 1759, à Louis TRUDEL, à St-Laurent, M.

III.—CAILLÉ, JEAN-BTE, [JEAN II.
b 1697.
1° DUPUIS, Marguerite,
s 25 août 1747, à St-Frs-du-Lac.[4]
Marguerite, b... m 6 février 1747, à Pierre DESROCHERS, à la Baie-du-Febvre.[5] — *Jean-Baptiste*, b[4] 24 mars 1728; s[4] 9 juillet 1743.—*Joseph*, b[4] 1er sept. 1729; s[4] 3 janvier 1730.—*Philippe*-

---

(1) Dit Brûlefer.
(2) Dit Biscornet.
(3) Dit Denis. Elle épouse, le 27 sept. 1734, Joseph Juneau, à St-Augustin.

Jacques, b ⁴ 1ᵉʳ mai et s ⁴ 14 juin 1731.—*François*, b ⁴ 7 juin 1732. — *Marie-Joseph*, b ⁴ 28 et s ⁴ 30 déc. 1733.—*Marie-Joseph*, b... m ⁵ 5 mars 1764, à Jean-Baptiste Gautier. — *Joseph*, b... m 17 février 1772, à Marie-Françoise Badaillac, à St-Michel - d'Yamaska. — *Louise-Françoise*, b ⁴ 20 août 1740 ; m ⁵ 18 février 1765, à Jean-Bte Gautier. — *Marie-Anne*, b ⁴ 4 février 1743.

1750, (18 oct.) ⁴

2° DuLignon, Catherine. [Pierre II.
Marie-Catherine, b ⁴ 26 déc. 1750 ; m à Gabriel Lefebvre.—*Jean-Baptiste*, b ⁴ 26 juillet 1752 ; s ⁴ 3 sept. 1759. — *Marie-Joseph*, b ⁴ 29 nov. 1753 ; s ⁵ 26 mars 1772. — *François-Guillaume*, b ⁴ 18 oct. 1755 ; s ⁴ 29 avril 1756.—*Antoine*, b ⁴ 7 août 1757.

1730, (2 mai) Montréal.

III.—CAILLÉ, Augustin, [Jean II.
  b 1703.
  Gastignon, Marie-Marg. (1), [Ant.-Léonard I.
  b 1708.

CAILLÉ, Noel-Ignace-Flavien,
  b 1694 ; s 4 déc. 1754, à Ste-Rose. ⁴
  Charles, Marie-Madeleine.
Madeleine, b... m 29 oct. 1742, à Jean-Baptiste L'Ecuyer, à Terrebonne.⁵— *Michel*, b⁵ 15 et s⁵ 20 mai 1729.—*François*, b 1730, s⁴ 23 avril 1755. —*Antoine*, b⁵ et s⁵ 13 juin 1732.— *Marie-Joseph*, b⁵ 7 mars et s⁵ 12 mai 1733.—*Marie*, b⁵ 10 nov. 1734. — *Marie-Joseph*, b⁵ 29 nov. 1735 ; m ⁴ 14 janvier 1755, à Louis-Urbain Foucault ; s ⁴ 1ᵉʳ août 1761.— *Marie-Rose*, b⁵ 7 juin et s⁵ 13 août 1737. — *Noel-Ignace*, b⁵ 22 et s⁵ 29 juillet 1738. —*Flavienne*, b⁵ 21 sept. et s⁵ 2 nov. 1742.

1747, (13 nov.) Laprairie. ¹

III.—CAILLÉ, Jean-Bte, [Pierre II.
  b 1715.
1° Goyau (2), Charlotte, [Jean-Bte II.
  b 1724.
           1761, (3 nov.) ¹
2° Hertaut, Geneviève, [Jacques I.
  b 1729.

1748, (6 février) St-Vincent-de-Paul. ¹

IV.—CAILLÉ, Pierre-Jean, [Jacques III.
  b 1717.
  Paquet, Marie. [Louis IV.
Marie-Louise, b ¹ 31 oct. 1748 ; s ¹ 1ᵉʳ février 1749.—*Marie-Thérèse*, b ¹ 11 sept. 1750.—*Pierre*, b ¹ 6 juin 1752.

1748, (19 février) Laprairie.

III.—CAILLÉ, Joseph, [Pierre II.
  b 1716.
  Brosseau, Agnès, [Pierre II.
  b 1719.

1749, (7 janvier) Ste-Rose.

III.—CAILLE, Charles, [René II.
  Gipoulon, Marie-Joseph, [François II.
  s avant 1773.
Marie-Joseph, b... m 19 avril 1773, à Henri Fournier, à Terrebonne. ²—*Angélique*, b... m ² 4 oct. 1773, à Joseph Dubois. — *Charles*, b ² 24 mai 1751 ; m 7 février 1774, à Marie-Catherine Bourgoin, à St-Henri-de-Mascouche. — *Pierre*, b ² 16 juin 1757.—*François*, b ² 22 juillet 1758.

1750, (3 nov.) Ste-Croix. ⁶

I.—CAILLÉ, Alexis, fils de Jacques et de Catherine Choret, de Milleron, Xaintes.
  Legendre, Suzanne, [Jean-Bte I.
  b 1731.
Marie-Suzanne, b ⁶ 18 janvier 1753.— *Alexis*, b 16 juin 1755, à St-Jean-Deschaillons. ³— *Antoine*, b ⁸ 20 août 1757. — *François*, b ⁸ 27 nov. 1759. — *Marie-Joseph*, b 8 sept. 1763, à la Baie-du-Febvre.

1752, (20 nov.) St-Constant. ⁸

III.—CAILLÉ (1), Antoine, [Antoine II.
  b 1721.
  Dupuy, Marie-Jeanne, [François III.
  b 1731.
François-Marie, b ⁸ 20 février 1755. — *Marie*, b ⁸ 22 oct. 1756.

1752, (27 nov.) Laprairie.

III.—CAILLÉ, Louis, [Pierre II.
  b 1720.
  Bisaillon, Marie-Anne, [Claude II.
  b 1723.

1754, (4 février) St-Augustin.

III.—CAILLÉ, Jean-Frs, [Chs-François II.
  b 1730.
  Valières, Louise, [Pierre II.
  b 1719 ; veuve de Jean-Baptiste Amiot.

CAILLÉ, Adrien.
  Fillet-de-Medeck, Marie-Anne.
Joseph, b... s 2 février 1758, à St-Laurent, M.

1758, (6 février) Montréal.

IV.—CAILLÉ, Jean-Bte, [Jacques III.
  b 1733.
  Danny, Brigitte, [Honoré III.
  b 1738.

CAILLÉ, Charles.
  Amyot (2), Marie-Charlotte.
Jean-Baptiste, b 15 mars 1764, à Lachenaye. ¹ —*Marie-Judith*, b ¹ 9 juillet 1779.

1760, (20 oct.) Longueuil.

III.—CAILLÉ (1), Pierre, [Antoine II.
  b 1726.
  Deniau, Marie-Joseph, [Jean-Bte III
  b 1740.

---

(1) Elle épouse, le 16 juillet 1736, Guillaume Imbault, à Montréal.
(2) Et Gouyou dit Lagarde.

(1) Dit Biscornet.
(2) Dit L'Arpinière.

1772, (17 février) St-Michel-d'Yamaska.
IV.—CAILLÉ, JOSEPH. [JEAN-BTE III.
  BADAILLAC, Marie-Françoise, [IGNACE III.
  b 1742.

1774, (7 février) St-Henri-de-Mascouche.
IV.—CAILLÉ, CHARLES, [CHARLES III.
  b 1751.
  BOURGOIN, Marie-Catherine, [JEAN-BTE III.
  b 1754.

CAILLIA—*Variations :* CAILLA—CAILLAS—CAILLEAU.

1690, (31 janvier) Champlain. [7]
II.—CAILLIA, PIERRE (1), [PIERRE I.
  b 1664.
  HOURÉ, Thérèse, [RENE I.
  s [7] 24 juillet 1724.
Marie-Joseph, b... 1º m [7] 13 janvier 1715, à Joseph MERCEREAU ; 2º m [7] 27 août 1724, à François DONTIGNY. — *Madeleine,* b... m [7] 5 février 1731, à Joseph TURCOT.—*Pierre,* b [7] 16 juin 1692 ; 1º m [7] 12 janvier 1722, à Marie-Catherine NEVEU, 2º m 4 février 1743, à Marguerite BRISSET, à l'Ile-Dupas [8] ; s [8] 15 oct. 1766. — *Thérèse,* b [7] 5 janvier 1700 ; m [7] 30 avril 1736, à Antoine RIVARD. — *Joseph,* b [7] 20 sept. 1708 ; m 16 août 1739, à Marie-Anne TROTIER, à Nicolet.—*François,* b [7] 4 nov. 1711 ; s [7] 4 sept. 1723.— *Marc-Antoine,* b [7] 25 avril 1714. — *Geneviève,* b [7] 9 avril 1716.

CAILLIA, MADELEINE, épouse de Pierre GUIGNARD.

CAILLIA, MARIE, épouse de ...... GUIGNAUT.

CAILLIA, MARIE-ANNE, b 1700 ; m à Pierre RIVARD ; s 22 nov. 1774, à Ste-Anne-de-la-Perade.

CAILLIA, GENEVIÈVE, b 1717 ; s 25 déc. 1749, à l'Hôpital-General, M.

1722, (12 janvier) Champlain.
III.—CAILLIA, PIERRE (2), [PIERRE II.
  b 1692 ; s 15 oct. 1766, à l'Ile-Dupas. [8]
  1º NEVEU, Catherine, [ADRIEN II.
  b 1697 ; s [8] 22 avril 1741.
Antoine-Alexis, b... s 8 juin 1725, à Sorel. — *Joseph,* b [8] 14 avril 1730, m [8] 24 avril 1752, à Noelle-Joseph CARPENTIER.—*Marguerite,* b... m [8] 16 janvier 1741, à Joseph RAINVILLE.— *Thérèse,* b... 1º m à Régis VALOIS ; 2º m [8] 19 oct. 1756, à Jean-Baptiste COUTU.— *Marie-Madeleine,* b [8] 6 mai 1741.

  1743, (4 février). [8]
  2º BRISSET, Marguerite,
    veuve de François Casaubon.

(1) Voy. vol. I, p. 99.
(2) Capitaine de milice, chantre et marguillier. Il s'est noyé, son corps est inhumé dans l'église.

1739, (8 janvier) Batiscan. [3]
III.—CAILLIA, JEAN, [PIERRE II.
  b 1702 ; s [3] 30 avril 1792.
  1º MARCHAND, Marguerite, [ALEXIS II.
  b 1708 ; s [3] 5 sept. 1743.
Anonyme, b [3] et s [3] 30 nov. 1741.—*Jean,* b [3] 5 sept. 1743 ; m [3] 27 février 1775, à Marguerite CARPENTIER.

  1745, (27 juin). [3]
  2º TROTIER, Françoise, [AUGUSTIN III.
  b 1717 ; s [3] 27 déc. 1789.
Alexis, b [3] 7 avril et s [3] 5 sept. 1746.—*Marc-Antoine,* b [3] 7 mai 1747. — *Pierre-Hyacinthe,* b [3] 23 août 1748.—*Anonyme,* b [3] et s [3] 22 août 1749. — *Anonyme,* b [3] et s [3] 3 juillet 1750.— *Marguerite,* b [3] 3 déc. 1751 ; m [3] 12 mai 1777, à Amable MARCHAND.—*Marie-Françoise,* b [3] 9 et s [3] 24 oct. 1753.

1739, (16 août) Nicolet.
III.—CAILLIA, JOSEPH, [PIERRE II.
  b 1708.
  TROTIER (1), Marie-Anne. [MICHEL III.
Joseph, b 5 juillet 1740, à la Baie-du-Febvre [5] ; 1º m [5] 30 janvier 1764, à Thérèse LEFEBVRE-BEAULAC ; 2º m [5] 3 nov. 1767, à Marie-Elisabeth BOUDREAU.— *Antoine,* b [5] 24 février 1742 ; m [5] 2 mars 1767, à Marie-Catherine PROU.— *Marie-Joseph,* b [5] 8 avril 1746 ; m [5] 6 nov. 1766, à Michel MARTEL.— *Marie-Catherine,* b [5] 2 juin 1748. — *Louis-Joseph,* b [5] 29 oct. 1753.

CAILLIA, MATHURIN.
Anonyme, b et s 15 juillet 1742, à l'Ile Dupas.

1752, (24 avril) Ile-Dupas.
IV.—CAILLIA, JOSEPH, [PIERRE III.
  b 1730.
  CARPENTIER, Noëlle-Joseph, [NOEL II.
  b 1721.

1764, (30 janvier) Baie-du-Febvre. [6]
IV.—CAILLIA, JOSEPH, [JOSEPH III.
  b 1740.
  1º LEFEBVRE (2), Marie-Thérèse, [JOSEPH III.
  b 1741 ; s [6] 29 avril 1767.
Joseph, b [6] 2 oct. et s [6] 6 nov. 1764. — *Marie-Thérèse,* b [6] 2 nov. 1766 ; s [6] 28 sept. 1767.

  1767, (3 nov.) [6]
  2º BOUDREAU, Marie-Elisabeth [JEAN-BTE I.
Elisabeth, b [6] 20 mars 1769. — *Marie-Joseph-Pélagie,* b [6] 9 déc. 1771.

1767, (2 mars) Baie-du-Febvre. [7]
IV.—CAILLIA, ANTOINE, [JOSEPH III.
  b 1742.
  PROU, Marie-Catherine, [JEAN-BTE III.
  b 1749.
Antoine, b [7] 25 mars 1768 ; s [7] 24 déc. 1769.— *Marie-Antoinette,* b [7] 24 juillet 1770.—*Joseph,* b [7] 3 mai 1772.

(1) Dit Beaubien. Elle épouse, le 31 mars 1761, Pierre Castel, à la Baie-du-Febvre.
(2) Dit Beaulac.

1775, (27 fevrier) Batiscan. ⁹
IV.—CAILLIA, JEAN,   [JEAN III.
   b 1743.
   CARPENTIER (1), Marguerite.   [JOSEPH.
   Joseph-Amable, b ⁹ 27 déc. 1776.

CALLIÈRE.—*Variation et surnom :* CAILLET—JASMIN.

1716, (2 juin) Montréal. ¹
I.—CALLIÈRE (2), AUBIN, b 1686 ; fils d'Isaac et de Françoise Barreau, de Mervan, diocèse de Poitiers ; s avant 1751.
   COUVRET, Louise,   [VICTOR I.
   b 1697.
   François, b ¹ 12 mars 1718 ; s ¹ 19 avril 1728. —*Pierre*, b ¹ 12 avril 1720 ; m 22 fevrier 1751, à Geneviève SORIEUL, à St-Laurent, M. ² — *Madeleine*, b 1726 ; s ¹ 17 août 1747. — *Marie*, b... 1º m à René TOUCHET ; 2º m ² 1ᵉʳ mars 1756, à Jean-Baptiste LESOURD. — *Jean-Baptiste*, b... m 27 janvier 1749, à Marie-Agathe JABOT, au Sault-au-Recollet. ³—*Jacques*, b... m ³ 15 fevrier 1751. à Angélique LETOURNEUR.

1749, (27 janvier) Sault-au-Récollet. ¹
II.—CALLIÈRE (3), JEAN-BTE.   [AUBIN I.
   JABOT (4), Marie-Agathe.   [JEAN-NOEL I.
   Marie-Joseph, b ¹ 9 déc. 1749.— *Marie-Agathe*, b 15 et s 20 nov. 1755, à St-Laurent, M. ²—*Marie-Agathe*, b ² 20 nov. 1756 — *Marie-Madeleine*, b ² 20 juillet 1759.—*Jean-Baptiste*, b ² 4 oct. 1761.

1751, (15 février) Sault-au-Recollet.
II.—CALLIÈRE, JACQUES.   [AUBIN I.
   LETOURNEUR, Marie-Angélique. [JEAN-BTE I.
   Marie-Angélique, b 21 mars 1752, à St-Laurent, M. ³—*Raphael*, b ³ 11 janvier 1757.—*Marie-Thérèse*, b ³ 20 déc. 1758 ; s ³ 8 juillet 1759.—*Marie-Louise*, b ³ 17 sept. 1760.

1751, (22 février) St-Laurent, M. ³
II.—CALLIÈRE (3), PIERRE,   [AUBIN I.
   b 1720.
   SORIEUL, Marie-Geneviève,   [PIERRE I.
   b 1734.
   Pierre, b ³ 13 août 1752. — *Marie-Geneviève*, b ³ 10 mars 1757. — *Michel*, b ³ 7 nov. 1758 ; s ³ 12 mai 1759.—*Euphrasie*, b ³ 21 et s ³ 23 juillet 1760.—*Marie-Véronique*, b ³ 17 janvier 1762.

1681, (29 oct.) Montréal.
I.—CAILLONNEAU (5), PIERRE, b 1651.
   GUERTIN, Catherine (6),   [LOUIS I.
   b 1664, s avant 1714.
   Louis, b 9 sept. 1685, à Contrecœur ; m 8 janvier 1714, à Marie-Madeleine FOUQUEREAU, à la Pte-aux-Trembles, M.

(1) Dit Bailly.
(2) Dit Jasmin ; soldat de la compagnie de M. de Repentigny.
(3) Dit Jasmin.
(4) Dit Lamarre.
(5) Voy. vol, I, p. 100.
(6) Elle épouse, le 20 janvier 1689, Denis Veronneau, à Montréal.

1714, (8 janvier) Pte-aux-Trembles, M. (1)
II.—CAILLONNEAU, LOUIS,   [PIERRE I.
   b 1685.
   FOUQUEREAU (2), Marie-Madeleine,   [URBAIN I.
   b 1686 ; veuve de Jacques Richaume.

CAILLOU, PIERRE.—Voy. CAYOU.

CAILLOU, JOSEPH.—Voy. CAYOU.

1713, (28 mai) Québec. ⁷
I.—CAIN (3), HENRI, fils de Jacques et de Madeleine Ladentée, de St-Laurent, Paris.
   GATIEN, Marie-Jeanne,   [PIERRE I.
   b 1686 ; veuve de Simon Doyer ; s⁷ 15 juillet 1755.
   Henri-Marie, b ⁷ 27 mars 1714. — *Geneviève-Gabriel*, b ⁷ 19 déc. 1715 ; s ⁷ 31 janvier 1718 —*Marie-Madeleine*, b ⁷ 3 oct. 1717 ; m ⁷ 27 janvier 1738, à Nicolas CHAUVIN.—*Augustin*, b ⁷ 28 août 1719. — *Marie-Louise*, b ⁷ 8 juillet 1721 ; s ⁷ 3 sept. 1722.—*Jean-Baptiste*, b 1722 ; m ⁷ 1ᵉʳ mars 1745, à Geneviève LOUINEAU ; s ⁷ 6 avril 1750.— *Mathieu*, b ⁷ 26 nov. 1725. — *Marie-Louise*, b ⁷ ¹ déc. 1729 ; s ⁷ 3 août 1731.

1745, (1ᵉʳ mars) Québec. ⁷
II.—CAIN (3), JEAN-BTE,   [HENRI I.
   b 1722, s ⁷ 6 avril 1750.
   LOUINEAU, Geneviève (4),   [HENRI II.
   Marie-Madeleine, b ⁷ 12 août 1748.

I.—CAIRÉ, IGNACE.
   DUQUET, Rosalie.
   Joseph, b 1736 ; s 16 août 1781 (noyé), à St-Augustin.

I —CAIRNS, CATHERINE, épouse de Jacques CUTBERT.

I.—CAIRNS, JEANNE, b 1756 ; m 21 août 1775, à Donald MORRISON, à Montréal ; s 12 déc. 1803, à Sorel.

1740, (20 nov.) Trois-Rivières. ⁸
I.—CAISSE, FRANÇOIS (5), fils d'Etienne et de Michelle Mougin, de St-Feu, diocèse de Besançon, Franche-Comté.
   SAUVAGE, Louise-Françoise,   [FRANÇOIS I.
   b 1719.
   Marie-Françoise, b ⁸ 11 mars 1741. — *Joseph*, b... s 8 mars 1747, à Lavaltrie.⁹— *Nicolas*, b ⁹ 24 déc. 1747.—*Louis*, b ⁹ 9 nov. 1749 ; s ⁹ 11 sept. 1750.— *Etienne*, b ⁹ 23 juillet 1751. — *Antoine-Jean*, b ⁹ 13 juin 1753.—*Pierre*, b ⁹ 10 nov 1756 —*Louis*, b ⁹ 16 nov. 1760.

(1) Et Repentigny.
(2) Dit Urbain, du nom de baptême du père.
(3) Dit Lataille.
(4) Elle épouse, le 7 janvier 1752, Joseph Léveillé, à Québec.
(5) Dit LeDragon ; charron aux forges de St-Maurice. Il était, en 1739, aux Trois-Rivières.

I.—CALAN, François (1).

I.—CALDWELL, Guillaume (2). [Jacques III.
Dupéron-Baby, Suzanne.
Guillaume, b 1er juin 1784, au Detroit. ² — François-Xavier, b ² 4 mai 1792.

CALEGRÉ.—Voy. Carguebet, 1715.

I.—CALENDO, Michel, b 1736; de Chalandré, diocèse d'Avranches, Normandie; s 3 avril 1760, à St-Roch.

1752, (24 juillet) Chambly. ³
I.—CALMET (3), Raymond, fils d'Antoine et d'Antoinette Lacorne, de Capel-Bateille, diocèse de Cahors, Quercy.
1° Caris, (panis) Geneviève.
Marie-Geneviève, b ³ 7 oct. 1753. — Julie, b ³ 3 sept. 1754.
1756, (4 oct.) ³
2° Sabourin (4), Marie-Catherine. [Joseph III.
Marie-Catherine, b ³ 20 juin et s ³ 15 sept. 1757.

1759, (29 janvier) Montréal.
I.—CALOT (5), Alexandre, fils d'Alexandre et d'Elisabeth Boivin, de St-Louis d'Alonne, Espagne.
Gaudin, Marie-Joseph. [Joseph-Louis III.
Jean-Baptiste, b... m 25 juillet 1813, à Marie-Joseph Charless, à St-Charles, Mo.

CALOUTRE.—Voy. Calot.

I.—CALQUET, Suzanne, b 1680; m à Jacques Ritchot.

CALUCHON.—Voy. Poudret—Poutré.

CALUDEAU, Nicolas (6), s 11 oct. 1758, à Chambly.

I.—CALVÉ, François, soldat de la compagnie de Perigny, d'Anjou, s 23 sept. 1721, à Montréal.
François, b... m à Angelique Bigras.

II.—CALVÉ, François. [François I.
Bigras, Angélique, [François I.
b 1703.
François, b... m à Marie-Amable Chambly.—Jacques, b... m à Madeleine Pepin. — Marie-Madeleine, b 1724; m 27 mai 1743, à François Courcelles, à Montreal. ² — Françoise-Raphael, b... m 2 juin 1752, à Etienne Girard, à Ste-Geneviève, M. ³—Rose, b 1739; m ² 18 février 1760, à Pierre Petel. — François, b ³ 12 mars 1741.—Jacques-Julien, b ² 3 mars et s ² 27 juillet 1743.

(1) Lieutenant dans le régiment du Languedoc. Il était à Deschambault le 20 déc. 1757.
(2) Capitaine dans les troupes de Sa Majesté Britannique.
(3) Dit Johbois.
(4) Dit Chaunier.
(5) Dit Caloutre.
(6) Soldat revenu de Carillon.

III.—CALVÉ, François. [François II.
Chambly, Marie-Amable.
Paul, b 1749; s 20 janvier 1750, à Ste-Geneviève, M. ⁷ — Paul-Etienne, b 20 août 1750, au Bout-de-l'Ile, M. — Marie-Joseph, b ⁷ 14 janvier 1752; s ⁷ 26 déc. 1755. — Paul, b ⁷ 28 février 1754.—François-Guillaume, b ⁷ 29 juillet 1755. —Jacques-Paschal, b ⁷ 3 sept. 1757; s ⁷ 25 mars 1758.—Michel, b ⁷ 6 février et s ⁷ 19 mars 1759.

III.—CALVÉ, Jacques. [François II.
Pepin, Madeleine.
Jacques, b 21 et s 26 janvier 1750, à Ste-Geneviève, M. ⁶ — François, b ⁸ 4 février 1751. — Jacques-Etienne, b ⁸ 11 janvier 1753. — Marie-Archange, b ⁸ 2 mai 1755. — Marie-Archange-Pauline, b ⁸ 2 nov. et s ⁸ 4 déc. 1756. — Marie-Pauline, b ⁸ 9 oct. 1757.—Joseph, b ⁸ 16 février et s ⁸ 21 août 1759.

1723, (11 avril) Québec. ⁸
I.—CAMANE, Etienne, Anglais de la Nouvelle-Angleterre, élevé au Canada, depuis l'âge de quatre ans.
1° Rancin, Catherine, [Charles II.
b 1702; s ⁸ 14 nov. 1728.
Jeanne-Catherine, b ⁸ 29 janvier et s ⁸ 14 février 1724. — Geneviève-Angélique, b ⁸ 2 août 1725. — Marguerite, b ⁸ 22 juin et s ⁸ 20 juillet 1727. — Charlotte-Catherine, b ⁸ 8 et s 17 oct. 1728, à Beaumont.
1731, (26 nov.) ⁸
2° Dubreuil, Angélique, [Etienne I.
b 1708; s ⁸ 20 juin 1740.
Etienne, b ⁸ 24 août 1732. — Marie-Angélique, b ⁸ 16 février 1734; m 31 janvier 1763, à Charles Belleau, à Ste-Foye. — Marie-Anne, b ⁸ 24 mai 1735; s ⁸ 24 sept. 1736. — Joseph-Marie, b ⁸ 20 oct. 1736; m 24 nov. 1760, à Thérèse Trudel, à Montréal. — Marie-Anne, b ⁸ 14 janvier 1738. — Marie-Louise, b ⁸ 29 juillet et s ⁸ 21 août 1739.

1760, (24 nov.) Montréal. ⁶
II.—CAMANE, Joseph-Marie, [Etienne I.
b 1736.
Trudel, Thérèse, [Jean III.
b 1734.
Etienne, b... m ⁶ 23 juin 1783, à Marie-Thérèse Plessis.

CAMBRAI.—Voy. Boulard—Boucher — Chéon Crochon.

CAMBRAI, Jean-François,
Boisverd, Madeleine.
Jean-François, b 1er août 1761, à Deschambault.

1749, (13 janvier) Québec. ⁹
I.—CAME (1), Amable-Joseph, fils de François et de Marie-Anne Grenier, de Notre-Dame, ville d'Armegnac, diocèse d'Aire.
Aubert, Louise-Madeleine, [François II.
b 1721; s ⁹ 19 mars 1749.

(1) Sieur de St-Aigne, officier au bataillon de l'Ile-Royale.

I.—CAMEL (1), GUILLAUME.
CAMEL, Anne.
Jean, b... s 23 juillet 1768, à Ste-Foye.

I.—CAMENOS (2), RAPHAEL.
RATEL, Marie.   [PIERRE III.
Marie-Madeleine, b 9 sept. 1770, à Repentigny.

1785, (17 janvier) St-Jean-Port-Joli.
I.—CAMERER, JACQUES-CHRISTOPHE, fils de Jacques-Christophe et de Suzanne Schennèdre, de la ville de Gotha, Allemagne.
GUIGNARD, Marguerite.   [JEAN-BTE III.

CAMERON, MARIE-LOUISE, épouse de Théodore KEBLE.

I.—CAMERON, THOMAS,
b 1746; s 7 avril 1820, à Beaumont.
ROY, Marie.

I.—CAMERON, ANTOINE.
LABADIE-WARREN, Marie-Louise,
b 1766; s 15 nov. 1834, à Beaumont.

I.—CAMERON, GUILLAUME.
NADEAU, Marguerite (3),   [FRANÇOIS III.
b 1745.

CAMIRAND.—*Surnoms :* CHOUÉ—CHAUVET.

CAMIRAND, MADELEINE, épouse d'Antoine LECLAIR.

CAMIRÉ, JOSEPH,
s avant 1788.
DAVIS, Marie-Joseph,
b 1710; s 20 nov. 1788, à Québec.

CAMOIS, ELISABETH, épouse d'Antoine-Bertrand FORTIER.

I.—CAMOREIS, écrivain, b 1724; de Lectoure, Gascogne; s 9 février 1756, à Québec.

CAMPAGNA, MARIE-ANNE, épouse de GOUREAU.

CAMPAGNA, MARIE-JOSEPH, épouse de François LARIVIÈRE.

CAMPAGNA, MARIE-ROSE, épouse de Joseph CARBONNEAU.

I.—CAMPAGNA, PIERRE (4).
MARTIN, Françoise-Anne,
b 1649; s 26 déc. 1719, à St-Augustin.[3]
Marie-Angélique, b... m 4 juillet 1729, à Jean BONIN, à Montréal[4]; s[4] 4 déc. 1745.—*Louis,* b 30 mai 1672, à Sillery; m 1696, à Angelique RABOUIN; s[3] 10 juillet 1731. — *Marguerite,* b 4 avril 1674, à Québec[5]; 1° m 13 nov. 1689, à Pierre GARZEAU, à la Pte-aux-Trembles,Q.[6]; 2° m 9 avril 1720, à Edmond GUIBAUD, à Batiscan; s 18 avril 1727, à Ste-Anne-de-la-Perade. — *Marie-Madeleine,* b[6] 3 déc. 1684; m[8] 10 mai 1699, à Jean DELGUIEL; s[3] 26 mars 1764. — *Jeanne,* b 1689; m[5] 1708, à Etienne AMIOT; s[3] 27 juin 1739.

1692, (22 sept.) St-Jean, I. O.[7]
II.—CAMPAGNA, CHARLES,   [MATHIAS I.
b 1668; s 28 juillet 1737, à St-François, I.O.[8]
BLOUIN, Marie-Madeleine,   [EMERY I.
b 1674; s[3] 12 sept. 1755.
Jacques, b[8] 4 sept. 1698; m 5 février 1731, à Elisabeth MORIN, à St-Thomas[9]; s[9] 17 mai 1760. —*Simon,* b[8] 25 oct. 1704; 1° m[8] 18 nov. 1739, à Hélène LEPAGE; 2° m[4] à Marie-Anne PEPIN; s[8] 25 sept. 1780.—*Michel,* b[8] 16 janvier 1707; s[8] 11 juillet 1777.—*Marie,* b... m[8] 22 nov. 1717, à Louis GAULIN.—*Joseph,* b[8] 25 janvier 1709; m 11 janvier 1745, à Marie CANAC, à Ste-Famille, I. O.; s[8] 26 avril 1782. — *Jean-Baptiste,* b[7] 14 mars 1711.—*Anne-Elisabeth,* b[8] 26 juillet 1714; m 4 août 1738, à Louis VACHON, à Charlesbourg; s[8] 24 août 1770.

1696.
II.—CAMPAGNA, LOUIS,   [PIERRE I.
b 1676; s 10 juillet 1731, à St-Augustin.[3]
RABOUIN, Marie-Angélique (1).   [JEAN I.
Marguerite-Agnès, b 7 déc. 1701, à Ste-Foye, m 24 janvier 1724, à Pierre-Charles VALLÉE, à Ste-Anne-de-la-Perade[4]; s[4] 24 déc. 1736.—*Jean-Baptiste,* b[3] 25 nov. 1703; m[4] 4 avril 1731, à Marie-Anne GUILBAUT; s[4] 10 nov. 1736.—*André,* b[3] 13 janvier 1704; m 27 juillet 1730, à Angelique DELAVOYE, à St-François, I. J.—*Joseph,* b 1708, à l'Ile-d'Orleans; s 12 juin 1728, à Lotbinière.—*Louis,* b 22 juin 1710, à Lorette; m[3] 11 nov. 1731, à Catherine BERNIER.

1730, (27 juillet) St-François, I. J.
III.—CAMPAGNA, ANDRÉ,   [LOUIS II.
b 1704.
LAVOIE (2), Angélique,   [JEAN II.
b 1713; s 24 janvier 1758, à Ste-Anne-de-la-Pérade.[1]
Pierre-Charles, b[1] 17 août 1732; s 9 juin 1733, à St-Augustin.—*Marie-Joseph,* b[1] 11 juin 1734—*Marie-Angélique,* b[1] 15 juillet 1737; m 6 avril 1761, à Marie-Jean HARDOUIN, à Montréal.—*Joseph,* b[1] 21 mars et s 20 mai 1739, à la Pte-aux-Trembles, Q.[2]—*Jacques-Jos.,* b[2] 26 mars 1741; s[1] 17 déc. 1757. — *Marie-Thérèse,* b[1] 26 janvier et s[1] 25 juin 1744.—*Marie-Madeleine,* b[1] 19 juillet et s[1] 3 août 1746.

1731, (5 février) St-Thomas.[8]
III.—CAMPAGNA, JACQUES,   [CHARLES II.
b 1698; s[8] 17 mai 1760.
MORIN, Elisabeth,   [JOSEPH III.
b 1707; s[8] 3 juin 1765.

---

(1) Pour Campbell.
(2) Dit André.
(3) Elle épouse, le 19 juin 1769, François Guyon, à St-Michel-d'Yamaska.
(4) Venu de France avec sa femme ; voy. vol I, p. 101.

(1) Elle épouse, le 25 fevrier 1732, Pierre Baudry, à St-Augustin.
(2) Dit Lafontaine 1739.

Elisabeth-Agnès, b ⁸ 28 nov. et s ⁶ 28 déc. 1731. —*Marie-Madeleine*, b ⁸ 13 mars 1733 ; s ⁸ 18 février 1741.—*Jacques*, b ⁸ 12 avril et s ⁶ 14 juillet 1734.—*Jacques*, b ⁸ 16 juin et s ⁸ 17 juillet 1735. —*Joseph*, b ⁶ 17 juin 1736 ; s ⁸ 25 juillet 1753.— *Jacques*, b ⁸ 3 sept. 1737 ; m ⁸ 5 nov. 1754, à Marie-Marguerite MICHON.—*Charles*, b ⁶ 6 et s ⁸ 23 août 1738. — *Marie-Thérèse*, b ⁸ 1ᵉʳ et s ⁸ 25 août 1739.—*Elisabeth*, b ⁸ 22 août et s ⁸ 17 sept. 1740.—*Charles*, b ⁸ 20 mars et s ⁸ 18 mai 1742.— *Elisabeth*, b ⁸ 24 mars et s ⁸ 19 juillet 1743.— *Jean-Marie*, b ⁸ 13 et s ⁸ 26 mars 1744.—*Anonyme*, b ⁸ et s ⁸ 11 oct. 1745.

1731, (4 avril) Ste-Anne-de-la-Pérade. ⁸

III.—CAMPAGNA, JEAN-BTE,   [LOUIS II.
  b 1703 ; s ⁸ 10 nov. 1736.
  GUILBAUT, Marie-Anne (1),   [JEAN II.
  b 1703.
Charles-Jean-Baptiste, b ⁸ 26 janvier 1732 ; s 27 août 1744, à St-Frs-du-Lac.⁹—*Marie-Anne*, b ⁹ 12 juillet 1762, à Vincent PICHEREAU.—*Marie-Joseph*, b ⁸ 22 oct. 1736 ; m ⁹ 8 janvier 1757, à Michel DUBOIS.

1731, (11 nov.) St-Augustin. ¹

III.—CAMPAGNA, LOUIS,   [LOUIS II.
  b 1710.
  BERNIER, Marie-Catherine,   [JACQUES I.
  b 1712, s ¹ 15 nov. 1757.
Louis-Jean, b ⁵ 5 et s ¹ 8 nov. 1732. — *Marie-Angélique*, b 26 déc. 1733, à Ste-Anne-de-la-Perade. ² — *Marie-Catherine*, b 26 oct. 1735, à la Pte-aux-Trembles, Q. ³ — *Marie-Suzanne*, b ² 29 août 1737 ; m 25 avril 1763, à Pierre FOURNIER, à Montréal.⁴—*Julien*, b ² 13 janvier 1739.—*Louis*, b ² 20 janvier 1740.—*Marie*, b 1740, m ⁴ 2 juin 1762, à Jean-Baptiste LECU-LANOUE.—*Marie-Charlotte*, b 21 juin 1741, à St-Nicolas⁵, s ⁵ 21 avril 1744. — *Louise-Françoise*, b ⁵ 4 août 1742, s ⁵ 28 avril 1744. — *Louise-Antoinette*, b 12 juin 1744, à St-Michel⁶ ; m 30 janvier 1769, à Jacques BEAULIEU, à Boucherville.—*Marie-Joseph*, b ⁶ 8 et s ⁶ 29 mars 1746.—*Charles-François*, b ⁵ 27 avril et s ⁵ 9 août 1747.—*Marie-Anne*, b ⁵ 10 mai et s ⁵ 1ᵉʳ juin 1748.—*Marie-Catherine*, b ⁵ 24 avril 1749 ; *Jean-Baptiste*, b ⁵ 20 nov. 1750 ; s ⁵ 19 avril 1751. —*Marie*, b ⁵ 13 oct.1752.—*Henri*, b ⁵ 18 juillet 1755.

1733, (5 nov.) Québec. ⁶

III.—CAMPAGNA, CHS-JOSEPH,   [CHARLES II.
  s avant 1758.
  LARAUE, Marguerite,   [NOEL III.
  b 1717.
Charles-Thomas, b ⁶ 29 août 1734 ; m 5 mai 1758, à Elisabeth DEMERS, à Montréal. ⁷ — *Noel-André*, b ⁶ 26 mai 1736. — *Marie-Joseph*, b ⁵ 5 août 1737 ; m ⁷ 1ᵉʳ mai 1758, à Antoine LACOSTE. —*Gervais*, b 1740 ; s 29 déc. 1749, à la Longue-Pointe.

(1) Elle épouse, le 9 sept. 1738, François Ragcot, à Ste-Anne-de-la-Pérade

---

1739, (18 nov.) St-François, I. O.⁷

III.—CAMPAGNA, SIMON (1),   [CHARLES II.
  b 1704 ; s ⁷ 25 sept. 1780.
1° LEPAGE, Helène,   [JOSEPH II.
  b 1713 ; s ⁷ 9 avril 1746.
Marie-Hélène (2), b ⁷ 20 août 1740 ; m 15 janvier 1776, à Martin BOULÉ, à la Baie-St-Paul ⁸ — *Marie-Joseph*, b ⁷ 8 mai 1743, m ⁸ 30 sept. 1765, à Pierre RINGUET. — *Anonyme*, b ⁷ et s ⁷ 8 avril 1746.
2° PEPIN, Marie-Anne (3).
Marie-Anne, b ⁷ 19 avril 1753 ; m ⁷ 12 juin 1775, à Pierre BARETTE.—*Joseph*, b ⁷ 19 mars 1757.—*Marie-Angélique*, b ⁷ 3 nov. 1759.

III.—CAMPAGNA, MICHEL,   [CHARLES II.
  b 1707, s 11 juillet 1777, à St-François, I. O.

1745, (11 janvier) Ste-Famille, I. O.

III —CAMPAGNA, JOSEPH,   [CHARLES II
  b 1709 ; s 26 avril 1782, à St-François, I. O. ⁷
  CANAC, Marie-Madeleine,   [ANTOINE II.
  b 1728.
Marie-Madeleine, b ⁷ 21 nov. 1745.—*Marie-Angélique*, b ⁷ 18 janvier 1747 ; m ⁷ 3 mars 1778, à Louis GAGNON. — *Marie-Louise*, b ⁷ 20 mars 1748.—*Marie-Geneviève*, b ⁷ 30 août 1749 ; s ⁷ 23 juin 1750.—*Joseph-Marie*, b 16 février 1751, à St-Jean, I. O.⁸ ; s ⁷ 28 nov. 1773.—*François*, b 16 février 1751. s ⁷ 29 mai 1752.—*Jean-Baptiste*, b ⁷ 26 août 1752 ; m ⁷ 20 oct. 1777, à Madeleine GAGNON.—*Marie-Thérèse*, b ⁷ 21 oct. 1753.—*Marie-Rose*, b ⁷ 30 janvier 1755 ; m 1781, à Joseph CARBONNEAU. — *Augustin*, b ⁷ 11 avril 1756 ; m ⁷ 27 juillet 1778, à Geneviève LANDRY. — *Jacques*, b ⁷ 13 août 1757 ; s ⁷ 8 avril 1759. — *François*, b ⁷ 15 janvier et s 25 août 1759, à Charlesbourg.—*Claire*, née ⁷ le 23 nov. 1760, b ⁷ 3 avril 1761.—*Laurent*, b ⁷ 21 sept. 1762. — *François-Michel*, b ⁷ 4 juin 1764, s ⁷ 23 mars 1765. — *Claude*, b ⁷ 2 sept. 1765.—*Louis*, b ⁷ 12 oct. 1766 ; s ⁷ 26 avril 1767.—*Catherine*, b ⁷ 5 août et s ⁷ 30 oct. 1768.—*Pierre*, b ⁷ 18 avril 1772, s ⁷ 14 déc. 1782.—*Charles*, b ⁷ 11 juillet et s ⁷ 2 août 1773.

1754, (5 nov.) St-Thomas. ⁴

IV.—CAMPAGNA, JACQUES,   [JACQUES III.
  b 1737.
  MICHON, Marie-Marguerite,   [JEAN II.
  b 1737.
Anonyme, b ⁴ et s ⁴ 12 juin 1755.—*Jacques*, b ⁴ 5 août 1757, m 16 février 1778, à Agathe ROY, à Berthier. ⁵ — *Jean-Baptiste*, b... m ⁵ 20 janvier 1795, à Marie-Anne BOUTIN.—*François*, b... *Etienne*, b...

(1) 12 avril 1784, St-Jean, I. O. "Je me suis nommé parrain après avoir refusé Simon Campagna à cause de son ignorance crasse et manifeste, lorsque je l'ai interrogé sur le petit catéchisme.
"RENÉ PORTNEUF, Ptre."

(2) *Pep*. 1763.

(3) Elle épouse, le 19 avril 1784, Pierre Martineau, a St-François, I. O.

1758, (5 mai) Montréal.
IV.—CAMPAGNA, Charles, [Charles-Jos. III.
b 1734.
Demers, Elisabeth, [Jacques III.
b 1732.

1777, (28 janvier) Québec.
IV.—CAMPAGNA, Joseph, [Simon III.
b 1757.
Baquet, Agnès. [Jacques III (1).

1777, (20 oct.) St-François, I. O.
IV.—CAMPAGNA, Jean-Bte, [Joseph III.
b 1752.
Gagnon, Madeleine, [Louis V.
b 1762.

1778, (16 fevrier) Berthier. [4]
V.—CAMPAGNA, Jacques, [Jacques IV.
b 1757.
Roy, Agathe,
veuve de Jean Lebœuf.
Jacques, b [4] 29 nov. et s [4] 4 déc. 1778.—
Jacques, b [4] 17 déc. 1779.—*Isabelle-Basilisse,* b [4]
10 février 1782.

1778, (27 juillet) St-François, I. O. [4]
IV.—CAMPAGNA, Augustin, [Joseph III.
b 1756.
Landry, Geneviève. [Charles IV.
Marie, b [4] 19 mars 1785; m à Jean Pepin; s 9
février 1885, à St-Jean, I.O.

1795, (20 janvier) Berthier.
V.—CAMPAGNA, Jean-Bte. [Jacques IV.
Boutin, Marie-Anne, [Jean-François IV.
b 1759.

CAMPAGNA, Charlotte, épouse d'Augustin
Galarneau.

I.—CAMPBELL, Jean,
Ecossais.
Deice, Marie,
Ecossaise.
Marie-Marguerite, b 26 février 1769, à la
Longue-Pointe.

I.—CAMPBELL, ...
major.
De Lacorne (2), Marie-Anne, [Luc II.
b 1744.

I.—CAMPBELL, Guillaume,
Ecossais.
McDonell, Catherine,
Ecossaise.
Guillaume, b... m 20 janvier 1772, à Marie-
Louise Dumont, à Kamouraska.

(1) Et de Geneviève Desrochers.
(2) Dit De Chapt. Elle était sœur de Mme Charles Tarieu; elle était présente, en 1806, à l'Hôpital-Général de
Montréal, à la sepulture de Mme veuve Daillebout.

I.—CAMPBELL, Jean,
Ecossais.
Campbell, Marguerite,
Ecossaise.
Marguerite, b... m 9 juin 1790, à Joseph
Aubois-St-Julien, à Quebec.

1772, (20 janvier) Kamouraska. [9]
II.—CAMPBELL, Guillaume. [Guillaume I.
Dumont, Marie-Louise. [Simon.
Marie-Anne, b [9] 5 février 1775.—*Marie-Louise,*
b [9] 19 mai 1777. — *Marie-Geneviève,* b 1778; s [9]
24 oct. 1786.—*Catherine,* b [9] 20 août 1781.

I.—CAMPBELL, Duncan.
Trudel, Angelique,
b 1752; s 22 juin 1795, à Québec.

I.—CAMPBELL, Pierre,
Ecossais.
McIntosh, Marie-Anne,
Ecossaise.
Augustin, b 17 et s 19 sept. 1781, à St-Augus-
tin.

1663, (26 nov.) Montreal. [5]
I.—CAMPEAU, Etienne (1),
b 1638, s avant 1721.
Paulo, Catherine, b 1646; de St-Nicolas de La
Rochelle; s [5] 16 avril 1721.
Marie, b [5] 24 nov. 1665; 1° m [5] 2 déc. 1684, à
Nicolas LePileur; 2° m [5] 2 janvier 1691, à
Etienne DeBien, 3° m [5] 10 sept. 1710, à Julien
Pérusie—*Louise,* b [5] 6 oct. 1675; m [5] 20 sept.
1689, à François Couturier; s [5] 20 déc. 1730.—
François, b [5] 12 nov. 1686; m 1704, à Marie-Anne
Protot.

1690, (3 avril) Montréal. [4]
II.—CAMPEAU, Etienne (1), [Etienne I.
b 1664; s [4] 8 sept. 1723.
Foucher, Jeanne, [Louis I.
b 1669; s [4] 9 oct. 1745.
Marguerite, b [4] 4 mars 1692; m [4] 7 janvier
1717, à Pierre Chevalier. — *Etienne,* b [4] 29 mai
1698; 1° m [4] 5 février 1724, à Louise Viger, 2°
m 10 sept. 1736, à Marie-Louise Boheur, à Longueuil. — *François,* b [4] 14 juin 1699; 1° m [4] 16
avril 1736, à Madeleine Senécal; 2° m à Marie-
Charlotte Gazaille; 3° m 10 février 1749, à
Louise Lecours, à Lachenaye.

1696, (7 janvier) Montréal. [8]
II.—CAMPEAU, Michel (1), [Etienne I.
b 1667; s [8] 9 sept. 1737.
Macé, Jeanne, [Martin I.
b 1677; s 5 sept. 1764, au Détroit. [9]
Jeanne, b [8] 6 février 1698, m [8] 3 février 1718,
à Andre Marsil.—*Antoine,* b [8] 1er janvier 1702,
m [9] 4 janvier 1736, à Marie-Anne Pelletier, s [9]
24 avril 1759.—*Michel,* b [9] 22 janvier 1706, m [9]
7 février 1740, à Marie-Joseph Buteau; s [9] 26
sept. 1764. — *Paul-Alexandre,* b [9] 14 sept. 1709;
m [9] 5 février 1742, à Marie-Charlotte Pineau. —

(1) Voy. vol. I, p. 101.

Marie-Anne, b⁸ 26 déc. 1712; m⁻⁹ 20 mars 1734, à Pierre BELLEPERCHE. — *Charles*, b⁸ 20 oct. 1715; 1° m⁹ 31 oct. 1751, à Marie-Catherine ST-AUBIN; 2° m⁹ 8 janvier 1754, à Charlotte JUILLET; s⁹ 24 déc. 1795.

1698, (28 janvier) Montréal.⁴

II.—CAMPEAU, FRANÇOIS (1),   [ETIENNE I.
    b 1671; s⁴ 2 juin 1741.
    BROSSARD, Madeleine,   [URBAIN I.
    b 1675; s⁴ 11 avril 1729
Gabriel, b... s 7 nov. 1700, à la Pte-aux-Trembles, M.—*François*, b⁴ 30 mai 1699; m⁴ 31 janvier 1735, à Catherine VIGER. — *Joseph*, b⁴ 14 sept. 1703; m⁴ 12 nov. 1736, à Elisabeth BEAUJEAN.— *Pierre*, b 1705; m⁴ 5 avril 1732, à Thérèse ROBILLARD. — *Madeleine*, b⁴ 30 avril et s⁴ 2 mai 1706.—*Angélique*, b⁴ 15 juillet 1707, s⁴ 6 janvier 1723.—*Claude*, b⁴ 31 mars 1709, m 10 nov. 1732, à Madeleine AUDIBERT, à St-Jean, I. O. ⁵ — *Paul*, b⁴ 29 juin 1710, m⁵ 10 sept. 1734, à Marie FORTIER. — *Marie-Françoise*, b⁴ 10 oct. 1711; m⁴ 24 juillet 1752, à Alexandre SWEENY; s⁴ 19 oct. 1755.— *Marie-Joseph*, b⁴ 10 janvier 1713, s⁴ 12 mai 1727.—*Louis*, b⁴ 18 juin et s⁴ 4 juillet 1714.—*Thérèse*, b⁴ 30 juillet 1716 —*Marie-Anne*, b⁴ 10 janvier 1718; s⁴ 12 janvier 1730.

1699, (1ᵉʳ déc.) Montréal²

II.—CAMPEAU, JACQUES (1),   [ETIENNE I
    b 1677; s 8 mai 1751, au Détroit.³
    CATIN, Jeanne-Cecile,   [HENRI I
    b 1681, s² 26 août 1715.
Jean-Louis, b² 26 août 1702; m³ 7 janvier 1725, à Marie-Louise ROBERT.—*Henri*, b² 3 déc 1704; m² 5 février 1731, à Marguerite LUILLIER.—*Marie-Cécile*, b² 21 juin 1707. — *Marie-Angélique*, b³ 7 déc 1708, s² 1ᵉʳ juillet 1720.— *Nicolas* (2), b² 4 août 1710; m³ 4 sept. 1737, à Agathe CASSE; s³ 16 déc. 1756. — *Jean-Baptiste*, b³ 4 août 1711, m³ 27 janvier 1737, à Catherine PERTHUIS; s³ 12 juin 1783. — *Marie-Anne*, b... m³ 28 juillet 1732, à Joseph DOUAIRE.—*Thérèse-Cécile*, b³ 16 juin 1714; m³ 18 mai 1734, à François MARSAC; s³ 22 nov. 1746. — *Claude*, b² 25 août 1715; m³ 22 janvier 1742, à Catherine CASSE.

CAMPEAU, MARIE-LOUISE, b 1724, s 29 juillet 1754, au Detroit.

1704.

II.—CAMPEAU, FRANÇOIS,   [ETIENNE I.
    b 1686.
    PRÉTOT, Marie-Anne.
Pierre, b 31 janvier 1705, à Montreal.

1704.

CAMPEAU, JEAN.
    CHEVALIER, Marie, b 1688.   [JACQUES I.
Jean, b 11 janvier 1705, à Montréal.¹ — *Louis*, b .. s¹ 25 déc. 1714.

1705, (25 oct.) Montreal.⁷

II.—CAMPEAU, JEAN,   [ETIENNE I.
    b 1681; s⁷ 9 janvier 1748.
    BERNIER (1), Elisabeth,   [MATHURIN I.
    b 1671; veuve de Jacques BIETRY; s⁷ 2 février 1747.
Louise, b⁷ 8 août 1706; m⁷ 2 mars 1734, à Pierre SOREL; s⁷ 26 août 1744.—*Anne-Geneviève*, b⁷ 13 mars 1708, s⁷ 23 janvier 1733. — *Gilles*, b⁷ 11 avril 1709, m⁷ 14 nov. 1746, à Elisabeth ROBRAU.—*Pierre-Paul*, b⁷ 6 sept. 1712.—*Marie-Joseph*, b⁷ 19 sept. 1714; s⁷ 10 mai 1718.

1724, (5 février) Montréal.⁵

III.—CAMPEAU, ETIENNE,   [ETIENNE II.
    b 1698, s⁵ 5 nov. 1746.
    1° VIGER, Louise,   [CHARLES II.
    b 1698; s⁵ 22 janvier 1736.
Etienne, b⁵ 12 nov. 1724; s⁵ 18 déc. 1725.— *Marguerite*, b⁵ 6 déc. 1725. — *Noel-Etienne*, b⁵ 25 déc. 1726, s° 20 mars 1727.—*Etienne*, b⁵ 1ᵉʳ et s⁵ 8 mars 1728. — *Louise-Amable*, b⁵ 17 juin 1729; s⁵ 23 janvier 1730. — *Thérèse-Amable*, b 1734; m⁵ 7 janvier 1761, à Paul RICHARD.—*Marie-Louise*, b⁵ 13 déc. 1734; s⁵ 24 juin 1735.

    1736, (10 sept.) Longueuil.⁶
    2° BOHEUR, Marie-Louise,   [NICOLAS I.
    b 1705; veuve de Pierre Goguet.
Marie-Charlotte, b⁵ 7 juin et s⁵ 13 août 1737. —*Marie*, b⁵ 5 oct. 1738, m⁶ 11 janvier 1761, à Joseph LAMARRE. — *Ursule*, b⁵ 27 août 1739.— *Etienne*, b⁵ 7 février et s⁵ 10 mars 1741. — *Catherine*, b⁵ 27 janvier et s⁵ 22 août 1742 — *Anonyme*, b⁵ et s⁵ 28 juin 1744.—*Elisabeth*, b⁵ 15 juin 1745.

1725, (7 janvier) Détroit ⁶

III —CAMPEAU, JEAN-LOUIS,   [JACQUES II.
    b 1702, s⁶ 15 mars 1774.
    ROBERT, Marie-Louise,   [PIERRE III.
    veuve de François Pelletier; s⁶ 2 avril 1776.
Marie-Louise, b⁶ 29 nov. et s⁶ 1ᵉʳ déc. 1725.—*Cécile*, b⁶ 9 janvier 1727; s⁶ 28 mars 1730.— *Marie-Thérèse*, b⁶ 8 janvier 1729; m⁶ 24 avril 1747, à Charles-André BARTHE; s⁶ 13 juin 1765. — *Louis*, b⁶ 14 oct. 1731; s⁶ 9 sept. 1749.— *François*, b⁶ 19 avril 1734.—*Jacques*, b⁵ 30 mars 1735, 1° m 17 août 1761, à Catherine MENARD, à Montreal⁷; 2° m⁶ 5 janvier 1784, à Marie NAVARRE.—*Simon*, b⁶ 1ᵉʳ février 1739; m⁶ 6 juillet 1761, à Veronique BOURDEAU. — *Jean-Baptiste*, b⁶ 24 juin 1743; m⁶ 17 août 1767, à Geneviève GODET.

1730, (13 nov.) Québec.²

I.—CAMPEAU, JACQUES, navigateur, fils de Jacques et de Catherine Prat, de LaRochelle.
    LART (2), Madeleine.   [PIERRE-BERTRAND I.
Madeleine-Joseph, b² 31 août 1732; s² 4 janvier 1734.— *Marie-Louise-Geneviève*, b² 9 avril 1734; m² 15 oct. 1753, à Jacques PERROTIN. — *Louis-*

---

(1) Voy. vol. I, p. 101.
(2) Ayant été ondoyé, par un voyageur, au portage de Niagara.

(1) Dit Lamarzelle.
(2) Dit Bertrand.

Jacques, b² 19 juin 1737.—*Marie-Madeleine*, b² 12 oct. 1742; s² 17 août 1743. — *Jean*, b² 27 déc. 1745.

1731, (5 février) Montréal.⁶
III.—CAMPEAU, HENRI, [JACQUES II.
b 1704.
LUILLIER (1), Marguerite, [CHARLES I.
b 1709.
Guillaume, b⁶ 9 janvier 1734.—*Marie-Louise*, b⁶ 10 janvier 1736. — *Charles-Basile*, b⁶ 28 déc. 1736.—*Charles-Henri*, b⁶ 5 juin 1738, m⁶ 10 oct. 1763, à Marie-Catherine LEFEBVRE. — *Marie-Anne*, b⁶ 15 août 1739. — *Michelle-Archange*, b... m⁶ 4 février 1760, à François-Pierre MÉZIÈRES. — *Jacques*, b⁶ 7 et s⁶ 14 sept. 1740.—*Marie-Elisabeth*, b⁶ 22 janvier 1742 — *Marie-Joseph*, b⁶ 13 juin 1743; s 2 déc. 1751, à Terrebonne.⁷ — *Jean-Baptiste*, b⁶ 10 et s⁶ 14 août 1745.—*Joseph*, b⁶ 26 sept. et s⁶ 5 déc. 1746.—*Charles-Joseph*, b⁶ 13 nov. 1747. — *Marguerite*, b⁶ 9 février 1749.—*François-Xavier*, b⁶ 10 et s⁶ 25 nov. 1750.— *François-Xavier*, b⁷ 22 sept. 1752.

1732, (5 avril) Montréal.
III.—CAMPEAU, PIERRE, [FRANÇOIS II.
b 1705.
ROBILLARD, Thérèse, [CLAUDE I.
b 1686; veuve de Jean Moisan; s 11 nov. 1759, à Lachine.

1732, (10 nov.) St-Jean, I. O.⁷
III.—CAMPEAU, CLAUDE, [FRANÇOIS II.
b 1709.
AUDIBERT, Marie-Madeleine, [ETIENNE I.
b 1712; s⁷ 6 juin 1733.

CAMPEAU, JACQUES,
s avant 1787.
LARANÉE, Geneviève,
b 1707; s 16 janvier 1787, à Québec.

1734, (10 sept.) St-Jean, I. O.
III.—CAMPEAU, PAUL, [FRANÇOIS II.
FORTIER, Marie-Elisabeth, [PIERRE-NOEL II.
b 1717.
Joseph, b 24 sept. 1735, à St-Laurent, I. O.⁷, s⁷ 11 janvier 1760.—*Ignace*, b⁷ 22 juillet 1737.— *Elisabeth*, b⁷ 19 nov. 1739, m⁷ 21 nov. 1763, à François POULIOT. — *Marguerite*, b⁷ 1ᵉʳ février 1742, m 15 février 1768, à François MOREL, à Lachine. — *Geneviève*, b⁷ 30 déc. 1743. — *Jean*, b⁷ 6 mars 1746. — *Marie*, b⁷ 21 déc. 1747.— *Paul*, b⁷ 13 février 1750.—*Louis-Célestin*, b⁷ 13 avril 1752.—*Antoine*, b⁷ 24 juin 1754.—*Louise*, b⁷ 7 oct. 1756.—*Marie-Anne*, b⁷ 24 déc. 1758.

1735, (31 janvier) Montréal.⁵
III.—CAMPEAU, FRANÇOIS, [FRANÇOIS II.
b 1699.
VIGER, Catherine-Geneviève, [CHARLES II.
b 1711.

(1) Dit Chevalier, en 1746, à Montréal, et Lécuyer.

Jacques-François, b 18 et s 22 nov. 1735, au Détroit.⁸— *Marie*, b⁸ 30 sept. 1736. — *Charles-François*, b⁸ 16 oct. 1737.—*Pierre*, b⁸ 26 juillet 1742.—*Françoise-Amable*, b⁶ 2 février 1745.

1736, (4 janvier) Détroit.¹
III.—CAMPEAU, ANTOINE, [MICHEL II.
b 1702; s¹ 24 avril 1759.
PELLETIER (1), Marie-Anne. [FRANÇOIS IV.
Alexis, b¹ 6 juillet 1737; m¹ 11 avril 1763, à Madeleine DUMAY; s¹ 5 sept. 1782.—*Antoine*, b¹ 12 et s¹ 16 février 1739. — *Marie-Joseph*, b¹ 6 mars 1740; m¹ 10 janvier 1754, à Guillaume BERNARD.—*Jacques*, b... — *Catherine*, b¹ 11 déc. 1742; m¹ 25 oct. 1762, à Jean-Baptiste COUTURE. — *Thérèse*, b¹ 27 oct. 1749; m¹ 24 nov. 1766, à Ambroise RIOPEL.—*Antoine*, b¹ 10 et s¹ 12 oct. 1745. — *Charles*, b¹ 4 oct. 1746; m¹ 20 janvier 1772, à Marie-Louise BORDE.—*Angélique*, b¹ 13 et s¹ 14 nov. 1751.—*Antoine-Bonaventure*, b¹ 7 déc. 1752; m¹ 30 janvier 1785, à Angelique L'ENFANT.—*Antoine*, b¹ 14 août 1754.

1736, (16 avril) Montréal.³
III.—CAMPEAU, FRANÇOIS, [ETIENNE II.
b 1699.
1° SENÉCAL, Madeleine, [ANDRÉ II.
b 1713, s³ 26 mai 1739.
Marie-Madeleine, b³ 2 oct. et s 10 déc. 1737, à la Longue-Pointe.—*André*, b³ 18 mai et s³ 13 août 1739.

2° GAZAILLE, Charlotte, [FRANÇOIS II.
b 1718; s³ 4 oct. 1745.
Marie-Charlotte, b³ 8 et s³ 11 mai 1742.—*François*, b³ 17 juillet 1743.—*Charlotte*, b... s³ 16 nov. 1744.

1749, (10 février) Lachenaye.
3° LECOURS, Louise, [GILLES II.
b 1714.
Michel, b³ 12 janvier et s³ 6 avril 1750.

1736, (12 nov.) Montréal.⁴
III.—CAMPEAU, JOSEPH, [FRANÇOIS II.
b 1703.
BEAUJEAN, Françoise-Elisabeth, [RENE II.
b 1717.
Joseph, b⁴ 21 août 1737; s⁴ 29 janvier 1738.—*Jean-Baptiste*, b⁴ 7 sept. 1738.—*Joseph*, b⁴ 26 déc. 1739.—*Marie-Isabelle*, b⁴ 24 mars 1741; m⁴ 3 mai 1762, à Louis-Sebastien MALIDOR.

1737, (27 janvier) Detroit.⁵
III.—CAMPEAU (2), JEAN-BTE, [JACQUES II.
b 1711; s⁵ 12 juin 1733.
PERTHUIS, Catherine, [PIERRE II.
b 1718; s⁵ 20 février 1763.
Jean-Baptiste, b⁵ 19 oct. 1737; m à Catherine BOYER.—*Julie-Catherine*, b⁵ 22 février 1739; m⁵ 12 juillet 1762, à Jean-Chrysostome THIRIOT.— *Hypolite*, b⁵ 13 mai 1741, m⁵ 11 avril 1768, à Marie-Anne PEPIN-DESCARDONNETS. — *Catherine*, b⁵ 24 et s⁵ 27 déc. 1742.—*François-Basile*, b⁵ 2

(1) Dit Antaya. Elle épouse, le 24 janvier 1760, Etienne Lavernois, au Détroit.
(2) Notaire royal.

déc. 1743; m ^{5} 7 février 1785, à Suzanne MORAN; s ^{5} 16 oct. 1795.—*Marie-Louise*, b ^{6} 26 mai 1746. —*Marguerite*, b ^{5} 29 mars et s ^{5} 9 avril 1748 — *Joseph-Marie*, b ^{5} 29 mars 1749, s ^{5} 19 sept. 1771. —*Marie-Anne*, b ^{5} 12 et s ^{5} 13 mars 1751.— *Jacques-Philippe*, b ^{5} 1er et s ^{5} 8 mai 1752.—*Jean-Marie*, b ^{5} 23 juin 1753.—*Julien*, b ^{5} 10 sept. 1755. —*Marie-Catherine*, b ^{5} 26 février et s ^{5} 31 juillet 1757.—*Louis*, b ^{5} 6 mars 1758.—*Marie-Louise*, b ^{5} 3 sept. 1760.

1737, (4 sept) Détroit. ^{6}
III.—CAMPEAU (1), NICOLAS,   [JACQUES II.
  b 1710; s ^{6} 16 déc. 1756.
CASSE (2), Agathe,   [JEAN I.
  b 1716; s ^{6} 12 mai 1808.
  Nicolas, b ^{6} 13 et s ^{6} 17 nov. 1737.—*Marie-Agathe*, b ^{6} 28 janvier 1739; m ^{6} 30 janvier 1758, à Alexis SÉGUIN.—*Nicolas*, b ^{6} 5 mars 1741; s ^{6} 6 nov. 1743.—*Angélique*, b ^{6} 17 sept. 1742; m ^{6} 26 février 1759, à Antoine-Louis DESCOMPS; s ^{6} 11 déc. 1767. — *Catherine*, b ^{6} 5 janvier 1744. —*Marie-Anne*, b ^{6} 8 oct. 1745; m ^{6} 26 mai 1763, à Alexis BIENVENU.—*Cécile*, b ^{6} 17 déc. 1747; 1° m ^{6} 30 janvier 1766, à Claude LEBLOND; 2° m ^{6} 23 février 1784, à Pierre CHESNE.—*Nicolas-Joseph*, b ^{6} 30 nov. 1749.—*Charles*, b ^{6} 9 et s ^{6} 14 oct. 1751.—*Joseph*, b 1753, s ^{6} 2 août 1764.— *Bernard*, b ^{6} 20 oct. 1752.—*Marie-Jeanne*, b ^{6} 7 oct. 1754; s ^{6} 10 août 1755.—*Louis*, b ^{6} 14 et s ^{6} 17 oct. 1756.

1740, (7 février) Détroit. ^{9}
III.—CAMPEAU, MICHEL (3),   [MICHEL II.
  b 1706; s ^{9} 26 sept 1764.
BUTEAU, Marie-Joseph,   [PIERRE II.
  Jeanne, b ^{9} 28 juillet et s ^{9} 5 août 1741.— *Michel*, b ^{9} 23 février 1743.—*Marie-Joseph*, b ^{9} 2 février 1745; m ^{9} 19 oct 1760, à René CROUTIER. —*Pierre*, b ^{9} 4 mars 1747.—*Charles*, b ^{9} 16 juillet 1749.—*Isabelle*, b 1756; s ^{9} 11 sept. 1767.

CAMPEAU, ETIENNE.
MASSE, Louise.
  Etienne, b 27 dec. 1742, à Montréal.^{4}—*Madeleine*, b ^{4} 27 dec. 1742.

1742, (22 janvier) Détroit.
III.—CAMPEAU, CLAUDE,   [JACQUES II.
  b 1715.
CASSE, Catherine,   [JEAN I.
  b 1720.

1742, (5 février) Détroit. ^{1}
III.—CAMPEAU, PAUL-ALEXANDRE,   [MICHEL II.
  b 1709.
PINEAU, Marie-Charlotte.   [MATHURIN II.
  Angélique, b ^{1} 19 mai et s ^{1} 23 août 1743 — *Charlotte*, b ^{1} 26 dec. 1744 — *Pierre*, b ^{1} 26 nov. 1746 — *François-Xavier*, b ^{1} 22 avril 1748.—*Marie-Catherine*, b ^{1} 11 et s ^{1} 17 oct. 1751.

(1) Dit Niagara.
(2) Dit St-Aubin.
(3) Lieutenant des milices, habitant de la côte sud dite La Misère.

1746, (14 nov.) Montréal.
III.—CAMPEAU, GILLES,   [JEAN II.
  b 1709.
ROBRAU, Elisabeth,   [PIERRE I.
  b 1723.

CAMPEAU, PAUL,
  s avant 1795.
PEPIN (1), Angelique,
  b 1731; s 5 oct. 1795, au Détroit.

CAMPEAU, ANDRÉ, b... s 27 nov. 1751, au Détroit.

1751, (31 oct.) Détroit. ^{5}
III.—CAMPEAU, CHARLES (2),   [MICHEL II.
  b 1715; s ^{5} 24 dec. 1785.
1° ST-AUBIN (3), Marie-Catherine,   [JOSEPH III.
  Marie-Louise, b ^{5} 9 sept. 1752; m ^{5} 27 avril 1767, à Antoine MELOCHE.
        1754, (8 janvier). ^{5}
2° MONTRAY (4), Marie-Charlotte,   [ANTOINE.
  b 1737, s ^{5} 24 juillet 1773.
  Brigitte, b 1754; m ^{5} 3 février 1772, à René TIVIERGE, s ^{5} 18 nov. 1772. — *François*, b ^{5} 4 et s ^{5} 6 oct. 1755.—*Charlotte*, b ^{5} 22 nov. 1757, m ^{5} 7 janvier 1772, à Toussaint GRENON.—*Charles*, b ^{5} 9 mars et s ^{5} 1er sept. 1760. — *Rosalie*, b ^{5} 15 mars 1761.—*Marguerite*, b... m ^{5} 28 avril 1783, à Louis PRADET. — *Anonyme*, b ^{5} et s ^{5} 1er juillet 1770.—*Thérèse*, b... m ^{5} 12 sept. 1774, à Charles BIENVENU. — *Marie-Catherine*, b... m ^{5} 27 août 1781, à Pierre MELOCHE.

1761, (6 juillet) Montréal.
IV.—CAMPEAU, SIMON,   [JEAN-LOUIS III.
  b 1739.
BOURDEAU, Veronique,   [JOSEPH II.
  b 1744.
  Anonyme, b et s 16 août 1763, au Détroit.^{7}— *Marie-Veronique*, b ^{7} 23 août 1764, s ^{7} 21 mai 1784.— *Archange*, b ^{7} 17 déc. 1766, m ^{7} 26 janvier 1786, à Jean-Robert McDOUGALL. — *Simon-Charles*, b ^{7} 21 août 1769, m ^{7} 16 février 1795, à Catherine GAMFLIN. — *Marie-Geneviève*, b ^{7} 18 août 1771; m à Lambert BEAUDIEN —*Henri*, b ^{7} 6 oct. 1773. — *Charles*, b ^{7} 21 mai 1775. — *Marie-Madeleine*, b ^{7} 17 août 1776. — *Claude*, b ^{7} 25 février 1778. — *Angélique*, b ^{7} 26 sept. 1780 — *Marie-Félicité*, b ^{7} 1782.— *Louis*, b ^{7} 8 oct. et s ^{7} 4 nov. 1783.—*Antoine*, b ^{7} 31 déc. 1784.

1761, (17 août) Montréal.
IV.—CAMPEAU, JACQUES (5),   [LOUIS III.
  b 1735.
1° MENARD, Catherine,   [JACQUES III
  b 1739.

(1) Dit Descardonnet.
(2) Habitant la côte Sud.
(3) Dit Casse.
(4) Et Juillet dit Montreuil, 1772.
(5) Enseigne des milices Il était, le 3 oct. 1757, au Détroit, habitant la côte nord-est.

Louis, b 29 nov. 1762, au Détroit [8] ; s [8] 11 janvier 1763. — *Anonyme*, b [8] et s [8] 19 oct. 1763. — *Marie-Cécile*, b [8] 12 sept. 1764. — *Jacques*, b [8] 7 fevrier 1766. — *Louis*, b [8] 26 juillet 1767. — *Joseph*, b [8] 25 février 1769. — *Nicolas*, b [8] 28 sept. 1770. — *Toussaint*, b [8] 28 oct. 1771. — *Nicolas-Amable*, b [8] 20 oct. 1773. — *Barnabé*, b [8] 12 juin 1775. — *Catherine*, b [8] 13 juin 1779. — *Denis*, b [8] 10 oct. 1781.

               1784, (5 janvier). [8]
2° NAVARRE, Marie-Françoise,   [ROBERT I.
   b 1735 ; veuve de George McDougall.

1763, (11 avril) Detroit. [7]
IV.—CAMPEAU, ALEXIS (1),   [ANTOINE III.
   b 1737 ; s [7] 5 sept. 1782.
DUMAYS, Madeleine,   [JACQUES IV.
   b 1745 ; s [7] 30 juin 1795.
   Marie-Madeleine, b [7] 20 janvier 1764. — *Anonyme*, b [7] et s [7] 6 avril 1766. — *Anonyme*, b [7] et s [7] 17 dec. 1768. — *Anonyme*, b [7] et s [7] 4 janvier 1770. — *Madeleine*, b [7] 23 nov. 1771. — *Thérèse*, b [7] 16 oct. 1773. — *Madeleine*, b [7] 6 déc. 1774. — *Alexis*, b [7] 18 nov. 1776. — *Alexis*, b [7] 11 sept. 1779. — *Michel*, b [7] 18 avril 1781. — *François* (posthume), b [7] 27 janvier et s [7] 15 juin 1783.

1763, (10 oct.) Montreal.
IV.—CAMPEAU, CHS-HENRI-BASILE, [HENRI III.
   b 1738.
LEFEBVRE, Marie-Catherine,   [PIERRE II.
   b 1746.

CAMPEAU, JEAN-BTE.
   CAMPEAU, Marie-Archange.
   Archange-Amable-Victoire, b 7 sept. 1765, au Lac-des-Deux-Montagnes.

IV.—CAMPEAU, JEAN-BTE (2), [JEAN-BTE III.
   b 1737.
BOYEN, Catherine.
   Cécile, b 22 août 1765, au Detroit [1] ; m [1] 30 sept. 1782, à Joseph CADET.—*Marie-Catherine*, b [1] 7 mars 1767 ; m [1] 26 nov. 1794, à Louis MORAND.— *Thérèse*, b [1] 24 mars 1769.—*Archange*, b [1] 30 mai 1771.—*Isabelle*, b [1] 17 oct. 1772 ; m [1] 13 janvier 1794, à Jean-Baptiste CHAUVIN.—*Suzanne*, b [1] 7 avril 1775.—*Joseph*, b [1] 1er dec. 1777.—*Charles*, b [1] 19 avril 1780.—*Julie*, b [1] 31 mars 1785.

CAMPEAU, PIERRE.
   ST-GEORGE, Thérèse,
    s avant 1795.
   Thérèse, b... m 13 avril 1795, à Paul PARNIER, au Detroit.

1767, (17 août) Détroit. [2]
IV.—CAMPEAU, JEAN-BTE,   [LOUIS III.
   marchand ; b 1743.
GODET, Geneviève,   [JACQUES IV.
   b 1751.

Louis, b [2] 27 oct. 1768.—*Jean-Baptiste*, b [2] 4 juillet 1770.—*Alexis*, b [2] 4 août 1771 ; m [2] 28 sept. 1795, à Agathe CHESNE.—*Jacques*, b [2] 8 nov. 1772, s [2] 24 mars 1773.—*Geneviève*, b [2] 14 janvier 1774, m [2] 7 janvier 1793, à Gabriel CHESNE.—*Antoine*, b [2] 20 fevrier 1775.—*Isidore*, b [2] 14 mai 1776.— *Marie-Thérèse*, b [2] 19 dec. 1777.—*Elisabeth*, b [2] 5 avril 1779.—*Zacharie*, b [2] 5 sept. 1780.—*Nicolas*, b [2] 29 mars et s [2] 19 août 1783.—*Judith*, b [2] 23 avril 1784—*Véronique*, b [2] 31 août 1790.—*Louis*, b [2] 2 mars 1793.—*Marie*, b [2] 21 juillet 1794.

1768, (11 avril) Detroit.
IV.—CAMPEAU, HYPOLITE (1),   [JEAN-BTE III.
   b 1741.
PEPIN (2), Marie-Anne-Louise,   [JOSEPH III.
   b 1726 ; veuve de Pierre Boyer.

1772, (20 janvier) Détroit. [3]
IV.—CAMPEAU, CHARLES,   [ANTOINE III.
   voyageur ; b 1746.
BORDE (3), Marie-Louise,   [JEAN I.
   b 1755.
   Charles, b [3] 12 août 1773.—*Marie-Louise*, b [3] 27 et s [3] 28 juin 1777.—*Louis*, b [4] 27 avril 1784.

CAMPEAU, PIERRE.
   GODFROY, Madeleine.
   Louise, b 20 oct. 1781, au Détroit.

CAMPEAU, BERNARD (4).
   DOUAIRE, Veronique,   [JOSEPH IV.
   b 1766
   Claude, b 11 février 1785, au Détroit. [4] — *Archange*, b [4] 27 oct. 1790.

1785, (30 janvier) Détroit.
IV.—CAMPEAU, ANTOINE,   [ANTOINE III.
   b 1752.
L'ENFANT, Angelique.   [JOSEPH I.

1785, (7 fevrier) Détroit. [5]
IV.—CAMPEAU, FRS-BASILE,   [JEAN-BTE III.
   b 1743 , s [5] 16 oct. 1795.
MORAN, Suzanne,   [CLAUDE-CHARLES III.
   b 1760.
   Jean-Baptiste, b [5] 10 janvier 1786.—*Basile*, b [5] 18 août et s [5] 20 oct. 1791.—*Basile*, b [5] 29 août 1792.—*Félicité*, b [5] 9 sept. 1794.

CAMPEAU, LOUIS.
   MORAN, Thérèse,   [CLAUDE-CHARLES III.
   b 1770.
   Louis, b 16 août 1791, au Detroit.

CAMPEAU, ANTOINE-JACQUES.
   CUILLERIER, Suzanne.
   François-Xavier, b 3 dec. 1790, au Détroit. [6]— *Jacques*, b [6] 24 août 1793.

---

(1) Habitant la Rivière à Bosseron.
(2) Habitant du Grand-Marais.

(1) Il était, en 1775, à Mackinac.
(2) Dit DesCardonnets
(3) Dit St-Surin ou Cambek en 1777.
(4) Frère de Claude.

1795, (16 février) Détroit.
V.—CAMPEAU, Simon, [Simon IV.
b 1769.
Gamelin, Catherine, [François IV.
b 1772.

1795, (28 sept.) Détroit.
V.—CAMPEAU, Alexis, [Jean-Bte IV.
b 1771.
Chesne, Agathe, [Charles III.
b 1776.

CAMPEAU, Jean-Bte.
Bois, Françoise,
b 1750 ; s 24 juin 1785, à Québec.

CAMPEAU, Louis.
Crépeau, Marie.
Louis, b… m 18 janvier 1809, à Archange Richard, à Beaumont.

1809, (18 janvier) Beaumont.
CAMPEAU, Louis. [Louis.
Richard, Archange. [Jacques.

CAMPENÈS (1), Jean-Claude.

CAMPION.—Voy. Malherbeau.

1732, (26 août) Montréal. 5
I.—CAMPION (2), Etienne, b 1702 ; fils de Claude et d'Anne Patron, de la Ballance, diocèse des Cornouailles ; s avant 1754.
Pepin, Marie-Charlotte, [Robert II.
b 1703.
Thérèse-Charlotte, b 5 14 janvier 1734 ; m 5 4 février 1754, à Pierre-Ignace Dubois. — *Marie-Joseph,* b 5 6 janvier 1736.—*Etienne-Charlotte,* b 5 15 janvier 1737.—*Françoise,* b 5 15 janvier 1737. — *Françoise,* b 5 7 avril et s 5 29 juillet 1739. — *Alexis,* b 5 8 mars 1741.—*Marie-Charlotte,* b 5 11 mai 1745.

1752, (15 mai) Québec. 2
I.—CAMPY, Michel, fils de Vincent et de Paule Vardy, de La Vessey, Valence, Espagne.
Arcaste, Marie-Anne, fille de Robin et d'Isabelle Cary, d'Ecosse.
Pierre, b 2 26 février 1753.

CAMUS, Pierre.
Pluton, Marie-Louise.
Pierre, b 1er février 1742, à Montréal.

1756, (10 juin) Québec. 5
I.—CAMUS (3), Nicolas, fils de Jacques et de Jeanne Vallee, de Notre-Dame de Montes, diocèse d'Evreux.
1° Boniface, Madeleine, [Jean I.
b 1712 ; veuve de François Mespec ; s 5 19 mai 1758.

2° Hébert, Anne, [Louis I.
veuve de Joseph Celier.
Marie-Angélique, b 5 27 oct. 1759.

1758, (3 juillet). 5

1745, (11 oct.) Québec.
I.—CAMUSAT, Pierre, fils d'Antoine et de Nicole Deligny, de St-Pierre, ville d'Orléans.
Joignier, Marie-Ursule, [Jacques I.
b 1723.

CANAC, Pierre, s 12 janvier 1729, à Ste-Famille, I. O.

1688, (9 nov.) Ste-Famille, I. O. 5
I.—CANAC (1), Marc-Antoine,
b 1666 ; s 5 14 dec. 1745.
Nourice, Jeanne, [Marin I.
b 1668 ; s 5 2 dec. 1741.
Thérèse, b 5 18 sept. 1689 ; 1° m 5 13 février 1719, à Jean-Baptiste Jinchereau ; 2° m 5 13 février 1730, à Jean-Baptiste Levreau.—*Reine,* b 5 1er août 1691, m 5 19 nov. 1710, à Thomas Chrétien.—*Catherine,* b 5 5 déc. 1693 ; m 5 19 avril 1719, à François Drouin.—*Marc-Antoine,* b 5 3 mars 1696 ; 1° m 5 30 janvier 1726, à Catherine Loignon ; 2° m 5 16 juillet 1736, à Catherine Davion, à Charlesbourg ; s 5 12 avril 1756.— *Marie-Joseph,* b 5 21 février 1698 ; m 5 13 février 1730, à Pierre Drouin ; s 5 29 sept. 1733. —*Joseph,* b 5 25 février 1702, m 5 13 février 1730, à Marie Drouin ; s 5 19 déc. 1759.—*Jean-Baptiste,* b 5 14 juin 1704 ; m 5 13 février 1730, à Marguerite Drouin ; s 5 3 nov. 1757.—*François,* b 5 3 avril 1706 ; m 5 3 août 1744, à Marthe Paquet. —*Marie-Madeleine,* b 5 6 sept. 1712 ; s 5 23 sept. 1714.

1726, (30 janvier) Ste-Famille, I. O. 5
II.—CANAC, Marc-Antoine, [Marc-Antoine I.
b 1696, s 5 12 avril 1756.
1° Loignon, Catherine, [Charles II.
b 1704 ; s 5 12 sept. 1733.
Cécile, b 5 22 nov. 1726 ; s 5 7 janvier 1728. — *Marie-Madeleine,* b 5 22 février 1728 ; m 5 11 janvier 1745, à Joseph Campagna —*Marie-Madeleine,* b 5 12 août 1729.—*Marie-Angélique,* b 5 14 mars et s 5 11 sept. 1731. — *Marguerite,* b 5 17 août 1732 ; s 5 27 sept. 1733.

1736, (16 juillet) Charlesbourg.
2° Davion (2), Catherine, [Jacques I.
b 1707 ; s 5 24 dec. 1754.
Joseph, b 17 juillet 1737, à St-François, I. O. —*Anonyme,* b 5 et s 5 4 août 1737.—*Charles,* b 5 19 avril 1739 ; m 5 11 février 1771, à Marie-Madeleine Fortier. — *Catherine,* b 5 23 oct. 1741 ; m 5 8 février 1762, à Augustin Bauché.—*Pierre-Amant,* b 5 17 avril 1744. — *Marie-Monique,* b 5 23 mai 1745 ; m 5 30 juillet 1770, à Augustin Martineau.

---
(1) Ou Campanet ; canonier de la garnison de Québec ; il était, le 15 nov. 1756, à Charlesbourg, et en 1778, à Ste-Anne-de-la-Pérade.
(2) Dit Labonté.
(3) Dit Tonnerre, soldat.

(1) Voy. vol. I, p. 101.
(2) Dit Boisjoli.

1730, (13 février) Ste-Famille, I. O.⁵
II.—CANAC, Joseph,   [Marc-Antoine I.
  b 1702; s⁵ 19 dec. 1759.
  Drouin, Marie-Madeleine,   [Pierre III.
  b 1712.
  Marie-Angélique, b⁵ 17 janvier et s⁵ 1ᵉʳ février 1731.—Joseph, b⁵ 11 février 1732; m 25 juin 1754, à Marie-Joseph Gagné, à Québec.—Louis, b⁵ 24 août 1734. — Marie-Madeleine, b⁵ 24 juin 1736; m⁵ 25 juillet 1763, à Joseph Giguère. — Pierre, b⁵ 2 sept. 1738. — Geneviève, b⁵ 20 nov. 1740; m⁵ 26 sept. 1763, à Michel Giguère.—François, b⁵ 19 avril 1743.—Marie-Marguerite, b⁵ 16 mai 1746; m⁵ 28 janvier 1771, à Amador Turcot. — Marie-Thècle, b 1749; m⁵ 26 janvier 1767, à Pierre Pichet.—Marie-Claire, b⁵ 7 février 1750. — Marie-Rose, b⁵ 9 mars 1753.— Marie-Judith, b⁵ 26 avril 1756.

1730, (13 février) Ste-Famille, I. O.³
II.—CANAC, Jean-Bte,   [Marc-Antoine I.
  b 1704; s³ 3 nov. 1757.
  Drouin, Marguerite,   [Pierre III.
  b 1710.
  Marie-Marguerite, b³ 7 avril 1732; s³ 7 août 1733.—Anonyme, b³ et s³ 5 sept. 1733. — Deux anonymes, b³ et s³ 20 juin 1734.— Marguerite, b³ 17 juin 1735; m³ 9 août 1756, à Jean-Baptiste Bernier.—Catherine, b³ 9 avril 1737, m³ 19 juillet 1758, à Jean Marceau.—Marie-Brigitte, b³ 12 et s³ 17 nov. 1738.—Jean-Baptiste, b³ 1ᵉʳ déc. 1739; m 3 oct. 1763, à Judith Pepin, à Ste-Anne.⁴— Etienne, b³ 20 août 1742; m 1ᵉʳ mai 1764, à Therèse Jolin, à St-François, I.O.⁵ —Marie-Louise, b³ 19 mars 1745; 1ᵒ m³ 20 juillet 1767, à Joseph-Marie Pepin ; 2ᵒ m⁴ 26 août 1771, à Jérôme Paré.—Marie-Rose, b³ 2 février 1748; m³ 9 janvier 1775, à Denis Vérieul. — Jean-Baptiste, b³ 20 août et s³ 2 sept. 1748.—Marie-Thérèse, b³ 25 et s³ 27 mai 1750. — Joseph-Benoni, b³ 29 sept. 1751 ; m 28 juillet 1789, à Marie Gagné, à Québec.

1744, (3 août) Ste-Famille, I. O.³
II.—CANAC (1), François,   [Marc-Antoine I.
  b 1706.
  Paquet, Marthe,   [François II.
  b 1722; s³ 6 sept. 1748.
  François, b 29 août 1748, à St-François, I.O.; s³ 5 sept. 1748.

1754, (25 juin) Québec.²
III.—CANAC (1), Joseph,   [Joseph II.
  b 1732; s² 23 août 1785.
  Gagné, Marie-Joseph,   [Denis IV.
  veuve de Pierre Berthelot.
  Pierre-Joseph, b² 4 mai et s² 13 août 1755.—Joseph, b² 25 mai 1756, s² 31 août 1757.— François, b² 10 janvier 1758; s² 5 mai 1763.—Joseph, b 30 avril 1761, à Ste-Famille, I.O.³— Pierre, b³ 17 février 1763 ; s² 30 mai 1764.

1763, (3 oct.) Ste-Anne.
III.—CANAC, Jean-Bte,   [Jean-Bte II.
  b 1739,
  Pepin, Judith,   [Jacques III.
  b 1743.
  Marie-Judith, b 21 sept. 1764, à Ste-Famille, I. O.³— Jean-Baptiste, b³ 9 janvier 1766. — Marie-Rose, b³ 4 février 1767. — Etienne, b³ 16 janvier 1769.

1763, (10 oct.) Montréal.
I.—CANAC, Etienne, b 1731 ; fils d'Etienne et de Marie Janin, de Ste-Cécile-d'Alby, Languedoc.
  Rouillard, Marie-Joseph,   [Damien II.
  b 1741.

1764, (1ᵉʳ mai) St-François, I. O.⁴
III.—CANAC, Etienne,   [Jean II.
  b 1742.
  Jolin, Thérèse.   [Joseph III.
  Marie-Thérèse, b⁴ 24 juin 1765.

1771, (11 février) Ste-Famille, I. O.
III.—CANAC, Charles,   [Antoine II
  b 1739.
  Fortier, Marie-Madeleine,   [Charles III.
  b 1747.

1789, (28 juillet) Québec.⁴
III.—CANAC, Joseph-Bénoni,   [Jean-Bte II.
  b 1751.
  Gagné, Marie-Joseph,   [Etienne V.
  b 1735 ; veuve de Charles LeMarié ; s⁴ 5 janvier 1795.
  Marie-Louise, b... m⁴ 26 juillet 1785, à Charles Duhamel.

CANADA.—*Variations et surnoms:* Hénaut—Enau—Hainaut.

CANADA, Thérèse, épouse de Jean-Baptiste Martin-St-Jean.

CANADA, Simon.
  Desorcy, Catherine.
  Marie-Anne, b 12 juillet 1766, à l'Ile-Dupas.

CANICHON. — *Variations et surnoms :* Lescabret—Scabiet—Escabiet.

CANILLON.—Voy. Robert.

1677, (19 oct.) Québec.
I.—CANNARD, Pierre,
  b 1640 ; s 21 mars 1700, à Charlesbourg.
  Pelletier, Marie,   [François I.
  veuve de Mathieu Renaud.
  Marie-Anne, b... m 1726, à Claude Delage.

I.—CANNAVAN, André (1),
  Irlandais.
  Léger (2), Marie.
  Marie-Anne, b 6 mai 1764, à Québec.

---

(1) Dit Marquis.

(1) Ils se disent mariés.
(2) Dit Richelieu.

I.—CANNON, ... (1).

I.—CANNON, John.
1° Griault-Larivière, Angélique.
  1827, (13 février) Québec.
2° Baby, Archange,
  veuve de Raphaël Rosslewin.
Jacques-Pierre, b...—Jacques-François, b...—

I.—CANOUF, Pierre (2), b 1732, s 6 janvier 1757, à l'Hôpital-Géneral. M.

CANTARA, Catherine, épouse de Pierre Vien.

CANTARA, Angélique, b 1705, m à Pierre Collin ; s 12 nov. 1755, à Lanoraie.

1696, (8 oct.) Montréal.[2]
I.—CANTARA (3), Bernardin,
  b 1665 ; s 17 mars 1753, à St-Michel-d'Ya-maska.[4]
Danny (4), Pétronille,   [Honoré I.
  b 1671 ; veuve de Charles Brouillard , s[4] 13 mars 1753.
Marie-Charlotte, b[2] 25 nov. 1698 ; m 29 sept. 1723, à Leger Hébert, à St-Frs-du-Lac.[5] — Joseph, b[2] 9 juillet 1700 ; m[5] 12 sept. 1729, à Marie-Louise St-Laurent ; s 10 mai 1768, au Detroit. — Jean-Baptiste, b 1er mars 1703, à St-François, I. J.[7], m[5] 15 janvier 1732, à Geneviève Allard ; s[4] 22 dec. 1755. — Marie-Angélique, b[7] 13 février 1705 ; m[4] 9 février 1728, à Pierre Cochu, m[7] 21 avril 1709 ; s 16 février 1712, à la Pte-aux-Trembles, M.[6] —Anonyme, b[6] et s[6] 30 août 1711.—Pierre, b... m 15 juin 1739, à Marie-Angélique Robert, à Lavaltrie.

1729, (12 sept.) St-Frs-du-Lac.[2]
II.—CANTARA, Joseph,   [Bernardin I.
  b 1700 ; s 10 mai 1768, au Detroit.[4]
St-Laurent, Marie-Louise,   [Gilles I.
  b 1709 ; s avant 1794.
Marie-Elisabeth, b 5 nov. 1730, à St-Michel-d'Yamaska[3] : 1° m à Louis Boissel ; 2° m[3] 20 oct. 1760, à Charles André.—Marie-Pétronille (5), b[3] 20 juin 1732.—Pierre-Louis, b[3] 7 nov. 1733.— Joseph, b[3] 23 nov. 1735. — Alexis-Zéphirin, b[3] 27 août 1737 ; m[3] 20 janvier 1772, à Therèse Alarie. — Bernard, b[3] 19 sept. 1739. — Marie-Françoise, b[3] 8 nov. 1741. — Marie-Louise, b 1743 ; s[3] 27 dec. 1752.—Etienne, b[3] 2 sept 1744 ; m[3] 11 avril 1768, à Angélique Théroux.—Marguerite, b[3] 27 nov. et s[3] 1er dec. 1746. — Marie, b... m[3] 22 fevrier 1762, à François Delpêche.— François-Xavier, b[3] 23 oct. 1748; m[4] 25 fevrier 1794, à Madeleine St-Germain.— Catherine-Brigitte, b[3] 8 oct. 1753.

(1) Venu de France, en 1759, avec M. de Vauclain, sur les vaisseaux du roi.
(2) Hollandais, soldat de Peperel.
(3) Dit Deslauriers ; voy. vol. I, p. 101.
(4) Dit Bonin.
(5) Pen. 1759-1761.

1732, (15 janvier) St-Frs-du-Lac.[4]
II.—CANTARA, Jean-Bte,   [Bernardin I.
  b 1703 ; s 22 dec. 1755, à St-Michel-d'Yamaska.[5]
Allard, Geneviève,   [Jean-François II.
  b 1712.
Jean-Baptiste, b[5] 2 sept. 1733 ; m[5] 22 janvier 1770, à Marie-Jeanne Giguère. — Pétronille, b[5] 29 août 1734.—Marie-Joseph, b[5] 23 juillet 1736 ; m[5] 20 fevrier 1764, à Jacques Boutin.— Louis-Gabriel, b[5] 21 janvier 1738.—Charles, b[5] 5 nov. 1739 ; s[4] 16 février 1741. — Charles, b... s[4] 18 août 1744. — Marie-Ursule, b[5] 22 avril 1742 ; m[5] 22 juin 1772, à Alexis Mandeville.—Gilles-Amable, b[5] 23 août 1744 ; m[5] 26 juin 1769, à Marguerite Lapointe.—Marie, b... m[5] 21 janvier 1760, à Jean-Baptiste Badaillac.—Michel, b[5] 16 mars 1746. — Jean-Joseph, b[5] 17 juin 1747.— Joseph, b[5] 11 mars 1749.—Elisabeth, b[4] 26 oct. 1750 ; s[5] 23 oct. 1751.—Jacques, b[5] 13 avril 1752.

1739, (15 juin) Lavaltrie.
II.—CANTARA, Pierre,   [Bernard I.
Robert, Marie,   [Jean-Bte III.
  b 1718 ; s 2 nov. 1760, à St-Michel-d'Yamaska.[2]
Jean-Baptiste, b[2] 17 juin 1740.—Pierre-Bernardin, b[2] 11 juin 1741. — Pierre, b[2] 4 janvier 1743.—Charles, b[2] 6 avril 1744.—Jean-Baptiste, b[2] 28 juin 1745.— Marie-Angélique, b[2] 1er mars 1747 ; s[2] 1er août 1748. — Marie-Catherine, b[2] 3 déc. 1748. — Marie, b[2] 8 nov. 1750 ; s[2] 26 oct. 1759.—Louis, b[2] 16 juin 1752 ; o[2] 12 dec. 1759. — Marie-Geneviève, b[2] 10 mars 1754. — Louise, b[2] 10 et s[2] 17 dec. 1755. — Marie-Joseph, b[2] 25 février et s[2] 7 mars 1757.—Joseph, b[2] 29 mai et s[2] 7 juin 1758. — Marie-Agathe, b[2] 23 oct. et s[2] 15 nov. 1759.—Marie, b[2] et s[2] 1er nov. 1760.

1768, (11 avril) St-Michel-d'Yamaska.[1]
III.—CANTARA, Etienne,   [Joseph II.
  b 1744.
Théroux, Angelique,   [Joseph II.
  b 1752.
Marie-Angélique, b[1] 17 sept. 1769.

1769, (26 juin) St-Michel-d'Yamaska.[3]
III.—CANTARA, Gilles,   [Jean-Bte II.
  b 1744.
Lapointe, Marguerite,   [Noel.
Joseph, b[2] 5 nov. 1769 ; s[2] 17 mai 1770.

1770, (22 janvier) St-Michel-d'Yamaska.[3]
III.—CANTARA, Jean-Bte,   [Jean-Bte II.
  b 1733.
Giguère, Marie-Jeanne,   [Louis.
  b 1750.
Marie-Geneviève, b[3] 13 déc. 1770.

1772, (20 janvier) St-Michel-d'Yamaska.
III.—CANTARA, Alexis-Zéphirin,   [Joseph II.
  b 1737.
Alarie, Marie-Therèse.   [Pierre III.

1794, (25 février) Détroit.
III.—CANTARA, Frs-Xavier, [Joseph II.
b 1748.
St-Germain (1), Madeleine,
veuve de Joseph Paille.

CANTON, Paul.
Dorval, Marie-Anne.
Marie-Anne, b 16 sept. 1767, à Repentigny⁵ ;
s⁵ 26 janvier 1768.

1741, (2 nov.) St-Valier.⁶
I.—CANUEL, Louis, b 1715 ; fils de Guillaume
et de Françoise Lecoq, de Vé, diocèse de
Coutances, Normandie ; s 9 nov. 1795, à
Rimouski.⁷
1º Corriveau, Marie-Anne, [Etienne II.
b 1711.
Marie-Anne, b ⁶ 3 nov. 1742.—*Louis*, b ⁶ 17
avril 1744.—*Brigitte*, b ⁷ 24 janvier 1746.
1751, (20 juillet). ⁷
2º Proulx, Marie-Françoise, [Pierre II.
b 1726.
Marie-Louise, b ⁷ 5 déc. 1752.—*Marie-Reine*,
b ⁷ 20 oct. 1755 ; m ⁷ 5 juillet 1774, à Gabriel
Coté.—*Marie-Geneviève*, b ⁷ 5 juin 1758 ; m ⁷ 16
avril 1792, à Louis Langis.—*Marie-Françoise*, b ⁷
10 juillet 1762 ; m ⁷ 28 janvier 1806, à Germain
St-Laurent.—*Zacharie*, b ⁷ 6 sept 1775 ; m ⁷ 29
avril 1805, à Constance Bouillon.—*Abraham*, b ⁷
2 août 1777.—*Marie-Barbe*, b ⁷ 18 juillet 1783,
m ⁷ 30 mai 1808, à Louis Lavoie.—*Jean-Chrysostome*, b... m ⁷ 1785, à Marie-Joseph Desrosiers.
—*Jacques*, b... m ⁷ 15 mai 1788, à Marie-Anne
St-Laurent.—*Véronique*, b... 1º m ⁷ 4 juin 1789,
à Louis-Jean Riou ; 2º m ⁷ 15 sept. 1800, à Joseph
Vallée.—*Louis*, b... m ⁷ 26 nov. 1793, à Catherine Bouillon.—*Agnès*, b... m ⁷ 23 août 1796, à
Antoine Banville.
1790, (19 oct.) ⁷
3º Mignot (2), Marguerite. [Joseph III.

1785, Rimouski. ⁸
II.—CANUEL, Jean-Chrysostome. [Louis I
Desrosiers, Marie-Joseph. [Louis.
Jean-Chrysostome, b ⁸ 16 juillet 1787 ; m ⁸ 12
janvier 1812, à Marthe Coté.—*Marie-Geneviève*,
b ⁸ 18 mai 1789 ; m ⁸ 23 nov. 1813, à Jean-
Baptiste Fournier.—*Louis*, b ⁸ 24 nov. 1791.—
Gudule, b ⁸ 26 avril 1795.

1788, (15 mai) Rimouski.⁹
II.—CANUEL, Jacques. [Louis I.
St-Laurent, Marie-Anne, [Ambroise II.
b 1758.
Andronique, b ⁹ 25 mai 1789.—*Marie-Geneviève*, b ⁹ 21 mars 1791. — *Pélagie*, b ⁹ 16 avril
1793.

(1) Dit Lamoureux.
(2) Dit Labrie. Elle épouse, le 12 avril 1796, Charles
Paquet, à Rimouski.

1793, (26 nov.) Rimouski. ¹
II.—CANUEL, Louis. [Louis I.
1º Bouillon, Catherine. [Jacques II.
Zacharie, b ¹ 11 avril 1796.
1806, (19 août). ¹
2º Dutremble, Marie-Thérèse,
veuve de Jean Volant.

1805, (29 avril) Rimouski.
II.—CANUEL, Zacharie, [Louis I.
b 1775.
Bouillon, Constance, [Jacques II
b 1778, veuve de Jean-Marie Gagné.

1812, (12 juin) Rimouski.
III.—CANUEL, Jean-Chrysostome, [Jean II.
b 1787.
Coté, Marthe, [Jean-Bte.
b 1792.

CANUEL, Marie, épouse de Louis Coté.

1751, (21 juin) Montréal.
I.—CANUT (1), Jean-Jacques, b 1729 ; fils de
Jean-Jacques et de Madeleine LeRiche, de
St-Medard, Paris.
Poiriau, Françoise, [Paul I.
b 1736.

CAOUETTE.—Voy. Cahouet.

CAPEILLE, Pierre.—Voy. Capet.

1696, (14 nov.) Varennes.
I.—CAPEL (2), Jean.
Aubry, Madeleine (3), [Tec-Cornélius I.
b 1671.
Suzanne, b... m 3 sept. 1708, à Pierre Lecompte, à Montreal.⁴ — *Marie-Geneviève*, b 18
mars 1699, à Ste-Foye ; m⁴ 1ᵉʳ déc. 1725, à Pierre
Cany.

CAPEL (4), Pierre.
Marie-Angélique, b... m 27 juillet 1723, à
Joseph Biron, à Deschambault.

I.—CAPELANT (5), Pierre, b 1729 ; de Groleste, diocèse de Toulouse ; s 22 juin 1749, à
Montreal.

I.—CAPELET, Jean, b 1710, fils de Pierre et de
Jeanne Cause, de la Chapelle-Janson, Bretagne ; s 27 oct. 1760, à St-Frs-du-Lac. ⁴
1º .... (6).
1735, (3 nov.) ⁴
2º Laroche, Joseph-Rose, [Pierre II.

(1) Dit Laviolette.
(2) Voy. vol. I, p. 102.
(3) Aubrenan. Elle épouse, le 24 nov. 1700, Olivier
Laisné, à Montréal.
(4) Dit Abel.
(5) Dit Lagirofflée, soldat.
(6) Le nom de cette première femme, morte en France,
est inconnu.

Marguerite, b ⁴ 26 mai 1736 ; s ⁴ 19 juillet 1738. —*Nicolas*, b ⁴ 29 nov. 1738. — *Louise*, b ⁴ 5 oct. 1740 ; m ⁴ 7 janvier 1761, à Jean Saucours.—*Joseph-Patrice*, b ⁴ 18 mars 1743.— *Louis*, b ⁴ 25 oct. 1746.—*Marguerite*, b ⁴ 21 sept. 1749.—*François*, b ⁴ 10 sept 1753 ; s 8 mars 1778, au Détroit. —*Angélique*, b ⁴ 10 sept. 1753.

I.—CAPELET, Jean.
   Marie-Louise, b 1740, à St-Frs-du-Lac ; m à Jean Lincour.

1717, (25 nov.) Québec. ⁴
I.—CAPELIER (1), Joseph, b 1681 ; fils de Jean et de Françoise Hibère, de St-Vaast, diocèse d'Arras ; s ⁴ 2 dec. 1750.
   Poitras (2), Marie-Anne,   [Jean I.
   b 1689.

Joseph-Louis, b ⁴ 25 août 1718. — *Marie-Anne*, b ⁴ 16 février 1721 ; m ³ 3 nov. 1739, à Joseph Laviolette.—*Elisabeth*, b ⁴ 13 août 1722, s ⁴ 19 déc. 1729.—*Jean-Baptiste*, b⁸ 8 juin 1724 ; s⁴ 8 février 1730.— *Claude-Michel*, b ⁴ 26 sept. 1725.—*Marie-Joseph*, b ⁴ 26 février 1728 ; m ⁴ 22 février 1751, à Pierre Létard. — *Joachim*, b ⁴ 16 mai 1730. — *Marc-Antoine*, b ⁴ 10 sept. 1732 ; s ⁴ 19 mai 1733

CAPELLE, Françoise (3).

1740, (8 février) St-Thomas. ³
I.—CAPET, Pierre, fils de Pierre et de Jeanne Cousin, de Larchaut, diocèse de Mans.
   Lefebvre (4), Catherine,   [Jean II.
   b 1717.

Pierre-André, b 4 déc. 1740, à Beauport ⁴ ; s ⁴ 1ᵉʳ août 1741.—*Pierre*, b ⁴ 25 dec. 1741.—*Marguerite-Elisabeth*, b ⁴ 27 janvier et s ⁴ 4 février 1743. — *Marie-Catherine*, b ³ 11 février et s ³ 18 mai 1744.— *Ambroise*, b 1ᵉʳ février et s 1ᵉʳ mars 1749, à St-Pierre-du-Sud.⁵ — *Marie-Elisabeth*, b⁹ 8 février et s ⁵ 2 avril 1750.—*Marie-Catherine*, b ⁵ 26 février 1751.—*Madeleine*, b ³ 15 mai 1752 —*Pierre*, b ⁵ 13 et s ⁵ 26 nov. 1753. — *François*, b 13 mars et s 2 nov 1755, à St-Laurent, M.⁶—*Ursule*, b ⁴ 6 oct. et s ⁶ 8 dec. 1756.—*Joseph-Angélique*, b 9 mars 1758, à Lachine.

CAPITIEN.—Voy. Gingras.

CAPLAN, Louise, épouse de François Hyard, s avant 1760.

CAPTANT, Louise, épouse de Claude Delalande.

CAPUCIN.—Voy. Thiriot.

CAPUT, Sieur de Bailleul (5).

---

(1) Constantin dit Capelier.
(2) Pour Poidras.
(3) Voy. vol. I, p. 102.
(4) Dit Boulanger.
(5) Officier réputé par son courage au fort de Beauséjour avec de Vergor, lors de l'attaque de ce fort par les Anglais en 1755.

1749, (2 juin) Montreal. ⁴
I.—CAQUEREL (1), Jean-Nicolas, b 1726 ; fils de Philippe et de Marie Laborne, de St-Eloi, diocèse de Rouen ; s avant 1771.
   Duval, Marie-Joseph,   [Claude I.
   b 1725.

Jean-Philippe, b ⁴ 11 oct. 1745. — *Jean*, b ⁴ 27 sept. 1747. — *Louis-Augustin*, b ⁴ 2 avril et s ⁴ 4 juillet 1749.—*Marie-Charlotte*, b ⁴ 21 avril 1750 ; m 24 nov. 1771, à Athanase Normandin, à Boucherville.

CAQUEREZ.—Voy. Caron, 1761.

CARCY.—Voy. Bapt.

I.—CARABIN, François.
   Sureau, Madeleine.
François, b 24 janvier 1757, à Terrebonne.

CARBONNEAU.—*Surnom*: Provençal.

1672, (26 nov.) Ste-Famille, I. O. ⁴
I.—CARBONNEAU (2), Prisque,
   b 1643 ; s ⁴ 13 janvier 1715.
   Landry, Marguerite,   [Guillaume I.
   b 1660.

Marie, b ⁴ 27 mars 1679 ; m ⁴ 2 août 1698, à Pierre Buteau, s 20 nov. 1758, à St-François-du-Sud.—*Marguerite*, b ⁴ 30 avril 1688 ; 1° m 25 nov. 1721, à Jean-Baptiste Nadeau, à Berthior⁵ ; 2° m ⁵ 19 nov. 1726, à Jean-Marie Boucher, s ⁵ 7 mai 1774 —*Pierre*, b 1693 ; m à Marie-Louise Séguin ; s 23 février 1771, à Terrebonne. — *Barthélemi*, b... m 11 juin 1726, à Geneviève Nadeau, à St-Valier.

1697.
II.—CARBONNEAU (3), Jacques,   [Prisque I.
   s 9 dec 1708, à St-Michel. ²
   Martin, Geneviève (4),   [Pierre I.
   b 1678.

Angélique, b ² 6 avril 1700 ; m 25 février 1727, à Pierre Herou, à Yamachiche. ³— *Jacques*, b ² 27 janvier 1702, m 23 oct. 1725, à Jeanne Guimont, à Ste-Anne.—*Geneviève*, b 4 avril 1707, à St-Thomas ⁴ ; m ³ 14 janvier 1731, à Pierre Gélinas.—*Marie-Geneviève*, b ⁴ 4 avril 1707 ; m 1724, à Jean-Baptiste Blais.—*Jean-Baptiste*, b ⁴ 4 avril 1707, m 15 mars 1729, à Isabelle Lefebvre, à Berthier ⁵ ; s⁵ 8 oct. 1779.— *Alexis*, b ⁴ 17 juillet 1709 ; m ³ 26 nov. 1731, à Marie Gélinas ; s ³ 29 avril 1752.

CARBONNEAU, Jean-Bte, b 1701 ; s 6 déc. 1740, à Berthier.

---

(1) Dit Jolibois, soldat de la compagnie de DeNoyelle.
(2) Dit Provençal. Il s'est aussi appelé Esprit — Hespéry ; voy. vol. I, p 102.
(3) Dit Provençal.
(4) Elle épouse postérieurement Jean Blais.

1722, (21 oct.) St-François, I. O. [8]
II.—CARBONNEAU (1), Jean, [Prisque I.
s avant 1781.
   Lepage, Gertrude, [Pierre II.
    b 1704; s [8] 31 oct. 1781.
   Pierre, b [8] 30 juillet et s [6] 14 août 1723.—*Marie-Madeleine*, b [8] 25 août 1724; s [8] 17 déc. 1748.— *Marie-Louise*, b [8] 22 août 1726.—*Elisabeth*, b [8] 18 fevrier 1728; m 19 fevrier 1759, à Jacques Prelat, à Québec.—*Hélène*, b [8] 26 août 1730; s [8] 22 avril 1759.— *Jean-Baptiste*, b [8] 15 nov. 1732.— *Joseph-Marie*, b [8] 14 dec. 1734; s [8] 4 janvier 1735. — *Marie-Madeleine*, b [8] 10 fevrier et s [8] 9 sept. 1736. — *Augustin*, b [8] 10 fevrier 1736.— *Marie-Joseph*, b [8] 8 oct. 1737; s [8] 30 dec. 1748.—*Françoise*, b [8] 17 juin 1741.—*Augustin*, b [8] 6 oct. 1743; s [8] 8 oct. 1747.

1725, (23 oct.) Ste-Anne.
III.—CARBONNEAU, Jacques, [Jacques II.
   b 1702.
   Guimont, Jeanne (2). [Joseph II.
   Marie-Joseph, b 24 et s 30 mars 1727, à Berthier. [7]—*Jeanne*, b [7] 2 mai 1728; s [7] 24 avril 1777.—*Jacques*, b [7] 6 février 1730, m [7] 22 nov. 1751, à Marie-Anne Chartier. — *Joseph-Marie*, b [7] 8 juin 1732. — *André-Michel*, b [7] 3 oct. 1733 ; m [7] 8 nov. 1762, à Geneviève Bilodeau.—*Marie-Joseph*, b [7] 20 mars 1735; s [7] 15 nov. 1742.— *Augustin-Michel*, b [7] 8 mai 1736 ; 1° m [7] 5 oct. 1761, à Marie-Françoise Lemieux; 2° m [7] 12 janvier 1778, à Madeleine Gauvin. — *Pierre*, b [7] 26 mars 1738; s [7] 7 dec. 1757.

1726, (11 juin) St-Valier.
II.—CARBONNEAU (3), Barthél., [Prisque I.
   Nadeau, Geneviève, [Jean-Bte II.
    b 1706; s 11 déc. 1757, à Québec.
   Jean-Baptiste-Boniface, b 3 juin 1727, à Berthier. [7]—*Joseph-Marie*, b [7] 1er oct. 1728 ; s [7] 23 avril 1730. — *Marie-Geneviève*, b [7] 17 janvier et s [7] 12 fevrier 1730.—*Joseph-Marie*, b [7] 28 janvier 1731.—*Jacques-Rémi*, b [7] 26 juillet 1733. — *Denis-Barthélemi*, b [7] 15 mai 1737. — *François*, b [7] 18 avril 1739.—*Marie-Antoinette*, b [7] 24 juillet et s [7] 9 sept. 1741. — *Marguerite-Geneviève*, b [7] 23 juillet 1742; s [7] 9 sept. 1743. — *Marie*, b [7] 27 mars et s [7] 1b juillet 1744. — *Marie-Anne*, b [7] 2 nov. 1745 ; s [7] 24 fevrier 1752. — *Marie-Geneviève*, b [7] 11 avril 1748. — *Jean-Marie*, b [7] 22 juillet et s [7] 22 août 1749.

1729, (15 mars) Berthier. [8]
III.—CARBONNEAU (1), J.-Bte, [Jacques II.
   b 1707, s [8] 8 oct. 1779.
   Lefebvre, Isabelle. [Jean I.
   Jean, b [8] 26 fevrier et s [8] 31 mars 1730.—*Jean-Baptiste*, b [8] 31 janvier 1731.—*Louise-Marie*, b [8] 9 et s [8] 12 sept. 1732.—*Pierre*, b [8] 28 déc. 1733 ; m 9 janvier 1757, à Madeleine Bernier, à l'Islet —*Elisabeth*, b [8] 19 et s [8] 28 juillet 1735.—*Marie-Elisabeth*, b [8] 27 sept. et s [8] 2 oct. 1736.—*Joseph-Marie*, b [8] 8 sept. 1737; m [8] 9 janvier 1769, à Thérèse Blais. — *André-Joseph*, b [8] 15 et s [8] 24 fevrier 1739.—*Marguerite*, b [8] 19 avril 1740; m [8] 26 juin 1758, à Joseph De Lessard.—*Anonyme*, b [8] et s [8] 16 juillet 1741.— *Joseph*, b [8] 1er et s [8] 5 août 1742.—*François*, b [8] 10 et s [8] 23 août 1743. — *Marie-Joseph*, b [8] 17 avril 1745; m [8] 11 fevrier 1765, à Joseph Balan.— *Joseph*, b [8] 15 avril 1746. — *Marthe-Elisabeth*, b [8] 21 mars et s [8] 18 mai 1748. — *Marie-Elisabeth*, b [8] 28 nov. 1750; m [8] 21 janvier 1771, à François Tellier.

1731, (26 nov.) Yamachiche. [7]
III.—CARBONNEAU, Alexis, [Jacques II.
   b 1709; s [7] 29 avril 1752.
   Gelinas, Marie-Joseph, [Etienne III.
    b 1710; s [7] 14 avril 1752.
   Alexis, b [7] 3 dec. 1732; s [7] 11 avril 1752 —*Joseph*, b 2 fevrier 1737, aux Trois-Rivières; m [7] 29 janvier 1759, à Marie-Joseph Gélinas— *Antoine*, b [7] 7 avril 1740. — *Jean-Baptiste*, b [7] 27 août 1742.—*Etienne*, b [7] 30 nov. 1744; m à Marie Trotier-Pombert; s [7] 13 oct. 1768.—*Marie-Angélique*, b [7] 28 mai 1746; m [7] 5 nov. 1764, à Charles LeSieur.—*Marie-Madeleine*, b [7] 21 avril 1748.—*Madeleine*, b [7] 21 juillet et s [7] 15 août 1751.

II.—CARBONNEAU (1), Pierre, [Prisque I.
   b 1693, s 23 fevrier 1771, à Terrebonne. [6]
   Séguin, Marie-Louise, [Pierre II.
    b 1714; s [6] 6 fevrier 1764.
   Marie-Joseph, b 11 juillet 1730, à Lachenaye [4]; 1° m [5] 21 sept. 1749, à Joseph Clement, 2° m [6] 19 janvier 1761, à Jean-Baptiste Ranger; 3° m [6] 19 nov. 1764, à Etienne Charles. — *Pierre*, b 1731; m 25 oct. 1751, à Marie-Joseph Labelle, à St-Vincent-de-Paul; s 25 août 1771, au Détroit — *Jean-Chrysostome*, b [6] 8 juillet 1732; m [4] 11 nov. 1771, à Marie-Joseph Chapleau.—*Antoine*, b [6] 3 mars 1735, m à Elisabeth Desroches; s avant 1771. — *Marie-Rose*, b [6] 5 avril 1737; m [6] 21 janvier 1760, à Joseph Lamoureux.—*Marie-Louise*, b [6] 24 mars 1740, s [6] 20 mars 1750. — *Joseph*, b [6] 29 avril et s [6] 8 mai 1742. — *François*, b [6] 8 et s [6] 12 mai 1742.—*Marie-Amable*, b [6] 27 mai 1743 ; m [6] 12 juillet 1773, à Louis Bleau. — *Marie*, b [6] 18 sept 1745.—*Marie-Françoise*, b... 1° m [6] 5 fevrier 1748, à Jacques Migneron; 2° m [6] 18 fevrier 1765, à Charles Potvin.

CARBONNEAU, Michel.
   Angélique, b et s 14 juin 1746, à Ste-Rose.

1751, (25 oct.) St-Vincent-de-Paul. [4]
III.—CARBONNEAU (1), Pierre, [Pierre II.
   b 1731; s 25 août 1771, au Détroit.
   Labelle, Marie-Joseph, [Jacques II.
    b 1735.
   Marie-Amable, b [4] 8 mars 1753.—*Marie-Joseph*, b [4] 1er avril 1754 —*Marie-Louise*, b 29 mars 1759, à Terrebonne [6]; m [6] 31 juillet 1775, à Toussaint Maisonneuve. — *Marie-Joseph*, b... m [6] 5 oct. 1778, à Jean-Baptiste Maranda.

---

(1) Dit Provençal, 1723.
(2) Elle épouse, le 14 oct. 1743, Guillaume Dagneau, à Berthier.
(3) Dit Provençal.

---

(1) Dit Provençal.

1751, (22 nov.) Berthier. ³
IV.—CARBONNEAU (1), JACQUES, [JACQUES III.
   b 1730.
   CHARTIER, Marie-Anne, [PHILIPPE III.
   b 1733.
Marie-Anne, b ³ 30 août 1752; m ³ 4 nov. 1771, à Michel-Dominique BILODEAU. —*Jacques*, b ³ 22 mars 1754; m ³ 15 nov. 1779, à Marie-Joseph BILODEAU. — *Philippe-Joseph*, b ³ 13 mars 1756; m 1781, à Marie-Rose CAMPAGNA. — *Marie-Elisabeth*, b ³ 9 juin et s ³ 9 août 1758. —*Marie-Louise*, b ³ 29 juin 1760. — *Ursule-Reine*, b ³ 6 janvier 1763.—*Jean-Baptiste*, b ³ 5 sept. 1765, s ³ 22 juin 1773.—*André*, b ³ 12 août 1767. — *Jean-Isidore*, b ³ 26 mars 1770. — *Pierre*, b ³ 3 et s ³ 16 juillet 1772.

1757, (9 janvier) Islet.
IV.—CARBONNEAU, PIERRE, [JEAN-BTE III.
   b 1733.
   BERNIER, Madeleine, [JOSEPH III.
   b 1740.
Pierre-Noél, b 25 déc. 1757, à St-Thomas.

1759, (29 janvier) Yamachiche. ⁹
IV.—CARBONNEAU, JOSEPH, [ALEXIS III.
   b 1737.
   GÉLINAS (2), Marie-Joseph, [MICHEL IV.
   b 1740; s ⁹ 17 mai 1767
Joseph, b ⁹ 21 juillet 1760; s ⁹ 3 juillet 1765.— *Jean-Baptiste*, b ⁹ 1ᵉʳ août 1762; s ⁹ 21 juin 1763. —*Jean-Baptiste*, b ⁹ et s ⁹ 18 sept. 1763 —*Marie-Joseph*, b ⁹ 8 février 1764.—*Madeleine*, b ⁹ 2 nov. 1765.

1761, (5 oct.) Berthier. ⁹
IV.—CARBONNEAU, AUG.-MICHEL, [JACQ. III.
   b 1736.
1° LEMIEUX, Marie-Françoise, [GUILLAUME II.
   b 1738; s ⁹ 15 nov. 1776.
Marie-Françoise, b ⁹ 30 juin 1762; s ⁹ 21 juin 1765.—*Marie-Anne*, b ⁹ 20 nov. 1763 ; s ⁹ 15 janvier 1770. — *Augustin*, b ⁹ 26 février et s ⁹ 18 juillet 1765.—*Marie-Ursule*, b ⁹ 0 mars 1768; m à Jacques-Prisque CORRIVEAU. — *Jean-Baptiste*, b ⁹ 26 juin 1769; s ⁹ 17 mars 1770.—*Marguerite*, b ⁹ 1772, s ⁹ 2 mai 1773.— *Eustache*, b ⁹ 20 sept. 1773 ; s ⁹ 16 août 1776. — *Augustin-Amable*, b ⁹ 14 déc. 1774 ; s ⁹ 8 janvier 1775.—*Joseph-Marie*, b... s ⁹ 9 nov. 1776.

1778, (12 janvier). ⁹
2° GAULIN, Madeleine, [JOSEPH IV.
   b 1760.
Jean-Baptiste, b ⁹ 31 oct. et s ⁹ 18 nov. 1778.— *Anonyme*, b ⁹ et s ⁹ 26 août 1779. — *Madeleine-Victoire*, b ⁹ 5 sept. 1780. — *Anonyme*, b ⁹ et s ⁹ 12 août 1782.

1762, (8 nov.) Berthier. ⁴
IV.—CARBONNEAU (1), ANDRÉ, [JACQUES III.
   b 1733.
   BILODEAU, Geneviève, [JOSEPH-JACQUES III.
   b 1736.

(1) Dit Provençal.
(2) Dit Lacourse.

André, b ⁴ 19 août 1762.—*Marie-Geneviève*, b ⁴ 15 juillet 1764.— *Pierre*, b 1774; s ⁴ 3 oct. 1795. — *Marie-Elisabeth*, b ⁴ 6 nov. 1776. — *Jacques-Philippe*, b ⁴ 1ᵉʳ oct. 1779.

IV.—CARBONNEAU, ETIENNE, [ALEXIS III.
   b 1744; s 13 oct. 1768, à Yamachiche.
   TROTIER-POMBERT, Marie.

I.—CARBONNEAU (1), JOSEPH.
   ISTER, Marguerite,
   negresse, b 1746 ; s 22 mars 1782, à Lachenaye.
Marie, b... m à Charles LAFLEUR.

1769, (9 janvier) Berthier. ¹
IV.—CARBONNEAU, JOS-MARIE, [JEAN-BTE III.
   b 1737.
   BLAIS, Thérèse, [JEAN-BTE IV.
   b 1750.
Marie-Thérèse, b ¹ 7 janvier 1770.—*Joseph-Marie*, b ¹ 18 mars 1771.—*Marie-Joseph*, b ¹ 14 mai 1772.—*Marie-Marthe*, b ¹ 17 déc. 1773.— *Marie-Christine*, b ¹ 14 mai 1775.—*Jean-Baptiste*, b ¹ 5 février 1777.—*Simon*, b ¹ 14 nov. 1778.— *Euphrasie*, b ¹ 8 juillet 1781.

1771, (11 nov.) Lachenaye.
III.—CARBONNEAU, CHRYSOSTOME, [PIERRE II.
   b 1732.
   CHAPLEAU, Marie-Joseph, [NOEL III.
   b 1741.

III.—CARBONNEAU, ANTOINE, [PIERRE II.
   b 1735.
   DESROCHES, Elisabeth (2),
   b 1740.

1779, (15 nov.) Berthier. ²
V.—CARBONNEAU, JACQUES, [JACQUES IV.
   b 1754.
   BILODEAU, Marie-Joseph. [JEAN-VALIER IV.
Jacques, b ² 23 juillet 1780.—*Marie-Joseph*, b ² 12 mai 1781.—*Marie-Louise*, b ² 24 août 1782.

1781.
V.—CARBONNEAU, JOSEPH, [JACQUES IV.
   b 1756.
   CAMPAGNA, Marie-Rose. [JOSEPH III.
Joseph, b 19 mars 1782, à Berthier ³—*Jean-Baptiste*, b ³ 7 février 1795.

CARBONNEAU (3), PIERRE, [PIERRE-FRS.
   TANGUAY, Elisabeth.
François-Pierre, b 30 janvier 1795, à Berthier.

CARBONNEAU, JOSEPH.
   BAUCHÉ (4), Marguerite.
Marie-Marguerite, b 16 déc. 1795, à Berthier.

(1) Dit Provençal ; du 29me régiment.
(2) Elle épouse, le 12 avril 1779, Michel Matte, à Terrebonne.
(3) Dit Provençal.
(4) Dit Morency.

1754, (17 sept.) Québec.
I.—CARBONEL, Jean, fils d'Ignace et de Thérèse Delamotte, de Boulaque, diocèse de Cahors.
  Jahan (1), Marie-Louise,   [Augustin III.
    b 1730.
  Jean-Joseph-Gabriel, b 29 mai et s 26 juin 1760, à Batiscan.

CARCASSONNE.—Voy. Vidal.

I.—CARCY (2), François.
  Ignace, b 1729 ; s 1er juillet 1730, à Montréal.

II.—CARCY, Jean-Bte.
  Guignard, Thérèse.
  Jean-Baptiste, b... m 28 janvier 1754, à Marie-Joseph Chancelier, à Chambly.

1754, (28 janvier) Chambly.[3]
III.—CARCY (3), Jean-Bte.   [Jean-Bte II.
  Chancelier, Marie-Joseph,   [Joseph II.
    b 1738.
  Jean-Baptiste, b... s [3] 10 août 1755.—*Marie-Joseph,* b [3] 16 janvier 1757.—*Marguerite,* b 18 juillet 1759, à Verchères.

CARCY, Paul,
  b 1691 ; s 2 déc. 1765, aux Ecureuils.
  Bellefond, Marie-Louise.
  Marie-Geneviève, b 11 oct. 1760, à Beauport[4] ; s [4] 15 janvier 1761.

CARDAN, Claude, épouse de Pierre Renaud.

CARDENEAU, Claire, épouse de François Charpentier.

1751, (24 nov.) Ste-Foye.
I.—CARDENAU, Bernard.
  Guérin, Marie-Anne,   [Guillaume I.
    b 1710 ; veuve de Jacques Philibert.

CARDERON.—Voy. St-Pierre.

CARDERON (4), Madeleine, b... m à Antoine Laporte ; s 30 oct. 1751, à Lavaltrie

CARDERON (4), Marie-Charlotte, épouse de Claude Robitaille.

CARDILLON, Marguerite, b 1641, s 24 juin 1711, à Montréal.

1695, (14 nov.) Trois-Rivières.[4]
II.—CARDIN (5), Maurice,   [Noel I.
  b 1670.
  Duguay, Madeleine,   [Jacques I.
    b 1675.

Marie, b [4] 1er août 1710 ; m 7 août 1742, à Joseph Boucher, à Nicolet.—*Pierre,* b... m à Madeleine Petit-Bruneau.—*François-Louis,* b... m 6 juillet 1751, à Constance Chevalier, à Makinac.

III.—CARDIN (1), Pierre.   [Maurice II
  Petit-Bruneau, Madeleine,   [Joseph III.
    b 1718 ; s 9 avril 1760, à Sorel.[5]
Madeleine, b... m [5] 12 oct. 1761, à Jean-Baptiste Letendre. — *Jean-Baptiste,* b... m 5 mars 1764, à Jeanne Carry, à St-Michel-d'Yamaska.[6] —*Michel,* b... m [6] 10 février 1772, à Marguerite Cartier. — *Joseph,* b... m [6] 11 janvier 1773, à Geneviève Danny. — *Pierre,* b 1737 ; s [5] 8 août 1754.

1751, (6 juillet) Makinac.[4]
III.—CARDIN, Frs-Louis (2).   [Maurice II.
  Chevalier, Constance,   [Jean-Bte II
    b 1719, veuve de Joseph Hains.
Véronique, b [4] 20 février 1752 ; m 16 juin 1770, à Charles Sanguinet, au Detroit.—*Charlotte,* b [4] 8 mai 1754.—*Marie,* b [4] 4 février 1756. — *Louis-François,* b [4] 17 août et s [4] 19 oct. 1759.—*Charles-Louis,* né le 20 août 1760 et b [4] 3 sept. 1761. — *Thérèse,* b...

1764, (5 mars) St-Michel-d'Yamaska.
IV.—CARDIN, Jean-Bte.   [Pierre III.
  Carry, Jeanne,   [François I.
    b 1743.

1772, (10 fevrier) St-Michel-d'Yamaska.
IV.—CARDIN (3), Michel.   [Pierre III.
  Cartier, Marguerite,   [Louis III.
    b 1757.

1773, (11 janvier) St-Michel-d'Yamaska.
IV.—CARDIN (3), Joseph.   [Pierre III.
  Danny, Geneviève,   [Jean-Bte III.
    b 1747.

CARDINAL, Geneviève, b 1700 ; s 16 juin 1755, à Sorel.

CARDINAL, Marie, b 1722 ; m à Christophe Marquet ; s 9 nov. 1768, à Sorel.

CARDINAL, Jeanne, épouse de Claude Maurice

CARDINAL, Marguerite, épouse de François Deslauriers.

CARDINAL, Angélique, épouse de Jacques St-Pierre.

CARDINAL, Marguerite, épouse de St-Pierre.

CARDINAL, Marie-Anne, épouse de Joachim Darragon.

---

(1) Dit Laviolette.
(2) Dit Lagirofiée.
(3) Ou Kercy. Voy. Perrault, 1754.
(4) Dit St-Pierre.
(5) Voy. vol. I, p. 102.

(1) Dit Francœur.
(2) Soldat de la garnison, notaire en 1756.
(3) Dit Loiseau.

CARDINAL, Françoise, épouse de Joseph Dugas.

CARDINAL, Marie-Joseph, épouse de François Massy.

CARDINAL, Marie-Joseph, épouse de Louis Legaut.

CARDINAL, Marie-Joseph, épouse de Joseph Forget.

CARDINAL, Catherine, épouse de Noël-Ignace Craite.

1682, (23 nov.) Montréal [3]

II.—CARDINAL (1), Jacques, [Simon I.
b 1659, s 18 mai 1724, au Détroit. [5]
Arrivée, Louise, [Jacques I.
b 1665; s [s] 14 sept. 1744.
Jacques, b [s] 23 juillet 1685; m [s] 17 fev. 1715, à Jeanne Duguay; s [s] 21 sept.1763.—*Marie*, b 25 oct. 1686, à Lachine [4]; 1° m [s] 5 sept. 1707, à Jacques Hubert-Lacroix; 2° m [s] 24 avril 1731, à Jean-Bte Ménard. — *Cunégonde-Françoise*, b [s] 16 avril 1689; 1° m [s] 11 nov. 1714, à Pierre Tabaut; 2° m 7 janvier 1751, à Martial Dumoulineuf, à Châteauguay. — *Louise*, b [s] 21 sept. 1694; m [s] 4 janvier 1712, à Nicolas Millet. — *Barbe*, b [s] 26 août 1696; m [s] 21 mars 1719, à Claude Dudevoir.—*Marie-Madeleine*, b [s] 15 février 1699; m [s] 30 mars 1717, à Jean-Baptiste Lootman.—*Marie-Anne*, b [4] 24 avril 1702: s [3] 26 janvier 1709.—*Catherine*, b [s] 2 avril 1705; s [3] 17 nov. 1706.—*Catherine*, b [s] 30 mars 1707; m [3] 3 nov. 1723, à Charles Maurice; s [s] 30 mars 1750.

1685, (17 sept.) Montréal.

II.—CARDINAL (1), Pierre, [Simon I.
b 1665.
Matou (2), Marie, [Philippe I.
b 1668; s 1er août 1749, à Lachine. [5]
Jean-Baptiste, b [5] 5 février 1691; m [s] 17 février 1727, à Louise Massiot.—*François-Marie*, b [s] 29 avril 1693; m à Marie-Thérèse Brunet-Letang; s 18 mars 1743, à Ste-Geneviève, M. — *Charles*, b [5] 20 février 1695; s [s] 8 avril 1710.—*Augustin*, b [s] 13 nov. 1710.

1698, (24 nov.) Montréal. [6]

I.—CARDINAL (3), Pierre,
b 1668; s avant 1751.
Tuillier, Marie-Anne, [Jacques I.
b 1673.
Pierre, b 30 sept. 1699, à la Pte-aux-Trembles, M.; s [6] 20 juillet 1707. — *François*, b [6] 12 sept 1701; m [6] 31 oct. 1729, à Françoise Laisné; s [6] 13 juillet 1739.—*Pierre*, b [6] 23 déc. 1704; 1° m 5 août 1720, à Geneviève Foucher, à Lachine; 2° m [6] 11 juin 1751, à Marie St-Aubin.—*Joseph*, b [5] 30 janvier et s [6] 6 février 1708.—*Jean*, b [6] 25 février 1709; m à Marie Cayer.—*Thomas*, b [6] 17 déc. 1711; s [6] 7 sept. 1714.—*Edme*, b [6] 19 avril 1714. —*Marie-Anne*, b [6] 23 sept. 1717; m [6] 9 juin 1740, à Joseph Lecompte.

1712, (28 déc.) Montréal. [8]

III.—CARDINAL, Pierre, [Pierre II.
b 1687.
César, Madeleine, [François I.
b 1677; veuve de Michel Boutin, s [s] 17 janvier 1744.
Jean-Baptiste, b 1713; 1° m 1733, à Marie-Louise Guillory; 2° m [s] 17 février 1738, à Marie-Louise Leclerc.—*Marie-Angélique*, b 1716; s [s] 13 mai 1738.—*Charles*, b 25 mai 1718, à Lachine [9]; 1° m [9] 19 janvier 1750, à Catherine Deniau, 2° m [9] 20 janvier 1755, à Suzanne Matias-Massiot.—*François*, b [s] 28 août 1741, à Angelique Jubinville.—*Marie-Joseph*, b 1722; m [s] 4 mars 1737, à Alexandre Larchevêque; s [s] 29 mars 1745.

1715, (17 février) Montréal. [3]

III.—CARDINAL, Jacques, [Jacques II.
bourgeois, b 1685; s 21 sept.1763, au Detroit. [4]
Duguay, Jeanne, [Jacques I.
b 1691; s [4] 10 juin 1778.
Jeanne, b [3] 12 août 1717; m [4] 29 juillet 1734, à Laurent Parant.—*Jacques*, b [4] 2 déc. 1719, s [4] 10 mars 1741.—*Joseph*, b [3] 16 oct. 1720.—*Nicolas-Joseph*, b [3] 25 août 1723.—*Jean-Baptiste*, b [3] 13 avril et s [3] 25 juillet 1726.—*Jean-Baptiste*, b [3] 19 mai 1728; m [4] 8 avril 1755, à Marie-Anne Mallet. —*Pierre*, b [4] 30 août 1729; m [4] 26 juin 1778, à Marie-Angélique Séjourné.—*Charles*, b [4] 3 juillet 1732.—*Jeanne*, b [4] 1er mars 1735; m [4] 18 août 1755, à Dominique Labrosse.

1717, (25 janvier) Montréal. [1]

III.—CARDINAL, Daniel, [Pierre II.
b 1692, s [1] 1er oct. 1718.
Gibaut, Marie-Madeleine (1), [Jean-Bte II.
b 1696.
Paul-François, b 23 sept. 1717, à Lachine; m 14 février 1746, à Marguerite Perras, à Laprairie.

1720, (5 août) Lachine.

II.—CARDINAL, Pierre, [Pierre I.
b 1704.
1° Foucher, Geneviève. [Jean II.
Marie-Anne, b 30 sept. 1721, à Montreal [3], m [3] 25 nov. 1743, à Jean Jouffard.—*Nicolas-Joseph*, b [3] 18 avril 1723.—*Geneviève*, b [3] 30 déc. 1724; 1° m [3] 29 juillet 1743, à Gabriel Briasse; 2° m 26 janvier 1756, à Louis Gaté, à Québec [4]; s [4] 4 déc. 1790.—*Pierre*, b [3] 9 avril 1726.—*Marguerite*, b [3] 15 mars 1728; m [3] 26 juin 1752, à Pierre Gaboury.—*Marie-Jeanne*, b [3] 14 mars et s [3] 29 août 1730.—*Pierre-Félix*, b [3] 31 mai et s [3] 2 août 1734.—*Marie-Charlotte-Ursule*, b [3] 22 oct. 1735. — *François-Xavier*, b [3] 7 juin et s [3] 4 août 1737.—*Angélique*,

(1) Voy. vol. I, p. 102.
(2) Dit Labrie.
(3) Voy. vol. I, p. 103.

(1) Elle épouse, le 28 avril 1722, Joseph Reaume, à Boucherville.

b 1738 ; m ³ 21 février 1757, à Claude Dumesnil. —*Jean-François,* b ³ 12 nov. 1739.—*Michel-Hypolite,* b ³ 6 nov. 1742.

1751, (11 juin). ³
2° St-Aubin, Marie,   [Julien II.
  b 1710 ; veuve de Louis Prudhomme.

1725, (14 nov.) Lachine. ⁵
III.—CARDINAL, François,   [Pierre II.
  b 1701.
Myloche, Marie-Joseph,   [François I.
  b 1706.
Pierre, b... m ⁵ 14 nov. 1763, à Apolline Morel-Mador.

III.—CARDINAL, François-Marie,   [Pierre II.
  b 1693 ; s 18 mars 1743, à Ste-Geneviève, M.
Brunet (1), Marie-Thérèse,   [Michel II.
  b 1709.

1727, (17 fevrier) Lachine. ⁷
III.—CARDINAL, Jean-Bte,   [Pierre II.
  b 1691 ; s 7 juillet 1764, au Détroit. ⁸
Massiot, Marie-Louise,   [Jean-Bte I.
  b 1703 ; s ⁸ 31 mai 1752.
Louise-Joseph, b ⁷ 28 janvier et s ⁷ 17 août 1728. —*Jean-Joseph,* b ⁷ 1ᵉʳ juin 1730.—*Charles,* b 1732 ; s ⁸ 16 avril 1748.—*Marie-Joseph,* b 1733 ; m ⁸ 14 janvier 1754, à Nicolas Laselle ; s ⁸ 26 sept. 1763.

II.—CARDINAL, Jean,   [Pierre I.
  b 1709.
Cayer, Marie.
Thérèse-Amable, b 15 et s 16 oct. 1728, à Lachine.

1729, (31 oct.) Montréal. ⁸
II.—CARDINAL, François,   [Pierre I.
  b 1701 ; s ³ 13 juillet 1739.
Laisne, Françoise (2),   [Olivier I.
  b 1705.
Marie-Françoise, b ³ 12 août 1730.—*Catherine,* b 1731 ; s ³ 25 août 1738.—*Pierre,* b ⁵ 6 janvier 1733.—*Louis-Joseph,* b ³ 21 et s ³ 27 oct. 1734.—*Marie-Anne,* b ³ 22 nov. 1735.—*Renée-Elisabeth,* b ³ 6 janvier 1738.—*Charlotte,* b ³ 14 dec. 1739.

1733.
IV.—CARDINAL, Jean-Bte,   [Pierre III.
  b 1713.
1° Guillory, Marie-Louise,   [Simon II.
  b 1700.
Pierre-Antoine, b 1734 ; s 8 sept. 1742, à Longueuil.

1738, (17 février) Montréal. ⁴
2° Leclerc, Marie-Louise.   [Louis II.
Jean-Baptiste, b ⁴ 21 sept. 1738 ; m 18 fevrier 1760, à Angélique Dupuis, à St-Philippe.—*Louis,* b 26 août 1743, à Laprairie ; s ⁵ 10 nov. 1757.—*Joseph,* b... m ⁵ 10 janvier 1763, à Rose Dupuis.

1741, (28 août) Montréal.
IV.—CARDINAL, François,   [Pierre III.
  b 1720.
Jubinville, Angélique,   [Michel I.
  b 1719.

1746, (14 février) Laprairie.
IV.—CARDINAL, Paul-François,   [Daniel III.
  b 1717.
Perras, Marguerite,   [Jean II.
  b 1724.
Marie-Marguerite, b 5 avril 1752, à St-Constant ² ; m ² 12 février 1770, à René Dupuis.—*François-Constant,* b ² 11 oct. 1754. — *Marie-Véronique,* b ² 2 mars 1756.— *Charlotte,* b ² 2 nov. 1757.—*Joseph,* b... m ² 12 oct. 1770, à Elisabeth Dupuis.—*Daniel-François,* b... m ² 2 mars 1772, à Michelle Supernant.

1750, (19 janvier) Lachine. ²
IV.—CARDINAL, Charles,   [Pierre III.
  b 1718 ; s avant 1770.
1° Deniau, Catherine,   [Pierre II.
  veuve de Jean Charbonneau ; s ² 18 avril 1752.
Marie-Catherine, b ² 10 nov. 1750 ; m 12 février 1770, à Jean-Baptiste Chenier, à St-Philippe.—*Amable,* b ² 14 avril et s ² 19 août 1752.

1755, (20 janvier). ²
2° Matias (1), Suzanne,   [Paul II.
Suzanne-Catherine, b ² 5 oct. 1755 ; s ² 8 fevrier 1756. — *Charles,* b ² 23 nov. 1756 ; m 17 août 1813, à Helène Miville, à St-Charles, Mo. —*Marie-Madeleine,* b ² 1ᵉʳ nov. 1758.—*Marie-Joseph,* b ² 28 oct. 1760.

IV.—CARDINAL (2), Jean,   [Jean III.
  b 1729 ; s 6 sept. 1787, à Québec.
Raté, Marie,   [Pierre III⁹
  b 1730.

1755, (8 avril) Detroit. ²
IV.—CARDINAL, Jean-Bte.   [Jacques III.
Mallet, Marie-Anne.   [François III.
Jeanne-Marie, b ² 17 mars 1756.—*Marie-Anne,* b ² 16 sept. 1758.

CARDINAL, François-Amable.
Labrosse, Marie-Joseph.
Jean-Baptiste, b 9 juillet 1757, à Ste-Geneviève, M. ²—*Marie-Madeleine,* b ² 3 nov. 1759.

CARDINAL, Pierre, b 1741 ; s 5 avril 1776, à Quebec.

CARDINAL, Pierre-Louis.
Dussault, Marie-Amable,
  b 1738 ; s 31 mars 1760, aux Trois-Rivières.²
Anonyme, b ² et s ² 27 mars 1760.

---

(1) Dit Létang.
(2) Ou Lesné. Elle épouse, le 5 sept. 1740, François Guillemin, à Montréal.

(1) Dit Massiot.
(2) Voy. Leroux.

1760, (18 février) St-Philippe.⁸
V.—CARDINAL, JEAN-BTE, [JEAN-BTE IV.
 b 1738.
 DUPUIS, Angélique, [FRANÇOIS III.
 b 1741.
Charles-Joseph, b 2 juin et s 23 août 1761, à St-Constant.—*André,* b ² 16 janvier 1763.

1763, (10 janvier) St-Philippe.⁸
V.—CARDINAL, JOSEPH. [JEAN-BTE IV.
 DUPUIS, Rose, [FRANÇOIS III.
 b 1739.
Marie-Angélique, b ⁸ 29 mars 1763. — *Pierre-Charles,* b ² 9 sept. 1764.

1763, (14 nov.) Lachine.
IV.—CARDINAL, PIERRE. [FRANÇOIS III.
 MOREL (1), APOLLINE. [LOUIS III.

1770, (12 oct.) St-Constant.
V.—CARDINAL, JOSEPH. [FRANÇOIS IV.
 DUPUIS, Elisabeth, [FRANÇOIS III.
 b 1744.

CARDINAL, PIERRE.
 DUFAUX, Anne.
Pierre-Jacques, b 1768 ; s 7 déc. 1769, à la Longue-Pointe.

CARDINAL, LOUIS.
 BÉLANGER, Thérèse. [PIERRE I.
Louis, b... s 24 août 1768, à St-Michel-d'Yamaska.

CARDINAL, JEAN.
 SAUVAGESSE, Marie.
Catherine, b 19 oct. 1772, au Détroit.

1772, (2 mars) St-Constant.
V.—CARDINAL, DANIEL-FRS. [FRANÇOIS IV.
 SUPERNANT, Michelle. [MICHEL III

1778, (26 juin) Détroit.⁸
IV.—CARDINAL, PIERRE, [JACQUES III.
 b 1729.
 SÉJOURNÉ, Marie-Angélique, [ALEXIS I.
 veuve de Jean-Baptiste Cauchois.
Geneviève, b ⁸ 11 juin 1781.—*Marie-Archange,* b⁸ 16 août 1783.—*Jeanne,* b ⁸ 17 avril 1785.

1702, (31 oct.) Quebec.⁹
I.—CARDINET (2), JEAN-BTE, chirurgien, b 1677 ; fils de François et d'Anne-Françoise Sabattier, de St-Andre-de-Cléry, diocèse d'Orléans ; s ⁹ 2 mai 1737.
 STILSON, Marie-Madeleine (anglaise), convertie et baptisee en 1695.
Jean-Baptiste, b ⁹ 4 juillet 1704 ; m ⁹ 28 janvier 1743, à Marie-Anne GAUTRON, s ⁹ 18 mars 1786.— *Marie-Madeleine,* b ⁹ 5 avril 1706 ; s ⁹ 29 janvier 1760.— *Marie,* b ⁹ 21 mars 1708 ; s ⁹ 27 oct. 1709. — *Charles-Guillaume,* b ⁹ 4 août 1709 ;

(1) Dit Mador.
(2) Dit Chevalier, 1709.

s ⁹ 13 juin 1711. — *Marie-Françoise,* b ⁹ 30 déc. 1710 ; m ⁹ 28 oct. 1734, à Jacques-François DEBOUCHEL.—*Geneviève,* b ⁹ 26 sept. 1712. — *Marie-Thérèse,* b ⁹ et s ⁹ 22 oct. 1713.—*Pierre,* b ⁹ 2 avril 1715 ; s ⁹ 2 janvier 1721. — *Marie-Anne,* b ⁹ 23 avril 1716. — *Jean-François,* b ⁹ 11 juin 1717 ; s ⁹ 15 avril 1733. — *Marie-Anne-Louise,* b ⁹ 9 août 1718.—*Marie-Claire,* b ⁹ 25 oct. 1719 ; s ⁹ 8 mars 1724. — *Marguerite,* b ⁹ 22 déc. 1720 ; s ⁹ 7 nov. 1749.— *Jean-Jacques-Philippe,* b ⁹ 2 mai 1722 ; s ⁹ 11 avril 1733.— *Marie-Anne,* b ⁹ 21 août 1724. — *Renée-Thérèse,* b ⁹ 14 juillet 1727 ; s ⁹ 29 sept. 1729.

1743, (28 janvier) Québec.⁹
II.—CARDINET (1), JEAN-BTE, [JEAN-BTE I.
 b 1704 ; s ⁹ 18 mars 1786.
 GAUTRON (2), Marie-Anne, [MICHEL I.
 b 1698 ; veuve de Charles Bouvier ; s ⁹ 24 oct. 1778.

I.—CARDON, PIERRE.
 DESROSIERS, Madeleine.
Pierre, b 2 nov. 1713, à Repentigny.

CARDONNET.—Voy. PEPIN, 1719.

1745, (6 sept.) Québec.⁹
I.—CARDOS (3), PIERRE, fils de Daniel et de Sara Racelon, de St-Esprit, diocèse de Bayonne
 MORIN, Catherine, [SIMON II.
 b 1719 ; veuve de Jacques Roujas.
Martin, b ⁹ 26 juin 1746.

CARESSE, MARIE, épouse de Jean PETIT.

CAREROT, MARIE-ANNE, épouse de Quentin DELASALLE (4).

CARRÉ, FRANÇOIS, b 1653 ; s 19 février 1723, à l'Ile-Dupas.

CARRÉ, FRANÇOIS.—Voy. QUESDRA.

1706, (11 juin) Montreal.
I.—CARRÉ (5), FRANÇOIS, b 1671, fils de Jean et de Marie Bordier, de St-Leger, diocèse de Nevers.
 OLIVIER, Marie-Anne, [JEAN I.
 b 1677.
Marie-Catherine, b 1707 ; s 16 oct. 1708, à Contrecœur. — *François,* b 30 mars 1710 à St-François-du-Lac.

1741, (9 oct.) Québec.⁸
I.—CARRÉ, JEAN, navigateur ; fils de Jean et d'Etiennette Robidon, de Rolandrieur-Reauxsur-la-Bruyère, diocèse de Dol, Bretagne.
 1° LAIZEAU, Marie-Louise, [RENÉ II.
 b 1720 ; s ⁸ 13 mai 1749.

(1) Dit Chevalier.
(2) Dit Larochelle.
(3) Dit Andriette.
(4) Officier des troupes.
(5) Dit Laroche ; soldat de St-Ours.

Louise-Elisabeth, b ⁸ 4 août et s ⁸ 18 sept. 1742.—*Jean-Baptiste*, b ⁸ 4 et s ⁸ 27 déc. 1745.
    1749, (20 oct.) ⁸
 2° Valières, Marie-Agathe, [Pierre II. b 1725.
 Jean-Joachim, b ⁸ 17 juillet 1750. — *Marie-Anne*, b 2 mars 1760, à la Pte-aux-Trembles, Q. ; s 16 août 1760, à St-Augustin.

I.—Carré, Pierre,
 s avant 1763.
 Thierry, Anne, [François I.
 s avant 1763.
 Marie-Joseph, b... m 23 juin 1763, à Pierre Carreau, à St-Laurent, I. O.

    1742, (19 nov.) St-Joachim. ¹
I.—Carré, Marc-François, fils d'Etienne et de Perinne Revaut, de Gitte, diocèse de St-Malo.
 Paré, Marie-Joseph (1), [Louis III.
 b 1723.
 René-François, b ¹ 21 nov. 1743. — *Marie-Joseph-Dorothée*, b 5 février 1745, à Ste-Anne. ² — *Henri-Marie*, b ² 4 août 1746.— *Marie-Louise*, b ² 23 mai 1749.—*Etienne*, b ² 21 février 1752.

    1749, (10 février) Québec. ⁸
I.—Carré, Thomas, b 1715 ; fils de Joseph et de Charlotte Daiblée, ville de St-Malo.
 1° Deguise, Marie-Louise, [François II.
 b 1734 ; s ⁸ 2 mars 1761.
 Pierre, b ⁸ 2 sept. 1750 ; m ⁸ 28 oct. 1776, à Marie-Louise Simon.— *Augustin-Marie*, b ⁸ 15 août 1751 ; m 16 février 1778, à Marie-Anne Bolduc, à St-Joachim.—*François*, b ⁸ 13 juillet 1753 ; s ⁸ 20 déc. 1758. — *Marie-Louise*, b ⁸ 23 mars et s ⁸ 6 juin 1755. — *Louise-Véronique*, b ⁸ 19 août 1756 ; s ⁸ 31 janvier 1758. — *David*, b ⁸ 22 oct. 1758 ; m ⁸ 22 juin 1784, à Angélique Bertin.
    1761, (21 sept.) ⁸
 2° Sevigny, Elisabeth, [Charles II.
 b 1728 ; veuve de Julien Leclerc.

I.—Carré, Nicolas (2), b 1735 ; s 30 avril 1760, à Montréal.

    1763, (19 sept.) Ile-aux-Coudres. ⁹
I.—Carré, Jean, acadien ; fils de Pierre et de Barbe Voyer.
 Pedneau, Catherine, [Pierre-Etienne I.
 b 1740 ; veuve de Louis Tremblay.
 Marie-Cécile, b ⁹ 22 juillet 1764.—*Jean-Marie*, b ⁹ 7 avril 1766.—*Marie-Louise*, b ⁹ 1768.—*Jean-François*, b ⁹ 30 mai 1771.—*Marie-Constance*, b ⁹ 16 sept. 1773.—*Alexis*, b ⁹ 12 août 1775.—*Joseph*, b ⁹ 14 déc. 1777. — *Marie-Madeleine*, b ⁹ 21 août 1779.

---

(1) Elle épouse, le 26 nov. 1759, Nicolas Simon, à Montréal.
(2) Natif de la province d'Alsace ; soldat du détachement de la marine.

    1776, (28 oct.) Québec.
II.—Carré, Pierre, [Thomas I.
 b 1750.
 Simon (1), Marie-Louise, [Antoine II.
 b 1750.

    1778, (16 février) St-Joachim. ⁹
II.—Carré, Augustin, [Thomas I.
 b 1751.
 Bolduc, Marie-Anne. [Paul III.
 Marie-Anne, b ⁹ 3 déc. 1778. — *Augustin*, b 1779 ; s 2 janvier 1780, à St-Joseph, Beauce.

    1784, (22 juin) Québec.
II.—Carré, David, [Thomas I.
 b 1758.
 Bertin, Angélique. [Gabriel-Joseph.

    1715, (28 avril) Montréal. ⁶
I—Cargueret (2), Nicolas, b 1691 ; fils de Charles et de Marie-Denise Mayeux, de St-Malo, Bretagne.
 Hébert, Jeanne, [Thomas I.
 b 1689.
 Jeanne, b 1717 ; m ⁶ 22 juillet 1737, à Jean-Baptiste Vallée.—*Marie-Anne*, b ⁶ 16 février et s ⁶ 15 nov. 1716.—*Jacques*, b ⁶ 21 février 1720.—*Claude*, b ⁶ 29 avril 1722.

CARIÉ.—Voy. Carrier.

    1781, (27 nov.) Détroit. ⁴
V.—Carié, Joseph.
 Sicard, Geneviève,
 veuve de Pierre Ménard.
 Marie-Amable, b ⁴ 10 oct. 1782.

CARIÈRE.—Voy. Jamme.

CARIGNAN. — *Variations et surnoms* : Bénard Besnard—Duclos—Ménard—Bourbeau.

    1717, (8 août) Québec. ³
III.—Carignan (3), Louis. [Pierre II.
 b 1693.
 1° Boissel, Marguerite, [Claude III.
 b 1698 ; s ³ 4 déc. 1730.
 Marguerite, b ³ 9 août 1718 ; m 25 juillet 1746, à Charles Larivière, à Boucherville.
    1732, (11 mai). ³
 2° Gagnon, Marie-Anne, [Vincent II.
 b 1697 ; veuve de Louis Bonedeau ; s ³ 7 déc. 1735.
 François-Polycarpe, b ³ 2 janvier et s ³ 30 août 1734.

CARIGNAN, Marguerite, b .. m à Jacques ...... ; s 25 sept. 1775, à Québec.

---

(1) Et St-Simon.
(2) Dit Collet—Malouin.
(3) Voy. aussi Bourbeau de 1717, p. 410.

CARIGNAN, ...

Antoine, b... s 13 avril 1750, à Lorette. ²—*Daniel*, b... s ² 16 juillet 1755.

1736, (23 juin) l'Assomption.
I.—CARIGNAN, Pierre, fils de François et de Jeanne Faviot, de Juvignez, diocèse du Mans.
Loyer, Marie-Geneviève,   [Gabriel II.
b 1697.

1749, (10 février) Boucherville.
IV.—CARIGNAN (1), Jean-Louis, [Joseph III.
b 1724.
Chaperon, Marie-Joseph.   [Jean-Bte III.
Nicolas, b 1758 ; s 8 janvier 1760, à Verchères.⁵
—*Joseph-Christophe*, b ³ 25 juillet 1760.

I.—CARIOT (2), Yves.
Duval, Charlotte.
Charlotte, b 27 nov. 1735, à Montréal¹ ; s ¹ 19 janvier 1736.

1757, (14 février) Québec. ³
I.—CARIOT (3), Pierre, fils d'Yves et de Jacquette Nicole, de St-Similien, diocèse de Nantes.
Amiot, Françoise,   [Jean IV.
b 1720 ; veuve de Charles Sauteux ; s ⁸ 8 février 1760.
Pierre-Prisque, b ⁵ 23 déc. 1757 ; s ⁸ 12 mars 1758.—*Jean-Pierre*, b ³ 25 mars 1759, s 11 février 1760, à Charlesbourg.

CARITIN, Marie, épouse de Jean Polet.

1705, (21 oct.) Montréal. ⁸
I.—CARLE (4), Michel, b 1670 ; fils de Jean et de Marie Chevalier, de St-Martin-de-Pons, diocèse de Xaintes ; s ³ 11 juillet 1728.
Dubois, Marguerite (5),   [René I.
b 1672.
Françoise-Michelle, b ³ 29 mars 1707.

1761, (12 janvier) Chambly.
I.—CARLES (6), Jean, fils de Jean et de Françoise Davignon, de Miladouze, Gascogne.
Poirier, Marie-Anne.   [François III.

I.—CARLEY, Denis,
Shea, Marguerite,
tous deux de Coole près Traley, comté de Kerry, Irlande.
Jean, b 1750, m à Catherine Hearn ; s 30 déc. 1777, à la Baie-St-Paul.

(1) Voy aussi Besnard de 1749, p. 267.
(2) Dit Laramée ; soldat de la compagnie de Budemont.
(3) Dit Lamusette.
(4) Dit Larocque ; sergent de la compagnie de M. de La Mothe et capitaine des postes de la ville de Montréal.
(5) Elle épouse, le 23 août 1729, Pierre Noel, à Montréal.
(6) Dit Lalancette.

1776, (14 oct.) Baie-St-Paul.
I.—CARLING, Jean-Bte, fils de Philippe et de Françoise Olivier, de Rosam-en-Guêne.
Coté, Geneviève,   [Thomas III.
b 1737.

CARLOS, Jean-Bte (1).

1732, (28 sept.) Cap-St-Ignace. ⁸
I.—CARLOS (2), Jean-Claude, b 1712 ; fils de Claude (marchand) et d'Anne Marchal, de St-Claude, diocèse de Lyon ; s ³ 8 février 1760.
1º Dauphin, Françoise,   [Jean II.
b 1712 ; s ³ 23 juillet 1753.
Marie-Françoise, b ³ 18 avril 1733 ; m ² 26 janvier 1761, à Joseph Fournier.—*Jean-Claude*, b ³ 29 juillet 1735. — *Marie-Thérèse*, b ⁵ 2 oct. 1737, m ³ 20 janvier 1762, à Jean-Baptiste Gaudreau.—*Jacques-Aimé*, b ³ 29 février 1740, m 28 nov. 1760, à Marguerite Bélanger, à l'Islet.—*Marie-Euphrasie*, b ᵈ 9 nov. et s ³ 15 déc. 1742.—*Marie-Romaine*, b ³ 9 nov. 1742.—*Marie-Romaine*, b ³ 4 août 1744. — *Marie-Romaine*, b ³ 17 août et s ³ 8 oct. 1746. — *Marie-Joseph*, b ³ 13 avril 1748 ; m ³ 16 avril 1765, à François Coté.
1756, (4 nov) St-Thomas.
2º Dandurand, Anne-Angel. (3), [Antoine I.
b 1718 ; veuve de François Drugeot.
Marie-Euphrosine, b ³ 2 juin 1758.

1760, (28 nov.) Islet. ⁹
II.—CARLOS, Jacques-Amable, [Jean-Claude I.
b 1740.
Bélanger, Marguerite,   [Pierre III.
b 1738, s ⁹ 22 sept 1782.
Pierre-Paul, b ⁹ 3 mars 1762 ; s ⁹ 17 juin 1774.—*Amable*, b ⁹ 3 mars 1764. — *Jean-Marie*, b ⁹ 12 oct. 1773.—*François*, b ⁹ 3 avril et s ⁹ 22 août 1775.—*Marie-Rose*, b ⁹ 19 sept. et s ⁹ 10 oct. 1782.

I.—CARLY (4), Antoine.
Guinard, Thérèse.
Hypolite, b... m 4 oct. 1765, à Marie Duplessis, à Yamachiche.

1765, (4 oct.) Yamachiche.
II.—CARLY (4), Hypolite.   [Antoine I.
Duplessis, Marie,   [Jean-Bte.
b 1742.

I.—CARMOY, Joseph (5).

1661, (16 nov.) Château-Richer. ⁵
II.—CARON (6), Jean,   [Robert I.
b 1641 ; s 29 déc. 1706, à Ste-Anne. ⁴
Gagnon, Marguerite,   [Jean I.
b 1645.

(1) Il était à St-Augustin le 17 janvier 1735.
(2) Et Carlotta, Carlot.
(3) Elle épouse, le 11 nov. 1761, Joseph Fournier, à St-Thomas.
(4) Dit Joyal.
(5) Capitaine du navire " L'Elisabeth " de Bordeaux. Il était à Batiscan le 14 sept. 1759.
(6) Voy. vol. I, p. 103.

Marie-Anne, b ⁵ 11 nov. 1665; m ⁴ 10 avril 1684, à Charles DeLessard.— *Jean*, b ⁴ 19 mars 1672; 1° m 29 oct. 1696, à Rosalie Simard, à la Baie-St-Paul, 2° m ⁴ 16 oct. 1714, à Agnès Poulin; s ⁴ 3 avril 1734.

1671.

I.—CARON, Claude (1),
  b 1641 ; s 18 sept. 1708, à Montréal. ⁵
  Varennes, Madeleine (2),
    b 1641 ; s ⁵ 18 mars 1727.
Vital, b 11 août 1673, à Laprairie ; m ⁵ 24 janvier 1698, à Marie Perthuis ; s ⁵ 22 avril 1745.

1674, (14 nov.) Château-Richer.

II.—CARON, Robert (1),   [Robert I.
  b 1647 ; s 30 avril 1714, à Ste-Anne. ⁸
  Cloutier, Marguerite,   [Jean II.
    b 1656.
François, b ⁸ 24 sept. 1675 ; m ⁸ 31 janvier 1702, à Françoise Paré ; s 5 nov. 1733 (noyé), à Berthier—*Ignace*, b ⁸ 12 déc. 1679 ; m 15 nov. 1707, à Marie Gaulin, à Ste-Famille, I. O.⁹—*Augustin*, b ⁸ 13 mars 1682 ; 1° m ⁹ 21 nov. 1712, à Marie-Madeleine Gaulin ; 2° m ⁸ 10 fevrier 1740, à Marie-Joseph Pepin ; s ⁸ 12 mai 1757. — *Joseph*, b ⁸ 7 avril 1686 ; 1° m 29 sept. 1727, à Angelique Guay, à Lévis ; 2° m 31 mars 1728, à Marie-Madeleine Levasseur, à Québec ; s 15 fevrier 1746, aux Trois-Rivières. — *Alexandre*, b ⁸ 29 oct 1690 ; m ⁸ 13 nov. 1719, à Dorothée Lessard ; s 26 avril 1751, à l'Islet.

1678, (19 février) Québec.

II.—CARON, Pierre (3),   [Robert I.
  b 1655.
  Bernier, Marie-Michelle,   [Jacques I.
    b 1660.
Elisabeth, b 14 nov. 1682, au Cap-St-Ignace⁶ ; m ⁶ 7 janvier 1702, à Augustin Gravel.

CARON, Marie, b 1656 ; m à ...... Desrochers ; s 28 février 1755, à la Baie-du-Febvre.

1685.

I.—CARON, Jean-Bte (1),
  b 1651 ; s 27 oct. 1730, à l'Hôpital-Général, Q.
  1° Rabouin, Elisabeth,   [Jean I.
    b 1669 ; s 7 oct. 1691, à Champlain. ⁴
  1696, (27 fevrier). ⁴
  2° Billy, Therèse,   [Jean-François I.
    b 1677.
Marie-Anne, b 6 janvier 1697, à Batiscan.— *Joseph*, b ⁴ 30 mai 1698. — *Thérèse*, b ⁴ 7 avril 1700. — *Marie-Thérèse*, b ⁴ 21 avril 1702 ; m ⁴ 2 avril 1719, à Jean Toupin. — *Marie-Renée*, b... ; m ⁴ 18 sept. 1724, à François Rivard.— *Marie-Joseph*, b ⁴ 20 août 1705 ; m ⁴ 1ᵉʳ août 1729, à Jean-Louis Augé.

---

(1) Voy. vol. I, p. 103.
(2) Native du diocèse de Clermont, France.
(3) Voy. vol. I, p. 104.

1686, (10 février) Château-Richer.

II.—CARON, Vital (1),   [Michel I.
  s 6 mars 1730, à Québec. ⁸
  Gagnon, Marguerite,   [Mathurin I.
    b 1663 ; s ⁸ 17 avril 1742.
Marguerite, b ⁸ 26 déc. 1686 ; m ⁸ 2 juillet 1703, à Jean Maillou ; s ⁸ 1ᵉʳ mai 1719.—*Joseph-Vital*, b ⁸ 9 nov. 1699 ; 1° m ⁸ 9 février 1733, à Catherine Cliche ; 2° m 7 sept. 1735, à Charlotte Joliet, à St-Laurent, I. O.

1686.

II.—CARON, Joseph (1),   [Robert I.
  b 1652 ; s 30 mai 1711, au Cap-St-Ignace. ⁷
  Bernier, Elisabeth,   [Jacques I.
    s 5 avril 1744, à l'Islet. ⁸
Joseph, b ⁷ 28 fevrier 1689 ; m ⁸ 1ᵉʳ juin 1711, à Marie-Anne Fortin ; s ⁵ 9 février 1762. — *Marie-Catherine*, b ⁷ 26 mai 1695 ; m 5 nov. 1714, à Thomas Prou, à St-Thomas⁸ ; s ⁸ 26 juillet 1744.

1695, (20 juin) Montréal. ⁴

II.—CARON, Claude (1),   [Claude I.
  b 1672.
  1° Perthuis, Elisabeth,   [Pierre I.
    b 1675 ; s ⁴ 23 avril 1703.
Claude, b ⁴ 6 mai 1696 ; m ⁴ 30 nov. 1724, à Madeleine Gervaise.—*Elisabeth*, b ⁴ 31 déc. 1700 ; m ⁴ 11 nov. 1720, à André Demers.

    1703, (12 nov.) ⁴
  2° Boyer, Jeanne,   [Nicolas I.
    b 1682.
Nicolas, b ⁴ 18 sept. 1704 ; m ⁴ 14 février 1738, à Marie Lauzon.—*Jean*, b ⁴ 7 février 1706 ; m ⁴ 14 mai 1736, à Françoise Lauzon. — *Marguerite*, b ⁴ 24 février 1707. — *Marie-Joseph*, b ⁴ 15 mai 1708.— *Antoine*, b ⁴ 20 janvier et s ⁴ 2 février 1710.— *Antoine*, b ⁴ 16 février 1711 ; s ⁴ 31 déc. 1716.— *Marie-Françoise*, b ⁴ 3 mars 1713 ; m ⁴ 27 mai 1734, à Jean-Baptiste Brossard.—*Claude*, b ⁴ 12 juillet 1714.—*Joseph-Marie*, b ⁴ 3 avril 1716 ; m ⁴ 28 août 1747, à Louise Leclerc. — *Paul*, b ⁴ 28 mars 1718.—*Louis*, b ⁴ 25 août et s ⁴ 4 sept. 1723. —*Charles*, b ⁴ 8 août 1725 ; m ⁴ 24 mai 1752, à Angelique Tessier.

1696, (29 oct.) Baie-St-Paul.

III.—CARON, Jean,   [Jean II.
  b 1672 ; s 3 avril 1734, à Ste-Anne. ¹
  1° Simard, Rosalie,   [Noel I.
    b 1681 , s ¹ 20 juillet 1714.
François, b 1697 ; 1° m ¹ 3 février 1728, à Marie-Joseph Barette ; 2° m 28 nov. 1747, à Gertrude Delage, au Château-Richer ; s ¹ 25 oct. 1769.—*Marguerite*, b ¹ 15 sept. 1704 ; 1° m ¹ 24 janvier 1724, à Ignace Poulin ; 2° m 7 nov. 1746, à Charles Queret, à St-Joachim. ²—*Jean-Baptiste*, b ¹ 27 juillet et s ¹ 8 déc. 1706.—*Geneviève*, b ¹ 26 déc. 1707 ; m ¹ 30 sept. 1727, à Etienne Morel. — *Joseph*, b... s ¹ 12 déc. 1708. — *Marie-Madeleine*, b ¹ 13 août 1710 ; m ¹ 21 avril 1732, à François Plante. — *Ursule*, b ¹ 7 et s ¹ 17 dec. 1712.—*Marie-Thérèse*, b... m ¹ 5 février 1725, à André Poulin.

---

(1) Voy. vol. I, p. 104.

1714, (16 oct.)[1]
2° POULIN, Agnès. [MARTIN II.
 Jean, b[1] 21 avril 1717; m[1] 30 avril 1743, à Marie PARÉ.—*Agnès*, b[1] 14 juin 1720; 1° m[1] 11 nov. 1744, à Louis PERROT, 2° m[1] 7 février 1757, à Jean-Baptiste DUPONT; s 22 mars 1795, à Québec.[4]—*Pierre*, b[1] 6 février 1723; m[2] 5 février 1749, à Marie-Anne ALAIRE.—*Marie-Louise*, b[1] 27 juin 1725; 1° m[1] 7 oct. 1748, à Basile BONNEAU; 2° m[4] 8 mai 1758, à Jean NEXER.—*Marie-Angélique*, b[1] 1er avril 1730, m[1] 17 février 1749, à Ignace BERTHELOT.

1698, (24 janvier) Montréal.[7]
II.—CARON (1), VITAL, [CLAUDE I.
 b 1673; s[7] 22 avril 1745.
 PERTHUIS, Marie, [PIERRE I.
 b 1678.
 Marie-Anne, b[1] 17 déc. 1698; 1° m[7] 22 sept. 1728, à Paul HOTESSE; 2° m[7] 5 nov. 1736, à Jacques FORTIER. — *Vital*, b 1702; m 20 juillet 1735, à Madeleine PRUNEAU, au Detroit[8]; s[8] 18 avril 1747.—*Angélique*, b 17 février 1707, à Lachine[9]; 1° m[7] 21 janvier 1740, à Pierre LAMOTHE; 2° m[7] 6 juin 1757, à Michel HENRY.—*Jeanne*, b[9] 28 nov. 1709; m[9] 16 août 1729, à Pierre MELOCHE. —*Catherine*, b[9] 25 déc. 1707; m[9] 8 janvier 1731, à Antoine PICARD.—*Marie-Anne*, b... m[9] 16 nov. 1717, à Jacques PARÉ.—*Marie-Madeleine*, b...—*Jean-Baptiste*, b[9] 27 avril 1704, 1° m à Marie-Joseph TABAUT; 2° m 7 avril 1750, à Marie-Joseph DUQUET, à Châteauguay.

1702, (31 janvier) Ste-Anne[3]
III.—CARON, FRANÇOIS, [ROBERT II.
 b 1675; s 5 nov. 1733 (noyé), à Berthier.[4]
 PARÉ, Françoise, [JOSEPH II.
 b 1685; s[4] 5 nov. 1733 (noyée).
 François-Xavier, b[3] 3 février 1703; m 20 nov. 1731, à Geneviève GAMACHE, à l'Islet.[6] —*Louis*, b[3] 2 déc. 1704; m[5] 5 juillet 1734, à Marguerite GAMACHE. — *Ignace*, b[3] 14 février 1707; m[6] 5 juillet 1734, à Marguerite ROUSSEAU. —*Joseph*, b[6] 6 mars 1709.—*Reine*, b[6] 6 janvier 1711; m[6] 3 juillet 1731, à Jean-Baptiste COUILLARD. — *Jean-Baptiste*, b[6] 15 nov. et s[6] 3 déc. 1712.—*Alexandre*, b[6] 30 mars 1714; m 9 février 1750, à Marie-Joseph LEBEL, à St-Roch.—*Marie-Geneviève*, b[6] 13 juin 1716; m[6] 20 juillet 1733, à Joseph COUILLARD.—*Michel*, b[6] 28 sept. et s[6] 4 nov. 1718. — *Joseph-Marie*, b[6] 14 oct. 1719; s[6] 16 mai 1726. — *Dorothée*, b[6] 29 juin 1722; s[6] 19 janvier 1726. — *Marie-Joseph*, b[6] 9 et s[6] 17 sept. 1724. — *Jean-Marie*, b[6] 27 et s[6] 30 oct. 1725.—*Françoise*, b[6] 4 avril 1727; 1° m[6] 20 nov. 1747, à Alexis MORNEAU; 2° m[6] 3 février 1761, à Louis MORIN.

1707, (15 nov.) Ste-Famille, I. O.
III.—CARON, IGNACE, [ROBERT II.
 b 1679.
 GAULIN, Marie, [ROBERT II.
 b 1689.
 Ignace, b 8 oct. 1708, à l'Islet[1]; s[1] 11 oct. 1725.—*Joseph*, b[1] 12 déc. 1709. — *Augustin*, b[1] 26 déc. 1710; s[1] 5 janvier 1711.—*Joseph*, b[1] 20 février 1712; m 7 nov. 1735, à Marie-Joseph LISOTTE, à Ste-Anne-de-la-Pocatière.—*Prudent*, b[1] 10 oct. 1713.—*Marie-Geneviève*, b[1] 7 nov. 1714; s[1] 16 janvier 1715. — *Louis*, b[1] 1er janvier 1716; m 26 juin 1740, à Marie-Françoise GAGNON, à St-Roch[2]; s[2] 19 janvier 1756. — *Jean-Baptiste*, b[1] 24 mars 1718; m 1er mars 1745, à Madeleine BOISSEL, à Beaumont. — *Madeleine*, b[1] 28 mars 1720, m[1] 29 oct. 1738, à Joseph BERNIER.— *Marie-Marthe*, b[1] 31 déc. 1721; s[1] 21 janvier 1722. — *Marie-Marthe*, b[1] 7 février 1723; m[1] 9 février 1749, à Joseph FORTIN.— *Marie*, b[1] 10 déc. 1724; m[1] 15 janvier 1747, à Joseph PELLETIER.—*Anonyme*, b[1] et s[1] 13 juin 1726.—*Marie-Ursule*, b[1] 27 oct. 1727.

1710, (28 avril) Cap-St-Ignace.[3]
III.—CARON, FRANÇOIS, [PIERRE II.
 b 1689.
 DOMINGO (1), Anne-Geneviève. [ETIENNE I.
 Marie-Geneviève, b[3] 29 janvier 1711; m[3] 5 juin 1730, à Pierre LEMIEUX. — *Louise*, b[3] 9 février 1713; m[3] 9 janvier 1736, à Jean-François BÉLANGER.—*François-Xavier*, b[3] 14 février 1714; 1° m 25 oct. 1740, à Elisabeth CLOUTIER, à l'Islet[4]; 2° m 8 janvier 1753, à Marie-Anne CORRIVEAU, à St-Valier. — *Marie-Louise*, b[3] 23 déc. 1715. —*Pierre*, b 1717; s[3] 29 oct. 1725.—*Félicité*, b[3] 27 avril 1719; s[3] 16 nov. 1725. — *Alexandre*, b[3] 1er mars 1721; 1° m[3] 31 janvier 1746, à Barbe LANGLOIS; 2° m[3] 13 mai 1760, à Marguerite GODET. — *Simon*, b[3] 22 oct. 1724; s[3] 5 mars 1731.— *Pierre-Barthélemi*, b[3] 16 nov. et s[3] 3 déc. 1726.—*Bonaventure*, b[3] 25 déc. 1727; 1° m 21 janvier 1754, à Marie-Anne MICHON, à St-Thomas; 2° m[4] 23 janvier 1757, à Marie-Claire LANGELIER.—*Louis*, b[3] 23 déc. 1729; s[3] 1er juillet 1730.—*Joachim* (2), b[3] 14 juillet 1731; m[3] 28 janvier 1754, à Marie-Louise RUEL.—*Jean-Marie*, b[3] 19 avril et s[d] 16 août 1737.

1711, (1er juin) Islet.[8]
III.—CARON, JOSEPH, [JOSEPH II.
 b 1689; s[8] 9 février 1762.
 FORTIN, Marie-Anne, [CHARLES II.
 b 1688; s[8] 8 août 1750.
 Anonyme, b[8] et s[8] 28 sept. 1712.—*Joseph*, b[8] et s[8] 28 mars 1713.—*Joseph*, b...m 3 avril 1742, à Marie-Joseph ST-PIERRE, à St-Roch. — *Jean-Baptiste*, b[8] 17 février 1714.—*Marie-Louise*, b[8] 13 février 1715; m[8] 18 nov. 1732, à Jean-Baptiste BOSSÉ; s[8] 11 sept. 1733.—*Laurent*, b[8] 10 août 1716; s[8] 5 oct. 1733.—*Etienne*, b[8] 24 janvier 1718, m[8] 19 nov. 1741, à Geneviève TONDREAU. — *Geneviève*, b[8] 12 mars 1719.—*Angélique*, b[8] 8 sept. 1720; 1° m[8] 30 janvier 1736, à Pierre AUCOUTURIER; 2° m[8] 19 février 1759, à Joseph DUBÉ —*Marguerite-Cordule*, b[8] 22 février 1722; m[8] 3 nov. 1739, à Pierre BOUCHARD. — *Pierre-François*, b[8] 24 oct. 1723; m[8] 11 juillet 1746, à Marthe COUILLARD.—*Félicité*, b[8] 17 nov. 1726.—*Jean-Baptiste*, b[8] 17 mars 1728; m[8] 29 mai 1752, à Marguerite-Ursule LECLERC.

(1) Appelée Thomingau, 1710
(2) Filleul de Mme St-Joachim, supérieure des Dames Hospitalières.

(1) Voy. vol. I, p 104.

1712, (21 nov.) Ste-Famille, I. O. [1]
III.—CARON, AUGUSTIN, [ROBERT II.
b 1682; s 12 mai 1757, à Ste-Anne. [2]
1° GAULIN, Marie-Madeleine, [ROBERT II.
b 1696; s [2] 27 avril 1730.
Augustin, b [2] 9 mars 1714; m [1] 4 août 1738, à Thérèse GUYON.—*Marie-Madeleine,* b [2] 20 mars et s [2] 20 juillet 1715.—*Joseph,* b [2] 6 juin 1716.—*Marguerite,* b [2] 10 mars 1718; m [2] 13 mai 1748, à Louis RACINE.—*Marie-Madeleine,* b [2] 6 avril 1719. m [2] 27 janvier 1738, à Joseph GAGNON; s [2] 12 avril 1758.—*Agnès,* b [2] 22 sept. 1720; m [2] 8 février 1740, à Joseph GAGNON.—*Ignace,* b [2] 17 avril 1722; m [2] 5 oct. 1750, à Marie-Elisabeth ROY; s [2] 30 nov. 1758.—*François,* b [2] 16 janvier 1724; s [2] 15 janvier 1742.—*Marie-Joseph,* b [2] 19 oct. 1725. m [2] 22 janvier 1748, à Joseph MERCIER; s [2] 18 janvier 1764.—*Jean,* b [2] 15 sept. et s [2] 1er oct. 1727.—*Geneviève,* b [2] 5 oct. 1728; m [2] 24 janvier 1746, à Joseph RACINE; s [2] 11 février 1765.—*Marie-Françoise,* b [2] 18 juin et s [2] 27 juillet 1730. —*Jean-Baptiste,* b [2] 13 et s [2] 29 oct. 1731.— *Michel,* b [2] 6 mars 1734, m 17 janvier 1757, à Marie-Joseph PARANT, à St-Roch.—*Anonyme,* b [2] et s [2] 22 mars 1736.
1740, (10 février). [2]
2° PEPIN, Marie-Joseph (1). [JEAN II.
Ambroise, b [2] 7 mai 1742.—*François,* b [2] 17 mars 1744; s [2] 1er janvier 1749.—*Louis-Marie,* b [2] 15 sept. 1746.—*Marie-Scholastique,* b [2] 31 juillet 1748.—*Joseph,* b [2] 27 février 1751.—*Jean-Baptiste,* b... m [2] 14 nov. 1763, à Geneviève LESSARD.

1713, (27 février) Cap-St-Ignace.
III.—CARON, JOSEPH, [ROBERT II.
BERNIER, Marie-Madeleine, [PIERRE II.
b 1692.
Joseph, b 1714; m 15 février 1735, à Elisabeth LEMIEUX, à l'Islet. [3]—*Marie-Madeleine,* b 1716, m [3] 10 nov. 1738, à Pierre BOUCHER. — *Jean-Baptiste,* b... 1° m 12 nov. 1742, à Rosalie BRISSON, à St-Roch; 2° m [3] 6 avril 1761, à Marie-Joseph BÉLANGER.—*Hyacinthe,* b [3] 23 février 1719; m 28 juillet 1751, à Françoise MORIN, à St-Thomas. [4]—*Geneviève,* b [3] 20 oct 1720; m [3] 29 août 1740, à Joseph MIGNIER.—*Elisabeth-Ursule,* b [3] 26 sept. 1722; s [3] 19 janvier 1726.—*Jean-Baptiste-Régis,* b [3] 5 juin 1724; m [4] 4 nov. 1748, à Marie FOURNIER.—*Alexis,* b [3] 23 juin 1726; m [3] 8 février 1750, à Françoise FORTIN.—*Simon,* b [3] 27 mars 1728; m [3] 11 mai 1750, à Marthe TONDREAU.—*Marie-Joseph,* b [3] 8 avril 1730, 1° m [3] 29 janvier 1753, à Joseph-François TONDREAU; 2° m [3] 19 février 1759, à Louis COTÉ. — *Louis-Claude,* b [3] 7 février 1732; m [3] 3 février 1754, à Ursule TONDREAU. — *Marie-Agnès,* b [3] 1er février 1734. — *Pierre-Noël,* b [3] 27 déc. 1735; m [4] 4 juillet 1757, à Marie-Geneviève TIBAUT.

1716, (26 avril) Ste-Famille, I. O.
III.—CARON, CLAUDE, [ROBERT II
b 1684.
1° GAULIN, Marie-Marthe, [ROBERT II.
b 1700; s 13 sept. 1719, à Ste-Anne. [5]

Claude, b [5] 26 janvier et s [5] 22 mars 1717.— *Claude,* b [5] 17 février 1718; m [5] 1er oct. 1742, à Marie-Madeleine RACINE.—*Joseph,* b [5] 12 sept. et s [5] 29 oct. 1719.
1725, (25 juin). [5]
2° PEPIN, Marie-Madeleine, [JEAN II.
b 1691; s [5] 9 mars 1756.
Jean-Baptiste, b [5] 13 mars 1726; m [5] 8 nov. 1751, à Geneviève GIGUÈRE.—*Joseph-François,* b [5] 11 oct. 1729.—*Ignace,* b [5] 9 dec. 1730.

1719, (13 nov.) Ste-Anne. [6]
III.—CARON, ALEXANDRE, [ROBERT II.
b 1690; s 26 avril 1751, à l'Islet. [7]
LESSARD, Dorothee, [ETIENNE II.
b 1697; s [6] 20 avril 1751.
Alexandre, b [7] 29 oct. 1720. — *Ignace,* b 1721; s [6] 1er sept. 1725. — *Ignace-Etienne,* b [7] 3 mars 1722; m 1754, à Marguerite ROUSSEAU.

CARON, JACQUES.
GRENON, Anne.
Jacques, b 4 février 1725, à St-Antoine-Tilly.

1724, (30 nov.) Montréal. [8]
III.—CARON, CLAUDE, [CLAUDE II.
b 1696.
GERVAISE, Madeleine, [CHARLES II.
b 1700.
Claude, b [8] 17 sept. 1725, s [8] 4 février 1726.— *Charles,* b [8] 29 mai et s [8] 24 sept. 1728.—*Catherine,* b [8] 1er juillet 1729; s [8] 4 mars 1730.— *Claude,* b 15 oct. 1730, à Makinac. [9] — *Françoise-Angélique,* nee en 1738; b [9] 12 juillet 1744 (adoptee par ...... Tessier).

1727, (17 février) Cap-St-Ignace.
III.—CARON, LOUIS, [JOSEPH II.
b 1700.
LEMIEUX, Marie-Geneviève, [LOUIS II.
b 1705.
Marie-Louise, b 8 déc. 1727, à l'Islet. [9]—*Louis-Marie,* b [9] 13 avril 1729. — *Charles,* b [9] 23 juin 1730; 1° m [9] 14 janvier 1754, à Marie BÉLANGER 2° m 25 janvier 1762, à Marie-Elisabeth DESTROISMAISONS, à Berthier.—*Joseph,* b [9] 13 janvier 1732. —*Anonyme,* b [9] et s [9] 18 oct.1733.—*Marie-Marthe,* b [9] 8 sept. 1734; s [9] 22 nov. 1738.—*Pierre-Laurent,* b [9] 10 août 1736; m [9] 18 janvier 1764, à Elisabeth CHOUINARD.—*Etienne-François,* b [9] 10 février 1738. — *Marie-Joseph,* b [9] 13 mars 1740, m [9] 8 nov. 1762, à Joseph COUILLARD.—*Pierre,* b [9] 30 juin 1742. — *Marie-Marthe,* b [9] 6 juin 1744. — *Marguerite,* b [9] 18 nov. 1745; m 9 février 1769, à Joseph CHOUINARD, à St-Jean-Port-Joli.—*François-Xavier,* b [9] 17 sept. 1747.

1727, (29 sept.) Lévis.
III.—CARON, JOSEPH (!), [ROBERT II.
b 1686; s 15 février 1746, aux Trois-Rivières. [9]
1° GUAY, Marie-Angélique, [MICHEL II.
b 1700; s 15 nov. 1727, à Québec. [4]

---
(1) Elle epouse, le 6 fevrier 1753, Felix Deslauriers, à Ste-Anne.

(1) Notaire public, greffier aux Trois-Rivières et huissier du conseil de Québec.

1728, (31 mars). [4]
2° LEVASSEUR, Marie-Madeleine, [NOEL III.
b 1702; s [4] 5 mai 1760.
Marie-Joseph, b [4] 4 juin 1729; m [4] 7 janvier 1751, à Jean CONTERY.—*Marie-Madeleine*, b [4] 20 mai 1730; s [4] 9 avril 1732.—*Elisabeth-Geneviève*, b [4] 2 sept. et s [4] 29 déc. 1731.—*Marie-Geneviève*, b [4] 7 nov. 1732; m [4] 15 février 1762, à Nicolas CARON. — *Louis-Joseph*, b [4] 9 déc. 1733; s [4] 18 février 1734.—*Louis*, b [4] 2 janvier 1735.—*Louis*, b [4] 11 février 1736; s [4] 11 avril 1738.—*Geneviève*, b [4] 24 février et s 1er mars 1737, à Lorette.—*François-Jean-Baptiste*, b [4] 24 juin 1738.—*Marie-Françoise*, b [4] 2 déc. 1739; s [4] 10 janvier 1742.—*Marie-Geneviève*, b [4] 11 janvier 1741. — *André*, b [4] 30 nov. 1742.—*Madeleine*, b [9] 10 et s [9] 22 mai 1744.—*Claire-Marguerite*, b [9] 12 août 1745.

1728, (3 février) Ste-Anne. [9]
IV.—CARON, FRANÇOIS, [JEAN III.
b 1697; s [9] 25 oct. 1769.
1° BARETTE, Marie-Joseph, [FRANÇOIS II.
b 1707; s [9] 4 février 1747.
François, b 11 août 1729, à St-Joachim.[5]—*Marie-Joseph*, b [9] 8 et s [9] 13 avril 1731. — *Timothée*, b [9] 15 avril et s [9] 1er juin 1732.—*Jean*, b [9] 16 avril 1733.—*Joseph*, b [9] 4 juillet 1735.—*François*, b [9] 14 nov. 1737. — *Louis*, b [9] 27 oct. 1739. — *Marie-Joseph*, b [9] 10 oct. 1742.—*Marie-Reines*, b [9] 20 janvier 1745. — *Marie-Joseph-Rosalie*, b [9] 21 janvier 1747; s [9] 15 juillet 1757. — *Marie*, b... 1° m [9] 9 juillet 1770, à Ange DODIER; 2° m 18 janvier 1773, à Joseph FORTIN, à St-Joseph, Beauce [7]; s [7] 9 mars 1778.

1747, (28 nov.) Château-Richer.
2° DELAGE, Gertrude, [CHARLES II.
b 1724.
Geneviève, b [9] 8 oct. 1748, m [5] 13 août 1770, à Louis BOUILLANE.—*Anonyme*, b [9] et s [9] 12 juin 1750.—*Augustin*, b [9] 18 juin 1751. — *Madeleine*, b [5] 6 mai 1753; m [5] 20 février 1775, à Augustin BOUCHER. — *Gertrude*, b [5] 6 mai 1753. — *Marie-Charlotte*, b [9] 16 août 1757.—*Marie-Euphrosine*, b 12 avril 1760, à St-Thomas. — *François*, b 1762, s [9] 28 février 1766. — *Marie-Louise*, b [9] 4 nov. 1763.— *Marie-Françoise*, b [9] 22 avril 1765. —*Jérôme*, b... m 25 nov. 1782, à Marguerite LORD, à l'Ile-aux-Coudres.

1729, (14 sept.) Québec. [9]
III.—CARON, NICOLAS. [VITAL II.
DeRAINVILLE, Marguerite, [JEAN III.
b 1703; s [9] 5 oct. 1757.
Nicolas-Madeleine, b [9] 30 mai et s [9] 31 août 1732.—*Nicolas-Michel*, b [9] 17 juillet 1733; m [9] 15 février 1762, à Geneviève CARON. — *Marie-Marguerite*, b [9] 3 mai 1736.—*Alexis*, b [9] 24 mai 1738; m 25 juillet 1763, à Catherine TESSIER, à Montréal.

I.—CARON, JOSEPH (1), de St-Maur-sur-Loire, diocèse d'Angers; s 1er juin 1731, à Beauport.

1730, (31 juillet) Bécancour. [9]
CARON, JOSEPH.
1° ROCHELEAU, Madeleine.
Joseph-Marie, b [9] 8 juin 1731.

1734, (15 février). [9]
2° CHAMPOUX (1), Madeleine. [PIERRE I.
Marie, b [9] 19 mai et s [9] 20 déc. 1735.

1731, (4 juin) Islet. [8]
III.—CARON, CHARLES, [JOSEPH II.
b 1709; s [8] 5 déc. 1749.
GAULIN, Marie-Joseph (2), [ROBERT II.
b 1712.
Charles, b [8] 3 mars 1732.—*Anonyme*, b [8] et s [8] 3 nov. 1732. — *Marie-Joseph*, b [8] 24 janvier 1734; s [8] 25 janvier 1740. — *Louis-Marie*, b [8] 11 sept. 1735. — *Marie-Geneviève*, b [8] 25 mars 1737. — *Pierre-François*, b [8] 10 mars 1739. — *Jean-Baptiste*, b [8] 21 mai 1741; m 7 janvier 1765, à Catherine CHAPET, à la Rivière-Ouelle.—*François-Xavier*, b [8] 4 juin 1743; m [8] 5 mars 1764, à Marie-Claire SARCELIER. — *Marie-Joseph*, b [8] 27 mai 1749; s [8] 14 juin 1751.

1731, (20 nov.) Islet. [8]
IV.—CARON, Frs-XAVIER, [FRANÇOIS III.
b 1703.
GAMACHE, Geneviève, [NICOLAS II.
b 1705.
Anonyme, b [8] et s [8] 24 août 1733.

1733, (9 février) Québec. [6]
III.—CARON, JOSEPH-VITAL, [VITAL II.
b 1708; s 30 sept. 1748, à St-Frs-du-Lac. [8]
1° CLICHE, Catherine, [CLAUDE II.
b 1712; s [6] 27 avril 1733.

1735, (7 sept.) St-Laurent, I. O.
2° JOLIET, Marie-Jos.-Charlotte (3). [CHARLES III.
Charlotte, b [8] 2 mai 1737; m [8] 21 février 1757, à Joseph LANGLOIS.—*Marie-Joseph*, b [8] 4 mars 1739.—*Marie-Marguerite*, b [8] 9 oct. 1740; s [8] 6 janvier 1741. — *Jean-Baptiste*, b [8] 19 nov 1741.—*Marie-Claire*, b [8] 24 oct. 1743, m à Louis BADAILLAC.—*Marguerite*, b [8] 3 janvier 1746.—*François*, b [8] 5 février 1748.

1734, (5 juillet) Islet. [8]
IV.—CARON, LOUIS, [FRANÇOIS III.
b 1704.
GAMACHE, Marguerite, [NICOLAS II.
b 1715; s [8] 16 nov. 1736.
Marguerite, b... m [8] 24 avril 1752, à Isidore-Paschal BERNIER.—*Angélique*, b [8] 6 nov. 1736.

1734, (5 juillet) Islet. [4]
IV.—CARON, IGNACE, [FRANÇOIS III.
b 1707.
ROUSSEAU, Marguerite, [MARTIN II.
b 1710.

(1) Dit Jolicœur.
(2) Elle épouse, le 5 juillet 1751, François LABBÉ, à l'Islet.
(3) Elle épouse, le 14 avril 1749, Ignace ABRAHAM, à St-Frs-du-Lac.

(1) Il s'était marié en France et vint au Canada en 1730.

Marguerite-Ursule, b⁴ 2 juin 1735. — *Ignace,* b⁴ 18 nov. 1736. — *Marie-Geneviève,* b⁴ 4 oct. 1738. —*Clotilde,* b⁴ 18 juillet 1740.—*Angélique,* b⁴ 14 oct. 1742.—*Elisabeth-Françoise,* b⁴ 8 août 1749.

CARON, PIERRE, b... s 27 oct. 1744, au Détroit.

1735, (15 février) Islet. ⁷

IV.—CARON, JOSEPH, [JOSEPH III.
   b 1714.
  LEMIEUX, Elisabeth, [ALEXIS II.
   b 1712; veuve de Joseph Fortin.
Marie-Elisabeth, b⁷ 4 déc. 1735 ; 1° m ⁷ 10 février 1755, à Gabriel PELLETIER; 2° m ⁷ 9 janvier 1757, à Louis HOTTOT; 3° m ⁷ 2 oct. 1781, à Pierre-Joseph CLOUTIER.—*Anonyme,* b⁷ et s ⁷ 25 nov. 1737.—*Françoise-Ursule,* b ⁷ 24 janvier 1739; 1° m à Joseph TONDREAU; 2° m ⁷ 7 oct. 1782, à Antoine GAGNON.—*Anonyme,* b ⁷ et s ⁷ 12 dec. 1740.—*Marie-Françoise,* b ⁷ 6 février 1742.—*Jean-Marie,* b ⁷ 9 février 1747. — *Abondance,* b ⁷ 26 sept. 1748.—*Marie-Thérèse,* b ⁷ 17 sept.1750. — *Pierre-Joseph,* b ⁷ 27 mai 1753. — *Joseph-Hyacinthe,* b...

CARON, MARIE, b 1735; s 10 janvier 1750, à l'Islet.

1735, (20 juillet) Détroit. ⁴

III.—CARON, VITAL, [VITAL II.
   b 1702; s⁴ 18 avril 1747.
  PRUNEAU, Madeleine, [JEAN I.
   veuve de Jean-Baptiste Casse.
Vital, b⁴ 24 mai 1736. — *Marie-Catherine,* b⁴ 23 avril 1738.—*Alexis,* b⁴ 30 janvier et s⁴ 4 février 1740.—*Marie-Louise,* b⁴ 14 février 1741.— *Zacharie,* b⁴ 25 nov. 1742. — *Vital,* b⁴ 21 oct. 1744. — *Jean-Baptiste,* b⁴ 9 juin 1746.

1735, (7 nov.) Ste-Anne-de-la-Pocatière.

IV.—CARON, JOSEPH, [IGNACE III.
   b 1712.
  LISOTTE, Marie-Joseph, [JOSEPH II.
   b 1713.
Marie-Joseph, b 8 nov. 1736, au Cap-St-Ignace⁵; s⁷ déc. 1736, à l'Islet.⁶ — *Joseph,* b⁵ 10 déc. 1737. — *Jean-Baptiste,* b⁶ 9 mars 1739 ; m⁶ 31 janvier 1763, à Marie-Marthe FORTIN.— *Germain-Chrysostome,* b... m 14 janvier 1771, à Geneviève CHOUINARD, à St-Jean-Port-Joli.— *Louise-Françoise,* b⁶ 5 juillet 1741.—*Ignace,* b ⁶ 20 juillet 1742.—*Louis-Marie,* b⁶ 27 juillet 1743. — *Pierre-Basile,* b⁶ 28 janvier 1746. — *Marie-Romaine,* b⁶ 28 février 1750; m à Jean-Baptiste COUILLARD. — *Abondance,* b⁶ 16 sept. 1753.— *Léon,* b⁶ 11 avril 1755.

1736, (14 mai) Montréal.⁵

III.—CARON, JEAN, [CLAUDE II.
   b 1706.
  LAUZON, Françoise, [SÉRAPHIN II.
   b 1710 ; s⁵ 1ᵉʳ mai 1750.
Françoise, b⁵ 21 août 1737 ; m⁵ 20 nov. 1758, à Etienne DEMERS. — *Jean-Baptiste,* b⁵ 1ᵉʳ août 1740.—*Joseph,* b⁵ 11 nov. et s⁵ 12 déc. 1741.—

Marie-Charlotte, b⁵ 31 janvier 1743 ; m⁵ 15 oct. 1759, à Augustin LACOMBE.—*Eustache,* b⁵ 4 juin 1747. — *Charles,* b⁵ 25 déc. 1748 ; s⁵ 19 janvier 1749. — *Marie-Hypolite,* b⁵ 26 janvier et s⁵ 17 mai 1750.

1738, (14 février) Montréal. ³

III.—CARON, NICOLAS, [CLAUDE II.
   b 1704.
  LAUZON, Marie-Elisabeth, [SÉRAPHIN II.
   b 1706 ; s³ 14 déc. 1755.
Marie-Catherine, b³ 28 mars 1739 ; m³ 10 nov. 1760, à Etienne BRAZEAU. — *Nicolas,* b³ 27 dec. 1740.—*Marie-Angélique,* b³ 19 janvier 1746.

1738, (4 août) Ste-Famille, I. O.

IV.—CARON, AUGUSTIN, [AUGUSTIN III.
   b 1714 ; s 4 dec. 1770, à Ste-Anne-de-la-Pocatière.³
  GUYON, Thérèse (1), [CLAUDE III.
   b 1718.
Denis, b... m 7 février 1763, à Marie-Charlotte MORIN, à l'Islet.—*Marie-Charles,* b 9 oct. et s 5 dec. 1740, à St-Roch.⁴—*Judith-Thérèse,* b⁴ 10 déc. 1741; s ⁴ 6 janvier 1742.—*Augustin,* b⁴ 31 mars 1743.— *Joseph,* b⁴ 23 juillet 1744 ; s⁴ 25 avril 1756.— *Marie-Rose,* b⁴ 11 avril 1746. — *Louis-Claude,* b³ 21 mars 1747 ; s⁴ 1ᵉʳ février 1750 — *Marie-Thérèse,* b⁴ 1ᵉʳ et s⁴ 13 oct. 1748.—*Marie-Joseph,* b⁴ 20 février 1750; m³ 3 février 1766, à Dominique DAMPHOUS.—*Marie-Angélique,* b⁴ 29 sept. 1751 ; m³ 25 janvier 1768, à François MICHAUD. —*Thérèse-Victoire,* b⁴ 7 mars 1753 ; s⁴ 14 mai 1754. — *Jean-François,* b⁴ 31 mai et s ⁴ 22 juin 1754. — *Marie-Charlotte,* b⁴ 26 août 1755 ; m ³ 27 janvier 1772, à Alexandre GAGNON. — *Marie-Elisabeth,* b⁴ 27 nov. 1756. — *Marie-Victoire,* b⁴ 22 janvier 1758; s⁴ 7 février 1760. — *Marie-Louise,* b⁴ 20 août 1759 ; s⁴ 3 mai 1760. — *François,* b⁴ 8 mars et s⁴ 5 avril 1761. — *Jean-Baptiste,* b⁴ 4 oct. 1763 ; m 10 nov. 1783, à Thérèse BABIN, à St-Jean-Port-Joli.

CARON, LOUIS.
  1° CARON, Marguerite.
      1738, (17 nov.) Islet. ²
  2° LABRANCHE (2), Blanche, [FRANÇOIS.
   b 1718 ; s² 22 juillet 1751.
Marie-Geneviève-Blanche, b² 30 mars 1740.— *Louis-Simon,* b² 14 août 1741.—*Marie-Reine,* b² 6 mai 1743.—*Marie-Rosalie,* b² 12 sept. 1748.— *Joachim-François,* b² 12 avril 1750.

IV.—CARON, Ignace, [AUGUSTIN III.
   b 1722 ; s avant 1740.
  CARON, Marguerite (3).

(1) Elle épouse, le 29 nov. 1777, Augustin Giguère, à St-Roch.
(2) Dit Pampalon.
(3) Elle épouse, le 31 août 1740, Etienne Bluteau, à St-Joachim.

1740.

IV.—CARON, IGNACE, [ALEXANDRE III.
b 1722.
ROUSSEAU, Marguerite.
Marie-Judith, b 19 janvier 1755, à l'Islet[8]; m[3] 29 juillet 1776, à Antoine COUTURE.—*Marguerite-Ursule*, b... 1° m[3] 9 janvier 1757, à François PELLETIER; 2° m 24 janvier 1761, à François PELLETIER, à St-Roch.—*Marie-Geneviève*, b... m[3] 17 oct. 1761, à Jean-Baptiste SINCENNES.

1740, (26 juin) St-Roch. [5]

IV.—CARON, LOUIS, [IGNACE III.
b 1716; s[5] 19 janvier 1756.
GAGNON, Marie-Françoise (1), [JEAN-BTE III.
b 1719.
Ignace, b 9 juin 1741, à l'Islet. — *Louis*, b[5] et s[5] 26 janvier 1743. — *Marie-Françoise*, b 29 janvier 1744, à Ste-Anne-de-la-Pocatière[6]; m[5] 12 nov. 1764, à Charles-François PELLETIER.— *Anne-Joseph*, b[6] 29 janvier 1744; m[5] 3 oct. 1762, à Jean-Bernard PELLETIER.— *Marie-Louise*, b[6] 15 nov. 1745; m[5] 7 fevrier 1763, à Antoine DIONNE. — *Louis-Joseph-Marie*, b[6] 2 juin 1747; 1° m[6] 2 mars 1767, à Madeleine DUBÉ; 2° m[5] 30 janvier 1769, à Marie-Elisabeth DIONNE.—*Thérèse*, b[6] 12 mars 1749 s[5] 25 janvier 1750. — *Marie-Reine*, b[5] 25 janvier et s[5] 15 dec. 1751. — *Joseph-Marie*, b[5] 10 sept. 1752; s[5] 30 janvier 1756.—*Michel*, b[5] 28 oct. 1754.—*Marie-Charlotte*, b[5] 25 juin 1756; m[6] 23 nov. 1772, à Raphael MIVILLE.

1740, (25 oct.) Islet. [9]

IV.—CARON, FRS-XAVIER, [FRANÇOIS III.
b 1714.
1° CLOUTIER, Elisabêth, [GUILLAUME IV.
b 1721; s 13 dec. 1748, au Cap-St-Ignace. [8]
Marie-Elisabeth-Véronique, b[8] 12 avril 1742, m[8] 22 fevrier 1762, à Michel CHARUEL. — *François-Xavier*, b[8] 14 nov. 1745.—*Joseph*, b[6] 19 oct. et s[8] 3 dec. 1748.

1753, (8 janvier) St-Valier.
2° CORRIVEAU, Marie-Anne (2). [JEAN-BTE II.
Thomas, b[8] 25 dec. 1753; m[9] 23 sept 1776, à Marie-Reine BÉLANGER — *François-Régis*, b[8] 8 mai 1755.—*Marie-Claire*, b[8] 5 avril 1757.

1741, (19 nov.) Islet. [4]

IV.—CARON, ETIENNE, [JOSEPH III.
b 1718; s 23 dec. 1772, à St-Jean-Port-Joli. [5]
TONDREAU, Geneviève, [JOSEPH II.
b 1725; s avant 1763.
Marie-Claire, b[4] 29 sept. 1742.—*Marie-Françoise*, b[4] 24 déc. 1743; m[4] 21 nov. 1763, à Julien LECLERC. — *Marie-Anne*, b[4] 15 juillet 1746. — *Marie-Geneviève*, b[4] 12 juillet 1750; m[5] 25 nov. 1776, à Pierre CHOUINARD.—*Elienne*, b[4] 15 juin 1754.—*Marie-Rose*, b[4] 25 mars 1756.

---

(1) Elle épouse, en secondes noces, Jean-Marie Gastonguay.

(2) Elle épouse, le 14 fevrier 1763, Jean-Baptiste Gautier, au Cap-St-Ignace.

1742, (3 avril) St-Roch.

IV.—CARON, JOSEPH. [JOSEPH III.
ST-PIERRE, Marie-Joseph. [IGNACE II.
Marie-Françoise, b 29 oct. 1751, à l'Islet[8]; m 21 janvier 1771, à Michel JEAN, à St-Jean-Port-Joli. [9] — *Marie-Joseph*, b... m[9] 24 oct. 1768, à Louis-François BELANGER.—*Marie-Catherine*, b... m[9] 24 oct. 1774, à Germain TRIBAUT.—*Joseph*, b... m[9] 27 fevrier 1775, à Marie-Claire FORTIN. —*Marie-Judith*, b... m[9] 13 nov. 1780, à Jean-Marie FORTIN.—*Pierre*, b... — *Marie-Reine*, b[8] 12 janvier 1760; m[9] 5 février 1781, à Joseph-Marie GAGNON.—*François*, b... m[9] 10 oct. 1785, à Geneviève FOURNIER.—*Julien*, b[8] 20 août 1762.

1742, (17 juillet) Ste-Anne-de-la-Pocatière. [6]

IV.—CARON, JOSEPH, [AUGUSTIN III.
b 1716
SAUCIER, Marie-Françoise, [CHARLES-FRS III.
b 1723.
Joseph-Marie, b 12 avril 1743, à St-Roch. [7] — *Anonyme*, b[7] et s[7] 25 juin 1744.—*Jean-Baptiste*, b[7] 22 juin 1745.—*Charles*, b[7] 23 mai 1747, m 13 avril 1779, à Louise SYLVESTRE.—*Marie-Reine*, b[8] 8 janvier 1749; m[6] 17 fevrier 1772, à Pierre OUELLET.—*Marguerite*, b[7] 8 nov. 1750.—*Thérèse*, b[7] 18 dec. 1752.—*Louis-Balthazar*, b[7] et s[7] 14 janvier 1755.—*Michel*, b[7] 17 avril 1757; m 5 nov. 1781, à Marie-Françoise DUPONT, à St-Jean-Port-Joli.— *Jean-François*, b[7] 6 janvier 1759.—*Marie-Louise*, b[7] 1er mai 1761. — *Marie-Rosalie*, b[7] 30 mars 1763.

1742, (1er oct.) Ste-Anne.

IV.—CARON, CLAUDE, [CLAUDE III.
b 1718
RACINE, Marie-Madeleine, [JEAN III.
b 1723.

1742, (12 nov.) St-Roch.

IV.—CARON, JEAN-BTE. [JOSEPH III.
1° BRISSON, Rosalie, [JEAN II.
b 1714, s 9 juillet 1759, à l'Islet. [4]

1761, (6 avril). [4]
2° BÉLANGER, Marie-Joseph, [JEAN-FRS IV.
b 1740.
Marie-Geneviève, b[4] 19 avril 1762.—*Jean-François-Régis*, b[4] 7 avril 1763.—*Marie-Victoire*, b[4] 26 août 1764.

CARON, PIERRE, b 1743; s 9 mars 1760, à St-Thomas.

III —CARON, JEAN-BTE, [VITAL II.
b 1704.
1° TABEAU, Marie-Joseph, [ALEXIS II.
b 1708.
Catherine, b... m 16 avril 1766, à Charles LABERGE, à Châteauguay. [9]—*Jean-Baptiste*, b... m[9] 22 juin 1767, à Marie PRIMOT.

1750 (7 avril) [9]
2° DUQUET, Marie-Joseph. [CHARLES III.

CARON, MARIE-ANNE, b 1744; s 23 sept. 1759, aux Ecureuils.

1743, (30 avril) Ste-Anne. ³
IV.—CARON, Jean,   [Jean III.
  b 1717.
  Paré, Marie,   [Prisque III.
    b 1717 ; s ³ 8 février 1772.
  Marie-Joseph, b ³ 22 avril 1743 ; m ³ 4 février 1765, à Louis Dupont —*Jean-Baptiste,* b ³ 5 nov. 1744.—*Marie-Gertrude,* b ³ 3 déc. 1746.—*Pierre,* b ³ 2 déc. 1748.—*Marie,* b ³ et s ³ 1ᵉʳ mars 1755.—*François,* b ³ 18 août 1756.—*Geneviève,* b... m ³ 15 février 1773, à Gervais Pepin.—*Marie-Louise,* b 8 juillet 1761, à St-Joachim.

1745, (1ᵉʳ mars) Beaumont.
IV.—CARON, Jean-Bte,   [Ignace III.
  b 1718.
  Boissel, Marie-Madeleine (1).   [Pierre III.
  Marie-Madeleine, b 10 déc. 1745, à l'Islet.

CARON, André.
  Maisonneuve, Marie-Louise.
  André, b 11 déc. 1745, à Ste-Rose ⁴ ; s ⁴ 7 mars 1746.—*Charles-Amable,* b ⁴ 9 et s ⁴ 19 sept. 1750 —*Jacques,* b ⁴ 24 mai et s ⁴ 22 juin 1754.—*Marie-Françoise,* b ⁴ 29 février et s ⁴ 11 juin 1756.

CARON, Jean.
  Laisné, Marie-Madeleine.
  Marie-Gertrude, b 1747 ; s 6 février 1750, à Ste-Anne.

CARON, Marie-Madeleine, b 1756 ; s 1ᵉʳ janvier 1757, à Ste-Anne.

CARON, Louis.
  Peyra, Marie-Geneviève.
  Marie-Geneviève, b 31 août 1746, à l'Islet.

1746, (31 janvier) Cap-St-Ignace. ⁹
IV.—CARON, Alexandre,   [François III.
  b 1721.
  1° Langlois, Barbe,   [François III.
    b 1728 ; s ⁹ 22 mars 1758.
  Angélique, b ⁹ 19 déc. 1746 ; s ⁹ 28 février 1747. — *Marie-Angélique,* b ⁹ 9 janvier 1749. — *Marie-Thècle,* b ⁹ 15 sept. et s ⁹ 21 oct. 1750.— *Alexandre,* b ⁹ 3 déc. 1751. — *Marie-Véronique,* b ⁹ 3 oct. 1753. — *Thérèse,* b ⁹ 13 juillet 1755.— *Pierre,* b ⁹ 6 juin et s ⁹ 11 sept. 1757.
    1760, (13 mai). ⁹
  2° Godet, Marguerite,
    veuve de Jean-Baptiste Lebrun.
  Victoire, b ⁹ 20 et s ⁹ 28 février 1761. — *Marguerite,* b ⁹ 25 juillet 1762. — *Joachim,* b ⁹ 18 avril 1764.

1746, (11 juillet) Islet. ⁷
IV.—CARON, Pierre-François,   [Joseph III.
  b 1723.
  Couillard, Marie-Marthe,   [Joseph IV.
    b 1727.
  Pierre, b ⁷ 24 février 1748.

CARON, François.
  Caron, Elisabeth.
  Marie-Jeanne, b 12 sept. 1747, au Cap-St-Ignace.

1747, (28 août) Montréal. ⁵
III.—CARON, Joseph-Marie,   [Claude II.
  b 1716.
  Leclerc, Louise,   [Sauveur-Germain I.
    b 1720 ; veuve de Louis Dumouchel.
  Anonyme, b ⁵ et s ⁵ 13 nov. 1748.

1748, (4 nov.) St-Thomas.
IV.—CARON, Jean-Bte-Regis,   [Joseph III.
  b 1724.
  Fournier, Marie-Barbe,   [François III.
    b 1728.
  Jean-François-Régis, b 13 oct. 1749, à l'Islet.⁵ —*Louis-Marie,* b ⁵ 30 oct. 1750 ; m ⁵ 1ᵉʳ juillet 1776, à Marie-Anne Thibault.—*Jean-Marie,* b... m 4 nov. 1782, à Marie-Marthe Fortin, à St-Jean-Port-Joli. ³ — *Marie-Marthe,* b ⁵ 28 janvier 1757 ; m ³ 2 juillet 1776, à Louis-Marie Thibault. —*Louise-Geneviève,* b ⁵ 24 août 1760 ; m ⁵ 2 juillet 1776, à Michel Belanger. — *Thérèse,* b ⁵ 13 janvier 1762.—*Marie-Claire,* b ⁵ 12 mai 1763.—*Abraham,* b ⁵ 10 sept. 1774.

I.—CARON, Pierre.
  Aumier, Marie-Anne,   [Pierre II.
    b 1717.
  Joseph, b 1749 ; m 10 janvier 1774, à Marie-Madeleine Perrault, à Repentigny.—*Jean-Baptiste,* b...

1749, (5 février) St-Joachim.
IV.—CARON, Pierre,   [Jean III
  b 1723.
  Alaire, Marie-Anne,   [Jean II.
    b 1723.

CARON, Augustin.
  Pepin, Marie-Joseph (1),
    b 1713.
  François, b 1749 ; s 21 nov. 1758, à Québec.— *Ambroise,* b... m 5 nov. 1767, à Victoire Dufour, à l'Ile-aux-Coudres.

CARON, Augustin,
  s avant 1770.
  Lachaussée, Marie-Joseph.
  Scholastique, b... m 2 juillet 1770, à François Miville, à Ste-Anne-de-la-Pocatière.

CARON, Augustin.
  Lagacé, Marie-Joseph.
  Louis, b... m 8 nov. 1769, à Angélique Bouchard, à l'Ile-aux-Coudres.

1750, (8 février) Islet. ¹
IV.—CARON, Alexis,   [Joseph III.
  b 1726.
  Fortin, Françoise,   [Charles III.

---

(1) Elle épouse, le 14 nov. 1746, Louis Langelier, à l'Islet.

(1) Elle épouse plus tard ..... Deslauriers.

Marie-Françoise, b ¹ 22 et s ¹ 29 sept. 1750. — Alexis-Romain, b ¹ 2 août 1754.—Jean-Baptiste, b ¹ 31 dec. 1755.—Louis-André, b ¹ 17 juin 1757. —Basile, b ¹ 8 déc. 1758.— Michel, b ¹ 11 août 1760.—Marie-Claire, b ¹ 15 janvier 1763.

1750, (9 février) St-Roch.
IV.—CARON, ALEXANDRE,   [FRANÇOIS III.
  b 1714 ; s avant 1780.
  LEBEL, Marie-Joseph.   [JOSEPH II.
  François-Xavier, b 10 avril 1751, à l'Islet ² ; m ² 8 mai 1780, à Marie-Anne THIBAUT. — Marguerite-Luce, b ² 7 février 1753.—Marie-Joseph, b ² 21 avril 1754. — Joseph-Marie, b ² 10 mars 1756. — Marguerite, b ² 23 mars et s ² 23 oct. 1758.—Alexandre, b ² 15 juin 1762.

1750, (11 mai) Islet. ¹
IV.—CARON, SIMON, b 1728.   [JOSEPH III.
  TONDREAU, Marthe (1), b 1729.   [JOSEPH II.
  Elisabeth-Ursule, b ¹ 26 février 1751 ; m ¹ 24 oct. 1774, à Vincent THIBAULT.—Simon-Joseph, b ¹ 15 avril 1753.—Alexandre-Isidore, b ¹ 30 oct. 1754 ; m 20 sept. 1784, à Marthe GAGNÉ, à St-Jean-Port-Joli.³ — Charles-Marie, b ¹ 9 août 1756 ; m ³ 3 janvier 1778, à Angélique BÉLANGER.

1750, (5 oct.) Ste-Anne. ⁴
IV.—CARON, IGNACE,   [AUGUSTIN III.
  b 1722 ; s ⁴ 30 nov. 1758.
  ROY, Marie-Elisabeth (2),   [LOUIS-JOSEPH III.
  b 1733.
  Elisabeth, b ⁴ 30 oct. 1751 ; m ⁴ 22 février 1773, à Joseph BARETTE.—Michel, b 1753, s ⁴ 30 oct 1758.—Augustin, b ⁴ 17 février et s ⁴ 17 avril 1756.—Marie-Ferdinande, b ⁴ 22 nov. 1757.— Robert, b ⁴ 20 sept. 1759.—Ignace, b... m 19 août 1776, à Elisabeth EMOND, à St-François, I. O.

CARON, FRANÇOIS.
  1° PARÉ, Marie-Thérèse,
    s 28 avril 1766, à Ste-Anne. ⁴
  Marie-Geneviève, b 9 janvier 1751, à St-Joachim. — Joseph-François, b ⁴ 14 déc. 1755 ; s ⁴ 13 janvier 1756.—Marie-Thérèse, b ⁴ 28 mars 1757.—François, b ⁴ 16 avril 1759. — Jacques, b ⁴ 9 avril 1761.—Marguerite, b ⁴ 18 juin 1763. — Marie-Joseph, b ⁴ 17 nov. 1765.
  1767, (24 août). ⁴
  2° SIMARD, Marie-Thérèse,   [ETIENNE III.
    b 1744 ; veuve de Louis Paré.
  Marie-Joseph, b ⁴ 14 et s ⁴ 21 juin 1768.— Marie-Louise, b ⁴ 20 sept. 1769.—Augustin, b ⁴ 8 juin 1771 ; s ⁴ 9 avril 1773.—Etienne, b ⁴ 27 mars et s ⁴ 14 août 1773.

1751, (28 juillet) St-Thomas.
IV.—CARON, HYACINTHE,   [JOSEPH III.
  b 1719.
  MORIN (3), Marie-Françoise,   [AUGUSTIN IV.
  b 1730.

(1) Elle épouse, le 5 février 1759, Joseph Moreau, à l'Islet.
(2) Elle épouse, le 20 oct. 1760, Augustin Giguère, à Ste-Anne.
(3) Dit Valcour.

Françoise-Luce, b 30 avril 1752, à l'Islet. ⁶ — Joseph-Hyacinthe, b ⁶ 15 juin 1753.—Marie-Charlotte, b ⁶ 18 janvier 1755. — François-Hyacinthe, b ⁶ 24 janvier 1757 ; s ⁶ 23 oct. 1758. —Chrysostome, b ⁶ 27 mai et s ⁶ 18 oct. 1758. — Marie-Marthe, b ⁶ 30 janvier 1760.—Benoit, b ⁶ 29 nov. 1761.—Joseph-Romain, b ⁶ 23 nov. 1763.

1751, (8 nov.) Ste-Anne. ⁴
IV.—CARON, JEAN-BTE,   [CLAUDE III.
  b 1726.
  GIGUÈRE, Geneviève,   [CHRÉTIEN III.
  b 1733.
  Dorothée et Geneviève, b 10 nov. 1756, à St-Joachim. — Angélique, b ⁴ 28 oct. 1758. — Marie-Elisabeth, b ⁴ 11 sept. 1760.—Joseph, b ⁴ 23 nov. 1762.—Marie-Pélagie, b ⁴ 23 mai 1764.— Marie-Françoise, b ⁴ 19 juillet 1766.—Louis, b ⁴ 10 sept. 1769.—Marie-Madeleine, b ⁴ 22 sept. 1771. —Marie-Marguerite, b ⁴ 28 oct. 1773.

1752, (24 mai) Montréal.
III.—CARON, CHARLES,   [CLAUDE II.
  b 1725.
  TESSIER, Angélique,   [JEAN-BTE III.
  b 1727.

1752, (29 mai) Islet. ³
IV.—CARON, JEAN-BTE,   [JOSEPH III.
  b 1728.
  LECLERC, Marguerite-Ursule,   [JOSEPH II.
  b 1737.
  Jean-Baptiste, b ³ 16 avril 1755 ; 1° m 22 juin 1778, à Félicité DASTOU, à St-Jean-Port-Joli ⁴ ; 2° m ⁴ 26 sept. 1785, à Marie-Judith JEAN.—Marguerite, b ³ 5 janvier 1758.—Louis-Marie, b ³ 21 janvier 1762.—Jean-Baptiste, b ³ 4 déc. 1763 ; s ³ 18 janvier 1764.—Benjamin, b ³ 17 nov. 1764.

CARON, PIERRE.
  COUILLARD (1), Marie-Marthe.
  Marie-Marthe, b 3 juin 1753, à l'Islet. ⁸ — Pierre-François, b ⁸ 28 déc. 1754 (2).

1754, (14 janvier) Islet. ¹
IV.—CARON, CHARLES,   [LOUIS III.
  b 1730.
  1° BÉLANGER, Marie-Desanges.[PIERRE-PAUL III.
  Charles, b ¹ 16 février 1755.
  1762, (25 janvier) Berthier.
  2° DESTROISMAISONS (3), Marie,   [AUGUSTIN III.
    b 1744.
  Marie-Elisabeth, b ¹ 16 janvier 1763.—Marie-Joseph, b ¹ 20 février 1764.

1754, (21 janvier) St-Thomas.
IV.—CARON, BONAVENTURE,   [FRANÇOIS III.
  b 1727.
  1° MICHON, Marie-Anne,   [LAURENT II.
    b 1732.
  Jean-Marie, b 22 oct. 1754, à l'Islet. ²

(1) Dit Desessars.
(2) Cet acte est enregistré au 20 juillet 1753.
(3) Picard dit Destroismaisons.

1757, (23 janvier). ³
2° LANGELIER, Marie-Claire, [LOUIS III.
b 1737.
 Joseph, b ² 24 mai 1759.—*Bonaventure*, b 28 oct. 1761, au Cap-St-Ignace.—*Marie-Claire*, b ² 26 janvier 1764; m ² 6 nov. 1781, à Louis HOTTOT. —*Louis*, b 1766; s ² 18 mars 1774.

1754, (28 janvier) Cap-St-Ignace.
IV.—CARON, JOACHIM, [FRANÇOIS III.
b 1731.
 RUEL, Marie-Louise (1), [HENRI II.
b 1735.
 Marie-Louise-Thècle, b 17 février 1755, à l'Islet.

1754, (3 février) Islet. ⁴
IV.—CARON, LOUIS-CLAUDE, [JOSEPH III.
b 1732.
 TONDREAU, Marguerite-Ursule, [JOSEPH II.
b 1734.
 Victoire, b 1754; s ⁴ 23 oct. 1758.—*Marguerite-Ursule*, b ⁴ 10 avril 1757; m ⁴ 1ᵉʳ août 1781, à Pierre POITRAS.—*Marie-Perpétue*, b ⁴ 23 nov. 1758.—*Claude-Joseph*, b ⁴ 30 mars 1762.—*Euphrosine*, b... m ⁴ 21 janvier 1782, à Etienne LAURENT. —*Marie-Romaine*, b ⁴ 4 juillet 1764.—*Brigitte*, b ⁴ 14 et s ⁴ 31 mai 1773.—*Geneviève*, b ⁴ 2 juin 1774. —*Anonyme*, b ⁴ et s ⁴ 15 mai 1776.

CARON, IGNACE.
 1° GIGUÈRE, Marie-Joseph,
  s 1ᵉʳ juin 1767, à Ste-Anne. ⁵
 Marie-Joseph, b ⁵ 1ᵉʳ oct. 1755; s ⁵ 20 janvier 1756.—*Marie-Joseph*, b ⁵ 29 mai et s ⁵ 4 sept. 1757. —*Marguerite*, b ⁵ 1ᵉʳ avril 1759—*Ignace*, b ⁵ 5 mars 1761.—*Etienne*, b ⁶ 12 juillet 1763.—*Claude*, b ⁵ 16 avril 1765; s ⁵ 27 janvier 1772.
  1770, (3 juillet). ⁵
 2° ROY-AUDY, Marie-Louise. [JOSEPH.
 Ambroise, b ⁵ 23 avril 1771.—*Marie-Louise*, b ⁵ 2 août 1773.

CARON.
 Marie-Elisabeth, b... s 7 février 1756, à St-Roch.⁶ —*Elisabeth*, b... s ⁶ 13 février 1757.

1757, (17 janvier) St-Roch. ⁷
IV.—CARON, MICHEL, [AUGUSTIN III.
b 1734.
 PARANT, Marie-Joseph, [FRANÇOIS III.
b 1736 ; veuve de Michel Gagnon.
 Marie-Joseph, b ⁷ 23 oct. et s ⁷ 2 nov. 1757.— *Joseph*, b ⁷ 19 nov. 1758.—*Marie-Joseph*, b ⁷ 23 janvier 1760; s ⁷ 15 sept. 1764.—*Jean-Marie*, b ⁷ 19 mai 1761.—*Michel*, b ⁷ 15 janvier 1763.

1757, (4 juillet) St-Thomas. ⁸
IV.—CARON, PIERRE-NOEL, [JOSEPH III.
b 1735.
 TIBAUT, Marie-Geneviève, [JACQUES II.
b 1717; veuve de Louis Lemieux.
 Antoine, b ⁸ 4 sept. 1758.—*Anonyme*, b et s 20 avril 1760, à St-Frs-du-Sud.

---

(1) Elle épouse, le 6 sept. 1756, Jacques Bélanger, à l'Islet.

CARON, LAURENT.
 CHOUINARD, Louise.
 Laurent-Julien, b 20 avril 1763, à l'Islet.

CARON, FRANÇOIS, b... s 20 août 1756, à Ste-Anne.

1761, (12 oct.) Québec.
I.—CARON (1), PIERRE-FRANÇOIS-HENRI, b 1729; fils de Jean-Baptiste et de Françoise-Elisabeth DuHarlay, de St-Rémy, ville d'Amiens, Picardie.
 SEVIGNY, Marie-Thérèse. [ANTOINE II.
 Marie-Thérèse, b 13 juin 1762, à la Pte-aux-Trembles, Q. — *Jean-Baptiste-Henri*, b 7 avril 1765, à Kamouraska.

1762, (15 février) Québec. ¹
IV.—CARON, NICOLAS (2), [NICOLAS III.
b 1733.
 CARON, Geneviève (3), [JOSEPH III.
b 1732.
 Nicolas-Vital, b ¹ 15 déc. et s 23 déc. 1762, à Lévis. ² — *Jean-Nicolas*, b ² 28 déc. 1763.—*Joseph*, b ² 10 sept. 1767; s ² 10 avril 1768.

1763, (31 janvier) Islet.
V.—CARON, JEAN-BTE, [JOSEPH IV.
b 1739.
 FORTIN, Marie-Marthe (4), [JEAN-BTE III.
b 1741.

1763, (7 février) Islet.
V.—CARON, DENIS. [AUGUSTIN IV.
 MORIN, Marie-Charlotte, [AUGUSTIN IV.
 b 1746.

CARON, AUGUSTIN.
 MORIN (5), Marie. [AUGUSTIN IV.
 Marie-Charlotte, b 15 oct. et s 26 nov. 1764, à St-Roch.

1763, (25 juillet) Montréal.
IV.—CARON, ALEXIS, [NICOLAS-VITAL III.
 navigateur ; b 1738.
 TESSIER, Catherine, [LOUIS III.
 b 1742; s 11 sept. 1774, à Québec. ³
  1776, (18 juillet). ³
 2° MARCHAND, Louise, [JEAN III
 b 1744.

1763, (14 nov.) Ste-Anne. ⁴
IV.—CARON, JEAN-BTE. [AUGUSTIN III
 LESSARD, Geneviève, [BONAVENTURE III
 b 1743.

---

(1) De Caquerez et Saquerez ; venu en 1757, soldat volontaire. Il etait, le 25 oct. 1760, à St-Laurent, M.

(2) Mariés sans dispenses exprimées, et parents du 2ème au 2ème degré.

(3) Elle épouse, le 11 oct. 1784, René Toupin, à Québec.

(4) Elle épouse, le 23 février 1778, Jean-Bernard Dupéré, à la Rivière-Ouelle.

(5) Dit Valcour.

Jean-Baptiste, b ⁴ 28 oct. 1764.—*Marie-Geneviève*, b ⁴ 8 juillet 1766.—*Marie-Judith*, b 24 mai 1768, à St-Joseph, Beauce.⁵— *Augustin*, b ⁵ 24 fevrier 1771.—*Marie-Joseph*, b ⁵ 17 janvier 1773. —*Pierre*, b ⁵ 9 avril 1775 ; s ⁵ 19 janvier 1777.— *Pierre-Joseph*, b ⁵ 19 mars 1777.—*Louis*, b ⁵ 19 sept. 1779.

1764, (18 janvier) Islet.
IV.—CARON, Pierre-Laurent,   [Louis III.
  b 1736.
Chouinard, Elisabeth.   [Julien II.

1764, (5 mars) Islet.
IV.—CARON, François-Xavier,   [Charles III.
  b 1743.
Sarcelier, Marie-Claire,   [Jacques I.
  b 1746.
François, b 1764 ; s 15 avril 1782, à St-Jean-Port-Joli.⁶— *Joseph-Marie*, b... m ⁶ 10 oct. 1785, à Geneviève ......

1765, (7 janvier) Rivière-Ouelle.
IV.—CARON, Jean-Bte,   [Charles III.
  b 1741.
Chapet, Catherine,   [Jean I.
  b 1745.

1765, (22 avril) Ste-Anne. ⁷
I.—CARON (1), Jean-Louis, fils d'Alexis et de Madeleine Coquet, de Beauvais, diocèse de Noyon.
Guimond, Monique,   [Joseph III
  b 1731.
Charles-Louis, b 11 juin 1767, à Ste-Famille, I. O.—*Marie-Monique*, b ⁷ 6 avril 1770.

1767, (2 mars) Ste-Anne-de-la-Pocatière. ⁸
V.—CARON, Louis,   [Louis IV.
  b 1747.
1° Dube, Madeleine,   [Jean-François III.
  b 1745 ; s ⁸ 28 juin 1767.
        1769, (30 janvier). ⁸
2° Dionne, Marie-Elisabeth,   [Antoine III.
  b 1749.

1767, (22 juin) Châteauguay.
IV.—CARON, Jean-Bte.   [Jean-Bte III.
Primot, Marie.   [Joachim II.

1767, (5 nov.) Ile-aux-Coudres.
CARON, Ambroise.   [Augustin.
Dufour, Marie-Victoire,   [Gabriel II.
  b 1749.

1769, (8 nov.) Ile-aux-Coudres.
CARON, Louis.   [Augustin.
Bouchard, Angelique.   [Jacques.

CARON, Pierre.
Brader, Marie-Joseph.
Marie-Joseph, b 11 juillet 1770, à Repentigny.¹ —*Marie-Louise*, b ¹ 21 août 1775.

(1) Dit Chevalier.

1771, (14 janvier) St-Jean-Port-Joli. ¹
V.—CARON, Germain-Chrysostome. [Joseph IV.
Chouinard, Geneviève,   [Charles.
  s ¹ 15 déc. 1771.
Anonyme, b ¹ et s ¹ 18 déc. 1771.

CARON, Marichon.
Anonyme, b et s 11 mars 1773, à l'Islet.

CARON, Antoine.
Champou, Marie,
  s avant 1795.
Antoine, b 1771 ; s 29 oct. 1795, à Nicolet.

CARON, Ignace,
  s 28 sept. 1774, à l'Islet. ¹
CARON, Marthe,
  b 1753 ; s ¹ 5 juillet 1773.
Anonyme, b ¹ et s ¹ 23 juin 1773.

CARON, Louis.
Couillard, Reine.
Joseph, b 11 fevrier 1774, à l'Islet.⁶ — *Marie-Reine*, b ⁶ 12 mai 1775.

CARON, Louis-Marie.
Belanger, Marie-Joseph.
Marie-Euphrosine, b 22 février 1774, à l'Islet.⁸ —*Moise-Benoni*, b ⁸ 5 mars 1776.

CARON, Basile.
Pelletier, Judith.
Pierre-Edmond, b 20 juillet 1774, à l'Islet. ⁸— *Marie-Judith*, b ⁸ 26 juin 1775. — *Françoise-Elisabeth*, b ⁸ 13 oct. 1776.

CARON, André.
Fortin, Brigitte.
Louis-André, b 6 nov. 1774, à l'Islet. ⁶—*Abraham*, b ⁶ 3 oct. 1776.

CARON, Joseph-Gédéon.
Boucher, Ursule.
Marie-Victoire, b 10 nov. et s 3 déc. 1774, à l'Islet. ⁶—*Joseph*, b ⁶ 20 nov. et s ⁶ 13 déc. 1775.

1774, (10 janvier) Repentigny.
II.—CARON, Joseph,   [Pierre I.
  b 1749.
Perrault, Marie-Madeleine.   [Jacques III.
  b 1739.

CARON, Joseph.
Chamberlan, Victoire.
Madeleine, b... m 11 oct. 1796, à Joseph Parant, à Quebec.

1775, (27 fevrier) St-Jean-Port-Joli.
V.—CARON, Joseph.   [Joseph IV.
Fortin, Marie-Claire.   [Joseph IV.

CARON, François-Régis.
Fournier, Marie-Louise.
Marie-Louise, b 11 août 1776, à l'Islet.

CARON, Joseph-Marie.
 Simard, Pélagie.
 Anonyme, b et s 8 mars 1776, à St-Joachim. [6]
 — Marie-Joseph, b [6] 24 février 1777.— Marie-Agnès, b [6] 21 août 1778.

1776, (1er juillet) Islet.
V.—CARON, Louis-Marie. [Régis IV.
 Thibaut, Marie-Anne (1), [Louis III.
 b 1752.

1776, (19 août) St-François, I. O.
V.—CARON, Ignace. [Ignace IV.
 Emond, Elisabeth, [Jean IV.
 b 1753 ; s avant 1797.
 Augustin, b... m 6 nov. 1797, à Marie-Elisabeth Lessard, à Ste-Anne.

1776, (23 sept.) Islet.
V.—CARON, Thomas, [François-Xavier IV.
 b 1753.
 Bélanger, Marie-Reine, [Pierre IV.
 b 1755.

1777, (5 février) Château-Richer.
CARON, Jean-Marie.
 Gagnon, Marie-Charlotte. [Jean-François.

CARON, Alexis.
 Marchand, Louise.
 Marie-Marguerite, b 27 oct. 1778, à Lachenaye.

1778, (3 janvier) St-Jean-Port-Joli.
V.—CARON, Charles, [Simon IV.
 b 1756.
 Bélanger, Marie-Angelique, [Jean IV.
 b 1743.

1778, (22 juin) St-Jean-Port-Joli. [3]
V.—CARON, Jean-Bte, [Jean-Bte IV.
 b 1755.
 1° Dastou, Felicité, [Pierre I.
 b 1754 ; s [3] 18 mai 1785.
 1785, (26 sept.) [3]
 2° Jean, Marie-Judith. [Pierre III.

1779, (13 avril) Québec.
V.—CARON, Charles, [Joseph IV.
 b 1747.
 Sylvestre, Louise, [Jean-Bte III.
 b 1755.

1780, (8 mai) Islet.
V.—CARON, Frs-Xavier, [Alexandre IV.
 b 1751.
 Thibaut, Marie-Anne, [Louis III.
 b 1752 ; veuve de Louis-Marie Caron.

1781, (5 nov.) St-Jean-Port-Joli.
V.—CARON, Michel, [Joseph IV.
 b 1757.
 Dupont, Marie-Françoise, [Jacques I.
 b 1756.

(1) Elle épouse, le 8 mai 1780, François-Xavier Caron, à l'Islet.

1782, (4 nov.) St-Jean-Port-Joli.
V.—CARON, Jean-Marie, [Jean-Frs-Régis IV.
 Fortin, Marie-Marthe, [François III.
 b 1757.

CARON, André.
 Fortin, Brigitte.
 Sulpice, b 17 janvier et s 3 février 1783, à Lachenaye. [3]—Marie-Françoise, b [3] 19 août et s [3] 20 sept. 1784. — Marie-Charles, b [3] 6 et s [3] 18 sept. 1785.

1782, (25 nov.) Ile-aux-Coudres.
V.—CARON, Jérôme. [François IV.
 Lord, Marguerite. [Joseph.

CARON, Michel.
 Roch, Marie.
 Jean-Marie, b 2 juin 1783, à Lachenaye.

1783, (10 nov.) St-Jean-Port-Joli.
V.—CARON, Jean-Bte, [Augustin IV.
 b 1763.
 Babin, Marie-Thérèse, [Claude I.
 b 1764.

1784, (20 sept) St-Jean-Port-Joli. [3]
V.—CARON, Alexis-Isidore. [Simon IV.
 Gagné, Marie-Marthe,
 veuve d'Antoine Boulé ; s [3] 3 mai 1785.

1785, (10 oct.) St-Jean-Port-Joli.
V.—CARON, François. [Joseph IV.
 Fournier, Marie-Geneviève. [Louis

1785, (10 oct.) St-Jean-Port-Joli.
CARON, Joseph-Marie. [François
 .... Geneviève.

1797, (6 nov.) Ste-Anne. [3]
VI.—CARON, Augustin. [Ignace V
 Lessard, Marie-Elisabeth. [René.
 René-Edouard, b [2] 11 oct. 1801 ; m à ...... De-Blois.

CARON, Marguerite, b 1666 ; m à Louis Lacroix ; s 19 déc. 1759, à St-Joachim.

CARON, Marie-Anne, b... m à Pierre Duval ; s 11 juin 1777, à St-Jean-Port-Joli.

CARON, Marguerite, b... m à Charles-Joseph Guerigue ; s 9 janvier 1761, à St-Joachim.

CARON, Marie-Reine, b 1710 ; m à François Ouellet ; s 7 sept. 1782, à l'Islet.

CARON, Geneviève, epouse de Joseph Lévèque.

CARON, Catherine, épouse de Jean Mercier.

CARON, Marie-Madeleine, b... 1° m... 2° m 8 nov. 1745, à Louis Tréder, au Cap-St-Ignace, 3° m 8 février 1751, à Julien Turgot, à l'Islet.

CAR 539 CAR

CARON, Madeleine, b 1707; m à Antoine Tabaut; s 19 avril 1769, à Lachine.

CARON, Marie-Joseph, épouse de Raymond DeGray.

CARON, Geneviève, épouse de Jean-Baptiste Roteau.

CARON, Marie-Joseph, épouse de Joseph Landry.

CARON, Geneviève, épouse de Louis LeSuisse.

CARON, Marie-Louise, b... 1° m à Pierre Labranche; 2° m 11 août 1778, à Joseph Veau, à St-Jean-Port-Joli.

CARON, Madeleine, épouse de Pierre Labbé.

CARON, Marie-Clotilde, épouse de Jacques Pannetier.

CARON, Marie-Angélique, b... 1° m à Pierre Morin; 2° m 5 nov. 1781, à François Bois, à St-Jean-Port-Joli.

CARON, Thérèse, épouse de Louis Gagné.

1758, (26 janvier) Québec.[2]
I.—CARPENET (1), Etienne, sergent, fils d'Etienne et de Sara Arnauld, de St-Roch, diocèse de Die.
Beaupré, Louise, [François-Pierre I.
b 1727; veuve de Pierre Masson.
Etienne-Basile, b [2] 6 juin 1758.

CARPENTIER.— Voy. Charpentier.

1672, Noel,
I —CARPENTIER (2), Noel,
b 1643; s 26 janvier 1728, à Champlain.[1]
1° Toussaint, Jeanne,
b 1650; s[1] 17 déc. 1708.
Jeanne, b 1676, sœur Ste-Geneviève, Cong. N.-D.; s 2 juin 1747, à Montréal. — *Etienne*, b 1678; m[1] 10 janvier 1714, à Marie-Madeleine Rouillard.—*Médard*, b[1] 6 août 1681; m à Jeanne Provencher. — *Antoinette*, b[1] 26 janvier 1687; s 10 déc. 1771, à l'Ile-Dupas. — *Anne-Céleste*, b[1] 18 juin 1691; m[1] 25 juin 1715, à Rene DeRainville.—*Noel*, b[1] 20 janvier 1697; m 12 janvier 1721, à Marie Deniau, à Longueuil.
2° Boutet, Marie,
s avant 1721.

1701, (18 avril) Pte-aux-Trembles, Q.[1]
II.—CARPENTIER, Jean-Bte, [Claude I.
b 1672, s 25 mai 1738, au Cap-Sante.[2]
Gentil, Marie-Françoise, [Denis I.
b 1679; s[2] 23 déc. 1735.

(1) Dit Larose.
(2) Voy. vol. I, p 105.

Marie-Françoise, b[1] 11 mars 1702; m[2] 17 février 1721, à Alexis Matte.—*Marie-Angélique*, b[1] 20 janvier 1704; m[2] 30 nov. 1725, à Jean-François Laroche; s[2] 12 janvier 1747. — *Marie-Madeleine*, b[1] 20 avril 1706.— *Jean-Baptiste*, b[1] 6 août 1708; m[2] 22 oct. 1736, à Madeleine Jugnac.—*Marie-Anne*, b[1] 17 sept. 1710; s[1] 26 déc. 1711.—*Joseph*, b[1] 29 janvier 1713; m 22 janvier 1753, à Thérèse Lefebvre, aux Ecureuils. — *Marie-Joseph*, b[1] 9 nov. 1715. — *Marie-Louise*, b 1716; m[2] 12 mars 1736, à Jean-François Brière; s[2] 24 août 1751.—*François-de-Sales*, b[2] 14 et s[2] 19 mars 1721.

1701, (26 avril) Québec.[4]
II.—CARPENTIER, Alexis, [Claude I.
b 1675; s 5 sept. 1731, à St-Augustin.[1]
Marien, Marie, [Louis I.
b 1678; s[4] 15 mars 1760.
Marie, b 14 mars et s 21 déc. 1702, à la Pte-aux-Trembles, Q.[3] — *François*, b[3] 22 mars 1706.—*Catherine*, b[3] 7 oct. 1708; s[1] 19 mai 1733 — *Louis*, b[3] 20 avril 1711; s[1] 27 janvier 1731.— *Marie-Françoise*, b[3] 9 mars 1714, s[1] 26 janvier 1747. — *Marie-Joseph*, b[1] 7 février 1717; s[1] 27 mars 1734. — *Marie-Catherine*, b[1] 25 sept. 1720; s[1] 13 avril 1747.

1707, (17 janvier) Pte-aux-Trembles, Q.[3]
II.—CARPENTIER, François, [Claude I.
b 1682; s[3] 23 déc. 1749.
Béland, Marie-Anne, [Jean I.
b 1687, s[3] 4 juin 1763.
François, b... m à Marguerite Billy.

1708, (21 mai) Québec.[6]
II.—CARPENTIER, Antoine, [Claude I.
architecte; b 1680; s[6] 23 mars 1736.
1° Maillou, Marie-Thérèse, [Joseph II.
b 1689; s[6] 23 sept. 1716.
Antoine, b[6] 6 février 1709; m à Madeleine Marcoux; s[6] 14 nov. 1735.—*François-Marie*, b[6] 3 déc. 1710; s[5] 28 janvier 1711.—*François*, b[6] 15 février 1712. — *Claude*, b[6] 12 nov. 1713; 3[6] 1er oct. 1714.—*Claude*, b[6] 20 oct. et s[6] 7 nov. 1715.—*Marie-Thérèse*, b[6] 13 sept. 1716; s[6] 18 juillet 1719.
1717, (12 oct)[6]
2° DeTrepagny, Marguerite, [Charles II.
b 1695; s[6] 1er mars 1729.
René-Bonaventure, b[6] 15 juillet 1718.—*Michel*, b[6] 8 avril 1720.—*Claude-Bonaventure*, b[6] 5 mars 1721.—*Marguerite*, b[6] 30 août 1722; s[6] 16 nov. 1735.—*Pierre*, b[6] 14 février 1725. — *Catherine-Angélique*, b[6] 25 janvier 1726; m[6] 18 oct. 1745, à Antoine Aide-Créquy.—*Louis*, b[6] 24 août 1727; m 28 juin 1754, à Marie-Charlotte Lemieux, au Cap-St-Ignace.—*Pierre*, b[6] 17 février 1729; m 23 nov. 1750, à Madeleine Aide-Créquy, à la Pte-aux-Trembles, Q.

1708, (30 mai) Pte-aux-Trembles, Q.[1]
II.—CARPENTIER, Benoit, [Claude I.
b 1678, s[1] 5 déc. 1729.
Duboco, Thérèse, [Jacques.
b 1690, s[1] 28 nov. 1750.

1714, (10 janvier) Champlain.⁶
II.—CARPENTIER, Etienne, [Noel I.
b 1678.
Rouillard, Marie-Madeleine, [Mathieu I.
b 1694.
Marie-Madeleine, b ⁶ 23 déc. 1714.—*François,* b ⁶ 21 sept. 1716; m ³ août 1739, à Marguerite Billy.—*Marie-Joseph,* b ⁶ 27 mars 1718.—*Joseph-Marie,* b ⁶ 1ᵉʳ mars 1720; m 2 février 1751, à Geneviève Houré, à l'Ile-Dupas.⁷—*Marie-Anne,* b ⁶ 10 mai 1722.—*Marie-Geneviève,* b ⁶ 23 juillet 1724.—*Charles-Marie,* b ⁶ 2 juillet 1726.—*Jean-Baptiste,* b ⁵ août 1728; m ⁷ 15 février 1768, à Apolline Cottenoire.—*Marie-Jeanne,* b ⁶ 20 mai 1731.—*Alexis,* b ⁶ 26 mai 1733.—*Etienne,* b ⁶ 14 avril 1736.—*Marie-Marguerite,* b ⁶ 1ᵉʳ juillet 1738.

1715, (25 nov.) Québec.⁸
II.—CARPENTIER, Etienne, [Claude I.
b 1688; s 2 février 1724, à la Pointe-aux-Trembles, Q.
Blanchon, Marie-Charlotte, [Etienne I.
b 1692; s ⁸ 27 sept. 1716.
Etienne, b 18 sept. 1716, à Beaumont.

II.—CARPENTIER (1), Médard, [Noel I.
b 1681.
Provencher, Jeanne. [Sébastien II.
Joseph-Marie, b 16 sept. 1716, à Champlain.⁹ —*Marie-Charlotte,* b ⁹ 28 février 1718.—*Marie-Madeleine,* b ⁹ 21 mai 1720.—*Jean-Baptiste,* b ⁹ 14 mai 1722.—*Anonyme,* b ⁹ et s ⁹ 1ᵉʳ sept. 1724. —*Marie-Renée,* b ⁹ 8 sept. 1725.—*Marie-Anne-Geneviève* (2), b ⁹ 6 oct. 1727.—*Marie-Jeanne,* b ⁹ 23 juin 1730.

CARPENTIER.
Joseph, b 1718; s 11 août 1736, à Québec.

II.—CARPENTIER, Joseph, [Claude I.
b 1690, s 31 mai 1735, à St-Augustin.³
1° Sévigny, Marie-Louise (3), [Julien-Chs I.
b 1696; s ³ 11 oct. 1728.
Louis-Joseph, b ³ 3 août 1717.—*Marguerite,* b ³ 22 mai 1719.—*Michel,* b ⁴ 30 sept. et s ³ 10 déc. 1720.—*Charles-Julien,* b 26 oct. 1721, à la Pte-aux-Trembles, Q.⁴; s ³ 25 déc. 1721.—*Marie-Louise,* b ³ 12 oct. 1723; m 18 juillet 1746, à Pierre Guinard, à Yamachiche.⁵—*Benoît,* b ³ 31 mai 1725.—*Marie-Charlotte,* b ³ 12 mars 1727.— *Louis-Augustin,* b ³ 4 et s ³ 10 oct. 1728.
1729, (9 nov.)⁴
2° Béland, Marie-Anne (4), [Mathurin II.
b 1705.
Augustin, b ³ 4 sept. 1730; m ⁵ 27 sept. 1762, à Catherine Gélinas.—*Jean-Baptiste,* b ³ 23 février 1732.—*François-Xavier,* b ⁴ 9 nov. 1733; m ⁵ 18 février 1760, à Elisabeth Lamy.

---

(1) Dit Bailly, 1724.
(2) Baptisé par le Père Joseph Aubery.
(3) Sa sœur, Marie-Françoise, épouse Laurent Duban.
(4) Elle épouse, le 2 mai 1736, Nicolas Jean dit Denis, à St-Augustin.

1718, (17 janvier) Quebec.⁶
II.—CARPENTIER, Claude, [Claude I.
b 1684; s ⁶ (mort subite) 7 juillet 1728.
1° Caron, Françoise, [Vital II.
b 1696; s ⁶ 11 juillet 1719.
Marie-Françoise, b ⁶ 3 oct. 1718; s ⁶ 8 février 1719.
1722, (26 avril).⁶
2° Marchand, Geneviève (1), [Jean I.
b 1699.
Claude, b ⁶ 17 avril 1723.—*Geneviève,* b ⁶ 21 déc. 1724.—*Marie-Jeanne,* b ⁶ 5 juin 1726; s ⁶ 31 juillet 1728.—*Joseph,* b ⁶ 10 janvier 1728.

1721, (12 janvier) Longueuil.
II.—CARPENTIER, Noel, [Noel I.
b 1697.
Deniau, Marie, [Jean-Bte II.
b 1698, s avant 1775.
Noël-Joseph, b 24 déc. 1721, à l'Ile-Dupas⁷; m ⁷ 24 avril 1752, à Joseph Cailla.—*Joseph,* b... s 17 juin 1723, à Sorel.⁸—*Marie,* b ⁸ 29 juillet 1723; m ⁷ 4 février 1743, à Michel Ginat; s ⁷ 12 août 1757.—*Marie-Joseph,* b ⁸ 8 juillet 1725.— *Noel,* b ⁸ 24 déc. 1726; m ⁷ 29 janvier 1753, à Marie-Louise Cottenoire.—*Marie-Louise,* b ⁷ 3 et s ⁷ 29 juin 1730.—*Alexis,* b ⁷ 9 mai 1731.— *Jean-Baptiste,* b ⁷ 31 août 1732.—*Marie-Geneviève,* b ⁸ 18 mars 1736.—*Marie-Marguerite,* b ⁷ 7 avril 1738; m ⁷ 22 février 1762, à Jean-Philippe Ledent.—*Marie-Antoinette,* b ⁷ 12 sept. 1740, m ⁷ 23 nov. 1761, à Pierre Cottenoire. — *Marie-Charlotte,* b ⁷ 12 février 1743.—*Ursule,* b... m ⁷ 30 janvier 1775, à Joseph Casaubon.

1723, (29 déc.) Montreal.³
I.—CARPENTIER, Charles, b 1700; fils de Jacques (officier chez feue S. Altesse le duc de Bourgogne) et de Marguerite Henry, de Versailles.
Marchand, Marie-Joseph, [Nicolas I.
b 1700.
Philippe-Henri, b ³ 2 janvier 1725. — *Marie-Elisabeth,* b ³ 1ᵉʳ avril 1726; 1° m 5 mai 1749, à Julien Malboeuf, à Boucherville⁶; 2° m ⁴ 1ᵉʳ juin 1772, à Jean-Baptiste Masse.—*Marie-Madeleine,* b ⁸ 7 juillet 1727.— *Jean-Baptiste-Amable,* b ³ 8 mars 1730. — *Pierre-Joseph,* b ³ 3 sept. 1734.— *Charlotte,* b... m ⁴ 20 nov. 1769, à Noël Laporte.

CARPENTIER, Noel.
Desmarais, Marie-Madeleine, [Jean I.
s 21 mars 1743, à Longueuil.
Pierre, b 12 mars 1729, à l'Ile-Dupas.—*Ursule,* b 16 août 1734, à Sorel.

III.—CARPENTIER, Antoine, [Antoine II.
b 1709; s 14 nov. 1735, à Québec.²
1° Trépanier, Marguerite,
Pierre, b... m 23 nov. 1750, à Madeleine Aide-Créquy, à la Pte-aux-Trembles, Q.

---

(1) Elle épouse, le 3 sept. 1730, Germain Marcoux, à Quebec.

1730, (6 nov.) Beauport.
2° MARCOU, Madeleine (1), [NOEL II.
b 1704 ; veuve de Jean-Baptiste DeRainville.
François, b ² 28 oct. 1735.

1736, (22 oct.) Cap-Santé. ³
III.—CARPENTIER, JEAN-BTE, [JEAN-BTE II.
b 1708.
JUGNAC, Marie-Madeleine. [PIERRE II.
Jean-Baptiste, b ² 11 juillet 1737.—*Marie-Madeleine*, b ² 13 juin 1739 ; m ² 25 février 1754, à Augustin MARCOT.—*Nicolas*, b ² 23 janvier 1742. —*Joseph*, b ² 13 mai 1744.— *Joachim*, b ² 9 nov. 1745.— *Marie-Angélique*, b ² 16 février et s ² 18 mars 1747.— *Marie-Joseph*, b ² 12 février 1748 ; m à Amable HARDY. — *Marie-Angélique*, b ² 24 janvier 1750 ; m à Louis GINGRAS.—*Marie-Claire*, b ² 1er oct. 1751.—*Jean-François*, b ² 8 oct. 1753.

1739, (3 août) Champlain. ³
III.—CARPENTIER, FRANÇOIS, [ETIENNE II.
b 1716.
BILLY, Marguerite, [MICHEL II.
b 1722.
Michel, b ³ 16 juin 1740.

1743, (12 janvier) Québec. ⁴
I.—CARPENTIER, JEAN-BTE, fils de Michel et de Marie-Anne Diné, de St-Eloi, diocèse de Bordeaux.
JOSEPH (2), Marie-Michelle. [PIERRE I.
Jeanne, b ⁴ 23 oct. 1743. — *Marie-Thérèse*, b 1744 ; s ⁴ 9 oct. 1746. — *Marie-Anne*, b... m 26 nov. 1759, à Claude-Charles PAYNEL.

CARPENTIER (3), JOSEPH,
b 1717 ; s 31 mars 1793, à Batiscan.⁹
1° BEAUFORT, Marie-Joseph.
Marguerite, b... m ⁹ 27 février 1775, à Jean CAILLA.
1763, (31 janvier). ⁹
2° TROTIER (4), Marie-Joseph, [ANTOINE III.
b 1718 ; veuve de Gabriel Aubernon.

CARPENTIER, JOSEPH, b 1717 ; s 21 avril 1789, à St-Augustin.

CARPENTIER, JOSEPH, b... s 12 juin 1761, à l'Ile-Dupas.

CARPENTIER (5), LOUIS.
FILIAU-DUBOIS, Louise.
Augustin, b 9 nov. 1750, aux Trois-Rivières.

1750, (23 nov.) Pte-aux-Trembles, Q. ⁶
III.—CARPENTIER, PIERRE, [ANTOINE II.
b 1729.
AIDE-CRÉQUY, Madeleine, [IGNACE II.
b 1728.

(1) Elle épouse, le 7 juin 1740, Charles Pinguet, à Québec.
(2) Dit Langoumais. Elle épouse, le 29 août 1757, Jacques-Joseph Puce, à Québec.
(3) Dit Bailly.
(4) Du 4ème au 4ème degré.
(5) Dit Lyonais.

Marie-Charlotte, b ⁶ 14 nov. 1751. — *Marie-Louise*, b 20 août 1755, aux Ecureuils. ⁷—*Marie-Joseph*, b ⁷ 10 février 1758.—*Jacques*, b ⁷ 6 sept. 1760.—*Thérèse*, b ⁷ 28 oct. 1762. — *Marie-Catherine*, b ⁷ 7 mars 1765. — *Marie-Geneviève*, b ⁷ 11 et s ⁷ 13 mars 1766. — *Marie-Angélique*, b ⁶ 11 août 1767.

1751, (2 février) Ile-Dupas. ¹
III.—CARPENTIER, JOS.-MARIE, [ETIENNE II.
b 1720 ; s avant 1775.
HOURÉ, Geneviève, [ALEXIS II.
b 1721.
Joseph, b ¹ 4 et s ¹ 8 mars 1752. — *Alexis*, b ¹ 1er mars 1755. — *Geneviève*, b ¹ 27 février 1756 ; m ¹ 26 juin 1775, à Jean-Baptiste PIPEREAU.— *Marie-Joseph*, b ¹ 11 juillet 1760.

1753, (22 janvier) Ecureuils. ³
III.—CARPENTIER, JOSEPH, [JEAN-BTE II.
b 1713.
LEFEBVRE, Thérèse, [NICOLAS II.
b 1728.
Marie-Thérèse, b 14 oct. 1753, au Cap-Santé. —*Marie-Marguerite*, b ¹ 19 déc. 1754 ; s ¹ 18 janvier 1755.—*Marie-Marguerite*, b 13 août 1756, à St-Antoine-de-Chambly. ⁶— *Marie-Joseph*, b ⁶ 23 février 1760.

1753, (29 janvier) Ile-Dupas.
III.—CARPENTIER, NOEL, [NOEL II.
b 1726.
COTTENOIRE, Marie-Louise. [ANTOINE II.

CARPENTIER, JOSEPH.
VÉSINA, Madeleine.
Louis, b... s 15 sept. 1754, à St-Augustin.

1754, (28 juin) Cap-St-Ignace. ²
III.—CARPENTIER, LOUIS, [ANTOINE II.
b 1727.
LEMIEUX, Marie-Charlotte, [JOS.-ALEXIS III.
b 1722 ; s 30 janvier 1790, à Québec. ¹
Joseph-Marie, b ² 10 avril 1755 ; m ¹ 20 août 1776, à Marie-Joseph CARRIER. — *Anonyme*, b ² et s ² 9 nov. 1757.—*Antoine-Timothé*, b ² 24 avril 1762.

CARPENTIER, LOUIS-JOSEPH, [JOSEPH II.
b 1717 ; s avant 1794.
BEAUCHAMP, Marguerite.
Joseph, b 15 juin 1758, à la Pte-aux-Trembles, Q. ⁶—*Marie-Geneviève*, b 23 sept. 1760, à St-Augustin.¹—*Louis*, b ⁶ 20 nov. 1762, m ¹ 29 sept. 1794, à Marie-Joseph OUVRARD. — *Marguerite*, b ⁶ 5 janvier 1765. — *Marie-Louise*, b... m ¹ 24 juillet 1786, à Jean-Baptiste VERMET.

1760, (18 février) Yamachiche.
III.—CARPENTIER, FRANÇOIS. [JOSEPH II.
LAMY, Elisabeth, [ETIENNE III.
b 1743.

1762, (27 sept.) Yamachiche.
III.—CARPENTIER, AUGUSTIN. [JOSEPH II.
GÉLINAS, Catherine. [ALEXIS IV.

CARPENTIER, Charles.
Dubord, Luce.
David, b 1er oct. 1764, au Cap-de-la-Madeleine.

1768, (15 février) Ile-Dupas.
III.—CARPENTIER, Jean-Bte,   [Etienne II.
b 1728.
Cottenoire, Apolline.   [Antoine II.

1773, (26 avril) Sorel.
CARPENTIER, François.   [François.
Arcan, Marie-Charlotte,
veuve de Jean-Prisque Godin.

1776, (20 août) Québec.
IV.—CARPENTIER (1), Joseph,   [Louis III.
b 1755.
Carrier, Marie-Joseph, [Jacques-Charles III.
b 1752.
Marie-Joseph (2), b 29 février 1776, à Ste-Foye.

CARPENTIER, Joachim.
Galarneau, Madeleine.
Marie-Madeleine, b 29 sept. 1777, aux Ecureuils.

CARPENTIER, Joseph.
Drolet, Félicité.
Joseph, b 15 sept. 1790, à St-Augustin.[9]—*Charlotte*, b [9] 17 août 1791.—*Marie*, b [9] 11 avril 1793.

1794, (29 sept.) St-Augustin.[9]
CARPENTIER, Louis.   [Joseph.
Ouvrard (3), Marie-Joseph,   [François III.
b 1782.
Louis, b [9] 13 juillet 1795.

CARPENTIER (4), Catherine, épouse de Martin Hénaut.

CARPENTIER, Marie-Joseph, b... m 27 sept. 1779, au Cap-de-la-Madeleine.

CARPENTIER, Marie, épouse de Jean-Baptiste Chesné.

CARPENTIER, Marie-Joseph, épouse de Joseph Dubord.

CARPENTIER, Madeleine, épouse de Henri Dubord.

CARPENTIER, Madeleine, épouse d'Alexis Dussault.

CARPENTIER, Madeleine, épouse de Jean-Baptiste Guevremont.

---

(1) Ce mariage; réhabilité, avait été célébré, à Ste-Foye, par un prêtre (Louis-François Chartier) sans juridiction, ni pouvoir.
(2) Baptisée, à Ste-Foye, par M. Durocher, en avril 1776.
(3) Dit Laperrière.
(4) Dit Bellegarde.

CARPENTIER, Charlotte, b 1727; m à Jean-Baptiste Hardy; s 23 juillet 1758, aux Trois-Rivières.

CARPENTIER, Madeleine, b 1704; m à Pierre Richard; s 14 août 1739, au Cap-Sante.

CARPENTIER, Marguerite, b 1766; m à Jean Rouleau, s 27 juin 1796, à Québec.

CARPENTRAS.—Voy. Paire.

CARPIN, Pierre-Joseph.
Pepin, Charlotte.
Marie-Geneviève, b 2 janvier 1766, aux Ecureuils.

CARRÉ.—Voy. Laroche.

CARREAU.—*Variations et surnoms*: Caro—Dérôme—Descarreaux—Lafraicheur.

1654, (30 avril) Québec.[1]
I.—CARREAU, Louis (1),
b 1621.
Lerouge, Jeanne,
b 1625; s 9 mars 1696, à l'Ange-Gardien.
Jeanne, b [1] 26 janvier 1659; m 1675, à Jean Catelan; s 26 oct. 1730, au Cap-Santé.

CARREAU (2), Angélique, b 1689; s 6 sept. 1724, à Beauport.

1696, (15 oct.) L'Ange-Gardien.[6]
II.—CARREAU (1), Joseph,   [Louis I.
s avant 1728.
1° Letartre, Barbe,   [Charles II.
b 1680.
Pierre, b [6] 1er février 1699; m 7 avril 1723, à Jeanne Pouliot, à St-Laurent, I. O.[8]; s [3] 12 juillet 1745.—*Joseph*, b [6] 5 février 1704; 1° m [5] 5 nov. 1725, à Madeleine Pouliot; 2° m 4 nov. 1728, à Monique Giroux, à Beauport.[7]—*Augustin*, b [6] 9 mars 1705; m [7] 14 juillet 1732, à Geneviève Giroux; s [7] 11 janvier 1753.

1721, (26 mai).[8]
2° Pouliot, Marie.   [Charles II.
Marie-Joseph, b [5] 17 août 1722; 1° m [6] 12 nov. 1736, à Jacques Garnaud; 2° m [6] 2 juillet 1742, à Joachim Bureau.—*Charles*, b [6] 20 mars 1725.—*Marie*, b [6] 25 juin 1726.—*Joseph*, b [6] 23 mars 1727.

1723, (7 avril) St-Laurent, I. O.[9]
III.—CARREAU (2), Pierre,   [Joseph II.
b 1699; s [9] 12 juillet 1745.
Pouliot, Jeanne,   [Charles II.
b 1692; s [9] 10 déc. 1769.
Jeanne, b [9] 3 avril 1724.—*Pierre*, b [9] 26 nov. 1725; m [9] 23 juin 1763, à Marie-Joseph Carré.—*Monique*, b 1728; s [9] 8 sept. 1733.—*Augustin*, b [9] 30 déc. 1728; s [9] 8 sept. 1733.—*Marguerite-Angélique*, b [9] 30 mai et s [9] 3 juillet 1730.—*Geneviève*, b [9] 8 et s [9] 15 avril 1731.—*Anonyme*, b [9] et

---

(1) Dit Lafraicheur; voy. vol. I, p. 105.
(2) Dit Lafraicheur.

s⁹ 26 février 1733. —*Joseph-Marie*, b⁹ 1ᵉʳ août 1734. —*Jeanne*, b... m⁹ 7 février 1746, à Pierre CHARRIER.—*Marie-Anne*, b⁹ 20 mars 1737 ; s⁹ 18 mars 1763.

1725, (5 nov.) St-Laurent, I. O.
III.—CARREAU, JOSEPH,   [JOSEPH II.
  b 1704.
1° POULIOT, Madeleine.   [CHARLES II.
    1728, (4 nov.) Beauport. ⁹
2° GIROUX, Monique,   [TOUSSAINT II.
  b 1704 ; s⁹ 16 juillet 1760.
Marie-Monique, b⁹ 18 oct. 1729 ; s⁹ 15 avril 1763.—*Marie-Geneviève*, b⁹ 29 oct. 1730 ; m⁹ 29 janvier 1759, à Hubert LIPOT. — *Marie-Joseph*, b⁹ 11 janvier 1732 ; m⁹ 10 nov. 1767, à Germain BERGEVIN.—*Marie-Madeleine*, b⁹ 10 février 1733. —*Jean-Baptiste*, b⁹ 7 mai 1734 ; m⁹ 19 oct. 1761, à Geneviève GRENIER ; s⁹ 13 juin 1770.—*Marie-Madeleine-Barbe*, b⁹ 13 nov. 1736 ; m⁹ 24 oct. 1763, à Jacques MORIN —*Marie*, b... m⁹ 24 nov. 1755, à Joseph TOUPIN.

1732, (14 juillet) Beauport. ⁹
III.—CARREAU, AUGUSTIN,   [JOSEPH II.
  s³ 11 janvier 1753.
GIROUX, Geneviève,   [TOUSSAINT II.
  b 1710 ; s³ 7 oct. 1768.
Marguerite, b 1732 ; s³ 18 oct. 1737.—*Marie*, b... m³ 19 février 1759, à François GRENIER. —*Marie-Geneviève*, b³ 11 sept. 1737.—*Augustin*, b³ 4 mars 1739 ; m³ 1ᵉʳ février 1766, à Elisabeth BRISSET.—*Pierre-Augustin*, b³ 30 avril 1745.—*Marie-Joseph*, b³ 5 déc 1747, s³ 5 avril 1749. — *Joseph*, b³ 12 oct 1750. — *Marguerite-Geneviève*, b³ 21 juillet 1753.

CARREAU, JEAN-BTE.—Voy. DEROME de 1732.

1761, (19 oct.) Beauport. ³
IV.—CARREAU, JEAN-BTE,   [JOSEPH III.
  b 1734 ; s³ 13 juin 1770.
GRENIER, Geneviève (1),   [JOSEPH III.
  b 1738.
Marie-Geneviève, b³ 7 janvier 1763. — *Marie-Madeleine*, b³ 5 août 1764.

1763, (23 juin) St-Laurent, I. O. ⁹
IV.—CARREAU, PIERRE,   [PIERRE III.
  b 1725.
CARRÉ, Marie-Joseph.   [PIERRE I.
Marie-Jeanne, b⁹ 20 mai 1764.

1766, (1ᵉʳ février) Beauport.
IV.—CARREAU, AUGUSTIN,   [AUGUSTIN III.
  b 1739.
BRISSET, Elisabeth,   [JOSEPH II.
  b 1745.

CARREAU, MADELEINE, épouse de Pierre-Vincent VALLÉE.

(1) Elle épouse, le 8 avril 1771, Jean-Toussaint Maheu, à Beauport.

1723, (22 sept.) Québec. ²
I.—CARREROT, PHILIPPE, garde-magasin du roi à l'Ile-Royale ; fils de Pierre et de Marie Pixey, de l'Ile-Royale.
GAUTIER, Thérèse,   [JEAN I.
  b 1703.
Louis, b... m² 24 juin 1748, à Catherine JOLY.

1725, (27 juin) Québec.²
I.—CARREROT, PIERRE-ANDRÉ (1), écrivain, garde-magasin du roi et commissaire des troupes à l'Ile-Royale ; fils de Pierre et de Marie Pixey, de Notre-Dame de Bayonne, résidant à l'Ile-Royale.
CHÉRON, Marie-Joseph,   [MARTIN I.
  b 1706.
Louise, b... m² 2 nov. 1749, à Louis-Joseph GODFROY DE TONNANCOUR.—*Marguerite*, b...

1748, (24 juin) Québec.²
II.—CARREROT, LOUIS,   [PHILIPPE I.
JOLY, Catherine (2),   [PIERRE I.
  b 1729 ; s² 27 nov. 1749.
Louis-Joseph, b² 18 mai 1749.

I.—CARRERY (3), JEAN-BTE.

CARRIER. — *Variations et surnoms :* CARIÉ — CARRIÈRE—JAMME—CARCASSONNE—LEBRUN.

1670, (14 nov.) Québec. ¹
I.—CARRIER, JEAN (4),
  b 1640.
HALLAY, Barbe,   [JEAN I.
  b 1645 ; s 18 juin 1696, à Lévis. ²
Marie-Anne, b¹ 20 janvier 1674, 1° m² 16 nov. 1695, à Pierre TURGEON ; 2° m² 4 mai 1700, à Louis LEMIEUX.

1670, (17 nov.) Montréal. ⁵
I.—CARRIER, ANDRÉ (4),
  b 1640 ; s⁵ 5 déc. 1715.
JANOT, Cécile,   [MARIN I.
  b 1656 ; s⁵ 27 janvier 1729.
Cécile, b⁵ 15 oct. 1673 ; m⁵ 10 nov. 1692, à Jacques CHAPERON ; s 15 février 1753, à la Pte-aux-Trembles, M. ⁶—*Marie*, b⁶ 24 oct. 1677 ; m⁵ 4 mai 1699, à Philippe LEDUC ; s⁵ 1ᵉʳ avril 1742. —*Catherine*, b⁵ 9 déc. 1685 ; m⁵ 6 août 1725, à Jacques MASSIER.

1693, (16 juin) Lévis. ⁵
II.—CARRIER (4), IGNACE-PHILIPPE,   [JEAN I.
  b 1671 ; s⁶ 23 août 1765.
1° GRENET, Perinne,   [FRANÇOIS I.
  b 1672 ; s⁶ 17 sept. 1709.

(1) Il était, le 4 juin 1725, à Beauport.
(2) Elle était du tiers-ordre de Saint-François. Elle fut inhumée dans l'église des RR. PP. récollets.
(3) De Bousquet ; chevalier, capitaine au régiment de Guyenne. Il était, le 21 juillet 1760, à Verchères.
(4) Voy. vol. I, p. 105.

Marie, b⁶ 21 sept. 1700; 1ᵉ m⁶ 6 nov. 1720, à Charles CHARTIER; 2⁰ m à Jacques FRÉGEAU.— *Catherine*, b 30 nov. 1702, à St-François, I. O.; m⁶ 9 juin 1732, à Augustin HALLÉ.

1710, (2 juin).⁸

2⁰ DUQUET, Rosalie,   [JEAN I.
  b 1688; s 4 dec. 1753, à Québec.⁴

Charles, b 1712; m⁶ 7 janvier 1738, à Catherine DROUILLARD; s⁴ 25 juin 1780.—*Marie-Joseph*, b⁶ 25 janvier et s⁶ 13 février 1722.—*Marie-Marguerite*, b⁶ 22 mai et s⁶ 1ᵉʳ juin 1723.—*Marie-Geneviève*, b⁶ 19 mai et s⁶ 3 juin 1730.—*Joseph-Marie*, b⁶ 25 mars 1732. — *Louis*, b... m⁶ 1ᵉʳ sept. 1744, à Marie-Anne ALBERT.

1699, (15 juin) Lévis.⁶

II.—CARRIER, CHARLES (1),   [JEAN I.
  b 1678; s⁶ 27 sept. 1740.
  GESSERON, Marie,   [LOUIS I.
  b 1680; s⁶ 21 mai 1756.

Marie-Anne, b⁶ 9 mai 1700; m⁶ 16 nov. 1722, à Jean GUAY, s 17 mars 1760, à Beaumont. — *Barbe*, b⁶ 8 février 1708; m⁶ 12 oct. 1729, à Charles GUAY; s⁶ 7 janvier 1762. — *Marie-Angélique*, b⁶ 22 janvier 1710; m⁶ 24 nov. 1744, à Charles GUAY. — *Jean*, b⁶ 20 mai 1712; m⁶ 21 janvier 1743, à Geneviève HUARD. — *François*, b... m⁶ 13 janvier 1733, à Marie-Anne HUARD. — *André-Joseph*, b... m⁶ 23 oct. 1742, à Suzanne POIRÉ. — *Louis*, b... m 1744, à Marie-Anne GUAY. — *Marie-Louise*, b⁶ 1ᵉʳ sept. 1722; m⁶ 7 janvier 1744, à Charles VALIN. — *Marie-Geneviève*, b⁶ 5 janvier 1725; m à Ambroise LECOURS, s⁶ 29 mai 1757.

1707.

II.—CARRIER, JEAN,   [JEAN I.
  b 1682; s 15 déc. 1749, à Lévis.⁶
  SAMSON, Jeanne,   [JACQUES I.
  b 1681; s⁶ 23 oct. 1758.

Charles, b⁶ 6 et s⁶ 11 juin 1708. — *Marie-Jeanne*, b⁶ 6 juillet 1709; m à Jean CHAREST.— *Jean*, b... m⁶ 30 oct. 1727, à Louise MORIN; s⁶ 23 août 1754.—*Marie-Anne*, b... m⁶ 10 juin 1727, à Jean SURNOMMÉ.—*Jacques-Charles*, b⁶ 8 nov 1713; m⁶ 10 avril 1736, à Catherine HUARD — *Joseph*, b⁶ 1ᵉʳ oct. 1718; m⁶ 10 mai 1745, à Madeleine LAROCHE. — *Louis*, b⁶ 11 sept. 1720; s⁶ 21 février 1745 (mort subitement).—*Marie-Geneviève*, b⁶ 9 janvier 1723; m⁶ 8 nov. 1751, à Michel CHAMARD.

CARRIER, RENÉ, b 6 mars 1707, à St-Michel.

CARRIER, MARIE-ANNE, b 1705; s 17 mars 1760, à Beaumont.

1718, (20 avril) Lachine.

II.—CARRIER, ANTOINE,   [ANDRÉ I.
  b 1683.
  QUESNEL, Madeleine,   [OLIVIER I.
  b 1701.

---

(1) Voy. vol. I, p. 105-106.

1722, (27 mai) Lévis.¹

III.—CARRIER, IGNACE,   [IGNACE II.
  b 1694; s¹ 4 mai 1765.
  ROCHON, Elisabeth,   [ETIENNE II.
  b 1694; s¹ 19 mai 1766.

Catherine-Elisabeth, b¹ 15 et s¹ 23 déc. 1723. —*Marie-Elisabeth*, b¹ 16 mai 1725; s¹ 14 déc. 1741. — *Ignace*, b¹ 18 février 1727; m 1753, à Veronique CARRIER; s¹ 11 déc. 1759.—*Charles*, b¹ 13 et s¹ 18 février 1729.—*Marie-Anne*, b¹ 27 mars 1730. — *Suzanne*, b¹ 7 sept. 1731; s¹ 13 avril 1750, à Louis CANTIN. — *Anonyme*, b¹ 7 et s¹ 8 sept. 1731. — *Marie-Joseph*, b¹ 19 et s¹ 25 mars 1733. — *Marie-Joseph*, b¹ 30 mai et s¹ 5 juin 1734. — *Jean-Baptiste*, b¹ 22 janvier 1737; m¹ 18 février 1765, à Marie-Anne HUARD.

1727, (30 oct.) Lévis.¹

III.—CARRIER, JEAN,   [JEAN II.
  s¹ 23 août 1754.
  MORIN, Louise,   [JACQUES I.
  b 1709.

Marie-Louise, b¹ 17 et s¹ 24 janvier 1729.— *Jean-Baptiste*, b¹ 9 mai 1730; m¹ 18 janvier 1751, à Suzanne DUQUET.—*Louis*, b¹ 8 juillet 1732; m 20 février 1756, à Françoise JÉRÉMIE-DAUVILLE, à St-Nicolas. — *Louise-Joseph*, b¹ 21 sept. 1734; m¹ 18 février 1754, à Joseph COUTURE.—*Marie-Charlotte*, b¹ 8 déc. 1736.—*Jacques-Charles*, b¹ 3 mars 1739; m¹ 10 janvier 1775, à Suzanne BÉGIN.—*Marie-Ursule*, b... m¹ 19 janvier 1756, à Pierre BOURGET.

1727, (7 nov.) Québec.

III.—CARRIER, JOSEPH,   [IGNACE II.
  b 1697; s 27 juillet 1765, à Lévis.¹
  GOSSELIN, Marie-Louise.   [LOUIS II.

Marie-Geneviève, b¹ 28 mai et s¹ 25 juin 1730. — *Joseph-Marie*, b¹ 26 juillet 1731; s¹ 4 juin 1750.—*Marie-Louise*, b¹ 4 juin 1733; 1⁰ m¹ 19 avril 1751, à Joseph HALLÉ; 2⁰ m¹ 8 août 1757, à Jacques BOURASSA.—*Ignace*, b... 1⁰ m¹ 23 nov. 1761, à Geneviève DUMONT; 2⁰ m¹ 22 avril 1771, à Geneviève HUARD.—*Louis*, b¹ 22 février 1737, m¹ 14 avril 1766, à Therèse CARRIER.—*Charles*, b¹ 15 avril 1739; m¹ 28 avril 1761, à Agathe PICHET.—*Jean-Baptiste*, b¹ 10 déc. 1741.—*Elisabeth*, b¹ 25 nov. 1743; s¹ 31 mars 1744.—*Marie-Anne*, b¹ 3 février 1746.—*Marie-Geneviève*, b¹ 17 juillet 1748; m¹ 21 avril 1766, à Joseph CARRIER.

1727, (17 nov.) Lévis.¹

III.—CARRIER, CHARLES,   [CHARLES II.
  b 1701; s¹ 23 mars 1746.
  GUAY, Veronique,   [LOUIS II.
  b 1709.

Marguerite-Louise, b¹ 15 février 1729. — *Charles-Joseph*, b¹ 26 sept. 1731; m 6 nov. 1752, à Marie-Anne PICHET, à St-Pierre, I. O.—*Marie-Véronique*, b¹ 4 août 1733, m¹ 25 nov. 1755, à Jean-Baptiste PARADIS.—*Françoise-Régis*, b¹ 1ᵉʳ dec. 1735, m¹ 12 février 1759, à Louis HALLÉ.—*Marie-Louise*, b¹ 4 juin 1738, m¹ 1ᵉʳ mars 1756, à Ambroise SAMSON.—*Antoine*, b¹ 27 mars 1740. 1⁰ m¹ 8 février 1768, à Veronique PICHET; 2⁰ m¹

30 oct. 1803, à Marguerite MARANDA.—*Thérèse*, b¹ 11 janvier 1743; m¹ 14 avril 1766, à Louis CARRIER.— *Joseph-Marie*, b¹ 21 janvier et s¹ 13 juillet 1745. — *Joseph-Marie*, b¹ 10 juillet 1746; 1° m¹ 4 août 1766, à Veronique DRAPEAU; 2° m 6 nov. 1797, à Thècle COTÉ, à Beaumont.

1733, (13 janvier) Lévis.¹

III.—CARRIER, FRANÇOIS.   [CHARLES II.
  HUARD, Marie-Anne,   [MATHIEU II.
    b 1707.

Véronique, b¹ 30 sept. 1734; 1° m à Ignace CARRIER ; 2° m¹ 19 oct. 1761, à Ignace COUTURE. —*Geneviève* (1), b¹ 1er février 1738 , m¹ 8 nov. 1762, à Jacques DAMIEN.—*Marie-Anne*, b¹ 19 août 1740 ; m¹ 14 février 1763, à Etienne GÉLY. —*Marie-Françoise*, b 1748; s¹ 8 janvier 1750.

1735, (16 juin) Lévis.²

III.—CARRIER, JEAN-BTE,   [IGNACE II.
    b 1711.
  GUAY, Louise,   [LOUIS II.
    b 1712.

Marie-Louise, b² 22 mars 1736 ; s² 18 déc. 1754.—*Jean-Baptiste*, b² 14 août 1738 , m² 10 janvier 1764, à Catherine BÉGIN.—*Marie-Anne*, b² 10 janvier 1741 ; m² 12 février 1759, à Antoine BUISSON.—*Joseph*, b² 1er juillet 1743 ; m² 3 mai 1768, à Elisabeth HUARD. — *Etienne*, b² 19 déc. 1745 ; s² 8 mai 1759.—*Charles*, b² 6 janvier et s² 3 juillet 1748.—*Marie-Suzanne*, b² 18 déc. 1749. —*Henri-Angélique* (2), b² 29 janvier 1752.— *Louis-Simon*, b² 23 sept. et s² 18 oct. 1754.

1736, (10 avril) Lévis.³

III.—CARRIER, JACQUES-CHARLES,   [JEAN II.
    b 1713.
  HUARD, Catherine.   [MATHIEU II

Charles, b³ 7 nov. 1737, 1° m³ 16 janvier 1764, à Elisabeth HALLÉ: 2° m³ 17 avril 1769, à Marguerite MARANDA ; s³ 1er mai 1799.—*Joseph-Marie*, b³ 13 sept. 1739, m³ 21 avril 1766, à Geneviève CARRIER.—*Marie-Catherine*, b³ 12 nov. 1741.— *Geneviève*, b... m³ 17 juillet 1764, à Jean SAMSON. —*Marie-Thérèse*, b³ 14 mai 1744 ; m³ 12 janvier 1767, à Jean COUTURE.—*Marie-Joseph*, b³ 25 avril 1752; m 20 août 1776, à Joseph CARPENTIER, à Québec.—*Elienne*, b³ 7 sept. 1754.

1737, (5 nov.) Lévis.⁴

III.—CARRIER, JOSEPH,   [CHARLES II.
    b 1705 ; s⁴ 27 juillet 1765.
1° GUAY, Marie-Anne,   [LOUIS II.
    s⁴ 26 avril 1743.

Marie-Anne, b⁴ 4 avril 1740 ; m⁴ 18 janvier 1762, à Joseph FRADET.

   1743, (18 nov.) Québec.⁵
2° BALAN-LACOMBE, Marie-Frse,   [PIERRE II.
    b 1722 ; s⁵ 14 oct. 1804.

Anonyme, b⁴ et s⁴ 7 juillet 1746.—*Marie-Françoise-Anne*, b⁴ 19 mai 1747; m 2 oct. 1769, à Charles PETITCLERC, à Ste-Foye. ⁶ — *Joseph*,

(1) Grand-mère de M. Paschal POULIOT, ancien curé de St-Gervais.
(2) Filleule du Baron de Narcy.

b⁴ 1er oct. 1749 ; m 27 février 1775, à Judith BAUDREAU, à la Longue-Pointe.—*Marie-Charlotte*, b⁴ 4 nov. 1751; m⁶ 19 mars 1773, à Charles BELLEAU.—*Joseph-Régis*, b⁴ 26 juillet 1753 ; m⁶ 16 nov. 1778, à Françoise-Elisabeth ROUTIER.— *Louis*, b⁴ 22 août 1756 ; m⁵ 29 janvier 1782, à Marie-Charlotte BONHOMME. — *Jacques*, b⁴ 27 avril 1759.

1738, (7 janvier) Lévis.⁷

III.—CARRIER, CHARLES,   [IGNACE II.
    b 1712 , s 25 juin 1780, à Québec.⁸
  DROUILLARD, Catherine,   [SIMON I.
    b 1721; s⁸ 9 avril 1783.

Marie-Catherine, b⁸ 27 janvier 1739.—*Jean-Baptiste*, b⁸ 8 sept. 1740 ; s⁷ 20 avril 1757.— *Charles*, b⁸ 26 février 1742.—*Marie-Madeleine*, b⁶ 3 mai 1743 , s⁸ 26 juillet 1744.—*Simon*, b⁸ 9 oct. 1745.—*Pierre-Augustin*, b⁸ 21 juillet 1747 ; s⁸ 9 nov. 1752.—*François*, b⁸ 14 mai 1750.— *Ignace*, b⁸ 13 juillet 1751.—*Gabriel*, b⁷ 12 mai 1753.—*Marie-Joseph*, b⁷ 10 avril 1756.—*Joseph*, b⁷ 1er nov. 1758.

1739, (9 nov.) Cap-St-Ignace.⁴

III.—CARRIER, AUGUSTIN (1).   [IGNACE II.
    b 1709, s 23 février 1757, à Lévis⁵
  BERNIER, Marie-Geneviève,   [PHILIPPE II.
    b 1718.

Augustin-Magloire, b⁴ 12 mai 1743 ; m 19 nov. 1770, à Marie VAILLANCOUR, à St-Jean-Port-Joli. —*Marie-Geneviève*, b⁵ 24 sept. 1744.—*Joseph*, b⁵ 13 juin 1746.—*Jean-Baptiste* et *Ignace*, b⁵ 27 juillet et s⁵ 19 août 1752.—*Jean-Baptiste*, b⁵ 18 oct. 1755 ; s 5 avril 1776, à Québec.—*Jacques-François*, b⁴ 16 et s⁴ 29 juin 1757.

1742, (23 oct.) Lévis.⁶

III.—CARRIER, ANDRÉ-JOSEPH,   [CHARLES II.
    s avant 1799.
  POIRÉ, Suzanne,   [LAURENT II.
    b 1715 , s 3 nov. 1799, à Beaumont.

Suzanne, b⁶ 15 et s⁶ 20 janvier 1744.—*Marie-Suzanne*, b⁶ 16 oct. 1745. m à Basile NOLET.— *André-Joseph*, b⁶ 8 mai 1749, s⁶ 11 oct. 1755.— *Joseph*, b⁶ 16 juillet 1752.—*Jacques*, b⁶ 3 mai 1758.

1743, (21 janvier) Lévis.⁹

III.—CARRIER, JEAN,   [CHARLES II.
    b 1712.
  HUARD, Geneviève,   [MATHIEU II.
    b 1718, veuve de Joseph ALAIRE.

Jean-Charles, b² 31 mars 1744 . m² 8 janvier 1770, à Angélique BÉGIN.—*Ambroise*, b² 6 mars 1746.—*Geneviève*, b² 13 mars 1750. — *Jean-Baptiste*, b² 9 déc. 1752 ; m² 22 juillet 1782, à Geneviève POIRÉ.—*François*, b² 25 oct 1754.— *Marguerite*, b² 15 nov. 1756. — *Véronique*, b² 15 août 1758.

(1) Voy. à Lévis.

1744, (1er sept.) Lévis.¹
III.—CARRIER, Louis. [IGNACE II.
  ALBERT, Marie-Anne. [FRANÇOIS (1).
  Louis, b ¹ 14 juin et s ¹ 4 juillet 1745.

1744.
III.—CARRIER, Louis. [CHARLES II.
  GUAY, Marie-Anne. [IGNACE II.
  Louis, b 10 juin et s 4 juillet 1745, à Lévis. ³—*Marie-Anne*, b 1746; m à Louis LEMIEUX; s ³ 27 avril 1765. — *Suzanne-Reine*, b... m ⁴ 12 février 1771, à Nicolas GUAY. — *Louis*, b ³ 8 dec. 1750; s ⁸ 26 dec. 1765.—*Marguerite-Joseph*, b ³ 12 sept. 1752.—*Marie-Louise*, b ³ 20 mars 1754.—*Frédéric*, b ³ 17 sept. et s ⁴ 25 nov. 1755. — *Jean-Baptiste*, b ³ 18 et s ³ 26 sept. 1757. — *Marie-Louise*, b ³ 23 nov. 1760.—*Joseph*, b 1763; s ³ 7 fevrier 1764.—*Agathe*, b ³ 17 fevrier 1764. — *Louis-Charles*, b ³ 14 avril 1766; s ³ 26 dec. 1769.

1745, (10 mai) Lévis. ⁶
III.—CARRIER, JOSEPH, [JEAN II.
  b 1718.
  LAROCHE, Madeleine, [JEAN II.
  b 1727.
  Madeleine, b ⁶ 16 mars 1746. — *Geneviève*, b... m ⁸ 8 mai 1769, à Charles GUAY.—*Marie-Louise*, b ⁶ 24 juillet 1750.—*Madeleine*, b ⁶ 6 fevrier 1752; m ⁶ 17 février 1770, à François BÉGIN.—*Pierre*, b ⁶ 8 avril 1753.—*François*, b ⁶ 17 fevrier 1757; s ⁶ 26 nov. 1760. — *François-Martin*, b ⁶ 7 oct. 1760; s ⁶ 5 déc. 1763.— *Catherine*, b ⁶ 19 février 1763; s ⁶ 5 janvier 1766.— *Catherine*, b ⁶ 11 fevrier 1766. — *Jean-Baptiste*, b ⁶ 10 mai 1768.—*Joseph*, b...

1751, (18 janvier) Lévis. ⁸
IV.—CARRIER, JEAN-BTE, [JEAN III.
  b 1730.
  DUQUET, Suzanne, [JEAN-BTE III.
  b 1727, veuve de Charles Bégin.
  Jean-Baptiste, b ⁸ 30 août 1751; s ⁸ 12 juillet 1753.—*Louise*, b 1753; s ⁸ 26 oct. 1755.—*Jean-Baptiste*, b ⁸ 19 août 1755. — *Joseph*, b ⁸ 23 mars 1757.—*Etienne*, b ⁸ 15 nov. 1761.—*Michel*, b ⁸ 6 nov. et s ⁸ 5 dec. 1765. — *Madeleine*, b ⁸ 14 nov. 1766.—*Marguerite*, b ⁸ 11 et s ⁸ 16 juillet 1768.—*Geneviève*, b ⁸ 23 déc. 1773.

CARRIER, JEAN.
  1° GODIN, Madeleine,
    b 1694; s 23 dec. 1749, à Terrebonne. ²
    1751, (4 oct.) ²
  2° VERMET, Catherine.
    veuve de François Dubois.

1752, (10 janvier) Québec.
I.—CARRIER, LÉONARD, b 1700; fils de Jean et de Claudine Tourangeau, de Boisrone, diocèse de Perigueux; s 30 mars 1776, à St-Jean-Deschaillons.
  BUSSIÈRE, Madeleine, [JEAN II.
  b 1710; veuve de Jacques Delaune.

1752, (6 nov.) St-Pierre, I. O.
IV.—CARRIER, CHARLES-JOSEPH, [CHARLES III.
  b 1731.
  PICHET, Marie-Anne, [LOUIS II.
  b 1727.
  Charles, b 1753; s 11 sept. 1756, à Lévis. ¹—*Joseph*, b ¹ 2 dec. 1755.—*Charles*, b ¹ 5 oct. 1758. —*André*, b ¹ 28 avril 1761. — *Jean-Baptiste*, b ¹ 18 mars 1763.— *Ignace*, b ¹ 5 mai 1765. — *François*, b ¹ 28 juin 1767; s ¹ 30 avril 1769.—*Louis*, b... m 20 fevrier 1786, à Angélique BOISSEL, à Beaumont.

1753.
IV.—CARRIER, IGNACE (1), [IGNACE III.
  b 1727; s 11 dec. 1759, à Lévis.
  CARRIER, Veronique (2), [FRANÇOIS III.
  b 1734.
  Véronique, b ⁷ 21 août 1754.—*Anonyme*, b ⁷ et s ⁷ 12 dec. 1755. — *Marie-Anne*, b 24 août et s 8 sept. 1759, à St-Joseph, Beauce.

CARRIER, JEAN-BTE.
  DAOUST, Rose.
  Rose-Amable, b 2 oct. 1754, à Ste-Geneviève, M. ¹ — *Rose-Amable*, b ¹ 23 mai et s¹ 30 juillet 1755.

1754, (27 mai) Québec. ¹
I.—CARRIER, PIERRE, menuisier, b 1720; fils de Bartholomi Rosier et de Catherine Rosier, de Cambon, diocèse de Vabres; s¹ 3 mai 1776.
  LEMIRE, Madeleine, [NOEL-JOSEPH III.
  b 1735; s¹ 3 juin 1778.
  Marie-Louise-Françoise, b¹ 26 juin 1755; m¹ 21 juillet 1778, à Joseph LEGRIS.—*Pierre-Alexis*, b¹ 6 août et s¹ 30 dec. 1756.—*Marie-Madeleine*, b¹ 6 janvier 1758; m à Charles GIRARD.—*Marie*, b... m¹ 3 février 1778, à Jacques FRANCHÈRE.

1756, (20 fevrier) St-Nicolas.
IV.—CARRIER, Louis, [JEAN III.
  b 1732.
  JÉRÉMIE (3), Françoise. [JOSEPH III.
  Louis-Joseph, b 4 février 1757, à Lévis.²—*Marguerite-Françoise*, b² 17 sept. 1758; s² 27 nov. 1762.—*Jean-Baptiste*, b² 6 sept. 1760.—*Didace*, b² 10 fevrier et s² 26 nov. 1762.—*Françoise*, b² 26 août 1763; s² 21 juin 1765.—*Joseph*, b² 16 janvier 1765.—*Marie-Françoise*, b² 31 janvier 1767. —*Marie-Louise*, b² 4 mars 1768.—*François-Xavier et Marguerite*, b² 22 nov. 1769. — *Marie-Charlotte*, b² 14 janvier 1771.—*Angélique*, b... m 28 nov. 1797, à Jean MERCIER, à Québec.

1761, (28 avril) Lévis. ²
IV.—CARRIER, CHARLES, [JOSEPH III.
  b 1739.
  PICHET, Marie-Agathe, [LOUIS III.
  b 1741.
  Agathe, b² 23 juillet 1762.—*Charles*, b² 6 nov. 1763.—*Joseph*, b² 26 mars 1765.—*Jean-Baptiste*, b² 16 mars 1767.

---

(1) Décédé, le 2 sept. 1759, pendant le siège de Québec, sa sépulture ecclésiastique n'eut lieu que le 11 déc. suivant.
(2) Elle épouse, le 19 oct. 1761, Ignace Couture, à Lévis.
(3) Dit Douville ou Dauville.

---

(1) Et de Marguerite Guay.

1761, (23 nov.) Lévis. [2]
IV.—CARRIER, IGNACE. [JOSEPH III.
1° DUMONT, Geneviève, [JOSEPH.
s [2] 2 mai 1769.

1771, (22 avril), [2]
2° HUARD, Geneviève, [JOSEPH III.
Geneviève, b [2] 9 janvier 1772 ; s [2] 2 sept. 1773. — Ignace, b [2] 3 avril 1777. — Jean-Baptiste, b [2] 28 déc. 1778.—François, b [2] 11 mars 1781.

1764, (10 janvier) Lévis. [2]
IV.—CARRIER, JEAN-BTE, [JEAN-BTE III.
b 1738.
BÉGIN, Catherine, [JACQUES II.
b 1740.
Jean-Baptiste, b [2] 28 janvier 1765.—Ignace, b [2] 8 déc. 1766 ; m 23 nov. 1795, à Cecile FILTEAU, à Beaumont. — Catherine, b [2] 11 janvier 1769. — Marie-Louise, b [2] 20 avril 1771.—Geneviève, b [2] 15 avril 1773 ; s [2] 21 juin 1776. — Joseph, b [2] 19 mars 1778.—Charles, b [2] 7 mars 1780.

1764, (16 janvier) Lévis. [7] (1)
IV.—CARRIER, CHARLES, [JACQUES-CHS III.
b 1737 ; s [7] 1er mai 1799.
1° HALLÉ, Elisabeth, [AUGUSTIN III.
b 1741 ; s [7] 3 février 1768.
Anonyme, b [7] et s [7] 16 oct 1764.—Charles, b [7] 2 février et s [7] 17 mars 1766. — Elisabeth, b [7] 14 janvier et s [7] 1er février 1768.

1769, (17 avril). [7]
2° MARANDA, Marguerite (2), [CHARLES III.
b 1751.
Marguerite, b... s [7] 10 juillet 1773.— Noel, b [7] 27 déc. 1775. — François, b [7] 25 avril et s [7] 10 août 1778.

1765, (18 février) Lévis. [9]
IV.—CARRIER, JEAN-BTE, [IGNACE III.
b 1737.
HUARD, Marie-Anne, [JOSEPH III.
b 1744.
Jean-Baptiste, b [9] 24 déc. 1765.—Marie-Louise, b [9] 23 août 1767. — Ignace, b [9] 3 mars 1769.—Marie-Geneviève, b [9] 15 février 1771.

1766, (14 avril) Lévis. [6]
IV.—CARRIER, LOUIS, [JOSEPH III.
b 1737.
CARRIER, Thérèse, [CHARLES III.
b 1743.
Marie-Louise, b [6] 9 janvier 1769.

1766, (21 avril) Lévis [5]
IV.—CARRIER, JOS.-MARIE, [JACQUES-CHS III.
b 1739.
CARRIER, Geneviève, [JOSEPH III.
b 1748.

(1) Leur mariage fut réhabilité le 22 mai 1764, avec dispense, mais comme la parenté était du 3me au 4me degré, il était encore nul.
(2) Elle épouse, le 30 oct. 1803, Antoine Carrier, à Levis.

Catherine, b [5] 24 avril 1767. — Louise, b [5] 10 février 1769 ; s [5] 19 mai 1777.—Elisabeth, b [5] 26 oct. et s [5] 24 nov. 1770. — Geneviève, b [5] 17 oct. et s [5] 23 nov. 1771. — Joseph, b [5] 21 déc. 1772.—Charles, b [5] 21 juillet 1774.—Pierre, b [5] 14 janvier et s [5] 1er mars 1776. — Marie-Joseph, b [5] 22 février 1781.—Ambroise, b [5] 1er mars 1782.

1766, (4 août) Lévis. [2]
IV.—CARRIER, JOSEPH-MARIE, [CHARLES III.
b 1746.
1° DRAPEAU, Véronique, [JEAN-BTE III.
b 1746 ; s 1er avril 1797, à Beaumont. [3]
Marguerite-Louise, b [2] 11 juin 1767 ; m [3] 23 avril 1792, à Jean-Baptiste-Ignace ROY. — Jean-François, b [2] 14 janvier 1769 ; m [3] 22 avril 1793, à Geneviève PAQUET. — Geneviève, b [2] 12 juillet 1773 ; m [3] 17 nov. 1795, à Jean ROULEAU.—Françoise, b... m [3] 4 février 1807, à Joseph JOLIVET. — Véronique, b [2] 26 février 1771.—Joseph, b [2] 2 juillet 1776 ; s [2] 30 mai 1777.—Joseph-Marie, b [2] 10 nov. 1778.

1797, (6 nov.) [3]
2° COTÉ, Thècle, [IGNACE.
b 1752 ; veuve d'Etienne Turgeon ; s [3] 26 avril 1810.

CARRIER, JEAN.
COUTURE, Suzanne.
Louis-Joseph, b 1er sept. 1769, à Lévis.

1768, (8 février) Levis. [9]
IV.—CARRIER, ANTOINE, [CHARLES III.
b 1740.
1° PICHETTE, Véronique, [LOUIS III.
b 1750.
Antoine, b [9] 1er oct. 1769. — Marie-Véronique, b [9] 20 mars 1771.

1803, (30 oct.) [9]
2° MARANDA, Marguerite, [CHARLES III.
b 1751 ; veuve de Charles Carrier.

CARRIER, JOSEPH.
DOUCET, Angelique,
b 1749 ; s 3 mai 1774, à Québec.

1768, (3 mai) Lévis. [1]
IV.—CARRIER, JOSEPH, [JEAN-BTE III.
b 1743.
HUARD-DÉSILET, Elisabeth. [JOSEPH III.
Marie-Louise, b [1] 9 mars 1769.—Joseph, b [1] 10 janvier 1771.

1770, (8 janvier) Lévis. [1]
IV.—CARRIER, JEAN-CHS, [JEAN-BTE III.
b 1744.
BÉGIN, Angélique, [JEAN-BTE III.
b 1751.
Charles, b [1] 24 février 1780.

1770, (19 nov.) St-Jean-Port-Joli.
IV.—CARRIER, AUG.-MAGLOIRE, [AUGUSTIN III.
b 1743.
VAILLANCOUR, Marie-Felicité, [JEAN-BTE III.
b 1739.

1775, (10 janvier) Lévis.⁹
IV.—CARRIER, JACQUES-CHS, . [JEAN III.
b 1739.
BÉGIN, Suzanne, [CHARLES III.
Suzanne, b⁹ 11 mars 1776.—*Jean-Charles*, b⁹ 6 oct. 1777; s⁹ 23 sept. 1778. — *Louise*, b⁹ 9 juillet 1779.—*Félicité*, b⁹ 2 mars 1781.—*Jacques-Charles*, b 1783; s⁹ 21 février 1784.

1775, (27 février) Longue-Pointe.
IV.—CARRIER, JOSEPH, [JOSEPH III.
b 1749.
BAUDREAU, Judith, [URBAIN III.
b 1754.

1778, (16 nov.) Ste-Foye.⁷
IV.—CARRIER, JOSEPH-RÉGIS, [JOSEPH III.
b 1753.
ROUTIER, Elisabeth-Françoise, [MICHEL III.
b 1757.
Joseph-Régis, b⁷ 4 août 1779; s⁷ 7 janvier 1786.—*Joseph-Régis*, b⁷ 27 mars 1787. — *Marie-Louise*, b⁷ 29 sept. 1789.

I.—CARRIER, FRANÇOIS.
SAMSON, Anne.
François, ne en 1778, à Louisbourg; b 30 juillet 1780, à Québec. — *Joseph-Germain*, b 18 juillet 1790, à Rimouski.¹— *Simon*, b... m¹ 29 février 1808, à Geneviève DUTREMBLE.

1782, (29 janvier) Quebec.
IV.—CARRIER, Louis, [JOSEPH III.
b 1756.
BONHOMME, Marie-Charlotte, [PIERRE IV.
b 1756.

1786, (20 février) Beaumont.
V.—CARRIER, Louis. [CHARLES IV.
BOISSEL, Angelique. [LOUIS IV.

1793, (22 avril) Beaumont.
V.—CARRIER, FRANÇOIS, [JOSEPH-MARIE IV.
b 1769.
PAQUET, Geneviève. [CHARLES.

1795, (23 nov.) Beaumont.
V.—CARRIER, IGNACE, [JEAN-BTE IV.
b 1766.
FILTEAU, Cécile. [JEAN-BTE III.

CARRIER, JOSEPH.
KEBLE (1), Marie, [THÉODORE.

1808, (29 février) Rimouski.
II.—CARRIER, SIMON. [FRANÇOIS I.
DUTREMBLE, Geneviève. [LOUIS-GABRIEL.

1731, (27 nov.) Montréal.
I.—CARRIÈRE (2), JEAN, b 1701, fils de Louis et de Catherine Roverdy, de St-Michel, Carcassonne.
GAUDIN, Madeleine, [LAURENT II.
b 1691.

(1) Dit Cable. Elle épouse, le 31 août 1807, François Forbès, à Rimouski.
(2) Dit Carcassonne, soldat.

CARRY. — *Variations et surnoms :* BREZA — CARRIER—COMPTOIS.

CARRY, FRANÇOIS (1),
b 1693; s 6 avril 1760, à St-Michel-d'Yamaska.¹
ST-LAURENT, Angélique,
s¹ 15 février 1738.

1725, (14 mai) St-Frs-du-Lac.²
I.—CARRY (2), FRANÇOIS, fils de Donatien et d'Anne Delamarque, de Versailles ; s avant 1760.
PATRY, Gabrielle, [JEAN I.
b 1700; s 1ᵉʳ avril 1763, à St-Michel-d'Yamaska.⁴
François, b... s⁴ 9 sept. 1729.—*Joseph*, b² 27 juin 1727 ; m⁴ 6 fevrier 1758, à Geneviève RITCHOT.—*François-Xavier*, b² 21 janvier 1729.—*Louis*, b⁴ 18 dec. 1730 ; s⁴ 27 avril 1732.—*Marie-Louise*, b² 5 sept. 1732; m⁴ 4 février 1755, à Joseph DESROSIERS.—*Modeste*, b⁴ 15 juin 1733; m⁴ 6 oct. 1760, à Therèse FORCIER; s⁴ 14 dec. 1760.—*Gabrielle*, b⁴ 31 dec. 1734.—*François*, b 1738 ; s⁴ 7 dec. 1756. — *Marie-Angélique*, b⁴ 30 juillet 1741.—*Marie-Jeanne*, b⁴ 24 nov. 1743 ; m⁴ 5 mars 1764, à Jean-Baptiste CARDIN.—*Dorothée*, b⁴ 23 mars 1737 ; m⁴ 21 janvier 1760, à Pierre MADOUE.

1725, (1ᵉʳ dec.) Montréal.
I.—CARRY (3), PIERRE, b 1685 ; fils de Claude et de Marguerite Berthier, de Grays, comte de Bourgogne ; s 2 juin 1767, à l'Hôpital-Géneral, M.¹
CAPELLE, Marie-Geneviève, [JEAN I.
b 1699 ; s¹ 10 mars 1791.

1758, (6 fevrier) St-Michel-d'Yamaska.⁷
II.—CARRY, JOSEPH, [FRANÇOIS I.
b 1727.
RITCHOT, Geneviève (4), [JACQUES II.
b 1727.
Geneviève, b... m⁷ 8 nov. 1773, à Amable LHUISSIER.—*Elisabeth*, b 6 janvier 1759, à St-Frs-du-Lac.—*Marie-Thérèse*, b⁷ 18 et s⁷ 26 août 1760.—*Thérèse*, b⁷ 25 oct. 1761 ; s⁷ 20 fevrier 1762.—*Joseph-François*, b⁷ 13 mars et s⁷ 17 août 1763.—*Joseph*, b⁷ 14 mai et s⁷ 3 juin 1764.

1760, (6 oct.) St-Michel-d'Yamaska. ⁸
II.—CARRY, MODESTE, [FRANÇOIS I.
b 1733 ; s⁸ 14 dec. 1760.
FORCIER, Thérèse (5), [JACQUES III.
b 1738.

CARTER, MARIE-ELISABETH-HENRIETTE, b... m 19 juin 1824, à Charles-Joseph-Elzéar MONDELET.

(1) Ou Breza.
(2) Dit Carrier, 1755.
(3) Dit Comptois, soldat de Rudemont.
(4) Appelée aussi Ridechot.
(5) Elle épouse, le 7 janvier 1762, Louis Parant, à St-Michel-d'Yamaska.

CARTIER, Marie, b 1663 ; s 20 juin 1703, à St-Frs-du-Lac.

1673, (23 oct.) Québec.⁴
I.—CARTIER, Paul (1),
b 1643.
Boyer, Barbe,
b 1647.
Marie-Angélique, b ⁴ 28 janvier 1678 ; m ⁴ 27 avril 1699, à Pierre Normandin ; s ⁴ 19 mars 1719.—*Jeanne-Elisabeth*, b ⁴ 26 août 1687; m ⁴ 25 nov. 1722, à Charles Larche ; s⁴ 26 mars 1774, à Lachenaye.

1674, (17 sept.) Montréal.⁶
I —CARTIER, Joseph (1),
b 1647.
Celles-Duclos Marguerite (2). [Gabriel I.
Jeanne, b 1689 ; m ⁶ 19 juin 1707, à Dominique Etienne.—*Joseph*, b 1684 ; m ⁶ 12 mai 1710, à Agnès Renault ; s ⁶ 24 janvier 1719.

1685, (18 janvier) Pte-aux-Trembles, Q.³
I.—CARTIER, Guillaume (3),
b 1653 ; s 1ᵉʳ juin 1719, à St-Frs-du-Lac.⁴
Garnier, Etiennette. [François I.
Nicolas, b ⁵ 7 mars 1686 ; m⁴ 23 janvier 1708, à Gertrude Niquet ; s ⁴ 31 déc. 1758.—*Françoise*, b ³ 18 janvier 1688 ; m ⁴ 26 sept. 1707, à Jean Joyelle ; s ⁴ 6 oct. 1721.—*Louise-Angélique*, b 2 février 1690, à Quebec ⁵ ; m 30 juin 1713, à Jacques Blais, aux Trois-Rivières.—*Guillaume*, b 1693 ; m ⁴ 10 dec. 1722, à Marie-Claude Gamelin ; s ⁴ 17 mars 1742. — *Marie-Joseph*, b 1694 ; s 16 sept. 1708, à l'Ile-Dupas. — *François*, b ⁴ 5 juin 1702 ; m ⁴ 13 août 1736, à Louise Chapdelaine ; s 14 mai 1774, à St-Michel-d'Yamaska.

1708, (23 janvier) St-Frs-du-Lac.⁴
II.—CARTIER, Nicolas, [Guillaume I.
b 1686 ; s⁴ 31 dec. 1758.
Niquet, Gertrude, [René I.
s ⁴ 6 avril 1755.
Eustache-Joseph, b ⁴ 11 nov. 1708. s ⁴ 14 déc. 1725.—*Jeanne*, b ⁴ 2 mars 1710, m ⁴ 17 janvier 1736, à Jean-Baptiste Chevalier.— *Michel-François*, b ⁴ 17 janvier 1713, m ⁴ 31 janvier 1743, à Marie-Anne Crevier.—*Louis*, b ⁴ 24 février 1715 ; m ⁴ 28 oct. 1748, à Elisabeth Babie ; s 29 nov. 1756, à St-Michel-d'Yamaska.⁵—*Jean-Baptiste*, b ⁴ 10 oct. 1716 ; m ⁴ 26 janvier 1750, à Marie-Anne Couturier ; s⁵ 20 mars 1769 — *Antoine-Bonaventure*, b ⁴ 4 juillet 1718 ; m ⁴ 3 nov. 1751, à Françoise Couturier.—*Jacques*, b ⁴ 27 janvier 1720 ; m ⁴ 11 janvier 1751, à Marie Couturier, s ⁵ 15 juillet 1774.—*Claude*, b ⁴ 28 oct. 1722 ; m ⁴ 22 nov. 1751, à Agathe Renou. — *Thérèse*, b... m ⁴ 15 nov. 1751, à François Pinard.—*Joseph*, b ⁴ 10 avril 1729 ; s ⁴ 1ᵉʳ février 1730.—*Marguerite*, b ⁴ 10 avril 1729 —*Joseph*, b ⁴ 20 mars 1733 ; m 25 août 1755, à Ursule Hus, à Sorel.

---

(1) Voy. vol. I, p. 106.
(2) Elle épouse, le 9 nov. 1692, Nicolas Perthuis, à la Pointe-aux-Trembles, M.
(3) Meunier à Sorel ; voy. vol I, p. 106.

1710, (12 mai) Montréal.³
II —CARTIER (1), Joseph, [Joseph I.
b 1684 ; s ³ 24 janvier 1719.
Renault, Agnès (2), [Antoine I.
b 1690.
Angélique, b 1712 ; m 21 juin 1734, à Jacques Harel. — *Joseph-Laurent*, b ³ 12 juillet 1714.—*Marie-Anne*, b ³ 3 février 1718 ; m ³ 7 avril 1739, à Jean Dechevery.

II.—CARTIER, Paul, [Paul I.
b 1680, s avant 1729.
Cloutier, Agnès, [Charles II.
b 1685.
Geneviève, b... m 25 avril 1729, à Joseph Parant, à St-Joachim.⁶ — *Paul*, b 1711 ; s ⁶ 3 février 1731. — *Agnès*, b... m ⁶ 12 juin 1734, à Nicolas Belanger, s 11 janvier 1743, à Quebec.— *René*, b 1717 ; s ⁶ 23 mars 1733.

CARTIER, Pierre (3).

II.—CARTIER, René (4), [Paul I.
b 1685 ; s 3 oct. 1767, à Quebec.⁶
1° Fortin, Agnès, [Joseph II.
b 1692.
Anonyme, b... s ⁶ 2 oct. 1725.—*Marie-Louise*, b... m ⁶ 5 oct. 1737, à Charles-René DeCouagne.— *Marie-Anne*, b... m ⁶ 11 février 1738, à Joseph Marchand.—*Agnès*, b 1711.—*Michel*, b...—*René*, b... 1° m ⁶ 14 nov. 1746, à Anne-Judith Desmarets; 2° m 26 janvier 1756, à Angelique Sarazin, à Lachine.—*Marie-Régis*, b 1725 ; m ⁶ 10 avril 1747, à Jean-Baptiste Levasseur ; s ⁶ 13 août 1761.
  1727, (18 février).⁶
2° Constantin, Marguerite-Jos., [Pierre II.
b 1698.
Joseph, b 7 et s 25 juin 1728, à St-Joachim.⁷— *Louis-Joseph*, b ⁷ 7 janvier et s ⁷ 24 juillet 1730. —*Marie-Joseph*, b ⁶ 16 mai 1731.—*Michel*, b ⁷ 20 sept. 1733.—*Anne-Angélique*, b ⁷ 30 juin 1736.— *Jacques-Charles*, b ⁷ 26 juillet et s⁷ 11 août 1735.
  1739, (3 nov.)⁶
3° Boutrel, Marie-Anne, [Jacques I.
b 1695, veuve d'Etienne Marchand ; s ⁶ 3 mars 1767.

1722, (10 dec.) St-Frs-du-Lac.⁵
II.—CARTIER, Guillaume, [Guillaume I.
b 1693 ; s ⁵ 17 mars 1742.
Gamelin, Marie-Claude (5), [Jean-Bte II.
b 1700.
Marie-Louise, b ⁵ 17 juillet 1723 ; m ⁵ 2 nov. 1745, à François Hus-Millet. — *François-de-Sales*, b ⁵ 29 avril 1725, m ⁵ 8 janvier 1753, à Louise Petit-Bruno. — *Jeanne-Thérèse*, b ⁵ 13 février 1726. — *Geneviève*, b ⁵ 31 oct. et s ⁵ 13 nov. 1727. — *Joseph*, b ⁵ 5 mai 1728 ; b ⁵ 6 nov.

---

(1) Dit Larose.
(2) Elle épouse, le 10 oct. 1725, François Perrot, à Montréal.
(3) Il était à Ste-Anne en 1714.
(4) Associé de Sa Majesté dans le Poste des Sept Iles
(5) Elle épouse, le 24 juin 1748, François Lamontagne, à St-Frs-du-Lac.

1729. — *Joseph*, b ⁵ 12 oct. 1730 ; m 7 janvier 1756, à Françoise Hus-MILLET, à Sorel. ³—*Michel*, b ⁵ 24 avril 1732; s ¹ 13 mai 1737. — *Jean-Baptiste*, b ⁵ 13 février 1736; m ⁵ 24 mai 1762, à Marguerite VÉRONNEAU. — *Marguerite*, b ⁵ 24 avril 1738 ; m ⁵ 7 mai 1759, à Michel DUPUIS.—*Angélique-Véronique*, b ⁵ 24 avril 1738; m ⁵ 8 février 1762, à Joseph MIERRE.—*Pierre-Modeste*, b ⁵ 12 déc. 1739.—*Louis*, b... m ³ 12 janvier 1761, à Geneviève Hus-MILLET.—*Michel*, b ⁵ 7 février 1742; s ⁵ 28 mai 1743.

1736, (13 août) St-Frs-du-Lac. ⁴
II.—CARTIER, FRANÇOIS, [GUILLAUME I.
   b 1702 ; s 11 mai 1774, à St-Michel-d'Ya-maska. ¹
   CHAPDELAINE, Louise, [ANDRÉ I.
   b 1710 ; s ¹ 14 juillet 1772.
Marguerite-Joseph, b ¹ 1ᵉʳ déc. 1737 ; m ¹ 25 mai 1773, à Louis BADAILLAC. — *Exupère*, b ¹ 25 août 1739 ; m ⁴ 19 février 1759, à Jean-Baptiste GOGUET.—*Marie*, b ¹ 25 août 1739 ; s ¹ 1ᵉʳ déc. 1749. — *Marie*, b ¹ 23 mai 1740 ; m ¹ 17 janvier 1764, à Joseph ALARD. — *Louis*, b ¹ 1ᵉʳ mai 1743 ; m ¹ 9 janvier 1764, à Marie-Jeanne POTVIN.—*François*, b ¹ 9 avril 1745.—*Jean-Baptiste*, b ¹ 26 juin 1747 ; m 3 nov. 1772, à Catherine Hus, à Sorel.—*Michel*, b ¹ 28 sept. 1749.—*Marie-Louise*, b ¹ 17 sept. 1751 ; m ¹ 4 nov. 1772, à Joseph Hus.—*Catherine*, b ¹ 1ᵉʳ février 1755.—*Joseph*, b ¹ 30 janvier 1759.

1743, (31 janvier) St-Frs-du-Lac. ⁹
III.—CARTIER, MICHEL-FRANÇOIS, [NICOLAS II.
   b 1713.
   CREVIER (1), Marie-Anne, [JEAN-BTE III.
   b 1716.
Jean-Baptiste, b ⁹ 26 nov. 1743 ; s ⁹ 10 juin 1744.—*Michel*, b ⁹ 9 nov. 1744; s ⁹ 20 sept. 1750.—*Thérèse*, b ⁹ 9 juillet 1746. — *Jacques*, b ⁹ 5 juillet 1747 ; s ⁹ 8 oct. 1750.—*Marie*, b ⁹ 10 et s ⁹ 31 déc. 1748. — *Marie-Madeleine*, b ⁹ 19 avril 1750.—*Marie-Louise*, b ⁹ 7 avril 1752.—*Angélique*, b ⁹ 11 avril 1754. — *Marie-Joseph*, b ⁹ 4 sept. 1755 ; s ⁹ 4 mars 1756. — *Michel*, b ⁹ 21 février et s ⁹ 6 mars 1757.

I.—CARTIER, TOUSSAINT (2), b 1707 ; s 30 janvier 1767, dans l'église de Rimouski.

1744, (6 juillet) Beauport. ³
I.—CARTIER (3). JACQUES, charpentier, fils de Pierre et de Marie Baumier, de Prulier, diocèse d'Angers ; s avant 1771, à Quebec. ⁴
   MONGEON, Marguerite, [NICOLAS I.
   b 1726.
Jeanne-Angélique, b ⁴ 12 janvier 1746 ; m à Murdoch STUART. — *Marguerite-Joseph*, b ⁴ 20 avril et s ⁴ 8 juillet 1748.—*Michel-Jacques*, b ⁴ 12 avril et s 19 août 1749, à Charlesbourg. — *Jacques*, b ⁴ 11 avril 1750 ; m 27 sept. 1772, à Cécile GERVAISE, à St-Antoine-de-Chambly⁵; s⁵ 1813.

—*Marguerite-Gilles*, b ⁴ 12 avril 1751.—*Charles-François*, b ⁴ 29 avril 1752. — *Marie-Julie*, b ⁴ 17 juin et s ⁴ 31 juillet 1753. — *Marie-Joseph*, b ⁴ 7 oct. 1754. — *Joseph-Marie*, b ⁴ 8 sept. 1755. — *Alexis*, b ⁴ 30 juillet 1756 ; s ⁴ 30 nov. 1758. — *Marie-Rosalie*, b ⁴ 29 nov. 1757.—*Marie-Joseph*, b ⁴ 11 déc. 1758.—*Marie-Louise*, b ³ 21 nov. 1760. — *Marie-Geneviève*, b ⁴ 18 mars 1762.—*Angélique-Ursule*, b ⁴ 23 juin 1763.

1746, (14 nov.) Québec. ⁸
III.—CARTIER, RENÉ, [RENÉ II.
   1° DESMARETS, Anne-Judith, [GILLES I.
   b 1724 ; s ⁶ 12 juin 1751.
Jean-Baptiste-René, b ⁶ 28 sept. 1747; s 25 août 1748, à Charlesbourg. — *Jean-René*, b ⁶ 13 nov. 1749; m 11 mai 1778, à Marie-Rose JOLY, à Lachenaye.
   2° SARAZIN (1), Marie-Angélique. [PIERRE III.
Marie-Angélique-Joseph, b 10 déc. 1759, à Lachine ⁵ ; s 15 février 1760, à St-Philippe. — *Jacques-Benjamin*, b ⁵ 1ᵉʳ avril et s 30 juillet 1761, à St-Henri-de-Mascouche.

1748, (28 oct.) St-Frs-du-Lac.
III.—CARTIER, LOUIS, [NICOLAS II.
   b 1715 ; s 29 nov. 1756, à St-Michel-d'Ya-maska. ⁶
   BABIE (2), Jeanne-Elisabeth, [PIERRE II.
   b 1711.
Marie-Louise, b ⁶ 4 avril et s ⁶ 28 juillet 1750. — *Louis*, b ⁶ 20 juillet 1752 ; m ⁶ 16 janvier 1775, à Madeleine ALARD. — *Marie-Anne*, b ⁶ 11 sept. 1754 ; s ⁶ 14 nov. 1757. — *Marguerite-Joseph*, b ⁶ 23 mars 1757 ; m ⁶ 10 février 1772, à Michel CARDIN.

1750, (26 janvier) St-Frs-du-Lac. ⁶
III.—CARTIER, JEAN-BTE, [ANT.-NICOLAS II.
   b 1716 ; s 20 mars 1769, à St-Michel-d'Ya-maska. ⁷
   COUTURIER (3), Marie-Anne, [JEAN-BTE II.
   b 1727.
Jean-Baptiste-Evariste, b ⁶ 26 oct. 1750 ; s ⁷ 26 février 1753.—*Marie-Anne*, b ⁷ 26 juillet 1752.—*Joseph-Marie*, b ⁷ 1ᵉʳ août 1754.—*Jeanne-Thérèse*, b ⁷ 16 mai 1757 ; s ⁷ 15 juin 1758.—*Louis*, b ⁷ 30 janvier 1759.—*Geneviève*, b ⁷ 31 mai 1761.—*Jean-Baptiste*, b... s ⁷ 26 avril 1763.—*Marie-Agathe*, b ⁷ 12 juin 1764.—*Jean-Baptiste*, b ⁷ 28 sept. 1766.

1751, (11 janvier) St-Frs-du-Lac.
III.—CARTIER, JACQUES, [NICOLAS II.
   b 1720 ; s 15 juillet 1774, à St-Michel-d'Ya-maska. ⁹
   COUTURIER, Marie. [PIERRE II.
Jeanne, b ⁹ 1ᵉʳ février 1752.—*Marie-Joseph*, b 15 mai 1753 ; s ⁹ 29 sept. 1759.—*Marie-Elisabeth*, b ⁹ 20 oct. 1754 ; m ⁹ 27 février 1775, à Louis-Laurent DANNY.—*Jacques*, b ⁹ 31 sept. 1756.—

---

(1) Dit Descheaux.
(2) C'était l'ermite de l'Ile de St-Barnabé.
(3) Dit Langevin ; marchand à Québec en 1750, ancêtre de sir Georges-Etienne Cartier.

(1) Dit Depeltaux.
(2) Dit Dupéron. Elle épouse, le 19 février 1759, Jean Chevalier, à St-Frs-du-Lac.
(3) Dit Labonté.

Marguerite, b ⁹ 28 janvier 1758.—*Augustin*, b ⁹ 14 déc. 1759; s ⁹ 5 mars 1760.—*Exupère*, b ⁹ 6 déc. 1761; s ⁹ 28 janvier 1762.—*Marie-Angélique-Cécile*, b ⁹ 8 avril 1763.—*Marie-Michelle*, b ⁹ 1ᵉʳ avril 1764.—*Judith*, b ⁹ 10 juillet 1766.—*Jean-Baptiste*, b ⁹ 20 février 1769.

1751, (3 nov.) St-Frs-du-Lac. ⁴
III.—CARTIER, Ant.-Bonaventure, [Nicolas II.
  b 1718.
  Couturier (1), Françoise,   [Jean-Bte II.
  b 1723; s ⁴ 11 août 1758.
Antoine, b ⁴ 15 août 1752.—*Michel*, b ⁴ 23 nov. 1753.—*Marguerite*, b ⁴ 21 mai 1755.—*Catherine-Antoinette*, b ⁴ 9 avril 1757.—*Jean-Baptiste*, b ⁴ 7 avril et s ⁴ 5 juin 1758.

1751, (22 nov.) St-Frs-du-Lac. ⁶
III.—CARTIER, Claude,   [Nicolas II.
  b 1722.
  Renou, Agathe,   [Michel II.
  b 1728.
Marie-Jeanne, b ⁶ 25 oct. 1752; s ⁶ 30 mars 1753.—*Anonyme*, b ⁶ et s ⁶ 15 juillet 1753.—*Joseph*, b ⁶ 11 mai 1754.—*Michel*, b ⁶ 8 déc. 1756; s ⁶ 24 février 1757.—*Marguerite* et *Agathe*, b ⁶ 26 mars et s ⁶ 9 avril 1758.—*Basile*, b ⁶ 14 juin et s ⁶ 20 sept. 1759.—*Paul*, b ⁶ 11 et s ⁶ 18 mars 1761.—*Agathe*, b ⁶ 13 mai et s ⁶ 23 juin 1762.—*Basile-Joseph*, b ⁶ 21 janvier 1764.

1751.
I.—CARTIER (2), François, fils de Pierre et de Marie Baumier, de Pruher, diocèse d'Angers.
  Mongeon, Angélique.   [Nicolas I.
Jacques, b... s 24 août 1752, à Québec.

1753, (8 janvier) St-Frs-du-Lac. ⁷
III.—CARTIER, François,   [Guillaume II.
  b 1725.
  Petit-Bruno, Louise.   [Joseph III.
François-Marie, b⁷ 9 nov. 1753; m 24 juillet 1780, à Marie-Jeanne Dumas, à Nicolet.—*Marie-Cécile*, b ⁷ 27 juillet 1755.—*Jean-Baptiste*, b ⁷ 30 mars 1757.—*Louis*, b ⁷ 2 oct. 1758; s ⁷ 4 avril 1759.—*Marie-Joseph*, b ⁷ 8 déc. 1759.—*Louise-Marie*, b ⁷ 15 août 1761.—*Marie-Anne*, b... m 29 mai 1780, à Joseph Rivard, à l'Ile-Dupas.

1754, (25 nov.) Montréal. ¹
I.—CARTIER, Simon, b 1725; fils d'Etienne et de Marie-Anne Abrard, de St-Pierre de Marennes, diocèse de Xaintes.
1° Filiau (3), Geneviève,   [Jean-Bte II.
  b 1723; s ¹ 26 sept. 1755.
        1757, (14 nov.) ¹
2° Demers, Marie-Françoise,   [André III.
  b 1736.

1755, (25 août) Sorel.
III.—CARTIER, Joseph,   [Nicolas II.
  b 1733.
  Hus, Ursule.   [Etienne II.
  b 1731; veuve de Gervais Lambert.

1756, (7 janvier) Sorel. ⁴
III.—CARTIER, Joseph,   [Guillaume II.
  b 1730.
  Hus (1), Françoise,   [Claude III.
  b 1732.
Joseph, b ⁴ 8 déc. 1756.—*Antoine*, b ⁴ 1ᵉʳ oct. 1758.

CARTIER, Louis.
  Mongeon, Marie-Joseph.
Rosalie, b et s 10 oct. 1758, à St-Augustin.

1761, (12 janvier) Sorel.
III.—CARTIER, Louis.   [Guillaume II.
  Hus (1), Geneviève,   [Claude III.
  b 1740.

1762, (24 mai) St-Frs-du-Lac.
III.—CARTIER, Jean-Bte,   [Guillaume II.
  b 1736.
  Véronneau, Marguerite,   [Louis III.
  b 1738.

1764, (9 janvier) St-Michel-d'Yamaska. ¹
III.—CARTIER, Louis,   [François II.
  b 1743.
  Potvin, Marie-Jeanne.   [Michel.
Marie-Jeanne, b 1764; s ¹ 14 mai 1765.—*Joseph*, b ¹ 6 juin 1766.—*Marie-Jeanne*, b ¹ 21 juillet 1768.

CARTIER, Jacques (2).

1772, (27 sept.) St-Antoine-de-Chambly. ³
II.—CARTIER, Jacques,   [Jacques I.
  b 1750, s ³ 1813.
  Gervaise, Cécile,   [Charles III.
  b 1745.
Cécile, b ³ 8 juin 1773; m 22 nov. 1796, à Louis-Edouard Hubert, à Montréal ², s 1849, à St-Denis.—*Jacques*, b ² 29 août 1774, m ³ 4 sept. 1798, à Marguerite Paradis; s ³ 29 août 1841.

1772, (3 nov.) Sorel.
III.—CARTIER, Jean-Bte,   [François II.
  b 1747.
  Hus, Catherine,   [Paul.
  b 1748.

1775, (16 janvier) St-Michel-d'Yamaska.
IV.—CARTIER, Louis,   [Louis III.
  b 1752.
  Alard, Madeleine.   [Jean-Bte IV.

1778, (11 mai) Lachenaye. ⁸
CARTIER, Jean-René,   [Jean.
  Joly, Marie-Rose,   [Felix I.
  b 1759.
Anonyme, b ⁸ et s ⁸ 22 mars 1781.

---
(1) Dit Labonté.
(2) Dit Langevin.
(3) Dit Dubois.

(1) Dit Millet.
(2) Il était, le 30 avril 1769, à St-Joseph, Beauce.

1778, (13 oct.) Québec.[8]

II.—CARTIER, Joseph. [Jacques I.
Cuvillier, Marie-Anne, [Augustin I.
b 1760.
Marie-Louise, b... m 24 juin 1806, à Joseph Raymond, à St-Hyacinthe.—Edouard, b... m [8] 28 juin 1815, à Julienne-Claire Chinic.

1780, (24 juillet) Nicolet.

IV.—CARTIER, François, [François III.
Dumas, Marie-Jeanne. [Jean-Bte.

1798, (4 sept.) St-Antoine-de-Chambly.[2]

III.—CARTIER, Jacques, [Jacques II.
b 1774; s [2] 29 août 1841.
Paradis, Marguerite, [Joseph.
b 1778; s [2] 26 avril 1848.
Sylvestre, b...—Côme, b...—Georges-Etienne, b...

1815, (28 juin) Québec.[1]

III.—CARTIER, Edouard. [Joseph II.
Chinic, Julienne-Claire, b 1795; fille de Martin et de Julienne-Claire Lanoix; s [1] 17 janvier 1825.
Joseph-Edouard-Martin, b [1] 12 mai 1819.

CARTIER, Madeleine, epouse de Pierre Gamelin.

CARTIER, Marguerite, épouse de Michel Giguère.

CARTIER, Agathe, épouse de Jean-Baptiste Chevalier.

CARTIER, Marie-Joseph, b 1730; m à Joseph Lelièvre-Duval; s 30 juillet 1791, à Québec.

CARVERNOCK, Marie, épouse d'André Duggan.

CARTOIS, Henriette, b 1629, en France; 1o m à Michel Godbout; 2o m 23 juillet 1675, à Andre Patry, à Quebec; s 8 janvier 1729, à St-Valier.

1761, (14 sept.) Montréal.

I.—CARTON (1), Philippe, b 1730; fils de Claude et de Marie Gaillard, de St-Roch-du-Mayet, diocèse DeMoulin.
Lahaye, Françoise, [François II.
b 1744.

CASAC DE LAGRANDVILLE (2).

I.—CASAC DE LAGRANDVILLE, Antoine (3).

CASAUBON.—Surnoms: Didier—Rocheville.

1689, (14 fevrier) Champlain.[1]

I.—CASAUBON (De), Martin (1),
b 1659.
LePellé (2), Françoise, [Jean I.
b 1667.
Jean-Baptiste, b [1] 9 nov. 1689, 1o m à Marie-Anne Petit-Bruno; 2o m 19 avril 1750, à Charlotte LeSieur, à Yamachiche.—Françoise, b [1] 15 août 1700; m 11 janvier 1719, à Pierre Dutaut, à Sorel.[2]—Marie-Geneviève, b 15 mars 1705, à l'Ile-Dupas[3]; m [2] 20 fevrier 1726, à Melchior Brisset; s [3] 29 sept. 1738.

II.—CASAUBON, Jean-Bte, [Martin I.
b 1689.
1o Petit (3), Marie-Anne, [Joseph II.
b 1691.
Geneviève, b 3 et s 10 janvier 1716, à Sorel[1]—Antoine, b [1] 14 janvier 1718.—Joseph, b [1] 8 dec. 1718; m 1747, à Marie Emery.—Marie-Geneviève, b [1] 3 août 1724.—Marie-Louise, b [1] 18 sept. 1726.
1750, (19 avril) Yamachiche.
2o LeSieur, Charlotte (4), [Charles II.
b 1709.
Geneviève, b... m à Alexis Dutaut.

1715.

II.—CASAUBON (5), Jean-François, [Martin I.
b 1692; s 3 avril 1731, à l'Ile-Dupas.[1]
Brisset, Marguerite (6), [Jacques II
b 1694.
Pierre, b 1716; m 1736, à Geneviève Houle—Joseph, b 1716: 1o m [1] 14 janvier 1743, à Marie-Joseph Desrosiers; 2o m 30 janvier 1775, à Ursule Carpentier; s [1] 11 juin 1778.—Antoine-Martin, b [1] 17 janvier et [1]s 10 février 1717, à Sorel.[2]—Françoise, b [2] 29 mars 1718.—Marguerite, b [2] 19 juillet 1719.—Marie-Geneviève, b [2] 7 janvier 1723; m à Pierre Lafrenière.—Marc-Antoine, b [1] 28 fevrier et s [1] 9 mars 1723.—Jean-François, b [2] 8 juillet et s [2] 10 dec. 1725.—Marie-Anne, b [1] 31 août 1727; s [1] 22 fevrier 1728—Marie-Marguerite, b [1] 6 janvier 1729.—Michel-Ignace, b [1] 4 avril 1730; s [1] 3 mars 1731.—Amable, b [1] 23 avril et s [1] 13 juillet 1731.

II.—CASAUBON, Denis-Didier. [Martin I.
Lemaitre, Jeanne-Michelle. [Charles II.
Marie-Anne, b 3 nov. 1721, à l'Ile-Dupas.—Michel, b... m 1752, à Marie-Joseph Courchène.

1736.

III.—CASAUBON, Pierre, [Jean-François II.
b 1716.
Houle, Geneviève.
Pierre, b 6 oct. 1737, à Sorel.—Alexis, b... m à Madeleine Fafard.

---

(1) Sergent de la compagnie Dumesny; voy. vol. I, p. 106.
(2) Et Lapellery.
(3) Dit Bruno.
(4) Elle épouse, le 21 nov. 1757, François Rivard, à Yamachiche.
(5) Dit Didier.
(6) Elle épouse, le 4 février 1743, Pierre Cailla, à l'Ile-Dupas.

---

(1) Dit Philibert.
(2) Officier, en 1759, à Québec. Registre, Pte-aux-Trembles, Q.
(3) Messire. Capitaine du régiment de la Reine. (Ste-Foye, 24 avril 1759.)

IV.—CASAUBON, Alexis. [Pierre III.
Fafard, Madeleine,
b 1715.   [François III.
Alexis, b... m 19 juin 1758, à Marguerite Dufresne, à Lanoraie.

1743, (14 janvier) Ile-Dupas. ⁵
III.—CASAUBON (1), Joseph, [François II.
b 1716.
1º Desrosiers (2), Marie-Joseph, [Louis III.
b 1724 ; s ⁵ 28 nov. 1771.
Marie-Madeleine, b... m ⁵ 18 août 1777, à Antoine Moreau.—*Marguerite*, b... m ⁵ 3 fevrier 1766, à Jacques Brisset. — *Marie-Joseph*, b 1ᵉʳ août 1747, à Sorel ; m ⁵ 1ᵉʳ fevrier 1768, à Jean-Baptiste Brisset. — *Marie-Jeanne*, b ⁵ 26 et s ⁵ 29 avril 1751.—*Joseph*, b ⁵ 8 juillet 1752, s ⁵ 8 mai 1774. —*Pierre*, b ⁵ 2 juin 1754.—*Marie-Thérèse*, b ⁵ 28 janvier 1758 ; m ⁵ 18 fevrier 1781, à Alexis Dutaut. — *Jean-Baptiste*, b ⁵ 18 nov. 1760 , m ⁵ 8 janvier 1783, à Catherine Fauteux.—*Pierre*, b ⁵ 29 sept. 1764 ; s ⁵ 12 avril 1765.

1775, (30 janvier). ⁵
2º Carpentier, Ursule. [Noel II.

1744.
III.—CASAUBON, Joseph, [Jean-Bte II.
b 1718.
Coderre (3), Marie.
Joseph, b 1744 ; s 22 janvier 1756, à Lanoraie.³ —*Jean-Baptiste*, b 23 juin 1749, à Lavaltrie ; m 15 fevrier 1773, à Marie-Madeleine Fafard, à l'Ile-Dupas. ⁴ — *Pierre*, b ³ 15 août 1751 ; s ³ 5 août 1752. — *Marie-Joseph*, b... s ³ 26 janvier 1756. — *Joseph*, b... m ⁴ 23 avril 1782, à Marie-Charlotte Fafard

CASAUBON, Joseph.
Enaud, Marie.
Alexis, b 17 juin 1753, à Lanoraie.

1752.
III.—CASAUBON (1), Michel. [Denis II.
Courchène, Marie-Joseph.
Marie-Joseph, b 12 dec. 1753, à l'Ile-Dupas.

1758, (19 juin) Lanoraie.
V.—CASAUBON (4), Alexis. [Alexis IV.
Dufresne (5), Marguerite, [Jean-Bte II.
b 1736.

1773, (15 fevrier) Ile-Dupas.
IV.—CASAUBON, Jean-Bte, [Joseph III.
b 1749.
Fafard (6), Marie-Madeleine, [Antoine IV.
b 1751.

---
(1) Dit Didier.
(2) Dit Dutremble.
(3) Dit Emery.
(4) Dit Rocheville.
(5) Dit Janvrin.
(6) Dit Joinville.

1782, (23 avril) Ile-Dupas.
IV.—CASAUBON, Joseph. [Joseph III.
Fafard (1), Marie-Charlotte, [Antoine IV.
b 1761.

1783, (8 janvier) Ile-Dupas.
IV.—CASAUBON (2), Jean-Bte, [Joseph III.
b 1760.
Fauteux, Catherine, [Pierre III.
b 1764.

1767, (9 nov) St-Thomas. ⁴
I.—CASAULT, Jean-Bte (3), fils de Barnabé et de Françoise Petour, de St-Pierre-Langès, diocèse d'Avranches, Normandie.
Michon, Marie-Rosalie, [Jean-Bte II.
b 1749.
Jean-Baptiste, b ⁴ 17 juin et s ⁴ 2 juillet 1769. —*Jean-Baptiste*, b ⁴ 25 juin et s ⁴ 30 oct. 1770.— *Rose-Angelique*, b ⁴ 10 sept. 1772.

CASAULT, Thomas,
notaire public.
1º Pagé, Elisabeth.
1835, (10 février) Quebec.
2º Drapeau, Luce-Gertrude. [Joseph IV.

CASAUX.—Voy. Cazeau.

1681, (27 avril) Contrecœur. ³
I.—CASAVAN (4), Jean,
b 1649.
Charpentier, Jeanne, [Jean I.
b 1661.
Charles-Séraphin, b ³ 7 juillet 1682 ; 1º m 17 août 1716, à Elisabeth Hérou, à Boucherville ; 2º m 7 juin 1724, à Marie-Angélique Dumont, à Laprairie ; s 14 juillet 1755, à Verchères. ²— *Marguerite*, b 17 oct. 1694, à la Pte-aux-Trembles, M. ; m à Jean-Baptiste Pepin ; s avant 1771.—*Jean-Baptiste*, b 23 mars 1698, à Quebec⁴ ; m 22 mai 1718, à Madeleine Pepin, à St-Ours ; s 26 nov. 1764, à St-Antoine-de-Chambly. — *Pierre*, b ⁴ 30 juin 1701 ; 1º m ² 26 janvier 1728, à Marie-Charlotte Tétreau ; 2º m à Angelique Huet.—*Marie-Anne*, b 10 janvier 1712, à Repentigny ; m à Joseph Laporte.

1716, (17 août) Boucherville. ¹
II.—CASAVAN (5), Chs-Séraphin, [Jean I.
b 1682 ; s 14 juillet 1755, à Verchères.
1º Hérou, Elisabeth, [Jean I.
b 1685 ; s ¹ 5 fevrier 1724.
Charles, b ¹ 20 mai 1717.—*Jacques*, b ¹ 30 avril 1719 ; s ¹ 14 janvier 1720.—*Marie-Elisabeth*, b ¹ 1ᵉʳ et s ¹ 9 août 1720. — *Marie-Madeleine*, b ¹ 1ᵉʳ et s ¹ 27 août 1720.—*Marguerite*, b ¹ 12 sept. 1721 ; s ¹ 15 mars 1722.—*Jacques*, b ¹ 27 mars et s ¹ 11 août 1723.

---
(1) Dit Joinville.
(2) Dit Didier.
(3) Venu de France à l'âge de dix-huit ans (Rég. des P. V. 1767, évêché).
(4) Dit Ladébauche ; voy. vol. I, p. 106, 107.
(5) Dit Ladébanche.

1724, (7 juin) Laprairie.
2° DUMONT (1), Marie-Angélique, [FRANÇOIS I.
b 1704.

1718, (22 mai) St-Ours. ²

II.—CASAVAN, JEAN-BTE, [JEAN I.
b 1698 ; s 26 nov. 1764, à St-Antoine-de-
Chambly. ³
PEPIN, Madeleine, [JEAN II.
b 1689 ; veuve de François Jarret ; s ³ 30 oct.
1764.
Jean-Baptiste, b... 1° m à Marie-Joseph VÉ-
GIARD ; 2° m ³ 7 janvier 1762, à Marguerite JARED.
—*Joseph*, b ³ 15 août 1720 ; 1° m 22 mai 1741, à
Marie-Louise CHARON, à Verchères⁴ ; 2° m à
Marie-Françoise FÉLIX.—*Louis*, b ⁴ 25 nov. 1727 ;
m ⁴ 24 janvier 1752, à Marie-Charlotte BERTRAND.
—*Marie-Anne*, b... 1° m ⁴ 21 janvier 1743, à Pierre-
Louis TÉTREAU ; 2° m ⁴ 6 mai 1754, à Jean-Bap-
tiste BOUVIER.

1728, (26 janvier) Verchères. ⁴

II.—CASAVAN, PIERRE, [JEAN I.
b 1701.
1° TÉTREAU, Marie-Charlotte, [JACQUES II.
b 1710.
François, b... m ⁴ 26 nov. 1759, à Elisabeth
GUERTIN.—*Joseph*, b ⁴ 31 mars et s ⁴ 20 juillet
1729.
2° HUET, Angélique. [JOSEPH II.
Marie-Archange, b ⁴ 30 mai 1751.—*Marie-Anne*,
b... m ⁴ 6 mai 1754, à Jean-Baptiste BOURHIS.—
Marie-Joseph, b... m ⁴ 30 juin 1755, à Ours CO-
DERRE. — *Catherine*, b... m ⁴ 28 janvier 1760, à
Pierre PALARDY. — *Charles*, b ⁴ 2 avril et s ⁴ 12
sept. 1755.

III.—CASAVAN, JEAN-BTE. [JEAN-BTE II.
1° VÉGIARD (2), Marie-Joseph, [LOUIS II.
b 1726 ; s 5 juin 1761, à St-Antoine-de-
Chambly. ⁵
Marie-Madeleine, b 1750 ; s ⁵ 27 août 1751.—
Marie, b... m ⁵ 28 janvier 1765, à Louis PETIT.—
François, b ⁵ 30 juin 1752.—*Anonyme*, b ⁵ et s ⁵
15 février 1754.—*Marie-Marguerite*, b... s ⁵ 7
février 1755.—*Catherine*, b ⁵ 24 août 1756 ; s ⁵ 26
janvier 1758.—*Joseph*, b ⁵ 22 oct. 1757 ; s ⁵ 24
mai 1758.—*Joseph*, b ⁵ 25 oct. 1759.
1762, (7 janvier). ⁵
2° JARED, Marie-Marguerite,
veuve de Jean-Baptiste Deslandes.

1741, (22 mai) Verchères. ⁷

III.—CASAVAN, JOSEPH, [JEAN-BTE II.
b 1720.
1° CHARON, Marie-Louise, [JEAN II.
Marie-Madeleine, b 1746 ; s ⁷ 2 juin 1752.
2° FÉLIX (3), Marie-Françoise.

(1) Dit Laviolette.
(2) Dit Labonté.
(3) Dit Philis-Dauphiné.

Marie, b 1750 ; m 22 août 1768, à André LA-
COSTE, à St-Antoine-de-Chambly.— *Joseph*, b ⁷ 9
et s ⁷ 10 août 1752. — *Marie-Archange*, b ⁷ 15
juillet et s ⁷ 27 août 1753.—*Jean-Baptiste*, b ⁷ 29
oct. et s ⁷ 18 nov. 1755.—*Marie-Louise*, b 1757 ;
s ⁷ 8 février 1760.— *Marie-Françoise*, b ⁷ 27 juin
et s ⁷ 30 déc. 1759. — *Marie-Joseph-Madeleine*, b ⁷
22 déc. 1760.

CASAVAN, PIERRE.
TRUDEAU, Angélique.
Joseph-Marie, b 27 août 1753, à Verchères.

1752, (24 janvier) Verchères. ²

III.—CASAVAN, LOUIS, [JEAN-BTE II
b 1727.
BERTRAND, Marie-Charlotte. [PIERRE I.
Marie-Charlotte, b ² 2 nov. 1752. — *Marie-
Joseph*, b ² 14 août 1755.—*Joseph-Marie*, b ² 26
mars et s ² 15 juillet 1759.—*Marie-Geneviève*, b ²
14 juillet 1760.

CASAVAN, PIERRE.
PION, Marie-Anne.
Marie-Cécile, b 5 mars 1755, à St-Antoine-de-
Chambly.

1759, (26 nov.) Verchères. ⁸

III.—CASAVAN, FRANÇOIS. [PIERRE II.
GUERTIN, Elisabeth. [FRANÇOIS III.
François, b ⁸ 23 nov. et s ⁸ 12 déc. 1760.

CASAVAN, MARIE-ANNE, épouse de Nicolas
CHOQUET.

CASAVAN, MARIE-JOSEPH, b... 1° m à Joseph
GIRARD ; 2° m 24 août 1766, à Jacques
CHAPUT, à Varennes.

CASCAGNET, LAURENT.—Voy. CASTAGNAT.

1759, (14 mai) Montréal.

I.—CASEAU, FRANÇOIS, marchand, b 1734 ; fils
de Léonard et d'Anne Aupetit, de St-Cibar,
ville d'Angoulême.
VALLÉE, Marguerite, [PIERRE III.
b 1741.

1741, (2 août) Montréal.

I.—CASENEUF (1), CLAUDE, b 1716 ; fils de Paul
et de Françoise Gregue, d'Arc, diocèse de
Dijon.
CHASLU (2), Marie-Joseph, [FRANÇOIS I.
b 1720.

I.—CASENOBE, GUILLAUME, de St-Michel, rue
Trente-six-ponts, Toulouse ; s 3 mai 1760, à
Lévis.

CASISTA.—Voy. BACHELET.

(1) Dit Jolicœur, soldat.
(2) Dit Chantelou.

I.—CASLIN, Olivier, Irlandais, b 1720; s 23 avril 1760, au Bout-de-l'Ile, M.

1725, (4 oct.) Montréal. [1]
I.—CASMIN (1), Léonard, b 1685; fils de Léonard et de Gabrielle Guillereau, de Paris; s [1] 20 juin 1741.
MARTINEAU, Françoise,   [JACQUES I.
b 1678; veuve de Jean Poussard.

I.—CASSAGNE, Bernard, b 1711, en France; s 22 août 1761, à Charlesbourg.

1758, (27 nov.) Chambly. [1]
I.—CASSAN (2), Guillaume, fils de Jérôme et de Catherine Despras, diocèse de Cahors.
POIRIER, Marie-Joseph.   [FRANÇOIS III.
Guillaume, b 1759; s [1] 12 mai 1760. — *Jeanne*, b [1] 24 déc. 1760.

I.—CASSE, Jacques, Anglais.
CATELIN, Elisabeth, Anglaise.
Elisabeth (3), b 14 juillet 1705, à Montréal; 1° m 6 nov. 1712, à Jean DUMONTET-LAGRANDEUR, à Laprairie [1]; 2° m [1] 16 janvier 1730, à Pierre MONET.

CASSÉ. — *Variations et surnoms :* LACASSE — CASSE—ST-AUBIN.

1665, (14 oct.) Château-Richer. [1]
I.—CASSÉ (4), ANTOINE,
b 1639; s 1er juin 1709, à Beaumont. [2]
PILOY, Françoise,
b 1639; s [2] 28 février 1713.
Antoine, b [1] 8 mai 1668; s 17 déc. 1687, à Lévis.—*Joseph*, b 12 sept. 1669, à Ste-Famille, I. O.[3]; m [3] 27 juin 1691, à Marie BAZIN; s [2] 23 janvier 1744.—*Anne*, b [3] 29 août 1674; m à Jean-Baptiste NADEAU; s 11 juin 1754, à St-Nicolas.—*Charles*, b 1679; 1° m [2] 12 sept. 1703, à Françoise PAQUET; 2° m 19 oct. 1734, à Marie-Joseph FILTEAU, à St-Valier; s [2] 27 nov. 1749.

1691, (27 juin) Ste-Famille, I. O.
II.—CASSÉ (5), JOSEPH,   [ANTOINE I.
b 1669; s 23 janvier 1744, à Beaumont. [2]
BAZIN, Marie-Françoise,   [PIERRE I.
b 1671; s [2] 9 mai 1743.
Marie-Anne, b [2] 22 déc. 1703; 1° m [2] 30 juin 1730, à Charles POIRIER; 2° m 12 sept. 1740, à Pierre DEVAUX.—*Geneviève*, b [3] 25 janvier 1706; m [2] 4 août 1735, à Jacques PAQUET; s [2] 12 avril 1770.—*Charles*, b 1710; 1° m [2] 9 février 1733, à Marie-Geneviève GONTIER; 2° m 19 mai 1744, à Marie-Angélique GARNAUD, à l'Ange-Gardien; 3° m 22 juin 1751, à Marie-Jeanne RENAUD, à Charlesbourg; s [2] 2 mai 1784. — *Joseph*, b [2] 14 avril 1708; m [2] 6 sept. 1740, à Marguerite COTÉ.

1703, (12 sept.) Beaumont. [2]
II.—CASSÉ, CHARLES,   [ANTOINE I.
b 1679; s [2] 27 nov. 1749.
1° PAQUET, Françoise,   [ISAAC I.
b 1682; s [2] 23 mai 1731.
Anonyme, b [2] et s [2] 19 juillet 1704.—*Françoise*, b [2] 3 août 1705; m 1er février 1734, à Jacques BERTHIAUME, à Quebec[3]; s [3] 27 mai 1754. — *Antoine*, b [2] 15 mai 1707, m 3 février 1733, à Angélique ARCHAMBAULT, à la Longue-Pointe.—*Marie-Joseph*, b [2] 22 juin 1709; m 3 février 1738, à Jean-Baptiste BERTHIAUME, à Montréal.— *Charles*, b [2] 18 mars 1711. — *Jean-Baptiste*, b [2] 30 juin 1713; m 13 juillet 1739, à Barbe LABELLE, à St-François, I.J.—*Marguerite*, b [2] 22 juin 1715; m 4 juillet 1740, à Joseph FAGOT, à Lévis [4]; s [4] 25 février 1750.—*Marie-Madeleine*, b [2] 23 sept. 1716, m [2] 1er août 1735, à Joseph DUMONT.—*Marie-Charlotte*, b [2] 21 oct. 1718, m [5] 5 nov. 1753, à Martin DOYER-SAVAL. — *Marie-Angélique*, b [2] 12 nov. 1720, s [2] 22 août 1738.

1734, (19 oct.) St-Valier.
2° FILTEAU, Marie-Joseph,   [NICOLAS II.
b 1705; veuve de Louis Dubeau
Charles, b [2] 17 mars 1736.—*Marie-Marthe*, b [2] 4 mars 1738.— *Ignace*, b [2] 8 avril 1740 — *Marie-Louise*, b [2] 11 avril 1742. — *Joseph-Marie*, b [2] 3 nov. 1744.

1707, (7 février) Québec. [1]
I.—CASSE (1), JEAN, navigateur, b 1659; fils de Guillaume et d'Anne Grenier, de St-Aubin, archidiocèse de Bordeaux; s 27 février 1759, au Detroit. [5]
GAUTIER, Marie-Louise,   [MATHURIN I.
b 1678; s [5] 26 avril 1768.
Jean-Baptiste, b [1] 1er mars 1705; m [5] 31 juillet 1731, à Madeleine PRUNEAU, s [5] 25 février 1733 (mort de la picote).—*Pierre*, b [5] 2 mai 1709; m [5] 1735, à Marguerite FOURNEAU; s [5] 18 janvier 1794. — *Marie-Anne*, b [5] 6 oct. 1710; m [5] 27 oct. 1726, à Charles CHAUVIN.—*Gabriel*, b [5] 1er avril 1712; s [5] 2 mars 1776.—*Agathe*, b [5] 6 oct. 1716; m [5] 4 sept. 1737, à Nicolas CAMPEAU; s [5] 12 mai 1808. — *Catherine*, b [5] 25 déc. 1720; m [5] 22 janvier 1742, à Claude CAMPEAU. — *Noel*, b .. m [5] 16 février 1738, à Suzanne ESTÈVE.—*Charles*, b... 1° m [5] 15 janvier 1741, à Thérèse ESTÈVE; 2° m [5] 5 oct. 1750, à Marie-Joseph METTAY. — *Jacques*, b... m [5] 27 déc. 1745, à Catherine VIEN.—*Joseph*, b 1728; s [5] 27 nov. 1751.

1718, (4 juillet) Beaumont. [4]
III.—CASSÉ (2), ANTOINE,   [JOSEPH II.
b 1693; s [4] 26 déc. 1766.
BOURGET, Marie-Madeleine,   [PIERRE I.
b 1699; s [4] 29 juin 1779.

---

(1) Dit Desgranges
(2) Dit Sansregret ; soldat du Royal-Roussillon.
(3) Née à Dearfield, Nouvelle-Angleterre, en 1696 ; prise en guerre en 1704.
(4) Voy. vol. I, p. 107.
(5) Et Lacasse ; voy. vol. I, p. 107.

(1) Dit St-Aubin ; soldat de la compagnie du marquis d'Alogny.
(2) Et Lacasse.

Marie-Joseph, b⁴ 31 mars 1719; m⁴ 13 nov. 1736, à Jean-Baptiste GONTIER.— *Marie-Madeleine*, b⁴ 11 août et s⁴ 16 sept. 1720.— *Marie-Marthe*, b⁴ 11 août et s⁴ 3 nov. 1720. — *Antoine*, b⁴ 21 août 1721; m à Marie-Joseph HUOT; s⁴ 10 août 1810.— *Jean-Joseph*, b⁴ 22 juin 1723; 1º m 15 nov. 1745, à Marie-Joseph MAINFRET, à Charlesbourg; 2º m 27 nov. 1749, à Marie ROY, à St-Charles. — *Etienne*, b⁴ 24 juin 1725; m⁴ 22 nov. 1745, à Marguerite ROY.— *Pierre*, b⁴ 24 mars 1727 ; m 14 juin 1753, à Geneviève LESIEUR, à Quebec⁵ ; s⁵ 19 mars 1764. — *Marguerite*, b⁴ 3 mars 1729; m⁴ 25 janvier 1752, à François GUAY. — *Marie-Suzanne*, b⁴ 17 juin 1731; m⁴ 6 nov. 1748, à Joseph BISSON. — *Marie-Thérèse*, b⁴ 13 mars 1733; m⁴ 3 mai 1751, à Gabriel GOSSELIN. — *Marie-Anne*, b⁴ 29 mars et s⁴ 30 juillet 1735.— *Marie-Angélique*, b⁴ 16 avril 1737; m⁴ 12 août 1765, à Louis BOISSEL; s⁴ 23 nov. 1773. — *Alexandre*, b⁴ 25 sept. et s⁴ 2 nov. 1739.

1731, (31 juillet) Détroit. ⁵

II.—CASSE (1), JEAN-BTE,   [JEAN I.
  b 1705; s⁵ 25 fevrier 1733.
PRUNEAU, Madeleine (2),   [JEAN I.
  b 1710.
Jean-Baptiste, b⁵ 11 juin 1732.

1733, (3 février) Longue-Pointe. ²

III.—CASSÉ (3), ANTOINE,   [CHARLES II.
  b 1707.
ARCHAMBAULT, Angélique,   [JACQUES III.
  b 1711; s² 13 mars 1737.
Angélique, b² 14 déc. 1733 ; 1º m à Charles GAUTIER; 2º m 13 août 1792, à Antoine BROUILLET, à Repentigny. — *Elisabeth-Amable*, b² 15 déc. 1734.

1733, (9 février) Beaumont. ¹

III.—CASSÉ (3), CHARLES,   [JOSEPH II.
  b 1710; s¹ 2 mai 1784.
1º GONTIER, Marie-Geneviève,   [JEAN-BTE II.
  b 1716.
Marie-Geneviève, b¹ 20 sept. 1734 ; m¹ 6 nov. 1753, à Louis BÉGIN.— *Thérèse*, b¹ 17 juin 1736 ; m¹ 10 janvier 1757 à Jacques TANGUAY.— *Marie-Marthe*, b¹ 1er février 1738; s¹ 11 février 1760. — *François*, b¹ 26 nov. 1739.— *Ursule*, b¹ 14 sept. 1741; s¹ 1er oct. 1746. — *Charles*, b¹ 5 fevrier 1743.

1744, (19 mai) L'Ange-Gardien.
2º GARNAUD, Marie-Angelique,   [FRANÇOIS II.
  b 1706; s¹ 27 déc. 1749.
Marie-Angélique, b¹ 5 déc. 1745. — *Marie-Joseph*, b¹ 12 fevrier et s¹ 11 avril 1747.— *Joseph-Marie*, b¹ 5 et s¹ 6 juin 1748. — *Marie-Anne*, b... m à Jacques LAUZON.

1751, (22 juin) Charlesbourg.
3º RENAUD (4), Marie-Jeanne.   [MICHEL II.

(1) Dit St-Aubin.
(2) Elle épouse, le 20 juillet 1735, Vital Caron, au Détroit.
(3) Et Lacasse.
(4) Dit Cannard.

Joseph-Marie, b¹ 12 mars 1753.— *Marie-Joseph*, b¹ 30 juin 1754. — *Deux anonymes*, b¹ et s¹ 5 mars 1755. — *Marie-Jeanne*, b¹ 10 août 1756.— *Gaspard*, b¹ 2 sept. 1758.

1734, (15 nov.) Beaumont. ²

III.—CASSÉ (1), JEAN-BTE,   [JOSEPH II.
  b 1714; s 12 juillet 1760, à St-Charles. ¹
ALLAIRE, Marie-Joseph,   [JEAN-FRANÇOIS II.
  b 1716.
Jean-Baptiste-François, b² 29 janvier 1736; m¹ 17 janvier 1757, à Marie-Joseph COPIN. — *Marie-Anne*, b 28 juillet 1739, à St-Michel ³ ; m¹ 17 mai 1758 à Jean BLEAU.— *Marie-Joseph*, b 10 oct. 1737, à Quebec⁴ ; m¹ 10 janvier 1757, à Etienne GUENET. — *Marie-Louise*, b⁸ 27 juin 1742; s⁴ 13 janvier 1744. — *Marie-Louise*, b⁴ 15 mai 1745 ; m à Jean BROCHU; s 5 janvier 1764, à St-Valier. — *Marie-Louise*, b² 25 juin 1753.—*Joseph*, b¹ 15 oct. 1757.

1735, Détroit. ⁵

II.—CASSE (2), PIERRE,   [JEAN I.
  b 1709; s⁸ 18 janvier 1794.
FOURNEAU (3), Marguerite,   [JEAN I.
  b 1711; s⁸ 12 juillet 1791.
Catherine, b... 1º m ⁸ 7 nov. 1762, à Charles DUPUIS ; 2º m ⁸ 18 janvier 1768, à Etienne LANGERON.— *Marguerite*, b... m ⁸ 17 février 1765, à Louis GREFFARD.— *Marie-Anne*, b... m 8 16 janvier 1769, à Laurent GREFFARD —*Louis*, b... m ⁶ 26 mai 1775, à Angelique CHEVALIER.

1738, (16 fevrier) Détroit. ⁷

II.—CASSE (4), NOEL.   [JEAN I.
ESTÈVE (5), Suzanne,   [PIERRE I.
  b 1721.
Noel-Jean, b⁷ 19 et s⁷ 21 déc. 1738.—*Gabriel*, b⁷ 18 et s⁷ 22 dec. 1739.— *Suzanne*, b⁷ 17 et s⁷ 27 oct. 1741.— *Jean-Baptiste*, b⁷ 12 nov. 1742 ; m⁷ 8 oct. 1770, à Therese BOYER ; s⁷ 27 janvier 1777.— *Thomas*, b⁷ 21 dec. 1744; s⁷ 3 nov. 1770. — *Suzanne*, b⁷ 24 et s⁷ 28 nov. 1747. — *Jeanne*, b⁷ 14 sept. 1749.— *Jeanne-Suzanne*, b... 1º m ⁷ 13 août 1765, à Pierre PARANT; 2º m ⁷ 15 avril 1771, à Amable LATOUR; s⁷ 24 août 1771.— *François*, b⁷ 7 déc. 1752 ; s⁷ 10 août 1759. — *Deux anonymes*, b⁷ et s⁷ 18 déc. 1755. —*Claude*, b... m à Marie JEAN.

1739, (13 juillet) St-François, I. J. ⁸

III.—CASSE (1), JEAN-BTE,   [CHARLES II.
  b 1713.
LABELLE, Barbe.   [PIERRE II.
Jean-Baptiste, b⁸ 5 juin 1740 ; m 13 oct. 1760, à Marie-Joseph DAGENAIS, à St-Vincent-de-Paul. —*Barbe*, b... m⁴ 13 oct. 1760, à Prisque BARETTE. —*Charles*, b 1743 ; s⁴ 19 juin 1753.—*Pierre*, b⁴ 9 juillet 1745.—*Jacques*, b⁴ 18 nov. 1746 ; s⁴ 22

(1) Et Lacasse.
(2) Dit St-Aubin ; habitant le Grand Marais.
(3) Dit Brindamour.
(4) Dit St-Aubin.
(5) Dit Lajeunesse.

juin 1753. — *Joseph,* b⁴ 1ᵉʳ sept. 1748. — *Marie-Marguerite,* b⁴ 23 janvier 1751 ; s⁴ 24 juin 1753. —*Marie-Marguerite,* b⁴ 13 août 1753.—*Charles-Amable,* b⁴ 18 août 1755.

1740, (6 sept.) Beaumont. ²

III.—CASSÉ (1), JOSEPH,   [JOSEPH II.
  b 1708.
  COTÉ, Marguerite,   [MARTIN III.
  b 1716 ; s² 11 juin 1756.
Deux anonymes, b² et s² 15 oct. 1741.—*Marie-Ursule,* b² 6 oct. 1742 ; m 29 avril 1765, à André CORNEAU, à Lévis.—*Joseph,* b² 1ᵉʳ nov. 1744. — *Marie-Marguerite,* b² 28 mai 1747 ; s 4 déc. 1759, à St-Michel. — *Ambroise,* b² 26 février et s² 16 oct. 1749.— *Marie-Jeanne,* b² 6 janvier et s² 11 août 1752.—*Etienne,* b² 12 août 1754. — *Ignace,* b² 8 juin 1756 ; s² 18 sept. 1758.

1741, (15 janvier) Detroit. ⁸

II.—CASSÉ (2), CHARLES.   [JEAN I.
  1° ESTÈVE (3), Thérèse,   [PIERRE I.
  b 1724 ; s⁸ 17 avril 1748.
Thérèse, b⁸ 3 et s⁸ 13 avril 1742.—*Madeleine,* b⁸ 2 oct. 1743. — *Marie,* b⁸ 21 avril 1746. — *Jacques,* b⁸ 23 mars et s⁸ 13 avril 1748.

    1750, (5 oct.) ⁸
  2° METTAY (4), Marie-Joseph,   [JACQUES I.
  b 1729 ; s⁸ 2 mai 1759.
Anonyme, b⁸ et s⁸ 6 janvier 1752.— *Charles,* b⁸ 16 juin 1754. — *Louise,* b⁸ 25 février 1756 ; m⁸ 2 février 1780, à Jean-Baptiste LAFOREST.— *Madeleine,* b⁸ 28 janvier 1759 ; m⁸ 2 février 1778, à André SCAYANIS. — *Charles,* b... s⁸ 28 nov. 1774.

II.—CASSÉ, GABRIEL (5),   [JEAN I.
  b 1712 ; s 2 mars 1776, au Détroit.

1745, (15 nov.) Charlesbourg.

IV.—CASSÉ (1), JEAN-JOSEPH,   [ANTOINE III.
  b 1723.
  1° HÉBERT-MAINFRET, Marie-Jos.   [ANDRÉ II.
Marie-Joseph, b 7 sept. 1746, à Beaumont.

    1749, (27 nov.) St-Charles. ⁸
  2° ROY, Marie,   [JEAN III.
  b 1730.
Joseph-Marie, b⁸ 13 oct. 1750.—*Jean-Baptiste,* b⁴ 23 déc. 1751 ; s³ 15 oct. 1752. — *Antoine,* b³ 6 avril 1753 ; s³ 17 février 1754. — *Cécile,* b³ 11 et s³ 27 juin 1754. — *Marie,* b³ 15 juin 1755.— *Antoine,* b³ 7 nov. 1756, s³ 11 août 1757. — *Marguerite,* b³ 25 sept. 1758. — *Marie,* b³ 19 sept. 1760.

(1) Et Lacasse.
(2) Dit St-Aubin.
(3) Dit Lajeunesse.
(4) Appelée Cornette en 1750.
(5) Mort d'une blessure reçue en raccommodant son moulin du Grand Marais.

1745, (22 nov.) Beaumont. ²

IV.—CASSÉ (1), ETIENNE,   [ANTOINE III.
  b 1725.
  ROY, Marguerite,   [JEAN III.
  b 1726.
Etienne, b² 11 sept. 1746. — *Jean,* b² 23 mai 1748.—*Marie-Marguerite,* b 15 mars 1750, à St-Charles. ³—*Marie-Louise,* b³ 11 avril 1752. — *Joseph,* b³ 31 janvier 1754. — *Charles,* b³ 21 nov. 1755. — *Rosalie,* b⁴ 21 oct. 1757 ; s³ 26 août 1758.—*Marie-Joseph,* b³ 22 janvier 1760.

1745, (27 déc.) Détroit. ²

II.—CASSÉ, JACQUES.   [JEAN I.
  JEAN-VIEN, Catherine,   [IGNACE III.
  s² 12 avril 1779.
Jacques, b² 26 oct. 1746. — *Catherine.* b² 18 janvier 1748 ; m² 1ᵉʳ déc. 1768, à Ignace TIBAUT. —*Gabriel,* b² 13 sept. 1750. — *Louis,* b² 28 oct. et s² 5 nov. 1752.— *Marie-Anne,* b² 18 sept. 1753 ; m² 12 août 1771, à Louis RENAULT. — *Constant,* b² 16 mai 1755.—*Jean-Baptiste,* b² 15 oct. 1757. — *Deux anonymes,* b² et s² 16 juin 1760. — *Louis* (2), b 1761 ; s² 9 mai 1773.—*Thérèse,* b² 6 août 1764. — *Ignace,* b² 31 août 1768 ; s² 17 nov. 1770.

IV.—CASSÉ (1), ANTOINE,   [ANTOINE III.
  b 1721 ; s 10 août 1810, à Beaumont. ⁴
  HUOT, Marie-Joseph,   [NICOLAS II.
  b 1724, s⁴ 22 janvier 1807.
Marie-Joseph, b⁴ 16 mai et s⁴ 7 juillet 1749. —*Marie-Joseph,* b⁴ 2 sept. 1750 ; m ⁴ 3 juillet 1780, à Charles BÉGIN.—*Antoine,* b⁴ 4 juin 1752 ; m⁴ 15 oct. 1781, à Catherine GUAY ; s⁴ 30 juin 1829.—*Ignace,* b⁴ 1ᵉʳ fevrier 1754.—*Marie-Angélique,* b⁴ 10 sept. 1755.—*Louis,* b... 1° m 8 juillet 1788, à Catherine FILION, à Québec⁵ ; 2° m⁵ 22 oct. 1798, à Anne HALDIMAND.

1753, (14 juin) Quebec. ³

IV.—CASSE (1), PIERRE,   [ANTOINE III.
  b 1727 ; s³ 19 mars 1764.
  LESIEUR, Geneviève,   [CLÉMENT I.
  b 1716 ; veuve de Pierre Fortier ; s 4 sept. 1792, à Beaumont. ⁴
Pierre, b³ 3 oct. 1754. — *Marie-Anne,* b³ 14 mars et s³ 9 mai 1756.—*Geneviève,* b⁴ 5 juillet 1760.

III.—CASSÉ, CLAUDE.   [NOEL II.
  JEAN, Marie,
  s avant 1792.
Catherine, b... m 16 avril 1792, à Félix PELLETIER, au Detroit.

1757, (17 janvier) St-Charles. ⁴

IV.—CASSÉ (1), JEAN-BTE-FRS,   [JEAN-BTE III.
  b 1736.
  COPIN, Marie-Joseph,   [JACQUES I.
  b 1744.
Jean-Baptiste, b⁴ 14 janvier 1759 ; m 18 oct. 1785, à Charlotte COUILLARD, à Beaumont.— *Joseph,* b⁴ 16 sept. 1760.

(1) Et Lacasse.
(2) Tué par le tonnerre.

1760, (13 oct.) St-Vincent-de-Paul.
IV.—CASSÉ, JEAN-BTE,   [JEAN-BTE III.
  b 1740.
DAGENAIS, Marie-Joseph,   [JOSEPH IV.
  b 1745.

1770, (8 oct.) Détroit.[6]
III.—CASSÉ, JEAN-BTE,   [NOEL II.
  b 1742, s [6] 27 janvier 1777.
BOYER, Thérèse (1),   [IGNACE III.
  b 1755.
  Marie-Jeanne, b [6] 15 juillet 1772 ; s [6] 1er mars 1775.—*Archange,* b [6] 12 mai 1774.—*Thérèse,* b [6] 12 nov. 1776 ; s [6] 20 oct. 1777.

1775, (26 mai) Détroit.[6]
III.—CASSÉ, LOUIS.   [PIERRE II.
CHEVALIER, Angelique,   [JEAN-BTE II.
  b 1733 ; veuve d'Antoine Lauzon.
François, b [6] 26 juillet 1775.

CASSÉ, ANTOINE.
JEANNE (2), Marie,   [ROBERT.
  s 1er oct. 1777, au Détroit.[6]
Thérèse, b [6] 29 sept. 1777.

1781, (15 oct.) Beaumont.[4]
V.—CASSÉ, ANTOINE,   [ANTOINE IV.
  b 1752 ; s [4] 30 juin 1829.
GUAY, Catherine.   [JOSEPH.

1785, (18 oct.) Beaumont.
V.—CASSÉ (3), JEAN-BTE,   [JEAN-BTE IV.
  b 1759.
COUILLARD, Charlotte.   [CHARLES IV.

1788, (8 juillet) Québec.[3]
V.—CASSÉ (3), LOUIS.   [ANTOINE IV.
1° FILION, Catherine,   [ANTOINE.
  s [3] 9 juin 1798.
      1798, (22 oct.)[3]
2° HALDIMAND, Anne,
  veuve de Thomas Dale.

CASSÉ, Françoise, épouse de François CHAUSSÉ.

CASSÉ, Marie, épouse de Louis FONTAINE.

CASSÉ, Elisabeth, épouse de Jean GOSSELIN.

1750, (15 juin) Québec.[3]
I.—CASSEGRAIN, JEAN, traiteur, fils de François et de Catherine Lecompte, de St-Pierre-Dervault, diocèse de LaRochelle.
1° DUCHESNE, Geneviève,   [ANDRÉ I (4).
  b 1722, s [3] 18 juin 1764.

(1) Elle épouse, le 11 février 1779, François Dagneau-DuQuinde, au Détroit.
(2) Dit Robertjeanne.
(3) Et Lacasse.
(4) Panis de nation.

      1764, (10 juillet) Château-Richer.
2° CAZEAU, Marguerite.   [JEAN I.
  Pierre (1), b [3] 16 juin 1771.— *Marie-Anne,* b [3] 1er février 1774.—*François,* b [3] 1er mars 1775 ; s 18 février 1776, à Ste-Foye.—*Nicolas,* b [3] 24 juin 1776. —*Catherine,* b [3] 15 février 1778 ; s [3] 15 janvier 1786.—*Marie-Julie,* b [3] 28 mars 1779. — *Ignace,* b [3] 19 juillet 1780.—*François-Frédéric,* b [3] 22 avril 1783. — *Louis-Jean-Baptiste,* b... — *Marguerite,* b... m [3] 5 sept. 1786, à Laurent COSTILLE.

1824, (26 oct.) Québec.[3]
CASSEGRAIN, CHARLES-EUSÈBE, avocat ; fils de Pierre et de Marie Bonenfant.
BABY, Elisabeth-Anne, fille de Jacques et d'Elisabeth Abbott, d'York, H.-C.
Charles-Eusèbe, b [3] 4 août 1825 ; m à .... CHEASE. — *Pierre-Philippe,* b [3] 30 déc. 1826 ; m à Mathilde PERRAULT. — *Raymond,* b 16 déc. 1831, à la Rivière-Ouelle ; ordonne le 5 oct. 1856, à Ste-Anne-de-la-Pocatière.

CASSEL, NICOLAS.
DUVAL, Marie-Joseph.
Jean, b 1747 ; s 26 août 1748, à Montréal.

CASSELET.—Voy. CAZELET.

1760, (6 oct.) Terrebonne.
I.—CASSELET (2), PIERRE, fils de Pierre et de Marguerite Lasalle, de Milan, diocèse de Rhodes.
DUPRÉ, Marie-Angelique,   [JEAN-BTE III.
  b 1741.

I.—CASSENEAU, MARTIN,
  navigateur.
TREILLY, Jeanne-Judith.
Jean-Martin, b 15 juillet 1748, à Québec.

1744, (13 avril) Montréal.[5]
I.—CASSENEUVE (3), GUILLAUME, b 1716 ; fils de Dominique et de Jeanne Ydrac, de St-Michel, ville de Toulouse.
LEBEAU, Charlotte,   [JEAN-BTE II.
  b 1723.
Marguerite, b [5] 18 mai et s [5] 11 juin 1744.— *Jeanne-Charlotte,* b [5] 3 et s [5] 7 oct. 1745.— *Guillaume,* b [5] 10 déc. 1746 ; s 20 oct. 1753, à Longueuil.—*Joseph-Jacques-Marie,* b 2 oct. 1758, à Québec ; s 5 nov. 1758, à Lévis.

I.—CASSENEUVE, JOSEPH,
  chirurgien.
QUILLON, Marie.
Joseph, b... m 30 janvier 1758, à Madeleine RODILLARD, à Lavaltrie.

(1) Grand père de l'Abbé—D'après l'abbé Cassegrain.
(2) Et Cazal 1st.
(3) Dit Toulouse ; soldat de la compagnie de De Noyelle.

1758, (30 janvier) Lavaltrie. [6]
II.—CASSENEUVE, Joseph, [Joseph I.
  chirurgien.
  Robillard, Madeleine, [Joseph III.
  b 1738.
  Marie-Joseph, b [6] 24 nov. 1758.

1728, (5 nov.) Montréal. [2]
I.—CASSIN (1), André,
  b 1701; venu de Paris; s 23 sept. 1772, à
  l'Hôpital-Général, M.
  Lacroix, Marie (Panise),
  s [2] 28 février 1750.
  André, b [2] 5 et s [2] 19 nov. 1729.—*Marie-Françoise*, b 1732; m [2] 28 avril 1749, à Jean-Charles
Chaubert.—*Marie-Madeleine*, b [2] 6 sept. 1736; s [2]
17 mai 1746.

I.—CASTAGNAN (2), Jacques, b 1651 · s 3 août
  1731, à l'Hôpital-Général, Q.

1759, (26 février) Québec. [7]
I.—CASTAGNAT (3), Laurent, fils de François
  et de Jeanne Leferte. de St-Pierre, ville de
  Toulouse.
  Pruneau, Marie-Joseph, [René II.
  veuve de François Jean; s [7] 28 février 1784.
  Pierre-Laurent, b [7] 10 oct. 1759; m [7] 5 juin
1787, à Marguerite Gilbert.

1787, (5 juin) Québec.
II.—CASTAGNAT, Pierre, [Laurent I.
  armurier; b 1759
  Gilbert, Marguerite, [Jean-Bte III

I.—CASTAGNET, Thomas (4), b 1723; de Chanteleu, diocèse de Cahors; s 6 juillet 1742, à
  Montréal.

CASTAGNET, Louis.
  1° Perineau, Françoise.
    1794, (17 février) Détroit.
  2° Cadoret, Ursule. [François.

CASTANIER.— *Variations* : Castagnet — Castagnat.

1740, (7 nov.) Québec.
I.—CASTANIER, Mathieu, fils de Bernard et de
  Marie Bacon, d'Angoran, diocèse de Bordeaux.
  Boesmé, Angelique, [Jean II.
  b 1716.
  Pierre, b 20 nov. 1741, au Sault-au-Récollet.—
Marie-Angélique, b 27 février et s 19 juillet 1743,
à Montréal. [5]—*Jean-Louis*, b [3] 8 août 1744. —
Marie-Louise, b [3] 16 déc. 1745; s [3] 13 mars 1746.
—*Ignace*, b [3] 19 déc. 1746, s [3] 21 juin 1747.—
Jean-Baptiste, b [3] 24 déc. 1747.—*François-Amable*,

(1) Et Cazin dit Langueur . caporal de la compagnie de
M. de Contrecœur et ancien soldat de la colonie.
(2) Dit LaSalle.
(3) Et Cascagnet,
(4) Soldat de la compagnie de St-Ours.

b [3] 8 juin et s [3] 10 sept. 1749.—*Marie-Angélique*,
b 26 juillet et s 5 août 1750, à St-Vincent-de-Paul. [4]—*Marie-Marguerite*, b [4] 24 oct. 1751.—
François-Mathieu, b [4] 30 déc. 1752.

1761, (31 mars) Baie-du-Febvre.
I.—CASTEL, Pierre, fils d'Urbain et de Marie-Ursule ....., de St-Nicolas, province de Devo.
  Trotier (1), Marie-Anne, [Michel III.
  veuve de Joseph Cailla.

CASTELLANE (De) —Voy. DeVergon.

CASTÈS.—Voy DeCastès 1757.

CASTILLE, Christine épouse de Jean Nerne.

1700, (25 oct.) Québec. [4]
I.—CASTILLON, Thomas (2), fils d'Antoine et
  d'Antoinette de Rensan, de Notre-Dame,
  ville d'Auch.
  Minet, Marie-Madeleine, [Jean I.
  b 1678; s [4] 4 janvier 1709.
  Nicolas, b [4] 26 sept.1701.— *Thomas*, b [4] 29 oct.
1703 , m [4] 23 février 1727, à Madeleine Bériau —
Marie-Madeleine, b [4] 6 février 1705.—*Marie-Anne*,
b [4] 9 avril 1707 ; s [4] 2 juillet 1733.—*Claude*, b [4] 26
avril 1708.

1727, (23 février) Québec. [3]
II.—CASTILLON Thomas, [Thomas I.
  b 1703.
  Bériau, Marie-Angelique, [Vincent I.
  b 1691 ; veuve d'Elie Lafarge ; s [3] 24 oct.
1731.
  Madeleine, b...

CASTONGUAY. — *Variations* : Gastonguay —
Guay.

CASTONGUAY, Marguerite, b... 1° m à François Bissonnet ; 2° m 28 février 1759, à
Jean-Baptiste Champanois, à Soulanges ; s
avant 1766.

CASTONGUAY, Marie-Anne, épouse de Pierre
Derogé.

CASTONGUAY, Marie, b 1703, m à François
Perche; s 9 février 1780, à Québec.

CASTONGUAY, Catherine, b 1721 ; s 27 juin
1781, à Nicolet.

CASTONGUAY, Marguerite, b 1734, s 28 janvier 1760, à Chambly.

(1) Dit Beaubien
(2) Sergent des compagnies de MM. de Champigny,
De la Motte-Cardillac, 1699 et de Courtemanche. Il et ui, le
27 nov. 1706, à Montreal

1731, (28 mai) Lachenaye.
III.—CASTONGUAY (1), MICHEL, [JEAN-BTE II.
  b 1704.
  CHAUVIN, Angélique,   [GILLES II.
  b 1703.
  Jean-Baptiste, b et s 26 mai 1740, à Laprairie. ⁶
  —*Michel,* b ⁶ et s ⁶ 15 mai 1742.—*Marguerite,* b...
  m 14 juillet 1755, à Louis VIGNOLAS, à Châteauguay.

CASTONGUAY, FRANÇOIS,
  b 1708 ; s 3 mai 1748, au Cap-St-Ignace.¹
  LAJEUNESSE, Geneviève.
  Marie-Joseph, b ¹ 22 août 1747.

1675.
I.—CATALAN (2), JEAN,
  b 1643 ; s 16 nov. 1712, au Cap-Santé. ⁶
  CARREAU, Jeanne,   [LOUIS I.
  b 1659 ; s ⁶ 26 oct. 1730.
  Marie, b 17 mai 1676, à Québec ; m ⁶ 23 janvier 1697, à François MERCURE ; s 22 avril 1701, à la Pte-aux-Trembles, Q.

CATALOGNE, MARIE-JOSEPH, épouse de Joseph-Marie COTÉ.

CATALOGNE, CHARLES, b... s 3 février 1760, à St-Henri-de-Mascouche.

1752, (11 août) Laprairie.
I.—CATEL (3), JEAN, fils de Jean et de Marguerite Courtois, de St-Maclou, diocèse de Rouen.
  L'ESPÉRANCE, Marie-Anne,
  veuve de Michel Nican.

1749, (10 nov.) St-Valier. ⁹
I.—CATELLIER, PANCRACE, fils de Jean et de Marie Desvaux, de St-Planché, diocèse de Coutances, Normandie.
  BÉLANGER, Marie-Madeleine.   [PRISQUE IV.
  Prisque-Pancrace, b ⁹ 16 déc. 1751.—*Marie-Joseph,* b ⁹ 4 dec. 1753. — *Marie-Marguerite,* b ⁹ 13 déc. 1755. — *Elisabeth,* b ⁹ 6 août 1757 ; s ⁹ 3 oct. 1758.—*Marie-Catherine,* b ⁹ 6 août 1759 ; s ⁹ 18 nov. 1761.— *Joseph-Marie,* b ⁹ 8 août 1761.

CATHALOGUE.—Voy. GAUDIN.

CATIGNON.—Voy. GASTIGNON, 1697.

1739, (29 juin) Détroit. ¹
II.—CATIGNON (4), FRANÇOIS,   [LÉONARD I.
  b 1700.
  DAVID, Marie-Joseph.   [JOSEPH II.
  Marie-Joseph, b ¹ 25 et s ¹ 31 oct. 1740.—*Marie-Jeanne,* b ¹ 17 janvier et s ¹ 3 février 1742.—*Marie-Françoise,* b ¹ 18 février et s ¹ 19 oct. 1743.

(1) Il signait Castondier ; voy. aussi Guay.
(2) Voy vol. I, p. 108.
(3) Dit St-Jean.
(4) Dit Duchesne ; voy. aussi Gastignon.

1761, (3 août) St-Constant.
I.—CATIGNON (1), FRANÇOIS, fils de Nicolas et de Barbe Bastien, de Gremousour, diocèse de Verdun, Lorraine.
  AUGER (2), Marie-Amable,   [JEAN-BTE III.
  b 1734 ; veuve de Louis-Mathurin Palin.

CANTIN (3).

CATIN.— Voy. ACHIN.

I.—CATIN, JEAN-BTE, b 1673 ; s 25 mai 1741, à Montréal.

1679, (20 nov.) Montréal. ᴳ
I.—CATIN, HENRI (4),
  b 1653 ; s ⁶ 13 juillet 1720.
  BROSSARD, Jeanne,   [URBAIN I.
  b 1663 ; s ⁶ 1ᵉʳ sept. 1744.
  Cécile, b ⁶ 26 août 1681 ; m ⁶ 1ᵉʳ déc. 1699, à Jacques CAMPEAU ; s ⁶ 26 août 1715.—*Marie,* b ⁶ 8 juin 1684 ; m ⁶ 23 août 1706, à Jean SARGNAT-LAFOND.—*Thérèse,* b 15 oct. 1686, à la Pte-aux-Trembles, M. ; 1º m ⁶ 19 mars 1710, à Simon RÉAUME ; 2º m ⁶ 27 sept. 1734, à Charles D'AUTEUIL. — *Thérèse,* b... m à Michel MONTIGNY.—*Marie-Charlotte,* b ⁶ 17 juin 1693 ; m ⁶ 15 mai 1713, à Jean-Baptiste VERGER ; s 7 déc. 1736, au Détroit.⁷ — *Catherine,* b ⁶ 1693 ; 1º m ⁶ 27 nov. 1717, à Pierre CHARTIER ; 2º m ⁶ 22 déc. 1737, à Charles DOUAIRE ; s ⁶ 29 déc. 1742.—*Henri-Nicolas,* b ⁶ 26 février 1697 ; m ⁶ 16 avril 1732, à Anne CHAUVIN.—*Geneviève,* b ⁶ 5 nov. 1698 ; m ⁶ 5 février 1720, à Joseph DUGAST.—*Henri,* b ⁶ 16 oct. 1703 ; m ⁶ 20 mars 1747, à Suzanne TESSIER ; s ⁷ 21 juin 1749. — *Elisabeth,* b ⁶ 4 avril 1706.—*Marie-Anne,* b ⁶ 4 avril 1706 ; 1º m ⁶ 28 juin 1728, à Charles NEVEU ; 2º m ⁶ 5 sept. 1746, à Pierre LUCAS.—*Madeleine,* b... m ⁶ 21 nov. 1741, à Jean-Baptiste DENEAU.

1732, (16 avril) Montréal. ⁶
II.—CATIN, HENRI-NICOLAS,   [HENRI I.
  b 1697 ; voyageur.
  CHAUVIN, Anne,   [GILLES II.
  b 1705 ; s ⁶ 23 oct. 1744.
  Marie-Anne, b ⁸ 30 mai 1735.—*Elisabeth,* b ⁸ 3 et s ⁸ 26 juin 1736. — *Charles-Dominique,* b ⁸ 4 août 1737. — *Joseph,* b ⁸ 1ᵉʳ nov. 1738.— *Catherine,* b⁸ 14 mars 1740.—*Louise,* b ⁸ 9 août 1743.

1747, (20 mars) Montréal. ⁶
II.—CATIN, HENRI,   [HENRI I.
  b 1703 ; s 21 juin 1749, au Detroit.
  TESSIER, Suzanne (5),   [CHARLES III.
  b 1721.
  Madeleine-Charlotte, b ⁸ 5 février et s ⁸ 8 dec. 1748.

(1) Dit Blondin.
(2) Dit Baron.
(3) Il faut lire Quentin ; voy. ce nom.
(4) Voy. vol. I, p. 108.
(5) Elle épouse, le 9 juin 1751, Charles Lepailleur, à Montréal.

CATIN, ANTOINE (1),
s avant 1791.
 MARTIN, Marie-Anne.
 Marie-Anne, b 1768, m 31 déc. 1783, à Joseph MALLET, au Détroit [2]; s [2] 1er janvier 1794.—*Marguerite*, b [2] 27 mai 1770.—*Anonyme*, b [2] et s [2] 23 août 1771.— *Anonyme*, b [2] et s [2] 17 août 1772.— *Thérèse*, b [2] 28 juillet 1775; m [2] 16 mai 1791, à Jean-Baptiste LECLAIR. — *Antoine*, b [2] 22 mai 1777. — *Elisabeth*, b [2] 1er et s [2] 19 mai 1778.— *Apolline*, b [2] 22 juillet 1779. — *Antoine*, b [2] 12 oct. 1781.—*Joseph*, b [2] 4 avril 1785.

CATIN (2), MICHEL.
 GOYAU, Louise.
 Michel, b 14 août 1775, au Détroit. [2] — *Louis*, b [2] 28 avril 1780. — *Véronique*, b [2] 19 juin et s [2] 10 juillet 1783.

I—CATLIN, MARIE, épouse de Thomas FRENCH.

CATON.—Voy. DUPUIS.

I.—CATORS, HENRIETTE, b... m 27 mars 1702, à François COUTELET, à St-François, I. O.

I.—CATUDAS, JEAN-BTE.
 SABOURIN, Angélique, [JEAN II.
  b 1705.
 Marie-Charlotte, b 1741; m 4 juin 1764, à Joseph COURTEMANCHE, à St-Antoine-de-Chambly. —*Jean-Baptiste*, b... m 24 sept. 1753, à Marie-Judith CHALU, à Verchères.—*Angélique*, b... m à Charles RENAULT.— *Joseph*, b... m à Marie-Louise CHARPENTIER.

1753, (24 sept.) Verchères. [8]
II.—CATUDAS, JEAN-BTE. [JEAN-BTE I.
 CHALU, Marie-Judith. [JACQUES II.
 Marie-Marguerite, b [6] 15 juin 1754.—*Charlotte*, b [6] 4 août et s [8] 8 sept. 1759.

II.—CATUDAS (3), JOSEPH. [JEAN-BTE I.
 CHARPENTIER, Marie-Louise.
 Marie-Louise, b 4 déc. 1755, à St-Antoine-de-Chambly.

I.—CATREVILLE, JEAN (4),
 s 27 sept. 1736, à Québec (de mort subite).

1704, (17 oct.) Québec. [7]
I.—CATTI (5), PAUL, b 1670; fils de Pierre et de Catherine De Noyon, de Montignat-le-Coq, diocèse d'Angoulême; s 14 juin 1749, à la Pte-aux-Trembles, M. [8]
 BADEAU, Geneviève, [JEAN II.
  b 1683.

(1) Habitant de la côte sud-ouest.
(2) Dit Baron; maître-couvreur.
(3) Dit St-Jean.
(4) Maître du vaisseau " le Montréal," commandé par M. DeBeauvais.
(5) Dit Larguille; soldat de M. Delavaltrie.

Marie-Charlotte, b [7] 20 nov. 1704; m à Jean-Baptiste PITALIER.—*Marie-Anne*, b 21 déc. 1706, aux Trois-Rivières [9], m à Jacques LAFOREST; s avant 1738.—*Marie-Geneviève*, b [9] 27 juillet 1708; s [9] 1er mai 1709.—*Paul-Simon*, b [9] 17 mai 1710; s [9] 20 janvier 1712.—*Louis*, b [9] 23 mars 1712; m à Marie CHAUDILLON; s [8] 24 août 1747.— *Françoise-Marguerite*, b [9] 5 mars 1714.— *Marie-Claire*, b [9] 17 août 1715; m à Jean PETIT.— *Paul*, b [9] 20 mai 1717; m à Marie-Joseph DUCLOS. —*Geneviève*, b [9] 19 juin 1719; 1° m à Michel DUFRESNE; 2° m [8] 7 janvier 1754, à Jean-Baptiste DUMAY.—*Antoine*, b [8] 22 août 1722; m 4 mai 1749, à Catherine BADIN, à Boucherville; s 27 février 1769, à la Longue-Pointe. — *Angélique*, b 1728; m [8] 25 août 1749, à Louis-François BERTRAND.

II.—CATTI, PAUL, [PAUL I.
 b 1717
 DUCLOS, Marie-Joseph.
 Antoine, b... s 12 nov. 1748, à la Longue-Pointe.

II.—CATTI, LOUIS, [PAUL I.
 b 1712; s 24 août 1747, à la Pte-aux-Trembles, M. [4]
 CHAUDILLON, Marie (1). [PIERRE.
 Marie-Anne, b 1741; m [4] 11 janvier 1762, à Ignace CADORET.

1749, (4 mai) Boucherville.
II.—CATTI, ANTOINE, [PAUL I.
 voyageur, b 1722; s 27 février 1769, à la Longue-Pointe.
 BADIN, Catherine, [PIERRE II.
  b 1725.
 Antoine, b 22 avril 1750, à la Pte-aux-Trembles, M. [5]; m 1789, à Marie-Joseph POIRIER, à Montréal. [6]—*Louis*, b [5] 11 oct. 1751; m à Marie-Joseph GUÉRIN, b [6] 25 août 1753.— *Luc*, b [6] 28 juillet 1755.—*Pierre*, b [6] 11 oct. 1757. —*Marie-Joseph*, b [6] 8 juin 1759.—*Marguerite*, b [5] 3 avril 1761.—*Marie-Catherine*, b [6] 12 sept. 1763. *François*, b [6] 11 février 1766.

CATTI, LOUIS.
 ROY, Geneviève,
  b 1749; s 18 février 1782, à la Longue-Pointe.

III.—CATTI, LOUIS, [ANTOINE II.
  b 1751.
 GUÉRIN, Marie-Joseph.
 François, b à Ste-Éléonore; m 14 nov. 1814, à Pelagie TIMINEUR, à Montréal.

1814, (14 nov.) Montréal. [7]
IV.—CATTI, FRANÇOIS. [LOUIS III.
 TIMINEUR, Pelagie. [FRANÇOIS.
 Charles, b... m [7] 11 février 1850, à Marie-Louise LABELLE.

(1) Elle épouse, le 29 janvier 1753, Jean-Baptiste Labaize, à la Pte-aux-Trembles, M.

1850, (11 fevrier) Montréal.⁴
IV.—CATTI, Charles. [François III.
 Labelle, Marie-Louise, [Toussaint.
 Joseph-Télesphore, b ⁴ 16 déc. 1853.

I.—CAUCHERY, Guillaume,
 s avant 1761.
 Antaya, Marie-Joseph,
 s avant 1761.
 Marie, b 1736 ; m ² février 1761, à Jacques Labith, à Montreal.

CAUCHET, Pierre, b 1715 ; s 24 mars 1776, à Quebec.

1683, (22 dec.) Montréal. ³
I—CAUCHOIS (1), Jacques,
 b 1652 ; s ⁵ 5 août 1708.
 Prud'homme, Elisabeth, [Louis I.
 b 1663 ; s ⁵ 14 janvier 1744.
 Madeleine, b ³ 13 sept. 1686 ; m ³ 26 août 1713, à Martin Curaux.—*Marie-Anne,* b ³ 5 juin 1694, s ³ 8 fevrier 1706.—*Joseph,* b ³ 28 mai 1696 ; s ³ 5 sept. 1712.— *Marie-Joseph,* b ³ 12 mars 1702, m ³ 3 mai 1734, à Pierre Lepellé.—*Marguerite-Louise,* b ³ 13 nov. 1707 ; s ³ 16 avril 1714.

CAUCHOIS, Marguerite, epouse de Thomas Rondeau.

CAUCHOIS, Jean-Bte.
 Cuillier, Jeanne.
 Jean-Baptiste, b 14 mars 1705, à Montréal. ⁵—*Catherine,* b ⁵ 2 nov. 1710.

1725, (4 nov.) Québec. ³
II.—CAUCHOIS, Jean-Bte, [Jacques I.
 b 1700, s 26 avril 1736, à Montréal. ⁷
 Gagnon, Marie, [Vincent II.
 b 1701.
 Marie-Elisabeth, b ³ 1ᵉʳ janvier 1726 ; m ⁷ 10 juin 1748, à Lambert Leduc.—*Louis-Charles,* b ⁵ 27 sept. 1729 ; s ⁷ 10 janvier 1735.—*Jean-Baptiste,* b ³ 27 sept. 1729 ; s ³ 24 fevrier 1730. — *Marie-Louise,* b ⁷ 12 nov. 1734 ; s ⁷ 27 août 1735.—*Charlotte-Angélique,* b ⁷ 20 déc. 1735. — *Jean-Baptiste,* b... m 4 mai 1764, à Angelique Séjourné, à Makinac, s avant 1777.

1764, (4 mai) Makinac. ¹
III.—CAUCHOIS, Jean-Bte, [Jean-Bte II.
 s avant 1777.
 Séjourné (2), Angélique. [Alexis I
 Jean-Baptiste-Georges, b ¹ 6 avril 1765 — *Angélique,* née en avril 1776, à Michillimakinac ³, b 7 sept. 1777, au Detroit. ²—*Alexis,* né ³ en juin 1777, b ² 7 sept. 1777. — *Louis,* b... m ² 24 nov 1794, à Marie-Françoise Pineau.

---

(1) Voy. vol. I, p. 168.
(2) Dit Sanschagrin. Elle épouse, le 25 juin 1778, Pierre Cardinal, au Detroit.

1794, (24 nov.) Détroit.
IV.—CAUCHOIS, Louis. [Jean-Bte III.
 Pineau (1), Marie-Françoise, [Joseph IV.
 b 1774.

CAUCHON.—*Variations et surnoms :* Cochon—Laverdière—Lamotte.

1652, (20 nov.) Québec. ⁵
II.—CAUCHON (2), Jean, [Jean I.
 b 1623, s 3 sept. 1693, au Château-Richer.³
 Miville, Madeleine, [Pierre I.
 b 1640.
 Madeleine, b ⁵ 16 février 1655 ; 1° m ² 24 nov. 1671, à Olivier Michel ; 2° m ⁵ 16 janvier 1696, à Jacques Chauvin. — *Marie-Charlotte,* b ³ 5 mars 1662 ; m ³ 28 oct. 1686, à Mathurin Gagnon. — *Catherine,* b ³ 28 janvier 1675 ; m à Pierre Racine ; s avant 1711.—*Charles,* b³ 27 février 1682 ; 1° m à Jeanne Racine ; 2° m ³ 19 nov. 1731, à Marguerite Bélanger.

1661, (23 nov) Château-Richer. ¹
II.—CAUCHON, Jacques (3), [Jean I
 s ¹ 4 janvier 1685.
 LeTardif, Barbe-Delphine, [Olivier I
 b 1649 ; s ¹ 7 fevrier 1702.
 Jeanne, b ¹ 20 oct. 1667 ; m¹ 11 juillet 1689, à Pierre Gaudin ; s 9 dec. 1733, à St-Antoine-Tilly.⁷—*Anne,* b ¹ 11 août 1671 ; s ¹ 4 juin 1739. — *Jean,* b ¹ 22 juillet 1680 ; m 7 juin 1717, à Anne Blouard, à St-Pierre, I. O. — *Geneviève,* b¹ 17 août 1682 ; 1°m ¹ 23 janvier 1708, à Joseph Huot ; 2° m ⁷ 25 août 1732, à Jacques Coté ; s ⁷ 30 sept 1754. — *Marie,* b ¹ 7 mars 1685 ; m ⁷ 23 oct. 1724, à Joseph Roger ; s 7 janvier 1736, à St-Nicolas.

1670, (10 nov.) Ste-Famille, I. O. ⁵
I.—CAUCHON (4), René,
 b 1643 ; s 14 déc. 1714, à Beaumont.
 Langlois, Anne,
 b 1651 ; s ⁵ 7 dec. 1724.
 Marie-Madeleine, b 18 mars 1683, à St-Jean, I. O. ; 1° m 3 janvier 1712, à Antoine Véron dit Montendre, à Montreal ⁹ ; 2° m ⁹ 23 avril 1719, à Charles Demers.—*Gabriel,* b 1695 ; s 27 juin 1731, à Laprairie.

1689, (18 avril) Château-Richer. ¹
III.—CAUCHON, Jacques (5), [Jacques II.
 b 1663 ; s ¹ 11 fevrier 1726.
 1° Plante, Geneviève, [Jean I.
 b 1671 ; s ¹ 1ᵉʳ février 1703.
 Charles, b ¹ 5 avril 1690 ; m 26 fevrier 1715, à Marie-Madeleine Dupont, à Ste-Famille, I. O.

---

(1) Dit Lapeile.
(2) Voy. vol. I, p. 133.
(3) Voy vol. I, p. 134.
(4) Dit Laverdière et Bléry pour Fleury ; voy. vol. I, p. 134.
(5) Voy. vol. I, p 134. C'est le seul exemple, dans ce siècle, d'un cinquième mariage.

1703, (16 avril). [1]
2º VERREAU, Jeanne, [BARTHÉLEMI I.
b 1668 ; veuve de Pierre Cloutier.
Jean-Baptiste, b [1] 14 février 1704 ; m [1] 6 nov. 1725, à Marguerite DUMAS ; s [1] 24 janvier 1755.— *Joseph*, b [1] 10 sept. 1707 ; m [1] 17 janvier 1729, à Marie MALBŒUF. — *Marie*, b [1] 22 mai 1711 ; m 3 sept. 1737, à Jean BOLDUC, à St-Joachim.
1712, (9 février). [1]
3º GARANT, Madeleine, [PIERRE I.
b 1684 ; s [1] 13 nov. 1713.
Marie-Madeleine, b . s [1] 20 oct. 1734.
1716, (24 avril) l'Ange-Gardien.
4º RIVIÈRE (1), Marie-Madeleine.[JÉROME-FRS I.
Prisque, b [1] 7 déc. 1717.— *Marie-Joseph*, b [1] 4 août et s [1] 27 juillet 1719.— *Marie-Catherine*, b [1] 5 mars 1722.
1723, (19 avril) Quebec.
5º PINGUET (2), Louise, [PIERRE II.
b 1668 ; veuve de Gaspard Petit.

1698, (21 juillet) St-Jean, I. O. [9]
II.—CAUCHON (3), LOUIS, [RENÉ I.
b 1671 ; s [9] 23 mars 1748.
DUMAS, Catherine, [FRANÇOIS I.
b 1677 ; s [9] 20 mars 1739.
Véronique, b [9] 23 février 1711 ; m [9] 18 février 1732, à Louis PLANTE.— *Marie-Angélique*, b 1717 ; s [9] 9 oct. 1725. — *Louis*, b... m [9] 15 juillet 1732, à Catherine MARCHAND.—*Pierre-Noel*, b... m 17 janvier 1746, à Marie ROY, à St-Valier.

1701, (2 août) Château-Richer. [9]
III.—CAUCHON, JOSEPH, [JEAN II.
b 1673.
TOUPIN, Marguerite, [JEAN II.
b 1685 ; s [9] 7 déc. 1741.
Joseph, b [9] 16 avril 1702.—*Marie-Jeanne*, b [9] 4 nov. 1704 ; m [9] 19 nov. 1731, à Prisque-Barthelemi VERREAU ; s [9] 20 déc. 1779.—*Marguerite*, b [9] 23 avril 1706.—*Jean-Baptiste*, b [9] 27 avril 1707.—*Anne*, b [9] 23 sept. 1708 ; m [9] 4 juillet 1741, à Jacques DUCHESNE. — *Marguerite*, b [9] 18 juillet 1710 ; m [9] 20 août 1739, à Noel SIMARD.—*Ignace*, b [9] 11 avril 1712, m [9] 29 oct. 1738, à Françoise CLOUTIER, s [9] 3 juin 1763.—*François*, b [9] 15 sept. 1713 ; s [9] 21 déc. 1735.—*Prisque*, b [9] 15 et s [9] 20 janvier 1716.—*Zacharie*, b [9] 11 oct. 1717 ; m 5 nov. 1742, à Thérèse SIMARD, à Ste-Anne.— *Marie-Françoise*, b [9] 21 mars et s [9] 20 mai 1719.—*Marie-Catherine*, b [9] 4 août 1720 ; m [9] 5 février 1743, à Jacques POUPEVILLE.—*Louis*, b [9] 4 avril et s [9] 18 juillet 1722 — *Marie-Madeleine*, b [9] 5 janvier 1724 ; m [9] 1er mars 1740, à Jean-Baptiste BUREAU.

II.—CAUCHON (1), FRANÇOIS, [RENÉ I.
b 1676.
1º MARQUET, Jeanne.
Catherine, b 6 janvier 1707, à Beaumont ; m 1737, à Jean BLAUCHE.

1711, (11 nov.) St-Jean, I. O.
2º PLANTE, Jeanne, [JEAN II.
b 1693.

1709, (6 nov.) Château-Richer. [4]
III.—CAUCHON (1), JOSEPH, [JACQUES II.
b 1678 ; s [4] 17 mai 1718.
CHARIER, Marie (2), [LOUIS I.
b 1686.

1710, (25 nov.) St-Jean, I. O.
II.—CAUCHON (3), JEAN, [RENÉ I.
b 1673 ; s 7 janvier 1747, à St-Valier. [4]
DUBEAU, Jeanne, [PIERRE II.
b 1690 ; s [4] 11 déc. 1728.
Véronique, b 15 avril 1712, à Beaumont [8] ; m [4] 21 janvier 1733, à Jean-François NOUEL-DEL-FOURNEAU.—*Marie*, b 5 nov. 1713, à St-François, I. O.—*Agnès*, b [4] 17 août 1716 ; m [4] 20 nov. 1741, à Pierre LABBÉ. — *René*, b [4] 5 mars et s [4] 31 mai 1718.—*René*, b [4] 25 sept. 1720.—*Henri*, b [9] 9 août 1722. — *Marie-Françoise*, b [4] 25 juin 1724 ; m [4] 3 nov. 1744, à Jean-Baptiste LABBÉ. — *Joseph*, b... m à Marie-Madeleine LAFIERRE.

III.—CAUCHON, CHARLES, [JEAN II.
b 1682.
1º RACINE, Jeanne,
veuve de Julien Poulin ; s avant 1730.
Dorothée, b... m 17 avril 1730, à Michel LAMARRE, à St-Joachim. [6] — *Madeleine*, b... m [6] 2 août 1745, à François ALAIRE.—*Charles*, b... m 12 nov. 1736, à Marie-Françoise GUYON, au Château-Richer. [9]

1731, (10 nov.) [9]
2º BÉLANGER, Marguerite, [CHARLES II,
b 1683 ; veuve de François Guyon.

CAUCHON, ANNE, b 1711 ; s 1er sept. 1770, à St-Joachim.

1715, (26 février) Ste-Famille, I O. [1]
IV.—CAUCHON, CHARLES, [JACQUES III.
b 1690.
DUPONT, Marie-Madeleine, [FRANÇOIS II.
b 1695.
Marie-Madeleine, b [1] 27 février 1716.—*Jacques*, b [1] 25 juillet 1718.— *Geneviève*, b 24 mai 1723, à Sorel. [2]—*Anonyme*, b [2] et s [2] 14 juin 1725.

1717, (7 juin) St-Pierre, I. O.
III.—CAUCHON (4), JEAN, [JACQUES II.
b 1680 ; s 10 avril 1722, à St-Antoine-Tilly [9]
BLOUARD, Anne (5), [MATHURIN I.
b 1685 ; veuve de Jean-Baptiste Roberge.
François, b [9] 21 mars 1718 ; m [9] 4 sept. 1741, à Marie-Françoise HOUDE, s [9] 11 oct. 1764.— *Jean-Baptiste*, b [9] 8 avril 1720 ; m [9] 3 février 1743, à Marie-Louise BERGERON ; s [9] 10 juin 1756.

(1) Dit Lamotte.
(2) Elle épouse, le 21 avril 1721, Pierre Gagnon, au Château-Richer.
(3) Dit Laverdière.
(4) Dit Lamotte.
(5) Elle épouse, le 23 nov. 1722, Antoine Bourgoin, à St-Antoine-Tilly.

(1) Dit Desrivières.
(2) Dit Laglardière.
(3) Dit Laverdière. Voy. vol I, p. 134.

CAU 584 CAU

CAUCHON, Jacques.
  Baudon, Madeleine.
  Marie, b... m 3 sept. 1737, à Jean Bolduc.

1725, (6 nov.) Château-Richer. [3]
IV.—CAUCHON, Jean, [Jacques III.
  b 1704 ; s [3] 24 janvier 1755 (1).
  Dumas, Marguerite, [François II.
  b 1698 ; s [3] 8 avril 1771.
  Jacques, b [3] 29 août 1727.—*Jean*, b [3] 4 mars 1729 ; m [3] 7 février 1763, à Madeleine Tibaut.—*Marguerite*, b [3] 8 et s [3] 21 février 1731.—*Marie-Marguerite*, b [3] 17 avril et s [3] 22 mai 1732.—*Paul*, b [3] 1er oct. 1733 ; m [3] 8 janvier 1761, à Marie-Anne Legaré.—*Marie-Marthe*, b [3] 20 août 1735.—*Prisque*, b [3] 5 février 1737.—*Marguerite*, b... m [3] 13 février 1764, à Joseph Tibaut.

1729, (17 janvier) Château-Richer. [4]
IV.—CAUCHON, Joseph, [Jacques III.
  b 1707.
  Malbœuf (2), Marie, [Jean-Bte I.
  b 1708 ; s [4] 6 oct. 1777.
  Joseph, b [4] 16 sept. et s [4] 18 nov. 1729.—*Jacques*, b [4] 18 sept. 1730 ; s [4] 13 sept. 1733.—*Marie-Anne*, b [4] 11 juillet 1732 ; s [4] 17 sept. 1733.—*Jacques*, b [4] 3 sept. 1734.—*Marie-Angélique*, b [4] 29 avril 1736.—*Marie-Catherine*, b [4] 1er mars 1740.—*Joseph*, b [4] 8 sept. 1741.—*Amable*, b [4] 7 et s [4] 15 déc. 1743.—*Jean*, b [4] 23 mars 1745 ; m [4] 25 nov. 1771, à Louise Cloutier.—*Marie-Gertrude*, b [4] 19 juillet et s [4] 3 août 1747.—*Charles*, b [4] 10 février 1751 ; m [4] 20 janvier 1778, à Hélène Gosselin.

1729, (28 février) Verchères.
CAUCHON, Charles,
  b 1694.
  LaTouche, Geneviève,
  b 1699.

III.—CAUCHON (3), Joseph. [René II.
  Lapierre, Marie-Madeleine.
  s avant 1759.
  Marie-Joseph, b... m 12 février 1759, à Pierre Tanguay, à St-Vallier.

1732, (15 juillet) St-Jean, I. O. [9]
III.—CAUCHON (3), Louis. [Louis II.
  Marchand, Catherine, [Jean.
  s [9] 26 déc. 1760.
  Marie-Louise, b [9] 24 juillet 1734 ; m [9] 14 janvier 1755, à Pierre Gautron.—*Marie-Geneviève*, b... m [9] 14 avril 1755, à Joseph Drouin.—*Louis*, b [9] 11 juillet 1737 ; m à Marie-Joseph Guérard.—*Marie-Joseph*, b [9] 3 juillet 1739.—*Angélique*, b [9] 11 février 1741 ; m [9] 30 juillet 1765, à Pierre Bouffard.—*François*, b [9] 26 février 1743.—*Marie-Madeleine*, b [9] 1er janvier 1753.

1736, (12 nov.) Château-Richer. [2]
IV.—CAUCHON, Charles. [Charles III.
  Guyon, Marie-Françoise, [Jean-Bte IV.
  b 1712.
  François, b 1736 ; s [2] 16 avril 1749 (noyé).—*Marie*, b... s 30 août 1737, à St-Joachim. [1]—*Marie-Joseph*, b 1738 ; s [2] 22 oct. 1755.—*Louis-Charles*, b [1] 12 mars 1741.—*Marie-Charlotte*, b... m [1] 17 janvier 1763 à Claude Poulin.—*Charles*, b [1] 27 janvier 1743.—*Judith-Amable*, b [1] 25 avril 1744.—*Charles*, b [1] 18 mars 1746.—*Marie-Joseph*, b [1] 13 mars 1748.—*Raphael*, b [1] 18 avril 1752.—*Marie-Agnès-Renee*, b [1] 10 avril 1754.

1738, (29 oct.) Château-Richer. [2]
IV.—CAUCHON, Ignace, [Joseph III.
  b 1713 ; s [2] 3 juin 1763.
  Cloutier, Marie-Françoise, [Zacharie III.
  b 1718 ; s [2] 4 sept. 1757.
  Marie-Marguerite, b 22 juillet 1739, à Ste-Anne ; m [2] 8 février 1762, à Louis Gosselin.—*Marie-Françoise*, b [2] 24 mars 1741 ; m [2] 13 oct. 1761, à Martin Charles.—*Ignace*, b [2] 6 nov. 1742.—*Joseph*, b [2] 17 oct. 1744, m [2] 15 nov. 1772, à Marie-Joseph Michel.—*Marie-Thérèse*, b [2] 15 oct. 1746 ; m [2] 9 nov. 1767, à Prisque Verreau.—*Louis*, b [2] 25 oct. et s [2] 7 nov. 1748.—*Prisque-Amable*, b [2] 16 nov. 1749.—*Jean-Marie*, b [2] 6 janvier 1752.—*Marie-Joseph*, b [2] 27 février 1754, m [2] 28 janvier 1771, à Jacques Fugère.—*Zacharie*, b [2] 28 juillet 1756.

CAUCHON, François.
  Houde, Marie-Françoise.
  Antoine, b 21 déc. 1742, à St-Antoine-Tilly [2] ; m [2] 1er mai 1764, à Marie-Catherine Houde.

CAUCHON (1), Pierre-René, b 1747 ; s 22 février 1759, à St-Jean, I. O.

CAUCHON, Jacques.
  Morisset, Catherine.
  Joseph, b 6 avril 1738, à Lanoraie. [2]—*Marie-Charlotte*, b... m [3] 16 juin 1760, à Joseph Robillard.

1742, (5 nov.) Ste-Anne. [8]
IV.—CAUCHON, Zacharie (2), [Joseph III.
  b 1717 ; s 4 mars 1761, au Château-Richer. [5]
  Simard, Marie-Thérèse, [Ange III.
  b 1719, s [5] 11 déc. 1779.
  Marie-Marguerite-Thérèse, b [5] 15 et s [5] 17 oct. 1743.—*Zacharie-Amable*, b [5] 25 sept. 1744 ; m 16 février 1767, à Françoise Fugère, à St-Joachim.—*Marie-Joseph*, b [5] 17 février 1746 ; m [5] 24 janvier 1763, à François Poulin.—*Pierre*, b [5] 28 oct. 1747 ; m [5] 26 août 1776, à Marie-Françoise Guyon.—*Louis*, b [5] 9 sept. 1749 ; s [5] 1er août 1750.—*Jean-Marie*, b [5] 1er juillet 1752 ; m [5] 1786, à Marie-Joseph Goulet.—*Nicolas*, b [5] 6 déc. 1753.—*Marie-Marguerite*, b [5] 30 juillet 1756.—*Louis*, b [5] 4 août 1758.—*Joseph*, b [5] 27 déc. 1760 ; s [5] 22 juillet 1761.

---

(1) Gelé sur la grève.
(2) Dit Beausoleil, Angélique.
(3) Dit Laverdière.

(1) Dit Laverdière.
(2) Ignace en 1758.

1746, (17 janvier) St-Valier.⁶
III.—CAUCHON (1), PIERRE-NOEL. [LOUIS II.
Roy, Marie-Claire. [ALEXIS III.
Marie-Baptiste, b ⁶ 7 mars 1748.—*Joseph-Marie,* b ⁶ 23 avril 1749; s ⁶ 2 janvier 1750.—*François,* b ⁶ 26 oct. 1750. — *Pierre,* b ⁶ 10 oct. 1752. — *Louis-Marie,* b ⁶ 20 sept. 1754. — *Jean-Baptiste,* b ⁶ 6 oct. 1760.

CAUCHON, JACQUES.
SALVAYE, Marie-Charlotte.
Jean-François, b 17 mars 1759, à Sorel.

CAUCHON (1), RENÉ.
TIBAUT, Geneviève.
René, b 14 juin 1759, à St-Valier.

CAUCHON, JACQUES.
DESROSIERS, Charlotte.
Joseph, b 18 mai 1753, à l'Ile-Dupas.

IV.—CAUCHON, LOUIS, [LOUIS III.
b 1737.
GUÉRARD, Marie-Joseph.
Jean-Baptiste, b... m 9 oct. 1793, à Marie GOD-BOUT, à Québec.

1761, (8 janvier) Château-Richer.⁶
V.—CAUCHON, PAUL, [JEAN IV.
b 1733.
LEGARÉ, Anne, [JEAN III.
b 1736.
Paul, b ⁸ 15 nov. 1761.—*Paul,* b 28 août 1763, à Québec.—*Joseph,* b ⁸ 1ᵉʳ juin 1776.

1763, (7 février) Château-Richer.⁹
V.—CAUCHON, JEAN, [JEAN IV.
b 1729.
TIBAUT, Madeleine.
Jean-Marie, b 28 mars 1765, à Ste-Anne.—*Marie-Madeleine,* b ⁹ 4 juillet 1766.—*Marie-Marguerite,* b ⁹ 15 février 1768. — *Louise,* b ⁹ 20 janvier 1770.

1764, (1ᵉʳ mai) St-Antoine-Tilly.³
CAUCHON (2), ANTOINE. [FRANÇOIS.
HOUDE, Marie-Catherine,
veuve de Louis Croteau.
Jacques, b ³ 10 février et s ³ 7 mai 1765.—*Anonyme,* b ³ et s ³ 21 oct. 1766.

1767, (16 février) St-Joachim.
V.—CAUCHON, ZACHARIE, [ZACHARIE IV.
b 1744.
FUGÈRE, Françoise, [JACQUES II
b 1742.
Jean-Marie, b... m 1800, à Théotiste Tremblay, au Château-Richer.⁴—*Zacharie,* b ⁴ 12 mars 1768.—*Pierre-François,* b ⁴ 25 mars 1769; s ⁴ 1ᵉʳ janvier 1770.—*Anonyme,* b ⁴ et s ⁴ 19 mars 1776.

(1) Dit Laverdière.
(2) Dit Lamothe.

1771, (25 nov.) Château-Richer.⁵
V.—CAUCHON, JEAN, [JOSEPH IV.
b 1745.
CLOUTIER, Louise. [CHARLES V.
Joseph, b ⁵ et s ⁵ 18 sept. 1776.

1772, (15 nov.) Château-Richer.
V.—CAUCHON, JOSEPH, [IGNACE IV.
b 1744.
MICHEL, Marie-Joseph. [GUILLAUME.

1776, (26 août) Château-Richer.
V.—CAUCHON, PIERRE. [ZACHARIE IV.
GUYON (Dion), Marie-Louise. [JEAN-BTE.

1778, (20 janvier) Château-Richer.⁷
V.—CAUCHON, CHARLES. [JOSEPH IV.
GOSSELIN, Hélène. [IGNACE.
Hélène, b ⁷ 10 et s ⁷ 23 février 1779.

1786, Château-Richer.⁸
V.—CAUCHON, JEAN-MARIE. [ZACHARIE IV.
GOULET, Marie-Joseph,
veuve de Louis Belanger.
Joseph-Ange, b... m 19 avril 1814, à Marguerite VALLÉE, à Québec.—*Charles,* b... m ⁸ 1825, à Théotiste CAUCHON.

CAUCHON (1), FRANÇOIS.
PATRY, Catherine.
Joseph, b 17 mars 1775, à St-François, I. O.

1793, (9 oct.) Quebec.
V.—CAUCHON, JEAN-BTE. [LOUIS IV.
GODBOUT, Marie. [PIERRE.

1800, Château-Richer.²
VI —CAUCHON, JEAN-MARIE. [ZACHARIE V.
TREMBLAY, Théotiste.
Théotiste, b... 1° m 1819, à Nicolas DION; 2° m ² 1825, à Charles CAUCHON.

1814, (19 avril) Québec.⁷
VI.—CAUCHON, JOSEPH-ANGE, [JEAN-MARIE V.
VALLÉE, Marguerite, fille d'Antoine et de Marie-Louise Dompierre.
Joseph-Edouard, b ⁷ 31 déc. 1816; 1° m à ......
LEMIEUX; 2° m à ...... CONNELLY.

CAUCHON, MARGUERITE, epouse d'Etienne HÉBERT.

CAUCHON (1), MARGUERITE, épouse de Pierre PLANTE.

CAUCHON, GENEVIÈVE, b... m à Mathieu GAGNON; s 8 déc. 1748, à St-Joachim.

CAUCHON, MARIE-MADELEINE, épouse de Pierre LAROCHE.

(1) Dit Laverdière.

CAUCHON, Geneviève, épouse de Daniel Jourdain.

CAUCHON, Madeleine, épouse de Jean-Baptiste Soulange.

CAUCHON, Geneviève, épouse de Joseph St-Laurent.

CAUCHON, Marie-Thècle, épouse de Pierre Colin.

CAUCHON, Marie-Joseph, épouse de Jacques Fougère.

1825, Château-Richer.[2]
VI.—CAUCHON (1), Charles. [Jean-Marie V.
Cauchon, Théotiste, [Jean-Marie VI.
veuve de Nicolas Dion.
Charles-Honoré, b [2] 23 oct. 1826; ordonné le 3 août 1851, à Québec.

1759, (15 oct.) Québec.[7]
I.—CAUCHY (2), Guilain, fils de Jacques et de Barbe Caron, de St-Aubert, ville d'Avras.
Raté, Marie-Joseph, [Pierre III.
b 1745.
Jacques-Guilain, b 30 juin et s 1er juillet 1760, à Ste-Foye.[6]—*Marie-Jeanne,* b [7] 8 janvier 1762.
—*Marie-Angélique,* b [7] 22 janvier 1763.—*Marie-Joseph,* b [7] 10 avril 1764; m [7] 7 janvier 1783, à Charles-Rene Fouré.—*Théotiste,* b [6] 18 mars 1776.

I.—CAUHET, Charles, fils d'Adrien et de Marie Capron, de Boussi-St-Léger, diocèse de Paris.
1°............ (3).
1726, (13 août) Pte-aux-Trembles, Q.[2]
2° Laroche, Marie-Charlotte (4), [Innocent II.
b 1705.
Marie-Charles, b [2] 30 oct. 1725.—*Marie-Anne,* b [2] 20 oct. 1729.

CAUMARTIN.—Voy. Lefebvre, Sieur de l'Intelle.

1748. (9 juillet) Québec.
I.—CAUTE, Joseph, fils de Noel (Fayencier) et de Madeleine Brunet, de LaRochelle.
Dion, Marie-Anne, [Pierre II.
b 1721.

CAUVET, Jean-Bte (5).

1731, (5 août) Grondines.[7]
I.—CAUVET, Antoine, fils d'Antoine et de Marie-Anne Colson, de St-Ovide, Paris.
1° Rho, Marie-Joseph,
s [7] 12 nov. 1757.
Antoine, b [7] 9 août 1732.—*Joseph,* b [7] 12 sept. 1734.—*Marie-Anne,* b [7] 4 nov. 1735; m [7] 13 nov. 1759, à Jean-Baptiste Hamelin; s [7] 24 juin 1760.
—*Louis,* b [7] 2 juin et s 15 oct. 1737, à Ste-Anne-de-la-Perade.
1760, (28 mai).[7]
2° Gariépy, Madeleine, [François II.
b 1704, veuve de Laurent Hamelin; s [7] 25 janvier 1785.

CAUVIN, Voy.—Laurin, 1718.

CAVASSEUR (1), Pierre, b 1720; s 30 janvier 1742, à Montréal.

1718, (31 déc.) Québec.[5]
I.—CAUVIN (2), Simon-François, fils de François et de Claudine Raillard, de St-Barthelemi, Paris.
Bessière, Louise. [Antoine I.
Marie-Louise, b [5] 30 oct. 1718.

CAVELIER (3), François.

CAVELIER.—Voy. Dusouchet—LeCavelier.

CAVELIER, Madeleine, épouse de Michel Viau.

1654, (19 nov.) Montréal.[7]
I.—CAVELIER (4), Robert,
b 1626; s 25 juillet 1699, dans l'eglise des Récollets de Montréal.
Duvivier, Adrienne,
b 1620; s [7] 20 oct. 1706.
Louis-Michel, b [7] 22 juin 1664; m [7] 11 sept. 1707, à Catherine Lemire; s [7] 6 août 1747.

CAVELIER, Jean-Bte, b 1663; s 7 avril 1729, à la Longue-Pointe.

1683.
II.—CAVELIER (4), Pierre, [Robert I.
s 3 nov. 1725, à Québec.
DuSouchet, Louise,
b 1645; s 1er avril 1721, à Montréal.

1692, (20 oct.) Pte-aux-Trembles, M.
I.—CAVELIER (4), Guillaume,
b 1662; s 20 déc. 1708, à Montréal.[7]
Baudry, Barbe (5), [Toussaint I.
b 1676.

---

(1) Dit Laverdière.
(2) Dit Lacouture.
(3) L'acte ne dit pas son nom.
(4) Défense lui est faite, le 30 oct 1725, d'habiter avec son prétendu mari jusqu'à ce qu'on sache si la première femme de celui-ci est morte.
(5) Maître menuisier. Il était à Ste-Anne-de-la-Perade le 20 mai 1720.

(1) Dit Vadeboncœur; soldat de la compagnie de Lavaltrie.
(2) Dit la Terreur.
(3) Dit Cavalliez, 7 nov. 1748, à Charlesbourg.
(4) Voy. vol. I, p. 109
(5) Elle épouse, le 22 oct. 1713, François Hablin, à Montréal.

Louis, b⁷ 24 mai 1697; 1° m⁷ 12 janvier 1722, à Marie BOURDRIA; 2° m⁷ 20 mai 1726, à Elisabeth GOGUET.—*Simon*, b⁷ 21 mars 1699; m⁷ 2 mai 1729, à Jeanne BOURDRIA.—*Toussaint*, b⁷ 6 sept 1693; m⁷ 8 août 1729, à Marguerite PARANT. —*Jean-Baptiste*, b⁷ 11 juillet 1695; m 19 nov. 1725, à Marie-Charlotte PIGEON, à la Longue-Pointe.—*Jacques*, b... m à Marie-Joseph BAUDRY.

1698, (15 déc.) Montréal.⁷
I.—CAVELIER (1), JEAN-BTE,
  b 1676; s⁷ 22 oct. 1736.
  GRENIER, Catherine (2),   [MICHEL I.
  b 1682.
  Marie-Catherine, b⁷ 2 sept. 1701; m⁷ 16 sept. 1726, à Joseph ROY.

1707, (11 sept.) Montréal.⁷
II.—CAVELIER, Louis,   [ROBERT I.
  b 1664; s⁷ 6 août 1747.
  LEMIRE, Catherine,   [JEAN I.
  b 1668; veuve de Jean Raymond de Bellegarde; s⁷ 20 mai 1749.

1704, (7 juillet) Montréal.⁷
II.—CAVELIER, JEAN-BTE,   [ROBERT I.
  b 1659; s avant 1753.
  THUILLIER (3), Jeanne,   [JACQUES I.
  b 1676; veuve d'Antoine Trudel, s 27 janvier 1727, à la Longue-Pointe.⁸
  Jean-Baptiste, b 1706; s⁸ 20 juillet 1726.— *Charlotte*, b 1715; m⁸ 12 août 1737, à Paul IMBAUT; s 13 juin 1749, à St-Laurent, M.— *Marie-Joseph*, b⁷ 31 mai et s⁷ 3 juin 1708.— *Louise*, b⁷ 30 juillet et s⁷ 2 août 1709.—*Nicolas*, b⁷ 6 déc. 1711; m⁷ 19 nov. 1753, à Marie-Madeleine RENAUD. — *Louis*, b⁷ 10 sept. et s⁷ 10 oct. 1713. — *Catherine*, b⁷ 5 oct. 1715.—*Marguerite*, b⁷ 5 oct. 1715; s⁷ 8 déc. 1716.—*Marie-Madeleine*, b⁷ 22 janvier et s⁷ 12 mai 1717.—*Robert*, b⁷ 19 et s⁷ 21 juillet 1720.

CAVELIER, JEAN.
  MICLA, Catherine.
  Marie-Catherine, b 1709; m 26 nov. 1759, à Julien CHEVALIER, à Montréal.

1722, (12 janvier) Montréal.⁵
II.—CAVELIER, Louis,   [GUILLAUME I.
  b 1697.
  1° BOURDRIA, Marie-Anne,   [ANTOINE I.
  b 1700; s⁵ 20 mai 1722.⁵
              1726, (20 mai).⁵
  2° GOGUET (4), Elisabeth,   [JACQUES II.
  b 1700.
  Louis, b⁵ 9 avril 1727. — *Marie-Elisabeth*, b⁵ 18 nov. 1729.

---

(1) Dit Basque; voy. vol I, p 103.
(2) Elle épouse, le 30 sept. 1737, Etienne LAISNÉ, à Montréal.
(3) Dit Desvignets.
(4) Dit Belisle.

I.—CAVELIER, SIMÉON, b 1702; de Cherbourg, Normandie; s 24 février 1727, à Montréal.

1725, (19 nov.) Longue-Pointe.
II.—CAVELIER, JEAN-BTE,   [GUILLAUME I.
  b 1695.
  PIGEON, Marie-Charlotte.   [FRANÇOIS II.
  Marie-Madeleine, b 7 sept. 1726, à Montréal.⁹ —*Barbe*, b⁹ 21 janvier et s⁹ 27 mai 1728.—*Jean-Baptiste-François*, b⁹ 25 mars 1729; m⁹ 19 sept. 1763, à Madeleine PARANT.—*Marguerite*, b⁹ 1ᵉʳ sept. 1730; m⁹ 31 janvier 1752, à Jacques DENAUT; s⁹ 2 juillet 1756.—*Marie-Madeleine*, b⁹ 18 juillet 1734.—*Toussaint*, b⁹ 7 et s⁹ 18 août 1735. —*Toussaint* (1), b⁹ 15 sept. 1736, s 22 nov. 1772, au Détroit.—*Marie-Françoise*, b⁹ 5 et s⁹ 17 oct. 1737. — *Marie-Angélique*, b⁹ 2 oct. 1738; m⁹ 23 avril 1759, à Pierre VALLÉE. — *Marie-Ursule*, b⁹ 8 nov. 1739; s⁹ 8 février 1740. — *Marie-Monique*, b⁹ 25 oct. 1740; s⁹ 23 nov. 1742. —*Marie-Charlotte*, b⁹ 7 avril et s⁹ 18 juillet 1742.—*Simon*, b⁹ 5 mai et s⁹ 17 juin 1743.— *Guillaume*, b⁹ 15 nov. 1744.—*Marie-Louise*, b⁹ 24 juin 1746. — *Monique*, b⁹ 27 nov. 1747, s⁹ 7 août 1748.

1729, (2 mai) Montréal.⁶
II.—CAVELIER, SIMON,   [GUILLAUME I.
  b 1699; s avant 1760.
  BOURDRIA, Jeanne,   [ANTOINE I.
  b 1705.
  Marie-Jeanne, b⁶ 19 février 1730, s⁶ 3 mars 1738. — *Marie-Françoise*, b⁶ 20 oct. 1734; m 10 février 1760, à Jean-Baptiste LEPAGE, à St-Laurent, M.⁷ — *Eustache*, b... m⁷ 11 août 1760, à Hélène VIAU.

1729, (8 août) Montréal.
II.—CAVELIER, TOUSSAINT,   [GUILLAUME I.
  b 1693.
  PARANT, Marguerite,   [JOSEPH II.
  b 1698.

II.—CAVELIER, JACQUES,   [GUILLAUME I.
  maître-armurier.
  BAUDRY, Marie-Joseph,
  b 1705; s 8 oct. 1745, à Montréal ⁴
  Jacques, b⁴ 12 oct. 1727; s⁴ 28 août 1728. — *Catherine-Joseph*, b⁴ 7 février 1729; s⁴ 26 février 1743.—*Marie-Anne*, b⁴ 16 juillet 1735.— *Louise*, b⁴ 13 août 1737; m⁴ 11 janvier 1762, à Jean-Baptiste BOURDON.—*Jacques* (2), b⁴ 1ᵉʳ mai 1739; s 14 juillet 1763, au Détroit. — *Angélique-Françoise*, b⁴ 15 juin 1740. — *Toussaint*, b⁴ 6 avril 1742. — *Marie-Louise*, b⁴ 26 et s⁴ 28 juin 1743.

1753, (19 nov.) Montréal.
III.—CAVELIER, NICOLAS,   [JEAN-BTE II.
  b 1711.
  RENAUD, Marie-Madeleine,   [JEAN I.
  b 1729.

---

(1) Mort des blessures qu'il avait reçues d'un sauvage à Saudoské.
(2) Mort d'une blessure reçue la veille, étant de faction hors la ville.

1756, (30 août) St-Thomas.[1]
I.—CAVELIER, Jean, fils de Nicolas et de Madeleine Guétier, de Cartray, diocèse de Coutances.
FOURNIER, Marie-Elisabeth, [JOSEPH III.
b 1724; veuve d'Alexis Boulet.
Véronique et *Ursule,* b[1] 11 déc. 1756.—*Jean-Baptiste,* b[1] 29 sept. 1760.

1760, (11 août) St-Laurent, M.[2]
III.—CAVELIER, EUSTACHE. [SIMON II.
VIAU, Hélène. [JACQUES.
Jacques, b[2] 7 juin 1761.

1763, (19 sept.) Montréal.
III.—CAVELIER, JEAN-BTE-FRS, [JEAN-BTE II.
b 1729.
PARANT, Madeleine, [GILBERT.
b 1741.

CAYET. — *Variations et surnoms :* CAYER — CAILLÉ—CAYEU.

CAYET, MARIE, épouse de Joseph LEROUX.

CAYET, MARIE, epouse de Nicolas DUMAY.

CAYET, MARIE-JEANNE, b... m 1671, à Jacques PEPIN, aux Trois-Rivières.

I.—CAYLAN, JEAN (1), boulanger; b 1736; de Garganvillar, diocèse de Montauban.

1757, (17 janvier) Ste-Geneviève, M.[3]
I.—CAYOU, PIERRE-FRANÇOIS, fils de Pierre et de Marie Drosart, de N.-D. de LaRochelle.
GUITARD, Véronique. [JEAN I.
Marie-Véronique, b[3] 25 avril et s[3] 8 sept. 1758.
—*Dominique,* b[3] 5 mai et s[3] 28 nov. 1759.—*Eustache,* b... m 2 sept. 1795, à Felicité HORTEZ, à St-Louis, Mo. — *Pierre-François,* b 15 août 1763, au Lac-des-Deux-Montagnes.[4] — *Marie-Joseph,* b[4] 25 août 1765.—*Geneviève,* b[4] 3 oct. 1767.

CAYOU, MADELEINE, épouse d'Ange LEFEBVRE.

CAYOU, JOSEPH.
ST-CYR, Françoise.
Hyacinthe, b... m 10 juillet 1814, à Marie-Elisabeth RIDDLE, à Florissant, Mo.

CAZAL, MARIE-ANNE, epouse de Nicolas VIMONT.

1722, (13 juin) Montréal.[5]
I.—CAZAL (2). AMBROISE, b 1699; fils de Claude et d'Elisabeth Girardet, de St-Philibert, diocèse de Langris, Bourgogne; s[5] 13 mai 1754.
1° LECOMPTE, Marie-Elisabeth, [AIMÉ I.
b 1691 ; s 10 sept. 1748, au Sault-au-Recollet.[6]

Ignace-Ambroise, b[5] 12 avril 1723 ; m[6] 26 sept. 1746, à Marie-Françoise HUST.—*François-André,* b[5] 30 nov. 1724; 1° m[6] 1er février 1746, à Marie HUST; 2° m[5] 27 sept. 1751, à Marie-Charlotte HUNAULT. — *Marie-Elisabeth,* b[5] 9 mai 1728.— *Marie-Madeleine,* b[5] 29 avril 1730. — *Reine,* b 1731; s[5] 8 déc. 1740. — *Marie-Anne,* b[5] 3 février 1735 ; m[5] 24 janvier 1752, à François MARDIT-COMTOIS.

1749, (17 février).[5]
2° LEMIRE, Marie-Anne (1), [MICHEL II.
b 1728.
Marie-Joseph, b[5] 23 juillet 1750.

1746, (1er février) Sault-au-Récollet.[7]
II.—CAZAL (2), ANDRÉ-FRS, [AMBROISE I.
b 1724.
1° HUST, Marie. [THOMAS II.
Louis-Ambroise, b[7] 22 février 1747. — *Marie-Véronique,* b[7] 12 et s[7] 16 avril 1748.

1751, (27 sept.)[7]
2° HUNAULT, Marie-Charlotte, [TOUSSAINT II.
b 1730.

1746, (26 sept.) Sault-au-Récollet.[8]
II.—CAZAL, IGNACE-AMBROISE, [AMBROISE I.
b 1723.
HUST, Marie-Françoise. [THOMAS II.
Ambroise, b[8] 12 août 1747.—*François-Amable,* b[8] 15 dec. 1748.

CAZALAIST.—Voy. CASSELET.

I.—CAZE, LOUIS (3), marchand, b 1730; de St-Paul, diocèse de Cahors.

1759, (8 janvier) Québec.[3]
I.—CAZE (4), ETIENNE, sergent; fils de Jean-Louis (capitaine aide-major au régiment de Cambise) et de Charlotte De Foncebranne, de St-Jean-de-Balle, diocèse de Castres, Albigeois.
1° ROUILLARD Ursule, [MICHEL III.
b 1737.
Ursule, b[3] 20 sept. 1759.—*Marie-Louise,* b[3] 9 janvier 1761.—*Joseph-Etienne,* b[5] 10 janvier 1763.—*Joseph,* b[3] 24 mai 1764.

1767, (20 déc.)[3]
2° VOYER, Marie-Anne, [MICHEL II.
b 1737; veuve de François-Etienne Moreau.

1721, (12 août) St-Valier (5).
I.—CAZEAU, JEAN, chirurgien, b 1699; fils de Jean et de Marie DuBasques, de St-Jean du Bourg d'Isor, diocèse d'Oleron, en Bearn, s 12 août 1761, à Québec.[1]
VOYER, Madeleine [ROBERT II.

---
(1) Elle épouse, le 26 oct. 1761, Joseph Vergne, à Montréal.
(2) Dit Girardeau.
(3) Venu en 1752, commis de Marsal.
(4) Dit Laferrière—Cazeneuve.
(5) 10 août 1721, contrat de DuBreuil.

(1) Venu en 1751.
(2) Dit Lalime ; soldat de la compagnie de Lignery.

Marie-Louise, b 21 déc. 1723, au Château-Richer⁷; m² 19 février 1753, à François Bélanger.— *Jean,* b² 6 janvier et s² 14 août 1725.— *Marie-Madeleine,* b ² 19 février 1726; m ² 24 juillet 1747, à Jean-Baptiste Gagnon.—*Jean-Baptiste* (1), b ² 7 oct. 1727; s 24 juin 1738, à Ste-Anne-de-la-Pérade.—*Geneviève,* b ² 5 août 1729; m ² 29 mai 1763, à Antoine Bistodeau.—*Marie-Catherine,* b ² 6 mars 1731; s ² 27 avril 1749.— *Joseph,* b ² 12 mars 1733; m 5 nov. 1764, à Cécile Bélanger, à L'Ange-Gardien. — *Françoise,* b ² 23 janvier 1735; m ² 7 août 1753, à Louis Nadeau.— *Félicité,* b ² 23 mars 1740; m ² 3 oct. 1763, à Ignace Lefrançois — *Jean,* b ² 23 déc. 1741; 1° m 1775, à Françoise Ruel, à St-Laurent, I. O.; 2° m 17 sept. 1793, à Geneviève Chabot, à l'Ile-d'Orléans; s ¹ 23 mars 1810. — *Hélène,* b ² 10 avril 1744; m ² 9 nov. 1762, à Joseph Gagnon. — *Marie-Joseph,* b ² 18 juillet 1746; m ² 28 sept. 1767, à Etienne Rancour.— *Marguerite,* b... m ² 10 juillet 1764, à Jean Cassegrain. — *Pierre-François-Xavier,* b ² 14 février 1749; m ¹ 10 février 1772, à Marie Dion. — *Anonyme,* b ² et s ² 5 février 1751.

1764, (5 nov.) L'Ange-Gardien.
II.—CAZEAU, Joseph,   [Jean I.
  b 1733.
  Bélanger, Cécile,   [Roger IV.
    b 1748.
Marie-Madeleine, b 17 sept. et s 13 oct. 1765, au Château-Richer.⁷—*Marie,* b 1767; s ⁷ 29 janvier 1768.—*Marie-Joseph,* b ⁷ 18 février et s ⁷ 15 mars 1768.— *Geneviève,* b ⁷ 26 février 1769; s ⁷ 5 déc. 1778.—*Marie-Joseph,* b ⁷ 18 avril et s ⁷ 10 juin 1772. — *Joseph-François,* b ⁷ 8 juin et s ⁷ 9 juillet 1773. — *Marguerite,* b ⁷ 1775; s ⁷ 16 déc. 1778.—*Théotiste,* b ⁷ 6 oct. 1777: s ⁷ 8 déc. 1778. —*Marie-Ursule,* b ⁷ 20 mars 1779.

1772, (10 février) Québec. ²
II.—CAZEAU, Pierre-Frs-Xavier,   [Jean I.
  b 1749.
  Dion, Marie.
    b 1751; s ² 25 nov. 1794.

1774.
II.—CAZEAU, Jean (2),   [Jean I.
  b 1741, s 23 mars 1810, à Québec. ⁴
  1° Ruel, Françoise,
    b 1745; s ⁴ 14 février 1792.
Jean, b et s 7 oct. 1774, au Château-Richer. ⁵ —*Jean-Baptiste,* b ⁵ 30 mars et s ⁵ 11 juillet 1776. — *Françoise,* b ⁵ 14 février 1785; m ⁵ 15 nov. 1803, à Gabriel Gaboury.

  1793, (17 sept.) Ile-d'Orléans.
  2° Chabot, Geneviève,   [Antoine III.
    b 1760.
Clément, b...— *Charles-Félix,* b ² 24 dec. 1807, ordonne le 3 janvier 1830.

CAZELET, Claude.
  Charles, Marie-Joseph.

---

(1) Neveu du curé LeVoyer, en presence du vénérable frère Jeantot, supérieur des frères Charon.
(2) Ancien membre du parlement de Québec.

Guillaume-Hypolite, b 20 février 1742, à Montréal. ⁸—*Nicolas,* b ⁸ 4 déc. 1743. — *Marie-Antoinette,* b ⁸ 19 sept. 1745; s ⁸ 8 juin 1746.—*Thérèse,* b ⁸ 14 mars et s ⁸ 11 août 1747. — *Amable,* b ⁸ 10 mai 1748.—*Pierre,* b ⁸ 25 oct. 1749.

1761, (19 janvier) Pte-aux-Trembles, Q. ⁸
I.—CAZELET (1), Jean-Bte, fils de Jean et de Claire Bondorme, de Ste-Anne, ville de Montpellier.
  Faucher, Françoise,   [François III.
    b 1737.
Marie-Louise, b ³ 16 août 1761.—*Jean-Pierre,* b ³ 18 avril 1763. — *Joseph,* b ³ 7 avril 1765.— *Thérèse,* b ³ 6 avril 1767.—*Amable,* b 22 sept. 1770, à la Baie-du-Febvre¹; s¹ 8 sept. 1771.

1751, (14 oct.) Québec.
I.—CAZELLAR (2), Jean-Bte, fils d'Antoine et de Bernarde Demolesse, de St-Vincent-des-Bannières, diocèse de Tarbes.
  Barret, Marie-Anne.   [Jean-Bte I.

1762, (20 février) Ste-Anne-de-la-Pocatière.
I.—CAZES, Louis (3), fils de Jacques (avocat au Parlement de Toulouse) et de Marguerite LeCameux, du diocèse de Cahors, Quercy.
  Leclerc (4), Geneviève,   [Joachim II.
    b 1742.
Jacques, b 11 nov. et s 8 déc. 1765, à Kamouraska. ⁵— *Marie-Madeleine,* b ⁵ 3 février 1767.— *Antoine,* b ⁵ 28 mars 1768.

CAZIN.—Voy. Cassin, 1728.

CAZIN, André.—Voy. Cassin.

I.—CAZOL, Luc (5), b 1710, de Quercy, diocèse de Montauban; s 13 déc. 1768, à l'Hôpital-Géneral, M.

1789, (7 juillet) Québec.
I.—CEACY (6), Edmond, fils de Thomas et d'Anne Marrein, de Kelmaçon, comte de Kilkenny, province de Leinster, Irlande.
  Dasylva, Rose (7).   [Pierre III.

CEARY, William.
  Ellegy, Marie,
    b 1746; s 7 déc. 1790, à Québec.

CECILE, Catherine, épouse de Joseph Dupéri.

I.—CECILE, François-Nicolas, soldat, b 1713, de St-Roch-de-Paris; s 23 mars 1750, à Montréal.

---

(1) Dit Languedoc.
(2) Marchand de la Nouvelle-Orléans.
(3) Et Casse; habitant de l'Embarras, 1765.
(4) Dit Francœur.
(5) Ancien soldat de la colonie.
(6) Et Quessi.
(7) Elle épouse, le 8 juillet 1791, Joseph Giroux, à Québec.

I.—CECILE, JOSEPH.
Duguay, Antoinette.
Antoinette, b 1756 ; s 3 mars 1757, à la Pointe-du-Lac.[8]—*Marie-Antoinette*, b 18 déc. 1757, aux Trois-Rivières[9] ; s[9] 2 sept. 1758.—*Marie-Joseph-Antoinette*, b[9] 23 avril 1759.—*Joseph*, b[8] 17 déc. 1760; s[8] 13 juin 1761.

CECILE, LOUIS.
Pinard, Louise,
b 1761 ; s 17 sept. 1796, à Nicolet.

CECIRE.—Voy. Cesire.

1739, (22 sept.) Québec.[5]
I.—CÉDERAT, Jean-Bte, fils de Jacques et d'Helene Boursier, de St-Nicolas, Bordeaux.
Renaud, Marie-Joseph,   [Claude I.
b 1723.
Jean-Gabriel, b[5] 21 juin 1740.—*Marie-Joseph*, b[5] 12 et s[5] 27 nov. 1743.—*Jean-Baptiste*, b[5] 28 déc. 1744.— *Pierre*, b[5] 4 oct. 1746 ; m[5] 19 nov. 1776, à Marie-Joseph Langlois.

1776, (19 nov.) Québec.
II.—CÉDERAT, Pierre,   [Jean I.
b 1746.
Langlois, Marie-Joseph,   [Jean IV.
b 1756.

CELESTE, Anne, épouse de Joseph-Rene De-Rainville.

I.—CELIER, Joseph,
s avant 1767.
Hébert, Anne (1).   [Louis I.
Joseph-Abraham, b... m 5 oct. 1767, à Elisabeth Lefebvre, à la Baie-du-Febvre.

1767, (5 oct.) Baie-du-Febvre.
II.—CELIER, Joseph-Abraham.   [Joseph I.
Lefebvre (2), Elisabeth,   [Claude III.
b 1737.

I.—CELIER, François.
Sauvagesse, Marguerite.
Germain, b 4 juin 1743, à Rimouski.[1]—*Louis-François-Alexandre*, b[1] 28 mai 1746.

CELLES-DUCLOS. — *Variations et surnoms*:
DeCellfs—DeSel.

1651, (19 nov.) Montréal.[3]
I.—CELLES-DUCLOS (3), Gabriel,
b 1623.
Poisson, Barbe.
Catherine, b[3] 2 mai 1666 ; m[3] 25 janvier 1683, à Louis Juillet ; s[3] 4 fevrier 1743—*Alexandre*, b[3] 7 oct. 1671 ; m[3] 1er sept. 1710, à Marguerite Perrot.

1687, (26 août) Boucherville.
II.—CELLES-DUCLOS (1), Lambert, [Gabriel I.
b 1660.
Messier, Anne,   [Michel I.
b 1670.
Marguerite, b 4 mai 1709, à Varennes[4], m 24 février 1729, à Jean-Baptiste LeBeau, à Montréal.[2]—*Marie-Joseph*, b[4] 3 août 1712 ; m[2] 7 janvier 1737, à Thomas Blondeau.

1710, (1er sept.) Montréal.[3]
II.—CELLES-DUCLOS, Alexandre, [Gabriel I.
b 1671.
Perrot (2), Marguerite,   [Jacques I.
b 1679 ; s[3] 28 mai 1756.
Alexandre, b[3] 25 juin 1711 ; s[3] 6 juillet 1721. —*Dominique*, b[3] 15 oct. 1713.—*Louis-Michel*, b[3] 12 avril 1715. — *Jacques* (3), b[3] 20 janvier 1717 ; s[3] 19 juillet 1726.—*Marguerite-Suzanne*, b[3] 7 août 1721 ; m[3] 29 juillet 1749, à François-Paschal Denis-Laronde.

1721, (5 oct.) Varennes.[5]
III.—CELLES-DUCLOS, Etienne, [Lambert II.
b 1698.
Breillard, Geneviève,   [Amable I.
b 1703.
Etienne, b 1726 ; 1o m 27 nov. 1759, à Marie-Joseph Celles-Duclos, à Montréal ; 2o m 18 mai 1772, à Françoise Petit, à la Longue-Pointe.—*Geneviève*, b... 1o m[5] 4 fevrier 1748, Louis Roc ; 2o m[5] 20 août 1770, à Alexandre Blanchet. —*Charles*, b... m[5] 4 avril 1758, à Elisabeth Charbonneau.—*Charlotte*, b... m[5] 4 juin 1764, à Joseph Bossu. — *Etienne*, b... m[5] 4 juin 1764, à Marie-Anne Mongeau.— *Antoine*, b... m[5] 9 sept. 1765, à Marie-Anne Brisset.

1726, (25 février) Varennes.[7]
III.—CELLES-DUCLOS, Michel, [Lambert II.
b 1703, s avant 1759.
Mongeau, Suzanne,   [Jean-Bte II.
b 1697 ; veuve de Pierre Viel.
Suzanne, b[7] 7 déc. 1726 ; m[7] 11 janvier 1750, à André Roc.—*Marie-Joseph*, b 1734 : m 27 nov. 1759, à Etienne Celles-Duclos, à Montréal.— *Angélique*, b... m à Augustin Bossu. — *Marguerite*, b... m[7] 20 oct. 1760, à Joseph Lavigne.— *Agnès*, b... m[7] 24 nov. 1760, à Jean-Baptiste Petit.

1729, (20 août) Montréal.
I.—CELLES-DUCLOS, Pierre, b 1698 ; fils de Pierre (secrétaire du roi) et de Marie-Anne Deforcy, de Greville, diocèse de Sens.
Benoit, Louise,   [Joseph I
b 1714.

CELLES-DUCLOS, François.
Boilard, Marie-Anne.
Marie-Anne, b 14 sept. 1735, à Montréal.

---

(1) Elle épouse, le 3 juillet 1758, Nicolas Camus, à Québec.
(2) Dit Descoteaux.
(3) Voy. vol. I, p. 109

(1) Voy. vol. I, p. 109.
(2) Dit Vildaigre et Nidelac.
(3) Ecrasé sous un éboulis de sable.

1758, (4 avril) Varennes.
IV.—CELLES-DUCLOS, CHARLES. [ETIENNE III.
CHARBONNEAU, Elisabeth.   [JACQUES III.

1759, (27 nov.) Montréal.
IV.—CELLES-DUCLOS, ETIENNE, [ETIENNE III.
b 1726.
1º CELLES-DUCLOS, Marie-Jos. (1), [MICHEL III.
b 1734.
  1772, (18 mai) Longue-Pointe.
2º PETIT, Françoise,   [PAUL III.
veuve de Jacques Goguet.

1764, (4 juin) Varennes.
IV.—CELLES-DUCLOS, ETIENNE, [ETIENNE III.
MONGEAU, Marie-Anne. [CHRISTOPHE III.

1765, (9 sept.) Varennes.
IV.—CELLES-DUCLOS, ANTOINE. [ETIENNE III.
BRISSET, Marie-Anne,   [JOSEPH II.
b 1730.

1686, (29 nov.) Lachine.
I.—CÉLORON (2), JEAN-BTE,
b 1664 ; s 6 juin 1735, à Montréal.[6]
1º PICOTÉ, Helene,   [PIERRE I.
b 1656 ; s[8] 23 nov. 1701.
Hélène-Françoise, b[8] 20 août 1688 ; m[8] 12 mai 1710, à Pierre DE ST-OURS ; s[8] 15 juillet 1729. — *Marie-Anne,* b[8] 11 juin 1691 ; s[8] 15 février 1706. — *Pierre-Joseph,* b[8] 29 dec. 1693 ; 1º m[8] 30 déc. 1724, à Madeleine BLONDEAU ; 2º m[8] 13 oct. 1743, à Catherine EURY. — *Jean-Baptiste,* b[8] 1er déc. 1696 ; m[8] 25 oct. 1730, à Suzanne PIOT.
  1703, (14 janvier).[8]
2º DAMOURS, Geneviève,   [MATHIEU I
b 1673 ; s[8] 24 mars 1703.
  1704, (25 sept.)[8]
3º LeGARDEUR, Gertrude,   [CHARLES II.
b 1666 ; s[8] 3 sept. 1750.

1724, (30 dec.) Montréal.[4]
II.—CÉLORON (3), PIERRE-JOSEPH, [JEAN-BTE I.
b 1693.
1º BLONDEAU, Marie-Madeleine,   [MAURICE II.
b 1704 ; veuve de Charles LeGardeur.
Pierre-Joseph, b[4] 3 août 1726 — *Maurice-Régis,* b[4] 19 mars 1728. — *Jean-Baptiste,* b[4] 15 sept. 1729. — *Madeleine-Suzanne,* b[4] 11 oct. 1730.
  1743, (13 oct.)[4]
2º EURY, Catherine (4),   [FRANÇOIS I.
b 1722 ; s[4] 4 nov 1797.
Marie-Catherine-Françoise, b[4] 15 août 1744. — *Pierre-Joseph,* b[4] 1er juin 1747. — *Marie-Madeleine,* b[4] 29 août 1748 ; sœur grise ; s 10 déc. 1768, à l'Hôpital-General, M. — *François-Marie,* b[4] 13 nov. 1749. — *Marie-Victoire-Françoise,* b[4] 18 oct. 1750. — *Anonyme,* b et s 12 janvier 1752.

---
(1) Dispense du deuxième au deuxième degré
(2) DeBlainville ; chevalier de St-Louis ; voy. vol. I, p 109.
(3) Chevalier et major au Détroit.
(4) En 1777, elle entre en religion chez les sœurs-grises, sous le nom de sœur Marie-Catherine Eury-Laperelle.

au Détroit.[2]—*Paul-Louis,* b[2] 2 mars 1753.— *Marie-Charlotte,* b[2] 31 mai et s[2] 12 juin 1754.— *Jacques-Philippe,* b[4] 8 et s 25 août 1755, à la Longue-Pointe.

1730, (25 oct.) Montréal.[2]
II.—CÉLORON (1), JEAN-BTE,   [JEAN-BTE I.
b 1696.
PIOT (2), Suzanne,   [CHARLES-GASPARD I.
b 1700.
Marie-Anne-Thérèse, b[2]. 26 juillet 1731 ; m 30 sept. 1770, à Jacques NOLAN, à Lachenaye. — *Marie-Gertrude,* b[2] 8 juillet 1738. — *Anonyme,* b[2] et s[2] 8 juillet 1738. — *Louise-Suzanne,* b[2] 7 oct. 1739, m 9 nov. 1751, à ...... DE RIGAUVILLE, au Lac-des-Deux-Montagnes. — *Marie-Hypolite,* b... m 10 oct. 1757, à Louis HERTEL, à Laprairie.

CÉRAT.—Voy. SÉRAT dit COQUILLART.

CÉRAT, MARIE-ANNE, b... 1º m à Joseph VERRET ; 2º m 26 janvier 1761, à Noel LARIVIÈRE, à Chambly.

CÉRAT, JEAN-BTE.—Voy. SÉRAT de 1740.

CÉRAT, ALEXIS.—Voy. SÉRAT de 1791.

CÉRELLE, JEANNE, epouse de Guillaume DUFAY.

CÉRIER, PIERRE, charpentier, b 1709 ; s 1er mars 1764, à Batiscan.

CERRÉ, MARIE-ANNE, épouse de Pierre-Louis PANET.

CERRY.—Voy. DAILLEBOUT, sieur de CERRY.

CERTIN, PHILIPPE-CLAUDE, soldat, b 1717 ; de Montmorency ; s 2 déc. 1744, à Montreal.

CÉSAR.—Voy. FLEURY.

CÉSAR, MADELEINE, épouse de Gabriel CORDIER.

CÉSAR, BARBE, épouse de Jacques LAVOYE.

1674.
I.—CÉSAR (3), FRANÇOIS,
b 1652, s 15 mars 1723, à Boucherville.[2]
1º DELESTRE, Anne,   [THIERRY I.
b 1656 ; s[2] 25 juin 1685.
Marie-Françoise, b 4 juin 1675, à Sorel[4] ; m à Jacques VIGER ; s 17 juin 1726, à Montréal.[3]— *Marie-Madeleine,* b[4] 24 fevrier 1677 ; 1º m[3] 15 nov. 1703, à Jean BOIVIN ; 2º m 3 Michel BOUTIN ; 3º m[3] 28 déc. 1712, à Pierre CARDINAL ; s[3] 17 janvier 1744. — *Marguerite,* b[2] 16 déc. 1681 ; s[3] 3 avril 1747.— *Pierre,* b[2] 17 janvier 1685, m 14 juin 1710, à Marie-Therèse COLIN, à Longueuil.

---
(1) De Blainville.
(2) De Langloiserie.
(3) Dit LaGardelette ; voy. vol. I, p. 109.

1686, (28 février).²
2° ATTANVILLE, Marie,
  b 1645; veuve de Charles Martin; s ² 28 avril 1723.

1710, (14 juin) Longueuil.⁵
II.—CÉSAR, PIERRE,   [FRANÇOIS I.
  b 1685.
COLIN, Marie-Thérèse (1),   [MATHURIN I.
  b 1692.
Antoine, b ⁶ 3 mai et s ⁶ 3 juin 1711.

I.—CÉSAR, PIERRE (2).
  b 1724 ; s 14 déc. 1759, à St-Jean-Deschaillons.
BLUTEAU, Marguerite (3),   [ETIENNE II.
  b 1722; veuve de Philippe Poulin.

1763, (5 janvier) Longueuil.
I.—CÉSAR, JACQUES (4).
MARIE, ... (5).

CESIRE (6), MARIE-ANNE, b... 1° m à Claude BOYER ; 2° m 4 juillet 1757, à François LALONDE, au Bout-de-l'Ile, M.

1675, (19 août) Montréal.²
I.—CESIRE (7), CLAUDE,
  b 1646.
LEGIER, Marie,   [ADRIEN I.
  b 1660.
Anne, b 1680; m 3 février 1698, à Jacques BOYER, à Lachine³ ; s ² 11 sept. 1722. —*Claude*, b ³ 31 juillet 1689; m à Marie-Anne LANGLAISE. —*Marguerite*, b ² 2 sept. 1696; m à Charles PARANT.

1718, (26 février) Lachine.⁶
II.—CESIRE, JOSEPH,   [CLAUDE I.
  b 1686; s ⁶ 26 juin 1730.
TROTIER, Marie-Jeanne-Anne (8), [JOSEPH III.
  b 1696.
Claude, b ⁶ 17 mars 1720. — *Marie-Joseph*, b 1722; 1° m à Louis PELLETIER ; 2° m 6 sept. 1751, à Henri MICLETTE, à Montréal. ⁷ —*Joseph*, b 1724 ; m ⁷ 19 mai 1749, à Marguerite POIRIER.—*Antoine*, b... m 3 sept. 1753, à Marie-Jeanne BORÉ, à Cahokia. — *Louis*, b ⁶ 31 mai 1728 ; s⁶ 15 mars 1730.

(1) Elle épouse plus tard Pierre Robillard.
(2) Ci-devant timonier de la frégate "le Maréchal de Senectère," commandée par M. de la Grande-Rivière, perdue près le sault de la Chaudière. Il fut tué au siège de Québec (Regist. Proc. verbal, 1766, archevêché de Québec).
(3) Elle épouse, le 27 oct. 1766, François Prévost, à St-Joseph, Beauce.
(4) Nègre esclave d'Ignace Gamelin depuis trente ans.
(5) Négresse esclave de la famille de M. de Longueuil.
(6) Dit Biberville.
(7) Voy. vol. I, p. 109.
(8) Elle épouse, le 22 nov. 1735, Jacques Dupont, à Montréal.

II.—CESIRE, CLAUDE,   [CLAUDE I.
  b 1689.
LANGLAISE, Marie-Anne,
  b 1684 ; s 24 mars 1769, à Lachine.⁶
Marguerite, b ⁶ 3 et s⁶ 6 nov. 1727.

1726, (8 oct.) Lachine.⁶
II.—CESIRE, JEAN,   [CLAUDE I.
  b 1698 ; s 23 avril 1767, au Détroit.⁷
GIRARD, Marguerite-Charlotte,   [LÉON I.
  b 1703.
Marie-Charlotte, b ⁶ 10 juillet 1727; m ⁷ 19 août 1769, à Nicolas MICHEL. — *Judith-Amable* (1), b ⁶ 5 nov. 1728; m ⁷ 16 février 1751, à Charles-Nicolas RAIMBAUT.—*Marie-Anne*, b ⁸ 28 juillet 1730; m ⁷ 21 mai 1750, à Pierre SARAZIN. —*Catherine*, b ⁷ 3 mars 1735 ; m ⁷ 9 janvier 1758, à François BARROIS.—*Félicité*, b ⁷ 20 déc. 1737; m ⁷ 22 sept. 1755, à Jean-Baptiste CHAPOTON.—*Joseph*, b ⁷ 29 juillet 1740; m ⁷ 9 avril 1771, à Marie-Irenne TROTIER.

1749, (19 mai) Montréal.⁵
III.—CESIRE, JOSEPH,   [JOSEPH II.
  b 1724.
POIRIER, Marguerite,   [JEAN II.
  b 1728.
Pierre, b ⁵ 18 juin 1750.

1753, (3 sept.) Cahokia.⁸
III.—CESIRE, ANTOINE.   [JOSEPH II.
BORÉ, Marie-Jeannette,   [LOUIS.
Antoine, b ⁸ 25 nov. 1756; s ⁸ 13 sept. 1760.— *Louis*, b ⁸ 23 sept. 1758.— *Marie-Suzanne*, b ⁸ 6 mars 1761.

CESIRE, JOSEPH.
LEGAUT, Antoinette.
Marie-Joseph, b 26 février 1755, à Lachine.

1771, (9 avril) Détroit.
III.—CESIRE, JOSEPH,   [JEAN II.
  b 1740.
TROTIER, Marie-Irenne.   [FRANÇOIS.

CESIRE, TOUSSAINT, b 1767 ; s 11 juillet 1795, au Détroit.

CÉTAU.—Voy. SÉTO, 1725.

CHABAS.—Voy. GOUIN.

I.—CHABAUDIE, JEAN (2).

1739, (24 août) Trois-Rivières.
I.—CHABENAC (3), SILVAIN, fils de Pierre et de Marie Guérin, de Monay, diocèse de Bourges, Berry.
DEHORNAY (4), Marie-Geneviève.   [JACQUES I.

(1) Appelée Julie à son mariage.
(2) Voy. vol. I, p. 109, et Chevaudier, p. 127.
(3) Dit Béry; soldat de M. de Longueuil.
(4) Dit LaNeuville. Elle épouse, le 8 juillet 1760, Jean Lisieux, aux Trois-Rivières.

CHABERT.—Voy. DeJoncaire.

1751, (19 janvier) Montréal. ⁸
II.—CHABERT (1), Daniel,   [Thomas I.
  b 1716; s 5 juillet 1774, au Détroit.⁴
  Rocbert (2), Marguerite,   [Etienne II.
  b 1730; s⁴ 21 janvier 1773.
  Marguerite-Philippe-Daniel, b ³ 2 déc. 1752; m ⁴ 12 février 1783, à Judith Gouin; s⁴ 30 avril 1793.—*François,* b... m ⁴ 10 avril 1780, à Marie-Joseph Chesne. — *Jacques-Noel,* b et s 31 mars 1762, au Bout-de-l'Ile, M. — *Angélique-Marguerite,* b ⁴ 8 sept. 1770.

1780, (10 avril) Détroit.⁵
III.—CHABERT, François.   [Daniel II.
  Chesne, Marie-Joseph.   [Charles.
  Marguerite, b ⁵ 26 février 1781.—*Marie-Catherine,* b ⁵ 29 janvier 1783.—*François,* b ⁵ 17 oct. 1784.—*Georges,* b ⁵ 27 mars 1793.—*Philippe,* b ⁵ 21 oct. 1795.

1783, (12 février) Détroit.⁵
III.—CHABERT (3), Philippe,   [Daniel II.
  b 1752, s⁵ 30 avril 1793.
  Gouin, Judith,   [Claude-Thomas III.
  b 1763; s⁵ 21 juillet 1790.
  Judith, b ⁵ 22 nov. 1783.

CHABLINE, Julienne, épouse de Louis Cloutier.

1704, (13 oct.) Montréal. ¹
I.—CHABOILLÉ, Charles, maître sculpteur; b 1654; fils de Jean et de Marie Lehoux, de St-Remy, diocèse de Troye; s¹ 20 août 1708.
  Dandonneau, Angélique (4),   [Louis II.
  Marie-Joseph, b¹ 9 nov. 1705; s¹ 12 février 1711.—*Charles,* b¹ 8 déc. 1706; m 22 sept. 1735, à Marie-Anne Chevalier, à Mackinac²; s² 19 nov. 1757.—*Marie-Anne,* b¹ 29 juillet 1708.

1735, (22 sept.) Mackinac.³
II.—CHABOILLÉ, Charles,   [Charles I.
  b 1706; voyageur; s³ 19 nov. 1757.
  Chevalier, Marie-Anne.
  Charles-Jean-Baptiste, b ³ 9 juillet 1736.—*Augustin,* b³ 26 juillet 1739; m 2 février 1765, à Marie-Joseph Chapoton, au Detroit.—*Louis-Joseph,* b³ 24 oct. 1741.—*Paul-Amable,* b³ 21 juin 1743.—*Pierre-Louis,* b ³ 1ᵉʳ février 1745.—*Marie-Anne-Marthe,* b ³ 4 mai 1746.—*François-Hypolite,* b ³ 8 oct. 1751.—*Charlotte-Domitilde,* b ³ 4 avril 1753.—*Marie-Renée,* b ³ 14 août 1754.

1765, (2 février) Détroit.
III —CHABOILLÉ, Augustin,   [Charles II.
  b 1739.
  Chapoton, Marie-Joseph   [Jean I.

CHABOISSEAU, Marguerite, b... s 17 oct. 1748, à Lorette.

CHABOLE.—Voy. Michaud.

1739, (17 août) Québec.⁴
I.—CHABOSSEAU, Pierre, marchand; fils de Pierre et de Judith Drugeon, de l'Ile d'Arvert, près de Rochefort, diocèse de Xaintes.
  Aubin, Marie-Louise,   [Nicolas-Gabriel I.
  b 1710.
  Pierre-Guillaume, b⁴ 20 mai et s⁴ 2 juin 1743.—*Marie-Louise-Ignace,* b ⁴ 25 mars 1744.—*Pierre-François,* b ⁴ 31 août et s 8 nov 1747, à Charlesbourg.—*Marguerite,* b ⁴ 16 juillet 1748.—*Marie-Angélique,* b ⁴ 10 déc. 1749.—*Pierre,* b ⁴ 2 avril 1751.—*Marie-Françoise,* b⁴ 28 oct 1752, s⁴ 23 mai 1753.—*Joseph,* b ⁴ 6 mars 1755.—*Augustin,* b ⁴ 20 nov. 1757.

CHABOT, Marie-Anne, épouse de Basile Dion.

CHABOT, Marie, épouse de Louis Douais.

CHABOT, Catherine, b 1710; m 30 mai 1728, à Paul Filion, à Ste-Anne; s 30 juillet 1729, à St-Joachim.

CHABOT, Catherine, épouse de Michel Maillet.

CHABOT, Marie-Joseph, épouse d'Alexandre-Louis Rousseau.

1661, (17 nov.) Québec.
I.—CHABOT (1), Mathurin,
  b 1639.
  Mesange, Marie,
  b 1645, s 15 sept. 1727, à St-Laurent, I. O.⁶
  Joseph, b 1ᵉʳ sept 1664, au Château-Richer; m⁵ 24 nov. 1692, à Françoise Pouliot.—*Jean,* b 7 nov. 1667, à Ste-Famille, I. O.²; m 17 nov. 1692, à Eleonore Enaud, à St-Pierre, I. O.⁵—*Marie,* b ² 9 sept. 1671; m à Charles Pouliot.—*François,* b 1673; m à Marguerite Noel; s ⁶ 5 mars 1703. *Antoine,* b ² 24 avril 1679, ordonné le 29 oct. 1702, s 17 février 1728, à Ste-Anne.—*Marguerite,* b⁶ 28 sept. 1682; m 1700, à André Pouliot; s⁶ 22 janvier 1703.

CHABOT, Pierre (2).

1686.
II.—CHABOT, Michel (3),   [Mathurin I.
  b 1662; s 13 août 1726, à St-Pierre, I. O.⁴
  1° Le Gardeur, Marie-Therèse.   [Michel I.
    1690, (23 janvier) Château-Richer.
  2° Plante, Angelique,   [Jean I.
  b 1673; s⁴ 15 nov. 1745.

---

(1) Voy. aussi De Joncaire; lieutenant d'infanterie au service du roi de France.
(2) De La Morandière.
(3) De Joncaire, chevalier.
(4) Elle épouse, le 2 février 1710, Ignace Jean-dit-Vivien, à Montréal.

(1) Voy. vol. I, p. 110.
(2) De l'Ile d'Orléans; guéri de la fièvre, par les reliques du père François-Régis. Voy Louis-Michel Dubremme.
(3) Noyé avec deux de ses fils, Pierre et Augustin, en traversant de Beauport à l'Ile d'Orléans. Voy. vol. I, p. 110.

Elisabeth, b⁴ 21 mars 1693; s⁴ 12 avril 1752. — *Angélique*, b... s⁴ 18 mars 1694. — *Ursule*, b⁴ 11 mai 1694; s⁴ 9 oct. 1736. — *André*, b⁴ 29 nov.1695; m 1720, à Catherine BOULLARD.—*Michel*, b⁴ 16 avril 1697; s⁴ 22 août 1698.—*Michel*, b⁴ 3 oct. 1698; s 7 avril 1761, à St-Vincent-de-Paul.— *Nicolas*, b⁴ 26 sept. et s⁴ 20 oct. 1700.—*Pierre*, b⁴ 16 mars 1702; s⁴ 6 août 1726 (noye).—*François-Marie*, b⁴ 27 mars 1704; m⁴ 13 février 1730, à Ursule FERLAN.—*Marie-Charlotte*, b⁴ 31 juillet 1706.—*Jean-Baptiste*, b⁴ 15 mars 1708.—*Augustin*, b⁴ 3 janvier 1711; s⁴ 13 août 1726 (noyé). —*Joseph*, b⁴ 18 mars 1712; 1º m⁴ 22 nov. 1734, à Ursule CRÉPEAU; 2º m à Félicité DE VILLAIRE. —*Geneviève*, b⁴ 25 nov. 1713.

II.—CHABOT, ANTOINE (1),   [MATHURIN I.
b 1679; s 17 février 1728, à Ste-Anne.

1692, (17 nov.) St-Pierre, I. O.⁴

II.—CHABOT, JEAN,   [MATHURIN I.
b 1667; s 15 sept. 1727, à St-Laurent, I. O.⁸
ENAUD, Eléonore,   [MICHEL I.
b 1673; s⁸ 23 mai 1746.
Jean, b 1692; 1º m⁸ 26 avril 1718, à Marie DUFRESNE; 2º m⁸ 11 nov. 1737, à Geneviève BOUFFARD; s⁸ 8ºnov. 1755. — *Louise*, b 1700; m⁸ 24 oct. 1727, à Charles DUGRÉ; s⁸ 15 juin 1734.—*Pierre*, b⁵ 6 et s⁵ 25 août 1701.— *Marie-Madeleine*, b⁴ 21 nov. 1702. — *Mathurn*, b⁸ 18 oct. et s⁸ 7 déc. 1705.—*Anne*, b⁵ 28 mars 1707; m⁸ 3 août 1728, à Julien GENDREAU.—*Geneviève*, b⁴ 12 juin 1709; m⁸ 15 février 1740, à André DUMAS.— *Jeanne-Elisabeth*, b⁸ 12 février 1712; s⁸ 30 sept. 1733. — *Joseph*, b... s⁸ 30 sept. 1733. —*Antoine*, b⁸ 8 février 1715; m⁸ 24 juillet 1741, à Madeleine LECLERC.—*Jeanne*, b... s⁸ 31 janvier 1741, à François-Antoine DORLOGE. — *Jean-Baptiste*, b⁵ 29 oct. 1718; m⁸ 27 avril 1746, à Madeleine FRONTIGNY.

1692, (24 nov.) St-Pierre, I. O.⁸

II.—CHABOT, JOSEPH,   [MATHURIN I.
b 1664; s 27 sept. 1738, à St-Laurent, I. O.⁹
POULIOT, Françoise,   [CHARLES I.
b 1676; s⁹ 6 juin 1725.
Joseph, b 1695; m⁸ 15 février 1733, à Madeleine COLOMBE; s⁸ 3 avril 1743. — *Marguerite*, b⁹ 1ᵉʳ oct. 1701; s⁹ 12 dec. 1763. —*Marie-Madeleine*, b⁹ 14 avril 1704. — *Jean-Baptiste*, b⁹ 6 mars 1706; m 23 janvier 1732, à Marie-Joseph DANNY, à Montreal. — *Elisabeth*, b⁹ 5 juillet 1708. — *Pierre*, b⁹ 27 juillet 1710; s⁹ 3 novembre 1714.—*Anonyme*, b et s 10 février 1712, à St-Jean, I. O.⁶—*Nicolas*, b⁶ 10 mars 1713.—*Pierre*, b⁹ 18 mai 1715; 1º m⁹ 6 nov. 1741, à Cecile JOANNE; 2º m 29 avril 1751, à Angélique GAGNÉ, à Québec.—*Marie-Geneviève*, b⁹ 9 juin 1720; s⁹ 24 avril 1721.

(1) Ordonné prêtre le 29 oct. 1702; curé pendant 25 ans à Ste-Anne.

II.—CHABOT, FRANÇOIS,   [MATHURIN I.
b 1673; s 5 mars 1703, à St-Laurent, I. O.⁶
NOEL, Marguerite (1),   [FRANÇOIS I.
b 1679.
Louise-Françoise b⁶ 13 et s⁶ 25 février 1701. —*Marie-Madeleine*, b⁶ 13 sept. 1702; s⁶ 25 sept. 1703.—*Marguerite*, b... s⁶ 26 janvier 1715.

1703, Lorette.⁸

III.—CHABOT (2), MICHEL,   [MICHEL II.
s avant 1712.
CHANON (3), Madeleine.   [JEAN I.
Michel, b... 1º m 17 avril 1730, à Dorothée CAUCHON, à St-Joachim; 2º m 12 août 1740, à Marie-Anne GENDRON, à St-Frs-du-Lac⁴; s⁴ 20 avril 1754.—*Marie-Madeleine*, b⁸ 24 janvier 1705; m 28 août 1730, à Jean-Baptiste BAUDIN, à Québec⁹; s⁹ 31 mars 1745.—*Michel*, b⁶ 6 mars 1706; 1º m 1727, à Madeleine CORON; 2º m 26 août 1738, à Catherine LAMOUREUX, à St-François, I. J.; s 7 avril 1764, à St-Vincent-de-Paul.—*Noel*, b⁸ 26 mars 1708.—*Pierre*, b⁸ 11 janvier 1710; m 30 mai 1728, à Thérèse-Victoire LESSARD.—*Pierre*, b... 1º m à Marie-Barbe FOURNIER; 2º m⁴ 30 juillet 1753, à Marie-Anne CHRÉTIEN.

1718, (26 avril) St-Laurent, I. O.⁷

III.—CHABOT, JEAN,   [JEAN II.
s⁷ 8 nov. 1755.
1º DUFRESNE, Marie,   [PIERRE II.
b 1700, s⁷ 11 sept. 1736.
Marie-Madeleine, b 15 janvier 1719, à Ste-Famille, I. O.—*Marie*, b... m⁷ 17 janvier 1735, à François POULIOT. — *Jean-Baptiste*, b⁷ 24 juillet 1721; m à Geneviève ISABEL.—*Joseph*, b⁷ 20 mars 1724.—*Marie-Jeanne*, b⁷ 16 juin 1726.— *Pierre*, b⁷ 18 mars 1730; m⁷ 17 avril 1752, à Thérèse LECLERC.

1737, (11 nov.)⁷
2º BOUFFARD, Geneviève,   [JEAN II.
b 1711.
Jean-François, b⁷ 21 oct. 1738.—*Marc*, b⁷ 14 février 1740, s⁷ 15 mai 1756.—*Marie-Geneviève*, b⁷ 24 mai 1742; m 1760, à Louis ALAIRE.— *Pierre*, b⁷ 2 janvier 1746.—*Joseph*, b⁷ 8 février 1748. — *Marie-Louise*, b⁷ 8 mai 1751. — *Marie-Françoise*, b⁷ 26 janvier 1754.

1720.

III.—CHABOT, ANDRÉ (4),   [MICHEL II.
b 1695.
BOULLARD, Catherine,   [FRANÇOIS I.
b 1701.
Joseph, b 1729; s 3 déc. 1751, à Lachenaye.

(1) Elle épouse, le 15 nov. 1706, Pierre Parant, à St-Laurent, I. O.
(2) Dit LAMARRE; voy. aussi ce nom.
(3) Dit Laferrière en 1706. Elle épouse, le 15 août 1712, Alexis Blo, à Lorette.
(4) En 1750, il appose sa signature, comme parrain, à l'acte du baptême de Louis Donny.

1727.

IV.—CHABOT, Michel, [Michel III.
   b 1706 ; s 7 avril 1761, à St-Vincent-de-Paul.⁴
1° Coron, Madeleine, [François II.
   b 1703 ; s 21 avril 1737, à St-François, I. J.⁵
Madeleine, b⁵ 1ᵉʳ février 1728 ; m ⁴ 22 février 1751, à Jean Bélanger.—*André*, b ⁵ 29 janvier 1731 ; m 12 février 1759, à Marie-Joseph Lalande, au Sault-au-Récollet.—*Marie-Joseph*, b 1729 ; s ⁵ 13 mai 1733 (picote).—*Marie-Joseph*, b ⁵ 5 juin 1734 ; s ⁵ 27 avril 1739.—*Charles*, b ⁵ 21 février 1736.—*Michel*, b... — *François*, b... m 24 mai 1756, à Marie-Anne Cadieu.—*Joseph*, b...

1738, (26 août). ⁵
2° Lamoureux, Catherine, [Adrien II.
   b 1701 ; veuve de Julien Constantineau.
Pierre, b⁵ 30 mai 1739.—*Marie-Marguerite*, b 1743 ; s ⁴ 25 février 1747.

1728, (30 mai) Ste-Anne.

IV.—CHABOT, Pierre, [Michel III.
   b 1710.
Lessard, Thérèse-Victoire, [Joseph II.
   b 1704 ; s 18 juillet 1778, à St-Joachim. ⁵
Marie-Thérèse-Victoire, b ⁵ 29 janvier 1729 ; m ⁵ 27 janvier 1749, à François Alaire.—*Marie-Joseph*, b⁵ 16 nov. 1730. — *Pierre*, b ⁵ 1ᵉʳ oct. 1732 ; s⁵ 21 nov. 1733.—*Félicité*, b ⁵ 4 oct. 1734.—*Agnès*, b... m ⁵ 13 juin 1757, à Louis Poulin.

IV.—CHABOT (1), Pierre. [Michel III.
1° Fournier, Marie-Barbe, [Pierre II.
   s avant 1751.
Pierre, b... m 3 mai 1751, à Marie-Angélique Terrien, à St-Frs-du-Sud.—*Marie-Louise*, b... m 23 août 1756, à Joseph Daniel, à St-Pierre-du-Sud.¹ — *Marie*, b... m 23 nov. 1751, à Louis Barbe, à St-Thomas. ² — *Marie-Anne*, b... m ² 27 février 1764, à Joseph Miville.—*Geneviève*, b... m ² 10 février 1766, à Charles Chrétien.

1753, (30 juillet). ²
2° Chrétien, Marie-Anne, [Jean II.
   veuve de Louis Pinon.
Pierre, b ¹ 27 mars 1754.—*Alexis*, b ¹ 26 août 1755.—*Marie-Geneviève*, b ¹ 18 janvier 1757.—*André*, b ¹ 27 août et s ¹ 26 sept. 1758.

1730, (13 février) St-Pierre, I. O. ⁶

III.—CHABOT, François, [Michel II.
   b 1704.
Ferlan, Ursule, [François I.
   b 1695 ; veuve de Jean Pelletier ; s ⁶ 30 juin 1742.
Marie-Angélique, b ⁶ 29 nov. 1730 ; m 21 sept. 1761, à Jean Forget, à St-Vincent-de-Paul.—*Marie-Ursule*, b⁶ 25 février 1732.—*Marie-Joseph*, b ⁶ 29 mars 1733. — *Pierre-Marie*, b ⁶ 10 juillet 1734.—*Augustin*, b ⁶ 12 juillet 1736.

1730, (17 avril) St-Joachim. ⁴

IV.—CHABOT (2), Michel, [Michel III.
   s 20 avril 1754, à St-Frs-du-Sud. ⁶

(1) Dit Lamarre.
(2) Dit Lamarre ; marié sous ce nom.

1° Gauchon, Dorothée, [Charles III.
   s 23 avril 1740, à St-Vallier. ⁷
Marguerite-Joseph, b ⁴ 20 juin 1732.—*Michel*, b ⁷ 9 mai 1734.—*Anonyme*, b⁷ et s ⁷ 4 avril 1736.—*Anonyme*, b ⁷ et s ⁷ 23 avril 1740.

1740, (12 août). ⁶
2° Gendron, Marie-Anne, [Joseph-Jacques III.
   b 1721.
Marie-Thérèse, b ⁶ 1ᵉʳ oct. 1741.—*Marie*, b... s ⁷ 2 février 1750.—*Marie-Joseph*, b⁷ 15 février 1743 ; s⁷ 28 juillet 1749.—*Madeleine-Reine*, b⁷ 19 février 1745.—*Marie-Reine*, b ⁷ 30 mai 1747 ; s⁶ 5 mai 1758.—*Marie-Louise*, b ⁷ 15 août 1749.—*Marguerite*, b⁶ 3 sept. 1751.

1732, (23 janvier) Montréal. ⁷

III.—CHABOT, Jean, [Joseph II.
   b 1706.
Danny, Marie-Joseph. [Joseph-Honoré II.
Anonyme, b⁷ et s ⁷ 20 mars 1735.—*Marie-Joseph-Amable*, b⁷ 12 sept. 1737 ; s ⁷ 9 sept. 1739.—*Joseph-Amable*, b⁷ 7 juillet 1741.—*Marie-Joseph-Elisabeth*, b 1742 ; s⁷ 4 juin 1743.

1733, (15 février) St-Laurent, I. O. ⁶

III.—CHABOT, Joseph, [Joseph II.
   b 1695 ; s 3 avril 1743, à St-Pierre, I. O.
Colombe, Marie-Madeleine (1), [Louis II.
   b 1714.
Joseph, b ⁶ 4 déc. 1733.—*Jean-Baptiste*, b ⁶ 10 février 1735 ; m 9 janvier 1758, à Marguerite Magnan, à Beauport.—*Marie-Joseph*, b ⁶ 19 juillet 1737.—*Isabelle*, b⁶ 2 oct. 1738, m ⁶ 1ᵉʳ février 1763, à Antoine Baillargeon.—*Louis*, b ⁶ 7 juillet 1740 ; m ⁶ 7 février 1763, à Marie Baillargeon.—*Marie-Madeleine*, b ⁶ 4 avril 1742.

1734, (22 nov.) St-Pierre, I. O. ⁷

III.—CHABOT, Joseph, [Michel II.
   b 1712.
1° Crépeau, Ursule, [Maurice II.
   b 1716.
Joseph-Marie, b ⁷ 8 sept. 1735.—*Marie-Reine*, b ⁷ 11 février 1737.—*Anonyme*, b ⁷ et s ⁷ 16 janvier 1738.—*Ursule*, b ⁷ 16 janvier 1739.—*Ignace*, b ⁷ 25 mars 1741.—*Louis*, b ⁷ 15 et s ⁷ 16 août 1743.—*Marie-Véronique*, b ⁷ 12 sept. 1744.—*François-Maurice*, b ⁷ 18 avril 1747 ; s ⁷ 3 déc. 1749.—*Marie-Joseph*, b ⁷ 26 mars 1750 ; s ⁷ 5 juin 1753.—*Marie-Victoire*, b⁷ 7 juin 1753.—*François*, b ⁷ 11 mai 1755.
2° De Villaire (2), Félicité.
Marie-Joseph, b ¹ 11 août 1756, à Québec² ; s² 5 août 1757.—*Marie-Louise*, b ² 12 déc. 1758.—*Marie-Geneviève*, b ² 22 juin 1761.

1741, (24 juillet) St-Laurent, I. O. ⁸

III.—CHABOT, Antoine, [Jean II.
   b 1715.
Leclerc, Madeleine, [Jean III.
   b 1721.

(1) Elle épouse, le 19 août 1743, Jean-Baptiste Vaillancour, à St-Laurent, I. O.
(2) Appelée Petitclerc en 1757.

CHA 596 CHA

Marie-Madeleine, b⁵ 11 avril 1742; m⁵ 19 sept. 1763, a Eustache Roy.—*Antoine*, b 23 sept. 1743, à Beaumont.⁹—*Pierre*, b⁸ 3 janvier 1746; m 8 oct. 1770, à Ursule Tanguay, à St-Valier.—*Marie-Anne*, b⁶ 30 janvier 1749.—*Jean-Baptiste*, b⁶ 10 janvier 1751; m à Marie-Luce Fortin ; s⁹ 31 juillet 1828.—*François*, b⁸ 26 avril 1754. —*Joseph*, b⁸ 19 juin 1756.—*Cécile*, b⁸ 18 mai et s⁸ 30 juin 1758.—*Geneviève* (1), b⁸ 13 janvier 1760 ; m⁸ 17 sept. 1793, à Jean Cazeau.—*Cécile*, b⁸ 20 déc. 1762.

IV.—CHABOT, Jean-Bte,   [Jean III.
   b 1721 ; s avant 1771.
  Isabel, Geneviève,   [Louis II.
   b 1710.
   François, b... 1ᵒ m 25 nov. 1771, à Angélique Boulet, à St-Thomas, 2ᵒ m à Geneviève Gagnon.

1741, (6 nov.) St-Laurent, I. O.

III.—CHABOT, Pierre,   [Joseph II.
   b 1715.
  1ᵒ Joanne, Cécile,   [Marc II.
   b 1720 ; s 17 déc. 1748, à Beaumont.⁹
   Pierre-François, b⁹ 31 août 1742.—*Joseph*, b⁹ 12 avril 1744.—*Cécile*, b⁹ 2 janvier 1746.—*Marie-Charlotte*, b⁹ 23 janvier 1748 ; s⁹ 8 août 1749.

1751, (29 avril) Québec.

  2ᵒ Gagné, Angélique,   [Denis IV.
   b 1721.

1746, (27 avril), St-Laurent, I. O.

III.—CHABOT, Jean-Bte,   [Jean II.
   b 1718, s 14 déc. 1758, à St-Michel.⁵
  Frontigny, Madeleine (2),   [Pierre I.
   b 1723.
   Jean-Baptiste, b⁵ 4 mars 1747 ; m 5 nov. 1766, à Geneviève Delafontaine, à Lévis.—*Gabriel*, b⁵ 5 juin 1749.—*Joseph*, b⁵ 17 avril 1752.—*Marie-Madeleine*, b⁵ 14 juillet 1754.—*Marie-Geneviève*, b⁵ 27 mars 1757.—*François-Hilaire*, b⁵ 24 juin 1759.

1746, (8 août) Québec.⁶

I.—CHABOT, Joseph, *b* 1724; fils de Michel et de Françoise Ferode, de l'Aiguillon, diocèse d'Ax, en Bearn; s⁶ 13 sept. 1784.
  Garnier, Marie-Madeleine,   [Antoine I.
   b 1727.

1752, (17 avril) St-Laurent, I. O.

IV.—CHABOT, Pierre,   [Jean III.
   b 1730.
  Leclerc, Thérèse,   [Jean III.
   b 1732.
   Pierre, b 14 avril 1753, à St-Charles⁷; s⁷ 22 déc. 1759.—*Jean-Baptiste*, b⁷ 13 nov. 1754.—*Marie-Thérèse*, b⁷ 2 mars 1756.—*Marie-Théotiste*, b⁷ 10 mars 1758.—*Nathalie*, b⁷ 19 nov. 1759.

(1) Mère de Mgr Cazeau.
(2) Elle épouse, le 20 avril 1761, Antoine Bissonnet, à St-Michel.

1756, (24 mai) St-Vincent-de-Paul.

V.—CHABOT (1), François.   [Michel IV.
  Cadieu, Marie-Anne,   [Pierre II.
   veuve de Jean-Baptiste Quevillon.

1758, (9 janvier) Beauport.

IV.—CHABOT, Jean,   [Joseph III.
   b 1735 ; s 5 avril 1759, à Québec. ²
  Magnan, Marguerite (2),   [Michel III.
   b 1737.
   Jean-Baptiste, b² 20 février et s 15 juillet 1759, à Charlesbourg.

1759, (12 février) Sault-au-Récollet.

IV.—CHABOT, André.   [Michel III.
  Lalande (3), Marie-Joseph,   [Jacques II.
   veuve de Pierre Tibaut.

1760, (24 nov.) Terrebonne. ³

I.—CHABOT, Nicolas-Amant, fils de Nicolas et de Madeleine Bertemeau, du diocèse de La-Rochelle.
  Miville, Marie-Louise,   [Michel IV.
   b 1742.
   Marie-Louise, b... m³ 14 oct. 1782, à François Robin-Lapointe. — *Marie-Angélique*, b... m à Jean-Baptiste Lamoureux. — *Nicolas*, b 20 février 1769, à Lachenaye.

1763, (7 février) St-Laurent, I. O. ¹

IV.—CHABOT, Louis,   [Joseph III.
   b 1740.
  Baillargeon, Marie.   [Nicolas III.
   Louis, b¹ 7 janvier 1764.

1766, (5 nov.) Lévis.

IV.—CHABOT, Jean-Bte.   [Jean-Bte III.
  Delafontaine (4), Geneviève,   [Jacques I.
   b 1752.

1770, (8 oct.) St-Valier.

IV.—CHABOT, Pierre,   [Antoine III.
   b 1746.
  Tanguay, Ursule,   [André II.
   b 1755.

1771, (25 nov.) St-Thomas.

V.—CHABOT, François.   [Jean-Bte IV.
  1ᵒ Boulet, Angélique,   [Guillaume III.
   b 1745 ; veuve de Pierre Valières.
  2ᵒ Gagnon, Geneviève.
   Marie-Françoise, b 15 sept. 1784, à Rimouski³, m³ 17 avril 1804, à Pierre Mignot.—*Ursule*, b³ 28 oct. 1786.

IV.—CHABOT, Jean-Bte,   [Antoine III.
   b 1751 ; s 31 juillet 1828, à Beaumont. ³
  Fortin, Marie-Luce,
   b 1764 ; s³ 16 juin 1834.
  Euphrosine, b... m³ 1ᵉʳ août 1809, à Michel Cantin.

(1) Marié sous le nom de Jabot.
(2) Elle épouse, le 26 janvier 1761, René LeBellay, à la Baie-St-Paul.
(3) Dit Maugé
(4) DeBelcour

CHABOT, MICHEL.
ACHIN, Marguerite.
Antoine, b 29 août 1785, à Lachenaye.

1757, (30 janvier) Chambly.
I.—CHABOYON, JEAN, soldat, fils de Pierre et de Marguerite Cartaguère, du Languedoc.
LEMOINE (1), Angélique. [NOEL II.

I.—CHACORNAC (DE), FRANÇOIS-AUGUSTIN (2), b 1684; s 30 dec. 1754, à Québec.

CHADRON, PIERRE.
CORON, Marie-Amable.
Jean-Marie, b 16 août 1776, à Lachenaye.

1726, (19 février) Lorette. [3]
I.—CHAGAU, JEAN-BTE-PIERRE.
DUBOIS, Marie (3), [FRANÇOIS I.
b 1695; veuve de Simon Boin-Dufresne.
Marie, b[3] 1728; s[3] 22 janvier 1730.—*Pierre*, b[3] 23 mars 1730; s[3] 8 janvier 1732.—*Jean-François*, b[3] 1er février 1732.— *Jean-Baptiste*, b... m 7 janvier 1762, à Marie-Angélique MÉNARD, à la Pte-aux-Trembles, Q.

1762, (7 janvier) Pte-aux-Trembles, Q.
II.—CHAGAU, JEAN-BTE. [JEAN-BTE-PIERRE I.
MÉNARD, Marie-Angélique. [MICHEL.
Nicolas, b 15 avril 1763, à Québec.

CHAGNON, MADELEINE, epouse de Jean LEDUC.

CHAGNON, MADELEINE, épouse de Charles LEDUC.

CHAGNON, MADELEINE, epouse de Louis LONGPRÉ.

CHAGNON, MADELEINE, épouse de Jacques LUSSIER.

CHAGNON, AGATHE, b... m à Charles PERSONNE; s avant 1790.

CHAGNON, MARIE-AMABLE, épouse de Michel PRIVÉ.

CHAGNON, MARIE-ANNE, épouse de Nicolas TRUTEAU.

1681.
I.—CHAGNON (4), FRANÇOIS, b 1645; s 1693.
CHARON, Catherine (5), [PIERRE I.
b 1666.
François, b 15 nov. 1682, à Contrecœur[*]; m à Marie-Françoise FOISY. — *Louis*, b 1688, m à Madeleine FOISY; s 30 mai 1760, à Verchères.—

Pierre, b... m[4] 5 nov. 1718, à Catherine GUERTIN.— *Raymond*, b 3 juin 1693, à Montréal; m 7 juillet 1721, à Marie-Madeleine PELLETIER, à St-Ours.

1718, (5 nov.) Contrecœur.
II.—CHAGNON, PIERRE. [FRANÇOIS I.
GUERTIN, Catherine, [PIERRE II.
b 1702.

1721, (7 juillet) St-Ours.
II.—CHAGNON, RAYMOND, [FRANÇOIS I.
b 1693.
PELLETIER, Marie-Madeleine, [PIERRE II.
b 1700.
François, b 20 février 1725, à l'Assomption [5], s 5 oct. 1751, à Verchères.—*Pierre*, b [5] 25 avril 1726.—*Marie-Geneviève*, b [5] 25 sept. 1727.—*Marie-Marguerite*, b[5] 20 juillet 1729.—*Marie-Agathe*, b [5] 24 mars 1731. — *Marie*, b... m [5] 23 janvier 1741, à Nicolas CHAUSSÉ.—*Françoise*, b... m [5] 30 janvier 1741, à Jean-Baptiste VOYNE.

CHAGNON (1), MARIE-JOSEPH, épouse de Jean-Baptiste HUNAULT.

II —CHAGNON, LOUIS, [FRANÇOIS I.
b 1688; s 30 mai 1760, à Verchères [3]
FOISY, Madeleine, [MARTIN I.
b 1694; s [3] 6 mars 1754.
Antoine, b [3] 20 sept. 1727; m [3] 15 mai 1752, à Marie-Françoise PAQUET.—*Michel*, b 1733, s[3] 28 avril 1754.—*Christophe*, b... m [3] 15 janvier 1759, à Marie-Françoise JARET.—*Jean-Baptiste*, b... 1o m à Catherine BISSONNET; 2o m [3] 7 juin 1751, à Marie-Françoise PINEAU.

II.—CHAGNON, FRANÇOIS, [FRANÇOIS I.
b 1682, s avant 1751.
FOISY, Marie-Françoise, [MARTIN I.
b 1688; s avant 1751.
Joseph-Marie, b 31 août 1718, à St-Ours.— *Marie-Marguerite*, b 23 mai et s 27 août 1728, à Verchères. [2] — *André*, b... m [2] 18 oct. 1751, à Thérèse MARET. — *Marie-Angélique*, b... m [2] 25 août 1740, à Pierre CHICOINE.—*Marie-Anne*, b... 1o m [2] 22 nov. 1740, à Jean-Baptiste GUYON-LEMOINE; 2o m [2] 27 janvier 1755, à Joseph CHICOINE.— *Jean-Baptiste*, b... m [2] 28 janvier 1743, à Marie-Françoise GIRARD.

1743, (28 janvier) Verchères. [4]
III.—CHAGNON (2), JEAN-BTE. [FRANÇOIS II.
GIRARD, Marie-Françoise, [PIERRE I.
b 1726.
Desanges, b 1750; s [4] 8 janvier 1754.—*Michel*, b [4] 27 sept. 1751. — *Marie-Angélique*, b [4] 22 juin 1753.—*Louis-Marie*, b [4] 30 mars 1755.—*Joachim*, b [4] 19 avril 1756. — *Marie-Marguerite*, b[4] 2 oct. 1760.—*Jean-Baptiste*, b... m 16 nov. 1772, à Marie-Joseph CHARON, à Varennes.

---

(1) Dit Jasmin
(2) Baron de Joannes, chevalier et capitaine réformé.
(3) Elle épouse, le 7 sept. 1733, Jacques Barbier, à Québec.
(4) Voy. vol. I, p. 110.
(5) Elle épouse, en 1694, Daniel Tétreau.

(1) Dit Raymond.
(2) Et Chaillon.

III.—CHAGNON, Jean-Bte.   [Louis II.
  1° Bissonnet, Catherine.   [Michel III.
        1751, (7 juin) Verchères. ¹
  2° Pineau, Marie-Françoise.   [François III.
Jean-Baptiste, b ¹ 2 avril 1752. — *Marie-Françoise,* b ¹ 17 juin et s ¹ 18 sept. 1753.—*Marie-Amable,* b ¹ 1ᵉʳ avril 1755.—*Michel,* b ¹ 21 juin 1756.—*Marie-Anne,* b ¹ 18 fevrier 1760.

        1751, (18 oct.) Verchères. ²
III.—CHAGNON, André.   [François II.
  Desmarets, Marie-Therèse,   [Pierre III.
    veuve de Louis Langevin.
Marguerite, b ² 5 août 1752.—*André-Marie,* b ² 9 juin 1754; s ² 4 déc. 1755.—*Marie-Françoise,* b ² 23 mars 1761.

        1752, (15 mai) Verchères. ³
III.—CHAGNON, Antoine,   [Louis II.
  b 1727.
  Paquet, Marie-Françoise.   [Charles III.
Marie-Archange, b ³ 21 oct. 1753.—*Antoine,* b ³ 29 mars 1755.—*Barthélemi,* b ³ 18 dec. 1759.

        1759, (15 janvier) Verchères. ⁴
III.—CHAGNON, Christophe.   [Louis II
  Jaret, Marie-Françoise.   [Vincent II
Christophe, b ⁴ 29 oct. 1759; s ⁴ 26 mars 1760. —*Christophe,* b ⁴ 30 janvier 1761.

        1772, (16 nov.) Varennes.
IV.—CHAGNON, Jean-Bte.   [Jean-Bte III.
  Charon, Marie-Joseph.   [Charles III.

CHAIGNEAU.—Voy. Saillant.

CHAIGNON, Léonard, prêtre S. S., b 1662; s 24 dec. 1711, à Montreal.

        1665, (11 janvier) Quebec. ⁵
I.—CHAILLÉ, Mathurin (1),
  b 1641.
  Barre, Catherine,
    b 1644; s ⁵ 17 juillet 1707.
Marie-Thérèse, b ⁵ 24 janvier 1667; m 1ᵉʳ juillet 1688, à François Naud, à la Pte-aux-Trembles,Q.; s 29 oct. 1726, à Deschambault. — *François,* b 1678; m 1711, à Françoise Tesson; s 3 fevrier 1750, à la Pte-du-Lac.

        1680, (5 nov.) Charlesbourg. ⁶
II.—CHAILLÉ, Henri (1),   [Elie I.
  b 1652; s ⁶ 8 janvier 1731.
  Grimaud, Françoise,   [Jacques I.
    b 1665; s ⁶ 26 mars 1711.
Marguerite, b ⁶ 8 juin 1704, m 25 août 1732, à François Levasseur, à Quebec.

        1689, (2 mai) Pte-aux-Trembles, Q. ⁵
II.—CHAILLÉ, Claude (1),   [Mathurin I.
  b 1665.
  Brière, Marie-Madeleine,   [Jean I.
    b 1674; s 28 oct. 1742, au Cap-Santé. ⁶

Louis, b ⁶ 28 juin 1692; m 23 sept. 1720, à Marguerite Abel-Benoit, à Deschambault. ⁷ — *Marie-Anne,* b 30 dec. 1694, à Québec; s ⁶ 8 juin 1729.—*Geneviève,* b ⁵ 4 mars 1697; m ⁶ 12 avril 1717, à Jean-Baptiste Chastenay; s ⁶ 16 oct. 1746.—*Etienne,* b ⁶ 9 juillet 1702; 1° m ⁷ 1ᵉʳ mars 1745, à Angélique Naud; 2° m ⁶ 30 juillet 1753, à Marie-Joseph Matte.—*Pierre,* b ⁵ 3 dec. 1704; s ⁶ 25 avril 1754.—*Jean-Baptiste,* b ⁵ 8 dec. 1706; 1° m ⁷ 14 nov. 1729, à Marie-Joseph Benoit; 2° m ⁶ 12 fevrier 1748, à Marie-Madeleine Frenet.

CHAILLÉ.
Marie-Jeanne, b... s 3 janvier 1751, au Capsanté.—*Jean-Baptiste,* b...

        1700, (24 nov.) Pte-aux-Trembles, Q. ⁸
II.—CHAILLÉ, Henri,   [Mathurin I.
  b 1676; s 1ᵉʳ juin 1711, au Cap-Sante.
  Desry, Marie-Renee (1),   [Jacques I.
    b 1678.
Marie-Agnès, b ⁸ 28 sept. 1701; m à Jean-Baptiste Pineau.—*Jean-Baptiste,* b ⁸ 3 août 1704; m 1730, à Louise Ménard.—*Marie-Marguerite,* b ⁸ 20 sept. et s ⁸ 22 nov. 1706.—*Louis-Augustin,* b ⁸ 26 août 1707; m 14 mai 1736, à Jeannette Germain, à Ste-Geneviève.—*Marie-Catherine,* b ⁸ 13 mars 1710.—*Jean,* b... m 11 juillet 1740, à Marie-Charlotte Dannets, à Ste-Foye.

        1711.
II.—CHAILLÉ, François,   [Mathurin I.
  b 1678; s 3 fevrier 1750, à la Pte-du-Lac. ¹
  Tesson, Françoise,   [Joseph II.
    b 1687; s ¹ 8 février 1757.
Jean-François, b... m ¹ 27 avril 1751, à Suzanne Trotochau.—*Marie-Louise,* b ² 7 sept. 1712, à Deschambault. ²—*Marie-Thérèse,* b ² 12 juillet 1714. — *Marie-Joseph,* b ² 20 août 1617; m 12 fevrier 1739, à Guillaume Bonpart, à Québec. ⁴ — *Michel,* b... m à Marie-Anne Godard.— *Pierre,* b ⁴ 27 avril et s ⁴ 10 mai 1718.—*Louis,* b ² 22 juillet 1719. — *Louise-Charlotte,* b ⁴ 1ᵉʳ mai 1721; m ⁴ 25 juin 1749, à Christophe Houette.—*Françoise,* b ⁴ 1ᵉʳ nov. 1723; m 14 avril 1749, à François Pio dit Picard, aux Trois-Rivières.—*Marie-Madeleine,* b⁴ 28 mai 1726.—*Marie-Catherine,* b 1728; s ⁴ 15 dec. 1729.—*Marie-Charlotte,* b... 1° m ⁴ 29 oct. 1729, à Antoine Fardeau; 2° m ⁴ 24 nov. 1732, à Guillaume Ponteu. — *Marie,* b... m ⁴ 28 sept. 1730, à Jean Gerard.—*Marie-Catherine,* b ⁴ 30 avril 1731; s ⁴ 27 mars 1733.

CHAILLÉ (2), Françoise, épouse de Nicolas Picard.

        1716, (27 janvier) Charlesbourg. ⁵
III.—CHAILLÉ, Barthelemi,   [Henri II.
  b 1690.
  Guérin, Louise,   [Clément I.
    b 1684; veuve de Jacques Marquet-Cliche, s ⁵ 15 oct. 1742.

---
(1) Voy. vol. I, p. 110.

(1) Elle épouse, le 19 août 1715, Thomas Pineau, aux Grondines.
(2) Et Chayer.

Marie-Marguerite, b ^{5} 8 déc. 1716. — Marie, b 1717; m ^{5} 30 sept. 1737, à François LEGALAIS ; s ^{5} 25 sept. 1760.—Louis, b ^{5} 14 sept. 1718 ; s ^{5} 8 avril 1719.—Julien, b ^{6} 9 oct. 1721.—Etienne, b ^{5} 9 oct. 1721.

1720, (23 sept.) Deschambault.[1]
III.—CHAILLÉ, Louis,   [CLAUDE II.
  b 1692.
  BENOIT (1), Marguerite,   [PIERRE II.
  b 1699.
Jean-Baptiste, b... m ^{1} 11 janvier 1751, à Angélique MONTAMBAULT.—Joseph, b 6 juillet 1721, au Cap-Santé[2]; m ^{2} 17 nov. 1749, à Marie-Madeleine JUGNAC.—Marguerite, b 1724 ; s ^{2} 14 août 1730. — Jean-François, b ^{2} 27 mai 1729 ; s ^{2} 2 août 1730.— Marie-Françoise, b ^{2} 10 juin 1732 ; m 3 juillet 1753, à Joseph DANEST, à Ste-Foye.— Eustache, b ^{2} 21 mars 1733.— François-de-Sales, b ^{2} 14 sept. 1735 ; m ^{1} 18 février 1760, à Marie-Joseph ROBERT.—Marie-Isabelle, b ^{2} 28 juillet 1737.—Marguerite, b 1739 ; m à Joseph BEDARD.

1729, (17 janvier) Québec.[6]
III.—CHAILLÉ, FRANÇOIS-MATHURIN. [JEAN II.
  b 1699 ; s ^{4} 4 oct. 1786.
  BÉLANGER, Hélène,   [BERTRAND II.
  b 1707.
Jean-Baptiste-Mathurin, b ^{6} 27 oct. 1729 ; m 24 février 1754, à Marie-Helène LEVASSEUR, à Lorette ; s ^{6} 29 avril 1760.—Charles, b ^{6} 20 et s ^{6} 28 mai 1732. —Joseph, b ^{6} 19 juillet 1733.—Marie-Ursule, b ^{6} 22 mai et s ^{6} 25 juillet 1735. — Jean-Baptiste, b ^{6} 13 oct. 1736 ; s ^{6} 2 janvier 1737.—Jean-Baptiste, b ^{6} 30 mai et s ^{6} 21 juin 1738.—Jean-François, b ^{6} 18 août 1739 ; m 29 mai 1765, à Marie-Louise HAYOT, aux Trois-Rivières. — Marie-Angélique, b ^{6} et s ^{6} 21 mai 1741.—Marie-Angélique, b ^{6} 3 février et s ^{6} 17 avril 1744.—Marie-Joseph, b ^{6} 24 mai 1745 ; m ^{2} 22 février 1762, à Melchior PONCET. — Marie-Angélique, b ^{6} et s ^{6} 29 juin 1748.

1729, (14 nov.) Deschambault.
III.—CHAILLÉ, JEAN-BTE,   [CLAUDE II.
  b 1706.
  1° BENOIT (1), Marie-Joseph,   [PIERRE II.
  b 1707 ; s 16 avril 1734, au Cap-Santé.[5]
Anonyme, b ^{5} et s ^{5} 12 mars 1731.—Anonyme, b ^{5} et s ^{5} 18 février 1732. — Deux anonymes, b ^{5} et s ^{5} 10 déc. 1732.—Anonyme, b ^{5} et s ^{5} 7 avril 1734.
    1748, (12 février).[5]
  2° FRENET, Marie-Madeleine,   [MICHEL II.
  b 1721.
Marie-Joseph, b ^{5} 27 nov. 1753.

III.—CHAILLÉ, PIERRE,   [CLAUDE II.
  b 1704 ; s 25 avril 1754, au Cap-Sante.

1730.
III.—CHAILLÉ, JEAN-BTE,   [HENRI II.
  b 1704.
  MÉNARD, Louise,   [PIERRE II.
  b 1709 ; s avant 1766.

(1) Dit Abel.

Marie-Charlotte, b 1733; m 3 février 1766, à Jean-Baptiste ST-GERMAIN, à St-Antoine-de-Chambly.— Marie-Ursule, b... m 27 oct. 1760, à Toussaint TIBAUT, à St-Ours.

1736, (14 mai) Ste-Geneviève.[8]
III.—CHAILLÉ, LOUIS-AUGUSTIN,   [HENRI II.
  b 1707, maître-cordonnier.
  GERMAIN, Jeannette,   [JEAN I.
  b 1711.
Louis-Augustin, b ^{8} 28 mai 1737. — Marie-Catherine, b ^{8} 8 juin 1738 ; m 24 janvier 1763, à Julien PIRANT, à St-Henri-de-Mascouche.[4]— Marie-Joseph, b 24 mai 1739, à Batiscan.[7]—Marie-Thérèse, b ^{7} 15 nov. 1740; s ^{4} 14 mai 1773.— Marie-Marguerite, b ^{7} 26 et s ^{7} 28 mars 1743. — Joseph, b ^{7} 2 mars 1744. — Pierre, b ^{7} 29 avril 1746.— Alexis, b ^{7} 19 mai 1748. — Jean-Baptiste, b ^{7} 26 déc. 1749. — François-Amable, b ^{7} 14 avril 1751.

III.—CHAILLÉ (1), MICHEL.   [FRANÇOIS II.
  GODARD, Marie-Anne.   [FRANÇOIS II.
Pierre, b 19 sept. 1738, aux Trois-Rivières.[6]— Nicolas, b ^{6} 24 mars 1740. — Marie-Anne, b ^{6} 9 mars 1742.—Claude-Urbain, b ^{6} 4 avril et s ^{6} 28 mai 1744.—Claude, b ^{6} 6 août 1745. — Anne, b ^{6} 19 oct. 1747.—Michel, b ^{6} 29 mai 1749.

1740, (11 juillet) Ste-Foye.
III.—CHAILLÉ, JEAN.   [HENRI II.
  DANNETS, Marie-Charlotte,   [CHARLES II.
  b 1716.
Jean-Baptiste, b 19 mars 1741, au Cap-Santé.[5] — Charlotte-Angélique, b ^{5} 16 mars 1742. — Michel, b ^{5} 15 sept. 1743.—Marie-Louise, b ^{5} 29 oct. 1745. — Deux anonymes, b ^{5} et s ^{5} 29 avril 1747. — Jean-Baptiste, b ^{5} 27 janvier 1749. — Marie-Joseph, b ^{5} 10 janvier 1752.—Joseph, b ^{5} 19 avril 1754. — Marie-Elisabeth, b 3 juillet 1756, aux Ecureuils. — Marie, b... m 5 février 1777, à François BAUDOIN, à Ste-Anne-de-la-Pérade.

1745, (1er mars) Deschambault.
III.—CHAILLÉ, ETIENNE,   [CLAUDE II.
  b 1702.
  1° NAUD, Angélique,   [JEAN-FRANÇOIS II.
  b 1722.
Marie-Angélique, b 3 février 1746, au Cap-Santé.[4]—Joseph-Marie, b ^{4} 5 mars 1748.—Jean-Baptiste, b ^{4} 17 et s ^{4} 19 janvier 1750.
    1753, (30 juillet).[4]
  2° MATTE, Marie-Joseph,   [ALEXIS II.
  b 1729.

1749, (17 nov.) Cap-Santé.[8]
IV.—CHAILLÉ, JOSEPH,   [LOUIS III.
  b 1721.
  JUGNAC, Marie-Madeleine,   [FRANÇOIS II.
  b 1729.
Louis-Joseph, b ^{8} 23 août 1750.—François, b ^{8} 1er avril 1753.

(1) Et Chague ; chauffeur aux forges de Saint-Maurice.

1751, (11 janvier) Deschambault.
IV.—CHAILLÉ, Jean-Bte. [Louis III.
Montambault, Angelique, [Jacques II.
b 1726.
Marie-Angélique, b 24 nov. 1751, au Cap-Santé.⁵—*Rosalie*, b⁵ 12 et s⁵ 15 nov. 1753.

1751, (27 avril) Pte-du-Lac.³
III.—CHAILLÉ, Jean-François. [François II.
Trotochau, Suzanne. [Louis I.
Marie-Joseph, b³ 22 oct. 1756; s³ 26 juillet 1758. — *Marie-Anne*, b³ 23 juin et s³ 20 juillet 1758.—*Marie-Joseph*, b⁵ 22 juin 1760. — *Pétronille*, b³ 8 nov. 1761.

CHAILLÉ, Jean-Bte.
Tibaut (1), Louise.
Françoise, b 9 mars et s 22 août 1752, à St-Ours. ⁶—*Marie-Louise*, b⁵ 6 oct. 1754; s⁵ 3 déc. 1758. — *Marie-Agathe*, b⁵ 10 déc. 1756; s⁵ 15 août 1757. — *François*, b... s⁵ 24 oct. 1758. — *Nicolas*, b⁵ 15 août 1758. — *Marie-Louise*, b⁵ 10 oct. 1759.

1754, (24 février) Lorette.
IV.—CHAILLÉ, J.-Bte-Math., [François III.
b 1729; s 29 avril 1760, à Québec.¹
Levasseur (2), Marie-Hélène, [Louis-Frs III.
b 1731.
Jean-Baptiste, b¹ 3 février 1755; m¹ 29 juillet 1777, à Elisabeth Dupont.—*Louis*, b¹ 30 avril et s¹ 16 août 1756.—*Hélène*, b¹ 28 mai 1757; s¹ 27 nov. 1789. — *Louis*, b¹ 24 juillet 1759; s¹ 12 mars 1760.

1760, (18 février) Deschambault.
IV.—CHAILLÉ, François, [Louis III.
b 1735.
Robert-St-Amand, Marie-Jos. [Louis-Jos. II.
b 1739.

1765, (29 mai) Trois-Rivières.
IV.—CHAILLÉ, Jean-François, [François III.
b 1739.
Hayot, Marie-Louise, [Jean-Bte IV.
b 1730.

CHAILLÉ, François.
Lamotte, Thérèse.
Joseph, b 26 janvier et s 1ᵉʳ février 1766, à Yamachiche.

CHAILLÉ, Jean.
Girardeau, Jeanne.
Catherine, b 25 août 1767, à Yamachiche.

1777, (29 juillet) Québec.
V.—CHAILLÉ, Jean-Bte, [Jean-Bte IV.
b 1755.
Dupont, Elisabeth. [Joseph.

(1) Dit Lebeau.
(2) Dit Borgia. Elle épouse, le 15 juin 1762, François Grio, à Québec.

I.—CHAILLÉ, Jeanne, b... 1° m à Benoit Gauzelin; 2° m à Pierre Payen; s 23 oct. 1766, au Lac-des-Deux-Montagnes.

CHAILLÉ, Catherine, b 1700; m à Jean-François Constantineau; s 9 avril 1740, aux Trois-Rivières.

CHAILLÉ, Louise, épouse de Jean-Jérôme Lafleur.

CHAILLÉ, Marie, b... m à Joseph Laureau; s avant 1767.

CHAILLÉ, Marie, épouse de Joseph Leroux.

CHAILLÉ, Catherine, epouse de Joseph L'Enseigne.

CHAILLÉ, Catherine, epouse de Pierre Martin.

CHAILLÉ, Marie-Elisabeth, épouse de Louis-Hyacinthe Laperche.

CHAILLON.—*Variations et surnoms* : Chagnon—Chalou—Chateau.

1736, (12 nov.) Ste-Anne-de-la-Pérade. ²
I.—CHAILLON (1), Jacques, fils de Jacques et de Gabrielle Banivet, de St-Andre-Mirbeau, diocèse de Poitiers.
Berthiaume, Felicité (2), [Pierre II.
b 1712.
Jacques, b² 20 février 1737. — *Charles*, b² 3 oct. 1738; m 23 nov. 1767, à Marie-Anne Favreau, à Boucherville.—*Joseph*, b² 9 et s³ 25 mars 1740.—*Marie-Anne*, b² 2 mai 1742; m 22 nov. 1762, à Paul Contant, à Yamachiche. ⁴— *Marie-Charlotte*, b² 25 août et s² 22 sept. 1745. — *Louis*, b 30 avril et s 11 août 1747, à Lorette. —*Marie*, b... m⁴ 7 juillet 1760, à Antoine Subrecas.

CHAILLON, Jean-Bte.—Voy. Chagnon de 1743.

1767, (23 nov.) Boucherville.
II.—CHAILLON (3), Charles, [Jacques I.
b 1738.
Favreau, Marie-Anne. [Jean-Bte III.

CHAILLON, Jean-Bte.—Voy. Chagnon de 1772.

CHAILLON, Catherine, b... m à Joseph Hébert; s avant 1762.

CHAILLON, Marie-Anne, épouse de Nicolas Truteau.

I.—CHAILLON,
s avant 1728.
....
s 10 février 1729, à l'Hôpital-Général, Q.

(1) Dit Château, devenu Chalou.
(2) Elle épouse, le 5 mai 1763, Pierre Cochu, à Yamachiche.
(3) Et Chalou.

1739, (20 avril) Trois-Rivières. ⁵
I.—CHAILLOT, Pierre (1), fils de François et de Claudine Graillard, de Sueur-sur-Saône, diocèse de Dijon.
  Marquet (2), Marie.   [François I.
  François, b ⁵ 15 janvier 1740 ; s ⁵ 15 juin 1741. —*Claire* (posthume), b ⁵ 7 nov. 1742.

CHAILLOT, Joseph.
  Laur, Marie-Joseph.
  Pierre, b 6 mars 1765, à Yamachiche. ³—*Antoine,* b ³ 13 août 1766.

CHAILLY (De).—Voy. DeBerthe.

CHAINE.—Voy. Lagrave.

CHAINE, Geneviève, epouse de Charles Laviolette.

CHAINE, Louis.—Voy. Lagrave.

CHAINE, Louis.—Voy. Lagrave de 1766.

CHAINÉ (3), André.
  Babineau, Angelique,
  b 1751 ; s 21 janvier 1789, à Québec.

CHALEBERT, Marie, épouse de François Lesieur.

CHALES.—Voy. Chasles.

I.—CHALET, François (4), b 1705 ; de Brest ; s 17 nov. 1747, à Quebec.

1684.
II.—CHALIFOUR, Paul-Frs (5),   [Paul I.
  b 1663 ; s 29 mai 1718, à Quebec. ⁷
  1° Huppé, Catherine,   [Michel I.
  b 1668 ; s ⁷ 30 sept. 1685.
        1686, (28 nov.) ⁷
  2° Philippeau, Jeanne,   [Claude I.
  b 1666 ; s ⁷ 27 août 1708.
  Joseph, b ⁷ 22 juin 1698 ; m 9 avril 1720, à Marguerite-Veronique Parant, à Beauport.

1689, (17 oct.) Charlesbourg. ⁸
II.—CHALIFOUR, Pierre,   [Paul I.
  b 1668.
  Mignier (6), Anne,   [Jacques I.
  b 1672 ; s ⁸ 11 oct. 1743.
  Pierre, b ⁸ 1ᵉʳ avril 1692 ; m ⁸ 7 nov. 1718, à Geneviève Alard ; s ⁸ 18 oct. 1759. — *Germain,* b ⁸ 28 juin 1695 ; m ⁸ 10 nov. 1720, à Catherine Boesmé ; s ⁸ 17 sept. 1760.—*Marie-Ambroise,* b ⁸ 9 sept. 1699 ; m ⁸ 12 février 1720, à Pierre Jacques ; s 26 janvier 1772, à St-Joseph, Beauce. —*Jacques,* b ⁸ 15 mars 1701 ; m 16 février 1722, à Marie Archambault, à la Pte-aux-Trembles, M. — *Jeanne-Claudine,* b ⁸ 9 mars 1704 ; m 1729, à François Parant ; s ⁸ 6 avril 1742.—*Jean,* b ⁸ 3 fevrier 1706 ; m ⁸ 28 avril 1727, à Marie-Anne Boesmé ; s 25 avril 1748, à Lachenaye.—*Charles,* b 1708 ; s ⁸ 1ᵉʳ mai 1719. — *Paul,* b ⁸ 27 sept. 1710 ; m ⁸ 2 sept. 1737, à Marie-Jeanne Bergevin.— *François,* b ⁸ 3 avril 1712 ; 1° m 18 nov. 1737, à Marie-Elisabeth Gamache, à l'Islet ² ; 2° m ² 30 janvier 1758, à Marie-Martine Choisie.— *Madeleine-Louise,* b ⁸ 20 déc 1714 ; m ⁸ 15 nov. 1734, à Henri Bouré.

1712, (14 nov.) Beauport. ³
III.—CHALIFOUR, Paul,   [Paul II.
  b 1689 ; s 26 mars 1715, à Charlesbourg. ⁴
  Parant, Marguerite (1),   [Pierre II.
  b 1692.
  Marguerite, b ⁴ 14 mai et s ⁴ 24 août 1714.— *Paul-Pierre* (posthume), b ³ 26 sept. 1715 ; s ³ 28 avril 1717.

1718, (7 nov.) Charlesbourg ⁸
III.—CHALIFOUR, Pierre,   [Pierre II.
  b 1692 ; s ⁸ 18 oct. 1759.
  Alard, Geneviève,   [André II
  b 1698.
  Geneviève, b ⁸ 7 août 1719 ; s ⁸ 1ᵉʳ mai 1733.— *Marguerite,* b ⁸ 8 février 1721 ; m ⁸ 27 janvier 1744, à Joseph Déry.— *Hélène,* b ⁸ 27 sept. 1722 ; 1° m ⁸ 7 nov. 1740, à Pierre-Bernard Auclair ; 2° m ⁸ 29 juillet 1748, à Alexis Gamache.—*Marie-Geneviève,* b ⁸ 23 avril 1724, m ⁸ 23 oct. 1747, à Nicolas Bergevin ; s 25 janvier 1758, à Quebec. —*Marie-Anne,* b ⁸ 8 sept. 1725 ; m ⁸ 16 nov. 1750, à Jacques Proteau.—*Pierre,* b ⁸ 6 janvier 1727 ; m ⁸ 4 juin 1753, à Marguerite Proteau.—*Joseph-Dominique,* b ⁸ 30 août 1729 ; m 28 janvier 1754, à Marie-Joseph Maillou, à Beauport. ⁹— *Marie-Joseph,* b ⁸ 5 avril 1731 ; m ⁸ 20 nov. 1752, à Andre Geneste.—*Marie-Catherine,* b ⁸ 24 nov. 1732 ; m ⁸ 27 nov. 1758, à Jean-Baptiste Proteau. — *Marie-Madeleine,* b ⁸ 9 juillet 1734 ; m ⁸ 26 août 1754, à Joseph Maillou.—*François,* b ⁸ 3 janvier 1736.— *Marie-Jeanne,* b ⁸ 16 mai 1738 ; m ⁸ 23 nov. 1761, à Charles Geneste.—*Charles-Antoine,* b ⁸ 28 janvier 1740 ; m ⁹ 23 janvier 1764, à Geneviève Maillou.—*Brigitte,* b ⁸ 5 sept. 1743 ; s ⁸ 26 avril 1744.

1720, (9 avril) Beauport. ⁷
III.—CHALIFOUR, Joseph,   [Paul II.
  b 1698.
  Parant, Marguerite-Véronique,   [Michel II.
  b 1702.
  Marie-Marguerite, b ⁷ 19 février 1721 ; m ⁷ 15 fevrier 1740, à Etienne Tibaut. — *Marie-Geneviève,* b ⁷ 17 janvier 1722 ; 1° m ⁷ 1ᵉʳ oct. 1742, à Louis Bourdeau, 2° m ⁷ 9 fevrier 1756, à Jacques Dupont. — *Marie-Agnès,* b ⁷ 26 janvier 1723. — *Joseph,* b ⁷ 21 sept. 1724 ; m 1750, à Marie-

---
(1) Ouvrier des Forges-de-St-Maurice ; écrasé dans sa cabane par un arbre.
(2) Dit Périgord.
(3) Dit Ladéroute.
(4) Directeur pour les associés de la compagnie des Indes-Occidentales.
(5) Voy. vol. I, p 111.
(6) Et Magnan.

(1) Elle épouse, le 19 février 1719, Bernard Bédard, à Beauport.

Louise TIBAUT. — *Marie-Madeleine*, b [7] 17 janvier 1727 ; m [7] 18 oct. 1745, à Pierre TIBAUT. — *Gilles*, b [7] 15 juillet 1728 ; m 7 février 1752, à Marie-Renée PROTEAU, à Charlesbourg.— *Claude*, b [7] 14 mars et s [7] 6 nov. 1730. — *Michel-Zacharie*, b [7] 5 sept. 1731 ; s [7] 22 mai 1733.— *Françoise*, b [7] 11 mai 1733.—*Geneviève-Angélique*, b [7] 8 avril 1735. — *Paul-François*, b [7] 14 oct, 1738.—*Pierre*, b [7] 11 dec. 1739. — *Martin*, b [7] 1er avril 1741. — *François*, b [7] 6 août et s [7] 18 oct. 1744.— *Marie-Anne*, b... m [7] 15 juillet 1748, à Pierre PAQUET.—*Louise*, b... m [7] 31 janvier 1752, à Jean-Baptiste LAURENT.

1720, (10 nov.) Charlesbourg. [3]

III.—CHALIFOUR, GERMAIN,   [PIERRE II.
  b 1695 ; s [3] 17 sept. 1760.
  BOESMÉ, Catherine,   [CHARLES II.
  b 1699.

Marie-Anne, b [3] 16 sept. 1721 ; m [3] 6 juin 1746, à Pierre-Louis DUPUY.— *Germain*, b [3] 2 janvier et s [3] 6 mars 1723.—*Geneviève*, b [3] 21 avril 1724, m [3] 6 février 1747, à Jean-Baptiste DUCHESNEAU. — *Marie-Françoise*, b [3] 6 janvier 1726 ; m [3] 29 mai 1747, à Claude-François SIMBLER.—*Jeanne-Véronique*, b [3] 13 août 1727 ; s [3] 17 janvier 1728. —*Charles*, b [3] 9 oct. 1729 ; m 14 janvier 1760, à Marie-Louise JÉRÉMIE, à Terrebonne.[4]— *Marie-Louise*, b [3] 13 nov. 1731 ; s [3] 25 nov. 1739.— *Pierre*, b [3] 2 mars 1733 ; m [3] 25 janvier 1762, à Marie VALOIS. — *Marie-Joseph*, b [3] 5 oct. 1734 ; 1o m [3] 17 juin 1754, à Etienne DELESSARD, 2o m [3] 19 août 1766, à Amable MAURICE.—*Marie-Charlotte*, b [3] 22 avril 1736 ; s [3] 30 avril 1746.— *Marie-Agathe*, b [3] 19 oct. 1737 ; m [3] 19 février 1759, à Louis PAQUET.—*Marguerite*, b [3] 1er et s [3] 18 juin 1739.— *François*, b [3] 5 juillet 1740 ; s [3] 30 avril 1746. — *Germain*, b [3] 27 juillet et s [3] 12 août 1743.—*Marie-Charles*, b [3] 21 oct. 1746 ; s [3] 2 sept. 1748.

1722, (16 février) Pte-aux-Trembles, M [7]

III.—CHALIFOUR, JACQUES,   [PIERRE II.
  b 1701.
  ARCHAMBAULT, Marie,   [ANDRÉ III.
  b 1704.

Jacques-André, b [7] 18 janvier et s [7] 22 mai 1723. — *Marie-Joseph*, b [7] 1724 ; m [7] 17 janvier 1752, à Jean-Baptiste MAGUET.— *Jean*, b 1726 ; m 1753, à Geneviève-Barbe MAGUET.— *Pierre*, b 1730 ; m [7] 10 nov. 1760, à Marguerite CHAUDILLON. —*Elisabeth*, b 1734 ; m [7] 12 nov. 1764, à Louis SIMON.—*Jean-Baptiste*, b [7] 18 mars 1749.

1726, (1er août) Québec. [1]

III.—CHALIFOUR, Jos-BERNARD, [PAUL-FRS II.
  b 1704, s 21 nov. 1759, au Cap-St-Ignace.[2]
  1o LABRECQUE, Marguerite,   [JACQUES II.
  b 1701 ; s [1] 25 avril 1756.

Marie-Marguerite, b [1] 7 nov. 1727 ; 1o m [1] 21 juillet 1749, à Augustin DUGAL ; 2o m [1] 21 février 1757, à Claude MORJERET.—*Jean-Baptiste*, b [1] 23 oct. et s [1] 20 nov. 1728.—*Marie-Marguerite*, b [1] 21 sept. et s [1] 2 nov. 1729. — *Joseph*, b [1] 31 oct. 1730 ; s [1] 4 juillet 1732.—*Roch*, b [1] 15 oct.

1731 ; s [1] 8 mars 1733.—*Joseph*, b [1] 30 mars et s [1] 22 avril 1733.—*Pierre*, b [1] 31 août 1734 ; m [1] 18 juillet 1758, à Marie TRUDEL.—*Marguerite*, b [1] 4 avril et s [1] 16 sept. 1736.

1758, (30 oct.) [2]
2o FONJAMY, Marie-Catherine (1). [LÉONARD I.

1727, (2 janvier) Québec. [1]

III.—CHALIFOUR, JEAN-BTE,   [PAUL II.
  b 1700 ; s [1] 7 juin 1759.
  MARCHET, Marie-Geneviève,   [JEAN-BTE I.
  b 1701.

Françoise, b [1] 16 et s [1] 30 nov. 1727.—*Jean-Baptiste-Joseph*, b [1] 23 mars 1730.—*Marie-Geneviève*, b [1] 20 déc. 1731.—*Agathe*, b [1] 10 avril et s [1] 28 nov. 1733. — *Joseph*, b [1] 26 nov. 1734. — *Marie*, b [1] 7 février 1737. — *Marie-Louise-Cécile*, b [1] 1er mai 1742. — *Pierre-André*, b [1] 24 janvier et s [1] 12 juillet 1746.

1727, (28 avril) Charlesbourg.

III.—CHALIFOUR, JEAN-BTE,   [PIERRE II.
  b 1706 ; s 25 avril 1748, à Lachenaye.[2]
  BOESMÉ, Marie-Anne (2),   [CHARLES II.
  b 1704.

Marie-Anne, b [2] 4 mars 1728 ; m [2] 18 oct. 1745, à Joseph ALARD. — *Jean*, b [2] 1er février 1729 ; m 19 oct. 1761, à Marguerite DAUNAY, à St-Henri-de-Mascouhe. [J] — *Marie-Charlotte*, b [2] 9 mai 1730 ; m [3] 24 mai 1751, à Alexis BOURGOIN.— *François*, b... m à Marie LOISEL. — *Marie-Marguerite*, b [2] 19 février 1732. — *Geneviève*, b [2] 11 mars 1733.—*Geneviève*, b [2] 6 et s [2] 12 mai 1734. — *Michel*, b [2] 21 juin 1735 ; m [3] juillet 1758, à Monique BEAUCHAMP.—*Philippe*, b [2] 13 oct. 1736 ; m [3] 31 mars 1761, à Marie-Joseph CODERRE.—*Marie-Françoise*, b [2] 25 mars et s [2] 5 mai 1738.— *Marie-Osithé*, b [2] 29 mai 1739 ; m [3] 7 nov. 1757, à Jean-Baptiste LECLERC. — *Marie-Rose*, b [2] 23 juillet et s [2] 9 août 1740. — *Charles*, b [2] 25 juin 1743.—*Marie-Thérèse*, b [2] 10 juin 1744.—*Joseph*, b [2] 16 février 1748.

1737, (2 sept.) Charlesbourg. [4]

III.—CHALIFOUR, PAUL,   [PIERRE II.
  b 1710.
  BERGEVIN, Marie-Jeanne,   [FRANÇOIS II.
  b 1717.

Pierre-Paul, b [4] 31 juillet 1738 ; m 31 janvier 1763, à Marie-Joseph RENAUD, à St-Antoine-de-Chambly. [5] — *Hélène*, b [4] 30 nov. 1739 ; m [5] 7 janvier 1765, à Pierre GILBERT.—*François*, b [4] 5 mai 1741.—*Jean-Baptiste*, b [4] 3 mars 1743 ; m [5] 10 août 1767, à Angelique CIRCÉ. — *Michel*, b [4] 1er juillet 1745.—*Marie-Charles*, b [4] 3 avril 1747. —*Marie-Joseph*, b [4] 16 oct. 1748.—*Marie-Louise*, b [4] 11 mars 1751. — *Louis*, b [4] 13 nov. 1752.— *Jean-Charles*, b [4] 8 oct. 1754.—*Marie-Joseph*, b [4] 3 juillet 1756.

(1) Elle épouse, en 1760, Jean-Baptiste Monet-Boismenu.
(2) Elle épouse, le 15 février 1751, Louis Guibord, à St-Henri-de-Mascouche.

1737, (18 nov.) Islet. [8]
III.—CHALIFOUR, François, [Pierre II.
officier de milice, b 1712.
  1° Gamache, Elisabeth,   [Nicolas II.
b 1719.
  Marie-Elisabeth, b [8] 13 nov. 1739; m [8] 15 juin 1758, à Alexandre Kéroac. — *Marie-Geneviève*, b [8] 8 juillet 1742; m [8] 5 août 1763, à Emmanuel Couillard.—*François*, b [8] 15 février 1744.
    1758, (30 janvier). [8]
  2° Choisie, Marie-Martine,   [François I.
b 1737 ; s [8] 18 août 1762.
François, b [8] 3 mai 1758.—*Régis*, b [8] 7 février 1761.

III.—CHALIFOUR, Joseph,   [Joseph II.
b 1724.
  Tibaut, Marie-Louise,   [Antoine III.
b 1727.
  Joseph, b 13 et s 17 oct. 1751, à Québec. [4] — *Joseph-Louis*, b [4] 3 déc. 1752.— *Marie-Elisabeth*, b [4] 3 mars 1754. — *Louis*, b [4] 21 août 1755. — *Louise-Véronique*, b [4] 5 dec. 1757.—*Marie-Françoise*, b [4] 29 juillet et s [4] 7 août 1761.

1752, (7 février) Charlesbourg.
IV.—CHALIFOUR, Gilles,   [Joseph III
b 1728 ; s avant 1792.
  Proteau, Marie-Renée,   [Michel II.
b 1731.
  Marie-Véronique, b 7 mai 1753, à Québec [2], m [2] 17 février 1778, à Augustin Plante. — *Jean-Baptiste*, b [2] 9 nov. 1754, s [2] 26 août 1756.— *Marie-Madeleine*, b [2] 27 juillet 1756. — *Cecile-Elisabeth*, b [2] 5 avril 1759.—*Marie-Suzanne*, b [2] 12 et s [2] 16 janvier 1762. — *Gilles-Joseph*, b [2] 1er avril 1763. — *Jacques*, b... m [2] 23 oct 1792, à Marie-Joseph Poitras.—*Thérèse*, b... m [2] 22 oct. 1793, à Louis Pagé.

1753.
IV.—CHALIFOUR, Jean,   [Jacques III.
b 1726.
  Maguet (1), Geneviève-Barbe,   [Jean-Bte II.
b 1730.
  Geneviève-Barbe, b 8 janvier 1754, à Chambly. [2] —*Jean-Baptiste*, b [2] 29 avril 1755. — *Pierre-Clément*, b [2] 18 mai et s [2] 1er juillet 1757. — *Marie-Joseph*, b [2] 9 juillet 1758.

1753, (4 juin) Charlesbourg. [7]
IV.—CHALIFOUR, Pierre,   [Pierre III.
b 1727.
  Proteau, Marie-Marguerite,   [Michel II.
b 1726.
  Pierre, b 16 mai 1754, à Beauport [8]; s [8] 21 oct. 1759.—*Marie-Marguerite*, b [8] 29 août 1756; s [8] 17 oct. 1759.—*Ignace*, b [8] 10 mars 1758; s [8] 12 mai 1759.—*Louis-Baptiste*, b [7] 22 juin 1759.—*Pierre-Paul*, b [8] 1er dec. 1760. — *Joseph*, b [8] 10 avril 1762. — *Marie-Catherine*, b [8] 22 avril 1764.

(1) Et Maillé.

1754, (28 janvier) Beauport.
IV.—CHALIFOUR, Jos.-Dominique,[Pierre III.
b 1729.
  Maillou, Marie-Joseph,   [Germain III.
b 1731.
  Joseph-Pierre, b 10 février 1755, à Charlesbourg. [8] — *Marie-Joseph*, b [8] 26 mars 1756. — *Charles-Antoine*, b 1758 ; s [8] 21 avril 1760.—*Marie-Judith*, b [8] 18 février 1760. — *Marie-Joseph*, b [8] 17 avril 1762.

CHALIFOUR, Pierre.
  Truchon, Angelique.
  Amable, b 24 avril et s 7 mai 1737, à St-Henri-de-Mascouche.

1758, (18 juillet) Québec. [2]
IV.—CHALIFOUR, Pierre,   [Jos-Bernard III.
b 1734 ; charpentier.
  Trudel, Marie,   [Jean III.
b 1736.
  Marie-Louise, b [2] 14 nov. 1760. — *Marguerite*, b [2] 14 mars 1763.

1758, (3 juillet) St-Henri-de-Mascouche. [8]
IV.—CHALIFOUR, Michel,   [Jean-Bte III.
b 1735.
  Beauchamp, Monique.   [Joseph III.
  Michel-Marie, b [8] 5 mai et s [8] 29 août 1759. — *Joseph-Marie*, b [8] 31 août 1760.

CHALIFOUR, ...
  Laviolette, Marie.
  Louise, b... s 29 sept. 1761, à Lévis.

IV.—CHALIFOUR, François.   [Jean-Bte III.
  Loisel, Marie.
  François, b... m 11 sept 1780, à Reine Hamelin, à l'Islet.—*Marie*, b... m à Emmanuel Després.

1760, (14 janvier) Terrebonne.
IV.—CHALIFOUR, Charles,   [Germain III.
b 1729.
  Jérémie, Marie-Louise,   [Joseph II.
b 1721 ; veuve de Charles Huppe.

1760, (10 nov.) Pte-aux-Trembles, M.
IV.—CHALIFOUR, Pierre,   [Jacques III.
b 1730.
  Chaudillon, Marguerite,   [Pierre II.
b 1731.

1761, (31 mars) St-Henri-de-Mascouche.
IV.—CHALIFOUR, Philippe,   [Jean-Bte III.
b 1736.
  Coderre, Marie-Joseph.   [Antoine III.
  Jean-Baptiste, b 3 janvier 1763, à Lachenaye.

1761, (19 oct.) St-Henri-de-Mascouche.
IV.—CHALIFOUR, Jean,   [Jean-Bte III.
b 1729.
  Daunay, Marguerite,   [Louis II.
b 1732 ; veuve de Pierre Muloin.
  Michel, b 23 juillet 1769, à Lachenaye.

1762, (25 janvier) Charlesbourg.
IV.—CHALIFOUR, Pierre,   [Germain III.
   b 1733.
   Valois, Marie,   [Louis II.
   b 1734; veuve de Charles Bertrand.
   Ignace, b 31 juillet 1766, à Ste-Foye.

1763, (31 janvier) St-Antoine-de-Chambly.
IV.—CHALIFOUR, Pierre-Paul,   [Paul III.
   b 1738.
   Renaud, Marie-Joseph,   [Jean-Bte III.
   b 1742.

1764, (23 janvier) Beauport.
IV.—CHALIFOUR, Chs-Antoine, [Pierre III.
   b 1740.
   Maillou, Geneviève,   [Germain III.
   b 1736; s 19 mars 1793, à Québec.
   Charles, b 3 nov. 1764, à St-Joseph, Beauce. [8]
   —*Marie-Geneviève*, b [8] 22 déc 1765 —*Pierre*, b [8]
   3 mai 1767.—*Marie-Angélique*, b [8] 8 déc. 1770.—
   Marie-Joseph, b [8] 6 mars 1773.—*Marie-Françoise*,
   b 3 février 1781, à St-Augustin.

CHALIFOUR, Pierre.
   Bertrand, Marie.
   Pierre, b... 1° m 31 oct. 1792, à Victoire
   Coussot, à St-Charles, Mo. [4]; 2° m [4] 12 sept.
   1799, à Virginie Querré.

1767, (10 août) St-Antoine-de-Chambly.
IV.—CHALIFOUR, Jean-Bte,   [Paul III.
   b 1743.
   Circé, Angelique (1),   [Jean-Bte II.
   b 1744.

1780, (11 sept.) Islet.
V —CHALIFOUR, François.   [François IV.
   Hamelin, Reine-Marguerite,   [Louis III.
   b 1754.

1792, (23 oct.) Québec.
V —CHALIFOUR, Jacques.   [Gilles IV.
   Poitras, Marie-Joseph,   [Jean-Bte IV.
   b 1773.

CHALIFOUR, Joseph.
   Poujol, Marie-Rose.
   Marie, b... m 5 oct. 1821, à Amable Turpin, à
   Sioux City, Mo.

CHALIFOUR, Geneviève, épouse d'Augustin
   Lemire.

CHALIFOUR, Marguerite, épouse de Pierre
   Locat.

CHALIFOUR, Geneviève, epouse de Jean-Baptiste Lorty.

CHALIFOUR, Marie, épouse de François Ouellet.

CHALIFOUR, Marie, b 1728; m à Michel Pampalon; s 17 janvier 1793, à Québec.

CHALIFOUR, Marie, b 1734; m à Sem Platt; s 2 nov. 1793, à Quebec.

CHALIFOUR, Madeleine, épouse de Simon Roy-Audy.

CHALIFOUR, Marie-Anne, épouse de Louis St-Pierre.

CHALIFOUR, Marie-Louise, b 1747; m à Caleb-Guillaume Thorn; s 28 mars 1795, à Quebec.

CHALIS.—Voy. Chalus.

CHALONS. — *Variations et surnoms*: Loiseau, 1724—Cousin—Garapin, 1749.

CHALOU.—Voy. Lebeuf.—Chaillon.

1723, (18 oct.) Québec. [2]
I.—CHALOU (1), Pierre-François, boulanger;
b 1697; fils de Pierre-François et de Catherine Chalut, de Geverge, diocèse de Poitiers;
s 12 mars 1765, à Beauport. [3]
1° Boisdoré, Marie,   [François I.
   b 1675; s [2] 17 oct. 1743.
   Pierre, b [2] 8 janvier et s 20 août 1725, à
   Charlesbourg. [4]—*Marie-Anne*, b [2] 2 et s [2] 19
   juillet 1726.—*Ursule-Joseph*, b [2] 21 oct. 1727, m [2]
   27 janvier 1742, à Joseph Roy.—*Marie-Elisabeth*,
   b [2] 9 sept. 1728; m [2] 11 janvier 1751, à André
   Chauvet.—*Marie-Louise*, b [2] 1er oct. et s [2] 1er déc.
   1729, à St-Laurent, I. O. — *Marie-Anne*, b [2] 29
   août 1730, m [2] 23 février 1756, à Louis Courtin.
   —*Jean-Baptiste*, b [2] 14 février 1732; 1° m à
   Marie Yardin, 2° m [2] 25 août 1765, à Anne
   Boisjoli.— *Marie-Geneviève*, b [2] 18 janvier
   1733. — *Françoise-Hyacinthe*, b [2] 27 avril et s [4]
   18 juillet 1734. — *Pierre* (2), b [2] 30 juillet 1735;
   m [3] 13 juillet 1761, à Angélique Parant; s 1822.
   —*Michel*, b [2] 19 oct. 1736.

                1743, (28 déc.) [2]
2° L'Archevêque, Julienne-Marg.,   [Jean III.
   b 1722; s [2] 17 janvier 1756.
   Julienne, b [2] 5 janvier 1745; s [2] 30 août 1755.
   —*Claude-Antoine*, b [2] 13 juin 1746, s [3] 20 août
   1746.—*Angelique*, b [2] 13 juin 1746; m [3] 26 février
   1770, à Joseph-Noel Parant. — *Jean-Léon*, b [2] 4
   août 1747. — *Marie-Charlotte*, b [2] 8 août 1748.—
   Marie-Agathe, b [2] 22 et s 27 sept. 1749, à Levis. [5]
   —*Jean-Baptiste-Michel*, b [2] 9 mai 1751. — *Marie-Agnès*, b [2] 9 mai 1751; s [2] 27 juillet 1757.—*Marie-Françoise*, b [2] 11 janvier 1753, s [5] 11 oct. 1754.—
   Marie-Louise, b [2] 31 mai 1754.—*Judith*, b 1755;
   s [4] 23 août 1756.—*Charlotte-Julie*, b [2] 11 janvier
   1756.

CHALOU, Jacques.—Voy. Chaillon de 1736

---

(1) Dit St-Michel, voy. vol. I, p. 554.

(1) Dit St-Pierre.

(2) Grandpère du prothonotaire.

1761, (15 juillet) Beauport.[4]
II.—CHALOU, Pierre, [Pierre-François I.
  b 1735.
  Parant, Marie-Angélique, [François III.
  b 1741.
  Angélique, b[4] 8 juin et s[4] 25 oct. 1762.—Marie-Angélique, b[4] 14 déc. 1763 ; m à Olivier Trahan ; s 27 oct. 1843, à Québec.[5]—Marie-Joseph, b[4] 30 mars 1765.—Pierre, b... m[5] 13 février 1798, à Amarante Raté.

II.—CHALOU, Jean-Bte (1), [Pierre-Frs I.
  b 1732.
  1° Yardin, Marie.
    1765, (25 août) Beauport.
  2° Boisjoli (2), Anne, [Charles.
  b 1735 ; s 4 nov. 1785, à l'Islet.
  Marie-Joseph et Marie, b 6 juin 1765, à l'Ile-aux-Coudres. — Jean-Baptiste, b 2 mars 1767, à Kamouraska.[7]— Marie-Anne, b[7] 7 février 1768 ; 1° m[7] 31 janvier 1780, à Pierre Sirois ; 2° m 9 janvier 1786, à Basile Coté, à l'Ile-Verte.[6] — Elisabeth, b... m[6] 26 oct. 1789, à Ignace Coté.

CHALOU, Charles.—Voy. Chaillon de 1767.

CHALOU, Joseph, s 10 nov. 1779, au Détroit.

1798, (13 février) Québec.[8]
III.—CHALOU, Pierre, [Pierre II.
  boulanger.
  Raté, Amarante, [François IV.
  Pierre-Philippe, b[8] 19 mai 1799 ; m[8] 18 sept. 1827, à Emilie Gauvin.

1827, (18 sept.) Québec.
IV.—CHALOU, Pierre-Philippe, [Pierre III.
  b 1799.
  Gauvin, Emilie. [Hilaire.

CHALUT.—Variations et surnoms : Chanluc—Chaslu—Charlu—Chanteloup— Lagrange.

1696.
I.—CHALUT (3), François, de Brive-la-Gaillarde, en Limousin ; s 10 janvier 1753, à Montréal.
  Morille (4), Marie,
    s avant 1728.
  Jacques, b... m 9 oct. 1724, à Louise Lussier, à Varennes. — Marie-Madeleine, b 8 sept. 1697, à St-Thomas.[9]— Marie-Geneviève, b[9] 20 nov. 1699 —Charles-François, b[9] 3 mars 1702, m[9] 15 nov. 1728, à Jeanne Simoneau. — Angélique, b[9] 28 août 1704.

1706, (10 juin) Montréal.[3]
I.—CHALUT (1), François, b 1678 ; fils de Jean et de Jeanne Piambert, de St-Augustin-de-Cahors.
  Fortier, Marie-Marthe, [Etienne I.
  b 1688 ; s[3] 13 déc. 1749.
  Pierre, b 3 mai 1709, au Détroit.—Louise, b[3] 23 et s[3] 25 mai 1711.—Barthélemi, b[3] 23 août 1712 ; m 26 nov. 1737, à Marie Choret, au Sault-au-Récollet. — Jacques, b... m à Marie-Louise Lussier.—Charles, b[3] 25 février 1715 ; m 11 janvier 1751, à Agnès-Agathe Amiot, à Makinac.—François, b[3] 29 oct. 1716.—Marie, b[3] 16 et s[3] 23 déc. 1718. — Françoise, b[3] 15 avril 1720 ; m[3] 17 nov. 1738, à Jean-Baptiste-Antoine Boulard ; s[3] 23 déc. 1749. — Marie-Joseph, b[3] 13 juillet 1722, m[3] 2 août 1741, à Claude Caseneuf.—Pierre, b 1726 ; s[5] 28 oct. 1748.

1724, (9 oct.) Varennes.[5]
II.—CHALUT (2), Jacques. [François I.
  Lussier, Marie-Louise, [Christophe II.
  b 1702.
  Marie-Anne, b... m 25 oct. 1751, à Pierre Baudoin, à Verchères.[7] — François-Jacques, b[8] 3 dec. 1726, s[8] 20 déc. 1727.—Marie-Louise, b... m[7] 29 janvier 1753, à Pierre Racine. —Marie-Judith, b... m[7] 24 sept. 1753, à Jean-Baptiste Catudas.—Jacques, b[7] 1733 ; m[7] 13 janvier 1755, à Marie-Anne Pineau ; s[7] 30 oct. 1755.—Michel, b... m[7] 17 mai 1762, à Marie-Anne Jarret.— Marie-Catherine, b... m[7] 12 février 1763, à Etienne Pepin.

1728, (15 nov.) St-Thomas.[2]
II.—CHALUT (3), Charles, [François I.
  b 1702.
  Simoneau (4), Marie-Jeanne, [René I.
  b 1702 ; s 16 juillet 1742, à Québec.[5]
  Anonyme, b[2] et s[2] 16 déc. 1729. — Marie-Marthe, b[2] 25 mai et s[2] 5 juin 1731. — Charles, b[2] 6 juillet 1732 ; s[2] 5 sept. 1737.—Marie-Louise, b[2] 20 août 1734 ; m 1756, à Louis-Joseph Alary.—Michel, b 11 mars 1737, à St-Nicolas.[3]—Charles, b[3] 16 août 1739 ; 1° m 16 nov. 1763, à Angélique Foucher, à Ste-Famille, I. O. ; 2° m à Marie-Pelagie Baudoin.—Marie-Hélène, b 29 avril et s 12 août 1742, à St-Michel.

1737, (26 nov.) Sault-au-Récollet.
II.—CHALUT (5), Barthélemi, [François I.
  b 1712.
  Choret, Marie. [Pierre III.

1751, (11 janvier) Makinac.[4]
II.—CHALUT (6), Charles, [François I.
  b 1715.
  Amiot, Agnès-Agathe. [Jean-Bte IV.
  Marie-Anne, b[4] 10 déc. 1751.—Charles-Augustin, b[4] 9 janvier 1754.

---

(1) Maître navigateur pour le roi.
(2) Dit Bellefontaine.
(3) Dit Chanteloup et Chanluc.
(4) Et Mary.

(1) Dit Chanteloup ; soldat de la compagnie de LeVerrier.
(2) Et Chanluc.
(3) Dit Lagrange.
(4) Dit Sanschagrin.
(5) Dit Chanteloup.
(6) Et Charlu.

1755, (13 janvier) Verchères. ⁸
III.—CHALUT, JACQUES,   [JACQUES II.
   b 1733, s ⁸ 30 oct. 1755.
PINEAU, Marie-Anne,   [FRANÇOIS III.
   b 1723.
Jacques, b ⁸ 4 et s ⁸ 5 nov. 1755.

1762, (17 mai) Verchères.
III.—CHALUT, MICHEL.   [JACQUES II.
JARRET, Marie-Anne.   [JOSEPH III.

1763, (16 nov.) Ste-Famille, I. O.
III.—CHALUT (1), CHARLES,   [CHARLES II.
   b 1739.
1° FOUCHER, Marie-Angélique,   [GABRIEL III.
   b 1739, s avant 1768.
2° BAUDOIN, Marie-Pelagie,   [JEAN-BTE II.
   b 1732.
Charles, b 22 avril 1768, à Repentigny¹; m ¹ 9 juillet 1792, à Louise FISSIAU. — *Jean-Baptiste,* b ¹ 11 juillet et s ¹ 15 sept. 1771. — *Marie-Catherine,* b ¹ 11 juillet 1771, s ¹ 4 juin 1772.

1792, (9 juillet) Repentigny.
IV.—CHALUT, CHARLES,   [CHARLES III.
   b 1768.
FISSIAU, Louise.   [JEAN-BTE III.

CHALUT, MARIE-AMABLE, épouse de Jean-Baptiste ROGER-LATOUCHE.

1676, (23 sept.) Montréal. ⁵
I.—CHAMAILLARD (2), JEAN-VINCENT,
   b 1646; s 15 nov. 1688, à Lachine.
RENUSSON, Catherine,
   b 1654.
Marie-Catherine, b ⁵ 12 juillet 1677; m 11 nov. 1697, à François MORIN, à St-Thomas²; s ² 22 avril 1753.

1704, (7 janvier) Lachine. ³
II.—CHAMAILLARD, JEAN,   [VINCENT I.
   b 1680.
MATOU (3), Marie,   [PHILIPPE I.
   b 1681.
Marie-Catherine, b ³ 15 déc. 1704; m 23 fevrier 1729, à Antoine CHARLEBOIS, à Terrebonne.— *Jean-Baptiste,* b ³ 11 fevrier 1706.— *Marie-Anne,* b ¹ᵉʳ juin 1710.— *Marie-Charles,* b 4 sept. 1714, à la Pte-Claire.

CHAMAILLARD, GENEVIÈVE, épouse de François LALONDE.

CHAMAILLARD, CHARLOTTE, epouse de François ROY.

1689, (21 nov.) Charlesbourg. ⁷
II.—CHAMARD, NICOLAS.   [PIERRE I.
RENAULT, Jeanne,   [JACQUES II.
   b 1666; veuve de Claude Fournier; s ⁷ 19 fevrier 1737 (4).

(1) Dit Lagrange.
(2) Voy. vol. I, pp. 111, 112.
(3) Dit Labrie.
(4) Morte de Froid.

Charlotte, b ⁷ 7 sept. 1693; 1° m ⁷ 13 juin 1712, à Jean-Baptiste VANIER; 2° m 20 mai 1748, à Alexandre HUNAULT, à St-Vincent-de-Paul.— *Marie-Joseph,* b ⁷ 16 sept. 1698; m 14 février 1730, à Noël PARÉ, à St-Joachim²; s ² 30 oct. 1770.—*Anne,* b ⁷ 19 mai 1706; m ⁷ 27 nov. 1735, à Quentin BOURGEOT.

1712, (18 juillet) Québec. ³
III.—CHAMARD, PIERRE,   [NICOLAS II.
   b 1690.
CUREUX, Marie-Madeleine,   [MICHEL 1.
   b 1696; s ³ 3 juin 1758.
Pierre, b 1713; s ³ 17 sept. 1714.— *Louis,* b ³ 27 juillet 1714.— *Marie-Charlotte,* b ³ 14 sept.1715; m ³ 25 oct. 1745, à Louis ALLAIRE. — *Michel,* b ³ 23 janvier 1717; 1° m ³ 21 août 1741, à Louise DUSAUT; 2° m 8 nov. 1751, à Geneviève CARRIER, à Lévis.— *Marie-Louise,* b ³ 9 oct. et s ³ 17 nov. 1718.— *Pierre-Laurent,* b ³ 9 avril et s ³ 17 août 1722.— *Louise-Catherine,* b ³ 15 juillet 1725 ; m ³ 6 sept. 1745, à Jean-François FORTON. — *Jean-Baptiste,* b ³ 13 août 1727; 1° m ³ 7 janvier 1754, à Marie-Angelique LARCHER; 2° m 21 nov. 1785, à Marie-Joseph DANCOSSE, à la Rivière-Ouelle.— *Marie-Geneviève,* b ³ 14 avril 1729; 1° m ³ 26 juillet 1751, à Louis CHAUVEAU; 2° m ³ 21 avril 1755, à Simon BARBEAU. — *Marie-Anne,* b ¹ᵉʳ février 1731; s ³ 12 mai 1733. — *Marie-Anne,* b ³ 20 oct. 1733. — *Marie-Madeleine,* b ³ 19 février 1737, m ³ 24 avril 1759, à Jean RASSET; s ³ 28 mai 1763.

1714, (12 août) Quebec. ⁴
II.—CHAMARD, PIERRE,   [PIERRE I.
   b 1669.
LAUZAY, Marguerite,   [JEAN I.
   b 1673 ; veuve de Jean Lemelin; s ⁴ 8 mai 1738.
Marie-Angélique, née ⁴ 25 oct. 1707 (1); m ⁴ 30 août 1729, à Jacques LARCHER; s ⁴ 1ᵉʳ sept 1743. — *Marie-Joseph,* b... m ⁴ 21 février 1740, à François BILLY.

CHAMARD, PIERRE.
DEMERS, Anne.
Charles-Joachim, b 28 février 1720, à Québec.

1741, (21 août) Québec. ⁴
IV.—CHAMARD, MICHEL,   [PIERRE III.
   b 1717; s avant 1773.
1° DUSAUT, Marie-Louise,   [FRANÇOIS II.
   b 1719, s ⁴ 21 janvier 1748.
Marie-Louise, b ⁴ 26 mai 1742; m 15 nov. 1773, à Jean-Baptiste DUPÉRÉ, à la Rivière-Ouelle.— *Marie-Charles,* b ⁴ 20 février 1744.— *Michel,* b ⁴ 10 nov. 1745; s ⁴ 6 juillet 1748.— *Marie-Elisabeth,* b ⁴ 28 déc. 1747.

1751, (8 nov.) Lévis. ⁵
2° CARRIER, Marie-Geneviève,   [JEAN II.
   b 1723.
Anonyme, b ⁴ et s ⁴ 30 sept. 1753.—*Geneviève,* b ⁴ 17 oct. 1754 ; s ⁵ 25 juillet 1764. — *Marie-*

(1) Légitimée le 12 août 1714.

Angélique, b ᵈ et s ᵈ 29 avril 1757. — *Michel,* b ᵈ 26 sept. 1759. — *Jean-Baptiste, b...* s ᵈ 14 sept. 1761.

1754, (7 janvier) Québec. ⁴
IV.—CHAMARD, Jean-Bte,   [Pierre III.
  b 1727.
1° Larcher, Angélique,   [Jean-Bte I.
  b 1735; s 5 janvier 1781, à Kamouraska.
Pierre, b ⁴ 5 oct. 1754. — *Jean-Michel,* b ⁴ 18 mai 1756; s ⁴ 12 août 1757.— *Robert,* b ⁴ 18 mai 1756; s ⁴ 13 août 1757. — *Marguerite,* b ⁴ 29 oct. 1757.— *Marie-Anne,* b ⁴ 6 mai 1759. — *Jean-Baptiste,* b ⁴ 15 janvier 1761.— *Antoine,* b ⁴ 9 juillet 1762; m ⁴ 15 sept. 1795, à Marguerite Melançon. — *François-Xavier,* b ⁴ 23 oct. 1763, m ⁴ 14 avril 1790, à Marie-Jeanne Griault.

1785, (21 nov.) Rivière-Ouelle.
2° Dancosse, Marie-Joseph,   [Joseph III.
  b 1752.

1790, (14 avril) Québec.
V.—CHAMARD, Frs-Xavier,   [Jean-Bte IV.
  b 1763.
Griault, Marie-Jeanne.   [Etienne II.

1795, (15 sept.) Québec.
V.—CHAMARD, Antoine,   [Jean-Bte IV.
  b 1762.
Melançon, Marguerite,   [Jean-Bte II.
  b 1761.

CHAMARD, Angélique, épouse d'Antoine Laflamme.

CHAMARD, Marie-Louise, épouse de Joseph Colin.

CHAMARD, Marie-Charles, épouse de François Gautier.

CHAMBEAU.—Voy. Lemire.

1717, (19 mars) Montréal. ⁶
I.—CHAMBELLAN, François, bijoutier, b 1688; fils de Louis et de Marie Lemire, de St-Paul, Paris; s ᵇ 29 juin 1747.
1° Monmellian, Marie-Anne,   [Jean-Bte I.
  b 1690.
François, b ⁵ 2 août et s ⁵ 26 nov. 1718.

1721, (2 mai). ⁵
2° Ducasse, Marie,   [Jean I.
  b 1701.
Elisabeth, b 1731; m à Joseph Langlois; s 4 août 1761, à St-Vincent-de-Paul.

CHAMBELLI.—Voy. Clément.

CHAMBERLAN. — *Variations :* Chambran — Chambrelan.

1694, (3 nov.) St-François, I. O. ⁴
II.—CHAMBERLAN, Gabriel,   [Simon I.
  b 1677; s 24 août 1758, à Québec. ²
Alaire, Catherine,   [Charles I.
  b 1677; s ² 20 nov. 1753.
Marie, b 1697; m 5 avril 1717, à Pierre Mercier, à Ste-Famille, I. O. ⁵— *Jean-Baptiste,* b ⁴ 26 mars 1701; 1° m ⁵ 30 mai 1723, à Marguerite Lumina; 2° m à Marie-Joseph Gautier; 3° m ⁵ 14 nov. 1741, à Marie-Joseph Terrien; s ⁴ 17 mars 1764.—*Marguerite,* b ⁵ 13 février 1707; 1° m à Guillaume Amury; 2° m 19 sept. 1745, à François Marchand, au Cap-St-Ignace. — *Etienne,* b ⁵ 27 mars 1709; m ⁵ 4 avril 1731, à Madeleine Loignon.— *Joseph,* b ⁵ 23 juin 1711; m ² 25 janvier 1735, à Louise Chandelier; s ² 29 mars 1740.—*Claude,* b ⁵ 15 nov. 1713; m ² 30 oct. 1737, à Marie-Anne Chandelier.— *Marie-Thérèse,* b ⁵ 30 avril et s ⁵ 13 mai 1717.—*Marie-Cécile,* b ⁵ 30 avril et s ⁵ 20 mai 1717.— *Ignace,* b ⁵ 18 mai 1719.

1699, (2 mars) St-Jean, I. O.
II.—CHAMBERLAN, Ignace,   [Simon I.
  b 1680; s 26 nov. 1745, à St-Michel. ⁵
Rondeau, Madeleine,   [Pierre I.
  b 1676; s ⁵ 2 avril 1746.
Pierre, b ⁵ 12 avril 1705; m 15 juin 1727, à Marie-Joseph Filteau, à St-Valier ⁶; s ⁶ 25 oct. 1728.—*Ignace,* b ⁵ 15 avril 1703; m ⁶ 4 mai 1727, à Marie Gautron; s 21 nov. 1773, à St-Thomas. —*Jean, b...* 1° m ⁵ 16 mai 1729, à Marguerite Lefebvre; 2° m ⁵ 7 nov. 1757, à Françoise Mathau. —*Nicolas,* b 8 mai 1711, à Beaumont; m ⁶ 11 janvier 1734, à Marie Alaire. — *Jean-Baptiste, b...* m 10 juin 1743, à Marie-Joseph Barbeau, à Charlesbourg.

II.—CHAMBERLAN, Jean-Bte,   [Simon I.
  b 1689; s 26 dec. 1756, à St-Jean, I.O.
Paquet, Marie-Joseph,   [Pierre II.
  b 1696.

1723, (3 mai) Ste-Foye. ⁷
III.—CHAMBERLAN, Simon,   [Simon II.
  b 1700; s 14 juillet 1766, à Kamouraska. ⁸
Ouimet, Thérèse-Catherine,   [Louis II.
  b 1700.
Marie-Thérèse, b ⁷ 20 février 1724; m ⁸ 26 juillet 1756, à Antoine Garnier.—*Marie-Anne,* b ⁷ 29 sept. 1725, m ⁸ 26 avril 1745, à Pierre Dumais; s ⁸ 14 avril 1755.—*Simon-François,* b 15 sept. 1728, à Québec ²; s ² 11 mai 1733.— *Thérèse,* b 1727; s ² 19 déc. 1729.—*Pierre-Jean,* b ² 27 déc. 1729 — *Simon,* b 1730; m ⁸ 6 juillet 1761, à Judith Paradis; s ⁸ 1ᵉʳ mars 1771. — *Charles,* b ² 18 oct 1731. — *Joseph-Marie,* b ² 29 avril et s ² 29 mai 1733.—*Louis,* b ² 9 mars 1735; s 25 mars 1736, à St-Jean, I. O — *Marie-Marguerite,* b ⁵ 5 juin 1736; s ² 13 février 1741.—*Pierre-Jean,* b ² 28 avril 1738.—*Marguerite,* b ² 23 mai 1739; s ⁵ 9 dec. 1762.—*Joseph,* b ² 23 juin 1741; 1° m 6 février 1764, à Marie-Angelique Dubé, à la Rivière-Ouelle ⁹; 2° m ⁹ 22 nov. 1784, à Geneviève Chevalier.

1723, (30 mai) Ste-Famille, I. O.³
III.—CHAMBERLAN, JEAN-BTE, [GABRIEL II.
b 1701; s 17 mars 1764, à St-François, I. O.⁴
1° LUMINA, Marie-Marguerite, [JEAN I.
b 1697; veuve de Joseph Pelletier; s 29 juin 1726, à Ste-Anne-de-la-Pocatière.⁵
Jean-Baptiste, b ³ 30 mars 1724; m 11 janvier 1753, à Ursule LEMIEUX, au Cap-St-Ignace. ⁶ — *Ignace,* b ⁵ 24 avril et s ³ 31 juillet 1726.

1727, (28 avril). ⁶
2° GAUTHIER, Marie-Joseph, [JACQUES I.
b 1704; s ⁶ 26 février 1740.
Gabriel, b ⁵ 31 mars 1729; m 22 février 1751, à Marie-Louise LENOIR, à Charlesbourg. — *Gabriel,* b 23 janvier 1730, à Quebec ²; s 30 août 1745, à St-Roch.⁷ — *Marie-Catherine,* b ⁶ 21 fevrier 1732; m ⁶ 15 nov. 1756, à Mathurin PELLETIER. — *Marie-Thècle,* b ⁴ 11 juin 1733 , m ⁶ 29 janvier 1753, à Jean-Baptiste GERBERT; s ⁷ 19 déc. 1757. — *François,* b ⁶ 25 nov. 1735; m ² 12 juillet 1762, à Marguerite MORILLON. — *Marie-Geneviève,* b ⁶ 13 avril 1737; m ² 23 mai 1757, à Joseph TRAVERS.

1741, (14 nov.) St-Jean, I. O. ⁸
3° TERRIEN, Marie-Joseph, [ANDRÉ II.
b 1712; s ⁴ 28 déc. 1769.
Joseph, b ⁸ 23 sept. 1742. — *Charles,* b ⁴ 23 juillet 1744; s ⁴ 27 février 1746. — *Gervais,* b ⁴ 29 nov. 1745. — *Charles,* b ⁶ 11 sept. et s ⁶ 15 nov 1748. — *Claude-Joseph,* b ⁵ 17 mars et s ⁶ 21 avril 1750. — *Anonyme,* b ⁶ et s ⁶ 2 avril 1751. — *Charles,* b ⁶ 11 avril 1752.

1726, (29 oct.) Islet.
III.—CHAMBERLAN, GABRIEL, [GABRIEL II.
b 1704; s 26 janvier 1756, à Québec. ²
DESMOULIERS, Elisabeth, [JACQUES I.
b 1706.
Marie-Brigitte, b 3 août 1727, à Ste-Famille, I. O.⁷; s ² 24 août 1730. — *Etienne,* b ⁷ 13 mars 1729; m ² 9 nov. 1750, à Marguerite MARTEL, s ² 2 juillet 1785. — *Marie-Louise,* b ² 10 avril 1731. — *Marie-Elisabeth,* b ² 16 oct. 1732; s ² 8 mai 1733. — *Marie-Gervaise,* b... s ² 21 mai 1733. — *Marie-Joseph,* b ² 18 juillet 1734. — *Catherine,* b ² 25 nov. 1735, s ² 16 janvier 1737. — *Joseph et deux anonymes,* b ² 22 nov. 1736. — *Marie-Geneviève,* b ² 22 janvier 1738. — *Louis-François,* b ² 15 dec 1739; s² 17 mars 1741. — *Marie-Joseph,* b ² 15 dec. 1739. — *Gabriel,* b ² 17 août et s ² 1ᵉʳ sept. 1741. — *Jean-Gabriel,* b ² 19 déc. 1744; s ² 19 août 1745. — *Elisabeth,* b ² 19 déc. 1744; s ² 30 août 1745. — *Marie-Joseph,* b ² 11 juin 1746; s ² 6 juin 1749.

1727, (15 juin) St-Valier. ¹
III.—CHAMBERLAN, IGNACE (1), [IGNACE II.
b 1703; s 21 nov. 1773, à St-Thomas. ²
GAUTRON, Marie, [MICHEL I.
veuve de Michel Quéret; s 17 sept. 1757, à St-Michel.³
Marie-Hélène, b ¹ 28 avril 1728; m ³ 21 avril 1748, à Joseph BALAN. — *Marie-Françoise,* b ¹ 28 avril 1728. — *Michel,* b ¹ 1731; m ³ 3 nov. 1750, à Françoise GARAND; s ³ 14 mai 1752.

1727, (15 juin) St-Valier.¹
III.—CHAMBERLAN, PIERRE, [IGNACE II.
b 1705; s ¹ 25 oct. 1728.
FEUILLETEAU, Marie-Joseph (1), [NICOLAS II.
b 1705.
Marie-Joseph, b ¹ 2 mai 1728; m 26 nov. 1748, à Augustin TIBAUT, à Beaumont.

1729, (16 mai) St-Valier. ¹
III.—CHAMBERLAN, JEAN. [IGNACE II.
1° LEFEBVRE, Marguerite, [CLAUDE II.
b 1712; s 19 dec. 1756, à St-Michel. ²
Jean-Baptiste, b ² 18 avril 1731; s ² 31 oct. 1747. — *Joseph,* b 1731; 1° m ² 20 nov. 1753, à Marie-Angélique LEPAGE; 2° m 16 janvier 1759, à Geneviève MORIN, à St-Pierre-du-Sud. — *François-Régis,* b ¹ 6 mars 1733. — *Marie-Catherine,* b ¹ 18 mai 1735; m 1758, à Pierre BOULET. — *Ignace,* b 1737; s² 21 août 1756. — *Marie-Agathe,* b ² 24 avril 1737. — *Marguerite-Angélique,* b ² 3 mai 1739. — *Augustin,* b ² 28 mars 1741; m 9 janvier 1764, à Marie-Claire BOULET, à St-Thomas.³ — *Claude,* b ² 29 mars 1743; m ³ 8 avril 1771, à Marie-Charlotte ROUSSEAU. — *Thérèse,* b ² 7 juin 1745. — *Marie-Angélique,* b ² 3 mars 1747. — *Agathe,* b ² 22 sept. 1748. — *Michel-Bernard,* b ² 25 sept. 1751. — *Marie-Anne,* b... m ² 21 janvier 1754, à Jean-François PILOTE. — *Jean-François,* b ² 11 avril 1755.

1757, (7 nov.) ²
2° MATHAU, Françoise, [PIERRE II.
b 1726.
Ignace, b ² 5 sept. 1758

1731, (4 avril) Ste-Famille, I. O. ⁴
III.—CHAMBERLAN, ETIENNE, [GABRIEL II.
b 1709.
LOIGNON, Madeleine, [CHARLES II.
b 1708; s 28 avril 1778, à Québec. ⁵
Marie-Marguerite, b ⁴ 16 janvier 1732; m ⁵ 14 février 1757, à Antoine JACSON. — *Elienne,* b ⁴ 31 août 1734; s⁴ 18 nov. 1748. — *Marie-Madeleine,* b ⁴ 31 août et s ⁴ 15 oct. 1733. — *Marie-Madeleine,* b 18 mars 1737, à St-Pierre, I. O.; m ⁵ 11 fevrier 1754, à Jacques JARNAC. — *Marie-Marthe,* b ⁴ 18 oct. 1739; m ⁵ 14 février 1757, à Leonard GUÉRARD. — *Prisque,* b ⁴ 15 juillet 1742; m ⁵ 8 août 1763, à Marie-Anne VIVIER; s ⁵ 22 février 1786. — *Jean-Baptiste,* b ⁴ 12 juillet 1745; m ⁵ à Françoise MARMET; s ⁵ 25 janvier 1781. — *Louise-Victoire,* b ⁴ 28 avril 1748. — *Etienne,* b ⁴ 8 avril 1752; m à Marie-Anne GELY.

1734, (11 janvier) St-Valier. ⁷
III.—CHAMBERLAN, NICOLAS. [IGNACE II.
ALAIRE, Marie-Geneviève, [JOSEPH II.
b 1714.
Marie-Joseph, b ⁷ 8 avril et s ⁷ 30 mai 1734. — *Nicolas-François,* b ⁷ 2 avril 1735. — *Ignace,* b 15 mars 1737, à St-Michel.⁸ — *Joseph-Marie,* b 29 avril 1739, à Beaumont. — *Marie-Joseph,* b ⁸ 1ᵉʳ avril 1741. — *Marie-Elisabeth,* b ⁸ 4 mai 1743; s ⁸ 27 nov. 1759 (morte subitement). — *Pierre,* b ⁸ 8 sept. 1746. — *Pierre-Marie,* b ⁶ 6 nov. 1749.

(1) Voir registre de St-Michel, 13 août 1736, pour preuve.

(1) Elle épouse, le 26 juin 1729, Louis Dubeau, à St-Valier.

1735, (25 janvier) Québec.⁴
III.—CHAMBERLAN, Joseph,　　[Gabriel II.
　b 1711; s ⁴ 29 mars 1740.
　Chandelier, Louise,　　　　[Jean-Bte I.
　　b 1717.

1737, (30 oct.) Québec.³
III.—CHAMBERLAN, Claude,　　[Gabriel II.
　b 1713.
　Chandelier (1), Marie-Anne,　　[Jean I.
　　b 1715; s ³ 31 mars 1764.
　Marie-Anne, b ³ 27 nov. 1738 ; s ³ 20 juillet 1797.—*Pierre*, b ³ 22 mars 1740 ; m ³ 24 oct. 1763, à Marie Girouard.—*Joseph*, b ³ 19 juin et s ³ 11 juillet 1742. — *Claude-Nicolas*, b ³ 5 août 1743 ; m à Marie-Anne Cognac.—*Louise*, b ³ 16 janvier 1746. — *Joseph*, b ³ 17 mars 1748; m ³ 9 janvier 1781, à Elisabeth Dumas.—*Pierre*, b ³ 21 juillet 1749; s ³ 19 mars 1750. — *Marie-Joseph*, b ³ 14 février et s ³ 22 juillet 1751. — *François-Xavier*, b ³ 13 déc. 1752. — *Angélique*, b ³ 17 mars 1754. — *Michel*, b ³ 25 juillet et s 1ᵉʳ août 1755, à Charlesbourg.

1743, (10 juin) Charlesbourg.
III.—CHAMBERLAN, Jean-Bte.　　[Ignace II.
　1º Barbeau, Marie-Joseph,　　[Jacques II.
　　b 1725 ; s 13 février 1757, à Beauport.¹
　Marie-Joseph-Louise, b ¹ 1ᵉʳ février 1745.— *Jean-Baptiste*, b ¹ 14 sept. 1747. — *Simon*, b ¹ 19 janvier 1750. — *Charles*, b ¹ 18 février 1752. — *Pierre*, b ¹ 10 avril 1754.—*Nicolas*, b ¹ 5 février 1757 ; s ¹ 30 janvier 1758.—*Anonyme*, b ¹ et s ¹ 5 février 1757.

　　　　　1758, (6 nov.)¹
　2º Rochereau, Marguerite-Frse, [Jean-Bte II.
　　b 1732.
　Marguerite, b ¹ 29 sept. 1759.—*Dominique*, b ¹ 18 mai 1761.—*Marie-Charlotte*, b ¹ 15 août 1763. —*François*, b ¹ 17 mai 1765.

1750, (3 nov.) St-Michel.³
IV.—CHAMBERLAN, Michel,　　[Ignace III.
　b 1731 ; s ⁰ 14 mai 1752.
　Garand, Françoise,　　　　[Jean II.
　　b 1727.
　Michel, b ⁵ 23 et s ⁵ 26 avril 1752.

1750, (9 nov.) Québec.⁴
IV.—CHAMBERLAN, Etienne,　　[Gabriel III.
　b 1729 ; s ⁴ 2 juillet 1785.
　Martel, Marguerite,　　　　[Pierre III.
　　b 1728.
　Marie-Marguerite, b ⁴ 23 août et s ⁴ 6 sept. 1751. —*Marie-Elisabeth*, b ⁴ 10 et s ⁴ 13 août 1752.— *Etienne*, b ⁴ 25 sept. 1753 ; s ⁴ 4 mai 1756.—*Marie-Marguerite*, b ⁴ 26 juin 1757. — *Marie-Geneviève*, b ⁴ 15 sept. et s 7 nov. 1759, à Charlesbourg.

1751, (22 février) Charlesbourg.²
IV.—CHAMBERLAN, Gabriel,　　[Jean-Bte III.
　b 1729.
　Lenoir, Marie-Louise,　　　　[Jean-Louis I.
　　b 1729.

(1) Dit St-Louis.

Marie-Joseph, b ² 6 nov. 1751.—*Pierre-Gabriel*, b ² 19 mars et s ² 6 avril 1754. — *Joseph*, b ³ 18 juillet et s ³ 10 nov. 1755. — *Jean-André*, b ³ 29 nov. 1756.—*Louis-Joseph*, b ² 12 oct. 1759.

1752, (11 janvier) Cap-St-Ignace.⁸
IV.—CHAMBERLAN, Jean-Bte, [Jean-Bte III.
　b 1724.
　Lemieux, Louise-Ursule,　　[Chs-François III.
　　b 1731.
　Jean-Baptiste, b ³ 11 nov. 1753.—*Charles-Benjamin*, b ⁸ 10 avril 1755; m 19 janvier 1778, à Marie-Joseph Boucher, à St-Joachim. — *Marie-Louise*, b ³ 28 avril 1756.— *Antoine*, b ³ 27 avril 1757.—*Joseph*, b ³ 14 avril 1763. — *Gertrude*, b ³ 9 mai 1764.

1753, (20 nov.) St-Michel.⁹
IV.—CHAMBERLAN, Joseph,　　[Jean III.
　b 1731.
　1º Lepage, Marie-Angélique,　　[Jean-Bte II.
　　b 1732 ; s ² 25 avril 1754
　Angélique, b 16 et s 18 avril 1754, à Lorette.
　　　　　1759, (16 janvier) St-Pierre-du-Sud.⁸
　2º Morin, Geneviève,　　[Pierre-Noel IV.
　　veuve de François Dagneau.
　Joseph-Marie, b ³ 22 août 1759.

1761, (6 juillet) Kamouraska.⁴
IV.—CHAMBERLAN, Simon,　　[Simon III.
　b 1730 ; s ⁴ 1ᵉʳ mars 1771.
　Paradis, Judith,　　　　　[Jean III.
　　b 1737 ; s ⁴ 24 nov. 1770.
　Jacques-Marie, b ⁴ 23 déc. 1762.—*Marie-Rosalie*, b ⁴ 2 sept. 1764.—*Marie-Charlotte*, b ⁴ 4 oct. 1766.—*Simon*, b ⁴ 29 janvier et s ⁴ 29 mars 1769. —*Marie-Joseph*, b... m ⁴ 15 janvier 1781, à François Gaguet.

1762, (12 juillet) Québec.
IV.—CHAMBERLAN, François, [Jean-Bte III.
　b 1735.
　Morillon, Marguerite,　　[Mathurin I.
　　b 1716 ; veuve de François Daubert.

1763, (8 août) Québec.³
IV.—CHAMBERLAN, Prisque,　　[Etienne III.
　b 1742 ; s ³ 22 février 1786.
　Vivier, Marie-Anne,　　　[Joseph III.
　　b 1744.
　Prisque, b ³ 24 juillet 1764.—*Geneviève*, b... m ³ 22 janvier 1788, à Pierre Chamberlan. — *Gertrude*, b... m ³ 13 janvier 1789, à Jean-Baptiste Buckell. — *Angélique*, b... m ³ 23 nov. 1790, à Guillaume Maçon.—*Anne*, b... m ³ 2 février 1796, à Louis Bossu. — *Agathe*, b... m ³ 21 nov. 1797, à Jean Doyon.

1763, (24 oct.) Québec.⁴
IV.—CHAMBERLAN, Pierre,　　[Claude III.
　b 1740.
　Girouard, Marie-Joseph,　　[Charles I.
　　Acadienne.
　Pierre, b... m ⁴ 22 janvier 1788, à Geneviève Chamberlan. — *Geneviève*, b... m ⁴ 3 mai 1791 à Louis Boutiller.

1764, (9 janvier) St-Thomas.
IV.—CHAMBERLAN, Augustin, [Jean III.
b 1741.
Boulet, Marie-Claire, [Louis III.
b 1736.

1764, (6 février) Rivière-Ouelle. ⁷
IV.—CHAMBERLAN, Joseph, [Simon III.
b 1741.
1º Dubé, Marie-Angélique, [Augustin II.
b 1731 ; veuve de Louis Lévêque ; s ⁷ 19 février 1784.
Angélique, b... m ⁷ 28 juillet 1783, à Aristobule Garon.
1784, (22 nov.) ⁷
2º Chevalier, Geneviève, [René I.
veuve de Guillaume Berlinguet.

IV.—CHAMBERLAN, Jean-Bte, [Etienne III.
b 1745 ; s 25 janvier 1781, à Québec.¹
Vermette (1), Françoise.
Jean-Baptiste, b... m ¹ 26 nov. 1788, à Marie-Joseph Auclair. — *Marie-Françoise*, b 12 oct. 1772, à Ste-Foye.

1771, (8 avril) St-Thomas.
IV.—CHAMBERLAN, Claude, [Jean-Bte III.
b 1743.
Rousseau, Marie-Charlotte. [Louis III.

IV.—CHAMBERLAN, Nic.-Claude. [Claude III.
Cognac, Marie-Anne.
Nicolas-Claude, b 1775 ; s 9 mai 1797, à Québec.

IV.—CHAMBERLAN, Etienne, [Etienne III.
b 1752.
Gély, Marie-Anne.

1778, (19 janvier) St-Joachim.
V.—CHAMBERLAN, Chs.-Benj., [Jean-Bte IV.
b 1755.
Boucher, Marie-Joseph, [Noel II.
b 1734 ; veuve d'Augustin Gagnon.

1781, (9 janvier) Québec.
IV.—CHAMBERLAN, Joseph, [Claude III.
b 1748.
Dumas, Elisabeth. [Joseph IV.

1788, (22 janvier) Québec.
V.—CHAMBERLAN, Pierre. [Pierre IV.
Chamberlan, Geneviève. [Prisque IV.

1788, (26 nov.) Québec.
V.—CHAMBERLAN, Jean-Bte. [Jean-Bte IV.
Auclair, Marie-Joseph. [Charles.

CHAMBERLAN, Marie, b 1684 ; m à François Laflamme ; s 15 nov. 1765, à St-François, I.O.

CHAMBERLAN, Marguerite, épouse de Louis LeBon.

CHAMBERLAN, Marie-Joseph, épouse de Pierre St-Hilaire.

CHAMBERLAN, Marie-Joseph, épouse de Pierre St-Pierre.

CHAMBERLAN, Hélène, épouse de Joseph Lacombe.

CHAMBERLAN, Marie-Louise, épouse de Charles Vallée.

CHAMBERLAN, Geneviève, b 1718 ; m à Philippe Dubois ; s 3 oct. 1794, à Repentigny.

CHAMBERLAN, Marguerite, épouse d'Antoine Jagelin.

CHAMBERLANGE, Marguerite, b 1755 ; s 12 juillet 1756, à Beauport.

CHAMBERY.—Voy. Billon.

CHAMBLY (1),
Grandpré, Geneviève.
Marie-Louise, b et s 14 avril 1734, à Nicolet.

1721, (8 janvier) Lachine.
I.—CHAMBLY (2), Clément.
1º Messaguier (3), Marie-Anne, [Hugues I.
b 1697, s 20 mai 1750, au Bout-de-l'Ile, M.⁸
Marie-Catherine, b... m ⁸ 4 février 1743, à Etienne Robidou.—*Anonyme*, b ⁸ et s ⁸ 6 oct. 1742.
1750, (17 août). ⁸
2º Lalonde, Ursule, [Léonard I.
veuve de Michel Raynard.
Marie-Amable, b ⁸ 27 janvier 1753 ; s ⁸ 7 mars 1755.—*Marie-Ursule*, b ⁸ 14 sept. 1754.—*Agathe*, b ⁸ 8 sept. 1756.—*Bernard*, b ⁸ 25 nov. 1758.—*Jean-Baptiste*, b ⁸ 19 février et s ⁸ 4 juin 1761.—*Pierre*, b ⁸ 6 oct. 1762.

CHAMBLY, Marguerite, épouse de Jean-Baptiste Gautier.

CHAMBLY, Marie-Joseph, épouse de Jean-Baptiste Jam-Carrière.

CHAMBOUX, Pierre (4), b 1702 ; natif de Belmont, diocèse de Condon, Gascogne.

I.—CHAMBULAN, Madeleine, épouse de Jacques Tarnac.

CHAMBULAN, Marie-Joseph, épouse de Pierre Omaitre.

CHAMELA.—Voy. Chabenac, 1739.

(1) Dit Cournoyer.
(2) Dit Larivière et Bernard.
(3) Dit Laplaine.
(4) Soldat sur le " Rubis."

(1) Et Marmet.

1743, (19 oct.) Montréal.²
I.—CHAMELOT (1), Léonard, b 1719; fils de Nicolas et de Jeanne Fleury, de St-Martin, diocèse de Reims.
Lereau (2), Marie-Louise, [Pierre-Charles I. b 1715.
Marie-Louise, b² 7 août 1744. — *Marie-Elisabeth,* b² 3 août 1746; s² 29 juin 1748. — *Jean-Claude,* b² 20 janvier et s² 6 nov. 1748.—*Pierre,* b² 21 mai 1749; s² 29 sept. 1750.—*Marie-Joseph,* b... m 26 sept. 1768, à ...... Dutemple, à Soulanges.

I.—CHAMILLARD, Jean-Bte, b 1682; s 18 janvier 1738, à Montréal.

1711, (23 nov.) Montréal.⁵
I.—CHAMILLIER (3), François, b 1681; fils d'Antoine et de Jeanne Dugou, de Riom, diocèse de Clermont, Auvergne.
Baron, Marie, [Léger I. b 1694.
François, b⁵ 30 oct. 1712. — *Marie-Jeanne,* b⁵ 13 mai 1716.

CHAMPAGNE. — *Variations et surnoms :* Letang, 1758—Tareau, 1762—Descastinaux—Chamelot, 1768—Gaspard—Huyet—Poncelet—Plante — Normand—Magnan, 1752—Gaspard—Desparois—Fugère—Beaugrand—Bougrand—Filion—Curé—Lambert,1765—Choquet—Sylvestre, 1667 — Fontenelle Laplante—Aubin, 1724— Maniant, 1726— Malherbe—Gouin et Jouin — Lesage—Fourreur—Marmotte, 1758 — Hocquart — Pageot—St-Martin.

CHAMPAGNE, François.
Pilote, Marguerite, [Jean II. b 1683.
Anonyme, b et s 12 déc. 1702, à St-Nicolas. — *François,* b 1704; s 7 oct. 1720, à St-Pierre, I.O.

1703, (29 oct.) Québec.³
I.—CHAMPAGNE (4), Jean-Bte, sergent, b 1662; fils de Charles et de Catherine Desombres, de Richedou, diocèse de LaRochelle; s³ 10 mai 1721.
1º Le Gardeur, Marguerite, [Michel I. b 1682; veuve de Charles Fontaine; s³ 22 mars 1715.
Marie-Marguerite, b³ 29 janvier 1706 — *Jean-Baptiste,* b³ 20 déc. 1707.—*Jean-Baptiste,* b³ 7 sept. 1709. — *Jean-Marie,* b³ 8 sept. 1711; s³ 18 déc. 1714.—*Guillaume,* b³ 23 août et s³ 14 sept. 1713. — *Marie-Charlotte,* b³ 26 février 1715. — *Catherine,* b... m 19 août 1726, à François Migneron, à Repentigny.

---
(1) Dit Champagne; soldat de la compagnie de La Gauchetière.
(2) Et Levreau.
(3) Appelé Soumillier en 1716.
(4) Dit St-Martin.

1715, (30 oct.)³
2º Brisval (1), Marie-Angélique.
Angélique-Elisabeth, b³ 29 nov. 1718; m³ 25 oct. 1745, à Jean-Baptiste Morin.—*Pierre-Jean,* b³ 2 oct. 1721; s³ 9 sept. 1723.

CHAMPAGNE, Pierre.
Marsil, Marie. [André I.
Michel, b 1712; s 10 juillet 1722, à Longueuil.

CHAMPAGNE, Laurent.
Biron, Marie-Madeleine.
Marie-Joseph, b 21 nov. 1737, à St-Joachim.

CHAMPAGNE, ... sergent.
Marguerite, b... s 21 juin 1741, à Lorette.

CHAMPAGNE, ...
s avant 1734.
Coté, Louise,
b 1683; s 24 avril 1734, à St-Augustin.

CHAMPAGNE, Joseph, b... s 2 mai 1754, au Cap-Santé.

CHAMPAGNE, Hyacinthe, b 1743; s 18 mai 1744, à Lorette.

CHAMPAGNE, Jacques.
Dubois, Louise.
Jacques, b 1746; s 7 déc. 1747, à Québec.

CHAMPAGNE, Nicolas, b 1735; s 12 nov. 1738, à Lanoraie.

CHAMPAGNE, Pierre.
Houde, Marie-Louise.
Marie-Joseph, b 7 sept. 1732, à Ste-Croix.

I.—CHAMPAGNE, Etienne.
Fortier, Barbe.
Marie-Gertrude, b... m à Jean-Baptiste Métayer. — *Etienne,* b... m 3 nov. 1756, à Louise Laviolette, à Lévis.

CHAMPAGNE, ...
Bienvenu, Angélique.
Marie-Anne, b 11 avril 1744, au Détroit.

CHAMPAGNE, Pierre,
navigateur, b1701 , s 23 nov. 1756, à Québec.²
Dubois, Marie.
Marie-Louise, b² 2 juillet 1748.

1747, (18 sept.) Trois-Rivières.
I.—CHAMPAGNE, Nicolas, contre-maître aux forges de St-Maurice ; fils de Nicolas et de Jeanne Buisson, de Dansevoir, diocèse de Langres.
Beriau, Elisabeth (2), [Maurice II. b 1726.
Marie-Elisabeth (posthume), b 11 mars 1751, à Quebec.

---
(1) Venue de France. Appelée de la Ferté en 1718, et Juchereau en 1721. Elle épouse, le 24 nov. 1722, François Duggst, à Québec.
(2) Elle épouse, le 2 juin 1753, Charles Lévêque, à Québec.

1756, (3 nov.) Lévis.[2]
II.—CHAMPAGNE, ETIENNE.   [ETIENNE I.
LAVIOLETTE, Louise.   [JACQUES II.
Etienne, b[2] 15 déc. 1757. — *Nicolas-Etienne,* b[2] 30 juin 1759.

CHAMPAGNE, NICOLAS.
LAVIOLETTE, Marie-Joseph.
Catherine, b 4 juin 1760, à Nicolet.

CHAMPAGNE, JEAN-BTE.
POMERCY, Marie-Louise.
Thérèse, b 10 et s 27 mai 1760, aux Trois-Rivières.

1793, (20 nov.) Québec.
CHAMPAGNE, FRANÇOIS.
THOMAS, Marie-Louise.   [FRANÇOIS.

CHAMPAGNE, CATHERINE, épouse de Joseph CHEVALIER.

CHAMPAGNE, MARGUERITE, b 1708; m à André DESROSIERS; s 12 avril 1753, à St-Nicolas.

CHAMPAGNE, CATHERINE, épouse de Jean DOUCET.

CHAMPAGNE, URSULE, épouse de Charles GAUVIN.

CHAMPAGNE, ANGÉLIQUE, épouse de Louis HAMEL.

CHAMPAGNE, MARIE-ANNE, épouse de Louis HAYOT.

CHAMPAGNE, MARIE-JOSEPH, b 1717, m à François LEBŒUF; s 1er avril 1790, à Québec.

CHAMPAGNE, LOUISE, épouse de Jean-Baptiste LOISEL.

CHAMPAGNE, FRANÇOIS (1), s 1er sept. 1717, à Montréal.

I.—CHAMPAGNE, JOSEPH, b 1718; s 21 février 1750, au Bout-de-l'Ile, M.

1759, (28 février) Soulanges.[3]
I.—CHAMPANOIS, JEAN-BTE, fils de Jean et de Marguerite Colo (Lereau), de Bouillon, province des Ardennes, Champagne
1° GUAY (2), Marguerite,   [MATHIEU II.
b 1701; veuve de François Bissonnet, s avant 1766.
1767, (23 nov.)[3]
2° GIRARD, Marie-Madeleine,   [FRANÇOIS IV.
b 1749.

CHAMPEAU, MARIE, épouse de Pierre PERROT.

(1) Soldat de la compagnie de DuBuisson.
(2) Et Castonguay.

1754, (7 oct.) Montréal.
I.—CHAMPEAU (1), JEAN-BTE, b 1728; fils de Jean et de Jeanne Lay, de Charlesville, diocèse de Reims.
BEURNONVILLE, Marie-Louise,   [ANTOINE I.
b 1733.

CHAMPIGNY.—Voy. DESLANDES.

CHAMPIGNY, PIERRE.—Voy. Pierre DESLANDES de 1723.

1760, (6 oct.) St-Laurent, M.[3]
I.—CHAMPIGNY, VINCENT, b 1710; fils d'Antoine et de Marie Marni, de Richelieu, diocèse de Poitiers; s[3] 6 nov. 1761.
PLOUF, Marie-Louise.   [PIERRE III.
Joseph-Vincent, b[3] 11 nov. 1761.

I.—CHAMPION (2), ETIENNE. b 1680; s 30 mai 1742, à l'Hôpital-Général, Q.

CHAMPLAIN, ANTOINE,
capitaine de la marine.
LEROY, Marguerite.
Samuel, b 1567, à Brouage; m à Hélène BOULAY; s 25 déc. 1635, à Québec.

CHAMPLAIN (DE), SAMUEL (3).

CHAMPLAIN.—Voy. PEZARD DE CHAMPLAIN.

CHAMPLAIN, ANTOINE.
LANGEVIN, Catherine.
Antoine, b 15 janvier 1754, à Batiscan.

CHAMPLAIN, GILLES.
RICHERVILLE, Reine-Amable.
Marie-Charlotte, b 6 déc. 1794, à Batiscan.

CHAMP-LAURIER.—Voy. COTINEAU.

CHAMPOU.—*Variations et surnoms :* CHAMPOUT—CHAMPOUX—ST-PER—JOLICŒUR.

(1) Dit Laneuville, soldat.
(2) Dit St-Amour.
(3) Voy. vol. I, p. 113
Le conseil général de la Charente Inférieure, département de France, a fait élever à Brouage un monument à la mémoire de Champlain, le fondateur de Québec Ce monument se compose d'une colonne surmontée du globe terrestre; autour de la colonne sont sculptés des trophées maritimes reliés par des petits canons et une couronne d'immortelles. Au-dessus on a gravé l'inscription suivante.
A LA MÉMOIRE DE SAMUEL CHAMPLAIN.
Le conseil général de la Charente Inférieure.
Le côté du piédestal faisant face à la rue est recouvert d'une plaque en marbre blanc sur laquelle sont gravés en lettres d'or ces quelques mots
SAMUEL CHAMPLAIN.
Né à Brouage vers 1570,
FONDATEUR DE QUÉBEC.—1608.
Relations de voyage 1632—Mort en 1635.
Le monument, faisant face à la place de Brouage, et à côté de l'église, est entouré d'une grille très-simple.

CHAMPOU, Marie-Angélique, épouse d'Antoine Laporte.

1680.
I.—CHAMPOU (1), Pierre,   [Pierre I.
s avant 1722.
Guillet, Geneviève,
b 1665.
Jean, b 21 juin 1693, à Batiscan; m 26 août 1722, à Marie-Anne-Geneviève Bourbeau, à Bécancour.⁸— Madeleine, b 20 oct. 1690, à Champlain; m⁸ 15 février 1734, à Joseph Caron.— Louis, b... 1° m 1735, à Charlotte Crevier-Bellerive; 2° m à Ursule Houde.

1722, (26 août) Bécancour.⁸
II.—CHAMPOU (2), Jean,   [Pierre I.
b 1693.
Bourbeau, Marie-Anne-Geneviève. [Pierre II.
Anonyme, b⁸ et s⁸ 12 août 1723.—François, b⁸ 9 nov. 1724. — Marie, b⁸ 16 avril 1726; m⁸ 1ᵉʳ juin 1749, à Joseph Gaillou.—Jean-Baptiste, b⁸ 31 août 1727. — Joseph, b⁸ 1ᵉʳ nov. 1729.— Marie-Geneviève, b⁸ 18 nov. 1731.— Marie-Madeleine, b⁸ 28 nov. 1733.—Marie-Joseph, b⁸ 23 oct. et s⁸ 15 déc. 1735.—François-Amable, b⁸ 15 nov. 1736; m⁸ 24 août 1761, à Marie Cormier.— Pierre-François, b⁸ 8 mai 1741. — Marie-Anne, b... 1° m à ......, Bigot; 2° m⁸ 8 janvier 1759, à Antoine Sévigny.

CHAMPOU (3), ..., arpenteur.

1735.
II.—CHAMPOU, Louis.   [Pierre I.
1° Crevier (4), Charlotte,   [Michel III.
b 1712; s 11 mars 1753, au Cap-de-la-Madeleine.⁷
Marie, b... m 7 janvier 1761, à Louis Gautier, à Bécancour.⁸— Marie-Joseph, b⁷ 24 nov. 1736; s⁷ 15 février 1738.—Marie-Marguerite, b⁷ 9 mars 1738; s⁷ 6 oct. 1739. — Marie-Agnès, b⁷ 27 dec. 1739.—Louis, b⁷ 20 août 1741; m 9 février 1766, à Françoise Provencher, à Yamachiche.⁹— Joseph-Amable, b⁷ 19 mai 1743.—Anne-Véronique, b⁷ 3 juin 1745.—Marie-Charles, b⁷ 3 sept. 1746. —Joseph, b⁷ 31 août 1748; m⁹ 16 nov. 1767, à Marie-Joseph Provencher. — Pierre, b⁷⁸ 8 août 1751; s⁷ 18 mai 1752.

2° Houde, Ursule,   [Etienne II.
b 1728.
Ursule, b⁷ 21 juillet 1754.—Louis, b⁸ 10 juin et s⁸ 23 juillet 1760.—Michel, b⁸ 10 juin et s⁸ 26 juillet 1760.—Joseph-Michel, b⁸ 7 sept.1761; m à Louise Périgou; s 28 mars 1795 (5), à Nicolet.

1761, (24 août) Bécancour.
III.—CHAMPOU, Frs-Amable,   [Jean II.
b 1736.
Cormier, Marie.   [Pierre I.

(1) Dit St-Per et Joliceur; voy. vol. I, p. 113.
(2) Dit St-Per.
(3) Il était, à Lotbinière, le 10 février 1755.
(4) Dit Bellerive.
(5) Ecrasé par un arbre.

1766, (9 février) Yamachiche.⁹
III.—CHAMPOU, Louis,   [Louis II.
b 1741.
Provencher, Françoise,   [Jean-Bte III.
b 1741.
François, b⁹ 7 déc. 1766.

1767, (16 nov.) Yamachiche.
III.—CHAMPOU, Joseph,   [Louis II.
b 1748.
Provencher, Marie-Joseph,   [Jean-Bte III.
b 1738.

III.—CHAMPOU, Jos.-Michel,   [Louis II.
b 1761; s 28 mars 1795 (1), à Nicolet.⁸
Périgord, Louise,   [François II.
b 1767; s⁸ 11 avril 1792.

1710, (7 juillet) Québec.⁸
I.—CHANCELIER, Sébastien, fils de Pierre et de Marguerite Bauron, ville de Taillebourg, diocèse de Xaintes; s avant 1737.
Gautier, Marie-Charlotte,   [Jean II.
b 1688.
Jean-Baptiste, b⁸ 12 juillet et s 10 août 1713, à Beauport. — Marie-Madeleine, b⁸ 9 juillet et s 2 oct. 1714, à Charlesbourg. — Joseph, b... 1ᵉʳ m 4 mars 1737, à Marie Brière, au Cap-Sante; 2° m à Marie Vétu-Bélair.

1737, (4 mars) Cap-Santé.⁴
II.—CHANCELIER, Joseph.   [Sébastien I.
1° Brière, Marie-Françoise,   [Jean II.
b 1712; s 11 janvier 1757, à Chambly.⁵
Marie-Joseph, b⁴ 28 juin 1738; m⁵ 28 janvier 1754, à Jean-Baptiste Perrault-Carcy.—Joseph-Marie, b⁴ 19 juin 1741.—Marie-Angélique, b⁴ 26 juin 1742. — Joseph, b 1744; s⁵ 1ᵉʳ nov. 1756.— Geneviève, b⁵ 26 mai et s⁵ 23 juillet 1746.— Jean-François, b⁴ 2 et s⁴ 13 mai 1748.—Ursule, b⁴ 2 mai et s⁴ 24 juillet 1748.

2° Vétu (2), Marie.   [Jacques-Philippe I.
Marie-Louise, b 14 déc. 1759, à Verchères.

CHANDALON (De).—Voy. DeCourtigny.

1711, (23 nov.) Québec⁴
I.—CHANDELIER (3), Jean, fils de Nicolas et de Marie Hébert, de St-Sulpice, Paris.
Joly, Jeanne-Elisabeth,   [Jean I.
b 1686.
Elisabeth, b⁴ 4 oct. 1712; m⁴ 1ᵉʳ juin 1733, à Ignace Gautier.—Jean-Marie, b⁴ 4 et s⁴ 23 juillet 1714.—Marie-Anne, b⁴ 27 juillet 1715; m⁴ 30 oct. 1737, à Claude Chamberlan; s⁴ 31 mars 1764.— Louise, b⁴ 9 février 1717; m⁴ 25 janvier 1735, à Joseph Chamberlan.

I.—CHANDLER, Jean,
Anglais.
Michau, Catherine.
Jean-Chrétien, b... m 13 sept. 1796, à Elisabeth Bideau, à Québec.

(1) Ecrasé par un arbre.
(2) Dit Bélair.
(3) Dit St-Louis, soldat de la compagnie d'Alogny

1796, (13 sept.) Québec.
II.—CHANDLER, JEAN-CHRÉTIEN. [JEAN I.
BIDEAU, Elisabeth. [MATHURIN I.

CHANDONNÉ.—*Variation et surnom:* CHANDONNET—LÉVEILLÉ.

1712, (13 juin) Québec.⁶
I.—CHANDONNÉ (1), CHARLES, sergent, b 1678; fils de Gatien et de Marguerite Legeay, de St-Calais, diocèse du Mans; s⁶ 28 juin 1756.
BOURGET, Elisabeth, [PIERRE I.
b 1694.
Marie-Charlotte, b⁶ 9 juin 1713; m⁶ 26 août 1730, à Pierre LENCLUS; s⁶ 22 mars 1750 — *Charles*, b⁶ et s⁶ 12 août 1714.— *Marie-Marthe*, b⁶ 15 février 1716; m⁶ 24 juillet 1747, à Etienne GLINÉ.—*Charles*, b⁶ 4 avril 1718; m à Cécile GAUDIN. — *André*, b⁶ 14 avril 1720; 1º m⁶ 22 avril 1743, à Charlotte FRÉCHET; 2º m⁶ 3 oct. 1780, à Anne DAILLEBOUT; s⁶ 30 juin 1797. — *Marie-Elisabeth*, b⁶ 1ᵉʳ mars 1722; m⁶ 23 sept. 1748, à Charles DUPÉRON.—*Marie-Madeleine*, b⁶ 29 mars 1724; s⁶ 10 janvier 1730. — *Anne*, b⁶ 7 mars 1726; m⁶ 22 nov. 1751, à François ONEL. —*Marie-Anne*, b⁶ 15 février 1728; s⁶ 23 mai 1733. — *Antoine*, b⁶ 23 sept. 1729; s⁶ 28 mai 1730.—*Jean-Baptiste*, b⁶ 25 juin 1732; s⁶ 2 mai 1733.—*Marie-Joseph*, b⁶ 1ᵉʳ juillet 1734; m⁶ 13 nov. 1753, à Pierre ONEL. — *Etienne*, b⁶ 4 sept. 1738. — *Charlotte-Angélique*, b... m à ...... LAPIERRE.

1743, (22 avril) Québec.⁷
II.—CHANDONNÉ, ANDRÉ, [CHARLES I.
cordonnier, b 1720; s⁷ 30 juin 1797.
1º FRÉCHET, Charlotte, [JACQUES II.
b 1722; s⁷ 26 janvier 1779.
Marie-Charlotte, b⁷ 27 juin 1744.—*Elisabeth*, b⁷ 5 février 1746. — *André-Vincent*, b⁷ 1ᵉʳ oct 1747. — *Marie-Marguerite*, b⁷ 5 août et s⁷ 22 sept. 1749.—*Marie-Anne*, b⁷ 2 oct. 1750; m⁷ 27 juin 1774, à Claude GAUVREAU.—*François*, b⁷ 21 oct. 1752. — *Marie-Joseph*, b⁷ 17 mars 1755; s⁷ 27 déc. 1758. — *Marie-Françoise*, b⁷ 8 juillet 1757; s⁷ 12 mai 1759. — *Marie-Louise*, b⁷ 19 janvier 1761. — *Charles-François*, b⁷ 12 juillet 1763. — *Marie-Joseph*, b... m⁷ 1ᵉʳ août 1786, à Martin BIDÉGARÉ.
1780, (3 oct.)⁷
2º DAILLEBOUT (2), Anne-Joseph, [PHILIPPE IV.
b 1754; veuve de François Marceau.

II.—CHANDONNÉ, CHARLES, [CHARLES I.
b 1718.
GAUDIN, Cécile.
Pierre-Ignace, b 7 février 1759, à St-Jean-Deschaillons. ⁵—*Agathe*, b 1760; m à Modeste MAILLOT; s⁴ 20 mars 1806.—*Alexis*, b 2 janvier 1761, à Bécancour.—*Michel*, b 1762, m⁵ 5 août 1788, à Marie-Claire MAILLOT, s⁴ 31 janvier 1827. — *Marthe*, b... m 3 février 1777, à Benoni MARCHAND, à Batiscan.

(1) Dit Léveillé, 1781.
(2) De Cerry.

1788, (5 août) St-Jean-Deschaillons. ⁹
III.—CHANDONNÉ, MICHEL, [CHARLES II.
b 1762; s⁹ 31 janvier 1827.
MAILLOT, Marie-Claire, [NICOLAS III.
b 1771.
Michel, b... m⁹ 12 janvier1813, à Marie-Thècle BAUDET.—*Isaac*, b... m⁹ 24 août 1824, à Sophie MAUPAS.

1813, (12 janvier) St-Jean-Deschaillons.
IV.—CHANDONNÉ, MICHEL. [MICHEL III.
BAUDET, Marie-Thècle, fille de Jacques et de Marie-Anne Trotier.

1824, (24 août) St-Jean-Deschaillons.
IV.—CHANDONNÉ, ISAAC. [MICHEL III.
MAUPAS, Sophie. [JEAN III.

CHANIER, FRANÇOIS, b 1727; s 17 février 1747, à Montreal.

CHANLUC, FRANÇOIS.—Voy. CHALUT, 1696.

CHANLUC, JACQUES. — Voy. CHALUT, 1724.

1728, (28 sept.) Québec. ⁸
I.—CHANNAZORS (1), PIERRE-SIMON, fils de Pierre et d'Antoinette Panthèsne, de St-Eustache, Paris; s⁸ 28 février 1758.
REICHE, Marie-Jeanne, [FRANÇOIS I.
b 1706, s⁸ 12 oct. 1755.
Marie-Anne-Elisabeth, b⁸ 4 juin et s⁸ 16 août 1729. — *Marie-Louise*, b⁸ 11 juin et s 12 août 1730, à Charlesbourg. — *Marie-Jeanne*, b⁸ 10 juillet 1731; s 17 mai 1764, à l'Hôpital-Général, M —*Pierre-Charles*, b⁸ 5 juillet 1732; s⁸ 2 janvier 1752. — *René-Charles* (2), b⁸ 24 août 1733. — *Angélique*, b⁸ 19 oct. et s 27 nov. 1734, à Lévis.—*Françoise-Julie*, b⁸ 20 juin et s⁸ 17 août 1738.—*Geneviève-Joseph*, b⁸ 5 janvier 1740; m⁸ 18 oct. 1763, à Charles BERTHELOT.

I.—CHANSE (3), ALEXANDRE.
LALOR, Catherine.
Alexandre-Laurent, b 2 février 1759, à Ste-Rose; m 5 nov. 1781, à Marie OUIMET, à Terrebonne.

1781, (5 nov.) Terrebonne.
II —CHANSE, ALEXANDRE. [ALEXANDRE I.
OUIMET, Marie. [FRANÇOIS.

1696, (12 janvier) St-Pierre, I. O. ⁸
I.—CHANTAL (4), PIERRE, fils de Jean et de Louise Chor, de la Madeleine, Faubourg Bergerac, diocèse de Bordeaux; s avant 1710.
MARTIN, Marie-Angélique (5), [JOACHIM I.
b 1678

(1) Et Channazard.
(2) Filleul du gouverneur de Beauharnois.
(3) Le véritable nom est Sanche dit l'Espagnol.
(4) Dit Lafleur; soldat de la compagnie du Sieur de St-Jean.
(5) Elle épouse, le 26 nov. 1710, Pierre Chatigny, à St-Pierre, I. O.

Marie-Madeleine, b ⁸ 25 juillet 1697.—*Pierre-Louis*, b ³ 25 août et s ³ 4 sept. 1698.—*Marie-Claire*, b ³ 22 sept. 1701 ; 1° m ⁵ 31 août 1728, à François BARBIN ; 2° m ³ 11 février 1743, à Joseph GODEOUT ; 3° m 1760, à Charles ROBERGE ; s 9 sept. 1777, à Québec.⁵ — *Marie-Elisabeth*, b ³ 23 juillet 1703.—*Jean-François*, b ⁵ 6 déc. 1706 ; m 4 août 1734, à Jeanne DUBEAU, à St-Augustin⁴ ; s⁴ 29 août 1755.—*Marie-Angélique*, b... m ³ 3 février 1733, à Pierre CHARLAND.—*Marie-Anne* (1), b... 1° m 4 nov. 1728, à François LEVITRE, à Lorette ; 2° m ⁵ 29 mai 1749, à Mathurin BERTRAND ; s ⁵ 11 déc. 1757.

1734, (4 août) St-Augustin.⁴
II.—CHANTAL, JEAN-FRANÇOIS,   [PIERRE I.
   b 1706 ; s ⁴ 29 août 1755.
   DUBEAU, Marie-Jeanne,   [JEAN II.
   b 1710.
   Marie-Divine, b 28 juin 1735, à St-Pierre, I. O—*Jean-François-Augustin*, b ⁴ 28 août 1736.—*Monique*, b ⁴ 6 et s ⁴ 22 mai 1738.—*Marie-Anne*, b ⁴ 6 et s ⁴ 8 mai 1738.—*Louis-Eustache*, b ⁴ 27 juin 1739 ; m 1779, à Marie-Madeleine TARDIF.—*Joseph-Marie*, b ⁴ 8 sept. 1740 ; m 16 août 1767, à Marie-Joseph BERGERON, à St-Antoine-Tilly.—*Charles*, b ⁴ 15 avril 1742.—*Jean-François*, b ⁴ 17 août 1743.—*Marie-Louise*, b ⁴ 22 mars 1745.—*Alexandre*, b... m à Thérèse DUBUC.

1738, (17 février) Sorel.⁵
I.—CHANTAL, FRANÇOIS, fils de Pierre et de Charlotte Blondel, de France.
   DUCLOS, Marie-Anne,   [JEAN-B . II.
   b 1726.
   Nicolas, b... s 2 mai 1739, à Sorel.⁶—*Marie-Véronique*, b ⁶ 10 mars 1741.

1767, (16 août) St-Antoine-Tilly.
III.—CHANTAL, JOSEPH-MARIE,   [JEAN-FRS II.
   b 1740.
   BERGERON, Marie-Joseph,   [JOSEPH III.
   b 1741.

III.—CHANTAL, ALEXANDRE.   [JEAN-FRS II.
   DUBUC, Thérèse,   [LOUIS-JOSEPH III.
   b 1746 ; s 16 février 1782, à St-Augustin.

1779.
III.—CHANTAL, LOUIS-EUSTACHE, [JEAN-FRS II.
   b 1739.
   TARDIF, Marie-Madeleine,   [FRANÇOIS V.
   b 1761.
   Marie-Anne, b 27 nov. 1780, à St-Augustin.⁹—*François*, b ⁹ 6 juillet 1782.—*François*, b ⁹ 29 juillet 1783 ; s ⁹ 27 mars 1784.—*Elisabeth*, b ⁹ 5 sept. 1784—*Etienne*, b ⁹ 3 déc 1785.—*Jean-Baptiste*, b ⁹ 20 juillet 1788.—*Michel*, b⁹ 26 sept. 1790.

CHANTECAILLE.—Voy. GAREAU, 1735.

CHANTELOUP.—Voy. CHALUT.

(1) Elle était, à Lorette, le 20 juillet 1737.

1764, (27 février) Soulanges.
I.—CHANTELOY, ANTOINE, fils d'Antoine et de Madeleine Desloriers, de la ville de Byon, Auvergne.
   POIRIER-DESLOGES, Ursule,   [JOSEPH I.
   b 1746.

1680, (18 nov.) Montréal. ⁹
I. –CHANTEREAU, PIERRE (1),
   b 1650 ; s ⁹ 24 mars 1705.
   CORDIER, Marie,
   b 1654 ; de Troyes, Champagne ; s ⁹ 24 juin 1700.

I.—CHANTOISEAU (2), NICOLE, b 1651 ; m 18 août 1688, à Pierre GOUR, à la Pte-aux-Trembles, M. ; s 3 nov. 1711, à Montréal.

I.—CHANUD, GUILLAUME, b 1734 ; de Sartier, diocèse d'Avranches, Normandie ; s 6 déc. 1760, à St-Henri-de-Mascouche.

CHAPACOU.—Voy. PAGAULT.

CHAPAIS.—*Variation*: CHAPET.

1744, (16 nov.) Rivière-Ouelle. ³
I.—CHAPAIS, JEAN, b 1726 ; fils de Jean et de Julienne Murie, de Bressé, diocèse d'Avranches, Normandie ; s ³ 14 avril 1756.
   LÉVEQUE, Brigitte (3).   [JOACHIM II.
   Marie-Catherine, b ³ 3 déc. 1745 ; m ³ 7 janvier 1765, à Jean-Baptiste CARON.—*Jean-Baptiste*, b ³ 27 janvier 1748 ; m ³ 25 nov. 1771, à Geneviève BÉRUBÉ. — *Marie-Angélique*, b ³ 18 janvier 1750 ; m ³ 23 nov. 1767, à Augustin GAUVIN.—*Joseph-François*, b ³ 4 janvier 1752 ; m ³ 4 février 1771, à Madeleine LANDAIS.—*Louis-Charles*, b ³ 20 oct. 1753 ; m ³ 26 juin 1775, à Geneviève BOUCHER. — *Marie-Madeleine*, b ³ 8 sept. 1755 ; s 7 nov. 1778, à Kamouraska.

1753, (3 février) Lévis.
I.—CHAPAIS, FRANÇOIS, b 1725 ; fils de Jean et de Julienne Murie, de Bressé, diocèse d'Avranches.
   MARCHAND, Marie-Geneviève,   [LOUIS II.
   veuve de Nicolas Comiré ; s 15 janvier 1770, à St-Joseph, Beauce.⁶
   Jeanne, b 1754 ; s ⁶ 5 janvier 1756.

1771, (4 février) Rivière-Ouelle.
II.—CHAPAIS, JOSEPH-FRANÇOIS,   [JEAN I.
   b 1752.
   LANDAIS, Madeleine,   [JACQUES I.
   b 1741 ; veuve de François Brisson.

(1) Bedeau de l'église de Montréal.
(2) Dit Bautureau ; voy. vol. I, p. 278.
(3) Elle épouse, le 8 nov. 1756, Jacques Colin, à la Rivière-Ouelle.

1771, (25 nov.) Rivière-Ouelle.
II.—CHAPAIS, Jean-Bte,   [Jean I.
  b 1748.
  Bérubé, Geneviève,   [Jean III.
  b 1747.

1775, (26 juin) Rivière-Ouelle.
II.—CHAPAIS, Charles,   [Jean I.
  Boucher, Marie-Geneviève,   [Joseph IV.
  b 1756.

CHAPAIS, Emérance, épouse de Charles Duval.

I.—CHAPART, Nicolas.
  Françoise, b... 1° m à André Roy; 2° m 9 février 1795, à Louis Partout, à St-Charles, Mo²; 3° m² 1ᵉʳ mai 1798, à Louis St-François.

CHAPDELEINE.—*Surnom* : Larivière.

I.—CHAPDELAINE (1), André,
  s avant 1746.
  1° Chevrefils, Anne,   [François I.
    b 1674; s 10 avril 1719, à Verchères.
  François-Marie, b 1691; m 31 mai 1723, à Exupère Couturier, à St-Frs-du-Lac²; s² 23 sept. 1728.—*Pierre*, b... 1° m² 1ᵉʳ juillet 1723, à Marie-Charlotte Pinard; 2° m² 22 oct. 1736, à Marie-Jeanne Forcier. — *Louis*, b... m² 2 mai 1729, à Marie-Anne Bonin. — *Agathe*, b 1707; m 5 février 1726, à Joseph Charpentier, à St-Ours.³ — *Louise*, b 1710; m² 13 août 1736, à François Cartier; s 14 juillet 1772, à St-Michel-d'Yamaska. — *Jean-Baptiste*, b... m à Marie-Charlotte Coutu. — *Antoine*, b... m 1742, à Catherine Baudreau — *François-Marie*, b... m¹ 3 avril 1742, à Geneviève Dansereau.—*André*, b... m 16 août 1746, à Marie-Agnès Lafond, à Batiscan.
  2° Joly, Marie-Anne.
  Louis, b³ 17 janvier 1724; m³ 7 février 1752, à Elisabeth Dansereau.— *Marie-Anne*, b³ 7 janvier 1726.—*Jean-Séraphin*, b... m à Marie-Joseph Brisset-Dupas.— *Valérien*, b... m à Angélique Dansereau.

1723, (31 mai) St-Frs-du-Lac.²
II.—CHAPDELAINE (1), François,   [André I.
  b 1691; s² 23 sept. 1728.
  Couturier, Exupère.   [Pierre II.
  Pierre, b² 21 avril 1724; s² 3 mars 1725.— *François-Marie*, b² 1ᵉʳ avril 1726. — *Antoine-Julien*, b² 1ᵉʳ mars 1728; s² 12 déc. 1746. — *François-Marie* (posthume), b² 15 mars et s² 5 août 1729.

1723, (1ᵉʳ juillet) St-Frs-du-Lac.⁵
II.—CHAPDELAINE (1), Pierre.   [André I.
  1° Pinard, Marie-Charlotte,   [Claude II.
    b 1700; s⁵ 11 avril 1735.
  • *Pierre-Claude*, b⁵ 16 et s⁵ 28 mai 1724.— *Marie-Agathe*, b⁵ 11 avril 1725; m⁵ 19 mai 1749, à François Bibaud. — *Jean-Baptiste*, b⁵ 6 juin 1726; m⁵ 5 mars 1753, à Marie-Anne Joyelle.— *Agathe*, b⁵ 11 août 1728. — *Marie-Françoise*, b⁵ 24 déc. 1730; m⁵ 8 janvier 1753, à Jean-Baptiste Joyelle.— *Marie-Geneviève*, b⁵ 22 nov. et s⁵ 11 déc. 1732. — *Geneviève*, b⁵ 11 et s⁵ 19 nov. 1733.

1736, (22 oct.)⁵
  2° Forcier, Marie-Jeanne,   [Joseph II.
    b 1708.
  Joseph, b⁵ 27 février 1738.—*Marie-Jeanne*, b⁵ 9 juin 1740; m 1ᵉʳ février 1762, à Jacques Joyal, à St-Michel-d'Yamaska. — *Charles*, b... m⁵ 16 août 1762, à Geneviève Joyelle.—*Geneviève*, b⁵ 3 et s⁵ 24 janvier 1743. — *Geneviève*, b⁵ 15 nov. 1744; s⁵ 7 oct. 1747. — *Pierre-François*, b⁵ 12 mars et s⁵ 24 mai 1747.

1729, (2 mai) St-Frs-du-Lac.
II.—CHAPDELAINE, Louis.   [André I.
  Bonin, Marie-Anne (1),   [André I.

1742.
II.—CHAPDELAINE, Antoine.   [André I.
  Baudreau, Catherine,   [Jean-Bte II.
    b 1718.
  Antoine, b 1742; m 12 janvier 1767, à Marie-Geneviève Roy, à St-Antoine-de-Chambly.

1742, (3 avril) Verchères.
II.—CHAPDELAINE, Frs-Marie.   [André I.
  Dansereau, Geneviève.   [Pierre I.
  Pierre, b 29 juin 1750, à Sorel⁴; m⁵ 12 juillet 1773, à Rosalie Péloquin.— *Joseph*, b 3 oct. 1751, à St-Ours.⁵ — *Antoine*, b⁵ 1ᵉʳ janvier 1754.— *Gabriel*, b⁵ 7 juin et s⁵ 29 juillet 1756.—*Louis*, b⁵ 17 avril 1757.—*Marie-Marguerite*, b⁵ 28 juin 1759.

1746, (16 août) Batiscan.
II.—CHAPDELAINE (2), André.   [André I.
  Lafond, Marie-Agnès,   [Jean III.
    b 1727.
  Marguerite, b 20 oct. 1758, à St-Ours.

II.—CHAPDELAINE (2), Jean-Séraph. [André I.
  Brisset (3), Marie-Joseph.
  Marie-Joseph, b 17 mai 1750, à Sorel.³—*Anonyme*, b³ et s³ 17 mai 1750. — *Elisabeth*, b 19 sept. 1751, à St-Ours.⁴— *Augustin*, b⁴ 20 oct. 1752.—*Marie-Anne*, b⁴ 24 janvier et s⁴ 10 février 1754.—*Joseph*, b⁴ 15 février et s⁴ 25 mai 1755. — *Henri*, b⁴ 5 juin 1756.—*Antoine*, b⁴ 3 sept. 1757. — *Pierre*, b⁴ 7 déc. 1759.

1752, (7 février) St-Ours.⁴
II.—CHAPDELAINE (2), Louis.   [André I.
  b 1724.
  Dansereau, Elisabeth.   [Pierre I.
  Louis, b⁴ 1ᵉʳ février 1754. — *François*, b⁴ 23 avril et s⁴ 22 juillet 1756.— *Marie-Elisabeth*, b⁴ 2 déc. 1757.—*Geneviève*, b⁴ 26 sept. 1759.

---

(1) Elle épouse, en 1740, Louis Lalonde.
(2) Dit Larivière.
(3) Dit Dupas.

(1) Dit Larivière.

II.—CHAPDELAINE (1), Valérien, [André I.
s avant 1771.
Dansereau, Angélique, [Pierre I.
b 1708 ; veuve de François Fontaine.
Joseph, b... m 6 juin 1763, à Agathe Chevalier, à Sorel.³ — *Jean-Baptiste*, b... m ³ 1ᵉʳ juillet 1771, à Thérèse Chevalier. — *Charles*, b 4 oct. 1749, à l'Ile-Dupas. — *Marguerite*, b 15 mars 1752, à St-Ours.⁴ — *Marie-Judith*, b... s ⁴ 23 août 1753. — *Marie-Antoinette*, b ⁴ 14 et s ⁴ 15 juillet 1754. — *Marie-Reine*, b ⁴ 2 sept. et s ⁴ 26 déc. 1755. — *Marie-Angélique*, b... m ⁴ 15 nov. 1756, à François Lamoureux. — *Marie-Joseph*, b 1736 ; s ⁴ 25 oct. 1758.

II.—CHAPDELAINE (1), Jean-Bte. [André I.
Coutu, Marie-Charlotte,
b 1724 ; s 8 déc. 1759, à St-Ours.⁵
Daniel, b 9 sept. et s 29 déc. 1749, à Sorel.— *Jean-Baptiste-Victor*, b ⁵ 8 oct. 1750. — *Marie-Charlotte*, b ⁵ 16 avril 1752. — *François*, b ⁵ 18 oct. 1754.

1753, (5 mars) St-Frs-du-Lac.
III.—CHAPDELAINE (1), Jean-Bte, [Pierre II.
b 1726.
Joyelle, Marie-Anne, [Antoine II.
b 1730.
Jean-Baptiste, b 30 déc. 1753, à St-Michel-d'Yamaska⁵ ; s⁵ 4 février 1754.— *Madeleine*, b⁵ 11 février 1755. — *Jean-Baptiste*, b ⁵ 3 oct. 1756.— *Michel*, b⁵ 20 août 1758 ; s⁵ 6 août 1759.— *Joseph-Michel*, b ⁵ 3 mai 1762.— *François*, b ⁵ 7 juin 1764. — *Charles-Joseph*, b ⁵ 13 mars 1766.— *Pierre*, b ⁵ 21 janvier 1768 ; s⁵ 21 sept. 1769.— *A' toine*, b ⁵ 4 juin et s⁵ 6 juillet 1769. — *Marguerite*, b⁵ 19 août 1770. — *Marie-Anne*, b... m ⁵ 23 nov. 1772, à Joseph Thérou.

1762, (16 août) St-Frs-du-Lac.
III.—CHAPDELAINE (1), Charles, [Pierre II.
Joyelle, Geneviève, [Antoine II.
b 1739.

1763, (6 juin) Sorel.
III.—CHAPDELAINE, Joseph. [Valérien II.
Chevalier, Agathe. [Jean-Bte.

1767, (12 janvier) St-Antoine-de-Chambly.
III.—CHAPDELAINE, Antoine, [Antoine II.
b 1742.
Roy, Marie-Geneviève. [Jean.

1771, (1ᵉʳ juillet) Sorel.
III.—CHAPDELAINE (1), J-Bte. [Valérien II.
Chevalier, Thérèse. [Jean-Bte.

1773, (12 juillet) Sorel.
III.—CHAPDELAINE, Pierre, [François II.
b 1750.
Péloquin, Rosalie, [Pierre III.
b 1750.

(1) Dit Larivière.

CHAPDELAINE, Marie, épouse de Joseph Chartran.

CHAPDELAINE, Marie-Anne, épouse de Joseph Forcier.

CHAPDELAINE, Marie-Anne, épouse d'Antoine Mellier.

CHAPEAU.—Voy. Chappau.

1671, (9 nov.) Québec.¹
II.—CHAPELAIN, Bernard, [Louis I.
b 1644 ; s 26 nov. 1734, à Deschambault.²
Mouillard, Eléonore, b 1656 ; fille d'André et de Marie Sébastien, de Paris ; s² 2 déc. 1739.
Françoise, b 13 janvier 1673, à Ste-Famille, I. O.³ ; m à Marc-Antoine Gobelin ; s 6 nov. 1741, à St-Laurent, I. O.⁴ — *Joseph-Louis*, b ¹ 22 sept. 1674 ; m ¹ à Marie-Anne Perrot ; s ² 12 février 1753.— *Catherine*, b ³ 26 nov. 1676 ; 1º m 12 janvier 1693, à Jacques LeBrun, à St-Pierre, I. O. ; 2º m 3 juin 1714, à Pierre Bruneau, aux Grondines.⁵— *Marc-Antoine*, b ³ 17 février 1679 ; m 20 avril 1705, à Geneviève Hayet, à Varennes⁶ ; s ⁶ 19 avril 1706.— *Pierre*, b ⁴ 31 mai 1681 ; m 10 juin 1704, à Marguerite David, au Château-Richer⁸ ; s ⁸ 3 déc. 1744. — *Joseph*, b ⁴ 4 février 1683 ; m ⁵ 24 février 1716, à Anne Richard ; s² 24 sept. 1755. — *Marguerite*, b ⁴ 9 mars 1687 ; m 18 avril 1713, à Pierre Pelot, à Montréal⁷ ; s ¹ 16 avril 1742.— *Jacques*, b 1693 ; m ⁷ 29 mars 1717, à Suzanne Tellier ; s ⁷ 26 sept. 1723.— *Pierre-Bernard*, b 1689 ; s ⁷ 16 déc. 1712. — *Augustin*, b 1700 ; s ⁷ 17 déc. 1719.

1704, (10 juin) Château-Richer.⁸
III.—CHAPELAIN, Pierre, [Bernard II.
b 1681 ; s ³ 3 déc. 1744.
David, Marguerite, [Jacques I.
b 1667 ; veuve de Joseph LeSot ; s ³ 16 février 1754
Geneviève, b... m ⁹ 9 nov. 1728, à Louis Cloutier.— *Cécile*, b ³ 26 mai 1705 ; m ³ 21 nov. 1725, à Jean-Baptiste Navers.— *Pierre*, b ³ 1ᵉʳ nov. 1706 ; m 23 oct. 1736, à Marguerite Blondeau, à Charlesbourg ; s 21 janvier 1779, à Québec.— *François*, b ⁸ 8 avril 1708. — *Paschal*, b 1709 ; s ³ 27 oct. 1728.— *Julienne*, b ³ 11 nov. 1711.

III.—CHAPELAIN, Joseph-Louis, [Bernard II.
b 1674 ; s 12 février 1753, à Deschambault.¹
Perrot (1), Anne, [Paul I.
b 1682 ; s ¹ 15 avril 1744.
Marguerite, b 1705 ; m ¹ 4 février 1731, à Jean Paquin ; s ¹ 4 avril 1790.— *Marie-Joseph*, b 29 mars 1707, aux Grondines ; m ¹ 29 oct. 1726, à Jean-Baptiste Grégoire ; s ¹ 15 juin 1772.— *Marie-Anne*, b... 1º m ¹ 15 oct. 1725, à Noël Lesot ; 2º m ¹ 25 oct. 1744, à Jean-Baptiste Dussault.— *Marie-Louise*, b ¹ 24 janvier 1714.— *Joseph-Marie*, b... s ¹ 28 nov. 1717.— *Madeleine*, b... m ¹ 12 janvier 1738, à Joseph Belisle ; s¹ 18

(1) Et Prou.

sept. 1754.—*Thérèse*, b ³ 15 janvier 1722; m ² 27 avril 1738, à François BELISLE.—*Geneviève*, b... m ¹ 18 août 1743, à Joseph RICHARD. — *Jacques*, b ¹ 1er août 1723.—*Marie*, b 1724, s ¹ 11 mai 1788.

1705, (20 avril) Varennes. ⁴
III.—CHAPELAIN, MARC-ANTOINE, [BERNARD II.
b 1679; s ⁴ 19 avril 1706.
HAYET, Geneviève (1), [JEAN I.
b 1686.
Marie-Suzanne, b ⁴ 12 janvier 1706; m ⁴ 22 sept. 1726, à Louis GALERNEAU.

1716, (24 février) Grondines. ⁶
III.—CHAPELAIN, JOSEPH, [BERNARD II.
b 1683; s 24 sept. 1755, à Deschambault. ⁵
RICHARD (2), Anne, [MARIN I.
b 1671; s ⁵ 30 janvier 1751.
Charles-Joseph, b ⁶ 19 oct. 1716, s ⁶ 1er nov. 1717.—*Marie-Joseph*, b 1717; s ⁵ 19 mai 1733.

1717, (29 mars) Montréal. ⁷
III.—CHAPELAIN, JACQUES, [BERNARD II.
b 1693; s ⁷ 26 sept. 1723.
TELLIER (3), Suzanne, [PIERRE I.
b 1700.
Pierre, b ⁷ 8 août 1718; s ⁷ 28 oct. 1741.—*Jacques*, b 12 juillet 1720, à Repentigny; s ⁷ 10 août 1721.—*Marguerite*, b ⁷ 1er juin 1722; m ⁷ 29 août 1743, à Philippe DEGRÈS.—*Jacques* (posthume), b ⁷ 9 avril 1724.

1736, (23 oct.) Charlesbourg.
IV.—CHAPELAIN, PIERRE, [PIERRE III.
b 1706; s 21 janvier 1779, à Quebec.
BLONDEAU, Marguerite, [JEAN II.
b 1697; veuve de Nicolas GIROUX ; s avant 1779.

CHAPELAIN, JOSEPH ; s 16 août 1756 (4), à Sorel.

CHAPELEAU.—*Variation :* CHAPLEAU.

1692, (21 mai) Boucherville. ⁸
II.—CHAPELEAU, NOEL, [JEAN I.
b 1667; s⁸ 29 déc. 1699.
LAMOUREUX, Françoise (5), [LOUIS I.
b 1676.
Marie-Madeleine, b ⁸ 24 février 1697; m ⁸ 29 mars 1721, à Alexis GARIÉPY.—*Joseph*, b ⁸ 20 oct. 1698.—*Noël*, b ⁸ 3 août 1700 ; m à Marguerite GARIÉPY.

III.—CHAPELEAU, NOEL, [NOEL II.
b 1700 ; s avant 1787.
GARIÉPY, Marguerite, [JACQUES II.
b 1703 ; s 20 janvier 1787, à Lachenaye. ⁸

---
(1) Elle épouse, le 19 mai 1711, Antoine Troy, à Varennes.
(2) Dit Lavallée.
(3) Et Letellier. Elle épouse, le 28 nov 1725, Julien Lebœuf, à Montréal.
(4) Natif de Deschambault; mort en revenant de Carillon.
(5) Elle épouse, le 8 janvier 1702, François Viger, à Boucherville.

Noel, b 11 sept. 1726, à St-François, I. J. ⁴; s³ 23 juin 1749.—*Marie-Charlotte*, b ⁴ 3 oct. 1727 ; m ⁸ 22 fevrier 1751, à François MARSÉ.—*Claude*, b ⁴ 2 déc. 1728; m ⁸ 22 janvier 1759, à Rosalie MATTE.—*Jean-Baptiste*, b ⁴ 10 avril 1730 ; s ³ 22 mars 1749. — *Marie-Marguerite*, b 1731 ; s ³ 23 juin 1733. — *Marie-Thérèse*, b ³ 22 mars et s ³ 27 juin 1733.—*Joseph*, b... s ³ 8 août 1734.—*Joseph*, b ³ 2 août 1735; m 11 février 1765, à Catherine VÉRONNEAU, à Terrebonne. — *François*, b ³ 14 juin et s ³ 12 août 1737.—*Marguerite*, b... m ⁸ 5 oct. 1744, à Jacques LIMOGES.—*Marie-Angélique*, b ³ 10 oct. 1739 ; m ³ 15 avril 1765, à Jean-Baptiste GARIÉPY ; s ³ 17 août 1777. — *Marie-Joseph*, b ³ 6 août 1741 ; m ³ 11 nov. 1771, à Marie-Joseph CARBONNEAU.

1759, (22 janvier) Lachenaye. ²
IV.—CHAPELEAU, CLAUDE, [NOEL III.
b 1728.
MATTE, Rosalie, [PIERRE III.
b 1741.
Rosalie, b ² 21 avril 1760.—*Marie-Marguerite*, b ² 22 janvier 1761. — *Marie-Thérèse*, b 11 avril 1762, à Ste-Rose. — *Paschal*, b 12 mai 1768, à Terrebonne. ⁶—*Marie-Archange*, ⁶b ² 16 août 1770. —*Pierre*, b ⁹ 25 août et s ⁹ 25 sept. 1771.—*Jean-Baptiste*, b ⁹ 4 mars 1775. — *Bonaventure*, b ³ 9 janvier 1777.

1765, (11 février) Terrebonne. ⁹
IV.—CHAPELEAU, JOSEPH, [NOEL III.
b 1735.
VÉRONNEAU, Catherine, [FRANÇOIS II.
b 1734 ; veuve de Pierre Dufour.
François, b 29 janvier 1766, à Lachenaye. ⁸ — *Joseph-Louis*, b ⁸ 13 sept. 1767. — *Jean-Baptiste*, b ⁸ 31 oct. 1769 ; s ⁸ 30 avril 1770. — *Noel*, b ⁸ 19 février 1771. — *Etienne*, b ⁸ 20 juillet 1772. — *Antoine*, b ⁸ 19 juin 1774.—*Jean-Baptiste*, b... s ⁸ 23 février 1777.—*François*, b... s ⁸ 30 nov. 1779. — *Marie-Victoire*, b ⁸ 22 oct. 1781 ; s ⁸ 26 juin 1782.—*Charles*, b ⁸ 18 juin et s ⁸ 22 juillet 1784. —*Clémence*, b ⁸ 18 juin et s ⁸ 8 juillet 1784.

CHAPELEAU, MARIE-MARGUERITE, épouse de François GARIÉPY.

CHAPELEAU, MARIE, epouse de Jean-Marie MARTEL.

CHAPELET.—*Variation :* CHAPLAIS.

1748, (12 août) Quebec.
I.—CHAPELET, FRANÇOIS-MATHURIN, fils de Christophe et de Jeanne Rebour, de Plerin, diocèse de St-Brieuc; mort à l'hôpital St-Pierre, Martinique, en 1760.
DEMITRE, Angelique (1), [JEAN I.
b 1729

---
(1) Elle épouse, le 4 juin 1764, Pierre Batz, à Québec.

1755, (10 février) Montréal.⁹
I.—CHAPELET, Jean, b 1724; fils de Pierre et de Marie-Louise Gascon, de St-Ouen, diocèse du Mans
1° Supernant, Marie-Geneviève, [Laurent II. b 1731.
   1758, (4 avril).⁹
2° Paquet (1), Madeleine, [Jean II. b 1731.

1748, (5 février) Montréal.⁹
I.—CHAPELLE (2), Jean, b 1721; fils de François et d'Isabelle Delage, de Serre, diocèse d'Angoulême.
Durette, Geneviève, [Charles II. b 1722.
Marie-Elisabeth, b ⁹ 21 et s ⁹ 31 oct. 1748. — *Jean-Baptiste*, b ⁹ 28 oct. 1749. — *Marie-Veronique*, b ⁹ 30 déc. 1750.

I.—CHAPELLE (3), Gilbert.

CHAPERON, Marie-Joseph, épouse de Jean-Baptiste Pitalier.

1692, (10 nov.) Montréal.
II.—CHAPERON (4), Jacques, [Jean I. b 1660; s 1ᵉʳ juillet 1710, à la Pte-aux-Trembles, M.⁹
Carrier, Cecile, [André I. b 1673; s ⁹ 15 février 1753.
Joseph, b ⁹ 12 nov. 1694.—*Marie-Cécile*, b ⁹ 29 déc. 1695.—*Anne*, b ⁹ 3 nov. 1699, s ⁹ 2 janvier 1700.—*Jacques*, b ⁹ 9 février et s⁹ 16 mars 1701—*Jacques*, b ⁹ 2 juin 1702; 1° m 10 nov. 1727, à Elisabeth Daunay, à Boucherville ⁶; 2° m 19 avril 1751, à Françoise Auger, au Sault-au-Récollet; s 8 déc. 1751, à Varennes. — *Jean*, b ⁹ 17 et s⁹ 23 juin 1704. — *Jean-Baptiste*, b ⁹ 30 sept. 1705; m ⁸ 16 août 1730, à Marie-Joseph Lamoureux.—*Marie-Joseph*, b ⁹ 9 avril 1707.

1694, (16 février) Pte-aux-Trembles, M.⁴
II.—CHAPERON, Jean, [Jean I. b 1668; s 26 mai 1730, à la Longue-Pointe.⁵
Chaudillon, Marie, [Antoine I. b 1674.
Marie-Thérèse, b ⁴ 1ᵉʳ janvier 1695; s ⁴ 29 avril 1714.—*Suzanne*, b ⁴ 11 mars 1697; m ⁴ 23 janvier 1719, à Leonard Simon. — *Pierre*, b ⁴ 2 janvier 1700; m à Catherine Simon; s ⁵ 30 sept. 1774.—*Marie-Anne*, b ⁴ 12 mai 1702; s ⁶ 13 avril 1776. — *Angélique*, b ⁴ 19 mars 1704; s ⁴ 4 janvier 1706.—*Jean*, b ⁴ 14 mai 1707.—*Marie*, b 1716; s 22 sept. 1746, à Montréal.

III.—CHAPERON, Pierre, [Jean II b 1700; s 30 sept. 1774, à la Longue-Pointe.⁴
Simon (5), Catherine, [Léonard II. b 1703.

---

(1) Dit **Lavallée.**
(2) Dit **Langoumois**; soldat de la compagnie de St-Ours.
(3) Dit **Jolicœur**; grenadier de la compagnie Foulhac, régiment de Berry. Il était à Beauport, le 8 janvier 1759.
(4) Voy. vol. I, p. 114.
(5) Dit **Léonard.**

Marie, b 1725; m ⁴ 26 février 1748, à Joseph Bluteau; s ⁴ 5 juin 1753. — *Marie-Anne*, b ⁴ 30 janvier 1727; m ⁴ 21 nov. 1757, à Jean-Baptiste Galipot; s ⁴ 9 oct. 1758. — *Pierre*, b ⁴ et s ⁴ 23 nov. 1728.—*Antoine*, b ⁴ 12 février et s ⁴ 12 juin 1730. — *Jean*, b ⁴ 15 sept. et s ⁴ 8 oct. 1731.— *Marie-Catherine-Amable*, b ⁴ 8 et s ⁴ 20 nov. 1734. —*Marie-Joseph*, b ⁴ 25 février et s ⁴ 10 mars 1736. —*Marie-Marguerite*, b ⁴ 30 juin et s ⁴ 26 juillet 1737.—*Pierre*, b ⁴ 7 mars et s ⁴ 18 avril 1739.— *Jean-Louis*, b ⁴ 4 avril et s ⁴ 17 juin 1741. — *Victoire*, b ⁴ 25 oct. 1744; m ⁴ 28 janvier 1765, à Lange Descoteaux.

1727, (10 nov.) Boucherville.¹
III.—CHAPERON, Jacques (1), [Jacques II. b 1702; s 8 déc. 1751, à Varennes.
1° Daunay, Elisabeth, [Pierre-Antoine II. b 1703; s avant 1749.
Marie-Joseph, b 1728, m 2 juin 1749, à Augustin Brodeur, à la Pte-aux-Trembles, M.³—*Joseph*, b... m 1753, à Marie-Joseph Maguet.—*Angélique*, b 1733; m ³ 7 oct. 1754, à Joseph Maguet. — *Laurent*, b 1735; s ³ 8 avril 1750.— *Isabelle*, b... m ¹ 7 nov. 1763, à François Lamoureux.
  1751, (19 avril) Sault-au-Récollet.
2° Auger, Françoise (2), [Jean-Bte II. b 1704, veuve de Toussaint Hunault.

1730, (16 août) Boucherville.³
III.—CHAPERON, Jean-Bte, [Jacques II. b 1705.
Lamoureux, Marie-Joseph, [Jean-Bte II. b 1708.
Marie-Joseph, b... m ³ 10 février 1749, à Jean-Louis Besnard.— *Marguerite*, b... 1° m ³ 19 nov. 1759, à Antoine Girouard; 2° m ³ 6 février 1769, à Jacques Trudel.

1753.
IV.—CHAPERON, Joseph. [Jacques III.
Maguet, Marie-Joseph. [Jean-Bte II. b 1733.
Joseph, b 12 et s 25 juillet 1754, à la Pte-aux-Trembles, M.

I.—CHAPERON, Georges, huguenot, de Berne, Suisse.
Georges, b... 1° m à ...... Mirand (3); 2° m à Nathalie Darveau, s à Quebec.—*Michel* (4), b... m... s à la Malbaye —*Jane* (5), b... m à ...Dame.

I.—CHAPERON, Louis, frère du précédent; de Berne, Suisse.
Louis (6), b... m à Jacobine Oliva; s 1833, à la Baie-St-Paul. ²—*Georges* (7), b... s...—*Pierre*,

---

(1) Habitant St-Leonard et noyé à la Pte-aux-Trembles, M.
(2) Elle épouse, le 18 février 1754, Joseph Gratton, à St-Vincent-de-Paul.
(3) Sœur de mère de François Buteau.
(4) Catholique.
(5) Protestante. Morte sans enfant.
(6) Huguenot.
(7) Ministre à la Baie-St-Paul.

b... s...—*Thomas*, b... 1° m à ...... Reinhart; 2° m à ...... Rousseau; s² en mars 1869.—*Jane*, b... s...—*Marie*, b... s...—*Suzanne*, b... m... s...

II.—CHAPERON, Michel.　　　　[Georges I.
　Adèle, b... m Dubois.—*Thomas*, b... m... s...
—*Jean*, b... m... s...

II.—CHAPERON, Thomas.　　　　[Louis I.
1°　...... Reinhart.
　　Thomas, b...
2°　...... Rousseau,
　　Adèle, b... m à Léandre Godeil.

II.—CHAPERON, Georges.　　　　[Georges I.
1° Migneron, Marie-Charlotte.
　　　1836, (16 février) Québec.⁴
2° Darveau, Nathalie.　　　　[Jean-Bte.
　Jean-Thomas-Alfred, b⁴ 26 juillet 1838; ordonné le 21 sept.1861.—*Georges*, b... — *Samuel*, b... —*Joseph*, b... — *Sophie*, b...

II.—CHAPERON, Louis.　　　　[Louis I.
　Oliva, Emilie-Jacobine.　　　[Guillaume.
　Louis-Frédéric, b 17 juillet 1812 (1), à Québec; 1° m 8 janvier 1839, à Catherine-Emilie Lelièvre, à St-Roch, Q.⁵ ; 2° m⁵ 29 nov. 1861, à Marie-Marguerite Huot —*Alexandre-Casimir*, b 1818, à Nicolet⁶; m à St-Hypolite-de-W lton.—*Catherine-Emilie*, b⁶ 1819.—*Luce*, b 1821, St-Thomas.

　　　1839, (8 janvier) St-Roch, Q.⁷
III.—CHAPERON, Louis-Frédéric,　　[Louis II.
　b 1812.
1° Lelièvre, Marie-Catherine.　　　[Roger.
　Georges-Marie-Emile, b en janvier 1842, à Ste-Anne-de-la-Perade.—*Marie-Emilie-Thérèse*, b en janvier 1844, à St-Nicolas; m⁷ 2 oct. 1865, à Josias Barnwall Jackson.— *Marie-Géraldine*, b en juillet 1845, à Lévis⁸; religieuse (I. M.) Ste-Euphrasie, au Puy (Haute-Loire).—*Marie-Louise*, b⁸ en juin 1849.

　　　1861, (30 nov.)⁷
2° Huot, Marie-Marguerite,　　　[Gabriel.
　veuve de Frederic Larouche.

I.—CHAPEUDRE, Louise, épouse de Jean Favre.

CHAPLAIS.—Voy. Chapelet.

CHAPON, Louis.—Voy. Chappau, 1736.

　　　1757, (10 janvier) Montréal.
I.—CHAPON, Jacques-Antoine, soldat ; b 1734 ; fils de François et de Marie Profinei, de Saltan, diocèse de Besançon.
　Charaux, Geneviève.　　　　[Antoine.

(1) Par l'évêque Montain Auquier

　　　1720, (16 juillet) Détroit.⁴
I.—CHAPOTON, Jean-Bte, b 1684, chirurgien-major ; fils d'André et d'Anne Cassaigne, de St-Jean-Baptiste, ville de Bagnoles, diocèse d'Azez, Languedoc ; s⁴ 12 nov. 1760.
　Estène (1), Madeleine,　　　　[Pierre I.
　　b 1706; s⁴ 7 juillet 1753.
　Marie-Anne, b... m⁴ 20 janvier 1745, à Jacques DeMarsac.—*Jean-Baptiste*, b⁴ 17 juin 1721 ; 1° m⁴ 10 sept. 1749, à Geneviève-Elisabeth Godfroy; 2° m⁴ 22 sept. 1755, à Félicité Cesire. —*Pierre*, b⁴ 8 déc. 1722 ; s⁴ 3 août 1726.—*Antoine*, b⁴ 17 mars 1724.—*Clémence*, b⁴ 21 et s⁴ 23 sept. 1725.—*Marie-Clémence*, b⁴ 15 sept. 1726 ; m⁴ 7 mai 1747, à Pierre Chesne; s⁴ 20 nov. 1753.—*André*, b⁴ 29 mai 1728 ; s⁴ 28 août 1754.—*Charles*, b⁴ 1ᵉʳ déc. 1729 ; s⁴ 24 avril 1753.—*Louis*, b⁴ 23 mars et s⁴ 3 avril 1731.—*Geneviève-Charlotte*, b⁴ 6 et s⁴ 9 mai 1732.—*Agathe*, b⁴ 30 déc. 1733 ; s⁴ 1ᵉʳ janvier 1734.—*Jeanne*, b⁴ 29 déc. 1734 ; m⁴ 26 janvier 1749, à Paul Dumouchel; s⁴ 23 juillet 1750.—*Joseph*, b⁴ 25 mai 1736 ; s⁴ 27 avril 1761.—*Marie-Louise*, b... m⁴ 23 janvier 1758, à Jacques Godfroy.—*Marie-Charlotte*, b⁴ 23 nov. 1737 ; m⁴ 3 mars 1760, à Pierre Barthe.—*Marie-Madeleine*, b⁴ 17 mai 1739 ; m⁴ 17 avril 1758, à Gabriel-Christophe LeGrand; s⁴ 7 janvier 1762.—*Louise-Clotilde*, b⁴ 11 avril 1741.—*Marie-Charlotte*, b⁴ 23 oct. 1742.—*Antoine-Alexis*, b⁴ 13 juin 1744.—*Marie-Joseph*, b⁴ 5 février 1746 ; m⁴ 2 février 1765, à Augustin Chaboillé.—*Elisabeth*, b⁴ 4 et s⁴ 8 oct. 1747.—*Louis*, b⁴ 7 et s⁴ 18 sept 1750.

　　　1749, (10 sept.) Detroit.⁵
II —CHAPOTON, Jean-Bte,　　　　[Jean-Bte I.
　b 1721.
1° Godfroy, Geneviève-Elisabeth,　[Jacques II.
　b 1728 ; s⁵ 25 juillet 1750.
　Anonyme, b⁵ et s⁵ 20 juillet 1750.
　　　1755, (22 sept.)⁵
2° Cesire, Félicité,　　　　[Jean II.
　b 1737.
　Jean-Baptiste-Bonaventure, b⁵ 26 août et s⁵ 5 sept. 1756.—*Charles-Jean-Baptiste*, b⁵ 22 mai 1758, m⁵ 1ᵉʳ février 1780, à Thérèse Pelletier. —*Benoit*, b... m à Thérèse Meloche. — *Louis-Alexis*, b⁵ 20 juin 1764 ; m⁵ 26 février 1783, à Catherine Meloche. — *Henri-Martin*, b⁶ 14 février et s⁵ 5 mars 1766. — *Marie-Félicité*, b⁵ 24 juin 1767 ; s⁶ 5 mai 1774.—*Marie-Catherine-Angélique*, b⁵ 2 juin 1769 ; m à George Maldrum. —*Marie-Isabelle*, b⁶ 5 mars 1771.—*Marie-Joseph*, b⁵ 23 avril 1773.—*Nicolas*, b⁵ 9 août 1776.

　　　1780, (1ᵉʳ février) Detroit.⁶
III.—CHAPOTON, Jean-Bte,　　　　[Jean-Bte II.
　b 1758.
　Pelletier, Thérèse,　　　　[Jean-Bte V.
　　b 1759 ; s⁶ 17 juillet 1795.
　Isidore, b⁶ 11 et s⁶ 21 juillet 1795.

(1) Et St-bre.

CHA 621 CHA

1783, (26 fevrier) Détroit.⁶
III.—CHAPOTON, Louis-Alexis, [Jean-Bte II.
  b 1764
  Meloche, Catherine, [Jean-Bte III.
    b 1765.
    Marie-Félicité, b ⁶ 18 avril 1784. — *Louis,* b ⁶ 24 janvier 1791. — *Marie-Angélique,* b ⁶ 14 juin 1792.—*Elisabeth,* b ⁶ 3 oct. 1794.

III.—CHAPOTON, Benoit. [Jean-Bte II.
  Meloche, Thérèse, [Jean-Bte III.
    b 1769.
    Joseph-Benoit, b 15 août 1790, au Detroit.⁶— *Jean-Baptiste,* b ⁶ 12 sept. 1792. — *Marie-Louise,* b ⁶ 8 janvier 1795.

CHAPOU, Marie-Michelle, épouse de Pierre Langlais.

1768.
I.—CHAPOULON (1), Pierre, b 1736 ; de St-Maurice, ville de Limoges.

II.—CHAPPAU, Jean-Bte (2), [Pierre I.
  b 1665 ; s 3 avril 1743, à l'Hôpital-Général, Q.
  Gautier, Madeleine.
    Geneviève, b 1696 ; m 23 oct. 1713, à Pierre Dorion, à Québec⁶ ; s ⁶ 6 sept. 1747—*Madeleine,* b... m ⁶ 30 sept. 1718, à Jean-Claude Dorion.— *Louis,* b 20 mars 1700, à Ste-Foye , m 4 juin 1736, à Marguerite Gadois, à Montréal.—*Marguerite,* b 13 janvier 1704, à St-Augustin ; m ⁶ 30 mars 1724, à Jean-Jérémie Defoy. — *Jean,* b... m ⁶ 5 mai 1720, à Catherine Massy.

1713, (24 oct.) Québec.⁶
I.—CHAPPAU (3), Jean, fils d'Elie et de Marie Metro, de Perigna, diocèse d'Angoulême ; s ⁶ 1ᵉʳ août 1749.
  Pasquier, Angelique, [Isaac I.
    b 1683 ; veuve de Denis DeSèvre ; s ⁶ 4 fevrier 1753.
    Marie-Angélique, b ⁶ 17 sept. 1714 ; 1° m ⁶ 22 oct. 1730, à Pierre Yvernage ; 2° m ⁶ 22 avril 1748, à Charles Legris ; 3° m ⁶ 23 fevrier 1756, à Louis Bouchaud.—*Louis-Jean,* b⁶ 31 mai 1716.— *Marie-Charlotte,* b ⁶ 14 janvier 1718 ; m ⁶ 6 nov. 1736, à Martin Paquet. — *Barbe,* b ⁶ 3 janvier 1720 ; 1° m ⁶ 1ᵉʳ dec. 1742, à Gabriel Routier ; 2° m ⁶ 30 août 1751, à Jean-Baptiste Gautier.— *Marie-Joseph,* b ⁶ 14 avril 1721 ; s ⁶ 18 août 1722. — *Jean-Baptiste,* b ⁶ 3 sept. 1722 ; s ⁶ 23 juillet 1723.—*Jean,* b ⁶ 4 et s ⁶ 14 fevrier 1724. — *Jean-Baptiste,* b ⁶ 18 juillet 1725. — *Marie-Joseph,* b⁶ 18 janvier 1727 ; s ⁶ 23 avril 1733.—*Marguerite-Angélique,* b ⁶ 6 fevrier et s ⁶ 11 déc. 1729.

1720, (5 mai) Québec.
III.—CHAPPAU, Jean, [Jean II.
  b 1697.
  Massy, Catherine. [Jacques I.

1736, (4 juin) Montréal.⁹
III.—CHAPPAU (1), Louis, [Jean-Bte II.
  b 1700 ; voyageur.
  Gadois, Marguerite (2), [Jean-Bte II.
    b 1703.
    Louise, b⁹ 23 juin 1741. — *Jean-Louis,* b⁹ 6 août 1743 ; s 20 janvier 1744, au Sault-au-Récollet.— *Marguerite,* b⁹ 21 juin 1746 ; 1° m à Thomas Ducheneau ; 2° m 21 janvier 1782, à Louis Poulin, à Terrebonne.

CHAPPAU, Louise, b 1721 ; 1° m... 2° m... 3° m à Charles Hubert ; s 12 juillet 1786, à Québec.

CHAPPAU, Geneviève, epouse de Gabriel Gosselin.

I.—CHAPPAU, Pierre, b 1712 ; ancien soldat de la colonie, de Chavru, Saintonge ; s 13 février 1787, à l'Hôpital-Général, M.

CHAPT.—Voy. De la Corne.

1689, (19 avril) Pte-aux-Trembles, M.
I.—CHAPUT (3), Nicolas,
  b 1659.
  Gautier, Angélique, [Mathurin I.
    b 1672
    Jean-Baptiste, b 11 fevrier 1706, à Varennes ; m à Nicole Guéry.

II.—CHAPUT, Jean-Bte, [Nicolas I.
  b 1706.
  Guéry, Nicole,
    s 11 mars 1749, aux Trois-Rivières.⁹
    Suzanne, b... 1° m à Antoine Hérard ; 2° m⁹ 5 fevrier 1759, à Antoine Thara. — *Denise,* b... m⁹ 13 mai 1741, à Jean Robichon.

1722, (16 nov.) Varennes.⁹
II.—CHAPUT, Charles, [Nicolas I.
  b 1695.
  Lemay (4), Marie-Joseph, [Joseph II.
    s avant 1759.
    Marie-Charlotte, b... m⁹ 27 oct. 1749, à Jean-Baptiste Savaria ; s avant 1751.—*Marie-Joseph,* b... m⁹ 17 janvier 1752, à Toussaint Truteau.— *Basile,* b... m⁹ 26 fevrier 1759, à Marie-Joseph Girard.—*Jacques,* b... m⁹ 24 août 1766, à Marie-Joseph Casavan. — *Judith,* b⁹ 31 mars 1726. —*Charles,* b... m⁹ 23 fevrier 1756, à Marie-Louise Petit.—*Archange,* b... m⁹ 18 oct. 1762, à Joseph Senécal.

II.—CHAPUT, Nicolas, [Nicolas I.
  b 1690.
  Loisel, Angélique, [Joseph II.
    b 1696 ; s avant 1747.

---

(1) Dit Beausoleil ; soldat de la marine française et de la compagnie de Lignerie ; venu sur l'*Outarde,* capitaine Pinguet.
(2) Voy. vol. I, p. 115.
(3) Dit Laframboise.

(1) Et Chapon.
(2) Elle épouse, le 26 mai 1700, Pierre Fontigny, à Montréal.
(3) Voy. vol. I, p. 115.
(4) Dit Delorme.

Marie-Joseph, b... m 19 juillet 1739, à Jean-Baptiste SENET, à Varennes. °—*Jacques*, b... m° 5 mars 1753, à Madeleine HAYET. — *Marie*, b... m° 11 juin 1736, à Joseph LHUISSIER. — *Judith*, b° 6 février 1727 ; m° 28 nov. 1747, à Léonard JEANNOT.—*Joseph*, b... m° 17 oct. 1757, à Marie-Joseph HAYET.—*Angélique*, b... m° 12 oct. 1761, à Jean-Baptiste HAYET.

1730, (20 nov.) Varennes.

II.—CHAPUT, JACQUES,   [NICOLAS I.
    b 1702.
  SENÉCAL, Marie-Geneviève,   [ETIENNE II.
    b 1710.

1740, (1er février) Québec.

I.—CHAPUT, FRANÇOIS, b 1700 ; fils de Pierre et de Françoise Rondel, de St-Maurice, diocèse de Clermont ; s 2 août 1760, aux Trois-Rivières.⁶
  DEVISS, Charlotte,   [CHARLES I.
    b 1718.
  Marie, b ⁶ 2 avril 1744 ; s ⁶ 15 mai 1746.— *Ursule*, b ⁶ 22 avril 1746 ; s ⁶ 19 janvier 1747.— *Pierre*, b ⁶ 12 nov. 1747. — *Claire*, b ⁶ 16 sept. 1757.—*Marie-Joseph*, b... m ⁶ 7 janvier 1763, à François ALARY.—*Michel*, b... 1° m 1765, à Marie-Anne JANOT ; 2° m 11 nov. 1771, à Marie-Charlotte ARCHAMBAULT, à Repentigny.

1753, (5 mars) Varennes.

III—CHAPUT, JACQUES.   [NICOLAS II.
  HAYET, Madeleine,   [JEAN-BTE II.
    b 1724.

1756, (23 février) Varennes.

III.—CHAPUT, CHARLES.   [CHARLES II.
  PETIT (1), Marie-Louise.   [PAUL III.

1757, (17 oct.) Varennes.

III.—CHAPUT, JOSEPH.   [NICOLAS II.
  HAYET, Marie-Joseph,   [JEAN-BTE II.
    b 1726.

1759, (26 février) Varennes.

III.—CHAPUT, BASILE.   [CHARLES II.
  GIRARD, Marie-Joseph.   [JOSEPH III.

---

(1) Dit Lalumière.

1765.

II.—CHAPUT, MICHEL.   [FRANÇOIS-MAURICE I.
  1° JANOT (1), Marie-Anne, b 1740 ; s (dans l'eglise) 26 janvier 1770, à Repentigny.⁷
  Marie-Catherine, b ⁷ 18 déc. 1766.—*Philippe*, b ⁷ 1er mai et s ⁷ 14 août 1768.
    1771, (11 nov.) ⁷
  2° ARCHAMBAULT, Marie-Charlotte. [GERVAIS IV.
  Michel, b ⁷ 5 sept. 1772 ; s ⁷ 3 nov. 1780.— *Marie-Louise*, b ⁷ 10 mai 1775 ; m ⁷ 26 sept. 1791, à Jean-Louis ARCHAMBAULT.—*Marie-Louise*, b... s ⁷ 15 juin 1783.—*Louis*, b... s ⁷ 20 mai 1784.— *Augustin*, b ⁷ 5 et s ⁷ 15 mai 1786.—*Marie-Joseph*, b ⁷ 3 mars 1787.

1766, (24 août) Varennes.

III.—CHAPUT, JACQUES.   [CHARLES II.
  CASAVAN, Marie-Joseph, veuve de Joseph Girard.

CHAPUT, CHARLES.
  LECLAIR, Catherine.
  Hyacinthe, b 1775 ; s 15 juin 1791, à Lachenaye.

CHAPUT.
  Bonaventure, b... — *Joseph*, b... — *Geneviève*, b... m à Jean-Baptiste JANOT.

CHAPUT, BONAVENTURE.
  FOISY, Marie.
  Marguerite, b 1779 ; s 20 sept. 1787, à Repentigny.

CHAPUT, AGATHE, épouse d'Antoine HUNAULT.

CHAPUY, JEAN (2).

1792, (24 juillet) Québec.

I.—CHAPUY, JOSEPH, horloger ; fils de Jacques et de Marie-Anne Georgein, d'Auxerres, Bourgogne.
  DANIEL, Marie-Anne.   [FRANÇOIS II.

---

(1) Dit Belhumeur.
(2) Il était, en 1749, à Makinac.

FIN DU DEUXIÈME VOLUME.

www.ingramcontent.com/pod-product-compliance
Lightning Source LLC
Chambersburg PA
CBHW071136270326
41929CB00012B/1773